Krieger · Uwe H. Schneider
Handbuch Managerhaftung

Handbuch Managerhaftung

Vorstand · Geschäftsführer · Aufsichtsrat
Pflichten und Haftungsfolgen
Typische Risikobereiche

herausgegeben von

Professor Dr. Gerd Krieger
Rechtsanwalt, Düsseldorf
Honorarprofessor an der
Heinrich Heine Universität Düsseldorf

Professor Dr. Dr. h.c. Uwe H. Schneider
Universitätsprofessor em.
Direktor des Instituts für deutsches und
internationales Recht des
Spar-, Giro- und Kreditwesens an der
Johannes Gutenberg-Universität Mainz

**3. neu bearbeitete und
erweiterte Auflage**

2017

ottoschmidt

Zitierempfehlung:
Verfasser in Krieger/Uwe H. Schneider (Hrsg.),
Handbuch Managerhaftung, 3. Aufl. 2017, Rz. ...

*Bibliografische Information
der Deutschen Nationalbibliothek*

Die Deutsche Nationalbibliothek verzeichnet diese
Publikation in der Deutschen Nationalbibliografie;
detaillierte bibliografische Daten sind im Internet
über http://dnb.d-nb.de abrufbar.

Verlag Dr. Otto Schmidt KG
Gustav-Heinemann-Ufer 58, 50968 Köln
Tel. 02 21/9 37 38-01, Fax 02 21/9 37 38-943
info@otto-schmidt.de
www.otto-schmidt.de

ISBN 978-3-504-40078-1

©2017 by Verlag Dr. Otto Schmidt KG, Köln

Das Werk einschließlich aller seiner Teile ist
urheberrechtlich geschützt. Jede Verwertung, die nicht
ausdrücklich vom Urheberrechtsgesetz zugelassen ist,
bedarf der vorherigen Zustimmung des Verlages. Das
gilt insbesondere für Vervielfältigungen, Bearbeitungen,
Übersetzungen, Mikroverfilmungen und die Einspeiche-
rung und Verarbeitung in elektronischen Systemen.

Das verwendete Papier ist aus chlorfrei gebleichten
Rohstoffen hergestellt, holz- und säurefrei, alterungs-
beständig und umweltfreundlich.

Einbandgestaltung: Lichtenford, Mettmann
Satz: WMTP, Birkenau
Druck und Verarbeitung: Kösel, Krugzell
Printed in Germany

Bearbeiter

Prof. Dr. Holger Altmeppen
Universitätsprofessor in Passau

Dipl.-Kfm. Dr. Helmut Balthasar
Rechtsanwalt in Köln

Matthias Bentlage
Rechtsanwalt und Notar in Hagen

Dr. Eike Bicker, LL.M. (Cambridge)
Rechtsanwalt in Frankfurt a.M.

Manfred Born
Richter am BGH in Karlsruhe

Dr. Jürgen Brand
Präsident des
Landessozialgerichts NRW a.D.
Rechtsanwalt in Hagen

Dr. Thomas Bücker
Rechtsanwalt in Frankfurt a.M.

Dr. Hartwin Bungert, LL.M. (Chicago)
Rechtsanwalt in Düsseldorf

Prof. Dr. Ulrich Burgard
Universitätsprofessor in Magdeburg

**Prof. Dr. Meinrad Dreher, LL.M.
(U. of Penn.)**
Universitätsprofessor in Mainz

**Prof. Dr. iur. Dr. rer. pol. h.c. Dr. iur. h.c.
Werner F. Ebke, LL.M. (Berkeley)**
Universitätsprofessor in Heidelberg
Attorney-at-Law (New York)

Dr. Christian Feldmüller
Rechtsanwalt in Frankfurt a.M.

Dr. Torsten Fett
Rechtsanwalt in Frankfurt a.M.

Reinfrid Fischer
Rechtsanwalt in Berlin

Dr. Stefan Gebauer
Rechtsanwalt in Frankfurt a.M.

Dr. Benedikt Gillessen
Rechtsanwalt in Frankfurt a.M.

Sebastian Goslar
Rechtsanwalt in Düsseldorf

Dr. Cornelius Götze, LL.M. (Cornell)
Rechtsanwalt und Notar in Frankfurt a.M.

Prof. Dr. Ulrich Haas
Universitätsprofessor in Zürich

Dr. Stephan Harbarth, LL.M. (Yale)
Rechtsanwalt in Mannheim

Prof. Dr. Dres. h.c. Burkhard Hess
Direktor, Max-Planck-Institut Luxemburg
Professor in Heidelberg und Luxemburg

Dipl.-Kfm. Dr. Christian Hick
Steuerberater in Bonn

Dr. Horst Ihlas
Dr. Ihlas GmbH, Financial Lines
Versicherungsmakler in Köln

Prof. Dr. Joachim Jahn
Mitglied der Chefredaktion der NJW
Honorarprofessor in Mannheim

Dr. Wolfgang Kellenter, LL.M. (LSE)
Rechtsanwalt in Düsseldorf
Solicitor (England und Wales)

**Prof. Dr. Christian Kersting, LL.M.
(Yale)**
Universitätsprofessor in Düsseldorf

Dr. Christoph Klahold
Rechtsanwalt in Wuppertal
Chief Compliance Officer thyssenkrupp AG

Bearbeiter

Prof. Dr. Detlef Kleindiek
Universitätsprofessor in Bielefeld

Dr. Lutz Robert Krämer
Rechtsanwalt in Frankfurt a.M.

**Dr. Daniel M. Krause, LL.M.
(Columbia New York)**
Rechtsanwalt in Berlin

Dr. Thomas Kremer
Rechtsanwalt in Düsseldorf
Vorstand für Datenschutz, Recht und
Compliance Deutsche Telekom AG

Prof. Dr. Gerd Krieger
Rechtsanwalt in Düsseldorf
Honorarprofessor in Düsseldorf

Dr. Sabrina Kulenkamp
Rechtsanwältin in Frankfurt a.M.

Prof. Dr. Dr. h.c. mult. Marcus Lutter
Universitätsprofessor em. in Bonn
Rechtsanwalt in Berlin

Prof. Dr. Reinhard Marsch-Barner
Rechtsanwalt in Frankfurt a.M.
Honorarprofessor in Göttingen

**Dr. Sven H. Schneider, LL.M.
(Berkeley)**
Rechtsanwalt in Frankfurt a.M.
Attorney-at-law (New York)

Prof. Dr. Dr. h.c. Uwe H. Schneider
Universitätsprofessor em.
Direktor des Instituts für deutsches und
internationales Recht des Spar-, Giro- und
Kreditwesens an der Johannes Gutenberg-
Universität Mainz

Dr. Christoph Schücking
Rechtsanwalt und Notar in Frankfurt a.M.

Dr. Georg Seyfarth, LL.M. (Duke)
Rechtsanwalt in Düsseldorf

Dr. Oliver Sieg
Rechtsanwalt in Düsseldorf

Dr. Birgit Spießhofer, M.C.J. (NYU)
Rechtsanwältin in Berlin

Prof. Dr. Christoph Teichmann
Universitätsprofessor in Würzburg

**Prof. Dr. Dirk Uwer, LL.M.
(Northumbria), Mag.rer.publ.**
Rechtsanwalt in Düsseldorf
Honorarprofessor der
Hochschule Bonn-Rhein-Sieg

Prof. Dr. Dirk A. Verse, M.Jur. (Oxford)
Universitätsprofessor in Mainz
Direktor des Instituts für deutsches und
internationales Recht des Spar-, Giro- und
Kreditwesens an der Johannes Gutenberg-
Universität Mainz

Dr. Eberhard Vetter
Rechtsanwalt in Köln

Dr. Heinz-Otto Weber
Rechtsanwalt in Frankfurt a.M.

Dr. Martin Wigand
Rechtsanwalt in Neu-Isenburg

Dr. Cornelius Wilk, LL.M. (Vanderbilt)
Rechtsanwalt in Frankfurt a.M.

Prof. Dr. Hans-Ulrich Wilsing
Rechtsanwalt in Düsseldorf
Honorarprofessor der EBS Universität für
Wirtschaft und Recht, Wiesbaden

Vorwort

An prominenter Stelle hieß es bei Erscheinen der zweiten Auflage dieses Handbuchs im Jahr 2010: „Wir setzen uns für eine faire Verantwortungskultur in Unternehmen ein." Das klang gut – vor allem wenn man nicht davon betroffen war. Wer aber mit der Managerhaftung zu tun hat, sei es als Mitglied eines Organs, als Berater, Gutachter, Wirtschaftsprüfer oder auch als Richter, für den ist diese dritte Auflage des Handbuchs Managerhaftung aufbereitet und gewidmet.

Seit dem Erscheinen der zweiten Auflage sind sieben Jahre vergangen. Das war zu lange; denn die praktische Bedeutung der Managerhaftung und damit der Bedarf für Beratung haben weiter zugenommen. Neue Sachverhalte gilt es zu bewerten, wie etwa die Organhaftung bei öffentlichen Unternehmen, die vielfältige Praxis der D&O-Versicherung und die Haftung bei Verletzung von Menschenrechten. Die Rechtsprechung hat das Recht der Organhaftung fortentwickelt. Und die öffentliche Diskussion schlägt Wellen. Gewachsen sind damit die Haftungsrisiken und das sorgenvolle Bewusstsein der Organmitglieder, in einen Haftungsprozess hineingezogen zu werden. Das alles wurde eingehend auf dem 70. Deutschen Juristentag in Hannover im Jahr 2014 diskutiert. Das Thema lautete: „Reform der Organhaftung? Materielles Haftungsrecht und seine Durchsetzung in privaten und öffentlichen Unternehmen." Dabei wurden vor allem auch die Befürchtungen der Praxis gehört.

Das machte es erforderlich, nicht nur die einzelnen Kapitel dieses Handbuchs grundlegend zu überarbeiten, vielfältige Gesetzesänderungen und höchstrichterliche Rechtsprechung aufzunehmen und die veröffentlichte Diskussion zu berücksichtigen. Vielmehr wurden auch einzelne Themen durch zusätzliche Beiträge ergänzt und vertieft. So werden nunmehr die Probleme der D&O-Versicherung aus unterschiedlicher Blickrichtung betrachtet. Der Beitrag von Dr. *Oliver Sieg* „D&O-Versicherung des Managers" wird durch die Ausführungen von Dr. *Horst Ihlas* in einem Kapitel „Moderne Directors and Officers Versicherungsbedingungen" flankiert. Dr. *Georg Seyfarth* gibt sein besonderes Know how in einem Beitrag zur „Organhaftung und Dienstvertrag" weiter. Prof. Dr. *Christian Kersting* setzt sich mit den „Besonderheiten der Haftung von Organmitgliedern bei öffentlichen Unternehmen" auseinander, während Prof. Dr. *Hans-Ulrich Wilsing* und *Sebastian Goslar* die hoch spannenden Fragestellungen zu „Internal Investigations" beleuchten. Abgerundet wird das neue Programm in der dritten Auflage durch den Beitrag von Dr. *Birgit Spießhofer* zum Thema „Corporate Social Responsibility (CSR) und Menschenrechtsverletzungen".

Bei einem derart breit aufgestellten Expertenteam überrascht es nicht, dass sich der Autorenkreis teilweise verändert hat. Einige Autoren sind ausgeschieden, andere hinzugekommen. Dr. *Jens Peter Kurzwelly* hat sich aus dem Kreis der Autoren zurückgezogen, seinen Beitrag übernimmt *Manfred Born*. Prof. Dr. *Reinhard Marsch-Barner* wird unterstützt von Dr. *Cornelius Wilk*. Der bisher von Dr. *Ursula Kleinert* und Dr. *Stefan Gebauer* verantwortete Beitrag wird nun neben Dr. *Stefan Gebauer* von Dr. *Torsten Fett* bearbeitet. Dr. *Thomas Bücker* wird nach dem Ausscheiden von Dr. *Christoph v. Bülow* verstärkt durch Dr. *Sabrina Kulenkamp*. Nach dem Ausscheiden von Dr. *Bodo Riegger* verfasst Dr. *Cornelius Götze* seinen Beitrag gemeinsam mit Dr. *Eike Bicker*. Dr. *Lutz Robert Krämer* bekommt Unterstützung durch Dr. *Benedikt Gillessen*. Prof. *Ulrich Prinz* scheidet aus und Dr. *Christian Hick* setzt den Beitrag alleine fort. *Matthias Bentlage* unterstützt Dr. *Jürgen Brand* und Dr. *Christian Feldmüller* löst Dr. *Hans-Friedrich Gelhausen* ab. Wir danken allen ausgeschiedenen Autoren sehr herzlich für ihr Engagement und ihre Beiträge in den ersten Auflagen, begrüßen alle neuen Autoren ebenso herzlich und freuen uns über die Zusammenarbeit.

Vorwort

Die Herausgeber und die Autoren bitten erneut um Anregungen, die wir gerne in weitere Auflagen dieses Handbuchs einfließen lassen werden, entweder direkt an die Herausgeber, unmittelbar an die Autoren oder auch an den Verlag unter lektorat@otto-schmidt.de.

Düsseldorf sowie Mainz/Frankfurt am Main, im Juli 2017
Gerd Krieger und Uwe H. Schneider

Inhaltsverzeichnis

Ausführliche Inhaltsverzeichnisse finden Sie zu Beginn der einzelnen Paragraphen.

	Seite
Vorwort	VII
Literaturverzeichnis	XIII
Abkürzungsverzeichnis	XVII

1. Teil
Grundlagen

§ 1	Entwicklung der Organpflichten und der Organhaftung (Lutter)	1
§ 2	Organpflichten und Haftung in der GmbH und GmbH & Co. KG (Uwe H. Schneider)	13
§ 3	Organpflichten und Haftung in der AG (Krieger)	38
§ 4	Organhaftung in der Genossenschaft (Weber)	72
§ 5	Organhaftung in der SE (Teichmann)	93
§ 6	Organhaftung in Verein und Stiftung (Burgard)	113
§ 7	Organhaftung gegenüber Dritten (Altmeppen)	169
§ 8	Vorstands- und Geschäftsführerhaftung im Konzern (Sven H. Schneider)	210
§ 9	Organhaftung und Dienstvertrag (Seyfarth)	246
§ 10	Aufsichtsratshaftung im Konzern (Uwe H. Schneider)	273
§ 11	Die Haftung der Gesellschaft für Pflichtverletzungen des Managers (Kleindiek)	296
§ 12	Die Haftung des Abschlussprüfers (Ebke)	311
§ 13	Besonderheiten der Haftung von Organmitgliedern bei öffentlichen Unternehmen (Kersting)	345

2. Teil
Rechtsverfolgung und Versicherung

§ 14	Darlegungs- und Beweislast im Haftungsprozess (Born)	375
§ 15	Internal Investigations (Wilsing/Goslar)	408
§ 16	Recht und Praxis der Sonderprüfung und des besonderen Vertreters (Bungert)	438
§ 17	Massenklagen und Managerhaftung (Hess)	483
§ 18	D&O-Versicherung des Managers (Sieg)	506

	Seite
§ 19 Moderne Directors & Officers Versicherungsbedingungen *(Ihlas)*	530
§ 20 Verzicht, Vergleich und sonstige Fälle der Haftungsbeschränkung *(Haas/Wigand)*	558
§ 21 Erstattung von Kosten und Geldstrafen *(Marsch-Barner/Wilk)*	602

3. Teil
Besondere Risikobereiche und Haftungsfolgen

§ 22 Risikobereich und Haftung: Organisation (Geschäftsverteilung und Delegation) und Überwachung *(Vetter)*	623
§ 23 Risikobereich und Haftung: Haftung und Abberufung von Vorstand und Aufsichtsorgan bei Kredit- und Finanzdienstleistungsinstituten *(Fischer)*	669
§ 24 Risikobereich und Haftung: Compliance im Kredit- und Finanzdienstleistungswesen *(Gebauer/Fett)*	725
§ 25 Risikobereich und Haftung: Compliance in Industrieunternehmen *(Kremer/Klahold)*	767
§ 26 Risikobereich und Haftung: Wettbewerbsverbote und Ansichziehen von Corporate Opportunities *(Verse)*	802
§ 27 Risikobereich und Haftung: Schutzrechtsverletzungen und Wettbewerbsverstöße *(Kellenter)*	837
§ 28 Risikobereich und Haftung: Produktverantwortung *(Harbarth)*	856
§ 29 Risikobereich und Haftung: M&A-Transaktionen *(Bücker/Kulenkamp)*	883
§ 30 Risikobereich und Haftung: Zuwendungen an Dritte: „Nützliche Aufwendungen", sozialnützige Zuwendungen, Zahlungen an opponierende Aktionäre *(Götze/Bicker)*	922
§ 31 Risikobereich und Haftung: Geldbußen gegen das Unternehmen *(Wilsing)*	965
§ 32 Risikobereich und Haftung: Kapitalmarktinformationen *(Krämer/Gillessen)*	986
§ 33 Risikobereich und Haftung: Krise und Insolvenz des Unternehmens *(Balthasar)*	1039
§ 34 Risikobereich und Haftung: Bilanzierung *(Feldmüller)*	1074
§ 35 Risikobereich und Haftung: Kartellrecht *(Dreher)*	1107
§ 36 Risikobereich und Haftung: Steuerrecht *(Hick)*	1136
§ 37 Risikobereich und Haftung: Sozialversicherungsrecht *(Brand/Bentlage)*	1164
§ 38 Risikobereich und Haftung: Umweltrecht *(Uwer)*	1189
§ 39 Risikobereich und Haftung: Corporate Social Responsibility (CSR) und Menschenrechtsverletzungen *(Spießhofer)*	1246

4. Teil
Straf- und Ordnungswidrigkeitenrecht

Seite

§ 40 Strafrechtliche Haftung von Geschäftsleitern *(Krause)* 1273

§ 41 Haftung für unterlassene Aufsichtsmaßnahmen nach § 130 OWiG
(Schücking) 1340

5. Teil
Pflichtverletzungen und öffentliche Meinung

§ 42 Die Managerhaftung und die öffentliche Meinung *(Jahn)* 1363

Stichwortverzeichnis 1389

Literaturverzeichnis

Ausführliche weitere Literaturübersichten finden Sie zu Beginn der einzelnen Paragraphen.

Altmeppen	Die Haftung des Managers im Konzern, 1998
Angerer/Geibel/Süßmann (Hrsg.)	Wertpapiererwerbs- und Übernahmegesetz, 3. Aufl. 2017
Assmann/Pötzsch/Uwe H. Schneider (Hrsg.)	Wertpapiererwerbs- und Übernahmegesetz, 2. Aufl. 2013
Assmann/Uwe H. Schneider (Hrsg.)	Wertpapierhandelsgesetz, 6. Aufl. 2012
Baumbach/Hopt	Handelsgesetzbuch, 37. Aufl. 2016
Baumbach/Hueck	Aktiengesetz, 13. Aufl. 1968
Baumbach/Hueck	GmbH-Gesetz, 21. Aufl. 2017
Beck'scher Bilanz-Kommentar	Handels- und Steuerbilanz – §§ 238 bis 339, 342 bis 342e HGB, 10. Aufl. 2016
Beck'sches Handbuch der AG	herausgegeben von Welf Müller und Rödder, 2. Aufl. 2009
Beuthien (Hrsg.)	Genossenschaftsgesetz mit Umwandlungs- und Kartellrecht sowie Statut der Europäischen Genossenschaft, 15. Aufl. 2011, 16. Aufl. 2017 (im Erscheinen)
Bürgers/Körber (Hrsg.)	Heidelberger Kommentar zum Aktiengesetz, 4. Aufl. 2017
Drescher	Die Haftung des GmbH-Geschäftsführers, 7. Aufl. 2013
Ebenroth/Boujong/Joost/Strohn	HGB, herausgegeben von Joost/Strohn, 3. Aufl. 2014/2015
Emmerich/Habersack	Aktien- und GmbH-Konzernrecht, 8. Aufl. 2016
Emmerich/Habersack	Konzernrecht, 10. Aufl. 2013
Erman	Bürgerliches Gesetzbuch, herausgegeben von H. P. Westermann/Maier-Reimer/Grunewald, 14. Aufl. 2014
Fleischer (Hrsg.)	Handbuch des Vorstandsrechts, 2006
Fuchs (Hrsg.)	WpHG, 2. Aufl. 2016
Gehrlein/Born/Simon (Hrsg.)	GmbHG, 3. Aufl. 2017
Geßler/Hefermehl/Eckardt/Kropff	Aktiengesetz, 1974 ff. (ab 2. Aufl. s. Münchener Kommentar zum Aktiengesetz)
v. Godin/Wilhelmi	Aktiengesetz, 4. Aufl. 1971
Grigoleit (Hrsg.)	AktG, 2013
Großkommentar zum Aktiengesetz	herausgegeben von Hopt/Wiedemann, 4. Aufl. 1992 ff.; herausgegeben von Hirte/Mülbert/Roth, 5. Aufl. 2016 ff.
Habersack/Mülbert/Schlitt (Hrsg.)	Handbuch der Kapitalmarktinformation, 2. Aufl. 2013
Habersack/Mülbert/Schlitt (Hrsg.)	Unternehmensfinanzierung am Kapitalmarkt, 3. Aufl. 2013
Hachenburg	Gesetz betreffend die Gesellschaften mit beschränkter Haftung, Großkommentar, 8. Aufl. 1989 ff.

Happ/Groß (Hrsg.)	Aktienrecht, 4. Aufl. 2015
Hauschka/Moosmayer/Lösler (Hrsg.)	Corporate Compliance, 3. Aufl. 2016
Heidel (Hrsg.)	Aktienrecht und Kapitalmarktrecht, Kommentar, 4. Aufl. 2014
Henssler/Strohn (Hrsg.)	Gesellschaftsrecht, 3. Aufl. 2016
Henze/Born/Drescher	Aktienrecht – höchstrichterliche Rechtsprechung, 6. Aufl. 2015
Hölters (Hrsg.)	AktG, 2. Aufl. 2014
Hüffer/Koch	Aktiengesetz, 12. Aufl. 2016
Ihrig/Schäfer	Rechte und Pflichten des Vorstands, 2014
Kallmeyer	UmwG, 6. Aufl. 2017
Kölner Kommentar zum Aktiengesetz	herausgegeben von Zöllner, 2. Aufl. 1986 ff., herausgegeben von Zöllner/Noack, 3. Aufl. 2006 ff.
Kölner Kommentar zum Wertpapiererwerbs- und Übernahmegesetz	herausgegeben von Hirte/von Bülow, 2. Aufl. 2010
Kölner Kommentar zum Wertpapierhandelsgesetz	herausgegeben von Hirte/Möllers, 2. Aufl. 2014
Kremer/Bachmann/Lutter/v. Werder	Deutscher Corporate Governance Kodex, 6. Aufl. 2016
Kropff	Aktiengesetz, Textausgabe des Aktiengesetzes v. 6.9.1965, 1965
Lang/Weidmüller	GenG, 38. Aufl. 2016
Lutter	Information und Vertraulichkeit im Aufsichtsrat, 3. Aufl. 2006
Lutter	Umwandlungsgesetz, herausgegeben von Bayer/J. Vetter, 5. Aufl. 2014
Lutter/Bayer (Hrsg.)	Holding-Handbuch, 5. Aufl. 2015
Lutter/Hommelhoff	GmbH-Gesetz, 19. Aufl. 2016
Lutter/Krieger/Verse	Rechte und Pflichten des Aufsichtsrats, 6. Aufl. 2014
Marsch-Barner/Schäfer (Hrsg.)	Handbuch börsennotierte AG, 3. Aufl. 2014
Martens	Leitfaden für die Leitung der Hauptversammlung einer Aktiengesellschaft, 3. Aufl. 2003
Michalski (Hrsg.)	GmbHG, 2. Aufl. 2010
Münchener Handbuch des Gesellschaftsrechts	Band 3 GmbH herausgegeben von Priester/Mayer/Wicke, 4. Aufl. 2012 Band 4 Aktiengesellschaft herausgegeben von Hoffmann-Becking, 4. Aufl. 2015 Band 7 Gesellschaftsrechtliche Streitigkeiten (Corporate Litigation) herausgegeben von Born/Ghassemi-Tabar/Gehle, 5. Aufl. 2016
Münchener Kommentar zum Aktiengesetz	herausgegeben von Goette/Habersack, 3. Aufl. 2008 ff., 4. Aufl. 2014 ff.
Münchener Kommentar zum BGB	herausgegeben von Säcker/Rixecker/Oetker/Limperg, 7. Aufl. 2014 ff.
Palandt	Bürgerliches Gesetzbuch, 76. Aufl. 2017

Raiser/Veil	Recht der Kapitalgesellschaften, 6. Aufl. 2015
Roth/Altmeppen	Gesetz betreffend die Gesellschaften mit beschränkter Haftung, 8. Aufl. 2015
Rowedder/Schmidt-Leithoff (Hrsg.)	Gesetz betreffend die Gesellschaften mit beschränkter Haftung, Kommentar, 5. Aufl. 2013
Schmidt, Karsten	Gesellschaftsrecht, 4. Aufl. 2002
Schmidt, Karsten/Lutter, Marcus (Hrsg.)	Aktiengesetz, Kommentar, 3. Aufl. 2015
Scholz	Kommentar zum GmbH-Gesetz, 11. Aufl. 2012/2014/2015
Semler	Leitung und Überwachung der Aktiengesellschaft, 2. Aufl. 1996
Semler/Peltzer/Kubis	Arbeitshandbuch für Vorstandsmitglieder, 2. Aufl. 2015
Semler/v. Schenck	Arbeitshandbuch für Aufsichtsratsmitglieder, 4. Aufl. 2013
Semler/v. Schenck	Der Aufsichtsrat, Kommentar, 2015
Seyfarth	Vorstandsrecht, 2016
Spindler/Stilz (Hrsg.)	Aktiengesetz, Kommentar, 3. Aufl. 2015
Thümmel	Persönliche Haftung von Managern und Aufsichtsräten, 5. Aufl. 2016
Ulmer/Habersack/Löbbe (Hrsg.)	GmbHG, Großkommentar, 2. Aufl. 2013/2014/2016
Wachter (Hrsg.)	AktG, 2. Aufl. 2014
Wiedemann	Gesellschaftsrecht, Band 1: Grundlagen, 1980
Wilsing (Hrsg.)	Deutscher Corporate Governance Kodex, Kommentar, 2012

Abkürzungsverzeichnis

a.A.	anderer Ansicht
AbfBeauftrV	Verordnung über Betriebsbeauftragte für Abfall
ABl. EG	Amtsblatt der Europäischen Gemeinschaft
ABl. EU	Amtsblatt der Europäischen Union
Abs.	Absatz
AcP	Archiv für die civilistische Praxis
ADHGB	Allgemeines Deutsches Handelsgesetzbuch
a.E.	am Ende
AEUV	Vertrag über die Arbeitsweise der Europäischen Union
a.F.	alte Fassung
AFG	Arbeitsförderungsgesetz
AG	Aktiengesellschaft; Die Aktiengesellschaft
AGB	Allgemeine Geschäftsbedingungen
AGG	Allgemeines Gleichbehandlungs-Gesetz
AktG	Aktiengesetz
Alt.	Alternative
a.M.	anderer Meinung
AnfG	Anfechtungsgesetz
Anh.	Anhang
Anm.	Anmerkung
AnSVG	Anlegerschutzverbesserungsgesetz
AnwBl.	Anwaltsblatt
AnzV	Verordnung über die Anzeigen und die Vorlage von Unterlagen nach dem Kreditwesengesetz
AO	Abgabenordnung
AöR	Archiv des öffentlichen Rechts
AO-StB	Der AO-Steuer-Berater
AP	Arbeitsrechtliche Praxis (Nachschlagewerk des Bundesarbeitsgerichts)
APAK	Abschlussprüferaufsichtskommission
APAReG	Abschlussprüferaufsichtsreformgesetz
APAS	Abschlussprüferaufsichtsstelle
AR	Aufsichtsrat
ArbGG	Arbeitsgerichtsgesetz
ArbSichG	Arbeitssicherheitsgesetz
AReG	Abschlussprüfungsreformgesetz
Art.	Artikel
ARUG	Gesetz zur Umsetzung der Aktionärsrechterichtlinie
AStG	Außensteuergesetz
AtG	Gesetz über die friedliche Verwendung der Kernenergie und den Schutz gegen ihre Gefahren
ATS	Alien Tort Statue
AÜG	Arbeitnehmerüberlassungsgesetz
Aufl.	Auflage
AuR	Arbeit und Recht
AVB-AVG	Allgemeine Versicherungsbedingungen für Aufsichtsräte, Vorstände und Geschäftsführer

Abkürzungsverzeichnis

AWG	Außenwirtschaftsgesetz
AWV	Außenwirtschaftsverordnung
BaFin	Bundesanstalt für Finanzdienstleistungsaufsicht
BAG	Bundesarbeitsgericht
BAGE	Sammlung der Entscheidungen des BAG
BAnz.	Bundesanzeiger
BattGDV	Verordnung zur Durchführung des Batteriegesetzes
BausparKG	Bausparkassengesetz
BayGO	Gemeindeordnung für den Freistaat Bayern
BayHO	Haushaltsordnung des Freistaates Bayern
BayObLG	Bayerisches Oberstes Landesgericht
BayObLGZ	Entscheidungssammlung des BayObLG in Zivilsachen
BayVGH	Bayerischer Verwaltungsgerichtshof
BB	Betriebs-Berater
BBergG	Bundesberggesetz
BBG	Bundesbeamtengesetz
BBodschG	Bundes-Bodenschutzgesetz
Bd.	Band
BDSG	Bundesdatenschutzgesetz
BeckBilKomm.	Beck'scher Bilanz-Kommentar
Begr.	Begründung
Begr. RegE	Begründung Regierungsentwurf
BetrAVG	Gesetz zur Verbesserung der betrieblichen Altersversorgung
BetrVG	Betriebsverfassungsgesetz
BeurkG	Beurkundungsgesetz
BewG	Bewertungsgesetz
BFH	Bundesfinanzhof
BFHE	Sammlung der Entscheidungen des BFH
BFH/NV	Sammlung amtlich nicht veröffentlichter Entscheidungen des BFH
BFuP	Betriebswirtschaftliche Forschung und Praxis
BGB	Bürgerliches Gesetzbuch
BGBl.	Bundesgesetzblatt
BGH	Bundesgerichtshof
BGHSt	Entscheidungen des Bundesgerichtshofs in Strafsachen
BGHZ	Entscheidungen des Bundesgerichtshofs in Zivilsachen
BHO	Bundeshaushaltsordnung
BilKoG	Bilanzrechtskontrollgesetz
BilMoG	Bilanzrechtsmodernisierungsgesetz
BilReG	Bilanzrechtsreformgesetz
BilRUG	Bilanzrichtlinie-Umsetzungsgesetz
BImSchG	Bundes-Immissionsschutzgesetz
BImSchV	Bundes-Immissionsschutzverordnung
BiRiLiG	Bilanzrichtlinien-Gesetz
BKartA	Bundeskartellamt
BKR	Zeitschrift für Bank- und Kapitalmarktrecht
BMJ	Bundesministerium der Justiz
BMU/BMUB	Bundesministerium für Umwelt, Naturschutz, Bau und Reaktorsicherheit

BNatSchG	Bundesnaturschutzgesetz
BNotO	Bundesnotarordnung
BörsG	Börsengesetz
BörsZulV	Börsenzulassungs-Verordnung
BORA	Berufsordnung für Rechtsanwälte
BPatG	Bundespatentgericht
BRAK-Mitt.	Mitteilungen der Bundesrechtsanwaltskammer
BRAO	Bundesrechtsanwaltsordnung
BR-Drucks.	Bundesrats-Drucksache
BSG	Bundessozialgericht
Bspr.	Besprechung
BStBl.	Bundessteuerblatt
BT-Drucks.	Bundestags-Drucksache
BtG	Betreuungsgesetz
BTO	Bundestarifordnung
BuB	Bankrecht und Bankpraxis
BuW	Betrieb und Wirtschaft
BVerfG	Bundesverfassungsgericht
BVerfGE	Entscheidungssammlung des Bundesverfassungsgerichts
BVerwG	Bundesverwaltungsgericht
BVerwGE	Entscheidungssammlung des Bundesverwaltungsgerichts
BWGemO	Gemeindeordnung für Baden-Württemberg
BWNotZ	Baden-Württembergische Notarzeitschrift
bzw.	beziehungsweise
CB	Compliance Berater
CESR	Committee of European Securities Regulators
ChemG	Chemikaliengesetz
c.i.c.	culpa in contrahendo
CCR-VO	Verordnung (EU) Nr. 575/2013 des Europäischen Parlaments und des Rates vom 26. Juni 2013 über Aufsichtsanforderungen an Kreditinstitute und Wertpapierfirmen und zur Änderung der Verordnung (EU) Nr. 646/2012
CCZ	Corporate Compliance Zeitschrift
COP	Communication on Progress
CR	Computer und Recht
CSR	Corporate Social Responsibility
D&O	Directors & Officers
DAI	Deutsches Aktieninstitut
DAV	Deutscher Anwaltverein
DB	Der Betrieb
DBW	Die Betriebswirtschaft
DCGK	Deutscher Corporate Governance Kodex
DesignG	Gesetz über den rechtlichen Schutz von Design
d.h.	das heißt
Diss.	Dissertation
DJT	Deutscher Juristentag
DNotZ	Deutsche Notar-Zeitschrift

Abkürzungsverzeichnis

DÖV	Die Öffentliche Verwaltung
DrittelbG	Drittelbeteiligungsgesetz
DRiZ	Deutsche Richterzeitung
DStR	Deutsches Steuerrecht
DStRE	DStR-Entscheidungsdienst
DStZ	Deutsche Steuerzeitung
DVBl.	Deutsches Verwaltungsblatt
DZWiR; DZWIR	Deutsche Zeitschrift für Wirtschaftsrecht; ab 1999: Deutsche Zeitschrift für Wirtschafts- und Insolvenzrecht
E, Entw.	Entwurf
EBA	Europäische Bankenaufsichtsbehörde (European Banking Authority)
EFG	Entscheidungen der Finanzgerichte
EfzG	Entgeltfortzahlungsgesetz
EG; eG	Einführungsgesetz; Europäische Gemeinschaften; Vertrag zur Gründung der Europäischen Gemeinschaft; eingetragene Genossenschaft
EGAktG	Einführungsgesetz zum Aktiengesetz
EGBGB	Einführungsgesetz zum Bürgerlichen Gesetzbuch
EGGmbHG	Einführungsgesetz zum Gesetz betreffend die Gesellschaften mit beschränkter Haftung
EGHGB	Einführungsgesetz zum Handelsgesetzbuch
EGInsO	Einführungsgesetz zur Insolvenzordnung
EGMR	Europäischer Gerichtshof für Menschenrechte
EGStGB	Einführungsgesetz zum Strafgesetzbuch
EGVVG	Einführungsgesetz zum Versicherungsvertragsgesetz
EGWG	Einführungsgesetz zum Wechselgesetz
EHUG	Gesetz über elektronische Handelsregister und Genossenschaftsregister sowie das Unternehmensregister
Einf.	Einführung
Einl.	Einleitung
EMAS	Eco Management and Audit Scheme
EMRK	Europäische Menschenrechtskonvention
EPG	Europäische Privatgesellschaft
ErbStG	Erbschaftsteuer- und Schenkungsteuergesetz
ESMA	Die Europäische Wertpapier- und Marktaufsichtsbehörde (European Securities and Markets Authority)
ESt.	Einkommensteuer
EStDV	Einkommensteuer-Durchführungsverordnung
EStG	Einkommensteuergesetz
EU	Europäische Union
EUBestG	(EU-Bestechungsgesetz)
EuG	Europäisches Gericht
EuGH	Europäischer Gerichtshof
EuroEG	Euro-Einführungsgesetz
EuZW	Europäische Zeitschrift für Wirtschaftsrecht
EWiR	Entscheidungen zum Wirtschaftsrecht
EWIV	Europäische wirtschaftliche Interessenvereinigung
EWR	Europäischer Wirtschaftsraum
EWS	Europäisches Wirtschafts- und Steuerrecht

f., ff.	folgende
FamFG	Gesetz über das Verfahren in Familiensachen und in den Angelegenheiten der freiwilligen Gerichtsbarkeit
FAZ	Frankfurter Allgemeine Zeitung
FG	Freiwillige Gerichtsbarkeit; Finanzgericht; Festgabe
FGG	Gesetz über die Angelegenheiten der Freiwilligen Gerichtsbarkeit
FGG-RG	Gesetz zur Reform des Verfahrens in Familiensachen und in den Angelegenheiten der freiwilligen Gerichtsbarkeit
FiMaNoG	Gesetz zur Novellierung von Finanzmarktvorschriften auf Grund europäischer Rechtsakte
FK	Frankfurter Kommentar
FKVO	Fusionskontrollverordnung
FMStErgG	Finanzmarktstabilisierungsergänzungsgesetz
FMStG	Finanzmarktstabilisierungsgesetz
Fn.	Fußnote
FN – IDW	IDW-Fachnachrichten
FR	Finanz-Rundschau
FS	Festschrift
FTD	Financial Times Deutschland
FWB	Frankfurter Wertpapierbörse
GA	Goltdammer's Archiv für Strafrecht
GAufzV	Gewinnabgrenzungsaufzeichnungsverordnung
GBO	Grundbuchordnung
GbR	Gesellschaft bürgerlichen Rechts
GbV	Gefahrgutbeauftragtenverordnung
GDV	Gesamtverband der Deutschen Versicherungswirtschaft
GebrMG	Gebrauchsmustergesetz
gem.	gemäß
GenG	Gesetz betreffend die Erwerbs- und Wirtschaftsgenossenschaften
GenTG	Gentechnikgesetz
GenTSV	Gentechnik-Sicherheitsverordnung
GeschäftsO	Geschäftsordnung
GeschmMG	Geschmacksmustergesetz
GesR	Gesellschaftsrecht
GesRZ	Der Gesellschafter
GewArch	Gewerbearchiv
GewO	Gewerbeordnung
GewStG	Gewerbesteuergesetz
GewStR	Gewerbesteuerrichtlinien
GG	Grundgesetz
GGBefG	Gefahrgutbeförderungsgesetz
ggf.	gegebenenfalls
GI	Gerling-Informationen für wirtschaftsprüfende, rechts- und steuerberatende Berufe
GmbH	Gesellschaft mit beschränkter Haftung
GmbHG	Gesetz betreffend die Gesellschaften mit beschränkter Haftung
GmbHR	GmbH-Rundschau

GmbH-StB	Der GmbH-Steuer-Berater
GMBl.	Gemeinsames Ministerialblatt
GPR	Zeitschrift für Gemeinschaftsprivatrecht
GrEStG	Grunderwerbsteuergesetz
Großkomm.	Großkommentar
GRUR	Gewerblicher Rechtsschutz und Urheberrecht
GRUR-RR	GRUR-Rechtsprechungs-Report
GS	Gedächtnisschrift
GüKG	Güterkraftverkehrsgesetz
GuV	Gewinn- und Verlustrechnung
GVBl.	Gesetz- und Verordnungsblatt
GVG	Gerichtsverfassungsgesetz
GWB	Gesetz gegen Wettbewerbsbeschränkungen
GWG	Geldwäschegesetz
Hdb.	Handbuch
HGB	Handelsgesetzbuch
HGO	Hessische Gemeindeordnung
HGrG	Gesetz über die Grundsätze des Haushaltsrechts des Bundes und der Länder
HK-InsO	Heidelberger Kommentar
h.L.	herrschende Lehre
h.M.	herrschende Meinung
HRefG	Handelsrechtsreformgesetz
HRRS	Höchstrichterliche Rechtsprechung im Strafrecht
Hrsg.	Herausgeber
IAS	International Accounting Standard
i.d.F.	in der Fassung
i.d.R.	in der Regel
IDW	Institut der Wirtschaftsprüfer
IDW PH	IDW Prüfungshinweise
IDW PS	IDW Prüfungsstandards
i.e.	zum Beispiel
i.E.	im Ergebnis
IFRS	International Financial Reporting Standards
ILO	International Labour Organization
INF	Information über Steuer und Wirtschaft
Insbüro	Zeitschrift für Insolvenzsachbearbeitung und Entschuldungsverfahren
InsO	Insolvenzordnung
IntBestG	Gesetz zu dem Übereinkommen vom 17. Dezember 1997 über die Bekämpfung der Bestechung ausländischer Amtsträger im internationalen Geschäftsverkehr
IPRax	Praxis des Internationalen Privat- und Verfahrensrechts
IRZ	Zeitschrift für Internationale Rechnungslegung
i.S.	im Sinne
IStR	Internationales Steuerrecht
i.Ü.	im Übrigen

i.V.m.	in Verbindung mit
IWB	Internationales Steuer- und Wirtschaftsrecht
JbFfSt	Jahrbuch der Fachanwälte für Steuerrecht
JbUTR	Jahrbuch des Umwelt- und Technikrechts
JECLAP	Journal of European Competition Law & Practice
JKomG	Justizkommunikationsgesetz
JR	Juristische Rundschau
JuMOG	Justizmodernisierungsgesetz
Jura	Juristische Ausbildung
JuS	Juristische Schulung
JW	Juristische Wochenschrift
JZ	Juristenzeitung
KAGB	Kapitalanlagegesetzbuch
KAMARisk	Mindestanforderungen an das Risikomanagement von Kapitalverwaltungsgesellschaften
KapMuG	Kapitalanleger-Musterverfahrensgesetz
KG	Kommanditgesellschaft; Kammergericht
KGaA	Kommanditgesellschaft auf Aktien
KK OWiG	Karlsruher Kommentar zum OWiG
KölnKomm.	Kölner Kommentar
KÖSDI	Kölner Steuerdialog
Komm.	Kommentar
KonTraG	Gesetz zur Kontrolle und Transparenz im Unternehmensbereich
KoR	Kapitalmarktorientierte Rechnungslegung
KrWG	Gesetz zur Förderung der Kreislaufwirtschaft und Sicherung der umweltverträglichen Bewirtschaftung von Abfällen
KSt.	Körperschaftsteuer
KStG	Körperschaftsteuergesetz
KStR	Körperschaftsteuerrichtlinien
KTS	Zeitschrift für Konkurs-, Treuhand- und Schiedsgerichtswesen
KUV NRW	Verordnung über kommunale Unternehmen und Einrichtungen als Anstalt des öffentlichen Rechts (Kommunalunternehmensverordnung)
KWG	Kreditwesengesetz
LAG	Landesarbeitsgericht
LBG NRW	Gesetz über die Beamtinnen und Beamten des Landes Nordrhein-Westfalen (Landesbeamtengesetz)
LBodSchG	Landes-Bodenschutzgesetz
LG	Landgericht
LHO	Landeshaushaltsordnung
lit.	litera
LMK	Kommentierte BGH-Rechtsprechung Lindenmaier-Möhring
LMuR	Lebensmittel & Recht
l.Sp.	linke Spalte

MaKonV	Verordnung zur Konkretisierung des Verbotes der Marktmanipulation
MAR	Verordnung (EU) Nr. 596/2014 des Europäischen Parlaments und des Rates vom 16. April 2014 über Marktmissbrauch (Marktmissbrauchsverordnung) und zur Aufhebung der Richtlinie 2003/6/EG des Europäischen Parlaments und des Rates und der Richtlinien 2003/124/EG, 2003/125/EG und 2004/72/EG der Kommission
MaRisk	Mindestanforderungen an das Risikomanagement
MDR	Monatsschrift für Deutsches Recht
Mio.	Million
MittBayNotZ	Mitteilungen des Bayerischen Notarvereins, der Notarkasse und der Landesnotarkammer Bayern (Zeitschrift)
MitbestErgG	Mitbestimmungsergänzungsgesetz
MitbestG	Mitbestimmungsgesetz
MitbestR	Mitbestimmungsrecht
MittRhNotK	Mitteilungen der Rheinischen Notarkammer
MMVO	Verordnung (EU) Nr. 596/2014 des Europäischen Parlaments und des Rates vom 16. April 2014 über Marktmissbrauch (Marktmissbrauchsverordnung) und zur Aufhebung der Richtlinie 2003/6/EG des Europäischen Parlaments und des Rates und der Richtlinien 2003/124/EG, 2003/125/EG und 2004/72/EG der Kommission (Marktmissbrauchsverordnung, Market Abuse Regulations
MoMiG	Gesetz zur Modernisierung des GmbH-Rechts und zur Bekämpfung von Missbräuchen
MontanMitbestG	Montanmitbestimmungsgesetz
MünchHdb. AG	Münchener Handbuch des Gesellschaftsrechts, Die Aktiengesellschaft
MünchHdb. GesR	Münchener Handbuch des Gesellschaftsrechts
MünchKomm.	Münchener Kommentar
m.w.N.	mit weiteren Nachweisen
m.W.v.	mit Wirkung vom
NachwV	Verordnung über die Nachweisführung bei der Entsorgung von Abfällen
NAP	Nationale Aktionspläne für Wirtschaft und Menschenrechte
n.F.	neue Fassung
NGO	Non-Governmental Organisation
NJ	Neue Justiz
NJOZ	Neue Juristische Online-Zeitschrift
NJW	Neue Juristische Wochenschrift
NJW-RR	Rechtsprechungs-Report der NJW
NKomVG	Niedersächsisches Kommunalverfassungsgesetz
NKS	Nationale Kontaktstellen
NotBZ	Zeitschrift für die notarielle Beratungs- und Beurkundungspraxis
NPLYB	Non Profit Law Year Book
npoR	Zeitschrift für das Recht der Non Profit Organisationen
Nr.	Nummer
NStZ	Neue Zeitschrift für Strafrecht
NStZ-RR	Rechtsprechungs-Report der NStZ
NuR	Natur und Recht
NVersZ	Neue Zeitschrift für Versicherung und Recht

NVwZ	Neue Zeitschrift für Verwaltungsrecht
NVwZ-RR	Rechtsprechungsreport der NVwZ
NWB	Neue Wirtschaftsbriefe für Steuer- und Wirtschaftsrecht
NZA	Neue Zeitschrift für Arbeitsrecht
NZG	Neue Zeitschrift für Gesellschaftsrecht
NZI	Neue Zeitschrift für Insolvenz und Sanierung
NZKart	Neue Zeitschrift für Kartellrecht
NZS	Neue Zeitschrift für Sozialrecht
o.Ä.	oder Ähnliches
ÖBA	Österreichisches BankArchiv
OECD	Organisation für wirtschaftliche Zusammenarbeit und Entwicklung (Organisation for Economic Co-operation and Development)
OHG	Offene Handelsgesellschaft
öOGH	Oberster Gerichtshof (Österreich)
OLG	Oberlandesgericht
OVG	Oberverwaltungsgericht
OWiG	Gesetz über Ordnungswidrigkeiten
PartGG	Partnerschaftsgesellschaftsgesetz
PCAOB	Public Company Accounting Oversight Board
PharmR	Pharma Recht
PHi	Haftpflicht international – Recht & Versicherung
ProdHG	Produkthaftungsgesetz
RabelsZ	Rabels Zeitschrift für ausländisches und internationales Privatrecht
RBerG	Rechtsberatungsgesetz
RdA	Recht der Arbeit
RDG	Rechtsdienstleistungsgesetz
RefE	Referentenentwurf
RefG	Reformgesetz
RegE	Regierungsentwurf
RG	Reichsgericht
RGBl.	Reichsgesetzblatt
RGZ	Entscheidungssammlung des Reichsgerichts in Zivilsachen
RIW	Recht der Internationalen Wirtschaft
rkr.	rechtskräftig
RNotZ	Rheinische Notar-Zeitschrift
RöV	Röntgenverordnung
ROHG	Reichsoberhandelsgericht
r.Sp.	rechte Spalte
Rspr.	Rechtsprechung
RStruktG	Restrukturierungsgesetz
Rz.	Randzahl
S.	Seite; Satz
s.	siehe
SchiedsVZ	Zeitschrift für Schiedsverfahren
SchwarzArbG	Gesetz zur Bekämpfung der Schwarzarbeit und illegalen Beschäftigung

SE	Societas Europaea
SEAG	SE-Ausführungsgesetz
SEBG	SE-Beteiligungsgesetz
SEC	Securities and Exchange Commission
SEEG	Gesetz zur Einführung der Europäischen Gesellschaft
SE-VO	SE-Verordnung
Slg.	Sammlung (insbesondere der Entscheidungen des EuGH)
SpkG	Sparkassengesetz
SpoRt	Zeitschrift für Sport und Recht
SpruchG	Spruchverfahrensgesetz
StÄndG	Steueränderungsgesetz
StB	Der Steuerberater
Stbg	Die Steuerberatung
StBp	Die steuerliche Betriebsprüfung
StEntlG	Steuerentlastungsgesetz
StGB	Strafgesetzbuch
StPO	Strafprozessordnung
str.	streitig
StraFo	StrafverteidigerForum
StrlSchV	Strahlenschutzverordnung
st.Rspr.	ständige Rechtsprechung
StuB	Unternehmensteuern und Bilanzen
StV	Strafverteidiger
SZW	Schweizerische Zeitschrift für Wirtschafts- und Finanzmarktrecht
SZW/RSDA	Schweizerische Zeitschrift für Wirtschafts- und Finanzmarktrecht
TÄndRLUG	Gesetz zur Umsetzung der Transparenzrichtlinie-Änderungsrichtlinie
TEHG	Gesetz über den Handel mit Berechtigungen zur Emission von Treibhausgasen
TransPuG	Transparenz- und Publizitätsgesetz
TUG	Transparenzrichtlinie-Umsetzungsgesetz
Tz.	Textziffer
u.a.	unter anderem
UAG	Umweltauditgesetz
UMAG	Gesetz zur Unternehmensintegrität und Modernisierung des Anfechtungsrechts
UmweltHG	Umwelthaftungsgesetz
UmwG	Umwandlungsgesetz
UmwStG	Umwandlungssteuergesetz
UNGC	United Nations Global Compact
UPR	Zeitschrift Umwelt- und Planungsrecht
USchadG	Umweltschadensgesetz
USchadRL	Umweltschadenrichtlinie
USt.	Umsatzsteuer
UStG	Umsatzsteuergesetz
VAG	Versicherungsaufsichtsgesetz
VBl.	Verwaltungsblatt

vBP	Vereidigter Buchprüfer/vereidigte Buchprüferin
VermAnlG	Gesetz über Vermögensanlagen
VersR	Versicherungsrecht
VerwG	Verwaltungsgericht
VerwRspr	Verwaltungsrechtsprechung in Deutschland
VGH	Verwaltungsgerichtshof
vgl.	vergleiche
VglO	Vergleichsordnung
VO	Verordnung
VorstAG	Gesetz zur Angemessenheit der Vorstandsvergütung
VP	Versicherungspraxis
VuR	Verbraucher und Recht
VVG	Versicherungsvertragsgesetz
VW	Versicherungswirtschaft
VwGO	Verwaltungsgerichtsordnung
VwVfG	Verwaltungsverfahrensgesetz
wbl	Wirtschaftsrechtliche Blätter
WHG	Wasserhaushaltsgesetz
wistra	Zeitschrift für Wirtschaft, Steuer und Strafrecht
WM	Wertpapier-Mitteilungen
WP	Wirtschaftsprüfer/in
WpAIV	Wertpapierhandelsanzeige- und Insiderverzeichnisverordnung
WPg	Die Wirtschaftsprüfung
WpHG	Wertpapierhandelsgesetz
WPK	Wirtschaftsprüferkammer
WPK Mitt.	WPK Magazin – Mitteilungen der Wirtschaftsprüferkammer
WPO	Wirtschaftsprüferordnung
WpPG	Wertpapierprospektgesetz
WpÜG	Wertpapiererwerbs- und Übernahmegesetz
WpÜG-AngVO	WpÜG-Angebotsverordnung
WuB	Entscheidungssammlung zum Wirtschafts- und Bankrecht
WuR	Wirtschaftsverwaltungs- und Umweltrecht
WuW	Wirtschaft und Wettbewerb
z.B.	zum Beispiel
ZBB	Zeitschrift für Bankrecht und Bankwirtschaft
ZEV	Zeitschrift für Erbrecht und Vermögensnachfolge
ZfA	Zeitschrift für Arbeitsrecht
ZfgG	Zeitschrift für das gesamte Genossenschaftswesen
ZfV	Zeitschrift für Versicherungswesen
ZfW	Zeitschrift für Wasserrecht
ZGR	Zeitschrift für Unternehmens- und Gesellschaftsrecht
ZHR	Zeitschrift für das gesamte Handels- und Wirtschaftsrecht
Ziff.	Ziffer
ZInsO	Zeitschrift für das gesamte Insolvenzrecht
ZIP	Zeitschrift für Wirtschaftsrecht
ZIS	Zeitschrift für Internationale Strafrechtsdogmatik
ZKF	Zeitschrift für Kommunalfinanzen

ZögU	Zeitschrift für öffentliche und gemeinwirtschaftliche Unternehmen
ZPO	Zivilprozessordnung
ZRFG	Zeitschrift für Risk, Fraud & Governance
ZRP	Zeitschrift für Rechtspolitik
ZSR	Zeitschrift für Sozialreform
ZSt	Zeitschrift für Stiftungswesen
ZStrR	Schweizerische Zeitschrift für Strafrecht
ZStW	Zeitschrift für die gesamte Strafrechtswissenschaft
z.T.	zum Teil
ZUR	Zeitschrift für Umweltrecht
ZVersWiss	Zeitschrift für die gesamte Versicherungswissenschaft
ZVglRWiss	Zeitschrift für Vergleichende Rechtswissenschaft
ZWeR	Zeitschrift für Wettbewerbsrecht
ZWH	Zeitschrift für Wirtschaftsstrafrecht und Haftung im Unternehmen
ZZP	Zeitschrift für Zivilprozess

1. Teil
Grundlagen

§ 1
Entwicklung der Organpflichten und der Organhaftung

Professor Dr. Dr. h.c. mult. Marcus Lutter

I. Überblick 1.1	3. Vertragliche Haftungsreduzierung... 1.19
II. Der Tatbestand 1.2	VI. Praktische Durchsetzung der Haftung............................. 1.22
III. Fazit................................. 1.9	1. In der Aktiengesellschaft 1.22
IV. Ausweitung der Organpflichten und damit auch der Organhaftung...... 1.10	2. GmbH-Recht 1.27
V. Einschränkung der Haftung......... 1.14	3. Genossenschaft................... 1.28
1. Die Business Judgment Rule 1.15	VII. Außenhaftung...................... 1.29
2. Die Director and Officer (D&O)-Versicherung...................... 1.18	VIII. Summa 1.30

I. Überblick

Haftung ist kein schönes Wort. Denn niemand kann sich freuen, wenn er aus seinem privaten Vermögen einen meist sehr hohen Schaden eines Unternehmens decken soll. Vor dem Hintergrund der spektakulären Unternehmenszusammenbrüche infolge der Banken- und Finanzmarktkrise, schwerwiegender Verletzungen der Compliance-Pflichten und hoher Geldbußen wegen Verletzung kartellrechtlicher Gebote und Verbote zeigt sich, dass die Managerhaftung sowohl in der Form der *Innenhaftung*, wie auch der *Außenhaftung* ein stets aktuelles Thema des Kapitalgesellschaftsrechts ist.[1] Das gilt – allerdings aus unterschiedlichen Gründen – für alle Rechtsformen, die Aktiengesellschaften ebenso wie für die GmbHs. Auf die Haftung von Organmitgliedern kann nicht verzichtet werden und das aus vielen Gründen:

1.1

Zum einen sind Organmitglieder in Aktiengesellschaften, GmbHs und Genossenschaften *Treuhänder* fremden Vermögens, das ihnen zur Verwaltung und Mehrung anvertraut ist. Diese Stellung als Treuhänder[2] verlangt von ihnen, wie schon das Reichsgericht zu Recht sagte, *erhöhte Sorgfalt* im Umgang mit dem ihnen anvertrauten Gut.[3] Besonders hervorgehoben wird dies in der Siemens-Entscheidung des BGH aus dem Jahre 2008. Hiernach kann sich das Management im Rahmen seiner Pflichtenbindung nicht darauf berufen, dass Kartellverstöße

---

[1] Vgl. dazu *Bachmann*, Reform der Organhaftung? – Gutachten E zum 70. Deutschen Juristentag, 2014; *Binder*, ZGR 2016, 229 ff.; *Fleischer*, NZG 2014, 321 ff.; *Gaul*, AG 2015, 109 ff.; *Grunewald*, NZG 2016, 1121 ff.; *Lutter*, ZIP 2009, 197 ff.; *Lutter*, BB 2009, 786 ff.

[2] BGH v. 20.2.1995 – II ZR 143/93, BGHZ 129, 30, 34 = GmbHR 1995, 451 (für GmbH); OLG Hamm v. 10.5.1995 – 8 U 59/94, AG 1995, 512, 514; OLG Düsseldorf v. 28.11.1996 – 6 U 11/95, AG 1997, 231, 235.

[3] RG v. 3.11.1906 – I 125/06, RGZ 64, 254, 257 sowie OLG Bremen v. 28.2.1963 – 2 U 81/62, GmbHR 1964, 8; OLG Koblenz v. 10.6.1991 – 6 U 1650/89, ZIP 1991, 870, 871; *Krieger/Sailer-Coceani* in K. Schmidt/Lutter, § 93 AktG Rz. 6 ff.; *Uwe H. Schneider* in Scholz, § 43 GmbHG Rz. 32, 33.

oder Schmiergeldzahlungen subjektiv im Interesse oder gar objektiv zum Nutzen des Unternehmens.[1]

Zum anderen ist es ein Gebot der Gerechtigkeit, wenn der fehlsam handelnde Verwalter den von ihm angerichteten Schaden auszugleichen verpflichtet ist.

Vor allem und zum letzten hat Haftung eine wichtige Steuerungsfunktion[2], soll sie die Organmitglieder doch zu betont verantwortungsvollem Umgang mit dem ihnen anvertrauten Gut anhalten. So bewegt sich die Managerhaftung in einem fortwährenden Spannungsfeld: Durch sie soll für eine verantwortungsvolle Unternehmensführung gesorgt werden, ohne dabei die Freiheit unternehmerischer Ermessensentscheidungen einzuschränken. Haftung ist daher in diesem Spannungsfeld ein notwendiges Element guter und modern verstandener Corporate Governance[3] mit dem Ziel, eine sorgfältige, getreue und wertorientierte Unternehmensführung zu erreichen. Dabei wird nicht übersehen, dass die Haftung für Organmitglieder existenzbedrohend sein kann. Daher sind Überlegungen zur Haftungsmilderung[4] zwar nachvollziehbar. Sie verdienen aber jedenfalls bei grob fahrlässiger oder vorsätzlicher Pflichtverletzung keine Unterstützung.

II. Der Tatbestand

1.2   1. Das alles ist nicht neu, sondern seit mehr als 100 Jahren Standard des deutschen Unternehmensrechts. So lauten die einschlägigen Normen nach der Aktienrechtsreform von 1884 im ADHGB:

Art. 226

„(1) Die Mitglieder des Aufsichtsraths haben bei Erfüllung der ihnen nach Art. 225 zugewiesenen Obliegenheiten die Sorgfalt eines ordentlichen Geschäftsmanns anzuwenden."

Art. 241

„...

(2) Die Mitglieder des Vorstandes haben bei ihrer Geschäftsführung die Sorgfalt eines ordentlichen Geschäftsmanns anzuwenden.

(3) Mitglieder, welche ihre Obliegenheiten verletzen, haften der Gesellschaft solidarisch für den dadurch entstandenen Schaden ..."

Und im HGB von 1897:

§ 241

„(1) Die Mitglieder des Vorstandes haben bei ihrer Geschäftsführung die Sorgfalt eines ordentlichen Geschäftsmanns anzuwenden.

(2) Mitglieder, die ihre Obliegenheiten verletzen, haften der Gesellschaft als Gesamtschuldner für den daraus entstehenden Schaden."

---

1 BGH v. 29.8.2008 – 2 StR 587/07, NJW 2009, 89 ff. = ZIP 2008, 2315 – Siemens; danach kann das Entziehen und Vorenthalten von Vermögenswerten unter Einrichtung verdeckter Kassen durch leitende Angestellte eines Wirtschaftsunternehmens den Vorwurf der Untreue nach § 266 Abs. 1 StGB begründen; vgl. auch *Fleischer*, NJW 2009, 2337, 2337 f.
2 *Hopt/Roth* in Großkomm. AktG, § 93 AktG Rz. 28; *Hopt/Roth* in Großkomm. AktG, § 116 AktG Rz. 7; *Fleischer* in Fleischer, Handbuch des Vorstandsrechts, 2006, § 11 Rz. 4; *Uwe H. Schneider* in Scholz, § 43 GmbHG Rz. 15, 23.
3 *Hopt/Roth* in Großkomm. AktG, § 93 AktG Rz. 32; *Lutter*, ZSR 2005, Bd. II, 414 ff.
4 S. etwa *Fleischer*, ZIP 2014, 1305 ff.; *Bayer/Scholz*, NZG 2014, 926 ff.

§ 249

„(1) Die Mitglieder des Aufsichtsraths haben bei der Erfüllung ihrer Obliegenheiten die Sorgfalt eines ordentlichen Geschäftsmanns anzuwenden.

(2) Mitglieder, die ihre Obliegenheiten verletzen, haften der Gesellschaft mit den Vorstandsmitgliedern als Gesamtschuldner für den daraus entstehenden Schaden."

Im AktG 1937 wurde daraus:

§ 84 AktG 1937

„(1) Die Vorstandsmitglieder haben bei ihrer Geschäftsführung die Sorgfalt eines ordentlichen und gewissenhaften Geschäftsleiters anzuwenden. Über vertrauliche Angaben haben sie Stillschweigen zu bewahren.

(2) Vorstandsmitglieder, die ihre Obliegenheiten verletzen, sind der Gesellschaft zum Ersatz des daraus entstehenden Schadens als Gesamtschuldner verpflichtet. Sie haben nachzuweisen, dass sie die Sorgfalt eines ordentlichen und gewissenhaften Geschäftsleiters angewandt haben."

§ 99 AktG 1937

„Für die Sorgfaltspflicht und Verantwortlichkeit der Aufsichtsratsmitglieder gilt § 84 über die Sorgfaltspflicht und Verantwortlichkeit der Vorstandsmitglieder sinngemäß."

Und schließlich im Aktiengesetz von 1965:

§ 93 AktG 1965

„(1) Die Vorstandsmitglieder haben bei ihrer Geschäftsführung die Sorgfalt eines ordentlichen und gewissenhaften Geschäftsleiters anzuwenden. Über vertrauliche Angaben und Geheimnisse der Gesellschaft, namentlich Betriebs- und Geschäftsgeheimnisse, die den Vorstandsmitgliedern durch ihre Tätigkeit im Vorstand bekannt geworden sind, haben sie Stillschweigen zu bewahren.

(2) Vorstandsmitglieder, die ihre Pflichten verletzen, sind der Gesellschaft zum Ersatz des daraus entstehenden Schadens als Gesamtschuldner verpflichtet. Ist streitig, ob sie die Sorgfalt eines ordentlichen und gewissenhaften Geschäftsleiters angewandt haben, so trifft sie die Beweislast."

§ 116 AktG 1965

„Für die Sorgfaltspflicht und Verantwortlichkeit der Aufsichtsratsmitglieder gilt § 93 über die Sorgfaltspflicht und Verantwortlichkeit der Vorstandsmitglieder sinngemäß."

Aus dem ordentlichen Geschäftsmann wurde in dieser langen Zeit nur der ordentliche Geschäftsleiter, aus der „Obliegenheitsverletzung" die „Pflichtverletzung". Im Übrigen wurde nur das Gebot der Vertraulichkeit später eingefügt und erweitert.

1.3

Dieser über ein Jahrhundert gleich bleibende Grundtatbestand der Haftung wurde allerdings durch die Umkehr der Beweislast – entsprechend der Rechtsprechung des *Reichsgerichts*[1] – im AktG 1937 (§ 84 Abs. 2 Satz 2) und im folgenden AktG 1965 (§ 93 Abs. 2 Satz 2) ganz wesentlich verschärft.

1.4

Mit dem KonTraG von 1998[2] wurde schließlich § 116 AktG hinsichtlich der Verschwiegenheitspflicht der Aufsichtsratsmitglieder um einen Satz 2 erweitert:

1.5

„Die Aufsichtsratsmitglieder sind insbesondere zur Verschwiegenheit über erhaltene vertrauliche Berichte und vertrauliche Beratungen verpflichtet."

---

1 RG v. 28.4.1885 – III 3/85, RGZ 13, 46 ff.; RG v. 25.1.1888 – I 366/87, RGZ 20, 269 ff.; RG v. 28.5.1895 – II 69/95, RGZ 35, 85 ff.; RG v. 3.2.1920 – II 272/19, RGZ 98, 100 ff.
2 Gesetz zur Kontrolle und Transparenz im Unternehmensbereich vom 27.4.1998, BGBl. I 1998, 786.

Als Folge einer sehr kritischen Debatte in der Öffentlichkeit zur Höhe der Vorstandsgehälter hat der Gesetzgeber im VorstAG von 2009[1] dem § 116 AktG einen weiteren Satz angefügt:

„Sie (scil: die Aufsichtsratsmitglieder) sind namentlich zum Ersatz verpflichtet, wenn sie eine unangemessene Vergütung festsetzen (§ 87 Absatz 1)."

1.6 Und schließlich wurde mit dem UMAG[2] – der Rechtsprechung des Bundesgerichtshofs folgend[3] – ein neuer Satz 2 in den § 93 Abs. 1 AktG mit der aus dem US-amerikanischen Recht bekannten Business Judgment Rule eingefügt:

„Eine Pflichtverletzung liegt nicht vor, wenn das Vorstandsmitglied bei einer unternehmerischen Entscheidung vernünftigerweise annehmen durfte, auf der Grundlage angemessener Information zum Wohle der Gesellschaft zu handeln."

1.7 2. Die Haftungsnorm im GmbHG (§ 43) blieb seit 1892 unverändert und lautet:

„(1) Die Geschäftsführer haben in den Angelegenheiten der Gesellschaft die Sorgfalt eines ordentlichen Geschäftsmannes anzuwenden.

(2) Geschäftsführer, welche ihre Obliegenheiten verletzen, haften der Gesellschaft solidarisch für den entstandenen Schaden."

Der Text entspricht also wörtlich der Regelung für den Vorstand einer Aktiengesellschaft im HGB von 1897. Aber auch zum AktG 1937 und AktG 1965 besteht materiell kein Unterschied, zumal die Rechtsprechung zur GmbH die dort geregelte Umkehr der Darlegungs- und Beweislast aus dem Aktienrecht übernommen hat.[4]

1.8 3. Die Regelung des § 34 GenG ist nahezu wortgleich mit derjenigen des § 93 im AktG 1965.[5]

Im Genossenschaftsrecht hatten sowohl Vorstand als auch Aufsichtsrat die *Sorgfalt eines ordentlichen Geschäftsmannes* anzuwenden (§ 32 GenG 1889, § 34 GenG 1898 bzw. § 39 GenG 1889, § 41 GenG 1898). Mit dem GenGÄndG von 1973[6] wurden die Änderungen durch das Aktiengesetz 1965 im Genossenschaftsrecht nachvollzogen: Mit § 41 GenG wurde für die Haftung des Aufsichtsrats eine § 116 AktG vergleichbare Verweisungsnorm eingeführt, die an die Stelle einer eigenständigen Regelung für die Aufsichtsratshaftung trat. Im Bereich der Vorstandshaftung wurde § 34 dem AktG 1965 angepasst. Um aber der besonderen Aufgabe der Genossenschaft als Förderunternehmen Rechnung zu tragen und diese Verantwortung des Vorstands zum Ausdruck zu bringen, wurde aus dem Geschäftsmann der Geschäftsleiter *einer Genossenschaft*. Mit Gesetz vom 17.7.2017[7] wurde in § 34 Abs. 1 Satz 2 GenG die Business Judgement Rule eingefügt.

---

1 Gesetz zur Angemessenheit der Vorstandsvergütung vom 31.7.2009, BGBl. I 2009, 2509.
2 Gesetz zur Unternehmensintegrität und Modernisierung des Anfechtungsrechts vom 22.9.2005, BGBl. I 2005, 2802.
3 BGH v. 21.4.1997 – II ZR 175/95, BGHZ 135, 244, 253 = AG 1997, 377 – ARAG.
4 BGH v. 4.11.2002 – II ZR 224/00, NJW 2003, 358 f. = AG 2003, 381 und OLG Oldenburg v. 22.6.2006 – 1 U 34/03, DB 2006, 2511; ausführlich dazu *Goette*, ZGR 1995, 648 ff.
5 Zur Organhaftung in der Genossenschaft s. *Weber*, § 4.
6 Gesetz zur Änderung des Gesetzes betreffend die Erwerbs- und Wirtschaftsgenossenschaften vom 9.10.1973, BGBl. I 1973, 1451.
7 Gesetz zum Bürokratieabbau und zur Förderung der Transparenz bei Genossenschaften vom 17.7.2017, BGBl. I 2017, 2434.

III. Fazit

Die Normen zu Haftung und Verantwortung von Organmitgliedern haben sich in ihrem Text in weit über 100 Jahren als ungewöhnlich stabil erwiesen; nur das Vertraulichkeitsgebot nimmt im Text heute einen breiteren Raum ein.[1] Und da auch eine nur leicht fahrlässige Pflichtverletzung für die Schadensersatzpflicht genügt, diese und das Verschulden zudem vermutet werden, handelt es sich seit eh und je um ausgesprochen scharfe Haftungsnormen.[2]

1.9

IV. Ausweitung der Organpflichten und damit auch der Organhaftung

Die Texte der Haftungsnormen für Organmitglieder haben sich – von der Beweislastumkehr und den Vertraulichkeitsgeboten abgesehen – kaum geändert, wohl aber gibt es neue Sachverhalte – dazu gehört etwa die Haftung von Organmitgliedern bei Konzernlagen –, die Gebote und Verbote haben zugenommen und es wurden die Pflichten der Organmitglieder stetig ausgeweitet[3], mit der Folge, dass Pflichtverletzungen heute sehr viel leichter möglich sind:

1.10

1. Die Vorstände und Geschäftsführer sind durch eine Fülle kaum mehr überschaubarer Normen in die Pflicht genommen worden, Normen, die vom Kartellrecht und Umweltrecht über das Arbeitsrecht, das Steuer- und Sozialrecht bis hin zum heutigen Gleichbehandlungsgesetz reichen.[4] Verstöße hiergegen sind per se Pflichtverletzungen[5]; und entsteht der Gesellschaft daraus ein Schaden – von der Buße im Kartellrecht bis zu der im Steuerrecht – so sind die Betroffenen zum Ersatz verpflichtet.[6]

1.11

Um diesen Haftungsrisiken Herr zu werden, können Vorstände ihre Aufgaben in Richtung einer Ressortverantwortlichkeit delegieren, argumentum e §§ 77 Abs. 2 Satz 2, 107 Abs. 3 Satz 1 AktG. Die erlaubte Delegation führt zu einer Veränderung der Pflichten und des Sorgfaltsstandards unter den Vorstandsmitgliedern dahingehend, dass der Pflichtenstandard bei den Nicht-Zuständigen auf Informations- und Kontrollpflichten absinkt, während sich dieser Standard in der Person des Zuständigen noch einmal verdichtet.[7] Dahinter steht zum einen der Gedanke begrenzter Leitungs- und Überwachungskapazitäten und zum anderen der Effizienzgewinn durch die Spezialisierung des jeweiligen Zuständigen.[8]

Darüber hinaus ergeben sich insbesondere bei Aktiengesellschaften für Vorstände und Aufsichtsräte neue Gefahrenfelder, überwiegend im Bereich der sog. Organaußenhaftung, also der Haftung nicht ihrer Gesellschaft („Innenhaftung"), sondern Dritten gegenüber.[9] Mit der veränderten Unternehmensfinanzierung und der Entwicklung des Kapitalmarktrechts exis-

1.12

---

1 Eingehend dazu *Lutter*, Information und Vertraulichkeit im Aufsichtsrat, 3. Aufl. 2006.
2 Vgl. *Hopt/Roth* in Großkomm. AktG, § 93 AktG Rz. 11.
3 Vgl. dazu *Uwe H. Schneider* in Scholz, § 43 GmbHG Rz. 13, 357 ff.; *Uwe H. Schneider* in FS 100 Jahre GmbH-Gesetz, 1992, S. 473 ff.; *Fleischer*, NJW 2009, 2337 ff.; *Fleischer*, NZG 2014, 321 ff.
4 Vgl. nur die §§ 22–39 im 3. Teil dieses Handbuchs.
5 H.M., vgl. *Hopt/Roth* in Großkomm. AktG, § 93 AktG Rz. 133; *Mertens/Cahn* in KölnKomm. AktG, § 93 AktG Rz. 34; für GmbH *Lutter*, GmbHR 2000, 301, 302; differenzierend hinsichtlich „nützlicher Pflichtverletzungen" des Vorstands *Fleischer*, ZIP 2005, 141 ff.
6 *Fleischer* in Fleischer, Handbuch des Vorstandsrechts, § 7 Rz. 13 f.
7 *Fleischer*, NZG 2014, 321, 323 f.; *Froesch*, DB 2009, 722 ff.; *Krause*, BB 2009, 1370 ff.; vgl. ferner *Lutter*, ZSR 2005, Bd. II, 414, 436 ff., zu den aus Delegation resultierenden Überwachungspflichten.
8 *Fleischer*, ZIP 2009, 1397, 1402; vgl. zu den auftretenden Haftungsfragen *Krieger/Sailer-Coceani* in K. Schmidt/Lutter, § 93 AktG Rz. 32.
9 Ausführlich zur Innen- und Außenhaftung *Lutter*, ZSR 2005, Bd. II, 414, 443 ff.

tiert bei börsennotierten Unternehmen das Risiko der Haftung vor allem der Vorstände für fehlerhafte Kapitalmarktinformation mit sog. Streuschäden, bei denen fast immer mit Klagen von Kleinaktionären zu rechnen ist.[1] Bei in den USA gelisteten deutschen Unternehmen kommt die Gefahr hinzu, dass Organe in den Vereinigten Staaten verklagt werden[2], wohl nicht zuletzt auch auf Grund der für den Kläger verlockend immensen Schadensersatzforderungen. Schließlich birgt auch der Unternehmensverbund Risiken sowohl für Vorstände als auch für ihre Kontrolleure.[3] Im Übrigen vgl. unten § 42.

1.13   2. Eine ähnliche, aber nicht gleiche Entwicklung hat sich für die Aufsichtsräte ergeben. *Zum einen* hat der Aufsichtsrat auch und gerade die *Rechtmäßigkeit* des Vorstandshandelns zu überwachen[4], also die Einhaltung der soeben erwähnten vielen, vielen Normen eines modernen Sozialstaates, die sich an die Unternehmen und ihre Leitungen wenden. *Zum anderen* aber haben sich durch das KonTraG[5] und das TransPuG[6] die Aufgaben und Pflichten des Aufsichtsrats *ausgeweitet*:

– Ihm obliegt heute die Auswahl des Abschlussprüfers und des Konzern-Abschlussprüfers mit dem entsprechenden Vorschlag an die Hauptversammlung und der spätere Vertragsschluss mit ihm, § 111 Abs. 2 Satz 3 AktG.[7]

– Er berät die Unternehmensplanung und die Unternehmenspolitik mit dem Vorstand, § 90 Abs. 1 Nr. 1 AktG.[8]

– Er ist jetzt auch für die Prüfung und Billigung des Konzernabschlusses zuständig, § 171 Abs. 2 Satz 5 AktG.[9]

– Er muss für einen Katalog von Geschäften sorgen, die seiner Zustimmung bedürfen, § 111 Abs. 4 Satz 2 AktG.[10]

– Er hat das Risiko-Überwachungssystem des Vorstands zu kontrollieren und seine Maßnahmen zur Vermeidung von Kartellverstößen und Bestechung (Compliance).

---

1   Vgl. etwa BGH v. 19.7.2004 – II ZR 402/02, BGHZ 160, 149 = AG 2004, 546.
2   Dazu *Geulen/Sebock*, NJW 2003, 3244 ff. Vgl. dazu auch den Fall des Kirk Kirkorian gegen DaimlerChrysler und zwei ihrer Vorstandsmitglieder auf mehr als 1 Mrd. US-Dollar Schadensersatz: US District Court for Delaware 364 F. Supp. 2d 362 (2005).
3   Vgl. dazu *Sven H. Schneider/Uwe H. Schneider*, AG 2005, 57 ff.
4   BGH v. 16.3.2009 – II ZR 280/07, NZG 2009, 550 = AG 2009, 404, Rz. 15; dazu *Lutter/Krieger/Verse*, Rechte und Pflichten des Aufsichtsrats, 6. Aufl. 2014, Rz. 74; *Habersack* in MünchKomm. AktG, § 111 AktG Rz. 18, 42; *Lutter* in KodexKomm., 6. Aufl. 2016, Rz. 1209 f.
5   Gesetz zur Kontrolle und Transparenz im Unternehmensbereich vom 27.4.1998, BGBl. I 1998, 786.
6   Gesetz zur weiteren Reform des Aktien- und Bilanzrechts, zu Transparenz und Publizität vom 19.7.2002, BGBl. I 2002, 2681.
7   Dazu *Theisen*, DB 1999, 341 ff.; *Hopt/Roth* in Großkomm. AktG, § 111 AktG Rz. 439; *Lutter/Krieger/Verse*, Rechte und Pflichten des Aufsichtsrats, 6. Aufl. 2014, Rz. 171 ff.
8   BGH v. 25.3.1991 – II ZR 188/89, BGHZ 114, 127, 130; *Lutter/Krieger/Verse*, Rechte und Pflichten des Aufsichtsrats, 6. Aufl. 2014, Rz. 103.
9   *Heinrichs/Pöschke* in MünchKomm. AktG, 3. Aufl. 2013, § 171 AktG Rz. 67 ff.
10 BGH v. 1.12.2006 – II ZR 243/05, NZG 2007, 187 = AG 2007, 167; *Lutter/Krieger/Verse*, Rechte und Pflichten des Aufsichtsrats, 6. Aufl. 2014, Rz. 109; *Habersack* in MünchKomm. AktG, § 111 AktG Rz. 100 ff.

– Und schließlich muss er als Aufsichtsrat einer börsennotierten AG jährlich erklären, ob er die Empfehlungen des Deutschen Corporate Governance Kodex eingehalten hat bzw. wo er davon abgewichen ist, § 161 AktG.[1]

Mit dieser Ausweitung seiner Pflichten ist die Gefahr von Pflichtverletzungen naturgemäß ganz erheblich gewachsen.

V. Einschränkung der Haftung

Aber die Haftungsrisiken für Organmitglieder wurden in den vergangenen 100 Jahren nicht nur ausgeweitet, sie wurden auch eingeschränkt. Zwei Aspekte sind hier zu nennen: 1.14

1. Die Business Judgment Rule

a) In seiner Entscheidung vom 21.7.1997 (ARAG) hat der *Bundesgerichtshof*[2] die frühere Rechtsprechung des *Reichsgerichts*[3] bestätigt, wonach Organmitglieder nicht für fehlgelaufene unternehmerische Entscheidungen haften, vorausgesetzt die betreffende Entscheidung war 1.15

– im freien Ermessen der Organmitglieder, also nicht gesetzlich vorgeschrieben,

– sorgfältig vorbereitet,

– durch keinen Interessenkonflikt berührt und

– enthielt keine übergroßen Risiken.

Der Gesetzgeber hat diese für Vorstände und Aufsichtsräte gleichermaßen geltende Haftungsfreistellung mit dem oben bereits zitierten § 93 Abs. 1 Satz 2 AktG zum Gesetz erhoben. Sie reduziert das unternehmerische Risiko des Aktionärs für Fehlentscheidungen des Managements durch dessen Pflicht zu sorgfältiger Vorbereitung und unabhängiger Entscheidung der betreffenden unternehmerischen Maßnahme.[4]

Damit haftet der Vorstand von BMW nicht für das Fehlinvestment bei Rover in Großbritannien, der Vorstand einer Bank nicht für die Verluste, weil ein Kredit nicht zurückbezahlt werden konnte, obwohl eine ordnungsgemäße Kreditwürdigkeitsprüfung erfolgte, der Vorstand von Daimler-Chrysler nicht für das Fehlinvestment bei Fokker in den Niederlanden, der Aufsichtsrat nicht, wenn sich die Bestellung eines Vorstandsmitglieds als Flop erweist. Der Vorstand des Bankhauses Oppenheim nicht, wenn er in Arcandor investiert.

b) Diese Regel gilt auch in der GmbH[5] und in der Genossenschaft.[6] 1.16

---

1 Dazu *Lutter* in KölnKomm. AktG, 3. Aufl. 2006, Erläuterungen zu § 161 AktG; *Lutter* in Kodex-Komm., 6. Aufl. 2016, Rz. 1800 ff.

2 BGH v. 21.4.1997 – II ZR 175/95, BGHZ 135, 244 ff. = AG 1997, 377.

3 RG v. 28.6.1930 – IX 4/30, RGZ 129, 272, 275; *Schlegelberger/Quassowski*, Kommentar zum AktG 1937, 3. Aufl., § 84 (1937) Anm. 4.

4 Ausführlich *Krieger/Sailer-Coceani* in K. Schmidt/Lutter, § 93 AktG Rz. 13 ff.; *Lutter*, ZSR 2005, Bd. II, 414, 424 ff.; *Lutter*, ZIP 2007, 417 ff.

5 BGH v. 4.11.2002 – II ZR 224/00, BGHZ 152, 280, 282 und 284 = AG 2003, 381; OLG Oldenburg v. 22.6.2006 – 1 U 34/03, DB 2006, 2511, 2512; *Kleindiek* in Lutter/Hommelhoff, § 43 GmbHG Rz. 23; *Zöllner/Noack* in Baumbach/Hueck, § 43 GmbHG Rz. 22.

6 BGH v. 1.12.2003 – II ZR 216/01, ZIP 2004, 407 ff.; einschränkend BGH v. 21.3.2005 – II ZR 54/03, ZIP 2005, 981, 983; *Beuthien*, § 34 GenG Rz. 9; *Holthaus/Lehnhoff* in Lang/Weidmüller, § 34 GenG Rz. 19, 47, jeweils mit Verweis auf das ARAG-Urteil des BGH (BGH v. 21.4.1997 – II ZR 175/95, BGHZ 135, 244 ff. = AG 1997, 377).

1.17 c) Sie gilt aber nicht, das sei wiederholt, bei einer Verletzung von Gesetz oder Satzung und sie gilt nicht bei unsorgfältiger Vorbereitung einer unternehmerischen Entscheidung.[1]

2. Die Director and Officer (D&O)-Versicherung

1.18 Zum zweiten hat sich seit den 90er Jahren des letzten Jahrhunderts die aus den USA längst bekannte D&O-Versicherung auch bei uns etabliert und durchgesetzt.[2] Sie deckt die verbliebenen Haftungsrisiken von Vorständen und Aufsichtsräten ab. Da diese Versicherung mindestens *auch* im Interesse der Gesellschaft ist – sie gibt die Chance der Durchsetzung auch hoher Ersatzansprüche –, kann diese Versicherung auch auf Kosten der Gesellschaft vom Vorstand und ohne Mitwirkung der Hauptversammlung abgeschlossen werden; § 113 AktG ist nicht einschlägig.[3] Da diese Versicherung aber dem Ziel entgegensteht, die Organmitglieder durch die Haftungsdrohung zu sorgfältiger Führung ihres Amtes anzuhalten, verlangt der Deutsche Corporate Governance Kodex in Ziff. 3.8 die Vereinbarung eines so genannten Selbstbehalts, also eines nicht versicherten Schadensteils beim Organmitglied. Eigentümlicherweise wurde gerade diese Empfehlung des Kodex von vielen börsennotierten Unternehmen nicht befolgt.[4]

Wegen dieser uneinsichtigen Haltung der Unternehmen hat der Gesetzgeber des VorstAG dieses Postulat des DCGK nun in § 93 Abs. 2 Satz 3 AktG aufgenommen. Danach ist ein Selbstbehalt von mindestens 10 % des Schadens bis mindestens zur Höhe des Eineinhalbfachen der festen jährlichen Vergütung des Vorstandsmitgliedes vorzusehen. In dieser schwer verständlichen Formulierung kommen zwei festzusetzende *Mindestparameter* zum Ausdruck: Eine prozentuale Quote, die sich auf jeden einzelnen Schadensfall bezieht, und eine absolute Obergrenze, die für alle Schadensfälle in einem Jahr zusammen gilt. Diese kann jedoch auch schon bei einem einzigen größeren Schadensfall erreicht werden.[5] Aus dieser Regelung resultieren erhebliche Folgeprobleme, wie die Rechtsfolge eines Verstoßes oder die Rechtsfolge einer unterbliebenen Anpassung eines Altvertrages. Auch die Frage der Zulässigkeit einer Eigenversicherung des Vorstandsmitglieds gegen den Selbstbehalt wird diskutiert.[6]

Im Übrigen: Der *Bundesgerichtshof* hat den Aufsichtsrat in der ARAG-Entscheidung als *verpflichtet* angesehen, einen Schadensersatzanspruch gegen den Vorstand auch tatsächlich geltend zu machen.[7] Das Gleiche gilt dann naturgemäß für den Vorstand im Hinblick auf den Aufsichtsrat und seine Mitglieder. Von dieser Pflicht hat der BGH nur zwei Ausnahmen gesehen: zum einen das etwaige Interesse der Gesellschaft, aus Gründen ihres standings den Anspruch *nicht* zu verfolgen; und zum anderen die zu geringen Chancen der Rechtsdurchsetzung. Dieser letztere Aspekt entfällt bei einer D&O-Versicherung. Denn im Gegensatz zum Organmitglied ist die Versicherung stets zahlungsfähig.

---

1 Dazu eingehend *Lutter*, ZIP 2007, 841 und *Lutter*, GesRZ 2007, 79, 81 ff.
2 S. dazu unten ausführlich *Sieg*, § 18 und *Ihlas*, § 19.
3 Inzwischen ganz h.M., vgl. *Drygala* in K. Schmidt/Lutter, § 113 AktG Rz. 16; *Hüffer/Koch*, § 113 AktG Rz. 2a; *Lutter/Krieger/Verse*, Rechte und Pflichten des Aufsichtsrats, 6. Aufl. 2014, Rz. 1038.
4 *v. Werder/Talaulicar*, DB 2006, 849, 854; *Krause*, BB 2009, 1370, 1375; zu den Gründen vgl. *Fleischer* in Fleischer, Handbuch des Vorstandsrechts, § 12 Rz. 19.
5 Begründung zur Beschlussempfehlung und Bericht des Rechtsausschusses, BT-Drucks. 16/13433, S. 17.
6 Vgl. m.w.N. *Hüffer/Koch*, § 93 AktG Rz. 59.
7 BGH v. 21.4.1997 – II ZR 175/95, BGHZ 135, 244 = AG 1997, 377; vgl. dazu *Habersack*, NZG 2016, 321 ff.

3. Vertragliche Haftungsreduzierung

a) Eine Reduzierung der Haftung durch eine statutarische Regel oder eine vertragliche Vereinbarung zwischen Gesellschaft und Organmitglied ist im Aktien- und Genossenschaftsrecht ausgeschlossen.[1] Das gilt sowohl für den objektiven Tatbestand (Reduzierung auf grobe Pflichtverletzung) wie für den Verschuldensmaßstab (Reduzierung auf grobe Fahrlässigkeit).

1.19

b) Im GmbH-Recht hingegen ist genau das, also eine Haftungsreduzierung durch Statut oder Vertrag in Grenzen möglich. Dafür kommen drei Gestaltungsmodalitäten in Betracht[2]:

1.20

- eine Herabsetzung des Pflichten- und Sorgfaltsmaßstabs,
- Verzicht, Vergleich oder Verjährungsfristverkürzung sowie eine
- summenmäßige Haftungsbeschränkung.

Hinsichtlich der Zulässigkeit einer solchen Haftungsreduzierung hat das Gesetz nur einige Eckpfeiler vorgegeben: Die Haftung für Vorsatz kann nicht im Voraus vertraglich ausgeschlossen werden, § 276 Abs. 3 BGB, und die Haftung für die Verletzung gläubigerschützender, insbesondere kapitalerhaltender Vorschriften ist unabdingbar, § 43 Abs. 3 Satz 3 i.V.m. § 9b GmbHG, §§ 9a Abs. 1 und 9b GmbHG sowie § 57 Abs. 4 i.V.m. § 9b und § 64 Satz 1 GmbHG.[3] Im Übrigen ist jedoch Vieles umstritten. Der *Bundesgerichtshof* ist der Ansicht, dass es in den oben genannten Grenzen Sache der Gesellschafter sei, darüber zu befinden, ob und in welchem Umfang sie Ansprüche der Gesellschaft verfolgen wollen.[4] So, wie auf die Durchsetzung eines Anspruchs verzichtet werden könne (Vertrag, Gesellschafterbeschluss), könne auch im Vorfeld das Entstehen eines Ersatzanspruchs begrenzt oder ausgeschlossen werden.[5] Dies gelte auch dort, wo der Geschäftsführer Weisungen der Gesellschafter hätte Folge leisten müssen. Damit sind Haftungsbeschränkungen im Voraus grundsätzlich zulässig, streitig ist jedoch das Ausmaß (z.B. auch für grobe Fahrlässigkeit) und die Form (Satzung, Vertrag) des Haftungsausschlusses. Eine nachträgliche Haftungsreduzierung ist in Form von Verzicht, Vergleich oder Generalbereinigung möglich, wiederum nur in den gläubigerschützenden Grenzen der §§ 43 Abs. 3 Satz 2, 9b; §§ 57 Abs. 4, 9b und § 64 Satz 1 GmbHG.[6]

1.21

VI. Praktische Durchsetzung der Haftung

1. In der Aktiengesellschaft

Die wirklich scharfe Haftung im Aktienrecht – jede Pflichtverletzung, leichte Fahrlässigkeit, Beweislastumkehr – hat in der Praxis bei den Aktiengesellschaften nur selten zur Durchset-

1.22

---

[1] Zum Aktienrecht vgl. *Hopt/Roth* in Großkomm. AktG, § 93 AktG Rz. 47; *Spindler* in MünchKomm. AktG, § 93 AktG Rz. 27; *Hopt/Roth* in Großkomm. AktG, § 116 AktG Rz. 10; *Habersack* in MünchKomm. AktG, § 116 AktG Rz. 4; *Krieger/Sailer-Coceani* in K. Schmidt/Lutter, § 93 AktG Rz. 59 ff.; zum GenG vgl. *Holthaus/Lehnhoff* in Lang/Weidmüller, § 34 GenG Rz. 131.
[2] *Kleindiek* in Lutter/Hommelhoff, § 43 GmbHG Rz. 60.
[3] *Ziemons* in Oppenländer/Trölitzsch, Praxis-Handbuch der GmbH-Geschäftsführung, 2. Aufl. 2011, § 29 Rz. 19; *Kleindiek* in Lutter/Hommelhoff, § 43 GmbHG Rz. 62; *Zöllner/Noack* in Baumbach/Hueck, § 43 GmbHG Rz. 46.
[4] BGH v. 16.9.2002 – II ZR 107/01, NJW 2002, 3777, 3777; kritisch dazu *Kleindiek* in Lutter/Hommelhoff, § 43 GmbHG Rz. 64.
[5] BGH v. 16.9.2002 – II ZR 107/01, NJW 2002, 3777, 3778.
[6] *Heiße*, Die Beschränkung der Geschäftsführerhaftung, 1988, S. 123 ff.; *Kleindiek* in Lutter/Hommelhoff, § 43 GmbHG Rz. 60 und 67 ff.; *Uwe H. Schneider* in Scholz, § 43 GmbHG Rz. 264.

zung von Haftungsansprüchen geführt – ganz im Gegensatz etwa zur Praxis in den USA und der Schweiz.[1] Das hat vor allem zwei Gründe:

1.23 a) Zuständig für die Geltendmachung von Schadensersatzansprüchen der AG gegen Mitglieder des Vorstands ist der Aufsichtsrat, § 112 AktG; gegen Mitglieder des Aufsichtsrats ist es der Vorstand. Beides ist in der Realität des Lebens nur schwer vorstellbar: welcher Vorstand klagt gegen seinen Aufsichtsrat, welcher Aufsichtsrat gegen den von ihm selbst ausgesuchten und bestellten Vorstand? Das kommt nur in der Insolvenz der Gesellschaft vor (dann ist der Insolvenzverwalter dafür zuständig) oder, wenn die Gesellschaft einen (neuen) Großaktionär erhalten, dieser neue Organmitglieder bestellt hat und man dann gemeinsam auf die Suche geht, den vom Großaktionär gezahlten Kaufpreis durch Schadensersatzansprüche zu mindern.

1.24 b) Im Gegensatz zur Schweiz[2] und den USA[3] gibt es bei uns nicht die actio pro societate des Aktionärs, also die Aktionärsklage gegen Organmitglieder auf Leistung von Schadensersatz an die Gesellschaft. In Deutschland gab es nur eine mit vielen Haken und Schwierigkeiten versehene solche Klage einer *Minderheit*.[4] Diese Minderheitenklage war totes Recht und ist in der Praxis nie vorgekommen.

1.25 Das UMAG[5] hat diese Klage einer Minderheit gegen Organmitglieder auf Leistung von Schadensersatz an die Gesellschaft nach § 148 AktG seit 2005 wesentlich erleichtert. Aber weiterhin muss diese Minderheit über mindestens ein Prozent des Grundkapitals oder Aktien im Nominalbetrag von 100 000 Euro verfügen; und es muss sich bei der Pflichtverletzung um Unredlichkeit oder eine grobe Verletzung von Gesetz oder Satzung handeln. Dies wird von der Rechtsprechung streng verstanden, so dass, gerade im Nachgang der Finanzmarktkrise, zwar einige Anträge nach § 142 AktG auf Durchführung einer Sonderprüfung gestellt wurden, die aber meist erfolglos blieben.[6]

1.26 c) Nicht zu vergessen ist die oben schon erwähnte D&O-Versicherung. Sie macht den Schadensersatzanspruch der Gesellschaft auch in seiner Verwirklichung sicher und beseitigt sowohl das Mitleids-Argument gegenüber dem Organmitglied wie das Argument, der Schaden stehe in keinem Verhältnis zur Leistungsfähigkeit des Schuldigen.[7]

---

1 Vgl. *Lutter*, ZSR 2005, Bd. II, 415, 452 m.w.N. und 455 f.
2 Art. 756 OR, dazu *Druey* in Guhl, Das Schweizer Obligationenrecht, 9. Aufl. 2000, § 72 N. 34 ff. sowie *Binder/Roberto*, Handkommentar zum Schweizer Privatrecht, 2007, Art. 756 OR Rz. 5 f.
3 Sog. *derivative suit*, dazu *Merkt*, US-amerikanisches Gesellschaftsrecht, 3. Aufl. 2013, Rz. 1031 ff.; Dodge v. Woolsey, 59 U.S. (18 How.) 331; Ross v. Bernhard, 396 U.S. 531 (1970).
4 § 147 AktG a.F. in der Fassung bis 31.10.2005, dazu *Schröer* in MünchKomm. AktG, § 147 AktG Rz. 5; *Lutter*, ZSR 2005, Bd. II, 415, 455.
5 Gesetz zur Unternehmensintegrität und Modernisierung des Anfechtungsrechts vom 22.9.2005, BGBl. I 2005, 2802.
6 Zu erfolglosen Anträgen stellv. OLG München v. 25.3.2010 – 31 Wx 144/09, WM 2010, 1035 ff. = AG 2010, 598; OLG Frankfurt a.M. v. 15.6.2011 – 21 W 18/11, WM 2011, 2279 ff. = AG 2011, 755; erfolgreich aber OLG Düsseldorf v. 9.12.2009 – I-6 W 45/09, ZIP 2010, 28 ff. – Industriekreditbank AG).
7 Vgl. dazu noch einmal die ARAG-Entscheidung des BGH v. 21.4.1997 – II ZR 175/95, BGHZ 135, 244, 256 = AG 1997, 377. Zur Durchsetzung solcher Ansprüche eingehend *Kalss*, Durchsetzung der Innenhaftung der Leitungsorgane von Aktiengesellschaften, ZSR 2005, Bd. II, 643 ff.

2. GmbH-Recht

Im Recht der GmbH lagen die Dinge von Anbeginn anders. Hier waren stets die Gesellschafter in ihrem Organ Gesellschafterversammlung mit einfacher Mehrheit für solche Klagen zuständig, § 46 Nr. 8 GmbHG. Und auch der Minderheit ist es möglich, sich notfalls gegen die klageunwillige Mehrheit durchzusetzen.[1] Schließlich ist die GmbH auch sehr viel insolvenzanfälliger als die AG. In der Insolvenz aber ist der Insolvenzverwalter für solche Klagen zuständig. Davon machen diese häufig und heute mehr und mehr Gebrauch. Daher ist auch die Rechtsprechung zur Haftung von Geschäftsführern einer GmbH nach § 43 GmbHG reich und vielfältig.[2]

1.27

3. Genossenschaft

Die Verwirklichung von Haftungsansprüchen in der Genossenschaft findet häufiger statt als in der AG.[3] Zwar ist dafür auch dort der Aufsichtsrat zuständig, § 39 Abs. 1 GenG. In den häufig vereinsmäßigen Strukturen einer Genossenschaft scheinen sich aber menschliche Innenkonflikte leichter zu entwickeln als in der AG. Darüber hinaus scheinen die Prüfungsverbände (§§ 53 ff. GenG) auf die Durchführung von Haftungsklagen zu drängen.

1.28

VII. Außenhaftung

Bei Erörterung der Haftung von Organmitgliedern ist der Normalfall der Haftung gegenüber der Gesellschaft von dem Sonderfall der Haftung der Organe gegenüber Dritten (sog. Außenhaftung) zu unterscheiden (s. Rz. 1.12).

1.29

Grundsätzlich haftet nur die Kapitalgesellschaft selbst gegenüber externen Gläubigern. Auch aus der Sicht des Kapitalmarkts ist der Adressat von Informationspflichten der Emittent, also die Gesellschaft. Dagegen haften Gesellschafter und Organmitglieder nicht. § 93 AktG begründet Schadensansprüche lediglich der Gesellschaft. Aktionäre und Gläubiger können daraus keine eigenen Rechte herleiten. § 93 AktG ist kein Schutzgesetz zu ihren Gunsten i.S. von § 823 Abs. 2 BGB. Ebenso wenig hat der Vorstands-Anstellungsvertrag Schutzwirkungen zu Gunsten von Aktionären.[4]

Eine eigene Haftung von Vorstands- und Aufsichtsratsmitgliedern gegenüber Aktionären kommt aber ausnahmsweise nach Maßgabe von § 117 Abs. 2 Satz 1, Abs. 1 Satz 2 AktG in den Fällen der vorsätzlich schädigenden Einflussnahme auf die Gesellschaft in Betracht. Als weitere Spezialvorschrift ist an die konzernrechtliche Schadensersatzpflicht nach § 317 Abs. 1 Satz 2 und Abs. 3 AktG zu denken. In den beiden Fällen ist indes Voraussetzung, dass den Aktionären ein über die Schädigung der Gesellschaft hinausgehender Schaden entstanden ist.[5]

---

[1] Mit der *actio pro societate*, nach Kassation des ablehnenden Gesellschafterbeschlusses; sehr str., dazu *Bayer* in Lutter/Hommelhoff, § 46 GmbHG Rz. 41 und *Kleindiek* in Lutter/Hommelhoff, § 43 GmbHG Rz. 50; *K. Schmidt* in Scholz, § 46 GmbHG Rz. 161 sowie *Eickhoff*, Die Gesellschafterklage im GmbH-Recht, 1988.
[2] Vgl. nur die umfangreichen Nachweise bei *Zöllner/Noack* in Baumbach/Hueck, § 43 GmbHG Rz. 24.
[3] Vgl. dazu die umfangreichen Nachweise bei *Holthaus/Lehnhoff* in Lang/Weidmüller, § 34 GenG Rz. 48 ff.
[4] Vgl. *Krieger/Sailer-Coceani* in K. Schmidt/Lutter, § 93 AktG Rz. 80.
[5] Vgl. *Lutter/Krieger/Verse*, Rechte und Pflichten des Aufsichtsrats, 6. Aufl. 2014, Rz. 1033 sowie *Krieger/Sailer-Coceani* in K. Schmidt/Lutter, § 93 AktG Rz. 81.

Neben Deliktsansprüchen aufgrund von Spezialvorschriften kommt eine Haftung von Vorstands- und Aufsichtsratsmitgliedern nach § 823 Abs. 2 BGB i.V.m. der Strafvorschrift wegen falscher Angaben und unrichtiger Darstellungen in §§ 399, 400 AktG in Betracht. Nach § 826 BGB haftet der Vorstand darüber hinaus bei vorsätzlicher sittenwidriger Schädigung von Aktionären, wobei hierzu insbesondere der Fall der Verleitung zum Aktienerwerb durch bewusst unrichtige Ad hoc-Mitteilungen zählt.[1]

Im Zusammenhang mit Ad hoc-Mitteilungen sind vor allen Dingen die Entscheidungen des Bundesgerichtshofs bzgl. Haffa, EM-TV, Comroad und Infomatec zu beachten.[2] All diesen Entscheidungen ist die immer noch sehr restriktive Handhabung der Haftung von Vorständen im Rahmen des § 826 BGB gemeinsam, wobei die deliktsrechtlichen Tatbestandsvoraussetzungen nach und nach etwas gesenkt wurden, nicht jedoch die Anforderungen an den Nachweis der Kausalität.

VIII. Summa

1.30 Die Haftung der Organmitglieder war im Kapitalgesellschaftsrecht von Anfang an scharf. Das hat sich in mehr als einem Jahrhundert kaum geändert. Geändert aber haben sich die Pflichten der Organmitglieder; sie sind heute sehr viel breiter und vielfältiger als früher. Daher ist heute das Potential von schadenstiftenden Pflichtverletzungen auch sehr viel höher. Dem entspricht die heute ganz und gar übliche D&O-Versicherung der Organmitglieder, die auch die praktische Durchsetzung solcher Ansprüche im Interesse der Gesellschaft in Zukunft verändern wird.

Höher sind aber auch die Schäden. Sie betragen etwa bei Siemens aus dem Bestechungsdrama 2,5 Mrd. Euro, bei der Industriekreditbank (IKB) und der HypoRealEstate aus den leichtfertigen Finanzgeschäften je mindestens 10 Mrd. Euro. Während Siemens die ehemaligen Vorstände auf Teilbeträge in Anspruch nimmt, ist ein ähnliches Vorgehen geschädigter Banken nur in Einzelfällen bekannt geworden.[3] Bislang ist hier, soweit ersichtlich, kein Haftungsprozess durch rechtskräftiges Leistungsurteil beendet worden.[4] Die Inanspruchnahme der Siemens-Vorstände auf Schadensersatz ist bis auf einen durch Vergleiche nach § 93 Abs. 4 Satz 3 AktG über Beträge zwischen 0,5 und 5 Mio. Euro mit Zustimmung der Hauptversammlung vom Januar 2010 abgeschlossen. Die Entscheidung des Landgerichts München[5] in Sachen Neubürger hat eine menschlich unglückliche Wendung genommen. Der Vorgang zeigt exemplarisch die tiefe persönliche Betroffenheit der Beteiligten.

---

1 Vgl. *Krieger/Sailer-Coceani* in K. Schmidt/Lutter, § 93 AktG Rz. 80.
2 Vgl. dazu BGH v. 3.3.2008 – II ZR 310/06, ZIP 2008, 829 ff. – Comroad VIII; BGH v. 7.1.2008 – II ZR 68/06, ZIP 2008, 410 ff. – Comroad VII; BGH v. 4.6.2007 – II ZR 147/05, ZIP 2007, 1560 ff. – Comroad IV; BGH ebenfalls v. 4.6.2007 – II ZR 173/05, ZIP 2007, 1564 ff. – Comroad V; BGH v. 26.6.2006 – II ZR 153/05, ZIP 2007, 326 ff. – „ohne Name".
3 Vgl. dazu BGH v. 13.8.2009 – 3 StR 576/08, ZIP 2009, 1854; *Lutter*, ZIP 2009, 197 und *Lutter*, BB 2009, 786 sowie *Fleischer*, NJW 2009, 2337.
4 *Binder*, ZGR 2016, 229, 231 f.; vgl. dazu LG Düsseldorf v. 25.4.2014 – 39 O 36/11, WM 2014, 1293 ff.
5 LG München I v. 10.12.2013 – 5 HKO 1387/10, ZIP 2014, 570 ff. = AG 2014, 332.

§ 2
Organpflichten und Haftung in der GmbH und GmbH & Co. KG

Professor Dr. Dr. h.c. Uwe H. Schneider

A. Die praktische Bedeutung	2.1	VIII. Ursächlichkeit und Schaden	2.42
B. Die Haftung des Geschäftsführers gegenüber der Gesellschaft (Innenhaftung)	2.6	IX. Darlegungs- und Beweislast	2.45
		X. Geltendmachung des Schadensersatzanspruchs	2.48
I. Die Ausgangslage	2.6	XI. Haftungsbeschränkung	2.50
II. Die Pflichtverletzung als Tatbestandsmerkmal der Innenhaftung	2.11	XII. Verjährung der Ersatzansprüche der Gesellschaft	2.54
III. Organinnenhaftung und Business Judgement Rule	2.14	XIII. Die Haftung des Geschäftsführers in der GmbH & Co. KG	2.59
IV. Haftung bei Zahlungen, die gegen § 30 GmbHG verstoßen	2.21	C. Die Haftung gegenüber den Gesellschaftern	2.63
V. Die Haftung des Geschäftsführers bei Weisungen durch die Gesellschafterversammlung	2.24	D. Die Haftung gegenüber Dritten (Außenhaftung)	2.65
1. Weisungsrecht der Gesellschafter und Folgepflicht des Geschäftsführers	2.24	I. Die Haftung bei Verschulden bei Vertragsschluss und bei unerlaubter Handlung	2.65
2. Folgepflicht bei schädigenden Weisungen?	2.31	II. Haftung bei Steuerschulden und nicht abgeführten Sozialversicherungsbeiträgen	2.67a
VI. Haftung des Geschäftsführers gegenüber der Gesellschaft wegen Verletzung von Loyalitätspflichten	2.32	E. Die Haftung des Geschäftsführers in der Gründungsphase der Gesellschaft	2.68
VII. Der Grundsatz der Gesamtverantwortung	2.35	F. Die Haftung des Geschäftsführers in der Krise der Gesellschaft	2.71
1. Haftung nur bei eigener Pflichtverletzung	2.35	G. Die Haftung der Mitglieder des Aufsichtsrats einer GmbH	2.72
2. Haftung bei Geschäftsverteilung	2.38		
3. Haftung bei Delegation und fehlerhafter Compliance	2.41		

Schrifttum: *Altmeppen*, Zur Disponibilität der Geschäftsführerhaftung in der GmbH, DB 2000, 657; *Altmeppen*, Ungültige Vereinbarungen zur Haftung von GmbH-Geschäftsführern, DB 2000, 261; *Altmeppen*, Haftungsrisiken für Organwalter im Vorfeld der Konzerninsolvenz, ZIP 2013, 801; *Baums*, Der Geschäftsleitervertrag, 1987; *Bosch/Lange*, Unternehmerischer Handlungsspielraum des Vorstands zwischen zivilrechtlicher Verantwortung und strafrechtlicher Sanktion, JZ 2009, 225; *Buck-Heeb*, Die Haftung von Mitgliedern des Leitungsorgans bei unklarer Rechtslage, BB 2013, 2247; *Dahnz/Grimminger*, Manager und ihr Berufsrisiko. Die zivil- und strafrechtliche Haftung von Aufsichtsräten, Vorständen und Geschäftsführern, 3. Aufl. 2007; *Dreher*, Die persönliche Verantwortlichkeit von Geschäftsleitern nach außen und die innergesellschaftliche Aufgabenverteilung, ZGR 1992, 22; *Drescher*, Die Haftung des GmbH-Geschäftsführers, 7. Aufl. 2013; *Fleischer*, Die „Business Judgment Rule" – Vom Richterrecht zur Kodifizierung, ZIP 2004, 685; *Fleischer*, Aktuelle Entwicklung der Managerhaftung, NJW 2009, 2337; *Fleischer*, Kompetenzüberschreitung von Geschäftsleitern im Personen- und Kapitalgesellschaftsrecht – Schaden – rechtmäßiges Alternativverhalten – Vorteilsausgleich, DStR 2009,

1204; *Fleischer*, Zur Einschränkbarkeit der Geschäftsführerhaftung in der GmbH, BB 2011, 2435; *Froesch*, Managerhaftung – Risikominimierung durch Delegation?, DB 2009, 722; *Gehrlein/Witt/Volmer*, GmbH-Recht in der Praxis, 3. Aufl. 2015; *Goette*, Gesellschaftsrechtliche Grundfragen im Spiegel der Rechtsprechung, ZGR 2008, 436; *Goette*, Die GmbH, 2. Aufl. 2002; *Goette*, Zur Verteilung der Darlegungs- und Beweislast der objektiven Pflichtwidrigkeit bei der Organhaftung, ZGR 1995, 648; *Goette*, Organisationspflichten in Kapitalgesellschaften zwischen Rechtspflicht und Opportunität, ZHR 175 (2011), 388; *Goette/Goette*, Managerhaftung: Abgrenzung unternehmerischer Entscheidungen nach Maßgabe der Business Judgement Rule von pflichtverletzendem Handeln, DStR 2016, 815; *Graef*, Haftung der Geschäftsführung bei fehlerhafter Kreditvergabe, GmbHR 2004, 327; *Haas*, Geschäftsführerhaftung und Gläubigerschutz, 1997; *Haas*, Aktuelle Rechtsprechung zur Insolvenzantragspflicht des GmbH-Geschäftsführers nach § 64 Abs. 1 GmbHG, DStR 2003, 423; *Habersack*, Gesteigerte Überwachungspflichten des Leiters eines sachnahen Vorstandsressorts?, WM 2005, 2360; *Habersack*, Grund und Grenzen der Compliance-Verantwortung des Aufsichtsrats der AG, AG 2014, 1; *Habersack/Schürnbrand*, Die Rechtsnatur der Haftung aus §§ 93 Abs. 3 AktG, 43 Abs. 3 GmbHG, WM 2005, 957; *Harbart/Brechtel*, Rechtliche Anforderungen an eine pflichtgemäße Compliance-Organisation, ZIP 2016, 241; *Hauschka*, Ermessensentscheidungen bei der Unternehmensführung, GmbHR 2007, 11; *Heyers*, Gestaltungsperspektiven aktienrechtlicher Organhaftung am Beispiel der Regressansprüche der Gesellschaft infolge von Kartellrechtsordnungswidrigkeiten – eine rechtsökonomische und wertungsjuristische Analyse, WM 2016, 581; *Hohler/Niesert*, Die Haftung des Geschäftsführers für die Rückzahlung von Gesellschafterdarlehen und ähnliche Leistungen – Zugleich ein Beitrag zur Auslegung des § 64 S. 3 GmbHG, NZI 2009, 345; *Joussen*, Der Sorgfaltsmaßstab des § 43 Abs. 1 GmbHG, GmbHR 2005, 441; *Keller*, Außenhaftung des GmbH-Geschäftsführers bei Wettbewerbsverstößen und Verletzung gewerblicher Schutzrechte, GmbHR 2005, 1235; *Kersting*, Organhaftung für Kartellbußgelder, ZIP 2016, 1266; *Kleindiek*, Geschäftsführerhaftung nach der GmbH-Reform, in FS K. Schmidt, 2009, S. 893; *Koch*, Regressreduzierung im Kapitalgesellschaftsrecht – eine Sammelreplik, AG 2014, 513; *Konzen*, Geschäftsführung, Weisungsrecht und Verantwortlichkeit in der GmbH und GmbH & Co. KG, NJW 1989, 2977; *Krause*, Managerhaftung und Strategien zur Haftungsvermeidung, BB 2009, 1370; *Kübler*, Erwerbschancen und Organpflichten – Überlegungen zur Entwicklung der Lehre von den „corporate opportunities", in FS Werner, 1984, S. 437; *Kuntz*, Geltung und Reichweite der Business Judgment Rule in der GmbH, GmbHR 2008, 121; *Lutter*, Aufsichtsrat und Sicherung der Legalität im Unternehmen, in FS Hüffer, 2010, S. 617; *Lutter*, Die Business Judgment Rule und ihre praktische Anwendung, ZIP 2007, 841; *Lutter*, Haftungsrisiken des Geschäftsführers einer GmbH, GmbHR 1997, 329; *Lutter*, Haftung und Verantwortlichkeit – Verantwortung von Organen und Beratern, DZWIR 2011, 265; *Medicus*, Die interne Geschäftsverteilung und die Außenhaftung von GmbH-Geschäftsführern, GmbHR 1998, 9; *Meier*, Verantwortung und Haftung von kommunalen Aufsichtsratsmitgliedern, ZKF 2002, 218; *Mertens/Mertens*, Zur deliktischen Eigenhaftung des Geschäftsführers einer GmbH bei Verletzung ihm übertragener organisatorischer Pflichten, JZ 1990, 488; *Messer*, Wettbewerbsrechtliche Haftung der Organe juristischer Personen, in FS Ullmann, 2006, S. 769; *Meyer*, Die Verantwortlichkeit des Geschäftsführers für Gläubigerinteressen – Veränderungen durch das MoMiG, BB 2008, 1742; *W. Müller*, Bilanzentscheidungen und Business Judgment Rule, in Liber amicorum Happ, 2006, S. 179; *Nietsch*, Die Garantenstellung von Geschäftsleitern im Außenverhältnis, CCZ 2013, 415; *Nietsch*, Geschäftsführerhaftung bei der GmbH & Co. KG, GmbHR 2014, 348; *Paefgen*, Die Darlegungs- und Beweislast bei der Business Judgment Rule, NZG 2009, 891; *Paefgen*, Kapitalerhaltungshaftung von GmbH-Geschäftsführern und Gesellschaftern, DZWIR 2009, 177; *Paefgen*, „Compliance" als gesellschaftsrechtliche Organpflicht?, WM 2016, 433; *Röhricht*, Insolvenzrechtliche Aspekte im Gesellschaftsrecht, ZIP 2005, 505; *Roth*, Unternehmerisches Ermessen und Haftung des Vorstands, 2001; *Karsten Schmidt*, GmbH-Reform auf Kosten der Geschäftsführer?, GmbHR 2008, 449; *Karsten Schmidt*, Verbotene Zahlungen in der Krise von Handelsgesellschaften und die daraus resultierenden Ersatzpflichten, ZHR 168 (2004), 637; *Schmitt*, Untreue von Bank- und Sparkassenverantwortlichen bei der Kreditvergabe, BKR 2006, 125; *Sven H. Schneider*, „Unternehmerische Entscheidungen" als Anwendungsvoraussetzung für die Business Judgement Rule, DB 2005, 707; *Uwe H. Schneider*, Die Haftung von Mitgliedern des Vorstands und der Geschäftsführer bei Vertragsverletzungen der Gesellschaft, in FS Hüffer, 2010, S. 905; *Uwe H. Schneider*, Die Pflichten des Geschäftsführers in der Krise der GmbH – Zwölf Handlungsanweisungen an den Geschäftsführer zur Haftungsvermeidung, GmbHR 2010, 57; *Uwe H. Schneider*, Gesellschaftsrechtliche und öffentlich-rechtliche Anforderungen an eine ordnungsgemäße Unternehmensorganisation, DB 1993, 1909; *Uwe H. Schneider*, Haftungsmilderung für Vorstandsmitglieder und Geschäftsführer bei fehlerhafter Unternehmensleitung?, in FS Werner, 1984, S. 812; *Uwe H. Schneider*, Haftungsfreistellung und Entlastung des Geschäftsführers bei der GmbH & Co. KG, GmbHR 2017, 680 ff.; *Uwe H. Schneider/Brouwer*, Die Aufrechnung von Ansprüchen der Gesellschaft auf Schadensersatz gegen Ansprüche des Geschäftsführers auf Ruhegeld, in FS Röhricht, 2005, S. 541; *Uwe H. Schneider/Sven H. Schneider*, Die zwölf goldenen Regeln des GmbH-Geschäftsführers zur Haftungsvermeidung und Vermögenssicherung, GmbHR 2005, 1229; *Schulze-Osterloh*, Zahlungen nach Eintritt der Insolvenzreife (§ 64 Abs. 2 GmbHG; §§ 92 Abs. 3, 93 Abs. 3 Nr. 6 AktG), in FS Bezzenberger, 2000, S. 414; *Schulze-Osterloh*, § 64 Abs. 1 GmbHG als Schutzgesetz i.S.d. § 823 Abs. 2 BGB, in FS Lutter, 2000, S. 707; *Thümmel*, Persönliche Haftung von Managern und Aufsichtsräten, 5. Aufl. 2016; *Werner*, Die zivilrechtliche Haftung des Vorstands einer AG für gegen die Gesellschaft verhängte Geldbußen gegenüber der Gesellschaft, CCZ 2010, 143; *H.P. Westermann*, Zum Umfang der Kontrollpflichten des Aufsichtsrats und zur Haftung von Aufsichtsratsmitgliedern bei Verletzung von Kontrollpflichten, ZIP 2000, 25; *Ziemons*, Die Haftung der Gesellschafter für Einflussnahmen auf die Geschäftsführung der GmbH, 1996.

A. Die praktische Bedeutung

Die Gesellschafter einer GmbH haften nicht persönlich mit ihrem Privatvermögen für die Verbindlichkeiten der Gesellschaft, § 13 Abs. 2 GmbHG. Das gilt auch und erst recht für die Geschäftsführer und die Mitglieder des Aufsichtsrats. Auch die Geschäftsführer und die Mitglieder des Aufsichtsrats haften weder gegenüber Dritten noch gegenüber der Gesellschaft für die Verbindlichkeiten der Gesellschaft. Sie tragen nicht das Unternehmensrisiko. Das Unternehmensrisiko liegt vielmehr bei der Gesellschaft. Das klingt so einfach und selbstverständlich – und deshalb könnte man auf den ersten Blick meinen, die Haftung der Geschäftsführer und der Mitglieder des Aufsichtsrats hätten keine praktische Bedeutung. Das Gegenteil ist der Fall.

2.1

Den Geschäftsführern und den Mitgliedern des Aufsichtsrats sind vielmehr gegenüber der Gesellschaft eine Vielzahl von Pflichten auferlegt, deren schuldhafte Verletzung zur Haftung und zu einer Reihe weiterer Rechtsfolgen führen können. Neben diese *Innenhaftung*, also die Haftung im Verhältnis zur Gesellschaft tritt die *Außenhaftung*, also die Haftung im Verhältnis zu Dritten. In Betracht kommen ferner strafrechtliche Sanktionen oder Sanktionen des Ordnungswidrigkeitenrechts.

2.2

Die praktische Bedeutung dieser Rechtsfolgen ist in den letzten Jahren in jeder Hinsicht gewachsen. Das gilt zunehmend auch für die strafrechtliche Verantwortung. Gesprochen wird von einer „Kriminalisierung des Managements".[1] Und dabei geht es nicht nur um die falschen Angaben wegen Gründungsschwindel, Sachgründungsschwindel, Geschäftslagetäuschung und der Verletzung der Pflichten in der Krise der Gesellschaft, sondern auch und vor allem um den Vorwurf der Untreue, insbesondere bei leichtfertiger Kreditvergabe.[2] Hinzu kommt, dass die Zahl der Tatbestände, die mit Bußgeld bedroht sind, geradezu dramatisch gestiegen ist. Und im Gegensatz zu früher werden die Delikte auch verfolgt. Sind die Geschäftsführer Geschäftsleiter eines Kreditinstituts oder eines Versicherungsunternehmens, droht die Abberufung als Geschäftsleiter durch die Bundesanstalt für Finanzdienstleistungsaufsicht (BaFin), § 36 KWG. Und das Amt verlangt in offensichtlichen Fällen die Durchsetzung der zivilrechtlichen Schadensersatzansprüche. Schließlich müssen Geschäftsführer damit rechnen, dass

2.3

---

1 Anstelle vieler: *Krekeler/Werner*, Unternehmer und Strafrecht, 2006; *Bosch/Lange*, JZ 2009, 225; *Thümmel*, Persönliche Haftung von Managern und Aufsichtsräten, S. 60.
2 S. dazu BGH v. 12.2.2016 – 5 StR 134/15, AG 2017, 72; *Schmitt*, BKR 2006, 125.

der Anstellungsvertrag gekündigt wird und sie damit ihr künftiges Einkommen und zumindest Teile ihrer Altersversorgung verlieren.

2.4 Das alles ist im Zusammenhang mit der Haftung des Geschäftsführers zu sehen. Dabei handelt es sich keineswegs um Einzelfälle, in denen sich die Haftung verwirklicht. Das Gegenteil ist der Fall. Schon die Zahl der veröffentlichten gerichtlichen Entscheidungen erschreckt.[1] Sie geben aber nur einen unvollkommenen Eindruck. Denn in der Praxis wird vielfach auf eine gerichtliche Durchsetzung von Schadensersatzansprüchen gegen Organmitglieder verzichtet. Damit fehlt es aber an einer Veröffentlichung der zugrunde liegenden Sachverhalte. Vielmehr beschränkt man sich darauf, Schadensersatzansprüche gegen ausstehende Gehaltsansprüche oder Ruhegeldansprüche aufzurechnen. Für das Organmitglied entwickelt sich das zur wahren Katastrophe; denn gegebenenfalls entfällt die Altersversorgung.[2] Jeder kann sich vorstellen, was das bedeutet.

2.5 Das folgende Kapitel gibt einen Überblick über die Haftung der Geschäftsführer und der Mitglieder des Aufsichtsrats, und zwar vor allem im Verhältnis zur Gesellschaft und im Verhältnis zu Dritten. Die Haftung im Verhältnis zu den Gesellschaftern hat demgegenüber nur geringe Bedeutung. Soweit einzelne Fragestellungen in folgenden Kapiteln vertieft werden, wird hierauf verwiesen.

B. Die Haftung des Geschäftsführers gegenüber der Gesellschaft (Innenhaftung)

I. Die Ausgangslage

2.6 *Der Geschäftsführer muss bei der Verletzung seiner Pflichten nicht nur mit einer Haftung gegenüber der Gesellschaft (Innenhaftung), sondern auch mit einer Haftung gegenüber außenstehenden Dritten (Außenhaftung) rechnen. Eine Innenhaftung kommt vor allem in Betracht, wenn der Geschäftsführer seine organisationsrechtlichen Pflichten verletzt oder wenn er im Verhältnis zur Gesellschaft eine unerlaubte Handlung begeht.*

2.7 § 43 GmbHG ist die zentrale Vorschrift für die **organisationsrechtliche Innenhaftung** der Geschäftsführer gegenüber der Gesellschaft, und zwar unabhängig davon, ob es sich um einen Gesellschaftergeschäftsführer handelt oder einen Fremdgeschäftsführer. Die Vorschrift geht von einer Pflichtenbindung der Geschäftsführer aus. Sie enthält für den Fall der Pflichtverletzung eine **Verhaltenshaftung**, und zwar in Form einer **Verschuldenshaftung**. Damit ist allen Versuchen eine Absage erteilt, dass Herrschaft auch Haftung nach sich ziehen müsse. Es gibt nach geltendem Recht keinen Gleichlauf von Herrschaft und Haftung. Das bedeutet, dass sich die Haftung des Geschäftsführers nicht deshalb ändert, also etwa ausweitet, weil er zugleich Alleingesellschafter oder wesentlich beteiligt ist[3] oder wenn er eine gewinnabhängige Tantieme erhält.

---

1 Allgemein zur höchstrichterlichen Rechtsprechung zur Haftung des GmbH-Geschäftsführers: *Goette*, Die GmbH, S. 308 ff.; *Gehrlein/Witt/Volmer*, GmbH-Recht in der Praxis, 3. Aufl. 2015, S. 308 und vor allem *Drescher*, Die Haftung des GmbH-Geschäftsführers, 7. Aufl. 20013.
2 Mehr dazu Uwe H. Schneider/Brouwer in FS Röhricht, S. 541 ff.
3 BGH v. 13.4.1994 – II ZR 16/93, BGHZ 125, 370; BGH v. 24.11.1995 – V ZR 234/94, NJW 1996, 586, 587.

Teilweise wird die Ansicht vertreten, § 43 GmbHG, also die organisationsrechtliche Haftung der Geschäftsführer, verdränge eine Haftung des Geschäftsführers aus positiver Vertragsverletzung wegen Verletzung von Pflichten aus dem Anstellungsvertrag. Dem ist nicht zu folgen. Vielmehr besteht entgegen der höchstrichterlichen Rechtsprechung[1] **Anspruchskonkurrenz**. Solange der Geschäftsführer sein Amt innehat, stehen beide Anspruchsgrundlagen nebeneinander und ergänzen sich.[2] In der Regel hat die vertragliche Haftung neben der organisationsrechtlichen Haftung aber keine Bedeutung. Jedoch können im Anstellungsvertrag die Pflichten des Geschäftsführers, die sich aus seiner Organstellung ergeben, inhaltlich konkretisiert oder etwa durch einen Zustimmungskatalog ausgeweitet werden[3] und die Haftung kann, wie im Einzelnen zu zeigen sein wird, beschränkt werden.

2.8

Neben den Ansprüchen aus der Verletzung der organisationsrechtlichen Pflichten können der Gesellschaft gegenüber dem Geschäftsführer **deliktsrechtliche Ansprüche** zustehen. Auch insoweit besteht Anspruchskonkurrenz.[4]

2.9

Streitig ist, ob die **Haftungsprivilegierung** für Arbeitnehmer unmittelbar oder entsprechend auch für den Geschäftsführer anwendbar ist. Teilweise wird dies mit der Begründung abgelehnt, es fehle eine Lücke im Gesetz. Für eine Analogie sei kein Raum.[5] Nach anderer Ansicht wird eine Haftungserleichterung ohne Einschränkung bejaht. Was für den leitenden Angestellten gelte, könne man für den Geschäftsführer nicht ablehnen.[6] Der überwiegenden Ansicht dürfte es heute aber entsprechen, dass der Geschäftsführer die Haftungsprivilegierung in Anspruch nehmen kann, wenn die Pflichtverletzung nicht in unmittelbarem Zusammenhang mit der Unternehmensleitung steht, also nicht im typischen Verantwortungsbereich des Geschäftsführers erfolgte. Zu denken ist etwa an den Unfall mit einem PKW auf einer Dienstfahrt.[7]

2.10

II. Die Pflichtverletzung als Tatbestandsmerkmal der Innenhaftung

Die Bestimmung der Pflichten, die dem Geschäftsführer gegenüber der Gesellschaft obliegen, des Inhalts und die Frage, unter welchen Voraussetzungen die Pflichten verletzt sind, stellt das zentrale Problem der Verantwortung und der Haftung des Geschäftsführers gegenüber der Gesellschaft dar.

2.11

---

1 BGH v. 10.2.1992 – II ZR 23/91, DStR 1992, 549 (*Goette*) = WM 1992, 691 = WuB, II C. § 43 GmbHG 2.92 (*Uwe H. Schneider*); BGH v. 9.12.1996 – II ZR 240/95, ZIP 1997, 199, 200.
2 So früher BGH v. 12.11.1979 – II ZR 174/77, BGHZ 75, 321; BGH v. 24.3.1980 – II ZR 213/77, BGHZ 76, 326; *Fleck*, ZHR 149 (1985), 387, 397; *Karsten Schmidt*, Gesellschaftsrecht, S. 1077; a.A. *Zöllner/Noack*, in Baumbach/Hueck, § 43 GmbHG Rz. 4; *Altmeppen* in Roth/Altmeppen, § 43 GmbHG Rz. 2.
3 KG Berlin v. 17.12.2004 – 14 U 226/03, GmbHR 2005, 477 mit Komm. *Brötzmann*.
4 BGH v. 12.6.1989 – II ZR 334/87, GmbHR 1989, 365; BGH v. 10.2.1992 – II ZR 23/91, DStR 1992, 549.
5 *Kleindiek* in Lutter/Hommelhoff, § 43 GmbHG Rz. 39; *Joussen*, GmbHR 2005, 441.
6 *Brox/Walker*, DB 1985, 1469, 1477; *Wehmeyer*, Die arbeitsrechtliche Einordnung der Organe juristischer Personen, 1988, S. 191.
7 Einzelheiten bei *Uwe H. Schneider* in FS Werner, S. 812 und dem folgend *Bastuck*, Enthaftung des Managements, 1986, S. 84 f.; *Haas*, Geschäftsführerhaftung und Gläubigerschutz, S. 295, Fn. 130; *Wank* in FS Wiedemann, 2002, S. 587, 611; a.A. *Zöllner/Noack* in Baumbach/Hueck, § 43 GmbHG Rz. 6; *Kleindiek* in Lutter/Hommelhoff, § 43 GmbHG Rz. 39; *Paefgen* in Ulmer/Habersack/Löbbe, § 43 GmbHG Rz. 21.

2.12 Der Geschäftsführer ist nach § 43 Abs. 1 GmbHG gegenüber der Gesellschaft schadensersatzpflichtig, wenn die folgenden **Voraussetzungen** vorliegen:

– Der Geschäftsführer muss durch positives Tun oder durch Unterlassen eine organschaftliche Pflicht, die ihm persönlich gegenüber der Gesellschaft obliegt, verletzt haben. Maßstab ist die Sorgfalt eines ordentlichen Geschäftsmannes.

– Die Pflichtverletzung muss einen Schaden bei der Gesellschaft verursacht haben.

– Der Geschäftsführer muss schuldhaft gehandelt haben.

2.13 Zu unterscheiden sind vor allem zwei Arten von Pflichten, nämlich die Pflicht zur Unternehmensleitung und die Loyalitätspflicht (Treuepflicht). *Zum einen* hat der Geschäftsführer die Pflicht, im Rahmen der durch die Gesellschafter gesetzten Vorgaben den Gesellschaftszweck aktiv zu verfolgen. Diese Pflicht zur Unternehmensleitung ist abhängig von der Zielsetzung und dem Gegenstand des Unternehmens. Unabhängig hiervon sind dem Geschäftsführer im Rahmen der Unternehmensleitung eine Vielzahl von Pflichten auferlegt, die teils der Gesellschaft obliegen und die wahrzunehmen er verpflichtet ist. Teils sind sie aber auch dem Geschäftsführer persönlich auferlegt. *Zum anderen* hat der Geschäftsführer die Pflicht, sich gegenüber der Gesellschaft loyal zu verhalten. Das wird im Weiteren noch auszuführen sein.

III. Organinnenhaftung und Business Judgement Rule

2.14 *Die Organ-Innenhaftung wegen fehlerhafter Unternehmensleitung ist durch die Business Judgement Rule gemildert.*

2.15 Für die Innenhaftung wegen fehlerhafter Unternehmensleitung ist anerkannt, dass zwischen gebundenen Entscheidungen und unternehmerischen Entscheidungen zu unterscheiden ist. **Gebundene Entscheidungen** sind Entscheidungen, deren Inhalt durch gesetzliche Vorschriften, die Satzung oder Beschlüsse der Gesellschafterversammlung vorgegeben ist und keine Handlungsalternative besteht. Insoweit kann sich der Geschäftsführer nicht auf ein unternehmerisches Ermessen berufen. Für rechts- oder satzungswidriges Verhalten, für die Nichtbeachtung von Weisungen durch die Gesellschafterversammlung oder für die Verletzung von Treupflichten gibt es keinen „sicheren Hafen".[1]

2.16 **Unternehmerische Entscheidungen** beruhen demgegenüber auf einer Prognose. Sie bergen besondere Risiken in sich. Der II. Zivilsenat des Bundesgerichtshofs[2] hat daher im Blick hierauf zwischen „Marktrisiken" und „Verhaltensrisiken" differenziert. Der Vorstand einer Aktiengesellschaft habe, so heißt es in der genannten Entscheidung, bei der Leitung der Geschäfte des Unternehmens einen weiten Handlungsspielraum. Ohne diesen sei eine unternehmerische Tätigkeit schlechterdings nicht denkbar. Wörtlich heißt es:

„Dazu gehört neben dem bewussten Eingehen geschäftlicher Risiken grundsätzlich auch die Gefahr von Fehlbeurteilungen und Fehleinschätzungen, der jeder Unternehmensleiter, mag er auch noch so verantwortungsbewusst handeln, ausgesetzt ist. Eine Schadensersatzpflicht kann allein daraus, dass sich die Maßnahme als fehlerhaft erweist, nicht hergeleitet werden."

---

1 Begr. RegE UMAG BT-Drucks. 15/5092, S. 11; *Goette/Goette*, DStR 2016, 815.
2 BGH v. 21.4.1997 – II ZR 175/95, BGHZ 135, 244, 253; ausführlich *Goette* in FS 50 Jahre BGH, 2000, S. 123, 130; *Lutter*, GmbHR 2000, 306; *Lutter*, ZIP 2007, 841; *Haas/Ziemons*, in Michalski, § 43 GmbHG Rz. 16; *Roth*, Unternehmerisches Ermessen und Haftung des Vorstands, 2001; *Fleischer*, ZIP 2004, 685; s. auch LG Düsseldorf v. 27.5.2005 – 39 O 73/04, GmbHR 2005, 1298.

Im Ergebnis bedeutet das, dass den Geschäftsleitern ein weites, gerichtlich nicht überprüfbares, Ermessen zugebilligt wird.

Dieser Grundsatz des unternehmerischen Ermessens wurde durch das **UMAG** (Gesetz zur Unternehmensintegrität und Modernisierung des Anfechtungsrechts (UMAG)) kodifiziert. In § 93 Abs. 1 Satz 2 AktG heißt es seit der Neufassung durch das UMAG: 2.17

„Eine Pflichtverletzung liegt nicht vor, wenn das Vorstandsmitglied bei einer unternehmerischen Entscheidung vernünftigerweise annehmen durfte, auf der Grundlage angemessener Information zum Wohle der Gesellschaft zu handeln."

Das lässt sich auf die GmbH und ihre Geschäftsführer übertragen, mag auch die Formulierung dieser Regel nicht geglückt sein.[1]

Das bedeutet, dass die Geschäftsführer nicht das Risiko tragen, dass sich unternehmerische Entscheidungen im Nachhinein nachteilig entwickeln. Das unternehmerische Risiko, also das Marktrisiko, trägt die Gesellschaft und tragen nicht die Organmitglieder. Sie tragen aber das Verhaltensrisiko. 2.18

Anwendbar ist die **Business Judgement Rule** freilich nur bei „**unternehmerischen Entscheidungen**"[2]. Eine unternehmerische Entscheidung liegt nur vor, „wenn zum ex-ante-Zeitpunkt der Entscheidung Informationen über den weiteren Geschehensablauf nicht zur Verfügung stehen, die ex-post bekannt sein werden und deshalb nicht mit ausreichender Wahrscheinlichkeit vorausgesagt werden kann, ob eine bestimmte Entscheidung sich positiver oder negativer als die anderen Entscheidungsmöglichkeiten auswirkt."[3] 2.19

Entscheidend ist demzufolge, dass die Maßnahmen zukunftsbezogen sind und ihre Einschätzung eine Prognose verlangt.

Zu bestimmen sind damit die **Grenzen** der Business Judgement Rule. Dabei geht es um drei Fallgruppen. 2.20

– *Erstens* haftet der Geschäftsführer, wenn er sich nicht angemessen informiert[4] und die Entscheidungen entsprechend vorbereitet hat.[5] Zu beschaffen und zu berücksichtigen sind alle Informationen, die vernünftigerweise objektiv erforderlich sind und die mit angemessenem Aufwand erlangt werden können.[6] Positiv formuliert: Der Geschäftsführer muss auf der Grundlage der verfügbaren Informationsquellen die Vor- und Nachteile der bestehenden Handlungsoptionen sorgfältig abschätzen und den erkennbaren Risiken Rechnung tragen. Exemplarisch für eine Pflichtverletzung ist die Vergabe von Krediten ohne angemessene Kreditwürdigkeitsprüfung und die Beratung von Kunden über Wertpapiergeschäfte,

---

1 S. dazu *Drescher*, Die Haftung des GmbH-Geschäftsführers, 7. Aufl. 2013, S. 127; *Goette*, ZGR 2008, 436, 448; *Kuntz*, GmbHR 2008, 121.
2 *Goette/Goette*, DStR 2016, 815.
3 *Sven H. Schneider*, DB 2005, 707, 712; *Spindler*, AG 2006, 677, 681; *Semler* in FS Ulmer, 2003, S. 627; *Lutter*, ZIP 2007, 843; zum Ganzen: *Uwe H. Schneider* in Scholz, § 43 GmbHG Rz. 56 ff. und *Fleischer* in MünchKomm. GmbHG, § 43 GmbHG Rz. 66.
4 Weitergehend BGH v. 14.7.2008 – II ZR 202/07, NJW 2008, 3361 = GmbHR 2008, 1033: „Der Geschäftsführer muss alle verfügbaren Informationsquellen tatsächlicher und rechtlicher Art ausschöpfen."; BGH v. 18.6.2013 – II ZR 86/11, GmbHR 2013, 1044, 1047.
5 BGH v. 14.7.2008 – II ZR 202/07, NJW 2008, 3361 = GmbHR 2008, 1033; BGH v. 22.2.2011 – II ZR 146/09, ZIP 2011, 766; *Fleischer* in MünchKomm. GmbHG, § 43 GmbHG Rz. 84; *Spindler*, AG 2006, 677, 681; *Kock/Dinkel*, NZG 2004, 441, 444; *Hauschka*, GmbHR 2007, 11, 16.
6 *Drescher*, Die Haftung des GmbH-Geschäftsführers, 7. Aufl. 2013, S. 24.

ohne dass sich der beratende Geschäftsführer angemessen über die damit verbundenen Risiken informiert.

- *Zweitens* haftet der Geschäftsführer, wenn die Maßnahme nicht rechtmäßig oder nicht zum Wohle der Gesellschaft, also im Interesse der Gesellschaft ist oder die Bestimmungen der Satzung nicht eingehalten werden.[1] Zu denken ist an die Verletzung von Kartellverboten[2], umweltrechtlichen Bestimmungen[3], Vorschriften des Steuerrechts oder des Abgabenrechts usw., die zu Geldbußen gegen das Unternehmen führen. Ist der Gesellschaft durch die Rechtsverletzung Schaden entstanden, ist sie z.B. durch Dritte wegen eines unzulässigen Kartells in Anspruch genommen oder ist sie mit einer Geldbuße belegt worden, so kann das Unternehmen Rückgriff nehmen.[4] Auf ein unternehmerisches Ermessen kann sich der Geschäftsführer nicht berufen.

- Und *drittens* haftet der Geschäftsführer, wenn die Grundsätze ordnungsgemäßer Unternehmensleitung[5] gröblich verletzt werden. So heißt es in einer Entscheidung des II. Zivilsenats des Bundesgerichtshofs vom 21.3.2005[6]:

„Dieser Spielraum ist ... jedoch dann überschritten, wenn aus der Sicht eines ordentlichen und gewissenhaften Geschäftsleiters das hohe Risiko eines Schadens unabweisbar ist und keine vernünftigen wirtschaftlichen Gründe dafür sprechen, es dennoch einzugehen. Für Vorstandsmitglieder einer Genossenschaftsbank bedeutet dies, dass Kredite grundsätzlich nicht ohne übliche Sicherheiten und nur unter Beachtung der Beleihungsobergrenzen gewährt werden dürfen."

IV. Haftung bei Zahlungen, die gegen § 30 GmbHG verstoßen

2.21 *Geschäftsführer sind insbesondere der Gesellschaft gegenüber zum Ersatz verpflichtet, wenn sie den Bestimmungen des § 30 GmbHG zuwider Zahlungen aus dem zur Erhaltung des Stammkapitals erforderlichen Vermögen der Gesellschaft an Gesellschafter oder nahe stehende Personen leisten oder den Bestimmungen des § 33 GmbHG zuwider eigene Geschäftsanteile der Gesellschaft erwerben.*

2.22 Der Geschäftsführer ist der Hüter des gebundenen Vermögens. Und dies gewinnt Bedeutung, wenn bei der Gesellschaft eine Unterbilanz besteht; denn der Geschäftsführer darf nach § 30 GmbHG keine Zahlungen aus dem gebundenen Vermögen der Gesellschaft an einen Gesellschafter leisten. Dabei ist die Unterbilanz nach den allgemeinen, für die Jahresbilanz geltenden Bilanzierungsgrundsätzen festzustellen.[7] Verletzt der Geschäftsführer dieses Verbot, so haftet

---

1 BGH v. 15.10.1996 – VI ZR 319/95, BGHZ 133, 370; *Altmeppen* in Roth/Altmeppen, § 43 GmbHG Rz. 6.
2 S. dazu unten bei *Dreher*, § 35.
3 S. dazu unten bei *Uwer*, § 38.
4 Str. a.A. LAG Düsseldorf v. 20.1.2015 – 16 Sa 459/14, ZIP 2015, 829 = GmbHR 2015, 480; *Kersting*, ZIP 2016, 1266; wie hier: *Bayer/Scholz*, GmbHR 2015, 449.
5 *Drescher*, Die Haftung des GmbH-Geschäftsführers, 7. Aufl. 2013, S. 22: „anerkannte betriebswirtschaftliche Grundsätze."
6 BGH v. 21.3.2005 – II ZR 54/03, WM 2005, 933, 934; auch schon BGH v. 3.12.2001 – II ZR 308/99, WM 2002, 220; OLG Jena v. 8.8.2000 – 8 U 1387/98, NZG 2001, 86; zur Haftung bei fehlerhafter Kreditvergabe: *Graef*, GmbHR 2004, 327. Einzelheiten bei *Haas* in Michalski, § 43 GmbHG Rz. 66; *Zöllner/Noack* in Baumbach/Hueck, § 43 GmbHG Rz. 19; *Uwe H. Schneider* in Scholz, § 43 GmbHG Rz. 84 mit Fallbeispielen Rz. 97.
7 BGH v. 29.9.2008 – II ZR 234/07, GmbHR 2008, 1319.

er der Gesellschaft nach § 43 Abs. 3 GmbHG.[1] Und dies gilt auch, wenn die Gesellschaft trotz Unterbilanz erfolgreich tätig ist, keine Liquiditätsprobleme bestehen und der langfristige Erfolg der Gesellschaft gesichert ist.

Ein besonderes Haftungsrisiko besteht bei der Gewährung von Darlehen an Mitgeschäftsführer oder an Gesellschafter bei bestehender Unterbilanz. Nach § 43a GmbHG ist die Gewährung von Darlehen an Geschäftsführer, Prokuristen oder zum gesamten Geschäftsbetrieb ermächtigte Handlungsbevollmächtigte aus dem zur Erhaltung des Stammkapitals erforderlichen Vermögen der Gesellschaft verboten. Wird gleichwohl Kredit gewährt, so ist die Folge nicht nur, dass der Kredit ohne Rücksicht auf entgegenstehende Vereinbarungen sofort zurückzugewähren ist[2], sondern die Folge ist auch eine Haftung der Geschäftsführer auf Schadensersatz.

2.23

Nach h.M. beschränkt sich das Verbot, bei bestehender Unterbilanz Darlehen zu gewähren, auf Geschäftsführer, Prokuristen, usw. § 43a GmbHG ist aber nach herrschender Ansicht – jedoch mit guten Gründen bestrittener Ansicht – auf Gesellschafterdarlehen nicht anwendbar.[3] Soll heißen: Darlehen an Gesellschafter darf die Gesellschaft gewähren.[4] Voraussetzung für die Darlehensgewährung an Gesellschafter ist aber, dass zum Zeitpunkt der Darlehensgewährung ein **vollwertiger Rückzahlungsanspruch** besteht. „Vollwertig" ist im Sinne des Bilanzrechts zu verstehen. Der Rückgewähranspruch darf keinem über das allgemeine Kreditrisiko hinausgehenden Risiko unterliegen. Verlangt ist hierbei eine vernünftige kaufmännische Beurteilung.[5] Dazu hat der Geschäftsführer, der das Darlehen gewährt, eine entsprechende Kreditwürdigkeitsprüfung bei dem Gesellschafter vorzunehmen. Und Voraussetzung ist weiter, dass die Kreditwürdigkeit des Gesellschafters auch fortlaufend während der Dauer der Kreditgewährung überwacht wird.[6] Bestehen Zweifel an der Kreditwürdigkeit des Gesellschafters, sei es zum Zeitpunkt der Kreditgewährung, sei es während der Dauer der Kreditgewährung, so muss der Geschäftsführer den Kredit zurückfordern. Verletzt der Geschäftsführer eine dieser Pflichten, so macht er sich nach § 43 Abs. 2 und 3 GmbHG schadensersatzpflichtig.

V. Die Haftung des Geschäftsführers bei Weisungen durch die Gesellschafterversammlung

1. Weisungsrecht der Gesellschafter und Folgepflicht des Geschäftsführers

Die Geschäftsführer haften gegenüber der Gesellschaft bei einer Weisung der Gesellschafterversammlung nicht für die Fehler bei der Willensbildung und Entscheidungsfindung, sondern nur für schuldhaft pflichtwidrige Ausführung.[7]

2.24

---

1 Die Rechtsnatur dieses Anspruchs ist streitig. S. dazu *Habersack/Schürnbrand*, WM 2005, 957 m.w.N. zum Stand der Diskussion.
2 S. dazu *Fromm*, GmbHR 2008, 537 ff.
3 A.A. *Uwe H. Schneider* in FS Döllerer, 1988, S. 537 ff.; *Karsten Schmidt*, Gesellschaftsrecht, 4. Aufl. 2002, S. 1149; *Karsten Schmidt*, GmbHR 2007, 1072, 1076 und GmbHR 2008, 453; *Sotiropoulos*, GmbHR 1996, 653.
4 BGH v. 1.2.2008 – II ZR 102/07, GmbHR 2009, 199 – MPS mit Bespr. *Altmeppen*, ZIP 2009, 49; *Habersack*, ZGR 2009, 347.
5 *Mülbert/Leuschner*, NZG 2009, 281.
6 BGH v. 1.12.2008 – II ZR 102/07, GmbHR 2009, 199.
7 BGH v. 4.12.1959 – II ZR 187/57, BGH v. 14.12.1959 – II ZR 187/57, BGHZ 31, 258, 278; BFH v. 27.3.1996 – I R 89/95, DStR 1997, 325; *Haas*, Geschäftsführerhaftung und Gläubigerschutz, S. 36; *Semler* in FS Goerdeler, S. 556; *Konzen*, NJW 1989, 2979.

2.25 Im Unterschied zum Vorstand der Aktiengesellschaft leitet der Geschäftsführer die Gesellschaft nicht in eigener Verantwortung. Vielmehr kann die Gesellschafterversammlung den Geschäftsführern in allen Bereichen der Unternehmensleitung Weisungen erteilen (**Grundsatz der Weisungsabhängigkeit**), § 37 Abs. 1 GmbHG. Den Geschäftsführern ist die Pflicht auferlegt, diese Weisungen auszuführen (**Grundsatz der Folgepflicht**).[1] Im Blick hierauf sah der RegE GmbHG 1971 vor:

„Die Ersatzpflicht tritt nicht ein, wenn die Handlung in Übereinstimmung mit Gesetz und Gesellschaftsvertrag auf einen Beschluss der Gesellschafter oder einer für die Geschäftsführung verbindlichen Weisung beruht."

Dieser Vorschlag wurde zwar nicht Gesetz, ist aber geltendes Recht.[2]

2.26 Liegt eine zulässige Weisung vor, so sind die Geschäftsführer in der Regel nicht befugt, die Ausführung abzulehnen, weil sie die Weisung für unzweckmäßig halten.

2.27 **Voraussetzung für die Haftungsbefreiung** ist eine Weisung auf Grund eines wirksamen Gesellschafterbeschlusses oder, falls in der Satzung vorgesehen, des hierfür zuständigen Organs. Ausreichend ist auch ein Beschluss der Gesellschafterversammlung, in dem die Gesellschafter der Maßnahme des Geschäftsführers nachträglich zustimmen. Allerdings kann sich der Geschäftsführer nicht auf die Weisung berufen, wenn er die Gesellschafter nicht hinreichend informiert hat oder versäumte, auf mögliche Risiken hinzuweisen oder verschwiegen hat, dass er an der Maßnahme ein persönliches Interesse hat.[3]

2.28 Beruht die Weisung auf einem fehlerhaften Beschluss, so ist zu unterscheiden. War der **Beschluss nichtig**, so darf der Geschäftsführer die „Weisung" nicht ausführen.[4] Nichtig ist der Beschluss insbesondere, wenn durch dessen Ausführung Vorschriften verletzt werden, die ausschließlich oder überwiegend zum Schutz der Gläubiger der Gesellschaft, §§ 30, 43 Abs. 3 GmbHG oder sonst im öffentlichen Interesse liegen. Der Beschluss ist ferner nichtig, wenn die Weisung für die Gesellschaft existenzgefährdend ist oder wenn die Weisung gegen die guten Sitten verstößt. Der Geschäftsführer kann sich daher nicht auf die Weisung berufen, wenn deren Ausführung mit den Grundsätzen zur Kapitalaufbringung und zur Kapitalerhaltung nicht zu vereinbaren ist, § 43 Abs. 3 Satz 3 GmbHG. Nur wenn der Gesellschafterbeschluss aus verfahrensrechtlichen Gründen nichtig ist, steht es dem Geschäftsführer frei, eine entsprechende Maßnahme in eigener Verantwortung auszuführen.[5]

2.29 Ist der **Beschluss**, auf dem die Weisung beruht, **anfechtbar**, so ist zunächst weiter zu unterscheiden, ob die Anfechtungsfrist noch läuft oder ob der Beschluss bereits unanfechtbar geworden ist. Ist die Frist zur Anfechtung abgelaufen und als Folge hiervon der Beschluss un-

---

1 BGH v. 4.12.1959 – II ZR 187/57, BGHZ 31, 258, 278; BFH v. 9.10.1996 – XI R 47/96, GmbHR 1997, 374; *Fleck*, GmbHR 1974, 226.
2 BGH v. 4.12.1959 – II ZR 187/57, BGHZ 31, 258, 278; BGH v. 18.3.1974 – II ZR 2/72, GmbHR 1974, 131, 132; BGH v. 26.10.2009 – II ZR 222/08, GmbHR 2010, 85; zuletzt OLG Brandenburg v. 27.1.2015 – 6 U 76/13, GmbHR 2015, 353.
3 Ebenso *Haas*, Geschäftsführerhaftung und Gläubigerschutz, S. 36.
4 BGH v. 13.4.1994 – II ZR 16/93, BGHZ 125, 372 = GmbHR 1994, 390; BGH v. 18.3.1974 – II ZR 2/72, GmbHR 1974, 131; BGH v. 12.11.1979 – II ZR 174/77, GmbHR 1980, 127; *Ziemons*, Die Haftung der Gesellschafter für Einflussnahmen auf die Geschäftsführung der GmbH, 1996, S. 26; *Gieseke*, GmbHR 1996, 486.
5 Vgl. BGH v. 14.12.1961 – II ZR 97/59, BGHZ 36, 207, 211: Fehlende Ladung eines Gesellschafters; *Fleck*, GmbHR 1974, 227; a.A. *Ziemons*, Die Haftung der Gesellschafter für Einflussnahmen auf die Geschäftsführung der GmbH, 1996, S. 29.

anfechtbar geworden, so besteht eine uneingeschränkte Folgepflicht. Bei der Ausführung der Weisung ist der Geschäftsführer daher auch entlastet. Ist der Beschluss noch anfechtbar, so ist der Weisungsbeschluss wirksam. Der Geschäftsführer muss jedoch damit rechnen, dass der Beschluss in der Folgezeit angefochten wird und damit die Weisung entfällt. Der Geschäftsführer hat mit der gebotenen Sorgfalt zu prüfen, ob die entsprechende Maßnahme verwirklicht werden soll. In jedem Fall trägt er die volle Verantwortung.[1] Eine Folgepflicht besteht nicht. Entschließt er sich zur Ausführung und wird der Beschluss erfolgreich angefochten, so hat er nicht nur für die Ausführung, sondern in der Regel auch für den Inhalt der Weisung einzustehen.

Ist bei einer **Einpersonengesellschaft** der alleinige Gesellschafter zugleich Geschäftsführer, so haftet er gegenüber der Gesellschaft nicht nach § 43 Abs. 2 GmbHG, sondern nur wie ein Gesellschafter.[2] Das gilt auch dann, wenn eine förmliche Weisung, die sonst Voraussetzung für eine Haftungsbefreiung ist, fehlt; denn der Wille des Alleingesellschafters entspricht dem Willen der Gesellschaft.[3] Der Alleingesellschafter handelt im vorgenannten Fall nur in seiner Eigenschaft als Geschäftsführer pflichtwidrig, wenn durch die Maßnahme eine Unterbilanz oder Überschuldung entsteht oder vertieft wird. Er handelt auch pflichtwidrig, wenn die Gesellschaft in ihrem Bestand gefährdet wird.

2.30

Bei der **GmbH & Co. KG** ist der Geschäftsführer der GmbH von der Haftung gegenüber der KG befreit, wenn entweder eine entsprechende Weisung der Gesellschafter der GmbH bestand oder wenn sämtliche Gesellschafter der KG mit dem Handeln des Geschäftsführers einverstanden waren.[4]

2. Folgepflicht bei schädigenden Weisungen?

Auszuführen hat der Geschäftsführer auch Weisungen der Gesellschafter, selbst wenn sie die Gesellschaft schädigen.[5] Die Folge ist, dass der Geschäftsführer für solche Schädigungen nicht haftet. Die Grenze bilden Weisungen, die rechtswidrig sind, die zu Zahlungen führen, die gegen § 30 GmbHG verstoßen oder die einen existenzvernichtenden Eingriff darstellen.[6] Weisungen, die einen existenzgefährdenden oder gar existenzvernichtenden Eingriff darstellen, sind in Analogie zu § 43 Abs. 3 Satz 3 GmbHG nichtig. Sie dürfen durch den Geschäftsführer nicht befolgt werden. Und das bedeutet zugleich, dass sich der Geschäftsführer schadensersatzpflichtig macht, wenn er eine existenzvernichtende Weisung ausführt.

2.31

---

[1] Wie hier: *Fleck*, GmbHR 1974, 227.
[2] BGH v. 31.1.2000 – II ZR 189/99, DB 2000, 661 = GmbHR 2000, 330; *Altmeppen*, DB 2000, 657.
[3] BGH v. 28.9.1992 – II ZR 299/91, BGHZ 119, 257, 261; BGH v. 10.5.1993 – II ZR 74/92, GmbHR 1993, 427; BGH v. 21.3.1994 – II ZR 260/92, GmbHR 1994, 460; s. auch BFH v. 12.10.1995 – I R 127/94, GmbHR 1996, 219; *Baums*, Der Geschäftsleitervertrag, S. 270.
[4] BGH v. 18.6.2013 – II ZR 86/11, GmbHR 2013, 1044.
[5] BGH v. 14.12.1959 – II ZR 187/57, BGHZ 31, 258, 278; BFH v. 14.9.1994 – I R 6/94, DB 1995, 249; *Uwe H. Schneider* in Scholz, § 43 GmbHG Rz. 119; *Baums*, Der Geschäftsleitervertrag, S. 271; *Fleck*, ZHR 149 (1985), 387, 408; *Semler* in FS Goerdeler, S. 551, 556.
[6] BGH v. 28.4.2008 – II ZR 264/06, BGHZ 176, 204 Rz. 39 = GmbHR 2008, 805; BGH v. 18.6.2013 – II ZR 86/11, BGHZ 197, 304 = GmbHR 2013, 1044; BGH v. 17.9.2001 – II ZR 178/99, GmbHR 2001, 1036; *Zöllner/Noack* in Baumbach/Hueck, § 43 GmbHG Rz. 34; *Lutter/Banerjea*, ZIP 2003, 2177, 2178; *Thümmel*, Persönliche Haftung von Managern und Aufsichtsräten, 5. Aufl. 2016, S. 196 ff.; zum Ganzen: *Uwe H. Schneider* in Scholz, § 43 GmbHG Rz. 124.

VI. Haftung des Geschäftsführers gegenüber der Gesellschaft wegen Verletzung von Loyalitätspflichten

2.32 *Geschäftsführer, die ihre gegenüber der Gesellschaft obliegenden Loyalitätspflichten verletzen, machen sich schadensersatzpflichtig.*

2.33 Neben den Leitungspflichten obliegen den Organmitgliedern weiter gehende Loyalitätspflichten (Treuepflichten). Der Geschäftsführer hat insbesondere alles zu unterlassen, was die Gesellschaft schädigen könnte. Zu diesen Schutz- und Rücksichtspflichten gehört ein Wettbewerbsverbot **während der Amtszeit**.[1] Damit soll verhindert werden, dass ein Geschäftsführer seine aus der Geschäftsführerstellung erlangten Kenntnisse oder seinen auf der Geschäftsführerstellung beruhenden Einfluss dazu verwendet, die eigenen Geschäfte zum Nachteil der Gesellschaft zu fördern. Verletzt der Geschäftsführer das Wettbewerbsverbot, so kann die Gesellschaft nicht nur Unterlassung verlangen, sondern auch Schadensersatz. Zu ersetzen ist der entgangene Gewinn, wobei es der Gesellschaft obliegt, die Höhe des Schadens nachzuweisen. Die Gesellschaft ist allerdings nicht dazu berechtigt, die Vergütung zu verweigern.[2] Die Gesellschaft kann stattdessen auch verlangen, dass das Geschäft als für ihre Rechnung eingegangen gilt (Eintrittsrecht).[3] **Nach Beendigung der Amtszeit** unterliegt der Geschäftsführer einem Wettbewerbsverbot nur, wenn dies ausdrücklich vereinbart wurde.[4] Unabhängig davon ist der Geschäftsführer zu nachvertraglicher Loyalität verpflichtet.

2.34 Zu den Schutz- und Rücksichtspflichten des Geschäftsführers gehört ferner das Verbot, seinen Einfluss geltend zu machen, um sich **persönliche Vorteile** einzuhandeln.[5] Der Geschäftsführer darf die Organstellung nicht im eigenen Interesse ausnutzen.[6] Pflichtwidrig sind nicht nur der Griff in die Kasse, sondern auch die etwas subtileren Arten der Bereicherung, wie etwa die Gewährung von Darlehen unter Marktzins an den Geschäftsführer, die Übernahme von Bauarbeiten auf dem Privatgrundstück des Geschäftsführers durch Mitarbeiter des Unternehmens,[7] „Dienstreisen", die nicht dienstlich geboten sind, die Anweisung, eine Vergütung von der Gesellschaft vornehmen zu lassen, die dem Geschäftsführer nicht zusteht[8] usw. Verboten ist dem Geschäftsführer auch, Geschäftschancen, die der Gesellschaft gebühren, als Eigengeschäft an sich zu ziehen.[9] Verletzt der Geschäftsführer seine Loyalitätspflichten, indem er Geschäftschancen an sich zieht, so kann die Gesellschaft ihn nicht nur abberufen, sondern zugleich auch Schadensersatz nach § 43 Abs. 2 GmbHG verlangen.

---

1 S. dazu unten bei *Verse*, § 26.
2 BGH v. 19.10.1987 – II ZR 97/87, GmbHR 1988, 100.
3 Str., wie hier *Haas/Ziemons* in Michalski, § 43 GmbHG Rz. 263.
4 BGH v. 11.10.1976 – II ZR 104/75, GmbHR 1977, 43; BGH v. 23.9.1985 – II ZR 246/84, DB 1986, 214.
5 S. dazu unten bei *Verse*, § 26.
6 BGH v. 12.6.1989 – II ZR 334/87, NJW 1989, 2697 = WM 1989, 1335 = GmbHR 1989, 365; BFH v. 8.7.1998 – I R 123/97, BFHE 186, 540; *Fleischer*, NZG 2003, 985.
7 BGH v. 24.11.1975 – ZR II 104/73, NJW 1976, 797.
8 BGH v. 26.11.2007 – II ZR 161/06, NZG 2008, 104 = GmbHR 2008, 144.
9 BGH v. 21.2.1983 – II ZR 183/82, WM 1983, 498; BGH v. 23.9.1985 – II ZR 246/84, WM 1985, 1443; BGH v. 17.12.1985 – VI ZR 244/84, BB 1986, 486; BGH v. 12.6.1989 – II ZR 334/87, WM 1989, 1335; BGH v. 23.4.2012 – ZR II 252/10, BGHZ 193, 96 = GmbHR 2012, 740; zur amerikanischen Lehre von der „Corporate Opportunity": *Kübler* in FS Werner, 1984, S. 437; zum Ganzen: *Uwe H. Schneider* in Scholz, § 43 GmbHG Rz. 201 und unten bei *Verse*, § 26.

VII. Der Grundsatz der Gesamtverantwortung

1. Haftung nur bei eigener Pflichtverletzung

Hat die Gesellschaft mehrere Geschäftsführer, so gilt der Grundsatz der Gesamtverantwortung.[1]   2.35

Jeder Geschäftsführer ist für die Geschäftsführung in ihrer gesamten Breite verantwortlich. Das bedeutet nicht, dass jeder Geschäftsführer für Pflichtverletzungen seiner Mitgeschäftsführer, die zu Schaden geführt haben, einzustehen hat. Vielmehr haftet jeder Geschäftsführer nur bei eigener Pflichtverletzung. Allerdings kann er sich seinerseits bei einer eigenen schuldhaften Pflichtverletzung nicht auf ein Mitverschulden eines Geschäftsführers berufen.[2] Steht ein pflichtwidriges Verhalten fest, lässt sich aber nicht ermitteln, welcher Geschäftsführer dafür verantwortlich ist, so haften alle gemeinsam.[3]   2.36

Bei Beschlüssen aller Mitgeschäftsführer darf sich aber kein Geschäftsführer blind auf die anderen verlassen. Vielmehr muss er selbst den Sachverhalt kritisch würdigen.[4] Er hat dafür zu sorgen, dass Maßnahmen der Mitgeschäftsführer mit der Sorgfalt eines ordentlichen Geschäftsmannes entschieden und umgesetzt werden und dass auch die Mitgeschäftsführer sich rechtmäßig verhalten.   2.37

2. Haftung bei Geschäftsverteilung

Der Grundsatz der Gesamtverantwortung hindert nicht, durch die Satzung, durch Gesellschafterbeschluss oder durch ausdrücklichen Beschluss der Geschäftsführer, bestimmte Entscheidungsbereiche einzelnen Geschäftsführern zuzuordnen.[5]   2.38

Eine solche **Geschäftsverteilung** wird rechtlich aber nur anerkannt[6],   2.39

– wenn der Entscheidungsbereich der Geschäftsverteilung zugänglich ist.[7] Grundsätzliche Fragen, wie etwa die Vorbereitung der Geschäftspolitik, müssen in der Zuständigkeit des Gesamtgremiums der Geschäftsführer zwingend auch dann verbleiben, wenn Einzelgeschäftsführungsbefugnis besteht.

– wenn eine eindeutige schriftliche Klarstellung erfolgt, welcher Geschäftsführer für welchen Bereich zuständig ist.[8] Für die Geschäftsverteilung bei Erfüllung der steuerlichen Pflichten verlangt der Bundesfinanzhof zur Anerkennung ausdrücklich die Schriftform[9] und

---

1 BGH v. 5.3.1990 – II ZR 86/89, GmbHR 1990, 298; BGH v. 15.10.1996 – VI ZR 319/95, GmbHR 1997, 26; BFH v. 4.3.1986 – VII S 33/85, GmbHR 1986, 288.
2 BGH v. 14.3.1983 – II ZR 103/82, ZIP 1983, 824, 825 = GmbHR 1983, 300.
3 *Drescher*, Die Haftung des GmbH-Geschäftsführers, 7. Aufl. 2013, S. 64.
4 BGH v. 1.3.1993 – II ZR 81/94, II ZR 61/92, WM 1994, 1030.
5 Zur Möglichkeit einer Teilnehmerhaftung nach § 830 Abs. 2 BGB i.V.m. § 826 BGB s. *Fleischer*, AG 2008, 265, 268.
6 Einzelheiten unten bei *E. Vetter*, § 22.
7 BGH v. 6.7.1990 – 2 StR 549/89, GmbHR 1990, 500, 503; *Haas*, Geschäftsführerhaftung und Gläubigerschutz, S. 282.
8 BFH v. 26.4.1984 – V R 128/79, ZIP 1984, 1345; BFH v. 4.3.1986 – VII S 33/85, GmbHR 1986, 288 = WM 1986, 1024; krit. *Medicus*, GmbHR 1998, 9, 16.
9 BFH v. 26.4.1984 – V R 128/79, BFHE 141, 443, 447 mit Anm. *Wilke*, GmbHR 1985, 309; BFH v. 4.3.1986 – VII S 33/85, WM 1986, 1023; BFH v. 17.5.1988 – VII R 90/85, GmbHR 1989, 170.

– wenn der zuständige Geschäftsführer die erforderliche persönliche und fachliche Qualifikation besitzt, um die zugewiesenen Aufgaben ordnungsgemäß zu erfüllen.[1]

2.40 Liegt eine solche ordnungsgemäße Geschäftsverteilung vor, trägt nur der zuständige Geschäftsführer die **volle Handlungsverantwortung**.

Für die anderen Geschäftsführer ist die Verantwortung und demgemäß auch die Haftung begrenzt. Sie haben fehlerhafte Maßnahmen in den Ressorts, für die sie nicht zuständig sind, nicht zu vertreten.[2] Bei rechtlich anerkannter Geschäftsverteilung verbleibt aber bei jedem Geschäftsführer eine **Informations- und Überwachungsverantwortung**. Er hat sich über die grundlegenden mit der Leitung verbundenen Aufgaben in regelmäßigen Abständen zu informieren.[3] Dabei hat er einen Anspruch darauf, über alles informiert zu werden.[4] Er hat sich regelmäßig zu informieren, ob der Mitgeschäftsführer weiterhin die Qualifikation besitzt, um die zugewiesenen Aufgaben zu bewältigen[5] und ob er seinen Aufgaben auch tatsächlich nachkommt. Entstehen Zweifel an der Zuverlässigkeit oder daran, dass sich der zuständige Geschäftsführer umfassend informiert und mit der gebotenen Sorgfalt entscheidet, so sind die anderen Geschäftsführer verpflichtet, die Einzelentscheidung und bei schweren Zweifeln den gesamten Aufgabenbereich in das Gesamtgremium zurückzuholen („**Rückholpflicht**").[6] Drohen schwere Nachteile für die Gesellschaft und sind die zuständigen Mitgeschäftsführer nicht bereit, dem abzuhelfen, so ist zunächst zu widersprechen („**Widerspruchspflicht**"). Sodann sind die Gesellschafter zu unterrichten („**Unterrichtungspflicht**").[7]

3. Haftung bei Delegation und fehlerhafter Compliance

2.41 Die Geschäftsführer brauchen nicht jede einzelne Maßnahme im Unternehmen der Gesellschaft selbst vorzunehmen, sondern können die einzelnen Sachfunktionen auf die nachgeordneten Mitarbeiter delegieren.[8] Machen die Geschäftsführer von dieser Delegationsbefugnis Gebrauch, so haben sie nur für eine ordnungsgemäße Auswahl der Mitarbeiter, ihre den Aufgaben angemessene Einweisung[9] und Information sowie die erforderliche Überwachung einzustehen. Insbesondere ist regelmäßig zu prüfen, ob die Mitarbeiter und – bei mehrfach gestufter Hierarchie – die unmittelbar nachgeordneten Geschäftsbereichsleiter ihren Aufgaben angemessen nachkommen, ob sie die Führungsaufgaben im Verhältnis zu ihren Mitarbeitern

---

1 BFH v. 22.7.1997 – I B 44/97, GmbHR 1998, 203.
2 BGH v. 8.7.1985 – II ZR 198/84, WM 1985, 1293, 1294; BGH v. 20.3.1986 – II ZR 114/85, WM 1986, 789; BFH v. 26.4.1984 – V R 128/79, BFHE 141, 443, 447.
3 BGH v. 1.3.1993 – II ZR 81/91, II ZR 61/92, DStR 1994, 1092 (*Goette*); BGH v. 26.6.1995 – II ZR 109/94, DStR 1995, 1639 (*Goette*) = GmbHR 1995, 653; BGH v. 24.11.2003 – II ZR 171/01, GmbHR 2004, 302; *Uwe H. Schneider*, DB 1993, 1909; zu weitgehend VG Frankfurt v. 8.7.2004 – 1 E 7363/03 (I), WM 2004, 2157: Gesteigerte Überwachungspflichten des Leiters eines sachnahen Vorstandsressorts; dagegen zutreffend: *Habersack*, WM 2005, 2360; *Froesch*, DB 2009, 722.
4 OLG Köln v. 22.11.2007 – 6 U 1170/07, GmbHR 2008, 37 f.
5 BGH v. 15.10.1996 – VI ZR 319/95, BGHZ 133, 370, 375 = GmbHR 1997, 25; BGH v. 8.7.1985 – II ZR 198/84, WM 1985, 1294; BGH v. 20.3.1986 – II ZR 114/85, WM 1986, 789; BGH v. 26.6.1995 – II ZR 109/94, GmbHR 1995, 654; BFH v. 4.3.1986 – VII S 33/85, WM 1986, 1023.
6 BGH v. 8.7.1985 – II ZR 198/84, WM 1985, 1294; BGH v. 20.3.1986 – II ZR 114/85, WM 1986, 789; BFH v. 4.3.1986 – VII S 33/85, WM 1986, 1024; zuletzt etwa OLG Frankfurt v. 23.1.2004 – 24 U 135/03, GmbHR 2004, 1016.
7 BGH v. 31.3.1954 – II ZR 57/53, BGHZ 13, 65; BGH v. 20.10.1954 – II ZR 280/53, BGHZ 15, 78; *Fleck*, GmbHR 1974, 225.
8 *Kleindiek* in Lutter/Hommelhoff, § 43 GmbHG Rz. 30; *Turiaux/Knigge*, DB 2004, 2204.
9 Zu weitgehend BGH v. 21.1.1997 – VI ZR 338/95, BGHZ 134, 307 = GmbHR 1997, 309.

wahrnehmen und ihre Pflichten im Verhältnis zu den Geschäftsführern (Information, usw.) und gegenüber Dritten erfüllen.

Bei großen Unternehmen – gleich welcher Rechtsform – ist das geschäftsführende Organ verpflichtet, eine besondere *Compliance-Organisation* einzurichten.[1] Eine Einrichtungspflicht bestimmt sich nach der Geschäftstätigkeit, den Risikobereichen, früheren Unregelmäßigkeiten, usw.[2] Aufgabe ist es, die Mitarbeiter laufend darüber zu informieren und darauf hinzuwirken, dass sie sich rechtmäßig verhalten, sie zu überwachen und gegebenenfalls sie zu sanktionieren. Auf welche Weise dies geschieht, steht im Ermessen der Geschäftsführer. Verletzen die Geschäftsführer ihre Pflichten – und dazu gehört auch die Einrichtung einer Compliance-Organisation –, so begründet dies einen Anspruch auf Schadensersatz.[3]

VIII. Ursächlichkeit und Schaden

Der Geschäftsführer haftet für Verletzung seiner Pflichten nur, wenn dies ursächlich für einen Schaden der Gesellschaft ist. 2.42

Streitig ist, was als Schaden der Gesellschaft anzusehen ist. Teilweise wird jede rechnerische Vermögensminderung als Schaden angesehen.[4] Nach anderer Ansicht ist Schaden der Gesellschaft nur, was eine zweckwidrige Vermögensminderung darstellt.[5] Und schließlich wird jeder pflichtwidrig herbeigeführte Nachteil als Schaden verstanden.[6] Würde man der Ansicht folgen, dass nur jede zweckwidrige Vermögensminderung einen Schaden darstellt, so hätte die Gesellschaft auch die Zweckwidrigkeit darzulegen und zu beweisen. 2.43

Berechnet wird der Schaden nach §§ 249 ff. BGB. Wird die Gesellschaft aufgrund des Verhaltens des Geschäftsführers durch Dritte in Anspruch genommen, ist Schaden der Haftungsbetrag. Ob dies auch für der Gesellschaft auferlegte Geldstrafen und Geldbußen gilt, wird teilweise bestritten; denn nicht jede Geldbuße sei ein ersatzfähiger Schaden. So soll die Gesellschaft keinen Rückgriff für eine ihr auferlegte Kartellstrafe nehmen können; denn durch die Kartellstrafe soll die Kartellbereicherung abgeschöpft werden.[7]

Nachträgliche schadensmindernde Ereignisse mindern nicht den Anspruch auf Schadensersatz.[8] Zu klären ist jedoch im Einzelfall, ob es sich um einen einheitlichen Vorgang handelt oder getrennt zu betrachtende Sachverhalte. Werden etwa in unzulässiger Weise Derivatgeschäfte abgeschlossen und bei einzelnen Gewinnen und bei anderen Verluste erwirtschaftet, bedarf es einer Gesamtbetrachtung. 2.44

---

1 LG München v. 10.12.2013 – 5HK O 1387, AG 2014, 332; Goette, ZHR 175 (2011), 388, 396; Römermann, GmbHR 2014, 1; zu den Anforderungen an eine Compliance-Organisation: *Harbarth/Brechtel*, ZIP 2016, 241.
2 *Zöllner/Noack* in Baumbach/Hueck, § 43 GmbHG Rz. 17; *Fleischer* in MünchKomm. GmbHG, § 43 GmbHG Rz. 142; *Hüffer* in FS H.G. Roth, 2011, S. 299.
3 S. dazu etwa *Kindler* in FS H.G. Roth, 2011, S. 367.
4 *Uwe H. Schneider* in Scholz, § 43 GmbHG Rz. 226; *Paefgen* in Ulmer/Habersack/Löbbe, § 43 GmbHG Rz. 178.
5 OLG Naumburg v. 19.5.1998 – 11 U 2058/97, GmbHR 1998, 1180.
6 *Hommelhoff*, Die Konzernleitungspflicht, 1982, S. 204.
7 LAG Düsseldorf v. 20.1.2015 – 16 Sa 459/14, ZIP 2015, 829; a.A. Bayer/Scholz, GmbHR 2015, 449.
8 LG Frankfurt v. 25.1.2006 – 3/9 O 143/04, AG 2006, 510, 511.

IX. Darlegungs- und Beweislast

2.45 *Die Gesellschaft hat darzulegen und zu beweisen, dass ihr durch ein Verhalten des Geschäftsführers in dessen Pflichtenkreis ein Schaden entstanden ist. Der Geschäftsführer hat darzulegen und zu beweisen, dass er die für einen ordentlichen Geschäftsmann gebotene Sorgfalt angewandt hat oder der Schaden auch bei Anwendung dieser Sorgfalt entstanden wäre oder ihm die Einhaltung der Sorgfaltspflicht unverschuldet unmöglich gewesen ist.*[1]

2.46 In § 43 GmbHG fehlt eine besondere Beweislastregelung. Eine ausdrückliche Regelung findet sich aber in § 93 Abs. 2 Satz 2 AktG. Diese ist für den Geschäftsführer einer GmbH entsprechend heranzuziehen. Einigkeit besteht hierbei, dass die Gesellschaft die Tatsachen vortragen und im Falle des Bestreitens beweisen muss, aus denen sich ergibt, dass das Verhalten des Geschäftsführers bei der Gesellschaft zu einem Schaden geführt hat.[2]

Streitig ist aber, ob sich die in § 93 Abs. 2 Satz 2 AktG angeordnete Beweislastumkehr nur auf das Verschulden oder auch auf die objektive Pflichtwidrigkeit bezieht. Vermittelnd heißt es in einem grundlegenden Beitrag von *Goette*[3]: „Mehr als dass ihr ein Schaden durch ein möglicherweise pflichtwidriges Verhalten des Organs entstanden ist, hat die Gesellschaft nicht darzulegen und zu beweisen; Sache des Geschäftsführers, Vorstands- oder Aufsichtsratsmitgliedes ist es dann, die Erfüllung seiner Pflichten, das fehlende Verschulden oder aber nachzuweisen, dass der Schaden auch bei pflichtgemäßem Verhalten entstanden wäre."

Der II. Zivilsenat des BGH[4] hat in der Folge seine bisherige, nicht ganz eindeutige Rechtsprechung[5] klargestellt. Die Gesellschaft trägt hiernach die Darlegungs- und Beweislast dafür, **dass und inwieweit ihr durch ein sich als „möglicherweise" pflichtwidrig darstellendes Verhalten des Geschäftsführers in dessen Pflichtenkreis ein Schaden erwachsen ist.** Im Einzelnen bedeutet dies, dass die Gesellschaft *erstens* das möglicherweise pflichtwidrige Verhalten, *zweitens* das Entstehen und die Höhe des Schadens und *drittens* die Kausalität darzulegen und zu beweisen hat. Dabei sollen der Gesellschaft die Darlegungs- und Beweiserleichterungen des § 287 ZPO zugute kommen. Ausreichend ist hiernach, dass eine Schadenschätzung nach § 287 ZPO möglich ist.[6] Der Geschäftsführer hat demgegenüber darzulegen und gegebenenfalls zu beweisen, dass er seinen Sorgfaltspflichten nachgekommen ist oder ihn kein Verschulden trifft, oder dass der Schaden auch bei einem pflichtgemäßen Alternativverhalten eingetreten wäre. Dies gilt in gleicher Weise für ein positives Tun und ein Unterlassen.

---

1 BGH v. 4.11.2002 – II ZR 224/00, BGHZ 152, 280; BGH v. 4.11.2002 – II ZR 224/00, GmbHR 2003, 113; BGH v. 18.2.2008 – II ZR 62/07, GmbHR 2008, 487; BGH v. 1.12.2008 – II ZR 102/07, BGHZ 179, 81 = GmbHR 2009, 199, Rz. 20; *Goette*, ZGR 1995, 648, 649; *Uwe H. Schneider* in Scholz, § 43 GmbHG Rz. 237; weitere Einzelheiten unten bei *Born*, § 14.
2 BGH v. 12.11.1970 – II ZR 171/68, WM 1971, 125, 126; BGH v. 8.7.1985 – II ZR 198/84, WM 1985, 1293 = WuB II C. § 43 GmbHG 1.86 (*Krämer*); BGH v. 26.11.1990 – II ZR 223/89, WM 1991, 281 = GmbHR 1991, 101; BGH v. 16.12.1991 – II ZR 31/91, WM 1992, 224; BGH v. 21.3.1994 – II ZR 260/92, GmbHR 1994, 459; *v. Gerkan*, ZHR 154 (1990), 39; *Fleck*, GmbHR 1997, 238.
3 *Goette*, ZGR 1995, 648; s. zuvor *Röhricht*, ZHR 153 (1989), 348 f.
4 BGH v. 4.11.2002 – II ZR 224/00, BGHZ 152, 280 = GmbHR 2003, 113; BGH v. 1.12.2008 – II ZR 102/07, BGHZ 179, 81 = GmbHR 2009, 199, Rz. 20; für die Genossenschaft: BGH v. 8.1.2007 – II ZR 304/04, WM 2007, 344; *Zöllner/Noack* in Baumbach/Hueck, § 43 GmbHG Rz. 38; s. weitergehend unten *Born*, Rz. 14.7; a.A. *Hopt/Roth* in Großkomm. AktG, Nachtr. § 93 AktG Rz. 426.
5 S. etwa BGH v. 21.3.1994 – II ZR 260/92, GmbHR 1994, 459.
6 BGH v. 4.11.2002 – II ZR 224/00, BGHZ 152, 280, 287 = GmbHR 2003, 113; s. auch unten bei *Born*, § 14.

Für den Geschäftsführer, der sich einer Haftung entziehen will, besteht daher die Möglichkeit entweder vorzutragen und zu beweisen, dass er die Maßnahme nicht vorgenommen hat, dass es an der Ursächlichkeit fehlt, dass er seine Pflichten nicht verletzt hat, weil er die Sorgfalt eines ordentlichen Geschäftsmannes angewendet hat oder dass auch ein pflichtgemäßes Alternativverhalten den Schaden nicht verhindert hätte.

X. Geltendmachung des Schadensersatzanspruchs

Werden Ansprüche gegen einen Geschäftsführer geltend gemacht, so bedarf es zunächst eines Beschlusses der Gesellschafterversammlung.

Das gilt unabhängig davon, ob es sich um organisationsrechtliche Ansprüche oder deliktische Ansprüche handelt.[1] Dies folgt aus § 46 Nr. 8 GmbHG; denn es ist dem obersten Gesellschaftsorgan vorbehalten zu entscheiden, ob ein Geschäftsführer wegen Pflichtverletzung belangt und die damit verbundene Offenlegung innerer Gesellschaftsverhältnisse trotz der für Ansehen und Kredit der Gesellschaft möglicherweise abträglichen Wirkung in Kauf genommen werden soll.[2] Der Gesellschafterbeschluss ist materiellrechtliche Anspruchsvoraussetzung. Er muss zur Schlüssigkeit der Klage vorgetragen werden.[3] Und dies gilt auch, wenn der Geschäftsführer nicht mehr im Amt ist.[4] Eine Ausnahme besteht bei Ansprüchen der GmbH & Co. KG gegen den Geschäftsführer der Komplementär-GmbH.[5]

XI. Haftungsbeschränkung

Die Haftung des Geschäftsführers kann in der Satzung oder durch den Anstellungsvertrag beschränkt werden.[6]

Die dem Geschäftsführer obliegenden Pflichten gegenüber der Gesellschaft dienen in der Regel nicht dem Schutz der Gesellschafter oder dem Schutz der Gläubiger, sondern nur dem Interesse und Schutz der Gesellschaft. Nach überwiegender Ansicht[7] können daher die Gesellschafter die Haftung des Geschäftsführers gegenüber der Gesellschaft beschränken. Die Haftung kann etwa auf Vorsatz oder grobe Fahrlässigkeit oder auf einen bestimmten Höchstbetrag begrenzt werden und die Frist für die Verjährung von Schadensersatzansprüchen kann verkürzt werden[8]; denn es ist

---

1 BGH v. 14.7.2004 – VIII ZR 224/02, GmbHR 2004, 1279, 1282.
2 BGH v. 20.11.1958 – II ZR 17/57, BGHZ 28, 355, 357.
3 BGH v. 26.11.2007 – II ZR 161/06, ZIP 2008, 117 = GmbHR 2008, 144; *Drescher*, Die Haftung des GmbH-Geschäftsführers, 7. Aufl. 2013, S. 3.
4 BGH v. 26.10.2009 – II ZR 222/08, ZIP 2009, 2335 = GmbHR 2010, 85.
5 BGH v. 24.3.1980 – II ZR 213/77, BGHZ 76, 326, 338 = GmbHR 1980, 179; BGH v. 10.2.1992 – II ZR 23/91, GmbHR 1992, 303.
6 S. auch unten bei *Haas/Wigand*, § 20; *Fleischer*, BB 2011, 2435.
7 BGH v. 15.11.1999 – II ZR 122/98, GmbHR 2000, 187, mit Anm. *Altmeppen*, DB 2000, 261 und 657; *Zöllner/Noack* in Baumbach/Hueck, § 43 GmbHG Rz. 46; *Uwe H. Schneider* in Scholz, § 43 GmbHG Rz. 261 f.; *Altmeppen* in Roth/Altmeppen, § 43 GmbHG Rz. 118; a.A. *Kleindiek* in Lutter/Hommelhoff, § 43 GmbHG Rz. 64; *Haas/Ziemons* in Michalski, § 43 GmbHG Rz. 13.
8 BGH v. 16.9.2002 – II ZR 107/01, GmbHR 2002, 1197 m. Anm. *Uwe H. Schneider*, WuB II C. § 43 GmbHG 1.03.

„Sache der Gesellschafter ... darüber zu befinden, ob und gegebenenfalls in welchem Umfang sie Ansprüche der Gesellschaft gegen einen pflichtwidrig handelnden Geschäftsführer verfolgen wollen. Wie auf die Durchsetzung eines entstandenen Anspruchs ... verzichtet werden kann, so kann auch schon im Vorfeld das Entstehen eines Ersatzanspruchs gegen den Organvertreter näher geregelt, insbesondere begrenzt oder ausgeschlossen werden".[1]

2.52 Allerdings bestehen für eine Haftungsbeschränkung **Grenzen**. Soweit dem Geschäftsführer im Interesse Dritter, insbesondere im Interesse der Gläubiger, Pflichten im Verhältnis zur Gesellschaft auferlegt sind, können diese nicht erlassen und Haftungsbeschränkungen nicht vorgesehen werden. Das gilt insbesondere, wenn den Bestimmungen des § 30 GmbHG zuwider Zahlungen aus dem zur Erhaltung des Stammkapitals erforderlichen Vermögen der Gesellschaft gemacht oder den Bestimmungen des § 33 GmbHG zuwider eigene Geschäftsanteile der Gesellschaft erworben werden, vgl. § 43 Abs. 3 Satz 1 GmbHG.[2]

2.53 Wenig überzeugend ist dagegen, dass eine zwischen dem Geschäftsführer und der Komplementär-GmbH getroffene Haftungsfreistellung nicht im Verhältnis zur GmbH & Co. KG wirken soll.[3] In Betracht kommt vielmehr eine Haftungsfreistellung in der Satzung der GmbH oder im Anstellungsvertrag.[4]

XII. Verjährung der Ersatzansprüche der Gesellschaft

2.54 *Die Ansprüche der Gesellschaft aus § 43 GmbHG, also wegen der Verletzung der organschaftlichen Pflichten, verjähren in 5 Jahren, § 43 Abs. 4 GmbHG.*

2.55 Über den Verjährungsbeginn geben die Vorschriften des GmbH-Gesetzes keine ausdrückliche Auskunft. Nach höchstrichterlicher Rechtsprechung[5] gelangen daher die allgemeinen Verjährungsvorschriften des BGB zur Anwendung. Danach beginnt die Verjährungsfrist gem. § 200 BGB mit der Entstehung des Anspruchs.[6] Dafür genügt die Entstehung des Schadens „dem Grunde nach". Der Schaden braucht noch nicht bezifferbar zu sein. Ausreichend ist es, wenn der Anspruch durch Klage (auch Feststellungsklage) geltend gemacht werden kann.[7]

2.56 Entgegen teilweise vertretener Ansicht[8] ist die Vorschrift des § 199 BGB nicht anwendbar.[9] Danach ist seit der Schuldrechtsreform der Beginn der Verjährungsfrist zusätzlich davon ab-

---

1 BGH v. 16.9.2002 – II ZR 107/01, GmbHR 2002, 1198.
2 BGH v. 14.12.1959 – II ZR 187/57, BGHZ 31, 258, 278; BFH v. 13.11.1996 – I R 149/94, DStR 1997, 325; *Haas*, Geschäftsführerhaftung und Gläubigerschutz, S. 36; *Semler* in FS Goerdeler, S. 556; *Konzen*, NJW 1989, 2979.
3 BGH v. 25.2.2002 – II ZR 236/00, BB 2002, 1164.
4 Ebenso *Binz/Sorg*, Die GmbH und Co. KG, 11. Aufl. 2010, S. 220.
5 BGH v. 23.3.1987 – II ZR 190/86, BGHZ 100, 228, 231; BGH v. 29.9.2008 – II ZR 234/07, DZWiR 2009, 189 = GmbHR 2008, 1319.
6 BGH v. 28.2.2012 – II ZR 244/10, ZIP 2012, 867 Rz. 22 = AG 2012, 371.
7 BGH v. 23.3.1987 – II ZR 190/86, BGHZ 100, 228, 231; BGH v. 29.9.2008 – II ZR 234/07, DZWiR 2009, 189 = GmbHR 2008, 1319; *Uwe H. Schneider* in Scholz, § 43 GmbHG Rz. 281; so jetzt auch für die AG: *Hüffer/Koch*, § 93 AktG Rz. 87; Einzelheiten bei *Uwe H. Schneider/Brouwer* in FS Röhricht, S. 548.
8 Anstelle anderer: *Haas/Ziemons* in Michalski, § 43 GmbHG Rz. 233; für die AG *Spindler* in MünchKomm. AktG, § 93 AktG Rz. 251.
9 BGH v. 21.2.2005 – II ZR 112/03, GmbHR 2005, 544.

hängig, dass der Gläubiger Kenntnis von dem anspruchsbegründenden Sachverhalt hat oder hätte haben müssen. § 199 BGB bezieht sich indessen auf die regelmäßige Verjährung, die nach § 195 BGB drei Jahre beträgt. Für alle anderen Ansprüche, die nicht dieser regelmäßigen Verjährung unterliegen, ist für den Beginn der Verjährung Kenntnis oder Kennenmüssen nicht Voraussetzung.

Besondere Probleme ergeben sich, wenn die Gesellschaft mit Schadensersatzansprüchen wegen Verletzung von Organpflichten gegen **Ruhegeldansprüche des Organmitglieds** aufrechnen will. In solchem Fall muss der Schadensersatzanspruch fällig und erzwingbar sein. Demgegenüber muss die Passivforderung, also die Forderung gegen die aufgerechnet werden oll, lediglich erfüllbar sein. Und die Passivforderung ist erfüllbar, wenn sie entstanden und der Schuldner berechtigt ist, die Passivforderung zu erfüllen. Die Eigenschaft der Erfüllbarkeit fehlt bei künftigen Forderungen. Gegen sie kann nicht aufgerechnet werden.[1] Bei Dauerschuldverhältnissen, bei denen die laufenden Rentenleistungen im Allgemeinen erstmals zum Beginn oder zum Ende eines Monats fällig gestellt werden, stellt sich die Frage, ob bereits ein gegenwärtiger, nur noch nicht fälliger Anspruch auf die künftig zu erbringenden Rententeilleistungen besteht oder ob der Anspruch auf die einzelnen Teilleistungen erst mit dem jeweiligen Fälligkeitstermin zur Entstehung gelangt. Diese Frage ist streitig. Teilweise wird die Ansicht vertreten, dass wiederkehrende Ruhegehaltsforderungen erst mit ihrem Fälligkeitstermin entstehen; denn der Fortbestand des Dauerrechtsverhältnisses bis zum Zeitpunkt ihrer Entstehung sei ungewiss.[2] Die Folge wäre, dass gegen künftige Ruhegehaltsansprüche nicht aufgerechnet werden könnte. Die höchstrichterliche Rechtsprechung[3] und die herrschende Lehre[4] gehen demgegenüber davon aus, dass es sich bei künftigen Ruhegehaltsbeträgen nur um Teile eines schon entstandenen Anspruchs handelt. Folgt man dem, so ist eine Aufrechnung auch gegen künftig fällig werdende Rentenansprüche möglich, wenn die Aufrechnung nach dem Entstehen der Forderung erklärt wird. Problematisch ist in diesem Zusammenhang, ob die Ansprüche erfüllbar sind, also eine Berechtigung zur Leistung vor Fälligkeit der einzelnen Rentenansprüche besteht. Nach § 271 Abs. 2 BGB ist davon auszugehen, dass im Zweifel der Schuldner seine Leistung schon vor Fälligkeit bewirken kann. Demgegenüber hat der II. Zivilsenat des Bundesgerichtshofs[5] ausgeführt, dass der Berechtigte Vorauszahlungen auf ein vertragliches Ruhegehalt in der Regel nur für das nächste halbe Jahr entgegenzunehmen brauche. Eine Tilgung im Wege der Aufrechnung sei daher auch nur in diesem zeitlichen Rahmen möglich.[6] Nur im öffentlichen Dienstrecht wird die Lage teilweise anders gesehen. Dem Dienstherren müsse es bei Vorliegen überwiegender Belange gestattet sein, künftige Gehaltsteile des Beamten durch Aufrechnung auch im Voraus zu tilgen.[7] Das aber bedeutet, dass die Gesellschaft zur Durchsetzung ihrer Schadensersatzforderungen alle sechs Monate wiederkehrend gegen die jeweils noch fällig werdenden Ruhegeldansprüche des schadenser-

---

1 BGH v. 10.3.1988 – VII ZR 8/87, BGHZ 103, 362, 367.
2 *Gernhuber*, Die Erfüllung und ihre Surrogate, 2. Aufl. 1994, § 12 V 2a.
3 BGH v. 28.10.1971 – II ZR 49/70, NJW 1972, 154; auch schon RG v. 28.6.1943 – III 5/43, RGZ 171, 215, 220.
4 *Grüneberg* in Palandt, § 387 BGB Rz. 12: für einen angemessenen Zeitraum; a.A. *Schlüter* in MünchKomm. BGB, 7. Aufl. 2016, § 387 BGB Rz. 38; *Uwe H. Schneider/Brouwer* in FS Röhricht, S. 546.
5 BGH v. 28.10.1971 – II ZR 49/70, NJW 1972, 154.
6 *Gursky* in Staudinger, 2016, § 387 BGB Rz. 121.
7 S. dazu RG v. 28.6.1943 – III 5/43, RGZ 171, 215 sowie OVG Koblenz v. 14.3.1990 – 2 A 99/89, NVwZ 1991, 95, 96.

satzpflichtigen Organmitglieds aufrechnen muss. Und dabei läuft sie Gefahr, dass ihre Schadensersatzforderungen bei künftigen Aufrechnungen bereits verjährt sind.[1]

2.58 Für die Verjährung der Ansprüche der Gesellschaft gegen den Geschäftsführer wegen unerlaubter Handlung, ungerechtfertigter Bereicherung, usw. gelten die allgemeinen Verjährungsvorschriften nach §§ 195 ff. BGB. Das bedeutet, die Verjährungsfrist beträgt 3 Jahre.

XIII. Die Haftung des Geschäftsführers in der GmbH & Co. KG

2.59 *Dem Geschäftsführer der Komplementär-GmbH obliegen nicht nur Pflichten im Verhältnis zur GmbH, sondern auch Pflichten im Verhältnis zur KG. Deren Verletzung kann unmittelbare Ansprüche der KG gegen den GmbH-Geschäftsführer begründen.*

2.60 Der Geschäftsführer einer Komplementär-GmbH ist **im Verhältnis zur GmbH** zur ordnungsgemäßen Leitung der KG verpflichtet; denn er hat für die Erfüllung der Pflichten der GmbH als Komplementärin zu sorgen. Maßstab ist das Interesse der GmbH. Verletzt er diese Pflichten, macht er sich gegenüber der GmbH schadensersatzpflichtig.

2.61 Nach höchstrichterlicher Rechtsprechung und nach herrschender Ansicht in der Lehre obliegen dem Geschäftsführer der Komplementär-GmbH aber auch unmittelbare Leitungspflichten **im Verhältnis zur KG**.[2] Diese Leitungspflichten werden nach der höchstrichterlichen Rechtsprechung teils aus dem Anstellungsvertrag des Geschäftsführers mit der GmbH hergeleitet. Der Anstellungsvertrag habe drittschützende Wirkung.[3] Teils heißt es, die Organstellung begründe eine „organschaftliche Sonderrechtsbeziehung zwischen der Gesellschaft und dem Geschäftsführer"[4]. Allerdings soll dies nur gelten, wenn alleinige oder die wesentliche Aufgabe der GmbH darin bestehe, für die KG die Geschäfte zu führen.[5]

Die alleinige Herleitung der drittschützenden Leitungspflichten nur aus dem Anstellungsvertrag überzeugt nicht; denn damit entfiele die Haftung, wenn kein Anstellungsvertrag besteht oder der Vertrag vor Übernahme der Komplementärstellung abgeschlossen wurde.[6] Richtig ist vielmehr die Herleitung von Leitungs- und Loyalitätspflichten aus der organschaftlichen Sonderrechtsbeziehung – und zwar auch dann, wenn die wesentliche Aufgabe der GmbH nicht nur in der Leitung der KG besteht, sondern wenn sie auch andere Aufgaben hat. Allerdings

---

1 Einzelheiten bei *Uwe H. Schneider/Brouwer* in FS Röhricht, S. 541, 548.
2 Zur Haftung des Geschäftsführers der Komplementär-GmbH bei verbotenen Zahlungen aus dem Vermögen der KG an einen Gesellschafter der GmbH: BGH v. 9.12.2014 – II ZR 360/13, GmbHR 2015, 248.
3 BGH v. 14.11.1994 – II ZR 160/93, ZIP 1995, 738 = EWiR § 43 GmbHG 1/95, 677 (*H.P. Westermann*); BGH v. 25.2.2002 – II ZR 236/00, GmbHR 2002, 588; *Oetker* in Henssler/Strohn, § 43 GmbHG Rz. 78.
4 BGH v. 9.12.2014 – II ZR 360/13, ZIP 2015, 322; auch schon BGH v. 10.2.1992 – II ZR 23/91, GmbHR 1992, 303 sowie BGH v. 18.6.2013 – II ZR 86/11, BGHZ 197, 304 = GmbHR 2013, 1044; *Wenzel* in Hesselmann/Tillmann/Mueller-Thuns, Handbuch GmbH & Co. KG, 21. Aufl. 2016, Rz. 465.
5 So wohl BGH v. 17.3.1987 – VI ZR 282/85, BGHZ 100, 190, 193; zuletzt auch BGH v. 25.2.2002 – II ZR 236/00, GmbHR 2002, 589; BGH v. 18.6.2013 – II ZR 86/11, GmbHR 2013, 1044; *Zöllner/Noack* in Baumbach/Hueck, § 43 GmbHG Rz. 66; *Haas/Ziemons* in Michalski, § 43 GmbHG Rz. 264.
6 Ebenso *Binz/Sorg*, GmbH & Co. KG, 11. Aufl. 2010, S. 200.

können sich weitergehende Pflichten aus dem Anstellungsverhältnis im Verhältnis zur KG ergeben.

Maßstab für die gegenüber der KG obliegenden Pflichten des Geschäftsführers sind die Interessen der KG. Aus dieser doppelten Pflichtenstellung ergeben sich auch Folgen für die Entlastung und einen Vergleich über Haftungsansprüche. Die KG kann den Anspruch gegen den Geschäftsführer der Komplementär-GmbH unabhängig davon geltend machen, ob die Gesellschafter der GmbH dies nach § 46 Nr. 8 GmbHG beschließen.[1]

2.62

Eine Entlastung durch die Gesellschafter der GmbH hat nur haftungsbefreiende Wirkung im Verhältnis zur GmbH. Ein Mehrheitsbeschluss genügt. Nur bei der beteiligungsidentischen GmbH & Co. KG wirkt die haftungsbefreiende Entlastung auch im Verhältnis zur KG.[2] Im Verhältnis zur KG bedarf es eines einstimmigen Beschlusses aller Gesellschafter der KG.[3] Die Einzelheiten sind streitig. Daher kann man der Praxis nur raten, sowohl eine Entlastung durch die Gesellschafter der GmbH als auch eine Entlastung durch die Gesellschafter der KG herbeizuführen.[4]

C. Die Haftung gegenüber den Gesellschaftern

Die Pflicht zur ordnungsgemäßen Unternehmensleitung obliegt dem Geschäftsführer nur im Verhältnis zur Gesellschaft[5], nicht aber im Verhältnis zu den Gesellschaftern oder Dritten. Geschäftsführer haben aber auch im Verhältnis zu den Gesellschaftern die Pflicht dafür zu sorgen, dass sie ihre Gesellschafterrechte wahrnehmen können und die Gesellschafterstellung ihnen nicht zum Nachteil gereicht.

2.63

Verletzt der Geschäftsführer seine Pflichten zur ordnungsgemäßen Leitung der Gesellschaft, so macht er sich nur gegenüber der Gesellschaft, nicht aber gegenüber den Gesellschaftern, schadensersatzpflichtig.[6] Auch entwickelt der Anstellungsvertrag des Geschäftsführers mit der Gesellschaft keine Schutzwirkung im Verhältnis zu den Gesellschaftern.[7] Der Geschäftsführer hat aber sicherzustellen, dass der Gesellschafter seine Gesellschafterrechte wahrnehmen kann. Dazu gehört, dass er dafür zu sorgen hat, dass die Gesellschafter zur Gesellschafterversammlung fristgerecht geladen werden, vorausgesetzt, dass ihm diese Aufgabe übertragen ist. Und dazu gehört sicherzustellen, dass die Gewinne zeitnah ausgezahlt werden. Unabhängig hiervon kommt eine Haftung des Geschäftsführers aus unerlaubter Handlung in Betracht.

2.64

---

1 BGH v. 24.3.1980 – II ZR 213/77, BGHZ 76, 326, 337.
2 *Binz/Sorg*, GmbH & Co. KG, 11. Aufl. 2010, S. 201; *Karsten Schmidt* in Scholz, § 43 GmbHG Rz. 108.
3 Ebenso wohl auch: *Nietsch*, GmbHR 2014, 348, 355.
4 Einzelheiten bei *Uwe H. Schneider*, GmbHR 2017, 680 ff.
5 BGH v. 15.12.2015 – II ZR 30/14, GmbHR 2016, 362, 363.
6 OLG Stuttgart v. 23.10.2006 – 14 U 64/05, GmbHR 2006, 759; weiterführend: *Uwe H. Schneider* in Scholz, § 43 GmbHG Rz. 300; *Haas/Ziemons* in Michalski, § 43 GmbHG Rz. 269; *Baums*, Der Geschäftsleitervertrag, S. 258; a.A. *Lammel*, ZfgG 36 (1986), 125.
7 OLG Stuttgart v. 23.1.2006 – 14 U 64/05, GmbHR 2006, 759.

D. Die Haftung gegenüber Dritten (Außenhaftung)

I. Die Haftung bei Verschulden bei Vertragsschluss und bei unerlaubter Handlung

2.65 *Die Pflicht zur ordnungsgemäßen Unternehmensleitung obliegt den Geschäftsführern nicht im Verhältnis zu Dritten[1], sondern nur im Verhältnis zur Gesellschaft. In Betracht kommt aber eine Haftung des Geschäftsführers aus Verschulden bei Vertragsschluss[2] und aus unerlaubter Handlung.[3] In Betracht kommt auch eine Haftung bei Verletzung öffentlich-rechtlicher Pflichten.*

2.66 Der Geschäftsführer ist gegenüber künftigen Vertragspartnern und gegenwärtigen Gläubigern nicht verpflichtet, die wirtschaftliche Lage oder eine zweifelhafte Kreditwürdigkeit der Gesellschaft zu offenbaren.[4] Er haftet gegenüber Dritten auch nicht, wenn er fahrlässig falsche Angaben zur Kreditwürdigkeit der Gesellschaft macht. Etwas anderes gilt, wenn die Gesellschaft sich bereits unrettbar in der Krise befindet, insbesondere wenn sie zahlungsunfähig oder überschuldet und wenn sie gleichwohl noch unternehmerisch tätig ist, Verträge abschließt usw. Dann haftet der Geschäftsführer bei Kenntnis dieser Umstände nach § 826 BGB, wenn er dem Vertragspartner verschweigt, dass die Gesellschaft nicht zahlungsfähig ist und nicht mehr saniert werden kann. Er haftet ferner gegenüber Dritten nach § 311 Abs. 2 Nr. 2, Nr. 3 i.V.m. § 280 BGB, wenn er in besonderem Maße Vertrauen für sich in Anspruch nimmt, wenn er dadurch die Vertragsverhandlungen oder den Vertragsabschluss erheblich beeinflusst[5] und wenn er vorsätzlich oder fahrlässig dieses Vertrauen verletzt. Man könnte dies auch als die „Gorilla-Regelung" bezeichnen: Der Geschäftsführer klopft sich auf die Brust und macht sich für seine Gesellschaft stark. Voraussetzung für die persönliche Haftung ist eine „Erklärung im Vorfeld einer Garantiezusage".[6] Der Geschäftsführer erklärt, er mache sich persönlich dafür stark, dass die Gesellschaft ihre Verbindlichkeiten erfüllen wird.[7] Die Folge muss sein, dass der Dritte, dem Vertrauen in die Gesellschaft fehlt, stattdessen gerade darauf vertraut, dass der Geschäftsführer selbst die ordnungsgemäße Geschäftsabwicklung gewährleistet. Ist das der Fall, so haftet der Geschäftsführer persönlich.

2.67 Der Geschäftsführer haftet Dritten gegenüber auch nach § 823 Abs. 1, § 823 Abs. 2 und § 826 BGB. So haftet der Geschäftsführer nach § 826 BGB, wenn die Gesellschaft ein „Schwindelunternehmen" betreibt[8] oder wenn er die mit einem Projekt verbundenen Risiken der Gesell-

---

1 BGH v. 14.12.1959 – II ZR 187/57, BGHZ 31, 258, 278; BGH v. 15.12.2015 – X ZR 30/14, ZIP 2016, 362: Eine Garantenstellung kann jedoch dann bestehen, wenn der Schutz von Rechten Dritter eine organisatorische Aufgabe ist, zu der zuallererst der gesetzliche Vertreter berufen ist; s. aber auch BGH v. 18.6.2014 – I ZR 242/12, BGHZ 201, 344 = GmbHR 2014, 977.
2 BGH v. 6.6.1994 – II ZR 292/91, BGHZ 126, 181, 189 = GmbHR 1994, 539; s. auch BGH v. 2.6.2008 – II ZR 210/06, NZG 2008, 661, 662 = AG 2008, 662.
3 S. dazu unten bei *Altmeppen*, § 7.
4 BGH v. 6.6.1994 – II ZR 292/91, BGHZ 126, 181 = GmbHR 1994, 539.
5 BGH v. 5.4.1971 – VII ZR 163/69, BGHZ 56, 81, 83; BGH v. 22.3.1979 – VII ZR 259/77, BGHZ 74, 103, 108.
6 BGH v. 6.6.1994 – II ZR 292/91, BGHZ 126, 181, 189 = GmbHR 1994, 539.
7 BGH v. 3.10.1989 – XI ZR 157/88, ZIP 1989, 1455 = GmbHR 1990, 31; s. auch BGH v. 2.6.2008 – II ZR 210/06, NZG 2008, 661, 662; *Altmeppen* in Roth/Altmeppen, § 43 GmbHG Rz. 54; *Paefgen* in Ulmer/Habersack/Löbbe, § 43 GmbHG Rz. 342.
8 BGH v. 14.7.2015 – VI ZR 463/14, ZIP 2015, 2169.

schaft auferlegt, sich selbst aber die Gewinnchancen vorbehält.[1] Problematisch ist, welche Vorschriften als Schutzgesetz im Sinne von § 823 Abs. 2 BGB zu sehen sind. Zu nennen sind insbesondere § 264, § 266, § 266a StGB.[2] Kein Schutzgesetz soll § 130 OWiG sein.[3]

II. Haftung bei Steuerschulden und nicht abgeführten Sozialversicherungsbeiträgen

S. dazu unten *Brand/Bentlage*, § 37.

2.67a

E. Die Haftung des Geschäftsführers in der Gründungsphase der Gesellschaft

Gerade in der Gründungsphase ist der Geschäftsführer einer Reihe besonderer Haftungsrisiken ausgesetzt. Vor allem in der Vorgesellschaft droht die Handelndenhaftung und nach der Entstehung der GmbH muss der Geschäftsführer mit der Haftung nach § 9a Abs. 1 GmbHG rechnen. Unabhängig hiervon beginnt die organschaftliche Haftung mit der tatsächlichen Aufnahme des Amtes.[4]

2.68

Vor der Eintragung in das Handelsregister aber nach dem notariellen Abschluss des Gesellschaftsvertrags besteht die Gesellschaft mit beschränkter Haftung als solche nicht. In diesem Zeitraum spricht man von der Vorgesellschaft. Hierfür sieht § 11 Abs. 2 GmbHG vor, dass die Handelnden, die im Namen der Gesellschaft tätig werden, persönlich und solidarisch haften. Handelnder ist, wer als Geschäftsführer oder wie ein solcher für die Vorgesellschaft und damit für die künftige GmbH tätig wird.[5] Möglich ist daher ein Auftreten im Namen der GmbH, aber auch ein Auftreten im Namen der Vorgesellschaft. Die Haftung erstreckt sich nicht auf Ansprüche kraft Gesetzes, also etwa Steuern[6] oder Beiträge zur Sozialversicherung[7], sondern nur auf rechtsgeschäftliche Ansprüche. Wegen des Haftungskonzepts des BGH bei der Vorgesellschaft als gesellschaftsinterne anteilige Verlustdeckungshaftung kommt eine unmittelbare Handelndenhaftung nur noch in Ausnahmefällen in Betracht.

2.69

Nach § 9a Abs. 1 GmbHG haben Geschäftsführer der Gesellschaft fehlende Einzahlungen zu leisten, eine Vergütung, die nicht unter den Gründungsaufwand aufgenommen ist, zu ersetzen und für den sonst entstehenden Schaden Ersatz zu leisten, wenn zum Zweck der Errichtung der Gesellschaft falsche Angaben gemacht werden. Dabei ist nicht erforderlich, dass die falschen Angaben gegenüber dem Handelsregister erfolgen. Ausreichend sind auch falsche

2.70

---

1 BGH v. 30.11.1978 – II ZR 204/76, GmbHR 1979, 89; BGH v. 16.3.1992 – II ZR 152/91, GmbHR 1992, 363.
2 Zu strafrechtlichen Risiken s. ausführlich unten *Krause*, § 40.
3 BGH v. 13.4.1994 – II ZR 16/93, BGHZ 125, 366 = ZIP 1994, 867; LG Bonn v. 15.5.2001 – 11 O 181/00, AG 2001, 484, 486; *Thümmel*, Persönliche Haftung von Managern und Aufsichtsräten, 5. Aufl. 2016, S. 214; Uwe H. Schneider in Scholz, § 43 GmbHG Rz. 330. Zu unterlassenen Aufsichtsmaßnahmen nach § 130 OWiG s. unten *Schücking*, § 41.
4 BGH v. 20.3.1986 – II ZR 114/85, GmbHR 1986, 302.
5 BGH v. 26.1.1967 – II ZR 122/64, BGHZ 47, 25; BGH v. 7.5.1984 – II ZR 276/83, BGHZ 91, 150 = GmbHR 1984, 316; *Fastrich* in Baumbach/Hueck, § 11 GmbHG Rz. 47; *Bayer* in Lutter/Hommelhoff, § 11 GmbHG Rz. 26.
6 BFH v. 16.7.1996 – VII R 133/95, GmbHR 1997, 188.
7 BAG v. 22.1.1997 – 10 AZR 908/94, NJW 1997, 3332; BSG v. 28.2.1986 – 2 RU 21/85, ZIP 1986, 646.

Angaben gegenüber einzelnen Gesellschaftern oder Sachverständigen. Verschulden ist erforderlich. Zu leisten ist die Differenz zwischen der wirklichen und der behaupteten Einzahlung. Es handelt sich nicht um eine Schadensersatzleistung, sondern um einen ergänzenden Anspruch auf Leistung der Einlagen. Der Anspruch entfällt mit der Differenzleistung durch den Einlagenschuldner.[1]

F. Die Haftung des Geschäftsführers in der Krise der Gesellschaft

2.71 *Gerade in der Krise der Gesellschaft bestehen für den Geschäftsführer besondere Risiken einer Haftung gegenüber der Gesellschaft und gegenüber den Gläubigern. Insoweit wird auf den Beitrag von Balthasar in diesem Handbuch verwiesen.*[2]

G. Die Haftung der Mitglieder des Aufsichtsrats einer GmbH

2.72 *Mitglieder des Aufsichtsrats haften, wenn sie die ihnen gegenüber der Gesellschaft obliegenden Pflichten schuldhaft verletzen.*

2.73 Die Haftung der Mitglieder des Aufsichtsrats hat bisher nicht dieselbe praktische Bedeutung[3] wie die Haftung des Geschäftsführers. Gleichwohl ist es unzutreffend, wenn gesagt wird, Schadensersatzansprüche gegen Aufsichtsratsmitglieder würden in der Praxis jedenfalls nicht durchgesetzt.[4] Zu bedenken ist in diesem Zusammenhang auch, dass die Ansprüche noch in der Insolvenz durch den Insolvenzverwalter geltend gemacht werden können.[5]

2.74 § 52 Abs. 1 GmbHG verweist auf **§ 116 AktG** und damit auf die Sorgfaltspflicht und die Verantwortlichkeit der Aufsichtsratsmitglieder bei Aktiengesellschaften. Das gilt unabhängig davon, ob es sich um einen mitbestimmten oder einen mitbestimmungsfreien Aufsichtsrat handelt. Die Verantwortlichkeit und die Haftung sind für die Anteilseignervertreter und die Vertreter der Arbeitnehmer dieselben.[6]

2.75 Zur entscheidenden Frage wird damit, welche **Verhaltenspflichten** dem einzelnen Aufsichtsratsmitglied gegenüber der Gesellschaft auferlegt sind; denn ihre schuldhafte Verletzung verpflichtet zum Ersatz des bei der Gesellschaft entstandenen Schadens.[7]

---

1 OLG Düsseldorf v. 10.3.1995 – 17 U 130/94, GmbHR 1995, 583.
2 S. dazu unten *Balthasar*, § 33 sowie *Uwe H. Schneider*, GmbHR 2010, 57.
3 S. dazu *Trescher*, DB 1995, 661.
4 S. exemplarisch BGH v. 15.11.1982 – II ZR 27/82, BGHZ 85, 293; BGH v. 26.3.1984 – II ZR 229/83, BGHZ 91, 1; BGH v. 7.11.1977 – II ZR 43/76, NJW 1978, 425; BGH v. 21.12.1979 – II ZR 244/78, DB 1980, 438; OLG Düsseldorf v. 8.3.1984 – 6 U 75/83, AG 1984, 273; LG Stuttgart v. 29.10.1999 – 4 KfH O 80/98, DB 1999, 2462; LG Bielefeld v. 16.11.1999 – 15 O 91/98, ZIP 2000, 20 mit Anm. *H.P. Westermann*.
5 *Lutter/Krieger/Verse*, Rechte und Pflichten des Aufsichtsrats, S. 422.
6 BGH v. 5.10.1979 – V ZR 71/78, BGHZ 75, 293, 295; *Uwe H. Schneider* in Scholz, § 52 GmbHG Rz. 465; *Spindler* in MünchKomm. GmbHG, § 52 GmbHG Rz. 625.
7 Zu den Besonderheiten bei der Haftung kommunaler Aufsichtsratsmitglieder: *Schön*, Die Haftung kommunaler Aufsichtsratsmitglieder in Aktiengesellschaften und Gesellschaften mit beschränkter Haftung, 2004; *Altmeppen*, NJW 2003, 2561; *Decher*, ZIP 1990, 277; *Meier*, ZKF 2002, 218.

Eine Haftung des Mitglieds des Aufsichtsrats tritt hiernach ein, wenn er seine Überwachungspflichten schuldhaft verletzt. Ist dem Aufsichtsrat die Auswahl und die Bestellung der Geschäftsführer übertragen, so haften die Mitglieder des Aufsichtsrats, wenn sie bei der Auswahl der Geschäftsführer nicht sorgfältig handeln. Eine Haftung tritt schließlich ein, wenn das Mitglied des Aufsichtsrats seinen ihm auferlegten Loyalitätspflichten nicht nachkommt. Zu diesen Schutz- und Rücksichtspflichten gehört insbesondere die Verschwiegenheitspflicht. Nach § 85 GmbHG ist die unbefugte Offenbarung von Geheimnissen durch Aufsichtsratsmitglieder strafbar. Den Mitgliedern des Aufsichtsrats ist ferner die persönliche Interessenverfolgung untersagt. Ist eine Person in mehreren Unternehmen Mitglied des Aufsichtsrats, so ist sie hierdurch nicht privilegiert. Vielmehr hat das Aufsichtsratsmitglied Pflichten gegenüber allen Gesellschaften und bei Interessenkollisionen hat er das dafür vorgesehene Verfahren einzuhalten.

2.76

Größte Bedeutung hat die **Verletzung der Überwachungspflicht**.[1] Diese Überwachungspflicht verletzen Mitglieder des Aufsichtsrats, wenn sie ohne Entschuldigung Aufsichtsratssitzungen fernbleiben.[2] Sie sind verpflichtet, sich umfassend zu informieren, und zwar unabhängig davon, ob ein konkreter Anlass zu Misstrauen besteht oder nicht.[3] Entdeckte Missstände verlangen vertiefte Nachforschungen.[4] Auch Gerüchten über ungewisse und unkorrekte Maßnahmen ist nachzugehen, wenn durch sie eine Gefährdung für die Gesellschaft begründet wird. Das gilt insbesondere, wenn es sich um eine existentielle Gefährdung handelt.[5]

2.77

Bei **Rechtsgeschäften** ist durch den Aufsichtsrat und seine Mitglieder die Zweckmäßigkeit des Abschlusses sorgfältig zu prüfen. Dabei hat der Aufsichtsrat zwar die Geschäftsführungskompetenz der Geschäftsführer zu beachten. Bei leichtfertigen Rechtsgeschäften, die mit den Grundsätzen ordnungsgemäßer Unternehmensführung nicht zu vereinbaren sind, muss er aber einschreiten. Bei Großkrediten ist die Kreditwürdigkeit des Kreditnehmers zu prüfen. Zu fragen ist, ob die Sicherungsgeschäfte rechtswirksam sind. Bei schweren Bedenken gegen geplante Maßnahmen sind die Geschäftsführer von ihrem Vorhaben abzubringen.[6]

2.78

---

1 Zur Aufsichtsratshaftung im Konzern, insbesondere zur Verletzung von Überwachungspflichten im Blick auf Vorgänge bei Tochtergesellschaften, s. unten bei *Uwe H. Schneider*, § 10.
2 *Uwe H. Schneider* in Scholz, § 52 GmbHG Rz. 483.
3 BGH v. 7.11.1977 – II ZR 43/76, NJW 1978, 425; OLG Düsseldorf v. 8.3.1984 – 6 U 75/83, AG 1984, 273, 275.
4 BGH v. 22.10.1979 – II ZR 151/77, WM 1979, 1425, 1427.
5 LG Bielefeld v. 16.11.1999 – 15 O 91/98, WM 1999, 2457.
6 BGH v. 4.7.1977 – II ZR 150/75, BGHZ 69, 207, 214.

§ 3
Organpflichten und Haftung in der AG

Professor Dr. Gerd Krieger

A. Grundlagen 3.1
B. **Sorgfaltsverpflichtung der Vorstandsmitglieder**
  I. Ordentliche und gewissenhafte Geschäftsführung 3.4
  II. Business Judgment Rule (§ 93 Abs. 1 Satz 2 AktG) 3.10
  III. Ressortprinzip und Aufgabendelegation 3.16
  IV. Sorgfaltspflichten im Konzern 3.19
C. **Sorgfaltsverpflichtung der Aufsichtsratsmitglieder**
  I. Ordentliche und gewissenhafte Überwachung 3.20
  II. Mitwirkungspflichten der einzelnen Aufsichtsratsmitglieder............. 3.26
  III. Sorgfaltspflicht und Ausschusstätigkeit 3.27
  IV. Sorgfaltspflichten im Konzern 3.28
D. **Treuepflicht und Verschwiegenheitspflicht**
  I. Treuepflicht.................... 3.29
  II. Verschwiegenheitspflicht 3.31
E. Verschulden 3.35
F. Schaden und Kausalität 3.37
G. Beweislastumkehr 3.39
H. **Haftungsausschlüsse und -einschränkungen**
  I. Haftungsausschluss durch Hauptversammlungsbeschluss 3.41
  II. Verzicht, Vergleich, Verjährung 3.42
  III. Haftungsbeschränkungen.......... 3.44
J. **Durchsetzung des Ersatzanspruchs**
  I. Anspruchsverfolgung durch Aufsichtsrat bzw. Vorstand 3.46
  II. Anspruchsverfolgung durch die Hauptversammlung oder eine Aktionärsminderheit............. 3.51
  III. Anspruchsverfolgung durch einzelne Aktionäre und Gläubiger 3.54
K. **Haftung der Vorstands- und Aufsichtsratsmitglieder gegenüber Dritten (Außenhaftung)** 3.56
L. **Erstattung von Kosten der Rechtsverteidigung und Übernahme von Geldsanktionen durch die Gesellschaft**... 3.57
M. D&O-Versicherung 3.58

Schrifttum: *Altmeppen*, Haftung für Delikte „aus dem Unternehmen", dargestellt am Fall „Dieselgate", ZIP 2016, 97; *Altmeppen*, Darf die AG Geldstrafen oder Geldauflagen gegen ihr Vorstandsmitglied intern übernehmen?, in Liber Amicorum Dolf Weber, 2016, S. 7; *Armbrüster*, Interessenkonflikte in der D&O-Versicherung, NJW 2016, 897; *Arnold/Rudzio*, Die Pflicht des Vorstands der Aktiengesellschaft zur Einrichtung und Ausgestaltung einer Compliance-Organisation, KSzW 2016, 231; *Bachmann*, Der „deutsche Corporate Governance Kodex": Rechtswirkungen und Haftungsrisiken, WM 2002, 2137; *Bachmann*, Das „vernünftige" Vorstandsmitglied – zum richtigen Verständnis der deutschen Business Judgment Rule (§ 93 Abs. 1 Satz 2 AktG), in FS Stilz, 2014, S. 25; *Bachmann*, Reform der Organhaftung? Materielles Haftungsrecht und seine Durchsetzung in privaten und öffentlichen Unternehmen, Gutachten zum 70. Deutschen Juristentag, in Verhandlungen des 70. DJT, 2014, Bd. I, Gutachten E; *Bachmann*, Die Geschäftsleiterhaftung im Fokus von Rechtsprechung und Rechtspolitik, BB 2015, 771; *Bachmann*, Zehn Thesen zur deutschen Business Judgment Rule, WM 2015, 105; *Bachmann*, Die Beschränkungen der Organhaftung nach den Grundsätzen des Arbeitsrechts, ZIP 2017, 841; *Balthasar/Hamelmann*, Finanzkrise und Vorstandshaftung nach § 93 Abs. 2 AktG: Grenzen der Justitiabilität unternehmerischer Entscheidungen, WM 2010, 589; *Bauer*, Zur Darlegungs- und Beweislast des Vorstands in organschaftlichen Haftungsprozessen, NZG 2015, 549; *Baur/Holle*, Anwendung des § 93 Abs. 2 Satz 2 AktG im Direktprozess gegen den D&O-Versicherer, AG 2017, 141; *Bayer*,

Vorstandshaftung in der AG de lege lata und de lege ferenda, NJW 2014, 2546; *Bayer/Scholz*, Haftungsbegrenzung und D&O-Versicherung im Recht der aktienrechtlichen Organhaftung, NZG 2014, 926; *Bayer/Scholz*, Die Pflichten von Aufsichtsrat und Hauptversammlung beim Vergleich über Haftungsansprüche gegen Vorstandsmitglieder, ZIP 2015, 149; *Bayer/Scholz*, Zulässigkeit und Grenzen des Kartellbußgeldregresses, GmbHR 2015, 449; *Bayer/Scholz*, Zweifelsfragen der gesamtschuldnerischen Organhaftung im Aktienrecht, ZGR 2016, 619; *Bezzenberger/Keul*, Die Aufgaben und Sorgfaltspflichten von Aufsichtsratsmitgliedern – Eine Übersicht, in FS Schwark, 2009, S. 121; *Bieder*, Grund und Grenzen der Verfolgungspflicht des Aufsichtsrats bei pflichtwidrigem Vorstandshandeln, NZG 2015, 1178; *Binder*, Geschäftsleiterhaftung und fachkundiger Rat, AG 2008, 274; *Binder/Kraayvanger*, Regress der Kapitalgesellschaft bei der Geschäftsleitung für gegen das Unternehmen verhängte Geldbußen, BB 2015, 1219; *Böttcher*, Compliance: Der IDW PS 980 – Keine Lösung für alle (Haftungs)Fälle!, NZG 2011, 1054; *Brommer*, Die Beschränkung der Rechtsfolgen der Vorstandsinnenhaftung, 2016; *Buck-Heeb*, Die Haftung von Mitgliedern des Leitungsorgans bei unklarer Rechtslage, BB 2013, 2247; *Buck-Heeb*, Die Plausibilitätsprüfung bei Vorliegen eines Rechtsrats – zur Enthaftung von Vorstand, Geschäftsführer und Aufsichtsrat, BB 2016, 1347; *Bunz*, Die Business Judgment Rule bei Interessenkonflikten im Kollegialorgan, NZG 2011, 1294; *Burgard/Heimann*, Entlastung, Verjährung und Verjährenlassen von Schadensersatzansprüchen gegen Organmitglieder von Stiftungen und Aktiengesellschaften, NZG 2016, 166; *Bürkle*, Compliance als Aufgabe des Vorstands der AG – Die Sicht des LG München I, CCZ 2015, 52; *Bussmann/Matschke*, Die Zukunft der unternehmerischen Haftung bei Compliance-Verstößen, CCZ 2009, 132; *Cahn*, Aufsichtsrat und Business Judgment Rule, WM 2013, 1293; *Cahn*, Business Judgment Rule und Rechtsfragen, Der Konzern 2015, 105; *Casper*, Hat die grundsätzliche Verfolgungspflicht des Aufsichtsrats im Sinne des ARAG-Garmenbeck/Urteils ausgedient?, ZHR 176 (2012), 617; *Decher*, Die Kontrolle der Verwaltung durch Sonderprüfer, besonderen Vertreter und Aktionärsklage, in FS Baums, 2017, S. 279; *Decker*, Organhaftung und Expertenrat, GmbHR 2014, 72; *Deilmann/Otte*, Verteidigung ausgeschiedener Organmitglieder gegen Schadensersatzklagen – Zugang zu Unterlagen der Gesellschaft, BB 2011, 1291; *Dreher*, Der Abschluss von D&O-Versicherungen und die aktienrechtliche Zuständigkeitsordnung, ZHR 165 (2001), 293; *Dietz-Vellmer*, Organhaftungsansprüche in der Aktiengesellschaft: Anforderungen an Verzicht oder Vergleich durch die Gesellschaft, NZG 2011, 248; *Döring*, Die Durchsetzung der Organhaftung durch Aktionäre, 2014; *Dreher*, Antikorruptionsuntersuchungen durch den Aufsichtsrat, in FS Goette, 2011, S. 43; *Dröge*, Haftung für Gremienentscheidungen, 2008; *Edenfeld/Neufang*, Die Haftung der Arbeitnehmervertreter im Aufsichtsrat, AG 1999, 49; *Ettinger/Grützediek*, Haftungsrisiken im Zusammenhang mit der Abgabe der Corporate Governance Entscheidungserklärung gemäß § 161 AktG, AG 2003, 353; *Eufinger*, Die Regresshaftung von Vorstand und Geschäftsführer für Kartellverstöße der Gesellschaft, WM 2015, 1265; *v. Falkenhausen*, Die Haftung außerhalb der Business Judgment Rule, NZG 2012, 644; *Fassbach/Wettich*, Der Aufsichtsrat: Überwachungsaufgabe, persönliche Haftung und D&O-Versicherung, KSzW 2016, 269; *Faßbender*, 18 Jahre ARAG/Garmenbeck – und alle Fragen offen?, NZG 2015, 501; *Fischbach/Lüneborg*, Die Organpflichten bei der Durchsetzung von Organhaftungsansprüchen im Aktienkonzern, NZG 2015, 1142; *Fleischer*, Unternehmensspenden und Leitungsermessen im Aktienrecht, AG 2001, 171; *Fleischer*, Vorstandsverantwortlichkeit und Fehlverhalten von Unternehmensangehörigen – Von der Einzelüberwachung zur Errichtung einer Compliance Organisation, AG 2003, 291; *Fleischer*, Zum Grundsatz der Gesamtverantwortung im Aktienrecht, NZG 2003, 449; *Fleischer*, Zur aktienrechtlichen Verantwortlichkeit faktischer Organe, AG 2004, 517; *Fleischer*, Die „Business Judgment Rule": Vom Richterrecht zur Kodifizierung, ZIP 2004, 685; *Fleischer*, Aktienrechtliche Legalitätspflicht und „nützliche" Pflichtverletzungen von Vorstandsmitgliedern, ZIP 2005, 141; *Fleischer*, Kartellrechtsverstöße und Vorstandsrecht, BB 2008, 1070; *Fleischer*, Vertrauen von Geschäftsleitern und Aufsichtsratsmitgliedern auf Informationen Dritter, ZIP 2009, 1397; *Fleischer*, Kompetenzüberschreitungen von Geschäftsleitern im Personen- und Kapitalgesellschaftsrecht, DStR 2009, 1204; *Fleischer*, Aktuelle Entwicklungen der Managerhaftung, NJW 2009, 2337; *Fleischer*, Vorstandshaftung und Vertrauen auf anwaltlichen Rat, NZG 2010, 121; *Fleischer*, Regresshaftung von Geschäftsleitern wegen Verbandsgeldbußen, DB 2014, 345; *Fleischer*, Verjährung von Organhaftungsansprüchen: Rechtspraxis – Rechtsvergleichung – Rechtspolitik, AG 2014, 457; *Fleischer*, Ruinöse Managerhaftung: Reaktionsmöglichkeiten de lege lata und de lege ferenda, ZIP 2014, 1305; *Fleischer*, Reformperspektiven der Organhaftung: Empfiehlt sich eine stärkere Kodifizierung von

Richterrecht?, DB 2014, 1971; *Fleischer/Bauer*, Von Vorstandsbezügen, Flugreisen, Festschriften, Firmensponsoring und Festessen: Vorstandshaftung für übermäßige Vergütung und „fringe benefits", ZIP 2015, 1901; *Florstedt*, Zur organhaftungsrechtlichen Aufarbeitung der Finanzmarktkrise, AG 2010, 315; *Florstedt*, Cum/Ex-Geschäfte und Vorstandshaftung, NZG 2017, 601; *Freund*, Gesamtschuldnerregress in der Organhaftung, GmbHR 2013, 785; *Freund*, Organhaftung in der Bauwirtschaft, NJW 2013, 2545; *Freund*, Brennpunkte der Organhaftung, NZG 2015, 1419; *Frischemeier*, Die Haftung geschäftsführender Organe für Compliance-Verstöße in Tochtergesellschaften, 2014; *Fuchs/Zimmermann*, Reform der Organhaftung? – Materielles Haftungsrecht und seine Durchsetzung in privaten und öffentlichen Unternehmen, JZ 2014, 838; *Göpfert/Rottmeier*, Business Judgment bei Standort und Beschäftigungszusagen, ZIP 2014, 1259; *C. Goette/M. Goette*, Managerhaftung: Abgrenzung unternehmerischer Entscheidungen nach Maßgabe der Business Judgment Rule von pflichtverletzendem Handeln, DStR 2016, 815; *W. Goette*, Zur Verteilung der Darlegungs- und Beweislast der objektiven Pflichtwidrigkeit bei der Organhaftung, ZGR 1995, 648; *W. Goette*, Grundsätzliche Verfolgungspflicht des Aufsichtsrats bei sorgfaltswidrig schädigendem Verhalten im AG-Vorstand?, ZHR 176 (2012), 588; *Graumann*, Gesellschaftsrechtliche Anforderungen an die Informationsgrundlage unternehmerischer Entscheidungen – Versuch einer Konkretisierung unter Einbeziehung betriebswirtschaftlicher Erkenntnisse, CCZ 2010, 222; *Graumann/Grundei*, Wann entsprechen unternehmerische Entscheidungen der gesellschaftsrechtlichen Anforderung „angemessener Information"?, DBW 2011, 379; *Grooterhorst*, Das Einsichtsrecht des ausgeschiedenen Vorstandsmitgliedes in Geschäftsunterlagen im Haftungsfall, AG 2011, 389; *Grundei/v. Werder*, Die Angemessenheit der Informationsgrundlage als Anwendungsvoraussetzung der Business Judgment Rule, AG 2005, 825; *Grunewald*, Haftungsvereinbarung zwischen Aktiengesellschaft und Vorstandsmitgliedern, AG 2013, 813; *Grunewald*, Die Abwälzung von Bußgeldern, Verbands- und Vertragsstrafen im Wege des Regresses, NZG 2016, 1121; *Haarmann/Weiß*, Reformbedarf bei der aktienrechtlichen Organhaftung, BB 2014, 2115; *Habersack*, Die Freistellung des Organwalters von seiner Haftung gegenüber der Gesellschaft, in FS Ulmer, 2003, S. 151; *Habersack*, Gesteigerte Überwachungspflichten des Leiters eines „sachnahen" Vorstandsressorts?, WM 2005, 2360; *Habersack*, Perspektiven der aktienrechtlichen Organhaftung, ZHR 177 (2013), 782; *Habersack*, Zur Aufklärung gesellschaftsinternen Fehlverhaltens durch den Aufsichtsrat der AG, in FS Stilz, 2014, S. 191; *Habersack*, Enthaftung des Vorstandsmitglieds qua Anstellungsvertrag?, NZG 2015, 1297; *Habersack*, 19 Jahre „ARAG/Garmenbeck" – viele Fragen offen, NZG 2016, 321; *Habersack*, Verzichts- und Vergleichsvereinbarungen gemäß § 93 Abs. 4 Satz 3 AktG – de lege late und de lege ferenda, in FS Baums, 2017, S. 531; *Harbarth/Brechtel*, Rechtliche Anforderungen an eine pflichtgemäße Compliance-Organisation im Wandel der Zeit, ZIP 2016, 241; *Harbarth/Höfer*, Beginn der Dreijahresfrist des § 93 Abs. 4 Satz 3 AktG bei nicht abgeschlossener Schadensentstehung, NZG 2016, 686; *Harbarth/Jaspers*, Verlängerung der Verjährung von Organhaftungsansprüchen durch das Restrukturierungsgesetz, NZG 2011, 368; *Hasselbach*, Haftungsfreistellung für Vorstandsmitglieder, NZG 2016, 890; *Hasselbach/Seibel*, Die Freistellung von Vorstandsmitgliedern und leitenden Angestellten von der Haftung für Kartellrechtsverstöße, AG 2008, 770; *Hegnon*, Aufsicht als Leitungspflicht, CCZ 2009, 57; *Heimbach/Boll*, Führungsaufgabe und persönliche Haftung der Vorstandsmitglieder und des Vorstandsvorsitzenden im ressortaufgeteilten Vorstand einer AG, VersR 2001, 801; *Hemeling*, Neuere Entwicklungen in der D&O-Versicherung, in FS Hoffmann-Becking, 2013, S. 491; *Hoffmann*, Existenzvernichtende Haftung von Vorständen und Aufsichtsräten?, NJW 2012, 1393; *Hopt*, Die Verantwortlichkeit von Vorstand und Aufsichtsrat: Grundsatz und Praxisprobleme – unter besonderer Berücksichtigung der Banken, ZIP 2013, 1793; *Hopt*, Die Reform der Organhaftung nach § 93 AktG – Bemerkungen zu den Beschlüssen des 70. Deutschen Juristentages 2014 –, in FS Roth, 2015, S. 225; *Ihrig*, Reformbedarf beim Haftungstatbestand des § 93 AktG, WM 2004, 2098; *Janert*, Rechtliche Gestaltungsmöglichkeiten zur Beschränkung der Geschäftsführerhaftung, BB 2013, 3016; *Kapp/Gärtner*, Die Haftung von Vorstand und Aufsichtsrat bei Verstößen gegen das Kartellrecht, CCZ 2009, 168; *Kaulich*, Die Haftung von Vorstandsmitgliedern einer Aktiengesellschaft für Rechtsanwendungsfehler, 2012; *Kleinert*, Aktuelle Entwicklungen bei der Organhaftung für Compliance-Verstöße, in FS Baums, 2017, S. 669; *Koch*, Keine Ermessensspielräume bei der Entscheidung über die Inanspruchnahme von Vorstandsmitgliedern, AG 2009, 93; *Koch*, Die Pflichtenstellung des Aufsichtsrats nach Zulassung der Aktionärsklage, in FS Hüffer, 2010, S. 447; *Koch*, Die Anwendung der Business Judgment Rule bei Interessenkonflikten innerhalb des Vorstands, in FS Säcker, 2011,

S. 403; *Koch*, Beschränkung der Regressfolgen im Kapitalgesellschaftsrecht, AG 2012, 429; *Koch*, Begriff und Rechtsfolgen von Interessenkonflikten und Unabhängigkeit im Aktienrecht, ZGR 2014, 697; *Koch*, Regressreduzierung im Kapitalgesellschaftsrecht – Eine Sammelreplik, AG 2014, 513; *Koch*, Die schleichende Erosion der Verfolgungspflicht nach ARAG/Garmenbeck, NZG 2014, 934; *Kocher*, Zur Reichweite der Business Judgment Rule, CCZ 2009, 215; *Kort*, Corporate Governance-Grundsätze als haftungsrechtlich relevante Verhaltensstandards, in FS K. Schmidt, 2009, S. 945; *N. Krause*, Managerhaftung und Strategien zur Haftungsvermeidung, BB 2009, 1370; *Krieger*, Beweislastumkehr und Informationsanspruch des Vorstandsmitglieds bei Schadensersatzforderungen nach § 93 Abs. 2 AktG, in FS Uwe H. Schneider, 2011, S. 727; *Krieger*, Wie viele Rechtsberater braucht ein Geschäftsleiter?, ZGR 2012, 496; *Kuhlen*, Zum Verhältnis von strafrechtlicher und zivilrechtlicher Haftung für Compliance-Mängel, NZWiSt 2015, 121 u. 161; *Langenbucher*, Vorstandshaftung und Legalitätspflicht in regulierten Branchen, ZBB/JBB 2013, 19; *Langenbucher*, Rechtsermittlungspflichten und Rechtsbefolgungspflichten des Vorstands – Ein Beitrag zur aktienrechtlichen Legalitätspflicht, in FS Lwowsky, 2014, S. 333; *Leuering*, Organhaftung und Schiedsverfahren, NJW 2014, 657; *Löbbe/Fischbach*, Die Business Judgment Rule bei Kollegialentscheidungen des Vorstands, AG 2014, 717; *Louven*, Die Entwicklung der Legalitätspflicht des Vorstands – Fortschreitende Beschränkung unternehmerischer Entscheidungsfreiheit oder notwendiges Correktive?, KSzW 2016, 241; *Lutter*, Interessenkonflikte und Business Judgment Rule, in FS Canaris, Bd. II, 2007, S. 245; *Lutter*, Die Business Judgment Rule und ihre praktische Anwendung, ZIP 2007, 841; *Lutter*, Bankenkrise und Organhaftung, ZIP 2009, 197; *Lutter*, Aufsichtsrat und Sicherung der Legalität im Unternehmen, in FS Hüffer, 2010, S. 617; *Mack*, Die Regresshaftung von Vorstandsmitgliedern einer Aktiengesellschaft: Voraussetzungen und Möglichkeiten ihrer Begrenzung, 2015; *Marsch-Barner*, Vorteilsausgleichung bei der Schadensersatzhaftung nach § 93 AktG, ZHR 173 (2009), 723; *Mayer*, Die aktienrechtliche Organhaftung – Reform durch juristische Methodik oder gesetzgeberisches Handeln?, NZG 2014, 1208; *Meckbach*, Organhaftung und Beweisrisiken, NZG 2015, 580; *Meier-Greve*, Vorstandshaftung wegen mangelhafter Corporate Compliance, BB 2009, 2555; *Mertens*, Schadensersatzhaftung des Aufsichtsrats bei Nichtbeachtung der Regeln des ARAG-Urteils über die Inanspruchnahme von Vorstandsmitgliedern?, in FS K. Schmidt, 2009, S. 1183; *Meyer*, Finanzmarktkrise und Organhaftung, CCZ 2011, 41; *Meyer*, Compliance-Verantwortlichkeit von Vorstandsmitgliedern – Legalitätsprinzip und Risikomanagement, DB 2014, 1063; *Mohamed*, Übernahme der einem Vorstandsmitglied auferlegten Geldsanktion durch die Gesellschaft – wenn Gesellschaftsrecht auf Strafrecht trifft, CCZ 2015, 111; *H. F. Müller*, Geschäftsleiterhaftung und Vertrauen auf fachkundigen Rat, DB 2014, 1301; *Mutter*, Unternehmerische Entscheidungen und Haftung des Aufsichtsrats der Aktiengesellschaft, 1994; *Oppenheim*, Die Pflicht des Vorstands zur Einrichtung einer auf Dauer angelegten Compliance-Organisations, DStR 2014, 1063; *Ott*, Anwendungsbereich der Business Judgment Rule aus Sicht der Praxis – unternehmerische Entscheidungen und Organisationsermessen des Vorstands, ZGR 2017, 149; *Ott/Klein*, Hindsight Bias bei der Vorstandshaftung wegen Compliance-Verstößen – Auswirkungen und Methoden des Debiasing, AG 2017, 209; *Paefgen*, Die Inanspruchnahme pflichtvergessener Vorstandsmitglieder als unternehmerische Ermessensentscheidung des Aufsichtsrats, AG 2008, 761; *Paefgen*, Die Darlegungs- und Beweislast bei der Business Judgment Rule, NZG 2009, 891; *Paefgen*, Organhaftung: Bestandsaufnahme und Zukunftsperspektiven, AG 2014, 554; *Paefgen*, „Compliance" als gesellschaftsrechtliche Organpflicht?, WM 2016, 433; *Patzina*, Haftung von Unternehmensorganen, 2010; *Pietzke*, Die Verantwortung für Risikomanagement und Compliance im mehrköpfigen Vorstand, CCZ 2010, 45; *Preußner*, Risikomanagement und Compliance in der aktienrechtlichen Verantwortung des Aufsichtsrats unter Berücksichtigung des Gesetzes zur Modernisierung des Bilanzrechts (BilMoG), NZG 2008, 574; *Reichert*, Das Prinzip der Regelverfolgung von Schadensersatzansprüchen nach „ARAG/Garmenbeck", in FS Hommelhoff, 2012, S. 907; *Reichert*, Existenzgefährdung bei der Durchsetzung von Organhaftungsansprüchen, ZHR 177 (2013), 756; *Reichert/Ott*, Non Compliance in der AG – Vorstandspflichten im Zusammenhang mit der Vermeidung, Aufklärung und Sanktionierung von Rechtsverstößen, ZIP 2009, 2173; *Reichert/Suchy*, Die Two Tier-Trigger Policy – Marketinginstrument oder zukunftsweisendes D&O-Versicherungskonzept, NZG 2017, 88; *Rieder/Holzmann*, Die Auswirkungen der Finanzkrise auf die Organhaftung, AG 2011, 265; *Reuter*, Unternehmensgeldbußen, Organregress, Grenzen der Versicherbarkeit und Gesellschaftsrecht: eine systemische Verletzung der Grundrechte der Anteilseigner?, BB 2016, 1283; *Rodewald*, Informationsmanagement im Unternehmen als Instrument zur Vermeidung von Organhaftung, GmbHR 2014, 639; *Ruchatz*, Auskunftspflichten der Aktiengesellschaft bei Organhaftungsverfahren im Verhältnis zum Anspruchsgegner und gegenüber dem D&O-Versicherer, AG 2015, 1; *Schall*, Organhaftung und Freistellungsanspruch aus § 670 BGB, JZ 2015, 455; *v. Schenck*, Handlungsbedarf bei der D&O-Versicherung, NZG 2015, 494; *Schick*, Übernahme und Erstattung von Rechtsverteidigungs- und Verfahrenskosten durch eine Aktiengesellschaft in Zusammenhang mit Straf- und Ordnungswidrigkeitenverfahren gegen Organmitglieder, ZWH 2012, 433; *Schmidt-Bendun*, Grenzen für die zulässige Übernahme von Geldauflagen für Vorstandsmitglieder durch eine AG, DB 2014, 2756; *Schmitz/Remberg*, Existenzgefährdende Maßnahmen im Lichte der Business Judgment Rule des § 93 Abs. 1 Satz 2 AktG, BB 2014, 2701; *Uwe H. Schneider*, Compliance als Aufgabe der Unternehmensleitung, ZIP 2003, 645; *Uwe H. Schneider*, Die Haftung von Mitgliedern des Vorstands und der Geschäftsführer bei Vertragsverletzungen der Gesellschaft, in FS Hüffer, 2010, S. 905; *Uwe H. Schneider*, Compliance im Konzern, NZG 2009, 1321; *Schnorbus/Ganzer*, Recht und Praxis der Prüfung und Verfolgung von Vorstandsfehlverhalten durch den Aufsichtsrat, WM 2015, 1832 u. 1877; *Schnorburs/Klormann*, Verzicht des Vorstands auf die Einrede der Verjährung nach § 93 VI AktG und die Verfolgungspflicht des Aufsichtsrats nach ARAG/Garmenbeck, NZG 2015, 938; *Schockenhoff*, Haftung und Enthaftung bei Geschäftsleitung bei Compliance-Verstößen in Konzernen mit Matrix-Strukturen, ZHR 180 (2016), 197; *Scholz*, Die existenzvernichtende Haftung von Vorstandsmitgliedern in der Aktiengesellschaft, 2014; *Scholz*, Die Haftung bei Verstößen gegen die Business Judgment Rule, AG 2015, 222; *Scholz/Weiß*, Schiedsverfahren zur Vermeidung der Vorstandshaftung?, AG 2015, 523; *Schumacher*, Organhaftung und D&O-Versicherung im Schiedsverfahren, NZG 2016, 969; *Schürrle/Olbers*, Compliance-Verantwortung in der AG – Praktische Empfehlungen zur Haftungsbegrenzung an Vorstände und Aufsichtsräte, CCZ 2010, 102; *Schwark*, Sorgfaltspflicht und Verantwortlichkeit von Mitgliedern des Kreditausschusses einer Bank, in FS Canaris, Bd. II, 2007, S. 403; *Segna*, Organhaftung und (gestörte) Gesamtschuld, ZIP 2015, 1561; *Seibert*, UMAG – Zu den Begriffen „Unredlichkeit oder grobe Verletzung des Gesetzes oder der Satzung" in § 148 AktG und zu den Zusammenhängen zwischen §§ 93 und 148 AktG, in FS Priester, 2007, S. 763; *Seibt*, Pflichten der Geschäftsleitung bei Eingehung von Finanzierungsgeschäften – in Normal- und Krisenzeiten des Unternehmens, ZIP 2013, 1597; *Seibt*, 20 Thesen zur Binnenverantwortung im Unternehmen im Lichte des reformierten Kapitalmarktsanktionsrechts, NZG 2015, 1097; *Seibt*, „Halbvermögensschutzklausel" als Instrument zur Vermeidung existenzgefährdender Binnenregressansprüche in Fällen grober Disproportionalität, NZG 2016, 361; *Seibt/Cziupka*, 20 Thesen zur Compliance-Verantwortung im System der Organhaftung aus Anlass des Siemens-Neubürger-Urteils, DB 2014, 1598; *Selter*, Haftungsrisiken von Vorstandsmitgliedern bei fehlendem und von Aufsichtsratsmitgliedern bei vorhandenem Fachwissen, AG 2012, 11; *Spindler*, Die Haftung von Vorstand und Aufsichtsrat für fehlerhafte Auslegung von Rechtsbegriffen, in FS Canaris, Bd. II, 2007, S. 403; *Spindler*, Organhaftung in der AG – Reformbedarf aus wissenschaftlicher Perspektive, AG 2013, 889; *Strohn*, Organhaftung im Vorfeld der Insolvenz, NZG 2011, 1161; *Strohn*, Beratung der Geschäftsleitung durch Spezialisten als Ausweg aus der Haftung?, ZHR 176 (2012), 137; *Strohn*, Pflichtenmaßstab und Verschulden bei der Haftung von Organen in einer Kapitalgesellschaft, CCZ 2013, 177; *Thole*, Managerhaftung für Gesetzesverstöße, ZHR 173 (2009), 504; *Thomas*, Die Haftungsfreistellung von Organmitgliedern, 2010; *Thomas*, Bußgeldregress, Übelszufügung und D&O-Versicherung, NZG 2015, 1409; *Thümmel*, Aufsichtsratshaftung vor neuen Herausforderungen – Überwachungsfehler, unternehmerische Fehlentscheidungen, Organisationsmängel und andere Risikofelder, AG 2004, 83; *Thümmel/Burkhardt*, Neue Haftungsrisiken für Vorstände und Aufsichtsräte aus § 57 Abs. 1 AktG und § 92 Abs. 2 Satz 3 AktG in der Neufassung des MoMiG, AG 2009, 885; *Ulmer*, Strikte aktienrechtliche Organhaftung und D&O-Versicherung – zwei getrennte Welten?, in FS Canaris, Bd. II, 2007, S. 451; *Verse*, Organhaftung bei unklarer Rechtslage – Raum für eine legal judgment rule?, ZGR 2017, 174 *E. Vetter*, Aktienrechtliche Organhaftung und Satzungsautonomie, NZG 2014, 921; *Voß*, Gesamtschuldnerische Organhaftung: die gesamtschuldnerische Haftung von Geschäftsleitern und Aufsichtsratsmitgliedern für Pflichtverletzungen und deren interne Haftungsanteile, 2008; *Wach*, Zeitbombe BGHZ 152, 280: Erfolgshaftung für unternehmerische Entscheidungen?, in FS Schütze, 2014, S. 663; *Werner*, Die zivilrechtliche Haftung des Vorstands einer AG für gegen die Gesellschaft verhängte Geldbußen gegenüber der Gesellschaft; CCZ 2010, 143; *Westermann*, Zur Übernahme der einem Vorstand gemäß § 153a StPO auferlegten Geldauflage durch die Gesellschaft, EZWiR 2015, 149; *Weusthoff*, Die Organhaftung der Aktiengesellschaft bei fehlerhafter Rechtseinschätzung: Grundlage und Bewältigung von Legalitätspflichtverstößen im Kontext unternehmerischer Entscheidungen unter Unsicherheit, 2016; *Wiersch*, Geschäftsleiterpflichten bei Gewährung von Kulanzleistungen, NZG 2013, 1206; *Wilhelmi*, Beschränkung der Organhaftung und innerbetrieblicher Schadensausgleich, NZG 2017, 681; *Wilsing*, Der Vergleich über Organhaftungsansprüche – Überlegungen zum materiellen Prüfungsmaßstab des § 93 Abs. 4 Satz 3 AktG, in FS Haarmann, 2015, S. 260; *Winnen*, Die Innenhaftung des Vorstands nach dem UMAG: eine Untersuchung des § 93 Abs. 1 S. 2 AktG und der Durchsetzungsmöglichkeiten von Innenhaftungsansprüchen, 2009; *Winter*, Die Verantwortlichkeit des Aufsichtsrats für „Corporate Compliance", in FS Hüffer, 2010, S. 1103; *Wirth*, Der „besondere Vertreter" nach § 147 Abs. 2 AktG – Ein neuer Akteur auf der Bühne?, in FS Hüffer, 2010, S. 1129; *Witte/Indenhuck*, Wege aus der Haftung – die Beauftragung externer Berater durch den Aufsichtsrat, BB 2014, 2563; *Zimmer/Simonot*, Finanzierung der Verteidigung gegen die Gesellschaft und Rechtsverfolgung gegen den D&O-Versicherer im Lichte des § 93 Abs. 4 Satz 3 AktG, NZG 2016, 976. Wegen älterer Literaturnachweise vgl. die Schrifttumsangaben zu § 3 der der Vorauflagen. S. daneben auch die Schrifttumshinweise zu speziellen Problemfeldern jeweils vor den nachfolgenden Beiträgen dieses Handbuchs.

A. Grundlagen

Vorstands- und Aufsichtsratsmitglieder einer Aktiengesellschaft, die ihre Amtspflichten verletzen, unterliegen verschiedenen **Sanktionen**. Ihnen kann die Entlastung verweigert werden (§ 120 AktG), sie können aus ihrem Amt abberufen werden[1], und sie können sich gegenüber der Gesellschaft schadensersatzpflichtig machen, und es können straf- und ordnungswidrigkeitenrechtliche Sanktionen in Betracht kommen. 3.1

Die **Schadensersatzpflicht von Vorstandsmitgliedern** gegenüber der Gesellschaft ist im Wesentlichen durch § 93 AktG geregelt. Danach haben Vorstandsmitglieder ihr Amt mit der Sorgfalt eines ordentlichen und gewissenhaften Geschäftsleiters zu führen (§ 93 Abs. 1 AktG). Verletzen sie diese Pflicht schuldhaft, sind sie zum Ersatz des daraus entstehenden Schadens verpflichtet (§ 93 Abs. 2 und 3 AktG). Entsprechendes gilt kraft Verweisung in § 116 Satz 1 AktG für die **Mitglieder des Aufsichtsrats**. Das Verschulden wird vom Gesetz vermutet. Das in Anspruch genommene Vorstands- oder Aufsichtsratsmitglied muss das fehlende Verschulden seinerseits dartun und beweisen. Trifft die Ersatzpflicht mehrere Organmitglieder, haften diese gegenüber der Gesellschaft als **Gesamtschuldner**. Im Innenverhältnis können sich dann schwierige Regressfragen ergeben, wenn der Mitverschuldensbeitrag unterschiedlich ist oder Fälle der gestörten Gesamtschuld vorliegen.[2] 3.2

Daneben enthält das Gesetz einige **spezielle Haftungsvorschriften**, die jedoch von geringer praktischer Bedeutung sind. Dazu gehört die Haftung der Vorstands- und Aufsichtsratsmitglieder nach § 117 Abs. 1, Abs. 2 Satz 1 AktG im Zusammenhang mit vorsätzlich schädigenden Einflussnahmen auf die Gesellschaft und die konzernrechtliche Haftung nach §§ 309 Abs. 2, 310 Abs. 1, 317 Abs. 3, 318 Abs. 1 und 2 AktG. Erhebliche praktische Bedeutung haben demgegenüber die **strafrechtliche** Haftung von Geschäftsleitern (dazu *Krause* unten Rz. 40.1 ff.) und Sanktionen des **Ordnungswidrigkeitenrechts** (§§ 130, 30 OWiG) gegenüber Geschäftsleitern und Unternehmen für unterlassene Aufsichtsmaßnahmen (dazu *Schücking* unten Rz. 41.1 ff.). 3.3

---

1 Vgl. für den Vorstand § 84 Abs. 3 AktG, für den Aufsichtsrat § 103 AktG, § 23 MitbestG, § 12 DrittelbG, § 11 MontanMitbestG, § 10m MitbestErgG.
2 Dazu näher *Bayer/Scholz*, ZGR 2016, 619; *Segna*, ZIP 2015, 1561; *Freund*, GmbHR 2013, 785.

B. Sorgfaltsverpflichtung der Vorstandsmitglieder

I. Ordentliche und gewissenhafte Geschäftsführung

3.4 Der Vorstand hat die Gesellschaft unter eigener Verantwortung zu leiten und die Geschäfte zu führen (§§ 76 Abs. 1, 77 Abs. 1 AktG), seine Mitglieder haben dabei die Sorgfalt eines ordentlichen und gewissenhaften Geschäftsleiters anzuwenden (§ 93 Abs. 1 Satz 1 AktG). Die Vorstandsmitglieder müssen danach den Anforderungen genügen, die an einen Geschäftsleiter zu stellen sind, der nicht eigenes Vermögen, sondern wie ein Treuhänder fremde Vermögensinteressen verwaltet.[1] Maßstab ist ein Vergleichsunternehmen der konkreten Art[2], also einer vergleichbaren Tätigkeit, Größe und wirtschaftlichen Lage.

3.5 Das Sorgfaltserfordernis betrifft zunächst die **Rechtmäßigkeit** der Geschäftsführung, das heißt die Einhaltung der von dem Unternehmen zu beachtenden Rechtsnormen in ihrer ganzen Breite (sog. Legalitätspflicht).[3] Diese gesetzliche Lage beschreibt auch Ziff. 4.1.3 DCGK, wonach der Vorstand für die Einhaltung der gesetzlichen Bestimmungen zu sorgen und auf deren Beachtung durch die Konzernunternehmen hinzuwirken hat. Das betrifft zunächst die Vorschriften des Aktiengesetzes nebst Satzung und Vorstandsgeschäftsordnung. Hierher gehören Regelungen wie das Verbot der verdeckten Gewinnausschüttung (§ 57 AktG), die Einschränkungen für den Erwerb eigener Aktien (§§ 71 ff. AktG), die Verpflichtung zur Berichterstattung an den Aufsichtsrats (§ 90 AktG), die Buchführungs- und Bilanzierungspflichten (§ 91 Abs. 1 AktG, §§ 238 ff. HGB)[4], die Verpflichtung, ab Eintritt der Insolvenzreife das Zahlungsverbot des § 92 Abs. 2 AktG zu beachten und rechtzeitig Insolvenzantrag zu stellen[5], die Beschränkung der Geschäftsführungsbefugnis durch Zustimmungsvorbehalte des Aufsichtsrats (§ 111 Abs. 4 Satz 2 AktG), die Verpflichtung zur Einhaltung des satzungsmäßigen Unternehmensgegenstandes[6] usw. Darüber hinaus geht es ganz allgemein um die Einhaltung der gesetzlichen Vorschriften des Wettbewerbsrechts[7], des Kapitalmarktrechts[8], des Kartellrechts[9],

---

1 BGH v. 20.2.1995 – II ZR 143/93, BGHZ 129, 30, 34 = GmbHR 1995, 451 (GmbH-Geschäftsführer); OLG Düsseldorf v. 28.11.1996 – 6 U 11/95, AG 1997, 231, 235; OLG Hamm v. 11.5.1995 – 8 U 59/94, AG 1995, 512, 514; *Spindler* in MünchKomm. AktG, § 93 AktG Rz. 25; *Hüffer/Koch*, § 93 AktG Rz. 6.
2 OLG Jena v. 8.8.2000 – 8 U 1387/98, NZG 2001, 86, 87 = GmbHR 2001, 243; *Hüffer/Koch*, § 93 AktG Rz. 6; *Bürgers* in Bürgers/Körber, § 93 AktG Rz. 3.
3 Zur Managerhaftung für Gesetzverstöße eingehend *Weusthoff*, Die Organhaftung der Aktiengesellschaft bei fehlerhafter Rechtseinschätzung, 2016; *Kaulich*, Die Haftung von Vorstandsmitgliedern einer Aktiengesellschaft für Rechtsanwendungsfehler, 2012; näher *Hopt/Roth* in Großkomm. AktG, § 93 AktG Rz. 74 ff.; *Thole*, ZHR 173 (2009), 504; *Louven*, KSzW 2016, 241; *Langenbucher* in FS Lwowski, 2016, S. 333; zur Vorstandshaftung und Legalitätspflicht in regulierten Branchen *Langenbucher*, ZBB/JBB 2013, 16.
4 Vgl. dazu *Feldmüller* unten Rz. 34.1 ff.
5 BGH v. 16.3.2009 – II ZR 280/07, ZIP 2009, 860 = AG 2009, 404; OLG Brandenburg v. 17.2.2009 – 6 U 102/07, ZIP 2009, 866 = AG 2009, 662.
6 Im Ausgangspunkt zutreffend OLG Düsseldorf v. 9.12.2009 – I-6 W 45/09, ZIP 2010, 28, 30 f. = AG 2010, 126 – IKB, wo allerdings die Grenzen des Unternehmensgegenstandes viel zu eng gezogen werden *Hüffer/Koch*, § 93 AktG Rz. 16 f.; *Schäfer*, ZIP 2005, 1253, 1256; *Ihrig*, WM 2004, 2098, 2103.
7 Vgl. dazu *Kellenter* unten Rz. 27.1 ff.
8 Vgl. dazu *Krämer/Gillessen* unten Rz. 32.1 ff.
9 Vgl. dazu *Dreher* unten Rz. 35.1 ff.

des Steuerrechts[1], des Sozialversicherungsrechts[2], des Umweltrechts[3], des Antikorruptionsrechts[4] usw. Die Empfehlungen und Anregungen des Deutschen Corporate Governance Kodex schaffen für sich genommen keine haftungsrelevanten Verhaltenspflichten, sie können aber von Fall zu Fall eine Interpretationshilfe für die Sorgfaltspflichten eines ordentlichen und gewissenhaften Geschäftsleiters darstellen.[5] Zur Frage der Haftung bei fehlerhafter Beurteilung der Rechtslage vgl. Rz. 3.12.

Zu den Pflichten des Vorstands in diesem Zusammenhang gehört es außerdem sicherzustellen, dass geeignete **Compliance-Systeme** in der Gesellschaft und ihren Konzernunternehmen eingerichtet werden[6], die nicht nur auf dem Papier stehen, sondern ernsthaft umgesetzt werden. Ziel ist es sicherzustellen, dass die gesetzlichen Bestimmungen und die unternehmensinternen Richtlinien eingehalten und auch von den Konzernunternehmen beachtet werden (vgl. auch Ziff. 4.1.3 DCGK). Dazu gehört ein entsprechender „tone from the top", eine regelmäßige Kontrolle der Wirksamkeit der Systeme und eine angemessene Reaktion auf Verstöße (von Nachschulungen bis zu arbeitsrechtlichen Konsequenzen). In dem viel beachteten Haftungsfall bei der Siemens AG lag der Kern des Vorwurfs, der den auf Schadensersatz in Anspruch genommenen ehemaligen Vorstandsmitgliedern gemacht wurde, gerade darin, dass sie Hinweisen auf eine bestehende Korruptionspraxis im Konzern nicht in ausreichender Form nachgegangen seien.[7]

3.6

Zu den Sorgfaltsanforderungen gehört weiter die **Ordnungsmäßigkeit** der Geschäftsführung. Dabei geht es um die sachgerechte Leitung und Überwachung des Geschehens im Unternehmen und der Unternehmensgruppe und die Schaffung der hierfür notwendigen Instrumente.[8] Dazu gehört die zweckmäßige Organisation der Gesellschaft und des Konzerns und die Einrichtung eines betriebswirtschaftlichen Erkenntnissen und Erfahrungen genügenden **Controlling-Systems** mit einer entsprechenden Unternehmensplanung, einem zweckmäßigen System der Berichterstattung an den Vorstand und einer entsprechenden Kontrolle. Hierzu gehört auch die Schaffung des durch § 91 Abs. 2 AktG vorgeschriebenen Systems zur Früherkennung von den Fortbestand der Gesellschaft gefährdenden Entwicklungen, ebenso wie die Sorge für ein „angemessenes **Risikomanagement und Risiko-Controlling** im Unternehmen" gem. Ziff. 4.1.4 DCGK nebst den besonderen Anforderungen für Kreditinstitute aus § 25a KWG und den dazu erlassenen MaRisk[9] sowie für Versicherungen aus §§ 26 ff. VAG.

3.7

Darüber hinaus trifft den Vorstand die Pflicht zur **Wirtschaftlichkeit** der Geschäftsführung und zur **Zweckmäßigkeit** der Leitungsentscheidungen. Der Vorstand verwaltet fremdes Ver-

3.8

---

1 Vgl. dazu *Hick* unten Rz. 36.1 ff.
2 Vgl. dazu *Brand/Bentlage* unten Rz. 37.1 ff.
3 Vgl. dazu *Uwer* unten Rz. 38.1 ff.
4 Vgl. dazu *Götze/Bicker* unten Rz. 30.1 ff.
5 Näher *Kort* in FS K. Schmidt, 2009, S. 945 ff.
6 Vgl. dazu *Gebauer/Fett* unten Rz. 24.1. ff. und *Kremer/Klahold* unten Rz. 25.1 ff. Zur Vorstandshaftung wegen mangelhafter Compliance grundlegend LG München I v. 10.12.2013 – 5 HKO 1387/10, ZIP 2014, 570 = AG 2014, 332 – Siemens m. Anm. *Bachmann*, ZIP 2014, 579.
7 Vgl. hierzu nur LG München I v. 10.12.2013 – 5 HKO 1387/10, ZIP 2014, 570, 573 ff. = AG 2014, 332 – Siemens sowie den Bericht von Vorstand und Aufsichtsrat zu TOP 12 und 13 der Siemens-Hauptversammlung 2010, veröffentlicht im elektronischen Bundesanzeiger am 8.12.2009.
8 Vgl. dazu etwa *v. Schenck* in Lutter/Bayer, Holding-Handbuch, 5. Aufl. 2015, Rz. 5.28 ff.
9 BaFin-Rundschreiben 10/2012 (BA) vom 14.12.2012 „Mindestanforderungen an das Risikomanagement – MaRisk". S. dazu auch *Fischer* unten Rz. 23.22 ff.

mögen. Er darf Vermögenswerte der Gesellschaft nicht verschwenden[1] und keine **unvertretbaren Risiken** eingehen.[2] Die in der Literatur diskutierte Frage, ob bestandsgefährdende Risiken schon dann unvertretbar und deshalb unzulässig sind, wenn es sich nur um ganz fernliegende, abstrakte Risiken handelt[3] oder ob es dazu einer konkreten Bestandsgefährdung bedarf[4], ist für die Praxis eher irrelevant. Der Vorstand muss Ansprüche der Gesellschaft beitreiben, soweit nicht überwiegende Interessen der Gesellschaft entgegenstehen[5], darf keine Kredite ohne ausreichende Prüfung der Kreditwürdigkeit[6] oder die Einräumung angemessener Sicherheiten[7] gewähren[8], hat vor dem Erwerb von Unternehmen und Beteiligungen eine due diligence zur Feststellung etwaiger Mängel und Risiken durchführen zu lassen[9] usw. Man darf die Pflichtenlage des Vorstands aber auch nicht überspannen und muss sich insbesondere vor der Versuchung hüten, unter dem Eindruck der Höhe eines eingetretenen Schadens überzogene Sorgfaltspflichten zu postulieren, wie es vereinzelt geschah, wenn versucht wurde, die Vorstände der von der Finanzmarktkrise in Mitleidenschaft gezogenen Banken kurzerhand als schadensersatzpflichtig anzusehen, weil sie die Risiken „toxischer" Wertpapiere nicht erkannt hatten.[10] Die Gewährung von **Spenden** für gemeinnützige Zwecke[11] ist zulässig, sofern ihr Umfang angemessen ist und die Entscheidung des Vorstands nicht an persönlichen Vorlieben, sondern am Unternehmensinteresse orientiert ist.[12] Auf die Frage, ob sich die Spende

---

1 Vgl. etwa BGH v. 9.12.1996 – II ZR 240/95, NJW 1997, 741/742 (Abschluss eines nutzlosen Beratungsvertrages; Bezahlung nicht erbrachter Leistungen).
2 Nur im Ausgangspunkt zutreffend OLG Düsseldorf v. 9.12.2009 – I-6 W 45/09, ZIP 2010, 28, 30 f. = AG 2010, 126 – IKB, jedoch mit stark simplifizierter Würdigung des Sachverhalts; mit Recht kritisch gegenüber der Entscheidung auch *Spindler*, NZG 2010, 281, 284; zu pauschal in seinem Urteil auch *Lutter*, ZIP 2009, 197, 199. Vgl. zur Problematik des Klumpenrisikos *Hopt/Roth* in Großkomm. AktG, § 93 AktG Rz. 89; *Bayer* in MünchKomm. AktG, § 57 AktG Rz. 164; *Fleischer* in K. Schmidt/Lutter, § 57 AktG Rz. 26. Zum Klumpenrisiko und der organschaftlichen Verantwortlichkeit im schweizerischen Aktienrecht *Fleischer/Schmolke*, RIW 2009, 337.
3 So vor allem *Lutter*, ZIP 2009, 197, 199.
4 In diesem Sinne *Paefgen* in Ulmer/Habersack/Löbbe, § 43 GmbHG Rz. 140 f.; *Redeke*, ZIP 2010, 159 ff.
5 Näher BGH v. 1.3.1982 – II ZR 189/80, WM 1982, 532; *Hopt/Roth* in Großkomm. AktG, § 93 AktG Rz. 199.
6 BGH v. 16.2.1981 – II ZR 49/80, WM 1981, 440, 441; vgl. aber auch OLG Celle v. 28.5.2008 – 9 U 184/07, NZG 2008, 669 = AG 2008, 711.
7 OLG München v. 16.7.1997 – 7 U 4603/96, ZIP 1998, 23, 25; OLG Düsseldorf v. 28.11.1996 – 6 U 11/95, WM 1997, 231, 234 f.; OLG Hamm v. 11.5.1995 – 8 U 59/94, AG 1995, 512, 515.
8 Zur Sondersituation der Kreditgewährung im Konzern vgl. BGH v. 1.12.2008 – II ZR 102/07, ZIP 2009, 70 = GmbHR 2009, 199 – MPS und aus der Literatur etwa *Bayer* in MünchKomm. AktG, § 57 AktG Rz. 145 f.; *Altmeppen*, ZIP 2009, 49; *Habersack*, ZGR 2009, 347; *Habersack* in FS Schaumburg, 2009, S. 1293; *Mülbert/Leuschner*, NZG 2009, 281; *Thümmel/Burkhardt*, AG 2009, 885.
9 Vgl. dazu *Bücker/Kulenkamp* unten Rz. 29.86 ff.
10 So etwa OLG Düsseldorf v. 9.12.2009 – I-6 W 45/09, ZIP 2010, 28, 31 ff. = AG 2010, 126 – IKB; *Lutter*, ZIP 2009, 197, 198 ff.; *Lutter*, BB 2009, 786, 790 f.; *Peltzer*, Börsen-Zeitung v. 31.1.2009; tendenziell auch *Mertens/Cahn* in KölnKomm. AktG, § 93 AktG Rz. 142; kritisch gegenüber solchen Tendenzen mit Recht auch *Spindler*, NZG 2010, 281, 283 ff.; *Schäfer/Zeller*, BB 2009, 1706, 1709 ff.; *Böttcher*, NZG 2009, 1047 ff.
11 Vgl. dazu *Götze/Bicker* unten Rz. 30.75 ff.
12 BGHSt 47, 187, 195 f.; *Spindler* in MünchKomm. AktG, § 93 AktG Rz. 71 f.; *Hopt/Roth* in Großkomm. AktG, § 93 AktG Rz. 210 f.; *Fleischer*, AG 2001, 171, 177 f.; *Laub*, AG 2002, 308 ff.

auch für das Unternehmen „lohnt", sollte es dabei nicht ankommen.[1] Bei allen Fragen der Wirtschaftlichkeit und Zweckmäßigkeit der Geschäftsführung steht dem Vorstand ein weites unternehmerisches Ermessen zu, das durch die Business Judgment Rule des § 93 Abs. 1 Satz 2 AktG besonders hervorgehoben ist; vgl. dazu sogleich Rz. 3.13 ff.

Der Vorstand kann bei seinen Entscheidungen auf **sachverständige Beratung** angewiesen sein. Fehlt ihm im Einzelfall die eigene Sachkunde, ist er verpflichtet, sich beraten zu lassen.[2] Die Einholung ordnungsgemäßen Rats kann zur Haftungsentlastung führen, auch wenn der Rat des Sachverständigen objektiv unrichtig war. Die Vorstandsmitglieder müssen sich einen Irrtum des Sachverständigen nicht nach § 278 BGB zurechnen lassen.[3] Die Rechtsprechung stellt an eine Haftungsentlastung durch fehlerhafte Beratung allerdings hohe Anforderungen.[4] Der Vorstand muss den Berater sorgfältig auswählen, d.h. sicherstellen, dass dieser über die erforderliche Fachkunde verfügt und unabhängig ist; das Unabhängigkeitserfordernis schließt es weder aus, auf den fachlichen Rat der eigenen Rechtsabteilung zu vertrauen[5], noch ist ein bereits in der Sache tätig gewesener Berater allein aufgrund seiner Vorbefassung nicht mehr als unabhängig anzusehen.[6] Weiter erforderlich ist die vollständige Information des Beraters.[7] Schließlich muss der Vorstand die Meinung des von ihm eingeschalteten Sachverständigen einer eigenen Plausibilitätsprüfung unterziehen[8], die allerdings nicht in einer fachlichen Überprüfung der erhaltenen Auskunft besteht, sondern darauf gerichtet ist, ob dem Berater nach dem Inhalt seiner Auskunft alle erforderlichen Informationen zur Verfügung standen, er die Informationen verarbeitet und alle sich in der Sache für einen Unkundigen aufdrängenden Fragen widerspruchsfrei beantwortet hat oder sich weitere Fragen

3.9

---

[1] *Spindler* in MünchKomm. AktG, § 93 AktG Rz. 71; *Fleischer*, AG 2001, 171, 174 ff.; im Grundsatz anders die verfehlte Mannesmann-Entscheidung BGH v. 21.12.2005 – 3 StR 470/04, ZIP 2006, 72, wonach Leistungen, auf die der Empfänger keinen Anspruch hat, unabhängig von ihrer Motivation eine treuwidrige Verschwendung von Gesellschaftsvermögen sein sollen, wenn mit der Leistung nicht ein Vorteil für die Gesellschaft verbunden ist.
[2] BGH v. 14.5.2007 – II ZR 48/06, ZIP 2007, 1265, 1266 = AG 2007, 548; OLG Stuttgart v. 25.11.2009 – 20 U 5/09, ZIP 2009, 2386, 2389 = AG 2010, 133.
[3] BGH v. 20.9.2011 – II ZR 234/09, ZIP 2011, 2097 Rz. 17 – Ision; *Cahn*, WM 2013, 1293, 1302 f.; *Strohn*, ZHR 176 (2012), 137, 142 f.
[4] Vgl. hierzu etwa BGH v. 28.4.2015 – II ZR 63/14, ZIP 2015, 1220 Rz. 28 ff.; BGH v. 27.3.2012 – II ZR 171/10, ZIP 2012, 1174 Rz. 16; BGH v. 20.9.2011 – II ZR 234/09, ZIP 2011, 209 Rz. 16 ff. – Ision; BGH v. 14.5.2007 – II ZR 48/06, ZIP 2007, 1265, 1266 f. = AG 2007, 548; OLG Stuttgart v. 25.11.2009 – 20 U 5/09, ZIP 2009, 2386, 2389 f. = AG 2010, 133; LG Essen v. 25.4.2012 – 41 O 45/10, NZG 2012, 1307, 1309 f.; aus der Literatur insbesondere *Strohn*, ZHR 176 (2012), 137 mit Erwiderung *Krieger*, ZGR 2012, 496; *Strohn*, CCZ 2013, 177, 180 ff.; *Cahn*, WM 2013, 1293, 1301 ff.; *Fleischer*, KSzW 2013, 3; *Buck-Heeb*, BB 2013, 2247, 2254 ff.; *Buck-Heeb*, BB 2016, 1347; *Sander/St. Schneider*, ZGR 2013, 725, 746 ff.
[5] *Cahn*, WM 2013, 1293, 1303 f.; *Fleischer*, KSzW 2013, 3, 8; *Strohn*, ZHR 176 (2012), 137, 140 f.; *Krieger*, ZGR 2012, 496, 500; *Selter*, AG 2012, 11, 14 f.
[6] *Lutter/Krieger/Verse*, Rechte und Pflichten des Aufsichtsrats, 6. Aufl. 2014, Rz. 1017; *Cahn*, WM 2013, 1293, 1304; *Fleischer*, KSzW 2013, 3, 8; *Krieger*, ZGR 2012, 496, 500 f.; *Kiefner/Krämer*, AG 2012, 498/500; *Binder*, ZGR 2012, 757, 772; anders namentlich *Strohn*, ZHR 176 (2012), 137, 139 f.
[7] Zu den Anforderungen etwa *Cahn*, WM 2013, 1293, 1304; *Krieger*, ZGR 2012, 496, 499; *Selter*, AG 2012, 11, 17.
[8] BGH v. 20.9.2011 – II ZR 234/09, ZIP 2011, 2097 Rz. 18 – Ision; BGH v. 27.3.2012 – II ZR 171/10, ZIP 2012, 1174 Rz. 16.

aufdrängen.[1] Der Bundesgerichtshof verlangt dazu in aller Regel ein schriftliches Gutachten[2], je nach den Umständen des Einzelfalls kann auch ein mündlicher Rat genügen.[3]

II. Business Judgment Rule (§ 93 Abs. 1 Satz 2 AktG)

3.10 Nach § 93 Abs. 1 Satz 2 AktG liegt eine Pflichtverletzung nicht vor, wenn das Vorstandsmitglied bei einer unternehmerischen Entscheidung vernünftigerweise annehmen durfte, auf der Grundlage angemessener Informationen zum Wohle der Gesellschaft zu handeln. Die Regelung wurde durch das UMAG eingefügt und hat im Wesentlichen **deklaratorische Bedeutung**.[4] In der Rechtsprechung des Bundesgerichtshofs war schon zuvor anerkannt, dass Vorstandsmitglieder einen weiten unternehmerischen Handlungsspielraum besitzen, ohne den unternehmerische Tätigkeit nicht möglich ist, und dass eine Haftung wegen pflichtwidrigen Vorstandshandelns nur bei schlechthin unvertretbaren Entscheidungen in Frage kommen kann.[5] Diese frühere Rechtsprechung kann für die Konkretisierung von § 93 Abs. 1 Satz 2 AktG auch weiter herangezogen werden.[6]

3.11 Unter den Voraussetzungen des § 93 Abs. 1 Satz 2 AktG liegt **keine Pflichtverletzung** vor. Es fehlt also nicht erst am Verschulden, sondern schon an der Pflichtverletzung, und es handelt sich nicht bloß um eine Beweislastregelung, sondern um eine materiell-rechtliche Norm. Man mag darin eine unwiderlegbare Vermutung sehen[7] oder eine Tatbestandskonkretisierung zu § 93 Abs. 1 Satz 1 AktG. Entscheidend ist, dass wer den Anforderungen des § 93 Abs. 1 Satz 2 AktG genügt, objektiv pflichtgemäß handelt. Damit scheidet eine Haftung nach § 93 Abs. 2 AktG ebenso aus wie ein Widerruf der Vorstandsbestellung aus wichtigem Grund gem. § 84 Abs. 3 AktG. Sind die Voraussetzungen nach § 93 Abs. 1 Satz 2 nicht erfüllt, folgt daraus nicht umgekehrt, dass das Vorstandsmitglied seine Pflichten verletzt hätte. Vielmehr ist auch dann pflichtgemäßes Handeln nach § 93 Abs. 1 Satz 1 AktG möglich, das jedoch im Einzelnen festzustellen und nach näherer Maßgabe von § 93 Abs. 2 Satz 2 AktG vom Vorstandsmitglied darzulegen und zu beweisen ist.[8]

3.12 Die Business Judgment Rule will das unternehmerische Ermessen der Vorstandsmitglieder schützen. Sie greift daher nur bei **unternehmerischen Entscheidungen** ein, d.h. bei Entscheidungen, die nach unternehmerischen Zweckmäßigkeitsgesichtspunkten zu treffen sind. Nicht von der Business Judgment Rule erfasst sind daher die sog. Pflichtaufgaben des Vorstands (z.B. §§ 83, 90, 91, 92 Abs. 1 und 2, 124 Abs. 3, 131, 161, 170 Abs. 1 usw. AktG, § 34 Abs. 1 AO u.a.) und der übrige Bereich der Legalitätspflicht (Rz. 3.5).[9] Bei **fehlerhafter Be-**

---

1 BGH v. 28.4.2015 – II ZR 63/14, ZIP 2015, 1220 Rz. 33; dazu *Buck-Heeb*, BB 2016, 1347. Anschaulich LG Essen v. 25.4.2012 – 41 O 45/10, NZG 2012, 1307, 1309 f.
2 BGH v. 20.9.2011 – II ZR 234/09, ZIP 2011, 2097 Rz. 23 f. – Ision.
3 *Fleischer*, KSzW 2013, 3, 9; *Fleischer*, NZG 2010, 121, 124 f.; *Strohn*, CCZ 2013, 177, 183; *Krieger*, ZGR 2012, 496, 502 f.; *Binder*, ZGR 2012, 757, 772.
4 Begr. RegE UMAG BR-Drucks. 3/05, S. 18; vgl. auch *Hüffer/Koch*, § 93 AktG Rz. 9.
5 BGH v. 21.4.1997 – II ZR 175/95, BGHZ 135, 244, 253 = AG 1997, 377 – ARAG/Garmenbeck; BGH v. 3.12.2001 – II ZR 308/99, NZG 2002, 195, 196.
6 *Hüffer/Koch*, § 93 AktG Rz. 10f; *Hopt/Roth* in Großkomm. AktG, § 93 AktG Rz. 62 f.
7 *Hüffer/Koch*, § 93 AktG Rz. 12, 14.
8 *Hüffer/Koch*, § 93 AktG Rz. 12; *Fleischer*, ZIP 2004, 685, 689.
9 Begr. RegE UMAG BR-Drucks. 3/05, S. 18; *Hüffer/Koch*, § 93 AktG Rz. 16f; *Schäfer*, ZIP 2005, 1253, 1255 f.; *Fleischer*, ZIP 2004, 685, 690; vgl. allerdings *Kocher*, CCZ 2009, 215, 216 ff. mit Fallgruppen, in denen die Aussage in dieser Allgemeinheit einzuschränken ist. Zur Frage der Anwend-

urteilung der Rechtslage entfällt die Haftung grundsätzlich nur im Falle eines entschuldbaren Rechtsirrtums, der wiederum die Einholung von Rechtsrat unter den oben Rz. 3.8 geschilderten Voraussetzungen verlangt.[1] Rechtsfolgen lassen sich allerdings nicht immer klar beantworten, und auch ein qualifizierter Rechtsrat wird von Fall zu Fall eine abweichende gerichtliche Beurteilung nicht ausschließen können. Hier muss der Vorstand sich fragen, welche Rechtsauffassung sich im Streitfall voraussichtlich bei den Gerichten durchsetzen würde. Bleibt die Frage unklar, kann er der Entscheidung die für die Gesellschaft günstigere Rechtsauffassung zugrundelegen, sofern er unter Berücksichtigung der rechtlichen Risiken vernünftigerweise annehmen darf, damit die für die Gesellschaft bessere Entscheidung zu treffen.[2]

Erforderlich ist weiter, dass das Vorstandsmitglied vernünftigerweise annehmen durfte, auf der Grundlage **angemessener Informationen** zum Wohle der Gesellschaft zu handeln.[3] Der Vorstand muss die für eine sachgerechte Entscheidungsfindung nötigen Informationen einholen. Erforderlich sind die Informationen, die ein ordentlicher Geschäftsleiter in der Situation des Vorstands im Zeitpunkt der Entscheidung herangezogen hätte.[4] Dazu kann die Einholung externen Rats erforderlich sein (näher Rz. 3.8). Es müssen aber nicht sämtliche denkbaren Erkenntnisquellen ausgeschöpft werden, sondern ausreichend ist eine in der konkreten Entscheidungssituation unter Abwägung der Kosten und Nutzen weiterer Informationsgewinnung „angemessene" Informationsbasis.[5] Zum **Wohle der Gesellschaft** handelt der Vorstand, wenn Entscheidungsmaßstab das Unternehmensinteresse an der Erhaltung des Bestandes, der Förderung der nachhaltigen Rentabilität und der Steigerung des nachhaltigen Unternehmenswertes ist.[6]

3.13

Entscheidend ist nicht, ob die Entscheidung tatsächlich auf der Basis angemessener Informationen erfolgte und dem Wohle der Gesellschaft diente, sondern es reicht, dass der Vorstand dies **vernünftigerweise annehmen** durfte.[7] Entscheidend ist auch insoweit, ob die Beurteilung des Vorstands im Zeitpunkt der Entscheidungsfindung aus der Sicht eines ordentlichen Geschäftsleiters vertretbar („vernünftigerweise") erscheint. Die Business Judgment Rule greift

3.14

---

barkeit der Business Judgment Rule bei Vertragsverletzungen der Gesellschaft *Uwe H. Schneider* in FS Hüffer, 2010, S. 905, 907 ff.

1 BGH v. 28.4.2015 – II ZR 63/14, ZIP 2015, 1220 Rz. 28; BGH v. 27.3.2012 – II ZR 171/10, ZIP 2012, 1174 Rz. 21; BGH v. 20.9.2011 – II ZR 234/09, ZIP 2011, 2097 Rz. 16 – Ision. Vgl. auch *Florstedt*, NZG 2017, 601, 605 ff.; *Bayer/Scholz*, ZIP 2015, 1853.
2 Vgl. etwa *Fleischer* in Spindler/Stilz, § 93 AktG Rz. 29 ff.; ausführlich zuletzt *Verse*, ZGR 2017, 174 ff.
3 Dazu etwa BGH v. 22.2.2011 – II ZR 146/09, ZIP 2011, 766 Rz. 19 ff.; BGH v. 3.11.2008 – II ZR 236/07, ZIP 2009, 223; BGH v. 14.7.2008 – II ZR 202/07, ZIP 2008, 1675 Rz. 11.
4 Ähnlich *Hüffer/Koch*, § 93 AktG Rz. 20f; *Hopt/Roth* in Großkomm. AktG, § 93 AktG Rz. 104 ff.; näher *Graumann/Grundel*, DBW 2011, 379; *Graumann*, CCZ 2010, 222; *Horn* in FS H.P. Westermann, 2009, S. 1053, 1057 f.
5 Vgl. Begr. RegE UMAG, BR-Drucks. 3/05, S. 20 f.; *Spindler* in MünchKomm. AktG, § 93 AktG Rz. 48; *Hüffer/Koch*, § 93 AktG Rz. 20; *Lang/Balzer*, WM 2012, 1167, 1168 f. Missverständlich BGH v. 14.7.2008 – II ZR 202/07, ZIP 2008, 1675 Rz. 11 = GmbHR 2008, 1033 und BGH v. 18.6.2013 – II ZR 86/11, BGHZ 197, 304 Rz. 30, es müssten „in der konkreten Entscheidungssituation alle verfügbaren Informationen" ausgeschöpft werden; damit ist tatsächlich nichts anderes gemeint, vgl. insbesondere *Henze/Born/Drescher*, Aktienrecht Höchstrichterliche Rechtsprechung, 6. Aufl. 2015, Rz. 658 f.; *Hüffer/Koch*, § 93 AktG Rz. 20; *Spindler*, AG 2013, 889, 893.
6 Begr. RegE UMAG BR-Drucks. 3/05 S. 19 f.; *Hüffer/Koch*, § 93 AktG Rz. 23 i.V.m. § 76 AktG Rz. 28 ff.; *Hopt/Roth* in Großkomm. AktG, § 93 AktG Rz. 97; *Horn* in FS H.P. Westermann, 2009, S. 1053, 1058 ff.; *Fleischer*, ZIP 2004, 685, 690.
7 Näher *Horn* in FS H.P. Westermann, 2009, S. 1053, 1060 ff.

daher nicht ein, wenn der Vorstand sich fahrlässig mit unzureichenden Informationen zufrieden gegeben hat; grobe Fahrlässigkeit, wie sie im Referentenentwurf des UMAG zunächst erwogen wurde[1], ist nicht erforderlich.

3.15 Nach wohl allgemeiner Ansicht soll die Business Judgment Rule, angelsächsischem Vorbild folgend, nur zum Zuge kommen, wenn das Vorstandsmitglied sich bei der Entscheidungsfindung nicht in einem – ihm bekannten –[2] **Interessenwiderstreit** befand.[3] Das ist problematisch und jedenfalls nicht mit dem Erfordernis zu begründen, dass das Vorstandsmitglied gutgläubig zum Wohle der Gesellschaft handeln muss.[4] Gutgläubig zum Wohle der Gesellschaft kann auch derjenige handeln, der sich in einem Interessenkonflikt befindet, die widerstreitenden Interessen bei der Entscheidung jedoch ausblendet. Dem Vorstandsmitglied in einer solchen Situation den unternehmerischen Ermessensspielraum zu versagen, ist jedenfalls verfehlt, wenn eine volle gerichtliche Nachprüfung an die Stelle treten soll.[5] Denn dann würde die unternehmerische Zweckmäßigkeitsbeurteilung in die Hände einer für unternehmerische Entscheidungen ungeeigneten Institution gelegt. Jedenfalls wird man annehmen müssen, dass eine Offenlegung des Interessenkonflikts gegenüber den übrigen Vorstandsmitgliedern genügt, um auch für das betroffene Vorstandsmitglied den Schutz der Business Judgment Rule wieder zu eröffnen.[6] Auch wenn der Interessenkonflikt nicht offengelegt wird, bleibt die Business Judgment Rule für die übrigen an der Entscheidung beteiligten Vorstandsmitglieder anwendbar.[7]

---

1 Vgl. § 93 Abs. 1 Satz 2 des Referentenentwurfs zum UMAG, NZG 2004, Sonderbeilage 4, S. 5; dazu kritisch DAV-Handelsrechtsausschuss, NZG 2004, 555, 556; *Schäfer*, ZIP 2005, 1253, 1258; *Ulmer*, DB 2004, 859, 862 f.; *Ihrig*, WM 2004, 2098, 2106.
2 Zur notwendigen Kenntnis der Konfliktlage *Mertens/Cahn* in KölnKomm. AktG, § 93 AktG Rz. 29; *Harbarth* in FS Hommelhoff, 2012, S. 323, 329 f.; *Koch*, ZGR 2014, 697, 703 f.; *Löbbe/Fischbach*, AG 2014, 717, 727.
3 Vgl. nur Begr. RegE UMAG BR-Drucks. 3/05, S. 20; *Hopt/Roth* in Großkomm. AktG, § 93 AktG Rz. 90 ff.; *Spindler* in MünchKomm. AktG, § 93 AktG Rz. 60 ff.; *Fleischer* in Spindler/Stilz, § 93 AktG Rz. 72; *Hüffer/Koch*, § 93 AktG Rz. 24 f.; *Koch*, ZGR 2014, 697, 701 ff.; *Löbbe/Fischbach*, AG 2014, 717, 725 ff.; *Harbarth* in FS Hommelhoff, 2012, S. 323, 327 ff.; *Habersack* in Karlsruher Forum 2009: Managerhaftung, S. 5, 21 ff.; *Lutter* in FS Canaris, 2007, S. 245, 248 ff.
4 So aber Begr. RegE UMAG BR-Drucks. 3/05, S. 20 und die h.M. in der Literatur, Nachweise bei *Koch*, ZGR 2014, 697, 701 Fn. 12.
5 So *Lutter* in FS Canaris, 2007, S. 245, 247; *Habersack* in Karlsruher Forum 2009: Managerhaftung, S. 5, 23 f.; a.A. aber *Hopt/Roth* in Großkomm. AktG, § 93 AktG Rz. 118, 120 ff.; *Harbarth* in FS Hommelhoff, 2012, S. 323, 326 ff.; *Koch*, ZGR 2014, 697, 703 m. Fn. 20, die auch in diesen Fällen ein unternehmerisches Ermessen des Vorstandsmitglieds im Rahmen von § 93 Abs. 1 Satz 1 AktG aufrechterhalten wollen.
6 So auch Begr. RegE UMAG, BR-Drucks. 3/05, S. 20; *Hüffer/Koch*, § 93 AktG Rz. 26; *Hopt/Roth* in Großkomm. AktG, § 93 AktG Rz. 94; *Bauer* in VGR, Gesellschaftsrecht in der Diskussion 2014, 2015, S. 195, 213.
7 H.M., insbesondere *Hüffer/Koch*, § 93 AktG Rz. 26; *Koch*, ZGR 2014, 697, 708 f.; *Hopt/Roth* in Großkomm. AktG, § 93 AktG Rz. 96; *Fleischer* in Spindler/Stilz, § 93 AktG Rz. 73b; *Spindler* in MünchKomm. AktG, § 93 AktG Rz. 64; *Haarmann* in FS Wegen, 2015, S. 423, 437; *Löbbe/Fischbach*, AG 2014, 717, 725; *C. Schäfer*, ZGR 2014, 731, 746 f.; a.A. *Mertens/Cahn* in KölnKomm. AktG, § 93 AktG Rz. 29; *Habersack* in Karlsruher Forum 2009: Managerhaftung, S. 5, 23; *Lutter* in FS Canaris, 2007, Bd. II, S. 245, 248 ff.; *Bauer* in VGR, Gesellschaftsrecht in der Diskussion 2014, 2015, S. 195, 212 f.

III. Ressortprinzip und Aufgabendelegation

Das Gesetz unterscheidet bei den Vorstandsaufgaben zwischen Leitung (§ 76 Abs. 1 AktG) und Geschäftsführung (§ 77 Abs. 1 AktG). Für die **Leitungsaufgaben** ist stets der Gesamtvorstand zuständig, einzelne Vorstandsmitglieder oder nachgeordnete Mitarbeiter können mit der Vorbereitung beauftragt werden, eine Delegation ist jedoch ausgeschlossen.[1] Bei Pflichtverletzungen im Bereich dieser Leitungsaufgaben kann sich ein Vorstandsmitglied daher nicht mit dem Hinweis entlasten, ihn habe für die Angelegenheit keine Zuständigkeit getroffen, haftungsrelevante Unterschiede können sich aber aus anderen Umständen ergeben, z.B. aufgrund unterschiedlicher Informationsstände im Rahmen der Business Judgment Rule des § 93 Abs. 1 Satz 2 AktG. Zu diesen Leitungsaufgaben gehören grundsätzliche Festlegungen der Unternehmenspolitik, die Besetzung von Führungspositionen, geschäftliche Maßnahmen von außergewöhnlicher Bedeutung sowie die Einrichtung der betriebswirtschaftlichen Anforderungen genügenden Führungsinstrumente wie Planung, Steuerung, Organisation und Controlling. Hierzu zählen auch die Einrichtung eines angemessenen Risikomanagements und einer funktionsfähigen Complianceorganisation.[2] Ferner gehören zu den nicht delegationsfähigen Leitungsaufgaben solche Aufgaben, die Kraft gesetzlicher Anordnung zwingend vom Gesamtvorstand zu erledigen sind, wie die Vorbereitung und Ausführung von Hauptversammlungsbeschlüssen (§ 83 AktG), die Berichterstattung an den Aufsichtsrat (§ 90 AktG) usw.[3]

3.16

Außerhalb des Bereichs der Leitungsaufgaben sind, wenn nicht Satzung oder Geschäftsordnung etwas anderes bestimmen, ebenfalls sämtliche Vorstandsmitglieder nur gemeinschaftlich zur Geschäftsführung befugt (§ 77 Abs. 1 AktG). In diesem Fall ist auch bei einfachen Geschäftsführungsmaßnahmen die Pflichtenstellung aller Vorstandsmitglieder die gleiche, so dass im Grundsatz bei Pflichtverletzungen auch alle gleichermaßen haften, soweit nicht bei einzelnen aufgrund individueller Umstände (anderer Informationsstand, Unterliegen bei Abstimmung u.Ä.) eine schuldhafte Pflichtverletzung ausscheidet. Besteht wie üblich eine **Geschäftsverteilung**, liegt die Geschäftsführungsverpflichtung hingegen in erster Linie bei dem jeweils ressortzuständigen Vorstandsmitglied; insoweit treffen auch Haftungsrisiken in erster Linie das ressortverantwortliche Vorstandsmitglied. Die Rechtspflichten der übrigen Vorstandsmitglieder reduzieren sich auf eine allgemeine Aufsicht über die Ressortgeschäftsführung der Kollegen. Dazu gehört es sicherzustellen, dass in den Vorstandssitzungen über wesentliche Angelegenheiten aus den Ressorts berichtet wird; bei Zweifeln oder Unstimmigkeiten ist diesen nachzugehen, wobei die Schwelle, ab der weitere Maßnahmen veranlasst sind, von dem mit der Ressortgeschäftsführung verbundenen Risiko abhängt.[4] Entsprechende Grundsätze gelten bei anderen Formen der Arbeitsteilung im Vorstand, insbesondere bei der Einrichtung spezieller Vorstandsausschüsse für bestimmte Geschäftsführungsangelegenheiten. Überdies trifft auch den Vorstandsvorsitzenden und sprecher auf Grund seiner Funk-

3.17

---

1 Vgl. etwa *Fleischer* in Spindler/Stilz, § 76 AktG Rz. 8 f.; *Spindler* in MünchKomm. AktG, § 76 AktG Rz. 8; einschränkend *Seibt* in K. Schmidt/Lutter, § 76 AktG Rz. 8.
2 Vgl. hierzu näher *Fleischer* in Spindler/Stilz, § 76 AktG Rz. 7 ff.; *Spindler* in MünchKomm. AktG, § 76 AktG Rz. 15 f.; *Seibt* in K. Schmidt/Lutter, § 76 AktG Rz. 9.
3 Vgl. im Einzelnen die Aufzählung bei *Fleischer* in Spindler/Stilz, § 76 AktG Rz. 19; *Spindler* in MünchKomm. AktG, § 76 AktG Rz. 15; *Seibt* in K. Schmidt/Lutter, § 76 AktG Rz. 9; *Schiessl*, ZGR 1992, 64, 67 f.
4 Vgl. hierzu instruktiv VG Frankfurt v. 8.7.2004 – I E 7363/03, AG 2005, 264, 265 f. (zum Risikomanagement); *Fleischer* in Spindler/Stilz, § 77 AktG Rz. 45 ff.; *Spindler* in MünchKomm. AktG, § 77 AktG Rz. 55 ff.; *Seibt* in K. Schmidt/Lutter, § 77 AktG Rz. 18; *Pietzke*, CCZ 2010, 45, 46 f.

tion eine gesteigerte Verpflichtung zur vorstandsinternen Koordination und Überwachung und damit zugleich ein erhöhtes Haftungsrisiko.[1]

3.18 Geschäftsführungsaufgaben außerhalb des Bereichs der Leitungsaufgaben können an **Mitarbeiter oder selbständige Dienstleister delegiert** werden. Voraussetzung dafür sind die sorgfältige Auswahl, Einweisung und Überwachung.[2] Dazu gehört weiter eine sachgerechte Organisation mit klaren Zuständigkeiten und die Bereitstellung ausreichender Ressourcen, damit eine ordnungsgemäße Aufgabenerfüllung möglich ist.[3]

IV. Sorgfaltspflichten im Konzern

3.19 Vgl. dazu eingehend *Sven H. Schneider* unten Rz. 8.1 ff.

C. Sorgfaltsverpflichtung der Aufsichtsratsmitglieder

I. Ordentliche und gewissenhafte Überwachung

3.20 Bei der Frage nach der Haftung von Aufsichtsratsmitgliedern geht es in erster Linie um die Pflicht zur sorgfältigen und gewissenhaften Erledigung der Aufgaben des Aufsichtsrats, d.h. vor allem der Überwachung und Besetzung des Vorstands.

3.21 **Überwachungsgegenstand** des Aufsichtsrats sind die Leitungsmaßnahmen des Vorstands.[4] Der Aufsichtsrat haftet also nicht für Versäumnisse im Tagesgeschäft, weil dieses nicht seiner Überwachung unterliegt. Er haftet auch nicht für Fehler, die auf nachgeordneten Führungsebenen oder in untergeordneten Konzerngesellschaften vorkommen, denn diese sind nicht vom Aufsichtsrat, sondern vom Vorstand zu überwachen.[5] Zur Kontrollaufgabe des Aufsichtsrats gehört insoweit nur die Frage, ob der Vorstand seiner Führungs- und Überwachungsaufgabe im Hinblick auf nachgeordnete Führungsebenen und Konzerntöchter – insbesondere durch Schaffung geeigneter Organisationsrichtlinien, eines ordnungsgemäßen konzernweiten Controllings und eines zweckmäßigen Compliancesystems – nachkommt.[6]

3.22 **Überwachungsmaßstab** des Aufsichtsrats sind Rechtmäßigkeit, Ordnungsmäßigkeit und Zweckmäßigkeit der Geschäftsführung durch den Vorstand.[7] Stellt der Aufsichtsrat rechtswidriges Handeln des Vorstands fest, hat er dieses unverzüglich abzustellen; unterlässt er das, haftet er selbst.[8] Im Rahmen der Ordnungsmäßigkeit der Geschäftsführung muss der Aufsichtsrat

---

1 Vgl. zu dem Ganzen eingehend *E. Vetter* unten Rz. 22.1 ff.
2 Vgl. etwa BGH v. 7.11.1994 – II ZR 270/93, BGHZ 127, 336, 347; *Fleischer*, AG 2003, 291, 292 ff.; *Hegnon*, CCZ 2009, 57, 58.
3 *Hegnon*, CCZ 2009, 57, 58 m.w.N.
4 Näher *Lutter/Krieger/Verse*, Rechte und Pflichten des Aufsichtsrats, Rz. 63 ff.; *Hoffmann-Becking* in MünchHdb. AG, § 29 Rz. 23.
5 *Lutter/Krieger/Verse*, Rechte und Pflichten des Aufsichtsrats, Rz. 68 f.; *Mertens/Cahn* in KölnKomm. AktG, § 111 AktG Rz. 26; *Hoffmann-Becking* in MünchHdb. AG, § 29 Rz. 26.
6 Dazu eingehend *Uwe H. Schneider* untenRz. 10.5 ff.; *E. Vetter* unten Rz. 22.72 ff.
7 BGH v. 25.3.1991 – II ZR 188/89, BGHZ 114, 127, 129 f. = AG 1991, 312; *Lutter/Krieger/Verse*, Rechte und Pflichten des Aufsichtsrats, Rz. 73 ff.;147 ff.; *Hoffmann-Becking* in MünchHdb. AG, § 29 Rz. 31; *Semler*, Leitung und Überwachung der Aktiengesellschaft, 2. Aufl. 1996, Rz. 183.
8 Vgl. nur BGH v. 15.1.2013 – II ZR 90/11, ZIP 2013, 455 Rz. 16 – Corealcredit und OLG Düsseldorf v. 9.12.2009 – I 6 W 45/09, ZIP 2010, 28, 30 f. – KB (Duldung einer Überschreitung des Unterneh-

darauf achten, dass die sachgerechten kaufmännischen Instrumente für die Unternehmensführung, insbesondere eine funktionierende Planung und ein funktionierendes Berichtswesen, ein angemessenes Risikomanagement und ein funktionsfähiges Compliance-System[1] vorhanden sind; lässt er dies außer Betracht, verhält er sich pflichtwidrig und kann haften. Bei Zweckmäßigkeitsentscheidungen hat der Vorstand ein **weites unternehmerisches Ermessen** (§ 93 Abs. 1 Satz 2 AktG). Gleiches gilt für den Aufsichtsrat, soweit er sich mit Zweckmäßigkeitsentscheidungen zu befassen hat. Er hat in diesen Fällen die Sorgfalt der Entscheidungsfindung des Vorstands zu prüfen, etwaige Bedenken gegen die Zweckmäßigkeit der Vorstandsabsichten darzulegen und zu diskutieren, kann aber im Ergebnis grundsätzlich den Vorstand gewähren lassen und braucht nicht sein eigenes Zweckmäßigkeitsurteil an die Stelle des Vorstands zu setzen, solange dessen Handeln kaufmännisch ebenfalls vertretbar erscheint.[2] Zu unterbinden hat der Aufsichtsrat jedoch unvertretbare Geschäftsführungshandlungen.[3] Für eigene Zweckmäßigkeitsentscheidungen, etwa bei der Erteilung oder Verweigerung der Zustimmung zu einem zustimmungsbedürftigen Geschäft, steht dem Aufsichtsrat der gleiche Ermessensspielraum zu, wie dem Vorstand. Auch der Aufsichtsrat haftet nicht, wenn seine Mitglieder bei einer solchen Entscheidung vernünftigerweise annehmen durften, auf der Grundlage angemessener Informationen zum Wohle der Gesellschaft zu handeln.[4] Hingegen verletzen die Aufsichtsratsmitglieder ihre Pflichten, wenn sie einer zustimmungsbedürftigen Maßnahme die Zustimmung erteilen, ohne sich selbst die zur Entscheidung erforderlichen Informationen zu verschaffen und darauf aufbauend die Chancen und Risiken abzuwägen.[5]

So wie der Vorstand, kann auch der Aufsichtsrat verpflichtet sein, bei seiner Tätigkeit sachverständigen Rat einzuholen[6]; das spielt in der Praxis vor allem bei der dem Aufsichtsrat obliegenden Rechtmäßigkeitskontrolle eine Rolle. Die Berechtigung, selbst Sachverständige hinzuzuziehen, besteht nicht nur im Rahmen des § 111 Abs. 2 Satz 2 AktG, sondern steht dem Aufsichtsrat als Annex zu den ihm vom Gesetz übertragenen Aufgaben immer dann

3.23

---

mensgegenstandes); BGH v. 20.9.2011 – II ZR 234/09, ZIP 2011, 2097 Rz. 27 – Ision (Festsetzung einer unzulässigen Sacheinlage); BGH v. 20.9.2010 – II ZR 78/09, BGHZ 187, 60 Rz. 13 – Doberlug; BGH v. 16.3.2009 – II ZR 280/07, ZIP 2009, 860, 861 = AG 2009, 404 und OLG Düsseldorf v. 31.5.2012 – I-16 U 176/10, ZIP 2012, 2299, 2300 f. (Pflicht, für rechtzeitige Stellung eines Insolvenzantrags und Einhaltung des Zahlungsverbots aus § 92 Abs. 2 AktG zu sorgen); BGH v. 18.2.2008 – II ZR 132/06, BGHZ 175, 265 Rz. 17 – Rheinmöve (Aktienausgabe vor Leistung der Bareinlage); OLG Braunschweig v. 14.6.2012 – Ws 44/12, ZIP 2012, 1860, 1861 ff. (Vergütungszahlungen des Vorstands an AR-Mitglied unter Verstoß gegen § 113 AktG).

1 *Lutter/Krieger/Verse*, Rechte und Pflichten des Aufsichtsrats, Rz. 79 ff., 151 ff., 987; zur Verantwortlichkeit des Aufsichtsrats für Risikomanagement und Compliance vgl. insbes. *Winter* in FS Hüffer, 2010, S. 1103; *Preußner*, NZG 2008, 574.
2 *Mertens/Cahn* in KölnKomm. AktG, § 111 AktG Rz. 40; *Hüffer/Koch*, § 111 AktG Rz. 15; *Lutter/Krieger/Verse*, Rechte und Pflichten des Aufsichtsrats, Rz. 93.
3 Vgl. etwa OLG Düsseldorf v. 9.12.2009 – I 6 W 45/09, ZIP 2010, 28, 32 (Eingehung existenzbedrohender Risiken durch den Vorstand); LG Stuttgart v. 29.10.1999 – 4 KfH O 80/98, DB 1999, 2462 – ASS (Verkauf eines Grundstücks im Wert von 34 Mio. DM für 14 Mio. DM).
4 *Lutter/Krieger/Verse*, Rechte und Pflichten des Aufsichtsrats, Rz. 989; *Habersack* in MünchKomm. AktG, § 116 AktG Rz. 39 ff.; näher *Cahn*, WM 2013, 1293.
5 BGH v. 6.11.2012 – II ZR 111/12, ZIP 2012, 2438, 2439 – Piëch; OLG Stuttgart v. 29.2.2012 – 20 U 3/11, ZIP 2012, 625, 627 f. – Piëch; BGH v. 11.12.2006 – II ZR 243/05, ZIP 2007, 224 = AG 2007, 167.
6 BGH v. 6.6.1994 – II ZR 292/91, BGHZ 126, 181; OLG Stuttgart v. 25.11.2009 – 20 U 5/09, ZIP 2009, 2386, 2389; *Lutter/Krieger/Verse*, Rechte und Pflichten des Aufsichtsrats, Rz. 1013.

zu, wenn er sachverständiger Hilfe bedarf.[1] Für die haftungsentlastende Wirkung sachverständigen Rats gilt das Gleiche wie beim Vorstand; vgl. Rz. 3.9.

3.24 Hinsichtlich des **Überwachungsumfangs** reicht im Normalfall die sorgfältige Prüfung der regelmäßig erstatteten Vorstandsberichte, auf deren Richtigkeit und Vollständigkeit der Aufsichtsrat grundsätzlich vertrauen darf. Ergeben sich hierbei Bedenken, ist diesen nachzugehen. Eine vertiefte Prüfung kann nötig sein, wenn besondere Umstände, wie eine wirtschaftlich schwierige Lage der Gesellschaft[2], vorliegen, die Gesellschaft erst vor relativ kurzer Zeit angelaufen ist[3], besonders riskante Geschäfte zu beurteilen sind[4] oder der Vorstand in der Vergangenheit seinen Berichtspflichten nicht ordnungsgemäß nachgekommen ist. Pflichtwidrig handelt der Aufsichtsrat deshalb z.B., wenn er trotz Unregelmäßigkeiten in der Geschäftsführung keine Untersuchungen und weiteren Maßnahmen veranlasst[5] oder sich bei einer erst kürzlich angelaufenen und vornehmlich im Ausland tätigen Gesellschaft nicht vor Ort selbst einen Eindruck von dem Geschäft verschafft oder sich wenigstens durch unabhängige Sachverständige diesen Eindruck verschaffen lässt.[6] Zu den Sorgfaltspflichten gehört es auch, die dem Aufsichtsrat zur Verfügung stehenden **Überwachungsmittel zweckgerecht einzusetzen**, d.h. für die pünktliche Berichterstattung durch den Vorstand zu sorgen, das Frage- und Einsichtsrecht auszuüben, soweit dazu Anlass besteht, und für wichtige Geschäftsführungsmaßnahmen einen Zustimmungsvorbehalt einzurichten (§ 111 Abs. 4 Satz 2 AktG). Unvertretbare Geschäftsführungsmaßnahmen muss der Aufsichtsrat verhindern. Er handelt daher pflichtwidrig, wenn er nicht mit allen zur Verfügung stehenden Mitteln gegen ungewöhnlich leichtfertige Maßnahmen des Vorstands einschreitet.[7] Notfalls hat er zur Verhinderung unvertretbarer Geschäftsführungsmaßnahmen ad hoc einen Zustimmungsvorbehalt einzurichten und die Zustimmung sodann zu verweigern[8], erforderlichenfalls muss er ein ihm unzuverlässig erscheinendes Vorstandsmitglied abberufen.[9] Eine Pflichtwidrigkeit des Aufsichtsrats kann ferner darin liegen, dass er die zur ordnungsgemäßen Erfüllung seiner Aufgaben nötige Selbstorganisation vernachlässigt. Dazu gehört die Abhaltung der nötigen Anzahl von Sitzungen, die Einrichtung von Ausschüssen, die Schaffung eines Berichtssystems zwischen Ausschuss und Plenum und die Zuziehung von Beratern, wo dies nötig ist. Es ist daher z.B. als Pflichtwidrigkeit des Aufsichtsrats anzusehen, wenn dieser sich trotz Unerfahrenheit nicht von Spezialisten beraten lässt.[10]

---

1 Vgl. etwa *Habersack* in MünchKomm. AktG, § 111 AktG Rz. 135; *Hopt/Roth* in Großkomm. AktG, § 112 AktG Rz. 60 ff.; *Lutter/Krieger/Verse*, Rechte und Pflichten des Aufsichtsrats, Rz. 1012; *Hoffmann-Becking*, ZGR 2011, 136, 140 f.
2 BGH v. 16.3.2009 – II ZR 280/07, ZIP 2009, 860, 861 = AG 2009, 404; OLG Brandenburg v. 17.2.2009 – 6 U 102/07, ZIP 2009, 866, 869 = AG 2009, 662.
3 OLG Stuttgart v. 19.6.2012 – 20 W 1/12, AG 2012, 762, 764; OLG Düsseldorf v. 8.3.1984 – 6 U 75/83, WM 1984, 1080, 1084.
4 BGH v. 6.11.2012 – II ZR 111/12, ZIP 2012, 2438, 2439 – Piëch; OLG Stuttgart v. 29.2.2012 – 20 U 3/11, ZIP 2012, 625, 627 f. – Piëch.
5 Vgl. die Entscheidung des Schweizerischen Bundesgerichts, BGE 97 II 403 ff., 411 ff.
6 OLG Düsseldorf v. 8.3.1984 – 6 U 75/83, WM 1984, 1080, 1084.
7 BGH v. 4.7.1977 – II ZR 150/75, BGHZ 69, 207, 214.
8 BGH v. 15.11.1993 – II ZR 235/92, BGHZ 124, 111, 127 = AG 1994, 124; LG Bielefeld v. 16.11.1999 – 15 O 91/98, WM 1999, 2457, 2465.
9 BGH v. 16.3.2009 – II ZR 280/07, ZIP 2009, 860, 861 = AG 2009, 404; OLG Braunschweig v. 14.6.2012 – Ws 44/12, ZIP 2012, 1860, 1862.
10 Schweizerisches Bundesgericht, BGE 93 II, 22 ff., 26; Österreichischer OGH v. 31.5.1977 – 5 Ob 306/76, AG 1983, 81, 82.

Im Bereich der **Personalmaßnahmen** kann der Aufsichtsrat durch die Bestellung ungeeigneter Personen zu Vorstandsmitgliedern pflichtwidrig handeln. Da ihm hierbei ein weiter Beurteilungsspielraum zusteht, kommt das aber nur bei völlig unvertretbaren Auswahlentscheidungen in Betracht. Daneben sind Pflichtwidrigkeiten bei der Gestaltung der Vorstandsanstellungsverträge denkbar, insbesondere durch Zusage unvertretbar hoher Zahlungen oder Herbeiführung einer Vergütungsstruktur, die den Anforderungen des § 87 Abs. 1 Satz 2 und 3 AktG nicht genügt (§ 116 Satz 3 AktG).[1] Theoretisch kann es auch zur Haftung führen, wenn der Aufsichtsrat bei Verschlechterung der Lage der Gesellschaft nicht von dem Herabsetzungsrecht des § 87 Abs. 2 AktG Gebrauch macht, auch wenn dieser Fall in § 116 Satz 3 AktG nicht erwähnt ist.[2] Nach der Mannesmann-Entscheidung des Bundesgerichtshofs handelt der Aufsichtsrat darüber hinaus pflichtwidrig, wenn er Vorstandsmitgliedern Zahlungen leistet, auf die diese keinen Anspruch haben, sofern dem kein Vorteil für die Gesellschaft gegenübersteht.[3] Danach wären rein belohnende Leistungen für die Vergangenheit unzulässig, sofern sich damit nicht eine Anreizwirkung für die Zukunft verbindet. Auch wenn diese Rechtsprechung als verfehlt angesehen werden muss und in der Literatur mit Recht fast ausnahmslos abgelehnt wird[4], bleibt der Praxis nichts anderes übrig, als sich daran zu orientieren. Haftungsgefahren können schließlich im Zusammenhang mit der Verpflichtung des Aufsichtsrats entstehen, bei gegebenem Anlass das Bestehen von Schadensersatzansprüchen der Gesellschaft gegenüber Vorstandsmitgliedern zu prüfen und zu verfolgen; dazu näher Rz. 3.48 f.

3.25

II. Mitwirkungspflichten der einzelnen Aufsichtsratsmitglieder

Die einzelnen Mitglieder des Aufsichtsrats haften nicht automatisch deshalb, weil der Aufsichtsrat als Organ seine Pflichten verletzt, sondern ihre Haftung setzt eine **individuelle Pflichtverletzung** voraus. Die Aufsichtsratsmitglieder haben an der Aufgabenerledigung durch den Aufsichtsrat mitzuwirken, d.h. jedes Aufsichtsratsmitglied muss sich auf die Sitzungen vorbereiten, an diesen teilnehmen und sich an den Erörterungen und der Urteilsbildung im Aufsichtsrat beteiligen. Dazu gehört es auch, beurteilungsrelevante Informationen an den Aufsichtsrat weiterzugeben. Deshalb handelt ein Aufsichtsratsmitglied pflichtwidrig, das es unterlässt, vor der Beschlussfassung über die Vergabe eines ungesicherten Kredits die übrigen Aufsichtsratsmitglieder über die wirtschaftlich prekäre Situation des Darlehensempfängers aufzuklären[5], oder das Hinweise auf rechtswidrige Maßnahmen des Vorstands nicht

3.26

---

1 Zu den Anforderungen von § 87 Abs. 1 AktG vgl. etwa *Hoffmann-Becking/Krieger*, Beilage zu NZG Heft 26/2009, Rz. 2 ff.; *Fleischer*, NZG 2009, 801; *Thüsing*, AG 2009, 517; *Hohenstatt*, ZIP 2009, 1349; *Seibert*, WM 2009, 1489; *Gaul/Janz*, NZA 2009, 809; *Annuß/Theusinger*, BB 2009, 2434.
2 *Reichert/Ullrich* in FS Uwe H. Schneider, 2011, S. 1017, 1029 ff.; *Habersack*, ZHR 174 (2010), 2, 3; *Hoffmann/Becking/Krieger*, Beilage zu NZG Heft 26/2009, Rz. 80; *Greven*, BB 2009, 2154, 2155 f. Zu den Voraussetzungen des § 87 Abs. 2 AktG näher BGH v. 27.10.2015 – II ZR 296/14, BGHZ 207, 190 Rz. 20 ff.
3 BGH v. 21.12.2005 – 3 StR 470/04, ZIP 2006, 72.
4 *Hüffer/Koch*, § 87 AktG Rz. 7; *Peltzer*, ZIP 2006, 205 ff.; *W. Müller* in Liber Amicorum Mock, 2009, S. 197, 211 f.; *Spindler*, ZIP 2006, 349 ff.; *Hoffmann-Becking*, NZG 2006, 127 ff.; *Dreher*, AG 2006, 213 ff.; s. auch schon *Fonk*, NZG 2005, 248, 250 f.; *Marsch-Barner* in FS Röhricht, 2005, S. 401, 406; *Kort*, NJW 2005, 333, 334; *Hoffmann-Becking*, ZHR 169 (2005), 155, 161 f.; *Fleischer*, DStR 2005, 1318, 1320 ff.; a.A. *Martens*, ZHR 169 (2005), 124, 131 ff.
5 LG Hamburg v. 16.12.1980 – 8 O 229/79, ZIP 1981, 194.

an den gesamten Aufsichtsrat weitergibt.¹ Erscheint eine Beschlussfassung des Aufsichtsrats unvertretbar, genügt es nicht, sich der Stimme zu enthalten, sondern das Aufsichtsratsmitglied muss mit Nein stimmen; es ist allerdings nicht verpflichtet, zur Verhinderung einer Entscheidung die Beschlussunfähigkeit des Gremiums herbeizuführen.² Wird ein Aufsichtsratsmitglied bei einer Entscheidung überstimmt, die es für fehlerhaft ansieht, empfiehlt es sich, um später dem Vorwurf der Pflichtverletzung zu entgehen, die Ablehnung des Beschlusses ausdrücklich zu Protokoll zu geben.³

III. Sorgfaltspflicht und Ausschusstätigkeit

3.27   Aufsichtsräte können (§ 107 Abs. 3 AktG) und sollen (Ziff. 5.3 DCGK) Aufgaben zur Vorbereitung oder zur abschließenden Erledigung an Ausschüsse übertragen.⁴ Kommt es im Tätigkeitsbereich eines Ausschusses zu Pflichtverletzungen, sind davon in erster Linie die Mitglieder des Ausschusses betroffen. War der **Ausschuss nur vorbereitend** tätig, wurde die Entscheidung letztlich aber vom Gesamtorgan getroffen, haben alle Mitglieder des Aufsichtsrats trotz der Ausschussvorbereitung ihre Meinungsbildung mit derselben Sorgfalt zu treffen, die sie auch sonst anzuwenden haben. Das schließt es nicht aus, sich bei der Entscheidung auf die Vorbereitungstätigkeit des Ausschusses zu stützen, erforderlich ist aber, dies mit der nötigen Sorgfalt zu tun und sich auf den Ausschuss nicht blind zu verlassen, sondern dessen Meinung sorgfältig auf ihre Plausibilität hin zu überprüfen.⁵ Entscheidet der **Ausschuss an Stelle des Gesamtorgans** gilt der Grundsatz, dass jedes Aufsichtsratsmitglied allgemein auch die Tätigkeit der Ausschüsse im Auge behalten muss. Erhalten Aufsichtsratsmitglieder Informationen, die Zweifel an der Ordnungsmäßigkeit der Ausschusstätigkeit wecken, müssen sie diesen nachgehen und entweder den Aufsichtsratsvorsitzenden oder das Gesamtorgan einschalten, die dann ihrerseits einzugreifen haben. Darüber hinaus ist der Gesamtaufsichtsrat verpflichtet, die Tätigkeit der Ausschüsse zu überwachen und sich zu diesem Zweck regelmäßig über die Ausschusstätigkeit berichten zu lassen (§ 107 Abs. 3 Satz 3 AktG). Eine Verletzung dieser Überwachungspflicht führt bei Pflichtversäumnissen im Ausschuss auch dann zur Haftung der übrigen Aufsichtsratsmitglieder, wenn diese nicht informiert waren, bei ordnungsgemäßer Überwachung des Ausschusses aber hätten informiert sein müssen.⁶

IV. Sorgfaltspflichten im Konzern

3.28   Vgl. hierzu eingehend *Uwe H. Schneider* unten Rz. 10.1 ff.

---

1 LG Bielefeld v. 16.11.1999 – 15 O 91/98, WM 1999, 2457, 2464 = AG 2000, 136 – Balsam (Existenzbedrohende Geschäfte des Vorstands); LG Dortmund v. 1.8.2001 – 20 O 143/83, DB 2001, 2591 = AG 2002, 97 (Ungesicherte Darlehensgewährung an Muttergesellschaft).
2 *Lutter/Krieger/Verse*, Rechte und Pflichten des Aufsichtsrats, Rz. 998.
3 Zum Recht jedes Aufsichtsratsmitglieds, Widerspruch zu Protokoll zu geben, vgl. *Mertens/Cahn* in KölnKomm. AktG, § 107 AktG Rz. 79; *Hoffmann-Becking* in MünchHdb. AG, § 31 Rz. 107.
4 *Lutter/Krieger/Verse*, Rechte und Pflichten des Aufsichtsrats, Rz. 743 ff.; *Krieger*, ZGR 1985, 338, 361 ff.; *Rellermeyer*, Aufsichtsratsausschüsse, 1986, S. 14 f.
5 *Drygala* in K. Schmidt/Lutter, § 116 AktG Rz. 6; *Lutter/Krieger/Verse*, Rechte und Pflichten des Aufsichtsrats, Rz. 1003.
6 *Lutter/Krieger/Verse*, Rechte und Pflichten des Aufsichtsrats, Rz. 16.

D. Treuepflicht und Verschwiegenheitspflicht

I. Treuepflicht

Vorstands- und Aufsichtsratsmitglieder trifft gegenüber der Gesellschaft eine Treuepflicht, die ihre Grundlage in der Organstellung hat. Eine gesetzliche Ausprägung ist für Vorstandsmitglieder das Wettbewerbsverbot des § 88 AktG. Darüber hinaus ist Inhalt der Treuepflicht die Verpflichtung, das Unternehmensinteresse zu wahren und das Verbot, das Vorstands- oder Aufsichtsratsamt zu benutzen, um im eigenen Interesse oder im Interesse eines anderen Unternehmens nachteilig auf die Gesellschaft einzuwirken.[1] Pflichtwidrig handelt deshalb zum Beispiel, wer im Widerstreit von Interessen eine für die Gesellschaft schädliche, einem anderen Unternehmen aber günstige Maßnahme veranlasst[2], oder wer Informationen, die er in seiner Eigenschaft als Vorstands- oder Aufsichtsratsmitglied erhalten hat, benutzt, um Geschäftschancen der Gesellschaft für sich selbst zu nutzen.[3]

3.29

Interessenkollisionen entlasten nicht, sondern das Organmitglied bleibt bei Ausübung seines Amtes verpflichtet, allein die Interessen der Gesellschaft zu wahren.[4] Es ist ihm aber gestattet – und in aller Regel zweckmäßig – sich bei der Abstimmung der Stimme zu enthalten und auch von sonstigen Einflussnahmen auf die Entscheidung abzusehen; denkbar ist auch ein Verzicht auf die Einbindung in den Informationsfluss zu dem betreffenden Gegenstand und der Verzicht auf die Sitzungsteilnahme bei der Erörterung und Entscheidung der betreffenden Angelegenheit.

3.30

II. Verschwiegenheitspflicht

Vorstands- und Aufsichtsratsmitglieder haben über vertrauliche Angaben und Geheimnisse der Gesellschaft, namentlich Betriebs- oder Geschäftsgeheimnisse, die ihnen durch ihre Amtstätigkeit bekannt geworden sind, Stillschweigen zu bewahren (§§ 93 Abs. 1 Satz 3, 116 Satz 1 AktG). Das wird im Hinblick auf Aufsichtsratsmitglieder für von diesen erhaltene vertrauliche Berichte und vertrauliche Beratungen in § 116 Satz 2 AktG nochmals besonders betont. Die **Verschwiegenheitspflicht** dauert nach Beendigung der Amtszeit fort.[5] Sie ist gesetzlich zwingend und kann durch die Satzung, die Geschäftsordnung oder den Vorstands-Anstellungsvertrag wieder eingeschränkt werden[6], noch ist eine Erweiterung möglich.[7]

3.31

---

1 *Mertens/Cahn* in KölnKomm. AktG, § 93 AktG Rz. 95 ff.; *Hopt/Roth* in Großkomm. AktG, § 93 AktG Rz. 224 ff., § 116 AktG Rz. 184 ff.
2 BGH v. 21.12.1978 – II ZR 244/78, NJW 1980, 1629 – Schaffgotsch; dazu *Ulmer*, NJW 1980, 1603; *Lutter*, ZHR 145 (1981), 224 ff., 239 ff.
3 BGH v. 23.9.1985 – II ZR 246/84, WM 1985, 1443 = GmbHR 1986, 42 (GmbH-Geschäftsführer); BGH v. 7.7.1983 – III ZR 159/82, BB 1986, 486; *Mertens/Cahn* in KölnKomm. AktG, § 93 AktG Rz. 105; *Hopt/Roth* in Großkomm. AktG, § 93 AktG Rz. 250 ff.
4 BGH v. 21.12.1978 – II ZR 244/78, NJW 1980, 1629, 1630 – Schaffgotsch; *Hoffmann-Becking* in MünchHdb. AG, § 33 Rz. 78.
5 Begr. RegE AktG, abgedruckt bei *Kropff*, AktG, 1965, S. 123; *Spindler* in MünchKomm. AktG, § 93 AktG Rz. 132; *Hüffer/Koch*, § 93 AktG Rz. 31.
6 Allg. Meinung, z.B. *Spindler* in MünchKomm. AktG, § 93 AktG Rz. 142.
7 BGH v. 5.6.1975 – II ZR 156/73, BGHZ 64, 325, 327; *Spindler* in MünchKomm. AktG, § 93 AktG Rz. 142; *Hopt/Roth* in Großkomm. AktG, § 93 AktG Rz. 280, 309.

3.32 **Geheimnisse** sind alle Tatsachen, die nicht offenkundig, sondern nur einem begrenzten Personenkreis bekannt sind, die nach dem – geäußerten oder mutmaßlichen – Willen der Gesellschaft geheim gehalten werden sollen und hinsichtlich derer ein berechtigtes wirtschaftliches Interesse an der Geheimhaltung besteht.[1] Betriebs- und Geschäftsgeheimnisse sind Beispiele hierfür, wobei unter Betriebsgeheimnisse technische Informationen (Herstellungsverfahren, Rezepturen usw.) und unter Geschäftsgeheimnisse kaufmännische Informationen (Kundenstamm, Unternehmensplanung usw.) fallen.[2] **Vertrauliche Angelegenheiten** sind alle Informationen, hinsichtlich deren ein Interesse der Gesellschaft daran besteht, dass sie nicht weitergegeben werden. Das kann auch bei Informationen der Fall sein, die an sich offenkundig und deshalb kein Geheimnis (mehr) sind.[3] Eine Kennzeichnung der Angabe als „vertraulich" ist nicht erforderlich.[4] Ein Interesse der Gesellschaft an vertraulicher Behandlung kann sich auch aus einem entsprechenden Interesse Dritter (z.B. Kunden- oder Lieferanteninformation) ergeben, sofern die Gesellschaft – etwa zum Schutz ihrer Kunden- und Lieferantenbeziehungen – ein eigenes Interesse an der vertraulichen Behandlung der Information hat.[5]

3.33 Geschützt sind Geheimnisse und vertrauliche Angaben, sofern diese den Organmitgliedern **durch ihre Vorstands- bzw. Aufsichtsratstätigkeit** bekannt geworden sind. Dabei ist nicht erforderlich, dass die Angelegenheit im Vorstand bzw. Aufsichtsrat behandelt wurde, sondern es genügt, dass die Organmitgliedschaft für die Informationserteilung ursächlich war.[6] Aus der allgemeinen Treuepflicht kann allerdings eine weiter gehende Verpflichtung folgen, auch privat erlangte Informationen vertraulich zu behandeln, so weit das Interesse der Gesellschaft dies verlangt.[7]

3.34 Die Verschwiegenheitspflicht besteht grundsätzlich **gegenüber jedermann**, auch gegenüber Aktionären, Arbeitnehmern, dem Betriebsrat und anderen Organen der Betriebsverfassung.[8] Hingegen gibt es keine Verschwiegenheitspflicht der Vorstands- und Aufsichtsratsmitglieder untereinander[9]; und keine Verschwiegenheitspflicht zwischen den Organen.[10] Keine Verschwiegenheitsverpflichtung besteht auch gegenüber den Abschlussprüfern (§ 320 Abs. 2 HGB) und gegenüber der Prüfstelle für Rechnungslegung (§ 93 Abs. 1 Satz 4 AktG). Weitere **gesetzliche Durchbrechungen** der Verschwiegenheitsverpflichtung finden sich in den kapitalmarktrechtlichen Vorschriften über die ad hoc-Publizität (Art. 17 MMVO) und die Abgabe von Beteiligungsmitteilungen (§§ 21 ff. WpHG[11]). Daneben besteht eine Vielzahl behördlicher Auskunftsrechte auf Grund spezieller Vorschriften des öffentlichen Rechts.[12] Geheimnis-

---

1 BGH v. 5.6.1975 – II ZR 156/73, BGHZ 64, 325/329; *Spindler* in MünchKomm. AktG, § 93 AktG Rz. 117; *Hüffer/Koch*, § 93 AktG Rz. 30; *Lutter*, Information und Vertraulichkeit im Aufsichtsrat, Rz. 410 ff.
2 Ausführlich *Hopt/Roth* in Großkomm. AktG, § 93 AktG Rz. 283.
3 *Spindler* in MünchKomm. AktG, § 93 AktG Rz. 120; *Hüffer/Koch*, § 93 AktG Rz. 30; *Lutter*, Information und Vertraulichkeit im Aufsichtsrat, Rz. 453.
4 Begr. RegE AktG, abgedruckt bei *Kropff*, Aktiengesetz, 1965, S. 122 f.; *Spindler* in MünchKomm. AktG, § 93 AktG Rz. 120; *Hüffer/Koch*, § 93 AktG Rz. 30.
5 *Spindler* in MünchKomm. AktG, § 93 AktG Rz. 120.
6 *Spindler* in MünchKomm. AktG, § 93 AktG Rz. 122.
7 *Spindler* in MünchKomm. AktG, § 93 AktG Rz. 122.
8 *Spindler* in MünchKomm. AktG, § 93 AktG Rz. 124 f.
9 *Spindler* in MünchKomm. AktG, § 93 AktG Rz. 128.
10 BGH v. 26.3.1956 – II ZR 57/55, BGHZ 20, 239, 246; BGH v. 6.3.1997 – II ZB 4/96, BGHZ 135, 48, 56.
11 §§ 33 ff. WpHG i.d.F. des 2. FiMaNoG (BGBl. I 2017, 1693).
12 Vgl. etwa *Spindler* in MünchKomm. AktG, § 93 AktG Rz. 129; *Hüffer/Koch*, § 93 AktG Rz. 33.

se und vertrauliche Angaben können offen gelegt werden, wenn ein entsprechendes **Offenlegungsinteresse** der Gesellschaft besteht, welches das Geheimhaltungsinteresse überwiegt. Deshalb ist z.B. die Offenlegung geheimer vertraulicher Informationen zur Ermöglichung einer Due Diligence-Prüfung zulässig, sofern die Gesellschaft ein eigenes, ihr Geheimhaltungsinteresse überwiegendes Interesse an dem Zustandekommen des Erwerbsgeschäfts hat und durch geeignete Prozessgestaltung sichergestellt wird, dass das Geheimhaltungsinteresse soweit wie möglich geschützt bleibt (Verschwiegenheitserklärung; nach dem Grad der Geheimhaltungsbedürftigkeit und dem Verhandlungsfortschritt gestufte Informationserteilung u.Ä.).[1] Die Entscheidung hierüber fällt in die Kompetenz des Vorstands, nicht in die des Aufsichtsrats oder einzelner Aufsichtsratsmitglieder.[2] Die Entscheidung über die Offenlegung von Informationen zum Zwecke einer Due Diligence ist wegen ihrer Bedeutung dem Gesamtvorstand vorbehalten[3]; die Offenlegung weniger wichtiger Einzelinformationen können auch einzelne Vorstandsmitglieder im Rahmen ihrer Ressortzuständigkeit entscheiden.

E. Verschulden

Die Haftung der Vorstände und Aufsichtsräte ist eine Verschuldenshaftung. Verschuldensmaßstab ist ebenfalls die Sorgfalt eines ordentlichen und gewissenhaften Geschäftsleiters bzw. Aufsichtsratsmitglieds.[4] Wer nicht mit dieser Sorgfalt handelt, handelt nicht nur pflichtwidrig, sondern zugleich schuldhaft. Es gilt also ein **objektivierter Verschuldensmaßstab** für alle Organmitglieder, ohne Unterschied ihrer persönlichen Kenntnisse und Fähigkeiten.[5] Jedes Organmitglied muss die Fähigkeiten und Kenntnisse besitzen, die es in die Lage versetzen, diesem Maßstab gerecht zu werden, und alle Organmitglieder haben für diejenige Sorgfalt einzustehen, die von einem durchschnittlichen Vorstands- bzw. Aufsichtsratsmitglied erwartet werden kann.[6]

3.35

Den unterschiedlichen Kenntnissen und Fähigkeiten trägt das Gesetz dadurch Rechnung, dass es die **Arbeitsteilung** in Vorstand und Aufsichtsrat zulässt, mit der Folge, dass sich die Verantwortung vor allem auf diejenigen Organmitglieder verlagert, die mit der konkreten Aufgabe betraut sind (vgl. Rz. 3.16 und 3.27). Organmitglieder, die innerhalb des Vorstands oder Aufsichtsrats besondere Funktionen übernehmen, d.h. insbesondere der Vorstandsvorsitzende, der Aufsichtsratsvorsitzende, die jeweils ressortzuständigen Vorstandsmitglieder und die Mitglieder von Ausschüssen, unterliegen einem strengeren Maßstab. Sie haben für die Kenntnisse und Fähigkeiten einzustehen, die ihre Funktion erfordert.[7] Darüber hinaus erhöhen **besondere Kenntnisse** individueller Vorstands- oder Aufsichtsratsmitglieder für diese den Verschul-

3.36

---

1 Vgl. im Einzelnen *Spindler* in MünchKomm. AktG, § 93 AktG Rz. 133 ff.; *Hüffer/Koch*, § 93 AktG Rz. 31 f.; *Bücker/Kulenkamp* unten Rz. 29.88 f.
2 Vgl. etwa *Lutter/Krieger/Verse*, Rechte und Pflichten des Aufsichtsrats, Rz. 304.
3 *Spindler* in MünchKomm. AktG, § 93 AktG Rz. 141; *K. J. Müller*, NJW 2000, 3452, 3453; *Ziemons*, AG 1999, 492, 494.
4 *Hüffer/Koch*, § 93 AktG Rz. 6; *Spindler* in MünchKomm. AktG, § 93 AktG Rz. 176; *Habersack* in MünchKomm. AktG, § 116 AktG Rz. 70.
5 BGH v. 19.6.2012 – II ZR 243/11, ZIP 2012, 1557 Rz. 9; BGH v. 28.10.1971 – II ZR 49/70, WM 1971, 1548, 1549; *Hüffer/Koch*, § 93 AktG Rz. 43; *Habersack* in MünchKomm. AktG, § 116 AktG Rz. 70; *Mertens/Cahn* in KölnKomm. AktG, § 93 AktG Rz. 136 f.; *Wiesner* in MünchHdb. AG, § 26 Rz. 15.
6 BGH v. 15.11.1982 – II ZR 27/82, BGHZ 85, 293, 295 – Hertie; *Hüffer/Koch*, § 116 AktG Rz. 3.
7 *Hüffer/Koch*, § 116 AktG Rz. 4; *Lutter/Krieger/Verse*, Rechte und Pflichten des Aufsichtsrats, Rz. 1011; *Dreher* in FS Boujong, 1996, S. 71, 83 ff.

densmaßstab.[1] Wer Sonderkenntnisse besitzt und nicht anwendet, kann sich nicht damit entschuldigen, dass ein durchschnittliches Vorstands- oder Aufsichtsratsmitglied diese Sonderkenntnisse gar nicht besitzen müsse.

F. Schaden und Kausalität

3.37 Die Ersatzpflicht setzt voraus, dass die Pflichtverletzung des Vorstands- oder Aufsichtsratsmitglieds einen Schaden der Gesellschaft verursacht hat. Für die **Ermittlung des Schadens** sind grundsätzlich §§ 249 ff. BGB anwendbar.[2] Im Allgemeinen ist also eine Minderung des Wertes des Gesellschaftsvermögens gegenüber der Vermögenslage erforderlich, die ohne das pflichtwidrige Handeln bestünde. Anders muss dies jedoch bei kompetenzwidrigen Geschäftsführungsmaßnahmen entschieden werden, etwa beim Erwerb von Vermögensgegenständen ohne die erforderliche Zustimmung des Aufsichtsrats; in solchen Fällen haben die verantwortlichen Vorstandsmitglieder die Gesellschaft so zu stellen, wie sie ohne die pflichtwidrige Maßnahme stehen würde, auch wenn eine Minderung des Vermögens nicht eingetreten ist (Beispiel: Erwerb einer werthaltigen Beteiligung ohne die erforderliche Zustimmung des Aufsichtsrats).[3] Besondere praktische Bedeutung hat die Frage, ob und inwieweit **Bußgelder** einen ersatzpflichtigen Schaden darstellen können, die der Gesellschaft etwa wegen eines Kartellverstoßes (§ 81 GWB) oder wegen einer Verletzung der Aufsichtspflicht im Unternehmen (§ 130 OWiG) auferlegt werden; vgl. dazu eingehend *Wilsing* unten Rz. 31.18 ff. Soweit der Gesellschaft durch die Pflichtverletzung Vermögensvorteile entstehen, sind die Grundsätze über die **Vorteilsausgleichung** anwendbar, d.h. der erzielte Vorteil mindert den ersatzpflichtigen Schaden.[4]

3.38 Die Pflichtwidrigkeit muss den Schaden **adäquat kausal** herbeigeführt haben.[5] Die Haftung entfällt, wenn der Schaden auch bei rechtmäßigem Verhalten eingetreten wäre; beweispflichtig hierfür ist das Vorstands- bzw. Aufsichtsratsmitglied.[6] Schwierig zu beurteilen ist die Frage, ob dies auch bei der Verletzung von Kompetenz-, Organisations- oder Verfahrensregeln gilt, ob also z.B. gegenüber einer Haftung für eine ohne die erforderliche Aufsichtsratszustimmung vorgenommenen Geschäftsführungsmaßnahme eingewandt werden kann, bei ordnungsgemäßer Einschaltung des Aufsichtsrats hätte dieser zugestimmt. Nach verbreiteter Meinung ist der **Einwand rechtmäßigen Alternativverhaltens** in solchen Fällen ausgeschlossen, weil sonst der Schutzzweck der verletzten Regelungen unterlaufen würde[7], der BGH hat jedoch in jün-

---

1 BGH v. 20.9.2011 – II ZR 234/09, ZIP 2011, 2097 Rz. 28 – Ision; *Hüffer/Koch*, § 116 AktG Rz. 4; *Lutter/Krieger/Verse*, Rechte und Pflichten des Aufsichtsrats, Rz. 1011; *Hoffmann-Becking* in MünchHdb. AG, § 33 Rz. 74 ff.
2 *Spindler* in MünchKomm. AktG, § 93 AktG Rz. 171; *Mertens/Cahn* in KölnKomm. AktG, § 93 AktG Rz. 55, 59; *Hüffer/Koch*, § 93 AktG Rz. 47; *Wiesner* in MünchHdb. AG, § 26 Rz. 18, 20.
3 OLG München v. 17.9.1999 – 23 U 1514/99, NZG 2000, 741, 743.
4 BGH v. 15.1.2013 – II ZR 90/11, ZIP 2013, 455 Rz. 26 – Corealcreditbank; *Mertens/Cahn* in KölnKomm. AktG, § 93 AktG Rz. 56, 63; *Fleischer* in Spindler/Stilz, § 93 AktG Rz. 213c; *Marsch-Barner*, ZHR 173 (2009), 723, 729.
5 *Spindler* in MünchKomm. AktG, § 93 AktG Rz. 174; *Hopt/Roth* in Großkomm. AktG, § 93 AktG Rz. 413; *Hüffer/Koch*, § 93 AktG Rz. 47.
6 *Spindler* in MünchKomm. AktG, § 93 AktG Rz. 174; *Hopt/Roth* in Großkomm. AktG, § 93 AktG Rz. 415; *Wiesner* in MünchHdb. AG, § 26 Rz. 22.
7 *Spindler* in MünchKomm. AktG, § 93 AktG Rz. 174; *Hopt/Roth* in Großkomm. AktG, § 93 AktG Rz. 416; so auch noch BGH v. 25.3.1991 – II ZR 188/89, BGHZ 114, 127, 135; a.A. *Wiesner* in MünchHdb. AG, § 26 Rz. 22; *Fleischer* in Spindler/Stilz, § 93 AktG Rz. 216.

gerer Zeit für einen Fall fehlender Zustimmung der Gesellschafter anders entschieden.[1] Auch wenn man den Einwand zulässt, wird sich in aller Regel der Beweis, dass eine beantragte Zustimmung auch erteilt worden wäre, kaum führen lassen, da es ausgeschlossen sein dürfte, das fiktive Ergebnis eines kollegialen Entscheidungsprozesses festzustellen, der gar nicht stattgefunden hat.[2]

G. Beweislastumkehr

Während normalerweise der Anspruchsteller, der einen Schadensersatzanspruch geltend machen will, dessen Voraussetzungen darzulegen und zu beweisen hat, kehrt § 93 Abs. 2 Satz 2 AktG die Darlegungs- und Beweislast um. Ist streitig, ob die Vorstands- bzw. Aufsichtsratsmitglieder die Sorgfalt eines ordentlichen und gewissenhaften Geschäftsleiters bzw. Aufsichtsratsmitglieds angewandt haben, so trifft sie die Beweislast hierfür. Der **Umfang dieser Beweislastumkehr** beschränkt sich nicht allein auf die Frage des Verschuldens, sondern erfasst auch die objektive Pflichtwidrigkeit des Handelns.[3] Die Gesellschaft muss also nur darlegen und beweisen, dass und in welcher Höhe ihr ein Schaden entstanden ist und dass dieser Schaden auf einer bestimmten Handlung oder Unterlassung des Vorstands- bzw. Aufsichtsratsmitglieds beruht. Überdies hat die Gesellschaft die Darlegungslast dafür, dass das schadensursächliche Verhalten zumindest möglicherweise pflichtwidrig sein kann.[4] Es ist dann Sache des Organmitglieds, sich hinsichtlich der Pflichtwidrigkeit oder des Verschuldens zu entlasten. Zum Ganzen näher *Born* unten Rz. 14.3 ff.

3.39

Die Beweislastumkehr trifft auch ausgeschiedene Vorstands- und Aufsichtsratsmitglieder. Dass sie keinen uneingeschränkten Zugang zu den Informationen und Unterlagen der Gesellschaft mehr besitzen, rechtfertigt jedenfalls auf der Basis des geltenden Rechts keine Einschränkung der Beweislastumkehr.[5] Vielmehr ist ausgeschiedenen Vorstands- und Aufsichtsratsmitgliedern aus § 810 BGB und nachwirkender Treupflicht ein **Anspruch auf Einsicht** in die Unterlagen der Gesellschaft zuzubilligen, soweit sie diese für ihre Rechtsverteidigung benötigen.[6] In modernen Vorstands-Dienstverträgen werden hierzu gelegentlich nähere Re-

3.40

---

1 BGH v. 18.6.2013 – II ZR 86/11, BGHZ 197, 304 Rz. 31 ff.
2 Nicht überzeugend demgegenüber *Fleischer* in Spindler/Stilz, § 93 AktG Rz. 216, es komme auf das Stimmverhalten eines verantwortlich handelnden Aktionärs, Vorstands- oder Aufsichtsratsmitglieds an. Wenn überhaupt kann es nur darum gehen, wie konkret abgestimmt worden wäre.
3 BGH v. 4.11.2002 – II ZR 224/00, ZIP 2002, 2314, 2315 f. (GmbH); *Hopt/Roth* in Großkomm. AktG, § 93 AktG Rz. 427; *Hüffer/Koch*, § 93 AktG Rz. 53; *Born* unten Rz. 14.10 f.; kritisch *Wach* in FS Schütze, 2014, S. 663.
4 St. Rspr., vgl. etwa BGH v. 4.11.2002 – II ZR 224/00, BGHZ 152, 280, 284 = AG 2003, 381; BGH v. 22.2.2011 – II ZR 146/09, ZIP 2011, 766 Rz. 17; OLG Nürnberg v 28.10.2014 – 12 U 567/13, NZG 2015, 555 Rz. 11 ff.; grundlegend *Goette*, ZGR 1995, 648/671 ff.; vgl. auch *Born* unten Rz. 14.7 u. 14.10; a.A. *Bauer*, NZG 2015, 549, 550.
5 Ganz h.M., vgl. etwa BGH v. 8.7.2014 – II ZR 174/13, BGHZ 202, 26 Rz. 33; *Hüffer/Koch*, § 93 AktG Rz. 56; zur rechtspolitischen Diskussion um eine Einschränkung der Beweislastumkehr für ausgeschiedene Organmitglieder vgl. etwa *Bachmann*, Gutachten E zum 70. DJT 2014, S. E 32 ff.; *Meckbach*, NZG 2015, 580, 583 f.
6 BGH v. 4.11.2002 – II ZR 224/00, BGHZ 152, 280, 285 = AG 2003, 381; *Mertens/Cahn* in Köln-Komm. AktG, § 93 AltG Rz. 147; *Wiesner* in MünchHdb. AG, § 26 Rz. 25; *Freund*, NZG 2015, 1419, 1420 f.; *Meckbach*, NZG 2015, 580, 582; *Ruchatz*, AG 20156, 1; *Krieger* in FS Uwe H. Schneider, 2011, S. 717 ff.; *Grooterhorst*, AG 2011, 389 ff.; *Deilmann/Ott*, BB 2011, 1291.

gelungen getroffen[1]; außerdem kann die D&O-Versicherung für die Beurteilung des Versicherungsfalls Unterlagen anfordern (§ 31 VVG).[2] Solange die Gesellschaft die Einsicht verweigert, kann sie sich entsprechend den Regeln über die Beweisvereitelung auf die Beweislastumkehr nicht berufen.[3] Das Einsichtsrecht beschränkt sich auf Unterlagen, die für die Frage relevant sein können, ob die Sorgfalt eines ordentlichen und gewissenhaften Geschäftsleiters/ Aufsichtsratsmitglieds eingehalten wurde; es umfasst nicht Unterlagen zu Fragen, die ohnehin von der Gesellschaft darzulegen und zu beweisen sind, insbesondere zu Fragen des Schadens.[4] Weiterhin ist das Recht auf solche Informationen und Unterlagen zu beschränken, die als solche für die Beurteilung des Pflichtenvorwurfs relevant sind; Einsicht in interne Untersuchungsprotokolle, Protokolle über von der Gesellschaft durchgeführte Befragungen von Mitarbeitern oder von der Gesellschaft eingeholte Gutachten zur Frage der Organhaftung kann nicht beansprucht werden.[5] Als Voraussetzung des Einsichtsrechts wird man überdies verlangen müssen, dass das Organmitglied nachvollziehbar darlegt, warum es glaubt, aus den von ihm angeforderten Unterlagen zu seiner Rechtsverteidigung geeignete Informationen gewinnen zu können.[6]

H. Haftungsausschlüsse und -einschränkungen

I. Haftungsausschluss durch Hauptversammlungsbeschluss

3.41 Gem. § 93 Abs. 4 Satz 1 AktG tritt die Ersatzpflicht der Gesellschaft gegenüber nicht ein, wenn die schadenstiftende Handlung auf einem **gesetzmäßigen Beschluss der Hauptversammlung** beruht. Diese Haftungsentlastung greift auch in den Fällen ein, in denen der Vorstand von sich aus gem. § 119 Abs. 2 AktG Geschäftsführungsmaßnahmen der Hauptversammlung zur Entscheidung vorlegt. Erforderlich ist aber ein förmlicher Hauptversammlungsbeschluss, informelle Zustimmungserklärungen von Aktionären, auch des Alleinaktionärs, genügen nicht.[7] Auf dem Beschluss der Hauptversammlung muss die schädigende Handlung beruhen; deshalb reicht eine bloß nachträgliche Billigung durch Beschluss der Hauptversammlung nicht.[8] Erforderlich ist außerdem ein gesetzmäßiger Beschluss, d.h. ein Beschluss, der **weder nichtig noch anfechtbar** ist.[9] Wird ein anfechtbarer Beschluss innerhalb der Anfechtungsfrist nicht

---

1 Vgl. etwa *Meckbach*, NZG 2015, 580, 584 f.; auch *Deilmann/Ott*, BB 2011, 1291, 1294.
2 Dazu *Freund*, NZG 2015, 1419, 1421.
3 Ebenso *Spindler* in MünchKomm. AktG, § 93 AktG Rz. 188; tendenziell auch *Freund*, NZG 2015, 1419, 1421.
4 *Spindler* in MünchKomm. AktG, § 93 AktG Rz. 188; *Krieger* in FS Uwe H. Schneider, 2011, S. 717, 726; *Freund*, NZG 2015, 1419, 1421.
5 *Spindler* in MünchKomm. AktG, § 93 AktG Rz. 188; *Deilmann/Ott*, BB 2011, 1291, 1293; *Krieger* in FS Uwe H. Schneider, 2011, S. 717, 727 f.
6 *Krieger* in FS Uwe H. Schneider, 2011, S. 717, 725 f.; a.A. *Spindler* in MünchKomm. AktG, § 93 AktG Rz. 188; *Deilmann/Ott*, BB 2011, 1291, 1293; *Grooterhorst*, AG 2011, 389, 396; wohl auch *Freund*, NZG 2015, 1419, 1421.
7 Str., wie hier OLG Köln v. 25.10.2012 – 18 U 37/12, AG 2013, 396; *Hüffer/Koch*, § 93 AktG Rz. 73; *Wolff/Jansen*, NZG 2013, 1165 ff.; a.A. OLG Celle v. 4.4.1984 – 9 U 124/83, GemWW 1984, 469; *Mertens/Cahn* in KölnKomm. AktG, § 93 AktG Rz. 150, die den Einwand unzulässiger Rechtsausübung für möglich halten.
8 *Spindler* in MünchKomm. AktG, § 93 AktG Rz. 242; *Hüffer/Koch*, § 93 AktG Rz. 73; *Wiesner* in MünchHdb. AG, § 26 Rz. 40.
9 *Hüffer/Koch*, § 93 AktG Rz. 73; eingehend *Hopt/Roth* in Großkomm. AktG, § 93 AktG Rz. 480 ff.; *Spindler* in MünchKomm. AktG, § 93 AktG Rz. 237 f.

angefochten, entlastet auch er.[1] Ebenso entlastet ein nichtiger Beschluss, wenn die Nichtigkeit nach § 242 AktG nicht mehr geltend gemacht werden kann.[2] Anders verhält es sich nur dann, wenn der Vorstand Anlass gehabt hätte, selbst Anfechtungs- oder Nichtigkeitsklage gegen den Beschluss zu erheben, und dies pflichtwidrig unterlassen hat.[3] Selbst ein gesetzmäßiger Hauptversammlungsbeschluss entlastet nicht, wenn er **pflichtwidrig** – insbesondere durch unrichtige oder unvollständige Information der Hauptversammlung – **herbeigeführt** wurde.[4] Gleiches kann gelten, wenn sich für die Beschlussfassung der Hauptversammlung maßgebliche Umstände wesentlich verändert haben; in diesem Fall müssen Vorstand und Aufsichtsrat die Hauptversammlung erneut mit der Angelegenheit befassen, bevor der Beschluss umgesetzt werden darf.[5]

II. Verzicht, Vergleich, Verjährung

Die Gesellschaft kann auf Ersatzansprüche gegen Vorstands- und Aufsichtsratsmitglieder nur **verzichten** und sich über sie auch nur **vergleichen**, wenn seit der Entstehung des Anspruchs drei Jahre vergangen sind (Ausnahme § 93 Abs. 4 Satz 4 AktG)[6], außerdem die Hauptversammlung zustimmt und nicht eine Aktionärsminderheit von mindestens 10 % des Grundkapitals gegen den Zustimmungsbeschluss Widerspruch zu Protokoll erhebt (§ 93 Abs. 4 Satz 3 AktG). Das gilt für Erlassverträge und negative Schuldanerkenntnisse (§ 397 BGB), gerichtliche und außergerichtliche Vergleiche (§ 779 BGB) und alle Rechtshandlungen, die einem Verzicht oder Vergleich wirtschaftlich gleichkommen, wie z.B. die Stundung des Ersatzanspruchs.[7] Den Gläubigern gegenüber ist ein Vergleich oder Verzicht selbst nach Ablauf der Dreijahresfrist und mit Zustimmung der Hauptversammlung unwirksam (§ 93 Abs. 5 Satz 3 AktG). Die Regelung von Ersatzansprüchen ist vielfach im Interesse sowohl der Gesellschaft als auch der betroffenen Organmitglieder. Deshalb ist die **3-Jahresfrist**, die einer sachgerechten Erledigung der Angelegenheit für einen langen Zeitraum entgegenstehen kann, rechtspolitisch problematisch.[8] Die Frist schließt es jedoch nicht aus, schon vor ihrem Ablauf Vergleichsgespräche zu führen und sich in unverbindlicher Form auf den Inhalt einer später abzuschließenden und der Hauptversammlung vorzulegenden Vereinbarung zu ver-

3.42

---

1 *Spindler* in MünchKomm. AktG, § 93 AktG Rz. 237; *Hopt/Roth* in Großkomm. AktG, § 93 AktG Rz. 486 f.; *Hüffer/Koch*, § 93 AktG Rz. 73; *Haertlein*, ZHR 186 (2004), 437, 441.
2 BGH v. 6.10.1960 – II ZR 150/58, BGHZ 33, 175, 178 f.; *Hopt/Roth* in Großkomm. AktG, § 93 AktG Rz. 482; *Hüffer/Koch*, § 93 AktG Rz. 73; *Spindler* in MünchKomm. AktG, § 93 AktG Rz. 238; *Wiesner* in MünchHdb. AG, § 26 Rz. 41; a.A. *Mertens/Cahn* in KölnKomm. AktG, § 93 AktG Rz. 155.
3 *Spindler* in MünchKomm. AktG, § 93 AktG Rz. 237 f.; *Hüffer/Koch*, § 93 AktG Rz. 74, § 242 AktG Rz. 7; *Hopt/Roth* in Großkomm. AktG, § 93 AktG Rz. 485, 487.
4 *Spindler* in MünchKomm. AktG, § 93 AktG Rz. 244; *Hopt/Roth* in Großkomm. AktG, § 93 AktG Rz. 488 f.; *Wiesner* in MünchHdb. AG, § 26 Rz. 42.
5 *Spindler* in MünchKomm. AktG, § 93 AktG Rz. 245; *Hopt/Roth* in Großkomm. AktG, § 93 AktG Rz. 490 f.; *Wiesner* in MünchHdb. AG, § 26 Rz. 42.
6 Zum Fristbeginn bei nicht abgeschlossener Schadensentstehung *Harbarth*, NZG 2016, 686.
7 *Spindler* in MünchKomm. AktG, § 93 AktG Rz. 250 ff.; *Hopt/Roth* in Großkomm. AktG, § 93 AktG Rz. 503 ff., 527 ff.
8 Vgl. dazu etwa *Hüffer/Koch*, § 93 AktG Rz. 44; DAV Handelsrechtsausschuss, NZG 2010, 877, 879; *Hopt*, ZIP 2013, 1793, 1803 f.; *Fleischer*, AG 2015, 133, 140; *Bachmann*, Gutachten E zum 70. Deutschen Juristentag, 2014, S. E 49 ff. Die Abteilung Wirtschaftsrecht des 70. DJT hat die Streichung empfohlen; vgl. Verhandlungen des 70. Deutschen Juristentag, 2014, Bd. II 1, S. N63 (Beschluss Nr. I.7).

ständigen. Ob der Aufsichtsrat hingegen schon vor Fristablauf eine Vergleichsvereinbarung schließen und sich verpflichten kann, sie der Hauptversammlung nach Ablauf der Frist zur Zustimmung vorzulegen, ist zweifelhaft. Der Schutzzweck des Gesetzes spricht eher für die Annahme, dass dies nicht möglich ist, sondern vor Fristablauf nur gänzlich unverbindliche Übereinkünfte getroffen werden können. Der **Hauptversammlungsbeschluss**, der einem Verzicht oder Vergleich zustimmt, bedarf keiner sachlichen Rechtfertigung.[1] Die für die Anspruchsverfolgung zuständigen Organe (vgl. Rz. 3.46 und 3.49) unterliegen bei ihrem Vorschlag an die Hauptversammlung, einem Verzicht oder Vergleich zuzustimmen, nicht den Grundsätzen der ARAG/Garmenbeck-Rechtsprechung (vgl. Rz. 3.46 ff.), sondern es gilt die Business Judgment Rule, d.h. sie handeln pflichtgemäß, wenn sie vernünftigerweise annehmen können, mit dem Vorschlag an die Hauptversammlung auf der Basis angemessener Informationen zum Wohle der Gesellschaft zu handeln.[2] Zur Einbeziehung der **D&O-Versicherung** in einen Vergleichsschluss vgl. *Sieg* unten Rz. 18.54.

3.43 Die Ansprüche aus §§ 93, 116 AktG **verjähren** bei börsennotierten Gesellschaften in zehn, sonst in fünf Jahren (§ 93 Abs. 6 AktG)[3]; auch die lange Frist von 10 Jahren ist rechtspolitisch kritikwürdig.[4] Die Frist beginnt unabhängig von der Kenntniserlangung mit der Entstehung des Anspruchs (§ 200 BGB).[5] Dazu muss der Schaden eingetreten sein, auch wenn er sich noch nicht beziffern lässt oder in seiner Entwicklung noch nicht abgeschlossen ist.[6] Es genügt, wenn der Anspruch durch Feststellungsklage geltend gemacht werden kann.[7] Für die Fristberechnung gelten §§ 187 Abs. 1, 188 Abs. 2 BGB, die Hemmung der Verjährung richtet sich nach §§ 203 ff. BGB. In der Praxis ist es häufig sinnvoll und weitgehend üblich, zur Vermeidung verjährungsunterbrechender Maßnahmen durch die Gesellschaft während der Untersuchungsphase oder während laufender Vergleichsbemühungen eine Verjährungsverzichtsvereinbarung zu treffen.[8]

III. Haftungsbeschränkungen

3.44 Aus dem gesetzlichen Verbot, vor Ablauf von drei Jahren auf Schadensersatzansprüche zu verzichten (§ 93 Abs. 4 Satz 3 AktG), folgt zugleich, dass auch eine Haftungsbeschränkung

---

1 *Hopt/Roth* in Großkomm. AktG, § 93 AktG Rz. 507; *Hüffer/Koch*, § 93 AktG Rz. 78; *Hasselbach*, NZG 2016, 890, 891 ff.; *Bayer/Scholz*, ZIP 2015, 149, 150 f.; *Fleischer*, AG 2015, 133, 137; *Dietz-Vellmer*, NZG 2011, 248, 252.
2 *Hopt/Roth* in Großkomm. AktG, § 93 AktG Rz. 503; *Hüffer/Koch*, § 93 AktG Rz. 76; näher *Wilsing* in FS Haarmann, 2015, S. 260, 269 ff.; *Fleischer*, AG 2015, 133, 135; *Dietz-Vellmer*, NZG 2011, 248, 251; großzügiger *Bayer/Scholz*, ZIP 2015, 149, 152; a.A. *Hasselbach*, DB 2010, 237, 2040, der die ARAG/Garmenbeck Grundsätze anwenden will.
3 Breite Bestandsaufnahme zur Verjährung von Organhaftungsansprüchen bei *Fleischer*, AG 2014, 457 ff.
4 Vgl. nur *Bachmann*, Gutachten E zum 70. DJT, 2014, S. E 53 ff. Die Abteilung Wirtschaftsrecht des 70. DJT hat auch insoweit die Streichung empfohlen; vgl. Verhandlungen des 70. Deutschen Juristentags Hannover 2014, Bd. II 1, S. N63 (Beschluss Nr. I.8).
5 Begr. RegE zu § 93 Abs. 6 AktG, BT-Drucks. 15/3653, S. 12; *Hüffer/Koch*, § 93 AktG Rz. 87; *Spindler* in MünchKomm. AktG, § 93 AktG Rz. 291; *Wiesner* in MünchHdb. AG, § 26 Rz. 50.
6 BGH v. 28.10.1993 – IX ZR 21/93, BGHZ 124, 27, 29 f.; BGH v. 23.3.1987 – II ZR 190/86, BGHZ 100, 228, 231; *Hüffer/Koch*, § 93 AktG Rz. 87; *Wiesner* in MünchHdb. AG, § 26 Rz. 50.
7 BGH v. 21.2.2005 – II ZR 112/03, ZIP 2005, 852, 853; BGH v. 23.3.1987 – II ZR 190/86, ZIP 1987, 776, 777; *Wiesner* in MünchHdb. AG, § 26 Rz. 50.
8 Vgl. dazu etwa *Ellenberger* in Palandt, § 202 BGB Rz. 7.

zu Gunsten von Vorstands- und Aufsichtsratsmitgliedern weder durch Satzungsregelung noch durch individuelle Vereinbarung vorgesehen werden kann[1]; einzelne Stimmen in der Literatur, die sich für die Zulässigkeit haftungsentlastender Regelungen in Satzung oder Dienstvertrag aussprechen[2], oder einem Anspruch auf Haftungsfreistellung aus § 670 BGB[3] oder aus der Fürsorgepflicht[4], haben sich nicht durchsetzen können.[5] Auch die Grundsätze zur Begrenzung der Arbeitnehmerhaftung bei betrieblichen Tätigkeiten[6] lassen sich auf Vorstands- und Aufsichtsratsmitglieder angeblich nicht übertragen[7]; überzeugend ist diese Auffassung allerdings nicht, denn die Risikolage der Organmitglieder und die Notwendigkeit, sie vor existenzvernichtenden Haftungsrisiken bei ihrer Berufsausübung zu schützen, ist im Ausgangspunkt nicht anders als bei Arbeitnehmern.[8] Zulässig sind Freistellungserklärungen Dritter, etwa des Großaktionärs; ob der Großaktionär sich allerdings verpflichten kann, dafür zu sorgen, dass die Gesellschaft Ersatzansprüche nicht geltend macht (z.B. durch Herbeiführung eines Verzichtsbeschlusses nach § 93 Abs. 4 Satz 3 AktG?)[9], erscheint schon wegen des Schutzzwecks der 3-Jahresfrist aus § 93 Abs. 4 Satz 3 AktG zweifelhaft und liefe letztlich auf eine Verpflichtung zur Schädigung der Gesellschaft hinaus.

Rechtspolitisch wird die derzeitige Haftungssituation schon lange als unbefriedigend empfunden. Die strenge Haftung des Aktienrechts (leichte Fahrlässigkeit, betragsmäßig unbeschränkt, Beweislastumkehr, Verfolgungspflicht des Aufsichtsrats, Wartefrist und HV-Zustimmung für Vergleich) setzt die Organmitglieder existenzgefährdenden Risiken aus, die auch durch eine D&O-Versicherung nicht zuverlässig begrenzt werden können. Es wird daher schon seit langem eine Reform der Organhaftung verlangt, und insbesondere der 70. Deutsche Juristentag 2014 hat sich im Anschluss an den Gutachter und die Referenten für weitgehende Veränderungen ausgesprochen, darunter vor allem die Möglichkeit, die Haftung durch die Satzung zu begrenzen.[10] Es ist jedoch kaum damit zu rechnen, dass der Ge- 3.45

---

1 *Spindler* in MünchKomm. AktG, § 93 AktG Rz. 27; *Hopt/Roth* in Großkomm. AktG, § 93 AktG Rz. 47 ff.; *Hüffer/Koch*, § 93 AktG Rz. 2; *Fleischer*, ZHR 168 (2004), 673, 675.
2 Vgl. etwa *Hoffmann*, NJW 2012, 1393, 1395 und ähnlich *Bachmann* in FS Stilz, 2014, S. 25, 30 ff. (Haftungsbeschränkung auf Vorsatz und grobe Fahrlässigkeit); *Grunewald*, AG 2013, 813, 815 f. und *Spindler*, AG 2013, 889, 895 (Festlegung einer Haftungsobergrenze); *Seibt*, NZG 2015, 1097, 1102 und NZG 2016, 361, 362 f. (Vertragliche Zusage der Halbvermögensschonung).
3 *Becker*, JZ 2015, 455, 457 ff.
4 *Koch*, AG 2014, 513; *Koch*, AG 2012, 429; *Koch* in Liber amicorum M. Winter, 2011, S. 327, 328 ff.; *Casper*, ZHR 176 (2012), 617, 638 f.
5 Vgl. nur *Paefgen*, AG 2014, 554, 562; *Habersack*, ZHR 177 (2013), 782; *Habersack*, NZG 2015, 1297; *Deilmann/Dornbusch*, NZG 2016, 201, 206; *Schockenhoff*, ZHR 180 (2016), 197, 231 f.; *Wettich*, AG 2017, 60, 66.
6 Vgl. dazu etwa BAG v. 27.9.1994 – GS 1/89, NJW 1995, 210; *Weidenkaff* in Palandt, § 611 BGB Rz. 156 ff.
7 BGH v. 27.2.1975 – II ZR 112/72, WM 1975, 467; OLG Düsseldorf v. 22.6.1995 – 6 U 104/94, ZIP 1995, 1183, 1192; *Spindler* in MünchKomm. AktG, § 93 AktG Rz. 27; *Hüffer/Koch*, § 93 AktG Rz. 51; eingehend *Seyfarth* unten Rz. 9.11 ff.
8 So mit Recht *Bachmann*, ZIP 2015, 841 ff.; *Wilhelmi*, NZG 2017, 681, 684 ff.
9 So *Arnold* in Marsch-Barner/Schäfer, Handbuch börsennotierte AG, § 22 Rz. 61.
10 Ausführliche Darstellung der Reformdiskussion der letzten Jahre bei *Hopt/Roth* in Großkomm. AktG, § 93 AktG Rz. 23 ff.; vgl. im Übrigen *Bachmann*, Gutachten E zum 70. Deutschen Juristentags 2014; *Kremer*, *Sailer-Coceani* und *Uwe H. Schneider* in Verhandlungen des 70. DJT Hannover 2014, Bd. II/1, S. N11 ff., N29 ff.; N47 ff.; Beschlüsse der Abteilung Wirtschaftsrecht, abgedruckt in Verhandlungen des 70. DJT Hannover 2014, Bd. II/1, S. N61 ff.; *Hopt* in FS Roth, 2015, S. 225 ff.

setzgeber die Kraft findet, sich diesem in der öffentlichen Meinung eher unpopulären Thema zu widmen.

J. Durchsetzung des Ersatzanspruchs

I. Anspruchsverfolgung durch Aufsichtsrat bzw. Vorstand

3.46 Gem. § 112 AktG ist es Sache des Aufsichtsrats, die Gesellschaft **gegenüber Vorstandsmitgliedern** gerichtlich und außergerichtlich zu vertreten. Darunter fällt auch die Geltendmachung von Schadensersatzansprüchen gegen Vorstandsmitglieder. Nach der **ARAG/Garmenbeck-Rechtsprechung** des BGH ist der Aufsichtsrat grundsätzlich verpflichtet, möglichen Schadensersatzansprüchen der Gesellschaft gegenüber Vorstandsmitgliedern nachzugehen.[1] Dazu hat der Aufsichtsrat bei Vorliegen entsprechender Anhaltspunkte auf einer ersten Prüfungsstufe zunächst den Sachverhalt festzustellen und die Erfolgsaussichten einer Anspruchsverfolgung in tatsächlicher und rechtlicher Hinsicht zu prüfen. Sodann kann sich auf der zweiten Prüfungsstufe die Frage stellen, ob der Anspruch verfolgt werden muss oder es im Interesse des Unternehmens liegt und zulässig ist, von der Anspruchsverfolgung abzusehen. Dabei ist der Aufsichtsrat nicht an eine bestimmte Reihenfolge der Prüfung gebunden, sondern er kann schwierigere Prüfungsfragen zurückstellen, wenn sich schon aus anderen Gesichtspunkten ergibt, dass die Anspruchsverfolgung nicht erfolgversprechend oder wegen entgegenstehender Unternehmensinteressen nicht sachgerecht ist.[2]

3.47 Die **Beurteilung der Erfolgsaussichten**[3] ist – unter Beachtung der Business Judgment Rule und der gesetzlichen Beweislastumkehr – darauf zu richten, ob der Vorstand seine Sorgfaltspflichten verletzt hat, der Gesellschaft daraus ein Schaden entstanden ist und in welchem Umfang ein Ersatzanspruch voraussichtlich wird beigetrieben werden können; dabei kann naturgemäß auch von Bedeutung sein, ob eine D&O-Versicherung besteht und voraussichtlich eintreten muss.[4] Der Aufsichtsrat hat in aller Regel dem Betroffenen Gelegenheit zur Stellungnahme zu geben und für die rechtliche Beurteilung fachlichen Rat einzuholen. Im Prozessfall wird gelegentlich versucht, der Klage der Gesellschaft den Einwand entgegenzusetzen, der Aufsichtsratsbeschluss über die Klageerhebung sei nichtig, weil der Aufsichtsrat sich nicht hinreichend mit den Einwendungen des Betroffenen befasst habe. Das ist schon deshalb verfehlt, weil dem Aufsichtsrat bei der Frage, welcher Grad von Anhaltspunkten ihm genügt, um die Haftungsfrage durch das Gericht klären zu lassen, ein sehr weites Ermessen einzuräumen ist; die Nichtigkeit des Beschlusses über die Klageerhebung kommt allenfalls in krassen Ausnahmefällen in Betracht, wenn die Entscheidung zur Klageerhebung die Grenzen des Vertretbaren klar überschreitet und als willkürlich erscheint.[5]

---

1 BGH v. 21.4.1997 – II ZR 175/95, BGHZ 135, 244, 251 ff. – ARAG/Garmenbeck.
2 *W. Goette* in Liber amicorum M. Winter, 2011, S. 153, 162 f.; *Eichner/Höller*, AG 2011, 885, 886; *Casper*, ZHR 176 (2012), 617, 620 f.
3 Dazu näher *Goette* in Liber amicorum M. Winter, 2011, S. 153, 156 f.; *Goette*, ZHR 176 (2012), 588, 600 ff.; *Goette* in FS Hoffmann-Becking, 2013, S. 377, 379 ff.; *Casper*, ZHR 176 (2012), 617, 621 f.; *Eichner/Höller*, AG 2011, 885, 886 ff.
4 *Habersack* in MünchKomm. AktG, § 111 AktG Rz. 37; *Casper*, ZHR 176 (2012), 617, 622.
5 Vgl. zur Nichtigkeit von Aufsichtsratsbeschlüssen wegen fehlerhafter Ermessensausübung überdies *Lutter/Krieger/Verse*, Rechte und Pflichten des Aufsichtsrats, Rz. 738.

Führt die Beurteilung der Erfolgsaussichten zu dem Ergebnis, dass der Gesellschaft voraussichtlich durchsetzbare Schadensersatzansprüche zustehen, soll der Aufsichtsrat nach den Formulierungen in der ARAG/Garmenbeck-Entscheidung in der Regel **verpflichtet** sein, diese **Ansprüche zu verfolgen**.[1] Jedoch ist ein **Absehen von der Anspruchsverfolgung** zulässig, wenn gewichtige Gründe des Unternehmenswohls der Geltendmachung des Ersatzanspruchs entgegenstehen (vgl. auch § 148 Abs. 1 Satz 2 Nr. 4 AktG).[2] Hierüber hat der Aufsichtsrat auf der zweiten Prüfungsstufe eine Entscheidung zu treffen.[3] Dabei können im Einzelfall Gesichtspunkte wie negative Auswirkungen auf Geschäftstätigkeit und Ansehen der Gesellschaft in der Öffentlichkeit, Behinderung der Vorstandsarbeit, Beeinträchtigung des Betriebsklimas u.Ä. eine Rolle spielen, während andere Gesichtspunkte als solche des Unternehmensinteresses, wie etwa die Verdienste des Vorstandsmitglieds oder die mit der Anspruchsverfolgung verbundenen sozialen Konsequenzen, keine Rolle spielen dürfen.[4] Letztlich geht es um die Frage, ob es bei sorgfältiger Abwägung im Interesse des Unternehmens liegt, den Anspruch geltend zu machen oder dies zu unterlassen. Deshalb mag man Kritik an dem vom BGH postulierten Regel-Ausnahmeverhältnis üben können[5], es schärft aber den Blick dafür, dass der Aufsichtsrat kein autonomes Ermessen hat, sondern seine Entscheidung ausschließlich die Interessen des Unternehmens berücksichtigen darf und ein Absehen von der Anspruchsverfolgung nur erlaubt ist, wenn dem Interesse an der Schadenskompensation und etwaigen sonstigen Verfolgungsinteressen überwiegende andere Gesichtspunkte des Unternehmensinteresses entgegenstehen. Allerdings ist es nötig, dem Aufsichtsrat für seine Beurteilung und Abwägung auf dieser zweiten Stufe den Schutz der Business Judgment Rule zuzubilligen. Das klingt schon im ARAG/Garmenbeck-Urteil selbst an[6] und wird zunehmend auch in der Literatur so gesehen.[7] Jedenfalls aber ist insoweit ein Beurteilungsspielraum des Aufsichtsrats anzuerkennen, innerhalb dessen das Gericht nicht seine Beurteilung an die Stelle einer ebenfalls vertretbaren abweichenden Beurteilung des Aufsichtsrats setzen kann.[8] Sollen Ersatzansprüche verfolgt werden, muss nicht in jedem Fall sofort Klage erhoben werden, sondern der Aufsichts-

3.48

---

1 BGH v. 21.4.1997 – II ZR 175/95, BGHZ 135, 244, 254 ff. – ARAG/Garmenbeck.
2 BGH v. 21.4.1997 – II ZR 175/95, BGHZ 135, 244, 254 ff. – ARAG/Garmenbeck.
3 Dazu eingehend *Goette* in Liber amicorum M. Winter, 2011, S. 153, 159 ff.; *Goette*, ZHR 176 (2012), 588, 608 ff.; *Goette* in FS Hoffmann-Becking, 2013, S. 377, 386 ff.; *Casper*, ZHR 176 (2012), 617, 632 ff.
4 BGH v. 21.4.1997 – II ZR 175/95, BGHZ 135, 244, 254 ff. – ARAG/Garmenbeck.
5 So *Reichert* in FS Hommelhoff, 2012, S. 907, 917 ff.; a.A. *Casper*, ZHR 176 (2012), 616, 628 ff.
6 BGH v. 21.4.1997 – II ZR 175/95, BGHZ 135, 244, 256 – ARAG/Garmenbeck: Das Absehen von der Anspruchsverfolgung müsse zwar die Ausnahme sein und bedürfe gewichtiger Gegengründe und einer besonderen Rechtfertigung, in diesen engen Grenzen könne dem Aufsichtsrat aber „ein Entscheidungsermessen für die Frage zuzubilligen sein, ob er trotz Erfolgsaussicht einer Haftungsklage aus übergeordneten Gründen des Unternehmenswohls ausnahmsweise von der Durchsetzung des Schadensersatzanspruchs absehen möchte".
7 *Hoffmann-Becking* in MünchHdb. AG, § 29 Rz. 38; *Lutter/Krieger/Verse*, Rechte und Pflichten des Aufsichtsrats, Rz. 449; *Goette* in FS Hoffmann-Becking, 2013, S. 377. 393 f.; *Goette*, ZHR 176 (2012), 588, 589 ff.; *Goette* in Liber amicorum M. Winter, 2011, S. 153, 159 ff.; *Reichert* in FS Hommelhoff, 2012, S. 907, 917 ff.; *Mertens* in FS K. Schmidt, 2009, S. 1183, 1192 ff.; *Kocher*, CCZ 2009, 215, 219 f.; a.A. *Lutter* in FS Hoffmann-Becking, 2013, S. 747, 749 ff.; *Koch*, NZG 2014, 934 ff.; *Bayer/Scholz*, NZG 2014, 926, 929; *Gaul*, AG 2015, 109, 112 f.; *Kobe/Kling*, NZG 2015, 48, 50.
8 So etwa LG Essen v. 25.4.2012 – 41 O 45/10, ZIP 2012, 2061, 2063; *Habersack* in MünchKomm. AktG, § 111 AktG Rz. 38; *Hopt/Roth* in Großkomm. AktG, § 111 AktG Rz. 358 ff.; *Mertens* in FS K. Schmidt, 2009, S. 1183, 1186 ff.; auch insoweit a.A. *Koch*, AG 2009, 93, 97 ff., der lediglich akzeptieren will, dass im Einzelfall das Verschulden fehlen kann.

rat kann eine Klageerhebung auch zurückstellen, um Zeit für Vergleichsgespräche und eine Entscheidung der Hauptversammlung nach § 93 Abs. 4 Satz 3 AktG zu gewinnen. Allerdings ist der Aufsichtsrat in einem solchen Fall verpflichtet, den Ersatzanspruch in der Zwischenzeit zu sichern. Dazu gehört zumindest eine Verjährungsverzichtserklärung, wenn Verjährung droht. Es können aber auch weitergehende anspruchssichernde Maßnahmen nötig sein, wie insbesondere die Ausübung von Zurückbehaltungsrechten gegenüber offenen Zahlungsansprüchen des Vorstandsmitglieds u.Ä. Wie weit der Aufsichtsrat dabei gehen muss, ist eine Frage des Einzelfalls. Angemessene Pensionszahlungen wird er im Allgemeinen bis zur Entscheidung der Hauptversammlung vorläufig weiter leisten dürfen, wenn er bei pflichtgemäßer Einschätzung erwarten kann, dass die Hauptversammlung dem Vergleich zustimmen wird.

3.49 Die gleichen Grundsätze gelten spiegelbildlich auch für die Verfolgung von Schadensersatzansprüchen **gegen Mitglieder des Aufsichtsrats**. Zuständig hierfür ist der Vorstand (§ 78 AktG). Eine Inanspruchnahme von Aufsichtsratsmitgliedern durch den Vorstand kommt in der Praxis naturgemäß nur vor, wenn ein neuer Vorstand ins Amt gekommen ist und die Aufsichtsratsmitglieder inzwischen ausgeschieden sind. Hingegen wäre es lebensfremd anzunehmen, dass der alte Vorstand, der an den Vorgängen selbst beteiligt war, den amtierenden Aufsichtsrat wegen mangelnder Überwachung auf Schadensersatz in Anspruch nehmen würde.

3.50 Zur Frage, ob und inwieweit die Gesellschaft berechtigt oder verpflichtet ist, Kosten des Rechtsschutzes des betroffenen Vorstandsmitglieds zu übernehmen vgl. eingehend *Marsch-Barner/Wilk* unten Rz. 21.4 ff.

II. Anspruchsverfolgung durch die Hauptversammlung oder eine Aktionärsminderheit

3.51 Da eine ordnungsgemäße Anspruchsverfolgung durch Aufsichtsrat bzw. Vorstand nicht in jedem Fall gewährleistet ist, enthält das Gesetz in §§ 147 ff. AktG Regelungen, die es der Hauptversammlung oder ein Aktionärsminderheit erlauben, die Anspruchsverfolgung zu erzwingen.

3.52 Gem. **§ 147 Abs. 1 AktG** kann die **Hauptversammlung** mit einfacher Stimmenmehrheit beschließen, dass die Ersatzansprüche geltend zu machen sind. In diesem Fall ist es in erster Linie Sache des Aufsichtsrats bzw. des Vorstands, den Anspruch zu verfolgen. Die Hauptversammlung kann jedoch besondere Vertreter bestellen, die dann an Stelle des an sich zuständigen Gesellschaftsorgans den Anspruch zu verfolgen haben (§ 147 Abs. 2 Satz 1 AktG). Außerdem kann eine Minderheit von Aktionären, deren Anteile zusammen 10 % des Grundkapitals oder den anteiligen Betrag von 1 Mio. Euro erreichen, bei Gericht den Antrag stellen, an Stelle des Vorstands oder an Stelle des von der Hauptversammlung bestellten besonderen Vertreters andere Vertreter zur Geltendmachung des Ersatzanspruchs zu bestellen. Vgl. dazu eingehend *Bungert* unten Rz. 16.72 ff.

3.53 Solange die Gesellschaft ihren Ersatzanspruch nicht selbst gerichtlich geltend macht, gibt **§ 148 AktG** einer qualifizierten Aktionärsminderheit die Möglichkeit, ein **gerichtliches Klagezulassungsverfahren** zu betreiben. Ziel des Verfahrens ist die Ermächtigung der antragstellenden Aktionäre durch das Gericht, die Schadensersatzansprüche der Gesellschaft im eigenen Namen geltend zu machen. Antragsberechtigt sind Aktionäre, deren Anteile im Zeitpunkt der Antragstellung zusammen 1 % des Grundkapitals oder einen anteiligen Betrag von 100 000 Euro erreichen. Die Aktionäre müssen ihre Aktien vor Kenntniserlangung von den

Pflichtverstößen erworben haben (§ 148 Abs. 1 Satz 2 Nr. 1 AktG), und sie müssen zudem zunächst die Gesellschaft unter Setzung einer angemessenen Frist auffordern, selbst Klage zu erheben (§ 148 Abs. 1 Satz 2 Nr. 2 AktG). Sind diese Voraussetzungen erfüllt, lässt das Gericht die Klage durch die Aktionäre zu, wenn Tatsachen vorliegen, die den Verdacht rechtfertigen, dass der Gesellschaft durch Unredlichkeit oder grobe Verletzung des Gesetzes oder der Satzung ein Schaden entstanden ist und der Geltendmachung des Ersatzanspruchs keine überwiegenden Gründe des Gesellschaftszwecks entgegenstehen (§ 148 Abs. 1 Satz 2 Nr. 3 u. 4 AktG). Wegen der Einzelheiten des Klagezulassungsverfahrens vgl. die detaillierten gesetzlichen Regelungen in §§ 148, 149 AktG.[1] Für die Praxis ist das gerichtliche Klagezulassungsverfahren nach § 148 AktG nahezu bedeutungslos.

III. Anspruchsverfolgung durch einzelne Aktionäre und Gläubiger

Wenn das zuständige Gesellschaftsorgan nicht handelt und §§ 147, 148 AktG versagen, bleibt die Frage, ob unter besonderen Voraussetzungen auch **einzelne Aktionäre** die Anspruchsverfolgung in die Hand nehmen können. Die herrschende Meinung in der juristischen Literatur lehnt dies mit Recht ab.[2] Das Gesetz hat das Problem in §§ 147, 148 AktG geregelt; daneben gibt es konzernrechtliche Sondervorschriften, die ausnahmsweise einzelne Aktionäre zur Anspruchsverfolgung ermächtigen (§§ 309 Abs. 4, 318 Abs. 2 und 4 AktG). Damit ist der Fragenkreis abschließend geregelt.

3.54

Gläubiger der Gesellschaft haben normalerweise nicht das Recht, Schadensersatzansprüche der Gesellschaft geltend zu machen. Etwas anderes gilt ausnahmsweise dann, wenn die Gläubiger von der Gesellschaft keine Befriedigung erlangen können und zusätzlich entweder eine der in § 93 Abs. 3 AktG aufgeführten besonderen Pflichtverletzungen vorliegt oder die Vorstands-/Aufsichtsratsmitglieder die Sorgfalt eines ordentlichen und gewissenhaften Organmitglieds gröblich verletzt haben (§ 93 Abs. 5 AktG). Der Anspruch des Gläubigers ist im eigenen Namen geltend zu machen und richtet sich auf Zahlung an den Gläubiger, nicht an die Gesellschaft.[3] Ist über das Vermögen der Gesellschaft das Insolvenzverfahren eröffnet, wird das Verfolgungsrecht der Gläubiger durch den Insolvenzverwalter, im Falle der Eigenverwaltung durch den Sachwalter, ausgeübt (§ 93 Abs. 5 Satz 4).

3.55

K. Haftung der Vorstands- und Aufsichtsratsmitglieder gegenüber Dritten (Außenhaftung)

Von der Frage der Haftung der Vorstands- und Aufsichtsratsmitglieder gegenüber der Gesellschaft ist eine mögliche Schadensersatzhaftung gegenüber Aktionären, Kapitalanlegern, Gesellschaftsgläubigern und sonstigen **Dritten** zu unterscheiden. Grundlage hierfür können insbesondere die deliktsrechtlichen Vorschriften der §§ 823 Abs. 1, 823 Abs. 2 und 826 BGB sein. Vgl. zu diesem Fragenkomplex eingehend *Altmeppen* unten Rz. 7.1 ff. (Vorstand), 7.80 ff. (Aufsichtsrat).

3.56

---

[1] Eingehend dazu auch *Seibert* in FS Priester, 2007, S. 763 ff.; *Happ* in FS H.P. Westermann, 2008, S. 971 ff.
[2] *Fleischer* in Spindler/Stilz, § 93 AktG Rz. 292; *Wiesner* in MünchHdb. AG, § 26 Rz. 56; *Krieger*, ZHR 163 (1999), 343, 344; *Habersack*, DStR 1998, 533; *Zöllner*, ZGR 1988, 392, 408.
[3] *Spindler* in MünchKomm. AktG, § 93 AktG Rz. 267; *Hüffer/Koch*, § 93 AktG Rz. 80 ff.; *Wiesner* in MünchHdb. AG, § 26 Rz. 57.

L. Erstattung von Kosten der Rechtsverteidigung und Übernahme von Geldsanktionen durch die Gesellschaft

3.57 Für die Praxis spielt die Frage eine große Rolle, ob und unter welchen Voraussetzungen die Gesellschaft ihre Organmitglieder von Schadensersatzansprüchen Dritter und von den **Kosten der Rechtsverteidigung** gegen solche Ansprüche freistellen kann; die gleiche Frage stellt sich bei Geldstrafen und -bußen sowie für die Kosten der Rechtsverteidigung in Straf- und Ordnungswidrigkeitenverfahren. Vgl. dazu eingehend *Marsch-Barner/Wilk* unten Rz. 21.1 ff.

M. D&O-Versicherung

3.58 Auch in Deutschland ist es inzwischen Standard, dass größere Unternehmen Vermögensschaden-Haftpflichtversicherungen für ihr Management, sog. D&O-Versicherungen, abschließen, die Schadensersatzansprüche sowohl der Gesellschaft auch Dritter gegen Vorstands- und Aufsichtsratsmitglieder (zumeist auch gegen weitere Führungskräfte) abdecken sollen. Moderne Vorstands-Anstellungsverträge enthalten Regelungen, die dem Vorstandsmitglied einen Anspruch auf angemessenen D&O-Schutz gewähren.[1]

3.59 Die **Zulässigkeit** solcher D&O-Versicherungen steht heute außer Zweifel, allerdings schreibt das Gesetz für Vorstandsmitglieder in § 93 Abs. 2 Satz 3 AktG zwingend vor, als Selbstbehalt mindestens 10 % des Schadens vorzusehen, für höhere Schäden oder mehrere Schäden innerhalb eines Geschäftsjahres kann der Selbstbehalt auf mindestens das Eineinhalbfache der jährlichen Festvergütung des Vorstandsmitglieds beschränkt werden. Für Aufsichtsratsmitglieder ordnet das Gesetz einen Selbstbehalt nicht zwingend an, jedoch empfiehlt Ziff. 3.8 Abs. 3 DCGK einen § 93 Abs. 2 AktG entsprechenden Selbstbehalt. Zur Ausgestaltung moderner **Versicherungsbedingungen** näher *Ihlas* unten Rz. 19.1 ff.; zum weiteren rechtlichen Rahmen, der **Abwicklung eines D&O-Schadensfalls** und dem Sinn und Zweck der Versicherung näher *Sieg* unten Rz. 18.1 ff.

3.60 Nicht ganz klar zu beantworten ist die Frage, ob der Abschluss einer D&O-Versicherung als (Sach-)Vergütung anzusehen ist. Wäre das der Fall, müsste über den Abschluss einer D&O-Versicherung für den Vorstand der Aufsichtsrat entscheiden, und für die Einbeziehung von Aufsichtsratsmitgliedern in eine D&O-Versicherung wäre gem. § 113 Abs. 1 Satz 2 AktG entweder eine Satzungsregelung oder ein Hauptversammlungsbeschluss erforderlich. Mittlerweile hat sich weitgehend die Auffassung durchgesetzt, dass die D&O-Versicherung **keinen Vergütungscharakter** hat, sondern in erster Linie den Vermögensinteressen der Gesellschaft dient.[2] Dieser Sicht hat sich auch die Finanzverwaltung angeschlossen, die die Beiträge zur D&O-Versicherung nicht als lohn- und einkommensteuerpflichtige Einkünfte ansieht, sofern gewisse Voraussetzungen erfüllt sind.[3] In der Konsequenz liegt es nach h.M., die **Zuständigkeit für die Entscheidung** über den Abschluss einer D&O-Versicherung sowohl für den

---

[1] Näher *Seyfarth* unten Rz. 9.20 ff.; *Hemeling* in FS-Hoffmann-Becking, 2013, S. 491 ff.
[2] *Hüffer/Koch*, § 113 AktG Rz. 2a; *Hopt/Roth* in Großkomm. AktG, § 113 AktG Rz. 53; *Mertens/Cahn* in KölnKomm. AktG, § 113 AktG Rz. 16; *Hoffmann-Becking* in MünchHdb. AG, § 33 Rz. 19; *Hemeling* in FS Hoffmann-Becking, 2013, S. 491, 492 f., alle m.w.N.; a.A. noch *Semler* in FS Claussen, 1997, S. 381, 400 f.; *Feddersen*, AG 2000, 385, 394; *Ulmer*, ZHR 171 (2007), 119, 122.
[3] Näher BMF-Schreiben v. 24.1.2002, AG 2002, 287; Erlass des Finanzministeriums Niedersachsen v. 25.1.2002, DStR 2002, 678; FG München v. 5.8.2002 – 7 K 5726/00, EFG 2002, 1524.

Vorstand als auch für den Aufsichtsrat anzusiedeln.[1] Soweit es um die Versicherung von Vorstandsmitgliedern geht, dürfte es, weil auch die eigenen wirtschaftlichen Interessen des Vorstandsmitglieds berührt sind, näher liegen, entsprechend dem Rechtsgedanken der §§ 84, 88, 89, 112 AktG die Entscheidung über den Abschluss einer D&O-Versicherung dem Aufsichtsrat zuzuordnen. Jedenfalls aber ist der Vorstand gut beraten, den Versicherungsabschluss mit dem Aufsichtsrat abzustimmen, und der Aufsichtsrat sollte hierfür die Schaffung eines Zustimmungsvorbehalts nach § 111 Abs. 4 Satz 2 AktG erwägen.[2] Durch eine unangemessen günstige Ausgestaltung der Versicherung können die beteiligten Organe ihre Pflichten verletzen, wobei ihnen nach h.M. wegen des bestehenden Interessenkonflikts die Business Judgment Rule des § 93 Abs. 1 Satz 2 AktG nicht zugute kommen soll (vgl. Rz. 3.15).

---

1 *Hüffer/Koch*, § 93 AktG Rz. 58; *Hopt/Roth* in Großkomm. AktG, § 93 AktG Rz. 434; *Wiesner* in MünchHdb. AG, § 26 Rz. 76; *Fleischer* in Spindler/Stilz, § 93 AktG Rz. 232 ff.; *v. Schenck*, NZG 2015, 494, 497; a.A. *Spindler* in MünchKomm. AktG, § 93 AktG Rz. 218; zweifelnd BGH v. 16.3.2009 – II ZR 280/07, ZIP 2009, 851 Rz. 23.
2 Zustimmend *Hüffer/Koch*, § 93 AktG Rz. 58.

§ 4
Organhaftung in der Genossenschaft
Dr. Heinz-Otto Weber

A. Grundlagen und rechtsformbedingte Besonderheiten 4.1	2. Allgemeiner Sorgfaltsmaßstab und Sorgfaltsanforderungen............ 4.26
B. Pflichtverletzung................ 4.7	II. Haupt- und ehrenamtliches Nebenamt............................ 4.31
I. Allgemeine gesetzliche Geschäftsführungspflicht................... 4.9	III. Besondere Haftungsvereinbarungen und Verzichtsbeschlüsse der Generalversammlung................... 4.35
II. Besondere gesetzliche (Einzel-)Pflichten...................... 4.12	
III. Vorstandspflichten gemäß Anstellungsvertrag und/oder Geschäftsverteilung....................... 4.15	IV. Einzel- und Gesamtverantwortung ... 4.38
	V. Einzelne gesetzlich aufgeführte Vorstandspflichten und ggf. sondergesetzliche Regelungen............ 4.41
IV. Business Judgement Rule........... 4.17	
C. Sorgfaltspflicht 4.18	D. Schuldhaftigkeit der Pflichtverletzung 4.43
I. Allgemeiner Pflichtinhalt und Grenzen...................... 4.19	E. Schaden, Schadensvermutung und Kausalität 4.46
1. Genossenschaftlicher Förderauftrag und Förderpflichtverletzungen....... 4.23	F. D&O-Versicherung 4.49

Schrifttum: *Bauer*, Genossenschafts-Handbuch: Kommentar zum Genossenschaftsgesetz, 2016 (Loseblatt), Bd. 1, Stand 4/2016; *Beuthien*, Der genossenschaftliche Geschäftsanteil als Chance zur Modernisierung der genossenschaftlichen Rechtsform, in Renner/Strieder (Hrsg.), FS Jürgen Brink, 2002, S. 109; *Beuthien*, Die eingetragene Genossenschaft im Strukturwandel, Marburger Schriften zum Genossenschaftswesen, Bd. 98, 2003; *Beuthien*, Genossenschaftliche Selbstverwaltung – Hauptamt, Nebenamt oder Ehrenamt?, in Genossenschaftsrecht: woher – wohin?, Marburger Schriften zum Genossenschaftswesen, Bd. 69, 1989; *Beuthien*, Genossenschaftsgesetz, 16. Aufl. 2017 (im Erscheinen); *Beuthien*, Was ist ein wirtschaftlicher Verein, was ein nichtwirtschaftlicher?, Rpfleger 2016, 65; *Beuthien*, Wie kapitalistisch darf eine Genossenschaft sein?, AG 2006, 53; *Beuthien*, Was heißt Förderung der Mitglieder?, in DGRV (Hrsg.), FS Hans-Jürgen Schaffland, 2008, S. 73; *Beuthien*, Von welcher Last befreit die Entlastung? – Zu Inhalt, Zweck und Rechtsfolgen der gesellschaftsrechtlichen Entlastung –, GmbHR 2014, 682; *Beuthien/Dierkes*Wehrheim, Die Genossenschaft mit der Europ. Genossenschaft, 2008; *Beuthien/Friebel*, Anmerkung zu BGH, Urt. v. 1.12.2003 – II ZR 216/01, in WuB II D. § 34 GenG 2.05: Schadensersatzpflicht der Verwaltungsorganmitglieder einer eG, Frankfurt am Main; *Beuthien/Hanrath/Weber*, Mitglieder-Fördermanagement in Genossenschaftsbanken, Marburger Schriften zum Genossenschaftswesen, Bd. 106, 2008; *Bode*, Die Haftung ehrenamtlicher Vorstandsmitglieder gegenüber der Genossenschaft, in DGRV (Hrsg.), FS Hans-Jürgen Schaffland, 2008, S. 175; *Dröge*, Haftung für Gremienentscheidungen, 2008; *Förstner-Reichstein*, Übersicht über die Rechtsprechung zum GenG der Jahre 2010 ff., ZfgG 20011, 316; 2012, 301; 2013, 307; *Großfeld*, Genossenschaft und Ehrenamt, ZfgG 1979, 217; *Großfeld*, Das Ehrenamt in der Genossenschaft und im genossenschaftlichen Verbund, ZfgG 1988, 263; *Großfeld/Noelle*, Die Haftung des Vorstandes einer Genossenschaftsbank als Strukturproblem, AG 1986, 275; *Habersack*, Enthaftung des Vorstandsmitglieds qua Anstellungsvertrag?, NZG 2015, 1297; *Helios/Weber*, Exklusivleistungen für Mitglieder und bewusste Andersbehandlung von Nichtmitgliedern, in Münkner/Ringle (Hrsg.), Zukunftsperspektiven für Genossenschaften, 2006, 203; *Lang/Weidmüller*, Genossenschaftsgesetz, 38. Aufl. 2016; *Loos* (Hrsg.), Directors' Liability: A Worldwide Review, 2006; *Müller*, Kommentar zum Gesetz betreffend die Erwerbs- und Wirtschaftsgenossenschaften, Dritter Band (§§ 43 bis 64c), 2. Aufl. 1998; *Pau-*

lick, Das Recht der eingetragenen Genossenschaft, 1956; *Pöhlmann/Fandrich/Bloehs*, Genossenschaftsgesetz, 4. Aufl. 2012; *Schneider, Uwe H.*, Haftungsmilderung für Vorstandsmitglieder und Geschäftsführer bei fehlerhafter Unternehmensleitung?, in Hadding/Immenga u.a. (Hrsg.), FS Winfried Werner, 1984, S. 795; *Weber*, Die eingetragene Genossenschaft als wirtschaftlicher Sonderverein, Marburger Schriften zum Genossenschaftswesen, Bd. 60, 1984; *Weber*, Ergänzung des Genossenschaftsrechts durch Aktien-, GmbH- und Vereinsrecht als weitere Rechtsquellen, ZfgG 1992, 331; *Weber*, Kunde, Produkt oder Mitglied – was hat Vorrang im Geschäftsmodell des genossenschaftlichen Finanz-Verbundes, in Schöpflin/Meik/Weber/Bandte (Hrsg.), FS Volker Beuthien, 2009, S. 371.

A. Grundlagen und rechtsformbedingte Besonderheiten

Die eingetragene Genossenschaft (eG) ist wie die AG und die GmbH ein **wirtschaftlicher Sonderverein** i.S. von § 22 BGB.[1] Für die Organmitgliederhaftung bei der eG gilt daher im Grundsatz nichts anderes als bei den anderen Sondervereinen. Die Sanktionsmechanismen reichen auch bei der eG von der Abmahnung, der Verweigerung der Entlastung, einer Abberufung aus dem Amt bis hin zur Schadensersatzhaftung von Vorstands- und Aufsichtsratsmitgliedern (§§ 34, 41 GenG). Insoweit stehen Organmitglieder der eG weder besser noch schlechter als die einer AG oder GmbH. Die Unterschiede sind auch weniger im Haftungssystem zu suchen; erst recht nicht im allgemeinen Teil der für alle Körperschaftsformen identischen Organaufgaben. Sie finden sich vielmehr dort, wo sich die einzelnen (Sonder-)Vereinsarten voneinander trennen. Andersartigkeiten ergeben sich für die eG daher namentlich aus der besonderen personalistischen und selbstorganschaftlichen Grundstruktur, dem arteigenen Förderzweck (§ 1 Abs. 1 GenG) und dem besonderen Prüfungswesen, ausgestaltet als eine kollektive Selbstprüfung durch einen Prüfungsverband (§§ 53, 54 ff. GenG); durch das Gesetz zum Bürokratieabbau und zur Förderung der Transparenz bei Genossenschaften vom 17.7.2017 (BGBl. I 2017, 2434) jüngst modifiziert und erweitert um ein vereinfachtes Prüfungsverfahren (§ 53a GenG). Ihr Zweck zielt nicht auf eine unpersönliche Kapitalrendite, sondern auf die persönliche Förderung der Einzelwirtschaften der Mitglieder ab, worüber und weshalb ein organisationseigener Prüfungsverband zu wachen hat.[2] Bemerkenswert ist an dieser Stelle ferner, dass das förderwirtschaftliche Genossenschaftswesen in einzelnen Bundesländern sogar Eingang in die Landesverfassung fand.[3] Diese Besonderheiten haben auch besondere, arteigene Pflichten für die Organmitglieder zur Folge und lassen im Übrigen im Vergleich zur AG und GmbH teils mehr, teils weniger Raum für Gestaltungen von Organhaftungsfragen, z.B. bei der vertraglichen Begründung von Organpflichten, im Rahmen vertraglicher Haftungs-Reduzierungen oder der praktischen Durchsetzung der Haftung.[4] Dementsprechend ist dem Organmitglied einer eG zur Vermeidung eines Haftungsfalles in diversen Punkten Anderes zu raten als demjenigen einer AG oder GmbH. Gerade die möglichst genaue Kenntnis des Teils der rechtsformspezifischen Pflichten und potentiellen Gefahrensituationen hilft daher beiden Seiten am besten: dem Organmitglied einer eG, Pflichtverletzungen zu vermeiden sowie Haftungsfallen aus dem Weg zu gehen, und der eG und ihren Mitgliedern umgekehrt, Erstere zu identifizieren und zu verfolgen. Ob es freilich zutrifft, dass die Verwirklichung von Haftungsansprüchen in der eG häufiger stattfinde als in der AG und dies zum

4.1

---

1 Dazu *Weber*, Die eingetragene Genossenschaft als wirtschaftlicher Sonderverein, Marburger Schriften zum Genossenschaftswesen, Bd. 60; *Beuthien*, Was ist ein wirtschaftlicher Verein, was ein nichtwirtschaftlicher?, S. 65 ff.
2 Ausführlich *Beuthien* in Beuthien/Dierkes/Wehrheim, Die Genossenschaft, S. 2–11.
3 S. Art. 44 Hess. Landesverfassung: „Das Genossenschaftswesen ist zu fördern."
4 S. dazu oben *Lutter*, § 1, *Uwe H. Schneider*, § 2 sowie *Krieger*, § 3.

einen auf die stärkere Personenbezogenheit der eG und zum anderen gerade das Drängen der genossenschaftlichen Prüfungsverbände auf die Durchführung von Haftungsklagen zurückgehe (s. dazu oben *Lutter*, Rz. 1.28), soll hier dahinstehen. Jedenfalls gibt es in Deutschland weitaus mehr Gesellschaften in den Rechtsformen der AG, GmbH und dem eV als der eG, obschon deren Neugründungszahlen in den letzten Jahren gestiegen sind. Indes bleiben bei den veröffentlichten Jahreszahlen[1] die ungezählten sog. Nichtrechtsform-Genossenschaften (Stichworte: genossenschaftliche AG/GmbH und kooperative Vereine)[2] regelmäßig außen vor. Auch die folgenden Ausführungen haben nur die eG gemäß GenG zum Gegenstand.

Gesetzliche **Ausgangsnorm** für die (Innen-)**Haftung der Vorstandsmitglieder** einer eG ist die dem § 93 Abs. 1 Satz 1 AktG nachgebildete besondere korporationsrechtliche Organmitgliederhaftung des § 34 Abs. 2 i.V.m. Abs. 1 Satz 1 GenG. Danach haben die Vorstandsmitglieder (§§ 24 ff. GenG), auch stellvertretende (§ 35 GenG) und faktische Vorstandsmitglieder *bei ihrer Geschäftsführung*, die gem. § 27 Abs. 1 Satz 1 GenG – insoweit wie bei der AG (§ 76 Abs. 1 AktG) – mit eigenverantwortlicher Leitungsmacht ausgestattet ist, *die Sorgfalt eines ordentlichen und gewissenhaften Geschäftsleiters einer Genossenschaft anzuwenden*. Der Unterschied liegt in dem Zusatz „… einer Genossenschaft". Für die **Haftung der Aufsichtsratsmitglieder** bringt § 41 GenG die Haftungsregelung für die Vorstandsmitglieder (§ 34 GenG) sinngemäß zur Anwendung. Das entspricht der Regelung des § 116 Satz 1 AktG für die AG.

4.2 Die §§ 34 und 41 GenG wurden mit der Gesetzesnovelle 1973[3] an §§ 93, 116 AktG angepasst, freilich unter Berücksichtigung **genossenschaftlicher Besonderheiten**. So wurde insbesondere der in § 34 GenG a.F. enthaltene Begriff der „Sorgfalt eines ordentlichen Geschäftsmannes" durch den der „Sorgfalt eines ordentlichen und gewissenhaften Geschäftsleiters einer Genossenschaft" ersetzt. Darin liegt keine Haftungsverschärfung. Vielmehr kann im Einzelfall der Haftungsmaßstab (z.B. bei nebenamtl. Vorstandsmitgliedern, Rz. 4.31) auch sinken.[4] Es sollte nur die Eigenart der Aufgaben eines Genossenschaftsvorstandes ausgedrückt und klargestellt werden, dass es nicht (wie in § 347 Abs. 1 HGB) um die Sorgfalt eines beliebigen ordentlichen Kaufmanns geht, sondern um die, die man von jemandem erwartet, der als Verwalter fremden Vermögens leitend und eigenverantwortlich tätig ist; und zwar nicht bei irgendeiner Gesellschaft, sondern einer Genossenschaft der gem. § 6 Nr. 2 GenG statuarisch festgelegten Art.[5]

4.3 Ersteres unterscheidet § 34 GenG seitdem (wie auch § 93 Abs. 1 Satz 1 AktG) von § 43 Abs. 1 GmbHG, der für seinen Geltungsbereich an dem Begriff der „Sorgfalt eines ordentlichen Geschäftsmannes" festhält. Demgegenüber liegt der Unterschied zu § 93 Abs. 1 Satz 1 AktG seit der Novelle 1973 wörtlich genommen nur noch darin, dass § 34 Abs. 1 Satz 1 GenG den Zusatz *„einer Genossenschaft"* hervorhebt, während § 93 Abs. 1 Satz 1 AktG keinen vergleichbaren Hinweis auf eine AG enthält.

---

1 Z.B. der Dachverbände DGRV – Deutscher Genossenschafts- und Raiffeisenverband e.V., Zahlen und Fakten 2016, GdW Bundesverband deutscher Wohnungs- und Immobilienunternehmen e.V., Wohnungswirtschaftliche Daten und Trends 2016/2017.
2 Ausführlich zu den sog. Nichtrechtsform-Genossenschaften und den jeweiligen Unterschieden, *Beuthien*, § 1 GenG Rz. 79 ff.
3 Die GenG-Novelle 2006 lässt § 34 GenG inhaltlich unberührt. Seit dem kann sich aber die Satzung bei eGen mit nicht mehr als 20 Mitgliedern mit einem Vorstandsmitglied (statt bis dahin zwingend zwei Vorstandsmitglieder) begnügen (§ 24 Abs. 2 Satz 3 GenG).
4 *Beuthien*, § 34 GenG Rz. 9; anders *Holthaus/Lehnhoff* in Lang/Weidmüller, § 34 GenG Rz. 16 und *Bauer*, § 34 GenG Rz. 14.
5 *Beuthien*, § 34 GenG Rz. 1 und 9.

Ob sich bei der eG daraus – im Vergleich zur Rechtslage vor 1973 – wesentliche Unterschiede für die Innenhaftung der Vorstandsmitglieder ergeben haben, kann hier dahin stehen. Für die Praxis interessanter sind die materiellen **Haftungsunterschiede**, die sich aus den unterschiedlichen Fassungen der § 34 Abs. 1 Satz 1 GenG, § 93 Abs. 1 Satz 1 AktG einerseits sowie § 43 Abs. 1 GmbHG andererseits ggf. ableiten lassen (s. dazu oben *Lutter*, Rz. 1.1–1.9). Soweit sich hieraus, insbesondere dem Zusatz *einer Genossenschaft*, wesentliche Unterschiede zu den sonstigen wirtschaftlichen Sondervereinen AG und/oder GmbH ergeben, werden sie im Folgenden mit aufgezeigt. S. zum Verein unten *Burgard*, § 6; zur AG oben *Krieger*, § 3, zur GmbH oben *Uwe H. Schneider*, § 2 und zur SE unten *Teichmann*, § 5.

4.4

Ein wesentlicher Unterschied zur AG und GmbH und der sog. Drittorganschaft bei den Kapitalgesellschaften (§ 6 Abs. 2 und 3 GmbHG, § 76 Abs. 3 AktG) kommt bereits darin zum Ausdruck, dass die Mitglieder des Vorstands (und Aufsichtsrats) nach § 9 Abs. 2 Satz 1 GenG Mitglieder der eG (Genossen) und zudem natürliche Personen sein müssen (**sog. Selbstorganschaft**). Der spezielle genossenschaftliche Sinn dieser Regelung liegt ideal-typisch insbesondere in Folgendem: Die Mitglieder der Verwaltung einer eG sollen Genossen sein, damit sie die Förderbedürfnisse der Genossenschaftsmitglieder aus eigener Erfahrung kennen. Außerdem sollen sie für einen etwaigen Misserfolg ihrer Geschäftsführung auch im Rahmen der mitgliedschaftlichen Haftpflicht (§§ 87a, 105 GenG) selbst mit einstehen müssen. Beides soll letztlich sicherstellen, dass der eigentümliche genossenschaftliche Förderauftrag (§ 1 Abs. 1 GenG) nicht nur so erfüllt wird, wie sich das engagierte Fachleute und Manager an Stelle der Genossenschaftsmitglieder vorstellen, sondern soll gewährleisten, dass in das Förderleistungsprogramm der eG auch die Lebens- und Berufserfahrung der zu fördernden Mitglieder der eG selbst eingeht.[1]

4.5

Damit sind zugleich die drei wesentlichen **rechtsformbedingten Unterschiede** der eG zur AG und GmbH genannt:

4.6

(1) ihr einzigartiger Unternehmenszweck (Förderzweck gem. § 1 Abs. 1 GenG; s. dazu Rz. 4.23–25), der die eG zu einer gesetzlich zweckgebundenen Vereinigungsform macht und sie im Wesentlichen auf einen Fördergeschäftsverkehr mit den Mitgliedern festlegt,

(2) die zwingende genossenschaftliche Selbstorganschaft (§ 9 Abs. 2 und 3 GenG) sowie

(3) die explizit entsprechend ausgestaltete Organhaftung des Vorstands in § 34 Abs. 1 Satz 1 GenG (Geschäftsleiter einer Genossenschaft) und – sinngemäß ebenso – des Aufsichtsrats in § 41 GenG.

Eine daraus folgende weitere, vierte Besonderheit ist das der eG arteigene Prüfungsverbandswesen (§§ 53 ff. GenG). Dem wird es zugerechnet, dass es bei der eG häufiger zu Haftungsklagen kommen soll als bei der AG[2]; was so pauschal hier freilich nicht bestätigt werden kann.

Bemerkenswert ist ferner, dass § 24 Abs. 3 Satz 1 GenG es – anders als die § 76 Abs. 3 AktG, § 6 Abs. 2 und 3 GmbHG – ausdrücklich gestattet, dass der Vorstand unbesoldet, d.h. ehrenamtlich tätig wird. Das ist den Kapitalgesellschaften zwar nicht untersagt, dort aber wesentlich seltener anzutreffen als bei dem e.V. und der eG. Damit ist man bei den bei einer eG zulässigen und in der Praxis auch häufig anzutreffenden unterschiedlichen **Formen des**

---

1 *Beuthien*, Genossenschaftliche Selbstverwaltung – Hauptamt, Nebenamt oder Ehrenamt?, S. 52 f., in Genossenschaftsrecht: woher – wohin?, Marburger Schriften zum Genossenschaftswesen, Bd. 69, 1989.
2 S. dazu oben *Lutter*, Rz. 1.28.

Vorstandsamts. Das Amt kann hauptamtlich (i.S. von hauptberuflich), nebenamtlich (i.S. von nebenberuflich) sowie ehrenamtlich (i.S. von unbesoldet, sei es ansonsten haupt- oder nebenamtlich ausgeübt) ausgestaltet und ausgeübt werden. Das GenG macht hierzu keinerlei Vorgaben, sondern überlässt es dem förderwirtschaftlichen Ermessen der Genossen, ob sie den Vorstand mit haupt- oder nebenamtlichen Vorstandsmitgliedern besetzen.[1] Jüngst ist aber durch Neuaufnahme des § 34 Abs. 2 Satz 2 GenG klargestellt worden, dass unentgeltliche (ehrenamtliche) Vorstandstätigkeit (via § 41 GenG auch Aufsichtsratstätigkeit) zu einer Hoffnungseinschränkung führen kann (s. Rz. 4.8). Strengere, sondergesetzliche Maßstäbe gelten freilich für den Genossenschaftstyp der Kreditgenossenschaften (Genossenschaftsbanken)[2], für die § 33 Abs. 1 Nr. 5 KWG mindestens zwei Geschäftsleiter („Vier-Augen-Prinzip") fordert, die nicht nur ehrenamtlich für das Kreditinstitut tätig sind (s. zu den besonderen Haftungsrisiken bei Kreditinstituten allgemein unten *Fischer*, § 23). Stellvertretende Vorstandsmitglieder stehen – wie bei der AG (§ 94 AktG) – ordentlichen Vorstandsmitgliedern gleich (§ 35 GenG).[3]

§ 34 Abs. 2 GenG begründet – entsprechend § 93 Abs. 2 AktG – eine besondere korporationsrechtliche Organmitgliederhaftung gegenüber der eG (nicht deren Mitgliedern und/oder den Gläubigern der eG). Sie knüpft nicht an die schuldvertragliche Anstellung (dazu unten *Seyfarth*, § 9) an, ist auch keine gesetzliche, insbes. keine Haftung aus Delikt. Ihr Anknüpfungspunkt ist die gesellschaftsrechtliche Bestellung der Vorstandsmitglieder. In der Organmitgliederhaftung des § 34 Abs. 2 GenG drückt sich die persönliche Leitungsverantwortung nach § 27 Abs. 1 Satz 1 GenG aus.

Das pflichtvergessene Vorstandsmitglied einer eG kann demzufolge aus drei Gesichtspunkten haften: Nicht- oder Schlechterfüllung des Anstellungsvertrages (§§ 280 ff. BGB), Nicht- oder Schlechterfüllung der Organmitgliedspflichten (§ 34 Abs. 2 GenG), unerlaubter Handlung (§§ 823 Abs. 1 und 2, 826 BGB). Es besteht grundsätzlich Anspruchskonkurrenz.[4]

B. Pflichtverletzung

4.7 Obschon § 34 Abs. 3 GenG nicht nur für Verstöße gegen das Gesetz, sondern – im Gegensatz zu § 93 Abs. 3 AktG – eine Ersatzpflicht auch bei Verstößen gegen die Satzung regelt, unterscheidet sich der **Pflichtenkreis** eines Vorstandsmitglieds einer eG nicht grundsätzlich von dem einer Kapitalgesellschaft; wohl aber in diversen Einzelpunkten. Sein Pflichtenheft enthält *allgemein die Pflicht, als ordentlicher und gewissenhafter Geschäftsleiter einer eG, § 34 Abs. 1 Satz 1 GenG, zu agieren*, ggfs. *besondere, sondergesetzliche Pflichten* (z.B. KWG) sowie *höchstpersönliche Pflichten* aus Anstellungsvertrag und/oder der Geschäftsverteilung im Vorstand.

Der objektive Haftungstatbestand der **Nicht- oder Schlechterfüllung von Organmitgliedspflichten** steht bei den nachfolgenden Ausführungen im Vordergrund; ferner haftungsrelevante Unterschiede zur AG und GmbH, die sich letztlich aus Arteigenheiten der eG ergeben (s. Rz. 4.6).

---

1 *Beuthien*, Genossenschaftliche Selbstverwaltung, S. 55 f.
2 S. dazu ausführlich *Beuthien/Hanrath/Weber*, Mitglieder-Fördermanagement in Genossenschaftsbanken, S. 5 f., 13 ff. und 29 ff.
3 Zu weiteren haftenden Personen *Holthaus/Lehnhoff* in Lang/Weidmüller, § 34 GenG Rz. 3 ff.
4 *Beuthien*, § 34 GenG Rz. 3 m.w.N.; BGH v. 17.3.1987 – VI ZR 282/85, BGHZ 100, 199 ff. = GmbHR 1987, 304.

Obschon § 34 Abs. 1 Satz 1 GenG von sämtlichen Vorstandsmitgliedern verlangt, dass sie bei ihrer Geschäftsführung die Sorgfalt eines ordentlichen und gewissenhaften Geschäftsleiters einer eG anwenden und der Gesetzeswortlaut – anders als in § 24 Abs. 3 GenG – erst seit Einführung des § 34 Abs. 2 Satz 2 (mit Gesetz zum Bürokratieabbau und zur Förderung der Transparenz bei Genossenschaften vom 17.7.2017, BGBl. I 2017, 2434) bei der Beurteilung der Sorgfalt einen Unterschied danach macht, ob die Vorstandsmitglieder haupt-, neben- oder ehrenamtlich tätig werden, ergab sich auch schon zuvor im Ergebnis eine **abgestufte Haftung**. Das folgt schon daraus, dass ein Vorstandsmitglied nur für *eigene* Pflichtverletzung[1] (*ihre* Pflichten verletzen; § 34 Abs. 2 Satz 1 GenG) einzustehen hat und nicht schon für jede schuldhafte Pflichtverletzung, die irgendwo im Vorstand unterläuft.[2]

4.8

Für die persönliche Haftung des einzelnen Vorstandsmitglieds ist also stets *sein* konkretes Pflichtenheft maßgebend. Folge dieser differenzierten Betrachtung kann im Einzelfall sein, dass Vorstandsmitglieder bei ein- und demselben Vorgang auch deshalb abgestuft haften, weil sie ihr Amt haupt-, neben- oder ehrenamtlich ausüben. Darin liegt aber nichts Genossenschaftsspezifisches, sondern das entspricht allgemeinen Haftungsgrundsätzen. Für die Vereine nach §§ 21 ff. BGB ist das seit 2009 in § 31a BGB ausdrücklich geregelt[3]; für die eG hat der Gesetzgeber dies jetzt in § 34 Abs. 2 Satz 2 GenG klargestellt.

I. Allgemeine gesetzliche Geschäftsführungspflicht

Gesellschaftern einer GbR *steht* die Geschäftsführung *zu* (§ 709 Abs. 1 Halbsatz 1 BGB).[4] Vorstandsmitgliedern einer eG *obliegt* sie, wie § 27 Abs. 1 Satz 1 GenG deutlich zum Ausdruck bringt. Danach *hat* der Vorstand die eG unter eigener Verantwortung *zu leiten*; und zwar nicht nur die eG als juristische Person, sondern gerade auch das von dieser betriebene förderwirtschaftliche Unternehmen. Letzteres zeigt eindeutig § 34 Abs. 1 Satz 1 GenG (... *bei ihrer Geschäftsführung* ...). Der Vorstand soll also **Genossenschafts- und Unternehmensleiter** zugleich sein.[5] Jeweils hat er nicht nur ein Leitungsrecht, ihm obliegt auch eine persönliche Leitungspflicht. Seine Leitungsverantwortung ist nicht übertragbar. Eine eG ohne Vorstand bezeichnet § 24 Abs. 1 Satz 2 GenG seit der Novelle 2006 ausdrücklich mit dem Klammerzusatz „Führungslosigkeit".

4.9

Grundvoraussetzung ist demzufolge (wie bei allen Vereinsarten[6]) die persönliche Befähigung zur ordnungsgemäßen Geschäftsführung. Ist diese Befähigung nicht gegeben, liegt das Verschulden des Vorstandsmitgliedes schon in der Annahme oder der Beibehaltung des Amtes. Mindestvoraussetzung für das Amt ist unbeschränkte Geschäftsfähigkeit[7] und, dass auch sonst keine Hindernisse analog § 76 Abs. 3 AktG, § 6 Abs. 2 GmbHG[8] vorliegen.

---

1 *Müller*, § 34 GenG Rz. 28 ff.; *Beuthien*, § 34 GenG Rz. 17.
2 *Beuthien*, Genossenschaftliche Selbstverwaltung, S. 57 f.
3 Zur Übertragbarkeit der §§ 31a, 31b BGB, wonach die Selbstverwaltungsbereitschaft von Vereinsmitgliedern mit Hilfe einer Begrenzung der Haftung von ehrenamtlich tätigen Vereinsvorständen gestärkt werden soll, ausführlich *Holthaus/Lehnhoff* in Lang/Weidmüller, § 34 GenG Rz. 6a ff.; sowie dazu *Bode* in FS Schaffland, S. 189 ff. Allgemein zur Anwendbarkeit der §§ 21 ff. BGB auf die eG s. *Weber*, Die eingetragene Genossenschaft als wirtschaftlicher Sonderverein, S. 31 ff.
4 Aber auch bei GbR besteht letztlich Pflicht zur Geschäftsführung; arg. § 705 BGB.
5 *Beuthien*, § 34 GenG Rz. 12 m.w.N.
6 Obschon so nur für den BGB-Wirtschaftsverein in § 27 Abs. 2 Satz 2 BGB explizit normiert.
7 *Beuthien*, § 34 GenG Rz. 13; *Müller*, § 34 GenG Rz. 11.
8 *Weber*, Die eingetragene Genossenschaft als wirtschaftlicher Sonderverein, S. 134–137.

4.10 Die **Pflicht zur Führung der Geschäfte** entsteht mit der Übernahme des Vorstandsamtes und endet – mit Ausnahme sog. nachlaufender Einzelpflichten – mit tatsächlicher Beendigung des Amtes. Sie greift bereits im Gründungsstadium und vor der Eintragung der Genossenschaft im Genossenschaftsregister.[1] Ausnahmsweise kann eine Einzelpflicht, insbesondere die Pflicht zur Verschwiegenheit (§ 34 Abs. 1 Satz 2 GenG), darüber hinaus fortgelten. Pflichtbegründend ist die tatsächliche Amtsübernahme – selbst wenn ein Bestellungsakt völlig fehlt, mangelhaft oder nichtig ist. Auf den Anstellungsvertrag kommt es für § 34 Abs. 2 GenG nicht an. Nur wer gänzlich ohne Willen der eG als Vorstandsmitglied auftritt, haftet nicht aus § 34 Abs. 2 GenG.[2] Bloße Ehrenmitglieder haften – schon mangels Organstellung – nicht aus § 34 Abs. 2 GenG.[3] Soweit betrachtet unterscheidet sich das Haftungssystem für den Vorstand einer eG nicht grundsätzlich von dem einer AG.

4.11 Die *allgemeine* Geschäftsführungspflicht eines Geschäftsleiters *einer eG* beinhaltet im Wesentlichen folgenden Pflichtenkreis nach § 34 GenG:

(1) Förderung der Mitglieder durch gemeinschaftlichen Geschäftsbetrieb (§ 1 Abs. 1 GenG),

(2) unter eigener Leitungsverantwortung (§ 27 Abs. 1 Satz 1 GenG),

(3) mit der Sorgfalt eines ordentlichen und gewissenhaften Geschäftsleiters (§ 34 Abs. 1 Satz 1 GenG),

(4) unter Beachtung der – nach Gesetz, Satzung (einschl. Geschäftsverteilungsplan) und Verträgen – für die eG geltenden Vorschriften.

Unmittelbar genossenschaftsspezifisch und arteigen für eine eG ist auf den ersten Blick nur Punkt (1). Bei den Punkten (2)–(4) tritt das Genossenschaftsspezifische – im Abgleich mit der AG und GmbH – erst durch den jeweils dahinter liegenden Zusatz *einer eG* hinzu (s. hierzu Rz. 4.20 f.).

II. Besondere gesetzliche (Einzel-)Pflichten

4.12 § 34 GenG zählt bereits selbst diverse **Einzelpflichten** auf: beginnend in Abs. 1 Satz 3 (wortgleich mit § 93 Abs. 1 Satz 3 AktG) die dort näher beschriebene *Verschwiegenheitspflicht*. Bei der eG wurde sie früher aus der Bindung des Vorstands an den Förderzweck (§ 1 Abs. 1 GenG) gefolgert. Seit der Novelle 1973 ist sie ausdrücklich geregelt. Die Verschwiegenheitspflicht besteht vornehmlich gegenüber Dritten, einzelnen Genossen gegenüber – auch außerhalb der Gesellschafterversammlung nur in den Grenzen des § 131 Abs. 3 AktG analog.[4] Gibt der Vorstand außerhalb der Gesellschafterversammlung Auskunft, so gilt auch § 131 Abs. 4 Satz 1 AktG entsprechend. Den übrigen Vorstandsmitgliedern und dem Aufsichtsrat gegenüber besteht – wie bei der AG – keine Schweigepflicht.

Die unbefugte Offenbarung ist auch Straftatbestand (§ 151 GenG). Im Umfang der Schweigepflicht besteht ein Zeugnisverweigerungsrecht (§ 383 Abs. 1 Nr. 6 ZPO), nicht jedoch im Strafprozess (s. § 53 StPO); s. zu den strafrechtlichen Risiken für Organmitglieder unten *Krause*, § 40 sowie *Schücking*, § 41.

---

1 *Beuthien*, § 34 GenG Rz. 4; entsprechend für die AG *Hüffer/Koch*, § 93 AktG Rz. 38.
2 *Beuthien*, § 34 GenG Rz. 43; ebenso *Hüffer/Koch*, § 93 AktG Rz. 38; *Zöllner/Noack* in Baumbach/Hueck, § 43 GmbHG Rz. 3; a.A. *Müller*, § 34 GenG Rz. 10.
3 *Beuthien*, § 24 GenG Rz. 16 und § 34 GenG Rz. 14.
4 *Weber*, ZfgG 1992, 331.

§ 34 Abs. 3 GenG erhebt „*namentlich*" **fünf besonders schwere Fälle** der Verletzung von einzelnen Pflichten zu eindeutigen Fällen einer Organmitgliederhaftung nach § 34 Abs. 2 i.V.m. § 34 Abs. 1 Satz 1 GenG. Im Einzelnen wird angeknüpft an die Pflichten 4.13

(1) zur Aufbringung/Erhaltung des *Geschäftsguthabens* der Genossen bis zu deren Ausscheiden (§ 22 Abs. 4 Satz 1 i.V.m. § 73 Abs. 2 Satz 2 GenG),

(2) den Genossen *Zinsen oder Gewinnanteile* nur nach den Maßgaben der §§ 19–21a GenG zu gewähren,

(3) zur Verteilung von *Genossenschaftsvermögen* nur im Rahmen der Liquidation (§§ 90–93 GenG),

(4) *Zahlungen* grundsätzlich nur außerhalb von Insolvenztatbeständen zu leisten (§ 99 GenG),

(5) *Kredit* nur nach Maßgabe der §§ 22 Abs. 4 Satz 2, 39 Abs. 2 und 49 GenG zu gewähren.

Die Fälle (3) bis (5) wurden 1973 neu in das GenG und entsprechend § 93 Abs. 3 Nr. 5, 6 und 7 AktG aufgenommen. Für die GmbH findet sich ein entsprechender Regelungsansatz in § 43 Abs. 3 Satz 1 GmbHG.

Weitere konkrete Einzelpflichten des Vorstands finden sich an anderen Stellen im GenG[1] oder sind sondergesetzlich außerhalb des GenG geregelt, weil sie nur für Vorstandsmitglieder bestimmter Arten von eG gelten, wie z.B. in §§ 15, 17 KWG für die Geschäftsleiter von Genossenschaftsbanken (s. dazu Rz. 4.42.). 4.14

III. Vorstandspflichten gemäß Anstellungsvertrag und/oder Geschäftsverteilung

Der **Anstellungsvertrag** kann besondere, zusätzliche Pflichten für das Vorstandsmitglied vorsehen. In diesem Fall wird eine Vertragshaftung wegen Nicht- oder Schlechterfüllung des Anstellungsvertrages praktisch, die ansonsten grundsätzlich in Anspruchskonkurrenz zu § 34 GenG (sowie den §§ 823 ff. BGB) steht.[2] 4.15

In der Praxis häufiger ist, dass sich ein individueller Pflichtenkreis aus der im Rahmen einer arbeitsteiligen **Geschäftsverteilung** erfolgten Übertragung von Zuständigkeiten und Aufgaben ergibt. In der Praxis haben sich hierzu die Begriffe Ressortzuständigkeit und Ressortverantwortung gebildet. Je nach konkreter Ausgestaltung der sachlichen Aufgaben und ihres Zuschnitts im Rahmen der Gesamtorganisationsstruktur ändern sich damit die Inhalte und/oder der Umfang des persönlichen Pflichtenkreises und damit auch des individuellen Verantwortungskreises eines Vorstandsmitgliedes.[3] Es ist zu differenzieren zwischen der fachlichen Einzelverantwortung für den eigenen Geschäftsbereich (sog. individuelle Sach- und Ressortverantwortung) eines Vorstandsmitglieds und der persönlichen Gesamtverantwortung für die volle Bandbreite der Geschäftsleitung (sog. kollektive Leitungsverantwortung), die jedes Vorstandsmitglied grds. mitträgt. S. allg. zu organisatorischen Risiken bei Geschäftsverteilung und Delegation unten *E. Vetter*, § 22.

---

[1] Neu hinzugekommen sind solche im Zusammenhang mit Mitgliederdarlehen gemäß § 21b GenG; eingefügt durch das Gesetz zum Bürokratieabbau und zur Förderung der Transparenz bei Genossenschaften vom 17.7.2017, BGBl. I 2017, 2434.
[2] *Beuthien*, § 34 GenG Rz. 3; str. vgl. *Dröge*, S. 48 f. m.w.N.
[3] Ausführlich dazu *Dröge*, S. 49 ff. und 128 ff.; *Beuthien*, § 34 GenG Rz. 16 ff.

4.16 Zu einem **abgestuften Pflichtenkreis** führt i.d.R. auch bereits die Differenzierung von hauptamtlich und (nur) nebenamtlich besetzten Vorstandstätigkeiten. Im Gegensatz zu hauptamtlichen Vorstandsmitgliedern übernehmen die nebenamtlichen Vorstandsmitglieder i.d.R. keines der üblichen Ressorts und wirken demzufolge meist nicht mit bei der Führung der laufenden Tagesgeschäfte. Für das nebenamtliche Vorstandsmitglied schlägt sich das umgekehrt in einem entsprechend reduzierten Pflichtenkreis und gemilderten Haftungsinhalt nieder; jüngst auch in § 34 Abs. 2 Satz 2 GenG klargestellt (s. Rz. 4.6 und Rz. 4.8).[1]

Das hat zwar nicht zur Folge, dass das Vorstandsmitglied nur noch Einzelverantwortung für den eigenen Geschäftsbereich (z.B. das Ressort Finanzen und Controlling) trägt. Vielmehr verbleibt es auch dann dabei, dass jedes Vorstandsmitglied grundsätzlich die Gesamtverantwortung für die volle Bandbreite der Geschäftsleitung mitträgt. Aber eine Arbeitsteiligkeit hat für jedes Vorstandsmitglied in Bezug auf den/die Tätigkeitsbereich(e) der anderen zur Folge, dass sich die (Tätigkeits-)Verantwortung auf eine Überwachungsverantwortung reduziert.[2]

IV. Business Judgement Rule

4.17 Wie bei der AG (und GmbH sowie e.V.; s. jeweils ausführlich dazu oben *Krieger*, Rz. 3.3 ff., *Uwe H. Schneider*, Rz. 2.14 ff. und unten *Burgard*, Rz. 6.28 ff.) liegt auch bei der eG eine Pflichtverletzung nicht vor, wenn das Vorstandsmitglied bei einer unternehmerischen Entscheidung vernünftigerweise annehmen durfte, auf der Grundlage angemessener Information zum Wohle der Gesellschaft zu handeln (§ 93 Abs. 1 Satz 2 AktG analog).[3] Die Nichtaufnahme einer entsprechenden Regelung (sog. **Business Judgement Rule**) in § 34 Abs. 1 GenG im Rahmen der Novelle 2006 ist keine bewusste Auslassung.[4] Der Gesetzgeber hat dies jüngst korrigiert durch die Neuaufnahme einer entsprechenden Regelung in § 34 Abs. 1 Satz 2 GenG (Gesetz zum Bürokratieabbau und zur Förderung der Transparenz bei Genossenschaften vom 17.7.2017, BGBl. I 2017, 2434). Für die Ausübung unternehmerischen Ermessens durch den Vorstand einer eG ist freilich erst Raum, wenn er die Entscheidungsgrundlagen sorgfältig ermittelt und das Für und Wider verschiedener Vorgehensweisen abgewogen hat.[5]

C. Sorgfaltspflicht

4.18 Welches **Maß an Sorgfalt** ein Vorstandsmitglied einer eG zu erfüllen hat, regelt § 34 Abs. 1 Satz 1 GenG. Diese Vorschrift legt nicht nur den Verschuldensmaßstab (s. dazu Rz. 4.43) fest, indem sie die § 347 HGB, § 276 Abs. 1 BGB konkretisiert. Sie normiert vielmehr auch die Pflichten des Vorstandsmitglieds, deren Verletzung die in § 34 Abs. 2 GenG geregelte Haftung (s. dazu Rz. 4.7 ff.) auslöst.

---

1 Grundlegend *Beuthien*, Genossenschaftliche Selbstverwaltung, S. 57 ff.; s. auch *Großfeld*, ZfgG 1988, 263, 268 und ZfgG 1979, 217 ff.; s. auch unten *Burgard*, Rz. 6.85 für den Verein.
2 *Beuthien*, Genossenschaftliche Selbstverwaltung, S. 58; *Beuthien*, § 34 GenG Rz. 16 ff. Für die AG entsprechend *Hüffer/Koch*, § 93 AktG Rz. 42.
3 S. dazu auch unten *Born*, Rz. 14.13.
4 So auch *Holthaus/Lehnhoff* in Lang/Weidmüller, § 34 GenG Rz. 95c; *Fandrich* in Pöhlmann/Fandrich/Bloehs, § 34 GenG Rz. 2; *Beuthien*, § 34 GenG Rz. 9; *Bauer*, § 34 GenG Rz. 22.
5 BGH v. 3.11.2008 – II ZR 236/07, AG 2009, 117 mit kritischer Anm. *Jungmann*, WuB II D § 34 GenG 1.09.

Die Vorschrift für die eG steht damit – im Gesamtsystem des körperschaftsrechtlichen Haftungsrechts für Vorstände und Geschäftsführer (s. dazu oben *Lutter*, Rz. 1.1–8) – in einer Reihe mit § 93 AktG und § 43 GmbHG.[1] Ihr besonderer Anknüpfungspunkt ist die Wendung „… einer Genossenschaft …", wodurch die Eigenart der Aufgaben eines Genossenschaftsvorstandes ausgedrückt werden soll. Maßstab ist nicht irgendeine eG (§ 1 Abs. 1 GenG), sondern eine der gem. § 6 Nr. 2 GenG in der Satzung festgelegten Art.[2]

I. Allgemeiner Pflichtinhalt und Grenzen

Nach § 34 Abs. 1 Satz 1 GenG schulden die Vorstandsmitglieder nicht schlechthin die Sorgfalt eines ordentlichen und gewissenhaften **Geschäftsleiters** (statt wie früher: Geschäftsmann), sondern diejenige des Geschäftsführers *einer Genossenschaft*. Hieraus folgen im Einzelnen folgende Maßgaben: 4.19

Der Begriff „Geschäftsleiter" nimmt auf die Pflicht des Vorstands zur eigenverantwortlichen Leitung der eG (§ 27 Abs. 1 Satz 1 GenG) Bezug. Maßgebend ist dabei nicht, wie jeder beliebige Geschäftsmann handelt, sondern wie sich jemand in der leitenden, verantwortlichen Stellung des Verwalters fremden Vermögens als Vorstandsmitglied gerade eines derartigen Unternehmens in gerade dieser Lage zu verhalten hat.[3]

Auch die Worte **„einer Genossenschaft"** stellen klar, dass die Vorstandsmitglieder einer eG nicht irgendeinen Unternehmenserfolg anzustreben haben, es aber auch nicht genügt, sich nur um den Markterfolg des genossenschaftlichen Unternehmens zu kümmern. Die Vorstandsmitglieder müssen vielmehr kraft organschaftlicher Amtspflicht in rechtlich und betriebswirtschaftlich einwandfreier Weise eigens für die bestmögliche Erreichung des den Mitgliedern der eG dienenden genossenschaftlichen Förderzweckes (§ 1 Abs. 1 GenG) sorgen. Dies ist eigentlicher Kerninhalt sowie Dreh- und Angelpunkt ihrer Pflichten als Vorstand einer eG, genauer einer der gem. § 6 Nr. 2 GenG satzungsmäßig festgelegten Art[4]. 4.20

Insoweit spezifiziert und erweitert § 34 Abs. 1 Satz 1 GenG also die Geschäftsführersorgfalt.[5] Für die Vorstandsmitglieder einer eG folgt daraus eine **doppelte Erfolgsbindung**: Anders als bei der AG und der GmbH darf der Markterfolg einer eG den Vorstandsmitgliedern stets nur Mittel zum Zweck einer bestmöglichen Förderung der Mitglieder (nicht anderer Zwecke und/oder Adressaten) sein. Umgekehrt genießt der Vorstand bei seiner eigenverantwortlichen Geschäftsführung einen weiten Handlungsspielraum, ohne den – wie bei allen Unternehmensrechtsformen – eine unternehmerische Leitung schlechterdings nicht denkbar ist. Das schließt neben dem bewussten Eingehen geschäftlicher Risiken prinzipiell auch die Gefahr von Fehlbeurteilungen und Fehleinschätzungen ein. Für die Ausübung unternehmerischen Ermessens ist aber erst dann Raum, wenn der Vorstand die Entscheidungsgrundlagen sorgfältig ermittelt und das Für und Wider verschiedener Vorgehensweisen abgewogen hat.[6] Eine Pflichtverlet- 4.21

---

1 *Müller*, § 34 GenG Rz. 14; *Beuthien*, § 34 GenG Rz. 9.
2 *Beuthien*, § 34 GenG Rz. 9.
3 *Beuthien*, § 34 GenG Rz. 9 m.w.N.
4 Ggf. weiter spezifiziert in sondergesetzlichen Regelungen, wie z.B. für Kreditgenossenschaften (Genossenschaftsbanken) in § 1 Abs. 1 Nr. 1 und Abs. 2 Satz 1 sowie §§ 17, 25a, u.a. KWG. Zu Risikobereich und Haftung bei Kreditinstituten s. unten *Fischer*, § 23.
5 *Beuthien*, § 34 GenG Rz. 97; *Beuthien*, Genossenschaftliche Selbstverwaltung, S. 59.
6 BGH v. 3.11.2008 – II ZR 236/07, AG 2009, 117; weitere Nachweise bei *Fandrich* in Pöhlmann/Fandrich/Bloehs, § 34 GenG Rz. 7.

zung kommt nicht schon beim Fehlen von *Fortune* und einer *glücklichen Hand*, sondern erst in Betracht, wenn die Grenzen verantwortungsbewussten unternehmerischen Handelns deutlich überschritten sind.[1] Das beurteilt sich für eine Genossenschaftsbank im Einzelfall anders als für eine Wohnungsgenossenschaft oder z.B. eine Idealgenossenschaft, deren Zweck darauf gerichtet ist, soziale und/oder kulturelle Belange zu fördern. Unabhängig davon beinhalten aber hier wie da Förderzweckverstöße des Vorstands stets Pflichtverletzungen i.S. des § 34 Abs. 1 Satz 1 GenG. Das ist zugleich der wesentliche Unterschied bei der Organmitgliederhaftung eines Vorstands einer eG im Vergleich zur AG und GmbH, für die es keine solche besondere gesetzliche Zweckvorgabe gibt.

Umgekehrt ausgedrückt: Wie bei jeder anderen Gesellschaftsrechtsform hat selbstverständlich auch das Vorstandsmitglied einer eG die Geschäfte unter Beachtung der in den Gesetzen (namentlich dem GenG) und in der Satzung enthaltenen Vorschriften zu führen. Folglich führt bereits jede Verletzung einer gesetzlichen Vorschrift (z.B. insbesondere der in § 34 Abs. 1 Satz 3 GenG explizit normierten Verschwiegenheitspflicht) oder einer Satzungsbestimmung der eG zur Haftungsvorschrift des § 34 Abs. 2 GenG.

Darüber hinaus liegt eine Pflichtverletzung – wie bei der AG und der GmbH – vor, wenn das Vorstandsmitglied bei der Führung seiner Geschäfte gegen die allgemein anerkannten betriebswirtschaftlichen Erkenntnisse und Erfahrungssätze verstößt.

4.22 Als Besonderheit gegenüber AG und GmbH kommt bei der eG die für ihre Rechtsform spezifische Fallgruppe der **Förderzweckverstöße** hinzu, d.h. die Verletzung des mitgliedschaftsbezogenen Förderauftrags (§ 1 Abs. 1 GenG) – dem kraft Gesetzes angeborenen Alleinstellungsmerkmal einer eG.

1. Genossenschaftlicher Förderauftrag und Förderpflichtverletzungen

4.23 Anders als eine Kapitalgesellschaft (AG oder GmbH), die zu jedem gesetzlich zulässigen Zweck errichtet werden darf (§ 1 GmbHG, § 1 Abs. 1 AktG), muss eine eG zwingend einem bestimmten Zweck dienen: *„deren Zweck darauf gerichtet ist, den Erwerb oder die Wirtschaft ihrer Mitglieder oder deren soziale oder kulturelle Belange durch gemeinschaftlichen Geschäftsbetrieb zu fördern"* (§ 1 Abs. 1 GenG). Dabei steht das Wort *„gemeinschaftlich"* für *„förderwirtschaftlich"*, so dass eine eG die Mitglieder (Genossen) als Kunden des von ihr betriebenen Unternehmens zu fördern hat. Dies geschieht dadurch, dass die eG den Mitgliedern naturale Förderleistungen (d.h. Waren, Werk- oder Dienstleistungen) anbietet. Kennzeichnend für eine eG ist also, dass deren Mitglieder zugleich Kunden des genossenschaftlichen Unternehmens sind (sog. *Identitätsprinzip*) und damit nicht nur in eine Einlegerbeziehung, sondern auch in eine Geschäftsbeziehung zu ihrer eG treten. Besonders an der Mitgliedschaft in einer eG ist letztlich allein, dass sie förderzweckgebunden ist, die eG ihre Mitglieder also *eigens als Kunden fördern* will.[2] In welcher Weise die einzelne eG ihre *Mitgliederkunden* fördern will, muss sie in ihrer Satzung (§ 6 Nr. 1 GenG) angeben.[3] Andernfalls wird sie erst gar nicht in das Genos-

---

[1] Ständige Rechtsprechung BGH v. 21.4.1997 – II ZR 175/95, BGHZ 135, 244, 253 = AG 1997, 377 für AG; so zuletzt BGH v. 21.3.2005 – II ZR 54/03, NZG 2005, 562 ff. für eG; *Beuthien*, § 34 GenG Rz. 9 m.w.N.; Beispiele aus der Rechtsprechung bei *Holthaus/Lehnhoff* in Lang/Weidmüller, § 34 GenG Rz. 47 ff.

[2] *Beuthien* in FS Brink, S. 109; *Beuthien*, Die eingetragene Genossenschaft im Strukturwandel, S. 3.

[3] Sog. Nichtmitgliederkundengeschäft ist der eG nur im Rahmen der Satzungsvorschrift des § 8 Nr. 5 GenG gestattet.

senschaftsregister eingetragen. Außerdem muss sich die eG einem genossenschaftlichen Prüfungsverband anschließen (§ 54 GenG), der bei seiner besonders weit reichenden Vermögens- und Geschäftsführungsprüfung (§ 53 GenG) insbesondere darauf zu achten hat, ob und inwieweit der Genossenschaftsvorstand den mitgliederbezogenen Förderzweck einhält.[1]

An diesen Grundsätzen haben auch die letzten Gesetzesnovellen nicht gerüttelt, auch nicht dadurch, dass seit der Novelle 2006 durch die Satzung auch sog. investierende Mitglieder gem. § 8 Abs. 2 GenG zugelassen werden können.[2]

Förderzweckwidrig sind demzufolge Fallgestaltungen, die alternativ 4.24

(1) eine unzulässige/ungenossenschaftliche Eigen- und/oder Drittförderung (statt nutzungsbezogene Mitgliederförderung) zum Inhalt und Ziel haben,

(2) den Erwerb oder die Wirtschaft der Mitglieder (oder deren soziale oder kulturelle Belange) nicht förderwirtschaftlich, sondern stattdessen wie Kapitalgesellschafter durch Einlagenverzinsung und Dividendenausschüttung, d.h. rein anlegerbezogen fördert,

(3) eine Selbstförderung des Genossenschaftsunternehmens bedeuten, d.h. ein Unternehmenswachstum betreiben, das sich nicht zumindest mittelbar in wirtschaftlichen Förderleistungen zu Gunsten der Mitglieder niederschlägt,

(4) Geschäft mit Nichtmitgliedern ohne satzungsmäßige Gestattung (§ 8 Abs. 1 Nr. 5 GenG) oder in einem Ausmaß betreibt, das von der vorrangigen Mitgliederförderung offenkundig nicht gefordert wird,

(5) Erwerbe dem § 1 Abs. 2 GenG widersprechende Beteiligungen (statt „verbundgerechtes Verhalten"); wodurch die Beteiligungsfreiheit der eG förderwirtschaftlich begrenzt wird.[3]

Verbundgerechtes Verhalten verlangt vom Vorstand einer eG, dass er im Rahmen seiner Leitungsverantwortung auch dafür sorgt, dass die Möglichkeiten der arbeitsteiligen Zusammenarbeit im genossenschaftlichen Verbund, wofür insbesondere die Gruppe der Genossenschaftsbanken mit ihrem mehrstufigen förderwirtschaftlichen Oberbau in Form sog. Verbundbeteiligungen und Zentralgenossenschaften steht, auf allen Ebenen im Interesse einer optimalen Förderung der Mitglieder seiner eG genutzt werden.[4] Was darunter im Einzelnen zu verstehen ist und wem das GenG dazu welchen Vorrang gewährt, ist an anderer Stelle erläutert.[5]

Die **Nicht- oder Schlechterfüllung des Förderauftrags**[6] durch ein Vorstandsmitglied berechtigt die eG sowohl zum Widerruf der Bestellung als auch ggf. fristlosen Kündigung der Anstellung des Vorstandsmitglieds. Sie bedeutet für die eG zumindest einen Nichtvermögensschaden, der grds. durch Naturalrestitution (§ 249 Satz 1 BGB) zu beseitigen ist. Also ist das Vorstandsmitglied aus § 34 Abs. 2 GenG i.V.m. § 249 Satz 1 BGB verpflichtet, dem Förder- 4.25

---

1 *Beuthien*, AG 2006, 53 f.
2 *Helios/Weber*, Exklusivleistungen für Mitglieder und bewusste Andersbehandlung von Nichtmitgliedern, S. 205 f.; *Beuthien*, AG 2006, 53 ff.
3 *Beuthien*, § 1 GenG Rz. 1 sowie in Rz. 96, wonach die eG eine besonders verbund-geeignete Vereinigungsform ist.
4 *Holthaus/Lehnhoff* in Lang/Weidmüller, § 34 GenG Rz. 45 sowie § 1 GenG Rz. 90 ff.
5 *Weber*, Kunde, Produkt oder Mitglied – was hat Vorrang im Geschäftsmodell des genossenschaftlichen Finanz-Verbundes?, in FS Beuthien, S. 371 ff., 384 f.; *Beuthien/Hanrath/Weber*, Mitglieder-Fördermanagement in Genossenschaftsbanken; *Beuthien* in FS Schaffland, S. 76 ff.
6 Zu Einzelheiten und konkreten Einzelfällen, *Beuthien*, § 34 GenG Rz. 10.

zweck widersprechende Rechtsgeschäfte – soweit rechtlich möglich – rückgängig zu machen (z.B. durch Kündigung förderzweckwidriger Dauerschuldverhältnisse mit Dritten oder Veräußerung nicht i.S. des § 1 Abs. 2 GenG förderzweckgetragener Beteiligungen).[1]

Den Vorstand persönlich auf Schadensersatz in Geld in Anspruch zu nehmen, wird der eG bei Förderzweckverstößen hingegen schwerlich gelingen. Nach § 34 Abs. 2 GenG erfordert das einen Schaden der eG selbst. Einen Vermögensschaden aber erleiden durch die Nicht- oder Schlechterfüllung des Förderauftrags die Mitglieder. Diese sind indes weder selbst anspruchsberechtigt noch klagebefugt.

2. Allgemeiner Sorgfaltsmaßstab und Sorgfaltsanforderungen

4.26 Die von § 34 Abs. 1 GenG geforderte *Sorgfalt eines ordentlichen und gewissenhaften Geschäftsleiters* ist nach objektiven Kriterien zu bestimmen. Nach ständiger Rechtsprechung ist dabei sowohl ein „sachlicher" als auch ein „gegenständlicher" Maßstab anzulegen.

Von jedem Vorstandsmitglied wird „das **Maß an Sorgfalt** verlangt, das nach der Lebenserfahrung ein ordentlicher Geschäftsmann regelmäßig anwendet, um seine eigenen oder fremde Geschäfte, deren Besorgung ihm obliegt, zu führen"[2]. Maßgeblich ist also die marktübliche Sorgfalt.[3] Für das Vorstandsmitglied einer eG gilt also insoweit nichts anderes als für Geschäftsleiter von Unternehmensträgern in anderer Rechtsform (z.B. AG und GmbH), sondern es muss wie diese grundsätzlich für die „Fähigkeiten im Rahmen der an einen ordentlichen Kaufmann zu stellenden Anforderungen schlechthin einstehen"[4]. Das erfordert eine zumindest durchschnittliche fachliche Befähigung zu einer derartigen Geschäftsführung.

4.27 Hierbei ist der **jeweilige Beurteilungsmaßstab** den tatsächlichen Anforderungen zu entnehmen, welche die Leitung des Unternehmens der gerade in Frage stehenden eG an Befähigung, Umsicht, Erfahrung und Gewandtheit ihrer Vorstandsmitglieder stellt.[5]

4.28 § 34 Abs. 1 Satz 1 GenG verlangt weiterhin, dass *sämtliche* Vorstandsmitglieder bei ihrer Geschäftsführung die Sorgfalt eines ordentlichen und gewissenhaften Geschäftsleiters einer solchen Genossenschaft anwenden. Der Gesetzeswortlaut machte bis vor kurzem – anders als § 31a BGB – keinerlei **Unterschiede**, weder danach, ob die Vorstandsmitglieder haupt-, neben- oder ehrenamtlich tätig werden, noch etwa danach, welcher Pflichtenkreis einem Vorstandsmitglied einzelvertraglich oder durch einen Geschäftsverteilungsplan bzw. eine Ressortzuständigkeit übertragen worden ist.

Also schienen alle Vorstandsmitglieder einschließlich der neben- und ehrenamtlichen stets gleich streng haften zu müssen. Sie alle schulden offenbar unterschiedslos diejenige Sorgfalt, die der Markt von dem Geschäftsleiter eines derartigen Unternehmens erwartet. Eine solche Haftungsstrenge ist jedoch nur im Grundsatz gegeben. Bei einer auf den Einzelfall bezogenen Betrachtung zeigt sich indes, dass hinter § 34 Abs. 1 Satz 1 i.V.m. Abs. 2 GenG ein **abgestuftes Anforderungs- und Haftungssystem** liegt. Eines Rückgriffs auf die vereinsrechtliche Regelung des § 31a BGB bedurfte es dazu nicht, auch keiner Analogie zu, was nunmehr § 34

---

1 *Beuthien*, § 34 GenG Rz. 11.
2 RZG 163, 200, 208.
3 *Beuthien*, § 34 GenG Rz. 10.
4 RG JW 1931, 41.
5 RGZ 163, 200, 208 f.

Abs. 2 Satz 2 GenG ausdrücklich klarstellt.[1] § 31a Abs. 1 Satz 1 BGB gilt auch nicht entsprechend.[2]

Erstens muss ein Vorstandsmitglied nicht schon für jede schuldhafte Pflichtverletzung, die irgendwo im Vorstand unterläuft, einstehen, sondern nur für *eigene* **Pflichtverletzung** (§ 34 Abs. 2 Satz 1 GenG). Also hängt die persönliche Haftung des einzelnen Vorstandsmitgliedes zunächst davon ab, welcher Pflichtenkreis ihm im Vorstand übertragen worden ist. Bei gegebener Geschäftsverteilung im Vorstand fragt sich damit als Erstes, ob es sich um ein nach dem Geschäftsverteilungsplan zuständiges oder unzuständiges Vorstandsmitglied handelt.

4.29

Da etwa nebenamtliche Vorstandsmitglieder im Gegensatz zu den hauptamtlichen Vorstandsmitgliedern in der Regel keines der üblichen Geschäftsressorts übernehmen und demzufolge meist nicht bei der laufenden Tagesgeschäftsführung mitwirken, ergeben sich schon hieraus Unterschiede in Haftungsfragen. So werden nebenamtliche Vorstandsmitglieder z.B. für tagespolitische Fehler nur selten persönlich verantwortlich sein.[3] Umgekehrt schützt vor Haftung nicht allein der Umstand, dass ein Vorstandsmitglied nur unentgeltlich und ehrenamtlich als Mitglied des Vorstands tätig ist (arg. § 34 Abs. 2 Satz 2 GenG).[4] Ebenso wenig wird ein einzelnes Vorstandsmitglied allein durch eine Aufgabenverteilung unter den Mitgliedern des Vorstands von einer Haftung für Fehlentwicklungen bei der Wahrnehmung der Leitungsaufgabe durch den (Gesamt-)Vorstand entbunden.[5] Entscheidend sind vielmehr stets die konkreten Verhältnisse im Einzelfall, d.h. ob und inwieweit einem Vorstandsmitglied eine eigene Pflichtverletzung vorzuwerfen ist.[6]

Eine weitere Einschränkung erfährt § 34 Abs. 1 Satz 1 GenG durch das genossenschaftliche Prinzip der Selbstorganschaft i.S. des § 9 Abs. 2 Satz 1 GenG. Hieraus ergibt sich eine besondere **genossenschaftseigentümliche Sorgfaltsgrenze**. Wenn die Mitglieder des Vorstands einer eG nämlich – wie § 9 Abs. 2 Satz 1 GenG besagt – Mitglieder der eG sein müssen, so ist der Personenkreis, aus dem diese gewählt werden können, begrenzt. Folglich kann der Gewählte nicht mehr Sach- und Fachkunde mitbringen, als im Wahlkörper vorhanden ist. Insofern schränken §§ 9 Abs. 2, Satz 1, 34 Abs. 1 Satz 1 GenG die geschuldete Geschäftsführersorgfalt bei der eG auf das selbstorganschaftlich Mögliche ein. Hierin liegt ein wesentlicher, rechtsformbedingter Unterschied zur AG und GmbH.

4.30

Selbstorganschaftlich ausgelegt, folgt deshalb aus § 34 Abs. 1 Satz 1 GenG: Pflichtgemäß im Sinne dieser Vorschrift verhält sich schon jeder Geschäftsleiter, der die einem seiner Art und Amtsstellung innerhalb einer derartigen Genossenschaft objektiv mögliche und zumutbare Sorgfalt beachtet.[7]

Es ist also an die Vorstandsmitglieder einer eG nicht stets der gleiche Maßstab anzulegen; vielmehr sind dabei u.a. Art und Größe des jeweils in Frage stehenden genossenschaftlichen Unternehmens zu berücksichtigen.[8] Darin liegt aber nichts Genossenschaftsspezifisches, sondern das entspricht allgemeinen Haftungsgrundsätzen. Ferner kommt es – wie auch sonst – darauf

---

1 Gesetz zum Bürokratieabbau und zur Förderung der Transparenz bei Genossenschaften vom 17.7.2017 (BGBl. I 2017, 2434).
2 *Beuthien*, § 34 GenG Rz. 14; *Holthaus/Lehnhoff* in Lang/Weidmüller, § 34 GenG Rz. 6a ff.
3 Zu Einzelheiten *Beuthien*, Genossenschaftliche Selbstverwaltung, S. 57.
4 BGH v. 1.12.2003 – II ZR 216/01, NJW-RR 2004, 900, 902 = ZIP 2004, 407 mit Anm. von *Beuthien/Friebel*, WuB 2005, 771, 772.
5 BGH v. 1.12.2003 – II ZR 216/01, NJW-RR 2004, 900, 902 = ZIP 2004, 407.
6 OLG Frankfurt v. 20.2.2006 – 23 U 150/05, OLGReport Frankfurt 2006, 918 ff.
7 *Beuthien*, Genossenschaftliche Selbstverwaltung, S. 60.
8 *Beuthien*, § 34 GenG Rz. 13 f.

an, ob das Vorstandsmitglied z.B. für ein bestimmtes Ressort oder für einen spezialisierten Tätigkeitsbereich vorgesehen ist.

Stets geht es darum, dass die Vorstandsmitglieder eigenständig für die Erfüllung der ihnen obliegenden Pflichten zu sorgen haben. Dass der Aufsichtsrat (§ 38 GenG) oder der genossenschaftliche Prüfungsverband (§§ 53 ff. GenG) ggf. insoweit ihren Aufsichts- und Prüfpflichten gegenüber dem Vorstand nicht oder nicht vollumfänglich nachgekommen sind, entlastet das Vorstandsmitglied nicht. In Bezug auf Defizite bei seiner Pflichterfüllung kann das Vorstandsmitglied nicht auf die zu seiner Überwachung berufenen Personen verweisen, die ggf. ihrerseits der eG haften (§§ 41, 62 Abs. 1 Satz 3 GenG).[1]

II. Haupt- und ehrenamtliches Nebenamt

4.31 Bereits im vorherigen Abschnitt (Rz. 4.16, 4.28 ff.) wurde aufgezeigt, dass schon tatbestandlich auch zwischen **hauptamtlichen und ehrenamtlichen Sorgfaltsanforderungen** zu unterscheiden ist.[2] Dabei kommt es für den Grad der geschuldeten Sorgfalt grundsätzlich nicht darauf an, ob die Vorstandsmitglieder besoldet sind oder nicht.[3] Entscheidend sind bei der eG vielmehr die besonderen Verhältnisse im Einzelfall, in der die nebenamtliche Tätigkeit für eine mildere Haftung sprechen kann.[4]

4.32 Dieser Sichtweise folgt der jüngst neu hinzugefügte § 34 Abs. 2 Satz 2 GenG.

4.33 Der Ansatz zur **Differenzierung der Sorgfaltsanforderungen** für hauptamtliche und ehrenamtliche Vorstandsmitglieder ist folgender: Beide schulden innerhalb des selbstorganschaftlich Möglichen die im Verkehr objektiv erforderliche Sorgfalt i.S. des § 276 Abs. 1 BGB. Nur haben Art und Ausmaß der jeweils geschuldeten Sorgfalt einen anderen Bezugspunkt, nämlich das jeweilige Hauptberufsfeld des Amtsträgers. Wer sein Geld hauptberuflich als Manager verdienen will, schuldet grundsätzlich die für eine solche Aufgabe auf der Marktstufe der eG *stellenmarktübliche* Sorgfalt. Wer dagegen ohne persönliches Gewinnstreben um einer möglichst mitgliedernahen Förderpolitik der eG willen in ein genossenschaftliches Nebenamt seine Basiserfahrung einbringen soll, der braucht grundsätzlich nur die auf *seiner Markt- oder Lebensstufe* übliche Sorgfalt zu beachten. Deshalb können die nebenehrenamtlichen Sorgfaltsanforderungen im Einzelfall hinter denen des Hauptamtes zurückbleiben. Nur muss auch ein nebenamtliches Vorstandsmitglied stets zumindest diejenige sachkundige Sorgfalt gewährleisten, die ein durchschnittlich befähigter Mitgenosse seiner Art in einer solchen eG an seiner Stelle im Verkehr hätte beachten müssen.[5]

4.34 Eine Haftungsmilderung nach den **Grundsätzen gefahrgeneigter Arbeit** wird vom BGH jedenfalls in Bezug auf das hauptamtliche Vorstandsmitglied einer eG kurz und bündig abge-

---

1 BGH v. 1.12.2003 – II ZR 216/01, NJW-RR 2004, 900, 902 = ZIP 2004, 407.
2 Dagegen wollen *Holthaus/Lehnhoff* in Lang/Weidmüller, § 34 GenG Rz. 6 offenbar erst auf Ebene des Verschuldens sowie des internen Schadensausgleichs (§ 426 BGB) differenzieren; ebenso *Fandrich* in Pöhlmann/Fandrich/Bloehs, § 34 GenG Rz. 1. Entsprechendes soll für stellvertretende Vorstandsmitglieder gelten.
3 So schon RGZ 163, 200, 208; ebenso BGH v. 1.12.2003 – II ZR 216/01, NJW-RR 2004, 900, 902 = ZIP 2004, 407 sowie z.B. FG München v. 23.6.2005 – 14 K 1035/03, EFG 2006, 1030 ff. zu e.V.
4 *Beuthien*, § 34 GenG Rz. 14.
5 Zu Einzelheiten sowie dem Übernahmeverschulden des Nebenamtsträgers und Organisationsverschulden der eG, *Beuthien*, Genossenschaftliche Selbstverwaltung, S. 62 ff. sowie § 34 GenG Rz. 14 m.w.N.

lehnt.[1] Eine höchstrichterliche Entscheidung für ein nur neben- und ehrenamtlich tätiges Vorstandsmitglied einer eG steht noch aus.[2] Sie ist durch die Neuregelung des § 34 Abs. 2 Satz 2 GenG auch weithin überholt. Auch hat der Bundesgerichtshof die Grundsätze gefahrgeneigter Arbeit bereits auf ein ehrenamtlich außerhalb des Vorstands tätiges Vereinsmitglied angewendet. Aufschlussreich ist die Urteilsbegründung[3], die so auch auf das Ehrenamt im Vorstand einer eG passt. Ebenso begegnen Stimmen, die für Vorstandsmitglieder einer AG und Geschäftsführer einer GmbH bei fehlerhafter Unternehmensleitung eine entsprechend den Grundsätzen der gefahrgeneigten Arbeit bzw. sog. betrieblich veranlasster Tätigkeit gemilderte Haftung unter bestimmten Voraussetzungen nicht für grundsätzlich ausgeschlossen halten.[4] Indes ist Beides noch zu ungesichert, um darauf eine mildere Haftung der neben- und ehrenamtlich tätigen Vorstandsmitglieder einer eG stützen zu können.[5]

III. Besondere Haftungsvereinbarungen und Verzichtsbeschlüsse der Generalversammlung

Für besondere **Haftungsvereinbarungen** lässt § 18 Satz 2 GenG nur wenig Raum, soweit es darum geht, die Organwalterhaftung (§ 34 Abs. 2 GenG) auszuschließen oder zu mildern (arg. § 34 Abs. 4 GenG). Durch den Anstellungsvertrag ist sie jedenfalls nicht ausschließbar. Auch eine Anstellungsvertragsklausel, wonach das Vorstandsmitglied nur für Vorsatz und grobe Fahrlässigkeit haftet, ist unwirksam.[6] Verschärfungen der Organwalterhaftung sind dagegen sowohl anstellungsvertraglich als auch in der Satzung zulässig.

4.35

Gem. § 18 Satz 2 GenG darf von den Vorschriften des GenG nur insoweit abgewichen werden, als dies ausdrücklich für zulässig erklärt ist. § 34 GenG enthält aber keine ausdrückliche Öffnungsklausel, von der in der Satzung oder im Anstellungsvertrag „nach unten", d.h. haftungserleichternd Gebrauch gemacht werden könnte. Das hätte zur Folge, dass auch für ehrenamtliche Vorstandsmitglieder keinerlei Milderung in ihrer Organwalterhaftung möglich wäre, auch nicht etwa dergestalt, dass sie kraft Vereinbarung nur die eigenübliche Sorgfalt

---

1 BGH v. 27.2.1975 – II ZR 112/72, WM 1975, 467, 469.
2 Der BGH hat sich in seiner Entscheidung (Urteil v. 1.12.2003 – II ZR 216/01 (OLG Oldenburg), NJW-RR 2004, 900 ff. = ZIP 2004, 407) mit dieser Frage nicht befasst, scheint aber auf den ersten Blick zwischen haupt- und ehrenamtlichen Vorstandsmitgliedern – jedenfalls was die Außenhaftung anbelangt – nicht differenzieren zu wollen.
3 BGH v. 5.12.1983 – II ZR 252/82, BGHZ 89, 153, 158 f.
4 So z.B. *Schneider* in FS Werner, S. 795, 804 f.; a.A. *Hüffer/Koch*, § 93 AktG Rz. 51 m.w.N. sowie den Fällen sog. Regressreduzierung bei der AG.
5 Ausführlich dazu *Beuthien*, Genossenschaftliche Selbstverwaltung, S. 64 f. Vereinfachend *Holthaus/Lehnhoff* in Lang/Weidmüller, § 34 GenG Rz. 24, wonach die Grundsätze der gefahrgeneigten Arbeit jedenfalls bei „normalen Vorstandspflichten" nicht anwendbar sein sollen.
6 *Holthaus/Lehnhoff* in Lang/Weidmüller, § 34 GenG Rz. 131; *Fandrich* in Pöhlmann/Fandrich/Bloehs, § 34 GenG Rz. 26 m.w.N.; entsprechend für die AG *Hüffer/Koch*, § 93 AktG Rz. 1 und 2 m.w.N. – obschon sich im dortigen Schrifttum Tendenzen zur Abschwächung der Vorstandshaftung abzeichnen, was bedenklich ist, weil es den Grundsatz des Gleichklangs von Herrschaft (Leitungsmacht) und Haftung weiter konterkariert; s. dazu nur *Seibt* – freilich einseitig gefärbt durch die Brille des so bezeichneten *Kapitalmarktsanktionsrechts* – 20 Thesen zur Binnenverantwortung im Unternehmen, NZG 2015, 1097 mit kritischen Bemerkungen von *Habersack*, Enthaftung des Vorstandsmitglieds qua Anstellungsvertrag?, NZG 2015, 1297 ff. Anders bei der GmbH wegen § 46 Nr. 6 und 8 GmbHG; *Zöllner/Noack* in Baumbach/Hueck, § 43 GmbHG Rz. 47. Zum Themenkomplex Verzicht, Vergleich und sonstige Fälle der Haftungsbeschränkung bei GmbH und AG unten *Haas/Wigand*, § 20.

(§§ 708, 690 BGB) schulden oder wie bei §§ 521, 599 BGB und § 31a BGB nur für Vorsatz und grobe Fahrlässigkeit einzustehen haben.

4.36 Diese grundsätzliche **Haftungsstrenge** des § 34 GenG wird jedoch auf anderer Ebene dadurch relativiert, dass es der eG nicht untersagt ist, auf einen bereits entstandenen Ersatzanspruch gegen ein pflichtwidrig handelndes Vorstandsmitglied gem. § 397 BGB nachträglich zu verzichten; jedenfalls soweit es sich um andere Fälle als die des § 34 Abs. 3 Nr. 1–5 GenG handelt. Warum soll der eG dann nicht auch freistehen, die Haftung ihrer Organmitglieder von vornherein entsprechend zu begrenzen? Das genossenschaftliche Schrifttum hat das bisher unter Hinweis auf eine frühe Entscheidung des Reichsgerichts[1] abgelehnt, wonach eine solche statutarische Haftungsbegrenzung „wider die öffentliche Ordnung" sein solle.[2]

4.37 Ein entsprechendes Problem stellt sich bei der Geschäftsführerhaftung i.S. des § 43 GmbHG. Dort ist umstritten, ob und inwieweit der Gesellschaftsvertrag eine **Haftungsmilderung** vorsehen darf.[3] Im Ergebnis ist das ausweislich der Gesetzesmaterialien des § 43 GmbHG zu bejahen, d.h. soweit dem nicht Gläubigerschutzvorschriften (wie § 43 Abs. 3 Satz 2 i.V.m. § 9b GmbHG) oder Minderheitenschutzinteressen widerstreiten (s. dazu oben *Uwe H. Schneider*, Rz. 2.50–53 sowie allg. dazu oben *Lutter*, Rz. 1.19–21). Dementsprechend kann auch die Haftung der ehrennebenamtlichen Vorstandsmitglieder einer eG statuarisch außerhalb des zwingend von § 34 Abs. 3 GenG erfassten Bereichs begrenzt werden.[4]

Soweit eine anstellungsvertragliche Haftung neben die Organwalterhaftung aus § 34 GenG tritt, kann sie – anders als die Organwalterhaftung – privatautonom bis zur Grenze des § 276 Abs. 2 BGB ausgeschlossen werden.[5] Eine Gesetzesumgehung[6] liegt darin nicht, da die Haftung aus § 34 Abs. 2 GenG davon unberührt bleibt.[7]

IV. Einzel- und Gesamtverantwortung

4.38 Jedes Vorstandsmitglied trägt außer der fachlichen **Einzelverantwortung** für den eigenen Geschäftsbereich (sog. Sach- oder Ressortverantwortung) grundsätzlich auch die persönliche **Gesamtverantwortung** für die volle Bandbreite der Geschäftsführung (sog. kollektive Leitungsverantwortung). Das heißt aber nicht, dass alle Fehler in anderen Geschäftsbereichen stets zugleich eigene Fehler sind. Alle arbeitsteilige Geschäftsverteilung im Vorstand – wie i.d.R. bei größeren eGen gegeben – wäre sinnlos, wenn sich jedes Vorstandsmitglied (um nicht persönlich haften zu müssen) doch um sämtliche Angelegenheiten in anderen Ressorts kümmern müsste. Jedes Vorstandsmitglied haftet aus § 34 Abs. 2 GenG nur für die Verletzung der gerade ihm obliegenden Geschäftsführerpflicht und damit nur für sein eigenes Verschulden. Das fremde Fehlverhalten anderer Vorstandsmitglieder ist ihm nicht zuzurechnen. Jedoch kann ihn auch in Bezug auf die Pflichtwidrigkeit anderer Vorstandsmitglieder ein Eigenverschulden treffen[8] (s. Rz. 4.39). In den Grundsätzen bestehen insoweit

---

1 RGZ 46, 60, 61.
2 Z.B. *Müller*, § 34 GenG Rz. 8.
3 S. dazu die Nachweise bei *Beuthien*, Genossenschaftliche Selbstverwaltung, S. 71, Fn. 41.
4 *Beuthien*, Genossenschaftliche Selbstverwaltung, S. 71 f.
5 Anders *Holthaus/Lehnhoff* in Lang/Weidmüller, § 34 GenG Rz. 131 und Rz. 142; *Müller*, § 34 GenG Rz. 9.
6 So zu Unrecht *Müller*, § 34 GenG Rz. 9.
7 *Beuthien*, Genossenschaftliche Selbstverwaltung, S. 72.
8 OLG Frankfurt v. 20.2.2006 – 23 U 150/05, OLGReport Frankfurt 2006, 918 ff.

keine Unterschiede zwischen den Verantwortungskreisen bei einer eG, AG oder GmbH (vgl. oben *Uwe H. Schneider*, Rz. 2.35–41, und *Krieger*, Rz. 3.4 ff. sowie unten *E. Vetter*, § 22).

Innerhalb seines Geschäftsbereichs hat das Vorstandsmitglied insbesondere nach Maßgabe des Gesetzes, der Satzung, der Geschäftsordnung sowie der Gremienbeschlüsse der eG selbständig zu entscheiden und zu handeln. Es unterliegt insoweit der Kontrolle durch den Gesamtvorstand; wobei grundsätzlich jedes Vorstandsmitglied darauf vertrauen darf, dass alle Vorstandsmitglieder ihre Aufgaben ordnungsgemäß erfüllen.

Im Einzelfall kann ein Vorstandsmitglied insbesondere in folgenden Fallkonstellationen für das **Fehlverhalten von Vorstandskollegen** ein Eigenverschulden treffen:

4.39

(1) Auswahlverschulden:

Sofern sich der Vorstand selbst eine Geschäftsverteilung gibt (eine Ressortverteilung also nicht schon durch die Generalversammlung oder den Aufsichtsrat erfolgt), muss jedes Vorstandsmitglied darauf achten, dass die anderen Vorstandsmitglieder gerade die für ihr Ressort erforderlichen fachlichen und persönlichen Fähigkeiten mitbringen.

(2) Überlassungsverschulden:

Jedes Vorstandsmitglied muss die ihm im Rahmen der Geschäftsverteilung zugewiesenen Aufgaben grundsätzlich persönlich erledigen und darf sie nicht anderen dafür nicht oder weniger geeigneten Vorstandsmitgliedern überlassen.[1]

(3) Informationsverschulden:

Die Vorstandsmitglieder müssen sich wechselseitig über die für den Geschäftsbereich des anderen wesentlichen Umstände kontinuierlich unterrichten (z.B. über die Kreditunwürdigkeit eines Mitglieds der eG).[2]

(4) Überwachungsverschulden:

Jedes einzelne Vorstandsmitglied hat die Tätigkeit der übrigen Vorstandsmitglieder wegen seiner Gesamtverantwortung ständig im Blick zu behalten.[3] Allerdings darf diese Überwachungspflicht, da die kollegial zusammenwirkenden Vorstandsmitglieder einander kritisches Vertrauen schulden, nicht überspannt werden. Sie ist erst verletzt, wenn das Vorstandsmitglied greifbare Anhaltspunkte für eine Pflichtwidrigkeit eines Vorstandskollegen vernachlässigt.[4]

Ein Eigenverschulden kann ein Vorstandsmitglied ferner bei mangelhafter Auswahl, Organisation oder Beaufsichtigung ihm **Unterstellter** treffen. Für die Angestellten der eG haftet das Vorstandsmitglied weder über § 278 Satz 1 Fall 2 BGB noch nach § 831 Abs. 1 BGB. Deren Geschäftsherr ist nicht der Vorstand, sondern die eG selbst.

4.40

---

[1] Vgl. LG Frankfurt v. 5.11.1952 – 2/8 O 304/51, GWW 1953, 330.
[2] S. Nachweise bei *Holthaus/Lehnhoff* in Lang/Weidmüller, § 34 GenG Rz. 47 ff.
[3] RG HRR 1941 Nr. 132; OLG Frankfurt v. 20.2.2006 – 23 U 150/05, OLGReport Frankfurt 2006, 918 ff.
[4] RGZ 91, 72, 77 zu GmbH. Allgemein zu den o.g. Fallkonstellationen *Beuthien*, § 34 GenG Rz. 16.

V. Einzelne gesetzlich aufgeführte Vorstandspflichten und ggf. sondergesetzliche Regelungen

4.41 Es geht hierbei namentlich um die Pflicht sämtlicher Vorstandsmitglieder zur Verschwiegenheit (§ 34 Abs. 1 Satz 3 GenG) sowie die in § 34 Abs. 3 GenG besonders aufgegriffenen Verbote (s. dazu Rz. 4.12).

Auch an anderen Stellen weist das GenG den Vorstandsmitgliedern **ausdrücklich bestimmte Einzelpflichten** zu. So hat der Vorstand Vorstandsänderungen zum Genossenschaftsregister anzumelden (§ 28 GenG), die Mitgliederliste der eG zu führen (§ 30 GenG), die gegründete Genossenschaft zur Eintragung in das Genossenschaftsregister anzumelden (§ 11 GenG) sowie eine Reihe sonstiger Antrags- und Mitteilungs- sowie Verhaltenspflichten (u.a. §§ 21b, 99, 68 Abs. 2 GenG).

4.42 Hinzu treten **sondergesetzlich geregelte Vorstandspflichten** für bestimmte Arten von eG, namentlich für die Kreditgenossenschaften (Genossenschaftsbanken; zu Risikobereich und Haftung bei Kreditinstituten unten *Fischer*, § 23). Deren Vorstandsmitglieder haben zusätzlich zu den üblichen Vorstandspflichten des GenG zahlreiche Sonderpflichten, insbesondere gemäß Kreditwesengesetz (KWG) sowie dazu ergangener Ausführungsvorschriften zu erfüllen (z.B. besondere organisatorische Pflichten gem. § 25a KWG oder bei der Gewährung von Organkrediten gem. § 15 KWG). Wie im Falle des § 17 KWG für die Geschäftsleiter eines Kreditinstituts tritt dann noch eine sondergesetzliche organisationsrechtliche Verantwortlichkeit neben die allgemeine Haftung aus § 34 Abs. 2 GenG. Z.B. handeln Vorstandsmitglieder einer Genossenschaftsbank pflichtwidrig, wenn sie Kredite unter Verstoß gegen § 18 KWG ohne die ausreichende banktübliche Prüfung der Kapitaldienstfähigkeit des Darlehensnehmers bewilligen.[1] Für die vom Gesetzgeber neu zugelassenen Mitgliederdarlehen (§ 21b GenG) außerhalb des KWG sind ähnliche Pflichten im GenG normiert.

D. Schuldhaftigkeit der Pflichtverletzung

4.43 § 34 Abs. 2 Satz 1 GenG setzt, obwohl dies im Gesetzeswortlaut nicht zum Ausdruck kommt, voraus, dass die haftungsbegründende Pflichtverletzung (Rz. 4.7 ff.) auf **persönlichem Verschulden** beruht. Verschuldensformen sind – wie üblich – nach § 276 Abs. 1 Satz 1 BGB Vorsatz (wissentlich und willentlich) und Fahrlässigkeit (wer die im Verkehr erforderliche Sorgfalt außer Acht lässt, § 276 Abs. 2 BGB). Nicht erforderlich ist, dass die Pflichtverletzung gerade und als solche beabsichtigt ist.[2]

4.44 Weil sich das Verschulden nicht (auch) auf den haftungsausfüllenden Schaden beziehen muss, kommt es auf die **Vorhersehbarkeit** des Schadens nicht an.[3] Das Vorstandsmitglied hat die ihm obliegenden Pflichten zu erfüllen, unabhängig davon, ob ihm in diesem Moment erkennbar ist, dass durch eine Nicht- oder Schlechterfüllung seiner Pflicht der Genossenschaft ein Vermögensschaden entstehen kann. Letzterer muss nur durch die Pflichtverletzung adäquat verursacht sein.[4]

---

1 OLG Dresden v. 25.9.2007 – 2 U 318/07, EWiR 2008, 139; vgl. auch BGH v. 8.1.2007 – II ZR 304/04, DB 2007, 389 ff.; zusammengefasst bei *Förstner-Reichstein*, Rspr.-Übersicht 2007 zum GenG, ZfgG 2008, 302, 302 f.
2 *Müller*, § 34 GenG Rz. 22; RGZ 57, 241.
3 BGH v. 21.3.2005 – II ZR 54/03, NZG 2005, 562 ff. = ZIP 2005, 981.
4 *Beuthien*, § 34 GenG Rz. 8; *Hüffer/Koch*, § 93 AktG Rz. 43.

Ist objektiv Pflichtwidrigkeit des Vorstandsverhaltens gegeben, wird das Verschulden gemäß der Beweislastregelung des § 34 Abs. 2 Satz 2 GenG (wie bei § 93 Abs. 2 Satz 2 AktG) vermutet. Danach trifft den Geschäftsleiter die **Beweislast**, wenn streitig ist, ob er die Sorgfalt eines ordentlichen und gewissenhaften Geschäftsleiters einer Genossenschaft angewandt hat.[1] Diese Ausgangssituation ändert sich mit erteilter Entlastung. Sie kehrt die Beweislast i.S. des § 93 Abs. 2 Satz 2 AktG, § 34 Abs. 2 Satz 2 GenG um; was für die Aufsichtsratsmitglieder (§ 41 GenG; § 116 Satz 1 AktG) entsprechend gilt.[2] Für die eG folgt das aus der analogen Anwendung des § 120 Abs. 2 Satz 2 AktG.[3]

4.45

Unkenntnis der Geschäfte oder Unfähigkeit zur Geschäftsführung und/oder geringer Bildungsstand entschuldigen das einzelne Vorstandsmitglied grundsätzlich nicht. Wohl aber kann – nach allgemeinen, nicht genossenschaftsspezifischen Haftungsgrundsätzen – die im konkreten Einzelfall geschuldete Geschäftsführersorgfalt eingeschränkt sein, mit der Folge, dass **unterschiedliche Haftungsmaßstäbe** zum Tragen kommen. Das gründet sich auch auf § 9 Abs. 2 Satz 1 GenG, der die gem. § 34 Abs. 1 Satz 1 GenG geschuldete Geschäftsführersorgfalt bei der eG auf das jeweils selbstorganschaftlich Mögliche begrenzt (s. dazu Rz. 4.30 f.). Schon deshalb ist bei einer eG nicht stets der gleiche Sorgfaltsmaßstab anzulegen.[4]

E. Schaden, Schadensvermutung und Kausalität

Nach allgemeinen Grundsätzen muss die eG sämtliche anspruchsbegründenden Tatsachen, also – außer objektiver Pflichtwidrigkeit und Verschulden – auch Ursachenzusammenhang zwischen Pflichtverletzung und Schaden darlegen und beweisen.

4.46

§ 34 Abs. 2 Satz 2 GenG macht hiervon dergestalt eine Ausnahme, dass er die eG nicht nur vom **Verschuldensnachweis** (sog. subjektive Pflichtwidrigkeit) entlastet, sondern auch bereits die objektive Pflichtverletzung vermuten lässt; jedenfalls sofern der eingetretene Schaden nachweislich auf ein Verhalten des Vorstands zurückgeht. Die eG hat also nur zu behaupten und zu beweisen, dass sie durch die Geschäftsführung des Vorstands geschädigt worden ist.[5] Es ist dann Sache der zuständigen Vorstandsmitglieder, darzutun, dass sie trotz des gegen sie sprechenden Anscheins ihrer Sorgfaltspflicht genügt haben oder dass ihnen die Erfüllung dieser Pflicht unmöglich war.[6] Anders verhält es sich, wenn bereits Entlastung erteilt worden ist (s. Rz. 4.45).

Gemäß der **Schadensvermutung** des § 34 Abs. 3 GenG wird (nur) für die dort genannten Tatbestände vermutet, dass der eG zumindest in Höhe der pflichtwidrig gezahlten Beträge ein Schaden entstanden ist. Das Vorstandsmitglied kann sich in diesen Fällen nur entlasten, wenn es beweist, dass die eG insoweit keinen Schaden erlitten hat. Der überschießende Schaden wird nicht vermutet, sondern muss von der eG voll nachgewiesen werden. Die Vermutung des § 34 Abs. 3 GenG ist widerlegbar (§ 292 ZPO).

4.47

---

1 BGH v. 8.1.2007 – II ZR 304/04, DB 2007, 389, 391.
2 *Beuthien*, GmbHR 2014, 682, 687 f. (entgegen BGH v. 3.12.2001 – II ZR 308/99, WM 2002, 220, 222).
3 Dazu sowie ausführlich zur Anwendbarkeit von Vorschriften des Vereinsrechts sowie des Rechts der Kapitalgesellschaften im Genossenschaftsrecht, *Weber*, Die eingetragene Genossenschaft als wirtschaftlicher Sonderverein, S. 232 ff.
4 *Beuthien*, § 34 GenG Rz. 13; *Beuthien*, Genossenschaftliche Selbstverwaltung, S. 60.
5 *Beuthien*, § 34 GenG Rz. 19; BGH v. 8.1.2007 – II ZR 304/04, DStR 2007, 402 ff.
6 *Beuthien*, § 34 GenG Rz. 19 m.w.N.

4.48 Ist der Schaden auf das pflichtwidrige Verhalten mehrerer Vorstandsmitglieder zurückzuführen, so haften die dafür persönlich Verantwortlichen als Gesamtschuldner (§§ 421 ff. BGB). Diejenigen Vertreter im Schrifttum, die alle Mitglieder des Vorstands einer eG – seien es hauptamtliche, neben- und ehrenamtliche und/oder stellvertretende Vorstandsmitglieder – in der Haftung nach außen undifferenziert behandeln wollen, suchen am Ende ein **Korrektiv** in der internen Haftungsverteilung nach § 426 BGB.[1] Dorthin wird dann die Frage verlagert, ob z.B. ein nur ehrenamtlich tätiges Vorstandsmitglied bei der internen Haftungsverteilung mit denselben Maßstäben gemessen werden darf wie ein hauptamtlich tätiges Vorstandsmitglied. Nach § 426 Satz 1 Halbsatz 2 BGB ist diese Frage aber dann zu bejahen, es sei denn, es ist – wie die Vorschrift besagt – tatsächlich untereinander etwas anderes bestimmt.[2]

F. D&O-Versicherung

4.49 Für die Directors and Officers (D&O) Vermögenshaftpflichtversicherung für das Management (Vorstand, Aufsichtsrat, auch weitere leitende Mitarbeiter) gilt bei der eG grundsätzlich nichts anderes als bei AG, GmbH und Verein. Indes ist sie in der Genossenschaftspraxis bis dahin nicht so verbreitet wie bei den Kapitalgesellschaften und wird hier auch (noch) nicht vertieft diskutiert.[3] Bei Kreditgenossenschaften (Genossenschaftsbanken)[4], insbesondere größeren Instituten ist sie die Regel, bei mittleren und kleineren Genossenschaften eher die Ausnahme. Bei ehrenamtlich besetzten, meist kleineren eG findet man sie praktisch gar nicht, obschon deren Organmitglieder gerade wegen der Unentgeltlichkeit ihrer Tätigkeit insoweit sogar schützenswerter sein sollten als hauptamtliche Organmitglieder (vgl. § 31a BGB) und es auch bei kleineren Genossenschaften im Haftungsfall schnell um Beträge geht, die die Betroffenen „Haus und Hof" kosten können. Insoweit liegen die Dinge hier vom Tatsächlichen nicht viel anders als beim Verein. Dem trägt § 34 Abs. 2 Satz 2 GenG Rechnung. Im Übrigen ist zu diesem Thema auf die Beiträge von *Sieg*, § 18 und *Ihlas*, § 19 zu verweisen.

---

1 So z.B. *Holthaus/Lehnhoff* in Lang/Weidmüller, § 34 GenG Rz. 6 ff. und 112 ff.
2 Offengelassen von BGH v. 1.12.2003 – II ZR 216/01, NJW-RR 2004, 900, 902 = ZIP 2004, 407.
3 S. *Holthaus/Lehnhoff* in Lang/Weidmüller, § 34 GenG Rz. 164.
4 Vgl. dazu OLG Dresden v. 25.9.2008 – 2 U 318/07, EWiR 2008, 139.

§ 5
Organhaftung in der SE
Professor Dr. Christoph Teichmann

A. Rechtsgrundlagen und Regelungstechnik	5.1
I. Grundstrukturen der Unternehmensverfassung	5.1
1. Dualistisches System	5.3
2. Monistisches System	5.5
II. Rechtsquellenpyramide	5.8
1. SE-Verordnung	5.9
a) Materielle Regelungen	5.9
b) Verweise auf nationales Recht	5.10
c) Regelungsermächtigungen	5.13
2. Nationales Ausführungsgesetz	5.16
B. Organhaftung im dualistischen SE-Modell	5.17
C. Organhaftung im monistischen SE-Modell	5.21
I. Entsprechende Anwendung des § 93 AktG	5.23
II. Pflichtenstellung des Verwaltungsrats	5.28
1. Vorgaben der SE-Verordnung	5.29
2. SE-Ausführungsgesetz	5.32
a) Allgemeine Oberleitung	5.33
b) Speziell zugewiesene Aufgaben	5.35
(1) Handelsbücher	5.37
(2) Insolvenzantrag	5.39
(3) Konzernrecht	5.40
c) Subsidiäre Auffangregelung (§ 22 Abs. 6 SEAG)	5.41
III. Pflichtenstellung der geschäftsführenden Direktoren	5.43
1. Geschäftsführung	5.43
2. Vertretung der Gesellschaft	5.46
IV. Compliance-Verantwortung im monistischen Leitungsmodell	5.46a
D. Rechtsverfolgung im Haftungsfall	5.47
I. Verfolgungspflicht der zuständigen Organe	5.47
II. Vertretung der Gesellschaft im Prozess	5.48
1. Dualistisches System	5.49
2. Monistisches System	5.50
III. Gläubiger und Aktionäre	5.52

Schrifttum: *Abu Taleb*, Die Haftungsverhältnisse bei der Gründung einer Europäischen Aktiengesellschaft (SE) in Deutschland und England, 2008; *Bachmann*, Der Verwaltungsrat der monistischen SE, ZGR 2008, 779; *Bauer*, Organstellung und Organvergütung in der monistisch verfassten europäischen Aktiengesellschaft (SE), 2008; *Brandt*, Die Hauptversammlung der Europäischen Aktiengesellschaft (SE), 2004; *Bücker*, Bedeutung der monistischen SE in Deutschland und Verantwortlichkeit der Verwaltungsratsmitglieder, in Bergmann/Kiem/Mülbert/Verse/Wittig (Hrsg.), 10 Jahre SE, 2015, S. 203; *Gutsche*, Die Eignung der Europäischen Aktiengesellschaft für kleine und mittlere Unternehmen in Deutschland, 1994; *Habersack*, Das Konzernrecht der „deutschen" SE – Grundlagen, ZGR 2003, 724; *Habersack*, Grund und Grenzen der Compliance-Verantwortung des Aufsichtsrats der AG, AG 2014, 1; *Habersack/Drinhausen* (Hrsg.), SE-Recht, 2. Aufl. 2016; *Hoffmann-Becking*, Organe: Strukturen und Verantwortlichkeiten, insbesondere im monistischen System, ZGR 2004, 355; *Hommelhoff*, Einige Bemerkungen zur Organisationsverfassung der Europäischen Aktiengesellschaft, AG 2001, 279; *Hommelhoff*, Zum Konzernrecht in der Europäischen Aktiengesellschaft, AG 2003, 179; *Hommelhoff/Lächler*, Förder- und Schutzrecht für den SE-Konzern, AG 2014, 257; *Huizinga*, Die Machtbalance zwischen Verwaltung und Hauptversammlung in der Europäischen Gesellschaft (SE), 2012; *Ihrig*, Organschaftliche Haftung und Haftungsdurchsetzung unter Berücksichtigung der monistisch verfassten SE, in Bachmann/Casper/Schäfer/Veil (Hrsg.), Steuerungsfunktionen des Haftungsrechts im Gesellschafts- und Kapitalmarktrecht, 2007, S. 17; *Ihrig*, Die geschäftsführenden Direktoren in der monistischen SE: Stellung, Aufgaben und Haftung, ZGR 2008, 809; *Lutter*, Europäische Aktiengesellschaft – Rechtsfigur mit Zukunft?, BB 2002, 1; *Lutter/Hommelhoff* (Hrsg.), Die Europäische Gesellschaft, 2005; *Lutter/Hommelhoff/Teichmann* (Hrsg.), SE-Kommentar, 2. Aufl. 2015; *Mävers*, Die Anwendbarkeit des Deutschen Corporate Governance Kodex auf die Societas Europaea (SE), 2008; *Manz/Mayer/Schröder*

(Hrsg.), SE-Kommentar, 2. Aufl. 2010; *Mauch*, Das monistische Leitungssystem in der Europäischen Aktiengesellschaft, 2008; *Maul*, Konzernrecht der „deutschen" SE – Ausgewählte Fragen zum Vertragskonzern und den faktischen Unternehmensverbindungen, ZGR 2003, 743; *Merkt*, Die monistische Unternehmensverfassung für die Europäische Aktiengesellschaft aus deutscher Sicht – mit vergleichendem Blick auf die Schweiz, das Vereinigte Königreich und Frankreich –, ZGR 2003, 650; *Metz*, Die Organhaftung bei der monistisch strukturierten Europäischen Aktiengesellschaft mit Sitz in Deutschland, 2009; *Neye*, Die Europäische Aktiengesellschaft, Einführung und Materialiensammlung, 2005; *Neye/Teichmann*, Der Entwurf für das Ausführungsgesetz zur Europäischen Aktiengesellschaft, AG 2003, 169; *Nietsch*, Compliance-Risikomanagement als Aufgabe der Unternehmensleitung, ZHR 180 (2016), 733; *Ortolf*, Die monistische SE-Konzerngesellschaft mit Sitz in Deutschland, 2012; *Paefgen*, „Compliance" als gesellschaftsrechtliche Organisationspflicht?, WM 2016, 433; *Reichert/Ott*, Die Zuständigkeiten von Vorstand und Aufsichtsrat zur Aufklärung von Non Compliance in der AG, NZG 2014, 241; *Schönborn*, Die monistische Societas Europaea in Deutschland im Vergleich zum englischen Recht, 2007; *Schwarz*, Europäisches Gesellschaftsrecht, 2000; *Schwarz*, Zum Statut der Europäischen Aktiengesellschaft, ZIP 2001, 1847; *Schwarz*, SE-Kommentar, 2006; *Seitz*, Die Geschäftsführer einer monistischen Societas Europaea (SE) mit Sitz in der Bundesrepublik Deutschland, 2010; *Teichmann*, Die Einführung der Europäischen Aktiengesellschaft – Grundlagen der Ergänzung des europäischen Statuts durch den deutschen Gesetzgeber, ZGR 2002, 383; *Teichmann*, Gestaltungsfreiheit im monistischen Leitungssystem der Europäischen Aktiengesellschaft, BB 2004, 53; *Teichmann*, Binnenmarktkonformes Gesellschaftsrecht, 2006; *Theisen/Wenz* (Hrsg.), Europäische Aktiengesellschaft, 2. Aufl. 2005; *Ulmer*, Stimmrechtsschranken für Aufsichtsratsmitglieder bei eigener Kandidatur zum Vorstand, NJW 1982, 2288; *Verse*, Das Weisungsrecht des Verwaltungsrats in der monistischen SE, in FS Hoffmann-Becking, 2013, S. 1277.

A. Rechtsgrundlagen und Regelungstechnik

I. Grundstrukturen der Unternehmensverfassung

5.1 Die Societas Europaea, die Europäische Gesellschaft (SE), ist eine supranationale Rechtsform[1] europäischen Rechts. Grundlage ist die 2001 erlassene Verordnung Nr. 2157/2001, die am 4.10.2004 in Kraft getreten ist. Da die SE typologisch der Aktiengesellschaft nahe steht, wird sie häufig auch als „Europäische Aktiengesellschaft" bezeichnet. Für Fragen der Organhaftung bedeutsam ist die Regelungstechnik der **SE-Verordnung** („SE-VO"). Die unmittelbar in allen Mitgliedstaaten anwendbare europäische Verordnung schafft das gesellschaftsrechtliche Fundament; viele Einzelfragen bleiben aber der ergänzenden Anwendung nationalen Aktienrechts überlassen. Eine Besonderheit der SE ist die Wahlfreiheit zwischen dualistischer und monistischer Unternehmensverfassung. Die **dualistische** Verfassung entspricht weitgehend dem Modell des deutschen Aktiengesetzes mit Vorstand und Aufsichtsrat. Für die **monistische** Verfassung hat der deutsche Gesetzgeber im SE-Ausführungsgesetz („SEAG") eine gestufte Kompetenzverteilung zwischen dem obersten Leitungsorgan (Verwaltungsrat) und den sog. geschäftsführenden Direktoren geschaffen.[2] Welches Leitungsmodell anwendbar ist, entscheidet die SE-Satzung (Art. 38 SE-VO).

5.2 Die Organhaftung in der jeweiligen Leitungsstruktur ist auf europäischer Ebene nicht eigenständig geregelt. Art. 51 SE-VO, der für beide Leitungssysteme gilt, regelt einen Verweis auf

---

[1] Zu den Kennzeichen derartiger Rechtsformen *Schwarz*, Europäisches Gesellschaftsrecht, S. 567 f.; *Teichmann*, Binnenmarktkonformes Gesellschaftsrecht, S. 323 ff.
[2] Zur praktischen Bedeutung der monistischen Struktur *Bücker* in 10 Jahre SE, S. 203, 206.

das nationale Recht[1]: Die Mitglieder des Leitungs-, Aufsichts- oder Verwaltungsorgans haften gemäß den im Sitzstaat der SE für Aktiengesellschaften maßgeblichen Rechtsvorschriften für den Schaden, welcher der SE durch eine Verletzung der ihnen bei der Ausübung ihres Amtes obliegenden gesetzlichen, satzungsmäßigen oder sonstigen Pflichten entsteht. Das Aktienrecht im Sitzstaat, auf welches hier Bezug genommen wird, regelt allerdings nur die Haftung für Vorstands- und Aufsichtsratsmitglieder. Zur Haftung eines Verwaltungsrats oder geschäftsführenden Direktors findet sich im deutschen AktG keine Regelung. Diese Lücke schließt das SEAG mit eigenen Haftungsnormen, die wiederum in entsprechender Anwendung diejenigen des AktG heranziehen. Da der Haftung stets eine Pflichtverletzung zu Grunde liegt und die Organpflichten im dualistischen und im monistischen Leitungsmodell unterschiedlich ausgestaltet sind, muss letztlich danach unterschieden werden, ob sich die konkrete SE für das dualistische oder das monistische Verwaltungssystem entschieden hat.

1. Dualistisches System

Das dualistische System der SE entspricht mit einem Leitungs- und einem Aufsichtsorgan strukturell dem Vorstand/Aufsichtsrats-Modell der deutschen Aktiengesellschaft. Das **Leitungsorgan** führt die Geschäfte in eigener Verantwortung (Art. 39 Abs. 1 Satz 1 SE-VO), während das Aufsichtsorgan die Geschäftsführung überwacht (Art. 40 Abs. 1 Satz 1 SE-VO). Die Mitglieder des Leitungsorgans werden vom Aufsichtsorgan (Art. 39 Abs. 2 SE-VO), die Mitglieder des Aufsichtsorgans von der Hauptversammlung (Art. 40 Abs. 2 SE-VO) bestellt. Niemand darf zugleich Mitglied des Leitungsorgans und Mitglied des Aufsichtsorgans sein (Art. 39 Abs. 3 Satz 1 SE-VO).

5.3

Das **Aufsichtsorgan** ist nicht berechtigt, die Geschäfte der SE selbst zu führen (Art. 39 Abs. 1 Satz 2 SE-VO). Es wird vom Leitungsorgan mindestens alle drei Monate über den Gang der Geschäfte unterrichtet (Art. 41 Abs. 1 SE-VO). Außerdem legt die Satzung bestimmte Arten von Geschäften fest, die der Zustimmung des Aufsichtsorgans bedürfen (Art. 48 Abs. 1 SE-VO); auch das Aufsichtsorgan selbst kann bestimmte Arten von Geschäften von seiner Zustimmung abhängig machen (§ 19 SEAG).

5.4

2. Monistisches System

Das monistische System der SE-Verordnung lehnt sich an Vorbilder aus dem angelsächsischen und dem romanischen Rechtskreis an.[2] In diesem Modell führt das **Verwaltungsorgan** die Geschäfte der SE (Art. 43 Abs. 1 SE-VO). Seine Mitglieder werden von der Hauptversammlung bestellt (Art. 43 Abs. 3 SE-VO). Im monistischen System kann es ebenso wie im dualistischen System zur **Mitbestimmung** der Arbeitnehmer kommen, sofern dies im Verhandlungswege vereinbart wurde oder die gesetzliche Auffanglösung zum Zuge kommt.[3] In diesem Fall wird ein Teil der Verwaltungsratsmitglieder von den Arbeitnehmern bestellt.[4] Die Arbeitneh-

5.5

---

[1] Ausgeklammert bleiben hier die besonderen Haftungstatbestände bei der Gründung einer SE (Handelndenhaftung u.a.); monographisch dazu *Abu Taleb*, Haftungsverhältnisse.
[2] Vgl. im Überblick *Teichmann*, Binnenmarktkonformes Gesellschaftsrecht, S. 560 ff. Weiterhin *Schönborn*, Monistische SE, mit ausführlichem Rechtsvergleich zu England, S. 47 ff.
[3] Umfassend zu Verfahren und Voraussetzungen der Arbeitnehmerbeteiligung in der SE *Oetker* in Lutter/Hommelhoff/Teichmann, SE-Kommentar, Kommentierung des SEBG.
[4] Näher zur Mitbestimmung im monistischen System *Teichmann* in Lutter/Hommelhoff/Teichmann, SE-Kommentar, Art. 43 SE-VO Rz. 67 f.

mervertreter sind vollwertige Mitglieder des Verwaltungsorgans mit allen damit verbundenen Rechten und Pflichten; im Folgenden wird daher nicht danach differenziert, ob es sich um Anteilseigner- oder Arbeitnehmervertreter handelt.

5.6 Ein Mitgliedstaat, der in seinem nationalen Aktienrecht kein monistisches System kennt, kann entsprechende Vorschriften in Bezug auf die SE erlassen (Art. 43 Abs. 4 SE-VO). Der deutsche Gesetzgeber hat von dieser Möglichkeit in §§ 20 ff. SEAG Gebrauch gemacht. Das Verwaltungsorgan findet dort die Bezeichnung „**Verwaltungsrat**" (§ 20 SEAG). Außerdem wurde, um die monistische Struktur in das allgemeine aktienrechtliche Umfeld einpassen zu können[1], die Figur des **geschäftsführenden Direktors** geschaffen (§ 40 Abs. 1 SEAG) und damit das Organ „Verwaltungsrat" in seinem Inneren gesetzlich vorstrukturiert. Es handelt sich um einen „arbeitsteilig organisierten" Monismus, wie er aus vielen anderen Rechtsordnungen bekannt ist.[2] Die geschäftsführenden Direktoren werden vom Verwaltungsrat bestellt und können von ihm jederzeit wieder abberufen werden (§ 40 Abs. 1 und Abs. 5 SEAG). Mitglieder des Verwaltungsrats können zugleich geschäftsführende Direktoren sein, solange die Mehrheit der Verwaltungsrats-Mitglieder nicht-geschäftsführend bleibt (§ 40 Abs. 1 Satz 2 SEAG). Die Direktoren führen die Geschäfte der Gesellschaft (§ 40 Abs. 2 Satz 1 SEAG) und vertreten sie gegenüber Dritten (§ 41 Abs. 1 SEAG). Im Innenverhältnis sind die Direktoren verpflichtet, Weisungen des Verwaltungsrats Folge zu leisten (§ 44 Abs. 2 SEAG).

5.7 Das Machtzentrum in der monistischen SE ist demnach der Verwaltungsrat. Dass ein dem Aufsichtsrat vergleichbares Organ fehlt, welches die Geschäftsführung überwacht, ohne an ihr selbst aktiv beteiligt zu sein, ist Charakteristikum der monistischen Leitungsstruktur.[3] Kontrolldefizite sind durch interne Überwachungsmechanismen auszugleichen. Anders als im dualistischen System wird eine interne Funktionstrennung unionsrechtlich zwar angemahnt[4], aber nicht erzwungen. Auch der geschäftsführende Direktor nach deutschem Ausführungsrecht bewirkt letztlich nur eine formale, keine materielle Trennung der Funktionen, da er weisungsabhängig ist und zudem aus der Mitte des Verwaltungsrats bestellt werden kann. Mit dieser größeren Gestaltungsfreiheit gewinnt die **Organisationsverantwortung** des Verwaltungsrats besonderes Gewicht; seine Aufgabe ist es, die unternehmerischen Abläufe effizient und arbeitsteilig zu organisieren, ohne dabei die Notwendigkeiten der internen Kontrolle zu vernachlässigen.

---

1 Zu diesen Prämissen der SE-Gesetzgebung *Teichmann*, BB 2004, 53, 57 ff.
2 *Teichmann*, Binnenmarktkonformes Gesellschaftsrecht, S. 588–590. Eine vorwiegend am angelsächsischen Modell orientierte Strömung in der Literatur (s. etwa *Schönborn*, Monistische SE, S. 176 ff., in modifizierter Form *Seitz*, Geschäftsführer der SE, S. 129 ff.) hält die gesetzlich strukturierte Arbeitsteilung für einen Verstoß gegen Grundprinzipien des monistischen Leitungssystems. Indessen darf die Arbeitsteilung zwischen geschäftsführenden und nicht-geschäftsführenden Personen als gemeinsames Grundprinzip beider Leitungssysteme gelten; viele monistisch orientierte Rechtsordnungen machen dies auch zum Gegenstand gesetzlicher Regelung (vgl. *Teichmann* in Lutter/Hommelhoff/Teichmann, SE-Kommentar, Art. 38 SE-VO Rz. 15 ff.). Der SE-VO lässt sich kein allein auf das angelsächsische Modell verweisendes Leitbild entnehmen (im Ergebnis ebenso *Bachmann*, ZGR 2008, 779, 785, und *Ihrig*, ZGR 2008, 809, 810: europarechtskonforme Ausgestaltung durch SEAG).
3 Näher *Teichmann*, Binnenmarktkonformes Gesellschaftsrecht, S. 574 f.
4 Gem. Erwägungsgrund 14 der SE-VO ist „eine klare Abgrenzung der Verantwortungsbereiche jener Personen, denen die Geschäftsführung obliegt, und der Personen, die mit der Aufsicht betraut sind, wünschenswert".

II. Rechtsquellenpyramide

5.8 Wie stets bei der SE ist auch für den Bereich der Organhaftung die „kunstvoll aufgeschichtete Rechtsquellenpyramide"[1] aus europäischem und nationalem Recht zu beachten, auf deren oberster Spitze die unmittelbar anwendbare SE-Verordnung steht, die gegenüber nationalem Recht Vorrang hat.[2] Der Blick ins europäische Recht und das hierzu ergangene deutsche SE-Ausführungsgesetz ist nicht nur beim monistischen Modell, welches im deutschen Aktienrecht keine Entsprechung findet, geboten.[3] Auch bei der Rechtsanwendung im dualistischen Modell, das weitgehend der deutschen Rechtslage entspricht, bleibt zu beachten, dass es um die Anwendung eines europäischen Rechtstextes geht; die zu den §§ 76 ff. AktG entwickelten Rechtsgedanken sind daher erst nach Einschaltung mehrerer methodischer Zwischenschritte auf die dualistische SE übertragbar.

1. SE-Verordnung

a) Materielle Regelungen

5.9 Die **Grundstruktur der Leitungssysteme** findet sich originär in der Verordnung verankert (vgl. Rz. 5.3 ff.) und ist als solche aus sich heraus zu interpretieren und anzuwenden. Soweit die europäische Regelung reicht, ist der Rückgriff auf nationales Recht ausgeschlossen und eine europaweit einheitliche Auslegung geboten. Dabei kann zwar neben Wortlaut, Systematik und Telos auch die Entstehungsgeschichte – und damit die Herkunft einer Regelung aus einem bestimmten Rechtskreis – eine Rolle spielen. In der Rechtsprechung des Europäischen Gerichtshofes genießt allerdings die historische Auslegung keinen allzu hohen Stellenwert. In einer zur Europäischen Wirtschaftlichen Interessenvereinigung (EWIV) ergangenen Entscheidung[4] hat der EuGH den historischen Argumenten, die auf das Vorbild des französischen Groupement d'Intérêt Économique Bezug nehmen wollten, kein Gehör geschenkt.[5] Weitere Entscheidungen zu supranationalen Rechtsformen liegen bislang nicht vor.[6]

b) Verweise auf nationales Recht

5.10 Die konkreten Aufgaben und Pflichten der Unternehmensleitung erfahren in der SE-Verordnung eine nur rudimentäre Ausformung. Soweit die SE-Verordnung eine Frage nicht oder nur teilweise regelt, findet nach der **Generalverweisung** des Art. 9 SE-VO das im Sitzstaat der SE geltende allgemeine Aktienrecht Anwendung (Art. 9 Abs. 1 Buchstabe c) ii) SE-VO);

---

[1] *Hommelhoff*, AG 2001, 279, 285.
[2] Näher zum auf die SE anwendbaren Recht *Hommelhoff/Teichmann* in Lutter/Hommelhoff/Teichmann, SE-Kommentar, Art. 9 SE-VO Rz. 34 ff. und *Schwarz*, SE-Kommentar, Einl. Rz. 40 ff.
[3] Vgl. den Überblick zu den Organhaftungstatbeständen in der monistischen SE bei *Metz*, Organhaftung, S. 60 ff.
[4] EuGH v. 18.12.1997 – EITO, Rs. C 402–96, Slg. 1997, I-7515.
[5] Dazu *Teichmann*, Binnenmarktkonformes Gesellschaftsrecht, S. 311 ff.
[6] Immerhin hat Generalanwalt *Tesauro* in der auf die Zweite Richtlinie bezogenen Siemens/Nold-Entscheidung (EuGH v. 19.11.1996 – Rs. C-42/95, Slg. 1996, I-6017) ausdrücklich auf die Entstehungsgeschichte der Zweiten Richtlinie abgestellt; der EuGH ist ihm zumindest im Ergebnis gefolgt. Die Entstehungsgeschichte eines Rechtsaktes im Sekundärrecht kann somit durchaus von Bedeutung sein, genießt aber doch tendenziell weniger Gewicht als in der nationalen Methodenlehre.

Sitzstaat ist derjenige Mitgliedstaat, in dem die SE ihren Registersitz hat.[1] Für eine SE mit Sitz in Deutschland, die das dualistische Modell gewählt hat, greift daher ergänzend das allgemeine deutsche Aktienrecht.

5.11 Für die Organhaftung ist darüber hinaus die **Spezialverweisung** des Art. 51 SE-VO zu beachten. Die Mitglieder des Leitungs-, Aufsichts- oder Verwaltungsorgans haften gemäß den im Sitzstaat der SE für Aktiengesellschaften maßgeblichen Rechtsvorschriften für den Schaden, welcher der SE durch eine Verletzung der ihnen bei der Ausübung ihres Amtes obliegenden gesetzlichen, satzungsmäßigen oder sonstigen Pflichten entsteht. Die Bedeutung dieser Norm neben der allgemeinen Verweisung in Art. 9 SE-VO wird man darin zu sehen haben, dass Art. 51 SE-VO zumindest die Existenz einer Organhaftung zwingend fordert und auch die Kernelemente des gesetzlichen Tatbestandes vorgibt[2]: Für den aus einer Pflichtverletzung entstandenen Schaden muss der SE ein Anspruch gegen die Mitglieder von Leitungs-, Aufsichts- oder Verwaltungsorgan zustehen. Im Sinne des europäischen „effet utile" muss daher für ein wirkungsvolles Haftungsregime nach mitgliedstaatlichem Nationalrecht gesorgt sein. Wie dies im Einzelnen ausgestaltet ist, bleibt dem nationalen Recht überlassen. Insoweit gelten die **§§ 93, 116 AktG** für das dualistische Modell. Im monistischen Modell gilt für den Verwaltungsrat **§ 39 SEAG**, der auf § 93 AktG verweist, sowie **§ 40 Abs. 8 SEAG** für die geschäftsführenden Direktoren, ebenfalls mit Verweis auf § 93 AktG. Ergänzend verweist § 53 SEAG auf die aktienrechtlichen Straf- und Bußgeldvorschriften, die auf die SE-Organe gleichfalls Anwendung finden[3], und ergänzt diese noch um Sanktionsnormen für Verstöße gegen das SEAG.

5.12 Zur Haftung der SE und ihrer Organmitglieder **gegenüber Dritten** findet sich in der SE-Verordnung keine Regelung. Auch hier gilt also das nationale Aktienrecht des Sitzstaates.[4] Darüber hinaus finden die allgemeinen Regeln des Delikts- und Strafrechts Anwendung, die von vornherein nicht Regelungsmaterie der SE-Verordnung sind.[5]

c) Regelungsermächtigungen

5.13 Hat eine in Deutschland ansässige SE das **monistische Modell** gewählt, geht der Verweis auf das allgemeine Aktienrecht ins Leere; denn das deutsche Aktienrecht kennt kein monistisches Verwaltungssystem. Um diese Lücke schließen zu können, gestattet **Art. 43 Abs. 4 SE-VO** den Erlass spezieller Regeln für das monistische System der SE. Der deutsche Gesetzgeber hat auf Basis dieser Ermächtigung das monistische System einer in Deutschland ansässigen SE in den

---

1 „Sitz" im Sinne der SE-VO ist stets der Satzungs- bzw. Registersitz (*Schwarz*, ZIP 2001, 1847, 1849 f., *Teichmann*, ZGR 2002, 383, 455 f.).
2 *Drinhausen* in Habersack/Drinhausen, SE-Recht, Art. 51 SE-VO Rz. 2; ausführlich *Metz*, Organhaftung, S. 71 ff.; *Teichmann* in Lutter/Hommelhoff/Teichmann, SE-Kommentar, Art. 51 SE-VO Rz. 6.
3 *Drinhausen* in Habersack/Drinhausen, SE-Recht, Art. 51 SE-VO Rz. 4; *Reichert/Brandes* in MünchKomm. AktG, Art. 51 SE-VO Rz. 9.
4 *Drinhausen* in Habersack/Drinhausen, SE-Recht, Art. 51 SE-VO Rz. 1; *Manz* in Manz/Mayer/Schröder, Art. 51 SE-VO Rz. 26 ff.; *Siems* in KölnKomm. AktG, Anh. Art. 51 SE-VO, § 39 SEAG Rz. 5. Vgl. zur Außenhaftung von GmbH-Geschäftsführer und Vorstand nach deutschem Recht unten *Altmeppen*, § 7 und die besonderen Risikobereiche im 3. Teil (§§ 22–29).
5 Vgl. Erwägungsgrund 20 der Verordnung: „Andere Rechtsgebiete wie das Steuerrecht, das Wettbewerbsrecht, der gewerbliche Rechtsschutz und das Konkursrecht werden nicht von dieser Verordnung erfasst. Die Rechtsvorschriften der Mitgliedstaaten und das Gemeinschaftsrecht gelten in den oben genannten sowie in anderen nicht von dieser Verordnung erfassten Bereichen."

§§ 20–49 SEAG näher ausgestaltet. Eine Übertragung dieses Modells in das nationale Aktienrecht ist derzeit nicht geplant. Somit steht das monistische Modell in Deutschland bis auf Weiteres allein solchen Gesellschaften zur Verfügung, die die Rechtsform der SE wählen.

Die Mitgliedstaaten können im monistischen Modell auch vorsehen, dass ein oder mehrere **Geschäftsführer** die laufenden Geschäfte der SE in eigener Verantwortung führen; dies muss jedoch „unter denselben Voraussetzungen" geschehen, wie sie für Aktiengesellschaften mit Sitz im Hoheitsgebiet des betreffenden Mitgliedstaats gelten (Art. 43 Abs. 1 Satz 2 SE-VO). Folglich richtet sich diese Option an Staaten, die ein monistisches System in ihrem nationalen Recht kennen und darin die Figur eines Geschäftsführers für das Tagesgeschäft vorsehen.[1] Deutschland ist von dieser Norm nicht angesprochen.[2] Die Einführung des geschäftsführenden Direktors in § 40 SEAG stützt sich unmittelbar auf die vorstehend erwähnte Ermächtigungsnorm des Art. 43 Abs. 4 SE-VO. Der geschäftsführende Direktor ist in seinem Kompetenzbereich auch nicht auf das Tagesgeschäft beschränkt.[3]

5.14

Die im deutschen Ausführungsgesetz geregelten **geschäftsführenden Direktoren** sind in Art. 51 SE-VO naturgemäß nicht erwähnt. Sie sind nicht Mitglied des Verwaltungsorgans und daher vom Wortlaut dieser Verweisungsnorm nicht erfasst. *Schwarz* sieht darin eine Lücke, die durch analoge Anwendung des Art. 51 SE-VO zu schließen sei.[4] Dem ist entgegenzuhalten, dass die SE-Verordnung die Figur des Geschäftsführers durchaus zur Kenntnis nimmt (Art. 43 Abs. 1 Satz 2 SE-VO) und möglicherweise auf seine Nennung in Art. 51 SE-VO bewusst verzichtet hat. Denn die Einführung zusätzlicher geschäftsführender Personen beseitigt nicht die originäre Leitungsverantwortung des Verwaltungsorgans[5]; für eine effiziente Verhaltenssteuerung und den notfalls gebotenen Schadensausgleich genügt somit die Organhaftung der Mitglieder des Verwaltungsorgans. Letztlich ist die Debatte aber ohne praktische Relevanz. Denn der deutsche Gesetzgeber hat auf Basis der Regelungsermächtigung des Art. 43 Abs. 4 SE-VO eine Haftung der geschäftsführenden Direktoren in § 40 Abs. 8 SEAG ausdrücklich geregelt. Auch sie haften in entsprechender Anwendung des § 93 AktG.

5.15

2. Nationales Ausführungsgesetz

Ergänzend zur SE-Verordnung gilt das nationale Ausführungsgesetz (SEAG). Es regelt nicht die Umsetzung der Verordnung; denn diese ist kraft europäischen Rechts unmittelbar anwendbar. Das SEAG macht vielmehr von den bereits angesprochenen **Regelungsoptionen** Gebrauch, die der europäische Gesetzgeber den Mitgliedstaaten eröffnet hat. Im dualistischen System betrifft dies einige in ihrer Bedeutung eher zweitrangige Fragen (vgl. §§ 15–17 SEAG), bei deren Ausgestaltung der deutsche Gesetzgeber zudem einen Gleichlauf mit dem allgemeinen deutschen Aktienrecht angestrebt hat. Weitaus größere Bedeutung hat das SEAG für das monistische System, das in den §§ 20–49 SEAG eine detaillierte Ausgestaltung erfährt.

5.16

---

1 Das gilt insbesondere für die skandinavischen Staaten (vgl. *Teichmann*, Binnenmarktkonformes Gesellschaftsrecht, S. 584 ff.).
2 Zur Diskussion über die zutreffende Ermächtigungsnorm s. nur *Hoffmann-Becking*, ZGR 2004, 355, 372.
3 *Casper/Eberspächer* in Spindler/Stilz, AktG, Art. 43 SE-VO Rz. 15; *Teichmann* in Lutter/Hommelhoff/Teichmann, SE-Kommentar, Anh. Art. 43 SE-VO, § 40 SEAG Rz. 28 ff.; a.A. *Schwarz*, SE-Kommentar, Anh. Art. 43 SE-VO Rz. 276 sowie *Bauer*, Organstellung, 2008.
4 *Schwarz*, SE-Kommentar, Art. 51 SE-VO Rz. 9.
5 Hierzu *Teichmann* in Lutter/Hommelhoff/Teichmann, SE-Kommentar, Anh. Art. 43 SE-VO, § 22 SEAG Rz. 5 ff.

B. Organhaftung im dualistischen SE-Modell

5.17 Das von der SE-Verordnung geregelte dualistische Leitungsmodell mit Leitungs- und Aufsichtsorgan entspricht strukturell dem System des deutschen Aktienrechts. Da die SE-Verordnung die Frage der Organhaftung in Art. 51 durch einen Verweis auf nationales Recht regelt, gelten für die dualistisch strukturierte SE im Grundsatz dieselben Haftungsregeln wie für **Vorstand und Aufsichtsrat** einer nationalen Aktiengesellschaft (vgl. dazu oben *Krieger*, § 3). Mitglieder des Leitungsorgans der SE (Vorstand) unterliegen somit der Haftung für Pflichtverletzungen gem. Art. 51 SE-VO i.V.m. **§ 93 AktG**; für Mitglieder des Aufsichtsorgans (Aufsichtsrat) gilt Art. 51 SE-VO i.V.m. **§ 116 AktG**; dabei gilt für Anteilseigner- und Arbeitnehmervertreter derselbe Haftungsmaßstab.[1] Ebenso findet auf die Mitglieder beider Organe kraft Verweisung in Art. 51 SE-VO die Haftungsregelung des § 117 Abs. 2 AktG Anwendung.

5.18 Das Tatbestandsmerkmal der **Pflichtverletzung** ist jeweils in einer Zusammenschau aus europäischem und nationalem Recht zu bestimmen.[2] Die Art. 39 ff. SE-VO enthalten überwiegend Kompetenzzuweisungen und nur wenige ausformulierte Pflichten der Organe: Gem. Art. 39 Abs. 1 Satz 1 SE-VO führt das Leitungsorgan die Geschäfte der SE in eigener Verantwortung. Darin liegt in erster Linie eine Kompetenzzuweisung in Abgrenzung zu den nicht für die Geschäftsführung zuständigen Organen (Aufsichtsorgan und Hauptversammlung).[3] Zwar korrespondiert damit auch die Verpflichtung, diese Aufgabe sorgfältig wahrzunehmen. Zum konkreten Inhalt der Geschäftsführerpflichten und dem dabei anzuwendenden Sorgfaltsmaßstab äußert sich die SE-Verordnung jedoch nicht. In nicht oder nur teilweise von der Verordnung geregelten Bereichen greift ergänzend das nationale Recht ein (Art. 9 Abs. 1 Buchstabe c) ii) SE-VO). Auf diesem Wege finden die Rechtsgrundsätze des deutschen Aktienrechts mittelbar auch auf die dualistische SE mit Sitz in Deutschland Anwendung.[4]

5.19 **Gesetzliche Pflichten**, die sich unmittelbar aus der SE-Verordnung ergeben, sind für das Leitungsorgan die Geschäftsführungsaufgabe (Art. 39 Abs. 1 Satz 1 SE-VO), die regelmäßige Unterrichtung des Aufsichtsorgans (Art. 41 SE-VO), die Beachtung von Zustimmungsvorbehalten des Aufsichtsorgans (Art. 48 SE-VO) und die Verschwiegenheit (Art. 49 SE-VO). Das Aufsichtsorgan hat die Mitglieder des Leitungsorgans zu bestellen (Art. 39 Abs. 2 Satz 1 SE-VO) und deren Geschäftsführung zu überwachen (Art. 40 und 41 SE-VO).

5.20 Zur weiteren Konkretisierung der Pflichtenstellung der Organe gilt ergänzend das nationale Aktienrecht. Ebenso unterliegt die Bestimmung des **Sorgfaltsmaßstabes**, den die Organe der SE zu beachten haben, dem nationalen Recht.[5] Auch Fragen der Kausalität und Schadensberechnung richten sich nach dem Aktienrecht des SE-Sitzstaates. Insoweit kann daher auf die Ausführungen zur Haftung von Vorstand und Aufsichtsrat nach deutschem Aktienrecht oben bei *Krieger*, § 3 verwiesen werden.

---

1 *Drinhausen* in Habersack/Drinhausen, SE-Recht, Art. 51 SE-VO Rz. 7; *Teichmann* in Lutter/Hommelhoff/Teichmann, SE-Kommentar, Art. 51 SE-VO Rz. 7.
2 *Drinhausen* in Habersack/Drinhausen, SE-Recht, Art. 51 SE-VO Rz. 11 ff.; *Siems* in KölnKomm. AktG, Art. 51 SE-VO Rz. 2.
3 *Schwarz*, SE-Kommentar, Art. 39 SE-VO Rz. 12; *Drygala* in Lutter/Hommelhoff/Teichmann, SE-Kommentar, Art. 39 SE-VO Rz. 3.
4 *Schwarz*, SE-Kommentar, Art. 51 SE-VO Rz. 5 f.; *Teichmann* in Lutter/Hommelhoff/Teichmann, SE-Kommentar, Art. 51 SE-VO Rz. 16.
5 *Schwarz*, SE-Kommentar, Art. 51 SE-VO Rz. 5.

Für die Einrichtung eines **Compliance-Systems** gelten in der dualistischen SE dieselben Grundsätze wie in der nationalen Aktiengesellschaft: Das Leitungsorgan (**Vorstand**) hat im Rahmen seiner Legalitätspflicht organisatorisch dafür Sorge zu tragen, dass aus dem Unternehmen heraus keine Gesetzesverstöße begangen werden.[1] Die Einrichtung einer entsprechenden Compliance-Organisation gehört zu den Leitungsaufgaben des Vorstands.[2] Sie dient der Vermeidung von Fehlverhalten, der Aufdeckung von Rechtsverstößen und der angemessenen Reaktion hierauf.[3] Der Vorstand ist für das Compliance-System als Kollegialorgan verantwortlich, was eine horizontale Arbeitsteilung nicht ausschließt.[4] Das Aufsichtsorgan (**Aufsichtsrat**) muss die Erfüllung dieser Leitungsaufgabe im Rahmen seiner Überwachungstätigkeit kontrollieren; ein Initiativ- oder Weisungsrecht steht ihm allerdings gemäß der allgemeinen Aufgabenteilung in der dualistischen Unternehmensverfassung nicht zu.[5] Er kann sich allerdings bereits in der Konzeptionsphase ein Mitspracherecht sichern, indem er die Einführung oder Änderung eines Compliance-Systems an seine Zustimmung bindet (Art. 48 SE-VO i.V.m. § 19 SEAG).[6] Anschließend hat er diese Mechanismen fortlaufend auf ihre Geeignetheit und Effizienz zu überprüfen.[7]

5.20a

C. Organhaftung im monistischen SE-Modell

Das SEAG gestaltet die Organhaftung im monistischen Modell mit dem Ziel, weitestgehend auf die Erfahrungen des nationalen Gesellschaftsrechts zurückgreifen zu können. Regelungstechnisch geschieht dies in §§ 39, 40 Abs. 8 SEAG durch einen Verweis auf § 93 AktG, der für entsprechend anwendbar erklärt wird. Aktienrechtliche Haftungsnormen außerhalb des Abschnittes über die Unternehmensverfassung finden über die Generalverweisung des Art. 9 SE-VO Anwendung. Dies gilt namentlich für § 117 AktG.[8]

5.21

Der Hinweis, § 93 AktG sei „entsprechend" anzuwenden, indiziert, dass die praktische Rechtsanwendung zwar weitgehend auf die hierzu entwickelten Grundsätze Bezug nehmen kann, diese aber gegebenenfalls an die Besonderheiten der monistischen Leitungsstruktur anpassen muss (I., Rz. 5.23 ff.). Insoweit bedarf die Pflichtenstellung von Verwaltungsrat (II., Rz. 5.28 ff.) und geschäftsführenden Direktoren (III., Rz. 5.43 ff.) einer eigenständigen Analyse, um das haftungsrelevante Verdikt der Pflichtverletzung in angemessener Weise bestimmen zu können.

5.22

---

1 LG München I v. 10.12.2013 – 5 HK O 1387/10, ZIP 2014, 570, 573 = AG 2014, 332 – Siemens/Neubürger; *Habersack*, AG 2014, 1, 2; *Nietsch*, ZHR 180 (2016), 733, 741; *Paefgen*, WM 2016, 433, 436; *Reichert/Ott*, NZG 2014, 241 f.
2 S. eingehend oben *Krieger*, § 3.
3 *Reichert/Ott*, NZG 2014, 241.
4 Eingehend *Nietsch*, ZHR 180 (2016), 733, 736 ff.
5 *Habersack*, AG 2014, 1, 3.
6 *Habersack*, AG 2014, 1, 4 (für die Aktiengesellschaft).
7 *Habersack*, AG 2014, 1, 4, sowie *Reichert/Ott*, NZG 2014, 241, 244 ff. (jeweils für die Aktiengesellschaft).
8 Vgl. § 20 SEAG, welcher für das monistische System nur die Geltung der §§ 76 bis 116 AktG ausschließt.

I. Entsprechende Anwendung des § 93 AktG

5.23 Das monistische Modell der SE ist in seiner Grundstruktur in der **SE-Verordnung** selbst geregelt. Das Verwaltungsorgan (Verwaltungsrat) führt die Geschäfte der SE (Art. 43 Abs. 1 Satz 1 SE-VO); seine Mitglieder sind insoweit auch Adressaten der Organhaftung, für welche Art. 51 SE-VO auf das nationale Recht verweist. Allerdings geht dieser Verweis für eine in Deutschland ansässige SE zunächst ins Leere, da das deutsche Aktienrecht ein solches Leitungssystem nicht kennt. Aus diesem Grund regelt das **SE-Ausführungsgesetz** in § 39 die Haftung des Verwaltungsrats und ordnet hierfür die „entsprechende" Anwendung des § 93 AktG an; eine vergleichbare Regelung trifft § 40 Abs. 8 SEAG für die geschäftsführenden Direktoren.

5.24 Diese entsprechende Anwendung des § 93 AktG auf SE-Sachverhalte vollzieht sich sinnvollerweise in zwei methodischen Schritten[1]: Erstens kann davon ausgegangen werden, dass sowohl der europäische Gesetzgeber mit Art. 51 SE-VO als auch der deutsche Gesetzgeber mit der Anordnung einer entsprechenden Anwendung des § 93 AktG einen **einheitlichen Haftungsmaßstab** für die nationale Aktiengesellschaft und die SE schaffen wollten. Grundsätzlich lassen sich daher die zu § 93 AktG entwickelten Haftungsregeln auf die SE übertragen. In einem zweiten Schritt bleibt jedoch stets zu fragen, ob sich aus den Besonderheiten des monistischen Leitungssystems Abweichungsbedarf ergibt.[2] Dabei sind zwei Eigenheiten des **SE-Monismus** im Blick zu behalten: Der Verwaltungsrat findet seine Entsprechung nicht im Aufsichtsrat, sondern im Vorstand. Die geschäftsführenden Direktoren sind weisungsunterworfen und jederzeitig abrufbar; sie stehen damit typologisch dem GmbH-Geschäftsführer näher als dem AG-Vorstand.

5.25 Entsprechend seiner **Doppelfunktion** im allgemeinen Aktienrecht wirkt § 93 Abs. 1 Satz 1 AktG auch im monistischen System als generalklauselartige Ausprägung objektiver Verhaltenspflichten und zugleich als Verschuldensmaßstab.[3] Ebenso wie der Vorstand einer Aktiengesellschaft genießt der Verwaltungsrat in Ausübung seiner Leitungstätigkeit ein **unternehmerisches Ermessen** (§ 93 Abs. 1 Satz 2 AktG).[4] Die Pflicht zur Verschwiegenheit folgt nicht aus § 93 Abs. 1 Sätze 2 und 3 AktG, sondern aus Art. 49 SE-VO (Rz. 5.31).

5.26 Die im Recht der Aktiengesellschaft entwickelten Rechtsgrundsätze sind an die spezifischen Funktionsbedingungen eines **arbeitsteilig organisierten Monismus** (Rz. 5.6) anzupassen, wie ihn das SEAG durch die Einführung des geschäftsführenden Direktors strukturiert. Der geschäftsführende Direktor (oder: die geschäftsführenden Direktoren) führt die Geschäfte der Gesellschaft und vertritt diese nach außen. Anders als ein Vorstand agiert der geschäftsführende Direktor nicht „in eigener Verantwortung"; vielmehr muss er wie ein GmbH-Geschäftsführer interne Bindungen beachten, insbesondere die generellen und konkreten Anweisungen des Verwaltungsrats (§ 44 Abs. 2 SEAG). Oberstes Leitungsorgan ist demnach der **Verwaltungsrat**. Für die Haftung der Mitglieder des Verwaltungsrats bedeutet dies einerseits, dass von ihnen nicht erwartet werden kann, sich um jede Einzelheit des täglichen Geschäfts persönlich zu kümmern. Denn das Verwaltungsratsmandat ist der gesetzlichen Konzeption nach eine

---

1 Grundlegend *Metz*, Organhaftung, S. 85 ff.
2 In diesem Sinne auch *Siems* in KölnKomm. AktG, Art. 51 SE-VO Rz. 7.
3 Für das allgemeine Aktienrecht s. nur *Hüffer/Koch*, § 93 AktG Rz. 5.
4 Ausführlich dazu oben *Krieger*, Rz. 3.10 ff. Demgegenüber darf der Verwaltungsrat der monistischen SE insoweit nicht mit der Gesellschafterversammlung einer GmbH gleichgesetzt werden; denn er verwaltet fremdes Vermögen (näher *Metz*, Organhaftung, S. 195).

Tätigkeit im Nebenamt.[1] Andererseits trifft den Verwaltungsrat auf Grund seiner Gesamtverantwortung für die Oberleitung der Gesellschaft eine Überwachungs- und Kontrollpflicht gegenüber den geschäftsführenden Direktoren. Der Haftungsmaßstab konkretisiert sich insoweit zu einer **Überwachungspflicht**, die zur regelmäßigen Kontrolle und auch zum Eingreifen veranlasst, wenn Anhaltspunkte dafür bestehen, dass die Geschäftsführungsaufgaben nicht ordnungsgemäß erfüllt werden.[2]

Die Haftung der **geschäftsführenden Direktoren** regelt § 40 Abs. 8 SEAG; auch hier wird die „entsprechende" Anwendung von § 93 AktG angeordnet. Diese entsprechende Anwendung muss berücksichtigen, dass die Direktoren – anders als der Vorstand einer AG – weisungsabhängig sind. Dieser Aspekt wird sich häufig durch eine Anlehnung an die Haftungsgrundsätze von GmbH-Geschäftsführern angemessen erfassen lassen. Die Erteilung einer Weisung hat im Innenverhältnis regelmäßig haftungsbefreiende Wirkung, soweit sie nicht gegen zwingende gesetzliche Vorgaben verstößt.[3] Die freistellende Wirkung einer Weisung setzt allerdings voraus, dass die geschäftsführenden Direktoren den Verwaltungsrat zuvor hinreichend informiert haben, so dass dieser im Lichte aller relevanten Tatsachen über die Weisung beraten und beschließen konnte.[4]

5.27

II. Pflichtenstellung des Verwaltungsrats

Im Mittelpunkt der Haftungsnorm des Art. 51 SE-VO steht die **Pflichtverletzung**, deren Inhalt die SE-Verordnung selbst aber nicht bestimmt. Die für den Verwaltungsrat in § 39 SEAG geregelte entsprechende Anwendung des § 93 AktG eröffnet einerseits die Möglichkeit, auf bekannte Rechtsgrundsätze des Aktienrechts zurückzugreifen. Sie lässt andererseits Spielraum für eine Anpassung an die Besonderheiten des monistischen Systems, die sich gerade beim Tatbestandselement der Pflichtverletzung auswirken.[5] Denn naturgemäß korreliert die Haftung der Organmitglieder mit der konkreten Pflichtenstellung des Organs, dem sie angehören. Hierzu finden sich Vorgaben in der SE-Verordnung (1., Rz. 5.29 ff.) und weitere Verdichtungen der Pflichtenstellung in den Vorschriften des SE-Ausführungsgesetzes (2., Rz. 5.32 ff.). Bei alledem unterliegen Anteilseigner- und Arbeitnehmervertreter demselben Pflichtenmaßstab.[6]

5.28

---

1 Vgl. *Metz*, Organhaftung, S. 109, 138 ff.; *Bücker* in 10 Jahre SE, S. 203, 218.
2 *Ihrig* in Bachmann/Casper/Schäfer/Veil, Steuerungsfunktionen des Haftungsrechts, S. 17, 22; *Siems* in KölnKomm. AktG, Anh. Art. 51 SE-VO, § 39 SEAG Rz. 11 ff. Vgl. (zur Geschäftsverteilung in der GmbH) BGH v. 15.10.1996 – VI ZR 319/95, BGHZ 133, 370, 377 f. = AG 1997, 37.
3 *Drinhausen* in Habersack/Drinhausen, SE-Recht, Art. 51 SE-VO Rz. 9; ausführlich *Metz*, Organhaftung, S. 185 ff.; zum GmbH-Recht s. nur *Kleindiek* in Lutter/Hommelhoff, § 43 GmbHG Rz. 40 ff.
4 *Eberspächer* in Spindler/Stilz, AktG, Art. 51 SE-VO Rz. 9; *Reichert/Brandes* in MünchKomm. AktG, Art. 43 SE-VO Rz. 178; *Seitz*, Geschäftsführer der SE, S. 327; *Teichmann* in Lutter/Hommelhoff/Teichmann, SE-Kommentar, Anh. Art. 43 SE-VO, § 44 SEAG Rz. 12.
5 Vgl. auch § 116 AktG, der für den Aufsichtsrat eine „sinngemäße" Anwendung der Regeln über die Vorstandshaftung anordnet. Das SEAG verwendet mit derselben Intention und im Sinne einer einheitlichen Terminologie innerhalb des Gesetzes das Wort „entsprechend" (Begr. RegE zu § 39 SEAG, bei *Neye*, Europäische Aktiengesellschaft, S. 137). Zum Tatbestandsmerkmal der Pflichtverletzung in Art. 51 SE-VO ausführlich *Metz*, Organhaftung, S. 98 ff.
6 *Drinhausen* in Habersack/Drinhausen, SE-Recht, Art. 51 SE-VO Rz. 10; *Siems* in KölnKomm. AktG, Anh. Art. 51 SE-VO, § 39 SEAG Rz. 21 ff.; *Teichmann* in Lutter/Hommelhoff/Teichmann, SE-Kommentar, Art. 51 SE-VO Rz. 7.

1. Vorgaben der SE-Verordnung

5.29 Zentrale Aussage der SE-Verordnung ist die Zuweisung der **Geschäftsführung** an das Verwaltungsorgan (Art. 43 Abs. 1 Satz 1 SE-VO). Da die SE-Verordnung die Vertretungsmacht nicht regelt[1], ist diese Zuweisung vor allem als eine Kompetenzabgrenzung im Innenverhältnis zu verstehen. Jedes tatsächliche oder rechtliche Handeln für die Gesellschaft fällt in den Kompetenzbereich des Verwaltungsorgans, soweit nicht ausnahmsweise die Hauptversammlung zuständig ist. Die **Hauptversammlung** beschließt allein in jenen Angelegenheiten, für welche ihr die SE-Verordnung oder das nationale Aktienrecht eine Zuständigkeit übertragen (Art. 52 SE-VO). In den Kompetenzbereich der Hauptversammlung fallen damit insbesondere Grundlagengeschäfte, etwa Satzungsänderungen und Umstrukturierungen. Über Fragen der Geschäftsführung entscheidet sie nur, soweit sie ihr vom Verwaltungsorgan zur Zustimmung vorgelegt werden (Art. 52 Unterabs. 2 SE-VO, § 119 Abs. 2 AktG, § 22 Abs. 6 SEAG). Ergänzend gelten die Grundsätze der Holzmüller- und Gelatine-Entscheidungen des Bundesgerichtshofs.[2]

5.30 Die Möglichkeit der **Delegation** von Geschäftsführungsaufgaben ist in der SE-Verordnung nicht ausdrücklich angesprochen. Im Wege der systematischen Interpretation lassen sich ihr jedoch Anhaltspunkte zu Möglichkeiten und Grenzen der Delegation entnehmen. Grundsätzlich entspricht die Delegation von Geschäftsführungsaufgaben auf untergeordnete Managementebenen einer zwingenden praktischen Notwendigkeit in großen Unternehmen, für welche die SE typologisch konzipiert ist.[3] Sie ist auch in denjenigen Staaten, die das monistische Modell traditionell kennen, allgemein üblich.[4] In der SE-Verordnung deutet sich an, dass eine Delegation zwar denkbar ist, andererseits aber auch ein **Kernbereich** nicht-delegierbarer Leitungskompetenz existiert.[5] Denn die Mitgliedstaaten können auf Basis des Art. 43 Abs. 1 Satz 2 SE-VO nur die „laufenden Geschäfte" auf einen oder mehrere Geschäftsführer übertragen. Daraus lässt sich der Umkehrschluss ziehen, dass außergewöhnliche Entscheidungen auch bei dieser zweigliedrigen Leitungsstruktur in der Kompetenz des Verwaltungsorgans verbleiben. Der deutsche Gesetzgeber hat zwar auf Basis des Art. 43 Abs. 4 SE-VO[6] den geschäftsführenden Direktoren die Geschäftsführung ohne inhaltliche Einschränkung übertragen. Darin liegt aber keineswegs eine Freistellung des Verwaltungsrats von seiner Verantwortung. Seine Zuständigkeit für die gesamte Geschäftsführung manifestiert sich in der Festlegung unternehmerischer Leitlinien und der Kontrolle ihrer Umsetzung. Da er jederzeit

---

1 *Teichmann* in Lutter/Hommelhoff/Teichmann, SE-Kommentar, Art. 43 SE-VO Rz. 17 ff.
2 *Casper* in Spindler/Stilz, AktG, Art. 52 SE-VO Rz. 12; a.A. *Spindler* in Lutter/Hommelhoff/Teichmann, SE-Kommentar, Art. 52 SE-VO Rz. 47, der allerdings eine Entwicklung vergleichbarer ungeschriebener Grundsätze des Unionsrechts für denkbar hält. Gegen eine Anwendung der Holzmüller-Grundsätze auch *Brandt*, Hauptversammlung der SE, S. 105 ff.
3 Zur Konzeption der SE als Rechtsform für Großunternehmen vgl. *Hommelhoff*, AG 2001, 279, 286 f., *Teichmann*, ZGR 2002, 383, 388 f. und monographisch *Gutsche*, Eignung der Europäischen Aktiengesellschaft. Für eine Delegation im monistischen System *Mauch*, Das monistische Leitungssystem, S. 48.
4 *Merkt*, ZGR 2003, 650, 657 ff. mit rechtsvergleichenden Hinweisen zu Frankreich und der Schweiz.
5 In diesem Sinne auch *Schwarz*, SE-Kommentar, Art. 43 SE-VO Rz. 10 (ohne dabei auf Art. 43 Abs. 1 Satz 2 SE-VO Bezug zu nehmen). Auch *Merkt*, ZGR 2003, 650, 662, hält die dem Verwaltungsrat zugewiesenen Aufgaben der Festlegung der Grundlinien und der Überwachung ihrer Umsetzung für unentziehbar.
6 Dazu bereits oben im Text bei Rz. 5.15.

Weisungen erteilen und auch aus den eigenen Reihen geschäftsführende Direktoren ernennen kann, ist die konkrete Grenzziehung zwischen Oberleitung und Tagesgeschäft seine originäre und stets aufs Neue zu überprüfende unternehmerische Entscheidung.[1]

Neben der allgemeinen Zuweisung der Geschäftsführungsaufgabe findet sich in der SE-Verordnung noch eine Regelung zur **Verschwiegenheitspflicht** des Verwaltungsorgans (Art. 49 SE-VO). Hinzu kommt die Vorgabe, mindestens alle drei Monate zusammenzutreten (Art. 44 Abs. 1 SE-VO). Weiterhin kennt die SE-Verordnung die Kategorie der **zustimmungsbedürftigen Geschäfte**, die sich im monistischen System als eine Verpflichtung zur ausdrücklichen Beschlussfassung des Gesamtorgans manifestiert (Art. 48 Abs. 1 SE-VO).

5.31

2. SE-Ausführungsgesetz

Angesichts der nur rudimentären Regelung in der SE-Verordnung hat der deutsche Gesetzgeber die Pflichtenstellung des Verwaltungsrats in § 22 SEAG schärfer umrissen. Zu unterscheiden sind demnach: a) die allgemeine Aufgabe der Oberleitung (§ 22 Abs. 1 SEAG), b) einige speziell dem Verwaltungsrat zugewiesene Leitungspflichten (§ 22 Abs. 2 bis 5 SEAG) sowie c) die subsidiäre Zuweisung all derjenigen Aufgaben, die im dualistischen Modell von Vorstand oder Aufsichtsrat wahrgenommen werden (§ 22 Abs. 6 SEAG).

5.32

a) Allgemeine Oberleitung

Der Verwaltungsrat leitet die Gesellschaft, bestimmt die Grundlinien ihrer Tätigkeit und überwacht deren Umsetzung (§ 22 Abs. 1 SEAG). Er ist damit ein dem Vorstand vergleichbares Leitungsorgan, das die originäre Organisationsverantwortung für die Abläufe im Unternehmen trägt.[2] Das Gesetz stellt ihm zwar die geschäftsführenden Direktoren an die Seite, gestaltet deren Rechtsstellung jedoch bewusst im Sinne einer Unterordnung gegenüber dem Verwaltungsrat und bezweckt damit eine Arbeitsentlastung, nicht aber eine Entlastung des Verwaltungsrats von seiner Verantwortung.[3] Da der Verwaltungsrat nach Art. 43 Abs. 1 Satz 1 SE-VO für die Geschäftsführung zuständig ist, hat sein Verantwortungsbereich denselben Umfang wie jener der geschäftsführenden Direktoren. Er nimmt diese Verantwortung wahr durch die Festlegung der **unternehmerischen Grundlinien** und eine effiziente **Überwachung** der geschäftsführenden Direktoren. Dazu gehört die Bestimmung der wesentlichen Grundlinien der Unternehmensorganisation und des Finanzwesens ebenso wie die Einrichtung eines internen Informations- und Berichtswesens, welches sicherstellt, dass die für die Oberleitung wesentlichen Informationen den Verwaltungsrat auch tatsächlich erreichen.[4] Innerhalb dieses Systems bleibt für den Pflichten- und Sorgfaltsmaßstab zu bedenken, dass Verwaltungsratsmitglieder, die nicht zugleich geschäftsführende Direktoren sind, naturgemäß nicht alle Unternehmensvorgänge im Detail kennen können und daher nur für die Verletzung der Oberleitungs-

5.33

---

1 *Merkt*, ZGR 2003, 650, 662 f.; *Siems* in KölnKomm. AktG, Anh. Art. 51 SE-VO, § 39 SEAG Rz. 11; *Teichmann*, BB 2004, 53, 54.
2 Ausführlich *Mauch*, Das monistische Leitungssystem, S. 46 ff.
3 *Reichert/Brandes* in MünchKomm. AktG, Art. 43 SE-VO Rz. 81, sprechen treffend von einer „gesetzlichen Delegationsnorm", welche den Verwaltungsrat nicht aus seiner eigenen Verantwortung entlässt.
4 Näher zu diesen Ausprägungen der allgemeinen Oberleitungsverantwortung *Mauch*, Das monistische Leitungssystem, S. 49 ff., sowie *Reichert/Brandes* in MünchKomm. AktG, Art. 43 SE-VO Rz. 82 ff.

pflicht, nicht aber für jeden Geschäftsführungsfehler persönlich verantwortlich gemacht werden können.[1]

5.34 Teil der Organisationsverantwortung des Verwaltungsrats ist auch die Entscheidung über die **Bestellung der geschäftsführenden Direktoren**.[2] Er muss Klarheit darüber gewinnen, wie viele geschäftsführende Direktoren nötig sind und ob einzelne von ihnen aus der Mitte des Verwaltungsrats zu bestellen sind. Da allein die geschäftsführenden Direktoren Vertretungsmacht im Außenverhältnis haben (§ 41 Abs. 1 SEAG), mag es angezeigt sein, zumindest einen der geschäftsführenden Direktoren aus den Reihen der Verwaltungsratsmitglieder zu rekrutieren.[3] Auf diese Weise bleibt der Verwaltungsrat auch bei einem Fehlverhalten der externen Direktoren handlungsfähig, ohne den Umweg über Abberufung und Neubestellung gehen zu müssen. Auf der anderen Seite entspricht zumindest in größeren Gesellschaften eine klare Funktionstrennung eher den Grundsätzen guter Corporate Governance.[4]

b) Speziell zugewiesene Aufgaben

5.35 Neben der allgemeinen Oberleitung weist § 22 SEAG dem Verwaltungsrat einige **spezielle Leitungsaufgaben** explizit zu, die im dualistischen Modell der Vorstand wahrnimmt: Er hat eine Hauptversammlung einzuberufen, wenn das Wohl der Gesellschaft es erfordert (§ 22 Abs. 2 Satz 1 SEAG); er muss dafür sorgen, dass die erforderlichen Handelsbücher geführt werden (§ 22 Abs. 3 Satz 1 SEAG); er hat geeignete Maßnahmen zu treffen, insbesondere ein Überwachungssystem einzurichten, damit den Fortbestand der Gesellschaft gefährdende Entwicklungen früh erkannt werden (§ 22 Abs. 3 Satz 2 SEAG); er muss bei einem Verlust der Hälfte des Grundkapitals die Hauptversammlung einberufen (§ 22 Abs. 5 Satz 1 SEAG); bei Zahlungsunfähigkeit oder Überschuldung finden § 92 Abs. 2 und 3 AktG entsprechende Anwendung (§ 22 Abs. 5 Satz 2 SEAG).

5.36 In den meisten dieser Pflichten materialisiert sich die Verantwortung des Verwaltungsrats gegenüber den Aktionären als den wirtschaftlichen Eigentümern der Gesellschaft. Insoweit kann für Haftungsfragen auf die vergleichbaren Vorschriften des Aktiengesetzes zurückgegriffen werden. Besonderheiten ergeben sich bei der Führung der Handelsbücher (1) und bei der Insolvenzantragspflicht (2) aus der arbeitsteiligen Einbindung von Verwaltungsrat und geschäftsführenden Direktoren. Eine derartige Funktionstrennung besteht auch im Hinblick auf die konzernrechtlichen Schutzvorschriften (3).

(1) Handelsbücher

5.37 Die Verantwortung des Verwaltungsrats für die Führung der Handelsbücher entspricht der des Vorstands nach § 91 Abs. 1 AktG. Da die allgemeine gesetzliche Buchführungspflicht einer jeden Kapitalgesellschaft bereits in § 238 Abs. 1 HGB geregelt ist, liegt die Bedeutung des § 22 Abs. 3 SEAG ebenso wie die des § 91 Abs. 1 AktG darin, die Verantwortlichkeiten

---

1 Zu dieser Differenzierung zwischen geschäftsführenden und nicht-geschäftsführenden Verwaltungsratsmitgliedern *Eberspächer* in Spindler/Stilz, AktG, Art. 51 SE-VO Rz. 8, *Manz* in Manz/Mayer/Schröder, Art. 43 SE-VO Rz. 124, *Reichert/Brandes* in MünchKomm. AktG, Art. 51 SE-VO Rz. 14 ff., *Siems* in KölnKomm. AktG, Anh. Art. 51 SE-VO, § 39 SEAG Rz. 16 ff. sowie *Teichmann* in Lutter/Hommelhoff/Teichmann, SE-Kommentar, Anh. Art. 43 SE-VO, § 39 SEAG Rz. 2 ff.
2 *Mauch*, Das monistische Leitungssystem, S. 50.
3 Dies lässt § 40 Abs. 1 Satz 2 SEAG ausdrücklich zu.
4 *Ihrig*, ZGR 2008, 809, 812 f.

im **Innenverhältnis** klarzustellen.[1] Die Norm betont die organschaftliche Gesamtverantwortung des Verwaltungsrats – und damit die jedes Organmitglieds – für die Wahrnehmung der gesetzlichen Buchführungspflichten. Anders als in der nationalen Aktiengesellschaft fallen jedoch im monistischen System der SE Innen- und Außenverhältnis auseinander: Im **Außenverhältnis** sind die geschäftsführenden Direktoren kraft ihrer Stellung als gesetzliche Vertreter Adressaten der gesetzlichen Pflichten zur Aufstellung eines Jahresabschlusses mit Anhang und Lagebericht (vgl. § 264 Abs. 1 HGB).

Mit der Zuweisung der internen Verantwortung für die Handelsbücher an den Verwaltungsrat und der externen Rechnungslegungspflicht an die geschäftsführenden Direktoren schafft der Gesetzgeber in diesem für das Unternehmen und den Rechtsverkehr so bedeutsamen Pflichtenkreis ein wichtiges Element der **internen Kontrolle**. Im dualistischen System ist der vom Vorstand aufgestellte Jahresabschluss vom Aufsichtsrat zu prüfen (vgl. § 171 AktG). Dieses bewährte und sinnvolle System transformiert der Gesetzgeber in das monistische System, indem er die Pflicht zur Aufstellung des Jahresabschlusses den geschäftsführenden Direktoren zuweist und gleichzeitig den Verwaltungsrat ausdrücklich zur Überprüfung des Jahresabschlusses verpflichtet (§ 47 SEAG).[2] Das dadurch realisierte „Vier-Augen-Prinzip"[3] ist zwar schwächer als im dualistischen System, welches Geschäftsführung und Überwachung klarer trennt. Das Fehlen einer nicht an der Geschäftsführung partizipierenden Kontrollinstanz ist jedoch als Wesensmerkmal des monistischen Systems hinzunehmen; immerhin stellt § 40 Abs. 1 Satz 2 SEAG sicher, dass die Mehrheit des Verwaltungsrats aus nicht-geschäftsführenden Mitgliedern besteht. In großen, insb. in börsennotierten Gesellschaften, ist zudem die Einrichtung eines ausschließlich mit nicht-geschäftsführenden Mitgliedern besetzten **Prüfungsausschusses** dringend anzuraten.[4]

5.38

(2) Insolvenzantrag

Bei Zahlungsunfähigkeit oder Überschuldung der Gesellschaft hat der Verwaltungsrat den **Insolvenzantrag** nach § 15a Abs. 1 InsO zu stellen (§ 22 Abs. 5 Satz 2 SEAG).[5] Die Insolvenzantragspflicht hat gläubigerschützende Intention; ihre Verletzung kann daher über § 823 Abs. 2 BGB eine Haftung gegenüber Dritten zur Folge haben.[6] Im monistischen System teilt

5.39

---

1 Für das allgemeine Aktienrecht *Hüffer/Koch*, § 91 AktG Rz. 2.
2 Der Verwaltungsrat kann dabei seine eigene Einschätzung von Recht- und Zweckmäßigkeit des Jahresabschlusses kraft seines Weisungsrechts gegenüber den geschäftsführenden Direktoren durchsetzen (*Teichmann* in Lutter/Hommelhoff/Teichmann, SE-Kommentar, Anh. Art. 43 SE-VO, § 47 SEAG Rz. 10); a.A. *Metz*, Organhaftung, S. 123 ff.: Jahresabschluss ist bei Uneinigkeit zwischen Verwaltungsrat und geschäftsführenden Direktoren der Hauptversammlung vorzulegen.
3 Vgl. Begr. RegE zu § 47 SEAG, bei *Neye*, Europäische Aktiengesellschaft, S. 150.
4 Der – bislang an das monistische Modell nicht angepasste – Deutsche Corporate Governance-Kodex (www.corporate-governance-code.de) empfiehlt die Einrichtung von Prüfungsausschüssen selbst innerhalb des dualistisch separierten Aufsichtsrates (Ziffer 5.3.2); um so mehr ist eine solche geschäftsführungs-unabhängige Prüfungsinstanz im monistischen System geboten, das keine gesetzliche Funktionstrennung kennt. Vgl. die gesetzliche Regelung zur Einrichtung eines Prüfungsausschusses in § 34 Abs. 4 Satz 4 SEAG, die derjenigen für den Aufsichtsrat (§ 107 Abs. 3 Satz 2 AktG) entspricht.
5 Die Vorschrift wurde mit Wirkung zum 1.11.2008 durch das MoMiG geändert. Sie bringt eine Klarstellung gegenüber der früheren Fassung des § 22 Abs. 5 Satz 2 SEAG (der frühere, bei *Ihrig*, ZGR 2008, 809, 817, zusammengefasste Disput über die Auslegung der Norm hat sich damit erledigt).
6 S. nur *Hüffer/Koch*, § 92 AktG Rz. 26 (m.w.N.); näher unten *Altmeppen*, Rz. 7.49.

sich der Verwaltungsrat diese Pflicht mit den geschäftsführenden Direktoren. Diese sind nach § 40 Abs. 3 SEAG verpflichtet, den Verwaltungsrat über Zahlungsunfähigkeit oder Überschuldung der Gesellschaft unverzüglich zu informieren. Richtigerweise wird man dies so lesen müssen, dass sie den Verwaltungsrat schon bei den ersten Anzeichen drohender Zahlungsunfähigkeit oder Überschuldung informieren müssen. Denn die Information hat nur dann einen Sinn, wenn dem Verwaltungsrat noch die Möglichkeit zum Gegensteuern bleibt. Sind Zahlungsunfähigkeit oder Überschuldung bereits eingetreten, bleibt in der kurzen Antragsfrist nur noch Raum für letzte Sanierungsversuche; bei deren Scheitern, längstens bei Fristablauf ist Insolvenz anzumelden. Der Verwaltungsrat muss gegebenenfalls eine dahingehende Weisung erteilen; entgegengesetzte Weisungen sind rechtswidrig und wirkungslos.

(3) Konzernrecht

5.40 Im Konzernrecht treten ausnahmsweise die geschäftsführenden Direktoren an die Stelle des Vorstands (§ 49 SEAG).[1] Der Verwaltungsrat ist damit in diesem Bereich auf diejenigen Funktionen beschränkt, die im dualistischen System der Aufsichtsrat wahrnimmt. Damit erreicht das Gesetz eine zumindest annähernd funktionsgleiche konzernrechtliche Regelung, wie sie die §§ 308 ff. AktG durch die Aufgabentrennung zwischen Vorstand und Aufsichtsrat herstellen[2]: Die in § 312 AktG geregelte Pflicht, einen **Abhängigkeitsbericht** zu erstellen, richtet sich gem. § 49 Abs. 1 SEAG an die geschäftsführenden Direktoren; die Pflicht zur Prüfung gem. § 314 AktG weist § 22 Abs. 6 SEAG dem Verwaltungsrat zu.

c) Subsidiäre Auffangregelung (§ 22 Abs. 6 SEAG)

5.41 Im Sinne einer Auffangnorm ordnet § 22 Abs. 6 SEAG an, dass grundsätzlich alle Rechtsvorschriften, die im dualistischen Modell **Vorstand oder Aufsichtsrat** Rechte oder Pflichten zuweisen, sinngemäß für den Verwaltungsrat gelten, soweit sie nicht im SEAG explizit den geschäftsführenden Direktoren zugewiesen sind. An dieser Regelung wird offenkundig, dass der Verwaltungsrat nicht nur ein aufgewerteter Aufsichtsrat ist, sondern das einzige Organ der Oberleitung, dem auch kein etwaiges Kontrollorgan beigestellt ist. Da über Art. 9 Abs. 1 Buchstabe c) ii) SE-VO alle Vorschriften des allgemeinen Aktienrechts auf die SE Anwendung finden, selbst wenn diese monistisch strukturiert ist, konnte auf ein Scharnier zwischen dualistischer und monistischer Struktur, wie § 22 Abs. 6 SEAG es bildet, nicht verzichtet werden. Denn das allgemeine deutsche Aktienrecht ist vielfach durchsetzt mit speziellen Zuweisungen von Rechten und Pflichten an den Vorstand oder an den Aufsichtsrat, deren Anwendung auf das monistische System ohne eine derartige Auffangnorm von allzu großer Rechtsunsicherheit geprägt gewesen wäre.

5.42 Im Lichte der innerhalb der monistischen Struktur realisierten Arbeitsteilung zwischen Verwaltungsrat und geschäftsführenden Direktoren wird man auch in Bezug auf die allgemeine Auffangnorm zumeist zwischen **Innen- und Außenverhältnis** trennen müssen. Soweit eine Aufgabe rechtlich zwingend durch die gesetzlichen Vertreter wahrzunehmen ist, obliegt ihre Durchführung im Außenverhältnis den geschäftsführenden Direktoren. Im Innenverhält-

---

[1] Zur hier nicht zu vertiefenden Diskussion, ob und inwieweit das deutsche Konzernrecht auf eine SE Anwendung findet: *Hommelhoff*, AG 2003, 179 ff. einerseits und *Habersack*, ZGR 2003, 724 ff. andererseits sowie modifizierend *Hommelhoff/Lächler*, AG 2014, 257 ff.

[2] Zur Schwierigkeit, die Funktionsbedingungen des Konzernrechts im monistischen System abzubilden, *Teichmann*, ZGR 2002, 383, 444 ff. und *Maul*, ZGR 2003, 743 ff. sowie monographisch *Ortolf*, SE-Konzerngesellschaft, S. 85 ff.

nis trägt allerdings der Verwaltungsrat die Verantwortung dafür, dass dies auch geschieht. Kommt er dieser Organisations- und Überwachungsverantwortung nicht nach, liegt darin eine Pflichtverletzung, die eine Haftung seiner Mitglieder gegenüber der Gesellschaft begründen kann.

III. Pflichtenstellung der geschäftsführenden Direktoren

1. Geschäftsführung

Die geschäftsführenden Direktoren führen die Geschäfte der Gesellschaft (§ 40 Abs. 2 Satz 1 SEAG), unterliegen dabei aber der Personalhoheit des Verwaltungsrats (sie sind insbesondere gem. § 40 Abs. 5 SEAG jederzeit abberufbar) und müssen dessen Weisungen befolgen (§ 44 Abs. 2 SEAG). Auch für ihre Haftung gilt **§ 93 AktG entsprechend** (§ 40 Abs. 8 SEAG). Das SEAG verweist auf die Haftungsnorm des Aktienrechts, obwohl die geschäftsführenden Direktoren ihrer Stellung nach eher dem Geschäftsführer einer GmbH vergleichbar sind. Indessen ist die SE typologisch der Aktiengesellschaft gleichzustellen, weshalb die Anforderungen an die Geschäftsführung grundsätzlich in Anlehnung an das allgemeine Aktienrecht zu bestimmen sind – zumal die Haftungsnorm für GmbH-Geschäftsführer (§ 43 GmbHG) ebenso generalklauselartig gefasst ist wie § 93 AktG: Hier wie dort geht es darum, den rechtlich unbestimmten Maßstab der „Sorgfalt eines ordentlichen Geschäftsmannes" (§ 43 GmbHG) bzw. eines „ordentlichen und gewissenhaften Geschäftsleiters" (§ 93 Abs. 1 AktG) einzelfallbezogen zu konkretisieren.

5.43

Die gebotene Anpassung der allgemeinen Haftungsgrundsätze an die Besonderheiten des monistischen Systems muss die Weisungsunterworfenheit der geschäftsführenden Direktoren berücksichtigen.[1] Eine Haftung im Innenverhältnis trifft die geschäftsführenden Direktoren nicht, soweit sie **rechtmäßige Weisungen** des Verwaltungsrats befolgen, für deren Vorbereitung sie eine hinreichende Informationsgrundlage geliefert haben (vgl. bereits Rz. 5.27).[2] Andererseits sind rechtswidrige Weisungen unwirksam und schützen die geschäftsführenden Direktoren im Regelfall nicht vor einer Haftung.[3] Mit dieser Maßgabe lässt sich die Regelung des § 93 Abs. 4 Satz 2 AktG (Billigung durch den Aufsichtsrat) auf das monistische Modell übertragen.[4]

5.44

Rechtmäßigen Weisungen des Verwaltungsrats dürfen sich die geschäftsführenden Direktoren nicht widersetzen, selbst wenn sie diese für **unzweckmäßig** halten. Ihre Verantwortung für die Geschäftsführung legt ihnen zwar die Pflicht auf, ihre Bedenken vorzutragen; die

5.45

---

1 Die Weisungsunterworfenheit besteht gegenüber dem Verwaltungsrat, nicht aber gegenüber der Hauptversammlung, da diese in Geschäftsführungsfragen grundsätzlich keine Entscheidungskompetenz hat (*Huizinga*, SE-Hauptversammlung, S. 181 ff.).
2 *Ihrig*, ZGR 2008, 809, 831; *Metz*, Organhaftung, S. 252 ff.; *Ortolf*, SE-Konzerngesellschaft, S. 47 ff.; *Seitz*, Geschäftsführer der SE, S. 270 sowie S. 323 ff.; *Siems* in KölnKomm. AktG, Anh. Art. 51 SE-VO, § 40 SEAG Rz. 95.
3 *Ihrig* in Bachmann/Casper/Schäfer/Veil, Steuerungsfunktionen des Haftungsrechts, S. 17, 24 f.; *Ihrig*, ZGR 2008, 809, 830; *Metz*, Organhaftung, S. 259 ff. Eine Ausnahme erscheint denkbar, wenn die Rechtswidrigkeit nicht erkennbar war und die verletzte Vorschrift nicht den Schutz außenstehender Dritter (insb. der Gläubiger) bezweckt (*Metz*, Organhaftung, S. 267).
4 *Teichmann* in Lutter/Hommelhoff/Teichmann, SE-Kommentar, Anh. Art. 43 SE-VO, § 40 SEAG Rz. 66; ebenso *Reichert/Brandes* in MünchKomm. AktG, Art. 43 SE-VO Rz. 166 und *Verse* in Habersack/Drinhausen, SE-Recht, § 40 SEAG Rz. 79. Gegen Anwendung des § 93 Abs. 4 Satz 2 AktG hingegen *Siems* in KölnKomm. AktG, Anh. Art. 51 SE-VO, § 40 SEAG Rz. 99.

Oberleitung des Verwaltungsrats manifestiert sich jedoch darin, dass auch unzweckmäßig erscheinende Weisungen letztlich befolgt werden müssen.[1]

2. Vertretung der Gesellschaft

5.46 Die geschäftsführenden Direktoren vertreten die Gesellschaft gerichtlich und außergerichtlich (§ 41 Abs. 1 SEAG). In ihrer Eigenschaft als gesetzliche Vertreter der Gesellschaft sind sie Adressat zahlreicher Pflichten, die ihnen im Interesse Dritter oder der Allgemeinheit auferlegt werden. Verletzen sie derartige Pflichten, droht ihnen nach allgemeinen Regeln eine **Außenhaftung** gegenüber den hiervon betroffenen Dritten. Etwaige Weisungen des Verwaltungsrats haben insoweit keine entlastende Wirkung. Für die Ausgestaltung dieser Pflichtenstellung kann auf die Ausführungen zum GmbH-Geschäftsführer bzw. zum Vorstand einer AG nationalen Rechts verwiesen werden.[2]

IV. Compliance-Verantwortung im monistischen Leitungsmodell

5.46a Im Bereich der Compliance-Verantwortung müssen die für das dualistische System entwickelten Grundsätze (Rz. 5.20a) an die Besonderheiten des monistischen Systems angepasst werden. Der **Verwaltungsrat** entspricht funktional dem Vorstand (Rz. 5.33) und nimmt die unternehmerische Leitungsfunktion wahr. Ihn trifft damit originär die Pflicht, für die Einrichtung und Durchführung eines Compliance-Systems zu sorgen.[3] Im Gegensatz zum Vorstandsmandat ist die Verwaltungsratstätigkeit allerdings als Nebenamt konzipiert (vgl. Rz. 5.26); außerdem bietet das monistische Modell zusätzlichen Gestaltungsspielraum, weil Verwaltungsratsmitglieder zugleich geschäftsführende Direktoren sein können (§ 40 Abs. 1 Satz 2 SEAG). Die konkret gewählte Struktur der monistischen Unternehmensleitung gilt es bei Festlegung des Pflichtenmaßstabes zu berücksichtigen.[4] Als Mitglieder des Kollegialorgans Verwaltungsrat unterliegen zwar alle Mitglieder der Pflicht, für die Einrichtung eines effizienten Compliance-Systems zu sorgen und dessen Implementierung durch die geschäftsführenden Direktoren zu überwachen.[5] Darüber hinaus ist aber zwischen geschäftsführenden und nicht-geschäftsführenden Verwaltungsratsmitgliedern zu unterscheiden. Die letzteren sind nicht für die konkrete Implementierung des Compliance-Systems zuständig und können dies den geschäftsführenden Direktoren überlassen, deren Tätigkeit sie lediglich zu überwachen haben.

5.46b Hat der Verwaltungsrat die Grundsatzentscheidung getroffen, sind die **geschäftsführenden Direktoren** für die konkrete Umsetzung des Compliance-Systems im Unternehmen zuständig. Bleibt der Verwaltungsrat untätig, müssen die geschäftsführenden Direktoren von sich aus aktiv werden. Die eigentliche Organisationsentscheidung des Verwaltungsrats über die

---

[1] So wohl auch *Ihrig* in Bachmann/Casper/Schäfer/Veil, Steuerungsfunktionen des Haftungsrechts, S. 17, 24 f., der eine Haftung der Direktoren nur bei Ausführung einer pflichtwidrigen Weisung annimmt. Zur GmbH *Kleindiek* in Lutter/Hommelhoff, § 37 GmbHG Rz. 23.
[2] Dazu allgemein unten *Altmeppen*, § 7 und die besonderen Risikobereiche (§§ 22–39).
[3] Ebenso *Bücker* in 10 Jahre SE, S. 203, 216; *Reichert/Brandes* in MünchKomm. AktG, Art. 51 SE-VO Rz. 27a.
[4] *Bücker* in 10 Jahre SE, S. 203, 219 ff.
[5] Dies gilt auch dann, wenn die Satzung hierfür keinen ausdrücklichen Beschluss fordert (was nach Art. 48 Abs. 1 Satz 1 SE-VO möglich ist). Der Verwaltungsrat muss aus eigener Verantwortung entscheiden, was im Plenum zu entscheiden ist. Das Compliance-System gehört zu den Gegenständen, bei denen dies der Fall ist.

Einrichtung eines Compliance-Systems und dessen Ausgestaltung ist zwar nicht delegierbar.[1] Sollte der Verwaltungsrat aber aus eigenem Antrieb kein Compliance-System einrichten wollen, müssen die geschäftsführenden Direktoren darauf hinwirken, dass dies geschieht. Denn die Legalitätspflicht, wonach Rechtsverstöße im Unternehmen zu vermeiden sind, gilt auch für die geschäftsführenden Direktoren. Das Fehlen einer Verwaltungsratsanweisung entlastet sie nicht. Die Einrichtung eines Compliance-Systems ist – zumindest ab einer gewissen Unternehmensgröße – eine zwingende Rechtspflicht und steht nicht zur Disposition des Verwaltungsrats (vgl. Rz. 5.44 zur Reichweite des Weisungsrechts).[2] Demgegenüber besteht bei der konkreten Ausgestaltung des Systems ein gewisses Ermessen, das der Verwaltungsrat durch Weisungen ausüben kann.[3]

D. Rechtsverfolgung im Haftungsfall

I. Verfolgungspflicht der zuständigen Organe

Die Leitungs-, Aufsichts- und Verwaltungsorgane der SE trifft nach allgemeinen aktienrechtlichen Grundsätzen eine Prüfungspflicht hinsichtlich des Bestehens von Ersatzansprüchen. Dies gilt auch für die geschäftsführenden Direktoren. Bei hinreichender prozessualer Erfolgsaussicht müssen Haftungsansprüche gegen ein Organmitglied eingeklagt werden; nur ausnahmsweise darf im Lichte eines mindestens gleichwertigen entgegenstehenden Interesses der Gesellschaft von Rechtsverfolgung abgesehen werden.[4]

5.47

II. Vertretung der Gesellschaft im Prozess

Die SE-Verordnung regelt die **Vertretungsmacht** nicht.[5] Somit gelangt im dualistischen System (1) über Art. 9 Abs. 1 Buchstabe c) ii) SE-VO das nationale Aktienrecht zur Anwendung. Für das monistische System (2) gelten die Regelungen des SE-Ausführungsgesetzes.

5.48

1. Dualistisches System

Im dualistischen System wird die Gesellschaft im Haftungsprozess gegen ein Mitglied des Leitungsorgans (Vorstand) durch das Aufsichtsorgan (Aufsichtsrat) vertreten (Art. 9 Abs. 1

5.49

---

1 *Bücker* in 10 Jahre SE, S. 203, 223.
2 Vgl. auch *Reichert/Brandes* in MünchKomm. AktG, Art. 51 SE-VO Rz. 27a: „Nebeneinander der Verantwortlichkeiten".
3 Zu den höchst umstrittenen Fragen, ob es bei der Einrichtung eines Compliance-Systems ein Ermessen gibt und wie weit dies ggf. reicht, s. nur *Paefgen*, WM 2016, 433 ff. (m.w.N.).
4 BGH v. 21.4.1997 – II ZR 175/95, BGHZ 135, 244 ff. = AG 1997, 377. Diese Gedanken sind auch auf die monistische SE übertragbar (näher *Metz*, Organhaftung, S. 164 ff.). Für eine Modifizierung des Ermessens im Verhältnis des Verwaltungsrats zu den geschäftsführenden Direktoren *Reichert/Brandes* in MünchKomm. AktG, Art. 51 SE-VO Rz. 25.
5 Entgegen *Hoffmann-Becking*, ZGR 2004, 355, 370 (dort zum monistischen System) gibt es auch keinen kraft europäischen Rechts automatisch anzunehmenden Gleichlauf von Geschäftsführungs- und Vertretungsmacht. Die Entstehungsgeschichte der SE-Verordnung zeigt, dass der europäische Gesetzgeber beide Begriffe trennt. Die in früheren Entwürfen enthaltene Regelung zur Vertretungsmacht wurde ersatzlos gestrichen; damit kommt nach der allgemeinen Verweisungstechnik der SE-Verordnung das nationale Recht zur Anwendung. Ausführliche Begründung bei *Teichmann* in Lutter/Hommelhoff/Teichmann, SE-Kommentar, Art. 43 SE-VO Rz. 16 ff.

Buchstabe c) ii) SE-VO i.V.m. § 112 AktG).[1] Geht es um die Geltendmachung von Ersatzansprüchen der Gesellschaft gegen Mitglieder des Aufsichtsrats, bleibt es bei der allgemeinen Vertretungsbefugnis des Vorstands (Art. 9 Abs. 1 Buchstabe c) ii) SE-VO i.V.m. § 78 AktG).[2]

2. Monistisches System

5.50 Im monistischen System obliegt die gesetzliche Vertretungsbefugnis den geschäftsführenden Direktoren (§ 41 Abs. 1 SEAG). Klagt die Gesellschaft gegen ein **Mitglied des Verwaltungsrats**, bleibt es bei der Vertretungsmacht der geschäftsführenden Direktoren.[3] Der Verwaltungsrat kann hierzu über Weisungen mit Wirkung nach innen beschließen[4]; das betroffene Verwaltungsratsmitglied ist in diesem Fall von der Abstimmung ausgeschlossen.[5] Die übrigen Verwaltungsratsmitglieder werden bei einer eventuellen Weisung an die geschäftsführenden Direktoren besonders sorgfältig zu bedenken haben, dass nach den allgemeinen Grundsätzen (Rz. 5.47) eine Rechtsverfolgung regelmäßig geboten ist. Eine hiergegen verstoßende Weisung wäre für die geschäftsführenden Direktoren nicht bindend (vgl. Rz. 5.44), die ihrerseits einen Pflichtverstoß begehen, wenn sie eine rechtlich gebotene Anspruchsverfolgung unterlassen.

5.51 Im Verhältnis der SE zu ihren **geschäftsführenden Direktoren** ist der Verwaltungsrat nach § 41 Abs. 5 SEAG zur Vertretung der Gesellschaft berechtigt.[6] Die Wahrnehmung der Vertretungsmacht folgt den zu § 112 AktG entwickelten Grundsätzen im Verhältnis zwischen Aufsichtsrat und Vorstand.[7] Der Verwaltungsrat muss zunächst einen Beschluss über die Einleitung des Prozesses herbeiführen; sodann dürfte die Bevollmächtigung einzelner Mitglieder oder Dritter zur Prozessführung zulässig sein.[8]

III. Gläubiger und Aktionäre

5.52 Unter den Voraussetzungen des § 93 Abs. 5 AktG können Gläubiger der SE einen Ersatzanspruch der Gesellschaft geltend machen. Gem. §§ 147, 148 AktG können ausnahmsweise auch die Aktionäre der Gesellschaft die Geltendmachung eines Ersatzanspruchs erzwingen.[9]

---

1 *Drinhausen* in Habersack/Drinhausen, SE-Recht, Art. 51 SE-VO Rz. 19.
2 *Drinhausen* in Habersack/Drinhausen, SE-Recht, Art. 51 SE-VO Rz. 19.
3 *Drinhausen* in Habersack/Drinhausen, SE-Recht, Art. 51 SE-VO Rz. 20; *Ihrig* in Bachmann/Casper/Schäfer/Veil, Steuerungsfunktionen des Haftungsrechts, S. 17, 27.
4 Zur GmbH *Bayer* in Lutter/Hommelhoff, § 46 GmbHG Rz. 34 f.
5 Dies ist auch ohne ausdrückliche Regelung im SEAG auf Basis des in § 34 BGB geregelten Rechtsgedankens anzunehmen (vgl. zur Übertragung des § 34 BGB im Wege der Gesetzes- oder Rechtsanalogie auf andere körperschaftlich strukturierte Verbände nur *Ulmer*, NJW 1982, 2288, 2289, sowie *H. P. Westermann* in Erman, § 34 BGB Rz. 1). Ebenso: Eberspächer in Spindler/Stilz, AktG, Art. 51 SE-VO Rz. 16; *Verse* in FS Hoffmann-Becking, S. 1277, 1282 ff.; *Verse* in Habersack/Drinhausen, SE-Recht, § 39 SEAG Rz. 24.
6 *Siems* in KölnKomm. AktG, Anh. Art. 51 SE-VO, § 39 SEAG Rz. 90.
7 Vgl. zur Vertretung der Aktiengesellschaft durch den Aufsichtsrat *Hüffer/Koch*, § 112 AktG Rz. 7 ff. und *Hopt/Roth* in Großkomm. AktG, § 112 AktG Rz. 71 ff.
8 Jedenfalls setzt BGH v. 22.4.1991 – II ZR 151/90, AG 1991, 269 f. die Möglichkeit einer Bevollmächtigung inzident voraus, indem er dem Kläger vorhält, er habe zu seiner Behauptung, der Aufsichtsrat habe den amtierenden Vorstand mit der Prozessführung betraut, nicht hinreichend vorgetragen.
9 Für das monistische System *Siems* in KölnKomm. AktG, Anh. Art. 51 SE-VO, § 39 SEAG Rz. 4 sowie § 40 SEAG Rz. 91.

§ 6
Organhaftung in Verein und Stiftung

Professor Dr. Ulrich Burgard

A. Der eingetragene Verein	6.1
I. Einleitung	6.1
II. Zur Organisationsverfassung des Vereins	6.3
III. Haftung der Mitglieder des Vorstands	6.5
1. Innenhaftung	6.6
a) Anspruchsgrundlagen	6.6
b) Anspruchsvoraussetzungen	6.8
aa) Pflichtverletzung	6.9
(1) Pflicht zur Geschäftsführung	6.10
(2) Delegation und Geschäftsverteilung	6.18
(3) Pflicht zur Einhaltung der Vereinsverfassung und zur Befolgung von Weisungen	6.19
(4) Informationspflicht	6.21
(5) Treupflicht	6.22
(6) Business Judgement Rule	6.28
bb) Verschulden	6.30
(1) Verschuldensgrad	6.31
(2) Sorgfaltsmaßstab	6.32
c) Rechtsfolgen	6.34
d) Durchsetzung	6.36
e) Beweislast	6.42
f) Verjährung	6.44
g) Haftungsausschluss, Haftungsmilderung und Haftungsbeschränkung	6.45
aa) Haftungsausschluss bei der Befolgung von Weisungen	6.46
bb) Haftungsausschluss durch Entlastung	6.48
cc) Haftungsausschluss oder Haftungsbeschränkung durch Verzicht oder Vergleich	6.53
dd) Haftungsbeschränkung wegen einer Risikozurechnung bei Tätigkeit im fremden Interesse	6.54
ee) Haftungsmilderung oder Haftungsbeschränkung durch Satzung, Geschäftsordnung, Beschluss der Mitgliederversammlung oder Anstellungsvertrag	6.58
ff) Haftungsmilderung wegen Ehrenamtlichkeit	6.62
h) Versicherung	6.68
2. Außenhaftung	6.70
a) Rechtsgeschäftliche Haftung	6.71
b) Deliktische Haftung	6.73
c) Insolvenzrechtliche Haftung	6.76
d) Steuerrechtliche Haftung	6.80
e) Sozialversicherungsrechtliche Haftung	6.84
f) Freistellungsanspruch bei Ehrenamtlichkeit	6.85
IV. Haftung der Mitglieder von weiteren Organen	6.86
1. Haftung der Mitglieder von Außenorganen (sog. „besondere Vertreter")	6.87
a) Begriff, Voraussetzungen, Rechtsfolgen und Abgrenzung	6.87
b) Pflichtenkreis und Haftung	6.93
2. Haftung der Mitglieder von Innenorganen, insbesondere eines Aufsichtsrats	6.96
a) Entsprechende Anwendung des § 30 BGB	6.96
b) Pflichten eines Aufsichtsrats	6.100
c) Anspruchsgrundlage	6.107
d) Verletzung der Überwachungs- und Beratungspflicht	6.109
e) Verletzung der organschaftlichen Treupflicht	6.110
f) Sorgfaltsmaßstab	6.111
g) Ursächlichkeit und Schaden	6.112
V. Haftung leitender Mitarbeiter	6.115
B. Die rechtsfähige Stiftung	6.150
I. Einführung	6.150
II. Zur Organisationsverfassung der Stiftung	6.153
III. Haftung der Mitglieder des Vorstands	6.156
1. Vermögenserhaltung, Vermögensverwaltung und Erträgnisverwendung	6.157
a) Vermögenserhaltung	6.158
aa) Unterbilanzverbot	6.159
bb) Werterhaltungsgebot	6.160

cc) Ausschüttungsverbot 6.163	5. Verzicht 6.173
dd) Veräußerungsgebot 6.166	6. Entlastung 6.176
ee) Haftung 6.167	7. Exkulpation durch die Stiftungs-
b) Vermögensverwaltung 6.168	aufsicht?........................ 6.178
c) Erträgnisverwendung 6.169	8. Durchsetzung 6.180
2. Anspruchsgrundlage 6.170	IV. Haftung der Mitglieder sonstiger
3. Verschuldensgrad, gesetzliche Haftungsmilderung und statutarische Haftungsverschärfung 6.171	Organe und von leitenden Mitarbeitern 6.182
4. Gewillkürte Haftungsmilderungen und Haftungsbegrenzungen 6.172	

Schrifttum: *Bruschke*, Die Haftung des Vorstandes im gemeinnützigen Verein, StB 2007, 296; *Burgard*, Gestaltungsfreiheit im Stiftungsrecht, 2006; *Burgard*, Das Gesetz zur Begrenzung der Haftung von ehrenamtlich tätigen Vereinsvorständen, ZIP 2010, 358; *Burgard*, Ist § 31a BGB im Stiftungsrecht zwingend oder dispositiv?, in FS Reuter, 2010, S. 43; *Burgard*, Foundation Governance, ZStV 2015, 1; *Burgard*, Reform des Stiftungsrechts, ZStV 2016, 81; *Burgard/Heimann*, Information des Aufsichtsrats, AG 2014, 360; *Burgard/Heimann*, Respice finem! – Eine Replik, NZG 2014, 1294; *Burgard/Heimann*, Entlastung, Verjährung und Verjährenlassen von Schadensersatzansprüchen gegen Organmitglieder von Stiftungen und Aktiengesellschaften, NZG 2016, 166; *Carstensen*, Vermögensverwaltung, Vermögenserhaltung und Rechnungslegung gemeinnütziger Stiftungen, 1996; *de Beauregard*, Die D&O-Versicherung für Vereins- und Stiftungsvorstände, ZStV 2015, 143; *de Beauregard/Baur*, Die Haftung des leitenden Angestellten, DB 2016, 1754; *Ehlers*, Die persönliche Haftung von ehrenamtlichen Vereinsvorständen, NJW 2011, 2689; *Eisele*, Haftungsfreistellung von Vereinsmitgliedern und Vereinsorganen in nichtwirtschaftlichen Vereinen, 1998; *Gollan*, Vorstandshaftung in der Stiftung, 2009; *Grawe*, Schadensersatzpflicht des Stiftungsvorstandes: Handlungsempfehlungen unter Berücksichtigung der neuesten Rechtsprechung, ZStV 2014, 103; *Hasselbach*, Haftungsfreistellung für Vorstandsmitglieder, NZG 2016, 890; *Heermann*, Haftung des Vereinsvorstands bei Ressortaufteilung sowie für unternehmerische Entscheidungen, NJW 2016, 1687; *Heermann*, Beschränkung der persönlichen Haftung des Vereinsvorstands durch Ressortverteilung, in FS Röhricht, 2005, S. 191; *Hüttemann*, Gemeinnützigkeits- und Spendenrecht, 3. Aufl. 2014; *Hüttemann/Schön*, Vermögensverwaltung und Vermögenserhaltung im Stiftungs- und Gemeinnützigkeitsrecht, 2007; *Kiethe*, Die Haftung des Stiftungsvorstands, NZG 2007, 810; *Küntzel*, Die Haftung des Kontrollorgans bzw. von Kontrollorganmitgliedern einer Stiftung, DB 2004, 2303; *Küpperfahrenberg*, Haftungsbeschränkungen für Verein und Vorstand, 2005; *Leichinger*, Vermögensverwaltung und Erhaltung des Grundstockvermögens aus Sicht der Verwaltung, npoR 2015, 237; *Lenger/Finsterer*, Die Insolvenzantragspflicht von Stiftungen und Vereinen – Schlechterstellung durch Privilegierung?, NZI 2016, 571; *Lorenz*, Die (steuerliche) Haftung des Vorstandes eines eingetragenen Vereins oder einer Stiftung als persönliche Existenzbedrohung, ZStV 2013, 222; *Morgenroth*, Zulässige Haftungsbeschränkung für Vereinsmitglieder durch Satzungsbestimmungen, ZStV 2016, 138; *Müller*, Haftung des Stiftungsvorstandes wegen Insolvenzverschleppung, ZIP 2010, 153; *Orth*, Verluste gemeinnütziger Stiftungen aus Vermögensverwaltung, DStR 2009, 1397; *Poertzgen*, (K)Eine „neue" Insolvenzverschleppungshaftung für Vereinsvorstände?, ZInsO 2012, 1697; *Reichert*, Handbuch Vereins- und Verbandsrecht, 13. Aufl. 2015; *Reuter*, Die Haftung des Stiftungsvorstandes gegenüber der Stiftung, Dritten und dem Fiskus, Non Profit Law Year Book 2002, 157; *Reuter*, Zur Vereinsrechtsreform 2009, NZG 2009, 1368; *Reuter*, Änderungen des Vereins- und Stiftungsrechts durch das Ehrenamtsstärkungsgesetz, npoR 2013, 41; *Roth/Knof*, Die Stiftung in Krise und Insolvenz, KTS 2009, 163; *Sauter/Schweyer/Waldner*, Der eingetragene Verein, 20. Aufl. 2016; *Schießl/Küpperfahrenberg*, Steuerrechtliche Haftung der Vorstände von Vereinen und Verbänden – Risiko, Vermeidungsstrategie, Versicherbarkeit, DStR 2006, 445; *Schiffer*, Die Stiftung in der Beraterpraxis, 4. Aufl. 2016; *Schindler*, Vermögensanlage von Stiftungen im Zielkonflikt zwischen Rendite, Risiko und Erhaltung der Leistungskraft, DB 2003, 297; *Schlüter/Stolte*, Stiftungsrecht, 3. Aufl. 2016; *Schwintek*, Vorstandskontrolle in rechtsfähigen Stiftungen bürgerlichen Rechts, 2001; *Schwintek*, Die Haftung von Organmitgliedern gegenüber der Stiftung für fehlerhafte Vermögensverwaltung, ZSt

2005, 108; *Schwintowski*, Grundsätze ordnungsgemäßer Anlage von Stiftungsvermögen, in FS Hadding, 2004, S. 271; *Segna*, Vorstandskontrolle in Großvereinen, 2002; *Segna*, Schulden als Dank fürs Ehrenamt?, in GS Walz, 2008, S. 705; *Sobotta/von Cube*, Die Haftung des Vorstands für das Stiftungsvermögen, DB 2009, 2082; *Sommer*, Die Stiftung in Krise und Insolvenz, ZInsO 2013, 1715; *Stöber/Otto*, Vereinsrecht, 11. Aufl. 2015; *Unger*, Neue Haftungsbegrenzungen für ehrenamtlich tätige Vereins- und Stiftungsvorstände, NJW 2009, 3269; *Stürner*, Die Haftung des Stiftungsvorstandes bei der Vermögensverwaltung, DStR 2015, 1628; *von Campenhausen/Richter*, Stiftungsrechts-Handbuch, 4. Aufl. 2014; *Wagner*, Sicherheit im Verein – Risiken erkennen, Haftungsfallen vermeiden, im Schadensfall richtig handeln, 2006; *Wehnert*, Die Innenhaftung des Stiftungsvorstands, ZSt 2007, 67; *Werner*, Die Haftung des Stiftungsvorstands, ZEV 2009, 366.

A. Der eingetragene Verein

I. Einleitung

Im Jahr 2016 gab es in Deutschland rund 600 000 eingetragene Vereine.[1] Damit ist der Verein nach der GmbH[2] die zweithäufigste eingetragene Rechtsform. Die meisten dieser Vereine haben hunderte[3], einige sogar hunderttausende von Mitgliedern. Dementsprechend groß ist die wirtschaftliche Bedeutung des Vereinswesens; denn selbst viele mittelgroße Vereine weisen Zahlen von Kleinunternehmen auf, z.B. 1000 Mitglieder, 1 Mio. Euro Einnahmen, 50 000 Euro Jahresüberschuss, 500 000 Euro Reinvermögen und ein Beschäftigungseffekt von 18 entgeltlich tätigen Vollzeitarbeitskräften.

6.1

Hinsichtlich der Haftung gelten **für die Organmitglieder von kleinen Vereinen grundsätzlich dieselben Regeln wie für Organmitglieder von großen Vereinen**. Lediglich der Sorgfaltsmaßstab bei der Innenhaftung von Organmitgliedern kann differieren (s. Rz. 6.38 f.). Im Übrigen sind die Haftungsrisiken von Organmitgliedern von Kleinvereinen nur insoweit geringer, als ihre Aufgaben tatsächlich weniger umfangreich sind. Auch sie sollten sich aber nicht damit beruhigen, sie könnten „nicht viel falsch machen".

6.2

II. Zur Organisationsverfassung des Vereins

Der Verein hat **zwei notwendige Organe**, nämlich die Gesamtheit der Mitglieder (deren Willensbildung regelmäßig entweder in einer Mitgliederversammlung gem. § 32 BGB oder mittelbar in einer Vertreterversammlung analog § 43a GenG[4] erfolgt) und den Vorstand (§§ 26 ff. BGB). Daneben können fakultativ weitere Organe gebildet werden (§§ 30, 40 BGB, näher

6.3

---

[1] Bundesverband Deutscher Vereine und Verbände e.V., abrufbar unter www.bdvv.de. Rund 40 % davon sind Sportvereine, 17 % Freizeitvereine, 13 % sozial-karitative, 11 % kulturelle Vereinigungen und 8 % Bürgerinitiativen. Weitere 10 % widmen sich beruflichen, wirtschaftlichen, politischen, Forschungs- oder Umweltthemen, *Küpperfahrenberg*, Haftungsbeschränkungen für Verein und Vorstand, 2005, S. 21.

[2] Nach *Kornblum*, GmbHR 2016, 691 f. gab es zum Stichtag 1.1.2016 bundesweit 1 186 000 GmbHs. Laut Statistischem Bundesamt gaben für das Jahr 2014 hingegen „nur" rund 522 000 GmbHs eine Umsatzsteuervoranmeldung ab. Hiervon nicht erfasst werden allerdings GmbHs mit einem Umsatz unterhalb der Umsatzsteuergrenze von 17 500 Euro p.a.

[3] Nach *Segna*, Vorstandskontrolle, S. 286, stellen Vereine mit mehreren tausend Mitgliedern selbst auf lokaler Ebene keine Seltenheit dar.

[4] Näher zur Vertreterversammlung *Segna*, Vorstandskontrolle, S. 285 ff.; *Arnold* in MünchKomm. BGB, § 32 BGB Rz. 2 ff., jeweils m.w.N.

Rz. 6.86 ff.). **Aufgaben des Vorstands** sind insbesondere die Vertretung (§ 26 BGB) und die Geschäftsführung (§ 27 Abs. 3 BGB) des Vereins.

6.4 In der Praxis wird der **Vorstand vielfach anders bezeichnet**. Aus Gründen des Verkehrsschutzes muss sich jedoch aus dem Vereinsregister eindeutig ergeben, wer Mitglied des Vertretungsorgans i.S. des § 26 BGB ist.[1] Hat ein Gremium (z.B. Präsidium) neben den vertretungsberechtigten Vorstandsmitgliedern (z.B. Präsident, Vizepräsident, Schatzmeister) noch weitere Mitglieder (z.B. Schriftführer, Spielführer, Platzwart), dann bilden nur erstere den Vorstand i.S. des § 26 BGB.[2] Die Rechte und Pflichten der übrigen Mitglieder richten sich nach der Satzung. Sind sie in die Geschäftsführung eingebunden, so bedarf es bei Gesamtgeschäftsführung auch ihrer Zustimmung.[3]

III. Haftung der Mitglieder des Vorstands

6.5 Eine Haftung der Vorstandsmitglieder ist in zweierlei Richtung möglich, nämlich *erstens* gegenüber dem Verein (Innenhaftung, dazu Rz. 6.6 ff.) und *zweitens* gegenüber Dritten (Außenhaftung, dazu Rz. 6.70 ff.). Auch bei einer unmittelbaren Haftung der Vorstandsmitglieder gegenüber einzelnen Vereinsmitgliedern handelt es sich um eine Außenhaftung.[4]

1. Innenhaftung

a) Anspruchsgrundlagen

6.6 Eine Selbstverständlichkeit ist, dass Vorstandsmitglieder dem Verein nach allgemeinen, für jedermann geltenden Vorschriften (wie z.B. § 823 Abs. 1 BGB oder § 823 Abs. 2 BGB i.V.m. § 266 StGB) haften. Das bedarf hier keiner näheren Erörterung.[5]

6.7 Einen §§ 93, 116 AktG, §§ 43, 52 Abs. 1 GmbHG, §§ 34, 41 GenG entsprechenden speziellen Haftungstatbestand enthält das bürgerliche Recht nicht. Auch eine analoge Anwendung die-

---

[1] Vgl. §§ 67, 69, 70 BGB sowie etwa *Hadding* in Soergel, § 26 BGB Rz. 8; *Weick* in Staudinger, § 26 BGB Rz. 5.

[2] *Hadding* in Soergel, § 26 BGB Rz. 7.

[3] Zu möglichen Gestaltungen s. auch *Segna*, Vorstandskontrolle, S. 139 f.

[4] Die Pflichten aus dem organschaftlichen Rechtsverhältnis treffen den Vorstand nur gegenüber dem Verein, nicht aber gegenüber den Mitgliedern. Soweit der Vorstand Pflichten missachtet, die dem Verein gegenüber Mitgliedern obliegen, wird sein Verhalten gem. § 31 BGB dem Verein zugerechnet. In diesem Fall haftet daher allein der Verein, der allerdings die pflichtwidrig und schuldhaft handelnden Vorstandsmitglieder in Regress nehmen kann. Bei deliktischem Handeln haften die verantwortlichen Vorstandsmitglieder und der Verein zwar gem. § 840 Abs. 1 BGB als Gesamtschuldner. Gegen deliktisches Handeln ist ein Vereinsmitglied jedoch grundsätzlich (Ausnahme: § 31a Abs. 1 Satz 2 BGB) wie jeder Dritte geschützt. Es handelt sich daher um einen Fall der Außenhaftung. Das gilt auch dann, wenn man einen verbandsinternen deliktischen Schutz der Mitgliedschaft als sonstiges Recht i.S. des § 823 Abs. 1 BGB anerkennt, so BGH v. 12.3.1990 – II ZR 179/89, BGHZ 110, 323 = ZIP 1990, 1067; *Arnold* in MünchKomm. BGB, § 38 BGB Rz. 16; dagegen etwa *Uwe H. Schneider* in Scholz, § 43 GmbHG Rz. 305 f.; *Weick* in Staudinger, § 35 BGB Rz. 25, jew. m.w.N.; umfassend *Habersack*, Die Mitgliedschaft – subjektives und „sonstiges" Recht, 1996.

[5] Näher *Küpperfahrenberg*, Haftungsbeschränkungen, S. 163 ff. Zur Untreue (§ 266 StGB) im Vereinsrecht OLG Hamm v. 29.4.1999 – 2 Ws 71/99, wistra 1999, 350; *Reichert*, Vereins- und Verbandsrecht, Rz. 2800 ff.; *Eisele*, GA 2001, 377 ff.; zur Untreue allgemein unten *Krause*, § 40.

ser Vorschriften kommt nur in einzelnen Beziehungen (s. Rz. 6.28 ff., 6.42 f.), nicht aber insgesamt in Betracht, da es hierfür sowohl an einer gesetzlichen Lücke[1] als auch an einer generellen Vergleichbarkeit der Sachverhalte fehlt.[2] Zur Anwendung kommen daher allgemeine schuldrechtliche Normen. Vorstandsmitglieder von Vereinen haften organisationsrechtlich gem. §§ 27 Abs. 3, 664 ff. i.V.m. **§ 280 Abs. 1 BGB** für jede schuldhafte (§ 276 Abs. 1 Satz 1, Abs. 2 BGB) Verletzung ihrer Pflichten aus dem durch die Bestellung begründeten und ggf. durch einen Anstellungsvertrag konkretisierten[3] organschaftlichen Rechtsverhältnis.[4]

b) Anspruchsvoraussetzungen

Voraussetzungen eines Anspruchs aus § 280 Abs. 1 BGB sind neben dem Bestehen eines Schuldverhältnisses: Pflichtverletzung, Rechtswidrigkeit, Verschulden, Schaden sowie Kausalität zwischen Pflichtverletzung und Schaden. Der Erläuterung bedürfen hier nur Pflichtverletzung und Verschulden.

aa) Pflichtverletzung

Als Pflichten, deren schuldhafte Verletzung eine Schadensersatzpflicht auslösen können, kommen in Betracht:

(1) Pflicht zur Geschäftsführung

Die Geschäftsführung umfasst jede Tätigkeit sowohl tatsächlicher als auch rechtsgeschäftlicher Art zur Förderung des Vereinszwecks mit Ausnahme von Grundlagengeschäften (wie Satzungsänderungen oder die Auflösung des Vereins).[5] Dabei sind die Mitglieder des Geschäftsführungsorgans, also regelmäßig des Vorstands, zur Geschäftsführung nicht nur berechtigt, sondern auch verpflichtet. Sie dürfen daher nicht etwa untätig bleiben, sondern müssen **einerseits dem Vereinszweck förderliche Maßnahmen ergreifen** und müssen **andererseits Schaden von dem Verein abwenden**.[6] Keinesfalls dürfen sie den Verein selbst

---

1 Der Antrag auf Schaffung einer den genannten Vorschriften entsprechenden Norm wurde in der Zweiten Kommission zwar zunächst gestellt, dann aber zurückgezogen, *Mugdan*, Die gesamten Materialien zum Bürgerlichen Gesetzbuch für das Deutsche Reich, Band I, 1899, S. 610; näher *Segna* in GS Walz, S. 705, 707 f.
2 Ausf. *Küpperfahrenberg*, Haftungsbeschränkungen, S. 226 ff. m.w.N.
3 Hinsichtlich des Verhältnisses der Bestellung zur Anstellung gilt nach heute h.M. die sog. Trennungstheorie, etwa BGH v. 7.12.1981 – II ZR 117/60, BGHZ 36, 142, 143; BGH v. 14.7.1980 – II ZR 161/79, BGHZ 78, 82, 85; BGH v. 24.11.1980 – II ZR 182/79, BGHZ 79, 38, 41; eine abweichende Konzeption vertritt einerseits *Baums*, Der Geschäftsleitervertrag, 1987, S. 37 ff., 51, 211 ff. (Einheitstheorie) und andererseits *Reuter* in FS Zöllner, 1998, S. 487 ff. Einer denkbaren Haftung aus Schlechterfüllung des Anstellungsvertrages (*Hadding* in Soergel, § 27 BGB Rz. 23; *Reichert*, Vereins- und Verbandsrecht, Rz. 3672) kommt allerdings richtigerweise auch auf Grundlage der h.M. keine eigenständige Bedeutung zu. Im Erg. ebs. *Schwintek*, Vorstandskontrolle, S. 199; a.A. *Küpperfahrenberg*, Haftungsbeschränkungen, S. 198; *Eisele*, Haftungsfreistellung, S. 78 f. (Anspruchskonkurrenz).
4 Vgl. BGH v. 12.10.1992 – II ZR 208/91, BGHZ 119, 379; BGH v. 14.12.1987 – II ZR 53/87, NJW-RR 1988, 745, 746; *Hadding* in Soergel, § 27 BGB Rz. 23; *Weick* in Staudinger, § 26 BGB Rz. 25; *Reichert*, Vereins- und Verbandsrecht, Rz. 3672.
5 Statt anderer *Hadding* in Soergel, § 26 BGB Rz. 10; näher *Segna*, Vorstandskontrolle, S. 117 ff.
6 Statt anderer *Arnold* in MünchKomm. BGB, § 27 BGB Rz. 41; *Schöpflin* in BeckOK BGB, § 27 BGB Rz. 20 f.

schädigen.[1] Muss der Verein aufgrund des schuldhaften Verhaltens eines Vorstandsmitglieds nach § 31 BGB haften[2], so liegt darin regelmäßig zugleich eine schuldhafte Pflichtverletzung gegenüber dem Verein.[3]

6.11 Im Einzelnen umfasst die Pflicht zur Geschäftsführung *zum einen* die **Leitung des Vereins**, d.h. die Festlegung der Leitlinien, die Planung, Organisation, Koordination und Kontrolle der Geschäftstätigkeit insgesamt sowie die Besetzung von nachgeordneten Führungspositionen sowie den Erlass und die Änderung von Vereinsordnungen[4] (insoweit diese Entscheidungen nicht durch die Satzung oder Beschlüsse der Mitgliederversammlung vorgegeben bzw. der Mitgliederversammlung oder einem anderen Organ zur Entscheidung zugewiesen sind), *zum anderen* die **Führung und Überwachung der laufenden Geschäfte**. Zu den laufenden Geschäften gehören: die Mitgliederverwaltung, insbesondere Einziehung der Mitgliedsbeiträge[5], die Verwaltung und Erhaltung des Vereinsvermögens einschließlich der Verwendung seiner Erträge und der Ausübung von Beteiligungsrechten, die Sorge für das rechtmäßige Verhalten des Vereins[6], insbesondere für die Erfüllung der gesetzlichen und rechtsgeschäftlichen Pflichten des Vereins, die Wahrung und Durchsetzung von Rechten und Ansprüchen des Vereins, sämtliche Ein- und Verkäufe für den Verein, die Einstellung und Kündigung von Arbeitnehmern des Vereins[7], die Erteilung von Weisungen an Arbeitnehmer, der Abschluss und die Beendigung von Miet- und Pachtverträgen sowie von sonstigen Rechtsgeschäften (z.B. über Lieferungen und Leistungen von Steuerberatern, Rechtsanwälten, Versicherungs-, Telekommunikations-, Energie- und Wartungsunternehmen), die Buchführung und Rechnungslegung, die Außendarstellung des Vereins, die Werbung von und die Kommunikation mit Mitgliedern sowie die Erbringung der Vereinsleistungen gegenüber den Mitgliedern, die Einberufung und Vorbereitung der Mitgliederversammlung sowie die Durchführung der Beschlüsse der Mitgliederversammlung usw. Näher erläutert seien folgende Pflichten:

6.12 Hinsichtlich der **Verwaltung des Vereinsvermögens** ist *erstens* das **Gebot der Vermögenstrennung** bzw. umgekehrt gewendet das Verbot der Vermögensvermischung zu beachten. Erforderlich ist, das Vereinsvermögen von anderen Vermögensmassen gesondert zu halten

---

1 Statt anderer *Arnold* in MünchKomm. BGB, § 27 BGB Rz. 41; *Schöpflin* in BeckOK BGB, § 27 BGB Rz. 20a.
2 Näher dazu unten *Kleindiek*, § 11 sowie zu den Möglichkeiten einer Haftungsbeschränkung des Vereins *Küpperfahrenberg*, Haftungsbeschränkungen, S. 23 ff., 66 ff.; *Hasselbach*, NZG 2016, 890.
3 Statt anderer *Hadding* in Soergel, § 31 BGB Rz. 27 f.; *Weick* in Staudinger, § 31 BGB Rz. 49 m.w.N.
4 Zu Vereinsordnungen s. *Stöber/Otto*, Vereinsrecht, Rz. 955 ff.; *Wagner* in MünchHdb. GesR, Bd. 5, § 19 Rz. 5 ff.; *Hadding* in Soergel, § 25 BGB Rz. 6 ff.
5 S. hierzu BGH v. 1.12.2003 – II ZR 216/01, ZIP 2004, 407 ff. (zur eG); BGH v. 19.7.2010 – II ZR 23/09, NJW 2010, 3521; OLG Hamburg v. 17.10.1997 – 14 U 171/96, OLGR Hamburg 1998, 121 ff.
6 In einem vom LG Kaiserslautern entschiedenen Fall wurden zwei Vorstandsmitglieder verurteilt, dem Verein einen Schaden i.H. von 521 239 Euro zu ersetzen, der dadurch entstanden war, dass die Beklagten nicht für eine ordnungsgemäße Erfüllung vertraglicher Pflichten des Vereins gesorgt hatten, LG Kaiserslautern v. 11.5.2005 – 3 O 662/03, VersR 2005, 1090 = SpuRt 2006, 79.
7 Zum Verein als Arbeitgeber s. *Waldner* in MünchHdb. GesR, Bd. 5, § 46; *Stöber/Otto*, Vereinsrecht, Rz. 589a ff.

und diese Trennung sachgerecht zu dokumentieren.[1] *Zweitens* ist das Vereinsvermögen, soweit es nicht für Vereinszwecke verausgabt wird, zu erhalten und unter Berücksichtigung der Liquiditätserfordernisse des Vereins rentierlich anzulegen.[2] Bei der **Vermögensanlage** ist zu beachten, dass dem Vorstand zwar ein weites unternehmerisches Ermessen zusteht, er aber weder unverhältnismäßige Risiken eingehen[3] noch sich gesicherten Erkenntnissen und Erfahrungen verschließen darf (vgl. Rz. 6.29). Er darf daher bspw. nicht versuchen, durch den kurzfristigen Kauf und Verkauf von Wertpapieren die Rendite des Gesamtmarktes zu übertreffen; denn das gelingt erfahrungsgemäß selten und noch seltener auf Dauer und bedeutet daher das Eingehen eines unverhältnismäßig großen Risikos. Bei der langfristigen Anlage eines größeren Vermögens (> 100 000 Euro) darf sich der Vorstand freilich auch nicht auf Zinstitel beschränken; denn das widerspräche den gesicherten Erkenntnissen, dass Zinstitel erstens keineswegs risikolos[4], zweitens voll der Geldentwertung ausgesetzt[5] und drittens langfristig einer Anlage in Substanzwerten (insbesondere Aktien und Immobilien) unterlegen sind.[6] Zu beachten ist vielmehr das **Gebot der Risikodiversifizierung**, und zwar erstens hinsichtlich der Anlageformen (Anlageklassen) und Vermögensobjekte (Anlagetiteln) sowie ggf. auch nach Regionen, Währungen und Branchen, zweitens hinsichtlich des Zeitpunkts des Kaufs und Verkaufs sowie der Laufzeit von Wertpapieren (zeitliche Staffelung) und drittens hinsichtlich der Emittenten und Kreditinstitute, denen Vermögen anvertraut wird. Wie stark die Diversifizierung sein kann und muss, hängt von der Größe des anzulegenden Vermögens ab. Dabei führt die Beachtung der Portfoliotheorie nicht nur zu einer Senkung des Risikos, sondern auch zu einer Erhöhung der Rendite.[7]

Zu einem sachgerechten Umgang mit dem Vereinsvermögen gehört weiterhin, dass das Geschäftsführungsorgan für einen **risikoadäquaten Versicherungsschutz** Sorge zu tragen hat.[8] Das gilt nicht nur für den Abschluss gesetzlicher Pflichtversicherungen, sondern ist Ausfluss

6.13

---

1 Vgl. *K. Schmidt*, Gesellschaftsrecht, S. 234 ff.; *Burgard*, Gestaltungsfreiheit, S. 531, jew. m.w.N. Zur Aufzeichnungs- und Rechenschaftspflicht des Vorstands unten Rz. 23. Nach BGH v. 26.11.1990 – II ZR 223/89, ZIP 1991, 159 ff. haftet ein Geschäftsführer nicht nur für Fehlbeträge, die auf einer unzureichenden Buchführung beruhen, sondern auch für Mittel der Gesellschaft, deren Verbleib auf Grund unzureichender Buchführung nicht aufklärbar ist, s. auch OLG Frankfurt v. 18.3.1992 – 23 U 118/91, NJW-RR 1993, 546 sowie OLG Frankfurt v. 14.8.2002 – 7 U 175/01, OLGR Frankfurt 2003, 78.
2 *Wagner* in MünchHdb. GesR, Bd. 5, § 40 Rz. 1.
3 OLG Frankfurt v. 14.8.2002 – 7 U 175/01, OLGR Frankfurt 2003, 78; gleichsinnig zur Genossenschaft BGH v. 21.3.2003 – II ZR 54/03, ZIP 2005, 981.
4 So konnte zwischen 1994 und 1999 auch unter Berücksichtigung der Zinszahlungen mit festverzinslichen Wertpapieren nur eine negative Rendite erzielt werden, *Henß*, ZSt 2004, 83, 86. Zur Anlage in Niedrigzinsphasen s. auch *Fritz/Römer*, ZStV 2012, 86; *Stürner*, DStR 2015, 1628.
5 Bei der ausschließlichen Anlage in Zinstiteln führt die Geldentwertung nach Berechnungen von *Carstensen* (in Bertelsmann Handbuch, S. 535, 548 ff.) dazu, dass gemeinnützige Organisationen selbst dann, wenn sie die steuerlichen Möglichkeiten einer Rücklagenbildung (nach § 58 Nr. 7 lit. a AO) alljährlich voll ausschöpfen, innerhalb von 40 Jahren einen Substanzverlust von 25 % hinnehmen müssen.
6 So beruht das große Stiftungssterben infolge der Hyperinflation der 1920er Jahre auf der ebenso verbreiteten wie verfehlten Anlage in „mündelsicheren" Kriegsanleihen, s. *Liermann*, Handbuch des Stiftungsrechts, Bd. 1, 1963, S. 281 ff. Substanzwerte sind dagegen in der Lage auch solch fundamentale Krisen zu überstehen.
7 S. *Schwintowski* in FS Hadding, S. 271, 273 f.; *Fritz* in O. Werner/Saenger (Hrsg.), Die Stiftung, 2008, Rz. 475.
8 S. BGH v. 26.11.1985 – VI ZR 9/85, NJW-RR 1986, 572, 574; näher *Koch*, ZGR 2006, 184 ff. m.w.N.; für die Praxis *Stefan Wagner*, Sicherheit im Verein, 2006.

des allgemeinen Grundsatzes, dass Verwalter fremden Vermögens keine unverhältnismäßigen Risiken eingehen dürfen.

6.14 Ferner ist bei dem Umgang mit dem Vereinsvermögen das **Sparsamkeitsgebot** zu beachten. Aufwendungen, die im Verhältnis zum Vereinszweck und zum Vereinsvermögen unverhältnismäßig sind, sind daher zu unterlassen.[1] Eine Luxusrenovierung des Vereinsheims, die das Vereinsvermögen übermäßig belastet, hat daher selbst dann zu unterbleiben, wenn die Renovierung von der Mitgliederversammlung beschlossen wurde, es sei denn, dass der Vorstand die Mitglieder über die nachteiligen Folgen zutreffend aufgeklärt und ihnen auch preiswertere Alternativen zur Beschlussfassung vorgelegt hat (s. Rz. 6.46 f.). Bei größeren Investitionen sind zudem die Angebote mehrerer Wettbewerber einzuholen. Das ist auch ein Gebot ordnungsgemäßer Entscheidungsfindung (Business Judgement Rule), nämlich der zutreffenden Ermittlung des Sachverhalts (s. Rz. 6.29).

6.15 Schließlich haben die Vorstandsmitglieder für ein **rechtmäßiges Verhalten des Vereins im Außenverhältnis** Sorge zu tragen.[2] Das gilt namentlich im Blick auf die Einhaltung von gesetzlichen Vorschriften, die dem Verein im öffentlichen Interesse auferlegt sind, wie z.B. Vorschriften zur Sicherheit von Arbeitnehmern, Verbrauchern oder zum Schutz der Umwelt.[3] Entsteht dem Verein infolge der Verletzung derartiger Vorschriften ein Schaden (etwa infolge von Schadensersatzansprüchen Dritter gegen den Verein oder infolge von Geldbußen[4]), so hat er einen Rückgriffsanspruch gegen die verantwortlichen Organmitglieder. Das gilt grundsätzlich auch dann, wenn mit der Rechtsverletzung ein Vorteil für den Verein intendiert war.[5] Unter Umständen wird ein derartiges gesetzwidriges Verhalten sogar als strafbare Untreue (§ 266 StGB) bewertet.[6]

6.16 Im Blick auf die Verletzung vertraglicher Pflichten des Vereins (sowie bei öffentlich-rechtlichen Zahlungsverbindlichkeiten) soll demgegenüber eine differenziertere Betrachtung geboten sein.[7] Das überzeugt nicht. Erfüllen Vorstandsmitglieder vertragliche Pflichten des Vereins schuldhaft nicht und entsteht dem Verein hieraus ein Schaden, so sind die verantwortlichen Vorstandsmitglieder ersatzpflichtig.[8] Ist die Sach- oder Rechtslage streitig, darf und muss sich der Vorstand zwar auf die für den Verein günstigen Tatsachen und Rechtsauffassungen berufen. Der Vorstand darf jedoch nicht versuchen, seine Rechtsauffassung „ohne

---

1 Vgl. auch unten *Götze/Bicker*, § 30.
2 BGH v. 15.10.1996 – VI ZR 319/95, BGHZ 133, 370, 375; *Reichert*, Vereins- und Verbandsrecht, Rz. 3692; *Thole*, ZHR 173 (2009), 504 ff.; s. hierzu auch unten *Gebauer/Fett*, § 24 und *Kremer/Klahold*, § 25.
3 Speziell zu den Folgen der Verletzung steuerrechtlicher und sozialversicherungsrechtlicher Vorschriften s. Rz. 6.80 ff.
4 Näher dazu unten *Wilsing*, § 31.
5 In Betracht kommt allerdings eine Berücksichtigung des Vorteils bei der Ermittlung des Schadens, s. *Uwe H. Schneider* in Scholz, § 43 GmbHG Rz. 80, 82, 229; *Thole*, ZHR 173 (2009), 504, 526 ff., jew. m.w.N.
6 Zur Untreue im Vereinsrecht *Reichert*, Vereins- und Verbandsrecht, Rz. 2800 ff.; *Eisele*, GA 2001, 377 ff.; ferner *Küpperfahrenberg*, Haftungsbeschränkungen, S. 163 ff.; aus der Rechtsprechung bspw. OLG Köln v. 6.5.2013 – III-2 Ws 254/13, wistra 2013, 357; LG Lübeck v. 5.2.2014 – 3 Ns 89/13, wistra 2014, 455; allgemein unten *Krause*, § 40.
7 So bspw. *Uwe H. Schneider* in Scholz, § 43 GmbHG Rz. 79 f.; *Thole*, ZHR 173 (2009), 504, 518 ff., jew. m.w.N.
8 Für einen Fall aus dem Vereinsrecht s. LG Kaiserslautern v. 11.5.2005 – 3 O 662/03, VersR 2005, 1090 = SpuRt 2006, 79.

Rücksicht auf Verluste" durchzusetzen. Erforderlich ist vielmehr eine fortlaufende Chancen-Risiko-Abwägung. An die Entschuldbarkeit einer fehlerhaften Beurteilung der Rechtslage sind strenge Anforderungen zu stellen (Rz. 6.179).[1]

Gem. § 36 BGB hat der Vorstand die Mitgliederversammlung in den durch die Satzung bestimmten Fällen sowie dann einzuberufen, wenn die Interessen des Vereins dies erfordern. Die Interessen des Vereins erfordern eine **Einberufung der Mitgliederversammlung** insbesondere, wenn: 6.17

- eine Entscheidung zu treffen ist, für die die Mitgliederversammlung zuständig ist (z.B. Geltendmachung von Ersatzansprüchen gegen Vorstandsmitglieder, s. Rz. 6.36 ff.)[2],
- der Vorstand von Bestimmungen der Satzung oder von Weisungsbeschlüssen der Mitgliederversammlung abweichen will (s. Rz. 6.19),
- ein Vorhaben dem mutmaßlichen Willen eines erheblichen Teils der Mitglieder widerspricht oder ein erheblicher Teil der Mitglieder mutmaßlich eine Befassung der Mitgliederversammlung mit dem Vorhaben wünscht,
- ein Vorhaben die gesamte oder erhebliche Teile der Finanzkraft des Vereins beansprucht oder mit ebenso erheblichen, nicht zuverlässig abschätzbaren Risiken oder Folgekosten verbunden ist,
- eine Insolvenz droht oder
- Pflichtverletzungen durch Organmitglieder zu besorgen sind bzw.
- Konflikte innerhalb oder zwischen Vereinsorganen bestehen, die anders nicht abgewendet werden können.[3]

(2) Delegation und Geschäftsverteilung

Die Vorstandsmitglieder haben ihrer Pflicht zur Geschäftsführung gem. §§ 27 Abs. 3, 664 Abs. 1 Satz 1 BGB im Zweifel persönlich nachzukommen. Das heißt freilich nicht, dass sie jede einzelne Geschäftsführungsmaßnahme selbst vornehmen müssen. *Erstens* können sie **Dritte im eigenen Namen als (Erfüllungs-)Gehilfen** beauftragen, für deren Verschulden sie abseits besonderer Vereinbarungen gem. § 664 Abs. 1 Satz 3 i.V.m. § 278 BGB gegenüber dem Verein haften.[4] *Zweitens* können sie **Aufgaben an Angestellte des Vereins delegieren**. Nicht delegationsfähig sind allerdings Leitungsentscheidungen (s. Rz. 6.10), die Entscheidung über außergewöhnliche Maßnahmen sowie die den Vorstandsmitgliedern durch Gesetz persönlich zugewiesenen Pflichten wie insbesondere die Insolvenzantragspflicht, vgl. § 42 Abs. 2 BGB. Im Falle zulässiger Delegation haften die Vorstandsmitglieder gegenüber dem Verein nur für ihr eigenes Verschulden im Blick auf eine ordnungsgemäße Auswahl, Ein- und Unterweisung so- 6.18

---

1 St. Rspr., BGH v. 11.1.1984 – VIII ZR 255/82, BGHZ 89, 296, 303 = NJW 1984, 1028, 1030; BGH v. 14.6.1994 – XI ZR 210/93, NJW 1994, 2754, 2755; s. aber auch OLG Stuttgart v. 28.10.1997 – 12 U 83/97, NZG 1998, 232 f. Die Beweislast hierfür trifft den Schuldner, vorliegend also die Organmitglieder. S. auch Rz. 6.42 f.
2 Zur Zuständigkeit der Mitgliederversammlung im Blick auf Unternehmensverbindungen *Segna*, Vorstandskontrolle, S. 151 ff.
3 Ausführlich zur Einberufungspflicht nach § 36 Fall 2 BGB *Segna*, Vorstandskontrolle, S. 131 ff. m.w.N.; ferner zum GmbH-Recht etwa *Seibt* in Scholz, § 49 GmbHG Rz. 20 ff.
4 Anstelle anderer *Hadding* in Soergel, § 27 BGB Rz. 22.

wie Überwachung der Mitarbeiter einschließlich einer sachgerechten Arbeitsorganisation.[1] Und *drittens* kann bei einem mehrköpfigen Vorstand durch die Satzung oder eine Geschäftsordnung in den vorgenannten Grenzen eine **Geschäftsverteilung** mit der Folge vorgesehen werden, dass sich die Pflicht zur Geschäftsführung der einzelnen Vorstandsmitglieder auf ihr Ressort reduziert, was zugleich eine entsprechende Haftungsbegrenzung zur Folge hat. Hiervon unberührt bleibt allerdings die **Gesamtverantwortung** des Vorstands. Das bedeutet insbesondere, dass jedes Vorstandsmitglied eine Informations- und Überwachungspflicht hinsichtlich der Aufgabenwahrnehmung durch seine Kollegen trifft. Für weitere Einzelheiten wird auf den Beitrag unten von *E. Vetter*, § 22 verwiesen.[2]

(3) Pflicht zur Einhaltung der Vereinsverfassung und zur Befolgung von Weisungen

6.19 Gem. § 27 Abs. 3 i.V.m. § 665 BGB ist der Vorstand an die Verfassung des Vereins, also insbesondere an Gesetz und Satzung[3], sowie an rechtmäßige Weisungsbeschlüsse der Mitgliederversammlung[4] gebunden.[5] Dies gehört zu seinen „Kardinalpflichten"[6]. Sieht die Satzung wie meistens vor, dass der Verein gemeinnützig i.S. der §§ 51 ff. AO tätig ist, ist der Vorstand hieran gebunden und muss dem Verein jeden Schaden ersetzen, der ihm durch den Verlust der Gemeinnützigkeit entsteht. Gebunden ist der Vorstand ferner an den Vereinszweck i.S. des § 57 Abs. 1 BGB.[7] Bei einem sog. Ideal-Verein darf er daher **keine wirtschaftliche Betätigung** entwickeln, die **über das sog. Nebentätigkeitsprivileg hinaus**geht[8], andernfalls er dem Verein für jeden Schaden haftet, der ihm daraus entsteht.[9] Auch die Mitglieder können den Vorstand hierzu nicht durch Beschluss anweisen oder ermächtigen, da ein solcher Beschluss wegen Verstoßes gegen die gläubigerschützenden Normen der §§ 21, 22 BGB nichtig wäre.[10] Wegen der gläubigerschützenden Funktion der §§ 21, 22 BGB kann der Schadensersatzanspruch des Vereins auch nicht durch Entlastung, Verzicht oder Vergleich beseitigt werden. Allerdings hat der

---

1 Vgl. zum Vereinsrecht *Reichert*, Vereins- und Verbandsrecht, Rz. 2626; sowie allg. unten *E. Vetter*, § 22 m.w.N.
2 S. speziell zum Vereinsrecht ferner *Reichert*, Vereins- und Verbandsrecht, Rz. 2608 ff.; *Küpperfahrenberg*, Haftungsbeschränkungen, S. 177 ff., 241 ff.; *Heermann* in FS Röhricht, 2005, S. 1191 ff.; *Heermann*, NJW 2016, 1687.
3 Für einen Haftungsfall wegen Verletzung der Vereinssatzung s. BGH v. 14.1.2008 – II ZR 245/06, WM 2008, 447 = ZIP 2008, 453.
4 BGH v. 12.10.1992 – II ZR 208/91, BGHZ 119, 379, 385.
5 *Weick* in Staudinger, § 27 BGB Rz. 25; *Arnold* in MünchKomm. BGB, § 27 BGB Rz. 38; *Reichert*, Vereins- und Verbandsrecht, Rz. 2634.
6 Lehrreich ist hierzu die Entscheidung BGH v. 1.12.2003 – II ZR 216/01, ZIP 2004, 407.
7 Der Vereinszweck i.S. des § 57 Abs. 1 BGB (= Vereinszweck i.w.S.) umfasst den Vereinszweck i.S. des § 33 Abs. 1 Satz 2 BGB (= Vereinszweck im engeren Sinne) und den Gegenstand der Vereinstätigkeit (i.S. der § 23 Abs. 3 Nr. 2 AktG, § 3 Abs. 1 Nr. 2 GmbHG, § 6 Nr. 2 GenG). Zur Abgrenzung s. *Burgard*, Gestaltungsfreiheit im Stiftungsrecht, 2006, S. 110 ff.; *Segna*, Vorstandskontrolle, S. 122 ff. Zur Frage der Haftung bei Spenden und dergleichen, die nicht von dem Vereinszweck gedeckt sind, s. unten *Götze/Bicker*, § 30.
8 S. auch *Segna*, Vorstandskontrolle, S. 124.
9 Eine Außenhaftung gegenüber den Vereinsgläubigern besteht dagegen nach *K. Schmidt*, ZIP 2007, 605, 608, 613 nicht.
10 Zum Problem einer Außenhaftung der Mitglieder in einem solchen Fall s. OLG Dresden v. 9.8.2005 – 2 U 897/04, ZIP 2005, 1680 ff. und dazu *v. Hippel*, NZG 2006, 537; *K. Schmidt*, ZIP 2007, 605; *Lieder*, ZSt 2008, 33; *Servatius*, KTS 2008, 347. Die Entscheidung des OLG Dresden hat der BGH aufgehoben mit Urt. v. 10.12.2007 – II ZR 239/05, BGHZ 175, 12 = WM 2008, 358; s. dazu *Reuter*, NZG 2008, 650; *Seltmann*, DStR 2008, 1443; *Lieder*, ZSt 2008, 33; *Wolff*, JZ 2008, 519; *Servatius*, KTS 2008, 347; *Hofmeister*, ZIP 2009, 161.

II. Zivilsenat des BGH jüngst die Vereinsklassenabgrenzung, die bisher schwierig und im Einzelnen streitig war[1], stark vereinfacht. Danach sind grundsätzlich alle Vereine, die als gemeinnützig i.S. der §§ 51 ff. AO anerkannt sind, als Idealvereine i.S. des § 21 BGB anzusehen.[2]

Bei der Einhaltung der Satzung und der Befolgung von Weisungen ist der Vorstand zudem gem. § 665 BGB zu einem *„denkenden Gehorsam"* verpflichtet.[3] **Weisungsbeschlüsse** hat er auf ihre formelle und materielle Wirksamkeit zu prüfen.[4] Befolgt der Vorstand Weisungsbeschlüsse, die aus inhaltlichen Gründen nichtig sind, so handelt er pflichtwidrig.[5] Auch sonst darf der Vorstand nicht blindlings tun, was die Satzung oder die Mitglieder von ihm verlangen, sondern hat die Sachlage allzeit daraufhin zu überprüfen, ob sie mit den Annahmen, die den Anordnungen der Mitglieder oder der Satzung zugrunde liegen, (weiterhin) übereinstimmt. Stimmt die Sachlage nicht (mehr) mit diesen Annahmen überein, sei es weil die Annahmen von vornherein unzutreffend waren, sei es weil sich die Sachlage geändert hat, so muss der Vorstand des Weiteren prüfen, ob die (unveränderte) Befolgung der Anordnungen trotzdem (noch) interessengerecht ist. Stellt der Vorstand fest, dass dies nicht der Fall ist, so hat er gem. §§ 27 Abs. 3, 665 Satz 2 BGB die Mitglieder hiervon in Kenntnis zu setzen, der Mitgliederversammlung sachgerechte Vorschläge zur Beschlussfassung zu unterbreiten und deren Entscheidung abzuwarten.[6] Ist mit diesem Vorgehen wegen des zeitlichen Aufschubs Gefahr für die Interessen des Vereins verbunden, so darf und muss sich der Vorstand gem. §§ 27 Abs. 3, 665 Satz 1 BGB ausnahmsweise über Weisungsbeschlüsse oder auch die Satzung hinwegsetzen, wenn er annehmen darf, dass dieses Vorgehen bei Kenntnis der Sachlage die Billigung der (ggf. satzungsändernden) Mehrheit der Mitglieder finden würde.

6.20

(4) Informationspflicht

Gem. § 27 Abs. 3 i.V.m. §§ 666, 259 f. BGB ist der Vorstand benachrichtigungs-, auskunfts- und rechenschaftspflichtig, und zwar gegenüber der Mitgliederversammlung.[7] Das einzelne Mitglied hat grundsätzlich[8] nur im Rahmen der Mitgliederversammlung ein Auskunftsrecht

6.21

---

1 Vgl. dazu nur aus der Lit. *Hadding* in Soergel, §§ 21, 22 BGB Rz. 19 ff.; *Stöber/Otto*, Vereinsrecht, Rz. 62 ff.; *Schauhoff/Kirchhain*, ZIP 2016, 1857; *Wagner*, NZG 2016, 1046; *Beuthien*, RPfleger 2016, 65; *Winheller*, DStR 2015, 1389; *Beuthien*, NZG 2015, 449; *Leuschner*, ZIP 2015, 356; *Segna*, NPLYB 2014/2015, 47; *Winheller*, DStR 2013, 2009; aus der Rechtsprechung s. KG Berlin v. 3.6.2016 – 22 W 122/15, NZG 2016, 1155; KG Berlin v. 11.4.2016 – 22 W 40/15, DStR 2016, 2120; KG Berlin v. 16.2.2016 – 22 W 71/15, ZStV 2016, 129 (nachgehend aufgehoben durch BGH v. 16.5.2017 – II ZB 7/16, juris); KG Berlin v. 16.2.2016 – 22 W 88/14, NZG 2016, 989 (aufgehoben durch BGH v. 16.5.2017 – II ZB 6/16, juris); OLG Brandenburg v. 23.6.2015 – 7 W 23/15, NZG 2015, 922 m. Anm. *Reuter*, npoR 2015, 200; OLG Stuttgart v. 3.12.2014 – 8 W 447/14, juris; OLG Schleswig-Holstein v. 18.9.2012 – 2 W 152/11, ZStV 2013, 142.
2 BGH v. 16.5.2017 – II ZB 6/16, juris.
3 *Heck*, Grundriss des Schuldrechts, 1929, S. 355; s. hierzu auch *Reichert*, Vereins- und Verbandsrecht, Rz. 2635.
4 Statt anderer *Hadding* in Soergel, § 27 BGB Rz. 22a; *Schöpflin* in BeckOK BGB, § 27 BGB Rz. 19.
5 Näher *Uwe H. Schneider* in Scholz, § 43 GmbHG Rz. 126 ff.; *Reichert*, Vereins- und Verbandsrecht, Rz. 2635, 3683.
6 Zur Klarstellung: Alle diese Voraussetzungen waren im Fall BGH v. 1.12.2003 – II ZR 216/01, ZIP 2004, 407 ff., nicht gegeben, weswegen der Vorstand den Satzungsbefehl durchsetzen musste.
7 Näher *Reichert*, Vereins- und Verbandsrecht, Rz. 1667 ff., 2629; s. auch *Segna* in Böschee/Walz (Hrsg.), Wie viel Prüfung braucht der Verein – wie viel Prüfung verträgt die Genossenschaft?, 2005, S. 7 ff.
8 Eine Ausnahme kommt insbesondere bei Nachweis eines berechtigten Interesses wie etwa zur Geltendmachung von Schadensersatzansprüchen in Betracht, zutr. *Reichert*, Vereins- und Verbandsrecht, Rz. 1475 f. m.w.N.

(§ 666 Fall 2 BGB) analog § 131 AktG.[1] Überdies hat der Vorstand nicht erst – wie es dem Wortlaut des § 666 Fall 3 BGB entsprechen würde – nach Ablauf seiner Tätigkeit (u.U. also erst nach vielen Jahren), sondern periodisch Rechnung zu legen.[2] Für die Art und Weise der Rechnungslegung gelten regelmäßig die §§ 259 f. BGB entsprechend.[3] Darüber hinaus ist nach § 666 Fall 1 BGB eine Benachrichtigung der Mitglieder immer dann und insoweit geboten, als dies erforderlich ist, um sie in den Stand zu versetzen, von den ihnen zugewiesenen Befugnissen sachgerecht Gebrauch zu machen oder wenn und insoweit ihre Interessen gefährdet sind (z.B. drohende Insolvenz).[4] § 666 Fall 1 BGB und § 665 Satz 2 BGB sowie § 36 Fall 2 BGB (Rz. 6.17) ergänzen sich insofern.[5]

(5) Treupflicht

6.22 Die Vorstandsmitglieder unterliegen nicht nur einer aktiven Förderpflicht[6], zu der auch eine Schadensvermeidungspflicht gehört[7], sondern schulden dem Verein darüber hinaus auch ein loyales Verhalten.[8] Diese Treupflicht konkretisiert sich vor allem in vier Ge- bzw. Verboten:

6.23 *Erstens* haben Vorstandsmitglieder untereinander sowie mit Mitgliedern anderer Organe kollegial zusammenzuarbeiten.[9] Diese **Pflicht zur kollegialen Zusammenarbeit** schließt insbesondere die Pflicht ein, einander die für die jeweilige Aufgabenerfüllung erforderliche Information rechtzeitig zu gewähren. Vorabsprachen, die einzelne oder eine bestimmte Gruppe von Organmitgliedern aus einem Entscheidungsprozess ausgrenzen sollen, sind – ebenso wie jedes andere diskriminierende Verhalten – richtigerweise pflichtwidrig.[10]

6.24 *Zweitens* sind Vorstandsmitglieder verpflichtet, über alle nicht allgemein bekannten Tatsachen, hinsichtlich der im Vereinsinteresse ein berechtigtes Geheimhaltungsbedürfnis besteht, **Verschwiegenheit** gegenüber Dritten zu bewahren.[11] Die Einschaltung der Presse ist zwar ein beliebtes, unter dem Gesichtspunkt der Treupflicht aber höchst problematisches Mittel des vereinsinternen Meinungskampfes.

---

1 *Arnold* in MünchKomm. BGB, § 38 BGB Rz. 32 f.; *Grunewald*, ZIP 1989, 962, 963; ausf. *Reichert*, Vereins- und Verbandsrecht, Rz. 1461 ff. m.w.N.
2 H.M., statt anderer *Arnold* in MünchKomm. BGB, § 27 BGB Rz. 39; *Enderlein/Lenger/Wörle-Himmel* in MünchHdb. GesR, Bd. 5, § 41 Rz. 6.
3 Daneben können für wirtschaftliche Vereine § 3 PublG, für kaufmännische Vereine §§ 238 ff. HGB, für Lohnsteuerhilfevereine § 22 Abs. 7 Nr. 2 StBerG und für politische Vereine § 28 PartG eingreifen. Überdies bestehen steuerliche Aufzeichnungs- und Buchführungspflichten, s. zu alledem *Enderlein/Lenger/Wörle-Himmel* in MünchHdb. GesR, Bd. 5, § 41 Rz. 6 ff. Zur Prüfung der Vermögensverwaltung durch den Vorstand s. *Enderlein/Lenger/Wörle-Himmel*, ebd., Rz. 26 ff.
4 Vgl. *Martinek* in Staudinger, § 666 BGB Rz. 1; *Seiler* in MünchKomm. BGB, § 666 BGB Rz. 1.
5 Zur Verantwortung von Managern für eine ordnungsgemäße Bilanzierung unten *Feldmüller*, § 34; s. auch *Reichert*, Vereins- und Verbandsrecht, Rz. 2653. Zur Erforderlichkeit der Trennung des Vereinsvermögens von sonstigen Vermögensmassen oben Rz. 6.12 m.w.N.
6 *Hadding* in Soergel, § 38 BGB Rz. 23; *Reichert*, Vereins- und Verbandsrecht, Rz. 968 ff., 992.
7 Vgl. BGH v. 14.12.1987 – II ZR 53/87, NJW-RR 1988, 745, 748; BGH v. 12.3.1990 – II ZR 179/89, BGHZ 110, 323, 330 f.; *Arnold* in MünchKomm. BGB, § 27 BGB Rz. 41.
8 *Stöber/Otto*, Vereinsrecht, Rz. 468; *Reichert*, Vereins- und Verbandsrecht, Rz. 3699.
9 Vgl. *Reichert*, Vereins- und Verbandsrecht, Rz. 968 ff., 992; *Uwe H. Schneider* in Scholz, § 43 GmbHG Rz. 140.
10 *Burgard/Heimann*, AG 2014, 360; *Burgard/Heimann*, NZG 2014, 1294.
11 Statt anderer *Stöber/Otto*, Vereinsrecht, Rz. 469.

Drittens unterliegen Vorstandsmitglieder während ihrer Amtszeit einem dispositiven **Wettbewerbsverbot**.¹ Das mag bei Idealvereinen auf den ersten Blick überraschen. Zu bedenken ist jedoch, dass Idealvereine nicht nur mit ihren ideellen Zwecken, sondern auch mit ihren wirtschaftlichen Interessen miteinander und zu Unternehmen in Wettbewerb stehen oder treten können (z.B. mehrere Golfvereine und kommerzielle Betreiber von Golfanlagen in derselben Region). Zu Einzelheiten sei auf den Beitrag unten von *Verse*, § 26 verwiesen.

6.25

Viertens gilt das **Verbot, die Organstellung im eigenen Interesse auszunutzen**.² Selbstverständlich ist, dass Vorstandsmitglieder weder sich selbst noch Dritte bereichern dürfen.³ Zu Lasten des Vereinsvermögens dürfen sie ferner keinen unangemessenen Repräsentationsaufwand treiben. Schließlich dürfen sie sich weder Geschäftschancen des Vereins aneignen noch sich an geschäftliche Aktivitäten des Vereins anhängen, um daraus für sich Vorteile zu schlagen.⁴ Es ist daher verboten, sich beim Abschluss von Rechtsgeschäften mit Dritten Schmiergelder, Provisionen oder andere Vorteile (z.B. Vorzugspreise, Einladungen zu Reisen etc.) versprechen zu lassen.

6.26

Schließlich dürfen Vorstandsmitglieder ihr Amt nicht „zur Unzeit" niederlegen, § 671 Abs. 2 BGB analog.⁵

6.27

(6) Business Judgement Rule

Nach § 93 Abs. 1 Satz 2 AktG liegt keine Pflichtverletzung vor, wenn das Vorstandsmitglied bei einer unternehmerischen Entscheidung vernünftigerweise annehmen durfte, auf der Grundlage angemessener Information zum Wohle der Gesellschaft zu handeln (sog. Business Judgement Rule). Das gilt unabhängig davon, ob die Aktiengesellschaft unternehmerisch tätig ist oder etwa ideelle Zwecke verfolgt. Auf Grund der Verweisung des § 116 Satz 1 AktG findet die Vorschrift ferner auf Aufsichtsratsmitglieder analoge Anwendung. Darüber hinaus hat sie **Ausstrahlungswirkung auf das gesamte Zivilrecht**.⁶ Dementsprechend gilt sie nach herrschender Meinung auch für Organmitglieder von Vereinen und Stiftungen.⁷ Dem ist grundsätzlich zuzustimmen; denn das zugrunde liegende Problem der Entscheidung unter Unsi-

6.28

---

1 Zum GmbH-Recht etwa *Uwe H. Schneider* in Scholz, § 43 GmbHG Rz. 153 ff.
2 *Reichert*, Vereins- und Verbandsrecht, Rz. 992; *Arnold* in MünchKomm. BGB, § 27 BGB Rz. 41; *Uwe H. Schneider* in Scholz, § 43 GmbHG Rz. 198 ff.
3 Vgl. auch unten *Götze/Bicker*, § 30.
4 Näher unten *Verse*, § 26.
5 S. hierzu *Küpperfahrenberg*, Haftungsbeschränkungen, S. 200 f. m.w.N.
6 Vgl. BT-Drucks. 15/5092, S. 12; für die GmbH statt anderer *Fleischer*, ZIP 2004, 685, 691 f.; s. ferner die Nachweise in der folgenden Fn.
7 *Hopt* in Hopt/v. Hippel/Walz (Hrsg.), Non-Profit-Organisationen in Recht, Wirtschaft und Gesellschaft, 2005, S. 243, 254; *Hüttemann/Herzog*, NPLYB 2006, 2007, S. 33, 37 ff.; *Lutter*, ZIP 2007, 841, 848; *von Hippel*, Grundprobleme von Nonprofit-Organisationen, 2007, S. 83 ff., 88; *Gollan*, Vorstandshaftung in der Stiftung, 2009, S. 270 ff. (mit stiftungsspezifischen Anpassungen); *Segna* in GS Walz, S. 705, 710; zum Stiftungsrecht *Reuter*, NPLYB 2002, S. 157, 164; *Hof* in v. Campenhausen/Richter, Stiftungsrecht, § 8 Rz. 301; *Kiethe*, NZG 2007, 810, 812; *Schulz/Werz*, Stiftung & Sponsoring 5/2007, S. 30 f.; *Werner*, ZEV 2009, 366, 368; *Orth*, DStR 2009, 1397, 1402; *Heermann*, NJW 2016, 1687, 1689; vgl. ferner Sec. 8.30 des US-amerikanischen Revised Model Nonprofit Corporation Act von 1987; für einen bloßen Ermessensspielraum ohne Erörterung der Business Judgement Rule zum Vereinsrecht *Küpperfahrenberg*, Haftungsbeschränkungen, S. 207 f.; zum Stiftungsrecht *Schwintek*, Vorstandskontrolle, S. 118 f., 130 f.; a.A. *Jungmann* in FS K. Schmidt, 2009, S. 831 ff.; wohl auch *Kuntz*, GmbHR 2008, 121 ff.

cherheit stellt sich bei jeder Verwaltung (auch) fremden Vermögens. Zur Business Judgement Rule wird im Übrigen auf den Beitrag von *Uwe H. Schneider* (§ 2) verwiesen.

6.29 Hervorgehoben sei hier nur noch, dass die Pflichten mit der Entscheidungsfindung bei weitem nicht enden. Die **Vorstandsmitglieder haben** vielmehr im Anschluss an eine Entscheidung **dafür Sorge zu tragen, dass die Entscheidung sorgfältig umgesetzt, die richtige Umsetzung gewissenhaft überwacht und das Ergebnis laufend kontrolliert wird**.[1] Stellt sich bei der Umsetzung der Entscheidung heraus, dass diese suboptimal war oder verändern sich im Zeitablauf wichtige Entscheidungsparameter, darf der Vorstand nicht einfach an seiner Entscheidung festhalten und die Dinge laufen lassen, sondern muss entsprechend dem neuen Erkenntnisstand bzw. der veränderten Sachlage seine alte Entscheidung überdenken und eine neue Entscheidung treffen (durch die entweder die alte Entscheidung bestätigt oder korrigiert wird). Bleibt der Vorstand dagegen untätig, so ist zwar seine ursprüngliche Entscheidung von der Business Judgement Rule gedeckt, nicht aber das Unterlassen einer erneuten Entscheidung trotz neuer Erkenntnisse oder veränderter Sachlage.

bb) Verschulden

6.30 Hinsichtlich des Verschuldens stellen sich vornehmlich zwei Fragen, nämlich erstens, welcher Verschuldensgrad erforderlich, und zweitens, welcher Sorgfaltsmaßstab einzuhalten ist.

(1) Verschuldensgrad

6.31 Nach § 276 Abs. 1 Satz 1 BGB haben die Organmitglieder, soweit nichts anderes bestimmt ist, also insbesondere keine gesetzliche, satzungsmäßige und/oder anstellungsvertragliche Haftungsmilderung (dazu Rz. 6.58 ff.) eingreift, Vorsatz und jede, d.h. auch leichteste Fahrlässigkeit zu vertreten. Fahrlässig handelt, wer die im Verkehr erforderliche Sorgfalt außer Acht lässt, § 276 Abs. 2 BGB. Und das wirft die Frage auf, was denn die in dem Verkehr zwischen den Mitgliedern des Vorstands mit dem Verein erforderliche Sorgfalt ist.

(2) Sorgfaltsmaßstab

6.32 Anders als im Strafrecht gilt im Bürgerlichen Recht kein individueller, sondern ein an den Verkehrsbedürfnissen ausgerichteter **objektiver Sorgfaltsmaßstab**. Der entscheidende Grund hierfür ist der Gedanke des Vertrauensschutzes: Im Verkehr muss sich jeder grundsätzlich darauf verlassen dürfen, dass der andere die für die Ausübung seiner Tätigkeiten und Erfüllung seiner Pflichten erforderlichen Kenntnisse und Fähigkeiten besitzt.[2] **Unkenntnis oder Unfähigkeit entschuldigen daher regelmäßig nicht**. Wer nicht über die erforderlichen Kenntnisse und Fähigkeiten verfügt, hat vielmehr grundsätzlich, um andere vor Schäden zu bewahren, die betreffende Tätigkeit zu unterlassen.[3] Daraus folgt zugleich, dass die Anforderungen an die vorhandenen Kenntnisse und Fähigkeiten je spezifischer und anspruchsvoller sind, umso spezifischer und anspruchsvoller eine ausgeübte Tätigkeit ist. Der Sorgfaltsmaßstab ist mithin bereichs- und berufsspezifisch anzupassen.

---

[1] Vgl. für die Beschlussumsetzung durch den Vorstand einer AG *Spindler* in MünchKomm. AktG, § 83 AktG Rz. 16 ff.

[2] Statt anderer *Unberath* in BeckOK BGB, § 276 BGB Rz. 20 f.

[3] *Unberath* in BeckOK BGB, § 276 BGB Rz. 21; *Reichert*, Vereins- und Verbandsrecht, Rz. 3679 m.w.N. Eine Ausnahme ist einzig im Blick auf Situationen zu machen, denen sich niemand entziehen bzw. in die jeder geraten kann. Hier ist (z.B. bei Kindern, alten Menschen und Behinderten) ein milderer, gruppenspezifischer Maßstab anzulegen, vgl. §§ 827 f. BGB; *Unberath* in BeckOK BGB, § 276 BGB Rz. 22 m.w.N.

Entsprechende ausdrückliche Regelungen enthalten etwa § 93 Abs. 1 Satz 1 AktG, § 43 Abs. 1 GmbHG, § 34 Abs. 1 Satz 1 GenG. Eine solche Vorschrift fehlt im Vereinsrecht, weil – so die Protokolle – bei Idealvereinen regelmäßig nicht in demselben Maße wirtschaftliche Interessen auf dem Spiele stünden wie etwa bei Aktiengesellschaften.[1] Unter Bezugnahme auf die Verweisung des § 27 Abs. 3 BGB auf das Auftragsrecht spricht der BGH daher von der Sorgfaltspflicht eines *„ordentlichen Beauftragten"*.[2] Dabei darf man jedoch nicht übersehen, dass damit nur **Mindestanforderungen** umschrieben sind, die zum einen mit der konkreten Aufgabe im Einzelfall[3] und zum anderen mit den individuellen Kenntnissen und Fähigkeiten des Verpflichteten[4] steigen können. Bei entsprechendem Zuschnitt des Vereins können die Sorgfaltsanforderungen daher genauso hoch sein wie die Sorgfaltsanforderungen, die an die Vorstandsmitglieder einer Aktiengesellschaft bzw. einer Genossenschaft oder an die Geschäftsführer einer GmbH zu stellen sind.[5] Daher ist in jedem Einzelfall unter Würdigung aller Umstände zu fragen, welche Anforderungen das konkrete Amt an seinen Inhaber stellt (insbesondere Art und Umfang der Geschäftsführungspflichten) und ob der Amtsinhaber diesen Anforderungen (bzw. seinen ggf. darüber hinausgehenden individuellen Fähigkeiten) gerecht geworden ist.[6]

6.33

c) Rechtsfolgen

Ist dem Verein durch eine schuldhafte Pflichtverletzung ein Schaden entstanden, wozu gem. § 252 BGB auch ein entgangener Gewinn gehört[7], so hat er gegen den oder die verantwortlichen Vorstandsmitglieder einen Anspruch auf **Schadensersatz**. Sind mehrere Vorstandsmitglieder für einen Schaden verantwortlich, so haften sie nach allgemeinen Grundsätzen als **Gesamtschuldner**, §§ 421 ff. BGB.[8] Hat der Verein gegenüber einem verantwortlichen Vorstandsmitglied auf seinen Ersatzanspruch wirksam (s. Rz. 6.53) verzichtet, so ist § 423 BGB zu beachten.[9] Der Ausgleich mehrerer ersatzpflichtiger Vorstandsmitglieder untereinander richtet sich nach § 426 BGB. Dabei ist auch § 254 BGB zu berücksichtigen, so dass dasjenige Vorstandsmitglied, das überwiegend für den Schaden verantwortlich ist, diesen in-

6.34

---

1 Vgl. *Mugdan*, Materialien, Band I, S. 613.
2 BGH v. 26.11.1985 – VI ZR 9/85, NJW-RR 1986, 572, 574.
3 Vgl. BGH v. 20.2.1995 – II ZR 143/93, BGHZ 129, 30, 34; *Hüffer/Koch*, § 93 AktG Rz. 5, § 116 AktG Rz. 3, jeweils m.w.N.
4 Zu § 276 BGB ist das anerkannt, s. BGH v. 4.3.1971 – VII ZR 204/69, VersR 1971, 667; BGH v. 10.2.1987 – VI ZR 68/86, NJW 1987, 1479; OLG Frankfurt v. 12.7.1972 – 13 U 241/71, VersR 1975, 381; *Unberath* in BeckOK BGB, § 276 BGB Rz. 23; zu § 116 AktG ist das hingegen streitig, wie hier LG Hamburg v. 16.12.1980 – 8 O 229/79, ZIP 1981, 197; *Lutter*, ZHR 145 (1981), 224, 228; *Hüffer/Koch*, § 116 AktG Rz. 4 m.w.N. auch zur Gegenansicht.
5 *Segna* in GS Walz, S. 705, 708 ff.
6 Vgl. BGH v. 27.2.1975 – II ZR 112/72, WM 1975, 467 (zur eG); *Sauter/Schweyer/Waldner*, Der eingetragene Verein, Rz. 278; *Reichert*, Vereins- und Verbandsrecht, Rz. 3677 f.
7 *Schindler*, DB 2003, 297, 299; *Reuter*, NPLYB 2002, 157, 166.
8 Näher hierzu etwa *Uwe H. Schneider* in Scholz, § 43 GmbHG Rz. 247 ff. Falsch daher OLG Oldenburg v. 8.11.2013 – 6 U 50/13, npoR 2014, 134 m. Anm. Hüttemann/Kampermann, npoR 2014, 143; s. dazu auch *Weidlich/Foppe*, ZStV 2014, 100; *Zimmermann/Arnsperger*, NJW 2015, 290; richtig dagegen nachgehend BGH v. 20.11.2014 – III ZR 509/13, NZG 2015, 38; dazu *Burgard/Heimann*, NZG 2016, 166; *Segna*, ZIP 2015, 1561; *Saenger*, ZStV 2015, 97; *Werner*, ZWH 2015, 296 (zum Stiftungsrecht).
9 S. hierzu BGH v. 1.12.2003 – II ZR 216/01, ZIP 2004, 407, 411.

tern auch überwiegend zu tragen hat.[1] Jedes Vorstandsmitglied haftet, wenn nichts anderes bestimmt ist (s. Rz. 6.54, 6.58), unbeschränkt mit seinem gesamten Vermögen.[2]

6.35 Außer Schadensersatz kann der Verein auch Unterlassung und Beseitigung verlangen.[3] Das hat jedoch nur geringe praktische Bedeutung, da die Mitglieder einen entsprechenden Weisungsbeschluss fassen und hilfsweise die Vorstandsmitglieder abberufen können, § 27 Abs. 2 BGB.

d) Durchsetzung

6.36 Zur Geltendmachung von Ansprüchen des Vereins ist der Vorstand berufen. Das gilt für Ansprüche gegen Dritte, Vereinsmitglieder und Organmitglieder grundsätzlich gleichermaßen.[4] Bei Ansprüchen gegen Mitglieder des Vorstands führt dies freilich, wenn nicht zu einem aktuellen, so doch wegen der Gesamtverantwortung aller Vorstandsmitglieder (s. Rz. 6.18) zu einem potentiellen Interessenkonflikt.[5] Da die betreffenden Vorstandsmitglieder bei der Beschlussfassung gem. § 28 Abs. 1 i.V.m. § 34 BGB vom Stimmrecht ausgeschlossen sind, kann der Vorstand sogar beschlussunfähig sein, in welchem Fall dann nur die Bestellung eines Notvorstands (§ 29 BGB) in Betracht käme.[6] Das ist jedoch keine befriedigende Lösung. Anzuwenden ist daher **§ 46 Nr. 8 Fall 1 GmbHG analog** mit der Folge, dass die Vereinsmitglieder durch Beschluss über die Geltendmachung von Schadensersatzansprüchen gegen die Vorstandsmitglieder zu befinden haben.[7] Dafür spricht auch, dass die Vereinsmitglieder für die Bestellung und Abberufung (§ 27 Abs. 1 und 2 BGB), für die Entlastung der Vorstandsmitglieder (dazu Rz. 6.48 ff., vgl. auch § 46 Nr. 5 GmbHG) und für deren Kontrolle zuständig sind. Schließlich macht § 46 Nr. 8 Fall 1 GmbHG die Verfolgung von Ansprüchen gegen Geschäftsführer – abgesehen von etwaigen Opportunitätserwägungen – *„deshalb von einem Beschluss der Gesellschafter abhängig, weil dem obersten Gesellschaftsorgan vorbehalten und nicht dem Entschluss der Geschäftsführer überlassen werden soll, ob ein Geschäftsführer wegen Pflichtverletzung belangt und die damit verbundene Offenlegung innerer Gesellschaftsverhältnisse trotz der für Ansehen und Kredit der Gesellschaft möglicherweise abträglichen Wirkung in Kauf genommen werden soll"*.[8] Auch diese Erwägungen lassen sich auf den Verein übertragen.

6.37 Nach herrschender Meinung im GmbH-Recht hat der Beschluss nach § 46 Nr. 8 Fall 1 GmbHG **Außenwirkung**, so dass eine Klage grundsätzlich[9] unbegründet ist, wenn ein entsprechender Beschluss fehlt.[10] Dem ist wohl auch für das Vereinsrecht zu folgen, da die Geltendmachung von Ansprüchen gegen Vorstandsmitglieder existenzielle Folgen für das Innenverhältnis des Vereins haben kann.

---

1 *Hadding* in Soergel, § 31 BGB Rz. 28; *Gehrlein* in BeckOK BGB, § 426 BGB Rz. 9; *Küpperfahrenberg*, Haftungsbeschränkungen, S. 208 f.
2 *Weick* in Staudinger, § 26 BGB Rz. 25; *Küpperfahrenberg*, Haftungsbeschränkungen, S. 210.
3 Ausf. *Segna*, Vorstandskontrolle, S. 242 ff.
4 Vgl. BGH v. 21.3.1957 – II ZR 172/55, BGHZ 24, 47, 54.
5 Vgl. *Grunewald*, ZIP 1989, 962, 964; *Segna*, Vorstandskontrolle, S. 194.
6 Statt anderer *Hadding* in Soergel, § 29 BGB Rz. 6.
7 Wie hier *Grunewald*, ZIP 1989, 962, 964; *Schöpflin* in BeckOK BGB, § 27 BGB Rz. 20; *Reichert*, Vereins- und Verbandsrecht, Rz. 2728, 2299; a.A. *Segna*, Vorstandskontrolle, S. 195 f.
8 BGH v. 14.7.2004 – VIII ZR 224/02, NZG 2004, 964 mit Verweis auf BGHZ 28, 355, 357.
9 Zu Ausnahmen s. *Römermann* in Michalski, § 46 GmbHG Rz. 455.
10 *K. Schmidt* in Scholz, § 46 GmbHG Rz. 159; *Bayer* in Lutter/Hommelhoff, § 46 GmbHG Rz. 40; *Römermann* in Michalski, § 46 GmbHG Rz. 453, jew. m.w.N.

§ 46 Nr. 8 Fall 1 GmbHG ist freilich **kein zwingendes Recht**.[1] Die Satzung kann daher auch im Vereinsrecht vorsehen, dass eine Beschlussfassung nur für das Innenverhältnis erforderlich ist, oder die Entscheidung in die Hand eines anderen Organs (z.B. eines Aufsichtsrats) legen.[2] Ein solches anderes Organ entscheidet freilich nicht wie die Mitglieder(versammlung) autonom, sondern ist pflichtgebunden, nämlich an die Interessen des Vereins. Und das Interesse des Vereins verlangt grundsätzlich die Wiederherstellung des geschädigten Vereinsvermögens, so dass ein solches pflichtgebundenes Organ aussichtsreiche Schadensersatzansprüche regelmäßig, d.h. wenn keine gewichtigen Gegengründe bestehen, geltend machen muss.[3] Das gilt auch, wenn anstelle der Mitgliederversammlung eine Vertreterversammlung entscheidet; denn die Delegierten sind – insoweit nicht anders als Aufsichtsratsmitglieder – gewählte Vertreter der Mitglieder und haben daher das mutmaßliche Interesse ihrer Wähler zu vertreten.[4] Und auch deren Interesse ist regelmäßig auf die Wiederherstellung des geschädigten Vereinsvermögens gerichtet.

6.38

Beschließen die Mitglieder, Schadensansprüche gegen Vorstandsmitglieder geltend zu machen – eine einfache Mehrheit reicht hierfür aus –, so empfiehlt sich zugleich, einen Beschluss über die **Bestellung eines Prozessvertreters** zu fassen, § 46 Nr. 8 Fall 2 GmbHG analog.[5] Zwingend ist das freilich nur, wenn der Verein andernfalls durch den Vorstand bzw. einzelne seiner Mitglieder nicht ordnungsgemäß vertreten werden kann.[6] Hinsichtlich der Person des Prozessvertreters besteht Wahlfreiheit. Es kann sich um ein ansonsten nur gesamtvertretungsberechtigtes Vorstandsmitglied, ein Vereinsmitglied, ein anderes Organmitglied oder einen Dritten, und zwar auch um den Anwalt, der ohnehin beauftragt werden soll, handeln. Der Prozessvertreter hat organschaftliche Vertretungsmacht, unterliegt Weisungsbeschlüssen der Mitglieder und kann durch einfachen Mehrheitsbeschluss der Mitglieder jederzeit wieder abberufen werden.[7]

6.39

Wird der Antrag auf Geltendmachung von Ersatzansprüchen gegen Vorstandsmitglieder von der Mitgliederversammlung abgelehnt, so kommt die Erhebung einer positiven Beschlussfeststellungsklage in Betracht, wenn die Mehrheit durch die Ablehnung gegen die mitgliedschaftliche Treupflicht verstößt.[8] Stattdessen kann ein Mitglied auch im Wege der **actio pro socio** vorgehen[9], d.h. den Schadensersatzanspruch des Vereins im eigenen Namen auf Rechnung des

6.40

---

1 *K. Schmidt* in Scholz, § 46 GmbHG Rz. 143.
2 Nach *Segna*, Vorstandskontrolle, S. 191, ist das allerdings in der Praxis selten.
3 BGH v. 21.4.1997 – II ZR 175/95, BGHZ 135, 244, 255 f.; näher zu einem Fall aus dem Stiftungsrecht *Burgard/Heimann*, NZG 2016, 166.
4 Die Vertreter sind zwar nicht Beauftragte der Mitglieder und unterliegen daher auch nicht deren Weisungen. Sie stehen aber in einem auftragsähnlichen und das heißt auch pflichtgebundenen organschaftlichen Rechtsverhältnis zum Verein. Zur Wahrnehmung ihrer Rechte und Befugnisse sind sie daher nicht nur – wie die Vereinsmitglieder selbst – berechtigt, sondern auch – als deren Vertreter gleich allen anderen Organmitgliedern – verpflichtet, näher *Reichert*, Vereins- und Verbandsrecht, Rz. 5766 ff.
5 Diese Analogie befürworten auch *Grunewald*, ZIP 1989, 962, 964 und *Segna*, Vorstandskontrolle, S. 194 f.
6 *K. Schmidt* in Scholz, § 46 GmbHG Rz. 168.
7 *Segna*, Vorstandskontrolle, S. 195; *K. Schmidt* in Scholz, § 46 GmbHG Rz. 173.
8 *Segna*, Vorstandskontrolle, S. 260; *K. Schmidt* in Scholz, § 46 GmbHG Rz. 158.
9 *Segna*, Vorstandskontrolle, S. 256 ff.; *K. Schmidt*, Gesellschaftsrecht, S. 641 f.; *Lutter*, AcP 180 (1980), 84, 135 ff.; a.A. *Arnold* in MünchKomm. BGB, § 38 BGB Rz. 7, jew. m.w.N.

Vereins, also in (gesetzlicher) Prozessstandschaft geltend machen. In diesem Fall wird die Rechtswidrigkeit der Ablehnung eines Antrags nach § 46 Nr. 8 GmbHG analog inzident geprüft.[1] Eine actio pro socio kommt ferner in Betracht, wenn die Entscheidung über die Geltendmachung von Ersatzansprüchen gegen Vorstandsmitglieder statutarisch einem anderen Organ als der Mitgliederversammlung, insbesondere einer Vertreterversammlung zugewiesen ist und dieses Organ untätig bleibt oder eine Geltendmachung durch Beschluss ablehnt.[2] Im letzten Fall ist die Rechtswidrigkeit des Beschlusses wiederum inzident zu prüfen.

6.41 Im Insolvenzverfahren ist allein der Insolvenzverwalter zur Verfolgung von und zum Verzicht auf Ersatzansprüche befugt.[3]

e) Beweislast

6.42 Nach **§ 93 Abs. 2 Satz 2 AktG, § 34 Abs. 2 Satz 2 GenG** hat der Geschäftsleiter zu beweisen, dass er die Sorgfalt eines ordentlichen und gewissenhaften Geschäftsleiters angewendet hat. Die Vorschriften finden auf GmbH-Geschäftsführer entsprechende Anwendung[4] und legen den Geschäftsleitern die Beweislast für fehlendes Verschulden und fehlende Pflichtwidrigkeit auf.[5] Berufen sich Geschäftsleiter auf die Business Judgement Rule (§ 93 Abs. 1 Satz 2 AktG, s. Rz. 6.28 f.), haben sie dementsprechend darzulegen und zu beweisen, dass deren Voraussetzungen gegeben sind.[6] Die Gesellschaft muss daher lediglich den Eintritt und die Höhe des Schadens, eine Handlung oder ein Unterlassen des beklagten Geschäftsleiters sowie adäquate Kausalität zwischen der Handlung bzw. dem Unterlassen und dem Schadenseintritt darlegen und beweisen.[7]

6.43 Eine § 93 Abs. 2 Satz 2 AktG, § 34 Abs. 2 Satz 2 GenG entsprechende Norm fehlt im Vereinsrecht. Nach § 280 Abs. 1 Satz 2 BGB ist es allerdings Sache des Schuldners, den Entlastungsbeweis zu führen, dass er die Pflichtverletzung nicht zu vertreten hat.[8] Zudem folgt aus der allgemeinen Beweislastregel der sog. Normtheorie, wonach jede Partei die Voraussetzungen einer ihr günstigen Norm zu beweisen hat[9], dass im Streitfalle auch die Vorstandsmitglieder eines Vereins das Vorliegen der Voraussetzungen der Business Judgement Rule zu beweisen haben. Hält man sich ferner vor Augen, dass Pflichtverletzung und Verschulden im Bereich der Organhaftung eng zusammenhängende Fragen sind, die Vorstandsmitglieder kraft ihres Amtes über die zur Schädigung des Vereins führenden Umstände informiert und gem. § 27 Abs. 3 i.V.m. § 666 BGB rechenschaftspflichtig sind, so spricht alles dafür, **§ 93 Abs. 2 Satz 2 AktG, § 34 Abs. 2 Satz 2 GenG analog auch im Vereinsrecht** anzuwenden.[10] Das gilt aller-

---

1 *K. Schmidt* in Scholz, § 46 GmbHG Rz. 153, 161; *Liebscher* in MünchKomm. GmbHG, § 46 GmbHG Rz. 260; *Berger*, ZHR 149 (1985), 599, 611 m.w.N.
2 Das hält *Segna*, Vorstandskontrolle, S. 260, 331, für den Hauptanwendungsfall einer actio pro socio im Vereinsrecht.
3 *Reichert*, Vereins- und Verbandsrecht, Rz. 2706, 2730 m.w.N.
4 Statt anderer *Uwe H. Schneider* in Scholz, § 43 GmbHG Rz. 234 m.w.N.
5 S. nur *Hüffer/Koch*, § 93 AktG Rz. 53 m.w.N.
6 Anstelle anderer *Hüffer/Koch*, § 93 AktG Rz. 54; *Kuntz*, GmbHR 2008, 121 ff.; *Paefgen*, AG 2008, 761 ff.; *Paefgen*, NZG 2009, 891 ff.
7 Näher dazu *Hüffer/Koch*, § 93 AktG Rz. 53 m.w.N.
8 *Unberath* in BeckOK BGB, § 280 BGB Rz. 78, 95 ff.
9 *Hüffer/Koch*, § 93 AktG Rz. 53, § 243 AktG Rz. 59 m.w.N.
10 Wie hier *Reichert*, Vereins- und Verbandsrecht, Rz. 3303, 3716 f.; a.A. *Küpperfahrenberg*, Haftungsbeschränkungen, S. 198.

dings nicht, soweit § 31a Abs. 1 Satz 3 BGB eingreift (dazu Rz. 6.75, 6.85).[1] Näher zur Darlegungs- und Beweislast unten *Born*, § 14.

f) Verjährung

Ansprüche aus § 280 Abs. 1 BGB **verjähren** gem. § 195 BGB in drei Jahren. Die Frist beginnt gem. § 199 Abs. 1 BGB mit Schluss des Jahres, in dem der Anspruch entstanden ist und der Gläubiger von den Anspruch begründenden Umständen und der Person des Schuldners Kenntnis erlangt hat oder ohne grobe Fahrlässigkeit erlangen musste.[2] Bei Ansprüchen von juristischen Personen kommt es grundsätzlich auf die Kenntnis des gesetzlichen Vertreters, hier also auf die Kenntnis eines Vorstandsmitglieds an[3], s. §§ 26 Abs. 2 Satz 1, 28 Abs. 2 BGB.[4] Bei Ansprüchen des Vereins gegen Vorstandsmitglieder bleibt die Kenntnis der Betroffenen jedoch außer Betracht.[5] Und auch die Kenntnis von nicht betroffenen Vorstandsmitgliedern wird man in diesem Fall dem Verein nicht zurechnen können,[6] da andernfalls die Gefahr besteht, dass Verjährung eintritt, weil sich Vorstandsmitglieder gegenseitig decken. Vielmehr wird man in diesem Fall auf die Kenntnis desjenigen Organs abzustellen haben, das zur Geltendmachung von Ersatzansprüchen gegen den Vorstand befugt ist[7], also regelmäßig auf die Kenntnis der Mitgliederversammlung (Rz. 6.36 ff.), wobei an deren Erkenntnismöglichkeit dieselben großzügigen Maßstäbe anzulegen sind wie bei der Entlastung (Rz. 6.48). Der Kenntnisstand muss dergestalt sein, dass der Verein seine Ansprüche klageweise geltend machen, d.h. seiner Darlegungs- und Beweislast (Rz. 6.42 f.) nachkommen kann.[8]

6.44

g) Haftungsausschluss, Haftungsmilderung und Haftungsbeschränkung

Als Gründe für einen Haftungsausschluss, eine Haftungsmilderung oder Haftungsbeschränkung kommen in Betracht[9]:

6.45

aa) Haftungsausschluss bei der Befolgung von Weisungen

Beruht ein Handeln oder Unterlassen der Vorstandsmitglieder auf einem rechtmäßigen[10] Beschluss der Mitglieder, so entfällt eine Haftung.[11] Im Aktienrecht ergibt sich dies aus § 93

6.46

---

1 Hierzu *Reuter*, npoR 2013, 41, 45; *Arnold* in MünchKomm. BGB, § 31a BGB Rz. 9; *Stöber/Otto*, Vereinsrecht, Rz. 617c; zu §§ 31a, 31b BGB s. auch *Leuschner*, NZG 2014, 281.
2 Unabhängig von der Kenntnis verjähren Schadensersatzansprüche gem. § 199 Abs. 3 Satz 1 Nr. 1 BGB innerhalb von 10 Jahren ab der Entstehung des Anspruchs. Ist aus der Pflichtverletzung (noch) kein Schaden entstanden, verjähren die Ansprüche gem. § 199 Abs. 3 Satz 1 Nr. 2 BGB innerhalb von 30 Jahren nach der Pflichtverletzung (Verjährungshöchstfristen). Maßgeblich für das Ende der Verjährung ist stets diejenige Höchstfrist, die als erste abgelaufen ist, § 199 Abs. 3 Satz 2 BGB.
3 *Grothe* in MünchKomm. BGB, § 199 BGB Rz. 36.
4 *Hadding* in Soergel, § 26 BGB Rz. 11, § 28 BGB Rz. 12.
5 BGH v. 15.3.2011 – II ZR 301/09, NJW-RR 2011, 832, 833 = GmbHR 2011, 535.
6 Insoweit a.A. *Henrich/Spindler* in BeckOK BGB, § 199 BGB Rz. 37.
7 *Grothe* in MünchKomm. BGB, § 199 BGB Rz. 37.
8 *Reichert*, Vereins- und Verbandsrecht, Rz. 3723.
9 *Burgard/Heimann*, NZG 2016, 166 sowie Rz. 6.48 ff. Näher zum Ganzen unten *Haas/Wigand*, § 20.
10 S. OLG Hamm v. 29.4.1999 – 2 Ws 71/99, wistra 1999, 350.
11 Anstelle anderer *Sauter/Schweyer/Waldner*, Der eingetragene Verein, Rz. 278b; *Reichert*, Vereins- und Verbandsrecht, Rz. 3711, 3713; *Küpperfahrenberg*, Haftungsbeschränkungen, S. 199 m.w.N.

Abs. 4 Satz 1 AktG, im GmbH-Recht aus einem Umkehrschluss aus § 43 Abs. 3 Satz 3 GmbHG und im Vereinsrecht aus dem Verbot widersprüchlichen Verhaltens, § 242 BGB. Hat ein Vorstandsmitglied allerdings **Bedenken gegen die Zweckmäßigkeit** einer von den Mitgliedern intendierten Maßnahme, so hat er diese Bedenken den Mitgliedern vorzutragen und ggf. Alternativen aufzuzeigen; denn er schuldet nicht „blinden", sondern „denkenden" Gehorsam (s. Rz. 6.20). Einzustehen haben Vorstandsmitglieder überdies für eine fehlerhafte Ausführung von Beschlüssen (s. auch Rz. 6.29).

6.47 Eine Haftungsbefreiung tritt ferner ein, wenn die Mitglieder einer von dem Vorstand vorgeschlagenen Maßnahme zustimmen oder eine Maßnahme des Vorstands nachträglich billigen.[1] **Voraussetzung** ist allerdings, dass der Vorstand den **Beschluss nicht pflichtwidrig herbeigeführt** hat, insbesondere durch eine objektiv unrichtige, unvollständige oder unzureichende Information der Mitglieder (für ein Bsp. s. Rz. 6.14).

bb) Haftungsausschluss durch Entlastung

6.48 Mit der Entlastung wird die Amtsführung von Organmitgliedern gebilligt, vgl. § 120 Abs. 2 Satz 1 AktG.[2] Außerhalb des Aktienrechts (vgl. § 120 Abs. 2 Satz 2 AktG) ist dies nicht nur eine rechtlich nahezu folgenlose[3] *„platonische Vertrauenskundgebung"*.[4] Vielmehr bewirkt die Entlastung eine Präklusion hinsichtlich aller Ersatzansprüche, die dem beschlussfassenden Organ erkennbar waren oder von denen alle seine Mitglieder Kenntnis hatten.[5] Die Präklusionswirkung tritt unabhängig von dem Willen der Beteiligten kraft Gesetzes (§ 242 BGB: Verbot des widersprüchlichen Verhaltens) ein.[6]

6.49 Das setzt dementsprechend voraus, dass durch die Billigung ein **Vertrauenstatbestand** geschaffen wird. Daran **fehlt** es *erstens*, wenn und soweit im Gesetz (vgl. § 120 Abs. 2 Satz 2 AktG), in der Satzung oder dem Beschluss selbst bestimmt ist, dass die Entlastung eine Geltendmachung von Ersatzansprüchen nicht hindert. Hieran fehlt es *zweitens*, wenn und soweit das beschlussfassende Organ generell oder im Blick auf den dritt-, insbesondere gläubigerschützenden Charakter von Ansprüchen nicht über diese zu disponieren befugt ist.[7] Hieran fehlt es *drittens*, wenn der Beschluss auf Grund formeller oder materieller Mängel (insbeson-

---

[1] Vgl. *Reichert*, Vereins- und Verbandsrecht, Rz. 3714; *Uwe H. Schneider* in Scholz, § 43 GmbHG Rz. 121 m.w.N.

[2] So schon RG, DR 1941, 506, 508; RGZ 167, 151, 166; BGH v. 12.3.1959 – II ZR 180/57, BGHZ 29, 385, 390; BGH v. 29.1.1962 – II ZR 1/61, BGHZ 36, 296, 306; aus der Lit. statt anderer *Kubis* in MünchKomm. AktG, § 120 AktG Rz. 14; *Roth* in Roth/Altmeppen, § 46 GmbHG Rz. 30. Nicht ganz einheitlich wird allerdings die Frage beantwortet, worauf sich diese Billigung bezieht: nur auf die Rechtmäßigkeit oder auch auf die Zweckmäßigkeit der Amtsführung, vgl. *Schindler* in BeckOK GmbHG, § 46 GmbHG Rz. 72; *Kubis* in MünchKomm. AktG, § 120 AktG Rz. 15 ff. Ausf. zur Entlastung im Vereinsrecht *Reichert*, Vereins- und Verbandsrecht, Rz. 2667 ff.

[3] Statt anderer s. *Kubis* in MünchKomm. AktG, § 120 AktG Rz. 30 f.

[4] *Schönle*, ZHR 126 (1964), 198, 220.

[5] Vgl. zum Vereinsrecht BGH v. 21.3.1957 – II ZR 172/55, BGHZ 24, 47, 54; zum GmbH-Recht BGH v. 20.5.1985 – II ZR 165/84, BGHZ 94, 324, 326.

[6] Grundlegend *K. Schmidt*, ZGR 1978, 425 ff.; heute h.L., statt anderer *Roth* in Roth/Altmeppen, § 46 GmbHG Rz. 66.1 f.; *Kubis* in MünchKomm. AktG, § 120 AktG Rz. 14, jew. m.w.N.

[7] *Reichert*, Vereins- und Verbandsrecht, Rz. 2690, 2706, 2710; *K. Schmidt* in Scholz, § 46 GmbHG Rz. 95.

dere wegen Treupflichtwidrigkeit)[1] nichtig[2] ist.[3] Und hieran fehlt es vor allem *viertens*, wenn und soweit die Vorlagen und Berichte, auf denen der Beschluss beruht, unrichtig oder unvollständig sind. Die **Entlastung beschränkt sich auf alle der Mitgliederversammlung bekannten oder** unter *„Anlegung eines lebensnahen vernünftigen Maßstabs"* **ohne Schwierigkeiten in der Versammlung erkennbaren**[4] **Ansprüche**. Den Vereinsmitgliedern muss die Tragweite der ihnen abverlangten Entlastungsentscheidung deutlich gemacht werden. Das folgt auch daraus, dass *„es bereits zum pflichtgemäßen Inhalt des jährlichen Rechenschaftsberichts gehört, die Vereinsmitglieder über alles zu unterrichten, was nach Verkehrsanschauung und vernünftigem Ermessen zur sachgemäßen Beurteilung der Entlastungsfrage erforderlich ist."* Es liegt daher allein beim *„Vorstand – und entsprechendes gilt für andere um Entlastung nachsuchende Vereinsorgane –, durch hinreichende Offenheit gegenüber der Mitgliederversammlung die Tragweite der erbetenen Entlastung selbst zu bestimmen"*.[5]

Im Regelfall ist die Mitgliederversammlung für die Entlastung zuständig[6], die abseits anderweitiger Satzungsbestimmungen mit einfacher Mehrheit beschließt.[7] Ist die Entlastung kraft Satzung einem anderen Organ als der Mitgliederversammlung übertragen, was zulässig ist[8], so ist zu bedenken, dass dessen Mitglieder nicht autonom, sondern pflichtgebunden entscheiden. Dementsprechend kommt in diesem Fall eine Entlastung trotz erkennbarer Ersatzansprüche nur ausnahmsweise in Betracht und bedarf besonderer Rechtfertigung.[9] Wird die **Entlastung pflicht- und sorgfaltswidrig** erteilt, so ist der Beschluss zwar regelmäßig nicht nichtig.[10] Die verantwortlichen Mitglieder des beschlussfassenden Organs haften dem Verein jedoch ihrerseits auf Schadensersatz.[11]

6.50

---

1 Dagegen ist ein Entlastungsbeschluss nicht allein deswegen fehlerhaft, weil die vorgelegten Unterlagen nicht sorgfältig genug geprüft, deswegen bestehende Ersatzansprüche nicht erkannt oder zwar erkannt, aber in ihrem Ausmaß unterschätzt oder die Entlastung aus sonstigen Gründen fahrlässigerweise erteilt wurde; denn allein hierdurch verstößt der Beschluss noch nicht inhaltlich gegen Gesetz und Satzung, wie hier *Reichert*, Vereins- und Verbandsrecht, Rz. 2690; zum GmbH-Recht *K. Schmidt* in Scholz, § 46 GmbHG Rz. 99; a.A. wohl BGH v. 21.4.1997 – II ZR 175/95, BGHZ 135, 244, 247 ff.
2 Zur Frage der Nichtigkeit oder Anfechtbarkeit von Beschlüssen im Vereinsrecht s. *Burgard*, Handbuch Managerhaftung, 2. Aufl., Rz. 21 Fn. 5, 6.
3 *K. Schmidt* in Scholz, § 46 GmbHG Rz. 99; *Roth* in Roth/Altmeppen, § 46 GmbHG Rz. 36; § 47 GmbHG Rz. 91 ff.
4 *Reichert*, Vereins- und Verbandsrecht, Rz. 2699 ff.
5 BGH v. 14.12.1987 – II ZR 53/87, ZIP 1988, 706, 710; BGH v. 3.12.2001 – II ZR 308/99, ZIP 2002, 213, 215; BGH v. 1.12.2003 – II ZR 216/01, ZIP 2004, 407, 409; BGH v. 21.3.2005 – II ZR 54/03, ZIP 2005, 981, 983; LG Frankfurt a.M. v. 6.2.1997 – 23 O 374/96, NJW-RR 1998, 396, 397; *Segna*, Vorstandskontrolle, S. 190 f. m.w.N.
6 Anstelle anderer *Reichert*, Vereins- und Verbandsrecht, Rz. 2667.
7 Anstelle anderer *Reichert*, Vereins- und Verbandsrecht, Rz. 2692.
8 Anstelle anderer *Reichert*, Vereins- und Verbandsrecht, Rz. 2667.
9 Vgl. auch Rz. 6.176 ff.
10 Dagegen ist ein Entlastungsbeschluss nicht allein deswegen fehlerhaft, weil die vorgelegten Unterlagen nicht sorgfältig genug geprüft, deswegen bestehende Ersatzansprüche nicht erkannt oder zwar erkannt, aber in ihrem Ausmaß unterschätzt oder die Entlastung aus sonstigen Gründen fahrlässigerweise erteilt wurde; denn allein hierdurch verstößt der Beschluss noch nicht inhaltlich gegen Gesetz und Satzung, wie hier *Reichert*, Vereins- und Verbandsrecht, Rz. 2690; zum GmbH-Recht *K. Schmidt* in Scholz, § 46 GmbHG Rz. 99; a.A. wohl BGH v. 21.4.1997 – II ZR 175/95, BGHZ 135, 244, 247 ff.; zur Frage der Nichtigkeit oder Anfechtbarkeit von Beschlüssen im Vereinsrecht s. *Burgard*, Handbuch Managerhaftung, 2. Aufl., Rz. 21 Fn. 5, 6. Nichtig wäre der Beschluss nur, wenn die Pflichtwidrigkeit die Grenze zur Sittenwidrigkeit überschreiten würde (insbes. bei Vorsatz).
11 Näher *Burgard/Heimann*, NZG 2016, 166.

6.51 **Entlastung wird den einzelnen Vorstandsmitgliedern erteilt**, auch wenn die Entlastung des Vorstands als Ganzes beantragt ist, also über die Entlastung aller seiner Mitglieder gemeinsam durch einen Beschluss entschieden werden soll.[1] In diesem Fall kann freilich jedes Mitglied beantragen, dass der Entlastungsbeschluss für alle oder einzelne Vorstandsmitglieder getrennt gefasst wird. Auch kann die Entlastung auf bestimmte Zeitabschnitte oder Geschäftsbereiche beschränkt werden.[2]

6.52 Grundsätzlich besteht **kein Anspruch auf Entlastung**.[3] Denkbar ist aber eine Klage auf Feststellung, dass Ansprüche gegen das klagende Vorstandsmitglied nicht bestehen.[4]

cc) Haftungsausschluss oder Haftungsbeschränkung durch Verzicht oder Vergleich

6.53 Nach § 93 Abs. 4 Satz 3, Abs. 5 Satz 3 AktG ist ein Verzicht oder ein Vergleich über Ersatzansprüche gegen Mitglieder des Vorstands nur mit Einschränkungen möglich. Entsprechende Vorschriften fehlen im Vereinsrecht. Eine analoge Anwendung kommt nicht in Betracht.[5] Der **Verein kann** daher ohne diese Einschränkungen **auf Ersatzansprüche** gegen Vorstandsmitglieder **verzichten** (§ 397 BGB) oder einen Vergleich (§ 779 BGB) abschließen.[6] Der Verzicht kann sich dabei auf alle erdenklichen, insbesondere auch auf solche Ersatzansprüche erstrecken, die zum Zeitpunkt der Vereinbarung noch nicht bekannt waren (sog. Generalbereinigung).[7] **Ausgenommen** sind lediglich **Ansprüche wegen Verstoßes gegen gläubigerschützende Vorschriften**. Das sind im Vereinsrecht insbesondere §§ 21, 22 BGB (s. Rz. 6.19), § 42 Abs. 2 Satz 1 BGB sowie § 64 GmbHG, § 99 GenG, § 93 Abs. 3 Nr. 6 i.V.m. § 92 Abs. 2 AktG analog (Rz. 6.77). Ein Verzicht oder Vergleich setzt einen dementsprechenden Beschluss der Mitgliederversammlung voraus, der mit einfacher Mehrheit gefasst werden kann.[8]

dd) Haftungsbeschränkung wegen einer Risikozurechnung bei Tätigkeit im fremden Interesse

6.54 Ebenso wie im GmbH-Recht[9] ist auch im Vereinsrecht weithin anerkannt, dass die im Arbeitsrecht entwickelten Grundsätze einer Risikozurechnung bei Tätigkeiten im fremden Interesse grundsätzlich **nicht auf Mitglieder von Vertretungsorganen** juristischer Personen **anwendbar** sind.[10] Dem ist zuzustimmen, **soweit es um die Wahrnehmung typischer or-

---

1 *Arnold* in MünchKomm. BGB, § 27 BGB Rz. 47; *Sauter/Schweyer/Waldner*, Der eingetragene Verein, Rz. 289.
2 *Arnold* in MünchKomm. BGB, § 27 BGB Rz. 47; *Hadding* in Soergel, § 27 BGB Rz. 24.
3 *Arnold* in MünchKomm. BGB, § 27 BGB Rz. 47; *Reichert*, Vereins- und Verbandsrecht, Rz. 2717 m.w.N. auch zur älteren Gegenansicht und zu denkbaren Ausnahmen.
4 *Arnold* in MünchKomm. BGB, § 27 BGB Rz. 47; *K. Schmidt*, ZGR 1978, 425, 440 ff.
5 *Küpperfahrenberg*, Haftungsbeschränkungen, S. 227 f.
6 *Reichert*, Vereins- und Verbandsrecht, Rz. 3722.
7 Vgl. BGH v. 21.4.1986 – II ZR 165/85, BGHZ 97, 382, 389; *Reichert*, Vereins- und Verbandsrecht, Rz. 2731 f. m.w.N.
8 *Reichert*, Vereins- und Verbandsrecht, Rz. 2731, 2692.
9 Anstelle vieler *Uwe H. Schneider* in Scholz, § 43 GmbHG Rz. 256 f. m.w.N.
10 Ausnahmslos *Küpperfahrenberg*, Haftungsbeschränkungen, S. 211 ff., 218. Mit Ausnahmen bei Ehrenamtlichkeit *Hadding* in Soergel, § 27 BGB Rz. 23; *Weick* in Staudinger, § 26 BGB Rz. 25. Die Ehrenamtlichkeit ist jedoch kein zutreffendes Differenzierungskriterium, s. *Burgard*, Handbuch Managerhaftung, 1. Aufl. 2007, § 6 Rz. 74. Mit Ausnahme einer arbeitnehmerähnlichen Person *Ellenberger* in Palandt, § 27 BGB Rz. 7, sowie *Sauter/Schweyer/Waldner*, Der eingetragene Verein, Rz. 278a, beide unter Verweis auf ein fragwürdiges Urteil des LG Bonn v. 10.4.1995 – 10 O 390/94, NJW-RR 1995, 1435 ff.

ganschaftlicher Rechte und Pflichten geht; denn der Sinn und Zweck der Bestellung von Vorstandsmitgliedern liegt gerade darin, *„die Schwierigkeiten und Risiken der Leitung eines Vereins oder Unternehmens einer Person zu übertragen, die diese beherrscht".*[1]

Allerdings ändert auch die Verantwortlichkeit von Organmitgliedern nichts an dem Grundsatz, dass das allgemeine Betriebs- und Unternehmensrisiko bei der juristischen Person verbleiben soll.[2] Das ist, wie aufgezeigt wurde[3], einer der Gründe für die Business Judgement Rule. So gesehen basieren die arbeitsrechtlichen Grundsätze und die Business Judgement Rule auf demselben (in § 670 BGB nur unzureichend zum Ausdruck gekommenen) Gedanken, nämlich dass das wirtschaftliche Risiko einer Tätigkeit im fremden Interesse den Prinzipal und nicht den Agenten treffen soll, und zwar (u.a.) deswegen, weil auch die wirtschaftlichen Vorteile der Tätigkeit des Agenten allein dem Prinzipal zugute kommen, vgl. § 667 BGB. Diese Überlegung zeigt freilich zugleich, dass die Anwendung arbeitsrechtlicher Grundsätze im Bereich der Wahrnehmung typischer organschaftlicher Rechte und Pflichten auch deswegen nicht sachgerecht wäre, weil die Organmitglieder durch die Business Judgement Rule bereits hinreichend und spezifisch auf ihre Tätigkeit zugeschnitten von dem allgemeinen Unternehmensrisiko entlastet sind.

Allerdings üben Organmitglieder auch Tätigkeiten im Interesse der juristischen Person aus, die **außerhalb der Wahrnehmung ihrer typischen organschaftlichen Rechte und Pflichten** liegen, die also nichts mit den *„Schwierigkeiten und Risiken der Leitung eines Vereins oder Unternehmens"* zu tun haben. Paradigma hierfür ist der Unfall auf einer Dienstfahrt. Für die Frage, wer das Unfallrisiko zu tragen hat, darf es keinen Unterschied machen, ob das Vorstandsmitglied sich von einem Mitarbeiter des Vereins fahren lässt oder (den Verein von diesen Kosten entlastet und) selbst den Wagen steuert.[4] In beiden Fällen hat der Verein daher entsprechend den im Arbeitsrecht entwickelten Grundsätzen bei leichtester Fahrlässigkeit den Schaden allein und bei leichter Fahrlässigkeit teilweise zu tragen.[5] Oder gibt es einen Grund, weswegen Vorstandsmitglieder „bessere" Autofahrer sein müssen als Arbeitnehmer?[6]

6.55

Zu beachten ist allerdings, dass sich bei derartigen Sachverhalten die Frage der Schadenstragung regelmäßig nur stellt, wenn kein oder **kein ausreichender Versicherungsschutz** besteht.[7] So lag es etwa auch im Fall BGHZ 89, 153. Und für einen risikoadäquaten Versicherungsschutz Sorge zu tragen, gehört wiederum zu den zentralen Pflichten der Geschäftsführung (Rz. 6.13). Wird diese Pflicht verletzt, müssen die hierfür verantwortlichen Vorstandsmitglieder im Ergebnis den Schaden alleine tragen.

6.56

---

1 BGH v. 5.12.1983 – II ZR 252/82, BGHZ 89, 153, 159 unter Hinweis auf *Canaris*, RdA 1966, 48.
2 *S. Uwe H. Schneider* in Scholz, § 43 GmbHG Rz. 8, 12 ff.
3 *S. Burgard*, Handbuch Managerhaftung, 2. Aufl., Rz. 31.
4 Zutr. *Uwe H. Schneider* in Scholz, § 43 GmbHG Rz. 256 f.; ähnlich *Reichert*, Vereins- und Verbandsrecht, Rz. 3845 ff.
5 Vgl. nur BAG GS v. 27.9.1994 – GS 1/89, BAGE 78, 56, 58 ff.; BAG v. 17.9.1998 – 8 AZR 175/97, BAGE 90, 9, 12 ff.
6 So ergeben sich auch aus BGH v. 5.12.1983 – II ZR 252/82, BGHZ 89, 153, 159, keine Anhaltspunkte dafür, dass die Entscheidung anders ausgefallen wäre, wenn der Kläger Vorstandsmitglied der Beklagten gewesen wäre; denn die Tätigkeit als „Stammesführer" einer Pfadfindergruppe liegt außerhalb des Rahmens typischer organschaftlicher Pflichten; ebenso *K. Schmidt*, Gesellschaftsrecht, S. 692.
7 S. BGH v. 24.11.1975 – II ZR 53/74, BGHZ 66, 1, 3; BGH v. 3.12.1991 – VI ZR 378/90, BGHZ 116, 200, 207 ff.; BGH v. 13.12.2004 – II ZR 17/03, ZIP 2005, 345, 348.

6.57 Schließlich ist zu erwähnen, dass Vorstandsmitglieder zwar gem. § 27 Abs. 3 i.V.m. § 670 BGB analog einen **Freistellungs- bzw. Ersatzanspruch für Zufallsschäden** haben.[1] Trifft sie an der Entstehung des Schadens ein (Mit-)Verschulden, so gilt dies jedoch grundsätzlich nicht.[2] Zur Risikobegrenzung greifen dann vielmehr allein die vorstehend erläuterten Regeln ein, d.h. bei Wahrnehmung typischer Organpflichten die Grundsätze der Business Judgement Rule (Rz. 6.28 f.) und außerhalb dieses Rahmens die Grundsätze einer Risikozurechnung bei Tätigkeiten im fremden Interesse (Rz. 6.54 f.). **Ehrenamtliche Vorstandsmitglieder** haben nach § 31a Abs. 2 BGB (analog) allerdings immer schon dann einen Freistellungs- bzw. Ersatzanspruch, wenn sie den Schaden nicht vorsätzlich oder grob fahrlässig verursacht haben.

ee) Haftungsmilderung oder Haftungsbeschränkung durch Satzung, Geschäftsordnung, Beschluss der Mitgliederversammlung oder Anstellungsvertrag

6.58 Ebenso wie der Verein nachträglich auf Ansprüche gegen Vorstandsmitglieder verzichten kann (s. Rz. 6.53), kann er im Vorhinein bis zur Grenze des § 276 Abs. 3 BGB (kein Haftungsausschluss für vorsätzlich pflichtwidriges Handeln) die Haftung von Vorstandsmitgliedern mildern oder beschränken.[3] Eine Haftungsmilderung ist *zum einen* möglich, indem der **Verschuldensgrad angehoben**, d.h. insbesondere eine Haftung wegen leichter oder auch grober Fahrlässigkeit ausgeschlossen wird. Möglich und verbreitet ist *zum anderen* eine **inhaltliche Haftungsbeschränkung**, indem der Pflichtenumfang der Vorstandsmitglieder definiert und reduziert wird, wie dies etwa auch im Falle einer Geschäftsverteilung (Rz. 6.18) geschieht. Und möglich ist schließlich *zum dritten* eine **betragsmäßige Haftungsbeschränkung** (etwa auf 10 000 Euro). Dabei ist der Verein auch frei, sachlich nachvollziehbare Differenzierungen – etwa nach haupt- und ehrenamtlichen Vorstandsmitgliedern (was freilich nicht zu empfehlen ist)[4] – einzuführen.[5]

6.59 Derartige Haftungsmilderungen und -beschränkungen können in der Satzung vorgesehen werden.[6] Möglich ist ferner, sie in eine von der Mitgliederversammlung erlassene Vereins- oder Geschäftsordnung aufzunehmen. Ausreichend ist aber auch ein mit einfacher Mehrheit gefasster **Beschluss der Mitgliederversammlung**. Schließlich können Haftungsmilderungen und -beschränkungen in einem Anstellungsvertrag[7] geregelt werden.[8] Dabei ist auf die For-

---

1 BGH v. 5.12.1983 – II ZR 252/82, NJW 1984, 789, 790; BGH v. 13.12.2004 – II ZR 17/03, NJW 2005, 981 ff.; *Hadding* in Soergel, § 27 BGB Rz. 23; *Weick* in Staudinger, § 27 BGB Rz. 24; *Schöpflin* in BeckOK BGB, § 27 BGB Rz. 21.
2 A.A. *Eisele*, Haftungsfreistellung, S. 104 f., 165; wie hier *Hadding* in Soergel, § 27 BGB Rz. 22a; *Bastuck*, Enthaftung des Managements, 1986, S. 116 f.
3 *Weick* in Staudinger, § 26 BGB Rz. 25; *Sauter/Schweyer/Waldner*, Der eingetragene Verein, Rz. 278a; *Segna* in GS Walz, S. 705, 715; *von Hippel*, Grundprobleme, S. 78. Zur Zulässigkeit der Haftungsbeschränkung für Vereinsmitglieder durch Satzungsbestimmungen OLG Nürnberg v. 13.11.2015 – 12 W 1845/15, ZStV 2016, 135 m. Anm. *Morgenroth*, ZStV 2016, 138 und *Beck*, EWiR 2016, 165.
4 Eine solche *generelle* Differenzierung stünde zum einen in einem kaum aufzulösenden Widerspruch zu dem Prinzip der Gesamtverantwortung aller Vorstandsmitglieder und würde zum anderen die Zusammenarbeit in gemischten Leitungsorganen stark erschweren. Ebs. *Hopt* in Hopt/v. Hippel/Walz (Hrsg.), Nonprofit Organisationen in Recht, Wirtschaft und Gesellschaft, 2005, S. 254.
5 Näher zum Vorstehenden *Küpperfahrenberg*, Haftungsbeschränkungen, S. 237 ff. m.w.N.
6 *Segna* in GS Walz, S. 705, 715 f.; *von Hippel*, Grundprobleme, S. 78 f.
7 Zuständig für den Abschluss eines Anstellungsvertrages ist regelmäßig die Mitgliederversammlung als Bestellungsorgan, BGH v. 21.1.1991 – II ZR 144/90, BGHZ 113, 237, 239 f.; *Hadding* in Soergel, § 27 BGB Rz. 13 m.w.N. S. auch Rz. 6.97.
8 Zum Vereinsrecht ausf. *Küpperfahrenberg*, Haftungsbeschränkungen, S. 230 ff.; zur entsprechenden Lage bei der GmbH *Uwe H. Schneider* in Scholz, § 43 GmbHG Rz. 258 ff. m.w.N.

mulierung Acht zu geben, da Haftungsbeschränkungen im Zweifel eng und zu Lasten desjenigen auszulegen sind, der die Haftung beschränken will.[1]

Haftungsmilderungen und -beschränkungen gelten allerdings nicht für solche **Ansprüche**, auf die der Verein wegen ihres **gläubigerschützenden Charakters** nicht verzichten kann.[2] Das sind insbesondere Ansprüche wegen Verstoßes gegen §§ 21, 22 BGB (Rz. 6.19) und § 42 Abs. 2 Satz 1 i.V.m. § 823 Abs. 2 BGB (Rz. 6.77). 6.60

Arnold ist zudem der Ansicht, dass bei Vereinen, die im größeren Stil am Wirtschaftsleben teilnehmen, eine spürbare Ermäßigung des gesetzlichen Pflichtenstandards mit **§ 138 Abs. 1 BGB** (Nichtigkeit wegen Verstoßes gegen die „öffentliche Ordnung") kollidiere.[3] Dem wäre nur zuzustimmen, wenn die Haftung der Vorstandsmitglieder auch über die soeben genannten Fälle hinaus generell dem Schutz von Vereinsgläubigern und des allgemeinen Rechtsverkehrs dienen würde. Im GmbH-Recht ist dies streitig, richtigerweise aber dort[4] ebenso wie hier abzulehnen.[5] 6.61

ff) Haftungsmilderung wegen Ehrenamtlichkeit

Nach früher geltender Rechtslage rechtfertigte die bloße Tatsache der Unentgeltlichkeit keine Haftungsmilderung.[6] Vielmehr hatte sich der Gesetzgeber im Auftragsrecht, auf das § 27 Abs. 3 BGB verweist, bewusst für den allgemeinen Verschuldensmaßstab des § 276 Abs. 1 BGB entschieden.[7] Das hieraus resultierende Haftungsrisiko (vgl. Rz. 6.11 f.) erscheint Vielen unbillig und unzumutbar. **§ 31a BGB** wurde daher eingeführt (und §§ 40, 86 Satz 1 BGB neu gefasst)[8], um das Haftungsrisiko für ehrenamtliche Vorstandsmitglieder zu senken und dadurch das ehrenamtliche Engagement zu stärken.[9] Nicht hinreichend berücksichtigt wurde dabei freilich, dass einer Haftung von Vorstandsmitgliedern schon bisher erhebliche Grenzen gesetzt sind (s. Rz. 6.19 f., 6.30 f., 6.45 ff.) und es Vereine im Übrigen weitgehend in der Hand haben, das Haftungsrisiko zu steuern (s. Rz. 6.36 f., 6.48 ff., 6.58 ff., 6.68). Dabei hätte es bleiben sollen, zumal jede Haftungsmilderung notwendigerweise eine Verlagerung des Schadensrisikos und eine Schwächung der Handlungssteuerungsfunktion von Haftungsnormen zur Folge 6.62

---

1 St. Rspr., etwa BGH v. 29.10.1956 – II ZR 79/55, BGHZ 22, 90, 96; BGH v. 11.7.1963 – VII ZR 120/62, BGHZ 40, 65, 69; BGH v. 5.4.1967 – VIII ZR 32/65, BGHZ 47, 312, 318; BGH v. 30.9.1970 – III ZR 87/69, BGHZ 54, 293, 305; näher *Küpperfahrenberg*, Haftungsbeschränkungen, S. 237 f.
2 *Uwe H. Schneider* in Scholz, § 43 GmbHG Rz. 261.
3 *Arnold* in MünchKomm. BGB, § 27 BGB Rz. 37.
4 S. *Uwe H. Schneider* in Scholz, § 43 GmbHG Rz. 260 f. mit zahlr. N.
5 Unter dem Gesichtspunkt der §§ 138, 242 BGB problematisch ist allerdings eine Beschränkung der Vertretungsmacht des Vorstands bei im größeren Umfang wirtschaftlich tätigen Vereinen, s. dazu *Burgard*, Gestaltungsfreiheit, S. 248 f. m.w.N.
6 RGZ 163, 200, 208; BGH v. 30.4.1959 – II ZR 126/57, BGHZ 30, 40; BGH v. 7.10.1963 – VII ZR 93/62, BB 1964, 100; BGH v. 1.12.2003 – II ZR 216/01, ZIP 2004, 407, 409; aus der Lit. wie hier *Reichert*, Vereins- und Verbandsrecht, Rz. 3672; *Sauter/Schweyer/Waldner*, Der eingetragene Verein, Rz. 278; *Geibel* in Henssler/Strohn, Gesellschaftsrecht, 3. Aufl. 2016, § 34 GenG Rz. 7; *Wehnert*, ZSt 2007, 67, 71 f.; *Cobe/Kling*, NZG 2015, 48, 52 f.; näher *Burgard*, Handbuch Managerhaftung, 1. Aufl., § 6 Rz. 74 ff., sowie *Segna* in GS Walz, S. 705, 707 f., 711.
7 Vgl. Motive zu dem Entwurfe eines Bürgerlichen Gesetzbuches für das Deutsche Reich, Band II, 1888, S. 530 f.; näher *Segna* in GS Walz, S. 705, 707 f., 711.
8 Gesetz zur Begrenzung der Haftung von ehrenamtlich tätigen Vereinsvorständen, BGBl. I 2009, 3161; näher dazu *Burgard*, ZIP 2010, 358 ff.; *Reuter*, NZG 2009, 1368, 1369 ff.; *Unger*, NJW 2009, 3269 ff.
9 BR-Drucks. 399/08 v. 4.7.2008, S. 1 = BT-Drucks. 16/10120, S. 1.

hat.[1] Geradezu verfassungsrechtlich bedenklich (Art. 9 Abs. 1 GG) ist es daher, dass die Haftungsmilderung zu Lasten von Vereinen gem. § 40 BGB n.F. zwingend ist.[2] Durch das Ehrenamtsstärkungsgesetz vom 21.3.2013 wurde die Haftungsprivilegierung auf alle ehrenamtlich tätigen Organmitglieder und besonderen Vertreter ausgeweitet.[3]

6.63 Nach § 31a Abs. 1 Satz 1 BGB haftet ein Organmitglied, das unentgeltlich tätig ist oder für seine Tätigkeit eine Vergütung erhält, die 720 Euro p.a. nicht übersteigt, dem Verein für einen in Wahrnehmung seiner Organpflichten verursachten Schaden nur bei **Vorliegen von Vorsatz und grober Fahrlässigkeit**. Die Vorschrift erfasst den gesamten Bereich der Innenhaftung (Rz. 6.6 ff.), einschließlich von Regressansprüchen, deliktischen und insolvenzrechtlichen (Rz. 6.76) Ansprüchen des Vereins. Voraussetzung ist lediglich, dass das Organmitglied *„in Wahrnehmung seiner Pflichten"*, also seiner typischen Leitungsfunktion gehandelt hat. Außerhalb der Wahrnehmung typischer Organpflichten greifen die Regeln einer Risikozurechnung bei Tätigkeiten im fremden Interesse (s. Rz. 6.54) ein. Zum weiteren sachlichen Anwendungsbereich von § 31a BGB s. Rz. 6.85.

6.64 **Unentgeltlich tätig** sind Organmitglieder, die für ihre Tätigkeit keinerlei Vergütung erhalten. Als Vergütung gelten alle Geld- oder Sachleistungen sowie die Gewährung von geldwerten Vorteilen, worunter auch die Befreiung von Mitgliedsbeiträgen fallen kann, mit der die Arbeit des Vorstandsmitglieds für den Verein abgegolten werden soll. Nicht darunter fällt insbesondere der Ersatz von Aufwendungen, die das Organmitglied zur Erledigung der ihm übertragenen Aufgaben erbracht hat.[4] Nicht darunter fallen daher auch geldwerte Vorteile, die im Interesse einer Haftungsmilderung oder eines Haftungsausschlusses vom Verein erbracht werden. Bei pauschalen Aufwandsentschädigungen (wie z.B. Sitzungs- oder Tagegeldern) handelt es sich hingegen um verdeckte Vergütungen, wenn die Kosten, zu deren Abdeckung die betreffende Pauschale im Allgemeinen gedacht ist, in dem konkreten Amt regelmäßig nicht anfallen.[5]

6.65 Die **Vergütungsgrenze** von nun 720 Euro wurde auf Empfehlung des Rechtsausschusses des Bundestages in das Gesetz aufgenommen, um zu gewährleisten, dass Vereine und Organmitglieder den Steuerfreibetrag nach § 3 Nr. 26a EStG nutzen können, ohne dass sich dies haftungsschädlich auswirkt. Die Gleichstellung mit unentgeltlich tätigen Vorstandsmitgliedern sei gerechtfertigt, weil auch geringfügig entlohnte Vorstandsmitglieder überwiegend ehrenamtlich tätig seien.[6] Anders als nach § 3 Nr. 26a EStG kommt es hier allerdings nicht darauf an, dass der Verein eine unter § 5 Abs. 1 Nr. 9 KStG fallende Einrichtung zur Förderung gemeinnütziger, mildtätiger oder kirchlicher Zwecke i.S. der §§ 52–54 AO ist. Auch wenn dies nicht der Fall ist, kommt Organmitgliedern also die Haftungsmilderung des § 31a BGB zugute, wenn ihre Vergütung die Wertgrenze nicht übersteigt. Zum weiteren persönlichen Anwendungsbereich von §§ 31a, 86 BGB, s. Rz. 6.85, 6.171.

---

1 Vgl. Stellungnahme der Bundesregierung, BT-Drucks. 16/10120 v. 13.8.2008, Anlage 2, S. 10 f.; ebenso *Reuter*, NZG 2009, 1368, 1369.
2 Näher zu § 31a BGB *Burgard*, ZIP 2010, 358, 363 f.; *Reuter*, npoR 2013, 41; *Leuschner*, NZG 2014, 281.
3 Zum Ehrenamtsstärkungsgesetz s. Begr. RegE, BR-Drucks. 663/12, S. 23 ff.; zu §§ 31a und 31b BGB i.d.F. des Ehrenamtsstärkungsgesetzes s. *Reuter*, npoR 2013, 41; *Leuschner*, NZG 2014, 281; *Stöber/Otto*, Vereinsrecht, Rz. 617 ff.
4 Rechtsausschuss des Bundestages, BT-Drucks. 16/13537 v. 22.6.2009, S. 6.
5 Näher zur Abgrenzung zwischen Aufwendungsersatz und Vergütung BGH v. 14.12.1987 – II ZR 53/87, ZIP 1988, 706, 707 ff.
6 Rechtsausschuss des Bundestages, BT-Drucks. 16/13537 v. 22.6.2009, S. 6.

Grobe Fahrlässigkeit liegt vor, wenn die erforderliche Sorgfalt in besonders hohem Maße verletzt wurde, vgl. § 45 Abs. 2 Satz 3 Nr. 3 SGB X. Der Sorgfaltsmaßstab richtet sich dabei nach allgemeinen Regeln (s. Rz. 6.32). Anders als bei einfacher Fahrlässigkeit reicht jedoch nicht jeder, sondern eben nur ein grober Verstoß gegen die erforderliche Sorgfalt zur Haftungsbegründung aus. Anschaulich formuliert liegt leichte Fahrlässigkeit vor, wenn sich sagen lässt: „Das kann vorkommen", grobe Fahrlässigkeit hingegen nur, wenn man sagen muss: „Das darf nicht vorkommen".[1] Die Interpretationsspielräume sind freilich weit. Besonders streng ist die finanzgerichtliche Rechtsprechung (s. Rz. 6.80). Welche Haltung die Zivilgerichte im Blick auf § 31a BGB einnehmen werden, bleibt abzuwarten. Es darf indes bezweifelt werden, dass § 31a Abs. 1 Satz 1 BGB zu einer erheblichen Verminderung des tatsächlichen Haftungsrisikos führt, da von den Vereinen in der Praxis ohnehin allenfalls eklatante Sorgfaltspflichtverstöße verfolgt werden.[2]

6.66

Die **Beweislast** dafür, dass ein ehrenamtlich oder geringfügig entlohnt tätiges Organmitglied vorsätzlich oder grob fahrlässig gehandelt hat, trägt in Abweichung von § 280 Abs. 1 Satz 2 BGB der Verein bzw. das geschädigte Vereinsmitglied, § 31a Abs. 1 Satz 3 BGB.[3]

6.67

h) Versicherung

Schließlich kann der Verein zugunsten von Organmitgliedern und sonstigen Mitarbeitern eine Vermögensschaden-Haftpflichtversicherung und/oder eine D&O-Versicherung abschließen.[4] Soweit hierdurch eine persönliche Haftung der Organmitglieder faktisch ausgeschlossen bzw. beschränkt wird und es sich daher um eine Leistung des Vereins zu Gunsten der Organmitglieder handelt, ist hierfür vorbehaltlich abweichender Satzungsregelungen die **Mitgliederversammlung zuständig**.[5] Bestehen nicht nur unerhebliche Haftungsrisiken, kann der Vorstand allerdings zur Erarbeitung einer entsprechenden Beschlussvorlage verpflichtet sein (s. Rz. 6.14); denn zum einen erhält der Verein hierdurch einen solventen Schuldner. Und zum anderen werden Hemmungen abgebaut, berechtigte Ansprüche durchzusetzen. Dabei hat der Vorstand die Mitglieder nicht nur über die Vorteile, sondern auch über die Kosten und Nachteile solcher Versicherungen aufzuklären, damit sie eine informierte Entscheidung treffen können. Dazu gehört auch der Hinweis, dass durch eine vollständige Abdeckung des gesamten Haftungsrisikos die Handlungssteuerungsfunktion von haftungsbegründenden Normen ausgehöhlt wird[6], weswegen § 93 Abs. 2 Satz 3 AktG die Vereinbarung eines Selbstbehalts nunmehr zwingend vorsieht. Im Blick hierauf sowie im Blick auf die Kosten solcher Versicherungen hat der Vorstand den Mitgliedern auch Beschlussalternativen mit Selbstbehalt vorzuschlagen.

6.68

---

1 *Grundmann* in MünchKomm. BGB, § 276 BGB Rz. 94; *Frey*, AuR 1953, 7, 8.
2 So bspw. OLG Frankfurt v. 14.8.2002 – 7 U 175/01, OLGR Frankfurt 2003, 78 und LG Kaiserslautern v. 11.5.2005 – 3 O 662/03, VersR 2005, 1090 = SpuRt 2006, 79. Dem Fall BGH v. 14.1.2008 – II ZR 245/06, WM 2008, 447 lag wohl sogar ein vorsätzlicher Pflichtverstoß zugrunde.
3 Zur Neuregelung des § 31a Abs. 1 Satz 3 BGB s. *Reuter*, npoR 2013, 41, 45; *Arnold* in MünchKomm. BGB, § 31a BGB Rz. 9; *Leuschner*, NZG 2014, 281.
4 Zur D&O-Versicherung für Vereins- und Stiftungsvorstände *de Beauregard*, ZStV 2015, 143 m. zahlr. w.N.
5 Wie hier zur GmbH *Uwe H. Schneider* in Scholz, § 43 GmbHG Rz. 438; *Haas/Ziemons* in Michalski, § 43 GmbHG Rz. 260; a.A. *Dreher*, DB 2001, 453, 456 f.; *Lange*, ZIP 2001, 1524, 1526 f.; für den Verein *Kreutz*, ZStV 2011, 46, 47 f.; *de Beauregard*, ZStV 2015, 143, 145; a.A. *Küpperfahrenberg*, Haftungsbeschränkungen, S. 267; *Schießl/Küpperfahrenberg*, DStR 2006, 445, 449.
6 A.A. *Dreher*, AG 2008, 429 ff.

6.69 Sind die Vorstandsmitglieder ehrenamtlich tätig, ist idealerweise beim Abschluss der Versicherung darauf zu achten, dass die Versicherung nicht nur bei Bestehen einer Haftpflicht eingreift; denn dann bleibt der Verein bei einfach fahrlässigen Pflichtverstößen wegen § 31a BGB auf dem Schaden sitzen. Vielmehr sollte die Versicherung jede schuldhafte Pflichtverletzung abdecken. Im Übrigen wird zu diesem Thema auf die Beiträge von *Sieg*, § 18 und *Ihlas*, § 19 verwiesen.[1]

2. Außenhaftung

6.70 Zunächst ist festzustellen, dass die Vorstandsmitglieder nur gegenüber dem Verein, nicht aber gegenüber Dritten, und zwar weder gegenüber Vereinsgläubigern noch gegenüber Vereinsmitgliedern, verpflichtet sind, ihren organschaftlichen Pflichten ordnungsgemäß nachzukommen.[2] Eine Außenhaftung kann sich daher nur aus anderen Rechtsgründen ergeben. Es gelten allgemeine Regeln, so dass sich die folgenden Ausführungen auf die Essentialia und vereinsrechtliche Besonderheiten beschränken.[3]

a) Rechtsgeschäftliche Haftung

6.71 Aus Rechtsgeschäften, die ein Vorstandsmitglied für den Verein abschließt, haftet allein der Verein. Voraussetzung ist allerdings, dass bei Abschluss des Rechtsgeschäfts deutlich wird, dass das Vorstandsmitglied für den Verein handelt (sog. **Offenkundigkeitsprinzip**, § 164 Abs. 1 BGB) und dass das Vorstandsmitglied über die erforderliche **Vertretungsmacht** verfügt, andernfalls er gem. § 164 Abs. 2 bzw. § 179 BGB[4] persönlich haftbar werden kann. Die **Vertretungsmacht** ist grundsätzlich unbeschränkt[5], kann jedoch durch eine klare und eindeutige Satzungsregelung[6] beschränkt (§ 26 Abs. 2 Satz 2 BGB), allerdings nicht ganz ausgeschlossen werden.[7] Die Vertretungsmacht der Mitglieder des Vorstands ist gem. § 64 BGB in das Vereinsregister einzutragen. Besteht der Vorstand aus mehreren Personen, gilt nach § 26 Abs. 2 Satz 1 BGB das Prinzip der Mehrheitsvertretung. Die Vorschrift ist jedoch **dispositiv** (§ 40 BGB) und kann insbesondere durch Einzel- oder Gesamtvertretung ersetzt werden.[8]

---

1 S. speziell zum Vereinsrecht ferner *Küpperfahrenberg*, Haftungsbeschränkungen, S. 264 ff.; *Kreutz*, ZStV 2011, 46, 47 f.; *de Beauregard*, ZStV 2015, 143, 145, jew. m.w.N.

2 Statt anderer *Hadding* in Soergel, § 27 BGB Rz. 23.

3 Zu den wenigen, praktisch kaum relevanten und daher hier nicht erwähnenswerten Möglichkeiten einer Beschränkung der Außenhaftung s. *Küpperfahrenberg*, Haftungsbeschränkungen, S. 188 ff. m.w.N.

4 S. hierzu OLG Hamm v. 12.9.1997 – 29 U 191/96, SpuRt 2003, 77; OLG Hamburg v. 17.10.1997 – 14 U 171/96, OLGR Hamburg 1998, 121 ff.; näher *Reichert*, Vereins- und Verbandsrecht, Rz. 2524 ff.

5 Insbesondere wird die Vertretungsmacht nicht durch den Vereinszweck beschränkt, heute h.M., statt anderer *Hadding* in Soergel, § 26 BGB Rz. 20; *Weick* in Staudinger, § 26 BGB Rz. 9; *Arnold* in MünchKomm. BGB, § 26 BGB Rz. 13; a.A. *Schöpflin* in BeckOK BGB, § 26 BGB Rz. 12; *Ellenberger* in Palandt, § 26 BGB Rz. 6.

6 Näher BGH v. 28.4.1980 – II ZR 193/79, NJW 1980, 2799; BGH v. 22.4.1996 – II ZR 65/95, NJW-RR 1996, 866; s. auch OLG Köln v. 11.12.1998 – 19 U 40/98, OLGR Köln 1999, 169 f.; aus der Lit. *Hadding* in Soergel, § 26 BGB Rz. 21 f.; *Schöpflin* in BeckOK BGB, § 26 BGB Rz. 14; *Segna*, Vorstandskontrolle, S. 113 ff., jew. m.w.N.

7 *Schöpflin* in BeckOK BGB, § 26 BGB Rz. 13.

8 Statt anderer *Schöpflin* in BeckOK BGB, § 26 BGB Rz. 17; näher zur Haftung bei fehlender Vertretungsmacht unten *Altmeppen*, § 7.

Verletzt ein Vorstandsmitglied Vertragspflichten des Vereins, so wird sein Handeln gem. § 31 BGB dem Verein zugerechnet, der dementsprechend hierfür gegenüber dem Vertragspartner allein einzustehen hat. Allerdings kann der Verein das Vorstandsmitglied im Innenverhältnis u.U. in **Regress** nehmen.[1] Gegebenenfalls findet § 31a Abs. 1 Satz 1 BGB Anwendung.

6.72

b) Deliktische Haftung

Begeht ein Vorstandsmitglied in eigener Person eine unerlaubte Handlung und wird ein Dritter hierdurch geschädigt, so ist es diesem gegenüber ersatzpflichtig.[2] Eine Haftung tritt auch ein, wenn ein Vorstandsmitglied ein Schutzgesetz i.S. des § 823 Abs. 2 BGB (z.B. Betrug, § 263 StGB) verletzt.[3] Geschieht dergleichen in Ausübung einer ihm zustehenden Verrichtung, so haftet gem. § 31 BGB daneben der Verein als Gesamtschuldner, § 840 BGB.[4] Für Delikte anderer Vorstandsmitglieder oder nachgeordneter Mitarbeiter hat ein Vorstandsmitglied dagegen nicht einzustehen.

6.73

Außerordentlich streitig und zweifelhaft ist, ob ein Vorstandsmitglied Dritten gegenüber haftet, wenn diese deswegen zu Schaden kommen, weil das Vorstandsmitglied seine Organisationspflichten verletzt hat. Der Streit entzündet sich vor allem bei der Verletzung von Verkehrssicherungspflichten, die namentlich bei Sportvereinen eine erhebliche Rolle spielen. Im Ausgangspunkt zutreffend gehen dabei Rechtsprechung und herrschende Lehre davon aus, dass der Verein Träger der Verkehrssicherungspflicht ist. Wird eine Verkehrssicherungspflicht verletzt, haftet hierfür jedoch nicht nur der Verein (zumeist über § 31 BGB), sondern nach der Rechtsprechung[5] und einem Teil der Lehre[6] auch derjenige, der für die Erfüllung der Verkehrssicherungspflicht des Vereins persönlich verantwortlich ist, meist also das zuständige Vorstandsmitglied, u.U. aber auch andere (z.B. ein Rennleiter)[7], und zwar nicht nur zivilrechtlich[8], sondern auch strafrechtlich.[9] Da es in diesen Fällen meist um Körperverletzungen geht,

6.74

---

1 Für einen Fall aus dem Vereinsrecht s. LG Kaiserslautern v. 11.5.2005 – 3 O 662/03, VersR 2005, 1090 = SpuRt 2006, 79.
2 BGH v. 12.3.1990 – II ZR 179/89, BGHZ 110, 323; BSG v. 29.10.1997 – 7 RAr 80/96, NZS 1998, 346 (Betrug); OLG Stuttgart v. 11.3.2010 – 19 U 157/09, juris.
3 Näher hierzu unten *Kellenter*, § 27.
4 Zum Innenausgleich s. *Reichert*, Vereins- und Verbandsrecht, Rz. 3535 f., sowie bereits oben Rz. 6.8 ff.
5 Für Nw. s. die nachfolgenden drei Fn.; kritisch aber BGH v. 13.4.1994 – II ZR 16/93, BGHZ 125, 366, 375 f.
6 Ausführlich zum Meinungsstand unten *Altmeppen*, § 7.
7 S. BGH v. 26.11.1974 – VI ZR 164/73, NJW 1975, 533.
8 S. etwa BGH v. 10.2.1960 – IV ZB 381/59, VersR 1960, 421, 423 (Verletzung eines Dritten durch einen Diskuswurf auf einem allgemein zugänglichen Sportplatz); BGH v. 26.11.1974 – VI ZR 164/73, NJW 1975, 533 (Verletzung eines Zuschauers infolge eines Unfalls bei einem Autorennen); BGH v. 6.2.1991 – IV ZR 49/90, NJW-RR 1991, 668 (Verletzung eines Kindes beim Rasenmähen); OLG Stuttgart v. 29.6.1983 – 1 U 52/83, VersR 1984, 1098 (Sicherung der Radrennfahrer gegen querende Fußgänger); s. ferner BGH v. 12.3.1990 – II ZR 179/89, BGHZ 110, 323 (sog. „Schärenkreuzer-Fall") sowie zur GmbH insbesondere BGH v. 5.12.1989 – VI ZR 335/88, BGHZ 109, 297, 303 f. (sog. „Baustoff-Urteil"); BGH v. 12.12.2000 – VI ZR 345/99, NJW 2001, 964 (sog. „Kindertee-Entscheidung").
9 BGH v. 6.11.1959 – 4 StR 382/59, NJW 1960, 252 (Fußballplatz in Straßennähe); BGH v. 6.7.1990 – 2 StR 549/89, BGHSt 37, 106, 114 ff. (sog. „Ledersspray-Entscheidung" zur GmbH); LG Waldshut-Tiengen v. 12.9.2000 – Ns 22 Js 6046/98, NJW 2002, 153 (Verurteilung eines Wettkampfkommissars wegen fahrlässiger Tötung eines Zuschauers bei einem Mountainbike-Rennen).

ist nicht nur der materielle, sondern auch der immaterielle Schaden (§ 253 BGB, sog. Schmerzensgeld) zu ersetzen, was sich etwa im Falle BGH NJW-RR 1991, 668 zu einem Ersatzanspruch von mehr als 80 000 DM summierte.

6.75 Handelt es sich bei dem Verletzten um ein Vereinsmitglied, greift zu dessen Lasten u.U. die Haftungsmilderung des § 31a Abs. 1 Satz 2 BGB ein. Danach haftet ein ehrenamtlich tätiges (zu diesem Begriff Rz. 6.62 f.) Vorstandsmitglied auch gegenüber Vereinsmitgliedern nur für Vorsatz und grobe Fahrlässigkeit, wenn der Schaden in Wahrnehmung seiner Vorstandspflichten (dazu Rz. 6.63) verursacht wurde und die Satzung nichts Abweichendes vorsieht (§ 40 BGB). Die Vorschrift erfasst vor allem deliktische Ansprüche von Vereinsmitgliedern. Begründet wurde sie damit, dass derjenige, der sich stärker als andere im Verein engagiert, nicht unverhältnismäßigen Haftungsrisiken ausgesetzt sein soll.[1] Dieser Gedanke rechtfertigt jedoch allenfalls eine Haftungsprivilegierung des Engagierten, nicht aber eine Schlechterstellung des Geschädigten (der überdies vielleicht ebenso engagiert ist). Eben dies bewirkt aber die Vorschrift. Zwar bleibt die Haftung des Vereins über § 31 BGB für das schädigende Verhalten des Vorstandsmitglieds unberührt. Ist bei dem Verein nichts zu holen, bleibt ein Vereinsmitglied jedoch auf seinem Schaden sitzen, wenn dem ehrenamtlichen Vorstandsmitglied, das ihn geschädigt hat, nur einfache Fahrlässigkeit zur Last fällt. Wird zugleich ein Dritter geschädigt, bleibt dessen Ersatzanspruch gegen das Vorstandsmitglied hingegen unberührt (dazu Rz. 6.85). Diese Schlechterstellung von Vereinsmitgliedern gegenüber Dritten ist nicht zu rechtfertigen, insbesondere nicht mit dem Gedanken gegenseitiger Verbundenheit (vgl. § 708 BGB), der keinesfalls auf körperschaftliche Organisationen passt.[2] § 31a Abs. 1 Satz 2 BGB stößt sich daher an Art. 3 GG.

c) Insolvenzrechtliche Haftung

6.76 Im Falle der Zahlungsunfähigkeit oder der Überschuldung des Vereins ist jedes Vorstandsmitglied gem. § 15 Abs. 1 InsO berechtigt und gem. § 42 Abs. 2 Satz 1 BGB verpflichtet, die Eröffnung des Insolvenzverfahrens zu beantragen. Diese persönliche Berechtigung und Verpflichtung jedes einzelnen Vorstandsmitglieds besteht ungeachtet einer Geschäftsverteilung oder Gesamtvertretung.[3] Jedes Vorstandsmitglied muss sich daher laufend über die wirtschaftliche Lage des Vereins unterrichten und im Falle des Eintritts einer Krise für die Erstellung einer Vermögensübersicht Sorge tragen.[4]

6.77 Die Insolvenzantragspflicht ist einerseits eine organschaftliche Pflicht der Vorstandsmitglieder gegenüber dem Verein. Wird sie verletzt und entsteht dem Verein hierdurch ein Schaden (z.B. weil Sanierungschancen vertan oder verschlechtert werden), so haften die Vorstandsmitglieder gem. **§ 280 Abs. 1 BGB**.[5] Zugleich ist **§ 42 Abs. 2 Satz 1 BGB Schutzgesetz i.S. des § 823 Abs. 2 BGB**.[6] Anders als etwa für die Organe von GmbH, AG oder Genossenschaft gilt für Vereinsvorstände allerdings kein Verbot masseschmälernder Zahlungen aus dem Vermögen des Vereins nach Eintritt der Insolvenzreife. Eine analoge Anwendung der § 64 GmbHG, § 99 GenG, § 93 Abs. 3 Nr. 6 i.V.m. § 92 Abs. 2 AktG kommt mangels Vorlie-

---

1 BR-Drucks. 399/08 v. 4.7.2008, S. 7 = BT-Drucks. 16/10120 v. 13.8.2008, S. 7.
2 S. hierzu *Segna* in GS Walz, S. 705, 721 f.
3 Statt aller *Hadding* in Soergel, § 42 BGB Rz. 11.
4 *Müller*, ZIP 2010, 153, 154 f.
5 *Arnold* in MünchKomm. BGB, § 42 BGB Rz. 24; *Hadding* in Soergel, § 42 BGB Rz. 11.
6 Statt aller *Hadding* in Soergel, § 42 BGB Rz. 12.

gen einer planwidrigen Regelungslücke nach Ansicht des Bundesgerichtshofes nicht in Betracht, so dass Vereinsvorstände nicht hierfür dem Verein gegenüber haften.[1]

Andererseits besteht die Insolvenzantragspflicht den Vereinsgläubigern gegenüber. Wird die Stellung des Insolvenzantrags verzögert, so haften daher die Vorstandsmitglieder, denen ein Verschulden zur Last fällt, den Gläubigern gem. **§ 42 Abs. 2 Satz 2 BGB** sowie gem. § 823 Abs. 2 i.V.m. § 42 Abs. 2 Satz 1 BGB für den daraus entstehenden Schaden als Gesamtschuldner.[2] Von praktischer Bedeutung[3] ist dabei vor allem die Haftung gegenüber den sog. Neugläubigern.[4] Die von ihnen geltend gemachten Schäden summieren sich oft zu einem erheblichen Umfang.[5]

6.78

Im Rahmen der Prüfung, ob Vorstandsmitgliedern hinsichtlich der Insolvenzverschleppung ein Verschulden zur Last fällt, ist auch dem Vereinsvorstand eine angemessene Frist einzuräumen, innerhalb der er die Chancen einer Sanierung prüfen kann.[6] Fraglich ist allerdings, wie die Frist bemessen sein soll. Die Drei-Wochen-Frist gem. § 15a Abs. 1 Satz 1 InsO ist gem. § 15a Abs. 6 InsO auf Vereine und Stiftungen nicht anwendbar. Dies kann allerdings nicht zur Folge haben, dass gar keine Frist gilt. Denn dann könnte der Antrag ohne „schuldhaftes Zögern" auch noch Monate nach Eintritt der Insolvenzreife gestellt werden, was gläubigerschädigend wäre. Es kann aber von Vereinsvorständen auch nicht gefordert werden, den Antrag „sofort" nach Eintritt der Insolvenzreife zu stellen, denn dann wäre keine sorgfältige Prüfung der Antragsvoraussetzungen mehr möglich. Im Ergebnis spricht daher viel dafür, von Vereinsvorständen ein „unverzügliches" Stellen des Antrags zu verlangen, wofür eine dreiwöchige Frist notwendig und sinnvoll erscheint.[7] Zu bedenken ist nämlich auch, dass für ein Verschulden gem. § 276 Abs. 1 BGB bereits leichte Fahrlässigkeit genügt und dass an die Sorgfalt von Vorstandsmitgliedern eines in die Krise geratenen Vereins erhöhte Anforderungen zu stellen sind.[8] Bei Erkennbarkeit der Insolvenzreife wird daher ein Verschulden vermutet.[9] Für weitere Einzelheiten wird auf den Beitrag unten von *Balthasar*, § 33 verwiesen.[10]

6.79

---

1 BGH v. 8.2.2010 – II ZR 54/09, NZG 2010, 625 = ZIP 2010, 985; zust. *Hangebrauck*, EWiR 2010, 553; *Poertzgen*, NZG 2010, 772; *Ehlers*, NJW 2011, 2689, 2693; a.A. *Burgard*, Handbuch Managerhaftung, 2. Aufl., Rz. 82 m.w.N.; zu den im Hinblick auf die Insolvenzantragspflicht von Vereinsvorständen verbleibenden klärungsbedürftigen Fragen ausf. *Lenger/Finsterer*, NZI 2016, 571.
2 Anstelle anderer *Hadding* in Soergel, § 42 BGB Rz. 12.
3 S. zum Verein OLG Köln v. 20.6.1997 – 19 U 219/96, NJW-RR 1998, 686; OLG Hamm v. 10.1.2000 – 13 U 114/99, OLG-Report 2001, 265, 266; AG Bergisch-Gladbach v. 10.3.2000 – 2 C 1107/00, NJW-RR 2001, 400; zur GmbH etwa BGH v. 5.2.2007 – II ZR 234/05, BGHZ 171, 46; BGH v. 25.7.2005 – II ZR 390/03, BGHZ 164, 50 = GmbHR 2005, 1425; BGH v. 6.6.1994 – II ZR 292/91, BGHZ 126, 181 = GmbHR 1994, 539.
4 Die Berechnung des sog. Quotenschadens der Altgläubiger (dazu BGH v. 30.3.1998 – II ZR 146/96, NJW 1998, 2667) bereitet hingegen einige Schwierigkeiten, so dass er von Insolvenzverwaltern (§ 92 InsO) nicht immer geltend gemacht wird. Ebs. *Müller*, ZIP 2010, 153, 157; *Ehlers*, NJW 2011, 2689, 2693 f., jew. m.w.N.
5 Im Falle OLG Köln v. 20.6.1997 – 19 U 219/96, NJW-RR 1998, 686, z.B. rd. 57 000 DM nebst Zinsen.
6 *Hadding* in Soergel, § 42 BGB Rz. 12; *Lenger/Finsterer*, NZI 2016, 571; zur Stiftung auch *Roth/Knof*, KTS 2009, 163, 169 f., 177 f.
7 *Lenger/Finsterer*, NZI 2016, 571 m.w.N.
8 *Stöber/Otto*, Vereinsrecht, Rz. 1041.
9 BGH v. 29.11.1999 – II ZR 273/98, NJW 2000, 668 (zur GmbH); *Ehlers*, NJW 2011, 2689, 2693.
10 S. speziell zum Vereinsrecht ferner *Haas*, SpuRt 1999, 1 ff.; *Wischemeyer*, DZWiR 2005, 230 ff.; *Poertzgen*, ZInsO 2012, 1697; *Ehlers*, NJW 2011, 2689; *Stöber/Otto*, Vereinsrecht, Rz. 1038 ff. sowie *Küpperfahrenberg*, Haftungsbeschränkungen, S. 174 ff. m.w.N.; näher zum Stiftungsrecht

d) Steuerrechtliche Haftung

6.80 Nach § 34 Abs. 1 AO haben die Vorstandsmitglieder die steuerlichen Pflichten des Vereins zu erfüllen und insbesondere dafür zu sorgen, dass die Steuern aus dem Vereinsvermögen entrichtet werden. Verletzen sie diese Pflichten vorsätzlich oder grob fahrlässig und werden aus diesem Grund Ansprüche aus dem Steuerschuldverhältnis nicht oder nicht rechtzeitig festgesetzt oder erfüllt, so haften die Vorstandsmitglieder gem. § 69 AO persönlich und unbegrenzt. Dabei zeigt eine umfangreiche Rechtsprechung die erhebliche praktische Bedeutung dieser Haftung.[1] Das Haftungsrisiko ist groß, und zwar nicht nur wegen des Umfangs der Haftung (in einem Fall des FG Münster allein 293 000 DM Lohnsteuer)[2], sondern vor allem, weil die Rechtsprechung außerordentlich streng ist.[3] Zwar ist der Verschuldensgrad gesetzlich auf Vorsatz und grobe Fahrlässigkeit beschränkt. Selbst bei Vereinen geht der BFH jedoch davon aus, dass die Verletzung steuerrechtlicher Pflichten im Allgemeinen grobe Fahrlässigkeit indiziert![4] Auch Ehrenamtlichkeit entlastet nicht.[5] Haftungsbegrenzend könnte zwar eine Ressortverteilung wirken. Die Finanzgerichte fordern hierfür jedoch eine klare schriftliche Regelung[6], an der es in der Praxis vielfach fehlt. Außerdem wird nach Ansicht der Gerichte die aus dem Grundsatz der Gesamtverantwortung folgende und insbesondere in Zeiten einer wirtschaftlichen Krise bestehende Pflicht zur Überwachung des Ressortverantwortlichen oftmals verletzt.[7] Überdies wird gerade bei Sportvereinen nicht selten die Grenze zur strafrechtlich relevanten Steuerhinterziehung (§ 370 AO) überschritten.[8] Für Einzelheiten wird auf den Beitrag unten von *Hick*, § 36 verwiesen.[9]

Roth/Knof, KTS 2009, 163 ff.; *Hirte* in FS O. Werner, S. 222 ff.; *Müller*, ZIP 2010, 153; *Sommer*, ZInsO 2013, 1715.

1 S. BFH v. 23.6.1998 – VII R 4/98, BFHE 186, 132; BFH v. 13.3.2003 – VII R 46/02, BStBl. II 2003, 556; BFH v. 21.8.2000 – VII B 260/99, BFH/NV 2001, 413; FG Münster v. 23.6.2004 – 7 K 5035/00, FGReport 2005, 95 f.; FG Brandenburg v. 6.5.1998 – 4 V 426/98, EFG 1998, 1106; FG Brandenburg v. 19.5.1999 – 4 K 628/98H, SpuRt 2000, 73.
2 Zzgl. rd. 30 000 DM Solidaritätszuschlag und Kirchensteuer, FG Münster v. 23.6.2004 – 7 K 5031/00 L, EFG 2006, 13. Weitere Fälle: FG München v. 23.6.2005 – 14 K 1035/03, PStR 2006, 268: 8979,53 Euro ausstehende Umsatzsteuer zzgl. 2046,54 Euro Säumniszuschläge, bestätigt durch BFH v. 10.8.2006 – V B 65/06, BFH/NV 2006, 2310; FG Münster v. 7.5.2002 – 1 K 2429/00 L, DStRE 2003, 47: 38 009,03 DM ausstehende Lohnsteuer, bestätigt durch BFHE 202, 22 = DStR 2003, 1022; FG Brandenburg v. 19.5.1999 – 4 K 628/98 H, SpuRt 2000, 73: 10 792,08 DM ausstehende Lohnsteuer.
3 Zu Recht kritisch *Segna* in GS Walz, S. 705, 718 ff.
4 Vgl. BFH v. 13.3.2003 – VII R 46/02, NJW-RR 2003, 1117, 1119 unter Hinweis auf BFH/NV 2000, 303. Zu Recht kritisch hierzu *Segna* in GS Walz, S. 705, 718 ff.
5 BFH v. 23.6.1998 – VII R 4/98, BFHE 186, 132; BFH v. 13.3.2003 – VII R 46/02, BStBl. II 2003, 556.
6 S. etwa BFH v. 13.3.2003 – VII R 46/02, NJW-RR 2003, 1117, 1119; FG Brandenburg v. 19.5.1999 – 4 K 628/98 H, SpuRt 2000, 73.
7 S. etwa BFH v. 23.6.1998 – VII R 4/98, BFHE 186, 132, 138 ff.; BFH v. 13.3.2003 – VII R 46/02, NJW-RR 2003, 1117, 1118 f.
8 S. etwa BGH v. 20.3.2002 – 5 StR 448/01, NJW 2002, 1963 ff. sowie sehr anschaulich zu den der Finanzverwaltung seit langem bekannten und daher oft von ihr geprüften typischen Hinterziehungshandlungen bei Sportvereinen *Reichert*, Vereins- und Verbandsrecht, Rz. 7747 ff.
9 S. speziell zum Vereinsrecht ferner *Pudell/Ernst*, SpuRt 1998, 233 ff.; *Pudell/Ernst*, SpuRt 1999, 16 ff.; *Schießl*, SpuRt 2004, 53 ff.; *Küpperfahrenberg*, Haftungsbeschränkungen, S. 172 ff., 179 f.; *Küpperfahrenberg/Schießl*, DStR 2006, 445 ff.; *Bruschke*, StB 2007, 296 ff.; *Ehlers*, NJW 2011, 2689, 2691 f.; *Lorenz*, ZStV 2013, 222; *Stöber/Otto*, Vereinsrecht, Rz. 626 ff., jew. m.w.N.

Besonders einzugehen ist hier auf die steuerliche **Spendenhaftung**. Nach § 10b Abs. 4 Satz 2 EStG haftet für die entgangene Steuer, wer vorsätzlich oder grob fahrlässig eine unrichtige Bestätigung über Spenden und Mitgliedsbeiträge ausstellt (sog. Ausstellerhaftung) oder veranlasst, dass Zuwendungen nicht zu den in der Bestätigung angegebenen steuerbegünstigten Zwecken verwendet werden (sog. Veranlasserhaftung). Die beiden Haftungstatbestände sind durch das Vereinsförderungsgesetz vom 18.12.1989[1] eingeführt worden, um Steuerausfälle zu kompensieren, die dadurch entstehen, dass gutgläubigen Spendern trotz unrichtiger Spendenbestätigung oder Fehlverwendung der Spende der gewährte Steuerabzug nach § 10b Abs. 4 Satz 1 EStG erhalten bleiben soll.[2] Die **Ausstellerhaftung** sanktioniert **schuldhaftes (vorsätzliches oder grob fahrlässiges) Handeln bei der Ausstellung der Spendenbestätigung**, die **Veranlasserhaftung** eine vorsätzlich oder grob fahrlässig veranlasste **zweckfremde Verwendung der Spenden durch den Empfänger**. Entsprechendes gilt gem. § 9 Abs. 3 Satz 2 KStG hinsichtlich der Haftung für Körperschaftsteuer und gem. § 9 Nr. 5 Satz 7 GewStG hinsichtlich der Haftung für Gewerbesteuer. Die entgangene Steuer ist nach § 10b Abs. 4 Satz 3 EStG und nach § 9 Abs. 3 Satz 4 KStG jeweils mit 30 vom Hundert, nach § 9 Nr. 5 Satz 9 GewStG mit 15 vom Hundert des zugewendeten Betrages anzusetzen.[3]

6.81

Aussteller i.S. der § 10b Abs. 4 Satz 2 Fall 1 EStG, § 9 Abs. 3 Satz 2 Fall 1 KStG, § 9 Nr. 5 Satz 7 Fall 1 GewStG ist regelmäßig die **empfangsberechtigte Körperschaft** (also bei sog. Durchlaufspenden die die Bestätigung ausstellende Gebietskörperschaft[4], bei Direktspenden der Verein), nicht dagegen die für die Körperschaft handelnde natürliche Person, deren Verschulden der Körperschaft zugerechnet wird.[5] Allerdings hat der Verein u.U. einen Rückgriffsanspruch gegen die handelnde Person. **Unrichtig** ist eine Bestätigung, deren Inhalt **nicht der objektiven Sach- und Rechtslage** hinsichtlich der für den Abzug wesentlichen Angaben, also insbesondere hinsichtlich der Höhe des zugewendeten Betrages, des beabsichtigten Verwendungszwecks und des steuerbegünstigten Status des Spendenempfängers bzw. des Spendenzwecks entspricht.[6] Eine Spendenbestätigung ist daher unrichtig, wenn sie Zuwendungen ausweist, die keine Spenden i.S. einer uneigennützigen Förderung steuerbegünstigter Zwecke, sondern Entgelte für eine Leistung sind.[7]

6.82

Veranlasser i.S. der § 10b Abs. 4 Satz 2 Fall 2 EStG, § 9 Abs. 3 Satz 2 Fall 2 KStG, § 9 Nr. 5 Satz 7 Fall 2 GewStG sind hingegen die **verantwortlichen Vorstandsmitglieder**, deren Verhalten allerdings wiederum gem. § 31 BGB dem **Verein** zugerechnet wird, so dass beide grundsätzlich **gesamtschuldnerisch** haften.[8] Allerdings ist nach § 10b Abs. 4 Satz 4 EStG, § 9 Abs. 3

6.83

---

1 BGBl. I 1989, 2212, BStBl. I 1989, 499.
2 BT-Drucks. 11/4176, S. 16, 17; BT-Drucks. 11/5582, S. 25 f.
3 Näher zu der steuerlichen Spendenhaftung *Stöber/Otto*, Vereinsrecht, Rz. 626 ff.; *Hüttemann*, Gemeinnützigkeits- und Spendenrecht, Rz. 8.125 ff.; *Wallenhorst*, DStZ 2003, 531 ff.; *Ehlers*, NJW 2011, 2689, 2691 f.; einen Überblick über den Stand der Rechtsprechung gibt *Lorenz*, ZStV 2013, 222.
4 Zwar ist das sog. Durchlaufspendenverfahren nach der Neuordnung des Spendenverfahrensrechts (§§ 48 ff. EStDV) zum 1.1.2000 nicht mehr zwingend erforderlich, es kann aber weiterhin eingesetzt werden, s. dazu *Thiel*, DB 2000, 392; *Myßen*, INF 2000, 385.
5 BFH v. 24.4.2002 – XI R 123/96, BFHE 199, 162; BFH v. 28.7.2004 – XI R 39-41/03, BFH/NV 2005, 516; *Myßen*, INF 2000, 385, 386 m.w.N.
6 BFH v. 24.4.2002 – XI R 123/96, BFHE 199, 162.
7 S. BFH v. 12.8.1999 – XI R 65/98, BFHE 190, 144; BFH v. 2.8.2006 – XI R 6/03, DStR 2006, 1975 ff.; *Thiel*, DB 2000, 392, 393.
8 Str., vgl. BFH v. 23.2.1999 – XI 128/98, DStR 1999, 623, 624; BFH v. 23.2.1999 – XI B 130/98, DStR 1999, 624, 625; zum Meinungsstand in der Literatur ausf. *Oppermann/Peter*, DStZ 1998, 424, 425 ff. m.w.N.

Satz 3 KStG, § 9 Nr. 5 Satz 8 GewStG vorrangig der Zuwendungsempfänger in Anspruch zu nehmen, die für den Zuwendungsempfänger handelnden natürlichen Personen dagegen nur, wenn die entgangene Steuer nicht nach § 47 AO erloschen ist und Vollstreckungsmaßnahmen gegen den Zuwendungsempfänger keinen Erfolg haben. Die verschuldensunabhängige (Ausn. § 9 Nr. 5 Satz 7 GewStG) Veranlasserhaftung greift zum einen ein, soweit die Spende **nicht zu steuerbegünstigten Zwecken**, d.h. insbesondere nicht für den ideellen oder den Zweckbetriebsbereich, sondern z.B. für einen steuerpflichtigen wirtschaftlichen Geschäftsbetrieb (etwa die Vereinsgaststätte) verausgabt wurde. Sie greift zum anderen ein, soweit die Spende **nicht zu dem in der Bestätigung angegebenen Zweck** verwendet wurde. Eine Fehlverwendung liegt daher auch vor, wenn eine Zuwendung – ohne dass dies aus dem Spendenaufruf ersichtlich ist und ohne entsprechende Auflage des Spenders – von dem Verein dem Bereich der Vermögensverwaltung zugeordnet wird.[1] Dagegen liegt keine Fehlverwendung vor, wenn der Verein die Spenden zu dem in der Bestätigung angegebenen Zweck verwendet hat, der Verein aber nicht als gemeinnützig anerkannt ist.[2] Haftungsunschädlich soll ferner die Verwendung von Spenden für wirtschaftlich sinnvolle Verwaltungs- und Mitgliederwerbeausgaben sein.[3]

e) Sozialversicherungsrechtliche Haftung

6.84 Wird der Arbeitnehmeranteil zur Sozialversicherung nicht abgeführt, so können die verantwortlichen Vorstandsmitglieder erstens nach § 266a i.V.m. § 14 StGB und § 263 StGB strafbar sein. Und zweitens sind die §§ 263, 266a StGB Schutzgesetze i.S. des § 823 Abs. 2 BGB, so dass die verantwortlichen Vorstandsmitglieder auch für nicht gezahlte Arbeitnehmeranteile persönlich ersatzpflichtig sind. Dabei ist die Rechtsprechung hinsichtlich des für diese Haftung erforderlichen (bedingten) Vorsatzes ebenfalls sehr streng: Danach sind die nach der internen Kompetenzregelung nicht zuständigen Vorstandsmitglieder verpflichtet, die Abführung der Arbeitnehmeranteile zur Sozialversicherung zu überwachen und auf die Erfüllung dieser Aufgabe hinzuwirken, sobald eine finanzielle Krisensituation erkennbar eingetreten ist. Unternehmen sie gleichwohl nichts, so soll dies die Annahme rechtfertigen, die Vorstandsmitglieder hätten es billigend in Kauf genommen, dass die Arbeitnehmerbeiträge nicht an die Sozialversicherung abgeführt werden.[4] Für Einzelheiten wird auf den Beitrag unten von *Brand/Bentlage*, § 37 verwiesen.[5]

---

1 FG Hessen v. 14.1.1998 – 4 K 2594/94, EFG 1998, 757; *Wallenhorst*, DB 1991, 1410, 1411; *Märkle/Alber*, Der Verein im Zivil- und Steuerrecht, 12. Aufl. 2008, S. 344; a.A. *Hüttemann*, Gemeinnützigkeits- und Spendenrecht, Rz. 8.130 m.w.N.
2 BFH v. 10.9.2003 – XI R 58/01, BFHE 203, 445; BFH v. 28.7.2004 – XI R 39–41/03, BFH/NV 2005, 516. In diesem Fall kommt aber die Ausstellerhaftung in Betracht.
3 So *Heinicke* in Schmidt, § 10b EStG Rz. 54.
4 So OLG Rostock v. 13.9.2001 – 1 U 261/99, GmbHR 2002, 218 unter Bezugnahme auf BGH v. 9.1.2001 – VI ZR 407/99, NJW 2001, 969, 971 = GmbHR 2001, 236; BGH v. 14.11.2000 – VI ZR 149/99, ZIP 2001, 80, 81 = GmbHR 2001, 147; BGH v. 21.1.1997 – VI ZR 338/95, NJW 1997, 1237, 1239 = GmbHR 1997, 305; s. ferner etwa BGH v. 15.10.1996 – VI ZR 319/95, BGHZ 133, 370, 379; BGH v. 21.1.1997 – VI ZR 338/95, BGHZ 134, 304, 315 = GmbHR 1997, 305; BGH v. 2.6.2008 – II ZR 27/07, ZIP 2008, 1275 f. = GmbHR 2008, 815; BGH v. 29.9.2008 – II ZR 162/07, ZIP 2008, 2220, 2222; OLG Frankfurt v. 3.4.2009 – 19 W 17/09, GmbHR 2009, 939, 940; BGH v. 12.6.2012 – II ZR 105/10, DStR 2012, 2451.
5 S. speziell zum Vereinsrecht ferner *Zieglmeier*, SpuRt 2012, 134; *Küpperfahrenberg*, Haftungsbeschränkungen, S. 171 f. m.w.N.

f) Freistellungsanspruch bei Ehrenamtlichkeit

Nach § 31a Abs. 2 BGB kann ein ehrenamtlich tätiges (dazu Rz. 6.64 f.) Vorstandsmitglied von dem Verein Befreiung von der Verbindlichkeit verlangen, wenn er einem anderen zum Ersatz eines in Wahrnehmung seiner Vorstandspflichten (dazu Rz. 6.63) verursachten Schadens verpflichtet ist und er den Schaden nicht vorsätzlich oder grob fahrlässig verursacht hat. Das bedeutet: Vorstehende Grundzüge einer Außenhaftung (Rz. 6.70 ff.) gelten auch für ehrenamtliche Vorstandsmitglieder. Gegenüber Dritten haften sie also ebenso wie entgeltlich tätige Vorstandsmitglieder. Eine Haftungsmilderung besteht nur bei Ersatzansprüchen von Vereinsmitgliedern (dazu Rz. 6.75). Abgesehen davon haben ehrenamtliche Vorstandsmitglieder unter den genannten Voraussetzungen lediglich im Innenverhältnis einen Freistellungsanspruch gegen den Verein. Dieser Freistellungsanspruch ist freilich dann nichts wert, wenn der Verein – wie häufig in Fällen einer Außenhaftung – insolvent ist. Jedenfalls bei einer insolvenzrechtlichen Haftung nach § 42 Abs. 2 BGB (bzw. nach § 823 Abs. 2 BGB i.V.m. § 42 Abs. 2 Satz 1 BGB) gegenüber den Vereinsgläubigern nutzt daher der Freistellungsanspruch nichts. Und bei der besonders risikoreichen steuerrechtlichen Haftung nach § 69 AO sowie bei der sozialversicherungsrechtlichen Haftung nach § 823 Abs. 2 BGB i.V.m. § 266a StGB besteht nach § 31a Abs. 2 Satz 2 BGB schon deswegen kein Freistellungsanspruch, weil diese Tatbestände ohnehin ein grob fahrlässiges bzw. vorsätzliches Handeln voraussetzen. Die Bedeutung von § 31a Abs. 2 BGB dürfte sich daher in engen Grenzen halten. Praktisch relevant könnte die Vorschrift allenfalls bei der Verletzung von Verkehrssicherungspflichten werden. Eine Durchsicht einschlägiger Fälle[1] ergibt jedoch ebenso wie im Bereich einer Innenhaftung (Rz. 6.66), dass das haftungsbegründende Verhalten regelmäßig als grob fahrlässig einzustufen gewesen sein dürfte.[2]

6.85

IV. Haftung der Mitglieder von weiteren Organen

Ausweislich §§ 30, 40 BGB herrscht im Vereinsrecht weitestgehend Gestaltungsfreiheit. Neben Vorstand und Mitgliederversammlung (an deren Stelle auch eine Vertreterversammlung treten kann) können daher kraft Satzung auch weitere Organe mit unterschiedlichen Funktionen treten. Organ in diesem Sinne ist jeder Entscheidungsträger, der auf Grund von Gesetz oder Satzung an dem autonomen Handeln und/oder Wollen des Vereins unmittelbar oder mittelbar (etwa durch Bestellungs-, Kontroll- oder Beratungskompetenzen) mitzuwirken befugt ist.[3] Unterschieden werden kann zwischen Außen- und Innenorganen:

6.86

1. Haftung der Mitglieder von Außenorganen (sog. „besondere Vertreter")

a) Begriff, Voraussetzungen, Rechtsfolgen und Abgrenzung

Gem. § 30 Satz 1 BGB kann die Satzung bestimmen, dass für gewisse Geschäfte besondere Vertreter zu bestellen sind. Werden besondere Vertreter bestellt, so sind hieran zwei **Rechtsfolgen** geknüpft: *Erstens* erstreckt sich gem. § 30 Satz 2 BGB die – organschaftliche – Vertre-

6.87

---

1 S. etwa BGH v. 10.2.1960 – IV ZB 381/59, VersR 1960, 421, 423; BGH v. 26.11.1974 – VI ZR 164/73, NJW 1975, 533; BGH v. 6.2.1991 – IV ZR 49/90, NJW-RR 1991, 668; OLG Stuttgart v. 29.6.1983 – 1 U 52/83, VersR 1984, 1098.
2 Näher zu § 31a BGB *Burgard*, ZIP 2010, 358, 363, 365; zur Neufassung v. §§ 31a, 31b BGB durch das EhrenamtsstärkungsG s. *Reuter*, npoR 2013, 41; *Leuschner*, NZG 2014, 281.
3 Näher *Burgard*, Gestaltungsfreiheit, S. 219 ff.; umfassend *Schürnbrand*, Organschaft im Recht der privaten Verbände, 2007.

tungsmacht solcher Vertreter im Zweifel, d.h. vorbehaltlich anderweitiger Satzungsbestimmungen, auf alle Rechtsgeschäfte, die der ihnen zugewiesene Geschäftskreis gewöhnlich mit sich bringt. Und *zweitens* haftet der Verein für solche Vertreter nach § 31 BGB.

6.88 § 30 BGB wird teils zu eng, teils zu weit ausgelegt. Der **historische Gesetzgeber** dachte an die Bestellung von Kassierern oder örtlichen Delegierten bei weiträumig tätigen Vereinen[1], also an die gewillkürte Einrichtung von weiteren, den Verein nach außen repräsentierenden Organen durch die Satzung. Diese gesetzgeberische Vorstellung kommt auch in dem Wortlaut der Vorschrift deutlich zum Ausdruck. Dementsprechend wird der Sinn und Zweck des § 30 BGB darin gesehen, dem Verein die Möglichkeit zu eröffnen, durch die Satzung eine **differenzierte externe Handlungsorganisation** einzurichten und dabei die Auswahl der Funktionsträger nicht dem Vorstand zu überlassen, sondern sie je nach der Bedeutung und Selbständigkeit ihrer Tätigkeit an ein unmittelbares Mandat der Mitglieder zu binden.[2]

6.89 Demgegenüber interpretiert die **Rechtsprechung** § 30 BGB unter dem Blickwinkel der Haftungsfolge gem. § 31 BGB. In dem berechtigten Bemühen, die bei großen Organisationen unzureichende gesetzliche Haftung für Verrichtungsgehilfen nach § 831 BGB auszudehnen, weicht sie in dreierlei Hinsicht von den gesetzgeberischen Vorstellungen ab: *Erstens* wird eine satzungsmäßige Basis für die Position des besonderen Vertreters für entbehrlich gehalten; eine allgemeine Betriebsregelung und Handhabung soll genügen.[3] *Zweitens* sei der Verein u.U. verpflichtet, besondere Vertreter zu bestellen, da er widrigenfalls wegen Organisationsverschuldens hafte.[4] Und *drittens* könnten besondere Vertreter auch bloße Innenorgane sein.[5] Zutreffend an dieser Rechtsprechung ist, dass die Haftung einer Organisation nicht zu deren Disposition gestellt werden darf. Es kann daher nicht von ihrer Satzung abhängen, ob sie nach § 31 BGB oder nach § 831 BGB haftet. Handelt es sich jedoch nicht um ein verfassungsmäßiges Organ bzw. Organmitglied, ist auf solche **Haftungsvertreter § 31 BGB** nicht direkt, sondern methodisch korrekt **analog** anzuwenden.[6] Dies ermöglicht eine Rückführung des § 30 BGB auf seinen unmittelbaren Anwendungsbereich und befreit den Organbegriff (Rz. 6.86) von haftungsrechtlichen Erwägungen.

6.90 Richtigerweise hat § 30 BGB **drei Voraussetzungen**: *Erstens* muss die Satzung einen Geschäftskreis definieren, der einer Person oder einem Gremium zur selbstständigen Erledigung übertragen werden kann. In der Satzung vorgeschrieben sein muss dabei nur der Geschäftskreis sowie für den Fall seiner Einrichtung die Bestellung einer Person(enmehrheit). Dagegen kann die Frage, ob die Einrichtung des Geschäftskreises – und damit die Einrichtung eines weiteren Organs – überhaupt erforderlich ist, dem Ermessen eines Organs, namentlich dem Vorstand, überlassen werden.[7] *Zweitens* muss der Geschäftskreis begrenzt sein und die externe Handlungsorganisation betreffen.[8] Dem besonderen Vertreter muss jedoch keine (organschaftliche) Vertretungsmacht eingeräumt sein.[9] Überdies hängt es von der Ge-

---

1 *Mugdan*, Materialien, Band I, S. 618.
2 *Arnold* in MünchKomm. BGB, § 31 BGB Rz. 4 m.w.N.
3 Etwa RGZ 94, 318; BGH v. 30.10.1967 – VII ZR 82/65, BGHZ 49, 19, 21 m.w.N.
4 Etwa RGZ 157, 228, 335; BGH v. 5.3.1963 – VI ZR 55/62, BGHZ 39, 124, 129 f.
5 RGZ 163, 21; BGH v. 27.4.1962 – VI ZR 210/61, VersR 1962, 664.
6 H.L., an Stelle anderer *Hadding* in Soergel, § 30 BGB Rz. 1; *Arnold* in MünchKomm. BGB, § 31 BGB Rz. 5.
7 A.A. *Arnold* in MünchKomm. BGB, § 30 BGB Rz. 3 f., 6 f.; wie hier h.M., s. RGZ 91, 1, 3; *Weick* in Staudinger, § 30 BGB Rz. 3; *Hadding* in Soergel, § 30 BGB Rz. 5.
8 *Arnold* in MünchKomm. BGB, § 30 BGB Rz. 11 m.w.N.
9 Statt anderer *Hadding* in Soergel, § 30 BGB Rz. 9 m.w.N.

staltung im Einzelfall ab, ob und inwieweit er für den Geschäftskreis ausschließlich zuständig ist oder Weisungen des Vorstands[1] oder eines anderen Organs, insbesondere der Mitgliederversammlung, unterliegt. Abseits anderweitiger Regelungen findet § 27 BGB entsprechende Anwendung.[2] Und *drittens* muss der Geschäftskreis tatsächlich einer Person(enmehrheit) zur selbstständigen Erledigung durch einen Bestellungsakt übertragen worden sein.

Die **Abgrenzung gegenüber dem Vorstand** erfolgt über den begrenzten Geschäftskreis. Insbesondere können die gesetzlichen Amtspflichten des Vorstands (§§ 42 Abs. 2, 59 Abs. 1, 67 Abs. 1 Satz 1, 71 Abs. 1 Satz 2, 72, 74 Abs. 2 Satz 1, 76 Abs. 2 Satz 1 BGB) nicht auf besondere Vertreter übertragen werden.[3] Dabei tritt der besondere Vertreter als Vereinsorgan grundsätzlich neben den Vorstand und ist nicht selbst Mitglied des Vorstandes. Allerdings kann die Satzung vorsehen, dass ein Vorstandsmitglied zugleich als besonderer Vertreter für eine Sonderaufgabe (z.B. Schatzmeister) ausschließlich zuständig sein, d.h. diese Aufgabe nicht in die Gesamtverantwortung aller Vorstandsmitglieder fallen soll.[4] Das ist freilich wegen der Beschränkung der Verantwortlichkeit für das betreffende Aufgabengebiet auf ein Vorstandsmitglied eine für den Verein ungünstigere Gestaltung als eine bloße Geschäftsverteilung, die die Gesamtverantwortung des Vorstands unberührt lässt (s. Rz. 6.18). Im Zweifel ist bei derartigen Gestaltungen daher von einer bloßen Geschäftsverteilung auszugehen.

6.91

Für eine **Abgrenzung gegenüber leitenden Mitarbeitern** (z.B. einem „Geschäftsführer", zu deren Haftung Rz. 6.115 ff.) sind **drei Kriterien** maßgeblich. Um einen besonderen Vertreter i.S. des § 30 BGB handelt es sich *erstens*, wenn dem Betreffenden statutarisch ein Aufgabenbereich zugewiesen ist, für den er alleine unter Ausschluss der Dispositionsbefugnis und daher auch der Verantwortlichkeit des Vorstands zuständig sein soll.[5] Ist dies nicht der Fall, spricht dies allerdings nicht umgekehrt zwingend gegen eine Einordnung als besonderer Vertreter.[6] Gerade in den (in der Praxis häufigen) Fällen, in denen der ehrenamtliche Vorstand in der Satzung ermächtigt wird, für die Leitung der Geschäftsstelle und die laufende Verwaltung einen oder mehrere hauptamtliche „Geschäftsführer" zu bestellen, wird nur selten anzunehmen sein, dass hierdurch zugleich die Verantwortlichkeit des Vorstands beschränkt werden soll[7], was trotz der Art und Unschärfe der Aufgabenstellung („laufende Verwaltung") zwar zulässig[8], aber unpraktikabel wäre. Vielmehr soll der ehrenamtliche Vorstand durch die Bestellung von hauptamtlichen „Geschäftsführern" regelmäßig nur arbeitsmäßig entlastet werden, ihnen gegenüber aber weisungsbefugt sein.[9] Ein *zweites* Indiz für die Stellung als besonderer Vertreter wäre allerdings, wenn die Bestellung und Abberufung der Geschäftsführer durch die Mitgliederversammlung erfolgte. Auch das ist in der Praxis jedoch meist nicht der Fall. Als *drittes* ist daher zu prüfen, ob die Betreffenden auf Grund der

6.92

---

[1] A.A. wohl *Arnold* in MünchKomm. BGB, § 30 BGB Rz. 11; wie hier *Hadding* in Soergel, § 30 BGB Rz. 10.
[2] *Schöpflin* in BeckOK, § 30 BGB Rz. 9; *Hadding* in Soergel, § 30 BGB Rz. 13 (zur Bestellung). § 27 Abs. 3 i.V.m. §§ 664 ff. BGB entspricht ohnehin allgemeinen Regeln, s. *Mugdan*, Materialien, Band I, S. 612.
[3] *Arnold* in MünchKomm BGB, § 30 BGB Rz. 8.
[4] *Hadding* in Soergel, § 30 BGB Rz. 8; *Arnold* in MünchKomm. BGB, § 30 BGB Rz. 9 m.w.N.
[5] So *Arnold* in MünchKomm. BGB, § 30 BGB Rz. 11.
[6] A.A. *Arnold* in MünchKomm. BGB, § 30 BGB Rz. 11 f.; wie hier *Reichert*, Vereins- und Verbandsrecht, Rz. 2838.
[7] Das übersieht das FG Brandenburg v. 6.5.1998 – 4 V 426/98, EFG 1998, 1106.
[8] *Reichert*, Vereins- und Verbandsrecht, Rz. 2512 f.
[9] *Reichert*, Vereins- und Verbandsrecht, Rz. 2847 a.E.

Satzung organschaftliche Vertretungsmacht haben (vgl. § 30 Satz 2 BGB) oder ob die Vertretungsmacht rechtsgeschäftlich durch den Vorstand erteilt wird.[1] Zwar ist auch die Einräumung organschaftlicher Vertretungsmacht nur eine hinreichende, aber keine notwendige Bedingung für die Stellung eines besonderen Vertreters (Rz. 6.90). Ist jedoch keines der drei Kriterien gegeben, so ergibt eine Gesamtbetrachtung, dass es sich bei dem Betreffenden lediglich um einen leitenden Mitarbeiter und nicht um einen besonderen Vertreter i.S. des § 30 BGB handelt.

b) Pflichtenkreis und Haftung

6.93 Welcher **Geschäftskreis** besonderen Vertretern zugewiesen wird, ist allein der Satzung überlassen. Der Gestaltungsfreiheit sind nur die bereits genannten Grenzen gesetzt. Besondere Vertreter können etwa sein: der Schatzmeister, Platzwart oder sportliche Leiter (soweit es sich nicht um bloße Vorstandsressorts handelt, s. Rz. 6.4, 6.18, 6.91), der hauptamtliche Geschäftsführer (soweit er nicht bloß ein leitender Mitarbeiter ist, s. Rz. 6.92), ein wissenschaftlicher oder technischer Leiter, der Leiter einer sachlich oder räumlich abgegrenzten Untergliederung des Vereins usw.[2] Angesichts dieser Vielgestaltigkeit möglicher Aufgaben kann hier kein Katalog der speziellen Pflichten besonderer Vertreter aufgestellt werden. Allgemein gilt Folgendes:

6.94 Abseits besonderer Bestimmungen in der Satzung oder einem Anstellungsvertrag finden über § 27 Abs. 3 BGB analog die Bestimmungen der §§ 664–670 BGB entsprechende Anwendung. Anspruchsgrundlage für eine **Innenhaftung** ist auch hier § 280 Abs. 1 BGB.[3] Dementsprechend **gelten alle** unter Rz. 6.6 ff. **für die Mitglieder des Vereinsvorstands dargelegten Grundregeln auch für besondere Vertreter**, sofern sich aus dem organschaftlichen Rechtsverhältnis, d.h. insbesondere der Satzung und der Begrenztheit des ihnen zugewiesenen Geschäftskreises, nichts anderes ergibt. Das gilt auch hinsichtlich eines Haftungsausschlusses, einer Haftungsmilderung und -beschränkung (Rz. 6.45 ff.)[4] sowie des Haftungsprivilegs nach § 31a BGB.[5]

6.95 Hinsichtlich der **Außenhaftung** ist zu bemerken, dass eine Haftung besonderer Vertreter wegen Insolvenzverschleppung insofern ausscheidet, als es sich bei der Insolvenzantragspflicht um eine persönliche Amtspflicht der Vorstandsmitglieder handelt. Und auch eine Haftung nach § 69 AO bzw. § 823 Abs. 2 BGB i.V.m. § 266a StGB kommt nur in Betracht, wenn entweder die Erfüllung der steuer- bzw. sozialversicherungsrechtlichen Pflichten einem besonderen Vertreter als Geschäftskreis zugewiesen ist (§ 35 AO[6] bzw. § 14 Abs. 2 StGB) oder er als Mitglied des Vorstandes an dessen Gesamtverantwortung Teil hat (§ 34 AO, § 14 Abs. 1 StGB).

---

1 Näher dazu *Reichert*, Vereins- und Verbandsrecht, Rz. 2514 ff.
2 Die Rechtsprechung zu der Frage hat allerdings aus den vorgenannten Gründen (Rz. 6.89) nur begrenzte Aussagekraft.
3 Anstelle anderer *Hadding* in Soergel, § 31 BGB Rz. 28, § 27 BGB Rz. 23.
4 Vgl. *Reichert*, Vereins- und Verbandsrecht, Rz. 2668, 2676, 3673, 3710, 3847.
5 Zur Ausweitung des Anwendungsbereichs des § 31a BGB durch das Ehrenamtsstärkungsgesetz kritisch *Reuter*, npoR 2013, 41, 43; die Regelungen begrüßend *Leuschner*, NZG 2014, 281.
6 Nur in diesem Fall ist zu erwarten, dass ein besonderer Vertreter als Verfügungsberechtigter i.S. des § 35 AO auftritt.

2. Haftung der Mitglieder von Innenorganen, insbesondere eines Aufsichtsrats

a) Entsprechende Anwendung des § 30 BGB

Zwar ist § 30 BGB nicht auf bloße Haftungsvertreter i.S. des § 31 BGB analog anzuwenden (s. Rz. 6.89). Entsprechende Anwendung findet § 30 BGB aber auf Innenorgane.[1] Dafür spricht nicht nur, dass besonderen Vertretern i.S. des § 30 BGB keine organschaftliche Vertretungsmacht eingeräumt sein muss[2] und auch § 31 BGB auf bloße Innenorgane anzuwenden ist.[3] Vor allem erweist eine Zusammenschau von §§ 30 und 40 BGB, dass die Organisationsverfassung von Vereinen weitestgehend zur Disposition der Mitglieder stehen soll. Unstreitig kann daher nicht nur die äußere, sondern auch die innere Handlungsorganisation erheblich differenzierter als nach der gesetzlichen Regel ausgestaltet werden.[4] Im Blick hierauf lässt sich § 30 BGB als Grundnorm für die Einrichtung gewillkürter Organe auffassen. Dabei stellt *Satz 1* dieser Vorschrift zweierlei klar, nämlich *erstens*, dass die Einrichtung gewillkürter Organe grundsätzlich zulässig ist, und *zweitens*, dass deren Geschäftskreis und damit die Gestaltungsfreiheit durch die unabdingbaren Mindestkompetenzen anderer Organe begrenzt ist. Und *Satz 2* enthält ebenfalls eine allgemeine Regel, die auch bei bloßen Innenorganen Gültigkeit und Erkenntniswert besitzt.

6.96

Besonders deutlich wird dies an der Bestellungskompetenz. Aus ihr folgt nämlich auf Grund des engen rechtlichen und tatsächlichen Zusammenhangs nach zutreffender, wenn auch im Vereinsrecht bestrittener Ansicht, dass das Bestellungsorgan zugleich für die Anstellung zuständig ist.[5] Insoweit kommt daher nach der gesetzlichen Regelverfassung auch der Mitgliederversammlung des Vereins organschaftliche Vertretungsmacht zu.[6] Und zu eben diesem Ergebnis führt eine entsprechende Anwendung des § 30 Satz 2 BGB, wenn die Bestellungskompetenz einem anderen Organ zugewiesen ist; denn die Anstellung ist ein Rechtsgeschäft, das die Bestellung gewöhnlich mit sich bringt.

6.97

Ferner vermag § 30 Satz 2 BGB die Ansicht zu begründen, wonach Organmitglieder für Rechtsgeschäfte, die zur Wahrnehmung der ihnen übertragenen Aufgaben erforderlich sind, nicht nur einen Anspruch auf Vorschuss bzw. Aufwendungsersatz entsprechend §§ 669 f. BGB haben, sondern Organen im Zweifel daneben **organschaftliche Vertretungsmacht für** derartige **Hilfsgeschäfte** zukommt.[7]

6.98

---

1 *Hadding* in Soergel, § 30 BGB Rz. 1, 9; a.A. *Reuter* in MünchKomm. BGB, § 30 BGB Rz. 11, § 86 BGB Rz. 23; *Reichert*, Vereins- und Verbandsrecht, Rz. 2845; zum Stiftungsrecht wie hier *Ebersbach*, Handbuch, S. 99.
2 Statt anderer *Hadding* in Soergel, § 30 BGB Rz. 9 m.w.N.
3 H.M., s. bspw. *Hadding* in Soergel, § 31 BGB Rz. 11 sowie *Weick* in Staudinger, § 31 BGB Rz. 38.
4 S. nur *Arnold* in MünchKomm. BGB, § 32 BGB Rz. 2 ff., § 40 BGB Rz. 3; *Schöpflin* in BeckOK BGB, § 30 BGB Rz. 1; *Sauter/Schweyer/Waldner*, Der eingetragene Verein, Rz. 308 ff.
5 H.M., s. BGH v. 21.1.1991 – II ZR 144/90, BGHZ 113, 237, 241; *Segna*, Vorstandskontrolle, S. 185 ff.; *Arnold* in MünchKomm. BGB, § 27 BGB Rz. 6; *Schöpflin* in BeckOK BGB, § 27 BGB Rz. 8, jeweils m.w.N.; kritisch *Reichert*, Vereins- und Verbandsrecht, Rz. 2118 f., dessen Bedenken jedoch aus den in der folgenden Fn. genannten Gründen nicht überzeugen.
6 Ausgeübt wird diese Vertretungsmacht regelmäßig (wenn auch nicht stets notwendigerweise) durch die Ermächtigung einer – beliebigen – Person(enmehrheit) zum Abschluss bzw. zur Änderung des Vertrages, s. *Segna*, Vorstandskontrolle, S. 187 f., vgl. auch § 46 Nr. 8 Fall 2 GmbHG und dazu Rz. 6.45.
7 So im Ergebnis – wenn auch mit höchst unterschiedlichen Begründungen – die h.M., s. etwa *Hambloch-Gesinn/Gesinn* in Hölters, § 112 AktG Rz. 3; *Spindler* in Spindler/Stilz, § 112 AktG Rz. 2 f.; *Uwe H. Schneider* in Scholz, § 52 GmbHG Rz. 183 jew. m.w.N.

6.99 Folgt man dieser Ansicht, ist eine **Unterscheidung zwischen Außen- und bloßen Innenorganen nicht erforderlich**. Dementsprechend kann auf die vorigen Ausführungen (Rz. 6.93 ff.) verwiesen werden (s. auch Rz. 6.101 f.), zumal sich angesichts der Vielgestaltigkeit von Innenorganen die Beschreibung aller möglichen Pflichten auch hier verbietet. Paradigmatisch herausgegriffen sei lediglich die Bildung eines Aufsichtsrats.

b) Pflichten eines Aufsichtsrats

6.100 Einerlei wie das Organ bezeichnet wird (etwa auch Beirat, Verwaltungsrat, Haupt- oder Verwaltungsausschuss), handelt es sich der Sache nach um einen Aufsichtsrat, wenn dem Organ zumindest die **Überwachung und Beratung des Vorstands** übertragen ist.[1] Daneben können dem Organ freilich auch viele **weitere Aufgaben** anvertraut sein, wie insbesondere die **Bestellung und Abberufung** der Vorstandsmitglieder, die gerichtliche und außergerichtliche Vertretung des Vereins gegenüber Vorstandsmitgliedern in- oder exklusive der Geltendmachung von Ersatzansprüchen[2], aber etwa auch die Änderung der Vereinssatzung, soweit die Mitglieder- bzw. Delegiertenversammlung ihm letztere Befugnis durch Satzungsänderung wieder entziehen kann.[3] Die Grenzen der diesbezüglichen Gestaltungsfreiheit abzuschreiten, ist freilich nicht Aufgabe dieses Beitrags. Festzuhalten ist jedoch: Je vielfältiger die statutarischen Kompetenzen des Aufsichtsrats sind, desto vielfältiger sind auch die Pflichten der Aufsichtsratsmitglieder und desto vielfältiger sind auch die Möglichkeiten haftungsbegründender Pflichtverletzungen. All diese können hier, wie gesagt, nicht aufgezeigt werden.

6.101 Beschränkt man die Betrachtung auf die Kernkompetenzen eines Aufsichtsrats, also auf die Überwachung und Beratung, ist im Ausgangspunkt zu bemerken, dass eine § 52 GmbHG entsprechende Vorschrift im Vereinsrecht fehlt. Das bedeutet freilich nicht, dass die Vorschriften der **§§ 36 ff. GenG** und vor allem der **§§ 95 ff. AktG** nicht ebenso wie im GmbH-Recht **fallweise entsprechend** angewendet werden können, soweit sich aus der Vereinssatzung nichts anderes ergibt.[4] Im Blick hierauf wird auf die Beiträge von *Uwe H. Schneider*, § 2 und § 10 sowie *Krieger*, § 3 verwiesen.

---

1 *Uwe H. Schneider* in Scholz, § 52 GmbHG Rz. 52.
2 Ob der Aufsichtsrat auch ohne ausdrückliche Satzungsermächtigung hierzu berufen ist, ist insbesondere im Blick auf die Geltendmachung von Ersatzansprüchen zweifelhaft. Dafür spricht zwar die Analogie zu § 112 AktG, auf den auch § 52 GmbHG verweist, so *Segna*, Vorstandskontrolle, S. 197. Ferner könnte man hierfür § 30 Satz 2 BGB analog ins Feld führen, so für die Stiftung *Burgard*, Gestaltungsfreiheit, S. 266 f. Trotz der Verweisung des § 52 GmbHG auf § 112 AktG soll es aber nach h.M. für den fakultativen Aufsichtsrat einer GmbH bei der Regelung des § 46 Nr. 8 GmbHG bleiben, *Uwe H. Schneider* in Scholz, § 52 GmbHG Rz. 181 m.w.N. Und für diese Ansicht spricht immerhin auch die Regelung des § 39 Abs. 1 Fall 2 GenG sowie die unstreitig ohne besondere Satzungsregelung bei der Mitgliederversammlung verbleibende Entlastungskompetenz (mit – anders als im Aktienrecht – verwirkungsähnlicher Wirkung, s. Rz. 6.54), die durch die Geltendmachung von Ersatzansprüchen durch den Aufsichtsrat beeinträchtigt werden könnte. Angesichts dieses Für und Wider wird man die Frage daher primär durch Auslegung der Vereinssatzung im Einzelfall unter Berücksichtigung vorstehender Argumente zu beantworten haben, s. etwa LG Kaiserslautern v. 11.5.2005 – 3 O 662/03, VersR 2005, 1090 f. Kommt die Auslegung zu keinem hinreichend klaren Ergebnis, verbleibt die Kompetenz nach § 32 Abs. 1 Satz 1 BGB bei der Mitgliederversammlung.
3 *Arnold* in MünchKomm. BGB, § 27 BGB Rz. 40, § 33 BGB Rz. 17 m.w.N.
4 Ohne Begründung a.A. *Reichert*, Vereins- und Verbandsrecht, Rz. 2870.

Zudem gibt es eine ganze Reihe von **Regeln, die ganz allgemein** – wenngleich zum Teil mit Differenzierungen im Einzelnen – **für Organmitglieder gelten**. Dazu gehören die Pflicht zur Einhaltung von Gesetz und Satzung, die Förder- und Treupflicht, die Informationspflicht, die Business Judgement Rule, der Verschuldensgrad, die Verjährung, die gesamtschuldnerische Haftung, die Beweislast, die Regeln über einen Haftungsausschluss, eine Haftungsmilderung und -beschränkung sowie das Prinzip der Gesamtverantwortung. Insofern kann für die Zwecke der vorliegenden Untersuchung auf obige Ausführungen Bezug genommen werden. Im Folgenden wird daher nur ein kurzer Überblick über die aufsichtsrats- und vereinsspezifischen Besonderheiten gegeben.[1]

6.102

Kardinalpflicht des Aufsichtsrats ist die Überwachung und Beratung des Vorstands, vgl. § 38 Abs. 1 Satz 1 GenG, § 52 GmbHG, § 111 Abs. 1 AktG. Dabei tritt die Überwachung des Vorstands durch den Aufsichtsrat neben die Überwachung des Vorstands durch die Mitgliederversammlung. Die Überwachung ist sowohl eine **nachträgliche** als auch eine **begleitende und vorausschauende Überwachung**. Letztere bezieht sich in erster Linie auf Fragen von erheblicher Bedeutung für den Verein. **Maßstäbe der Überwachung** sind die Rechtmäßigkeit, Ordnungsmäßigkeit, Zweckmäßigkeit und Wirtschaftlichkeit des Vorstandshandelns.[2] Dabei gliedert sich die **Überwachungstätigkeit** in **vier Abschnitte**, nämlich: Ermittlung des Sachverhalts, Meinungs- und Entscheidungsfindung im Aufsichtsrat, Beratung des Vorstands und ggf. Einberufung und Information der Mitgliederversammlung.[3]

6.103

Ist in der Vereinssatzung nichts über **Berichtspflichten des Vorstands** gegenüber dem Aufsichtsrat und über **Informationsrechte des Aufsichtsrats** im Blick auf die Geschäftsführung des Vorstands geregelt, so gilt Folgendes: Nachdem der Aufsichtsrat seinen Pflichten nur auf Grundlage zureichender Information nachkommen kann und seine Funktion gerade darin besteht, die Überwachung des Vorstands durch die Mitglieder zu ergänzen und zu verstärken, ist davon auszugehen, dass der Vorstand seine Informationspflichten aus § 27 Abs. 3 i.V.m. § 666 BGB auch gegenüber dem Aufsichtsrat zu erfüllen hat.[4] Der Vorstand hat dem Aufsichtsrat daher nicht nur seinen periodischen Rechenschaftsbericht unverzüglich nach seiner Erstellung zur Prüfung vorzulegen, vgl. § 33 Abs. 1 Satz 2 GenG, § 52 Abs. 1 GmbHG, § 170 Abs. 1 AktG. Der Aufsichtsrat kann vielmehr auch jederzeit vom Vorstand Auskunft, und zwar auch in Form von mündlichen und schriftlichen Berichten, über die Geschäftsführung verlangen (vgl. § 38 Abs. 1 Satz 2 GenG, § 52 Abs. 1 GmbHG, § 90 Abs. 3 und 4 AktG) und muss dies in zeitnahen periodischen Abständen (vgl. § 110 Abs. 3 AktG) auch tun, da die Überwachung für ihn – anders als für die Mitglieder – kein bloßes Recht, sondern eine Pflicht ist. Überdies wird man ihm ein eigenständiges Einsichts- und Prüfungsrecht in alle Bücher und Unterlagen des Vereins analog § 38 Abs. 1 Satz 2 GenG, § 52 Abs. 1 GmbHG, § 111 Abs. 2 AktG zuzubilligen haben. Bei Zweifeln an den Schilderungen des Vorstands kann er analog § 109 Abs. 1 Satz 2 AktG auch Mitarbeiter und vereinsfremde Dritte befragen[5] und nötigenfalls sogar Sachver-

6.104

---

1 Näher *Burgard* in GS Walz, S. 71 ff.
2 Näher *Habersack* in MünchKomm. AktG, § 111 AktG Rz. 29 ff.; *Uwe H. Schneider* in Scholz, § 52 GmbHG Rz. 96.
3 Näher *Habersack* in MünchKomm. AktG, § 111 AktG Rz. 29 ff.; *Uwe H. Schneider* in Scholz, § 52 GmbHG Rz. 101, 104 ff.; sowie etwa *Zieglmeier*, ZGR 2007, 144 ff.; *Hüffer*, NZG 2007, 47 ff.; *Knapp*, DStR 2008, 1045 ff.; *Lappe/Hartmann*, BB 2009, 1209 f.
4 *Küntzel*, DB 2004, 2303, 2306 f. will demgegenüber §§ 90 Abs. 1, 91 Abs. 2 AktG zumindest im Einzelfall analog anwenden.
5 A.A. *Geibel* in Henssler/Strohn, Gesellschaftsrecht, 3. Aufl. 2016, § 38 GenG Rz. 2; wie hier zum GmbH-Recht *Uwe H. Schneider* in Scholz, § 52 GmbHG Rz. 122 f.; zur AG etwa *Hüffer/Koch*, § 109 AktG Rz. 5.

ständige analog § 111 Abs. 2 Satz 2 AktG beauftragen.[1] Die hierfür erforderliche Vertretungsmacht ergibt sich aus § 30 Satz 2 BGB analog (s. Rz. 6.96). Bei schwerwiegenden Zweifeln an den Informationen durch den Vorstand ist er überdies zur Information der Mitgliederversammlung verpflichtet.[2]

6.105 Auf Grundlage der auf diese Weise erlangten Information hat sich der Aufsichtsrat eine Meinung zu bilden und den Vorstand zu beraten. **Über die Art und Weise der Beratung entscheidet der Aufsichtsrat nach pflichtgemäßem Ermessen**.[3] Dabei hat er einerseits den Ermessensspielraum des Vorstands, andererseits die Lage des Vereins zu beachten.[4] Die Möglichkeiten reichen von einer bloßen zustimmenden oder beanstandungsfreien Zurkenntnisnahme der Berichte des Vorstands über ein Beratungsgespräch, in dem etwa Bedenken und Anregungen geäußert werden, bis hin zu Beanstandungen und der Aufforderung an den Vorstand, etwas zu tun oder zu unterlassen. Ein Weisungsrecht hat der Aufsichtsrat gegenüber dem Vorstand allerdings vorbehaltlich anderweitiger Satzungsbestimmungen nicht.[5] Er kann aber eine geplante Maßnahme des Vorstands dadurch verhindern, dass er sie durch Beschluss ad hoc seiner **Zustimmung** unterwirft.[6] Dieses Recht wird man auch dann dem Aufsichtsrat eines Vereins zubilligen müssen, wenn in der Satzung nichts über Zustimmungsvorbehalte geregelt ist, solche aber auch nicht ausgeschlossen sind. Das gilt zumindest dann, wenn keine anderen Mittel zur Verfügung stehen, um einen drohenden Schaden von dem Verein abzuwenden. In diesem Fall ist der Aufsichtsrat sogar verpflichtet, die geplante Maßnahme seiner Zustimmung zu unterwerfen.[7]

6.106 Bei Konflikten zwischen Vorstand und Aufsichtsrat können beide Organe die **Mitgliederversammlung einberufen**, um sie mit den Problemen zu befassen und ggf. einen verbindlichen Weisungsbeschluss herbeizuführen. Je nach Schwere der Problemlage können sie hierzu sogar verpflichtet sein[8], vgl. § 36 BGB, §§ 38 Abs. 2, 44 GenG, §§ 49 Abs. 1 und 2, 52 Abs. 1 GmbHG, §§ 111 Abs. 3, 121 Abs. 1 und 2 AktG.

c) Anspruchsgrundlage

6.107 Anspruchsgrundlage für eine **Innenhaftung**, also eine Haftung gegenüber dem Verein, ist auch bei Aufsichtsratsmitgliedern **§ 280 Abs. 1 BGB**.[9]

---

[1] Ebenso zum Genossenschaftsrecht *Geibel* in Henssler/Strohn, § 38 GenG Rz. 7; zum GmbH-Recht *Uwe H. Schneider* in Scholz, § 52 GmbHG Rz. 122 f.
[2] Vgl. *Uwe H. Schneider* in Scholz, § 52 GmbHG Rz. 126; *Giedinghagen* in Michalski, § 52 GmbHG Rz. 283.
[3] *Uwe H. Schneider* in Scholz, § 52 GmbHG Rz. 125; *Giedinghagen* in Michalski, § 52 GmbHG Rz. 240.
[4] *Uwe H. Schneider* in Scholz, § 52 GmbHG Rz. 125; *Spindler* in MünchKomm. GmbHG, § 52 GmbHG Rz. 282.
[5] *Uwe H. Schneider* in Scholz, § 52 GmbHG Rz. 126; *Giedinghagen* in Michalski, § 52 GmbHG Rz. 232 f.
[6] BGH v. 15.11.1993 – II ZR 235/92, BGHZ 124, 111, 126 (zur AG); aus der Lit. *Uwe H. Schneider* in Scholz, § 52 GmbHG Rz. 137, 143; *Hüffer/Koch*, § 111 AktG Rz. 39. *Küntzel*, DB 2004, 2303, 2307 f., denkt darüber hinaus an eine analoge Anwendung des § 111 Abs. 4 Satz 2 AktG.
[7] BGH v. 15.11.1993 – II ZR 235/92, BGHZ 124, 111, 126 (zur AG).
[8] *Uwe H. Schneider* in Scholz, § 52 GmbHG Rz. 126 f.
[9] *Hadding* in Soergel, § 27 BGB Rz. 23; *Küntzel*, DB 2004, 2303 f.; *Hüffer/Koch*, § 93 AktG Rz. 36 m.w.N.

Eine **Außenhaftung** ist zwar auf rechtsgeschäftlicher (z.B. § 179 BGB oder § 311 Abs. 3 i.V.m. §§ 241 Abs. 2, 280 Abs. 1 BGB) oder deliktischer (z.B. § 823 Abs. 1 oder Abs. 2 BGB i.V.m. § 263 StGB) Grundlage denkbar, dürfte aber nur selten praktische Bedeutung haben.[1]

6.108

d) Verletzung der Überwachungs- und Beratungspflicht

Aufsichtsratsmitglieder verletzen ihre Pflichten, wenn sie nicht ordnungsgemäß an der Überwachung und Beratung des Vorstands mitwirken.[2] Das ist beispielsweise der Fall, wenn sie Sitzungen des Aufsichtsrats unentschuldigt fernbleiben, sich nicht auf Sitzungen vorbereiten, sich nicht informieren, die Berichte des Vorstands nicht zur Kenntnis nehmen, bedeutende Rechtsgeschäfte nicht sorgfältig prüfen, an wichtigen Entscheidungen nicht mitwirken, Bedenken oder Verdachtsmomenten nicht nachgehen, Missständen nicht entgegentreten, satzungs- oder rechtswidrigen Maßnahmen nicht widersprechen oder ihnen gar zustimmen, nicht darauf hinwirken, dass der Aufsichtsrat von seinen Kompetenzen sach- und pflichtgemäß Gebrauch macht etc.

6.109

e) Verletzung der organschaftlichen Treupflicht

Auch die Aufsichtsratsmitglieder schulden dem Verein ein loyales Verhalten. Auch sie sind daher zu einer kollegialen Zusammenarbeit und zur Verschwiegenheit verpflichtet, dürfen ihre Organstellung nicht im eigenen oder fremden Interesse ausnutzen und unterliegen auf Grund des umfassenden Informationsrechts des Aufsichtsrats wohl auch einem Wettbewerbsverbot[3] (näher Rz. 6.22 ff.).

6.110

f) Sorgfaltsmaßstab

Hinsichtlich des Sorgfaltsmaßstabs ist zu bedenken, dass die Aufsichtsratsmitglieder zwar ebenso wie Vorstandsmitglieder fremde Vermögensinteressen wahrnehmen. Sie sind jedoch nicht als Mitglieder eines Vertretungs- und Geschäftsführungs-, sondern eines Überwachungs- und Beratungsorgans tätig. Dementsprechend sind geringere Anforderungen zu stellen. Aufsichtsratsmitglieder haben daher lediglich für die **Sorgfalt eines ordentlichen und gewissenhaften Überwachers und Beraters**[4] einzustehen.[5] Im Übrigen kommt es auch hier auf die jeweiligen Umstände des Einzelfalles an (s. Rz. 6.32 f.).

6.111

g) Ursächlichkeit und Schaden

Anspruch auf Schadensersatz hat der Verein nur, soweit das konkrete Verhalten eines Organmitglieds kausal für den Schadenseintritt war. Während bei pflichtwidrig handelnden Vorstandsmitgliedern dieses Kausalitätserfordernis keine besonderen Schwierigkeiten bereitet, ist bei Aufsichtsratsmitgliedern Folgendes zu beachten:

6.112

---

1 Ebenso *Küntzel*, DB 2004, 2303, 2308 (zur Stiftung).
2 *Uwe H. Schneider* in Scholz, § 52 GmbHG Rz. 473; *Küntzel*, DB 2004, 2303, 2305.
3 So für die GmbH *Uwe H. Schneider* in Scholz, § 52 GmbHG Rz. 505 f. m.w.N. auch zu der dort vertretenen Gegenansicht.
4 Statt aller *Hüffer/Koch*, § 116 AktG Rz. 2; *Uwe H. Schneider* in Scholz, § 52 GmbHG Rz. 516.
5 Vgl. § 116 AktG, § 53 Abs. 1 GmbHG, § 41 GenG, die auf eine „sinngemäße" Anwendung der § 93 Abs. 1 Satz 1 AktG, § 34 Abs. 1 Satz 1 GenG verweisen.

6.113 Im Rahmen der **nachträglichen Überwachung** ist der Schaden bereits eingetreten. Dementsprechend kommt eine Schadensersatzpflicht von Aufsichtsratsmitgliedern nur in Betracht, wenn sie eine Vertiefung des Schadens oder weitere Pflichtverletzungen der Vorstandsmitglieder hätten unterbinden können oder es unterlassen, darauf hinzuwirken, dass ein Schadensersatzanspruch gegen Vorstandsmitglieder geltend gemacht wird bzw. geltend gemacht werden kann oder sie dies sogar aktiv verhindern.[1]

6.114 Im Rahmen der **begleitenden Überwachung** muss feststehen, dass der Aufsichtsrat die schädigende Maßnahme hätte verhindern können. Ist dies der Fall, so wäre jedes Aufsichtsratsmitglied verpflichtet gewesen, an der Verhinderung mitzuwirken.[2] Hat der Aufsichtsrat einen Beschluss gefasst und haben einzelne Aufsichtsratsmitglieder daran nicht mitgewirkt, obwohl ihnen das möglich gewesen wäre, oder haben sie sich der Stimme enthalten und hat dies dazu geführt, dass ein Schaden von der Gesellschaft nicht abgewendet wurde[3], so sind sie ersatzpflichtig. Zudem bleiben auch diejenigen Aufsichtsratsmitglieder, die gegen die fehlerhafte Mehrheitsentscheidung gestimmt haben, verpflichtet, ihre Bedenken anzumelden und sich ggf. an die Mitglieder zu wenden oder gar die Nichtigkeit eines Beschlusses gerichtlich geltend zu machen.[4] All das folgt aus dem **Prinzip der Gesamtverantwortung**.[5]

V. Haftung leitender Mitarbeiter

6.115 Vielfach ist in Vereinssatzungen vorgesehen, dass der Vorstand einen oder mehrere „**Geschäftsführer**" bestellen kann. Hierbei kann es sich um einen besonderen Vertreter i.S. des § 30 BGB, also um ein Vereinsorgan mit organschaftlicher Vertretungsmacht, oder lediglich um leitende Mitarbeiter mit rechtsgeschäftlicher Vertretungsmacht handeln (zur Abgrenzung s. Rz. 6.91 f.). Handelt es sich um leitende Mitarbeiter, so haften diese gem. **§§ 611 ff. i.V.m. § 280 Abs. 1 BGB** für die ordnungsgemäße Erfüllung ihrer dienstvertraglichen Pflichten.[6]

6.116 Gerade bei „Geschäftsführern", denen die Leitung der Geschäftsstelle sowie die laufende Verwaltung des Vereins anvertraut sind, werden sich diese Pflichten im Ergebnis kaum von den organschaftlichen Pflichten besonderer Vertreter mit entsprechender Funktion unterscheiden. Das gilt zum einen hinsichtlich der **Pflichten** zur Leitung der Geschäftsstelle und zur laufenden Verwaltung. Zum anderen sind leitende Angestellte umfassend verpflichtet, den Verein zu fördern, auf dessen Interessen Rücksicht zu nehmen und eine entsprechende Loyalität aufzubringen.[7] Hierzu gehört auch ohne besondere dienstvertragliche Vereinbarung und ohne eine besondere Weisung des Vorstands die Pflicht, die Vereinsverfassung zu beach-

---

1 *Burgard/Heimann*, NZG 2016, 166.
2 *Uwe H. Schneider* in Scholz, § 52 GmbHG Rz. 518; LG Bielefeld v. 16.11.1999 – 15 O 91/98, BB 1999, 2630.
3 Vgl. BGH v. 21.12.2005 – 3 StR 470/04, ZIP 2005, 72, 78.
4 Zur Frage der Beschlussnichtigkeit BGH v. 17.5.1993 – II ZR 89/92, BGHZ 122, 342; BGH v. 15.11.1993 – II ZR 235/92, BGHZ 124, 111; BGH v. 21.4.1997 – II ZR 175/95, BGHZ 135, 244, sowie etwa *Uwe H. Schneider* in Scholz, § 52 GmbHG Rz. 467 m.w.N. zum Meinungsstand.
5 Zum Vorstehenden *Uwe H. Schneider* in Scholz, § 52 GmbHG Rz. 466 ff. m.w.N.; *Habersack* in MünchKomm. AktG, § 116 AktG Rz. 38.
6 *Brors* in Boecken/Düwell/Diller/Hanau, Gesamtes Arbeitsrecht, 2016, § 611 BGB Rz. 869 ff.; *Joussen* in BeckOK ArbR, § 611 BGB Rz. 365 f., 373.
7 *Vogelsang* in Schaub, Arbeitsrechts-Handbuch, 16. Aufl. 2015, § 13 Rz. 9 m.w.N.; *Buchner*, ZfA 1979, 335, 351 f.

ten. Ferner gehört dazu die Pflicht, Schäden von dem Verein abzuwenden, Verschwiegenheit über Betriebs- und Geschäftsgeheimnisse zu wahren[1] und in dem erforderlichen Umfang mit den Vereinsorganen und anderen Mitarbeitern kollegial zusammenzuarbeiten. Zudem dürfen auch leitende Angestellte ihre Stellung nicht zum eigenen Vorteil ausnutzen und etwa Schmiergelder annehmen; denn damit verstoßen sie gegen ihre Loyalitätspflicht.[2] Überdies unterliegen sie einem Wettbewerbsverbot, § 60 HGB i.V.m. § 242 BGB.[3]

Hinsichtlich des Verschuldens gilt § 276 BGB. Dabei ist der Sorgfaltsmaßstab für leitende Angestellte gesteigert.[4] Zu beachten ist aber, dass sie nicht bzw. nur im beschränkten Umfang selbständig fremde Vermögensinteressen wahrnehmen, da sie den Weisungen des Vorstands unterliegen. Zur Geltendmachung von Schadensersatzansprüchen ist der Vorstand berufen. Dabei kommt hinsichtlich der Beweislast eine analoge Anwendung der § 93 Abs. 2 Satz 2 AktG, § 34 Abs. 2 Satz 2 GenG bei leitenden Angestellten nicht in Betracht. Im Gegenteil! **Der Arbeitgeber hat nicht nur die Pflichtverletzung, sondern** anders als nach § 280 Abs. 1 Satz 2 BGB **gem. § 619a BGB auch das Verschulden von Arbeitnehmern zu beweisen**. Ob das allerdings auch für leitende Angestellte in jedem Fall sachgerecht ist, sei hier dahingestellt.[5]

6.117

Soweit leitende Angestellte selbständig Entscheidungen unter Unsicherheit zu treffen haben, ist zudem die **Business Judgement Rule** (Rz. 6.28 f.) anzuwenden, und zwar sowohl zu ihren Gunsten, insofern die Business Judgement Rule bei Vorliegen ihrer Voraussetzungen eine Pflichtverletzung ausschließt, als auch zu ihren Lasten, insofern die Business Judgement Rule Anforderungen an eine ordnungsgemäße Entscheidungsfindung benennt.[6] Hiermit korrespondiert, dass sich leitende Angestellte ähnlich wie Organmitglieder (s. Rz. 6.54 f.) **nur eingeschränkt** auf die arbeitsrechtlichen Grundsätze einer **Haftungsbeschränkung wegen einer Risikozurechnung bei Tätigkeit im fremden Interesse** berufen können.[7]

6.118

Ein Haftungsausschluss kommt bei der Befolgung von Weisungen oder durch Verzicht, nicht aber durch Entlastung in Betracht, weil es sich hierbei um einen organschaftlichen Akt (s. Rz. 6.48) handelt. Wird einem leitenden Mitarbeiter (z.B. Geschäftsführer) von der Mitgliederversammlung gleichwohl Entlastung erteilt oder versagt, so ist hierin eine Weisung an den Vorstand zu sehen, der Mitgliederversammlung erkennbare Ansprüche gegen den Mitarbeiter

6.119

---

1 Ausf. dazu *Linck* in Schaub, Arbeitsrechts-Handbuch, § 53 Rz. 26, 47 ff.; *Richardi/Fischinger* in Staudinger, § 611 BGB Rz. 1201 ff.
2 S. etwa *Linck* in Schaub, Arbeitsrechts-Handbuch, § 53 Rz. 26, 35 f.; *Richardi/Fischinger* in Staudinger, § 611 BGB Rz. 1225 ff.
3 Ausf. *Linck* in Schaub, Arbeitsrechts-Handbuch, § 54; *Richardi/Fischinger* in Staudinger, § 611 BGB Rz. 1176 ff.
4 *Reichold* in MünchHdb. Arbeitsrecht, 3. Aufl. 2009, § 51 Rz. 8 ff. m.w.N.; *Fuhlrott*, ArbRAktuell 2011, 55, 57.
5 Bejaht wird dies von der h.M., s. dazu *Preis* in Erfurter Kommentar zum Arbeitsrecht, 16. Aufl. 2016, § 619a BGB Rz. 19; *Reichold* in MünchHdb. Arbeitsrecht, § 51 Rz. 64 ff.; *de Beauregard/Baur*, DB 2016, 1754; sowie *Bieder*, DB 2008, 638, jew. m. zahlr. N. auch zur Rechtsprechung von BGH und BAG.
6 Zur Anwendbarkeit der BJR auf leitende Angestellte s. *Bürkle/Fecker*, NZA 2007, 589 ff.
7 Anders aber die Lit. und teilw. die Rspr., s. dazu *Preis* in Erfurter Kommentar zum Arbeitsrecht, 16. Aufl. 2016, § 619a BGB Rz. 19; *Reichold* in MünchHdb. Arbeitsrecht, § 51 Rz. 64 ff.; *de Beauregard/Baur*, DB 2016, 1754; sowie *Bieder*, DB 2008, 638, jew. m. zahlr. N. auch zur Rechtsprechung von BGH und BAG.

nicht geltend zu machen bzw. geltend zu machen.[1] Ferner können Haftungsmilderungen oder -beschränkungen im Dienstvertrag vorgesehen werden. Eine Haftungsfreistellung nach § 31a BGB kommt mangels Stellung als Organmitglied oder besonderer Vertreter regelmäßig nicht in Betracht, allerdings kann zu Gunsten des leitenden Mitarbeiters, der zugleich Vereinsmitglied ist, eine Freistellung nach § 31b BGB eingreifen.[2] Schließlich kann sich der Abschluss einer Vermögensschadenshaftpflichtversicherung zu Gunsten von leitenden Mitarbeitern empfehlen. Zuständig hierfür ist der Vorstand.

6.120–6.149 Einstweilen frei.

B. Die rechtsfähige Stiftung

I. Einführung

6.150 Seit Mitte der 90er-Jahre erlebt das Stiftungswesen in Deutschland eine Renaissance. Inzwischen gibt es rund 21 300 rechtsfähige Stiftungen bürgerlichen Rechts.[3] Damit bleibt die Bedeutung der rechtsfähigen Stiftung zwar weit hinter der Bedeutung des eingetragenen Vereins zurück (s. Rz. 6.1). Von ihrer bloßen Anzahl her ist es jedoch nach GmbH und Verein die dritthäufigste juristische Person. Zudem wird das gesamte in rechtsfähigen Stiftungen gebundene Vermögen in Deutschland auf deutlich mehr als 100 Mrd. Euro geschätzt.[4]

6.151 Trotz dieser auch wirtschaftlich nicht unerheblichen Bedeutung des Stiftungswesens ist eine Inanspruchnahme von Organmitgliedern außerordentlich selten.[5] Die Gründe hierfür liegen teils in der Organisationsverfassung (dazu Rz. 6.153 ff., 6.180 f.), teils in der Finanzverfassung (dazu Rz. 6.157 ff.) der Stiftung. Zudem sind Insolvenzen von Stiftungen nur vereinzelt zu beklagen[6], was u.a. Folge des strengen stiftungsrechtlichen Kapitalerhaltungssystems und seiner periodischen Kontrolle durch die Stiftungsaufsichtsbehörde ist.

6.152 Schließlich ist zu bemerken, dass trotz vielerlei stiftungsrechtlicher Besonderheiten die Grundstruktur einer Organhaftung bei Stiftung und Verein übereinstimmen. Das ergibt sich

---

1 Vgl. *Reichert*, Vereins- und Verbandsrecht, Rz. 2678.
2 Zum Anwendungsbereich der §§ 31a, 31b BGB *Leuschner*, NZG 2014, 281, 295 f. m.w.N.
3 *Bundesverband Deutscher Stiftungen (BVDS)*, Bestand rechtsfähiger Stiftungen bürgerlichen Rechts zum 31.12.2015, Mitteilung vom 23.2.2016, abrufbar unter: http://www.stiftungen.org/de/service/news/detailseite-news/mode/teaserstart/detail/6502.html (zuletzt abgerufen am 26.10.2016).
4 BVDS (Hrsg.), Zahlen, Daten, Fakten zum deutschen Stiftungswesen, 2014, S. 25.
5 BGH v. 20.11.2014 – III ZR 509/13, WM 2015, 143, aus der Lit. dazu s. nur *Segna*, ZIP 2015, 1561; *Saenger*, ZStV 2015, 97; *Elmenhorst/Dörfer*, npoR 2015, 177; *Burgard/Heimann*, NZG 2016, 166; zuvor OLG Oldenburg v. 8.11.2013 – 6 U 50/13, npoR 2014, 134, dazu s. *Hüttemann/Kampermann*, npoR 2014, 143; *Weidlich/Foppe*, ZStV 2014, 100; *Graewe*, ZStV 2014, 103; OLG Köln v. 13.8.2013 – 9 U 253/12, juris; zuvor LG Köln v. 9.11.2012 – 32 O 76/12, juris.
6 *Röthel*, Deutsche Stiftungen, 2003, S. 48, konnte bei einer Umfrage unter Referenten deutscher Stiftungsbehörden lediglich zwei Stiftungen ermitteln, die in den letzten Jahren Insolvenz anmelden mussten. Zwei weitere Fälle schildern *Schulz*, ZSt 2005, 137 ff., und *Passarge*, NZG 2008, 605. Allerdings gab es nach dem Ersten Weltkrieg ein großes Stiftungssterben, das freilich auf einer verfehlten Anlage in „mündelsichere" Kriegsanleihen beruhte, s. hierzu *Liermann*, Handbuch des Stiftungsrechts, Bd. 1, 1963, S. 281 ff. Vor solchen fundamentalen gesellschaftlichen Umbrüchen sind freilich auch Korporationen nicht sicher. Zur Insolvenz von Stiftungen s. ferner *A. Richter*, Stiftung&Sponsoring, Rote Seiten 3/2006, S. 1 ff. sowie ausführlich *Roth/Knof*, KTS 2009, 163 ff.

bereits aus der Verweisung des § 86 BGB auf das Vereinsrecht. Nach einem kurzen Blick auf die Eigenart der stiftungsrechtlichen Organisationsverfassung (Rz. 6.153 ff.) werden im Folgenden daher nur die Besonderheiten der stiftungsrechtlichen gegenüber der vereinsrechtlichen Managerhaftung aufgezeigt.

II. Zur Organisationsverfassung der Stiftung

Die Sonderheit der Stiftung besteht bekanntlich darin, dass sie **keine Mitglieder** hat. Folge ist einerseits, dass die Stiftung anders als Gesellschaften und Vereine von Gesetzes wegen nur über eine **einstufige Organisationsverfassung** verfügt. Einziges und daher (auch für Grundlagenänderungen)[1] allzuständiges Organ ist der Stiftungsvorstand, der zudem nach der gesetzlichen Regel (vgl. § 86 Satz 1 i.V.m. § 26 Abs. 2 Satz 1 BGB) nur aus einer Person besteht. Folge ist andererseits, dass die Stiftung nach Maßgabe landesrechtlicher Bestimmungen einer **staatlichen Stiftungsaufsicht** unterliegt[2], die als *„Garant des Stifterwillens"*[3] die Rechtmäßigkeit der Stiftungsverwaltung zu überwachen und auf diese Weise die Stiftung vor einem rechtswidrigen Verhalten ihrer Organe zu schützen hat.[4]

6.153

Das **Landesrecht** enthält freilich nicht nur Bestimmungen über die Stiftungsaufsicht, sondern ergänzt die bewusst unvollständigen Regelungen der §§ 80 ff. BGB, soweit diese nicht abschließend sind, vgl. § 85 BGB.[5] Dabei sind die weitaus meisten zivilrechtlichen Regelungen des Stiftungsrechts dispositiver Natur.

6.154

Hinsichtlich der **Vertretung und Geschäftsführung** des Vorstands gelten über die Verweisung des § 86 Satz 1 BGB die §§ 26 Abs. 2 und 27 Abs. 3 BGB, also dieselben Vorschriften wie für den Vereinsvorstand. Als Besonderheit zu beachten sind insofern lediglich **Zustimmungsvorbehalte** für bestimmte Rechtsgeschäfte, die nach manchen Landesstiftungsgesetzen (immer noch) **als Instrument der Stiftungsaufsicht** bestehen.[6]

6.155

---

1 Zu der wenig geklärten und außerordentlich streitigen Frage der Zulässigkeit und der Voraussetzungen von Grundlagenänderungen ausf. *Burgard*, Gestaltungsfreiheit, S. 332 ff. Zu (auch diesbezüglichen) Überlegungen einer Reform des Stiftungsrechts s. *Burgard*, ZStV 2016, 81 m. zahlr. w.N.
2 Dass die Stiftung für ihre Entstehung zudem einer staatlichen Anerkennung bedarf (§ 80 Abs. 1 und 2 BGB), ist hingegen keine Folge ihrer Mitgliederlosigkeit, sondern eine politische Entscheidung.
3 *Hof* in v. Campenhausen/Richter, Stiftungsrechts-Handbuch, § 10 Rz. 5.
4 Etwa BVerwG v. 12.2.1998 – 3 C 55/96, BVerwGE 106, 177, 180; BVerwG v. 22.9.1972 – VII C 27.71, StiftRspr. II, S. 89, 92; BGH v. 3.3.1977 – III ZR 10/74, StiftRspr. III, S. 27, 29 f., 32; BayVGH v. 22.5.1969 – 40 V 66, StiftRspr. II, S. 18, 23; KG v. 22.4.1968 – 1 VA 3/67, WM 1968, 903, 905; OVG Berlin v. 1.11.2002 – 2 S 29.02, NVwZ-RR 2003, 323, 324; aus der Literatur statt anderer *Hüttemann/Rawert* in Staudinger, Vor § 80 BGB Rz. 84; *Hof* in v. Campenhausen/Richter, Stiftungsrechts-Handbuch, § 10 Rz. 40 ff.; *Kronke*, Stiftungstypus und Unternehmensträgerstiftung, 1988, S. 148; alle m.w.N.
5 Zu einer möglichen Reform des Stiftungszivilrechts s. *Nicolai/Kuszlik*, ZRP 2016, 47; *Burgard*, ZStV 2016, 81; *Schauhoff*, npoR 2016, 2; *Jacob*, npoR 2016, 7; *Papsthart*, npoR 2016, 105; *Stolte*, BB 2015, 2694; *Hoffmann-Steudtner*, ZStV 2015, 192; *Weitemeyer*, NPLYB 2012/2013, 17; *Hüttemann*, NPLYB 2012/2013, 81; *Vogt*, NPLYB 2011/2012, 65.
6 § 13 StiftG B-W; Art. 19 BayStiftG; § 9 StiftG S-H.

III. Haftung der Mitglieder des Vorstands

6.156 Im Blick auf die **Innen- und Außenhaftung** der Vorstandsmitglieder gilt grundsätzlich dasselbe **wie im Vereinsrecht**. Einzugehen ist lediglich auf folgende **Besonderheiten**[1]:

1. Vermögenserhaltung, Vermögensverwaltung und Erträgnisverwendung

6.157 Die Verwaltung des Stiftungsvermögens muss eine dauernde und nachhaltige Erfüllung des Stiftungszwecks gewährleisten. Das wiederum setzt zum einen die ungeschmälerte Erhaltung des Stiftungsvermögens und zum anderen die Erwirtschaftung kontinuierlicher Erträge voraus.

a) Vermögenserhaltung

6.158 Nahezu wortgleich bestimmen die meisten Landesstiftungsgesetze: *„Das Stiftungsvermögen ist in seinem Bestand ungeschmälert zu erhalten."*[2] Zum Stiftungsvermögen gehören grundsätzlich alle nicht zum Verbrauch bestimmten Mittel der Stiftung, insbesondere das sog. Grundstockvermögen (das der Stiftung vom Stifter gewidmete Vermögen). Fraglich ist jedoch, was „erhalten" bedeutet, wenn die Stiftungssatzung hierzu keine Vorgaben enthält.[3]

aa) Unterbilanzverbot

6.159 Richtigerweise bedeutet „erhalten" zunächst, dass **das Stiftungskapital nicht angegriffen oder gar aufgezehrt** werden darf.[4] Bilanziell betrachtet darf daher bei der Stiftung grundsätzlich keine Unterbilanz entstehen. Allerdings muss die Kapitalerhaltung nur mittel- und langfristig gewährleistet sein.[5] Das ergibt sich schon daraus, dass Stiftungen einen langfristigen Anlagehorizont haben, kurzfristige Wertverluste also „aussitzen" können[6], und andernfalls auf Vermögensanlagen beschränkt wären, die keinen oder nur geringen nominellen Wertschwankungen unterliegen. Kurz- und mittelfristig kann und darf es daher zu einer gewissen Unterdeckung kommen, soweit weder deren Ausmaß noch ihre Ursache oder Dauer die Leistungskraft der Stiftung in Frage stellen. „Erhalten" bedeutet dagegen **nicht, dass die Zusam-**

---

1 S. zum Ganzen auch *Schwintek*, Vorstandskontrolle in rechtsfähigen Stiftungen bürgerlichen Rechts, 2001; *Reuter*, NPLYB 2002, S. 157 ff.; *Friedrich* in Graf Strachwitz/Mercker (Hrsg.), Stiftungen in Theorie und Praxis, 2005, S. 814 ff.
2 Nur Brandenburg und Mecklenburg-Vorpommern haben auf eine Kodifizierung dieses Grundsatzes verzichtet.
3 Unstreitig ist, dass das Vermögenserhaltungsgebot zur Disposition des Stifters steht. Nach § 80 Abs. 1 Satz 2 BGB kann er inzwischen sogar den Verbrauch des Stiftungskapitals gestatten. Das entsprach bereits zuvor der h.M., s. *Hof* in v. Campenhausen/Richter, Stiftungsrechts-Handbuch, § 4 Rz. 44 und *Burgard*, Gestaltungsfreiheit, S. 169 ff.
4 Vgl. Begr. RegE zu Art. 6 BayStiftG, LT-Drucks. 15/10528, S. 9; zu § 7 BreStiftG, LT-Drucks. 12/405, S. 9; zu § 6 NdsStiftG, LT-Drucks. 6/200, S. 11 f.; zu § 6 SaarStiftG, LT-Drucks. 8/1859, S. 8; zu § 4 SHStiftG, LT-Drucks. 7/169, S. 14; aus der Lit. etwa *Carstensen*, Vermögensverwaltung, S. 43; *Hof* in v. Campenhausen/Richter, Stiftungsrechts-Handbuch, § 9 Rz. 70; *Peiker*, HeStiftG, 5. Aufl. 2013, § 6 Anm. 2.1.
5 *IDW*, WPg 2000, 391, 396; *Carstensen*, WPg 1996, 781, 793; *Schauhoff*, DStR 2004, 471, 472.
6 Darauf weisen *Hüttemann/Schön*, Vermögensverwaltung und Vermögenserhaltung im Stiftungs- und Gemeinnützigkeitsrecht, 2007, S. 34, zu Recht hin.

mensetzung des Stiftungsvermögens unverändert bleiben müsste.[1] Vielmehr sind **Vermögensumschichtungen grundsätzlich erlaubt** und u.U. sogar geboten.[2]

bb) Werterhaltungsgebot

Das Werterhaltungsgebot soll die Leistungskraft des Stiftungskapitals im Blick auf die Erfüllung des Stiftungszwecks sichern.[3] Bedroht wird der Nutzungswert insbesondere durch die beständige Geldentwertung[4], aber auch durch die Abnutzung und Alterung von Sachmitteln sowie die fortschreitenden Ansprüche an Ausstattung und Technik. Hinsichtlich des Geldvermögens ist daher keine nominelle, sondern eine **reale Kapitalerhaltung**[5] und hinsichtlich des Sachvermögens nicht eine güteridentische, sondern eine **entwicklungsäquivalente Substanzerhaltung**[6] geboten.

6.160

Das Gebot realer Kapitalerhaltung darf aber nicht dahin missverstanden werden, ihm Priorität gegenüber einer möglichst optimalen Zweckverfolgung einzuräumen. Vielmehr geht es darum, die Leistungskraft der Stiftung auf möglichst hohem Niveau zu sichern. Recht verstanden begrenzt das Werterhaltungs- in Verbindung mit dem Zweckverfolgungsgebot also sowohl ein allzu risikofreudiges als auch ein allzu risikoaverses Anlageverhalten. **Ausschlaggebend** ist dabei nicht die **Rendite-Risiko-Struktur** des einzelnen Investments, sondern **des Gesamtportfolios**. Per se verbotene Anlageformen gibt es daher nicht[7], wohl aber Anlagestrategien, die nicht geeignet sind, die Leistungskraft der Stiftung dauerhaft auf einem angemessenen Niveau zu erhalten.

6.161

---

1 So ausdrücklich § 4 Abs. 1 Satz 2 Halbsatz 2 HbgStiftG, § 4 Abs. 2 Satz 2 NRWStiftG, § 7 Abs. 2 Satz 1 Halbsatz 2 RPStiftG; im Grundsatz unstreitig, statt anderer *Helios/Friedrich* in MünchHdb. GesR, Bd. 5, § 96 Rz. 14; *Hof* in v. Campenhausen/Richter, Stiftungsrechts-Handbuch, § 9 Rz. 72; *Carstensen*, Vermögensverwaltung, S. 75, jeweils m.w.N.
2 *Burgard*, Gestaltungsfreiheit, S. 485 ff., 537 ff.; *Werner*, ZEV 2009, 366, 367.
3 H.M., vgl. Art. 6 Abs. 3 Satz 2 BayStiftG, § 7 Abs. 3 Satz 2 Fall 2 BreStiftG, § 6 Abs. 2 Satz 2 SaarStiftG, § 4 Abs. 4 SHStiftG; vgl. ferner § 4 Abs. 3 Satz 2 HbgStiftG, § 6 Abs. 2 Satz 2 NdsStiftG, § 7 Abs. 3 Satz 2 RPStiftG, § 4 Abs. 3 Satz 1 SäStiftG, § 4 Abs. 2 Satz 1 ThStiftG; aus der Lit. *Carstensen*, Vermögensverwaltung, S. 42 ff.; *Helios/Friedrich* in MünchHdb. GesR, Bd. 5, § 96 Rz. 14 f.; *Hof* in v. Campenhausen/Richter, Stiftungsrechts-Handbuch, § 9 Rz. 70 ff.; *Weitemeyer* in MünchKomm. BGB, § 85 BGB Rz. 15 ff.; *Peiker*, HeStiftG, § 6 Anm. 2.1.; *Backert* in BeckOK BGB, § 80 BGB Rz. 7; *Voll/Störle*, BayStiftG, 5. Aufl. 2009, Art. 6 Rz. 6; *Siegmund-Schultze*, NdsStiftG, 9. Aufl. 2005, § 6 Anm. 1; *Rodloff/Drabe*, ZIP 2003, 2284, 2285; *Schauhoff*, DStR 2004, 471, 472.
4 S. dazu bereits *Leisner* in Dt. Stiftungswesen 1966–76, S. 94 ff., und *Flämig*, ebd., S. 185 ff. Besonders bedrohlich ist die Inflation für Förderstiftungen; denn einerseits entwertet sie das Stiftungskapital und die Stiftungserträge, andererseits erfordert sie höhere Ausschüttungen – und all dies, ohne dass die Teuerung wie bei gewerblichen Unternehmen an die Kunden weitergegeben werden könnte.
5 *IDW*, WPg 2000, 391, 396, Tz. 51 ff.; *Hof* in v. Campenhausen/Richter, Stiftungsrechts-Handbuch, § 9 Rz. 70 ff. Nach dem zuvor Gesagten reicht dabei eine Orientierung an der allgemeinen Preissteigerungsrate nicht immer aus. In den Blick zu nehmen ist vielmehr die für die Kosten- und Leistungsstruktur der Stiftung spezielle Teuerungsrate, näher *Schindler*, DB 2003, 297, 301.
6 *Schindler* in FS L. Fischer, S. 419, 425, mit einer Übersicht zu den verschiedenen Konzepten zur Erhaltung der Leistungskraft; s. dazu auch *Carstensen*, Vermögensverwaltung, S. 129 ff.
7 Zutr. *Hüttemann/Schön*, Vermögensverwaltung und Vermögenserhaltung im Stiftungs- und Gemeinnützigkeitsrecht, 2007, S. 10 f. Sofern der Stifter nicht riskante Investitionen in der Satzung zugelassen hat, sind aber jedenfalls solche unzulässig, bei welchen das Risiko eines Totalausfalls besteht, s. bspw. OLG Frankfurt v. 28.1.2015 – 1 U 32/13, BKR 2015, 292 m. zust. Anm. *Stürner*, BKR 2015, 294.

6.162 Reale Kapitalerhaltung bei gleichzeitiger nachhaltiger Erfüllung des Stiftungszwecks ist mithin eine sehr anspruchsvolle Aufgabe.[1] Die Stiftung muss neben einer **geeigneten Anlagestrategie** (s. auch Rz. 6.168) vor allem eine **auf die** Verhältnisse der jeweiligen **Stiftung** (Vorgaben des Stifters, Stiftungszweck, Art der von der Stiftung zu erbringenden Leistungen)[2] **angepasste, nachprüfbare Haushalts- und Kapitalerhaltungsplanung** aufweisen[3] sowie ausreichend Rückstellungen und Rücklagen (§ 58 Nr. 6 und 7 AO), insbesondere Kapitalerhaltungsrücklagen[4], aber auch Betriebsmittelrücklagen und zweckgebundene Rücklagen zur Finanzierung aufwendiger Vorhaben bilden. Die Kapitalerhaltung ist im Rahmen des Jahresabschlusses durch eine Kapitalerhaltungsrechnung zu dokumentieren.[5]

cc) Ausschüttungsverbot

6.163 Das stiftungsrechtliche Kapitalerhaltungsgebot verbietet schließlich Ausschüttungen (z.B. von Fördermitteln) aus dem zum Erhalt des Stiftungskapitals erforderlichen Stiftungsvermögen.[6] Diese **Ausschüttungssperre** ist allerdings nicht starr, weil die Kapitalerhaltung nur mittel- und langfristig gewährleistet sein muss (Rz. 6.159)[7] und reale Kapitalerhaltung eine Bewertung zu Marktpreisen erfordert, aus denen sich Schwankungen ergeben, aufgrund derer Abweichungen von dem *„Idealpfad der realen Kapitalerhaltung"* unvermeidlich sind.[8] Auch sind Stiftungen grundsätzlich hinsichtlich der Form ihrer Rechnungslegung frei.[9]

6.164 Diese relative Ausschüttungssperre wandelt sich jedoch spätestens dann zu einer **absoluten Ausschüttungssperre, wenn** das Stiftungskapital derart geschwächt ist, dass eine weitere **nachhaltige Erfüllung des Stiftungszwecks beeinträchtigt** wird.[10] In diesem Fall ist auch die Aufsichtsbehörde einzugreifen berechtigt und verpflichtet[11], wenn die Stiftungsorgane

---

1 Näher dazu *Carstensen*, Vermögensverwaltung, S. 167 ff., 210 ff., 233 ff.; *Carstensen* in Bertelsmann Handbuch, S. 535, 554 ff.; *Sobotta/von Cube*, DB 2009, 2082, 2084 ff.

2 Vgl. *Schindler* in FS L. Fischer, S. 419, 432; *Schindler*, DB 2003, 297, 301.

3 *IDW*, WPg 2000, 385, 387, Tz. 18 (Unterpunkt 1); 391, 396, Tz. 56 ff.

4 S. *Burgard*, Gestaltungsfreiheit, S. 494 ff. sowie *IDW*, WPg 2000, 391, 396, Tz. 54, 55 ff.; kritisch dazu etwa *Orth*, DB 1997, 1341, 1347 f. Steuerrechtlich handelt es sich hierbei um eine freie Rücklage i.S. des § 58 Nr. 7 lit. a AO.

5 *Carstensen*, WPg 1996, 781, 792 f.; *Hof* in v. Campenhausen/Richter, Stiftungsrechts-Handbuch, § 9 Rz. 190 ff.

6 Vgl. *Hof* in v. Campenhausen/Richter, Stiftungsrechts-Handbuch, § 9 Rz. 190 ff.; *Carstensen*, Vermögensverwaltung, S. 48 ff., 223 f.; vgl. ferner OVG Hamburg v. 20.4.1964 – Bf I 65/61, StiftRspr. II, S. 160, 161; OLG Hamm v. 5.5.1987 – 29 U 175/86, StiftRspr. IV, S. 66, 71; scheinbar teilweise a.A. *Sandberg*, ZHR 164 (2000), 155, 162 f., s. aber auch *Sandberg*, ebd., S. 170 bei Fn. 63.

7 Vgl. § 7 Abs. 3 Satz 2 Fall 2 BreStiftG, § 6 Abs. 2 Satz 2 Fall 2 NdsStiftG, § 4 Abs. 3 NRWStiftG, § 7 Abs. 3 Satz 2 RPStiftG, § 6 Abs. 2 Satz 2 Fall 2 SaarStiftG, § 4 Abs. 4 Satz 1 SHStiftG sowie *IDW*, WPg 2000, 391, 396; s. auch *Schindler*, DB 2003, 297, 299.

8 *Carstensen*, WPg 1996, 781, 793; *Hof* in v. Campenhausen/Richter, Stiftungsrechts-Handbuch, § 9 Rz. 191.

9 Näher *Burgard*, Gestaltungsfreiheit, S. 547 ff.

10 Vgl. Art. 17 BayStiftG, § 7 Abs. 4 BreStiftG, § 4 Abs. 5 SHStiftG, sowie *Carstensen*, Vermögensverwaltung, S. 48 ff.; *Werner*, ZEV 2009, 366, 368; weniger streng *Hof* in v. Campenhausen/Richter, Stiftungsrechts-Handbuch, § 9 Rz. 89 ff.; *Schauhoff*, DStR 2004, 470, 475, 476.

11 Ausdrücklich sehen dies freilich nur Art. 17 BayStiftG und § 4 Abs. 5 SHStiftG vor. In den übrigen Ländern ergibt sich dies jedoch aus dem allgemeinen Kapitalerhaltungsgebot i.V.m. dem allgemeinen Anordnungsrecht der Behörden; a.A. *Hof* in v. Campenhausen/Richter, Stiftungsrecht, § 9 Rz. 92 (Ausnahmeregelung).

weiterhin Ausschüttungen vornehmen, anstatt die Stiftungserträge dem Stiftungskapital zuzuführen.[1] Erforderlich ist dann eine Vollthesaurierung, nötigenfalls über mehrere Jahre hinweg.[2]

Einer Vollthesaurierung steht bei gemeinnützigen Stiftungen zwar das **steuerliche Admassierungsverbot** (§ 55 Abs. 1 Nr. 5 AO) entgegen. Allerdings haben Stiftungen die Möglichkeit einer **Rücklagenbildung** nach § 58 Nr. 7 lit. a AO, die sie vorsorglich **alljährlich voll ausschöpfen** sollten.[3]

6.165

dd) Veräußerungsgebot

Besteht das Grundstockvermögen in der Hauptsache aus einem Unternehmen oder einer Unternehmensbeteiligung und ist die Rendite des Unternehmens dauerhaft negativ, kann ein Veräußerungsgebot bestehen.[4]

6.166

ee) Haftung

Im Blick auf die Haftung für die Einhaltung der strengen stiftungsrechtlichen Kapitalerhaltungsvorschriften führt nicht schon jede Abweichung vom *„Idealpfad der realen Kapitalerhaltung"*[5] zu haftungsrechtlichen Folgen für die verantwortlichen Organmitglieder. Die **Grenze** ist jedoch dort **überschritten**, wo die Abweichung etwa auf einer unzureichenden Planung oder Rechnungslegung oder der fehlenden Bildung von Rückstellungen oder Rücklagen oder dem Eingehen unverhältnismäßiger Risiken beruht oder weiterhin Ausschüttungen vorgenommen werden, obwohl das Stiftungskapital derart geschwächt ist, dass hierdurch eine weitere **nachhaltige Erfüllung des Stiftungszwecks beeinträchtigt** wird.[6]

6.167

b) Vermögensverwaltung

Hinsichtlich der Vermögensverwaltung sind zuvörderst die Vorgaben der Stiftungssatzung zu beachten. Abseits davon gelten die vorgenannten (Rz. 6.10 ff.) allgemeinen Regeln. Zudem hat der Vorstand ein rational begründbares, in Anlagerichtlinien[7] dokumentiertes und

6.168

---

1 Ausgenommen sind lediglich Zuschüsse, die der Stiftung unter der Auflage ihrer Ausschüttung gewährt wurden.
2 A.A. *Rodloff/Drabe*, ZIP 2003, 2284, 2286; *Weitemeyer* in MünchKomm. BGB, § 85 BGB Rz. 18 f.; *Reuter*, NPLYB 2002, S. 157, 163, welche Bestimmungen des Landesrechts, die eine Vollthesaurierung erlauben, wegen Verstoßes gegen § 80 Abs. 2 BGB (Verbot der Selbstzweckstiftung) für unwirksam halten. Das ist indes unzutreffend, s. zu der eingeschränkten Bedeutung des Verbots von Selbstzweckstiftungen *Burgard*, Gestaltungsfreiheit, S. 147 ff., und zum stiftungsrechtlichen Admassierungsverbot ebd., S. 494 ff.
3 Näher zum Gebot der zeitnahen Mittelverwendung und den Möglichkeiten einer Rücklagenbildung *Hüttemann*, Gemeinnützigkeits- und Spendenrecht, Rz. 5.74 ff., 5.104 ff.
4 Näher *Burgard*, Gestaltungsfreiheit, S. 485 ff. m.w.N.
5 *Carstensen*, WPg 1996, 781, 793; *Hof* in v. Campenhausen/Richter, Stiftungsrechts-Handbuch, § 9 Rz. 191.
6 BGH v. 20.11.2014 – III ZR 509/13, NZG 2015, 38; s. dazu *Burgard/Heimann*, NZG 2016, 166; *Segna*, ZIP 2015, 1561; *Saenger*, ZStV 2015, 97; *Elmenhorst/Dörfer*, npoR 2015, 177; *Lange*, JZ 2015, 630; zur Haftung s. auch *Müller*, ZIP 2010, 153; *Lorenz*, ZStV 2013, 222; *Graewe*, ZStV 2014, 103; *Stürner*, DStR 2016, 1628. Für einen weiteren Fall aus der Praxis s. OLG Köln v. 13.8.2013 – 9 U 253/12, juris.
7 S. dazu *Fritz* in O. Werner/Saenger (Hrsg.), Die Stiftung, 2008, Rz. 506 ff.

damit überprüfbares Anlagekonzept zu entwickeln, das ex ante eine Rendite-Risiko-Struktur des Gesamtportfolios aufweist, die geeignet ist, die Leistungskraft der Stiftung dauerhaft zu erhalten.[1] Eine teilweise Anlage in Substanzwerten (insb. Aktien und Immobilien) ist daher nicht nur stiftungsrechtlich erlaubt, sondern geboten. Allerdings hat der Vorstand auf eine angemessene Risikoverteilung durch ein „Streuen" der Anlagen zu achten. Ein **einseitiges Investieren in riskante oder nicht ausreichend besicherte Vermögensanlagen** verstößt ebenso wie eine mangelhafte Rechnungslegung gegen die Pflicht zur ordnungsgemäßen Geschäftsführung.[2] Zudem kann eine derartige Vermögensanlage die **Tragfähigkeit der Vermögensbasis** für die Verfolgung des Stiftungszwecks **gefährden**, was letztlich zum Verlust der Gemeinnützigkeit und somit für zur Haftung führen kann.[3] In diesen Fällen entlastet den Vorstand auch nicht die wegen des längeren Anlagehorizontes grds. gegebene Möglichkeit des „Aussitzens" von Wertverlusten (Rz. 6.159).[4] Erforderlich ist mithin ein adäquates Risikomanagement, das be- und entstehende Risiken erkennt, wirtschaftlich sinnvolle Möglichkeiten zu einer Risikominderung ergreift und unkontrollierten Vermögensverlusten vorbeugt. Auch risikoreiche Geschäfte sind daher nicht grundsätzlich verboten, wohl aber das Eingehen unkalkulierbarer, unkontrollierbarer und unverhältnismäßiger Risiken bezogen auf das Gesamtportfolio.[5] Insbesondere dürfen die eingegangenen Verlustrisiken insgesamt nicht derart hoch sein, dass die Leistungskraft der Stiftung bei ihrer Realisierung dauerhaft bedroht ist.[6]

c) Erträgnisverwendung

6.169 Die Stiftungserträge sind *erstens* unter Beachtung des Sparsamkeitsgebots (s. Rz. 6.14) zur Deckung des Verwaltungsaufwands heranzuziehen.[7] *Zweitens* sind Rücklagen zu bilden (Rz. 6.162, 6.165). Die übrigen Erträge sind *drittens* zeitnah zur Verfolgung des Stiftungszwecks zu verwenden, also etwa an die in der Satzung genannten Destinatäre auszuschütten. Zeitnah bedeutet – stiftungs- wie steuerrechtlich – innerhalb des auf den Zufluss der Erträge folgenden Kalender- oder Wirtschaftsjahres, § 55 Abs. 1 Nr. 5 AO. Wird gegen Gemeinnützigkeitsvorschriften verstoßen, so kann dies zur Aberkennung der steuerlichen Gemeinnüt-

---

1 Für ein Beispiel *Benke/Maucher*, Stiftung&Sponsoring 3/2007, S. 29 ff. Zu typischen Fehlern bei der Vermögensverwaltung (insb. mangelnde Diversifizierung, einseitige Anlage in festverzinsliche Wertpapiere, „Buy-and-hold-Prinzip", falsch verstandenes Spekulationsverbot, unzureichende oder übermäßige Berücksichtigung des Kapitalerhaltungsgebots) *Fritz* in O. Werner/Saenger (Hrsg.), Die Stiftung, 2008, Rz. 444 sowie die Rechtsprechung in den nachfolgenden vier Fußnoten.
2 OLG Frankfurt v. 28.1.2015 – 1 U 32/13, BKR 2015, 292; OLG Köln v. 13.8.2013 – 9 U 253/12, juris; FG Münster v. 11.12.2014 – 3 K 323/12 Erb, EFG 2015, 739.
3 FG Münster v. 11.12.2014 – 3 K 323/12 Erb, EFG 2015, 739.
4 BGH v. 20.11.2014 – III ZR 509/13, NZG 2015, 38; FG Münster v. 11.12.2014 – 3 K 323/12 Erb, EFG 2015, 739.
5 Vgl. BGH v. 3.12.1986 – IVa ZR 90/85, NJW 1987, 1070, 1071; aus jüngerer Vergangenheit BGH v. 20.11.2014 – III ZR 509/132, NZG 2015, 38; OLG Frankfurt v. 28.1.2015 – 1 U 32/13, BKR 2015, 292.
6 Näher zur Vermögensverwaltung bei Stiftungen insbesondere *Carstensen*, Vermögensverwaltung, Vermögenserhaltung und Rechnungslegung gemeinnütziger Stiftungen, 1996, S. 67 ff.; *Carstensen*, WPg 1996, 782 ff.; *Hüttemann/Schön*, Vermögensverwaltung und Vermögenserhaltung im Stiftungs- und Gemeinnützigkeitsrecht, 2007; *Fritz* in O. Werner/Saenger (Hrsg.), Die Stiftung, 2008, Rz. 443 ff.; *Leichinger*, npoR 2015, 237; *Stürner*, DStR 2015, 1628.
7 Näher dazu *Burgard*, Gestaltungsfreiheit, S. 540 f.; *Fritz* in O. Werner/Saenger (Hrsg.), Die Stiftung, 2008, Rz. 470; vgl. auch *Sobotta/von Cube*, DB 2009, 2082, 2084 f.

zigkeit führen (§ 63 Abs. 1 AO).[1] Die verantwortlichen Organmitglieder sind dann der Stiftung zum Ersatz aller daraus entstehenden Schäden verpflichtet.

2. Anspruchsgrundlage

Anspruchsgrundlage für die Innenhaftung von Vorstandsmitgliedern ist § 280 Abs. 1 BGB.[2] Daneben enthalten manche Landesstiftungsgesetze eigene Regelungen (Art. 7 Satz 2 und 3 BayStiftG, § 6 Abs. 1 Satz 3 BreStiftG, § 8 Satz 2 HeStiftG, § 6 Abs. 3 Satz 2 NdsStiftG, § 5 Abs. 2 Satz 3 SaarStiftG), deren verfassungsrechtliche Zulässigkeit allerdings zweifelhaft ist.[3] Soweit diese für Stiftungsvorstände eine Haftungsprivilegierung enthalten, sind sie jedenfalls mit Inkrafttreten der §§ 31a f. BGB unwirksam geworden.[4]

6.170

3. Verschuldensgrad, gesetzliche Haftungsmilderung und statutarische Haftungsverschärfung

Nach § 276 Abs. 1 BGB haften Organmitglieder grundsätzlich für jede Fahrlässigkeit, ehrenamtlich tätige Vorstandsmitglieder aufgrund der Verweisung des § 86 Satz 1 BGB auf § 31a BGB jedoch nur für Vorsatz und grobe Fahrlässigkeit. § 86 Satz 1 BGB verweist aber nicht auf § 40 BGB, so dass abweichende Satzungsregelungen zulässig sind und bleiben.[5] Bestimmt die Stiftungssatzung, dass Organmitglieder für eine schuldhafte Verletzung ihrer Pflichten einzustehen haben, so ist diese Bestimmung grundsätzlich dahin zu interpretieren[6], dass Organmitglieder für jede Fahrlässigkeit haften, § 31a BGB also nicht greift.[7]

6.171

4. Gewillkürte Haftungsmilderungen und Haftungsbegrenzungen

Gewillkürte Haftungsmilderungen und -beschränkungen bedürfen im Stiftungsrecht einer Rückbindung an den Stifterwillen. Sie sind daher im Stiftungsrecht (nur) **zulässig, soweit sie in der Stiftungssatzung vorgesehen** sind.[8]

6.172

---

1 Näher *Hüttemann*, Gemeinnützigkeits- und Spendenrecht, Rz. 4.162 ff. S. auch BFH v. 25.6.2014 – I R 41/12, BFH/NV 2015, 235; OLG Köln v. 13.8.2013 – 9 U 253/12, juris; FG Münster v. 11.12.2014 – 3 K 323/12 Erb, EFG 2015, 739; FG Hamburg v. 19.6.2008 – 5 K 165/06.
2 Anstelle anderer *Hof* in v. Campenhausen/Richter, Stiftungsrechts-Handbuch, § 8 Rz. 297; *Weitemeyer* in MünchKomm. BGB, § 86 BGB Rz. 28.
3 *Weitemeyer* in MünchKomm. BGB, § 80 BGB Rz. 19; *Backert* in BeckOK BGB, Vor §§ 80–88 BGB Rz. 25 f.; *Hüttemann/Rawert* in Staudinger, Vor §§ 80–88 BGB Rz. 75.
4 *Backert* in BeckOK BGB, § 86 BGB Rz. 7; zum Anwendungsbereich der Haftungsprivilegierung s. Rz. 6.63, 6.75, 6.85; zum Konkurrenzverhältnis zw. bundes- und landesrechtlichen Regelungen s. *Burgard*, Handbuch Managerhaftung, 1. Aufl., § 6 Rz. 172 ff. m.w.N.
5 *Burgard* in FS Reuter, 2010, S. 43; *Burgard*, ZIP 2010, 358, 364; a.A. *Arnold*, NPLYB 2009, 86, 107 f.; *Leuschner*, NZG 2014, 281, 287; unklar *Weitemeyer* in MünchKomm. BGB, § 86 BGB Rz. 28.
6 Eingehend zur Auslegung von Stiftungssatzungen *Burgard*, Gestaltungsfreiheit im Stiftungsrecht, 2006, S. 192 ff. m.w.N.
7 Näher *Burgard*, ZIP 2010, 358, 364; vgl. auch *Reuter*, NZG 2009, 1368, 1369: § 31a BGB läuft dem zentralen Schutzanliegen des Stiftungsrechts „diametral zuwider".
8 *Rawert* in Staudinger, § 86 BGB Rz. 13; *Schwintek*, ZSt 2005, 108, 111 f.; *Wehnert*, ZSt 2007, 67, 70; *Werner*, ZEV 2009, 366, 368; *Sobotta/von Cube*, DB 2009, 2082, 2086 f.

5. Verzicht

6.173 Die Stiftung kann grundsätzlich auf Ansprüche bzw. deren Geltendmachung ganz oder teilweise verzichten, auch auf Ansprüche gegen Organmitglieder, soweit diese nicht gläubigerschützenden Charakter (s. Rz. 6.53) haben.[1] Ein endgültiger Verzicht auf Schadensersatzansprüche entspricht i.d.R. nur dann den Erfordernissen der Business Judgement Rule (Rz. 6.28 f.), wenn das volle **Ausmaß des Anspruchs bekannt** ist. Unter Umständen ist daher ein Aufschieben der Entscheidung geboten. Überdies bedarf namentlich ein Organmitglieder begünstigender Verzicht nach manchen Stiftungsgesetzen der aufsichtsrechtlichen Mitwirkung.[2]

6.174 **Zuständig** für die Beschlussfassung[3] über einen Verzicht ist das für die Geltendmachung berufene Organ, regelmäßig also der Vorstand (s. Rz. 6.180). Dabei sind ggf. die durch den Beschluss begünstigten Organmitglieder von ihrem Stimmrecht ausgeschlossen, § 86 Satz 1 i.V.m. §§ 28 Abs. 1, 34 BGB. Die übrigen entscheiden nach pflichtgemäßem Ermessen, wobei sie insbesondere die **Erfordernisse der Business Judgement Rule und** die ihnen obliegende **Vermögensfürsorgepflicht zu beachten** haben.

6.175 Erforderlich ist also *erstens* eine Feststellung des zum Schadensersatz verpflichtenden Sachverhalts, *zweitens* eine Analyse des Prozessrisikos und der Beitreibbarkeit der Forderung. Beides ist gerichtlich voll nachprüfbar. *Drittens* sind die Vor- und Nachteile einer Rechtsdurchsetzung miteinander ins Verhältnis zu setzen. Ein **Verzicht** (im weitesten Sinne) kommt demnach regelmäßig **nur in Betracht, wenn die Nachteile der Rechtsdurchsetzung deren Vorteile für die Stiftung voraussichtlich überwiegen**[4], z.B. weil die Rechtsdurchsetzung kostspielig und ungewiss ist, weil es bei dem Schuldner ohnehin „nichts zu holen" gibt oder – namentlich bei Ansprüchen gegen Organmitglieder – weil der zu befürchtende Ansehensverlust für die Stiftung schwerer wiegt als der zu erlangende Schadensersatz. Letzteres darf freilich nicht zum Vorwand dienen, dass „eine Krähe der anderen kein Auge aushackt".[5]

6. Entlastung

6.176 Soweit die Stiftung auf Ansprüche verzichten kann[6], kommt auch eine **Entlastung** in Betracht. Allerdings ist eine Entlastung im Stiftungsrecht nur denkbar, wenn in der Stiftungssatzung ein (Kontroll-)Organ eingerichtet ist, demgegenüber das zu entlastende Organ Rechenschaft abzulegen hat.[7] Wird die Entlastung fahrlässigerweise **pflichtwidrig** erteilt, etwa indem das Entlastungsorgan fälschlicherweise vom Nichtbestehen von Ansprüchen ausging, bestehen zwar keine Ansprüche gegen die entlasteten Organmitglieder mehr, wohl aber nun-

---

1 *Werner*, ZEV 2009, 366, 370.
2 Vgl. Art. 19 Nr. 3 BayStiftG, § 13 Abs. 1 Nr. 4 BWStiftG.
3 Wollen sich die Organmitglieder nicht dem Vorwurf der Pflichtwidrigkeit aussetzen, bedarf es auch dann, wenn lediglich die Geltendmachung von Ansprüchen unterlassen werden soll, der Fassung eines Beschlusses.
4 Ebenso *Weitemeyer* in MünchKomm. BGB, § 86 BGB Rz. 30 m.w.N.
5 Vgl. BGH v. 21.4.1997 – II ZR 175/95, BGHZ 135, 244, 251 ff.
6 Deswegen verfängt der Einwand nicht, eine Entlastung sei unzulässig, weil die Stiftung anders als ein Verband über kein Organ verfüge, das kraft „eigenen Rechts" auf Ansprüche verzichten könnte, so aber *Reuter*, NPLYB 2002, S. 157, 167; *Schwintek*, Vorstandskontrolle, S. 203; *Schwintek*, ZSt 2005, 108, 115; *Kiethe*, NZG 2007, 810, 813.
7 Ebs. *Wehnert*, ZSt 2007, 67, 71; *Kiethe*, NZG 2007, 810, 813; *Werner*, ZEV 2009, 366, 370; *Hof* in v. Campenhausen/Richter, Stiftungsrechts-Handbuch, § 8 Rz. 310; vgl. zum engen Zusammenhang von Rechenschaftslegung und Entlastung *K. Schmidt*, ZGR 1978, 425, 428 m.w.N.

mehr gegen die entlastenden Organmitglieder.[1] Wird die Entlastung vorsätzlich pflichtwidrig erteilt, ist der Beschluss, wenn nicht gar sitten-, so doch treuwidrig und daher nichtig.[2]

Wird der Jahresabschluss des Vorstands von der **Stiftungsaufsichtsbehörde** nicht beanstandet, so kann darin **keine Entlastung** des Vorstands gesehen werden.[3] Zwar hat die Behörde das gesetzes- und satzungstreue Verhalten der Stiftungsorgane zu überwachen, sie ist jedoch nicht berechtigt, über Ansprüche der Stiftung zu verfügen.[4]

6.177

7. Exkulpation durch die Stiftungsaufsicht?

Nach einer Entscheidung des Kammergerichts haftet der Vorstand für eine satzungswidrige Mittelverwendung dann nicht, wenn der Aufsichtsbehörde der Sachverhalt in vollem Umfang bekannt war und sie ihn gleichwohl nicht beanstandet hat.[5] Dem kann in dieser Allgemeinheit nicht gefolgt werden.[6] **Vielmehr entlasten Genehmigungen und Auskünfte der Behörde die Stiftungsorgane von ihrer Verantwortlichkeit grundsätzlich nicht.** Eine **Ausnahme** kommt nur dann in Betracht, wenn sich die Stiftungsorgane unverschuldet in einem Rechtsirrtum befunden haben[7], der durch die Behörde hervorgerufen, unterhalten oder bestärkt wurde.

6.178

An die Entschuldbarkeit eines Rechtsirrtums sind indes strenge Anforderungen zu stellen.[8] Rechtsauskünfte und -ansichten, selbst wenn sie von einem Rechtsanwalt, einer Behörde oder gar einem Gericht geäußert wurden, entlasten dann nicht, wenn deren Richtigkeit für die Organmitglieder erkennbar zweifelhaft ist[9] oder sie mit einer abweichenden Beurteilung durch das zuständige Gericht rechnen mussten.[10]

6.179

---

1 *Burgard/Heimann*, NZG 2016, 166, 168. Dies kann zu einem Haftungs-Ping-Pong führen, s. *Burgard/Heimann*, ebd., 171. Dies ist einer der Gründe, weswegen die von *Schwintek*, ZSt 2005, 108, 115, heraufbeschworene Gefahr, die Entlastung durch ein Aufsichtsorgan könnte erteilt werden, um die Frage zu vermeiden, ob auch dessen Mitglieder haften, nicht sehr groß ist.
2 *Burgard/Heimann*, NZG 2016, 166, 168.
3 H.M., *Hof* in v. Campenhausen/Richter, Stiftungsrecht-Handbuch, § 8 Rz. 309; *Weitemeyer* in MünchKomm. BGB, § 86 BGB Rz. 30; *Rawert* in Staudinger, § 86 BGB Rz. 39; *Schwintek*, ZSt 2005, 108, 111; *Schindler*, DB 2003, 297, 300; *Wehnert*, ZSt 2007, 67, 71; *Werner*, ZEV 2009, 366, 370; a.A. *Ebersbach*, Handbuch, S. 121; *Neuhoff* in Soergel, § 86 BGB Rz. 13.
4 *Hof* in v. Campenhausen/Richter, Stiftungsrechts-Handbuch, § 8 Rz. 309; *Peiker*, HeStiftG, § 8 Anm. 6; *Kiethe*, NZG 2007, 810, 813; *Wehnert*, ZSt 2007, 67, 71.
5 KG Berlin v. 6.7.1970 – 16 U 1777/69, StiftRspr. III, S. 35, 37 f.
6 Ebenso etwa *Schwintek*, ZSt 2005, 108, 111; *Werner*, ZEV 2009, 366, 370, jeweils m.w.N.
7 Vgl. RGZ 156, 113, 120; BGH v. 9.2.1951 – I ZR 35/50, NJW 1951, 398; BGH v. 1.6.1951 – I ZR 120/50, NJW 1951, 758; BGH v. 7.3.1972 – VI ZR 169/70, NJW 1972, 1045.
8 St. Rspr., BGH v. 11.1.1984 – VIII ZR 255/82, BGHZ 89, 296, 303 = NJW 1984, 1028, 1030; BGH v. 14.6.1994 – XI ZR 210/93, NJW 1994, 2754, 2755; s. aber auch OLG Stuttgart v. 28.10.1997 – 12 U 83/97, NZG 1998, 232 f. Die Beweislast hierfür trifft die Organmitglieder (s. auch Rz. 6.42 f.). Zur Entschuldbarkeit eines Rechtsirrtums aufgrund von Auskünften des Finanzamtes BFH v. 18.9.1981 – VI R 44/77, BFHE 134, 149; BFH v. 7.9.2011 – I B 157/10, BFHE 235, 215; BFH v. 19.12.2012 – I R 81/11, BFH/NV 2013, 698, jew. m.w.N.
9 Vgl. BGH v. 15.5.1979 – VI ZR 230/76, BGHZ 74, 281; BGH v. 31.10.1967 – VI ZR 31/66, VersR 1968, 148; BGH v. 9.1.1991 – IV ZR 97/89, VersR 1991, 331, 333; BGH v. 12.1.2012 – V ZB 198/11, NJW 2012, 2443. Insbesondere entlasten gutachterliche Stellungnahmen von Rechtskundigen nicht ohne weiteres, da solche Gutachten leider allzu oft nach dem Motto geschrieben werden: „Wes' Brot ich ess', des' Lied ich sing."
10 BGH v. 11.1.1984 – VIII ZR 255/82, BGHZ 89, 296, 303; BGH v. 18.4.1974 – KZR 6/73, NJW 1974, 1903, 1904; BGH v. 27.9.1989 – IVa ZR 156/88, VersR 1990, 153, 154.

8. Durchsetzung

6.180 Ansprüche der Stiftung werden **grundsätzlich** von ihrem **Vorstand** geltend gemacht. Das gilt auch für Ansprüche gegen Organmitglieder. Verfügt die Stiftung über ein Kontrollorgan, ist allerdings anzunehmen, dass dieses für die Geltendmachung von Ansprüchen gegen die Mitglieder des Vorstands zuständig ist, § 30 Satz 2 BGB analog.[1] Überdies sehen manche Stiftungsgesetze der Länder eine **subsidiäre Kompetenz der Stiftungsaufsichtsbehörde** vor, Ersatzansprüche der Stiftung gegen die Stiftungsorgane geltend zu machen.[2] Bei Ansprüchen gegen den Stiftungsvorstand kommt ferner die Bestellung eines Notvorstands (§ 86 Satz 1 i.V.m. § 29 BGB) in Betracht.[3]

6.181 Die meisten Stiftungen verfügen – im Gegensatz zu Körperschaften – über kein Organ, dessen Mitglieder ein Eigeninteresse an der Durchsetzung von Schadensersatzansprüchen gegen Vorstandsmitglieder haben, weshalb hinsichtlich der Organhaftung im Stiftungsrecht ein **schwerwiegendes Durchsetzungsdefizit** besteht.[4] Behoben werden kann dieses letztlich nur durch eine erhebliche Verbesserung der sog. Foundation Governance.[5]

IV. Haftung der Mitglieder sonstiger Organe und von leitenden Mitarbeitern

6.182 Auch im Stiftungsrecht herrscht weitestgehend Gestaltungsfreiheit. Neben den Vorstand können daher kraft Satzung weitere Organe mit unterschiedlichen Funktionen treten.[6] **Es gilt das oben zum Verein Gesagte** (Rz. 6.86 ff.). Auch im Blick auf die Haftung von leitenden Mitarbeitern sind keine Besonderheiten ersichtlich (dazu Rz. 6.115 ff.).

---

1 Mangels Mitgliedern ist bei der Stiftung Anderes (s. Rz. 6.100 Fn. 2) kaum vertretbar, ebs. *Werner*, ZEV 2009, 366, 371; i.E. auch *Wehnert*, ZSt 2007, 66, 73.
2 So Art. 15 BayStiftG, §§ 11 Abs. 3, 20 Abs. 4 BWStiftG, § 16 NdsStiftG. § 11 NRWStiftG sieht für solche Fälle die Bestellung eines besonderen Vertreters vor. Die Bestellung von Beauftragten ist auch nach anderen Stiftungsgesetzen (z.B. § 6 Abs. 4 HbgStiftG, § 16 HeStiftG, § 8 MVStiftG, § 16 SaarStiftG) möglich. In Betracht kommt schließlich eine Ersatzvornahme z.B. nach § 13 Abs. 4 BreStiftG, § 14 Abs. 1 HeStiftG, § 6 Abs. 3 MVStiftG, § 13 SaarStiftG.
3 *Ebersbach*, Handbuch, S. 71; *Rawert* in Staudinger, § 82 BGB Rz. 11; *Kiethe*, NZG 2007, 810, 813; *Werner*, ZEV 2009, 366, 371. Zur Frage der Verjährung ausführlich *Gollan*, Vorstandshaftung in der Stiftung, 2009, S. 291 ff.
4 Eindringlich *Reuter*, NPLYB 2002, 157, 167 ff.; *Burgard*, ZStV 2015, 1, 4 ff.
5 Hierzu ausführlich *Burgard*, ZStV 2015, 1.
6 Ausf. *Burgard*, Gestaltungsfreiheit, insbesondere S. 261 ff.

§ 7
Organhaftung gegenüber Dritten

Grundlagen, insbesondere die Haftung aus unerlaubter Handlung und c.i.c.

Professor Dr. Holger Altmeppen

A. Einleitung	7.1
B. Haftung der Geschäftsleiter gegenüber Dritten	7.3
I. Grundsatz der Innenhaftung	7.3
II. Vertragliche und vertragsähnliche Haftung	7.5
1. Haftung aus selbständigem Vertragsverhältnis	7.5
2. Haftung bei Missachtung des Offenkundigkeitsprinzips	7.8
3. Haftung bei Handeln ohne Vertretungsmacht (§ 179 BGB)	7.9
4. Rechtsscheinhaftung bei fehlendem/fehlerhaftem Rechtsformzusatz	7.12
5. Culpa in contrahendo	7.19
a) Inanspruchnahme besonderen persönlichen Vertrauens	7.19
b) Besonderes wirtschaftliches Eigeninteresse	7.25
c) Gesamtschuld	7.27
III. Deliktische Haftung	7.29
1. Handeln als „Einzeltäter"	7.29
a) Haftung aus § 823 Abs. 1 BGB	7.29
aa) Schädigung durch aktives Tun	7.29
(1) Allgemeines	7.29
(2) Haftung gegenüber Gesellschaftern für „Eingriffe in die Mitgliedschaft"?	7.30
(3) Problem der Schadenskongruenz („Reflexschaden")	7.34
bb) Mittelbare Schädigung/Verletzung von Verkehrspflichten	7.38
(1) Allgemeines	7.38
(2) Rechtsprechung	7.39
(3) Meinungsstand in der Literatur. Kritische Reaktion der h.L.	7.40
(4) Stellungnahme	7.43
b) Haftung aus § 823 Abs. 2 BGB i.V.m. Schutzgesetzen	7.47
aa) Allgemeines	7.47
bb) Einzelne Beispiele	7.49
c) Haftung aus § 831 BGB	7.58
d) Haftung für vorsätzliche sittenwidrige Schädigung (§ 826 BGB)	7.60
2. Haftung für deliktisches Handeln als Mitglied des Kollegialorgans	7.68
a) Haftung für Stimmverhalten bei der Beschlussfassung?	7.68
b) Zumutbare Maßnahmen zur Verhinderung der Beschlussausführung	7.71
aa) Allgemeines	7.71
bb) Interne Maßnahmen (Prüfung, Remonstration, Anrufung des Aufsichtsrats, Amtsniederlegung)	7.72
cc) Pflicht zur Klageerhebung?	7.73
dd) Pflicht zu öffentlicher Information und zur Anzeigeerstattung?	7.74
3. Kein Haftungsausschluss bei Handeln auf Weisung	7.75
4. Gesamtschuldnerische Haftung und Gesamtschuldnerausgleich	7.76
a) Außenverhältnis	7.76
b) Innenausgleich	7.77
aa) Ausgleich im Verhältnis zur Gesellschaft	7.77
bb) Ausgleich mehrerer Organwalter untereinander	7.79
C. Haftung der Aufsichtsräte gegenüber Dritten	7.80
I. Allgemeines	7.80
II. Vertragliche und vertragsähnliche Haftung	7.81
III. Deliktshaftung	7.82

Schrifttum: *Abeltshauser*, Leitungshaftung im Kapitalgesellschaftsrecht, 1998; *Altenhain*, Die Neuregelung der Marktpreismanipulation durch das Vierte Finanzmarktförderungsgesetz, BB 2002, 1874; *Altmeppen*, Gegen „Fiskus-" und „Sozialversicherungsprivileg" bei Insolvenzreife, in FS Goette, 2011, S. 1; *Altmeppen*, Grenzen der Zustimmungsvorbehalte des Aufsichtsrats und die Folgen ihrer Verletzung durch den Vorstand, in FS K. Schmidt, 2009, S. 23; *Altmeppen*, Das neue Recht der Gesellschafterdarlehen in der Praxis, NJW 2008, 3601; *Altmeppen*, GmbH – Vermögensvermischung, Haftung des Gesellschafters – Darlegungslast bei Verletzung der Konkursantragspflicht durch Geschäftsführer – Zum Schutzgesetzcharakter des OWiG § 130 und der Regelungen über die Buchführungspflicht, DZWir 1994, 378; *Altmeppen*, Geschäftsleiterhaftung für Weglassen des Rechtsformzusatzes aus deutsch-europäischer Sicht, ZIP 2007, 889; *Altmeppen*, Haftung der Geschäftsleiter einer Kapitalgesellschaft für Verletzung von Verkehrssicherungspflichten, ZIP 1995, 881; *Altmeppen*, Haftung der Gesellschafter einer Personengesellschaft für Delikte, NJW 1996, 1017; Altmeppen, Haftung für Delikte „aus dem Unternehmen", dargestellt am Fall „Dieselgate", ZIP 2016, 97; *Altmeppen*, Insolvenzverschleppungshaftung Stand 2001, ZIP 2001, 2201; Altmeppen, Irrungen und Wirrungen um den täuschenden Rechtsformzusatz und seine Haftungsfolgen, NJW 2012, 2833; *Altmeppen*, Masseschmälernde Zahlungen, NZG 2016, 521; *Altmeppen*, Probleme der Konkursverschleppungshaftung, ZIP 1997, 1173; *Altmeppen*, Was bleibt von den masseschmälernden Zahlungen?, ZIP 2015, 949; *Altmeppen*, Zur vorsätzlichen Gläubigerschädigung, Existenzvernichtungshaftung und materiellen Unterkapitalisierung in der GmbH, ZIP 2008, 1201; *Altmeppen/Wilhelm*, Quotenschaden, Individualschaden und Klagebefugnis bei der Verschleppung des Insolvenzverfahrens über das Vermögen der GmbH, NJW 1999, 673; *Bachmann*, Reform der Organhaftung? – Materielles Haftungsrecht und seine Durchsetzung in privaten und öffentlichen Unternehmen, Gutachten E zum 70. DJT 2014; *v. Bar*, Zur Struktur der Deliktshaftung von juristischen Personen, ihren Organen und ihren Verrichtungsgehilfen, in FS Kitagawa, 1992, S. 279; *Barnet*, Deliktischer Schadensersatz bei Kursmanipulation de lege lata und de lege ferenda, WM 2002, 1473; *Bayer*, Legalitätspflicht der Unternehmensleitung, nützliche Gesetzesverstöße und Regress bei verhängten Sanktionen – dargestellt am Beispiel von Kartellverstößen, in FS K. Schmidt, 2009, S. 85; *Bayer/Lieder*, Ersatz des Vertrauensschadens wegen Insolvenzverschleppung und Haftung des Teilnehmers, WM 2006, 1; *Beck*, Die Pflicht des Geschäftsführers zur Erstattung von Insolvenzgeld bei verspäteter Insolvenzantragstellung, ZInsO 2008, 713; *Biletzki*, Außenhaftung des GmbH-Geschäftsführers, BB 2000, 521; *Brandes*, Ersatz von Gesellschafts- und Gesellschafterschaden, in FS Fleck, 1988, S. 13; *Brinkmann*, Zur Haftung von Geschäftsführer und sonstigen Vertretern ausländischer Gesellschaften wegen Fehlen des Rechtsformzusatzes, IPRax 2008, 30; *Brüggemeier*, Organisationshaftung – Deliktsrechtliche Aspekte innerorganisatorischer Funktionsdifferenzierung, AcP 191 (1991), 33; *Brüggemeier*, Prinzipien des Haftungsrechts. Eine systematische Darstellung auf rechtsvergleichender Grundlage, Grundlagen und Schwerpunkte des Privatrechts in europäischer Perspektive, 1999; *Bütter/Tonner*, Bankgeheimnis und Schadensersatzhaftung der Bank – Der Fall Kirch gegen Deutsche Bank und Breuer, BKR 2005, 344; *Canaris*, Handelsrecht, 24. Aufl. 2006; *Canaris*, Rechtsscheinhaftung auf Grund unrichtiger Firmierung, NJW 1991, 2628; *Christensen*, Verkehrspflichten in arbeitsteiligen Prozessen, 1995; *Derleder/Fauser*, Der Regress bei gesamtschuldnerischer Haftung juristischer Personen und ihrer Organe und seine Auswirkungen auf die Organtätigkeit – Praxisfolgen des Kirch-Urteils, BB 2006, 949; *Derlin*, Anmerkung zu BGH Urt. vom 11.6.2013 – II ZR 80/12, BB 2013, 2322; *Dreher*, Die persönliche Haftung des GmbH-Geschäftsführers für Sozialversicherungsbeiträge, in FS Kraft, 1998, S. 59; *Dreher*, Die persönliche Verantwortlichkeit von Geschäftsleitern nach außen und die innergesellschaftliche Aufgabenteilung, ZGR 1992, 22; *Dreher*, Zur Frage der Haftung eines GmbH-Geschäftsführers wegen Schutzgesetzverletzung, DB 1991, 2586; *Dreier*, Die Verkehrspflichthaftung des Geschäftsführers der GmbH, 2002; *Ebenroth/Lange*, Sorgfaltspflichten und Haftung des Geschäftsführers einer GmbH nach § 43 GmbHG, GmbHR 1992, 69; *Edelmann*, Haftung von Vorstandsmitgliedern für fehlerhafte Ad-hoc-Mitteilungen – Besprechung der Infomatec-Entscheidungen des BGH, BB 2004, 2031; *Ehricke*, Zur Teilnehmerhaftung von Gesellschaftern bei Verletzungen von Organpflichten mit Außenwirkung durch den Geschäftsführer einer GmbH, ZGR 2000, 351; *Ehricke/Rotstegge*, Drittschutz zu Gunsten anderer Konzerngesellschaften bei Verletzung des Bankgeheimnisses, ZIP 2006, 925; *Eichelberger*, Das Verbot der Marktmanipulation (§ 20a WpHG),

2006; *Ekkenga*, Fragen der deliktischen Haftungsbegründung bei Kursmanipulationen und Insidergeschäften, ZIP 2004, 781; *Fischer*, Öffentliche Äußerungen von Organmitgliedern juristischer Personen als Gefährdung der Kreditwürdigkeit des Vertragspartners, DB 2006, 598; *Fleischer*, Aktuelle Entwicklungen der Managerhaftung, NJW 2009, 2337; *Fleischer*, Zum Grundsatz der Gesamtverantwortung im Aktienrecht, NZG 2003, 449; *Fleischer*, Zur Verantwortlichkeit einzelner Vorstandsmitglieder bei Kollegialentscheidungen im Aktienrecht, BB 2004, 2645; *Flume*, Die Haftung des GmbH-Geschäftsführers bei Geschäften nach Konkursreife der GmbH, ZIP 1994, 337; *Flume*, Die juristische Person, 1983; *Frank*, Die Haftung des Geschäftsführers einer GmbH und der Geschäftsführerorgane sonstiger juristischer Personen für Aufsichtsverschulden nach § 831 Abs. 2 BGB, BB 1975, 588; *Froesch*, Managerhaftung – Risikominimierung durch Delegation, DB 2009, 722; *Fuchs/Dühn*, Deliktische Schadensersatzhaftung für falsche Ad-hoc-Mitteilungen, BKR 2002, 1063; *Gärtner*, Anmerkung zu BGH Urt. vom 11.9.2012 – VI ZR 92/11, BB 2012, 2973; *Goette*, Zu den Folgen der Anerkennung ausländischer Gesellschaften mit tatsächlichem Sitz im Inland für die Haftung ihrer Gesellschafter und Organe, ZIP 2006, 541; *Goette*, Gesellschaftsrechtliche Grundfragen im Spiegel der Rechtsprechung, ZGR 2008, 436; *Groß*, Deliktische Außenhaftung des GmbH-Geschäftsführers, ZGR 1998, 551; *Grunewald*, Die Haftung von Organmitgliedern nach Deliktsrecht, ZHR 157 (1993), 451; *Haas*, Geschäftsführerhaftung und Gläubigerschutz, 1997; *Haas*, Rechtsprechung zur Insolvenzantragspflicht des GmbH-Geschäftsführers nach § 64 Abs. 1 GmbHG, DStR 2003, 423; *Habersack*, Die Mitgliedschaft – subjektives und „sonstiges" Recht, 1996; *Habetha*, Deliktsrechtliche Geschäftsführerhaftung und gesellschaftsfinanzierte Haftpflichtversicherung, DZWir 1995, 272; *Hadding*, Ergibt die Vereinsmitgliedschaft „quasi-vertragliche" Ansprüche, „erhöhte Treue- und Förderpflichten" sowie ein sonstiges Recht i.S.d. § 823 Abs. 1 BGB?, in FS Kellermann, 1991, S. 91; *Heil/Russenschuck*, Die persönliche Haftung des GmbH-Geschäftsführers, BB 1998, 1749; *Hellgardt*, Die deliktische Außenhaftung von Gesellschaftsorganen für unternehmensbezogene Pflichtverletzungen – Überlegungen vor dem Hintergrund des Kirch/Breuer-Urteils des BGH, WM 2006, 1514; *Heusel*, Das Instrumentarium zur Durchsetzung unterlassener Pflichtangebote im Lichte der BKN-Entscheidung des BGH, AG 2014, 232; *Holzborn/Foelsch*, Schadensersatzpflichten von Aktiengesellschaften und deren Management bei Anlegerverlusten – Ein Überblick, NJW 2003, 932; *Hommelhoff/Schwab*, Die Außenhaftung des GmbH-Geschäftsführers und sein Regress gegen die Gesellschafter, in FS Kraft, 1998, S. 263; *K. Huber*, Verkehrspflichten zum Schutz fremden Vermögens, in FS von Caemmerer, 1978, S. 359; *Jungmichel*, Haftung und Schadenskompensation bei Verstößen gegen Ad-hoc-Publizitätspflichten, 2007; *Juretzek*, Anmerkung zu BGH Urt. vom 11.9.2012 – VI ZR 92/11, DStR 2012, 2495; *Keßler*, Die deliktische Eigenhaftung des GmbH-Geschäftsführers, GmbHR 1994, 429; *Kiethe*, Die deliktische Eigenhaftung des Geschäftsführers der GmbH gegenüber Gesellschaftsgläubigern, DStR 1993, 1298; *Kindler*, Die Begrenzung der Niederlassungsfreiheit durch das Gesellschaftsstatut, NJW 2007, 1785; *Kleindiek*, Deliktshaftung und juristische Person, 1997; *Köhl*, Die Einschränkung der Haftung des GmbH-Geschäftsführers nach den Grundsätzen des innerbetrieblichen Schadensausgleichs, DB 1996, 2597; *Kort*, Gesellschaftsrechtliche Aspekte des Kirch/Deutsche Bank-Urteils des BGH, NJW 2006, 1098; *Krebs/Dylla-Krebs*, Deliktische Eigenhaftung von Organen für Organisationsverschulden, DB 1990, 1271; *Kübler*, Die Konkursverschleppungshaftung des GmbH-Geschäftsführers nach der „Wende" des Bundesgerichtshofes – Bedeutung für die Praxis, ZGR 1995, 481; *Larenz*, Rechtswidrigkeit und Handlungsbegriff im Zivilrecht, in FS Dölle, Bd. I, 1963, S. 169; *Leonhard*, Anmerkung zu BGH Urt. vom 5.2.2007 – II ZR 84/05, WuB II C § 4 GmbHG 1.07; *Lutter*, Haftungsrisiken des Geschäftsführers einer GmbH, GmbHR 1997, 329; *Lutter*, Zur persönlichen Haftung des Geschäftsführers aus deliktischen Schäden im Unternehmen, ZHR 157 (1993), 464; *Maier-Reimer/Webering*, Ad-hoc-Publizität und Schadensersatzhaftung, WM 2002, 1857; *F.A. Mann*, Anmerkung zu BGH Urt. vom 13.11.1973 – VI ZR 53/72, Zur Frage des persönlichen Schadens des GmbH-Alleingesellschafters, NJW 1974, 492; *F.A. Mann*, Anmerkung zu BGH Urt. vom 8.2.1977 – VI 249/74, Verlust der Gesellschaft als Schaden des Alleingesellschafters, NJW 1977, 2160; *Martinek*, Besprechung von Kleindiek, Deliktshaftung und juristische Person, AcP 198 (1998), 612; *Medicus*, Deliktische Außenhaftung der Vorstandsmitglieder und Geschäftsführer, ZGR 1998, 570; *Medicus*, Die Außenhaftung des GmbH-Geschäftsführers, GmbHR 1993, 533; *Medicus*, Die interne Geschäftsverteilung und die Außenhaftung von GmbH-Geschäftsführern, GmbHR 1998, 9; *Medicus*, Durchblick: Drittbeziehungen im Schuldverhältnis, Jus 1974, 613; *Medicus*, Zum Anwendungsbereich der Übernehmerhaftung nach § 831 Abs. 2 BGB, in FS Deutsch, 1999, S. 291; *Medicus*, Zur deliktischen Außenhaftung von Arbeitnehmern, in FS W. Lorenz, 1991, S. 155; *Medicus*, Zur Eigenhaftung des GmbH-Geschäftsführers aus Verschulden bei Vertragsverhandlungen, in FS Steindorff, 1990, S. 725; *Merkner/Sustmann*, BGH schließt zivilrechtliche Ansprüche von Aktionären bei unterlassenem Pflichtangebot aus, NZG 2013, 1087; *Mertens*, Die Geschäftsführerhaftung in der GmbH und das ITT-Urteil, in FS R. Fischer, 1979, S. 461; *Mertens/Mertens*, Anmerkung zu BGH Urt. vom 5.12.1989 – VI ZR 335/88, JZ 1990, 488; *Möllers*, Rechtsgüterschutz im Umwelt- und Haftungsrecht, 1996; *Möllers/Beutel*, Haftung für Äußerungen zur Bonität des Bankkunden – Der BGH zum Rechtsstreit Leo Kirch gegen Deutsche Bank und Breuer, NZG 2006, 338; *Nietsch*, Die Garantenstellung von Geschäftsleitern im Außenverhältnis, CCZ 2013, 192; *Nölle*, Die Eigenhaftung des GmbH-Geschäftsführers für Organisationspflichtverletzung, 1995; *Paschos/Witte*, Anmerkung zu BGH Urt. vom 11.6.2013 – II ZR 80/12, EWiR 2013, 757; *Peters*, Ressortverteilung zwischen GmbH-Geschäftsführern und ihre Folgen, GmbHR 2008, 682; *Poelzig*, Durchsetzung und Sanktionierung des neuen Marktmissbrauchsrechts, NZG 2016, 492; *Poertzgen*, Anmerkung zu BGH Urt. vom 18.12.2007 – VI ZR 231/06, DZWIR 2008, 247; *Ransiek*, Zur deliktischen Eigenhaftung des GmbH-Geschäftsführers aus strafrechtlicher Sicht, ZGR 1992, 203; *Recksiek*, Deliktische Außenhaftung des GmbH-Geschäftsführers, 1998; *Reiff/Arnold*, Unbeschränkte Konkursverschleppungshaftung des Geschäftsführers einer GmbH auch gegenüber gesetzlichen Neugläubigern?, ZIP 1998, 1893; *Reuter*, Die Vereinsmitgliedschaft als sonstiges Recht im Sinne des § 823 Abs. 1 BGB, in FS Lange, 1992, S. 707; *Röckrath*, Kollegialentscheidung und Kausalitätsdogmatik, NStZ 2003, 641; *Röhricht*, Insolvenzrechtliche Aspekte im Gesellschaftsrecht, ZIP 2005, 505; *Römermann*, Anmerkung zu BGH Urt. vom 5.2.2007 – II ZR 84/05, GmbHR 2007, 595; *Roth*, Ausplünderung einer GmbH durch ihre Gesellschafter, LMK 2004, 223; *Rowedder*, Zur Außenhaftung des GmbH-Geschäftsführers, in FS Semler, 1993, S. 311; *Rützel*, Der aktuelle Stand der Rechtsprechung zur Haftung bei Ad-hoc-Mitteilungen, AG 2003, 69; *Sandmann*, Die Haftung von Arbeitnehmern, Geschäftsführern und leitenden Angestellten, 2001; *Schanze*, Sanktionen bei Weglassen eines die Haftungsbeschränkung anzeigenden Rechtsformzusatzes im europäischen Rechtsverkehr, NZG 2007, 533; *Schlechtriem*, Organisationsverschulden als zentrale Zurechnungskategorie, in FS Heiermann, 1995, S. 281; *Schmidt*, Die Umwelthaftung der Organmitglieder von Kapitalgesellschaften, 1996, S. 220; *K. Schmidt*, Anmerkung zu BGH, Beschl. v. 20.9.1993 – II ZR 292/91, NJW 1993, 2934; *K. Schmidt*, Die Vereinsmitgliedschaft als Grundlage von Schadensersatzansprüchen, JZ 1991, 157; *K. Schmidt*, Konkursverschleppungshaftung und Konkursverursachungshaftung, ZIP 1988, 1497; *K. Schmidt*, Wohin führt das Recht der Einmann-Gesellschaft?, GmbHR 1974, 178; *K. Schmidt*, Zur Durchgriffsfestigkeit der GmbH, ZIP 1994, 837; *Schmolke*, Organwalterhaftung für Eigenschäden von Kapitalgesellschaften, 2004; *Uwe H. Schneider*, Die Wahrnehmung öffentlich-rechtlicher Pflichten durch den Geschäftsführer – zum Grundsatz der Gesamtverantwortung bei mehrköpfiger Geschäftsführung in der konzernfreien GmbH und im Konzern, in FS 100 Jahre GmbH-Gesetz, 1992, S. 473; *Uwe H. Schneider/Brouwer*, Die Verantwortlichkeit der Gesellschaft und ihrer Geschäftsleiter bei der Delegation öffentlich-rechtlicher Pflichten, in FS Priester, 2007, S. 713; *Schnorr*, Geschäftsleiteraußenhaftung für fehlerhafte Buchführung, ZHR 170 (2006), 9; *Schönhöft*, Die Strafbarkeit der Marktmanipulation gem. § 20a WpHG, 2006; *Schroth*, Unternehmen als Normadressaten und Sanktionssubjekte, 1993; *Schumann*, Anmerkung zu BGH Urt. vom 11.6.2013 – II ZR 80/12, DStR 2013, 2017; *Schulze-Osterloh*, § 64 Abs. 1 GmbHG als Schutzgesetz i.S.d. § 823 Abs. 2 BGB, in FS Lutter, 2000, S. 707; *Seibt*, Anmerkung zu BGH Urt. vom 11.6.2013 – II ZR 80/12, ZIP 2013, 1568; *Sieger/Hasselbach*, Die Haftung des GmbH-Geschäftsführers bei Unternehmenskäufen, GmbHR 1998, 957; *Spindler*, Persönliche Haftung der Organmitglieder für Falschinformationen des Kapitalmarktes, WM 2004, 2089; *Spindler*, Unternehmensorganisationspflichten, 2001; *Strohn*, Organhaftung im Vorfeld der Insolvenz, NZG 2011, 1161; *Stein*, GmbH-Geschäftsführer: Goldesel für leere Sozialkassen? Die Haftungsfalle des § 266a StGB, DStR 1998, 1055; *Thole*, Managerhaftung für Gesetzesverstöße. Die Legalitätspflicht des Vorstandes gegenüber seiner Aktiengesellschaft, ZHR 173 (2009), 504; *Vehreschild*, Verkehrspflichthaftung, 1999; *Wagner*, Deliktshaftung und Insolvenzrecht, in FS Gerhardt, 2004, S. 1043; *Wagner*, Grundfragen der Insolvenzverschleppungshaftung nach der GmbH-Reform, in FS K. Schmidt, 2009, S. 1665; *Wagner*, Persönliche Haftung der Unternehmensleitung: die zweite Spur der Produkthaftung?, VersR 2001, 1057; *Wagner/Bronny*, Insolvenzverschleppungshaftung des Geschäftsführers für Insolvenzgeld, ZInsO 2009, 622; *Westermann*, Zur deliktischen Organwalterhaftung des Geschäftsführers einer GmbH bei der Verletzung des verlängerten Eigentumsvorbehalts eines Lieferanten durch die GmbH, DNotZ 1991, 813; *Westermann/Mutter*, Die Verantwortlichkeit von Geschäftsführern einer GmbH gegenüber Dritten, DZWir 1995, 184; *von Westphalen* (Hrsg.), Produkthaftungshandbuch, 3. Aufl. 2012; *Wilhelm*, Kapitalgesellschaftsrecht, 3. Aufl. 2009; *Wilhelm*, Rechtsform und Haftung bei der juristischen Person, 1981; *Witte/Hrubesch*, Die persönliche Haftung von Mitgliedern des Aufsichtsrats einer AG – unter besonderer Berücksichtigung der Haftung bei Kreditvergaben, BB 2004, 725; *Ziouvas*, Das neue Recht gegen Kurs- und Marktpreismanipulation im 4. Finanzmarktförderungsgesetz, ZGR 2003, 113; *Zöllner*, Die so genannten Gesellschafterklagen im Kapitalgesellschaftsrecht, ZGR 1988, 392.

A. Einleitung

Über die Grundlagen der Organhaftung im **Innenverhältnis** gegenüber der Gesellschaft besteht weitgehend Einigkeit. Insoweit entspricht es pflichtgemäßer Ausübung der Organtätigkeit (vgl. etwa § 93 Abs. 2 AktG, § 43 Abs. 2 GmbHG), die durch Gesetz, Satzung/Gesellschaftsvertrag oder Geschäftsordnung bestimmten Organpflichten einzuhalten[1] und zugleich dafür Sorge zu tragen, dass die gesetzlichen Verpflichtungen der Gesellschaft nicht verletzt werden.[2]

7.1

Größere Schwierigkeiten bereitet die Bestimmung der Grenzen, in denen Organmitglieder im **Außenverhältnis** in die persönliche Haftung geraten können. Die Schadensrisiken, die von außenwirksamem Handeln der Organwalter für potentielle Anleger[3] oder außenstehende Dritte[4] ausgehen, sind vielfältig. In den Blick zu nehmen ist dabei nicht nur ein haftungsträchtiges Handeln als Einzelperson, sondern auch die Haftungsrisiken, die sich aus der Mitwirkung in einem Kollegialorgan ergeben. Die folgenden Ausführungen beschränken sich auf die dogmatische Grundlegung. Die Einzelheiten sind an anderer Stelle dargestellt.[5]

7.2

---

1 Vgl. *Spindler* in MünchKomm. AktG, § 93 AktG Rz. 22; *Hopt/Roth* in Großkomm. AktG, § 93 AktG Rz. 28; *Abeltshauser*, Leitungshaftung, S. 205.
2 Vgl. *Roth/Altmeppen*, § 43 GmbHG Rz. 6 ff.; *Hopt/Roth* in Großkomm. AktG, § 93 AktG Rz. 29 f.; *Abeltshauser*, Leitungshaftung, S. 213.
3 Vgl. zum Ganzen BGH v. 2.6.2008 – II ZR 210/06, BGHZ 177, 25, Rz. 12 ff. = AG 2008, 662; BGH v. 19.7.2004 – II ZR 218/03, AG 2004, 543 – Infomatec; BGH v. 9.5.2005 – II ZR 287/02, NJW 2005, 2450 = AG 2005, 609 – EM.TV; BGH v. 17.9.2001 – II ZR 178/99, NJW 2001, 3622 = GmbHR 2001, 1036; OLG Stuttgart v. 8.2.2006 – 20 U 24/04, AG 2006, 383 – EM.TV; OLG Frankfurt v. 17.3.2005 – 1 U 149/04, NZG 2005, 516, 517 = AG 2005, 401 – Comroad; zum Strafrecht BGH v. 16.12.2004 – 1 StR 420/03, NJW 2005, 445 = AG 2005, 162 – EM.TV. Vgl. näher unten *Krämer/Gillessen*, § 32.
4 BGH v. 6.7.1990 – 2 StR 549/89, BGHSt 37, 106 = GmbHR 1990, 500 – Lederspray. Näher zur Produktverantwortung unten *Harbarth*, § 28.
5 Zu einzelnen haftungsträchtigen Risikobereichen eingehend unten im 3. Teil die §§ 22–39.

B. Haftung der Geschäftsleiter gegenüber Dritten

I. Grundsatz der Innenhaftung

7.3 Aus einer Verletzung der Geschäftsleiterpflichten erwachsen der Gesellschaft Ersatzansprüche (vgl. § 93 Abs. 2, 3 AktG; § 43 Abs. 2, 3, § 64 GmbHG). Gesellschaftern oder Dritten wird insoweit nur ausnahmsweise ein Verfolgungsrecht zuerkannt (vgl. §§ 147, 148, §§ 62 Abs. 2, 93 Abs. 5, 117 Abs. 5, 309 Abs. 4, 310 Abs. 4, 317 Abs. 4, 318 Abs. 4 AktG).[1]

7.4 **Eigene Ansprüche** stehen Gesellschaftern oder Dritten aus diesen Innenhaftungsnormen nicht zu, auch nicht i.V.m. § 823 Abs. 2 BGB.[2] Auch hat der **Anstellungsvertrag** mit dem Verband grundsätzlich[3] keine Schutzwirkungen zu Gunsten außenstehender Dritter oder der Gesellschafter.[4] Ohne Grundlage ist schließlich die Annahme, dass zwischen dem Geschäftsleiter und Gesellschaftern ein „**Sonderrechtsverhältnis**" bestehe, auf welches eine organschaftliche Haftung in diesem Verhältnis gestützt werden könnte (zur deliktischen Haftung für Verletzungen der Mitgliedschaft Rz. 7.30 ff.).[5]

II. Vertragliche und vertragsähnliche Haftung

1. Haftung aus selbständigem Vertragsverhältnis

7.5 Im Grundsatz bestehen nur schuldrechtliche Beziehungen etwaiger Kontrahenten zu der eigenständigen juristischen Person. Ein „**Durchgriff**" auf Geschäftsleiter scheidet aus.[6]

---

1 Im GmbH-Recht ist mangels entsprechender Vorschriften die Rechtslage streitig, vgl. *Roth/Altmeppen*, § 43 GmbHG Rz. 94 ff. m.w.N.

2 Vgl. BGH v. 10.7.2012 – VI ZR 341/10, GmbHR 2012, 964, 966; *Hopt/Roth* in Großkomm. AktG, § 93 AktG Rz. 623; *Mertens/Cahn* in KölnKomm. AktG, § 93 AktG Rz. 207, 217. Zu § 823 Abs. 2 BGB insoweit Rz. 7.50 m.w.N.

3 Ausnahmen werden im Hinblick auf den Anstellungsvertrag des Geschäftsleiters einer Komplementär-Gesellschaft zu Gunsten der Kommanditgesellschaft befürwortet, vgl. BGH v. 18.6.2013 – II ZR 86/11, BGHZ 197, 304 = NJW 2013, 3636; BGH v. 25.2.2002 – II ZR 236/00, GmbHR 2002, 588, 589; BGH v. 10.2.1992 – II ZR 23/91, DStR 1992, 549, 550 mit Anm. *Goette* = GmbHR 1992, 303; BGH v. 17.3.1987 – VI ZR 282/85, BGHZ 100, 190, 193 f. = AG 1987, 284; BGH v. 12.11.1979 – II ZR 174/77, BGHZ 75, 321, 322 f. = GmbHR 1980, 127; BGH v. 24.3.1980 – II ZR 213/77, BGHZ 76, 326, 337 f. = GmbHR 1980, 178; BGH v. 16.2.1981 – II ZR 49/80, GmbHR 1981, 191; BGH v. 28.6.1982 – II ZR 121/81, NJW 1982, 2869 mit Anm. *H.P. Westermann* = GmbHR 1983, 122; sehr weitgehend OLG Düsseldorf v. 8.3.1984 – 6 U 75/83, BB 1984, 997; im Ergebnis zustimmend *Uwe H. Schneider* in Scholz, § 43 GmbHG Rz. 428 ff.; *Zöllner/Noack* in Baumbach/Hueck, § 43 GmbHG Rz. 66; *Haas/Ziemons* in Michalski, § 43 GmbHG Rz. 265.

4 Vgl. BGH v. 14.11.1994 – II ZR 160/93, NJW 1995, 1353 = GmbHR 1995, 589; *Haas/Ziemons* in Michalski, § 43 GmbHG Rz. 265, 269, 305a; *Uwe H. Schneider* in Scholz, § 43 GmbHG Rz. 303; *Zöllner/Noack* in Baumbach/Hueck, § 43 GmbHG Rz. 64, 66; abweichend *Th. Raiser* in Ulmer/Habersack/Löbbe, § 14 GmbHG Rz. 69.

5 Zutreffend BGH v. 12.3.1990 – II ZR 179/89, BGHZ 110, 323, 334; *Zöllner/Noack* in Baumbach/Hueck, § 43 GmbHG Rz. 64; *Zöllner*, ZGR 1988, 392, 408 f.; teilweise a.A. *Th. Raiser* in Ulmer/Habersack/Löbbe, § 14 GmbHG Rz. 69; nunmehr auch *Haas/Ziemons* in Michalski, § 43 GmbHG Rz. 272 f.

6 Vgl. BGH v. 15.7.2004 – III ZR 315/03, NJW 2004, 3039; *Zöllner/Noack* in Baumbach/Hueck, § 43 GmbHG Rz. 68.

Als besonderer Verpflichtungsgrund kommt im Einzelfall die Übernahme einer **Bürgschaft**[1], ein **Schuldbeitritt**[2] oder ein **Garantieversprechen**[3] des Geschäftsleiters in Betracht. Namentlich in den letztgenannten Fällen ist der Übergang zu einer Eigenhaftung aus c.i.c. (vgl. Rz. 7.19 ff.) fließend.

7.6

Für das **Außenverhältnis** von Gesellschafts- und Gesellschafterschuld gegenüber dem Gläubiger und für den **Innenausgleich** gelten je nach vereinbarter Sicherungsform unterschiedliche Regeln. Die Ausgleichspflicht des § 426 Abs. 1 Satz 1 BGB wird hier gegebenenfalls durch vertragliche Absprachen oder gesetzliche Sonderbestimmungen überlagert. Im vorliegenden Zusammenhang sind diese Fragen nicht im Einzelnen darzustellen (dazu Rz. 7.28, 7.77).

7.7

2. Haftung bei Missachtung des Offenkundigkeitsprinzips

Bereits aus § 164 BGB folgt, dass Rechtsgeschäfte, die Geschäftsleiter in ihrer Eigenschaft als organschaftliche Vertreter abschließen, nur für und gegen den Verband wirken, wenn sie in dessen Namen aufgetreten sind (**Offenkundigkeitsprinzip**). Hierfür genügt es jedoch, wenn der Wille zum Handeln in fremdem Namen irgendwie zutage getreten ist[4], etwa durch einen erkennbaren Bezug zur Unternehmenssphäre.[5] Erst wenn dies durch Auslegung nicht mehr festzustellen ist[6], greift § 164 Abs. 2 BGB. Der Geschäftsleiter hat dann in eigenem Namen gehandelt und kann sich gegenüber dem Dritten nicht darauf berufen, dass er für den Verband handeln wollte.

7.8

---

1 Vgl. BGH v. 28.1.2003 – XI ZR 243/02, BGHZ 153, 337 = GmbHR 2003, 417; OLG Koblenz v. 9.3.2011 – 5 U 1417/10, DStR 2011, 929, 929 f. = GmbHR 2011, 485 f.; *Fullenkamp*, GmbHR 2003, 654; *Zöllner/Noack* in Baumbach/Hueck, § 43 GmbHG Rz. 68.
2 Nach der Rechtsprechung gilt hier das Verbraucherkreditrecht (§§ 355 ff., 488 ff. BGB), da selbst Gesellschafter-Geschäftsführer keine selbständige, sondern eine angestellte Tätigkeit ausüben, und auch das Halten eines GmbH-Anteils nicht gewerblich erfolgt (BGH v. 24.7.2007 – XI ZR 208/06, GmbHR 2007, 1154, Rz. 16 ff. = ZIP 2007, 1850; BGH v. 5.6.1996 – VIII ZR 151/95, BGHZ 133, 71, 77 f. = NJW 1996, 2156; BGH v. 28.6.2000 – VIII ZR 240/99, BGHZ 144, 371, 380 ff. = GmbHR 2000, 878; krit. dazu *Kleindiek* in Lutter/Hommelhoff, § 43 GmbHG Rz. 72 („bedenkliche Überdehnung des Schutzzwecks des Verbraucherkreditrechts"); *Zöllner/Noack* in Baumbach/Hueck, § 43 GmbHG Rz. 68).
3 BGH v. 18.6.2001 – II ZR 248/99, GmbHR 2001, 819.
4 Ordnungsvorschriften für den Schriftverkehr der Gesellschaft durch Gesetz (wie etwa § 35 Abs. 3 GmbHG a.F., § 79 AktG a.F. – aufgehoben durch das MoMiG) oder Gesellschaftsvertrag sind für die Vertretungswirkung nicht maßgeblich (vgl. zum ordnungsrechtlichen Charakter der Bestimmungen OLG München v. 26.11.1999 – 23 U 4566/99, GmbHR 2000, 1258; *Roth/Altmeppen*, § 35 GmbHG Rz. 31; *Zöllner/Noack* in Baumbach/Hueck, § 35 GmbHG Rz. 125).
5 Näher BGH v. 4.4.2000 – XI ZR 152/99, DStR 2000, 1098, 1099; BGH v. 18.5.1998 – II ZR 355/95, GmbHR 1998, 883; *Roth/Altmeppen*, § 35 GmbHG Rz. 31 f.
6 Die Beweislast für die Unternehmensbezogenheit einer Willenserklärung liegt beim Geschäftsleiter, vgl. BGH v. 13.10.1994 – IX ZR 25/94, GmbHR 1995, 377; BGH v. 4.4.2000 – XI ZR 152/99, DStR 2000, 1098, 1099; zu Ausnahmen unter Hinweis auf § 242 BGB OLG Hamm v. 12.4.1983 – 7 U 6/83, ZIP 1984, 303.

3. Haftung bei Handeln ohne Vertretungsmacht (§ 179 BGB)

7.9 Eine Haftung von Geschäftsleitern juristischer Personen unter dem Aspekt des vollmachtslosen Handelns (§§ 177 ff. BGB)[1] kommt bei wirksamer Bestellung namentlich im Falle der Gesamtvertretung[2] in Betracht. Das Geschäft des falsus procurator ist in solchen Fällen grundsätzlich **schwebend unwirksam** und kann durch **Genehmigung** rückwirkend wirksam werden (§§ 177 ff., 184 Abs. 1 BGB).[3]

7.10 Der Gesamtvertreter haftet jedoch auch bei Verweigerung der Genehmigung nur dann, wenn er (ausdrücklich oder konkludent) **Einzelvertretung** oder eine entsprechende **Ermächtigung**[4] **behauptet** hat. Anderenfalls musste der Kontrahent den Mangel der Vertretungsmacht kennen, so dass eine Haftung des Gesamtvertreters ausscheidet (§ 179 Abs. 3 BGB).

7.11 Soweit das Organhandeln der Gesellschaft vertretungsrechtlich nicht zuzurechnen ist[5], bewendet es bei der Haftung gem. § 179 BGB. Eine **Mithaftung** nach **§ 31 BGB** würde die dem Schutz der Gesellschaft dienenden Beschränkungen der Vertretungsmacht unterlaufen und scheidet daher aus.[6]

4. Rechtsscheinhaftung bei fehlendem/fehlerhaftem Rechtsformzusatz

7.12 Unabhängig von dem soeben beschriebenen Offenkundigkeitsprinzip (Rz. 7.8) darf der Geschäftsleiter im Rechtsverkehr keine Irrtümer über die Haftungsverfassung des Verbands erregen oder aufrechterhalten (vgl. § 4 AktG, § 4 GmbHG). Wird ein Vertrag geschlossen, ohne dass die Haftungsbeschränkung mittels eines Rechtsformzusatzes kenntlich gemacht wird, kann der Geschäftsleiter aus **veranlasstem Rechtsschein** haften.[7] Das gilt nach Ansicht des BGH auch dann, wenn für eine Unternehmergesellschaft (haftungsbeschränkt) mit dem un-

---

1 Vgl. dazu zur GmbH *Roth/Altmeppen*, § 35 GmbHG Rz. 42, 58 f.; zur AG *Spindler* in MünchKomm. AktG, § 78 AktG Rz. 9, 75 ff.
2 Diese stellt im Recht der GmbH und der AG für die Aktivvertretung den gesetzlichen Regelfall dar (vgl. § 35 Abs. 2 Satz 1 GmbHG, § 78 Abs. 2 Satz 1 AktG; ferner *Roth/Altmeppen*, § 35 GmbHG Rz. 43 ff.; *Spindler* in MünchKomm. AktG, § 78 AktG Rz. 75 ff.).
3 Zu den streitigen Einzelheiten – auch bezüglich formgebundener Geschäfte – *Roth/Altmeppen*, § 35 GmbHG Rz. 55 ff.; *Spindler* in MünchKomm. AktG, § 78 AktG Rz. 75 ff.
4 Vgl. zur AG § 78 Abs. 4 AktG, zur GmbH *Roth/Altmeppen*, § 35 GmbHG Rz. 61.
5 Zur Haftung der Gesellschaft nach den Grundsätzen der Anscheins- oder Duldungsvollmacht, namentlich im Fall der Gesamtvertretung, m.w.N. *Spindler* in MünchKomm. AktG, § 78 AktG Rz. 103.
6 BGH v. 20.2.1979 – VI ZR 256/77, NJW 1980, 115; *Mertens/Cahn* in KölnKomm. AktG, § 76 AktG Rz. 100. Anderes gilt für Ansprüche, denen der Zweck der §§ 177 ff. BGB nicht entgegensteht (BGH v. 8.7.1986 – VI ZR 47/85, BGHZ 98, 148, 155 = AG 1987, 16, 17 f.; *Mertens/Cahn* in KölnKomm. AktG, § 76 AktG Rz. 100).
7 Vgl. BGH v. 5.2.2007 – II ZR 84/05, NJW 2007, 1529 Rz. 14, 16 f. = GmbHR 2007, 593; BGH v. 8.7.1996 – II ZR 258/95, GmbHR 1996, 764; BGH v. 24.6.1991 – II ZR 293/90, NJW 1991, 2627 f. = AG 1991, 354; BGH v. 15.1.1990 – II ZR 311/88, NJW 1990, 2678 f. = GmbHR 1990, 212; BGH v. 1.6.1981 – II ZR 1/81, NJW 1981, 2569 f. = GmbHR 1982, 154; OLG Karlsruhe v. 7.4.2004 – 7 U 189/03, GmbHR 2004, 1016, 1017; *Hopt/Roth* in Großkomm. AktG, § 93 AktG Rz. 651; *Uwe H. Schneider* in Scholz, § 43 GmbHG Rz. 312; *Kleindiek* in Lutter/Hommelhoff, § 43 GmbHG Rz. 78; *Zöllner/Noack* in Baumbach/Hueck, § 43 GmbHG Rz. 69; *Haas/Ziemons* in Michalski, § 43 GmbHG Rz. 315; näher zum Ganzen *Altmeppen*, ZIP 2007, 889 ff. m.w.N.

richtigen Rechtsformzusatz „GmbH" gehandelt wird.[1] Im Einzelfall können auch mündliche Erklärungen einen entsprechenden Rechtsschein begründen[2], doch wird es sich häufig um Fälle der Verwendung irreführender Briefbögen handeln.[3]

Nach der Rechtsprechung und dem (wohl) überwiegenden Teil des Schrifttums soll diese Haftung ausschließlich den nach **außen auftretenden** Vertreter treffen.[4] Es handele sich um eine verschuldensunabhängige Garantiehaftung[5], die auf einem Rechtsschein entsprechend dem Rechtsgedanken des § 179 BGB basiere. Diesen Rechtsschein könne nur die unmittelbar auftretende Person schaffen, weshalb auch nur sie für eine Haftung in Frage komme. Die entsprechende Anwendung des § 179 Abs. 1 BGB soll zu einer **Erfüllungshaftung** des Vertreters führen, **kumulativ** neben der Haftung der Kapitalgesellschaft.[6] 7.13

Stellungnahme. Zuzustimmen ist der herrschenden Meinung darin, dass es sich um eine Haftung handelt, die aus einer relevanten Täuschung des Vertragspartners erwächst. Die Beschränkung auf die nach außen auftretende Person überzeugt jedoch nicht. So ist es kaum vertretbar, dass die möglicherweise schuldlos handelnde Hilfsperson in eine Haftung gerät, während der für das ordnungsgemäße Handeln der Gesellschaft verantwortliche Geschäftsführer für den schuldhaft gesetzten Rechtsschein (z.B. Verwendung fehlerhafter Briefbögen) nicht einzustehen braucht.[7] 7.14

Eine **Analogie zu § 179 BGB** ist dogmatisch und wertungsmäßig missglückt. In den hier interessierenden Fällen besteht in der Regel Vertretungsmacht und das Geschäft entspricht auch dem Willen der vertretenen Gesellschaft.[8] Demgegenüber knüpft § 179 Abs. 1 BGB an den Vorsatz (dolus) eines falsus procurator an, der bewusst ohne Vertretungsmacht ein Vertretergeschäft abschließt und damit „auf eigene Gefahr" handelt, wenn er seinen angeblichen Geschäftsherrn nicht verpflichtet. Daher scheidet die Annahme einer verschuldensunabhängigen (!) Haftung schon im Ansatz aus, wenn und weil der Vertreter den Geschäftsherrn zwar falsch bezeichnet, aber dennoch verpflichtet hat. Ferner kann – insbesondere beim Verwenden eines auf eine andere als die real existierende Kapitalgesellschaft hinweisenden Rechtsformzusatzes (GmbH statt UG haftungsbeschränkt) – der Gedanke des § 179 BGB nicht herangezogen werden, weil die verpflichtete Kapitalgesellschaft eine real existierende Unternehmensträgerin ist und dem Kontrahenten nicht der Eindruck vermittelt wird, eine nicht existierende natürliche Person werde verpflichtet. Dies muss heute auch für den Grundfall des Weglassens des gebotenen GmbH-Zusatzes gelten: Auch hier kann sich der Kontrahent nicht darauf berufen, auf- 7.15

---

1 Vgl. BGH v. 12.6.2012 – II ZR 256/11, NJW 2012, 2871; zur Kritik aus der Literatur vgl. *Altmeppen*, NJW 2012, 2833 m.w.N.
2 Vgl. auch *Uwe H. Schneider* in Scholz (10. Aufl.), § 36 GmbHG Rz. 5a; *Roth/Altmeppen*, § 35 GmbHG Rz. 34; *Lenz* in Michalski, § 35 GmbHG Rz. 80.
3 BGH v. 24.6.1991 – II ZR 293/90, NJW 1991, 2627 f. = AG 1991, 354; BGH v. 1.6.1981 – II ZR 1/81, NJW 1981, 2569 f. = GmbHR 1982, 154.
4 BGH v. 5.2.2007 – II ZR 84/05, NJW 2007, 1529, Rz. 14, 16 f. = GmbHR 2007, 593; BGH v. 8.7.1996 – II ZR 258/95, ZIP 1996, 1511 = GmbHR 1996, 764; anders noch BGH v. 8.5.1978 – II ZR 97/77, BGHZ 71, 354, 358 = GmbHR 1978, 233 f.; *Kleindiek* in Lutter/Hommelhoff, § 43 GmbHG Rz. 78; *Brinkmann*, IPRax 2008, 30, 32; *Schanze*, NZG 2007, 533, 535.
5 BGH v. 5.2.2007 – II ZR 84/05, NJW 2007, 1529, Rz. 17 = GmbHR 2007, 593.
6 BGH v. 24.6.1991 – II ZR 293/90, NJW 1991, 2627 f. = AG 1991, 354; BGH v. 15.1.1990 – II ZR 311/88, NJW 1990, 2678 f. = GmbHR 1990, 212; *Canaris*, NJW 1991, 2628 f.; *Paefgen* in Ulmer/Habersack/Löbbe, § 43 GmbHG Rz. 334 f.
7 *Altmeppen*, ZIP 2007, 889, 893.
8 *Schanze*, NZG 2007, 533, 535; *Römermann*, GmbHR 2007, 595 f.

grund des fehlenden Hinweises auf die Haftungsbeschränkung von einem Unternehmensträger ausgegangen zu sein, bei dem zumindest eine natürliche Person unbeschränkt haftet. Seit Inkrafttreten des § 19 HGB i.d.F. vom 1.7.1998 muss jeder Unternehmensträger einen Rechtsformzusatz führen. Fehlt ein solcher, muss das Publikum erkennen, dass die Firma nicht auf die Rechtsform des Unternehmensträgers schließen lässt.[1]

7.15a Eine „**Rechtsscheinhaftung**" wegen täuschenden Rechtsformzusatzes kann auch nicht auf das positive Interesse des Kontrahenten gerichtet sein. Im Falle der Insolvenz der Kapitalgesellschaft UG haftungsbeschränkt etwa kann der Kontrahent nicht argumentieren, er habe die Solvenz der Gesellschaft voraussetzen können, weil er an das Bestehen einer GmbH geglaubt hat, die zumindest im Zeitpunkt der Eintragung über ein Mindestkapital von 25 000,- Euro verfügt haben müsse.[2] Wer sich Gedanken über die Solvenz seines künftigen Vertragspartners macht, verlässt sich nicht auf firmenrechtliche Hinweise zur Rechtsform. Erst recht kann der Kontrahent bei Solvenz der Gesellschaft nicht behaupten, er habe auf die Mindestkapitalausstattung vertraut und müsse nun – neben der solventen (!) Kapitalgesellschaft – einen zusätzlichen Schuldner bekommen. Auch im Falle des vollständigen Weglassens des Rechtsformzusatzes entgegen § 19 HGB gibt das behauptete Vertrauen in die unbeschränkte persönliche Haftung einer natürlichen Person dem Kontrahenten keinen Anlass, ohne nähere Prüfung von deren Solvenz auszugehen.[3]

7.16 Die Rechtsscheinhaftung wegen Weglassens des Rechtsformzusatzes ist richtiger Ansicht nach als eine solche aus **culpa in contrahendo** gem. § 311 Abs. 3 BGB einzuordnen. Der Repräsentant oder der Vertreter, der die gesetzliche Pflicht zur Angabe der Rechtsform verletzt, hat über die Kreditwürdigkeit der Kapitalgesellschaft getäuscht und für den entstandenen Rechtsschein bzw. dem den Vertragspartnern hierdurch entstandenen Schaden einzustehen.[4] Dieser Anspruch ist auf das negative Interesse begrenzt.[5] Hat der Geschäftsführer selbst gehandelt, wird man häufig die Inanspruchnahme besonderen persönlichen Vertrauens i.S. des § 311 Abs. 3 Satz 2 BGB annehmen dürfen. Hat ein anderer Vertreter den Rechtsformzusatz weggelassen, kommt eine Haftung des Geschäftsleiters nur dann in Frage, wenn er dieses Auftreten schuldhaft mitverursacht hat.[6]

7.17 Nicht zu folgen ist der Rechtsprechung in der Annahme, dass bei wirksamer Vertretung des Verbandes eine **Gesamtschuld** mit der Rechtsscheinhaftung des Vertreters bestehe[7], ohne dass es darauf ankomme, ob der Geschäftspartner bei der Gesellschaft Befriedigung erlangen kann.[8] Wurde der Unternehmensträger wirksam vertreten und ist er solvent, wirkt sich der Irrtum über die Rechtsform offensichtlich nicht aus. Die Parallele zur Haftung des falsus procurator gem. § 179 BGB ist diesfalls nicht mehr zu erkennen. Vielmehr gibt der Kontrahent seinen Anspruch gegen den Unternehmensträger nach dem Rechtsgedanken des § 178

---

1 *Altmeppen*, NJW 2012, 2833, 2836 f.; *Roth/Altmeppen*, § 35 GmbHG Rz. 38 ff. m.w.N.
2 So aber wohl BGH v. 12.6.2012 – II ZR 256/11, NJW 2012, 2871 Rz. 27.
3 *Altmeppen*, NJW 2012, 2833, 2836 f.
4 *Altmeppen*, NJW 2012, 2833, 2837; *Altmeppen*, ZIP 2007, 889, 893 f.
5 Streitig, vgl. *Altmeppen*, ZIP 2007, 889, 893; *Leonhard*, WuB C § 4 GmbHG 1.07; *Brinkmann*, IPRax 2007, 30, 36; differenzierend *Canaris*, Handelsrecht, § 6 Rz. 55; dagegen *Römermann*, GmbHR 2007, 595 f.; *Schanze*, NZG 2007, 533, 535.
6 *Altmeppen*, ZIP 2007, 889, 893 m.w.N.
7 BGH v. 24.6.1991 – II ZR 293/90, NJW 1991, 2627 f. = AG 1991, 354; BGH v. 8.7.1996 – II ZR 258/95, NJW 1996, 2645 = GmbHR 1996, 764.
8 BGH v. 1.6.1981 – II ZR 1/81, NJW 1981, 2569 f. = GmbHR 1982, 154; BGH v. 15.1.1990 – II ZR 311/88, NJW 1990, 2678 f. = GmbHR 1990, 212.

BGB auf, wenn er dessen fehlende Eignung als Schuldner geltend macht.[1] Der Schadensersatzanspruch aus culpa in contrahendo entfällt in der Regel (§ 254 BGB), wenn der Unternehmensträger solvent und bereit ist, den Anspruch des Kontrahenten zu befriedigen.[2]

Auch inländische **Zweigniederlassungen** ausländischer Kapitalgesellschaften müssen einen auf die beschränkte Haftung hinweisenden Rechtsformzusatz in ihre Firma aufnehmen.[3] Darauf, ob das Recht des Staates der Hauptniederlassung eine solche Pflicht kennt oder nicht, wird es entgegen einem obiter dictum des BGH[4] nicht ankommen können[5], da diese Pflicht aus dem deutschen Firmenordnungsrecht folgt und dies durch das Recht des Herkunftsstaates nicht betroffen sein kann. Verletzt der Repräsentant der ausländischen Kapitalgesellschaft diese Pflicht, haftet er in gleicher Weise wie das Organ oder der Vertreter einer inländischen Kapitalgesellschaft.[6] Es ist jedoch nicht erforderlich, dem ausländischen Rechtsformzusatz eine deutsche Übersetzung oder Erläuterungen zum ausländischen Haftungsrecht hinzuzufügen.[7] Die gegenteilige Auffassung[8] dürfte gegen die Niederlassungsfreiheit (Art. 49, 54 AEUV) verstoßen.

7.18

5. Culpa in contrahendo

a) Inanspruchnahme besonderen persönlichen Vertrauens

Trotz der Eigenständigkeit der juristischen Person im Geschäftsverkehr kann den Geschäftsleiter unter Umständen die Eigenhaftung als organschaftlicher Vertreter aus culpa in contrahendo (§§ 280 Abs. 1, 311 Abs. 3 BGB) treffen. Der Fall, dass der Vertreter in besonderem Maße ein **auf seine Person** bezogenes Vertrauen in Anspruch genommen und dadurch die Vertragsverhandlungen oder den Vertragsschluss erheblich beeinflusst hat, ist insoweit gesetzlich hervorgehoben (§ 311 Abs. 3 Satz 2 BGB).[9] Das üblicherweise vorhandene Verhandlungsvertrauen genügt nicht.[10]

7.19

---

1 *Altmeppen*, ZIP 2007, 889, 895; vgl. *Roth/Altmeppen*, § 35 GmbHG Rz. 38 ff.; s. auch *Canaris*, NJW 1991, 2628; a.A. *Paefgen* in Ulmer/Habersack/Löbbe, § 43 GmbHG Rz. 334, 340.
2 *Roth/Altmeppen*, § 35 GmbHG Rz. 41.
3 BGH v. 5.2.2007 – II ZR 84/05, NJW 2007, 1529, Rz. 8 ff. = GmbHR 2007, 593; ganz h.M., vgl. *Hopt* in Baumbach/Hopt, § 17 HGB Rz. 49; *Reuschle* in Ebenroth/Boujong/Joost/Strohn, § 17 Anh. HGB Rz. 27 ff.; *Krafka* in MünchKomm. HGB, § 13d HGB Rz. 21 ff.; *Altmeppen*, ZIP 2007, 889, 990 ff.; *Brinkmann*, IPRax 2008, 30, 33 f.; *Kindler*, NJW 2007, 1785, 1786 f.
4 BGH v. 5.2.2007 – II ZR 84/05, NJW 2007, 1529, Rz. 11 = GmbHR 2007, 593.
5 *Altmeppen*, ZIP 2007, 889, 891; *Roth/Altmeppen*, § 35 GmbHG Rz. 37 m.w.N.; a.A. *Römermann*, GmbHR 2007, 595.
6 *Altmeppen*, ZIP 2007, 889, 891; *Brinkmann*, IPRax 2008, 30, 33 f.; *Kindler*, NJW 2007, 1785, 1787.
7 *Altmeppen*, ZIP 2007, 889, 891; *Krafka* in MünchKomm. HGB, § 13d HGB Rz. 23.
8 *Bokelmann* in MünchKomm. HGB, 1996, § 13d HGB Rz. 19.
9 Allgemein BGH v. 17.9.1954 – V ZR 32/53, BGHZ 14, 318; BGH v. 4.7.1983 – II ZR 220/82, BGHZ 88, 68; BGH v. 3.4.1990 – XI ZR 206/88, NJW 1990, 1907; BGH v. 17.6.1991 – II ZR 171/90, NJW-RR 1991, 1241, 1242; BGH v. 29.1.1997 – VIII ZR 356/95, NJW 1997, 1233; BGH v. 24.5.2005 – IX ZR 114/01, NJW-RR 2005, 1137; BGH v. 2.6.2008 – II ZR 210/06, BGHZ 177, 25 Rz. 12 = AG 2008, 662.
10 Allgemein BGH v. 4.7.1983 – II ZR 220/82, BGHZ 88, 69; BGH v. 17.6.1991 – II ZR 171/90, NJW-RR 1991, 1242; OLG Koblenz v. 27.2.2003 – 5 U 917/02, GmbHR 2003, 419; zuletzt OLG Stuttgart v. 23.2.2016 – 1 U 97/15, ZIP 2016, 2066, 2068; näher *Grüneberg* in Palandt, § 311 BGB Rz. 63 m.w.N.

7.20 Vorausgesetzt wird, dass der Sachwalter im Rahmen der Vertragsverhandlungen mit einem Anspruch auf Vertrauen hervortritt.[1] Der Vertreter (hier: der Geschäftsleiter) muss bei dem Geschäftspartner den Eindruck erweckt haben, dass er eine **zusätzliche, persönliche Gewähr** für die Vollständigkeit und Richtigkeit seiner Erklärungen und für die Durchführung des Vertrages biete.[2] Die Erklärungen müssen sich „im Vorfeld einer Garantiezusage"[3] bewegen. Nicht ausreichend ist der bloße Hinweis des Alleingesellschafter-Geschäftsführers auf eine besondere persönliche Sachkunde.[4] Keine Gewähr übernimmt der Geschäftsführer, wenn sich sein Verhalten „darin erschöpft, eine Aufklärung über die finanziellen Verhältnisse der Gesellschaft zu unterlassen".[5] Schließlich genügt auch das „Eigeninteresse am Erhalt des Vorstands- bzw. Geschäftsführerpostens" nicht, um eine persönliche Haftung des Geschäftsleiters zu bejahen.[6]

7.21 Eine **besondere Vertrauensstellung** wurde einem Liquidator zuerkannt, auf dessen Integrität und Zuverlässigkeit der Vertragspartner in besonderem Maße vertraut hatte[7], einem Sanierer, der mit falschen Angaben und dem Hinweis auf frühere Sanierungserfolge die Bedenken der Vertragspartner zerstreut hatte[8], auch dem Vertreter einer kapitalsuchenden Gesellschaft, der für unrichtige Angaben im Anlageprospekt verantwortlich war.[9]

7.22 Im Stadium der **Insolvenzreife** kommt einer Organhaftung aus c.i.c. zu Gunsten vertraglicher Neugläubiger nach der Rechtsprechung des BGH kaum noch Bedeutung zu.[10] Die In-

---

1 Vgl. BGH v. 3.2.2003 – II ZR 233/01, DStR 2003, 1494, 1495; BGH v. 4.5.2004 – XI ZR 40/03, BGHZ 159, 94, 102 = NJW 2004, 2523, 2525; BGH v. 4.5.2004 – XI ZR 41/03, NJW-RR 2005, 23, 25. Hinsichtlich des Auftretens genügt es, dass der Sachwalter dem Vertragspartner gegenüber als die Person erscheint, von deren Entscheidung der Abschluss des Vertrags abhängt (BGH v. 4.5.2004 – XI ZR 40/03, BGHZ 159, 94, 102 = NJW 2004, 2523, 2525).

2 BGH v. 17.6.1991 – II ZR 171/90, NJW-RR 1991, 1241, 1242; BGH v. 29.1.1997 – VIII ZR 356/95, NJW 1997, 1233; Begr. BT-Drucks. 14/6040, S. 163; *Uwe H. Schneider* in Scholz, § 43 GmbHG Rz. 316.

3 BGH v. 6.6.1994 – II ZR 292/91, BGHZ 126, 181 = GmbHR 1994, 542; BGH v. 17.10.1989 – XI ZR 173/88, WM 1989, 1923; BGH v. 3.10.1989 – XI ZR 157/88, GmbHR 1990, 31; BGH v. 13.2.1992 – III ZR 28/90, NJW 1992, 2080; BGH v. 29.1.1997 – VIII ZR 356/95, NJW 1997, 1233; *Hopt/Roth* in Großkomm. AktG, § 93 AktG Rz. 653; *Uwe H. Schneider* in Scholz, § 43 GmbHG Rz. 315 f.; *Kleindiek* in Lutter/Hommelhoff, § 43 GmbHG Rz. 74; *Zöllner/Noack* in Baumbach/Hueck, § 43 GmbHG Rz. 71; *Emmerich* in MünchKomm. BGB, § 311 BGB Rz. 173, 175, 177.

4 BGH v. 3.10.1989 – XI ZR 157/88, NJW 1990, 389 f. (unrichtige Angaben gegenüber einem Kapitalanleger); vgl. aber BGH v. 2.6.2008 – II ZR 210/06, BGHZ 177, 25 Rz. 16 ff. = AG 2008, 662; *Zöllner/Noack* in Baumbach/Hueck, § 43 GmbHG Rz. 70 mit Fn. 573; *Roth/Altmeppen*, § 43 GmbHG Rz. 55; *Hopt/Roth* in Großkomm. AktG, § 93 AktG Rz. 653 mit Fn. 1507; *Spindler* in Fleischer, Handbuch des Vorstandsrechts, § 13 Rz. 3; *Medicus* in FS Steindorff, 1990, S. 725, 736.

5 BAG v. 12.4.2011 – 9 AZR 229/10, NZG 2011, 1422, 1424; BGH v. 6.6.1994 – II ZR 292/91, BGHZ 126, 181 = NJW 1994, 2220.

6 BAG v. 20.3.2014 – 8 AZR 45/13, NJW 2014, 2669, 2671.

7 OLG Dresden v. 18.6.1998 – 7 U 695/98, GmbHR 1999, 238, 239; *Roth/Altmeppen*, § 43 GmbHG Rz. 56.

8 Vgl. BGH v. 3.4.1990 – XI ZR 206/88, NJW 1990, 1907, 1908; kritisch *Hopt/Roth* in Großkomm. AktG, § 93 AktG Rz. 496 Fn. 1506. Zu Fällen enger verwandtschaftlicher Verbundenheit zu dem Kontrahenten BGH v. 1.7.1991 – II ZR 180/90, ZIP 1991, 1140, 1143 = GmbHR 1991, 409; ablehnend *Uwe H. Schneider* in Scholz, § 43 GmbHG Rz. 316.

9 BGH v. 2.6.2008 – II ZR 210/06, NZG 2008, 661, 662 ff.; Zur Kritik aus der Literatur vgl. nur *Fleischer*, NJW 2009, 2337, 2340 f.

10 Zur Insolvenzverschleppungshaftung unten *Balthasar*, Rz. 33.48 ff.; zur Organhaftung im Vorfeld der Insolvenz vgl. *Strohn*, NZG 2011, 1161.

solvenzverschleppungshaftung soll danach von § 823 Abs. 2 BGB i.V.m. der Insolvenzantragspflicht (§ 15a Abs. 1 InsO) erfasst werden. Demgegenüber erwecke der Geschäftsleiter regelmäßig kein persönliches Vertrauen in die Solvenz, so dass ihn auch keine Aufklärungspflicht über die Leistungsfähigkeit der Gesellschaft treffe.[1] Selbst deren aktives Vortäuschen soll ohne eine solche „qualifizierende" Inanspruchnahme besonderen Vertrauens in die eigene Person keine Haftung aus c.i.c. begründen.[2] Denn dadurch werde typischerweise nur ein Vertrauen in die Gesellschaft erweckt oder aufrechterhalten.[3] In diesen Fällen kann der Kontrahent möglicherweise deliktische Ansprüche haben (§ 826 BGB, § 823 Abs. 2 BGB i.V.m. § 263 StGB).[4]

Stellungnahme. Die Insolvenzantragspflicht ist, wie anderweitig dargelegt wurde, kein Schutzgesetz. Der Kontrahierungsschaden der Neugläubiger ist grundsätzlich nur unter den Voraussetzungen der §§ 280 Abs. 1, 311 Abs. 3 BGB bzw. nach Maßgabe der §§ 826 BGB, 823 Abs. 2 BGB i.V.m. § 263 StGB zu ersetzen.[5] Eine „Insolvenzverschleppung" ist weder erforderlich noch ausreichend. Der Umstand, dass jedenfalls gesetzliche Neugläubiger nach der insoweit vollauf zutreffenden Rechtsprechung des BGH vom Schutzzweck der Insolvenzverschleppungshaftung nicht erfasst sind[6], bestätigt, dass es sich betreffs der Kontrahierungsschäden von Neugläubigern um eine Haftung aus c.i.c. handeln muss.

7.23

---

1 BGH v. 6.6.1994 – II ZR 292/91, BGHZ 126, 181, 187 ff. = GmbHR 1994, 539; vgl. auch BGH v. 13.6.2002 – VII ZR 30/01, ZIP 2002, 1771, 1772; zustimmend *Kleindiek* in Lutter/Hommelhoff, § 43 GmbHG Rz. 77; *Uwe H. Schneider* in Scholz, § 43 GmbHG Rz. 314, 316; *Spindler* in Fleischer, Handbuch des Vorstandsrechts, § 13 Rz. 5; für eine solche Aufklärungs- und Hinweispflicht und eine daran anknüpfende Haftung aus c.i.c. hingegen *K. Schmidt*, ZIP 1988, 1497, 1503 f.; *K. Schmidt*, NJW 1993, 2934, 2935; *K. Schmidt*, Gesellschaftsrecht, § 36 II 5; *K. Schmidt* in Scholz, § 64 GmbHG Rz. 214, 219; vgl. auch *Flume*, ZIP 1994, 337 f.
2 BGH v. 1.7.1991 – II ZR 180/90, GmbHR 1991, 409, 411 = ZIP 1991, 1140; *Zöllner/Noack* in Baumbach/Hueck, § 43 GmbHG Rz. 73; *Kleindiek* in Lutter/Hommelhoff, § 43 GmbHG Rz. 75.
3 BGH v. 1.7.1991 – II ZR 180/90, GmbHR 1991, 409, 411 = ZIP 1991, 1140; vgl. dazu auch *K. Schmidt* in Scholz, § 64 GmbHG Rz. 218.
4 *Roth/Altmeppen*, § 64 GmbHG Rz. 51; *Kleindiek* in Lutter/Hommelhoff, § 43 GmbHG Rz. 77, 81; *Zöllner/Noack* in Baumbach/Hueck, § 43 GmbHG Rz. 73; *K. Schmidt* in Scholz, § 64 GmbHG Rz. 219.
5 Eingehend *Roth/Altmeppen*, § 43 GmbHG Rz. 54 ff., § 64 GmbHG Rz. 35 ff., 50 ff.; *Altmeppen/Wilhelm*, NJW 1999, 673; *Altmeppen*, ZIP 2001, 2201; *Altmeppen*, ZIP 2015, 949, 955 f.; *Altmeppen*, NZG 2016, 521, 527; *Wilhelm*, Kapitalgesellschaftsrecht, Rz. 493 ff.; vgl. zur Haftung aus c.i.c. in diesem Zusammenhang auch *Flume*, ZIP 1994, 337 f.; *K. Schmidt*, NJW 1993, 2934, 2935; *K. Schmidt*, Gesellschaftsrecht, § 36 II 5b, II 6; *K. Schmidt* in Scholz, § 64 GmbHG Rz. 186, 214 ff.; *Schulze-Osterloh* in FS Lutter, 2000, S. 707 ff., 716 f.
6 BGH v. 25.7.2005 – II ZR 390/03, GmbHR 2005, 1425; BGH v. 20.10.2008 – II ZR 211/07, GmbHR 2009, 315, Rz. 3 = ZIP 2009, 366; ebenso *Altmeppen/Wilhelm*, NJW 1999, 673, 677 mit Fn. 37; *Altmeppen*, ZIP 2001, 2201, 2205; *Altmeppen*, ZIP 1997, 1173, 1179 f.; *Bayer/Lieder*, WM 2006, 1, 6 f.; *Schmidt-Leithoff/Baumert* in Rowedder/Schmidt-Leithoff, § 64 GmbHG Rz. 85; *Haas* in Baumbach/Hueck, § 64 GmbHG Rz. 168 ff.; *Roth/Altmeppen*, Vorb. § 64 GmbHG Rz. 134; *K. Schmidt* in Scholz, § 64 GmbHG Rz. 186; *Haas*, DStR 2003, 423, 430; vgl. auch *Goette*, DStR 2003, 1673 (Anm. zu BGH, DStR 2003, 1672). Dagegen für eine Einbeziehung deliktischer Neugläubiger (mit Unterschieden hinsichtlich der Kausalitätsanforderungen) *Kleindiek* in Lutter/Hommelhoff, Anh. § 64 GmbHG Rz. 85; *Nerlich* in Michalski, § 64 GmbHG Rz. 75 f.; *Spindler* in Fleischer, Handbuch des Vorstandsrechts, § 13 Rz. 28; *Röhricht*, ZIP 2005, 505, 508 f.; *Reiff/Arnold*, ZIP 1998, 1893, 1896 ff.; *Wagner* in FS Gerhardt, 2004, S. 1043, 1063 ff.; *Wagner* in FS K. Schmidt, 2009, S. 1665, 1678 ff.

7.24 Der Geschäftsleiter ist aber nicht allgemein verpflichtet, potentielle Geschäftspartner **ungefragt** über eine **Krisenlage** zu informieren.[1] Eine Haftung für die fahrlässige Nichtaufklärung über wirtschaftliche Schwierigkeiten scheidet aus, sofern der Geschäftsleiter nicht ein besonderes persönliches Vertrauen in Anspruch genommen hat. Dafür genügen aber Erklärungen, aus denen der Kontrahent schließen muss, dass der Geschäftsleiter die Solvenz der Gesellschaft persönlich bestätige.

b) Besonderes wirtschaftliches Eigeninteresse

7.25 Nach der Rechtsprechung des BGH ist die c.i.c.-Haftung von Gesellschafter-Geschäftsführern unter diesem Gesichtspunkt auf **Ausnahmefälle** beschränkt.[2] Eine Haftung setzt voraus, dass der Vertreter wirtschaftlich „in eigener Sache" tätig wird („procurator in rem suam").[3] Dies kann etwa dann in Betracht kommen, wenn er die Gegenleistung des Geschäftspartners für **eigene Zwecke** verwenden will.[4] Wie in der zuvor beschriebenen Fallgruppe der Inanspruchnahme persönlichen Vertrauens muss der Vertreter ferner grundsätzlich selbst gehandelt haben.[5] Im Einzelfall kann ihm ein Handeln Dritter nach Treu und Glauben und aus dem Rechtsgedanken des § 278 BGB zuzurechnen sein.[6]

7.26 **Keinesfalls ausreichend** ist ein nur mittelbares Interesse an dem Geschäft, etwa im Hinblick auf ein in Aussicht stehendes Entgelt, das allgemeine Erfolgsinteresse als Gesellschafter und/oder Geschäftsführer[7] oder das Interesse als Sicherungsgeber.[8] Im letzten Fall kommt eine

---

1 *Roth/Altmeppen*, § 64 GmbHG Rz. 52; *Altmeppen*, ZIP 2001, 2201, 2210 f.; *K. Schmidt* in Scholz, § 64 GmbHG Rz. 219.
2 BGH v. 6.6.1994 – II ZR 292/91, BGHZ 126, 181, 183 ff. = GmbHR 1994, 542; BGH v. 7.11.1994 – II ZR 138/92, WM 1995, 108; OLG Köln v. 10.7.1996 – 27 U 109/95, WM 1997, 1379, 1380 f. = GmbHR 1996, 766; Darstellung der Entwicklung bei *Bayer/Lieder*, WM 2006, 1 f.
3 BGH v. 5.4.1971 – VII ZR 163/69, BGHZ 56, 84; BGH v. 23.10.1985 – VIII ZR 210/84, GmbHR 1986, 43; BGH v. 17.6.1991 – II ZR 171/90, NJW-RR 1991, 1242; BGH v. 13.6.2002 – VII ZR 30/01, NJW-RR 2002, 1309; vgl. auch – allerdings weitgehend ablehnend – *Spindler* in Fleischer, Handbuch des Vorstandsrechts, § 13 Rz. 3. Für eine gänzliche Aufgabe der Fallgruppe des wirtschaftlichen Eigeninteresses bzw. auch insoweit die Inanspruchnahme besonderen Vertrauens fordernd *Habersack* in Großkomm. AktG, § 92 AktG Rz. 89; *Uwe H. Schneider* in Scholz, § 43 GmbHG Rz. 320; *Hopt/Roth* in Großkomm. AktG, § 93 AktG Rz. 654; *Mertens/Cahn* in KölnKomm. AktG, § 93 AktG Rz. 222; *Schulze-Osterloh* in FS Lutter, 2000, S. 707, 716.
4 Vgl. BGH v. 6.6.1994 – II ZR 292/91, BGHZ 126, 181, 185 = GmbHR 1994, 542; BGH v. 5.10.2001 – V ZR 275/00, NJW 2002, 208, 212; BGH v. 23.10.1985 – VIII ZR 210/84, GmbHR 1986, 43; BGH v. 27.3.1995 – II ZR 136/94, NJW 1995, 1544 = GmbHR 1995, 446; *Grüneberg* in Palandt, § 311 BGB Rz. 61; *Kleindiek* in Lutter/Hommelhoff, § 43 GmbHG Rz. 76; *Zöllner/Noack* in Baumbach/Hueck, § 43 GmbHG Rz. 72; insoweit auch *Spindler* in Fleischer, Handbuch des Vorstandsrechts, § 13 Rz. 3.
5 *Emmerich* in MünchKomm. BGB, § 311 BGB Rz. 175 f.
6 BGH v. 29.1.1997 – VIII ZR 356/95, NJW 1997, 1233; *Emmerich* in MünchKomm. BGB, § 311 BGB Rz. 175 f.
7 BGH v. 6.6.1994 – II ZR 292/91, BGHZ 126, 181, 183 = GmbHR 1994, 542; BGH v. 18.10.1993 – II ZR 255/92, NJW 1994, 197; BGH v. 29.1.1997 – VIII ZR 356/95, NJW 1997, 1233; *Emmerich* in MünchKomm. BGB, § 311 BGB Rz. 175; *Zöllner/Noack* in Baumbach/Hueck, § 43 GmbHG Rz. 72; *Mertens/Cahn* in KölnKomm. AktG, § 93 AktG Rz. 222; *Spindler* in Fleischer, Handbuch des Vorstandsrechts, § 13 Rz. 3.
8 BGH v. 6.6.1994 – II ZR 292/91, BGHZ 126, 181, 184 ff. = GmbHR 1994, 542; bestätigt durch BGH v. 27.3.1995 – II ZR 136/94, GmbHR 1995, 446; BGH v. 13.6.2002 – VII ZR 30/01, ZIP 2002, 1771,

Sanktion durch das Recht der Gesellschafterdarlehen in Betracht, soweit der Geschäftsleiter auch als Gesellschafter beteiligt ist.[1]

c) Gesamtschuld

Auch im Falle der Vertretereigenhaftung aus c.i.c. besteht gem. § 31 BGB bzw. gem. § 278 BGB[2] die gesamtschuldnerische **Mithaftung** der juristischen Person (§§ 421 ff. BGB).[3] Der Verband muss sich das Organverschulden auch bei der Erfüllung vorvertraglicher Pflichten zurechnen lassen. Der Umstand, dass die Vertretereigenhaftung qualifizierende Umstände voraussetzt (vgl. Rz. 7.19 ff.), ändert an dieser Zurechenbarkeit nichts.

7.27

Der **Innenausgleich** folgt abweichend von § 426 Abs. 1 Satz 1 BGB und den hier nicht anwendbaren[4] arbeitsrechtlichen Grundsätzen dem Gedanken, dass der Geschäftsleiter allein zu belasten ist, wenn seine schadenstiftende Handlung auch gegenüber der Gesellschaft eine schuldhafte Pflichtverletzung (vgl. § 43 GmbHG, § 93 AktG) darstellt.[5] Auch Aufwendungsersatz- und Freistellungsansprüche (vgl. §§ 27 Abs. 3; 670; 675; 257 BGB) scheiden dann aus, weil der Organwalter rechtswidrige Handlungen auf Grund seiner Pflicht zu recht- und gesetzmäßigem Verhalten (vgl. Rz. 7.1) nicht i.S. des § 670 BGB für erforderlich halten darf.[6] Nichts anderes soll gelten, wenn sich die Pflichtverletzung wirtschaftlich zum Vorteil der Gesellschaft auswirkt (sog. „efficient breach").[7] Die im Außenverhältnis bestehenden Pflichten sollen auf eine präventive Verhaltenssteuerung zielen.[8] Anzuerkennen seien daher allenfalls solche Ausnahmen, die mit diesem Präventionsinteresse vereinbar seien.[9] Dazu ist

7.28

1772 m.w.N.; *Kleindiek* in Lutter/Hommelhoff, § 43 GmbHG Rz. 76; *Zöllner/Noack* in Baumbach/Hueck, § 43 GmbHG Rz. 72; *Spindler* in Fleischer, Handbuch des Vorstandsrechts, § 13 Rz. 3.

1 BGH v. 6.6.1994 – II ZR 292/91, BGHZ 126, 181, 187 ff. = GmbHR 1994, 542; kritisch *Flume*, ZIP 1994, 337, 338 f. Zu den Änderungen nach dem MoMiG vgl. *Altmeppen*, NJW 2008, 3601 ff.
2 Vgl. zum Verhältnis von §§ 31, 278 BGB *Flume*, Jur. Pers., S. 395 ff.
3 Vgl. *Emmerich* in MünchKomm. BGB, § 311 BGB Rz. 174; zur Anwendung des § 31 BGB im Rahmen der c.i.c.-Haftung der juristischen Person statt aller *Ellenberger* in Palandt, § 31 BGB Rz. 2 f., 13; *Mertens/Cahn* in KölnKomm. AktG, § 76 AktG Rz. 95.
4 Vgl. BGH v. 25.6.2001 – II ZR 38/99Z, BGHZ 148, 167, 172 = GmbHR 2001, 771; *Haas/Ziemons* in Michalski, § 43 GmbHG Rz. 194 f.; *Kleindiek* in Lutter/Hommelhoff, § 43 GmbHG Rz. 39; *Roth/Altmeppen*, § 43 GmbHG Rz. 5; *Uwe H. Schneider* in Scholz, § 43 GmbHG Rz. 251 f. (für Ausnahmen bei Pflichtverletzungen ohne unmittelbaren Bezug zur Unternehmensleitung); *Zöllner/Noack* in Baumbach/Hueck, § 43 GmbHG Rz. 6; a.A. *Köhl*, DB 1996, 2597 (für Fremdgeschäftsführer mit arbeitnehmergleicher Stellung).
5 *Mertens/Cahn* in KölnKomm. AktG, § 84 AktG Rz. 90 f.; *Hopt/Roth* in Großkomm. AktG, § 93 AktG Rz. 678; *Thüsing* in Fleischer, Handbuch des Vorstandsrechts, § 4 Rz. 80; *Zöllner/Noack* in Baumbach/Hueck, § 43 GmbHG Rz. 108; *Habetha*, DZWir 1995, 272, 273, 276; *Thümmel*, Haftung, Rz. 368.
6 Vgl. *Mertens/Cahn* in KölnKomm. AktG, § 84 AktG Rz. 89 f.; *Hopt/Roth* in Großkomm. AktG, § 93 AktG Rz. 679; *Thüsing* in Fleischer, Handbuch des Vorstandsrechts, § 4 Rz. 79 f.
7 So BGH v. 21.3.1994 – II ZR 260/92, GmbHR 1994, 459; ebenso *Habetha*, DZWir 1995, 272, 273 f., 275 f.; *Haas*, Geschäftsleiterhaftung und Gläubigerschutz, S. 304 ff., 306; zu Recht ablehnend unter Berufung auf die „Differenzhypothese" *Grunewald*, ZHR 157 (1993), 451, 460; *Thole*, ZHR 173 (2009), 504, 514 f., 526 ff. unter dem Gesichtspunkt der Vorteilsausgleichung; *Bayer* in FS K. Schmidt, 2009, S. 85, 93, 95 ff.; näher zu diesem Problem *Harbarth*, Rz. 28.33 ff.
8 *Habetha*, DZWir 1995, 272, 273, 277; *Haas*, Geschäftsleiterhaftung und Gläubigerschutz, S. 306.
9 Zu Fällen, in denen der Geschäftsleiter einen für die Gesellschaft günstigen, nicht unvertretbaren Rechtsstandpunkt eingenommen hat und der erwartete Vorteil zu dem Risiko nicht außer Verhält-

festzustellen, dass das deutsche Schadensersatzrecht generell nicht den Sinn und Zweck hat, zu pönalisieren, wenn die pflichtwidrige Handlung keinen relevanten, mit dem Normzweck in einem inneren Sachzusammenhang stehenden Schaden verursacht hat.[1]

III. Deliktische Haftung

1. Handeln als „Einzeltäter"

a) Haftung aus § 823 Abs. 1 BGB

aa) Schädigung durch aktives Tun

(1) Allgemeines

7.29 Anerkanntermaßen haftet ein Geschäftsleiter nach allgemeinen Regeln für Schäden, die er geschützten Interessen i.S. des § 823 Abs. 1 BGB schuldhaft durch „eigenhändige" unerlaubte Handlungen oder als Teilnehmer (Anstifter, Gehilfe) unmittelbar[2] zufügt (§§ 823 Abs. 1 bzw. 830 Abs. 2 BGB).[3] Diese deliktische Verantwortlichkeit gilt grundsätzlich unterschiedslos sowohl gegenüber außenstehenden „Dritten" als auch gegenüber Gesellschaftern/Mitgliedern der Körperschaft.[4] Hierher gehört auch das BGH-Urteil vom 24.1.2006 in der Rechtssache **„Kirch/Breuer"**[5], durch welches die deliktische Organhaftung neue Aktualität erlangt hat. Der BGH hat dort vollauf zu Recht hervorgehoben, dass ein Gesellschaftsorgan sich hinsichtlich des Integritätsinteresses der mit der Gesellschaft in Kontakt tretenden Dritten wie jede natürliche Person verhalten müsse und das Schutzniveau insoweit nicht herabgesetzt werden dürfe. Auf Ansprüche gegen die – gegebenenfalls vermögenslose – juristische Person müsse sich der Geschädigte nicht verweisen lassen.

---

nis stand: *Mertens/Cahn* in KölnKomm. AktG, § 84 AktG Rz. 90, § 93 AktG Rz. 76; zustimmend *Hopt/Roth* in Großkomm. AktG, § 93 AktG Rz. 679; vgl. ferner *Thümmel*, Haftung, Rz. 366. Im Innenverhältnis kann es am Verschulden fehlen, wenn der Geschäftsleiter im Verbandsinteresse unverzüglich handeln musste oder unrichtig beraten war (vgl. *Mertens/Cahn* in KölnKomm. AktG, § 84 AktG Rz. 90).

1 S. zur Verletzung von Verfahrensvorschriften etwa *Altmeppen* in FS K. Schmidt, 2009, S. 23, 32 f., 37 f.

2 Kritisch zur Unterscheidung zwischen „unmittelbaren" und „mittelbaren" Verletzungen etwa *Spickhoff* in Soergel, § 823 BGB Rz. 149 m.w.N.

3 Vgl. etwa BGH v. 31.3.1971 – VIII ZR 256/69, BGHZ 56, 73, 77 f. = NJW 1971, 1358; BGH v. 12.3.1996 – VI ZR 90/95, NJW 1996, 1535, 1537 = GmbHR 1996, 453 – Lamborghini-Nachbau; ferner OLG Hamburg v. 14.12.2005 – 5 U 200/04, GmbHR 2006, 379 f. = GRUR-RR 2006, 182 (Markenrechtsverletzung); *Hopt/Roth* in Großkomm. AktG, § 93 AktG Rz. 656; *Roth/Altmeppen*, § 43 GmbHG Rz. 58; *Haas/Ziemons* in Michalski, § 43 GmbHG Rz. 327 f.; *Uwe H. Schneider* in Scholz, § 43 GmbHG Rz. 321; *Kleindiek* in Lutter/Hommelhoff, § 43 GmbHG Rz. 79; *Zöllner/Noack* in Baumbach/Hueck, § 43 GmbHG Rz. 75; *Wagner* in MünchKomm. BGB, § 823 BGB Rz. 113; *Spindler* in Fleischer, Handbuch des Vorstandsrechts, § 13 Rz. 6.

4 Vgl. auch BGH v. 12.3.1990 – II ZR 179/89, BGHZ 110, 323 = NJW 1990, 2877 – Schärenkreuzer.

5 BGH v. 24.1.2006 – XI ZR 384/03, BGHZ 166, 84 Rz. 127 = NJW 2006, 830 – Kirch/Breuer; vgl. dazu *Derleder/Fauser*, BB 2006, 949; *Ehricke/Rotstegge*, ZIP 2006, 925; *Fischer*, DB 2006, 598; *Kort*, NJW 2006, 1098; *Möllers/Beutel*, NZG 2006, 338; *Hellgardt*, WM 2006, 1514; *Kleindiek* in Lutter/Hommelhoff, § 43 GmbHG Rz. 89.

(2) Haftung gegenüber Gesellschaftern für „Eingriffe in die Mitgliedschaft"?

Das Recht am eingerichteten und ausgeübten Gewerbebetrieb steht nur der Gesellschaft, nicht aber den Gesellschaftern zu.[1] Gesellschafterschutz nach Maßgabe des § 823 Abs. 1 BGB kann nur ein Eingriff in das Mitgliedschaftsrecht verschaffen.

7.30

Die „Mitgliedschaft" ist heute im Grundsatz als **sonstiges Recht** anerkannt und gegen Eingriffe Dritter, die sich unmittelbar gegen den Bestand oder den „Kern" der mitgliedschaftlichen Befugnisse richten, geschützt.[2] Verletzt sein müssen konkrete, absolut geschützte Einzelbefugnisse. Eine bloße Minderung des in dem Anteil gebundenen Vermögens oder des Ertragswerts des Verbands reicht nicht aus.[3]

7.31

Ein deliktischer Schutz besteht nach der Rechtsprechung des BGH grundsätzlich auch im **Innenverhältnis** zu anderen Verbandsmitgliedern und den **Organen**[4], da es andernfalls zu einem Schutzdefizit kommen würde.[5] Als potentielle Verletzungshandlungen der Geschäftsleitungsorgane werden u.a. genannt: Der unberechtigte Ausschluss von einer dem Verbandszweck entsprechenden Veranstaltung[6], Geschäftsführungsmaßnahmen des AG-Vorstands, die grundlegende Zuständigkeiten der Hauptversammlung[7] missachten[8], ferner Verstöße gegen die Gleichbehandlungspflicht (z.B. verdeckte Gewinnausschüttungen als Verletzung der Ge-

7.32

---

1 Vgl. RGZ 158, 248, 255; BGH v. 24.1.2006 – XI ZR 384/03, BGHZ 166, 84 Rz. 91 = NJW 2006, 830, 839 – Kirch/Breuer; *Hopt/Roth* in Großkomm. AktG, § 93 AktG Rz. 625; a.A. OLG München v. 2.4.1990 – 17 U 2411/89, NJW-RR 1991, 928, 929, aber ausdrücklich als „systemwidrig" abgelehnt durch BGH v. 24.1.2006 – XI ZR 384/03, BGHZ 166, 84 Rz. 91 = NJW 2006, 830, 839 – Kirch/Breuer.

2 BGH v. 12.3.1990 – II ZR 179/89, BGHZ 110, 323, 327 f., 334 = NJW 1990, 2877 – Schärenkreuzer (eingetragener Verein); grundlegend schon RGZ 100, 274, 278 (GmbH); RGZ 158, 248, 255; ferner OLG Stuttgart v. 8.2.2006 – 20 U 24/04, AG 2006, 383 – EM.TV; *Spickhoff* in Soergel, § 823 BGB Rz. 100; *Wagner* in MünchKomm. BGB, § 823 BGB Rz. 235; *Spindler* in MünchKomm. AktG, § 93 AktG Rz. 303; *Hopt/Roth* in Großkomm. AktG, § 93 AktG Rz. 625 f.; *Th. Raiser* in Ulmer/Habersack/Löbbe, § 14 GmbHG Rz. 23; *Flume*, Jur. Pers., S. 307 mit Fn. 188. Gänzlich ablehnend aber *Hadding* in FS Kellermann, 1991, S. 91, 102 ff.; *Krieger/Sailer-Coceani* in K. Schmidt/Lutter, § 93 AktG Rz. 65.

3 Vgl. *Wagner* in MünchKomm. BGB, § 823 BGB Rz. 235; *Hopt/Roth* in Großkomm. AktG, § 93 AktG Rz. 626; *Spindler* in MünchKomm. AktG, § 93 AktG Rz. 304; *K. Schmidt*, JZ 1991, 157, 159.

4 BGH v. 12.3.1990 – II ZR 179/89, BGHZ 110, 323, 334 f. = NJW 1990, 2877 – Schärenkreuzer (eingetragener Verein); mit unterschiedlichen Differenzierungen *Haas/Ziemons* in Michalski, § 43 GmbHG Rz. 277 f.; *Habersack*, Mitgliedschaft, S. 142 ff., 183 ff., 248 f.; *J. Hager* in Staudinger, § 823 BGB B Rz. 148, 149; *Kleindiek* in Lutter/Hommelhoff, § 43 GmbHG Rz. 49; *Mertens/Cahn* in KölnKomm. AktG, § 93 AktG Rz. 210 f.; *Mertens* in FS R. Fischer, 1979, S. 461, 470 f.; *Thümmel*, Haftung, Rz. 402; *K. Schmidt*, JZ 1991, 157, 158; *K. Schmidt*, Gesellschaftsrecht, § 19 I 3, § 21 V 4; *Rowedder* in FS Semler, 1993, S. 311, 324 ff.; *Wilhelm*, Kapitalgesellschaftsrecht, Rz. 614 mit Fn. 908; vgl. auch *Spickhoff* in Soergel, § 823 BGB Rz. 100; unentschieden *Th. Raiser* in Ulmer/Habersack/Löbbe, § 14 GmbHG Rz. 23, 69.

5 *J. Hager* in Staudinger, § 823 BGB Rz. 148; dagegen *Paefgen* in Ulmer/Habersack/Löbbe, § 43 GmbHG Rz. 316.

6 BGH v. 12.3.1990 – II ZR 179/89, BGHZ 110, 323, 334 f. = NJW 1990, 2877 – Schärenkreuzer.

7 Vgl. hierzu BGH v. 25.2.1982 – II ZR 174/80, BGHZ 83, 122 = NJW 1982, 1703 – Holzmüller; BGH v. 26.4.2004 – II ZR 155/02, BGHZ 159, 30 = AG 2004, 384 – Gelatine.

8 *Thümmel*, Haftung, Rz. 402; *Mertens/Cahn* in KölnKomm. AktG, § 93 AktG Rz. 210; dagegen *Paefgen* in Ulmer/Habersack/Löbbe, § 43 GmbHG Rz. 317.

winnbezugsrechte der Mitgesellschafter)[1], Kapitalerhöhungen unter Ausschluss des Bezugsrechts ohne Vorliegen der gesetzlichen Voraussetzungen[2] oder unzulässige Abwehrmaßnahmen gegen feindliche Übernahmeversuche.[3] Nach der Gegenauffassung wird ein „verbandsinterner" deliktischer Schutz der Mitgliedschaft mit divergierenden Begründungen abgelehnt.[4] Einem Schutzdefizit soll durch die Weiterentwicklung prozessualer Instrumentarien zu Gunsten der Gesellschafter entgegengewirkt werden.[5]

7.33 **Stellungnahme.** Der grundsätzliche Einwand, dass es sich in den relevanten Fällen nur um Eingriffe in das nicht von § 823 Abs. 1 BGB erfasste „Vermögen" handele[6], überzeugt nicht. Gleiches gilt für das Postulat eines generellen Vorrangs des Verbandsrechts, obgleich der Hinweis, dass Inhalt und Grenzen der „Mitgliedschaft" maßgeblich durch die jeweilige Verfassung des Verbandes geprägt würden[7], ernst zu nehmen ist. Die Anerkennung eines Deliktsschutzes der Mitgliedschaft im Innenverhältnis wirft die Frage nach der Abgrenzung des durch § 823 Abs. 1 BGB geschützten „absoluten" Zuweisungsgehalts auf. Das verbandsrechtliche System beschränkt Direktansprüche gegen die Organe wegen rechtswidriger Geschäftsleitungsmaßnahmen.[8] Die Gefahr, dass diese Grundentscheidung mit Hilfe des Deliktsrechts ausgehöhlt werden könnte[9], besteht dann nicht in vergleichbarer Weise, wenn Eingriffe in die Kompetenzen in Rede stehen, die das Mitgliedschaftsrecht gewährt.[10] Auch wenn hier ebenfalls ein verbandsrechtlicher Schutz besteht, ist kein tragfähiger Einwand gegen einen gleichzeitigen Deliktsschutz ersichtlich. Keiner weiteren Begründung bedarf es, dass jedenfalls Ansprüche gem. § 826 BGB nicht durch einen „Vorrang" des Verbandsrechts ausgeschlossen sind.[11]

---

1 *Mertens/Cahn* in KölnKomm. AktG, § 93 AktG Rz. 210; vgl. aber *Habersack*, Mitgliedschaft, S. 281, 335 ff.; *Paefgen* in Ulmer/Habersack/Löbbe, § 43 GmbHG Rz. 315.
2 *Thümmel*, Haftung, Rz. 402.
3 *Thümmel*, Haftung, Rz. 403.
4 Vgl. *Reuter* in FS Lange, 1992, S. 707, 722 ff.; *Arnold* in MünchKomm. BGB, § 38 BGB Rz. 19 f.; *Uwe H. Schneider* in Scholz, § 43 GmbHG Rz. 306; *Zöllner/Noack* in Baumbach/Hueck, § 43 GmbHG Rz. 65; *Spindler* in MünchKomm. AktG, § 93 AktG Rz. 307; *Spindler* in Fleischer, Handbuch des Vorstandsrechts, § 13 Rz. 38; *Hopt/Roth* in Großkomm. AktG, § 93 AktG Rz. 473; *Krieger/Sailer-Coceani* in K. Schmidt/Lutter, § 93 AktG Rz. 65; *Habersack* in MünchKomm. AktG, § 116 AktG Rz. 78 f.; *Flume*, Jur. Pers., S. 307 mit Fn. 188; *Wiedemann*, Gesellschaftsrecht I, § 8 IV 1c dd; *Zöllner*, ZGR 1988, 392, 430.
5 *Spindler* in Fleischer, Handbuch des Vorstandsrechts, § 13 Rz. 38; *Spindler* in MünchKomm. AktG, § 93 AktG Rz. 307 m.w.N.
6 In diesem Sinne *Hopt/Roth* in Großkomm. AktG, § 93 AktG Rz. 626; *Spindler* in MünchKomm. AktG, § 93 AktG Rz. 307.
7 Vgl. *Zöllner*, ZGR 1988, 392, 430; *Spindler* in MünchKomm. AktG, § 93 AktG Rz. 307; *Spindler* in Fleischer, Handbuch des Vorstandsrechts, § 13 Rz. 38; *Reuter* in FS Lange, 1992, S. 707, 722 ff.; *Arnold* in MünchKomm. BGB, § 38 BGB Rz. 19 f.; vgl. auch *Haas/Ziemons* in Michalski, § 43 GmbHG Rz. 277; gegen diese Begründung *Hopt/Roth* in Großkomm. AktG, § 93 AktG Rz. 626; kritisch auch *Mertens/Cahn* in KölnKomm. AktG, § 93 AktG Rz. 211.
8 Vgl. §§ 117, 309 Abs. 4, 317, 318, 319 AktG und allgemein *Flume*, Jur. Pers., S. 307 f.
9 Vgl. *Zöllner*, ZGR 1988, 392, 430; *Spindler* in MünchKomm. AktG, § 93 AktG Rz. 307; *Spindler* in Fleischer, Handbuch des Vorstandsrechts, § 13 Rz. 38; *Uwe H. Schneider* in Scholz, § 43 GmbHG Rz. 306.
10 *Wilhelm*, Kapitalgesellschaftsrecht, Rz. 614 (Schutz gegen Anmaßung).
11 Vgl. dazu auch *Hopt/Roth* in Großkomm. AktG, § 93 AktG Rz. 634, 637.

(3) Problem der Schadenskongruenz („Reflexschaden")

Da Schädigungen des Gesellschaftsvermögens sich in einer Wertminderung der Gesellschaftsanteile niederschlagen können, erhebt sich die Frage, ob und in welchem Umfang Ersatzansprüche der Gesellschaft und des Gesellschafters konkurrieren.[1]

7.34

Die h.M. erkennt dem Gesellschafter einen eigenen Anspruch zu, hält jedoch nur eine **Klage auf Leistung an die Gesellschaft** für statthaft.[2] Dogmatisch wird diese Beschränkung der Liquidationsmöglichkeit des Gesellschafters mit dem Regime der Kapitalerhaltungsregeln und der Rücksicht auf die Zweckbindung des Gesellschaftsvermögens begründet[3]; ferner wird auf den Rechtsgedanken der §§ 117 Abs. 1 Satz 2, 317 Abs. 1 Satz 2 AktG verwiesen.[4]

7.35

Gleicht der Gesellschafter den **Schaden der Gesellschaft** aus, soll er den aufgewendeten Betrag beim Schädiger liquidieren können.[5] Gestützt werden kann dieser Regress auf den Schadensersatzanspruch des Gesellschafters, sofern man einen solchen im jeweiligen Fall anerkennt. Durch den Schadensausgleich des Gesellschafters wird sein Schadensersatzanspruch gleichsam „entsperrt".[6] Begrenzt wird der so begründete Regress durch den Umfang des Gesellschafterschadens. Im Übrigen kommt neben einer Geltendmachung des (abgetretenen) Gesellschaftsanspruchs (§ 255 BGB) ein bereicherungsrechtlicher Rückgriff in Betracht.[7] Die Beschränkung der Liquidationsmöglichkeit eines Gesellschafterschadens entfällt außerdem dann, wenn der **Zweck der Kapitalerhaltung entfallen**, namentlich die vorrangige Befriedigung der Gläubiger bereits erfolgt und die Gesellschaft liquidiert ist.[8] Soweit erwogen wird, dem Gesellschafter eine Geltendmachung seines mittelbaren Schadens zu gestatten, wenn feststehe, dass die **Gesellschaft** ihren **Anspruch nicht geltend** machen wird[9], so verstößt dies gegen das nicht disponible Kapitalerhaltungsgebot.[10]

7.36

---

1 Zum Prozessrecht *Spindler* in MünchKomm. AktG, § 93 AktG Rz. 320.
2 BGH v. 5.6.1975 – II ZR 23/74, BGHZ 65, 15, 21 = NJW 1976, 191; BGH v. 30.9.1991 – II ZR 208/90, NJW 1992, 368 f. = AG 1992, 87; BGH v. 20.3.1995 – II ZR 205/94, NJW 1995, 1739, 1746 f. = AG 1995, 368; BGH v. 10.11.1986 – II ZR 140/85, NJW 1987, 1077, 1079 = AG 1987, 126, 128; BGH v. 10.11.1986 – II ZR 153/85, NJW 1987, 1637; vgl. ferner – mit teilweise unterschiedlichen dogmatischen Begründungen – *Hopt/Roth* in Großkomm. AktG, § 93 AktG Rz. 643; *Spindler* in MünchKomm. AktG, § 93 AktG Rz. 304, 319; *Mertens/Cahn* in KölnKomm. AktG, § 93 AktG Rz. 208, 213. Bereits einen eigenen Ersatzanspruch des Gesellschafters verneinend OGH v. 18.5.1995 – 6 Ob 517/95, AG 1996, 42; *Wilhelmi* in v. Godin/Wilhelmi, § 93 AktG Rz. 32; *Bütter/Tonner*, BKR 2005, 344, 347.
3 BGH v. 22.10.1984 – II ZR 2/84, NJW 1985, 1900; BGH v. 29.6.1987 – II ZR 173/86, NJW 1988, 413, 415; BGH v. 10.11.1986 – II ZR 140/85, NJW 1987, 1077, 1079 f. = AG 1987, 126, 128; *Spindler* in MünchKomm. AktG, § 93 AktG Rz. 319; *Roth/Altmeppen*, § 13 GmbHG Rz. 155; krit. dazu *Hopt/Roth* in Großkomm. AktG, § 93 AktG Rz. 643 Fn. 2294.
4 So *Hopt/Roth* in Großkomm. AktG, § 93 AktG Rz. 643; vgl. auch *Roth/Altmeppen*, § 13 GmbHG Rz. 155; *Spindler* in MünchKomm. AktG, § 93 AktG Rz. 319.
5 Vgl. BGH v. 10.11.1986 – II ZR 140/85, NJW 1987, 1077, 1079 f. = AG 1987, 126 f.; ferner OLG Düsseldorf v. 28.11.1996 – 6 U 11/95, AG 1997, 231, 236 f.; *Hopt/Roth* in Großkomm. AktG, § 93 AktG Rz. 646; *Spindler* in MünchKomm. AktG, § 93 AktG Rz. 319.
6 So wohl auch *Spindler* in MünchKomm. AktG, § 93 AktG Rz. 319 m.w.N.
7 Vgl. auch *Spindler* in MünchKomm. AktG, § 93 AktG Rz. 319; *Hopt/Roth* in Großkomm. AktG, § 93 AktG Rz. 646; *Mertens/Cahn* in KölnKomm. AktG, § 93 AktG Rz. 216.
8 BGH v. 20.3.1995 – II ZR 205/94, BGHZ 129, 136, 166 = AG 1995, 368 – Girmes; *Roth/Altmeppen*, § 13 GmbHG Rz. 156; *Brandes* in FS Fleck, 1988, S. 13, 19 f.
9 Vgl. BGH v. 24.1.1967 – VI ZR 92/65, WM 1967, 287 f.; BGH v. 23.6.1969 – II ZR 272/67, WM 1969, 1081 ff.; RGZ 157, 213, 219; *Hopt/Roth* in Großkomm. AktG, § 93 AktG Rz. 642.
10 Vgl. auch *Brandes* in FS Fleck, 1988, S. 13, 19 f.

7.37 Von vornherein anders liegt der Fall hingegen, wenn nur der **Gesellschafter** selbst **unmittelbar geschädigt** wurde, dies aber in der Folge auch zu einem Schaden der Gesellschaft führt. Der BGH hat in einer solchen Konstellation zunächst mit Durchgriffserwägungen angenommen, dass der Alleingesellschafter bei „wertender Betrachtung" auch hinsichtlich des bei der Gesellschaft entstandenen Schadens selbst geschädigt und damit aktivlegitimiert sei.[1] Unter dem Eindruck der dagegen gerichteten Kritik[2] hat der BGH sodann in einem ähnlich gelagerten Fall entschieden, dass der Gesellschafter trotz eigener unmittelbarer Verletzung nur Leistung in das Gesellschaftsvermögen verlangen könne.[3] Das geht fehl. Hinsichtlich des Wertverlusts des Gesellschaftsanteils handelt es sich um einen **eigenen Folgeschaden** im Vermögen des Gesellschafters, mithin um ein Problem der haftungsausfüllenden Kausalität. Es geht nicht um die Problematik der „Reflexschäden" bei unmittelbarer Schädigung der Gesellschaft.[4] Eine Beschränkung der Liquidationsmöglichkeiten des Gesellschafters ist hier ebenso wenig angebracht wie in den Fällen, in denen es überhaupt an einer Schadenskongruenz fehlt.

bb) Mittelbare Schädigung/Verletzung von Verkehrspflichten

(1) Allgemeines

7.38 Die Geschäftsleiterhaftung für die Verletzung von Verkehrssicherungspflichten ist heftig umstritten. Zweifelhaft ist dabei bereits, wer Träger der Verkehrspflichten ist. Die juristische Person selbst ist nämlich weder handlungs- noch schuldfähig, und § 31 BGB knüpft seinem Wortlaut nach an „eine zum Schadensersatz verpflichtende Handlung" der Organperson an. Diese Haftung wird vor allem in der Insolvenz der Gesellschaft bedeutsam, da die auf § 823 Abs. 2 BGB und die Insolvenzantragspflicht gestützte Insolvenzverschleppungshaftung nur vertraglichen Neugläubigern zugutekommen soll (Rz. 7.23).

(2) Rechtsprechung

7.39 Der VI. Zivilsenat des BGH hat im Jahr 1989 in dem bekannten zweiten[5] „**Baustoff**"-**Urteil** entschieden, dass der Geschäftsleiter einer Kapitalgesellschaft persönlich für Delikte in die Haftung gerät, die aus dem Unternehmen heraus begangen werden, wenn unzureichende Organisation im Unternehmen für das Delikt ursächlich und der Geschäftsleiter (auch) im Verhältnis zum Opfer für die Einhaltung der Verkehrssicherungspflicht verantwortlich gewesen ist.[6] Der BGH hat argumentiert, dass mit den der Gesellschaft gegenüber bestehenden Organpflichten auch eine „Garantenstellung" zum Schutz fremder, der Gesellschaft anvertrauter Schutzgüter i.S. des § 823 Abs. 1 BGB einhergehen könne. Dies sei dann anzuneh-

---

1 BGH v. 13.11.1973 – VI ZR 53/72, BGHZ 61, 380 = NJW 1974, 134.
2 *F.A. Mann*, NJW 1974, 492; *F.A. Mann*, NJW 1977, 2160; *K. Schmidt*, GmbHR 1974, 178, 180; *Medicus*, JuS 1974, 613, 621.
3 BGH v. 8.2.1977 – VI ZR 249/74, NJW 1977, 1283 = GmbHR 1977, 274.
4 *Wilhelm*, Rechtsform und Haftung, S. 383 ff.; *Roth/Altmeppen*, § 13 GmbHG Rz. 155.
5 In dem ersten Revisionsurteil in derselben Sache hatte der Senat noch hinsichtlich des Verfahrensfortgangs ausgeführt, dass eine Haftung des beklagten GmbH-Geschäftsführers für die Eigentumsverletzung dann in Betracht komme, „sofern und soweit er persönlich an ihr mitgewirkt hat (§ 830 Abs. 1 S. 1, Abs. 2)" (BGH v. 3.2.1987 – VI ZR 268/85, BGHZ 100, 19, 25 = GmbHR 1987, 260 – Baustoff I).
6 BGH v. 5.12.1989 – VI ZR 335/88, BGHZ 109, 297, 303 f. = GmbHR 1990, 207 – Baustoff II; vgl. zuvor auch BGH v. 3.6.1975 – VI ZR 192/73, NJW 1975, 1827, 1828 f.; vgl. auch OLG Stuttgart v. 29.4.2008 – 5 W 9/08, NJW 2008, 2514, Rz. 16 = NZV 2008, 523.

men, wenn der entsprechende Zuständigkeits- und Organisationsbereich dem Geschäftsleiter als Aufgabe zugewiesen sei oder von ihm in Anspruch genommen werde, da infolge dieser Zuständigkeit die persönliche Einflussnahme auf die Gefahrenabwehr bzw. -steuerung möglich sei.[1] In der **„Kindertee"-Entscheidung** aus dem Jahre 2000 hat der VI. Zivilsenat diese Linie erneut bestätigt und zugleich klargestellt, dass die Haftungsverbindlichkeit des Geschäftsleiters einer eigenständigen verjährungsrechtlichen Beurteilung unterliegt.[2] Der für das Gesellschaftsrecht zuständige II. Zivilsenat hat sich dagegen in einem obiter dictum kritisch zu einer solchen Außenhaftung geäußert, da Organisationspflichten grundsätzlich nur der Gesellschaft gegenüber bestünden.[3] Der VI. Zivilsenat selbst soll mittlerweile „eingelenkt haben".[4] Doch stellt dieser unmissverständlich klar: „So haften der Geschäftsführer bzw. das Vorstandsmitglied persönlich, wenn sie den Schaden selbst durch eine unerlaubte Handlung herbeigeführt haben."[5]

(3) Meinungsstand in der Literatur. Kritische Reaktion der h.L.

In der Literatur[6] überwiegen die kritischen Stimmen, die das Urteil als zu weitgehend ansehen.[7] Die mangelnde tatbestandliche Konkretisierung der deliktischen Pflichtenbindung lasse eine Ausuferung der Haftung befürchten und konterkariere das gesetzlich vorgesehene Innenhaftungsmodell bzw. das Trennungsprinzip (vgl. § 13 Abs. 2 GmbHG, § 1 Abs. 1 Satz 2 AktG). Dogmatisch sei für den Regelfall ausschließlich die **juristische Person** als **Trägerin**

7.40

---

1 Vgl. BGH v. 13.11.1973 – VI ZR 53/72, BGHZ 61, 380 = NJW 1974, 134; vgl. auch BGH v. 12.12.2000 – VI ZR 345/99, NJW 2001, 964, 965 = ZIP 2001, 379 – Kindertee: „Auch bei dem Organ einer juristischen Person kann die deliktsrechtliche Verantwortlichkeit für die Verletzung der Rechtsgüter Dritter […] in erheblichem Umfang von der betrieblichen Zuständigkeits- und Aufgabenverteilung abhängen."
2 BGH v. 12.12.2000 – VI ZR 345/99, NJW 2001, 964, 965 = ZIP 2001, 379 – Kindertee.
3 BGH v. 13.4.1994 – II ZR 16/93, BGHZ 125, 366, 375 f. = GmbHR 1994, 390; vgl. auch BGH v. 18.6.2014 – I ZR 242/12, BGHZ 201, 344 = NJW-RR 2014, 1382.
4 So *Bachmann*, Gutachten E zum 70. DJT 2014, E 118 mit Hinweis auf BGHZ 125, 366 = ZIP 1994, 867 und BGHZ 194, 26 = ZIP 2012, 1552.
5 BGHZ 194, 26 = ZIP 2012, 1552, Rz. 24 mit Hinweis auf BGHZ 109, 297 = ZIP 1990, 35 – Baustofffall.
6 Zu einzelnen haftungsträchtigen Risikobereichen eingehend im 3. Teil (§§ 22–39).
7 Vgl. zuletzt *Bachmann*, Gutachten E zum 70. DJT 2014, E 118: „Das große Schreckgespenst der Organaußenhaftung ... Fanal exzessiver Organhaftung"; *Paefgen* in Ulmer/Habersack/Löbbe, § 43 GmbHG Rz. 354 ff.; *Hopt/Roth* in Großkomm. AktG, § 93 AktG Rz. 664; *Kleindiek* in Lutter/Hommelhoff, § 43 GmbHG Rz. 82 ff.; *Spindler* in MünchKomm. AktG, § 93 AktG Rz. 323; *Fleischer* in Spindler/Stilz, § 93 AktG Rz. 272 f.; *Dreher*, ZGR 1992, 22, 33 f., 38 f.; *Haas*, Geschäftsführerhaftung, S. 211 ff.; *Hellgardt*, WM 2006, 1514 ff.; *Heil/Russenschuck*, BB 1998, 1749; *Kiethe*, DStR 1993, 1298, 1300; *Kleindiek*, Deliktshaftung und juristische Person, S. 443 f.; *Kort*, DB 1990, 921, 923; *Lutter*, ZHR 157 (1993), 464, 472 ff., 478; *Lutter*, GmbHR 1997, 329, 334 f.; *Medicus* in FS Lorenz, 1991, S. 155 ff.; *Medicus*, ZGR 1998, 570, 584 f.; *Mertens/Mertens*, JZ 1990, 488 f. („bahnbrechend abwegig"); *Westermann*, DNotZ 1991, 813, 816 ff. Kritisch auch *Wagner*, VersR 2001, 1057, 1061 f., dessen eigenes Konzept (unten Rz. 7.42) aber kaum von den Grundsätzen der „Baustoff"-Entscheidung abweichen dürfte (vgl. auch *Foerste*, VersR 2002, 1); zustimmend *Krieger/Sailer-Coceani* in K. Schmidt/Lutter, § 93 AktG Rz. 69; weitere Nachw. bei *Wagner* in MünchKomm. BGB, § 823 BGB Rz. 113 ff.; *Roth/Altmeppen*, § 43 GmbHG Rz. 60; *Zöllner/Noack* in Baumbach/Hueck, § 43 GmbHG Rz. 77; *Altmeppen*, ZIP 1995, 881, 886 f.

der **Verkehrspflichten** anzuerkennen[1], da der Gesetzgeber selbst von einer solchen Pflichtenträgerschaft ausgegangen sei[2], die juristische Person die Gefahrenquelle beherrsche und den Nutzen aus ihr ziehe.[3] Nach § 31 BGB hafte daher für unternehmensbezogene Verkehrspflichtverletzungen grundsätzlich ausschließlich und unmittelbar die juristische Person.[4] Eine Direkthaftung des Organs erfordere demgegenüber die besondere Begründung eigener Verkehrspflichten auf der Grundlage hinzutretender besonderer Umstände und dürfe nicht schon aus der Organstellung gefolgert werden.[5] Die tatbestandlichen Grenzen, in denen eine Haftung anerkannt werden soll, werden völlig unterschiedlich gezogen.

7.41 Eine restriktive Ansicht lehnt eine Verkehrspflichthaftung weitestgehend ab, da der Verkehr hinsichtlich seiner Sicherheitserwartungen dem einzelnen Geschäftsleiter kein – für die Entstehung von Verkehrspflichten konstitutives – **besonderes Vertrauen** entgegenbringe, zumal die interne Zuständigkeitsverteilung dem Rechtsverkehr regelmäßig unbekannt sei und sich jederzeit ändern könne.[6] Nach anderer Auffassung soll eine Direkthaftung einen „**Missbrauch**" des Unternehmensträgers als Zurechnungssubjekt von Gefahren und Risiken voraussetzen, dessen Annahme im Einzelfall die Feststellung eines nicht mehr hinnehmbaren Missverhältnisses zwischen Gefahrenlage und gesellschaftsinterner Organisationsstruktur erfordere.[7] Eine dritte Lehre plädiert für eine Haftungsbeschränkung auf **vorsätzliche** Verkehrspflichtverletzungen[8] und will Ausnahmen allenfalls zum Schutz besonders hochrangiger Rechtsgüter und unter **Abwägung** zusätzlicher Faktoren (Schadensrisiko, Schwere möglicher Schäden, Not-

---

1 Vgl. statt aller *Kleindiek* in Lutter/Hommelhoff, § 43 GmbHG Rz. 84 f.; *Paefgen* in Ulmer/Habersack/Löbbe, § 43 GmbHG Rz. 354; *Spindler* in MünchKomm. AktG, § 93 AktG Rz. 323; *Wagner* in MünchKomm. BGB, § 823 BGB Rz. 85; *Medicus*, ZGR 1998, 570, 572 f.; OLG Rostock v. 16.2.2007 – 8 U 54/06, OLGR 2007, 486, Rz. 29 = GmbHR 2007, 762 (nur Leitsatz).
2 *Kleindiek*, Deliktshaftung und juristische Person, S. 206 ff. und passim; ihm folgend *Spindler* in Fleischer, Handbuch des Vorstandsrechts, § 13 Rz. 19. Dagegen *Dreier*, Verkehrspflichthaftung, S. 138 ff.; kritisch auch *Martinek*, AcP 198 (1998), 612, 614 f.
3 Vgl. etwa *Kleindiek* in Lutter/Hommelhoff, § 43 GmbHG Rz. 84 ff.; *Medicus*, ZGR 1998, 570, 572 f.
4 Statt aller *Kleindiek* in Lutter/Hommelhoff, § 43 GmbHG Rz. 84 ff.; *Zöllner/Noack* in Baumbach/Hueck, § 43 GmbHG Rz. 77. Dogmatisch soll dabei hinsichtlich des Verschuldenserfordernisses die Verkehrspflicht der Körperschaft als solche des handelnden Organwalters „fingiert" werden, vgl. *Kleindiek*, Deliktshaftung und juristische Person, S. 356.
5 *Haas*, Geschäftsführerhaftung und Gläubigerschutz, S. 216; *Mertens/Cahn* in KölnKomm. AktG, § 93 AktG Rz. 224; *Fleischer* in Spindler/Stilz, § 93 AktG Rz. 272; *Mertens/Mertens*, JZ 1990, 488, 489; *Kleindiek*, Deliktshaftung und juristische Person, S. 156 ff., 238 ff., 253 f., 264 ff., 480 f. – Tendenziell für eine Beschränkung der deliktischen Außenhaftung auf Fälle unmittelbarer Beteiligung als Täter oder Teilnehmer (§§ 830, 840 BGB, dazu Rz. 7.29) *Medicus*, ZGR 1998, 570, 572, 575 f.; so auch OLG Rostock v. 16.2.2007 – 8 U 54/06, OLGR 2007, 486, Rz. 30, 33 = GmbHR 2007, 762 (nur Leitsatz).
6 Statt aller m.w.N. *Spindler* in Fleischer, Handbuch des Vorstandsrechts, § 13 Rz. 17, 23, 33; *Spindler* in MünchKomm. AktG, § 93 AktG Rz. 323; *Kleindiek*, Deliktshaftung und juristische Person, S. 198 ff., 202 f., 435 ff., 441 f.; *Dreher*, ZGR 1992, 22, 39 ff., 41 f.; ferner *Mertens/Cahn* in KölnKomm. AktG, § 93 AktG Rz. 224.
7 *Haas*, Geschäftsführerhaftung und Gläubigerschutz, S. 211 ff.; ablehnend *Spindler* in Fleischer, Handbuch des Vorstandsrechts, § 13 Rz. 21 unter Hinweis auf die mangelnde Bewertbarkeit von Organisationsstrukturen.
8 *Lutter*, ZHR 157 (1993), 464, 472 ff., 478, 480; vgl. auch *Westermann/Mutter*, DZWir 1995, 184, 188 f.; *Heil/Russenschuck*, BB 1998, 1749, 1753 f.

wendigkeit eigener Überwachung durch den Geschäftsleiter) zulassen.¹ Nach einer weiteren Auffassung soll eine Außenhaftung nur in Betracht kommen, wenn die verletzte Verkehrspflicht der Allgemeinheit gegenüber besteht und nicht lediglich **vertragliche Pflichten** der juristischen Person ergänzt, da dem Geschäftsleiter nicht innerhalb seines Ressorts das Unternehmensrisiko aufgebürdet werden dürfe.² Endlich soll die persönliche Haftung von der Strafbarkeit des Verhaltens des Geschäftsführers abhängig sein.³

Zustimmende Reaktionen im Schrifttum. Teile der Lehre gehen hingegen in grundsätzlicher Übereinstimmung mit dem „Baustoff"-Urteil des BGH (Rz. 7.39) davon aus, dass dem Organwalter im Rahmen seines Zuständigkeitsbereichs eine auf seine Organisations- und Leitungskompetenz gegründete Garantenstellung zukomme.⁴ Die deliktische Geschäftsleiterhaftung sei notwendig, um Haftungslücken auf Grund der gesetzlichen Haftungsbeschränkung zu schließen.⁵ Um das Haftungsrisiko zu begrenzen, wird jedoch teilweise die Möglichkeit anerkannt, die Verkehrssicherung haftungsbefreiend an sorgfältig ausgewähltes Personal zu delegieren.⁶

7.42

(4) Stellungnahme

Die Kritik an der Rechtsprechung des BGH bzgl. der Haftung für sog. „mittelbare Verletzungshandlungen" ist von der Sorge getragen, die Organwalter könnten in eine „uferlose" persönliche Haftung geraten.⁷ Jedenfalls wird heute nicht mehr bezweifelt, dass eine persönliche Direkthaftung des Organwalters für Vorsatzdelikte, unmittelbare Verletzungshandlungen

7.43

---

1 So *Kleindiek* in *Lutter/Hommelhoff*, § 43 GmbHG Rz. 87. In ähnlicher Weise für eine Garantenstellung des Geschäftsleiters nur zum Schutz von Leib und Leben Dritter unter Berufung auf die strafrechtliche Abstufung des Rechtsgüterschutzes bei fahrlässigem Handeln *Zöllner/Noack* in Baumbach/Hueck, § 43 GmbHG Rz. 78.
2 *Grunewald*, ZHR 157 (1993), 451, 456 ff.
3 *Ransiek*, ZGR 1992, 203, 226 ff.
4 So im Ergebnis mit Detailunterschieden *Brüggemeier*, AcP 191 (1991), 33, 58 ff., 64 ff.; *Brüggemeier*, Prinzipien des Haftungsrechts, S. 112 f., 140 f.; *Uwe H. Schneider* in Scholz, § 43 GmbHG Rz. 327, 338; *J. Hager* in Staudinger, § 823 BGB E Rz. 68; *Krause* in Soergel, Anh. II § 823 BGB Rz. 71; *Wagner* in MünchKomm. BGB, § 823 BGB Rz. 118 f.; *Wagner*, VersR 2001, 1057, 1060 f.; *Sandmann*, Haftung, S. 446 ff.; *Derleder/Fauser*, BB 2006, 949, 950; *Foerste*, VersR 2002, 1, 2 ff.; *Schlechtriem* in FS Heiermann, 1995, S. 281, 289 f.; *Christensen*, Verkehrspflichten, S. 185 ff., 188 f.; *Möllers*, Rechtsgüterschutz, S. 231 ff.; *Nölle*, Eigenhaftung, S. 176; *Vehreschild*, Verkehrspflichthaftung, S. 100 ff.; vgl. ferner *v. Bar* in FS Kitagawa, 1992, S. 279, 290, 293 f.: Die deliktische Geschäftsleiterhaftung resultiere aus der Geschäftsleiterstellung und einer entsprechenden „Berufspflicht" zur richtigen Organisation; im Ergebnis auch *Keßler*, GmbHR 1994, 429, 436 mit Fn. 63; *Dreier*, Verkehrspflichthaftung, S. 161 ff., 206 ff.; *Nietsch*, CCZ 2013, 192; *Haas/Ziemons* in Michalski, § 43 GmbHG Rz. 339 ff.
5 Vgl. *Nölle*, Eigenhaftung, S. 104; *Brüggemeier*, AcP 191 (1991), 33, 65; kritisch *Heil/Russenschuck*, BB 1998, 1749, 1752; *Lutter*, GmbHR 1997, 329, 335; *Medicus*, ZGR 1998, 570, 579; *Spindler* in Fleischer, Handbuch des Vorstandsrechts, § 13 Rz. 32.
6 *Wagner* in MünchKomm. BGB, § 823 BGB Rz. 422, der zugleich eine Anwendung der Geschäftsherrnhaftung (§ 831 BGB, dazu Rz. 59 f.) ablehnt, aber ergänzend eine Haftung nach dem Missbrauchsmodell von *Haas* (Geschäftsführerhaftung und Gläubigerschutz, S. 211 ff., 215 ff., 256 ff.) befürwortet; ähnlich *Krause* in Soergel, Anh. II § 823 BGB Rz. 71; *Uwe H. Schneider/Brouwer* in FS Priester, 2007, S. 713, 723 ff.; *Froesch*, DB 2009, 722, 723, 726.
7 Zu den Einzelheiten der Diskussion vgl. *Lutter*, ZHR 157 (1993), 464, 470 ff.; *Lutter*, GmbHR 1997, 329, 337; *Medicus* in FS Lorenz, 1991, S. 155, 163 ff.; weitere Nachw. bei *Kleindiek*, Deliktshaftung und juristische Person, 1997, S. 8; *Altmeppen*, ZIP 1995, 881, 886 f.

und Schutzgesetzverletzungen besteht.[1] Gestritten wird nur noch um die Fallgruppe sog. „mittelbarer Verletzungshandlungen" wegen Verletzung von Verkehrs-bzw. Organisationspflichten im Unternehmen.

7.44 Dazu wird nach wie vor behauptet, der Geschäftsleiter sei nur im Innenverhältnis zum Unternehmensträger dazu verpflichtet, solche Sicherungspflichten zu erfüllen.[2] Eine persönliche Außenhaftung komme allenfalls in Betracht, wenn der Geschäftsleiter eine erhöhte Gefahrenquelle geschaffen habe oder „persönlich als Bewahrungs- bzw. Beschützergarant" aufgetreten sei.[3] Der Verfasser hat freilich schon 1995 herausgearbeitet, dass die Konzeption des § 31 BGB, den erst der Gesetzgeber des BGB im Jahr 1896 geschaffen hat, um eine Mithaftung des Verbandes für die von seinem Organ begangenen Delikte zu begründen, aus historischen, systematischen und teleologischen Gründen zwingend immer (!) ein Delikt des Organwalters voraussetzt. Erst durch die Haftung des Organs selbst gelangt die Haftung des Verbandes zur Entstehung.[4] Die Garantenpflicht soll gerade die absolut geschützten Rechte Dritter i.S. des § 823 Abs. 1 BGB vor Verletzung bewahren. Wer sie pflichtwidrig und schuldhaft verletzt, kann niemals argumentieren, seine Haftung als Deliktstäter für Verletzung absolut geschützter Rechtsgüter entfalle, weil der Gesetzgeber des BGB dem Opfer im Jahr 1896 immerhin auch eine Vermögensmasse zur Verfügung gestellt habe, die ein (möglicherweise insolventer!) Verband besitzt, für den der Täter gehandelt hat (§ 31 BGB). Die Frage, warum überhaupt der Verband nach § 31 BGB in die Mithaftung für denjenigen geraten soll, der das Delikt begangen hat, lässt sich dogmatisch und wertungsmäßig ebenfalls befriedigend erklären: Der Sinn des § 31 BGB war es nicht zuletzt, die juristische Person trotz ihrer „Schuldunfähigkeit" nicht besser zu stellen als die natürliche Person, auch soweit diese sich das Verschulden deliktisch handelnder Personen zurechnen lassen muss.[5]

7.45 Unschlüssig ist die These, die **deliktischen Verkehrspflichten** seien immer nur an den Unternehmensträger und nicht auch an den Organwalter persönlich gerichtet.[6] Die Lösung ergibt sich aus der konsequenten Anwendung des BGB: Selbstverständlich haftet ein deliktisch handelnder Geschäftsführer kumulativ mit dem Verband (§ 31 BGB) für ein Delikt i.S. des § 823 Abs. 1 BGB persönlich, auch wenn sein Delikt in der Verletzung einer Verkehrspflicht besteht, mag er sie durch positives Tun oder Unterlassen, vorsätzlich oder fahrlässig, strafbar oder straflos begangen haben.[7] Denn irgendein Organwalter muss die Erfüllung der Verkehrspflicht für die juristische Person übernommen haben. Anderenfalls gelangt man nicht zu einer Haftung der juristischen Person (§ 31 BGB). Entscheidend ist die Erkenntnis, dass sämtliche Beweislastregeln, die der Gesetzgeber und die Rechtsprechung zulasten des Unternehmensträgers entwickelt haben, nicht auf das deliktisch handelnde Organ übertragbar

---

1 Vgl. die Nachw. bei *Wagner* in MünchKomm. BGB, § 823 BGB Rz. 113.
2 Vgl. *Wagner* in MünchKomm. BGB, § 823 BGB Rz. 85 m.w.N.
3 *Kleindiek*, Deliktshaftung und juristische Person, 1997, S. 457 ff.; *Kleindiek* in Lutter/Hommelhoff, § 43 GmbHG Rz. 86; *Mertens/Mertens*, JZ 1990, 488, 489 f.: „Persönlichen Haftung des Organs … bahnbrechend abwegig".
4 Zuletzt *Altmeppen*, ZIP 2016, 97, 100 f.; *Altmeppen*, ZIP 1995, 881 ff. mit reichen Nachw. aus der Entstehungsgeschichte; ferner *Wilhelm*, Kapitalgesellschaftsrecht, zuletzt 3. Aufl. 2009, Rz. 1232.
5 S. zum Ganzen *Altmeppen*, ZIP 2016, 97, 101 f.; *Flume* BGB I/2, Die juristische Person, 1983, S. 381 ff.; *Altmeppen*, ZIP 1995, 881 ff.; insofern richtig auch *Paefgen* in Ulmer/Habersack/Löbbe, § 43 GmbHG Rz. 355.
6 So *Kleindiek*, Deliktshaftung und juristische Person, 1997, S. 191 ff.; für „überzeugend" gehalten von *Wagner* in MünchKomm. BGB, § 823 BGB Rz. 118.
7 Vgl. *Altmeppen*, ZIP 2016, 97, 100 f.

sind.¹ Steht hingegen fest, dass ein Organwalter, der die Garantenpflicht für die juristische Person zu erfüllen hatte, rechtswidrig und schuldhaft gegen diese verstoßen und dadurch das Opfer in seinen absolut geschützten Rechten i.S. des § 823 Abs. 1 BGB verletzt hat, so haftet er selbst. Die Annahme, allein der Verband müsse dem Opfer für dieses Delikt haften, ist dogmatisch und wertungsmäßig indiskutabel. Wer Rechte oder Rechtsgüter i.S. des § 823 Abs. 1 BGB pflichtwidrig und schuldhaft verletzt, kann niemals seine Haftung mit dem Argument leugnen, der Gesetzgeber des BGB habe dem Opfer auch eine Vermögensmasse des Verbandes zur Verfügung gestellt.²

Demgegenüber ist es dogmatisch und wertungsmäßig gut vertretbar, wenn der BGH bei **Delikten Dritter** anders verfährt. In diesen Fällen haftet der Organwalter nach der Rechtsprechung des BGH nicht nach § 831 Abs. 1 BGB, weil er nicht der Unternehmensträger ist und § 831 Abs. 2 BGB nicht einschlägig ist.³ Auch hat der Organwalter die Verantwortung für das Delikt des Dritten nicht auf sich selbst gezogen, wenn er das Delikt nur fahrlässig nicht verhindert. Eine Haftung nach § 31 BGB scheidet schon im Ansatz aus, weil nach dieser Zurechnungsnorm nur der Verband haftbar wird. Auch § 823 BGB greift nicht. § 823 Abs. 1 BGB scheidet aus, weil nicht der Organwalter, sondern der Dritte das Delikt begangen hat. Nach Ansicht des BGH führt die Kausalität zwischen der fahrlässigen Verletzung der Organpflicht, das Delikt eines Dritten zu verhindern, nicht zu einer Haftung des Organwalters nach § 823 Abs. 1 BGB. Dafür spricht, dass allein der Täter – und nicht der Organwalter – das absolut geschützte Rechtsgut des Opfers i.S. des § 823 Abs. 1 BGB verletzt hat. In dieser Fallkonstellation führt die Verletzung der Verkehrspflicht durch das Organ nicht unmittelbar zu einer Rechtsgutsverletzung des Opfers i.S. des § 823 Abs. 1 BGB, auch wenn sie dafür kausal geworden sein mag. Für reine Vermögensschäden haftet aber nur ein Täter oder Teilnehmer i.S. des § 823 Abs. 2, § 826, § 830 BGB und auch das ist der Organwalter in dieser Fallkonstellation gerade nicht, sondern allenfalls der Dritte. Die Verletzung der Verkehrspflicht kann keine Haftung für reine Vermögensschäden begründen.⁴

7.46

Für die Haftung nach § 823 Abs. 2 BGB bedarf es eines Schutzgesetzes. Die Verkehrspflicht ist kein solches Schutzgesetz. Auch die Verletzung der betrieblichen Aufsichtspflicht i.S. des § 130 OWiG scheidet als Schutzgesetz i.S. des § 823 Abs. 2 BGB aus.⁵ Damit bleibt festzuhalten: Für reine Vermögensschäden haftet nur ein Täter i.S. des § 823 Abs. 2 BGB, also bei **Verletzung eines Schutzgesetzes**, oder des § 826 BGB, wenn und weil er **vorsätzlich** handelt. Auch die Haftung als Teilnehmer (§ 830 BGB) setzt Vorsatz des Geschäftsleiters voraus. Darüber hinaus käme nur eine Haftung nach § 831 Abs. 2 BGB in Betracht, die der BGH jedoch – wertungsmäßig gut vertretbar – ablehnt.⁶ Die allseits befürchtete „uferlose Haftung" ist nach allem nicht ersichtlich.

7.46a

---

1 Eingehend *Altmeppen*, ZIP 2016, 97, 100 f.; *Altmeppen*, ZIP 1995, 881.
2 *Altmeppen*, ZIP 2016, 97, 101.
3 BGH v. 13.4.1994 – II ZR 16/93, BGHZ 125, 366 = ZIP 1994, 867, 870 (mit Anm. *Goette*) = GmbHR 1994, 390.
4 Vgl. zum Ganzen *Altmeppen*, ZIP 2016, 97, 101 f.
5 BGH v. 13.4.1994 – II ZR 16/93, BGHZ 125, 366, 376 ff. = ZIP 1994, 867 = GmbHR 1994, 390; inzwischen offenbar unstreitig, s. statt aller *Wagner* in MünchKomm. BGB, § 823 BGB Rz. 430; s. auch Rz. 7.57.
6 Dazu Rz. 7.58.

b) Haftung aus § 823 Abs. 2 BGB i.V.m. Schutzgesetzen
aa) Allgemeines

7.47 Leitungsorgane juristischer Personen können gem. § 823 Abs. 2 BGB schadensersatzpflichtig werden, wenn sie Pflichten verletzen, die ihnen durch besondere Schutzgesetze auferlegt werden.[1] Der Schutzgesetzcharakter einer Norm ist im Einzelfall durch **Auslegung** zu ermitteln.[2]

7.48 Hinsichtlich strafrechtlicher Schutzgesetze ergibt sich aus **§ 14 Abs. 1 StGB** eine weit reichende Verantwortung der Geschäftsleiter.[3] Dagegen wird eingewandt, dass diese Vorschrift ausschließlich der Zurechnung strafrechtlicher Verantwortlichkeit diene. Sie könne daher im Zivilrecht keine Anwendung finden, da dies im Widerspruch zur ausschließlichen Außenhaftung der juristischen Person stehe.[4] Nach der hier zu § 823 Abs. 1 BGB vertretenen Auffassung kommt es für die deliktische Eigenhaftung der Organwalter nicht auf die gleichzeitige Strafbarkeit ihres Verhaltens an.[5] Die Grundsätze, die der BGH in der „Lederspray"-Entscheidung[6] für die strafrechtliche Geschäftsleiterverantwortlichkeit entwickelt hat, unterscheiden sich bei Nähe betrachtet zudem nicht von denen der „Baustoff"-Entscheidung (Rz. 7.39). Soweit es um die Haftung nach § 823 Abs. 2 BGB geht, hängt die zivilrechtliche Direkthaftung des Organwalters ausschließlich davon ab, ob der von ihm verwirklichte Straftatbestand zugleich die Voraussetzungen eines Schutzgesetzes erfüllt. Bejahendenfalls steht die Direkthaftung des Organwalters neben derjenigen des Verbandes (§ 31 BGB) außer Frage, wenn er persönlich das Schutzgesetz verletzt hat.

bb) Einzelne Beispiele

7.49 Das wohl bekannteste Beispiel eines gesellschaftsrechtlichen Schutzgesetzes stellt nach h.M. die – seit 2008 für alle Kapitalgesellschaften in § 15a InsO geregelte – **Insolvenzantragspflicht** dar, die aber nur die Altgläubiger sowie vertragliche Neugläubiger schützen soll (vgl. Rz. 7.22).[7] Die Verlagerung dieser Pflicht aus den Spezialgesetzen in die InsO habe hieran

---

1 *Wagner* in MünchKomm. BGB, § 823 BGB Rz. 90; *Roth/Altmeppen*, § 43 GmbHG Rz. 58, 62 ff.; *Haas/Ziemons* in Michalski, § 43 GmbHG Rz. 316 ff.
2 *Wagner* in MünchKomm. BGB, § 823 BGB Rz. 420, 424 (Übersicht).
3 *Wagner* in MünchKomm. BGB, § 823 BGB Rz. 90.
4 *Uwe H. Schneider* in Scholz, § 43 GmbHG Rz. 407; *Zöllner/Noack* in Baumbach/Hueck, § 43 GmbHG Rz. 80, 91; *Paefgen* in Ulmer/Habersack/Löbbe, § 43 GmbHG Rz. 364; *Haas/Ziemons* in Michalski, § 43 GmbHG Rz. 376a; *Haas*, Haftung des GmbH-Geschäftsführers in der Krise, 2010, S. 102 ff.; *Stein*, DStR 1998, 1055, 1058; *Dreher* in FS Kraft, 1998, S. 59, 64; *Dreher*, DB 1991, 2586.
5 Vgl. dazu auch *Spindler* in Fleischer, Handbuch des Vorstandsrechts, § 13 Rz. 48 ff. mit einschränkenden Ausführungen.
6 BGH v. 6.7.1990 – 2 StR 549/89, BGHSt 37, 106, 114 ff. = GmbHR 1990, 500 – Lederspray.
7 Nicht geschützt sind nach heute h.M. die Gesellschafter (vgl. *Spindler* in MünchKomm. AktG, § 92 AktG Rz. 76; *Kleindiek* in Lutter/Hommelhoff, Anh. § 64 GmbHG Rz. 82; *K. Schmidt*, JZ 1978, 661 ff.) und gesetzliche Neugläubiger (eingehend dazu *Altmeppen*, ZIP 2001, 2201). Ausnahmsweise sind auch die Mitglieder einer Genossenschaft vom Schutzzweck des § 15a InsO erfasst, wenn ihr Anspruch auf einer Vereinbarung beruht, die mit dem Mitglied wie mit einem außenstehenden Gläubiger geschlossen wurde, vgl. BGH v. 1.2.2010 – II ZR 209/08, NJW-RR 2010, 1048, 1050 = DStR 2010, 939; Zum Stand der wissenschaftlichen Diskussion m.w.N. s. Rz. 7.23, eingehend *Roth/Altmeppen*, § 43 GmbHG Rz. 54 ff., § 64 GmbHG Rz. 35 ff., 50 ff.; *Altmeppen/Wilhelm*, NJW 1999, 673; *Altmeppen*, ZIP 2001, 2201; *Altmeppen*, ZIP 2015, 949, 955 f.; *Altmeppen*, NZG 2016, 521, 527; *Wilhelm*, Kapitalgesellschaftsrecht, Rz. 493 ff.; vgl. zur Haftung aus c.i.c. in diesem Zusammenhang auch *Flume*, ZIP 1994, 337 f.; *K. Schmidt*, NJW 1993, 2934, 2935; *K. Schmidt*, Gesellschaftsrecht,

nichts geändert.¹ Werden Gläubiger durch vorsätzliche Täuschung über die Finanzlage oder sonstige Umstände zu Vermögensverfügungen veranlasst, kann die Schutzgesetzeigenschaft von § 263 StGB bedeutsam werden.² Gleiches gilt auch für den Fall, dass der Geschäftsführer die Insolvenzsicherung von Altersteilzeitguthaben wahrheitswidrig vorspiegelt.³ Daneben soll auch die **Strafbewehrung der Insolvenzantragspflicht** (§ 15a Abs. 4, 5 InsO) als Schutzgesetz zu Gunsten der Gläubiger (nicht zu Gunsten der Aktionäre/Gesellschafter) anzusehen sein.⁴ Die **Verlustanzeigepflicht und ihre Strafbewehrung** (§§ 92 Abs. 1, 401 AktG, §§ 49 Abs. 3, 84 GmbHG) soll Schutzgesetz zu Gunsten der Gesellschaft bzw. der Gesellschafter sein.⁵

Keine Schutzgesetze sind die Regelungen über die interne **Sorgfaltspflicht** bei der Geschäftsführung (§ 43 Abs. 1 GmbHG, § 93 Abs. 1 AktG)⁶ und über die **Kapitalerhaltung** (§§ 30, 31, 33, 43a GmbHG, §§ 57, 62 AktG).⁷

7.50

Für die allgemeinen **Buchführungspflichten** (etwa § 41 GmbHG) wird die Schutzgesetzeigenschaft überwiegend abgelehnt.⁸ Die gläubigerschützende Wirkung der Buchführungspflicht

7.51

---

§ 36 II 5b, II 6; *K. Schmidt* in Scholz, § 64 GmbHG Rz. 186, 214 ff.; *Schulze-Osterloh* in FS Lutter, 2000, S. 707 ff., 716 f.

1 *Wagner* in FS K. Schmidt, 2009, S. 1665, 1691; *Kleindiek* in Lutter/Hommelhoff, Anh. § 64 GmbHG Rz. 80; *Casper* in Ulmer/Habersack/Löbbe, § 64 GmbHG Rz. 159; noch weitergehend *Wagner/Bronny*, ZInsO 2009, 622: „Die Herauslösung der Insolvenzantragspflicht aus dem Gesellschaftsrecht stärkt den Standpunkt der Rechtsprechung, …".

2 Vgl. etwa BGH v. 9.7.1979 – II ZR 211/76, NJW 1979, 1829, 1832; OLG Hamm v. 17.2.1999 – 13 U 190/98, BB 1999, 1679, 1680; BGH v. 19.7.2011 – VI ZR 367/09, ZIP 2011, 1822 m.w.N. zur Darlegungs- und Beweislast; OLG Koblenz v. 9.3.2011 – 5 U 1417/10, DStR 2011, 929, 929 f. = GmbHR 2011, 485; *Spindler* in MünchKomm. AktG, § 93 AktG Rz. 325; *Haas/Ziemons* in Michalski, § 43 GmbHG Rz. 317a.

3 Vgl. BAG v. 12.4.2011 – 9 AZR 229/10, GmbHR 2012, 31; keine persönliche Haftung dagegen bei bloßem Unterlassen der Insolvenzsicherung, vgl. BAG v. 23.2.2010 – 9 AZR 44/09, ZIP 2010, 1361.

4 *Zöllner/Noack* in Baumbach/Hueck, § 43 GmbHG Rz. 83; *Haas* in Baumbach/Hueck, § 64 GmbHG Rz. 214; *Schaal* in MünchKomm. AktG, § 401 AktG Rz. 7; *Spindler* in Fleischer, Handbuch des Vorstandsrechts, § 13 Rz. 40.

5 *Spindler* in Fleischer, Handbuch des Vorstandsrechts, § 13 Rz. 40; *Spindler* in MünchKomm. AktG, § 92 AktG Rz. 20; *Habersack* in Großkomm. AktG, § 92 AktG Rz. 26, § 401 AktG Rz. 4 – *Otto*; *Wiesner* in MünchHdb. AG, § 25 Rz. 59; *Ransiek* in Ulmer/Habersack/Löbbe, § 84 GmbHG Rz. 6. Für Schutzgesetz nur zu Gunsten der Gesellschaft *Mertens/Cahn* in KölnKomm. AktG, § 92 AktG Rz. 21; für Schutzgesetz nur zu Gunsten der Gesellschafter *Roth/Altmeppen*, § 84 GmbHG Rz. 11; *Fleischer* in Spindler/Stilz, § 92 AktG Rz. 16; den Schutzgesetzcharakter gänzlich ablehnend *Krieger/Sailer-Coceani* in K. Schmidt/Lutter, § 92 AktG Rz. 10.

6 BGH v. 19.2.1990 – II ZR 268/88, BGHZ 110, 342, 359 f. = GmbHR 1990, 251; BGH v. 13.4.1994 – II ZR 16/93, BGHZ 125, 366, 375 = GmbHR 1994, 390; BGH v. 14.12.1959 – II ZR 187/57, BGHZ 31, 258, 278 = GmbHR 1960, 43; RGZ 159, 211, 224; *Uwe H. Schneider* in Scholz, § 43 GmbHG Rz. 328; *Roth/Altmeppen*, § 43 GmbHG Rz. 57; *Haas/Ziemons* in Michalski, § 43 GmbHG Rz. 289; *Spindler* in MünchKomm. AktG, § 93 AktG Rz. 309; *Mertens/Cahn* in KölnKomm. AktG, § 93 AktG Rz. 3, 207; *Hopt/Roth* in Großkomm. AktG, § 93 AktG Rz. 620, 623, 648, 658.

7 BGH v. 19.2.1990 – II ZR 268/88, WM 1990, 548, 555 = GmbHR 1990, 251; *Westermann* in Scholz, § 30 GmbHG Rz. 10; *Haas/Ziemons* in Michalski, § 43 GmbHG Rz. 289.

8 Offen lassend BGH v. 13.4.1994 – II ZR 16/93, BGHZ 125, 366, 377 ff. = GmbHR 1994, 390; ablehnend *Haas/Ziemons* in Michalski, § 43 GmbHG Rz. 292 ff.; *Tiedchen* in Rowedder/Schmidt-Leithoff, § 41 GmbHG Rz. 12; vgl. auch *Roth/Altmeppen*, § 41 GmbHG Rz. 12, § 43 GmbHG Rz. 65; *Altmeppen*, DZWir 1994, 378, 380. A.A. *Uwe H. Schneider* in Scholz, § 43 GmbHG Rz. 332; *Crezelius* in Scholz, § 41 GmbHG Rz. 8; *Biletzki*, BB 2000, 521, 524 f., 527; *K. Schmidt*, ZIP 1994, 837, 842;

ist nach Person, Art der Verletzungshandlung und des Schadens, Zeitpunkt des Schadenseintritts, Schadensumfang etc. nicht hinreichend konkretisierbar. Jedenfalls ergeben sich Beweisprobleme hinsichtlich des Rechtswidrigkeitszusammenhangs zwischen Schutzgesetzverletzung und Schaden.[1] Denkbar ist eine Haftung demgegenüber, wenn Dritte unter Verwendung unrichtiger Buchführungsunterlagen konkret zu Vermögensdispositionen veranlasst wurden[2], doch handelt es sich dann regelmäßig bereits um Fälle betrügerischer oder vorsätzlicher sittenwidriger Schädigung (§ 823 Abs. 2 BGB i.V.m. § 263 StGB; § 826 BGB) bzw. um eine Haftung aus c.i.c.[3] Auch im Zusammenhang mit **Insolvenzstraftaten** (§ 283 StGB) wird eine zivilrechtliche Haftung wegen der Verletzung von Buchführungspflichten unter dem Gesichtspunkt der Schutzgesetzverletzung bejaht.[4]

7.52 Schutzgesetz zu Gunsten der Gesellschafter ist nach h.M. auch **§ 266 StGB**, so dass diesen eigene Schadensersatzansprüche zustehen, wenn ihr Anteilsbesitz durch eine Untreue zu Lasten der Gesellschaft entwertet wird.[5] Dabei wird – von konstruktiven Problemen im Hinblick auf die Schadenskongruenz (Rz. 7.34 ff.) abgesehen – verkannt, dass die Vermögensbetreuungspflicht allein gegenüber der Gesellschaft besteht.[6]

7.53 Als Schutzgesetze zu Gunsten (zukünftiger) Gesellschafter oder außenstehender Gläubiger gelten auch die Vorschriften über die **Strafbarkeit wegen falscher Angaben** (§ 399 AktG[7], § 82 GmbHG[8]) oder **unrichtiger Darstellung** (§ 400 AktG[9]; vgl. auch § 331 HGB[10]).

Sieger/Hasselbach, GmbHR 1998, 957, 960 f.; differenzierend auch *Spindler* in Fleischer, Handbuch des Vorstandsrechts, § 13 Rz. 53 f.; eingehend (mit europarechtlich motivierter Argumentation) *Schnorr*, ZHR 170 (2006), 9, 14 ff., 26 ff.

1 Vgl. *K. Schmidt*, ZIP 1994, 837, 842; *Roth/Altmeppen*, § 41 GmbHG Rz. 12.
2 Offen gelassen in BGH v. 13.4.1994 – II ZR 16/93, BGHZ 125, 366, 378 = GmbHR 1994, 390.
3 *Roth/Altmeppen*, § 41 GmbHG Rz. 12.
4 Vgl. OLG Hamm v. 25.11.1999 – 27 U 46/99, BB 2000, 431; *Haas* in Baumbach/Hueck, § 41 GmbHG Rz. 19 f.; *Uwe H. Schneider* in Scholz, § 43 GmbHG Rz. 331; *Sieger/Hasselbach*, GmbHR 1998, 957, 961.
5 *Paefgen* in Ulmer/Habersack/Löbbe, § 43 GmbHG Rz. 361; a.A. *Hüffer/Koch*, § 93 AktG Rz. 61.
6 Die Schutzgesetzeigenschaft des § 266 StGB ablehnend *Spindler* in MünchKomm. AktG, § 93 AktG Rz. 312; *Hopt/Roth* in Großkomm. AktG, § 93 AktG Rz. 632.
7 BGH v. 11.7.1988 – II ZR 243/87, BGHZ 105, 121, 124 ff. = AG 1988, 331; *Spindler* in MünchKomm. AktG, § 93 AktG Rz. 314 (im Hinblick auf Aktionäre), 325 (bezüglich Dritter); *Hopt/Roth* in Großkomm. AktG, § 93 AktG Rz. 630, 658; *Otto* in Großkomm. AktG, § 399 AktG Rz. 5.
8 OLG München v. 23.8.1999 – 24 U 388/99, NJW-RR 2000, 1130 = GmbHR 1999, 1137; *Roth/Altmeppen*, § 82 GmbHG Rz. 3 f.; *Kleindiek* in Lutter/Hommelhoff, § 82 GmbHG Rz. 31; *Haas* in Baumbach/Hueck, § 82 GmbHG Rz. 9 ff., 25, § 43 GmbHG Rz. 83 (*Zöllner/Noack*); *Tiedemann* in Scholz, § 82 GmbHG Rz. 9 ff., 13; *Haas/Ziemons* in Michalski, § 43 GmbHG Rz. 316, § 82 GmbHG Rz. 17 (*Dannecker*).
9 BGH v. 19.7.2004 – II ZR 402/02, BGHZ 160, 149, 157 f. = AG 2004, 546; BGH v. 19.7.2004 – II ZR 218/03, BGHZ 160, 134, 140, 147 = AG 2004, 543 – Infomatec; BGH v. 9.5.2005 – II ZR 287/02, AG 2005, 609 – EM.TV; BGH v. 17.9.2001 – II ZR 178/99, NJW 2001, 3622 = GmbHR 2001, 1036; OLG Stuttgart v. 8.2.2006 – 20 U 24/04, AG 2006, 383 – EM.TV; OLG München v. 1.10.2002 – 30 U 855/01, NZG 2002, 1107, 1109 = AG 2003, 106; *Spindler* in MünchKomm. AktG, § 93 AktG Rz. 314 (im Hinblick auf Aktionäre), 325 (bezüglich Dritter); *Hopt/Roth* in Großkomm. AktG, § 93 AktG Rz. 630, 658, § 400 AktG Rz. 4 – *Otto*.
10 Zu seiner Einordnung als Schutzgesetz m.w.N. LG Bonn v. 15.5.2001 – 11 O 181/00, AG 2001, 486; *Haas/Ziemons* in Michalski, § 43 GmbHG Rz. 318.

Im Schrifttum wird teilweise eine Schutzgesetzeigenschaft für § 35a Abs. 1 Satz 1 GmbHG[1], § 80 Abs. 1 AktG[2] (**Angaben auf Geschäftsbriefen**) und für die Pflicht des Liquidators, auf den **Abwicklungsstatus hinzuweisen** (§ 68 Abs. 2 GmbHG[3]; § 268 Abs. 4 AktG), angenommen. Doch kann es auch hier im Einzelfall am Kausal- bzw. Rechtswidrigkeitszusammenhang zwischen Pflichtverletzung und Schaden (Vertragsschluss) fehlen.[4]

7.54

Darüber hinaus ist die Einordnung der firmenordnungsrechtlichen Bestimmungen zum Rechtsformzusatz als Schutzgesetz verfehlt, weil es jeweils um das Vertrauen eines Kontrahenten im Zusammenhang mit der Anbahnung von Verträgen geht. Insoweit ist die culpa in contrahendo die richtige Anspruchsgrundlage einer Vertrauenshaftung.[5]

7.54a

Ebenfalls Schutzgesetze sind die Regelungen über den Gläubigerschutz bei **Kapitalherabsetzungen** (§ 58 Abs. 1 Nr. 1, 2 GmbHG[6], § 225 Abs. 1 Satz 1, Abs. 2 Satz 1 AktG[7]).

7.55

Im Zusammenhang mit dem Sozialversicherungsrecht[8] betrachtet die Rechtsprechung des BGH insbesondere die strafrechtlich sanktionierte (§§ 266a Abs. 1, 14 Abs. 1 Nr. 1 StGB) Pflicht der Geschäftsleiter zur Weiterleitung der Arbeitnehmeranteile der **Sozialversicherungsbeiträge** als Schutzgesetz.[9] Namentlich in der Insolvenz der Gesellschaft ergeben sich vielfältige und umstrittene Fragen, die hier nicht im Einzelnen zu behandeln sind.[10]

7.56

---

1 LG Detmold v. 20.10.1989 – 9 O 402/89, NJW-RR 1990, 995 = GmbHR 1991, 23; *Roth/Altmeppen*, § 35a GmbHG Rz. 8; *Paefgen* in Ulmer/Habersack/Löbbe, § 35a GmbHG Rz. 63; *Uwe H. Schneider/Sven H. Schneider* in Scholz, § 35a GmbHG Rz. 26; *Zöllner/Noack* in Baumbach/Hueck, § 43 GmbHG Rz. 79, § 35a GmbHG Rz. 25.
2 *Habersack* in Großkomm. AktG, § 80 AktG Rz. 17; *Spindler* in MünchKomm. AktG, § 80 AktG Rz. 28.
3 OLG Frankfurt v. 18.9.1991 – 21 U 10/90, NJW 1991, 3286, 3287 = GmbHR 1992, 537; OLG Frankfurt v. 18.3.1998 – 13 U 280/96, GmbHR 1998, 789; OLG Naumburg v. 19.10.1999 – 9 U 251/98, OLGR 2000, 482; *Roth/Altmeppen*, § 68 GmbHG Rz. 19; *K. Schmidt* in Scholz, § 68 GmbHG Rz. 13; *Haas* in Baumbach/Hueck, § 68 GmbHG Rz. 13; *Kleindiek* in Lutter/Hommelhoff, § 68 GmbHG Rz. 6.
4 Vgl. *K. Schmidt* in Scholz, § 68 GmbHG Rz. 13; *Roth/Altmeppen*, § 68 GmbHG Rz. 20.
5 *Altmeppen*, ZIP 2007, 889, 894 f.; *Altmeppen*, NJW 2012, 2833; näher Rz. 7.16.
6 OLG Hamburg v. 5.7.2000 – 8 U 173/99, GmbHR 2001, 392; *Zöllner/Noack* in Baumbach/Hueck, § 43 GmbHG Rz. 79, § 58 GmbHG Rz. 52; *Roth/Altmeppen*, § 58 GmbHG Rz. 18; *Priester* in Scholz, § 58 GmbHG Rz. 85.
7 BayObLG v. 20.9.1974 – 2 Z 43/74, BB 1974, 1362, 1363 = GmbHR 1974, 259; *Schilling* in Großkomm. AktG, 4. Aufl. 2012, § 225 AktG Rz. 60; *Lutter* in KölnKomm. AktG, 2. Aufl. 1994, § 225 AktG Rz. 40; *v. Godin/Wilhelmi*, § 225 AktG Anm. 5; *Hüffer/Koch*, § 225 AktG Rz. 18; *Oechsler* in MünchKomm. AktG, § 225 AktG Rz. 4, 30.
8 Eingehend dazu unten *Brand/Bentlage*, § 37.
9 BGH v. 18.1.2010 – II ZA 4/09, NJW-RR 2010, 701 = NZG 2010, 305; BGH v. 29.9.2008 – II ZR 162/07, NJW 2009, 295; BGH v. 14.5.2007 – II ZR 48/06, NJW 2007, 2118, Rz. 12 mit Anm. *Altmeppen* = AG 2007, 548; BGH v. 11.12.2001 – VI ZR 123/00, GmbHR 2002, 208; BGH v. 9.1.2001 – VI ZR 407/99, GmbHR 2001, 236; BGH v. 14.11.2000 – VI ZR 149/99, GmbHR 2001, 147; BGH v. 21.1.1997 – VI ZR 338/95, BGHZ 134, 304, 307 = GmbHR 1997, 305; näher *Uwe H. Schneider* in Scholz, § 43 GmbHG Rz. 406 ff., 416; *Zöllner/Noack* in Baumbach/Hueck, § 43 GmbHG Rz. 91 ff.; *Spindler* in MünchKomm. AktG, § 93 AktG Rz. 331 f.
10 Vgl. BGH v. 18.12.2012 – II ZR 220/10, GmbHR 2013, 265 m.w.N. zum Vorsatzerfordernis; OLG Düsseldorf v. 16.9.2014 – I-21 U 38/14, GmbHR 2015, 708 m.w.N. zu den Grenzen der Enthaftung durch interne Zuständigkeitsverteilung; näher unten *Brand/Bentlage*, § 37; *Altmeppen* in FS Goette, 2011, S. 1 ff.; *Roth/Altmeppen*, § 43 GmbHG Rz. 65 ff.; *Haas/Ziemons* in Michalski, § 43 GmbHG Rz. 374 ff.; *Goette*, ZGR 2008, 436, 445.

7.57 Nach §§ 130, 9 Abs. 1 Nr. 1 OWiG trifft den Geschäftsleiter eine ordnungsrechtliche Verantwortlichkeit für das vorsätzliche oder fahrlässige Unterlassen von Aufsichtsmaßnahmen, mit denen Verstöße gegen Straf- und Ordnungswidrigkeitstatbestände hätten verhindert werden können. Ein Teil der Lehre ist daher der Ansicht, § 130 OWiG sei selbst Schutzgesetz, soweit er Bestimmungen mit Schutzgesetzcharakter sanktioniert.[1] Dem hat sich der BGH zu Recht nicht angeschlossen.[2] Der BGH hat zutreffend herausgearbeitet, dass das bürgerlichrechtliche Haftungssystem auch und gerade bei der juristischen Person im Privatrecht – nicht in § 130 OWiG – verankert sei und es für eine Direkthaftung des Organwalters deshalb nie darauf ankommen könne, ob er zugleich den Ordnungswidrigkeitstatbestand des § 130 OWiG verwirklicht habe.[3]

7.57a Bislang war im Schrifttum umstritten, ob § 20a Abs. 1 Nr. 1 WpHG als Schutzgesetz zu qualifizieren ist.[4] Der BGH hat dies im Jahr 2011 mit dem Argument verneint, die Norm diene lediglich öffentlichen Interessen.[5] Ob dies auch in Bezug auf Art. 15 MAR gilt, bleibt abzuwarten.[6]

7.57b § 35 Abs. 2 WpÜG wird die Schutzgesetzeigenschaft abgesprochen.[7]

---

1 Vgl. *Mertens/Cahn* in KölnKomm. AktG, § 93 AktG Rz. 225; *Hopt/Roth* in Großkomm. AktG, § 93 AktG Rz. 660; *Lutter*, ZHR 157 (1993), 464, 478; wohl auch *Uwe H. Schneider* in Scholz, § 43 GmbHG Rz. 330 a.E.; *Haas/Ziemons* in Michalski, § 43 GmbHG Rz. 334 f.

2 BGH v. 13.4.1994 – II ZR 16/93, BGHZ 125, 366, 371 ff. = DZWir 1994, 373 mit Anm. *Altmeppen*.

3 BGH v. 13.4.1994 – II ZR 16/93, BGHZ 125, 366, 376 ff. = ZIP 1994, 867; aus der Literatur *Wagner* in MünchKomm. BGB, § 823 BGB Rz. 430; diese Wertung ist auch und gerade dann zutreffend, wenn die juristische Person und die unbeaufsichtigte Person ihrerseits insolvent sind, näher *Altmeppen*, DZWir 1994, 378, 380.

4 Die Schutzgesetzeigenschaft v.a. mit Hinweis auf die Gesetzesbegründung des 4. FFG bejahend: *Mock/Stoll/Eufinger* in KölnKomm. WpHG, § 20a WpHG Rz. 427 ff.; *Grundmann* in Ebenroth/Boujong/Joost/Strohn, HGB, § 20a WpHG Rz. VI 156; *Fuchs/Dühn*, BKR 2002, 1063, 1066; *Altenhain*, BB 2002, 1874, 1875; *Ziouvas*, ZGR 2003, 113, 142; *Ekkenga*, ZIP 2004, 781, 792; verneinend: *Vogel* in Assmann/Uwe H. Schneider, WpHG, 6. Aufl. 2012, § 20a WpHG Rz. 27 ff.; *Möllers* in Derleder/Knops/Bamberger, Hdb. zum deutschen und europäischen Bankrecht, 2. Aufl., § 69 Rz. 37; *Fleischer* in Fuchs, § 20a WpHG Rz. 154; *Maier-Reimer/Paschos* in Habersack/Mülbert/Schlitt, Hdb. der Kapitalmarktinformation, § 29 Rz. 160; *Schönhöft*, Die Strafbarkeit der Marktmanipulation gem. § 20a WpHG, 2006, S. 11 ff.; *Eichelberger*, Das Verbot der Marktmanipulation (§ 20a WpHG), 2006, S. 363 ff.; *Jungmichel*, Haftung und Schadenskompensation bei Verstößen gegen Ad-hoc-Publizitätspflichten, 2007, S. 196 ff.; *Schwark* in Schwark/Zimmer, Kapitalmarktrechtskommentar, 4. Aufl., § 20a WpHG Rz. 7; *Barnert*, WM 2002, 1473, 1481; *Maier-Reimer/Webering*, WM 2002, 1857, 1864; *Rützel*, AG 2003, 69, 79; *Holzborn/Foelsch*, NJW 2003, 932, 938; *Spindler*, WM 2004, 2089, 2091; *Edelmann*, BB 2004, 2031, 2032.

5 BGH v. 13.12.2011 – XI ZR 51/10, NJW 2012, 1800, 1802 f. Rz. 20 ff. = ZIP 2012, 318, 320 ff. – IKB.

6 Vgl. *Poelzig*, NZG 2016, 492, 501: „Frage der Schutzgesetzeigenschaft erscheint nach dem neuen Marktmissbrauchsregime in einem neuen Licht".

7 Vgl. BGH v. 11.6.2013 – II ZR 80/12, WM 2013, 1511, 1511 ff.; aus der Literatur *Seibt* in Henssler/Willemsen/Kalb, Arbeitsrecht Kommentar, 7. Aufl. 2016, § 10 WpÜG Rz. 32; *Merkner/Sustmann*, NZG 2013, 1087, 1090; *Heusel*, AG 2014, 232, 242; *Derlin*, BB 2013, 2322; *Schumann*, DStR 2013, 2017, 2018; *Paschos/Witte*, EWiR 2013, 757, 758; *Seibt*, ZIP 2013, 1568, 1570.

c) Haftung aus § 831 BGB

Rechtsprechung und h.L. lehnen eine solche Haftung der Geschäftsleiter ab, da **allein die Gesellschaft** Geschäftsherrin i.S. des § 831 Abs. 1 BGB und Nutznießerin der Unternehmung sei.[1] Auch § 831 Abs. 2 BGB sei auf die Organe nicht anwendbar.[2] Zur Begründung wird darauf verwiesen, dass der Organwalter die Pflichten des § 831 Abs. 1 BGB nicht „durch Vertrag" übernehme, sondern sie auf Grund seiner Bestellung in das Organamt wahrnehme.[3] Es soll an der Haftungsentlastung bei der Gesellschaft als Wesensmerkmal der „Übernehmerhaftung" fehlen.[4] Ferner wird darauf verwiesen, dass juristische Personen den Geschäftsherrenpflichten nicht unabhängig von ihren Organen unterlägen, die zudem selbst nicht eigenständig nach außen aufträten.[5] Anders als in den typischen Fällen des § 831 Abs. 2 BGB werde daher der Geschäftsherr auch nicht im Vertrauen auf die Gefahrabwendung durch den Übernehmer von eigenen Maßnahmen abgehalten. Die Schädigungsgefahr nehme nicht in der deliktstypischen Weise zu.[6] Schließlich wird geltend gemacht, dass anderenfalls § 831 Abs. 1 BGB für die juristische Person überflüssig und sogar unterlaufen werde, weil dem Verband bei einer Mithaftung gem. §§ 831 Abs. 2, 31 BGB jede Entlastungsmöglichkeit genommen werde.[7]

7.58

Stellungnahme. Bei § 831 BGB handelt es sich zwar um einen normierten Anwendungsfall der Verkehrssicherungshaftung gem. § 823 Abs. 1 BGB, wobei die Gefahrenquelle im Einsatz einer Person besteht.[8] Die Rechtsprechung des BGH ist aber nur konsequent insoweit, als

7.59

---

1 BGH v. 14.5.1974 – VI ZR 8/73, NJW 1974, 1371, 1372 = GmbHR 1974, 184; OLG Köln v. 26.6.1992 – 6 U 72/91, BB 1993, 747, 748 = GmbHR 1993, 586; BGH v. 5.12.1989 – VI ZR 335/88, BGHZ 109, 297, 304 = GmbHR 1990, 207 – Baustoff II; BGH v. 13.4.1994 – II ZR 16/93, BGHZ 125, 366, 375 = GmbHR 1994, 390; zuletzt OLG Schleswig v. 29.6.2011 – 3 U 89/10, NJW-RR 2012, 368; *Krause* in Soergel, Anh. II § 823 BGB Rz. 67; *Hopt/Roth* in Großkomm. AktG, § 93 AktG Rz. 664; *Mertens/Cahn* in KölnKomm. AktG, § 93 AktG Rz. 48 ff., 224; *Haas/Ziemons* in Michalski, § 43 GmbHG Rz. 330; *Kleindiek* in Lutter/Hommelhoff, § 43 GmbHG Rz. 85; *Zöllner/Noack* in Baumbach/Hueck, § 43 GmbHG Rz. 87.

2 BGH v. 14.5.1974 – VI ZR 8/73, NJW 1974, 1371, 1372 = GmbHR 1974, 184; BGH v. 5.12.1989 – VI ZR 335/88, BGHZ 109, 297, 304 = GmbHR 1990, 207 – Baustoff II; BGH v. 13.4.1994 – II ZR 16/93, BGHZ 125, 366, 375 = GmbHR 1994, 390; OLG Köln v. 26.6.1992 – 6 U 72/91, BB 1993, 747, 748 = GmbHR 1993, 586; *Krause* in Soergel, Anh. II § 823 BGB Rz. 67, § 831 BGB Rz. 61 f.; *Steffen* in RGRK, § 831 BGB Rz. 63, 65; *Wagner* in MünchKomm. BGB, § 831 BGB Rz. 23, 50; *Mertens/Cahn* in KölnKomm. AktG, § 93 AktG Rz. 224; *Kleindiek* in Lutter/Hommelhoff, § 43 GmbHG Rz. 85; *Zöllner/Noack* in Baumbach/Hueck, § 43 GmbHG Rz. 87; *Haas/Ziemons* in Michalski, § 43 GmbHG Rz. 331 f.

3 BGH v. 14.5.1974 – VI ZR 8/73, NJW 1974, 1371, 1372 = GmbHR 1974, 184; *Groß*, ZGR 1998, 551, 563; *Spindler* in Fleischer, Handbuch des Vorstandsrechts, § 13 Rz. 19.

4 *Kleindiek* in Lutter/Hommelhoff, § 43 GmbHG Rz. 85; *Haas/Ziemons* in Michalski, § 43 GmbHG Rz. 332; *Spindler*, Unternehmensorganisationspflichten, S. 853 f., 859; *Medicus*, ZGR 1998, 570, 573.

5 *Steffen* in RGRK, § 831 BGB Rz. 65; *Spindler*, Unternehmensorganisationspflichten, S. 853; *Spindler* in Fleischer, Handbuch des Vorstandsrechts, § 13 Rz. 19.

6 *Medicus* in FS Deutsch, 1999, S. 291, 296, 300 f.

7 *Haas/Ziemons* in Michalski, § 43 GmbHG Rz. 332; *Heil/Russenschuck*, BB 1998, 1749, 1752; vgl. auch *Spindler* in Fleischer, Handbuch des Vorstandsrechts, § 13 Rz. 19 mit Fn. 77; *Schlechtriem* in FS Heiermann, 1995, S. 281, 288; *Krebs/Dylla-Krebs*, DB 1990, 1271, 1272. Nach *Krause* in Soergel, § 831 BGB Rz. 61 a.E. sollen Organmitglieder von § 831 Abs. 2 BGB auszunehmen sein, weil die Beweislastumkehr nur Personen zuzumuten sei, von denen eine Dokumentation ihrer Sorgfalt erwartet werden kann.

8 *Altmeppen*, ZIP 1995, 881, 888; *Medicus* in FS Deutsch, 1999, S. 291, 294; *Krause* in Soergel, § 831 BGB Rz. 3 m.w.N.; tendenziell abweichend *Wagner* in MünchKomm. BGB, § 831 BGB Rz. 30.

sie bei Delikten Dritter eine Haftung des Organwalters ausschließt, sofern das Delikt des Dritten nur fahrlässig nicht verhindert wurde, da der Organwalter die Verantwortung für das Delikt des Dritten nicht auf sich selbst gezogen habe. Dann muss auch eine Haftung nach Maßgabe des § 831 Abs. 2 BGB ausscheiden. Bei vorsätzlichem Handeln des Geschäftsleiters richtet sich die Haftung nach §§ 823 Abs. 2, 826 BGB bzw. den Regelungen über eine Teilnahme (§ 830 BGB).[1]

d) Haftung für vorsätzliche sittenwidrige Schädigung (§ 826 BGB)

7.60 Im Stadium der **Insolvenzreife** hat die den Nachweis eines Schädigungsvorsatzes erfordernde Haftung aus § 826 BGB durch die Anerkennung einer Haftung bei fahrlässiger Insolvenzverschleppung (näher Rz. 7.22 ff., 7.49) an Bedeutung verloren. Bejaht wird die Haftung aus § 826 BGB u.a. dann, wenn der **Vorleistungen** akzeptierende Geschäftsführer billigend in Kauf nimmt, dass die Gesellschaft ihre Gegenleistung nicht erbringen können wird[2], oder wenn mangelhafte Leistungen mit dem bedingten Vorsatz erbracht werden, dass die Gewährleistungsansprüche ausfallen.[3] Gleichgestellt wurden auch Fälle, in denen Mitarbeiter die Leistungsfähigkeit der Gesellschaft behaupteten, und der Geschäftsleiter trotz Kenntnis nicht einschritt oder die Behauptungen sogar veranlasst hatte.[4]

7.61 Ein Vorstandsmitglied haftet gem. § 826 BGB auch für die Ausgabe von Aktien, die von vornherein wegen der unmittelbar bevorstehenden Insolvenz wertlos sind.[5]

7.62 Eine Haftung aus § 826 BGB wird auch im Zusammenhang mit Insolvenzgeld diskutiert. Die Bundesagentur für Arbeit ist verpflichtet, Arbeitnehmern **Insolvenzgeld** zu zahlen, soweit diese auf Grund der Insolvenz für die dem Insolvenzereignis vorausgehenden drei Monate keinen Lohn erhalten haben (§ 165 SGB III).[6] Ein Ersatzanspruch gegen den Geschäftsleiter nach § 823 Abs. 2 BGB i.V.m. § 15a Abs. 1 InsO wird von der Rechtsprechung und der h.M. abgelehnt, weil die Bundesagentur für Arbeit nicht in den Schutzbereich dieser Vorschriften falle.[7]

---

1 Eingehend dazu *Altmeppen*, ZIP 2016, 97, 100 ff. m.w.N.
2 Vgl. BGH v. 18.10.1993 – II ZR 255/92, GmbHR 1994, 464, 465 = NJW 1994, 197; *Uwe H. Schneider* in Scholz, § 43 GmbHG Rz. 335; vgl. auch *Hopt/Roth* in Großkomm. AktG, § 93 AktG Rz. 657: Wenn der Zusammenbruch absehbar ist und mit dem Erfolg der Sanierungsbemühungen nicht mehr gerechnet werden konnte. Ähnlich *Spindler* in Fleischer, Handbuch des Vorstandsrechts, § 13 Rz. 59.
3 *Roth/Altmeppen*, § 43 GmbHG Rz. 90.
4 Vgl. BGH v. 5.10.1988 – VIII ZR 325/87, NJW 1989, 292, 293 = GmbHR 1988, 481; BGH v. 28.4.2008 – II ZR 264/06, BGHZ 176, 204, Rz. 28 f. = GmbHR 2008, 805 – Gamma; vgl. auch m.w.N. *Spindler* in Fleischer, Handbuch des Vorstandsrechts, § 13 Rz. 62 f. (kritisch).
5 BGH v. 11.9.2012 – VI ZR 92/11, ZIP 2012, 2302 mit Anm. *Gärtner* = BB 2012, 2973; *Juretzek*, DStR 2012, 2495.
6 BGH v. 18.12.2007 – VI ZR 231/06, BGHZ 175, 58, Rz. 14 = GmbHR 2008, 315; BGH v. 26.6.1989 – II ZR 289/88, BGHZ 108, 134, 141 = GmbHR 1990, 69; OLG Saarbrücken v. 21.11.2006 – 4 U 49/06, GmbHR 2007, 315, Rz. 20 = ZIP 2007, 328; vgl. zum Ganzen *Roth/Altmeppen*, Vorb. § 64 GmbHG Rz. 127; *Wagner* in MünchKomm. BGB, § 826 BGB Rz. 118; *K. Schmidt* in Scholz, § 64 GmbHG Rz. 177; abweichend LG Stuttgart v. 13.6.2008 – 15 O 228/07, ZIP 2008, 1428, Rz. 48; ähnlich *Beck*, ZInsO 2008, 713, 716.
7 BGH v. 26.6.1989 – II ZR 289/88, BGHZ 108, 134, 141 = GmbHR 1990, 69; kritisch *Roth/Altmeppen*, Vorb. § 64 GmbHG Rz. 127.

Ausschlaggebendes Kriterium sei dabei, dass sie erst nach Eröffnung des Insolvenzverfahres Gläubigerin der insolventen Gesellschaft wird.[1]

7.63 Der BGH gewährt der Bundesagentur für Arbeit jedoch unter den engen Voraussetzungen des § 826 BGB einen Anspruch auf Ersatz des gezahlten Insolvenzausfallgeldes. Danach trägt die Bundesagentur für Arbeit aber die volle Darlegungs- und Beweislast dafür, dass es bei rechtzeitiger Antragstellung nicht zur Auszahlung des Insolvenzausfallgeldes gekommen wäre.[2] Die Behauptung des Geschäftsleiters, auch bei rechtzeitiger Antragstellung hätte Insolvenzgeld gezahlt werden müssen, weil der Insolvenzverwalter den Dreimonatszeitraum voll ausgeschöpft hätte, soll qualifiziertes Bestreiten sein.[3] Der Bundesagentur für Arbeit seien **keine Beweiserleichterungen** zuzubilligen, weder nach den Grundsätzen zum Einwand einer Reserveursache bzw. rechtmäßigen Alternativverhaltens noch nach Sphärengesichtspunkten.[4] In der Praxis wird daher eine erfolgreiche Geltendmachung solcher Ansprüche nicht selten an der Beweislast scheitern.[5]

7.64 **Stellungnahme.** Steht den Arbeitnehmern neben der Lohnforderung gegen die insolvente Gesellschaft ein Schadensersatzanspruch nach § 823 Abs. 2 BGB i.V.m. § 15a Abs. 1 InsO (h.M.) gegen den Insolvenzverschlepper zu[6], sollte die Bundesagentur für Arbeit diesen Anspruch in entsprechender Anwendung des § 255 BGB bekommen, weil sie die Arbeitnehmer durch Zahlung des Insolvenzgeldes schadlos stellt.[7]

7.65 Sittenwidrig[8] ist ferner die **systematische Abwälzung des Verlustrisikos auf die Gläubiger**.[9] Gleiches gilt, wenn die Insolvenz der Gesellschaft durch den Abschluss von Geschäften verursacht wird, die das Risikopotential der Gesellschaft übersteigen, oder wenn der Geschäftsleiter auf einem Geschäftsfeld der Gesellschaft trotz fehlender Erfahrung und ohne seriöse Rentabilitätsprüfung unverantwortbare Risiken eingeht.[10] Letztendlich gehören solche Fälle zum übergreifenden Thema der Haftung wegen **materieller Unterkapitalisierung**, die nicht nur eine Gesellschafterhaftung ist, sondern auch Geschäftsleiter treffen kann. Die Einzelheiten dazu sind hier nicht darzustellen.[11]

---

1 BGH v. 26.6.1989 – II ZR 289/88, BGHZ 108, 134, 141 = GmbHR 1990, 69; *Kleindiek* in Lutter/Hommelhoff, Anh. zu § 64 GmbHG Rz. 81; *Wagner/Bronny*, ZInsO 2009, 622, 623.
2 BGH v. 18.12.2007 – VI ZR 231/06, BGHZ 175, 58, Rz. 23 = GmbHR 2008, 315; *Roth/Altmeppen*, Vorb. § 64 GmbHG Rz. 127; zust. *Poertzgen*, DZWIR 2008, 247, 249.
3 BGH v. 18.12.2007 – VI ZR 231/06, BGHZ 175, 58, Rz. 20 = GmbHR 2008, 315.
4 OLG Saarbrücken v. 21.11.2006 – 4 U 49/06, GmbHR 2007, 315, Rz. 30 ff., 35 ff. = ZIP 2007, 328.
5 *Wagner/Bronny*, ZInsO 2009, 622, 628.
6 Dieser geht nicht im Wege der Legalzession gem. § 187 Satz 1 SGB III auf die Bundesagentur für Arbeit über; vgl. OLG Saarbrücken v. 21.11.2006 – 4 U 49/06, GmbHR 2007, 315, Rz. 19 = ZIP 2007, 328; BGH v. 26.6.1989 – II ZR 289/88, BGHZ 108, 134, 137 f. = GmbHR 1990, 69 (bei Geltung des AFG).
7 *Roth/Altmeppen*, Vorb. § 64 GmbHG Rz. 127.
8 Zum Maßstab der Sittenwidrigkeit im Rahmen des § 826 BGB vgl. BGH v. 20.11.2012 – VI ZR 268/11, ZIP 2013, 27, 27 ff.
9 Vgl. BGH v. 16.3.1992 – II ZR 152/91, ZIP 1992, 695 = GmbHR 1992, 363 (völlig unangemessene Gestaltung der Preiskalkulation); kritisch *Spindler* in Fleischer, Handbuch des Vorstandsrechts, § 13 Rz. 58.
10 Vgl. OLG Hamm v. 9.12.1992 – 8 U 183/91, GmbHR 1994, 179, 180.
11 Eingehend *Roth/Altmeppen*, § 43 GmbHG Rz. 19 m.w.N.

7.66 Im Zusammenhang mit **Warentermingeschäften** wird eine Haftung gem. § 826 BGB bejaht, wenn ein Geschäftsleiter, der Optionsgeschäfte abschließt, den Abschluss veranlasst oder bewusst nicht verhindert, die Anlagekunden nicht in gehöriger Weise aufklärt und dadurch seine geschäftliche Überlegenheit in sittenwidriger Weise missbraucht.[1] Auch die vorsätzliche und sittenwidrige Verletzung der Pflicht zur wahrheitsgemäßen **Ad-hoc-Publizität** kann zur Haftung gem. § 826 BGB führen.[2]

7.67 Ebenfalls sittenwidrig ist es, wenn die Gesellschaft in **Gläubigerschädigungsabsicht gegründet und geführt** wird.[3] Wirkt der Geschäftsleiter an sog. existenzvernichtenden Eingriffen[4] mit dem Vorsatz der sittenwidrigen Gläubigerschädigung mit, d.h. daran, dass der juristischen Person die zur Gläubigerbefriedigung erforderliche Haftungsmasse seitens der Gesellschafter entzogen wird, trifft auch ihn die Haftung nach § 826 BGB. Sehr genau zu unterscheiden ist in diesem Fall danach, ob es sich um eine bloße Innenhaftung gegenüber der Gesellschaft oder um eine Direkthaftung gegenüber unbefriedigten Gläubigern handelt.[5] Bloße Reflexschäden unbefriedigter Gläubiger dürfen diese niemals mit Hilfe des § 826 BGB direkt liquidieren (arg. § 117 Abs. 1 Satz 2, § 317 Abs. 1 Satz 2 AktG analog).[6]

2. Haftung für deliktisches Handeln als Mitglied des Kollegialorgans

a) Haftung für Stimmverhalten bei der Beschlussfassung?

7.68 Schädigungen Dritter können im Einzelfall auf Geschäftsführungsmaßnahmen beruhen, die von einem Kollegialorgan – häufig nach dem Mehrheitsprinzip[7] – beschlossen wurden. In

---

1 BGH v. 20.3.1986 – II ZR 141/85, WM 1986, 734; BGH v. 16.11.1993 – XI ZR 214/92, BGHZ 124, 151, 162; BGH v. 1.2.1994 – XI ZR 125/93, WM 1994, 453; BGH v. 17.5.1994 – XI ZR 144/93, WM 1994, 1746, 1747; BGH v. 2.2.1999 – XI ZR 381/97, WM 1999, 540, 541; BGH v. 16.10.2001 – XI ZR 25/01, WM 2001, 2313, 2314; BGH v. 28.5.2002 – XI ZR 150/01, WM 2002, 1445, 1446; vgl. auch BGH v. 26.10.2004 – XI ZR 279/03, WM 2005, 28, 29; OLG Düsseldorf v. 20.10.1999 – 15 U 221/96, NZG 2000, 312, 313; zur AG BGH v. 22.11.2005 – XI ZR 76/05, WM 2006, 84. Kritisch zur Begründung *Spindler* in Fleischer, Handbuch des Vorstandsrechts, § 13 Rz. 6: Abzustellen sei allein auf den Einfluss des Geschäftsführers auf den Inhalt der Informations- und Werbematerialien.
2 Vgl. BGH v. 19.7.2004 – II ZR 402/02, BGHZ 160, 149, 156 ff. = AG 2004, 546 und OLG München v. 20.4.2005 – 7 U 5303/04, BB 2005, 1651 m.w.N.; vgl. auch BGH v. 9.5.2005 – II ZR 287/02, AG 2005, 609. Näher zur Haftung wegen fehlerhafter Kapitalmarktinformationen unten *Krämer/Gillessen*, § 32.
3 Vgl. BGH v. 25.4.1988 – II ZR 175/87, NJW-RR 1988, 1181; BGH v. 16.3.1992 – II ZR 152/91, WM 1992, 735, 736 = GmbHR 1992, 363; OLG Frankfurt v. 26.2.1999 – 24 U 112/97, NZG 1999, 947; zu den sog. Schwindelunternehmen vgl. BGH v. 14.7.2015 – VI ZR 463/14, ZIP 2015, 2169, 2170; *Groß*, ZGR 1998, 551, 561 f.
4 Vgl. BGH v. 24.6.2002 – II ZR 300/00, BGHZ 151, 181, 183 ff. = GmbHR 2002, 902 – KVB; BGH v. 25.2.2002 – II ZR 196/00, BGHZ 150, 61 = GmbHR 2002, 549; BGH v. 13.12.2004 – II ZR 206/02, ZIP 2005, 117, 118 = GmbHR 2005, 225; BGH v. 20.9.2004 – II ZR 302/02, NJW 2005, 145, 146 = GmbHR 2004, 1528; kritisch dazu *G.H. Roth*, LMK 2004, 223 f.
5 S. dazu BGH v. 16.7.2007 – II ZR 3/04, BGHZ 173, Rz. 27, 33 = GmbHR 2007, 927 – Trihotel; BGH v. 28.4.2008 – II ZR 264/06, BGHZ 176, 204, Rz. 28 ff. = GmbHR 2008, 805 – Gamma; eingehend *Altmeppen*, ZIP 2008, 1201, 1204 f.; *Roth/Altmeppen*, § 43 GmbHG Rz. 92 i.V.m. § 13 GmbHG Rz. 76 ff. m.w.N.
6 Eingehend *Altmeppen*, ZIP 2008, 1201, 1204 f.; *Altmeppen*, NJW 2007, 2657, 2659; *Roth/Altmeppen*, § 13 GmbHG Rz. 78 m.w.N.
7 Zu Regelungsmöglichkeiten hinsichtlich der Geschäftsführung und Vertretung *Spindler* in MünchKomm. AktG, § 77 AktG Rz. 5 f., 8, 11 ff.; *Roth/Altmeppen*, § 37 GmbHG Rz. 33 ff.

der Literatur wird die Frage problematisiert, ob und unter welchen Voraussetzungen die unerlaubte Handlung dem einzelnen Mitglied zugerechnet werden kann, namentlich wenn der Beschluss auf Grund der konkreten Abstimmungsmehrheit auch ohne seine Einzelstimme zu Stande gekommen wäre. Zunächst haften diejenigen Organwalter, die dem schadensträchtigen Beschluss **zugestimmt** haben.[1] Die konkrete Machtstruktur im Gesamtorgan – bis zur Grenze der Entschuldigung (vgl. § 35 StGB) – wird dabei für unerheblich gehalten.[2] Der Zustimmung gleichgestellt werden ferner die **Stimmenthaltung** oder (**unberechtigtes**) **Fernbleiben** von der Abstimmung, da der Geschäftsleiter zur Teilnahme, zur klaren Stellungnahme und zum nachdrücklichen Vortrag etwaiger Bedenken verpflichtet sei.[3] Eine Haftung **dissentierender** Mitglieder wird demgegenüber mangels Pflichtverletzung abgelehnt.[4] Der Organwalter möge für eine entsprechende Dokumentation der Stimmabgabe im Beschlussprotokoll sorgen.[5]

Stellungnahme. Zunächst ist festzustellen, dass die Einzelstimme jedenfalls bis zur Ausführung der beschlossenen Maßnahme **widerrufen** werden kann.[6] Wird der Beschluss nach dem konkreten Abstimmungsergebnis selbst hinfällig, kann auch eine in der Zustimmung liegende Pflichtverletzung noch beseitigt werden.[7] Nichts anderes kann aber gelten, wenn der Beschluss trotz des Widerrufs fortbesteht, oder der Organwalter unberechtigt ferngeblieben war bzw. sich enthalten hatte.

7.69

---

[1] Vgl. *Fleischer*, BB 2004, 2645, 2646 f. (auch zur strafrechtlichen Diskussion); *Fleischer* in Fleischer, Handbuch des Vorstandsrechts, § 11 Rz. 66, mit Hinweis auf § 830 Abs. 1 Satz 1 und 2 BGB, da bei Entscheidungen mit einer Mehrheit von mehr als einer Stimme die Kausalität der Einzelstimme „unaufklärbar" sei; vgl. auch *Foerste*, VersR 2002, 1, 5; *Foerste* in von Westphalen, Produkthaftungshandbuch, § 25 Rz. 251. Näher zur Produktverantwortung unten *Harbarth*, § 28.

[2] *Fleischer*, BB 2004, 2645, 2648; *Fleischer* in Fleischer, Handbuch des Vorstandsrechts, § 11 Rz. 40; allgemeiner zum Innenverhältnis auch *Haas/Ziemons* in Michalski, § 43 GmbHG Rz. 164; *Uwe H. Schneider* in Scholz, § 43 GmbHG Rz. 39.

[3] *Fleischer* in Fleischer, Handbuch des Vorstandsrechts, § 11 Rz. 53 f., 68 und *Fleischer*, BB 2004, 2645, 2651, der auch hier zur Begründung der Kausalität § 830 Abs. 1 Satz 2 BGB heranzieht; allgemein zur Teilnahme- und Beratungspflicht im Innenverhältnis ferner *Spindler* in MünchKomm. AktG, § 93 AktG Rz. 170; für Aufsichtsratsmitglieder *Habersack* in MünchKomm. AktG, § 116 AktG Rz. 33, 38. Die Kausalität verneinend aber LG Berlin v. 8.10.2003 – 101 O 80/02, ZIP 2004, 73, 76 (Stimmenthaltung eines Aufsichtsratsmitglieds bei fehlerhaftem Beschluss); offen lassend LG Düsseldorf v. 22.7.2004 – XIV 5/03, ZIP 2004, 2044, 2045 = NJW 2004, 3275 – Mannesmann.

[4] *Fleischer*, BB 2004, 2645, 2646 f.; *Fleischer* in Fleischer, Handbuch des Vorstandsrechts, § 11 Rz. 41; *Foerste* in von Westphalen, Produkthaftungshandbuch, § 25 Rz. 255; für die Binnenhaftung auch *Hopt/Roth* in Großkomm. AktG, § 93 AktG Rz. 370, die auf fehlendes eigenes „Verschulden" abstellen.

[5] Vgl. *Fleischer*, BB 2004, 2645, 2648; *Fleischer* in Fleischer, Handbuch des Vorstandsrechts, § 11 Rz. 41; allgemein *Spindler* in MünchKomm. AktG, § 93 AktG Rz. 166 a.E.; zum Aufsichtsrat ferner OLG Düsseldorf v. 22.6.1995 – 6 U 104/94, BB 1996, 230, 231 = AG 1995, 416; *Habersack* in MünchKomm. AktG, § 116 AktG Rz. 38; *P. Doralt/W. Doralt* in Semler/v. Schenck, Arbeitshandbuch für Aufsichtsratsmitglieder, § 13 Rz. 99 ff.

[6] Der für den Widerruf erforderliche wichtige Grund ist in den hier interessierenden Fällen schon deshalb anzuerkennen, weil bei einer Beschlussumsetzung auch die Deliktshaftung der juristischen Person droht (§ 31 BGB). Zur Widerruflichkeit allgemein *Spindler* in MünchKomm. AktG, § 77 AktG Rz. 20.

[7] Gleichzustellen ist der Fall, dass die Beschlussfassung Einstimmigkeit erforderte, vgl. *Mertens/Cahn* in KölnKomm. AktG, § 77 AktG Rz. 8, 35.

7.70 Bei Nähe betrachtet kommt der Frage einer Haftung für das Stimmverhalten im Kollegialorgan daher praktisch keine Bedeutung zu. Vielmehr sind letztlich in allen Fällen **selbständige**, von der Beschlussfassung unabhängige **Pflichtverletzungen** in derselben Angelegenheit denkbar und für die Haftung entscheidend.[1] Wurden etwa gefährliche Produkte auf Grund des schuldhaften Handelns eines Vorstandsmitglieds in den Verkehr gebracht[2], wird seine Haftung nicht erst durch die Stimmabgabe in einer Vorstandssitzung zur Frage des Produktrückrufs begründet. Ebenso wenig könnte dieses Vorstandsmitglied die drohende Haftung diesfalls allein dadurch vermeiden, dass es für einen Rückruf stimmt. In erster Linie kommt es i.R.d. Außenhaftung darauf an, welches Organmitglied die Garantenstellung zum Schutz fremder, der Gesellschaft anvertrauter Schutzgüter i.S. des § 823 Abs. 1 BGB übernommen hat.[3] Nach einer Beschlussfassung kommen sowohl die aktive Mitwirkung an der Beschlussumsetzung als auch das Unterlassen von Gegenmaßnahmen als selbständige Anknüpfungspunkte für eine Haftung in Betracht. Die Pflicht, gefasste Beschlüsse mitzutragen[4], greift bei „pflichtwidrigen" Beschlüssen nämlich anerkanntermaßen nicht. Vielmehr muss jedes Mitglied zur Meidung seiner Binnenhaftung der Ausführung entgegenwirken. Gleiches muss im Grundsatz auch im Hinblick auf eine deliktische Außenhaftung gelten.[5] Fraglich und umstritten ist aber, welche Gegenmaßnahmen hinsichtlich der Schadensabwendung zur Haftungsvermeidung notwendig, aber auch ausreichend sind.

b) Zumutbare Maßnahmen zur Verhinderung der Beschlussausführung

aa) Allgemeines

7.71 Jedes Organmitglied ist verpflichtet, die Ausführung schadensträchtiger Beschlüsse im Rahmen des Zumutbaren zu verhindern. Die Zumutbarkeit setzt allgemein voraus, dass die in Aussicht genommene (interne oder externe) Maßnahme auch geeignet und im Interesse der Gesellschaft erforderlich ist. Letzteres kann als **Verhältnismäßigkeitsgrundsatz**[6] bezeichnet werden, nach dem grundsätzlich alle internen Einflussmöglichkeiten ausgeschöpft sein müssen, bevor außenstehende Dritte mit der Angelegenheit befasst werden dürfen, doch ist insoweit im Detail vieles ungeklärt und vom Einzelfall abhängig.[7] Drohen jedoch deliktische Schäden, steht der Vorrang interner Maßnahmen jedenfalls unter dem Vorbehalt der Eignung zur effektiven Gefahrenabwehr. Im Hinblick auf die Schwere oder Dringlichkeit der drohenden Gefahr kann daher auch ein unmittelbares außenwirksames Vorgehen erforder-

---

1 Ähnlich *Fleischer*, BB 2004, 2645, 2647; *Fleischer* in Fleischer, Handbuch des Vorstandsrechts, § 11 Rz. 67 f., jeweils a.E.
2 Beispiel in Anlehnung an die „Lederspray"-Entscheidung des BGH, BGH v. 6.7.1990 – 2 StR 549/89, BGHSt 37, 106 = GmbHR 1990, 500 – Lederspray.
3 Vgl. *Altmeppen*, ZIP 2016, 97, 100 und 102; s. auch Rz. 7.43 ff. m.w.N.
4 *Hopt/Roth* in Großkomm. AktG, § 93 AktG Rz. 371; *Mertens/Cahn* in KölnKomm. AktG, § 77 AktG Rz. 50; *Paefgen* in Ulmer/Habersack/Löbbe, § 35 GmbHG Rz. 188.
5 Wohl ebenso *Fleischer*, BB 2004, 2645, 2648 f.
6 Vgl. *Hopt/Roth* in Großkomm. AktG, § 93 AktG Rz. 157; *Fleischer* in Fleischer, Handbuch des Vorstandsrechts, § 11 Rz. 49.
7 Vgl. *Hopt/Roth* in Großkomm. AktG, § 93 AktG Rz. 132 ff.; *Haas/Ziemons* in Michalski, § 43 GmbHG Rz. 44; *Uwe H. Schneider* in FS 100 Jahre GmbH-Gesetz, 1992, S. 473, 483; *Fleischer* in Fleischer, Handbuch des Vorstandsrechts, § 11 Rz. 44 ff. Vgl. ferner BGH v. 14.7.1966 – II ZR 212/64, WM 1966, 968, 969 = GmbHR 1966, 277: Abberufung eines Vorstandsmitglieds aus wichtigem Grund wegen (vorzeitiger) Anrufung externer Aufsichtsbehörde; OLG Hamm v. 7.11.1984 – 8 U 8/84, GmbHR 1985, 157.

lich sein. Insoweit kann dem einzelnen Geschäftsführer in Analogie zu § 744 Abs. 2 BGB ein **Notgeschäftsführungsrecht** zustehen.[1]

bb) Interne Maßnahmen (Prüfung, Remonstration, Anrufung des Aufsichtsrats, Amtsniederlegung)

Selbst diejenigen Organmitglieder, die an der Beschlussfassung entschuldbar verhindert waren oder überstimmt wurden, müssen die in ihrer Abwesenheit bzw. gegen ihre Stimme zu Stande gekommenen Beschlüsse in Erfahrung bringen und auf ihre Rechtmäßigkeit hin überprüfen.[2] Des Weiteren kann eine Pflicht zur Gegenvorstellung (Remonstration) beim Gesamtvorstand bestehen, sofern die Aussichtslosigkeit (und damit die Unzumutbarkeit) dieses Vorgehens nicht auf der Hand liegt.[3] Auch eine Einschaltung des Aufsichtsrats kann erfolgversprechend und erforderlich sein.[4] Eine Pflicht zur Amtsniederlegung ist demgegenüber abzulehnen, zumal diese Maßnahme den drohenden Schaden zumeist nicht abwenden würde.[5]

7.72

cc) Pflicht zur Klageerhebung?

Eine Pflicht zur Klageerhebung gegen den Beschluss des Gesamtorgans wird zu Recht verneint.[6] Die Erwägung, dass die Zusammenarbeit im Gesamtorgan nicht belastet und die Gesellschaft nicht durch negative „publicity" geschädigt werden soll[7], ist freilich mehr pragmatischer Natur. Ein gerichtlicher Angriff gegen einen von der Mehrheit getragenen Beschluss kann dem einzelnen Organmitglied in der Regel jedoch nicht als Rechtspflicht zugemutet werden, allenfalls in krassen Ausnahmefällen, wenn der Gesellschaft „durch die Ausführung des rechtswidrigen Beschlusses ganz erhebliche Vermögensschäden drohen."[8]

7.73

---

1 Vgl. *Fleischer*, BB 2004, 2645, 2648 m.w.N.
2 Vgl. *Hopt/Roth* in Großkomm. AktG, § 93 AktG Rz. 370 f.; *Spindler* in MünchKomm. AktG, § 93 AktG Rz. 166 f.; *Fleischer*, BB 2004, 2645, 2649.
3 Vgl. *Hopt/Roth* in Großkomm. AktG, § 93 AktG Rz. 371; *Spindler* in MünchKomm. AktG, § 93 AktG Rz. 166 f.; *Mertens/Cahn* in KölnKomm. AktG, § 77 AktG Rz. 50; *Haas/Ziemons* in Michalski, § 43 GmbHG Rz. 164; *Fleischer*, BB 2004, 2645, 2649.
4 *Hopt/Roth* in Großkomm. AktG, § 93 AktG Rz. 371; *Spindler* in MünchKomm. AktG, § 93 AktG Rz. 166 f.; *Foerste* in von Westphalen, Produkthaftungshandbuch, § 25 Rz. 258.
5 *Mertens/Cahn* in KölnKomm. AktG, § 77 AktG Rz. 50, § 93 AktG Rz. 17; *Foerste* in von Westphalen, Produkthaftungshandbuch, § 25 Rz. 258; *Wiesner* in MünchHdb. AG, § 22 Rz. 8; *Fleischer*, BB 2004, 2645, 2649; für den Aufsichtsrat auch *Habersack* in MünchKomm. AktG, § 116 AktG Rz. 38; vgl. andererseits *Haas/Ziemons* in Michalski, § 43 GmbHG Rz. 164; *Kleindiek* in Lutter/Hommelhoff, § 37 GmbHG Rz. 30.
6 *Spindler* in MünchKomm. AktG, § 93 AktG Rz. 169; *Fleischer*, BB 2004, 2645, 2650; zum Aufsichtsrat auch OLG Düsseldorf v. 22.6.1995 – 6 U 104/94, BB 1996, 230, 231 = AG 1995, 416; *P. Doralt/W. Dorald* in Semler/v. Schenck, Arbeitshandbuch für Aufsichtsratsmitglieder, § 13 Rz. 100; *Habersack* in MünchKomm. AktG, § 116 AktG Rz. 38. In BGHZ 135, 244, 248 wurde nur eine Berechtigung zur Erhebung der Feststellungsklage bejaht (BGH v. 21.4.1997 – II ZR 175/95, BGHZ 135, 244, 248 = AG 1997, 377).
7 So *Fleischer*, BB 2004, 2645, 2650 unter Hinweis auf *P. Doralt/W. Dorald* in Semler/v. Schenck, Arbeitshandbuch für Aufsichtsratsmitglieder, § 13 Rz. 100.
8 Für eine solche Ausnahme *Fleischer*, BB 2004, 2645, 2650 unter Hinweis auf *Lutter/Krieger*, Rechte und Pflichten des Aufsichtsrats, Rz. 837.

dd) Pflicht zu öffentlicher Information und zur Anzeigeerstattung?

7.74 Auf Grund der (strafbewehrten, vgl. § 404 AktG, § 85 GmbHG) Verschwiegenheitspflicht (§ 93 Abs. 1 Satz 3 AktG, § 43 GmbHG)[1] wird verbreitet angenommen, dass ein Organmitglied grundsätzlich nicht berechtigt sei, Bagatelldelikte anzuzeigen.[2] Im Einzelfall soll jedoch eine Rechtfertigung unter Notstandsgesichtspunkten anzuerkennen sein.[3] Richtiger Ansicht nach besteht keine Verschwiegenheitspflicht, sondern umgekehrt eine „Informationspflicht", wenn der Organwalter ohne externe Information das Delikt nicht abwenden kann und die Interessenabwägung nicht ausnahmsweise etwas anderes ergibt.

3. Kein Haftungsausschluss bei Handeln auf Weisung

7.75 Entgegen vereinzelter Stimmen in der Literatur[4] kann dem „Schärenkreuzer"-Urteil des BGH[5] kein allgemeiner Rechtssatz des Inhalts entnommen werden, dass ein Geschäftsleiter nicht deliktisch haftet, wenn er auf Weisung der Gesellschafterversammlung gehandelt hat. Zu deliktischen Schädigungen kann ein Organwalter unabhängig von der Rechtsform der Körperschaft weder intern bindend noch gar extern „entlastend" angewiesen werden.[6] Vielmehr hat das Organ eine der juristischen Person zurechenbare deliktische Schädigung nach Möglichkeit zu verhindern.

4. Gesamtschuldnerische Haftung und Gesamtschuldnerausgleich

a) Außenverhältnis

7.76 Die einzelnen haftbaren Geschäftsleiter und die Gesellschaft sind im Außenverhältnis nach § 840 Abs. 1 BGB Gesamtschuldner (§§ 421 ff. BGB). Soweit im Einzelfall auch Aufsichtsratsmitglieder haften (Rz. 7.80 ff.), sind auch diese in die Gesamtschuldnerschaft mit einzubeziehen.

b) Innenausgleich

aa) Ausgleich im Verhältnis zur Gesellschaft

7.77 Für das Innenverhältnis bestimmt § 840 Abs. 2 BGB in Abweichung von § 426 Abs. 1 Satz 1 BGB, dass der unmittelbare Täter im Verhältnis zum Geschäftsherrn allein verantwortlich ist. Nach verbreiteter Auffassung soll § 840 Abs. 2 BGB im Verhältnis des Geschäftsleiters

---

1 Vgl. hierzu *Roth/Altmeppen*, § 43 GmbHG Rz. 25; *Uwe H. Schneider* in Scholz, § 43 GmbHG Rz. 144.
2 *Tiedemann/Rönnau* in Scholz, § 85 GmbHG Rz. 42.
3 So etwa gravierende Wirtschaftsstraftaten (*Otto* in Großkomm. AktG, § 404 AktG Rz. 45), bei Katalogstraftaten i.S. des § 138 StGB (*Fleischer*, BB 2004, 2645, 2650), bei drohenden schweren Gesundheitsschäden (*Uwe H. Schneider* in FS 100 Jahre GmbH-Gesetz, 1992, S. 473, 483) oder bei gesetzlich angeordneten Anzeigepflichten (*Hopt/Roth* in Großkomm. AktG, § 93 AktG Rz. 372; *Fleischer*, BB 2004, 2645, 2650; *Uwe H. Schneider* in FS 100 Jahre GmbH-Gesetz, 1992, S. 473, 483).
4 So *Wagner* in MünchKomm. BGB, § 823 BGB Rz. 112: „sichere Grenze".
5 BGH v. 12.3.1990 – II ZR 179/89, BGHZ 110, 323, 335 = NJW 1990, 2877, 2879 f. – Schärenkreuzer.
6 Vgl. BGH v. 13.4.1994 – II ZR 16/93, BGHZ 125, 366, 372 = GmbHR 1994, 390; OLG Hamburg v. 14.12.2005 – 5 U 200/04, GRUR-RR 2006, 182, 183 (Markenrechtsverletzung); *Altmeppen*, ZIP 1995, 881, 885.

zur Gesellschaft analoge Anwendung finden.¹ Die zur Haftung aus culpa in contrahendo genannten Gründe (Rz. 7.28) gelten insoweit entsprechend.

Mehrere verantwortliche Geschäftsleiter haften gegenüber der Gesellschaft für den Ausgleich ebenfalls gesamtschuldnerisch. Die Gesellschaft muss sich insoweit weder ein Mitverschulden anderer Geschäftsleiter anspruchsmindernd zurechnen lassen, noch ein solches von Aufsichtsratsmitgliedern (zu deren Haftung Rz. 7.80 ff.) oder von Arbeitnehmern.² 7.78

bb) Ausgleich mehrerer Organwalter untereinander

Sind ein oder mehrere Organmitglieder wegen unmittelbarer Schädigung, andere hingegen nur auf Grund **mangelnder Überwachung**³ als **Gesamtschuldner** haftbar (vgl. §§ 840 Abs. 1, 830 Abs. 1 Satz 1, Abs. 2 BGB)⁴, sind die Unterschiede in der individuellen Beteiligung auch für den Gesamtschuldnerausgleich maßgebend, wobei nach allgemeinen Grundsätzen⁵ primär auf das Maß der Verursachung, in zweiter Linie auf das des Verschuldens abzustellen ist. Deshalb soll der unmittelbare Schädiger im Innenverhältnis zu demjenigen, dem allein eine Verletzung von Überwachungspflichten zur Last fällt, allein verantwortlich sein.⁶ Eine andere Auffassung lehnt hingegen eine gänzliche Freistellung des wegen nachlässiger Überwachung verantwortlichen Organwalters ab.⁷ Eine alleinige Belastung des „unmittelbaren" Täters im Innenverhältnis ist allerdings dann nicht gerechtfertigt, wenn sich die Pflichtverletzung des Überwachungspflichtigen als Teilnahmehandlung (so bei Aufsichtsorganen) oder als teilnahmeähnliches Verhalten (so bei überwachungspflichtigen Geschäftsleiterkollegen) darstellt. Im Übrigen sind die Umstände des Einzelfalls maßgebend. 7.79

---

1 Vgl. *Steffen* in RGRK, § 31 BGB Rz. 9; *Haas/Ziemons* in Michalski, § 43 GmbHG Rz. 206; *Haas*, Geschäftsleiterhaftung und Gläubigerschutz, S. 305. Demgegenüber für eine Übertragung der arbeitsrechtlichen Grundsätze über die Haftungsfreistellung *Brüggemeier*, AcP 191 (1991), 33, 66; vgl. auch *Westermann*, DNotZ 1991, 813, 819.

2 Bezüglich anderer Geschäftsleiter BGH v. 14.3.1983 – II ZR 103/82, WM 1983, 725, 726 = GmbHR 1983, 300; OLG München v. 17.9.1999 – 23 U 1514/99, NZG 2000, 741, 744 = AG 2000, 426; OLG Jena v. 1.9.1998 – 5 U 1816/97, NZG 1999, 121, 123 = GmbHR 1999, 346; BGH v. 26.11.2007 – II ZR 161/06, GmbHR 2008, 144, Rz. 3 = ZIP 2008, 117; *Uwe H. Schneider* in Scholz, § 43 GmbHG Rz. 249; *Haas/Ziemons* in Michalski, § 43 GmbHG Rz. 213; *Roth/Altmeppen*, § 43 GmbHG Rz. 115; *Fleischer* in Fleischer, Handbuch des Vorstandsrechts, § 11 Rz. 59. – Bezüglich der Aufsichtsratsmitglieder *Habersack* in MünchKomm. AktG, § 116 AktG Rz. 68, 70. – Bezüglich Arbeitnehmern *Paefgen* in Ulmer/Habersack/Löbbe, § 43 GmbHG Rz. 173; *Haas/Ziemons* in Michalski, § 43 GmbHG Rz. 213; *Roth/Altmeppen*, § 43 GmbHG Rz. 115.

3 So regelmäßig bei Aufsichtsräten, aber auch bei mehreren Geschäftsleitern (Rz. 7.44); vgl. auch OLG Düsseldorf v. 16.9.2014 – I-21 U 38/14, GmbHR 2015, 708 m.w.N. zu den Grenzen der Enthaftung durch interne Zuständigkeitsverteilung.

4 Vgl. zur Gesamtschuld zwischen Geschäftsleitern und Aufsichtsratsmitgliedern bei der Innenhaftung BGH v. 14.3.1983 – II ZR 103/82, WM 1983, 725, 726 = GmbHR 1983, 300; RG JW 1920, 1032 f.; *Haas/Ziemons* in Michalski, § 43 GmbHG Rz. 226; *Habersack* in MünchKomm. AktG, § 116 AktG Rz. 73.

5 Vgl. dazu *Grüneberg* in Palandt, § 426 BGB Rz. 14.

6 Vgl. *Zöllner/Noack* in Baumbach/Hueck, § 43 GmbHG Rz. 29; *Haas/Ziemons* in Michalski, § 43 GmbHG Rz. 228; *Uwe H. Schneider* in Scholz, § 43 GmbHG Rz. 252 f.

7 Vgl. *Habersack* in MünchKomm. AktG, § 116 AktG Rz. 73; zu Ausnahmen *Hopt/Roth* in Großkomm. AktG, § 93 AktG Rz. 465.

C. Haftung der Aufsichtsräte gegenüber Dritten

I. Allgemeines

7.80 Auch im Hinblick auf Aufsichtratsmitglieder (vgl. §§ 95 ff. AktG; § 52 GmbHG) geht das Gesellschaftsrecht vom **Grundsatz der Innenhaftung** aus (§§ 116, 93 AktG, § 52 GmbHG).[1] Eine Außenhaftung bedarf eines besonderen Haftungsgrunds (vgl. Rz. 7.5 ff., 7.29 ff.). Im Vergleich zur Geschäftsleiteraußenhaftung ergeben sich Unterschiede auf Grund der Funktion des Aufsichtsrats, bei dem es sich grundsätzlich um ein reines Innenorgan handelt.

II. Vertragliche und vertragsähnliche Haftung

7.81 Abgesehen von einer Haftung aus selbständigem Vertragsschluss (vgl. Rz. 7.6) kann grundsätzlich auch ein Aufsichtsratsmitglied in die Vertreterhaftung wegen c.i.c. (vgl. Rz. 7.19 ff.) geraten. Allerdings treten Aufsichtsratsmitglieder regelmäßig schon mangels entsprechender Handlungsbefugnis (vgl. §§ 76, 105, 111 Abs. 1, 4 AktG, ggf. i.V.m. § 52 GmbHG) nicht nach außen auf. Die Anforderungen an eine solche Haftung, namentlich die Inanspruchnahme besonderen persönlichen Vertrauens, werden nur ausnahmsweise erfüllt sein.[2] Für das Verhältnis vertraglicher oder vertragsähnlicher Verbindlichkeiten zu denen der Gesellschaft und für den Innenausgleich gelten die zur Geschäftsleiterhaftung ausgeführten Grundsätze entsprechend (Rz. 7.7, 7.27 f.).

III. Deliktshaftung

7.82 Der Frage einer Deliktshaftung von Aufsichtsratsmitgliedern wird nur geringe Aufmerksamkeit geschenkt.[3] Grundsätzlich soll es nach **h.M.** auch hier bei der Innenhaftung verbleiben und ein Verhalten, das die Aufsichtsratsmitglieder „ausschließlich der Gesellschaft schulden"[4], daher nicht zur deliktischen Außenhaftung führen, sofern nicht Schutzgesetze i.S. des § 823 Abs. 2 BGB verletzt wurden.[5] Im Übrigen soll – freilich nur in engem Rahmen – eine Haftung als Teilnehmer (Anstifter oder Gehilfe) an Delikten der Geschäftsleiter in Betracht kommen, die gem. § 830 Abs. 2 i.V.m. Abs. 1 BGB zur Haftung gleich einem Mittäter führt.[6]

7.83 Die originäre Pflicht des Aufsichtsrats besteht in der Überwachung der Geschäftsleitung. Typischerweise tritt daher zwischen eine Pflichtverletzung des Aufsichtsrats und eine deliktische Schädigung Dritter das außenwirksame Verhalten des Geschäftsführungsorgans. Angesichts des schwachen Zurechnungszusammenhangs ist die Annahme einer **täterschaftlichen Deliktsbegehung** durch die bloße Verletzung von Überwachungspflichten regelmäßig aus-

---

1 Vgl. *Habersack* in MünchKomm. AktG, § 116 AktG Rz. 76 ff.; *P. Doralt/W. Dorald* in Semmler/v. Schenck, Arbeitshandbuch für Aufsichtsratsmitglieder, § 13 Rz. 7 ff., 177.
2 Vgl. *Habersack* in MünchKomm. AktG, § 116 AktG Rz. 76.
3 Vgl. *Habersack* in MünchKomm. AktG, § 116 AktG Rz. 76 ff.
4 Vgl. *Semler* in MünchKomm. AktG, 2. Aufl. 2004, § 116 AktG Rz. 739.
5 *Habersack* in MünchKomm. AktG, § 116 AktG Rz. 79.
6 OLG Düsseldorf v. 23.6.2008 – 9 U 22/08, AG 2008, 666 f. = ZIP 2008, 1922; zur Insolvenzverschleppung *Habersack* in MünchKomm. AktG, § 116 AktG Rz. 79.

geschlossen. Infolge der Gleichstellung der Teilnehmerhaftung mit der Mittäterschaft (§ 830 Abs. 2 BGB) verliert die Abgrenzung freilich an Bedeutung.[1]

Für die Anwendung einer möglichen **Teilnehmerhaftung** gelten die strafrechtlichen Regeln[2], so dass grundsätzlich nur eine Haftung wegen vorsätzlicher Teilnahme an einer vorsätzlichen Haupttat in Betracht kommt.[3] Im Ergebnis wird eine solche Vorsatzhaftung der Rolle des Aufsichtsrats am ehesten gerecht, ohne den Opferschutz ungebührlich einzuschränken. Freilich wird in weiten Teilen des delikts- und gesellschaftsrechtlichen Schrifttums gefordert, eine vorsätzliche Beteiligung an einer fahrlässigen Haupttat anzuerkennen.[4] Angesichts des Umstands, dass der Aufsichtsrat auch fahrlässige Delikte der Geschäftsleitung zu verhindern hat, ihm die entsprechenden Handlungsmöglichkeiten zur Verfügung stehen und der eigene Vorsatz einen gewichtigen Zurechnungsgrund darstellt, ist diese Auffassung erwägenswert. Doch dürften einschlägige Konstellationen kaum praktisch werden und lassen sich auch ohne Bruch mit der Anlehnung an die strafrechtliche Dogmatik lösen.[5] Bei Vorsatz des Aufsichtsratsmitglieds wird typischerweise § 826 BGB oder eine Schutzgesetzverletzung (§ 823 Abs. 2 BGB) vorliegen, ferner kommt mittelbare Täterschaft infrage. Relevant wird die Teilnehmerhaftung auch bei **Sonderdelikten**, die ein Aufsichtsratsmitglied als Täter aus rechtlichen Gründen nicht begehen kann.[6]

7.84

Die verantwortlichen Aufsichtsräte haften im Außenverhältnis mit den verantwortlichen Geschäftsleitern als **Gesamtschuldner** (§§ 840 Abs. 1, 830 Abs. 1 Satz 1, Abs. 2 BGB, vgl. auch Rz. 7.79 m.w.N.). Zum Innenausgleich s. Rz. 7.79.

7.85

---

1 OLG Düsseldorf v. 23.6.2008 – 9 U 22/08, AG 2008, 666, Rz. 7, 10 = ZIP 2008, 1922.
2 BGH v. 25.7.2005 – II ZR 390/03, ZIP 2005, 1734 = GmbHR 2005, 1425; OLG Karlsruhe v. 4.9.2008 – 4 U 26/06, AG 2008, 900, 902 ff.; *Sprau* in Palandt, § 830 BGB Rz. 4.
3 Vgl. *Roth/Altmeppen*, Vorb. § 64 GmbHG Rz. 141 f.; *Sprau* in Palandt, § 830 BGB Rz. 4; *Bayer/Lieder*, WM 2006, 1, 9 m.w.N.
4 Vgl. *Krause* in Soergel, § 830 BGB Rz. 9; *Ehricke*, ZGR 2000, 351, 358 ff.; *Hommelhoff/Schwab* in FS Kraft, 1998, S. 263, 269 ff.; *Kübler*, ZGR 1995, 481, 502 f. Ablehnend erneut m.w.N. *Bayer/Lieder*, WM 2006, 1, 9; vgl. auch *Roth/Altmeppen*, Vorb. § 64 GmbHG Rz. 141 f., 145 ff.
5 *Roth/Altmeppen*, Vorb. § 64 GmbHG Rz. 142.
6 Eine Einordnung als faktisches Geschäftsführungsorgan erfordert nach der Rechtsprechung ein nach außen hervortretendes, üblicherweise der Geschäftsführung zuzurechnendes Handeln, das bei Aufsichtsratsmitgliedern typischerweise nicht gegeben ist (BGH v. 21.3.1988 – II ZR 194/87, BGHZ 104, 44, 47 ff. = GmbHR 1988, 299; BGH v. 25.2.2002 – II ZR 196/00, BGHZ 150, 61, 67 f. = GmbHR 2002, 549; BGH v. 11.7.2005 – II ZR 235/03, GmbHR 2005, 1187; vgl. auch BGH v. 27.6.2005 – II ZR 113/03, ZIP 2005, 1414, 1415 = GmbHR 2005, 1126). Zur Teilnahme von Aufsichtsräten an der Insolvenzverschleppung BGH v. 9.7.1979 – II ZR 118/77, BGHZ 75, 96, 106 – Herstatt; *Habersack* in MünchKomm. AktG, § 116 AktG Rz. 79.

§ 8
Vorstands- und Geschäftsführerhaftung im Konzern

Dr. Sven H. Schneider, LL.M. (Berkeley)

A. Einleitung	8.1
B. Die Haftung der Organe des herrschenden Unternehmens	8.12
I. Organ-Innenhaftung gegenüber der „eigenen" herrschenden Gesellschaft	8.12
1. Organ-Innenhaftung gegenüber der „eigenen" herrschenden AG	8.15
a) Konzernweite Sorgfaltspflichten gegenüber der „eigenen" herrschenden AG	8.15
b) Konzernweite Loyalitätspflichten gegenüber der „eigenen" herrschenden AG	8.23
c) Konzernweite Verschwiegenheitspflichten gegenüber der „eigenen" herrschenden AG	8.28
d) Rechtliche Durchsetzungsmöglichkeiten und -pflichten bei Pflichtverstoß	8.32
2. Organ-Innenhaftung gegenüber der „eigenen" herrschenden GmbH	8.36
II. Organ-Konzern-Innenhaftung gegenüber der beherrschten Gesellschaft	8.41
1. Organ-Konzern-Innenhaftung gegenüber der beherrschten AG	8.44
a) Konzernweite Sorgfaltspflichten gegenüber der beherrschten AG	8.44
aa) Sorgfaltspflichten bei Weisungserteilung im Vertragskonzern	8.45
bb) Sorgfaltspflichten bei Veranlassung nachteiliger Maßnahmen im faktischen Konzern	8.46
cc) Haftung bei Doppelmandatsträgern	8.49a
dd) Verbot vorsätzlicher Schädigung unter Benutzung von Einfluss	8.50
ee) Allgemeine Konzernleitungspflicht gegenüber der Tochtergesellschaft?	8.51
b) Konzernweite Loyalitätspflichten gegenüber der beherrschten AG	8.53
c) Konzernweite Verschwiegenheitspflichten gegenüber der beherrschten AG	8.58
d) Rechtliche Durchsetzungsmöglichkeiten und -pflichten bei Pflichtverstoß	8.60
2. Organ-Konzern-Innenhaftung gegenüber der beherrschten GmbH	8.64
III. Organ-Konzern-Außenhaftung	8.73
C. Die Haftung der Organe des beherrschten Unternehmens	8.81
I. Organ-Innenhaftung gegenüber dem „eigenen" beherrschten Unternehmen	8.82
1. Organ-Innenhaftung gegenüber der „eigenen" beherrschten AG	8.82
a) Konzernweite Sorgfaltspflichten gegenüber der „eigenen" beherrschten AG	8.82
b) Konzernweite Loyalitätspflichten gegenüber der „eigenen" beherrschten AG	8.91
c) Konzernweite Verschwiegenheitspflichten gegenüber der „eigenen" beherrschten AG	8.94
d) Rechtliche Durchsetzungsmöglichkeiten und -pflichten bei Pflichtverstoß	8.95
2. Organ-Innenhaftung gegenüber der „eigenen" beherrschten GmbH	8.101
II. Organ-Konzern-Innenhaftung bei beherrschter AG und GmbH	8.105
III. Organ-Konzern-Außenhaftung	8.110
D. Zusammenfassung	8.111

Schrifttum: *Altmeppen*, Die Haftung des Managers im Konzern, 1998; *Bollmann*, Der Schadenersatzanspruch gem. § 317 AktG bei Schädigung der abhängigen Eine-Person-AG, 1995; *Burgard*, Die Förder- und Treupflicht des Alleingesellschafters einer GmbH, ZIP 2002, 827; *Buxbaum/Uwe H. Schneider*, Die Fortentwicklung der Aktionärsklage und der Konzernklage im amerikanischen Recht, ZGR

1982, 199; *Dreher*, Die kartellrechtliche Bußgeldverantwortung von Vorstandsmitgliedern. Vorstandshandeln zwischen aktienrechtlichem Legalitätsprinzip und kartellrechtliche Unsicherheit, in FS Konzen, 2006, S. 85; *Fischbach*, Die Haftung des Vorstands im Aktienkonzern, 2009; *Fischbach*, Die Organpflichten bei der Durchsetzung von Organhaftungsansprüchen im Aktienkonzern, NZG 2015, 1142; *Fleischer*, Konzernleitung und Leitungssorgfalt der Vorstandsmitglieder im Unternehmensverbund, DB 2005, 759; *Fleischer*, Zur Verantwortlichkeit einzelner Vorstandsmitglieder bei Kollegialentscheidungen im Aktienrecht, BB 2004, 2645; *Fleischer*, Wettbewerbs- und Betätigungsverbote für Vorstandsmitglieder im Aktienrecht, AG 2005, 336; *Fleischer*, Aktienrechtliche Compliance-Pflichten im Praxistest: Das Siemens/Neubürger-Urteil des LG München I, NZG 2014, 321; *Gaul*, Information und Vertraulichkeit der Aufsichtsratsmitglieder einer GmbH, GmbHR 1986, 296; *Gehrlein/Witt/Volmer*, GmbH-Recht in der Praxis, 3. Aufl. 2015; *Goette*, Die GmbH, 2. Aufl. 2002; *Grundmann*, Der Treuhandvertrag, 1997; *Grützner*, LG München I: Die Einrichtung eines funktionierenden Compliance-Systems gehört zur Gesamtverantwortung des Vorstands, BB 2014, 850; *Habersack*, Trihotel – Das Ende der Debatte?, ZGR 2008, 533; *Hennrichs*, Haftung für falsche Ad-hoc-Mitteilungen und Bilanzen, Recht und Risiko, in FS Kollhosser, 2004, Bd. II, S. 201; *Hoffmann-Becking*, Gibt es das Konzerninteresse?, in FS Hommelhoff, 2012, S. 433; *Holle*, Legalitätskontrolle im Kapitalgesellschafts- und Konzernrecht, 2014; *Hommelhoff*, Die Konzernleitungspflicht, 1982; *Hommelhoff/Semler/Doralt/Roth*, Entwicklungen im GmbH-Konzernrecht, 1986; *Hüffer*, Die Leitungsverantwortung des Vorstandes in der Managementholding, in Liber amicorum Happ, 2006, S. 93; *Immenga*, Zum Wettbewerbsverbot unter Gesellschaftern einer GmbH & Co KG, JZ 1984, 578; *Jungkurth*, Konzernleitung bei der GmbH: die Pflichten des Geschäftsführers, 2000; *Kaufmann*, Konzernverantwortungsinitiative: Grenzenlose Verantwortlichkeit?, SZW/RSDA 1/2016, 45; *Klumpe/Thiede*, Regierungsentwurf zur 9. GWB-Novelle: Änderungsbedarf aus Sicht der Praxis, BB 2016, 3011; *Koch*, Die Konzernobergesellschaft als Unternehmensinhaber i.S.d. § 130 OWiG?, AG 2009, 564; *Könen*, Die Passivlegitimation des Kartellschadensersatzes nach der 9. GWB-Novelle, NZKart 2017, 15; *Kropff*, Der konzernrechtliche Ersatzanspruch – ein zahnloser Tiger?, in FS Bezzenberger, 2000, S. 233; *Kropff*, Zur Konzernleitungspflicht, ZGR 1984, 112; *Kropff*, Benachteiligungsverbot und Nachteilsausgleich im faktischen Konzern, in FS Kastner, 1992, S. 279; *Kuntz*, Zur Frage der Verantwortlichkeit der Geschäftsleiter der abhängigen Gesellschaft gegenüber dem herrschenden Unternehmen, Der Konzern 2007, 802; *Liebscher*, GmbH-Konzernrecht – Die GmbH als Konzernbaustein, 2006; *Limmer*, Die Haftungsverfassung des faktischen GmbH-Konzerns, 1992; *Lutter*, Die Haftung des herrschenden Unternehmens im GmbH-Konzern – Zugleich Besprechung BGH v. 16.9.1985, II ZR 275/84, ZIP 1985, 425; *Lutter*, Stand und Entwicklung des Konzernrechts in Europa, ZGR 1987, 324; *Lutter*, Die zivilrechtliche Haftung in der Unternehmensgruppe, ZGR 1982, 244; *Lutter/Timm*, Konzernrechtlicher Präventivschutz im GmbH-Recht, NJW 1982, 409; *Mader*, Der Informationsfluss im Unternehmensverbund, 2016; *Martens*, Die Organisation des Konzernvorstands, in FS Heinsius, 1991, S. 523; *Martens*, Grundlagen des Konzernarbeitsrechts, ZGR 1984, 417; *Medicus*, Die interne Geschäftsverteilung und die Außenhaftung von GmbH-Geschäftsführern – zugleich Besprechung BGH v. 15.10.1996, VI ZR 319/95, GmbHR 1998, 9; *Merkt*, Unternehmensleitung und Interessenkollision, ZHR 159 (1995), 423; *Röhricht*, Das Wettbewerbsverbot des Gesellschafters und des Geschäftsführers, WPg 1992, 766; *Rollin*, Die Aktionärsklage in England und Deutschland, 2001; *Roth*, Unternehmerisches Ermessen und Haftung des Vorstands, 2001; *Sauer*, Haftung für Falschinformation des Sekundärmarktes, 2004; *Schaefer/Missling*, Haftung von Vorstand und Aufsichtsrat, NZG 1998, 441; *Scheffler*, Zur Problematik der Konzernleitung, in FS Goerdeler, 1987, S. 469; *Schockenhoff*, Haftung und Enthaftung von Geschäftsleitern bei Compliance-Verstößen in Konzernen mit Matrix-Strukturen, ZHR 180 (2016), 197; *Seibt/Wollenschläger*, Trennungs-Matrixstrukturen im Konzern, AG 2013, 229; *Sven H. Schneider*, (Mit-)Haftung des Geschäftsführers eines wegen Existenzvernichtung haftenden Gesellschafters, in FS Uwe H. Schneider, 2011, S. 1177; *Sven H. Schneider*, Informationspflichten und Informationssystemeinrichtungspflichten im Aktienkonzern, 2006; *Sven H. Schneider*, „Unternehmerische Entscheidungen" als Anwendungsvoraussetzung für die Business Judgment Rule, DB 2005, 707; *Sven H. Schneider/Uwe H. Schneider*, Vorstandshaftung im Konzern, AG 2005, 57; *Uwe H. Schneider*, Der Aufsichtsrat des abhängigen Unternehmens im Konzern – Ein Beitrag zum Konzernverfassungsrecht, in FS Raiser, 2005, S. 341; *Uwe H. Schneider*, Konzernleitung als Rechtsproblem, BB 1981, 249; *Uwe H. Schneider*, Der Anstellungsvertrag des Geschäftsführers einer GmbH im Konzern – Überlegungen zum Vertragspartner, zur Rechtsnatur und zum Inhalt des Konzern-Anstellungsvertrags, GmbHR 1993, 10; *Uwe H. Schneider*, Gesellschaftsrechtliche und öffentlich-rechtliche Anforderungen an eine ordnungsgemäße Unternehmensorganisation – Zur Überlagerung des Gesellschaftsrechts durch öffentlich-rechtliche Verhaltenspflichten und öffentlich-rechtliche Strukturnormen, DB 1993, 1909; *Uwe H. Schneider*, Die Überlagerung des Konzernrechts durch öffentlich-rechtliche Strukturnormen und Organisationspflichten – Vorüberlegungen zu „Compliance im Konzern", ZGR 1996, 225; *Uwe H. Schneider*, Konzernbildung, Konzernleitung und Verlustausgleich im Konzernrecht der Personengesellschaften – Zugleich Besprechung BGH v. 5.2.1979, II ZR 210/76, ZGR 1980, 511; *Uwe H. Schneider/Burgard*, Treupflichten im mehrstufigen Unterordnungskonzern, in FS Ulmer, 2003, S. 579; *Uwe H. Schneider/Sven H. Schneider*, Konzern-Compliance als Aufgabe der Konzernleitung, ZIP 2007, 2061; *Schwark*, Virtuelle Holding und Bereichsvorstände – eine aktien- und konzernrechtliche Betrachtung, in FS Ulmer, 2003, S. 605; *Semler*, Leitung und Überwachung der Aktiengesellschaft, 2. Aufl. 1996; *Semler*, Entscheidungen und Ermessen im Aktienrecht, in FS Ulmer, 2003, S. 627; *Spieker*, Die Verschwiegenheitspflicht der Aufsichtsratsmitglieder, NJW 1965, 1937; *Sven Weber*, Die konzernrechtliche abgeleitete Aktionärsklage, 2006; *Weber-Rey/Gissing*, AG Gruppen-Governance – das Gruppeninteresse als Teil des internen Governance-Systems im Finanzsektor, AG 2014, 884; *Wiedemann*, Organverantwortung und Gesellschafterklagen in der Aktiengesellschaft, 1989; *Wiedemann/Hirte*, Die Konkretisierung der Pflichten des herrschenden Unternehmens – Zugleich Besprechung BGH v. 5.12.1983, II ZR 242/82, ZGR 1986, 163; *Ziemons*, Die Haftung der Gesellschafter für Einflussnahmen auf die Geschäftsführung der GmbH, 1996.

A. Einleitung

8.1 Die **Haftung der Geschäftsführungsmitglieder** ist ein Dauerthema.[1] Bei der GmbH ist vor allem die Innenhaftung schon immer von großer praktischer Bedeutung, mag dies auch nicht das Interesse der Öffentlichkeit gefunden haben. Bei der AG waren die Fälle der durchgesetzten Organhaftung früher seltener. Dies beginnt sich in den letzten Jahren zu ändern, wie nicht nur das Urteil gegen einen früheren Manager von Siemens zeigt.[2] Ansprüche gegen Vorstände werden vor allem bei hohem Schaden geltend gemacht. Die Erleichterungen bei der Durchsetzung von Kartellverstößen in der 9. GWB-Novelle[3] und die damit einhergehende Haftungserweiterung für die Konzernmutter, der Erfolg von Internetplattformen wie www.MyRight.de und die in der Diskussion befindliche Sammelklage „light" bedeuten deshalb tendenziell auch häufigere und höhere Schadensersatzforderungen gegen Vorstände im Wege des Innenregress. Und wegen der jedenfalls bei Großunternehmen nicht wegzudenkenden D&O-Versicherungen[4] und hohen Vorstandsvergütungen ist bei den Geschäftsführungsmitgliedern auch „etwas zu holen". Institutionelle ebenso wie missbräuchlich handelnde Anleger machen deshalb immer öfter Ansprüche gegen Geschäftsführungsmitglieder geltend und müssen sie ggf. sogar geltend machen um nicht selbst gegenüber ihren eigenen Stakeholdern pflichtwidrig zu handeln.

8.2 In dieser Diskussion darf nicht unberücksichtigt bleiben, dass in der Praxis die betroffenen Personen vielfach Organmitglieder eines oder mehrerer **Konzernunternehmen** sind.[5] Dabei

---

1 Anstelle anderer s. das Thema „Reform der Organhaftung?" auf dem 70. Deutschen Juristentag, 2014.
2 LG München I v. 10.12.2013 – 5 HK O 1387/10 = NZG 2014, 345 = AG 2014, 332; Besprechungen *Fleischer*, NZG 2014, 321; *Grützner*, BB 2014, 850.
3 S. dazu Rz. 8.22a.
4 S. dazu auch unten *Sieg*, § 18, und *Ihlas*, § 19.
5 S. aber ausführlich auch *Fleischer* in Fleischer, Handbuch des Vorstandsrechts, S. 660 ff.; *Altmeppen*, Die Haftung des Managers im Konzern, 1998; *Fleischer*, DB 2005, 759; *Hüffer* in Liber amicorum Happ, 2006, S. 93 ff.; *Sven H. Schneider/Uwe H. Schneider*, AG 2005, 57.

ergeben sich für Konzernunternehmen und ihre Vorstandsmitglieder bzw. Geschäftsführer gerade durch die Konzernlage zahlreiche eigenständige Fragen. Diese sind für die Praxis von besonderer Bedeutung und beschäftigen die Gerichte. Sie betreffen die Pflichtenbindung gegenüber dem eigenen Unternehmen sowie den Konzernunternehmen, den Inhalt der Organpflichten, die Geltendmachung der Schadensersatzansprüche, die Möglichkeiten ihrer prozessualen Durchsetzung und anderes mehr.

Die **Fragen** sind bekannt: Hat die Geschäftsführung des herrschenden Unternehmens eine Pflicht zur Konzernleitung? Was ist gegebenenfalls Inhalt dieser Pflicht? Wer hat Ansprüche, wenn diese Pflichten verletzt werden – auch die beherrschten Unternehmen und ihre Minderheitsgesellschafter oder nur das herrschende Unternehmen? Können die (Minderheits-)Gesellschafter des herrschenden Unternehmens auch Schadensersatzansprüche gegen Organmitglieder abhängiger Unternehmen im eigenen Namen bzw. im Namen der herrschenden Gesellschaft geltend machen? Haftet der gesetzliche Vertreter des herrschenden Unternehmens, wenn sich die Organmitglieder von Tochtergesellschaften rechtswidrig verhalten und dies zu Geldbußen für das Tochterunternehmen und damit zu einem Schaden für den Gesamtkonzern führt? Welche Pflichten haben die Geschäftsführungsmitglieder einer abhängigen Gesellschaft? Und welche Klagemöglichkeiten haben (Minderheits-)Gesellschafter des abhängigen Unternehmens? Das alles sind Fragestellungen, die auf konkrete Fälle aus jüngerer Zeit zurückgehen.

8.3

Ausgangspunkt der Beantwortung dieser Fragen muss die Feststellung sein, dass ein Konzern nicht rechtsfähig ist. Er hat keine eigenen Organe und keine eigenen Organmitglieder. Deshalb gibt es auch **keine Haftung von „Konzern-Organmitgliedern"**. Im Konzern sind vielmehr zwei oder mehrere rechtlich selbständige Gesellschaften „unter einheitlicher Leitung" zusammengefasst. Der Konzern ist demnach zwar aufgrund einheitlicher Unternehmenspolitik wirtschaftlich ein Unternehmen.[1] Er ist aber rechtlich in selbständige Rechtssubjekte gegliedert. Bei der „Organhaftung im Konzern" geht es daher auch nur um die Organhaftung bei den einzelnen Konzernunternehmen, also im Unterordnungskonzern um die Organhaftung beim herrschenden Unternehmen und um die Organhaftung bei den Tochtergesellschaften.

8.4

Zu unterscheiden sind sodann **drei Fälle**, nämlich

8.5

– die Haftung des Organmitglieds gegenüber der eigenen Gesellschaft, also die „**Organ-Innenhaftung**",

– die Haftung des Organmitglieds gegenüber anderen Konzernunternehmen, also die „**Organ-Konzern-Innenhaftung**" und

– die Haftung des Organmitglieds für Vorgänge im eigenen Unternehmen und in Konzernunternehmen gegenüber Dritten, also die „**Organ-Konzern-Außenhaftung**".

Diese Dreiteilung gilt sowohl bei der AG als auch bei der GmbH. **Unterschiede zwischen den Rechtsformen** ergeben sich allerdings aus der zum Großteil fehlenden ausdrücklichen Normierung des Konzernrechts bei der GmbH[2] sowie aus den gegenüber der Hauptversammlung der AG weiter gehenden Zuständigkeiten der Gesellschafterversammlung der GmbH. Dies gilt insbesondere für die Weisungsbefugnis der GmbH-Gesellschafterversammlung gegenüber den

8.6

---

1 Statt aller *Bayer/Trölitzsch* in Lutter, Holding-Handbuch, 5. Aufl. 2015, § 8 Rz. 1.
2 Dazu *Emmerich* in Scholz, Anh. § 13 GmbHG (Konzernrecht) Rz. 8 ff.

Geschäftsführern, die im Aktienrecht nicht vorgesehen ist. Die Gesellschafterversammlung kann den Geschäftsführern in allen Bereichen der Unternehmensleitung Weisungen erteilen. Die Geschäftsführer müssen diesen Weisungen Folge leisten. Die Geschäftsführungsbefugnis der Geschäftsführer ist insoweit eingeschränkt.

8.7 Im Folgenden ist daher zwischen AG und GmbH zu **unterscheiden**. Bei der Organ-Innenhaftung ist dabei selbstverständlich die Rechtsform der „eigenen" Gesellschaft entscheidend. Bei der Organ-Konzern-Innenhaftung kommt es in der Regel auf die Rechtsform der abhängigen Gesellschaft an. Deshalb kann bei einem Konzern aus Unternehmen unterschiedlicher Rechtsform die Haftung eines Geschäftsführungsmitglieds aufgrund eines einzelnen „Tatgeschehens" sowohl nach Aktienrecht als auch nach GmbH-Recht zu beurteilen sein. Der Geschäftsführer einer GmbH, die eine AG beherrscht, haftet bei unrechtmäßiger Benachteiligung der AG unter Umständen aus GmbH-Recht gegenüber „seiner" GmbH (Organ-Innenhaftung) und/oder aus Aktienrecht gegenüber der beherrschten AG (Organ-Konzern-Innenhaftung) und deren Aktionären (Organ-Konzern-Außenhaftung). Darüber hinaus haben Manager oft mehrere Funktionen bei verschiedenen Konzerngesellschaften (Organverflechtung). Geschäftsführungsmitglieder des herrschenden Unternehmens sind oft zugleich Aufsichtsratsmitglieder oder gar Geschäftsführungsmitglieder bei der beherrschten Gesellschaft. Dann kann es bei einer Person zur Häufung von konzernbezogenen Pflichten und konzernbezogener Haftung im selben Lebenssachverhalt kommen. Rechtlich sind die verschiedenen Bereiche freilich zu trennen.

8.8 Daraus ergeben sich die folgenden **Fallgruppen**:

– Haftung des AG-Vorstands gegenüber der „eigenen" herrschenden Aktiengesellschaft

– Haftung des GmbH-Geschäftsführers gegenüber der „eigenen" herrschenden GmbH

– Haftung des gesetzlichen Vertreters des herrschenden Unternehmens gegenüber der beherrschten AG

– Haftung des gesetzlichen Vertreters des herrschenden Unternehmens gegenüber der beherrschten GmbH

– Haftung des Vorstands der herrschenden AG bzw. des Geschäftsführers der herrschenden GmbH gegenüber Dritten

– Haftung des AG-Vorstands gegenüber der „eigenen" abhängigen Aktiengesellschaft

– Haftung des GmbH-Geschäftsführers gegenüber der „eigenen" abhängigen GmbH

– Haftung des gesetzlichen Vertreters des abhängigen Unternehmens gegenüber der herrschenden Aktiengesellschaft

– Haftung des gesetzlichen Vertreters des abhängigen Unternehmens gegenüber der herrschenden GmbH

– Haftung des Vorstands der beherrschten AG bzw. des Geschäftsführers der beherrschten GmbH gegenüber Dritten

8.9 Wieder eine andere – im Folgenden stets zu berücksichtigende – Frage ist, ob der jeweilige Anspruch nur von dem Anspruchsinhaber geltend gemacht werden kann oder auch von einem Dritten im Namen des Anspruchsinhabers, also insbesondere durch einen (Minderheits-)Gesellschafter für die (geschädigte) Gesellschaft (***actio pro societate***). Auch insofern könnten Internetplattformen zur Bündelung der Ansprüche mehrerer Aktionäre künftig Einfluss auf die Dynamik haben.

Außerdem kommt oft das gleichzeitige Fehlverhalten von Personen **auf verschiedenen Konzernebenen** in Frage. So klagten etwa wegen verschiedener Integrationsmaßnahmen nach der Übernahme der HypoVereinsbank AG durch die UniCredit S.p.A. mehrere Aktionäre der HypoVereinsbank AG u.a. im Namen „ihrer" Gesellschaft sowohl gegen deren Vorstandsvorsitzenden (Organ-Innenhaftung) als auch gegen den Vorstandsvorsitzenden der indirekten Mehrheitsgesellschafterin (Organ-Konzern-Innenhaftung).[1] Die Ansprüche beruhen u.a. auf verschiedenen konzernrechtlichen Sondervorschriften, die im Folgenden dargestellt werden. 8.10

Darauf aufbauend gliedern sich die folgenden Überlegungen in zwei Teile: Zunächst wird die Organhaftung beim herrschenden Unternehmen untersucht (Rz. 8.12 ff.). Der zweite Teil ist der Organhaftung bei Tochtergesellschaften gewidmet (Rz. 8.81 ff.). Behandelt werden soll in diesem Rahmen nur die Erweiterung von Pflichten und Haftung der Vorstände bzw. Geschäftsführer der beteiligten Konzernunternehmen. Von Pflicht und Haftung anderer Organe, insbesondere des Aufsichtsrats, ist an anderer Stelle zu handeln.[2] 8.11

B. Die Haftung der Organe des herrschenden Unternehmens

I. Organ-Innenhaftung gegenüber der „eigenen" herrschenden Gesellschaft

Die **Organ-Innenhaftung** betrifft die Haftung eines Organmitglieds gegenüber „seiner" Gesellschaft. Besondere Haftungsnormen, die eine Konzernverbundenheit des Unternehmens berücksichtigen, finden sich weder im Aktiengesetz noch im GmbH-Gesetz. Für eine Haftung gegenüber der eigenen herrschenden Gesellschaft gelten daher die allgemeinen organisationsrechtlichen Haftungstatbestände und die Pflichten aus dem Anstellungsvertrag.[3] Auf letztere soll im Folgenden wegen der Vielzahl möglicher Vertragsgestaltungen nicht eingegangen werden. 8.12

Die gesetzlichen Pflichtentatbestände lassen sich einteilen und unterscheiden in **Sorgfalts-, Loyalitäts-** und **Verschwiegenheitspflichten**. Dies gilt in gleicher Weise für das konzernfreie Unternehmen und das Konzernunternehmen. Die zentrale Frage lautet daher, in welcher Weise diese Pflichten der Organmitglieder durch die Konzernlage geprägt, ergänzt und verändert werden. 8.13

Zu unterscheiden ist, wie bereits erwähnt, nach der **Rechtsform des herrschenden Unternehmens**, gegenüber dem die Pflicht besteht. Die Rechtsform des beherrschten Unternehmens ist nicht entscheidend. 8.14

1. Organ-Innenhaftung gegenüber der „eigenen" herrschenden AG

a) Konzernweite Sorgfaltspflichten gegenüber der „eigenen" herrschenden AG

Aufgrund seiner Organstellung ist gewöhnlich jedes Vorstandsmitglied einer Konzernobergesellschaft verpflichtet, diejenige **Sorgfalt** aufzuwenden, die erforderlich ist, um den Vorteil 8.15

---

1 OLG München v. 28.11.2007 – 7 U 4498/07, AG 2008, 172.
2 Zur Haftung der Aufsichtsratsmitglieder im Konzern s. unten Uwe H. Schneider, § 10.
3 Zum Anstellungsvertrag bei Konzernunternehmen Uwe H. Schneider, GmbHR 1993, 10 ff.

der Gesellschaft zu wahren und Schaden von ihr abzuwenden (§§ 76, 93 AktG).[1] Zahlreiche ausdrücklich im Aktienrecht normierte Einzelpflichten lassen sich auf die allgemeine Sorgfaltspflicht zurückführen.[2] Ein schuldhafter Verstoß kann zu einem Schadensersatzanspruch führen (§ 93 Abs. 2, 3 AktG).

8.16 Einigkeit besteht, dass diese Pflicht konzernweit zu verstehen ist. Denn zu den einem Vorstandsmitglied der konzernleitenden Holding auferlegten Leitungspflichten gehört auch die Konzernleitung.[3] Unklar ist aber, was Inhalt dieser **„Pflicht zur Konzernleitung"** ist.[4]

8.17 Insbesondere ist streitig, ob und gegebenenfalls in welchem Umfang der Vorstand des herrschenden Unternehmens für fehlerhafte Maßnahmen bei den Tochtergesellschaften gegenüber seiner eigenen Obergesellschaft verantwortlich ist. Richtigerweise sind zwei Bereiche zu unterscheiden, nämlich die Entscheidung über die **Konzernstrategie** einerseits und deren **Umsetzung** bei den Konzernunternehmen andererseits. Geschuldet ist eine dem Sorgfaltsmaßstab entsprechende Entscheidung über die Konzerngründung, die Konzernorganisation sowie eine an diesem Sorgfaltsmaßstab ausgerichtete Konzernführung und Konzernüberwachung der Umsetzung der Konzernstrategie.

8.18 Eine weiter gehende Konkretisierung der Konzernleitungspflichten ist wegen der **Business Judgment Rule** (genauer: wegen des Grundsatzes unternehmerischen Ermessens des Vorstands) nur mit Bedacht möglich. Anders formuliert: Auch bei der Konzernleitung ist dem Vorstand „ein weiter Handlungsspielraum" zugebilligt, ohne den eine konzernleitende Tätigkeit nicht denkbar ist.[5] Deshalb liegt eine Pflichtverletzung eines Vorstandsmitglieds nicht vor, wenn es bei einer unternehmerischen Entscheidung vernünftigerweise annehmen durfte, auf der Grundlage angemessener Information zum Wohle der Gesellschaft zu handeln (§ 93 Abs. 1 Satz 2 AktG). Der Vorstand kann in diesem Rahmen entscheiden, ob er Tochtergesellschaften gründet oder es bei einer Mehrheitsbeteiligung und der daraus entstehenden Abhängigkeit belässt[6], ob die Konzernleitung zentral oder dezentral organisiert wird und wie er die Konzernfinanzierung darstellt.[7] Die Pflicht zur ordnungsgemäßen Konzernleitung verlangt nicht, dass die Konzernunternehmen wie Betriebsabteilungen in einem Einheitsunternehmen geführt werden.[8]

---

1 BGH v. 27.9.1956 – II ZR 144/55, BGHZ 21, 354, 357.
2 Eine ausführliche Aufstellung dieser ausdrücklich normierten Pflichten findet sich etwa bei *Hüffer* in Liber amicorum Happ, 2006, S. 93, 99.
3 OLG Düsseldorf v. 28.11.1996 – 6 U 11/95, AG 1997, 231, 235; *Martens* in FS Heinsius, 1991, S. 523, 531; *Koppensteiner* in KölnKomm. AktG, Vorb. § 291 AktG Rz. 71; *Mertens/Cahn* in KölnKomm. AktG, § 76 AktG Rz. 65 f.; *Hommelhoff*, Die Konzernleitungspflicht, S. 43 ff. sowie S. 163 ff.; *Semler*, Leitung und Überwachung der Aktiengesellschaft, Rz. 278; *Kropff*, ZGR 1984, 112, 115 f.; *Martens*, ZGR 1984, 417, 425 f.; *Hopt/Roth* in Großkomm. AktG, § 93 AktG Rz. 204; *K. Schmidt*, Gesellschaftsrecht, § 17 II 1a; ähnlich auch *Hüffer* in Liber amicorum Happ, 2006, S. 93, 98, der darauf hinweist, dass sich bei der (Strategie-)Holding der Inhalt der Leitungsaufgabe des Holdingvorstands verschiebt von der eigenen geschäftlichen Tätigkeit zur überwachenden Ausübung von Rechten und Einflussmöglichkeiten in den operativ tätigen Tochterunternehmen; für die GmbH vgl. auch BGH v. 10.11.1986 – II ZR 140/85, ZIP 1987, 29, 30 ff.
4 Einen Überblick über den Diskussionsstand gibt *Fleischer* in Spindler/Stilz, § 76 AktG Rz. 85.
5 BGH v. 21.4.1997 – II ZR 175/95, BGHZ 135, 244, 253 = AG 1997, 377; *Roth*, Unternehmerisches Ermessen und Haftung des Vorstands, 2001; *Fleischer* in Spindler/Stilz, § 76 AktG Rz. 88.
6 *Hommelhoff*, Die Konzernleitungspflicht, S. 165 ff.
7 Ähnlich *Hopt/Roth* in Großkomm. AktG, § 93 AktG Rz. 156.
8 Wie hier *Martens* in FS Heinsius, 1991, S. 523, 532.

Umstritten ist, ob der Vorstand des Mutterkonzerns im Rahmen der Konzernleitung ein gemeinsames **Konzerninteresse** aller Konzernunternehmen zu berücksichtigen hat. Die wohl überwiegende Ansicht lehnt dies zu Recht ab.[1] Entscheidendes Argument ist, dass § 308 Abs. 1 Satz 2 AktG für nachteilige Weisungen im Konzern nur auf die Belange des herrschenden Unternehmens oder der mit ihm und der Gesellschaft konzernverbundenen Unternehmen abstellt.[2] Ein übergreifendes, allen Konzernunternehmen gemeines Konzerninteresse lässt sich de lege lata aus den §§ 308 ff., 311 ff. AktG nicht ableiten.[3]

8.18a

Zu den **Mindestaufgaben der Konzernleitung** gehören nur eine konzernweite Finanzierung, konzernweite Personalentscheidungen, welche die Konzernleitung sichern, ein konzernweites Controlling- und Risikoüberwachungssystem, eine konzernweite Compliance-Ordnung[4] und ein konzernweites Informationssystem.[5] Das bedeutet anders formuliert, dass der Vorstand des herrschenden Unternehmens nicht für eine ordnungsgemäße Auswahl der Mitarbeiter der Tochtergesellschaften, ihre angemessene Einweisung, Information und Überwachung einstehen muss, wenn er diese Aufgabe den geschäftsführenden Organen der Tochtergesellschaften pflichtgemäß überlassen hat, die rechtlichen Voraussetzungen einer enthaftenden Überlassung vorlagen, und kein Erfordernis einer Beendigung der Überlassung an die Geschäftsführung der Tochtergesellschaft eingetreten ist. Eine solche gesellschaftsübergreifende, konzernweite Überlassung von Aufgaben ist zwar nicht deckungsgleich mit einer Delegation von Aufgaben an nachgeordnete Mitarbeiter innerhalb einer Gesellschaft, die Grundsätze und Voraussetzungen für eine haftungsbefreiende Wirkung sind aber durchaus vergleichbar.[6] Bei einer Kreditvergabe durch eine Tochtergesellschaft ohne angemessene Kreditwürdigkeitsprüfung haftet der Vorstand der Muttergesellschaft somit grundsätzlich nur, wenn kein konzernweites Controlling implementiert ist, um dafür zu sorgen, dass Klumpenrisiken verhindert werden. Dagegen ist es in der Regel allein Aufgabe und Pflicht des geschäftsführenden Organs der Tochtergesellschaft, sicherzustellen, dass die Mitarbeiter seiner Gesellschaft eine konzernangepasste Kreditwürdigkeitsprüfung vornehmen.

8.19

Auch der Grundsatz der **Gesamtverantwortung** des Vorstands, der ebenfalls für die Konzernbetreuungspflicht gilt, bedeutet nicht, dass die Konzernsteuerung jeweils durch das Gesamtgremium der Obergesellschaft wahrgenommen werden muss. Zulässig ist vielmehr eine „konzernweite" Ressortverantwortung etwa in der Weise, dass jeweils ein Vorstandsmitglied

8.20

---

1 *Hoffmann-Becking* in FS Hommelhoff, S. 433, 439; *Habersack* in MünchKomm. AktG, § 111 AktG Rz. 54; *Seyfarth*, Vorstandsrecht, § 24 Rz. 36; *Emmerich* in Emmerich/Habersack, Aktien- und GmbH-Konzernrecht, § 308 AktG Rz. 47; a.A. *Langenbucher* in K. Schmidt/Lutter, § 308 AktG Rz. 27.
2 *Seyfarth*, Vorstandsrecht, § 24 Rz. 36.
3 Zur Entwicklung im schweizerischen Recht, eine Konzernverantwortung zur Einhaltung von Menschenrechten und Umweltstandards im Gesetz festzuschreiben, *Kaufmann*, Konzernverantwortungsinitiative: Grenzenlose Verantwortlichkeit?, SZW/RSDA 1/2016, 45 ff. Speziell zu einem Gruppeninteresse für Banken, vgl. *Weber-Rey/Gissing*, AG 2014, 884 ff.
4 Vgl. OLG Jena v. 12.8.2009 – 7 U 244/07, GmbHR 2010, 483: „Dem Geschäftsführer obliegt die Pflicht, ein geeignetes Kontrollsystem in der Buchhaltung zu errichten, das Scheinbuchungen sowohl in der Muttergesellschaft als auch in Tochtergesellschaften eines Konzerns verhindert."
5 Ähnlich *Fleischer* in Fleischer, Handbuch des Vorstandsrechts, S. 660, 669 ff.; *Hüffer* in Liber amicorum Happ, 2006, S. 93, 103 m.w.N.
6 Zu den Pflichten des Vorstands zu einer sorgfaltsgemäßen Delegation von Aufgaben BGH v. 22.12.1999 – VIII ZR 299/98, BGHZ 143, 307; BGH v. 5.12.1989 – VI ZR 335/88, GmbHR 1990, 207; *Medicus*, GmbHR 1998, 9; *Uwe H. Schneider*, DB 1993, 1909; *Fleischer*, BB 2004, 2645; s. ferner BFH v. 27.11.1990 – VII R 20/89, BStBl. II 1991, 284.

für einen konzernweiten Geschäftsbereich und/oder eine bestimmte Tochtergesellschaft zuständig ist.[1]

8.21 Für das unternehmerische Ermessen bestehen **Grenzen**. Die Business Judgment Rule gilt *erstens* nur für unternehmerische Entscheidungen.[2] Deshalb ist der Vorstand des herrschenden Unternehmens etwa verpflichtet, seinen Aufsichtsrat ordnungsgemäß über Vorgänge bei Tochtergesellschaften zu informieren, ohne dass er sich auf die Business Judgment Rule berufen könnte. Denn dieser Bericht beruht nicht auf einer unternehmerischen Entscheidung, sondern auf einer gesetzlichen Pflicht.

Die unternehmerischen Entscheidungen zum Zwecke der Konzernleitung müssen *zweitens* rechtmäßig und am Unternehmensinteresse des herrschenden Unternehmens und dem Konzern als Ganzes ausgerichtet sein.[3] Deshalb ist der Vorstand des herrschenden Unternehmens der eigenen Gesellschaft gegenüber verpflichtet, im Rahmen des Möglichen und Angemessenen dafür zu sorgen, dass sich die Tochter- und Enkelgesellschaften sowie deren Mitarbeiter rechtmäßig verhalten. Das verlangt die Einrichtung einer angemessenen konzernweiten Compliance-Organisation.[4] Deren konkrete Ausgestaltung bedingt sich nach den jeweiligen Besonderheiten in Betrieb und Branche. Nach den Vorgaben des Siemens/Neubürger-Urteils trifft den Vorstand bei konkreten Verdachtsfällen eine Pflicht zum „Aufklären, Abstellen und Ahnden."[5] Weiterhin bleibt er zur fortlaufenden und zeitnahen Überwachung der Geeignetheit der Maßnahmen des Compliance-Systems verpflichtet. Ein Zurückbleiben hinter diesen Anforderungen kann Schadensersatzansprüche des herrschenden Unternehmens gegen seine Vorstandsmitglieder begründen.[6] Davon ist die Frage zu trennen, ob dies auch zu Ansprüchen der Tochtergesellschaft führen kann (dazu Rz. 8.52). Die Anwendung der Business Judgment Rule verlangt *drittens*, dass die Konzernleitung angemessen und auf der Basis ausreichender Informationen vorbereitet sein muss.[7] *Viertens* dürfen keine Maßnahmen vorgenommen oder unterlassen werden, wenn diese den Grundregeln ordnungsgemäßer Konzernleitung widersprechen.[8] Insbesondere darf das abhängige Unternehmen nicht völlig unkontrolliert bleiben.[9]

8.22 Eine die allgemeine Sorgfaltspflicht konkretisierende **„Pflicht mit Konzernbezug"** kann weiterhin aus öffentlich-rechtlichen Pflichten des Unternehmens folgen. Der Vorstand muss sorgfältig sicherstellen, dass das Unternehmen seine öffentlich-rechtlichen Pflichten einhält. Und diese Pflichten haben oft zugleich einen Konzernbezug. So ist etwa der Geschäftsleiter

---

1 *Martens* in FS Heinsius, 1991, S. 523, 532; zur virtuellen Holding mit Bereichsvorständen *Schwark* in FS Ulmer, 2003, S. 605, 617; unzulässig ist es jedoch nach *Spindler* in MünchKomm. AktG, vor § 76 AktG Rz. 61, die Konzernleitung (als solche) einem Vorstandsmitglied als Ressortaufgabe zu übertragen.
2 Zum Begriff etwa *Sven H. Schneider*, DB 2005, 707 ff. m.w.N.; vgl. etwa auch *Dreher* in FS Konzen, 2006, S. 85, 96.
3 *Semler*, Leitung und Überwachung der Aktiengesellschaft, Rz. 273.
4 S. dazu *Uwe H. Schneider*, ZGR 1996, 225 ff.
5 *Fleischer*, NZG 2014, 321, 324.
6 LG München I v. 10.12.2013 – 5 HK O 1387/10, NZG 2014, 345 = AG 2014, 332.
7 *Mertens/Cahn* in KölnKomm. AktG, § 76 AktG Rz. 65; *Hopt/Roth* in Großkomm. AktG, § 93 AktG Rz. 204.
8 BGH v. 3.12.2001 – II ZR 308/99, ZIP 2002, 213; BGH v. 21.3.2005 – II ZR 54/03, NZG 2005, 562.
9 *Scheffler* in FS Goerdeler, 1987, S. 469, 473 f.; *Semler*, Leitung und Überwachung der Aktiengesellschaft, Rz. 274.

eines Kreditinstituts, das andere Institute beherrscht (sog. Übergeordnetes Unternehmen einer Institutsgruppe), im Rahmen der Organisationspflichten nach § 25a Abs. 1 Satz 1 KWG für die Einrichtung eines angemessenen und wirksamen Risikomanagements auf Gruppenebene verantwortlich.[1] Verletzt das Institut diese Pflicht, droht neben öffentlich-rechtlichen Sanktionen auch eine zivilrechtliche Haftung der Geschäftsleiter gegenüber ihrem Institut nach § 93 AktG. Eine sanktionsbewehrte Absicherung erfahren konzernbezogene Aufsichtspflichten in § 130 OWiG.[2] Für hiernach verhängte Geldbußen kann sich das Unternehmen an seinem Vorstand über § 93 AktG schadlos halten. Die Reichweite der ordnungsrechtlichen Pflichten bleibt im Einzelnen bislang aber noch ungeklärt.[3]

Risiken bestehen für Vorstände vor allem im Hinblick auf das **Kartellrecht**.[4] Die Mitglieder des Vorstands haben dafür zu sorgen, die sich die Gesellschaft an bestehende Kartellvorschriften hält. Vor dem Hintergrund hoher Kartellbußen in der Praxis ist diese Pflicht von besonderer Bedeutung. Die Gefahr einer konzernweiten Anwendung von kartellrechtlichen Normen besteht in mehrfacher Hinsicht: Im europäischen Kartellrecht ist das „Unternehmen" Adressat von Geldbußen. Maßgeblich für den europäischen Unternehmensbegriff ist die Rechtsfigur der wirtschaftlichen Einheit, so dass Geldbußen auch gegen die Muttergesellschaft verhängt werden können. Mit der 9. GWB-Novelle ist in § 81 Abs. 3a GWB ebenfalls eine verschuldensunabhängige Konzernhaftung für Wettbewerbsverstöße der Tochtergesellschaft geregelt.[5] Was das deutsche Kartellzivilrecht anbelangt, so bleibt offen, ob auch dort der europäische Unternehmensbegriff gilt.[6] Jedenfalls ist nicht ausgeschlossen, dass die Gerichte in Zukunft zum Ergebnis kommen werden, dass nach deutschem Zivilkartellrecht auch die Muttergesellschaft für Kartellverstöße der Tochtergesellschaft haftet. Dies würde auch das Risiko für die Vorstände der Muttergesellschaft erhöhen, für Pflichtverletzungen einer Tochtergesellschaft haftbar gemacht zu werden.

8.22a

Nach allgemeiner Meinung kann ein Vorstandsmitglied des herrschenden Unternehmens ebenfalls einen Vorstandsposten im Tochterunternehmen bekleiden.[7] Sofern der Inhaber des **Doppelmandats** einzig im Rahmen der Geschäftsführung des herrschenden Unternehmens tätig wird, ergeben sich keine Besonderheiten. Dies umfasst die Fälle, in denen er als Vertreter des herrschenden Unternehmens auftritt. Bei formellen Weisungen an die Vorstandskollegen kann eine Haftung des Doppelmandatsträgers nach § 309 AktG entstehen.[8] Doch auch in den sonstigen Fällen seiner Vorstandstätigkeit für die vertraglich beherrschte AG bleibt

8.22b

---

1 BaFin-Rundschreiben „Mindestanforderungen an das Risikomanagement – MaRisk" i.d.F. vom 14.8.2009, AT 4.5.
2 S. auch unten *Schücking*, Rz. 41.56 ff.
3 Auf eine tatsächliche Einflussnahme der Konzernmutter auf die Tochtergesellschaft im Einzelfall abstellend OLG München v. 23.9.2014 – 3 Ws 599/14, BB 2015, 2004; vom BGH wurde die grundsätzliche Frage der konzernweiten Anwendung des § 130 OWiG bisher offen gelassen, BGH v. 1.12.1981 – KRB 3/79, DB 1982, 1162.
4 S. auch unten *Dreher*, § 35.
5 Das 9. GWB-ÄndG wurde am 8.6.2017 verkündet, BGBl. I 2017, 1416; vgl. auch die Gesetzesbegründung des Referentenentwurfs in BT-Drucks. 18/10207, S. 40 ff.; weiterführend zur ausgeweiteten Konzernhaftung durch das 9. GWB-ÄndG: *Klumpe/Thiede*, BB 2016, 3011 ff.
6 Vgl. zur Auslegung des Tatbestandsmerkmals „Wer" bei der in § 33a Abs. 1 GWB-E normierten zivilrechtlichen Schadensersatzpflicht: *Könen*, NZKart 2017, 15, 19 f.
7 Anstatt aller BGH v. 9.3.2009 – II ZR 170/07, NZG 2009, 744, 745 = AG 2009, 500 = GmbHR 2009, 881.
8 *Altmeppen* in MünchKomm. AktG, § 309 AktG Rz. 63; *Hüffer/Koch*, § 309 AktG Rz. 29.

der Doppelmandatsträger gegenüber der Muttergesellschaft zur Sorgfalt verpflichtet.[1] Eine andere Beurteilung würde zumindest im Widerspruch zu der vorherrschenden Ansicht hinsichtlich der Haftung gegenüber der Tochtergesellschaft stehen (s. Rz. 8.49a). Im faktischen Konzern führt die weite Auslegung des Veranlassungsbegriffes (s. Rz. 8.49) ebenso zu einer Sorgfaltspflicht gegenüber dem herrschenden Unternehmen.[2]

8.22c Als weitere Haftungsmöglichkeit nach § 93 Abs. 2 AktG kommt ein **Regress** der Muttergesellschaft am eigenen Vorstand in Betracht. Aus der vorherigen Inanspruchnahme des herrschenden Unternehmens durch ihre Tochtergesellschaft darf allerdings nicht ohne weiteres auf das Vorliegen der Anspruchsvoraussetzungen des § 93 Abs. 2 AktG geschlossen werden.[3] Diese setzen eine Verletzung der hier und im Weiteren aufgeführten Vorstandspflichten gegenüber dem eigenen Unternehmen voraus. Nur wenn in der konzernrechtlichen Haftungsursache ebenfalls eine solche Pflichtverletzung zu sehen ist, ist ein Rückgriff bei Vorliegen der weiteren Voraussetzungen möglich. Soweit das Vorstandsmitglied bereits nach den § 309 Abs. 2 oder § 317 Abs. 3 AktG von der Tochtergesellschaft in Anspruch genommen wurde, hat das herrschende Unternehmen oft keinen Schaden.

b) Konzernweite Loyalitätspflichten gegenüber der „eigenen" herrschenden AG

8.23 Neben den Sorgfaltspflichten obliegen den Mitgliedern des Vorstands gegenüber der eigenen Gesellschaft **Loyalitätspflichten**, auch **Treupflichten** genannt. Danach dürfen sie keine Wettbewerbstätigkeit im Geschäftsbereich der Gesellschaft entfalten. Insbesondere dürfen sie keine Geschäftschancen („corporate opportunities"), die der Gesellschaft gebühren, an sich ziehen.[4]

8.24 Das **Wettbewerbsverbot** ist in § 88 AktG ausdrücklich festgelegt. Zum Geschäftszweig der Gesellschaft im Sinne dieser Vorschrift gehört nicht der satzungsgemäße Unternehmensgegenstand, sondern der tatsächliche Geschäftszweig der Aktiengesellschaft.[5] Zu den Geschäftschancen der Gesellschaft gehören grundsätzlich alle Geschäfte, die im Bereich des Tätigkeitsfeldes der Gesellschaft liegen oder an denen sie aus anderen Gründen ein konkretes Interesse hat, etwa weil es sich um Geschäfte in angrenzenden Tätigkeitsfeldern, um Vorbereitungs- oder um Folgegeschäfte handelt.[6]

8.25 Verstößt ein Vorstandsmitglied gegen diese Pflichten, so kommt ein **Schadensersatzanspruch** in Betracht, § 88 Abs. 2 AktG. Außerdem kann die Gesellschaft verlangen, dass die aus dem Geschäft **erlangten Vorteile** an sie abgetreten werden, § 88 Abs. 2 Satz 2 AktG.[7]

---

1 *Fischbach*, Die Haftung des Vorstands im Aktienkonzern, 2009, S. 341 f. (m.w.N.); für nur grds. Sorgfaltspflicht aber *Mertens/Cahn* in KölnKomm. AktG, § 93 AktG Rz. 65; OLG Düsseldorf v. 28.11.1996 – 6 U 11/95, AG 1997, 231, 235.
2 *Fischbach*, Die Haftung des Vorstands im Aktienkonzern, 2009, S. 361.
3 *Seyfarth*, Vorstandsrecht, § 24 Rz. 38.
4 S. dazu ausführlich unten Verse, § 26; zum im Einzelnen umstrittenen Verhältnis zwischen Wettbewerbsverbot und der so genannten „Geschäftschancenlehre" vgl. Fleischer, AG 2005, 336, 337 f.
5 BGH v. 21.2.1978 – KZR 6/77 BGHZ 70, 331, 332 f.; BGH v. 5.12.1983 – II ZR 242/82, BGHZ 89, 162, 170 = GmbHR 1984, 203; *Wiesner* in MünchHdb. AG, § 21 Rz. 93; *Hüffer/Koch*, § 88 AktG Rz. 3.
6 *Hopt/Roth* in Großkomm. AktG, § 93 AktG Rz. 255 ff.; vgl. auch BGH v. 23.9.1985 – II ZR 257/84, WM 1985, 1444, 1445 für die OHG.
7 Sog. „Eintrittsrecht", vgl. *Hüffer/Koch*, § 88 AktG Rz. 7; *Schwennicke* in Grigoleit, § 88 AktG Rz. 14 ff.

Fraglich ist bei **Konzernsachverhalten**, ob diese Loyalitätspflichten konzernweit in dem Sinne auszulegen sind, dass Vorstandsmitgliedern der herrschenden Gesellschaft auch das Tätigwerden in Geschäftszweigen abhängiger Gesellschaften verboten ist.[1] Der Wortlaut der Norm spricht gegen eine solche Ausdehnung. Die Vorschrift erklärt nämlich nur den Geschäftszweig *der Gesellschaft* für geschützt. Gleichwohl ist davon auszugehen, dass § 88 AktG jedenfalls analog auch für Geschäftszweige bzw. Geschäftschancen gilt, die von Tochterunternehmen besetzt sind.[2] Denn eine Konzernholding betreibt ihre Geschäfte auch über die von ihr abhängigen Gesellschaften.[3] Eine solche konzernweite Auslegung ergibt auch Sinn, denn der Holding-Vorstand kennt aufgrund seiner Konzernleitung die Vorgänge bei den Konzernunternehmen und er bestimmt deren Geschäftspolitik. Aus diesem Grund verbietet sich für ihn auch eine Wettbewerbstätigkeit im Geschäftsbereich der Tochterunternehmen. Das Entsprechende gilt für das Ansichziehen von Geschäftschancen der Tochtergesellschaften. Ein abweichendes Ergebnis könnte dazu führen, dass Vorstände versucht wären, die Obergesellschaft als reine Finanzholding ohne eigenen Geschäftszweig zu organisieren, um so dem Wettbewerbsverbot zu entgehen.[4]

8.26

Das in dieser Weise ausgestaltete **konzernweite Wettbewerbsverbot** besteht gegenüber der Obergesellschaft. Ob das Vorstandsmitglied auch gegenüber der Tochtergesellschaft verpflichtet ist, soll an späterer Stelle (Rz. 8.91) behandelt werden.

8.27

c) Konzernweite Verschwiegenheitspflichten gegenüber der „eigenen" herrschenden AG

Zu beachten sind von Vorstandsmitgliedern weiterhin besondere **Verschwiegenheitspflichten**, deren Verletzung ebenfalls Schadensersatzansprüche begründen kann. Die allgemeine Verschwiegenheitspflicht des Vorstands einer Aktiengesellschaft ergibt sich aus § 93 Abs. 1 Satz 3 AktG. Danach haben Vorstandsmitglieder über vertrauliche Angaben und Geheimnisse der Gesellschaft, namentlich Betriebs- oder Geschäftsgeheimnisse, die ihnen durch ihre Tätigkeit im Vorstand bekannt geworden sind, Stillschweigen zu bewahren. Geheimnisse der Gesellschaft sind Umstände mit Bezug zur Gesellschaft, die nicht allgemein bekannt sind und nach dem Willen der Gesellschaft nicht weiter verbreitet werden sollen.[5] Vertrauliche Angaben sind Informationen, die ein Vorstandsmitglied in dieser Eigenschaft, nicht notwendig durch eigene Tätigkeit, erlangt hat und deren Weitergabe für die Gesellschaft nachteilig sein kann.[6]

8.28

Die Vorschrift ist nach richtiger herrschender Meinung eine **Konkretisierung der organschaftlichen Loyalitätspflichten** der Vorstandsmitglieder gegenüber der Aktiengesellschaft.[7]

8.29

---

1 Dies darf nicht mit der Frage verwechselt werden, ob die Obergesellschaft selbst einem Wettbewerbsverbot unterliegt; dies ist weitgehend anerkannt, vgl. statt aller *Uwe H. Schneider/Burgard* in FS Ulmer, S. 579 ff. m.w.N.
2 *Fleischer* in Spindler/Stilz, § 88 AktG Rz. 24; *Kort* in Großkomm. AktG, § 88 AktG Rz. 30.
3 Unten *Verse*, Rz. 26.20; *Mertens/Cahn* in KölnKomm. AktG, § 88 AktG Rz. 13.
4 *Sven H. Schneider/Uwe H. Schneider*, AG 2005, 57; im Anschluss daran auch *Fleischer*, AG 2005, 336, 343 f.
5 BGH v. 5.6.1975 – II ZR 156/73, BGHZ 64, 325, 329; *Gaul*, GmbHR 1986, 296, 297; *Hopt/Roth* in Großkomm. AktG, § 93 AktG Rz. 283.
6 Ähnlich *Hüffer/Koch*, § 93 AktG Rz. 30.
7 *Spindler* in MünchKomm. AktG, § 93 AktG Rz. 113; *Schaefer/Missling*, NZG 1998, 441, 443; *Hopt/Roth* in Großkomm. AktG, § 93 AktG Rz. 279; a.A. *Spieker*, NJW 1965, 1937, der die Verschwiegenheitspflicht als unselbständige Nebenpflicht der allgemeinen Sorgfaltspflicht verstanden wissen

Die über den allgemeinen Treu und Glauben-Maßstab des § 242 BGB hinausgehende Treupflicht verlangt von den Vorstandsmitgliedern, Privatinteressen hinter Interessen der Gesellschaft zurückzustellen und die Organstellung nicht zum eigenen Vorteil auszunutzen.[1] Denn das Vorstandsmitglied ist treuhänderischer Verwalter fremder Vermögensinteressen. Zu dem zu betrauenden Treugut gehören auch die im Rahmen der Treuhandtätigkeit erlangten wertvollen Informationen.[2]

8.30 Auch hier ist die **konzernweite Reichweite** der Vorschrift aus dem Gesetz zunächst nicht ersichtlich. Unproblematisch ist der Fall, wonach ein Umstand sowohl auf der Ebene der abhängigen als auch auf der Ebene der herrschenden Gesellschaft ein Geheimnis bzw. eine vertrauliche Angabe darstellt. Dieser doppelte Geheimnisschutz ist die Regel; denn was für die Tochtergesellschaft ein Geheimnis oder eine vertrauliche Angabe darstellt, ist meist auch auf der Ebene der Muttergesellschaft entsprechend einzuordnen. Zwingend ist dies aber nicht. Denkbar und fraglich ist daher das Eingreifen der Verschwiegenheitspflicht für das Vorstandsmitglied der Holding, wenn ein Umstand zwar kein Geheimnis der Muttergesellschaft aber des abhängigen Unternehmens darstellt. Nach herrschender Meinung greift die Verschwiegenheitspflicht auch in diesen Fällen ein.[3] Dem ist zu folgen. Dafür spricht insbesondere, dass die Verschwiegenheitspflicht als Sonderfall der Loyalitätspflicht nicht ohne wichtigen Grund anders als jene behandelt werden kann.

8.31 Die Schweigepflicht besteht dann **gegenüber der Muttergesellschaft** in Bezug auf die Geheimnisse der Tochter. Ob auch eine Schweigepflicht unmittelbar gegenüber dem abhängigen Unternehmen bestehen kann, wird gleichfalls noch zu untersuchen sein.

d) Rechtliche Durchsetzungsmöglichkeiten und -pflichten bei Pflichtverstoß

8.32 Bei schuldhafter **Verletzung der Organpflichten** ist zur Durchsetzung der Schadensersatzansprüche in erster Linie der Aufsichtsrat der herrschenden Gesellschaft berufen, der das Unternehmen gegenüber dem Vorstand vertritt.[4] Zur Vermeidung einer möglichen Interessenkollision der Aufsichtsratsmitglieder können nach § 147 Abs. 2 Satz 1 AktG von der Hauptversammlung besondere Vertreter zur Geltendmachung bestellt werden.

Als weiteres Instrument des Minderheitenschutzes ermöglicht § 147 Abs. 2 Satz 2 AktG eine gerichtliche Bestellung besonderer Vertreter im Falle einer vorangegangenen Verpflichtung des Aufsichtsrats nach § 147 Abs. 1 Satz 1 AktG.[5] Antragsberechtigt ist eine qualifizierte Minderheit von 10 % des Grundkapitals oder von Aktionären, deren Aktienbesitz den anteiligen Betrag von 1 Mio. Euro stellt. Die Bestellung erfolgt nach Auswahl des Gerichts und nach angenommener Zweckmäßigkeit. Diese erfordert den glaubhaft gemachten Anspruch und einen

---

will; wieder anders BGH v. 5.6.1975 – II ZR 156/73, BGHZ 64, 325, 327; *Mertens/Cahn* in Köln-Komm. AktG, § 93 AktG Rz. 113, die sowohl Treupflicht als auch Sorgfaltspflicht als Grundlage der Schweigepflicht ansehen; *Hüffer/Koch*, § 93 AktG Rz. 29, hält den Streit angesichts der ausdrücklichen Regelung in § 93 Abs. 1 Satz 3 AktG für müßig.
1 *Schaefer/Missling*, NZG 1998, 441, 443.
2 Ausführlich *Grundmann*, Der Treuhandvertrag, S. 103 ff.
3 *Hopt/Roth* in Großkomm. AktG, § 93 AktG Rz. 288; für den Aufsichtsrat *Lutter/Krieger/Verse*, Rechte und Pflichten des Aufsichtsrats, Rz. 114.
4 S. dazu auch unten Uwe H. Schneider, § 10.
5 *Mock* in Spindler/Stilz, § 147 AktG Rz. 49; *Hüffer/Koch*, § 147 AktG Rz. 11.

Anlass zur Annahme, durch die gesetzlichen Vertreter (auch solche nach § 147 Abs. 2 Satz 1 AktG) sei keine sachgerechte Geltendmachung zu erwarten.[1]

In Anlehnung an das US-amerikanische Gesellschaftsrecht können Aktionäre, deren Anteile im Zeitpunkt der Antragstellung zusammen den einhundertsten Teil des Grundkapitals oder einen anteiligen Betrag von 100 000 Euro erreichen, die Zulassung beantragen, im eigenen Namen die in § 147 Abs. 1 Satz 1 AktG bezeichneten Ersatzansprüche der Gesellschaft geltend machen zu können (§ 148 AktG). Das Gericht lässt die Klage zu, wenn

– die Aktionäre nachweisen, dass sie die Aktien vor dem Zeitpunkt erworben haben, in dem sie oder im Falle der Gesamtrechtsnachfolge ihre Rechtsvorgänger von den behaupteten Pflichtverstößen oder dem behaupteten Schaden aufgrund einer Veröffentlichung Kenntnis erlangen mussten,

– die Aktionäre nachweisen, dass sie die Gesellschaft unter Setzung einer angemessenen Frist vergeblich aufgefordert haben, selbst Klage zu erheben,

– Tatsachen vorliegen, die den Verdacht rechtfertigen, dass der Gesellschaft durch Unredlichkeit oder grobe Verletzung des Gesetzes oder der Satzung ein Schaden entstanden ist, und

– der Geltendmachung des Ersatzanspruchs keine überwiegenden Gründe des Gesellschaftswohls entgegenstehen.

Hat das Gericht dem Antrag stattgegeben, kann die Klage nur binnen drei Monaten nach Eintritt der Rechtskraft der Entscheidung, sofern die Aktionäre die Gesellschaft nochmals unter Setzung einer angemessenen Frist vergeblich aufgefordert haben, selbst Klage zu erheben, erhoben werden, § 148 Abs. 4 Satz 1 AktG.

Teilweise wird die Ansicht vertreten, dass eine direkte Aktionärsklage auch ohne Vorliegen dieser Voraussetzungen bei praktischer Unmöglichkeit der Geltendmachung von Ansprüchen aufgrund der Minderheiteninitiativrechte möglich sein müsse. Begründet wird dies mit einer analogen Anwendung von § 309 Abs. 4 Satz 1 und 2 AktG.[2] Die herrschende Meinung lehnt dies aber zu Recht ab.[3]

Von der Möglichkeit zur Geltendmachung der Ansprüche ist die **Pflicht** des Aufsichtsrats zur Geltendmachung zu unterscheiden. Seit der ARAG-Entscheidung[4] des II. Senats des Bundesgerichtshofs ist anerkannt, dass der Aufsichtsrat kein unternehmerisches Ermessen bei der Frage für sich in Anspruch nehmen kann, ob er aussichtsreiche Schadensersatzforderungen gegen Vorstandsmitglieder durchsetzt. Er ist also in der Regel zur Geltendmachung verpflichtet, wenn er aufgrund einer sorgfältig und sachgerecht durchzuführenden Risikoanalyse zu der Einschätzung gelangt, dass eine gerichtliche Geltendmachung voraussichtlich zu einem Ausgleich des entstandenen Schadens führt. Von einer Verfolgung darf der Aufsichtsrat nur absehen, wenn gewichtige Gründe des Gesellschaftswohls dagegen sprechen und diese Umstände die Gründe, die für eine Rechtsverfolgung sprechen, überwiegen oder ihnen zumindest gleichwertig sind.

---

1 OLG Frankfurt a.M. v. 9.10.2003 – 20 W 487/02, DB 2004, 177, 178 = AG 2004, 104; *Schröer* in MünchKomm. AktG, § 147 AktG Rz. 69 f.
2 *Wiedemann*, Organverantwortung und Gesellschafterklagen in der Aktiengesellschaft, S. 50 f.; ihm folgend *Rollin*, Die Aktionärsklage in England und Deutschland, S. 198 f.
3 *Krieger*, ZHR 163 (1999), 343, 344; *Reichert/Weller*, ZRP 2002, 49, 52.
4 BGH v. 21.4.1997 – II ZR 175/95, BGHZ 135, 244, 255 = AG 1997, 377.

Sofern eine Verpflichtung nicht bereits nach den Grundsätzen der ARAG/Garmenbeck-Entscheidung folgt, kann sich eine Pflicht des Aufsichtsrats aus einem entsprechenden Beschluss der Hauptversammlung ergeben, § 147 Abs. 1 Satz 1 AktG.

8.35 Das abhängige Unternehmen, seine Organe[1] oder übrigen Gesellschafter haben demgegenüber keine Möglichkeit zur Durchsetzung von Ansprüchen wegen Verletzung der Pflichten, die gegenüber dem herrschenden Unternehmen bestehen.

2. Organ-Innenhaftung gegenüber der „eigenen" herrschenden GmbH

8.36 Den Geschäftsführern einer GmbH obliegen gegenüber der eigenen Gesellschaft **vergleichbare Sorgfalts-, Loyalitäts- und Verschwiegenheitspflichten** wie dem Vorstand einer Aktiengesellschaft.

8.37 Auch der GmbH-Geschäftsführer unterliegt im Rahmen seiner Sorgfaltspflicht den Mindestanforderungen an eine ordnungsgemäße Konzernleitung. Zu beachten ist aber, dass nach einer Ansicht bei der GmbH die Feststellung der Unternehmenspolitik in die **Zuständigkeit der Gesellschafter** fällt.[2] Das gilt auch für die Unternehmenspolitik im Konzern. Die Geschäftsführer sind danach auf die laufende Konzernverwaltung und die laufende Kontrolle der Konzernunternehmen beschränkt.[3] Soweit die Geschäftsführer nicht zuständig sind, kommt eine Haftung jedenfalls wegen Unterlassens einer gebotenen Maßnahme nicht in Betracht. Außerdem scheidet eine Haftung des Geschäftsführers aus, wenn sein Verhalten auf einer **zulässigen konzernleitenden Weisung der Gesellschafterversammlung** beruht.[4] In diesem Fall haften die Geschäftsführer „nur" für eine fehlerhafte Ausführung der Weisung. Dies gilt auch, wenn die Weisung konzernweite Auswirkungen hat. Davon zu unterscheiden ist die Frage, ob die Organ-Konzern-Innenhaftung und die Organ-Außenhaftung des Geschäftsführers eingeschränkt sind, wenn er aufgrund einer Weisung handelte (dazu Rz. 8.45). Sorgfaltspflichtverletzungen gegenüber der herrschenden GmbH bei Ausübung eines gleichzeitigen Mandats oder faktischen Weisungen auf Ebene der Tochtergesellschaft führen zu einer Haftung nach § 43 Abs. 1 GmbHG.[5]

8.38 Das **Wettbewerbsverbot**, das zwar im GmbHG nicht ausdrücklich normiert, aber allgemein anerkannt ist[6], gilt bei der GmbH konzernweit.[7] Und Geschäftschancen darf ein GmbH-Geschäftsführer selbst dann nicht an sich ziehen, wenn es Chancen eines abhängigen Unternehmens sind.[8] Die Einzelfragen sind unter Beachtung von § 88 AktG zu beantworten.

---

1 Zur fehlenden Durchsetzungsmöglichkeit des Aufsichtsrats der beherrschten Gesellschaft vgl. *Uwe H. Schneider*, Der Aufsichtsrat des abhängigen Unternehmens im Konzern – Ein Beitrag zum Konzernverfassungsrecht –, in FS Raiser, S. 341, 356.
2 So etwa *Uwe H. Schneider/Sven H. Schneider* in Scholz, § 37 GmbHG Rz. 10; *Kleindiek* in Lutter/Hommelhoff, § 37 GmbHG Rz. 8; a.A. *Zöllner/Noack* in Baumbach/Hueck, § 37 GmbHG Rz. 14.
3 *Uwe H. Schneider/Sven H. Schneider* in Scholz, § 37 GmbHG Rz. 80; auf „ungewöhnliche Maßnahmen" als Grenze abstellend *Kleindiek* in Lutter/Hommelhoff, § 37 GmbHG Rz. 10.
4 Statt aller *Gehrlein/Witt/Volmer*, GmbH-Recht in der Praxis, S. 314.
5 *Uwe H. Schneider* in Scholz, § 43 GmbHG Rz. 49.
6 Statt aller *Goette*, Die GmbH, Rz. 201; *Zöllner/Noack* in Baumbach/Hueck, § 35 GmbHG Rz. 41; *Uwe H. Schneider* in Scholz, § 43 GmbHG Rz. 153; BGH v. 26.10.1964 – II ZR 127/62, WM 1964, 1320, 1321.
7 *Röhricht*, WPg 1992, 766, 770; *Uwe H. Schneider* in Scholz, § 43 GmbHG Rz. 163.
8 *Merkt*, ZHR 159 (1995), 423, 442; *Uwe H. Schneider* in Scholz, § 43 GmbHG Rz. 206.

Auch eine **Verschwiegenheitspflicht der Geschäftsführer** besteht im GmbH-Recht trotz fehlender ausdrücklicher Normierung. Sie wird in § 85 GmbHG vorausgesetzt.[1] Um wirksam zu sein, muss der Geheimnisschutz sich auch auf beherrschte Unternehmen erstrecken. 8.39

Für die **Durchsetzung von Ansprüchen** gegen die Geschäftsführer sind die Gesellschafter zuständig, § 46 Nr. 8 GmbHG.[2] Dabei ist streitig, ob auch ein einzelner Gesellschafter den Anspruch geltend machen kann, oder ob, wie von der herrschenden Meinung angenommen, stets ein Beschluss der Gesellschafter erforderlich ist.[3] Wie bei der herrschenden AG haben abhängige Unternehmen, deren Organe und Minderheitsgesellschafter keine Möglichkeit zur Durchsetzung von Ansprüchen der Mutter-GmbH gegen ihre Geschäftsführer. 8.40

II. Organ-Konzern-Innenhaftung gegenüber der beherrschten Gesellschaft

Bisher wurde die Frage untersucht, in welcher Weise die Pflichten, die Organmitgliedern im Verhältnis zur eigenen Gesellschaft obliegen, durch die Konzernlage verändert werden. Im Folgenden geht es um die Pflichten der Organmitglieder des herrschenden Unternehmens im Verhältnis zu einer unmittelbar oder mittelbar **beherrschten AG bzw. GmbH**. 8.41

Bestehen solche Pflichten, so könnte deren Verletzung Schadensersatzansprüche der Tochtergesellschaften **unmittelbar gegen Organmitglieder des herrschenden Unternehmens** auslösen. Zu denken ist dabei insbesondere auch an die Geltendmachung durch Minderheitsgesellschafter der Tochtergesellschaft und gegebenenfalls den Insolvenzverwalter. 8.42

Zu unterscheiden ist dabei nach der **Rechtsform** des beherrschten Unternehmens. Auf die Rechtsform des herrschenden Unternehmens kommt es nicht an. Insbesondere kann bei einer herrschenden GmbH eine Weisung der Gesellschafterversammlung den Geschäftsführer im Außenverhältnis gegenüber dem beherrschten Unternehmen nicht entlasten. 8.43

1. Organ-Konzern-Innenhaftung gegenüber der beherrschten AG

a) Konzernweite Sorgfaltspflichten gegenüber der beherrschten AG

Die Sorgfaltspflichten des gesetzlichen Vertreters der Holding **gegenüber einer Tochter-AG** sind zum Teil ausdrücklich geregelt. Die Haftungsnormen unterscheiden dabei zwischen Vertragskonzern und faktischem Konzern. 8.44

aa) Sorgfaltspflichten bei Weisungserteilung im Vertragskonzern

Der gesetzliche Vertreter des herrschenden Unternehmens hat bei Bestehen eines Beherrschungsvertrags gegenüber der abhängigen AG bei der Erteilung von Weisungen die Sorgfalt eines ordentlichen und gewissenhaften Geschäftsleiters einzuhalten (§ 309 AktG).[4] Eine Weisung ist jede Maßnahme des herrschenden Unternehmens, durch die dieses über den Vorstand 8.45

---

1 *Zöllner/Noack* in Baumbach/Hueck, § 35 GmbHG Rz. 40; *Uwe H. Schneider* in Scholz, § 43 GmbHG Rz. 144.
2 *Roth* in Roth/Altmeppen, § 46 GmbHG Rz. 54; BGH v. 20.11.1958 – II ZR 17/57, BGHZ 28, 355, 357; BGH v. 16.12.1991 – II ZR 31/91, WM 1992, 224, 225 = GmbHR 1992, 102.
3 *Bayer* in Lutter/Hommelhoff, § 46 GmbHG Rz. 40, bei Fehlen eines Gesellschafterbeschlusses besteht der Anspruch zwar, ist aber nicht durchsetzbar.
4 Zu den Grenzen des Weisungsrechts s. *Veil* in Spindler/Stilz, § 308 AktG Rz. 28 ff.; *Peres* in Heidel, § 308 AktG Rz. 17 ff.

der abhängigen AG Einfluss auf deren Leitung nehmen will.[1] Das Unterlassen einer Weisung genügt grundsätzlich nicht.[2] Bei eingegliederten Gesellschaften gilt § 309 AktG entsprechend, § 323 Abs. 1 AktG. Wird dieser Standard nicht gewahrt, so hat die geschädigte AG einen Schadensersatzanspruch direkt gegen den **weisungserteilenden gesetzlichen Vertreter** der Muttergesellschaft.[3] Im Rahmen der Schadensfeststellung wird sich überwiegend gegen die Möglichkeit einer Vorteilsanrechnung bei Bestehen eines Gewinnabführungsvertrags ausgesprochen.[4]

bb) Sorgfaltspflichten bei Veranlassung nachteiliger Maßnahmen im faktischen Konzern

8.46 Im faktischen Konzern haftet der gesetzliche Vertreter eines faktisch herrschenden Unternehmens zusammen mit diesem gegenüber der Tochter-AG als Gesamtschuldner, wenn er das abhängige Unternehmen zu einer **nachteiligen Maßnahme veranlasst** hat, und dadurch, dass der entstandene Nachteil nicht bis zum Ende des Geschäftsjahres ausgeglichen wird[5], ein Schaden entsteht, § 317 Abs. 3 AktG.[6]

8.47 Ein **Nachteil** kann nur bei Minderung oder konkreter Gefährdung der Vermögens- oder Ertragslage der Gesellschaft ohne Rücksicht auf Quantifizierbarkeit entstehen.[7] Zu ermitteln ist dies – grundsätzlich –[8] auf Grundlage einer bilanziellen Betrachtungsweise.[9] Problematisch war dies früher insbesondere bei den in der Praxis unvermeidbaren Darlehen von Tochterunternehmen an ihre Muttergesellschaft im Rahmen eines konzernweiten *Cash Pool*.[10] Im Anschluss an die Änderungen durch das MoMiG[11] wurde die höchstrichterliche Rechtsprechung aber dahingehend geändert, dass die Gewährung eines – wenn auch unbesicherten – kurzfristig rückforderbaren „upstream-Darlehens" durch eine abhängige AG an das herrschende Unternehmen kein schon per se nachteiliges Geschäft ist, wenn die Rückzahlungsforderung im Zeitpunkt der Darlehensausreichung vollwertig ist.[12]

---

1 *Emmerich* in Emmerich/Habersack, Aktien- und GmbH-Konzernrecht, § 308 AktG Rz. 23.
2 *Hüffer/Koch*, § 309 AktG Rz. 10; *Seyfarth*, Vorstandsrecht, § 24 Rz. 39.
3 Ausführlich *Fleischer* in Fleischer, Handbuch des Vorstandsrechts, S. 660, 679 ff.
4 *Veil* in Spindler/Stilz, § 309 AktG Rz. 27; *Hüffer/Koch*, § 309 AktG Rz. 18.
5 Zur Möglichkeit des zeitlich gestreckten Ausgleichs von Nachteilen und der darin zum Ausdruck kommenden Privilegierung des faktischen Konzerns zuletzt BGH v. 1.12.2008 – II ZR 102/07, NZG 2009, 107 = GmbHR 2009, 199 – MPS.
6 S. dazu Begr. ReGE AktG 1965, bei *Kropff*, Aktiengesetz, S. 419; *Krieger* in MünchHdb. AG, § 70 Rz. 135; *Bollmann*, Der Schadenersatzanspruch gem. § 317 AktG bei Schädigung der abhängigen Eine-Person-AG, S. 45; ausführlich auch *Fleischer* in Fleischer, Handbuch des Vorstandsrechts, S. 660, 686 ff.
7 BGH v. 1.12.2008 – II ZR 102/07, NZG 2009, 107 = GmbHR 2009, 199 – MPS; BGH v. 1.3.1999 – II ZR 312/97, BGHZ 141, 79, 84 = NZG 1999, 658 = GmbHR 1999, 660; *Mülbert/Leuschner*, NZG 2009, 281, 284; *Hüffer/Koch*, § 311 AktG Rz. 24.
8 Zu den Ausnahmen insbesondere bei konzerninternen Darlehen ausführlich *Mülbert/Leuschner*, NZG 2009, 281, 284.
9 BGH v. 1.12.2008 – II ZR 102/07, NZG 2009, 107, 108 = GmbHR 2009, 199 – MPS: „vernünftige kaufmännische Beurteilung, wie sie auch bei der Bewertung von Forderungen aus Drittgeschäften im Rahmen der Bilanzierung (§ 253 HGB) maßgeblich ist".
10 Für die Möglichkeit eines Nachteils in diesen Fällen noch BGH v. 24.11.2003 – II ZR 171/01, BGHZ 157, 72 = NZG 2004, 233 = GmbHR 2004, 302, zu § 30 GmbHG.
11 Gesetz zur Modernisierung des GmbH-Rechts und zur Bekämpfung von Missbräuchen (MoMiG) vom 23.10.2008, BGBl. I 2008, 2026.
12 BGH v. 1.12.2008 – II ZR 102/07, NZG 2009, 107 = GmbHR 2009, 199 – MPS.

Außerdem muss die „Beeinträchtigung als **Abhängigkeitsfolge**" eintreten.[1] Dies ist nicht der Fall, wenn auch ein sorgfältig handelnder Vorstand einer unabhängigen Gesellschaft die Maßnahme vorgenommen hätte (§ 317 Abs. 2 AktG). Der Maßstab, an dem das Handeln des Vorstands zu messen ist, entspricht demjenigen bei der Einzelgesellschaft nach § 93 AktG[2] einschließlich der Business Judgment Rule.[3] Bei dieser Bewertung kommt dem Vergleich der Maßnahme mit einem Drittgeschäft zwischen voneinander unabhängigen Vertragsparteien wesentliche Bedeutung zu.[4] Eine Haftung ist deshalb ausgeschlossen, wenn ein ordentlicher und gewissenhafter Geschäftsleiter einer unabhängigen Gesellschaft unter sonst gleichen Bedingungen das Rechtsgeschäft ebenso vorgenommen hätte, wie tatsächlich bei Abhängigkeit geschehen.[5]

8.48

Ein Nachteil muss weiterhin durch den haftenden Vertreter des herrschenden Unternehmens „**veranlasst**" worden sein.[6] Der Veranlassungsbegriff wird grundsätzlich denkbar weit verstanden und umfasst jede Einflussnahme, die wenigstens mitursächlich zu einem Nachteil führt. Gleichgültig ist, ob sie als Ratschlag, Anregung, Erwartung eines bestimmten Verhaltens oder Weisung ausgestaltet ist. Gleichgültig ist auch, ob sie für den Einzelfall oder als Richtlinie gilt.[7] Für die persönliche Haftung des Vertreters des herrschenden Unternehmens ist aber erforderlich, dass *er* den Nachteil veranlasst hat, eine Veranlassung durch andere Vertreter oder Mitarbeiter des herrschenden Unternehmens reicht nicht aus.[8] Der Kläger muss dies im Zweifel beweisen. Die im Rahmen der Haftung des herrschenden Unternehmens von der überwiegenden Ansicht jedenfalls bei einheitlicher Leitung (§ 18 AktG) vertretene Beweiserleichterung[9] zugunsten des Klägers aufgrund einer tatsächlichen Vermutung oder eines Beweises des ersten Anscheins gilt nicht für die persönliche Haftung des Vertreters des herrschenden Unternehmens, jedenfalls wenn dort mehrere gesetzliche Vertreter bestellt sind.[10]

8.49

cc) Haftung bei Doppelmandatsträgern

Obwohl ein wichtiges Institut der Konzernleitung[11], bleibt die Frage der Haftungsgrundlage bei Organverflechtungen in Rechtsprechung und Literatur bisher im Einzelnen ungeklärt. Zu einer unproblematischen Anwendbarkeit des § 309 Abs. 2 AktG im **Vertragskonzern** führen

8.49a

---

1 BGH v. 1.12.2008 – II ZR 102/07, NZG 2009, 107 = GmbHR 2009, 199 – MPS; BGH v. 1.3.1999 – II ZR 312/97, BGHZ 141, 79, 84 = NZG 1999, 658 = GmbHR 1999, 660.
2 *Mülbert/Leuschner*, NZG 2009, 281, 284; *Grigoleit* in Grigoleit, § 311 AktG Rz. 27.
3 BGH v. 3.3.2008 – II ZR 124/06, NZG 2008, 389 = AG 2008, 375 – UMTS.
4 BGH v. 1.12.2008 – II ZR 102/07, NZG 2009, 107, 108 = GmbHR 2009, 199 – MPS; *Mülbert/Leuschner*, NZG 2009, 281, 284.
5 BGH v. 3.3.2008 – II ZR 124/06, NZG 2008, 389 = AG 2008, 375 – UMTS; BGH v. 1.3.1999 – II ZR 312/97, BGHZ 141, 79, 88 = NZG 1999, 658 = GmbHR 1999, 660; *Schatz/Schödel* in Heidel, § 311 AktG Rz. 54.
6 BGH v. 3.3.2008 – II ZR 124/06, NZG 2008, 389 = AG 2008, 375 – UMTS.
7 *Hüffer/Koch*, § 311 AktG Rz. 13; *Schatz/Schödel* in Heidel, § 311 AktG Rz. 42.
8 *J. Vetter* in K. Schmidt/Lutter, § 317 AktG Rz. 37 m.w.N.; *Hüffer/Koch*, § 317 AktG Rz. 14.
9 Offenlassend BGH v. 31.5.2011 – II ZR 141/09, NZG 2011, 829, 833 = AG 2011, 548; für Vermutung etwa *Altmeppen* in MünchKomm. AktG, § 311 AktG Rz. 90f; für Anscheinsbeweis etwa *Hüffer/Koch*, § 311 AktG Rz. 20.
10 *Koppensteiner* in KölnKomm. AktG, § 317 AktG Rz. 32.
11 *Fischbach*, Die Haftung des Vorstands im Aktienkonzern, 2009, S. 333: „eher die Regel als die Ausnahme"; zur generellen Zulässigkeit anstatt aller BGH v. 9.3.2009 – II ZR 170/07, NZG 2009, 744, 745 = AG 2009, 500.

die Fälle, in denen ein Vorstandsmitglied der Tochtergesellschaft in seiner Rolle als Vertreter des herrschenden Unternehmens Weisungen erteilt.[1] Die eigenständige Bedeutung begründet sich aus § 309 Abs. 3 bis 5 AktG sowie einer möglichen Mithaftung der Muttergesellschaft nach schuldrechtlichen Grundsätzen. Sofern der Doppelmandatsträger in seiner Eigenschaft als Vorstand der abhängigen AG tätig wird, **ohne eine formale Weisung** i.S. des § 308 AktG zu erteilen, will die wohl herrschende Meinung gleichwohl jede Handlung als Weisung des herrschenden Unternehmens verstanden wissen.[2] Neben § 93 AktG trete so § 309 Abs. 2 AktG als Anspruchsgrundlage im Falle einer Sorgfaltspflichtverletzung gegenüber der beherrschten AG.[3] Die Gegenauffassung hält an der formalen Abgrenzung der §§ 308 ff. AktG fest und sieht folglich keinen Raum für eine Anwendung des § 309 AktG durch „fingierte" Weisungen.[4]

Hervorzuheben sind Fälle, in denen ein Vertreter des herrschenden Unternehmens dessen Stimmrecht im Rahmen der Hauptversammlung der beherrschten AG ausübt. Im Rahmen einer fraglichen Zurechnung nach § 31 BGB hat der BGH in solchen Konstellationen eines Doppelmandats ein Handeln für das „entsendende" Unternehmen verneint.[5]

Im **faktischen Konzern** gilt die Anwendbarkeit des § 317 Abs. 3 AktG für das Tätigwerden im Vorstand der Tochtergesellschaft aufgrund der weiten Auslegung des Veranlassungsbegriffs mittlerweile als unstreitig.[6] Unentschieden ist allerdings, ob mit der heute herrschenden Lehre die insoweit angenommene Veranlassungsvermutung zulasten des Doppelmandatsträgers widerlegbar bleibt[7] oder dem Gegenbeweis entzogen ist.[8]

dd) Verbot vorsätzlicher Schädigung unter Benutzung von Einfluss

8.50 Ohne tatbestandlichen Konzernbezug, aber doch vor allem im Konzern relevant, ist das **Verbot der vorsätzlichen Schädigung** einer Gesellschaft durch Benutzung faktischen Einflusses, § 117 Abs. 1 Satz 1 AktG. Haften können auch natürliche Personen, insbesondere auch Geschäftsführungsmitglieder eines Mehrheitsgesellschafters. Wegen des Erfordernisses einer rechtswidrigen[9], vorsätzlichen Schädigung betrifft die Norm aber vor allem Extremfälle. Die

---

1 Anstatt aller *Altmeppen* in MünchKomm. AktG, § 309 AktG Rz. 63.
2 *Habersack* in Emmerich/Habersack, Aktien- und GmbH-Konzernrecht, § 308 AktG Rz. 29 f.: „generelle Weisung" an beherrschte Gesellschaft, Vorschlägen des besagten Vorstands zu folgen.
3 *Fischbach*, Die Haftung des Vorstands im Aktienkonzern, 2009, S. 339 f. (m.w.N.); noch weitergehend *Habersack* in Emmerich/Habersack, Aktien- und GmbH-Konzernrecht, § 309 AktG Rz. 22 f. und 30 ff.
4 *Altmeppen* in MünchKomm. AktG, § 309 AktG Rz. 64 und 168; *Hüffer/Koch*, § 309 AktG Rz. 29; zwar einerseits für eine generelle Weisung zur Befolgung *Veil* in Spindler/Stilz, § 308 AktG Rz. 5, dennoch § 309 AktG ablehnend unter § 309 AktG Rz. 18.
5 BGH v. 29.1.1962 – II ZR 1/61, NJW 1962, 864, 867; BGH v. 26.3.1984 – II ZR 171/83, NJW 1984, 1893, 1897; *Hüffer/Koch*, § 309 AktG Rz. 28 weist allerdings auf eine fehlende Relevanz für die fragliche Anspruchsgrundlage hin.
6 Insbesondere auch für die Ausübung des Stimmrechts in der Hauptversammlung, BGH v. 26.6.2012 – II ZR 30/11, NZG 2012, 1030, 1031 = AG 2012, 680.
7 *Habersack* in Emmerich/Habersack, Aktien- und GmbH-Konzernrecht, § 311 AktG Rz. 35; *Hüffer/Koch*, § 311 AktG Rz. 21; *Altmeppen* in MünchKomm. AktG, § 311 AktG Rz. 107.
8 *Krieger* in MünchHdb. AG, § 70 Rz. 78; *Koppensteiner* in KölnKomm. AktG, § 311 AktG Rz. 29 f.; *Fischbach*, Die Haftung des Vorstands im Aktienkonzern, 2009, S. 359 f., m.N. zu weiteren Differenzierungen.
9 Zur Rechtswidrigkeit *Hüffer/Koch*, § 117 AktG Rz. 6.

Vorschrift gilt auch im Vertragskonzern, also neben § 309 AktG.[1] Die Haftung ist allerdings ausgeschlossen, wenn die Bestimmung zur Vornahme der schädigenden Handlung aufgrund eines Beherrschungsvertrags erfolgte, § 117 Abs. 7 Nr. 1 AktG. Bei unzulässigen Weisungen bleibt aber auch im Vertragskonzern eine Haftung möglich.[2] Allerdings sind dann wegen der Beweislastumkehr in § 309 Abs. 2 Satz 2 AktG die Voraussetzungen von § 309 AktG oft leichter zu beweisen.[3] Nach herrschender Meinung gilt § 117 AktG auch im faktischen Konzern neben § 317 AktG, allerdings nur wenn es nicht zum rechtzeitigen Ausgleich nachteiliger Maßnahmen nach § 311 AktG kommt oder ein Nachteil nicht ausgleichsfähig ist.[4] Außerdem sind die Voraussetzungen einer Haftung nach § 317 AktG geringer und leichter darzulegen.

ee) Allgemeine Konzernleitungspflicht gegenüber der Tochtergesellschaft?

8.51 §§ 309, 317 AktG gelten nur bei Weisungen bzw. Veranlassung einer nachteiligen Maßnahme. § 117 AktG verlangt Vorsatz und ein Mitwirken der Organmitglieder oder leitenden Angestellten der Tochtergesellschaft. Der Pflichteninhalt dieser Normen ist folglich enger als der von § 93 AktG. Die Vorschriften haben deshalb, aber nicht nur aus diesem Grund, **relativ geringe praktische Bedeutung**.[5] Dies gilt erst recht seit der – jedenfalls weitgehenden – Abschaffung der Rechtsfigur des „qualifizierten faktischen Konzerns", nach der eine analoge Anwendung (auch) der betroffenen Haftungsvorschriften in Betracht kam.[6] Die an die Stelle des „qualifizierten faktischen Konzerns" getretene, insbesondere für die GmbH[7] entwickelte Haftungsfigur des „existenzvernichtenden Eingriffs"[8] ist nicht mehr konzernrechtlicher Natur (sondern folgt aus einer teleologischen Reduktion der gesellschaftsrechtlichen Haftungsbegrenzung in § 13 Abs. 2 GmbHG bzw. aus Deliktsrecht, § 826 BGB).[9] Ob auch eine Haftung der gesetzlichen Vertreter des Gesellschafters in Betracht kommt, ist umstritten.[10]

8.52 Es stellt sich folglich die Frage, ob über den Bereich dieser speziellen Haftungsnormen hinaus eine Sorgfaltspflicht des gesetzlichen Vertreters der Muttergesellschaft gegenüber der abhängigen AG besteht, die inhaltlich der in § 93 AktG für den innergesellschaftlichen Bereich geregelten Leitungspflicht entspricht. Die herrschende Meinung lehnt solche **Konzern-**

---

1 *Kort* in Großkomm. AktG, § 117 AktG Rz. 259.
2 *Hüffer/Koch*, § 309 AktG Rz. 1; *Hertler* in Grigoleit, § 117 AktG Rz. 24.
3 *Kort* in Großkomm. AktG, § 117 AktG Rz. 259.
4 *Hüffer/Koch*, § 117 AktG Rz. 14; *Kort* in Großkomm. AktG, § 117 AktG Rz. 262 f.
5 *Kropff*, Der konzernrechtliche Ersatzanspruch – ein zahnloser Tiger?, in FS Bezzenberger, S. 233, 252; *Hüffer/Koch*, § 317 AktG Rz. 2.
6 Zur Abschaffung BGH v. 17.9.2001 – II ZR 178/99, BGHZ 149, 10, 15 ff. = NZG 2002, 38 = GmbHR 2001, 1036; zu der für das Aktienrecht teilweise vertretenen Fortgeltung des qualifiziert faktischen Konzerns s. *Hirte* in Großkomm. AktG, § 302 AktG Rz. 101 (für „Extremsituationen"); dagegen zu Recht *Stephan* in K. Schmidt/Lutter, § 302 AktG Rz. 11 m.w.N.
7 Zur Übertragbarkeit der Existenzvernichtungshaftung auf die AG *Habersack*, ZGR 2008, 533, 549 ff.
8 Grundlegend BGH v. 17.9.2001 – II ZR 178/99, BGHZ 149, 10 = NZG 2002, 38 = GmbHR 2001, 1036 – Bremer Vulkan (für die GmbH); Fortentwicklung der höchstrichterlichen Rechtsprechung insbesondere durch BGH v. 16.7.2007 – II ZR 3/04, NZG 2007, 667 = GmbHR 2007, 927 – Trihotel (ebenfalls für die GmbH).
9 Zum Ganzen unter Berücksichtigung der Entwicklung der höchstrichterlichen Rechtsprechung von einer Außenhaftung zur Innenhaftung *Hüffer/Koch*, § 1 AktG Rz. 23 ff. sowie *Sven H. Schneider* in FS Uwe H. Schneider, S. 1188 ff.
10 *Kölbl*, BB 2009, 1194, 1198 m.w.N.

leitungspflichten des herrschenden Unternehmens und seiner Organmitglieder gegenüber *abhängigen* Gesellschaften ab.[1] Dies gilt auch dann, wenn der gesetzliche Vertreter gegenüber seinem Mutterunternehmen eine durch Spezialvorschrift konkretisierte Sorgfaltspflicht mit Konzernbezug hat. Konsequenterweise wird man mit der Ablehnung eines übergreifenden Konzerninteresses aller verbundenen Unternehmen auch eine entsprechende Haftung gegenüber der abhängigen AG ablehnen müssen (s. Rz. 8.18a). Die Verletzung der bereits dargestellten Pflicht des Geschäftsleiters eines Kreditinstituts zur Einrichtung eines konzernweiten Compliance-Systems zur Einhaltung der dem Institut obliegenden öffentlich-rechtlichen Organisationspflichten führt nicht (auch) zur Haftung des Geschäftsleiters gegenüber dem Tochterinstitut. Allerdings hat der II. Senat des Bundesgerichtshofs entsprechende Pflichten des Geschäftsführers bei der GmbH & Co. KG gegenüber der KG aus dem Anstellungsvertrag des Geschäftsführers abgeleitet.[2]

b) Konzernweite Loyalitätspflichten gegenüber der beherrschten AG

8.53 Ein unmittelbares **konzernweites Wettbewerbsverbot** des Geschäftsführungsmitglieds der Konzernmutter gegenüber der Tochter-AG geht aus § 88 AktG nicht hervor. Auch eine analoge Anwendung der Vorschrift ist bislang nicht vorgeschlagen worden. Vielmehr wird, wenn auch ohne ausführliche Begründung, darauf hingewiesen, dass Treupflichten nur gegenüber der eigenen Gesellschaft bestünden.[3]

8.54 In Rechtsprechung und Lehre wird zwar oft vertreten, das **herrschende Unternehmen** selbst unterliege als Gesellschafter gegenüber dem Tochterunternehmen einem Wettbewerbsverbot.[4] Dies bezieht sich aber nur auf den Gesellschafter und nicht auf die Mitglieder des Vorstands bzw. die Geschäftsführer des Gesellschafters.[5] Selbst wenn daher das wettbewerbswidrige Verhalten des gesetzlichen Vertreters der Muttergesellschaft dieser zuzurechnen ist und sie deshalb in ihrer Eigenschaft als Gesellschafterin der abhängigen Gesellschaft Schadensersatz zahlen muss, ist dieser Anspruch mit dem Insolvenzrisiko der Obergesellschaft belastet. Etwas anderes mag bei einem existenzvernichtenden Eingriff gelten, wenn man eine (Mit-)Haftung des Geschäftsführungsmitglieds des Gesellschafters befürwortet.

8.55 Auch aus den §§ 309 bzw. 317 AktG lässt sich ein entsprechendes Wettbewerbsverbot der Vertreter des herrschenden Unternehmens nicht ableiten. Diese Normen beziehen sich – wie ausgeführt – nur auf tatsächlich erteilte und durchgeführte Weisungen bzw. Maßnahmen.

8.56 Diese Einschränkung des Wettbewerbsverbots ist unter **rechtspolitischen Gesichtspunkten** überraschend. Denn der Schutz durch das Wettbewerbsverbot gegenüber der Muttergesell-

---

1 *Holle*, Legalitätskontrolle im Kapitalgesellschafts- und Konzernrecht, S. 113 ff.; *Fleischer* in Spindler/Stilz, § 76 AktG Rz. 90; *Habersack* in Emmerich/Habersack, Aktien- und GmbH-Konzernrecht, § 311 AktG Rz. 10; *Hüffer/Koch*, § 311 AktG Rz. 5; *Altmeppen* in MünchKomm. AktG, § 311 AktG Rz. 402; offen *Uwe H. Schneider/Sven H. Schneider*, ZIP 2007, 2061, 2065; a.A. noch *Uwe H. Schneider*, BB 1981, 249, 256.
2 BGH v. 14.11.1994 – II ZR 160/93, ZIP 1995, 738 mit Anm. *Westermann*, EWiR § 43 GmbHG 1/95, 677.
3 *Hopt/Roth* in Großkomm. AktG, § 93 AktG Rz. 247f.
4 BGH v. 5.12.1983 – II ZR 242/82, BGHZ 89, 162 = GmbHR 1984, 203 – Heumann/Ogilvy; *Lutter/Timm*, NJW 1982, 409, 419; *Wiedemann/Hirte*, ZGR 1986, 163; *Immenga*, JZ 1984, 578; zum mehrstufigen Konzern *Uwe H. Schneider/Burgard* in FS Ulmer, S. 579 ff.; differenzierend *Wiesner* in MünchHdb. AG, § 21 Rz. 95.
5 BGH v. 9.3.2009 – II ZR 170/07, WM 2009, 1138 = AG 2009, 500 – Vorstandsdoppelmandat.

schaft, dem deren Geschäftsführungsmitglied unterliegt, ist für die Tochter-AG nicht ausreichend, weil nicht durchsetzbar. Weder die abhängige Gesellschaft selbst noch deren Minderheitsaktionäre oder ein etwaiger Insolvenzverwalter können nach geltendem Recht einen Schadensersatzanspruch gegen das Geschäftsführungsmitglied des herrschenden Unternehmens wegen Verletzung des Wettbewerbsverbots zugunsten des Tochterunternehmens geltend machen.[1]

Das Entsprechende gilt für rechtswidriges Ansichziehen von **Geschäftschancen**. 8.57

c) Konzernweite Verschwiegenheitspflichten gegenüber der beherrschten AG

Auch die Pflicht zur Wahrung von **Geheimnissen** und **vertraulichen Angaben** gem. § 93 Abs. 1 Satz 2 AktG bindet nur gegenüber der eigenen Gesellschaft, nicht aber auch unmittelbar gegenüber abhängigen Aktiengesellschaften. 8.58

Kein Schutz besteht folglich *erstens* für eine beherrschte AG, wenn ein Umstand zwar auf ihrer Ebene, nicht aber auf der Ebene des herrschenden Unternehmens ein Geheimnis bzw. eine vertrauliche Angabe im Sinne von § 93 Abs. 1 Satz 2 AktG oder den entsprechenden GmbH-rechtlichen Grundsätzen darstellt (etwa weil das herrschende Unternehmen eine ausländische Rechtsform hat, bei der eine entsprechende Norm nicht besteht). Und eine faktische Schutzlücke besteht *zweitens* selbst dann, wenn der gesetzliche Vertreter des herrschenden Unternehmens gegenüber seiner Gesellschaft einer Verschwiegenheitspflicht unterliegt, weil diese Pflicht bzw. ein entsprechender Schadensersatzanspruch bei Pflichtverletzung von der Untergesellschaft und ihren Stakeholdern nicht durchsetzbar sind. 8.59

d) Rechtliche Durchsetzungsmöglichkeiten und -pflichten bei Pflichtverstoß

Die Ansprüche nach § 309 bzw. § 317 AktG können sowohl von den gesetzlichen Vertretern der anspruchsberechtigten abhängigen AG, also deren Vorstand, als auch von jedem (Minderheits-)Aktionär der Untergesellschaft geltend gemacht werden, § 309 Abs. 4 bzw. § 317 Abs. 4 i.V.m. § 309 Abs. 4 AktG. Diese konzernrechtlichen Ansprüche gegen die herrschende Gesellschaft stellen Ersatzansprüche i.S. des § 147 Abs. 1 Satz 1 AktG dar. Dadurch haben die Aktionäre (also auch die Muttergesellschaft) die Möglichkeit, nach den §§ 147, 148 AktG vorzugehen.[2] Demgegenüber können Aktionäre der geschädigten Gesellschaft abseits des Klagezulassungsverfahrens Ansprüche nach § 117 Abs. 1 Satz 1 AktG nicht durchsetzen[3], dies bleibt dem Vorstand vorbehalten. 8.60

Keine **unmittelbare Durchsetzungsmöglichkeit** haben die Gesellschafter des herrschenden Unternehmens. Dies gilt auch, wenn die herrschende Gesellschaft eine AG ist. Damit beantwortet sich die in der Einleitung gestellte Frage. Eine § 148 AktG entsprechende konzernweite Regelung ist für diesen Fall nicht vorgesehen. Etwas anderes gilt nur dann, wenn das Verhalten des gesetzlichen Vertreters des herrschenden Unternehmens zugleich eine **Pflichtverletzung gegenüber der Konzernobergesellschaft** darstellt, etwa weil dieser ein eigener 8.61

---

1 Zur rechtlichen Durchsetzbarkeit im Übrigen s. auch noch sogleich Rz. 8.60.
2 OLG München v. 27.8.2008 – 7 U 5678/07, ZIP 2008, 1916, 1918 = AG 2008, 864; LG Frankfurt a.M. v. 26.2.2013 – 3-5 O 110/12, NZG 2013, 1181, 1183 f. = AG 2014, 55; *Hüffer/Koch*, § 147 AktG Rz. 3; *Schröer* in MünchKomm. AktG, § 147 AktG Rz. 20; *Mock* in Spindler/Stilz, § 147 AktG Rz. 13.
3 OLG Bremen v. 28.5.2001 – 4 W 7/01, AG 2002, 620; LG Düsseldorf v. 7.7.1989 – 32 O 39/89, AG 1991, 70, 71; *Hüffer/Koch*, § 117 AktG Rz. 8.

Schaden dadurch entstanden ist, dass ihr das pflichtwidrige Verhalten ihres gesetzlichen Vertreters zugerechnet wird und sie von der Tochtergesellschaft in Anspruch genommen wird.[1] Ein eigener Schaden käme außerdem in Form der Wertminderung der Aktien der unmittelbar geschädigten abhängigen Gesellschaft in Betracht. Ein solcher Schaden ist freilich im Einzelfall aus mehreren Gründen nur schwer zu bestimmen. Denn der Schadensersatzanspruch der abhängigen AG ist jedenfalls bei Werthaltigkeit aktivierungsfähig und aktivierungspflichtig.[2] Es dürfte deshalb zu einer Wertminderung der Anteile der Tochtergesellschaft schon gar nicht kommen. Völlig offen ist, wie der Schaden der herrschenden Gesellschaft ermittelt wird, wenn sich das die Tochtergesellschaft schädigende Ereignis für sie **vermögensmäßig vorteilhaft** auswirkt. Eindeutig ist jedenfalls, dass der gesetzliche Vertreter der Obergesellschaft im Ergebnis **nur einmal** auf Schadensersatz haften kann. Es ist davon auszugehen, dass der Anspruch der Tochtergesellschaft in diesem Fall vorrangig ist.

8.62 Keine Durchsetzungsmöglichkeit hat auf den ersten Blick auch ein etwaiger **Aufsichtsrat der Muttergesellschaft**. Denn er ist für die gesetzliche Vertretung der Untergesellschaft nicht zuständig. Zu bedenken ist aber Folgendes: Das herrschende Unternehmen selbst kann in seiner Eigenschaft als Aktionärin der abhängigen Tochter den Anspruch auf der Grundlage von § 148 AktG ebenso geltend machen, wie die Minderheitsaktionäre des abhängigen Unternehmens. Die Vertretung der Obergesellschaft obliegt zwar grundsätzlich deren gesetzlichen Vertretern. Da es jedoch um die Geltendmachung eines Schadensersatzanspruches gegen jene geht, ist nach hier vertretener Auffassung jedenfalls bei einer Aktiengesellschaft als herrschendem Unternehmen dessen Aufsichtsrat subsidiär zur Vertretung berufen. Auf diesem Umweg ist dem Aufsichtsrat einer Mutter-AG daher sehr wohl die Geltendmachung möglich.

8.63 Folgt man dem, so ist der Schritt zu einer Übertragung der Grundsätze der ARAG-Entscheidung und der daraus folgenden **Verpflichtung** zum Tätigwerden des Aufsichtsrats der Obergesellschaft nicht mehr weit. Sollte das Gremium dieser Verpflichtung nicht nachkommen, so machen dessen Mitglieder sich ihrerseits gegenüber der Muttergesellschaft wegen Unterlassung haftbar. Dieser Anspruch kann dann auch von den Aktionären einer Mutter-AG im Rahmen von § 148 AktG verfolgt werden.

2. Organ-Konzern-Innenhaftung gegenüber der beherrschten GmbH

8.64 Ist die beherrschte Gesellschaft keine AG, sondern GmbH, ergeben sich **Abweichungen** für die Haftung der gesetzlichen Vertreter der Obergesellschaft gegenüber der abhängigen GmbH.

8.65 Im GmbHG fehlt mangels Normierung des Konzernrechts eine Regelung in Bezug auf Sorgfaltspflichten, die § 309 AktG bzw. § 317 AktG entspricht.[3] Anerkannt ist aber eine teilweise **analoge Anwendung des Aktienkonzernrechts auf die abhängige GmbH**, soweit die rechtliche Situation bei AG und GmbH vergleichbar ist und nicht vorrangige GmbH-rechtliche Wertungen eine abweichende Entscheidung erzwingen.[4]

---

1 Eine entsprechende Haftung des herrschenden Unternehmens ist insbesondere im Vertragskonzern anerkannt, streitig ist allerdings die Anspruchsgrundlage, dazu *Hüffer/Koch*, § 309 AktG Rz. 26 f.
2 *Hüffer/Koch*, § 317 AktG Rz. 9 für den faktischen Konzern.
3 *Altmeppen* in MünchKomm. AktG, Vor §§ 308 ff. AktG Rz. 78; *Liebscher*, GmbH-Konzernrecht, Rz. 392.
4 *Emmerich* in Scholz, Anh. § 13 GmbHG (Konzernrecht) Rz. 73 ff., 131; weiter differenzierend *Beurskens* in Baumbach/Hueck, GmbHG, Schlussanhang Konzernrecht Rz. 15.

Vor diesem Hintergrund geht die herrschende Meinung von einer **analogen Anwendung des § 309 AktG auf die abhängige GmbH** aus.[1] Die gesetzlichen Vertreter eines herrschenden Unternehmens haften also für fehlerhafte Weisungen an eine abhängige GmbH ebenso wie bei einer beherrschten AG.

8.66

Abweichungen vom Aktienrecht ergeben sich indes für den **faktischen Konzern**. Der Anknüpfungspunkt für einen Schutz der faktisch abhängigen GmbH ist seit langem umstritten. Die zunächst naheliegende entsprechende Anwendung der §§ 311 bis 318 AktG hat sich nicht durchgesetzt.[2] Denn das GmbH-Recht enthalte anders als das AktG gerade keine Erlaubnis zur Schädigung der GmbH gegen anderweitigen Ausgleich. Außerdem griffen nachteilige Weisungen so stark in die Interessen der abhängigen GmbH ein, dass diese nur ausnahmsweise mit Zustimmung aller Gesellschafter zulässig seien.[3]

8.67

Als **Haftungsmodell** werden verschiedene Alternativen diskutiert, die von einer von der herrschenden Ansicht favorisierten gesteigerten Treupflicht[4] über die Annahme konzerninterner Sonderrechtsbeziehungen[5] bis zu einer besonderen Konzernverschuldenshaftung[6] reichen.[7] Das Treupflichtkonzept hat – neben grundsätzlichen Schwächen bei der Einpersonen-GmbH – Auswirkungen auf die hier behandelte Haftung des gesetzlichen Vertreters der herrschenden Obergesellschaft bei Erteilung nachteiliger (genauer: treupflichtwidriger) Weisungen an die beherrschte GmbH. Treupflichtiger ist nämlich das herrschende Unternehmen in seiner Eigenschaft als Gesellschafter der GmbH. Den gesetzlichen Vertreter des herrschenden Unternehmens trifft keine eigene Treupflicht.[8] Eine mögliche analoge Anwendung von § 317 Abs. 3 AktG für diese Fälle wird daher mehrheitlich abgelehnt.[9]

8.68

Daraus folgt, dass der gesetzliche Vertreter eines über eine GmbH herrschenden Unternehmens unmittelbar gegenüber der Tochter-GmbH haften kann, wenn ein Beherrschungsvertrag abgeschlossen wurde, nicht aber bei bloßer faktischer Konzernierung. Im letzteren Fall kommt nur eine Haftung des herrschenden Unternehmens als Gesellschafter sowie eine Haftung des gesetzlichen Vertreters des herrschenden Unternehmens gegenüber seiner Gesellschaft nach den Grundsätzen der Organ-Innenhaftung in Betracht. Dies mag ein weiterer Grund dafür sein, dass in der Praxis **nur selten Beherrschungsverträge** in GmbH-Konzernen abgeschlossen werden.

8.69

---

1 *Altmeppen* in Roth/Altmeppen, Anh. § 13 GmbHG Rz. 78; *Emmerich* in Scholz, Anh. § 13 GmbHG (Konzernrecht) Rz. 183 f.
2 So aber z.B. *Kropff* in FS Kastner, 1992, S. 279, 296 ff.; *Altmeppen* in Roth/Altmeppen, Anh. § 13 GmbHG Rz. 168 ff. für Beschränkung auf grobe Fahrlässigkeit.
3 Vorbehaltlich Existenzgefährdung und § 30 GmbHG, *Müller* in Spindler/Stilz, vor §§ 311–318 AktG Rz. 22; *Emmerich* in Scholz, Anh. § 13 GmbHG (Konzernrecht) Rz. 72.
4 So die h.M., vgl. etwa *Lutter/Hommelhoff* in Lutter/Hommelhoff, Anh. § 13 GmbHG Rz. 39 ff.
5 *Karsten Schmidt*, Gesellschaftsrecht, § 39 III 2b; *Limmer*, Die Haftungsverfassung des faktischen GmbH-Konzerns, S. 64 ff.
6 *Lutter*, ZGR 1982, 244, 265 ff.; *Lutter*, ZIP 1985, 425; *Lutter*, ZGR 1987, 324, 362 ff.; *Uwe H. Schneider*, ZGR 1980, 511, 532.
7 Einen guten Überblick gibt *Emmerich* in Scholz, Anh. § 13 GmbHG (Konzernrecht) Rz. 67 ff.
8 OLG Bremen v. 18.5.1999 – 3 U 2/98, AG 1999, 466, 467; *Habersack* in Emmerich/Habersack, Aktien- und GmbH-Konzernrecht, Anh. § 318 AktG Rz. 30 Fn. 86.
9 OLG Bremen v. 18.5.1999 – 3 U 2/98, NZG 1999, 724 = AG 1999, 466; für eine entsprechende Anwendung aber *Altmeppen*, Die Haftung des Managers im Konzern, S. 78 ff. und 84 ff.; *Altmeppen*, ZIP 2009, 49, 55; *Jungkurth*, Konzernleitung bei der GmbH, S. 188 ff.; jetzt wohl auch *Mülbert/Leuschner*, NZG 2009, 281, 284 („in Erwägung zu ziehen").

8.70 Eine analoge Anwendung von § 117 AktG auf die GmbH hat sich nicht durchsetzen können.[1] Anwendbar ist die gerade für die GmbH entwickelte Rechtsfigur des existenzvernichtenden Eingriffs. In diesem Zusammenhang ist die Möglichkeit einer (Mit-)Haftung des gesetzlichen Vertreters der Obergesellschaft wie dargestellt noch nicht abschließend geklärt.

8.71 Bei den konzernweiten Loyalitätspflichten und Verschwiegenheitspflichten zeigen sich bei der abhängigen GmbH keine Abweichungen vom Aktienrecht.

8.72 Für die **Durchsetzung von Ansprüchen** der abhängigen GmbH gegen das herrschende Unternehmen sind grundsätzlich die Gesellschafter zuständig, § 46 Nr. 8 GmbHG.[2] Unklar ist der Gesetzeswortlaut für Ansprüche gegen die gesetzlichen Vertreter der Obergesellschaft. Hier kann aber nichts anderes gelten. Unabhängig davon ist weitgehend anerkannt, dass einzelne Gesellschafter den Anspruch direkt für die Gesellschaft durchsetzen können.[3]

III. Organ-Konzern-Außenhaftung

8.73 Die Organ-Konzern-Außenhaftung umfasst Fälle, in denen ein Organmitglied des herrschenden Unternehmens gegenüber Dritten für Sachverhalte haftet, die jedenfalls auch auf Vorgängen bei Tochtergesellschaften beruhen.[4] An die Stelle der Unterteilung in Sorgfalts-, Loyalitäts- und Schweigepflichten treten hier die zahlreichen einzelnen öffentlich-rechtlichen und privatrechtlichen Pflichten, denen ein Vorstandsmitglied Dritten gegenüber persönlich ausgesetzt ist. Darüber hinaus besteht das Risiko einer ordnungsrechtlichen Vorstandshaftung für Zuwiderhandlungen auf Ebene der Konzerntochter nach §§ 130, 9 OWiG.[5]

8.74 Einen ausdrücklichen, aber **praktisch wenig bedeutsamen Haftungsanspruch** enthält das Aktienrecht in § 317 Abs. 1 Satz 2, Abs. 3 AktG. Demgemäß haftet ein Geschäftsführungsmitglied der herrschenden Gesellschaft gegenüber den (Minderheits-)Aktionären einer faktisch beherrschten AG auf Schadensersatz, wenn diesen aufgrund einer nachteiligen Weisung, die nicht bis zum Ende des Geschäftsjahres ausgeglichen wird, ein Schaden entsteht. Allerdings ist nur derjenige Schaden ersatzfähig, der den Aktionären selbst entsteht und nicht bereits über die Wertminderung der Aktien vermittelt wird und daher auch nicht durch Leistung von Schadensersatz an die Gesellschaft ausgeglichen werden kann.[6] Für die GmbH gilt § 317 AktG wie dargestellt nach herrschender Meinung nicht entsprechend.

8.75 Auch bei Verstoß gegen das Verbot der vorsätzlichen Schädigung einer Gesellschaft durch Benutzung faktischen Einflusses kann ein Organmitglied der Obergesellschaft unmittelbar gegenüber den Aktionären der abhängigen Aktiengesellschaft haften, § 117 Abs. 1 Satz 2 AktG. Wiederum besteht ein Direktanspruch aber nur, soweit die Aktionäre abgesehen von einem Schaden, der ihnen durch Schädigung der Gesellschaft zugefügt worden ist, geschädigt wor-

---

1 Dafür aber *Burgard*, WuB II.C. § 13 GmbHG 1.02; *Burgard*, ZIP 2002, 827, 837 f.; *Ziemons*, Die Haftung der Gesellschafter für Einflussnahmen auf die Geschäftsführung der GmbH, S. 212 ff.
2 *Roth* in Roth/Altmeppen, § 46 GmbHG Rz. 54; BGH v. 20.11.1958 – II ZR 17/57, BGHZ 28, 355, 357; BGH v. 16.12.1991 – II ZR 31/91, WM 1992, 224, 225 = GmbHR 1992, 102.
3 *Emmerich* in Scholz, Anh. § 13 GmbHG (Konzernrecht) Rz. 87 (für den faktischen Konzern).
4 Zum Folgenden auch ausführlich *Spindler* in Fleischer, Handbuch des Vorstandsrechts, S. 660, 435 ff.
5 S. unten *Schücking*, Rz. 41.56 ff.
6 *Hüffer/Koch*, § 317 AktG Rz. 8; *Kropff* in FS Bezzenberger, 2000, S. 233.

den sind. Für die GmbH ist § 117 AktG wie dargestellt wohl nicht entsprechend anzuwenden.

Davon abgesehen ist festzuhalten, dass zahlreiche Pflichten eines Vorstandsmitglieds bzw. GmbH-Geschäftsführers, die mit einer persönlichen Organ-Außenhaftung verbunden sind, an Konzernsachverhalte anknüpfen. Dazu gehört etwa die einstmals geplante und nach wie vor diskutierte persönliche Haftung gegenüber Gesellschaftern für **falsche oder unterlassene Kapitalmarktinformationen**[1], die auch dann eingreifen könnte, wenn sich die falsch kommunizierten Umstände auf Konzernunternehmen beziehen.[2] Dies gilt auch für die vom II. Zivilsenat des BGH vorgenommene Erweiterung der unmittelbaren Haftung organschaftlicher Vertreter einer kapitalsuchenden Gesellschaft, die Anlageinteressenten persönlich mit dem Anspruch gegenübertreten, sie über die für eine Anlageentscheidung wesentlichen Umstände schriftlich oder mündlich zu informieren. Die so auftretenden Personen haften nach Ansicht des BGH für die Unrichtigkeit oder Unvollständigkeit ihrer Angaben nach den Grundsätzen des Verschuldens bei Vertragsschluss.[3]

8.76

In ähnlicher Weise kann ein Organmitglied persönlich gegenüber dem Staat haftbar sein, wenn eine Tochtergesellschaft ihren **steuerlichen Verpflichtungen** nicht nachkommt. Nach § 34 AO haben die gesetzlichen Vertreter juristischer Personen deren steuerliche Pflichten zu erfüllen.[4] Verletzt der gesetzliche Vertreter diese ihm auferlegten Pflichten vorsätzlich oder grob fahrlässig und werden aus diesem Grund Ansprüche aus dem Steuerschuldverhältnis nicht oder nicht rechtzeitig festgesetzt oder erfüllt, so haftet der gesetzliche Vertreter persönlich, § 69 AO. Das Entsprechende gilt nach § 35 AO für den so genannten Verfügungsberechtigten. In einer Entscheidung im Jahr 1989 hat der VII. Senat des Bundesfinanzhofs ausgeführt, dass im **zentralisierten Konzern** auch das zuständige Vorstandsmitglied bzw. der zuständige GmbH-Geschäftsführer des herrschenden Unternehmens faktischer Geschäftsführer der Tochtergesellschaft sein könne.[5] Und die bereits dargestellte Pflicht eines Kreditinstituts zur gruppenweiten Einrichtung einer Compliance-Organisation trifft nicht nur das Unternehmen, sondern auch die Geschäftsleiter persönlich, § 25a Abs. 1 Satz 2 KWG.

8.77

Verallgemeinernd lässt sich daraus ableiten, dass jedenfalls im zentralisierten Konzern auch gesetzliche Vertreter des herrschenden Unternehmens aufgrund ihres tatsächlichen Einflusses verpflichtet sein können, dafür zu sorgen, dass die Tochtergesellschaften ihren **öffentlich-rechtlichen Pflichten** nachkommen.[6] Die Verletzung kann Ansprüche Dritter gegen diese Organmitglieder auslösen, wenn jene Pflichten, die in erster Linie der Tochtergesellschaft auferlegt sind, nicht erfüllt werden und der Dritte in den Schutzzweck einbezogen ist. Das gilt allerdings nicht immer und uneingeschränkt. Das LG Braunschweig hat im Jahr 2002 entschieden, dass die Geschäftsführungsmitglieder einer herrschenden Gesellschaft auch dann nicht für die Nichtabführung von Arbeitnehmeranteilen zur gesetzlichen Sozialversicherung durch

8.78

---

1 S. dazu auch unten *Krämer/Gillessen*, § 32.
2 Anstelle vieler *Hennrichs* in FS Kollhosser, Bd. II, 2004, S. 201; s. auch umfassend *Sauer*, Haftung für Falschinformation des Sekundärmarktes, 2004.
3 BGH v. 2.6.2008 – II ZR 210/06 (KG), BGHZ 117, 25 = NZG 2008, 661 = AG 2008, 662; kritisch zum weitgehenden Ansatz des BGH mit beachtlichen Argumenten etwa *Mülbert/Leuschner*, JZ 2009, 155; *Klöhn*, LMK 2008, 267718.
4 S. dazu auch unten *Hick*, § 36.
5 BFH v. 21.2.1989 – VII R 165/85, BStBl. II 1989, 491.
6 Zu einer möglichen vertrags- oder deliktsrechtlichen Organ-Konzern-Außenhaftung s. *Spindler* in Fleischer, Handbuch des Vorstandsrechts, S. 660, 435 ff.

eine Tochtergesellschaft haften, wenn sie tatsächlich Geschäftsführungsaufgaben für die beherrschte Gesellschaft wahrgenommen haben, solange die hierzu berufenen Organe noch im Amt waren und dies auch ausübten. Eine Haftung des Organmitglieds der herrschenden Gesellschaft soll erst in Betracht kommen, wenn es sich bei dem Geschäftsführer der Tochtergesellschaft um einen „Strohmann" handelte oder wenn die Geschäftsführung der herrschenden Gesellschaft einen Auftrag zur vollständigen Übernahme der Geschäftsführung der Tochtergesellschaft durch den Inhaber des Betriebs angenommen hat.[1]

8.79 Im dezentralisierten Konzern hat das Organmitglied in Ermangelung spezieller Regelungen nicht selbst gegenüber Dritten für die Erfüllung dieser Pflichten einzustehen, sondern ist „nur" gegenüber seiner Gesellschaft zur Sicherstellung einer entsprechenden Organisation im Konzern verpflichtet.

8.80 Weitere Organ-Konzern-Außenhaftungsansprüche sind insbesondere im **Kartellrecht**[2] und **Umweltrecht**[3] denkbar. Auch im **Deliktsrecht** kann – insbesondere bei Schutzgesetzen gem. § 823 Abs. 2 BGB – ein konzernweiter Bezug bestehen.[4]

C. Die Haftung der Organe des beherrschten Unternehmens

8.81 Die Organhaftung beim **beherrschten Unternehmen** betrifft die konzernspezifischen Pflichten der Organmitglieder der abhängigen Gesellschaft. Diese Fragestellung erscheint auf den ersten Blick überraschend. Wie sich jedoch zeigen wird, erweitern sich die Organpflichten und die sie begleitenden Haftungsrisiken im Konzern nicht nur für die Organe der herrschenden Gesellschaft. Auch im abhängigen Unternehmen entstehen durch die Konzernbildung zusätzliche Pflichten. Auch hier lassen sich Organ-Innenhaftung, Organ-Konzern-Innenhaftung und Organ-Konzern-Außenhaftung unterscheiden.

I. Organ-Innenhaftung gegenüber dem „eigenen" beherrschten Unternehmen

1. Organ-Innenhaftung gegenüber der „eigenen" beherrschten AG

a) Konzernweite Sorgfaltspflichten gegenüber der „eigenen" beherrschten AG

8.82 Die Organ-Innenhaftung des Vorstands, also die Haftung gegenüber der abhängigen Aktiengesellschaft, deren Organ er ist, wird teilweise durch spezielle Normen geregelt. Diese ergänzen die bereits dargestellten Haftungsnormen bezüglich des Vorstands der herrschenden Gesellschaft gegenüber der Untergesellschaft. Wie jene sind sie als **spezielle konzernweite Sorgfaltspflichten** anzusehen:

8.83 Im **Vertragskonzern** haftet der Vorstand der abhängigen Gesellschaft neben den nach § 309 AktG haftenden gesetzlichen Vertretern der Obergesellschaft, wenn er in Ausführung einer Weisung sorgfaltswidrig handelt und dadurch der abhängigen Aktiengesellschaft ein Scha-

---

1 LG Braunschweig v. 21.2.2001 – 5 O 5/00, NJW-RR 2002, 393 = GmbHR 2002, 591 (Leitsätze).
2 S. dazu unten *Dreher*, § 35.
3 S. dazu unten *Uwer*, § 38.
4 S. zur deliktsrechtlichen Außenhaftung oben *Altmeppen*, § 7.

den entsteht (§ 310 AktG). Freilich würde eine entsprechende Haftung bereits aus § 93 AktG folgen.[1] § 310 AktG hat deshalb vor allem die Aufgabe, die **Gesamtschuldnerschaft der Organe** der verschiedenen Gesellschaften festzuschreiben.[2] Außerdem werden über § 310 Abs. 4 auch § 309 Abs. 3 bis 5 AktG (**Einschränkung von Verzicht und Vergleich, Klagerecht der Aktionäre, Verfolgungsrecht von Gläubigern, fünfjährige Verjährungsfrist**) für anwendbar erklärt. Innerhalb des Anwendungsbereiches von § 310 AktG soll dieser gegenüber § 93 AktG vorrangig sein.[3]

Eine entsprechende Parallelität besteht bei der **Eingliederung**, § 323 Abs. 1 Satz 2 AktG. Demgegenüber tritt § 117 Abs. 2 AktG, der eine Haftung der Vorstände der i.S. von § 117 Abs. 1 AktG vorsätzlich geschädigten Aktiengesellschaft vorsieht, hinter dem spezielleren § 310 AktG zurück.[4]

8.84

Eine weniger weitreichende Verknüpfung besteht im **faktischen Konzern**. Zwar kann neben der herrschenden Gesellschaft und deren gesetzlichen Vertretern auch der Vorstand der abhängigen Aktiengesellschaft aufgrund einer konzernrechtlichen Spezialvorschrift haften, § 318 AktG. Eine Schadensersatzpflicht tritt aber wegen des Gesetzeswortlauts nach herrschender Ansicht nur ein, wenn der Vorstand der Tochtergesellschaft sorgfaltswidrig eine nachteilige Maßnahme nicht in den Abhängigkeitsbericht aufnimmt und der Nachteil nicht ausgeglichen worden ist (sog. Berichtsschaden).[5] Außerdem scheidet die Haftung aus, wenn die Handlung auf einem gesetzmäßigen Beschluss der Hauptversammlung beruht, § 318 Abs. 3 AktG. Mit „Handlung" ist dabei richtigerweise nicht das Unterlassen der Erwähnung der nachteiligen Maßnahme im Abhängigkeitsbericht gemeint, weil diese gesetzliche Pflicht des Vorstands nicht zur Disposition der Hauptversammlung steht. „Handlung" ist vielmehr die ursprüngliche Handlung, die im Abhängigkeitsbericht zu erläutern gewesen wäre. Beruht diese ursprüngliche Handlung auf einem ordnungsgemäßen Hauptversammlungsbeschluss, führt selbst eine spätere Verletzung der Berichtspflicht nicht zur Haftung der Vorstände der abhängigen AG nach § 318 AktG.[6] Möglich bleibt aber anders als im Vertragskonzern eine Haftung nach § 117 Abs. 2 AktG.[7]

8.85

Unabhängig von diesen in der Praxis bislang nicht sehr **bedeutsamen Spezialvorschriften** ist der Vorstand der abhängigen Gesellschaft aufgrund seiner allgemeinen Sorgfaltspflicht gem. § 93 AktG verpflichtet, Schaden von seiner Gesellschaft abzuwenden. Das gilt grundsätzlich auch im Konzern, weil § 93 AktG nach richtiger herrschender Meinung nicht von § 310 AktG bzw. § 318 AktG verdrängt, sondern allenfalls „modifiziert" wird.[8]

8.86

---

1 *Altmeppen*, Die Haftung des Managers im Konzern, S. 47.
2 *Hüffer/Koch*, § 310 AktG Rz. 1; *Fleischer* in Fleischer, Handbuch des Vorstandsrechts, S. 660, 690.
3 *Seyfarth*, Vorstandsrecht, § 24 Rz. 43.
4 *Kort* in Großkomm. AktG, § 117 AktG Rz. 261; *Spindler* in MünchKomm. AktG, § 117 AktG Rz. 89; für Idealkonkurrenz *Schall* in Spindler/Stilz, § 117 AktG Rz. 9.
5 Vgl. *Fleischer* in Fleischer, Handbuch des Vorstandsrechts, S. 660, 695 ff.; für eine Haftung auch über den Berichtsschaden hinaus wegen der gesamtschuldnerischen Haftung.
6 *Habersack* in Emmerich/Habersack, Aktien- und GmbH-Konzernrecht, § 318 AktG Rz. 13.
7 *Schall* in Spindler/Stilz, § 117 AktG Rz. 10.
8 BGH v. 1.12.2008 – II ZR 102/07, NZG 2009, 107, 108 = GmbHR 2009, 199 – MPS (für den faktischen Konzern); *Hüffer/Koch*, § 318 AktG Rz. 9 f.; *Schatz/Schödel* in Heidel, § 318 AktG Rz. 10 f.

8.87 Im Vertragskonzern bedeutet dies, dass außerhalb erteilter Weisungen Maßnahmen durch den Vorstand nur vorgenommen werden dürfen, wenn sie im **Interesse des Gesamtkonzerns** liegen.[1]

8.88 Im faktischen Konzern darf eine vom herrschenden Unternehmen veranlasste nachteilige Maßnahme nur vorgenommen werden, wenn ein **ordnungsgemäßer Nachteilsausgleich** sichergestellt ist.[2]

8.89 Kommt der Vorstand seinen Sorgfaltspflichten nicht nach, weil er den Anweisungen aus dem herrschenden Unternehmen „blind" folgt, so macht er sich nach allgemeinen Grundsätzen schadensersatzpflichtig. Freilich handelt es sich in diesen Fällen nicht um echte konzernweite Sorgfaltspflichten. Man könnte sie vielmehr als **fortbestehende Sorgfaltspflichten** gegenüber der eigenen Gesellschaft trotz Bestehens einer Konzernlage beschreiben.

8.90 Eine **echte konzernweite Sorgfaltspflicht** läge etwa vor, wenn der Vorstand des abhängigen Unternehmens gegenüber der von ihm geleiteten Gesellschaft verpflichtet wäre, die Interessen der herrschenden Gesellschaft oder des Konzerns als Ganzes zu wahren. Denn dadurch würde der Pflichtenkatalog durch die Konzernlage erweitert. Solche Sorgfaltspflichten zur „Interessenwahrung nach oben" werden aber – anders als der umgekehrte Fall der „Interessenwahrung nach unten" durch Wahrnehmung der Konzernleitung – bislang nicht diskutiert und sind wohl wegen der starken faktischen Einflussmöglichkeiten von Seiten der Konzernmutter auch nicht erforderlich.

8.90a Besondere Haftungsrisiken für den Vorstand einer abhängigen Aktiengesellschaft bestehen, wenn ein Unternehmen in einer **Matrixstruktur** organisiert ist. In diesem Fall orientiert sich die Organisation eher an betriebswirtschaftlichen Kriterien als an gesellschaftsrechtlichen Vorgaben.[3] So werden häufig bestimmte Regionen und Bereiche von einzelnen Konzerngesellschaften konzernweit zusammengefasst und durch Matrixmanager gesteuert. Dies geschieht oft in rechtlich selbständigen Einheiten. In diesen Fällen werden den betroffenen Geschäftsleitern der einzelnen Konzerngesellschaften (Matrixgesellschaften) Befugnisse zugunsten von gesellschaftsexternen Matrixmanagern entzogen. Dieser verringerte Einfluss führt zu speziellen Haftungsrisiken, weil die Vorstände der Matrixgesellschaften verpflichtet bleiben, darauf hinzuwirken, dass die Gesetze in ihren Gesellschaften und Tochtergesellschaften eingehalten werden. Das können sie aber nur, wenn sie über entsprechende Einflussmöglichkeiten verfügen, d.h. wenn sie über etwaige Regelverstöße in ihren Gesellschaften und nachgeordneten Ebenen informiert sind und das Recht haben, ggf. eingreifen zu können, um die Regelverstöße zu beenden. Derartige Informationsmöglichkeiten oder Einflussrechte hat der Vorstand einer Matrixgesellschaft aber oft nicht, wenn sein Einfluss zugunsten eines gesellschaftsexternen Ma-

---

1 *Fleischer* in Spindler/Stilz, § 76 AktG Rz. 103; *Koppensteiner* in KölnKomm. AktG, § 308 AktG Rz. 71 f.; nach *Altmeppen* in MünchKomm. AktG, § 308 AktG Rz. 158 f., ist es zwar nicht Aufgabe und Pflicht des Vorstands der abhängigen Gesellschaft, im Konzerninteresse zu handeln, jedoch darf der Vorstand keine „konzernfeindliche Haltung" einnehmen; ebenso *Emmerich* in Emmerich/Habersack, Aktien- und GmbH-Konzernrecht, § 308 AktG Rz. 54.
2 *Altmeppen*, Die Haftung des Managers im Konzern, S. 69; vgl. auch *Müller* in Spindler/Stilz, § 311 AktG Rz. 62; *Altmeppen* in MünchKomm. AktG, § 311 AktG Rz. 444, betont, dass die Schicksalsgemeinschaft (auch) im faktischen Konzern i.d.R. zu einem Gleichlauf von Tochtergesellschafts- und Konzerninteresse führt, so dass der Vorstand gegenüber seiner beherrschten AG mittelbar auch Konzerninteressen zu berücksichtigen hat.
3 Vgl. zu den betriebswirtschaftlichen Gründen *Seibt/Wollenschläger*, AG 2013, 229 f.; *Schockenhoff*, ZHR 180 (2016), 197, 199 ff.

trixmanagers beschränkt wird. Um das Haftungsrisiko für die Vorstände von Matrixgesellschaften zu minimieren, sollte daher bei Einrichtung einer Matrixorganisation darauf geachtet werden, dass die Berichtslinien dem Vorstand der Matrixgesellschaft eine ausreichende Informationsgrundlage sichern. Zur Minderung des Haftungsrisikos bieten sich ferner Rückholrechte an, um im Einzelfall an die Matrixmanager übertragende Weisungsrechte wieder an sich zu ziehen oder Weisungen durch Matrixmanager wieder einzufangen. Ggf. kommen auch vertragliche Haftungsfreistellungen für die Vorstände von Matrixgesellschaften in Betracht.[1]

b) Konzernweite Loyalitätspflichten gegenüber der „eigenen" beherrschten AG

Völlig ungeklärt ist die Frage, ob das Wettbewerbsverbot aus § 88 AktG so zu verstehen ist, dass es dem Vorstand einer Tochtergesellschaft gegenüber seiner Gesellschaft (auch) untersagt ist, in **Geschäftszweigen der Muttergesellschaft** tätig zu werden. Zwar wird teilweise die Ansicht formuliert, das Wettbewerbsverbot beziehe sich auf die Tätigkeit konzernverbundener Unternehmen.[2] Diese weite Formulierung legt zunächst nahe, dass alle verbundenen Unternehmen gemeint seien. Aus dem Gesamtzusammenhang folgt jedoch, dass aus Sicht der konzernleitenden Gesellschaft nur Tochterunternehmen umfasst sein sollen. 8.91

Trotzdem sprechen **rechtspolitisch** einige Argumente dafür, dass jedenfalls im **Vertragskonzern** auch Geschäftszweige von Obergesellschaften dem Wettbewerbsverbot unterfallen. Denn ein Missbrauch von der Obergesellschaft zugeordneten Geschäftsbereichen schadet dem Konzern insgesamt und damit auch dem Tochterunternehmen. Ist der betroffene Vorstand nicht bereit, diese Beschränkung seiner Handlungsfähigkeiten hinzunehmen, bleibt es ihm unbenommen, seine Vorstandstätigkeit zu beenden, um das Ende des Wettbewerbsverbots herbeizuführen. 8.92

Im **faktischen Konzern** wird man nicht so weit gehen können. Hier muss es wohl bei einer (gewissen) Unabhängigkeit der abhängigen Aktiengesellschaft bleiben. 8.93

c) Konzernweite Verschwiegenheitspflichten gegenüber der „eigenen" beherrschten AG

In diesem Sinne sollte jedenfalls rechtspolitisch auch die **Verschwiegenheitspflicht** des § 93 Abs. 1 Satz 2 AktG verstanden werden. Zu wahren wären also auch Geheimnisse und vertrauliche Angaben von Muttergesellschaften jedenfalls im Vertragskonzern.[3] 8.94

d) Rechtliche Durchsetzungsmöglichkeiten und -pflichten bei Pflichtverstoß

Die Durchsetzung etwaiger Schadensersatzansprüche erfolgt zunächst wie bei einer nicht abhängigen Gesellschaft durch den **Aufsichtsrat bzw. die Aktionäre der Tochtergesellschaft**. 8.95

Sowohl im faktischen Konzern als auch im Vertragskonzern können die konzernspezifischen Ansprüche aus § 310 bzw. 318 AktG auch von den Aktionären der abhängigen AG geltend 8.96

---

1 Detailliert zu den Möglichkeiten einer Reduzierung von Haftungsrisiken von Vorständen von Matrixgesellschaft sowie zur deren rechtlichen Zulässigkeit vgl. *Seibt/Wollenschläger*, AG 2013, 229, 241 ff.; *Schockenhoff*, ZHR 180 (2016), 197, 215 ff.
2 *Hopt/Roth* in Großkomm. AktG, § 93 AktG Rz. 251; *Fleischer*, AG 2005, 336, 343 f.
3 *Hopt/Roth* in Großkomm. AktG, § 93 AktG Rz. 288; für den Aufsichtsrat auch *Mertens/Cahn* in KölnKomm. AktG, § 116 AktG Rz. 52.

gemacht werden. Dies folgt aus der jeweils gesetzlich ausdrücklich angeordneten entsprechenden Anwendung von § 309 Abs. 4 AktG, vgl. § 310 Abs. 4 und § 318 Abs. 4 AktG. Weiterhin fallen §§ 310 und 318 AktG in den Anwendungsbereich der §§ 147, 148 AktG.[1] Im faktischen Konzern kommt nach wohl herrschender Meinung darüber hinaus aufgrund einer analogen Anwendung von § 309 Abs. 4 Satz 1 und 2 AktG eine direkte Aktionärsklage auch im Rahmen von § 93 AktG ausnahmsweise in Betracht, wenn es sich bei dem geltend gemachten Fehlverhalten der Vorstände um „abhängigkeitsrelevantes Verhalten" handelt.[2] Im Vertragskonzern lehnt die herrschende Meinung demgegenüber die konzernspezifische Aktionärsklage im Rahmen von § 93 AktG ab.[3] Darin liegt für die Praxis ein wesentlicher Unterschied der beiden Haftungsnormen, deren tatbestandliche Voraussetzungen in vielen Fällen zu den gleichen Ergebnissen führen.

8.97 Aufgrund der angenommenen Konzernlage stellt sich die weiter gehende Frage, ob die Organe und Aktionäre der Muttergesellschaft zur Durchsetzung befugt und unter Umständen sogar verpflichtet sind. In ihrer **Eigenschaft als Aktionärin** kann die **herrschende Gesellschaft** die genannten konzernspezifischen Ansprüche über § 309 Abs. 4 Satz 1 und 2 AktG für die beherrschte Gesellschaft geltend machen. Ebenso besteht die Möglichkeit eines Klagezulassungsverfahrens nach § 148 AktG. Sie wird dabei von ihrem Vorstand vertreten.[4] Mittels Hauptversammlungsbeschluss kann sie nach § 147 AktG die Durchsetzung auf Ebene der Tochtergesellschaft erwirken.[5] In der Praxis wird die Obergesellschaft freilich ihren **faktischen Einfluss auf den Aufsichtsrat der Tochtergesellschaft** nutzen, um die Anspruchsdurchsetzung sicherzustellen.

8.98 Das beantwortet noch nicht, ob der Vorstand der (deutschen) Muttergesellschaft nicht nur berechtigt, sondern auch **verpflichtet** ist, die Rechtsdurchsetzung auf der Ebene der Tochter- und Enkelgesellschaften zu betreiben. Auf der Grundlage der ARAG-Entscheidung ist dies nicht von der Hand zu weisen.[6] Allerdings betraf diese Entscheidung einen anders gelagerten Fall. Darin ging es *erstens* um das unternehmerische Ermessen des Aufsichtsrats bei der Geltendmachung von Ansprüchen gegen den Vorstand. Vorliegend steht demgegenüber die Pflicht des Vorstands zur gerichtlichen Geltendmachung von Ansprüchen in Rede. Außerdem betraf die ARAG-Entscheidung *zweitens* einen gesellschaftsinternen Vorgang, während hier Ansprüche gegen Dritte betroffen sind. Trotzdem lässt sich der hinter dem Urteil stehende Grundgedanke, dass unternehmerisches Ermessen nur bei „unternehmerischen Entscheidungen" besteht, verallgemeinern und daher auch auf die vorliegende Konstellation übertragen. Eine Verpflichtung setzt mithin voraus, dass es sich um keine unternehmerische Entscheidung handelt. Eine Entscheidung liegt, wie bereits an anderer Stelle ausgeführt, vor, wenn mehrere tatsächlich mögliche und rechtlich zulässige Handlungsalternativen bestehen. Eine solche Entscheidung ist unternehmerisch, wenn zum ex-ante-Zeitpunkt der Entschei-

---

1 *Hüffer/Koch*, § 318 AktG Rz. 3.
2 *Hüffer/Koch*, § 318 AktG Rz. 10.
3 *Hüffer/Koch*, § 310 AktG Rz. 1 und 7; a.A. *Weber*, Die konzernrechtliche abgeleitete Aktionärsklage, S. 202 f.
4 Besteht Personalunion zwischen den Vorständen in Mutter- und Tochtergesellschaft, so ist wegen des entstehenden Interessenkonflikts der Aufsichtsrat der Muttergesellschaft für die Vertretung des herrschenden Unternehmens zuständig. Das muss erst recht gelten, wenn – wie bei einigen großen DAX-Unternehmen üblich – einige Vorstandsmitglieder der herrschenden Gesellschaft im Aufsichtsrat und andere im Vorstand der Tochtergesellschaft sitzen.
5 *Fischbach*, NZG 2015, 1142, 1145.
6 Für weiterer Ansätze, eine Pflicht i.E. jedoch ablehnend s. *Fischbach*, NZG 2015, 1142, 1146 f.

dung Informationen über den weiteren Geschehensablauf nicht zur Verfügung stehen, die ex-post bekannt sein werden, und deshalb nicht mit ausreichender Wahrscheinlichkeit vorausgesagt werden kann, ob eine Entscheidung sich positiver oder negativer als die anderen Entscheidungsmöglichkeiten auswirkt.[1] Unternehmerische Entscheidungen sind, mit anderen Worten, zukunftsorientiert und eröffnen nicht nur Chancen, sondern bergen auch Risiken.[2] Zum Zeitpunkt der Entscheidungsfindung ist daher noch nicht absehbar, ob sich ein Unternehmen aufgrund der getroffenen unternehmerischen Entscheidungen seiner Organmitglieder in Zukunft positiv oder negativ entwickeln wird. Zu den unternehmerischen Entscheidungen gehören demnach vor allem Investitionsentscheidungen. Betrachtet man vor diesem Hintergrund den vorliegenden Fall, so wird deutlich, dass es sich bei der Entscheidung des Vorstands eines herrschenden Unternehmens, ob er Schadensersatzansprüche gegen Vorstandsmitglieder einer abhängigen Gesellschaft geltend macht, ebenso wenig um eine unternehmerische Entscheidung handelt, wie in dem der ARAG-Entscheidung zugrunde liegenden Sachverhalt. Es ist deshalb davon auszugehen, dass dem Vorstand der herrschenden Gesellschaft kein unternehmerisches Ermessen zusteht.[3]

Unabhängig davon ist die **Durchsetzungsmöglichkeit** für die Gesellschafter des herrschenden Unternehmens zu untersuchen. Die in § 148 AktG vorgesehene Befugnis hat keine konzernweite Wirkung. Es ist anders als im amerikanischen Recht[4] keine konzerndimensionale Aktionärsklage („double derivative suit") vorgesehen. Das spricht, wenn man als Organmitglied Haftungsprozesse vermeiden will, scheinbar für die Holdingkonstruktion. Bei den Organmitgliedern des herrschenden Unternehmens werden nämlich die Leitungspflichten mediatisiert. Die Organmitglieder des herrschenden Unternehmens sind für die Umsetzung der Konzernleitung, also insbesondere das Tagesgeschäft, nicht zuständig. Und bei den Organmitgliedern der Tochtergesellschaften können die Ersatzansprüche durch die Gesellschafter des herrschenden Unternehmens nicht unmittelbar[5] geltend gemacht werden. 8.99

Geht man freilich davon aus, dass der gesetzliche Vertreter der Muttergesellschaft zur Geltendmachung verpflichtet ist, so eröffnet dies den Gesellschaftern der Muttergesellschaft bei Unterlassen der Geltendmachung die Möglichkeit der Klage unmittelbar im Namen der Konzernobergesellschaft gegen den gesetzlichen Vertreter ihres Unternehmens. 8.100

2. Organ-Innenhaftung gegenüber der „eigenen" beherrschten GmbH

Wendet man sich der Haftung der Geschäftsführer einer beherrschten GmbH und deren **konzernbezogenen Sorgfaltspflichten** zu, so ist zunächst festzuhalten, dass im **Vertragskonzern** § 310 AktG analoge Anwendung findet[6] und neben § 43 GmbHG tritt. Die Wirkung dürfte die gleiche sein wie im Aktienrecht, d.h. Gesamtschuldnerschaft der haftenden 8.101

---

1 *Sven H. Schneider*, DB 2005, 707, 712 m.w.N.
2 So ausdrücklich *Semler* in FS Ulmer, 2003, S. 627: „Eine Entscheidung, die kein Risiko beinhaltet, ist keine unternehmerische Entscheidung."
3 *Sven H. Schneider*, DB 2005, 707, 711 f.
4 Vgl. etwa für das Recht von Delaware 971 F.2d 1034, 1046 (3rd. Cir. 1992); sowie zuvor schon *Buxbaum/Uwe H. Schneider*, ZGR 1982, 199, 215 ff. mit Hinweisen auf die ältere Rechtsprechung.
5 Möglich bleibt bei der herrschenden GmbH eine Weisung durch die Gesellschafterversammlung an die Geschäftsführer, die gerichtliche Durchsetzung zu betreiben.
6 *Emmerich* in Scholz, Anh. § 13 GmbHG (Konzernrecht) Rz. 131, 184; *Altmeppen* in Roth/Altmeppen, Anh. § 13 GmbHG Rz. 82.

Geschäftsführer, Einschränkung von Verzicht und Vergleich, ein besonderes Klagerecht der GmbH-Gesellschafter, ein besonderes Verfolgungsrecht der Gläubiger der vertraglich konzernierten GmbH sowie eine Verjährungsfrist von fünf Jahren (§ 310 Abs. 4 i.V.m. § 309 Abs. 2 bis 5 AktG analog). Ob man – ebenfalls in Anlehnung an die AG – davon ausgehen kann, dass die entsprechend angewendete aktienrechtliche Vorschrift in ihrem Anwendungsbereich gegenüber der ausdrücklich normierten Haftungsvorschrift des § 43 GmbHG vorrangig ist, sei dahingestellt. Ausführlich diskutiert wird all dies bislang nicht.

8.102 Schwieriger liegen die Dinge im faktischen Konzern, weil – wie oben dargelegt – nach herrschender Meinung die §§ 311 ff. AktG nicht auf die faktisch abhängige GmbH übertragbar sind.[1] Eine analoge Anwendung von § 317 Abs. 3 AktG auf den Geschäftsführer der faktisch abhängigen GmbH scheidet folglich aus. In Betracht kommt daher nur eine Haftung nach der allgemeinen Haftungsvorschrift des § 43 Abs. 2 GmbHG. Hier ist wiederum die Weisungsbefugnis der Gesellschafterversammlung in der GmbH zu bedenken. Für ordnungsgemäß ausgeführte zulässige Weisungen der Gesellschafterversammlung kann der angewiesene Geschäftsführer auch dann nicht haften, wenn die Gesellschafterversammlung von einem Gesellschafter beherrscht wird.[2] Allerdings ist hier unter Umständen eine besonders sorgfältige Prüfung der Weisung auf ihre Zulässigkeit erforderlich. Ausgeschlossen ist außerdem eine Haftung entsprechend § 318 AktG, weil bei der faktisch beherrschten GmbH kein Abhängigkeitsbericht erstellt werden muss.[3]

8.103 Eine Haftung nach § 117 Abs. 2 AktG scheidet wohl mangels Anwendbarkeit auf die GmbH aus.

8.104 Für die Loyalitätspflichten und Verschwiegenheitspflichten sollte bei der in – vertraglich oder faktischer – Abhängigkeit befindlichen GmbH nichts grundsätzlich anderes gelten als im Aktienrecht. Auf die gemachten Ausführungen – und die dargestellten offenen Rechtsfragen – kann daher Bezug genommen werden.

II. Organ-Konzern-Innenhaftung bei beherrschter AG und GmbH

8.105 Gibt es auch Pflichten der Organmitglieder der abhängigen Gesellschaft **unmittelbar gegenüber dem herrschenden Unternehmen**? Sind diese gar für Vorstände einer AG und GmbH-Geschäftsführer unterschiedlich? Dies ist für Sorgfalts-, Loyalitäts- und Verschwiegenheitspflichten in gleichem Maße kaum behandelt.[4] Das mag daran liegen, dass man nach geltendem Recht solche Pflichten sowohl im Vertragskonzern als auch – und erst recht – im faktischen Konzern nur schwer konstruieren kann.

8.106 Im **Vertragskonzern** mit einer beherrschten Aktiengesellschaft ist deren Vorstand zwar verpflichtet, die Weisungen des herrschenden Unternehmens – auf dessen Rechtsform es nicht

---

1 *Emmerich* in Scholz, Anh. § 13 GmbHG (Konzernrecht) Rz. 69; für eine analoge Anwendbarkeit aber etwa *Kropff* in FS Kastner, 1992, S. 279, 296 ff.; *Rowedder* in Hommelhoff, Entwicklungen im GmbH-Konzernrecht, S. 20 ff.
2 *Fleischer* in MünchKomm. GmbHG, § 43 GmbHG Rz. 275; *Liebscher*, GmbH-Konzernrecht, Rz. 396.
3 *Habersack* in Emmerich/Habersack, Aktien- und GmbH-Konzernrecht, Anh. § 318 AktG Rz. 6; *Altmeppen* in MünchKomm. AktG, Vor §§ 311 ff. AktG Rz. 80; *Liebscher*, GmbH-Konzernrecht, Rz. 396.
4 S. aber ausführlich *Kuntz*, Der Konzern 2007, 802 ff.

ankommt – zu befolgen (§ 308 Abs. 2 Satz 1 AktG).[1] Ein Verstoß gegen diese Pflicht(en) führt aber nach wohl herrschender Ansicht nur zu einer Haftung der Tochtergesellschaft, nicht jedoch auch zu einer unmittelbaren Haftung des pflichtvergessenen Vorstands gegenüber dem herrschenden Unternehmen, weil zwischen diesen kein (gesetzliches) Schuldverhältnis besteht.[2] Jedenfalls gibt es keine gesellschaftsrechtliche Treupflicht des Vorstands direkt gegenüber dem herrschenden Unternehmen als Gesellschafter, deren Verletzung zu Schadensersatzpflichten führen könnte.[3] Auch lässt sich der Anstellungsvertrag des Vorstands mit „seinem" beherrschten Unternehmen nicht als Vertrag mit Schutzwirkung zugunsten des herrschenden Unternehmen ansehen, aus dem letzteres dann unmittelbar gegen den Vorstand vorgehen könnte.[4]

8.107 Erst recht gibt es im **faktischen Konzern** keine unmittelbare Haftung des Vorstands der Tochter-Aktiengesellschaft gegenüber der faktischen Konzernmutter.[5]

8.108 Für die **beherrschte GmbH** gilt weder im Vertragskonzern noch im faktischen Konzern etwas anderes.[6]

8.109 Unmittelbare Pflichten der Organmitglieder darf man freilich nicht verwechseln mit den **Rechtspflichten der von ihnen geleiteten abhängigen Gesellschaft** gegenüber der herrschenden Konzernmutter. Solche Pflichten gibt es zahlreiche. Dies gilt insbesondere für Fälle, in denen der Muttergesellschaft eine öffentlich-rechtliche Pflicht mit Konzernbezug auferlegt ist, zu deren Erfüllung sie die Mitarbeit des Tochterunternehmens benötigt. Nur unter diesen Voraussetzungen ist etwa die Aufstellung der Konzernbilanz möglich, lassen sich die Meldepflichten nach §§ 21 ff. WpHG[7] erfüllen und kann das Pflichtangebot nach § 33 WpÜG ordnungsgemäß abgegeben werden. In diesen Fällen geht das Gesetz stillschweigend davon aus, dass eine Pflicht des Tochterunternehmens zur Unterstützung der Obergesellschaft besteht.[8] Eine Verletzung kann zu Schadensersatzansprüchen führen. Mit unmittelbaren Pflichten der Organmitglieder gegenüber dem Mutterunternehmen darf dies aber, wie gesagt, nicht verwechselt werden.

---

1 Dabei ist er nicht berechtigt, die Befolgung einer Weisung zu verweigern, weil sie nach seiner Ansicht nicht den Belangen des herrschenden Unternehmens oder den mit ihm und der Gesellschaft konzernverbundenen Unternehmen dient, es sei denn, dass sie offensichtlich nicht diesen Belangen dient (§ 108 Abs. 2 Satz 2 AktG).
2 *Hirte* in Großkomm. AktG, § 308 AktG Rz. 27; *Kuntz*, Der Konzern 2007, 802, 804 f.; *Seyfarth*, Vorstandsrecht, § 24 Rz. 41; a.A. (Schadensersatzanspruch auch gegen die Vorstandsmitglieder) *Emmerich* in Emmerich/Habersack, Aktien- und GmbH-Konzernrecht, § 308 AktG Rz. 68; *Langenbucher* in K. Schmidt/Lutter, § 308 AktG Rz. 37.
3 BGH v. 12.3.1990 – II ZR 179/89, BGHZ 110, 323, 324 (für den Verein); *Altmeppen* in Roth/Altmeppen, § 43 GmbHG Rz. 35; a.A. *Raiser* in Ulmer/Habersack/Löbbe, § 14 GmbHG Rz. 60.
4 *Kuntz*, Der Konzern 2007, 805 f.
5 *Kuntz*, Der Konzern 2007, 808 f.
6 *Kuntz*, Der Konzern 2007, 809.
7 Neuzählung des WpHG durch das Zweite Gesetz zur Novellierung von Finanzmarktvorschriften auf Grund europäischer Rechtsakte (Zweites Finanzmarktnovellierungsgesetz – 2. FiMaNoG) vom 23.6.2017 (BGBl. I 2017, 1693. Danach sind die Meldepflichten in §§ 33 ff. WpHG (§§ 21 ff. WpHG a.F.) zu finden.
8 Zum Teilbereich der konzernweiten Informationspflichten vgl. etwa *Sven H. Schneider*, Informationspflichten und Informationssystemeinrichtungspflichten im Aktienkonzern, 2006, S. 153; zur eingehenden Vertiefung *Mader*, Der Informationsfluss im Unternehmensverbund, 2016.

III. Organ-Konzern-Außenhaftung

8.110 Die Außenhaftung stellt sich für Organmitglieder einer abhängigen AG bzw. GmbH nicht wesentlich anders dar als beim herrschenden Unternehmen. Insbesondere können sie gegenüber den Aktionären ihrer Gesellschaft nach § 117 Abs. 2 i.V.m. Abs. 1 Satz 2 AktG haften.[1] Allerdings gibt es keine Parallelnorm zu § 317 Abs. 1 Satz 2, Abs. 3 AktG. Die konzerndimensional ausgerichteten öffentlich-rechtlichen und privatrechtlichen Pflichten, auf die bereits hingewiesen wurde, beziehen oftmals nicht nur Tochterunternehmen mit ein, sondern alle verbundenen Unternehmen. In diesen Fällen ist dann auch der Vorstand bzw. der GmbH-Geschäftsführer einer abhängigen Gesellschaft zur **konzernweiten Pflichtenwahrung** angehalten.

D. Zusammenfassung

8.111 Die Untersuchung hat gezeigt, dass sich die Pflichtenstellung von Vorstandsmitgliedern und GmbH-Geschäftsführern durch Konzernierung der Gesellschaft in vielfältiger Weise ändert. Es ist zu erwarten, dass die Rechtsfolgen einer Verletzung dieser konzernweiten Pflichten wegen der seit geraumer Zeit stetig weiter ausgedehnten **prozessualen Möglichkeiten für (Minderheits-)Gesellschafter** immer wichtiger werden.

8.112 Im Einzelnen lassen sich die gefundenen Ergebnisse wie folgt zusammenfassen:

– Zu unterscheiden sind Organ-Innenhaftung, Organ-Konzern-Innenhaftung und Organ-Konzern-Außenhaftung.

– „Organ-Innenhaftung" ist die Haftung des Organmitglieds gegenüber der „eigenen" Gesellschaft. Der Begriff „Organ-Konzern-Innenhaftung" beschreibt die Haftung des Organmitglieds gegenüber einem verbundenen Unternehmen; dies kann sowohl eine herrschende als auch eine abhängige Gesellschaft sein. Als „Organ-Konzern-Außenhaftung" bezeichnet wird die Haftung eines Organmitglieds gegenüber außenstehenden Dritten; dies können Minderheitsaktionäre, potentielle Investoren, sonstige Gläubiger des Unternehmens oder der Staat – etwa als Steuergläubiger – sein, und zwar für Vorgänge im eigenen Unternehmen und bei Konzernunternehmen.

– Sowohl Organ-Innenhaftung als auch Organ-Konzern-Innenhaftung umfassen die Verletzung von Sorgfaltspflichten, Loyalitäts- bzw. Treupflichten und Verschwiegenheitspflichten.

– Das Geschäftsleitungsmitglied einer herrschenden AG bzw. GmbH unterliegt gegenüber der von ihm geleiteten Gesellschaft einer Sorgfaltspflicht zur Betreuung von Tochtergesellschaften, die meist als „Konzernleitungspflicht" bezeichnet wird. Der genaue Inhalt dieser Pflicht ist offen. Die Grundzüge der Business Judgment Rule gelten auch im Hinblick auf die konzernweite Sorgfaltspflicht.

– Der Geschäftsführer einer herrschenden GmbH haftet gegenüber „seiner" GmbH nicht, wenn sein Verhalten auf einer zulässigen Weisung der Gesellschafterversammlung beruht; in diesem Fall haftet er nur für fehlerhafte Ausführung der Weisung.

– Vorstandsmitglieder und GmbH-Geschäftsführer der herrschenden Gesellschaft unterliegen gegenüber den von ihnen geleiteten Gesellschaften einem Verbot, mit einer Tochtergesellschaft in Wettbewerb zu treten bzw. deren Geschäftschancen an sich zu ziehen.

---

[1] *Spindler* in MünchKomm. AktG, § 117 AktG Rz. 58.

- Die Schweigepflicht des Geschäftsleitungsmitglieds gegenüber der von ihm geleiteten herrschenden Gesellschaft bezieht sich auch auf solche Umstände, die (nur) Geheimnisse bzw. vertrauliche Angaben einer abhängigen Gesellschaft darstellen.

- Das Geschäftsleitungsmitglied des herrschenden Unternehmens unterliegt gegenüber der abhängigen Gesellschaft keiner Pflicht zur Konzernleitung und auch keiner sonstigen allgemeinen Sorgfaltspflicht. Die in §§ 117, 309, 317 AktG für die AG geregelten Spezialansprüche haben nur geringe praktische Bedeutung. Dies gilt auch für die analoge Anwendung von § 309 AktG auf die beherrschte GmbH. § 317 AktG ist auf die beherrschte GmbH nicht anwendbar, ebenso wenig wohl § 117 AktG.

- Das Geschäftsleitungsmitglied des herrschenden Unternehmens ist nicht unmittelbar gegenüber der abhängigen Gesellschaft verpflichtet, Wettbewerb zu unterlassen, Geschäftschancen, die der Tochtergesellschaft gebühren, nicht an sich zu ziehen oder Geheimnisse bzw. vertrauliche Angaben der abhängigen Gesellschaft zu wahren.

- Im Rahmen der Organ-Außenhaftung kommt für das Geschäftsleitungsmitglied der herrschenden Gesellschaft eine Haftung für Sachverhalte mit konzernweitem Bezug in Betracht.

- Das Geschäftsleitungsmitglied einer abhängigen AG bzw. GmbH unterliegt gegenüber der von ihm geleiteten Tochtergesellschaft keiner allgemeinen Sorgfaltspflicht dahingehend, dass es die Belange der herrschenden Gesellschaft zu wahren hat.

- Das Geschäftsleitungsmitglied der beherrschten AG bzw. GmbH haftet gegenüber der „eigenen" abhängigen Gesellschaft im Vertragskonzern gem. § 310 AktG direkt bzw. analog neben den nach § 309 AktG haftenden gesetzlichen Vertretern der Obergesellschaft, wenn es in Ausführung einer Weisung sorgfaltswidrig handelt und dadurch der abhängigen Gesellschaft ein Schaden entsteht. Der Vorstand der faktisch abhängigen AG haftet gegenüber „seiner" abhängigen Gesellschaft im Sonderfall des § 318 AktG sowie allgemein nach § 93 AktG. Auf den Geschäftsführer der faktisch beherrschten GmbH ist § 318 AktG nicht analog anwendbar. Eine Haftung nach § 43 Abs. 2 GmbHG kommt in Betracht, wenn keine zulässige Weisung der Gesellschafterversammlung vorliegt.

- Das Geschäftsleitungsmitglied eines abhängigen Unternehmens sollte im Vertragskonzern seiner Gesellschaft gegenüber verpflichtet sein, Wettbewerb mit dem herrschenden Unternehmen zu unterlassen und auch keine Geschäftschancen des herrschenden Unternehmens an sich zu ziehen. Auf den faktischen Konzern lässt sich dies nicht ohne Weiteres übertragen.

- Das Geschäftsleitungsmitglied eines abhängigen Unternehmens sollte außerdem seiner Gesellschaft gegenüber verpflichtet sein, Geheimnisse und vertrauliche Angaben der Obergesellschaft zu wahren, wenn ein Vertragskonzern besteht.

- Die Frage, ob auch Sorgfalts-, Loyalitäts- und/oder Verschwiegenheitspflichten des Geschäftsführungsmitglieds einer abhängigen Gesellschaft gegenüber der Konzernmutter bestehen oder bestehen sollten, ist wenig geklärt. Nach geltendem Recht sind solche Pflichten nur schwer dogmatisch zu begründen. Teilweise wird allerdings wegen § 308 AktG eine unmittelbare Haftung des Geschäftsführungsmitglieds der vertraglich konzernierten Tochtergesellschaft bei Verstoß gegen Weisungen angenommen.

§ 9
Organhaftung und Dienstvertrag

Dr. Georg Seyfarth, LL.M. (Duke)

A. Grundlagen: Anstellungs- und Bestellungsverhältnis	9.1
B. Vorstands-Dienstvertrag in der AG	9.4
I. Zwingendes Aktienrecht als Grenze dienstvertraglicher Regelungen	9.4
II. Wesentliche typische Regelungsinhalte des Vorstands-Dienstvertrags . .	9.6
III. Haftung wegen Verletzung des Vorstands-Dienstvertrags	9.9
IV. Haftungsentlastende Regelungen im Vorstands-Dienstvertrag?	9.11
1. Vorbemerkung	9.11
2. Vereinbarung eines reduzierten Haftungsmaßstabs	9.12
3. Haftungsobergrenzen	9.13
4. Einschränkung der Verfolgungspflicht des Aufsichtsrats	9.14
5. Weitere Konzepte: Haftungseinschränkung wegen betrieblich veranlasster Arbeit oder aufgrund Treubindung	9.16
V. Haftungsfreistellung in einem Dienstvertrag mit Dritten	9.18
1. Drittanstellungsvertrag	9.18
2. Haftungsfreistellung	9.19
VI. D&O-Verschaffungsklauseln	9.20
VII. Regelungen zur Haftungsdurchsetzung und zum Haftungsprozess	9.23
1. Rechtswahlklauseln	9.23
2. Gerichtsstandklauseln	9.25
3. Schiedsvereinbarungen	9.26
VIII. Haftungsfall und Beendigung des Vorstands-Dienstvertrags	9.28
C. Dienstvertrag des GmbH-Geschäftsführers	9.31
I. Disposition der Gesellschafter über Haftungsansprüche im GmbH-Recht	9.31
II. Vorherige Einschränkbarkeit der Geschäftsführerhaftung	9.34
III. Haftungsherabsetzende Regelungen im Geschäftsführer-Dienstvertrag . . .	9.37
1. Vorbemerkung: Korporative Regelung und Dienstvertrag	9.37
2. Reduzierter Haftungsmaßstab	9.41
3. Verlagerung der Darlegungs- und Beweislast	9.43
4. Verkürzte Verjährungsfristen	9.44
5. Haftungsobergrenzen	9.45
6. Freistellungsklauseln gegenüber Ansprüchen Dritter	9.46
IV. Verschärfung der Haftung	9.47
D. Rechtslage in SE, Genossenschaft, Verein und Stiftung	9.48
I. Haftungsregelungen im Dienstvertrag in der SE	9.48
II. Anstellungsverhältnis von Vorstandsmitgliedern in der Genossenschaft . .	9.51
III. Haftungsbeschränkungen für Vorstandsmitglieder im Verein	9.53
IV. Haftungsbeschränkungen für Vorstandsmitglieder einer Stiftung	9.55

Schrifttum: *Bachmann*, Reform der Organhaftung? Materielles Haftungsrecht und seine Durchsetzung in privaten und öffentlichen Unternehmen, Gutachten zum 70. Deutschen Juristentag, in Verhandlungen des 70. DJT, 2014, Band I, Gutachten E; *Bachmann*, Das „vernünftige" Vorstandsmitglied – Zum richtigen Verständnis der deutschen Business Judgment Rule (§ 93 Abs. 1 Satz 2 AktG), in FS Stilz, 2014, S. 25; *Bachmann*, Die Beschränkung der Organhaftung nach den Grundsätzen des Arbeitsrechts, ZIP 2017, 841; *Bauer*, Ausgewählte Probleme der AGB-Kontrolle von Anstellungsverträgen vertretungsberechtigter Organmitglieder, in FS Wank, 2014, S. 1; *Bauer/Arnold*, AGB-Kontrolle von Vorstandsverträgen, ZIP 2006, 2337; *Bauer/Arnold/Kramer*, Schiedsvereinbarungen mit Geschäftsführern und Vorstandsmitgliedern, AG 2014, 677; *Bauer/Diller*, Koppelung von Abberufung und Kündigung bei Organmitgliedern, GmbHR 1998, 809; *Baums*, Der Geschäftsleitervertrag, 1987; *Bernhardt/*

Bredol, Rechtsfragen zu Organstellung und Anstellungsvertrag von Geschäftsführern einer paritätisch mitbestimmten GmbH, NZG 2015, 419; *Casper*, Hat die grundsätzliche Verfolgungspflicht des Aufsichtsrats im Sinne des ARAG/Garmenbeck-Urteils ausgedient?, ZHR 176 (2012), 617; *Deilmann*, Fehlen einer Directors & Officers (D&O) Versicherung als Rücktrittsgrund für die Organmitglieder einer Aktiengesellschaft, NZG 2005, 54; *Deilmann/Dornbusch*, Drittanstellungen im Konzern, NZG 2016, 201; *Eckardt*, Koppelung der Beendigung des Anstellungsvertrages eines AG-Vorstandsmitgliedes an den Bestellungswiderruf?, AG 1989, 431; *Fleischer*, Haftungsfreistellung, Prozesskostenersatz und Versicherung für Vorstandsmitglieder, WM 2005, 909; *Fleischer*, Zur Einschränkbarkeit der Geschäftsführerhaftung in der GmbH, BB 2011, 2435; *Fleischer*, Ruinöse Managerhaftung: Reaktionsmöglichkeiten de lege lata und de lege ferenda, ZIP 2014, 1305; *Goette*, Grundsätzliche Verfolgungspflicht des Aufsichtsrats bei sorgfaltswidrig schädigendem Verhalten im AG-Vorstand?, ZHR 176 (2012), 588; *Grooterhorst*, Das Einsichtsrecht des ausgeschiedenen Vorstandsmitgliedes in Geschäftsunterlagen im Haftungsfall, AG 2011, 389; *Grunewald*, Haftungsvereinbarungen zwischen Aktiengesellschaft und Vorstandsmitgliedern, AG 2013, 813; *Habersack*, Perspektiven der aktienrechtlichen Organhaftung, ZHR 177 (2013), 782; *Habersack*, Enthaftung des Vorstands qua Anstellungsvertrag?, NZG 2015, 1297; *Habersack*, 19 Jahre „ARAG/Garmenbeck" – und viele Fragen offen, NZG 2016, 321; *Hemeling*, Neuere Entwicklungen in der D&O-Versicherung, in FS Hoffmann-Becking, 2013, S. 491; *Herresthal*, Die Wirksamkeit von Schiedsabreden mit Vorständen und Geschäftsführern bei Organhaftungsstreitigkeiten, ZIP 2014, 345; *Hoffmann*, Existenzvernichtende Haftung von Vorständen und Aufsichtsräten?, NJW 2012, 1393; *Hoffmann-Becking*, Zum einvernehmlichen Ausscheiden von Vorstandsmitgliedern, in FS Stimpel, 1985, S. 589; *Hoffmann-Becking*, Rechtliche Anmerkungen zur Vorstands- und Aufsichtsratsvergütung, ZHR 169 (2005), 155; *Hohenstatt/Naber*, Die D&O-Versicherung im Vorstandsvertrag, DB 2010, 2321; *Hopt*, Die Verantwortlichkeit von Vorstand und Aufsichtsrat: Grundsatz und Praxisprobleme – unter besonderer Berücksichtigung der Banken, ZIP 2013, 1793; *Janert*, Rechtliche Gestaltungsmöglichkeiten zur Beschränkung der Geschäftsführerhaftung, BB 2013, 3016; *Koch*, Beschränkung der Regressfolgen im Kapitalgesellschaftsrecht, AG 2012, 429; *Koch*, Regressreduzierung im Kapitalgesellschaftsrecht – eine Sammelreplik, AG 2014, 513; *Kort*, Beziehungen des Vorstandsmitglieds der AG zu Dritten: Drittanstellung, Interim Management, Personalleasing und Vergütung durch Dritte, AG 2015, 531; *Krieger*, Beweislastumkehr und Informationsanspruch des Vorstandsmitglieds bei Schadensersatzforderungen nach § 93 Abs. 2 AktG, in FS Uwe H. Schneider, 2011, S. 717; *Lange*, Die D&O-Versicherungsverschaffungsklausel im Manageranstellungsvertrag, ZIP 2004, 2221; *Leuering*, Organhaftung und Schiedsverfahren, NJW 2014, 657; *Paefgen*, Organhaftung: Bestandsaufnahme und Zukunftsperspektiven, AG 2014, 554; *Reichert*, Existenzgefährdung bei der Durchsetzung von Organhaftungsansprüchen, ZHR 177 (2013), 756; *Ruchatz*, Auskunftspflichten der Aktiengesellschaft bei Organhaftungsverfahren im Verhältnis zum Anspruchsgegner und gegenüber dem D&O-Versicherer, AG 2015, 1; *Ruchatz*, Praxisprobleme der Entlastung des Geschäftsführers bei bestehendem D&O-Versicherungsschutz, GmbHR 2016, 681; *v. Schenck*, Handlungsbedarf bei der D&O-Versicherung, NZG 2015, 494; *Uwe H. Schneider*, Haftungsmilderung für Vorstandsmitglieder und Geschäftsführer bei fehlerhafter Unternehmensleitung?, in FS Werner, 1984, S. 795; *Schockenhoff*, Haftung und Enthaftung von Geschäftsleitern bei Compliance-Verstößen in Konzernen mit Matrix-Strukturen, ZHR 180 (2016), 197; *Scholz/Weiß*, Schiedsverfahren zur Vermeidung der Vorstandshaftung?, AG 2015, 523; *Seibt*, 20 Thesen zur Binnenverantwortung im Unternehmen im Lichte des reformierten Kapitalmarktsanktionsrechts, NZG 2015, 1097; *Seibt*, „Halbvermögensschutzklausel" als Instrument zur Vermeidung existenzgefährdender Binnenregressansprüche in Fällen grober Disproportionalität, NZG 2016, 361; *Spindler*, Organhaftung in der AG – Reformbedarf aus wissenschaftlicher Perspektive, AG 2013, 889; *Thomas*, Die Haftungsfreistellung von Organmitgliedern, 2010; *Tschöpe/Wortmann*, Der wichtige Grund bei Abberufungen und außerordentlichen Kündigungen von geschäftsführenden Organvertretern – Grundlagen und Verfahrensfragen, NZG 2009, 85; *E. Vetter*, Drittanstellung von Vorstandsmitgliedern und aktienrechtliche Kompetenzordnung, in FS Hoffmann-Becking, 2013, S. 1297; *von Westphalen*, Unwirksame Schiedsvereinbarungen mit Verbrauchern – notwendiger Schutz von Vorständen und Geschäftsführern, ZIP 2013, 2184; *Wettich*, Aktuelle Entwicklungen und Trends in der Hauptversammlungssaison 2016 und Ausblick auf 2017, AG 2017, 60; *Wilhelmi*, Beschränkung der Organhaftung und innerbetrieblicher Schadensausgleich, NZG 2017, 681.

A. Grundlagen: Anstellungs- und Bestellungsverhältnis

9.1 Die Haftung von Managern, insbesondere von GmbH-Geschäftsführern und von Vorstandsmitgliedern, wird in der Praxis fast ausschließlich auf **organschaftliche Anspruchsgrundlagen**, namentlich auf §§ 43 GmbHG, 93 AktG, 34 GenG, und eine Verletzung von organschaftlichen Pflichten gestützt. Dahinter steht das gesetzliche Konzept, dass ein Manager, der zum Geschäftsführer oder Vorstandsmitglied bestellt wird, „Organ" der Gesellschaft ist, qua dieser Organstellung die Gesellschaft gerichtlich und außergerichtlich vertritt, ihre Geschäfte führt und hierbei den Sorgfaltsanforderungen eines gewissenhaften Geschäftsleiters unterliegt und bestimmte Organpflichten beachten muss. Bei einer Verletzung dieser Obliegenheiten und Organpflichten haftet der Manager auf organschaftlicher Basis.[1] Die Organstellung und die damit einhergehenden Haftungsgefahren folgen aus der **Bestellung** zum Geschäftsführer oder Vorstandsmitglied. Die Bestellung ist der korporationsrechtliche Akt, durch den der Manager zum Geschäftsführer oder Vorstandsmitglied ernannt wird, also seine Organstellung erhält. Die organschaftliche Haftung hat mithin ihren Grund, aber auch ihre Grenze in der Bestellung zum Organmitglied und ihrer Beendigung, wobei das Sonderproblem einer Haftung aus faktischer Organstellung oder bei fehlerhafter Bestellung an dieser Stelle außen vor bleiben kann.[2]

9.2 Neben die Bestellung mit ihren daraus folgenden Haftungsrisiken tritt das **Anstellungsverhältnis** des GmbH-Geschäftsführers oder des Vorstandsmitglieds als eigenständiges Rechtsverhältnis. Das Anstellungsverhältnis hat seine vertragliche Grundlage in einem GmbH-Geschäftsführervertrag oder einem Vorstands-Dienstvertrag, die rechtlich in aller Regel als Geschäftsbesorgungsvertrag zu qualifizieren sind. Auf diese Dienstverträge finden die §§ 611 ff., 675 BGB Anwendung.[3] Sie sind nicht als Arbeitsverträge im engeren Sinne einzuordnen.[4] GmbH-Geschäftsführervertrag und Vorstands-Dienstvertrag regeln mithin die dienstvertragliche Stellung des Organmitglieds auf schuldrechtlicher Grundlage und bestehen unabhängig von der korporativ geprägten Bestellung, auch wenn die beiden Rechtsverhältnisse natürlich nicht beziehungslos nebeneinander existieren (**Trennungstheorie**).[5] Be-

---

1 Vgl. dazu im Einzelnen *Uwe H. Schneider*, § 2 (zu GmbH und GmbH & Co. KG), *Krieger*, § 3 zur AG, *Weber*, § 4 zur Genossenschaft, *Teichmann*, § 5 zur SE und *Burgard*, § 6 zur Organhaftung in Verein und Stiftung.
2 Vgl. zur Haftung als faktisches Organmitglied aus der Rechtsprechung BGH v. 9.7.1979 – II ZR 118/77, BGHZ 75, 96, 106 – Herstattbank (mit Ablehnung der Haftung im konkreten Fall); BGH v. 25.2.2002 – II ZR 196/00, BGHZ 150, 61, 69 = GmbHR 2002, 549, 552; BGH v. 27.6.2005 – II ZR 113/03, ZIP 2005, 1414, 1415 = GmbHR 2005, 1126; OLG Köln v. 15.2.2011 – 18 U 188/11, GmbHR 2012, 1358, 1359 ff.; sowie aus dem Schrifttum zur Haftung bei fehlerhafter Bestellung und faktischer Organstellung: *Hopt/Roth* in Großkomm. AktG, § 93 AktG Rz. 358 ff.; *Fleischer* in Spindler/Stilz, § 93 AktG Rz. 180 ff.; *Seyfarth*, Vorstandsrecht, § 3 Rz. 95 ff. und § 23 Rz. 7 m.w.N.; *Hüffer/Koch*, § 93 AktG Rz. 37–39; *Kleindiek* in Lutter/Hommelhoff, Anh. zu § 43 GmbHG Rz. 3 ff.
3 *Kleindiek* in Lutter/Hommelhoff, Anh. zu § 6 GmbHG Rz. 3; *Spindler* in MünchKomm. AktG, § 84 AktG Rz. 56.
4 *Zöllner/Noack* in Baumbach/Hueck, § 35 GmbHG Rz. 172; *Fleischer* in Spindler/Stilz, § 84 AktG Rz. 25.
5 BGH v. 14.11.1983 – II ZR 33/83, BGHZ 89, 48, 52 = GmbHR 1984, 151, 152 = AG 1984, 48 – Reemtsma; BGH v. 10.1.2000 – II ZR 251/98, ZIP 2000, 508, 509; BGH v. 28.10.2002 – II ZR 146/02, GmbHR 2003, 100; OLG Schleswig v. 16.11.2000 – 5 U 66/99, AG 2001, 651, 653; *Hüffer/Koch*, § 84 AktG Rz. 2; *Wiesner* in MünchHdb. AG, § 20 Rz. 11; *Fleischer* in Spindler/Stilz, § 84 AktG Rz. 7; *Zöllner/Noack* in Baumbach/Hueck, § 35 GmbHG Rz. 16; *Bernhardt/Bredol*, NZG 2015, 419, 422; a.A. *Baums*, Der Geschäftsleitervertrag, 1987, S. 3 ff., 451.

stellungs- und Anstellungsverhältnis bilden auch kein einheitliches Rechtsgeschäft im Sinne des § 139 BGB.[1] Die Organstellung ist unabhängig davon, wann das Anstellungsverhältnis des Organmitglieds beginnt und endet.[2] Die rechtliche Eigenständigkeit des Anstellungsverhältnisses zeigt sich insbesondere darin, dass die (vorzeitige) Beendigung der Bestellung keineswegs automatisch zur gleichzeitigen Beendigung des Anstellungsverhältnisses führt, auch wenn es zulässig ist, das Schicksal des Anstellungsverhältnisses an den Fortbestand der Organstellung durch eine sogenannte Koppelungsklausel zu knüpfen.[3] Das Organmitglied hat einen Anspruch auf Abschluss eines GmbH-Geschäftsführervertrags oder eines Vorstands-Dienstvertrags, weil es niemandem zugemutet werden kann, die Funktion eines Organmitglieds, mit der insbesondere auch Haftungsrisiken einhergehen, ohne dienstvertragliche Grundlage, welche vor allem die Vergütung regelt, wahrzunehmen.[4]

9.3 Unter dem Blickwinkel der Haftung stellt sich für die Beteiligten vornehmlich die Frage, welchen Einfluss GmbH-Geschäftsführervertrag und Vorstands-Dienstvertrag auf die Haftung der Manager haben: Welche anstellungsvertraglichen Regelungen sind relevant für die Haftung? Ist es möglich, das Haftungsregime für die Organmitglieder erträglicher zu gestalten, insbesondere durch haftungsabmildernde Vereinbarungen zum Haftungsmaßstab oder zur Verfolgung von Haftungsansprüchen? Kann die Haftung, umgekehrt, verschärft werden? In welchem Verhältnis stehen die Anspruchsgrundlagen, welche aus einer Verletzung des Dienstvertrags resultieren, zur organschaftlichen Haftung? Kurzum: Welchen Regelungsspielraum haben die Beteiligten? Auf welche Punkte muss man unter dem Aspekt der Haftung achten, wenn es um einen GmbH-Geschäftsführervertrag und Vorstands-Dienstvertrag geht?

B. Vorstands-Dienstvertrag in der AG

I. Zwingendes Aktienrecht als Grenze dienstvertraglicher Regelungen

9.4 Der Grundsatz privatautonomer Gestaltungsfreiheit findet für den Vorstands-Dienstvertrag eine erhebliche Einschränkung durch die zwingenden Vorschriften des Aktienrechts. Es liegt zwar grundsätzlich auch für den Dienstvertrag eines Vorstandsmitglieds im privatautonomen Belieben der Parteien, dasjenige zu vereinbaren, was ihren Vorstellungen entspricht. Nach herrschender und zutreffender Auffassung dürfen sich die Parteien aber über zwingende Vor-

---

1 *Mertens/Cahn* in KölnKomm. AktG, § 84 AktG Rz. 4; *Zöllner/Noack* in Baumbach/Hueck, § 35 GmbHG Rz. 16.
2 BGH v. 6.4.1964 – II ZR 75/62, BGHZ 41, 282, 287; *Hopt/Roth* in Großkomm. AktG, § 93 AktG Rz. 349; *Zöllner/Noack* in Baumbach/Hueck, § 43 GmbHG Rz. 2 und 4.
3 Zur Koppelung des Anstellungsverhältnisses an die Organstellung: BGH v. 29.5.1989 – II ZR 220/88, GmbHR 1989, 415; BGH v. 21.6.1999 – II ZR 27/98, GmbHR 1999, 1140, 1141 f. (zum GmbH-Geschäftsführer); OLG Saarbrücken v. 8.5.2013 – 1 U 154/12-43, GmbHR 2013, 758; *Beiner/Braun*, Vorstandsvertrag, 2. Aufl. 2014, Rz. 277 ff.; *Hoffmann-Becking*, ZHR 169 (2005), 155, 169 f.; *Spindler* in MünchKomm. AktG, § 84 AktG Rz. 179; *Fleischer* in Spindler/Stilz, § 84 AktG Rz. 42; *Seyfarth*, Vorstandsrecht, § 20 Rz. 5 ff.; *Tschöpe/Wortmann*, NZG 2009, 85, 87; a.A. *Eckardt*, AG 1989, 431, 432; zweifelnd für „langfristige Anstellungsverträge" *Bauer/Diller*, GmbHR 1998, 809, 810 f.
4 BGH v. 14.11.1983 – II ZR 33/83, BGHZ 89, 48, 52 f. = GmbHR 1984, 151, 152 = AG 1984, 48 – Reemtsma.

schriften des Aktiengesetzes nicht durch anstellungsvertragliche Regelungen hinwegsetzen.[1] Das folgt dogmatisch aus dem **Grundsatz der Satzungsstrenge** im Aktienrecht gem. § 23 Abs. 5 AktG[2], der für sich genommen zwar nur die Satzungsautonomie der Aktionäre einschränkt, zugleich aber das allgemeine Prinzip zum Ausdruck bringt, dass sich auch die Gesellschaft im Rahmen der von ihr abgeschlossenen Verträge mit ihren Organmitgliedern trotz des Grundsatzes der Privatautonomie nicht über die zwingenden Vorschriften des Aktiengesetzes hinwegsetzen darf. Es ist zwar vereinzelt vertreten worden, dass der in § 23 Abs. 5 AktG zum Ausdruck gebrachte Grundsatz der Satzungsstrenge nicht zwingend anstellungsvertraglichen Haftungsmodifikationen entgegenstehe, weil – so die These – vertraglich durchaus erlaubt sein könne, was satzungsmäßig unzulässig sei.[3] Das kann indes nicht überzeugen, weil es das korporative Kompetenzgefüge in der Aktiengesellschaft völlig außer Kraft setzte, wenn Aufsichtsrat und Vorstandsmitglied im Dienstvertrag Vereinbarungen treffen dürften und ihnen Regelungsspielräume eröffnet wären, welche den Aktionären im Rahmen ihrer Satzungsautonomie qua gesetzlicher Regelung verschlossen sind. Die Auffassung, wonach eine Haftungsabmilderung im Dienstvertrag vereinbart werden könne, obwohl sie nicht in die Satzung aufgenommen werden darf, hat daher zu Recht im Schrifttum keine Gefolgschaft gefunden.[4]

9.5 Damit stellt sich im Kontext der Haftung von Vorstandsmitgliedern der AG vor allem die Frage, ob auch die Regelungen aus § 93 AktG, welche das organschaftliche Haftungsregime mit Fahrlässigkeitshaftung am Maßstab des gewissenhaften Geschäftsleiters, Beweislastumkehr, langen Verjährungsfristen sowie gläubigerschützenden Verzichts- und Vergleichsrestriktionen enthalten, zu den zwingenden Regelungen gehören, von denen gem. § 23 Abs. 5 AktG weder in der Satzung noch im Vorstands-Dienstvertrag abgewichen werden kann. Das ist der Fall: Nach zutreffender und ganz herrschender Auffassung enthält **§ 93 AktG zwingendes Recht**.[5] Ungeachtet der rechtspolitischen Diskussionen[6] und Forderungen nach größeren Handlungs-

---

[1] Vgl. dazu *Kort* in Großkomm. AktG, § 84 AktG Rz. 282 und 284; *Habersack*, NZG 2015, 1297, 1299; *Spindler* in MünchKomm. AktG, § 84 AktG Rz. 56 formuliert, dass die „besonderen aktienrechtlichen Regelungen" den allgemeinen für den Dienstvertrag oder Auftrag geltenden Vorschriften vorgehen.

[2] Zur Ableitung des zwingenden Charakters der aktienrechtlichen Haftungsregelungen aus § 23 Abs. 5 AktG vgl. nur *Uwe H. Schneider* in FS Werner, 1984, S. 795, 803; *Fleischer*, WM 2005, 909, 914; *Fleischer*, ZIP 2014, 1305.

[3] In diesem Sinne *Seibt*, NZG 2015, 1097, 1102; in seiner Duplik auf die Erwiderung von *Habersack* in NZG 2015, 1297 wiederholt *Seibt* diese These nicht, weil er argumentiert, die von ihm vorgeschlagene Halbvermögensschutzklausel (vgl. dazu näher unten Rz. 9.14) sei mit geltendem Aktienrecht vereinbar, weshalb es von vornherein (doch nicht) zu einem Konflikt zwischen schuldrechtlichem Anstellungsverhältnis und zwingendem Aktienrecht komme, vgl. *Seibt*, NZG 2016, 361, 363.

[4] Ausdrücklich *Habersack*, NZG 2015, 1297, 1299; *Schockenhoff*, ZHR 180 (2016), 197, 221 f.; *Wettich*, AG 2017, 60, 66.

[5] *Mertens/Cahn* in KölnKomm. AktG, § 93 AktG Rz. 8; *Spindler* in MünchKomm. AktG, § 93 AktG Rz. 11; *Fleischer* in Spindler/Stilz, § 93 AktG Rz. 3; *Hopt/Roth* in Großkomm. AktG, § 93 AktG Rz. 47; *Krieger/Sailer-Coceani* in K. Schmidt/Lutter, § 93 AktG Rz. 3; *Seyfarth*, Vorstandsrecht, § 23 Rz. 1; *Hüffer/Koch*, § 93 AktG Rz. 2; *Wiesner* in MünchHdb. AG, § 26 Rz. 2; a.A. *Hoffmann*, NJW 2012, 1393, 1395; *Grunewald*, AG 2013, 813, 815.

[6] Vgl. dazu insbesondere die Diskussionen rund um den 70. Deutschen Juristentag in Hannover 2014, der sich der Reformbedürftigkeit der Organhaftung widmete, vor allem *Bachmann*, Reform der Organhaftung? Materielles Haftungsrecht und seine Durchsetzung in privaten und öffentlichen Unternehmen, Gutachten zum 70. Deutschen Juristentag, in Verhandlungen des 70. DJT, 2014, Band I, Gutachten E; ferner die Referate von *Sailer-Coceani*, *Kremer* und *Uwe H. Schneider*, Band II/1, Teil N.

spielräumen für die Beteiligten muss nach geltendem Recht festgehalten werden, dass der Gesetzgeber ein geschlossenes und zudem gläubigerschützendes System in § 93 AktG normiert hat, das daher auch eine „abschließende Regelung" im Sinne von § 23 Abs. 5 AktG enthält. Das Haftungsregime der Aktiengesellschaft kann daher *de lege lata* weder in der Satzung noch im Vorstands-Dienstvertrag ausgeschlossen oder modifiziert werden.

II. Wesentliche typische Regelungsinhalte des Vorstands-Dienstvertrags

Vorstands-Dienstverträge deutscher Aktiengesellschaften enthalten in der Praxis vielfach einander sehr ähnliche Regelungen.[1] Sie beschreiben typischer Weise in groben Zügen die Pflichten und Aufgaben des Vorstandsmitglieds, regeln dessen Bezüge, betonen besondere Obliegenheiten des Vorstandsmitglieds (Verschwiegenheit, Pflicht zur Mandatsübernahme in konzernverbundenen Gesellschaften, Auskunfts- und Herausgabepflichten bei Mandatsbeendigung), gewähren bestimmte Ansprüche (Auslagen, Urlaub, Dienstwagen, Entgeltfortzahlung im Krankheitsfall), enthalten bisweilen Regelungen zu einem – nachvertraglichen – Wettbewerbsverbot, regeln etwaige Versorgungsleistungen und bestimmen schließlich die Dauer des Anstellungsverhältnisses einschließlich von Sonderkündigungsrechten etwa im Fall einer Übernahme (Change-of-Control-Klauseln). Es liegt an dem Vorrang der zwingenden aktienrechtlichen Bestimmungen, dass die Vorstands-Dienstverträge indes regelmäßig nur wenige Klauseln enthalten, die explizit und unmittelbar Haftungsrelevanz haben (vgl. aber zu denkbaren Regelungen Rz. 9.11 ff.).

9.6

Das bedeutet allerdings nicht, dass die Regelungen im Vorstands-Dienstvertrag gänzlich irrelevant für die materielle Haftung wären. Es ist etwa zulässig und nicht unüblich, wenngleich auch keineswegs zwingend, einem Vorstandsmitglied bereits im Dienstvertrag eine bestimmte **Ressortverantwortung** zuzuweisen oder vertraglich zu regeln, dass das Vorstandsmitglied als Vorsitzender des Vorstands fungieren soll. Ungeachtet der Gesamtverantwortung aller Vorstandsmitglieder kann aus der Ressortzuständigkeit eine besondere Verantwortlichkeit für die ordnungsgemäße Geschäftsführung in dem jeweiligen Ressort erwachsen.[2] Spiegelbildlich dürfen sich die ressortfremden Vorstandsmitglieder darauf verlassen, dass die Primärverantwortung für die ordnungsgemäße Geschäftsführung in den anderen Ressorts bei den jeweils ressortverantwortlichen Vorstandsmitgliedern liegt, so dass sich die ressortfernen Vorstandsmitglieder im Wesentlichen auf eine (horizontale) Überwachung beschränken können. Die Ressortzuweisung im Dienstvertrag ändert mithin zwar nicht unmittelbar den Haftungsmaßstab oder das Haftungsregime, hat aber doch materielle Bedeutung, weil sie die Aufgabe des betreffenden Vorstandsmitglieds genauer beschreibt und abgrenzt. Wenn dem Manager im

9.7

---

1 Die Typisierung von Vorstands-Dienstverträgen lässt sich beobachten, wenn man insgesamt die Aktiengesellschaften in Deutschland in den Blick nimmt und einen Vergleich der Verträge anstellt, aber sie findet sich auch innerhalb einer einzelnen Gesellschaft. Die meisten Gesellschaften legen Wert darauf, dass es einen „Mustervertrag" gibt, der mehr oder weniger für alle Vorstandsmitglieder Anwendung findet. Daher sind die Vorstands-Dienstverträge in diesen Fällen auch regelmäßig als allgemeine Geschäftsbedingungen einzuordnen und unterliegen der entsprechenden AGB-Kontrolle anhand der §§ 305 ff. BGB; vgl. hierzu: *Bauer/Arnold*, ZIP 2006, 2337, 2338; *Bauer* in FS Wank, 2014, S. 1; *Seyfarth*, Vorstandsrecht, § 4 Rz. 19 ff.; *Kleindiek* in Lutter/Hommelhoff, Anh. zu § 6 GmbHG Rz. 2.
2 Vgl. zur haftungsrechtlichen Bedeutung der Geschäftsverteilung unten *E. Vetter*, Rz. 22.19 ff.; auch *Seyfarth*, Vorstandsrecht, § 2 Rz. 11–13 und § 23 Rz. 62; zur besonderen Verantwortlichkeit des Vorstandsvorsitzenden dort § 23 Rz. 60; zur GmbH: *Uwe H. Schneider* in Scholz, § 43 GmbHG Rz. 37 ff.; *Kleindiek* in Lutter/Hommelhoff, § 43 GmbHG Rz. 29.

Vorstands-Dienstvertrag ein bestimmtes Ressort zugewiesen ist, dann verstärkt und akzentuiert das eine Ressortzuweisung qua interner Geschäftsverteilung oder Geschäftsordnung und schneidet allen Beteiligten von vornherein den Einwand ab, es habe Unklarheiten über die Ressortzuweisung gegeben. Freilich darf sich die anstellungsvertragliche Ressortzuweisung nicht über die Regelungen der Satzung oder einer vom Aufsichtsrat gem. § 77 Abs. 2 Satz 1 AktG erlassenen Geschäftsordnung hinwegsetzen.[1]

9.8 Weitere Regelungen im Vorstands-Dienstvertrag, die ebenfalls nicht den Haftungsmaßstab als solchen berühren, aber für die Haftungsdurchsetzung und gegebenenfalls streitige Auseinandersetzungen Bedeutung haben, sind Rechtswahlklauseln, Gerichtsstandvereinbarungen und auch Schiedsvereinbarungen (vgl. dazu Rz. 9.23 ff.). Der eigentliche Regelungsgehalt der meisten Vorstands-Dienstverträge liegt jedoch in den **Vergütungsregelungen** einschließlich der Regelungen von Versorgungsleistungen. Insbesondere die langfristig angelegten variablen Vergütungskomponenten enthalten bisweilen Malus-Regelungen, falls es in dem Ressort eines Vorstandsmitglieds zu Rechtsverletzungen oder Compliance-Verstößen kommt. Entsprechende Rechtsverletzungen oder Compliance-Verstöße mögen dann auch haftungsrelevant sein. Rechtlich sind aber Vergütung und Haftung strikt zu trennen. Die Vergütungs- und Versorgungsansprüche des Vorstandsmitglieds aus den Vorstands-Dienstverträgen spielen daher im Haftungsfall aus Sicht der Gesellschaft vor allem als Aufrechnungsposten eine Rolle. Es ist freilich im Einzelfall zu prüfen und keinesfalls unproblematisch, ob die Gesellschaft im Haftungsfall ihren Schadensersatzanspruch auch mit Versorgungsleistungen des Vorstandsmitglieds aufrechnen darf.[2] Ein Aufrechnungsverbot zugunsten des Vorstandsmitglieds ist zulässig, kommt aber in der Praxis in Vorstands-Dienstverträgen selten vor. Dagegen sollten Vorstandsmitglieder, wenn sie vorzeitig aus der Gesellschaft ausscheiden und ihr Anstellungsverhältnis mit einer Aufhebungsvereinbarung beenden, für noch ausstehende Zahlungen auf ein Aufrechnungsverbot beharren, weil sie sonst Gefahr laufen, dass die Gesellschaft im Fall etwaiger Haftungsansprüche (erst einmal) die ausstehenden Bezüge nicht zahlt.[3]

III. Haftung wegen Verletzung des Vorstands-Dienstvertrags

9.9 Der Dienstvertrag des Vorstandsmitglieds besteht in aller Regel mit der Gesellschaft (zur Drittanstellung vgl. Rz. 9.18 f.). Der **Gesellschaft** steht daher bei einer schuldhaften Verletzung der Pflichten aus dem Vorstands-Dienstvertrag prinzipiell ein Schadensersatzanspruch nach § 280 Abs. 1 BGB zu. Eine eigenständige praktische Bedeutung hat diese Anspruchsgrundlage indes nicht. Dabei kann es dahinstehen, ob dogmatisch Verletzungen der Pflichten aus dem Vorstands-Dienstvertrag bereits abschließend durch § 93 AktG sanktioniert sind[4], oder ob die positive Vertragsverletzung aus § 280 Abs. 1 BGB eine konkurrierende Anspruchsgrundlage ist, welche aber den Sonderregelungen des § 93 AktG unterliegt.[5] Da die materiellen Bestimmungen des § 93 AktG (vor allem Haftungsmaßstab und Beweislastumkehr) zwingend sind, gelten sie im Ergebnis auch für Ansprüche auf dienstvertraglicher Grundlage. Aufgrund der

---

1 Dazu *E. Vetter*, Rz. 22.44 ff.
2 Vgl. dazu *Seyfarth*, Vorstandsrecht, § 6 Rz. 86 sowie zur GmbH *Jaeger* in MünchKomm. GmbHG, § 35 GmbHG Rz. 357.
3 Ausführlich zu Aufhebungsvereinbarungen *Seyfarth*, Vorstandsrecht, § 21.
4 In diesem Sinne aus dem aktienrechtlichen Schrifttum: *Mertens/Cahn* in KölnKomm. AktG, § 93 AktG Rz. 4 und 124; wohl auch *Hopt/Roth* in Großkomm. AktG, § 93 AktG Rz. 46 und 321.
5 *Hüffer/Koch*, § 93 AktG Rz. 36 betont ebenfalls, dass die Frage „praktisch folgenlos" ist.

langen Verjährungsfristen des § 93 Abs. 6 AktG ist es auch nicht vorstellbar, dass sich die Gesellschaft nach Ablauf der organschaftlichen Verjährungsfrist noch auf eine anstellungsvertragliche Anspruchsgrundlage stützen könnte.

Da Dritte und vor allem Aktionäre nur ausnahmsweise ein eigenes Verfolgungsrecht hinsichtlich organschaftlicher Haftungsansprüche gegen Organmitglieder der AG haben oder die Geltendmachung durch einen besonderen Vertreter veranlassen können (vgl. dazu §§ 93 Abs. 5, 117 Abs. 5, 147, 148, 309 Abs. 4, 310 Abs. 4, 317 Abs. 4, 318 Abs. 4 AktG)[1], stellt sich die Frage, ob sie sich auf eine Verletzung des Vorstands-Dienstvertrags gem. §§ 241 Abs. 2, 280 Abs. 1 BGB berufen können. Ein solcher Anspruch scheitert indes daran, dass der Vorstands-Dienstvertrag **kein Vertrag mit Schutzwirkung zugunsten Dritter** ist. Eine Einstufung als Vertrag mit Schutzwirkung zugunsten Dritter würde nach den allgemeinen zivilrechtlichen Grundlagen voraussetzen, dass der Dritte bestimmungsgemäß mit der dienstvertraglichen Leistung in Berührung kommt und den Gefahren von Pflichtverletzungen ebenso ausgesetzt ist wie die Gesellschaft selbst (Leistungsnähe), dass die Gesellschaft für den Aktionär oder sonstigen Dritten in besonderer Weise mitverantwortlich ist oder an seiner Einbeziehung in den Schutzbereich des Vertrags ein besonderes Interesse hat (Einbeziehungsinteresse), dass die Drittbezogenheit der Leistung und Gläubigernähe des Dritten für das Vorstandsmitglied ersichtlich ist (Erkennbarkeit) und dass schließlich an der Ausdehnung des Vertragsschutzes nach Treu und Glauben ein Bedürfnis besteht (Schutzbedürftigkeit).[2] In Bezug auf „normale" Dritte fehlt es regelmäßig schon an der Leistungsnähe. Mit Blick auf die Aktionäre mögen zwar Leistungsnähe und Einbeziehungsinteresse vorliegen, aber es fehlt jedenfalls an der Schutzbedürftigkeit, weil der mittelbare Schaden des Aktionärs durch den Organinnenhaftungsanspruch der Gesellschaft ausgeglichen werden kann. Es entspricht daher allgemeiner und zutreffender Auffassung, dass der Vorstands-Dienstvertrag kein Vertrag mit Schutzwirkung zugunsten Dritter ist.[3]

IV. Haftungsentlastende Regelungen im Vorstands-Dienstvertrag?

1. Vorbemerkung

Da die Bestimmungen des § 93 AktG zwingender Natur sind (vgl. Rz. 9.5), kann das aktienrechtliche Haftungsregime weder durch die Satzung noch durch den Vorstands-Dienstvertrag ausgeschlossen oder modifiziert werden. Da andererseits das Haftungsregime vielfach als zu rigide empfunden wird, gibt es immer wieder Vorschläge, die darauf abzielen, den Vorstandsmitgliedern Entlastung zu verschaffen. Dazu gehören auch Vorschläge haftungsentlastender Regelungen im Vorstands-Dienstvertrag. Auch wenn sämtliche Vorschläge, um es vorweg zu nehmen, *de lege lata* auf Bedenken stoßen und unzulässig sind, sollen sie im Folgenden in der gebotenen Kürze vorgestellt werden.

---

1 Umfassend zur Organhaftung gegenüber Dritten, insbesondere auch aus deliktischer Haftung, oben *Altmeppen*, § 7.
2 *Grüneberg* in Palandt, § 328 BGB Rz. 16–18.
3 *Spindler* in MünchKomm. AktG, § 93 AktG Rz. 300; *Seyfarth*, Vorstandsrecht, § 23 Rz. 156; für den GmbH-Geschäftsführervertrag *Uwe H. Schneider* in Scholz, § 43 GmbHG Rz. 303 (dort im Verhältnis zu den Gesellschaftern); *Zöllner/Noack* in Baumbach/Hueck, § 43 GmbHG Rz. 64 und in Rz. 66 zum Sonderproblem, ob das Anstellungsverhältnis eines GmbH-Geschäftsführers mit einer Komplementär-GmbH gegenüber der KG drittschützende Wirkung hat; zu diesem Sonderproblem auch *Uwe H. Schneider* in Scholz, § 43 GmbHG Rz. 424 ff.

2. Vereinbarung eines reduzierten Haftungsmaßstabs

9.12 Die organschaftliche Haftung der Vorstandsmitglieder ist eine Haftung auch für leichte Fahrlässigkeit.[1] Im Schrifttum ist vertreten worden, schon nach geltendem Recht sei es zulässig, die Haftung der Vorstandsmitglieder auf Fälle von Vorsatz und grober Fahrlässigkeit zu beschränken.[2] *Bachmann* vertritt die Auffassung, der Maßstab der groben Fahrlässigkeit stecke bereits in dem Tatbestandsmerkmal „vernünftigerweise" im Rahmen der Business Judgment Rule (§ 93 Abs. 1 Satz 2 AktG).[3] Diese Auffassungen haben sich indes zu Recht nicht durchgesetzt.[4] Vom Wortlaut her und seiner Systematik nach erfasst § 93 Abs. 1 Satz 1, Abs. 2 Satz 2 AktG mit der Bezugnahme auf den ordentlichen und gewissenhaften Geschäftsleiter sowohl vorsätzliches als auch fahrlässiges Handeln. Es handelt sich dabei um eine abschließende gesetzliche Regelung, die folglich gem. § 23 Abs. 5 Satz 2 AktG weder in der Satzung noch im Anstellungsvertrag verändert werden kann. Es ist auch auf die eigenverantwortliche Stellung der Vorstandsmitglieder hingewiesen worden, welche den Maßstab der Fahrlässigkeit gebiete, ferner auf die gläubigerschützende Vorschrift des § 93 Abs. 5 AktG, welche unterminiert würde, wenn die Haftung qua anstellungsvertraglicher Regelung auf Vorsatz und grobe Fahrlässigkeit beschränkt würde.[5] Es kann also nichts anderes bestimmt werden, welches die Grundregel aus § 276 Abs. 1 Satz 1 BGB ändern würde.[6] Im Übrigen ist es – worauf unter anderem *Habersack* hingewiesen hat – aus Gründen der Verhaltenssteuerung, aber auch mit Blick auf legitime Gerechtigkeitserwartungen auch de lege ferenda keineswegs evident, dass eine Beschränkung der Haftung für Vorstandsmitglieder, die gem. § 76 Abs. 1 AktG in ziemlich weitgehender Unabhängigkeit agieren und mit großen Einflussmöglichkeiten ausgestattet Treuhänder fremden Vermögens sind, auf Vorsatz und grobe Fahrlässigkeit angezeigt wäre.[7] Schließlich wäre ein solchermaßen reduzierter Haftungsmaßstab auch ein systematischer Fremdkörper im bürgerlichen Recht, das im Übrigen eine Absenkung des Haftungsmaßstabs nur für ehrenamtliche, unentgeltliche und selbstlose Tätigkeiten sowie in § 708 BGB für die Haftung von Personengesellschaftern vorsieht.[8]

3. Haftungsobergrenzen

9.13 In der Kautelarpraxis, aber auch im rechtswissenschaftlichen Schrifttum ist immer wieder die Frage erörtert worden, ob es zulässig sei, im Vorstands-Dienstvertrag oder gegebenenfalls auch (nur) in der Satzung eine Haftungsobergrenze für die Haftung der Vorstandsmitglieder festzusetzen.[9] Durch solche Haftungsobergrenzen, die teilweise auch vornehmlich für die

---

1 *Hopt/Roth* in Großkomm. AktG, § 93 AktG Rz. 392.
2 *Hoffmann*, NJW 2012, 1393, 1395, der allerdings eine Ausnahme für den Bereich des Produkthaftungsrechts und Wertpapierhandelsgesetzes macht, weil der Gesetzgeber dort entweder verschuldensunabhängige Haftungstatbestände eingeführt habe oder ein deliktischer Charakter in den Haftungsnormen mitschwinge.
3 *Bachmann* in FS Stilz, 2014, S. 25, 30 ff.; dagegen *Paefgen*, AG 554, 562.
4 Dazu nur *Grunewald*, AG 2013, 813, 815; *Hopt/Roth* in Großkomm. AktG, § 93 AktG Rz. 47 f.; *Fleischer* in Spindler/Stilz, § 93 AktG Rz. 4; *Hopt/Roth* in Großkomm. AktG, § 93 AktG Rz. 393.
5 *Fleischer* in Spindler/Stilz, § 93 AktG Rz. 4 m.w.N.
6 *Hopt/Roth* in Großkomm. AktG, § 93 AktG Rz. 47.
7 *Habersack*, ZHR 177 (2013), 782, 803; dagegen aufgeschlossener gegenüber dem Gedanken einer Begrenzung der Verantwortung auf Vorsatz und grobe Fahrlässigkeit *Spindler*, AG 2013, 889, 895.
8 Darauf weist u.a. *Fleischer* in Spindler/Stilz, § 93 AktG Rz. 9b hin.
9 Für die Zulässigkeit einer Haftungsobergrenze, die allerdings in der Satzung verankert sein müsse, plädiert *Grunewald*, AG 2013, 813, 815 f.; ablehnend dagegen *Habersack*, ZHR 177 (2013), 782,

Fälle der leichten Fahrlässigkeit propagiert werden[1], soll das potentiell existenzvernichtende Haftungsregime für die Vorstandsmitglieder in der Aktiengesellschaft auf ein zuträgliches Maß reduziert werden (wo immer das liegen mag). Eine Haftungsobergrenze sei – so das Argument – auch mit § 23 Abs. 5 AktG vereinbar, weil § 93 AktG zwar regele, dass die Vorstandsmitglieder bei einer Verletzung der Pflichten ihrer Gesellschaft den Schaden ersetzen müssten, aber nicht zwingend den „vollen Schaden" bis zur Ausschöpfung ihres Privatvermögens. Auch die durch § 93 Abs. 4 Satz 3 AktG geschützten Gläubigerinteressen stünden einer Haftungsobergrenze nicht im Wege, weil es keineswegs ausgemacht sei, dass Vorstandsmitglieder weniger sorgfältig in ihrer Amtsführung seien, falls Satzung und Vorstands-Dienstvertrag eine entsprechende Haftungsobergrenze enthielten.[2] Auch wenn *de lege ferenda* gute Gründe für die Einführung einer Haftungsobergrenze sprechen mögen und der Deutsche Juristentag 2014 den Gesetzgeber dazu aufgefordert hat, die Möglichkeit von Haftungsobergrenzen qua Satzungsregelung zu ermöglichen,[3] steht das geltende Aktienrecht sowohl auf Satzungsebene als auch im Dienstvertrag Haftungsobergrenzen entgegen.[4] Denn auch insoweit muss von einer abschließenden gesetzlichen Regelung ausgegangen werden, die gerade keine Haftungsobergrenze vorsieht, obwohl der Gesetzgeber an anderer Stelle, etwa mit § 87 Abs. 1 Satz 3 AktG im Rahmen der Vorstandsvergütung, sehr wohl die Möglichkeit von absoluten Obergrenzen kennt und nutzt.

4. Einschränkung der Verfolgungspflicht des Aufsichtsrats

Im Schrifttum ist im Kontext der als allzu scharf empfundenen Haftung der Vorstandsmitglieder insbesondere von *Seibt* der Vorschlag unterbreitet worden, dass sich die Gesellschaft bereits im Vorstands-Dienstvertrag verpflichtet, im Haftungsfall den Regressanspruch aus „typisierten Gründen des Unternehmenswohls" so zu begrenzen, dass dem Vorstandsmitglied nach erfolgter Inanspruchnahme 50 % des Wertes einer Vermögensaufstellung i.S. des § 802c Abs. 2 ZPO erhalten bleibt (Klausel zur **Halbvermögensschonung**).[5] Dogmatisch soll es sich hierbei um eine Vorwegbindung des Ermessens des Aufsichtsrats im Rahmen der Haftungsverfolgung handeln, mithin um eine Haftungserleichterung, die sich gerade im System des § 93 AktG bewege und an dem durch die Garmenbeck-Rechtsprechung[6] anerkannten Prüfungs- und Pflichtenprogramm des Aufsichtsrats ansetze.[7] Mit dieser Vorwegbindung soll der „groben Disproportionalität" zwischen Pflichtverstoß des Vorstandsmitglieds und Haftungsumfang Rechnung getragen werden. Ausnahmsweise gelte die Halbvermögensverschonung dann nicht, wenn trotz grober Disproportionalität die vom Aufsichtsrat im Vorstands-

9.14

803; tendenziell kritisch auch *Fleischer*, ZIP 2014, 1305, 1312, der lediglich *de lege ferenda* die Möglichkeit satzungsmäßiger Haftungshöchstsummen für erwägenswert hält.
1 *Spindler*, AG 2013, 889, 895.
2 In diesem Sinne *Grunewald*, AG 2013, 813, 816.
3 Deutscher Juristentag, Beschlüsse der Abteilung Wirtschaftsrecht des 70. DJT 2014, I. 2. und 3 b), in Verhandlungen des 70. DJT, 2014, Band II.2, Beschlüsse der Abteilung Wirtschaftsrecht, N 211.
4 Vgl. dazu aus dem Schrifttum nur *Fleischer* in Spindler/Stilz, § 93 AktG Rz. 9b; *Reichert*, ZHR 177 (2013), 756, 779 f., der freilich für eine Einschränkung der Haftung im Einzelfall unter dem Aspekt der organschaftlichen Treupflicht plädiert; auch *Hopt/Roth* in Großkomm. AktG, § 93 AktG Rz. 401, die *de lege ferenda* für die Satzungsfreiheit plädieren, Haftungsobergrenzen einführen zu dürfen; ähnlich *Krieger/Sailer-Coceani* in K. Schmidt/Lutter, § 93 AktG Rz. 39.
5 Vgl. den Vorschlag einer entsprechenden Klausel bei *Seibt*, NZG 2015, 1097, 1102.
6 BGH v. 21.4.1997 – II ZR 175/95, BGHZ 135, 244 = AG 1997, 377 – ARAG/Garmenbeck; dazu aus dem reichhaltigen Schrifttum nur *Goette*, ZHR 176 (2012), 588; *Habersack*, NZG 2016, 321.
7 *Seibt*, NZG 2016, 361, 362 f.

Dienstvertrag vorweg genommene typisierte Abwägungsentscheidung zu Gunsten einer Halbvermögensverschonung im Zeitpunkt der tatsächlichen Entscheidung über die Anspruchsverfolgung in Anbetracht der tatsächlichen Sonderumstände gegen zwingendes Recht verstoßen würde, wobei dem Aufsichtsrat allerdings eine Abweichung von der vorweggenommenen Abwägungsentscheidung aus Zweckmäßigkeitserwägungen nicht gestattet sein soll.[1] Bei dieser Ausnahmeregelung soll es sich um eine Ausprägung des aus dem angelsächsischen Rechtskreis bekannten „Fiduciary Out" handeln.

9.15 Der Vorschlag ist dogmatisch schon deshalb interessant, weil er (scheinbar) im Rahmen des geltenden Rechts bleibt und die zwingenden Vorschriften des § 93 AktG (vermeintlich) unberührt lässt. Dieser Eindruck trügt aber: Auch eine **dienstvertraglich zugesagte Haftungsverschonung** des Vorstandsmitglieds durch Vorwegbindung verstößt gegen zwingende aktienrechtliche Vorschriften und ist daher **unzulässig**. Insbesondere steht die Klausel nicht im Einklang mit dem Verzichts- und Vergleichsverbot aus § 93 Abs. 4 Satz 3 AktG, wonach die Gesellschaft auf Haftungsansprüche gegen ihre Organmitglieder erst drei Jahre nach der Entstehung des Anspruchs und nur mit Zustimmung der Hauptversammlung verzichten darf.[2] Ferner hat *Habersack* zu Recht darauf hingewiesen, dass die Klausel zugleich das Verfolgungsrecht der Aktionäre aus §§ 147, 148 AktG unterlaufe, und von daher unzulässig sei. Neben diesen Aspekten ist der Vorschlag einer Halbvermögensverschonung auch in sich dogmatisch fragwürdig, weil er zwar an der Ermessensentscheidung des Aufsichtsrats ansetzt, diese aber durch eine Vorwegbindung präjudizieren will, während verantwortungsbewusste Ermessensentscheidungen gerade dadurch geprägt sind, dass sie alle abwägungsrelevanten Aspekte im Zeitpunkt der Entscheidung berücksichtigen. Es ist eine dogmatische Illusion anzunehmen, Lebenssachverhalte seien so typisiert, dass ohne weiteres wegen vermeintlich grober Disproportionalität eine bestimmte Ermessensentscheidung als im Unternehmensinteresse liegend richtig oder falsch wäre. Verantwortungsvolle Abwägung im Unternehmensinteresse ist immer zeit- und umstandsbezogen; sie kann nicht typisiert vorweggenommen werden. Der Vorschlag einer dienstvertraglich vorweggenommenen Bindung des Aufsichtsrats in Form einer Halbverschonungsklausel oder ähnlicher haftungsbeschränkender Klauseln ist daher im Schrifttum wohl einhellig auf Ablehnung gestoßen.[3] Auch in der Kautelarpraxis hat sich der Vorschlag daher nicht durchgesetzt. Im Gegenteil ist den Beteiligten davon abzuraten, solche Klauseln in die Vorstands-Dienstverträge aufzunehmen, weil sie die Vorstandsmitglieder in falscher Sicherheit wiegen, und überdies die Aufsichtsratsmitglieder jedenfalls potentiell einem eigenen Haftungsrisiko aussetzen.[4] Die Klausel zum vermeintlichen Halbvermögensschutz gibt mithin in Wahrheit mehr Steine statt Brot.

5. Weitere Konzepte: Haftungseinschränkung wegen betrieblich veranlasster Arbeit oder aufgrund Treubindung

9.16 Nicht unmittelbar an dienstvertragliche Regelungen, aber doch an Ausprägungen des Anstellungsverhältnisses knüpfen zwei weitere Konzepte an, welche auf eine Einschränkung der Haf-

---

1 Vgl. dazu den Formulierungsvorschlag in Abs. 2 der von *Seibt* vorgeschlagenen Klausel zur Halbvermögensverschonung, NZG 2015, 1097, 1102.
2 Vgl. zu § 93 Abs. 4 Satz 3 AktG aus der Rechtsprechung: BGH v. 8.7.2014 – II ZR 174/13, AG 2014, 751 – Plambeck (Fall betrifft die Übernahme einer Geldbuße durch die Gesellschaft).
3 Explizit *Habersack*, NZG 2015, 1297; *Schockenhoff*, ZHR 180 (2016), 197, 231 f.; *Deilmann/Dornbusch*, NZG 2016, 201, 206; *Wettich*, AG 2017, 60, 66.
4 Zu diesem Aspekt *Wettich*, AG 2017, 60, 67, der andeutet, dass der Aufsichtsrat im kritischen Fall dann doch unter Berufung auf die Regelung zum „fiduciary out" zu einer Anspruchsverfolgung neigen wird, schon um sich selbst keinen Haftungsgefahren auszusetzen.

tung für Vorstandsmitglieder abzielen. Zum einen wird argumentiert, die für Arbeitnehmer entwickelten Grundsätze zur **Haftungsbeschränkung bei einer betrieblich veranlassten Arbeit** seien entsprechend auf Vorstandsmitglieder anzuwenden.[1] Das hätte zum Ergebnis, dass eine Haftung der Vorstandsmitglieder bei leichter Fahrlässigkeit ausscheidet, bei höheren Graden der Fahrlässigkeit eine Aufteilung des Schadens zwischen Vorstandsmitglied und Gesellschaft erfolgt, und bei Vorsatz die volle Haftung eingreift. Begründet wird die Analogie damit, dass bei Vorstandsmitgliedern nicht anders als bei Arbeitnehmern bisweilen ein krasses Missverhältnis zwischen eigenem Einkommen und übernommenem Risiko bestehe und die Vorstandstätigkeit vielfach dem entspreche, was gemeinhin als „gefahrgeneigte Arbeit" bezeichnet wird. Auch bei Organmitgliedern bestehe bisweilen eine nur geringe Möglichkeit der Risikobeeinflussung und ein Missverhältnis zwischen Entlohnung und Haftungsrisiko.[2] Angestrebt wird eine abgestufte Form der Regressreduzierung. Überzeugend erscheint die Argumentation indes nicht, denn schon methodisch scheidet eine Analogie der von der Rechtsprechung für Arbeitnehmer entwickelten Grundsätze auf Vorstandsmitglieder mangels Regelungslücke aus. Vorstandsmitglieder sind auch nicht wie Arbeitnehmer mit beschränkten Einflussmöglichkeiten ausgestattet, sondern können kraft ihrer Leitungskompetenz und Arbeitgeberstellung die Geschicke des Unternehmens unmittelbar lenken. Sie tragen große Verantwortung, für das Unternehmen und für fremdes Vermögen, sind daher mit weitreichenden Kompetenzen ausgestattet und können die Organisation steuern – in alledem unterscheiden sie sich von Arbeitnehmern. Schließlich darf auch nicht verkannt werden, dass die arbeitsrechtliche Rechtsprechung zur Haftungsbeschränkung bei gefahrgeneigter Arbeit von dem Gedanken geprägt ist, dass der einzelne Arbeitnehmer oft keine Alternative zu der ausgeübten Arbeit hat, während das für Vorstandsmitglieder nicht in gleicher Weise gilt. In aller Regel sind Vorstandsmitglieder so hoch qualifiziert, dass sie auch anderen (weniger haftungsträchtigen) Tätigkeiten nachgehen könnten; wenn sich ein Manager indes für die Vorstandstätigkeit entscheidet, dann kann er nicht erwarten, dass ihm die Rechtsprechung *contra legem* aus Gründen der sozialen Fürsorge wie einem Arbeitnehmer zur Seite steht. Das Konzept einer Haftungsbeschränkung unter Rückgriff auf die Grundsätze zur betrieblich veranlassten Arbeit hat daher im Schrifttum auch keine breite Unterstützung gefunden.[3]

Zum anderen wird eine **Regressreduzierung aus Gründen der Fürsorge oder Treuepflicht** gegenüber dem Vorstandsmitglied vertreten.[4] Zutreffend an diesem Ansatz ist, dass der Aufsichtsrat bei seiner Entscheidung über die Anspruchsverfolgung keiner Automatik unterliegt und (selbstverständlich) auch überlegen kann und wohl sogar überlegen muss, ob eine volle Anspruchsdurchsetzung bis hin zur Privatinsolvenz des Vorstandsmitglieds unter Berücksichtigung aller Umstände angemessen ist. Tatsächlich geschieht dies in der Praxis auch, wie etwa der spektakuläre Vorstandsregress nach dem Siemens-Korruptionsskandal aus den Jahren nach 2006 gezeigt hat; auch dort hat die Gesellschaft zwar ihre Haftungsansprüche mit Blick auf abgestufte Verantwortlichkeiten durchgesetzt, aber die Vorstandsmitglieder nicht

9.17

---

1 Dieses Konzept (oder jedenfalls dieser Argumentationstopos in Verbindung mit dem Petitum für eine Regressreduzierung aus Gründen der Treuepflicht) wird vertreten von *Koch*, AG 2012, 429, 435 ff.; *Hoffmann*, NJW 2012, 1393, 1396 f.; *Casper*, ZHR 176 (2012), 617, 638 f.; *Hopt*, ZIP 2013, 1793, 1804; *Koch*, AG 2014, 513, 515; *Hüffer/Koch*, § 93 AktG Rz. 51; *Wilhelmi*, NZG 2017, 681; ebenfalls in diese Richtung *Bachmann*, ZIP 2017, 841.
2 So *Wilhelmi*, NZG 2017, 681, 686 f.
3 *Paefgen*, AG 2014, 554, 568 f.; *Krieger/Sailer-Coceani* in K. Schmidt/Lutter, § 93 AktG Rz. 39; aus Sicht des GmbH-Rechts *Uwe H. Schneider* in Scholz, § 43 GmbHG Rz. 254; ausführlich zum Meinungsstand auch die Nachweise bei *Wilhelmi*, NZG 2017, 681.
4 Vgl. dazu nur *Hüffer/Koch*, § 93 AktG Rz. 51 m.w.N.

in die Privatinsolvenz getrieben.¹ Als genereller und eigenständiger Ansatzpunkt für eine Regressreduzierung taugt dieser Ansatzpunkt aber nicht, weil er zu sehr von dem Fürsorgegedanken zwischen Arbeitgeber und Arbeitnehmer geprägt ist.² Dogmatisch ist auch weniger an das Anstellungsverhältnis anzuknüpfen, sondern mehr an die Treue- und Fürsorgepflichten, welche sich aus dem Organverhältnis ergeben – diese bleiben aber nur ein allgemeiner Abwägungsgesichtspunkt, kein genereller Maßstab für die Regressreduzierung.

V. Haftungsfreistellung in einem Dienstvertrag mit Dritten

1. Drittanstellungsvertrag

9.18 In aller Regel schließt das Vorstandsmitglied den Vorstands-Dienstvertrag mit der Gesellschaft, in welcher es Organverantwortung trägt (Bestellungsgesellschaft). Eine Drittanstellung liegt vor, wenn der Vorstands-Dienstvertrag nicht mit der Bestellungsgesellschaft, sondern mit einem Dritten geschlossen ist.³ In der Praxis handelt es sich zumeist um eine andere konzernverbundene Gesellschaft (**Konzernanstellungsvertrag**). Ein Konzernanstellungsvertrag kann mit einem Doppelmandat als Vorstandsmitglied einhergehen, muss es aber nicht. Ein „echter" Drittanstellungsvertrag im Konzern liegt vor, wenn das Vorstandsmitglied gerade kein Doppelmandat hat, mithin in der Gesellschaft, mit der der Dienstvertrag geschlossen ist, keine Organfunktionen wahrnimmt, sondern dort zumeist als leitender Angestellter einzuordnen ist. Die aktienrechtliche Zulässigkeit des Drittanstellungsvertrags ist nicht gänzlich unproblematisch, weil das arbeitsrechtliche Direktionsrecht des Arbeitgebers, welchem der Manager in seiner Anstellungsgesellschaft unterliegt, in Konflikt mit der Pflicht des Vorstandsmitglieds zur eigenständigen Leitung der Bestellungsgesellschaft führen kann. Außerdem ist darauf zu achten, dass die Kompetenz des Aufsichtsrats in der Bestellungsgesellschaft zur Regelung des Anstellungsverhältnisses und der Bezüge des Vorstandsmitglieds (§§ 84 Abs. 1 Satz 5, 87 Abs. 1, 112 AktG) nicht unterlaufen wird.⁴ Der Bundesgerichtshof hat allerdings in einem Urteil 2015 inzident, wenngleich nicht ausdrücklich die Zulässigkeit der Drittanstellung bejaht.⁵

2. Haftungsfreistellung

9.19 Unter dem Blickwinkel der Haftung sind Drittanstellungsverträge vor allem deshalb von Interesse, weil sie eine Freistellung von etwaigen Haftungsansprüchen durch die AG, in welcher der Manager Organverantwortung trägt, enthalten können. Praktisch kommt das vor allem im Konzernverbund in Form einer **Haftungsfreistellung durch die Konzernobergesellschaft** in Betracht. Die Haftungsfreistellung durch einen Gesellschafter („Großaktionär") oder Dritten setzt zwar nicht zwingend ein Anstellungsverhältnis mit diesem voraus, aber aus Sicht des Freistellungsschuldners kann das von Interesse sein, weil das Anstellungsverhältnis dann zugleich ein rechtfertigender Grund für die Freistellung sein kann. Die Zulässigkeit von Haftungsfreistellungen für Vorstandsmitglieder einer AG durch einen Aktionär oder sonstigen Dritten ist zwar noch nicht in allen Einzelheiten im Schrifttum ausgeleuchtet, aber prima facie

---

1 Vgl. dazu nur LG München v. 10.12.2013 – 5 HK O 1387/10, AG 2014, 332 – Siemens/Neubürger.
2 Skeptisch wohl auch *Habersack*, ZHR 177 (2013), 782, 803.
3 Vgl. zu verschiedenen Konstellationen einer Drittanstellung *E. Vetter* in FS Hoffmann-Becking, 2013, S. 1297, 1298 f.
4 Dazu *Seyfarth*, Vorstandsrecht, § 7 Rz. 34 ff.; *Deilmann/Dornbusch*, NZG 2016, 201.
5 BGH v. 28.4.2015 – II ZR 63/14, AG 2015, 535; dazu *Kort*, AG 2015, 531.

gibt es weder zivil- noch aktienrechtliche Bedenken gegen eine solche Freistellung.[1] Die durch § 93 Abs. 4 Satz 3 AktG gezogenen Verzichts- und Vergleichsschranken stehen einer Freistellungszusage durch einen Dritten nicht im Weg, weil sie sich nur auf die Gesellschaft und die ihr im Wege des Innenregresses zustehenden Ansprüche beziehen.[2] Ob sie im Einzelfall zulässig ist, beurteilt sich dann vor allem nach der Pflichtenbindung, welcher der Aktionär oder sonstige Dritte seinerseits unterliegen mag. In faktischen Konzernsachverhalten mag eine Freistellungserklärung in einem Konzernanstellungsvertrag im Einzelfall auch ein Indiz für die Haftung der Konzernobergesellschaft nach § 117 AktG wegen schädigenden Einflusses auf die Untergesellschaft sein.

VI. D&O-Verschaffungsklauseln

Die D&O-Versicherung ist ausführlich bei *Sieg*, § 18 und *Ihlas*, § 19 dargestellt. Sie ist aber vielfach auch Regelungsgegenstand im Vorstands-Dienstvertrag. In der Praxis enthielten die Vorstands-Dienstverträge lange Zeit lediglich eine Regelung, wonach die Gesellschaft eine angemessene Vermögensschadenhaftpflichtversicherung für Unternehmensleiter (D&O-Versicherung) abschließt.[3] Solche Klauseln sind auch heute noch vielfach zu finden. In den Klauseln wird zudem seit der gesetzlichen Einführung vielfach auf den Selbstbehalt gem. § 93 Abs. 2 Satz 3 AktG verwiesen. Eine solche **deskriptiv gehaltene Vertragsbestimmung** ist regelmäßig dahingehend auszulegen, dass das Vorstandsmitglied einen Anspruch darauf hat, in den bestehenden D&O-Versicherungsschutz der Gesellschaft mit einbezogen zu sein. Besondere praktische Relevanz hat das indes nicht, weil es während der aktiven Dienstzeit in der Hand des Vorstandsmitglieds liegt, für einen angemessenen Versicherungsschutz zu sorgen. Es ist daher wohl auch eher ein theoretisches Szenario, dass sich die Gesellschaft ihrerseits schadensersatzpflichtig macht bei einem Verstoß gegen eine Versicherungsbeschaffungsklausel mit der Folge einer Aufrechnungsmöglichkeit für das Vorstandsmitglied in der Situation eines Innenregresses und einem Freistellungsanspruch im Fall einer Inanspruchnahme durch Dritte.[4]

9.20

Aus Sicht der Vorstandsmitglieder sollte die „Versicherungsbeschaffungsklausel" daher möglichst ausdrücklich formuliert sein und unter Umständen auch bestimmte **Parameter der Versicherung** festhalten.[5] Denkbar ist etwa die Verpflichtung des Unternehmens, eine D&O-Versicherung mit einer bestimmten Versicherungssumme abzuschließen oder dafür Sorge zu tragen, dass das Vorstandsmitglied im Rahmen des Abwehrdeckungsschutzes einen Rechtsanwalt seines Vertrauens zu bestimmten Honorarsätzen engagieren darf.

9.21

Besonders interessant ist für das Vorstandsmitglied, ob der Versicherungsschutz auch noch für die Zeit **nach dem Ausscheiden aus dem Unternehmen** besteht, zumal in der Praxis

9.22

---

1 *Hopt/Roth* in Großkomm. AktG, § 93 AktG Rz. 531; *Deilmann/Dornbusch*, NZG 2016, 201, 206; vorsichtiger *Fleischer* in Spindler/Stilz, § 93 AktG Rz. 255c; umfassend auch *Thomas*, Die Haftungsfreistellung von Organmitgliedern, 2010.
2 Unstreitig, vgl. nur *Spindler* in MünchKomm. AktG, § 93 AktG Rz. 262; *Krieger/Sailer-Coceani* in K. Schmidt/Lutter, § 93 AktG Rz. 64.
3 *Hemeling* in FS Hoffmann-Becking, 2013, S. 491, 506.
4 Dazu *Deilmann*, NZG 2005, 54, 55; auch *Fleischer* in Spindler/Stilz, § 93 AktG Rz. 237 und 255b.
5 *Lange*, ZIP 2004, 2221, 2225; *Hohenstatt/Naber*, DB 2010, 2321, 2324; *Hemeling* in FS Hoffmann-Becking, 2013, S. 491, 507; *v. Schenck*, NZG 2015, 494, 499; jeweils mit der Empfehlung der Aufnahme entsprechender Versicherungsbeschaffungsklauseln in den Dienstvertrag.

Haftungsansprüche der Gesellschaft vor allem dann geltend gemacht werden, wenn das Vorstandsmitglied nicht mehr im Amt ist. Im Rahmen von Aufhebungsvereinbarungen vereinbaren die Gesellschaft und das Vorstandsmitglied insoweit seit einigen Jahren zunehmend die Fortführung des Versicherungsschutzes im bisherigen Umfang. Das kann aber auch schon im Vorstands-Dienstvertrag geregelt werden durch eine Klausel, wonach sich die Gesellschaft verpflichtet, den Versicherungsschutz auch nach dem Ausscheiden des Vorstandsmitglieds für eine bestimmte Zeit (aus Sicht des Vorstandsmitglieds möglichst für die Zeit der Verjährungsfrist gem. § 93 Abs. 6 AktG) im angemessenen Umfang aufrecht zu erhalten. Meistens sind auch solche Klauseln aber eher unbestimmt. Sie sind dann regelmäßig dahingehend auszulegen, dass der angemessene Umfang durch die Konditionen und den Umfang des Versicherungsschutzes bestimmt ist, wie er zum Zeitpunkt des Ausscheidens des Vorstandsmitglieds bestand.[1] Aus Sicht der Gesellschaft ist eine solche Regelung dahingehend zu interpretieren, dass entsprechender Versicherungsschutz für die Gesellschaft zu einem in etwa gleich bleibenden Prämienniveau tatsächlich erhältlich ist. Falls das nicht mehr der Fall sein sollte, ist es eine Frage der Umstände des Einzelfalls, ob sich die Gesellschaft von ihrer Pflicht zur Bereitstellung von Versicherungsschutz lösen kann (Rechtsgedanke des § 314 BGB). Die Gesellschaft kann ihre Verpflichtung zum nachlaufenden Versicherungsschutz erfüllen, indem sie entweder einfach den Versicherungsschutz unter Beibehaltung einer (sachlichen) Rückwärtsdeckung fortführt oder eine entsprechende (verjährungsdeckende) Nachhaftung vereinbart. Aus Sicht der Gesellschaft ist es nicht empfehlenswert, sich auf eine bestimmte Art des fortgeführten Versicherungsschutzes festzulegen. Außerdem sind dienstvertragliche Regelungen denkbar, wonach das Vorstandsmitglied einen Anspruch auf Absicherung von persönlichen Vermögensschaden-Haftpflichtrisiken hat, also nicht mehr nur noch im Rahmen der üblichen Gruppenversicherung mitversichert wird. In der Praxis haben sich solche Regelungen aber bislang nicht durchgesetzt. Es gibt auf dem Versicherungsmarkt offenbar auch keine Angebote, aufgrund derer sich die Gesellschaft mit einer entsprechenden Versicherung *ad personam* eindecken könnte.[2]

VII. Regelungen zur Haftungsdurchsetzung und zum Haftungsprozess

1. Rechtswahlklauseln

9.23 Für die Frage der Haftung ist das **anwendbare Recht** naturgemäß von zentraler Bedeutung, in den meisten Fällen aber unproblematisch. Der Vorstands-Dienstvertrag einer Aktiengesellschaft mit Sitz in Deutschland unterliegt problemlos deutschem Recht und damit auch den Haftungsbestimmungen von § 93 AktG. Theoretisch ist auch die Vereinbarung einer anderen Rechtsordnung denkbar, wobei es noch nicht ausdiskutiert ist, ob auch insoweit der Gesellschaft Grenzen gesetzt sind durch den zwingenden Charakter von § 93 AktG und den Grundsatz der Satzungsstrenge nach § 23 Abs. 5 AktG. Nach Art. 3 Abs. 1 der Verordnung (EG) Nr. 593/2008 des Europäischen Parlaments und des Rates vom 17.6.2008 über das auf vertragliche Schuldverhältnisse anzuwendende Recht („Rom I-Verordnung") unterliegt der Vertrag dem von den Parteien gewählten Recht.

---

1 *Seyfarth*, Vorstandsrecht, § 25 Rz. 53.
2 Ebenso *Hemeling* in FS Hoffmann-Becking, 2013, S. 491, 507 mit dem Hinweis, dass jede Individualisierung des Versicherungsschutzes das erhebliche Risiko der Qualifizierung als Vergütung mit entsprechenden Folgen für die steuerliche Behandlung und die Abschlusskompetenz mit sich bringe.

Praktischer Regelungsbedarf besteht insoweit allenfalls bei einem Vorstands-Dienstvertrag 9.24
mit einem ausländischen Vorstandsmitglied oder einem im Ausland wohnenden Vorstandsmitglied. In einem solchen Fall ist zur Ermittlung des anwendbaren Rechts eine **kollisionsrechtliche Anknüpfung** erforderlich. Nach herrschender und zutreffender Auffassung unterfällt der Dienstvertrag des Vorstandsmitglieds einer Aktiengesellschaft dem Vertragsstatut und nicht dem Gesellschaftsstatut.[1] Maßgeblich ist insoweit die Rom I-Verordnung. Es empfiehlt sich bei Vorstands-Dienstverträgen mit irgendeinem Auslandsbezug daher eine ausdrückliche Rechtswahlklausel, die dazu führt, dass das gewählte Recht gilt (Art. 3 Rom I-Verordnung und für Altfälle Art. 27 EGBGB). Mangels Rechtswahl ist sonst auf den Dienstvertrag gem. Art. 4 Abs. 1 lit. b) Rom I-Verordnung das Recht des Staates anzuwenden, in dem der „Dienstleistende" seinen gewöhnlichen Aufenthalt hat, also bei einem im Ausland wohnenden Vorstandsmitglied unter Umständen ausländisches Recht. Freilich bestimmt Art. 4 Abs. 3 Rom I-Verordnung, dass bei einer offensichtlich engeren Verbindung zu einem anderen Staat das Recht dieses anderen Staates anzuwenden ist. Die Gesamtheit der Umstände (etwa, wenn die Vorstandstätigkeit eines ausländischen oder im Ausland wohnenden Vorstandsmitglieds für eine deutsche Aktiengesellschaft ausschließlich im Inland verrichtet wird) kann daher auch ohne Rechtswahl im Ergebnis gleichwohl zur Anwendung deutschen Rechts führen. Jedoch ist diese Wertungsfrage mit Unsicherheiten verbunden, welche durch eine ausdrückliche Rechtswahlklausel ausgeschlossen werden sollte.

2. Gerichtsstandklauseln

Im Haftungsfall stellt sich für die Gesellschaft die Frage, bei welchem Gericht das Vorstandsmitglied in Anspruch zu nehmen ist. Praktisch relevant ist die Frage vor allem bei **ausländischen Vorstandsmitgliedern**. Der allgemeine Gerichtsstand des Vorstandsmitglieds wird durch den Wohnsitz bestimmt (§§ 12, 13 ZPO). Darüber hinaus besteht am Sitz der Gesellschaft der besondere Gerichtsstand des Erfüllungsorts (§ 29 ZPO), weil auch ohne vertragliche Regelung dort die Verpflichtungen aus dem Vorstands-Dienstvertrag zu erfüllen sind.[2] Nicht selten enthält der Vorstands-Dienstvertrag eine Bestimmung, wonach der Sitz der Gesellschaft Erfüllungsort für alle Leistungen aus dem Dienstvertrag ist. Die Gesellschaft kann das Vorstandsmitglied daher nach § 35 ZPO wahlweise an dessen Wohnsitz oder am Sitz der Gesellschaft verklagen. Im Übrigen kann der Sitz der Gesellschaft auch ausdrücklich als Gerichtsstand vereinbart werden. Empfehlenswert ist die ausdrückliche Vereinbarung eines Gerichtsstands bei Dienstverträgen daher mit Vorstandsmitgliedern, die ihren Wohnsitz im Ausland haben.[3] 9.25

3. Schiedsvereinbarungen

Vorstands-Dienstverträge enthalten vielfach eine Schiedsvereinbarung. Dazu bedarf es der Beachtung der **Formvorschriften des § 1031 Abs. 5 ZPO** (eigenhändige Unterzeichnung einer separaten Urkunde), weil Vorstandsmitglieder nach allgemeiner Auffassung als „Verbraucher" 9.26

---

1 *Kindler* in MünchKomm. BGB, Internationales Handels- und Gesellschaftsrecht, Rz. 687 (zu Anstellungsverträgen von Organpersonen in Personal- und Kapitalgesellschaften); *Seyfarth*, Vorstandsrecht, § 4 Rz. 90.
2 BGH v. 26.11.1984 – II ZR 20/84, GmbHR 1985, 190 = ZIP 1985, 157.
3 *Beiner/Braun*, Vorstandsvertrag, 2. Aufl. 2014, Rz. 691; vgl. zur Zulässigkeit von Gerichtsstandklauseln näher *Seyfarth*, Vorstandsrecht, § 4 Rz. 94.

im Sinne des § 13 BGB einzustufen sind.[1] Die Schiedsvereinbarung muss sich mithin deutlich von den sonstigen Regelungen des Dienstvertrags absetzen und eigens unterschrieben sein. Erfüllt wird dieses Kriterium stets bei einer eigenständigen Schiedsabrede, bei der die Schiedsvereinbarung Gegenstand eines selbständigen Vertrags ist, aber zwingend ist eine gesonderte Ausfertigung der Schiedsvereinbarung nicht erforderlich.[2] Bei Dienstverträgen mit ausländischen Vorstandsmitgliedern empfiehlt sich die Bestimmung der Verfahrensordnung sowie von Schiedsort und -sprache. Abzulehnen ist die Auffassung, Schiedsvereinbarungen mit Vorstandsmitgliedern seien generell wegen Verstoßes gegen die europarechtliche Klausel-RL unwirksam.[3] Schiedsfähig sind nach § 1030 Abs. 1 ZPO generell vermögensrechtliche Ansprüche, auch Organhaftungsansprüche[4] Es bedarf allerdings stets der Prüfung und Auslegung der konkreten Schiedsvereinbarung, ob diese auch Organhaftungsansprüche erfasst. Auch im Schiedsverfahren ist insbesondere die Regelung des § 93 Abs. 4 Satz 3 AktG zu beachten.[5]

9.27 Die Angemessenheit und Sinnhaftigkeit einer Schiedsvereinbarung in Vorstands-Dienstverträgen ist aber **keineswegs evident**. Der oft als Verfahrensvorteil genannte Zeitgewinn ist empirisch nicht gesichert. Der Aspekt der Vertraulichkeit des Schiedsverfahrens ist jedenfalls für börsennotierte Gesellschaften ebenfalls zweifelhaft, weil spektakuläre Haftungsfälle kaum ohne Öffentlichkeit abgewickelt werden. Nach Auffassung des Verfassers und seiner Erfahrung mit Schiedsstreitigkeiten zwischen Gesellschaften und Vorstandsmitgliedern ist von Schiedsvereinbarungen in Vorstands-Dienstverträgen eher abzuraten.

VIII. Haftungsfall und Beendigung des Vorstands-Dienstvertrags

9.28 Rechtlich sind Haftung und Haftungsdurchsetzung einerseits und der Fortbestand des Vorstands-Dienstvertrags und die Möglichkeiten seiner vorzeitigen Beendigung andererseits streng voneinander zu trennen. Das Vorliegen eines Haftungsfalls ist weder für die vorzeitige Beendigung der Bestellung durch Widerruf nach § 84 Abs. 3 AktG noch für die Kündigung des Vorstands-Dienstvertrags nach § 626 BGB Voraussetzung.[6] Umgekehrt kann die Gesellschaft selbstverständlich einen Haftungsanspruch auch dann schon geltend machen, wenn der Manager noch in Organverantwortung steht und der Vorstands-Dienstvertrag noch nicht beendet ist. In der Praxis kommt das indes nicht häufig vor. Falls es zu einem Haftungsfall kommt, wollen sich die Parteien in aller Regel voneinander trennen. Nur sehr selten wird ein amtierendes Vorstandsmitglied in die Haftung genommen.

9.29 Im Rahmen einer **Aufhebungsvereinbarung** zur Beendigung des Anstellungsverhältnisses kann der Aufsichtsrat wegen § 93 Abs. 4 Satz 3 AktG nicht auf etwaige Ersatzansprüche verzichten. Wenn das gewollt ist, muss die Aufhebungsvereinbarung von der Hauptversammlung nach Ablauf von drei Jahren nach Entstehen des Anspruchs sanktioniert werden. Allgemeine Ausgleichs- und Erledigungsklauseln führen daher auch nicht zu einem Anspruchsverzicht der Gesellschaft.

---

1 OLG Hamm v. 18.7.2007 – 8 Sch 2/07, AG 2007, 910; *Bauer/Arnold/Kramer*, AG 2014, 677, 681; a.A. *Seyfarth*, Vorstandsrecht, § 4 Rz. 17 f.
2 *Beiner/Braun*, Vorstandsvertrag, 2. Aufl. 2014, Rz. 677.
3 Für die Unwirksamkeit indes *von Westphalen*, ZIP 2013, 2184; dagegen a.A. mit überzeugenden Gründen *Herresthal*, ZIP 2014, 345; *Bauer/Arnold/Kramer*, AG 2014, 677, 679 ff.
4 *Leuering*, NJW 2014, 657.
5 *Scholz/Weiß*, AG 2015, 523.
6 Vgl. umfassend zur Beendigung der Organstellung *Seyfarth*, Vorstandsrecht, § 19 und zur Beendigung des Anstellungsverhältnisses § 20.

Aus Sicht des Vorstandsmitglieds wird im Rahmen einer Aufhebungsvereinbarung zumeist auf eine Regelung gedrängt, wonach das ausgeschiedene Vorstandsmitglied im Fall einer Inanspruchnahme **Zugang zu den Unterlagen** der Gesellschaft hat. Gegen eine solche Regelung ist nichts einzuwenden, wobei der Anspruch auch ohne ausdrückliche vertragliche Regelung besteht (vgl. dazu im Einzelnen unten *Born*, Rz. 14.20.[1] Der Anspruch ergibt sich aus einer entsprechenden Anwendung von § 810 BGB, wird bisweilen im Schrifttum auch aus der Treuepflicht der Gesellschaft gegenüber ihrem ehemaligen Vorstandsmitglied abgeleitet.[2]

9.30

C. Dienstvertrag des GmbH-Geschäftsführers

I. Disposition der Gesellschafter über Haftungsansprüche im GmbH-Recht

Die gesetzliche Ausgangslage zur Geschäftsführerhaftung in der GmbH ist fundamental anders als in der AG. Zwar ist die organschaftliche Haftung gem. § 43 Abs. 2 GmbHG ebenso wie in der AG als Organinnenhaftung ausgestaltet (vgl. dazu im Einzelnen oben *Uwe H. Schneider*, Rz. 2.6 ff.). Dabei unterliegt die Geltendmachung von Ersatzansprüchen der **Disposition der Gesellschafter**: Gem. § 46 Nr. 8 GmbHG entscheiden die Gesellschafter über die Geltendmachung von Ersatzansprüchen, welche der Gesellschaft aus der Geschäftsführung gegen Geschäftsführer zustehen, und sie vertreten die Gesellschaft in Prozessen, welche sie gegen Geschäftsführer zu führen hat. Ein gläubigerschützendes Verzichts- und Vergleichsverbot, wie es für das Aktienrecht in § 93 Abs. 4 Satz 3 AktG normiert ist, kennt das GmbH-Recht nicht. Da die Gesellschafter über ihr eigenes Vermögen disponieren, steht es ihnen grundsätzlich auch frei, Ansprüche der Gesellschaft entweder zu verfolgen oder – aus welchen Gründen auch immer – nicht geltend zu machen. Das mag im Einzelfall befremdlich und in gewissen Situationen auch kontra-intuitiv sein, ist aber eine eindeutige Entscheidung des Gesetzgebers: Die Gesellschafter einer GmbH können im Grundsatz nach freiem Belieben über ihr Vermögen entscheiden und von daher auch auf die Geltendmachung von Ersatzansprüchen zu Gunsten der Gesellschaft verzichten.[3]

9.31

Von diesem Grundsatz gibt es zwei wesentliche Einschränkungen: Zum einen darf die Gesellschaft gem. § 43 Abs. 3 Satz 2 i.V.m. § 9b Abs. 1 GmbHG auf Ersatzansprüche wegen Verstoßes gegen das Auszahlungsverbot gem. § 30 GmbHG (**Kapitalerhaltung**) sowie auf Ersatzansprüchen wegen Verstoßes gegen § 33 GmbHG (Erwerb eigener Geschäftsanteile) nicht verzichten. Soweit dieser Ersatzanspruch zur Befriedigung der Gläubiger der Gesellschaft erforderlich ist, wird die Verpflichtung der Geschäftsführer nicht dadurch aufgehoben, dass dieselben in Befolgung eines Beschlusses der Gesellschafter gehandelt haben (§ 43 Abs. 3 Satz 3 GmbHG). Zum anderen sind die Grenzen des **Insolvenzrechts** zu beachten. Zum einen verweist § 64 Satz 4 GmbHG auf das Verzichtsverbot des § 43 Abs. 3 GmbHG und verbietet damit einen Verzicht, soweit es um die Haftung des Geschäftsführers wegen Zahlungen nach Zahlungsunfähigkeit und Überschuldung geht. Zum anderen ist eine Anfechtung der entsprechenden Rechtshandlungen nach §§ 129 ff. InsO denkbar; es ist daher

9.32

---

[1] BGH v. 4.11.2002 – II ZR 224/00, BGHZ 152, 280, 285 = GmbHR 2003, 113, 114 – zum GmbH-Geschäftsführer; *Mertens/Cahn* in KölnKomm. AktG, § 93 AktG Rz. 147; *Krieger* in FS Uwe H. Schneider, 2011, S. 717, 719, 722 ff.; *Grooterhorst*, AG 2011, 389; *Wiesner* in MünchHdb. AG, § 26 Rz. 12; *Seyfarth*, Vorstandsrecht, § 23 Rz. 46 ff.

[2] Dazu ausführlich *Krieger* in FS Uwe H. Schneider, 2011, S. 717, 723 f.; *Grooterhorst*, AG 2011, 389, 393 ff.; *Ruchatz*, AG 2015, 1.

[3] Ebenso *Paefgen* in Ulmer/Habersack/Löbbe, § 43 GmbHG Rz. 244.

im Einzelfall zu prüfen, ob die Verzichtshandlung oder eine andere Rechtshandlung (einschließlich eines Unterlassens), welche zur Einschränkung der Haftung geführt hat, im Vorfeld einer Insolvenz der Gesellschaft erfolgt ist.[1] Diese wenigen ausdrücklichen gesetzlichen Einschränkungen beseitigen aber nicht, sondern bekräftigen im Gegenteil die Grundregel für den Normalfall, wonach die Geltendmachung der Ersatzansprüche und spiegelbildlich auch der Verzicht hierauf der vollen Disposition der Gesellschafter unterfallen.

9.33 Der Unterschied zwischen GmbH und AG zeigt sich auch an den unterschiedlichen Rechtswirkungen der **Entlastung**. In der AG enthält die Entlastung gem. § 120 Abs. 2 Satz 2 AktG keinen Verzicht auf Ersatzansprüche. Das GmbH-Gesetz enthält zur Wirkung der Entlastung zwar keine ausdrückliche Regelung, sondern bestimmt in § 46 Nr. 5 GmbHG lediglich, dass die Entlastung der Geschäftsführer in die Kompetenz der Gesellschafter fällt. Es entspricht aber ganz allgemeiner Auffassung in Rechtsprechung und Schrifttum, dass die Entlastung als einseitige körperschaftsrechtliche Erklärung den Geschäftsführer von allen Ersatzansprüchen, welche bei der Beschlussfassung für das entlastende Organ aufgrund der Rechenschaftslegung des Geschäftsführers erkennbar waren, freistellt.[2] Die Präklusionswirkung ist dogmatisch eine Ausprägung des Dolo agit-Grundsatzes, weil es rechtsmissbräuchlich wäre, wenn die Gesellschafter einerseits einem Geschäftsführer in Kenntnis seiner Geschäftsführung das Vertrauen aussprechen, ihn andererseits aber später in Anspruch nehmen.[3] In der Praxis ist die entscheidende Frage in Streitfällen, in denen Entlastung erteilt wurde, ob der Gesellschafter bestimmte Umstände und Tatsachen tatsächlich kannte oder jedenfalls erkennen konnte.[4] Die Präklusionswirkung kann nicht weiter reichen als die Kenntnis des Gesellschafters oder Erkennbarkeit aufgrund der vom Geschäftsführer geleisteten Rechenschaft, wobei viel für die Auffassung spricht, dass das entlastende Organ sich auch solche Umstände entgegenhalten lassen muss, die es redlicher Weise zum Zeitpunkt der Entlastungsentscheidung auch außerhalb der Rechenschaft des Geschäftsführers unschwer erkennen konnte, auch wenn sie ihm nicht unmittelbar bewusst vor Augen gestanden haben mögen.

II. Vorherige Einschränkbarkeit der Geschäftsführerhaftung

9.34 Vor dem Hintergrund der dargestellten Dispositionsfreiheit der Gesellschafter über die der Gesellschaft zustehenden Ersatzansprüche ist zu klären, ob und in welchem Umfang die Gesellschaft auch im Vorhinein über die Ersatzansprüche disponieren, insbesondere die GmbH-Geschäftsführerhaftung einschränken darf. Davon ist nach der **Rechtsprechung des Bundesgerichtshofs** auszugehen: Der BGH hat im Zusammenhang mit einer Verkürzung der Verjährungsfrist zur Geltendmachung von Ersatzansprüchen gegen den GmbH-Geschäftsführer Folgendes ausgeführt: „Dies [die Abkürzung der Verjährungsfrist] wird – ähnlich wie

---

[1] An dieser Stelle kann außen vor bleiben, dass auch § 73 Abs. 3 Satz 2 GmbHG auf das Verzichtsverbot des § 43 Abs. 3 GmbHG verweist; die Gesellschaft kann mithin nicht auf Ersatzansprüche gegen Liquidatoren verzichten, welche gegen die Vorschriften von § 73 Abs. 1 und 2 GmbHG zum Sperrjahr nach einem Liquidationsbeschluss verstoßen.
[2] BGH v. 20.5.1085 – II ZR 165/84, BGHZ 94, 324 = GmbHR 1985, 356; *Bayer* in Lutter/Hommelhoff, § 46 GmbHG Rz. 26; *Zöllner/Noack* in Baumbach/Hueck, § 46 GmbHG Rz. 41; auch *Ruchatz*, GmbHR 2016, 681.
[3] Zur dogmatischen Einordnung der Präklusionswirkung im Einzelnen *K. Schmidt* in Scholz, § 46 GmbHG Rz. 89 und 90 ff.
[4] Vgl. dazu im Einzelnen *K. Schmidt* in Scholz, § 46 GmbHG Rz. 94; aus der Rechtsprechung OLG München v. 27.3.2013 – 7 U 4465/11, GmbHR 2013, 813; OLG München v. 22.10.2015 – 23 U 4861/14, GmbHR 2015, 1324, 1325 f.

bei dem grundsätzlich für zulässig erachteten Verzicht auf oder bei dem Vergleich über einen gegen den Geschäftsführer gerichteten Schadensersatzanspruch – von der Erwägung getragen, dass es, solange nicht der Anwendungsbereich des § 43 Abs. 3 GmbHG betroffen ist, Sache der Gesellschafter ist, nach § 46 Nr. 8 GmbHG darüber zu befinden, ob und ggf. in welchem Umfang sie Ansprüche der Gesellschaft gegen einen pflichtwidrig handelnden Geschäftsführer verfolgen wollen. Wie auf die Durchsetzung eines entstandenen Anspruchs – sei es förmlich durch Vertrag, durch Entlastung oder durch Generalbereinigungsbeschluss – verzichtet werden kann, so kann auch schon im Vorfeld das Entstehen eines Ersatzanspruchs gegen den Organvertreter näher geregelt werden, insbesondere begrenzt oder ausgeschlossen werden, indem z.B. ein anderer Verschuldensmaßstab vereinbart oder dem Geschäftsführer eine verbindliche Gesellschafterweisung erteilt wird, die eine Haftungsfreistellung nach sich zieht."[1] Diese Rechtsprechung hat der BGH später bekräftigt.[2]

Im **Schrifttum** ist diese Rechtsprechung teilweise kritisiert worden, vor allem aus Gründen des **Gläubigerschutzes**.[3] Diese Stimmen argumentieren, dass die Verzichtsmöglichkeit und damit auch die vorherige Einschränkbarkeit der GmbH-Geschäftsführerhaftung über § 43 Abs. 3 GmbHG hinaus für solche Geschäftsführerpflichten ausgeschlossen sein müßte, die mehr oder weniger deutlich der Erhaltung des Stammkapitals und damit zwingenden Bestimmungen des Gläubigerschutzes dienten oder weisungsfest seien.[4] Als Beispiele werden die Insolvenzantragspflicht nach § 15a Abs. 1 InsO, die Buchführungspflicht gem. § 41 GmbHG, die Einberufungspflicht einer Gesellschafterversammlung nach § 49 Abs. 3 GmbHG oder das Verbot der Kreditgewährung aus gebundenem Vermögen gem. § 43a GmbHG, schließlich auch das Verbot existenzvernichtender Eingriffe genannt. Die wohl herrschende Auffassung im Schrifttum steht dagegen im Anschluss an die Rechtsprechung des BGH der vorherigen Einschränkbarkeit der GmbH-Geschäftsführerhaftung positiver gegenüber, wobei zum Teil einzelne Ausnahmen gemacht werden.[5]

9.35

Nach **eigener Auffassung** kann die Geschäftsführerhaftung, soweit nicht die Verzichtssperre des § 43 Abs. 3 GmbHG entgegensteht, ganz weitgehend eingeschränkt werden. Eine analoge

9.36

---

1 BGH v. 16.9.2002 – II ZR 107/01, GmbHR 2002, 1197, 1198.
2 BGH v. 7.4.2003 – II ZR 193/02, GmbHR 2003, 712: In diesem Fall ging es nicht um eine vorherige Haftungsabmilderung, sondern um die Wirkung einer Entlastung, welche einem ausscheidenden Geschäftsführer aus einer Steuerberatungs-GmbH erteilt wurde; der BGH führte aus, dass die Präklusionswirkung der Entlastung auch dann gilt, wenn der Betrag zur Gläubigerbefriedigung benötigt wird: „Dass durch den Anspruchsverzicht das Vermögen der Gesellschaft und damit ihr Haftungsfonds im Verhältnis zu ihren Gläubigern geschmälert wird, nimmt das Gesetz hin, soweit nicht der Verzicht auf eine gem. § 30 GmbHG verbotene Auszahlung an einen Gesellschaftergeschäftsführer hinausläuft oder gem. § 43 Abs. 3 GmbHG unverzichtbare Ersatzansprüche zum Gegenstand hat. Sind diese Grenzen zur Zeit des Haftungsverzichts gewahrt, so bleibt es bei dessen Wirksamkeit auch dann, wenn der Schadensersatzbetrag später zur Gläubigerbefriedigung benötigt würde.", a.a.O. S. 713.
3 Unten *Haas/Wigand*, Rz. 20.56 ff. mit Blick auf die Reduzierung des Pflichten- und Sorgfaltsmaßstabs; *Haas/Ziemons* in Michalski, § 43 GmbHG Rz. 14 ff.; differenzierend auch *Kleindiek* in Lutter/Hommelhoff, § 43 GmbHG Rz. 64 f., der zwischen disponiblen und im Gläubigerinteresse zwingenden Geschäftsführerpflichten unterscheidet.
4 Vgl. nur *Klöhn* in Bork/Schäfer, § 43 GmbHG Rz. 76.
5 *Fleischer*, BB 2011, 2435, der eine Ausnahme für Verstöße gegen § 43a GmbHG und bei existenzvernichtenden Eingriffen für erwägenswert hält, a.a.O. S. 2438; *Janert*, BB 2013, 3016; *Uwe H. Schneider* in Scholz, § 43 GmbHG Rz. 258 ff. mit Stellungnahme in Rz. 261; differenzierend *Zöllner/Noack* in Baumbach/Hueck, § 43 GmbHG Rz. 46.

Anwendung der Verzichtssperre erscheint nur mit Blick auf die Geschäftsführerhaftung aus § 43a GmbHG und die Haftung wegen Existenzvernichtung angezeigt. Im Übrigen ist der Gläubigerschutz durch die Bestimmungen der §§ 9b, 43 Abs. 3 GmbHG sowie die insolvenzrechtlichen Anfechtungstatbestände hinreichend gewahrt, und jedenfalls ist die Entscheidung des Gesetzgebers, den Gläubigerschutz insoweit zu beschränken, hinzunehmen. Die Gläubiger einer GmbH haben keinen Anspruch darauf, dass die Gesellschaft alle Möglichkeiten ausschöpft, um einen erlittenen Schaden durch die Geschäftsführer oder deren D&O-Versicherer ersetzt zu bekommen.[1] Das folgt aus einem Umkehrschluss aus § 43 Abs. 3 GmbHG, der die Verzichtsmöglichkeit eben nur bei Verstößen gegen das Auszahlungsverbot nach § 30 GmbHG und gegen § 33 GmbHG vorsieht. Eine weitere allgemeine Grenze ergibt sich aus § 276 Abs. 3 BGB, wonach die Haftung für Vorsatz nicht im Vorhinein ausgeschlossen werden kann. Für eine Analogie zu den gläubigerschützenden Verzichts- und Vergleichsverboten im Aktienrecht (§ 93 Abs. 3 Satz 4 AktG) besteht kein Raum, weil von einer Regelungslücke nicht auszugehen ist.

III. Haftungsherabsetzende Regelungen im Geschäftsführer-Dienstvertrag

1. Vorbemerkung: Korporative Regelung und Dienstvertrag

9.37 Mit der Feststellung, dass es der Gesellschaft grundsätzlich möglich ist, bereits im Vorhinein mit dem GmbH-Geschäftsführer haftungsbeschränkende Vereinbarungen zu treffen, ist noch nicht geklärt, welcher **Form** eine solche Vereinbarung bedarf und wo gegebenenfalls der richtige Regelungsort ist. Ein gesetzliches Formerfordernis besteht für entsprechende Haftungsbeschränkungen nicht. Theoretisch (und in der Praxis gerade auch bei kleineren GmbHs) mag es vorkommen, dass eine entsprechende haftungsbeschränkende Zusage auch mündlich durch die Gesellschafter erfolgt. Hiervon ist aber dringend abzuraten, vor allem aus Sicht des GmbH-Geschäftsführers, der bei einer mündlichen Zusage in erhebliche Beweis- und Nachweisschwierigkeiten kommen kann. Von daher sollten sämtliche haftungsbeschränkenden Maßnahmen immer schriftlich erfolgen.

9.38 Im Schrifttum ist die Frage erörtert worden, ob eine Beschränkung der GmbH-Geschäftsführerhaftung in der **Satzung** verankert sein müsse, um die notwendige Publizität im Rechtsverkehr herzustellen.[2] Dieser Ansatz hat sich zu Recht nicht durchgesetzt, weil der Gläubigerschutz durch die Regelung in § 43 Abs. 3 GmbHG sichergestellt ist und weitere Publizitätsanforderungen keine gesetzliche Grundlage haben. Vielmehr enthält § 3 Abs. 1 GmbHG insoweit eine abschließende Regel.[3] Abzulehnen ist daher auch die Forderung, in der Satzung müsse es zumindest eine „Öffnungsklausel" geben, wonach die Gesellschafter haftungseinschränkende Vereinbarungen treffen dürften. Als Regelungsort kommt daher zum einen ein wirksamer Gesellschafterbeschluss, unter Umständen auch in Form einer Weisung[4],

---

1 Deutlich BGH v. 7.4.2003 – II ZR 193/02, GmbHR 2003, 712, 713.
2 In diesem Sinne etwa *Diekmann/Marsch-Barner* in MünchHdb. GmbH, § 46 Rz. 4; vgl. dazu auch unten *Haas/Wigand*, Rz. 20.61.
3 Im Ergebnis ebenso *Fleischer*, BB 2011, 2435, 2439; ebenso *Uwe H. Schneider* in Scholz, § 43 GmbHG Rz. 262: „Die Haftungsfreistellung kann *erstens* in die Satzung, *zweitens* in eine von den Gesellschaftern aufgestellte Geschäftsordnung, *drittens* in einen mit Mehrheit gefassten Gesellschafterbeschluss oder *viertens* im Anstellungsvertrag aufgenommen werden."
4 Vgl. zu Weisungsrecht der Gesellschafter und Folgepflicht des Geschäftsführers oben *Uwe H. Schneider*, Rz. 2.24 ff.

in Betracht, zum anderen aber auch der GmbH-Geschäftsführervertrag.[1] Ein Gesellschafterbeschluss muss nicht von dem GmbH-Geschäftsführer formal „angenommen" werden.

Soweit die haftungsbeschränkenden Regelungen in einem **GmbH-Geschäftsführervertrag** enthalten sind, bedarf der Vertrag der Zustimmung der Gesellschafter, auch wenn die Abschlusskompetenz durch die Satzung etwa einem Beirat zugewiesen ist.[2] Die Abschlusskompetenz umfasst nicht zusätzlich noch inzident die Befugnis zur haftungsbeschränkenden Vereinbarungen. Allerdings ist es natürlich zulässig, wenn die Gesellschafter in der Satzung zusammen mit der Abschlusskompetenz für den Dienstvertrag auch die Kompetenz haftungsvereinbarende Regelungen zu treffen, auf einen Beirat delegieren. Der Gesellschafterbeschluss oder auch Beschluss zur Zustimmung zum GmbH-Geschäftsführervertrag bedarf der im Gesellschaftsvertrag vorgesehenen Mehrheiten, wobei von Rechts wegen keine qualifizierten Mehrheiten erforderlich sind (schon gar nicht ein einstimmiger Beschluss). Es ist im Übrigen eine Frage der Rechtmäßigkeit oder gegebenenfalls Treuwidrigkeit auf Ebene des Gesellschafterbeschlusses, ob die Belange von Minderheitsgesellschaftern hinreichend gewahrt sind.[3]

9.39

Ob in einer **mitbestimmten GmbH**, in der gem. § 31 MitbestG die Bestell- und Anstellungskompetenz für die Geschäftsführer zwingend beim Aufsichtsrat liegt[4], der Aufsichtsrat neben oder gegebenenfalls sogar statt der Gesellschafter die Kompetenz zu haftungseinschränkenden Vereinbarungen oder Zusagen (Verzicht, Freistellung) hat, ist noch wenig ausgeleuchtet. Es gibt Stimmen im Schrifttum, die das als „zweifelhaft" bezeichnen und offenbar annehmen.[5] Überzeugend ist das nicht: Auch in der paritätisch mitbestimmten GmbH verbleibt die Kompetenz zur Beschlussfassung über die Geltendmachung von Ersatzansprüchen und spiegelbildlich die Kompetenz zu Verzicht und haftungsbeschränkenden Maßnahmen und Vereinbarungen im Dienstvertrag allein bei den Gesellschaftern, weil das Mitbestimmungsgesetz es für die GmbH bei der rechtsformspezifischen Kompetenzverteilung belassen hat.[6] Auch im Schrifttum gibt es hierzu entsprechende Stellungnahmen.[7] Unstreitig bleibt es bei der alleinigen Kompetenz der Gesellschafter aus § 46 Nr. 8 Alt. 1 GmbHG in Gesellschaften mit einem freiwilligen Aufsichtsrat oder einem Aufsichtsrat, der nicht nach dem Mitbestimmungsgesetz zu bilden ist.[8] Davon zu trennen ist die nach § 25 MitbestG i.V.m. § 112 AktG zu beurteilende Frage, inwieweit bei der Geltendmachung eines Ersatzanspruchs oder der Vereinbarung einer Haftungsbeschränkung die Kompetenz der Gesellschafter aus § 46 Nr. 8 Alt. 2 GmbHG auf den paritätisch mitbestimmten Aufsichtsrat übergeht, wofür gewichtige Gründe sprechen.

9.40

---

1 Davon geht auch der Bundesgerichtshof aus, vgl. BGH v. 16.9.2002 – II ZR 107/01, GmbHR 2002, 1197, 1198; auch OLG Brandenburg v. 6.10.1998 – 6 U 278/97, GmbHR 1999, 344.
2 Es ist unstreitig zulässig, die Anstellungskompetenz aus § 46 Nr. 5 GmbHG auf ein anderes Organ, insbesondere einen Beirat, zu delegieren, vgl. *Kleindiek* in Lutter/Hommelhoff, Anh. zu § 6 GmbHG Rz. 6.
3 Im Anschluss an die Auffassung und Argumentation von *Fleischer*, BB 2011, 2435, 2438; vgl. dazu *Kleindiek* in Lutter/Hommelhoff, § 43 GmbHG Rz. 64 und 65.
4 BGH v. 14.11.1983 – II ZR 33/83, BGHZ 89, 48, 51 f. = GmbHR 1984, 151, 152 = AG 1984, 48 – Reemtsma; *Bernhardt/Bredol*, NZG 2015, 419, 421.
5 *Bayer* in Lutter/Hommelhoff, § 46 GmbHG Rz. 35.
6 *Ulmer/Habersack/Henssler*, Mitbestimmungsrecht, 3. Aufl. 2013, § 25 MitbestG Rz. 44.
7 *K. Schmidt* in Scholz, § 46 GmbHG Rz. 144; ohne klare Aussage dagegen *Liebscher* in Münch-Komm. GmbHG, § 46 GmbHG Rz. 240.
8 *Bayer* in Lutter/Hommelhoff, § 46 GmbHG Rz. 35.

2. Reduzierter Haftungsmaßstab

9.41 Denkbar und zulässig ist es, im GmbH-Geschäftsführervertrag die Haftung auf **Vorsatz oder grobe Fahrlässigkeit** zu beschränken.[1] Nicht ausgeschlossen werden kann im Vorhinein allein die Vorsatzhaftung (§ 276 Abs. 3 BGB). Im Übrigen haben die Parteien einen weiten Gestaltungsspielraum. Es sind auch differenzierende Regelungen denkbar, wonach der GmbH-Geschäftsführer für eigenes Tun und Handeln auch bei (leichter) Fahrlässigkeit haftet, während er im Bereich der Organisationsverantwortung nur (grobe) Fahrlässigkeit und Vorsatz zu verantworten hat. Die Schranken für eine Absenkung des Haftungsmaßstabs ergeben sich aus den allgemeinen Grenzen der gesellschafterlichen Dispositionsbefugnis: Nicht zulässig ist eine Herabsetzung des Sorgfaltsmaßstabs im Vorfeld, soweit es um die dem Gläubigerschutz dienenden Organpflichten geht (§ 43 Abs. 3 i.V.m. §§ 9a, 9b, 57 Abs. 4 und 64 GmbHG). Eine weitere Ausnahme gilt nach der hier vertretenen Auffassung, soweit es um eine Haftung wegen Verletzung von § 43a GmbHG und die Haftung wegen existenzvernichtenden Eingriffen in das Vermögen der GmbH geht.[2]

9.42 Zu bedenken ist bei einer Beschränkung des Haftungsmaßstabs das Zusammenspiel mit der **D&O-Versicherung**, die regelmäßig einen Ausschluss für vorsätzliche Pflichtverletzungen enthält. Wenn die Haftung des GmbH-Geschäftsführers auf Vorsatz beschränkt ist, bleibt für eine Einstandspflicht der D&O-Versicherung im Deckungsverhältnis kein Raum mehr.

3. Verlagerung der Darlegungs- und Beweislast

9.43 Nach gefestigter Rechtsprechung des Bundesgerichtshofs hat die Gesellschaft den Eintritt eines Schadens und dessen Verursachung durch ein Verhalten (Tun, Unterlassen) des Geschäftsführers, welches sich als möglicherweise pflichtwidrig darstellt, darzulegen und zu beweisen, während der Geschäftsführer die Umstände darlegen und beweisen muss, wonach das schadensauslösende Verhalten nicht pflichtwidrig gewesen war und ihn zumindest kein Schuldvorwurf hinsichtlich der Pflichtverletzung trifft.[3] Es ist zugunsten des Geschäftsführers zulässig, diesen etablierten Maßstab der Darlegungs- und Beweislast dahingehend zu verändern, dass die Gesellschaft auch vollständig das pflichtwidrige Handeln und Verschulden des Geschäftsführers nachweisen muss. Das dürfte in der Praxis vor allem insoweit von Bedeutung sein, dass es der Gesellschaft bei einer solchen Verschiebung des Darlegungs-Beweismaßstabs obliegen würde, darzulegen, dass der Geschäftsführer außerhalb der Grenzen unternehmerischen Ermessens gehandelt hat.

4. Verkürzte Verjährungsfristen

9.44 Ausdrücklich von der Rechtsprechung gebilligt worden sind anstellungsvertragliche Vereinbarungen, wonach die Verjährungsfrist verkürzt wurde.[4] Ebenfalls zulässig ist eine Regelung,

---

[1] Dagegen halten *Zöllner/Noack* in Baumbach/Hueck, § 43 GmbHG Rz. 46, die Haftung für grobe Fahrlässigkeit als „absoluten Mindeststandard", dort auch m.w.N. in Fn. 377; a.A. auch *Haas/Ziemons* in Michalski, § 43 GmbHG Rz. 14; unten *Haas/Wigand*, Rz. 20.60.

[2] S. dazu auch *Zöllner/Noack* in Baumbach/Hueck, § 43 GmbHG Rz. 5.

[3] BGH v. 4.11.2002 – II ZR 224/00, BGHZ 152, 280, 285 = GmbHR 2003, 113, 114 = AG 2003, 381; *Kleindiek* in Lutter/Hommelhoff, § 43 GmbHG Rz. 52.

[4] BGH v. 16.9.2002 – II ZR 107/01, GmbHR 2002, 1197; im konkreten Fall enthielt der GmbH-Geschäftsführervertrag die Regelung, dass alle Ansprüche aus dem Beschäftigungsverhältnis innerhalb von sechs Monaten nach Fälligkeit geltend zu machen seien, im Fall der Beendigung des Arbeits-

wonach der Lauf der Verjährungsfrist ab bestimmten definierten Zeitpunkten beginnt. Grundsätzlich läuft die fünfjährige Verjährung gem. § 43 Abs. 4 GmbHG erst mit dem Entstehen des Anspruchs, welcher auch unterjährig oder theoretisch sogar erst nach Ausscheiden des Geschäftsführers aus dem Amt liegen kann.[1] Empfehlenswert scheint insbesondere eine Regelung, wonach der Lauf der Verjährungsfrist für Ersatzansprüche gegen den GmbH-Geschäftsführer spätestens mit dem Ausscheiden aus dem Amt beginnt, weil dies zum einen für ausreichende Rechtssicherheit sorgt, zum anderen eine Harmonisierung mit einem nachlaufenden Versicherungsschutz im Rahmen der D&O-Versicherung erleichtert.

5. Haftungsobergrenzen

Allgemein anerkannt ist es insbesondere, dass dem GmbH-Geschäftsführer im GmbH-Geschäftsführervertrag eine Haftungsobergrenze zugesagt werden kann, wie bei anderen haftungsbeschränkenden Zusagen in den Grenzen von § 43 Abs. 3 GmbHG. Das **Problem der existenzvernichtenden Haftung** kann sich ebenso wie für Vorstandsmitglieder einer AG auch für den GmbH-Geschäftsführer stellen.[2] Für GmbH-Geschäftsführer scheint eine Haftungsobergrenze fast mehr noch als für Vorstandsmitglieder einer AG „innerlich" gerechtfertigt, weil das Gehaltsniveau vielfach deutlich unter dem von jedenfalls börsennotierten Aktiengesellschaften liegt, zum anderen der GmbH-Geschäftsführer auch dann, wenn er nicht expliziten Gesellschafterweisungen unterliegt, bei der Leitung der Gesellschaft weniger unabhängig agieren kann als ein AG-Vorstandsmitglied.

9.45

6. Freistellungsklauseln gegenüber Ansprüchen Dritter

Der Gesellschaft ist es grundsätzlich möglich, den GmbH-Geschäftsführer von etwaigen Haftungsansprüchen von Dritten freizustellen. Die Restriktionen, welche sich insoweit im Recht der AG aus § 93 Abs. 3 Satz 4 AktG ergeben, gelten für die GmbH nicht.[3] Die Freistellungszusage kann aber nicht weiter gehen, als die Gesellschafter über den Ersatzanspruch disponieren dürfen.

9.46

IV. Verschärfung der Haftung

Schließlich ist es theoretisch auch denkbar, die Haftung des GmbH-Geschäftsführers zu verschärfen, auch wenn dies in der Praxis nur selten vorkommt. Zu denken ist etwa an eine **Verlängerung der Verjährungsfrist**, die in den Grenzen von § 202 Abs. 2 BGB zulässig ist.[4] Fraglich in diesem Zusammenhang ist, ob es hierzu der Vereinbarung mit dem GmbH-Geschäftsführer, also praktisch einer Regelung im Anstellungsverhältnis bedarf. Insoweit ist zu unterscheiden: Wird die Haftungsverschärfung erst eingeführt, nachdem der Manager sein Amt als Geschäftsführer bereits angetreten hat, kann die Haftungsverschärfung nicht mehr einseitig erfolgen, sondern muss mit dem GmbH-Geschäftsführer vereinbart werden. Wenn

9.47

---

verhältnisses jedoch innerhalb von drei Monaten nach Beendigung; kritisch zu dieser Rechtsprechung *Kleindiek* in Lutter/Hommelhoff, § 43 GmbHG Rz. 69.
1 Vgl. dazu nur *Kleindiek* in Lutter/Hommelhoff, § 43 GmbHG Rz. 67.
2 Vgl. dazu auch *Schockenhoff*, ZHR 180 (2016), 197, 224 f.
3 Vgl. zu Haftungsfreistellungen allgemein *Zöllner/Noack* in Baumbach/Hueck, § 43 GmbHG Rz. 4 und 111.
4 *Kleindiek* in Lutter/Hommelhoff, Anh. zu § 43 GmbHG Rz. 69.

allerdings etwa bereits in der Satzung oder in einem Gesellschafterbeschluss geregelt ist, dass die Haftung verschärft werden soll, bevor der Manager sein Amt angetreten ist, liegt in der Mandatsannahme die implizite Zustimmung zu dieser Haftungsverschärfung. Das gilt allerdings nur dann, wenn der GmbH-Geschäftsführer tatsächlich von der Haftungsverschärfung positiv Kenntnis erlangt hat und sich hierüber bewusst war. Die reine Möglichkeit der Kenntnisnahme reicht nicht, weil der Geschäftsführer in aller Regel nicht mit einer Haftungsverschärfung rechnen muss.

D. Rechtslage in SE, Genossenschaft, Verein und Stiftung

I. Haftungsregelungen im Dienstvertrag in der SE

9.48 In der **dualistischen SE** entspricht die Haftung ganz weitgehend dem Modell und den Regelungen in der Aktiengesellschaft. Gem. Art. 51 SE-VO i.V.m. § 93 AktG haften die Mitglieder des Vorstands der Gesellschaft gegenüber bei einer Verletzung ihrer Pflichten. Auch im Übrigen finden die aktienrechtlichen Vorschriften kraft der Verweisung in Art. 51 SE-VO Anwendung. Von daher gelten die Ausführungen zur AG für die dualistisch geprägte SE entsprechend. Es ist nicht möglich, die Haftung im Dienstvertrag eines Vorstandsmitglieds einer dualistischen SE auszuschließen oder zu modifizieren.

9.49 In der **monistischen SE führt der Verwaltungsrat** die Geschäfte der SE (Art. 43 Abs. 1 Satz 1 SE-VO); durch die Verweisung auf das nationale Recht in Art. 51 SE-VO gilt für sie auch der Haftungsmaßstab des § 93 AktG (vgl. dazu im Einzelnen oben *Teichmann*, Rz. 5.23 ff.). Soweit die Verwaltungsratsmitglieder einen Dienstvertrag mit der Gesellschaft haben, sind haftungsausschließende oder – modifizierende Regelungen auch dort nicht möglich.

9.50 Für die **geschäftsführenden Direktoren** gilt gem. § 40 Abs. 8 SEAG die Vorschrift des § 93 AktG entsprechend. Da die geschäftsführenden Direktoren aber weisungsabhängig sind, spricht viel dafür, ungeachtet des Verweises auf § 93 AktG hinsichtlich der Zulässigkeit von Haftungsabmilderungen im Dienstvertrag die gleichen Grundsätze wie für GmbH-Geschäftsführer anzuwenden. In den Dienstverträgen mit geschäftsführenden Direktoren können daher haftungsabmildernde Regelungen, insbesondere auch eine Verkürzung der Verjährungsfristen sowie eine Haftungsobergrenze, vereinbart werden.

II. Anstellungsverhältnis von Vorstandsmitgliedern in der Genossenschaft

9.51 Vorstandsmitglieder einer Genossenschaft, die ihre Pflichten verletzen, sind der Genossenschaft gem. § 34 Abs. 2 GenG zum Ersatz des daraus entstehenden Schadens als Gesamtschuldner verpflichtet (ausführlich zur Haftung in der Genossenschaft oben *Weber*, § 4). Auch in der Genossenschaft gilt gem. **§ 18 Satz 2 GenG das Prinzip der Satzungsstrenge**. Andererseits fehlt es im Genossenschaftsrecht an einer gläubigerschützenden Vorschrift zum Verzichts- und Vergleichsverbot, wie sie das Aktienrecht in § 93 Abs. 3 Satz 4 AktG kennt. Wenn die Genossenschaft freilich im Nachhinein auf Haftungsansprüche gegen ihre Vorstandsmitglieder verzichten darf, ist dogmatisch nicht einsichtig, warum eine Haftungsbeschränkung im Vorhinein durch dienstvertragliche Regelung unzulässig sein sollte.

Im Ergebnis geht die Rechtsprechung jedoch davon aus, dass **§ 34 GenG zwingend** ist.[1] Daher könne etwa keine Ausschlussfrist für die Geltendmachung von Ersatzansprüchen vereinbart werden, welche § 34 Abs. 6 GenG unterläuft. Dem ist das Schrifttum gefolgt.[2] Dieses Ergebnis erscheint indes nicht zwingend, wenn man sich die Unterschiede in der Rechtslage zwischen AG und Genossenschaft vor Augen führt. Auch die Vereinbarung einer Haftungsobergrenze im Dienstvertrag mit dem Vorstandsmitglied einer Genossenschaft ist zulässig.

9.52

III. Haftungsbeschränkungen für Vorstandsmitglieder im Verein

Die Haftung von Vorstandsmitgliedern eines eingetragenen Vereins ist ausführlich oben bei *Burgard*, Rz. 6.1 ff. dargestellt. Vorstandsmitglieder eines Vereins haften prinzipiell bei einer positiven Verletzung ihrer Pflichten auf organschaftlicher Basis oder wegen Verletzung ihrer Pflichten aus dem Anstellungsvertrag.[3] In den meisten Vereinen sind Organmitglieder oder besondere Vertreter unentgeltlich tätig oder erhalten lediglich eine geringfügige Vergütung, die unterhalb von 720 Euro jährlich liegt. Für diese mehr oder weniger ehrenamtlichen Organmitglieder greifen die Haftungserleichterungen nach **§ 31a Abs. 1 BGB**, wonach sie dem Verein für einen bei der Wahrnehmung ihrer Pflichten verursachten Schaden nur bei Vorliegen von Vorsatz und grober Fahrlässigkeit haften und zudem der Verein die Beweislast für das Vorliegen von Vorsatz oder grober Fahrlässigkeit trägt. Ferner können ehrenamtlich tätige Vorstandsmitglieder oder besondere Vertreter von dem Verein eine Freistellung verlangen, wenn sie bei der Wahrnehmung ihrer Vereinspflichten gegenüber einem Dritten schadensersatzpflichtig geworden sind, sofern nicht Vorsatz oder grobe Fahrlässigkeit vorliegt (§ 31a Abs. 2 BGB). Ehrenamtlich tätige Organmitglieder werden praktisch niemals auf Basis eines Anstellungsvertrags tätig. Sofern der Verein über § 31a BGB hinaus die Haftung abmildern oder beschränken will, bedarf es hierfür einer Regelung in der Satzung oder einer gesonderten Vereins- oder Geschäftsordnung (oben *Burgard*, Rz. 6.59).

9.53

In größeren Vereinen (z.B. ADAC, TÜV, Profi-Fußballvereine, etc.) übersteigt die Vorstandstätigkeit den ehrenamtlichen Rahmen. Nicht selten hat die Vorstandstätigkeit dann ihre rechtliche Grundlage in einem Anstellungsvertrag, wobei die Abschlusskompetenz für den Verein bei der Mitgliederversammlung liegt.[4] In einem solchen Fall haben Verein und Vorstandsmitglied einen **weitgehenden Gestaltungsspielraum** für haftungsbeschränkende Regelungen, insbesondere mit Blick auf den Haftungsmaßstab, Verjährungsfrist und Haftungsobergrenzen. Es gab zwar im Schrifttum Stimmen, die bei Vereinen, welche maßgeblich am Wirtschaftsleben teilnehmen, eine Herabsetzung des Haftungsmaßstabs als sittenwidrig und daher unzulässig ansehen.[5] Diese Einschränkung kann indes kaum überzeugen, weil es schwer erkennbar ist, warum es gegen die guten Sitten verstoßen sollte, die Haftung eines Vorstandsmitglieds eines Vereins auf ein (vernünftiges) Maß zu reduzieren. Aus § 31a BGB lässt sich jedenfalls ein solcher Schluss nicht ziehen. Allerdings wird man hierfür eine Sat-

9.54

---

[1] BGH v. 21.3.2005 – II ZR 54/03, NZG 2005, 562, 564 = ZIP 2005, 981.
[2] Vgl. dazu aus dem genossenschaftsrechtlichen Schrifttum nur *Fandrich* in Pöhlmann/Fandrich/Bloehs, § 34 GenG Rz. 26; *Beuthien*, § 34 GenG Rz. 22.
[3] *Hadding* in Soergel, § 27 BGB Rz. 23.
[4] BGH v. 21.1.1991 – II ZR 144/90, BGHZ 113, 237, 239 f. = AG 1991, 316, 317 f.; *Hadding* in Soergel, § 27 BGB Rz. 13.
[5] *Reuter* in MünchKomm. BGB, 6. Aufl. 2012, § 27 BGB Rz. 40.

zungsbestimmung oder jedenfalls einen ausdrücklichen Beschluss der Mitgliederversammlung fordern müssen.[1]

IV. Haftungsbeschränkungen für Vorstandsmitglieder einer Stiftung

9.55 Es gibt Stiftungen, in denen die Vorstandsmitglieder oder Geschäftsführer ihre Organtätigkeit auf anstellungsvertraglicher Grundlage wahrnehmen. Vorbehaltlich anderweitiger Vorgaben des Stifters ist es insoweit zulässig, haftungsabmildernde und haftungsbegrenzende Vereinbarungen im Dienstvertrag zu treffen (vgl. dazu oben *Burgard*, Rz. 6.172).

---

1 *Arnold* in MünchKomm. BGB, § 27 BGB Rz. 42.

§ 10
Aufsichtsratshaftung im Konzern

Professor Dr. Dr. h.c. Uwe H. Schneider

A. Die Fragestellung: Konzerntypische Haftungslagen 10.1

B. Die Aufsichtsratshaftung beim herrschenden Unternehmen im Konzern 10.5

  I. Aufsichtsrats-Innenhaftung 10.7

  1. Haftung bei Verletzung der konzernweiten Überwachungspflichten.. 10.12

    a) Nachträgliche und begleitende Überwachung beim konzernfreien Unternehmen................. 10.13

    b) Nachträgliche und begleitende Überwachung im Konzern 10.16

    c) Konzernweiter Zustimmungsvorbehalt 10.22

  2. Haftung bei fehlerhafter Bilanzierung im Konzern................. 10.27

  3. Haftung wegen fehlerhafter Bestellung und Anstellung der Organmitglieder der Tochtergesellschaften 10.35

  4. Haftung wegen Verletzung von Loyalitätspflichten im Konzern 10.37

  5. Die Geltendmachung von Schadensersatzansprüchen im Konzern 10.43

  II. Aufsichtsrats-Konzern-Innenhaftung 10.48

  III. Aufsichtsrats-Konzern-Außenhaftung 10.50

C. Die Aufsichtsratshaftung bei Tochtergesellschaften

  I. Aufsichtsrats-Innenhaftung im Vertragskonzern 10.54

  II. Aufsichtsrats-Innenhaftung im faktischen Konzern 10.56

Schrifttum: *Altmeppen*, Managerhaftung im Konzern, 1998; *Altmeppen*, Grenzen der Zustimmungsvorbehalte des Aufsichtsrats und die Folgen ihrer Verletzung durch den Vorstand, in FS K. Schmidt, 2009, S. 23; *Altmeppen*, Wirklich keine Haftung der Bundesrepublik Deutschland im Fall Telekom?, NJW 2008, 1553; *Bayer*, Legalitätspflicht der Unternehmensleitung, nützliche Gesetzesverstöße und Regress bei verhängten Sanktionen – dargestellt am Beispiel von Kartellverstößen, in FS K. Schmidt, 2009, S. 85; *Bezzenberger/Keul*, Die Aufgaben und Sorgfaltspflichten von Aufsichtsratsmitgliedern – Eine Übersicht, in FS Schwark, 2009, S. 121; Bicker, Compliance – Organisatorische Ansätze im Konzern, AG 2012, 542; *Broichmann/Burmeister*, Konzernvertrauenshaftung – zahnloser Tiger oder tragfähiges Haftungskonzept?, NZG 2006, 687; *Brouwer*, Zustimmungsvorbehalte des Aufsichtsrats im Aktien- und GmbH-Recht, 2008; Bunting, Konzernweite Compliance – Pflicht oder Kür?, ZIP 2012, 1542; *Cahn*, Kredite an Gesellschafter – zugleich Anmerkung zur MPS-Entscheidung des BGH, Der Konzern 2009, 67; *Dreher*, Die Vorstandsverantwortung im Geflecht von Risikomanagement, Compliance und interner Revision, in FS Hüffer, 2010, S. 161; *Dürr*, Die Haftung von Aufsichtsratsmitgliedern einer Aktiengesellschaft, Diss., 2. Aufl. 2008; *Fleischer*, Haftung des herrschenden Unternehmens im faktischen Konzern und unternehmerisches Ermessen (§§ 317 II, 93 I AktG) – Das UMTS-Urteil des BGH, NZG 2008, 371; *Fleischer*, Konzernleitung und Leitungssorgfalt der Vorstandsmitglieder im Unternehmensverbund, DB 2005, 759; *Gehrlein/Witt/Volmer*, GmbH-Recht in der Praxis, 3. Aufl. 2015; *Goette*, Leitung, Aufsicht, Haftung – zur Rolle der Rechtsprechung bei der Sicherung einer modernen Unternehmensführung, in FS 50 Jahre BGH, 2000, S. 123; Goette, Organisationspflichten in Kapitalgesellschaften zwischen Rechtspflicht und Opportunität, ZHR 175 (2011), 388; *Götz*, Leitungssorgfalt und Leitungskontrolle der Aktiengesellschaft hinsichtlich abhängiger Unternehmen, ZGR 1998, 524; *Götz*, Rechte und Pflichten des Aufsichtsrats nach dem Transparenz- und Publizitätsgesetz, NZG 2002, 599; *Habersack*, Die Teilhabe des Aufsichtsrats an der Leitungsaufgabe des Vorstands gemäß § 111 Abs. 4 S. 2 AktG dargestellt am Beispiel der Unternehmensplanung, in FS Hüffer, 2010, S. 259; *Habersack*, Gedanken zur konzernweiten Compliance – Verantwortung des Geschäftsleiters eines herrschenden Unternehmens, in FS Möschel, 2011, S. 1175; *Habersack*, Grund und Grenzen der Compliance-Verantwortung des Aufsichtsrats der AG, AG 2014, 1; *Harbarth*, Zustimmungsvorbehalt im faktischen Aktienkonzern, in FS Hoffmann/Becking, 2013, S. 457; *Harbarth/Brechtel*, Rechtliche Anforderungen an eine pflichtgemäße Compliance-Organisation im Wandel der Zeit, ZIP 2016, 241; *Henze*, Prüfungs- und Kontrollaufgaben des Aufsichtsrats in der Aktiengesellschaft – Die Entscheidungspraxis des Bundesgerichtshofs, NJW 1998, 3309; *Henze*, Leitungsverantwortung des Vorstands – Überwachungspflicht des Aufsichtsrats, BB 2000, 209; *Hoffmann-Becking*, Der Aufsichtsrat im Konzern, ZHR 159 (1995), 325; *Hommelhoff*, Zur Anteils- und Beteiligungsüberwachung im Aufsichtsrat, in FS Stimpel, 1985, S. 603; *Hommelhoff*, Vernetzte Aufsichtsratsüberwachung im Konzern?, ZGR 1996, 144; *Hüffer*, Informationen zwischen Tochtergesellschaft und herrschendem Unternehmen im vertragslosen Konzern, in FS Schwark, 2009, S. 185; *Hüffer*, Die Leitungsverantwortung des Vorstands in der Managementholding, in Liber amicorum Happ, 2006, S. 93; *Klopfer*, Fragen der Aktiv- und Passivlegitimation für Verantwortlichkeitsklagen in Konzernverhältnissen, in Verantwortlichkeit im Unternehmensrecht VIII, Europa Institut, Universität Zürich, 2015, S. 7; *Koch*, Die Überwachung des Aufsichtsrats durch den Vorstand, ZHR 180 (2016), 578; *Krieger*, Überwachung durch den Aufsichtsrat und die Gesellschafter der Holding, in Lutter/Bayer, Holding-Handbuch, 5. Aufl. 2015, S. 219; *Kropff*, Einlagenrückgewähr und Nachteilsausgleich im faktischen Konzern, NJW 2009, 814; *Lange*, Zustimmungsvorbehaltspflicht und Kataloghaftung des Aufsichtsrats, DStR 2003, 376; *Lieder*, Zustimmungsvorbehalte des Aufsichtsrats nach neuer Rechtslage, DB 2004, 2251; *Lieder*, Der Aufsichtsrat im Wandel der Zeit, 2006; *Löbbe*, Unternehmenskontrolle im Konzern, 2003; *Lösler*, Compliance im Wertpapierdienstleistungskonzern, 2003; *Lüneborg/Fischbach*, Die Organpflichten bei der Durchsetzung von Organhaftungsansprüchen im Aktienkonzern, NZG 2015, 1142; *Lutter*, Aufsichtsrat und Sicherung der Legalität im Unternehmen, in FS Hüffer, 2010, S. 617; *Lutter*, Zustimmungspflichtige Geschäfte im Konzern, in Liber amicorum Happ, 2006, S. 143; *Lutter*, Die Unwirksamkeit von Mehrfachmandaten in den Aufsichtsräten von Konkurrenzunternehmen, in FS Beusch, 1993, S. 509; *Lutter*, Der Aufsichtsrat im Konzern, AG 2006, 517; *Lutter*, Information und Vertraulichkeit im Aufsichtsrat, 3. Aufl. 2006; *Martens*, Der Aufsichtsrat im Konzern, ZHR 159 (1995), 567; *Mohr*, Haftung im mittelständischen GmbH-Konzern, GmbH-StB 2007, 217; *Mülbert/Sajnovits*, Konzerninterne (Upstream-)Darlehen als unternehmerische Risikoentscheidung, WM 2015, 2345; *Reichert/Schlitt*, Konkurrenzverbot für Aufsichtsratsmitglieder, AG 1995, 241; *Rieckers*, Nochmals: Konzernvertrauenshaftung, NZG 2007, 125; *Scheffler*, Die Überwachungsaufgabe des Aufsichtsrats im Konzern, DB 1994, 793; *v. Schenck*, Überwachung durch den Vorstand der Holding, in Lutter/Bayer, Holding-Handbuch, 5. Aufl. 2015, S. 156; *Sven H. Schneider*, Informationspflichten und Informationssystemeinrichtungspflichten im Aktienkonzern, 2006; *Sven H. Schneider*, „Unternehmerische Entscheidungen" als Anwendungsvoraussetzung für die Business Judgment Rule, DB 2005, 707; *Sven H. Schneider/Uwe H. Schneider*, Vorstandshaftung im Konzern, AG 2005, 57; *Uwe H. Schneider*, Compliance im Konzern, NZG 2009, 1321; *Uwe H. Schneider*, Der Aufsichtsrat des herrschenden Unternehmens im Konzern – Ein Beitrag zum Konzernverfassungsrecht, in FS Hadding, 2004, S. 621; *Uwe H. Schneider*, Der Aufsichtsrat des abhängigen Unternehmens im Konzern – Ein Beitrag zum Konzernverfassungsrecht, in FS Raiser, 2005, S. 341; *Uwe H. Schneider*, Konzernleitung als Rechtsproblem, BB 1981, 249; *Uwe H. Schneider*, Wettbewerbsverbot für Aufsichtsratsmitglieder einer Aktiengesellschaft?, BB 1995, 365; *Uwe H. Schneider/Burgard*, Treupflichten im mehrstufigen Unterordnungskonzern, in FS Ulmer, 2003, S. 579; *Uwe H. Schneider/Sven H. Schneider*, Konzern-Compliance als Aufgabe der Konzernleitung, ZIP 2007, 2061; *Schockenhoff*, Haftung und Enthaftung von Geschäftsleitern bei Compliance-Verstößen in Konzernen mit Matrix-Strukturen, ZHR 180 (2016), 197; *Semler*, Leitung und Überwachung der Aktiengesellschaft, 2. Aufl. 1996; *Semler*, Zustimmungsvorbehalte als Instrument der Überwachung durch den Aufsichtsrat, in FS Doralt, 2004, S. 609; *Spindler*, Konzernbezogene Anstellungsverträge und Vergütungen von Organmitgliedern, in FS K. Schmidt, 2009, S. 1529; *Theisen*, Information und Berichterstattung des Aufsichtsrats, 4. Aufl. 2007; *Turner*, Die Stellung des Aufsichtsrats im beherrschten Unternehmen, DB 1991, 583; *Verse*, Compliance im Konzern, ZHR 175 (2011), 401; *Werner*, Die Entwicklung des Rechts des Aufsichtsrats im Jahr 2008, Der Konzern 2009, 336; *Winter*, Die Verantwortlichkeit des Aufsichtsrats für „Corporate Compliance", in FS Hüffer, 2010, S. 1103; *Ziegelmeier*, Die Systematik der Haftung von Aufsichtsratsmitgliedern gegenüber der Gesellschaft, ZGR 2007, 144.

A. Die Fragestellung: Konzerntypische Haftungslagen

Ebenso wie für Vorstandsmitglieder und für Geschäftsführer[1] ergeben sich für Aufsichtsratsmitglieder durch die Konzernlage der Unternehmen, in denen sie bestellt sind, zahlreiche eigenständige Fragen.[2] Dies gilt sowohl für den Aufsichtsrat der konzernleitenden Holding als auch den Aufsichtsrat der Tochtergesellschaften, es gilt für die Zuständigkeiten des **Aufsichtsrats**, die Überwachungsaufgaben, die Kompetenzen bei der Bestellung der geschäftsführenden Organmitglieder, usw. Und dies betrifft die Pflichtenbindung und die Haftung der **Aufsichtsratsmitglieder** gegenüber der eigenen Gesellschaft sowie gegenüber den anderen Konzernunternehmen und gegenüber Dritten für Vorgänge im Konzern, die Geltendmachung der Schadensersatzansprüche, die Möglichkeiten ihrer prozessualen Durchsetzung und anderes mehr.

10.1

Die Fragen sind Legion: Hat der Aufsichtsrat des herrschenden Unternehmens eine Pflicht zur Konzernüberwachung? Überwacht er nur den Vorstand und die Geschäftsführer der eigenen Gesellschaft bei der Konzernleitung, bei der Einrichtung eines konzernweiten Risikomanagements und einer konzernweiten Compliance-Organisation oder hat er auch das Management der Konzernunternehmen, dessen Verhalten und die Vorgänge bei den Konzernunternehmen in die Überwachung einzubeziehen? Kann er von dem Leiter der Revision einer Tochtergesellschaft verlangen, dass er beim Aufsichtsrat der Holding antritt und Auskunft gibt? Und können die Mitglieder des Aufsichtsrats der konzernleitenden Holding auf Schadensersatz in Anspruch genommen werden, weil sie gegen fehlerhafte Maßnahmen bei Tochtergesellschaften sowie deren Organmitgliedern und Mitarbeitern nicht vorgegangen sind? Wie weit reichen diese Überwachungspflichten, ihr Bestehen unterstellt? Wer hat Ansprüche, wenn diese Pflichten verletzt werden – auch die beherrschten Unternehmen und ihre Minderheitsgesellschafter? Und weiter: Welchen Einfluss hat der Aufsichtsrat des herrschenden Unternehmens bei der Auswahl der Organmitglieder der Tochtergesellschaften und der Ausgestaltung ihrer Anstellungsverträge? Macht er sich schadensersatzpflichtig, wenn er seinen Einfluss fehlerhaft oder überhaupt nicht geltend macht? Entsprechende Fragen stellen sich auch für die Mitglieder des Aufsichtsrats der Tochter- und Enkelgesellschaften. Machen sie sich wegen fehlerhafter Überwachung schadensersatzpflichtig, wenn konzernleitende Entscheidungen der Holding bei der Tochtergesellschaft umgesetzt werden und dort zu Schaden führen? Und können die Gesellschafter des herrschenden Unternehmens auch Schadensersatzansprüche gegen Vorstands- und Aufsichtsratsmitglieder sowie Geschäftsführer abhängiger Unternehmen im eigenen Namen bzw. im Namen der herrschenden Gesellschaft geltend machen?

10.2

Die hier nur exemplarisch genannten Fragen sind durch die höchstrichterliche Rechtsprechung nicht geklärt und in der Lehre vernachlässigt.[3] Die Frage nach der Aufsichtsratshaftung im Konzern ist nur am Rande untersucht. Allenfalls finden sich einzelne kurze Bemerkungen. Hängt das vielleicht mit einer fehlenden praktischen Bedeutung des Problems

10.3

---

1 Zur Vorstandshaftung im Konzern s. oben *Sven H. Schneider*, § 8.
2 S. auch *Altmeppen*, Managerhaftung im Konzern, 1998; *Götz*, ZGR 1998, 524; *Löbbe*, Unternehmenskontrolle im Konzern; *Hoffmann-Becking*, ZHR 159 (1995), 325; *Hommelhoff* in FS Stimpel, 1985, S. 603; *Hommelhoff*, ZGR 1996, 144; *Lutter*, AG 2006, 517; *Martens*, ZHR 159 (1995), 567; *Scheffler*, DB 1994, 793; *Lutter* in Liber amicorum Happ, 2006, S. 143; *Götz*, ZGR 1998, 524; *Habersack* in MünchKomm. AktG, § 111 AktG Rz. 52 ff.; *Hopt/Roth* in Großkomm. AktG, § 111 AktG Rz. 369 ff.; für die GmbH: *Uwe H. Schneider* in Scholz, § 52 GmbHG Rz. 186 ff.; *Lutter*, AG 2006, 517; *Uwe H. Schneider* in FS Hadding, 2004, S. 621; *Uwe H. Schneider* in FS Raiser, 2005, S. 341.
3 S. aber jüngst etwa *Lüneborg/Fischbach*, NZG 2015, 1142.

zusammen? Die Rechtsprechung hat, soweit ersichtlich, kaum Fälle entschieden, die sich mit Blick auf die Organhaftung mit Konzernsachverhalten beschäftigen. Das ist überraschend; denn viele Gesellschaften sind heute konzernverbunden, entweder als herrschendes Unternehmen oder als Tochtergesellschaft und – etwa in der Versicherungswirtschaft – auch als Unternehmen im Gleichordnungskonzern. Manches könnte sich allerdings ändern; denn mit dem UMAG[1] ist durch § 148 AktG das unmittelbare Klagerecht des Aktionärs, nicht nur gegen Vorstandsmitglieder, sondern auch gegen Aufsichtsratsmitglieder, eingeführt worden.[2] Voraussetzung für die Geltendmachung ist nur, dass die Anteile des Aktionärs oder der Aktionäre zusammen den einhundertsten Teil des Grundkapitals oder einen anteiligen Betrag von 100 000 Euro erreichen. Und damit könnte die Organhaftung auch im Konzern eine größere praktische Bedeutung als bisher bekommen.

10.4 Im Folgenden soll nur die Erweiterung der Pflichten und der Haftung der Aufsichtsratsmitglieder der beteiligten Konzernunternehmen untersucht werden. Die Überlegungen gliedern sich dabei in zwei Teile: Zunächst wird der Aufsichtsratshaftung beim herrschenden Unternehmen nachgegangen (Rz. 10.5 ff.). Der zweite Teil ist der Aufsichtsratshaftung bei Tochtergesellschaften gewidmet (Rz. 10.54 ff.).

B. Die Aufsichtsratshaftung beim herrschenden Unternehmen im Konzern

10.5 Vorweg gilt es nochmals festzuhalten: Der Konzern ist **nicht rechtsfähig**. Er hat **keine eigenen Organe** und keine eigenen Organmitglieder. Es gibt organisationsrechtlich betrachtet keinen Konzern-Aufsichtsrat und es gibt demnach auch keine Konzern-Aufsichtsratsmitglieder, deren Haftung hier zu untersuchen wäre. Im Konzern sind vielmehr zwei oder mehr rechtlich selbständige Unternehmen „unter einheitlicher Leitung" zusammen gefasst. Bei der „Aufsichtsratshaftung im Konzern" geht es daher auch nur um die Aufsichtsratshaftung bei den einzelnen Konzernunternehmen, also im Unterordnungskonzern um die Aufsichtsratshaftung beim herrschenden Unternehmen und um die Aufsichtsratshaftung bei den Tochtergesellschaften, und zwar jeweils im Blick auf die Konzernlage.

10.6 Zu unterscheiden sind hierbei **drei Fälle**, nämlich

– die Haftung des Aufsichtsratsmitglieds gegenüber der eigenen Gesellschaft, also die „Aufsichtsrats-Innenhaftung" (Rz. 10.7 ff.),

– die Haftung des Aufsichtsratsmitglieds gegenüber anderen Konzernunternehmen, also die „Aufsichtsrats-Konzern-Innenhaftung" (Rz. 10.48 ff.) und

– die Haftung des Aufsichtsratsmitglieds für Vorgänge im eigenen Unternehmen und bei Konzernunternehmen gegenüber Dritten, also die „Aufsichtsrats-Konzern-Außenhaftung" (Rz. 10.50 ff.).

---

1 Gesetz zur Unternehmensintegrität und Modernisierung des Anfechtungsrechts vom 22.9.2005 (BGBl. I 2005, 2802); RegE BT-Drucks. 15/5092.
2 Das Klagezulassungsverfahren nach § 148 AktG ist allerdings bisher noch ohne praktische Bedeutung. S. *Gaschler*, Das Klagezulassungsverfahren gem. § 148 AktG, 2017, S. 30.

I. Aufsichtsrats-Innenhaftung

Bei der Aufsichtsrats-Innenhaftung geht es um die Haftung des Aufsichtsratsmitglieds gegenüber „seiner" Gesellschaft, und zwar wegen fehlerhafter „Konzernüberwachung". 10.7

Eine ausdrückliche gesetzliche Regelung hierüber fehlt. Anzuknüpfen ist an die allgemeinen organisationsrechtlichen Haftungsbestimmungen. 10.8

- Aufsichtsratsmitglieder einer **Aktiengesellschaft** haften nach § 116 i.V.m. § 93 AktG. Und in § 116 Satz 1 AktG liest man, für die Sorgfaltspflicht und Verantwortlichkeit der Aufsichtsratsmitglieder gilt § 93 AktG über die Sorgfaltspflicht und Verantwortlichkeit der Vorstandsmitglieder sinngemäß.
- Für die Haftung der Aufsichtsratsmitglieder einer **GmbH mit fakultativem Aufsichtsrat** verweist § 52 Abs. 1 GmbHG auf § 116 i.V.m. § 93 Abs. 1 und 2 AktG.
- Für die **GmbH mit einem Aufsichtsrat nach DrittelbG** verweist § 1 Abs. 1 Nr. 3 DrittelbG ohne Einschränkung auf § 116 i.V.m. § 93 AktG.
- Auch für die **GmbH mit einem Aufsichtsrat nach MitbestG** verweist § 25 Abs. 1 Satz 1 MitbestG auf § 116 i.V.m. § 93 AktG.

Daraus folgt, dass bei der GmbH die Verweisung auf § 116 i.V.m. § 93 AktG unterschiedlich weit ist.[1] Der Ausgangspunkt ist für alle Aufsichtsräte unabhängig von ihrer Zusammensetzung jedoch derselbe. 10.9

Daneben könnte in Zukunft die **deliktische Teilnehmerhaftung** von Aufsichtsratsmitgliedern sowohl bei der Innenhaftung als auch bei der Außenhaftung an Bedeutung gewinnen. Zu denken ist an eine Haftung von Aufsichtsratsmitgliedern als Anstifter oder Gehilfe einer vorsätzlich unerlaubten Handlung des Vorstands, der Geschäftsführer oder der Gesellschafter gegenüber der Gesellschaft. Die durch die Rechtsprechung entschiedenen Fälle betrafen zwar die Aufsichtsratsaußenhaftung.[2] Entsprechendes gilt jedoch auch für die Innenhaftung.

Konkret heißt das: Wenn ein Aufsichtsratsmitglied seine Pflichten, die ihm gegenüber der Gesellschaft obliegen, schuldhaft verletzt, haftet es auf Schadensersatz. Normiert ist damit eine **Verhaltenshaftung**. Gehaftet wird bei Verletzungen von Pflichten. Und normiert ist eine **Verschuldenshaftung**. Gehaftet wird nur bei einer schuldhaften Pflichtverletzung. 10.10

Eine Haftung wegen Verletzung von Pflichten aus einem „Aufsichtsrats-Anstellungsvertrag" scheidet dagegen aus. Offen gelassen werden kann damit auch die Frage, wie sich die organisationsrechtliche Haftung zu einer Haftung aus einem Anstellungsvertrag verhalten würde; denn Aufsichtsratsmitglieder haben in der Regel keinen eigenständigen Anstellungsvertrag.[3] Das gilt auch bei Konzernlagen. Zu bedenken sind nur die Fälle, in denen das Aufsichtratsmitglied der Tochtergesellschaft zugleich als Vorstandsmitglied oder Geschäftsführer der Muttergesellschaft einen Dienstvertrag hat oder als leitender Angestellter Arbeitnehmer der Muttergesellschaft ist. Bei einer solchen Leitungsorganisation kann in der Verletzung der Pflichten als Aufsichtsratsmitglied zugleich eine Verletzung der Pflichten aus dem Dienst- oder An- 10.11

---

[1] S. dazu *Zöllner/Noack* in Baumbach/Hueck, § 52 GmbHG Rz. 209.
[2] OLG Düsseldorf v. 23.6.2008 – 9 U 22/08, AG 2008, 666; OLG Karlsruhe v. 4.9.2008 – 4 U 267/06, AG 2008, 900; *Fleischer*, NJW 2009, 2337, 2341; *Werner*, Der Konzern 2009, 336, 339.
[3] Anstelle anderer: *Hüffer/Koch*, § 101 AktG Rz. 2; für die GmbH: *Zöllner/Noack* in Baumbach/Hueck, § 52 GmbHG Rz. 59; *Uwe H. Schneider* in Scholz, § 52 GmbHG Rz. 353.

stellungsvertrag liegen. Auf Grund des Anstellungsvertrags wird freilich zunächst nur das Interesse des herrschenden Unternehmens zu schützen und gegebenenfalls auch nur ein Schaden des herrschenden Unternehmens zu ersetzen sein. Die zuletzt genannten vertraglichen Pflichten obliegen gegenüber der Muttergesellschaft. Ob sie auch Schutzwirkung zu Gunsten der Tochtergesellschaft entwickeln, ist mehr als zweifelhaft.

1. Haftung bei Verletzung der konzernweiten Überwachungspflichten

10.12 Zu fragen ist demzufolge, welche organisationsrechtlichen Pflichten dem Aufsichtsratsmitglied allgemein und insbesondere bei Konzernlagen auferlegt sind.

a) Nachträgliche und begleitende Überwachung beim konzernfreien Unternehmen

10.13 Nach § 111 Abs. 1 AktG hat der Aufsichtsrat den Vorstand zu überwachen. Das gilt entsprechend auch für die GmbH, allerdings mit der Maßgabe, dass die Geschäftsführer nicht nur durch den Aufsichtsrat, sondern auch durch die Gesellschafterversammlung überwacht werden (vgl. § 46 Nr. 6 GmbHG).[1]

10.14 Die Diskussion, ob die Überwachung durch den Aufsichtsrat Funktions- oder Organkontrolle ist, ob der Vorstand oder die Geschäftsführer bei ihrer Geschäftsführung oder ob die Geschäftsführung zu überwachen ist, ist nicht weiterführend. Richtig wird man sagen müssen, dass die Überwachung des Aufsichtsrats Funktionskontrolle ist und Adressat der Vorstand bzw. die Geschäftsführer sind.[2] Die Überwachung erstreckt sich aber auch auf die Mitarbeiter, die maßgeblich an der Vorbereitung und Durchführung grundlegender Entscheidungen beteiligt sind.[3]

10.15 Die Überwachung der Geschäftsführung umfasst dabei zwei Teilbereiche, nämlich die nachträgliche Überwachung und die begleitende und vorausschauende Überwachung. Bei der Verletzung dieser Überwachungspflichten drohen nicht nur Ansprüche der Gesellschaft auf Schadensersatz, sondern auch der Vorwurf der strafbaren Untreue.[4] Die **nachträgliche Überwachung** bezieht sich auf die abgeschlossenen Sachverhalte der Geschäftsführung.[5] Der Aufsichtsrat hat hiernach rechtswidrige, ordnungswidrige und unzweckmäßige Maßnahmen in der Vergangenheit und problematische Entwicklungen, die sich in der Vergangenheit abzeichneten, aufzudecken, damit korrigierend eingegriffen werden kann und Ansprüche auf Schadensersatz geltend gemacht werden können. Das Ergebnis nachträglicher Überwachung bildet zugleich die Entscheidungsgrundlage für die Wiederbestellung von Vorstand und Geschäftsführer. Die **begleitende und vorausschauende Überwachung** bezieht sich auf die grundsätzli-

---

1 Zur Abgrenzung der Überwachungsbefugnisse von Gesellschafterversammlung und Aufsichtsrat einer GmbH vgl. etwa *Deilmann*, BB 2004, 2253.
2 Wie hier: *Habersack* in MünchKomm. AktG, § 111 AktG Rz. 20; *Hüffer/Koch*, § 111 AktG Rz. 2; *Lutter/Krieger/Verse*, Rechte und Pflichten des Aufsichtsrats, § 3 Rz. 63 m.w.N. in Fn. 1.
3 Str.; *Uwe H. Schneider* in Scholz, § 52 GmbHG Rz. 90; a.A. *Lutter/Krieger/Verse*, Rechte und Pflichten des Aufsichtsrats, § 3 Rz. 70 m.w.N.
4 S. dazu BGH v. 26.11.2015 – 3 StR 17/15, ZIP 2016, 966 = AG 2016, 501: „Ein Mitglied des Aufsichtsrats einer GmbH trifft die Pflicht im Sinne des Untreuetatbestands, das Vermögen der Gesellschaft zu betreuen. Es verletzt diese Pflicht u.a. dann, wenn es mit einem leitenden Angestellten der Gesellschaft bei einem das Gesellschaftsvermögen schädigenden, die Grenzen der unternehmerischen Entscheidungsfreiheit überschreitenden Fehlverhalten zusammenwirkt".
5 Zum Umfang der Überwachung: OLG Düsseldorf v. 6.11.2014 – I-6 U 16/14, ZIP 2015, 1586 = AG 2015, 434; *Drygala* in K. Schmidt/Lutter, § 111 AktG Rz. 29.

chen Fragen der Unternehmensleitung. Dazu gehören zum einen die Ausgestaltung der künftigen Geschäftspolitik und deren Umsetzung und zum anderen die Überwachung von solchen Einzelgeschäften, die für die Entwicklung der Gesellschaft von grundlegender Bedeutung sind.[1] Die fortlaufende Beratung des Vorstands und der Geschäftsführer, die Abwägung der Handlungsmöglichkeiten und die Mitwirkung an Entscheidungen über die Zukunft des Unternehmens wird damit zum Teil der Überwachung durch den Aufsichtsrat. Ausdrücklich heißt es in einer Entscheidung des II. Senats des Bundesgerichtshofs, die „Beratung ist deshalb das vorrangige Mittel der in die Zukunft gerichteten Kontrolle des Vorstands"[2].

b) Nachträgliche und begleitende Überwachung im Konzern

Diese für das konzernfreie Unternehmen entwickelten Überlegungen zur Überwachungsaufgabe des Aufsichtsrats lassen sich auf den Konzern übertragen. Zugleich sind die konzernspezifischen Besonderheiten zu berücksichtigen, insbesondere, ob es sich um einen Vertragskonzern oder einen faktischen Konzern handelt.[3]

10.16

Dabei stehen sich zwei Meinungen gegenüber. Teils wird die Ansicht vertreten, der Aufsichtsrat der konzernleitenden Gesellschaft überwache nur den Vorstand des herrschenden Unternehmens bei der Konzernleitung.[4] Nach anderer Ansicht überwacht der Aufsichtsrat die Geschäftsführung durch das geschäftsführende Organ und damit auch die Konzernleitung. Beide Ansichten stimmen darin überein, dass die Legalität, die Ordnungsmäßigkeit und die Zweckmäßigkeit der Geschäftsführung und damit auch der Konzernleitung zu überwachen ist.[5] Zu den Aufgaben des Vorstands und der Geschäftsführer einer Holding gehört auch die **Konzernleitung**[6] und die **Konzernkontrolle**.[7] Entsprechende Pflichten, nämlich zur Konzernleitung, obliegen den geschäftsführenden Organmitgliedern der Holding gegenüber ihrer eigenen Gesellschaft. Demzufolge hat der Aufsichtsrat den Vorstand und die Geschäftsführer der Holding bei ihrer Konzernleitung zu überwachen.[8] Allgemein formuliert: Seine Aufgabe ist die **Konzernüberwachung**.[9]

10.17

---

1 LG Stuttgart v. 29.10.1999 – 4 KfH O 80/98, DB 1999, 2462 = AG 2000, 237; *Henze*, BB 2000, 209, 213, 214; *Hüffer/Koch*, § 111 AktG Rz. 3; *Habersack* in MünchKomm. AktG, § 111 AktG Rz. 18 f.; *Lutter/Krieger/Verse*, Rechte und Pflichten des Aufsichtsrats, § 3 Rz. 65; *Uwe H. Schneider* in Scholz, § 52 GmbHG Rz. 93.
2 BGH v. 25.3.1991 – II ZR 188/89, BGHZ 114, 127, 130 = AG 1991, 312; *Goette* in FS 50 Jahre BGH, 2000, S. 123, 128.
3 S. dazu *Drygala* in K. Schmidt/Lutter, § 111 AktG Rz. 29.
4 So etwa *Krieger* in Lutter/Bayer, Holding-Handbuch, S. 221.
5 S. zum Ganzen *Hüffer/Koch*, § 111 AktG, Rz. 2.
6 H.A., an Stelle anderer: *Habersack* in Emmerich/Habersack, Aktien- und GmbH-Konzernrecht, § 311 AktG Rz. 87; *Altmeppen*, Managerhaftung im Konzern, S. 1; *Hüffer/Koch*, § 111 AktG Rz. 10; *Fleischer*, DB 2005, 759; *Fleischer* in Fleischer, Handbuch des Vorstandsrechts, S. 663, 665; *Drygala* in K. Schmidt/Lutter, § 111 AktG Rz. 28; *Sven H. Schneider/Uwe H. Schneider*, AG 2005, 57.
7 An Stelle anderer: *v. Schenck* in Lutter/Bayer, Holding-Handbuch, S. 156, 172.
8 Enger: *Hüffer/Koch*, § 111 AktG Rz. 18; s. auch *Theisen*, Grundsätze einer ordnungsmäßigen Information des Aufsichtsrats, S. 196; *Heermann* in Ulmer/Habersack/Löbbe, § 52 GmbHG Rz. 93; *Peltzer* in Wellhöfer/Peltzer/Müller, Die Haftung von Vorstand, Aufsichtsrat, Wirtschaftsprüfer, 2008, S. 755; *Uwe H. Schneider* in FS Hadding, 2004, S. 621, 624; *Lieder*, Der Aufsichtsrat im Wandel der Zeit, S. 862 ff. m.w.N.; a.A. *Spindler* in Spindler/Stilz, § 111 AktG Rz. 81.
9 Zur Abgrenzung der internen Überwachungsfunktion des Vorstands (Konzernkontrolle) von der Überwachungsfunktion des Aufsichtsrats der Holding (Konzernüberwachung): *v. Schenck* in Lutter/Bayer, Holding-Handbuch, S. 180.

– Dazu gehört *zunächst* die Überwachung **des Konzernaufbaus und der Konzernorganisation**.[1] Zu diesem Zweck hat sich der Aufsichtsrat einen Überblick über die Konzernstrukturen zu verschaffen und sicherzustellen, dass die Konzernleitung und die Konzernüberwachung nicht strukturell verhindert werden. Deshalb ist ein Auseinanderfallen der rechtlichen Struktur und der „business units" bedenklich.

Sicherzustellen ist weiter, dass ein konzernweites Informationssystem[2], ein konzernweites Risikomanagement und eine konzernweite Compliance Organisation[3] eingerichtet sind. Bei der Ausgestaltung der **konzernweiten Compliance-Organisation** hat der Vorstand zwar ein breites unternehmerisches Ermessen. Einzuhalten ist aber der gesetzlich gebotene Mindeststandard.[4] Die Einzelheiten sind weiterhin nicht geklärt. Nach der hier vertretenen Ansicht hat der Vorstand des herrschenden Unternehmens bei dezentraler Konzernleitung dafür zu sorgen, dass die Tochtergesellschaften eine Compliance-Organisation einrichten. Erforderlich aber auch ausreichend ist es, wenn die Leitlinien einer Compliance-Organisation festgelegt, die Organisation gesteuert, die Umsetzung der Leitlinien kontrolliert und die Organisation nachjustiert wird, wenn sich Mängel herausstellen.[5] Bei zentraler Konzernleitung hat der Vorstand des herrschenden Unternehmens selbst für eine angemessene Information, Überwachung und Sanktion der Mitarbeiter der Konzernunternehmen zu sorgen. Damit soll sichergestellt werden, dass sich auch die Organmitglieder und die Mitarbeiter der Tochter- und Enkelgesellschaften rechtmäßig, ordnungsmäßig und zweckmäßig verhalten. Es ist daher nicht nur eine schwere Pflichtverletzung, wenn die Aufsichtsratsmitglieder der Muttergesellschaft sehenden Auges zulassen, dass Tochtergesellschaften gegen Vorschriften des Kartellrechts verstoßen, sich an der Korruption beteiligen oder gar „Geld waschen".[6] Es ist auch eine schwere Pflichtverletzung, wenn sie versäumen, eine konzernweite Compliance-Organisation einzurichten, um Kartellverstöße oder die Korruption durch Organmitglieder oder nachgeordnete Mitarbeiter von Tochtergesellschaften zu verhindern.

– Der Aufsichtsrat hat sodann *zweitens* nicht nur die **abgeschlossenen Sachverhalte** bei der Gesellschaft, sondern auch entsprechende Sachverhalte bei den Konzernunternehmen in die nachträgliche Überwachung mit einzubeziehen.[7] Er hat deren Rechtmäßigkeit, de-

---

1 *Uwe H. Schneider* in FS Hadding, 2004, S. 621, 627; *Krieger* in Lutter/Bayer, Holding-Handbuch, S. 233; zur Anwendbarkeit von § 130 OWiG im Konzern: *Koch*, AG 2009, 1013; *Uwe H. Schneider*, NZG 2009, 1321, 1323 f.; s. auch unten *Schücking*, § 41.
2 Weiterführend: *Sven H. Schneider*, Informationspflichten und Informationssystemeinrichtungspflichten im Aktienkonzern, 2006.
3 *Bunting*, ZIP 2012, 1542; *Fleischer*, CCZ 2008, 1, 3; *Uwe H. Schneider/Sven H. Schneider*, ZIP 2007, 2061; *Uwe H. Schneider*, NZG 2009, 1321; *Lutter* in FS Hüffer, 2010, S. 617, 618; *Verse*, ZHR 175 (2011), 401; *Winter* in FS Hüffer, 2010, S. 1103, 1106; *Habersack*, AG 2014, 1, 3.
4 S. dazu *Uwe H. Schneider*, NZG 2009, 1321, 1324 f.; *Bicker*, AG 2012, 542; *Verse*, ZHR 175 (2011), 401; *v. Schenck* in Lutter/Bayer, Holding-Handbuch, S. 179.
5 *Winter* in FS Hüffer, 2010, S. 1103, 1106; *Habersack*, AG 2014, 1, 3.
6 S. OLG Karlsruhe v. 4.9.2008 – 4 U 26/06, AG 2008, 900: Beihilfe eines Aufsichtsratsmitglieds zum Betrug, weil der Aufsichtsrat vorsätzlich nicht gegen strafbare Handlungen des Vorstands eingeschritten ist.
7 *Uwe H. Schneider* in Scholz, § 52 GmbHG Rz. 188; *Uwe H. Schneider* in FS Hadding, 2004, S. 621; *Lutter/Hommelhoff* in Lutter/Hommelhoff, § 52 GmbHG Rz. 17; *Hommelhoff*, ZGR 1996, 144; *Hoffmann-Becking*, ZHR 159 (1995), 325; *Löbbe*, Unternehmenskontrolle im Konzern, S. 180 ff.; a.A. *v. Schenck* in Lutter/Bayer, Holding-Handbuch, S. 180; *Krieger* in Lutter/Bayer, Holding-Handbuch, S. 221; anders jedoch: *v. Schenck* in Semler/v. Schenck, Arbeitshandbuch für Aufsichtsratsmitglieder, 4. Aufl. 2013, S. 63: „Wenn sich die Geschäftsführung des Geschäftsführungsorgans

ren Ordnungsmäßigkeit, deren Zweckmäßigkeit und deren Wirtschaftlichkeit zu prüfen und zu würdigen.[1] Das gilt nicht nur, soweit die Konzerngeschäftspolitik bei den Tochtergesellschaften umgesetzt wurde, sondern erstreckt sich bei zentraler Konzernleitung auf die gesamte Geschäftstätigkeit der Konzernunternehmen. Die Überwachung der Rechtmäßigkeit des Verhaltens der Konzernunternehmen hat die Vorschriften mit einzubeziehen, die den Unternehmen im öffentlichen Interesse auferlegt sind. Die Einhaltung der Pflichtenbindung aufgrund der Satzung und der Geschäftsordnung der Konzernunternehmen ist dagegen nur insoweit sicherzustellen, wie auch das Interesse des herrschenden Unternehmens berührt wird. So führt die Verletzung der innergesellschaftlichen Kompetenzordnung allein nicht zur Schadensersatzpflicht.[2] Das gilt auch für die Verletzung der innergesellschaftlichen Kompetenzordnung der Konzernunternehmen.

- Zugleich hat der Aufsichtsrat *drittens* den Vorstand des konzernleitenden Unternehmens bei der Ausgestaltung der **auf die Zukunft angelegten Konzernstrategie** zu beraten.[3] Dazu gehört auch die Beratung über die Konzernplanung einschließlich der Konzern-Personalplanung, die Konzernorganisation, die Einrichtung eines Konzern-Controllings und einer Konzern-Revision sowie über die Konzernfinanzierung. Unabhängig hiervon ergeben sich Unterschiede zwischen der Aktiengesellschaft und der GmbH. Da bei der GmbH die Konzerngeschäftspolitik durch die Gesellschafterversammlung bestimmt wird[4], hat der Aufsichtsrat der Holding die Geschäftsführer nur bei deren Entwurf einerseits und bei der Umsetzung der Konzernstrategie andererseits zu beraten.[5]

- Soweit *viertens* **Einzelgeschäfte**, die bei den Tochtergesellschaften verwirklicht werden und die für den Konzern im Allgemeinen und die Holding im Besonderen von grundlegender Bedeutung sind, vorgenommen werden, hat der Aufsichtsrat nicht nur zu fragen, ob diese Geschäfte rechtmäßig und ordnungsmäßig sind, sondern er hat auch zu prüfen, ob sie aus der Sicht des Konzerns, genauer aus der Sicht des herrschenden Unternehmens, zweckmäßig sind.

- Zu überwachen sind *fünftens* die geschäftsführenden **Organe der nachgeordneten Konzerngesellschaften** bei der Wahrnehmung ihrer Aufgaben.[6] Die rechtliche Selbständigkeit der Tochtergesellschaften steht dem nicht entgegen.[7] Der Aufsichtsrat des herrschenden Unternehmens kann daher die Mitglieder der Unternehmensleitung der Tochtergesellschaften befragen, die Einsicht in die Bücher der Tochtergesellschaften verlangen, Ortsbesichtigungen vornehmen und etwa die Compliance-Beauftragten sowie die Leiter der Revision der Tochtergesellschaften befragen.[8] Die Unternehmensleitung der Holding hat alle Maßnahmen zu ergreifen, damit eine entsprechende Befragung und Einsicht ermöglicht wird.

---

der Obergesellschaft auf andere Unternehmen erstreckt, dann erweitert sich die Aufsicht durch den Aufsichtsrat der Obergesellschaft auch auf diese weiteren Geschäftsführungsmaßnahmen."

1 *Lutter*, AG 2006, 517, 519; *Uwe H. Schneider* in Scholz, § 52 GmbHG Rz. 188.
2 BGH v. 21.7.2008 – II ZR 39/07, NZG 2008, 783 = GmbHR 2008, 1092.
3 *Lutter*, AG 2006, 517, 519; *Krieger* in Lutter/Bayer, Holding-Handbuch, S. 226.
4 Die Einzelheiten sind streitig, s. dazu *Uwe H. Schneider/Sven H. Schneider* in Scholz, § 37 GmbHG Rz. 10, m.w.N. in Fn. 5.
5 Vgl. auch *Heermann* in Ulmer/Habersack/Löbbe, § 52 GmbHG Rz. 93.
6 A.A. etwa *Krieger* in Lutter/Bayer, Holding-Handbuch, S. 221.
7 A.A. *Hüffer/Koch*, § 111 AktG Rz. 18; *Lutter/Krieger/Verse*, Rechte und Pflichten des Aufsichtsrats, § 4 Rz. 142, 144; *Spindler* in Spindler/Stilz, § 111 AktG Rz. 81 m.w.N.; *Krieger* in Lutter/Bayer, Holding-Handbuch, S. 221.
8 Str.; a.A. *Lutter/Krieger/Verse*, Rechte und Pflichten des Aufsichtsrats, § 4 Rz. 144.

10.18 Verletzen die Mitglieder des Aufsichtsrats des herrschenden Unternehmens diese konzernweiten Überwachungspflichten, so machen sie sich gegenüber der Gesellschaft, bei der sie als Aufsichtsratsmitglied bestellt sind, schadensersatzpflichtig.

10.19 Welche Anforderungen sind gestellt? Zunächst hat der Aufsichtsrat der Frage nachzugehen, ob in der Vergangenheit die Konzerngeschäftspolitik bei den Tochtergesellschaften mit der Sorgfalt eines ordentlichen Geschäftsmannes umgesetzt wurde. Wurden bei Konzernunternehmen riskante Derivatgeschäfte getätigt, die gröblich den Grundsätzen ordnungsgemäßer Unternehmensleitung widersprachen, wurden durch Tochter- oder Enkelgesellschaften Großkredite ohne angemessene Kreditwürdigkeitsprüfung vergeben oder wurden die Compliance-Pflichten verletzt, so ist dem nachzugehen. Zu fragen ist, ob der Vorstand oder die Geschäftsführer der Muttergesellschaft hiervon wussten und weshalb sie nicht dagegen eingeschritten sind. Und näher zu prüfen ist, weshalb das geschäftsführende Organ der Tochtergesellschaft solche unverantwortlichen Geschäfte getätigt hat. Von dem Ergebnis ist abhängig, **welche Maßnahmen zu ergreifen sind**, um Schaden abzuwehren, um künftig entsprechende Vorgänge zu verhindern und um gegebenenfalls Schadensersatzansprüche gegen den Vorstand oder die Geschäftsführer der Holding geltend zu machen.

Der Aufsichtsrat kann sich dabei nicht darauf berufen, er sei bei der Überwachung der Konzernleitung des Vorstands angesichts der Komplexität der Leitungsaufgaben und der großen Zahl an Konzernunternehmen **überfordert**, eine angemessene Überwachung durchzuführen.[1]

Allerdings wird man davon ausgehen müssen, dass für die Überwachung der Vorgänge bei den beherrschten Konzernunternehmen durch den Aufsichtsrat des herrschenden Unternehmens in der Regel ein **geringeres Maß** an Überwachung ausreicht[2]; denn einerseits hat jedes Konzernunternehmen sein eigenes dezentral angelegtes Überwachungssystem mit, was hier nicht übersehen wird, freilich anders gerichteten Interessen. Und andererseits gehört es auch zu den Aufgaben des Vorstands bzw. der Geschäftsführer des herrschenden Unternehmens, die Geschäftstätigkeit bei den Konzernunternehmen zu überwachen. Drohen erhebliche Auswirkungen, etwa eine hohe Geldbuße, so ist der Aufsichtsrat der Holding in der Pflicht, den Hintergründen nachzugehen. Die Überwachung kann jedoch auch verschärft sein, wenn die „**business units**" nicht mit der rechtlichen Struktur des Konzerns übereinstimmen und damit die rechtliche Überwachungsorganisation bei den Tochter- und Enkelgesellschaften leer läuft.

10.20 Natürlich fragt sich in diesem Zusammenhang, wie der Aufsichtsrat der Holding über Vorgänge bei den Tochtergesellschaften informiert wird. Insoweit sieht § 90 Abs. 1 Satz 2 und 3 AktG eine **konzernweite Berichtspflicht** vor.[3] Ist die Gesellschaft Mutterunternehmen, so hat der nach § 90 Abs. 1 Satz 1 AktG vorzulegende Bericht „auch auf Tochterunternehmen und auf Gemeinschaftsunternehmen einzugehen" (§ 90 Abs. 1 Satz 2 AktG). Außerdem ist dem Vorsitzenden des Aufsichtsrats aus sonstigen wichtigen Anlässen zu berichten (§ 90 Abs. 1 Satz 3 AktG). Und als wichtiger Anlass sind auch ein dem Vorstand bekannt gewordener geschäftlicher Vorgang bei einem verbundenen Unternehmen, Verletzungen von

---

[1] Allgemein: OLG Hamm v. 14.1.2008 – 8 U 19/06.
[2] Ebenso *Hommelhoff*, ZGR 1996, 144, 149; krit. *Krieger* in Lutter/Bayer, Holding-Handbuch, S. 223.
[3] *Hüffer/Koch*, § 90 AktG Rz. 7a; *Lutter/Krieger/Verse*, Rechte und Pflichten des Aufsichtsrats, § 4 Rz. 13; *Lutter*, Information und Vertraulichkeit im Aufsichtsrat, S. 148; *Götz*, NZG 2002, 599, 600; *Ihrig/Wagner*, BB 2002, 789; zum konzernweiten Informationsrecht des Aufsichtsratsmitglieds: *Uwe H. Schneider* in FS Kropff, 1997, S. 271.

Recht, Gesetz und Satzung der Tochtergesellschaft sowie die Verletzung von Loyalitätspflichten durch Organmitglieder oder Mitarbeiter anzusehen, die auf die Lage der Gesellschaft von erheblichem Einfluss sein können.[1] Reichen dem Aufsichtsrat die **Regelberichte** nicht aus, so kann er jederzeit Berichte nicht nur über die einschlägigen Angelegenheiten der Gesellschaft, sondern auch über ihre rechtlichen und tatsächlichen Beziehungen zu verbundenen Unternehmen sowie über geschäftliche Vorgänge bei diesen Unternehmen verlangen, soweit diese auf die Lage der Gesellschaft von erheblichem Einfluss sein können. Also kann der Aufsichtsrat einen **Vorlagebericht** etwa darüber anfordern, welche Investitionen bei der Tochtergesellschaft geplant sind, ob bei der Tochtergesellschaft verbotene Zahlungen vorgenommen wurden und ob bei der Tochtergesellschaft eine angemessene Compliance-Organisation eingerichtet wurde.

Hat der Aufsichtsrat oder haben einzelne Aufsichtsratsmitglieder **kein Vertrauen** in den Vorstand ihres Unternehmens, misstrauen sie den von diesem vorgelegten Berichten, so sind sie gehalten, sich auf anderem Weg über die Vorgänge bei den Konzernunternehmen zu informieren. So können sie auch – die Einzelheiten sind streitig – die Organmitglieder von Konzernunternehmen und deren Mitarbeiter, insbesondere die Leiter der Revision und die Compliance-Beauftragten der Tochtergesellschaften befragen[2], Sachverständige heranziehen oder die Bücher und andere Dokumente der Tochtergesellschaft einsehen. Zwar stehen den Mitgliedern des Aufsichtsrats des herrschenden Unternehmens keine konzernweiten Rechte zur Durchsetzung ihres Informationsverlangens zu.[3] Durchsetzen kann der Aufsichtsrat diese konzernweiten **investigativen Maßnahmen** aber in der Regel faktisch aufgrund seiner Organmacht.

10.21

c) Konzernweiter Zustimmungsvorbehalt

Die Satzung einer Aktiengesellschaft kann vorsehen, dass bestimmte Arten von Geschäften nur mit der **Zustimmung** des Aufsichtsrats vorgenommen werden dürfen, § 111 Abs. 4 Satz 2 AktG. Zustimmungsvorbehalte sind auch im Konzern ein „Instrument vorbeugender Kontrolle des Aufsichtsrats"[4]. Auf § 111 Abs. 4 AktG verweist auch § 52 Abs. 1 GmbHG. Fehlt eine Satzungsbestimmung, so kann der Aufsichtsrat gleichwohl im Einzelfall („ad hoc") die Zustimmung zu einem bestimmten Geschäft einfordern.[5] Und dies gilt nicht nur für Rechtsgeschäfte, sondern für alle Maßnahmen der Unternehmensleitung.[6]

10.22

Obwohl dies nicht ausdrücklich geregelt ist, ist dieser Zustimmungsvorbehalt **konzernweit** zu verstehen. Das heißt, dass auch „Geschäfte", die bei Tochter- oder Enkelgesellschaften vorgenommen werden „Geschäfte" der Muttergesellschaft sind und einem Zustimmungs-

10.23

---

[1] S. auch bei *Spindler* in MünchKomm. AktG, § 90 AktG Rz. 31; *Hüffer/Koch*, § 90 AktG Rz. 8.
[2] A.A. *Lutter/Krieger/Verse*, Rechte und Pflichten des Aufsichtsrats, § 6 Rz. 244.
[3] *Spindler* in Spindler/Stilz, § 111 AktG Rz. 88; *Drygala* in K. Schmidt/Lutter, § 111 AktG Rz. 28. Die Regierungskommission Corporate Governance empfahl demgegenüber die Einführung konzernweiter Informationsrechte für den Aufsichtsrat. S. dazu *Baums* (Hrsg.), Bericht Regierungskommission, 2001, Rz. 22.
[4] BGH v. 11.12.2006 – II ZR 243/05, AG 2007, 168.
[5] *Habersack* in MünchKomm. AktG, § 111 AktG Rz. 115; *Semler* in FS Doralt, 2004, S. 609, 612; *Semler*, Leitung und Überwachung der Aktiengesellschaft, Rz. 218; *Hoffmann-Becking* in MünchHdb. AG, § 29 Rz. 39 ff.; *Lutter/Krieger/Verse*, Rechte und Pflichten des Aufsichtsrats, § 3 Rz. 117; *Kropff* in Semler/v. Schenck, Arbeitshandbuch für Aufsichtsratsmitglieder, § 8 Rz. 26.
[6] *Hüffer/Koch*, § 111 AktG Rz. 18; *Lutter* in Liber amicorum Happ, 2006, S. 143, 144; *Lutter*, AG 2006, 520.

vorbehalt unterworfen werden können. So werden nicht selten in der Praxis Kapitalerhöhungen bei Tochtergesellschaften, der Erwerb oder die Veräußerungen von Beteiligungen, die nur indirekt, also durch Tochter- oder Enkelgesellschaften, gehalten werden, wesentliche Kreditaufnahmen durch Tochtergesellschaften und besonders die Bestellung von Organmitgliedern bei Tochtergesellschaften durch die Satzung der Holding dem Zustimmungserfordernis des Aufsichtsrats der Holding unterworfen. Selbst wenn entsprechende Zustimmungsvorbehalte nicht ausdrücklich in der Satzung angeordnet sind, sind Zustimmungsvorbehalte konzernweit auszulegen, wenn Sinn und Zweck des Vorbehalts dies erfordern.[1] Ein Zustimmungsvorbehalt auf der Ebene der Tochtergesellschaften ist dazu nicht erforderlich.

10.24 Damit ergeben sich drei Fragen, nämlich zum einen, ob und unter welchen Voraussetzungen der Aufsichtsrat verpflichtet ist, von seinem Zustimmungsvorbehaltsrecht konzernweit Gebrauch zu machen, zum anderen, welche Maßstäbe der Aufsichtsrat anzulegen hat, wenn er von dem Zustimmungsvorbehalt Gebrauch macht, und zum dritten, wie die Um- und Durchsetzung des Zustimmungsvorbehalts in abhängigen Unternehmen erfolgt.

10.25 Fehlen in der Satzung oder in der Geschäftsordnung ausdrückliche Zustimmungsvorbehalte, so steht es im **pflichtgemäßen Ermessen** des Aufsichtsrats, ob er von dem Zustimmungsvorbehalt Gebrauch macht. Das gilt auch, wenn es um „bestimmte Arten von Geschäften" geht, die bei Tochter- oder Enkelgesellschaften vorgenommen werden sollen.[2] Der II. Zivilsenat des Bundesgerichtshofs hat aber in einer Entscheidung vom 15.11.1993[3] darüber hinausgehend zutreffend ausgeführt, dass sich dieses Ermessen zu einer **Pflicht** verdichten kann. Das gilt *erstens*, wenn eine gesetzwidrige Geschäftsführungsmaßnahme nur noch durch eine solche Anordnung verhindert werden kann. Was für gesetzwidrige Geschäftsführungsmaßnahmen gilt, kann *zweitens* für unzweckmäßige Maßnahmen nicht anders sein, jedenfalls dann, wenn größerer Schaden droht.[4] Und *drittens* sind unabhängig davon alle Maßnahmen von grundlegender Bedeutung, die bei der Gesellschaft verwirklicht werden, zustimmungspflichtig.[5] Dies gilt auch für entsprechende Vorgänge im Konzern. Erkennt der Aufsichtsrat, dass rechtswidrige Maßnahmen bei Konzernunternehmen vorgenommen werden sollen, ist etwa daran gedacht, Waffen in gesperrte Länder zu exportieren, so hat der Aufsichtsrat diese Maßnahme seiner Zustimmung zu unterwerfen und gegebenenfalls die Zustimmung zu verweigern. Es ist sodann die Aufgabe des Vorstands bzw. der Geschäftsführer des herrschenden Unternehmens darauf hinzuwirken, dass entsprechende Maßnahmen bei der Tochter- oder Enkelgesellschaft nicht verwirklicht werden.[6]

---

[1] H.A., an Stelle anderer: *Götz*, ZGR 1990, 633, 654; *Hoffmann-Becking*, ZHR 159 (1995), 325, 340; *Lutter/Krieger/Verse*, Rechte und Pflichten des Aufsichtsrats, § 4 Rz. 149; *Hopt/Roth* in Großkomm. AktG, § 111 AktG Rz. 687 ff.; *Lieder*, Der Aufsichtsrat im Wandel der Zeit, S. 866; zum Ganzen: *Brouwer*, Zustimmungsvorbehalte des Aufsichtsrats im Aktien- und GmbH-Recht, 2008, S. 277; für die GmbH: *Uwe H. Schneider* in Scholz, § 52 GmbHG Rz. 142; kritisch aber: *Fonk*, ZGR 2006, 841, 853.
[2] Vgl. *Hopt/Roth* in Großkomm. AktG, § 111 AktG Rz. 694 f., die darauf hinweisen, dass sich insoweit keine Änderung der Pflichtenlage durch das Inkrafttreten des TransPuG ergeben hat.
[3] BGH v. 15.11.1993 – II ZR 235/92, BGHZ 124, 111, 127.
[4] Ebenso *Lutter/Krieger/Verse*, Rechte und Pflichten des Aufsichtsrats, § 3 Rz. 116; *Habersack* in MünchKomm. AktG, § 111 AktG Rz. 115; *Lieder*, DB 2004, 2251, 2253.
[5] Vgl. Begr. RegE, TransPuG, BT-Drucks. 14/8769, S. 17; s. ferner Ziff. 3.3 des Deutschen Corporate Governance Kodex; zum Begriff des „grundlegenden" Geschäfts s. einerseits *Götz*, NZG 2002, 599, 602 f. und andererseits *Lange*, DStR 2003, 376, 377.
[6] Zu den damit verbundenen Rechtsfragen: *Lutter* in Liber amicorum Happ, 2006, S. 143, 145 ff.; *Lutter*, AG 2006, 517, 520.

Und was sind die **Maßstäbe für den Aufsichtsrat**, wenn er über eine Konzernmaßnahme zu entscheiden hat? Jedenfalls sind dem Aufsichtsrat auch bei Konzernsachverhalten „ernst zu nehmende Prüfpflichten" auferlegt. Daher hat der Aufsichtsrat sich im Zweifelsfall über den entsprechenden Vorgang zu informieren, die Maßnahmen im Blick auf die unterschiedlichen Interessen zu würdigen und zu entscheiden, ob er entsprechende Maßnahmen ergreifen muss. Insoweit ist zweierlei zu bedenken. Zum einen hat sich der Aufsichtsrat an die Interessen des herrschenden Unternehmens zu halten.[1] Und in diesem Zusammenhang hat er darauf hinzuwirken, dass die Interessen der Tochtergesellschaft nicht verletzt werden. Das ist aber nur die eine Seite. Zum anderen ist daran zu denken, dass der Aufsichtsrat von dem Zustimmungsvorbehalt nur zur Sicherung der begleitenden Überwachung Gebrauch machen darf. Er darf daher nicht die Zustimmung verweigern, wenn er eine andere Maßnahme für zweckmäßiger hält, die vom Vorstand vorgesehene Maßnahme aber gleichfalls zweckmäßig ist; denn der Aufsichtsrat soll sich nicht in die Geschäftsführung einmischen, sondern sie nur überwachen.[2]

10.26

2. Haftung bei fehlerhafter Bilanzierung im Konzern

Eine besondere Aufgabe und damit auch ein erweitertes Haftungsrisiko liegt für den Vorstand und für die Geschäftsführer in der Haftung bei fehlerhafter Bilanzierung.[3] Entsprechendes gilt für den Aufsichtsrat, wenn er eine fehlerhafte Bilanzierung erkennt und dagegen nicht einschreitet oder wenn er eine fehlerhafte Bilanzierung schuldhaft nicht erkennt.

10.27

Der Aufsichtsrat der Konzernmutter hat sowohl den Jahresabschluss und den Lagebericht des Mutterunternehmens als auch den Konzernabschluss und den Konzernlagebericht zu prüfen, § 171 Abs. 1 Satz 1 AktG.

10.28

Je nach Konzerngröße[4] und Geschäftsgegenstand[5] sind der Konzernabschluss und der Konzernlagebericht durch einen **Abschlussprüfer** zu prüfen. Sowohl der Abschlussprüfer als auch der Konzernabschlussprüfer ist von der Hauptversammlung der Konzernmutter zu wählen, § 318 Abs. 1 Satz 1 HGB. Wird durch die Hauptversammlung, wie im Regelfall, kein gesonderter Konzernabschlussprüfer gewählt, wird der Jahresabschlussprüfer des Mutterunternehmens auch zum Konzernabschlussprüfer bestellt, § 318 Abs. 2 Satz 1 HGB. Aufgabe des Aufsichtsrats ist es, der Hauptversammlung einen geeigneten **Wahlvorschlag** zur Beschlussfassung zu machen. Der Vorschlag ist vom Gesamtaufsichtsrat mit der erforderlichen Sorgfalt ohne Einmischung durch den Vorstand eigenständig zu erarbeiten.[6] Der Aufsichtsrat

10.29

---

1 Zum Konflikt zwischen den unterschiedlichen Unternehmensinteressen im Konzern s. *Löbbe*, Unternehmenskontrolle im Konzern, S. 48 ff.; *Lieder*, Der Aufsichtsrat im Wandel der Zeit, S. 862.
2 A.A. die bislang h.M., an Stelle vieler: *Lutter/Krieger/Verse*, Rechte und Pflichten des Aufsichtsrats, § 3 Rz. 92 und Rz. 116; *Habersack* in MünchKomm. AktG, § 111 AktG Rz. 127; *Semler*, Leitung und Überwachung der Aktiengesellschaft, Rz. 212; *Mertens/Cahn* in KölnKomm. AktG, § 111 AktG Rz. 85; *Brouwer*, Zustimmungsvorbehalte des Aufsichtsrats im Aktien- und im GmbH-Recht, 2008, S. 350: „Das Zustimmungsrecht berechtigt ihn daher, seine unternehmenspolitischen Vorstellungen ... durchzusetzen."; wie hier: *Höhn*, GmbHR 1994, 604, 605; *Fonk*, ZGR 2006, 841, 867; wohl auch *Henze*, NJW 1998, 3309, 3312.
3 S. dazu unten *Feldmüller*, § 34.
4 Zu größenabhängigen Befreiungen s. § 293 HGB.
5 U.A. Kredit- und Finanzdienstleistungsinstitute, Versicherungsunternehmen unterliegen unabhängig von ihrer Größe und Rechtsform der Prüfungspflicht. Zu weiteren Ausnahmen vgl. *Hopt/Merkt* in Baumbach/Hopt, § 316 HGB Rz. 3.
6 *Habersack* in MünchKomm. AktG, § 111 AktG Rz. 81.

hat dabei den Wahlvorschlag so vorzubereiten, dass die Hauptversammlung davon ausgehen kann, der vorgeschlagene Abschlussprüfer sei für die Prüfungsaufgabe geeignet, der Übernahme des Mandats stünden keine Hindernisse entgegen und die zu entrichtende Vergütung sei angemessen.[1] Zudem hat sich der Aufsichtsrat von der Unabhängigkeit des Abschlussprüfers in Bezug auf die zu prüfende Gesellschaft und ihrer Tochtergesellschaften zu überzeugen. Bei größeren Konzernen hat der Aufsichtsrat darüber hinaus auf die Leistungsfähigkeit zu achten, insbesondere wenn durch den Konzernabschlussprüfer auch die wesentlichen oder alle Tochtergesellschaften geprüft werden. Verzögerungen bei der Testierung können mit weit reichenden Folgen verbunden sein.

10.30 Verletzt der Aufsichtsrat bei der Unterbreitung des Wahlvorschlags schuldhaft seine Pflichten, so führt dies zur Haftung der Aufsichtsratsmitglieder, wenn der Gesellschaft hieraus ein Schaden entsteht.

10.31 Ist der Abschlussprüfer/Konzernabschlussprüfer durch die Hauptversammlung gewählt und damit bestellt (§ 119 Abs. 1 Nr. 4 AktG), so ist der Aufsichtsrat gehalten, unverzüglich nach der Wahl den **Prüfungsauftrag** zu erteilen. Dazu schließt der Aufsichtsrat im Namen der Gesellschaft mit dem Abschlussprüfer den Prüfungsvertrag. Dazu gehört auch eine Vereinbarung über die Honorierung. Wenn der Aufsichtsrat dem Vorstand die vorbereitenden Verhandlungen über die Honorierung überlässt, muss er sicherstellen, dass er der Geschäftsherr bleibt.[2] Der Prüfungsvertrag konkretisiert zweckmäßigerweise neben dem sich ohnehin aus dem Gesetz ergebenden Prüfungsinhalt weitere Einzelheiten hinsichtlich der Pflichten des Prüfers, etwa die Prüfungszeit, den Vorlagetermin für den Prüfungsbericht und die prüferische Durchsicht von Zwischenberichten. Inwieweit der Aufsichtsrat dem Abschlussprüfer über den gesetzlichen Inhalt der Abschlussprüfung hinaus weitere Prüfaufträge erteilt, liegt in seinem pflichtgemäßen Ermessen. Insbesondere ist es häufig zweckmäßig, dass der Aufsichtsrat mit dem Abschlussprüfer über den gesetzlichen Prüfungsinhalt hinaus für mehrere Jahre besondere – auch konzernweite – Schwerpunkte der Prüfung vereinbart.[3] Eine Mitwirkung des Vorstands bei der Festlegung solcher Schwerpunkte ist dabei zu vermeiden.[4] Vor Abschluss des Vertrags mit dem Abschlussprüfer hat der Aufsichtsrat über die Auftragserteilung zu beschließen.[5]

10.32 Sind der Jahresabschluss und der Lagebericht der Gesellschaft durch einen Abschlussprüfer zu prüfen und hat der Aufsichtsrat den Prüfungsauftrag erteilt, so legt der Abschlussprüfer den **Prüfungsbericht** unmittelbar dem Aufsichtsrat vor, § 321 Abs. 5 Satz 1 HGB. Der Abschlussprüfer genügt dieser Pflicht, indem er zumindest ein Originalexemplar dem Vorsitzenden des Aufsichtsrats zuleitet.[6]

10.33 Der Aufsichtsrat hat sodann einen Prüfungsauftrag, § 171 AktG. Die **Prüfung der Abschlussunterlagen** ist eine zentrale Aufgabe des Aufsichtsrats.[7] Sie überträgt dem Aufsichtsrat eine

---

1 *Habersack* in MünchKomm. AktG, § 111 AktG Rz. 81; vgl. zur Unterbreitung des Wahlvorschlags auch Ziff. 7.2.1 Deutscher Corporate Governance Kodex.
2 *Habersack* in MünchKomm. AktG, § 111 AktG Rz. 81; vgl. dazu *Volhard/Weber* in FS Ulmer, 2003, S. 865, 879 ff.
3 *Theisen*, DB 1999, 341; *Hommelhoff*, BB 1998, 2567, 2569.
4 Vgl. *Feddersen*, AG 2000, 385, 387.
5 Zur Frage, ob ein Ausschuss des Aufsichtsrats den Prüfungsauftrag erteilen kann, vgl. *Habersack* in MünchKomm. AktG, § 111 AktG Rz. 86.
6 *Adler/Düring/Schmaltz*, § 170 AktG n.F. Rz. 5.
7 *Hennrichs/Pöschke* in MünchKomm. AktG, § 171 AktG Rz. 1, 11.

Mitverantwortung für die Abschlussunterlagen. Zu prüfen sind der Jahresabschluss, der Lagebericht und der Gewinnverwendungsvorschlag. Durch seine Mitwirkung an der Feststellung des Jahresabschlusses trägt der Aufsichtsrat die Mitverantwortung für die Bilanzpolitik der Gesellschaft und für die Bildung von Rücklagen aus dem Jahresüberschuss.[1] Die Prüfung des Gewinnverwendungsvorschlags gibt ihm maßgebenden Einfluss auf die Ausschüttungspolitik der Gesellschaft. Kommt der Aufsichtsrat diesem Auftrag nicht oder nicht mit der notwendigen Sorgfalt nach, erkennt er eine fehlerhafte Bilanzierung nicht oder lässt er eine solche zu, so führt dies zur Haftung der Aufsichtsratsmitglieder, wenn der Gesellschaft hieraus ein Schaden entsteht.

Ist die Gesellschaft herrschendes Unternehmen im Konzern, so müssen nach § 171 Abs. 1 Satz 1 AktG auch der **Konzernabschluss** und der **Konzernlagebericht** durch den Aufsichtsrat geprüft[2], nicht aber festgestellt werden. Der Konzernabschluss ist für den Aufsichtsrat, die Gesellschafter und Dritte vom Informationsgehalt her den Einzelabschlüssen der Konzernunternehmen überlegen, weil nur in konsolidierter Form die Außenbeziehungen des Konzerns und ihre Auswirkungen erkennbar sind.[3]

10.34

Die Jahresabschlüsse und Lageberichte der einzelnen Konzernunternehmen werden dem Aufsichtsrat nicht vorgelegt – und sie werden vom Aufsichtsrat des herrschenden Unternehmens demzufolge auch nicht geprüft. Der fehlende Prüfungsauftrag ist leicht zu erklären. Der Aufsichtsrat wäre völlig überfordert, wenn er sich auch mit den Jahresabschlüssen der Tochtergesellschaften im Einzelnen beschäftigen müsste. Nur beiläufig sei daran erinnert, dass etwa die Deutsche Bank weltweit 4000 Tochtergesellschaften haben soll, die verschiedene Rechtsformen haben und die zudem nach verschiedenen nationalen Rechnungslegungsstandards bilanzieren. Durch die Billigung des Konzernabschlusses und seinen Einfluss auf den Konzernlagebericht übernimmt der Aufsichtsrat aber auch hier Mitverantwortung.

Obgleich dem Aufsichtsrat des Mutterunternehmens nicht die Jahresabschlüsse der Tochterunternehmen vorgelegt werden müssen, bedeutet das nicht, dass der Aufsichtsrat des herrschenden Unternehmens die Dinge laufen lassen darf. Das Gegenteil ist der Fall. Erfährt der Aufsichtsrat von Unregelmäßigkeiten in der Bilanzierung bei Tochtergesellschaften oder ergibt die Prüfung des Konzernabschlusses Anlass zur näheren Befassung, so hat sich der Aufsichtsrat die Jahresabschlüsse der Tochtergesellschaften vorlegen zu lassen.

3. Haftung wegen fehlerhafter Bestellung und Anstellung der Organmitglieder der Tochtergesellschaften

Zu den wichtigsten Aufgaben des Aufsichtsrats gehört eine zukunftsorientierte Personalplanung für den Vorstand, eine sorgfältige Auswahl der Vorstandsmitglieder und eine an § 87 AktG orientierte Ausgestaltung der Bezüge im Anstellungsvertrag der Vorstandsmitglieder. Deshalb besteht heute Einigkeit, dass sich die Mitglieder des Aufsichtsrats schadensersatzpflichtig machen können, wenn sie unangemessene Gehälter versprechen oder unentgeltliche Zuwendungen an Vorstandsmitglieder verteilen, wenn diese ausscheiden, § 116 Satz 3[4] i.V.m. § 87 AktG.

10.35

---

1 *Hennrichs/Pöschke* in MünchKomm. AktG, § 171 AktG Rz. 7.
2 S. dazu *Hommelhoff/Mattheus*, AG 1998, 249, 252.
3 *Weber-Braun/Weiss/Ferlings* in Küting/Weber, Handbuch der Konzernrechnungslegung, Bd. II, Rz. 1240.
4 Die Vorschrift wurde durch das Gesetz zur Angemessenheit der Vorstandsvergütung eingefügt (VorstAG) vom 31.7.2009, BGBl. I 2009, 2509.

10.36 Im Konzern ist zunächst zu bedenken, dass die Mitglieder des Vorstands oder die Geschäftsführer der Tochtergesellschaften durch das zuständige Organ der Tochter- oder Enkelgesellschaft bestellt werden und auch die Anstellungsverträge durch das jeweilige Organ der Tochtergesellschaft abgeschlossen werden. Das enthebt den Aufsichtsrat des herrschenden Unternehmens aber nicht davon, den Vorstand oder die Geschäftsführer des herrschenden Unternehmens anzuhalten, für eine konzernweite Personalplanung zu sorgen[1], Einfluss auf die Bestellung zu nehmen, und es enthebt ihn nicht davon, gegen Missbräuche bei der Gehaltsbildung bei Tochter- und Enkelgesellschaften einzuschreiten. Daher können auch Vorgänge bei Tochter- und Enkelgesellschaften, die zu krassen Fehlbesetzungen oder zu unangemessenen Gehaltszahlungen führen, Ansprüche auf Schadensersatz gegen Mitglieder des Aufsichtsrats des herrschenden Unternehmens begründen.

4. Haftung wegen Verletzung von Loyalitätspflichten im Konzern

10.37 Die Aufsichtsratsmitglieder schulden der Gesellschaft ebenso wie die Mitglieder des Vorstands und die Geschäftsführer loyales Verhalten. Dem Inhalt nach unterscheiden sich aber die jeweiligen Loyalitätspflichten; denn das Amt des Aufsichtsratsmitglieds ist ein Nebenamt. Aufsichtsratsmitglieder sind in der Regel auch bei anderen Unternehmen tätig und diesen verpflichtet. Unterschiede ergeben sich auch von Rechtsform zu Rechtsform, was von Fall zu Fall eine eigenständige Wertung erforderlich macht.

10.38 Zunächst und vor allem ist es Aufsichtsratsmitgliedern versagt, die Gesellschaft zu schädigen und zum Nachteil der Gesellschaft ihre eigenen persönlichen Interessen zu verfolgen. Ob dies für Aufsichtsratsmitglieder ein **Wettbewerbsverbot** begründet, ist bei der Aktiengesellschaft streitig.[2] Und streitig ist, ob die Mitglieder des Aufsichtsrats gleichzeitig den Aufsichtsräten von Unternehmen angehören dürfen, die im Wettbewerb zueinander stehen. Auch bei der GmbH ist streitig, ob Aufsichtsratsmitglieder einem Wettbewerbsverbot unterliegen.[3] Höchstrichterlich ist die Frage für die GmbH in jüngerer Zeit nicht entschieden.[4] Teilweise wird die Ansicht vertreten, die Treupflicht dürfe nicht überspannt werden. Es bestehe kein Wettbewerbsverbot.[5] Dem ist entgegenzuhalten, dass sich die GmbH an einem personalistischen Strukturtypus orientiert und dass in der Regel Aufsichtsratsmitglieder bei der GmbH weitergehend als bei der AG in das Unternehmen eingebunden sind. Nach überwiegender Ansicht ist daher von einem Wettbewerbsverbot auszugehen.[6] Folgt man dem, so machen sich Aufsichtsratsmitglieder einer GmbH schadensersatzpflichtig, wenn sie gegen das Wettbewerbsverbot verstoßen. Und dies gilt auch, wenn sie nur in Wettbewerb mit Tochter- oder Enkelgesell-

---

1 Eine Pflicht des Aufsichtsrats, jede Bestellung von Vorstandsmitgliedern zu Vorstandsmitgliedern oder Geschäftsführern von Tochtergesellschaften unter einen Zustimmungsvorbehalt zu stellen, besteht nach überwiegender Ansicht nicht; vgl. *Hopt/Roth* in Großkomm. AktG, § 111 AktG Rz. 695, m.w.N.
2 Dafür *Lutter*, ZHR 145 (1981), 224, 236; *Lutter* in FS Beusch, 1993, S. 509; *Lutter/Kirschbaum*, ZIP 2005, 103, 104; *Reichert/Schlitt*, AG 1995, 241, 244; *Säcker* in FS Rebmann, 1989, S. 781; BGH v. 21.2.1963 – II ZR 76/62, BGHZ 39, 116, 123; a.A. *Hüffer/Koch*, § 103 AktG Rz. 13b; *Dreher*, JZ 1990, 896, 898; *Uwe H. Schneider*, BB 1995, 365; *Wirth*, ZGR 2005, 327, 345; s. auch Ziffer 5.4.2 Deutscher Corporate Governance Kodex.
3 Einzelheiten unten bei *Verse*, § 26.
4 Gegen Wettbewerbsverbot bei GmbH: RG v. 12.10.1940 – II 33/40, RGZ 165, 68, 82.
5 *Zöllner/Noack* in Baumbach/Hueck, § 52 GmbHG Rz. 68; *Heermann* in Ulmer/Habersack/Löbbe, § 52 GmbHG Rz. 138.
6 *Uwe H. Schneider* in Scholz, § 52 GmbHG Rz. 506; *Fleck*, GmbHR 1995, 883; *Kellermann* in FS Fischer, 1979, S. 316; *Armbrüster*, ZIP 1997, 1269, 1278.

schaften treten; denn es kann keinen Unterschied machen, ob die unternehmerische Tätigkeit durch die Holding oder durch beherrschte Konzernunternehmen ausgeübt wird.

Das Entsprechende gilt für das Verbot, **Geschäftschancen**, die der Gesellschaft zustehen, an sich zu ziehen. Zwar braucht ein Aufsichtsratsmitglied eigenen Interessen und die Interessen Dritter, etwa seines Arbeitgebers, nicht zu vernachlässigen. Er darf aber Informationen, die ihm bei seiner Aufsichtsratstätigkeit bekannt geworden sind, nicht im Eigeninteresse nutzen.[1] Und das gilt auch für Informationen, die Tochter- und Enkelgesellschaften betreffen. Sie stehen diesen Gesellschaften zu und sie dürfen von deren Organmitgliedern nicht für eigene persönliche Zwecke an sich gezogen werden. Erfährt daher ein Aufsichtsratsmitglied von Verhandlungen einer Tochtergesellschaft, wonach diese ein Grundstück erwerben will, darf es das Angebot des Verkäufers nicht aufgreifen, um das Grundstück selbst zu erwerben. Ist ein Aufsichtsratsmitglied bei mehreren Unternehmen tätig, so ist es hierdurch nicht privilegiert. Es hat vielmehr sicherzustellen, dass das Verfahren, das bei Interessenkollisionen besteht und durch das Interessenkollisionen aufgelöst werden sollen, eingehalten wird.

10.39

Problematisch sind der Inhalt und die Grenzen der Loyalitätspflichten, die dem Aufsichtsratsmitglied außerhalb seiner Organtätigkeit obliegen. So wird man davon ausgehen dürfen, dass ein Aufsichtsratsmitglied im Gegensatz zu einem Vorstandsmitglied oder einem Geschäftsführer Geschäftschancen nutzen darf, wenn sie ihm **außerhalb seiner Organtätigkeit** bekannt geworden sind.[2]

10.40

Besonders hinzuweisen ist in diesem Zusammenhang auf die konzernweite Verschwiegenheitspflicht. Aufsichtsratsmitglieder haben über vertrauliche Angaben und Geheimnisse der Gesellschaft, die ihnen durch ihre Tätigkeit im Aufsichtsrat bekannt geworden sind, gegenüber Dritten, aber auch gegenüber den Gesellschaftern, zu schweigen. Diese **Schweigepflicht** ist Teil der ihnen auferlegten Loyalitätspflichten.[3] Sie besteht für Anteilseignervertreter und für Vertreter der Arbeitnehmer in gleicher Weise.[4] § 116 Satz 2 AktG hält dies nun ausdrücklich fest. Dort heißt es: „Die Aufsichtsratsmitglieder sind insbesondere zur Verschwiegenheit über erhaltene vertrauliche Berichte und vertrauliche Beratungen verpflichtet." Die unbefugte Offenbarung ist nach § 404 AktG, § 85 GmbHG strafbar. Allerdings wird die Tat nur auf Antrag der Gesellschaft verfolgt.

10.41

Die vertraulichen Berichte können sich auch auf Konzernsachverhalte beziehen. Erfährt also ein Aufsichtsratsmitglied im Rahmen der Sitzung oder auf Grund der zuvor ihm überlassenen Berichte Vertrauliches über Tochtergesellschaften und plaudert es dies aus, so macht es sich schadensersatzpflichtig, und zwar gegenüber der Gesellschaft, wenn bei dieser Schaden entstanden ist. Entsteht der Schaden bei der Tochtergesellschaft, so ist an die Tochtergesellschaft zu leisten.

10.42

5. Die Geltendmachung von Schadensersatzansprüchen im Konzern

Zu den Aufgaben des Aufsichtsrats, nämlich als Teil der vergangenheitsbezogenen Kontrolle, zählt auch, das Bestehen von Schadensersatzansprüchen der Gesellschaft gegenüber ihren Vorstandsmitgliedern eigenverantwortlich zu prüfen und gegebenenfalls die Ansprüche gel-

10.43

---

1 Vgl. nur *Heermann* in Ulmer/Habersack/Löbbe, § 52 GmbHG Rz. 138, m.w.N.
2 *Fleck* in FS Heinsius, 1991, S. 92.
3 Allgemein BGH v. 5.6.1975 – II ZR 156/73, BGHZ 64, 325, 327.
4 *Zöllner/Noack* in Baumbach/Hueck, § 52 GmbHG Rz. 208.

tend zu machen.¹ Geht man davon aus, dass dem Vorstand auch die Konzernleitung obliegt, so bedeutet dies, dass der Aufsichtsrat auch die Ansprüche der Gesellschaft gegen ihre Vorstandsmitglieder wegen **Verletzung der Konzernleitungspflichten** geltend zu machen hat.² Hierbei hat er nach höchstrichterlicher Rechtsprechung **drei Prüfungsschritte** vorzunehmen. In einem ersten Schritt ist zu klären, ob ein Ersatzanspruch besteht und ob er durchsetzbar ist. Kommt der Aufsichtsrat zu der Überzeugung, dass sich Vorstandsmitglieder schadensersatzpflichtig gemacht haben, „muss er auf Grund einer sorgfältigen und sachgerecht durchzuführenden Risikoanalyse abschätzen, ob und in welchem Umfang die gerichtliche Geltendmachung zu einem Ausgleich des entstandenen Schadens führt." Geboten ist demnach eine Prozessrisikoanalyse. In einem zweiten Schritt ist zu entscheiden, ob der Schadensersatzanspruch durchgesetzt werden soll. Insoweit hat der Aufsichtsrat kein Ermessen.³ Und in einem dritten Schritt ist zu klären, ob ein Ausnahmetatbestand vorliegt. Von der Durchsetzung darf der Aufsichtsrat nämlich nur ausnahmsweise absehen, „wenn gewichtige Gründe des Gesellschaftswohls dagegen sprechen und diese Umstände die Gründe, die für eine Rechtsverfolgung sprechen, überwiegen oder ihnen zumindest gleichwertig sind."

10.44 Dieses Aufgabenprogramm stellt für die Mitglieder des Aufsichtsrats zugleich ein Pflichtenprogramm dar.⁴ Das bedeutet, dass der Aufsichtsrat seinerseits von Schadensersatzansprüchen bedroht ist, wenn er keine gewichtigen Gründe findet, weshalb er Schadensersatzansprüche gegen Vorstandsmitglieder nicht geltend macht.

10.45 Im Konzern heißt dies zunächst, dass der Aufsichtsrat des herrschenden Unternehmens auch Schadensersatzansprüche wegen schuldhaft fehlerhafter Konzernleitung gegen die Mitglieder des Vorstands der Konzernleitungsgesellschaft geltend machen muss. Haben aber die Mitglieder des geschäftsführenden Organs von Tochtergesellschaften ihre Leitungs- oder Loyalitätspflichten, die ihnen gegenüber ihrer eigenen Gesellschaft oblagen, verletzt, so bestimmt sich zunächst nach der jeweiligen Rechtsform der Tochtergesellschaft, welches ihrer Organe Ersatzansprüche geltend machen kann. Der Vorstand des herrschenden Unternehmens hat zu entscheiden, ob er in Vertretung des herrschenden Unternehmens als Gesellschafter und als Maßnahme der Konzernleitung auf die Geltendmachung der Ersatzansprüche hinwirkt. Der Aufsichtsrat des herrschenden Unternehmens ist zur Geltendmachung nicht befugt.

10.46 In Frage steht damit, ob der **Aufsichtsrat der Konzernleitungsgesellschaft** darauf hinwirken muss, dass *erstens* das geschäftsführende Organ der Holding auf die Geltendmachung der Ansprüche drängt und *zweitens* darauf hinwirkt, dass entsprechende Schadensersatzansprüche durch das zuständige Organ der Tochter- oder Enkelgesellschaft geltend gemacht werden. Dagegen spricht, dass die Konzernleitung dem geschäftsführenden Organ des herrschenden Unternehmens obliegt. Es ist daher auch dieses Organ, das gegebenenfalls Schadensersatzansprüche durchzusetzen hat. Und dabei haben der Vorstand bzw. die Geschäftsführer des herrschenden Unternehmens ein unternehmerisches Ermessen, ob sie entweder die Mitverwaltungsrechte aus der Beteiligung des herrschenden Unternehmens geltend machen oder – etwa im mehrstufigen Konzern – nur tatsächlich ihren konzernleitenden Einfluss einsetzen, damit die Schadensersatzansprüche durchgesetzt werden. Der Aufsichtsrat

---

1 Zur Streitverkündung und zu den Interessenkonflikten im Organhaftungsprozess: *Kocher/Frhr. v. Falkenhausen*, AG 2016, 848.
2 BGH v. 21.4.1997 – II ZR 175/95, BGHZ 135, 244 = AG 1997, 377; *Götz*, NJW 1997, 3275; *Kindler*, ZHR 162 (1998), 101; *Horn*, ZIP 1997, 1129; *Goette* in FS 50 Jahre BGH, 2000, S. 123.
3 Vgl. *Henze*, NJW 1998, 3309, 3311; *Sven H. Schneider*, DB 2005, 707, 711.
4 A.A. *Dreher*, JZ 1997, 1074.

des herrschenden Unternehmens hat nur zu kontrollieren, ob der Vorstand oder die Geschäftsführer ihre Aufgaben bei der Durchsetzung der Ansprüche nach pflichtgemäßem Ermessen wahrgenommen haben.

Damit ergeben sich im Vergleich zum konzernfreien Unternehmen gewichtige Unterschiede. Hat nämlich der Vorstand der Holdinggesellschaft seine Leitungspflichten verletzt und hat er sich schadensersatzpflichtig gemacht, so muss dieser Anspruch der Gesellschaft in der Regel durch den Aufsichtsrat durchgesetzt werden. Wird aber die unternehmerische Tätigkeit durch Tochter- oder Enkelgesellschaft wahrgenommen, so ergeben sich typischerweise Schadensersatzansprüche wegen fehlerhafter Unternehmensleitung im Tagesgeschäft auch nur bei den Tochter- und Enkelgesellschaften. Zwar mag sodann der Aufsichtsrat der Tochtergesellschaft verpflichtet sein, Schadensersatzansprüche gegen den Vorstand der Tochtergesellschaft geltend zu machen. Vorstand und Aufsichtsrat des herrschenden Unternehmens müssen aber entsprechende Schadensersatzansprüche gegen Organmitglieder einer Tochtergesellschaft nicht durchsetzen.

10.47

II. Aufsichtsrats-Konzern-Innenhaftung

Veranlasst ein herrschendes Unternehmen eine abhängige Gesellschaft, mit der kein Beherrschungsvertrag besteht, ein für sie nachteiliges Rechtsgeschäft vorzunehmen, ohne dass das herrschende Unternehmen den Nachteil, wie in § 311 AktG vorgesehen, bis zum Ende des Geschäftsjahres tatsächlich ausgleicht, so ist das herrschende Unternehmen der Gesellschaft zum Ersatz des daraus entstehenden Schadens verpflichtet, § 317 Abs. 1 AktG.[1]

10.48

Zugleich haften die **gesetzlichen Vertreter** des herrschenden Unternehmens, die die Gesellschaft zu dem nachteiligen Rechtsgeschäft oder zu der nachteiligen Maßnahme verpflichtet haben. Nach h.M. gilt dies aber **nicht für die Aufsichtsratsmitglieder** des herrschenden Unternehmens.[2] Aufsichtsratsmitglieder haben weder die Aufgabe noch die rechtliche Möglichkeit nachteilige Rechtsgeschäfte oder nachteilige Maßnahmen zu verhindern oder die Zahlung des Nachteilsausgleichs zu erwirken.

10.49

III. Aufsichtsrats-Konzern-Außenhaftung

Aufsichtsratsmitglieder können wie Vorstandsmitglieder und Geschäftsführer **aus unerlaubter Handlung** haften, also nach § 823 Abs. 1, § 823 Abs. 2 und § 826 BGB. Bei § 823 Abs. 2 BGB kommen nur solche Schutzgesetze in Betracht, die dem Individualschutz dienen.

10.50

Das Bestehen einer solchen Haftung ist unstreitig, wenn das Organmitglied selbst als Täter, Mittäter, Anstifter oder Gehilfe einen **Tatbeitrag** geleistet hat. Und dabei kann es keinen Unterschied machen, ob der Täter Vorstandsmitglied, Geschäftsführer oder Mitglied des Aufsichtsrats ist. Größere praktische Bedeutung hatte dies bislang nicht. In den Blick zu nehmen sind jedoch mehrere gerichtliche Entscheidungen zur deliktischen Teilnehmerhaftung

10.51

---

1 Zur Haftungsbefreiung, wenn ein ordentlicher und gewissenhafter Geschäftsleiter einer nicht abhängigen Gesellschaft unter sonst gleichen Bedingungen das Rechtsgeschäft in gleicher Weise vorgenommen hätte: BGH v. 3.3.2008 – II ZR 124/06, BGHZ 175, 365 = AG 2008, 375 – UMTS.
2 *Hüffer/Koch*, § 317 AktG Rz. 13; *Fett* in Bürgers/Körber, § 317 AktG Rz. 14; *Habersack* in Emmerich/Habersack, Aktien- und GmbH-Konzernrecht, § 317 AktG Rz. 23; *J. Vetter* in K. Schmidt/Lutter, § 317 AktG Rz. 36; a.A. *Wälde*, DB 1972, 2289, 2292.

von Aufsichtsratsmitgliedern gegenüber geschädigten Dritten, und zwar wegen betrügerischer Kapitalerhöhung.[1]

10.52 Streitig ist die Haftung im Fall der **Unterlassung**. Eine Außenhaftung des Geschäftsführers einer GmbH hat die höchstrichterliche Rechtsprechung angenommen, wenn ein Baustofflieferant von seinem Vertragspartner, nämlich einer GmbH, keine Zahlung mehr erhalten hat, weil dieser insolvent geworden ist und der Baustofflieferant auch auf das von ihm unter Eigentumsvorbehalt gelieferte Material nicht mehr zugreifen konnte, weil es entgegen der vertraglichen Vereinbarung verarbeitet wurde.[2] An diese Entscheidung hat sich eine größere Diskussion angeschlossen.[3] Gegenstand ist die Frage, ob dem Geschäftsführer eine besondere Garantenpflicht zukommt.

In einer Entscheidung vom 15.12.2015 hat der X. Senat des Bundesgerichtshofs[4] erkannt, dass dem geschäftsführenden Organmitglied gegenüber Dritten in der Regel zwar keine Pflichten zur ordnungsgemäßen Führung der Gesellschaft obliegen. In Betracht komme jedoch eine Eigenhaftung, wenn dem Organmitglied also dem Vorstandsmitglied oder dem Geschäftsführer eine darüber hinausgehende **Garantenstellung** aufgrund der dem gesetzlichen Vertreter persönlich zum Schutze Außenstehender vor Gefährdung oder Verletzung ihrer durch § 823 Abs. 1 BGB geschützten Rechte auferlegt sei. Er mache sich daher dem Dritten gegenüber schadensersatzpflichtig, wenn er die ihm möglichen und zumutbaren Maßnahmen unterlässt, die Geschäftstätigkeit des Unternehmens so einzurichten und zu steuern, dass hierdurch die Rechte Dritter – im konkreten Fall die technischen Schutzrechte Dritter – nicht verletzt werden

Folgt man dieser Rechtsprechung, so ist im Einzelfall zu prüfen, ob dem Organmitglied eine entsprechende Garantenstellung auferlegt ist.

Diese Frage kann man auch für den Konzern stellen. Haben die geschäftsführenden Organmitglieder des herrschenden Unternehmens auch – jedenfalls unter bestimmten Voraussetzungen – eine Garantenpflicht im Verhältnis zu den Tochtergesellschaften? Die Frage kann an dieser Stelle dahin stehen; denn jedenfalls trifft eine solche Garantenpflicht die Mitglieder des Aufsichtsrats nicht. In diesem Zusammenhang ist daran zu erinnern, dass der Aufsichtsrat ein Innenorgan ist. Er tritt nur in Ausnahmefällen als Vertreter der Gesellschaft auf. Zu diesen Ausnahmen gehört die Vertretung der Gesellschaft bei Abschluss des Anstellungsvertrags, wenn ihm diese Zuständigkeit durch Gesetz oder Satzung übertragen ist. Daraus folgt, dass die Aufsichtsratsmitglieder nicht nur wegen unerlaubter Handlung gegenüber Dritten haften, in Betracht kommt dabei eine Täterschaft und eine Beihilfe durch Unterlassen[5], sondern auch ausnahmsweise wegen schuldhafter Verletzung des Vertrauens, das Vorstandsmitglieder oder Geschäftsführer ihnen im Rahmen von Vertragsverhandlungen entgegen gebracht haben. Zu denken ist etwa daran, dass der Aufsichtsratsvorsitzende für die Position als Mitglied des Vorstands einen Bewerber von einem anderen Unternehmen abwirbt, ohne ihm zu offenbaren, dass die Gesellschaft in schwerer Krise ist, ja ihm versichert, die Gesellschaft habe keine wirtschaftlichen Probleme. Man könne sich insoweit auf ihn verlassen.

---

1 OLG Düsseldorf v. 23.6.2006 – 9 U 22/08, AG 2008, 666 und wegen Beihilfe zum Betrug OLG Karlsruhe v. 4.9.2008 – 4 U 26/06, AG 2008, 900; s. aber auch *Buck-Heeb/Dieckmann*, AG 2008, 681, 690.
2 BGH v. 5.12.1989 – VI ZR 335/88, BGHZ 109, 297.
3 Ablehnend insbesondere *Medicus* in FS Lorenz, 1991, S. 155, 169; *Medicus*, ZGR 1998, 570, 584; *Lutter*, ZHR 157 (1993), 464, 470; *Grunewald*, ZHR 157 (1993), 451, 455.
4 BGH v. 15.12.2015 – X ZR 30/14, ZIP 2016, 362.
5 OLG Karlsruhe v. 4.9.2008 – 4 U 26/06, AG 2008, 900.

Das Entsprechende gilt, wenn ein Vorstandsmitglied oder ein Geschäftsführer bei einer Tochtergesellschaft zu bestellen ist und der Aufsichtsratsvorsitzende des herrschenden Unternehmens die Krise der Tochter verschweigt.

Es ist ferner überlegt worden, Gesellschaftsorgane für **fehlerhafte Kapitalmarktinformationen** gegenüber Dritten haftbar zu machen.[1] Eine solche kapitalmarktrechtliche persönliche Außenhaftung der Organe stößt, von vorsätzlichen Falschmitteilungen abgesehen, auf grundsätzliche Bedenken. § 86 WpHG i.d.F. durch das 2. FiMaNoG[2] normiert nur eine Haftung des Emittenten. Wenn man aber eine weiter gehende Haftung von Organmitgliedern für notwendig ansieht, liegt es nahe, diese konzernweit zu erstrecken.

10.53

C. Die Aufsichtsratshaftung bei Tochtergesellschaften

I. Aufsichtsrats-Innenhaftung im Vertragskonzern

Bei Tochtergesellschaften ändern sich zwar nicht die Pflichtenbindung der Aufsichtsratsmitglieder, wohl aber deren Inhalt. Die Schwerpunkte sind anders gesetzt.

10.54

Im **Vertragskonzern** ist zwingender Maßstab für alle Maßnahmen der Unternehmensleitung nicht mehr allein das Gesellschaftsinteresse; denn das herrschende Unternehmen kann auch nachteilige Weisungen gegenüber dem Vorstand oder gegenüber den Geschäftsführern der Tochtergesellschaft erteilen.[3] Voraussetzung ist nur, dass sie dem Interesse des herrschenden Unternehmens oder der anderen Konzernunternehmen dienen. Das ergibt sich aus § 308 AktG für die beherrschte Aktiengesellschaft und aus § 308 AktG entsprechend für die beherrschte GmbH.[4] Damit behält der Aufsichtsrat der beherrschten Gesellschaft seine Überwachungsaufgabe. Allerdings verschieben sich die Schwerpunkte.

10.55

– Zunächst hat der Aufsichtsrat zu prüfen, ob der **Unternehmensvertrag wirksam zustande gekommen** und ob gesichert ist, dass die Interessen der außenstehenden Aktionäre und der Gläubiger gewahrt werden.

– Der Aufsichtsrat der beherrschten Gesellschaft hat zum Zweiten darüber zu wachen, dass der eigene Vorstand und die Geschäftsführer der beherrschten Tochtergesellschaft weiterhin **im Interesse dieser Gesellschaft** handeln.

– Der Aufsichtsrat der beherrschten Gesellschaft hat zum Dritten darüber zu wachen, dass die **Grenzen der Weisungsbefugnis** durch das herrschende Unternehmen eingehalten werden.[5]

---

1 S. dazu das Gutachten von *Fleischer* zum 64. Deutschen Juristentag und die Diskussionen hierzu; Einzelheiten unten bei *Krämer/Gillessen*, § 32.
2 Zweites Gesetz zur Novellierung von Finanzmarktvorschriften auf Grund europäischer Rechtsakte (Zweites Finanzmarktnovellierungsgesetz – 2. FiMaNoG) vom 23.6.2017 (BGBl. I 2017, 1693).
3 Im Einzelnen s. *Emmerich* in Emmerich/Habersack, Aktien- und GmbH-Konzernrecht, § 308 AktG Rz. 45 ff.
4 Erhalten und gesichert bleiben soll nach herrschender Ansicht allein die Existenz bzw. die Überlebensfähigkeit der beherrschten Gesellschaft; zum Meinungsstand s. *Emmerich* in Emmerich/Habersack, Aktien- und GmbH-Konzernrecht, § 308 AktG Rz. 60 ff.; *Hüffer/Koch*, § 308 AktG Rz. 19.
5 *Hommelhoff*, ZGR 1996, 144, 147; *Drygala* in K. Schmidt/Lutter, § 111 AktG Rz. 30.

– Und der Aufsichtsrat der beherrschten Gesellschaft hat zum Vierten darüber zu wachen, dass der **Verlustausgleich nach § 302 AktG** durch das herrschende Unternehmen dargestellt werden kann und dargestellt wird. Verletzt er schuldhaft die sich daraus ergebenden Pflichten, so macht er sich schadensersatzpflichtig.

II. Aufsichtsrats-Innenhaftung im faktischen Konzern

10.56 Im faktischen Konzern bleibt Maßstab für die Geschäftsführung durch den Vorstand bzw. die Geschäftsführer das Interesse der beherrschten Gesellschaft. Insofern ist die Lage nicht anders als bei der konzernfreien Gesellschaft. Bei der beherrschten Aktiengesellschaft darf der Vorstand aber nachteilige Maßnahmen, die das herrschende Unternehmen veranlasst hat, umsetzen, wenn der Nachteilsausgleich binnen Jahresfrist gesichert ist. Weil aber durch die Konzernleitung dem beherrschten Unternehmen Nachteile drohen können, ist es gerade die Aufgabe des Aufsichtsrats, diese abzuwehren und sicherzustellen, dass der Vorstand bzw. die Geschäftsführer nicht Konzerninteressen zum Nachteil eigener Interessen verfolgen. Das bedeutet, dass der Aufsichtsrat zum Wahrer der Interessen der Tochtergesellschaft wird.[1] Ist ein Aufsichtsratsmitglied der Tochtergesellschaft zugleich geschäftsführendes Organmitglied der konzernleitenden Gesellschaft, so werden die Pflichten des Aufsichtsratsmitglieds nicht geändert. Das Aufsichtsratsmitglied ist beiden Gesellschaften verpflichtet und es hat die ihm jeweils auferlegten Pflichten zu beachten.[2]

10.57 Für die Haftung der Mitglieder des Aufsichtsrats ist daher zwischen der Aktiengesellschaft und der GmbH zu unterscheiden:

– Zunächst haften die Mitglieder des Aufsichtsrats der Tochtergesellschaft **unabhängig von der Rechtsform** bei Verletzung der allgemeinen Überwachungspflichten. Insoweit unterscheidet sich die Haftung der Mitglieder des Aufsichtsrats der Tochtergesellschaft nicht von der Haftung des Aufsichtsrats eines konzernfreien Unternehmens.

– Besonderheiten ergeben sich aber aus der **Konzerngründung** und aus der **Konzernleitung.** So hat der Vorstand der Frage nachzugehen, ob die Aktionärsstruktur das Unternehmensinteresse gefährdet. Gegebenenfalls ist der Vorstand durch den Aufsichtsrat anzuhalten, entsprechende Maßnahmen zu ergreifen.

– Im Übrigen hat der Aufsichtsrat einer **beherrschten Aktiengesellschaft** aber sicherzustellen, dass der Vorstand im Rahmen der Konzernleitung nachteilige Maßnahmen nur umsetzt, wenn sie ausgleichsfähig sind und das herrschende Unternehmen kreditwürdig ist, also davon ausgegangen werden kann, dass der Nachteilsausgleich auch tatsächlich ausgeglichen wird. Und er hat darüber zu wachen, dass nachteilige Maßnahmen[3] tatsächlich auch ausgeglichen werden. Zu diesem Zweck hat der Aufsichtsrat den Abhängigkeits-

---

[1] *Schwark* in FS Ulmer, 2003, S. 605, 625; *Lutter/Krieger/Verse,* Rechte und Pflichten des Aufsichtsrats, § 4 Rz. 164; *Drygala* in K. Schmidt/Lutter, § 111 AktG Rz. 30 f.; *Habersack* in Emmerich/Habersack, Aktien- und GmbH-Konzernrecht, § 311 AktG Rz. 81; *Löbbe,* Unternehmenskontrolle im Konzern, S. 389; *Uwe H. Schneider* in FS Raiser, 2005, S. 341; *Lieder,* Der Aufsichtsrat im Wandel der Zeit, S. 869.

[2] Ebenso: *Lutter/Krieger/Verse,* Rechte und Pflichten des Aufsichtsrats, § 4 Rz. 166.

[3] Zum Begriff des Nachteils: BGH v. 1.12.2008 – II ZR 102/07, AG 2009, 81 – MPS; OLG Stuttgart v. 30.5.2007 – 20 U 12/06, AG 2007, 633, 637; LG Köln v. 23.11.2007 – 82 O 214/06, AG 2009, 327, 332; *Habersack* in Emmerich/Habersack, Aktien- und GmbH-Konzernrecht, § 311 AktG Rz. 59.

bericht zu prüfen, § 314 AktG. Er hat darüber hinaus einzelne Maßnahmen, insbesondere nachteilige Maßnahmen, in den Blick zu nehmen.

Hatte eine beherrschte AG dem herrschenden Unternehmen oder einer Schwestergesellschaft ein ungesichertes Darlehen gewährt (**„upstream-Darlehen"**), so ist dies kein nachteiliges Geschäft im Sinne von § 311 AktG, wenn es an einer konkreten Gefährdung der Vermögens- und Ertragslage fehlt. Voraussetzung ist, dass der Anspruch auf Rückgewähr vollwertig ist. Der Vorstand hat darüber hinaus laufend die Kreditwürdigkeit des Schuldners, etwa durch Einrichtung eines Frühwarnsystems, zu überwachen.[1] Bei einer Verschlechterung der Bonität ist das Darlehen zu kündigen oder die Stellung von Sicherheiten ist zu fordern.[2] Der Aufsichtsrat hat die Aufgabe zu überwachen, dass der Vorstand seinen Aufgaben insoweit nachkommt, also die Bonitätsprüfung vornimmt und ein geeignetes Informationssystem eingerichtet hat.[3] Verletzen die Mitglieder des Aufsichtsrats diese Pflichten, machen sie sich selbst nach §§ 93 Abs. 2, 116, 317, 318 AktG schadensersatzpflichtig. Darüber hinaus haften die Mitglieder des Aufsichtsrats der abhängigen Gesellschaft, wenn sie hinsichtlich des nachteiligen Rechtsgeschäfts oder der nachteiligen Maßnahme ihre Pflicht verletzt haben, nämlich den Bericht über die Beziehungen zu verbundenen Unternehmen zu prüfen und über das Ergebnis der Prüfung an die Hauptversammlung zu berichten, § 318 Abs. 2 AktG.

– Der Aufsichtsrat einer **beherrschten GmbH** hat sicherzustellen, dass die Geschäftsführer im Rahmen der Konzernleitung keine schädigenden Maßnahmen verwirklichen. Das Privileg des § 311 AktG gibt es bei der GmbH nicht.[4] In diesen Fällen haften die Mitglieder des Aufsichtsrats daher, wenn sie nachteilige bzw. schädigende Maßnahmen zulassen. Die Einwirkungsmöglichkeiten des Aufsichtsrats sind hier freilich begrenzt, weil sich die Überwachungsaufgabe auf die Geschäftsführer beschränkt und es das herrschende Unternehmen in der Hand hat, den Widerstand des Aufsichtsrats durch entsprechenden Weisungsbeschluss in der Gesellschafterversammlung zu brechen.[5] Wird die GmbH von einem Alleingesellschafter beherrscht, so ist das Vermögen der Gesellschaft in Höhe des Stammkapitals geschützt. Allerdings fehlt es an der erforderlichen Rücksichtnahme, wenn die Gesellschaft aufgrund von Eingriffen ihres Alleingesellschafters ihre Verbindlichkeiten nicht mehr erfüllen kann. Der Geschäftsführer haftet dann nach § 43 Abs. 3 GmbHG und die Aufsichtsratsmitglieder der beherrschten GmbH haften, wenn sie insoweit ihre Überwachungspflichten verletzt haben.

---

1 *J. Vetter* in K. Schmidt/Lutter, § 311 AktG Rz. 58; *Mülbert/Sajnovits*, WM 2015, 2345.
2 BGH v. 1.12.2008 – II ZR 102/07, AG 2009, 81 – MPS.
3 BGH v. 1.12.2008 – II ZR 102/07, AG 2009, 81, 83 – MPS.
4 Ganz h.A.; vgl. *Hüffer/Koch*, § 311 AktG Rz. 53.
5 S. auch *Heermann* in Ulmer/Habersack/Löbbe, § 52 GmbHG Rz. 95.

§ 11
Die Haftung der Gesellschaft für Pflichtverletzungen des Managers

Professor Dr. Detlef Kleindiek

A. Problemeingrenzung.............	11.1	C. Zur Reichweite des § 31 BGB......	11.27
B. Fallgruppen....................	11.4	I. Rechtsformübergreifender Geltungsanspruch.........................	11.27
I. Die Gesellschaft als alleinige Trägerin der verletzten Pflicht......	11.4	II. Verfassungsmäßig berufene Vertreter und sonstige Repräsentanten..	11.29
II. Haftungsausdehnung auf die Gesellschaft.....................	11.9	III. Abdingbarkeit....................	11.32
III. Haftung aus Verkehrspflichtverletzung.........................	11.12	D. Abgrenzungen..................	11.33
1. Problementfaltung...............	11.12	I. Körperschaftlicher Organisationsmangel........................	11.33
2. Deliktshaftung juristischer Personen......................	11.17	II. Haftung aus § 831 BGB...........	11.36
3. Haftung der Gesellschaft und Eigenhaftung der Manager.........	11.23		

Schrifttum: *Altmeppen*, Haftung der Geschäftsleiter einer Kapitalgesellschaft für Verletzung von Verkehrssicherungspflichten, ZIP 1995, 881; *v. Bar*, Verkehrspflichten, 1980; *v. Bar*, Zur Struktur der Deliktshaftung von juristischen Personen, ihren Organen und ihren Verrichtungsgehilfen, in FS Kitagawa, 1992, S. 297; *Bisson*, Die Haftung des Organs für die Verletzung von Pflichten der juristischen Person, GmbHR 2005, 1453; *Brüggemeier*, Organisationshaftung, AcP 191 (1991), 33; *F. Bydlinski*, Die deliktische Organhaftung juristischer Personen: Europäisches Rechtsgut oder überholte Theorie?, in FS Koppensteiner, 2001, S. 569; *Derleder/Fauser*, Der Regress bei gesamtschuldnerischer Haftung juristischer Personen und ihrer Organe und seine Auswirkungen auf die Organtätigkeit – Praxisfolgen des Kirch-Urteils, BB 2006, 949, 952 ff.; *Dreier*, Die Verkehrspflichthaftung des Geschäftsführers der GmbH, 2002; *Foerste*, Nochmals: Persönliche Haftung der Unternehmensleitung: die zweite Spur der Produkthaftung?, VersR 2002, 1; *Gottschalk*, Die Haftung von Geschäftsführern und Mitarbeitern der GmbH gegenüber Dritten für Produktfehler, GmbHR 2015, 8; *Grünwald*, Die deliktische Außenhaftung des GmbH-Geschäftsführers für Organisationsdefizite, 1999; *Grunst*, Der Geschäftsleiter im Deliktsrecht, 2016; *Gsell*, Substanzverletzung und Herstellung: deliktsrechtlicher Eigentumsschutz für Material und Produkte, 2003; *Haas*, Geschäftsführerhaftung und Gläubigerschutz, 1997; *Haas*, Die Disziplinierung des GmbH-Geschäftsführers im Interesse der Gesellschaftsgläubiger, WM 2006, 1417; *Heil/Russenschuck*, Die persönliche Haftung des GmbH-Geschäftsführers, BB 1998, 1749; *Hommelhoff/ Schwab*, Die Außenhaftung des GmbH-Geschäftsführers und sein Regress gegen die Gesellschafter, in FS Kraft, 1998, S. 263; *Jacoby*, Das private Amt, 2007; *Keller*, Die deliktische Außenhaftung des GmbH-Geschäftsführers für Fehlverhalten im Unternehmensbereich, 2002; *Keller*, Außenhaftung des GmbH-Geschäftsführers bei Wettbewerbsverstößen und Verletzung gewerblicher Schutzrechte, GmbHR 2005, 1235; *Kleindiek*, Deliktshaftung und juristische Person, 1997; *Krebs/Dylla-Krebs*, Deliktische Eigenhaftung von Organen für Organisationsverschulden, DB 1990, 1271; *Küpperfahrenberg*, Haftungsbeschränkungen für Verein und Vorstand, 2005; *Lutter*, Haftungsrisiken des Geschäftsführers einer GmbH, GmbHR 1997, 329; *Martinek*, Repräsentantenhaftung, 1979; *Medicus*, Deliktische Außenhaftung der Vorstandsmitglieder und Geschäftsführer, ZGR 1998, 570; *Medicus*, Die Außenhaftung des Führungspersonals juristischer Personen im Zusammenhang mit Produktmängeln, GmbHR 2002, 809; *Reuber*, Die haftungsrechtliche Gleichbehandlung von Unternehmensträgern, 1990; *Sandberger*, Die Außenhaftung des GmbH-Geschäftsführers, 1997; *Sandmann*, Die Haftung von Arbeitnehmern,

Geschäftsführern und leitenden Angestellten, 2001; *Schäfer*, Die Deliktsfähigkeit juristischer Personen, 2001; *Schirmer*, Das Körperschaftsdelikt, 2015; *Spindler*, Unternehmensorganisationspflichten, 2001; *Wagner*, Persönliche Haftung der Unternehmensleitung: die zweite Spur der Produkthaftung?, VersR 2001, 1057.

A. Problemeingrenzung

Alle Überlegungen zur Haftung der Gesellschaft – im Konzept dieses Handbuchs in erster Linie der Kapitalgesellschaft – für Pflichtverletzungen „des Managers" und für die daraus resultierenden Schäden Dritter müssen von der Erkenntnis ausgehen, dass die Verbandsperson selbst ohnehin keine Pflichtverletzung „begehen" kann. Denn als ein „Kunstprodukt" der Rechtsordnung ist die Gesellschaft als solche weder zu aktivem Tun noch zu Unterlassungen fähig. Die (verhaltensbedingte) Haftung der Gesellschaft beruht notwendig auf der haftungsbegründenden **Zurechnung** eines pflichtverletzenden und schadenstiftenden Verhaltens natürlicher Personen – seien diese Mitglieder des Geschäftsleitungsorgans (Vorstand oder Geschäftsführer), sonstige „Manager" auf nachgeordneter Ebene oder „einfache" Arbeitnehmer.   11.1

Aus juristischer Perspektive stellen sich damit vor allem diese Fragen: Auf welcher Grundlage und unter welchen Voraussetzungen vollzieht sich eine solche haftungsbegründende Zurechnung? In welchen Fällen tritt die daraus resultierende Einstandspflicht der Gesellschaft *neben* die – in diesem Beitrag im Übrigen nicht näher zu thematisierende[1] – Außenhaftung „des Managers" oder nachgeordneter Mitarbeiter? In welchen Fällen haftet für die Pflichtverletzungen den geschädigten Dritten gegenüber *nur* die Gesellschaft (und damit das Gesellschaftsvermögen)? Aus der Sicht des Managers ist gerade diese letzte Frage von hohem praktischem Interesse.   11.2

Im Folgenden werden die einschlägigen Fallgruppen und die in ihnen wirkenden Zurechnungsmechanismen skizziert (sogleich B., Rz. 11.4 ff.). Die Reichweite der für „Pflichtverletzungen des Managers" zentral bedeutsamen Zurechnungsnorm des § 31 BGB ist dabei gesondert zu erläutern (alsdann C., Rz. 11.27 ff.). Schließlich ist die auf jenem Zurechnungsmechanismus gründende Gesellschaftshaftung von benachbarten Haftungsgrundlagen abzugrenzen (D., Rz. 11.33 ff.). – Jeweils kann es nicht darum gehen, die (kaum noch übersehbare) Masse denkbarer Pflichten- und Haftungsquellen im Zusammenhang unternehmerischen Agierens im Einzelnen zu isolieren und zusammenzutragen; die Überlegungen bemühen sich vielmehr um einen Systemüberblick.   11.3

B. Fallgruppen

I. Die Gesellschaft als alleinige Trägerin der verletzten Pflicht

Zu einer ausschließlichen Haftung der Gesellschaft kommt es dort, wo nur sie Trägerin der verletzten Pflicht ist. Paradigmatisch ist die **Verletzung von Pflichten aus Vertragsverhältnissen** (oder sonstigen Schuldverhältnissen). Vertragspartei (Schuldner) ist hier typischerweise nur die Gesellschaft, die Pflichterfüllung (und ggf. Pflichtverletzung) vollzieht sich aber im Rahmen ihrer arbeitsteiligen Organisation. Der haftungsbegründende Zurechnungs-   11.4

---

[1] Vgl. dazu oben *Altmeppen*, § 7.

mechanismus zu Lasten der Gesellschaft beruht dann vor allem auf § 278 BGB. Danach hat der Schuldner ein Verhalten seines gesetzlichen Vertreters und der Personen, deren er sich zur Erfüllung seiner Verbindlichkeit bedient, in gleichem Umfang zu vertreten wie eigenes Verschulden (§ 278 Satz 1 BGB).

11.5 Gerade weil der nachlässig agierende **Erfüllungsgehilfe** dem Gläubiger regelmäßig nicht persönlich verpflichtet ist, hat das zuzurechnende Gehilfenverschulden, von dem in § 278 BGB die Rede ist, bei Nähe besehen fiktiven Charakter: Man muss entweder (für die Zwecke des Zurechnungsmechanismus) die Verbindlichkeit des Schuldners als eigene Verbindlichkeit des Gehilfen fingieren und dann fragen, ob das Verhalten des Gehilfen, seine eigene Verbindlichkeit unterstellt, schuldhaft ist.[1] Oder man muss das Handeln des Gehilfen als ein Verhalten des Schuldners fingieren und dann erörtern, ob dieses gedachte Eigenhandeln des Geschäftsherrn als schuldhaft anzusehen ist.[2] Bei der juristischen Person als Schuldnerin kann bei diesem Ansatz freilich – da sie „an sich" nicht zu handeln vermag – von vornherein nur auf das Verschulden der Mitglieder ihres Geschäftsführungs- und Vertretungsorgans abgestellt werden. Welchen der skizzierten Ansätze man auch bevorzugen mag: Jedenfalls führt der Zurechnungsmechanismus des § 278 BGB zu einem „Zusammenrechnen" der vom Schuldner getragenen Pflicht und der schuldhaft pflichtverletzenden Handlung dessen, der bei Erfüllung (und Verletzung) jener Pflicht agiert.

11.6 Ob § 278 BGB auch dort die „richtige" Zurechnungsnorm ist, wo innerhalb bestehender Schuldverhältnisse die pflichtverletzende Handlung gerade von einem **Organmitglied** begangen wird[3], ist umstritten.[4] Nach verbreiteter Ansicht[5] wird die Zurechnung nach § 278 Satz 1 Fall 1 BGB („gesetzlicher Vertreter") von § 31 BGB verdrängt, soweit der personale Anwendungsbereich jener Norm (dazu näher Rz. 11.29 ff.) reicht. Nach der vereinsrechtlichen Vorschrift des § 31 BGB – die nach heute gesicherter Erkenntnis auf alle Kapital- und Personengesellschaften analoge Anwendung findet (s. Rz. 11.27 f.) – ist ein Verein für den Schaden verantwortlich, den der Vorstand, ein Mitglied des Vorstands oder ein anderer verfassungsmäßig berufener Vertreter durch eine in Ausführung der ihm zustehenden Verrichtungen begangene, zum Schadensersatz verpflichtende Handlung einem Dritten zufügt.

---

1 So etwa *v. Caemmerer* in FS Hauß, 1978, S. 33, 36 ff.
2 In diesem Sinne etwa *Larenz*, Schuldrecht I, 14. Aufl. 1987, § 20 VIII (S. 303 f.); *Medicus/Lorenz*, Schuldrecht I, 21. Aufl. 2015, Rz. 383; *Eike Schmidt*, AcP 170 (1970), 502, 511 f.; *Esser/Eike Schmidt*, Schuldrecht I/2, 8. Aufl. 2000, § 27 I 3c (S. 101 f.).
3 Dafür *Flume*, Allgemeiner Teil des Bürgerlichen Rechts, Erster Band, Zweiter Teil: Die Juristische Person, 1983, S. 395 ff.; *U. Huber*, Leistungsstörungen, Bd. I, 1999, § 27 II 6c (S. 686); *Medicus/Petersen*, Allgemeiner Teil des BGB, 11. Aufl. 2016, Rz. 1135; *Weick* in Staudinger, BGB, 13. Aufl., Neubearbeitung 2005, § 31 BGB Rz. 3.
4 Die BGH-Rechtsprechung ist uneinheitlich und mehrdeutig; s. die Nachw. bei *Kleindiek*, Deliktshaftung und juristische Person, 1997, S. 190 Fn. 42.
5 S. etwa *Bork*, Allgemeiner Teil des Bürgerlichen Gesetzbuchs, 4. Aufl. 2016, Rz. 213; *Hadding* in Soergel, BGB, 13. Aufl. 2000, § 31 BGB Rz. 4; *Jacoby*, Das private Amt, S. 276 f.; *Paefgen* in Ulmer/Habersack/Löbbe, § 35 GmbHG Rz. 226; *Karsten Schmidt*, Gesellschaftsrecht, § 10 IV 3 (S. 277 f.); *Spindler* in MünchKomm. AktG, 4. Aufl. 2014, § 78 AktG Rz. 129 m.w.N.; einschränkend *Arnold* in MünchKomm. BGB, 7. Aufl. 2015, § 31 BGB Rz. 32: zwar Vorrang des § 31 BGB vor § 278 BGB, aber mit der Möglichkeit, innerhalb bestehender Schuldverhältnisse die Vorsatzhaftung für leitende Angestellte unterhalb der engeren Organebene im Voraus auszuschließen.

Der Konzeption des historischen Gesetzgebers entspricht eine **Verdrängung des § 278 Satz 1 BGB durch § 31 BGB** freilich nicht.[1] Thema des (heutigen) § 31 BGB war seinerzeit allein die Schadensersatzverpflichtung der Körperschaft außerhalb bestehender Schuldverhältnisse, und zwar beschränkt auf deliktisches Verhalten der Vertretungsorgane. Wenn verbreitet heute gleichwohl auch innerhalb bestehender Schuldverhältnisse ein Vorrang des § 31 BGB vor § 278 BGB angenommen wird, dann geschieht dies (sofern nicht von vornherein auf eine Begründung verzichtet wird) vor allem angesichts der in § 278 Satz 2 BGB eröffneten Möglichkeit, die Haftung des Gehilfen oder gesetzlichen Vertreters wegen Vorsatzes – anders als die entsprechende Eigenhaftung des Schuldners selbst (§ 276 Abs. 3 BGB) – schon im Voraus zu erlassen. Auf die Organmitglieder einer juristischen Person kann das in der Tat keine Anwendung finden: Da die Verbandsperson „als solche" nicht verschuldensfähig ist, muss für das (ihr zuzurechnende) Verschulden ihrer Repräsentanten vielmehr § 276 Abs. 3 BGB ebenso gelten wie für das Eigenverschulden einer natürlichen Person.[2] Dementsprechend wäre auch die Anwendung des § 278 BGB auf Organmitglieder von Kapitalgesellschaften in bestehenden Schuldverhältnissen jedenfalls auf Satz 1 dieser Vorschrift beschränkt. Unter diesem Vorzeichen ist die Debatte darüber, ob § 278 Satz 1 Fall 1 BGB in bestehenden Schuldverhältnissen von § 31 BGB verdrängt wird, jedenfalls ohne praktische Relevanz; man sollte hier keine unnötigen Auseinandersetzungen führen.

11.7

Ganz unabhängig von der konstruktiven Grundlage der Zurechnung ist aus Pflichtverletzungen in bestehenden Schuldverhältnissen aber in aller Regel **nur die Gesellschaft selbst** dem geschädigten Gläubiger gegenüber **einstandspflichtig**, nicht etwa auch „der Manager", dem ein schadenstiftendes Versäumnis anzulasten ist. Letzterer unterliegt – vorbehaltlich einer eigenen vertraglichen Bindung, etwa aus übernommener Bürgschaft oder erklärtem Schuldbeitritt – nur ausnahmsweise einer „quasi-vertraglichen" Eigenhaftung nach den Grundsätzen zum Verschulden bei Vertragsschluss (§§ 311 Abs. 2 und 3, 280 Abs. 1 BGB): wenn ihn wegen der Inanspruchnahme besonderen persönlichen Vertrauens oder wegen eigenen wirtschaftlichen Interesses auch unmittelbar Verhaltenspflichten gegenüber dem geschädigten Schuldner treffen.[3]

11.8

II. Haftungsausdehnung auf die Gesellschaft

Von den soeben skizzierten Konstellationen einer ausschließlichen Haftung der Gesellschaft ist jene Fallgruppe zu unterscheiden, bei der es gem. § 31 BGB zu einer **Mithaftung der Gesellschaft** neben ihrem (auch im Außenverhältnis) einstandspflichtigen „Manager" kommt. In der Praxis betrifft das insbesondere die Fälle der kumulativen Haftung der Kapitalgesellschaft **für ein Eigendelikt ihres Organmitglieds** (oder eines sonstigen Repräsentanten unterhalb der Organebene; näher Rz. 11.29), der in eigener Person alle Merkmale eines Deliktstatbestandes verwirklicht (s. sogleich Rz. 11.11). Dann wird „der Manager" durch § 31 BGB nicht etwa aus der Eigenhaftung entlassen.[4] Für die eigenhändige Verletzung delikts-

11.9

---

1 Dazu *Flume*, Die Juristische Person, S. 396; *Kleindiek*, Deliktshaftung und juristische Person, S. 211, 274 ff.
2 S. dazu auch BGH v. 18.1.1973 – II ZR 82/71, NJW 1973, 456, 457.
3 Zu den Voraussetzungen einer solchen Haftung im Einzelnen s. *Kleindiek* in Lutter/Hommelhoff, § 43 GmbHG Rz. 73 ff.
4 S. zur Eigenhaftung des Geschäftsleiters in diesen Fällen etwa BGH v. 5.12.1989 – VI ZR 335/88, BGHZ 109, 297, 302; BGH v. 12.3.1996 – VI ZR 90/95, ZIP 1996, 786; BGH v. 10.7.2012 – VI ZR 341/10, BGHZ 194, 26 Rz. 29 = GmbHR 2012, 964 m.w.N.

rechtlich geschützter Güter Dritter ist das Organmitglied ebenso persönlich einstandspflichtig wie jeder sonstige Mitarbeiter der Gesellschaft. Das in § 93 Abs. 2 Satz 1 AktG, § 43 Abs. 2 GmbHG zum Ausdruck kommende Prinzip der Haftungskonzentration über die Gesellschaft (bei Verletzung einer ihr gegenüber bestehenden Organpflicht) steht dem ebenso wenig entgegen wie das Trennungsprinzip im Sinne der Haftungsbeschränkung auf das Gesellschaftsvermögen (für Verbindlichkeiten der Gesellschaft).[1] Die Zurechnung nach § 31 BGB führt in diesen Fällen vielmehr zu einer Haftung auch der Gesellschaft[2] und eröffnet dem Geschädigten die Zugriffsmöglichkeit auf das Gesellschaftsvermögen, lässt die Eigenhaftung des Organmitglieds im Außenverhältnis aber unberührt.[3]

11.10 Die auf § 31 BGB gründende Haftung der Gesellschaft ist dabei nicht mit einer Exkulpationsmöglichkeit verbunden. Hier liegt einer der wesentlichen **Unterschiede zum Haftungstatbestand des § 831 BGB**, der gänzlich anders konstruiert ist: § 831 BGB macht die Haftung des Geschäftsherrn (ggf. der juristischen Person oder eines sonstigen kollektiv organisierten Rechtssubjekts) aus widerrechtlicher Schadensverursachung durch seine Verrichtungsgehilfen von der schuldhaften Verletzung eigener Verhaltenspflichten abhängig, die ihn beim Einsatz von Gehilfen treffen. Zu Lasten des Geschäftsherrn wird dabei die Beweislast hinsichtlich des Pflichtverstoßes und seiner Kausalität für den Schaden umgekehrt. Sein Eigenverschulden (bei Verbänden vermittelt durch Säumnisse der Organwalter) wird vermutet, solange er sich nicht gem. § 831 Abs. 1 Satz 2 Var. 1 und 2 BGB zu exkulpieren vermag: nämlich durch den Nachweis, bei der Auswahl des Verrichtungsgehilfen die im Verkehr erforderliche Sorgfalt beobachtet zu haben; gegebenenfalls – sofern er Vorrichtungen oder Gerätschaften zu beschaffen oder die Ausführung der Verrichtung zu leiten hat – durch die Darlegung, bei der Beschaffung oder der Leitung entsprechend sorgfältig verfahren zu sein.

11.11 Demgegenüber knüpft **§ 31 BGB** nicht notwendig an eine Pflichtverletzung der juristischen Person selbst an, sondern unterwirft diese der Haftung für schadenstiftendes Handeln ihrer verfassungsmäßig berufenen Vertreter. Dabei kommt es zur kumulativen Haftung der Gesellschaft, wenn „der Manager" in eigener Person pflichtwidrig und schuldhaft den Deliktstatbestand des § 823 Abs. 1 BGB verwirklicht (s. schon Rz. 11.9), etwa indem er im Eigentum eines Dritten stehende Gegenstände veräußert oder eine solche Veräußerung veranlasst[4]; auch

---

1 Anders aber *Schirmer*, Das Körperschaftsdelikt, 2015, S. 185 ff., 210 ff., der selbst für eigenhändig begangene Delikte des Organmitglieds regelmäßig allein die Körperschaft (über § 31 BGB) haften lassen und eine Außenhaftung des Organmitglieds nur in Ausnahmefällen bejahen will: wenn dieses vorsätzlich handelt oder ein eigenes (gesteigertes) Risiko setzt. Im Ansatz gleichsinnig *Grunst*, Der Geschäftsleiter im Deliktsrecht, 2016, zusammenfassend S. 317 ff., der („aus Gründen der Billigkeit") eine Eigenhaftung des Organmitglieds allerdings auch gegenüber allen „außervertraglichen Deliktsopfern" anerkennen und eine nicht dispositive Innenhaftung des Organmitglieds gegenüber der Gesellschaft annehmen will.
2 Zur umstrittenen Frage, ob § 31 BGB auch innerhalb bestehender Schuldverhältnisse Anwendung findet, näher Rz. 11.6 f.
3 Zum Innenausgleich zwischen der Gesellschaft und ihrem Repräsentanten in diesen Fällen *Arnold* in MünchKomm. BGB, 7. Aufl. 2015, § 31 BGB Rz. 45 f.; *Derleder/Fauser*, BB 2006, 949, 952 ff.; *Hadding* in Soergel, § 31 BGB Rz. 28; zu Regressmöglichkeiten gegen die Gesellschafter s. *Hommelhoff/Schwab* in FS Kraft, S. 263, 268 ff.
4 So im Beispiel BGH v. 12.3.1996 – VI ZR 90/95, ZIP 1996, 786; s. dazu und zu vergleichbaren Fällen *Grünwald*, Die deliktische Außenhaftung des GmbH-Geschäftsführers für Organisationsdefizite, 1999, S. 51 ff.; *Kleindiek*, Delikthaftung und juristische Person, S. 4 f., 453 ff.; *Sandberger*, Die Außenhaftung des GmbH-Geschäftsführers, 1997, S. 119 ff.

der immer wieder bemühte Beispielsfall des GmbH-Geschäftsführers oder AG-Vorstands, der angesichts einer Dienstfahrt fahrlässig einen Verkehrsunfall verursacht, gehört hierher. Alternativ mag die deliktische Eigenhaftung auf der Verwirklichung des Tatbestandes vorsätzlich sittenwidriger Schädigung nach § 826 BGB[1] oder auf der Verletzung eines Schutzgesetzes im Sinne von § 823 Abs. 2 BGB[2] beruhen. Allerdings setzt diese Eigenhaftung eine persönliche Pflichtenträgerschaft gerade des zur Haftung herangezogenen „Managers" (und nicht nur des Unternehmensträgers) voraus. Aus der Verletzung öffentlich-rechtlicher Organisationspflichten, auch soweit ihnen Schutzgesetzcharakter zukommt[3], haftet das Organmitglied der Gesellschaft mangels eigener Pflichtenträgerschaft regelmäßig nicht.[4]

III. Haftung aus Verkehrspflichtverletzung

1. Problementfaltung

Nach wie vor kontrovers diskutiert wird die Haftung der Gesellschaft (und die ihrer „Manager" sowie nachgeordneter Mitarbeiter) für die Verletzung von **Verkehrspflichten**, also von deliktischen Verhaltenspflichten zur Gefahrenabwehr.[5] Umstritten ist, wie eine solche Haftung dogmatisch zu begründen und – damit eng zusammenhängend – wer aus der Verletzung deliktischer Verkehrspflichten zur Außenhaftung verpflichtet ist: regelmäßig nur die Gesellschaft oder auch ihre Organmitglieder bzw. sonstige Repräsentanten im Anwendungsbereich des § 31 BGB?

11.12

Die **Rechtsprechung** hat in einer ungezählten Vielzahl von Entscheidungen[6] die Verkehrspflicht demjenigen zugewiesen, der eine Gefahrenquelle schafft – mag es sich um eine Personengesellschaft oder Körperschaft, um Personenverbände oder Verbandspersonen, um physische oder juristische Personen gehandelt haben. Die Haftung der Verbandsperson hängt dabei zwar davon ab, dass ihre verfassungsmäßig berufenen Vertreter die aus der Verkehrspflicht resultierenden Verhaltensanforderungen schuldhaft verletzen. Sie wird aber nicht etwa notwendig an die Eigenhaftung auch (eines) dieser Vertreter gebunden.

11.13

Allerdings stehen dem Formulierungen in einigen Judikaten gegenüber, die – wenn auch nicht im Zusammenhang mit einer Haftung aus Verkehrspflichtverletzung – zur „Haftungszuweisung" nach § 31 BGB Stellung nehmen und den Zweck dieser Vorschrift in einer „Ver-

11.14

---

1 Weiterführend (mit Rechtsprechungsnachweisen) etwa *Haas/Ziemons* in Michalski, § 43 GmbHG Rz. 295 ff.; *Kleindiek* in Lutter/Hommelhoff, § 43 GmbHG Rz. 81; *Sandberger*, Außenhaftung, S. 223 ff.;*Spindler* in Fleischer, Handbuch des Vorstandsrechts, § 13 Rz. 57 ff.
2 Dazu etwa *Haas/Ziemons* in Michalski, § 43 GmbHG Rz. 289 ff., 316 ff.; *Kleindiek* in Lutter/Hommelhoff, § 43 GmbHG Rz. 80; *Spindler* in Fleischer, Handbuch des Vorstandsrechts, § 13 Rz. 39 ff.; *Verse*, ZHR 170 (2006), 398, 401 ff.; *Wagner* in MünchKomm. BGB, 6. Aufl. 2013, § 823 BGB Rz. 420 ff.
3 Umfassend *Spindler*, Unternehmensorganisationspflichten, S. 15 ff., 819 ff.
4 *Spindler*, Unternehmensorganisationspflichten, S. 900; für die Umwelthaftung s. *H. Schmidt*, Die Umwelthaftung der Organmitglieder von Kapitalgesellschaften, 1996.
5 Zur Dogmatik der Verkehrspflichten eingehend *v. Bar*, Verkehrspflichten, 1980; *Gsell*, Substanzverletzung und Herstellung, 2003, S. 121 ff.; *Kleindiek*, Deliktshaftung und juristische Person, S. 20 ff.; *Krause* in Soergel, BGB, 13. Aufl. 2005, § 823 BGB Anh. II; *Wagner* in MünchKomm. BGB, 6. Aufl. 2013, § 823 BGB Rz. 297 ff.
6 Nähere Analyse bei *Kleindiek*, Deliktshaftung und juristische Person, S. 127 ff.; vgl. auch *Wagner* in MünchKomm. BGB, 6. Aufl. 2013, § 823 BGB Rz. 85 m.w.N.

breiterung der Haftungsmasse" sehen.[1] Das wiederum deutet auf ein Verständnis des § 31 BGB als **gesetzliche Anordnung des Schuldbeitritts der Verbandsperson** zur (notwendig vorausgesetzten) Ersatzpflicht ihres Vertreters hin.

11.15 Eine solche Interpretation kann sich auf den Wortlaut der Norm berufen und fand im Schrifttum schon vorzeiten Fürsprache.[2] In der Folge ist mit Nachdruck geltend gemacht worden, die (verhaltensbedingte) Verkehrspflichthaftung juristischer Personen lasse sich ohne gleichzeitige Verkehrspflichthaftung eines Organmitglieds gar nicht begründen. Der Gesetzgeber habe bei der Konzeption des § 31 BGB „wie selbstverständlich" vorausgesetzt, dass der verfassungsmäßig berufene Vertreter stets persönlich hafte.[3] Weil im Modell des § 31 BGB die deliktische Haftung der juristischen Person zwingend die **Eigenhaftung des intern zuständigen Organwalters** bedinge, sei jede Verkehrspflicht der juristischen Person immer auch als eine solche jenes Organwalters anzusehen.[4]

11.16 Ganz auf dieser Linie liegt auch die **„Baustoff"-Entscheidung des VI. Zivilsenats des BGH** aus dem Jahre 1989.[5] Danach soll der Geschäftsleiter Außenstehenden deliktisch einstehen müssen, wenn er innerhalb der Gesellschaft für die Organisation und Leitung des Geschäftsbetriebs zuständig ist. Ihn treffe jene Organisationspflicht nämlich nicht nur als interne Pflicht im Verhältnis zur Gesellschaft, sondern auch als deliktische Verkehrspflicht gegenüber Außenstehenden. In deren Interesse sei er verpflichtet, Dritten drohende Gefahren zu steuern und abzuwehren. – Mit solchen Erwägungen hat der VI. Zivilsenat die deliktische Eigenhaftung des Geschäftsführers einer (insolventen) GmbH für Eingriffe in fremde Schutzgüter bejaht, die ohne sein Wissen von nachgeordneten Mitarbeitern begangen worden waren.[6]

2. Deliktshaftung juristischer Personen

11.17 Spätestens jenes „Baustoff"-Urteil, im Schrifttum intensiv und kontrovers diskutiert[7], brachte (ungeklärte) Grundsatzfragen zur Deliktshaftung juristischer Personen und anderer kollektiv organisierter Rechtssubjekte zum Bewusstsein. Die vielschichtige Problematik ist an

---

1 S. nur BGH v. 8.7.1986 – VI ZR 47/85, BGHZ 98, 148, 157 = GmbHR 1986, 380; BGH v. 13.1.1987 – VI ZR 303/85, BGHZ 99, 298, 302 = GmbHR 1987, 227; BGH v. 20.2.1979 – VI ZR 256/77, NJW 1980, 115 f.; BGH v. 8.7.1986 – VI ZR 18/85, NJW 1986, 2939, 2940; auch dazu näher *Kleindiek*, Deliktshaftung und juristische Person, S. 142 f.
2 S. schon *H. Westermann*, JuS 1961, 333 u. 335 (§ 31 BGB als „Haftungsausdehnungsnorm"); ihm folgend etwa *Martinek*, Repräsentantenhaftung, 1979, S. 25, 49; *Reuber*, Die haftungsrechtliche Gleichbehandlung von Unternehmensträgern, 1990, S. 114, 157 Fn. 26.
3 S. dazu etwa *Altmeppen*, ZIP 1995, 881, 887 f.; *v. Bar* in FS Kitagawa, 1992, S. 297, 282 ff.; *Brüggemeier*, AcP 191 (1991), 33, 64; *Brüggemeier*, Prinzipien des Haftungsrechts, 1999, S. 119 f.; *Dreier*, Die Verkehrspflichthaftung des Geschäftsführers der GmbH, 2002, S. 138 ff.; *Wilhelm*, Kapitalgesellschaftsrecht, 3. Aufl. 2009, Rz. 1232.
4 *Brüggemeier*, AcP 191 (1991), 33, 66 spricht in diesem Zusammenhang von der „Verdoppelung des Organwalterdelikts als Delikt des Organisationsträgers".
5 BGH v. 5.12.1989 – VI ZR 335/88, BGHZ 109, 297.
6 BGH v. 5.12.1989 – VI ZR 335/88, BGHZ 109, 297, 302 ff.; bestätigend BGH v. 12.3.1996 – VI ZR 90/95, ZIP 1996, 786, 788; s. auch BGH v. 12.12.2000 – VI ZR 345/99, NJW 2001, 964 f.; OLG Stuttgart v. 29.4.2008 – 5 W 9/08, NJW 2008, 2514, 2515.
7 Die Diskussion ist (mit umfangreichen Nachw.) nachgezeichnet bei *Kleindiek*, Deliktshaftung und juristische Person, S. 8 ff., 368 ff.; s. seither etwa *Haas*, Geschäftsführerhaftung und Gläubigerschutz, 1997, S. 211 ff.; *Jacoby*, Das private Amt, S. 582 ff.; *Medicus*, ZGR 1998, 570 ff.; *Paefgen* in Ulmer/Habersack/Löbbe, § 43 GmbHG Rz. 348 ff.; *Sandberger*, Außenhaftung, S. 129 ff.; *Sandmann*, Die Haftung von Arbeitnehmern, Geschäftsführern und leitenden Angestellten, 2001, S. 429 ff.; *Schir-*

anderer Stelle umfassend aufbereitet worden.[1] Die dort gewonnenen Erkenntnisse[2], lassen sich wie folgt zusammenfassen.

Der Gesetzgeber ist um die **haftungsrechtliche Gleichstellung der juristischen Person** mit der natürlichen Person bemüht; eine Privilegierung juristischer Personen soll vermieden werden. Deshalb und aus dem Erfordernis materialer Gerechtigkeit im Interesse geschädigter Dritter ist die juristische Person wie die Individualperson **Adressat deliktischer Verkehrspflichten**, wobei schuldhafte Versäumnisse ihrer organschaftlichen Vertreter bei der Erfüllung jener Pflicht der juristischen Person haftungsbegründend zuzurechnen sind. Das Verschulden der für die Pflichterfüllung intern zuständigen Organperson einerseits und die Verkehrspflicht der juristischen Person andererseits werden zu einem Delikt „addiert": zu dem der juristischen Person.[3] Es ist zwar Aufgabe der intern zuständigen Organwalter, für die Pflichterfüllung Sorge zu tragen. Doch werden die Organwalter damit ebenso wenig zum Träger der deliktischen Verkehrspflichten wie sie Zuordnungssubjekt vertraglicher Verpflichtungen der juristischen Person werden (zu Letzterem s. Rz. 11.4 und 11.8). Im Außenverhältnis verpflichtet ist regelmäßig allein die juristische Person. Ihr Sondervermögen haftet für die Folgen der Pflichtverletzung ihrer Organmitglieder.

11.18

Eines in der Person des Organwalters erfüllten **Eigendelikts als „Anknüpfungstat"** bedarf es zur Begründung dieser Haftung **nicht**. Die Verkehrspflichthaftung juristischer Personen ist nicht lediglich kumulative Mithaft zur persönlichen Einstandspflicht des Organmitglieds. Schon vor der Kodifikation des BGB war die Deliktshaftung juristischer Personen für die Verletzung gesetzlich verankerter Gefahrabwendungspflichten („Legalobligationen") anerkannt, ohne dass es hierzu der Annahme der deliktischen Eigenhaftung auch der säumigen Organwalter bedurfte.[4] Als eine zweite Fallgruppe trat daneben die Deliktshaftung der juristischen Person kumulativ zur deliktischen Eigenhaftung eines schuldhaft handelnden Organwalters, der in eigener Person einen zum Schadensersatz verpflichtenden Tatbestand vollständig erfüllt. Haftungsbegründend war hier wie dort das Handeln und Unterlassen derjenigen Personen, die berufen waren, innerhalb des ihnen zugewiesenen Geschäftskreises selbständig für

11.19

---

mer, Körperschaftsdelikt, S. 22 ff.; *Spindler* in Fleischer, Handbuch des Vorstandsrechts, § 13 Rz. 7 ff.; *Wagner* in MünchKomm. BGB, 6. Aufl. 2013, § 823 BGB Rz. 112 ff.

1 *Kleindiek*, Deliktshaftung und juristische Person, zusammenfassend S. 479 ff.
2 Zustimmend etwa OLG Rostock v. 16.2.2007 – 8 U 54/06, OLGR Rostock 2007, 486 Tz. 29; *Arnold* in MünchKomm. BGB, 7. Aufl. 2015, § 31 BGB Rz. 31; *F. Bydlinski* in FS Koppensteiner, 2001, S. 596, 570; *Gottschalk*, GmbHR 2015, 8, 9 ff.; unten *Harbarth*, Rz. 28.38; *Jacoby*, Das private Amt, S. 585 ff.; *Keller*, Die deliktische Außenhaftung des GmbH-Geschäftsführers für Fehlverhalten im Unternehmensbereich, 2002, S. 68 ff.; *Keller*, GmbHR 2005, 1235, 1240; *Hüffer/Koch*, § 93 AktG Rz. 66; *Krause* in Soergel, § 823 BGB Anh. II Rz. 67; *Küpperfahrenberg*, Haftungsbeschränkungen für Verein und Vorstand, 2005, S. 52 ff.; *Medicus*, ZGR 1998, 570; *Medicus*, ZHR 162 (1998), 352; *Medicus*, GmbHR 2002, 809; *Paefgen* in Ulmer/Habersack/Löbbe, § 43 GmbHG Rz. 354 ff.; *Raiser/Veil*, Recht der Kapitalgesellschaften, § 42 Rz. 102; *Sandmann*, Haftung, S. 432 ff.; *Spindler*, Unternehmensorganisationspflichten, S. 859; *Spindler* in Fleischer, Handbuch des Vorstandsrechts, § 13 Rz. 19, 22 f.; *Wagner*, VersR 2001, 1057, 1060; *Zöllner/Noack* in Baumbach/Hueck, § 43 GmbHG Rz. 77; im Ausgangspunkt auch *Wagner* in MünchKomm. BGB, 6. Aufl. 2013, § 823 BGB Rz. 116. Kritisch indes *Altmeppen* in Roth/Altmeppen, § 43 GmbHG Rz. 61; *Brüggemeier*, Prinzipien des Haftungsrechts, S. 119 f.; *Foerste*, VersR 2002, 1, 2 ff.; *Dreier*, Verkehrspflichthaftung, S. 138 ff.; *Martinek*, AcP 198 (1998), 612 ff. Methodisch kritisch, aber i.E. ganz ähnlich wie hier *Schäfer*, Die Deliktsfähigkeit juristischer Personen, 2001, S. 178 ff., die sich kurzerhand auf eine „reformierte Auslegung" des § 31 BGB stützen will.
3 Eingehend *Kleindiek*, Deliktshaftung und juristische Person, S. 183 ff.
4 Zu Einzelheiten s. *Kleindiek*, Deliktshaftung und juristische Person, S. 214 ff.

die juristische Person zu handeln, und die insoweit als ihre „Repräsentanten" zu gelten hatten. Legitimationsgrundlage für die Zurechnung des Repräsentantenhandelns war die Erwägung, dass dem Sondervermögen der juristischen Person mit den Vorteilen aus der Verwaltertätigkeit auch die Verpflichtung zum Ersatz von Drittschäden aufzuerlegen ist, welche der Verwalter unter Einsatz von Mitteln jenes Vermögens oder in Verfolgung der Interessen der juristischen Person verursacht.

11.20 Die Vorschrift des § 31 BGB ist – auch das hat die historische Analyse gezeigt[1] – Ausdruck des gesetzgeberischen Willens zur Kontinuität: Der neueren Rechtsentwicklung, wie sie im letzten Drittel des 19. Jahrhunderts in der Rechtsprechung des gemeinen Rechts und der Partikularrechte Niederschlag gefunden hatte, sollte eine positiv-rechtliche Grundlage verschafft werden. Auch auf der Grundlage des BGB sind mithin **zwei Grundtypen der Deliktshaftung** juristischer Personen zu unterscheiden[2]: ihre kumulative Einstandspflicht für das Eigendelikt ihres Repräsentanten einerseits und ihre alleinige Haftung aus der Verletzung einer nur sie treffenden Verkehrspflicht („exklusive Verkehrspflichthaftung") andererseits. Das in § 31 BGB normierte Zurechnungs- und Haftungsprinzip umfasst beide Fälle, selbst wenn der (insoweit zu enge) Wortlaut der Norm auf eine zwingende Eigenhaftung des verfassungsmäßig berufenen Vertreters hindeutet. Die früher verbreitete Interpretation des § 31 BGB als „Haftungsausdehnungsnorm" bzw. als Fall des „gesetzlichen Schuldbeitritts" (s. Rz. 11.15) ist für die Fälle der Verkehrspflichtverletzung also zu korrigieren. Nach der Intention des Gesetzes ist die zivilrechtliche Verkehrspflichthaftung juristischer Personen unabhängig von der Eigenhaftung ihrer Repräsentanten konzipiert.

11.21 Da das dem § 31 BGB zugrunde liegende **Zurechnungs- und Haftungsprinzip** schon am Vorabend des BGB **rechtsformübergreifend** angelegt war und auf alle Verbände mit verselbständigtem, durch ihre Geschäftsführungs- und Vertretungsorgane verwaltetem Verbandsvermögen Anwendung fand, lässt sich zugleich die zentrale Bedeutung des § 31 BGB im gesetzlichen Deliktsmodell ermessen: Die Vorschrift schlägt die Verbindung zwischen dem Deliktssystem der §§ 823 ff. BGB auf der einen Seite, das am Leitbild der unerlaubt handelnden Einzelperson orientiert ist, und der deliktischen Verantwortlichkeit kollektiver Rechtssubjekte auf der anderen Seite, deren Vermögen dem Ausgleich von Schäden unterworfen wird, die aus dem Herrschaftsbereich des Vermögensträgers heraus verursacht werden. Mit § 31 BGB hat das Gesetz gewissermaßen die verbandsrechtliche Vervollständigung des individualrechtlichen Deliktssystems der §§ 823 ff. BGB vollzogen. Der Vorschrift liegt ein Konzept zugrunde, das deliktische Verhaltenspflichten (Verkehrspflichten) eben nicht nur der Individualperson, sondern – und zwar durchaus exklusiv – dem kollektiven Rechtssubjekt zuweist. Zwar sind es wegen der mangelnden Handlungsfähigkeit solcher Rechtssubjekte stets einzelne Menschen, die diese Pflichten erfüllen oder nicht erfüllen. Adressat der haftungsbegründenden Verhaltenspflicht bleiben aber die juristische Person oder der Personenverband; ihnen wird mittels § 31 BGB (analog) das pflichtverletzende Verhalten ihrer Repräsentanten zugerechnet. Das kollektive Rechtssubjekt wird so zum Schuldner der deliktischen Schadensersatzverbindlichkeit.

---

1 *Kleindiek*, Deliktshaftung und juristische Person, S. 206 ff.
2 *Kleindiek*, Deliktshaftung und juristische Person, S. 355 ff. Ablehnend gegenüber dieser Unterscheidung aber *Schirmer*, Körperschaftsdelikt, S. 131 ff.: Die Rechtsprechung vor Inkrafttreten des BGB sei wechselhaft und offen geblieben, § 31 BGB sei eine „bewusst offen gehaltene Zweckmäßigkeitsregelung" (a.a.O., S. 183). Die Vorschrift erlaube es, selbst bei eigenhändigem deliktischen Verletzungshandeln des Organmitglieds ein „echtes Körperschaftsdelikt" anzunehmen, für das (von Ausnahmen abgesehen) auch nur die juristische Person deliktisch haftbar sei (s. zur Konzeption *Schirmer*s schon oben im Text Rz. 11.9).

Diesen Zurechnungsmechanismus zur Begründung deliktischer Verantwortlichkeit kollektiver Rechtssubjekte verkennt, wer – unter Hinweis auf ihre mangelnde Handlungsfähigkeit – der juristischen Person die Fähigkeit abspricht, Trägerin von Verkehrspflichten zu sein, und mit eben diese Begründung eine originäre Verkehrspflichthaftung der juristischen Person (sei es aus § 823 Abs. 1 BGB, sei es auch § 831 Abs. 1 BGB) leugnen will.[1] Die angebotene Alternative, nämlich die kumulative Mithaft der juristischen Person für die auf **§ 831 Abs. 2 BGB** gestützte Verantwortlichkeit ihrer Organwalter, kann nicht überzeugen. Auf den Geschäftsleiter einer juristischen Person ist § 831 Abs. 2 BGB nicht anwendbar, weil die Wahrnehmung der Organfunktion keine „Übernahme" der Geschäftsbesorgung im Sinne jener Vorschrift darstellt[2]: Das Modell der Übernehmerhaftung erklärt sich aus der haftungsentlastenden Wirkung der Übernahme zu Gunsten des primär Verpflichteten; die Haftung des Übernehmers soll Haftungsdefiziten zu Lasten geschädigter Dritter begegnen. Die Pflichten einer juristischen Person können aber ohnehin nur durch ihre Organmitglieder wahrgenommen werden; deren Einsatz begründet keine Haftungsentlastung zu Gunsten der Verbandsperson.

11.22

3. Haftung der Gesellschaft und Eigenhaftung der Manager

Gefahrenquellen im Aktivitätsbereich der Kapitalgesellschaft begründen mithin deliktische **Verkehrspflichten der Gesellschaft**, deren Verletzung allein zur Haftung der Gesellschaft geschädigten Dritten gegenüber führt. Das gilt etwa auch im Rahmen der Produkthaftung.[3] Aus solchen Verkehrspflichten resultieren zwar Organisations- und Überwachungspflichten der Geschäftsleitungsmitglieder. Aber diese Geschäftsleiterpflichten bestehen nur gegenüber der Gesellschaft, nicht zugleich als eigene Verkehrspflichten gegenüber Dritten.

11.23

Sofern den Organmitgliedern – oder nachgeordneten „Managern" – der Kapitalgesellschaft neben ihren internen Organisationspflichten haftungsbegründende Verkehrspflichten im Außenverhältnis zugewiesen werden sollen, bedarf dies eigenständiger Begründung.[4] **Eigene Verkehrspflichten eines „Managers"** sind nur in eng begrenzten Ausnahmefällen anzuerkennen, wenn die Tatbestandsvoraussetzungen der Verkehrspflicht gerade in seiner Person verwirklicht sind: etwa dort, wo ein Vorstand oder Geschäftsführer durch eigene Aktivität eine Quelle er-

11.24

---

1 Vgl. in diesem Sinne *Dreier*, Verkehrspflichthaftung, S. 117 f., 127 ff., 183 ff., 212 unter Bezugnahme auf *Altmeppen*, ZIP 1995, 881, 888 ff. und *Wilhelm*, Kapitalgesellschaftsrecht, 1998, Rz. 1053. Gegen einen solchen Ansatz bereits *Eckardt* in Jahrbuch Junger Zivilrechtswissenschaftler, 1996, S. 61, 68 ff.; *Sandberger*, Außenhaftung, S. 137 ff.; zuletzt *Schirmer*, Körperschaftsdelikt, S. 131 ff.
2 BGH v. 14.5.1974 – VI ZR 8/73, NJW 1974, 1371, 1372; BGH v. 5.12.1989 – VI ZR 335/88, BGHZ 109, 297, 304; BGH v. 13.4.1994 – II ZR 16/93, BGHZ 125, 366, 375 = GmbHR 1994, 390; ebenso die ganz h.L., s. etwa *Bisson*, GmbHR 2005, 1453, 1458; *Fleischer* in Fleischer, Handbuch des Vorstandsrechts, § 8 Rz. 26; *Grünwald*, Außenhaftung, S. 44 f.; *Haas*, Geschäftsführerhaftung, S. 230 f.; *Kleindiek*, Deliktshaftung und juristische Person, S. 437 f.; *Krause* in Soergel, § 831 BGB Rz. 61; *Krebs/Dylla-Krebs*, DB 1990, 1271, 1274; *Paefgen* in Ulmer/Habersack/Löbbe, § 43 GmbHG Rz. 355; *Sandmann*, Haftung, S. 459 ff.; *Spindler*, Unternehmensorganisationspflichten, S. 853 f.; *Spindler* in Fleischer, Handbuch des Vorstandsrechts, § 13 Rz. 19, 23; *Wagner* in MünchKomm. BGB, 6. Aufl. 2013, § 831 BGB Rz. 50.
3 *Gottschalk*, GmbHR 2015, 8, 9 ff.; *Heil/Russenschuck*, BB 1998, 1749; *Medicus*, GmbHR 2002, 809; *Sandberger*, Außenhaftung, S. 238 ff.; *Wagner*, VersR 2001, 1057, 1059 ff.; eingehend unten *Harbarth*, § 28; s. demgegenüber aber auch *Hopt/Roth* in Großkomm. AktG, 5. Aufl. 2015, § 93 AktG Rz. 665; *Krieger/Sailer-Coceani* in K. Schmidt/Lutter, § 93 AktG Rz. 83; *Mertens/Cahn* in Köln-Komm. AktG, 3. Aufl. 2010, § 93 AktG Rz. 224.
4 Ebenso OLG Karlsruhe v. 7.11.2012 – 7 U 32/12, GmbHR 2013, 267, 268; OLG Schleswig v. 29.6.2011 – 3 U 89/10, GmbHR 2011, 1143, 1144 f.

höhter Gefahr schafft oder wo er als Bewahrer- bzw. Beschützergarant auftritt.¹ Hingegen können die zentralen Koordinierungspflichten des Organmitglieds gegenüber der Gesellschaft seine persönliche Verantwortlichkeit Dritten gegenüber noch nicht begründen.²

11.25 Abzulehnen sind deshalb all jene Haftungskonzepte, in denen – wie auch in der **Rechtsprechung des VI. Zivilsenats des BGH**³ (s. schon Rz. 11.16) – den internen Verhaltenspflichten der Organwalter automatisch kongruente deliktische Verkehrspflichten jener Organwalter im Außenverhältnis zur Seite gestellt werden. Die darin liegende „Verdoppelung" der Pflichtenstellung hebt die Beschränkung der Organpflichten auf das Innenverhältnis zur Rechtsperson sowie die Grenzziehung zwischen Vertrag und Delikt auf.⁴ Der für das Gesellschaftsrecht zuständige **II. Zivilsenat** hat zu dieser Problematik noch nicht fallentscheidend Stellung nehmen müssen, seine Reserve gegenüber der Rechtsprechungspraxis des VI. Senats aber deutlich erkennen lassen: Würde die Verletzung der von Geschäftsführern und Vorstandsmitgliedern erfüllenden Aufsichtspflichten allgemein dazu führen, dass jeder Außenstehende, der dadurch mittelbar zu Schaden kommt, gegen die Organmitglieder selbst Ersatzansprüche geltend machen könnte, dann wäre der Grundsatz, wonach die Organisationspflichten nur der Gesellschaft gegenüber bestehen, „praktisch aus den Angeln gehoben"⁵.

11.26 Gleichwohl hatte der VI. Senat seine Rechtsprechungslinie vorzeiten beiläufig bestätigt, ohne auf die kritischen Bemerkungen des gesellschaftsrechtlichen Fachsenats einzugehen.⁶ Auch der für das Bankrecht zuständige **XI. Zivilsenat** hat in den Gründen seiner Entscheidung zur Haftung der Deutschen Bank und ihres (ehemaligen) Vorstandssprechers wegen Interviewäußerungen zur Kreditwürdigkeit eines Unternehmens der Kirch-Gruppe⁷ den Rahmen für die Außenhaftung eines Organmitglieds irritierend weit abgesteckt: Aus den organschaftlichen Pflichten des Vorstandsmitglieds gegenüber der AG werden deliktsrechtlich sanktionierte Verpflichtungen gegenüber den Vertragspartnern der Gesellschaft abgeleitet, wobei das „Prinzip der Relativität von Schuldverhältnissen" mit leichter Hand beiseite geschoben wird.⁸ Demgegenüber könnte eine jüngere Entscheidung des **VI. Zivilsenats** aus dem Jahre 2012⁹ möglicherweise eine Kurskorrektur einleiten: In Rede standen deliktsrechtliche Scha-

---

1 S. zu solchen und ähnlichen Fallgruppen näher – mit weiterführenden Nachweisen – *Kleindiek* in Lutter/Hommelhoff, § 43 GmbHG Rz. 87 ff.
2 Im Ansatz gleichsinnig etwa OLG Rostock v. 16.2.2007 – 8 U 54/06, OLGR Rostock 2007, 486 Rz. 30; *Bisson*, GmbHR 2005, 1453, 1457 ff.; *Fleischer* in Spindler/Stilz, § 93 AktG Rz. 316 f.; *Haas/Ziemons* in Michalski, § 43 GmbHG Rz. 339 ff.; *Haas*, WM 2006, 1417, 1424; *Jacoby*, Das private Amt, S. 585 ff.; *Raiser/Veil*, Recht der Kapitalgesellschaften, § 42 Rz. 102; *Spindler* in MünchKomm. AktG, § 93 AktG Rz. 323; *Spindler* in Fleischer, Handbuch des Vorstandsrechts, § 13 Rz. 22 f.; *Zöllner/Noack* in Baumbach/Hueck, § 43 GmbHG Rz. 77.
3 BGH v. 5.12.1989 – VI ZR 335/88, BGHZ 109, 297, 302 ff. – Baustoff; dem folgend OLG Stuttgart v. 29.4.2008 – 5 W 9/08, NJW 2008, 2514, 2515.
4 Nähere Auseinandersetzung mit den verschiedenen Haftungskonzepten schon bei *Kleindiek*, Deliktshaftung und juristische Person, S. 368 ff.
5 So BGH v. 13.4.1994 – II ZR 16/93, BGHZ 125, 366, 375 f. = GmbHR 1994, 390.
6 BGH v. 12.3.1996 – VI ZR 90/95, ZIP 1996, 786, 788 – Lamborghini Nachbau; s. auch noch BGH v. 12.12.2000 – VI ZR 345/99, NJW 2001, 964 f.
7 BGH v. 24.1.2006 – XI ZR 384/03, BGHZ 166, 84.
8 BGH v. 24.1.2006 – XI ZR 384/03, BGHZ 166, 84, 114 ff., wo es Rz. 127 u.a. heißt: „Was der juristischen Person auf Grund der vertraglichen Treuepflicht untersagt ist, ist daher zwangsläufig auch dem oder den für sie handelnden Organen verboten."
9 BGH v. 10.7.2012 – VI ZR 341/10, BGHZ 194, 26 = GmbHR 2012, 964; dazu *Schirmer*, NJW 2012, 3398.

densersatzansprüche, die der Insolvenzverwalter über das Vermögen einer AG gegen die beklagten Geschäftsführer einer GmbH (frühere Vertriebspartnerin der Insolvenzschuldnerin) wegen Beihilfe durch Unterlassen zu Untreuehandlungen des Haupttäters (früherer Vorstand der Insolvenzschuldnerin) geltend machte. Es kam dafür auf eine Garantenstellung der Beklagten an. Der Senat stellte fest, eine Garantenstellung ergebe sich noch nicht aus der Organfunktion als Geschäftsführer, weil die damit verbundenen Organpflichten nach § 43 Abs. 1 GmbHG grundsätzlich nur der GmbH gegenüber bestünden; ihre Verletzung führe deshalb auch nur zur Haftung gegenüber der Gesellschaft nach § 43 Abs. 2 GmbHG.[1] Hingegen komme eine Außenhaftung des Geschäftsführers „nur in begrenztem Umfang aufgrund besonderer Anspruchsgrundlagen in Betracht".[2] In casu waren hinreichende Umstände zur Begründung einer Garantenpflicht der Beklagten nicht festzustellen. In welchem Rahmen der VI. Senat eine Garantenstellung von Geschäftsleitern künftig ggf. bejahen wird, lässt sich den Entscheidungsgründen freilich nicht zuverlässig entnehmen.

C. Zur Reichweite des § 31 BGB

I. Rechtsformübergreifender Geltungsanspruch

Der Zurechnungsmechanismus nach § 31 BGB gilt unmittelbar nur für den Verein sowie – über die Verweisung in §§ 86, 89 BGB – für die Stiftung und für juristische Personen des öffentlichen Rechts. Jedoch ist das zugrunde liegende Zurechnungs- und Haftungsprinzip – wie schon erwähnt (Rz. 11.21) – rechtsformübergreifend angelegt. Die **Gerechtigkeitsidee des § 31 BGB** kann für alle Verbände mit verselbständigtem, durch ihre Geschäftsführungs- und Vertretungsorgane verwaltetem Verbandsvermögen Anwendung beanspruchen: Dem Verbandsvermögen ist mit den Vorteilen aus der Verwaltertätigkeit auch die Verpflichtung zum Ersatz von Drittschäden aufzuerlegen, welche der Verwalter unter Einsatz von Mitteln jenes Vermögens oder in Verfolgung der Interessen des Verbandes verursacht.

11.27

Die **Analogiefähigkeit des § 31 BGB** steht deshalb heute außer Streit. Seine Anwendbarkeit auf die GmbH, die AG und die Genossenschaft war nie zweifelhaft[3], die analoge Geltung für OHG und KG wurde vom BGH schon frühzeitig anerkannt.[4] Mittlerweile ist auch die analoge Anwendung der Vorschrift in der BGB-(Außen-)Gesellschaft akzeptiert.[5]

11.28

II. Verfassungsmäßig berufene Vertreter und sonstige Repräsentanten

§ 31 BGB erfasst das schadenstiftende Verhalten des Vorstands, eines Mitglied des Vorstands oder eines anderen verfassungsmäßig berufenen – d.h. satzungsmäßig bestimmten (§ 30

11.29

---

1 BGH v. 10.7.2012 – VI ZR 341/10, BGHZ 194, 26 Rz. 19 ff. = GmbHR 2012, 964.
2 BGH v. 10.7.2012 – VI ZR 341/10, BGHZ 194, 26 Rz. 24 = GmbHR 2012, 964.
3 Rechtsprechungsnachweise bei *Arnold* in MünchKomm. BGB, 7. Aufl. 2015, § 31 BGB Rz. 11; *Hadding* in Soergel, § 31 BGB Rz. 6.
4 BGH v. 8.2.1952 – I ZR 92/51, NJW 1952, 537. – Zur Abgrenzung des Repräsentantenkreises hier (Beschränkung auf geschäftsführende Gesellschafter) s. RG JW 1932, 722; *Hadding* in Soergel, § 31 BGB Rz. 7; *Weick* in Staudinger, § 31 BGB Rz. 44; anders *Arnold* in MünchKomm. BGB, 7. Aufl. 2015, § 31 BGB Rz. 25: bei schadensstiftendem Verhalten sonstiger Repräsentanten zwar ebenfalls Zurechnung analog § 31 BGB, aber Beschränkung der Haftung auf das Gesellschaftsvermögen, d.h. keine Gesellschafterhaftung nach § 128 HGB.
5 Seit BGH v. 24.2.2003 – II ZR 385/99, BGHZ 154, 88, 93 ff.

BGB) – Vertreters. In sachlicher Übereinstimmung mit der Rechtsprechungspraxis vor dem Inkrafttreten des BGB[1] findet die Vorschrift jedoch auf sonstige **Repräsentanten** entsprechende Anwendung: nämlich auf solche leitenden Mitarbeiter unterhalb der Organebene, die den ihnen übertragenen Aufgabenbereich in einer dem Vorstand der juristischen Person vergleichbaren Selbständigkeit und unter eigener Verantwortung zu erledigen haben.[2]

11.30 Stets kommt es darauf an, ob die Funktion der nicht verfassungsmäßig berufenen „Vertreter" der juristischen Person unter Verkehrsschutzgesichtspunkten gleichwertig gegenüber der Stellung ihrer „ordentlichen" Organe oder Sonderorgane ist. Das ist zu bejahen, wenn dem nicht verfassungsmäßig Berufenen – wie etwa dem Geschäftsführer eines einzelnen Warenhauses oder den Leitern der verschiedenen Betriebsstätten eines Unternehmens – ein Teilbereich der Vermögensverwaltung **in eigener Verantwortung** übertragen wird und wenn er unter Einsatz von Mitteln der juristischen Person oder im Hinblick auf deren Vorteile Schäden zu Lasten Dritter verursacht. Für den Ausgleich dieser Schäden haftet analog § 31 BGB das Vermögen der juristischen Person.[3]

11.31 Voraussetzung ist allerdings, dass der Repräsentant die schadenstiftende Handlung „**in Ausführung** der ihm zustehenden Verrichtungen" begangen hat. Er muss also gerade im „engen objektiven Zusammenhang"[4] mit seiner Leitungsfunktion (und nicht nur als Privatperson, „bei Gelegenheit" der ihm zustehenden Verrichtungen) gehandelt haben.[5] Wo ein Repräsentant als **Vertreter ohne Vertretungsmacht** rechtsgeschäftlich agiert (z.B. ein nur gesamtvertretungsbefugter Geschäftsführer allein), ist dessen daraus nach § 179 Abs. 1 u. 2 BGB folgende Haftung dem Verband nicht nach § 31 BGB zuzurechnen; insoweit hat die Vertretungsordnung Vorrang. Darüber hinaus reichende Pflichtverletzungen des Vertreters ohne Vertretungsmacht aus c.i.c. (§ 311 Abs. 2 BGB) oder Delikt begründen aber eine Verbandshaftung nach § 31 BGB.[6]

III. Abdingbarkeit

11.32 Die Haftungszurechnung nach § 31 BGB kann nicht durch Satzungsbestimmung ausgeschlossen werden. Für die Abbedingung innerhalb bestehender Schuldverhältnisse gelten – sofern

---

1 Näher *Kleindiek*, Deliktshaftung und juristische Person, S. 235 f.
2 S. etwa RGZ 94, 318, 320; RGZ 120, 304, 307; RGZ 163, 21, 30; BGH v. 30.10.1967 – VII ZR 82/65, BGHZ 49, 19, 21 und ständig. Weitere Nachweise und nähere Analyse der Rechtsprechungspraxis bei *Kleindiek*, Deliktshaftung und juristische Person, S. 341 ff.
3 Zusammenfassend zur Abgrenzung des Repräsentantenkreises *Arnold* in MünchKomm. BGB, 7. Aufl. 2015, § 31 BGB Rz. 5, 20 ff.; *Hadding* in Soergel, § 31 BGB Rz. 10; *Kleindiek*, Deliktshaftung und juristische Person, S. 351 ff.; für eine Orientierung an den Abgrenzungskriterien des leitenden Angestellten *Hoffmann*, Die Außenhaftung von Unternehmen nach § 831 BGB und § 31 BGB, 2009, S. 149 ff.
4 S. etwa BGH v. 30.10.1967 – VII ZR 82/65, BGHZ 49, 19, 21.
5 *Arnold* in MünchKomm. BGB, 7. Aufl. 2015, § 31 BGB Rz. 33 f.; *Hadding* in Soergel, § 31 BGB Rz. 21 f.
6 BGH v. 20.2.1979 – VI ZR 256/77, NJW 1980, 115; BGH v. 8.7.1986 – VI ZR 47/85, BGHZ 98, 148 = GmbHR 1986, 380; BGH v. 8.7.1986 – VI ZR 18/85, NJW 1986, 2939; hierzu und zu abweichenden Ansichten im Schrifttum weiterführend *Arnold* in MünchKomm. BGB, 7. Aufl. 2015, § 31 BGB Rz. 35 ff.; *Hadding* in Soergel, § 31 BGB Rz. 23 ff.; *Weick* in Staudinger, § 31 BGB Rz. 14 ff., je m.w.N.

man hier § 31 BGB überhaupt anwenden will (s. dazu Rz. 11.6 f.) – die Schranken aus §§ 276 Abs. 3, 309 Nr. 7 BGB.[1]

D. Abgrenzungen

I. Körperschaftlicher Organisationsmangel

Die skizzierte analoge Geltung des § 31 BGB für sonstige Repräsentanten (Rz. 11.29) überschneidet sich mit einem alternativen Ansatz, an den die Rechtsprechung für die deliktische Haftung juristischer Personen (und sonstiger Verbände) anknüpft: dem **„körperschaftlichen" Organisationsmangel**.[2] Hinter dieser Figur verbirgt sich ein Mangel in der internen Kompetenzordnung verkehrssicherungspflichtiger, aber selbst nicht handlungsfähiger „Körperschaften" (Verbände): nämlich dort, wo eine an sich hinreichende innerbetriebliche Organisation zur Gefahrsteuerung zwar eingerichtet ist (ein „betrieblicher" Organisationsmangel[3] also nicht vorliegt), an ihrer Spitze aber statt eines verfassungsmäßigen Vertreters im Sinne der §§ 30, 31 BGB – dessen Versäumnisse dem Verband ohne Exkulpationsmöglichkeit zuzurechen sind – lediglich ein (wenngleich fachlich geeigneter) Verrichtungsgehilfe (leitender Angestellter) berufen wird, für den sich der Verband nach Maßgabe des § 831 Abs. 1 Satz 2 BGB (s. Rz. 11.10) entlasten kann. Mit dem Kunstgriff des „körperschaftlichen" (oder wie auch formuliert worden ist: verbandlichen bzw. organschaftlichen) Organisationsmangels soll dem durch Verkehrspflichtverletzung geschädigten Dritten auch in einem solchen Fall der Zugriff auf das Vermögen des Pflichtenträgers gesichert werden.

11.33

Die in rund 100 Jahren gewachsene und verwachsene Rechtsprechungspraxis zum Organisationsmangel ist hier nicht näher nachzuzeichnen. Für die Figur vom „körperschaftlichen" Organisationsmangel werden von der Rechtsprechung dieselben **Legitimationserwägungen** ins Feld geführt, die auch für eine entsprechende Anwendung des § 31 BGB auf sonstige „Repräsentanten" der juristischen Person oder eines sonstigen Verbandes (s. Rz. 11.27 ff.) geltend gemacht werden: Dem Verband kann es nicht frei stehen, für wen er ohne Entlastungsmöglichkeit nach § 31 BGB haften will. Er kann sich keinen haftungsrechtlichen Freiraum dadurch schaffen, dass ein von jeder sachlichen Einflussnahme freigestellter leitender Mitarbeiter gleichwohl nicht zum verfassungsmäßigen Vertreter im Sinne der §§ 30, 31 BGB bestellt wird.

11.34

Der Verstoß gegen eine vermeintliche Organpflicht, nämlich die Nichtbestellung der mit der eigenverantwortlichen Wahrnehmung bestimmter Aufgaben betrauten Person zum besonderen Vertreter, vermag die deliktische Haftung des Verbandes aber nicht zu tragen.[4] In Rede steht vielmehr die **analoge Anwendung des § 31 BGB** auf solche Repräsentanten des Verbandes, die zwar nicht zu verfassungsmäßigen Vertretern bestellt worden sind, dem Leitbild des weisungsgebunden agierenden Verrichtungsgehilfen im Sinne des § 831 Abs. 1 BGB aber

11.35

---

1 *Arnold* in MünchKomm. BGB, 7. Aufl. 2015, § 31 BGB Rz. 47; *Hadding* in Soergel, § 31 BGB Rz. 1; *Weick* in Staudinger, § 31 BGB Rz. 50.
2 Zur näheren Analyse sei verwiesen auf *Kleindiek*, Deliktshaftung und juristische Person, S. 314 ff.
3 Zu den „betrieblichen" Organisationspflichten arbeitsteilig organisierter Rechtssubjekte weiterführend *Kleindiek*, Deliktshaftung und juristische Person, S. 292 ff.; *Krause* in Soergel, § 823 BGB Anh. II Rz. 61 ff.; *Matusche-Beckmann*, Das Organisationsverschulden, 2001, S. 101 ff.
4 Zur Begründung s. *Kleindiek*, Deliktshaftung und juristische Person, S. 325 ff.

ebenso wenig entsprechen. Bezogen auf ihre Tätigkeit ist allein der Rückgriff auf die Zurechnungsnorm des § 31 BGB im Wege der Analogie sachgerecht.[1]

II. Haftung aus § 831 BGB

11.36 Repräsentanten, für welche der Verband bereits aus § 31 BGB verantwortlich ist, sind im Übrigen nicht nur keine Verrichtungsgehilfen im Sinne von § 831 Abs. 1 BGB; auch § 831 Abs. 2 BGB findet auf sie – wie schon erörtert (s. Rz. 11.22) – keine Anwendung. So gesehen schließen sich § 31 BGB und § 831 BGB aus.[2] Beide Vorschriften kommen aber insoweit nebeneinander zur Anwendung, als die Geschäftsherrenhaftung der juristischen Person (und sonstiger kollektiver Rechtssubjekte) nach § 831 BGB auf den Zurechnungsmechanismus des § 31 BGB angewiesen ist: denn Verbandspersonen und Personenverbände können die Verkehrspflichten des Geschäftsherrn nach § 831 BGB (s. Rz. 11.10) nur mittels ihrer Repräsentanten erfüllen bzw. verletzen.[3]

---

[1] Das darf heute wohl als weitestgehend akzeptiert gelten; s. etwa *Arnold* in MünchKomm. BGB, 7. Aufl. 2015, § 31 BGB Rz. 7 ff.; *Hadding* in Soergel, § 31 BGB Rz. 18; *Kleindiek*, Deliktshaftung und juristische Person, S. 340 ff.; *Krause* in Soergel, § 823 BGB Anh. II Rz. 68; *Mansel* in Jauernig, § 31 BGB Rz. 4; *Mertens/Cahn* in KölnKomm. AktG, § 76 AktG Rz. 102; *Weick* in Staudinger, § 31 BGB Rz. 34.

[2] *Hadding* in Soergel, § 31 BGB Rz. 3; *Mertens/Cahn* in KölnKomm. AktG, § 76 AktG Rz. 94; *Seibt* in K. Schmidt/Lutter, § 78 AktG Rz. 34 m.w.N.

[3] So ist wohl auch *Hadding* in Soergel, § 31 BGB Rz. 3 a.E. zu verstehen.

§ 12
Die Haftung des Abschlussprüfers

Professor Dr. iur. Dr. rer. pol. h.c. Dr. iur. h.c. Werner F. Ebke, LL.M. (UC Berkeley)

A. Einleitung	12.1	III. Weitere Ansätze	12.27
B. Bedeutung des Jahresabschlussprüfers	12.10	IV. Vertrag mit Schutzwirkung für Dritte	12.29
I. Gesetzlicher Auftrag	12.11	1. Voraussetzungen	12.30
II. Umfang der Prüfung	12.12	2. Anwendbarkeit	12.32
III. Bedeutung der Prüfung	12.14	3. Zeichen des Wandels	12.34
1. Zugang zu Informationen	12.15	4. Die Sicht des BGH	12.35
2. Kostenvorteile durch Spezialisierung	12.16	V. § 311 Abs. 3 BGB	12.39
3. Kostenvorteile durch Unabhängigkeit	12.17	VI. Offensive	12.40
4. Bedeutung des Testats für den Emittenten	12.18	VII. Stellungnahme	12.42
		1. Grundentscheidungen des Gesetzgebers	12.43
5. Volkswirtschaftlicher Nutzen	12.19	2. Sinn und Zweck	12.48
6. Monitoring	12.20	3. Haftungsbegrenzung	12.49
C. Haftung des Abschlussprüfers	12.21	4. Kreis der Anspruchsberechtigten	12.51
I. Sachwalterhaftung	12.22	5. Mitverschulden	12.52
II. Ausweichmanöver: Auskunftsvertrag	12.23	D. Schluss	12.53

A. Einleitung

Die **gesetzlich vorgeschriebene Prüfung** des Jahresabschlusses (§§ 242 Abs. 3, 264 Abs. 1 Satz 1 HGB) durch externe, unabhängige Sachverständige (Wirtschaftsprüfer bzw. Wirtschaftsprüfungsgesellschaften, vgl. § 319 Abs. 1 Satz 1 HGB) soll sicherstellen, dass Jahresabschlüsse prüfungspflichtiger Gesellschaften mit den gesetzlichen Vorgaben über die Rechnungslegung und sie ergänzende Bestimmungen des Gesellschaftsvertrages oder der Satzung in Einklang stehen (vgl. § 317 Abs. 1 Satz 2 HGB). Die Prüfung des Jahresabschlusses und des Lageberichts selbständiger Kapitalgesellschaften (§ 316 Abs. 1 Satz 1 HGB) und prüfungspflichtiger Personengesellschaften i.S. des § 264a Abs. 1 HGB sowie des Konzernabschlusses und des Konzernlageberichts (§ 316 Abs. 2 Satz 1 HGB) durch einen Abschlussprüfer erfüllt Kontroll-, Informations- und Beglaubigungsfunktionen.[1] Die Abschlussprüfung und ihr Substrat, die Rechnungslegung, sowie die Publizität geprüfter Abschlüsse sind darüber hinaus wesentliche Voraussetzungen für das Funktionieren von Kapitalmärkten, auf denen unter anderem die Güter Eigen- und Fremdkapital gehandelt werden und die ein wichtiger Baustein des Marktes für die externe Unternehmens(leiter)kontrolle von Unternehmen (*corporate*

12.1

---

[1] S. dazu näher *Ebke* in MünchKomm. HGB, Bd. 4, 3. Aufl. 2013, § 316 HGB Rz. 24–28 m.w.N.; *Böcking/Gros/Rabenhorst* in Wiedmann/Böcking/Gros, Bilanzrecht, 3. Aufl. 2014, § 317 HGB Rz. 5–6; *Hopt/Merkt* in Baumbach/Hopt, § 317 HGB Rz. 1; *W. Müller* in KölnKomm. Rechnungslegungsrecht, 2011, § 316 HGB Rz. 3–10; *Graumann*, Wirtschaftliches Prüfungswesen, 4. Aufl. 2015, S. 120.

governance) sind, die den Kapitalmarkt in Anspruch nehmen (*market for corporate control*).[1] Wegen der weltweit steigenden Nachfrage nach Eigen- und Fremdkapital ist die Sicherung der Qualität von Rechnungslegung, Abschlussprüfung und Publizität nicht nur ein zentrales Anliegen nationaler, sondern auch supranationaler und internationaler Regelgeber.[2] Die Europäische Kommission hat im Oktober 2010 mit der **Vorlage des Grünbuchs** „Weiteres Vorgehen im Bereich der Abschlussprüfung: Lehren aus der Krise"[3] zur Aufarbeitung der Rolle der Abschlussprüfung in der Finanzmarktkrise innerhalb der EU einen Reformprozess angestoßen. Ziel dieses Prozesses war u.a. die Verbesserung der Qualität der Abschlussprüfungen, die Steigerung der Aussagekraft der Prüfungsergebnisse, die weitere Stärkung der Unabhängigkeit des Abschlussprüfers sowie die stärkere Verantwortung der unternehmensinternen Aufsichtsorgane bzw. Prüfungsausschüsse bei der Begleitung der Abschlussprüfung.

12.2 Dazu wurden die Richtlinie 2014/56/EU zur Änderung der Richtlinie 2006/43/EU über Abschlussprüfungen von Jahresabschlüssen und konsolidierten Abschlüssen (Abschlussprüfungsrichtlinie) vom 16.4.2014[4] sowie die unmittelbar geltende Verordnung (EU) Nr. 537/2014 zur Abschlussprüfung bei Unternehmen von öffentlichem Interesse (Abschlussprüfungsverordnung) vom gleichen Tag[5] erlassen.[6] Zur Umsetzung der prüfungsbezogenen Vorschriften der überarbeiteten Abschlussprüfungsrichtlinie und zwecks Anpassung des deutschen Rechts an entsprechende Vorgaben der Abschlussprüfungsverordnung unter Ausnutzung nationaler Wahlrechte hat der deutsche Gesetzgeber 2016 das **Abschlussprüfungsreformgesetz** (AReG) erlassen.[7] Das AReG führt u.a. die externe Rotation des Abschlussprüfers ein, wobei das nationale Wahlrecht in der Abschlussprüfungsverordnung, die Höchstdauer eines Mandats unter bestimmten Voraussetzungen von 10 auf 20 Jahre zu verlängern, ausgenutzt wird (vgl. § 318 Abs. 1a und 1b HGB).[8] Das AReG nutzt außerdem das nationale Wahlrecht in der Abschlussprüfungsverordnung, die Erbringung bestimmter Steuerberatungsleistungen durch den Abschlussprüfer in Grenzen zuzulassen, macht die Erbringung der Steuerberatungsdienstleistungen aber von der vorherigen Zustimmung des Prüfungsausschusses bzw. des Aufsichts- oder Verwaltungsrats des Unternehmens abhängig (§ 319a Abs. 3 HGB).[9] Darüber hinaus wird die Verantwortung des unternehmensinternen, nach § 324 Abs. 1 Satz 1 HGB eingerichteten Prüfungsausschusses bezüglich der Auswahl und Überwachung der Un-

---

1 Zu Einzelheiten s. *Ebke* in FS Yamauchi, 2006, S. 105; *Ebke* in FS Buxbaum, 2000, S. 113. Zur Leistungsfähigkeit externer Corporate Governance vor dem Hintergrund der Finanzmarktkrise s. die juristisch-ökonomische Abhandlung von *Klormann*, Externe Corporate Governance und ineffiziente Kapitalmärkte, 2015.
2 S. dazu näher *Hennrichs*, ZGR 2015, 248; *Ebke*, WPK-Mitt. Sonderheft Juni 1997, 12. S. ferner *Ebke/Möhlenkamp* (Hrsg.), Rechnungslegung, Publizität und Wettbewerb, 2010; *Ebke/Luttermann/Siegel* (Hrsg.), Internationale Rechnungslegungsstandards für börsenunabhängige Unternehmen?, 2007.
3 S. KOM(2010) 561 endg. Zu Einzelheiten des Grünbuchs s. *Böcking/Gros/Wallek/Worret*, WPg 2011, 1159; *Bremer*, NZG 2011, 224; *Kämpfer/Kayer/Schmidt*, DB 2010, 2457; *Köhler/Ruhnke/M. Schmidt*, DB 2011, 773; *Lanfermann*, BB 2011, 937; *Obermüller/Riemenschneider*, KoR 2011, 374.
4 Richtlinie 2014/56/EU v. 16.4.2014, ABl. Nr. L 158 v. 27.5.2014, S. 196.
5 Verordnung (EU) Nr. 537/2014 v. 16.4.2014, ABl. Nr. L 158 v. 27.5.2014, S. 77, ber. ABl. Nr. L 170 v. 11.6.2014, S. 66.
6 S. dazu instruktiv *Hopt*, ZGR 2015, 186.
7 BGBl. I 2016, 1142. S. dazu den Überblick bei *Hopt/Merkt* in Baumbach/Hopt, Überbl v § 316 HGB Rz. 7–9 und die Einführungen von *Schüppen*, NZG 2016, 247 und *Zwirner/Boecker*, DStR 2016, 984. Zum AReG-RefE 2015 s. *Blöink/Kumm*, BB 2015, 1067.
8 *Velte*, DStR 2016, 1944, 1944–1946; *Schüppen*, NZG 2016, 247, 250–251.
9 *Velte*, DStR 2016, 1944, 1946–1947; *Hennrichs/Bode*, NZG 2016, 1281; *Schüppen*, NZG 2016, 247, 252.

abhängigkeit des Abschlussprüfers erhöht (§§ 333a und 334 Abs. 2a HGB). Neu ist ferner die Anwendung internationaler Prüfungsstandards bei der Erstellung des Bestätigungsvermerks (§ 322 Abs. 1a HGB).[1] Das AReG wird ergänzt durch das **Abschlussprüferaufsichtsreformgesetz** (APAReG), das die durch die beiden genannten EU-Rechtsakte veranlassten Anpassungen im Berufsrecht der Wirtschaftsprüfer sowie bei der Abschlussprüferaufsicht vornimmt.[2] Die Berufssatzung für WP/vBP wurde den Vorgaben des EU-Rechts angepasst.[3]

Die Frage, welche Rolle das **zivile Haftungsrecht** bezüglich der Sicherung einer verlässlichen Rechnungslegung, Abschlussprüfung und Publizität übernehmen kann bzw. sollte, ist bislang eher am Rande behandelt worden. Theoretisch ist klar, dass ohne gesetzliche oder sonstige Regelungen für die Verantwortlichkeit der Rechnungslegungs- und Publizitätspflichtigen sowie des gesetzlichen Abschlussprüfers die Gefahr besteht, dass die Kapitalmärkte durch unwahre oder unvollständige Informationen zum Nachteil der Marktteilnehmer und der Volkswirtschaft insgesamt irregeführt werden. *Wie* die Verantwortlichkeit des Abschlussprüfers rechtlich im Einzelnen ausgestaltet sein sollte, wird weltweit aber nach wie vor unterschiedlich beurteilt. In den Ländern mit entwickelten Kapitalmärkten scheint lediglich weitgehende Einigkeit darüber zu bestehen, dass das Strafrecht – von Fällen krassen Fehlverhaltens abgesehen – keine führende Rolle übernehmen sollte.[4] Berufsrechtliche, börsen- und aufsichtsrechtliche sowie haftungsrechtliche Instrumente scheinen den Gesetzgebern der meisten Länder vom Ansatz her besser geeignet zu sein, den notwendigen Schutz zu vermitteln.[5]

12.3

Mit einer solchen Regelungsphilosophie steht es im Einklang, dass der deutsche Gesetzgeber im Bilanzrechtsreformgesetz vom 4.12.2004[6] und erneut im Bilanzrechtsmodernisierungsgesetz vom 25.5.2009[7] die Anforderungen an die Unabhängigkeit des gesetzlichen Abschlussprüfers verschärft hat (§§ 319, 319a, 319b HGB).[8] Denn **Unabhängigkeit und zivilrechtliche**

12.4

---

1 *Hopt/Merkt* in Baumbach/Hopt, § 317 HGB Rz. 13; *Zwirner/Boecker*, DStR 2016, 984, 987-988; *Arbeitskreis Externe Unternehmensrechnung (AKEU) der Schmalenbach-Gesellschaft für Betriebswirtschaft e.V.*, BB 2017, 107. Zu Einzelheiten internationaler Prüfungsstandards s. *Köhler*, ZGR 2015, 204; *Merkt*, ZGR 2015, 215.
2 BGBl. I 2016, 518. Überblick bei *Hopt/Merkt* in Baumbach/Hopt, Überbl v § 316 HGB Rz. 10.
3 S. zu den Einzelheiten *Petersen/Geithner*, WPK Mitt. Sonderausgabe 2016, 6. S. ferner die Satzung für Qualitätskontrolle (§ 57c WPO) vom 21.6.2016, BAnz AT 7.6.2016 B1.
4 *Ebke*, WPK-Mitt. Sonderheft Juni 1997, 12, 21 m.w.N.; *Poelzig*, Normdurchsetzung durch Privatrecht, 2012, S. 22–24.
5 *Ebke* in MünchKomm. HGB, Bd. 4, 3. Aufl. 2013, § 323 HGB Rz. 254 m.w.N. S. ferner allgemein *Bachmann/Casper/Schäfer/Veil* (Hrsg.), Steuerungsfunktionen des Haftungsrechts im Gesellschafts- und Kapitalmarktrecht, 2007; *Poelzig*, ZVglRWiss 110 (2011), 395.
6 BGBl. I 2004, 3166. Zu Einzelheiten des BilReG s. *Ernst/Gabriel*, Der Konzern 2004, 102; *Großfeld*, NZG 2004, 393; *Heuser/Theile*, GmbHR 2005, 201; *Hoffmann/Lüdenbach*, GmbHR 2004, 145; *Hülsmann*, DStR 2005, 166; *Pfitzer/Oser/Orth*, DB 2004, 2593; *Peemöller/Oehler*, BB 2004, 1158; *Stahlschmidt*, StuB 2004, 993.
7 BGBl. I 2009, 1102. Zu Einzelheiten des BilMoG s. *Amling/Bantleon*, DStR 2008, 1300; *Erchinger/Melcher*, DB 2009 Beilage 5 zu Heft 23, S. 91; *Ernst/Seidler*, BB 2007, 2557; *Kämpfer/Schmidt*, WPg 2009, 47; *Niemann*, DStR 2008, 2176; *Petersen/Zwirner*, WPg 2008, 967; *Schulze-Osterloh*, DStR 2008, 63.
8 Übersicht bei *Schmidt/Nagel* in BeckBilKomm., 10. Aufl. 2016, Vor § 319 HGB Rz. 1–9. S. ferner *Gelhausen/Kämpfer/Frey* (Hrsg.), Rechnungslegung und Prüfung nach dem Bilanzrechtsmodernisierungsgesetz, 2009; *Petersen/Zwirner*, WPg 2009, 769. Zu Einzelheiten s. *Drescher*, Die Unabhängigkeit des Abschlussprüfers, 2014; *Michel*, Die Unabhängigkeit des Abschlussprüfers, 2014; *Block*, Der Performance Gap des Abschlussprüfers: Eine quantitative Analyse der Unabhängigkeit des Abschlussprüfers, 2011.

Haftung des Abschlussprüfers stehen in einem engen Zusammenhang.[1] Die §§ 319, 319a, 319b HGB setzen die Empfehlung der EU-Kommission zur „Unabhängigkeit des Abschlussprüfers in der EU – Grundprinzipien" vom 16.5.2002 um.[2] Die Empfehlung, die durch den US-amerikanischen Sarbanes-Oxley Act[3] beeinflusst ist, enthält eine Reihe grundlegender Neuerungen.[4] Darüber hinaus schafft das Bilanzkontrollgesetz vom 15.12.2004 durch die §§ 342b–342e HGB ein neues Verfahren zur Kontrolle der Rechnungslegung kapitalmarktorientierter Unternehmen durch eine privatrechtlich organisierte, unabhängige Einrichtung („Deutsche Prüfstelle für Rechnungslegung" – DRP).[5] Außerdem verschärft es die Redepflicht des Abschlussprüfers gegenüber der Bundesanstalt für Finanzdienstleistungsaufsicht (BaFin).[6] Der deutsche Bundesgesetzgeber reagiert damit auf Unternehmenskrisen und Rechnungslegungsskandale, die in Deutschland, Europa und den USA das Vertrauen der Anleger in die Integrität der Kapitalmärkte erschüttert haben (z.B. Enron, Parmalat, WorldCom, Flowtex).[7]

12.5 Besondere Erwähnung verdient das Abschlussprüferaufsichtsgesetz vom 27.12.2004.[8] Danach übte eine nicht aus Abschlussprüfern bestehende ehrenamtliche **Abschlussprüferaufsichtskommission** (APAK) seit 2006 unabhängig und frei von Weisungen die Fachaufsicht über die Wirtschaftsprüferkammer (WPK) und die darin organisierten Wirtschaftsprüfer aus.[9] Der Sache nach handelte es sich dabei um eine Maßnahme des sog. Public Oversight, die dem US-amerikanischen Public Company Accounting Oversight Board (PCAOB) nachempfunden wurde. Aufgrund des APAReG, das am 5.4.2016 im Bundesgesetzblatt verkündet wurde,[10] endete die Amtszeit der APAK am 16.6.2016. Ihre Aufgaben werden seither von der berufsstandsunabhängigen und selbständigen **Abschlussprüferaufsichtsstelle** (APAS) beim Bundesamt für Wirtschaft und Ausfuhrkontrolle (BAFA) übernommen.[11] Neben der Fachaufsicht über die Wirtschaftsprüferkammer ist es insbesondere Aufgabe der APAS, bei Berufsangehörigen, Wirtschaftsprüfungsgesellschaften und genossenschaftlichen Prüfungsverbänden, die gesetzlich vorgeschriebene Abschlussprüfungen bei Unternehmen von öffentlichem Interesse durchführen, ohne besonderen Anlass zu ermitteln (Inspektionen). Darüber hinaus gibt es anlassbezogene Ermittlungen, soweit sich beispielsweise bei Inspektionen konkrete Anhaltspunkte für Verstöße gegen Berufspflichten ergeben. Nicht zuletzt leistet die APAS einen Beitrag zur Verbesserung der Prüfungsqualität durch Mitarbeit in den europäischen und internationalen Gremien der Prüferaufsicht.

---

1 *Ebke*, Wirtschaftsprüfer und Dritthaftung, 1983, S. 298.
2 ABl. EU Nr. L 191 v. 19.7.2002, S. 22.
3 Pub. L. No. 107–204.
4 S. dazu rechtsvergleichend *Ebke* in Ferrarini/Hopt/Winter/Wymeersch (Hrsg.), Reforming Company and Takeover Law in Europe, 2004, S. 507; *Demme*, Die Unabhängigkeit des Abschlussprüfers nach deutschem, US-amerikanischem und internationalem Recht, 2003.
5 Die DRP hat ihren Sitz in Berlin. International tritt sie unter dem englischen Namen Financial Reporting Enforcement Panel (FREP) auf.
6 BGBl. I 2004, 3408.
7 S. dazu etwa *Rapoport/Dharan*, Enron: Corporate Fiascos and Their Implications, 2004; *Amour/McCahery* (Hrsg.), After Enron, 2006; *Coffee*, Gatekeepers: The Role of the Professions and Corporate Governance, 2006; *Pfiffner*, Revisionsstelle und Corporate Governance, 2008, S. 777–809.
8 BGBl. I 2004, 3946. Zu Einzelheiten s. *Bertram/Heininger*, DB 2004, 1737.
9 S. dazu *Röhricht*, WPg Sonderheft 2008, S. S 28; *Schneiß/Groove*, WPg Sonderheft 2008, S. S. 44; *Heininger*, WPg 2008, 535; *Habersack/Schürnbrand* in Staub, HGB, Bd. 7/1, 5. Aufl. 2010, Vor § 316 HGB Rz. 20.
10 BGBl. I 2016, 518.
11 Zu Einzelheiten s. *Gelhausen/Krauß*, WPK Mitt. Sonderausgabe 2016, 39.

An der haftungsrechtlichen Front gibt es ebenfalls Bewegung. Der **zivilrechtlichen Verant-** 12.6
wortlichkeit des gesetzlichen Abschlussprüfers kommt heute von Europa bis Südafrika und
von den USA bis Japan eine wachsende Bedeutung zu.[1] Die meisten industrialisierten Länder haben die Herausbildung und Fortentwicklung der Regeln über die zivilrechtliche Verantwortlichkeit des Abschlussprüfers den Gerichten überlassen, statt sie in das starre Korsett
gesetzlicher Vorschriften zu pressen. Die Gesetzgeber beschränken sich regelmäßig auf punk-
tuelle Eingriffe in das komplexe Geflecht der einschlägigen Haftungsregeln. Im Übrigen verlassen sich die Gesetzgeber darauf, dass die Gerichte die komplexen Haftungsfragen schon
„richten" werden. Die Rechtsvergleichung lehrt, dass sich die Rechtsordnungen bei der Entwicklung des Rechts der Haftung des gesetzlichen Abschlussprüfers gegenseitig beeinflusst
haben – und zwar über die Grenzen von Rechtstraditionen hinweg.[2] Gleichwohl erweist sich
die Angleichung der Regeln über die Haftung des gesetzlichen Jahresabschlussprüfers gerade
in der EU als äußerst schwierig.[3] Das gilt vor allem für die Haftung des Abschlussprüfers gegenüber Dritten (zu diesen zählen u.a. gegenwärtige und frühere Gesellschafter, Kapitalanleger, Unternehmenserwerber, Kreditgeber, Lieferanten, Insolvenzgläubiger, Arbeitnehmer und
der Staat), die – ohne Partei des Prüfungsvertrages zwischen dem Prüfer und der prüfungspflichtigen Gesellschaft zu sein – im Vertrauen auf die Angaben in einem testierten Jahresabschluss eine vermögenswirksame Entscheidung getroffen und auf Grund der Fehlerhaftigkeit oder Unvollständigkeit dieser Angaben einen Vermögensschaden erlitten haben.[4]

Die **Einzelheiten der Haftung** des gesetzlichen Abschlussprüfers gegenüber solchen „prü- 12.7
fungsvertragsfremden" Dritten sind international im Fluss.[5] In Deutschland ist die Haftung

---

1 S. dazu statt aller *Ebke* in Commission Européenne (Hrsg.), Actes de la conférence sur le rôle, le statut et la responsabilité du contrôleur légal des comptes dans l'Union européenne, 1997, S. 205; *Ebke* in FS Trinkner, 1995, S. 493; *Ebke/Struckmeier*, The Civil Liability of Corporate Auditors: An International Perspective, 1994; *Ebke/Antonio de la Garza*, Revista de Investigaciones Juridicas 1994, 349; *Flühmann*, Haftung aus Prüfung und Berichterstattung gegenüber Dritten, 2004; *Land*, Wirtschaftsprüferhaftung gegenüber Dritten in Deutschland, England und Frankreich, 1996; *Pretorius*, Aanspreeklikheid van Maatskappyouditeure teenoor Derdes op grond van Wanvoorstelling in die Finansiële State, 1985; *Richter*, Die Dritthaftung der Abschlussprüfer – Eine rechtsvergleichende Untersuchung des englischen, US-amerikanischen, kanadischen und deutschen Rechts, 2007; *Rosenboom*, Estudos de Direito do Consumidor 2004, 203; *Stahl*, Zur Dritthaftung von Rechtsanwälten, Steuerberatern, Wirtschaftsprüfern und öffentlich bestellten und vereidigten Sachverständigen, 1989. Weitere umfangreiche Nachw. bei *Ebke* in MünchKomm. HGB, Bd. 4, 3. Aufl. 2013, § 323 HGB Rz. 1–2.
2 *Ebke*, Die zivilrechtliche Verantwortlichkeit der wirtschaftsprüfenden, steuer- und rechtsberatenden Berufe im internationalen Vergleich, 1996; *Ebke* in FS Stürner, Bd. II, 2013, S. 1001, 1010-1023.
3 Zu der Entwicklung und dem letzten Stand der Dinge s. *Ebke* in FS H. P. Westermann, 2008, S. 873; *Doralt*, ZGR 2015, 266.
4 *Ebke* in MünchKomm. HGB, Bd. 4, 3. Aufl. 2013, § 323 HGB Rz. 85. Zu den ökonomischen Auswirkungen einer Verschärfung der (Dritt-)Haftung des Abschlussprüfers s. insbes. *London Economics* (Hrsg.), Study on the Economic Impact of Auditors' Liability Regimes. Final Report to EC-DG Internal Market and Services v. 4.10.2006. S. ferner *Gelter*, WPg 2005, 486; *Hermann*, Ökonomische Analyse der Haftung des Wirtschaftsprüfers, 1997; *Ott* in FS Schäfer, 2008, S. 171.
5 S. *Ebke* in FS Stürner, Bd. II, 2013, S. 1001, 1010-1023; *Ebke*, ZVglRWiss 100 (2001), 62; *Wölber*, Die Abschlussprüferhaftung im europäischen Binnenmarkt, 2005; *Schattka*, Die Europäisierung der Abschlussprüferhaftung, 2012; *Senninger*, Harmonisierung der Abschlussprüferhaftung in der EU, 2011. Aus der älteren Literatur s. W. *Doralt*, Haftung der Abschlussprüfer, 2005; *Flühmann*, Haftung aus Prüfung und Berichterstattung gegenüber Dritten, 2004; *Koziol/Doralt* (Hrsg.), Abschlussprüfer: Haftung und Versicherung, 2004; *Mirtschink*, Die Haftung des Wirtschaftsprüfers

des Abschlussprüfers gegenüber Dritten ebenfalls in Bewegung geraten. Hintergrund bildet die Entscheidung des III. Zivilsenats des BGH vom 2.4.1998.[1] Darin hält der Senat im Anwendungsbereich des § 323 HGB eine Dritthaftung des gesetzlichen Abschlussprüfers für möglich, „die wesentlich darauf beruht, dass es Sache der Vertragsparteien ist, zu bestimmen, gegenüber welchen Personen eine Schutzpflicht begründet werden soll".[2] In seinen Entscheidungen vom 15.12.2005[3] und vom 6.4.2006[4] hat der III. Zivilsenat des BGH seine grundsätzliche Position zwar bestätigt, in einigen zentralen Punkten aber wichtige Klarstellungen vorgenommen.[5] In seinem Beschluss vom 11.11.2008 hat der III. Zivilsenat des BGH vor dem Hintergrund des § 323 Abs. 1 Satz 3 HGB seine restriktive Haltung gegenüber einer vertraglichen Dritthaftung noch einmal bekräftigt.[6] Weiteren Antrieb erhielt die Diskussion über die Dritthaftung des gesetzlichen Abschlussprüfers durch das Inkrafttreten des § 311 Abs. 3 BGB im Gefolge der Schuldrechtsreform von 2002. Die Bedeutung der beiden Sätze dieser Norm für die Haftung des gesetzlichen Abschlussprüfers ist unklar.[7] Die Gerichte könnten die Norm – angereichert mit den Grundsätzen der sog. Vertrauenshaftung[8] – zu einem Grundpfeiler der zivilrechtlichen Haftung des Abschlussprüfers gegenüber Dritten ausbauen, obgleich die Bestimmung für diese Fallgruppe nicht gedacht ist.[9] Die Rechtsfigur des Vertrages mit Schutzwirkung für Dritte als Haftungsgrundlage für die hier interessierenden Pflichtprüfungsfälle wäre dann überflüssig, weil es wegen des direkten Anspruchs gegen den Prüfer an der erforderlichen Schutzbedürftigkeit des Geschädigten fehlen würde.

12.8 Dasselbe gilt für die – im Juni 2004 vom X. Zivilsenat des BGH noch einmal bestätigten[10] – Grundsätze der allgemeinen **Prospekthaftung** für die Vollständigkeit und Richtigkeit von Werbeaussagen in Prospekten.[11] Die allgemeine Prospekthaftung tritt nach Ansicht des Se-

---

gegenüber Dritten, 2006; *Straßer*, Die Haftung der Wirtschaftsprüfer gegenüber Kapitalanlegern für fehlerhafte Testate, 2003. Weitere umfangreiche Nachw. bei *Ebke* in MünchKomm. HGB, Bd. 4, 3. Aufl. 2013, § 323 HGB Rz. 1.

1 BGH v. 2.4.1998 – III ZR 245/96, BGHZ 138, 257 = JZ 1998, 1013 = AG 1998, 424. Zu Einzelheiten der Entscheidung s. *Ebke* in MünchKomm. HGB, Bd. 4, 2. Aufl. 2013, § 323 HGB Rz. 141–143 m.w.N.
2 BGH v. 2.4.1998 – III ZR 245/96, BGHZ 138, 257, 261 = JZ 1998, 1013, 1014; grundsätzlich zustimmend, in casu aber verneinend OLG Celle v. 5.1.2000 – 3 U 17/99, WPK-Mitt. 2000, 258, 261 = NZG 2000, 613, 615 mit Anm. *Großfeld*.
3 BGH v. 15.12.2005 – III ZR 424/04, WM 2006, 423 = AG 2006, 197.
4 BGH v. 6.4.2006 – III ZR 256/04, BGHZ 138, 257 = AG 2006, 453 = DB 2006, 1105 = BB 2006, 1441 mit BB-Kommentar *Kindler/Otto* = WPK Magazin 3/2006.
5 S. dazu *Ebke* in MünchKomm. HGB, Bd. 4, 3. Aufl. 2013, § 323 HGB Rz. 143.
6 BGH v. 11.11.2008 – III ZR 313/07, BeckRS 2008, 24194.
7 Zu Einzelheiten s. *Ebke* in MünchKomm. HGB, Bd. 4, 3. Aufl. 2013, § 323 HGB Rz. 115–119 m.w.N.
8 Vgl. *J. Koch*, AcP 204 (2004), 59 („vertrauensrechtliche Auskunftshaftung").
9 *Ebke* in MünchKomm. HGB, Bd. 4, 3. Aufl. 2013, § 323 HGB Rz. 118; vgl. *Schmidt/Feldmüller* in BeckBilKomm., 10. Aufl. 2016, § 323 HGB Rz. 220–229.
10 BGH v. 8.6.2004 – X ZR 283/02, BB 2004, 2180 mit BB-Kommentar *Paal*; s. ferner BGH v. 15.12.2005 – III ZR 424/04, NJW-RR 2006, 611 mit Anm. *Haas*, LMK 2006, 172068.
11 S. dazu etwa *Schultheiß*, BKR 2015, 133; *Schmidt/Feldmüller* in BeckBilKomm., 10. Aufl. 2016, § 323 HGB Rz. 230–234; rechtsvergleichend zur Prospekt- und Kapitalmarktinformationshaftung *Hopt/Vogt* (Hrsg.), Prospekt- und Kapitalmarktinformationshaftung, 2005; aus kollisionsrechtlicher Sicht *Uhink*, Internationale Prospekthaftung nach der Rom II-VO, 2016; *Denninger*, Grenzüberschreitende Prospekthaftung und Internationales Privatrecht, 2015; *Jäger*, Das Prospekthaftungsstatut, 2007.

nats hinter die Grundsätze der Berufshaftung von Experten auf der Grundlage und am Maßstab des Vertrages mit Schutzwirkung für Dritte nicht zurück, sondern steht zu dieser in einer echten Anspruchsgrundlagenkonkurrenz.[1] Ob es in der Praxis zu einer solchen Haftung kommen wird, ist allerdings fraglich. Nach den geltenden fachlichen Regeln des Berufsstands haben Wirtschaftsprüfer bei Aufträgen zur Beurteilung von Prospekten über öffentlich angebotene Kapitalanlagen unter anderem zur Voraussetzung der Auftragsannahme zu machen, dass der Auftraggeber und der Prospektherausgeber sich verpflichten, im Prospekt nicht auf das Vorliegen von Prospektgutachten oder auf das Tätigwerden eines Wirtschaftsprüfers im Rahmen der Prospektbeurteilung hinzuweisen.[2] Das gilt auch für den Fall, dass der Wirtschaftsprüfer im Zusammenhang mit einem Börsengang (*Initial Public Offering* – IPO) einen Comfort Letter erstellt.[3]

12.9 Wegen der zunehmenden praktischen Bedeutung der Pflichtprüfungsfälle und der vergleichsweise (noch) geringen Zahl von Prospekthaftungsklagen gegen Wirtschaftsprüfer wird im Folgenden schwerpunktmäßig die Haftung des Wirtschaftsprüfers für die Erteilung eines Bestätigungsvermerks über den fehlerhaften Jahresabschluss eines prüfungspflichtigen Unternehmens untersucht werden. Fälle gesetzlich nicht vorgeschriebener („freiwilliger") Abschlussprüfungen bleiben im Folgenden außer Betracht.[4] Ziel des Beitrages ist es, vor dem Hintergrund der Bedeutung von Rechnungslegung, Abschlussprüfung und Publizität für die Kapitalmärkte den gegenwärtigen Stand des Rechts der zivilrechtlichen Verantwortlichkeit des gesetzlichen Abschlussprüfers gegenüber dem geprüften Unternehmen und gegenüber Dritten herauszuarbeiten. Das **Internationale Privat- und Prozessrecht der Haftung des gesetzlichen Abschlussprüfers**, das auf Grund der zunehmenden Internationalisierung der Kapital- und Abschlussprüfungsmärkte rasant an Bedeutung gewinnt, ist an anderer Stelle ausführlich dargestellt[5]; es wird daher in den nachfolgenden Beitrag nicht mit eingebunden werden.

B. Bedeutung des Jahresabschlussprüfers

12.10 Wirtschaftsprüfer präsentieren sich im Kapitalmarktgeschehen als **Sachverständige** (Experten).

---

1 BGH v. 8.6.2004 – X ZR 283/02, BB 2004, 2180, 2180–2181; ebenso BGH v. 24.4.2014 – III ZR 156/13, WM 2014, 935; dazu *Ebke*, ZGR 2015, 325, 332–342.
2 Vgl. IDW S 4 i.d.F. v. 24.5.2016.
3 Vgl. IDW PS 910, WPg 2004, 342. Zu Einzelheiten der Grundsätze für die Erteilung eines Comfort Letters und der sich daraus ergebenden Haftungsrisiken s. *Landmann*, Die Haftung für Comfort Letters bei der Neuemission von Aktien, 2007; *Ebke/Siegel*, WM 2001 Sonderbeilage 2; *Köhler*, DBW 2003, 77; *Meyer*, WM 2003, 1745. Aus Sicht des schweizerischen Rechts *Herzog/Amstutz*, ST 2000, 57.
4 S. dazu etwa BGH v. 15.12.2005 – III ZR 424/04, NJW-RR 2006, 611; OLG Saarbrücken v. 5.6.2007 – 4 U 136/06, OLGR Saarbrücken 2007, 709 = GI aktuell 2007, 187 = GmbHR 2007, 1108 (red. Leitsatz).
5 Zum letzten Stand der Dinge s. *Ebke* in MünchKomm. HGB, Bd. 4, 3. Aufl. 2013, § 323 HGB Rz. 171–225. S. ferner *Ebke*, ZVglRWiss 109 (2010), 397; *Ebke* in FS Sandrock, 2000, S. 243; *Ebke* in FS Mestmäcker, 1996, S. 863; *Ebke* in Ballwieser/Coenenberg/von Wysocki (Hrsg.), Handwörterbuch der Rechnungslegung und Prüfung, 3. Aufl. 2002, Sp. 1085–1100; *Ebke*, WPK-Mitt. Sonderheft April 1996, 17; *F. Immenga*, Internationale Kooperation und Haftung von Dienstleistungsunternehmen, 1998, S. 317–347; *Leicht*, Die Qualifikation der Haftung von Angehörigen rechts- und wirtschaftsberatender Berufe im grenzüberschreitenden Dienstleistungsverkehr, 2002, S. 68–92 und 142–198; zusammenfassend *Quick*, DBW 2000, 60.

I. Gesetzlicher Auftrag

12.11 Wirtschaftsprüfer haben den gesetzlichen **Auftrag**, die Jahresabschlüsse bestimmter Gesellschaften in regelmäßigen Abständen zu prüfen (§§ 316 ff. HGB), über das Ergebnis der Prüfung zu berichten (§ 321 HGB) und einen Bestätigungsvermerk zu erteilen oder zu versagen bzw. einen Nichterteilungsvermerk (sog. *disclaimer*) zu erteilen (§ 322 HGB).[1] Testierte Jahresabschlüsse sind für Dritte einsehbar. Sie bilden, so sagt man, eine wichtige Grundlage für die Entscheidung namentlich der Anleger über den Kauf bzw. den Verkauf von Gesellschaftsanteilen. Jede Anlage in Kapitalmarktprodukte ist mit Unsicherheiten verbunden, da der Wert einer Kapitalanlage nicht absolut, sondern relativ ist. Kapitalanlagen – auch Aktien – verkörpern Erwartungen und Gewinnversprechen, deren Werthaltigkeit und Glaubwürdigkeit Anleger nur durch Heranziehung Vergangenheit bezogener, aktueller und zukunftsorientierter Informationen über den Emittenten, das Wertpapier und den Markt überprüfen können. Solche Informationen stehen jedoch nicht allen Kapitalmarktbeteiligten von vornherein in gleichem Umfang zur Verfügung, sondern sind asymmetrisch verteilt. Als Pole stehen sich die für die Unternehmensinformationen monopolistischen Emittenten und die nachfragenden Anleger gegenüber. Zum **Abbau der Asymmetrie** dienen Rechnungslegung, Abschlussprüfung und Publizität, aber auch eine Vielzahl von Informationsintermediären (z.B. Emissionsbanken, Broker, Investmentfonds, Finanzanalysten und Rating-Agenturen). Von dem Abbau der Informationsasymmetrien mittels testierter Jahresabschlüsse profitieren indes nicht nur Anleger und Anlageinteressenten, sondern auch andere Dritte, wie beispielsweise Geld- und Warenkreditgeber, die sich vor dem Abschluss von Verträgen mit einem prüfungspflichtigen Unternehmen ein Bild von dessen Vermögens-, Finanz- und Ertragslage machen können oder – wie Kreditinstitute – unter bestimmten Voraussetzungen sogar machen müssen (§ 18 Satz 1 KWG).[2]

II. Umfang der Prüfung

12.12 Anders als die **Informationsintermediäre** selektieren Abschlussprüfer nicht in erster Linie unternehmens- und marktspezifische Daten, die sie dann mittels verschiedener Methoden zukunftsorientiert bewerten und in kompakter, anlegergerechter Form an den Kapitalmarkt weiterleiten. Abschlussprüfer haben nach dem gesetzlichen Auftrag vielmehr zu prüfen, ob der von dem Vorstand des Unternehmens aufgestellte und zu verantwortende Jahresabschluss nebst Lagebericht (vgl. § 322 Abs. 2 Satz 2 HGB) den gesetzlichen Vorschriften und sie ergänzende Bestimmungen des Gesellschaftsvertrages oder der Satzung entspricht (§ 317 Abs. 1 Satz 2 HGB). Die Prüfung ist so anzulegen, dass Unrichtigkeiten und Verstöße gegen die in § 317 Abs. 1 Satz 2 HGB aufgeführten Bestimmungen, die sich auf die Darstellung des sich nach § 264 Abs. 2 HGB ergebenden Bildes der Vermögens-, Finanz- und Ertragslage des Unternehmens *wesentlich* auswirken, bei gewissenhafter Berufsausübung erkannt werden (§ 317 Abs. 1 Satz 3 HGB).[3] Gegenstand der Prüfung sind insoweit in erster Linie Vergangenheit

---

[1] Umfassend zu den Zielen, Methoden und Techniken der Abschlussprüfung *Krommes*, Handbuch Jahresabschlussprüfung, 4. Aufl. 2015; *Graumann*, Wirtschaftliches Prüfungswesen, 4. Aufl. 2015.
[2] Zur Abschlussprüfung in der Unternehmensinsolvenz s. *Ebke* in FS Hopt, 2010, S. 559.
[3] Vgl. LG München I v. 14.3.2008 – 14 HK O 8038/06, ZIP 2008, 1123. Zur Bedeutung des Grundsatzes der Wesentlichkeit im Rahmen der Abschlussprüfung (*audit materiality*) s. *Mekat*, Der Grundsatz der Wesentlichkeit in Rechnungslegung und Abschlussprüfung, 2009; *Wolz*, Wesentlichkeit im Rahmen der Abschlussprüfung, 2003; *Graumann*, Wirtschaftliches Prüfungswesen, 4. Aufl. 2015, S. 248–255; IDW PS 250: Wesentlichkeit im Rahmen der Abschlussprüfung; aus Schweizer Sicht *Keel*, Wesentlichkeit in der Wirtschaftsprüfung, ST 2014, 256.

bezogene Vorgänge und Daten.[1] Bei einer börsennotierten Aktiengesellschaft ist im Rahmen der Prüfung außerdem zu beurteilen, ob der Vorstand die ihm nach § 91 Abs. 2 AktG obliegenden Maßnahmen in einer geeigneten Form getroffen hat und ob das danach einzurichtende Überwachungssystem seine Aufgaben erfüllen kann (§ 317 Abs. 4 HGB).[2]

§ 317 Abs. 2 Satz 1 HGB verpflichtet den Abschlussprüfer darüber hinaus zu prüfen, ob der **Lagebericht** mit dem Jahresabschluss sowie mit den bei der Prüfung gewonnenen Erkenntnissen des Abschlussprüfers in Einklang steht und ob der Lagebericht insgesamt eine zutreffende Vorstellung von der Lage des Unternehmens vermittelt.[3] Dabei ist auch zu prüfen, ob die Chancen und Risiken der künftigen Entwicklung zutreffend dargestellt sind (§ 317 Abs. 2 Satz 2 HGB; die **Erklärung zur Unternehmensführung** nach § 289a Abs. 2 HGB und § 315 Abs. 5 HGB ist dagegen nicht in die Prüfung einzubeziehen, § 317 Abs. 2 Satz 4 HGB[4]). Der Prüfer muss zu diesem Zweck auf der Grundlage der Angaben der Gesellschaft und der eigenen bei der Prüfung gewonnenen Erkenntnisse eine genaue Analyse der Risikofaktoren und der positiven Erwartungen vornehmen.[5] Die Prüfung soll dadurch stärker an die Erwartungen der Öffentlichkeit angepasst werden. Die Hinzufügung des Wortes „Chancen" durch das Bilanzrechtsreformgesetz von 2004 ändert freilich nichts an der Tatsache, dass der Prüfer nicht gefordert ist, bei prognostischen oder wertenden Angaben über den Fortbestand und die zukünftige Entwicklung des Unternehmens seine eigenen Prognosen und Wertungen an die Stelle der Prognosen und Wertungen des Vorstandes zu setzen.[6] Es gilt vielmehr nach wie vor der Grundsatz, dass allein der Vorstand für die Darstellung der Lage des Unternehmens verantwortlich ist (vgl. § 322 Abs. 2 Satz 2 HGB) und der Prüfer lediglich die Vollständigkeit und Plausibilität der Angaben zu prüfen hat.[7] § 317 Abs. 4a HGB bestimmt nunmehr ausdrücklich, dass, soweit nichts anderes bestimmt ist, die Prüfung sich nicht darauf zu erstrecken hat, ob der Fortbestand des geprüften Unternehmens oder die Wirksamkeit und Wirtschaftlichkeit der Geschäftsführung zugesichert werden kann. Diese Tatsache ist zu berücksichtigen, wenn die Rolle des Abschlussprüfers für die Informationseffizienz der Kapitalmärkte herangezogen werden soll, um eine schärfere Haftung des Wirtschaftsprüfers dem Grunde wie der Höhe (Mitverschulden!)[8] nach zu begründen.

12.13

---

1 Zur Bedeutung von Ereignissen nach dem Abschlussstichtag s. IDW PS 203, WPg Supp. 4/2009, 14.
2 Zu Einzelheiten s. *Graumann*, Wirtschaftliches Prüfungswesen, 4. Aufl. 2015, S. 668–689.
3 Zu Einzelheiten s. *Graumann*, Wirtschaftliches Prüfungswesen, 4. Aufl. 2015, S. 633–668.
4 *Seidler*, BB 2016, 939 (betreffend die Pflichten des Abschlussprüfers bei fehlenden, unvollständigen oder falschen Angaben eines Unternehmens zur sog. Frauenquote).
5 *Böcking/Gros/Rabenhorst* in Wiedmann/Böcking/Gros, Bilanzrecht, 3. Aufl. 2014, § 317 HGB Rz. 23–24.
6 Es versteht sich von selbst, dass der Abschlussprüfer über ausreichende Kenntnisse über die Geschäftstätigkeit sowie das wirtschaftliche und rechtliche Umfeld des prüfungspflichtigen Unternehmens verfügen muss (vgl. IDW PS 230, WPg 2000, 842 mit redaktionellen Änderungen, WPg 2006, 218).
7 *Ebke* in MünchKomm. HGB, Bd. 4, 3. Aufl. 2013, § 317 HGB Rz. 75; *Hopt/Merkt* in Baumbach/Hopt, § 317 HGB Rz. 7; *Böcking/Gros/Rabenhorst* in Wiedmann/Böcking/Gros, Bilanzrecht, 3. Aufl. 2014, § 317 HGB Rz. 24.
8 Zu den (umstrittenen) Einzelheiten der Berücksichtigung von Mitverschulden s. *Ebke* in MünchKomm. HGB, Bd. 4, 3. Aufl. 2013, § 323 HGB Rz. 74–75 und 163; *Schmidt/Feldmüller* in BeckBilKomm., 10. Aufl. 2016, § 323 HGB Rz. 121–124; *Habersack/Schürnbrand* in Staub, HGB, Bd. 7/1, 5. Aufl. 2010, § 323 HGB Rz. 37; rechtsvergleichend *Doralt*, ZGR 2015, 266, 269–282; *Koziol/W. Doralt* in FS Doralt, 2004, S. 337.

III. Bedeutung der Prüfung

12.14 Auch wenn es sich in real existierenden Kapitalmärkten lohnt, Anlage- sowie Kreditvergabeentscheidungen auf möglichst breiter und akkurater **Informationsgrundlage** zu treffen, fragt sich, warum Anleger und Kreditgeber gerade testierte Jahresabschlüsse heranziehen sollten, um vernünftige und informierte Entscheidungen treffen zu können. Da Informationen in testierten Jahresabschlüssen im Wesentlichen vergangenheitsbezogen sind, bleiben Ineffizienzen bei der Informationsproduktion, Informationsverarbeitung und Informationsvermittlung möglich. Prognostische und wertende Angaben sind ebenfalls mit erheblichen Unsicherheiten behaftet. Das schnelle „Verfalldatum" testierter und festgestellter Jahresabschlüsse lässt weitere Zweifel aufkommen.[1] Zweifel ergeben sich ferner angesichts der Vielzahl aktueller primärer Informationsquellen, auf die Dritte (nicht nur bei börsennotierten Gesellschaften) selbst zugreifen können. Natürlich verursacht die Einschaltung zusätzlicher Intermediäre in den Kapitalmarktinformationsprozess für den Dritten Kosten. Solche Intermediäre bedürfen außerdem der Kontrolle, denn die Interessen und Anreize der Informationsintermediäre korrelieren nicht notwendig mit denen der Anleger, Kreditgeber und sonstigen Dritten. Die individuellen Kosten Dritter sowie die Kosten für regulative Anstrengungen zur Stärkung der Integrität anderer Informationsintermediäre erklären aber nur teilweise die Notwendigkeit, Abschlussprüfer bei der Kapitalmarktinformation entscheidend mitwirken zu lassen.

1. Zugang zu Informationen

12.15 Abschlussprüfer haben einen überlegenen Zugang zu wesentlichen Unternehmensinformationen. Abschlussprüfer können von den gesetzlichen Vertretern der prüfungspflichtigen Gesellschaft alle Aufklärungen und Nachweise verlangen, die für eine sorgfältige Prüfung notwendig sind (§ 320 Abs. 2 Satz 1 HGB). Sie haben ein weitreichendes **Recht auf Einsicht** und Prüfung sowie umfangreiche **Auskunftsrechte**, und zwar schon vor Aufstellung des Jahresabschlusses durch den Vorstand und sogar gegenüber Mutter- und Tochterunternehmen (§ 320 Abs. 2 Satz 2 und 3 HGB) und auch gegenüber dem bisherigen Abschlussprüfer (§ 320 Abs. 4 HGB).[2] Vor dem Abschlussprüfer gibt es **keine Geheimnisse** bezüglich der Gegenstände der Prüfung. Das erleichtert die Ermittlungen des Abschlussprüfers in tatsächlicher und rechtlicher Hinsicht.[3] Wesentlich begrenzt wird der Umfang der jährlich stattfindenden Abschlussprüfung allerdings dadurch, dass angesichts des Zeitdrucks, des wachsenden Prüfungsstoffes sowie der gebotenen Wirtschaftlichkeit im Rahmen der Abschlussprüfung selbst bei sachgerechter Vorbereitung der Prüfung und bei planmäßigem Vorgehen bei der Prüfung und selbst auf der Grundlage zusätzlicher Vor- oder Zwischenprüfungen eine lückenlose Prüfung nicht möglich ist. Stichproben (mit bewusster Auswahl bzw. Zufallsauswahl) der meisten Teilgebiete des Prüfungsgegenstandes (Prüffelder) sind daher unerlässlich und nach allgemeiner Ansicht

---

1 Zu dem Problem der Kausalität zwischen der Prüfung des Abschlusses und den vermögenswirksamen Entscheidungen Dritter s. *Ebke* in MünchKomm. HGB, Bd. 4, 3. Aufl. 2013, § 323 HGB Rz. 112 m.w.N.; *Schmidt/Feldmüller* in BeckBilKomm., 10. Aufl. 2016, § 323 HGB Rz. 109. S. ferner allgemein *Gasser*, Kausalität und Zurechnung von Information als Rechtsproblem, 2002.

2 Zu dem Informationsrecht des neuen Abschlussprüfers gegenüber dem bisherigen Abschlussprüfer nach § 320 Abs. 4 HGB s. *Erchinger/Melcher*, DB 2009, 91, 94; *Hopt/Merkt* in Baumbach/Hopt, § 320 HGB Rz. 4.

3 Zu dem Umfang der Prüfung in tatsächlicher und rechtlicher Hinsicht s. *Ebke* in MünchKomm. HGB, Bd. 4, 3. Aufl. 2013, § 317 HGB Rz. 42–69; *Graumann*, Wirtschaftliches Prüfungswesen, 4. Aufl. 2015, S. 397–624.

auch zulässig.[1] Dass die Sicherheit und Genauigkeit der Urteilsbildung seitens des Abschlussprüfers durch die Prüfung mittels Stichproben nicht leiden darf, versteht sich von selbst; denn das Gesetz verpflichtet den Prüfer zur gewissenhaften, sorgfältigen und unparteiischen Prüfung (§§ 317 Abs. 1 Satz 3, 320 Abs. 2 Satz 1 und 3, 323 Abs. 1 Satz 1 HGB).[2] Entsprechendes gilt für die Prüfungsintensität. Die Prüfungsstandards des IDW lassen daher – ebenso wie die internationalen und US-amerikanischen Prüfungsgrundsätze – Prüfungen mit wechselnden Prüfungsschwerpunkten ausdrücklich zu.[3] Bei der richtigen Gewichtung der Prüfungshandlungen können die Existenz und Effizienz unternehmensinterner Kontrollvorkehrungen wichtige Anhaltspunkte sein.[4] Risiken bei der Informationsverarbeitung ergeben sich ferner daraus, dass der Abschlussprüfer und seine Gehilfen (Prüfungsteam) sich nicht von allen prüfungserheblichen Tatsachen unmittelbar durch eigene Wahrnehmung Kenntnisse verschaffen können. Eigene Bestandaufnahmemaßnahmen, Saldenbestätigungen und Vollständigkeitserklärungen können die Gefahren fehlender Unmittelbarkeit nur teilweise wettmachen.[5] Erforderlich ist während der gesamten Prüfung eine **kritische Grundhaltung** (*professional scepticism*) des Prüfers (§ 43 Abs. 4 Satz 1 WPO). Dazu gehört es, Angaben zu hinterfragen, auf Gegebenheiten zu achten, die auf eine falsche Darstellung hindeuten können, und die Prüfungsnachweise kritisch zu beurteilen (§ 43 Abs. 4 Satz 2 WPO).[6]

2. Kostenvorteile durch Spezialisierung

Die Einschaltung des Abschlussprüfers in den Prozess der Kapitalmarktinformation ist gleichwohl sinnvoll und notwendig, weil Wirtschaftsprüfer durch ihre **Ausbildung und Professionalisierung** die fachlichen Fähigkeiten sowie die Erfahrung mitbringen, derer eine spezialisierte Informationsproduktion bedarf. Das zeigt sich insbesondere bei den rechnungslegungsrechtlichen Ermittlungen, die den tatsächlichen Ermittlungen im Rahmen der Abschlussprüfung nachfolgen.[7] Rechnungslegung ist keine Naturwissenschaft, sondern Kunsthandwerk auf höchstem Niveau (*„accounting is an art, not a science"*). Rechnungslegungsregeln gewähren oftmals Spielräume sowie Ansatz- und Bewertungswahlrechte, die auszuüben Sache des Vorstands ist (§ 322 Abs. 2 Satz 2 HGB). Der Abschlussprüfer muss lediglich prüfen, ob der Vorstand das ihm eingeräumte Ermessen *wahrheitsgrundsatzkonform* (vgl. § 264 Abs. 2 Satz 1 HGB) ausgeübt hat; insoweit fragliche Aussagen im Jahresabschluss muss er beanstanden.[8] Entgegen landläufiger Ansicht darf der Abschlussprüfer den Jahresabschluss aber nicht selbst „in die Hand nehmen" und seine Ermessensentscheidung an die Stelle des Ermessens des Emittenten setzen. Bewegt sich der Vorstand mit seinen Entschei-

12.16

---

1 Zu Einzelheiten s. etwa *Ebke* in MünchKomm. HGB, Bd. 4, 3. Aufl. 2013, § 317 HGB Rz. 45 m.w.N.; *W. Müller* in KölnKomm. Rechnungslegungsrecht, 2011, § 317 HGB Rz. 59; *Hopt/Merkt* in Baumbach/Hopt, § 317 HGB Rz. 4.
2 Zu der Bedeutung der Begriffe „gewissenhaft" und „sorgfältig" s. *Gehringer*, Abschlussprüfung, Gewissenhaftigkeit und Prüfungsstandards, 2002, S. 39–70; *Ebke* in MünchKomm. HGB, Bd. 4, 3. Aufl. 2013, § 323 HGB Rz. 39–43; ähnlich *Habersack/Schürnbrand* in Staub, HGB, Bd. 7/1, 5. Aufl. 2010, § 323 HGB Rz. 16.
3 *Ebke* in MünchKomm. HGB, Bd. 4, 3. Aufl. 2013, § 317 HGB Rz. 47 m.w.N.
4 *Ebke* in MünchKomm. HGB, Bd. 4, 3. Aufl. 2013, § 317 HGB Rz. 48 m.w.N.; *Schmidt* in BeckBilKomm., 10. Aufl. 2016, § 317 HGB Rz. 153–159. Zu den Grundlagen und Ansätzen der Beurteilung der Wirksamkeit der internen Revision s. etwa *Amling/Bantleon*, DStR 2008, 1300.
5 *Ebke* in MünchKomm. HGB, Bd. 4, 3. Aufl. 2013, § 317 HGB Rz. 50–52 m.w.N.
6 Eingehend dazu *Deckers/Hermann*, DB 2013, 2315; *Chekushina/Loth*, NZG 2014, 85.
7 *Ebke* in MünchKomm. HGB, Bd. 4, 3. Aufl. 2013, § 317 HGB Rz. 53–69 m.w.N.
8 *Ebke* in MünchKomm. HGB, Bd. 4, 3. Aufl. 2013, § 317 HGB Rz. 61.

dungen innerhalb des von dem Wahrheitsgrundsatz gezogenen Rahmens, hat der Prüfer den Abschluss zu bestätigen. Überschreitet der Vorstand das ihm durch Gesetz, Gesellschaftsvertrag oder Satzung eingeräumte Ermessen, hat der Prüfer den Jahresabschluss zu beanstanden und, sofern das Unternehmen keine oder keine hinreichenden Änderungen vornimmt, den **Bestätigungsvermerk** einzuschränken oder zu versagen (§ 322 Abs. 4 HGB). Der Bestätigungsvermerk ist auch dann zu versagen, wenn der Abschlussprüfer nach Ausschöpfung aller angemessenen Möglichkeiten zur Klärung des Sachverhalts nicht in der Lage ist, ein Prüfungsurteil abzugeben (§ 322 Abs. 5 HGB).[1] Durch die Möglichkeit der Einschränkung oder Versagung des Bestätigungsvermerks erhalten Abschlussprüfer ein Sanktionsmittel an die Hand, dessen Wirksamkeit im Hinblick auf die Herstellung wahrer und vollständiger Informationen für den Kapitalmarkt keinesfalls unterschätzt werden sollte.

3. Kostenvorteile durch Unabhängigkeit

12.17 Kostenvorteile für die Produktion verlässlicher Kapitalmarktinformationen durch Abschlussprüfer ergeben sich außerdem durch die verstärkte Absicherung der **Unabhängigkeit und Unbefangenheit des Abschlussprüfers**. Kaum eine Profession unterliegt derart strengen Unabhängigkeits- und Befangenheitsregeln wie Wirtschaftsprüfer in der Funktion des gesetzlichen Abschlussprüfers.[2] Unabhängigkeit und Unbefangenheit sind die Grundlage für die Akzeptanz der Tätigkeit und der Berichte des Abschlussprüfers.[3] Mit Recht begreift der Berufsstand der Wirtschaftsprüfer die Unabhängigkeit und die Unbefangenheit bei der Abschlussprüfung als eine „Kardinaltugend" jedes Berufsangehörigen.[4] Der Gesetzgeber verpflichtet den Abschlussprüfer sogar, im Prüfungsbericht seine Unabhängigkeit zu bestätigen (§ 321 Abs. 4a HGB).[5] Durch die Verschärfung der Unabhängigkeitsregeln und durch die Konkretisierungen der Regeln über die Befangenheit des Abschlussprüfers (§§ 318 Abs. 3 Satz 1, 319 Abs. 2–5, 319a, § 319b HGB) hat insbesondere das Selbstprüfungsverbot, dessen Konturen in den Fällen *Allweiler*[6], *HypoVereinsbank*[7] und *K. of America*[8] noch vergleichswei-

---

1 Zu Einzelheiten s. *Ebke* in MünchKomm. HGB, Bd. 4, 3. Aufl. 2013, § 322 HGB Rz. 42–45; *Schmidt/Küster* in BeckBilKomm., 10. Aufl. 2016, § 322 HGB Rz. 70–72; *Hopt/Merkt* in Baumbach/Hopt, § 322 HGB Rz. 14.
2 *Ebke*, ZSR 119 (2000-II), 41, 75–85 (Generalreferat zum Juristentag des Schweizerischen Juristenvereins am 29./30.9.2000 in St. Gallen).
3 *Ebke/Paal*, ZGR 2005, 895, 899. Zu Einzelheiten der Unabhängigkeit des Abschlussprüfers s. *Drescher*, Die Unabhängigkeit des Abschlussprüfers, 2014; *Michel*, Die Unabhängigkeit des Abschlussprüfers, 2014; *Block*, Der Performance Gap des Abschlussprüfers: Eine quantitative Analyse der Unabhängigkeit des Abschlussprüfers, 2011; *Demme*, Die Unabhängigkeit des Abschlussprüfers nach deutschem, US-amerikanischem und internationalem Recht, 2003; *K. Müller*, Die Unabhängigkeit des Abschlussprüfers, 2006; *Stefani*, Abschlussprüfung, Unabhängigkeit und strategische Interdependenzen – Eine ökonomische Analyse institutioneller Reformen zur Steigerung der Prüfungsqualität, 2002.
4 S. WP-Handbuch, Bd. I, 14. Aufl. 2012, Abschnitt A Rz. 276.
5 *Hopt/Merkt* in Baumbach/Hopt, § 321 HGB Rz. 11. Zur Offenlegung des Prüfungsberichts des gesetzlichen Abschlussprüfers in der Insolvenz des geprüften Unternehmens s. *Ebke* in FS Wellensiek, 2011, S. 429; *Forster/Gelhausen/Möller*, WPg 2007, 191. Zur Rolle des Prüfungsberichts als Instrument der Corporate Governance s. *M. Müller*, Der Prüfungsbericht des Abschlussprüfers als Instrument der Corporate Governance, 2013.
6 BGH v. 21.4.1997 – II ZR 317/95, BGHZ 135, 260.
7 BGH v. 25.11.2002 – II ZR 49/01, BGHZ 153, 32 = AG 2003, 319.
8 BGH v. 3.6.2004 – X ZR 104/03, WM 2004, 1491 = BB 2004, 2009 mit Anm. *Ekkenga* = ZGR 2005, 894 mit Bspr.-Aufsatz *Ebke/Paal*.

se großzügig gesehen wurden, nachhaltig an Gewicht gewonnen.[1] Neben der Verschärfung der Regeln über die Vereinbarkeit von Prüfung und Beratung bei Unternehmen von öffentlichem Interesse (§ 319a Abs. 1 Satz 1 Nr. 2, Abs. 1a und 3 HGB)[2] verdienen die besonderen Mitwirkungsverbote (§ 319a Abs. 1 Satz 1 Nr. 3 HGB[3], die Vorschriften über die externe Rotation (vgl. § 318 Abs. 1a und 1b HGB)[4] und die Einführung der **netzwerkweiten Prüferunabhängigkeit** (§ 319b HGB)[5] besondere Erwähnung. Bereits in den 80er Jahren des vergangenen Jahrhunderts wurde die These untermauert, dass strenge Unabhängigkeitsregeln notwendig sind, wenn die Abschlussprüfer ihrer Aufgabe gerecht werden sollen.[6] Außerdem wurde die Interdependenz von Unabhängigkeit und zivilrechtlicher Haftung herausgearbeitet.[7] Der Gesetzgeber ist den daraus entwickelten Anforderungen an die Ausgestaltung des Rechts der Unabhängigkeit des Abschlussprüfers zwanzig Jahre später im Bilanzrechtsreformgesetz gefolgt[8] und hat diese Entwicklung im Bilanzrechtsmodernisierungsgesetz (§ 319b HGB) und zuletzt im Abschlussprüfungsreformgesetz (§ 318 Abs. 1a, 1b HGB) noch einmal vertieft.

4. Bedeutung des Testats für den Emittenten

Die Beachtung, die testierten Jahresabschlüssen auf Grund der dargestellten Gegebenheiten von Kapital- und Kreditgebern entgegengebracht wird, korrespondiert mit ihrem **Stellenwert für das geprüfte Unternehmen** selbst. Abschlussprüfer erbringen mit ihrer Prüfung, Berichterstattung und Bestätigung selbst etablierten Kapitalmarktunternehmen mit hoch differenzierten Buchführungs-, Rechnungslegungs- und internen Kontrollsystemen eine wichtige Dienstleistung; denn der uneingeschränkt bestätigte Jahresabschluss schafft auch unternehmensintern Klarheit über die Vermögens-, Finanz- und Ertragslage sowie über die *„performance"* des Management. Der testierte Jahresabschluss ist also auch ein wichtiges Instrument der unternehmensinternen Unternehmens(leiter)kontrolle (*corporate governance*). Im Übrigen kann der Jahresabschluss ohne Prüfung nicht festgestellt (§ 316 Abs. 1 Satz 2 HGB), der Konzernabschluss nicht gebilligt werden (§ 316 Abs. 2 Satz 2 HGB). Der festgestellte Jahresabschluss ist seinerseits Grundlage für den Gewinnverwendungsbeschluss der Hauptversammlung (§ 174 Abs. 1 AktG). Das Unterlassen einer handelsrechtlichen Pflichtprüfung hat auch körperschaftsteuerlich Konsequenzen.[9]

12.18

---

1 S. dazu rechtsvergleichend *Ebke* in Ferrarini/Hopt/Winter/Wymeersch (Hrsg.), Reforming Company and Takeover Law in Europe, 2004, S. 507, 520–532.
2 *Ebke* in MünchKomm. HGB, Bd. 4, 3. Aufl. 2013, § 319a HGB Rz. 13–19.
3 *Hopt/Merkt* in Baumbach/Hopt, § 319a HGB Rz. 6; *Schmidt/Nagel* in BeckBilKomm., 10. Aufl. 2016, § 319a HGB Rz. 21–28.
4 *Schmidt/Heinz* in BeckBilKomm., 10. Aufl. 2016, § 318 HGB Rz. 55–61; *Hopt/Merkt* in Baumbach/Hopt, § 318 HGB Rz. 5–6.
5 Umfassend dazu *Eble*, Abschlussprüfer, Unabhängigkeit und Netzwerke, 2015.
6 *Ebke*, Wirtschaftsprüfer und Dritthaftung, 1983, S. 298 („… ‚cornerstone' für eine wirksame, auch drittschutzbezogene Abschlussprüfung").
7 Vgl. *Ebke*, Wirtschaftsprüfer und Dritthaftung, 1983, S. 297–307; darauf aufbauend *Doralt*, ÖBA 2006, 173.
8 Zu den Auswirkungen eines Verstoßes gegen eine der Bestimmungen der §§ 319, 319a HGB auf den Wahlbeschluss der Hauptversammlung, den geprüften Jahresabschluss und das Honorar des Abschlussprüfers s. *Gelhausen/Heinz*, WPg 2005, 693; *Ebke* in MünchKomm. HGB, Bd. 4, 3. Aufl. 2013, § 319 HGB Rz. 31–33 und § 319a HGB Rz. 8.
9 S. dazu *Zimmermann*, DStR 2002, 2145.

5. Volkswirtschaftlicher Nutzen

12.19 Die individuellen Vorteile, die der Einsatz von Abschlussprüfern kapitalmarktorientierter Gesellschaften mit sich bringen kann, erwachsen darüber hinaus zum Wohle des Kapitalmarktes insgesamt. Die gesetzlich vorgeschriebene Abschlussprüfung bündelt wichtige Informationsdienstleistungen, vermeidet unnötige Mehrfachproduktion gleichartiger Kapitalmarktinformationen und senkt dadurch Kosten, die Investoren zur Vorbereitung ihrer Anlageentscheidung aufwenden müssen. Durch geringere Kosten der Entscheidung und damit auch der Transparenz selbst steigt die Vertriebseffizienz des Marktes (sog. **operationale Effizienz**). Ein verbesserter Informationsstand des Anlegerpublikums trägt außerdem zu der Funktionsfähigkeit des Marktes bei. Zum einen verringert sich das Risiko der Negativauslese (*adverse selection*), die dann droht, wenn das Anlegerpublikum die Güte der angebotenen Wertpapiere nur unzureichend beurteilen kann. Zum anderen verschafft der verbesserte Informationsstand des Anlegerpublikums den Beteiligungsmöglichkeiten am Kapitalmarkt größere Beachtung und erhöht gleichzeitig die Transparenz der Risiken einer bestimmten Beteiligung. Diese Informationen erlauben erst im Zusammenspiel der Marktkräfte eine Abwägung der Chancen und Risiken, in Folge dessen das verfügbare Kapital dorthin fließt, wo der dringendste Bedarf an Investitionsmitteln die höchste Rendite (bei noch ausreichender Sicherheit) verspricht. Die optimale Zuordnung der Ressource Kapital, die **allokative Effizienz**, zählt zu den wichtigsten Kriterien funktionsfähiger Kapitalmärkte.

6. Monitoring

12.20 Obwohl in den vorstehenden Erörterungen ökonomische Kosten- und Effizienzgesichtspunkte im Vordergrund standen, wäre es eine unzulässige Verkürzung, die Funktion des gesetzlichen Abschlussprüfers auf die „Beihilfe zur Effizienzsteigerung" zu reduzieren. Gesetzliche Abschlussprüfer sind nicht Organ der prüfungspflichtigen Gesellschaft, sondern unternehmensexterne, unabhängige Sachverständige mit gesetzlich umrissenen Kontroll-, Informations- und Beglaubigungsaufgaben.[1] Diese Funktionen sind infolge der Trennung von Eigentum und Herrschaft (*separation of ownership and control*) in der modernen Kapitalgesellschaft und den sich daraus ergebenden potenziellen Konflikten zwischen Prinzipal und Agenten unerlässlich.[2] Der Abschlussprüfer wird in der juristisch-ökonomischen Literatur heute verbreitet metaphorisch als **„Gatekeeper"** bezeichnet, also als „Torwächter", der eine wichtige Filterfunktion bei Informationsflüssen und Entscheidungsfindungsprozessen einnimmt.[3] Als solche haben Abschlussprüfer die Aufgabe, die wegen offensichtlicher Interessenkollisionen stets mit Unsicherheiten verbundenen Aussagen von Kapitalmarktunternehmen über ihre Vermögens-, Finanz- und Ertragslage im Rahmen der gesetzlichen und sonstigen Vorgaben zu überprüfen und zu bestätigen. Dadurch tragen Abschlussprüfer im Rahmen ihres gesetzlichen und satzungsmäßigen Auftrags dazu bei, dass den Adressaten des Jahresabschlusses keine wesentlichen Informationen (*material information*) über die prü-

---

[1] Die Einzelheiten sind streitig; zum Meinungsstand s. zuletzt *Ebke* in MünchKomm. HGB, Bd. 4, 3. Aufl. 2013, § 316 HGB Rz. 32–39. Vgl. *Habersack/Schürnbrand* in Staub, HGB, Bd. 7/1, 5. Aufl. 2010, Vor § 316 HGB Rz. 16.

[2] *Ebke*, ZVglRWiss 111 (2012), 1.

[3] *Kraakman*, J.L. Econ. & Org. 2 (1986), 53; *Kraakman*, Yale L.J. 93 (1984), 857; *Coffee*, Gatekeepers: The Profession and Corporate Governance, 2006; *Coffee* in Ferrarini/Hopt/Winter/Wymeersch (Hrsg.), Reforming Company and Takeover Law in Europe, 2004, S. 455; *Coffee*, Bus.Law. 57 (2002), 1403; *Cunningham*, 52 U.C.L.A. L. Rev. 413 (2005); *Ganuza/Gomez*, Int'l Rev. L. & Econ. 27 (2007), 96; *Montes Ferreira-Gomnes*, 11 Colum. J. Eur. L. 665 (2005); *Schattka*, Die Europäisierung der Abschlussprüferhaftung, 2012, S. 115.

fungspflichtige Gesellschaft vorenthalten werden oder fehlerhafte Informationen in den Informationsfluss und Entscheidungsfindungsprozess Eingang finden. Wegen ihrer Unabhängigkeit, Sachkunde und Professionalisierung wird Wirtschaftsprüfern eine besonders hohe Glaubwürdigkeit zugemessen. Dass die Erwartungen des Anlegerpublikums sich dabei nicht immer vollkommen decken mit den Aufgaben, die der Gesetzgeber dem Abschlussprüfer übertragen hat, steht auf einem anderen Blatt.[1] Die Lücke zwischen der realen Leistungsfähigkeit des Prüfers und den Erwartungen der Anleger (*expectations gap*) zeigt sich in vielen Haftpflichtprozessen zwischen Kapitalgebern und Abschlussprüfern.

C. Haftung des Abschlussprüfers

Der deutsche Gesetzgeber hat in § 323 HGB einen besonderen Haftungstatbestand geschaffen: Danach haftet der gesetzliche Jahresabschlussprüfer – der Höhe nach beschränkt (vgl. § 323 Abs. 2 Satz 1 und 2 HGB) – seiner Mandantin, also der geprüften Gesellschaft, und, wenn ein verbundenes Unternehmen geschädigt worden ist, auch diesem für Vorsatz und Fahrlässigkeit (§ 323 Abs. 1 Satz 3 HGB). Andere Personen können nach dem klaren Gesetzeswortlaut aus der sonderprivatrechtlichen Bestimmung keinen Schadensersatzanspruch gegen den Pflichtprüfer ableiten.[2] Nach dem derzeitigen Stand der Rechtsprechung des BGH haben Dritte nur unter den Voraussetzungen der §§ 823 Abs. 2, 826, 831 BGB Anspruch auf Schadensersatz. Die genannten deliktsrechtlichen Vorschriften setzen Vorsatz voraus.[3] Vorsatz ist in Schadensersatzprozessen gegen Abschlussprüfer aber schwer darzulegen und zu beweisen und wird in der Praxis regelmäßig auch nicht vorliegen. Die (hinlänglich bekannte und vielfach beklagte) Enge des deutschen Deliktsrechts hinsichtlich des Schutzes des Vermögens vor fahrlässigen Schädigungen hat einige Autoren und Gerichte veranlasst, nach möglichen weiterreichenden vorvertraglichen, vertraglichen und vertragsähnlichen Haftungsgründen Ausschau zu halten.

12.21

I. Sachwalterhaftung

Eine **vorvertragliche Eigenhaftung** des gesetzlichen Abschlussprüfers nach den von der Rechtsprechung entwickelten Grundsätzen der Sachwalterhaftung hat im Bereich der gesetzlichen Abschlussprüfung – im Gegensatz etwa zur Steuerberatung – bisher allerdings keine gro-

12.22

---

1 Zu der sog. „Erwartungslücke" (*audit expectations gap*) s. die umfangreichen Nachw. bei *Ebke* in MünchKomm. HGB, Bd. 4, 3. Aufl. 2013, § 317 HGB Rz. 66. Aus US-amerikanischer Sicht s. etwa *Causholli/Knechel*, An Examination of the Credence Attributes of an Audit, 26 Accounting Horizons 631 (2012).
2 S. nur BGH v. 11.11.2008 – III ZR 313/07, BeckRS 2008, 24194 (Rz. 5) unter Hinweis auf BGH v. 2.4.1998 – III ZR 245/96, BGHZ 138, 257, 259–260; ebenso OLG Köln v. 29.10.2015 – 7 U 30/15, BeckRS 2016, 06014 = GI aktuell 2016, 9–13 („Nach dieser Vorschrift ist der Abschlussprüfer für Fehler nur der Gesellschaft und, wenn ein verbundenes Unternehmen geschädigt worden ist, auch diesem gegenüber, nicht jedoch den Anteilseignern und sonstigen Gläubigern der Gesellschaft zum Ersatz des daraus entstandenen Schadens verpflichtet"); OLG Karlsruhe v. 10.2.2015 – 8 U 76/13, DStR 2015, 1334, 1334 („Eine Haftung gegenüber Anteilseignern und sonstigen Gläubigern besteht nicht").
3 *Ebke*, BFuP 2000, 549, 551. Zu den Einzelheiten der deliktsrechtlichen Dritthaftung des gesetzlichen Abschlussprüfers nach deutschem Recht s. zuletzt *Ebke* in MünchKomm. HGB, Bd. 4, 3. Aufl. 2013, § 323 HGB Rz. 92–110; *Schmidt/Feldmüller* in BeckBilKomm., 10. Aufl. 2016, § 323 HGB Rz. 172–186; *Hopt/Merkt* in Baumbach/Hopt, § 323 HGB Rz. 8.

ße praktische Bedeutung erlangt. Der Wirtschaftsprüfer nimmt mit der Erteilung des Bestätigungsvermerkes nicht in besonderem Maße persönliches Vertrauen in Anspruch[1] und beeinflusst dadurch auch keine Vertragsverhandlungen oder den Vertragsschluss, jedenfalls nicht in „erheblichem Maße", wie es § 311 Abs. 3 Satz 2 BGB heute im Einklang mit der Rechtsprechung aus der Zeit vor der Schuldrechtsreform im Jahre 2002 verlangt.

II. Ausweichmanöver: Auskunftsvertrag

12.23 Eine **vertragliche Haftung** des gesetzlichen Abschlussprüfers gegenüber Dritten aus einem selbstständigen, von dem Prüfungsvertrag mit der prüfungspflichtigen Gesellschaft unterscheidbaren, *ausdrücklich* geschlossenen Auskunftsvertrag (vgl. § 675 Abs. 2 BGB) kommt nach herrschender Meinung neben § 323 Abs. 1 Satz 3 HGB und §§ 823 Abs. 1 und 2, 826, 831 BGB zwar grundsätzlich in Betracht (§ 311 Abs. 1 BGB); die Voraussetzungen eines Anspruchs wegen Verletzung von Pflichten aus einem eigenständigen Auskunftsvertrag (vgl. §§ 280 Abs. 1, 311 Abs. 1, 241 Abs. 2 BGB) werden in Pflichtprüfungsfällen mangels Zustandekommens eines solchen Vertrages aber so gut wie nie vorliegen. Eine ausdrückliche Einigung zwischen dem Dritten und dem gesetzlichen Abschlussprüfer liegt im Regelfall schon deshalb nicht vor, weil zwischen dem Pflichtprüfer und dem Dritten im Allgemeinen kein unmittelbarer Kontakt besteht und entsprechende Willenserklärungen nicht abgegeben werden.[2]

12.24 Nach älterer Rechtsprechung konnte ein Auskunftsvertrag allerdings auch *stillschweigend* geschlossen werden. Ein **stillschweigend abgeschlossener Auskunftsvertrag** wurde schon dann angenommen, wenn Auskünfte erteilt wurden, die für den Empfänger erkennbar von erheblicher Bedeutung waren und die dieser zur Grundlage wesentlicher Entschlüsse oder Maßnahmen machen wollte, und der Auskunft Gebende für die Erteilung der Auskunft besonders sachkundig war oder wenn bei ihm ein eigenes wirtschaftliches Interesse an der Auskunftserteilung bestand.[3] Diese Rechtsprechung ist in der Literatur allerdings – zu Recht! – auf Ablehnung gestoßen, weil sie nicht auf dem freien rechtsgeschäftlichen Willen der Parteien und auch nicht auf einem (geschriebenen) Rechtssatz, sondern letztlich auf dem Gedanken der Risikobeherrschung und Zurechnung beruht und sehr schnell in die Nähe der Fiktion gerät, zu einer unübersehbaren Ausweitung vertraglicher Verpflichtungen des Auskunft Gebers führt und die Grenzen zulässiger Rechtsfortbildung überschreitet.[4]

12.25 Die **Kritik** verhallte nicht ungehört: Der BGH hat in seiner Entscheidung vom 17.9.1985 klargestellt, dass die Bedeutung der Auskunft für den Empfänger bzw. die Sachkunde des Auskunft Gebers *allein* nicht ausreicht, um das Zustandekommen eines stillschweigend geschlossenen Auskunftsvertrages zu bejahen. Vielmehr seien die genannten Kriterien lediglich als Indizien für den stillschweigenden Abschluss eines Auskunftsvertrages zu werten.[5] Nach Ansicht des BGH ist entscheidend darauf abzustellen, ob die Gesamtumstände unter Be-

---

1 Vgl. OLG Frankfurt a.M. v. 11.7.1985 – 1 U 134/84, IPRax 1986, 373, 378.
2 Vgl. OLG Düsseldorf v. 15.12.1998 – 24 U 27/98, WPK-Mitt. 1999, 258, 259; LG Hamburg v. 22.6.1998 – 402 O 70/97, WM 1999, 139, 140; LG Frankfurt a.M. v. 8.4.1997 – 2/18 O 475/95, BB 1997, 1682, 1682 (r. Sp.); LG Mönchengladbach v. 31.5.1990 – 1 O 630/86, NJW-RR 1991, 415, 415 (l. Sp.).
3 Vgl. BGH v. 18.1.1972 – VI ZR 184/70, WM 1972, 466; BGH v. 22.3.1979 – VII ZR 259/77, WM 1979, 530; BGH v. 23.1.1985 – IVa ZR 66/83, WM 1985, 450, 451.
4 *Ebke* in MünchKomm. HGB, Bd. 4, 3. Aufl. 2013, § 323 HGB Rz. 126 m.w.N.
5 BGH v. 17.9.1985 – VI ZR 73/84, NJW 1986, 180, 181.

rücksichtigung der Verkehrsauffassung und der Verkehrsbedürfnisse den Rückschluss zulassen, dass beide Teile die Auskunft zum Gegenstand vertraglicher Rechte und Pflichten machen wollten. Danach beschränkt sich die Annahme eines vertraglichen Auskunftsverhältnisses auf Fälle, in denen der Abschlussprüfer – wie beispielsweise in dem oben erwähnten, vom III. Zivilsenat des BGH entschiedenen Fall[1] – mit dem Dritten unmittelbar in Kontakt tritt und unter Bezugnahme auf seine konkrete Abschlussprüfungstätigkeit diesem gegenüber Erklärungen oder Zusicherungen abgibt, für deren Wahrheit und Vollständigkeit der Prüfer einstehen will.[2] Eine solche Sachverhaltsgestaltung ist in Pflichtprüfungsfällen aber eine *seltene Ausnahme*, zumal die Pflicht des Abschlussprüfers zur Verschwiegenheit (§ 323 Abs. 1 Satz 1 HGB; § 43 Abs. 1 Satz 1 WPO)[3] einen unmittelbaren Kontakt mit Dritten hinsichtlich der Prüfung und des Ergebnisses der Prüfung grundsätzlich ausschließt.[4] Das bloße Wissen des Prüfers, dass der bestätigte Jahresabschluss bei Kreditverhandlungen mit Kreditinstituten benutzt wird (vgl. § 18 Satz 1 KWG), stellt keinen „unmittelbaren Kontakt" im Sinne der Rechtsprechung dar.[5]

12.26 Fehlt es an einer **unmittelbaren Kontaktaufnahme** („unmittelbaren Fühlungnahme")[6] zwischen dem Abschlussprüfer und dem Dritten und lässt sich auch aus den übrigen Umständen nicht *mit hinreichender Sicherheit* der Wille des Prüfers ableiten, zu dem Dritten in eine von dem Vertragsverhältnis zu der prüfungspflichtigen Gesellschaft unterscheidbare, selbständige rechtsgeschäftliche Beziehung zu treten, kommt ein eigenständiges vertragliches Rechtsverhältnis mit entsprechender vertraglicher Haftung nicht in Betracht.[7] Eine anderweitige Bewertung würde – wie das LG Mönchengladbach mit Recht hervorgehoben hat – „die Vertragshaftung unangemessen ausweiten"[8] und die von dem Gesetzgeber in § 323 Abs. 1 Satz 3 HGB und §§ 823 Abs. 1 und 2, 826, 831 BGB angelegte Risikoverteilung zwischen der geprüften Gesellschaft, dem gesetzlichen Abschlussprüfer und dem Dritten unterlaufen und ist daher abzulehnen[9], zumal sich nach herrschender Meinung die Haftungssummenbegrenzungen nach

---

1 BGH v. 2.4.1998 – III ZR 245/96, BGHZ 138, 257.
2 S. auch BGH v. 11.11.2008 – III ZR 313/07, BeckRS 2008, 24194 („Das ist auch bei der Prüfung der Frage von Bedeutung, ob im Rahmen eines Auskunftsvertrages von einem Pflichtprüfer, der wenig mehr bestätigt, als dass er eine Prüfung vorgenommen hat und dass diese – bezogen auf einen bestimmten Zeitpunkt – keine Beanstandungen ergeben hat, billigerweise erwartet werden kann, er wolle gegenüber einer Vielzahl ihm nicht bekannter Kunden einer Vermittlerin für die Seriosität des geprüften Unternehmens eintreten").
3 § 43 WPO gilt sinngemäß für Wirtschaftsprüfungsgesellschaften sowie für Vorstandsmitglieder, Geschäftsführer und persönlich haftende Gesellschafter von Wirtschaftsprüfungsgesellschaften, die nicht Wirtschaftsprüfer sind (vgl. § 56 Abs. 1 WPO).
4 Zum Problem der Versendung des Prüfungsberichts an Dritte in anderen als Pflichtprüfungsfällen s. *Wölber*, Die Abschlussprüferhaftung im europäischen Binnenmarkt, 2005, S. 74–75.
5 Vgl. OLG Düsseldorf v. 19.11.1998 – 8 U 59/98, WPK-Mitt. 1999, 258, 259 mit Anm. *Ebke/Paal* = NZG 1999, 901 mit Anm. *Salje*.
6 LG Mönchengladbach v. 31.5.1990 – 1 O 630/86, NJW-RR 1991, 415, 415 (r. Sp.); zustimmend *Schmidt/Feldmüller* in BeckBilKomm., 10. Aufl. 2016, § 323 HGB Rz. 212.
7 LG Mönchengladbach v. 31.5.1990 – 1 O 630/86, NJW-RR 1991, 415, 415 (r. Sp.); LG Frankfurt a.M. v. 8.4.1997 – 2/18 O 475/95, BB 1997, 1682, 1683.
8 LG Mönchengladbach v. 31.5.1990 – 1 O 630/86, NJW-RR 1991, 415, 416.
9 Treffend BGH v. 11.11.2008 – III ZR 313/07, BeckRS 2008, 24194 („Es wäre ein Verstoß gegen die gesetzliche Wertung des § 323 Abs. 1 Satz 3 HGB, wenn man unter den hier gegebenen Umständen annehmen wollte, der Pflichtprüfer übernehme ohne besonderen Anlass und ohne Gegenleistung – gewissermaßen in doppelter Hinsicht konkludent – sowohl die Begründung als auch die mögliche Vervielfältigung seiner Haftung").

§ 323 Abs. 2 Satz 1 und 2 HGB auf Ansprüche aus einem „stillschweigend" abgeschlossenen Auskunftsvertrag nicht erstrecken.[1]

III. Weitere Ansätze

12.27 Aus den gleichen Erwägungen scheidet eine Dritthaftung des gesetzlichen Abschlussprüfers aus dem Gesichtspunkt der Verletzung von Pflichten auf Grund eines **Auskunftsvertrages „für den, den es angeht"** aus.[2] Eine solche Haftung wäre schon mit Sinn und Zweck des § 675 Abs. 2 BGB unvereinbar, weil sie für den Prüfer die Gefahr von unübersehbaren Haftungsrisiken mit sich bringt, die mit den Wertungen des § 675 Abs. 2 BGB nicht in Einklang zu bringen sind. Die Annahme eines Auskunftsvertrages „für den, den es angeht" würde darüber hinaus die in § 323 Abs. 1 Satz 3 HGB und §§ 823 Abs. 1 und 2, 826, 831 BGB angelegte Risikoverteilung zwischen der geprüften Gesellschaft, dem gesetzlichen Abschlussprüfer und dem Dritten unterlaufen und ist daher abzulehnen. Ein Anspruch Dritter gegen den gesetzlichen Abschlussprüfer aus Verletzung eines Haftungseinstands-, Haftungsübernahme- oder **Garantievertrages** scheidet regelmäßig ebenfalls aus, weil es an der dafür notwendigen rechtsgeschäftlichen Erklärung des Abschlussprüfers gegenüber Dritten im Regelfall fehlt.[3]

12.28 Eine Haftung des Abschlussprüfers gegenüber einem Dritten auf Grund eines (echten) **Prüfungsvertrages zu Gunsten Dritter** (§ 328 BGB) scheidet ohne Vorliegen besonderer Umstände in Fällen gesetzlich vorgeschriebener Abschlussprüfungen im Regelfall ebenfalls aus.[4] Der Prüfungsvertrag zwischen einer prüfungspflichtigen Gesellschaft und ihrem Abschlussprüfer enthält im Allgemeinen keine Bestimmung, dass ein bestimmter Dritter ein eigenes Forderungsrecht gegenüber dem Abschlussprüfer erhalten soll. Aus Sinn und Zweck des Prüfungsvertrages ist ebenfalls nicht zu entnehmen, dass zwischen den Parteien des Prüfungsvertrages ein derartiger Rechtserwerb Dritter gewollt ist. Die meisten Gerichte, die über Schadensersatzklagen Dritter gegen gesetzliche Abschlussprüfer zu entscheiden hatten, haben daher die Möglichkeit einer Haftung des Prüfers auf Grund eines Prüfungsvertrages zu Gunsten Dritter mit Recht erst gar nicht in Erwägung gezogen.

IV. Vertrag mit Schutzwirkung für Dritte

12.29 An die Stelle des „stillschweigend" abgeschlossenen Auskunftsvertrages als Grundlage für Schadensersatzansprüche Dritter gegen „Experten" ist in der neueren Rechtsprechung die Rechtsfigur des **Vertrages mit Schutzwirkung für Dritte** getreten.[5]

---

[1] Zu letzterem Aspekt s. *Grunewald*, ZGR 1999, 583, 585 (unter Hinweis auf BGH v. 2.4.1998 – III ZR 245/96, NJW 1998, 1948); WP-Handbuch, Bd. I, 14. Aufl. 2012, Abschn. A Rz. 677.

[2] LG Mönchengladbach v. 31.5.1990 – 1 O 630/86, NJW-RR 1991, 415, 416; zustimmend *Feddersen*, WM 1999, 105, 107; berichtend *Baus*, ZVglRWiss 103 (2004), 219, 238.

[3] LG Mönchengladbach v. 31.5.1990 – 1 O 630/86, NJW-RR 1991, 415, 416; zustimmend *Feddersen*, WM 1999, 105, 107. Ebenfalls ablehnend OLG Saarbrücken v. 12.7.1978 – 1 U 174/76, BB 1978, 1434, 1435 (selbst für den Fall, dass der Wirtschaftsprüfer Bilanzen o.Ä. unmittelbar an den Kreditgeber weiterreicht).

[4] LG Mönchengladbach v. 31.5.1990 – 1 O 630/86, NJW-RR 1991, 415, 416; LG Hamburg v. 22.6.1998 – 402 O 70/97, WM 1999, 139, 141; zustimmend *Feddersen*, WM 1999, 105, 107.

[5] *Ebke*, Die zivilrechtliche Verantwortlichkeit der wirtschaftsprüfenden, steuer- und rechtsberatenden Berufe im internationalen Vergleich, 1996, S. 41–45; *Grunewald*, ZGR 1999, 583, 585. Zum österreichischen Recht s. öOGH v. 23.1.2013 – 3 Ob 230/12p, RWZ 2013, 177 = RdW 2013, 329

1. Voraussetzungen

Einigkeit besteht darüber, dass der vertragliche Drittschutz nicht jedem gewährt werden kann, der irgendwie durch die mangelhafte Erfüllung eines Vertrages beeinträchtigt wird. Der vertragliche Drittschutz nach der Rechtsfigur des Vertrages mit Schutzwirkung für Dritte ist daher an bestimmte Voraussetzungen geknüpft.[1] Der Dritte muss zunächst den Gefahren einer Leistungsstörung etwa ebenso intensiv ausgesetzt sein wie der Gläubiger selbst; der Dritte muss sich also in **Leistungsnähe** (d.h. im „Gefahrenbereich" des Vertrages) befinden. Der Gläubiger muss darüber hinaus ein **besonderes Interesse an dem Schutz des Dritten** haben. Das soll in Berufshaftungsfällen selbst dann der Fall sein, wenn die Interessen des Dritten denen des Gläubigers gegenläufig sind, so dass dem Gläubiger an dem Schutz des Dritten an sich nichts gelegen ist. Nach einer verbreiteten Ansicht müssen die beiden zuvor genannten Erfordernisse dem Schuldner bei Abschluss des Vertrages **erkennbar** gewesen sein, weil dem Schuldner das ihm aufgebürdete höhere Haftpflichtrisiko andernfalls nicht zugemutet werden könne. Die Erkennbarkeit ist jedenfalls dann erforderlich, wenn man die Schutzwirkung für Dritte durch Auslegung aus demjenigen Vertrag herleitet, der die Leistungspflicht des Schuldners begründet. Allerdings verstehen manche Autoren den Drittschutz als Gewohnheitsrecht oder als Ausfluss eines allgemeinen, auf das Vertrauensprinzip oder schlicht auf § 242 BGB gegründeten gesetzlichen Schuldverhältnisses und verzichten daher auf das Erfordernis der Erkennbarkeit.

12.30

Hinzukommen muss nach der Rechtsprechung die **Schutzbedürftigkeit des Dritten**.[2] In anderen als Pflichtprüfungsfällen hat der BGH die Schutzbedürftigkeit des Dritten verneint, wenn dem Dritten für den erlittenen Schaden ein eigener Ersatzanspruch gegen den Schädiger zustand, der zumindest einen gleichwertigen Inhalt hatte wie derjenige, der ihm aus dem Vertrag mit Schutzwirkung für Dritte zugekommen wäre.[3] Die Subsidiarität der Rechtsfigur des Vertrages mit Schutzwirkung für Dritte hat im Hinblick auf § 311 Abs. 3 Satz 1 BGB heute höchste Bedeutung.[4] Denn wenn § 311 Abs. 3 Satz 1 BGB wirklich zur Grundlage für eine allgemeine Berufshaftung ausgebaut werden könnte, wie von einigen Autoren behauptet, erübrigt sich die Diskussion, ob die Dritthaftung des gesetzlichen Abschlussprüfers auf den Vertrag mit Schutzwirkung für Dritte hergeleitet werden kann.[5]

12.31

2. Anwendbarkeit

Ob geschädigte Dritte ihren Schaden von dem gesetzlichen Abschlussprüfer überhaupt mit Hilfe der Rechtsfigur des Vertrages mit Schutzwirkung für Dritte ersetzt verlangen können, ist umstritten. Die nach wie vor ganz herrschende Lehre bestreitet bereits die **Anwendbar-**

12.32

("Der Prüfungsvertrag zwischen Gesellschaft und Abschlussprüfer ist ein Vertrag mit Schutzwirkung zugunsten Dritter"); Leitentscheidung ist das Urteil des öOGH im Fall der Riegerbank: öOGH v. 27.11.2001 – 5 Ob 262/01t, RdW 2002, 82 = ÖBA 2002, 820 mit Anm. *Doralt*; kritisch zu der Entscheidung *Zehetner*, ÖZW 2013, 78.

1 S. statt aller *Medicus/Lorenz*, Schuldrecht I AT, 19. Aufl. 2010, Rz. 818–822.
2 *Ebke*, BFuP 2000, 549, 555; *Feddersen*, WM 1999, 105, 109; *Baus*, ZVglRWiss 103 (2004), 219, 242.
3 BGH v. 15.2.1978 – VIII ZR 47/77, BGHZ 70, 327, 329–330; BGH v. 2.7.1996 – X ZR 104/94, BGHZ 133, 168, 176; zustimmend LG Mönchengladbach v. 31.5.1990 – 1 O 630/86, NJW-RR 1991, 415, 417; *Ebke*, JZ 1998, 991, 993 Fn. 30 m.w.N.
4 S. dazu Rz. 12.39.
5 *Ebke* in MünchKomm. HGB, Bd. 4, 3. Aufl. 2013, § 323 HGB Rz. 134.

keit der Rechtsfigur neben § 323 Abs. 1 Satz 3 HGB dem Grunde nach.[1] Die Vertreter dieser Ansicht gehen davon aus, dass die Gerichte die in § 323 Abs. 1 Satz 3 HGB und §§ 823 Abs. 1 und 2, 826, 831 BGB von dem Gesetzgeber vorgenommene Risikoverteilung zwischen der geprüften Gesellschaft, dem gesetzlichen Abschlussprüfer und dem vertragsfremden Dritten mit Hilfe vorvertraglicher, vertraglicher, vertragsähnlicher oder sonstiger Haftungsgründe nicht unterlaufen dürfen, wenn Sinn und Zweck des § 323 Abs. 1 Satz 3 HGB und des Deliktsrechts, den gesetzlichen Abschlussprüfer gegenüber Dritten für fahrlässig verursachte Vermögensschäden *nicht* haften zu lassen, nicht leer laufen soll.[2] Die Vertreter dieser Lehre sehen in § 323 Abs. 1 Satz 3 HGB und §§ 823 Abs. 1 und 2, 826, 831 BGB eine abschließende Regelung für die Dritthaftung des *gesetzlichen Abschlussprüfers* (nicht hingegen für die Dritthaftung des Wirtschaftsprüfers im Rahmen gesetzlich nicht vorgeschriebener Abschlussprüfungen oder anderer Tätigkeiten, die Wirtschaftsprüfern nach § 2 WPO übertragen sind!). Danach verbietet sich insbesondere der Rückgriff auf die – im Wege richterlicher Rechtsfortbildung entwickelte – Rechtsfigur des Vertrages mit Schutzwirkung für Dritte, sofern die Parteien des Prüfungsvertrages den gesetzlich beschränkten Schutzbereich des Prüfungsvertrages nicht ausnahmsweise *ausdrücklich* auf einen oder mehrere Dritte erstreckt haben,[3] was in Pflichtprüfungsfällen aber so gut wie nie vorkommt: Der gesetzliche Abschlussprüfer und die prüfungspflichtige Gesellschaft wollen dem Prüfungsvertrag ausdrücklich *keine* Schutzwirkungen für prüfungsvertragsfremde Dritte beilegen, um das Haftungsrisiko des Prüfers nicht zu erhöhen.[4] Das ergibt sich – wie das OLG Düsseldorf bestätigt hat[5] – nicht zuletzt aus Abschnitt 1 Abs. 2 und Abschnitt 9 der **Allgemeinen Auftragsbedingungen für Wirtschaftsprüfer und Wirtschaftsprüfungsgesellschaften**[6], die nach IDW PS 450.21 dem Prüfungsbericht (§ 321 HGB) als Anlage beizulegen sind.[7]

12.33 Die meisten **Instanzgerichte** teilen die Auffassung der heute herrschenden Lehre, dass § 323 Abs. 1 Satz 3 HGB einen Rückgriff auf die Rechtsfigur des Vertrages mit Schutzwirkung für Dritte sperrt. Die Anwendung der Rechtsfigur des Vertrages mit Schutzwirkung für Dritte neben § 323 Abs. 1 Satz 3 HGB würde – so betont die 18. Zivilkammer des LG Frankfurt am Main – „unter Missachtung des Vorranges der Wertungen des Gesetzgebers die Grenzen zulässiger Rechtsfortbildung" überschreiten.[8] Das LG Frankfurt am Main[9] hat es daher ebenso wie das OLG Düsseldorf[10], das OLG Karlsruhe[11] und das LG Ham-

---

1 S. die umfangreichen Nachw. bei *Ebke* in MünchKomm. HGB, Bd. 4, 3. Aufl. 2013, § 323 HGB Rz. 136 (Fn. 493).
2 Ebenso für das österreichische Recht *Zehetner*, ÖZW 2013, 78, 86 („in sich schlüssiges System").
3 *Ebke* in MünchKomm. HGB, Bd. 4, 3. Aufl. 2013, § 323 HGB Rz. 136 m.w.N.
4 In diesem Sinne auch OLG Frankfurt a.M. v. 22.9.2004 – 17 U 47/04, WPK Magazin 1/2005, 52, 53 (Bericht). S. ferner *Ebke*, WPK-Mitt. 1998, 258, 260; *Schüppen*, DB 1998, 1317, 1319.
5 OLG Düsseldorf v. 19.11.1998 – 8 U 59/98, NZG 1999, 901, 903 mit Anm. *Salje* = WPK-Mitt. 1999, 258, 260 mit Anm. *Ebke/Paal*.
6 So schon *Ebke/Fechtrup*, JZ 1986, 1111, 1114; ebenso *Ebke/Paal*, WPK-Mitt. 1999, 262, 263; a.A. *Brander*, ZIP 1984, 1186, 1193; *Ekkenga*, WM Sonderbeilage 3/1996, 1, 14.
7 WPg 2006, 113, 115.
8 LG Frankfurt a.M. v. 8.4.1997 – 2/18 O 475/95, BB 1997, 1682, 1683 (das Verfahren wurde in der Berufungsinstanz durch Vergleich beendet).
9 LG Frankfurt a.M. v. 8.4.1997 – 2/18 O 475/95, BB 1997, 1682 mit Bspr.-Aufsatz *Ebke*, BB 1997, 1731.
10 OLG Düsseldorf v. 15.12.1998 – 24 U 27/98, WPK-Mitt. 1999, 258, 259 mit Anm. *Ebke/Paal*; ebenso schon OLG Düsseldorf v. 27.6.1996 – 5 U 11/96, BB 1996, 2614, 2616.
11 OLG Karlsruhe v. 22.6.1999 – 3 U 61/97, WPK-Mitt. 1999, 231, 233 (Bericht).

burg¹ abgelehnt, dem Prüfungsvertrag Schutzwirkungen für Dritte beizulegen, um zu einer Dritthaftung des Pflichtprüfers für berufliche Fahrlässigkeit zu gelangen. Auf derselben Linie liegen Entscheidungen des OLG Celle², des OLG Saarbrücken³ sowie des LG Mönchengladbach.⁴ Das LG Mönchengladbach betont, dass „der Rechtsfortbildung ... dort eine Grenze gesetzt [ist], wo gesetzgeberisch erkennbare Grundentscheidungen, wie sie in § 323 HGB zum Ausdruck gelangt sind, entgegenstehen".⁵ Die Kammer 2 für Handelssachen des LG Hamburg hat in diesem Zusammenhang auf die Empfehlung des Rechtsausschusses des Deutschen Bundestages im Rahmen der Beratungen des Gesetzes zur Kontrolle und Transparenz im Unternehmensbereich (KonTraG) hingewiesen. In dieser Empfehlung kommt in der Tat klar zum Ausdruck, dass eine Ausweitung der Dritthaftung des gesetzlichen Abschlussprüfers über den heutigen Stand des Rechts hinaus derzeit nicht für erforderlich erachtet wird.⁶

3. Zeichen des Wandels

Dagegen hat der 12. Zivilsenat des OLG Stuttgart eine Haftung des gesetzlichen Abschlussprüfers auf Grund der Rechtsfigur des Vertrages mit Schutzwirkung für Dritte bejaht.⁷ In casu sei, so meinte das Gericht, von einer **„vertraglichen Erweiterung der Schutzpflichten"** des Prüfungsauftrages auf die klagenden Gesellschafter der geprüften Gesellschaft auszugehen, „da zeitlich parallel mit den von den Klägern in ihrer Funktion als Geschäftsführer der [geprüften GmbH] veranlassten Prüfarbeiten die Beklagte auf Grund des von den Klägern im eigenen Namen erteilten Auftrags diese bei der beabsichtigten Veräußerung ihrer Geschäftsanteile an die [Erwerberin] zu beraten hatte".⁸ Unter Hinweis auf die Entscheidung des OLG Stuttgart hat auch der 25. Zivilsenat des OLG Hamm die Ansicht vertreten, dass § 323 HGB die Erweiterung der Schutzpflichten aus dem Prüfungsvertrag auf Dritte nicht ausschließt.⁹ Im konkreten Fall lehnte das Gericht eine Haftung des gesetzlichen Abschlussprüfers aber ab, weil die Klägerin die Ursächlichkeit der Pflichtverletzung des Prüfers für den eingetretenen Vermögensschaden nicht bewiesen hatte. Das LG Passau hat ebenfalls eine Haftung des Pflichtprüfers „aus positiver Vertragsverletzung in Verbindung mit den Grundsätzen der Schutzwirkung des Vertrags zu Gunsten Dritter" bejaht.¹⁰

12.34

---

1 LG Hamburg v. 22.6.1998 – 402 O 70/97, WM 1999, 139, 141 mit Bspr.-Aufsatz *Feddersen*, WM 1999, 105 = WPK-Mitt. 1999, 110 mit Anm. *Ebke*.
2 OLG Celle v. 5.1.2000 – 3 U 17/99, NZG 2000, 613, 615 mit Anm. *Großfeld*.
3 OLG Saarbrücken v. 12.7.1978 – 1 U 174/76, BB 1978, 1434, 1435.
4 LG Mönchengladbach v. 31.5.1990 – 1 O 630/86, NJW-RR 1991, 415, 416.
5 LG Mönchengladbach v. 31.5.1990 – 1 O 630/86, NJW-RR 1991, 415, 416.
6 S. dazu näher *Ebke* in MünchKomm. HGB, Bd. 4, 3. Aufl. 2013, § 323 HGB Rz. 154. Zu Einzelheiten der Beratungen des KonTraG s. *Ebke*, JZ 1998, 991, 992; *Feddersen*, WM 1999, 105, 114–115.
7 OLG Stuttgart v. 25.7.1995 – 12 U 57/94, WPK-Mitt. 1995, 222 mit Anm. *Siebert*, WPK-Mitt. 1996, 235.
8 Kritisch zu der Begründung des Senats *Ebke*, Die zivilrechtliche Verantwortlichkeit der wirtschaftsprüfenden, steuer- und rechtsberatenden Berufe im internationalen Vergleich, 1996, S. 25–28.
9 OLG Hamm v. 12.7.1996 – 25 U 115/95, BB 1996, 2295.
10 LG Passau v. 28.5.1998 – 1.0.1132/97, BB 1998, 2052, 2053 mit kritischer Anm. *Muth*, EWiR § 323 HGB 1/99, 365.

4. Die Sicht des BGH

12.35 Der III. Zivilsenat des BGH hat die **Annahme der Revision** gegen das Urteil des 12. Zivilsenats des OLG Stuttgart **abgelehnt**.[1] Der Senat gelangte zu der Auffassung, dass das „Prozessergebnis" nicht zu beanstanden sei. Der Senat ließ es ausdrücklich dahinstehen, ob die beklagte Wirtschaftsprüfungsgesellschaft den Gesellschaftern zum Ersatz des Schadens verpflichtet ist, weil die Kläger „... – jedenfalls im vorliegenden Einzelfall – in den Schutzbereich des von der Beklagten mit der Gesellschaft abgeschlossenen Prüfungsvertrages einbezogen" sind (wie das OLG Stuttgart angenommen hatte) oder die Wirtschaftsprüfungsgesellschaft den Gesellschaftern auf Grund des zwischen ihnen und der Prüfungsgesellschaft bestehenden *separaten* Beratungsvertrages auf Schadensersatz haftet (wie die Vertreter der Gegenansicht meinen). Die zentrale Frage, ob die Grundsätze des Vertrages mit Schutzwirkung für Dritte in Pflichtprüfungsfällen neben § 323 Abs. 1 Satz 3 HGB und §§ 823 Abs. 1 und 2, 826, 831 BGB *überhaupt anwendbar* sind und ob die in diesen Gesetzesbestimmungen angelegte Risikoverteilung zwischen der geprüften Gesellschaft, dem Abschlussprüfer und dem Dritten mittels der Rechtsfigur des Vertrages mit Schutzwirkung für Dritte unterlaufen werden darf, blieb damit **höchstrichterlich unentschieden**.

12.36 In der Rechtssache des OLG Hamm hat sich der III. Zivilsenat des BGH in seiner Entscheidung vom 2.4.1998 „im Grundsatz" der Ansicht angeschlossen, dass sich eine Ausdehnung der Schadensersatzpflicht des gesetzlichen Abschlussprüfers über die in § 323 Abs. 1 Satz 3 HGB genannten Anspruchsberechtigten hinaus „im Wege der **Auslegung oder Analogie**" verbietet und eine Ausdehnung der Haftung des gesetzlichen Abschlussprüfers „auch gegenüber Aktionären/Gesellschaftern oder Gläubigern der Kapitalgesellschaft dem Ziel zuwiderläuft, das Haftungsrisiko des Abschlussprüfers – in Fällen fahrlässiger Pflichtverletzung – zu begrenzen (§ 323 Abs. 2 HGB)".[2] Der Senat hält aber auch im Anwendungsbereich des § 323 HGB eine Dritthaftung des gesetzlichen Abschlussprüfers für möglich, „die wesentlich darauf beruht, dass es Sache der Vertragsparteien ist, zu bestimmen, gegenüber welchen Personen eine Schutzpflicht begründet werden soll".[3] Der III. Zivilsenat des BGH ließ dann allerdings offen, ob § 323 Abs. 1 Satz 3 HGB fehlerhafte Auskünfte des Pflichtprüfers gegenüber einem Dritten *vor* Erteilung des Bestätigungsvermerks i.S. des § 322 HGB erfasst.[4] Der III. Zivilsenat des BGH konnte in der Sache selbst nicht entscheiden, da zu einzelnen Fragen weitere tatrichterliche Feststellungen erforderlich waren. Der Senat wies das OLG Hamm, an das die Sache zurückverwiesen wurde, an, im Rahmen seiner erneuten Würdigung des Falles nochmals darauf einzugehen, „ob sich ein Anspruch des Klägers auf Auskunftsvertrag oder Delikt stützen" lasse.[5] In dem dem III. Zivilsenat des BGH vorliegenden Fall des OLG Hamm sprach vieles für das Bestehen eines eigenständigen Auskunftsvertrages zwischen dem Prüfer und der Kreditgeberin.[6] Dann aber würde es nach den von der Rechtsprechung zum Vertrag mit

---

1 BGH v. 28.5.1997 – III ZR 277/95, BB 1997, 1685; dazu *Ebke*, BB 1997, 1731.
2 BGH v. 2.4.1998 – III ZR 245/96, BGHZ 138, 257, 260. Zu Einzelheiten dieser Entscheidung s. *Bosch*, ZHR 163 (1999), 274; *Canaris*, ZHR 163 (1999), 206; *Ebke*, JZ 1998, 991; *Grunewald*, ZGR 1999, 583; *Schüppen*, DB 1998, 1317; *Schneider*, ZHR 163 (1999), 246; *Sieger/Grätsch*, BB 1998, 1408; *Zimmer/Vosberg*, JR 1999, 70.
3 BGH v. 2.4.1998 – III ZR 245/96, BGHZ 138, 257, 261.
4 Kritisch dazu *Ebke*, JZ 1998, 991, 994–995.
5 BGH v. 2.4.1998 – III ZR 245/96, JZ 1998, 1013, 1014–1015.
6 *Ebke*, JZ 1998, 991, 995 Fn. 56.

Schutzwirkung für Dritte aufgestellten Grundsätzen an der Voraussetzung der Schutzbedürftigkeit des Klägers fehlen[1]; ein Ersatzanspruch des Klägers ließe sich in casu auf die Rechtsfigur des Vertrages mit Schutzwirkung für Dritte folglich nicht stützen. Der Fall wurde später durch Vergleich erledigt.[2] Die Frage nach der **Anwendbarkeit der Rechtsfigur** des Vertrages mit Schutzwirkung für Dritte neben § 323 Abs. 1 Satz 3 HGB blieb daher in casu **offen**.

In seinen Entscheidungen vom 15.12.2005[3] und vom 6.4.2006[4] hat der III. Zivilsenat des **BGH** seine grundsätzliche Position zwar bestätigt, in einigen zentralen Punkten aber **wichtige Klarstellungen** vorgenommen.[5] Der Fall, der dem Urteil vom 15.12.2005 zugrunde lag, betraf die Frage, ob in den Schutzbereich des Vertrages zwischen einer GmbH, die verbriefte Genussrechte an der eigenen Gesellschaft vertreibt, mit einem Wirtschaftsprüfer über die (hier: gesetzlich nicht vorgeschriebene) Prüfung des Jahresabschlusses die zukünftigen Genussrechtserwerber einbezogen sind. Der Senat betont, dass das Bestehen und die Reichweite eines etwaigen Drittschutzes durch Auslegung des jeweiligen Prüfungsvertrages zu ermitteln sind.[6] Es könne allerdings regelmäßig nicht angenommen werden, „dass der Abschlussprüfer ein so weites Haftungsrisiko zu übernehmen bereit ist, wie es sich aus der Einbeziehung einer unbekannten Vielzahl von Gläubigern, Gesellschaftern oder Anteilserwerbern in den Schutzbereich ergäbe".[7] Der Senat hebt ausdrücklich hervor, „dass die in § 323 HGB zum Ausdruck kommende gesetzgeberische Intention, das Haftungsrisiko des Wirtschaftsprüfers angemessen zu begrenzen, auch im Rahmen der vertraglichen Dritthaftung des Abschlussprüfers zu beachten ist".[8] Das gelte sowohl für gesetzlich vorgeschriebene Abschlussprüfungen als auch für Abschlussprüfungen[9], die in Anlehnung an die für Pflichtprüfungen maßgeblichen §§ 316, 317 HGB vorgenommen werden.[10]

12.37

In seinem Urteil vom 6.4.2006, dem ein Pflichtprüfungsfall zugrunde lag, hebt der Senat noch einmal hervor, dass „die **gesetzgeberische Intention, das Haftungsrisiko** des Abschlussprüfers angemessen **zu begrenzen**, auch im Rahmen der vertraglichen Dritthaftung zu beachten

12.38

---

1 S. Rz. 12.31.
2 *Ebke*, WPK-Mitt. 1999, 114, 114 Fn. 5.
3 BGH v. 15.12.2005 – III ZR 424/04, WM 2006, 423 = AG 2006, 197.
4 BGH v. 6.4.2006 – III ZR 256/04, DB 2006, 1105 = AG 2006, 453 = BB 2006, 1441 mit BB-Kommentar *Kindler/Otto* = WPK Magazin 3/2006, 41 = WuB IV A § 328 BGB 1.06 (*Sessler/Gloeckner*).
5 S. auch BGH v. 11.11.2008 – III ZR 313/07, BeckRS 2008, 24194.
6 BGH v. 15.12.2005 – III ZR 424/04, WM 2006, 423, 425 = AG 2006, 197.
7 BGH v. 15.12.2005 – III ZR 424/04, WM 2006, 423, 425 = AG 2006, 197. Vgl. allerdings in Abgrenzung dazu das Urteil des X. Zivilsenats des BGH (BGHZ 159, 1, 9) für den Fall eines Gutachtenauftrags zur Wertermittlung eines als Kapitalanlage einer Vielzahl von Anlegern gedachten Grundstücks.
8 BGH v. 15.12.2005 – III ZR 424/04, WM 2006, 423, 425 = AG 2006, 197. Die von der Revision in diesem Zusammenhang herangezogene Entscheidung des X. Zivilsenats vom 8.6.2004 – X ZR 283/02, NJW 2004, 3420 = WM 2004, 1869 (betr. Beteiligung an einem Abwasserentsorgungssystem einer Gemeinde) wird zu Recht als „nicht vergleichbare Fallkonstellation" bezeichnet.
9 Vgl. BGH v. 11.11.2008 – III ZR 313/07, BeckRS 2008, 24194.
10 Vgl. BGH v. 15.12.2005 – III ZR 424/04, NJW-RR 2006, 611. In diesem Sinne auch OLG Frankfurt a.M. v. 22.9.2004 – 17 U 47/04, WPK-Magazin 1/2005, 52, 53 (Bericht); OLG Hamm v. 9.4.2003 – 25 U 108/02, WPK-Magazin 1/2004, 50, 51 (Bericht).

sei und die Einbeziehung einer unbekannten Vielzahl von Gläubigern, Gesellschaftern oder Anteilserwerbern in den Schutzbereich des Prüfungsauftrags dieser Tendenz zuwiderliefe".[1] An die Einbeziehung Dritter in den Schutzbereich eines Prüfungsauftrages seien „strenge Anforderungen" zu stellen.[2] Die von dem Senat als „restriktiv verstandene Anwendung von Grundsätzen der vertraglichen Dritthaftung im Bereich der Pflichtprüfung" sei auch im Hinblick auf das Gesetzgebungsverfahren zu dem am 1.5.1998 in Kraft getretenen Gesetz zur Kontrolle und Transparenz im Unternehmensbereich vom 27.4.1998[3] „geboten".[4] In seinem Beschluss vom 11.11.2008 hat der III. Zivilsenat des BGH seine Ansicht noch einmal bekräftigt: § 323 Abs. 1 Satz 3 HGB schließe zwar „von Rechts wegen" nicht aus, dass „für den Abschlussprüfer auf vertraglicher Grundlage auch eine Schutzpflicht gegenüber dritten Personen begründet werden kann"; an die Annahme einer vertraglichen Einbeziehung eines Dritten in den Schutzbereich seien aber **„strenge Anforderungen"** zu stellen.[5] Der Senat hat dazu überzeugend ausgeführt: „Da Bestätigungsvermerken nach § 325 Abs. 1 HGB ohnehin die Bedeutung zukommt, Dritten Einblick in die wirtschaftliche Situation des publizitätspflichtigen Unternehmens zu gewähren und ihnen für ihr beabsichtigtes Engagement eine Beurteilungsgrundlage zu geben, dies den Gesetzgeber aber nicht veranlasst hat, die Verantwortlichkeit des Abschlussprüfers ebenso weit zu ziehen, genügt es für die Annahme einer Schutzwirkung in dem hier betroffenen Bereich allein nicht, dass ein Dritter die von Sachkunde geprägte Stellungnahme des Prüfers für diesen erkennbar zur Grundlage einer Entscheidung mit wirtschaftlichen Folgen machen möchte".[6] Der Senat hält es für die (stillschweigende) Ausdehnung der vertraglichen Haftung auf Dritte für erforderlich, dass „dem Abschlussprüfer deutlich wird, dass von ihm im Drittinteresse eine besondere Leistung erwartet wird, die über die Erbringung der gesetzlich vorgeschriebenen Pflichtprüfung hinaus geht".[7] Die Rechtsfigur des Vertrages mit Schutzwirkung für Dritte scheidet danach als Grundlage für Schadensersatzansprüche Dritter gegen den gesetzlichen Abschlussprüfer in der Praxis so gut wie aus.[8]

V. § 311 Abs. 3 BGB

12.39 Damit wird die Frage nach der **Bedeutung des § 311 Abs. 3 BGB** für die Haftung des gesetzlichen Abschlussprüfers gegenüber Dritten akut. Die Vorschrift stellt in ihrem Satz 1 klar, dass ein Schuldverhältnis mit den Pflichten aus § 241 Abs. 2 BGB auch zu Personen entstehen kann, die selbst nicht Vertragspartei werden sollen (§ 311 Abs. 3 Satz 1 BGB). Die Bestimmung durchbricht den Grundsatz der Relativität des Schuldverhältnisses. Nach dem Wortlaut und der systematischen Stellung der Vorschrift spricht vieles dafür, dass § 311 Abs. 3 Satz 1 BGB die Rechtsfigur der „culpa in contrahendo mit Schutzwirkung für Dritte" kodifi-

---

[1] BGH v. 6.4.2006 – III ZR 256/04, DB 2006, 1105, 1106 = AG 2006, 453. In diesem Sinne auch LG Augsburg v. 16.3.2006 – 3 O 1556/05, Stbg 2006, 501.
[2] BGH v. 6.4.2006 – III ZR 256/04, DB 2006, 1105, 1106 = AG 2006, 453.
[3] BGBl. I 1998, 786.
[4] BGH v. 6.4.2006 – III ZR 256/04, DB 2006, 1105, 1106 = AG 2006, 453.
[5] BGH v. 11.11.2008 – III ZR 313/07, BeckRS 2008, 24194 (Rz. 5). Ebenso OLG Köln v. 29.10.2015 – 7 U 30/15, BeckRS 2016, 06014 (Rz. 24) = GI aktuell 2016, 9–13.
[6] BGH v. 11.11.2008 – III ZR 313/07, BeckRS 2008, 24194 (Rz. 5).
[7] BGH v. 11.11.2008 – III ZR 313/07, BeckRS 2008, 24194 (Rz. 5). Ebenso OLG Düsseldorf v. 20.1.2015 – I-23 U 100/09, DStRE 2015, 1407.
[8] S. auch OLG Düsseldorf v. 20.1.2015 – I-23 U 100/09, DStRE 2015, 1407; LG Augsburg v. 16.3.2006 – 3 O 1556/05, Stbg 2006, 501.

zieren wollte.¹ In § 311 Abs. 3 Satz 2 BGB erwähnt der Gesetzgeber dann als nicht abschließenden Beispielsfall („insbesondere") die sog. Sachwalterhaftung, die mit der culpa in contrahendo *mit Schutzwirkung für Dritte* freilich nichts zu tun hat, sondern einen **Fall der Eigenhaftung** des Sachwalters betrifft. Einige Autoren versuchen gleichwohl, die Vorschrift als Grundlage der „Experten-" bzw. „Gutachterhaftung" fruchtbar zu machen.² In der Kommentarliteratur plädieren einige Autoren dafür, § 311 Abs. 3 Satz 1 bzw. 2 BGB zur Grundlage für eine eigenständige Dritthaftung von Gutachtern und Experten auszubauen.³ In den Gesetzesmaterialien der Schuldrechtsreform findet sich freilich kein Hinweis darauf, dass der Gesetzgeber beabsichtigt haben könnte, mit Hilfe des § 311 Abs. 3 BGB eine Dritthaftung für *gesetzliche* Abschlussprüfer einzuführen, um die Haftung des gesetzlichen Abschlussprüfers über die einschlägige sonderprivatrechtliche Norm des § 323 Abs. 1 Satz 3 HGB hinaus zu erweitern.⁴

VI. Offensive

Die Befürworter einer Dritthaftung des gesetzlichen Abschlussprüfers für Fahrlässigkeit haben schon vor einigen Jahren den **Sturm auf die Zitadelle** des § 323 Abs. 1 Satz 3 HGB eingeläutet. Sie sind der Ansicht, dass gegen „die Anwendung der allgemeinen Haftungsgrundlagen im Bereich der Haftung gegenüber Dritten neben § 323 HGB ... keine überzeugenden juristischen Argumente" sprechen.⁵ Der Gesetzgeber habe „Wissenschaft [!] und Rechtsprechung [keinesfalls] den Weg versperren [wollen], ... Dritten nach allgemeinen Grundsätzen Schadensersatzansprüche gegen Abschlussprüfer zuzubilligen".⁶ Die ausdrückliche Einbeziehung verbundener Unternehmen in den Kreis der Ersatzberechtigten im Rahmen der Aktienreform 1965 stehe dem nicht entgegen; die Einbeziehung verbundener Unternehmen in den Kreis der nach § 323 Abs. 1 Satz 3 HGB Anspruchsberechtigten solle nur den „wirtschaftlichen Besonderheiten" innerhalb eines Konzerns Rechnung tragen.⁷ Die Sicht des Rechtsausschusses des Deutschen Bundestages im Zusammenhang mit den Beratungen des KonTraG sei „nicht bindend".⁸ Eine Differenzierung zwischen Pflichtprüfungen im Sinne der §§ 316 ff. HGB und den sonstigen Tätigkeiten des Wirtschaftsprüfers (§ 2 WPO) sei abzulehnen. Die

12.40

---

1 *S. Mirtschink*, Die Haftung des Wirtschaftsprüfers gegenüber Dritten, 2006, S. 99. Grundlegend zu der Rechtsfigur der culpa in contrahendo mit Schutzwirkung für Dritte: BGH v. 28.1.1976 – VIII ZR 246/74, BGHZ 66, 51 = MDR 1976, 570 – Gemüseblatt.
2 Zu Einzelheiten s. *Ebke* in MünchKomm. HGB, Bd. 4, 3. Aufl. 2013, § 323 HGB Rz. 116.
3 Zum Stand der Meinungen s. *Ebke* in MünchKomm. HGB, Bd. 4, 3. Aufl. 2013, § 323 HGB Rz. 117 m.w.N.
4 S. dazu *Ebke* in MünchKomm. HGB, Bd. 4, 3. Aufl. 2013, § 323 HGB Rz. 118; i.E. zustimmend *Schmidt/Feldmüller* in BeckBilKomm., 10. Aufl. 2016, § 323 HGB Rz. 227; *Kersting*, Die Dritthaftung für Informationen im Bürgerlichen Recht, 2007, S. 546–548.
5 *Land*, Wirtschaftsprüferhaftung gegenüber Dritten in Deutschland, England und Frankreich, 1996, S. 81 (der sich allerdings dafür ausspricht, die Haftungssummenbegrenzung gem. § 323 Abs. 2 Satz 1 und 2 HGB „entsprechend § 334 BGB auch gegenüber Dritten" zum Tragen kommen zu lassen); s. dazu *Ebke*, JZ 1997, 295. Aus Sicht des österreichischen Rechts ähnlich *Doralt*, Haftung der Abschlussprüfer, 2005, S. 150–151.
6 *Stahl*, Zur Dritthaftung von Rechtsanwälten, Steuerberatern, Wirtschaftsprüfern und öffentlich bestellten und vereidigten Sachverständigen, 1989, S. 199.
7 *Otto/Mittag*, WM 1996, 325, 331–332; ihnen folgend *Wölber*, Die Abschlussprüferhaftung im europäischen Binnenmarkt, 2005, S. 79. A.A. LG Frankfurt a.M. v. 8.4.1997 – 2/18 O 475/95, BB 1997, 1682, 1683 = AG 1998, 144; *Feddersen*, WM 1999, 105, 113.
8 *Grunewald*, ZGR 1999, 583, 595.

Gründe gegen die Einführung einer zivilrechtlichen Haftung des Abschlussprüfers für fahrlässig verursachte Vermögensschäden Dritter könnten angesichts der jüngsten Rechnungslegungsskandale keine „Fortbestandsberechtigung" mehr haben.[1] Es entspreche einer „elementaren Gerechtigkeitsvorstellung des Schadensersatz- und Haftungsrechts", „Opfer zu entschädigen".[2] Eine Fahrlässigkeitshaftung des Wirtschaftsprüfers gegenüber Dritten auf Grund vertraglicher oder vertragsähnlicher Rechtsinstitute sei „interessengerecht", weil sich ein „Sonderrecht gerade für diese Berufsgruppe … kaum rechtfertigen" lasse.[3] Welche Kriterien für die Interessenabwägung herangezogen werden (sollten), wird aber ebenso wenig offen gelegt wie die Begründung für die Notwendigkeit einer Gleichbehandlung von Pflichtprüfungen im Sinne der §§ 316, 264a HGB und anderen Tätigkeiten der Wirtschaftsprüfer i.S. des § 2 WPO.

12.41 Während die Gegner einer Haftung des Wirtschaftsprüfers auf Grund der Rechtsfigur des Vertrages mit Schutzwirkungen für Dritte der Rechtsprechung „Verrenkungen" vorwerfen,[4] begreifen ihre Befürworter die Rechtsfigur – um mit Lord *Goff of Chieveley* zu sprechen[5] – als Mittel zur **Erreichung „praktischer Gerechtigkeit"**.[6] Eine „durchgreifende prüferische Dritthaftung" stärke die Unabhängigkeit des Abschlussprüfers von dem Management der geprüften Gesellschaft, sorge für vertrauenswürdigere Finanzdaten und fördere den Opferschutz.[7] *Lutter* neigt daher zu einer „kontrollierten Ausweitung" der Haftung des Abschlussprüfers „gegenüber Dritten und vor allem gegenüber dem Anleger am Kapitalmarkt", denn „in einem modernen Verständnis" sei der Abschlussprüfer „auch Garant gegenüber Markt und Öffentlichkeit".[8] Unter „kontrollierter Ausweitung" sei allerdings „auch" die Versicherbarkeit der Haftung zu verstehen. Unter welchen rechtlichen Voraussetzungen und gegenüber wem eine solche „kontrolliert ausgeweitete" zivilrechtliche Dritthaftung bestehen soll, wird indes nicht erläutert. In eine ähnliche Richtung wie die Überlegungen *Lutters* gehen die Vorschläge des Arbeitskreises „Abschluss und Corporate Governance"[9] und des Deutschen Aktieninstituts.[10]

---

1 *Heppe*, WM 2003, 714, 719.
2 *Heukamp*, ZHR 169 (2005), 471, 493.
3 *Grunewald*, ZGR 1999, 583, 587–588 unter Hinweis auf *Otto/Mittag*, WM 1996, 325, 331.
4 *Kiss*, WM 1999, 117, 118.
5 *White* v. *Jones*, [1995] 1 All E. R. 691, 706–707. Zu Einzelheiten dieses wegleitenden Urteils s. *Ebke*, Die zivilrechtliche Verantwortlichkeit der wirtschaftsprüfenden, steuer- und rechtsberatenden Berufe im internationalen Vergleich, 1996, S. 12–16; *Haydon*, C.L.J. 54 (1995), 238; *W. Lorenz*, JZ 1995, 317.
6 S. z.B. *Trakman/Trainor*, Queen's L.J. 31 (2005), 148, 202 („… shielding auditors from third parties flies in the face of practical legal reason"). S. ferner *Shore*, 53 SMU L. Rev. 387 (2000) („Watching the Watchdog: An Argument for Auditor Liability to Third Parties").
7 *Heukamp*, ZHR 169 (2995), 471, 494. Dass die vergleichsweise weitreichende zivilrechtliche (Dritt-)Haftung des Abschlussprüfers nach US-amerikanischem Bundesrecht sowie dem Recht vieler US-Bundesstaaten (s. dazu aus dem deutschsprachigen Schrifttum etwa *Ebke*, WPK-Mitt. Sonderheft April 1996, 17, 21–27; s. ferner *Ebke* in FS Stürner, Bd. II, 2013, S. 1015–1021; weitere umfangreiche Nachw. amerikanischer Literatur bei *Ebke* in MünchKomm. HGB, Bd. 4, 3. Aufl. 2013, § 323 HGB Rz. 167) Bilanzskandale wie Enron, WorldCom u.a. nicht verhindern konnte, wird allerdings nicht erwähnt. S. dazu *Nonnenmacher*, Der Konzern 2003, 476, 478; *Peemöller/Oehler*, BB 2004, 539, 545.
8 *Lutter*, ZSR 124 (2005-II), 415, 448.
9 S. *Baetge/Lutter* (Hrsg.), Abschlussprüfung und Corporate Governance, 2003, S. 23 ff.
10 S. dazu *Ebke* in MünchKomm. HGB, Bd. 4, 3. Aufl. 2013, § 323 HGB Rz. 146.

VII. Stellungnahme

Auf § 323 Abs. 1 Satz 3 HGB lassen sich **Schadensersatzansprüche Dritter** (mit Ausnahme „verbundener Unternehmen") gegen den gesetzlichen Abschlussprüfer nicht stützen.[1] Eine Dritthaftung des gesetzlichen Abschlussprüfers lässt sich bei dem derzeitigen Stand des Rechts auch nicht mit Hilfe von § 311 Abs. 3 Satz 1 oder 2 BGB begründen.[2] § 323 Abs. 1 Satz 3 HGB schließt außerdem eine Dritthaftung des gesetzlichen Abschlussprüfers auf Grund der Rechtsfigur des Vertrages mit Schutzwirkung für Dritte aus, sofern die Parteien des Prüfungsvertrages den (gesetzlich beschränkten) Schutzbereich des Vertrages nicht ausnahmsweise privatautonom *ausdrücklich* auf den geschädigten Dritten erweitert haben (was in Pflichtprüfungsfällen allerdings so gut wie nie der Fall ist)[3] oder dem Abschlussprüfer deutlich wird, „dass von ihm im Drittinteresse eine besondere Leistung erwartet wird, die über die Erbringung der gesetzlich vorgeschriebenen Pflichtprüfung hinausgeht".[4]

12.42

1. Grundentscheidungen des Gesetzgebers

Nach den in § 323 Abs. 1 Satz 3 HGB und §§ 823 Abs. 1 und 2, 826, 831 BGB zum Ausdruck kommenden **Grundentscheidungen des Gesetzgebers** verbietet sich insbesondere eine Erweiterung des Schutzbereichs des Prüfungsvertrages auf Dritte mittels einer sog. „ergänzenden Vertragsauslegung", die nicht von dem wahren rechtsgeschäftlichen Willen der Parteien des Prüfungsvertrages getragen ist, sondern auf eine vermeintlich „objektive Interessenlage", eine angebliche „Verkehrsauffassung" oder gar ein behauptetes „Verkehrsbedürfnis" zurückgeführt wird.[5] Entsprechendes gilt für Versuche in der Literatur, die Grundentscheidungen des Gesetzgebers dadurch zu umgehen, dass man die Ausdehnung des Schutzbereiches des Prüfungsvertrages auf Dritte als eine „auf § 242 BGB gestützte Erweiterung des Schuldverhältnisses" begreift, „die den Sozialwirkungen des Schuldverhältnisses Rechnung trägt"[6], oder man die Existenz eines „gesetzlichen Schuldverhältnisses mit Schutzwirkung für Dritte" annimmt.[7] Bei derartigen Begründungen steht nicht die privatautonom gestaltete, eigenverantwortliche und berechenbare Übernahme von Verhaltens- und Schutzpflichten im Vordergrund, sondern die ergebnisorientierte Verlagerung von Risiken ohne rechtsgeschäftlichen Begründungsakt. Letztlich haftet, wen das erkennende Gericht ungeachtet der gesetzgeberischen Grundentscheidungen in § 323 Abs. 1 Satz 3 HGB und §§ 823 Abs. 1 und 2, 826, 831 BGB im Einzelfall für „haftungswürdig" erachtet.[8] Die Änderung der in diesen Bestimmungen angelegten Grundentscheidungen ist eine Entscheidung von großer Tragweite für die In-

12.43

---

1 Vgl. BGH v. 11.11.2008 – III ZR 313/07, BeckRS 2008, 24194 (Rz. 5); BGH v. 6.4.2006 – III ZR 256/04, DB 2006, 1105, 1106 = AG 2006, 453; OLG Celle v. 5.1.2000 – 3 U 17/99, NZG 2000, 613, 615 mit Anm. *Großfeld*.
2 Ausführliche Darstellung des Meinungsstandes nebst Begründung bei *Ebke* in MünchKomm. HGB, Bd. 4, 3. Aufl. 2013, § 323 HGB Rz. 115–119.
3 *Ebke* in MünchKomm. HGB, Bd. 4, 3. Aufl. 2013, § 323 HGB Rz. 148.
4 BGH v. 11.11.2008 – III ZR 313/07, BeckRS 2008, 24194 (Rz. 5). In demselben Sinne LG Augsburg v. 16.3.2006 – 3 O 1556/05, Stbg 2006, 501, 502.
5 Näher dazu *Ebke*, JZ 1998, 991, 993.
6 *Grunewald*, Bürgerliches Recht, 8. Aufl. 2009, S. 111.
7 S. dazu *Stahl*, Zur Dritthaftung von Rechtsanwälten, Steuerberatern, Wirtschaftsprüfern und öffentlich bestellten und vereidigten Sachverständigen, 1989, S. 73–173; sowie allgemein *Sutschet*, Der Schutzanspruch zu Gunsten Dritter, 1999.
8 Vgl. *Lang*, WPg 1989, 57.

stitution der Jahresabschlussprüfung durch Private, die Abschlussprüfer, die prüfungspflichtigen Unternehmen und Dritte sowie die Versicherungswirtschaft und die Volkswirtschaft insgesamt; sie kann daher nur vom Gesetzgeber vorgenommen werden.[1]

12.44 Mit Recht hebt daher der III. Zivilsenat des BGH in seinem Urteil vom 6.4.2006 hervor, dass „die gesetzgeberische Intention, das **Haftungsrisiko des Abschlussprüfers angemessen** zu **begrenzen**, auch im Rahmen der vertraglichen Dritthaftung zu beachten ist und die Einbeziehung einer unbekannten Vielzahl von Gläubigern, Gesellschaftern oder Anteilserwerbern in den Schutzbereich des Prüfungsauftrags dieser Tendenz zuwiderliefe".[2] An die Einbeziehung Dritter in den Schutzbereich eines Prüfungsauftrages seien deshalb „**strenge Anforderungen**" zu stellen.[3] Die von dem Senat als „restriktiv verstandene Anwendung von Grundsätzen der vertraglichen Dritthaftung im Bereich der Pflichtprüfung" sei auch im Hinblick auf das Gesetzgebungsverfahren zu dem am 1.5.1998 in Kraft getretenen Gesetz zur Kontrolle und Transparenz im Unternehmensbereich (KonTraG) vom 27.4.1998 „geboten".[4] In seiner Stellungnahme zu dem Entwurf des KonTraG hatte der federführende Rechtsausschuss des Bundesrates empfohlen, § 323 Abs. 1 HGB folgenden Satz anzufügen: „Anderen als den in Satz 3 genannten Personen haften der Abschlussprüfer, seine Gehilfen und die bei der Prüfung mitwirkenden gesetzlichen Vertreter einer Prüfungsgesellschaft für eine fahrlässige Verletzung ihrer Pflichten nicht".[5] Zur Begründung hatte der Ausschuss angeführt: „Wenn der Abschlussprüfer, seine Gehilfen und die bei der Prüfung mitwirkenden gesetzlichen Vertreter einer Prüfungsgesellschaft fahrlässig ihre Pflichten verletzen, sollten sie zum Ersatz des dadurch entstandenen Schadens ausschließlich gegenüber der Kapitalgesellschaft und, wenn ein verbundenes Unternehmen geschädigt worden ist, auch diesem verpflichtet sein. Ein darüber hinausgehender Schadensersatz an Dritte sollte gesetzlich ausgeschlossen werden".[6] Nach Ansicht des Ausschusses sollte die Ausdehnung der Dritthaftung des gesetzlichen Abschlussprüfers für Fahrlässigkeit insbesondere nicht den Gerichten überlassen werden: „Wenn die Frage eines Schadensersatzes allein der Rechtsprechung überlassen wird, bedeutet dies für einen Abschlussprüfer i.S. von § 323 Abs. 1 Satz 1 HGB das Vorliegen von unkalkulierbar hohen wirtschaftlichen Risiken. Um diese bei fahrlässigem Handeln von vornherein auszuschließen, ist eine gesetzliche Festlegung notwendig".[7] Der **Bundesrat** schloss sich der Empfehlung seines Rechtsausschusses in seiner Sitzung vom 19.12.1997 an.

12.45 Die **Bundesregierung** hat in ihrer Gegenäußerung zu der Stellungnahme des Bundesrates gegen die vorgeschlagene Klarstellung keine Bedenken geäußert.[8] Der Rechtsausschuss des

---

[1] S. dazu *Ebke*, BB 1997, 1731, 1732; wohl zustimmend *Schmidt/Feldmüller* in BeckBilKomm., 10. Aufl. 2016, § 323 HGB Rz. 193. Zu Einzelheiten der wörtlichen, historischen, systematischen und teleologischen Auslegung des § 323 Abs. 1 Satz 3 HGB s. *Ebke* in MünchKomm. HGB, Bd. 4, 3. Aufl. 2013, § 323 HGB Rz. 148–156. Näher dazu *Ebke*, JZ 1998, 991, 993.
[2] BGH v. 6.4.2006 – III ZR 256/04, DB 2006, 1105, 1106 = AG 2006, 453.
[3] BGH v. 6.4.2006 – III ZR 256/04, DB 2006, 1105, 1106 = AG 2006, 453; der Senat hat seine Ansicht in seinem Beschluss v. 11.11.2008 – III ZR 313/07, BeckRS 2008, 24194 noch einmal bekräftigt.
[4] BGH v. 6.4.2006 – III ZR 256/04, DB 2006, 1105, 1106 = AG 2006, 453.
[5] BR-Drucks. 872/97 v. 5.12.1997, S. 1, 8. Die Empfehlung deckt sich mit dem Vorschlag von *Ebke*, WPK-Mitt. 1997, 108, 112, den sich die WPK in ihrer Stellungnahme zum RefE KonTraG des BMJ v. 22.11.1996 (abgedruckt in ZIP 1996, 2129 und 2193) zu Eigen gemacht hat (vgl. WPK-Mitt. 1997, 100, 106).
[6] BR-Drucks. 872/97 v. 5.12.1997, S. 1, 8–9.
[7] BR-Drucks. 872/97 v. 5.12.1997, S. 1, 9.
[8] BT-Drucks. 13/9712 v. 28.1.1998, S. 36, 37.

Deutschen Bundestages hielt dagegen einen ausdrücklichen gesetzlichen Ausschluss der Dritthaftung des Pflichtprüfers für Fahrlässigkeit, wie sie der Rechtsauschuss des Bundesrates vorgeschlagen hatte, für „derzeit nicht erforderlich"; schon der bisherige Gesetzeswortlaut gewähre „nur der geprüften Kapitalgesellschaft oder einem verbundenen Unternehmen einen Schadensersatzanspruch" und „schließe den Anspruch eines Dritten schon vom Wortlaut her aus".[1] Dieses Verständnis werde – so betont der Rechtsauschuss des Deutschen Bundestages – „auch durch die Rechtsprechung (vgl. zuletzt LG Frankfurt WPK-Mitt. 1997, 236 ff.) bestätigt".[2] Obgleich die Äußerung des Rechtsausschusses des Deutschen Bundestages die Gerichte rechtlich natürlich nicht bindet[3], ist sie – wie der III. Zivilsenat des BGH unlängst zutreffend betont hat – ein wichtiger Hinweis, der bei der Auslegung und Anwendung des § 323 Abs. 1 Satz 3 HGB durch die Gerichte nicht außer Acht bleiben darf, zumal das darin zum Ausdruck kommende „geltungszeitliche" Verständnis des § 323 Abs. 1 Satz 3 HGB die „entstehungszeitliche" Interpretation der Norm (und ihrer Vorläufer!) durch die weitaus überwiegende Zahl der deutschen Gerichte und die heute ganz herrschende Lehre bestätigt.[4]

Die Frage der Erweiterung der Haftung des gesetzlichen Abschlussprüfers mittels Erweiterung des Kreises der Anspruchsberechtigten wurde auch in dem **10-Punkte-Programm „Unternehmensintegrität und Anlegerschutz"** der Bundesregierung vom 25.2.2003 ausdrücklich angesprochen.[5] Gemäß Ziffer 5 des Programms hat die Bundesregierung eine Erweiterung der Haftung des gesetzlichen Abschlussprüfers „dem Kreis der Anspruchsberechtigten nach (,Erweiterung *auf* Dritthaftung')" (!) in Betracht gezogen.[6] Die Bundesregierung erwog insbesondere die „Möglichkeit eigener Ansprüche der Anteilseigner auch gegen den Abschlussprüfer".[7] Eine Änderung der einschlägigen Haftungsbestimmungen des § 323 HGB ist gleichwohl weder im TransPuG noch im BilReG erfolgt. Eine Reform der Haftung des Abschlussprüfers sollte vielmehr bis zu einer Neuregelung der persönlichen Haftung von Vorstand und Aufsichtsrat zurückgestellt werden, da es „wenig Sinn" mache, „hier allein den Abschlussprüfer zunächst einer strengeren Haftung zu unterwerfen".[8] Die in Ziffer 5 des 10-Punkte-Programms erwogene Änderung des § 323 Abs. 1 Satz 3 HGB in Richtung auf eine **„Erweiterung *auf* Dritthaftung"** ist bisher gesetzlich nicht umgesetzt worden.

12.46

Als **Ergebnis** ist daher fest zu halten: Der deutsche Gesetzgeber anerkennt seit über siebzig Jahren ohne Unterbrechung die Notwendigkeit, gesetzliche Abschlussprüfer gegenüber anderen als der geprüften Gesellschaft (und seit 1965: verbundenen Unternehmen) für fahrlässige Pflichtverletzungen bei der Wahrnehmung der gesetzlichen Prüfungsaufgaben nicht haften zu lassen – es sei denn, (1) der Prüfer und der Dritte hätten privatautonom *ausdrücklich*

12.47

---

1 BT-Drucks. 13/10038 v. 4.3.1998, S. 22, 25.
2 BT-Drucks. 13/10038 v. 4.3.1998, S. 22, 25.
3 Insoweit zutreffend *Grunewald*, ZGR 1999, 583, 595.
4 BGH v. 6.4.2006 – III ZR 256/04, DB 2006, 1105, 1106 = AG 2006, 453 („geboten").
5 Abgedruckt in WPK-Mitt. 2003, 44; s. dazu *Seibert*, BB 2003, 693; *Knorr/Hülsmann*, NZG 2003, 567.
6 S. *Seibert*, BB 2003, 693, 697 (Hervorhebung vom *Verf.*).
7 *Seibert*, BB 2003, 693, 697.
8 So der Parlamentarische Staatssekretär *Hartenbach* in seiner Ansprache anlässlich des Parlamentarischen Abends der Wirtschaftsprüferkammer am 21.10.2003 zum Thema „Sicherheit und Kontrolle auf den Kapitalmärkten" (abrufbar unter www.bmj.bund.de). S. auch *Ring*, WPg 2005, 197, 197 (1. Sp.).

einen Auskunftsvertrag geschlossen, (2) die geprüfte Gesellschaft und der Abschlussprüfer hätten den Schutzbereich des Prüfungsvertrages *ausdrücklich* auf bestimmte Dritte erstreckt oder (3) dem Abschlussprüfer wäre deutlich geworden, „dass von ihm im Drittinteresse eine besondere Leistung erwartet wird, die über die Erbringung der gesetzlich vorgeschriebenen Pflichtprüfung hinausgeht" (derartige Fallgestaltungen liegen in Pflichtprüfungsfällen aber praktisch nicht vor!). Eine Rechtsfortbildung „dahingehend, dass ein Wirtschaftsprüfer wegen eines fehlerhaften Testats ... gegenüber Dritten haftet, ohne dies ausdrücklich vereinbart zu haben", wäre nach den ablehnenden Äußerungen im Zusammenhang mit der Einführung des KonTraG, des TransPuG und des BilReG „nur gegen den ausdrücklichen Willen des Gesetzgebers möglich".[1] Es wäre, so betont der III. Zivilsenat des BGH mit Recht, ein „**Verstoß gegen die gesetzliche Wertung des § 323 Abs. 1 Satz 3 HGB**, wenn man ... annehmen wollte, der Pflichtprüfer übernehme ohne besonderen Anlass und ohne Gegenleistung – gewissermaßen in doppelter Hinsicht konkludent – sowohl die Begründung als auch die mögliche Vervielfältigung seiner Haftung".[2] An dieser Feststellung ändert auch die Schuldrechtsreform von 2002 nichts: § 311 Abs. 3 Satz 1 bzw. 2 BGB stellt zwar bei entsprechend weiter Auslegung und Anwendung eine denkbare Anspruchsgrundlage für geschädigte Dritte dar; der Gesetzgeber hat aber zu keiner Zeit beabsichtigt oder auch nur erwogen, mit Hilfe des § 311 Abs. 3 Satz 1 bzw. 2 BGB die Haftung des gesetzlichen Abschlussprüfers zu reformieren oder über § 323 Abs. 1 Satz 3 HGB bzw. §§ 823 Abs. 1 und 2, 826, 831 BGB hinaus zu erweitern.[3] Deshalb verbietet sich ein Rückgriff auf § 311 Abs. 3 Satz 1 bzw. 2 BGB mit dem Ziel, die Haftung des gesetzlichen Abschlussprüfers gegenüber Dritten für Fahrlässigkeit auszuweiten.[4]

2. Sinn und Zweck

12.48 Sinn und Zweck der in § 323 Abs. 1 Satz 3 HGB und §§ 823 Abs. 1 und 2, 826, 831 BGB enthaltenen Grundentscheidungen des Gesetzgebers sprechen ebenfalls dafür, dass die in diesen Bestimmungen angelegte Risikoverteilung zwischen der prüfungspflichtigen Gesellschaft, dem Abschlussprüfer und Dritten von den Gerichten nicht mit Hilfe der Rechtsfigur des Vertrages mit Schutzwirkung für Dritte oder einer Überdehnung des § 311 Abs. 3 Satz 1 bzw. 2 BGB untergraben werden darf. Sinn und Zweck der vergleichsweise engen Dritthaftung des gesetzlichen Abschlussprüfers ist es, die **Dritthaftung des Pflichtprüfers in berechenbaren und versicherbaren Grenzen** zu **halten**.[5] Diese Zielvorgabe ist Folge der durch rechtsvergleichende Untersuchungen untermauerten, in einigen wirtschaftswissenschaftlichen Studien erhärteten und in der Begründung des RegE des KonTraG vom 6.11.1997 ausdrücklich bestätigten Erkenntnis, dass eine unbegrenzte zivilrechtliche Verantwortlichkeit des gesetzlichen Abschlussprüfers gegenüber Dritten für Fahrlässigkeit „nicht sachgerecht ist, weil die Risiken einer gesetzlich vorgeschriebenen Prüfung viel zu groß sind, um sie privatrechtlich tätig werdenden Personen zumuten zu können".[6] Eine unbegrenzte Haftung könnte, so heißt es in der Begründung weiter, „den Berufsstand in seiner Existenz gefährden. Die Versicher-

---

1 *Sommerschuh*, Berufshaftung und Berufsaufsicht: Wirtschaftsprüfer, Rechtsanwälte und Notare im Vergleich, 2003, S. 201; in diesem Sinne auch *Baus*, ZVglRWiss 103 (2004), 219, 243 mit Fn. 141.
2 BGH v. 11.11.2008 – III ZR 313/07, BeckRS 2008, 14194 Rz. 10.
3 Vgl. *Ebke* in MünchKomm. HGB, Bd. 4, 3. Aufl. 2013, § 323 HGB Rz. 119.
4 S. Rz. 12.39.
5 *Ebke* in MünchKomm. HGB, Bd. 4, 3. Aufl. 2013, § 323 HGB Rz. 158.
6 BT-Drucks. 13/9712, S. 29. Mit denselben Worten argumentierend *Neumann*, BuW 2000, 853, 862.

barkeit wäre nicht gewährleistet".[1] Mit Recht hebt deshalb auch das von der EU Kommission eingeholte Gutachten von London Economics vom Oktober 2006 die Notwendigkeit einer Haftungssummenbegrenzung bei der Dritthaftung des Abschlussprüfers für Fahrlässigkeit hervor.[2] Ob die in Deutschland derzeit geltende Begrenzung der Ersatzpflicht (vgl. § 323 Abs. 2 Satz 1 und 2 HGB) der Höhe nach noch angemessen ist, steht auf einem anderen Blatt.[3] Sowohl hinsichtlich der Höhe als auch bezüglich der Ausgestaltung einer entsprechenden Haftungsbegrenzung sind verschiedene Modelle denkbar, die im Gefolge der Vorschläge der Studie von London Economics intensiv diskutiert werden.[4]

3. Haftungsbegrenzung

Vor dem Hintergrund der **Notwendigkeit** einer Haftungsbeschränkung sollte die Anerkennung einer Dritthaftung des gesetzlichen Abschlussprüfers für Fahrlässigkeit in Deutschland jedenfalls nicht den Gerichten überlassen bleiben und schon gar nicht mit Hilfe der Rechtsfigur des Vertrages mit Schutzwirkung für Dritte bewältigt werden. Denn bei Rückgriff auf diese Rechtsfigur ist die Geltung der Haftungssummenbegrenzungen des § 323 Abs. 2 Satz 1 und 2 HGB in Pflichtprüfungsfällen nicht gesichert. Zwar hat der III. Zivilsenat des BGH in seiner Entscheidung vom 2.4.1998 die Ansicht vertreten, dass die Haftungssummenbegrenzungen gemäß § 323 Abs. 2 HGB auch im Rahmen des Vertrages mit Schutzwirkung für Dritte „zu berücksichtigen" seien[5]; die Begründung des Senats ist aber fragwürdig.[6] Instanzgerichte haben die Geltung des § 323 Abs. 2 Satz 1 und 2 HGB im Rahmen der Rechtsfigur des Vertrages mit Schutzwirkung für Dritte im Übrigen bereits verneint bzw. offen gelassen[7]; einige Gerichte gehen davon aus, dass Haftungsbegrenzungen im Grundvertrag gegenüber Dritten sogar „stillschweigend" abbedungen werden können.[8]

12.49

Selbst wenn die Geltung der Haftungssummenbegrenzung gem. § 323 Abs. 2 Satz 1 und 2 HGB im Rahmen der Rechtsfigur des Vertrages mit Schutzwirkung für Dritte gesichert wäre

12.50

---

1 BT-Drucks. 13/9712, S. 29. Kritisch zu solchen Überlegungen *Doralt*, SZW/RSDA 2006, 168, 178–179.
2 *London Economics* (Hrsg.), Study on the Economic Impact of Auditors' Liability Regimes. Final Report to EC-DG Internal Market and Services v. 4.10.2006, S. 202–206. S. dazu *Klaas*, WPg 2006, 1489, 1491; *Ebke* in FS Westermann, 2008, S. 873; *Schattka*, GPR 2007, 138.
3 Zur Einschätzung des deutschen Berufsstandes s. *Ulrich*, WPK Magazin 3/2006, 6, 10 („… es sieht derzeit so aus, dass die Haftungslage in Deutschland unverändert bleiben wird. Wir leben auf einer haftungstechnischen Insel der Glückseligen und das ist in der EU nicht vermittelbar").
4 *Schattka*, Die Europäisierung der Abschlussprüferhaftung, 2012, S. 112 ff.
5 BGH v. 2.4.1998 – III ZR 245/96, JZ 1998, 1013, 1015; offen gelassen in BGH v. 6.4.2006 – III ZR 256/04, BB 2006, 1441; dazu *Kindler/Otto*, BB 2006, 1443, 1444 (gegen analoge Anwendung des § 323 Abs. 2 HGB). Der österreichische OGH hat entschieden, dass die gesetzliche Haftungsbeschränkung des § 275 Abs. 2 Satz 3 öHGB auf Ansprüche Dritter auf Grund der Rechtsfigur des Vertrages mit Schutzwirkung für Dritte analog anzuwenden ist: OGH v. 27.11.2001 – 5 Ob 262/01t, RdW 2002, 82 = ÖBA 2002, 820 (*Riegerbank*) mit Anm. *Doralt*.
6 *Ebke*, JZ 1998, 991, 996; *Canaris*, ZHR 163 (1999), 206, 234; *Schaub*, Jura 2001, 8, 16.
7 LG Frankfurt a.M. v. 8.4.1997 – 2/18 O 475/95, BB 1997, 1682, 1683.
8 OLG München v. 13.4.1995 – 24 U 86/93, GI 1997, 191, 196 = WM 1997, 613 (betr. Steuerberater). S. dazu aber WP-Handbuch, Bd. I, 14. Aufl. 2012, Abschnitt A Rz. 673 („Bei einer gesetzlichen Abschlussprüfung wird man eine solche Abbedingung nicht annehmen können, da der [Abschlussprüfer] nicht willentlich gegen das für ihn geltende Berufsrecht verstoßen wird, indem er entgegen § 16 der Berufssatzung eine über die gesetzliche Höchstgrenze hinausgehende Haftung übernimmt").

(z.B. mittels entsprechender Anwendung von § 334 BGB, auf Grund der Allgemeinen Auftragsbedingungen der Wirtschaftsprüfer und Wirtschaftsprüfungsgesellschaften[1] oder mittels analoger Anwendung des § 323 Abs. 2 Satz 1 oder 2 HGB), stellen sich weitere Fragen, die mit der Rechtsfigur des Vertrages mit Schutzwirkung für Dritte nicht zu lösen sind. Gerade in Fällen mit zahlreichen Geschädigten – wie etwa bei großen Publikumsgesellschaften (**Problem der Massenschäden**) – würden die in § 323 Abs. 2 Satz 1 und 2 HGB vorgesehenen Haftungssummen regelmäßig nicht zur vollständigen Befriedigung der Ersatzsuchenden führen, zumal dann nicht, wenn sie ihre Ansprüche noch mit Ansprüchen der geprüften Gesellschaft gegen den Abschlussprüfer teilen müssen.[2] Konzeptionell kommt in einem solchen Fall eine quotenmäßige Verteilung nach dem Verhältnis der geltend gemachten Ansprüche zur gesetzlich festgesetzten Haftungssumme in Betracht (*Insolvenzmodell*), was sich mit der Konstruktion des Prüfungsvertrages mit Schutzwirkung für Dritte, aber auch bei Anwendung des § 311 Abs. 3 Satz 1 bzw. 2 BGB derzeit allerdings nicht bewerkstelligen lässt.[3] Außerdem muss das „Windhund"-Problem („Wer zuerst klagt, bekommt Ersatz; wer zu spät kommt, geht leer aus!") gelöst werden.[4] Ob eine Hinterlegung der gesetzlich festgelegten Haftungssumme geeignet ist, die Verteilungsproblematik zu lösen, erscheint eher fraglich. Interessant ist der Vorschlag, für die geprüfte Gesellschaft und anspruchsberechtigte Dritte getrennte Haftungsfonds einzurichten.[5]

4. Kreis der Anspruchsberechtigten

12.51 Bei einem Rückgriff auf die Rechtsfigur des Prüfungsvertrages mit Schutzwirkung für Dritte ergibt sich darüber hinaus das Problem, wie der **Kreis der Anspruchsberechtigten** abzugrenzen ist. Unter den Autoren, die eine Dritthaftung des gesetzlichen Abschlussprüfers über § 323 Abs. 1 Satz 3 HGB, §§ 823 Abs. 1 und 2, 826, 831 BGB sowie die Grundsätze der Haftung aus Auskunftsvertrag auf Grund unmittelbaren Kontakts hinaus befürworten, festigt sich die Einsicht, dass der Kreis der Ersatzberechtigten nicht ausufern darf. Um die „in § 323 HGB zum Ausdruck kommende gesetzgeberische Intention, das Haftungsrisiko des Abschlussprüfers angemessen zu begrenzen, auch im Rahmen der vertraglichen Dritthaftung des Abschlussprüfers" zum Tragen kommen zu lassen, ist der Kreis der Anspruchsberechtigten auch nach Ansicht des III. Zivilsenats des BGH eng zu umgrenzen.[6] Die Einbeziehung einer unbekannten Vielzahl von Gesellschaftern, potentiellen Anteilserwerbern, Gläubigern und sonstigen Dritten in den Schutzbereich des Prüfungsvertrages läuft nach Ansicht des Senats der gesetzgeberischen Intention des § 323 Abs. 1 Satz 3 HGB zuwider. Ein solches Risiko wäre im Übrigen kaum versicherbar und würde die ohnehin schon hohe Konzentration auf dem Markt für Prüfungsleistungen vermutlich noch weiter verschärfen.[7]

---

1 Zur Wirksamkeit der Haftungsbegrenzung in den AAB für Wirtschaftsprüfer und Wirtschaftsprüfungsgesellschaften i.d.F. vor dem 1.1.2017 s. *Stoffels*, ZIP 2016, 2389.
2 Kritisch dazu im Hinblick auf die Verwirklichung des Ausgleichsgedankens des Schadensersatzrechts *Doralt*, Haftung der Abschlussprüfer, 2005, S. 105; *Koziol* in Koziol/Doralt (Hrsg.), Abschlussprüfer: Haftung und Versicherung, 2004, S. 159; *Pohl*, WPg 2004, 460, 463.
3 Vgl. *Ebke* in MünchKomm. HGB, Bd. 4, 3. Aufl. 2013, § 323 HGB Rz. 160.
4 S. dazu *Ebke* in MünchKomm. HGB, Bd. 4, 3. Aufl. 2013, § 323 HGB Rz. 160. Vgl. *Nonnenmacher*, Der Konzern 2003, 476, 478 („es darf kein Windhundproblem geben").
5 *Doralt*, Haftung der Abschlussprüfer, 2005, S. 197–200.
6 BGH v. 15.12.2005 – III ZR 424/04, WM 2006, 423, 425.
7 *Ebke* in MünchKomm. HGB, Bd. 4, 3. Aufl. 2013, § 323 HGB Rz. 162; *Nonnenmacher*, Der Konzern 2003, 476, 478; *Klaas*, WPg 2006, 1489, 1491 (zu der Studie von London Economics).

5. Mitverschulden

Risiko erhöhend kann sich außerdem die **Nichtberücksichtigung eines Mitverschuldens** 12.52
der geprüften Gesellschaft auf den Ersatzanspruch des in den Schutzbereich des Prüfungsvertrages einbezogenen Dritten auswirken. Während der in den Schutzbereich des Prüfungsvertrages einbezogene Dritte sich nach allgemeiner Meinung ein eigenes Mitverschulden zurechnen lassen muss (§ 254 BGB), ist die Berücksichtigung eines Mitverschuldens der geprüften Gesellschaft weniger klar. Soweit man mit einem Teil der Rechtsprechung annimmt, dass dem geschützten Dritten grundsätzlich keine weiter gehenden Rechte zustehen als dem Vertragspartner des Prüfers, weil der Geschädigte seine Rechte gegen den Prüfer aus den Vertragsbeziehungen des Prüfers und der geprüften Gesellschaft ableitet, muss sich der Dritte auch ein Mitverschulden der geprüften Gesellschaft zurechnen lassen (entsprechend § 334 BGB).[1] Die Einbeziehung des Dritten in den Schutzbereich des Prüfungsvertrages bringt es bei dieser Sichtweise mit sich, dass der Dritte mit der Erweiterung des Rechtschutzes auch die damit verbundenen Rechtsnachteile in Kauf nehmen muss. Eine anderslautende – auch stillschweigende – vertragliche Vereinbarung soll aber möglich sein und wird von einigen Gerichten angenommen, wenn zwischen den Vertragspartnern und dem Dritten ein Interessengegensatz besteht.[2]

D. Schluss

Die vorstehenden Ausführungen verdeutlichen, dass die besseren Gründe *derzeit gegen* eine 12.53
Ausweitung der zivilrechtlichen Verantwortlichkeit des gesetzlichen Abschlussprüfers für Fahrlässigkeit mit Hilfe vertrag(sähn)licher Haftungsinstitute (z.B. der Rechtsfigur des Prüfungsvertrages mit Schutzwirkung für Dritte) oder mittels einer ausdehnenden Auslegung des § 311 Abs. 3 Satz 1 bzw. 2 BGB sprechen. Der deutsche Gesetzgeber hat schon bei Einführung der Pflichtprüfung erkannt, dass eine **sinnvolle Ordnung des Rechts der Haftung des gesetzlichen Abschlussprüfers** bei dem Verschuldensmaßstab ansetzen muss. In der Schweiz und in mehreren Ländern mit Common Law Tradition, die über eine langjährige Erfahrung mit einer weit reichenden Berufshaftung des Pflichtprüfers für (leichte bzw. einfache) Fahrlässigkeit verfügen, bricht sich diese Erkenntnis ebenfalls immer mehr Bahn.[3] Zu einer Lösung, die bei dem Verschuldensmaßstab ansetzt, gehört auch die Regelung einer angemessenen und versicherbaren Haftungsbegrenzung. Man sollte allerdings nicht vergessen, dass Recht sich wie Wasser entfaltet: So wie Wasser vor Widerständen nicht Halt macht, sucht sich auch Recht immer neue Wege – und zwar oft mit Hilfe der Gerichte und gelegentlich sogar an dem geschriebenen Recht vorbei.[4] In Deutschland ist im Rahmen der Beratungen des KonTraG, des TransPuG und des BilReG aber noch einmal deutlich geworden, dass die Fortentwicklung des Rechts der Dritthaftung des gesetzlichen Abschlussprüfers nicht allein den Gerichten überlassen werden sollte: „Wenn die Frage eines Schadensersatzes allein der Rechtsprechung überlassen wird, bedeutet dies für einen Abschlussprüfer i.S. von § 323 Abs. 1 Satz 1 HGB das Vorliegen von unkalkulierbar hohen wirtschaftlichen Risiken".[5]

---

1 *Ebke* in MünchKomm. HGB, Bd. 4, 3. Aufl. 2013, § 323 HGB Rz. 163 m.w.N.
2 *Ebke* in MünchKomm. HGB, Bd. 4, 3. Aufl. 2013, § 323 HGB Rz. 163 m.w.N.
3 *Ebke* in FS Stürner, Bd. II, 2013, S. 1001, 1020–1021; *Ebke* in MünchKomm. HGB, Bd. 4, 3. Aufl. 2013, § 323 HGB Rz. 164 m.w.N.
4 *Ebke*, Nw.U.L.Rev. 79 (1984), 663, 668.
5 BR-Drucks. 872/1/97, S. 9.

12.54 Grundlegende Änderungen des Rechts wie die Begründung einer Dritthaftung des gesetzlichen Abschlussprüfers für Fahrlässigkeit müssen – wenn überhaupt – von dem Gesetzgeber vorgenommen werden.[1] Sicher: In unserer Parteiendemokratie hat sich unter den drei Gewalten eine politische Staatsleitung zur „gesamten Hand" entwickelt.[2] Rechtsfortbildung gehört daher, soweit sie für das Funktionieren des Gemeinwesens erforderlich ist, auch zu den Aufgaben der Gerichte.[3] Rechtsfortbildung findet ihre Grenzen aber in den *vorrangigen* Wertungen des Gesetzgebers. Die **Entscheidung des deutschen Gesetzgebers *gegen* eine Dritthaftung** des gesetzlichen Abschlussprüfers **für reine Fahrlässigkeit** ist seit Einführung der Pflichtprüfung im Jahre 1931 klar und eindeutig und wurde seither durch die unmissverständliche Ablehnung des Gesetzgebers, das geltende Recht zu ändern, bis in die jüngste Vergangenheit mehrfach bestätigt.[4] Die Wertungen des Gesetzgebers sind natürlich nicht unumkehrbar. Änderungen des derzeitigen Rechtszustandes sind dennoch vermutlich eher auf Grund von Rechtsakten der EU als auf Grund einer Entscheidung des Deutschen Bundestages zu erwarten.[5] *Hopt* und *Merkt* haben allerdings zu Recht darauf hingewiesen, dass die EU Kommission vor der Harmonisierung der Abschlussprüferhaftung zurückscheut und dass die **Abschlussprüferreform 2014**[6] stattdessen „die verwaltungsrechtlichen Untersuchungen und Sanktionen ganz erheblich ausgebaut hat".[7]

---

1 Vgl. den berühmten Satz von Richter *Benjamin Nathan Cardozo* in dem Abschlussprüferhaftungsfall *Ultramares Corp. v. Touche & Co.*, 174 N.E. 441, 447 (1931): „A change so revolutionary, if expedient, must be wrought by legislation".
2 *Ebke/Fehrenbach* in FS Geiss, 2000, S. 571, 592 (unter Hinweis auf *Roman Herzog*).
3 Vgl. öOGH v. 23.1.2013 – 3 Ob 230/12p, RWZ 2013, 177 = RdW 2013, 329 („Wenn der Gesetzgeber ... seine Kompetenz nicht ausübt, bleibt es letztlich eine von den Höchstgerichten zu fällende Willensentscheidung, die zweifellos komplexe Frage der Dritthaftung des Abschlussprüfers zu lösen").
4 Der öOGH v. 23.1.2013 – 3 Ob 230/12p, RWZ 2013, 177 = RdW 2013, 329 war der Ansicht, dass im österreichischen Recht eine „gänzlich widerspruchsfreie, alle überzeugende Lösung ... de lege lata nicht zu finden" sei und er daher – anders als der BGH, der nicht zuletzt im Hinblick auf die Beratungen des KonTraG, TransPub und BilReG (s. Rz. 12.36, 12.44 und 12.46) an die Einbeziehung Dritter in den Schutzbereich des Prüfungsvertrages strenge Anforderungen stelle – die Dritthaftung des Abschlussprüfers für fahrlässige Pflichtverletzungen ohne vergleichbar strenge Anforderungen auf die Rechtsfigur des Vertrags mit Schutzwirkung für Dritte stützen dürfe.
5 Die Einzelheiten der Bestrebungen zur Harmonisierung und Reform des Rechts der Haftung des gesetzlichen Abschlussprüfers auf EU-Ebene sind nachgezeichnet von *Ebke* in MünchKomm. HGB, Bd. 4, 3. Aufl. 2013, § 323 HGB Rz. 205–223 m.w.N. S. ferner *Schattka*, Die Europäisierung der Abschlussprüferhaftung, 2012, S. 29–45.
6 S. Rz. 12.2.
7 *Hopt/Merkt* in Baumbach/Hopt, Überbl v § 316 HGB Rz. 8.

§ 13
Besonderheiten der Haftung von Organmitgliedern bei öffentlichen Unternehmen

Professor Dr. Christian Kersting, LL.M. (Yale)

A. Einleitung... 13.1
B. Begriff des öffentlichen Unternehmens... 13.4
C. Betroffene Rechtsverhältnisse... 13.6
 I. Verhältnis der öffentlichen Hand zur Gesellschaft... 13.7
  1. Voraussetzungen für eine Beteiligung der öffentlichen Hand... 13.8
  2. Ingerenzpflichten der öffentlichen Hand... 13.11
  3. Verpflichtung auf den öffentlichen Zweck... 13.14
 II. Verhältnis des Organs zur Gesellschaft (Innenhaftung)... 13.18
 III. Verhältnis des Organs zu Dritten (Außenhaftung)... 13.23
 IV. Verhältnis des Organs zur öffentlichen Hand... 13.25
  1. Allgemein... 13.25
  2. Beamte als Organe... 13.26
  3. Organe als Adressaten öffentlich-rechtlicher Regelungen... 13.27
   a) Vorgaben für die Tätigkeit als Organ... 13.27
   b) Anspruch auf Haftungsfreistellung... 13.30
 V. Zwischenfazit... 13.33
D. Besonderheiten bei der Organhaftung... 13.36
 I. Grundsatz: Anwendbarkeit der allgemeinen Regeln des Gesellschaftsrechts... 13.36
 II. Besonderheiten der Anwendung... 13.37
  1. Besondere Prinzipal-Agenten-Konflikte... 13.38
  2. Folgerungen... 13.40
  3. Haftungsgrund und Haftungsumfang... 13.44
  4. Enthaftung durch Entlastung, Verzicht oder Vergleich... 13.46
   a) GmbH... 13.47
    aa) Stimmverbot betroffener Organmitglieder in der Gesellschafterversammlung... 13.48
    bb) Stimmverbot der öffentlichen Hand bei fahrlässiger Pflichtverletzung... 13.49
    cc) Treuepflichtverstoß... 13.54
    dd) Alleineigentum der öffentlichen Hand... 13.56
   b) Aktiengesellschaft... 13.59
  5. Haftungserleichterungen... 13.60
   a) Haftungserleichterungen bei Mehrheitseigentum der öffentlichen Hand... 13.61
   b) Haftungserleichterungen bei Alleineigentum der öffentlichen Hand... 13.63
    aa) Haftungsausschluss für Fahrlässigkeit... 13.63
    bb) Haftungsausschluss auch für grobe Fahrlässigkeit... 13.64
E. Exkurs: Organhaftung in anderen Rechtsformen... 13.67
F. Fazit... 13.72

Schrifttum: *Adams*, Aktienoptionspläne und Vorstandsvergütungen, ZIP 2002, 1325; *Altmeppen*, Die Einflussrechte der Gemeindeorgane in einer kommunalen GmbH, NJW 2003, 2561; *Altmeppen*, Zur Rechtsstellung der Aufsichtsratsmitglieder einer kommunalen GmbH, in FS Uwe H. Schneider, 2011, S. 1; *Altmeppen*, Gibt es Stimmverbote in der Einmann-Gesellschaft?, NJW 2009, 3757; *Badura*, Wirtschaftsverfassung und Wirtschaftsverwaltung, 2011; *Baumann*, Die Rechtsfolgen eines Grundrechtsverstoßes der Tarifpartner, RdA 1994, 272; *Baums*, Der Aufsichtsrat – Aufgaben und Reformfragen, ZIP 1995, 11; *Bremeier/Brinckmann/Killian/Schneider*, Die Bedeutung des Corporate Governance Kodex für kommunale Unternehmen, ZögU 28 (2005), 267; *Cahn/Müchler*, Die Verantwortlichkeit der

Organmitglieder einer Sparkasse für den Erwerb riskanter Wertpapiere, in FS Uwe H. Schneider, 2011, 197; *Casper*, Hat die grundsätzliche Verfolgungspflicht des Aufsichtsrates im Sinne des ARAG/Garmenbeck-Urteils ausgedient?, ZHR 176 (2012), 617; *von Danwitz*, Vom Verwaltungsprivat- zum Verwaltungsgesellschaftsrecht – Zu Begründung und Reichweite öffentlich-rechtlicher Ingerenzen in der mittelbaren Kommunalverwaltung, AöR 120 (1995), 595; *de Vries*, Die deliktische Außenhaftung von Leitungsorganen in der Kapitalgesellschaft, 2017; *Dietrich/Struwe*, Corporate Governance in der kommunalen Daseinsvorsorge, ZögU 29 (2006), 1; *Dittmer*, Öffentliche Unternehmen und der Begriff des öffentlichen Auftraggebers, 2007; *Eden*, Persönliche Schadensersatzhaftung von Managern gegenüber Kartellgeschädigten, 2013; *Ehlers*, Die Haftung von Verwaltungsratsmitgliedern öffentlich-rechtlicher Anstalten gegenüber der Anstalt und Außenstehenden, 2011; *Emmerich*, Wirtschaftsrecht der öffentlichen Unternehmen, 1969; *Empt/Orlikowski-Wolf*, Die Haftung von Vorstand und Verwaltungsrat von Anstalten des öffentlichen Rechts am Beispiel Nordrhein-Westfalens, ZIP 2016, 1053; *Engel*, Die öffentliche Hand zwischen Innen- und Außensteuerung, in Henneke (Hrsg.), Organisation kommunaler Aufgabenerfüllung, 1997, S. 145; *Engellandt*, Die Einflussnahme der Kommunen auf ihre Kapitalgesellschaften über das Anteilseignerorgan, 1995; *Faßbender*, 18 Jahre ARAG Garmenbeck – und alle Fragen offen?, NZG 2015, 501; *Fleischer*, Grundfragen der ökonomischen Theorie im Gesellschafts- und Kapitalmarktrecht, ZGR 2001, 1; *Fleischer*, Zur Angemessenheit der Vorstandsvergütung im Aktienrecht (Teil I), DStR 2005, 1279; *Früchtl*, Die Aktiengesellschaft als Rechtsform für die wirtschaftliche Betätigung der öffentlichen Hand, 2009; *Gamillscheg*, Die Grundrechte im Arbeitsrecht, 1989; *Gersdorf*, Öffentliche Unternehmen im Spannungsfeld zwischen Demokratie- und Wirtschaftlichkeitsprinzip, 2000; *Goette*, Zu den vom Aufsichtsrat zu beachtenden Abwägungskriterien im Rahmen seiner Entscheidung nach den ARAG/Garmenbeck-Kriterien – dargestellt am Beispiel des Kartellrechts, in FS Hoffmann-Becking, 2013, S. 377; *Goette*, Grundsätzliche Verfolgungspflicht des Aufsichtsrates bei sorgfaltswidrig schädigendem Verhalten im AG-Vorstand, ZHR 176 (2012), 588; *Greiling*, Öffentliche und private Unternehmen im Dienste öffentlicher Aufgabenwahrnehmung, in Budäus (Hrsg.), Organisationswandel öffentlicher Aufgabenwahrnehmung, 1998, S. 235; *Grooterhorst*, Unzulässigkeit einer Haftungserleichterung für Mitglieder des Verwaltungsrats von Landesbanken in der Rechtsform der Anstalt des öffentlichen Rechts, ZIP 2011, 212; *Habersack*, Private Public Partnership: Gemeinschaftsunternehmen zwischen Privaten und der öffentlichen Hand, ZGR 1996, 544; *Habersack*, 19 Jahre „ARAG/Garmenbeck" – und viele Fragen offen, NZG 2016, 321; *Heidel*, Zur Weisungsgebundenheit von Aufsichtsratsmitgliedern bei Beteiligung von Gebietskörperschaften und Alleinaktionären, NZG 2012, 48; *Jensen/Meckling*, Theory of the firm: Managerial behavior, agency costs and ownership structure, Journal of Financial Economics, 3 (1976), 305; *Kannen*, Möglichkeiten der Einflussnahme auf Aufsichtsräte in kommunalen Unternehmen, 2007; *Kersting*, Die Dritthaftung für Informationen im Bürgerlichen Recht, 2007; *Koch*, Die schleichende Erosion der Verfolgungspflicht nach ARAG/Garmenbeck, NZG 2014, 934; *Lutter/Grunewald*, Öffentliches Haushaltsrecht und privates Gesellschaftsrecht, WM 1984, 385; *Maier*, Beamte als Aufsichtsratsmitglieder der öffentlichen Hand in der Aktiengesellschaft, 2005; *Mann*, Die öffentlich-rechtliche Gesellschaft, 2002; *Mann*, Kritik am Konzept des Verwaltungsgesellschaftsrechts, Die Verwaltung 35 (2002), 463; *Mann*, Die Aufhebung der Verschwiegenheitspflicht von Aufsichtsratsmitgliedern einer kommunalen GmbH, in GS Tettinger, 2007, S. 295; *Meckies*, Die persönliche Haftung von Geschäftsleitern in Kapitalgesellschaften der öffentlichen Hand, 2003; *Neuner*, Die Stellung Körperbehinderter im Privatrecht, NJW 2000, 1822; *Ossenbühl*, Mitbestimmung in Eigengesellschaften der öffentlichen Hand, ZGR 1996, 504; *Rädler*, Art. 3 III GG als Schutzgesetz i.S. von § 823 II BGB? – Zur Renaissance der unmittelbaren Drittwirkung in der Gestalt des Schutzgesetzes, NJW 1998, 1621; *Ruter/Müller-Marqués Berger* in Pfitzer/Oser (Hrsg.), Deutscher Corporate Governance Kodex, 2003, S. 405; *Ruthig/Storr*, Öffentliches Wirtschaftsrecht, 2015; *Ruter*, Ein Corporate Governance Kodex für öffentliche Unternehmen, ZögU 27 (2004), 389; *Schedler/Müller/Sonderegger*, Führung, Steuerung und Aufsicht von öffentlichen Unternehmen, 2013; *Karsten Schmidt*, Gesellschaftsrecht, 2002; *Karsten Schmidt*, Rechtsschutz des Minderheitsgesellschafters gegen rechtswidrige ablehnende Beschlüsse, NJW 1986, 2018; *Schmidt-Aßmann/Ulmer*, Die Berichterstattung von Aufsichtsratsmitgliedern einer Gebietskörperschaft nach § 394 AktG, BB 1988, 1; *Uwe H. Schneider*, Verhandlungen des 70. Deutschen Juristentages, Band II/1, Sitzungsberichte, Referate und Beschlüsse, 2015, S. N47; *Uwe H. Schneider*, Stimmverbote im GmbH-Konzern, ZHR 150

(1986), 609; *Schön*, Der Einfluss öffentlich-rechtlicher Zielsetzungen auf das Statut privatrechtlicher Eigengesellschaften in öffentlicher Hand: Gesellschaftsrechtliche Analyse, ZGR 1996, 429; *Schürnbrand*, Der Public Corporate Governance Kodex – Transparenz in öffentlichen Unternehmen, PUBLICUS 2010, 34; *Schwintowski*, Verschwiegenheitspflicht für politisch legitimierte Mitglieder des Aufsichtsrats, NJW 1990, 1009; *Schwintowski*, Gesellschaftsrechtliche Bindungen für entsandte Aufsichtsratsmitglieder in öffentlichen Unternehmen, NJW 1995, 1316; *Seibert*, Gesetzliche Steuerungsinstrumente im Gesellschaftsrecht, ZRP 2011, 166; *Spannowsky*, Der Einfluss öffentlich-rechtlicher Zielsetzungen auf das Statut privatrechtlicher Eigengesellschaften in öffentlicher Hand: Öffentlich-rechtliche Vorgaben, insbesondere zur Ingerenzpflicht, ZGR 1996, 400; *Spindler*, Kommunale Mandatsträger in Aufsichtsräten – Verschwiegenheitspflicht und Weisungsgebundenheit, ZIP 2011, 689; *Turiaux/Huber*, Haftung kommunaler Funktionsträger: Das Ende der Gemütlichkeit, Bayerischer Gemeindetag 2011, 149; *Wandt*, Die Begrenzung der Aktionärsrechte der öffentlichen Hand, 2005; *Wiedemann*, Probleme der Gleichberechtigung im europäischen und deutschen Arbeitsrecht, in FS Friauf, 1996, S. 135; *Wilhelm*, Rechtsform und Haftung bei der juristischen Person, 1981.

A. Einleitung

Die öffentliche Hand kann ihre Aufgaben auch mit Mitteln des Privatrechts verfolgen und sich zu diesem Zweck auch an Unternehmen beteiligen.[1] Sie bleibt dabei stets dem Gemeinwohl verpflichtet (s. Rz. 13.14 ff.). Diese **Gemeinwohlbindung** findet ihren Ausdruck in den Voraussetzungen für eine Beteiligung der öffentlichen Hand an Unternehmen in der Rechtsform des Privatrechts sowie in der näheren Ausgestaltung dieser Beteiligung. Das öffentliche Recht verpflichtet die öffentliche Hand, sich nur unter bestimmten Voraussetzungen an Unternehmen des Privatrechts zu beteiligen und sich dabei unter anderem bestimmte Einflussmöglichkeiten vorzubehalten bzw. zu sichern (s. Rz. 13.8 ff., 13.11 ff.).

13.1

Die **Haftung der Organe** wird dabei nicht unmittelbar geregelt, so dass sich diese in Tatbestand und Rechtsfolge nach den Haftungsregeln der jeweils gewählten Rechtsform richtet. Eine Modifikation erfolgt nur insoweit, als den Organmitgliedern unter bestimmten Voraussetzungen ein **Freistellungsanspruch** gegen die öffentliche Hand zusteht (dazu Rz. 13.30 ff.). Zweck ist insofern, das Risiko der Organe, die ihre Vergütung häufig abführen müssen bzw. die keine Vergütung erhalten, nicht zu groß werden zu lassen (s. Rz. 13.30).

13.2

Hieraus darf jedoch nicht voreilig der Schluss gezogen werden, dass es abgesehen von diesem Freistellungsanspruch keine Besonderheiten der Organhaftung bei öffentlichen Unternehmen gebe. Einerseits würde dies die Gemeinwohlbindung öffentlicher Unternehmen und die hiermit verbundene **besondere Pflichtenstellung** der Organmitglieder ausblenden (dazu Rz. 13.21). Andererseits würde dem Umstand nicht hinreichend Rechnung getragen, dass eine Kontrolle der Organe durch die Gesellschafter und gegebenenfalls eine effektive **Anspruchsdurchsetzung** bei öffentlichen Unternehmen nicht immer in gleichem Maße gegeben ist wie in rein privatwirtschaftlichen Unternehmen (dazu Rz. 13.37 ff.).

13.3

---

1 Zu den gesetzlichen Grundlagen s. Rz. 13.8 ff. Aus der Rechtsprechung etwa BVerfG v. 21.1.1975 – 2 BvR 193/74, BVerfGE 38, 326, 339 = NJW 1975, 633, 634; BVerwG v. 28.3.1969 – VIII C 49/67, Rz. 38 – zit. nach juris = VerwRspr 1969, 713, 714; BVerwG v. 21.7.1989 – 7 B 184/88, NJW 1990, 134, 134 f.; BVerwG v. 6.3.1990 – 7 B 120/89, NVwZ 1990, 754; BGH v. 5.4.1984 – III ZR 12/83, BGHZ 91, 84, 95 ff. = NJW 1985, 197, 200.

B. Begriff des öffentlichen Unternehmens

13.4 Der Begriff des öffentlichen Unternehmens ist nicht eindeutig abgegrenzt.[1] Das deutsche Recht kennt bereits keinen einheitlichen **Unternehmensbegriff**[2]. Der Begriff des Unternehmens im europäischen Recht umfasst „jede eine wirtschaftliche Tätigkeit ausübende Einheit unabhängig von ihrer Rechtsform und der Art ihrer Finanzierung"[3]. Art. 2 lit. b) der Richtlinie 2006/111/EG über die Transparenz der finanziellen Beziehungen zwischen den Mitgliedstaaten und den öffentlichen Unternehmen sowie über die finanzielle Transparenz innerhalb bestimmter Unternehmen definiert „öffentliche Unternehmen" als „jedes Unternehmen, auf das die öffentliche Hand aufgrund Eigentums, finanzieller Beteiligung, Satzung oder sonstiger Bestimmungen, die die Tätigkeit des Unternehmens regeln, unmittelbar oder mittelbar einen beherrschenden Einfluss ausüben kann." Entscheidend ist damit die **wirtschaftliche Betätigung** der öffentlichen Hand, ohne dass es dabei auf die gewählte Rechtsform ankäme. Generell werden auch im deutschen Recht unter öffentlichen Unternehmen wirtschaftlich tätige Einheiten verstanden, die von der öffentlichen Hand beherrscht werden.[4] Auch das Bundesverfassungsgericht grenzt nach dem Kriterium der **Beherrschung** ab und unterwirft solche Unternehmen einer Grundrechtsbindung, welche durch die öffentliche Hand beherrscht werden.[5] Beherrschung durch die öffentliche Hand liegt unter anderem dann vor, wenn die öffentliche Hand **Mehrheitsgesellschafterin** des betreffenden Unternehmens ist. Diese Konstellation wird der nachfolgenden Untersuchung *pars pro toto* zu Grunde gelegt.

13.5 Sofern nun ein öffentliches Unternehmen in einer Rechtsform des öffentlichen Rechts betrieben wird, gelten für die Organhaftung die entsprechenden Vorschriften des öffentlichen Rechts. Wählt die öffentliche Hand für ihre wirtschaftliche Betätigung jedoch eine **Rechtsform des Privatrechts**, so stellt sich die Frage, ob und wenn ja welche Besonderheiten für die Organhaftung gelten. Für Zwecke der Behandlung der Frage der Organhaftung sollen daher nachfolgend nur solche öffentliche Unternehmen betrachtet werden, die in einer Rechtsform des Privatrechts, namentlich als GmbH oder AG, betrieben werden.

C. Betroffene Rechtsverhältnisse

13.6 Bevor die Besonderheiten der Haftung von Organmitgliedern bei öffentlichen Unternehmen diskutiert werden können, ist zunächst die Besonderheit der Situation öffentlicher Unternehmen in der Rechtsform des Privatrechts herauszuarbeiten. Diese ist durch ein **Span-**

---

1 Ausführliche Auseinandersetzung bei *Mann*, Die öffentlich-rechtliche Gesellschaft, 2002, S. 5 ff. S. auch *Dittmer*, Öffentliche Unternehmen und der Begriff des öffentlichen Auftraggebers, 2007, S. 28; *Fabry* in Fabry/Augsten, Unternehmen der öffentlichen Hand, 2. Aufl. 2011, Teil 1 Rz. 1 f.
2 *Hüffer/Koch*, § 15 AktG Rz. 8 f.; *Schall* in Spindler/Stilz, § 15 AktG Rz. 10 m.w.N.
3 Vgl. nur *Grave/Nyberg* in Loewenheim/Meessen/Riesenkampff/Kersting/Meyer-Lindemann, Kartellrecht, 3. Aufl. 2016, Art. 101 Abs. 1 AEUV Rz. 131 m.w.N.
4 Hierauf stellen etwa ab: *Dittmer*, Öffentliche Unternehmen und der Begriff des öffentlichen Auftraggebers, 2007, S. 28 f.; *Ruthig/Storr*, Öffentliches Wirtschaftsrecht, 4. Aufl. 2015, Rz. 667; *Schedler/Müller/Sonderegger*, Führung, Steuerung und Aufsicht von öffentlichen Unternehmen, 2. Aufl. 2013, S. 27; *Schwensfeier/Knauff* in Loewenheim/Meessen/Riesenkampff/Kersting/Meyer-Lindemann, Kartellrecht, 3. Aufl. 2016, § 130 Abs. 1 GWB Rz. 6 ff. Auf die Inhaberschaft oder Trägerschaft der öffentlichen Hand stellt, unabhängig vom Umfang der Beteiligung, ab, *Fabry* in Fabry/Augsten, Unternehmen der öffentlichen Hand, 2. Aufl. 2011, Teil 1 Rz. 1.
5 BVerfG v. 22.2.2011 – 1 BvR 699/06, BVerfGE 128, 226, 244 ff. = AG 2011, 378 = NJW 2011, 1201, 1202 f., Rz. 45 ff., 51 ff.

nungsverhältnis zwischen den öffentlich-rechtlichen Bindungen und den zivilrechtlichen, insbesondere den gesellschaftsrechtlichen, Rahmenbedingungen gekennzeichnet. Zwar aktualisieren sich die öffentlich-rechtlichen Bindungen und die Vorgaben des Zivil- und Gesellschaftsrechts in unterschiedlichen Rechtsverhältnissen.[1] Es stellt sich jedoch gerade die Frage, ob und inwieweit Vorgaben und Bindungen des öffentlichen Rechts Auswirkungen auf die grundsätzlich gesellschaftsrechtlich zu verortende Frage der Organhaftung haben können. Zur Beantwortung dieser Frage ist es zunächst erforderlich, die betreffenden Rechtsverhältnisse zu identifizieren und ihnen bestimmte Aspekte, die bei öffentlichen Unternehmen zu beachten sind, zuzuordnen.

I. Verhältnis der öffentlichen Hand zur Gesellschaft

Das Verhältnis der öffentlichen Hand zur Gesellschaft ist aus Sicht des Gesellschaftsrechts zunächst ein gesellschaftsrechtliches. Die **öffentliche Hand ist ein Gesellschafter wie jeder andere**, dem keine besonderen Rechte zustehen.[2] Sodann ist dieses Verhältnis jedoch auch in erheblichem Maße vom öffentlichen Recht geprägt.

13.7

1. Voraussetzungen für eine Beteiligung der öffentlichen Hand

Das öffentliche Recht stellt zunächst Voraussetzungen auf, unter denen sich die öffentliche Hand überhaupt an Unternehmen in einer Rechtsform des privaten Rechts **beteiligen darf**. So verlangt § 65 Abs. 1 BHO ein **wichtiges Interesse** des Bundes und dass sich der vom Bund angestrebte Zweck nicht besser und wirtschaftlicher erreichen lässt (Nr. 1), die betragsmäßige **Begrenzung der Einzahlungsverpflichtung** (Nr. 2), einen **angemessenen Einfluss** des Bundes, insbesondere im Aufsichtsrat oder in einem entsprechenden Überwachungsorgan (Nr. 3) sowie die Aufstellung und Prüfung von Jahresabschluss und Lagebericht in analoger Anwendung der Vorschriften des HGB für große Kapitalgesellschaften (Nr. 4).

13.8

Die **Haushaltsordnungen der Länder** entsprechen dem regelmäßig[3], fordern aber bisweilen zusätzlich die Aufschlüsselung der an Organmitglieder gezahlten Vergütung (vgl. § 65 Abs. 1 Nr. 5 LHO NRW).

13.9

Auch die **Gemeindeordnungen** entsprechen dem in der Sache, enthalten zum Teil aber auch deutlich detailliertere Regelungen (vgl. § 108 GO NRW). Bemerkenswert ist insofern insbesondere, dass hier ausdrücklich die Verpflichtung statuiert wird, die gemeindlichen Unternehmen durch Gesellschaftsvertrag, Satzung oder sonstiges Organisationsstatut auf den

13.10

---

1 S. hierzu auch *Fabry* in Fabry/Augsten, Unternehmen der öffentlichen Hand, 2. Aufl. 2011, Teil 1 Rz. 60 ff.
2 So auch BGH v. 13.10.1977 – II ZR 123/76, BGHZ 69, 334, 340 = NJW 1978, 104, 105 [zum Aktienrecht]; *Kersting* in KölnKomm. AktG, 3. Aufl. 2016, §§ 394, 395 AktG Rz. 12; *Engellandt*, Die Einflussnahme der Kommunen auf ihre Kapitalgesellschaften über das Anteilseignerorgan, 1995, S. 23 f.; *Habersack*, ZGR 1996, 544, 555 f.; *Maier*, Beamte als Aufsichtsratsmitglieder der öffentlichen Hand in der Aktiengesellschaft, 2005, S. 159 ff.; *Oetker* in Karsten Schmidt/Lutter, Vor §§ 394, 395 AktG Rz. 9; *Pelz* in Bürgers/Körber, Vor §§ 394 ff. AktG Rz. 3; *Rachlitz* in Grigoleit, §§ 394, 395 AktG Rz. 4 f.; *Schürnbrand* in MünchKomm. AktG, 3. Aufl. 2011, Vor § 394 AktG Rz. 14; *Schwintowski*, NJW 1990, 1009, 1013.
3 Vgl. etwa § 65 LHO NRW; Art. 65 BayHO; § 65 LHO BW; § 65 LHO BE; § 65 LHO HE; s. auch *Kersting* in KölnKomm. AktG, 3. Aufl. 2016, §§ 394, 395 AktG Rz. 13 (Fn. 30).

öffentlichen Zweck auszurichten (§ 108 Abs. 1 Nr. 7 GO NRW) sowie bei Mehrheitsbeteiligungen auf die Beachtung bestimmter **Wirtschaftsgrundsätze** hinzuwirken (§ 108 Abs. 3 GO NRW).[1]

2. Ingerenzpflichten der öffentlichen Hand

13.11 Sodann obliegen der öffentlichen Hand aufgrund des Demokratie- und Rechtsstaatsprinzip **Ingerenzpflichten** gegenüber dem öffentlichen Unternehmen. Diese lassen sich in Kontrollpflichten (insbesondere §§ 53, 54 HGrG, §§ 66 ff. BHO) und Einwirkungspflichten (etwa § 65 BHO) unterteilen.[2]

13.12 Dabei greifen nur die **§§ 53, 54 HGrG**, die gem. § 49 HGrG „einheitlich und unmittelbar für den Bund und die Länder" gelten, in das Gesellschaftsrecht ein und modifizieren dies zugunsten von Gebietskörperschaften.

13.13 Im Übrigen hat der Bundesgesetzgeber auf **Eingriffe in das Gesellschaftsrecht verzichtet** und die – gesellschaftsrechtlich einzuräumenden – Kontroll- und Einwirkungsmöglichkeiten lediglich zur Bedingung für die Beteiligung des Bundes gemacht. **Hinwirkenspflichten** sehen ein Erreichen der öffentlich-rechtlichen Vorgaben mit Mitteln des Gesellschaftsrechts vor.[3] Für die **Landesgesetzgeber**, denen ein Einwirken in das Gesellschaftsrecht schon kompetenzrechtlich verwehrt ist (Art. 31 GG)[4], gilt das Gleiche.[5]

3. Verpflichtung auf den öffentlichen Zweck

13.14 Schließlich müssen öffentliche Unternehmen auf einen **öffentlichen Zweck verpflichtet** sein. Dies ergibt sich einerseits aus der Verfassung, welche den Staat „materialiter auf die Wahrung des Gemeinwohls beschränkt"[6]. Andererseits folgt es auch aus dem einfachen Gesetzesrecht. Die Bundeshaushaltsordnung sowie die Landeshaushaltsordnungen machen ein **besonderes Interesse des Staates** zur Voraussetzung für die Beteiligung an Unternehmen in der Rechtsform des Privatrechts (vgl. nur § 65 Abs. 1 Nr. 1 BHO, s. auch Rz. 13.8 ff.). Ein solches liegt vor, wenn die Beteiligung zur Erfüllung öffentlicher Aufgaben notwendig ist[7], was sich im **Unternehmenszweck** niederschlagen muss.[8]

13.15 Das **Kommunalrecht** macht die Verpflichtung des Unternehmens auf den öffentlichen Zweck sogar explizit zur Voraussetzung für die Beteiligung der Gemeinde (§ 108 Abs. 1 Nr. 7 GO

---

1 Vgl. auch Art. 92, 94 f. BayGO; § 103 BWGemO; § 122 HGO.
2 *Kersting* in KölnKomm. AktG, 3. Aufl. 2016, §§ 394, 395 AktG Rz. 17 ff. S. auch *Fabry* in Fabry/Augsten, Unternehmen der öffentlichen Hand, 2. Aufl. 2011, Teil 1 Rz. 59 ff. m.w.N.
3 *Kersting* in KölnKomm. AktG, 3. Aufl. 2016, §§ 394, 395 AktG Rz. 63, 56 f.
4 *Kersting* in KölnKomm. AktG, 3. Aufl. 2016, §§ 394, 395 AktG Rz. 62 m.w.N.
5 Vgl. *Kersting* in KölnKomm. AktG, 3. Aufl. 2016, §§ 394, 395 AktG Rz. 13 (Fn. 30), 45 (Fn. 88).
6 So, freilich in anderem Kontext, BVerfG v. 21.9.1976 – 2 BvR 350/75, BVerfGE 42, 312, 332 = NJW 1976, 2123, 2125. Vgl. auch BGH v. 29.1.1962 – II ZR 1/61, BGHZ 36, 296, 307 = NJW 1962, 864.
7 *Nöhrbaß* in Piduch, Bundeshaushaltsrecht, 47. Lfg. Juli 2013, § 65 BHO Rz. 8; *Wernsmann* in Gröpl, BHO/LHO, 2011, § 65 BHO Rz. 5. Vgl. auch *Ruthig/Storr*, Öffentliches Wirtschaftsrecht, 4. Aufl. 2015, § 8 Rz. 706, 718.
8 *Nöhrbaß* in Piduch, Bundeshaushaltsrecht, 47. Lfg. Juli 2013, § 65 BHO Rz. 8; *Eibelshäuser/Nowak* in Engels/Eibelshäuser, Kommentar zum Haushaltsrecht, Stand Februar 2006, § 65 BHO Anm. 37.

NRW[1]). Bei der Definition des öffentlichen Zwecks kommt der öffentlichen Hand eine Einschätzungsprärogative zu, die jedoch insofern eingeschränkt ist, als die reine **Gewinnerzielungsabsicht nicht als öffentlicher Zweck** angesehen werden kann.[2] Dem entspricht die bei Mehrheitsbeteiligungen bestehende Hinwirkenspflicht auf die Einhaltung von **Wirtschaftsgrundsätzen**, welche die nachhaltige Erfüllung des öffentlichen Zwecks in den Vordergrund rücken und dieser die Gewinnerzielung unterordnen (vgl. §§ 108 Abs. 3, 109 Abs. 1 GO NRW).[3]

Das öffentliche Recht fordert mithin, dass bei einer Beteiligung der öffentlichen Hand an einem Unternehmen in einer Rechtsform des Privatrechts, die Ausrichtung dieses Unternehmens auf den öffentlichen Zweck **gesellschaftsvertraglich abgesichert** wird.[4] Es wirkt damit nicht unmittelbar in das Gesellschaftsrecht ein, sondern verpflichtet die öffentliche Hand lediglich zur Erreichung eines bestimmten Ziels (Verpflichtung des Unternehmens auf den öffentlichen Zweck) im Wege der Ausübung gesellschaftsrechtlicher Gestaltungsoptionen.[5] Dabei geht es nicht nur um die möglichst genau auf den öffentlichen Zweck zugeschnittene Festlegung des **Unternehmensgegenstands**; aufgrund der Subordination des Gewinnerzielungsinteresses ist vielmehr auch der **Gesellschaftszweck** berührt.[6] Zutreffend wird gefordert, dass die entsprechende Ausrichtung auf den öffentlichen Zweck nicht nur deskriptiv im Gesellschaftsvertrag bzw. der Satzung erfolgt, sondern auch in der praktischen Unternehmensführung zur Geltung gelangen müsste.[7] Es ist jedoch deutlich zu betonen, dass dieses öffentlich-rechtliche Desiderat nur als gesellschaftsrechtliche Pflicht zur Beachtung und Befolgung des Unternehmensgegenstands und Gesellschaftszwecks Wirkung erlangen kann. Das öffentliche Recht kann insofern lediglich die öffentliche Hand verpflichten, als Gesellschafterin ihre Einflussmöglichkeiten entsprechend geltend zu machen.

13.16

Die Verpflichtung des Unternehmens auf den **öffentlichen Zweck** durch eine entsprechende Festlegung des Gesellschaftszwecks und Unternehmensgegenstands in der Satzung oder im Gesellschaftsvertrag **bindet die Organe** der Gesellschaft. Diese müssen Gesellschaftszweck und Unternehmensgegenstand beachten und fördern, aber auch ihre Grenzen einhalten. Bei Verstößen trifft sie die gesellschaftsrechtliche Organhaftung gegenüber der Gesellschaft (s. Rz. 13.18 ff.). Eine Besonderheit öffentlicher Unternehmen liegt hierin nicht. Die Organe sind in gleicher Weise pflichtgebunden und einer Haftung für Pflichtverletzungen unterwor-

13.17

---

1 Ähnlich etwa § 137 Abs. 1 Nr. 5 NKomVG; Art. 92 Abs. 1 Nr. 1 BayGO; § 103 Abs. 1 Nr. 2 GO BW.
2 BVerwG v. 22.2.1972 – I C 24.69, Rz. 17 – zit. nach juris = BVerwGE 39, 329, 335. Dazu auch *Kannen*, Möglichkeiten der Einflussnahme auf Aufsichtsräte in kommunalen Unternehmen, 2007, S. 6; *Meßmer* in Fabry/Augsten, Unternehmen der öffentlichen Hand, 2. Aufl. 2011, Teil 2 Rz. 25 ff.; *Ruthig/Storr*, Öffentliches Wirtschaftsrecht, 4. Aufl. 2015, § 8 Rz. 706 f.
3 Art. 95 Abs. 1 BayGO; § 103 Abs. 3 BWGemO; § 122 Abs. 4 Nr. 2 i.V.m. § 121 Abs. 8 HGO.
4 Vgl. *Badura*, Wirtschaftsverfassung und Wirtschaftsverwaltung, 4. Aufl. 2011, Rz. 244.
5 Vgl. hierzu *Früchtl*, Die Aktiengesellschaft als Rechtsform für die wirtschaftliche Betätigung der öffentlichen Hand, 2009, S. 31, 99.
6 Nachfolgend wird umfassend auch vom „Unternehmenszweck" gesprochen. Zur Unterscheidung von Unternehmensgegenstand und Gesellschaftszweck s. nur *Bayer* in Lutter/Hommelhoff, § 1 GmbHG Rz. 1 f.; *Hüffer/Koch*, § 23 AktG Rz. 21 f.; *Pentz* in MünchKomm. AktG, 4. Aufl. 2016, § 23 AktG Rz. 70 ff.; alle m.w.N.; vgl. auch BGH v. 10.10.1994 – II ZR 32/94, BGHZ 127, 176, 180 = GmbHR 1995, 224 = NJW 1995, 192 f.
7 *S. Gersdorf*, Öffentliche Unternehmen im Spannungsfeld zwischen Demokratie- und Wirtschaftlichkeitsprinzip, 2000, S. 268; *Früchtl*, Die Aktiengesellschaft als Rechtsform für die wirtschaftliche Betätigung der öffentlichen Hand, 2009, S. 31 f.

fen wie die Organe anderer Gesellschaften. Ein Unterschied besteht lediglich darin, dass sich aus der Konkretisierung der abstrakten Pflicht zur Beachtung und Förderung von Unternehmensgegenstand und Gesellschaftszweck **andere Anforderungen** an die Gesellschaftsorgane ergeben als dies bei ausschließlich gewinnorientierten privatwirtschaftlichen Unternehmen der Fall ist.[1]

II. Verhältnis des Organs zur Gesellschaft (Innenhaftung)

13.18 Das Verhältnis des Organs zur Gesellschaft ist zunächst **gesellschaftsrechtlich geprägt**. Die Organhaftung richtet sich damit nach gesellschaftsrechtlichen Normen, konkret für den Geschäftsführer der GmbH nach § 43 Abs. 2 GmbHG, für den Vorstand der Aktiengesellschaft nach § 93 Abs. 2 AktG und für den Aufsichtsrat der Aktiengesellschaft nach §§ 116 Satz 1, 93 Abs. 2 AktG. Die Organe werden in diesen Normen auf die Sorgfalt eines ordentlichen und gewissenhaften Geschäftsleiters (§ 93 Abs. 1 Satz 1 AktG) bzw. eines ordentlichen Geschäftsmannes (§ 43 Abs. 1 GmbHG) verpflichtet.

13.19 Bei der Aktiengesellschaft wird das Vorliegen einer Pflichtverletzung gem. § 93 Abs. 2 Satz 2 AktG vermutet. Den Organen kommt jedoch die Business-judgement-rule (§ 93 Abs. 1 Satz 2 AktG) zugute. Die Haftung des Vorstands wird gem. § 112 AktG durch den Aufsichtsrat geltend gemacht, der nach der *ARAG/Garmenbeck*-Rechtsprechung des BGH hierzu grundsätzlich verpflichtet ist.[2] Die Haftung des Aufsichtsrats wird demgegenüber durch den Vorstand geltend gemacht. Die Hauptversammlung kann die Geltendmachung von Ersatzansprüchen durch Mehrheitsbeschluss erzwingen (§ 147 AktG) und eine Minderheit von Aktionären kann die Geltendmachung über ein Klagezulassungsverfahren (§ 148 AktG) erreichen. § 93 Abs. 4 Satz 3 AktG stellt strenge Voraussetzungen für einen Vergleich oder Anspruchsverzicht durch die Gesellschaft auf. Aufgrund des Grundsatzes der Satzungsstrenge (§ 23 Abs. 5 AktG) können in der Satzung der Aktiengesellschaft keine Haftungsmilderungen vorgesehen werden.[3] Auch eine Entlastung durch die Hauptversammlung hat keine enthaftende Wirkung (§ 120 Abs. 2 Satz 2 AktG). Die Haftung gegenüber der Gesellschaft entfällt nur dann, wenn die Handlung auf einem gesetzmäßigen Beschluss der Hauptversammlung beruht (§ 93 Abs. 4 Satz 1 AktG); durch eine Billigung des Aufsichtsrates entfällt die Ersatzpflicht hingegen nicht (§ 93 Abs. 4 Satz 2 AktG).[4]

13.20 Auch bei der **GmbH** wird in analoger Anwendung des § 93 Abs. 2 Satz 2 AktG das Vorliegen einer Pflichtverletzung vermutet und auch hier kommt den Organen die Business-judgement-rule zugute.[5] Haftungsansprüche gegen den Geschäftsführer sind gem. § 46 Nr. 8 GmbHG durch die Gesellschafter geltend zu machen; auf Aufsichtsrats- oder Beiratsmitglieder findet

---

1 Vgl. auch *Uwe H. Schneider* in Verhandlungen des 70. Deutschen Juristentages, Bd. II/1, Sitzungsberichte – Referate und Beschlüsse, S. N47, N54.
2 BGH v. 21.4.1997 – II ZR 175/95, BGHZ 135, 244 ff. = AG 1997, 377. S. hierzu aber auch die neue Interpretation des Urteils von *Goette* in FS Hoffmann-Becking, 2013, S. 377 ff.; *Goette*, ZHR 176 (2012), 588 ff. Aus neuerer Zeit s. auch *Casper*, ZHR 176 (2012), 617 ff.; *Faßbender*, NZG 2015, 501 ff.; *Habersack*, NZG 2016, 321 ff.; *Koch*, NZG 2014, 934 ff.
3 Ganz h.M., s. nur *Fleischer* in Spindler/Stilz, § 93 AktG Rz. 4; *Hüffer/Koch*, § 93 AktG Rz. 2, jeweils m.w.N.
4 Zu Verzicht, Vergleich und sonstigen Fällen der Haftungsbeschränkung s. ausführlich unten *Haas/Wigand*, Rz. 20.62 ff.
5 S. nur *Zöllner/Noack* in Baumbach/Hueck, § 43 GmbHG Rz. 22 ff., 36 ff.

die Norm entsprechende Anwendung.[1] Betroffene Gesellschafter-Geschäftsführer unterliegen einem Stimmverbot (§ 47 Abs. 4 Satz 2 GmbHG). Minderheiten können die Geltendmachung von Ersatzansprüchen nur im Fall eines Verstoßes der Mehrheit gegen eine positive Stimmpflicht erzwingen.[2] Die Vertretung der Gesellschaft in Prozessen gegen die Geschäftsführer obliegt ebenfalls der Gesellschafterversammlung (§ 46 Nr. 8 Alt. 2 GmbHG); ist ein Aufsichtsrat vorhanden, obliegt sie diesem (§ 112 AktG, ggfls. i.V.m. § 52 Abs. 1 GmbHG). Die Gesellschaft kann grundsätzlich über entstandene Schadensersatzansprüche, etwa durch Verzicht oder Vergleich, verfügen[3]; eine Entlastung des Organs, für die die Gesellschafterversammlung zuständig ist (§ 46 Nr. 5 GmbHG)[4], hat haftungsbefreiende Wirkung.[5] Eine Weisung der Gesellschafter oder Billigung einer Handlung durch die Gesellschafter schließt die Haftung aus.[6] Möglich ist es zudem, die Haftung des Geschäftsführers in der Satzung zu beschränken, wobei die Reichweite der Beschränkungsmöglichkeit umstritten ist.[7]

Besonderheiten für öffentliche Unternehmen bestehen grundsätzlich nicht. Durch die Wahl der Rechtsform der Aktiengesellschaft oder GmbH hat sich die öffentliche Hand auch den entsprechenden Regelungen des Gesellschaftsrechts unterworfen.[8] Die **Organhaftung** richtet sich damit nach den **allgemeinen gesellschaftsrechtlichen Regeln**. Die Pflichten des Organs bestehen nur gegenüber der Gesellschaft und nicht gegenüber der öffentlichen Hand; eine **inhalt-**

13.21

---

1 *Zöllner/Noack* in Baumbach/Hueck, § 46 GmbHG Rz. 59.
2 Vgl. hierzu *Karsten Schmidt* in Scholz, § 46 GmbHG Rz. 152 ff., 158. Zur Möglichkeit einer *actio pro socio* in diesem Zusammenhang s. *Bayer* in Lutter/Hommelhoff, § 46 GmbHG Rz. 41; *Karsten Schmidt* in Scholz, § 46 GmbHG Rz. 161; *Zöllner/Noack* in Baumbach/Hueck, § 46 GmbHG Rz. 59.
3 Ganz h.M.: BGH v. 16.9.2002 – II ZR 107/01, NZG 2002, 1170, 1171 = GmbHR 2002, 1197; *Altmeppen* in Roth/Altmeppen, § 43 GmbHG Rz. 120 ff.; *Fleischer* in MünchKomm. GmbHG, 2. Aufl. 2016, § 43 GmbHG Rz. 281 m.w.N.; *Haas/Ziemons* in BeckOK-GmbHG, 29. Ed., Stand: 1.6.2016, § 43 GmbHG Rz. 380; *Haas/Ziemons* in Michalski, § 43 GmbHG Rz. 238; *Zöllner/Noack* in Baumbach/Hueck, § 43 GmbHG Rz. 47.
4 Die Norm betrifft direkt nur die Entlastung von Geschäftsführern. Für die Entlastung der Aufsichtsratsmitglieder gelten jedoch die gleichen Grundsätze, solange nicht wegen des MitbestG das AktG anwendbar ist: *Roth* in Roth/Altmeppen, § 46 GmbHG Rz. 38.
5 Ganz h.M.: BGH v. 30.10.1958 – II ZR 253/56, NJW 1959, 192, 193; BGH v. 16.9.2002 – II ZR 107/01, NZG 2002, 1170, 1171 = GmbHR 2002, 1197; BGH v. 7.4.2003 – II ZR 193/02, NZG 2003, 528 = GmbHR 2003, 712; BGH v. 18.2.2008 – II ZR 62/07, NZG 2008, 314, 315 = GmbHR 2008, 488; *Mollenkopf* in Henssler/Strohn, § 46 GmbHG Rz. 27; *Roth* in Roth/Altmeppen, § 46 GmbHG Rz. 30; *Uwe H. Schneider* in Scholz, § 43 GmbHG Rz. 265; *Zöllner/Noack* in Baumbach/Hueck, § 46 GmbHG Rz. 41.
6 Vgl. § 43 Abs. 3 Satz 3 GmbHG, sowie BGH v. 14.12.1959 – II ZR 187/57, BGHZ 31, 258, 278 = NJW 1960, 285, 289; BGH v. 21.6.1999 – II ZR 47/98, BGHZ 142, 92, 95 f. = NJW 1999, 2817, 2818 = GmbHR 1999, 921; BGH v. 26.10.2009 – II ZR 222/08 (KG), NJW 2010, 64 = GmbHR 2010, 85; *Fleischer* in MünchKomm. GmbHG, 2. Aufl. 2016, § 43 GmbHG Rz. 275; *Kleindiek* in Lutter/Hommelhoff, § 43 GmbHG Rz. 40; *Uwe H. Schneider* in Scholz, § 43 GmbHG Rz. 119 ff. Hält man Weisungen an Aufsichtsratsmitglieder bei einem fakultativen GmbH-Aufsichtsrat für möglich, so führen auch solche Weisungen zur Haftungsfreiheit für die Mitglieder des Aufsichtsrats, vgl. *Altmeppen*, NJW 2003, 2561, 2566 f.
7 Großzügig etwa BGH v. 16.9.2002 – II ZR 107/01, NJW 2002, 3777 f. = GmbHR 2002, 1197; *Kleindiek* in Lutter/Hommelhoff, § 43 GmbHG Rz. 62 f.; *Uwe H. Schneider* in Scholz, § 43 GmbHG Rz. 258 ff., 261. Strenger *Zöllner/Noack* in Baumbach/Hueck, § 43 GmbHG Rz. 46 m.w.N. Zu Verzicht, Vergleich und sonstigen Fällen der Haftungsbeschränkung s. ausführlich unten *Haas/Wigand*, Rz. 20.1 ff.
8 Vgl. ausdrücklich BGH v. 13.10.1977 – II ZR 123/76, BGHZ 69, 334, 340 = NJW 1978, 104, 105.

liche Modifizierung findet nicht statt. Dies gilt auch dann, wenn das Organmitglied durch die öffentliche Hand vorgeschlagen oder entsandt wurde.[1] Die allgemeinen gesellschaftsrechtlichen Regeln verlangen aber auch, dass die Organe den Unternehmenszweck verfolgen und Beschränkungen dieses Zwecks einhalten.[2] Auf diese Weise wirkt der **besondere Zweck öffentlicher Unternehmen** (dazu Rz. 13.14 ff.) mittelbar auf das Gesellschaftsrecht ein, wobei dies systemkonform innerhalb des Gesellschaftsrechts über die gesellschaftsrechtlich zulässige Festlegung von Gesellschaftszweck und Unternehmensgegenstand geschieht.[3] Beispielsweise folgert die Rechtsprechung aus § 43 Abs. 1 GmbHG für kommunale Unternehmen der Daseinsvorsorge die Gebote der **Sparsamkeit und Wirtschaftlichkeit**.[4] Diese Gebote schränken die Einschätzungsprärogative im Vergleich zu rein privatwirtschaftlichen Unternehmen ein.[5] Angenommen wurde auch eine Verpflichtung zur **vergaberechtskonformen Ausschreibung**.[6]

13.22 Eine **besondere Pflichtenbindung** des Organs gegenüber dem öffentlichen Unternehmen ergibt sich jedoch auch außerhalb des Gesellschaftsrechts, und zwar aus der vom Bundesverfassungsgericht bei einer Mehrheitsbeteiligung oder Alleineigentum der öffentlichen Hand angenommenen unmittelbaren **Grundrechtsbindung** des öffentlichen Unternehmens.[7] Wird für eine Gesellschaft aufgrund der mehrheitlichen Beteiligung der öffentlichen Hand eine besondere Pflichtenstellung im Außenverhältnis begründet, so muss sich dies zwangsläufig auch auf das Innenverhältnis, d.h. die Pflichten der Gesellschaftsorgane, auswirken. Eine Verpflichtung der Gesellschaft auf die Grundrechte nach außen ist ohne gleichzeitige Verpflichtung der Organe gegenüber der Gesellschaft, diese Grundrechtsbindung der Gesellschaft zu beachten und umzusetzen, nicht denkbar.[8] Das Organ hat der Gesellschaft daher

---

1 Vgl. BGH v. 29.1.1962 – II ZR 1/61, BGHZ 36, 296, 306 = NJW 1962, 864, 866; BGH v. 13.10.1977 – II ZR 123/76, BGHZ 69, 334, 340 = NJW 1978, 104, 105; *Emmerich*, Wirtschaftsrecht der öffentlichen Unternehmen, 1969, S. 164 f.; *Uwe H. Schneider* in Verhandlungen des 70. Deutschen Juristentages, Bd. II/1, Sitzungsberichte – Referate und Beschlüsse, S. N47, N54. S. hierzu auch *Kersting* in KölnKomm. AktG, 3. Aufl. 2016, §§ 394, 395 AktG Rz. 60 ff., 65 ff. m.w.N.
2 BGH v. 15.1.2013 – II ZR 90/11, NZG 2013, 293, 294 Rz. 16 = AG 2013, 259; BGH v. 5.10.1992 – II ZR 172/91, BGHZ 119, 305, 332 = NJW 1993, 57, 63; *Oetker* in Henssler/Strohn, § 43 GmbHG Rz. 21; *Zöllner/Noack* in Baumbach/Hueck, § 35 GmbHG Rz. 29 ff.
3 *Schön*, ZGR 1996, 429, 441; *Spannowsky*, ZGR 1996, 400, 425; *Ulmer/Löbbe* in Ulmer/Habersack/ Löbbe, § 1 GmbHG Rz. 20. Allgemein zur Bindung der Organe an den Unternehmensgegenstand und -zweck: *Karsten Schmidt*, Gesellschaftsrecht, 4. Aufl. 2002, § 4 II 3, S. 64 ff.; vgl. auch BGH v. 10.10.1994 – II ZR 32/94, BGHZ 127, 176, 180 = NJW 1995, 192 f. = GmbHR 1995, 224.
4 OLG Hamm v. 21.6.1985 – 4 Ws 163/85, NStZ 1986, 119; OLG Jena v. 12.1.2011 – 1 Ws 352/10, Rz. 78 – zit. nach juris = GmbHR 2011, 813.
5 So für Krankenkassen OLG Hamm v. 17.3.2016 – 27 U 36/15, AG 2016, 508, 509 [Revision anhängig unter III ZR 210/16].
6 LG Münster v. 18.5.2006 – 12 O 484/05, NZBau 2006, 523, 524 f.
7 BVerfG v. 22.2.2011 – 1 BvR 699/06, BVerfGE 128, 226, 244 ff. = NJW 2011, 1201, 1202 f., Rz. 45 ff., 51 ff. = AG 2011, 378; s. hierzu Rz. 13.4 m.w.N.
8 Die Verpflichtung der Organe gegenüber der Gesellschaft, die der Gesellschaft im Außenverhältnis obliegenden Pflichten einzuhalten, folgt schon aus der Legalitätspflicht, s. nur BGH v. 18.6.2014 – I ZR 242/12, NZG 2014, 991, 993 = GmbHR 2014, 977; BGH v. 15.10.1996 – VI ZR 319/95, BGHZ 133, 370, 375 = NJW 1997, 130, 131 = GmbHR 1997, 25 = AG 1997, 37; BGH v. 10.7.2012 – VI ZR 341/10, BGHZ 194, 26, 34 = NJW 2012, 3439, 3441 = GmbHR 2012, 964; s. auch *Altmeppen* in Roth/ Altmeppen, § 43 GmbHG Rz. 6; *Haas/Ziemons* in Michalski, § 43 GmbHG Rz. 46; *Oetker* in Henssler/Strohn, § 43 GmbHG Rz. 23; *Spindler* in MünchKomm. AktG, 4. Aufl. 2014, § 93 AktG Rz. 23 f. Die Verpflichtung besteht allerdings grds. nur gegenüber der Gesellschaft, nicht gegenüber Außenstehenden, BGH v. 18.6.2014 – I ZR 242/12, NZG 2014, 991, 993 = GmbHR 2014, 977.

Schäden zu ersetzen, die aus einer fehlenden oder unzureichenden Beachtung der Grundrechtsbindung resultieren. Grundrechte sind allerdings vielfach bereits mittelbar durch die Vorschriften des Deliktsrechts (vgl. nur den Schutz der absoluten Rechte des § 823 Abs. 1 BGB) sowie des Allgemeinen Gleichbehandlungsgesetzes geschützt. Aus der Grundrechtsbindung des öffentlichen Unternehmens resultiert daher insoweit **keine Steigerung des Haftungsrisikos** für Gesellschaft und Organ. Etwas anderes mag nur gelten, soweit Grundrechte betroffen sind, die nicht bereits mittelbar durch das Zivilrecht geschützt sind. Allerdings dürften Schäden aufgrund einer unzulässigen Beeinträchtigung der Meinungs- und/oder Versammlungsfreiheit häufig immaterieller Art sein, so dass die Steigerung des Haftungsrisikos gering sein dürfte.

III. Verhältnis des Organs zu Dritten (Außenhaftung)

Das Verhältnis des Organs zu Dritten, insbesondere seine **Außenhaftung** gegenüber Dritten, wird durch die **allgemeinen Regeln** bestimmt. In Betracht kommen etwa eine Haftung des Organs als Vertreter ohne Vertretungsmacht (§ 179 BGB), eine Dritthaftung gem. §§ 280 Abs. 1, 241 Abs. 2, 311 Abs. 3 BGB[1] sowie deliktische Haftungstatbestände (§§ 823, 826 BGB).[2] Insbesondere im Hinblick auf die deliktischen Haftungstatbestände kann es zu Friktionen mit dem Gesellschaftsrecht kommen, beispielsweise dann, wenn die Verletzung von Pflichten, welche der Gesellschaft einem Dritten gegenüber obliegen, zur Grundlage für eine deliktische Haftung des Organs wird. Die Erfüllung dieser Pflichten der Gesellschaft gegenüber einem Dritten schuldet das Organ nämlich zunächst einmal nur der Gesellschaft, nicht aber dem Dritten.[3] Generell betrifft die Organaußenhaftung das jeweilige Vertretungsorgan, den Geschäftsführer bei der GmbH bzw. den Vorstand der AG. Eine Außenhaftung für Aufsichtsratsmitglieder ist zwar ebenfalls denkbar, dürfte jedoch deutlich seltener praktisch werden.

13.23

Im Hinblick auf öffentliche Unternehmen ist noch deren **Grundrechtsbindung** besonders zu beachten (dazu Rz. 13.22). Letztlich lässt sich hieraus jedoch keine unmittelbare Außenhaftung des Organs ableiten. Die Grundrechtsbindung trifft die Gesellschaft, während das Organ nur im Innenverhältnis gegenüber der Gesellschaft dazu verpflichtet ist, die Grundrechtsbindung der Gesellschaft zu beachten. Eine entsprechende Pflicht gegenüber Dritten besteht nicht. Auch eine Haftung nach **Staatshaftungsgrundsätzen** kommt nicht in Betracht. Handelt der Staat in einer Rechtsform des Privatrechts, wie es für öffentliche Unternehmen charakteristisch ist, so findet Art. 34 GG keine Anwendung und die Vorschrift des § 839 BGB verpflichtet nur Beamte im staatsrechtlichen Sinne zum Schadensersatz.[4] Eine Haftung des Organs gegenüber Dritten für Grundrechtsverletzungen lässt sich daher grundsätzlich nur aus den allgemeinen deliktischen Vorschriften ableiten, soweit diese mittelbar bestimmte Grundrechte schützen. Zu nennen sind hier beispielsweise Leben, körperliche Unversehrt-

13.24

---

1 S. hierzu ausführlich *Kersting*, Die Dritthaftung für Informationen im Bürgerlichen Recht, 2007.
2 Ausführlich zur Organhaftung gegenüber Dritten oben *Altmeppen*, § 7; s. auch *de Vries*, Die deliktische Außenhaftung von Leitungsorganen in der Kapitalgesellschaft, 2017. Zur kartellrechtlichen Haftung s. unten *Dreher*, § 35 sowie *Eden*, Persönliche Schadensersatzhaftung von Managern gegenüber Kartellgeschädigten, 2013.
3 Vgl. hierzu den Baustofffall, BGH v. 5.12.1989 – VI ZR 335/88, BGHZ 109, 297, 303; oben *Altmeppen*, Rz. 7.38 ff.; *de Vries*, Die deliktische Außenhaftung von Leitungsorganen in der Kapitalgesellschaft, 2017.
4 S. hierzu *Papier* in MünchKomm. BGB, 6. Aufl. 2013, § 839 BGB Rz. 130, 143, 150, 155 f. Vgl. auch *Meckies*, Die persönliche Haftung von Geschäftsleitern in Kapitalgesellschaften der öffentlichen Hand, 2003, S. 87 f.

heit, Eigentum, Freiheit, allgemeines Persönlichkeitsrecht, welche über § 823 Abs. 1 BGB geschützt werden. Eine darüber hinausgehende allgemeine, unmittelbare Einstufung von Grundrechten als Schutzgesetze im Sinne des § 823 Abs. 2 BGB wird vorwiegend im arbeitsrechtlichen Kontext erörtert, insbesondere im Hinblick auf Art. 3 Abs. 3 Satz 2 GG[1], Art. 9 Abs. 3 GG[2] und Art. 33 Abs. 2 GG.[3] Ansonsten ist ihr – jedenfalls im Verhältnis zu nicht grundrechtsverpflichteten Privaten – mit Zurückhaltung zu begegnen.[4]

IV. Verhältnis des Organs zur öffentlichen Hand

1. Allgemein

13.25 Will man das Verhältnis des Organs zur öffentlichen Hand betrachten, so ist zunächst festzuhalten, dass eine Person **in ihrer Eigenschaft als Organ** grundsätzlich (zu §§ 394, 395 AktG s. jedoch Rz. 13.27 f.) **nur in einem gesellschaftsrechtlichen Verhältnis** zur Gesellschaft, nicht aber in einem Verhältnis zur öffentlichen Hand steht. Der Umstand, dass die öffentliche Hand Mehrheits- oder Alleineigentümerin dieser Gesellschaft ist, ist dabei zunächst unerheblich und wirft für sich keine besonderen Probleme auf (s. Rz. 13.7).

2. Beamte als Organe

13.26 Allerdings können Personen, welche zum Organ bestellt werden, **besonderen öffentlich-rechtlichen Bindungen unterworfen** sein. Dies ist zunächst dann der Fall, wenn die zum Organ bestellte Person als Beamte der Mehrheits- oder Alleineigentümerin weisungsgebunden ist. Es stellt sich dann die Frage, ob und inwiefern eine **Weisungsgebundenheit** aus diesem Verhältnis in das gesellschaftsrechtliche Verhältnis hineinwirkt. Diese Frage ist zu verneinen. Die Organeigenschaft und die Beamteneigenschaft einer Person sind zu trennen.[5] Die betreffende Person ist nicht als Beamte Organ der Gesellschaft; Organstellungen in Gesellschaften sind – auch in öffentlichen Unternehmen – keine öffentlichen Ämter, die mit

---

1 Bundesregierung, BT-Drucks. 13/5595, S. 5; *Förster* in BeckOK-BGB, 41. Ed., Stand: 1.11.2016, § 823 BGB Rz. 286b; *Gamillscheg*, Die Grundrechte im Arbeitsrecht, 1989, S. 44; *Neuner*, NJW 2000, 1822, 1832; *Wiedemann* in FS Friauf, 1996, S. 135, 154. Gegen eine Direktwirkung von Art. 3 Abs. 3 Satz 2 GG *Rädler*, NJW 1998, 1621, 1622. Im Bereich des Vergaberechts s. auch OLG Jena v. 8.12.2008 – 9 U 431/08, Rz. 30 – zit. nach juris [grds. zustimmend, im konkreten Fall jedoch ablehnend].
2 BAG v. 14.2.1967 – 1 AZR 494/65, NJW 1967, 843, 844; BAG v. 21.12.1982 – 1 AZR 411/80, NJW 1983, 1750, 1751; BAG v. 12.9.1984 – 1 AZR 342/83, NJW 1985, 85, 87; *Baumann*, RdA 1994, 272, 278 f.; *Förster* in BeckOK-BGB, 41. Ed., Stand: 1.11.2016, § 823 BGB Rz. 286b; *Hager* in Staudinger, 2009, § 823 BGB Rz. G 9, G 47; *Wagner* in MünchKomm. BGB, 6. Aufl. 2013, § 823 BGB Rz. 424.
3 BAG v. 24.9.2009 – 8 AZR 636/08, NJW 2010, 554, 558 Rz. 48 ff.; *Förster* in BeckOK-BGB, 41. Ed., Stand: 1.11.2016, § 823 BGB Rz. 286b; *Sprau* in Palandt, § 823 BGB Rz. 66.
4 S. aber *Meckies*, Die persönliche Haftung von Geschäftsleitern in Kapitalgesellschaften der öffentlichen Hand, 2003, S. 88 ff.; *Wagner* in MünchKomm. BGB, 6. Aufl. 2013, § 823 BGB Rz. 394 [Normen des GG kämen als Schutzgesetze in Betracht, dies bleibe aber regelmäßig folgenlos, da generalklauselartige Garantien].
5 Vgl. hierzu auch BGH v. 29.1.1962 – II ZR 1/61, BGHZ 36, 296, 310 = NJW 1962, 864, 867; vgl. auch BGH v. 26.3.1984 – II ZR 171/83, BGHZ 90, 381, 398 = NJW 1984, 1893, 1897 = AG 1984, 181 = GmbHR 1984, 343.

Beamten zu besetzen wären. Der Dienstherr eines Beamten hat diesen gegenüber daher kein Weisungsrecht in Bezug auf seine Organstellung.[1]

3. Organe als Adressaten öffentlich-rechtlicher Regelungen

a) Vorgaben für die Tätigkeit als Organ

Sodann adressiert das öffentliche Recht auch unabhängig von einer Beamteneigenschaft spezifisch Personen, die Funktionen in öffentlichen Unternehmen ausüben. **Kommunalrechtliche Vorschriften** machen allen Vertretern der Gemeinde in Unternehmen, an denen die Gemeinde unmittelbar oder mittelbar beteiligt ist, **Vorgaben** für ihre Tätigkeit. So verpflichten sie Gemeindevertreter in Unternehmen nicht nur als Vertreter der Gemeinde in der Gesellschafterversammlung, sondern auch in ihrer Eigenschaft als (Aufsichts-)Organe[2] der Gesellschaft auf die **Interessen der Gemeinde** (vgl. nur § 113 Abs. 1 Satz 1 GO NRW) und binden sie an die **Beschlüsse** des Rates und seiner Ausschüsse (vgl. nur § 113 Abs. 1 Satz 2 GO NRW). Außerdem müssen vom Rat bestellte Vertreter ihr Amt auf Beschluss des Rates jederzeit **niederlegen** (vgl. nur § 113 Abs. 1 Satz 3 GO NRW). Zudem sind die Gemeindevertreter zur frühzeitigen **Unterrichtung** des Rates über alle Angelegenheiten von besonderer Bedeutung verpflichtet (§ 113 Abs. 5 Satz 1 GO NRW). Diese Vorschrift findet eine Entsprechung im AktG, welches in §§ 394, 395 AktG die **Verschwiegenheitspflicht** von Aufsichtsratsmitgliedern, die auf Veranlassung einer Gebietskörperschaft in den Aufsichtsrat gewählt oder entsandt worden sind, hinsichtlich der der Gebietskörperschaft zu erstattenden Berichte zurücknimmt.[3]

13.27

Die kommunalrechtlichen Vorgaben werden freilich häufig dahingehend **eingeschränkt**, dass sie nur gelten, soweit durch Gesetz nichts anderes bestimmt sei (vgl. nur § 113 Abs. 1 Satz 4, Abs. 5 Satz 2 GO NRW). Letztlich trägt diese Einschränkung dem Umstand Rechnung, dass die öffentlich-rechtlichen Vorgaben nur im Rahmen des vom Gesellschaftsrecht gewährten Gestaltungsspielraums zum Tragen kommen können, sie das **Gesellschaftsrecht** aber gerade **nicht modifizieren** oder öffentlich-rechtlich überlagern. Die These vom **Verwaltungsgesell-**

13.28

---

1 BGH v. 29.1.1962 – II ZR 1/61, BGHZ 36, 296, 306 f. = NJW 1962, 864, 866; *Habersack* in MünchKomm. AktG, 4. Aufl. 2014, § 101 AktG Rz. 51, § 111 AktG Rz. 139; *Hüffer/Koch*, § 101 AktG Rz. 12, § 394 AktG Rz. 27 ff.; *Schwintowski*, NJW 1995, 1316, 1318 ff.; *Spindler* in Spindler/Stilz, § 101 AktG Rz. 79; *Spindler*, ZIP 2011, 689, 694.
2 § 113 GO NRW differenziert zwischen Gesellschafterversammlungen und Aufsichtsorganen einerseits (§ 113 Abs. 1 GO NRW) und Geschäftsführungsorganen andererseits (§ 113 Abs. 4 GO NRW); § 113 Abs. 6 GO NRW bezieht sich auf alle Organe, vgl. *Cronauge* in Rehn/Cronauge/von Lennep/Knirsch, Gemeindeordnung NRW, 41. EL März 2015, § 113 GO NRW unter VIII.1. [implizit]; *Flüshöh* in Kleerbaum/Palmen, Gemeindeordnung NRW, 2. Aufl. 2013, unter VII.; wohl a.A. *Kotzea* in Held/Winkel, Gemeindeordnung NRW, 3. Aufl. 2014, § 113 GO NRW Anm. 10. Unter „Vertretern" i.S. des § 113 GO NRW sind entgegen einer vielfach vertretenen Meinung (*Cronauge* in Rehn/Cronauge/von Lennep/Knirsch, Gemeindeordnung NRW, 41. EL März 2015, § 113 GO NRW unter II.1.; *Flüshöh* in Kleerbaum/Palmen, Gemeindeordnung NRW, 2. Aufl. 2013, unter I.) nicht nur Vertreter i.S. des § 164 BGB zu verstehen. Dies folgt schon daraus, dass die Gemeinde nicht Vertretene in Organen sein kann, in denen gesellschaftsrechtlich nur natürliche Personen Organwalter sein können. Es geht vielmehr um Personen, die auf Veranlassung der öffentlichen Hand gewählt oder entsandt wurden (vgl. § 394 Abs. 1 AktG); für eine Beschränkung auf entsandte/bestellte Vertreter aber *Flüshöh* in Kleerbaum/Palmen, Gemeindeordnung NRW, 2. Aufl. 2013, unter VII; *Kotzea* in Held/Winkel, Gemeindeordnung NRW, 3. Aufl. 2014, § 113 GO NRW Anm. 10.
3 Ausführlich dazu *Kersting* in KölnKomm. AktG, 3. Aufl. 2016, §§ 394, 395 AktG.

schaftsrecht wird von der herrschenden Meinung insoweit zu Recht abgelehnt.[1] Auch insofern gilt daher, dass zwischen der Organeigenschaft und der Eigenschaft als Adressat öffentlich-rechtlicher Pflichten zu trennen ist.[2] Als Ausprägung eines besonderen Verhältnisses des Organs zur öffentlichen Hand in seiner Eigenschaft als Organ verbleibt damit lediglich die Unterrichtungspflicht, soweit diese gesellschaftsrechtlich durch die §§ 394, 395 AktG abgesichert ist.

13.29 Insbesondere besteht daher **kein öffentlich-rechtliches Weisungsrecht** der öffentlichen Hand gegenüber den Organen eines öffentlichen Unternehmens in einer Rechtsform des Privatrechts.[3] Es bleibt damit bei den Vorgaben des Gesellschaftsrechts. Der Vorstand des in der Rechtsform der AG geführten öffentlichen Unternehmens leitet dieses gem. § 76 AktG unter eigener Verantwortung; der Geschäftsführer der GmbH ist demgegenüber den Gesellschaftern gegenüber weisungsgebunden (§ 37 Abs. 1 GmbHG).[4] Im Hinblick auf obligatorische Aufsichtsräte (AG, mitbestimmte GmbH) scheidet ein Weisungsrecht auch gesellschaftsrechtlich aus.[5] Bei fakultativen Aufsichtsräten in der GmbH sowie sonstigen Gesellschaftsorganen ist ein gesellschaftsrechtliches Weisungsrecht hingegen denkbar.[6]

b) Anspruch auf Haftungsfreistellung

13.30 Für Gemeindevertreter[7] in Gesellschaftsorganen sieht das Kommunalrecht schließlich eine **Haftungsfreistellung** vor. Sofern sie aus ihrer Tätigkeit haftbar gemacht werden, ist die Gemeinde zur Freistellung verpflichtet, wenn weder Vorsatz noch grobe Fahrlässigkeit vorliegt. Aber selbst in diesem Fall besteht der Freistellungsanspruch, wenn sie nach Weisung des Rates oder eines Ausschusses gehandelt haben (vgl. nur § 113 Abs. 6 GO NRW).[8] Die Beam-

---

1 Gegen die These vom Verwaltungsgesellschaftsrecht BGH v. 13.10.1977 – II ZR 123/76, BGHZ 69, 334, 340 = NJW 1978, 104, 105; *Habersack*, ZGR 1996, 544, 555 f.; *Hüffer*, 10. Aufl. 2012, § 394 AktG Rz. 2a; *Kersting* in KölnKomm. AktG, 3. Aufl. 2016, §§ 394, 395 AktG Rz. 59 ff.; *Hüffer/Koch*, § 394 AktG Rz. 2a ff.; *Kropff* in MünchKomm. AktG, 2. Aufl. 2006, § 394 AktG Rz. 25; *Lutter/Grunewald*, WM 1984, 385, 394 ff.; *Schmidt-Aßmann/Ulmer*, BB 1988, 1, 15; *Schürnbrand* in MünchKomm. AktG, 3. Aufl. 2011, Vor § 394 AktG Rz. 16 ff. S. aber etwa *von Danwitz*, AöR 120 (1995), 595, 616 f.; *Mann*, Die Verwaltung 35 (2002), 463, 466; *Mann* in GS Tettinger, 2007, S. 295, 301; *Ossenbühl*, ZGR 1996, 504, 512 f.; *Ruthig/Storr*, Öffentliches Wirtschaftsrecht, 4. Aufl. 2015, § 8 Rz. 726.
2 S. Rz. 13.26 m.w.N.
3 *Kersting* in KölnKomm. AktG, 3. Aufl. 2016, §§ 394, 395 AktG Rz. 82 ff. m.w.N.
4 Dazu nur *Zöllner/Noack* in Baumbach/Hueck, § 37 GmbHG Rz. 20.
5 Vgl. für die AG BGH v. 18.9.2006 – II ZR 137/05, BGHZ 169, 98, 106 = NJW-RR 2007, 1179, 1181 = AG 2006, 883; BGH v. 29.1.1962 – II ZR 1/61, BGHZ 36, 296, 306 f. = NJW 1962, 864, 866; BGH v. 26.3.1984 – II ZR 171/83, BGHZ 90, 381, 398 = NJW 1984, 1893, 1897 = AG 1984, 181 = GmbHR 1984, 343; *Habersack* in MünchKomm. AktG, 4. Aufl. 2014, § 101 AktG Rz. 51; weitere Nachweise bei *Heidel*, NZG 2012, 48, 52 Fn. 63; vgl. für die nach dem MontanMitbestG mitbestimmten Gesellschaften § 4 Abs. 3 Satz 2 MontanMitbestG.
6 BVerwG v. 31.8.2011 – 8 C 16/10, BVerwGE 140, 300, 301 ff. = ZIP 2011, 2054, 2055 ff. Rz. 20 ff.; OVG Münster v. 24.4.2009 – 15 A 2592/07, ZIP 2007, 1718, 1720 ff.; *Altmeppen*, NJW 2003, 2561, 2564 ff.; *Altmeppen* in FS Uwe H. Schneider, 2011, S. 8 ff.
7 Auch insofern kommt es nicht auf eine Vertreterstellung i.S. des § 164 BGB an, s. Rz. 13.27 m.w.N.
8 Ähnliche Regelungen sind § 125 Abs. 3 HGO; § 138 Abs. 6 NKomVG; § 104 Abs. 4 BWGemO. Eine abweichende Regelung sieht Art. 93 Abs. 3 BayGO vor: Sofern der Gemeindevertreter aus seiner Tätigkeit als Organ haftbar gemacht wird, stellt die Gemeinde diesen stets frei. Die Gemeinde kann jedoch beim Vorliegen von Vorsatz oder grober Fahrlässigkeit Rückgriff gegen den Gemeindevertreter nehmen. In Folge dieser abweichenden Regelung trägt nun nicht das öffentliche Unternehmen, sondern die Gemeinde das Insolvenzrisiko des Gemeindevertreters.

tengesetze enthalten eine entsprechende Vorschrift für Beamte, die auf Verlangen, Vorschlag oder Veranlassung des Dienstvorgesetzten eine Organstellung übernommen haben (vgl. nur § 102 BBG, § 55 LBG NRW). Die Haftungsfreistellung korrespondiert dem Umstand, dass diese Vertreter der öffentlichen Hand entweder keine Vergütung erhalten oder diese weitgehend abführen müssen (vgl. nur § 6 BundesnebentätigkeitsVO, § 58 LBG NRW, § 13 NebentätigkeitsVO NRW).

Die Haftungsfreistellung steht in einem gewissen Widerspruch zur Vorgabe des Aktiengesetzes, wonach eine **D & O-Versicherung** zugunsten eines Vorstandsmitgliedes einen Selbstbehalt vorsehen muss (§ 93 Abs. 2 Satz 3 AktG).[1] Ein Anspruch auf Haftungsfreistellung gegenüber einem solventen Schuldner wirkt wie eine Versicherung und ist in gleichem Maße geeignet, Sorgfaltsanreize zu mindern. Dem soll im Aktienrecht die Vereinbarung eines Selbstbehaltes entgegenwirken. Einen solchen sieht der Freistellungsanspruch des öffentlichen Rechts jedoch nicht vor, so dass sich die Frage stellt, ob das öffentliche Recht hier ein Regelungsanliegen des Aktienrechts unterläuft. Letztlich wird man dies aus zwei Gründen verneinen. Zum einen beseitigt das öffentliche Recht Sorgfaltsanreize nicht ganz, da es den Freistellungsanspruch auf Fälle der einfachen Fahrlässigkeit begrenzt. Zum anderen nimmt das Aktienrecht die feste jährliche Vergütung des Vorstands als Referenzpunkt für die Höhe des Selbstbehaltes. An einer solchen Vergütung fehlt es bei Vertretern der Gemeinde jedoch regelmäßig (s. Rz. 13.30).

13.31

Der Anspruch auf Haftungsfreistellung resultiert aus dem Verhältnis des Organs zur öffentlichen Hand und wirkt sich daher weder auf die Innenhaftung des Organs gegenüber der Gesellschaft noch auf seine Außenhaftung gegenüber Dritten aus. Man könnte zwar überlegen, dass dieser Erstattungsanspruch aus Sicht der öffentlichen Hand die **Haftungsbeschränkung** zumindest teilweise **zurücknimmt**. Doch stellt dies keinen Grund dar, die Organhaftung (nur) für öffentliche Unternehmen zurückzuschneiden, um der öffentlichen Hand als Gesellschafter den Rückgriff des Organs zu ersparen. Eine unterschiedliche Reichweite der Organhaftung in Abhängigkeit von der Beteiligungsstruktur der Gesellschaft ist nicht gerechtfertigt.

13.32

V. Zwischenfazit

Die öffentliche Hand ist aus gesellschaftsrechtlicher Sicht ein **Gesellschafter wie jeder andere** (s. Rz. 13.7), nicht aber aus öffentlich-rechtlicher Sicht. Sie darf überhaupt nur unter bestimmten Voraussetzungen und zur Verfolgung eines öffentlichen Zwecks in eine Gesellschafterstellung einrücken, d.h. sich an einem Unternehmen in einer Rechtsform des Privatrechts beteiligen. Das öffentliche Recht legt ihr dann im Hinblick auf ihre Gesellschafterstellung besondere Pflichten auf. Es verpflichtet die öffentliche Hand in besonderem Maße zur Kontrolle und Einwirkung auf das Unternehmen. Kontrolle und Einwirkung haben dabei grundsätzlich **nach Maßgabe des Gesellschaftsrechts**, d.h. im Rahmen der gesellschaftsrechtlich eröffneten Möglichkeiten zu erfolgen. **Sonderrechte** der öffentlichen Hand etablieren insoweit nur die §§ 53, 54 HGrG sowie §§ 394, 395 AktG.

13.33

Die **Rechtsstellung von Organen** in öffentlichen Unternehmen wird **ausschließlich durch das Gesellschaftsrecht definiert.** Selbst die im Hinblick auf das Informationsbedürfnis der öffentlichen Hand bestehenden Sonderregeln zur Zurücknahme der Verschwiegenheits-

13.34

---

1 Zur D&O-Versicherung s. unten *Sieg*, § 18 und *Ihlas*, § 19.

pflicht bestimmter Aufsichtsräte gegenüber Gebietskörperschaften sind gesellschaftsrechtlich verankert. Das Gesellschaftsrecht greift insofern ein Regelungsbedürfnis des öffentlichen Rechts auf und setzt dieses durch die §§ 394, 395 AktG im Gesellschaftsrecht um. Letztlich gilt dies auch für Pflichten der Organe, die aus der Grundrechtsbindung des öffentlichen Unternehmens resultieren. Zwar erstreckt sich die Grundrechtsbindung des Staates nach der Rechtsprechung des Bundesverfassungsgerichts direkt auf Gesellschaften, in denen die öffentliche Hand Mehrheitseigentümerin ist[1], und verpflichtet die öffentliche Hand nicht lediglich zu einer entsprechenden Einflussnahme als Gesellschafterin. Doch liegt auch hierin nur eine Inpflichtnahme der privatrechtlich organisierten Gesellschaft, die mit Mitteln des Gesellschaftsrechts, d.h. durch entsprechende – haftungsbewehrte – Organpflichten umgesetzt wird.

13.35 Die Betrachtung der Rechtsstellung der Organe allein führt jedoch zu einer verkürzten Sichtweise. Bei öffentlichen Unternehmen ist zu berücksichtigen, dass die Organwalter als Person neben ihrer Organstellung weitere Eigenschaften haben und **konfligierenden Pflichten** unterworfen sein können. Dies wird besonders deutlich, wenn weisungsgebundene Beamte eine Organstellung einnehmen. Es gilt aber auch dann, wenn Organwalter auf Veranlassung der öffentlichen Hand bestellt werden und ihnen das öffentliche Recht bestimmte Pflichten in Bezug auf die Ausübung ihrer Organstellung auferlegt. Diesbezüglich zeigen die vorherigen Ausführungen sehr deutlich, dass beide Sphären, die des öffentlichen Rechts und die des Gesellschaftsrechts, streng zu trennen sind. Öffentlich-rechtliche Vorgaben an Organwalter zur Ausübung ihrer Organstellung sind gesellschaftsrechtlich nur dann beachtlich, wenn sich das Gesellschaftsrecht diesen Vorgaben öffnet. Dies ist gesetzlich jedoch nur in sehr begrenztem Umfang durch die §§ 394, 395 AktG geschehen.[2] Ansonsten kann die öffentliche Hand eine solche Öffnung nur dadurch erreichen, dass sie sich **Gestaltungsspielräume des Gesellschaftsrechts** zunutze macht und öffentlich-rechtlichen Anforderungen nach Maßgabe des Gesellschaftsrechts Rechnung trägt.

D. Besonderheiten bei der Organhaftung

I. Grundsatz: Anwendbarkeit der allgemeinen Regeln des Gesellschaftsrechts

13.36 Im Hinblick auf die Organhaftung bedeutet dies (soeben Rz. 13.33 ff.), dass **aus gesellschaftsrechtlicher Sicht keine Besonderheiten** bestehen. Sowohl für die Innenhaftung von Organen gegenüber der Gesellschaft als auch für ihre Außenhaftung gegenüber Dritten gelten ausschließlich die allgemeinen Regeln des Gesellschaftsrechts (s. Rz. 13.18 ff., 13.23 f.). Im Rahmen dieser Regelungen ist dabei zu beachten, dass das öffentliche Unternehmen in aller Regel auf einen öffentlichen Zweck verpflichtet ist und dies in seinem Unternehmenszweck zum Ausdruck kommt (Rz. 13.14 ff., 13.21). Auch die Grundrechtsbindung öffentlicher Unternehmen begründet, vermittelt durch das Gesellschaftsrecht, besondere Pflichten für die Organe (Rz. 13.22). Diesen besonderen Bedingungen müssen die Organe im Rahmen

---

1 BVerfG v. 22.2.2011 – 1 BvR 699/06, BVerfGE 128, 226, 244 ff. = NJW 2011, 1201, 1202 f., Rz. 45 ff., 51 ff. = AG 2011, 378; BVerwG v. 18.3.1998 – 1 D 88/97, BVerwGE 113, 208, 211 = NVwZ 1998, 1083, 1084.

2 Die Grundrechtsbindung von öffentlichen Unternehmen (s. Rz. 13.22) stellt dabei keinen weiteren Fall der Einflussnahme des öffentlichen Rechts auf gesellschaftsrechtliche Strukturen dar. Es handelt sich nämlich um eine Grundrechtsbindung des öffentlichen Unternehmens, nicht um eine Grundrechtsbindung der Organe des Unternehmens. Diese entsteht erst mittelbar durch gesellschaftsrechtliche Vorgaben.

ihrer Tätigkeit Rechnung tragen. Sie sind hierzu gesellschaftsrechtlich verpflichtet und haften hierfür nach Maßgabe des Gesellschaftsrechts (Rz. 13.21 f.). Soweit ihnen ein Anspruch auf Haftungsfreistellung gegenüber der öffentlichen Hand zusteht (Rz. 13.30 ff.), führt auch dies nicht zu einer anderen Betrachtung. Es handelt sich hierbei um einen außerhalb des Gesellschaftsrechts bestehenden öffentlich-rechtlichen Anspruch, der die gesellschaftsrechtliche Haftung weder dem Grunde nach noch der Höhe nach modifiziert.

II. Besonderheiten der Anwendung

Auch wenn die Organhaftung in öffentlichen Unternehmen nach den bisherigen Erkenntnissen ausschließlich den allgemeinen gesellschaftsrechtlichen Regeln folgt, so bestehen in öffentlichen Unternehmen doch besondere Prinzipal-Agenten-Konflikte, die Rückwirkungen auf die Anwendung der gesellschaftsrechtlichen Regelungen haben können.

13.37

1. Besondere Prinzipal-Agenten-Konflikte

Unter **Prinzipal-Agenten-Konflikten** versteht man die Interessenkonflikte zwischen Management und Eigentümern eines Unternehmens, welche für die Eigentümer die Notwendigkeit der Kontrolle des Managements begründen.[1] Diese Konflikte zwischen Geschäftsherr und Vertreter ergeben sich immer dann, wenn Geschäftsherr und Vertreter nicht identisch sind und der Eigentümer sein Unternehmen nicht selbst führt. Das Gesellschaftsrecht trägt diesen Interessenkonflikten Rechnung.[2] So können die Gesellschafter Informationsrechte[3] ausüben und die Durchsetzung von Schadensersatzansprüchen[4] erzwingen.

13.38

Diese Möglichkeiten bestehen selbstverständlich auch in öffentlichen Unternehmen in einer Rechtsform des Privatrechts. Allerdings ergibt sich ein **besonderer Prinzipal-Agenten-Kon**-

13.39

---

1 *Baums*, ZIP 1995, 11 ff.; *Fleischer*, ZGR 2001, 1, 7; *Jensen/Meckling*, Journal of Financial Economics 3 (1976), 305, 308 ff.; *Seibert*, ZRP 2011, 166; *Spindler* in MünchKomm. GmbHG, 2. Aufl. 2016, § 52 GmbHG Rz. 718. S. allgemein *Jensen/Meckling*, Journal of Financial Economics 3 (1976), 305 ff.
2 BGH v. 26.1.2016 – EnVR 51/14, Rz. 34 – zit. nach juris; *Spindler* in MünchKomm. AktG, 4. Aufl. 2014, Vor § 76 AktG Rz. 19. Zur Vergütung des Vorstands als Prinzipal-Agent-Konflikt: *Fleischer* in Spindler/Stilz, § 87 AktG Rz. 20; *Fleischer*, DStR 2005, 1279, 1281; *Spindler* in MünchKomm. AktG, 4. Aufl. 2014, § 87 AktG Rz. 62; *Thüsing* in Fleischer, Handbuch des Vorstandsrechts, § 6 Rz. 50; Gewährung von Aktienoptionen als Entschärfung von Prinzipal-Agent-Konflikten: *Adams*, ZIP 2002, 1325, 1330 ff.; *v. Dryander/Niggemann* in Hölters, § 192 AktG Rz. 42; *Fleischer* in Spindler/Stilz, § 84 AktG Rz. 45; *Fuchs* in MünchKomm. AktG, 4. Aufl. 2016, § 192 AktG Rz. 65; *Hüffer/Koch*, § 192 AktG Rz. 15; *Rieckers* in Spindler/Stilz, § 192 AktG Rz. 42; Verbot von Stimmbindungsverträgen als Prinzipal-Agent-Konflikt und Gewaltenteilung in der Gesellschaft: *Hüffer/Koch*, § 136 AktG Rz. 2; *Rieckers* in Spindler/Stilz, § 136 AktG Rz. 4; *Spindler* in Karsten Schmidt/Lutter, § 136 AktG Rz. 2.
3 S. nur §§ 131 f. AktG, §§ 51a f. GmbHG. Informationsrechte des Aufsichtsrats und Berichtspflichten des Vorstands in der AG: *Habersack* in MünchKomm. AktG, 4. Aufl. 2014, § 111 AktG Rz. 22, 44, 47 f.; *Hüffer/Koch*, § 111 AktG Rz. 3; für die GmbH Informations- und Einsichtsrechte der Gesellschafter: *Hillmann* in MünchKomm. GmbHG, 2. Aufl. 2016, § 51a GmbHG Rz. 1.
4 S. zur AG §§ 142 ff. AktG, insbesondere § 147 AktG, dazu auch *Schröer* in MünchKomm. AktG, 3. Aufl. 2013, § 147 AktG Rz. 1 ff. Für die GmbH s. nur *Liebscher* in MünchKomm. GmbHG, 2. Aufl. 2016, § 46 GmbHG Rz. 227 f., 231 ff., 257 ff.; zur actio pro socio bei der GmbH s. nur *Fastrich* in Baumbach/Hueck, § 13 GmbHG Rz. 36 ff.; *Mollenkopf* in Henssler/Strohn, § 46 GmbHG Rz. 42; *Karsten Schmidt* in Scholz, § 46 GmbHG Rz. 153, 161 m.w.N.

flikt daraus, dass die öffentliche Hand als Gesellschafterin des öffentlichen Unternehmens selbst nur die Bürger als eigentlich wirtschaftlich Berechtigte repräsentiert. Die Bürger haben nun aber keine Möglichkeit, Kontrolle auszuüben und Haftung durchzusetzen.[1] Nachlässigkeiten auf der Ebene der Vertretung der öffentlichen Hand in der Gesellschaftsversammlung, die sich als **übertriebene Rücksichtnahme** auf Organwalter, mit denen man etwa in Parlament, Regierung, Stadtrat oder in einer politischen Partei zusammengearbeitet hat oder noch zusammenarbeitet, oder gar als Kollusion mit ihnen darstellen können, stehen die Bürger hilflos gegenüber.[2] Während die Aktionäre der Aktiengesellschaften noch Möglichkeiten haben, die Vorstandshaftung unter Umgehung des Aufsichtsrates zu erzwingen (vgl. nur §§ 147 f. AktG), und im Konzern jedenfalls die Gesellschafter der Obergesellschaft noch Kontrolle ausüben können, ist der Einfluss der Bürger weiter **mediatisiert**. Die Bürger haben lediglich die Möglichkeit, verantwortliche Politiker abzuwählen und zu ersetzen. Etwaige Schadensersatzansprüche gegen Organwalter sind dann jedoch möglicherweise verjährt. Hinzu kommt, dass in der GmbH, welche die für öffentliche Unternehmen überwiegend verwandte Rechtsform ist[3], die Durchsetzung von Ersatzansprüchen auch ganz vereitelt werden kann, indem die Organe entlastet werden oder indem auf die Ansprüche verzichtet wird.[4]

2. Folgerungen

13.40 Die Kombination von einer Rechtsform des privaten Rechts mit einem öffentlich-rechtlichen Gesellschafter führt mithin zu einem **Bruch in der Corporate Governance**. Es ist nicht möglich, die letztlich wirtschaftlich Betroffenen über die Geltendmachung von Schadensersatzansprüchen entscheiden zu lassen. Diese Problematik kann man dem öffentlichen Recht zuordnen und akzeptieren, dass dieses auf eine Repräsentation durch gewählte Vertreter setzt. Hierfür könnte man auch anführen, dass das öffentliche Recht den Organmitgliedern bei Fahrlässigkeit einen Freistellungsanspruch gegen die öffentliche Hand gewährt (Rz. 13.30 ff.). Für das Gesellschaftsrecht wäre die Problematik dann hinzunehmen und löste keinen Handlungsbedarf aus.

13.41 Allerdings würde eine solche Zuordnung nicht hinreichend berücksichtigen, dass durch diesen Bruch in der Corporate Governance auch **Private in Mitleidenschaft** gezogen werden. Im Hinblick auf **private Mitgesellschafter** mag man zwar argumentieren, dass diesen die gesellschaftsrechtlichen Rechte zur Durchsetzung von Schadensersatzansprüchen zustehen,

---

1 Zu den besonderen Prinzipal-Agenten-Konflikten bei öffentlichen Unternehmen s. ausführlich und m.w.N. etwa *Bremeier/Brinckmann/Killian/Schneider*, ZögU 28 (2005), 267, 268 ff.; *Engel* in Henneke (Hrsg.), Organisation kommunaler Aufgabenerfüllung, 1997, S. 145, 153 f.; *Früchtl* Die Aktiengesellschaft als Rechtsform für die wirtschaftliche Betätigung der öffentlichen Hand, 2009, S. 12 ff., 146 ff.; *Greiling* in Budäus (Hrsg.), Organisationswandel öffentlicher Aufgabenwahrnehmung, 1998, S. 235, 241 ff.; *Ruter/Müller-Marqués Berger* in Pfitzer/Oser (Hrsg.), Deutscher Corporate Governance Kodex, 2003, S. 405, 415 ff.; zum Public Corporate Governance Kodex: *Dietrich/Struwe*, ZögU 29 (2006), 1 ff.; *Ruter*, ZögU 27 (2004), 389 ff.; *Schürnbrand*, PUBLICUS 2010, 34 f.
2 *Uwe H. Schneider* in Verhandlungen des 70. Deutschen Juristentages, Bd. II/1, Sitzungsberichte – Referate und Beschlüsse, S. N56.
3 Beteiligungsbericht des Bundes 2015, S. 28; Beteiligungsbericht des Freistaats Bayern 2015, S. 19; vgl. auch Beteiligungsbericht NRW 2014; *Fabry* in Fabry/Augsten, Unternehmen der öffentlichen Hand, 2. Aufl. 2011, Teil 1 Rz. 41; *Ruter*, ZögU 27 (2004), 389, 392 f.; *Turiaux/Huber*, Bayerischer Gemeindetag 2011, 149, 151.
4 S. Rz. 13.20.

was sich reflexartig auch zugunsten der Bürger auswirkt. Allerdings sind die Einflussmöglichkeiten Privater gegenüber der öffentlichen Hand als Mehrheitseigentümerin insbesondere dann begrenzt, wenn das öffentliche Unternehmen, was häufig der Fall ist[1], in der Rechtsform der GmbH betrieben wird. Die Minderheitsrechte von Aktionären stehen ihnen dann nicht zu, gleichzeitig sind die Schadensersatzansprüche der Gesellschaft gegenüber den Organmitgliedern nicht in gleichem Maße gegen den Zugriff der Gesellschafter geschützt wie bei der AG (s. Rz. 13.19, 13.20). Zu denken ist aber auch an **private Gläubiger**. Diese können Schadensersatzansprüche der Gesellschaft gegen ihre Organe zwar pfänden und sich überweisen lassen und auf diese Weise die Durchsetzung der Ansprüche selbst in die Hand nehmen. Gegen Entlastung, Verzicht und Vergleich sind sie jedoch nicht geschützt. Dem lässt sich zwar entgegenhalten, dass ein solcher Schutz erst in Insolvenznähe geboten und dann durch die Vorschriften über die Insolvenzanfechtung auch gewährleistet ist. Generell erhöht jedoch die Gefahr einer unzureichenden Anspruchsdurchsetzung durch die Gesellschaft das Risiko für die Gläubiger, was zu schlechteren Konditionen für das öffentliche Unternehmen und damit zu einem Schaden für die Allgemeinheit führt.

Letztlich kann der Bruch in der Corporate Governance bei öffentlichen Unternehmen ein **Bedürfnis für eine gesellschaftsrechtliche Reaktion** begründen. Man wird zwar nicht generell den Versuch unternehmen dürfen, die Situation privater Mitgesellschafter der als Mehrheitsgesellschafterin agierenden öffentlichen Hand der Situation anzugleichen, in der private Mitgesellschafter einem privaten Mehrheitsgesellschafter gegenüberstehen. Schließlich haben sich die Privaten in aller Regel bewusst an einem Unternehmen beteiligt, an dem die öffentliche Hand die Mehrheit hält. Es können sich jedoch Situationen ergeben, in denen der oben genannte Bruch in der Corporate Governance Anlass dazu gibt, die Ausübung bestimmter gesellschaftsrechtlicher Rechte und Gestaltungsmöglichkeiten durch die öffentliche Hand einer genaueren Analyse zu unterziehen und ihre Wirksamkeit zu überprüfen. Zu denken ist dabei etwa an Entscheidungen hinsichtlich der Entlastung von Organen, des Verzichts auf Ersatzansprüche oder an Vereinbarungen zur Haftungsmilderung. Dabei wird man sich auch nicht nur auf die Fälle beschränken, in denen auch Private an dem öffentlichen Unternehmen beteiligt sind. Zwar lässt sich bei Alleineigentum der öffentlichen Hand mit der fehlenden Schutzbedürftigkeit der öffentlichen Hand und dem Repräsentationsprinzip des öffentlichen Rechts argumentieren. Dies würde jedoch verkennen, dass die öffentliche Hand in Form der Bürger gerade eines besonderen Schutzes bedarf, weil diese sich gegen unangemessene Nachlässigkeit bei der Anspruchsdurchsetzung gerade nicht wehren können. Zudem aktualisiert sich das Repräsentationsprinzip auch in den dispositiven Regelungen des Gesellschaftsrechts, die von den Legislativorganen als Repräsentanten der Bürger als grundsätzlich richtige Regelungen erlassen wurden.

13.42

Im Ergebnis kehrt man damit unter **umgekehrten Vorzeichen** zu einem **Verwaltungsgesellschaftsrecht** zurück. Es bleibt zwar richtig, dass der öffentlichen Hand als Gesellschafterin keine Sonderrechte im Vergleich zu anderen Gesellschaftern zukommen. Insoweit ist die Lehre vom Verwaltungsgesellschaftsrecht weiterhin abzulehnen. Umgekehrt hat sich aber gezeigt, dass der öffentlichen Hand im Vergleich zu anderen Gesellschaften **besondere Pflichten** obliegen. Hierzu gehören zum einen die o.g. **Ingerenzpflichten** (Rz. 13.11 ff.). Zum anderen

13.43

---

[1] Beteiligungsbericht des Bundes 2015, S. 28; Beteiligungsbericht des Freistaats Bayern 2015, S. 19; vgl. auch Beteiligungsbericht NRW 2014; *Fabry* in Fabry/Augsten, Unternehmen der öffentlichen Hand, 2. Aufl. 2011, Teil 1 Rz. 41; *Ruter*, ZögU 27 (2004), 389, 392 f.; *Turiaux/Huber*, Bayerischer Gemeindetag 2011, 149, 151.

ist auch ihre **Grundrechtsbindung**, welche sich in einer Grundrechtsbindung des öffentlichen Unternehmens selbst fortsetzt (Rz. 13.22), zu nennen. Daraus können sich **Beschränkungen der Aktionärsrechte der öffentlichen Hand**, welche bei Entscheidungen die Grundrechte von Minderheitsgesellschaftern zu berücksichtigen hat, ergeben.[1] Der hier vertretene Ansatz geht darüber noch hinaus. Er will das Gesellschaftsrecht zwar ebenfalls grundsätzlich von öffentlich-rechtlichen Einflüssen freihalten und lehnt insbesondere gesellschaftsrechtliche Sonderrechte der öffentlichen Hand ab. Gleichzeitig will er jedoch die **Ausübung von Gesellschafterrechten der öffentlichen Hand einer besonderen Kontrolle** vor dem Hintergrund der besonderen Prinzipal-Agenten-Konflikte unterwerfen. Zumindest soweit keine Dritten nachteilig betroffen werden, können über die Grundrechte hinaus auch sonstige Wertungen und Vorgaben des öffentlichen Rechts bei der Auslegung und Anwendung gesellschaftsrechtlicher Normen berücksichtigt werden.[2]

3. Haftungsgrund und Haftungsumfang

13.44 Im Hinblick auf den **Haftungsgrund** ergeben sich hieraus keine Besonderheiten. Organmitglieder haften nach gesellschaftsrechtlichen Grundsätzen für ihre Pflichtverletzungen (Rz. 13.18 ff., 13.23 f.). Aus den besonderen Prinzipal-Agenten-Konflikten (Rz. 13.38 f.) lässt sich insofern weder eine Haftungserleichterung noch, was näher liegen würde, eine Haftungsverschärfung ableiten.

13.45 Gleiches gilt für den **Haftungsumfang**. Der entstandene Schaden ist vollständig zu ersetzen, wobei den Organmitgliedern ein Freistellungsanspruch gegen die öffentliche Hand (Rz. 13.30 ff.) zustehen kann.

4. Enthaftung durch Entlastung, Verzicht oder Vergleich

13.46 Aufgrund der **besonderen Corporate Governance Struktur** in öffentlichen Unternehmen, die durch fehlende Einwirkungsmöglichkeiten der Bürger als der eigentlichen wirtschaftlich Berechtigten gekennzeichnet ist und aus der sich besondere Prinzipal-Agenten-Konflikte ergeben (Rz. 13.38 ff.), stellt sich die Frage nach der Zulässigkeit einer Enthaftung durch Entlastung, Verzicht oder Vergleich.

a) GmbH

13.47 Bei der GmbH können die Gesellschafter die Organe mit **haftungsbefreiender Wirkung entlasten** (§ 46 Nr. 5 GmbHG, Rz. 13.20). Minderheitsgesellschafter können sich hiergegen nur in engen Grenzen wehren, etwa wenn der Entlastungsbeschluss sich auf schwerwiegende Pflichtverletzungen bezieht oder sich sonst als treuwidrig herausstellt.[3] Weitergehende Einschränkungen der Entlastungsmöglichkeit können sich jedoch bei öffentlichen Unternehmen ergeben.

---

1 Zur Begrenzung der Aktionärsrechte der öffentlichen Hand durch die Grundrechte vgl. *Wandt*, Die Begrenzung der Aktionärsrechte der öffentlichen Hand, 2005.
2 S. etwa die Ausführungen zur Enthaftung Rz. 13.46 ff.
3 Vgl. BGH v. 10.2.1977 – II ZR 79/75, GmbHR 1977, 129, 130 f.; BGH v. 4.5.2009 – II ZR 169/07, GmbHR 2009, 1327, 1329; *Teichmann* in Gehrlein/Born/Simon, § 46 GmbHG Rz. 38; *Zöllner/Noack* in Baumbach/Hueck, § 46 GmbHG Rz. 43 ff.

aa) Stimmverbot betroffener Organmitglieder in der Gesellschafterversammlung

Insofern ist zunächst zu beachten, dass nach allgemeinen Regeln auch Vertreter der öffentlichen Hand in der Gesellschafterversammlung im Hinblick auf ihre eigene Entlastung einem **Stimmverbot** unterliegen (§ 47 Abs. 4 GmbHG).[1] Die öffentliche Hand muss also darauf achten, dass sie nicht Organmitglieder als ihre Vertreter in die Gesellschafterversammlung entsendet; dieses Petitum wird auch von verschiedenen Public Corporate Governance Kodizes aufgegriffen.[2]

13.48

bb) Stimmverbot der öffentlichen Hand bei fahrlässiger Pflichtverletzung

Darüber hinaus ergeben sich weitere **Einschränkungen aus dem Freistellungsanspruch** der Organe gegen die öffentliche Hand. Besteht bei fahrlässigen Pflichtverletzungen ein Freistellungsanspruch des Organs gegen die öffentliche Hand, so würde eine Entlastung des Organs nicht nur dazu führen, dass das Organ von seiner Haftung gegenüber der Gesellschaft befreit wird. Die Entlastung würde vielmehr auch dazu führen, dass die öffentliche Hand keinem Freistellungsanspruch des Organs mehr ausgesetzt ist. Die öffentliche Hand hat es daher in der Hand, durch die Entlastung des Organs sich selbst vor Freistellungsansprüchen zu schützen. Dies ist besonders dann attraktiv, wenn der Schaden der Gesellschaft von anderen, privaten Gesellschaftern mitgetragen wird. Diese müssten den durch das Organ verursachten Schaden mittragen, obwohl nach der gesetzlichen Konzeption dieser Schaden zunächst von dem Organ und über den Freistellungsanspruch letztlich von der öffentlichen Hand zu tragen wäre. Nach h.M. soll ein Stimmverbot nach § 47 Abs. 4 GmbHG zwar nicht schon bei jedweder Interessenkollision bestehen. Anerkannt ist aber, dass ein Stimmverbot jedenfalls auch in den Fällen bestehen muss, die interessenmäßig den in Abs. 4 genannten Fällen gleich gelagert sind.[3] Dies spricht hier für eine zumindest entsprechende Anwendung des **Stimmverbots** des § 47 Abs. 4 GmbHG, jedenfalls aber dafür, eine entsprechende Stimmabgabe der öffentlichen Hand **grundsätzlich als treuwidrig**[4] zu behandeln.

13.49

§ 47 Abs. 4 GmbHG regelt den Interessenkonflikt, dass ein Gesellschafter **von einer Verbindlichkeit befreit** werden soll. Genau zu einer solchen Befreiung von einer Verbindlichkeit kommt es aber, wenn durch die Entlastung des Geschäftsführers der hierüber abstimmende Gesellschafter, also die Gemeinde, von einem Freistellungsanspruch des Geschäftsführers befreit wird. Der Umstand, dass hier nicht unmittelbar über die Befreiung des Gesellschafters von einer Verbindlichkeit abgestimmt wird, sondern diese Befreiung nur mittelbar durch

13.50

---

1 S. nur *Hüffer/Schürnbrand* in Ulmer/Habersack/Löbbe, § 47 GmbHG Rz. 139; *Uwe H. Schneider*, ZHR 150 (1986), 609, 621; *Zöllner/Noack* in Baumbach/Hueck, § 47 GmbHG Rz. 95, 100.
2 S. z.B. Grundsätze guter Unternehmens- und Beteiligungsführung im Bereich des Bundes, Stand 30.6.2009, Teil B Rz. 72, S. 47 f.; Public Corporate Governance Kodex NRW, Stand 19.3.2013, Nr. 2.3; Hinweise für Beteiligungen des Landes Berlin an Unternehmen, Senatsbeschluss v. 15.12.2015, Rz. 108; Public Corporate Governance Kodex Düsseldorf, Stand 10.9.2015, Nr. 1.4.1; Public Corporate Governance Kodex Köln, Stand 8.2012, Nr. 1.4.2.
3 BGH v. 10.2.1977 – II ZR 81/76, BGHZ 68, 107, 109 = NJW 1977, 850, 851; BGH v. 20.1.1986 – II ZR 73/85, BGHZ 97, 28, 33 = NJW 1986, 2051, 2051 = AG 1986, 256 = GmbHR 1986, 156; OLG Düsseldorf v. 24.2.2000 – 6 U 77/99, GmbHR 2000, 1050; *Hillmann* in Henssler/Strohn, § 47 GmbHG Rz. 50 m.w.N.; *Roth* in Roth/Altmeppen, § 47 GmbHG Rz. 55; *Zöllner/Noack* in Baumbach/Hueck, § 47 GmbHG Rz. 76.
4 Zum Verhältnis von Stimmverbot und treurechtswidriger Stimmrechtsausübung s. *Tröger* in Köln.Komm. AktG, 3. Aufl. 2017, § 136 AktG Rz. 52.

die Entlastung bewirkt wird[1], ist hier unerheblich. Denn die haftungsbefreiende Wirkung der Entlastung tritt *ipso iure* ein, ohne dass es eines weiteren Schrittes bedarf. Der von der Befreiungswirkung der Entlastung profitierende Gesellschafter kann diese als sichere Folge einer entsprechenden Beschlussfassung über die Entlastung ansehen.[2] Auch der Umstand, dass die Entlastung den Gesellschafter nicht von einer Verbindlichkeit gegenüber der Gesellschaft[3], sondern von einer Verbindlichkeit gegenüber einem Dritten, nämlich dem Geschäftsführer, befreit, spricht nicht gegen die Anwendung des § 47 Abs. 4 GmbHG. Zwar wird die Gesellschaft durch die Befreiung der Gemeinde von dem Freistellungsanspruch selbst nicht nachteilig betroffen, jedoch ist Voraussetzung dieser Befreiung gerade die Entlastung des Geschäftsführers, also der für die Gesellschaft nachteilige Verlust ihrer Ersatzansprüche gegen den Geschäftsführer. Beides lässt sich nicht voneinander trennen, so dass diese Stimmabgabe sich auch zum Nachteil der Gesellschaft auswirkt. Es besteht daher auch ein Interessenkonflikt zwischen Gesellschaft und Gesellschafter.

13.51 Die Entscheidung des BGH zum **Stimmverbot in der Aktiengesellschaft**[4] lässt sich hiergegen nicht anführen. Diese Entscheidung verneint für die AG ein Stimmverbot der öffentlichen Hand bei der Entlastung der von ihr entsandten Aufsichtsräte auf zwei Ebenen. Zum einen konnte ein Stimmverbot der öffentlichen Hand nicht daraus abgeleitet werden, dass sie mit ihrem Aufsichtsratsmitglied, das in eigener Person von einem Stimmverbot betroffen gewesen wäre, gleichzusetzen war. Dies hätte einen maßgeblichen Einfluss des Aufsichtsratsmitglieds auf die Stimmrechtsausübung vorausgesetzt, der im konkreten Fall jedoch verneint wurde.[5] Zum anderen bestand auch kein unmittelbares Stimmverbot für die öffentliche Hand als Gesellschafterin in Bezug auf die Entlastung der von ihr entsandten Aufsichtsratsmitglieder. Der BGH betonte hier einerseits, dass entsandte Aufsichtsratsmitglieder dem Entsendungsberechtigten gegenüber rechtlich nicht weisungsgebunden sind.[6] Andererseits zeigt er auf, dass die

---

1 Zu einem etwaigen Unmittelbarkeitserfordernis s. OLG München v. 10.2.1999 – 7 U 4625/98, NZG 1999, 839, 840 [Revision nicht angenommen, BGH v. 2.10.2000 – II ZR 114/99, DStR 2001, 1260]. Richtigerweise fehlte es in diesem Fall jedoch schon an einem Interessenkonflikt zwischen dem angeblich vom Stimmverbot betroffenen Gesellschafter und der Gesellschafter, da der Gesellschafter zugunsten der Gesellschaft einen Anspruch durchsetzen wollte und er selber nur profitierte, wenn zuvor auch die Gesellschaft profitierte, s. dazu *Goette*, Anm. zu BGH v. 2.10.2000 – II ZR 114/99, DStR 2001, 1260 f.
2 Vgl. zum Stimmrechtsausschluss des Bürgen des zu Befreienden *Tröger* in KölnKomm. AktG, 3. Aufl. 2017, § 136 AktG Rz. 35.
3 Zur Notwendigkeit der Gläubigerstellung der GmbH s. OLG München v. 10.2.1999 – 7 U 4625/98, NZG 1999, 839, 840 [Revision nicht angenommen, BGH v. 2.10.2000 – II ZR 114/99, DStR 2001, 1260]; *Drescher* in MünchKomm. GmbHG, 2. Aufl. 2016, § 47 GmbHG Rz. 151.
4 BGH v. 29.1.1962 – II ZR 1/61, BGHZ 36, 296, 306 ff. = NJW 1962, 864.
5 BGH v. 29.1.1962 – II ZR 1/61, BGHZ 36, 296, 299 f. = NJW 1962, 864, 865; dazu *Uwe H. Schneider*, ZHR 150 (1986), 609, 621; *Tröger* in KölnKomm. AktG, 3. Aufl. 2017, § 136 AktG Rz. 84; *Wilhelm*, Rechtsform und Haftung bei der juristischen Person, 1981, S. 142; *Zöllner* in Baumbach/Hueck, § 47 GmbHG Rz. 100. Auf den Einfluss abstellend, ohne spezifischen Bezug zu öffentlichen Unternehmen: RG v. 22.1.1935 – II 198/34, RGZ 146, 385, 391; OLG Düsseldorf v. 16.11.1967 – 6 U 280/66, AG 1968, 19, 20; OLG Hamburg v. 19.9.1980 – 11 U 42/80, AG 1981, 193, 195; OLG Karlsruhe v. 23.5.2000 – 8 U 233/99, AG 2001, 93 ff.; LG Wuppertal v. 15.11.1966 – 11 O 93/66, AG 1967, 139, 140; LG Heilbronn v. 9.12.1970 – 1 KfH O 93/70, AG 1971, 94, 95 f.; *Hüffer/Koch*, § 136 AktG Rz. 10 ff.; *Liebscher* in Henssler/Strohn, § 136 AktG Rz. 9 f.; *Schröer* in MünchKomm. AktG, 3. Aufl. 2013, § 136 AktG Rz. 43, 45; *Zöllner/Noack* in Baumbach/Hueck, § 47 GmbHG Rz. 98.
6 BGH v. 29.1.1962 – II ZR 1/61, BGHZ 36, 296, 306 ff. = NJW 1962, 864, 866.

öffentliche Hand nicht neben den entsandten Personen für deren Pflichtverletzungen hafte.[1] Dies lässt sich jedoch auf den hier behandelten Fall, in dem eine GmbH durch die Entlastung des von ihr bestellten Organs unmittelbar von Rückgriffsansprüchen des Organs befreit wird, nicht übertragen. Zunächst hat die Entlastung in der AG anders als in der GmbH keine enthaftende Wirkung (§ 120 Abs. 2 Satz 2 AktG).[2] Im entschiedenen Fall standen auch keine Haftungsfreistellungsansprüche des handelnden Organs gegen die öffentliche Hand in Rede, denen sich die öffentliche Hand durch eine Entlastung entzogen hätte. Freilich begründete der BGH in dem von ihm entschiedenen Fall detailliert, dass die öffentliche Hand nicht neben dem Organ haftete, und erkannte damit implizit an, dass es in diesem Fall eine **Interessenkollision** geben könnte, die ein Stimmverbot rechtfertigen kann.[3] Schließlich besteht nach hier vertretener Auffassung ein unmittelbares Stimmverbot für die öffentliche Hand, so dass es auf eine Zurechnung unter dem Aspekt der Identifikation von Organ und Gesellschafter nicht ankommt. Es bleibt damit dabei, dass in der GmbH analog § 47 Abs. 4 GmbHG ein Stimmverbot besteht bzw. eine entsprechende Stimmabgabe grundsätzlich als treuwidrig zu behandeln ist.[4]

Für eine Verfügung über Schadensersatzansprüche durch **Verzicht** oder **Vergleich** (Rz. 13.20) gilt nichts anderes. Auch hier unterliegt die öffentliche Hand einer Interessenkollision. 13.52

Bei Bestehen einer **D & O-Versicherung** kann sich die Sachlage anders darstellen, soweit die öffentliche Hand schon aus diesem Grund keinen Freistellungsanspruch befürchten muss. Insofern wird jedoch zu fragen sein, inwiefern ein solcher Freistellungsanspruch durch vereinbarte Selbstbehalte oder das Überschreiten der Deckungssumme letztlich doch aktiviert wird. 13.53

cc) Treuepflichtverstoß

Bei **grobfahrlässigen oder vorsätzlichen Pflichtverletzungen** besteht kein Freistellungsanspruch des Organs gegen die öffentliche Hand[5], so dass in diesen Fällen **kein Stimmverbot** in Betracht kommt.[6] Allerdings wird bei schweren Pflichtverletzungen, deren Annahme bei 13.54

---

1 BGH v. 29.1.1962 – II ZR 1/61, BGHZ 36, 296, 309 ff. = NJW 1962, 864, 867.
2 Hierauf weist auch der BGH in seiner Entscheidung ausdrücklich hin: BGH v. 29.1.1962 – II ZR 1/61, BGHZ 36, 296, 306 = NJW 1962, 864, 866.
3 BGH v. 29.1.1962 – II ZR 1/61, BGHZ 36, 296, 309 ff. = NJW 1962, 864, 867. S. auch *Noack/Zöllner* in Baumbach/Hueck, § 47 GmbHG Rz. 78; vgl. den Grundgedanken von BGH v. 20.1.1986 – II ZR 73/85, BGHZ 97, 28 = NJW 1986, 2051 = AG 1986, 256 = GmbHR 1986, 156; zustimmend *Karsten Schmidt*, NJW 1986, 2018, 2019.
4 Dieses Ergebnis geht damit über Forderungen des 70. Deutschen Juristentages, eine Enthaftung bei vorsätzlichen oder grobfahrlässigen Pflichtverletzungen zu vermeiden, hinaus, vgl. Verhandlungen des 70. Deutschen Juristentages, Bd. II/1, Sitzungsberichte – Referate und Beschlüsse, S. N67 [angenommen 38:12:19]; s. auch *Uwe H. Schneider* in Verhandlungen des 70. Deutschen Juristentages, Bd. II/1, Sitzungsberichte – Referate und Beschlüsse, S. N56.
5 Anders in Bayern (vgl. Art. 93 Abs. 3 GO), allerdings besteht dort ein Rückgriffsanspruch der öffentlichen Hand.
6 Ein Wertungswiderspruch liegt hierin nicht. Zwar fehlt es für die schwerwiegendere Pflichtverletzung an einem Stimmverbot, allerdings entfällt hier auch der Interessenkonflikt. Da die öffentliche Hand keinen Rückgriff befürchten muss, kann sie unbefangen über die Entlastung entscheiden. Zu beachten sind freilich ohnehin die gesellschaftsrechtlichen Grenzen für eine Entlastung bei schwerwiegenden Pflichtverletzungen, s. sogleich im Text.

grober Fahrlässigkeit und Vorsatz naheliegt, eine Entlastung stets für rechtswidrig gehalten.[1] In jedem Fall wird bei Entscheidungen über Entlastung, Verzicht und Vergleich in diesen Fällen die Stimmabgabe der öffentlichen Hand darauf hin zu überprüfen sein, ob sie treuepflichtgemäß erfolgt. Angesichts einer grobfahrlässigen oder vorsätzlichen Pflichtverletzung des Organs einerseits und den besonderen Prinzipal-Agenten-Konflikten innerhalb der öffentlichen Hand als Gesellschafterin andererseits ist es gerechtfertigt, der öffentlichen Hand in diesen Fällen die **Beweislast für eine treuepflichtgemäße Stimmabgabe** aufzubürden. Dieser Beweis wird dabei bei einem Vergleich leichter zu führen sein als bei Entlastung oder Verzicht.[2]

13.55 An einem Freistellungsanspruch des Organs gegen die öffentliche Hand fehlt es nicht nur bei grobfahrlässigen oder vorsätzlichen Pflichtverletzungen. Er kann auch bei **fahrlässigen Pflichtverletzungen** fehlen, wenn die Bestellung als Organmitglied weder als Beamter noch als Vertreter einer Gemeinde erfolgte. Es liegt auch keineswegs fern, dass sich die öffentliche Hand auf die Besetzung von Gesellschafterversammlung und Aufsichtsorganen mit eigenen Leuten beschränkt und die Geschäftsführung außenstehenden Managern anvertraut. Auch in diesen Fällen besteht aufgrund des besonderen Prinzipal-Agenten-Konflikts und des hieraus resultierenden Bruchs in der Corporate Governance die Gefahr, dass Ansprüche nicht mit hinreichendem Nachdruck durchgesetzt werden. Bei **lediglich fahrlässigen Pflichtverletzungen** erscheint in diesen Fällen jedoch eine Beweislastumkehr dahingehend, dass die öffentliche Hand eine treuepflichtgemäße Stimmabgabe nachweisen müsste, als überzogen. Es sollte allerdings schon in der besonderen Corporate Governance Situation ein **Indiz für eine treuwidrige Stimmabgabe** gesehen werden. Treten weitere Indizien wie etwa eine Ablehnung von Entlastung, Verzicht oder Vergleich durch alle übrigen Gesellschafter hinzu, sollte die öffentliche Hand **sachliche Gründe** für ihre Stimmabgabe anführen müssen.

dd) Alleineigentum der öffentlichen Hand

13.56 Ist die öffentliche Hand **Alleingesellschafterin des öffentlichen Unternehmens**, so entfallen die Einschränkungen für Entlastung, Verzicht oder Vergleich, die aus der Gefahr einer Interessenkollision und dem Schutzbedürfnis der privaten Mitgesellschafter hergeleitet wurden.[3] Es

---

[1] OLG Düsseldorf v. 8.3.2001 – 6 U 64/00, NZG 2001, 991, 994 = GmbHR 2001, 1049; *Zöllner* in Baumbach/Hueck, § 46 GmbHG Rz. 44. S. auch OLG Hamm v. 29.6.1992 – 8 U 279/91, ZIP 1993, 119, 121 = GmbHR 1992, 802; *Karsten Schmidt* in Scholz, § 46 GmbHG Rz. 99, § 47 GmbHG Rz. 29; für die AG BGH v. 25.11.2002 – II ZR 133/01, BGHZ 153, 47, 52 = BKR 2003, 253, 254 = AG 2003, 273; BGH v. 18.10.2004 – II ZR 250/02, NZG 2005, 77, 78 = AG 2005, 87; BGH v. 7.2.2012 – II ZR 253/10, NZG 2012, 347 = AG 2012, 248; BGH v. 14.5.2013 – II ZR 196/12, NZG 2013, 783 = AG 2013, 643.

[2] Diese Lösung entspricht weitgehend der Forderung des 70. Deutschen Juristentages, vgl. Verhandlungen des 70. Deutschen Juristentages, Bd. II/1, Sitzungsberichte – Referate und Beschlüsse, S. N67 [angenommen 38:12:19]; s. auch *Uwe H. Schneider* in Verhandlungen des 70. Deutschen Juristentages, Bd. II/1, Sitzungsberichte – Referate und Beschlüsse, S. N56.

[3] Dies entspricht der h.M. im Gesellschaftsrecht, die sogar davon ausgeht, dass ein Stimmverbot trotz Einschlägigkeit des § 47 Abs. 4 GmbHG bzw. § 136 Abs. 1 AktG für einen Einmanngesellschafter ausnahmsweise nicht besteht: BGH v. 24.10.1988 – II ZB 7/88, BGHZ 105, 324, 333 = AG 1989, 91 = GmbHR 1989, 25; BGH v. 12.7.2011 – II ZR 58/10, NZG 2011, 950, 951 = AG 2011, 702; *Altmeppen*, NJW 2009, 3757, 3758 f.; *Hillmann* in Henssler/Strohn, § 47 GmbHG Rz. 51; *Hirschmann* in Hölters, § 136 AktG Rz. 20; *Rieckers* in Spindler/Stilz, § 136 AktG Rz. 22, m.w.N.; *Roth* in Roth/Altmeppen, § 47 GmbHG Rz. 78; *Zöllner/Noack* in Baumbach/Hueck, § 47 GmbHG Rz. 94; gleiches gilt für einen Treuepflichtverstoß: *Zöllner/Noack* in Baumbach/Hueck, Anh. § 47 GmbHG Rz. 100. S. auch *Altmeppen* in Roth/Altmeppen, § 13 GmbHG Rz. 58 ff.

besteht freilich weiterhin die Gefahr, dass aufgrund der besonderen Prinzipal-Agenten-Konflikte Haftungsansprüche zum Schaden der öffentlichen Hand, zum Schaden der Bürger, nicht in ausreichendem Maße durchgesetzt werden (Rz. 13.38 ff.).

Dies ist insoweit unproblematisch, als es um Haftungsansprüche geht, welche einen **Freistellungsanspruch** des Organmitglieds auslösen. In diesen Fällen hat letztlich ohnehin die öffentliche Hand den Schaden zu tragen. Einer Beeinträchtigung von Gläubigern lässt sich durch die allgemeinen insolvenz- und konzernrechtlichen Vorschriften entgegenwirken. 13.57

Problematisch ist es jedoch, soweit es um Haftungsansprüche geht, die **keinen Freistellungsanspruch** auslösen. Dann nämlich belasten Entlastung, Verzicht und Vergleich die öffentliche Hand. Das öffentliche Recht bietet insofern keine Lösungsmöglichkeiten an. Insbesondere verlagert es die Entscheidungsbefugnis über solche Entscheidungen nicht auf neutrale Stellen wie beispielsweise **Rechnungshöfe oder Aufsichtsbehörden**.[1] Gesellschaftsrechtlich ist es zwar denkbar, in extremen Fällen entsprechende Beschlüsse als sittenwidrig und nichtig einzustufen. Jedoch fehlt es bei Alleineigentum der öffentlichen Hand an einem Durchsetzungsmechanismus. Es gibt in diesen Fällen eben keine privaten Gesellschafter, die den Klageweg beschreiten könnten. Dennoch sollte etwa in Fällen schwerwiegender Pflichtverletzungen und hoher Schäden von der **Sittenwidrigkeit** entlastender Beschlüsse, Verzichtsvereinbarungen und grob einseitigen Vergleichen ausgegangen werden. Auf diese Weise wird zumindest bis zum Eintritt der Verjährung den Bürgern die Möglichkeit offengehalten, durch die Wahl anderer politischer Mehrheiten die Durchsetzung von Schadensersatzansprüchen noch zu erreichen.[2] 13.58

b) Aktiengesellschaft

Bei der **Aktiengesellschaft** ist zu berücksichtigen, dass eine Entlastung keinen Verzicht auf Schadensersatzansprüche bewirkt (§ 120 Abs. 2 Satz 2 AktG). Zudem sind ein Verzicht oder Vergleich „erst drei Jahre nach der Entstehung des Anspruchs" und nur dann möglich, „wenn die Hauptversammlung zustimmt und nicht eine Minderheit, deren Anteile zusammen den zehnten Teil des Grundkapitals erreichen, zur Niederschrift Widerspruch erhebt" (§ 93 Abs. 4 Satz 3 AktG, s. auch Rz. 13.19). Soweit freilich Verzicht oder Vergleich möglich sind, gelten die Ausführungen zur GmbH (Rz. 13.47 ff.) entsprechend. 13.59

5. Haftungserleichterungen

Während die aktienrechtliche Organhaftung nach § 93 AktG zwingend ist und **Haftungserleichterungen** in der Satzung nicht vereinbart werden können (§ 23 Abs. 5 AktG)[3], lässt das GmbH-Recht Haftungserleichterungen zu.[4] Dabei wird jedenfalls eine Herabsetzung des 13.60

---

[1] S. den Vorschlag von *Uwe H. Schneider* in Verhandlungen des 70. Deutschen Juristentages, Bd. II/1, Sitzungsberichte – Referate und Beschlüsse, S. N56. Der Vorschlag wurde freilich vom 70. Deutschen Juristentag mit 7:46:16 Stimmen abgelehnt, vgl. Verhandlungen des 70. Deutschen Juristentages, Bd. II/1, Sitzungsberichte – Referate und Beschlüsse, S. N67. Vgl. zur Geltendmachung von Ansprüchen gegen Organmitglieder von Sparkassen durch einen staatlich Beauftragten *Cahn/Müchler* in FS Uwe H. Schneider, 2011, S. 197, 225 f.
[2] Dies entspricht den Forderungen des 70. Deutschen Juristentages, Verhandlungen des 70. Deutschen Juristentages, Bd. II/1, Sitzungsberichte – Referate und Beschlüsse, S. N67; s. auch *Uwe H. Schneider* in Verhandlungen des 70. Deutschen Juristentages, Bd. II/1, Sitzungsberichte – Referate und Beschlüsse, S. N55 f.
[3] S. nur *Hüffer/Koch*, § 93 AktG Rz. 2.
[4] S. Rz. 13.20.

Haftungsmaßstabs auf eine Haftung nur für Vorsatz und grobe Fahrlässigkeit für zulässig gehalten[1]; vielfach wird auch die Auffassung vertreten, dass auch die Haftung für grobe Fahrlässigkeit ausgeschlossen werden könne.[2]

a) Haftungserleichterungen bei Mehrheitseigentum der öffentlichen Hand

13.61 Damit steht grundsätzlich auch öffentlichen Unternehmen in der Rechtsform der GmbH die Möglichkeit offen, Haftungserleichterungen für ihre Organe in der Satzung vorzusehen. Problematisch ist hieran jedoch, dass ein **Haftungsausschluss für Fahrlässigkeit** gleichzeitig auch im Interesse der öffentlichen Hand einen **Freistellungsanspruch** des Organs gegen die öffentliche Hand vermeidet (s. hierzu Rz. 13.49 ff.). Ein Schaden ist dann wirtschaftlich nicht mehr von der öffentlichen Hand, sondern von der Gesellschaft, d.h. allen Gesellschaftern zu tragen. Privaten Mitgesellschaftern wird auf diese Weise ein größeres Risiko aufgebürdet als gesetzlich vorgesehen. Vor diesem Hintergrund wird man bei einer nachträglichen Einfügung einer solchen Haftungsmilderung die entsprechende Stimmabgabe der öffentlichen Hand genauer auf eine etwaige **Treuwidrigkeit** zu untersuchen haben.[3] Anders als bei einer Entlastung von bereits entstandenen Schadensersatzansprüchen wird man eine Stimmabgabe für eine Haftungserleichterung jedoch nicht generell als treuwidrig ansehen können.[4] Sofern eine Haftungserleichterung bereits in der ursprünglichen Gesellschaftssatzung vorgesehen ist, gelten die allgemeinen gesellschaftsrechtlichen Regeln. Schließlich wurden private Mitgesellschafter in diesem Fall nicht überstimmt, sondern hatten die Möglichkeit, sich einer solchen Regelung durch Verzicht auf die Beteiligung an der Gesellschaft zu entziehen.

13.62 Ist bei Vorhandensein privater Mitgesellschafter bereits der Ausschluss der Haftung für einfache Fahrlässigkeit problematisch (soeben Rz. 13.61), so gilt dies erst recht und in besonderem Maße für den Haftungsausschluss auch bei **grober Fahrlässigkeit**.[5] S. hierzu auch die Ausführungen zum Haftungsausschluss bei grober Fahrlässigkeit im Falle des Alleineigentums der öffentlichen Hand, Rz. 13.64 ff.

b) Haftungserleichterungen bei Alleineigentum der öffentlichen Hand

aa) Haftungsausschluss für Fahrlässigkeit

13.63 Ist die öffentliche Hand Alleingesellschafterin des öffentlichen Unternehmens, so ist eine Begrenzung der Organhaftung auf Vorsatz und grobe Fahrlässigkeit zunächst unproblematisch. Aufgrund des Anspruchs der Organe auf Haftungsfreistellung hat die öffentliche Hand ohnehin wirtschaftlich den Schaden aus **fahrlässigen** Pflichtverletzungen zu tragen. Vor die-

---

1 S. Rz. 13.20.
2 S. nur *Kleindiek* in Lutter/Hommelhoff, § 43 GmbHG Rz. 62 ff. m.w.N.
3 Für eine generelle Unzulässigkeit einer Haftungsmilderung bei Landesbanken in der Rechtsform einer Anstalt des öffentlichen Rechts, *Grooterhorst*, ZIP 2011, 212 ff.
4 Vgl. auch *Turiaux/Huber*, Haftung kommunaler Funktionsträger, Bayrischer Gemeindetag 2011, 149, 152 f. Einen Ausschluss der fahrlässigen Haftung halten auch für vertretbar *Uwe H. Schneider* in Verhandlungen des 70. Deutschen Juristentages, Bd. II/1, Sitzungsberichte – Referate und Beschlüsse, S. N55; 70. Deutscher Juristentag, Verhandlungen des 70. Deutschen Juristentages, Bd. II/1, Sitzungsberichte – Referate und Beschlüsse, S. N67 [angenommen 53:5:10].
5 Hierzu auch *Uwe H. Schneider* in Verhandlungen des 70. Deutschen Juristentages, Bd. II/1, Sitzungsberichte – Referate und Beschlüsse, S. N55; 70. Deutscher Juristentag, Verhandlungen des 70. Deutschen Juristentages, Bd. II/1, Sitzungsberichte – Referate und Beschlüsse, S. N67 [angenommen 53:5:10].

bb) Haftungsausschluss auch für grobe Fahrlässigkeit

Problematisch erscheint jedoch ein Ausschluss der Haftung auch für **grobe Fahrlässigkeit**. Das gesetzlich vorgesehene Anreizsystem wird an dieser Stelle ausgehebelt und das Risiko zulasten der Gesellschaft und damit mittelbar zulasten der Gesellschafter und der Bürger verschoben. Es droht ein deutlich risikofreudigeres Verhalten der Organe.

13.64

Ein **risikofreudigeres Verhalten der Organe** dürfte jedoch generell schon dem besonderen Unternehmenszweck widersprechen, der bei öffentlichen Unternehmen regelmäßig nur nachrangig auf Gewinnerzielung gerichtet ist (s. Rz. 13.14 ff.) und den Ermessensspielraum der Organe insoweit enger zieht (Rz. 13.21). Es lässt sich auch nicht argumentieren, dass eine satzungsmäßige Haftungserleichterung sowie der **Unternehmenszweck** normenhierarchisch beide auf derselben Stufe der Gesellschaftssatzung angesiedelt sind. Die Verpflichtung auf den öffentlichen Zweck ergibt sich nämlich nicht nur aus seiner Verankerung in der Satzung, sondern sie beruht auf verfassungsrechtlichen und einfachgesetzlichen Vorgaben (Rz. 13.14 f.). Dem lässt sich auch nicht entgegenhalten, dass das Gesellschaftsrecht getrennt vom öffentlichen Recht und seinen Vorgaben zu betrachten ist. Dies ist zwar im Grundsatz richtig, hier geht es jedoch nicht um eine Etablierung eines Verwaltungsgesellschaftsrechts zulasten der Gesellschaft oder privater Mitgesellschafter, sondern es geht unter umgekehrten Vorzeichen darum, den gesellschaftsrechtlichen **Gestaltungsspielraum** der öffentlichen Hand zulasten der öffentlichen Hand anhand der Vorgaben des öffentlichen Rechts zu **begrenzen** (s. hierzu Rz. 13.40 ff., 13.43).

13.65

Festzuhalten ist auch, dass der tiefere Grund, der es im Normalfall rechtfertigt, die Veranlassung der Organe zu einer erhöhten Risikofreudigkeit durch Haftungserleichterungen für zulässig zu halten, bei öffentlichen Unternehmen entfällt oder jedenfalls nur eingeschränkt tragfähig ist. Während im Normalfall mit den Gesellschaftern die **letztlich wirtschaftlich Betroffenen** über die Haftungserleichterung entscheiden, wirkt sich bei öffentlichen Unternehmen jedoch der zusätzliche Prinzipal-Agenten-Konflikt aus, dass die letztlich wirtschaftlich Betroffenen, die **Bürger, keinen Einfluss** auf die Entscheidung über die Haftungserleichterung haben (Rz. 13.38 f.). Dies spricht insgesamt dafür, eine Beschränkung der Haftung auf grobe Fahrlässigkeit bei öffentlichen Unternehmen nur in Ausnahmefällen für zulässig zu erachten.

13.66

E. Exkurs: Organhaftung in anderen Rechtsformen

Die Organhaftung in **anderen Rechtsformen**, also insbesondere in Rechtsformen des öffentlichen Rechts lässt sich nicht allgemein darstellen. Es muss daher bei der beispielhaften Erläuterung des Haftungssystems einiger Rechtsformen bleiben.

13.67

Die Verantwortlichkeit der Organmitglieder einer **Sparkasse** richtet sich regelmäßig nach den entsprechenden Sparkassengesetzen.[1] Diese ordnen typischerweise eine Einstandspflicht der Organe für Vorsatz und grobe Fahrlässigkeit an, teilweise ist auch eine Haftung für ein-

13.68

---

[1] Vgl. hierzu u.a. §§ 15 Abs. 8 SpkG NRW [Vorsatz und grobe Fahrlässigkeit], 7 Abs. 3 Satz 1 SpkG RP [Vorsatz und grobe Fahrlässigkeit], 5d Abs. 3 Satz 2 SpkG HE [Vorsatz und grobe Fahrlässigkeit], 10 Abs. 1 Satz 4 SpkG Nds [Fahrlässigkeitshaftung in Satz 4, Satz 5 Business Judgement Rule i.V.m. Beschränkung auf grobe Fahrlässigkeit], 25 Abs. 5 SpG BW [Fahrlässigkeitshaftung],

fache Fahrlässigkeit vorgesehen.¹ Fehlt es an einer gesetzlichen Regelung, so ist nach herrschender Meinung unmittelbar auf die Organstellung zurückzugreifen und die Haftung in Analogie zu § 93 AktG zu entwickeln.² Eine Haftungsmilderung kommt dann nicht in Betracht.

13.69 Für die Haftung des Verwaltungsrates von **Landesbanken** in der Rechtsform der Anstalt des öffentlichen Rechts wird teilweise die Geltung des Aktiengesetzes angeordnet, teilweise sehen die Satzungen aber auch eine Beschränkung auf Vorsatz und grobe Fahrlässigkeit vor.³ Unklar ist, ob haftungsbeschränkende Satzungsregelungen zulässig sind. Es wird die Auffassung vertreten, dass Verwaltungsratsmitglieder stets für Vorsatz und jede Form der Fahrlässigkeit haften müssten und eine satzungsmäßige Beschränkung des Verschuldensmaßstabs unzulässig sei.⁴

13.70 Die Haftung der Organe anderer **Anstalten des öffentlichen Rechts** regelt in Nordrhein-Westfalen die Kommunalunternehmensverordnung.⁵ § 3 Abs. 1 Satz 2 KUV NRW verweist für die Haftung von Vorstandsmitgliedern auf § 48 Beamtenstatusgesetz sowie § 81 Landesbeamtengesetz NRW. Dies führt zu einer Beschränkung der Haftung auf Vorsatz und grobe Fahrlässigkeit. § 2 Abs. 4 KUV NRW verweist für die Haftung von Mitgliedern des Verwaltungsrates auf § 43 Abs. 4 GO NRW, der ebenfalls nur eine Haftung für Vorsatz und grobe Fahrlässigkeit vorsieht.⁶

13.71 Die Haftung der Mitglieder der Selbstverwaltungsorgane von **Trägern der Sozialversicherung** ist in § 42 SGB IV geregelt. Abs. 1 dieser Norm verweist für die Haftung gegenüber Dritten auf Staatshaftungsgrundsätze (§ 839 BGB, Art. 34 GG). Abs. 2 regelt sodann die Haftung gegenüber dem Versicherungsträger und beschränkt diese auf eine Haftung für vorsätzliche und grob fahrlässige Pflichtverletzungen. Ein Haftungsverzicht vor Schadensentstehung ist gem. Abs. 3 unwirksam, ein nachträglicher Haftungsverzicht nur mit Genehmigung der Aufsichtsbehörde wirksam. Hinsichtlich der Pflichten des Vorstands einer gesetzlichen Krankenkasse hat das OLG Hamm herausgearbeitet, dass dieser insbesondere die Grundsätze der Wirtschaftlichkeit und Sparsamkeit zu beachten habe und ihm nicht derselbe unternehmerische Ermessensspielraum zugutekomme, wie dem Vorstand einer Aktiengesellschaft.⁷ Die Haftungsbeschränkung spielte für das Urteil keine Rolle, weil sich das Gericht zum einen auf ei-

---

20 Abs. 4 BbgSpkG [Fahrlässigkeitshaftung], 20 Abs. 3 SpkG MV [Fahrlässigkeitshaftung], 20 Abs. 3 SächsSparkG [Fahrlässigkeitshaftung], 20 Abs. 3 SpkG-LSA [Fahrlässigkeitshaftung].

1 *Ehlers*, Die Haftung von Verwaltungsratsmitgliedern öffentlich-rechtlicher Anstalten gegenüber der Anstalt und Außenstehenden, 2011, S. 65 f.
2 BGH v. 15.9.2014 – II ZR 112/13, NJW-RR 2015, 603, 604 = AG 2015, 240 [Vorinstanzen: OLG Düsseldorf v. 21.2.2013 – I-6 U 182/11, juris = BeckRS 2015, 02793; LG Düsseldorf v. 27.7.2011 – 33 O 119/09, juris = BeckRS 2015, 02796]; *Cahn/Müchler* in FS Uwe H. Schneider, 2011, S. 197, 205 f. m.w.N.
3 S. hierzu *Grooterhorst*, ZIP 2011, 212, 212.
4 Ausführlich *Grooterhorst*, ZIP 2011, 212, 213 ff.
5 Zu dieser Haftungsregelung *Cronauge* in Rehn/Cronauge/von Lennep/Knirsch, Gemeindeordnung NRW, 43. EL Juni 2016, § 114a VI.; *Flüshöh* in Kleerbaum/Palmen, Gemeindeordnung NRW, 2. Aufl. 2013, § 114a VII. 1.; *Müller*, Kommunalunternehmensverordnung NRW, 5. Aufl. 2014, § 2 & 3 KUV NRW. Soweit ersichtlich hat nur NRW eine einheitliche Regelung der Haftung von Vorständen und Verwaltungsratsmitgliedern kommunaler Anstalten des öffentlichen Rechts.
6 Hierzu *Empt/Orlikowski-Wolf*, ZIP 2016, 1053.
7 OLG Hamm v. 17.3.2016 – 27 U 36/15, AG 2016, 508, 508 ff.

ne Verletzung des Dienstvertrags als Haftungsgrund stützte und zum anderen auch das Vorliegen von grober Fahrlässigkeit bejahte.[1]

F. Fazit

Öffentliche Unternehmen sind Unternehmen, auf welche die öffentliche Hand einen beherrschenden Einfluss ausübt. Werden solche Unternehmen in einer Rechtsform des Privatrechts betrieben, insbesondere als GmbH oder AG, so gelten für die Organhaftung die **Vorschriften für die jeweilige Rechtsform**. Organe in öffentlichen Unternehmen haften nach Grund und Höhe genauso wie Organe privatwirtschaftlicher Unternehmen.

13.72

Soweit die Organe öffentlicher Unternehmen in dieser Eigenschaft Adressaten öffentlich-rechtlicher Vorschriften sind, ändert dies nichts an ihrer **gesellschaftsrechtlichen Pflichtenstellung**. Nur in Ausnahmefällen greifen öffentlich-rechtliche Vorschriften in das Gesellschaftsrecht über. In jedem Fall ist ein **gesellschaftsrechtlicher Anknüpfungspunkt erforderlich**, der die öffentlich-rechtlichen Vorgaben in gesellschaftsrechtliche Anforderungen übersetzt. Beispielhaft zu nennen sind hier die §§ 394, 395 AktG, welche das Gesellschaftsrecht der Aktiengesellschaft für öffentlich-rechtliche Informationspflichten öffnen. Ebenfalls zu nennen ist die Grundrechtsbindung des öffentlichen Unternehmens nach der Rechtsprechung des Bundesverfassungsgerichts, welche über die Begründung von Verpflichtungen der Gesellschaft korrespondierende Pflichten der Gesellschaftsorgane begründet. Schließlich ist die Verpflichtung des öffentlichen Unternehmens auf einen öffentlichen Zweck zu nennen, die sich in einer entsprechenden Festlegung des Unternehmenszwecks niederschlägt und auf diese Weise eine entsprechende Verpflichtung der Gesellschaftsorgane begründet.

13.73

Für die **Haftung der Gesellschaftsorgane** bleibt es damit grundsätzlich bei den **allgemeinen Regeln**. Dies gilt insbesondere für Grund und Umfang der Haftung. Im Hinblick auf die Fragen der Haftungsbefreiung durch Entlastung, Verzicht oder Vergleich sowie der Vereinbarung von Haftungserleichterungen bestehen jedoch **Besonderheiten**. Hier ist das öffentliche Unternehmen im Ergebnis strengeren Vorschriften unterworfen als privatwirtschaftliche Unternehmen. Dies dient einerseits dem Schutz der Mitgesellschafter vor besonderen Interessenkollisionen, andererseits dient es dem Schutz der Bürger vor **besonderen Prinzipal-Agenten-Konflikten**, welche das Gesellschaftsrecht in dieser Form nicht kennt.

13.74

---

1 OLG Hamm v. 17.3.2016 – 27 U 36/15, AG 2016, 508, 508, 510.

2. Teil
Rechtsverfolgung und Versicherung

§ 14
Darlegungs- und Beweislast im Haftungsprozess
Manfred Born

A. Grundregel der Darlegungs- und Beweislast 14.1	**C. Sonderregelungen der Beweislast bei der Organhaftung im AG-Konzern**.................. 14.55
B. Beweislastumkehr im Innenhaftungsprozess der Gesellschaften .. 14.3	I. Haftung der Geschäftsleiter des herrschenden Unternehmens im Vertragskonzern (§ 309 AktG)..... 14.56
I. Reichweite der Beweislastumkehr – Grundsatz der Darlegungs- und Beweislastverteilung............ 14.5	II. Haftung der Organe der abhängigen Gesellschaft (§ 310 AktG) 14.59
II. Mögliche und fehlende Pflichtwidrigkeit 14.10	III. Haftung der Geschäftsleiter des herrschenden Unternehmens im faktischen Konzern (§ 317 AktG) .. 14.61
III. Business Judgment Rule.......... 14.12	
IV. Fehlendes Verschulden........... 14.15	IV. Haftung der Organe der abhängigen Gesellschaft (§ 318 AktG) ... 14.64
V. Kausalität und Schaden 14.16	
VI. Keine Abweichungen von der gesetzlichen Darlegungs- und Beweislastverteilung 14.19	V. Verfolgungsrecht von Aktionären und Gläubigern der abhängigen Gesellschaft.................. 14.66
VII. Klage gegen die D&O-Versicherung......................... 14.25	**D. Innenhaftungsprozess beim rechtsfähigen Verein**............ 14.70
VIII. Inbesitznahme der Geschäftsunterlagen durch den Insolvenzverwalter 14.26	**E. Darlegungs- und Beweislast im Außenhaftungsprozess**......... 14.74
IX. Sondertatbestände: § 93 Abs. 3 AktG; § 34 Abs. 3 GenG; § 43 Abs. 3 GmbHG............... 14.29	I. Organhaftung aus culpa in contrahendo 14.75
	II. Deliktische Organaußenhaftung ... 14.78
1. Sonderfall: Insolvenzrechtliches Zahlungsverbot................ 14.32	1. Grundsatz der Darlegungs- und Beweislast beim Delikt.......... 14.78
a) Regelungstechnik 14.32	2. Verletzung spezieller Schutzgesetze . 14.79
b) Insolvenzreife 14.35	a) Insolvenzverschleppung 14.80
aa) Zahlungseinstellung....... 14.36	b) Nichtabführen von Arbeitnehmerbeiträgen zur Sozialversicherung................... 14.85
bb) Zahlungsunfähigkeit....... 14.37	
cc) Insolvenzrechtliche Überschuldung............... 14.39	III. Vorstandsaußenhaftung für fehlerhafte oder fehlende Kapitalmarktinformation.................... 14.89
dd) Zeitpunkt der Insolvenzreife 14.43	
ee) Beweisvereitelung......... 14.44	1. Primärmarkt (§§ 21, 22 WpPG) ... 14.90
c) Objektiver Tatbestand........ 14.45	2. Sekundärmarkt................. 14.93
d) Subjektiver Tatbestand 14.46	
2. Sonderfall: Verfolgungsrecht außenstehender Gläubiger........ 14.50	

Schrifttum: *Armbrüster*, Neues vom BGH zur D&O-Versicherung, NJW 2016, 2155; *Baumgärtel/Laumen/Prütting*, Handbuch der Beweislast, 3. Aufl. 2016; *Bayer/Illhardt*, Darlegungs- und Beweislast im Recht der GmbH anhand praktischer Fallkonstellationen, GmbHR 2011, 751; *Brock*, Regressreduzierung im Vorstandsrecht in der prozessualen Umsetzung, WM 2016, 2209; *Brinkmann*, Die prozessualen Konsequenzen der Abtretung des Freistellungsanspruchs aus einer D & O-Versicherung, ZIP 2017, 301; *Brömmelmeyer*, Neue Regeln für die Binnenhaftung des Vorstands, WM 2005, 2065; *Findeisen/Backhaus*, Umfang und Anforderungen an die haftungsbegründende Kausalität nach § 826 BGB für fehlerhafte Ad-hoc-Mitteilungen, WM 2007, 100; *Fleischer*, Die „Business Judgment Rule", ZIP 2004, 685; *Fleischer*, Aktienrechtliche Legalitätspflicht und „nützliche" Pflichtverletzungen von Vorstandsmitgliedern, ZIP 2005, 141; *Freund*, Brennpunkte der Organhaftung, NZG 2015, 1419; *Goette*, Zur Verteilung der Darlegungs- und Beweislast der objektiven Pflichtwidrigkeit bei der Organhaftung, ZGR 1995, 649; *Grooterhorst/Looman*, Rechtsfolgen der Abtretung des Freistellungsanspruchs gegen den Versicherer im Rahmen der D&O-Versicherung, NZG 2015, 215; *Hüffer*, Die leitungsbezogene Verantwortung des Aufsichtsrats, NZG 2007, 47; *Meckbach*, Organhaftung und Beweisrisiken, NZG 2015, 580; *Rosenberg*, Die Beweislast, 1965; *Spindler*, Haftung und Aktionärsklage nach dem neuen UMAG, NZG 2005, 865; *Weiss/Buchner*, Wird das UMAG die Haftung und Inanspruchnahme der Unternehmensleiter verändern?, WM 2005, 162.

A. Grundregel der Darlegungs- und Beweislast

14.1 Für den **Haftungsprozess gegen die Leitungsorgane** der „Gesellschaften"[1] gilt unabhängig von deren Rechtsform die ungeschriebene Grundregel der Darlegungs- und Beweislast: **Jede Partei, die den Eintritt einer Rechtsfolge geltend macht, hat die Voraussetzungen des ihr günstigen Rechtssatzes darzulegen und zu beweisen.** Danach trägt der Anspruchsteller die Darlegungs- und Beweislast für die rechtsbegründenden, der Anspruchsgegner hingegen für die rechtsvernichtenden, rechtshindernden und rechtshemmenden Tatbestandsmerkmale.[2] Den rechtsvernichtenden Tatsachen können rechtserhaltende Tatsachen gegenübertreten, die wiederum zu einer auf der Gegenseite liegenden Darlegungs- und Beweislast führen, so dass sich ein „weit reichendes, sich ständig wiederholendes Widerspiel von Rechtssätzen ergeben kann, weil die Wirkung jeder Norm durch eine andere gehindert oder vernichtet werden kann".[3] Durch positive oder negative Formulierung von Tatbestandsmerkmalen und durch Normierung von Regel- und Ausnahmetatbeständen hat der Gesetzgeber in vielen Fällen zum Ausdruck gebracht, wer nach der genannten Grundregel oder abweichend von ihr das Risiko der Beweislosigkeit tragen soll[4]; solche Beweislastnormen sind, da die ihnen vorgelagerte Frage der Darlegungslast zwingend mit ihnen einhergeht, zugleich immer auch Behauptungslastnormen.[5] Diese Grundregeln finden sowohl im **Innenhaftungsprozess** über Ersatzansprüche der Gesellschaft gegen ihr Organmitglied als auch im **Außenhaftungsprozess** eines Dritten gegen das Leitungsorgan Anwendung.

---

1 Als „Gesellschaften" behandelt werden die hauptsächlichen, als juristische Personen organisierten „Rechtsformen": AG, GmbH und Genossenschaft (zur Definition der Genossenschaft: § 1 Abs. 1 GenG).
2 BGH v. 14.1.1991 – II ZR 190/89, NJW 1991, 1052, 1053; BGH v. 13.11.1998 – V ZR 386/97, ZIP 1999, 367, 369; *Greger* in Zöller, vor § 284 ZPO Rz. 17a; *Prütting* in MünchKomm. ZPO, § 286 ZPO Rz. 111.
3 *Rosenberg*, S. 102; BGH v. 13.11.1998 – V ZR 386/87, NJW 1999, 352, 353; BGH v. 25.6.2008 – II ZR 133/07, AG 2008, 779 Rz. 4.
4 Z.B. § 280 Abs. 1 Satz 2 BGB.
5 *Prütting* in MünchKomm. ZPO, § 286 ZPO Rz. 135.

Häufig werden Darlegungsschwierigkeiten dadurch beseitigt, dass dem an sich nicht Darlegungsbelasteten, im Organhaftungsprozess in der Regel der Beklagte, eine **sekundäre Darlegungslast** auferlegt wird. Die Auferlegung einer sekundären Darlegungslast findet ihre Rechtfertigung darin, dass der primär Darlegungsbelastete außerhalb des von ihm vorzutragenden Geschehensablaufs steht und keine nähere Kenntnis der maßgeblichen Umstände besitzt, während der Prozessgegner die wesentlichen Tatsachen kennt oder unschwer in Erfahrung bringen kann und es ihm zumutbar ist, nähere Angaben hierzu zu machen.[1] Eine sekundäre Darlegungslast besteht aber nicht, soweit für die primär darlegungsbelastete Partei eine weitere Sachverhaltsaufklärung möglich und zumutbar ist.[2] Ob Parteivortrag der sekundären Darlegungslast genügt, hat der Tatrichter im Einzelfall zu beurteilen. Dabei ist zu beachten, dass sich der Umfang der sekundären Darlegungslast einerseits nach der Intensität des Sachvortrags der beweisbelasteten Partei richtet und er andererseits seine Grenze in der Zumutbarkeit der den Prozessgegner treffenden Offenbarungspflicht findet.[3] An die Erfüllung der sekundären Darlegungslast dürfen keine die Verteilung der Vortragslast umkehrenden Anforderungen gestellt werden.[4] So besteht etwa bei Haftungsansprüchen im Zusammenhang mit der materiellen Insolvenz weder eine besondere Dokumentationspflicht des Geschäftsleiters zur Abwehr einer möglichen Haftung, noch erhöht die Verletzung der Insolvenzantragspflicht seine sekundäre Darlegungslast.[5]

14.2

B. Beweislastumkehr im Innenhaftungsprozess der Gesellschaften

Von dieser Grundregel (Rz. 14.1) hat sich die Verteilung der Darlegungs- und Beweislast im Innenhaftungsprozess weit entfernt. Die gesetzlichen Regelungen zur Innenhaftung der Gesellschaftsorgane enthalten – jedenfalls für Vorstand und Aufsichtsrat im **Aktien- und Genossenschaftsrecht** – nicht nur die materiell-rechtlichen Haftungsgrundlagen[6], sondern ordnen zugleich in Abweichung von den allgemeinen Darlegungs- und Beweislastgrundsätzen eine **partielle Beweislastumkehr** an: Danach trifft die Organmitglieder im Streitfall die Beweislast dafür, dass sie die Sorgfalt eines ordentlichen und gewissenhaften Geschäftsleiters angewandt haben (§ 93 Abs. 2 Satz 2 AktG, § 34 Abs. 2 Satz 2 GenG).

14.3

Im **GmbH-Recht** findet sich eine entsprechende gesetzlich normierte Beweislastumkehrregelung durch die Verweisung in § 52 Abs. 1 GmbHG auf die analog anwendbaren §§ 116, 93 Abs. 1 und 2 Satz 1 und 2 AktG lediglich für den Aufsichtsrat. Anerkanntermaßen gelten jedoch für die Innenhaftung des GmbH-Geschäftsführers (§ 43 Abs. 2 GmbHG) die genannten Beweislastumkehrvorschriften des Aktien- und Genossenschaftsrechts entsprechend.[7]

14.4

---

1 BGH v. 3.5.2016 – II ZR 311/14, GmbHR 2016, 806 Rz. 19 m.w.N.; BGH v. 5.1.2017 – VII ZR 184/14, juris Rz. 19.
2 BGH v. 3.5.2016 – II ZR 311/14, GmbHR 2016, 806 Rz. 19 m.w.N.; BGH v. 5.1.2017 – VII ZR 184/14, juris Rz. 19.
3 BGH v. 3.5.2016 – II ZR 311/14, GmbHR 2016, 806 Rz. 20 m.w.N.
4 BGH v. 18.4.2005 – II ZR 61/03, GmbHR 2005, 874, 875 f.; BGH v. 3.5.2016 – II ZR 311/14, GmbHR 2016, 806 Rz. 20.
5 BGH v. 18.4.2005 – II ZR 61/03, GmbHR 2005, 874, 875 f.
6 Vgl. §§ 93 Abs. 2 Satz 1, 116 AktG; gleich lautend: § 34 Abs. 2 Satz 1, § 41 GenG. Seit dem 22.7.2017 gilt nach § 34 Abs. 2 Satz 3 GenG eine Haftungserleichterung für Vorstandsmitglieder von Genossenschaften, die im Wesentlichen unentgeltlich tätig sind.
7 BGH v. 4.11.2002 – II ZR 224/00, BGHZ 152, 280 = GmbHR 2003, 113 (GmbH); BGH v. 18.6.2013 – II ZR 86/11, BGHZ 197, 304 = GmbHR 2013, 1044 Rz. 22; vgl. *Wiegand-Schneider* in Born/Ghassemi-Tabar/Gehle, MünchHdb. GesR VII, § 40 Rz. 39; *Zöllner/Noack* in Baumbach/Hueck, § 43

I. Reichweite der Beweislastumkehr – Grundsatz der Darlegungs- und Beweislastverteilung

14.5 1. Die Reichweite der in § 93 Abs. 2 Satz 2 AktG, § 34 Abs. 2 Satz 2 GenG angeordneten partiellen Beweislastumkehr war nicht völlig zweifelsfrei, weil der Gesetzeswortlaut – **Anwendung der Sorgfalt eines ordentlichen Geschäftsmannes** – nicht zwischen objektiver und subjektiver Pflichtwidrigkeit unterscheidet. Dementsprechend konnte die nicht stets eindeutige frühere Rechtsprechung des BGH bisweilen den Eindruck erwecken, als beziehe sich die Beweislastumkehr entsprechend einer Mindermeinung im Schrifttum[1] nur auf das Verschulden, während die klagende Gesellschaft für die Voraussetzungen der objektiven Pflichtverletzung darlegungs- und beweisbelastet sei.[2] Demgegenüber sollte nach früher herrschender Literaturmeinung[3] die Gesellschaft eine Vortrags- und Beweislast nur hinsichtlich eines bestimmten Verhaltens oder Unterlassens des Organmitglieds und eines daraus resultierenden Schadens treffen, während das Organmitglied das Fehlen sowohl der Pflichtwidrigkeit als auch des Verschuldens darzulegen und zu beweisen habe.

14.6 Vor dem Hintergrund des vom Gesetzgeber verfolgten Zwecks dieser Beweislastregelungen ist zu differenzieren. Einerseits beruht die Abweichung von der allgemeinen Beweislastverteilung auf dem Gedanken der **Sachnähe**: Das Organmitglied kann die Umstände seines Verhaltens und die für eine pflichtgemäße Amtsführung sprechenden Gründe besser überblicken als die Gesellschaft, die insoweit eher in Beweisnot geriete. Andererseits liefe eine uneingeschränkte Überbürdung der Pflicht zur Entlastung auch von der objektiven Sorgfaltswidrigkeit auf den Beklagten faktisch auf eine – allerdings widerlegbare – Erfolgshaftung hinaus, die ihn einem unangemessenen Rechtfertigungszwang aussetzen würde.

14.7 2. Angesichts dessen hat der BGH[4] – unter Rückbesinnung auf die ständige Rechtsprechung des Reichsgerichts[5] und in Präzisierung seines eigenen früheren Standpunkts – entschieden, dass eine **GmbH oder eine AG im Rechtsstreit um Schadensersatzansprüche gegen ihren Geschäftsleiter** gem. § 43 Abs. 2 GmbHG bzw. § 93 Abs. 2 Satz 1 AktG – gem. den Grundsätzen zu § 93 Abs. 2 AktG, § 34 Abs. 2 GenG – die Darlegungs- und Beweislast nur dafür trägt, dass und inwieweit ihr durch ein sich als „möglicherweise" pflichtwidrig darstellendes Verhalten des Geschäftsleiters in dessen Pflichtenkreis ein Schaden erwachsen ist, wobei ihr die Erleichterungen des § 287 ZPO zugute kommen können; demgegenüber hat der in An-

---

GmbHG Rz. 36 ff.; *Altmeppen* in Roth/Altmeppen, § 43 GmbHG Rz. 111; *Buck-Heeb* in Gehrlein/Born/Simon, § 43 GmbHG Rz. 83; *Fleischer* in MünchKomm. GmbHG, § 43 GmbHG Rz. 270.
1 Insbes. *Fleck*, GmbHR 1974, 224; w.N. bei *Goette*, ZGR 1995, 648, 672 Fn. 116 und *Hopt/M. Roth* in Großkomm. AktG, § 93 AktG Rz. 435.
2 Vgl. BGH v. 15.10.1962 – II ZR 194/61, NJW 1963, 46; BGH v. 9.6.1980 – II ZR 187/79, WM 1980, 1190; BGH v. 1.3.1982 – II ZR 183/90, WM 1982, 523; BGH v. 9.12.1991 – II ZR 43/91, WM 1992, 223; BGH v. 21.3.1994 – II ZR 260/92, ZIP 1994, 872; ausführliche Rechtsprechungsanalyse bei: *Goette*, ZGR 1995, 648, 649 ff.
3 Vgl. die Nachweise bei *Goette*, ZGR 1995, 648, 649 Fn. 3.
4 BGH v. 4.11.2002 – II ZR 224/00, BGHZ 152, 280 = GmbHR 2003, 113 (GmbH); BGH v. 18.2.2008 – II ZR 62/07, ZIP 2008, 736 Rz. 5, 8 = GmbHR 2008, 488; BGH v. 1.12.2008 – II ZR 102/07, BGHZ 179, 81 = GmbHR 2009, 199 Rz. 20 – MPS; BGH v. 22.2.2011 – II ZR 146/09, AG 2011, 378 Rz. 17 (AG); BGH v. 15.1.2013 – II ZR 90/11, AG 2013, 259 Rz. 14 (AG); BGH v. 14.5.2013 – II ZR 76/12, ZIP 2013, 1642 Rz. 15; BGH v. 18.6.2013 – II ZR 86/11, BGHZ 197, 304 = GmbHR 2013, 1044 Rz. 22 (GmbH); BGH v. 8.7.2014 – II ZR 174/13, BGHZ 202, 26 = AG 2014, 751 Rz. 33 (AG).
5 RG DR 1939, 723 m.N.

spruch genommene **Geschäftsleiter** darzulegen und erforderlichenfalls zu beweisen, dass er seinen Sorgfaltspflichten (§ 43 Abs. 1 GmbHG, § 93 Abs. 1 AktG) nachgekommen ist oder ihn kein Verschulden trifft, oder dass der Schaden auch bei pflichtgemäßem Alternativverhalten eingetreten wäre.

Diese Verteilung der Darlegungs- und Beweislast gilt auch im Innenhaftungsprozess der **Genossenschaft**[1] und für die Haftung des **Aufsichtsrats** nach § 116 AktG i.V.m. § 93 Abs. 2 Satz 1 AktG.[2] All dies gilt nicht nur bei pflichtwidrigem positivem Tun des Organmitglieds, sondern auch dann, wenn ihm das (pflichtwidrige) **Unterlassen** einer bestimmten Maßnahme vorgeworfen wird, zumal die Abgrenzung gegenüber der Pflichtwidrigkeit einer stattdessen vorgenommenen Handlung häufig fließend ist.[3]

14.8

3. Für die Praxis ist daher auf der Grundlage der dargestellten konsolidierten neueren BGH-Rechtsprechung, der sich auch das Schrifttum fast einhellig angeschlossen hat[4], davon auszugehen, dass die **Gesellschaft**, sei sie **AG, GmbH** oder **Genossenschaft**, in Schadensersatzprozessen gegen ihre Organmitglieder **nur dreierlei darzulegen und zu beweisen** hat:

14.9

– Ein Verhalten (Tun oder Unterlassen) des Organmitglieds, das sich als möglicherweise pflichtwidrig darstellt;

– den Eintritt und die Höhe des entstandenen Schadens und

– die Kausalität zwischen Organhandeln und Schaden.

– Demgegenüber stehen dem verklagten **Geschäftsleiter oder Aufsichtsratsmitglied drei alternative Möglichkeiten der Entlastung** zu. Er kann darlegen und erforderlichenfalls beweisen:

– Dass er seinen (objektiven) Sorgfaltspflichten nachgekommen ist oder

– dass ihn kein Verschulden trifft oder

– dass der Schaden auch bei plichtgemäßem Alternativverhalten eingetreten wäre.

II. Mögliche und fehlende Pflichtwidrigkeit

1. Die **Gesellschaft** hat ein Verhalten des Organmitglieds darzulegen und zu beweisen, das sich als möglicherweise pflichtwidrig darstellt. Das kann nicht nur **positives Tun**, sondern auch ein **Unterlassen** sein. Die Gesellschaft trifft eine Substantiierungspflicht[5], deren Inten-

14.10

---

1 BGH v. 3.12.2001 – II ZR 308/99, ZIP 2002, 213, 214 f. – obiter; zur Kreditvergabe durch den Vorstand einer Genossenschaft BGH v. 8.1.2007 – II ZR 304/04, ZIP 2007, 322 Rz. 28; *Beuthien/Beuthien*, § 34 GenG Rz. 19.

2 BGH v. 1.12.2008 – II ZR 280/07, AG 2009, 404 Rz. 42; BGH v. 14.5.2013 – II ZR 76/12, ZIP 2013, 1642 Rz. 15.

3 BGH v. 4.11.2002 – II ZR 224/00, BGHZ 152, 280, 285 = GmbHR 2003, 113 (GmbH).

4 Vgl. nur: *Bayer/Illhardt*, GmbHR 2011, 751, 752; *Zöllner/Noack* in Baumbach/Hueck, § 43 GmbHG Rz. 37 f.; *Paefgen* in Ulmer/Habersack/Löbbe, § 43 GmbHG Rz. 206 ff.; *Fleischer* in MünchKomm. GmbHG, § 43 GmbHG Rz. 272; *Uwe H. Schneider* in Scholz, § 43 GmbHG Rz. 236 ff.; *Hüffer/Koch*, § 93 AktG Rz. 53; *Mertens/Cahn* in KölnKomm. AktG, § 93 AktG Rz. 140.

5 Vgl. BGH v. 4.11.2002 – II ZR 224/00, BGHZ 152, 280, 285 f. = GmbHR 2003, 113 (GmbH); BGH v. 7.7.2008 – II ZR 71/07, AG 2008, 743 Rz. 5 (Aufsichtsratsmitglied).

sität herabgesetzt sein kann, wenn der Schaden typischerweise auf einem Verhalten beruht, das in den Verantwortungsbereich des betreffenden Organmitglieds fällt.[1]

14.11   2. Das **verklagte Organmitglied** muss dann darlegen und beweisen, dass es **nicht pflichtwidrig** gehandelt hat, dass er seinen objektiven Sorgfaltspflichten nachgekommen ist (s. Rz. 14.7).

Die **Gehaltsauszahlung** ohne vertragliche Vereinbarung stellt einen Kompetenzverstoß dar, so dass der Geschäftsleiter gegenüber der Behauptung, er habe sich die Vergütung ohne oder gegen eine bestehende Vereinbarung angewiesen, beweisen muss, dass er einen Anspruch auf die Vergütung hatte.[2] Streiten sich eine GmbH und ein Gesellschafter-Geschäftsführer um eine **Entnahme**, muss der Geschäftsführer die Berechtigung zur Entnahme nachweisen.[3] Der Geschäftsführer einer GmbH kann sich darauf berufen, er habe im – auch stillschweigenden – **Einverständnis** aller Gesellschafter gehandelt. Für diesen, die Pflichtwidrigkeit ausschließenden Einwand, trägt der Geschäftsführer die Beweislast.[4]

III. Business Judgment Rule

14.12   1. Der Nachweis des verklagten Geschäftsleiters, dass es **nicht pflichtwidrig** gehandelt hat (s. Rz. 14.7), schließt den Nachweis der Einhaltung seines – grundsätzlich weiten – unternehmerischen Ermessensspielraums ein.[5] Die Business Judgment Rule hat schon vor der Normierung in § 93 Abs. 1 Satz 2 AktG **höchstrichterrechtlich** in der Weise Anerkennung gefunden, dass „dem Vorstand für die Leitung der Geschäfte der AG ein weiter Handlungsspielraum zugebilligt werden muss, ohne den unternehmerisches Handeln schlechterdings nicht denkbar ist".[6] Für die Einhaltung dieses „Geschäftsleiterermessens", das im Rahmen des Haftungsgefüges des § 93 Abs. 2 AktG einen Ausschluss der objektiven Pflichtwidrigkeit des Verhaltens darstellt, trägt – wie der BGH mit rechtsformübergreifender Wirkung für die AG, die GmbH und die Genossenschaft klargestellt hat – der **Geschäftsleiter die Darlegungs- und Beweislast**.[7]

14.13   2. Anknüpfend an diese richterrechtliche Entwicklung ist die Business Judgment Rule mit dem UMAG 2005 in **§ 93 Abs. 1 Satz 2 AktG** in der Weise **kodifiziert** worden, dass eine Pflichtverletzung nicht vorliegt, wenn das Vorstandsmitglied bei einer unternehmerischen Entscheidung vernünftigerweise annehmen durfte, auf der Grundlage angemessener Information zum Wohle der Gesellschaft zu handeln. Nach der Konzeption des Gesetzgebers, der den in § 93 Abs. 1 Satz 2 AktG normierten „**Haftungsfreiraum**" als Tatbestandseinschränkung gegenüber dem

---

1 Vgl. *Mertens/Cahn* in KölnKomm. AktG, § 93 AktG Rz. 142; *Hopt/M. Roth* in Großkomm. AktG, § 93 AktG Rz. 433 f.
2 BGH v. 11.12.2006 – II ZR 166/05, GmbHR 2007, 260 Rz. 12 (GmbH); BGH v. 26.11.2007 – II ZR 161/06, GmbHR 2008, 144 Rz. 4 (GmbH); BGH v. 21.7.2008 – II ZR 39/07, GmbHR 2008, 1092 Rz. 19 (GmbH); *Drescher*, Rz. 332.
3 BGH v. 20.6.2005 – II ZR 18/03, GmbHR 2005, 1049, 1051 Rz. 20 m.w.N. (GmbH); *Drescher*, Rz. 333.
4 BGH v. 28.4.2008 – II ZR 264/06, BGHZ 176, 204 = GmbHR 2008, 805 Rz. 39 – GAMMA (GmbH); BGH v. 18.6.2013 – II ZR 86/11, BGHZ 197, 304 = GmbHR 2013, 1044 Rz. 32 f. (GmbH).
5 BGH v. 22.2.2011 – II ZR 146/09, AG 2011, 378 Rz. 19 (AG); BGH v. 15.1.2013 – II ZR 90/11, AG 2013, 259 Rz. 14, 35 (AG); BGH v. 18.6.2013 – II ZR 86/11, BGHZ 197, 304 = GmbHR 2013, 1044 Rz. 28 (GmbH).
6 BGH v. 21.4.1997 – II ZR 175/95, BGHZ 135, 244, 253 = AG 1997, 377 – ARAG/Garmenbeck; BGH v. 3.3.2008 – II ZR 124/06, BGHZ 175, 365 = AG 2008, 375 Rz. 9, 11 – UMTS.
7 BGH v. 4.11.2002 – II ZR 224/00, BGHZ 152, 280, 284 = GmbHR 2003, 113.

in Satz 1 der Vorschrift niedergelegten Pflichtenstandard versteht[1], schließt die Norm unter den von ihr negativ formulierten Voraussetzungen eine Pflichtverletzung und damit zugleich den Haftungstatbestand nach § 93 Abs. 2 Satz 1 AktG aus.[2] Da § 93 Abs. 1 Satz 2 AktG nicht etwa als eine von § 93 Abs. 2 Satz 2 AktG abweichende Beweislastregel konstruiert ist, trägt der Vorstand die Darlegungs- und Beweislast (auch) für die Beobachtung des Geschäftsleiterermessens (§ 93 Abs. 1 Satz 2 AktG) und den daraus resultierenden **Tatbestandsausschluss der Haftungsnorm** (§ 93 Abs. 2 Satz 1 AktG) wegen Nichtvorliegens einer objektiven Pflichtverletzung.[3] Im Endergebnis weicht also die Kodifizierung der Business Judgment Rule hinsichtlich der den Vorstand insoweit treffenden Darlegungs- und Beweislast nicht von der entsprechenden vorausgegangenen höchstrichterlichen Rechtsprechung ab (vgl. Rz. 14.12).

3. Der Grundgedanke eines Geschäftsleiterermessens im Bereich unternehmerischer Entscheidungen ist nicht etwa auf § 93 AktG und damit die Aktiengesellschaft beschränkt, sondern findet auch ohne positivrechtliche Regelung **in allen Formen unternehmerischer Betätigung** Anwendung. Daher steht der Übertragung des in § 93 Abs. 1 Satz 2 AktG normierten Regelungsmusters einschließlich der daraus auch für die Darlegungs- und Beweislast zu ziehenden Folgerungen auf die Geschäftsleiterhaftung im Recht der GmbH (§ 43 Abs. 1 GmbHG) und der Genossenschaft (§ 34 GenG) – wie sie schon bisher für die richterrechtlich anerkannte Business Judgment Rule galt – nichts im Wege.[4] Der Gesetzgeber hat dies mit Wirkung zum 22.7.2017 für die Genossenschaft in § 34 Abs. 1 Satz 2 GenG ausdrücklich klargestellt.

IV. Fehlendes Verschulden

Das im Innenhaftungsprozess in Anspruch genommene Organmitglied muss beweisen, dass ihn kein Verschulden trifft (s. Rz. 14.7). Ein Organmitglied kann sich ausnahmsweise wegen eines unverschuldeten Rechtsirrtums entlasten, wenn es sich unter umfassender Darstellung der Verhältnisse der Gesellschaft und Offenlegung der erforderlichen Unterlagen von einem unabhängigen, für die zu klärende Frage fachlich qualifizierten Berufsträger beraten lässt und den erteilten **Rechtsrat** einer sorgfältigen Plausibilitätskontrolle unterzieht. Ist die eingeholte Auskunft falsch und handelt der Vorstand danach nur subjektiv pflichtgemäß, kann sein objektiv pflichtwidriges Tun entschuldigt sein.[5] Beruft sich das verklagte Organmitglied

---

1 Begr. RegE BR-Drucks. 3/05, S. 19, 21; freilich ist das wegen des unterschiedlichen „Regelungsgehalts" keine echte Einschränkung oder Ausnahme von Satz 1.
2 Vgl. BGH v. 12.10.2016 – 5 StR 134/15, ZInsO 2017, 25 Rz. 31; zutr. *Fleischer*, ZIP 2004, 685, 689: „Tatbestandsausschlussgrund"; *Brömmelmeyer*, WM 2005, 2065, 2069; *Weiss/Buchner*, WM 2005, 162, 165; ähnlich *Hopt/M. Roth* in Großkomm. AktG, § 93 AktG Rz. 67; a.A. *Hüffer/Koch*, § 93 AktG Rz. 14: „unwiderlegbare Rechtsvermutung".
3 Begr. RegE BR-Drucks. 3/05, S. 21; *Drescher*, Rz. 329; *Fleischer*, ZIP 2004, 685, 688; *Spindler*, NZG 2005, 865, 872; *Hüffer/Koch*, § 93 AktG Rz. 54; *Mertens/Cahn* in KölnKomm. AktG, § 93 AktG Rz. 141; a.A. *Hopt/M. Roth* in Großkomm. AktG, § 93 AktG Rz. 439 m.w.N. nur sekundäre Darlegungslast beim Vorstand; einschränkend auch *Paefgen* in Ulmer/Habersack/Löbbe, § 43 GmbHG Rz. 209.
4 So ausdrückl. Begr. RegE BR-Drucks. 3/05, S. 21; vgl. BGH v. 18.6.2013 – II ZR 86/11, BGHZ 197, 304 = GmbHR 2013, 1044 Rz. 26 ff. (GmbH).
5 Vgl. die Anforderungen in BGH v. 14.5.2007 – II ZR 48/06, ZIP 2007, 1265 Rz. 16 – zur Prüfung der Insolvenzreife durch einen Wirtschaftsprüfer; BGH v. 20.9.2011 – II ZR 234/09, ZIP 2011, 2097 Rz. 18; BGH v. 27.3.2012 – II ZR 171/10, ZIP 2012, 1174 Rz. 16 f. – Unternehmensberaterin; BGH v. 28.5.2013 – II ZR 83/12, ZIP 2013, 1718 Rz. 21 ff.; BGH v. 28.4.2015 – II ZR 63/14, ZIP 2015, 1220 Rz. 28 ff. (AG) sowie die Darstellung der Rechtsprechung bei *Henze/Born/Drescher*, Aktienrecht – Höchstrichterliche Rechtsprechung, Rz. 687 ff.

auf einen schuldausschließenden unverschuldeten Rechtsirrtum, weil er fachkundige Beratung in Anspruch genommen hat, trifft ihn für die Einhaltung der von der Rechtsprechung für die Entschuldigung aufgestellten Voraussetzungen die Darlegungs- und Beweislast.[1]

V. Kausalität und Schaden

14.16 Beim Nachweis des Schadens und dessen Verursachung durch das Verhalten des Organmitglieds kommen der Gesellschaft **Erleichterungen der Substantiierungslast** gem. § 287 ZPO zugute.[2]

1. Unter § 287 ZPO fällt die Beurteilung der Frage, ob und inwieweit der Gesellschaft durch das dem Organmitglied vorgeworfene Verhalten ein Schaden entstanden ist. Denn bei der von der Gesellschaft geltend gemachten Innenhaftung gehört der Ursachenzusammenhang mit einem daraus erwachsenen allgemeinen Vermögensschaden nicht zur haftungsbegründenden, sondern zur **haftungsausfüllenden Kausalität**.[3]

14.17 **2.** Das im Innenhaftungsprozess in Anspruch genommene Organmitglied darf sich darauf berufen, dass der Schaden auch bei **pflichtgemäßem Alternativverhalten** eingetreten wäre. Der Beklagte trägt dafür die Darlegungs- und Beweislast.[4] Diese Last folgt bereits aus der allgemeinen Grundregel, dass der Anspruchsgegner für die rechtsvernichtenden, rechtshindernden und rechtshemmenden Tatbestandsmerkmale, mithin für die ihm günstigen Umstände darlegungs- und beweisbelastet ist (s. Rz. 14.1).[5] Damit die Entlastung gelingt, muss der sichere Nachweis erbracht werden, dass der Schaden auf jeden Fall eingetreten wäre. Die bloße Möglichkeit und selbst die Wahrscheinlichkeit, dass er auch bei pflichtgemäßem Verhalten entstanden wäre, genügen nicht.[6]

14.18 **3.** Die klagende Gesellschaft trifft im Grundsatz die Darlegungs- und Beweislast für den **Schaden**. Für das Beweismaß gelten jedoch insoweit nicht die strengen Voraussetzungen des § 286 ZPO, sondern diejenigen des § 287 ZPO, der auch die Substantiierungslast der klagenden Partei erleichtert. Danach genügt es, dass die Gesellschaft Tatsachen vorträgt und unter Beweis stellt, die für eine Schadensschätzung nach § 287 ZPO hinreichende Anhaltspunkte bieten.[7]

---

1 BGH v. 20.9.2011 – II ZR 234/09, ZIP 2011, 2097 Rz. 23; BGH v. 28.4.2015 – II ZR 63/14, ZIP 2015, 1220 Rz. 35.
2 BGH v. 4.11.2002 – II ZR 224/00, BGHZ 152, 280, 287 = GmbHR 2003, 113 (GmbH); BGH v. 1.12.2008 – II ZR 102/07, BGHZ 179, 81 = GmbHR 2009, 199 Rz. 20 – MPS; BGH v. 22.2.2011 – II ZR 146/09, AG 2011, 378 Rz. 17 (AG); BGH v. 15.1.2013 – II ZR 90/11, AG 2013, 259 Rz. 14 ff. (AG); BGH v. 14.5.2013 – II ZR 76/12, ZIP 2013, 1642 Rz. 15; BGH v. 18.6.2013 – II ZR 86/11, BGHZ 197, 304 = GmbHR 2013, 1044 Rz. 22 (GmbH).
3 Vgl. BGH v. 4.11.2002 – II ZR 224/00, BGHZ 152, 280, 287 = GmbHR 2003, 113 (GmbH).
4 BGH v. 4.11.2002 – II ZR 224/00, BGHZ 152, 280 = GmbHR 2003, 113 (GmbH); BGH v. 22.2.2011 – II ZR 146/09, AG 2011, 378 Rz. 17 (AG); BGH v. 15.1.2013 – II ZR 90/11, AG 2013, 259 Rz. 14 (AG); BGH v. 18.6.2013 – II ZR 86/11, BGHZ 197, 304 = GmbHR 2013, 1044 Rz. 32 (GmbH).
5 Vgl. BGH v. 14.1.1991 – II ZR 190/89, NJW 1991, 1052, 1053; *Greger* in Zöller, vor § 284 ZPO Rz. 17a; *Prütting* in MünchKomm. ZPO, § 286 ZPO Rz. 111.
6 *Spindler* in MünchKomm. AktG, § 93 AktG Rz. 174 a.E.; *Hopt/M. Roth* in Großkomm. AktG, § 93 AktG Rz. 415, 441.
7 BGH v. 4.11.2002 – II ZR 224/00, BGHZ 152, 280, 287 = GmbHR 2003, 113; BGH v. 15.1.2013 – II ZR 90/11, AG 2013, 259 Rz. 14 ff. (AG).

Beruft sich der Beklagte bei der Schadensbemessung auf die (entsprechende) Anwendung der Grundsätze der **Vorteilsausgleichung**, ist er für die der Gesellschaft zugeflossenen Vorteile darlegungs- und beweispflichtig.[1]

VI. Keine Abweichungen von der gesetzlichen Darlegungs- und Beweislastverteilung

Es bedarf **keiner generellen „Ausnahmen"** von der oben dargestellten Verteilung der Darlegungs- und Beweislast (s. Rz. 14.7 ff.). 14.19

1. Der Umfang der konkreten Darlegungslast („**Substantiierungslast**") der **klagenden Gesellschaft** bezüglich des **„möglicherweise" pflichtwidrigen Verhaltens** ihres Organs lässt sich – entsprechend dem Gesetzeszweck, Beweisschwierigkeiten des dem Geschehen typischerweise ferner Stehenden zu verhindern – unter Berücksichtigung der konkreten Umstände des Einzelfalls feststellen.[2] Wirft die Gesellschaft ihrem Organ eine konkrete, möglicherweise pflichtwidrige Handlung vor, kann der Umfang ihrer Substantiierungslast höher sein als bei dem Vorwurf eines Unterlassens, etwa eines Organisationsdefizits, das zu einer Schädigung der Gesellschaft geführt haben soll. Soweit von dem **verklagten Organ** im Gegenzug verlangt wird, darzulegen und zu beweisen, dass er seinen (objektiven) Sorgfaltspflichten nachgekommen ist, kann je nach den Umständen des Einzelfalls, insbesondere bei länger zurückliegenden Vorgängen und oder bei der Inanspruchnahme ausgeschiedener Organe, eine **sekundäre Darlegungslast der Gesellschaft** bestehen (vgl. Rz. 14.2).[3]

2. Auf ein **ausgeschiedenes Organmitglied** bleibt die gesetzliche Beweislastverteilung grundsätzlich anwendbar.[4] Zwar werden ihm die Darlegung und der Nachweis, dass er die Sorgfalt eines ordentlichen und gewissenhaften Geschäftsleiters aufgewendet hat, regelmäßig schwerer fallen als einem noch amtierenden Organ. Vor einer Überspannung seiner Darlegungs- und Beweislast ist er jedoch dadurch geschützt, dass die Gesellschaft im Rahmen ihrer **sekundären Darlegungslast** (vgl. Rz. 14.2) die angebliche Pflichtverletzung näher zu bezeichnen hat. Zudem hat die Gesellschaft ihm, soweit zu seiner Verteidigung gegen den Vorwurf erforderlich, Einsicht in die dafür maßgeblichen Unterlagen zu gewähren (vgl. § 810 BGB).[5] Es bedarf daher keiner teleologischen Reduktion der § 93 Abs. 2 Satz 2 AktG, § 34 Abs. 2 Satz 2 GenG zu seinem Schutz. Für eine teleologische Reduktion fehlt es auch an einer planwidrigen Regelungslücke. Es ist fernliegend, dass der Gesetzgeber gerade den praktischen Regelfall der Anspruchsverfolgung gegen ein bereits ausgeschiedenes Organmitglied nicht gesehen hat.[6] 14.20

---

1 BGH v. 15.1.2013 – II ZR 90/11, AG 2013, 259 Rz. 29 (AG).
2 Vgl. *Goette*, ZGR 1995, 648, 674.
3 BGH v. 4.11.2002 – II ZR 224/00, BGHZ 152, 280, 285 = GmbHR 2003, 113 (GmbH); *Wiegand-Schneider* in Born/Ghassemi-Tabar/Gehle, MünchHdb. GesR VII, § 40 Rz. 40; *Kleindiek* in Lutter/Hommelhoff, § 43 GmbHG Rz. 54; zur sekundären Darlegungslast vgl. BGH v. 3.5.2016 – II ZR 311/14, GmbHR 2016, 806 Rz. 18 ff.
4 BGH v. 4.11.2002 – II ZR 224/00, BGHZ 152, 280, 285 = GmbHR 2003, 113 (GmbH); BGH v. 7.7.2008 – II ZR 71/07, AG 2008, 743 Rz. 5 (Aufsichtsratsmitglied); BGH v. 8.7.2014 – II ZR 174/13, BGHZ 202, 26 = AG 2014, 751 Rz. 33.
5 BGH v. 4.11.2002 – II ZR 224/00, BGHZ 152, 280, 285 = GmbHR 2003, 113 (GmbH); BGH v. 7.7.2008 – II ZR 71/07, AG 2008, 743 Rz. 5 (Aufsichtsratsmitglied); zum Herausgabeanspruch *Freund*, NZG 2015, 1419, 1420 f.; *Meckbach*, NZG 2015, 580, 582.
6 Vgl. *Bayer/Illhardt*, GmbHR 2011, 751, 754; *Paefgen* in Ulmer/Habersack/Löbbe, § 43 GmbHG Rz. 211; *Uwe H. Schneider* in Scholz, § 43 GmbHG Rz. 242; *J. Koch* in Born/Ghassemi-Tabar/Geh-

14.21 3. Hinsichtlich des **Gesamtrechtsnachfolgers** (Erben) eines Leitungsorgans wird im Schrifttum einhellig eine Anwendung der gesetzlichen Beweislastumkehrregeln abgelehnt und stattdessen die volle Darlegungs- und Beweislast zu Lasten der klagenden Gesellschaft befürwortet, weil der Erbe regelmäßig größere Beweisprobleme als die Gesellschaft oder sogar ein ausgeschiedenes Organmitglied habe.[1] Eine derartige Nichtanwendung der Vorschriften über die Beweislastumkehr aus Anlass der Gesamtrechtsnachfolge ist systemfremd und im Übrigen auch nicht geboten. Der Erbe hat grundsätzlich im Erbfall gem. § 1922 BGB eine Haftungssituation des Erblassers so zu übernehmen, wie sie in dessen Person begründet war. Dies gilt auch für die damit verbundene beweisrechtliche Position des Erblassers.[2] Etwa bestehenden Darlegungs- und Beweisschwierigkeiten des Erben ist durch eine flexible Handhabung der **sekundären Darlegungslast der Gesellschaft** (vgl. Rz. 14.2) im Einzelfall angemessen Rechnung zu tragen.

14.22 4. In den sog. **Fehlbestandsfällen** hat der BGH teilweise in früheren Entscheidungen, insbesondere bei einem ungeklärten Kassen- oder Warenfehlbestand, von dem Geschäftsleiter den Nachweis verlangt, dass er die gebotene Sorgfalt zur Verhinderung des Fehlbestands angewandt hat oder unverschuldet nicht dazu imstande war[3]; in anderen Urteilen brauchte die Gesellschaft nicht im Einzelnen darzulegen, welches pflichtwidrige Verhalten oder Unterlassen für den Fehlbestand ursächlich war.[4] Diese Entscheidungen liegen **im Ergebnis bereits auf der Linie der neuen Rechtsprechung des BGH**[5], nach welcher der Gesellschaft nur die Darlegung obliegt, dass ein möglicherweise pflichtwidriges Verhalten des Geschäftsleiters aus dessen Pflichtenkreis für den entstandenen Schaden ursächlich war. Zusätzlicher Beweiserleichterungen zu Gunsten der Gesellschaft bedarf es daher in den Fehlbestandsfällen nicht.

14.23 Dies gilt auch für die Beweislastverteilung bei **nicht ordnungsgemäßer Buchführung**. Ist der Verbleib von Gesellschaftsmitteln, die der Geschäftsführer einer GmbH für diese eingenommen hat, aufgrund nicht ordnungsgemäßer, von ihm zu verantwortender Buch- und Kassenführung für die Gesellschaft nicht mehr aufklärbar, so ist es, auch wenn sich aus den Büchern kein Kassenfehlbestand ergibt, Sache des Geschäftsführers nachzuweisen, dass er diese Mittel pflichtgemäß an die Gesellschaft abgeführt hat.[6]

---

le, MünchHdb. GesR VII, § 40 Rz. 30; *Fleischer* in Spindler/Stilz, § 93 AktG Rz. 224; a.A. *Hopt/M. Roth* in Großkomm. AktG, § 93 AktG Rz. 448 alle m.w.N.

1 Vgl. *Bayer/Illhardt*, GmbHR 2011, 751, 754; *Paefgen* in Ulmer/Habersack/Löbbe, § 43 GmbHG Rz. 211; *Uwe H. Schneider* in Scholz, § 43 GmbHG Rz. 243; *Hüffer/Koch*, § 93 AktG Rz. 56; *Fleischer* in Spindler/Stilz, § 93 AktG Rz. 224; *Mertens/Cahn* in KölnKomm. AktG, § 93 AktG Rz. 146; *Hopt/Roth* in Großkomm. AktG, § 93 AktG Rz. 447.
2 Vgl. BGH v. 16.6.1993 – IV ZR 246/93, NJW-RR 1994, 323; *Siegmann* in Scherer, Anwaltshandbuch Erbrecht, § 23 Rz. 12 und § 60 Rz. 9; *Leipold* in MünchKomm. BGB, § 1922 BGB Rz. 20; *Küpper* in MünchKomm. BGB, § 1967 BGB Rz. 8 Fn. 25.
3 BGH v. 26.11.1990 – II ZR 223/89, ZIP 1991, 159 m.w.N.
4 BGH v. 9.6.1980 – II ZR 187/79, WM 1980, 1190; BGH v. 8.7.1985 – II ZR 198/84, WM 1985, 1293.
5 BGH v. 4.11.2002 – II ZR 224/00, BGHZ 152, 280 = GmbHR 2003, 113; BGH v. 18.2.2008 – II ZR 62/07, ZIP 2008, 736 Rz. 5, 8; BGH v. 1.12.2008 – II ZR 102/07, BGHZ 179, 81 = GmbHR 2009, 199 Rz. 20 – MPS; BGH v. 22.2.2011 – II ZR 146/09, AG 2011, 378 Rz. 17 (AG); BGH v. 15.1.2013 – II ZR 90/11, AG 2013, 259 Rz. 14 (AG); BGH v. 14.5.2013 – II ZR 76/12, ZIP 2013, 1642 Rz. 15; BGH v. 18.6.2013 – II ZR 86/11, BGHZ 197, 304 = GmbHR 2013, 1044 Rz. 22 (GmbH); BGH v. 8.7.2014 – II ZR 174/13, BGHZ 202, 26 = AG 2014, 751 Rz. 33 (AG); ebenso *Uwe H. Schneider* in Scholz, § 43 GmbHG Rz. 240.
6 BGH v. 26.11.1990 – II ZR 223/89, ZIP 1991, 159, 160.

5. Für die Fälle sog. **sozialer Aufwendungen** wird man einer einschränkenden Auslegung des § 93 Abs. 2 Satz 2 AktG nicht folgen können, weil einerseits die Gesellschaft im Zweifel darauf angewiesen ist, von dem verantwortlichen Organmitglied zu erfahren, von welchen Erwägungen es sich bei solchen Aufwendungen, insbesondere Unternehmensspenden hat leiten lassen und andererseits dem Organ eine entsprechende Darlegung ohne Weiteres zuzumuten ist.[1]

14.24

VII. Klage gegen die D&O-Versicherung

Bestehteine D&O-Versicherung, kann sich die Gesellschaft als Versicherungsnehmerin den Freistellungsanspruch des aus der Innenhaftung in Anspruch genommenen und versicherten Organmitglieds abtreten lassen (vgl. hierzu unten *Sieg*, § 18). Der Deckungsanspruch wandelt sich dann in einen Zahlungsanspruch[2], aus dem die Gesellschaft unmittelbar gegen den Versicherer vorgehen kann. Im Direktprozess muss die Gesellschaft das Bestehen eines wirksamen Versicherungsvertrags, die wirksame Abtretung sowie den Eintritt des Versicherungsfalls im versicherten Zeitraum darlegen und beweisen.[3] Ungeklärt ist, ob die gesellschaftsfreundliche Beweislastverteilung aus dem Innenhaftungsprozess analog im Prozess gegen den Versicherer gilt. Dagegen wird vor allem die Tatferne des Versicherers eingewandt.[4] Das reicht für eine Änderung der Beweislastverteilung nicht aus. Im **Direktprozess der Gesellschaft** gegen den Versicherer bleibt es bei der oben dargestellten Darlegungs- und Beweislastverteilung (Rz. 14.7). Das aus der Tatferne des Versicherers folgende Informationsdefizit wird durch den Auskunftsanspruch des Versicherers gegen das versicherte Organmitglied aus § 31 Abs. 2 VVG kompensiert. Hinzu kommt ein Auskunftsanspruch des Versicherers gegen die Gesellschaft nach § 31 Abs. 1 VVG.[5] Verweigert man der Gesellschaft die günstige Beweislastverteilung, wird die Möglichkeit der Abtretung des Freistellungsanspruchs in D&O-Fällen wegen der damit einhergehenden Verschlechterung der Beweissituation weitgehend ungenutzt bleiben. Die für die Gesellschaft handelnden Organe würden sich mit der Annahme der Abtretungserklärung unter Umständen selbst schadensersatzpflichtig machen.

14.25

VIII. Inbesitznahme der Geschäftsunterlagen durch den Insolvenzverwalter

Klagt der Insolvenzverwalter im Organhaftungsprozess, befinden sich die **Geschäftsunterlagen** der Gesellschaft in aller Regel bei diesem. Die in § 148 Abs. 1 InsO geregelte Verpflichtung des Insolvenzverwalters, nach Eröffnung des Insolvenzverfahrens das gesamte zur Insolvenzmasse (§ 35 Abs. 1 InsO) gehörende Vermögen sofort in Besitz und Verwaltung zu nehmen, schließt nach § 36 Abs. 2 Nr. 1 InsO auch die Geschäftsbücher der Gesellschaft ein. Gemeint sind damit Geschäftsunterlagen im weitesten Sinn, mithin sämtliche den Geschäftsbetrieb betreffende elektronische oder körperliche Unterlagen und Aufzeichnungen.

14.26

---

1 Vgl. *Uwe H. Schneider* in Scholz, § 43 GmbHG Rz. 241; *J. Koch* in Born/Ghassemi-Tabar/Gehle, MünchHdb. GesR VII, § 40 Rz. 29; *Fleischer* in Spindler/Stilz, § 93 AktG Rz. 223; a.A. *Spindler* in MünchKomm. AktG, § 93 AktG Rz. 186.
2 Vgl. BGH v. 13.4.2016 – IV ZR 51/14, AG 2016, 395 Rz. 30; BGH v. 13.4.2016 – IV ZR 304/13, AG 2016, 497 Rz. 22 m.w.N.
3 *J. Koch* in Born/Ghassemi-Tabar/Gehle, MünchHdb. GesR VII, § 30 Rz. 66 m.w.N.
4 Statt vieler *Armbrüster*, NJW 2016, 2155, 2157; *Brinkmann*, ZIP 2017, 306 ff.; *Grooterhorst/Looman*, NZG 2015, 215, 217 alle m.w.N.; zur Darstellung des Streits s. auch *Brock*, WM 2016, 2209, 2214.
5 *J. Koch* in Born/Ghassemi-Tabar/Gehle, MünchHdb. GesR VII, § 30 Rz. 66 m.w.N.

Erfasst sind insbesondere die gesamte Buchführung einschließlich aller Buchungsbelege sowie Vertragsurkunden und Arbeitsaufzeichnungen.[1]

14.27 Wenn und soweit die Darlegungs- und Beweislast im Organhaftungsprozess bei dem beklagten Organmitglied liegt, hat der Beklagte gegen den Insolvenzverwalter einen Anspruch auf **Einsicht** in die benötigten Geschäftsunterlagen. Der Beklagte muss die begehrten Geschäftsunterlagen im Einzelnen bezeichnen.[2] Verweigert der Insolvenzverwalter eine ihm zumutbare Einsicht in die von ihm in Besitz genommenen Geschäftsunterlagen oder macht er sie, etwa durch Vernichtung der Unterlagen, unmöglich, kann das Gericht dies nach den Grundsätzen der Beweisvereitelung ahnden. Das setzt allerdings voraus, dass das Organmitglied zu einem hinreichend substantiierten Sachvortrag in der Lage ist.[3]

14.28 Kann das Organmitglied **nach Einsichtnahme** in die sich im Besitz des Insolvenzverwalters befindlichen Geschäftsunterlagen seiner Darlegungs- und Beweislast nicht genügen, ist ein weitergehender Schutz nach den Grundsätzen der **sekundären Darlegungslast** – anders als beim ausgeschiedenen Organmitglied (s. Rz. 14.20) – abzulehnen.[4] Die Auferlegung einer sekundären Darlegungslast findet ihre Rechtfertigung darin, dass die primär darlegungsbelastete Partei außerhalb des von ihr vorzutragenden Geschehensablaufs steht und keine nähere Kenntnis der maßgebenden Umstände besitzt, während der Anspruchsgegner die wesentlichen Tatsachen kennt oder unschwer in Erfahrung bringen kann und es ihm zumutbar ist, nähere Angaben zu machen.[5] Anspruchsgegner in diesem Sinn ist bei der hier zu beurteilenden Konstellation der klagende Insolvenzverwalter. Die eine Organhaftung begründenden Geschehensabläufe haben sich aber außerhalb des Wahrnehmungsbereichs des Insolvenzverwalters ereignet. Da diesem zur Begründung seiner Klage oft ebenfalls nur die von ihm vorgefundenen Geschäftsunterlagen zur Verfügung stehen, dürfen an seine Substantiierungslast keine zu hohen Anforderungen gestellt werden.[6]

IX. Sondertatbestände: § 93 Abs. 3 AktG; § 34 Abs. 3 GenG; § 43 Abs. 3 GmbHG

14.29 § 93 Abs. 3 AktG hebt neun, § 34 Abs. 3 GenG fünf und § 43 Abs. 3 GmbHG zwei **Fälle besonders schwerer Pflichtverletzungen** hervor, bei denen das Geschäftsleitungsorgan der Gesellschaft „namentlich" bzw. „insbesondere" zum Ersatz verpflichtet ist. Ihnen ist gemeinsam, dass sie eine gesetzwidrige Schmälerung der Kapitalgrundlage der Gesellschaft zur Folge haben. Auch bei diesen „**Katalogverstößen**", die zugleich eine Verletzung der jeweiligen Grundnormen darstellen, verbleibt es zunächst **grundsätzlich** bei der in ihnen angeordneten **Darlegungs- und Beweislastumkehrregel**. Die Anwendung der Business Judgment Rule scheidet

---

[1] Vgl. *Born/Delaveaux* in Born/Ghassemi-Tabar/Gehle, MünchHdb. GesR VII, § 116 Rz. 65; *Peters* in MünchKomm. InsO, § 36 InsO Rz. 65; *Ahrens* in Ahrens/Gehrlein/Ringstmeier, § 36 InsO Rz. 86 f. alle m.w.N.

[2] *Born/Delaveaux* in Born/Ghassemi-Tabar/Gehle, MünchHdb. GesR VII, § 116 Rz. 67.

[3] *Born/Delaveaux* in Born/Ghassemi-Tabar/Gehle, MünchHdb. GesR VII, § 116 Rz. 67.

[4] *Born/Delaveaux* in Born/Ghassemi-Tabar/Gehle, MünchHdb. GesR VII, § 116 Rz. 68; a.A. LG München I v. 14.9.2007 – 14 HK O 1877/07, ZIP 2007, 1960, 1961 f., aufgehoben durch OLG München v. 15.10.2008 – 7 U 4972/07, ZIP 2008, 2169.

[5] BGH v. 3.5.2016 – II ZR 311/14, GmbHR 2016, 806 Rz. 19 m.w.N.

[6] BGH v. 12.7.2007 – IX ZR 210/04, ZIP 2007, 1913 Rz. 5 m.w.N.; *Born/Delaveaux* in Born/Ghassemi-Tabar/Gehle, MünchHdb. GesR VII, § 116 Rz. 68.

aus, weil die genannten Vorschriften eine rechtmäßige Handlungsalternative verbindlich vorgeben.¹

Diese Sondernormen **modifizieren** den **allgemeinen Schadensbegriff** der §§ 249 ff. BGB: Liegt einer der dort näher umschriebenen Pflichtenverstöße vor, so wird **zu Gunsten der Gesellschaft widerleglich vermutet**, dass ihr ein (kausaler) Schaden entstanden ist und zwar im Umfang der entzogenen, abgeflossenen oder im Umfang der vorenthaltenen Mittel. Ein Schaden i.S. der § 93 Abs. 2 AktG, § 34 Abs. 2 GenG oder des § 43 Abs. 2 GmbHG mit einer Vermögensdifferenz muss nicht entstehen.² Dem Geschäftsleitungsorgan obliegt mithin die Darlegungs- und Beweislast dafür, dass die Gesellschaft trotz des pflichtwidrigen Verhaltens nicht in diesem Sinn geschädigt ist;³ dieser Einwand kann nur darauf gestützt werden, dass der nach den vorgenannten Vorschriften ersatzfähige Mindestschaden entfallen ist, entzogene Beträge also tatsächlich zurückgeführt oder vorenthaltene Einlagen tatsächlich geleistet sind, mithin eine Schädigung der Gesellschaft als Folge der Pflichtverletzung überhaupt nicht mehr möglich ist. Das Verschulden wird vermutet (s. Rz. 14.7 f., 14.15).⁴ Der Beklagte kann sich unter Umständen darauf berufen, dass der Gesellschaft zugeflossene Vermögensvorteile im Weg der **Vorteilsausgleichung** auf die Ersatzverpflichtung anzurechnen sind. Dies muss er darlegen und beweisen.⁵

14.30

Soweit es um einen der Gesellschaft entstandenen **weiteren Schaden** geht, kann dieser zwar auch auf § 93 Abs. 3 AktG bzw. § 34 Abs. 3 GenG oder § 43 Abs. 3 GmbHG gestützt werden; doch kommt der Gesellschaft für diesen überschießenden Schadensteil die Schadensvermutung nicht zugute, vielmehr trägt sie hierfür wiederum nach den allgemeinen Grundsätzen selbst die Darlegungs- und Beweislast.⁶

14.31

1. Sonderfall: Insolvenzrechtliches Zahlungsverbot

a) Regelungstechnik

Werden entgegen dem gesetzlichen Zahlungsverbot nach Eintritt der Zahlungsunfähigkeit oder Überschuldung der Gesellschaft Zahlungen geleistet, können nach dem Gesetz hierfür verantwortliche Organe der Gesellschaft zum Ersatz verpflichtet sein (vgl. unten *Balthasar*, Rz. 33.68 ff.). Hautanwendungsfall ist § 64 Satz 1 GmbHG für die **GmbH**. Geregelt ist das Zahlungsverbot aber auch in § 92 Abs. 2 Satz 1 AktG für die **AG** und in § 99 GenG für die **eG**. Hier ist zunächst der Unterschied in der Regelungstechnik der Innenhaftung für die verbotswidrigen Zahlungen zwischen Aktien- und Genossenschaftsrecht einerseits und GmbH-Recht andererseits zu erwähnen:

14.32

---

1 Vgl. *Hüffer/Koch*, § 93 AktG Rz. 68; *Hopt/Roth* in Großkomm. AktG, § 93 AktG Rz. 326.
2 BGH v. 29.9.2008 – II ZR 234/07, GmbHR 2008, 1319 Rz. 17; BGH v. 20.9.2011 – II ZR 234/09, AG 2011, 876 Rz. 29 zu § 93 Abs. 3 Nr. 4 AktG; *Buck-Heeb* in Gehrlein/Born/Simon, § 43 GmbHG Rz. 84; *Hüffer/Koch*, § 93 AktG Rz. 68.
3 RGZ 159, 211, 230; *Bayer/Illhardt*, GmbHR 2011, 751, 755 f.; *Buck-Heeb* in Gehrlein/Born/Simon, § 43 GmbHG Rz. 94; *Zöllner/Noack* in Baumbach/Hueck, § 43 GmbHG Rz. 49; *Hüffer/Koch*, § 93 AktG Rz. 68; *Hopt/Roth* in Großkomm. AktG, § 93 AktG Rz. 343; *Spindler* in MünchKomm. AktG, § 93 AktG Rz. 222; vgl. auch BGH v. 9.12.1991 – II ZR 43/91, NJW 1992, 1166.
4 BGH v. 29.9.2008 – II ZR 234/07, GmbHR 2008, 1319 Rz. 17.
5 BGH v. 20.9.2011 – II ZR 234/09, AG 2011, 876 Rz. 30 ff., 34 zu § 93 Abs. 3 Nr. 4 AktG.
6 Statt anderer Nachweise *Bayer/Illhardt*, GmbHR 2011, 751, 755.

14.33 Während für das GmbH-Recht § 64 GmbHG[1] in Satz 1 und 2 der Norm sowohl das Zahlungsverbot als auch den daraus abgeleiteten Ersatzanspruch eigener Art der Gesellschaft gegen den pflichtwidrig handelnden Geschäftsführer regelt und lediglich zusätzlich über eine Verweisung § 43 Abs. 3 und 4 GmbHG entsprechend in Bezug nimmt, enthalten im Aktien- und im Genossenschaftsrecht die Zahlungsverbotsnormen des § 92 Abs. 2 AktG[2] bzw. § 99 GenG[3] keine unmittelbare Anspruchsgrundlage; der Ersatzanspruch selbst ist vielmehr innerhalb der besonderen Normenkataloge in § 93 Abs. 3 Nr. 6 AktG bzw. § 34 Abs. 3 Nr. 4 GenG geregelt.

14.34 Ein sachlicher Unterschied zum GmbH-Recht resultiert daraus nicht. Neben der Beweislastumkehrregelung des § 92 Abs. 2 Satz 2 AktG bzw. des § 34 Abs. 2 Satz 2 GenG (vgl. Rz. 14.7) modifiziert um die Beweiserleichterungen im Hinblick auf die Schadensvermutung zu Gunsten der anspruchstellenden Gesellschaft (vgl. Rz. 14.30) gelten **systemübergreifend für alle drei Gesellschaftsformen** die im Folgenden dargestellten Darlegungs- und Beweislastgrundsätze zu den inhaltlich identischen Regelungen über den objektiven Tatbestand von Zahlungsunfähigkeit oder Überschuldung, zur Insolvenzreife im Zeitpunkt der Tathandlung sowie zum objektiven und zum subjektiven Tatbestand des Zahlungsverbots.

b) Insolvenzreife

14.35 Der Kläger, das ist regelmäßig der **Insolvenzverwalter**, hat als Anspruchsteller die objektiven Voraussetzungen einer Zahlungsunfähigkeit oder Überschuldung der Gesellschaft darzulegen und zu beweisen.[4] Im Einzelnen gilt:

aa) Zahlungseinstellung

14.36 Liegt eine Zahlungseinstellung vor, begründet diese eine gesetzliche Vermutung für die Zahlungsunfähigkeit, die der Prozessgegner zu widerlegen hat (vgl. § 17 Abs. 2 Satz 2 InsO).[5] Die Voraussetzungen einer Zahlungseinstellung hat der klagende Insolvenzverwalter darzulegen und zu beweisen.[6] Er muss insbesondere die Beweisanzeichen vortragen, die dem Tatrichter im Wege des Indizienbeweises einen Schluss auf die Zahlungseinstellung ermöglichen sollen.[7] Gewinnt das Gericht die Überzeugung von einer Zahlungseinstellung, ist es Sache des in Anspruch genommenen Organs, die gesetzliche Vermutung der Zahlungsunfähigkeit zu wider-

---

1 Vor dem Gesetz zur Modernisierung des GmbH-Rechts und zur Bekämpfung von Missbräuchen vom 23.10.2008 (BGBl. I 2008, 2026), in Kraft getreten am 1.11.2008 (MoMiG), § 64 Abs. 2 GmbHG a.F.; neu ist in § 64 Satz 3 GmbHG die Erfassung von Zahlungen an Gesellschafter, die zur Zahlungsunfähigkeit der Gesellschaft führen mussten.
2 Vor dem MoMiG § 92 Abs. 3 AktG a.F.; neu ist in § 92 Abs. 2 Satz 3 AktG die Erfassung von Zahlungen an Aktionäre, die zur Zahlungsunfähigkeit der Gesellschaft führen mussten.
3 Früher § 99 Abs. 2 GenG a.F.
4 Zu den Tatbestandsvoraussetzungen der Insolvenzreife vgl. unten *Balthasar*, Rz. 33.6 ff.; *Born* bzw. *Born/Delaveaux* in Born/Ghassemi-Tabar/Gehle, MünchHdb. GesR VII, § 116 sowie die Darstellung der Rechtsprechung des BGH bei *Henze/Born/Drescher*, Aktienrecht – Höchstrichterliche Rechtsprechung, Rz. 814 ff.
5 Zur Feststellung der Zahlungseinstellung vgl. *Kadenbach* in Ahrens/Gehrlein/Ringstmeier, § 17 InsO Rz. 19 ff.; *Born* in Born/Ghassemi-Tabar/Gehle, MünchHdb. GesR VII, § 116 Rz. 3 ff.
6 Vgl. BGH v. 6.6.1994 – II ZR 292/91, BGHZ 181, 200 = GmbHR 1994, 539; BGH v. 25.7.2005 – II ZR 390/03, BGHZ 164, 50, 57 = GmbHR 2005, 1425; BGH v. 24.1.2012 – II ZR 119/10, GmbHR 2012, 566 Rz. 15.
7 BGH v. 7.5.2013 – IX ZR 113/10, WM 2013, 1361 Rz. 17.

legen. Anders als im Insolvenzanfechtungsprozess, bei dem regelmäßig ein außerhalb der Gesellschaft stehender Dritter verklagt wird, reicht es im Zahlungsrückforderungsprozess allerdings nicht aus, dass der Beklagte der Annahme der Zahlungsunfähigkeit der Gesellschaft mit einem schlichten Bestreiten und einem Antrag auf Erstellung einer Liquiditätsbilanz durch einen Sachverständigen entgegentritt.[1] Der Beklagte muss vielmehr substantiiert vortragen und gegebenenfalls beweisen, dass die Gesellschaft trotz der dagegen sprechenden Vermutung uneingeschränkt zahlungsfähig war oder dass eine Liquiditätsbilanz für den maßgeblichen Zeitraum für die Gesellschaft eine Deckungslücke von weniger als 10 % ausgewiesen hätte.[2] Verteidigt sich das in Anspruch genommene Organ mit dem Einwand, die **Zahlungen seien im Allgemeinen wieder aufgenommen worden** und dadurch sei die zuvor eingetretene Zahlungseinstellung weggefallen, hat er dies ebenso zu beweisen[3], wie den Einwand, es habe lediglich eine Zahlungsstockung vorgelegen.[4]

bb) Zahlungsunfähigkeit

Kann eine Zahlungseinstellung nicht festgestellt werden, ist die Zahlungsunfähigkeit der Gesellschaft konkret zu prüfen (§ 17 Abs. 2 Satz 1 InsO). Die Gesellschaft ist zahlungsunfähig, wenn sie nicht in der Lage ist, ihre fälligen Zahlungspflichten zu erfüllen.[5] Die **Zahlungsunfähigkeit** muss der Kläger anhand einer **Liquiditätsbilanz** darlegen und beweisen.[6]

14.37

Bei Erreichen des prozentualen Schwellenwerts einer **10 %-igen Liquiditätslücke**, wird die Zahlungsunfähigkeit widerleglich vermutet. Eine Unterdeckung von weniger als 10 %, reicht zum Beleg der Zahlungsunfähigkeit nicht aus. Soll diese gleichwohl angenommen werden, müssen besondere Umstände vorliegen, die diesen Standpunkt stützen. Ein solcher Umstand kann die auf Tatsachen gegründete Erwartung sein, dass sich der Niedergang des Schuldner-Unternehmens fortsetzen wird. Der **Kläger** als Anspruchsteller muss solche besonderen Umstände vortragen und beweisen. Bei einer Unterdeckung von 10 % oder mehr, muss umgekehrt der **Beklagte** als Anspruchsgegner – falls er meint, es sei doch von einer Zahlungsfähigkeit auszugehen – entsprechende Indizien vortragen und beweisen. Dazu muss er in der Regel konkrete Umstände benennen, die mit an Sicherheit grenzender Wahrscheinlichkeit erwarten lassen, dass die Liquiditätslücke zwar nicht innerhalb von zwei bis drei Wochen, jedoch in überschaubarer Zeit beseitigt werden wird. Je näher die konkret festgestellte Un-

14.38

---

1 Vgl. BGH v. 19.11.2013 – II ZR 229/11, GmbHR 2014, 258 Rz. 18; BGH v. 26.1.2016 – II ZR 394/13, GmbHR 2016, 701 Rz. 30; zum Insolvenzanfechtungsprozess BGH v. 30.4.2015 – IX ZR 149/14, WM 2015, 1339 Rz. 6.
2 BGH v. 24.5.2005 – IX ZR 123/04, BGHZ 163, 134, 144 ff. = GmbHR 2005, 1117; BGH v. 30.6.2011 – IX ZR 134/10, ZIP 2011, 1416 Rz. 20; BGH v. 15.3.2012 – IX ZR 239/09, WM 2012, 711 Rz. 18; BGH v. 26.2.2013 – II ZR 54/12, GmbHR 2013, 482 Rz. 14; BGH v. 7.5.2013 – IX ZR 113/10, WM 2013, 1361 Rz. 21.
3 BGH v. 25.10.2001 – IX ZR 17/01, BGHZ 149, 100 = NJW 2002, 512; BGH v. 20.11.2001 – IX ZR 48/01, BGHZ 149, 178 = NJW 2002, 515; BGH v. 12.10.2006 – IX ZR 228/03, NZI 2007, 36 Rz. 23; BGH v. 21.6.2007 – IX ZR 231/04, ZIP 2007, 1469 Rz. 32; BGH v. 11.2.2010 – IX ZR 104/07, WM 2010, 711 Rz. 44; BGH v. 15.3.2012 – IX ZR 239/09, WM 2012, 711 Rz. 10; BGH v. 6.12.2012 – IX ZR 3/12, WM 2013, 174 Rz. 29; BGH v. 24.3.2016 – IX ZR 242/13, ZIP 2016, 874 Rz. 11; BGH v. 17.11.2016 – IX ZR 65/15, ZIP 2016, 2423 Rz. 25.
4 BGH v. 24.1.2012 – II ZR 119/10, GmbHR 2012, 566 Rz. 23.
5 Zur Feststellung der Zahlungsunfähigkeit vgl. Kadenbach in Ahrens/Gehrlein/Ringstmeier, § 17 InsO Rz. 4 ff.; Born in Born/Ghassemi-Tabar/Gehle, MünchHdb. GesR VII, § 116 Rz. 24 ff.
6 BGH v. 12.10.2006 – IX ZR 228/03, NZI 2007, 36 Rz. 28; BGH v. 19.7.2007 – IX ZB 36/07, BGHZ 173, 286 = NZI 2007, 579 Rz. 30; BGH v. 30.6.2011 – IX ZR 134/10, ZIP 2011, 1416 Rz. 10.

terdeckung dem Schwellenwert kommt, desto geringere Anforderungen stellt die Rechtsprechung an das Gewicht der besonderen Umstände, mit denen die Vermutung entkräftet werden kann. Umgekehrt müssen umso schwerer wiegende Umstände vorliegen, je größer der Abstand der tatsächlichen Unterdeckung von dem Schwellenwert ist.[1]

cc) Insolvenzrechtliche Überschuldung

14.39 Der **Kläger** als Anspruchsteller trägt die Darlegungs- und Beweislast für die insolvenzrechtliche Überschuldung der Gesellschaft.[2] Eine insolvenzrechtliche Überschuldung liegt nach § 19 Abs. 2 Satz 1 InsO vor, wenn das Vermögen des Schuldners die bestehenden Verbindlichkeiten nicht mehr deckt (**rechnerische Überschuldung**), es sei denn, die Fortführung des Unternehmens ist nach den Umständen überwiegend wahrscheinlich (**positive Fortbestehensprognose**).[3]

14.40 Zur Feststellung der rechnerischen Überschuldung bedarf es grundsätzlich der Aufstellung und Vorlage einer stichtagsbezogenen **Überschuldungsbilanz**. Aus dieser muss sich ergeben, dass das Gesellschaftsvermögen die bestehenden Verbindlichkeiten nicht mehr deckt. In dieser Bilanz sind die stillen Reserven aufzudecken und Vermögenswerte der Gesellschaft mit ihren aktuellen, wahren Verkehrs- oder Liquidationswerten auszuweisen.[4]

14.41 Legt der **Kläger** für seine Behauptung, die Gesellschaft sei rechnerisch überschuldet gewesen, dagegen eine **Handelsbilanz** vor, aus der sich ein nicht durch Eigenkapital gedeckter Fehlbetrag (§ 268 Abs. 3 HGB) ergibt, reicht das zur Feststellung der rechnerischen Überschuldung nicht aus. Einer solchen Handelsbilanz kommt aber **indizielle Bedeutung** für die Frage zu, ob die Gesellschaft rechnerisch überschuldet ist, wenn der Kläger die Ansätze dieser Bilanz daraufhin überprüft und erläutert hat, ob und ggf. in welchem Umfang stille Reserven oder sonstige aus ihr nicht ersichtliche Vermögenswerte vorhanden sind. Dabei muss er nicht jede denkbare Möglichkeit ausschließen, sondern nur naheliegende Anhaltspunkte, wie etwa stille Reserven bei Grundvermögen, und die von dem Beklagten insoweit aufgestellten Behauptungen widerlegen.[5] Ist der Kläger den vorstehenden Anforderungen nachgekommen muss das **beklagte Organ** im Rahmen seiner **sekundären Darlegungslast** (vgl. Rz. 14.2) substantiiert vortragen, welche stillen Reserven oder sonstigen für eine Überschuldungsbilanz maßgeblichen Werte in der Handelsbilanz nicht abgebildet werden.[6] Alternativ kann der Beklagte sub-

---

1 BGH v. 24.5.2005 – IX ZR 123/04, BGHZ 163, 134, 138 = GmbHR 2005, 1117.
2 Vgl. BGH v. 6.6.1994 – II ZR 292/91, BGHZ 126, 181 = NJW 1994, 2220, 2222 f.; BGH v. 25.7.2005 – II ZR 390/03, BGHZ 164, 50 = GmbHR 2005, 1425; BGH v. 5.2.2007 – II ZR 234/05, BGHZ 171, 46 = GmbHR 2007, 482 Rz. 16; BGH v. 12.3.2007 – II ZR 315/05, GmbHR 2007, 599 Rz. 12; BGH v. 16.3.2009 – II ZR 280/07, AG 2009, 404 Rz. 10; BGH v. 27.4.2009 – II ZR 253/07, GmbHR 2009, 817 Rz. 9; BGH v. 15.3.2011 – II ZR 204/09, GmbHR 2011, 642 Rz. 9.
3 Zur Feststellung der Überschuldung vgl. *Kadenbach* in Ahrens/Gehrlein/Ringstmeier, § 19 InsO Rz. 21 ff.; *Born* in Born/Ghassemi-Tabar/Gehle, MünchHdb. GesR VII, § 116 Rz. 43 ff.
4 Statt anderer Nachweise BAG v. 20.3.2014 – 8 AZR 45/13, GmbHR 2014, 1199 Rz. 34.
5 Vgl. BGH v. 8.1.2001 – II ZR 88/99, BGHZ 146, 264 = GmbHR 2001, 190; BGH v. 18.12.2000 – II ZR 191/99, GmbHR 2001, 197; BGH v. 2.4.2001 – II ZR 261/99, NZI 2001, 300; BGH v. 7.3.2005 – II ZR 138/03, ZIP 2005, 807, 808; BGH v. 5.11.2007 – II ZR 262/06, GmbHR 2008, 142; BGH v. 16.3.2009 – II ZR 280/07, AG 2009, 404 Rz. 10; BGH v. 27.4.2009 – II ZR 253/07, GmbHR 2009, 817 Rz. 9; BGH v. 26.4.2010 – II ZR 60/09, AG 2010, 594 Rz. 11; BGH v. 15.3.2011 – II ZR 204/09, GmbHR 2011, 642 Rz. 33; BGH v. 24.9.2013 – II ZR 39/12, GmbHR 2013, 1318 Rz. 28; BAG v. 20.3.2014 – 8 AZR 45/13, GmbHR 2014, 1199 Rz. 34.
6 Vgl. BGH v. 16.3.2009 – II ZR 280/07, AG 2009, 404 Rz. 10; BGH v. 27.4.2009 – II ZR 253/07, GmbHR 2009, 817 Rz. 9; BGH v. 15.3.2011 – II ZR 204/09, GmbHR 2011, 642 Rz. 33; BGH v.

stantiiert vortragen, dass ein günstigeres Verwertungsszenario zu einem höheren Bewertungsansatz in der Überschuldungsbilanz führt.¹

Eine **positive Fortbestehensprognose** schließt die Überschuldung aus. Sie kann gestellt werden, wenn aus damaliger Sicht zu rechtfertigen war, das Unternehmen trotz der rechnerischen Überschuldung fortzuführen. Aus der Systematik des Gesetzes, die der günstigen Fortbestehensprognose bei festgestellter rechnerischer Überschuldung einen Ausnahmecharakter zuweist („*es sei denn*"), ergibt sich, dass hierfür **das in Anspruch genommene Organ** darlegungs- und beweisbelastet ist.² Der Beklagte muss konkret die wirtschaftliche Überlebensfähigkeit der Gesellschaft darlegen. Dies kann er durch die Vorlage eines dokumentierten **Ertrags- und Finanzplans** mit einem schlüssigen und realisierbaren Unternehmenskonzept für einen angemessenen Prognosezeitraum. Weiter muss er einen entsprechenden Fortführungswillen dartun.³

14.42

dd) Zeitpunkt der Insolvenzreife

Zur Feststellung der Insolvenzreife im Zeitpunkt der Tathandlung ist es nicht unbedingt erforderlich, dass für diesen konkreten Zeitpunkt die Insolvenzreife nachgewiesen werden muss. Ist die Insolvenzreife für einen **früheren Zeitpunkt** bewiesen, so gilt der Nachweis der im Zeitpunkt der Tathandlung noch bestehenden Insolvenzreife jedenfalls bei relativer Zeitnähe als geführt, sofern das beklagte Organ nicht seinerseits darlegt, dass vor der Tathandlung die Insolvenzreife nachhaltig beseitigt war.⁴ Einen solchen zeitlichen Zusammenhang hat der Bundesgerichtshof bei einem Zeitraum von neun Monaten bis zu einem Jahr zwischen der festgestellten Insolvenzreife und der nachfolgenden Tathandlung noch als gegeben angesehen.⁵

14.43

ee) Beweisvereitelung

Hat das in Anspruch genommene Organ die ihm obliegende Pflicht zur Führung und Aufbewahrung von Büchern und Belegen (vgl. §§ 6 Abs. 1, 238, 257 HGB) verletzt und dadurch dem Kläger die Darlegung näherer Einzelheiten unmöglich gemacht, gelten die Voraussetzungen der Insolvenzreife nach den Grundsätzen der Beweisvereitelung als bewiesen.⁶

14.44

13.5.2011 – II ZR 106/10, GmbHR 2011, 933 Rz. 4; BGH v. 19.11.2013 – II ZR 229/11, GmbHR 2014, 258 Rz. 18; BAG v. 20.3.2014 – 8 AZR 45/13, GmbHR 2014, 1199 Rz. 34.

1 *Bayer/Illhardt*, GmbHR 2011, 856, 857.
2 Vgl. BGH v. 18.10.2010 – II ZR 151/09, GmbHR 2011, 25 Rz. 11 f. – Fleischgroßhandel, zum einstufigen Überschuldungsbegriff; ebenso *Bayer/Illhardt*, GmbHR 2011, 856, 857 m.w.N.; *Born* in Born/Ghassemi-Tabar/Gehle, MünchHdb. GesR VII, § 116 Rz. 62; *Arnold* in Henssler/Strohn, § 64 GmbHG Rz. 41; *Bitter* in Scholz, vor § 64 GmbHG Rz. 33.
3 Vgl. BGH v. 9.10.2006 – II ZR 303/05, GmbHR 2007, 1334 Rz. 3; BGH v. 12.3.2007 – II ZR 315/05, GmbHR 2007, 599 Rz. 15; BGH v. 18.10.2010 – II ZR 151/09, GmbHR 2011, 25 Rz. 13 – Fleischgroßhandel.
4 S. hierzu BGH v. 25.7.2005 – II ZR 390/03, BGHZ 164, 50 = GmbHR 2005, 1425; BGH v. 15.3.2011 – II ZR 204/09, GmbHR 2011, 642 Rz. 10; *Strohn*, NZG 2011, 1161, 1162.
5 Vgl. BGH v. 12.3.2007 – II ZR 315/05, GmbHR 2007, 599 Rz. 15; BGH v. 15.3.2011 – II ZR 204/09, GmbHR 2011, 642 Rz. 10; BGH v. 19.6.2012 – II ZR 243/11, GmbHR 2012, 967 Rz. 19.
6 BGH v. 24.1.2012 – II ZR 119/10, GmbHR 2012, 566 Rz. 15 zur Zahlungseinstellung; BGH v. 12.3.2007 – II ZR 315/05, GmbHR 2007, 599 Rz. 14 zur Überschuldung m.w.N.; vgl. auch BAG v. 20.3.2014 – 8 AZR 45/13, GmbHR 2014, 1199 Rz. 35.

c) Objektiver Tatbestand

14.45 Wer einen Anspruch auf Erstattung von Zahlungen nach Insolvenzreife geltend macht, hat darzulegen und ggf. zu beweisen, dass der Beklagte **nach Eintritt der Insolvenzreife** Zahlungen im Sinne der einschlägigen Verbotsnormen veranlasst hat[1], bzw. ihm der Entzug von Liquidität oder sonstiger Vermögensgegenstände zuzurechnen ist, weil er diesen nicht verhindert hat.[2] Der **Geschäftsleiter** ist für den ihn begünstigenden Umstand darlegungs- und beweisbelastet, dass ein wegen des Fehlens einer Masseschädigung die Haftung auf der Ebene des objektiven Tatbestands ausschließender **Aktiventausch** vorgelegen hat.[3]

d) Subjektiver Tatbestand

14.46 Zu Lasten eines Geschäftsleiters, der nach Eintritt der Insolvenzreife der Gesellschaft Zahlungen aus dem Gesellschaftsvermögen leistet, wird **vermutet**, dass er dabei schuldhaft gehandelt hat.[4] Er haftet für einfache Fahrlässigkeit. Als Ausgangspunkt des subjektiven Tatbestands reicht die **Erkennbarkeit** der Insolvenzreife aus, wobei auch die Erkennbarkeit als Teil des Verschuldens vermutet wird.[5] Der Geschäftsleiter kann sich entlasten, wenn er darlegt und beweist, dass im Zeitpunkt der Zahlung bei Anwendung der Sorgfalt eines ordentlichen Geschäftsmanns die Insolvenzreife der Gesellschaft für ihn nicht erkennbar war.[6]

14.47 Dabei muss beachtet werden, dass den Geschäftsleiter die **Pflicht zur laufenden Beobachtung der wirtschaftlichen Lage** des Unternehmens und zur näheren Überprüfung im Falle krisenhafter Anzeichen trifft. Ob er diese Pflicht erfüllt hat, kann nur unter umfassender Berücksichtigung der für die Gesellschaft wirtschaftlich relevanten Umstände beurteilt werden, die dem Geschäftsleiter bekannt waren oder bekannt sein mussten. Dem verklagten Organ, der die Vermutung schuldhaften Verhaltens zu widerlegen hat, obliegt es im Prozess, die Gründe vorzutragen und zu erläutern, die ihn gehindert haben, eine tatsächlich bestehende Insolvenzreife der Gesellschaft zu erkennen. Bei der Bewertung dieses Vorbringens ist in Rechnung zu stellen, dass der Geschäftsleiter für eine Organisation sorgen muss, die ihm

---

1 BGH v. 18.3.1974 – II ZR 2/72, NJW 1974, 1088, 1089; BGH v. 16.3.2009 – II ZR 32/08, GmbHR 2009, 937 Rz. 14; BGH v. 8.6.2009 – II ZR 147/08, GmbHR 2009, 991 Rz. 8; *Arnold* in Henssler/Strohn, § 64 GmbHG Rz. 41.

2 BGH v. 16.3.2009 – II ZR 32/08, GmbHR 2009, 937 Rz. 14; *Bayer/Illhardt*, GmbHR 2011, 856.

3 *Bayer/Illhardt*, GmbHR 2011, 856, 859; *Arnold* in Henssler/Strohn, § 64 GmbHG Rz. 41; BGH v. 18.3.1974 – II ZR 2/72, NJW 1974, 1088, 1089; zur Beweislast im Zusammenhang mit der Einziehung von Forderungen, die von einer **Globalzession** erfasst sind, vgl. BGH v. 23.6.2015 – II ZR 366/13, BGHZ 206, 52 = GmbHR 2015, 925 Rz. 34; BGH v. 8.12.2015 – II ZR 68/14, ZIP 2016, 364 Rz. 27; BGH v. 3.3.2016 – II ZR 318/15, InsbürO 2016, 428 Rz. 13; BGH v. 14.6.2016 – II ZR 77/15, ZInsO 2016, 1934 Rz. 16.

4 Vgl. BGH v. 18.3.1974 – II ZR 2/72, NJW 1974, 1088, 1089; BGH v. 1.3.1993 – II ZR 61/92, ZIP 1994, 891, 892; BGH v. 29.11.1999 – II ZR 273/98, BGHZ 143, 184 = GmbHR 2000, 182; BGH v. 8.1.2001 – II ZR 88/99, BGHZ 146, 264 = GmbHR 2001, 190; BGH v. 5.2.2007 – II ZR 51/06, GmbHR 2007, 936; BGH v. 14.5.2007 – II ZR 48/06, AG 2007, 548 Rz. 11, 15; BGH v. 5.5.2008 – II ZR 38/07, GmbHR 2008, 813 Rz. 8; BGH v. 8.6.2009 – II ZR 147/08, GmbHR 2009, 991 Rz. 7; BGH v. 18.10.2010 – II ZR 151/09, GmbHR 2011, 25 Rz. 14 – Fleischgroßhandel.

5 BGH v. 29.11.1999 – II ZR 273/98, BGHZ 143, 184 = GmbHR 2000, 182; BGH v. 27.3.2012 – II ZR 171/10, GmbHR 2012, 746 Rz. 13; BGH v. 15.3.2011 – II ZR 204/09, GmbHR 2011, 642 Rz. 38; keine strengeren Anforderungen (positive Kenntnis oder böswillige Unkenntnis) bei Genossenschaft und AG vgl. hierzu etwa *Spindler* in MünchKomm. AktG, § 92 AktG Rz. 28.

6 BGH v. 24.5.2005 – IX ZR 123/04, BGHZ 163, 134 = GmbHR 2005, 1117.

die zur Wahrnehmung seiner Pflichten erforderliche Übersicht über die wirtschaftliche und finanzielle Situation der Gesellschaft jederzeit ermöglicht.[1]

Eine **interne Geschäftsaufteilung** entbindet den Geschäftsleiter nicht von seiner eigenen Verantwortung für die Erfüllung der aus dem gesetzlichen Zahlungsverbot folgenden Pflichten zur rechtzeitigen Massesicherung und dementsprechend auch nicht von dem ihm obliegenden Nachweis, dass er diese Pflichten mit der den Umständen nach gebotenen Sorgfalt erfüllt hat.[2]

14.48

Ist der Geschäftsleiter aufgrund **fehlender Sachkunde** nicht in der Lage selbst zu prüfen, ob er Insolvenzantrag stellen muss, kann er sich dadurch entschuldigen, dass er darlegt und beweist, dass er sich bei Anzeichen einer Krise unverzüglich unter umfassender Darstellung der Verhältnisse der Gesellschaft und Offenlegung der erforderlichen Unterlagen von einer unabhängigen, für die zu klärenden Fragestellungen fachlich qualifizierten Person hat **beraten** lassen und – fälschlich – keine Insolvenzreife festgestellt wurde (s. Rz. 14.15).[3]

14.49

2. Sonderfall: Verfolgungsrecht außenstehender Gläubiger

Die Vorschriften der § 93 Abs. 5 Satz 1 AktG und § 34 Abs. 5 Satz 1 GenG gewähren – anders als das GmbHG, das entsprechende Bestimmungen nicht enthält – in den Fällen der **Sondertatbestände der § 93 Abs. 3 AktG bzw. § 34 Abs. 3 GenG** dem außenstehenden Gesellschaftsgläubiger ein **unmittelbares eigenes Verfolgungsrecht** bezüglich der Ersatzansprüche der Gesellschaft gegen die ihr ersatzpflichtigen Organmitglieder, soweit der Gläubiger selbst von der Gesellschaft keine Befriedigung erlangen kann.

14.50

1. Als **Grundvoraussetzung** für eine erfolgversprechende Ausübung des Verfolgungsrechts hat vorab der außenstehende Gläubiger darzulegen und zu beweisen, dass ihm selbst eine Forderung gegen die Gesellschaft zusteht und dass er von der Gesellschaft keine Befriedigung erlangen konnte. Hierfür reicht einerseits die bloße Zahlungsunwilligkeit der Gesellschaft nicht aus, andererseits ist ein fruchtloser Vollstreckungsversuch nicht erforderlich.[4]

14.51

2. Wird diese Hürde überwunden, so führt das Verfolgungsrecht – unabhängig davon, ob es dogmatisch als Prozessstandschaft oder, was näher liegt, als **Anspruchsvervielfältigung eigener Art** einzustufen ist[5] – für den außenstehenden Gläubiger zweifellos zu einer Erleichterung seiner Anspruchsverfolgung, weil er der Notwendigkeit enthoben ist, zunächst einen Titel gegen die Gesellschaft erwirken und sodann deren Ersatzanspruch gegen das Organmitglied pfänden und sich zur Einziehung überweisen lassen zu müssen (§§ 829, 835 ZPO). Das betroffene Organmitglied kann zwar weiterhin mit befreiender Wirkung an die Gesellschaft leisten und unterliegt insoweit keiner Doppelzahlungspflicht; gleichwohl ist es zuvor einem weiteren Gläubiger ausgesetzt, dem die zu Gunsten der Gesellschaft geltenden Darlegungs- und Beweislasterleichterungen (hierzu Rz. 14.5 ff.) sowie die Schadensvermutung nach § 93 Abs. 3 AktG sowie nach § 34 Abs. 3 GenG zugute kommen (hierzu Rz. 14.30).

14.52

---

1 BGH v. 19.6.2012 – II ZR 243/11, GmbHR 2012, 967 Rz. 13.
2 BGH v. 1.3.1993 – II ZR 61/92, ZIP 1994, 891, 892 f.
3 BGH v. 14.5.2007 – II ZR 48/06, AG 2007, 548 Rz. 16; BAG v. 20.3.2014 – 8 AZR 45/13, GmbHR 2014, 1199 Rz. 28.
4 *Hüffer/Koch*, § 93 AktG Rz. 82 m.w.N.
5 Zum Meinungsstand: *Spindler* in MünchKomm. AktG, § 93 AktG Rz. 267; *Hopt/Roth* in Großkomm. AktG, § 93 AktG Rz. 549 ff. – je m.w.N.; *Fleischer* in Spindler/Stilz, § 93 AktG Rz. 294.

14.53 Da in den Fällen, in denen der Gläubiger von der Gesellschaft keine Befriedigung erlangen konnte zumeist das Insolvenzverfahren über das Vermögen der Gesellschaft eröffnet werden wird und die Geltendmachung des Ersatzanspruchs dann auf den **Insolvenzverwalter** übergeht (vgl. § 93 Abs. 5 Satz 4 AktG bzw. § 34 Abs. 5 Satz 3 GenG), ist die praktische Bedeutung jenes Verfolgungsrechts für den außenstehenden Gläubiger indes gering.

14.54 3. Das Aktiengesetz enthält in **§ 93 Abs. 5 Satz 2 AktG** noch eine **Erweiterung des Verfolgungsrechts** zu Gunsten der Gläubiger der Gesellschaft auf die Normalfälle der Haftung der Organmitglieder außerhalb des Bereichs der Sondertatbestände des § 93 Abs. 3 AktG. Diese Erweiterung ist beschränkt auf Fälle „gröblicher" Sorgfaltspflichtverletzungen der Organe. An der Beweislastumkehr des nach § 93 Abs. 5 Satz 2 Halbs. 2 AktG geltenden Absatzes 2 Satz 2 der Vorschrift (vgl. Rz. 14.5 ff.) zu Gunsten des den Anspruch verfolgenden Gläubigers ändert sich, abgesehen von der Reduzierung des Verschuldensmaßstabs auf grobe Fahrlässigkeit, nichts.

C. Sonderregelungen der Beweislast bei der Organhaftung im AG-Konzern

14.55 § 93 AktG einschließlich der darin angeordneten Beweislastumkehrregelung gilt grundsätzlich auch für die Organhaftung im Konzern. Jedoch bestehen insoweit weitgehend Sonderregelungen: für den Vertragskonzern in §§ 309, 310 AktG[1], für den faktischen Konzern in §§ 317 Abs. 3, 318 AktG (zur Konzernhaftung vgl. oben *Sven H. Schneider* in § 8 und *Uwe H. Schneider* in § 10).

I. Haftung der Geschäftsleiter des herrschenden Unternehmens im Vertragskonzern (§ 309 AktG)

14.56 Für die Haftung der **geschäftsleitenden Organe des herrschenden Unternehmens** im Vertragskonzern ist bezüglich der Ersatzpflicht für die Verletzung ihrer Pflichten im Rahmen der Weisungserteilung an die beherrschte Gesellschaft in **§ 309 Abs. 2 Satz 2 AktG** die Darlegungs- und Beweislast ebenso umgekehrt wie in der „Grundnorm" des § 93 Abs. 2 Satz 2 AktG. Es gelten daher die oben dargestellten Grundsätze zur Darlegungs- und Beweislast (vgl. Rz. 14.5 ff.), mit dem Unterschied, dass sich hier die **Untergesellschaft** als Anspruchssteller und der in Anspruch genommenen **Geschäftsleiter des herrschenden Unternehmens** als Parteien gegenüber stehen.[2] Die Mitglieder des Aufsichtsrats zählen nicht zu den geschäftsleitenden Organen des herrschenden Unternehmens, da sie nicht i.S. des § 309 Abs. 1 AktG zu den gesetzlichen Vertretern gehören, die Geschäftsführungs- und Vertretungsfunktion organschaftlich ausüben.[3]

14.57 Wenn bereits die Pflichtwidrigkeit davon abhängt, ob und in welchem Umfang der Geschäftsleiter des herrschenden Unternehmens, indem er der abhängigen Gesellschaft Nachteile zu-

---

1 Sinngemäße Geltung auch für die **Eingliederung** (§ 323 Abs. 1 Satz 2 AktG). Zur entsprechenden Anwendung der §§ 309, 310 AktG auf den **GmbH-Vertragskonzern**: vgl. *Maul* in Gehrlein/Born/Simon, Anh. zu § 13 GmbHG Rz. 26, 27; *Altmeppen* in MünchKomm. AktG, § 309 AktG Rz. 11 sowie § 310 AktG Rz. 5 m.w.N.
2 Wie hier im Grundsatz *Hüffer/Koch*, § 309 AktG Rz. 16.
3 H.M.: vgl. *Busch/Link* in Born/Ghassemi-Tabar/Gehle, MünchHdb. GesR VII, § 42 Rz. 103; *Hüffer/Koch*, § 309 AktG Rz. 4; *Altmeppen* in MünchKomm. AktG, § 309 AktG Rz. 18 f.; *Koppensteiner* in KölnKomm. AktG, § 309 AktG Rz. 35.

gefügt hat, **Konzerninteressen** gewahrt hat[1], trifft ihn deshalb auch die Darlegungs- und Beweislast dafür, dass er im Rahmen seines unternehmerischen Ermessens eine vertretbare im Konzerninteresse liegende Weisung erteilt hat (vgl. Rz. 14.12 f.).[2]

Die oben dargestellten Grundsätze gelten auch für die **Kausalität** zwischen der erteilten Weisung und dem der Untergesellschaft entstandenen Schaden. Beim Nachweis des Schadens und dessen Verursachung durch das Verhalten des Geschäftsleiters kommen der Untergesellschaft bereits **Erleichterungen der Substantiierungslast** gem. § 287 ZPO zugute (vgl. Rz. 14.16). Für eine weitere Verschiebeng der Darlegungs- und Beweislast zu Gunsten der Untergesellschaft bei „typischen Geschehensabläufen" fehlt es an einer Rechtfertigung[3] und im Hinblick auf die im Rahmen des § 287 ZPO erleichterte Darlegungslast an der Notwendigkeit.

14.58

II. Haftung der Organe der abhängigen Gesellschaft (§ 310 AktG)

Für die Mitglieder des Vorstands der abhängigen Gesellschaft im Vertragskonzern kommt neben ihrer Haftung aus § 93 AktG eine gesamtschuldnerische Haftung neben den für eine pflichtwidrige Weisung des herrschenden Unternehmens verantwortlichen Geschäftsleitern i.S. von § 309 AktG in Betracht, sofern sie im Zusammenhang mit der Entgegennahme und Ausführung von Weisungen ihrerseits unter Verletzung ihrer Organpflichten gehandelt haben. Den Aufsichtsrat kann eine entsprechende Haftung treffen, wenn er in diesem Zusammenhang einer Maßnahme zu Unrecht zugestimmt hat oder wenn er den Vorstand bei der Ausführung von Weisungen unzureichend überwacht hat (§ 310 Abs. 1 Satz 1 AktG).[4] In § 310 Abs. 1 Satz 2 AktG ist eine **Beweislastumkehr** in derselben Weise geregelt wie in § 93 Abs. 2 Satz 2 AktG (vgl. Rz. 14.5 ff.).

14.59

Nach § 310 Abs. 3, § 308 Abs. 2 AktG haften die Organmitglieder der abhängigen Gesellschaft auch bei erkennbarer Schädigung der Gesellschaft nicht, wenn eine solche Schädigung auf der Weisung des herrschenden Unternehmens beruht und den Belangen des herrschenden oder eines konzernverbundenen Unternehmens dient oder Konzernbelangen zwar nicht dient, dies aber nicht offensichtlich ist. Für die tatsächlichen Voraussetzungen dieses als Ausnahmetatbestand konzipierten **Haftungsausschlusses** einschließlich der fehlenden Offensichtlichkeit sind die in Anspruch genommenen Organmitglieder darlegungs- und beweisbelastet.[5]

14.60

---

1 Vgl. *Hirte* in Großkomm. AktG, § 309 AktG Rz. 23 a.E. m.w.N.
2 Vgl. *Veil* in Spindler/Stilz, § 309 AktG Rz. 30 a.E.; *Altmeppen* in MünchKomm. AktG, § 309 AktG Rz. 119; *Hirte* in Großkomm. AktG, § 309 AktG Rz. 24; *Koppensteiner* in KölnKomm. AktG, § 309 AktG Rz. 23; a.A. *Hüffer/Koch*, § 309 AktG Rz. 16, der davon ausgeht, dass es auf die Belange des herrschenden Unternehmens oder konzernverbundener Unternehmen nicht ankomme.
3 A.A. die h.M. teilweise für Kausalitätsvermutung teilweise für Anscheinsbeweis *Fett* in Bürgers/Körber, § 309 AktG Rz. 20; *Emmerich* in Emmerich/Habersack, Aktien- und GmbH-Konzernrecht, § 309 AktG Rz. 43; *Leuering/Goertz* in Hölters, § 309 AktG Rz. 39; *Veil* in Spindler/Stilz, § 309 AktG Rz. 30; *Hirte* in Großkomm. AktG, § 309 AktG Rz. 25.
4 Vgl. *Hüffer/Koch*, § 310 AktG Rz. 3.
5 *Hüffer/Koch*, § 310 AktG Rz. 6; *Koppensteiner* in KölnKomm. AktG, § 310 AktG Rz. 7 m.w.N.; a.A. *Altmeppen* in MünchKomm. AktG, § 310 AktG Rz. 23 ff.

III. Haftung der Geschäftsleiter des herrschenden Unternehmens im faktischen Konzern (§ 317 AktG)

14.61 Hinsichtlich der Verantwortlichkeit des herrschenden Unternehmens für **kompensationslose nachteilige Einflussnahme** auf die abhängige Gesellschaft im faktischen Konzern (§ 317 Abs. 1 i.V.m. § 311 AktG) haften gem. § 317 Abs. 3 AktG neben dem herrschenden Unternehmen dessen gesetzliche Vertreter, die die abhängige Gesellschaft zu dem Rechtsgeschäft oder der nachteiligen Maßnahme veranlasst haben, als Gesamtschuldner.

14.62 Die **abhängige Gesellschaft** trägt die **Darlegungs- und Beweislast** für das Vorliegen der Tatbestandsvoraussetzungen des § 317 Abs. 1 AktG, das heißt für die faktische Beherrschung, die kompensationslose nachteilige Veranlassung und den Schadenseintritt.[1] Hinsichtlich der Abhängigkeit kommt ihr die gesetzliche Vermutung des § 17 Abs. 2 AktG zu Gute. Auch bezüglich der Veranlassung sind **Beweiserleichterungen** geboten. Nicht geklärt ist indes, auf welcher dogmatischen Grundlage und unter welchen tatbestandlichen Voraussetzungen diese gewährt werden können.[2] In Betracht kommen die von der herrschenden Meinung bevorzugte Annahme eines prima-facie-Beweises[3] oder eine aus dem Prinzip der Tatsachennähe abgeleitete „Veranlassungsvermutung".[4]

14.63 Demgegenüber hat der in Anspruch genommene **Geschäftsleiter** des herrschenden Unternehmens den **Tatbestandsausschluss nach § 317 Abs. 2 AktG** darzulegen und zu beweisen. Danach tritt die Ersatzpflicht nicht ein, wenn ein ordentlicher und gewissenhafter Geschäftsleiter einer i.S. des § 17 Abs. 1 AktG nicht abhängigen Gesellschaft unter sonst gleichen Bedingungen das Rechtsgeschäft ebenso vorgenommen oder die Maßnahme getroffen oder unterlassen hätte, wie tatsächlich bei Abhängigkeit geschehen.[5]

IV. Haftung der Organe der abhängigen Gesellschaft (§ 318 AktG)

14.64 § 318 AktG ordnet in Absatz 1 die **gesamtschuldnerische Haftung des Vorstands** der abhängigen Gesellschaft neben den nach § 317 AktG Ersatzpflichtigen wegen der Verletzung von Berichtspflichten gem. § 312 AktG an, während nach Absatz 2 der Norm auch die **Mitglieder ihres Aufsichtsrats** gesamtschuldnerisch neben den nach § 317 AktG Ersatzpflichtigen für eine Verletzung der ihnen aus § 314 AktG obliegenden Prüfungs- und Berichtspflichten haften.[6] Die §§ 93, 116 AktG bleiben wegen der Verletzung anderweitiger abhängigkeitsrelevanter Geschäftsleitungs- und Überwachungspflichten anwendbar.[7]

---

1 BGH v. 25.6.2008 – II ZR 133/07, AG 2008, 779 Rz. 5.
2 Offengelassen in BGH v. 31.5.2011 – II ZR 141/09, BGHZ 190, 7 = AG 2011, 548 Rz. 40 – Dritter Börsengang; vgl. die Darstellung bei *Hüffer/Koch*, § 311 AktG Rz. 18 ff.
3 So OLG Jena v. 25.4.2007 – 6 U 947/05, ZIP 2007, 1314, 1316 = AG 2007, 785; *Busch/Link* in Born/Ghassemi-Tabar/Gehle, MünchHdb. GesR VII, § 42 Rz. 63; *Habersack* in Emmerich/Habersack, Aktien- und GmbH-Konzernrecht, § 311 AktG Rz. 33; *Müller* in Spindler/Stilz, § 311 AktG Rz. 25; *J. Vetter* in K. Schmidt/Lutter, § 311 AktG Rz. 30; *Koppensteiner* in KölnKomm. AktG, § 311 AktG Rz. 10.
4 So *Hüffer*, 9. Aufl., § 311 AktG Rz. 21; *Krieger* in MünchHdb. GesR IV, § 70 Rz. 79; differenzierend *Altmeppen* in MünchKomm. AktG, § 311 AktG Rz. 90 ff.; vgl. auch BGH v. 1.12.2008 – II ZR 102/07, BGHZ 179, 81 = GmbHR 2009, 199 Rz. 14 – MPS m.w.N.
5 Vgl. dazu: BGH v. 3.3.2008 – II ZR 124/06, BGHZ 175, 365 = AG 2008, 375 Rz. 9, 11 – UMTS.
6 Vgl. BGH v. 1.12.2008 – II ZR 102/07, BGHZ 179, 81 = GmbHR 2009, 199 Rz. 14 m.w.N. – MPS.
7 Vgl. BGH v. 1.12.2008 – II ZR 102/07, BGHZ 179, 81 = GmbHR 2009, 199 Rz. 14 m.w.N. – MPS.

Für beide Organe ist eine mit der Grundregel in § 93 Abs. 2 Satz 2 AktG übereinstimmende **Beweislastumkehr** (vgl. Rz. 14.5 ff.) hinsichtlich der Beobachtung der Sorgfalt eines ordentlichen und gewissenhaften Geschäftsleiters bzw. Aufsichtsrats angeordnet.

14.65

V. Verfolgungsrecht von Aktionären und Gläubigern der abhängigen Gesellschaft

1. Die o.g. „konzernrechtlichen" Ersatzansprüche der abhängigen Gesellschaft gegen ihre eigenen Verwaltungsorgane und diejenigen des herrschenden Unternehmens können auch von **jedem Aktionär der abhängigen Gesellschaft** – sowohl im **Vertragskonzern** (§ 309 Abs. 4 Satz 1, § 310 Abs. 4 AktG) als auch im **faktischen Konzern** (§ 317 Abs. 4, § 318 Abs. 4 AktG) – geltend gemacht werden; jedoch kann der einzelne Aktionär mit diesem **Sonderklagerecht**[1] nur Leistung des Schadensersatzes an die Gesellschaft fordern (§ 309 Abs. 4 Satz 2 AktG).

14.66

2. Darüber hinaus können auch die **Gläubiger der abhängigen Gesellschaft** deren konzernrechtliche Ersatzansprüche geltend machen, soweit sie von dieser keine Befriedigung erlangen können (§ 309 Abs. 4 Satz 3 AktG, § 310 Abs. 4 AktG, § 317 Abs. 4, § 318 Abs. 4 AktG). Dabei können sie, anders als die Aktionäre, auf Leistung an sich klagen, weil das Verfolgungsrecht des § 309 Abs. 4 Satz 3 AktG, das der „Grundnorm" des § 93 Abs. 5 AktG nachgebildet ist, als Anspruchsvervielfältigung eigener Art anzusehen ist.

14.67

3. Hinsichtlich der **Darlegungs- und Beweislast** ergeben sich sowohl für das Sonderklagerecht der Aktionäre als auch für das Verfolgungsrecht der Gläubiger keine relevanten Abweichungen von der zuvor beschriebenen Lastverteilung bei den konzernrechtlichen **Ersatzansprüchen der abhängigen Gesellschaft** gegen die betreffenden Organe (vgl. Rz. 14.56 ff.), weil diese Ansprüche auch **Streitgegenstand** im Rahmen der jeweiligen besonderen Anspruchsverfolgung nach § 309 Abs. 4 Satz 1 und Satz 3 AktG bleiben.[2]

14.68

4. Soweit ein Aktionär gem. **§ 317 Abs. 1 Satz 2 AktG** den Ersatz des über den Reflexschaden hinausgehenden unmittelbaren eigenen Schadens geltend macht, kann er die Leistung des Schadensersatzes an sich selbst fordern. Es handelt sich formal um eine Außenhaftung. In Bezug auf die Darlegungs- und Beweislast ergibt sich hier lediglich die Besonderheit, dass der Aktionär den speziellen „**Individualschaden**"[3] vorzutragen und zu beweisen hat.

14.69

D. Innenhaftungsprozess beim rechtsfähigen Verein

I. Für die **Organinnenhaftung** des Vorstands des **rechtsfähigen Vereins des BGB** wegen schuldhafter Verletzung seiner Geschäftsführungspflichten ist mangels spezieller Haftungsnorm auf **§ 280 Abs. 1 Satz 1 BGB** als zentrale Haftungsregelung des allgemeinen Schuldrechts zurückzugreifen: Danach haftet der Vorstand dem Verein für die ihm vorwerfbare

14.70

---

1 Gesetzliche Prozessstandschaft, so *Hüffer/Koch*, § 309 AktG Rz. 21a, oder actio pro socio, so *Altmeppen* in MünchKomm. AktG, § 309 AktG Rz. 124 ff.; BGH v. 24.4.2006 – II ZB 16/05, AG 2006, 550 Rz. 13; vgl. auch BGH v. 3.3.2008 – II ZR 124/06, BGHZ 175, 365 = AG 2008, 375 Rz. 9 – UMTS: sog. Aktionärsklage.
2 BGH v. 25.6.2008 – II ZR 133/07, AG 2008, 779 Rz. 5.
3 Zur schwierigen Abgrenzung vom Reflexschaden: BGH v. 4.3.1985 – II ZR 271/83, BGHZ 94, 55, 58 = AG 1985, 217; BGH v. 20.3.1995 – II ZR 205/94, BGHZ 129, 136, 165 f. = AG 1995, 368.

Verletzung seiner Pflichten „aus dem Schuldverhältnis", d.h. aus dem organschaftlichen Rechtsverhältnis.¹

14.71 II. Den **klagenden Verein** trifft damit grundsätzlich die **Darlegungs- und Beweislast** für die objektive Pflichtverletzung, die Entstehung des Schadens sowie den diesbezüglichen Kausalzusammenhang; demgegenüber ist für das **Nichtvertretenmüssen** nach der Beweislastnorm des § 280 Abs. 1 Satz 2 BGB der **Vorstand** behauptungs- und beweispflichtig. Zum Vertretenmüssen gehören gleichermaßen Vorsatz und Fahrlässigkeit (§ 276 BGB). Der Bundesgerichtshof hat eine Differenzierung der Darlegungs- und Beweislast nach Verschuldensgrad ausdrücklich abgelehnt.²

14.72 Die im Recht der Gesellschaften zu Gunsten der klagenden AG, GmbH und Genossenschaft anzunehmenden **Erleichterungen der Darlegungs- und Beweislast bezüglich der objektiven Pflichtwidrigkeit** („möglicherweise pflichtwidrig"; vgl. Rz. 14.10) des Organs ist wegen der im Wesentlichen gleich gelagerten Situation auch auf die Organinnenhaftung im Vereinsrecht übertragbar. Das steht im Einklang mit dem von der Rechtsprechung entwickelten, im Anwendungsbereich des § 280 Abs. 1 BGB weitergeltenden Grundsatz, dass die Beweislastverteilung sich an den **Verantwortungsbereichen** von Schuldner und Gläubiger zu orientieren hat; insoweit wird daher bei verhaltensbezogenen Pflichten von einer Schädigung auf eine Pflichtverletzung geschlossen, wenn der Gläubiger dartut, dass die Schadensursache (allein) aus dem Verantwortungsbereich des Schuldners herrühren kann.³

14.73 III. Eine **Sonderregelung** in Gestalt einer Haftungsbegrenzung gilt aufgrund des mit Wirkung vom 3.10.2009 eingefügten **§ 31a BGB**⁴ für die Innenhaftung des Vereinsvorstands, der unentgeltlich, also **ehrenamtlich**, tätig ist oder für seine Tätigkeit eine geringfügige Vergütung von nicht über 720 Euro jährlich erhält. Ein solcher Vorstand „haftet dem Verein für einen in Wahrnehmung seiner Vorstandspflichten verursachten Schaden **nur bei** Vorliegen von **Vorsatz oder grober Fahrlässigkeit**" (näher zur Neuregelung s. oben *Burgard*, Rz. 6.62 ff.). Diese gesetzliche Haftungsbeschränkung betrifft den **Schuldgrad**, modifiziert mithin im Rahmen der hier in Rede stehenden Haftungsnorm des § 280 Abs. 1 BGB den Einwendungstatbestand des Nichtvertretenmüssens i.S. von § 280 Abs. 1 Satz 2 BGB i.V.m. § 276 BGB. Mit dem Ehrenamtsstärkungsgesetz⁵ wurde zum 1.1.2013 dann auch noch die aus § 280 Abs. 1 Satz 2 BGB folgende **Beweislastverteilung** zu Gunsten des Vorstands modifiziert. Ist streitig, ob der ehrenamtliche Vorstand einen Schaden vorsätzlich oder grob fahrlässig verursacht hat, trägt der Verein die Beweislast.

E. Darlegungs- und Beweislast im Außenhaftungsprozess

14.74 Die „**genuine**" **persönliche Außenhaftung** der Geschäftsleiter im Kapitalgesellschafts- und Genossenschaftsrecht bietet gegenüber der im Kern auf zentrale gesellschaftsrechtliche Haftungsnormen gestützten Innenhaftung ein bunteres Bild. Für die mit ihr zusammenhängenden Darlegungs- und Beweislastfragen im Haftungsprozess sind namentlich Ansprüche aus

---

1 *Arnold* in MünchKomm. BGB, § 27 BGB Rz. 42.
2 BGH v. 12.5.2009 – XI ZR 586/07, WM 2009, 1274 Rz. 17.
3 Vgl. nur *Grüneberg* in Palandt, § 280 BGB Rz. 37 m. umfangr. Rspr.nachw.
4 Art. 1 Nr. 2 des Gesetzes vom 28.9.2009 (BGBl. I 2009, 3161; VereinsVorHaftgsBegrG).
5 Ehrenamtsstärkungsgesetz vom 21.3.2013 (BGBl. I 2013, 556); dort auch die Einkommensgrenze angehoben von 500 Euro auf 720 Euro.

culpa in contrahendo, aus **besonders geregelten gesetzlichen Tatbeständen** sowie aus **Delikt** von Bedeutung.

I. Organhaftung aus culpa in contrahendo

1. Eine **Eigenhaftung** des Geschäftsleiters aus **culpa in contrahendo**[1] (s. oben *Altmeppen*, Rz. 7.19 ff.) für von ihm begangene vorvertragliche Pflichtverletzungen kommt allenfalls dann in Betracht, wenn er gegenüber dem Verhandlungspartner in besonderem Maße persönliches Vertrauen in Anspruch genommen und dadurch die Vertragsverhandlungen beeinflusst[2] oder wenn er ein wirtschaftliches Eigeninteresse an der Durchführung des Rechtsgeschäfts, also eine solch enge Beziehung zum Vertragsgegenstand hat, dass er gleichsam in eigener Sache tätig wird oder als wirtschaftlicher Geschäftsherr anzusehen ist.[3]

14.75

2. Den **Kläger** trifft bei der Anspruchsverfolgung nach § 311 Abs. 2 und 3, § 241 Abs. 2, § 280 Abs. 1 BGB grundsätzlich die **Darlegungs- und Beweislast** für die objektive Pflichtverletzung, die Entstehung des Schadens sowie den diesbezüglichen Kausalzusammenhang.[4] Weiter hat der Kläger die Inanspruchnahme persönlichen Vertrauens durch den Geschäftsleiter oder dessen wirtschaftliches Eigeninteresse darzulegen und zu beweisen.[5] Demgegenüber ist für das Nichtvertretenmüssen nach der Beweislastnorm des § 280 Abs. 1 Satz 2 BGB der **in Anspruch genommene Geschäftsleiter** behauptungs- und beweispflichtig.[6] Zum Vertretenmüssen gehören gleichermaßen Vorsatz und Fahrlässigkeit (§ 276 BGB). Der Bundesgerichtshof hat eine Differenzierung der Darlegungs- und Beweislast nach Verschuldensgrad ausdrücklich abgelehnt.[7]

14.76

3. Sichert der Geschäftsleiter gegenüber dem Vertragspartner der Gesellschaft zu, für die **Bonität** der Gesellschaft einzustehen, etwa „notfalls eigenes Geld nachschießen" zu wollen, liegt eine Eigenhaftung des Organs nicht nur aus culpa in contrahendo, sondern sogar aus **selbständiger Garantiezusage** nahe.[8] In solchen Fällen stellen sich in der Regel **keine spezifischen Darlegungs- und Beweislastprobleme**, weil entweder eine entsprechende haftungsbegründende Zusage festgestellt werden kann oder aber bei Nichterweislichkeit nach **allgemeinen Beweislastgrundsätzen** eine klageabweisende Entscheidung zu Lasten des klagenden Dritten zu ergehen hat.

14.77

---

1 § 311 Abs. 3 BGB, § 280 Abs. 1 BGB; hierzu BAG v. 20.3.2014 – 8 AZR 45/13, GmbHR 2014, 1199 Rz. 21; vgl. BGH v. 1.7.1991 – II ZR 180/90, ZIP 1991, 1140, 1142 m.w.N. (persönliches Vertrauen und wirtschaftliches Eigeninteresse); BGH v. 16.3.1992 – II ZR 152/91, ZIP 1992, 694 f. m.w.N.
2 BGH v. 5.4.1971 – VII ZR 163/69, BGHZ 56, 81, 84 ff. = WM 1971, 592; BGH v. 7.12.1992 – II ZR 179/91, ZIP 1993, 363, 365 f.; BGH v. 13.6.2002 – VII ZR 30/01, ZIP 2002, 1771, 1772; für den AG-Vorstand BGH v. 2.6.2008 – II ZR 210/06, BGHZ 177, 25 = AG 2008, 662 Rz. 12 f.
3 Vgl. BGH v. 17.6.1991 – II ZR 171/90, WM 1991, 1730 f.
4 Vgl. BGH v. 19.9.2006 – XI ZR 204/04, BGHZ 169, 109 Rz. 43; BGH v. 27.6.2007 – X ZR 34/04, BGHZ 173, 33 Rz. 15; BGH v. 11.6.2010 – V ZR 85/09, WM 2010, 1514 Rz. 27; *Emmerich* in MünchKomm. BGB, § 311 BGB Rz. 191.
5 Vgl. BGH v. 13.6.2002 – VII ZR 30/01, ZIP 2002, 1771, 1773, dort auch zur sekundären Darlegungslast.
6 Strittig: wie hier *Herresthal* in BeckOGK BGB, § 311 BGB Rz. 454; *Emmerich* in MünchKomm. BGB, § 311 BGB Rz. 188; a.A. *Repgen* in Baumgärtel/Laumen/Prütting, § 280 BGB Rz. 153 ff., § 311 BGB Rz. 5 – teleologische Reduktion des § 280 Abs. 1 BGB.
7 BGH v. 12.5.2009 – XI ZR 586/07, WM 2009, 1274 Rz. 17.
8 BGH v. 18.6.2001 – II ZR 248/99, ZIP 2001, 1496.

II. Deliktische Organaußenhaftung

1. Grundsatz der Darlegungs- und Beweislast beim Delikt

14.78 Hinsichtlich der Haftung des Geschäftsleiters der Gesellschaft für von ihm in Ausübung seines Amtes gegenüber Dritten begangenen unerlaubten Handlungen – namentlich § 823 Abs. 2, § 826 BGB – gilt der Grundsatz: **Der geschädigte Deliktsgläubiger trägt die Darlegungs- und Beweislast für alle objektiven und subjektiven Tatbestandsmerkmale des Delikts**[1]; das gilt auch für die Schutzgesetzverletzung i.S. des § 823 Abs. 2 BGB, bei der der Anspruchsteller grundsätzlich die Beweislast für alle Umstände hat, aus denen sich die Verwirklichung der einzelnen Tatbestandsmerkmale des Schutzgesetzes ergibt.[2] Beim Nachweis des Vorsatzes lässt die Rechtsprechung im Einzelfall Schlussfolgerungen aus den Umständen der Tatbegehung zu.[3]

2. Verletzung spezieller Schutzgesetze

14.79 Unter dem Blickwinkel der Haftung nach **§ 823 Abs. 2 BGB wegen Verletzung eines Schutzgesetzes** (s. oben *Altmeppen*, Rz. 7.47 ff.) sind hinsichtlich der Darlegungs- und Beweislast insbesondere die praxisrelevanten Fallgruppen der Insolvenzverschleppung und des Nichtabführens von Arbeitnehmerbeiträgen zur Sozialversicherung von Interesse.

a) Insolvenzverschleppung

14.80 Durch das Gesetz zur Modernisierung des GmbH-Rechts und zur Bekämpfung von Missbräuchen (**MoMiG**)[4] sind die bisher in den einzelnen Gesellschaftsgesetzen geregelten **Insolvenzantragspflichten** (§ 64 Abs. 1 GmbHG a.F.; § 92 Abs. 2 AktG a.F.; § 99 Abs. 1 GenG a.F.) **rechtsformneutral in § 15a InsO n.F. verlagert** worden. Eine inhaltliche Änderung ist mit dieser insolvenzrechtlichen Einordnung eines vereinheitlichten Wortlauts nicht verbunden. Eine Besonderheit bildet insoweit § 42 Abs. 2 Satz 1 BGB, der die Insolvenzantragspflicht des Vereinsvorstands selbständig regelt, was insbesondere dazu führt, dass die strafrechtlichen Bestimmungen des § 15a Abs. 4 und 5 InsO keine Anwendung finden (vgl. § 15a Abs. 6 InsO). § 15a Abs. 1 Satz 1 InsO ist Schutzgesetz i.S. des § 823 Abs. 2 BGB.[5] Für den Vereinsvorstand trifft § 42 Abs. 2 Satz 2 BGB eine eigenständige Regelung mit vergleichbarem Schutzbereich.[6]

14.81 Geschützt sind Altgläubiger und Neugläubiger. **Altgläubiger** sind diejenigen Gläubiger, die ihre Forderung bereits vor dem Zeitpunkt erworben haben, in dem der Insolvenzantrag hätte gestellt werden müssen. **Neugläubiger** sind diejenigen Gläubiger, die ihre Forderungen

---

1 St.Rspr. vgl. nur BGH v. 22.6.1959 – III ZR 52/58, BGHZ 30, 226; BGH v. 19.7.2004 – II ZR 218/03, BGHZ 160, 134, 145 = AG 2004, 543 – zu § 826 BGB; BGH v. 20.12.2011 – VI ZR 309/10, WM 2012, 260 Rz. 8 m.z.N. H.M.: vgl. nur *Greger* in Zöller, vor § 284 ZPO Rz. 20 m.w.N.
2 BGH v. 15.3.2011 – II ZR 204/09, GmbHR 2011, 642; BGH v. 18.12.2012 – II ZR 220/10, GmbHR 2013, 265 Rz. 14; BGH v. 3.5.2016 – II ZR 311/14, ZIP 2016, 1283 Rz. 15.
3 Vgl. BGH v. 20.12.2011 – VI ZR 309/10, WM 2012, 260 Rz. 11 m.z.N.
4 MoMiG v. 23.10.2008 (BGBl. I 2008, 2026), in Kraft getreten am 1.11.2008.
5 Vgl. BGH v. 9.7.1979 – II ZR 118/77, BGHZ 75, 96 = NJW 1979, 1823, 1825 f.; BGH v. 6.6.1994 – II ZR 292/91, BGHZ 126, 181, 190 = ZIP 1994, 1103, 1107; BGH v. 14.5.2012 – II ZR 130/10, GmbHR 2012, 899 Rz. 9; zum Deliktscharakter BGH v. 15.3.2011 – II ZR 204/09, GmbHR 2011, 642 Rz. 13 f.
6 *Born* in Born/Ghassemi-Tabar/Gehle, MünchHdb. GesR VII, § 119 Rz. 4; *Arnold* in MünchKomm. BGB, § 42 BGB Rz. 18 f.

gegen die Gesellschaft nach Eintritt der Insolvenzantragspflicht des Geschäftsleiters erworben haben.[1] **Altgläubiger** sind auf Ersatz des „Quotenschadens" beschränkt. Hierunter versteht man den auf die Verminderung des Gesellschaftsvermögens in der Zeit zwischen Begründung ihrer Forderung und der Eröffnung des Insolvenzverfahrens zurückzuführenden Ausfallschaden. Altgläubiger werden bis zur Höhe der Insolvenzquote entschädigt, die bei rechtzeitiger Stellung des Insolvenzantrags erzielt worden wäre.[2] **Neugläubiger** haben Anspruch auf den Ersatz ihres Vertrauensschadens.[3] In aller Regel ist nur der Schaden ersatzfähig, der dadurch entsteht, dass der vertragliche Neugläubiger infolge des Vertragsschlusses mit der insolvenzreifen Gesellschaft im Vertrauen auf deren Solvenz dieser noch Geld- oder Sachmittel als Vorleistungen zur Verfügung stellt und dadurch Kredit gewährt, ohne einen entsprechend werthaltigen Gegenanspruch oder eine entsprechende Gegenleistung zu erlangen, oder er infolge des Vertragsschlusses Aufwendungen erbracht hat.[4]

Der Quotenschaden der **Altgläubiger** kann in einem eröffneten Insolvenzverfahren als einheitlicher Gesamtgläubigerschaden gem. § 92 InsO allein von dem Insolvenzverwalter geltend gemacht werden.[5] Bei dem Schadensersatzanspruch der **Neugläubiger** handelt es sich nicht um einen Gesamtgläubigerschaden nach § 92 InsO. Diesen Individualschaden darf nur der Neugläubiger und nicht der Insolvenzverwalter geltend machen.[6]

14.82

Wird der Quotenschaden der Altgläubiger geltend gemacht, klagt der Insolvenzverwalter. Bei Geltendmachung eines Neugläubigerschadens klagt der Gläubiger selbst (s. Rz. 14.82). Der Kläger trägt als Anspruchsteller die Darlegungs- und Beweislast für die **objektiven Voraussetzungen** des Anspruchs, mithin dafür, dass die Forderung gegen die Gesellschaft vor Eröffnung des Insolvenzverfahrens begründet worden ist, dass die Gesellschaft bereits vor Eröffnung des Insolvenzverfahrens insolvenzreif war (s. hierzu Rz. 14.35 ff.) und dass ein Quotenschaden beim Altgläubiger bzw. ein Vertrauensschaden beim Neugläubiger entstanden ist.[7]

14.83

---

1 Vgl. BGH v. 5.2.2007 – II ZR 234/05, BGHZ 171, 46 = GmbHR 2007, 482 Rz. 13 f.
2 BGH v. 6.6.1994 – II ZR 292/91, BGHZ 126, 181, 190 = ZIP 1994, 1103, 1106 f.; BGH v. 30.3.1998 – II ZR 146/96, BGHZ 138, 211, 214 ff. = ZIP 1998, 776, 777 f.; BGH v. 5.2.2007 – II ZR 234/05, BGHZ 171, 46 = GmbHR 2007, 482 Rz. 12; BGH v. 11.2.2008 – II ZR 291/06, GmbHR 2008, 702 Rz. 6.
3 BGH v. 25.7.2005 – II ZR 390/03, BGHZ 164, 50 = ZIP 2005, 1734, 1737; BGH v. 15.3.2011 – II ZR 204/09, GmbHR 2011, 642 Rz. 20; BGH v. 14.5.2012 – II ZR 130/10, GmbHR 2012, 899 Rz. 12 f.; BGH v. 22.10.2013 – II ZR 394/12, GmbHR 2014, 89 Rz. 7; BGH v. 21.10.2014 – II ZR 113/13, WM 2015, 288 Rz. 13.
4 Vgl. BGH v. 25.7.2005 – II ZR 390/03, BGHZ 164, 50 = ZIP 2005, 1734, 1737; BGH v. 5.2.2007 – II ZR 234/05, BGHZ 171, 46 = GmbHR 2007, 482 Rz. 13; BGH v. 27.4.2009 – II ZR 253/07, GmbHR 2009, 817 Rz. 15; BGH v. 15.3.2011 – II ZR 204/09, GmbHR 2011, 642 Rz. 40; BGH v. 22.10.2013 – II ZR 394/12, GmbHR 2014, 89 Rz. 7; BGH v. 21.10.2014 – II ZR 113/13, WM 2015, 288 Rz. 14.
5 BGH v. 30.3.1998 – II ZR 146/96, BGHZ 138, 211, 214, 216 = GmbHR 1998, 594; BGH v. 5.2.2007 – II ZR 234/05, BGHZ 171, 46 = GmbHR 2007, 482 Rz. 12; BGH v. 22.10.2013 – II ZR 394/12, GmbHR 2014, 89 Rz. 15.
6 BGH v. 30.3.1998 – II ZR 146/96, BGHZ 138, 211, 216 = GmbHR 1998, 594; BGH v. 5.2.2007 – II ZR 234/05, BGHZ 171, 46 = GmbHR 2007, 482 Rz. 13; BGH v. 18.12.2007 – VI ZR 231/06, BGHZ 175, 58 = GmbHR 2008, 315.
7 BGH v. 6.6.1994 – II ZR 292/91, BGHZ 126, 181 = GmbHR 1994, 539, 545; BGH v. 5.2.2007 – II ZR 234/05, BGHZ 171, 46 = GmbHR 2007, 482 Rz. 16; BGH v. 12.3.2007 – II ZR 315/05, GmbHR 2007, 599 Rz. 12; BGH v. 27.4.2009 – II ZR 253/07, GmbHR 2009, 817 Rz. 9; BGH v. 15.3.2011 – II ZR 204/09, GmbHR 2011, 642 Rz. 9; *Bayer/Illhardt*, GmbHR 2011, 856, 860.

14.84 Wie bei einem Verstoß gegen das Zahlungsverbot nach Insolvenzreife genügt zur Erfüllung des **subjektiven Tatbestands** die Erkennbarkeit der Insolvenzreife für den antragspflichtigen Geschäftsleiter. Ein entsprechendes Verschulden wird vermutet. Der Beklagte muss die gegen ihn sprechende Vermutung widerlegen.[1] Der Geschäftsleiter muss darlegen und beweisen, dass er ausnahmsweise die Insolvenzreife nicht hat erkennen können und deshalb nicht pflichtwidrig gehandelt hat.[2] Eine solche Entlastung kommt insbesondere bei Einholung sachverständigen Rats in Betracht, der sich als fehlerhaft erweist (s. im Einzelnen Rz. 14.46 ff.).

b) Nichtabführen von Arbeitnehmerbeiträgen zur Sozialversicherung

14.85 Beim Haftungstatbestand des **Vorenthaltens von Arbeitnehmerbeiträgen** gegenüber Sozialversicherungsträgern gem. **§ 823 Abs. 2 BGB i.V.m. § 266a Abs. 1 StGB** steht die Schutzgesetzeigenschaft der Strafnorm zu Gunsten der Sozialkassen außer Frage.[3] Der Geschäftsleiter der Gesellschaft wird von § 266a Abs. 1 StGB als Täter zwar nicht direkt erfasst, weil Arbeitgeber grundsätzlich die Gesellschaft ist; die Tätereigenschaft wird jedoch bei wirksamer Organstellung durch § 14 Abs. 1 Nr. 1 StGB begründet.[4]

14.86 Die **Darlegungs- und Beweislast des Sozialversicherungsträgers** für das Vorliegen der Tatbestandsvoraussetzungen des § 266a Abs. 1 StGB im Rahmen der Geltendmachung von Schadensersatz gegen den Geschäftsleiter nach § 823 Abs. 2 BGB ist im Grundsatz nicht zweifelhaft.[5] Sie erstreckt sich auch auf den **Vorsatz** des beklagten Geschäftsleiters.[6] Diese Beweislastverteilung gilt auch dann, wenn die objektive Pflichtwidrigkeit des beanstandeten Verhaltens feststeht. Zwar kann einigen Entscheidungen des Bundesgerichtshofs zu der Vorschrift des § 823 Abs. 2 BGB die Aussage entnommen werden, dass bei objektiv feststehender Verletzung eines Schutzgesetzes der das Schutzgesetz Übertretende in aller Regel Umstände darlegen und beweisen müsse, die geeignet seien, die daraus folgende Annahme seines Verschuldens auszuräumen. Dieser an die Beweislastverteilung nach § 282 BGB a.F. (jetzt § 280 Abs. 1 Satz 2 BGB) angelehnte Grundsatz gilt jedoch nicht, wenn der Schadensersatzanspruch – wie bei § 823 Abs. 2 BGB i.V.m. § 266a StGB – Vorsatz voraussetzt.[7]

14.87 Besondere Beachtung verdient der Umstand, dass ein strafbares und damit haftungsrechtlich relevantes Unterlassen dem Geschäftsleiter dann nicht zur Last fällt, wenn ihm die Abführung der Sozialversicherungsbeiträge im Zeitpunkt der Fälligkeit wegen Zahlungsunfähigkeit der Gesellschaft oder aus anderen Gründen tatsächlich unmöglich ist; denn die **Unmöglichkeit normgemäßen Handelns lässt bei Unterlassungsdelikten die Tatbestandsmäßigkeit entfallen**. Dementsprechend ist auch bei § 266a StGB die tatsächliche Möglichkeit zur Er-

---

1 BGH v. 6.6.1994 – II ZR 292/91, BGHZ 126, 181 = GmbHR 1994, 539, 545; BGH v. 29.11.1999 – II ZR 273/98, BGHZ 143, 184, 185 = GmbHR 2000, 182; BGH v. 5.2.2007 – II ZR 234/05, BGHZ 171, 46 = GmbHR 2007, 482 Rz. 8.
2 *Strohn*, NZG 2011, 1161, 1162; *Born* in Born/Ghassemi-Tabar/Gehle, MünchHdb. GesR VII, § 119 Rz. 46.
3 BGH v. 18.4.2005 – II ZR 61/03, GmbHR 2005, 874, 875; BGH v. 11.6.2013 – II ZR 389/12, ZIP 2013, 1519 Rz. 13 f.; s. dazu ausführlich unten *Brand/Bentlage*, Rz. 37.30 ff.
4 BGH v. 15.10.1996 – VI ZR 319/95, BGHZ 133, 370, 374 = AG 1997, 37; BGH v. 11.6.2013 – II ZR 389/12, ZIP 2013, 1519 Rz. 13 f.
5 BGH v. 18.12.2012 – II ZR 220/10, GmbHR 2013, 265 Rz. 14; BGH v. 3.5.2016 – II ZR 311/14, GmbHR 2016, 806 Rz. 15.
6 BGH v. 18.12.2012 – II ZR 220/10, GmbHR 2013, 265 Rz. 14; BGH v. 3.5.2016 – II ZR 311/14, GmbHR 2016, 806 Rz. 15.
7 BGH v. 3.5.2016 – II ZR 311/14, ZIP 2016, 1283 Rz. 16.

füllung der dem Arbeitgeber obliegenden Pflicht Tatbestandsvoraussetzung des Vorenthaltens.[1] Konsequenterweise ist daher auch der Sozialversicherungsträger darlegungs- und beweispflichtig für die Möglichkeit normgemäßen Verhaltens des Geschäftsleiters.[2] Dabei genügt einerseits die Sozialkasse ihrer Darlegungslast nicht schon dadurch, dass sie sich auf die pauschale Behauptung beschränkt, die Gesellschaft sei zahlungsfähig gewesen und habe an andere Gläubiger Zahlungen erbracht.

Andererseits obliegt dem **Geschäftsleiter** eine **sekundäre** Darlegungslast hinsichtlich der Möglichkeit der Aufbringung der Arbeitnehmeranteile zur Sozialversicherung im Fälligkeitszeitpunkt, weil sich dieser klärungsbedürftige Umstand in seinem **eigenen Pflichtenkreis** befindet, zu dem die klagende Sozialkasse keinen Zugang hat (Rz. 14.2).[3] Es besteht aber weder eine besondere Dokumentationspflicht des Geschäftsleiters zur Abwehr einer möglichen Haftung noch erhöht die Verletzung der Insolvenzantragspflicht seine sekundäre Darlegungslast.[4]

14.88

III. Vorstandsaußenhaftung für fehlerhafte oder fehlende Kapitalmarktinformation

Bei dem speziellen Problemkreis einer kapitalmarktrechtlichen Informationshaftung der Vorstände von Aktiengesellschaften gegenüber Dritten ist zwischen **Primär- und Sekundärmarkt** zu unterscheiden, also der erstmaligen Platzierung oder dem nachfolgenden laufenden Handel bereits emittierter Wertpapiere.[5] Vorauszuschicken ist, dass bei der kapitalmarktrechtlichen Informationshaftung der Vorstände – von Ausnahmen abgesehen – die Organinnenhaftung dominiert. Die im Außenverhältnis zum Schadensersatz verpflichtete Aktiengesellschaft nimmt im Innenverhältnis gem. § 93 AktG ihren Vorstand in Anspruch (zur Beweislast Rz. 14.3).[6]

14.89

1. Primärmarkt (§§ 21, 22 WpPG)

Durch das Gesetz zur Novellierung des Finanzanlagenvermittler- und Vermögensanlagenrechts[7] wurden die Prospekthaftungsregeln aus den §§ 44 und 45 BörsG sowie aus den §§ 13, 13a VerkProspG in das Wertpapierprospektgesetz überführt. In den §§ 21–25 WpPG sind jetzt sämtliche Haftungsvorschriften für fehlerhafte und fehlende Prospekte für Wertpapiere unabhängig davon geregelt, ob der Prospekt Grundlage für die Zulassung von Wertpapieren zum Handel an einer inländischen Börse oder für das öffentliche Angebot von Wertpapieren ist.[8] Eine inhaltliche Änderung des spezialgesetzlichen Prospekthaftungsregimes war mit Ausnahme der Streichung der Sonderverjährung des § 46 BörsG mit dieser Gesetzeskonzentration nicht bezweckt. Relevant sind vor allem die §§ 21, 22 WpPG.

14.90

---

1 BGH v. 15.10.1996 – VI ZR 319/95, BGHZ 133, 370, 379 f. = AG 1997, 37; BGHSt 2, 129, 133.
2 BGH v. 18.4.2005 – II ZR 61/03, GmbHR 2005, 874, 875 m.N.; BGH v. 25.9.2006 – II ZR 108/05, GmbHR 2006, 1332 Rz. 8
3 BGH v. 18.4.2005 – II ZR 61/03, GmbHR 2005, 874, 875 f.; BGH v. 3.5.2016 – II ZR 311/14, GmbHR 2016, 806 Rz. 15, 18 f.
4 BGH v. 18.4.2005 – II ZR 61/03, GmbHR 2005, 874, 875 f.
5 S. dazu ausführlich unten *Krämer/Gillessen*, Rz. 32.1 ff.
6 S. dazu unten *Krämer/Gillessen*, Rz. 32.21 m.w.N.
7 BGBl. I 2011, 2481–2506.
8 Vgl. Entwurf eines Gesetzes zur Novellierung des Finanzanlagenvermittler- und Vermögensanlagenrechts, BT-Drucks. 17/6051, S. 46.

14.91 Den **Vorstand** des Emittenten kann eine persönliche Haftung nach den §§ 21, 22 WpPG nur dann treffen, wenn er ein eigenes geschäftliches Interesse an der Emission hat.[1] Die Verteilung der Darlegungs- und Beweislast ist aus der Gesetzessystematik der §§ 21 ff. WpPG ablesbar: Der **Anleger** hat die Tatbestandsmerkmale der §§ 21, 22 WpPG vorzutragen und zu beweisen, mithin die Unrichtigkeit bzw. Unvollständigkeit des Prospekts, seinen Erwerb durch Inlandsgeschäft nach Prospektveröffentlichung sowie seinen Erwerbspreis bzw. gegebenenfalls die Differenz zwischen Erwerbspreis/Ausgabepreis und Veräußerungspreis.[2] Bei der hier in Frage stehenden Inanspruchnahme des Geschäftsleiters muss der Anleger auch dessen geschäftliches Eigeninteresse an der Emission darlegen und beweisen. Umgekehrt trifft den **Adressaten der Prospekthaftung** die Behauptungs- und Beweislast für die Voraussetzungen des § 23 WpPG.[3] Die in § 23 WpPG angeordnete **Beweislastumkehr** betrifft vor allem das auf Vorsatz und grobe Fahrlässigkeit eingeschränkte **Verschulden** (§ 23 Abs. 1 WpPG) und die **Kausalität** (§ 23 Abs. 2 Nr. 1 und 2 WpPG).

14.92 Nach § 25 Abs. 2 WpPG kommt neben der spezialgesetzlichen Prospekthaftung (§§ 21 ff. WpPG) insbesondere eine Haftung nach **§ 826 BGB** in Betracht. Die zur Beweislastumkehr führende Vermutung der **haftungsbegründenden Kausalität** zwischen Prospekt und Kaufentschluss des Anlegers (vgl. § 23 Abs. 2 Nr. 1 WpPG) kann auf die Deliktshaftung nicht übertragen werden. Der **klagende Anleger** hat den Nachweis der konkreten haftungsbegründenden Kausalität falscher Prospektangaben für seine Willensentschließung zu führen. Hierfür genügt das **enttäuschte allgemeine Anlegervertrauen** in die Integrität des vorgelagerten Börsenzulassungsverfahrens einschließlich der Begleitung des Börsengangs durch eine Bank nicht.[4] (zur Haftung aus § 826 BGB vgl. sogleich Rz. 14.93 ff.)

2. Sekundärmarkt

14.93 Auf dem Sekundärmarkt steht die **fehlerhafte Ad-hoc-Publizität** im Vordergrund, für die derzeit[5] eine persönliche Außenhaftung des Vorstands allein auf deliktischer Grundlage in Betracht kommt. Dabei ist die **zentrale Anspruchsgrundlage § 826 BGB**, während Ansprüche aus § 823 Abs. 2 BGB i.V.m. einer Schutzgesetzverletzung meist ausscheiden, weil Ad-hoc-Mitteilungen überwiegend einzelfallbezogen sind und daher den einschlägigen Schutzgesetzen nur unter besonderen Umständen unterfallen.[6]

---

1 Mit unterschieden im Detail vgl. *Fleischer*, BKR 2003, 608, 609; *Spindler/Christoph*, BB 2004, 2197; *Groß* in Ebenroth/Boujong/Joost/Strohn, BankR Rz. IX 772; *Schwark* in Schwark/Zimmer, § 45 BörsG Rz. 9; *Kumpan* in Baumbach/Hueck, § 21 WpPG Rz. 5; unten *Krämer/Gillessen*, Rz. 32.27; vgl. auch BGH v. 2.6.2008 – II ZR 210/06, BGHZ 177, 25 = AG 2008, 662 Rz. 15.

2 *Groß* in Ebenroth/Boujong/Joost/Strohn, BankR Rz. IX 827; BGH v. 21.10.2014 – XI ZB 12/12, BGHZ 203, 1 = AG 2015, 351 Rz. 107 zum Prospektfehler.

3 *Busch/Link* in Born/Ghassemi-Tabar/Gehle, MünchHdb. GesR VII, § 45 Rz. 34; *Groß* in Ebenroth/Boujong/Joost/Strohn, BankR Rz. IX 827.

4 BGH v. 7.1.2008 – II ZR 229/05, AG 2008, 252 Rz. 19, 20 – ComROAD VI; BGH v. 3.3.2008 – II ZR 310/06, AG 2008, 377 Rz. 12 ff., 17 f., 19 – ComROAD VIII.

5 § 15 Abs. 6 Satz 1, §§ 37b, c WpHG a.F. (vor in Krafttreten des Zweiten Gesetzes zur Novellierung von Finanzmarktvorschriften auf Grund europäischer Rechtsakte (Zweites Finanzmarktnovellierungsgesetz – 2. FiMaNoG) vom 23.6.2017 [BGBl. I 2017, 1693]).
Vgl. Art. 7 ff. der Verordnung (EU) Nr. 596/2014 des Europäischen sehen ebenso wie §§ 97, 98 WpHG n.F. ausschließlich eine Emittentenhaftung und eine Vorstandsinnenhaftung vor, unten *Krämer/Gillessen*, Rz. 32.55 m.w.N.; zur Reformdiskussion vgl. *Kumpan* in Baumbach/Hueck, § 37b WpHG Rz. 10.

6 Eingehend BGH v. 19.7.2004 – II ZR 218/03, BGHZ 160, 134, 137 ff. = AG 2004, 543.

a) Für Ansprüche aus § 826 BGB gilt, dass der **Geschädigte grundsätzlich die volle Darlegungs- und Beweislast** für alle Anspruchsvoraussetzungen trägt.[1] Der geschädigte Anleger hat demnach den Verstoß gegen die guten Sitten, die Schadenszufügung, die haftungsbegründende Kausalität sowie das Verschulden des beklagten Organmitglieds darzulegen und zu beweisen.[2] Beim Nachweis des Vorsatzes lässt die Rechtsprechung im Einzelfall Schlussfolgerungen aus den Umständen der Tatbegehung zu.[3]

14.94

b) Das Hauptproblem für den getäuschten Anleger liegt darin, dass er nach den für das Delikt maßgeblichen Darlegungs- und Beweislastregeln insbesondere den **Beweis für die Kausalität zwischen der irreführenden Ad-hoc-Mitteilung und seinem Kaufentschluss** führen muss.[4]

14.95

Dem **Anleger** kommen regelmäßig **keine Beweiserleichterungen nach den Grundsätzen des Anscheinsbeweises**[5] zustatten, weil der Kaufentschluss Folge einer individuellen Willensentscheidung ist und sich einer typisierten Betrachtung verschließt. Ob durch eine Ad-hoc-Mitteilung eine besondere **Anlagestimmung** für den Erwerb von Aktien hervorgerufen worden ist und wie lange sie ggf. gedauert hat, ist eine Frage des Einzelfalls; dabei kann die zeitliche Nähe der vom Anleger getroffenen Kaufentscheidung zu der fehlerhaften Ad-hoc-Mitteilung indizielle Bedeutung für den erforderlichen Kausalzusammenhang haben.[6]

14.96

Dem Denkansatz verschiedener Obergerichte, im Rahmen des § 826 BGB auf den Nachweis des konkreten Kausalzusammenhangs zwischen Täuschung und Willensentscheidung des Anlegers zu verzichten und stattdessen in Anlehnung an die sog. **fraud-on-the-market-theory** des US-amerikanischen Kapitalmarktrechts beweisrechtlich an das enttäuschte allgemeine Anlegervertrauen in die Integrität der Marktpreisbildung anzuknüpfen, ist der **BGH** in einer Serie von Entscheidungen selbst für den Fall extrem unseriöser Kapitalmarktinformation

14.97

---

1 BGH v. 19.7.2004 – II ZR 218/03, BGHZ 160, 134 = AG 2004, 543 – Infomatec I; BGH v. 19.7.2004 – II ZR 402/02, BGHZ 160, 149 = AG 2004, 546 – Infomatec II; BGH v. 19.7.2004 – II ZR 217/03, WM 2004, 1726 – Infomatec III; BGH v. 9.5.2005 – II ZR 287/02, ZIP 2005, 1270 – EM.TV; BGH v. 3.3.2008 – II ZR 310/06, AG 2008, 377 Rz. 12 ff. – ComROAD VIII.
2 *Baumgärtel/Luckey*, § 826 BGB Rz. 1; vgl. BGH v. 20.12.2011 – VI ZR 309/10, WM 2012, 260 Rz. 8; BGH v. 23.4.2012 – II ZR 252/10, BGHZ 193, 96 = GmbHR 2012, 740 Rz. 13; BGH v. 4.12.2012 – VI ZR 378/11, WM 2013, 306 Rz. 13.
3 Vgl. BGH v. 20.12.2011 – VI ZR 309/10, WM 2012, 260 Rz. 11 m.z.N.; BGH v. 4.7.2013 – VI ZR 288/12, AG 2013, 637 Rz. 22; *Wagner* in MünchKomm. BGB, § 826 BGB Rz. 78 a.E.
4 BGH v. 3.3.2008 – II ZR 310/06, AG 2008, 377 Rz. 12 ff. m.z.N. – ComROAD VIII; zur Kritik an der Rechtsprechung und selbst differenzierend vgl. *Wagner* in MünchKomm. BGB, § 826 BGB Rz. 80; vgl. weiter BGH v. 4.7.2013 – VI ZR 288/12, AG 2013, 637 Rz. 25 (für andere Kapitalmarktinformationen als Ad-hoc-Mitteilungen); gegen Beweiserleichterungen im Grundsatz auch BGH v. 13.12.2011 – XI ZR 51/10, BGHZ 192, 90 = AG 2012, 209 Rz. 61 zu den §§ 37 b, c WpHG – IKB.
5 BGH v. 19.7.2004 – II ZR 218/03, BGHZ 160, 134, 144 ff. = AG 2004, 543 – Infomatec I; kritisch dazu: *Findeisen/Backhaus*, WM 2007, 100; BGH v. 9.5.2005 – II ZR 287/02, ZIP 2005, 1270, 1274; BGH v. 3.3.2008 – II ZR 310/06, AG 2008, 377 Rz. 27 m.w.N. – ComROAD VIII; vgl. auch BGH v. 13.12.2011 – XI ZR 51/10, BGHZ 192, 90 = AG 2012, 209 Rz. 64 zu den §§ 37b, c WpHG – IKB.
6 BGH v. 19.7.2004 – II ZR 218/03, BGHZ 160, 134, 146 = AG 2004, 543 – Infomatec I; BGH v. 9.5.2005 – II ZR 287/02, ZIP 2005, 1270, 1274; vgl. auch BGH v. 13.12.2011 – XI ZR 51/10, BGHZ 192, 90 = AG 2012, 209 Rz. 66 ff. zu den §§ 37b, c WpHG – IKB.

nicht gefolgt[1]; dies würde nämlich in diesem Bereich zu einer uferlosen Ausweitung des ohnehin offenen Haftungstatbestandes der vorsätzlichen sittenwidrigen Schädigung führen.

14.98 Umso weniger reicht in diesem Zusammenhang als Nachweis der konkreten haftungsbegründenden Kausalität für die Willensentschließung des Anlegers das enttäuschte allgemeine Anlegervertrauen in die **Integrität** des den Bereich des Primärmarktes betreffenden, diesem **vorgelagerten Börsenzulassungsverfahrens** einschließlich der Begleitung des Börsengangs durch eine Bank aus.[2]

14.99 Der XI. Zivilsenat hat entschieden, dass es für den Fall, dass der Anleger statt Naturalrestitution den **Kursdifferenzschaden** geltend macht (s. hierzu Rz. 14.106) im Rahmen von § 37b WpHG nicht darauf ankomme, ob er bei rechtzeitiger Veröffentlichung der Insiderinformation vom Kauf der Aktien Abstand genommen hätte; er müsse lediglich darlegen und gegebenenfalls beweisen, dass – wäre die Ad-hoc-Mitteilung rechtzeitig erfolgt – der Kurs zum Zeitpunkt seines Kaufs niedriger gewesen wäre.[3] Diese Rechtsprechung ist auf die Haftung nach § 826 BGB nicht übertragbar. Zur Vermeidung einer Überdehnung des Tatbestands kann auf den Nachweis der Kausalität zwischen der irreführenden Ad-hoc-Mitteilung und dem Kaufentschluss des Anlegers nicht verzichtet werden.[4]

14.100 c) Von der Generalklausel des § 826 BGB werden im Ansatz auch Sonderkonstellationen erfasst, in denen Sekundärmarktteilnehmer auf Grund der Falschinformation **keine „Transaktionsentscheidung"** getroffen haben:

14.101 Das sind einmal die Fälle, in denen „**Altanleger**" infolge der fehlerhaften Information **von einer Deinvestition abgehalten**, also zum „Halten" früher erworbener Aktien veranlasst worden sind. Anspruchsberechtigt sind dabei aber nur solche Altanleger, die durch eine unerlaubte Handlung des Vorstandes „nachweisbar von dem zu einem bestimmten Zeitpunkt **fest beabsichtigten Verkauf** der Aktien Abstand genommen haben".[5] Auch hierfür kommt ihnen in der Regel kein Anscheinsbeweis („Haltestimmung") zugute.[6]

14.102 Entsprechendes gilt auch für die Fallgruppe der **potentiellen „Neuanleger"**, die auf Grund einer unrichtigen negativen oder pflichtwidrig unterlassenen positiven Ad-hoc-Mitteilung von einem Aktienerwerb abgesehen haben.[7]

---

1 Vgl. zum sog. ComROAD-Komplex: BGH v. 28.11.2005 – II ZR 80/04, AG 2007, 322, 323 – ComROAD I; BGH v. 7.1.2008 – II ZR 229/05, AG 2008, 252 – ComROAD VI; BGH v. 3.3.2008 – II ZR 310/06, AG 2008, 377 Rz. 16 – ComROAD VIII m.w.N.
2 BGH v. 7.1.2008 – II ZR 229/05, AG 2008, 252, Rz. 15 ff. – ComROAD VI; BGH v. 3.3.2008 – II ZR 310/06, AG 2008, 377 Rz. 19 – ComROAD VIII.
3 BGH v. 13.12.2011 – XI ZR 51/10, BGHZ 192, 90 = AG 2012, 209 Rz. 67 – IKB.
4 Vgl. BGH v. 3.3.2008 – II ZR 310/06, AG 2008, 377 Rz. 20 – ComROAD VIII; BGH v. 4.7.2013 – VI ZR 288/12, AG 2013, 637 Rz. 25 (für andere Kapitalmarktinformationen als Ad-hoc-Mitteilungen); zur Kritik an der Rechtsprechung und selbst differenzierend vgl. *Wagner* in MünchKomm. BGB, § 826 BGB Rz. 79, 80.
5 BGH v. 9.5.2005 – II ZR 287/02, ZIP 2005, 1270, 1273 f.
6 OLG Stuttgart v. 8.2.2006 – 20 U 24/04, ZIP 2006, 511 – Revision vom BGH nicht zugelassen.
7 *Fleischer* in Fleischer, Handbuch des Vorstandsrechts, § 14 Rz. 41 m.N.

d) Der Weg über eine **Parteivernehmung** des klagenden Anlegers von Amts wegen (§ 448 ZPO) zum Nachweis der von ihm zu beweisenden Kausalität ist in der Regel versperrt, da zumeist der dafür erforderliche sog. Anfangsbeweis fehlen wird.[1]

e) Kann ein Anleger die zweifellos hohen Darlegungs- und Beweislasthürden bis zu diesem Punkt überwinden, so stehen dem **Nachweis des Schadens** keine unüberwindlichen Schwierigkeiten mehr im Wege:

Der in seiner Willensentschließung irregeführte Anleger kann den im Rahmen von § 826 BGB grundsätzlich als **Naturalrestitution** (§§ 249 ff. BGB)[2] zu beanspruchenden Schadensersatz in Form der Erstattung des gezahlten Kaufpreises gegen Übertragung der erworbenen Aktien – ggf. unter Anrechnung des an deren Stelle getretenen Veräußerungspreises – unschwer darlegen und beweisen.

Schwieriger gestaltet sich die Darlegung des vom getäuschten Anleger alternativ zu beanspruchenden **Differenzschadens** in Form des Unterschiedsbetrags zwischen dem tatsächlich gezahlten Transaktionspreis und dem Preis, der sich bei pflichtgemäßem Publizitätsverhalten gebildet hätte. Auch ein solcher Differenzschaden ist nach Auffassung des BGH grundsätzlich ermittelbar; insoweit kommen dem Geschädigten **Darlegungs- und Beweiserleichterungen** zugute, wobei unter Zuhilfenahme eines Sachverständigen zumindest eine richterliche Schadensschätzung gem. § 287 ZPO in Betracht zu ziehen ist.[3]

f) Als weitere deliktische Anspruchsgrundlage gegen den Vorstand kommt **§ 823 Abs. 2 BGB i.V.m. § 400 Abs. 1 Nr. 1 AktG** in Betracht. Dies gilt nicht für die „einfache", lediglich einen einzelnen Geschäftsvorgang betreffende Ad-hoc-Mitteilung.[4] Jedoch geben **Quartalsberichte über Umsätze und Erträge**[5] die Verhältnisse der Aktiengesellschaft über den Vermögensstand i.S. von § 400 Abs. 1 Nr. 1 AktG wieder, wenn sie ein Gesamtbild über die wirtschaftliche Lage der Gesellschaft ermöglichen und den Eindruck der Vollständigkeit erwecken.[6] Hinsichtlich der Darlegungs- und Beweislast ergeben sich für den Anleger dieselben Probleme wie bezüglich des Anspruchs aus § 826 BGB (Rz. 14.93 ff.).

---

1 BGH v. 19.7.2004 – II ZR 218/03, BGHZ 160, 134, 147 f. = AG 2004, 543 – Infomatec I; BGH v. 9.5.2005 – II ZR 287/02, ZIP 2005, 1270, 1274 dort zum Zeitmoment; BGH v. 3.3.2008 – II ZR 310/06, AG 2008, 377 Rz. 27 m.w.N. – ComROAD VIII.
2 BGH v. 19.7.2004 – II ZR 218/03, BGHZ 160, 134, 153 f. = AG 2004, 543 – Infomatec I; BGH v. 9.5.2005 – II ZR 287/02, ZIP 2005, 1270, 1272; BGH v. 3.3.2008 – II ZR 310/06, AG 2008, 377 Rz. 10 f. m.w.N. – ComROAD VIII; zur Naturalrestitution vgl. auch BGH v. 13.12.2011 – XI ZR 51/10, BGHZ 192, 90 = AG 2012, 209 Rz. 47 ff. zu den §§ 37b, c WpHG – IKB.
3 BGH v. 9.5.2005 – II ZR 287/02, ZIP 2005, 1270, 1274 f.; vgl. auch BGH v. 13.12.2011 – XI ZR 51/10, BGHZ 192, 90 = AG 2012, 209 Rz. 68 zu den §§ 37b, c WpHG – IKB, beide m.w.N.
4 BGH v. 19.7.2004 – II ZR 218/03, BGHZ 160, 134, 141 = AG 2004, 543 – Infomatec I.
5 Z.B. „Halbjahreszahlen".
6 BGHSt 49, 381; zust. BGH v. 9.5.2005 – II ZR 287/02, ZIP 2005, 1270, 1274.

§ 15
Internal Investigations

Professor Dr. Hans-Ulrich Wilsing und Sebastian Goslar

A. Einleitung 15.1
B. **Kompetenz und Pflicht zur Durchführung einer Investigation** 15.7
  I. Kompetenzverteilung und Pflichtenmaßstab bei der AG 15.7
  1. Rechtsstellung des Vorstands 15.7
    a) Aufklärungspflicht 15.7
      aa) Rechtliche Grundlagen der Aufklärungspflicht 15.7
      bb) Konzernweite Dimension der Aufklärungspflicht 15.9
      cc) Kompetenzverteilung innerhalb des Vorstands 15.10
      dd) Personelle Zuständigkeit des Vorstands 15.12
      ee) Verdachtsschwelle 15.13
      ff) Grenzen der Aufklärungspflicht 15.14
    b) Ausgestaltung als Ermessensentscheidung 15.15
  2. Rechtsstellung des Aufsichtsrats 15.18
    a) Überwachungsfunktion 15.18
    b) Kontrolldichte und Kompetenz zur Sachverhaltsaufklärung 15.19
      aa) Grundsatz der Alleinzuständigkeit des Vorstands 15.19
      bb) Ausnahmsweise Zuständigkeit des Aufsichtsrats 15.20
      cc) Zusammenarbeit von Vorstand und Aufsichtsrat 15.22
      dd) Kompetenzverteilung innerhalb des Aufsichtsrats 15.24
    c) Inhaltliche Kompetenzen 15.25
  II. Kompetenzverteilung und Pflichtenmaßstab bei der GmbH 15.27
  1. Rechtsstellung der Geschäftsführer . . 15.27
  2. Rechtsstellung eines Aufsichtsgremiums 15.28
  3. Rechtsstellung der Gesellschafterversammlung 15.29
C. **Praktische Durchführung einer Internal Investigation** 15.30
  I. Beteiligte Personen 15.30
  1. Mitarbeiter 15.31
  2. Externe Berater 15.32

  II. Die Ermittlungsmethoden 15.34
  1. Auswertung von Geschäftsunterlagen und Akten 15.35
  2. Auswertung von E-Mails (E-Search) . 15.38
    a) Rechtslage bei Verbot der Privatnutzung des dienstlichen E-Mail-Kontos 15.39
      aa) Telekommunikations- und datenschutzrechtliche Aspekte 15.40
      bb) Beteiligungsrechte des Betriebsrats 15.41
    b) Rechtslage bei erlaubter Privatnutzung des dienstlichen E-Mail-Kontos 15.42
      aa) Beachtung des Fernmeldegeheimnisses? 15.42
      bb) Datenschutzrechtliche Vorgaben 15.46
      cc) Beteiligungsrechte des Betriebsrats 15.48
    c) Ausblick auf die Datenschutzgrundverordnung 15.49
  3. Mitarbeiterbefragung 15.50
    a) Teilnahme- und Aussagepflicht . . 15.51
    b) Amnestieprogramme 15.54
    c) Rechtsbeistand für Mitarbeiter. . . 15.57
    d) Belehrung 15.59
    e) Beteiligungsrechte des Betriebsrats 15.60
  III. Zwischen- und Abschlussberichte 15.64
D. **Strafbarkeitsrisiken bei Internal Investigations** 15.66
  I. Allgemeine Strafbarkeitsrisiken 15.66
  1. Amtsanmaßung (§ 132 StGB) 15.66
  2. Nötigung (§ 240 StGB) 15.67
  3. Parteiverrat (§ 356 StGB) 15.68
  4. Verletzung von Privatgeheimnissen (§ 203 StGB) 15.69
  II. Strafbarkeitsrisiken bei Durchsuchung elektronischer Daten 15.70
  1. Ausspähen von Daten (§ 202a StGB) . 15.70
  2. Verletzung des Post- oder Fernmeldegeheimnisses (§ 206 StGB) 15.71

E. Wechselwirkungen mit behördlichen Ermittlungen................ 15.73
 I. Kooperations- und Anzeigepflichten. 15.73
 II. Freiwillige Kooperation und ihre Grenzen........................ 15.75
  1. Laufendes Ermittlungsverfahren 15.76
  2. Von Behörden unentdeckte Vorfälle . 15.77
 III. Durchsuchung und Beschlagnahme durch deutsche Behörden.......... 15.80
  1. Rechtslage nach US-Recht 15.81
  2. Rechtslage nach deutschem Recht ... 15.82
   a) Durchsuchung und Beschlagnahme beim Berufsgeheimnisträger 15.82
   b) Durchsuchung und Beschlagnahme beim Unternehmen...... 15.84

Schrifttum: *Arnold*, Verantwortung und Zusammenwirken des Vorstands und Aufsichtsrats bei Compliance-Untersuchungen, ZGR 2014, 76; *Arnold/Rudzio*, Die Pflicht des Vorstands der Aktiengesellschaft zur Einrichtung und Ausgestaltung einer Compliance-Organisation, KSzW 2016, 231; *Bay* (Hrsg.), Handbuch Internal Investigations, 2013; *Bieder*, Grund und Grenzen der Verfolgungspflicht des Aufsichtsrats bei pflichtwidrigem Vorstandshandeln, NZG 2015, 1178; *Breßler/Kuhnke/Schulz/Stein*, Inhalte und Grenzen von Amnestien bei Internal Investigations, NZG 2009, 721; *Bürgers*, Compliance in Aktiengesellschaften – Arbeitsteilung zwischen Vorstand und Aufsichtsrat sowie innerhalb der Organe, ZHR 179 (2015), 173; *Bürkle/Hauschka* (Hrsg.), Der Compliance-Officer, 2015; *Drinhausen*, Unabhängige Untersuchung durch Sachverständige, ZHR 179 (2015), 226; *Eufinger*, Arbeitsrechtliche Aspekte der Aufklärung von Compliance-Verstößen, BB 2016, 1973; *Fassbach/Wettich*, Der Aufsichtsrat: Überwachungsaufgabe, persönliche Haftung und D&O-Versicherung, KSzwW 2016, 269; *Fett/Theusinger*, Konzeption und Durchführung von „Internal Investigations", KSzW 2016, 253; *Fleischer*, Aktienrechtliche Compliance-Pflichten im Praxistest: Das Siemens/Neubürger-Urteil des LG München I, NZG 2014, 321; *Fritz/Nolden*, Unterrichtspflichten und Einsichtsrechte des Arbeitnehmers im Rahmen von unternehmensinternen Untersuchungen, CCZ 2010, 170; *Fuhrmann*, Internal Investigations: Was dürften und müssen die Organe beim Verdacht von Compliance Verstößen tun?, NZG 2016, 881; *Ghassemi-Tabar/Pauthner/Wilsing* (Hrsg.), Corporate Compliance, 2016; *Gerst*, Unternehmensinteresse und Beschuldigtenrechte bei Internal Investigations – Problemskizze und praktische Lösungswege, CCZ 2012, 1; *Göpfert/Merten/Siegrist*, Mitarbeiter als „Wissensträger" – Ein Beitrag zur aktuellen Compliance-Diskussion, NJW 2008, 1703; *Greco/Caracas*, Internal Investigations und Selbstbelastungsfreiheit, NStZ 2015, 7; *Graewe/von Harder*, Enthaftung der Leitungsorgane durch Einholung von Rechtsrat bei unklarer Rechtslage, BB 2017, 707; *Habersack*, Grund und Grenzen der Compliance-Verantwortung des Aufsichtsrats der AG, AG 2014, 1; *Haefcke*, Beschlagnahmefähigkeit der Interviewprotokolle einer Internal Investigation, CCZ 2014, 39; *Hauschka/Moosmayer/Lösler* (Hrsg.), Corporate Compliance, 3. Aufl. 2016; *Hugger*, Unternehmensinterne Untersuchungen – Erfarungen und Standards der Praxis, ZHR 179 (2015), 214; *Inderst/Bannenberg/Poppe* (Hrsg.), Compliance, 2. Aufl. 2013; *Kahlenberg/Schwinn*, Amnestieprogramme bei Compliance-Untersuchungen im Unternehmen, CCZ 2012, 81; *Klengel/Buchert*, Zur Einstufung der Ergebnisse einer „Internal Investigation" als Verteidigungsunterlagen im Sinne der §§ 97, 148 StPO, NStZ 2016, 383; *Klengel/Mückenberger*, Internal Investigations – typische Rechts- und Praxisprobleme unternehmensinterner Ermittlungen, CCZ 2009, 81; *Knauer*, Interne Ermittlungen (Teil I) – Grundlagen, ZWH 2012, 41; *Knauer*, Interne Ermittlungen (Teil II) – Konkrete Fragen der Durchführung, ZWH 2012, 81; *Knierim/Rübenstahl/Trambikakis* (Hrsg.), Internal Investigations, 2. Aufl. 2016; *Louven*, Die Entwicklung der Legalitätspflicht des Vorstands – Fortschreitende Beschränkung unternehmerischer Entscheidungsfreiheit oder notwendiges Korrektiv?, KSzW 2016, 241; *Lützeler/Müller-Santori*, Die Befragung des Arbeitnehmers – Auskunftspflicht oder Zeugnisverweigerungsrecht?, CCZ 2011, 19; *Mark*, Internal Investigations und das Attorney-Client-Privilege (Anwaltsprivileg) in Deutschland, ZWH 2012, 311; *Mengel/Ullrich*, Arbeitsrechtliche Aspekte unternehmensinterner Investigations, NZA 2006, 240; *Momsen/Grützner*, Verfahrensregeln für interne Ermittlungen, DB 2011, 1792; *Moosmayer/Hartwig*, Interne Untersuchungen – Praxisleitfaden für Unternehmen, 2012; *Mühl*, Internal Investigations: die ersten 72 Stunden nach dem „Knall", BB 2016, 1992; *Reichert/Ott*, Die Zuständigkeit von Vorstand und Aufsichtsrat zur Aufklärung von Non Compliance in der AG, NZG 2014, 241; *von Rosen*, Rechtskollision durch grenzüberschreitende Sonderermittlungen, BB 2009, 230; *Rübenstahl/Debus*, Strafbarkeit verdachtsabhängiger E-Mail- und EDV-Kontrollen bei Internal Investigations?, NZWiSt 2012, 129; *Rudkowski,* Die Aufklärung von Compliance-Verstößen durch „Interviews", NZA 2011, 612; *Sassenberg/Mantz,* Die (private) E-Mail-Nutzung im Unternehmen, BB 2013, 889; *Scheben/Geschonnek/Klos,* Unternehmensinterne Ermittlungen im Rahmen datenschutzrechtlicher Grenzen, ZHR 179 (2015), 240; *Uwe H. Schneider,* Investigative Maßnahmen und Informationsweitergabe im konzernfreien Unternehmen und im Konzern, NZG 2010, 1201; *Schnorbus/Ganzer,* Recht und Praxis der Prüfung und Verfolgung von Vorstandsfehlverhalten durch den Aufsichtsrat – Teil I –, WM 2015, 1832; *Schürrle/Olbers,* Praktische Hinweise zu Rechtsfragen bei eigenen Untersuchungen im Unternehmen, CCZ 2010, 178; *Schuster,* Zur Beschlagnahme von Unterlagen aus unternehmensinternen Ermittlungen im Kartellbußgeldverfahren, NZKart 2013, 191; *Seibt/Cziupka,* Rechtspflichten und Best Practices für Vorstands- und Aufsichtsratshandeln bei der Kapitalmarktrecht-Compliance, AG 2015, 93; *Sidhu/von Saucken/Ruhmannseder,* Der Unternehmensanwalt im Strafrecht und die Lösung von Interessenkonflikten, NJW 2011, 881; *Strohn,* Pflichtenmaßstab und Verschulden bei der Haftung von Organen einer Kapitalgesellschaft, CCZ 2013, 177; *Weiß,* Compliance der Compliance – Strafbarkeitsrisiken bei Internal Investigations, CCZ 2014, 136; *Theile/Gatter/Wiesenack,* Domestizierung von Internal Investigations?, ZStW 2014, 803; *Weiß,* Compliance der Compliance – Strafbarkeitsrisiken bei Internal Investigations, CCZ 2014, 136; *Wisskirchen/Glaser,* Unternehmensinterne Untersuchungen (Teil I), DB 2011, 1392; *Wisskirchen/Glaser,* Unternehmensinterne Untersuchungen (Teil II), DB 2011, 1447; *Wybitul/Böhm,* Beteiligung des Betriebsrats bei Ermittlungen durch Unternehmen, RdA 2011, 362; *Wybitul/Böhm,* E-Mail-Kontrollen für Compliance-Zwecke und bei internen Ermittlungen, CCZ 2015, 133; *Zimmer/Heymann,* Beteiligungsrechte des Betriebsrats bei unternehmensinternen Ermittlungen, BB 2010, 1853.

A. Einleitung

15.1 Unter dem aus dem US-amerikanischen Rechtskreis stammenden **Begriff der (Corporate) Internal Investigation** (unternehmensinterne Ermittlung) versteht man zumeist eine durch ein Unternehmen selbst eingeleitete Untersuchung, die der Aufklärung von möglichen Rechtsverstößen von Mitarbeitern oder Organmitgliedern dient.[1] Eine solche Untersuchung kann sowohl durch unternehmenseigene Mitarbeiter als auch durch externe Berater erfolgen.[2] Häufig, aber nicht notwendigerweise[3], stehen solche Untersuchungen im Zusammenhang mit drohenden oder laufenden staatlichen Ermittlungsverfahren gegen das Unternehmen oder für dieses tätige Personen.

15.2 Abzugrenzen sind Internal Investigations zunächst von Ermittlungen im Auftrag und durch staatliche Behörden, insbesondere die Staatsanwaltschaft. Zu unterscheiden sind Internal Investigations außerdem von Untersuchungen, die zwar im Unternehmen stattfinden, aber von Dritten veranlasst und überwacht werden. Ein Beispiel sind Sonderprüfungen der Bundesanstalt für Finanzdienstleistungsaufsicht (BaFin) nach § 44 KWG, die zwar vom Unternehmen durchgeführt und auch bezahlt, aber durch die BaFin beauftragt und überwacht werden.[4] Schließlich stellen auch Sonderprüfungen nach §§ 142 ff. AktG keine Internal Investigation dar. Zwar werden sie von der Hauptversammlung bzw. einer Aktionärsmin-

---

1 *Wessing* in Hauschka/Moosmayer/Lösler, § 46 Rz. 1; *Fuhrmann,* NZG 2016, 881, 882; *Mengel/Ullrich,* NZA 2006, 240; ein weiteres Begriffsverständnis legt z.B. *Hugger,* ZHR 179 (2015), 214, 215 zu Grunde.
2 *Fett/Theusinger,* KSzW 2016, 253 m. Fn. 4; *Hugger,* ZHR 179 (2015), 214, 215; enger *Fuhrmann,* NZG 2016, 881, 882 sowie 886 f., für den die Einschaltung externer Ermittler offenbar begriffsbestimmend ist.
3 *Fett/Theusinger,* KSzW 2016, 253; enger *Fuhrmann,* NZG 2016, 881, 882.
4 *Drinhausen,* ZHR 179 (2015), 226, 227.

derheit veranlasst, anschließend aber eigenverantwortlich von einem unternehmensfremden Dritten verantwortet.[1]

In den USA bzw. Fällen mit **US-Bezug**[2] haben Internal Investigations im Wesentlichen drei Gründe. An erster Stelle zu nennen ist die Möglichkeit von Gesellschaften, mittels einer eigenen Aufklärung eines Fehlverhaltens oder zumindest einer umfangreichen Kooperation mit den Behörden die Höhe einer Unternehmensgeldbuße zu verringern.[3] Zweitens können US-amerikanische Behörden unter gewissen Voraussetzungen von der Verfolgung bzw. von Sanktionen absehen. So können die Strafverfolgungsbehörden nach Empfehlungen des Department of Justice (DoJ) von einer Anklage Abstand nehmen, wenn das betroffene Unternehmen die Aufklärung der Tat betrieben hat, sie bei den Behörden angezeigt hat und gewillt ist, mit den Behörden zu kooperieren.[4] Andere Behörden, insbesondere die Securities and Exchange Commission (SEC), haben vergleichbare Programme.[5] Drittens können interne Ermittlungen die Behörden dazu bewegen, von eigenen Ermittlungen abzusehen oder solche Ermittlungen zumindest so zu gestalten, dass die unternehmensinternen Abläufe nicht übermäßig gestört werden.[6]

15.3

In Deutschland sind Internal Investigations Ausfluss des Legalitätsprinzips und zugleich ein elementarer **Bestandteil eines Compliance-Management-Systems**.[7] Die zuständigen Organe werden nämlich ihrer Compliance-Verantwortung nur gerecht, wenn sie mögliche Rechtsverstöße aufklären, diese ggf. abstellen sowie im Bedarfsfalle angemessen – z.B. durch die Geltendmachung von Schadensersatzansprüchen – sanktionieren. Schließlich ist, sofern angezeigt, das Compliance-Management-System zu überarbeiten, um entsprechende Rechtsverstöße für die Zukunft nach Möglichkeit auszuschließen.[8] Internal Investigations besitzen somit nicht lediglich repressiven, sondern auch präventiven Charakter.[9] Ferner können Internal Investigations der Verhinderung bzw. der Vermeidung einer Vertiefung von Vermögensschäden dienen und sich dabei insbesondere bei der Bemessung von Bußgeldern gegen das Unternehmen positiv auswirken.[10] Außerdem dienen Internal Investigations auch

15.4

---

1 *Fuhrmann*, NZG 2016, 881, 883.
2 Zu Internal Investigations auf Aufforderung von US-Behörden *Wybitul*, BB 2009, 606 ff. Zu Rechtsfragen bei grenzüberschreitenden Ermittlungen *v. Rosen*, BB 2009, 230.
3 *Inderst/Bannenberg/Poppe*, Compliance, Rz. 16; *Wagner*, CCZ 2009, 8 f. Maßgeblich sind insoweit die „United States Sentencing Commission's Guidelines fort he Sentencing of Organizations", abrufbar unter www.ussc.gov.
4 *Inderst/Bannenberg/Poppe*, Compliance, Rz. 17; *Wagner*, CCZ 2009, 8, 9 unter Hinweis auf das sog. Thompson Memorandum vom 20.1.2003, abrufbar unter http://www.americanbar.org/content/dam/aba/migrated/poladv/priorities/privilegewaiver/2003jan20_privwaiv_dojthomp.authcheckdam.pdf.
5 *Inderst/Bannenberg/Poppe*, Compliance, Rz. 18; *Wagner*, CCZ 2009, 8, 9, jeweils unter Hinweis auf den „Seabord Report" der SEC vom 23.10.2001, abrufbar unter https://www.sec.gov/litigation/investreport/34-44969.htm.
6 *Inderst/Bannenberg/Poppe*, Compliance, Rz. 19; *Wagner*, CCZ 2009, 8, 9; *Wybitul*, BB 2009, 606, 607. Ausführlichere Beschreibung einer Untersuchung in den USA bei *Drinhausen*, ZHR 179 (2015), 226, 228.
7 *Inderst/Bannenberg/Poppe*, Compliance, Rz. 1; *Kort* in Großkomm. AktG, § 91 AktG Rz. 121; *Fett/Theusinger*, KSzW 2016, 253; *Klengel/Mückenberger*, CCZ 2009, 81; *Uwe H. Schneider*, NZG 2010, 1201, 1202.
8 *Fett/Theusinger*, KSzW 2016, 253, 254; *Fuhrmann*, NZG 2016, 881, 886.
9 *Inderst/Bannenberg/Poppe*, Compliance, Rz. 21.
10 *Fuhrmann*, NZG 2016, 881, 885 f. Vgl. auch *Seibt*, AG 2015, 93, 100.

unabhängig von einem etwaigen Compliance-Bezug möglicher Pflichtwidrigkeiten der Sachverhaltsermittlung im Zusammenhang mit der Prüfung von Ersatzansprüchen.

15.5 Bei der Planung und Durchführung von Internal Investigations stellen sich eine Vielzahl von Rechtsfragen aus den verschiedensten Bereichen: Welches Gesellschaftsorgan ist für eine Untersuchung zuständig? Unter welchen Voraussetzungen ist es zur Einleitung einer Untersuchung verpflichtet ist? Wie soll die Untersuchung durchgeführt werden? Konkret: Was sind die sinnvollen bzw. notwendigen Aufklärungsmaßnahmen. Bei der Durchführung der Untersuchung sind zahlreiche Aspekte des Arbeits-, Datenschutz- sowie des Strafrechts zu berücksichtigen. Schließlich ist bei parallel laufenden oder wahrscheinlich kurzfristig anstehenden behördlichen Ermittlungen zu entscheiden, ob und ggf. in welchem Umfang mit der betreffenden Behörde kooperiert werden soll.

15.6 Im Rahmen dieses Kapitels kann lediglich die **Rechtslage nach deutschem Recht** dargestellt werden. Diese Einschränkung ist deswegen zu betonen, weil Internal Investigations häufig keinen rein nationalen Sachverhalt zum Gegenstand haben werden. So sind z.B. bei der Befragung von Mitarbeitern des Unternehmens im Ausland die arbeitsrechtlichen Vorgaben der jeweiligen Jurisdiktion zu beachten. Haben ausländische Behörden ein Ermittlungsverfahren eingeleitet oder ist dies zu befürchten, so gilt es auch insoweit das betreffende ausländische Recht im Blick zu behalten. Ferner können spezialgesetzliche Regelungen (z.B. deutsche oder europäische Kartellverfahrensregeln) aus Platzgründen allenfalls erwähnt, nicht aber im Detail behandelt werden.

B. Kompetenz und Pflicht zur Durchführung einer Investigation

I. Kompetenzverteilung und Pflichtenmaßstab bei der AG

1. Rechtsstellung des Vorstands

a) Aufklärungspflicht

aa) Rechtliche Grundlagen der Aufklärungspflicht

15.7 Gem. § 76 Abs. 1 AktG ist der Vorstand zur eigenverantwortlichen Leitung der Aktiengesellschaft verpflichtet. Er hat dabei – ebenso wie bei gewöhnlicher Geschäftsführung – nach § 93 Abs. 1 Satz 1 AktG die Sorgfalt eines ordentlichen und gewissenhaften Geschäftsleiters anzuwenden. Der Vorstand handelt stets pflichtwidrig, wenn er bei seiner Tätigkeit gegen Gesetze, die Satzung oder ihn bindende unternehmensinterne Richtlinien verstößt (sog. **Legalitätspflicht**).[1] Die Legalitätspflicht des Vorstands beschränkt sich nicht auf sein eigenes Handeln, sondern verpflichtet ihn, durch organisatorische Maßnahmen dafür Sorge zu tragen, dass sich nachgeordnete Mitarbeiter ebenfalls rechts- und regelkonform verhalten (sog. **Compliance-Verantwortung**, vgl. auch Ziffer 4.1.3 DCGK).[2] Nach allgemeiner Ansicht

---

[1] Ausführlich zur Legalitätspflicht *Fleischer* in Spindler/Stilz, § 93 AktG Rz. 14 ff.; *Spindler* in MünchKomm. AktG, § 93 AktG Rz. 73 f. sowie im vorliegenden Zusammenhang *Potinecke/Block* in Knierim/Rübenstahl/Tsambikakis, Kap. 2 Rz. 9; *Arnold*, ZGR 2014, 76, 79; *Reichert/Ott*, NZG 2014, 241, 242.

[2] *Potinecke/Block* in Knierim/Rübenstahl/Tsambikakis, Kap. 2 Rz. 16 ff.; *Arnold*, ZGR 2014, 76, 79; *Fleischer*, NZG 2014, 321, 322 ff.; Zur konzernweiten Dimension der Compliance-Verantwortung *Bürkle* in Hauschka/Moosmayer/Lösler, § 36 Rz. 82 ff.; *Seibt/Cziupka*, AG 2015, 93, 100 sprechen insoweit von einer „Legalitätskontrollpflicht".

muss der Vorstand grundsätzlich als Bestandteil seiner Compliance-Verantwortung beim Verdacht von Rechtsverstößen im Unternehmen den Sachverhalt aufklären.[1] Dem ist aus vielerlei Gründen zuzustimmen. Nur nach Aufklärung des Sachverhalts kann der Vorstand beurteilen, welche Risiken dem Unternehmen drohen und ob und ggf. wie er auf den möglicherweise festgestellten Rechtsverstoß – z.B. durch Sanktionierung von Mitarbeitern oder eine Überarbeitung des Compliance-Management-Systems – reagieren muss. Auch eine Strategie in Bezug auf die Zusammenarbeit mit Behörden kann nur dann sinnvoll entwickelt werden, wenn der maßgebliche Sachverhalt aufgearbeitet wurde (vgl. auch Rz. 15.75 ff.).

Eine Aufklärungspflicht des Vorstands wird sich häufig außerdem aus **§ 130 Abs. 1 Satz 1 OWiG** ergeben. Diese Norm wird allgemein dahingehend ausgelegt, dass die Aufsichtspflicht beinhaltet, Hinweisen auf Gesetzesverletzungen oder Unregelmäßigkeiten von Unternehmensangehörigen nachzugehen. Nur auf diese Weise können gegenwärtige und künftige straf- oder bußgeldbewehrte Rechtsverletzungen abgestellt bzw. vermieden werden.[2]

15.8

bb) Konzernweite Dimension der Aufklärungspflicht

Bisher nicht abschließend geklärt ist die Frage, ob eine **konzernweite Compliance-Verantwortung** im Sinne einer Pflicht zur Errichtung eines konzernweiten Compliance-Management-Systems besteht.[3] Spezialgesetzliche Regelungen, etwa § 25a KWG oder § 9 GWG[4], lassen sich jedenfalls nicht verallgemeinern. Verzichten Unternehmen auf ein konzernweites Compliance-Management-System, laufen sie freilich Gefahr, bei Rechtsverstößen ihrerseits z.B. nach § 130 OWiG in Anspruch genommen zu werden.[5] Auch ausländische Rechtsordnungen sehen die Unternehmensgruppe häufig als Einheit an und sanktionieren entsprechend bei Rechtsverstößen in Tochterunternehmen auch die Muttergesellschaft. Dem Vorstand einer Muttergesellschaft ist vor diesem Hintergrund dringend zu empfehlen, auf Verdachtsmomente bei Tochtergesellschaften hin im Rahmen seiner rechtlichen Möglichkeiten den fraglichen Sachverhalt aufzuklären.[6]

15.9

cc) Kompetenzverteilung innerhalb des Vorstands

Zwar ist Compliance generell eine Leitungsaufgabe i.S. des § 76 Abs. 1 AktG.[7] Eine Internal Investigation als ein Baustein eines Compliance-Management-Systems kann aber regelmäßig

15.10

---

1 LG München I v. 10.12.2013 – 5 HK O 1387/10, AG 2014, 332; *Fleischer* in Fleischer, Handbuch des Vorstandsrechts, § 8 Rz. 26 ff.; *Potinecke/Block* in Knierim/Rübenstahl/Tsambikakis, Kap. 2 Rz. 25; *Arnold*, ZGR 2014, 76, 80; *Bürgers*, ZHR 179 (2015), 173, 177; *Fett/Theusinger*, KSzW 2016, 253; *Fuhrmann*, NZG 2016, 881, 883; *Wagner*, CCZ 2009, 8, 12.
2 *Kappel/Johannsen* in Ghassemi-Taber/Pauthner/Wilsing, Corporate Compliance, § 7 Rz. 29; *Potinecke/Block* in Knierim/Rübenstahl/Tsambikakis, Kap. 2 Rz. 12 f.; *Rogall* in Karlsruher Kommentar OWiG, 4. Aufl. 2014, § 130 OWiG Rz. 40; *Seibt/Cziupka*, AG 2015, 93, 100; *Wagner*, CCZ 2009, 8, 13.
3 Bejahend z.B. *Potinecke/Block* in Knierim/Rübenstahl/Tsambikakis, Kap. 2 Rz. 137; *Fleischer*, CCZ 2008, 1, 6; *Uwe H. Schneider/Sven H. Schneider*, ZIP 2007, 2061, 2065.
4 i.d.F. des Gesetzes zur Umsetzung der Vierten EU-Geldwäscherichtlinie, zur Ausführung der EU-Geldtransferverordnung und zur Neuorganisation der Zentralstelle für Finanztransaktionsuntersuchungen vom 23.6.2017, BGBl. I 2017, 1822.
5 Vgl. *Potinecke/Block* in Knierim/Rübenstahl/Tsambikakis, Kap. 2 Rz. 134. Eine Konzernhaftung sieht bspw. auch § 81 Abs. 3a GWB (i.d.F. des Neunten Gesetzes zur Änderung des Gesetzes gegen Wettbewerbsbeschränkungen vom 1.6.2017, BGBl. I 2017, 1416) vor.
6 Eine Rechtspflicht eindeutig bejahend *Potinecke/Block* in Knierim/Rübenstahl/Tsambikakis, Kap. 2 Rz. 138.
7 *Fleischer* in Spindler/Stilz, § 91 AktG Rz. 63; *Hüffer/Koch*, § 76 AktG Rz. 11 f.

als bloße **Geschäftsführungsmaßnahme** angesehen werden. Die Geschäftsführung auch in Compliance-Fragen obliegt grundsätzlich dem Gesamtvorstand (vgl. § 77 Abs. 1 Satz 1 AktG).[1] Eine einzelfallbezogene oder generelle **Delegation** gem. § 77 Abs. 1 Satz 2 AktG auf einzelne – regelmäßig die ressortverantwortlichen – Vorstandsmitglieder oder auf nachgeordnete Mitarbeiter ist aber zulässig.[2] Beim Verdacht ressorttypischer und eher geringfügiger Rechtsverstöße wird man sogar eine Annexkompetenz des ressortverantwortlichen Vorstandsmitglieds annehmen können. Eine ausdrückliche Übertragung der Aufklärungsverantwortung ist dann nicht erforderlich.[3] Im Falle einer Delegation innerhalb des Vorstands gilt wie allgemein, dass die übrigen Vorstandsmitglieder aufgrund der nicht delegierbaren **Gesamtverantwortung** für die Geschäftsführung zur Kontrolle verpflichtet sind, ob das zuständige Vorstandsmitglied seinen Verpflichtungen ordnungsgemäß nachkommt.[4]

15.11 Ist allerdings in **Krisen- und Ausnahmesituationen** das Unternehmen als Ganzes von einem möglichen Rechtsverstoß betroffen oder deuten bisherige Erkenntnisse auf schwerwiegende Mängel des Compliance-Management-Systems insgesamt hin, scheidet eine Delegation von vornherein aus. Es handelt sich dann nämlich um eine Leitungsaufgabe.[5] Dies dürfte jedenfalls bei besonders schweren Rechtsverstößen oder außergewöhnlichen Haftungsrisiken für das Unternehmen der Fall sein. Verweigert im Falle der Gesamtzuständigkeit die Mehrheit im Vorstand die Einleitung einer Internal Investigation, so ist das überstimmte Vorstandsmitglied gehalten, sich an den Aufsichtsrat zu wenden.[6]

dd) Personelle Zuständigkeit des Vorstands

15.12 Der Vorstand ist sowohl für interne Ermittlungen im Zusammenhang mit möglichen Pflichtverstößen **nachgeordneter Mitarbeiter** als auch solche der **Mitglieder des Aufsichtsrats** zuständig. Aus dem Prinzip der Gesamtverantwortung und der daraus resultierenden Pflicht zur Kontrolle der Vorstandskollegen folgt zudem, dass der Vorstand zur Durchführung einer Internal Investigation auch dann berufen ist, wenn sich der Verdacht auf mögliche Rechtsverstöße gegen **einzelne Vorstandsmitglieder** richtet.[7] Würde der Vorstand im letztgenannten Fall untätig bleiben und die Sachverhaltsaufklärung ausschließlich dem Aufsichtsrat überlassen, läge hierin eine nach § 111 Abs. 4 Satz 1 AktG unzulässige Übertragung einer Geschäftsführungsmaßnahme (zur Frage, unter welchen Voraussetzungen auch der Aufsichtsrat tätig zu werden hat, Rz. 15.20 f.). Allerdings wird man bei Betroffenheit von Vorstandsmitgliedern eine Pflicht zur unverzüglichen Information des Aufsichtsratsvorsitzenden anzunehmen haben.[8] Richtet sich der Verdacht gegen sämtliche Mitglieder des Vorstands, ist ausnahmsweise

---

1 *Potinecke/Block* in Knierim/Rübenstahl/Tsambikakis, Kap. 2 Rz. 30; *Fuhrmann*, NZG 2016, 881, 882.
2 *Potinecke/Block* in Knierim/Rübenstahl/Tsambikakis, Kap. 2 Rz. 30; *Bicker*, AG 2012, 542, 544; *Fleischer*, NZG 2014, 321, 323; *Fuhrmann*, NZG 2016, 881, 882; *Wagner*, CCZ 2009, 8, 14.
3 *Wagner*, CCZ 2009, 8, 14; zweifelnd *Fuhrmann*, NZG 2016, 881, 882.
4 LG München I v. 10.12.2013 – 5 HK O 1387/10, AG 2014, 332; *Fleischer* in Spindler/Stilz, § 77 AktG Rz. 49; *Fuhrmann*, NZG 2016, 881, 882.
5 BGH v. 6.7.1990 – 2 StR 548/89, BGHSt 37, 106, 123; *Potinecke/Block* in Knierim/Rübenstahl/Tsambikakis, Kap. 2 Rz. 31; *Fuhrmann*, NZG 2016, 881, 882 f.; *Hugger*, ZHR 179 (2015), 214, 216.
6 *Fuhrmann*, NZG 2016, 881, 883.
7 *Potinecke/Block* in Knierim/Rübenstahl/Tsambikakis, Kap. 2 Rz. 42; *Arnold*, ZGR 2014, 76, 100 f.; *Wagner*, CCZ 2009, 8, 14 f.; *Habersack*, AG 2014, 1, 6; a.A. *Fuhrmann*, NZG 2016, 881, 883.
8 *Wagner*, CCZ 2009, 8, 14.

eine vom Vorstand initiierte Untersuchung entbehrlich, weil diese nicht frei von Interessenkonflikten durchgeführt werden könnte.

ee) Verdachtsschwelle

Die Annahme einer grundsätzlichen Aufklärungspflicht bedeutet freilich nicht, dass der Vorstand bei jedem noch so geringfügigen möglichen Rechtsverstoß tätig werden muss. Bloßen Gerüchten, Vermutungen oder vagen Verdachtsmomenten muss er ebenfalls nicht nachgehen. Dies ergibt sich daraus, dass der Vorstand stets im **Unternehmensinteresse** zu handeln hat. Bei Bagatellverstößen wird der mit einer internen Untersuchung verbundene Aufwand regelmäßig den Nutzen, den eine solche Untersuchung mit sich bringen könnte, übersteigen.[1] Was die erforderliche Verdachtsschwelle angeht, so sind **schlüssige**[2] **Verdachtsmomente** erforderlich, welche Rechtsverstöße wahrscheinlich erscheinen lassen.[3] Dabei wird man an die Wahrscheinlichkeit umso geringere Anforderungen zu stellen haben, je schwerwiegender die Folgen für das Unternehmen sind, sollte sich der Verdacht erhärten.[4]

15.13

ff) Grenzen der Aufklärungspflicht

Aus der vorstehend erwähnten Bindung des Vorstands an das Unternehmensinteresse folgt außerdem, dass eine Sachverhaltsaufklärung unterbleiben kann und evtl. sogar muss, soweit die mit einer (weiteren) Aufklärung verbundenen **Nachteile** für das Unternehmen ihre möglichen **Vorteile überwiegen**.[5] Gleiches gilt, wenn der Vorstand davon ausgehen darf, dass auch nach einer (weiteren) Sachverhaltsaufklärung keine (zusätzlichen) Konsequenzen gezogen würden, weil solchen gewichtige Interessen und Belange des Unternehmens entgegenstehen. Dies kommt insbesondere dann in Betracht, wenn eine Untersuchung ausschließlich oder jedenfalls überwiegend der Vorbereitung der Geltendmachung von Ersatzansprüchen dienen würde.[6] Im Einzelfall kann es vor diesem Hintergrund zu empfehlen sein, vor der Einleitung einer internen Untersuchung die Rechtslage auf Basis der Annahme zu analysieren, dass die im Raum stehenden Verdachtsmomente vollumfänglich zutreffen.[7]

15.14

b) Ausgestaltung als Ermessensentscheidung

Dem Vorstand steht hinsichtlich der konkreten Ausgestaltung einer Internal Investigation ein **weiter Ermessensspielraum** und damit im Grundsatz der Schutz der Business Judgement Rule (§ 93 Abs. 1 Satz 2 AktG) zu.[8] Will er in ihren Genuss kommen, muss er zunächst eine angemessene Informationsbasis für seine weiteren Entscheidungen schaffen. Wann die Informationsbasis angemessen ist, kann und muss der Vorstand unter Abwägung der Kosten und des Nutzes der Informationsbeschaffung sowie der Eilbedürftigkeit der Entscheidung

15.15

---

1 *Reichert/Ott*, NZG 2014, 241, 242.
2 *Fuhrmann*, NZG 2016, 881, 885.
3 *Wisskirchen/Glaser*, DB 2011, 1392, 1394. In diese Richtung wohl auch *Schnorbus/Ganzer*, WM 2015, 1832, 1834 f., die „Anhaltspunkte" verlangen.
4 *Fuhrmann*, NZG 2016, 881, 885.
5 *Kappel/Johannsen* in Ghassemi-Tabar/Pauthner/Wilsing, Corporate Compliance, § 7 Rz. 19; *Arnold*, ZGR 2014, 76, 84.
6 *Arnold*, ZGR 2014, 76, 84.
7 *Kappel/Johannsen* in Ghassemi-Tabar/Pauthner/Wilsing, Corporate Compliance, § 7 Rz. 9.
8 *Fleischer* in Spindler/Stilz, § 91 AktG Rz. 55; *Arnold*, ZGR 2014, 76, 83; *Fett/Theusinger*, KSzW 2016, 253, 254; *Reichert/Ott*, NZG 2014, 241, 243.

richtigerweise weitgehend selbst beurteilen dürfen.¹ Als gesichert kann gelten, dass den Vorstand keine generelle Pflicht zur Beschaffung aller irgendwie verfügbaren Informationen trifft.² Dies gilt umso mehr, als der Vorstand häufig auch eine Vielzahl weiterer „Baustellen" wird im Blick halten müssen, die mit dem aufzuklärenden Sachverhalt in Zusammenhang stehen.³

15.16 Die von ihm gewählten Aufklärungsmethoden müssen geeignet sein, den erforderlichen Aufklärungserfolg herbeizuführen. Außerdem müssen sie angemessen sein, dürften also – insbesondere hinsichtlich des Zeitaufwands sowie der mit ihnen verbundenen Kosten – nicht außer Verhältnis zum in Rede stehenden Vorwurf und dem benötigten Erkenntnisstand stehen. Es darf freilich nicht verkannt werden, dass sich, nicht zuletzt durch den Einfluss des US-Rechts, mittlerweile gewisse Standards etabliert haben, hinter denen der Vorstand ohne besondere Sachgründe nicht wird zurückbleiben können und wollen.

15.17 Das Auswahlermessen des Vorstands in Bezug auf die Untersuchungsmethoden verdichtet sich nur dann zu einer **Pflicht**, wenn andere Methoden nicht den gebotenen Erfolg versprechen.⁴ Umgekehrt gilt: Versprechen zusätzliche Aufklärungsmaßnahmen keinen weiteren Nutzen mehr oder überwiegen die mit ihnen verbundenen Nachteile aus Sicht des Vorstands ihre Vorteile, haben diese Maßnahmen zu unterbleiben (Rz. 15.14).⁵ Andernfalls läge ein **Ermessensfehlgebrauch** vor.

2. Rechtsstellung des Aufsichtsrats

a) Überwachungsfunktion

15.18 Innerhalb des aktienrechtlichen Kompetenzgefüges ist es Aufgabe des Aufsichtsrats, die Geschäftsführung zu überwachen (§ 111 Abs. 1 AktG). Maßnahmen der Geschäftsführung können ihm hingegen nicht übertragen werden (§ 111 Abs. 4 Satz 1 AktG). Diese sind allein Angelegenheit des Vorstands. Es besteht Einigkeit, dass die **Überwachungsaufgabe** des Aufsichtsrats sich auch auf das vom Vorstand zu implementierende Compliance-Management-System erstreckt.⁶ Sie beschränkt sich freilich auf diejenigen Aspekte, die dem Bereich der Leitung i.S. des § 76 Abs. 1 AktG zuzuordnen ist. Zu einer Überwachung auch jeder einfachen Geschäftsführungsmaßnahme ist der Aufsichtsrat weder verpflichtet noch in der Lage. Der konkrete Umfang der vom Aufsichtsrat geschuldeten Überwachungstätigkeit hängt von der Lage der Gesellschaft ab.⁷ Im Regelfall kann sich der Aufsichtsrat darauf beschränken, die Berichte des Vorstands sorgfältig und kritisch zu prüfen und mit diesem zu erörtern.⁸ Sofern die vom Vorstand zur Verfügung gestellten Informationen – z.B. in Gestalt erkennbarer Lücken-

---

1 *Fleischer* in Spindler/Stilz, § 93 AktG Rz. 71a; *Krieger/Sailer-Coceani* in K. Schmidt/Lutter, § 93 AktG Rz. 17; *Spindler* in MünchKomm. AktG, § 93 AktG Rz. 48.
2 *Wagner*, CCZ 2009, 8, 16.
3 Zu den praktisch besonderes bedeutsamen ersten Stunden nach Erlangung erster Hinweise auf ein Fehlverhalten *Mühl*, BB 2016, 1992 ff.
4 *Reichert/Ott*, NZG 2014, 241, 243; *Wagner*, CCZ 2009, 8, 16 f.
5 *Arnold*, ZGR 2014, 76, 84; *Hugger*, ZHR 179 (2015), 214, 219 f.
6 *Hüffer/Koch*, § 111 AktG Rz. 3; *Spindler* in Spindler/Stilz, § 107 AktG Rz. 131; *Habersack*, AG 2014, 1, 3; *Reichert/Ott*, NZG 2014, 241, 244.
7 *Hüffer/Koch*, § 111 AktG Rz. 7; *Spindler* in Spindler/Stilz, § 111 AktG Rz. 25; *Habersack*, AG 2014, 1, 3; *Reichert/Ott*, NZG 2014, 241, 245 f.
8 *Spindler* in Spindler/Stilz, § 111 AktG Rz. 25; *Reichert/Ott*, NZG 2014, 241, 246.

oder Fehlerhaftigkeit – keinen Anlass für eigene Nachforschungen bieten, muss der Aufsichtsrat nicht von sich aus weiter tätig werden.[1]

b) Kontrolldichte und Kompetenz zur Sachverhaltsaufklärung

aa) Grundsatz der Alleinzuständigkeit des Vorstands

Für den Bereich der Internal Investigations bedeutet dies, dass der Aufsichtsrat jedenfalls dann, wenn die in Rede stehenden Rechtsverletzungen nicht schwerwiegend sind und sich die **Verdachtsmomente nicht** (auch) **gegen Vorstandsmitglieder** richten, die Aufklärung vollständig dem Vorstand überlassen kann. Bei gewichtigen Verstößen ist der Aufsichtsrat verpflichtet, die vom Vorstand eingeleiteten Aufklärungsmaßnahmen beratend zu begleiten und zu überwachen.[2] **Eigene Ermittlungen**, die über dem Aufsichtsrat stets zur Verfügung stehenden Kontrollrechte nach § 90 Abs. 3 AktG und § 111 Abs. 2 Satz 1 AktG hinausgehen, sind in diesem Fall **unzulässig**.

15.19

bb) Ausnahmsweise Zuständigkeit des Aufsichtsrats

Kommt der von den in Rede stehenden Vorwürfen nicht selbst betroffene Vorstand seiner Pflicht zur Sachverhaltsermittlung nicht nach, besteht **ausnahmsweise** das Recht und die **Pflicht** des Aufsichtsrats, selbst eine umfassende Internal Investigation durchzuführen.[3]

15.20

Von der Rechtsprechung bislang nicht entschieden und im Schrifttum umstritten ist die Frage, ob der Aufsichtsrat für die Durchführung einer Internal Investigation ausschließlich oder zumindest neben dem Vorstand zuständig ist, wenn einzelne oder sogar alle **Vorstandsmitglieder** von den zu Grunde liegenden Verdachtsmomenten **betroffen** sind. Während ein Teil der Literatur jedenfalls grundsätzlich die Zuständigkeit auch in diesem Fall ausschließlich beim Vorstand verortet[4], geht die andere Extremposition davon aus, dass bei Verdachtsmomenten gegen einzelne Vorstandsmitglieder ausschließlich der Aufsichtsrat zur Durchführung der Internal Investigation berufen ist.[5] Richtigerweise wird man annehmen müssen, dass bei einer Betroffenheit einzelner Vorstandsmitglieder Vorstand und Aufsichtsrat nebeneinander für die Sachverhaltsermittlung zuständig sind.[6] Eine vollständige Verdrängung des Vorstands lässt sich mit der aus §§ 76 Abs. 1, 111 Abs. 4 Satz 1 AktG folgenden Kompetenzverteilung nicht vereinbaren. Während der Vorstand unter dem Gesichtspunkt der Compliance-Verantwortung gerade auch darauf zu achten hat, dass Compliance von der obersten Führungsebe-

15.21

---

1 *Reichert/Ott*, NZG 2014, 241, 246.
2 *Spindler* in Spindler/Stilz, § 111 AktG Rz. 131; *Reichert/Ott*, NZG 2014, 241, 247; *Wagner*, CCZ 2009, 8, 15.
3 *Potinecke/Block* in Knierim/Rübenstahl/Tsambikakis, Kap. 2 Rz. 53; *Arnold*, ZGR 2014, 76, 102 f.; *Fuhrmann*, NZG 2016, 881, 883; *Drinhausen*, ZHR 179 (2015), 226, 233; *Wagner*, CCZ 2009, 8, 15.
4 *Arnold*, ZGR 2014, 76, 100 ff., der eine Ausnahme wohl nur anerkennt, wenn die Mehrheit im Vorstand von der Untersuchung betroffen ist. Ähnlich *Wagner*, CCZ 2009, 8, 15, der bei Betroffenheit nur einzelner Vorstandsmitglieder eigene Ermittlungen des Aufsichtsrats nicht für erforderlich hält, wenn von den übrigen Vorstandsmitgliedern eine effektive Sachverhaltsermittlung erwartet werden kann.
5 *Fuhrmann*, NZG 2016, 881, 883; jedenfalls aus praktischen Erwägungen wohl auch *Hugger*, ZHR 179 (2015), 214, 217 f.
6 *Fleischer* in Fleischer, Handbuch des Vorstandsrechts, § 8 Rz. 7 ff.; *Potinecke/Block* in Knierim/Rübenstahl/Tsambikakis, Kap. 2 Rz. 40 (vgl. aber Rz. 41); *Habersack*, AG 2014, 1, 6; *Drinhausen*, ZHR 179 (2015), 226, 233; *Reichert/Ott*, NZG 2014, 241, 248 f.

ne vorgelebt wird, ist die Sachverhaltsermittlung für den Aufsichtsrat Ausfluss seiner Überwachungsfunktion und seiner Pflicht, ggf. Ersatzansprüche gegen Vorstandsmitglieder geltend zu machen.

cc) Zusammenarbeit von Vorstand und Aufsichtsrat

15.22 Die bestehende Gemengelage bei einer Betroffenheit von Vorstandsmitgliedern und die – nach hier vertretener Ansicht bestehende – parallele Zuständigkeit von Vorstand und Aufsichtsrat führen zu der Frage, wie Vorstand und Aufsichtsrat sinnvoll zusammenarbeiten können. Es liegt auf der Hand, dass einzig eine möglichst effiziente, Doppelarbeit vermeidende und sonstige negative Auswirkungen einer Internal Investigation weitgehend minimierende Form der Aufklärung im Unternehmensinteresse liegt.[1] Zu diesem Zweck eignen sich **Vereinbarungen zwischen** beiden **Organen**. Dort können z.B. die Berichtswege, die Form der Berichterstattung, die Beauftragung externer Berater sowie die Aufteilung der erforderlichen Aufklärungsschritte zwischen den Organen geregelt werden. Vorsorglich sollte auch das Recht des Aufsichtsrats zu eigenen Mitarbeiterbefragungen festgehalten werden (vgl. dazu Rz. 15.26). Stets muss dabei sichergestellt werden, dass beide Organe bei ihrer Untersuchung nicht vom jeweils anderen Organ beeinflusst oder behindert werden.[2]

15.23 Als **Alternative** zu einer solchen Vereinbarung und tatsächlich parallel geführten Untersuchung kommt in Betracht, dass **nur ein Organ** eine Internal Investigation durchführt, aber seine Erkenntnisse mit dem anderen Organ teilt, soweit dieses die Informationen zur Erfüllung seiner Aufgaben benötigt.[3] Dies kann dann sinnvollerweise nur der Aufsichtsrat sein, da eine Befangenheit des Vorstands nie vollständig ausgeschlossen werden kann und außerdem Rechtsverstößen auf Vorstandsebene in der Regel ein höheres Gewicht zukommen wird als auf Ebene sonstiger Mitarbeiter.[4] Praktisch dürfte die letztgenannte Variante aufgrund der erhöhten Effizienz regelmäßig vorzugswürdig sein. Dabei darf freilich nicht verkannt werden, dass auch diese Vorgehensweise nicht völlig bedenkenfrei ist. Schließlich wird sich bei Pflichtverstößen des Vorstands regelmäßig die Folgefrage stellen, ob der Aufsichtsrat seiner Überwachungspflicht ausreichend nachgekommen ist. Interessenkonflikte sind somit auch hier denkbar.

dd) Kompetenzverteilung innerhalb des Aufsichtsrats

15.24 Bei der Frage der Einleitung einer Internal Investigation ist eine Kernkompetenz des Aufsichtsrats betroffen. Es spricht daher viel dafür, dass die **Anordnung** einer solchen Untersuchung **zwingend durch** den **Gesamtaufsichtsrat** zu erfolgen hat.[5] Allerdings ist es zulässig, wenn der Aufsichtsrat die laufende Begleitung einer Internal Investigation einem (Sonder)Ausschuss überträgt.[6] Dies ist in der Praxis jedenfalls bei größeren Ermittlungen zu empfehlen und auch üblich, da ein kleines Gremium flexibler und effizienter arbeiten kann und außerdem die Vertraulichkeit leichter zu gewährleisten ist.[7] Erfolgt eine solche Delegation, ist der Gesamtauf-

---

1 *Arnold*, ZGR 2014, 76, 103.
2 *Arnold*, ZGR 2014, 76, 104.
3 *Habersack*, AG 2014, 1, 6.
4 *Habersack*, AG 2014, 1, 6.
5 *Arnold*, ZGR 2014, 76, 96; *Fuhrmann*, NZG 2016, 881, 883.
6 *Arnold*, ZGR 2014, 76, 96; *Reichert/Ott*, NZG 2014, 241, 247. Ein Beispiel aus der jüngeren Praxis für einen solchen Ausschuss ist der Sonderausschuss Dieselmotoren bei der Volkswagen AG zu nennen.
7 *Arnold*, ZGR 2014, 76, 96; *Reichert/Ott*, NZG 2014, 241, 247.

sichtsrat verpflichtet, sich nach § 107 Abs. 3 Satz 5 AktG regelmäßig über die Arbeit des betreffenden Ausschusses berichten zu lassen.

c) Inhaltliche Kompetenzen

Ist der Aufsichtsrat ausnahmsweise zur Durchführung einer Internal Investigation zuständig, so steht ihm das **gesamte Arsenal der Aufklärungsmethoden** zur Verfügung. So ist der Aufsichtsrat insbesondere befugt, selbständig externe Berater zu beauftragen (§ 111 Abs. 2 Satz 2 AktG). Sofern das Mandat der externen Berater nicht auf technische Dienstleistungen oder die reine Sachverhaltsermittlung beschränkt sein, sondern sich auch auf die Sachverhaltsbewertung erstrecken soll, wird sich im Falle paralleler Untersuchungen von Vorstand und Aufsichtsrat regelmäßig eine Mandatierung verschiedener Berater durch beide Gremien empfehlen, um Interessenkollisionen zu vermeiden.[1]

15.25

Sofern eine Internal Investigation durch den Aufsichtsrat im Einzelfall gerechtfertigt ist, kann außerdem kein Zweifel daran bestehen, dass der Aufsichtsrat berechtigt ist, **Mitarbeitergespräche eigenständig**, d.h. ohne Abstimmung mit dem Vorstand, zu führen.[2] Zwar kann durch eine direkte Befragung das Vertrauensverhältnis zwischen Vorstand und Mitarbeitern erheblich beeinträchtigt werden. Andernfalls könnte aber der Vorstand auf die gegen ihn gerichteten Ermittlungen Einfluss zu nehmen.

15.26

II. Kompetenzverteilung und Pflichtenmaßstab bei der GmbH

1. Rechtsstellung der Geschäftsführer

In der GmbH sind grundsätzlich die **Geschäftsführer** zur Aufklärung von Compliance- und sonstigen Rechtsverstößen **zuständig und verpflichtet**.[3] Insoweit gelten die Ausführungen zum Vorstand der AG entsprechend (Rz. 15.7 ff.). Zwar sind Geschäftsführer weisungsabhängig und somit grundsätzlich verpflichtet, sich an Vorgaben der Gesellschafterversammlung zu halten (§ 37 Abs. 1 GmbHG). Allerdings sind solche Weisungen unzulässig, die gegen das Legalitätsprinzip verstoßen und die Geschäftsführer anweisen, eine Rechtspflicht zu verletzen. Weisungen an die Geschäftsführer, von einer gebotenen Internal Investigation abzusehen, wären demnach unzulässig und dürften von den Geschäftsführern nicht beachtet werden.[4]

15.27

2. Rechtsstellung eines Aufsichtsgremiums

Verfügt die GmbH über einen kraft mitbestimmungsrechtlicher Vorgaben zu bildenden **Aufsichtsrat** oder ein diesem hinsichtlich der Kompetenzen gleichgestelltes freiwilliges Aufsichtsgremium (vgl. § 52 GmbHG), so kann dieses für eine Internal Investigation zuständig sein,

15.28

---

1 *Arnold*, ZGR 2014, 76, 105; *Knauer*, ZWH 2012, 81, 82.
2 *Potinecke/Block* in Knierim/Rübenstahl/Tsambikakis, Kap. 2 Rz. 55 ff., insb. 59; *Bicker*, AG 2012, 542, 545; *Reichert/Ott*, NZG 2014, 241, 249; enger *Arnold*, ZGR 2014, 76, 92. Zu der Frage, ob der Aufsichtsrat auch ohne konkrete Verdachtsmomente gegen Vorstandsmitglieder berechtigt ist, sich über den Vorstand hinweg bei Mitarbeitern zu informieren, *Krieger/Sailer-Coceani* in K. Schmidt/Lutter, § 90 AktG Rz. 39 m.w.N.
3 *Potinecke/Block* in Knierim/Rübenstahl/Tsambikakis, Kap. 2 Rz. 67; *Fuhrmann*, NZG 2016, 881, 884.
4 *Stephan/Tieves* in MünchKomm. GmbHG, § 37 GmbHG Rz. 34; *Fuhrmann*, NZG 2016, 881, 884.

welche die Geschäftsführung zum Gegenstand hat.[1] Insoweit gelten die Ausführungen zum Aufsichtsrat bei der AG entsprechend (Rz. 15.18 ff.).

3. Rechtsstellung der Gesellschafterversammlung

15.29 Fehlt es an einem Aufsichtsrat oder einem anderen Gremium mit vergleichbaren Kompetenzen, so ist es Angelegenheit der **Gesellschafterversammlung**, über die Durchführung einer die Geschäftsführung betreffenden Internal Investigation zu beschließen.[2] Zwar besteht für die Gesellschafter, anders als für Geschäftsführung und Aufsichtsrat, keine Rechtspflicht, eine Internal Investigation vorzunehmen.[3] Allerdings können (Mehrheits-)Gesellschafter unter dem Gesichtspunkt der Treuepflicht gehalten sein, einem entsprechenden Beschluss zuzustimmen.[4] Der einzelne Gesellschafter kann hingegen eine interne Untersuchung nicht erzwingen. Er ist auf seine Rechte aus § 51a GmbHG beschränkt.

C. Praktische Durchführung einer Internal Investigation

I. Beteiligte Personen

15.30 Es steht im **Auswahlermessen** des zur Einleitung einer Internal Investigation berufenen Organs, welche Personen mit den Ermittlungen betraut bzw. in diese einbezogen werden.[5] In der Regel ist ein umfassendes, interdisziplinäres **Projektteam** aufzustellen, das in seiner Gesamtheit über sämtliche Fähigkeiten verfügen muss, die für die Ermittlungen erforderlich sind.[6] Sind die im Raum stehenden Rechtsverstöße nicht nur als geringfügig anzusehen, wird das Projektteam regelmäßig, aber nicht notwendigerweise, aus einer Kombination interner und externer Ermittler bestehen. Bei größeren Internal Investigations wird neben dem eigentlichen operativen Projektteam häufig ein – deutlich kleinerer – **Lenkungsausschuss** (steering committee) gebildet, welcher das Projektteam steuert und kontrolliert.[7]

1. Mitarbeiter

15.31 Gegen den Einsatz von Mitarbeitern im Rahmen von Internal Investigations sprechen keine grundsätzlichen Bedenken. Es muss aber ausgeschlossen sein, dass die betreffenden Mitarbeiter selbst von der Untersuchung betroffen sein könnten. Zu denken ist an die Einbindung von Mitarbeitern der **internen Revision**[8], der **Rechtsabteilung**[9] sowie von Servicebereichen wie **IT**. Eine Einbindung der **Compliance**-Abteilung wird indes aus zwei Gründen häufig zu un-

---

1 *Potinecke/Block* in Knierim/Rübenstahl/Tsambikakis, Kap. 2 Rz. 71; *Fuhrmann*, NZG 2016, 881, 884.
2 *Fett/Theusinger*, KSzW 2016, 253, 255; *Fuhrmann*, NZG 2016, 881, 884.
3 *Potinecke/Block* in Knierim/Rübenstahl/Tsambikakis, Kap. 2 Rz. 89 m.w.N.
4 *Drescher* in MünchKomm. GmbHG, § 47 GmbHG Rz. 258; *Fuhrmann*, NZG 2016, 881, 884.
5 *Fuhrmann*, NZG 2016, 881, 886.
6 *Wessing* in Hauschka/Moosmayer/Lösler, § 46 Rz. 78; *Wisskirchen/Glaser*, DB 2011, 1392, 1394. Ausführlich zur Projektorganisation *Idler/Knierim/Waeber* in Knierim/Rübenstahl/Tsambikakis, Kap. 4 Rz. 41 ff.
7 *Kappel/Johannsen* in Ghassemi-Taber/Pauthner/Wilsing, Corporate Compliance, § 7 Rz. 37 f.; *Drinhausen*, ZHR 179 (2015), 226, 231.
8 *Wessing* in Hauschka/Moosmayer/Lösler, § 46 Rz. 80.
9 *Wagner*, BB 2012, 651, 654 f.

terbleiben haben: Zum einen hat die Compliance-Abteilung eine präventive Aufgabe, womit sich ein gleichzeitiges repressives Auftreten nicht verträgt. Zum anderen wird im Rahmen einer Internal Investigation oftmals die Funktionsfähigkeit des bestehenden Compliance-Management-Systems im Fokus stehen, so dass es den für die Einrichtung und Überwachung dieses Systems zuständigen Mitarbeitern für die Teilnahme an einer Internal Investigation an der erforderlichen Neutralität fehlen wird.[1]

2. Externe Berater

Die Hinzuziehung externer Berater kann unter verschiedenen Gesichtspunkten sinnvoll oder sogar geboten sein. So wird es Unternehmen häufig schlicht an den personellen Ressourcen fehlen, um eine Internal Investigation neben dem laufenden Tagesgeschäft vollständig intern abwickeln zu können.[2] Ein gewichtiger Vorteil insbesondere externer Rechtsberater, Steuerberater oder Wirtschaftsprüfer ist außerdem ihre gesetzliche und strafrechtlich sanktionierte **Verschwiegenheitspflicht** (vgl. § 203 StGB).[3] Die von ihnen erlangten Informationen und erstellten Arbeitsprodukte sind somit in größerem Umfang vor dem Zugriff staatlicher Ermittlungsbehörden geschützt (vgl. Rz. 15.82 f.). Hinzu kommt, dass externe Berater regelmäßig über eine größere Erfahrung und Expertise im Zusammenhang mit der Durchführung einer Internal Investigation verfügen werden, weil es für sie, anders als für die meisten Unternehmen, keine nur selten vorkommende Ausnahmesituation, sondern tägliches Geschäft darstellen wird. Schließlich wird eine durch unternehmensfremde Dritte durchgeführte Untersuchung ihre interne und ggf. öffentliche Wahrnehmung sowie den Aussagegehalt der Ermittlungsergebnisse positiv beeinflussen.[4]

15.32

Die vorstehend skizzierten Vorteile einer Mandatierung externer Ermittler kommen freilich nur dann zum Tragen, wenn diese **unabhängig** sind.[5] Die Unabhängigkeit eines ggf. hinzugezogenen externen Rechtsberaters ist außerdem erforderlich, weil sich das betreffende Organ nur dann (unter weiteren Voraussetzungen) auf den ihm erteilten Rechtsrat verlassen darf.[6] Ein Berater ist dabei nicht nur dann als unabhängig anzusehen, wenn er bisher in keiner Geschäftsbeziehung zum Unternehmen stand. Ausreichend ist vielmehr grundsätzlich, wenn er mit der konkret zu untersuchenden Angelegenheit nicht vorbefasst war.[7] Vor diesem Hintergrund ist gegen die Mandatierung des „Haus-und-Hof-Anwalts" nicht per se etwas einzuwenden.[8] Vielmehr kann eine aus früheren Projekten erworbene Kenntnis der internen Abläufe in einem Unternehmen sowie maßgeblicher Sachverhalte die Effizienz einer Internal Investigation erheblich steigern. Auch ohne Vorbefassung kann es freilich an der

15.33

---

1 *Wessing* in Hauschka/Moosmayer/Lösler, § 46 Rz. 84.
2 *Lohmeier/Shahhosseini* in Umnuß, Corporate Compliance Checklisten, 3. Aufl. 2017, Kap. 7 Rz. 19.
3 *Fett/Theusinger*, KSzW 2016, 253, 255; *Klengel/Mückenberger*, CCZ 2009, 81, 87; *Wisskirchen/Glaser*, DB 2011, 1392, 1394.
4 *Fuhrmann*, NZG 2016, 881, 886 (der aus diesem Grund die Einschaltung externer Ermittler für faktisch zwingend hält); *Wisskirchen/Glaser*, DB 2011, 1392, 1394.
5 *Drinhausen*, ZHR 179 (2015), 226, 237; *Fett/Theusinger*, KSzW 2016, 253, 255; *Fuhrmann*, NZG 2016, 881, 886.
6 Grundlegend BGH v. 20.9.2011 – II ZR 234/09, AG 2011, 876 „Ision".
7 *Drinhausen*, ZHR 179 (2015), 226, 237; *Graewe/von Harder*, BB 2017, 707, 708; vgl. zum Begriff der Unabhängigkeit nach der „Ision"-Entscheidung des BGH auch *Strohn*, CCZ 2013, 177, 181 f.
8 Diese grundsätzlich nicht empfehlend aber *Fett/Theusinger*, KSzW 2016, 253, 255; *Fuhrmann*, NZG 2016, 881, 886. Wie hier wohl *Drinhausen*, ZHR 179 (2015), 226, 237.

Unabhängigkeit eines Beraters fehlen, wenn das betroffene Unternehmen für den Berater wirtschaftlich von so elementarer Bedeutung ist, dass an seiner Neutralität gezweifelt werden kann. Für die Beurteilung dieser Frage kann man sich an dem für Abschlussprüfer geltenden § 319 Abs. 3 Nr. 5 HGB orientieren.

II. Die Ermittlungsmethoden

15.34 In der Praxis werden zumeist die folgenden Ermittlungsmethoden eingesetzt:

- Auswertung physischer Dokumente

- Prüfung elektronischer Dokumente

- Befragung von Mitarbeitern

Andere Ermittlungsmethoden wie die Kontrolle von Telefongesprächen oder die Videoüberwachung spielen hingegen bei der Aufklärung möglicher bereits begangener Pflichtverstöße hingegen selten eine Rolle und sollen daher vorliegend unbeachtet bleiben.[1]

1. Auswertung von Geschäftsunterlagen und Akten

15.35 Am Anfang einer Internal Investigation steht häufig die Sichtung und Auswertung der in physischer Form vorliegenden Geschäftsunterlagen und Akten. Dazu können Unterlagen des Rechnungswesens ebenso gehören wie Verträge, Geschäftsbriefe, Telefonnotizen oder auch ausgedruckte E-Mails.[2] Soweit es sich um **dienstliche Dokumente und Akten** handelt, ist der Zugriff im Rahmen einer internen Untersuchung unproblematisch.[3] Dies gilt auch dann, wenn es sich um Handakten eines Mitarbeiters oder um von einem Mitarbeiter selbst erstellte Aufzeichnungen handelt.[4] Der Mitarbeiter ist lediglich Besitzdiener seines Arbeitgebers hinsichtlich der Arbeitsmittel i.S. des § 855 BGB und außerdem dem Arbeitgeber zur Herausgabe nach § 667 BGB verpflichtet.[5]

15.36 Die Anordnung der Herausgabe dienstlicher Unterlagen unterliegt nicht der Mitbestimmung gem. § 87 Abs. 1 Nr. 1 BetrVG, weil sie sich nicht auf das Ordnungsverhalten der Mitarbeiter, sondern allein auf ihr Arbeitsverhalten bezieht.[6] Ein **Mitbestimmungsrecht des Betriebsrats** kann sich aber aus § 87 Abs. 1 Nr. 6 BetrVG ergeben, wenn die Auswertung der Unterlagen von Arbeitnehmern mittels einer hierfür eingerichteten Datenbank oder einer vergleichbaren technischen Einrichtung erfolgt.[7] Unabhängig von einem Mitbestimmungsrecht hat der Arbeitgeber den Betriebsrat gem. § 80 Abs. 2 Satz 1 BetrVG über die geplante Maßnahme zu unterrichten. Dies folgt daraus, dass der Betriebsrat nach § 80 Abs. 1 Nr. 1 BetrVG darüber zu

---

1 Dazu z.B. *Klengel/Mückenberger*, CCZ 2009, 81, 85.
2 *Fett/Theusinger*, KSzW 2016, 253, 258; *Fuhrmann*, NZG 2016, 881, 887.
3 *Mengel* in Knierim/Rübenstahl/Tsambikakis, Kap. 14 Rz. 8; *Wessing* in Hauschka/Moosmayer/Lösler, § 46 Rz. 30; *Fett/Theusinger*, KSzW 2016, 253, 258; *Fuhrmann*, NZG 2016, 881, 887; *Klengel/Mückenberger*, CCZ 2009, 81, 85.
4 *Mengel* in Knierim/Rübenstahl/Tsambikakis, Kap. 14 Rz. 13; *Göpfert/Merten/Siegrist*, NJW 2008, 1703, 1705.
5 *Wessing* in Hauschka/Moosmayer/Lösler, § 46 Rz. 30; *Göpfert/Merten/Siegrist*, NJW 2008, 1703, 1705; *Uwe H. Schneider*, NZG 2010, 1201, 1205.
6 *Mengel/Ullrich*, NZG 2006, 241, 244; *Wybitul/Böhm*, RdA 2011, 362, 365.
7 *Schürrle/Olbers*, CCZ 2010, 178; *Wybitul/Böhm*, RdA 2011, 362, 365 f.

wachen hat, dass die zugunsten der Arbeitnehmer geltenden Gesetze und sonstigen Regelungen beachtet werden. Dazu zählen auch die datenschutzrechtlichen Bestimmungen.[1]

Datenschutzrechtliche Vorgaben sind bei der Durchsicht physischer Dokumente bereits deswegen unbeachtlich, weil es sich bei diesen nicht um Dateien i.S. der §§ 1 Abs. 2 Nr. 3, 3 Abs. 2 BDSG handelt.[2] Etwas anderes gilt nur für den Einblick in die **Personalakte** eines Arbeitnehmers. Insoweit sind gem. § 32 Abs. 2 BDSG stets die datenschutzrechtlichen Vorgaben für die Erhebung und Verarbeitung personenbezogener Daten einschlägig.[3] Will der Arbeitgeber externen Ermittlern Zugriff auf Personalakten gewähren, muss somit ein berechtigtes Prüfinteresse vorliegen und die Vertraulichkeit gesichert sein. Letzteres ist freilich unproblematisch, wenn wie üblich berufsrechtlich zur Verschwiegenheit verpflichtete Rechtsanwälte oder Wirtschaftsprüfer mit der Untersuchung beauftragt sind.[4] Auf **private Dokumente und Akten** von Arbeitnehmern darf grundsätzlich nicht zugegriffen werden.[5]

15.37

2. Auswertung von E-Mails (E-Search)

Die Auswertung der E-Mail-Konten (sog. E-Search) von Mitarbeitern oder Mitgliedern der Geschäftsleitung ist ein wesentlicher Baustein nahezu jeder Internal Investigation. Hinsichtlich der Zulässigkeit der E-Search ist danach zu unterscheiden, ob die private Nutzung dieser Konten vom Unternehmen ausdrücklich gestattet oder stillschweigend geduldet wurde, so dass eine private Nutzung kraft betrieblicher Übung zulässig ist[6], oder ob dies nicht der Fall ist. Eine Auswertung der E-Mail-Konten von Aufsichtsratsmitgliedern scheitert häufig daran, dass diese über kein von der Gesellschaft unterhaltenes E-Mail-Konto verfügen. Ein Zugriff kommt dann nur unter Mitwirkung der Aufsichtsratsmitglieder in Betracht.

15.38

a) Rechtslage bei Verbot der Privatnutzung des dienstlichen E-Mail-Kontos

Bei einem Verbot der Privatnutzung steht dem Unternehmen nach allgemeiner Ansicht auch ohne eine Einwilligung der betroffenen Personen bzw. die Existenz einer solche Kontrollen ausdrücklich zulassenden Betriebsvereinbarung[7] ein **umfassendes Kontrollrecht** sowohl in Bezug auf die Verbindungsdaten als auch den Inhalt der elektronischen Kommunikation zu.[8] Dienstliche E-Mails sind als Handelsbriefe i.S. des § 257 HGB zu qualifizieren[9] und dürfen daher wie Geschäftsbriefe (Rz. 15.35) eingesehen werden.

15.39

---

1 *Weiße* in Moosmayer/Hartwig, S. 46; *Göpfert/Mertens/Siegrist*, NJW 2008, 1703, 1709.
2 *Mengel/Ullrich*, NZA 2006, 240, 241.
3 *Wessing* in Hauschka/Moosmayer/Lösler, § 46 Rz. 31; *Mengel/Ullrich*, NZG 2006, 240, 242.
4 *Mengel* in Knierim/Rübenstahl/Tsambikakis, Kap. 14 Rz. 12; *Klengel/Mückenberger*, CCZ 2009, 81, 85 f.; *Mengel/Ullrich*, NZA 2006, 240, 241.
5 *Wessing* in Hauschka/Moosmayer/Lösler, § 46 Rz. 30; *Göpfert/Merten/Siegrist*, NJW 2008, 1703, 1705.
6 *Wessing* in Hauschka/Moosmayer/Lösler, § 46 Rz. 35.
7 Zu diesen Mitteln zur Vermeidung rechtlicher Risiken bei der E-Search sowie zum möglichen Inhalt einer Betriebsvereinbarung *Wybitul/Böhm*, CCZ 2015, 133, 135 ff.
8 *Furhmann*, NZG 2016, 881, 888; *Klengel/Mückenberger*, CCZ 2009, 81, 83; *Uwe H. Schneider*, NZG 2010, 1201, 1205; *Wisskirchen/Glaser*, DB 2011, 1447, 1450; *Wybitul/Böhm*, CCZ 2015, 133, 133 f.
9 *Klengel/Mückenberger*, CCZ 2009, 81, 83.

aa) Telekommunikations- und datenschutzrechtliche Aspekte

15.40 Das **Fernmeldegeheimnis** und die aus ihm folgenden Beschränkungen des TKG (dazu Rz. 15.42) sind bei verbotener Privatnutzung nicht einschlägig.[1] Anderes gilt zwar für die **datenschutzrechtlichen Vorgaben**, die sich aus § 32 Abs. 1 BDSG bzw. für Organmitglieder aus § 28 Abs. 1 Satz 1 Nr. 2 BDSG ergeben, wobei sowohl die Angaben über Absender und Empfänger einer E-Mail als auch deren Inhalt als personenbezogene Daten i.S. des § 3 Abs. 1 BDSG gelten. Bei einer ausschließlich dienstlichen Nutzung von E-Mail-Konten der Auswertung stehen aber regelmäßig keine schutzwürdigen Belange des Betroffenen entgegen.[2] Stoßen Ermittler trotz verbotener Privatnutzung auf eindeutig private E-Mails oder Dateien, so dürfen diese aber jedenfalls dann nicht ausgewertet werden, wenn gegen den Betroffenen kein bzw. kein spezifischer Verdacht vorliegt. Etwas Anderes gilt, wenn ein konkreter Verdacht auf eine Straftat des Betroffenen vorliegt, weil dann die Interessen des Unternehmens vorrangig sind.[3]

bb) Beteiligungsrechte des Betriebsrats

15.41 In der Praxis erfolgt die sog. E-Search regelmäßig unter Nutzung spezieller Software. Jedenfalls sofern diese erstmals im Unternehmen eingesetzt wird, löst dies grundsätzlich ein **Mitbestimmungsrecht des Betriebsrats** nach § 87 Abs. 1 Nr. 6 BetrVG aus, sofern von der E-Search Arbeitnehmer betroffen sind.[4] Ein Mitbestimmungsrecht nach § 87 Abs. 1 Nr. 6 BetrVG kann sich außerdem aus der Nutzung einer Datenbank ergeben. Sofern hingegen ausschließlich die E-Mail-Konten von Organmitgliedern i.S. des § 5 Abs. 2 Nr. 1 BetrVG oder leitenden Angestellten i.S. des § 5 Abs. 3 BetrVG durchsucht werden, kommt ein Mitbestimmungsrecht des Betriebsrats nicht in Betracht, da diese Personengruppen nicht durch den Betriebsrat repräsentiert werden. Regelt eine Betriebsvereinbarung den Umgang mit personenbezogenen Daten im Rahmen einer Internal Investigation hinreichend präzise, so besteht bei tatsächlicher Durchführung einer Internal Investigation kein erneutes Mitspracherecht des Betriebsrats.[5] In jedem Fall besteht ein Informationsrecht des Betriebsrats gem. § 80 Abs. 1 Nr. 1, Abs. 2 BetrVG.

b) Rechtslage bei erlaubter Privatnutzung des dienstlichen E-Mail-Kontos

aa) Beachtung des Fernmeldegeheimnisses?

15.42 Ist die private Nutzung dienstlicher E-Mail-Konten ausdrücklich oder stillschweigend erlaubt, so ist nach wie vor umstritten, ob das Unternehmen in diesem Fall geschäftsmäßig Telekommunikationsdienste i.S. des § 3 Nr. 6 und 10 TKG erbringt.[6] Eine Bejahung dieser Frage hätte weitreichende Konsequenzen. Denn die Auswertung von E-Mail-Daten wäre wegen der in § 1 Abs. 3 BDSG angeordneten Subsidiarität nicht an datenschutzrechtlichen Maßstäben zu messen, sondern als unzulässiger Eingriff in das **Fernmeldegeheimnis** nach § 88 Abs. 3 TKG absolut verboten und nach § 206 StGB sogar strafbewehrt (vgl. Rz. 15.71).

---

1 *Wisskirchen/Glaser*, DB 2011, 1447, 1450; *Wybitul/Böhm*, CCZ 2015, 133.
2 *Sassenberg/Mantz*, BB 2013, 889, 891; *Scheben/Geschonneck/Klos*, ZHR 179 (2015), 240, 261; *Wisskirchen/Glaser*, DB 2011, 1447, 1450.
3 *Wessing* in Hauschka/Moosmayer/Lösler, § 46 Rz. 36 f.
4 *Mengel* in Knierim/Rübenstahl/Tsambikakis, Kap. 14 Rz. 62; *Wybitul/Böhm*, RdA 2011, 361, 366.
5 *Wybitul/Böhm*, CCZ 2015, 133, 135.
6 Vgl. zum Streitstand *Sassenberg/Mantz*, BB 2013, 889 f.; *Scheben/Geschonneck/Klos*, ZHR 179 (2015), 240, 262 ff.; *Wisskirchen/Glaser*, DB 2011, 1447, 1450 f.; *Wybitul/Böhm*, CCZ 2015, 133 ff., jeweils m.w.N. Die Datenschutzbeauftragten der Länder bejahen die Frage vielfach.

Die Rechtsprechung hat in den letzten Jahren freilich klar zu erkennen gegeben, dass Unternehmen aus ihrer Sicht in diesem Zusammenhang **keine Anbieter von Telekommunikationsdiensten** sind.[1] Dem ist zuzustimmen. Zweck des TKG ist nicht die Regelung der unternehmensinternen Beziehungen von Unternehmen und Arbeitnehmer, sondern die zwischen einem Dienstleister und seinen Kunden. Anders als die Anbieter von Telekommunikationsdiensten (vgl. § 3 Nr. 24 TKG) gestattet das Unternehmen die private Nutzung der dienstlichen Infrastruktur in aller Regel unentgeltlich, so dass eine Gleichstellung nicht gerechtfertigt wäre.[2] Die Regelungen des BDSG gewähren den Arbeitnehmern einen hinreichenden Schutz, erlauben aber zugleich, die schützenswerten Interessen der Unternehmen sachgerecht zu berücksichtigen.

15.43

Das Verbot des § 88 Abs. 3 TKG ist darüber hinaus auch deshalb nicht einschlägig, weil das Fernmeldegeheimnis im vorliegenden Zusammenhang nicht tangiert ist. Nach der Rechtsprechung des BVerfG schützt Art. 10 Abs. 1 GG vor den **Gefahren des Übermittlungsvorgangs**, so dass der Schutz endet, sobald eine E-Mail sich im Herrschaftsbereich des Empfängers befindet und dieser eigene Schutzvorkehrungen gegen unbefugten Zugriff treffen kann.[3] Ist eine E-Mail im Postfach des Empfängers angekommen, ist der Anwendungsbereich des TKG somit nicht mehr eröffnet.[4] Dabei ist es unerheblich, ob die E-Mail tatsächlich auf den Rechner des Betroffenen heruntergeladen wurde oder auf einem externen Server verblieben ist. Entscheidend ist einzig, dass der Betroffene auf die E-Mail dergestalt zugreifen kann, dass er sie durch Löschung vor dem Zugriff Dritter schützen könnte (vgl. auch Rz. 15.72).[5] Danach ist ein Zugriff auf E-Mails auch dann strafrechtlich unbedenklich, wenn diese nicht auf den lokalen Rechner eines Mitarbeiters heruntergeladen, sondern auf einem zentralen Server des Unternehmens belassen wurden, denn auch in diesem Fall hat der einzelne Mitarbeiter die Möglichkeit, E-Mails durch Löschung dem Zugriff des Arbeitgebers und damit externer Ermittler zu entziehen.[6]

15.44

Schließlich ist zu beachten, dass der Europäische Gerichtshof entschieden hat, dass die Mitgliedstaaten der Datenverarbeitung durch Unternehmen keine engeren Grenzen setzen dürfen als in der Datenschutz-RL vorgesehen.[7] Diese Grenzen bzw. die Voraussetzungen für eine zulässige Datenverarbeitung sind in Art. 7 Datenschutz-RL niedergelegt.[8] § 88 Abs. 3 Satz 1 TKG dürfte in seiner Absolutheit über die dortigen Bestimmungen hinausgehen und somit **europarechtswidrig** sein.

15.45

---

1 LAG Niedersachsen v. 31.5.2010 – 12 Sa 875/09, MMR 2010, 639, 640; LAG Berlin-Brandenburg v. 16.2.2011 – 4 Sa 2132/10, NZA-RR 2011, 342; VG Karlsruhe v. 27.5.2013 – 2 K 3249/12, NVwZ-RR 2013, 797 (bestätigt durch VGH Baden-Württemberg v. 30.7.2014 – 1 S 1352/13, NVwZ-RR 2015, 161, 165); jüngst LAG Berlin-Brandenburg v. 14.1.2016 – 5 Sa 657/15, BB 2016, 891.
2 *Fett/Theusinger*, KSzW 2016, 253, 258; *Scheben/Geschonneck/Klos*, ZHR 179 (2015), 240, 263.
3 BVerfG v. 2.3.2006 – 2 BvR 2099/04, BVerfGE 115, 166, 183 ff.
4 VG Karlsruhe v. 27.5.2013 – 2 K 3249/12, NVwZ-RR 2013, 797 (bestätigt durch VGH Baden-Württemberg v. 30.7.2014 – 1 S 1352/13, NVwZ-RR 2015, 161, 165); *Fett/Theusinger*, KSzW 2016, 253, 258; *Scheben/Geschonneck/Klos*, ZHR 179 (2015), 240, 263.
5 *Fett/Theusinger*, KSzW 2016, 253, 257 f.; a.A. *Wessing* in Hauschka/Moosmayer/Lösler, § 46 Rz. 143.
6 So auch *Fett/Theusinger*, KSzW 2016, 253, 257 f.; a.A. *Wessing* in Hauschka/Moosmayer/Lösler, § 46 Rz. 143, der aber offenbar nur den Fall einer Speicherung von E-Mails auf externen Servern eines Internetproviders, nicht aber auf unternehmenseigenen Servern im Blick hat.
7 EuGH v. 19.10.2016 – C-582/14, NJW 2016, 3579.
8 RL 95/46/EG, ABl. 2017 Nr. L 40.

bb) Datenschutzrechtliche Vorgaben

15.46 Auch bei erlaubter Privatnutzung kann die Auswertung dienstlicher E-Mail-Konten nach § 32 Abs. 1 BDSG bzw. § 28 Abs. 1 Satz 1 Nr. 2 BDSG zulässig sein. Allerdings sind, sofern Kontrollen nicht kraft Betriebsvereinbarung gestattet sind oder die Betroffenen in diese eingewilligt haben, in diesem Fall im Rahmen der vorzunehmenden **Verhältnismäßigkeitsprüfung** im weiteren Sinne höhere Anforderungen an die schutzwürdigen Interessen des Unternehmens zu stellen.[1] Konkret muss die beabsichtigte E-Search geeignet sein, den Untersuchungszweck zu fördern. Ferner darf es zu ihr keine zumutbare Alternative geben. Sofern es den Untersuchungszweck nicht gefährdet, sind die Betroffenen über die Auswertung ihrer E-Mails zu informieren.[2] Im Rahmen der Prüfung der Angemessenheit bzw. Verhältnismäßigkeit im engeren Sinne gilt, dass die E-Search umso eher zulässig ist, je ernster der im Raum stehende Vorwurf ist und je konkreter die vorliegenden Verdachtsmomente sind. Die Interessen der Betroffenen sind außerdem dann weniger schutzwürdig, wenn in einer Richtlinie des Unternehmens darauf hingewiesen wurde, dass das Unternehmen sich entsprechende Kontrollen vorbehält. In diesem Fall dürfen die Betroffenen von Anfang an nicht auf die Vertraulichkeit ihrer über die dienstliche E-Mail-Adresse geführten Korrespondenz vertrauen.[3] Schließlich kann durch eine sorgfältige Auswahl der Suchbegriffe häufig erreicht werden, dass E-Mails mit erkennbar privatem Inhalt nicht ausgewertet werden.[4] Gleiches kann durch eine Anweisung an die betroffenen Mitarbeiter mit dem Inhalt erreicht werden, private E-Mails in einen separaten Ordner zu verschieben (vgl. auch Rz. 15.73). Dies kommt freilich nur in Betracht, wenn einer Information der Mitarbeiter keine gewichtigen Gründe entgegenstehen.

15.47 Im Einzelfall kann es erforderlich sein, dem Datenschutzbeauftragen die geplante Maßnahme zur **Vorabkontrolle** vorzulegen, sofern ein solcher bestellt wurde (§ 4d Abs. 5 BDSG). In diesem Fall bedarf es nicht der Meldung an die zuständige Aufsichtsbehörde (4d Abs. 2 BDSG).

cc) Beteiligungsrechte des Betriebsrats

15.48 Hinsichtlich der Beteiligungsrechte des Betriebsrats ergeben sich keine Unterschiede zur Situation bei verbotener Privatnutzung der dienstlichen E-Mail-Konten. Es kann daher auf die Ausführungen unter Rz. 15.41 verwiesen werden.

c) Ausblick auf die Datenschutzgrundverordnung

15.49 Nach ihrer Veröffentlichung im Amtsblatt der Europäischen Union am 4.5.2016[5] wird die **Datenschutzgrundverordnung** (VO (EU) 2016/679, DS-GVO) ab dem 25.5.2018 in den EU-Mitgliedstaaten unmittelbar anwendbares Recht. Die Bundesregierung hat am 24.2.2017 den Entwurf eines Gesetzes zu Anpassung des Datenschutzrechts an die DS-GVO und zur Umsetzung der Datenschutz-RL (RL (EU) 2016/680) vorgelegt.[6] Für die Zulässigkeit der E-Search im Rahmen von Internal Investigations ergeben sich aus den (geplanten) Neuregelungen, soweit ersichtlich, keine grundlegenden Veränderungen. So entspricht § 26 Abs. 1 BDSG-E weitestgehend dem derzeit gültigen § 32 Abs. 1 BDSG.

---

1 *Scheben/Geschonneck/Klos*, ZHR 179 (2015), 240, 262.
2 *Scheben/Geschonneck/Klos*, ZHR 179 (2015), 240, 262.
3 LAG Hamm v. 10.7.2012 – 14 Sa 1711/10, ZD 2013, 135; *Scheben/Geschonneck/Klos*, ZHR 179 (2015), 240, 262; *Wybitul/Böhm*, CCZ 2015, 133, 135.
4 *Scheben/Geschonneck/Klos*, ZHR 179 (2015), 240, 262.
5 ABl. 2016 Nr. L 119, S. 1, bereinigt ABl. Nr. L 314, S. 72.
6 BT-Drucks. 18/11325.

3. Mitarbeiterbefragung

Neben der Auswertung physischer und elektronischer Dokumente stellt die Befragung von Mitarbeitern eine weitere wesentliche Erkenntnisquelle dar. Dabei ist freilich zu berücksichtigen, dass aufgrund der bekannten Schwächen der Erkenntniswert solcher Aussagen grundsätzlich hinter demjenigen objektiver Beweismittel zurückbleibt.

a) Teilnahme- und Aussagepflicht

Arbeitnehmer können gem. § 106 GewO vom Arbeitgeber angewiesen werden, an Mitarbeiterbefragungen teilzunehmen.[1] Es ist außerdem grundsätzlich anerkannt, dass Arbeitnehmer aufgrund einer Nebenpflicht aus dem Arbeitsverhältnis verpflichtet sind, ihrem Arbeitgeber wahrheitsgemäß umfassend Auskunft über alle sich auf das Beschäftigungsverhältnis beziehenden Angelegenheiten zu geben.[2] Es besteht somit in diesem Rahmen prinzipiell sowohl eine **Teilnahme-** als auch eine **Auskunftspflicht**. Der genaue Umfang der Auskunftspflicht bestimmt sich nach der Position des Befragten im Unternehmen. Mitarbeiter in Führungspositionen unterliegen aufgrund ihrer herausgehobenen Position und ihrer Kontrollfunktion gegenüber nachgeordneten Mitarbeitern regelmäßig einer gesteigerten Auskunftspflicht.[3] Für Organmitglieder folgt die Auskunftspflicht aus ihrer Treuepflicht.

Soweit es um Angelegenheiten **außerhalb des Aufgabenbereichs** des Befragten geht, erkennt die Rechtsprechung eine Auskunftspflicht nur unter **engen Voraussetzungen** an. Konkret muss der Arbeitgeber ein berechtigtes Interesse an der Auskunft haben, dieses Interesse muss im Zusammenhang mit dem Aufgabebereich des Befragten und seinen sonstigen Pflichten stehen und die Auskunft darf für den Befragten keine übermäßige Belastung darstellen.[4]

Soweit Auskünfte begehrt werden, die mit dem Beschäftigungsverhältnis des Befragten in Zusammenhang stehen, besteht die Auskunftspflicht auch dann, wenn der Befragte sich bei wahrheitsgemäßer Beantwortung einer Schlechtleistung beschuldigen müsste und sich entsprechend arbeitsrechtlichen Sanktionen ausgesetzt sehen könnte.[5] Bislang nicht abschließend geklärt ist, ob der Befragte bei einem Zusammenhang der Frage mit dem Beschäftigungsverhältnis auch zur **Selbstbelastung** im Hinblick auf (potentielle) Straftaten verpflichtet ist oder ob die Auskunftspflicht dort ihre Grenze findet. Die wohl h.M.[6] nimmt zu Recht eine Aus-

---

1 BAG v. 23.6.2009 – 2 AZR 606/08, NJW 2009, 3115, 3116; *Wessing* in Hauschka/Moosmayer/Lösler, § 46 Rz. 42; *Rudkowski*, NZA 2011, 612.
2 *Weiße* in Moosmayer/Hartwig, S. 50; *Wessing* in Hauschka/Moosmayer/Lösler, § 46 Rz. 45; *Fett/Theusinger*, KSzW 2016, 253, 255; *Klengel/Mückenberger*, CCZ 2009, 81, 82; *Rudkowski*, NZA 2011, 612; *Schürrle/Olbers*, CCZ 2010, 178; *Uwe H. Schneider*, NZG 2010, 1201, 1204.
3 *Weiße* in Moosmayer/Hartwig, S. 50; *Wessing* in Hauschka/Moosmayer/Lösler, § 46 Rz. 45; *Lützeler/Müller-Santori*, CCZ 2011, 19 f.
4 BAG v. 7.9.1995 – 8 AZR 828/93, NZA 1996, 637; *Wessing* in Hauschka/Moosmayer/Lösler, § 46 Rz. 46.
5 BAG v. 18.1.1996 – 6 AZR 314/95, NZA 1997, 41; *Weiße* in Moosmayer/Hartwig, S. 50; *Lützeler/Müller-Santori*, CCZ 2011, 19, 20; a.A. *Rudkowski*, NZA 2011, 612, 613.
6 BGH v. 30.4.1964 – VII ZR 156/62, BGHZ 41, 318, 323; *Wessing* in Hauschka/Moosmayer/Lösler, § 46 Rz. 50; *Fett/Theusinger*, KSzW 2016, 253, 255; *Fritz/Nolden*, CCZ 2010, 170, 173 ff.; *Lützeler/Müller-Santori*, CCZ 2011, 19, 20; *Mengel/Ullrich*, NZA 2006, 240, 243; a.A. *Eufinger*, BB 2016, 1973, 1976; *Fuhrmann*, NZG 2016, 881, 888 f.; *Rudkowski*, NZA 2011, 612, 613 (die eine Auskunftspflicht auch bei „nur" kündigungsrelevanten Sachverhalten ablehnt). Zumindest zweifelnd *Gerst*, CCZ 2012, 1, 2 f. Differenzierend (im Hinblick auf Verwertbarkeit in einem etwaigen Strafverfahren) *Greco/Caracas*, NStZ 2015, 7, 9 ff.

kunftspflicht an. Wie das BVerfG[1] festgestellt hat, genießt der *nemo-tenetur*-Grundsatz keine uneingeschränkte Gültigkeit. Er vermag daher in einem freiwillig eingegangenen Privatrechtsverhältnis wie dem Arbeitsverhältnis die Pflichten der Parteien nicht zu überlagern. Es ist freilich zu konzedieren, dass die Befragung im Rahmen von Internal Investigations der Verhörsituation im Strafverfahren durchaus ähnlich ist.[2]

b) Amnestieprogramme

15.54 Trotz der weitgehenden Auskunftspflicht ist die **Bereitschaft zur Aussage** im Rahmen von Internal Investigations gerade bei den eigentlichen Wissensträgern erfahrungsgemäß **nicht sehr ausgeprägt**. Dies ist wenig verwunderlich, haben die Betroffenen oftmals – begründeten – Anlass zur Sorge, arbeitsrechtlichen Sanktionen oder gar einer strafrechtlichen Verfolgung ausgesetzt zu werden. Unternehmen sind gegenüber einer solchen Haltung praktisch weitgehend machtlos. Denn es wird sich kaum jemals nachweisen lassen, welche Kenntnisse ein Mitarbeiter tatsächlich hat.[3] Um die Aussagebereitschaft zu erhöhen, kann es sich im Einzelfall aus Sicht des Unternehmens empfehlen, ein sog. Amnestieprogramm aufzulegen.[4]

15.55 **Inhalt eines Amnestieprogramm** ist zunächst die Zusage des Unternehmens, allgemein (Generalamnestie) oder unter der Voraussetzung der vollumfänglichen Kooperation (Spezialamnestie) von Sanktionen abzusehen und etwaige Erkenntnisse nicht an Strafverfolgungsbehörden weiterzugeben. Hinzutreten können der Verzicht auf bzw. die Nichtgeltendmachung von Schadensersatzansprüchen sowie die Übernahme von Rechtsverteidigungskosten oder Geldstrafen.[5] Die Übernahme von Rechtsverteidigungskosten ist grundsätzlich unproblematisch.[6] Hinsichtlich der Übernahme von Geldstrafen besteht jedoch das Risiko, dass dies als Untreue i.S. des § 266 StGB gewertet würde.[7] Die Übernahme von Geldbußen gegen Organmitglieder einer Aktiengesellschaft erfordert nach der Rechtsprechung des BGH die Zustimmung der Hauptversammlung.[8] Ein Verzicht auf Ersatzansprüche kommt in diesem Fall nur unter den Voraussetzungen des § 93 Abs. 4 Satz 3 AktG in Betracht. Nicht zuletzt vor diesem Hintergrund sind Amnestieprogramme für Organmitglieder bei Aktiengesellschaften in der Praxis nur selten anzutreffen.

15.56 Das die Internal Investigation durchführende Organ muss im Wege der **Einzelfallabwägung** entscheiden, ob ein Amnestieprogramm im Unternehmensinteresse liegt.[9] Dabei kommt es entscheidend darauf an, ob ohne die Amnestie der Untersuchungserfolg ernsthaft gefährdet wäre.[10] Diese sollte ferner grundsätzlich als Spezialamnestie an die Teilnahme an der Befra-

---

1 BVerfG v. 13.1.1981 – 1 BvR 116/77, BVerfGE 56, 37.
2 Darauf hinweisend auch *Fritz/Nolden*, CCZ 2010, 170, 175.
3 *Breßler/Kuhnke/Schulz/Stein*, NZG 2009, 721, 722 f.
4 *Breßler/Kuhnke/Schulz/Stein*, NZG 2009, 721, 723; *Göpfert/Siegrist*, NJW 2008, 1703, 1704; *Fuhrmann*, NZG 2016, 881, 889.
5 Zum Inhalt von Amnestieprogrammen ausführlich *Leisner* in Knierim/Rübenstahl/Tsambikakis, Kap. 10 Rz. 38 ff.; *Breßler/Kuhnke/Schulz/Stein*, NZG 2009, 721, 723 ff.
6 Vgl. BGH v. 9.11.1990 – 2 StR 439/90, NJW 1991, 990; *Kahlenberg/Schwinn*, CCZ 2012, 81, 85.
7 *Wessing* in Hauschka/Moosmayer/Lösler, § 46 Rz. 58; *Kahlenberg/Schwinn*, CCZ 2012, 81, 85.
8 BGH v. 8.7.2014 – II ZR 174/13, AG 2014, 751.
9 Zum Pro und Contra von Amnestieprogrammen *Leisner* in Knierim/Rübenstahl/Tsambikakis, Kap. 10 Rz. 5 ff.
10 *Kahlenberg/Schwinn*, CCZ 2012, 81, 82; *Schürrle/Olbers*, CCZ 2010, 178, 181 f.

gung sowie die vollständige und wahrheitsgemäße Beantwortung der gestellten Fragen geknüpft werden.[1]

c) Rechtsbeistand für Mitarbeiter

Ein **Recht des Befragten** auf Hinzuziehung eines eigenen Anwalts lässt sich dem Gesetz nicht entnehmen und ist daher **abzulehnen**.[2] Gespräche zur Ermittlungen eines Sachverhalts sind entgegen teilweise vertretener Ansicht nicht – oder jedenfalls nicht generell – mit arbeitsrechtlichen Anhörungen im Vorfeld von Verdachtskündigungen vergleichbar.[3] Allerdings wird es regelmäßig zweckmäßig sein, dem Befragten die Teilnahme eines eigenen Anwalts zu ermöglichen, um so seine Aussagebereitschaft zu erhöhen. Dies gilt jedenfalls dann, wenn das Unternehmen die Befragung (auch) durch externe Berater durchführen lässt.[4] Die Bundesrechtsanwaltskammer geht in ihren Thesen zum Unternehmensanwalt im Strafrecht von einem generellen Recht des Befragten aus Konsultation eines eigenen Anwalts aus.[5]

15.57

Soweit das Unternehmen die Teilnahme von Anwälten der Befragten an den Interviews zulässt, wird die **Übernahme der Kosten** des Befragten **regelmäßig zweckmäßig** sein (vgl. Rz. 15.55).[6]

15.58

d) Belehrung

Es besteht **keine Rechtspflicht zur Belehrung** der Befragten über ihre Rechte bzw. oder andere Aspekte im Zusammenhang mit der Befragung.[7] Die Bundesrechtsanwaltskammer empfiehlt freilich eine Belehrung in recht weitgehendem Umfang. Konkret soll nach ihren Thesen hinsichtlich des – nach vorliegender Auffassung nicht bestehenden – Rechts auf Hinzuziehung eines eigenen Anwalts, über die Möglichkeit der Weitergabe der Aufzeichnungen an Behörden sowie im Falle von Amnestieprogrammen über den Umstand belehrt werden, dass das Unternehmen keine strafrechtliche Amnestie gewähren kann.[8] In der Praxis ist die Belehrung bei Interviews Standard. Dabei muss aber der Anschein einer amtlichen Vernehmung vermieden werden.[9]

15.59

---

1 *Kahlenberg/Schwinn*, CCZ 2012, 81, 82; weniger eindeutig *Breßler/Kuhnke/Schulz/Stein*, NZG 2009, 721, 722.
2 *Klengel/Mückenberger*, CCZ 2009, 81, 82; *Lützeler/Müller-Sartori*, CCZ 2011, 19, 21 f.; *Mengel/Ullrich*, NZA 2006, 240, 243 f.; *Uwe H. Schneider*, NZG 2010, 1201, 1204; *Schürrle/Olbers*, CCZ 2010, 178, 179.
3 *Fett/Theusinger*, KSzW 2016, 253, 259; aus der genannten Rechtsprechung (BAG v. 13.3.2008 – 2 AZR 961/06, BB 2008, 2300) das Recht auf Konsultation eines Rechtsanwalts ableitend BRAK-Stellungnahme Nr. 35/2010, S. 10.
4 *Lützeler/Müller-Sartori*, CCZ 2011, 19, 22; empirisch bestätigend *Theile/Gatter/Wiesenack*, ZStW 2014, 803, 829; Für diesen Fall ein Recht auf Hinzuziehung eines Anwalts bejahend *Rudkowski*, NZA 2011, 612, 614.
5 BRAK-Stellungnahme Nr. 35/2010, S. 10; dazu *Momsen/Grützner*, DB 2011, 1792, 1794.
6 Dies empfehlend BRAK-Stellungnahme Nr. 35/2010, S. 10.; *Weiße* in Moosmayer/Hartwig, S. 52; *Schürrle/Olbers*, CCZ 2010, 178, 179. Laut *Theile/Gatter/Wiesenack*, ZStW 2014, 803, 830 f. soll das Bild in der Praxis insoweit uneinheitlich sein, wohingegen *Uwe H. Schneider*, NZG 2010, 1201, 1204, von einer entsprechenden Marktpraxis berichtet.
7 *Knierim/Tsambikakis/Klug* in Knierim/Rübenstahl/Tsambikakis, Kap. 7 Rz. 37; *Weiße* in Moosmayer/Hartwig, S. 53.
8 BRAK-Stellungnahme Nr. 35/2010, S. 10 f.; dafür auch *Haefcke*, CCZ 2014, 39, 43.
9 *Weiß*, CCZ 2014, 136; *Theile/Gatter/Wiesenack*, ZStW 2014, 803, 835 f.

e) Beteiligungsrechte des Betriebsrats

15.60 Sofern eine Mitarbeiterbefragung einen kollektiven Bezug aufweist und nicht auf Organmitglieder oder leitende Angestellte beschränkt ist, muss der Betriebsrat gem. § 80 Abs. 2 BetrVG über die geplante Maßnahme **unterrichtet** werden.[1] Ein solch kollektiver Bezug ist anzunehmen, wenn die Befragung grundsätzlich jeden Mitarbeiter treffen kann, der mit dem in Rede stehenden Sachverhalt in Berührung gekommen ist.[2] Mitzuteilen ist lediglich, dass Befragungen geplant sind. Über die Erkenntnisse aus den Interviews muss der Betriebsrat hingegen nicht unterrichtet werden.[3]

15.61 Ein **Mitbestimmungsrecht nach § 87 Abs. 1 Nr. 1 BetrVG** wird regelmäßig nicht bestehen. Dies folgt daraus, dass bei Befragungen, die sich auf Sachverhalte im Zusammenhang mit dem Beschäftigungsverhältnis der Befragten beziehen, lediglich das Arbeitsverhalten, nicht aber das Ordnungsverhalten der Befragten betroffen ist.[4]

15.62 Ein **Mitbestimmungsrecht** des Betriebsrats kann sich aber **aus § 94 Abs. 1 BetrVG** ergeben. Dies ist dann zu bejahen, wenn Mitarbeitern standardisierte Fragebögen vorgelegt und dabei personenbezogene Daten erfasst werden.[5] Richtigerweise beschränkt sich das Mitbestimmungsrecht in solchen Fällen auf diejenigen Fragen, die den persönlichen Bereich des Befragten betreffen.[6]

15.63 Befragte Arbeitnehmer haben schließlich in der Regel keinen Anspruch auf **Teilnahme von Betriebsratsmitgliedern** an den Befragungen. § 82 Abs. 2 BetrVG ist nicht einschlägig, da Befragungen im Rahmen von Internal Investigations meist nicht als Leistungs- oder Entwicklungsgespräch i.S. des § 82 Abs. 2 Satz 1 BetrVG zu qualifizieren sind.[7]

III. Zwischen- und Abschlussberichte

15.64 Die Erkenntnisse aus einer Internal Investigation werden in aller Regel in einem **schriftlichen Abschlussbericht** zusammengefasst. Bei über einen längeren Zeitraum andauernden Untersuchungen gehen dem Abschlussbericht ein oder mehrere Zwischenberichte voraus, um das zuständige Leitungsorgan laufend in die Lage zu versetzen, zeitnah auf Ergebnisse reagieren zu können. Aufbau und Inhalt der Berichte haben sich am Zweck der jeweiligen Untersuchung zu orientieren. Erforderlich ist in jedem Fall, dass sie ihrem Adressaten eine angemessene Informationsbasis (vgl. § 93 Abs. 1 Satz 2 AktG) für die Entscheidung über weitere Maßnahmen verschaffen. Regelmäßig werden die Berichte Antworten auf die Fragen zu liefern haben, ob es ein rechtswidriges Verhalten gegeben hat, dieses abgestellt wurde oder noch abgestellt werden muss, ob Sanktionen zu verhängen sowie Ersatzansprüche gel-

---

1 *Wessing* in Hauschka/Moosmayer/Lösler, § 46 Rz. 64; *Wybitul/Böhm*, RdA 2011, 362, 364.
2 BAG v. 27.9.2005 – 1 ABR 32/04, NZA 2006, 568; *Wessing* in Hauschka/Moosmayer/Lösler, § 46 Rz. 65.
3 *Rudkowski*, NZA 2011, 612, 614.
4 *Wessing* in Hauschka/Moosmayer/Lösler, § 46 Rz. 65; *Göpfert/Merten/Siegrist*, NJW 2008, 1703, 1708; *Rudkowski*, NZA 2011, 612, 615; *Wybitul/Böhm*, RdA 2011, 362, 364; a.A. *Zimmer/Heymann*, BB 2010, 1853, 1854.
5 *Schürrle/Olbers*, CCZ 2010, 178; *Wybitul/Böhm*, RdA 2011, 362, 365; *Zimmer/Heymann*, BB 2010, 1853, 1854.
6 *Wybitul/Böhm*, RdA 2011, 362, 365.
7 *Fett/Theusinger*, KSzW 2016, 253, 259; *Mengel/Ullrich*, NZA 2006, 240, 243 f.; *Rudkowski*, NZA 2011, 612, 615; *Zimmer/Heymann*, BB 2010, 1853, 1854.

tend zu machen sind und schließlich, welche Maßnahmen zu ergreifen sind, um entsprechende Rechtsverstöße für die Zukunft nach Möglichkeit auszuschließen. Außerdem ist mitzuteilen, ob andere Reaktionen – z.B. die Veröffentlichung einer Ad-hoc-Mitteilung nach Art. 17 MAR – angezeigt sind.

In der Praxis orientieren sich Berichte im Rahmen von Internal Investigations mit Unterschieden im Detail am folgenden Aufbau[1]: 15.65

– Einleitung (Untersuchungsgegenstand, Zweck der Untersuchung, Auftraggeber, Untersuchungsbasis)
– Zusammenfassung des ermittelten Sachverhalts (i.d.R. chronologisch)
– Rechtliche Würdigung
– Beweiswürdigung
– Empfehlungen (Sanktionen, sonstige Maßnahmen)

D. Strafbarkeitsrisiken bei Internal Investigations

I. Allgemeine Strafbarkeitsrisiken

1. Amtsanmaßung (§ 132 StGB)

Bei der Durchführung von Internal Investigations ist seitens der Ermittler der Eindruck zu vermeiden, als würden sie amtliche Aufgaben oder Befugnisse wahrnehmen. Andernfalls droht eine Strafbarkeit wegen **Amtsanmaßung** gem. § 132 StGB.[2] 15.66

2. Nötigung (§ 240 StGB)

Praktisch bedeutsamer dürfte das Risiko einer Strafbarkeit wegen **Nötigung** gem. § 240 StGB bei der Befragung von Arbeitnehmern des Unternehmens sein.[3] Eine Nötigung liegt – abseits der Gewaltanwendung – vor, wenn jemand durch Drohung mit einem empfindlichen Übel zu einer Handlung, Duldung oder Unterlassung nötigt. Das Risiko für interne Ermittler ergibt sich insbesondere daraus, dass die h.M.[4] für eine Nötigung grundsätzlich auch die Ankündigung genügen lässt, ein rechtlich nicht verbotenes Handeln vorzunehmen, sofern der Drohende auf den Eintritt des Übels Einfluss hat oder diesen zu haben vorgibt. Die Rechtsprechung[5] schränkt diesen Grundsatz zwar über die sog. Mittel-Zweck-Relation dahingehend ein, dass eine Drohung nur dann rechtswidrig ist, wenn die Androhung des konkreten Übels im Verhältnis zum angestrebten Zweck als verwerflich anzusehen ist. Dies setzt aber bei der im vorliegenden Zusammenhang praktisch relevanten Drohung mit Kündigung oder Strafanzeige voraus, dass ein auf objektiven Tatsachen beruhender Verdacht einer schweren Pflichtverletzung oder Straftat vorliegt, die mit der konkreten Ermittlung im Zusammenhang steht.[6] Daran kann es durchaus fehlen. 15.67

---

1 *Idler/Knierim/Waeber* in Knierim/Rübenstahl/Tsambikakis, Kap. 4 Rz. 172; *Wessing* in Hauschka/Moosmayer/Lösler, § 46 Rz. 121; *Wisskirchen/Glaser*, DB 2011, 1447, 1451.
2 *Wessing* in Hauschka/Moosmayer/Lösler, § 46 Rz. 128 ff.; *Weiß*, CCZ 2014, 136.
3 *Wessing* in Hauschka/Moosmayer/Lösler, § 46 Rz. 131 f.; *Weiß*, CCZ 2014, 136 f.
4 *Heger* in Lackner/Kühl, 28. Aufl. 2014, § 240 StGB Rz. 13 m.w.N.
5 Grundlegend BGH v. 11.5.1962 – 4 StR 81/62, BGHSt 17, 328.
6 *Wessing* in Hauschka/Moosmayer/Lösler, § 46 Rz. 132; *Weiß*, CCZ 2014, 136, 137.

3. Parteiverrat (§ 356 StGB)

15.68 Soweit Rechtsanwälte oder andere Rechtsbeistände (Wirtschaftsprüfer, Steuerberater oder als Strafverteidiger auftretende Hochschullehrer[1]) im Rahmen von Internal Investigations tätig werden, müssen diese außerdem die Gefahr des **Parteiverrats** i.S. des § 356 StGB im Blick behalten. Ein Parteiverrat setzt voraus, dass der Rechtsanwalt bzw. andere Rechtsbeistand bei ihm in dieser Eigenschaft anvertrauten Angelegenheiten in derselben Rechtssache beiden Parteien durch Rat oder Beistand pflichtwidrig dient. Insbesondere bei der Durchführung von Interviews hat der Rechtsanwalt bzw. Rechtsbeistand daher deutlich zu machen, dass er ausschließlich und einseitig für das Unternehmen auftritt und in keiner Weise die Interessen des Interviewpartners vertritt.[2]

4. Verletzung von Privatgeheimnissen (§ 203 StGB)

15.69 Bei der Weitergabe der im Rahmen interner Ermittlungen gewonnenen Erkenntnisse kommt für Rechtsanwälte, Wirtschaftsprüfer und Steuerberater sowie ihre berufsmäßigen Gehilfen eine Strafbarkeit wegen **Verletzung von Privatgeheimnissen** nach § 203 StGB in Betracht (§ 203 Abs. 1 Nr. 3, Abs. 3 StGB). Grundsätzlich ist der Tatbestand stets erfüllt, wenn der betreffende externe Berater seine Erkenntnisse aus den Ermittlungen an seinen Auftraggeber weitergibt und dieser bisher die solchermaßen übermittelten Tatsachen nicht kannte.[3] Zur Vermeidung dieses Strafbarkeitsrisikos sollte eine – grundsätzlich formlos und konkludent mögliche – **Einwilligung** in die Weitergabe der Erkenntnisse durch den Geheimnisinhaber eingeholt werden. Diese kann, soweit es um im Rahmen von Mitarbeiterbefragungen gewonnene Erkenntnisse geht, in die in der Praxis in aller Regel erfolgende Belehrung des Interviewpartners aufgenommen werden.[4] Nicht abschließend geklärt ist bisher, ob eine konkludente Einwilligung angenommen werden kann, sofern auf die mögliche Informationsweitergabe ausdrücklich hingewiesen wird und der Interviewpartner daraufhin der Weitergabe nicht ausdrücklich widerspricht.[5] Die BRAK fordert zumindest eine Belehrung des Inhalts, dass Aufzeichnungen an Behörden weitergegeben und dort zu seinem Nachteil verwendet werden können.[6] Eine ausdrückliche Einwilligung hält die BRAK offenbar nicht für erforderlich.

II. Strafbarkeitsrisiken bei Durchsuchung elektronischer Daten

1. Ausspähen von Daten (§ 202a StGB)

15.70 Dem Straftatbestand des **Ausspähens von Daten** gem. § 202a StGB kommt bei IT-gestützten internen Ermittlungen in der Regel keine besondere Bedeutung zu.[7] So ist der Zugriff hinsichtlich dienstlicher Dokumente und E-Mails schon nicht unbefugt, da der Arbeitgeber über diese verfügen darf.[8] Private Dokumente und E-Mails eines Mitarbeiters oder Organmitglieds werden häufig nicht i.S. des § 202a Abs. 1 StGB besonders gegen unberechtigten

---

1 *Wessing* in Hauschka/Moosmayer/Lösler, § 46 Rz. 138.
2 *Wessing* in Hauschka/Moosmayer/Lösler, § 46 Rz. 137.
3 *Wessing* in Hauschka/Moosmayer/Lösler, § 46 Rz. 136.
4 *Wessing* in Hauschka/Moosmayer/Lösler, § 46 Rz. 136.
5 *Wessing* in Hauschka/Moosmayer/Lösler, § 46 Rz. 136; *Wisskirchen/Glaser*, DB 2011, 1447; *Sidhu/ von Saucken/Ruhmannseder*, NJW 2011, 881, 882; a.A. wohl *Lenckner/Eisele* in Schönke/Schröder, § 203 StGB Rz. 24b.
6 BRAK-Stellungnahme Nr. 35/2010, Der Unternehmensanwalt im Strafrecht, S. 11.
7 *Wessing* in Hauschka/Moosmayer/Lösler, § 46 Rz. 141; *Fett/Theusinger*, KSzW 2016, 253, 257.
8 *Wessing* in Hauschka/Moosmayer/Lösler, § 46 Rz. 141; *Weiß*, CCZ 2014, 136, 138.

Zugang gesichert sein. Zwar werden dienstliche Computer üblicherweise durch Benutzernamen und Passwort gegen einen unbefugten Zugriff geschützt, doch wird es regelmäßig ein übergeordnetes Administratorenpasswort geben, durch dessen Eingabe das individuelle Passwort entbehrlich wird.[1]

2. Verletzung des Post- oder Fernmeldegeheimnisses (§ 206 StGB)

Breit diskutiert wird in der Literatur die Frage, ob bei der Durchsuchung von E-Mail-Konten eine **Verletzung des Post- oder Fernmeldegeheimnisses** i.S. des § 206 StGB in Betracht kommt. Nach allgemeiner Ansicht ist dies nicht der Fall ist, wenn die private Nutzung der dienstlichen E-Mail-Konten verboten ist, da das Unternehmen in diesem Fall unstreitig kein geschäftsmäßiger Anbieter von Telekommunikationsdiensten (§ 3 Nr. 10 TKG) ist.[2] Nach hier vertretener Ansicht gilt dies auch, wenn – wie in der Praxis häufig – die private Nutzung dienstlicher E-Mail-Konten ausdrücklich erlaubt oder stillschweigend geduldet ist (vgl. Rz. 15.43 ff.). Es ist allerdings nicht abzusehen, ob die Strafverfolgungsbehörden sich dieser Sicht anschließen werden.[3]

15.71

Um strafrechtliche Restrisiken möglichst auszuschließen, empfiehlt es sich bei erlaubter Privatnutzung dienstlicher E-Mail-Accounts, die betroffenen Mitarbeiter durch die Unternehmensleitung **anzuweisen**, private E-Mails in einen separaten Unterordner und mit dem ausdrücklichen Vermerk „Privat" zu speichern, damit diese bei der Durchsuchung des E-Mail-Postfachs automatisch ausgenommen werden können.[4] Eine Einwilligung in die Durchsuchung privater E-Mails wird praktisch hingegen nur selten in Betracht kommen, da insoweit nicht lediglich das Einverständnis des betroffenen Mitarbeiters, sondern auch das Einverständnis des jeweiligen Kommunikationspartners erforderlich wäre.[5]

15.72

E. Wechselwirkungen mit behördlichen Ermittlungen

I. Kooperations- und Anzeigepflichten

Grundsätzlich besteht nach dt. Recht **keine Pflicht** eines Unternehmens und seiner Leitungsorgane **zur Anzeige** verübter Straftaten, Ordnungswidrigkeiten oder sonstiger Pflichtverletzungen oder zur Information über Verdachtsmomente.[6] Allerdings sind abseits des – im vorliegenden Zusammenhang weitgehend irrelevanten – § 138 StGB einige spezialgesetzliche Pflichten zur Anzeige von Verdachtsfällen normiert, namentlich in § 43 Abs. 1 GWG[7]

15.73

---

1 *Wessing* in Hauschka/Moosmayer/Lösler, § 46 Rz. 141; *Fett/Theusinger*, KSzW 2016, 253, 257; *Rübenstahl/Debus*, NZWiSt 2012, 129, 131.
2 *Wessing* in Hauschka/Moosmayer/Lösler, § 46 Rz. 141; *Fett/Theusinger*, KSzW 2016, 253, 257; *Rübenstahl/Debus*, NZWiSt 2012, 129, 131.
3 Darauf zu Recht hinweisend *Schuster* in Knierim/Rübenstahl/Tsambikakis, Kap. 11 Rz. 133; *Wessing* in Hauschka/Moosmayer/Lösler, § 46 Rz. 142; optimistischer *Rübenstahl/Debus*, NZWiSt 2012, 129, 132 f.
4 *Wessing* in Hauschka/Moosmayer/Lösler, § 46 Rz. 143.
5 BVerfG v. 25.3.1992 – 1 BvR 1430/88, BVerfGE 85, 386; *Lenckner/Eisele* in Schönke/Schröder, § 206 StGB Rz. 12; *Wessing* in Hauschka/Moosmayer/Lösler, § 46 Rz. 143.
6 *Gropp-Stadler/Wolfgramm* in Moosmayer/Hartwig, S. 30; *Seibt/Cziupka*, AG 2015, 93, 101.
7 i.d.F. des Gesetzes zur Umsetzung der Vierten EU-Geldwäscherichtlinie, zur Ausführung der EU-Geldtransferverordnung und zur Neuorganisation der Zentralstelle für Finanztransaktionsuntersuchungen vom 23.6.2017, BGBl. I 2017, 1822.

(Meldung von Geldwäscheverdachtsfällen), § 23 WpHG (§ 10 WpHG a.F.)[1] (Anzeige von Verdachtsfällen auf Insiderhandel oder Marktmanipulation), § 3 SubvG (Offenbarungspflicht des Subventionsnehmers) und § 153 Abs. 1 AO (Berichtigung von Steuererklärungen).[2] Daneben können auch Anzeige- und Mitteilungspflichten ausländischer Rechtsordnungen zu beachten sein.

15.74 Auch im Übrigen sind Unternehmen und ihre Leitungsorgane grundsätzlich **nicht zu** einer **Kooperation** mit Behörden, insbesondere zu einer Weiterleitung von eigenen Untersuchungsergebnissen, **verpflichtet**.[3] Allerdings kann sich im Einzelfall das hinsichtlich einer Kooperation bestehende Ermessen der Organe auf Null reduzieren und somit zu einer Pflicht verdichten (dazu Rz. 15.79).

II. Freiwillige Kooperation und ihre Grenzen

15.75 Es steht im Ermessen des die Untersuchung durchführenden Organs, mit den Behörden zu kooperieren. Insoweit gilt für diese die Business Judgement Rule (vgl. § 93 Abs. 1 Satz 2 AktG).[4] Erforderlich ist somit eine **sorgfältige Abwägung der Vor- und Nachteile** einer freiwilligen Kooperation im konkreten Einzelfall. Dabei ist im Ausgangspunkt danach zu unterscheiden, ob eine staatliche Behörde von den in Rede stehenden möglichen Rechtsverstößen bereits Kenntnis erlangt hat oder nicht.

1. Laufendes Ermittlungsverfahren

15.76 Wurde bereits ein Ermittlungsverfahren gegen das Unternehmen eingeleitet, so wird die vom zuständigen Leitungsorgan vorzunehmende Abwägung **häufig** ergeben, dass eine **Kooperation** mit der ermittelnden Behörde **sinnvoll** ist.[5] Dies folgt schon daraus, dass die Behörde regelmäßig über die erforderlichen rechtlichen Mittel verfügen wird, an die benötigten Informationen zu kommen.[6] Darüber hinaus können durch eine Zusammenarbeit mit der Behörde etwaige Sanktionen möglicherweise verringert und Reputationsschäden begrenzt werden.[7] Praktisch besonders bedeutsam sind die Kronzeugenregelungen des Bundeskartellamts sowie der Europäischen Kommission, die für mitwirkende Unternehmen eine Verringerung der Geldbußen vorsehen.

---

1 Neuzählung aufgrund des Zweiten Finanzmarktnovellierungsgesetz – 2. FiMaNoG – vom 23.6.2017 (BGBl. I 2017, 1693).
2 *Lohmeiner/Shahhosseini* in Umnuß, Corporate Compliance Checklisten, 3. Aufl. 2017, Kap. 7 Rz. 3; *Potinecke/Block* in Knierim/Rübenstahl/Tsambikakis, Kap. 2 Rz. 194; *Rotsch/Wagner* in Rotsch, Criminal Compliance, 1. Aufl. 2015, § 34 C Rz. 22; *Hugger*, ZHR 179 (2015), 213, 221.
3 *Lohmeiner/Shahhosseini* in Umnuß, Corporate Compliance Checklisten, 3. Aufl. 2017, Kap. 7 Rz. 4; *Potinecke/Block* in Knierim/Rübenstahl/Tsambikakis, Kap. 2 Rz. 192.
4 *Potinecke/Block* in Knierim/Rübenstahl/Tsambikakis, Kap. 2 Rz. 197.
5 *Lohmeiner/Shahhosseini* in Umnuß, Corporate Compliance Checklisten, 3. Aufl. 2017, Kap. 7 Rz. 5, 7; *Potinecke/Block* in Knierim/Rübenstahl/Tsambikakis, Kap. 2 Rz. 196; *Schürrle/Olbers*, CCZ 2010, 178, 182. Eine Kooperation für i.d.R. „alternativlos" haltend *Theile/Gatter/Wiesenack*, ZStW 2014, 803, 812.
6 *Potinecke/Block* in Knierim/Rübenstahl/Tsambikakis, Kap. 2 Rz. 196.
7 *Lohmeiner/Shahhosseini* in Umnuß, Corporate Compliance Checklisten, 3. Aufl. 2017, Kap. 7 Rz. 5; *Potinecke/Block* in Knierim/Rübenstahl/Tsambikakis, Kap. 2 Rz. 196; *Schürrle/Olbers*, CCZ 2010, 178, 182.

2. Von Behörden unentdeckte Vorfälle

Wurde der zu untersuchende Vorfall von den staatlichen Behörden noch nicht entdeckt, so sind insbesondere die Art des möglichen Rechtsverstoßes, das Risiko, dass die Behörden anderweitig von dem Vorfall Kenntnis erlangen sowie die – von der betroffenen Jurisdiktion und der dort zuständigen Behörde abhängigen – drohenden Folgen im Falle einer solchen Kenntniserlangung zu berücksichtigen. Außerdem sind mögliche Vorteile einer frühzeitigen freiwilligen Kooperation zu analysieren. So kann eine freiwillige Anzeige unter den vorstehend erwähnten kartellrechtlichen **Kronzeugenregelungen** dazu führen, dass das Unternehmen von einem Bußgeld vollständig verschont wird.[1] Andererseits hat ein Unternehmen gegenüber seinen Mitarbeitern eine **Fürsorgepflicht** und ist somit nicht ohne Weiteres berechtigt, diese durch eigenes Handeln aktiv dem Risiko staatlicher Verfolgung auszusetzen.[2] Außerdem ist zu beachten, dass mit Information der Behörden zugleich das Risiko steigt, dass der fragliche Vorfall öffentlich bekannt wird und somit Dritte, z.B. durch den fraglichen Vorfall Geschädigte, von diesem Kenntnis erlangen (etwa nach § 406e StPO) und anschließend gegen das Unternehmen vorgehen. Eine schematische Lösung dieses Konflikts ist nicht möglich. Generell wird es aber sinnvoll und geboten sein, wenn das Unternehmen vor einer Einschaltung der Behörden zumindest in gewissem Umfang eigene Ermittlungen anstellt, um überhaupt in der Lage zu sein, eine Strategie für den Umgang mit den Behörden zu entwickeln.[3]

15.77

In seltenen Ausnahmefällen kann sich das Ermessen des zuständigen Leitungsorgans zu einer **Rechtspflicht** verdichten, die Behörden zu informieren bzw. mit diesen zusammenzuarbeiten. Konkret kommt dies in Betracht, wenn eine eigenständige Sachverhaltsaufklärung nicht den gebotenen Erfolg verspricht.[4]

15.78

Umgekehrt gilt, dass behördliche Ermittlungen das zuständige Leitungsorgan nicht von seiner Verantwortung für die Aufklärung entbinden. Dieses bleibt vielmehr unverändert selbst zur **Sachverhaltsermittlung** verpflichtet ist.[5] Das Leitungsorgan hat nämlich weder Einfluss auf den zeitlichen Ablauf noch auf Art und Umfang der auf ein eng begrenztes Ziel, nämlich die Aufklärung von Straftaten oder Ordnungswidrigkeiten, beschränkten behördlichen Ermittlungen. Es ist außerdem nicht gewährleistet, dass das Unternehmen zeitnah und umfassend über den Stand der Ermittlungen unterrichtet wird.[6] Es ist somit nicht sichergestellt, dass durch das staatliche Ermittlungsverfahren ein Informationsniveau erreicht wird, auf dessen Grundlage darüber entschieden werden kann, ob und welche weiteren Maßnahmen zu ergreifen sind.

15.79

---

1 *Potinecke/Block* in Knierim/Rübenstahl/Tsambikakis, Kap. 2 Rz. 193; *Hugger*, ZHR 179 (2015), 214, 222; *Schockenhoff*, NZG 2015, 409, 410.
2 *Schürrle/Olbers*, CCZ 2010, 178, 182
3 *Arnold*, ZHR 179 (2015), 76, 83; *Wagner*, CCZ 2009, 8, 17.
4 *Fleischer* in Spindler/Stilz, § 91 AktG Rz. 57; *Potinecke/Block* in Knierim/Rübenstahl/Tsambikakis, Kap. 2 Rz. 195; *Reichert/Ott*, NZG 2014, 241, 243; *Wagner*, CCZ 2009, 8, 16.
5 *Fleischer* in Spindler/Stilz, § 91 AktG Rz. 57; *Potinecke/Block* in Knierim/Rübenstahl/Tsambikakis, Kap. 2 Rz. 192; *Arnold*, ZHR 179 (2015), 76, 83; *Reichert/Ott*, NZG 2014, 241, 243; *Seibt/Cziupka*, AG 2015, 93, 100; *Wagner*, CCZ 2009, 8, 17.
6 *Reichert/Ott*, NZG 2014, 241, 243.

III. Durchsuchung und Beschlagnahme durch deutsche Behörden

15.80 Für die staatlichen Behörden, insbesondere die Strafverfolgungsbehörden, sind die Erkenntnisse aus einer Internal Investigation naturgemäß von erheblichem Interesse. Dies betrifft nicht lediglich etwaige Zwischen- oder Abschlussberichte, sondern gerade auch Protokolle über die Befragung von Mitarbeitern des Unternehmens. Die Behörden versuchen daher, sofern das Unternehmen diese Unterlagen nicht freiwillig zur Verfügung stellt, auf diese mittels einer **Beschlagnahme** zuzugreifen. Für die befragten Mitarbeiter stellt sich insoweit das Problem, dass diese sich gegenüber dem Unternehmen als Arbeitgeber nicht auf ein Auskunftsverweigerungsrecht berufen können (vgl. Rz. 15.51 ff.).

1. Rechtslage nach US-Recht

15.81 Nach US-amerikanischem Recht unterliegt sämtliche Korrespondenz zwischen Anwalt und Mandant sowie zwischen Anwalt und anderen mit der fraglichen Angelegenheit befassten Beratern dem sog. **Attorney-Client-Privilege** (Anwaltsprivileg) und ist damit vor dem Zugriff staatlicher Behörden geschützt.[1] Außerdem sind nach der sog. **Work Product Doctrine** Unterlagen zur Vorbereitung der Verteidigung Dritter ebenfalls dem staatlichen Zugriff entzogen, und zwar selbst dann, wenn sie sich im Gewahrsam des Unternehmens befinden.[2] Dies ist praktisch bedeutsam, weil Internal Investigations oftmals im Zusammenhang mit Ermittlungsverfahren einer US-Behörde stehen und daher auch US-Anwälte an der Untersuchung beteiligt sind. Für diese ist die nachstehend skizzierte Problematik nach deutschem Recht nur schwer verständlich.

2. Rechtslage nach deutschem Recht

a) Durchsuchung und Beschlagnahme beim Berufsgeheimnisträger

15.82 Gem. **§ 160a Abs. 1 Satz 1 StPO** ist eine Ermittlungsmaßnahme, die sich gegen einen zeugnisverweigerungsberechtigten Berufsgeheimnisträger richtet, unzulässig. Das LG Mannheim hat in einer viel beachteten Entscheidung[3] (auch) aus dieser Norm de facto ein umfassendes Dursuchungsverbot sowie ein Verbot der Beschlagnahme von Unterlagen aus einer internen Ermittlung angenommen. Dieses Verbot gilt nur dann nicht, wenn bestimmte Tatsachen den Verdacht begründen, dass die zeugnisverweigerungsberechtigte Person an der Tat oder einem Anschlussdelikt beteiligt war (§ 160a Abs. 4 Satz 1 StPO). In der Rechtsprechung ist teilweise zu beobachten, dass der Anwendungsbereich von § 160a Abs. 1 Satz 1 StPO mit dem Argument beschränkt wird, die Tätigkeit eines externen Ermittlers sei keine genuine Anwaltstätigkeit und es bestehe kein klassisches Mandatsverhältnis.[4]

---

1 *Mark*, ZWH 2012, 311.
2 *Mark*, ZWH 2012, 311.
3 LG Mannheim v. 3.7.2012 – 24 Qs 1/12, NZWiSt 2012, 424. Zu dieser Entscheidung z.B. *Haefke*, CCCZ 2014, 39; *Klengel/Buchert*, NStZ 2016, 383; *Schuster*, NZKart 2013, 191.
4 So jüngst das LG München II (v. 8.5.2017 – 6 Qs 7/17, Vorinstanz AG München v. 29.3.2017 – ER II Gs 2238/17, dazu auch BVerfG v. 24.5.2017 – 2 BvQ 26/17 und 2 BvQ 27/17) im Zusammenhang mit der Durchsuchung der Kanzleiräume der internen Ermittler, die auf Druck von US-Behörden von der Volkswagen AG zur Aufklärung der sog. Diesel-Affäre eingesetzt worden waren.

Neben § 160a Abs. 1 Satz 1 StPO sind außerdem **§ 97 Abs. 1 Nr. 2 und 3 StPO** von Bedeutung. Diese sind nach zutreffender Ansicht neben § 160a Abs. 1 Satz 1 StPO anwendbar.[1] Sie schützen schriftliche Aufzeichnungen eines Berufsgeheimnisträgers, Schriftverkehr zwischen einem Beschuldigten und einem von ihm beauftragten Berufsgeheimnisträger sowie alle anderen Gegenstände, auf die sich das Zeugnisverweigerungsrecht erstreckt, vor einer Beschlagnahme. Nicht erfasst sind Unterlagen des Beschuldigten selbst, die vom Berufsgeheimnisträger lediglich verwahrt werden. Für den Schutz des § 97 Abs. 1 StPO ist zum Einen erforderlich, dass zwischen Beschuldigtem und Berufsgeheimnisträger ein Mandatsverhältnis besteht. Daran fehlt es im vorliegenden Zusammenhang insbesondere, wenn sich ein staatliches Ermittlungsverfahren ausschließlich gegen Dritte richtet und das Unternehmen sich lediglich in der Rolle des Verletzten befindet. Denn externe Berater (in der Regel Rechtsanwälte) werden nur für das Unternehmen, nicht aber zugleich für dessen Mitarbeiter tätig.[2] Zum Anderen setzt § 97 Abs. 1 StPO voraus, dass sich die fraglichen Gegenstände im Gewahrsam des Berufsgeheimnisträgers befinden (§ 97 Abs. 2 Satz 1 StPO). Schließlich gilt § 97 Abs. 1 StPO, ähnlich wie § 160a Abs. 1 Satz 1 StPO, nicht, wenn bestimmte Tatsachen den Verdacht begründen, dass die zeugnisverweigerungsberechtigte Person an der Tat oder einem Anschlussdelikt beteiligt war oder wenn die fraglichen Gegenstände mit aus einer Straftat stammen oder für eine solche gebraucht wurden (§ 97 Abs. 2 Satz 3 StPO).

15.83

b) Durchsuchung und Beschlagnahme beim Unternehmen

Weder § 160a Abs. 1 Satz 1 StPO noch § 97 Abs. 1 Nr. 2 und 3 StPO schützen das Unternehmen, welches eine Internal Investigation durchführen lässt, vor Dursuchungen und Beschlagnahmen in den eigenen Räumlichkeiten. Das Unternehmen kann aber nach **§ 148 Abs. 1 StPO** geschützt sein, der den freien schriftlichen und mündlichen Verkehr zwischen einem Beschuldigten und seinem Verteidiger schützt. Eine Qualifikation des Unternehmens als Beschuldiger setzt nicht voraus, dass ein Ermittlungsverfahren förmlich eingeleitet wurde. Vielmehr genügt es, wenn die Einleitung eines solchen Verfahrens zumindest nicht fernliegt und sich das Unternehmen (auch) aus diesem Grund an einen (internen oder externen) Rechtsanwalt wendet.[3] Die in Rede stehenden Unterlagen müssen aber zum Zwecke der Verteidigung erstellt worden sein.[4] Es sollte daher bei der Erstellung von Dokumenten im Zusammenhang mit einer Internal Investigation ggf. darauf geachtet werden, dass der Zusammenhang mit einem (möglichen) Ermittlungsverfahren gegen das Unternehmen deutlich gemacht und begründet wird.[5] Dies kann auch allgemein zu Beginn eines Mandatsverhältnisses in der Mandatsvereinbarung erfolgen.[6]

15.84

---

1 LG Mannheim v. 3.7.2012 – 24 Qs 1/12, NZWiSt 2012, 424; *Klengel/Buchert*, NStZ 2016, 383, 384; *Schuster*, NZKart 2013, 191, 192.
2 *Klengel/Buchert*, NStZ 2016, 383, 384.
3 LG Braunschweig v. 21.7.2015 – 6 Qs 116/15, NStZ 2016, 308, 309; *Klengel/Buchert*, NStZ 2016, 383, 385; *Schuster*, NZKart 2013, 191, 194; a.A. LG Bonn v. 21.6.2012 – 27 Qs 2/12, NZWiSt 2013, 21, 24 f.
4 BGH v. 13.8.1973 – 1 BJs 6/71/StB 34/73, NJW 1973, 2036; *Klengel/Buchert*, NStZ 2016, 383, 386; *Schuster*, NZKart 2013, 191, 194.
5 *Jahn/Kirsch*, NZWiSt 2016, 39, 40; *Klengel/Buchert*, NStZ 2016, 383, 386.
6 *Schuster*, NZKart 2013, 191, 194.

§ 16
Recht und Praxis der Sonderprüfung und des besonderen Vertreters

Dr. Hartwin Bungert, LL.M. (Chicago)

A. Sonderprüfung	16.1
I. Überblick	16.1
II. Sonderprüfung gem. § 142 AktG	16.8
1. Gegenstand der Sonderprüfung	16.8
2. Bestellung des Sonderprüfers	16.14
a) Bestellung durch die Hauptversammlung	16.14
b) Gerichtliche Bestellung	16.25
3. Rechtsverhältnis des Sonderprüfers zur Gesellschaft	16.39
4. Rechte und Pflichten des Sonderprüfers	16.42
a) Rechte	16.42
b) Pflichten	16.55
5. Durchsetzung der Rechte des Sonderprüfers	16.57
6. Beendigung der Sonderprüfung	16.58
III. Konzernrechtliche Sonderprüfung gem. § 315 AktG	16.64
1. Verhältnis zur allgemeinen Sonderprüfung	16.64
2. Gegenstand der Sonderprüfung	16.65
3. Bestellung des Sonderprüfers	16.66
B. Besonderer Vertreter	16.72
I. Überblick	16.72
II. Besonderer Vertreter gem. § 147 Abs. 2 AktG	16.76
1. Erfasste Ersatzansprüche	16.76
2. Bestellung des besonderen Vertreters	16.78
a) Bestellung durch die Hauptversammlung	16.78
b) Bestellung durch das Gericht	16.91
3. Rechtsverhältnis des besonderen Vertreters zur Gesellschaft	16.98
4. Rechte und Pflichten des besonderen Vertreters	16.102
a) Rechte	16.102
b) Pflichten	16.115
5. Durchsetzung der Rechte des besonderen Vertreters	16.120
6. Beendigung des Amtes des besonderen Vertreters	16.122

Schrifttum: *Ball/Haager*, Aktienrechtliche Sonderprüfungen, 2007; *Bayer*, Hauptversammlungsbeschlüsse zu Sonderprüfungen 2011, AG 2012, R 272; *Bayer*, Anforderungen an die Geltendmachung von Ersatzansprüchen gegen den herrschenden Aktionär gem. § 147 AktG durch die Minderheit, AG 2016, 637; *Bernau*, Konzernrechtliche Ersatzansprüche als Gegenstand des Klageerzwingungsrechts nach § 147 Abs. 1 Satz 1 AktG, AG 2011, 894; *Binder*, Die Informationsrechte des besonderen Vertreters (§ 147 Abs. 2 AktG), ZHR 176 (2012), 380; *Böbel*, Die Rechtsstellung der besonderen Vertreter gem. § 147 AktG, 1999; *Bungert/Rothfuchs*, Vorbereitung und Durchführung der Sonderprüfung nach § 142 Abs. 2 AktG in der Praxis, DB 2011, 1677; *Decher*, Die Kontrolle der Verwaltung durch Sonderprüfer, besonderen Vertreter und Aktionärsklage, in FS Baums, 2017, S. 279; *Fabritius*, Der besondere Vertreter gemäß § 147 Abs. 2 AktG, in GS Gruson, 2009, S. 133; *Fleischer*, Aktienrechtliche Sonderprüfung und Corporate Governance, RIW 2000, 809; *Fleischer*, Die Sonderprüfung im GmbH-Recht, GmbHR 2001, 45; *Habersack*, Zweck und Gegenstand der Sonderprüfung nach § 142 AktG, in FS Wiedemann, 2002, S. 889; *Hirte*, Die Nichtbestellung von Sonderprüfern im Feldmühle-Verfahren, ZIP 1988, 953; *Hirte/Mock*, Abberufung des besonderen Vertreters durch den Alleinaktionär, BB 2010, 775; *Hüffer*, Verwaltungskontrolle und Rechtsverfolgung durch Sonderprüfer und besondere Vertreter (§§ 142, 147 Abs. 2 AktG), ZHR 174 (2010), 642; *Humrich*, Der besondere Vertreter im Aktienrecht, 2013; *Humrich*, Die (vermeintlichen) Informationsrechte des besonderen Vertreters nach § 147 II AktG, NZG 2014, 441; *Jänig*, Aktienrechtliche Sonderprüfung und UMAG, BB 2005, 949; *Jänig*, Der Gegenstand der Sonderprüfung nach § 142 AktG, WPg 2005, 761; *Jänig*, Die aktienrechtliche Sonderprüfung, 2005; *Kakies*, Der Schutz der Minderheitsaktionäre und Gläubiger im faktischen Konzern unter besonderer Berücksichtigung der Sonderprüfung gem. § 315 AktG, 2003;

Kamm, Die aktienrechtliche Sonderprüfung gemäß §§ 142 ff. AktG, 2015; *Karrer*, Der besondere Vertreter im Recht der Personengesellschaften, NZG 2008, 206; *Karrer*, Bestellung und Rechtsstellung des besonderen Vertreters im Recht der Personengesellschaften, NZG 2009, 932; *Kirschner*, Die Sonderprüfung der Geschäftsführung in der Praxis, 2008; *Kling*, Der besondere Vertreter im Aktienrecht, ZGR 2009, 190; *Kocher/Lönner*, Anforderungen an Bestimmtheit und Verdachtsmomente bei Beschlüssen über die Bestellung eines besonderen Vertreters nach § 147 AktG, ZIP 2016, 653; *Konzen*, Der besondere Vertreter in Kapital- und Personengesellschaften, in FS Hommelhoff, 2012, S. 565; *Leinekugel*, Voraussetzungen und Grenzen einer GmbH-rechtlichen Sonderprüfung gemäß § 46 Nr. 6 GmbHG bei Konflikten unter Gesellschaftern, GmbHR 2008, 632; *Lochner/Beneke*, Der besondere Vertreter in Hauptversammlung und Prozess: aktuelle Praxisfragen, ZIP 2015, 2010; *Löbbe*, Rechtsstellung des besonderen Vertreters nach § 147 AktG, in VGR (Hrsg.), Gesellschaftsrecht in der Diskussion 2016, 2017, S. 25; *Marsch-Barner*, Freiwillige Sonderprüfungen, in FS Baums, 2017, S. 775; *Mock*, Die Entdeckung des besonderen Vertreters, BB 2008, 393; *Mock*, Berichts-, Auskunfts- und Publizitätspflichten des besonderen Vertreters, AG 2008, 839; *Mock*, Sonderprüfungen bei der Europäischen Aktiengesellschaft, Der Konzern 2010, 455; *Mock*, Der besondere Vertreter zwischen gesetzlicher Vertretung, eigener Klagebefugnis und Nebenintervention, AG 2015, 652; *Mock*, Inhalt und Reichweite der Ersatzansprüche in den §§ 147 f. AktG, NZG 2015, 1013; *Müller-Michaels/Wingerter*, Die Wiederbelebung der Sonderprüfung durch die Finanzkrise: IKB und die Folgen, AG 2010, 903; *Nietsch*, Klageinitiative und besondere Vertretung in der Aktiengesellschaft, ZGR 2011, 589; *Noack*, Die konzernrechtliche Sonderprüfung nach § 315 AktG, WPg 1994, 225; *Peters/Hecker*, Last Man Standing – Zur Anfechtungsklage des besonderen Vertreters gegen den Hauptversammlungsbeschluss über seine Abberufung, NZG 2009, 1294; *Rubner/Leuering*, Der besondere Vertreter der AG, NJW-Spezial 2014, 399; *Schneider, Uwe H.*, Die aktienrechtliche Sonderprüfung im Konzern, AG 2008, 305; *Schneider, Uwe H.*, Der mühsame Weg der Durchsetzung der Organhaftung durch den besonderen Vertreter nach § 147 AktG, ZIP 2013, 1985; *Skauradszun*, Detailfragen zur Sonderprüfung im GmbH-Recht, GmbHR 2012, 936; *Spindler*, Sonderprüfung und Pflichten eines Bankvorstands in der Finanzmarktkrise, NZG 2010, 281; *Stallknecht*, Der besondere Vertreter nach § 147 AktG, 2015; *Tielmann/Gahr*, Erstreckung des Stimmverbots der Verwaltungsorganmitglieder auf den beherrschenden Aktionär – Sippenhaft im Konzern?, AG 2016, 199; *Trölitzsch/Gunßer*, Grenzen der gerichtlichen Anordnung von Sonderprüfungen nach § 142 Abs. 2 AktG, AG 2008, 833; *Verhoeven*, Der Besondere Vertreter nach § 147 AktG: Erwacht ein schlafender Riese?, ZIP 2008, 245; *Westermann, H.P.*, Der Besondere Vertreter im Aktienrecht, AG 2009, 237; *Wilsing*, Der Schutz vor gesellschaftsschädlichen Sonderprüfungen, 2014; *Wilsing/Neumann*, Die Neuregelung der aktienrechtlichen Sonderprüfung nach dem Inkrafttreten des UMAG, DB 2006, 31; *Wilsing/von der Linden/Ogorek*, Gerichtliche Inhaltskontrolle von Sonderprüfungsberichten, NZG 2010, 729; *Wirth*, Der „besondere Vertreter" nach § 147 Abs. 2 AktG – Ein neuer Akteur auf der Bühne?, in FS Hüffer, 2010, S. 1129.

A. Sonderprüfung

I. Überblick

Die Sonderprüfung ist ein zentrales Instrument zur **Vorbereitung von Haftungsklagen** gegen Organmitglieder einer Gesellschaft. Sie dient vor allem der Sachverhaltsaufklärung und liefert damit zugleich das Material, um pflichtwidriges Verhalten von Organmitgliedern in einem Klageverfahren substantiieren zu können.

16.1

Gesetzlich geregelt ist ein Sonderprüfungsrecht in §§ 142, 315 AktG für Aktionäre der Aktiengesellschaft[1] und in § 283 Nr. 7 AktG für die Gesellschafter der Kommanditgesellschaft

16.2

---

1 Außer Betracht bleibt die bilanzrechtliche Sonderprüfung nach § 258 AktG, da sie nicht dazu dient, die Geltendmachung von Haftungsansprüchen vorzubereiten. Zu den Grundzügen und wesentlichen Unterschieden der bilanzrechtlichen Sonderprüfung *Kamm*, S. 234 ff.

auf Aktien.¹ Zudem sind die §§ 142 ff. AktG über den Verweis in Art. 9 Abs. 1 lit. c) ii) SE-VO auf die **Europäische Aktiengesellschaft (SE)** mit Sitz in Deutschland anwendbar. Die Zuständigkeit der Hauptversammlung ergibt sich aus Art. 52 Satz 2 SE-VO i.V. m. §§ 119 Abs. 1 Nr. 7, 142 Abs. 1 Satz 1 AktG.²

16.3 Nach ganz h.M. kann auch die Gesellschafterversammlung einer **GmbH** auf der Grundlage von § 46 Nr. 6 GmbHG die Durchführung einer Sonderprüfung als Maßnahme zur Überwachung der Geschäftsführung beschließen.³ Formal zielt eine solche Maßnahme gegen die Geschäftsführung, praktisch relevant wird sie aber sehr viel eher bei Konflikten unter den Gesellschaftern.⁴ Auch Minderheitsgesellschafter können einen Beschluss über die Durchführung einer Sonderprüfung herbeiführen, da nach h.M. nicht nur Gesellschafter-Geschäftsführer einem Stimmverbot unterliegen, sondern außerdem sämtliche Gesellschafter, gegen die aufgrund der Ergebnisse der Sonderprüfung Schadensersatzansprüche in Betracht kommen.⁵ Die §§ 142 ff. AktG finden auf Sonderprüfungen in der GmbH im Grundsatz keine entsprechende Anwendung.⁶ Bei **Personengesellschaften** dürfte regelmäßig angesichts der weitgehenden Kontrollrechte kein Bedürfnis für die Bestellung von Sonderprüfern bestehen, ist aber bei Beachtung der personengesellschaftsrechtlichen Grenzen möglich.⁷

16.4 In der Aktiengesellschaft können über den Regelungsbereich der §§ 142 ff. AktG hinaus auch Aufsichtsrat oder Vorstand eine Sonderprüfung veranlassen.⁸ Man spricht dann von einer **informellen Sonderprüfung**. Vorstand und Aufsichtsrat sind dabei nicht an die Vorgaben der §§ 142 ff. AktG gebunden, sondern legen Gegenstand und Verfahren der Sonderprüfung nach pflichtgemäßem Ermessen fest.⁹ Rechtsgrundlage dafür ist § 111 Abs. 2 AktG bzw. § 76 AktG. Auf Nachfrage von Aktionären in der Hauptversammlung können Vorstand bzw. Aufsichtsrat ggf. gem. § 131 Abs. 1 Satz 1 AktG verpflichtet sein, über das Ergebnis der Prüfung zu berichten bzw. werden dies ggf. ohnehin von sich aus tun. Eine Pflicht zur Vorlage des Gutachtens besteht anders als bei § 145 Abs. 6 AktG (s. Rz. 16.58–16.61) nicht.¹⁰

16.5 Eine Umgehungsgefahr besteht durch solch eine informelle Sonderprüfung nicht.¹¹ Umgekehrt **sperrt** eine solche informelle Sonderprüfung grundsätzlich auch **nicht** die Bestellung

---

1 Näher zur Sonderprüfung in der KGaA *Kirschner*, S. 19 f., 28 ff.
2 Näher zur Anwendung der §§ 142 ff. AktG auf die Europäische Aktiengesellschaft *Mock*, Der Konzern 2010, 455 ff.; *Bücker* in Habersack/Drinhausen, SE-Recht, Art. 52 SE-VO Rz. 29.
3 Weiterführend zur Sonderprüfung in der GmbH *Fleischer*, GmbHR 2001, 45 ff.; *Leinekugel*, GmbHR 2008, 632 ff.; *Skauradszun*, GmbHR 2012, 936 ff.; *Rieckers/Vetter* in KölnKomm. AktG, § 142 AktG Rz. 94–96.
4 *Leinekugel*, GmbHR 2008, 632.
5 *Bayer* in Lutter/Hommelhoff, § 46 GmbHG Rz. 39; *Hüffer/Schürnbrand* in Ulmer/Habersack/Löbbe, § 46 GmbHG Rz. 91.
6 Näher *Kirschner*, S. 20 ff.; *Fleischer*, GmbHR 2001, 45, 46 ff.
7 Dazu näher *Rieckers/Vetter* in KölnKomm. AktG, § 142 AktG Rz. 97–98.
8 *G. Bezzenberger* in Großkomm. AktG, § 142 AktG Rz. 25; *Kirschner*, S. 46 ff.; *Wilsing/von der Linden* in Heidel, § 142 AktG Rz. 1; *Schröer* in MünchKomm. AktG, § 142 AktG Rz. 2.
9 *G. Bezzenberger* in Großkomm. AktG, § 142 AktG Rz. 25; *Kirschner*, S. 47 ff.; ausführlich und mit Praxisbeispielen *Marsch-Barner* in FS Baums, 2017, S. 775 ff.
10 Vgl. auch LG Nürnberg-Fürth v. 18.10.2007 – 1 HK O 6564/07, juris = BeckRS 2008, 01960; *Wilsing/Siebmann*, EWiR 2007, 705; teilweise a.A. OLG Köln v. 17.2.1998 – 22 U 163/97, ZIP 1998, 994, 996 f. = AG 1998, 525.
11 *Rieckers/Vetter* in KölnKomm. AktG, § 142 AktG Rz. 81.

eines **Sonderprüfers** nach § 142 Abs. 1 oder 2 AktG[1], sofern im konkreten Einzelfall dadurch nicht das Informationsbedürfnis für einen Sonderprüfungsantrag entfällt (s. Rz. 16.24 u. 16.35). Falls der entsprechende Beschluss erfolgt, können beide Verfahren nebeneinander geführt werden.[2]

Für **Kredit- und Finanzdienstleistungsinstitute** (§ 44 Abs. 1 Satz 2 KWG) sowie **Versicherungsunternehmen** (§ 306 Abs. 1 VAG) sehen die einschlägigen Spezialgesetze die Möglichkeit einer Sonderprüfung durch die Aufsichtsbehörde BaFin – und zwar auch ohne besonderen Anlass – vor. Diese werden in der Praxis auch regelmäßig durchgeführt. Die Durchführung einer solchen Sonderprüfung der BaFin schließt die Durchführung einer allgemeinen aktienrechtlichen Sonderprüfung nach § 142 AktG nicht aus.[3] Möglicherweise wird man aber bei einem gerichtlichen Sonderprüfungsantrag nach § 142 Abs. 2 AktG den Einwand des Rechtsmissbrauchs erheben können mit der Begründung, dass die betreffenden Vorgänge bereits auf andere Weise aufgeklärt wurden und die Tatsachen feststehen (s. Rz. 16.24 u. 16.35).

16.6

In der Praxis ist in jüngerer Zeit eine nicht unerhebliche Zunahme vor allem von Sonderprüfungsanträgen durch Minderheitsaktionäre in Hauptversammlungen zu verzeichnen.[4] Mit der Herabsenkung des Minderheitsquorums für die gerichtliche Bestellung eines Sonderprüfers durch das UMAG[5] von 10 % des Grundkapitals oder einem anteiligen Betrag von 1 000 000 Euro auf 1 % des Grundkapitals oder einem anteiligen Betrag von 100 000 Euro ist die Wahrscheinlichkeit erheblich gestiegen, dass Aktionäre nach Ablehnung ihres Antrags in der Hauptversammlung den Weg zu den Gerichten beschreiten werden.[6] Im Zuge der Finanzmarktkrise ab 2007 sind von Aktionären bei mehreren Banken Sonderprüfungen beantragt worden und haben die Hauptversammlungen und Gerichte beschäftigt, so bei der Commerzbank[7], der Hypo Real Estate Holding[8], der IKB[9] und – aus anderen Gründen – der Deutsche Bank[10].[11] Auch außerhalb der Bankenbranche haben die Sonderprüfungen in letzter Zeit zu-

16.7

---

1 *Mock* in Spindler/Stilz, § 142 AktG Rz. 26 f.; *Rieckers/Vetter* in KölnKomm. AktG, § 142 AktG Rz. 81.
2 Vgl. *Weber*, ZHR 179 (2015), 267, 272; a.A. *Bachmann*, ZHR 180 (2016), 563, 576, der dem Vorstand nahelegt, aus Zweckmäßigkeitsgründen die interne Untersuchung einzustellen und die gewonnenen Ergebnisse dem Sonderprüfer zur Verfügung zu stellen.
3 *Rieckers/Vetter* in KölnKomm. AktG, § 142 AktG Rz. 78.
4 So auch *Kirschner*, S. 2; *Trölitzsch/Gunßer*, AG 2008, 833; *Wilsing/von der Linden* in Heidel, § 142 AktG Rz. 7.
5 Gesetz zur Unternehmensintegrität und Modernisierung des Anfechtungsrechts, in Kraft getreten am 1.11.2005, BGBl. I 2005, 2802.
6 Vgl. etwa die Übersicht zu Sonderprüfungsanträgen 2011 von *Bayer*, AG 2012, R 272.
7 OLG Frankfurt a.M. v. 15.6.2011 – 21 W 18/11, ZIP 2011, 1764 = AG 2011, 755.
8 Einladung zur ordentlichen Hauptversammlung v. 13.8.2009, TOP 2, 8, 9, 10; Geschäftsbericht Hypo Pfandbrief Bank International S.A., Luxemburg, 2009, S. 9–10.
9 LG Düsseldorf v. 14.8.2009 – 31 O 38/09, juris = BeckRS 2009, 24113; OLG Düsseldorf v. 9.12.2009 – I-6 W 45/09, ZIP 2010, 28 = AG 2010, 126; BGH v. 1.3.2010 – II ZB 1/10, ZIP 2010, 446 = AG 2010, 244 (Ablehnung der Rechtsbeschwerde als unzulässig).
10 LG Frankfurt a.M. v. 23.2.2016 – 3-16 U 2/15 KfH, ZIP 2016, 575 (n. rkr.) mit anschließender Vereinbarung einer freiwilligen Sonderprüfung, dazu Handelsblatt v. 15.4.2016, S. 31.
11 Näher *Rieckers/Vetter* in KölnKomm. AktG, § 142 AktG Rz. 46; *Wilsing/von der Linden* in Heidel, § 142 AktG Rz. 7.

genommen, so etwa bei Kabel Deutschland[1], bei Porsche[2], bei STADA[3] oder bei Volkswagen[4]. Sonderprüfungsanträge sind auch ein Instrument aktivistischer Aktionäre. Dieser so genannte Shareholder Activism bzw. Investor Activism hat in den letzten Jahren deutlich zugenommen; insoweit ein „Import" aus den USA.[5]

II. Sonderprüfung gem. § 142 AktG

1. Gegenstand der Sonderprüfung

16.8 Zum Gegenstand einer Sonderprüfung können **Vorgänge bei der Gründung oder** der **Geschäftsführung**, namentlich auch bei Maßnahmen der Kapitalbeschaffung und Kapitalherabsetzung, gemacht werden.[6] Das gilt für die Sonderprüfungen nach § 142 Abs. 1 und 2 AktG gleichermaßen.[7]

16.9 Die Sonderprüfung muss sich auf **bestimmte, d.h. in sachlicher und zeitlicher Hinsicht abgegrenzte, konkret bezeichnete Vorgänge** beziehen.[8] Mit dieser Einschränkung soll eine flächendeckende Ausforschung der Geschäftsführung ins Blaue hinein verhindert werden. Denn unbegrenzte Suchaktionen, welche Gesellschaftsinterna betreffen, sind mit der aktienrechtlichen Organisationsverfassung und dem Charakter der Sonderprüfung als außerordentliches Informationsinstrument nicht zu vereinbaren.[9] Die Anforderungen an die Konkretisierung dürfen zwar nicht überzogen werden, da die Sonderprüfung gerade erst dazu dient, die tatsächlichen Grundlagen aufzudecken.[10] Dem Bestimmtheitsgrundsatz muss allerdings stets insoweit Genüge geleistet werden, als der Prüfungsgegenstand zumindest in seinen Grundzügen benannt wird und so weit wie möglich in zeitlicher und örtlicher Hinsicht sowie nach den Personen und Vorgängen einzugrenzen ist.[11]

16.10 Geplante Maßnahmen oder zukünftige Vorgänge sind nicht zulässiger Gegenstand einer Sonderprüfung. Denn dies wäre mit der umfassenden Leitungsbefugnis des Vorstands (§ 76 Abs. 1 AktG) unvereinbar. Es muss sich stets um bereits **abgeschlossene bzw. jedenfalls begonnene** Vorgänge handeln.[12]

---

1 LG München I v. 9.6.2016 – 17 HK O 6754/15, NZG 2016, 1342.
2 LG Stuttgart – 32 O 75/10 KfH: vergleichsweise Erledigung, dazu BAnz v. 12.5.2011.
3 LG Frankfurt a.M. v. 12.4.2016 – 3-16 U 3/15, OLG Frankfurt a.M. – 21 W 83/16: vergleichsweise Erledigung, dazu BAnz v. 3.2.2017.
4 LG Hannover – 15 O 28/16; vgl. auch *Decher* in FS Baums, S. 279, 281.
5 Dazu etwa *Graßl/Nikoleyczik*, AG 2017, 49 ff.; *Schockenhoff/Culmann*, ZIP 2015, 297 ff.; *Plagemann/Rahlmeyer*, NZG 2015, 895 f.; *Kocher*, DB 2016, 2887 ff.
6 Weiterführend *Jänig*, WPg 2005, 761.
7 *G. Bezzenberger* in Großkomm. AktG, § 142 AktG Rz. 11 ff.; *Spindler* in K. Schmidt/Lutter, § 142 AktG Rz. 50.
8 OLG Stuttgart v. 25.11.2008 – 8 W 370/08, AG 2009, 169, 171; LG München I v. 31.3.2008 – 5 HK O 20117/07, AG 2008, 720; *Schröer* in MünchKomm. AktG, § 142 AktG Rz. 14; *Spindler* in K. Schmidt/Lutter, § 142 AktG Rz. 8; *Hüffer*, ZHR 174 (2010), 642, 654.
9 Vgl. nur *Jänig*, S. 206 f.; *Rieckers/Vetter* in KölnKomm. AktG, § 142 AktG Rz. 102.
10 *Hüffer/Koch*, § 142 AktG Rz. 2; *Hirschmann* in Hölters, § 142 AktG Rz. 10.
11 *Rieckers/Vetter* in KölnKomm. AktG, § 142 AktG Rz. 103; *Mock* in Spindler/Stilz, § 142 AktG Rz. 42; *Hüffer*, ZHR 174 (2010), 642, 654.
12 *Schröer* in MünchKomm. AktG, § 142 AktG Rz. 27; *Rieckers/Vetter* in KölnKomm. AktG, § 142 AktG Rz. 110; *Herrler* in Grigoleit, § 142 AktG Rz. 2.

16.11 Nicht tauglicher Prüfungsgegenstand sind **Beschlüsse der Hauptversammlung**. Dass in Fällen des § 119 Abs. 2 AktG oder bei „Holzmüller"-Fällen die Geschäftsführungsmaßnahme einen zustimmenden Beschluss der Hauptversammlung erhalten hat, steht aber einer Sonderprüfung der Geschäftsführungsmaßnahme grundsätzlich nicht entgegen.[1] Konzernabschluss, Jahresabschluss und (Konzern-)Lagebericht kommen als solche nicht als Gegenstand einer Sonderprüfung in Betracht, da die Vorschriften über die Abschlussprüfung vorrangig sind.[2]

16.12 Der Kreis der statthaften Prüfungsgegenstände wird in § 142 Abs. 2 AktG außerdem dahingehend eingeschränkt, dass Vorgänge der Geschäftsführung nicht mehr als fünf Jahre zurückliegen dürfen. Für börsennotierte Gesellschaften beträgt der Zeitraum zehn Jahre (§ 142 Abs. 2 Satz 1 Halbs. 2 AktG).[3] Erstrecken sich die Vorgänge über eine längere Zeit, ist es ausreichend, wenn der letzte Teil der Vorgänge noch in diesen Fünfjahreszeitraum bzw. Zehnjahreszeitraum fällt.[4] Die **Fünfjahresfrist** bzw. **Zehnjahresfrist** gilt nur bei der gerichtlichen Bestellung eines Sonderprüfers.[5] **Weitere Einschränkungen in zeitlicher Hinsicht** können sich unter dem Gesichtspunkt des Rechtsmissbrauchs ergeben (Rz. 16.24, 16.35) oder aus Verjährungsvorschriften, wenn sich aus der Bestellung des Sonderprüfers ergibt, dass die dort bezeichneten Vorgänge nur zur Ermittlung und Berechnung von Schadensersatzansprüchen untersucht werden sollen. Als Ad hoc-Antrag zu den Tagesordnungspunkten „Entlastung des Vorstands" oder „Entlastung des Aufsichtsrats" kann eine Sonderprüfung in der Hauptversammlung außerdem nur für Vorgänge beantragt werden, die sich in dem jeweiligen Entlastungszeitraum ereignet haben (dazu sogleich Rz. 16.14).

16.13 Sollte der Bestellungsbeschluss der Hauptversammlung oder des Gerichts hinsichtlich des Prüfungsgegenstands mehrdeutig sein, ist er vom Sonderprüfer eigenverantwortlich **auszulegen**.[6] Eine Einschränkung oder Erweiterung des Prüfungsgegenstands durch den Sonderprüfer ist dagegen unzulässig.[7] Bei Beschlussfassung durch die Hauptversammlung kann die Hauptversammlung selbst durch einen erneuten Beschluss den Prüfungsgegenstand erweitern oder einschränken.[8] Bei gerichtlicher Bestellung des Sonderprüfers kann eine Erweiterung des Prüfungsgegenstands durch Beschluss der Hauptversammlung oder durch Beschluss des zuständigen Gerichts auf Antrag einer qualifizierten Aktionärsminderheit erfolgen. Eine Einschränkung durch die Hauptversammlung ist bei gerichtlicher Bestellung dagegen unzulässig.[9]

---

1 *Mock* in Spindler/Stilz, § 142 AktG Rz. 51; *Schröer* in MünchKomm. AktG, § 142 AktG Rz. 22; *Rieckers/Vetter* in KölnKomm. AktG, § 142 AktG Rz. 120.
2 OLG Hamburg v. 23.12.2010 – 11 U 185/09, ZIP 2011, 1209, 1213 = AG 2011, 677; LG München I v. 30.12.2010 – 5 HK O 21707/09, AG 2011, 760, 761; *Rieckers/Vetter* in KölnKomm. AktG, § 142 AktG Rz. 121; *Schröer* in MünchKomm. AktG, § 142 AktG Rz. 32.
3 Näher dazu *Hüffer/Koch*, § 142 AktG Rz. 19; *Spindler* in K. Schmidt/Lutter, § 142 AktG Rz. 51.
4 OLG Düsseldorf v. 9.12.2009 – I-6 W 45/09, ZIP 2010, 28, 29 m.w.N. = AG 2010, 126; *Spindler*, NZG 2010, 281, 282; *Rieckers/Vetter* in KölnKomm. AktG, § 142 AktG Rz. 267; differenzierend *Mutter/Quinke*, EWiR 2010, 171, 172.
5 *Hüffer/Koch*, § 142 AktG Rz. 8, 19; *Spindler* in K. Schmidt/Lutter, § 142 AktG Rz. 22.
6 *Rieckers/Vetter* in KölnKomm. AktG, § 142 AktG Rz. 141 u. 268; *Hüffer*, ZHR 174 (2010), 642, 663; *Mock* in Spindler/Stilz, § 142 AktG Rz. 74 u. 125; *Wilsing/von der Linden* in Heidel, § 145 AktG Rz. 2.
7 *Rieckers/Vetter* in KölnKomm. AktG, § 142 AktG Rz. 141 u. 268; *Mock* in Spindler/Stilz, § 142 AktG Rz. 75 u. 126.
8 *Spindler* in K. Schmidt/Lutter, § 145 AktG Rz. 4.
9 *Rieckers/Vetter* in KölnKomm. AktG, § 142 AktG Rz. 269–270; *Mock* in Spindler/Stilz, § 142 AktG Rz. 126; *Schröer* in MünchKomm. AktG, § 142 AktG Rz. 29.

2. Bestellung des Sonderprüfers

a) Bestellung durch die Hauptversammlung

16.14 Nach § 142 Abs. 1 Satz 1 AktG können Sonderprüfer durch Beschluss der Hauptversammlung bestellt werden. Der **Antrag** auf Bestellung eines Sonderprüfers kann in der Hauptversammlung ohne Ankündigung von jedem einzelnen Aktionär als bekanntmachungsfreier Ad hoc-Antrag gestellt werden zu den Tagesordnungspunkten „Entlastung des Vorstands" und „Entlastung des Aufsichtsrats", wenn sich der zu untersuchende Vorgang im Entlastungszeitraum ereignet hat, sowie zu jedem anderen Tagesordnungspunkt, der mit dem zu untersuchenden Vorgang in Zusammenhang steht. Im Übrigen kann eine qualifizierte Minderheit von Aktionären gem. § 122 Abs. 2 AktG die Aufnahme des Antrags auf Bestellung eines Sonderprüfers in die Tagesordnung verlangen oder gem. § 122 Abs. 1 AktG die Einberufung einer außerordentlichen Hauptversammlung zur Beschlussfassung über die Bestellung eines Sonderprüfers erzwingen. Das Ergänzungsverlangen gem. § 122 Abs. 2 AktG ist in der Praxis der häufigste Fall der Beantragung einer Sonderprüfung. Der Hauptversammlung kommt ein **freies Ermessen** zu, bei Vorliegen der Voraussetzungen von § 142 Abs. 1 AktG eine Sonderprüfung zu beschließen oder eine solche trotz des Vorliegens objektiver Verdachtsmomente abzulehnen.[1]

16.15 Der **Versammlungsleiter** ist verpflichtet, einen zulässigen Sonderprüfungsantrag zur Abstimmung zu stellen. Er hat insoweit kein Ermessen.[2] Der Versammlungsleiter ist jedoch befugt, einen Antrag auf Bestellung eines Sonderprüfers zurückzuweisen, wenn er offenkundig gesetzeswidrig oder rechtsmissbräuchlich ist.[3] Bei unklaren oder unpräzisen Beschlussanträgen in der Hauptversammlung soll der Versammlungsleiter zwar verpflichtet sein, Gelegenheit zu einer Klärung bzw. Präzisierung zu geben. Im Übrigen ist er jedoch wegen seiner Verpflichtung zur Neutralität im Verhältnis von Aktionären und Verwaltung nicht gehalten, Anträge in rechtlicher Hinsicht zu korrigieren oder auf eine Korrektur hinzuwirken.[4]

16.16 Der Versammlungsleiter kann über einen Sonderprüfungsantrag der Verwaltung **zuerst abstimmen** lassen, auch wenn dieser mit dem Ziel gestellt wird, den Antrag der Minderheit abzuwehren bzw. den Inhalt des Prüfungsgegenstands zu modifizieren.[5] Wird der Antrag der Verwaltung mit Mehrheit angenommen, erübrigt sich die zusätzliche Abstimmung über den Antrag der Minderheit allerdings nur dann, wenn die Prüfungsgegenstände sich decken, der Antrag der Verwaltung weitergehend ist oder die Minderheit auf die Abstimmung über ihren Beschlussvorschlag verzichtet.[6]

16.17 Der Beschluss über die Sonderprüfung erfordert **einfache Stimmenmehrheit**. Die Mehrheitsregelung in § 142 Abs. 1 Satz 1 AktG ist zwingend. Auch mittels Satzung können keine

---

[1] OLG Düsseldorf v. 5.7.2012 – I-6 U 69/11 Rz. 89, NZG 2013, 546, 548 = AG 2013, 264: genügender Minderheitenschutz insofern über § 142 Abs. 2 AktG.

[2] *Rieckers/Vetter* in KölnKomm. AktG, § 142 AktG Rz. 147; *Schröer* in MünchKomm. AktG, § 142 AktG Rz. 38.

[3] Vgl. auch *Butzke*, Die Hauptversammlung der Aktiengesellschaft, 5. Aufl. 2011, D Rz. 43: gravierende Verstöße, evidente Mängel; *Mülbert* in Großkomm. AktG, Vor §§ 118–147 AktG Rz. 114.

[4] Vgl. auch *Butzke*, Die Hauptversammlung der Aktiengesellschaft, 5. Aufl. 2011, M Rz. 8 i.V.m. D Rz. 37, 43; *Mülbert* in Großkomm. AktG, Vor §§ 118–147 AktG Rz. 95 f.

[5] *Schröer* in MünchKomm. AktG, § 142 AktG Rz. 38; *Rieckers/Vetter* in KölnKomm. AktG, § 142 AktG Rz. 148.

[6] *Schröer* in MünchKomm. AktG, § 142 AktG Rz. 38; *Rieckers/Vetter* in KölnKomm. AktG, § 142 AktG Rz. 148.

größere Mehrheit oder weitere Erfordernisse angeordnet werden. Ebenso ist die Herabsetzung der Mehrheit in der Satzung unzulässig.[1]

Bei der Beschlussfassung unterliegen sämtliche Mitglieder des Vorstands bzw. des Aufsichtsrats gem. § 142 Abs. 1 Satz 2 AktG einem **Stimmverbot**, sobald ein Mitglied des Vorstands oder des Aufsichtsrats an dem zu prüfenden Vorgang beteiligt war.[2] Die Nichtbeachtung des Stimmverbots bei der Feststellung des Beschlussergebnisses kann ein Anfechtungsgrund nach § 243 Abs. 1 AktG sein. Auf Stimmrechtsvertreter schlägt das Stimmverbot durch. Weder kann ein dem Stimmverbot unterliegendes Organmitglied für einen Dritten Stimmrechte ausüben. Noch kann das Organmitglied einen Dritten mit seiner Stimmrechtsvertretung bevollmächtigen.[3] Gem. § 405 Abs. 3 Nr. 5 AktG handelt ordnungswidrig, wer Aktien, für die er oder der von ihm Vertretene das Stimmrecht nach § 142 Abs. 1 Satz 2 AktG nicht ausüben darf, einem anderen zum Zweck der Stimmrechtsausübung überlässt oder solche ihm überlassenen Aktien zur Ausübung des Stimmrechts benutzt. Diese Ordnungswidrigkeit kann mit Geldbuße bis zu 25 000 Euro geahndet werden (§ 405 Abs. 4 AktG). Nicht erfasst von der Ordnungswidrigkeit sind Vorstands- oder Aufsichtsratsmitglieder, die das Stimmrecht aus von ihnen gehaltenen Aktien selbst ausüben.[4]

16.18

Das Stimmverbot gilt auch für **ehemalige** Vorstands- und Aufsichtsratsmitglieder, wenn der Vorgang in ihre Amtszeit fällt.[5] Ein **gerade gewähltes** Verwaltungsmitglied, welches in der Vergangenheit nicht der Verwaltung angehört hat, ist im Rahmen einer anschließenden Abstimmung über die Sonderprüfung jedoch mangels Sonderinteresses nicht in entsprechender Anwendung von § 142 Abs. 1 Satz 2 AktG von einer Abstimmung über die Sonderprüfung ausgeschlossen.[6] Zudem erstreckt sich das Stimmverbot von Verwaltungsmitgliedern dann auch auf an der Gesellschaft **beteiligte Personengesellschaften oder juristische Personen**, wenn ein betroffenes Verwaltungsmitglied maßgeblichen Einfluss auf deren Stimmverhalten ausüben kann.[7]

16.19

Das Stimmrecht eines Aktionärs ist aber nicht schon dann ausgeschlossen, wenn die Geschäftsbeziehung zu diesem Aktionär Gegenstand der Sonderprüfung sein soll. Das gilt selbst dann, wenn es sich um den **Mehrheitsaktionär** handelt. Für eine analoge Heranziehung von § 142 Abs. 1 Satz 2 AktG fehlt es an einer planwidrigen Regelungslücke.[8] Auch das allgemeine Stimmverbot nach § 136 Abs. 1 Satz 1, 3. Fall AktG greift erst, wenn über die Gel-

16.20

---

1 *Rieckers/Vetter* in KölnKomm. AktG, § 142 AktG Rz. 152; *Schröer* in MünchKomm. AktG, § 142 AktG Rz. 33; *Hirschmann* in Hölters, § 142 AktG Rz. 20.
2 *Spindler* in K. Schmidt/Lutter, § 142 AktG Rz. 28; *Schröer* in MünchKomm. AktG, § 142 AktG Rz. 39; für eine teleologische Reduktion, wenn Verwaltungsmitglieder nicht gegen, sondern für die Anordnung einer Sonderprüfung stimmen, LG Dortmund v. 25.6.2009 – 18 O 14/09, ZIP 2009, 1766 = AG 2009, 881; dagegen *Schröer* in MünchKomm. AktG, § 142 AktG Rz. 40.
3 *Rieckers/Vetter* in KölnKomm. AktG, § 142 AktG Rz. 159 m.w.N.
4 *Rieckers/Vetter* in KölnKomm. AktG, § 142 AktG Rz. 181.
5 Vgl. statt aller nur *Hüffer/Koch*, § 142 AktG Rz. 14.
6 LG München v. 26.2.2010 – 5 HK O 14083/09 Rz. 58 = ZIP 2010, 2098, 2100 = AG 2010, 922 für ein Aufsichtsratsmitglied; *Rieckers/Vetter* in KölnKomm. AktG, § 142 AktG Rz. 158.
7 *Hüffer/Koch*, § 142 AktG Rz. 14 i.V.m. § 136 AktG Rz. 14; *Spindler* in K. Schmidt/Lutter, § 142 AktG Rz. 29; *Nietsch*, ZGR 2011, 589, 604 f.; *Humrich*, S. 63 ff. mit weiteren Fallgruppen eines Stimmverbots über § 136 Abs. 1 AktG hinaus.
8 OLG Frankfurt a.M. v. 22.3.2007 – 12 U 77/06, juris = BeckRS 2008, 13889; OLG Düsseldorf v. 5.7.2012 – I-6 U 69/11, AG 2013, 264, 267; LG Heidelberg v. 28.7.2016 – 2 O 240/14 Rz. 239, AG 2017, 162, 167; *G. Bezzenberger* in Großkomm. AktG, § 142 AktG Rz. 32; *Spindler* in K. Schmidt/

tendmachung von Schadensersatzansprüchen gegen einen Aktionär beschlossen wird, nicht schon bei der Anordnung einer vorbereitenden Sonderprüfung.[1] Der auch in der Rechtsprechung gelegentlich vertretenen Gegenauffassung[2], die das Stimmverbot in diesen Fällen bereits auf die Frage der Bestellung des Sonderprüfers beziehen will, ist nicht zu folgen. Die überstimmte Minderheit hat nur unter den Voraussetzungen von § 142 Abs. 2 AktG die Möglichkeit, eine Sonderprüfung durchzusetzen. Diese auf die Sonderprüfung zugeschnittene Interessenbewertung darf nicht durch eine Ausdehnung des allgemeinen Stimmverbots nach § 136 Abs. 1 AktG unterlaufen werden. In der Praxis scheitern daher viele Ad hoc-Sonderprüfungsanträge von Minderheitsaktionären in der Hauptversammlung am Mehrheitserfordernis. In diesen Fällen wird von den Minderheitsaktionären häufig der ablehnende Hauptversammlungsbeschluss mittels Anfechtungsklage angefochten, die mit einer positiven Beschlussfeststellungsklage kombiniert wird. Eine solche kombinierte Klage hat selten Erfolg.[3]

16.21 Der Hauptversammlungsbeschluss nach § 142 Abs. 1 AktG umfasst die **Anordnung der Sonderprüfung** für bestimmte Vorgänge und zugleich die **namentliche Benennung der Person des Sonderprüfers**. Beide Beschlussgegenstände dürfen nicht getrennt werden. Ein isolierter Beschluss über nur einen dieser Bestandteile oder ein Beschluss ohne Benennung der Person des Sonderprüfers ist unvollständig und nach § 243 Abs. 1 AktG anfechtbar.[4]

16.22 Wird eine Sonderprüfung für einen **unstatthaften, insbesondere einen nicht hinreichend bestimmten Prüfungsgegenstand** angeordnet, ist der Beschluss nach § 243 Abs. 1 AktG anfechtbar[5] oder sogar nach § 241 Nr. 3 AktG nichtig, sofern die Hauptversammlung mit der Sonderprüfung in die Zuständigkeit anderer Organe oder vom Gesetz besonders bestimmter Prüfer eingegriffen hat (z.B. bei Prüfung des Jahresabschlusses oder der zukünftigen Geschäftspolitik).[6]

16.23 Bei der **Auswahl des Sonderprüfers** sind die Anforderungen nach § 143 AktG zu beachten. In aller Regel werden Wirtschaftsprüfer oder eine Wirtschaftsprüfungsgesellschaft bestellt. Ist der Sonderprüfer fachlich nicht hinreichend qualifiziert gem. § 143 Abs. 1 AktG, so ist der Be-

---

Lutter, § 142 AktG Rz. 30; *Rieckers/Vetter* in KölnKomm. AktG, § 142 AktG Rz. 171; *Decher* in FS Baums, S. 279, 284 f.

1 OLG Hamburg v. 17.8.2001 – 11 U 60/01, AG 2003, 46, 48; *Spindler* in K. Schmidt/Lutter, § 142 AktG Rz. 30; *Wilsing*, EWiR 2005, 99 f.; *Hüffer*, ZHR 174 (2010), 642, 648 f.; *Wilsing*, S. 39.
2 OLG Brandenburg v. 6.6.2001 – 7 U 145/00, AG 2003, 328, 329; LG Frankfurt a.M. v. 12.10.2004 – 3–5 O 71/04, AG 2005, 545, 548; LG Essen v. 31.7.2014 – 45 O 9/14 Rz. 15, GmbHR 2014, 990, 991 in Bezug auf eine Sonderprüfung in der GmbH: Stimmverbot der von der Sonderprüfung betroffenen Gesellschafter entsprechend § 47 Abs. 4 GmbHG.
3 Vgl. etwa OLG Frankfurt a.M. v. 8.2.2006 – 12 W 185/05, AG 2006, 249, 252 – Deutsche Telekom/T-Online.
4 *Spindler* in K. Schmidt/Lutter, § 142 AktG Rz. 25 f.; *Schröer* in MünchKomm. AktG, § 142 AktG Rz. 36; *Rieckers/Vetter* in KölnKomm. AktG, § 142 AktG Rz. 142.
5 *Spindler* in K. Schmidt/Lutter, § 142 AktG Rz. 10, 33; zu den Folgen, wenn der Beschluss nicht angefochten wird, vgl. *Schröer* in MünchKomm. AktG, § 142 AktG Rz. 55.
6 *G. Bezzenberger* in Großkomm. AktG, § 142 AktG Rz. 36; *Schröer* in MünchKomm. AktG, § 142 AktG Rz. 55; *Spindler* in K. Schmidt/Lutter, § 142 AktG Rz. 33; weitergehend *Rieckers/Vetter* in KölnKomm. AktG, § 142 AktG Rz. 184: stets Nichtigkeit, da stets Eingriff in Kompetenzen von anderen Organen oder bestimmten Prüfern, was mit dem Wesen der Aktiengesellschaft i.S. von § 241 Nr. 3 Var. 1 AktG nicht vereinbar sei.

schluss anfechtbar.¹ Ein Verstoß gegen die Bestellungsverbote nach § 143 Abs. 2 AktG, die eine unparteiische Prüfung sichern sollen, führt hingegen nach h.M. zur Nichtigkeit des Bestellungsbeschlusses gem. § 241 Nr. 3 AktG.² Sonstige inhaltliche Mängel oder Verfahrensfehler machen den Hauptversammlungsbeschluss lediglich anfechtbar.³

Schließlich werden die Möglichkeiten zur Bestellung von Sonderprüfern in der Hauptversammlung durch das allgemeine Verbot des **Rechtsmissbrauchs** begrenzt. Rechtsmissbräuchlich und infolgedessen nach § 243 Abs. 1 AktG anfechtbar ist der Beschluss nach § 142 Abs. 1 AktG *insbesondere* in folgenden Fällen:

16.24

– Die Sonderprüfung ist sinnlos, weil aus ihren Ergebnissen – etwa wegen Verjährung – keinerlei haftungsrechtliche oder personelle Konsequenzen gegenüber den betroffenen Verwaltungsmitgliedern mehr gezogen werden können (*Fallgruppe der offensichtlichen Folgenlosigkeit*).⁴

– Mit der Sonderprüfung werden grob eigennützige Zwecke verfolgt, die nicht im verständigen Aktionärsinteresse liegen (*Fallgruppe der grob eigennützigen Zweckverfolgung*), z.B. die gezielte öffentlichkeitswirksame Demontage eines Organmitglieds durch den Mehrheitsaktionär.⁵

– Der Sachverhalt, auf dessen Aufklärung die Sonderprüfung gerichtet ist, liegt bereits offen zutage und ist allgemein bekannt (*Fallgruppe des fehlenden Informationsbedürfnisses*).⁶

b) Gerichtliche Bestellung

Nach § 142 Abs. 2 AktG kann ein Sonderprüfer auf Antrag einer qualifizierten Minderheit von Aktionären in einem Verfahren der freiwilligen Gerichtsbarkeit gerichtlich bestellt werden, wenn zuvor ein Antrag auf Bestellung von Sonderprüfern in der Hauptversammlung gescheitert ist.⁷ Die gerichtliche Bestellung eines Sonderprüfers ist insoweit gegenüber der Bestellung durch die Hauptversammlung subsidiär.⁸ Einem ablehnenden Hauptversammlungsbeschluss steht die spätere Aufhebung eines positiv gefassten Beschlusses gleich.⁹ Weiterhin steht einem ablehnenden Hauptversammlungsbeschluss gleich, wenn die Hauptversammlung die Beschlussfassung über einen ordnungsgemäßen Sonderprüfungsantrag von der Tagesordnung absetzt oder vertagt.¹⁰

16.25

---

1 *G. Bezzenberger* in Großkomm. AktG, § 143 AktG Rz. 8; *Hüffer/Koch*, § 143 AktG Rz. 5; *Spindler* in K. Schmidt/Lutter, § 143 AktG Rz. 7.
2 A.A. *Schröer* in MünchKomm. AktG, § 143 AktG Rz. 26; wie hier *G. Bezzenberger* in Großkomm. AktG, § 143 AktG Rz. 26; *Hüffer/Koch*, § 143 AktG Rz. 6; *Spindler* in K. Schmidt/Lutter, § 143 AktG Rz. 32.
3 *Schröer* in MünchKomm. AktG, § 142 AktG Rz. 56; *Rieckers/Vetter* in KölnKomm. AktG, § 142 AktG Rz. 185.
4 *G. Bezzenberger* in Großkomm. AktG, § 142 AktG Rz. 37; *Kirschner*, S. 65; *Schröer* in MünchKomm. AktG, § 142 AktG Rz. 106.
5 *Kirschner*, S. 65; *Schröer* in MünchKomm. AktG, § 142 AktG Rz. 104, 107; *Rieckers/Vetter* in KölnKomm. AktG, § 142 AktG Rz. 151.
6 *Wilsing*, S. 146; *Rieckers/Vetter* in KölnKomm. AktG, § 142 AktG Rz. 151.
7 Näher zu dem Erfordernis eines ablehnenden Hauptversammlungsbeschlusses *Spindler* in K. Schmidt/Lutter, § 142 AktG Rz. 48 f.
8 LG Frankfurt a.M. v. 23.2.2016 – 3-16 O 2/15 Rz. 55, ZIP 2016, 575 = AG 2016, 511.
9 OLG Düsseldorf v. 9.12.2009 – I-6 W 45/09 Rz. 19, ZIP 2010, 28, 29 = AG 2010, 126 – IKB.
10 Vgl. nur *Rieckers/Vetter* in KölnKomm. AktG, § 142 AktG Rz. 259; *Hüffer/Koch*, § 142 AktG Rz. 18.

16.26 Die Bestellung eines Sonderprüfers nach § 142 Abs. 2 AktG setzt einen **Antrag** an das Landgericht des Gesellschaftssitzes voraus (§ 142 Abs. 5 Satz 3 AktG). Eine abweichende örtliche Zuständigkeit kann sich ergeben, wenn das Landesrecht eine Verfahrenskonzentration auf ein bestimmtes Landgericht vorsieht (§ 71 Abs. 4 GVG).[1] Der Antrag muss sich auf denselben Vorgang beziehen, der Gegenstand des in der Hauptversammlung gestellten Antrags war, und darf über diesen nicht hinausgehen.[2]

16.27 Weitere Voraussetzung ist, dass der Antrag von Aktionären gestellt wird, deren Anteile bei Antragstellung zusammen den hundertsten Teil des Grundkapitals oder einen anteiligen Betrag von 100 000 Euro erreichen. Für die Berechnung des **Quorums** werden auch stimmrechtslose Vorzugsaktien und noch nicht voll eingezahlte Aktien mitgezählt[3], nicht aber solche Aktien, die wegen Verletzung von Mitteilungspflichten einem gesetzlich angeordneten Rechtsverlust[4] unterliegen.[5] Eigene Aktien werden ebenfalls mitgezählt und sind nicht vom Grundkapital abzuziehen.[6] Die Antragsteller müssen grundsätzlich Aktieneigentum haben. Die Aktien für das Quorum können allerdings auch im Wege einer Wertpapierleihe beschafft werden, sofern eine solche Gestaltung im Einzelfall nicht rechtsmissbräuchlich ist.[7] Weder das relative noch das absolute Quorum können durch die Satzung herauf- oder herabgesetzt werden.[8]

16.28 Um zu verhindern, dass das Quorum durch kurzfristige Zukäufe erreicht werden kann, wird von den Antragstellern gem. § 142 Abs. 2 Satz 2 AktG der **Nachweis** verlangt, dass sie seit mindestens **drei Monaten** vor dem Tag der Hauptversammlung **Inhaber der Aktien** sind und dass sie die Aktien bis zur Entscheidung über den Antrag **halten**. Gem. § 70 AktG steht

---

1 Von der Möglichkeit einer Verfahrenskonzentration hatten auf der Grundlage von § 142 Abs. 5 Satz 5 AktG a.F. Baden-Württemberg (LG Mannheim [OLG-Bezirk Karlsruhe]), Bayern (LG München I [OLG-Bezirk München], LG Nürnberg [OLG Bezirke Bamberg und Nürnberg]), Hessen (LG Frankfurt a.M.), Niedersachsen (LG Hannover), Nordrhein-Westfalen (LG Düsseldorf [OLG-Bezirk Düsseldorf], LG Dortmund [OLG-Bezirk Hamm], LG Köln [OLG-Bezirk Köln]) und Sachsen (LG Leipzig) Gebrauch gemacht. Auf Basis der neuen Rechtslage, d.h. der Ermächtigungsnorm § 71 Abs. 4 Satz 1 GVG, haben bislang Bayern, Hessen, Niedersachsen und Nordrhein-Westfalen die Konzentration erneut normiert. In den zwei übrigen Ländern gelten die bisherigen Rechtsverordnungen trotz Veränderung der Ermächtigungsgrundlage aber fort (so die h.M., vgl. *Mann* in Sachs, Grundgesetz, 7. Aufl. 2014, Art. 80 Rz. 7 m.w.N.; näher *Rieckers/Vetter* in KölnKomm. AktG, § 142 AktG Rz. 360).
2 OLG München v. 16.7.2007 – 31 Wx 29/07, AG 2008, 33, 35; *Schröer* in MünchKomm. AktG, § 142 AktG Rz. 62; *Wilsing/von der Linden* in Heidel, § 142 AktG Rz. 25.
3 *G. Bezzenberger* in Großkomm. AktG, § 142 AktG Rz. 47; *Schröer* in MünchKomm. AktG, § 142 AktG Rz. 61; *Spindler* in K. Schmidt/Lutter, § 142 AktG Rz. 39; *Mock* in Spindler/Stilz, § 142 AktG Rz. 112.
4 § 20 Abs. 7 AktG, § 44 WpHG (§ 28 WpHG a.F., geändert durch das Zweite Gesetz zur Novellierung von Finanzmarktvorschriften auf Grund europäischer Rechtsakte (Zweites Finanzmarktnovellierungsgesetz – 2. FiMaNoG) vom 23.6.2017 [BGBl. I 2017, 1693]), § 59 WpÜG.
5 *Mimberg* in Marsch-Barner/Schäfer, Handbuch börsennotierte AG, § 40 Rz. 7; *Mock* in Spindler/Stilz, § 142 AktG Rz. 112; *Schröer* in MünchKomm. AktG, § 142 AktG Rz. 61; *Spindler* in K. Schmidt/Lutter, § 142 AktG Rz. 39.
6 *Rieckers/Vetter* in KölnKomm. AktG, § 142 AktG Rz. 232; *Wilsing/von der Linden* in Heidel, § 142 AktG Rz. 33; a.A. *Schröer* in MünchKomm. AktG, § 142 AktG Rz. 61.
7 *Rieckers/Vetter* in KölnKomm. AktG, § 142 AktG Rz. 218; *Schröer* in MünchKomm. AktG, § 142 AktG Rz. 61.
8 *Rieckers/Vetter* in KölnKomm. AktG, § 142 AktG Rz. 228; *Wilsing/von der Linden* in Heidel, § 142 AktG Rz. 33.

für die Bestimmung des Vorbesitzzeitraums dem Eigentum an der Aktie ein Anspruch auf Übereignung gegen ein Kreditinstitut, Finanzdienstleistungsinstitut oder vergleichbares Unternehmen gleich. Die Eigentumszeit eines Rechtsvorgängers wird dem Aktionär zugerechnet, wenn er die Aktie unentgeltlich von seinem Treuhänder, als Gesamtrechtsnachfolger, bei Auseinandersetzungen einer Gemeinschaft oder bei einer Bestandsübertragung erworben hat. Der Nachweis des Vorbesitzes kann bei Inhaberaktien durch eine Bestätigung des depotführenden Instituts erbracht werden.

Ein Verlust der Aktionärsstellung des Antragstellers infolge eines Squeeze-out vor der Entscheidung über den Antrag führt dazu, dass der Antrag auf gerichtliche Bestellung von Sonderprüfern unzulässig wird.[1] Maßgebend ist nur das **Halten der Aktien bis zur erstinstanzlichen Entscheidung**[2] über den Sonderprüfungsantrag. Auf die Frage, ob ein etwaiger Verlust der Rechtsposition freiwillig oder unfreiwillig erfolgt, kommt es nicht an.[3] Eine Depotbescheinigung mit Sperrvermerk reicht nicht für den Nachweis der Fortdauer des Aktienbesitzes, da der Sperrvermerk keine dingliche Wirkung hat. Vielmehr ist zusätzlich eine Verpflichtungserklärung des depotführenden Instituts erforderlich, dass dieses das Gericht bzw. die Gesellschaft bei Veränderungen des Aktienbestands unterrichten wird.[4]

16.29

Die Antragsteller haben darüber hinaus schlüssig und substantiiert[5] Tatsachen vorzutragen, die den Verdacht rechtfertigen, dass „**Unredlichkeiten oder grobe Verletzungen des Gesetzes oder der Satzung**" vorgekommen sind. Unredlichkeiten und grobe Verletzungen sind ins Kriminelle reichende Treuepflichtverstöße bzw. schwerwiegende und subjektiv vorwerfbare, sittlich anstößige Pflichtverletzungen.[6] „Unredlich" ist ein Verhalten, wenn es sittlich anstößig ist.[7] „Grob" ist eine Verletzung von Gesetz oder Satzung nur bei evidenten und schuldhaften, ihrer Art nach für verantwortlich handelnde Unternehmensleiter nicht hinnehmbaren Verstößen.[8] Für die Qualifikation als Unredlichkeit oder grobe Verletzung sind hohe Anforderungen zu stellen.[9] Erforderlich ist stets eine Gesamtwürdigung des Einzelfalls, bei der insbesondere der Grad des Verschuldens und das Ausmaß eines eingetretenen Schadens zu berücksichtigen sind.[10] Neben dem Verschulden und dem durch die Pflichtverletzung entstandenen Schaden lässt sich für die Frage, ob eine Verletzung „grob" ist, darauf ab-

16.30

---

1 OLG München v. 11.5.2010 – 31 Wx 14/10 Rz. 4, AG 2010, 457, 458; *Rieckers/Vetter* in KölnKomm. AktG, § 142 AktG Rz. 252. Vgl. demgegenüber BGH v. 9.10.2006 – II ZR 46/05 Rz. 16, AG 2006, 931, 932 – Massa: Fortführung aktienrechtlicher Anfechtungsklage in entsprechender Anwendung von § 265 Abs. 2 ZPO bei zwangsweisem Verlust der Aktionärsposition ebenso wie bei freiwilligem Verlust.
2 *Kamm*, S. 188 ff., 200.
3 OLG München v. 11.5.2010 – 31 Wx 14/10 Rz. 5, AG 2010, 457, 458.
4 OLG Düsseldorf v. 9.12.2009 – I-6 W 45/09, ZIP 2010, 28, 29 = AG 2010, 126 – IKB; *Spindler* in K. Schmidt/Lutter, § 142 AktG Rz. 43; *Rieckers/Vetter* in KölnKomm. AktG, § 142 AktG Rz. 254.
5 *Trölitzsch/Gunßer*, AG 2008, 833, 836; in der Sache ebenso OLG München v. 16.7.2007 – 31 Wx 29/07, AG 2008, 33, 35; *G. Bezzenberger* in Großkomm. AktG, § 142 AktG Rz. 62; *Mock* in Spindler/Stilz, § 142 AktG Rz. 130; *Schröer* in MünchKomm. AktG, § 142 AktG Rz. 71.
6 Näher Begr. RegE UMAG, BT-Drucks. 15/5092, S. 22; *Jänig*, S. 274 ff.; *Spindler* in K. Schmidt/Lutter, § 142 AktG Rz. 53 f.
7 OLG Köln v. 22.2.2010 – 18 W 1/10 Rz. 27, AG 2010, 414.
8 *Hüffer/Koch*, § 148 AktG Rz. 8; *Schröer* in MünchKomm. AktG, § 142 AktG Rz. 70.
9 Begr. RegE UMAG, BT-Drucks. 15/5092, S. 18; *Spindler* in K. Schmidt/Lutter, § 142 AktG Rz. 52.
10 *Mock* in Spindler/Stilz, § 142 AktG Rz. 128 f.; vgl. auch *Spindler* in K. Schmidt/Lutter, § 142 AktG Rz. 54.

stellen, dass die Umstände des Einzelfalls eine Nichtverfolgung unerträglich erscheinen lassen.[1] Der Eintritt von Nachteilen für die Gesellschaft genügt nicht, um auf eine Unredlichkeit oder grobe Verletzung schließen zu können.[2] Bei unternehmerischen Entscheidungen kann eine grobe Verletzung von Gesetz oder Satzung erst dann in Betracht kommen, wenn der Ermessensspielraum des § 93 Abs. 1 Satz 2 AktG eindeutig überschritten ist.[3] Eine grobe Verletzung des Gesetzes kann bei einer umstrittenen Rechtsfrage nicht vorliegen[4], insbesondere wenn der Vorstand sich auf eine vertretbare Ansicht stützt.

16.31 Die Antragsteller müssen **verdachtsbegründende Tatsachen substantiiert vortragen**. Unsubstantiierte Behauptungen, bloße Verdächtigungen oder Vermutungen reichen nicht aus. Die Antragsteller müssen die verdachtsbegründenden Tatsachen allerdings nicht beweisen oder glaubhaft machen.[5] Ein Verdacht ist nach überwiegender Auffassung gegeben, wenn nach der Überzeugung des Gerichts das Vorliegen von Unredlichkeiten oder groben Verletzungen des Gesetzes oder der Satzung nicht bloß möglich erscheint, sondern wahrscheinlich ist.[6] Es muss im Ergebnis mehr für als gegen das Vorliegen einer Unredlichkeit oder groben Pflichtverletzung sprechen.[7] Auch insoweit sollten aber, da es sich bei der Sonderprüfung um ein außerordentliches Informationsinstrument handelt, hohe Anforderungen gestellt werden.[8]

16.32 Erforderlich sind daher konkrete Verdachtsmomente, die eine **gesteigerte Wahrscheinlichkeit** für das Vorliegen von Unredlichkeiten oder grobe Verletzungen des Gesetzes oder der Satzung begründen. Ein bloßer Anfangsverdacht – also das Vorliegen von Tatsachen, die schwerwiegende Pflichtverletzungen lediglich als möglich erscheinen lassen – genügt nicht. Die Unredlichkeit oder grobe Pflichtverletzung muss infolge der behaupteten Tatsachen so weit indiziert sein, dass das Gericht – nach einer Anhörung von Gesellschaft und Aufsichtsrat[9] – von einem hinreichenden Verdacht überzeugt ist oder es sich zur Amtsermittlung veranlasst sieht.[10] Der Vortrag der Antragsteller kann das Gericht veranlassen, zu seiner Über-

---

1 OLG Düsseldorf v. 9.12.2009 – I-6 W 45/09 Rz. 26, ZIP 2010, 28, 30 = AG 2010, 126; OLG Köln v. 22.2.2010 – 18 W 1/10 Rz. 27, AG 2010, 414, 415; LG München I v. 9.6.2016 – 17 HK O 6754/15 Rz. 71, AG 2017, 84, 86.
2 OLG Köln v. 22.2.2010 – 18 W 1/10 Rz. 24, AG 2010, 414.
3 OLG Köln v. 22.2.2010 – 18 W 1/10, AG 2010, 414, 415; *Rieckers/Vetter* in KölnKomm. AktG, § 142 AktG Rz. 289.
4 OLG München v. 8.6.2011 – 31 Wx 81/10 Rz. 27, ZIP 2011, 1364, 1367 = AG 2011, 720 – LEW.
5 OLG München v. 16.7.2007 – 31 Wx 29/07, AG 2008, 33, 35; OLG Düsseldorf v. 9.12.2009 – I-6 W 45/09, ZIP 2010, 28, 30 = AG 2010, 126 – IKB; OLG München v. 25.3.2010 – 31 Wx 144/09, Rz. 17, AG 2010, 598, 599; OLG Frankfurt a.M. v. 15.6.2011 – 21 W 18/11 Rz. 29, ZIP 2011, 1764, 1765 = AG 2011, 755 – Commerzbank; *Hüffer/Koch*, § 142 AktG Rz. 20; *Spindler* in K. Schmidt/Lutter, § 142 AktG Rz. 56; *Spindler*, NZG 2010, 281, 282.
6 OLG Düsseldorf v. 9.12.2009 – I-6 W 45/09, ZIP 2010, 28, 30 = AG 2010, 126 – IKB; OLG Köln v. 22.2.2010 – 18 W 1/10 Rz. 28, AG 2010, 414, 415; LG München I v. 9.6.2016 – 17 HK O 6754/15 Rz. 52, AG 2017, 84, 85; LG Heidelberg v. 28.7.2016 – 2 O 240/14 Rz. 228, ZIP 2016, 2318, 2319 = AG 2017, 162; *Schröer* in MünchKomm. AktG, § 142 AktG Rz. 71; *Spindler* in K. Schmidt/Lutter, § 142 AktG Rz. 55.
7 OLG Frankfurt a.M. v. 13.1.2011 – 21 W 16/11 Rz. 27, juris = BeckRS 2012, 10249.
8 Ebenso *Trölitzsch/Gunßer*, AG 2008, 833, 836.
9 OLG Stuttgart v. 15.6.2010 – 8 W 391/08 Rz. 19, NZG 2010, 864, 865 = AG 2010, 717.
10 OLG Frankfurt a.M. v. 15.6.2011 – 21 W 18/11 Rz. 29, ZIP 2011, 1764, 1765 = AG 2011, 755; LG München I v. 9.6.2016 – 17 HK O 6754/15 Rz. 52, AG 2017, 84, 85; zu Praxisfällen vgl. *Decher* in FS Baums, S. 279, 286–288.

zeugungsbildung von Amts wegen ergänzende Ermittlungen anzustellen.[1] Den Umfang dieser Ermittlungen bestimmt das Gericht nach pflichtgemäßem Ermessen.[2]

Bei seiner Entscheidung hat das Gericht auch **Verhältnismäßigkeitserwägungen** anzustellen. Es dürfen keine überwiegenden Gründe des Gesellschaftswohls die Sonderprüfung als unverhältnismäßig erscheinen lassen.[3] Die Anordnung einer Sonderprüfung ist abzulehnen, wenn die Kosten und negativen Auswirkungen einer Sonderprüfung für die Gesellschaft nicht in angemessenem Verhältnis zu dem durch das Fehlverhalten ausgelösten Schaden und den durch die Sonderprüfung erzielbaren Vorteilen stehen.[4]

16.33

Neben der Geringfügigkeit des Schadens kann die Beschränktheit der Haftungsmasse infolge einer begrenzten finanziellen Leistungsfähigkeit des Organmitglieds für eine Unverhältnismäßigkeit sprechen.[5] Der Anstieg von Schadensersatzklagen von Anlegern spricht nicht per se gegen die **Verhältnismäßigkeit**. Der Gesetzgeber hat entsprechende Nachteile bewusst in Kauf genommen, da die Sonderprüfung der Vorbereitung entsprechender Folgeschritte gerade dienen soll.[6] Vor dem Hintergrund, dass der Sonderprüfung gewisse Nachteile, insbesondere die negative Öffentlichkeitswirkung, bereits inhärent sind, können im Rahmen der Verhältnismäßigkeitsprüfung nur atypische Nachteile und Risiken berücksichtigt werden. Dazu kann beispielsweise zählen, wenn erst mit Hilfe der durch die Sonderprüfung ermittelten Tatsachengrundlage Dritte Ansprüche gegen die Gesellschaft rechtlich durchsetzen können.[7]

16.34

Darüber hinaus hat das Gericht auch rechtsmissbräuchliche Sonderprüfungsanträge zurückzuweisen. **Rechtsmissbrauch** wird *insbesondere* in folgenden Fällen vorliegen:

16.35

– Der oder die Antragsteller wollen mit dem Antrag nur einen Lästigkeitswert aufbauen, um sich diesen später abkaufen zu lassen (*Fallgruppe der grob eigennützigen Zweckverfolgung*).[8] § 142 Abs. 2 Satz 3 i.V.m. § 149 AktG bewirkt durch die Veröffentlichungspflicht für Vereinbarungen zur Vermeidung der Sonderprüfung einen gewissen Missbrauchsschutz.[9]

---

1 OLG München v. 16.7.2007 – 31 Wx 29/07, AG 2008, 33, 35; OLG Düsseldorf v. 9.12.2009 – I-6 W 45/09, ZIP 2010, 28, 30 = AG 2010, 126 – IKB; OLG München v. 25.3.2010 – 31 Wx 144/09 Rz. 17, AG 2010, 598, 599; OLG München v. 30.8.2010 – 31 Wx 24/10 Rz. 11, WM 2010, 2270, 2272 = AG 2010, 840; *Spindler*, NZG 2010, 281, 282; *Jänig*, S. 286; *G. Bezzenberger* in Großkomm. AktG, § 142 AktG Rz. 61.
2 OLG Stuttgart v. 15.6.2010 – 8 W 391/08 Rz. 19, NZG 2010, 864, 865 = AG 2010, 717.
3 OLG Frankfurt a.M. v. 13.1.2011 – 21 W 16/11 Rz. 28, juris = BeckRS 2012, 10249; *Trölitzsch/Gunßer*, AG 2008, 833, 838.
4 OLG Düsseldorf v. 9.12.2009 – I-6 W 45/09, ZIP 2010, 28, 30 = AG 2010, 126 – IKB; Begr. RegE, BT-Drucks. 15/5092, S. 18; *Kirschner*, S. 89; *Mock* in Spindler/Stilz, § 142 AktG Rz. 132 f.; *Mutter/Quinke*, EWiR 2010, 171, 172; *Spindler*, NZG 2010, 281, 282; *Trölitzsch/Gunßer*, AG 2008, 833, 837 f.; ebenso, aber mit Zweifeln, da die allgemeine Missbrauchsgrenze genügen soll, *Spindler* in K. Schmidt/Lutter, § 142 AktG Rz. 52; *Fleischer*, NJW 2005, 3525, 3527.
5 *Müller-Michaels/Wingerter*, AG 2010, 903, 909.
6 *Mock* in Spindler/Stilz, § 142 AktG Rz. 132; *Spindler*, NZG 2010, 281, 283; *Rieckers/Vetter* in KölnKomm. AktG, § 142 AktG Rz. 302.
7 *Müller-Michaels/Wingerter*, AG 2010, 903, 909 f.
8 OLG München v. 16.7.2007 – 31 Wx 29/07, AG 2008, 33, 34 f.; OLG München v. 25.3.2010 – 31 Wx 144/09, Rz. 25, AG 2010, 598, 600; *Hüffer/Koch*, § 142 AktG Rz. 21; *Kirschner*, S. 87; *Spindler* in K. Schmidt/Lutter, § 142 AktG Rz. 59.
9 Näher dazu *Rieckers/Vetter* in KölnKomm. AktG, § 142 AktG Rz. 317 ff.

- Die betreffenden Vorgänge sind bereits auf andere Weise aufgeklärt worden und diese Informationen stehen den Aktionären zur Verfügung bzw. die Tatsachen stehen unstreitig fest und es sind nur zwischen den Beteiligten umstrittene Rechtsfragen ungeklärt[1] (*Fallgruppe des fehlenden Informationsbedürfnisses*).[2] Nach einem Teil der Literatur soll es zutreffenderweise an einem Informationsbedürfnis auch schon dann fehlen, wenn der zu prüfende Sachverhalt dem Antragsteller oder den Antragstellern persönlich bekannt ist, z.B. aufgrund von persönlicher Mitwirkung oder sonstigen Insiderkenntnissen.[3]

- Die Sonderprüfung kann keinerlei haftungsrechtliche oder personelle Konsequenzen mehr nach sich ziehen (*Fallgruppe der offensichtlichen Folgenlosigkeit*)[4], wobei diese Fallgruppe allerdings wegen der Begrenzung des Antragsrechts auf Geschäftsführungsvorgänge der letzten fünf bzw. zehn Jahre selten zum Tragen kommen dürfte.

16.36 Das Landgericht entscheidet über den Antrag durch **Beschluss**. Vor der Entscheidung sind u.a. Vorstand und Aufsichtsrat anzuhören (§ 142 Abs. 5 Satz 1 AktG). Hinsichtlich der Auswahl des Sonderprüfers hat das Gericht die Anforderungen des § 143 AktG zu beachten (s. Rz. 16.23). Entgegen der h.M.[5] hat das LG Frankfurt a.M.[6] verneint, dass das Gericht von der Person des in dem Antrag der Hauptversammlung vorgeschlagenen Sonderprüfers abweichen können soll. Die Person des Sonderprüfers sei Gegenstand der einheitlichen Beschlussfassung der Hauptversammlung und es sei nicht auszuschließen, dass die ablehnende Beschlussfassung der Hauptversammlung allein auf die konkrete Person des vorgeschlagenen Sonderprüfers zurückzuführen sei.

16.37 Gibt das Gericht dem Antrag statt, kann die betroffene Gesellschaft beim Oberlandesgericht[7] nach § 142 Abs. 5 Satz 2 AktG, §§ 58 ff. FamFG **Beschwerde** gegen den Beschluss einlegen. Der Beschluss des Landgerichts wird jedoch mit Bekanntgabe bzw. Zustellung unmittelbar wirksam. Daher kann mit der Sonderprüfung trotz der Beschwerde begonnen werden, wenn das Beschwerdegericht nicht gem. § 64 Abs. 3 FamFG auf Antrag der Gesellschaft die Vollziehung des angefochtenen Beschlusses aussetzt. Gegen die Beschwerdeentscheidung des Oberlandesgerichts ist die Rechtsbeschwerde zum BGH nach §§ 70 ff. FamFG nur dann statthaft, wenn das Beschwerdegericht sie zugelassen hat (§ 70 Abs. 1 FamFG). Eine Nichtzulassungsbeschwerde gibt es nicht.

---

1 KG Berlin v. 5.1.2012 – 2 W 95/11 Rz. 29, ZIP 2012, 672, 673 = AG 2012, 412.
2 LG München I v. 9.6.2016 – 17 HK O 6754/15 Rz. 81, AG 2017, 84, 87: dort Einordnung als Zurückweisung wegen fehlenden Rechtsschutzbedürfnisses; *Holzborn/Jänig* in Bürgers/Körber, § 142 AktG Rz. 21; *Jänig*, S. 319; *Schröer* in MünchKomm. AktG, § 142 AktG Rz. 106; *Rieckers/Vetter* in KölnKomm. AktG, § 142 AktG Rz. 256, 313; *Spindler* in K. Schmidt/Lutter, § 142 AktG Rz. 59 („Anträge bezüglich offen liegender Sachverhalte"); s. auch OLG Frankfurt a.M. v. 15.6.2011 – 21 W 18/11, ZIP 2011, 1764, 1770 f. = AG 2011, 755 – Commerzbank; OLG Stuttgart v. 25.11.2008 – 8 W 370/08, AG 2009, 169, 171.
3 *Kirschner*, S. 88; *Schröer* in MünchKomm. AktG, § 142 AktG Rz. 106; a.A. *Jänig*, S. 319.
4 *Hüffer/Koch*, § 142 AktG Rz. 21; *Kirschner*, S. 88 f.; *Schröer* in MünchKomm. AktG, § 142 AktG Rz. 106; für Unzulässigkeit wegen mangelnden Rechtsschutzbedürfnisses *G. Bezzenberger* in Großkomm. AktG, § 142 AktG Rz. 58 und *Mock* in Spindler/Stilz, § 142 AktG Rz. 137; *Rieckers/Vetter* in KölnKomm. AktG, § 142 AktG Rz. 314.
5 *G. Bezzenberger* in Großkomm. AktG, § 142 AktG Rz. 66; *Mock* in Spindler/Stilz, § 142 AktG Rz. 148; *Spindler* in K. Schmidt/Lutter, § 142 AktG Rz. 61.
6 LG Frankfurt a.M. v. 23.2.2016 – 3-16 O 2/15 Rz. 60, ZIP 2016, 575, 576 = AG 2016, 511.
7 § 119 Abs. 1 Nr. 2 GVG.

Wenn ein Ablehnungsgrund i.S. von § 142 Abs. 4 Satz 1 AktG vorliegt, kann ein *von der Hauptversammlung bestellter* **Sonderprüfer** auf Antrag einer dem Quorum aus Abs. 2 entsprechenden qualifizierten Minderheit durch das Gericht **ausgewechselt** werden. Der Antrag auf gerichtliche Bestellung eines anderen Sonderprüfers muss innerhalb zwei Wochen seit dem Tage der Hauptversammlung gestellt werden. § 142 Abs. 4 AktG ist nach zutreffender, aber umstrittener Auffassung auf eine *gerichtliche Bestellung* des Sonderprüfers gem. § 142 Abs. 2 AktG weder unmittelbar noch entsprechend anwendbar.[1] Allerdings ermöglicht § 48 Abs. 1 FamFG unter bestimmten Voraussetzungen die Abänderung des Bestellungsbeschlusses nach Eintritt der formellen Rechtskraft.[2]

16.38

3. Rechtsverhältnis des Sonderprüfers zur Gesellschaft

Der Sonderprüfer ist nicht Organ der Gesellschaft, sondern steht zu ihr in einem **vertraglichen Sonderrechtsverhältnis**, das durch die Annahme der Bestellung durch den Sonderprüfer zustande kommt.[3] Für den im Hauptversammlungsbeschluss genannten Sonderprüfer besteht keine Pflicht zur Annahme der Bestellung bzw. zum Abschluss eines Prüfungsvertrags. Daher ist zu empfehlen, sich der Bereitschaft zur Annahme des Mandats rechtzeitig vor der Hauptsammlung zu versichern.[4]

16.39

Das Vertragsverhältnis mit dem Sonderprüfer wird als **entgeltlicher Geschäftsbesorgungsvertrag** mit werkvertraglichem Charakter qualifiziert.[5] Hauptleistungspflichten für den Sonderprüfer sind die Durchführung der Sonderprüfung und die Erstattung eines schriftlichen Prüfungsberichts. Im Prüfungsvertrag wird regelmäßig eine Vergütungsvereinbarung getroffen. Andernfalls wird dem Sonderprüfer die übliche Vergütung (§ 632 Abs. 2 BGB) geschuldet.[6] Wird mit einem vom Gericht bestellten Sonderprüfer kein Geschäftsbesorgungsvertrag abgeschlossen, kann der Sonderprüfer beim Landgericht die Festsetzung einer Vergütung und angemessener Auslagen gem. § 142 Abs. 6 Satz 1 AktG beantragen.[7]

16.40

Welche Prüfungshandlungen im Hinblick auf den von der Hauptversammlung vorgegebenen Prüfungsgegenstand erforderlich sind, entscheidet der Sonderprüfer im Rahmen seiner Eigenverantwortlichkeit nach eigenem Ermessen. Ein **Weisungsrecht der Gesellschaft** be-

16.41

---

1 Ebenso *Rieckers/Vetter* in KölnKomm. AktG, § 142 AktG Rz. 335; *Mock* in Spindler/Stilz, § 142 AktG Rz. 168, 180; *Kirschner*, S. 173; *Herrler* in Grigoleit, § 142 AktG Rz. 32; *Schröer* in MünchKomm. AktG, § 142 AktG Rz. 82; a.A. *Spindler* in K. Schmidt/Lutter, § 142 AktG Rz. 77; *G. Bezzenberger* in Großkomm. AktG, § 142 AktG Rz. 70, 79.
2 Dazu *Rieckers/Vetter* in KölnKomm. AktG, § 143 AktG Rz. 37 ff.
3 *G. Bezzenberger* in Großkomm. AktG, § 142 AktG Rz. 41 f., 69 mit Fn. 151; *Spindler* in K. Schmidt/Lutter, § 142 AktG Rz. 37, 61; hinsichtlich des Rechtsverhältnisses differenzierend, aber ohne Unterschied in den praktischen Ergebnissen *Mock* in Spindler/Stilz, § 142 AktG Rz. 151; *Hüffer/Koch*, § 142 AktG Rz. 33: nur vertragsähnliches Rechtsverhältnis bei gerichtlicher Bestellung des Sonderprüfers.
4 So auch *Schröer* in MünchKomm. AktG, § 142 AktG Rz. 51; *Rieckers/Vetter* in KölnKomm. AktG, § 142 AktG Rz. 195.
5 OLG Düsseldorf v. 25.3.2011 – I-22 U 162/10 Rz. 35, juris; für die GmbH: LG Frankenthal v. 9.8.2012 – 2 HK O 23/12 Rz. 21, BB 2012, 2970, 2971; *Spindler* in K. Schmidt/Lutter, § 142 AktG Rz. 36, 61.
6 *Rieckers/Vetter* in KölnKomm. AktG, § 142 AktG Rz. 199; *Schröer* in MünchKomm. AktG, § 142 AktG Rz. 52; *Wilsing/von der Linden* in Heidel, § 142 AktG Rz. 23.
7 Dazu im Detail *Rieckers/Vetter* in KölnKomm. AktG, § 142 AktG Rz. 376–382.

steht weder entsprechend § 675 Abs. 1 i.V.m. § 665 BGB noch kann dieses im Prüfungsvertrag vereinbart werden.[1]

4. Rechte und Pflichten des Sonderprüfers

a) Rechte

16.42 Die Rechte des durch die Hauptversammlung oder das Gericht bestellten Sonderprüfers sind gesetzlich in § 145 Abs. 1–3 AktG geregelt. Der Sonderprüfer kann **Hilfspersonen** einsetzen und sie bevollmächtigen, die ihm zustehenden Rechte auszuüben.[2] Sind **mehrere Sonderprüfer** bestellt, so stehen jedem einzelnen von ihnen die Rechte aus § 145 AktG zu.[3]

16.43 Gem. § 145 Abs. 1 AktG hat der Sonderprüfer ein weit reichendes **Prüfungsrecht**, das sich auf sämtliche **Geschäftsunterlagen und Vermögensgegenstände der Gesellschaft** erstreckt, die mit dem Gegenstand der Sonderprüfung im Zusammenhang stehen können. Vermögensgegenstände sind sämtliche Aktiva und Passiva der Gesellschaft.[4] Das Prüfungsrecht bezieht sich außerdem auf die Geschäftsunterlagen der Gesellschaft, die vom Gesetz als „Bücher und Schriften" bezeichnet werden. Bücher sind die Handelsbücher i.S. von § 238 Abs. 1 Satz 1 HGB.[5] Der Begriff der Schriften wird weit ausgelegt.[6] Er umfasst sämtliche Dokumente, die einen sachlichen Bezug zur Gesellschaft haben, u.a. die gesamte Buchführung, Geschäftskorrespondenz, Verträge und Vermerke. Unerheblich ist, ob die Geschäftsunterlagen in schriftlicher oder elektronischer Form vorliegen. Auf eigene Unterlagen verbundener Unternehmen erstreckt sich das Prüfungsrecht nach h.M. dagegen nicht.[7]

16.44 **Grenze** des Prüfungsrechts ist nach h.M. nur der Rechtsmissbrauch.[8] Auch vertrauliche Unterlagen wie etwa Protokolle von Vorstands- oder Aufsichtsratssitzungen dürfen demnach in der Regel nicht zurückgehalten werden. Die Grenze des Rechtsmissbrauchs ist erst erreicht, wenn der Sonderprüfer Prüfungshandlungen vornehmen will, die unter keinem denkbaren Gesichtspunkt im Zusammenhang mit dem Gegenstand der Sonderprüfung stehen können.[9]

16.45 Der Sonderprüfer muss das Prüfungsrecht **gegenüber dem Vorstand** geltend machen.[10] Er darf sich zur Durchsetzung seines Prüfungsrechts also nicht direkt an Angestellte der Gesell-

---

1 *Rieckers/Vetter* in KölnKomm. AktG, § 142 AktG Rz. 199; *Mock* in Spindler/Stilz, § 142 AktG Rz. 96; *Wilsing/von der Linden* in Heidel, § 142 AktG Rz. 23.
2 *G. Bezzenberger* in Großkomm. AktG, § 145 AktG Rz. 13, 18; *Spindler* in K. Schmidt/Lutter, § 145 AktG Rz. 6.
3 *G. Bezzenberger* in Großkomm. AktG, § 145 AktG Rz. 13, 18; *Spindler* in K. Schmidt/Lutter, § 145 AktG Rz. 6.
4 *G. Bezzenberger* in Großkomm. AktG, § 145 AktG Rz. 12; *Jänig*, S. 358; *Kirschner*, S. 229.
5 *G. Bezzenberger* in Großkomm. AktG, § 145 AktG Rz. 12; *Mock* in Spindler/Stilz, § 145 AktG Rz. 11; *Spindler* in K. Schmidt/Lutter, § 145 AktG Rz. 7.
6 Vgl. *G. Bezzenberger* in Großkomm. AktG, § 145 AktG Rz. 12; *Mock* in Spindler/Stilz, § 145 AktG Rz. 11; *Spindler* in K. Schmidt/Lutter, § 145 AktG Rz. 7.
7 *G. Bezzenberger* in Großkomm. AktG, § 145 AktG Rz. 25; *Spindler* in K. Schmidt/Lutter, § 145 AktG Rz. 18; *Hüffer*, ZHR 174 (2010), 642, 668 f.; *Wilsing*, S. 89 f.; für ein konzernweites Prüfungsrecht aber *Uwe H. Schneider*, AG 2008, 305, 309 f.
8 *Hüffer/Koch*, § 145 AktG Rz. 2; *Rieckers/Vetter* in KölnKomm. AktG, § 145 AktG Rz. 50; *Spindler* in K. Schmidt/Lutter, § 145 AktG Rz. 9.
9 *G. Bezzenberger* in Großkomm. AktG, § 145 AktG Rz. 16; *Hüffer/Koch*, § 145 AktG Rz. 2; *Spindler* in K. Schmidt/Lutter, § 145 AktG Rz. 9.
10 *Mock* in Spindler/Stilz, § 145 AktG Rz. 13; *Rieckers/Vetter* in KölnKomm. AktG, § 145 AktG Rz. 46.

schaft wenden und hat auch kein eigenes Zutrittsrecht zu den Räumlichkeiten der Gesellschaft.[1] Der Vorstand ist jedoch verpflichtet, die Prüfung durch den Sonderprüfer zu gestatten. Das geht über eine bloße Duldung hinaus und verlangt eine **aktive Unterstützung** des Sonderprüfers.[2] Der Vorstand muss dafür sorgen, dass dem Sonderprüfer auf Verlangen Unterlagen im Original vorgelegt oder zugänglich gemacht sowie Räume und Hilfsmittel zur Verfügung gestellt werden.[3] Die Unterlagen können dem Sonderprüfer in einem physischen oder virtuellen Datenraum zur Verfügung gestellt werden.[4] Die Pflicht zur Unterstützung dürfte aber richtigerweise nur so weit reichen, wie dies nach den Umständen des Einzelfalls erforderlich ist, um eine angemessene Ausübung des Prüfungsrechts zu ermöglichen.

16.46 Von den ihm vorgelegten Geschäftsunterlagen darf der Sonderprüfer **Kopien** anfertigen.[5] Das Recht, Originalunterlagen, Datenträger oder sonstige Aufzeichnungen aus den Geschäftsräumen zu entfernen, besteht allerdings nicht.[6]

16.47 Gem. § 145 Abs. 2 AktG hat der Sonderprüfer außerdem das Recht, **Auskünfte** von den Mitgliedern des Vorstands und des Aufsichtsrats einzuholen. Das Auskunftsrecht beschränkt sich nicht auf die Organmitglieder der Gesellschaft, für die der Sonderprüfer bestellt worden ist, sondern erstreckt sich gem. § 145 Abs. 3 AktG auch auf Organmitglieder in verbundenen Unternehmen i.S. von §§ 17, 18 AktG.

16.48 Das Auskunftsrecht ist schon nach dem Gesetzeswortlaut insofern begrenzt, als es nur besteht, soweit es für eine sorgfältige Prüfung notwendig ist. Auskünfte soll der Sonderprüfer danach **nur im Rahmen des von der Hauptversammlung oder dem Gericht vorgegebenen Prüfungsthemas** verlangen können.[7] Gleichzeitig wird allerdings betont, dass hinsichtlich der Notwendigkeit einer Auskunft für den Prüfungsgegenstand ein Beurteilungsspielraum des Sonderprüfers anzuerkennen sei.[8] Der Sonderprüfer muss die Notwendigkeit der Auskunft aber plausibel machen.[9]

16.49 Äußerste Grenze des Auskunftsrechts ist der **Rechtsmissbrauch**.[10] Er wird dann angenommen, wenn das Auskunftsrecht offensichtlich unsachgemäß ausgeübt wird.[11]

---

1 OLG München v. 28.11.2007 – 7 U 4498/07, AG 2008, 172, 176.
2 BayObLG v. 26.1.2000 – 3Z BR 410/99, ZIP 2000, 668, 669 = GmbHR 2000, 389; *G. Bezzenberger* in Großkomm. AktG, § 145 AktG Rz. 9; *Hüffer/Koch*, § 145 AktG Rz. 2; *Spindler* in K. Schmidt/Lutter, § 145 AktG Rz. 8.
3 *G. Bezzenberger* in Großkomm. AktG, § 145 AktG Rz. 9; *Hüffer/Koch*, § 145 AktG Rz. 2; *Spindler* in K. Schmidt/Lutter, § 145 AktG Rz. 8.
4 *Bungert/Rothfuchs*, DB 2011, 1677, 1679.
5 *G. Bezzenberger* in Großkomm. AktG, § 145 AktG Rz. 15; *Mock* in Spindler/Stilz, § 145 AktG Rz. 11; *Spindler* in K. Schmidt/Lutter, § 145 AktG Rz. 7.
6 *Bungert/Rothfuchs*, DB 2011, 1677, 1680.
7 *Hüffer/Koch*, § 145 AktG Rz. 4; *Schröer* in MünchKomm. AktG, § 145 AktG Rz. 16; *Spindler* in K. Schmidt/Lutter, § 145 AktG Rz. 12.
8 *G. Bezzenberger* in Großkomm. AktG, § 145 AktG Rz. 19; *Spindler* in K. Schmidt/Lutter, § 145 AktG Rz. 12.
9 *G. Bezzenberger* in Großkomm. AktG, § 145 AktG Rz. 19; *Rieckers/Vetter* in KölnKomm. AktG, § 145 AktG Rz. 61; *Spindler* in K. Schmidt/Lutter, § 145 AktG Rz. 12.
10 *G. Bezzenberger* in Großkomm. AktG, § 145 AktG Rz. 19 i.V.m. Rz. 16; *Rieckers/Vetter* in KölnKomm. AktG, § 145 AktG Rz. 50; *Spindler* in K. Schmidt/Lutter, § 145 AktG Rz. 12.
11 *G. Bezzenberger* in Großkomm. AktG, § 145 AktG Rz. 19 i.V.m. Rz. 16; *Mock* in Spindler/Stilz, § 145 AktG Rz. 16.

16.50 Außerdem können den Organmitgliedern gegenüber dem Sonderprüfer **Auskunftsverweigerungsrechte** zustehen. Nach der ganz herrschenden Auffassung in der Literatur besteht ein Auskunftsverweigerungsrecht jedenfalls dann, wenn das Organmitglied sich durch seine Aussage strafbar machen würde.[1] Unterschiedlich beurteilt wird, ob ein Organmitglied die Aussage auch dann verweigern darf, wenn es sich durch seine Auskunft der Gefahr der Strafverfolgung aussetzen würde. Die überwiegende Auffassung in der Literatur spricht sich zu Recht für ein solches Auskunftsverweigerungsrecht aus.[2] Nach der Gegenauffassung soll das Organmitglied zur Auskunft verpflichtet bleiben und durch ein strafprozessuales Verwertungsverbot geschützt werden.[3] Für die überwiegende Auffassung spricht der „nemo tenetur"-Grundsatz, der in den § 55 Abs. 1 StPO, § 384 Nr. 2 ZPO zum Ausdruck kommt.[4] Die Gegenauffassung verkennt, dass es nicht bloß um die Verwertung von Aussagen in einem Strafprozess geht, sondern um das Risiko einer Strafverfolgung aufgrund eigener Aussagen. Der Auskunftspflichtige soll es gerade selbst in der Hand haben, zu verhindern, dass seine Aussagen das Material für eine Strafverfolgung liefern.

16.51 Weitere Auskunftsverweigerungsrechte bestehen nach allgemeiner Meinung nicht.[5] Insbesondere sollen sich die Organmitglieder gegenüber dem Sonderprüfer nicht auf die **Auskunftsverweigerungsgründe** nach § 131 Abs. 3 Satz 1 Nr. 1–4 AktG berufen können. Sie müssen demzufolge auch solche Auskünfte erteilen, die geeignet sind, der Gesellschaft einen nicht unerheblichen Nachteil zuzufügen. Das Geheimhaltungsinteresse der Gesellschaft wird nach den Wertungen aus § 145 Abs. 4 und Abs. 6 Satz 2 AktG erst berücksichtigt, wenn es um die Veröffentlichung der Ermittlungsergebnisse im Prüfungsbericht geht.[6]

16.52 Der Sonderprüfer kann **Auskünfte von den einzelnen Organmitgliedern** verlangen.[7] Auskunftspflichtig sind aber nur die gegenwärtigen Organmitglieder.[8] Auch Angestellte der Gesellschaft sind gegenüber dem Sonderprüfer nicht zur Auskunft verpflichtet.[9] Allerdings wird der **Vorstand** als verpflichtet angesehen, den Sonderprüfer im Hinblick auf die Erlangung von prüfungsrelevanten Auskünften zu unterstützen. Dementsprechend wird in der Literatur vielfach davon ausgegangen, dass der Vorstand Auskunftsansprüche der Gesellschaft gegen frühere Organmitglieder geltend machen[10] sowie Angestellte zur Erteilung von Auskünften anweisen muss, jedenfalls dann, wenn die Auskunft nur von dem betreffenden Angestellten erlangt

---

1 *Spindler* in K. Schmidt/Lutter, § 145 AktG Rz. 14; *G. Bezzenberger* in Großkomm. AktG, § 145 AktG Rz. 20; *Schröer* in MünchKomm. AktG, § 145 AktG Rz. 18; einschränkend aber *Jänig*, S. 360 f. mit Fn. 2117.
2 *G. Bezzenberger* in Großkomm. AktG, § 145 AktG Rz. 20; *Mock* in Spindler/Stilz, § 145 AktG Rz. 17; *Schröer* in MünchKomm. AktG, § 145 AktG Rz. 18.
3 *Jänig*, S. 361 ff.; *Spindler* in K. Schmidt/Lutter, § 145 AktG Rz. 14; *Rieckers/Vetter* in KölnKomm. AktG, § 145 AktG Rz. 65–66.
4 *Bungert/Rothfuchs*, DB 2011, 1677, 1681.
5 *Spindler* in K. Schmidt/Lutter, § 145 AktG Rz. 13; *G. Bezzenberger* in Großkomm. AktG, § 145 AktG Rz. 20; *Schröer* in MünchKomm. AktG, § 145 AktG Rz. 17 f.; *Mock* in Spindler/Stilz, § 145 AktG Rz. 17.
6 Vgl. auch *Rieckers/Vetter* in KölnKomm. AktG, § 145 AktG Rz. 63–64.
7 *Hüffer/Koch*, § 145 AktG Rz. 3; *Mock* in Spindler/Stilz, § 145 AktG Rz. 14; *Schröer* in MünchKomm. AktG, § 145 AktG Rz. 13.
8 *Hüffer/Koch*, § 145 AktG Rz. 3; *Spindler* in K. Schmidt/Lutter, § 145 AktG Rz. 11.
9 *Hüffer/Koch*, § 145 AktG Rz. 3; *Spindler* in K. Schmidt/Lutter, § 145 AktG Rz. 11.
10 *G. Bezzenberger* in Großkomm. AktG, § 145 AktG Rz. 18; *Rieckers/Vetter* in KölnKomm. AktG, § 145 AktG Rz. 58.

werden kann.¹ Dabei habe der Vorstand für eine Auskunftserteilung *unmittelbar* an den Sonderprüfer zu sorgen.² In gleicher Weise soll der Vorstand auch verpflichtet sein, darauf hinzuwirken, dass andere Wissensträger wie z.B. Unternehmensberater oder informelle Sonderprüfer relevante Auskünfte an den Sonderprüfer erteilen.³

Eine Verpflichtung des Vorstands, dem Sonderprüfer eine **unmittelbare Befragung** von ehemaligen Organmitgliedern, Angestellten oder sonstigen Vertragspartnern zu ermöglichen, kann jedoch entgegen Stimmen aus der Literatur **nicht** angenommen werden, da das Auskunftsrecht des Sonderprüfers insoweit nur gegenüber dem Vorstand besteht. Der Sonderprüfer kann deshalb nur verlangen, dass der Vorstand prüfungsrelevante Auskünfte von den genannten Wissensträgern einholt und diese Auskünfte an ihn weiterleitet.⁴

16.53

Der Sonderprüfer kann die Verwaltungsmitglieder **mündlich befragen und/oder schriftliche Auskünfte verlangen**.⁵ Die Verwaltungsmitglieder dürfen sich nicht darauf beschränken, eine Frage gezielt und punktgenau zu beantworten, sondern müssen von sich aus alle nach dem Sinn der Fragestellung relevanten Informationen offenlegen.⁶ Teilweise wird sogar vertreten, dass der Vorstand verpflichtet sei, einen **einführenden Bericht** über die Vorgänge zu erstatten, die Gegenstand der Prüfung sind.⁷ Auch wenn hierzu keine Pflicht besteht, mag es in der Praxis – je nach Komplexität des Prüfungsgegenstands – pragmatisch und hilfreich sein, dem Sonderprüfer zu Beginn der Prüfung einen mündlichen oder schriftlichen überblicksartigen Bericht über den Prüfungsgegenstand zu erstatten.⁸

16.54

b) Pflichten

Die Pflichten des Sonderprüfers **entsprechen** im Wesentlichen denen des **Abschlussprüfers**. § 144 AktG verweist insoweit auf § 323 HGB. Zu den Pflichten des Sonderprüfers bei der Durchführung der Sonderprüfung gehört insbesondere, dass er die Sonderprüfung möglichst zügig beenden muss.⁹ Er ist außerdem gehalten, übermäßige Störungen des gewöhnlichen Geschäftsgangs der Gesellschaft zu vermeiden.¹⁰

16.55

Auf Verlangen hat der Sonderprüfer zwar der Gesellschaft über den **Stand** der Sonderprüfung **zu berichten** (§ 675 Abs. 1 i.V.m. § 666 BGB). Eine Pflicht zur Erstattung von Zwi-

16.56

---

1 *G. Bezzenberger* in Großkomm. AktG, § 145 AktG Rz. 18; *Spindler* in K. Schmidt/Lutter, § 145 AktG Rz. 11; *Schröer* in MünchKomm. AktG, § 145 AktG Rz. 15.
2 Eingehend *Kirschner*, S. 258 ff.; bezogen auf Auskünfte von Angestellten ausdrücklich *G. Bezzenberger* in Großkomm. AktG, § 145 AktG Rz. 18; *Spindler* in K. Schmidt/Lutter, § 145 AktG Rz. 11; *Mock* in Spindler/Stilz, § 145 AktG Rz. 15.
3 *Kirschner*, S. 251 ff.; *Mock* in Spindler/Stilz, § 145 AktG Rz. 22.
4 Ebenso nunmehr *Rieckers/Vetter* in KölnKomm. AktG, § 145 AktG Rz. 58 u. 59; wohl auch *Wilsing/von der Linden* in Heidel, § 145 AktG Rz. 5.
5 *Mock* in Spindler/Stilz, § 145 AktG Rz. 14; *Schröer* in MünchKomm. AktG, § 145 AktG Rz. 12; *Spindler* in K. Schmidt/Lutter, § 145 AktG Rz. 10; *Hirschmann* in Hölters, § 145 AktG Rz. 6.
6 *G. Bezzenberger* in Großkomm. AktG, § 145 AktG Rz. 17; *Hüffer/Koch*, § 145 AktG Rz. 4; *Spindler* in K. Schmidt/Lutter, § 145 AktG Rz. 10.
7 *G. Bezzenberger* in Großkomm. AktG, § 145 AktG Rz. 17; *Spindler* in K. Schmidt/Lutter, § 145 AktG Rz. 10.
8 *Bungert/Rothfuchs*, DB 2011, 1677, 1679.
9 *Kirschner*, S. 126; *Mock* in Spindler/Stilz, § 144 AktG Rz. 9.
10 *Mock* in Spindler/Stilz, § 144 AktG Rz. 9; *Rieckers/Vetter* in KölnKomm. AktG, § 144 AktG Rz. 34.

schenberichten oder zur Einreichung von Berichtsentwürfen besteht von Gesetzes wegen jedoch nicht. Sie kann auch vertraglich nicht vereinbart werden.[1] Zulässig dürfte allerdings eine Erörterung von Zwischenergebnissen mit dem Vorstand oder dem Aufsichtsrat in engen Grenzen sein, nämlich soweit dies im Einzelfall nicht zu einer Beeinträchtigung der Unabhängigkeit des Sonderprüfers führt.[2] Gerade die Diskussion einzelner Passagen des geplanten Berichts kann in der Sache förderlich sein.[3]

5. Durchsetzung der Rechte des Sonderprüfers

16.57 Kommen Vorstandsmitglieder ihren Pflichten gegenüber dem Sonderprüfer nicht nach, hat das Registergericht gem. § 407 Abs. 1 AktG ein **Zwangsgeld** gegen die betreffenden Personen festzusetzen, um sie zur Befolgung ihrer Pflichten anzuhalten. Eine Möglichkeit zur Zwangsgeldfestsetzung gegen Aufsichtsratsmitglieder ist hingegen nicht vorgesehen. Nach einhelliger Auffassung sind mit den Rechten des Sonderprüfers **keine klagbaren Ansprüche** verbunden. Der Sonderprüfer kann zur Durchsetzung seiner Rechte dementsprechend weder Klage erheben noch eine einstweilige Verfügung erwirken.[4] Zur Vermeidung solcher gerichtlicher Streitigkeiten kann sich zu Beginn der Sonderprüfung eine Verständigung zwischen Gesellschaft und Sonderprüfer auf Informationsregeln und ein Konsultationsverfahren bei Streit über die Informationspolitik des Unternehmens anbieten.[5] Im Übrigen ist die **Erteilung unrichtiger Auskünfte** durch Vorstands- oder Aufsichtsratsmitglieder gem. § 400 Abs. 1 Nr. 2 AktG mit Freiheitsstrafe bis zu drei Jahren oder mit Geldstrafe bedroht.

6. Beendigung der Sonderprüfung

16.58 Die Sonderprüfung endet mit Vorlage des schriftlichen **Prüfungsberichts** über die Ergebnisse der Sonderprüfung durch den Sonderprüfer.[6] Wie bei der Abschlussprüfung ist die Unterschrift des Sonderprüfers unter dem Prüfungsbericht mit Ort und Datum zu versehen.[7] Der Sonderprüfer hat seinen Bericht nach § 145 Abs. 6 Satz 3 AktG dem Vorstand vorzulegen und zum Handelsregister einzureichen.

16.59 Grundsätzlich sind gem. § 145 Abs. 6 Satz 2 AktG auch **Tatsachen**, deren Bekanntwerden geeignet ist, der Gesellschaft oder einem verbundenen Unternehmen einen **nicht unerheblichen Nachteil** zuzufügen, in den Prüfungsbericht aufzunehmen, wenn ihre Kenntnis zur Beurteilung des zu prüfenden Vorgangs durch die Hauptversammlung erforderlich ist. Allerdings hat das Landgericht dann dem Vorstand zu gestatten, dass bestimmte Tatsachen nicht in den Bericht aufgenommen werden, wenn überwiegende Belange der Gesellschaft dies gebieten und

---

1 *Wilsing/von der Linden* in Heidel, § 142 AktG Rz. 23; *Rieckers/Vetter* in KölnKomm. AktG, § 142 AktG Rz. 199; *Schröer* in MünchKomm. AktG, § 125 AktG Rz. 52.
2 So auch *Rieckers/Vetter* in KölnKomm. AktG, § 142 AktG Rz. 199 u. § 144 AktG Rz. 43; ähnlich auch *G. Bezzenberger* in Großkomm. AktG, § 144 AktG Rz. 14; a.A. *Jänig*, S. 380; *Kirschner*, S. 130.
3 *Bungert/Rothfuchs*, DB 2011, 1677, 1681.
4 *Jänig*, S. 373; *Mock* in Spindler/Stilz, § 145 AktG Rz. 23; *Schröer* in MünchKomm. AktG, § 145 AktG Rz. 22.
5 Ausführlich zur praktischen Vorgehensweise bei Sonderprüfungen *Bungert/Rothfuchs*, DB 2011, 1677, 1678 ff.
6 Zum Inhalt des schriftlichen Prüfungsberichts näher *Hüffer/Koch*, § 145 AktG Rz. 7; *Schröer* in MünchKomm. AktG, § 145 AktG Rz. 26 ff.; *Hüffer*, ZHR 174 (2010), 642, 643.
7 *Rieckers/Vetter* in KölnKomm. AktG, § 145 AktG Rz. 90.

sie zur Darlegung der Unredlichkeiten oder groben Verletzungen gem. § 142 Abs. 2 AktG nicht unerlässlich sind (§ 145 Abs. 4 AktG). Nach zutreffender Auffassung ist es zulässig, den Bericht zunächst dem Vorstand zuzuleiten, damit dieser ein Schwärzungsverfahren in Bezug auf geheimhaltungsbedürftige Informationen der Gesellschaft durchführen kann.[1]

Auf Verlangen hat der Vorstand jedem Aktionär eine **Abschrift des Prüfungsberichts** zu erteilen (§ 145 Abs. 6 Satz 4 AktG). Die Erteilung der Abschrift muss für den Aktionär unentgeltlich erfolgen, die Gesellschaft trägt insoweit die Kosten.[2] Anders als in anderen Fällen sieht das Gesetz nicht vor, dass die Aktionäre über das Vorliegen des Prüfungsberichts zu informieren sind. Dies kann allerdings freiwillig als Presseerklärung oder in den Gesellschaftsblättern erfolgen.[3]

16.60

Nach § 145 Abs. 6 Satz 5 AktG hat der Vorstand den Bericht außerdem dem Aufsichtsrat vorzulegen und bei der Einberufung der nächsten Hauptversammlung als Gegenstand der Tagesordnung bekanntzumachen. Im Regelfall dürfte für den Vorstand keine Pflicht bestehen, eine außerordentliche Hauptversammlung einzuberufen. Anders kann dies bei drohender Verjährung von Ansprüchen oder unaufschiebbaren personellen Konsequenzen sein.[4]

16.61

Eine von der **Hauptversammlung beschlossene Sonderprüfung** kann schon **vorzeitig** ohne besonderen Grund **beendet** werden, indem die Hauptversammlung den von ihr bestellten Sonderprüfer durch Beschluss mit einfacher Mehrheit abberuft und die Anordnung der Sonderprüfung aufhebt.[5] Es steht im freien Ermessen der Hauptversammlung, einen einmal gefassten Beschluss zur Durchführung einer Sonderprüfung aufzuheben.[6] Die Stimmverbote nach § 142 Abs. 1 Satz 2 und 3 AktG finden dabei entsprechende Anwendung.[7] Der abberufene Sonderprüfer ist selbst nicht befugt, seine Abberufung mit der Anfechtungsklage anzugreifen.[8]

16.62

Die **vorzeitige Abberufung** eines **gerichtlich bestellten Sonderprüfers** kann hingegen nicht durch die Hauptversammlung, sondern nur durch das Gericht erfolgen.[9] Das Gericht hat den

16.63

---

1 OLG Düsseldorf v. 26.11.2015 – I-3 Wx 134/14 Rz. 22 ff., ZIP 2016, 1022, 1024 f. = AG 2016, 295: Kein Gleichzeitigkeitserfordernis im Hinblick auf die von § 145 Abs. 6 Satz 3 AktG geforderte Vorlage gegenüber dem Vorstand und der Einreichung zum Handelsregister und immer noch Unverzüglichkeit der Zuleitung an das Handelsregister, wenn dem Vorstand zuvor ein Schwärzungsverfahren ermöglicht worden ist. S. hierzu bereits *Wilsing/von der Linden/Ogorek*, NZG 2010, 729 ff.; *Wilsing*, S. 130 ff.; allgemein zu Meinungsstreit zum Zeitpunkt der Antragstellung gem. § 145 Abs. 4 AktG (vor Unterzeichnung des Prüfungsberichts oder danach) vgl. *Rieckers/Vetter* in KölnKomm. AktG, § 145 AktG Rz. 135–139.
2 *Schröer* in MünchKomm. AktG, § 145 AktG Rz. 41; *Hüffer/Koch*, § 145 AktG Rz. 9.
3 *Bungert/Rothfuchs*, DB 2011, 1677, 1681.
4 *Bungert/Rothfuchs*, DB 2011, 1677, 1681-1682; *Rieckers/Vetter* in KölnKomm. AktG, § 145 AktG Rz. 168-169.
5 BGH v. 18.6.2013 – II ZA 4/12 Rz. 6, AG 2013, 634; *Schröer* in MünchKomm. AktG, § 142 AktG Rz. 99; *Mock* in Spindler/Stilz, § 142 AktG Rz. 99; *Spindler* in K. Schmidt/Lutter, § 142 AktG Rz. 75; OLG München v. 3.3.2010 – 7 U 4744/09, AG 2010, 673 – HVB zum vergleichbaren Fall der Abberufung eines durch die Hauptversammlung bestellten besonderen Vertreters.
6 OLG Düsseldorf v. 5.7.2012 – I-6 U 69/11 Rz. 89, NZG 2013, 546, 548 = AG 2013, 264.
7 *G. Bezzenberger* in Großkomm. AktG, § 142 AktG Rz. 43; *Hüffer/Koch*, § 142 AktG Rz. 34; *Spindler* in K. Schmidt/Lutter, § 142 AktG Rz. 75.
8 Implizit LG München I v. 27.8.2009 – 5HK O 21656/08, Der Konzern 2009, 624, 626 = AG 2009, 796, 798.
9 *Hüffer/Koch*, § 142 AktG Rz. 34; *Spindler* in K. Schmidt/Lutter, § 142 AktG Rz. 76.

Prüfer auf Antrag analog § 142 Abs. 4 AktG abzuberufen, jedenfalls wenn in seiner Person einer der Gründe des § 142 Abs. 4 Satz 1 AktG vorliegt.[1] Antragsbefugt ist zum einen eine Aktionärsminderheit analog § 142 Abs. 4 AktG, zum anderen zutreffenderweise aber auch der Vorstand im Hinblick auf das Interesse der Gesellschaft am Austausch eines gesetzwidrigen Prüfers.[2]

III. Konzernrechtliche Sonderprüfung gem. § 315 AktG

1. Verhältnis zur allgemeinen Sonderprüfung

16.64 Ein besonderer Anwendungsfall der (allgemeinen) Sonderprüfung nach § 142 AktG ist die konzernrechtliche Sonderprüfung nach § 315 AktG. Die **§§ 142 ff. AktG** finden daher auch auf die konzernrechtliche Sonderprüfung **Anwendung**, soweit § 315 AktG keine spezielle Regelung enthält.[3]

2. Gegenstand der Sonderprüfung

16.65 Die konzernrechtliche Sonderprüfung eröffnet den Aktionären die Möglichkeit, eine Sonderprüfung der geschäftlichen Beziehungen ihrer Gesellschaft zu dem herrschenden Unternehmen oder einem mit ihm verbundenen Unternehmen prüfen zu lassen. Untersucht wird dabei, ob die herrschende Gesellschaft die abhängige Gesellschaft zur Vornahme **nachteiliger Rechtsgeschäfte unter Verstoß gegen § 311 AktG** veranlasst hat.[4] In der Literatur wird zum Teil vertreten, die Sonderprüfung beschränke sich in zeitlicher Hinsicht auf das Geschäftsjahr, auf das sich der jeweils einschlägige Prüfungsanlass nach § 315 Satz 1 Nr. 1–3 AktG bzw. § 315 Satz 2 AktG beziehe. Vorgänge aus den Vorjahren sollen aber zu berücksichtigen sein, wenn sie für die Beurteilung des Prüfungsjahres relevant sind.[5]

---

1 *Schröer* in MünchKomm. AktG, § 142 AktG Rz. 102; *G. Bezzenberger* in Großkomm. AktG, § 142 AktG Rz. 70; weitergehend (ohne Voraussetzung eines wichtigen Grundes): *Hüffer/Koch*, § 142 AktG Rz. 34; *Rieckers/Vetter* in KölnKomm. AktG, § 142 AktG Rz. 323; *Spindler* in K. Schmidt/Lutter, § 142 AktG Rz. 76; a.A. Abberufung weder auf Antrag noch von Amts wegen möglich, auch nicht bei wichtigem Grund, sondern nur Möglichkeit der sofortigen Beschwerde: *Mock* in Spindler/Stilz, § 142 AktG Rz. 152 f. Wohl ebenfalls *Wilsing/von der Linden* in Heidel, § 142 AktG Rz. 48.
2 Zum Antragsrecht des Vorstands vgl. nur *G. Bezzenberger* in Großkomm. AktG, § 142 AktG Rz. 80; *Schröer* in MünchKomm. AktG, § 142 AktG Rz. 102; a.A. *Rieckers/Vetter* in KölnKomm. AktG, § 142 AktG Rz. 325; *Hüffer/Koch*, § 142 AktG Rz. 34.
3 OLG Hamm v. 29.6.2000 – 15 W 69/00 Rz. 12, ZIP 2000, 1299; OLG Frankfurt v. 2.6.2009 – 20 W 187/07 Rz. 9, NJW-RR 2009, 1411; OLG Stuttgart v. 15.6.2010 – 8 W 391/08 Rz. 16, AG 2010, 717, 718; OLG München v. 8.6.2011 – 31 Wx 81/10 Rz. 10, ZIP 2011, 1364, 1365 = AG 2011, 720 – LEW; *Habersack* in Emmerich/Habersack, Aktien- und GmbH-Konzernrecht, § 315 AktG Rz. 3; *Koppensteiner* in KölnKomm. AktG, § 315 AktG Rz. 2; *J. Vetter* in K. Schmidt/Lutter, § 315 AktG Rz. 3.
4 *Habersack* in Emmerich/Habersack, Aktien- und GmbH-Konzernrecht, § 315 AktG Rz. 17; *J. Vetter* in K. Schmidt/Lutter, § 315 AktG Rz. 22.
5 *Habersack* in Emmerich/Habersack, Aktien- und GmbH-Konzernrecht, § 315 AktG Rz. 17; *H.-F. Müller* in Spindler/Stilz, § 315 AktG Rz. 12; *J. Vetter* in K. Schmidt/Lutter, § 315 AktG Rz. 23; ebenso, aber beschränkt auf § 315 Satz 1 AktG *Altmeppen* in MünchKomm. AktG, § 315 AktG Rz. 32; *Noack*, WPg 1994, 225, 229.

3. Bestellung des Sonderprüfers

Nach § 315 Satz 1 AktG hat das Gericht schon auf **Antrag eines einzelnen Aktionärs** einen Sonderprüfer zu bestellen, wenn ein typisierter Verdachtsgrund nach § 315 Satz 1 Nr. 1–3 AktG vorliegt. Dies sind (1) die Einschränkung oder Versagung des Bestätigungsvermerks zum Bericht über die Beziehungen zu verbundenen Unternehmen durch den Abschlussprüfer, (2) die Erklärung des Aufsichtsrats, dass Einwendungen gegen die Erklärung des Vorstands am Schluss des Berichts über die Beziehungen zu verbundenen Unternehmen zu erheben sind, und (3) die Erklärung des Vorstands, dass die Gesellschaft durch bestimmte Rechtsgeschäfte oder Maßnahmen benachteiligt worden ist, ohne dass die Nachteile ausgeglichen worden sind.

16.66

Unabhängig von dem Vorliegen der in § 315 Satz 1 Nr. 1–3 AktG genannten Tatbestände hat das Gericht gem. § 315 Satz 2 AktG auf **Antrag einer qualifizierten Minderheit** einen Sonderprüfer zu bestellen, wenn der Verdacht einer pflichtwidrigen Nachteilszufügung aufgrund sonstiger Tatsachen gerechtfertigt ist.[1] Das Tatbestandsmerkmal der pflichtwidrigen Nachteilszufügung setzt einen Verstoß gegen § 311 AktG voraus, d.h. eine vom herrschenden Unternehmen veranlasste Nachteilszufügung ohne Nachteilsausgleich.[2] Ein ablehnender Hauptversammlungsbeschluss über die Sonderprüfung muss zuvor nicht gefasst worden sein.[3]

16.67

In Bezug auf die Tatbestandsmerkmale der Tatsache und des Verdachts gelten dieselben Anforderungen wie im Rahmen von § 142 Abs. 2 AktG.[4] Wie bei der allgemeinen Sonderprüfung nach § 142 Abs. 2 AktG sind wegen des Charakters der Sonderprüfung als außerordentliches Informationsinstrument **strenge Anforderungen an das Vorliegen eines Verdachts** zu stellen (Rz. 16.31–16.32). Pauschale Behauptungen können einen Verdacht nicht begründen. Die Antragsteller haben vielmehr konkrete Tatsachen vorzutragen, die objektiv darauf schließen lassen, dass pflichtwidrige Nachteilszufügungen stattgefunden haben.[5] Sie müssen einen konkreten Sachverhalt schildern, welcher den hinreichenden Verdacht einer konkreten und nicht nur abstrakten Gefährdung des Gesellschaftsvermögens begründet, während nicht maßgebend ist, ob tatsächlich ein Nachteil zugefügt worden ist.[6] Da es sich bei der Sonderprüfung nach § 315 AktG um einen besonderen Anwendungsfall der allgemeinen Sonderprüfung nach den §§ 142 ff. AktG handelt, muss insoweit auf die zu diesen Vorschriften entwickelten Auslegungsgrundsätze zurückgegriffen werden.[7]

16.68

Das von der Minderheit zu erreichende **Quorum** entspricht demjenigen in § 142 Abs. 2 AktG (Rz. 16.27). Die Antragsteller müssen glaubhaft machen, dass sie bei Antragstellung bereits seit mindestens drei Monaten Inhaber der Aktien sind. Nach zutreffender überwiegender Auf-

16.69

---

[1] Zur Verpflichtung des Gerichts bei Vorliegen der Voraussetzungen von § 315 Satz 2 AktG *Hüffer/Koch*, § 315 AktG Rz. 3a.
[2] *J. Vetter* in K. Schmidt/Lutter, § 315 AktG Rz. 10; *Altmeppen* in MünchKomm. AktG, § 315 AktG Rz. 17.
[3] *Habersack* in Emmerich/Habersack, Aktien- und GmbH-Konzernrecht, § 315 AktG Rz. 3.
[4] OLG München v. 8.6.2011 – 31 Wx 81/10 Rz. 10, ZIP 2011, 1364, 1365 = AG 2011, 720 – LEW.
[5] Vgl. z.B. OLG München v. 8.6.2011 – 31 Wx 81/10 Rz. 10, ZIP 2011, 1364, 1365 = AG 2011, 720 – LEW; LG Münster v. 19.1.2000 – 21 T 1/99, AG 2001, 54; *Krieger* in MünchHdb. AG, § 70 Rz. 124; vgl. auch *Altmeppen* in MünchKomm. AktG, § 315 AktG Rz. 18.
[6] OLG München v. 8.6.2011 – 31 Wx 81/10 Rz. 10, 15, ZIP 2011, 1364, 1365 = AG 2011, 720 – LEW.
[7] *Habersack* in Emmerich/Habersack, Aktien- und GmbH-Konzernrecht, § 315 AktG Rz. 10; *J. Vetter* in K. Schmidt/Lutter, § 315 AktG Rz. 10; *H.-F. Müller* in Spindler/Stilz, § 315 AktG Rz. 7.

fassung haben die Antragsteller zudem entsprechend § 142 Abs. 2 Satz 2 AktG nachzuweisen, dass sie die Aktien bis zur Entscheidung über den Antrag halten werden.[1]

16.70 Ebenso wie bei der allgemeinen Sonderprüfung nach § 142 Abs. 2 AktG hat das Gericht **rechtsmissbräuchliche** Sonderprüfungsanträge zurückzuweisen.[2] So ist die Sonderprüfung nach § 315 AktG ausgeschlossen, wenn Ansprüche wegen pflichtwidriger Nachteilszufügung aus §§ 317, 318 AktG aufgrund des Ablaufs der fünfjährigen Verjährungsfrist nicht mehr durchgesetzt werden können.[3] Im Übrigen wird in der Literatur auf die allgemeinen Grundsätze zum Rechtsmissbrauch im Aktienrecht[4] oder auf die zu § 142 Abs. 2 AktG beschriebenen Fallgruppen[5] verwiesen, zum Teil aber mit der Einschränkung, dass gegenüber dem schon tatbestandlich sehr eng gefassten Antragsrecht nach § 315 Satz 1 AktG der Einwand des Rechtsmissbrauchs, von dem Fall der Anspruchsverjährung abgesehen, ausgeschlossen sein soll.[6]

16.71 Eine Sonderprüfung gem. **§ 315 AktG schließt** die Bestellung eines Sonderprüfers durch die Hauptversammlung gem. **§ 142 Abs. 1 AktG** zum (teilweise) identischen Prüfungsgegenstand **nicht aus** und umgekehrt.[7] Jedoch gewährt § 315 Satz 6 AktG jedem Aktionär die Befugnis, bei einer zu demselben Prüfungsgegenstand nach § 142 Abs. 1 AktG initiierten Sonderprüfung die Auswechslung des Prüfers bei Vorliegen der in § 142 Abs. 4 AktG angeführten Gründe zu verlangen, um Doppelprüfungen zu vermeiden.[8]

B. Besonderer Vertreter

I. Überblick

16.72 Die wesentliche **Funktion** des besonderen Vertreters im Zusammenhang mit Organhaftungsansprüchen besteht darin, diese Ansprüche für die Gesellschaft in einem **Prozess** geltend zu machen. Durch die Bestellung eines besonderen Vertreters wird einerseits die Handlungsfähigkeit der Gesellschaft sichergestellt. Das ist insbesondere dann von Bedeutung, wenn die Mitglieder der an sich zur Geltendmachung berufenen Vertretungsorgane selbst Prozessgegner

---

1 OLG Hamm v. 29.6.2000 – 15 W 69/00, ZIP 2000, 1299 (noch zum Hinterlegungserfordernis nach § 142 Abs. 2 AktG a.F.); OLG Frankfurt a.M. v. 2.6.2009 – 20 W 187/07, NJW-RR 2009, 1411; *Habersack* in Emmerich/Habersack, Aktien- und GmbH-Konzernrecht, § 315 AktG Rz. 12; *Hüffer/Koch*, § 315 AktG Rz. 3b; a.A. *J. Vetter* in K. Schmidt/Lutter, § 315 AktG Rz. 14.
2 *Altmeppen* in MünchKomm. AktG, § 315 AktG Rz. 22; *J. Vetter* in K. Schmidt/Lutter, § 315 AktG Rz. 15.
3 *Habersack* in Emmerich/Habersack, Aktien- und GmbH-Konzernrecht, § 315 AktG Rz. 8, 13; *Altmeppen* in MünchKomm. AktG, § 315 AktG Rz. 22.
4 *Altmeppen* in MünchKomm. AktG, § 315 AktG Rz. 22; *Noack*, WPg 1994, 225, 235 mit Fn. 92; *Habersack* in Emmerich/Habersack, Aktien- und GmbH-Konzernrecht, § 315 AktG Rz. 13 (für Antragsrecht nach § 315 Satz 2 AktG).
5 *J. Vetter* in K. Schmidt/Lutter, § 315 AktG Rz. 15, Fn. 29 i.V.m. *Spindler* in K. Schmidt/Lutter, § 142 AktG Rz. 57 ff.
6 *Habersack* in Emmerich/Habersack, Aktien- und GmbH-Konzernrecht, § 315 AktG Rz. 8; *Koppensteiner* in KölnKomm. AktG, § 315 AktG Rz. 8.
7 *Habersack* in Emmerich/Habersack, Aktien- und GmbH-Konzernrecht, § 315 AktG Rz. 4, 22; *Altmeppen* in MünchKomm. AktG, § 315 AktG Rz. 8, 37; *J. Vetter* in K. Schmidt/Lutter, § 315 AktG Rz. 29.
8 *Hüffer/Koch*, § 315 AktG Rz. 5; *J. Vetter* in K. Schmidt/Lutter, § 315 AktG Rz. 29–30.

und damit von der Vertretung ausgeschlossen sind. Andererseits kann die Bestellung eines besonderen Vertreters dazu dienen, eine unvoreingenommene und konsequente Rechtsverfolgung sicherzustellen, wenn dies durch die an sich zuständigen Organe wegen der Gefahr von persönlichen Verflechtungen und/oder Interessenkonflikten nicht gewährleistet ist.

Das **Rechtsinstitut** des besonderen Vertreters, wie es hier im Zusammenhang mit Organhaftungsansprüchen von Interesse ist, findet sich **im Gesellschaftsrecht an verschiedenen Stellen**, so in § 147 Abs. 2 AktG für die Aktiengesellschaft, in § 287 Abs. 2 Satz 1 AktG für die Kommanditgesellschaft auf Aktien[1], in § 26 Abs. 1 UmwG für den an einer Umwandlung beteiligten übertragenden Rechtsträger, in § 39 Abs. 1 Satz 2 und Abs. 3 GenG für die Genossenschaft sowie in § 46 Nr. 8 GmbHG für die GmbH.[2] Die actio pro socio im GmbH-Recht lässt die Anspruchsverfolgung durch einen besonderen Vertreter unangetastet.[3]

16.73

Bei **Kredit- und Finanzdienstleistungsinstituten** kann die BaFin einen Sonderbeauftragten bestellen und mit der Wahrnehmung von Aufgaben betrauen sowie die erforderlichen Befugnisse übertragen (§ 45c Abs. 1 KWG). Dem Sonderbeauftragten kann auch die Prüfung von Schadensersatzansprüchen gegen (ehemalige) Organmitglieder übertragen werden, wenn Anhaltspunkte für einen Schaden des Instituts durch eine Pflichtverletzung von Organmitgliedern vorliegen (§ 45c Abs. 2 Nr. 10 KWG). Die Kompetenz zur Geltendmachung eines etwaigen Anspruchs hat der Sonderbeauftragte grundsätzlich nicht. Die BaFin könnte allerdings nach der allgemeinen Befugnis (§ 45c Abs. 1 Satz 1 KWG) die Aufgaben des Sonderbeauftragten um diese Tätigkeit erweitern.[4] Ähnliche Zuständigkeiten sind im **Versicherungsaufsichtsrecht** normiert, jedoch nicht in der Ausführlichkeit des KWG (§§ 307, 293 Abs. 3 VAG).[5]

16.74

Aus Sicht der Praxis von besonderem Interesse ist der besondere Vertreter nach § 147 Abs. 2 AktG. Erfahrungen mit dem Rechtsinstitut gab es in der Vergangenheit kaum, und auch die Literatur hat dem besonderen Vertreter lange Zeit keine besondere Aufmerksamkeit geschenkt. Umso größeres Aufsehen erregte in jüngerer Zeit der Fall der **HypoVereinsbank AG**.[6] Dort war es einer Aktionärsminderheit wegen eines Stimmrechtsausschlusses der Mehrheitsaktionärin UniCredit in der Hauptversammlung gelungen, einen besonderen Vertreter zu bestellen, der sich in der Folgezeit mit offensiver Ermittlungsarbeit einen Machtkampf mit

16.75

---

1 Die Vorschrift spricht von der Vertretung der „Gesamtheit der Kommanditaktionäre" in Rechtsstreitigkeiten mit den persönlich haftenden Gesellschaftern, meint damit nach modernem Verständnis aber die Vertretung der Gesellschaft; vgl. *Bachmann* in Spindler/Stilz, § 287 AktG Rz. 24; *K. Schmidt* in K. Schmidt/Lutter, § 287 AktG Rz. 20.
2 Näher zu diesen Normen insgesamt *Rieckers/Vetter* in KölnKomm. AktG, § 147 AktG Rz. 79–103.
3 *Konzen* in FS Hommelhoff, S. 565, 569 f.
4 Näher *Rieckers/Vetter* in KölnKomm. AktG, § 147 AktG Rz. 104–107.
5 Näher dazu *Rieckers/Vetter* in KölnKomm. AktG, § 147 AktG Rz. 108.
6 LG München I v. 6.9.2007 – 5HK O 12570/07, AG 2007, 756 ff.; teilweise aufgehoben durch OLG München v. 28.11.2007 – 7 U 4498/07, AG 2008, 172 ff.; LG München I v. 4.10.2007 – 5HK 12615/07, AG 2008, 92 ff.; teilweise aufgehoben durch OLG München v. 27.8.2008 – 7 U 5678/07, AG 2008, 864 ff.; Zurückweisung der Nichtzulassungsbeschwerde durch BGH v. 27.9.2011 – II ZR 225/08, AG 2011, 875 ff.; LG München I v. 28.7.2008 – 5HK O 12504/08, AG 2008, 795 ff.; OLG München v. 7.10.2008 – 7 W 1034/08, AG 2009, 119 ff.; LG München I v. 27.8.2009 – 5HK O 21656/08, Der Konzern 2009, 624 ff. AG 2009 796 ff., teilweise aufgehoben durch OLG München v. 3.3.2010 – 7 U 4744/09 = AG 2010, 673 – HVB; Nichtannahmebeschluss des BGH v. 12.7.2011 – II ZR 58/10, AG 2011, 702; aus der Literatur zum Fall der HypoVereinsbank etwa *Wirth* in FS Hüffer, S. 1129; *Verhoeven*, ZIP 2008, 245; *Kling*, ZGR 2009, 190, 196 f.; *Hirte/Mock*, BB 2010, 775.

§ 16 | Sonderprüfung und besonderer Vertreter

den Verwaltungsorganen der HypoVereinsbank lieferte. Die dabei aufgeworfenen Fragen zur Rechtsstellung und den Befugnissen des besonderen Vertreters sind bisher erst ansatzweise geklärt. Andere bekannte Fälle in jüngerer Zeit waren Gerichtsverfahren um die Bestellung besonderer Vertreter bei **mobilcom**[1], **Züblin**[2] sowie **STRABAG**[3].[4] Weitere Fälle, die zum Teil keine Gerichtsverfahren nach sich gezogen haben, waren Easy Software AG, IFA Hotel & Touristik AG, TFG Capital AG, DIS Deutscher Industrie Service AG, Hyrican Informationssysteme AG, Vanguard AG, Deutsche Real Estate AG, Gelita AG, Generali AG, CBB Holding AG, Maier + Partner AG sowie Ehlebracht AG. Auch der besondere Vertreter ist ein Instrument, das von aktivistischen Aktionären zum Teil verwendet wird.[5]

II. Besonderer Vertreter gem. § 147 Abs. 2 AktG

1. Erfasste Ersatzansprüche

16.76 Ein besonderer Vertreter kann nach § 147 Abs. 2 AktG zur Geltendmachung von Ersatzansprüchen der Gesellschaft bestellt werden. Zu den davon umfassten Ersatzansprüchen zählen zunächst die in § 147 Abs. 1 Satz 1 AktG ausdrücklich genannten Ersatzansprüche, also u.a. **Ersatzansprüche aus der Geschäftsführung** gegen Mitglieder des Vorstands und des Aufsichtsrats. Gegen Aktionäre sind demgemäß nur Ersatzansprüche aus der Gründung der Gesellschaft und aus § 117 AktG umfasst, insbesondere nicht Ansprüche aus §§ 57, 62 AktG.[6] Über den Wortlaut von § 147 Abs. 1 Satz 1 AktG hinaus wird der Kreis der erfassten Ersatzansprüche von der wohl überwiegenden Meinung auf **konzernrechtliche Ansprüche** gem. §§ 309 Abs. 2 Satz 1, 310 Abs. 1 Satz 1, 317 Abs. 1 Satz 1 und Abs. 3, 318 Abs. 1 und 2 AktG ausgedehnt, da diese Ansprüche im konzernrechtlichen Zusammenhang den in § 147 Abs. 1 Satz 1 AktG genannten Ansprüchen entsprächen.[7] Wird der besondere Vertreter zur Gel-

---

1 BGH v. 18.6.2013 – II ZA 4/12, AG 2013, 63; OLG Schleswig v. 6.6.2012 – 9 U 2/11, BeckRS 2013, 12315; LG Kiel v. 18.11.2010 – 16 O 151/05, BeckRS 2013, 12317.
2 OLG Stuttgart v. 25.11.2008 – 8 W 370/08, AG 2009, 169; LG Stuttgart v. 6.8.2008 – 34 T 11/08 KfH, AG 2008, 757; LG Stuttgart v. 27.10.2009 – 32 O 5/09 KfH, AG 2010, 329.
3 LG Köln v. 22.9.2015 – 91 O 38/15, juris 2015; OLG Köln v. 4.12.2015 – I-18 U 149/15, NZG 2016, 147 = AG 2016, 254; OLG Köln v. 16.6.2015 – I-18 Wx 1/15, AG 2015, 716; LG Köln v. 14.1.2016 – 91 O 31/15, ZIP 2016, 162 = AG 2016, 513; OLG Köln v. 9.3.2017 – 18 U 19/16, juris; näher zur Fallgeschichte *Bayer*, AG 2016, 637, 643-646.
4 Näher zu den Fällen in der Praxis *Fabritius* in GS Gruson, S. 133 ff.
5 Zu Shareholder Activism vgl. *Graßl/Nikoleyczik*, AG 2017, 49 ff.; *Schockenhoff/Culmann*, ZIP 2015, 297 ff.; *Plagemann/Rahlmeyer*, NZG 2015, 895 f.; *Kocher*, DB 2016, 2887 ff.
6 LG Heidelberg v. 21.3.2017 – 11 O 11/16 KfH Rz. 117, ZIP 2017, 1160, 1161–1162, dazu Anm. *Paul*, BB 2017, 980; *Rieckers/Vetter* in KölnKomm. AktG, § 147 AktG Rz. 137 u. 154.
7 OLG München v. 28.11.2007 – 7 U 4498/07, AG 2008, 172, 173 f. (zu §§ 317, 318 AktG); LG Frankfurt a.M. v. 26.2.2013 – 3/5 O 110/12, NZG 2013, 1181, 1182 f. = AG 2015, 55; OLG Köln v. 9.3.2017 – 18 U 19/16, BeckRS 2017, 106344 Rz. 181 f. – STRABAG; *Bernau*, AG 2011, 894 ff.; *G. Bezzenberger* in Großkomm. AktG, § 147 AktG Rz. 13; *Habersack* in Emmerich/Habersack, Aktien- und GmbH-Konzernrecht, § 317 AktG Rz. 27; *Altmeppen* in MünchKomm. AktG, § 317 AktG Rz. 61 ff.; *Mock* in Spindler/Stilz, § 147 AktG Rz. 13; *Schröer* in MünchKomm. AktG, § 147 AktG Rz. 20; *Rieckers/Vetter* in KölnKomm. AktG, § 147 AktG Rz. 143 ff.; *Hüffer/Koch*, § 147 AktG Rz. 3; im Ergebnis auch *Nietsch*, ZGR 2011, 589, 598 f.; gegen Einbeziehung der Ansprüche aus §§ 309, 317 AktG: *Kling*, ZGR 2009, 190, 206; insgesamt ablehnend *Koppensteiner* in KölnKomm. AktG, § 309 AktG Rz. 45, § 317 AktG Rz. 35, § 318 AktG Rz. 3 i.V.m. § 309 AktG Rz. 45; *Humrich*, S. 49 ff.

tendmachung eines nicht von § 147 Abs. 1 AktG erfassten Anspruchs bestellt, ist der Bestellungsbeschluss nach § 243 Abs. 1 AktG anfechtbar.[1]

Ersatzansprüche sind in erster Linie **Schadensersatzansprüche**.[2] Ebenfalls erfasst werden die dazugehörigen Hilfsansprüche auf Auskunftserteilung und Rechnungslegung[3], nach h.M. außerdem Ausgleichs-, Herausgabe- und Rückgewähransprüche.[4] Allgemein gilt, dass sich § 147 AktG nur auf Ersatzansprüche der Gesellschaft bezieht, nicht auf solche von Aktionären.[5] Nicht erfasst von § 147 AktG sind Erfüllungsansprüche, denn dies würde der Beschränkung auf Ersatzansprüche widersprechen.[6]

16.77

2. Bestellung des besonderen Vertreters

a) Bestellung durch die Hauptversammlung

Ein besonderer Vertreter kann nach § 147 Abs. 2 Satz 1 AktG mit einfacher Mehrheit durch Beschluss der Hauptversammlung bestellt werden.

16.78

Die Bestellung erfolgt zur Geltendmachung „des Ersatzanspruchs". Nach h.M. ist damit der Ersatzanspruch gemeint, der aufgrund eines Hauptversammlungsbeschlusses nach § 147 Abs. 1 AktG geltend zu machen ist. Die Bestellung eines besonderen Vertreters zur Geltendmachung eines bestimmten Ersatzanspruchs setzt demnach voraus, dass die Hauptversammlung einen wirksamen **Beschluss über die Geltendmachung** ebendieses Anspruchs gefasst hat.[7] Über die Geltendmachung und die Bestellung eines besonderen Vertreters kann gemeinsam abgestimmt werden.[8]

16.79

Der **Antrag** zur Beschlussfassung über die Geltendmachung von Ersatzansprüchen kann ebenso wie der Antrag auf Bestellung eines besonderen Vertreters in der Hauptversammlung ohne Ankündigung von jedem Aktionär als ergänzender Sachantrag gestellt werden, wenn die Vorlage eines Sonderprüfungsberichts auf der Tagesordnung steht und die geltend zu

16.80

---

1 OLG München v. 27.8.2008 – 7 U 5678/07, AG 2008, 864, 866 f.; a.A. LG Heidelberg v. 21.3.2017 – 11 O 11/16 KfH Rz. 121–126, ZIP 2017, 1160, 1162, dazu Anm. *Paul*, BB 2017, 980; *Rieckers/Vetter* in KölnKomm. AktG, § 147 AktG Rz. 261; *Humrich*, S. 61 f.: Nichtigkeit.
2 *Hüffer/Koch*, § 147 AktG Rz. 2; *Schröer* in MünchKomm. AktG, § 147 AktG Rz. 18; *Spindler* in K. Schmidt/Lutter, § 147 AktG Rz. 3.
3 *G. Bezzenberger* in Großkomm. AktG, § 147 AktG Rz. 12; *Holzborn/Jänig* in Bürgers/Körber, § 147 AktG Rz. 3; *Hüffer/Koch*, § 147 AktG Rz. 2; *Mock* in Spindler/Stilz, § 147 AktG Rz. 12.
4 *G. Bezzenberger* in Großkomm. AktG, § 147 AktG Rz. 12; *Holzborn/Jänig* in Bürgers/Körber, § 147 AktG Rz. 3; *Hüffer/Koch*, § 147 AktG Rz. 2; *Mock* in Spindler/Stilz, § 147 AktG Rz. 12; *Mock*, NZG 2015, 1013, 1014, 1018; *Rieckers/Vetter* in KölnKomm. AktG, § 147 AktG Rz. 129; a.A. *Schröer* in MünchKomm. AktG, § 147 AktG Rz. 19.
5 OLG München v. 28.11.2007 – 7 U 4498/07, AG 2008, 172, 174; *H. P. Westermann*, AG 2009, 237, 244; *Mock*, NZG 2015, 1013 ff.; *Rieckers/Vetter* in KölnKomm. AktG, § 147 AktG Rz. 138.
6 *Rieckers/Vetter* in KölnKomm. AktG, § 147 AktG Rz. 135; *Hüffer/Koch*, § 147 AktG Rz. 2; *Lochner* in Heidel, § 147 AktG Rz. 3.
7 *Kling*, ZGR 2009, 190, 194; *Winnen*, Die Innenhaftung des Vorstands nach dem UMAG, 2009, S. 298; *G. Bezzenberger* in Großkomm. AktG, § 147 AktG Rz. 44; implizit *Spindler* in K. Schmidt/Lutter, § 147 AktG Rz. 13 f.; *Rieckers/Vetter* in KölnKomm. AktG, § 147 AktG Rz. 284, 302; a.A. *Lochner* in Heidel, § 147 AktG Rz. 18; *Mock* in Spindler/Stilz, § 147 AktG Rz. 50.
8 So auch im Fall der HypoVereinsbank und von den Gerichten nicht beanstandet; ebenso die einhellige Auffassung in der Literatur, vgl. nur *Mock* in Spindler/Stilz, § 147 AktG Rz. 50; *Schröer* in MünchKomm. AktG, § 147 AktG Rz. 61; *Spindler* in K. Schmidt/Lutter, § 147 AktG Rz. 14.

machenden Ansprüche aus dem Ergebnis der Sonderprüfung hergeleitet werden.[1] Außerdem kann die Bestellung eines besonderen Vertreters ohne Ankündigung in der Hauptversammlung im Zusammenhang mit einem Tagesordnungspunkt zur Geltendmachung von Ersatzansprüchen beantragt werden.[2]

16.81 Als **bekanntmachungsfreier Ad hoc-Antrag** zum Tagesordnungspunkt Entlastung des Aufsichtsrats oder Entlastung des Vorstands können die Geltendmachung von Ansprüchen und die Bestellung eines besonderen Vertreters hingegen **nicht** beantragt werden.[3] Die von der Sonderprüfung abweichende Rechtslage (Rz. 16.14) erklärt sich daraus, dass die Geltendmachung von Ersatzansprüchen weitaus einschneidender ist als die Einleitung einer Sonderprüfung.[4] Schließlich kann im Hinblick auf die Bestellung eines besonderen Vertreters das Antrags- und Einberufungsrecht einer Minderheit nach § 122 Abs. 1, 2 AktG bei Vorliegen einer entsprechend qualifizierten Minderheit zum Tragen kommen.

16.82 Für die Pflichten des **Versammlungsleiters** bei entsprechenden Anträgen in der Hauptversammlung gilt das zur Sonderprüfung Gesagte entsprechend (Rz. 16.15–16.16). Sofern sich geltend zu machende Ersatzansprüche gem. § 147 Abs. 1 Satz 1 bzw. 2 AktG auch gegen den satzungsmäßig berufenen Versammlungsleiter (Aufsichtsratsvorsitzender) richten, soll nach dem OLG Köln bereits damit ein konkreter Anhaltspunkt vorliegen, der darauf schließen lasse, dass eine unparteiische Leitung nicht gewährleistet sei, sodass für diesen Tagesordnungspunkt ein gesonderter Versammlungsleiter gem. § 122 Abs. 3 Satz 2 AktG gerichtlich bestellt werden könne.[5] Die Entscheidung ist als zu weit gehend abzulehnen, da allein die Behauptung von Pflichtverletzungen in der Vergangenheit in Bezug auf geltend zu machende Ersatzansprüchen nicht ausreicht. Es müssen vielmehr konkrete Anhaltspunkte dafür bestehen, dass der Versammlungsleiter den Antrag pflichtwidrig nicht zur Abstimmung stellen wird.[6]

16.83 In dem Geltendmachungs- bzw. Bestellungsbeschluss muss der **Lebenssachverhalt**, aus dem Ersatzansprüche hergeleitet werden, so **konkret bezeichnet** werden, dass im Fall einer späteren Klageerhebung durch den besonderen Vertreter festgestellt werden kann, ob der Klagegegenstand mit den von der Hauptversammlung gemeinten Ansprüchen übereinstimmt.[7] Es

---

[1] *Schröer* in MünchKomm. AktG, § 147 AktG Rz. 61 i.V.m. 37; *Butzke*, Die Hauptversammlung der Aktiengesellschaft, 5. Aufl. 2011, M Rz. 40.

[2] *G. Bezzenberger* in Großkomm. AktG, § 147 AktG Rz. 42; *Schröer* in MünchKomm. AktG, § 147 AktG Rz. 61; *Spindler* in K. Schmidt/Lutter, § 147 AktG Rz. 14; *Rieckers/Vetter* in KölnKomm. AktG, § 147 AktG Rz. 169.

[3] *Schröer* in MünchKomm. AktG, § 147 AktG Rz. 61 i.V.m. 37; *Butzke*, Die Hauptversammlung der Aktiengesellschaft, 5. Aufl. 2011, M Rz. 40; *Rieckers/Vetter* in KölnKomm. AktG, § 147 AktG Rz. 171.

[4] *Rieckers/Vetter* in KölnKomm. AktG, § 147 AktG Rz. 171.

[5] OLG Köln v. 16.6.2015 – I-18 Wx 1/15 Rz. 11, AG 2015, 716, 717 – STRABAG; LG Köln v. 14.1.2016 – 91 O 31/15, ZIP 2016, 162, 163 = AG 2016, 513, 515 – STRABAG; vgl. zu den allgemeinen Voraussetzungen auch *Hüffer/Koch*, § 122 AktG Rz. 11; *Kubis* in MünchKomm. AktG, § 122 AktG Rz. 60.

[6] Ebenso *Rieckers*, DB 2016, 2526, 2531; *Rieckers*, DB 2015, 2131, 2135; *Kocher/Lönner*, ZIP 2016, 653, 657; *Theusinger/Schilha*, NZG 2016, 56, 58-59.

[7] OLG Frankfurt a.M. v. 9.10.2003 – 20 W 487/02, AG 2004, 104; OLG München v. 27.8.2008 – 7 U 5678/07, AG 2008, 864, 869; OLG Stuttgart v. 25.11.2008 – 8 W 370/08, AG 2009, 169, 170; KG Berlin v. 25.8.2011 – 25 W 63/11 Rz. 23, AG 2012, 256, 257; LG Duisburg v. 16.4.2013 – 22 O 12/13 Rz. 62, ZIP 2013, 1379, 1380; OLG Köln v. 9.3.2017 – 18 U 19/16, BeckRS 2017, 106344 Rz. 145–155 – STRABAG; *Hüffer/Koch*, § 147 AktG Rz. 7; *Spindler* in K. Schmidt/Lutter, § 147 AktG Rz. 9; *Rieckers/Vetter* in KölnKomm. AktG, § 147 AktG Rz. 173.

müssen tatsächliche, konkrete Anhaltspunkte für ein schadensbegründendes Verhalten vorliegen, während Behauptungen ins Blaue hinein nicht genügen.[1] Nach dem OLG München soll es genügen, wenn der oder die möglichen Anspruchsgegner auf der Grundlage des angegebenen Lebenssachverhalts bestimmbar sind.[2] Die Beschlussfassung der Hauptversammlung muss auf Basis eines Sachverhalts erfolgen, aus dem sich der geltend zu machende Ersatzanspruch schlüssig ergibt, oder es muss wenigstens eine konkrete Wahrscheinlichkeit hierfür bestehen.[3] Mithin ist die Bestellung eines besonderen Vertreters bei vollkommen unklarer Tatsachenlage, bei der das Bestehen von Haftungsansprüchen zunächst noch geprüft werden muss, unzulässig.[4] Bei der Prüfung, ob der Geltendmachungs- bzw. Bestellungsbeschluss konkret genug ist, ist der grundsätzliche Unterschied zwischen Sonderprüfer und besonderem Vertreter zu beachten. Anders als beim Sonderprüfer liegt der Schwerpunkt der Aufgabe des besonderen Vertreters (vgl. Rz. 16.105) nicht in der Aufklärung noch unklarer Sachverhalte, sondern in der Geltendmachung des Ersatzanspruchs binnen sechs Monaten seit dem Beschluss der Hauptversammlung.[5]

Dagegen muss der Beschluss nicht eine rechtliche Anspruchsgrundlage angeben, den Schadensersatzbetrag der Höhe nach beziffern, das zuständige Gericht nennen oder Beweismittel bezeichnen.[6] Genügt der Beschluss über die Geltendmachung der Ersatzansprüche bzw. die Bestellung des besonderen Vertreters den Bestimmtheitsanforderungen hinsichtlich des anspruchsbegründenden Sachverhalts nicht, ist er nach § 243 Abs. 1 AktG **anfechtbar**.[7]

16.84

---

1 LG Köln v. 14.1.2016 – 91 O 31/15 Rz. 147, ZIP 2016, 162, 163 = AG 2016, 513 – STRABAG; ausführlich *Decher* in FS Baums, S. 279, 294–298.
2 OLG München v. 27.8.2008 – 7 U 5678/07, AG 2008, 864, 867 ff.; ähnlich OLG Köln v. 9.3.2017 – 18 U 19/16, BeckRS 2017, 106344 Rz. 147–154 – STRABAG; *Mock* in Spindler/Stilz, § 147 AktG Rz. 30; *Schröer* in MünchKomm. AktG, § 147 AktG Rz. 27 ff.
3 LG Köln v. 14.1.2016 – 91 O 31/15 Rz. 154, ZIP 2016, 162, 164 = AG 2016, 513, 514 – STRABAG: Das Bestimmtheitserfordernis wird mit dem Verhältnis zwischen § 142 AktG und § 147 AktG begründet. Würde man nicht die hinreichende Bestimmtheit des Bestellungsbeschlusses zum besonderen Vertreter fordern und würde man dem besonderen Vertreter eine umfassende Prüfungskompetenz bezüglich der Voraussetzungen der Ansprüche zuerkennen, so wäre das Institut der Sonderprüfung entbehrlich; anders OLG Köln v. 9.3.2017 – 18 U 19/16, BeckRS 2017, 106344 Rz. 147–154 – STRABAG, welches auf das Erfordernis der konkreten Wahrscheinlichkeit verzichtet und eine hinreichende Bestimmtheit des vorgetragenen Sachverhalts genügen lässt. Wie LG Köln: *Löbbe* in VGR, Gesellschaftsrecht in der Diskussion 2016, 2017, S. 25, 45; s. umfassend zum Bestimmtheitserfordernis *Kocher/Lönner*, ZIP 2016, 653 ff.; zum Meinungsstand vgl. *Bayer*, AG 2016, 637, 645 ff.
4 *Binder*, ZHR 176 (2012), 380, 395; *Rieckers/Vetter* in KölnKomm. AktG, § 147 AktG Rz. 180; *Humrich*, S. 61–62 sowie 54–59.
5 Vgl. nur OLG Köln v. 9.3.2017 – 18 U 19/16, BeckRS 2017, 106344 Rz. 147–149 – STRABAG.
6 Ebenso *Rieckers/Vetter* in KölnKomm. AktG, § 147 AktG Rz. 175; *Mock* in Spindler/Stilz, § 147 AktG Rz. 30.
7 Vgl. OLG München v. 27.8.2008 – 7 U 5678/07, AG 2008, 864, 869; OLG Köln v. 4.12.2015 – 18 U 149/15 Rz. 36, NZG 2016, 147, 148 = AG 2016, 254, 255 – STRABAG; LG Duisburg v. 9.6.2016 – 22 O 50/16 Rz. 50, AG 2016, 795, 796; *Hüffer*, ZHR 174 (2010), 642, 667; *Humrich*, S. 62; *Spindler* in K. Schmidt/Lutter, § 147 AktG Rz. 9. A.A. *Kocher/Lönner*, ZIP 2016, 653, 657; *Rieckers/Vetter* in KölnKomm. AktG, § 147 AktG Rz. 262–265: stets Nichtigkeit wegen unzulässigen Eingriffs in Kompetenzen der Verwaltung.

16.85 Bei der Beschlussfassung unterliegen Aktionäre, gegen die Ersatzansprüche geltend gemacht werden sollen, nach § 136 Abs. 1 Satz 1, 3. Fall AktG einem **Stimmverbot**.[1] Hierin liegt ein Unterschied zur Beschlussfassung bei der Sonderprüfung, wo sich nach zutreffender herrschender Auffassung weder aus § 142 Abs. 1 Satz 2 und 3 AktG analog noch aus § 136 Abs. 1 AktG ein Stimmverbot des (bloßen) Mehrheitsaktionärs ergibt (s. Rz. 16.20). Die Nichtbeachtung kann dazu führen, dass der Beschluss nach § 243 Abs. 1 AktG anfechtbar ist. Das Stimmverbot greift auch dann, wenn – wie im Fall der HypoVereinsbank – über die Geltendmachung von Ersatzansprüchen gegen *verschiedene Anspruchsgegner* wegen desselben Sachverhalts in einem Abstimmungsvorgang entschieden wird.[2]

16.86 Als **rechtsmissbräuchlich** ist es allerdings anzusehen, wenn offensichtlich unbegründete Ansprüche gegen den Mehrheitsaktionär in den Beschlussantrag aufgenommen werden, nur um ein Stimmverbot desselben herbeizuführen.[3] In einem solchen Fall hat der Versammlungsleiter den Antrag insgesamt zurückzuweisen. Eine einheitliche Abstimmung über die Geltendmachung von Ersatzansprüchen gegen verschiedene Anspruchsgegner wegen desselben Sachverhalts in einem Abstimmungsvorgang ist außerdem nur zulässig, wenn die Hauptversammlung dieses Vorgehen nicht ablehnt.[4] Bei einem solchen Verfahrensbeschluss ist auch der Aktionär, gegen den Ansprüche geltend gemacht werden sollen, stimmberechtigt. Wird die einheitliche Abstimmung mit einfacher Mehrheit abgelehnt, ist über die Geltendmachung der Ersatzansprüche getrennt abzustimmen. Von der Ausübung des Stimmrechts ist der Aktionär dann nur noch bei dem Beschluss ausgeschlossen, in dem es um die gegen ihn gerichteten Ansprüche geht. Denn bei einem solchen Fall der Aufgliederung in Einzelbeschlüsse besteht weder eine planwidrige Regelungslücke noch besteht eine Vergleichbarkeit mit den von § 136 Abs. 1 AktG typischerweise erfassten Interessenkonflikten, die zu einer analogen Anwendung von § 136 Abs. 1 AktG führen könnte. Eine zu großzügige Erstreckung des Stimmverbots würde vielmehr trotz Bestehens unterschiedlicher Pflichtenkreise in unzulässiger Weise in das Mitgliedschaftsrecht des Aktionärs eingreifen und zu einer Art Sippenhaftung führen.[5] Darüber hinaus kann auch der Versammlungsleiter aufgrund seiner Befugnis zur Verfahrensleitung entscheiden, die Hauptversammlung über die Geltendmachung von Ersatzansprüchen gegen verschiedene Anspruchsgegner wegen desselben Sachverhalts in getrennten Abstimmungsvorgängen abstimmen zu lassen.[6]

16.87 In dem Beschluss über die Bestellung des besonderen Vertreters muss die **Person des besonderen Vertreters** namentlich bezeichnet sein.[7] Das Gesetz enthält keine besonderen Vor-

---

[1] *Holzborn/Jänig* in Bürgers/Körber, § 147 AktG Rz. 10; *Hüffer/Koch*, § 147 AktG Rz. 7; *Schröer* in MünchKomm. AktG, § 147 AktG Rz. 63; *Verhoeven*, ZIP 2008, 245, 246, *Hüffer*, ZHR 174 (2010), 642, 649 f.

[2] OLG München v. 27.8.2008 – 7 U 5678/07, AG 2008, 864, 865.

[3] OLG München v. 27.8.2008 – 7 U 5678/07, AG 2008, 864, 865; auch *Rieckers/Vetter* in KölnKomm. AktG, § 147 AktG Rz. 206; *Decher* in FS Baums, S. 279, 292–293.

[4] Vgl. BGH v. 21.7.2003 – II ZR 109/02, AG 2003, 625; OLG München v. 27.8.2008 – 7 U 5678/07, AG 2008, 864, 865.

[5] So auch *Tielmann/Gahr*, AG 2016, 199, 202 ff.; ebenso OLG Köln v. 9.3.2017 – 18 U 19/16, BeckRS 2017, 106344 Rz. 195–219 – STRABAG; a.A. *Lochner/Beneke*, ZIP 2015, 2010, 2013 f.; vermittelnd *Stallknecht*, S. 63–67 sowie *Humrich*, S. 71, die für Fälle einer einheitlichen oder gemeinschaftlichen Pflichtverletzung bzw. des Verdachts hiervon das Stimmverbot über den Wortlaut von § 136 Abs. 1 AktG hinaus anwenden wollen.

[6] So auch *Tielmann/Gahr*, AG 2016, 199, 200 f.

[7] *Schröer* in MünchKomm. AktG, § 147 AktG Rz. 62; *Spindler* in K. Schmidt/Lutter, § 147 AktG Rz. 14.

gaben hinsichtlich der Person des besonderen Vertreters.[1] Bestellt werden kann nach h.M. jede geschäftsfähige natürliche Person.[2] In Betracht kommen vor allem Rechtsanwälte.

Auch der frühere Sonderprüfer, der den Vorgang geprüft hat, der dem geltend zu machenden Ersatzanspruch zugrunde liegt, kann zum besonderen Vertreter bestellt werden.[3] Besonderer Vertreter kann auch ein gegenwärtiges oder ehemaliges Vorstands- oder Aufsichtsratsmitglied sein, sofern es an dem zugrunde liegenden Sachverhalt nicht beteiligt ist.[4] Nach dem Kammergericht gibt es keine gesetzliche Pflicht, nur neutrale Personen zu besonderen Vertretern zu bestellen. Eine besondere „Überparteilichkeit" des besonderen Vertreters werde nicht vorausgesetzt.[5]

16.88

Der Beschluss, einen besonderen Vertreter zu bestellen, kann **rechtsmissbräuchlich** und deshalb nach § 243 Abs. 1 AktG anfechtbar sein.[6] Konkrete Fallgruppen haben sich hierfür bislang noch nicht herausgebildet. Ob ein Rechtsmissbrauch vorliegt, ist daher einzelfallbezogen unter Rückgriff auf allgemeine Kriterien zu beurteilen. Es bietet sich an, sich dafür an die anerkannten Rechtsmissbrauchsfälle bei Sonderprüfungen anzulehnen (s. 16.24 u. 16.35), insbesondere bei offensichtlicher Aussichtslosigkeit der Anspruchsverfolgung (etwa zweifelsfreie Verjährung), eigennützigen Zielen oder gezielter Erstreckung der Anspruchsverfolgung gegen einen bestimmten Aktionär, gegen den kein Anspruch erkennbar ist.[7]

16.89

In einem **Rechtsstreit** über seine **Bestellung** ist der besondere Vertreter nicht zur Vertretung der Gesellschaft befugt, da es in einem solchen Verfahren nicht um die Geltendmachung von Ersatzansprüchen geht. Denn darauf ist sein Aufgabenbereich beschränkt (s. auch Rz. 16.112 u. 16.113).[8]

16.90

b) Bestellung durch das Gericht

Ein besonderer Vertreter kann nach § 147 Abs. 2 Satz 2 AktG auf Antrag einer qualifizierten Minderheit in einem Verfahren der freiwilligen Gerichtsbarkeit auch gerichtlich bestellt werden.

16.91

---

1 *Mock* in Spindler/Stilz, § 147 AktG Rz. 72; *Schröer* in MünchKomm. AktG, § 147 AktG Rz. 43.
2 *G. Bezzenberger* in Großkomm. AktG, § 147 AktG Rz. 43; *Mock* in Spindler/Stilz, § 147 AktG Rz. 72; *Schröer* in MünchKomm. AktG, § 147 AktG Rz. 43; *Spindler* in K. Schmidt/Lutter, § 147 AktG Rz. 22; gegen eine Beschränkung auf natürliche Personen aber *Verhoeven*, ZIP 2008, 245, 248; *Rieckers/Vetter* in KölnKomm. AktG, § 147 AktG Rz. 292 (insbesondere Parallelität zu § 143 Abs. 1 Nr. 2 AktG).
3 *Rieckers/Vetter* in KölnKomm. AktG, § 147 AktG Rz. 293.
4 KG Berlin v. 16.12.2011 – 25 W 92/11, AG 2012, 328, 329; *Rieckers/Vetter* in KölnKomm. AktG, § 147 AktG Rz. 291; *Spindler* in K. Schmidt/Lutter, § 147 AktG Rz. 22.
5 KG Berlin v. 16.12.2011 – 25 W 92/11 Rz. 17, AG 2012, 328, 329; *Mock* in Spindler/Stilz, § 147 AktG Rz. 72; anders *Schröer* in MünchKomm. AktG, § 147 AktG Rz. 43, nach dem Vorstands- oder Aufsichtsratsmitglieder oder auch Aktionäre ausscheiden, wenn sie sich aus sonstigen Gründen, etwa der Loyalität, in einem Interessenkonflikt befinden.
6 Vgl. OLG München v. 27.8.2008 – 7 U 5678/07, AG 2008, 864, 865 f.; *Rieckers/Vetter* in KölnKomm. AktG, § 147 AktG Rz. 200.
7 Dazu näher *Rieckers/Vetter* in KölnKomm. AktG, § 147 AktG Rz. 200; *Spindler* in K. Schmidt/Lutter, § 136 AktG Rz. 28.
8 Vgl. nur LG München I v. 4.10.2007 – 5HK O 12615/07, AG 2008, 92, 93; *Lochner* in Heidel, § 147 AktG Rz. 18; *Humrich*, S. 176 f.; *Rieckers/Vetter* in KölnKomm. AktG, § 147 AktG Rz. 330; a.A. *Böbel*, S. 141 ff.

16.92 Die Bestellung eines besonderen Vertreters nach § 147 Abs. 2 Satz 2 AktG setzt einen **Antrag** an das Amtsgericht (nicht Landgericht wie bei der Sonderprüfung, § 142 Abs. 5 Satz 3 AktG) des Gesellschaftssitzes voraus (§ 14 AktG, §§ 375 Nr. 3, 376 FamFG). Er muss von Aktionären gestellt werden, deren Anteile zusammen den zehnten Teil des Grundkapitals oder den anteiligen Betrag von einer Million Euro erreichen, also ein höheres Quorum als bei der gerichtlichen Bestellung von Sonderprüfern. Für das **Quorum** gilt im Übrigen das zur Sonderprüfung nach § 142 Abs. 2 AktG Gesagte entsprechend, es werden also auch stimmrechtslose Vorzugsaktien und noch nicht voll eingezahlte Aktien mitgezählt (Rz. 16.27).[1] Nach den gesetzlichen Vorschriften ist der Antrag gem. § 147 Abs. 2 Satz 2 AktG nicht fristgebunden.[2]

16.93 Wie die Bestellung eines besonderen Vertreters durch die Hauptversammlung nach § 147 Abs. 2 Satz 1 AktG, setzt auch die gerichtliche Bestellung eines besonderen Vertreters nach h.M. voraus, dass die Hauptversammlung einen **Beschluss nach § 147 Abs. 1 AktG über die Geltendmachung** von Ersatzansprüchen gefasst hat.[3] Nur für die darin bestimmten Ersatzansprüche kann die Bestellung eines besonderen Vertreters beantragt werden. Anders als bei der gerichtlichen Bestellung von Sonderprüfern ist es hingegen nicht erforderlich, dass die Hauptversammlung einen Antrag auf Bestellung von besonderen Vertretern zuvor abgelehnt hat.[4]

16.94 Das zuständige Amtsgericht hat den besonderen Vertreter nur zu bestellen, wenn ihm dies für eine gehörige Geltendmachung der Ersatzansprüche **zweckmäßig** erscheint. Die Bestellung eines besonderen Vertreters ist notwendig und damit stets zweckmäßig, wenn Ansprüche gleichzeitig gegen Mitglieder des Vorstands und des Aufsichtsrats geltend gemacht werden sollen, weil in diesem Fall die für die Anspruchsverfolgung zuständigen Organe von der Vertretung ausgeschlossen sind und die Gesellschaft somit handlungsunfähig wäre.[5] Die Bestellung eines besonderen Vertreters ist außerdem dann zweckmäßig, wenn objektive Anhaltspunkte dafür vorliegen, dass durch die gesetzlichen Vertreter der Gesellschaft eine sachgerechte Geltendmachung der Ansprüche nicht zu erwarten ist.[6] Solche Anhaltspunkte liegen zum Beispiel vor, wenn die zuständigen Organe über einen längeren Zeitraum ohne sachlichen Grund keine Maßnahmen zur Geltendmachung der Ansprüche ergriffen haben.[7]

16.95 Bestehen dagegen keine Bedenken gegen eine unabhängige und neutrale Anspruchsverfolgung durch die Verwaltung, sind für die Beurteilung der Zweckmäßigkeit das Interesse der

---

1 *G. Bezzenberger* in Großkomm. AktG, § 147 AktG Rz. 29; *Schröer* in MünchKomm. AktG, § 147 AktG Rz. 66; *Spindler* in K. Schmidt/Lutter, § 147 AktG Rz. 16 i.V.m. § 142 AktG Rz. 39; *Mock* in Spindler/Stilz, § 147 AktG Rz. 59.

2 *Schröer* in MünchKomm. AktG, § 147 AktG Rz. 66; *Lochner* in Heidel, § 147 AktG Rz. 20a; *Rieckers/Vetter* in KölnKomm. AktG, § 147 AktG Rz. 349.

3 *Hüffer/Koch*, § 147 AktG Rz. 11; *Kling*, ZGR 2009, 190, 194 f.; *Mock* in Spindler/Stilz, § 147 AktG Rz. 56; *Spindler* in K. Schmidt/Lutter, § 147 AktG Rz. 15; mit ausführlicher Begründung *Winnen*, Die Innenhaftung des Vorstands nach dem UMAG, 2009, S. 300 f.; *Lochner* in Heidel, § 147 AktG Rz. 19.

4 *Hüffer*, ZHR 174 (2010), 642, 653.

5 *G. Bezzenberger* in Großkomm. AktG, § 147 AktG Rz. 46 i.V.m. 41; *Kling*, ZGR 2009, 190, 195; *Schröer* in MünchKomm. AktG, § 147 AktG Rz. 42; *Spindler* in K. Schmidt/Lutter, § 147 AktG Rz. 18.

6 OLG Frankfurt a.M. v. 9.10.2003 – 20 W 487/02, AG 2004, 104; *Hüffer/Koch*, § 147 AktG Rz. 12; *Schröer* in MünchKomm. AktG, § 147 AktG Rz. 42; *Spindler* in K. Schmidt/Lutter, § 147 AktG Rz. 18.

7 *G. Bezzenberger* in Großkomm. AktG, § 147 AktG Rz. 46; *Mock* in Spindler/Stilz, § 147 AktG Rz. 69–70.

Gesellschaft an einer effektiven Anspruchsverfolgung gegen die Vermeidung unnötiger Störungen des Geschäftsbetriebs **abzuwägen**. In einem solchen Fall wird die Geltendmachung der Ansprüche durch einen externen Dritten in der Regel als nicht zweckmäßig erscheinen, insbesondere wegen des „Wissensvorsprungs" der Verwaltung.[1] Dagegen fehlt es nicht an der Zweckmäßigkeit, wenn bereits ein Sonderprüfer bestellt wurde.[2] Ob die vom besonderen Vertreter zu verfolgenden Ansprüche tatsächlich bestehen, wird hingegen nicht bei der Bestellung des besonderen Vertreters geprüft, sondern erst, wenn der besondere Vertreter sie gerichtlich geltend macht.[3] Das LG Stuttgart hat von diesem Grundsatz zu Recht eine Ausnahme gemacht und die Bestellung eines besonderen Vertreters abgelehnt, wenn die Beschreibung des Ersatzanspruchs rein spekulativ sei. In diesem Fall sei die Bestellung eines besonderen Vertreters nicht erforderlich.[4]

Das Amtsgericht entscheidet über den Antrag durch **Beschluss**. Wie bei der Bestellung durch die Hauptversammlung kann jede geschäftsfähige natürliche Person als besonderer Vertreter bestellt werden (Rz. 16.87). Die Person muss persönlich und fachlich für die Geltendmachung der Ansprüche geeignet sein. Nicht zwingend ist dafür ein Rechtsanwalt erforderlich, da der besondere Vertreter Hilfspersonen einsetzen darf.[5] Das Gericht ist an die Vorschläge der Antragsteller nicht gebunden, wird diese allerdings bei seiner Entscheidung berücksichtigen und mangels entgegenstehender Gründe im Zweifel bestellen.[6]

16.96

Gibt das Gericht dem Antrag statt, kann die Gesellschaft gegen den Beschluss mit der **Beschwerde** (§ 147 Abs. 2 Satz 4 AktG, §§ 402 Abs. 1, 3, 58 ff. FamFG) zum Oberlandesgericht vorgehen. Gegen die Beschwerdeentscheidung des Oberlandesgerichts ist die Rechtsbeschwerde zum BGH nach §§ 70 ff. FamFG nur dann statthaft, wenn das Beschwerdegericht sie zugelassen hat (§ 70 Abs. 1 FamFG). Eine Nichtzulassungsbeschwerde gibt es nicht. Die Beschwerde zum Oberlandesgericht hat auch hier keine aufschiebende Wirkung. Das Beschwerdegericht kann die Vollziehung des angefochtenen Beschlusses aber auf Antrag der Gesellschaft aussetzen (§ 64 Abs. 3 FamFG).

16.97

3. Rechtsverhältnis des besonderen Vertreters zur Gesellschaft

Mit der Annahme der Bestellung durch den besonderen Vertreter wird dieser zum außerordentlichen, mit einer Sonderaufgabe betrauten **gesetzlichen Vertreter** der Gesellschaft.[7]

16.98

---

1 *Rieckers/Vetter* in KölnKomm. AktG, § 147 AktG Rz. 394.
2 *Mock* in Spindler/Stilz, § 147 AktG Rz. 70.
3 OLG Frankfurt a.M. v. 9.10.2003 – 20 W 487/02, AG 2004, 104; KG Berlin v. 18.11.2004 – 1 W 185/04, AG 2005, 246, 247; *G. Bezzenberger* in Großkomm. AktG, § 147 AktG Rz. 46; *Schröer* in MünchKomm. AktG, § 147 AktG Rz. 69; *Spindler* in K. Schmidt/Lutter, § 147 AktG Rz. 18: keine Prüfung der Erfolgsaussichten.
4 LG Stuttgart v. 6.8.2008 – 34 T 11/08 KfH, AG 2008, 757, 758 – Züblin; bestätigt durch OLG Stuttgart v. 25.11.2008 – 8 W 370/08, AG 2009, 169, 170, insbesondere mit der Erwägung, dass es dem besonderen Vertreter nicht obliege, Voraussetzungen möglicher Schadensersatzansprüche erst festzustellen.
5 *Schröer* in MünchKomm. AktG, § 147 AktG Rz. 70; *Rieckers/Vetter* in KölnKomm. AktG, § 147 AktG Rz. 400.
6 KG Berlin v. 16.12.2011 – 25 W 92/11, AG 2012, 328, 329; *Schröer* in MünchKomm. AktG, § 147 AktG Rz. 70; *Mock* in Spindler/Stilz, § 147 AktG Rz. 73.
7 BGH v. 18.12.1980 – II ZR 140/79, NJW 1981, 1097, 1098; *G. Bezzenberger* in Großkomm. AktG, § 147 AktG Rz. 52; *Mock* in Spindler/Stilz, § 147 AktG Rz. 91; *Schröer* in MünchKomm. AktG, § 147 AktG Rz. 47; *Spindler* in K. Schmidt/Lutter, § 147 AktG Rz. 23.

Eine Pflicht zur Annahme besteht für die als besonderen Vertreter bestellte Person nicht.[1] Die Vertretungsmacht des besonderen Vertreters ist beschränkt auf die Geltendmachung derjenigen Ersatzansprüche, für die ein Hauptversammlungsbeschluss nach § 147 Abs. 1 AktG gefasst und der besondere Vertreter bestellt worden ist.[2] Wegen seiner Stellung als gesetzlicher Vertreter wird der besondere Vertreter verbreitet als **Organ** der Gesellschaft angesehen.[3] Nach dem BGH besitzt der besondere Vertreter jedenfalls im Rahmen seines Aufgabenkreises Organqualität.[4] Indes dürfen aus der bloßen Bezeichnung als Organ nicht ohne weiteres Kompetenzen des besonderen Vertreters abgeleitet werden. Das OLG München hat insofern zu Recht einen zurückhaltenden Standpunkt eingenommen.[5]

16.99 Der besondere Vertreter ist auch kein Quasi-Vorstand. Seine Stellung und seine Befugnisse sind vielmehr ausgehend von der ihm gesetzlich zugewiesenen *Funktion* und in *Abgrenzung* zu den Aufgaben und Kompetenzen der regulären Gesellschaftsorgane zu entwickeln.

16.100 Neben dem gesellschaftsrechtlichen Rechtsverhältnis besteht zwischen der Gesellschaft und dem besonderen Vertreter ein **Vertragsverhältnis** in Gestalt eines Geschäftsbesorgungsvertrags mit dienstvertraglichem Charakter, der mit Annahme der Bestellung durch den besonderen Vertreter zustande kommt.[6]

16.101 Eine ausdrückliche Vergütungsregelung fehlt in § 147 Abs. 2 AktG für den von der Hauptversammlung bestellten besonderen Vertreter. Entsprechend §§ 675 Abs. 1, 612 Abs. 2 BGB wird von der Gesellschaft die übliche Vergütung geschuldet.[7] Der gerichtlich bestellte besondere Vertreter hat gem. § 147 Abs. 2 Satz 5 AktG Anspruch auf Ersatz angemessener barer Auslagen und auf **Vergütung** für seine Tätigkeit. Diese werden vom Gericht festgesetzt (§ 147 Abs. 2 Satz 6 AktG), falls nicht mit der Gesellschaft – wie bei dem von der Hauptversammlung bestellten besonderen Vertreter – vereinbart. Dagegen steht dem besonderen Vertreter kein Anspruch auf Ersatz von Prämien für eine D&O-Versicherung zu (s. auch *Ihlas*, Rz. 19.31). Der besondere Vertreter hat sich vielmehr um seinen Versicherungsschutz selbst zu kümmern.[8]

---

1 *Mock* in Spindler/Stilz, § 147 AktG Rz. 74; *Lochner* in Heidel, § 147 AktG Rz. 25.
2 *G. Bezzenberger* in Großkomm. AktG, § 147 AktG Rz. 52; *Mock* in Spindler/Stilz, § 147 AktG Rz. 91, 103; *Spindler* in K. Schmidt/Lutter, § 147 AktG Rz. 23.
3 *Hüffer/Koch*, § 147 AktG Rz. 8; *Mock* in Spindler/Stilz, § 147 AktG Rz. 91; *Schröer* in MünchKomm. AktG, § 147 AktG Rz. 47; *Spindler* in K. Schmidt/Lutter, § 147 AktG Rz. 23; *Kling*, ZGR 2009, 190, 212 m.w.N.; a.A. *A. Wirth/Pospiech*, DB 2008, 2471, 2474 f.
4 BGH v. 27.9.2011 – II ZR 225/08, NZG 2011, 1383, 1384 = AG 2011, 875, 876; BGH v. 18.12.1980 – II ZR 140/79, NJW 1981, 1097, 1098 = ZIP 1981, 178, 179.
5 OLG München v. 28.11.2007 – 7 U 4498/07, AG 2008, 172, 176 (keine dem Vorstand ähnliche Organstellung im Hinblick auf Zutrittsrechte und Direktionsbefugnisse zur Informationsbeschaffung); OLG München v. 27.8.2008 – 7 U 5678/07, AG 2008, 864, 868 (organähnliche Stellung); zustimmend *H. P. Westermann*, AG 2009, 237, 247; *Wirth* in FS Hüffer, S. 1129, 1143–1146; *Löbbe* in VGR, Gesellschaftsrecht in der Diskussion 2016, 2017, S. 25, 35-36; offen gelassen OLG München v. 21.10.2010 – 7 W 2040/10 Rz. 25, NZG 2010, 1392, 1393 = AG 2011, 177, 178.
6 *Kling*, ZGR 2009, 190, 226 ff.; *Mock* in Spindler/Stilz, § 147 AktG Rz. 74; *Schröer* in MünchKomm. AktG, § 147 AktG Rz. 44; *Spindler* in K. Schmidt/Lutter, § 147 AktG Rz. 23; im Ergebnis auch *G. Bezzenberger* in Großkomm. AktG, § 147 AktG Rz. 54 f.; gegen die Existenz eines vertraglichen Rechtsverhältnisses *Böbel*, S. 67 ff.
7 KG Berlin v. 16.12.2011 – 25 W 92/11, AG 2012, 328, 329; *Rieckers/Vetter* in KölnKomm. AktG, § 147 AktG Rz. 444, 709 u. 719.
8 *Rieckers/Vetter* in KölnKomm. AktG, § 147 AktG Rz. 708; a.A. *Mock* in Spindler/Stilz, § 147 AktG Rz. 124.

4. Rechte und Pflichten des besonderen Vertreters

a) Rechte

Rechte und Befugnisse des besonderen Vertreters sind im Gesetz nicht eigens geregelt. Einigkeit herrscht darüber, dass der besondere Vertreter bei der ihm aufgetragenen Geltendmachung von Ersatzansprüchen zur **Vertretung der Gesellschaft** befugt ist. Die Geltendmachung umfasst die gerichtliche und außergerichtliche Durchsetzung von Ersatzansprüchen[1] sowie die Verteidigung der Gesellschaft gegen Maßnahmen des Ersatzpflichtigen, die den Ersatzanspruch zum Gegenstand haben (z.B. eine negative Feststellungsklage).[2] Die Vertretung der Gesellschaft umfasst auch die Mandatierung eines Prozessbevollmächtigten, den Abschluss einer Schiedsvereinbarung mit dem Anspruchsgegner oder den Vergleich über den Anspruch, letzteres nur in den Grenzen der §§ 50, 93 Abs. 4 Satz 3, 4 AktG unter Einbeziehung der Hauptversammlung.[3] Wird die Bestellung des besonderen Vertreters für nichtig erklärt, führt dies nicht zur Unzulässigkeit der von ihm erhobenen Klagen oder zur automatischen Beendigung des Rechtsstreits.[4] Auf den besonderen Vertreter findet die Lehre von der fehlerhaften Organbestellung insoweit Anwendung, dass seine Rechtshandlungen die Gesellschaft unabhängig von der Nichtigkeit oder Anfechtbarkeit seiner Bestellung berechtigen und verpflichten.[5] Die Vertretungsmacht der Verwaltungsorgane der Gesellschaft ist ausgeschlossen, soweit es um die dem besonderen Vertreter zugewiesene Geltendmachung der Ersatzansprüche geht.[6] Wurden mehrere besondere Vertreter bestellt, sind sie nur gemeinschaftlich zur Vertretung der Gesellschaft befugt, sofern der Bestellungsakt keine abweichende Regelung vorsieht.[7]

16.102

Einig ist man sich im Ausgangspunkt auch darüber, dass der besondere Vertreter weitere Rechte haben muss, um die ihm zugewiesene Aufgabe zu erfüllen.[8] Dazu gehören vor allem **Rechte zur Informationsbeschaffung**. Bei systematischer Betrachtung werden neben einer vereinzelten Extremposition, die dem besonderen Vertreter jegliche Informationsrechte abspricht[9], grundsätzlich zwei entgegengesetzte Positionen vertreten.

16.103

---

1 OLG München v. 27.8.2008 – 7 U 5678/07, AG 2008, 864, 867; *Rieckers/Vetter* in KölnKomm. AktG, § 147 AktG Rz. 509.
2 *G. Bezzenberger* in Großkomm. AktG, § 147 AktG Rz. 56; *Schröer* in MünchKomm. AktG, § 147 AktG Rz. 44; *Spindler* in K. Schmidt/Lutter, § 147 AktG Rz. 24.
3 *Rieckers/Vetter* in KölnKomm. AktG, § 147 AktG Rz. 509, 511, 534–535; *Spindler* in K. Schmidt/Lutter, § 147 AktG Rz. 24–27; *Uwe H. Schneider*, ZIP 2013, 1985, 1988.
4 OLG München v. 21.10.2010 – 7 W 2040/10 Rz. 25, NZG 2010, 1392, 1393 = AG 2011, 177, 178; allgemein zu den Rechtsfolgen bei Wegfall des besonderen Vertreters *Rieckers/Vetter* in KölnKomm. AktG, § 147 AktG Rz. 492–496.
5 OLG München v. 21.10.2010 – 7 W 2040/10 Rz. 25, NZG 2010, 1392, 1393 = AG 2011, 177, 178.
6 *G. Bezzenberger* in Großkomm. AktG, § 147 AktG Rz. 52; *Rieckers/Vetter* in KölnKomm. AktG, § 147 AktG Rz. 505; *Schröer* in MünchKomm. AktG, § 147 AktG Rz. 47.
7 *G. Bezzenberger* in Großkomm. AktG, § 147 AktG Rz. 52; *Mock* in Spindler/Stilz, § 147 AktG Rz. 103; *Spindler* in K. Schmidt/Lutter, § 147 AktG Rz. 23.
8 So schon RG v. 4.11.1913 – II 297/13, RGZ 83, 248, 252; ebenso ausdrücklich OLG München v. 28.11.2007 – 7 U 4498/07, AG 2008, 172, 174; *Kling*, ZGR 2009, 190, 214; *Schröer* in MünchKomm. AktG, § 147 AktG Rz. 49.
9 *Humrich*, S. 170 ff.; *Humrich*, NZG 2014, 441, 444.

16.104 Nach der **weiten Auffassung** soll dem besonderen Vertreter wie Vorstand bzw. Aufsichtsrat und Sonderprüfer ein *umfassendes* Prüfungs- und Auskunftsrecht zustehen.[1] Begrenzt wird das umfassende Prüfungs- und Auskunftsrecht nur dadurch, dass die Ausübung nicht offensichtlich unsachgemäß erfolgen darf (also eine Art Missbrauchskontrolle) und sie zudem im Kontext mit der Anspruchsverfolgung stehen muss.[2] Auskunftspflichtig sind nach dieser Auffassung nicht nur der Vorstand, sondern auch der Aufsichtsrat, die einzelnen Organmitglieder des Vorstands und Aufsichtsrats, die Angestellten der Gesellschaft und der Abschlussprüfer.[3] Zum Teil werden weitgehende Ermittlungsbefugnisse auch aus der Organstellung[4] des besonderen Vertreters abgeleitet bzw. es wird aus dem Umstand, dass der besondere Vertreter im Rahmen der Anspruchsverfolgung an die Stelle von Vorstand bzw. Aufsichtsrat tritt, geschlossen, dem besonderen Vertreter müssten die Informationsrechte eben dieser Organe zustehen.[5] Demzufolge soll der besondere Vertreter nach dieser Auffassung insbesondere berechtigt sein, jederzeit Grundstücke und Geschäftsräume der Gesellschaft zu betreten und Angestellten der Gesellschaft Weisungen zur Erteilung von Auskünften oder Aushändigung von Unterlagen zu erteilen.[6] Die von dieser Auffassung vertretene Begrenzung auf den Kontext mit der Anspruchsverfolgung einschließlich eines entsprechend weiten Ermessens[7] stellt jedoch keine sachgerechte Einschränkung der Reichweite des Auskunftsrechts dar, wenn nur irgendein Zusammenhang zu den im Beschluss nach § 147 Abs. 1 AktG bezeichneten Ansprüchen bestehen muss. Durch weit gefasste Anträge gem. § 147 AktG wäre es letztlich möglich, eine Ausforschung der Gesellschaft zu betreiben und den besonderen Vertreter als Quasi-Sonderprüfer zu instrumentalisieren.[8]

16.105 Demgegenüber betonen das OLG München[9] und ihm folgende Stimmen aus der Literatur[10] zu Recht, dass es im Gegensatz zum Sonderprüfer nicht Aufgabe des besonderen Vertreters ist, innerhalb der Gesellschaft umfassende Ermittlungen zur Aufklärung bestimmter Vorgän-

---

1 *G. Bezzenberger* in Großkomm. AktG, § 147 AktG Rz. 57; *Hirschmann* in Hölters, § 147 AktG Rz. 10; *Mock* in Spindler/Stilz, § 147 AktG Rz. 104; LG München I v. 6.9.2007 – 5 HK O 12570/07, AG 2007, 756, 757 – UniCredit; ähnlich auch OLG Köln v. 4.12.2015 – I-18 U 149/15 Rz. 35, 39, NZG 2016, 147, 148 = AG 2016, 254, 255 – STRABAG; vorsichtiger insoweit *Böbel*, S. 92 f.
2 LG Duisburg v. 9.6.2016 – 22 O 50/16 Rz. 61, AG 2016, 295, 296-297; *G. Bezzenberger* in Großkomm. AktG, § 147 AktG Rz. 57; *Mock* in Spindler/Stilz, § 147 AktG Rz. 104; *Winnen*, Die Innenhaftung des Vorstands nach dem UMAG, 2009, S. 313.
3 *G. Bezzenberger* in Großkomm. AktG, § 147 AktG Rz. 57; Mock in Spindler/Stilz, § 147 AktG Rz. 104; Spindler in K. Schmidt/Lutter, § 147 AktG Rz. 29; Uwe H. Schneider, ZIP 2013, 1985, 1987
4 *Kling*, ZGR 2009, 190, 213. Ablehnend *Rieckers/Vetter* in KölnKomm. AktG, § 147 AktG Rz. 522, 604; *Spindler* in K. Schmidt/Lutter, § 147 AktG Rz. 30.
5 Auf die Verdrängung der an sich gemäß dem Aktiengesetz für die Anspruchsverfolgung zuständigen Organe abstellend *Konzen* in FS Hommelhoff, S. 565, 572; *Uwe H. Schneider*, ZIP 2013, 1985, 1987; *Verhoeven*, ZIP 2008, 245, 247. Ablehnend *Rieckers/Vetter* in KölnKomm. AktG, § 147 AktG Rz. 607 ff.
6 *Böbel*, S. 94; *Verhoeven*, ZIP 2008, 245, 248.
7 So jüngst OLG Köln v. 4.12.2015 – I-18 U 149/15 Rz. 35, 39, NZG 2016, 147, 148 – STRABAG.
8 So auch *Rieckers*, DB 2016, 2526, 2530.
9 OLG München v. 28.11.2007 – 7 U 4498/07, AG 2008, 172, 174 f.
10 *Kling*, ZGR 2009, 190, 216 ff.; *Winnen*, Die Innenhaftung des Vorstands nach dem UMAG, 2009, S. 312 f.; *Wirth* in FS Hüffer, S. 1129, 1142–1143; *Rieckers/Vetter* in KölnKomm. AktG, § 147 AktG Rz. 613–620; *Löbbe* in VGR, Gesellschaftsrecht in der Diskussion 2016, 2017, S. 25, 42–43; vorsichtig zustimmend auch *H. P. Westermann*, AG 2009, 237, 246; *Konzen* in FS Hommelhoff, S. 565, 573.

ge durchzuführen. Das Fehlen einer den § 145 Abs. 1 bis 3 AktG entsprechenden Regelung zeigt, dass dem besonderen Vertreter nicht dieselben Befugnisse zukommen können wie dem Sonderprüfer.[1] Der Schwerpunkt seiner Aufgabe liegt nicht in der Aufklärung unklarer Sachverhalte, sondern in der Durchsetzung von Ansprüchen aus im Kern bereits bekannten Sachverhalten.[2] Die **Prüfungs- und Auskunftsrechte sind daher unmittelbar an die Geltendmachung bestimmter Ersatzansprüche geknüpft**.[3] Sie sind als **Annexkompetenz** zur Aufgabe der Anspruchsverfolgung durch den besonderen Vertreter zu verstehen.[4] Der besondere Vertreter soll nur im Rahmen seines Aufgabenkreises ein umfassendes Informationsrecht haben.[5] Im Ergebnis sind die Rechte des besonderen Vertreters hinsichtlich der Aufklärung von Sachverhalten enger als die des Sonderprüfers und finden ihre Grenze, soweit Befugnisse durch die gesetzlich geregelte Kompetenzverteilung nicht anderweitig zugewiesen sind.[6]

Ausgeschlossen ist damit vor allem eine investigative Prüfung von Geschäftsunterlagen ins Blaue hinein. Der besondere Vertreter muss vielmehr konkret plausibel machen, dass die von ihm begehrte Auskunft oder Einsichtnahme zur Prüfung anspruchsbegründender Tatsachen oder sonst zur Geltendmachung des Ersatzanspruchs notwendig ist.[7] Fehlt es nach dem Inhalt des Hauptversammlungsbeschlusses an einem hinreichend konkreten Lebenssachverhalt und damit auch einem Anfangsverdacht bezüglich möglicher Ersatzansprüche, entfällt das Auskunftsrecht nach zutreffender Rechtsprechung vollständig.[8] Außerdem ist mit dem OLG München davon auszugehen, dass die Einsichts- und Auskunftsrechte dem besonderen Vertreter **nur gegenüber der Gesellschaft** zustehen, welche diese Ansprüche über ihren Vorstand zu erfüllen hat.[9] Der besondere Vertreter hat demzufolge kein Recht auf ungehinderten Zugang zu den Geschäftsräumen der Gesellschaft[10] und auch keine Direktionsbefugnisse gegenüber den Angestellten, um sich benötigte Informationen unmittelbar selbst zu beschaffen.[11] An-

16.106

---

1 Binder, ZHR 176 (2012), 380, 393 ff.; Humrich, NZG 2014, 441, 444.
2 So auch LG Köln v. 14.1.2016 – 91 O 31/15 Rz. 150, ZIP 2016, 162, 164 = AG 2016, 513, 514 – STRABAG; grundsätzlich ebenso auch OLG Köln v. 9.3.2017 – 18 U 19/16, BeckRS 2017, 106344 Rz. 147 – STRABAG.
3 So auch Konzen in FS Hommelhoff, S. 565, 573.
4 LG Heidelberg v. 6.4.2016 – 12 O 14/16 KfH Rz. 24, AG 2016, 868, 869; OLG Köln v. 9.3.2017 – 18 U 19/16, BeckRS 2017, 106344 Rz. 148 – STRABAG; Rieckers/Vetter in KölnKomm. AktG, § 147 AktG Rz. 620; Spindler in K. Schmidt/Lutter, § 147 AktG Rz. 28; Schröer in MünchKomm. AktG, § 147 AktG Rz. 49; Kocher/Lönner, ZIP 2016, 653, 655; Löbbe in VGR, Gesellschaftsrecht in der Diskussion 2016, 2017, S. 25, 47.
5 LG Heidelberg v. 4.12.2015 – 11 O 37/15 Rz. 29, ZIP 2016, 471 = AG 2016, 182; LG Heidelberg v. 6.4.2016 – 12 O 14/16 KfH Rz. 23 f., AG 2016, 868, 869.
6 OLG München v. 28.11.2007 – 7 U 4498/07, AG 2008, 172, 174-175; zustimmend LG Heidelberg v. 4.12.2015 – 11 O 37/15, ZIP 2016, 471 = AG 2016, 182; ähnlich OLG Köln v. 9.3.2017 – 18 U 19/16, BeckRS 2017, 106344 Rz. 147–149 – STRABAG; Kling, ZGR 2009, 190, 216 ff.; H. P. Westermann, AG 2009, 237, 246; Wirth in FS Hüffer, S. 1129, 1143; Binder, ZHR 176 (2012), 380, 394 f.
7 Für ein Erforderlichkeitskriterium ebenso Mock in Spindler/Stilz, § 147 AktG Rz. 104.
8 OLG München v. 28.11.2007 – 7 U 4498/07, AG 2008, 172, 174-175; LG Stuttgart v. 27.10.2009 – 32 O 5/09 KfH, ZIP 2010, 329, 330; dazu kritisch Lochner, EWiR 2010, 3 f. Ablehnend LG Heidelberg v. 4.12.2015 – 11 O 37/15 Rz. 30 f., ZIP 2016, 471 = AG 2016, 182.
9 OLG München v. 28.11.2007 – 7 U 4498/07, AG 2008, 172, 176; ebenso Hüffer/Koch, § 147 AktG Rz. 9; Kling, ZGR 2009, 190, 218; Winnen, Die Innenhaftung des Vorstands nach dem UMAG, 2009, S. 312.
10 Binder, ZHR 176 (2012), 380, 393; Rieckers/Vetter in KölnKomm. AktG, § 147 AktG Rz. 634; a.A. die vertretene weite Auffassung s. Rz. 16.104.
11 OLG München v. 28.11.2007 – 7 U 4498/07, AG 2008, 172, 176; Kling, ZGR 2009, 190, 218; Winnen, Die Innenhaftung des Vorstands nach dem UMAG, 2009, S. 312.

dernfalls käme es zu einer weitreichenden Verdrängung des Vorstands und damit zu einem gravierenden Eingriff in die Organisationsverfassung der Gesellschaft, für den es an einer gesetzlichen Grundlage fehlt.[1]

16.107 Zu weit geht auf der Grundlage der weiten Auffassung (s. Rz. 16.104) eine aktuelle Entscheidung des LG Duisburg. Danach soll dem besonderen Vertreter ein Anspruch zustehen auf Vorlage eines vollständigen **Bestandsverzeichnisses** gem. § 260 BGB über sämtliche Unterlagen der Gesellschaft und deren Beteiligungsgesellschaften, die den Erwerb der Anteile an einer Beteiligungsgesellschaft betreffen, in dessen Zusammenhang Ersatzansprüche vom besonderen Vertreter geltend gemacht werden sollten.[2] Nach dem LG Duisburg standen dem Anspruch auf Vorlage des Bestandsverzeichnisses – im Rahmen der Prüfung des Maßstabs der Zumutbarkeit – auch nicht die beträchtlichen Belastungen der Gesellschaft für die Erstellung entgegen.[3]

16.108 Mit den Prüfungs- und Auskunftsrechten des besonderen Vertreters korrespondiert eine **Verpflichtung des Vorstands zur aktiven Unterstützung** des besonderen Vertreters. Das entspricht der Kooperationspflicht des Vorstands im Hinblick auf die Prüfungs- und Auskunftsrechte des Sonderprüfers (s. Rz. 16.45).

16.109 Die Frage, welche **Grenzen** bei der Ausübung von Prüfungs- und Auskunftsrechten des besonderen Vertreters bestehen, wird in der Literatur bislang nicht vertieft diskutiert. Es findet sich nur die Einschränkung, dass der besondere Vertreter seine Rechte nicht offensichtlich unsachgemäß ausüben dürfe (s. schon Rz. 16.104). Dem besonderen Vertreter komme insoweit ein nur durch den Aspekt unsachgemäßer Ausübung begrenztes Ermessen zu.[4] Zutreffenderweise ist der besondere Vertreter aber ebenfalls zu einer effizienten und für die Gesellschaft möglichst schonenden Vorgehensweise verpflichtet.[5] Darüber hinaus ist nach allgemeinen Grundsätzen wie gegenüber dem Sonderprüfer (s. Rz. 16.50) ein **Auskunftsverweigerungsrecht** anzuerkennen, soweit die befragte Person sich durch ihre Aussage strafbar machen oder der Strafverfolgung aussetzen würde.[6]

16.110 Während beim Sonderprüfer die **Einsichtnahmerechte** – neben den Prüfungsrechten – ausdrücklich geregelt sind (§ 145 Abs. 1 AktG), fehlt eine entsprechende Regelung beim besonderen Vertreter. Ein solches Einsichtnahmerecht dürfte grundsätzlich bestehen, unterliegt aber denselben Grenzen wie das Auskunftsrecht, d.h. besteht nur als Annexkompetenz innerhalb dessen sachlicher und persönlicher Reichweite.[7]

---

[1] OLG München v. 28.11.2007 – 7 U 4498/07, ZIP 2008, 73, 79 (insoweit z.T. nicht abgedruckt in AG 2008, 172 ff.); *Winnen*, Die Innenhaftung des Vorstands nach dem UMAG, 2009, S. 312 f.; *H. P. Westermann*, AG 2009, 237, 246.

[2] LG Duisburg v. 9.6.2016 – 22 O 50/16 Rz. 62 ff., AG 2016, 795, 797; zustimmend *Lochner*, EWiR 2016, 625 f.; wie hier kritisch *Löbbe* in VGR, Gesellschaftsrecht in der Diskussion 2016, 2017, S. 25, 48–49.

[3] LG Duisburg v. 9.6.2016 – 22 O 50/16 Rz. 71, AG 2016, 795, 797.

[4] OLG Köln v. 4.12.2015 – I-18 U 149/15 Rz. 35, NZG 2016, 147, 148 = AG 2016, 254, 255 – STRABAG.

[5] Vgl. auch *Rieckers/Vetter* in KölnKomm. AktG, § 147 AktG Rz. 627.

[6] Dazu nunmehr näher *Rieckers/Vetter* in KölnKomm. AktG, § 147 AktG Rz. 657–663.

[7] Dazu OLG München v. 28.11.2007 – 7 U 4498/07 Rz. 54–74, AG 2008, 172, 174–176; *Hüffer*, ZHR 174 (2010), 642, 671–672; *Rieckers/Vetter* in KölnKomm. AktG, § 147 AktG Rz. 629–633.

Der besondere Vertreter ist befugt, **Hilfspersonen** einzusetzen, und kann sie bevollmächtigen, die ihm zustehenden Prüfungs- und Auskunftsrechte auszuüben.[1] Sind **mehrere besondere** Vertreter bestellt, so wird man in Anlehnung an die Rechtslage bei der Sonderprüfung (s. Rz. 16.42) annehmen können, dass die Prüfungs- und Auskunftsrechte jedem einzelnen besonderen Vertreter zustehen.

16.111

Der besondere Vertreter hat in **Nichtigkeits- bzw. Anfechtungsklageverfahren gegen Beschlüsse der Hauptversammlung** mangels Parteifähigkeit und Anfechtungsbefugnis kein Anfechtungsrecht. Das gilt zunächst für Anfechtungsklagen gegen sonstige Tagesordnungspunkte, aber auch dann, wenn der streitgegenständliche Beschluss Auswirkungen auf das Bestehen des von dem besonderen Vertreter zu verfolgenden Ersatzanspruchs haben kann. Denn Aufgabe des besonderen Vertreters ist nicht die Verteidigung von Hauptversammlungsbeschlüssen, sondern die Geltendmachung von Schadensersatzansprüchen.[2]

16.112

Ebenso wenig ist dem besonderen Vertreter mangels Parteifähigkeit und rechtlichem Interesse nach zutreffender Auffassung ein Nebeninterventionsrecht in solchen Nichtigkeits- bzw. Anfechtungsklagen *auf Seiten der Anfechtungskläger* zuzugestehen. In einer solchen Situation wäre es vielmehr Aufgabe der Aktionäre, die in der Hauptversammlung für die Bestellung des besonderen Vertreters gestimmt haben, dem Verfahren beizutreten und ihr Interesse an der Bestellung des besonderen Vertreters zu wahren.[3] In einer aktuellen Entscheidung aus 2015 hat der BGH die **Nebeninterventionsfähigkeit des besonderen Vertreters *auf Seiten der Gesellschaft*** in einem Rechtsstreit gegen den Beschluss über seine Bestellung und den Beschluss über die Verfolgung von Ersatzansprüchen anerkannt. Nach Auffassung des BGH setzt der Beitritt keine besondere aktienrechtliche Nebeninterventionsbefugnis voraus. Das Interventionsinteresse des besonderen Vertreters folge aus der Gestaltungswirkung einer Entscheidung, die seine Bestellung und die Entscheidung für eine Verfolgung von Ersatzansprüchen für nichtig erklärt, weil der besondere Vertreter dann sein Amt und seinen Auftrag verliere.[4] Für die Anfechtung anderer Beschlüsse (etwa Tagesordnungspunkt Sonderprüfung) schloss auch der BGH die Nebeninterventionsfähigkeit aus.[5] Es liegen dazu bislang auch keine anderen obergerichtlichen Entscheidungen vor.[6]

16.113

Noch weitgehend ungeklärt ist, welche Rechte dem besonderen Vertreter **in der Hauptversammlung** der Gesellschaft zustehen. Da ein Auftreten in der Hauptversammlung zur Gel-

16.114

---

1 Vgl. *Böbel*, S. 94; *Kling*, ZGR 2009, 190, 199.
2 OLG München v. 7.10.2008 – 7 W 1034/08, AG 2009, 119, 120; *Rieckers/Vetter* in KölnKomm. AktG, § 147 AktG Rz. 679; *Schroer* in MünchKomm. AktG, § 147 AktG Rz. 53; *Lochner* in Heidel, § 147 AktG Rz. 18; *H. P. Westermann*, AG 2009, 237, 244 f.; weitergehend *Verhoeven*, ZIP 2008, 245, 250; im Grundsatz auch LG München I v. 27.8.2009 – 5HK O 21656/08, Der Konzern 2009, 624, 626 = AG 2006, 796, 799.
3 *Rieckers/Vetter* in KölnKomm. AktG, § 147 AktG Rz. 329–330 und 684; OLG München v. 7.10.2008 – 7 W 1034/08, AG 2009, 119, 120; *Fabritius* in GS Gruson, 2009, S. 133, 147; *Hüffer/Koch*, § 147 AktG Rz. 9; a.A. *Schröer* in MünchKomm. AktG, § 147 AktG Rz. 54.
4 S. hierzu BGH v. 28.4.2015 – II ZB 19/14, Rz. 12 ff., ZIP 2015, 1286, 1288 f. = AG 2015, 564, 565 f.; ähnlich und etwas weitergehend OLG Köln v. 9.3.2017 – 18 U 19/16, BeckRS 2017, 106344 Rz. 110–117 – STRABAG; *Lochner/Beneke*, ZIP 2015, 2010, 2015–2016; so zuvor auch *H. P. Westermann*, AG 2009, 237, 244; s. auch *Mock*, AG 2015, 652, 657.
5 BGH v. 28.4.2015 – II ZB 19/14, Rz. 12 ff., ZIP 2015, 1286, 1289 = AG 2015, 564, 565; ebenso LG München I v. 28.8.2008 – 5 HKO 12861/07 Rz. 651, ZIP 2008, 2124 für die Nebenintervention des besonderen Vertreters gegen einen Squeeze-out Beschluss.
6 S. zu weiteren Konstellationen aber *Mock*, AG 2015, 652, 656 ff.

tendmachung der Ersatzansprüche allerdings nicht erforderlich ist, kommt ein Teilnahme- und Rederecht des besonderen Vertreters grundsätzlich nicht in Betracht. Dies kann nur ausnahmsweise anders sein, wenn nach der Tagesordnung der Hauptversammlung über die dem besonderen Vertreter übertragene Geltendmachung der Ersatzansprüche ein Beschluss gefasst werden soll[1] oder seine Tätigkeit in sonstiger Weise Gegenstand eines Tagesordnungspunktes der Hauptversammlung ist (etwa Ausweitung seines Mandats)[2]. Über die Tagesordnung bestimmen allein der Vorstand und die Aktionäre nach Maßgabe von § 122 Abs. 2 AktG.[3]

b) Pflichten

16.115 Bei seiner Tätigkeit unterliegt der besondere Vertreter nach h.M. **organschaftlichen Treuepflichten**.[4] Er muss daher auf berechtigte Belange der Gesellschaft angemessen Rücksicht nehmen, insbesondere übermäßige Störungen des gewöhnlichen Geschäftsbetriebs vermeiden und seine Tätigkeit möglichst zügig beenden. Zudem treffen den besonderen Vertreter im Hinblick auf die erlangten Informationen Treuepflichten dergestalt, dass er sensible Unternehmensinformationen vertraulich behandeln muss.[5] Nach der ganz überwiegenden Auffassung in der Literatur ist der besondere Vertreter nicht zur Berichterstattung gegenüber Vorstand oder Aufsichtsrat verpflichtet.[6] Eine Pflicht des besonderen Vertreters zur Abgabe von Ad hoc-Meldungen gem. Art. 17 MAR besteht zutreffenderweise nicht, dies obliegt vielmehr allein dem Vorstand.[7]

16.116 Den besonderen Vertreter trifft im Hinblick auf seine Tätigkeit eine **typisierte Sorgfaltspflicht**, entsprechend § 93 Abs. 1 Satz 1 AktG und § 276 BGB – ebenso wie Vorstands- und Aufsichtsratsmitglieder. Geschuldet ist insbesondere die sorgfältige Prüfung der tatsächlichen und rechtlichen Grundlagen des Anspruchs, wobei ggf. auf die Vorarbeiten eines Sonderprüfers zurückgegriffen werden kann. Darüber hinaus ist die sorgfältige Vorbereitung der (außer)prozessualen Geltendmachung der Ansprüche geschuldet.[8]

16.117 Anders als beim Sonderprüfer (vgl. Rz. 16.55) ist die **Haftung des besonderen Vertreters** gesetzlich nicht speziell geregelt. Als Haftungsgrundlage wird zum Teil auf die allgemeine Anspruchsgrundlage des § 280 BGB i.V.m. dem der Tätigkeit des besonderen Vertreters zu-

---

1 LG München I v. 28.7.2008 – 5HK O 12504/08, AG 2008, 794, 795 f.; zustimmend *Jänig*, WuB II A. § 147 AktG 1.09, 116, 118; *H. P. Westermann*, AG 2009, 237, 242; *Wirth* in FS Hüffer, S. 1129, 1151; großzügiger *Mock*, AG 2008, 839, 843.
2 *Rieckers/Vetter* in KölnKomm. AktG, § 147 AktG Rz. 672.
3 *H. P. Westermann*, AG 2009, 237, 242; für eine generelle Verpflichtung des Vorstands zur Ergänzung der Tagesordnung dagegen *Böbel*, S. 124; *Verhoeven*, EWiR 2009, 65, 66.
4 *G. Bezzenberger* in Großkomm. AktG, § 147 AktG Rz. 55; *Hüffer/Koch*, § 147 AktG Rz. 10; vgl. auch *Mock* in Spindler/Stilz, § 147 AktG Rz. 92: „besondere(n) Sorgfaltspflicht gegenüber der Gesellschaft" mit Verweis auf Treuepflicht kraft Organstellung.
5 *Binder*, ZHR 176 (2012), 380, 410.
6 *Kling*, ZGR 2009, 190, 219; *Mock* in Spindler/Stilz, § 147 AktG Rz. 100; *Mock*, AG 2008, 839, 841; *Schröer* in MünchKomm. AktG, § 147 AktG Rz. 55; a.A. *G. Bezzenberger* in Großkomm. AktG, § 147 AktG Rz. 58.
7 *Rieckers/Vetter* in KölnKomm. AktG, § 147 AktG Rz. 573–575; *Humrich*, S. 153; a.A. *Mock* in Spindler/Stilz, § 147 AktG Rz. 102; *Spindler* in K. Schmidt/Lutter, § 147 AktG Rz. 37; vgl. zu Ad hoc-Meldungen ausführlich unten *Krämer/Gillessen* Rz. 32.10 ff.
8 Vgl. nur *Rieckers/Vetter* in KölnKomm. AktG, § 147 AktG Rz. 578–579; *Humrich*, S. 150–151; *Mock* in Spindler/Stilz, § 147 AktG Rz. 96.

grunde liegenden Geschäftsbesorgungsverhältnis rekurriert.[1] Nach wohl überwiegender Auffassung ist Anspruchsgrundlage dagegen § 93 Abs. 2 AktG analog.[2] Dem besonderen Vertreter kommt daher die Business Judgement Rule des § 93 Abs. 1 Satz 2 AktG zugute.[3] Zum Teil wird vertreten, dass die Beweislastumkehr im Rahmen des § 93 Abs. 2 Satz 2 AktG dagegen nicht zulasten des besonderen Vertreters anwendbar sei, da dieser anders als der Vorstand keine umfassenden Rechte zur eigenständigen Unternehmensleitung und Herstellung entsprechender Organisationsstrukturen habe.[4]

Des Weiteren ist der besondere Vertreter zur **Verschwiegenheit** in den Angelegenheiten seiner Tätigkeit **verpflichtet** – entsprechend §§ 93 Abs. 1 Satz 3, 116 AktG, § 323 Abs. 1 Satz 1 HGB. Im Übrigen folgt dies aus seiner Funktion als treuhänderischer Verwalter fremder Vermögensinteressen.[5] Insbesondere kann es gegen die Verschwiegenheitspflicht verstoßen, wenn der besondere Vertreter Presseinterviews über seine Tätigkeit gibt.[6]

16.118

Nicht gänzlich geklärt ist, ob den besonderen Vertreter eine **unbedingte Pflicht zur Anspruchsverfolgung** trifft. Aus dem Bestellungsbeschluss ergibt sich grundsätzlich eine Ausführungspflicht.[7] Vertreten wird, der besondere Vertreter könne ausnahmsweise von der Verfolgung absehen, wenn ihm die Verfolgung (evident)[8] aussichtslos erscheine[9] bzw. wenn sich der Anspruch gemäß seiner pflichtgemäßen Einschätzung nicht mit vertretbarem Aufwand realisieren lasse[10]. Eine unbedingte Ausführungspflicht treffe den besonderen Vertreter nur, wenn die Hauptversammlung ausdrücklich beschlossen habe, dass die Klage unabhängig von den

16.119

---

1 *Rieckers/Vetter* in KölnKomm. AktG, § 147 AktG Rz. 731; *Schröer* in MünchKomm. AktG, § 147 AktG Rz. 59 (basierend auf dem zugrundeliegenden Geschäftsbesorgungsverhältnis). Diese Autoren berufen sich maßgeblich darauf, dass es an einer planwidrigen Regelungslücke als Voraussetzung der Analogie fehle, weil der Gesetzgeber mehrfach § 147 AktG modifiziert habe, ohne den Haftungstatbestand ausdrücklich zu normieren bzw. einen Verweis auf § 93 AktG hinzuzufügen.
2 *Mock* in Spindler/Stilz, § 147 AktG Rz. 96 (soweit nicht explizite Pflichten des vertraglichen Schuldverhältnisses verletzt wurden; dann greift § 280 BGB); *Humrich*, S. 154 f.; *Kling*, ZGR 2009, 190, 225 f.; *Uwe H. Schneider* ZIP 2013, 1985, 1991.
3 *Mock* in Spindler/Stilz, § 147 AktG Rz. 96; *Westermann*, AG 2009, 237, 247; so auch *Rieckers/Vetter* in KölnKomm. AktG, § 147 AktG Rz. 735; a.A. *Kling*, ZGR 2009, 190, 225.
4 *Rieckers/Vetter* in KölnKomm. AktG, § 147 AktG Rz. 736; *Schröer* in MünchKomm. AktG, § 147 AktG Rz. 59 (allerdings auf anderer dogmatischer Grundlage); *Verhoeven*, ZIP 2008, 245, 251; a.A. *Kling*, ZGR 2009, 190, 225–226.
5 *Rieckers/Vetter* in KölnKomm. AktG, § 147 AktG Rz. 586–591; *Schröer* in MünchKomm. AktG, § 147 AktG Rz. 57; *Mock* in Spindler/Stilz, § 147 AktG Rz. 92.
6 Zutreffend *Rieckers/Vetter* in KölnKomm. AktG, § 147 AktG Rz. 590; a.A. *Mock* in Spindler/Stilz, § 147 AktG Rz. 92: Öffentlichkeitsarbeit zulässig, sofern im Gesellschaftsinteresse vorgenommen.
7 *Rubner/Leuering*, NJW-Spezial 2014, 399, 400; *Löbbe* in VGR, Gesellschaftsrecht in der Diskussion 2016, 2017, S. 25, 49.
8 So eingrenzend *Uwe H. Schneider*, ZIP 2013, 1985, 1990.
9 *Schröer* in MünchKomm. AktG, § 147 AktG Rz. 46; *Rubner/Leuering*, NJW-Spezial 2014, 399, 400. In diese Richtung bereits OLG Hamburg v. 19.1.2007 – 11 Wx 33/06 Rz. 35, AG 2007, 331, 332: Erfolglosigkeit des Einschaltens eines besonderen Vertreters, wenn dieser „die Erhebung der Klage nach eigener Einschätzung für unzulässig oder unbegründet" hält.
10 *Stallknecht*, S. 310. Auf diese Alternative des unvertretbar hohen Prozessrisikos ebenfalls verweisend *Rieckers/Vetter* in KölnKomm. AktG, § 147 AktG Rz. 540.

Erfolgsaussichten zu verfolgen ist.[1] Im Sinne des Schutzes der Hauptversammlungsrechte ist jedoch zu fordern, dass der besondere Vertreter zunächst auf eine Revision des Geltendmachungsbeschlusses der Hauptversammlung hinwirkt. Ist ihm dies nicht möglich, muss er sein Amt niederlegen, wenn er nicht entgegen seiner Überzeugung den Anspruch geltend machen will.[2] Die ARAG/Garmenbeck-Grundsätze, denen zufolge der Aufsichtsrat ausnahmsweise aus überwiegenden Gründen des Unternehmenswohls von einer grundsätzlichen Anspruchsverfolgung absehen darf, können auf den besonderen Vertreter nicht angewandt werden.[3]

5. Durchsetzung der Rechte des besonderen Vertreters

16.120 Seine Prüfungs- und Auskunftsrechte kann der besondere Vertreter im **Klageverfahren**[4] oder im Verfahren des **einstweiligen Rechtsschutzes**[5] durchsetzen. In der Praxis spielt das Verfahren des einstweiligen Rechtsschutzes die maßgebliche Rolle. Dabei ergibt sich grundsätzlich der gem. § 940 ZPO erforderliche Verfügungsanspruch aus § 147 Abs. 2 AktG bzw. den daraus abgeleiteten Rechten (s. Rz. 16.102–16.107). Der erforderliche Verfügungsgrund ergibt sich aus der Sechs-Monats-Frist des § 147 Abs. 1 Satz 1 AktG. Das LG Duisburg erachtete in einem einstweiligen Verfügungsverfahren einen Stufenantrag in dem Sinne für zulässig, dass zunächst die Vorlage eines Bestandsverzeichnisses verlangt wurde und anschließend die in dem Bestandsverzeichnis verzeichneten Unterlagen.[6] Abzulehnen hingegen ist die Entscheidung des OLG Köln in einem einstweiligen Verfügungsverfahren, wonach der Auskunftsanspruch des besonderen Vertreters auch dann im einstweiligen Verfügungsverfahren durchgesetzt werden können soll, wenn gegen den Bestellungsbeschluss der Hauptversammlung noch eine Anfechtungsklage anhängig ist.[7] Die Zulässigkeit einer solchen Vorgehensweise würde im Ergebnis dazu führen, dass sich über einen rechtswidrigen Antrag eine Ausforschung der Gesellschaft durchführen ließe.[8] Vielmehr sind in einem solchen einstweiligen Verfügungsverfahren stets inzident die Gründe aus der erhobenen Anfechtungsklage zu prüfen.[9]

---

1 *Stallknecht*, S. 310; *Uwe H. Schneider*, ZIP 2013, 1985, 1990. Strenger *Spindler* in K. Schmidt/Lutter, § 147 AktG Rz. 24 f.: Recht zum Absehen von Verfolgung nur, wenn explizit im Hauptversammlungsbeschluss Überprüfungskompetenz eingeräumt worden ist.
2 KG Berlin v. 16.12.2011 – 25 W 92/11, AG 2012, 328, 329; OLG München v. 27.8.2008 – 7 U 5678/07, AG 2008, 864, 867-868 – UniCredit; *G. Bezzenberger* in Großkomm. AktG, § 147 AktG Rz. 56; *Rieckers/Vetter* in KölnKomm. AktG, § 147 AktG Rz. 541.
3 *Rubner/Leuering*, NJW-Spezial 2014, 399, 400.
4 *Böbel*, S. 106 ff.; *Kling*, ZGR 2009, 190, 216, 220 ff.; *Schröer* in MünchKomm. AktG, § 147 AktG Rz. 50; *Spindler* in K. Schmidt/Lutter, § 147 AktG Rz. 29.
5 OLG München v. 28.11.2007 – 7 U 4498/07, AG 2008, 172, 175 f.; *Kling*, ZGR 2009, 190, 215 f.; *Mimberg* in Marsch-Barner/Schäfer, Handbuch börsennotierte AG, § 40 Rz. 26; *Verhoeven*, ZIP 2008, 245, 254 f.; *H. P. Westermann*, AG 2009, 237, 245 f.
6 LG Duisburg v. 9.6.2016 – 22 O 50/16 Rz. 108–110, ZIP 2016, 1970, 1975; näher zu dem Verfahren s. Rz. 16.107.
7 OLG Köln v. 4.12.2015 – I-18 U 149/15 Rz. 38, NZG 2016, 147, 149 = AG 2016, 254 – STRABAG.
8 *Rieckers*, DB 2016, 2526, 2530.
9 *Rieckers/Vetter* in KölnKomm. AktG, § 147 AktG Rz. 697; *Rieckers*, DB 2016, 256, 253; LG Duisburg v. 16.4.2013 – 22 O 12/13 Rz. 63, ZIP 2013, 1379, 1380; enger *Löbbe* in VGR, Gesellschaftsrecht in der Diskussion 2016, 2017, S. 25, 48–49: nur Missbrauchskontrolle bei offensichtlich zu weit gefassten Hauptversammlungsbeschlüssen.

Erwogen wird außerdem eine analoge Anwendung von § 407 Abs. 1 AktG, wonach der besondere Vertreter durch Mitteilung an das Registergericht die Festsetzung eines **Zwangsgelds** gegen Vorstandsmitglieder veranlassen könnte, wenn diese ihren Pflichten gegenüber dem besonderen Vertreter nicht nachkommen.[1]

16.121

6. Beendigung des Amtes des besonderen Vertreters

Das Amt des besonderen Vertreters endet ipso iure mit der Beendigung der zur **Durchsetzung** der Ersatzansprüche betriebenen Rechtsverfolgung[2], in der Regel also mit der Rechtskraft eines Urteils im Rahmen eines Ersatzprozesses. Zudem endet das Amt des besonderen Vertreters eines übertragenden Rechtsträgers automatisch mit der **Verschmelzung** des übertragenden Rechtsträgers auf einen übernehmenden Rechtsträger.[3]

16.122

Ein durch die Hauptversammlung bestellter besonderer Vertreter kann von der Hauptversammlung durch Beschluss jederzeit und ohne besonderen Grund[4] mit einfacher Mehrheit mit ex-nunc-Wirkung **abberufen** werden.[5] Bei der Beschlussfassung über die Abberufung des besonderen Vertreters greift wie bei der Bestellung das Stimmverbot nach § 136 Abs. 1 Satz 1, 3. Fall AktG.[6] Dagegen greift das Stimmverbot des § 136 Abs. 1 AktG nicht zulasten des Alleinaktionärs, d.h. in dem Fall, dass der Großaktionär durch einen Squeeze-out gem. §§ 327a ff. AktG während der Tätigkeit des besonderen Vertreters zum Alleinaktionär geworden ist.[7] Nach der Auffassung des LG München I soll der besondere Vertreter auch selbst das Recht haben, gegen seine Abberufung mit der **Anfechtungsklage** vorzugehen.[8] Dem ist nicht zu folgen: Angesichts der bestehenden Kontrollrechte der überstimmten Aktionäre besteht für eine solche Ausweitung der Befugnisse des besonderen Vertreters kein Bedürfnis.[9]

16.123

---

1 Dafür *Böbel*, S. 112; offen *Verhoeven*, ZIP 2008, 245, 254 in Fn. 106; *Rieckers/Vetter* in KölnKomm. AktG, § 147 AktG Rz. 700–701.
2 *G. Bezzenberger* in Großkomm. AktG, § 147 AktG Rz. 59; *Rieckers/Vetter* in KölnKomm. AktG, § 147 AktG Rz. 454; *Schröer* in MünchKomm. AktG, § 147 AktG Rz. 72.
3 BGH v. 18.6.2013 – II ZA 4/12, AG 2013, 634 – mobilcom.
4 *G. Bezzenberger* in Großkomm. AktG, § 147 AktG Rz. 61; *Mock* in Spindler/Stilz, § 147 AktG Rz. 116; *Rieckers/Vetter* in KölnKomm. AktG, § 147 AktG Rz. 462; *Schröer* in MünchKomm. AktG, § 147 AktG Rz. 72; *Spindler* in K. Schmidt/Lutter, § 147 AktG Rz. 39; a.A. *Lochner* in Heidel, § 147 AktG Rz. 30: Abberufung nur aus wichtigem Grund.
5 Vgl. *G. Bezzenberger* in Großkomm. AktG, § 147 AktG Rz. 61; *Rieckers/Vetter* in KölnKomm. AktG, § 147 AktG Rz. 461; *Schröer* in MünchKomm. AktG, § 147 AktG Rz. 72; OLG München v. 3.3.2010 – 7 U 4744/09, Rz. 39; vgl. auch *Soudry*, GWR 2010, 165.
6 LG München I v. 27.8.2009 – 5HK O 21656/08, Der Konzern 2009, 624, 627 = AG 2009, 796, allerdings teilweise aufgehoben und allgemein verneint für die Einpersonen-AG durch OLG München v. 3.3.2010 – 7 U 4744/09, Rz. 37 ff., AG 2010, 673 ff. – HVB; vgl. auch *Soudry*, GWR 2010, 165.
7 BGH v. 12.7.2011 – II ZR 58/10, AG 2011, 702, 703; *Peters/Hecker*, NZG 2009, 1294, 1295; *Rieckers/Vetter* in KölnKomm. AktG, § 147 AktG Rz. 466; *Spindler* in K. Schmidt/Lutter, § 147 AktG Rz. 39; a.A. *Mock* in Spindler/Stilz, § 147 AktG Rz. 120; *Lochner* in Heidel, § 147 AktG Rz. 17, 30.
8 LG München I v. 27.8.2009 – 5HK O 21656/08, Der Konzern 2009, 624, 626 = AG 2009, 796; *Hirte/Mock*, BB 2010, 775 f.; *Mock* in Spindler/Stilz, § 147 AktG Rz. 121; *Lochner* in Heidel, § 147 AktG Rz. 24a; offen gelassen OLG München v. 3.3.2010 – 7 U 4744/09, Rz. 27, AG 2010, 673 ff. – HVB; S. zum Nebeninterventionsrecht Rz. 16.113.
9 So auch *Peters/Hecker*, NZG 2009, 1294, 1295; *Rieckers/Vetter* in KölnKomm. AktG, § 147 AktG Rz. 470 u. 678 ff.

Auch die nach Wirksamwerden eines Squeeze-out ausgeschiedenen Aktionäre sind für den Abberufungsbeschluss nicht mehr anfechtungsbefugt.[1] Das gilt ebenfalls für den Fall, dass die Aktionärsstellung aufgrund des Squeeze-out während des Anfechtungsverfahrens verloren geht. Ein wirtschaftliches Fortsetzungsinteresse im Sinne der *Massa*-Entscheidung des BGH[2] besteht in diesem Fall nicht.

16.124 Die vorzeitige Abberufung eines **gerichtlich** bestellten besonderen Vertreters kann nicht durch die Hauptversammlung, sondern allein durch das Gericht erfolgen. Voraussetzung ist das Vorliegen eines in der Person des besonderen Vertreters liegenden Grundes (§§ 626 Abs. 1, 627 Abs. 1 BGB). Gleichzeitig ist ein neuer besonderer Vertreter zu bestellen.[3]

---

1 OLG München v. 3.3.2010 – 7 U 4744/09 Rz. 19 ff., ZIP 2010, 725, 726 f. = AG 2010, 673 ff. – HVB; *Rieckers/Vetter* in KölnKomm. AktG, § 147 AktG Rz. 471.
2 BGH v. 9.10.2006 – II ZR 46/05 Rz. 16, AG 2006, 931, 932 – Massa; dazu kritisch *Bungert*, BB 2007, 57, 58 ff.
3 *G. Bezzenberger* in Großkomm. AktG, § 147 AktG Rz. 62; *Spindler* in K. Schmidt/Lutter, § 147 AktG Rz. 39; *Schröer* in MünchKomm. AktG, § 147 AktG Rz. 73.

§ 17
Massenklagen und Managerhaftung

Professor Dr. Dres. h.c. Burkhard Hess, MPI Luxemburg

A. Einleitung.....................	17.1
B. Materiellrechtliche Anspruchsgrundlagen....................	17.4
C. Kollektive Rechtsverfolgung nach dem KapMuG.................	17.7
I. Die Konzeption des Gesetzgebers....	17.7
II. Erfahrungen mit dem Musterverfahren nach dem KapMuG..........	17.13
D. Kollektive Rechtsverfolgung nach §§ 147 f. AktG.................	17.16
E. Innovative Formen kollektiver Rechtsverfolgung................	17.20
I. Streitgenossenschaft	17.21
II. Treuhänderische Durchsetzung von Haftungsansprüchen.............	17.22
III. Innovative Formen der Anspruchsbündelung......................	17.25
1. Pooling von Ansprüchen	17.25
2. Prozessfinanzierung	17.28
F. Die Abwehr missbräuchlicher Klagen.......................	17.30
I. Problemstellung	17.30
II. Maßnahmen des Gesetzgebers	17.31
III. Lösung über § 826 BGB	17.32
G. Die Alternativen im Ausland	17.35
I. USA	17.35
II. Niederlande....................	17.38
H. Rechtspolitischer Ausblick........	17.39

Schrifttum: *Bachmann*, Die internationale Zuständigkeit für Klagen wegen fehlerhafter Kapitalmarktinformation, IPRax 2007, 77; *Baums/Gajek/Kleinath*, Fortschritte bei Klagen gegen Hauptversammlungsbeschlüsse? Eine empirische Studie, ZIP 2007, 1629; *Behrendt/v. Enzberg*, Auf dem Weg zur Class Action in Europa?, RIW 2014, 253; *Böhm*, Amerikanisches Zivilprozessrecht, 2005; *Bork*, Prozessrechtliche Notiz zum UMAG, ZIP 2005, 66; *Burkhardt*, Auf dem Weg zu einer class action in Deutschland?, 2005; *Dethloff*, Verträge zur Prozessfinanzierung gegen Erfolgsbeteiligung, NJW 2000, 2225; *Ehmann*, Sanktion gegen missbräuchliche Anfechtungsklagen „räuberischer Aktionäre": Rückforderung der Rechtsanwaltsgebühren, ZIP 2008, 584; *Fairgrieve/Lein* (Hrsg.), Extraterritoriality and collective redress, 2012; *Fiebig*, The Reality of U.S. Class Action, GRUR Int. 2016, 313; *Fleischer*, Erweiterte Außenhaftung der Organmitglieder im Europäischen Gesellschafts- und Kapitalmarktrecht – Insolvenzverschleppung, fehlerhafte Kapitalmarktaufsicht, Tätigkeitsverbote, ZGR 2004, 437; *Frechen/Kochheim*, Fremdfinanzierung von Prozessen gegen Erfolgsbeteiligung, NJW 2004, 1213; *Gebauer*, Zur Bindungswirkung des Musterentscheids nach dem Kapitalanleger-Musterverfahrensgesetz, ZZP 119 (2006), 159; *Gleußner*, Prozessfinanzierung, in Greger/Gleußner/Heinemann (Hrsg.), Neue Wege zum Recht, FG Vollkommer, 2006, S. 25; *Gottwald* (Hrsg.), Europäisches Insolvenzrecht – Kollektiver Rechtsschutz, 2008; *Habersack*, 19 Jahre „ARAG/Garmenbeck" – und viele Fragen offen, NZG 2016, 321; *Halfmeier*, Die neue Datenschutzverbandsklage, NJW 2016, 1126; *Hess*, Aktuelle Brennpunkte des transatlantischen Justizkonflikts, AG 2005, 897; *Hess*, Europäisches Zivilprozessrecht, 2010; *Hess*, Grundfragen und Entwicklungen der Parteifähigkeit, ZZP 117 (2004), 267; *Hess*, Sammelklagen im Kapitalmarktrecht, AG 2003, 113; *Hess*, The Role of Procedural Law in the Governance of Enforcement in Europe, in Micklitz/Wechsler (Hrsg.), The Transformation of Enforcement: European economic law in global perspective, 2016, S. 343; *Hess*, Transatlantische Justizkonflikte, AG 2006, 809; *Hess/Reuschle/Rimmelspacher* (Hrsg.), Kölner Kommentar zum KapMuG, 2. Aufl. 2014; *Hopt/Kulms/v. Hein*, Rechtshilfe und Rechtsstaat, 2006; *Huber*, Unternehmen im globalen Umfeld: Aktionärsklagen, Haftungsklagen Dritter und Schiedsverfahren in Deutschland, in Hess/Hopt/Sieber/Starck (Hrsg.), Unternehmen im globalen Umfeld, 2017, S. 433; *Jauernig/Hess*, Zivilprozessrecht, 30. Aufl. 2011; *Keßler*, Verbraucherschutz reloaded – Auf dem Weg zu einer deutschen Kollektivklage?, ZRP 2016, 2; *Kanzow*, Aktionärsklagen in Deutschland und England, 2015; *Koch*, Grund und Grenzen kollektiver Rechtsdurchsetzung, DZWIR 2016, 351; *Koch*, Sammelklagen durch eine BGB-Gesellschaft, NJW 2006, 1469; *Koch*, Sammelklagen oder Musterverfahren, BRAK-Mitt. 2005, 159; *Korth/Kroymann/Suilmann*, Der ausschließliche Gerichtsstand bei fehlerhaften öffentlichen Kapitalmarktinformationen, NJW 2016, 1130; *Krieger*, Aktionärsklagen zur Kontrolle des Vorstands- und Aufsichtsratshandelns, ZHR 163 (1999), 343; *Krüger/Rauscher* (Hrsg.), Münchener Kommentar zur Zivilprozessordnung mit Gerichtsverfassungsgesetz und Nebengesetzen, Band 1, 5. Aufl. 2016; *Langheid/Wandt* (Hrsg.), Münchener Kommentar zum Versicherungsvertragsgesetz, Band 1, 2. Aufl. 2016; *Loritz/Wagner*, Sammelklagen geschädigter Kapitalanleger mittels BGB-Gesellschaften – Kollision mit dem Rechtsberatungsgesetz?, WM 2007, 477; *Martens/Martens*, Rechtsprechung und Gesetzgebung im Kampf gegen missbräuchliche Aktionärsklagen, AG 2009, 173; *Michailidou*, Prozessuale Fragen des Kollektivrechtsschutzes im Europäischen Justizraum 2007; *Musielak/Voit* (Hrsg.), ZPO, 14. Aufl. 2017; *Niemeier*, Im zweiten Anlauf ein Ende der missbräuchlichen Aktionärsklagen?, ZIP 2008, 1148; *Poelzig*, § 826 BGB als Instrument gegen „räuberische Aktionäre" – Besprechung von OLG Frankfurt a.M., Urt. v. 13.1.2009, 5 U 183/07, DStR 2009, 1151; *Prütting*, Rezeption und Ausstrahlung im Zivilprozess – Globalisierung des Verfahrens?, in Hau (Hrsg.), Facetten des Verfahrensrechts, FS Lindacher, 2007, S. 89; *Reus*, Globaler Anlegerschutz – wirklich für jeden?, DAJV-Newsletter 2006, 154; *Rimmelspacher*, Die Beteiligten im Musterverfahren des KapMuG, in Koller (Hrsg.), Einheit und Folgerichtigkeit im juristischen Denken, in FS Canaris, 2007, S. 343; *Rothe/Stumpf*, Verletzung eines Anlageberatungsvertrages, BB 2007, 687; *Säcker* (Hrsg.), Münchener Kommentar zum Bürgerlichen Gesetzbuch, Band 1, 7. Aufl. 2015; *Schmidt*, Verfolgungspflichten, Verfolgungsrechte und Aktionärsklagen: Ist die Quadratur des Zirkels näher gerückt? Gedanken zur Reform der §§ 147–149 AktG vor dem Hintergrund der Juristentagsdiskussion des Jahres 2000, NZG 2005, 796; *Scholz*, Individueller oder kollektiver Rechtsschutz, ZG 2003, 248; *Spindler*, Haftung und Aktionärsklage nach dem neuen UMAG, NZG 2005, 865; *Stadler*, Das neue Gesetz über Musterfeststellungsverfahren im deutschen Kapitalanlegerschutz, in Bittner (Hrsg.), FS Rechberger, 2005, S. 663; *Stadler*, Die Bündelung von gleichgerichteten Ansprüchen durch Inkassozession – Geschäftsmodelle zur Prozessfinanzierung auf dem Prüfstand, JZ 2014, 613; *Stein/Jonas* (Begr.), Kommentar zur Zivilprozessordnung, 23. Aufl. 2016; *Thole*, Die Prozessfinanzierung bei Kartellschadensersatzklagen – Lehren aus dem Fall CDC/Zementkartell, ZWeR 2015, 93; *Tilp/Schiefer*, VW Dieselgate – die Notwendigkeit zur Einführung einer zivilrechtlichen Sammelklage, NZV 2017, 14; *Ulmer*, Die Aktionärsklage als Instrument zur Kontrolle des Vorstands- und Aufsichtsratshandelns – Vor dem Hintergrund der US-Erfahrungen mit der shareholders' derivative action, ZHR 163 (1999), 290; *J. Vetter*, Modifikation der aktienrechtlichen Anfechtungsklage, AG 2008, 177; *Vorwerk/Wolf*, Kapitalanleger-Musterverfahrensgesetz Kommentar, 2007; *Wagner*, Grundfragen und Entwicklungen der Parteifähigkeit, ZZP 117 (2004), 305; *Zimmer/Höft*, „Private Enforcement" im öffentlichen Interesse?, ZGR 2009, 662; *Zöller* (Begr.), Zivilprozessordnung, 31. Aufl. 2016.

A. Einleitung

17.1 Die Verschärfung der Organhaftung einerseits und die Ausweitung der Haftung für fehlerhafte Kapitalmarktinformationen andererseits haben eine bemerkenswerte Zunahme von Haftungsprozessen gegen Kapitalgesellschaften und deren Organe bewirkt. Die Ausweitung der individuellen Haftbarmachung von Managern treibt nicht zuletzt die Rechtsprechung voran.[1] Diese Ausweitung der Organhaftung begünstigt in wirtschaftlicher Hinsicht die wachsende

---

1 Zur Haftungsausweitung des Vorstands der Aktiengesellschaft vgl. etwa BGH v. 5.12.1989 – VI ZR 335/88, BGHZ 109, 297 = NJW 1990, 1045; BGH v. 21.4.1997 – II ZR 175/95, BGHZ 135, 244 = AG 1997, 377 = NJW 1997, 1926 – ARAG./.Garmenbeck; BGH v. 11.9.2012 – VI ZR 92/11, AG 2012, 914 = ZIP 2012, 2302; zur Haftung des GmbH-Geschäftsführers BGH v. 6.6.1994 – II ZR 292/91, BGHZ 126, 181 = NJW 1994, 2220; BGH v. 18.6.2014 – I ZR 242/12, BGHZ 201, 344 = GmbHR 2014, 977 = ZIP 2014, 1475; BGH v. 4.11.2002 – II ZR 224/00, BGHZ 152, 280 = AG 2003, 381 = NJW 2003, 358; zur Haftung im Kapitalmarkrecht vgl. BGH v. 19.7.2004 – II ZR 218/03, BGHZ 160, 134 = AG 2004, 543 = ZIP 2004, 1599 und BGH v. 19.7.2004 – II ZR 402/02,

Verbreitung sog. D&O Versicherungen.¹ Prominente Prozesse gegen die Vorstände von (keineswegs immer insolventen) Kapitalgesellschaften belegen das erhebliche Risiko, das von (bisweilen auch innovativen) Zivilklagen ausgeht.² Längst hat sich auch die Anwaltschaft auf dieses lukrative Geschäftsfeld spezialisiert – publikumswirksame Klagen werden heute über das Internet organisiert.

Die prozessuale Ausgangslage war für diese Entwicklung an sich wenig günstig: Das deutsche Prozessrecht ist traditionell von starker Zurückhaltung gegenüber kollektiver Rechtsverfolgung geprägt. Der deutsche Zivilprozess beruht auf dem Leitbild des Zwei-Parteien-Prozesses; Verbands- und Gruppenklagen galten lange Zeit als Ausnahmen, kollektive Rechtsbehelfe (insbesondere solche auf Schadensersatz) waren ausgeschlossen.³ „Massenklagen" galten lange Zeit als Negativbegriff, das „Klägerparadies USA" war abschreckendes Beispiel.⁴ Im letzten Jahrzehnt hat sich freilich die rechtspolitische Einschätzung geändert: Zum einen haben Anleger die USA mit ihrem wirkmächtigen Rechtsbehelf der class action im Kapitalmarktrecht entdeckt – zum anderen werden größere Haftungsfälle häufig auf beiden Seiten des Atlantiks verhandelt.⁵ Damit gerät auch der inländische Gesetzgeber unter Anpassungsdruck. Der Erlass des KapMuG (2005), seine Nachjustierung (2012)⁶ und des UMAG (2005) war ersichtlich von der Sorge veranlasst, dass deutsche Prozessparteien an „lukrative" Justizplätze abwandern und deutschen Gerichten die Kontrolle über die inländischen Kapitalmärkte entzogen werden könnte.⁷ Inzwischen wird nicht mehr die Frage diskutiert, ob der kollektive Rechtsschutz im Zivilprozess überhaupt zu stärken ist, sondern, auf welchen Wegen dieses legislative Ziel zu verwirklichen ist.⁸ Dieser Eindruck bestätigt sich vor dem Hintergrund der sog. „Dieselaffaire".⁹ Die Stärkung kollektiver Rechtsbehelfe bleibt nicht auf das UMAG und das KapMuG begrenzt. Kollektivklagen werden auch in anderen Rechts-

17.2

BGHZ 160, 149 = AG 2004, 546 – Infomatec; BGH v. 9.5.2005 – II ZR 287/02, AG 2005, 609 = ZIP 2005, 1270 – EM.TV.

1 OLG München v. 15.3.2005 – 25 U 3940/04, AG 2005, 817 = DB 2005, 1675; *Fleischer* in Fleischer, Handbuch des Vorstandsrechts, § 12, Rz. 5; BGH v. 10.1.2017 – II ZR 94/15, AG 2017, 233 = ZIP 2017, 472.
2 Vgl. dazu etwa BGH v. 19.9.2005 – II ZR 173/04, BGHZ 164, 98 = GmbHR 2005, 1558 = ZIP 2005, 1917 – Kirch./.Breuer und Deutsche Bank AG.
3 Dazu *Hess*, AG 2003, 113, 117 ff.; *Wolf/Lange* in Vorwerk/Wolf, KapMuG, 2007, Einleitung Rz. 5.; *Behrend/v. Enzberg*, RIW 2014, 253, 256.
4 Zur Entwicklung des sog. transatlantischen Justizkonflikts vgl. *Hess*, AG 2005, 897; *Hess*, AG 2006, 809 ff.; *Fiebig*, GRUR Int. 2016, 313, 316.
5 Prominentes Beispiel aus dem Bereich des Kapitalmarktrechts sind die Schadensersatzklagen gegen die Deutsche Telekom im Zusammenhang mit dem zweiten Börsengang.
6 Gesetz über Musterverfahren in kapitalmarktrechtlichen Streitigkeiten vom 19.10.2012, BGBl. I 2012, 2182; zur Neufassung des KapMuG 2012 vgl. *Hess* in KölnKomm. KapMuG, 2. Aufl. 2014, Einleitung KapMuG Rz. 21 ff.
7 Vgl. Regierungsentwurf zum KapMuG vom 14.3.2005, BT-Drucks. 15/5091, S. 15 f.; *Prütting* in FS Lindacher, 2007, S. 89, 95.
8 Dazu etwa *Michailidou*, Prozessuale Fragen des Kollektivrechtsschutzes im Europäischen Justizraum, 2007, S. 361 ff. (Vorschlag für eine europäische Gruppenklage); zu europäischen Entwicklungen *Hess*, Europäisches Zivilprozessrecht, 2010, § 11 III, Rz. 41 ff.; *Behrend/v. Enzberg*, RIW 2014, 253, 256; *Halfmeier*, NJW 2016, 1126 ff. (zur Datenschutzverbandsklage).
9 Vgl. die rechtspolitische Debatte über den (inoffiziellen) Referentenentwurf des Bundesministeriums der Justiz und für den Verbraucherschutz für ein Gesetz zur Einführung einer Musterfeststellungsklage. Der Referentenentwurf ist nicht im Internet abrufbar. Allerdings hat der Deutsche Anwaltverein bereits hierzu Stellung genommen, Stellungnahme des DAV Nr. 14/2017 v. 23.3.2017; vgl. auch *Tilp/Schiefer*, NZV 2017, 14, 15; *Keßler*, ZRP 2016, 2.

gebieten begünstigt. So hat der Gesetzgeber die kollektive Wahrnehmung von Schadensersatzansprüchen durch Verbraucherverbände erleichtert.[1] Die Rechtsprechung des BGH zur Parteifähigkeit der GbR[2] erleichtert die Bündelung von Schadensersatzansprüchen auf „privater" Ebene – inzwischen werden zunehmend Haftungsklagen von Klagegemeinschaften initiiert.[3] Neue Formen der Prozessfinanzierung erleichtern das „Poolen" derartiger Ansprüche – Internet gestützte Auftritte von Klägergemeinschaften halten leicht zugängliche Informationen über entsprechende Prozesse vor.[4] Weitere Klageanreize ergeben sich aus der Zulassung des Erfolgshonorars für – riskante – Klagen, die § 49 b Abs. 2 BRAO, §§ 4a und 4b RVG aufgrund der Judikatur des BVerfG ermöglichen – freilich mit deutlich restriktiver Tendenz.[5]

17.3 Bereits der erste kurze Überblick verdeutlicht den Anpassungsdruck, dem das deutsche Zivilprozessrecht derzeit ausgesetzt ist.[6] Rechtspolitische Forderungen nach einer generellen Einführung von „Sammelklagen" blenden zwar häufig vorschnell die zwischenzeitlichen Entwicklungen aus.[7] Auch lässt sich das erhebliche „Erpressungspotential" kollektiver Rechtsbehelfe nicht leugnen.[8] Dennoch ist der aktuelle Trend zur Erweiterung kollektiver Rechtsbehelfe eindeutig. Zudem haben parallele Rechtsentwicklungen (etwa im Beweis- und im Kostenrecht) die prozessuale Stellung der Kläger nachhaltig gestärkt.[9] Die neue prozessuale Ausgangslage ist eine wichtige Ursache für die Zunahme der Haftungsklagen gegen die Organe juristischer Personen, ein weiteres Anwachsen ist unschwer zu prognostizieren. Hier besteht ein regelrechtes Wechselspiel zwischen materiellem Recht und Prozessrecht[10], mit zum Teil dramatischen Auswirkungen für die Durchsetzung privater Klägerrechte im Bereich der Organhaftung.

B. Materiellrechtliche Anspruchsgrundlagen

17.4 Die materiellrechtlichen Haftungsgründe schlagen auf die prozessuale Geltendmachung durch. Dies liegt jedoch vor allem an den sondergesetzlichen Regelungen der Verfahren: Soweit es um Ansprüche der Gesellschaft selbst gegen die Organ(-walter) geht, sog. Organbin-

---

1 Vgl. unten E.II. (Rz. 17.23 ff.).
2 BGH v. 29.1.2001 – II ZR 331/00, BGHZ 146, 341 = ZIP 2001, 330, unten E.III. (Rz. 17.25 ff.).
3 Beispiel: Die Amtshaftungsklage vor dem OLG Karlsruhe gegen das Land Baden-Württemberg im Zusammenhang mit dem sog. *Flow-Tex*-Skandal, OLG Karlsruhe v. 15.10.2007 – 12 U 208/05. Dort fanden sich 116 Gläubiger zu einer Klägergemeinschaft zusammen.
4 Dazu *Koch*, NJW 2006, 1469 ff.; Gegenposition bei *Loritz/Wagner*, WM 2007, 477 ff.
5 BVerfG v. 12.12.2006 – 1 BvR 2576/04, BB 2007, 617 ff.; in der Tendenz ähnlich BGH v. 7.12.2006 – VII ZR 290/04, NJW 2007, 842 (erfolgsbezogene Vergütung der Überprüfung von Architektenleistungen); BGH v. 23.4.2009 – IX ZR 167/07, NJW 2009, 3297 (erfolgsbezogene Vergütung beim Unternehmenskaufvertrag). Vgl. auch das Gesetz zur Neuregelung des Verbots der Vereinbarung von Erfolgshonoraren, BGBl. I 2008, 1000.
6 Nicht zuletzt aufgrund Empfehlung der EU-Kommission vom 11.6.2013 zur Einführung vom kollektiven Rechtsschutz in Europa. Dazu *Hess*, The Role of Procedural Law in the Governance of Enforcement in Europe, in Micklitz/Wechsler, The Transformation of Enforcement, 2016, S. 343 ff.
7 Weißbuch der EG-Kommission zu Schadensklagen im Kartellrecht, KOM (2008) 165 endg.; dazu *Hess*, Europäisches Zivilprozessrecht, 2010, § 11 III Rz. 43 f.
8 Warnend etwa BVerfG v. 25.7.2003 – 2 BvR 1198/03, BVerfGE 108, 238 = NJW 2003, 2598: Klagezustellung im Verfahren *Bertelsmann* (*Napster*); zurückhaltend BVerfG v. 14.6.2007 – 2 BvR 2247/06, NJW 2007, 3709.
9 Zur Neufassung des § 142 ZPO vgl. BGH v. 1.8.2006 – X ZR 114/03, GRUR 2006, 962 – Restsoffentfernung; BGH v. 26.6.2007 – XI ZR 277/05, NJW 2007, 2989.
10 *Zimmer/Höft*, ZGR 2009, 662 ff.

nenhaftung¹, regelt insbesondere das Aktiengesetz die Voraussetzungen der Rechtsverfolgung (insbesondere §§ 147 f. AktG).² Die gesellschaftsrechtlichen Verfahren haben Vorrang vor der parallelen Individualklage des Aktionärs. Diese Sondervorschriften enthalten Ansätze zur Kollektivierung der Rechtsverfolgung.³

Bei der unmittelbaren Haftbarmachung der Manager unterliegen Ansprüche aus kapitalmarktrechtlicher Informationshaftung den prozessualen Sondervorschriften des Kapitalanleger-Musterverfahrensgesetzes.⁴ Auch die bürgerlichrechtliche Informationshaftung fällt grundsätzlich in den Anwendungsbereich des Gesetzes.⁵ Ein Musterverfahren bei Rechtsstreitigkeiten, in denen Schadensersatzansprüche wegen einer fehlerhaften individuellen Anlageberatung geltend gemacht werden, ist jedoch nicht zulässig, auch wenn zur Beratung ein fehlerhafter Prospekt herangezogen worden ist.⁶ Innerhalb seines Anwendungsbereichs schließt das KapMuG parallele Individualklagen aus (vgl. §§ 2, 7 KapMuG).⁷

17.5

Haftungsansprüche⁸ können zudem mit den überkommen Rechtsbehelfen der ZPO geltend gemacht werden. In diesem Kontext kommen die neu entwickelten Möglichkeiten der Anspruchsbündelung vor den Zivilgerichten zum Einsatz.⁹

17.6

C. Kollektive Rechtsverfolgung nach dem KapMuG

I. Die Konzeption des Gesetzgebers

Der deutsche Gesetzgeber entschied sich in diesem „Pilotgesetz" für eine Kollektivierung im Wege eines Musterverfahrens, mit verstärkter Verfahrensherrschaft der Gerichte.¹⁰ Seit dem 1.11.2005 ermöglicht das sog. Kapitalanleger Musterverfahrensgesetz die Bündelung von Haftungsklagen im Kapitalmarktrecht.¹¹ Bei gleich gearteten Prozessen sollen die gemein-

17.7

---

1 Anspruchsgrundlage ist insbesondere § 93 Abs. 2 AktG, dazu *Fleischer* in Fleischer, Handbuch des Vorstandsrechts, § 14 Rz. 7 ff.
2 Zur historischen Entwicklung der Aktionärsklage *Huber* in Hess/Hopt/Sieber/Starck, Unternehmen im globalen Umfeld, S. 433, 435 ff.
3 Dazu unten bei D (Rz. 17.16 ff.).
4 Ansprüche nach dem KapMuG können nicht nur gegen die Emittenten gerichtet werden, sondern gegen alle, die Verantwortung für den Prospekt übernommen haben, auch gegen persönlich haftende Organmitglieder, *Zimmer/Luft*, ZGR 2009, 662, 672.
5 BGH v. 30.1.2007 – X ARZ 381/06, BB 2007, 686 mit Anm. *Rothe/Stumpf*, *Kruis* in KölnKomm. KapMuG, 2. Aufl. 2014, § 1 KapMuG Rz. 94 ff.
6 BGH v. 16.6.2009 – XI ZB 33/08, AG 2009, 577 = NJW 2009, 2539.
7 Voraussetzung ist, dass eine Partei die Durchführung des Verfahrens mittels Musterverfahrensantrag beantragt, vgl. § 2 KapMuG.
8 Ansprüche aus Organaußenhaftung beruhen vor allem auf deliktsrechtlichen Anspruchsgrundlagen, §§ 823 Abs. 2 und 826 BGB, dazu *Fleischer*, ZGR 2004, 437 ff.
9 Unten E (Rz. 17.20 ff.).
10 Das KapMuG 2005 enthielt eine sog. „sunset"-Klausel, nach der das Gesetz am 1.11.2010 außer Kraft treten sollte; vgl. Art. 9 EinführungsG zum KapMuG, BGBl. I 2005, 2437. Bis dahin sollte es auf seine Praxistauglichkeit geprüft werden. Eine entsprechende Evaluation des KapMuG wurde im Oktober 2009 vorgelegt und die „sunset"-Klausel bis zum 1.11.2020 verlängert, vgl. Art. 5 i.V.m. Art. 9 II Gesetz vom 24.7.2010, BGBl. I 2010, 977; vgl. *Hess* in KölnKomm. KapMuG, 2. Aufl. 2014, Einleitung KapMuG Rz. 21.
11 Nach § 1 Abs. 1 KapMuG erfasst das Musterverfahren über die Haftung für falsche, irreführende oder unterlassene, öffentliche Kapitalmarktinformationen (§ 1 Abs. 2 KapMuG). Diese schließt

samen Rechts- und Tatsachenfragen in einem Musterentscheid für alle Parallelverfahren einheitlich festgestellt werden.[1] Die speziellen Haftungstatbestände enthalten typisierende Tatbestandsmerkmale, die für eine einheitliche, verfahrensüberprüfende Feststellung besonders geeignet sind.[2]

17.8 Das Musterverfahren wird auf Antrag des Klägers oder des Beklagten eingeleitet (§ 2 Abs. 1 Satz 1 KapMuG).[3] Die festzustellenden Anspruchsvoraussetzungen sind unter Angabe der Beweismittel im Feststellungsantrag zu formulieren. Der Antragsteller muss darlegen, dass die Klärung der Musterfrage auf andere Rechtsstreitigkeiten Breitenwirkung entfaltet (§ 2 Abs. 3 Satz 2 KapMuG).[4] Die Anträge werden im Klageregister des elektronischen Bundesanzeigers bekannt gemacht (§ 3 Abs. 2 Satz 1 KapMuG).[5] Dies soll andere Anleger veranlassen, sich dem Musterverfahren anzuschließen.[6] Liegen zehn gleichgerichtete Anträge vor, erlässt das Prozessgericht einen Vorlagebeschluss, der den Gegenstand des Musterverfahrens festlegt (§ 6 KapMuG), und ordnet die Unterbrechung des Rechtsstreits an (§ 5 KapMuG).[7]

17.9 Das Musterfeststellungsverfahren wird als Zwischenverfahren (§ 6 Abs. 1 KapMuG)[8] vor dem im Rechtszug übergeordneten Oberlandesgericht geführt. Dieses macht nach Eingang des Vorlagebeschlusses die bei ihm anhängigen Musterverfahren im Klageregister bekannt (§ 6 Abs. 4 KapMuG). Sodann setzen alle parallel befassten Prozessgerichte die rechtshängigen Rechtsstreitigkeiten aus, deren Entscheidung vom Ausgang des Musterverfahrens abhängt (§ 8 Abs. 1 KapMuG). Die Aussetzung erfordert keinen gesonderten Musterfeststellungsantrag, da für alle Parallelprozesse eine einheitliche Entscheidung herbeigeführt werden soll.[9] Der Aussetzungsbeschluss kann nunmehr gem. §§ 567 Abs. 1 Nr. 1 i.V.m. 252 Alt. 1 ZPO mit der sofortigen Beschwerde angefochten werden.[10] Das Oberlandesgericht bestimmt von Amts wegen einen

---

Haftungsklagen gegen die Organwalter von Kapitalgesellschaften ein, auch solche nach allgemeinem Deliktsrecht, BGH v. 30.1.2007 – X ARZ 381/06, BB 2007, 686 f. – VIP Medienfonds 4.

1 Dazu *Hess* in KölnKomm. KapMuG, 2. Aufl. 2014, Einleitung KapMuG Rz. 3; *Huber* in Hess/Hopt/Sieber/Starck, Unternehmen im globalen Umfeld, S. 433, 443 f.
2 Dazu *Hess*, WM 2004, 2329, 2331 ff.
3 Neben dem Leistungsantrag der „eigentlichen Klage" (die Klageschrift ist beizufügen) muss ein gesonderter Musterverfahrensantragerhoben werden, *Kruis* in KölnKomm. KapMuG, 2. Aufl. 2014, § 2 KapMuG Rz. 7.
4 So bei einer von Emittenten verursachten „Anlagestimmung", die eine Kausalität zwischen einem Börsenprospekt und dem Erwerb des Wertpapiers für alle Anleger begründet.
5 www.bundesanzeiger.de.
6 So die Begründung zum Referentenentwurf KapMuG v. 19.7.2004, Allgemeiner Teil, S. 36 f. Die Bekanntmachung nennt u.a. die Parteien, das Feststellungsziel und die Höhe des im Schadensersatzprozess geltend gemachten Anspruchs, § 3 Abs. 2 Satz 3 KapMuG.
7 Dazu LG Frankfurt a.M. v. 4.12.2006, Vorlagebeschluss im Verfahren 23 Sch 1/06 – Deutsche Telekom. Angesichts der zahlreichen Tatsachen- und Rechtsfragen kann der Vorlagebeschluss ein erhebliches Ausmaß annehmen. Im Telekom-Verfahren umfasste der Beschluss ca. 108 Seiten und Dutzende von Feststellungsanträgen.
8 Legislatives Vorbild ist § 93a VwGO.
9 § 8 Abs. 1 und 2 KapMuG. Insofern wird aus Gründen der Prozessökonomie die Parteiherrschaft eingeschränkt.
10 Dies war nach § 7 Abs. 1 Satz 4 KapMuG a.F. ausdrücklich ausgeschlossen. Insofern kehrt der Gesetzgeber inhaltlich zu den ersten Referentenentwürfen zurück, vgl. Begründung zum Referentenentwurf KapMuG v. 19.7.2004, Besonderer Teil, S. 52; *Kruis* in KölnKomm. KapMuG, 2. Aufl. 2014, § 8 KapMuG Rz. 62 ff. Ebenso kann die Ablehnung der Aussetzung mittels der sofortigen Beschwerde angefochten werden.

Musterkläger[1], der das Musterverfahren führt. Die Auswahlkriterien gibt § 9 Abs. 2 Satz 2 KapMuG vor: Vorrangig ist der Kläger mit dem höchsten Einzelanspruch zu berücksichtigen, doch können sich mehrere Kläger auf einen Musterkläger verständigen (§ 9 Abs. 2 Nr. 2 KapMuG).[2] Die anderen Parallelkläger werden im Musterverfahren beigeladen, § 9 Abs. 3 KapMuG. Dort erhalten sie eine Verfahrensstellung als Beigeladene, die sich an die Nebenintervention i.S. von § 67 ZPO anlehnt. Sie sind daher nur (abhängige) Nebenparteien und bleiben Dritte im Musterverfahren (§ 14 KapMuG).[3] Die Beteiligung am Musterverfahren ermöglicht ihnen jedoch die eigenständige, prozessuale Wahrung ihrer Rechte.[4] Damit verbunden ist eine korrespondierende Einlassungslast: Wer sich nicht am Musterprozess beteiligt, wird später nicht mit dem Einwand gehört, dieser sei falsch entschieden worden (§ 22 Abs. 1 Satz 2, Abs. 3 KapMuG).[5]

17.10 Der Prozess vor dem Oberlandesgericht wird nach den allgemeinen Regeln der §§ 253 ff. ZPO geführt (§ 11 KapMuG); es entscheidet durch Beschluss (§ 16 Abs. 1 Satz 1 KapMuG). War ein Verzichtsurteil oder ein Vergleich zur Beilegung des Musterverfahrens nach § 14 Abs. 3 KapMuG a.F. ausdrücklich ausgeschlossen, so ermöglichen die §§ 17–19, 23 KapMuG nunmehr eine vergleichsweise Beendigung des Muster- als auch des Ausgangsverfahrens, sog. doppelter Gegenstand des Vergleichs.[6] Das OLG ist verpflichtet, auf eine gütliche Einigung hinzuwirken, §§ 11 Abs. 1 Sätze 1 und 2 i.V.m. 278 Abs. 1 ZPO. Dispositionsbefugt sind nur die Musterparteien. Sie können den gerichtlichen Vergleich schließen, indem sie dem Gericht einen schriftlichen Vorschlag unterbreiten oder einen solchen seitens des Gerichts durch Schriftsatz gegenüber dem Gericht annehmen (§ 17 Abs. 1 Satz 1 KapMuG). Genehmigt das Gericht den Vergleich (§§ 17 Abs. 1 Satz 3, 18 KapMuG), ist dieser den Beteiligten zuzustellen (§ 19 Abs. 1 KapMuG). Binnen eines Monats können die Beigeladenen ihren Austritt aus dem Vergleich erklären, ansonsten entfaltet er auch ihnen gegenüber Wirkung, sog. *opt-out*-Vergleich (§ 19 Abs. 2 Satz 1 KapMuG). Erklären weniger als 30 % der Beigeladenen ihren Austritt, wird der Vergleich wirksam (§ 17 Abs. 1 Satz 4 KapMuG).[7]

17.11 Gegen den Musterentscheid können die Musterparteien und Beigeladenen Rechtsbeschwerde einlegen (§ 20 Abs. 1 Satz 1 KapMuG).[8] Nimmt der Musterkläger die Rechtsbeschwerde zurück, so bestimmt der BGH einen neuen Musterbeschwerdeführer aus dem Kreis der Beigeladenen, die dem Rechtsbeschwerdeverfahren beigetreten sind.[9]

---

1 Es können – gerade bei sehr komplexen Anträgen – auch mehrere Musterkläger bestimmt werden – so im Fall Telekom. Die Auswahl hat für die Anwälte keine unmittelbaren Kostenvorteile, bedeutet jedoch einen erheblichen Prestigegewinn (und dürfte den Abschluss individueller Kostenvereinbarungen fördern).
2 Dazu *Kruis* in KölnKomm. KapMuG, 2. Aufl. 2014, § 8 KapMuG Rz. 54 f.
3 Zur Rechtsstellung des Nebenintervenienten nach § 67 ZPO *Rimmelspacher* in FS Canaris, 2007, S. 343 ff.
4 Ablehnend *Stadler* in FS Rechberger, 2005, S. 663, 676 f.; *Lange* in Vorwerk/Wolf, § 12 KapMuG Rz. 4.
5 Ausführlich *Gebauer*, ZZP 119 (2006), 159 ff.
6 *Reuschle* in KölnKomm. KapMuG, 2. Aufl. 2014, § 17 KapMuG Rz. 1.
7 Der Rechtsausschuss sah bei Überschreiten der 30 %-Quote die Ausgewogenheit des Vergleichs in Frage gestellt, BT-Drucks. 17/10160, S. 26.
8 Deren grundsätzliche Bedeutung (§ 574 Abs. 2 Nr. 1 ZPO) ordnet § 20 Abs. 1 Satz 2 KapMuG ausdrücklich an.
9 Es sei denn, die Beigeladenen verzichten ebenfalls auf die Fortführung der Rechtsbeschwerde, § 21 Abs. 4 KapMuG.

17.12 Die Feststellungen des rechtskräftigen Musterentscheids binden die Prozessgerichte, § 22 Abs. 1 Sätze 1 und 2 KapMuG.[1] Die Bindung ist an die Interventionswirkung nach § 68 ZPO angelehnt. Sie umfasst nicht nur den Tenor des Musterentscheids, sondern auch dessen tatsächliche und rechtliche Grundlage.[2] Sie wirkt für und gegen den Beigeladenen – dies stellt § 22 Abs. 5 KapMuG ausdrücklich klar.[3] Soweit der Beigeladene keinen Einfluss auf die Entscheidung im Musterverfahren nehmen konnte[4], greift die Bindung aus Gründen des rechtlichen Gehörs nicht ein (§ 22 Abs. 1 Satz 2, Abs. 3 KapMuG).[5] Auch in dieser Konstellation bleibt der Musterentscheid nicht „folgenlos". Faktische „Präjudizwirkung" wird er entfalten, wenn im Parallelprozess kein abweichender Vortrag erfolgt.[6] Auf einen „positiven Musterentscheid" (der die Anspruchsvoraussetzungen bejaht) werden sich Parallelkläger berufen – die Beklagten müssen hingegen gute Gründe vorbringen um zu erklären, warum sie abweichenden Vortrag nicht bereits im Musterverfahren geltend gemacht haben. Ein „negativer" Musterentscheid entfaltet hingegen potentielle Abschreckungswirkung im Hinblick auf spätere „Parallelkläger".[7]

II. Erfahrungen mit dem Musterverfahren nach dem KapMuG

17.13 Seit dem Inkrafttreten des KapMuG wurden 515 Anträge[8] im Klageregister[9] eingetragen.[10] Prominente, laufende Verfahren betreffen unter anderem die Commerzbank AG[11], die Volkswagen AG[12] und viele mehr. Bisher sind 14 Musterentscheide ergangen.[13] Hierunter fallen u.a. die Verfahren Dachfonds Deutsche Schifffahrt GmbH & Co. KG[14], Morgan Stanley Real Estate

---

1 Die Bindung des Musterklägers selbst folgt unmittelbar aus der Rechtskraft des Musterentscheidungsbeschlusses, dazu *Hess* in KölnKomm. KapMuG, 2. Aufl. 2014, § 22 KapMuG Rz. 10.
2 *Hess* in KölnKomm. KapMuG, 2. Aufl. 2014, § 22 KapMuG Rz. 11 ff.
3 Im Rahmen der §§ 68, 74 ZPO ist der Umfang der Interventionswirkung umstritten, vgl. dazu *Schultes* in MünchKomm. ZPO, 5. Aufl. 2016, § 68 ZPO Rz. 7 ff. m.w.N. Kritisch zur Konzeption des § 16 Abs. 3 KapMuG *Stadler* in FS Rechberger, 2005, S. 663, 675.
4 Etwa wenn entsprechende Klagen erst nach Beendigung des Musterverfahrens erhoben werden. Das Klageregister soll freilich eine rechtzeitige Geltendmachung von Parallelansprüchen erleichtern.
5 Damit trägt der Entwurf verfassungsrechtlichen Bedenken gegen derartige Zwangszusammenschlüsse Rechnung, *Hess* in KölnKomm. KapMuG, 2. Aufl. 2014, § 22 KapMuG Rz. 18 ff. Zu diesen *Scholz*, ZG 2003, 248.
6 In dieser Konstellation liegt ein Vergleich der Parteien nahe.
7 Zur vergleichbaren, faktischen Bindungswirkung bei der class action vgl. *Hess*, BerDGesellVR 60 (2003), 107, 200 ff.
8 Stand: 12.4.2017: 255 Musterfeststellungsanträge (Begrifflichkeit gem. § 1 KapMuG 2005) und 260 Musterverfahrensanträge (Begrifflichkeit gem. § 2 KapMuG 2012).
9 Der ungeordnete Zustand dieser Website ist nicht praktikabel.
10 Stand: 12.4.2017, einsehbar unter www.bundesanzeiger.de, Suchbegriff: Musterfeststellungsantrag, Musterverfahrensantrag. Allerdings wird auch von Verfahren berichtet, in denen (z.T. trotz gerichtlichen Hinweises) keine Beantragung des Musterverfahrens erfolgt. Eine Ursache hierfür mag das „Gebühreninteresse" der Prozessanwälte sein, für die sich eine „individuelle Rechtsverfolgung" besser auszahlt.
11 OLG Köln, 24 Kap 1/7, veröffentlicht auf www.bundesanzeiger.de am 21.3.2017.
12 OLG Braunschweig, 3 Kap 1/16, veröffentlicht auf www.bundesanzeiger.de am 8.3.2017.
13 Stand: 12.4.2017, einsehbar unter www.bundesanzeiger.de, Suchbegriff: Musterentscheid.
14 Hanseatisches OLG, 13 Kap 4/15, veröffentlicht auf www.bundesanzeiger.de am 23.5.2016.

Investment GmbH[1], Barclays Bank PLC[2], Hypo Real Estate Holding AG[3], CorlealCredit Bank AG[4], Medienfonds VIP 4 und 3 GmbH & Co. KG[5], Infomatec AG[6], MLP AG[7] und Telekom AG[8]. Insbesondere der Telekom-Prozess zeigt, dass allein die Verfahrensbündelung die Strukturprobleme von Massenverfahren nicht beseitigen kann:[9] 14 447 Aktionäre schlossen sich in 2.128 Klagen, hinter denen immerhin 754 Rechtsanwälte[10] stehen, zusammen. Die ersten Klagen wurden bereits im Jahre 2001 beim zuständigen LG Frankfurt a.M. erhoben.[11] Der Vorlagebeschluss[12] für das Musterverfahren vor dem OLG Frankfurt a.M. enthielt insgesamt 187 vorgelegte Fragen.[13] Das Verfahren ist bis heute nicht abgeschlossen. Ein weiteres praktisches Problem ist die Formulierung des Vorlagebeschlusses (§ 6 KapMuG). Eine zu ausufernde Fragestellung kann die zügige Erledigung des Musterverfahrens praktisch vereiteln. Der Vorlagebeschluss im Verfahren Telekom erscheint diesbezüglich ein (eher) abschreckendes Beispiel.[14] Hieran hat die Reform im Jahre 2012 nichts geändert. Folglich kann eine ausufernde Fragestellung die zügige Erledigung des Musterverfahrens weiterhin praktisch vereiteln. Die Komplexität des Beschlusses hat das OLG Frankfurt a.M. veranlasst, parallel mehrere Musterkläger zu bestimmen.

17.14 Die Schwierigkeiten einer effektiven Verfahrensdurchführung verdeutlicht auch der Fall *Geltl ./. DaimlerChrysler*.[15] Das LG Stuttgart stellte den Antrag am 12.4.2006 in das Register. Die

---

1 OLG Frankfurt a.M. v. 13.1.2016 – 23 Kap 1/14, AG 2016, 469 – Rechtsbeschwerde wurde eingelegt, BGH v. 14.6.2016 – XI ZB 3/16.
2 OLG Frankfurt a.M. v. 22.4.2015 – 23 Kap 1/13, AG 2015, 674 – Rechtsbeschwerde wurde eingelegt, BGH v. 6.10.2015 – XI ZB 17/15.
3 OLG München v. 15.12.2014 – Kap 3/10, ZIP 2015, 689 – Rechtsbeschwerde wurde eingelegt, BGH v. 1.12.2015 – XI ZB 13/14, AG 2016, 177.
4 OLG Frankfurt a.M. v. 20.8.2014 – 23 Kap 1/08, AG 2015, 37 – Rechtsbeschwerde beim BGH anhängig, BGH – II ZB 24/14.
5 OLG München v. 30.12.2011 – Kap 1/07 und OLG München v. 8.5.2012 – Kap 2/07, EWiR 2008, 413 – Rechtsbeschwerde nicht zugelassen; OLG München v. 1.7.2015 – 20 W 1116/15, AG 2016, 93.
6 OLG München v. 8.5.2012 – Kap 1/08.
7 OLG Karlsruhe v. 16.11.2012 – 17 Kap 1/09 – Rechtsbeschwerde unbegründet, BGH v. 1.7.2014 – II ZB 29/12, ZIP 2014, 2074.
8 OLG Frankfurt a.M. v. 16.5.2012 – 23 Kap 1/06, ZIP 2012, 1236 – Rechtsbeschwerde teilweise erfolgreich und insoweit zurückverwiesen, BGH v. 21.10.2014 – XI ZB 12/12, BGHZ 203, 1 = AG 2016, 176, nachgehend zweiter Musterentscheid OLG Frankfurt a.M. v. 30.11.2016 – 23 Kap 1/06 – Rechtsbeschwerde beim BGH anhängig, BGH XI ZB 24/16 und OLG Frankfurt a.M. v. 3.7.2013 – 23 Kap 2/06, ZIP 2013, 1521 – Rechtsbeschwerde in geringem Umfang erfolgreich; BGH v. 22.11.2016 – XI ZB 9/13, ZIP 2017, 318.
9 Ganz entscheidend bleibt die personelle Ausstattung der entscheidenden Spruchkörper – der Einsatz des Einzelrichters bei den Kapitalmarktstreitigkeiten ist durchaus problematisch. So auch *Huber* in Hess/Hopt/Sieber/Starck, Unternehmen im globalen Umfeld, S. 433, 446.
10 *Koch*, BRAK-Mitt. 2005, 159. Andere gehen von bis zu 900 Anwälten aus, so *Jahn*, F.A.Z. vom 6.1.2009, S. 11.
11 Aktenzeichen: LG Frankfurt a.M. – 3-07 O 271/01.
12 LG Frankfurt a.M., Vorlagebeschluss v. 11.7.2006 – 317 OH 1/06.
13 Zur Vertiefung *Hess* in KölnKomm. KapMuG, 2. Aufl. 2014, Einleitung KapMuG Rz. 85.
14 LG Frankfurt a.M., Vorlagebeschluss v. 11.7.2006 – 317 OH 1/06.
15 Das Verfahren betraf das Ausscheiden des früheren Vorstandsvorsitzenden *Schrempp* und die Bestellung seines Nachfolgers *Zetsche* durch den Aufsichtsrat am 28.7.2005. Der Kläger behauptete, dass die Insiderinformation nach der Entscheidung des Aufsichtsrats verspätet veröffentlicht wurde, § 37b Abs. 1 WpHG.

Auswahl des Musterklägers durch das OLG Stuttgart erfolgte am 1.8.2006; das OLG Stuttgart wies den Feststellungsantrag am 15.2.2007 ab.[1] Der darauffolgende Verfahrensgang zeugt von der Komplexität der Rechtsfragen: der BGH verwies die Sache im Rechtsbeschwerdeverfahren (nach Vorlage an den EuGH[2]) zweimal an das OLG zurück[3], das Verfahren ist weiter anhängig.[4] Nichtsdestotrotz zeigt das Beispiel, dass das KapMuG bei überschaubaren Verfahren (mit wenigen Feststellungspunkten und wenig Beteiligten) eine rasche Erledigung ermöglicht.

17.15 Anlegerklagen gegen die Volkswagen AG und die Porsche SE, im Zusammenhang mit der sog. „Dieselaffaire", zeigen ein weiteres Problem des KapMuG auf: Die innere Abhängigkeit von Musterklagen gegen mehrere Beklagte, die letztlich auf demselben Ereignis beruhen: Im Fall VW geht es um die sog. „Dieselaffaire", die nach dem Vortrag der Kläger sowohl bei der Muttergesellschaft (VW AG) als auch bei der Konzerntochter (P SE) ad hoc Pflichten auslösten (wegen teilweiser Personenidentität in den Vorständen). Hier kann die Aufteilung der Prozesse vor unterschiedlichen Gerichten Gehörsverkürzungen auslösen.[5]

D. Kollektive Rechtsverfolgung nach §§ 147 f. AktG

17.16 Regressansprüche gegen den Vorstand und den Aufsichtsrat aus Binnenhaftung stehen nach der Systematik des AktG der Gesellschaft zu; es ist primär Aufgabe des Vorstands (§ 98 Abs. 1, 2 Nr. 2 AktG) bzw. des Aufsichtsrats (§ 112 AktG), die Haftung geltend zu machen. Auch die Hauptversammlung kann nach § 147 AktG die Verfolgung von Haftungs- bzw. Ersatzansprüchen beschließen – erforderlich ist die einfache Stimmenmehrheit (§ 147 Abs. 1 Nr. 1 AktG).[6] Die Hauptversammlung kann einen besonderen Vertreter zur Geltendmachung der Ersatzansprüche bestellen, § 147 Abs. 2 Satz 1 AktG.[7] Als besonderes Minderheitenrecht kann ein Quorum von 10 % oder der anteilige Betrag von einer Million Euro die Bestellung eines gesonderten Vertreters gerichtlich beantragen.[8] Die Geltendmachung einer *actio pro societate* ist angesichts dieser ausdrücklichen Regelung ausgeschlossen.[9]

17.17 Eine wichtige Innovation des UMAG implementiert § 148 AktG: Danach kann eine Aktionärsminderheit von 1 % des Grundkapitals oder eines Nennwerts von 100 000 Euro beim Landgericht am Sitz der Gesellschaft die Zulassung einer Klage gegen den Vorstand (§ 93

---

1 OLG Stuttgart v. 15.2.2007 – 901 Kap 1/06, AG 2007, 250 = BB 2007, 567.
2 EuGH v. 28.6.2012 – C-19/11, ECLI:EU:C:2012:397, NJW 2012, 2787.
3 Zunächst BGH v. 25.2.2008 – II ZB 9/07, AG 2008, 380 = NJW-RR 2008, 865, anschließend BGH v. 23.4.2013 – II ZB 7/09, NJW 2013, 2144.
4 Vor dem OLG betrug die Verfahrensdauer bis zum ersten Musterentscheid 10 Monate.
5 Bedenklich LG Stuttgart v. 2.11.2016 – 18 O 21/16.
6 Sie wird in der Praxis freilich selten erreicht.
7 Aus dem Wesen der Stellung des besonderen Vertreters ist ein entsprechender Informations- und Einsichtsanspruch zwingend abzuleiten, LG München v. 6.9.2007 – 5 HKO 12570/07, AG 2007, 756 = BB 2007, 2030.
8 Dies ist das Kernanliegen der Neuregelung des UMAG, vgl. dazu die rechtsvergleichende Untersuchung von *Ulmer*, ZHR 163 (1999), 290, 329 ff.; *Thümmel* in Gottwald, Europäisches Insolvenzrecht – Kollektiver Rechtsschutz, 2008, S. 215 ff.; *Huber* in Hess/Hopt/Sieber/Starck, Unternehmen im globalen Umfeld, S. 433, 434 ff.
9 *Hüffer/Koch*, § 148 AktG Rz. 2, *Krieger*, ZHR 163 (1999), 343, 344; *Schmidt*, NZG 2005, 796, 799.

AktG) oder den Aufsichtsrat (§ 113 AktG) wegen Pflichtverletzung beantragen.[1] Das Erreichen des Quorums erleichtert ein sog. „Aktionärsforum" nach § 127a AktG, das den Initiatoren einer derartigen Klage die gezielte Information anderer Aktionäre über das Internet ermöglicht. Die agierenden Aktionäre können sich (auch) als GbR organisieren.[2]

§ 148 AktG schaltet vor die Minderheitenklage ein spezielles Zulassungsverfahren, um Missbrauch auszuschließen. Dort müssen die Kläger nachweisen, dass sie die Aktien nicht nach dem Zeitpunkt erworben haben, der für das „Kennen-Müssen" eines Pflichtverstoßes der Organmitglieder aufgrund einer Pflichtverletzung relevant ist. Diese Vorschrift soll „Berufskläger" und „Trittbrettfahrer" gleichermaßen ausschließen (§ 148 Abs. 1 Nr. 1 AktG). Zudem setzt das Klagerecht eine erfolglose Fristsetzung an die Gesellschaft(-sorgane) zur Geltendmachung des Anspruches voraus (§ 148 Abs. 1 Nr. 2 AktG). Auch in materiellrechtlicher Hinsicht bestehen erhebliche Aufgreifkriterien: Nur beim Verdacht unredlichen Verhaltens oder grober Pflichtverletzungen ist der Antrag zuzulassen (§ 148 Abs. 1 Nr. 3 AktG) – die materiellen Anforderungen sind derzeit noch ungeklärt, sie laufen auf „ins Kriminelle hineinreichende Treupflichtverstöße" hinaus.[3] Schließlich darf die Klage nicht gegen „das Wohl der Gesellschaft" verstoßen (§ 148 Abs. 1 Nr. 4 AktG).[4] Damit wird eine gesonderte Missbrauchskontrolle eröffnet, die Klagen auf minimale Schadenssummen und Mehrfachklagen („*me-too*-Klagen") ausschließen soll.[5] Auch völlig überhöhte Klagesummen sollen ausgenommen werden.[6] Rechtssystematisch erscheint es problematisch, dass hier ein Gericht auf der Basis einer offen formulierten Generalklausel („Gesellschaftswohl") über die Zulassung „angemessener" Klagen entscheidet.[7] Es muss zumindest den verfassungsrechtlich garantierten Anspruch auf Justizgewährung in seine Abwägung mit aufnehmen.[8]

17.18

Das Zulassungsverfahren ist als summarisches Verfahren ausgestaltet, vergleichbar einem PKH-Verfahren nach §§ 114 ff. ZPO.[9] Antragsgegner ist das Organmitglied, gegen das der Haftungsprozess geführt werden soll. Ihm ist rechtliches Gehör zu gewähren.[10] Zuständig ist

17.19

---

1 Die Aktionärsklage nach §§ 147 f. AktG hat seit ihrer Einführung 2005 kaum praktische Bedeutung erlangt, Beispiele: OLG München v. 21.10.2010 – 7 W 2040/10, AG 2011, 177 = NZG 2010, 1392; BGH v. 3.3.2008 – II ZR 124/06, AG 2008, 375 = NZG 2008, 389; LG München I v. 29.3.2007 – 5HK O 12931/06, NZG 2007, 477; OLG Hamburg v. 19.1.2007 – 11 Wx 33/06, AG 2007, 331.
2 RegE, BT-Drucks. 15/5092, S. 21; *Spindler*, NZG 2005, 865, 866; zur Anspruchsbündelung durch eine GbR vgl. unten E.II. (Rz. 17.22).
3 *Thümmel* in Gottwald, Kollektiver Rechtsschutz, 2008, S. 235, 244 f.
4 Gewichtige Gründe des Gesellschaftswohls sind u.a. das Interesse am Verbleib des Vorstandsmitgliedes im Amt, die Gefahr der Inanspruchnahme durch Dritte und die Gefahr eines Reputationsschadens, *Habersack*, NZG 2016, 321; *Kanzow*, Aktionärsklagen in Deutschland und England, 2015, S. 95 ff.
5 Dazu BGH v. 21.4.1997 – II ZR 175/95, BGHZ 135, 244, 255 = AG 1997, 377 = ZIP 1997, 883.
6 Insbesondere solche, deren Vollstreckung der Höhe nach ausgeschlossen erscheint, *Hüffer/Koch*, § 148 AktG Rz. 9.
7 Die Tatsache, dass die Aktionäre „nur" abgeleitete (Klage-)Rechte vertreten, ändert hieran nichts: Denn im Kern sind die Kläger in ihren subjektiven Mitgliedschafts- und Vermögensrechten selbst betroffen. Die Abwägung geht zurück auf BGH v. 21.4.1997 – II ZR 175/95, BGHZ 135, 244, 255 f. = AG 1997, 377 = ZIP 1997, 883.
8 § 148 Abs. 1 Nr. 4 AktG beinhaltet eine abwägungsbedingte Ausnahme, *Schmidt*, NZG 2005, 796, 800.
9 Diese Parallele wird in der gesellschaftsrechtlichen Literatur nicht gezogen, vgl. etwa *Hüffer/Koch*, § 148 AktG Rz. 10; *Spindler*, NZG 2005, 868. Strukturelle Ähnlichkeiten bestehen zum Zulassungsverfahren der class action nach sec. 23 FRCP.
10 *Hüffer/Koch*, § 148 AktG Rz. 11.

das LG am Gesellschaftssitz, es entscheidet die KfH. Der Haftungsprozess wird hingegen vor dem Landgericht am Sitz des Beklagten (§§ 12, 13 ZPO) oder am Tatort (§ 32 ZPO) geführt.[1] Die erfolgreiche Klagezulassung eröffnet nicht unmittelbar den Zugang zum Gericht. Vielmehr müssen die Antragsteller die AG zur Klage, binnen einer Frist von zwei Monaten, auffordern. Nach Fristablauf müssen die Antragsteller innerhalb eines weiteren Monats Klage einreichen. Die Gesellschaft kann jedoch auch danach jederzeit den Prozess übernehmen (§ 148 Abs. 3 Satz 1 AktG); die Rechtshängigkeitssperre des § 261 Abs. 3 Nr. 1 ZPO wird (systemwidrig) ausgeschlossen.[2] In diesem Fall kommt es zum Parteiwechsel.[3] Die Gesellschaft kann daneben auch selbständig klagen (§ 148 Abs. 3 AktG).[4] Vereinbarungen zwischen der Gesellschaft und den klagenden Aktionären unterliegen besonderer Transparenz, § 149 AktG.[5]

E. Innovative Formen kollektiver Rechtsverfolgung

17.20 Schließlich kennt das deutsche Prozessrecht traditionelle Formen zur Bündelung von Verfahren, die in der rechtspolitischen Diskussion zwar häufig als „unzureichend" apostrophiert werden. Sie ermöglichen jedoch vor dem Hintergrund neuerer Rechtsentwicklungen durchaus effektive „Kollektivierungen" im Prozessrecht.[6]

I. Streitgenossenschaft

17.21 §§ 59 ff. und 260 ZPO lassen eine einheitliche Verhandlung mehrerer Prozesse zu, wenn diese gemeinsame Tatsachen- und Rechtsfragen zum Gegenstand haben.[7] Zwar bleiben die Prozesse selbständig (in jedem Verfahren ergeht ein eigenes Urteil), es kommt jedoch zur gemeinsamen Verhandlung und Beweisaufnahme.[8] Attraktiv ist die Streitgenossenschaft insbesondere bei der Mandatierung desselben Prozessvertreters durch sämtliche Streitgenossen.[9] Damit wird letztlich eine faktische Verknüpfung der Verfahren erreicht. Voraussetzung ist freilich, dass eine gemeinsame Zuständigkeit gegeben ist; in diesem Fall kann das erkennende Gericht nach § 147 ZPO eine Prozessverbindung anordnen.[10] Eine derartige Zuständigkeitskonzentration lässt sich durch die Festlegung ausschließlicher Gerichtsstände erreichen (sie finden sich beispielsweise in § 32b ZPO[11] für Klagen wegen irreführender Kapitalmarktinformatio-

---

1 Diese kompetenzielle Trennung unterscheidet das PKH- vom Klagezulassungsverfahren.
2 Dazu *Bork*, ZIP 2005, 66 f.
3 Die bisherigen Kläger verlieren ihre prozessuale Rechtsstellung, sie sind im weiteren Verfahren beizuladen (und als Streithelfer beteiligt), dazu *Schmidt*, NZG 2005, 796, 800.
4 Auch in dieser Konstellation sind die bisherigen Kläger beizuladen, § 148 Abs. 3 Satz 4 AktG.
5 Dazu *Spindler*, NZG 2005, 865, 869 ff.
6 *Hess*, AG 2003, 113, 118 ff.; vgl. auch *Burckhardt*, Auf dem Weg zu einer class action in Deutschland?, 2005, S. 80 ff.
7 Dazu bereits *Hess*, AG 2003, 113, 121 ff.
8 Ausführlich *Burckhardt*, Auf dem Weg zu einer class action in Deutschland?, 2005, S. 83 ff.
9 *Weth* in Musielak/Voit, 14. Aufl. 2017, §§ 59, 60 ZPO Rz. 14 f.
10 Richtiger Ansicht nach setzt § 147 ZPO keine Anhängigkeit der Parallelverfahren vor demselben Spruchkörper voraus; dagegen *Leipold* in Stein/Jonas, 23. Aufl. 2016, § 147 ZPO Rz. 15 f.
11 Zu den Unzulänglichkeiten der Vorschrift, die in der Praxis häufig zu Zuständigkeitsstreitigkeiten führen, vgl. *Korth/Kroymann/Suilmann*, NJW 2016, 1130.

nen).[1] Die Verfahrensverbindung nach § 147 ZPO erleichtern (landesrechtliche) Zuständigkeitskonzentrationen, die derartige Streitigkeiten spezialisierten Spruchkörpern (KfH bei bestimmten Landgerichten) zuweisen.[2] In rechtspolitischer Hinsicht erscheint eine Erweiterung der Regelung des § 147 ZPO durchaus bedenkenswert: Auf europäischer Ebene eröffnet Art. 8 Nr. 1 VO 1215/2012/EU[3] den Gerichtsstand der (passiven) Streitgenossenschaft.[4] Er ermöglicht eine Verbindung konnexer Prozesse durch die Initiative des Klägers.[5] In der ZPO fehlt bisher ein vergleichbarer Gerichtsstand, die Bestimmung nach § 36 ZPO vermag hier nur sehr begrenzt abzuhelfen.[6]

II. Treuhänderische Durchsetzung von Haftungsansprüchen

Eine bessere Koordinierung von Parallelverfahren und Anspruchsbündelung lässt sich durch die Bildung von Interessengemeinschaften erreichen. Die Haftungsansprüche können gebündelt im Wege der Prozessstandschaft oder aus abgetretenem Recht (Inkassozession) geltend gemacht werden.[7] Allerdings findet eine derartige Forderungsdurchsetzung ihre Grenzen in den §§ 134, 138 BGB.[8]

17.22

Die für eine wirksame Prozessstandschaft erforderliche Ermächtigung durch den Rechtsinhaber ist laut BGH[9] wegen Verstoßes gegen Art. 1 § 1 Abs. 1 RBerG i.V.m. § 134 BGB (heute: §§ 2 Abs. 2, 3 RDG i.V.m. § 134 BGB) nichtig, wenn die Rechtsverfolgungsgesellschaft geschäftsmäßig fremde Forderungen, ohne die dafür nach Art. 1 § 1 Abs. 1 Satz 1 RBerG (heute: §§ 2 Abs. 2, 3, 10 ff. RDG) erforderliche Erlaubnis, einzieht.

Damit die Rechtsverfolgungsgesellschaft aus abgetretenen Rechten vorgehen kann, muss die Zession wirksam sein. Hierum ging es im Verfahren *CDC ./. Zementkartel*.[10] Das OLG Düsseldorf differenzierte hierbei zwischen den Zessionen, die vor und nach dem Außerkrafttreten des RBerG (am 30.6.2008) erfolgten. Die bis zum 30.6.2008 vereinbarten Forderungs-

---

1 Zu eng OLG München v. 10.11.2006 – 31 AR 114/06, WM 2007, 256; zu § 32b ZPO: OLG Hamm v. 23.5.2016 – I-32 SA 21/16; OLG München v. 11.4.2016 – 34 AR 18/16, AG 2016, 910; BGH v. 8.12.2015 – X ARZ 573/15, AG 2016, 178 = NJW 2016, 1178; OLG Frankfurt a.M. v. 29.9.2015 – 14 SV 12/15; BGH v. 30.7.2013 – X ARZ 320/13, NZG 2013, 1070; ausführlich *Vollkommer* in Zöller, 31. Aufl. 2016, § 32b ZPO Rz. 7. Auch die Herausnahme der Vermittler (Anlageberater) aus dem Anwendungsbereich des § 32b ZPO erscheint zu eng, so jedoch BGH v. 31.1.2007 – X ARZ 381/06, BB 2007, 686; dagegen *Rothe/Stumpf*, BB 2007, 687, 688.
2 Vgl. §§ 71 Abs. 2 und 95 Abs. 1 Nr. 1 GVG.
3 Gem. Art. 66 Abs. 1 i.V.m. Art. 81 VO 1215/2012/EU gilt dies für Verfahren, die am 10.1.2015 oder danach eingeleitet werden.
4 Dazu *Hess*, Europäisches Zivilprozessrecht, 2010, § 6 Abs. 1 Rz. 84 ff.
5 Vgl. EuGH v. 21.5.2015 – C-352/13, ECLI:EU:C:2015:335, JZ 2015, 1163 – CDC Hydrogen Peroxide, noch zu Art. 6 Nr. 1 VO 44/2001/EG.
6 Vgl. daher die explizite Regelung in § 148 Abs. 4 Satz 4 AktG.
7 Beispiel: LG Frankfurt a.M. v. 17.1.2003 – 03-07 O 48/01 (nicht veröffentlicht), treuhänderische Geltendmachung von 880 abgetretenen Schadensersatzansprüchen.
8 Dazu BGH v. 24.10.1985 – VII ZR 337/84, BGHZ 96, 151 = GmbHR 1986, 315 = NJW 1986, 850; dazu *Hess*, AG 2003, 113, 122; *Michailidou*, Prozessuale Fragen, S. 272 f.
9 BGH v. 12.4.2011 – II ZR 197/09, ZIP 2011, 1202; vorgehend Hanseatisches OLG v. 19.6.2009 – 11 U 210/06 = GWR 2009, 369; vgl. auch BGH v. 19.7.2011 – II ZR 86/10, GWR 2012, 12.
10 OLG Düsseldorf v. 18.2.2015 – VI-U (Kart) 3/14, JZ 2015, 726; vorgehend LG Düsseldorf v. 17.12.2013 – 37 O 200/09 (Kart), JZ 2014, 635.

abtretungen hielt es, mangels erforderlicher Erlaubnis gem. Art. 1 § 1 Abs. 1 RBerG i.V.m. 134 BGB, für unwirksam.[1] Die nach dem 30.6.2008 erfolgten „vorsorglichen" Neuabtretungen seien hingegen nach § 138 Abs. 1 BGB unwirksam.[2] Nach (fragwürdiger) Ansicht des OLG sei eine Forderungsabtretung gem. § 138 Abs. 1 BGB sittenwidrig, wenn eine unvermögende Partei zur gerichtlichen Durchsetzung von Ansprüchen mit dem Zweck vorgeschoben werde, das Kostenrisiko zu Lasten der beklagten Partei zu vermindern oder auszuschließen. Dies gebiete das verfassungsrechtlich verankerte Gebot der gleichmäßigen Verteilung des Kostenrisikos unter den Prozessbeteiligten[3] (Art. 3 Abs. 1, Art. 20 Abs. 3 GG).[4] Jedoch kennt die deutsche Rechtsordnung kein Recht, nicht von einer vermögenslosen Person verklagt zu werden.

17.23   Eine andere Möglichkeit, zedierte Forderungen einzuklagen, eröffnet § 79 Abs. 2 Nr. 3 ZPO. Danach sind Verbraucherzentralen und andere mit öffentlichen Mitteln geförderte Verbraucherverbände für die Einziehung von Forderungen von Verbrauchern vertretungsbefugt. Voraussetzung ist, dass die Vertretung im Rahmen ihres Aufgabenbereiches und im Interesse des Verbraucherschutzes erfolgt.[5] Von der neuen Klagemöglichkeit machen die Verbraucherzentralen inzwischen zunehmend Gebrauch. Hierbei werden sie vom BGH unterstützt. So hat es der XI. Senat[6] in einem neueren Urteil für zulässig gehalten, dass die Verbraucherzentrale Nordrhein Westfalen eine Sparkasse auf Zahlung von ca. 13 000 Euro verklagte, die auf angeblichen fehlerhaften Benutzungen der PIN Nummern verschiedener Kunden beruhte. Der BGH ließ, anders als die Vorinstanzen, die Klage aus der Erwägung zu, dass die Einschaltung der Verbraucherorganisation überhaupt erst die gerichtliche Geltendmachung der Forderungen ermögliche. Individualklagen hätten wegen der geringen Höhe der Forderung, der hohen Prozesskosten, des besonderen Prozessrisikos oder der erheblichen praktischen Risiken, den Anspruch durchzusetzen (etwa wegen der Person des Prozessgegners oder der praktischen Beweisschwierigkeiten) weniger Anreiz und Aussicht auf Erfolg. Diese Begründung erscheint in der Tat innovativ[7], sie ist zudem verallgemeinerungsfähig. Das Urteil zeigt grundsätzliche Bereitschaft des BGH, den „Zugang zum Recht" mittels kollektiver Rechtsbehelfe zu verbessern.[8]

17.24   Zwar erlaubt § 79 Abs. 2 Nr. 3 ZPO keine allgemeine Forderungseinziehung durch Interessengemeinschaften von Kapitalanlegern, wohl aber eine Vertretung von geschädigten (Klein-)Aktionären durch Verbraucherverbände. Denn die Verbrauchereigenschaft von Aktionären und anderen (nicht professionellen) Kapitalanlegern ist inzwischen allgemein anerkannt.[9] Nicht

---

1 Dazu *Hess*, AG 2003, 113, 122; *Michailidou*, Prozessuale Fragen des Kollektivrechtsschutzes im europäischen Justizraum, 2007, S. 272 f.; *Stadler*, JZ 2014, 613, 615.
2 Die Abtretungen waren nicht gem. §§ 2 Abs. 2, 3 RDG i.V.m. 134 BGB unwirksam, da sich die CDC nach § 10 Abs. 1 RDG hatte registrieren lassen.
3 BVerfG v. 20.6.1973 – 1 BvL 9/71, BVerfGE 35, 283 = BB 1973, 1056.
4 OLG Düsseldorf v. 18.2.2015 – VI-U (Kart) 3/14, JZ 2015, 726; vorgehend LG Düsseldorf v. 17.12.2013 – 37 O 200/09 (Kart), JZ 2014, 635 ff.; kritisch *Stadler*, JZ 2014, 613, 617; *Koch*, DZWIR 2016, 351, 359.
5 Ausführlich *Burckhardt*, Auf dem Weg zu einer class action in Deutschland?, 2005, S. 102 ff.
6 BGH v. 14.11.2006 – XI ZR 294/05, ZIP 2006, 2359.
7 Immerhin hat jede Partei einen Anspruch auf formale Gleichbehandlung („Waffengleichheit" im Prozess), so dass nach überkommener Sichtweise dieses Argument eigentlich gar kein Gewicht haben dürfte.
8 Die Pressemitteilung des BGH bezeichnet die Klage unrichtig als „Sammelklage".
9 BGH v. 29.11.2004 – II ZR 6/03, AG 2005, 201 = ZIP 2005, 254, 255; *Micklitz* in MünchKomm. BGB, 7. Aufl. 2015, § 13 BGB Rz. 45; EuGH v. 25.10.2005 – C-350/03, ECLI:EU:C:2005:637 = ZIP 2005, 1959 – Schulte ./. Deutsche Bausparkasse Badenia AG.

zu überzeugen vermag hingegen die Grundkonzeption des § 79 Abs. 2 Nr. 3 ZPO, die die Rechtsverfolgung bei staatlichen bzw. staatlich subventionierten Verbraucherverbänden monopolisiert. Hier sollte der Gesetzgeber eine weitere Deregulierung vornehmen und generell die treuhänderische Anspruchsverfolgung zulassen. Der rechtspolitisch verfehlte Ansatz des OLG Düsseldorf sollte rasch korrigiert werden.[1]

III. Innovative Formen der Anspruchsbündelung

1. Pooling von Ansprüchen

Eine zunehmend genutzte Möglichkeit der kollektiven Rechtsdurchsetzung eröffnet die Judikatur des BGH zur Rechts- und Parteifähigkeit der Gesellschaft bürgerlichen Rechts.[2] Sie ermöglicht die Gründung von Anlegerschutzgesellschaften[3], die einer Vielzahl von Geschädigten die gemeinsame Organisation der Prozessführung und eine erleichterte Finanzierung der Anwalts-, Gerichts- und sonstigen Verfahrenskosten ermöglicht.[4] Die Geschädigten treten der Gesellschaft als Gesellschafter bei, sie leisten eine Bareinlage zur Finanzierung der Prozesskosten und treten ihre (Schadens-)Ersatzansprüche vollends an die Gesellschaft ab.[5] Die Gesellschaft führt den Prozess als Partei in eigenem Namen. Ist der Prozess erfolgreich, werden die beigetriebenen Schadensersatzzahlungen, nach Abzug der Aufwendungen, an die Gesellschafter als Gewinn ausgeschüttet. Geht der Prozess verloren, drohen die Nachschusspflicht nach § 735 BGB und die gesamtschuldnerische Haftung nach § 128 HGB analog.[6]

In der Literatur wird gegen diese Form der (privat organisierten) kollektiven Anspruchsbündelung vor allem das Rechtsdienstleistungsgesetz in Stellung gebracht: Die Anwendung des Rechtsdienstleistungsgesetzes sei von dessen Sinn und Zweck her geboten: Die „Bündelung" der Ansprüche bewirken für den Fall des Prozessverlustes ein erhebliches Haftrisiko; die Geltendmachung der Ansprüche erfolge „geschäftsmäßig" selbst dann, wenn ein Rechtsanwalt die Geschäftsführung der GbR übernehme. Denn dann handele dieser nicht mehr als ein primär den Interessen der Mandanten verpflichtetes Organ der Rechtspflege, sondern als Gesellschaftsorgan. Die Geschäftsmäßigkeit ergebe sich daraus, dass die Gesellschaft gezielt am Markt auf eine Abtretung der Forderungen hinwirke. Daher verfolge die Anlegergesellschaft einen unerlaubten Zweck (Art. 1 § 1 Abs. 1 RBerG bzw. heute §§ 2 Abs. 2, 3 RDG), der Gesellschaftsvertrag sei nach §§ 705, 134 BGB nichtig.[7]

---

1 Ebenso *Stadler*, JZ 2014, 613, 617; tendenziell auch *Thole*, ZWeR 2015, 93, 115 f.
2 BGH v. 29.1.2001 – II ZR 331/00, BGHZ 146, 341 = AG 2001, 307; dazu *Hess*, Grundfragen und Entwicklungen der Parteifähigkeit, ZZP 117 (2004), 267, 268 ff.; *Wagner*, Grundfragen und Entwicklungen der Parteifähigkeit, ZZP 117 (2004) 305 ff.
3 Dazu *Loritz/Wagner*, WM 2007, 477 ff.
4 *Koch*, NJW 2006, 1469, 1471.
5 Die Vollabtretung der Ansprüche ist allerdings Voraussetzung. Hat die Gesellschaft den alleinigen Zweck, eigenständig Inkassodienstleistungen für ihre Gesellschafter zu betreiben, und fehlt ihr die erforderliche Registrierung nach § 10 RDG, verstößt der Gesellschaftszweck gegen §§ 2 Abs. 2 Alt. 2 i.V.m. 3 RDG, so dass der Gesellschaftsvertrag nach § 134 BGB nichtig ist, BGH v. 11.6.2013 – II ZR 245/11, WM 2013, 1559.
6 *Loritz/Wagner*, WM 2007, 477, 480 – die Haftungsrisiken freilich überzeichnend.
7 *Loritz/Wagner*, WM 2007, 477, 479 ff.

17.27 Überzeugend ist diese Argumentation jedoch nicht. Der Gesellschaftsvertrag muss sich erst dann am RDG messen lassen, wenn die Gesellschaft die Erbringung von Inkassodienstleistungen i.S. des § 2 Abs. 2 RDG zum Zweck hat. Es gilt genauestens zwischen der (unter Erlaubnisvorbehalt stehenden) Inkassodienstleistung und dem (erlaubnisfreien) Forderungskauf zu unterscheiden. Eine Inkassodienstleistung i.S. des § 2 Abs. 2 RDG (sowie i.S. des Art. 1 § 1 Abs. 1 RBerG[1]) liegt vor, wenn das wirtschaftliche Ergebnis der Einziehung dem Zedenten zukommen soll.[2] Tritt der Gesellschafter die Forderung einerseits endgültig an die Gesellschaft ab und übernimmt diese andererseits das Bonitätsrisiko, liegt bereits per definitionem keine unter Erlaubnisvorbehalt stehende Inkassodienstleitung vor; sondern vielmehr ein erlaubnisfreier Forderungskauf.[3] Folglich ist der Gesellschaftszweck nicht rechtswidrig und somit der Gesellschaftsvertrag nicht nichtig.[4] Darüber hinaus zeigt ein Vergleich mit der Anspruchsverfolgung durch einen Prozessfinanzierer, der sich ebenfalls die Forderung (still) zedieren lässt und sich zur erfolgsbezogenen Gewinnausschüttung dem Mandanten gegenüber verpflichtet, dass die in der Literatur vorgebrachte Kritik nicht zutrifft.[5] Ferner spricht dagegen, dass die Wahrnehmung der Geschäftsführung ausschließlich der Forderungsdurchsetzung dient – diese erfolgt jedoch durch Rechtsanwälte als Organ der Rechtspflege.[6] Die gesamthänderisch gebundenen Forderungen sind (trotz der Rechts- und Parteifähigkeit der GbR) keine „fremden" Forderungen, so dass es an der Besorgung fremder Rechtsangelegenheiten fehlt.[7] Auch der verfassungsrechtliche Anspruch auf Zugang zum Gericht und effektiven Rechtsschutz sprechen eindeutig für die Zulassung der Anlagegesellschaft – die Alternative für die Anleger ist in vielen Fällen schlicht der Verzicht auf jegliche, gerichtliche Geltendmachung.[8] Es verwundert daher nicht, dass mehrere Zivilgerichte die kollektive Rechtsverfolgung durch Anleger-GbR zugelassen haben.[9]

2. Prozessfinanzierung

17.28 Die Prozessfinanzierung gegen Erfolgsbeteiligung ist in Deutschland seit dem Ende der 1990er Jahren auf dem Vormarsch.[10] Dabei handelt es sich gleichfalls um eine Form der Anspruchsverfolgung durch kommerzielle Anbieter, die gegen eine Beteiligung am Erlös des Prozesserfolgs eine Finanzierung der Verfahrenskosten (einschließlich des Kostenerstattungsprinzips) übernehmen. Die Mindeststreitwerte, ab denen eine Prozessfinanzierung zugesagt wird, liegen

---

1 BGH v. 25.11.2008 – XI ZR 413/07, WM 2009, 259 Rz. 16 ff.
2 BGH v. 30.10.2012 – XI ZR 324/11, NJW 2013, 59; BGH v. 11.6.2013 – II ZR 279/12; LG Düsseldorf v. 15.10.2013 – 16 O 372/12; OLG Düsseldorf v. 27.11.2012 – I-1 U 26/12.
3 Vgl. BGH v. 30.10.2012 – XI ZR 324/11, NJW 2013, 59; vgl. BT-Drucks. 16/3655, S. 36, 49.
4 Das LG Düsseldorf spricht von einer „unschädlichen" Vollabtretung der Forderung, LG Düsseldorf v. 15.10.2013 – 16 O 372/12 (in casu wurden die Forderungen gerade nicht vollends abgetreten).
5 Dazu sogleich im Text.
6 Ein weitergehendes Vertretungsverbot für Rechtsanwälte enthält das RBerG nicht: Jeder Anwalt darf sich selbst vertreten!
7 Zutreffend *Koch*, NJW 2006, 1469, 1471; zuvor *Hess*, AG 2003, 113, 123.
8 BVerfG v. 12.12.2006 – 1 BvR 2576/04, BB 2007, 617 ff.
9 Etwa im Fall einer Gruppe geschädigter Kapitalanleger, die sich von einer Bank nicht hinreichend anlagegerecht beraten fühlten, da sie in einen steuerbegünstigten Fonds investiert hatten, der sich später als wertlos erweisen sollte, BGH v. 6.7.1993 – XI ZR 12/93, NJW 1993, 2433.
10 *Dethloff*, NJW 2000, 2225 ff.; *Frechen/Kochheim*, NJW 2004, 1213 ff.; Litigation Funding: Status and Issues, January 2012, veröffentlicht auf www.csls.ox.ac.uk, S. 39 ff.

zwischen 5000 und 500 000 Euro.[1] Die Erfolgsbeteiligung des Finanzierers beträgt bei niedrigeren Streitwerten 30 %, bei höheren (i.d.R. mehr als 500 000 Euro) 20 %.[2] Zur Sicherung des Anspruchs wird die streitige Forderung im Wege der stillen Zession an den Finanzierer abgetreten. Dennoch führt der ursprüngliche Anspruchsinhaber den Prozess (als Prozessstandschafter); das Finanzierungsverhältnis wird nach außen nicht offen gelegt.

Die rechtliche Einordnung des Finanzierungsvertrags als Gesellschaftsverhältnis, und nicht etwa als Versicherungsverhältnis[3], ist heute in Rechtsprechung und Literatur h.M.[4] Der gemeinsame Zweck i.S. des § 705 BGB ist die Durchsetzung und Verwertung der dem Kläger zustehenden Forderung. Die Gewinnerzielungsabsicht des Finanzierers bleibt eine außerhalb des Gesellschaftsvertrags bestehende Motivation des Anbieters. Rechtlich handelt es sich um eine reine Innengesellschaft. Nach h.M. bestehen gegen eine derartige Prozessfinanzierung keine rechtlichen Bedenken, solange die Prozessführung durch Anwälte erfolgt (daher kein Verstoß gegen §§ 2, 3 RDG). Bedenken bestehen nur, wenn eine (vorprozessuale) Rechtsberatung durch den Finanzierer erfolgt[5] oder der Finanzierer Vergleichsverhandlungen führt.[6] Ein Verstoß gegen § 49b Abs. 2 BRAO (Verbot des Erfolgshonorars) liegt schon deshalb nicht vor, weil nicht der Finanzierer den Prozess führt, sondern der Anwalt.[7] Es ist ein offenes Geheimnis, dass Prozessfinanzierer auch kollektive Klagen ins Portefeuille nehmen.[8] Denn eine Risikoübernahme lohnt erst ab einem gewissen Volumen. Dieses wird bei Kollektivklagen jedoch unschwer erreicht, so dass derartige Verfahren für eine Prozessfinanzierung besonders geeignet erscheinen.

17.29

F. Die Abwehr missbräuchlicher Klagen

I. Problemstellung

Das Problem missbräuchlicher Aktionärsklagen beschäftigt die Praxis seit langem. Dabei verfolgen einzelne wenige Aktionäre[9] das „Geschäftsmodell", sich den „Lästigkeitswert" ihrer Anfechtungsklagen von der betroffenen Gesellschaft „abkaufen" zu lassen.[10] Die sog. „räuberi-

17.30

---

1 *Jauernig/Hess*, Zivilprozessrecht, 2011, § 95 Rz. 1; *Frechen/Kochheim*, NJW 2004, 1213 – im letzten Fall werden auch Schiedsverfahren finanziert, *Gleußner* in FG Vollkommer, 2006, S. 25, 30.
2 *Jauernig/Hess*, Zivilprozessrecht, 2011, § 95 Rz. 1.
3 Dazu *Looschelders* in MünchKomm. VVG, 2. Aufl. 2016, § 1 VVG Rz. 107 ff.
4 *Dehtloff*, NJW 2000, 2225, 2227; LG Köln v. 4.10.2002 – 81 O 78/02, NJW-RR 2003, 426 f.
5 Dazu LG Köln v. 4.10.2002 – 81 O 78/02, NJW-RR 2003, 426 f.
6 Vgl. zur Vergleichsverhandlung durch einen Prozessfinanzierer LG Köln v. 4.10.2002 – 81 O 78/02, NJW-RR 2003, 248 (noch zu Art. 1 § 1 Abs. 1 RBerG).
7 *Frechen/Kochheim*, NJW 2004, 1213, 1216 f.; zur Umgehung des Verbots von anwaltlichen Erfolgshonoraren bei Prozessfinanzierungsverträgen: OLG München v. 31.3.2015 – 15 U 2227/14, AnwBl 2015, 898; OLG München v. 10.5.2012 – 23 U 4635/11, ZIP 2012, 2400; KG Berlin v. 5.11.2002 – 13 U 31/02, MDR 2003, 599.
8 Prominentes Beispiel ist der vor dem LG Düsseldorf geführte Prozess auf Schadensersatz über ca. 113 Millionen Euro aus dem sog. „Zementkartell"; der BGH hat die Klage für zulässig erachtet, BGH v. 7.4.2009 – KZR 42/08, GRUR-RR 2009, 319.
9 Es handelt sich in der Praxis um ca. 40 namentlich bekannte wiederholt auftretende Kläger, die bereits Gegenstand empirischer Studien geworden sind, *Baums/Gajek/Keinath*, ZIP 2007, 1629 ff.
10 BGH v. 22.5.1989 – II ZR 206/88, BGHZ 107, 296 = AG 1989, 399 = NJW 1989, 2689.

schen" Aktionäre bzw. „Berufsaktionäre" erwerben typischerweise eine geringe Anzahl von Aktien der betroffenen Gesellschaft, nehmen (lautstark) an Hauptversammlungen dieser Gesellschaft teil[1] und stimmen gegen Hauptversammlungsbeschlüsse[2] mit dem Ziel, diese Beschlüsse durch Erhebung einer Anfechtungsklage gem. § 246 AktG zu blockieren. Dem „räuberischen" Aktionär geht es jedoch nicht um die Kontrolle der Hauptversammlungsbeschlüsse auf ihre Rechtmäßigkeit und um die Wahrnehmung seiner Aktionärsrechte, vielmehr will er durch die mit Hilfe der Anfechtungsklage erreichten Verzögerung der Umsetzung des Hauptversammlungsbeschlusses die Gesellschaft zu Leistungen zwingen, auf die er keinen Anspruch hat.[3] Die missbräuchliche Anfechtungsklage dient somit nicht dem gesetzlichen Zweck der Überprüfung von Hauptversammlungsbeschlüssen[4], sondern der Schaffung von Vergleichsdruck zur Bereicherung des „räuberischen" Aktionärs.[5] Der „Berufskläger" blockiert durch die Geltendmachung einer missbräuchlichen Anfechtungsklage eintragungsbedürftige Hauptversammlungsbeschlüsse und kassiert beachtliche Vergleichsbeträge[6], welche die Unternehmen angesichts der drohenden Gefahr einer monatelang verzögerten Umsetzung ihrer Hauptversammlungsbeschlüsse zu zahlen bereit sind, um ihre Handlungsfähigkeit wiederzuerlangen.[7] Durch verzögerte Kapitalmaßnahmen aufgrund anfechtungsblockierter Hauptversammlungsbeschlüsse werden deutsche Aktiengesellschaften bei Fusionen und Übernahmen gegenüber ausländischen Wettbewerbern außerdem benachteiligt.[8] Das deutsche Aktienrecht unterstützt damit als negativer Standortfaktor tendenziell die Verlagerung von Unternehmenszentralen ins Ausland.[9]

II. Maßnahmen des Gesetzgebers

17.31 Der Gesetzgeber hat dieses Problem freilich auch erkannt und mit der Einführung eines Freigabeverfahrens gem. § 246a AktG durch das UMAG[10] und dessen Verbesserung durch das ARUG[11] darauf reagiert. Letztlich hatte die Initiative des Gesetzgebers jedoch keinen praktischen Erfolg.[12] Die missbräuchlichen Aktionärsklagen konnten hierdurch nicht eingedämmt

---

1 Oftmals versuchen „räuberische" Aktionäre durch massive Störungen der Hauptversammlung Gründe für eine Anfechtung von Beschlüssen zu provozieren.
2 Meist aus bloß formalen Gründen.
3 *Baums/Gajek/Keinath*, ZIP 2007, 1629 ff.; *Poelzig*, DStR 2009, 1151, 1152; *Martens/Martens*, AG 2009, 173 ff.
4 Redlicher Aktionärsaktionismus durch Anfechtungsklagen zur Kontrolle der Beschlüsse ist vom Gesetzgeber gerade erwünscht.
5 *Martens* bezeichnet dieses Vorgehen deshalb auch als „moderne Form der Wegelagerei", *Martens/Martens*, AG 2009, 173, „Skandalon ersten Ranges"; *Niemeier*, ZIP 2008, 1148.
6 Die Sonderbereicherung der Missbrauchskläger ist nicht selten in Millionenhöhe anzusiedeln (Spitzenwert: 30 Mio. Euro), *Baums/Keinath/Gajek*, ZIP 2007, 1629, 1646.
7 Auch unbegründete Anfechtungsklagen haben Blockadewirkung, da auch diese eine lange Verfahrensdauer zur Folge haben, in der die jeweilige Maßnahme nicht umgesetzt werden kann.
8 *Niemeier*, ZIP 2008, 1148.
9 So *J. Vetter*, AG 2008, 177, 181.
10 Gesetz zur Unternehmensintegrität und Modernisierung des Anfechtungsrechts (UMAG) vom 22.9.2005, BGBl. I 2005, 2802 ff.
11 Gesetz zur Umsetzung der Aktionärsrechterichtlinie (ARUG) vom 30.7.2009, BGBl. I 2009, 2479. Das ARUG hat die Voraussetzungen für den Unbedenklichkeitsbeschluss im Freigabeverfahren erleichtert und den Rechtsweg verkürzt.
12 So auch *Baums/Gajek/Keinath*, ZIP 2007, 1629, 1649; *Niemeier*, ZIP 2008, 1149 zum UMAG.

werden. Vielmehr führen die Gesetzesänderungen zu einer Aushöhlung der Anfechtungsrechte.[1] Die Einführung des Freigabeverfahrens nach § 246a AktG entfaltet auch keine präventive Wirkung gegen missbräuchliche Aktionärsklagen, da der „räuberische" Aktionär nicht mit einer Sanktion rechnen muss.

III. Lösung über § 826 BGB

Die von den „Berufsklägern" genutzte Regelungslücke im Aktienrecht könnte die Rechtsprechung des OLG Frankfurt a.M. geschlossen haben.[2] In dem dieser Entscheidung zu Grunde liegenden Prozess hatte ein Minderheitsaktionär eine aktienrechtliche Anfechtungsklage gegen die Gesellschaft erhoben, nachdem er auf der Hauptversammlung der beklagten Gesellschaft einer vorgesehenen Kapitalerhöhung widersprochen hatte.[3] Der Kläger ließ der Beklagten daraufhin einen Vergleichsvorschlag übermitteln, wonach sich die Beklagte unter Garantie ihrer Hauptaktionärin verpflichten sollte, jedem der Aktionäre, die ablehnend in der Hauptversammlung gestimmt hatten, Bezugsrechte hinsichtlich der Aktien aus der Kapitalerhöhung einzuräumen. Die Beklagte erhob Widerklage um festzustellen, dass der Kläger der Beklagten für alle Schäden, die auf der Verzögerung der Kapitalerhöhung durch die Anfechtungsklage beruhen, schadensersatzpflichtig ist. Das LG Frankfurt a.M. wies die Klage ab und gab der Widerklage statt. Die anschließende Berufung des Klägers/Widerbeklagten vor dem OLG hatte keinen Erfolg. Die Widerklage der Gesellschaft wurde mit einer Haftung des Aktionärs nach § 826 BGB für den Vermögensschaden, den die Gesellschaft aufgrund des verspäteten Kapitalzuflusses infolge der Anfechtungsklage des Aktionärs erlitten hatte, begründet. Im vorliegenden Fall ergab sich die Sittenwidrigkeit der Anfechtungsklage aus dem Klagemissbrauch. Grundsätzlich ist eine Anfechtungsklage immer dann missbräuchlich und somit sittenwidrig, wenn sie mit dem Ziel erhoben wird, die verklagte Gesellschaft[4] in grob eigennütziger Weise zu einer Leistung zu veranlassen, auf die der Kläger keinen Anspruch hat und die Klage billigerweise auch nicht erheben kann.[5] Problematisch stellt sich jedoch in den Fällen der missbräuchlichen Anfechtungsklagen der Beweis des grob eigennützigen Klagemotivs dar, der bei einer Widerklage gem. § 826 BGB der beklagten Gesellschaft obliegt. Einen Anscheinsbeweis, dass grundsätzlich alle Anfechtungsklagen, die mit einem Vergleich enden, auch mit dem Vorsatz der Rechtsmissbräuchlichkeit erhoben wurden, gibt es nicht. Das OLG Frankfurt a.M. stellte in seiner Entscheidung jedoch einen Katalog

17.32

---

1 Das ARUG sei deshalb mit den Gerechtigkeitsprinzipien des Aktienrechts nicht vereinbar, so die Stellungnahme Nr. 5/09 des DAV durch den Handelsrechtsausschuss zum RegE ARUG, S. 9.
2 OLG Frankfurt a.M. v. 13.1.2009 – 5 U 183/07, NZG 2009, 222; bestätigt durch BGH v. 10.8.2010 – VI ZR 47/09, BeckRS 2010, 21505.
3 Der Kläger rügte u.a. den Versammlungsort.
4 Im hier dargestellten Fall ging es zwar um den Verzicht der Hauptaktionärin auf ihre Bezugsrechte – also nicht um eine unmittelbare Leistung der Gesellschaft –, jedoch kommt es bzgl. der Frage der Missbräuchlichkeit auf den Zweck der Klage an, nicht dagegen von wem ein Vorteil verlangt wird, *Martens/Martens*, AG 2009, 173, 174; *Poelzig*, DStR 2009, 1151, 1153; anders aber mit selbem Ergebnis das OLG Frankfurt a.M. v. 13.1.2009 – 5 U 183/07, NZG 2009, 222, 223 = AG 2009, 200, das auf ein Treueverhältnis zwischen den Aktionären aus § 242 BGB abstellt.
5 BGH v. 22.5.1989 – II ZR 206/88, BGHZ 107, 296 = AG 1989, 399 = NJW 1989, 2689; BGH v. 25.9.1989 – II ZR 254/88, NJW 1990, 322, 323; BGH v. 29.10.1990 – II ZR 146/89, NJW-RR 1991, 358, 360 = AG 1991, 102; BGH v. 14.10.1991 – II ZR 249/90, NJW 1992, 569, 570 = AG 1992, 86; BGH v. 21.5.2007 – II ZR 266/04, NJW-RR 2007, 1409 Rz. 20 = AG 2007, 625.

von vier Indizien zusammen, die zwar nicht einzeln aber kumulativ den Beweis des Klagemissbrauchs ergeben:

- Allzu bereitwilliges Einlassen des Klägers auf den Vergleichsvorschlag
- Geltendmachung von formalen Anfechtungsgründen (für das Interesse des Klägers unerheblich)
- Geringer Aktienbesitz des Klägers
- Ähnliche Vorgehensweise des Klägers in der Vergangenheit („track record")

17.33 Die Anwendung einer Schadensersatzklage gem. § 826 BGB gegen den „räuberischen" Aktionär stellt ein wichtiges Instrument zur Abwehr missbräuchlicher Anfechtungsklagen dar und trägt dem Bedürfnis nach Rechtsschutz der betroffenen Gesellschaften und der redlichen Aktionäre Rechnung. Außerdem wird durch die Entscheidung des OLG Frankfurt a.M. ein Haftungsmodell geschaffen, das – im Gegensatz zu den Bemühungen des Gesetzgebers durch die Einführung des Freigabeverfahrens – einen Ausgleich für die Vermögensschäden bei verzögerter Umsetzung von Hauptversammlungsbeschlüssen ermöglicht. Gerade die persönliche Haftung der „räuberischen" Aktionäre kann eine präventive Wirkung entfalten und „Berufskläger" von Anfechtungsklagen mit Erpressungspotential abschrecken. Die erwünschte Kontrolle der Hauptversammlungsbeschlüsse durch redliche Aktionäre wird dadurch nicht gefährdet, da sich die Haftung aus § 826 BGB auf vorsätzliche sittenwidrige Verstöße beschränkt. Nichtsdestotrotz sind solche Entscheidungen vergleichbar selten.[1]

17.34 Die Entscheidung des OLG Frankfurt a.M. ist zu begrüßen.[2] Jedoch sollte die Entscheidung weiterentwickelt und z.B. auf Fälle missbräuchlicher Anfechtungsklagen aus politischen oder wettbewerbsrechtlichen Gründen erweitert werden. Die Einführung einer speziellen Haftungsnorm für „räuberische" Aktionäre in das AktG ist dagegen derzeit nicht zu erwarten.[3]

G. Die Alternativen im Ausland

I. USA

17.35 Trotz der Ausweitung der kollektiven Rechtsbehelfe in Deutschland bleibt die Klage in den USA weiterhin eine attraktive Alternative.[4] Diese setzt freilich zunächst die internationale Zuständigkeit (personal jurisdiction) der US-amerikanischen Gerichte über die beklagten Gesellschaftsorgane voraus.[5] Diese lässt sich jedoch aus der Geschäftstätigkeit der Gesell-

---

1 LG Köln v. 27.11.2009 – 82 O 192/09; LG Hamburg v. 15.6.2009 – 321 O 430/07, AG 2009, 553; OLG Düsseldorf v. 28.9.2011 – 41 O 49/09; Hanseatisches OLG v. 20.10.2010 – 11 U 127/09, ZIP 2011, 126.
2 So auch *Martens/Martens*, AG 2009, 173, 174; *Poelzig*, DStR 2009, 1151, 1154.
3 Dies fordern *Martens* in Anlehnung an § 200 Abs. 2 AktG a.F., da es zweifelhaft sei, ob die Rechtsprechung diesem Urteil folgen werde, *Martens/Martens*, AG 2009, 173, 178.
4 Der folgende Abschnitt gibt nur einen groben Überblick, vgl. ausführlich *Böhm*, US-amerikanisches Zivilprozessrecht, 2005.
5 Neuere Sammelklagen nennen zunehmend nicht US-amerikanische *„named plaintiffs"*, um die Tragweite der zu zertifizierenden „class" auf ausländische Kläger zu erstrecken, vgl. *In re Vivendi Universal S.A., Securities Litigation*, 242 F.R.D. 76, 95 (S.D.N.Y. 2007).

schaft ableiten – nach der durchaus großzügigen Interpretation der US-Gerichte reicht die Begehung von „Teilhandlungen" einer „betrügerischen Machenschaft" mit Bezug auf die USA (d.h. den Bezirk des angerufenen US-Gerichts) aus.[1]

17.36 Weitere Voraussetzung ist die Zulassung (*certification*) einer „class action" nach F.R.C.P. 23 (a) und (b) (3).[2] Hier verfährt die US-amerikanische Praxis ungleich großzügiger als europäische Gerichte. Die Hauptursache ist, dass Kollektivklagen in den USA nicht als begründungsbedürftige Ausnahme, sondern als „vollwertige" Alternative zum „2-Parteien-Prozess" angesehen werden.[3] Individuelle Parallelklagen vor europäischen Gerichten werden aus dieser Perspektive nicht als Hindernis für die class action angesehen. Allerdings prüfen die US-Gerichte bei der Zertifizierung der „class" nach F.R.C.P. 23 (a) und (B) (3), ob das US-Urteil in den Heimatstaaten der class member anerkannt werden kann.[4] Hier bestehen im Hinblick auf die Anerkennung in Deutschland Bedenken, die eine Versagung der „class certification" bzw. die Herausnahme der deutschen „sub-class" zur Folge haben kann.[5] Sollten deutsche Gerichte bei der Anerkennung US-amerikanischer Sammelklagen nach §§ 723 f., 328 ZPO einen großzügigen Maßstab anlegen, hat dies unmittelbare Auswirkungen auf die Zertifizierung von class actions mit deutschen „Klägergruppen".[6]

17.37 Schließlich bleibt das US-amerikanische „discovery"-Verfahren mit seinen weit ausgreifenden Möglichkeiten einer „electronic discovery"[7] auch für europäische Kläger attraktiv. Nach 28 U.S.C. § 1782 kann es auch zur Unterstützung europäischer Haftungsklagen eingesetzt werden[8] – auch in dieser Hinsicht entfaltet das US-amerikanische Prozessrecht weiter ungehemmte Sogwirkung, die europäische Prozessparteien zunehmend nutzen.[9]

---

1 Vgl. dazu *Hess*, AG 2005, 897, 900 f.; *Hopt/Kulms/v. Hein*, Rechtshilfe und Rechtsstaat, 2006, S. 32 ff.; aus (Kläger)Anwaltssicht *Reus*, DAJV-Newsletter 2006, 154 ff.
2 Ausführliche Darstellung etwa bei *Hopt/Kulms/v. Hein*, Rechtshilfe und Rechtsstaat, 2006, S. 34 ff.; *In re Vivendi Universal, S.A. Securities Litigation*, 242 F.R.D. 76, 95 (S.D.N.Y. 2007).
3 Zur „Global Class Action" vgl. *Hess*, AG 2006, 809, 813 ff.
4 Im Rahmen der „superiority", F.R.C.P. 23 (B)(3).
5 *In re Vivendi Universal, S.A. Securities Litigation*, 242 F.R.D. 76, 95 (S.D.N.Y. 2007): Ausschluss deutscher Kläger von einer Global Class Action; ebenso: In *re DaimlerChrysler Securities Litigation*, 216 F.R.D. 301 (D. Del. 2003); *In re Deutsche Telekom Securities Litigation*, dazu *Reus*, DAJV-Newsletter 2006, 154, 155.
6 In Kapitalmarktstreitigkeiten schließt § 32b ZPO die Anerkennungsfähigkeit des US-amerikanischen Urteils und damit zugleich die „class certification" nach F.R.C.P. 23 (b) (3) – mangels superiority – aus; dazu *Bachmann*, IPRax 2007, 77, 83 ff.; *Hess* in KölnKomm. KapMuG, 2. Aufl. 2014, § 32b ZPO Rz. 21 ff.
7 Dazu *Hess*, AG 2005, 897, 903 ff.
8 Grundlegend Intel Corp. v. Advanced Micro Devices 542 U.S. 241 (2004); speziell zur „Rechtshilfe" für deutsche Verfahren vgl. Schmitz v. Bernstein Liebhard & Lifshitz, 376 F. 3d 79 (2d Cir. 2004); In re Application of Gemeinschaftspraxis Dr. med. Schottdoff, 2006 WL 3844464 (S.D.N.Y. 2006), Heraeus Kulzer GmbH 2011, 633 F.3d 591 (7 th Cir.); Brandi-Dohrn v. IKB Deutsche Industriebank AG, 2012 673 F.3d 76 (2nd Cir.); In re Kreke Immobilien KG 2013 WL 5966916 (S.D.N.Y.); IPCom GmbH & Co KG, 2014 WL 3728576 (N.D.Cal.); Lufthansa Technik AG 2014 553 Fed.Appx 22 (2nd Cir.).
9 Die weite Anwendung von 28 U.S.C. § 1782 dient dem Export des US-amerikanischen discovery Verfahrens.

II. Niederlande

17.38 Die Niederlande bilden ebenfalls ein attraktives Forum für die Beilegung von Massenstreitigkeiten.[1] Nachdem der Gerechtshofs Amsterdam in den Verfahren *Shell*[2] und *Converium*[3] seine internationale Zuständigkeit bejahte, hat das sog WCAM[4] settlement grenzüberschreitende Bedeutung erlangt.[5] Neben diesem kennt das niederländische Recht ein weiteres Instrument zur Beilegung von Massenstreitigkeiten, namentlich die Gruppenklage nach Art. 3:305a–c BW.[6] Beide Instrumente bauen in der Regel aufeinander auf: Zunächst bilden die Geschädigten einen Interessensverband oder wenden sich an einen solchen.[7] Dieser erhebt eine Gruppenklage auf Feststellung des eingetretenen Schadens (Art. 3:305a Abs. 1 BW). Auf das derart erstrittene Feststellungsurteil folgt regelmäßig ein sog. WCAM settlement.[8] Es verläuft in vier Schritten. Schädiger und Geschädigte[9] schließen einen außergerichtlich Vergleich, sog. settlement (Art. 7:907 BW). Sie beantragen eine gerichtliche Allgemeinverbindlicherklärung, woraufhin der Gerechtshof Amsterdam[10] die Angemessenheit des Vergleichs von Amts wegen prüft (Art. 7:909 Abs. 1 Satz 2 BW). Erklärt er den Vergleich für allgemeinverbindlich, können die Geschädigten binnen drei Monaten aus ihm austreten. Unterbleibt dies, entfaltet der Vergleich ihnen gegenüber Bindungswirkung, sog. *opt-out* Vergleich (Art. 7:908 Abs. 2 BW).

---

1 Eine aktuelle Gesetzesvorlage, des niederländischen Ministers für Sicherheit und Justiz (v. 15.11.2016), sieht eine Änderung des materiellen (BW) und des prozessualen Rechts (Rv) dahingehend vor, Massenklagen künftig i.R.v. Sammelklagen abwickeln zu können. Nach den niederländischen Parlamentswahlen vom 15.3.2017, ist die Gesetzesvorlage allerdings auf die Liste der „umstrittenen Themen" gesetzt worden (Beschluss der „Tweeden Kammer" 34 707, Nr. 1, v. 11.4.2017). Der Beschluss ist abrufbar unter: www.tweedekamer.nl/sites/default/files/atoms/files/lijst_van_controversiele_onderwerpen.pdf. Dies bedeutet, dass der Gesetzgebungsprozess erst fortgesetzt werden kann, wenn sich eine neue niederländische Regierung gebildet hat. Die Gesetzesvorlage ist abrufbar unter: https://www.rijksoverheid.nl/ministeries/ministerie-van-veiligheid-en-justitie/documenten/kamerstukken/2016/11/16/wetsvoorstel-afwikkeling-van-massaschade-in-een-collectieve-actie.
2 Gerechtshof Amsterdam v. 29.5.2009 – 106.010.887, NJ 2009, 506 – Shell.
3 Gerechtshof Amsterdam v. 17.1.2012 – 200.070.039/01, NJ 2012, 355 – Converium.
4 Sog. Wet Collectieve Afwikkeling van Massaschades. Ziel ist es, den zwischen Schädiger und Geschädigten geschlossenen außergerichtlichen Vergleich allgemeinverbindlich zu erklären.
5 Dazu *Tzankova/Lith* in Fairgrieve/Lein, Extraterritoriality and collective redress, 2012, Rz. 4.37 ff.; *Hess* in Fairgrieve/Lein, Extraterritoriality and collective redress, 2012, Rz. 6.20 f.
6 Sog. Burgerlijk Wetboek.
7 Wie etwa der *Consumentenbond* (Verbraucherbund) oder die *Vereniging voor Effectenbezitters* (Aktionärsverband), *Tzankova/Lith* in Fairgrieve/Lein, Extraterritoriality and collective redress, 2012, Rz. 4.07.
8 So geschehen in Gerechtshof Amsterdam v. 1.6.2006 – R05/1743, NJ 2006, 461 – DES. Umgekehrt kann ein settlement auch auf ein für die Geschädigten nachteiliges Feststellungsurteil erfolgen, so geschehen in Gerechtshof Amsterdam v. 29.4.2009 – 200.009.408, NJ 2009, 448 (Vie d'Or). Das Unternehmen konnte dadurch sein Bild in der Öffentlichkeit verbessern, *Tzankova/Lith* in Fairgrieve/Lein, Extraterritoriality and collective redress, 2012, Rz. 4.27.
9 Organisiert als Stiftung oder Verein.
10 Er ist ausschließlich zuständig (Art. 103 Abs. 3 Rv).

H. Rechtspolitischer Ausblick

Massenklagen bei Managerhaftung sind zwar in Deutschland noch kein übliches Szenario – es ist jedoch unverkennbar, dass der rechtspolitische Trend zur Ausweitung kollektiver Rechtsbehelfe eine Ausweitung der Organhaftung bewirken wird. Zugleich bleibt forum shopping in die USA und die Niederlande eine Alternative, die von inländischen Klägern (und beratenden Anwälten) immer häufiger genutzt wird. Bei beklagten Unternehmen, Managern und ihren Versicherten zahlt sich in diesem Szenario vor allem Standhaftigkeit aus: Wird die Haftungsklage als „Investment" betrieben, so können der hohe „Einstiegspreis" und das damit verbundene Risiko potentielle Kläger von der Rechtsverfolgung abhalten.[1]

17.39

---

1 Dazu *Hess*, AG 2006, 809, 815 ff.

§ 18
D&O-Versicherung des Managers

Dr. Oliver Sieg

A. Einleitung	18.1
B. Was ist eine D&O-Versicherung?	18.2
I. Begriff	18.2
II. Rechtsgrundlagen	18.3
1. Versicherungsvertragsgesetz	18.4
2. Bürgerliches Gesetzbuch	18.5
3. Aktien- und Steuerrecht	18.7
4. Versicherungsvertrag	18.9
III. Gegenstand	18.13
IV. Abgrenzung	18.14
V. Rechtsbeziehungen	18.19
1. Haftungsverhältnis	18.20
2. Deckungsverhältnis	18.21
3. Versicherung für fremde Rechnung	18.24
C. Was passiert in einem D&O-Schadenfall?	18.26
I. Missverständnisse im Zusammenhang mit der Regulierung von D&O-Schadenfällen	18.28
II. Vertragsgemäße Regulierung von D&O-Schadenfällen	18.31
1. Deckungsprüfung	18.32
2. Versicherungsfall – Anspruchserhebung	18.35
3. Deckungsablehnung	18.43
4. Deckungsgewährung	18.44
a) Abwehr unberechtigter Ansprüche	18.45
b) Befriedigung berechtigter Ansprüche	18.48
c) Wahlrecht des Versicherers	18.50
d) Mitwirkungsobliegenheiten des Versicherten	18.51
5. Einvernehmliche Beendigung von Schadenfällen	18.54
III. Missbrauch bei der Geltendmachung von D&O-Schadenfällen	18.59
D. Ist eine D&O-Versicherung überhaupt sinnvoll?	18.60
E. Welche Bedeutung hat der Selbstbehalt?	18.67

Schrifttum: *Annuß/Theusinger*, Das VorstAG – Praktische Hinweise zum Umgang mit dem neuen Recht, BB 2009, 2434; *Armbrüster*, Interessenkonflikte in der D&O-Versicherung, NJW 2016, 897; *Bank*, D&O-Versicherung: Neue Situation durch Subprime-Krise und VVG-Reform, VW 2008, 730; *Baumann*, Aktienrechtliche Managerhaftung, D&O-Versicherung und „angemessener Selbstbehalt", VersR 2006, 455; *Beckmann*, D&O-Versicherung (§ 28), in Beckmann/Matusche-Beckmann (Hrsg.), Versicherungsrechts-Handbuch, 3. Aufl. 2015; *Dreher*, Versicherungsschutz für die Verletzung von Kartellrecht oder von Unternehmensinnenrecht in der D&O-Versicherung und Ausschluss vorsätzlicher oder wissentlicher Pflichtverletzung, VersR 2015, 781; *Gädtke*, Implizites Verbot der D&O-Selbstbehaltsversicherung, VersR 2009, 1565; *Grote/Schneider*, VVG 2008: Das neue Versicherungsvertragsrecht, BB 2007, 2689; *Haarmann/Weiß*, Reformbedarf bei der aktienrechtlichen Organhaftung, BB 2014, 2115; *Höra* (Hrsg.), Münchener Anwaltshandbuch Versicherungsrecht, 4. Aufl. 2017 (angekündigt); *Ihlas*, D&O, 2. Aufl. 2009; *van Kann*, Zwingender Selbstbehalt bei der D&O-Versicherung – Gut gemeint, aber auch gut gemacht? – Änderungsbedarf an D&O-Versicherungen durch das VorstAG, NZG 2009, 1010; *Kerst*, Haftungsmanagement durch die D&O-Versicherung nach Einführung des aktienrechtlichen Selbstbehaltes nach § 93 Abs. 2 Satz 3 AktG, WM 2010, 594; *Klimke*, Auswirkungen des Wegfalls des Anerkenntnis- und Befriedigungsverbots in der Haftpflichtversicherung, r+s 2014, 105; *Koch*, Die Rechtsstellung der Gesellschaft und des Vorstandsmitglieds in der D&O-Versicherung, GmbHR 2004, 18, 160 und 288; *Koch*, Der Direktanspruch in der Haftpflichtversicherung, r+s 2009, 133; *Koch*, Einführung eines obligatorischen Selbstbehalts in der D&O-Versicherung durch das VorstAG, AG 2009, 637; *Koch*, Das Dreiecksverhältnis zwischen Versicherer, Versicherungsnehmer und versicherten Personen in Innenhaftungsfällen der D&O-Versicherung, ZVersWiss 101 (2012), 151; *Koch*, Abtretung des Freistellungsanspruchs in D&O-Innenhaftungsfällen, VersR 2016, 765;

Koch, Kostenanrechnungsklauseln in der Haftpflichtversicherung, VersR 2016, 1405; *O. Lange*, Praxisfragen der D&O-Versicherung, DStR 2002, 1626 und 1674; *O. Lange*, Die D&O-Versicherungsverschaffungsklausel im Manageranstellungsvertrag, ZIP 2001, 2221; *O. Lange*, Der Versicherungsfall der D&O-Versicherung, r+s 2006, 177; *O. Lange*, Die Rechtsstellung des Haftpflichtversicherers nach der Abtretung des Freistellungsanspruchs vom Versicherungsnehmer an den geschädigten Dritten, VersR 2008, 713; *O. Lange*, Die Selbstbehaltsvereinbarungspflicht gem. § 93 Abs. 2 S. 3 AktG n.F., VersR 2009, 1011; *O. Lange*, D&O-Versicherung und Managerhaftung, 2014; *Langheid*, Die Reform des Versicherungsvertragsgesetzes, NJW 2007, 3665 und 3745; *Langheid*, Tücken in den §§ 110 ff. VVG-RegE, VersR 2007, 865; *Langheid/Grote*, Deckungsfragen der D&O-Versicherung, VersR 2005, 1165; *Laschet*, Vorstandsvergütung und D&O-Versicherung – Gedanken zum neuen VorstAG, PHi 2009, 158; *Loritz/Wagner*, Haftung von Vorständen und Aufsichtsräten: D&O-Versicherungen und steuerliche Fragen, DStR 2012, 2205; *Melot de Beauregard/Gleich*, Aktuelle Problemfelder bei der D&O-Versicherung, NJW 2013, 824; *Olbrich/Kassing*, Der Selbstbehalt in der D&O Versicherung: Gesetzliche Neuregelung lässt viele Fragen offen, BB 2009, 1659; *von Schenck*, Handlungsbedarf bei der D&O-Versicherung, NZG 2015, 494; *Schmitt*, Organhaftung und D&O-Versicherung: zu haftungs- und deckungsrechtlichen Problemen der Managementhaftung, 2006; *Uwe H. Schneider/Ihlas*, Die Vermögensschaden-Haftpflichtversicherung des Geschäftsführers einer GmbH, DB 1994, 1123; *Uwe H. Schneider/Sven H. Schneider*, Die zwölf goldenen Regeln des GmbH-Geschäftsführers zur Haftungsvermeidung und Vermögenssicherung, GmbHR 2005, 1229; *Schramm*, Das Anspruchserhebungsprinzip – Ein Deckungskonzept in der Haftpflichtversicherung zur zeitlichen Abgrenzung des Versicherungsschutzes, 2009; *Schramm*, Das Anspruchserhebungsprinzip – ein Deckungskonzept in der Haftpflichtversicherung mit Zukunft?, ZVersWiss, Sonderbeilage Jahrestagung 2006, 185; *Schramm/Wolf*, Das Abtretungsverbot nach der VVG-Reform, r+s 2009, 358; *Schulz*, Zwangs-Selbstbehalt für Vorstände verfehlt Zweck, VW 2009, 1410; *Schwintowski/Brömmelmeyer*, Praxiskommentar zum Versicherungsvertragsrecht, 3. Aufl. 2017; *Sieg*, Tendenzen und Entwicklungen der Managerhaftung in Deutschland, DB 2002, 1759; *Sieg*, D&O-Versicherung (§ 17), in Höra (Hrsg.), Münchener Anwaltshandbuch Versicherungsrecht, 4. Aufl. 2017 (angekündigt); *Terno*, Wirksamkeit von Kostenanrechnungsklauseln, r+s 2013, 577; *Wagner*, Organhaftung im Interesse der Verhaltenssteuerung – Skizze eines Haftungsregimes, ZHR 178 (2014), 227; *Werber*, Kostenanrechnungsklauseln in der D&O-Versicherung, VersR 2014, 1159; *von Westphalen*, Ausgewählte neuere Entwicklungen in der D&O-Versicherung, VersR 2006, 17; *von Westphalen*, Wirksamkeit des Claims-made-Prinzips in der D&O-Versicherung, VersR 2011, 145.

A. Einleitung

Die D&O-Versicherung bezweckt die Absicherung des Managers gegen Haftungsrisiken mit dem Mittel der Vermögensschaden-Haftpflichtversicherung. Wesentlicher Inhalt jeder D&O-Versicherung ist zum einen die Unterstützung des Managers bei der Abwehr unberechtigter Ansprüche und zum anderen die Freistellung von berechtigten Schadensersatzansprüchen aus der Organtätigkeit. Vor diesem Hintergrund hat das Oberlandesgericht München die D&O-Versicherung als **„konstitutives Element zur Sicherung unternehmerischer Handlungsfreiheit"** bezeichnet.[1] Die nachfolgenden Ausführungen dienen dazu, zu erläutern, was unter einer D&O-Versicherung zu verstehen ist (Rz. 18.2 ff.) und was in einem D&O-Schadenfall passiert (Rz. 18.26 ff.). Weiter ist die viel diskutierte Frage zu behandeln, ob der Abschluss einer D&O-Versicherung für Manager überhaupt sinnvoll ist (Rz. 18.60 ff.). Zuletzt wird auf die Selbstbehaltsregelung des § 93 Abs. 2 Satz 3 AktG eingegangen (Rz. 18.67 ff.).

18.1

---

1 OLG München v. 15.3.2005 – 25 U 3940/04, VersR 2005, 540, 542 unter Bezugnahme auf *Dreher*, ZHR 165 (2001), 293, 310.

B. Was ist eine D&O-Versicherung?

I. Begriff

18.2 Bereits der Name D&O-Versicherung verrät, dass es sich hierbei um ein Versicherungsprodukt handelt, das seinen Ursprung in den Vereinigten Staaten von Amerika hat. So ist der Begriff „D&O" aus dem US-amerikanischen Sprachgebrauch abgeleitet und steht für **Directors' and Officers' (Liability Insurance).**[1] Die korrekte deutsche Bezeichnung lautet „Vermögensschaden-Haftpflichtversicherung für Organmitglieder juristischer Personen", betrifft also Geschäftsführer, Vorstands- und Aufsichtsratsmitglieder. Diese Vermögensschaden-Haftpflichtversicherung wird in der Regel von einer juristischen Person, der Versicherungsnehmerin, als Versicherung für fremde Rechnung zugunsten ihrer Organmitglieder (versicherte Personen) abgeschlossen. In aller Regel sind auch die Organmitglieder von Tochtergesellschaften der Versicherungsnehmerin mitversichert, es handelt sich dann um eine sog. Konzernpolice.[2] Vereinzelt werden auch individuelle D&O-Policen angeboten, insbesondere aber für die Versicherung eines Selbstbehalts nach § 93 Abs. 2 Satz 3 AktG.[3] Der Marktpraxis folgend, wird an dieser Stelle der allgemein übliche Begriff D&O-Versicherung verwendet.

II. Rechtsgrundlagen

18.3 Die D&O-Versicherung ist – sieht man von § 93 Abs. 2 Satz 3 AktG ab – in Deutschland **nicht gesetzlich geregelt**. Daher ist für die rechtliche Beurteilung von Fragen aus oder im Zusammenhang mit D&O-Versicherungen auf **allgemeine gesetzliche Regelungen** sowie, vorrangig und im Rahmen der Abdingbarkeit der Gesetze, auf die Vereinbarungen des **konkreten Versicherungsvertrages** abzustellen. Bei den gesetzlichen Regelungen sind in erster Linie die Vorschriften des Versicherungsvertragsgesetzes (VVG) sowie des Bürgerlichen Gesetzbuches (BGB) von Bedeutung.

1. Versicherungsvertragsgesetz

18.4 Nach der am 1.1.2008 in Kraft getretenen Reform des VVG ist das Recht der Haftpflichtversicherung in §§ 100–124 VVG geregelt. Da es sich bei einer D&O-Versicherung um eine freiwillige Haftpflichtversicherung handelt, gelten insoweit nur die §§ 100–112 VVG.[4] Daneben sind die §§ 1–73 VVG (allgemeiner Teil) sowie §§ 74–87 VVG (allgemeiner Teil zur Schadenversicherung) ebenso zu beachten, wie einzelne Vorschriften der §§ 209–215 VVG (Schlussvorschriften). Von besonderer Relevanz sind die §§ 43 ff. VVG über die Versicherung für fremde Rechnung.

2. Bürgerliches Gesetzbuch

18.5 Von den durch die VVG-Reform vorgenommenen Änderungen ist für die D&O-Versicherung vor allem die gesetzliche Einschränkung der versicherungsvertraglichen Anerkenntnis-

---

[1] Im Einzelnen: *Wollny*, Die directors' and officers' liability insurance in den Vereinigten Staaten von Amerika (D&O-Versicherung) – Vorbild für eine Aufsichtsratshaftpflichtversicherung in Deutschland?, 1993.
[2] *O. Lange* in Veith/Gräfe/Gebert, Der Versicherungsprozess, § 21 Rz. 294.
[3] Zum Selbstbehalt ausführlich Rz. 18.67 ff.
[4] Die Vorschriften der §§ 113–124 VVG betreffen nur die obligatorische Haftpflichtversicherung.

und Abtretungsverbote relevant (§§ 105 und 108 Abs. 2 VVG).¹ Auf Einzelheiten wird diesbezüglich, soweit erforderlich, nur unten im Rahmen der Darstellung des D&O-Schadenfalles (Rz. 18.26 ff.) eingegangen.

Im BGB sind vor allem die §§ 305–310 über die Gestaltung rechtsgeschäftlicher Schuldverhältnisse durch **Allgemeine Geschäftsbedingungen** zu berücksichtigen, da es sich bei den Allgemeinen Versicherungsbedingungen einer D&O-Versicherung in aller Regel auch um vorformulierte Vertragsbedingungen im Sinne des § 305 Abs. 1 Satz 1 BGB handelt. Hierzu sind die Regelungen des § 307 BGB zur Inhaltskontrolle von besonderer Bedeutung.²

18.6

3. Aktien- und Steuerrecht

Mit dem Inkrafttreten des **VorstAG**³ am 5.8.2009 hat der Gesetzgeber die D&O-Versicherung im neu geschaffenen § 93 Abs. 2 Satz 3 AktG erwähnt. Diese Vorschrift macht die Vereinbarung eines **Selbstbehaltes** beim Abschluss einer D&O-Versicherung für Vorstandsmitglieder einer Aktiengesellschaft verpflichtend. Die Neuregelung geht auf Ziff. 3.8 des Deutschen Corporate Governance Kodex (DCGK) zurück, der schon in seiner ersten Fassung aus dem Jahr 2002 einen angemessenen Selbstbehalt, allerdings sowohl für die Mitglieder des Vorstands als auch des Aufsichtsrats, vorsah.⁴ § 93 Abs. 2 Satz 3 AktG bestimmt auch eine Mindesthöhe des Selbstbehalts von wenigstens 10 % des Schadens bis mindestens zur Höhe des Eineinhalbfachen der festen jährlichen Vergütung des Organmitglieds. Die aktuelle Fassung des DCGK enthält eine entsprechende Regelung, die wiederum den Aufsichtsrat miteinbezieht.⁵

18.7

Im Übrigen war lange Zeit streitig, ob Prämien, welche das Unternehmen für eine D&O-Versicherung an den Versicherer zahlt, **Vergütungsbestandteil** der begünstigten Vorstandsmitglieder im Sinne des § 113 AktG sind. Im Anschluss daran war streitig, welche Rechtsfolge eine unterlassene Zustimmung der Hauptversammlung zum Abschluss einer D&O-Versicherung hat.⁶ Auch die **steuerliche Behandlung** der Prämien zur D&O-Versicherung war Gegenstand einer wissenschaftlichen Debatte.⁷ Wegen der Einzelheiten muss auf die dazu erfolgten Abhandlungen verwiesen werden.⁸

18.8

---

1 Allgemein dazu: *Grote/Schneider*, BB 2007, 2689, 2697 ff.; *Klimke*, r+s 2014, 105; *Langheid*, NJW 2007, 3745, 3746 f.
2 Aufschlussreich hierzu: LG Wiesbaden v. 14.12.2004 – 1 O 180/03, VersR 2005, 545; OLG München v. 8.5.2009 – 25 U 5136/08, r+s 2009, 328.
3 Gesetz zur Angemessenheit der Vorstandsvergütung vom 31.7.2009, BGBl. I 2009, 2509 ff.; dazu allgemein: *Annuß/Theusinger*, BB 2009, 2434; weitere Einzelheiten unten Rz. 18.67 ff.
4 Ursprüngliche Fassung vom 26.2.2002. Abrufbar unter www.corporate-governance-code.de.
5 Aktuelle Fassung vom 7.2.2017. Abrufbar unter www.corporate-governance-code.de.
6 *Armbrüster*, NJW 2016, 897, 900; *Bartscherer*, VP 2001, 183, 184; *Fassbach/Wettich*, GWR 2016, 199; *Feddersen*, AG 2000, 385, 394; *Kästner*, AG 2000, 113; *Kästner*, DStR 2001, 195; *Kort*, DStR 2006, 799; *O. Lange*, ZIP 2001, 1524, 1526; *Mertens*, AG 2000, 447, 452; *Schüppen/Sana*, ZIP 2002, 550, 553; *Sieg* in Höra, § 17 Rz. 42 ff.; *E. Vetter*, AG 2000, 453, 456 f.
7 Erlass des niedersächsischen Finanzministeriums vom 25.1.2002, DB 2002, 399 f.; hierzu: *Loritz/Wagner*, DStR 2012, 2205, 2209 f.; *Steinkühler*, VW 2005, 1768; zuletzt: BFH v. 19.11.2015 – VI R 74/14, DStR 2016, 298.
8 Vgl. auch *Sieg* in Höra, § 17 Rz. 42 ff. und 53 ff.

4. Versicherungsvertrag

18.9 Bei den versicherungsvertraglichen Grundlagen einer D&O-Versicherung ist, wie allgemein im Versicherungsrecht, zwischen der **Versicherungspolice** und den dort zum Gegenstand des Versicherungsvertrages gemachten **Allgemeinen Versicherungsbedingungen, Besonderen Bedingungen** (ggf. mit Risikobeschreibung) sowie später erfolgten **Nachträgen** zum Versicherungsvertrag zu trennen.

18.10 Der deutsche Markt kennt **keine standardisierten Allgemeinen Versicherungsbedingungen im Bereich der D&O-Versicherung**. Zwar gibt es D&O-Versicherungen in Deutschland seit rund 30 Jahren. Gleichwohl ist der Markt weit von einer Vereinheitlichung der Versicherungsbedingungen entfernt. Allerdings enthalten nahezu alle Bedingungswerke die gleichen wesentlichen Strukturelemente. So stimmen sie in aller Regel dahingehend überein, dass ihnen das sog. Anspruchserhebungsprinzip (Claims Made-Prinzip) zugrunde liegt. Gerade in den letzten Jahren sind die Bedingungswerke aber verschachtelter und komplexer geworden, sodass ihr Verständnis zunehmend einen geübten Blick erfordert. In der Struktur sowie der Ausgestaltung im Einzelfall unterscheiden sich die AVB der einzelnen Versicherer zum Teil ganz erheblich, insbesondere mit Blick auf den Umfang des Versicherungsschutzes, Ausschlusstatbestände sowie die Prämiengestaltung. Zahlreiche Versicherer bieten für unterschiedliche Marktsegmente zudem unterschiedliche Bedingungswerke an. Hinzu kommt, dass einzelne Versicherer ihre Allgemeinen Versicherungsbedingungen zum Teil im Jahresrhythmus nicht unerheblich verändern, da der Markt weiterhin Schwankungen unterworfen ist. Insbesondere das Claims Made-Prinzip führt dazu, dass der Zuordnung eines Versicherungsfalls zu einer bestimmten Versicherungsperiode gesteigerte Relevanz zukommt. Auch kann es vorkommen, dass die Allgemeinen Versicherungsbedingungen durch Besondere Bedingungen und Nachträge zum Versicherungsverhältnis abgeändert werden. Vor diesem Hintergrund ist eine Analyse der Versicherungsbedingungen im Einzelfall von besonderer Bedeutung, um den Umfang des Versicherungsschutzes bestimmen zu können.

18.11 Der **Gesamtverband der Deutschen Versicherungswirtschaft e.V. (GDV)** hat im Jahr 1997 erstmals **unverbindliche Musterbedingungen**, Allgemeine Versicherungsbedingungen für die Vermögensschaden-Haftpflichtversicherung von Aufsichtsräten, Vorständen und Geschäftsführern (AVB-AVG), veröffentlicht. Zuletzt 2013 hat der GDV eine Neufassung dieser D&O-Musterbedingungen vorgelegt.[1] Anzumerken ist, dass weder die GDV-Musterbedingungen aus dem Jahr 1997 noch jene aus späteren Jahren sich inhaltlich auch nur im Ansatz zum Marktstandard entwickelt haben. Sie können allerdings als Referenzbedingungen zur Erläuterung der D&O-Versicherung herangezogen werden.

18.12 Zahlreiche Klauseln in D&O-Versicherungsverträgen leiten sich von Bedingungswerken zu **Vermögensschaden-Haftpflichtversicherungen**[2] oder von den Allgemeinen Versicherungsbedingungen für die Haftpflichtversicherung (**AHB**) ab. Die AHB haben die Besonderheit, dass sie, anders als die AVB-AVG, nicht die Absicherung von Vermögensschäden, sondern von Personen- und Sachschäden bezwecken.[3]

---

1 Abrufbar unter: http://www.gdv.de/wp-content/uploads/2016/02/AVB_DandO_Feb2016.pdf.pdf.
2 Vgl. z.B. zu den Allgemeinen Versicherungsbedingungen zur Vermögensschaden-Haftpflichtversicherung für Rechtsanwälte *Diller*, Berufshaftpflichtversicherung der Rechtsanwälte – Kommentar zu den Allgemeinen Versicherungsbedingungen, 2. Aufl. 2017.
3 Hierzu etwa *Littbarski*, AHB, 2001; *Lücke* in Prölss/Martin, VVG, AHB Ziff. 1 Rz. 22 ff.; *Schimikowski* in Rüffer/Halbach/Schimikowski, VVG, AHB 1 Rz. 26; *v. Rintelen* in Späte/Schimikowski, Einl. Rz. 5 f.

III. Gegenstand

18.13 Der Gegenstand einer D&O-Versicherung kann in dieser allgemeinen Form am besten anhand von Ziff. 1.1 AVB-AVG des GDV beschrieben werden. Danach gewährt der Versicherer Versicherungsschutz für den Fall, dass

- ein gegenwärtiges oder ehemaliges Mitglied des Aufsichtsrates, des Vorstandes oder der Geschäftsführung der Versicherungsnehmerin oder einer Tochtergesellschaft (**versicherte Person**)[1]
- wegen einer **bei Ausübung dieser Tätigkeit** begangenen Pflichtverletzung[2]
- auf Grund **gesetzlicher Haftpflichtbestimmungen**[3]
- für einen Vermögensschaden[4]
- auf Schadensersatz **in Anspruch genommen**[5] wird.

IV. Abgrenzung

18.14 Die D&O-Versicherung als Vermögensschaden-Haftpflichtversicherung ist von **anderen Versicherungen** abzugrenzen, welche Unternehmen im Rahmen eines Versicherungsprogramms häufig unterhalten:

18.15 Die **E&O-Versicherung**[6] sichert nicht die Haftpflichtrisiken der Organmitglieder der Versicherungsnehmerin, sondern – jedenfalls vorrangig – die Haftpflichtrisiken der Versicherungsnehmerin sowie deren Tochterunternehmen selbst ab.[7] Zahlreiche Versicherer bieten zudem Produkte an, die Elemente von D&O- und E&O-Versicherungen kombinieren, etwa zur Versicherung der Risiken im Bereich Private Equity/Venture Capital oder beim Börsengang (IPO) einer Aktiengesellschaft. In diesem Zusammenhang sind auch Spezialprodukte zur Absicherung arbeitsrechtlicher Haftung (EPL – Employment Practice Liability) zu erwähnen.

---

1 Versicherungsverträge sehen oft auch die Einbeziehung leitender Angestellter vor; im Einzelnen: *Baumann* in Bruck/Möller, VVG, AVB-AVG Ziff. 1 Rz. 16–20; *Beckmann* in Beckmann/Matusche-Beckmann, § 28 Rz. 52–61; *Sieg* in Höra, § 17 Rz. 70–81.
2 Hiervon zu unterscheiden sind Inanspruchnahmen in anderer Eigenschaft als der Organfunktion, insbesondere als Gesellschafter oder Privatperson; im Einzelnen: *Baumann* in Bruck/Möller, VVG, AVB-AVG Ziff. 1 Rz. 29–32; *Sieg* in Höra, § 17 Rz. 82–85.
3 Abzugrenzen von gesetzlichen Haftpflichtansprüchen sind etwa Bereicherungs- oder Erfüllungsansprüche oder vertragliche Haftungserweiterungen; im Einzelnen: *Sieg* in Höra, § 17 Rz. 86–88. Eine Beschränkung auf gesetzliche Haftpflichtbestimmungen privatrechtlichen Inhalts enthalten die AVB-AVG des GDV seit 2013 nicht mehr.
4 Vermögensschäden sind von Personen- und Sachschäden zu trennen; im Einzelnen: *Sieg* in Höra, § 17 Rz. 89–99; zu den verschiedenen Schadensarten auch *v. Rintelen* in Späte/Schimikowski, AHB 1 Rz. 128 ff.
5 Auf die Inanspruchnahme wird nachfolgend unter Rz. 18.38 noch genauer eingegangen; im Einzelnen: *Sieg* in Höra, § 17 Rz. 60.
6 Errors and Omissions Liability Insurance oder allgemeine Vermögensschaden-Haftpflichtversicherung.
7 *Dißars*, VersR 2009, 1340.

18.16 Die **Rechtsschutzversicherung** unterstützt die betroffenen Versicherten bei der Abwehr von Schadensersatzansprüchen durch die Übernahme der Verfahrenskosten (vgl. §§ 125–129 VVG). Die Rechtsschutzversicherung umfasst im Gegensatz zur Haftpflichtversicherung nicht die Befriedigung berechtigter Schadensersatzansprüche. Allerdings ist die Rechtsschutzversicherung insofern umfangreicher als eine D&O-Versicherung, als regelmäßig speziell hierfür zugeschnittene Manager-Rechtsschutzversicherungen auch uneingeschränkt Strafrechts- und Anstellungsrechtsschutz gewähren.[1]

18.17 Während eine D&O-Versicherung üblicherweise nicht im Fall vorsätzlicher Schadensverursachung oder wissentlicher Pflichtverletzungen der versicherten Personen eingreift,[2] sichert eine **Vertrauensschadenversicherung** die Versicherungsnehmerin selbst vor vorsätzlichen Pflichtverletzungen durch Organmitglieder oder Angestellte ab. Hierbei handelt es sich, anders als bei einer D&O-Versicherung, um eine Eigenversicherung der Gesellschaft.[3]

18.18 Während eine D&O-Versicherung die Absicherung von Vermögensschadenrisiken umfasst, bezweckt eine **Allgemeine Haftpflichtversicherung**, Private Haftpflichtversicherung, Betriebshaftpflicht- oder Produkthaftpflichtversicherung die Absicherung gegen Inanspruchnahmen wegen Sach- und Personenschäden.[4]

V. Rechtsbeziehungen

18.19 Bei der D&O-Versicherung ist es von grundsätzlicher Bedeutung, das schadensersatzrechtliche Haftpflicht- von dem versicherungsrechtlichen Deckungsverhältnis zu unterscheiden. Hierzu wird auch von dem sog. **Trennungsprinzip** gesprochen. Des Weiteren bestehen Besonderheiten, die sich aus der Eigenart der D&O-Versicherung als Versicherung für fremde Rechnung ergeben.

1. Haftungsverhältnis

18.20 Im Haftungsverhältnis treten sich **Anspruchsteller** (Geschädigter) und **Anspruchsgegner** (versicherte Person) gegenüber. Anspruchsgegner ist als durch die D&O-Police versicherte Person regelmäßig der Manager. Bei dem geschädigten Anspruchsteller kann es sich um die Gesellschaft selbst als Versicherungsnehmerin oder einen außenstehenden Dritter handeln. Im ersten Fall spricht man von sog. **Innenhaftung**, im zweiten Fall von sog. **Außen- oder auch Dritthaftung**.

---

1 Zur Rechtsschutzversicherung etwa *Schneider* in van Bühren, Handbuch Versicherungsrecht, 6. Aufl. 2014, § 13; *Lensing* in Höra, § 27.
2 Vgl. insofern den Ausschluss in Ziff. 5.1 AVB-AVG des GDV; zur Reichweite des Deckungsausschlusses der wissentlichen Pflichtverletzung s. BGH v. 27.5.2015 – IV ZR 322/14, VersR 2015, 1156; zur Darlegungs- und Beweislast BGH v. 17.12.2014 – IV ZR 90/13, VersR 2015, 181; OLG München v. 10.2.2016 – 3 U 4332/13, NJW-RR 2016, 736.
3 Zur Vertrauensschadenversicherung: *Koch/Sommer* in van Bühren, Handbuch Versicherungsrecht, 6. Aufl. 2014, § 19; *Looschelders*, VersR 2013, 1069; *W. Schneider* in Höra, § 29.
4 Vgl. *Bücken/Hartwig* in van Bühren, Handbuch Versicherungsrecht, 6. Aufl. 2014, § 9 Rz. 21 ff.; *Kummer* in Höra, § 12 Rz. 34 f.; *Stempfle* in Höra, § 15 Rz. 50; zur Betriebshaftpflichtversicherung *Schünemann* in Höra, § 14.

2. Deckungsverhältnis

Vom Haftungsverhältnis gedanklich strikt zu trennen ist das Versicherungs- oder Deckungsverhältnis. Hier stehen sich **versicherte Person** und **Versicherer** gegenüber. Versicherte Person ist wiederum der Manager. Neben dem Versicherten steht die Gesellschaft als **Versicherungsnehmerin**, die am Deckungsprozess aber grundsätzlich nicht beteiligt ist.

18.21

Im Bereich der D&O-Versicherung hat der Anspruchsteller regelmäßig **keinen eigenen Direktanspruch** gegen den Versicherer auf Zahlung oder Gewährung von Versicherungsschutz. Dies ist ohne Weiteres einleuchtend in Fällen der Außen- bzw. Dritthaftung. Nichts anderes gilt in Fällen der sog. Innenhaftung. Eine Ausnahme gilt nur für diejenigen Fälle, in denen eine Eigenschadenversicherung ausdrücklich vereinbart ist, sog. Company Reimbursement. Ist die Versicherungsnehmerin dazu verpflichtet, versicherte Personen im Falle einer Inanspruchnahme durch Dritte freizustellen, so geht der Anspruch auf Versicherungsschutz in dem Umfang auf die Versicherungsnehmerin über, in dem diese ihrer Freistellungsverpflichtung nachkommt.[1] In Fällen der Innenhaftung besteht bei D&O-Versicherungen die Besonderheit, dass die Gesellschaft selbst zum einen im Verhältnis zum Manager als Anspruchsteller haftungsrechtlich auftritt, während sie zum anderen versicherungsrechtlich Versicherungsnehmer und Vertragspartner des Versicherers ist. Insoweit entspricht es allerdings gesicherter Rechtsprechung, dass auch bei Fällen der Innenhaftung die Gesellschaft in ihrer Zwitterstellung als Anspruchsteller bzw. Versicherungsnehmer keinen direkten Zahlungsanspruch gegen den Versicherer hat, wenn ein Versicherungsfall gemeldet wird.[2]

18.22

Ein Direktanspruch des Geschädigten gegen den Haftpflichtversicherer des Schädigers besteht auch nach der VVG-Reform grundsätzlich nicht. Eine Ausnahme von diesem Grundsatz regelt § 115 VVG. Wichtigster Fall ist die Kfz-Haftpflichtversicherung gem. § 115 Abs. 1 Satz 1 Nr. 1 VVG. Die im Regierungsentwurf zur Reform des VVG[3] ursprünglich vorgesehene Ausweitung des Direktanspruchs auf alle obligatorischen Haftpflichtversicherungen wurde vom Rechtsausschuss des Bundestages ausdrücklich abgelehnt[4] und hat keinen Eingang in das neugefasste VVG gefunden. Die Privilegierung des Geschädigten nach Maßgabe des § 117 VVG greift ebenfalls nicht ein, da es sich bei der D&O-Versicherung nicht um eine obligatorische Haftpflichtversicherung handelt.

18.23

Eine weitere Ausnahme – und diese ist für die D&O-Versicherung von praktischer Bedeutung – besteht für den Fall, dass die versicherte Person ihren Anspruch auf Versicherungsschutz in Form des Freistellungsanspruchs gem. § 108 Abs. 2 VVG an die Versicherungsnehmerin abgetreten hat. Der Begriff des „Dritten" in § 108 Abs. 2 VVG ist nach Rspr. des BGH weit auszulegen und umfasst auch die am Vertrag beteiligte Versicherungsnehmerin als Geschädigte.[5] Vereinigen sich Haftpflicht- und Deckungsanspruch sodann in einer Hand, nämlich derjenigen der Versicherungsnehmerin, so führt dies zu einem direkten Zahlungsanspruch, den die Versicherungsnehmerin unmittelbar, d.h. ohne vorherige Klärung der Haft-

---

1 Zur Company-Reimbursement-Klausel in der D&O-Versicherung umfassend *O. Lange*, VersR 2011, 429.
2 OLG Köln v. 2.9.2008 – 9 U 151/07, r+s 2008, 468, 469; OLG München v. 15.3.2005 – 25 U 3940/04, VersR 2005, 540; LG München I v. 30.3.2004 – 23 O 8879/03, VersR 2005, 543; LG Marburg v. 3.6.2004 – 4 O 2/03, DB 2005, 437.
3 BT-Drucks. 16/3945, S. 25.
4 BT-Drucks. 16/5862, S. 1, 38, 99.
5 BGH v. 13.4.2016 – IV ZR 304/13, NJW 2016, 2184, 2185; BGH v. 13.4.2016 – IV ZR 51/14, AG 2016, 395; zustimmend *Koch*, VersR 2016, 765.

pflichtfrage im Verhältnis zum Schädiger, gegen den Versicherer geltend machen kann. Das Trennungsprinzip steht dem nicht entgegen.[1]

3. Versicherung für fremde Rechnung

18.24 Die D&O-Versicherung ist anerkanntermaßen eine Versicherung für fremde Rechnung im Sinne der §§ 43 ff. VVG.[2] Vertragspartner des Versicherers und damit **Versicherungsnehmerin** im Sinne des VVG ist die Gesellschaft selbst. **Versicherte Personen** im Sinne des VVG sind die Manager (Organmitglieder und ggf. auch die leitenden Angestellten der Versicherungsnehmerin und ihrer Tochtergesellschaften). Die versicherten Personen werden nicht Vertragspartner des Versicherers. Sie werden regelmäßig im Versicherungsvertrag auch nicht namentlich benannt.[3] Dies ist auch nicht erforderlich, soweit die Person des Versicherten bestimmbar ist.[4] Es kann sogar vorkommen, dass die versicherten Personen nicht einmal Kenntnis vom Abschluss einer D&O-Versicherung haben.

18.25 Nach § 44 Abs. 1 Satz 1 VVG stehen die **Rechte aus dem Versicherungsvertrag** den versicherten Personen zu. Der Versicherungsnehmer kann nach der gesetzlichen Konzeption über die Rechte, welche den versicherten Personen aus dem Versicherungsvertrag zustehen, allerdings **im eigenen Namen verfügen** (§ 45 Abs. 1 VVG). Von diesen gesetzlichen Regelungen wird in der Praxis in den verwendeten AVB typischerweise abgewichen.[5] So bestimmt beispielsweise auch Ziff. 10.1 AVB-AVG des GDV, dass die Ausübung der Rechte aus dem Versicherungsvertrag ausschließlich den versicherten Person zusteht. Die Inhaberschaft der materiellen Rechte aus dem Vertrag und die formelle Ausübung dieser Rechte fallen somit in der Praxis in der Person des Versicherten zusammen und sind entgegen der gesetzlichen Ausgangslage nicht gespalten.[6]

Unabhängig davon kann der Versicherungsnehmer alle Rechte ausüben, die den Vertrag als Ganzes betreffen, etwa den Versicherungsvertrag beenden oder inhaltliche Änderungen vornehmen.[7]

C. Was passiert in einem D&O-Schadenfall?

18.26 Für das Verständnis einer D&O-Versicherung ist es von grundsätzlicher Bedeutung zu überblicken, was in einem D&O-Schadenfall passiert und welche Rechte und Pflichten die Betei-

---

1 Vgl. BGH v. 20.4.2016 – IV ZR 531/14, NJW 2016, 3453, 3454; BGH v. 13.4.2016 – IV ZR 304/13, NJW 2016, 2184, 2186; BGH v. 13.4.2016 – IV ZR 51/14, AG 2016, 395.
2 Zur D&O-Versicherung als Versicherung für fremde Rechnung: BGH v. 13.4.2016 – IV ZR 304/13, NJW 2016, 2184, 2185; OLG München v. 15.3.2005 – 25 U 3940/04, VersR 2005, 540, 541; OLG Köln v. 2.9.2008 – 9 U 151/07, r+s 2008, 468, 469; soweit ersichtlich ist dies auch die allgemeine Auffassung im Schrifttum, vgl. z.B. *Dageförde* in Langheid/Wandt, § 43 VVG Rz. 23; *Muschner* in Rüffer/Halbach/Schimikowski, § 43 VVG Rz. 21; *Voit* in Prölss/Martin, VVG, AVB-AVG Ziff. 1 Rz. 6; *Wandt* in Langheid/Wandt, § 108 VVG Rz. 77.
3 So auch *O. Lange* in Veith/Gräfe/Gebert, Der Versicherungsprozess, § 21 Rz. 5.
4 *Beckmann* in Beckmann/Matusche-Beckmann, § 28 Rz. 53 ff.
5 *Baumann* in Bruck/Möller, VVG, AVB-AVG Ziff. 10 Rz. 1; *Haehling von Lanzenauer/Kreienkamp* in Looschelders/Pohlmann, VVG, Anhang C Rz. 49; *Koch*, ZVersWiss 101 (2012), 151, 156.
6 *Baumann* in Bruck/Möller, VVG, AVB-AVG Ziff. 10 Rz. 6; *Koch*, ZVersWiss 101 (2012), 151, 155 f.; *Lange*, VersR 2010, 162, 167 f.
7 Vgl. etwa *Hübsch* in Schwintowski/Brömmelmeyer, § 45 VVG Rz. 2; *Klimke* in Prölss/Martin, § 45 VVG Rz. 1; *Rixecker* in Langheid/Rixecker, § 44 VVG Rz. 4.

ligten haben. Das **Oberlandesgericht München** hat betont, dass „vor allem im Schadensfall geschickte Einlassungen einer – gut beratenen – versicherten Person viel Porzellan erhalten [kann], das durch ungeschickte Einlassung mit dem Risiko des Deckungsverlustes zerschlagen würde".[1] Nichts anderes gilt natürlich auch für die Schadenbearbeitung durch den Versicherer im umgekehrten Verhältnis.

Zum besseren Verständnis eines D&O-Schadenfalls wird zunächst auf weit verbreitete Missverständnisse, die im Zusammenhang mit der Funktionsweise der D&O-Versicherung bestehen, eingegangen. Sodann wird ausführlich die vertragsgemäße Regulierung von D&O-Schadenfällen behandelt. Abschließend wird auf die Thematik sog. „freundlicher Inanspruchnahmen" eingegangen.

18.27

I. Missverständnisse im Zusammenhang mit der Regulierung von D&O-Schadenfällen

In der **Wirtschaftspresse** haben sich in der Vergangenheit Beiträge gehäuft, welche die Funktionsweise von D&O-Versicherungen und die Leistungsbereitschaft der Versicherer unzutreffend dargestellt haben. So hieß es etwa: „In jedem zweiten Fall verweigert die Versicherung den Schutz oft mit hanebüchenen Argumenten und meist zu Unrecht"[2], „Im Schadenfall suchen die pingeligen Assekuranzen dann nahezu manisch nach Schlupflöchern: Nur in jedem zwanzigsten Fall zahlt die Versicherung ohne Streit, schätzt D&O-Experte H."[3] oder „Zehn Ausreden der D&O-Versicherer, um nicht zahlen zu müssen"[4]. Von einem ganz anders gearteten Missverständnis über die Funktionsweise einer D&O-Versicherung sprechen etwa Zitate wie „… ein skandalöser Vorgang, wenn ein Versicherungskonzern mit Millionen für die Versäumnisse des Herrn H. aufkommt …"[5]. Insoweit tut Aufklärung Not.[6]

18.28

Das letztgenannte Zitat verkennt, dass es gerade der **vertraglich übernommenen Verpflichtung des Versicherers** entspricht, die versicherte Person, also den Manager, von berechtigten Schadensersatzansprüchen nach Maßgabe des Versicherungsvertrages **freizustellen**. Dies ergibt sich bereits aus § 100 VVG, der für die D&O-Versicherung als Haftpflichtversicherung gilt. Die Freistellung erfolgt in der Regel durch unmittelbare Zahlung an den Anspruchsteller (auch wenn dieser wie dargelegt prinzipiell keinen unmittelbaren Anspruch gegen den D&O-Versicherer hat).[7]

18.29

Die erstgenannten Zitate zeugen von einer noch weiter **verbreiteten Fehlvorstellung**.[8] **Nicht jeder unternehmerische Fehlschlag des Managers eines D&O-versicherten Unternehmens führt zu einer automatischen Zahlungspflicht des D&O-Versicherers.** Einer solch falschen Einschätzung liegen zahlreiche weitere Missverständnisse zugrunde:

18.30

---

1 OLG München v. 15.3.2005 – 25 U 3940/04, VersR 2005, 540, 542 unter Verweis auf *O. Lange*, DStR 2002, 1626.
2 Handelsblatt vom 21.1.2006.
3 Managermagazin Juli 2006.
4 Handelsblatt vom 30.9.2008.
5 Spiegel vom 10.7.2006 zum Fall Volkswagen AG ./. Dr. Peter Hartz.
6 Differenzierend insoweit: *Fromme*, FTD-Dossier vom 20.9.2006, 1.
7 S. dazu Rz. 18.48 f.
8 Vgl. etwa hierzu: *Lier*, VW 2006, 1531.

- Nicht jeder **unternehmerische Fehlschlag** begründet automatisch eine **Pflichtverletzung** im Rechtssinne, da dem Unternehmensleiter bei unternehmerischen Entscheidungen zunächst grundsätzlich ein weiter Ermessensspielraum verbleibt.[1]
- Es ist haftungsrechtlich falsch, allein aus dem Vorliegen einer **Pflichtverletzung** auf eine Verpflichtung, Schadensersatz leisten zu müssen, zu schließen. Hinzukommen müssen weitere Voraussetzungen, insbesondere muss die Pflichtverletzung für den Schaden, der dem Anspruchsteller im Rechtssinne entstanden ist, kausal sein.[2]
- Selbst wenn eine **Haftung** gegeben ist, bedeutete dies nicht automatisch, dass hieraus ein **Anspruch auf Versicherungsschutz** abgeleitet werden kann. Vielmehr sind noch die weiteren Voraussetzungen des Versicherungsvertrages[3] zu prüfen.
- Selbst wenn ein Anspruch auf Versicherungsschutz besteht, führt dies außerhalb der Abtretungsfälle nicht automatisch zu einem **Zahlungsanspruch** des Versicherungsnehmers oder gar des Geschädigten. Der Versicherer kann die sich aus dem Versicherungsvertrag ergebenden Pflichten dadurch erfüllen, dass er entweder berechtigte Ansprüche **befriedigt** oder aber unberechtigte Ansprüche **abwehrt**. Letzteres ist angesichts der rechtlichen und tatsächlichen Komplexität der D&O-Schadenfälle der Normalfall.
- Die Regelungen des VVG zur freiwilligen Haftpflichtversicherung enthalten keinen **Direktanspruch** des Geschädigten gegen den Versicherer auf Zahlung. Allerdings ist es der versicherten Person möglich, ihren Freistellungsanspruch an das Unternehmen abzutreten und so einen unmittelbaren Zahlungsanspruch zu begründen.[4]
- Abgesehen davon wird ein Großteil der nicht von vornherein offensichtlich unberechtigten D&O-Schadenfälle im Laufe der Zeit zwischen Versicherer und Anspruchsteller unter Einbeziehung der versicherten Person **einvernehmlich** und wirtschaftlich vernünftig **beendet**.[5]

II. Vertragsgemäße Regulierung von D&O-Schadenfällen

18.31 Die vertragsgemäße Regulierung von D&O-Schadenfällen setzt zunächst voraus, dass ein Anspruch der versicherten Person auf Versicherungsschutz besteht. Im Rahmen der Prüfung, ob der Versicherer eintrittspflichtig ist, sind vor allem die Besonderheiten des Claims Made-Prinzips von Belang. Kommt der Versicherer auf Grundlage der Deckungsprüfung zu dem Ergebnis, dass Deckung zu gewähren ist, hat er zwischen der Freistellungs- oder Abwehrvariante zu wählen. Ein Großteil der gemeldeten Schadenfälle wird einvernehmlich zwischen allen Beteiligten beendet. Deckungsklagen sind die Ausnahme.

1. Deckungsprüfung

18.32 Bei der Deckungsprüfung stehen zunächst **versicherungsrechtliche Fragen** im Vordergrund, während bei der weiteren Schadenbearbeitung zunehmend **haftungsrechtliche Fragestellun-**

---

1 Vgl. die Regelung in § 93 Abs. 1 Satz 2 AktG sowie auch BGH v. 21.4.1997 – II ZR 175/95 – „ARAG/Garmenbeck", BGHZ 135, 244 = AG 1997, 377; im Anschluss daran OLG Koblenz v. 23.12.2014 – 3 U 1544/13, WM 2015, 340, 342 = GmbHR 2015, 357, 359.
2 Hierzu ausführlich etwa BGH v. 4.11.2002 – II ZR 224/00, NJW 2003, 358.
3 S. dazu Rz. 18.33 ff.
4 S. dazu bereits Rz. 18.23.
5 Zu größeren Vergleichsfällen s. *Sieg* in Höra, § 17 Rz. 21.

gen an Bedeutung gewinnen. Die Behandlung von D&O-Schadenfällen wird dadurch besonders komplex, dass neben der Beurteilung von Fragen des Versicherungs- und Haftungsrechts häufig komplizierte Fragen des Gesellschaftsrechts, Aktien- und Kapitalmarktrechts, Prozessrechts, Strafrechts, Arbeitsrechts, Aufsichtsrechts oder auch des ausländischen Rechts eine Rolle spielen können. Daher steht neben der Behandlung rechtlicher Fragen die **Feststellung des relevanten Sachverhalts** an allererster Stelle.

Bei der Deckungsprüfung sind folgende Fragen regelmäßig zu beantworten: 18.33

– Liegt ein **Versicherungsfall** vor?[1]

– Welche **Versicherungsperiode** ist betroffen?[2]

– In welcher **Höhe** besteht Versicherungsschutz (**Versicherungssumme** pro Versicherungsfall und -jahr; **Selbstbehalt; Eigenschadenabzug**)?[3]

– Welche **Ausschlussgründe** können vorliegen (insbesondere **Vorsatz/wissentliche Pflichtverletzung**)?[4]

Im Anschluss an eine Schadensmeldung und die sich daran anschließende Deckungsprüfung 18.34 kann sich herausstellen, dass der Versicherer berechtigt ist, vom Versicherungsvertrag **zurückzutreten** oder den Versicherungsvertrag **anzufechten**. Als Rücktrittsgrund kommt die nicht ordnungsgemäße Mitteilung gefahrerheblicher Umstände vor Vertragsschluss, insbesondere die fehlerhafte Beantwortung von **Risikofragebögen**, nach Maßgabe der §§ 19 ff. VVG in Betracht. Eine Anfechtung setzt eine arglistige Täuschung des Versicherers durch den Versicherungsnehmer voraus (§ 22 VVG, § 123 BGB).[5]

2. Versicherungsfall – Anspruchserhebung

Im Zusammenhang mit der Deckungsprüfung kommt der Frage nach dem Eintritt des Versicherungsfalls besondere Bedeutung zu. Dieser ist, für die D&O-Versicherung charakteristisch und hauptsächlich dort zu beobachten, definiert als Zeitpunkt der Anspruchserhebung (sog. **Claims Made-Prinzip**). 18.35

Der Versicherungsfall ist von Bedeutung, um die **konkret betroffene Versicherungsperiode** 18.36 festzustellen. Dies kann Auswirkungen haben auf die **Höhe der Versicherungssumme**, eine noch vorhandene Versicherungssumme beim Vorliegen mehrerer Versicherungsfälle, die geltenden **Versicherungsbedingungen** oder gar die **Zuständigkeit eines bestimmten Versicherers**.

---

1 Zur Definition des Versicherungsfalls in Ziff. 1.1 der unverbindlichen GDV-Musterbedingungen vgl. vorstehend Rz. 18.13 sowie zur Anspruchserhebung nachfolgend Rz. 18.35 ff.
2 Vgl. *Beckmann* in Beckmann/Matusche-Beckmann, § 28 Rz. 98 ff.; *Sieg* in Höra, § 17 Rz. 115 ff.
3 Vgl. *Beckmann* in Beckmann/Matusche-Beckmann, § 28 Rz. 90 f.; *Sieg* in Höra, § 17 Rz. 136 f.; zur Anrechnung von Kosten der Anspruchsabwehr auf die Versicherungssumme: unten *Ihlas*, Rz. 19.71; *Koch*, VersR 2016, 1405; *Terno*, r+s 2013, 577; *Werber*, VersR 2014, 1159.
4 Vgl. hierzu etwa *Beckmann* in Beckmann/Matusche-Beckmann, § 28 Rz. 116 ff.; *Haehling von Lanzenauer/Kreienkamp* in Looschelders/Pohlmann, VVG, Anhang C Rz. 136 ff.; zum Ausschluss wegen Vorsatzes bzw. wissentlicher Pflichtverletzung: BGH v. 17.12.2014 – IV ZR 90/13, VersR 2015, 181; *Dreher*, VersR 2015, 781; *O. Lange*, DStR 2002, 1674; *Mahncke*, ZfV 2006, 540; *Penner*, VersR 2005, 1359; *Seitz*, VersR 2007, 1476; *Vorrath*, VW 2006, 575; *Vothknecht*, PHi 2006, 52.
5 Hierzu BGH v. 12.3.2014 – IV ZR 306/13, NJW 2014, 1452; OLG Düsseldorf v. 23.8.2005 – I-4 U 140/04 – „ComRoad", ZIP 2006, 1677.

18.37 Allgemein ist bei der Haftpflichtversicherung die Anspruchserhebung bereits **Fälligkeitsvoraussetzung** für den Anspruch gegen den Versicherer auf Gewährung von Versicherungsschutz in Form der Abwehrdeckung.[1] Zudem knüpft § 104 VVG an die Inanspruchnahme des Versicherungsnehmers **Anzeigepflichten**, die dieser gegenüber dem Versicherer zu erfüllen hat. Somit kommt dem Zeitpunkt der Anspruchserhebung[2] im Rahmen der D&O-Versicherung mehrfach gesteigerte Relevanz zu, da dieser üblicherweise zugleich den Versicherungsfall darstellt. In anderen Sparten der Haftpflichtversicherung wird der Versicherungsfall regelmäßig als **Schadensereignis** (im Bereich der Allgemeinen Haftpflichtversicherung) oder als **Verstoß** (im Bereich der Vermögensschaden-Haftpflichtversicherung) definiert.

18.38 Die **konkrete Ausprägung** des Anspruchserhebungsprinzips ergibt sich aus den Vertragsbedingungen, die dem jeweiligen Versicherungsverhältnis zugrunde liegen. Unspezifiziert wird häufig an die Anspruchserhebung als solche angeknüpft. Ausreichend dürfte dafür jede Erklärung des Geschädigten sein, die erkennen lässt, dass dieser den Versicherten als für den Schaden Verantwortlichen auf Schadensersatz in Anspruch nehmen will.[3] Die Ernstlichkeit bemisst sich dabei allerdings ausschließlich anhand der §§ 116–118 BGB. Insbesondere ist keine darüber hinausgehende **ernstliche Inanspruchnahme** der versicherten Person in dem Sinne erforderlich, dass der Anspruchsteller einen Zugriff auf das persönliche Vermögen des Schädigers beabsichtigen muss. Bezweckt der Geschädigte mit der Anspruchserhebung ausschließlich den Zugriff auf die Leistung des Versicherers, steht dies einer Inanspruchnahme nicht entgegen.[4] Soweit einschränkend weitere Voraussetzungen für den Eintritt des Versicherungsfalls erfüllt sein sollen, etwa eine **schriftliche** oder sogar eine **gerichtliche Inanspruchnahme** des Versicherten, sollten diese besonderen Anforderungen in den AVB ausdrücklich festgeschrieben werden. Mitunter sind in AVB auch Erweiterungen des Versicherungsfalls in der Weise zu erkennen, dass es bereits bei einer drohenden Inanspruchnahme für die Erhaltung des Versicherungsschutzes ausreicht, wenn dem Versicherer konkrete Umstände mitgeteilt werden, die zu einer Inanspruchnahme führen können. Eine spätere Inanspruchnahme wird dann für den Zeitpunkt des Versicherungsfalls dem Zeitpunkt dieser sog. **Umstandsmeldung** zugerechnet.

18.39 Versicherungsverträge nach Maßgabe des **Anspruchserhebungsprinzips** gewähren insoweit umfassenderen Versicherungsschutz als Versicherungsverträge auf Grundlage des **Verstoß- oder Schadensereignisprinzips**, als normalerweise auch Versicherungsschutz für Pflichtverletzungen besteht, die bereits vor Beginn des Versicherungsvertrages vollendet wurden. Entscheidend ist allein, dass die Inanspruchnahme als Versicherungsfall nach Beginn des Versicherungsvertrages erfolgt. Eine solche **Rückwärtsversicherung** wird regelmäßig jedenfalls dann gewährt, wenn die Pflichtverletzung oder die dazu maßgeblichen Umstände zu Beginn des Versicherungsverhältnisses noch nicht bekannt waren. Eine entsprechende Regelung enthält Ziff. 3.1 AVB-AVG des GDV. Der BGH hat noch zu § 2 Abs. 2 Satz 2 Halbsatz 1 VVG

---

1 *Langheid* in Langheid/Rixecker, § 100 VVG Rz. 28; *Lücke* in Prölss/Martin, § 100 VVG Rz. 14; die Fälligkeit des Befreiungsanspruches richtet sich nach § 106 VVG.
2 Ausführlich zum Anspruchserhebungsprinzip: *Schramm*, Das Anspruchserhebungsprinzip, 2009 sowie *O. Lange*, r+s 2006, 177. Zu den Voraussetzungen der Anspruchserhebung: OLG Frankfurt v. 13.3.2008 – 16 U 134/07, r+s 2010, 61; *Steinkühler/Kassing*, VersR 2009, 607.
3 Vgl. insoweit BGH v. 9.6.2004 – IV ZR 115/03, NJW-RR 2004, 1261; *Langheid* in Langheid/Rixecker, § 100 VVG Rz. 28; *Lücke* in Prölss/Martin, § 100 VVG Rz. 14.
4 BGH v. 13.4.2016 – IV ZR 304/13, NJW 2016, 2184, 2186; BGH v. 13.4.2016 – IV ZR 51/14, AG 2016, 395; a.A. noch OLG Düsseldorf v. 12.7.2013 – I-4 U 149/11, VersR 2013, 1522, 1524 sowie OLG Düsseldorf v. 31.1.2014 – 4 U 176/11, r+s 2014, 122, 123 sowie in den Vorauflagen.

a.F. entschieden, dass „positive Kenntnis" eng auszulegen ist und ein Kennenmüssen bestimmter Umstände nicht ausreicht. Weiter reicht es nicht aus, dass dem Versicherten Tatsachen bekannt sind, die den möglichen Schluss zulassen, ein Versicherungsfall sei eingetreten. Vielmehr muss der Versicherte einen solchen Schluss auch tatsächlich gezogen haben.[1] Besondere praktische Relevanz kommt in diesem Zusammenhang auch einer möglichen Zurechnung deckungsschädlicher Kenntnis zu.

Kehrseite der weit reichenden Rückwärtsversicherung ist, dass Inanspruchnahmen nach Ablauf der Versicherungslaufzeit, auch wenn die zugrunde liegende Pflichtverletzung noch während der Versicherungslaufzeit erfolgt ist, prinzipiell nicht mitversichert sind. Etwas anderes gilt nur bei Vereinbarung konkreter Nachmeldefristen.[2]   18.40

Liegt das Anspruchserhebungsprinzip dem Versicherungsschutz zugrunde, erfordert ein Wechsel des Versicherers mit Blick auf die Vermeidung von Deckungslücken besondere Aufmerksamkeit. Es gilt vor allem, das Verhältnis zwischen den aufeinanderfolgenden Versicherungsverträgen zu regeln.[3] Von praktischer Bedeutsamkeit ist hier die Einbeziehung versicherter Manager in Versicherungsprogramme von Unternehmensgruppen im Fall der **Veräußerung eines verbundenen Unternehmens**, das in den Versicherungsschutz der Muttergesellschaften einbezogen ist.   18.41

Die **Wirksamkeit des Anspruchserhebungsprinzips** ist in der Vergangenheit kontrovers beurteilt worden.[4] Allerdings geht die Begründung zum Regierungsentwurf für die am 1.1.2008 in Kraft getretene Neufassung des VVG ausdrücklich vom Anspruchserhebungsprinzip als einer möglichen Definition des Versicherungsfalls aus.[5] Zudem hat der IV. Zivilsenat in einer Entscheidung zum Schadensereignisprinzip bereits die Kontrollfähigkeit der Versicherungsfalldefinition in der Haftpflichtversicherung verneint.[6] Dies dürfte auch für das Anspruchserhebungsprinzip gelten.[7]   18.42

3. Deckungsablehnung

Ein Versicherer ist generell gut beraten, Versicherungsschutz nur in offenkundigen Fällen abzulehnen. Ungerechtfertigte Deckungsablehnungen belasten zum einen das Versicherungsverhältnis, zum anderen schließen sich auch praktische Konsequenzen an. Verweigert der Versicherer den Versicherungsschutz endgültig, so haben Versicherungsnehmer und versicherte Personen in der Folge keine Obliegenheiten mehr zu erfüllen.[8] Auch ist auf die **Verjährung**   18.43

---

1 BGH v. 5.11.2014 – IV ZR 8/13, r+s 2015, 445, 446.
2 Unten *Ihlas*, Rz. 19.37; *Melot de Beauregard/Gleich*, NJW 2013, 824, 825; *v. Schenck*, NZG 2015, 494, 496.
3 Zu Einzelheiten unten *Ihlas*, Rz. 19.38–19.42.
4 Vgl. OLG München v. 8.5.2009 – 25 U 5136/08, r+s 2009, 328; *Baumann*, NZG 2010, 1366; *Baumann*, VersR 2012, 1461; *Koch*, VersR 2011, 295; *Loritz/Hecker*, VersR 2012, 385; *Melot de Beauregard/Gleich*, NJW 2013, 824, 826 f.; *Schimikowski*, VersR 2010, 1533; *Schramm*, Das Anspruchserhebungsprinzip, 2009; *von Westphalen*, VersR 2011, 145.
5 So ist die Begr. RegE BT-Drucks. 16/3945, S. 85 zu verstehen, auch wenn unzutreffend von der „Schadensmeldung" als „claims made" die Rede ist.
6 BGH v. 26.3.2014 – IV ZR 422/12, r+s 2014, 228; kritisch *Koch*, VersR 2014, 1277.
7 *Schimikowski* in Rüffer/Halbach/Schimikowski, § 100 VVG Rz. 14.
8 St. Rspr. vgl. u.a. BGH v. 13.3.2013 – IV ZR 110/11, NJW 2013, 1883, 1884.

von Ansprüchen aus dem Versicherungsverhältnis hinzuweisen. Nach wie vor sind nur wenige Urteile zu **Deckungsrechtsstreitigkeiten** aus D&O-Versicherungen veröffentlicht.[1]

4. Deckungsgewährung

18.44 Wenn der Versicherer Versicherungsschutz gewährt, kann dies in der Weise erfolgen, dass er die versicherte Person unterstützt, indem er unberechtigte Ansprüche abwehrt oder berechtigte Ansprüche befriedigt. Dabei steht dem Versicherer – nach nicht unumstrittener Auffassung – ein uneingeschränktes Wahlrecht zu. Die versicherten Personen treffen im Falle der Deckungsgewährung umfangreiche Mitwirkungsobliegenheiten.

a) Abwehr unberechtigter Ansprüche

18.45 Liegen die Deckungsvoraussetzungen vor, wird der Versicherer im Normalfall Versicherungsschutz in Form der **Abwehrdeckung** gewähren. Dies bedeutet, dass der Versicherer die versicherte Person bei der Anspruchsabwehr unterstützt. Auf die Leistungspflicht des Versicherers bleibt ohne Auswirkung, dass der anspruchstellende Geschädigte im Falle der Innenhaftung zugleich Versicherungsnehmer und damit Vertragspartner des Versicherers ist.[2] Vielmehr ist es ein fundamentaler Grundsatz des deutschen Haftpflichtversicherungsrechts, dass der Versicherer im Rahmen der Anspruchsabwehr die Interessen der versicherten Person so zu wahren hat, wie dies ein von der versicherten Person beauftragter Rechtsanwalt tun würde.[3] Die Unterstützung der versicherten Person durch den Versicherer im Rahmen der Abwehrdeckung erfolgt in aller Regel dadurch, dass der Versicherer durch seine **Schadenabteilung**, ggf. in Zusammenarbeit mit externen Rechtsanwälten, mit der versicherten Person die weitere Vorgehensweise und die Möglichkeiten zur Anspruchsabwehr **bespricht** und **begleitet**.

Wenn der Versicherer Versicherungsschutz in Form der Abwehrdeckung gewährt, erfolgt dies in der Regel aber **vorläufig** und unter dem **Vorbehalt**, dass sich nicht auf Grund später bekannt werdender Tatsachen eine andere deckungsrechtliche Beurteilung ergibt.

18.46 **Außergerichtlich** hat die versicherte Person im Normalfall keinen Anspruch auf Beiordnung eines **eigenen anwaltlichen Vertreters**. Besonderheiten ergeben sich zu Zeiten eines weichen Versicherungsmarktes in vielfach von Versicherern angebotenen Formen des vorläufigen Abwehr-Rechtsschutzes durch vom Versicherten beauftragte Rechtsanwälte. Sonst wird der Versicherer die vorgerichtliche Anspruchsabwehr auf Grund des ihm für gewöhnlich zustehenden **Prozessführungsrechts**[4] selber oder durch eigene Anwälte betreiben. Der Versicherer kann infolge seiner Prozessführungsbefugnis erreichen, dass geltend gemachte Schadensersatzansprüche sogleich einer gerichtlichen Überprüfung zugeführt werden, ohne sich auf Verhandlungen mit dem Anspruchsteller einlassen zu müssen. Vielfach wird der Versicherer aber zunächst

---

1 Vgl. OLG München v. 15.3.2005 – 25 U 3940/04, VersR 2005, 540; OLG Düsseldorf v. 23.8.2005 – I-4 U 140/04, ZIP 2006, 1677; OLG Frankfurt v. 13.3.2008 – 16 U 134/07, r+s 2010, 61; OLG Köln v. 2.9.2008 – 9 U 151/07, r+s 2008, 468, 469; OLG München v. 8.5.2009 – 25 U 5136/08, r+s 2009, 327; LG München I v. 30.3.2004 – 23 O 8879/03, VersR 2005, 543; LG Wiesbaden v. 14.12.2004 – 1 O 180/03, VersR 2005, 545; LG Marburg v. 3.6.2004 – 4 O 2/03, DB 2005, 437; LG Köln v. 23.6.2005 – 24 O 391/04, PHi 2005, 138.
2 S. aber offenbar *Uwe H. Schneider/Sven H. Schneider*, GmbHR 2005, 1229, 1233.
3 Vgl. etwa BGH v. 30.9.1992 – IV ZR 314/91, BGHZ 119, 276, 281 = NJW 1993, 68; BGH v. 18.7.2001 – IV ZR 24/00, NJW-RR 2001, 1466.
4 Eine entsprechende Regelung enthält Ziff. 4.4 AVB-AVG des GDV.

Sachverhaltsaufklärung betreiben und die Möglichkeiten einer einvernehmlichen Beendigung eines Schadenfalls vorgerichtlich nutzen. Es liegt allerdings im Ermessen des Versicherers, die versicherten Personen bereits außergerichtlich in der Weise zu unterstützen, dass die Kosten für einen von der versicherten Person beauftragten Anwalt übernommen werden. Die Kosten eines von einer versicherten Person zur Erfüllung der **Obliegenheiten** des Versicherungsvertrages eingeschalteten Anwalts sind grundsätzlich von der versicherten Person selbst zu tragen.

Im Einzelfall kann es für die versicherten Personen von Bedeutung sein, in welchem Umfang, ggf. auch über die gesetzlichen Vorgaben des **§ 101 VVG** hinaus, der Versicherer auf Grund des Versicherungsvertrages bereit ist, Abwehrdeckung zu gewähren. Nach herkömmlicher Ansicht können die versicherten Personen für die Prozessvertretung nur die Erstattung der Kosten nach Maßgabe der **gesetzlichen Gebühren** beanspruchen. Im Bereich vorgerichtlicher oder außergerichtlicher Prozessvertretung werden Anwälte aber regelmäßig **nach Zeitaufwand vergütet**, wenn insoweit überhaupt anwaltliche Vertretung beansprucht werden kann. Für die versicherte Person ist es wichtig, von Anfang an **Klarheit** darüber zu haben, unter welchen Voraussetzungen ein Anwalt bereits vorgerichtlich beigeordnet und wie die Erstattung der Anwaltshonorare grundsätzlich vom Versicherer behandelt wird. Versicherer müssen berücksichtigen, welchen Aufwand die Anspruchstellerseite bei der Verfolgung des Anspruchs betreibt und dem Organmitglied eine Verteidigung „auf Augenhöhe" ermöglichen. Zeitaufwand, der marktüblich ist (nach Maßgabe des im anglo-amerikanischen Rechtskreis zugrunde gelegten Arm's length-Grundsatzes) dürften im Normalfall von Abwehrkosten gem. § 101 Abs. 1 Satz 1 VVG umfasst sein.

18.47

b) Befriedigung berechtigter Ansprüche

Ein D&O-Versicherungsvertrag sieht – wie jede Haftpflichtversicherung – vor, dass berechtigte Schadensersatzansprüche zu befriedigen sind. Dies erfolgt in der Regel in der Weise, dass der Versicherer die versicherte Person von Schadensersatzverpflichtungen **freistellt**. Wenn eine solche Schadensersatzverpflichtung auf Grund des vom Versicherer geprüften Sachverhalts feststeht oder durch Gerichtsurteil rechtskräftig festgestellt ist, wird der Versicherer die Freistellung nach Maßgabe des Versicherungsverhältnisses in der Weise durchführen, dass unmittelbar an den Anspruchsteller **gezahlt** wird. Dabei sind die Vorgaben der **§§ 44, 45 VVG** bzw. die diesbezüglichen Regelungen in den AVB zu beachten.

18.48

Eine Befriedigung berechtigter Ansprüche erfolgt in der Praxis regelmäßig nicht bereits zu Beginn eines gemeldeten Versicherungsfalls. Angesichts der komplexen Sach- und Rechtsfragen lassen Versicherer es in der Praxis regelmäßig auf eine **Klärung in einem Haftpflichtprozess** ankommen. Eine unterlassene Befriedigung von Schadensersatzansprüchen in Form der Zahlung an den Anspruchsteller stellt keine Regulierungsverweigerung des Versicherers dar. Vielmehr bedeutet die Gewährung von Versicherungsschutz in Form der Abwehrdeckung in gleicher Weise eine **vertragsgemäße Regulierung** von Versicherungsansprüchen wie eine Befriedigung berechtigter Ansprüche. Beide Handlungsalternativen stehen gleichrangig nebeneinander.[1]

18.49

---

1 Vgl. insoweit BGH v. 7.2.2007 – IV ZR 149/03, NJW 2007, 2258, 2259; *Schimikowski* in Rüffer/Halbach/Schimikowski, § 100 VVG Rz. 5; *Schulze Schwienhorst* in Looschelders/Pohlmann, § 100 VVG Rz. 32.

c) Wahlrecht des Versicherers

18.50 Der Versicherer hat ein uneingeschränktes Wahlrecht, ob er Versicherungsschutz in der Weise gewährt, dass er die versicherte Person bei der Abwehr unberechtigter Ansprüche unterstützt oder sich für die Befriedigung berechtigter Ansprüche entscheidet.[1]

Etwas anderes gilt allerdings dann, wenn die versicherte Person ihren Anspruch auf Versicherungsschutz wirksam an die Versicherungsnehmerin abgetreten hat und die Versicherungsnehmerin den Versicherer unmittelbar in Anspruch nimmt. Die Haftpflichtfrage ist sodann zur Vorfrage des Deckungsprozesses zu machen;[2] auf sein Erfüllungswahlrecht kann der Versicherer sich nicht berufen[3].

d) Mitwirkungsobliegenheiten des Versicherten

18.51 Wenn der Versicherer Versicherungsschutz gewährt, treffen die versicherten Personen und auch die Versicherungsnehmerin weit gehende Mitwirkungsobliegenheiten. Diese ergeben sich in aller Regel aus dem **Versicherungsvertrag** sowie auch gesetzlich aus den **§§ 28, 31 VVG**. Von besonderer Bedeutung sind die Mitwirkungsobliegenheiten nach Eintritt eines Versicherungsfalls, da sie es dem Versicherer ermöglichen, eine umfassende haftungs- sowie deckungsrechtliche Risikoprüfung vorzunehmen.[4] Beispielhaft wird insoweit insbesondere auf die Bestimmungen der Ziff. 7.3.2.2 der AVB-AVG des GDV verwiesen.

18.52 Die Wirksamkeit von Ziff. 7.3.2.2 AVB-AVG ist allerdings mit Blick auf die gesetzliche Ausgestaltung der Auskunftspflicht des Versicherungsnehmers in § 31 VVG, welche die Belegpflicht an ein Zumutbarkeitskriterium knüpft, fraglich.[5]

18.53 Als **Folge einer vorsätzlichen Obliegenheitsverletzung** droht der unmittelbare Verlust des Versicherungsschutzes. Bei einer grob fahrlässigen Obliegenheitsverletzung kann der Versicherer seine Leistungen in einem der Schwere des Verschuldens entsprechenden Verhältnis kürzen (vgl. insoweit § 28 Abs. 2 VVG und Ziff. 8.2 der AVB-AVG des GDV). Zur Reichweite versicherungsvertraglicher Obliegenheiten bestehen zahlreiche offene Fragen, die nach Maßgabe des konkreten Einzelfalls zu entscheiden sind.[6]

---

1 Ständige Rechtsprechung seit BGH v. 20.2.1956 – II ZR 53/55, NJW 1956, 826, 827; OLG München v. 15.3.2005 – 25 U 3940/04, VersR 2005, 540, 541; *Armbrüster*, NJW 2016, 897; a.A. *Lücke* in Prölss/Martin, § 100 VVG Rz. 2.
2 BGH v. 20.4.2016 – IV ZR 531/14, NJW 2016, 3453, 3454.
3 Zum Streitstand umfassend *Retter* in Schwintowski/Brömmelmeyer, § 108 Rz. 33 ff.; für einen direkten Zahlungsanspruch auch *Koch*, r+s 2009, 133; a.A. *O. Lange*, VersR 2008, 713, 715; *Schramm/Wolf*, r+s 2009, 358, 361.
4 Vgl. BGH v. 22.10.2014 – IV ZR 242/13, NJW 2015, 949, 950; zu den Obliegenheiten vor Eintritt des Versicherungsfalls unten *Ihlas*, Rz. 19.89 ff.
5 Dazu umfassend *Gädtke* in Bruck/Möller, VVG, AVB-AVG Ziff. 7/8 Rz. 103.
6 Vgl. etwa BGH v. 16.11.2005 – IV ZR 307/04, VersR 2006, 258; BGH v. 13.4.2016 – IV ZR 152/14, VersR 2016, 793; BGH v. 22.10.2014 – IV ZR 242/13, NJW 2015, 949; BGH v. 13.3.2013 – IV ZR 110/11, NJW 2013, 1883.

5. Einvernehmliche Beendigung von Schadenfällen

Zahlreiche D&O-Schadenfälle werden einvernehmlich beendet.[1] Dies geschieht dann in der Weise, dass als unberechtigt erkannte Schadenfälle **nicht weiterverfolgt werden** oder aber über möglicherweise berechtigte Schadenfälle ein **Vergleich** geschlossen wird.

18.54

Ein Vergleich kann als **Haftungsvergleich** zwischen Anspruchsteller und Anspruchsgegner unter Einbeziehung des Versicherers erfolgen. Dies ist insbesondere bei Fällen der Innenhaftung, in denen die Gesellschaft Anspruchsteller ist, relevant. Im Bereich der Aktiengesellschaft sind für einen Vergleichsschluss insoweit die Vorgaben des **§ 93 Abs. 4 Satz 3 AktG** zu beachten.

18.55

Der Abschluss eines Haftungsvergleichs oder die Abgabe eines Anerkenntnisses durch die versicherte Person ist ohne **Zustimmung des Versicherers** möglich. Nach § 105 VVG ist die Vereinbarung eines Anerkenntnis- oder Befriedigungsverbots unwirksam. Dies ändert nichts daran, dass der Versicherer nur insoweit an die von der versicherten Person vorgenommene Disposition über den Anspruch gebunden ist, wie er ohne Disposition Deckung zu gewähren hätte.[2] Zudem bleibt dem Versicherer bei Großrisiken nach § 210 VVG weiterhin die Möglichkeit, ein Anerkenntnisverbot mit Leistungsbefreiung bei Zuwiderhandlung durch die versicherte Person zu vereinbaren.[3] Auch hier stellt sich in der Folge allerdings die Frage einer AGB-rechtlichen Wirksamkeit eines solchen Verbots.[4]

18.56

Der Vergleich ist auch als **Deckungsvergleich** möglich. Ein solcher Vergleich wird dann zwischen Versicherer und Versicherungsnehmer und/oder versicherter Person geschlossen. Insoweit ist von Bedeutung, ob die Versicherungsnehmerin über die Rechte aus dem Versicherungsverhältnis auch unabhängig von den versicherten Personen nach **§ 45 Abs. 1 VVG** verfügen kann. Denn hierzu zählt auch ein Vergleich über Forderungen aus dem Versicherungsverhältnis.[5] Bei einem Deckungsvergleich werden in der Regel die Ansprüche aus dem Versicherungsverhältnis im Hinblick auf konkret bezeichnete Versicherungsverhältnisse oder allgemein aus dem Versicherungsverhältnis abgegolten und erledigt.

18.57

Häufig kommt es vor, dass ein **Haftungs- und Deckungsvergleich** miteinander **verbunden** werden. Veröffentlicht wurde beispielsweise der Vergleich, den die Philipp Holzmann AG mit ihren früheren Vorstandsmitgliedern und dem D&O-Versicherer im Dezember 2001 geschlossen hat. Zu Beginn des Jahrzehnts wurden zudem Vergleiche zwischen der Constantin Medien AG (Rechtsnachfolgerin der EM.TV & Merchandising AG) und zwei D&O-Versicherern sowie Siemens und einer ganzen Reihe von Versicherungskonsortien publik. Ansonsten erfolgen Vergleiche außerhalb des § 93 Abs. 4 AktG in der Regel unter Ausschluss der Öffentlichkeit. Vergleichen kommt insoweit eine hohe Befriedigungsfunktion zu, da auf diese Weise alle Beteiligten ihre Interessen angemessen zur Geltung bringen können.

18.58

---

1 Vgl. etwa *Pohl*, VI-Report 14/2006, 3.
2 Begr. RegE BT-Drucks. 16/3945, S. 86; ebenso *Retter* in Schwintowski/Brömmelmeyer, § 106 VVG Rz. 20 f.
3 *Littbarski* in Langheid/Wandt, § 105 VVG Rz. 2, 59; *Lücke* in Prölss/Martin, § 105 VVG Rz. 3.
4 Für eine Unwirksamkeit *Koch* in Bruck/Möller, § 105 VVG Rz. 22; offenlassend *Schimikowski* in Rüffer/Halbach/Schimikowski, § 105 VVG Rz. 8.
5 Vgl. etwa *Hübsch* in Schwintowski/Brömmelmeyer, § 45 VVG Rz. 3; s. bereits oben Rz. 18.25.

III. Missbrauch bei der Geltendmachung von D&O-Schadenfällen

18.59 Im Bereich der D&O-Versicherung besorgt die Praxis immer wieder ein die Grenzen des rechtlich Zulässigen überschreitendes Zusammenwirken von versicherter Person und Versicherungsnehmerin zu Lasten des Versicherers.[1]

Nicht gemeint sind hingegen diejenigen Fälle, in denen der vermeintlich Geschädigte die anspruchstellerfreundliche Rechtsprechung zum Haftungs- und Versicherungsrecht zu seinem Vorteil ausnutzt. Eine missbräuchliche Inanspruchnahme zeichnet sich vielmehr dadurch aus, dass tatsächlich und von Rechts wegen ein **Anspruch auf Versicherungsschutz nicht besteht**, gegenüber dem Versicherer aber der haftungsrelevante Sachverhalt entweder **falsch oder unvollständig offen gelegt** wird. Solche Fälle geraten in die Nähe des **Versicherungsbetrugs** und können eine Strafbarkeit der handelnden Personen nach § 263 StGB sowie natürlich auch die **Leistungsfreiheit des Versicherers** nach sich ziehen. Im Rahmen der VVG-Reform hat der **Gesetzgeber** eine Missbrauchsgefahr zwar erkannt,[2] auf Maßnahmen zur Einschränkung eines Missbrauchsrisikos allerdings weitestgehend verzichtet.[3] Die **Versicherer sind auch ohne gesetzliche Regelungen nicht schutzlos**. Sie haben zahlreiche Möglichkeiten, beginnend bei der Auswahl der versicherten Risiken, über die Gestaltung des Bedingungswerkes bis hin zu Gegenmaßnahmen bei der Schadenbearbeitung selbst. Eine Missbrauchsgefahr besteht allerdings in allen Bereichen der Haftpflichtversicherung; der BGH hat eine Beschränkung auf den Bereich der D&O-Versicherung ausdrücklich abgelehnt.[4]

D. Ist eine D&O-Versicherung überhaupt sinnvoll?

18.60 Die in der Überschrift zum Ausdruck kommende Frage wird häufig gestellt. Insoweit lassen sich zwei **Tendenzen** beobachten, die mit den nachfolgenden **Thesen** zusammengefasst werden können:

(1) Eine D&O-Versicherung fordert die Geltendmachung von Schadensersatzansprüchen erst heraus.

oder

(2) Schadensersatzansprüche werden heutzutage zunehmend gezielt zur Verfolgung wirtschaftlicher Interessen eingesetzt. Das Bestehen einer D&O-Versicherung beeinflusst allenfalls die Höhe der geltend gemachten Schadensersatzansprüche, nicht aber die Entscheidung über das „ob" einer Inanspruchnahme.

18.61 Eine eindeutige Aussage dazu, welche der vorstehenden Thesen richtig ist, ist nur schwer möglich. Richtig ist, dass das Bestehen von Versicherungsschutz im Sinne des im amerikanischen Rechtskreis so beschriebenen **deep pocket-Phänomens** unmittelbare Anreize zu setzen vermag. Empirische Erfahrungen zeigen, dass auch die Justiz in Fällen, in denen eine Haftpflichtversicherung besteht, immer wieder eher geneigt ist, einer Schadensersatzklage stattzugeben. Diese Sicherheit kann sich allerdings als trügerisch erweisen, weil allein das Bestehen einer Haftpflichtversicherung noch nichts über deren letztendliche Eintrittspflicht besagt.

---

1 S. dazu auch *von Westphalen*, VersR 2006, 17.
2 Begr. RegE BT-Drucks. 16/3945, S. 86.
3 *Langheid*, VersR 2007, 865, 868 f. vertritt die Auffassung, die Manipulationsgefahr werde sich infolge des Wegfalls des Anerkenntnis- und Abtretungsverbots sogar verringern.
4 BGH v. 13.4.2016 – IV ZR 304/13, NJW 2016, 2184, 2185 mit Verweis auf *Langheid*, VersR 2009, 1043.

Im Ergebnis sprechen aber ganz überwiegende Gründe für die Richtigkeit der zweiten These. So hat der Bundesgerichtshof in der **ARAG/Garmenbeck-Entscheidung** vom 21.4.1997 die Verpflichtung der Aufsichtsratsmitglieder einer Aktiengesellschaft betont, dann, wenn der Aufsichtsrat zu dem Ergebnis kommt, dass sich der Vorstand schadensersatzpflichtig gemacht hat, auf der Grundlage einer sorgfältigen und sachgerecht durchzuführenden Risikoanalyse abzuschätzen, ob und in welchem Umfang die gerichtliche Geltendmachung zu einem Ausgleich des entstandenen Schadens führt. Stehen der AG nach dem Ergebnis dieser Prüfung durchsetzbare Schadensersatzansprüche zu, hat der Aufsichtsrat diese Ansprüche grundsätzlich zu verfolgen.[1] Der BGH hat diese Rechtsprechung fortgeführt und bekräftigt, dass jegliche Inanspruchnahme einer Gesellschaft wegen möglicher Pflichtverletzungen von Vorstandsmitgliedern oder Geschäftsführern eine Pflicht des Aufsichtsrats zur Prüfung von Regressansprüchen gegen diese Personen auslöst.[2] Auch der V. Strafsenat des BGH hat jüngst auf die Grundsätze des ARAG/Garmenbeck-Urteils im Rahmen seiner Rechtsprechung zu § 266 Abs. 1 StGB zurückgegriffen.[3]

18.62

Für die Richtigkeit des zweitgenannten Ansatzes spricht auch die zunehmende Anzahl derjenigen Fälle, in denen Manager von Dritten, die außerhalb der Gesellschaft stehen, auf Schadensersatz in Anspruch genommen werden (sog. **Außenhaftung**). Dabei kristallisieren sich im Wesentlichen vier Fallgruppen heraus:

18.63

– **Insolvenzfälle**

Hierbei handelt es sich um die Inanspruchnahme von Managern durch **Insolvenzverwalter** oder **Gläubiger** der insolventen Gesellschaft wegen angeblicher Insolvenzverschleppung[4], durch **Sozialversicherungsträger** wegen angeblich nicht ordnungsgemäß abgeführter Arbeitnehmeranteile zur Sozialversicherung[5] oder durch die **Finanzverwaltung** für nicht ordnungsgemäß abgeführte Steuern[6].

– **Aktionärsklagen**

Manager werden zunehmend von Aktionären börsennotierter Aktiengesellschaften wegen angeblich unzureichender kapitalmarktrelevanter Informationen in Anspruch genommen.[7] Hinzu kommt die erleichterte Anspruchsverfolgung durch das am 1.11.2005 in Kraft getretene **Kapitalanleger-Musterverfahrensgesetz** (KapMuG).[8]

---

1 BGH v. 21.4.1997 – II ZR 175/95, BGHZ 135, 244 = AG 1997, 377.
2 BGH v. 16.2.2009 – II ZR 185/07 – „Kirch/Deutsche Bank", BGHZ 180, 9, 21 f. = AG 2009, 285, 288.
3 Vgl. BGH v. 12.10.2016 – 5 StR 134/15, NZG 2017, 116, 117 = AG 2017, 72.
4 Vgl. § 823 Abs. 2 BGB, § 64 GmbHG, § 92 AktG.
5 Vgl. § 266a StGB.
6 Vgl. §§ 69 ff. AO.
7 Vgl. BGH v. 19.7.2004 – II ZR 402/02 – „Infomatec", NJW 2004, 2971; BGH v. 9.5.2005 – II ZR 287/02 – „EM.TV", NJW 2005, 2450; BGH v. 3.3.2008 – II ZR 310/06 – „ComROAD VIII", ZIP 2008, 829.
8 Vgl. BGH v. 25.2.2008 – II ZB 9/07, ZIP 2008, 639; BGH v. 21.4.2008 – II ZB 6/07, BGHZ 176, 170 = AG 2008, 546.

- **Eingriff in das Recht am eingerichteten und ausgeübten Gewerbebetrieb**

    Der XI. Zivilsenat des Bundesgerichtshofs hat in einem Einzelfall eine unmittelbare persönliche Haftung eines Vorstandsmitglieds für fahrlässige Vermögensschäden eines Vertragspartners der Gesellschaft auf deliktischer Grundlage angenommen.[1]

- **Auslandsfälle, insbesondere USA**

    Nach ausländischen Rechtsordnungen kommt eine unmittelbare Haftung des Managers gegenüber Dritten, insbesondere Vertragspartnern und Gläubigern der Gesellschaft, neben der Gesellschaft selbst in Betracht und tritt regelmäßig ein. Die besondere Gefährlichkeit derartiger Situationen ergibt sich aus US-amerikanischem Verfahrens- und Haftungsrecht, wie der Zuständigkeit US-amerikanischer Gerichte bereits auf Grund „minimum contacts", Möglichkeiten der vorgerichtlichen Beweisausforschung („pre-trial discovery"), weitgehenden Möglichkeiten der Sammelklage („class action"), Geschworenengerichten („jury trial"), Erfolgshonoraren („contingency fees") sowie der Möglichkeit von Strafschadensersatz („punitive damages").

    Darüber hinaus ist eine Außenhaftung denkbar, wenn Ansprüche eines Dritten gegen die Gesellschaft bereits verjährt sind, solche gegen das Organ jedoch noch nicht.[2]

18.64 Aber auch in Fällen der **Innenhaftung** besteht ein zunehmendes Risiko, ganz unabhängig vom Bestehen einer D&O-Versicherung als Manager auf Schadensersatz in Anspruch genommen zu werden. Hierzu sind folgende Fallgruppen herauszustellen[3]:

- **Wechsel der Organe**

    Gefährdet sind insbesondere ausgeschiedene Manager. Es ist immer wieder zu beobachten, dass der Nachfolger seinen Vorgänger für Entwicklungen in der Vergangenheit verantwortlich macht und versucht, sich auf diese Weise besonders von seinem Vorgänger abzuheben. Hinzu kommt, dass auf diese Weise gerne versucht wird, „Einsparungen" bei Gehalts-, Tantieme- und/oder Pensionsansprüchen zu realisieren.

- **Wechsel des Allein- oder Mehrheitsgesellschafters**

    Derartige Fälle sind insbesondere zu beobachten, wenn ein Geschäftsführer, der auch als Gesellschafter am Kapital der Gesellschaft beteiligt war, seine Anteile an einen außenstehenden Investor veräußert. Die Geltendmachung von Schadensersatzansprüchen wegen angeblicher Verfehlungen als Geschäftsführer in der Vergangenheit kann dann als Mittel eingesetzt werden, um über diesen Umweg den für die Gesellschaftsanteile gezahlten Kaufpreis zu reduzieren. Insoweit ist auch eine Verknüpfung mit der vorangegangenen Fallgruppe zu erkennen.

- **Streit zwischen Gesellschaftergruppen**

    Insbesondere Familiengesellschaften, bei denen infolge mehrfachen Generationswechsels zahlreiche Gesellschaftergruppen entstanden sind und einzelne Gesellschaftergruppen durch Geschäftsführer repräsentiert werden, sind dafür anfällig, dass ein Streit auf Gesellschafterebene auch auf die Geschäftsführungsebene übertragen wird. Der Fall, welcher

---

[1] Vgl. BGH v. 24.1.2006 – XI ZR 384/03 – „Kirch/Deutsche Bank, Breuer", BGHZ 166, 84 = ZIP 2006, 317.
[2] Vgl. insoweit die Rechtsprechung zu Produkthaftung, BGH v. 6.3.2001 – VI ZR 30/00, NJW 2001, 1721, 1722.
[3] Ausführlich hierzu: *Sieg*, DB 2002, 1759.

der ARAG/Garmenbeck-Entscheidung zugrunde lag, kann insoweit als beispielhaft bezeichnet werden.[1]

– **Insolvenz**

In der Insolvenz fallen jegliche Rücksichtnahmen fort. Insolvenzverwalter sind verpflichtet, mögliche Ansprüche zur Masse zu ziehen. Hierzu zählen auch Ansprüche gegen Organmitglieder.

– **Gemengelagen**

Dies sind Fälle, bei denen Manager in Haftpflichtstreitigkeiten einbezogen werden, weil ursprünglich in Anspruch genommene Personen, seien es Gesellschaften, Organmitglieder oder auch Berater, mögliche Gesamtschuldner-Innenregressansprüche absichern wollen und den betroffenen Managern insoweit den Streit verkünden.

18.65

Abgesehen von der Vielzahl der in den letzten Jahren feststellbaren Schadensersatzansprüche und **des Anstiegs von Inanspruchnahmen sowohl der Höhe als auch der Frequenz nach**, geht es häufig in der Tat nicht mehr um das bloße „ob" einer Inanspruchnahme, sondern vielmehr um deren Höhe.[2] Im Ergebnis wird nicht mehr ernsthaft in Frage gestellt werden können, dass D&O-Versicherungen eine sinnvolle Absicherung des Managers darstellen. Dafür spricht etwa, dass nahezu alle DAX 30-Unternehmen mittlerweile Presseberichten zufolge eine D&O-Versicherung abgeschlossen haben und auch sonst D&O-Versicherungen bei Großunternehmen als **Marktstandard** betrachtet werden können.[3] Viele Großschäden sind durch **Vergleich** beendet worden.[4] Es darf davon ausgegangen werden, dass die betroffenen Manager bisher oft ohne eigenen Beitrag davongekommen sind.[5] Damit verwirklicht sich **der Zweck der D&O-Versicherung**.

18.66

Auch für die Gesellschaft ist die D&O-Versicherung, abgesehen von der zu leistenden Versicherungsprämie, von erheblichem Vorteil. Vor allem wird dadurch erreicht, dass in Einzelfällen überhaupt qualifizierte Manager oder Aufseher bereit sind, eine Organtätigkeit zu übernehmen. Zudem können die Organmitglieder in dem Gefühl handeln, den Rücken frei zu haben. Gesellschaften sehen es auch als Vorteil an, im Fall eines begründeten Anspruchs auf die „tiefen Taschen" des Versicherers zurückgreifen zu können. Zu betonen ist, dass eine D&O-Versicherung gleichwohl nicht dem Bilanzschutz der Versicherungsnehmerin dient, sondern der persönlichen Absicherung der versicherten Organmitglieder.[6]

---

1 Vgl. insoweit *Grooterhorst*, ZIP 1999, 1117.
2 Vgl. etwa zum Fall Balsam: *Sieg*, VP 2001, 83. Im Nachhinein hat sich herausgestellt, dass in diesem Fall sehr wohl eine D&O-Versicherung eingetreten ist. Wäre dies von vornherein bekannt gewesen, wären Schadensersatzansprüche in vielfacher Höhe geltend gemacht und wohl auch durchgesetzt worden.
3 Vgl. etwa *Fromme*, FTD-Dossier vom 20.9.2006, 1, 3; FTD-Sonderbeilage Managerhaftung vom 4.6.2008, A1.
4 Vgl. etwa FTD vom 2.1.2007 (DaimlerChrysler AG/Schrempp – Versicherer zahlen angeblich insgesamt 193,0 Mio. Euro); FTD vom 21.8.2006 und 23.9.2006 (WestLB/Sengera u.a. – Versicherer zahlen angeblich 14,75 Mio. Euro); Focus 27/2006 und Spiegel vom 10.7.2006 (Volkswagen AG/Dr. Peter Hartz – Versicherer zahlen angeblich 4,5 Mio. Euro); FTD vom 4.5.2009 (Lufthansa AG/Woelki u.a. – Versicherer zahlen angeblich 40 Mio. Euro); FTD vom 22.10.2009 (Constantin Medien AG/Haffa u.a. – Versicherer zahlen 57,5 Mio. Euro); FTD-Onlineausgabe vom 9.12.2009 (Siemens AG/v. Pierer u.a. – Versicherer zahlen 100 Mio. Euro).
5 Zu den diesbezüglichen Auswirkungen des VorstAG vgl. Rz. 18.67 ff.
6 Zum Zweck der D&O-Versicherung auch Rz. 18.1.

E. Welche Bedeutung hat der Selbstbehalt?

18.67 Am 5.8.2009 ist das Gesetz zur Angemessenheit der Vorstandsvergütung (VorstAG) in Kraft getreten.[1] Mit den gesetzlichen Neuregelungen hat die Bundesregierung darauf abgezielt, Vorstandsmitglieder von Aktiengesellschaften zu einem auf **nachhaltiges Wachstum ausgerichteten Handeln** zu bewegen.[2] Für das Recht der D&O-Versicherung ist vor allem der neu eingefügte Satz 3 in § 93 Abs. 2 AktG von unmittelbarer Relevanz.[3] Diese Vorschrift lautet:

„Schließt die Gesellschaft eine Versicherung zur Absicherung eines Vorstandsmitglieds gegen Risiken aus dessen beruflicher Tätigkeit für die Gesellschaft ab, ist ein Selbstbehalt von mindestens 10 Prozent des Schadens bis mindestens zur Höhe des Eineinhalbfachen der festen jährlichen Vergütung des Vorstandsmitglieds vorzusehen."

Der knappe Wortlaut des § 93 Abs. 2 Satz 3 AktG hat eine ganze Reihe von Fragen aufgeworfen,[4] die im Folgenden kurz skizziert werden sollen.

18.68 In der Literatur ist zunächst die **Verfassungsmäßigkeit** des § 93 Abs. 2 Satz 3 AktG diskutiert worden. Ansatzpunkte hierfür sind eine möglicherweise unzulässige Einschränkung der durch Art. 12 Abs. 1 GG geschützten Vertragsfreiheit der betroffenen Aktiengesellschaften sowie eine potenziell gegen Art. 3 Abs. 1 GG verstoßende Ungleichbehandlung von AG-Vorständen gegenüber anderen Gesellschaftsformen und Berufsgruppen.[5] Im Ergebnis dürften die Regelungen aber verfassungsrechtlich nicht zu beanstanden sein.[6]

18.69 Vom Selbstbehalt sind in erster Linie D&O-Versicherungen, die eine **Aktiengesellschaft für ihre Vorstandsmitglieder** abschließt, erfasst. Ausdrücklich nicht erfasst sind gem. § 116 Satz 1 AktG D&O-Versicherungen für Aufsichtsratsmitglieder. Kraft verschiedener Verweisungsnormen gilt der Selbstbehalt grundsätzlich auch für **Versicherungsvereine auf Gegenseitigkeit, Europäische Gesellschaften und Kommanditgesellschaften auf Aktien**.[7] Gesellschaften mit beschränkter Haftung und Genossenschaften sind dagegen nicht betroffen. Nach dem Wortlaut des § 93 Abs. 2 Satz 3 AktG gilt der obligatorische Selbstbehalt nicht für **Tochter-Aktiengesellschaften**, deren Vorstandsmitglieder in den von der Konzernmutter geschlossenen Versicherungsvertrag einbezogen sind. Dies dürfte allerdings kaum der Absicht des Gesetzgebers entsprechen.[8] Vielmehr ist davon auszugehen, dass ein Selbstbehalt immer dann zu vereinbaren ist, wenn ein Versicherungsvertrag für Vorstandsmitglieder einer deutschen Aktiengesellschaft geschlossen wird. Dabei dürfte es keinen Unterschied machen, ob der Vertrag durch die Gesellschaft selbst oder durch ein anderes Konzernunternehmen gleicher oder an-

---

1 Vgl. *Bosse*, BB 2009, 1650; *van Kann*, NZG 2009, 1010; sowie allgemein Rz. 18.7.
2 Gesetzentwurf zum VorstAG vom 17.3.2009, BT-Drucks. 16/12278, S. 5.
3 Nach § 23 Abs. 1 Satz 1 EGAktG ist § 93 Abs. 2 Satz 3 AktG ab Inkrafttreten auf neu abgeschlossene Versicherungsverträge, ab 1.7.2010 auch auf Altverträge anzuwenden.
4 Vgl. *O. Lange*, VW 2009, 918.
5 *Kerst*, WM 2010, 594; *Koch*, AG 2009, 637, 640 ff.; *Schulz*, VW 2009, 1410, 1412 sowie zuletzt *Mesch*, VersR 2015, 813.
6 Ebenso *Kerst*, WM 2010, 594, 597; *Koch*, AG 2009, 637, 640 ff., der allerdings eine analoge Anwendung der Vorschrift auf Genossenschaften für verfassungsrechtlich geboten hält; a.A. mit Blick auf Art. 3 GG *Mesch*, VersR 2015, 813, 816 ff.
7 Vgl. *Koch*, AG 2009, 637, 640.
8 Vgl. Beschlussempfehlung des Rechtsausschusses vom 17.6.2009, BT-Drucks. 16/13433, S. 11; so auch *O. Lange* in Veith/Gräfe/Gebert, Der Versicherungsprozess, § 21 Rz. 294.

derer Rechtsform geschlossen wird.[1] Bis zur abschließenden Klärung dieser Frage ist die vorsorgliche Vereinbarung eines Selbstbehalts für alle Versicherungsverträge zu empfehlen, die die Haftung von Vorständen einer Aktiengesellschaft abdecken.

§ 93 AktG betrifft die Haftung des Vorstands gegenüber der Gesellschaft. Auch wenn der Wortlaut des § 93 Abs. 2 Satz 3 AktG insoweit keine Einschränkung macht, gilt der obligatorische Selbstbehalt aus systematischen Gründen nur für Fälle der **Innenhaftung**.[2] Auch die Gesetzesbegründung stützt diese Interpretation.[3] Aus Wortlaut, Systematik und Zweck des § 93 Abs. 2 Satz 3 AktG folgt zudem, dass der Selbstbehalt nur für den Freistellungsanspruch des versicherten Vorstandsmitglieds gilt. Eine **Anrechnung** auf die Kosten einer von der Versicherung gewährten **Abwehrdeckung** findet demnach nicht statt.[4]

18.70

Schließlich besteht für Vorstandsmitglieder die Möglichkeit, den Selbstbehalt durch eine **Eigenversicherung** abzudecken. Eine solche Selbstbehaltsversicherung ist nach überwiegender Auffassung zulässig und in der Praxis üblich.[5] Mitunter ist allerdings kritisch angemerkt worden, die Versicherbarkeit des Selbstbehaltes führe dazu, dass die verhaltenssteuernde Wirkung des § 93 Abs. 2 Satz 3 AktG entfiele.[6]

18.71

Über die angesprochenen Problemstellungen hinaus stellen sich **weitere Einzelfragen**[7], deren Darstellung den Umfang dieses Beitrags übersteigen würde. Festzuhalten ist, dass auch 8 Jahre nach Inkrafttreten des VorstAG noch Unklarheiten mit Blick auf Anwendungsbereich und Ausgestaltung des obligatorischen Selbstbehalts bestehen. Insoweit ist bei der Ausgestaltung der D&O-Policen eine sorgsame Prüfung erforderlich.

18.72

---

1 *Kerst*, WM 2010, 594, 604; *O. Lange*, VersR 2009, 1011, 1013 f.; *Spindler* in MünchKomm. AktG, § 93 AktG Rz. 197.
2 *O. Lange*, VersR 2009, 1011, 1016; *Olbrich/Kassing*, BB 2009, 1659; *Schulz*, VW 2009, 1410 f.; einschränkend *Kerst*, WM 2010, 594, 599; *Koch*, AG 2009, 637, 643; a.A. *van Kann*, NZG 2009, 1010, 1011.
3 Vgl. *O. Lange*, VersR 2009, 1011, 1016 unter Bezugnahme auf die Beschlussempfehlung des Rechtsausschusses vom 17.6.2009, BT-Drucks. 16/13433, S. 17.
4 *Koch*, AG 2009, 637, 644; *O. Lange*, VersR 2009, 1011, 1019 f.; *Laschet*, PHi 2009, 158, 163 f.; *Olbrich/Kassing*, BB 2009, 1659, 1660; a.A. *van Kann*, NZG 2009, 1010, 1012.
5 *Gädtke*, VersR 2009, 1565, 1569 ff.; *Haarmann/Weiß*, BB 2014, 2115, 2122; *Kerst*, WM 2010, 594, 602 f.; *O. Lange*, VersR 2009, 1011, 1022 f.; *Melot de Beauregard/Gleich*, NJW 2013, 824, 829; *v. Schenck*, NZG 2015, 494, 496 f.; *Wagner*, ZHR 178 (2014), 227, 235, 247; für eine Zulässigkeit auch *Koch*, AG 2009, 637, 646 zumindest für den Fall, dass die versicherte Person die Prämien selbst trägt.
6 *Haarmann/Weiß*, BB 2014, 2115, 2122; *Wagner*, ZHR 178 (2014), 227, 272 f.
7 Sehr ausführlich zu vielen Fragen: *O. Lange*, VersR 2009, 1011.

§ 19
Moderne Directors & Officers Versicherungsbedingungen

Dr. Horst Ihlas

A. Kommentierte Verbandsbedingungen und moderne D&O-AVB	19.1		IV. Erweiterter sachlicher Umfang des Versicherungsschutzes.	19.51
B. Vertragsgestaltung ohne statistische Erfassung des Risikos	19.17		G. Versicherungssumme	19.63
			I. Wie viel?	19.63
C. Enthaftung, der zweite von drei Gegenständen der D&O-Versicherung	19.20		II. Verteilung unzureichender Versicherungssummen	19.64
			III. Mischfallregelungen	19.68
D. Der dritte Versicherungsgegenstand: Reine Unternehmensdeckung und Prospekthaftungsversicherung	19.21		IV. Kostenanrechnung auf die Versicherungssumme	19.71
E. Definitionen	19.25		V. Persönliche Wanderpolice	19.73
I. Pauschaler Einschluss aller Tochterunternehmen	19.26		**H. Ausschlüsse**	19.74
			I. Wissentliche Pflichtverletzung und Vertrauensschadenversicherung	19.77
II. Weiter Kreis von versicherten Personen	19.28		II. Versicherbarkeit von Geldbußenregressen	19.80
III. Fremdmandate	19.32			
IV. Erweiterte Vermögensschäden	19.33		III. Insolvenz	19.86
F. Anspruchserhebungsprinzip	19.35		IV. Pensionssondervermögen	19.87
I. Drei Elemente des Anspruchserhebungsprinzips	19.35		**J. Wenig Anzeigepflichten und Schutz bei deren Verletzung: Trennbarkeit**	19.89
II. Wechsel des Versicherers	19.38			
III. Kostenübernahme vor Versicherungsfall und Umstandsmeldungen	19.43			

Schrifttum: *Armbrüster*, Verteilung nicht ausreichender Versicherungssummen in D&O-Innenhaftungsfällen, VersR 2014, 7; *Bachmann*, Anmerkung zum Urteil des LAG Düsseldorf vom 20.1.2015 (16 Sa 459/14), BB 2015, 907; *Backhaus/Brand*, Anmerkung zum Urteil des LAG Düsseldorf vom 20.1.2015 (16 Sa 459/14), jurisPR HaGesR 6/2016; *Bastuck*, Enthaftung des Managements, Corporate Indemnification im amerikanischen und deutschen Recht, Diss. Köln 1986; *Baumann* in Bruck/Möller, Ziff. 4 AVB-AVG 2011/2013, VVG Bd. 4, 9. Aufl. 2014; *Boettrich/Starykh*, Recent Trends in Securities Class Action Litigation: 2016 Full-Year Review, January 23rd 2017, http://www.nera.com/publications/archive/2017/recent-trends-in-securities-class-action-litigation–2016-full-y.html; *Dreher*, Versicherungsschutz für die Verletzung von Kartellrecht oder von Unternehmensinnenrecht in der D&O-Versicherung und Ausschluss vorsätzlicher oder wissentlicher Pflichtverletzung, VersR 2015, 781; *Eidam*, Industrie-Straf-Rechtsschutzversicherung: Kommentar zu den Sonderbedingungen, Köln u.a., 1994; *Fabisch*, Managerhaftung für Kartellrechtsverstöße, ZWeR 2013, 91; *Felsch*, Die Rechtsprechung des Bundesgerichtshofes zur Transportversicherung, r+s 2012, 223; *Fleischer*, Kartellrechtsverstöße und Vorstandsrecht, BB 2008, 1070; *Gädtke* in Bruck/Möller, Ziff. 5, 7 und 8 AVB-AVG 2011/2013, VVG Bd. 4, 9. Aufl. 2014; *Gädtke*, Schutz gutgläubiger Organmitglieder bei Anfechtung des Versicherers – nach der Entscheidung des BGH „Heros II"?, r+s 2013, 313; *Glöckner/Müller-Tautphaeus*, Rückgriffshaftung von Organmitgliedern bei Kartellrechtsverstößen, AG 2001, 344; *Grooterhorst/Looman*, Kostentragung des Versicherers bei (teilweiser) Erschöpfung der Versicherungssumme in der D&O-Versicherung, r+s

2014, 157; *Gruber/Mitterlechner/Wax/Strzelbicka*, D&O-Versicherung mit internationalen Bezügen, München 2012; *Grunewald*, Die Abwälzung von Bußgeldern, Verbands-Vertragsstrafen im Wege des Regresses, NZG 2016, 1121; *Hahn*, Die Versicherbarkeit von Prospekthaftungsansprüchen bei der Emission von geschlossenen Fonds, VersR 2012, 393; *Hegland/Klausner*, Stanford Securities Litigation Analytics, (SSLA) https://law.stanford.edu/stanford-securities-litigation-analytics-ssla/#slsnav-events; *Hemeling*, Neuere Entwicklungen in der D&O-Versicherung, in FS Hoffmann-Becking, 2013, S. 491; *Ihlas*, Organhaftung und Haftpflichtversicherung, Berlin 1997; *Ihlas*, D&O, 2. Aufl. Berlin 2009; *Ihlas*, Reform der Organhaftung, Phi Sonderdruck aus Heft 1 und 2, März 2015; *Ihlas* in Langheid/Wandt (Hrsg.), Münchener Kommentar zum VVG, Bd. 3, Kapitel 320 D&O, 2. Aufl. 2017; *Ihlas/Stute*, D&O-Versicherung für das Innenverhältnis – dargestellt an Ziffer 1.3 AVB AVG des unverbindlichen GDV Modells, Beilage zu Phi 4/2003; *Jens Koch*, Beschränkung der Regressfolgen im Kapitalgesellschaftsrecht, AG 2012, 429; *Robert Koch*, Das Claims-made-Prinzip in der D&O-Versicherung auf dem Prüfstand der AGB-Inhaltskontrolle, VersR 2011, 295; *Robert Koch*, Das Dreiecksverhältnis zwischen Versicherer, Versicherungsnehmer und versicherten Personen in Innenhaftungsfällen der D&O-Versicherung, ZVersWiss 101 (2012), 151; *Robert Koch*, Anmerkung zum Urteil des LAG Düsseldorf vom 20.1.2015 (16 Sa 459/14), VersR 2015, 655; *Kollmann/Aufdermauer*, Anmerkung zum Urteil des LAG Düsseldorf vom 20.1.2015 (16 Sa 459/14), BB 2015, 1018; *Kolb*, Anmerkung zum Urteil des LAG Düsseldorf vom 20.1.2015 (16 Sa 459/14), GWR 2015, 169; *Labusga*, Anmerkung zum Urteil des LAG Düsseldorf vom 20.1.2015 (16 Sa 459/14), VersR 2015, 907; *LaCroix*, NERA Economic Consulting: Record Number of Securities Suit Filings in 2016, January 23rd, 2017, http://www.dandodiary.com/2017/01/articles/securities-litigation/nera-economic-consulting-record-number-securities-suit-filings-2016/; *Langheid/Rixecker* (Hrsg.), VVG, 5. Aufl. 2016; Markel International Deutschland, Markel Pro D&O; R+V-Bedingungsheft Firmenkunden, Haftpflicht (April 2012); *Milch/Viera*, Securities Class Action Filings – 2016 Year in Review, http://www.cornerstone.com/Publications/Press-Releases/Securities-Class-Action-Filings-Highest-Level-20-Years; *Reuter*, Unternehmensgeldbußen, Organregress, Grenzen der Versicherbarkeit und Gesellschaftsrecht: eine systematische Verletzung der Grundrechte der Anteilseigner?, BB 2016, 1283; *Ruttmann*, Die Versicherbarkeit von Geldstrafen, Geldbußen, Strafschadensersatz und Regressansprüchen in der D&O-Versicherung – Unter vergleichender Betrachtung der Rechtslage in den Vereinigten Staaten, Karlsruhe 2014; *Ruttmann*, D&O-Versicherungsschutz für Geldstrafen und -bußen?, VW 2015, 50; *Säcker*, Streitfragen zur D&O-Versicherung, VersR 2005, 10; *Uwe H. Schneider*, Der mühsame Weg der Durchsetzung der Organhaftung durch den besonderen Vertreter nach § 147 AktG, ZIP 2013, 1985; *Schramm*, Claims Made mit deutschen AGB vereinbar, VW 2008, 2071; *Schramm*, Das Anspruchserhebungsprinzip, 2009; *Seitz/Finkel/Klimke*, D&O-Versicherung, Kommentar zu den AVB-AVG, 2016; *Sommer*, Verzicht auf das Recht zur Arglistanfechtung in AGB/AVB – zur Rechtsprechung des BGH und ihrer Auswirkung auf die D&O-Versicherung, ZVersWiss 102 (2013), 491; *Staudinger*, Ausgewählte Probleme der D&O-Versicherung im Internationalen Zivilverfahrens-, Kollisions- und Sachrecht, in Lorenz (Hrsg.), Karlsruher Forum 2009, S. 41; *Terno*, Wirksamkeit von Kostenanrechnungsklauseln, r+s 2013, 577; *Thomas*, Bußgeldregress, Übelszufügung und D&O-Versicherung, NZG 2015, 1409; *Voit* in Prölss/Martin (Hrsg.), VVG, 29. Aufl. 2015; *Zimmermann*, Kartellrechtliche Bußgelder gegen Aktiengesellschaft und Vorstand: Rückgriffsmöglichkeiten, Schadensumfang und Verjährung, WM 2008, 433.

A. Kommentierte Verbandsbedingungen und moderne D&O-AVB

Die **Grundzüge der D&O-Versicherung** wurden bereits oben in § 18 dargestellt.[1] Es handelt sich um eine Vermögensschaden-Haftpflichtversicherung (s. E. IV., Rz. 19.33).[2] Sie basiert auf dem Anspruchserhebungsprinzip, d.h. die Erhebung des Schadenersatzanspruchs und nicht die Pflichtverletzung muss in die Versicherungsperiode fallen.[3] Sie schützt ehemalige

---

1 Vgl. oben *Sieg*, § 18 „D&O-Versicherung des Managers".
2 Oben *Sieg*, Rz. 18.13 ff.
3 Oben *Sieg*, Rz. 18.35 ff.

und gegenwärtige Organmitglieder und leitende Angestellte juristischer Personen bei Pflichtverletzungen im Rahmen ihrer Tätigkeit vor Ansprüchen Dritter und der Gesellschaft – sog. Side A.[1] Daneben gibt es eine Side B, die company reimbursement Deckung. Sie schützt die Gesellschaft, wenn diese ihre Manager von der Haftung freistellt und gewährt dieser dann die Rechte des Begünstigten der Side A (s. C., Rz. 19.20). Versicherte Gesellschaften sind die Versicherungsnehmerin und deren Tochterunternehmen.[2] Sie zahlen die Prämien, diese sind Betriebsausgaben und für den Abschluss der Versicherung ist nach der h.M. der Vorstand zuständig.[3] Es handelt sich um eine Versicherung für fremde Rechnung im Sinne der §§ 43 ff. VVG.[4] Die neugefassten §§ 105 und 108 VVG gestatten den versicherten Personen ein Anerkenntnis und die Abtretung, so dass sich bei Innenverhältnisansprüchen die Gesellschaft in einem Haftungs- und Deckungsprozess direkt an den D&O-Versicherer halten kann.[5] Der Gesetzgeber hat diese Konfusion bei der Neufassung des VVG übersehen und die D&O-Versicherung bisher auch nur einmal erwähnt. Dies geschah 2009 bei der Einführung des Pflichtselbstbehalts für Vorstände in § 93 Abs. 2 Satz 3 AktG.[6]

19.2 *Sieg* bezieht sich wie in der Literatur üblich auf die D&O-Bedingungen **AVB AVG 2013** des Gesamtverbandes der deutschen Versicherungswirtschaft (GDV). Dazu gibt es ausführliche Kommentierungen.[7] Diese AVB dienen den Mitgliedern des GDV, d.h. den Interessen der Versicherer. Ihr Verdienst ist eine Vereinheitlichung der Terminologie und Systematik. Die Dynamik des versicherten Risikos und der harte Wettbewerb der Versicherer führten dazu, dass diese Musterbedingungen durchschnittlich alle drei Jahre überarbeitet werden mussten.[8] Der GDV plant eine weitere Aktualisierung, um den Rückstand auf die besseren D&O-AVB der führenden Versicherer nicht allzu groß werden zu lassen. Die Dynamik des Marktes eilt hier der Arbeit des GDV stets weit voraus.

19.3 Die abgeschlossenen D&O-Policen haben ein Prämienvolumen von ca. 500 bis 750 Mio. Euro. Es gibt rund 30 D&O-Versicherer in Deutschland. Deren AVB ändern sich im Durchschnitt alle zwei Jahre. Ihre Terminologie und Struktur ist uneinheitlich. Einige Versicherer bieten mehrere D&O-AVB an für besondere Risiken (USA, Finanzdienstleister), Zielgruppen (firmenverbundene Versicherungsvermittler großer Konzerne, börsennotierte AGs, kleine und mittlere

---

1 Oben *Sieg*, Rz. 18.13.
2 Oben *Sieg*, Rz. 18.2 und 18.24.
3 S. oben *Krieger*, Rz. 3.59 m.w.N. mit einer Präferenz für den Aufsichtsrat.
4 Oben *Sieg*, Rz. 18.24 f.
5 Oben *Sieg*, Rz. 18.5, 18.26 und 18.56; ausführlich dazu und zur Diskussion um den faktischen Direktanspruch *Ihlas* in Langheid/Wandt, D&O-Versicherung, Rz. 386–400, 408–413, 422–423, 452–459 m.w.N.
6 Dazu oben *Sieg*, Rz. 18.67 und *Krieger*, Rz. 3.59.
7 Die bei Redaktionsschluss noch geltende Fassung der Allgemeine Versicherungsbedingungen für die Vermögensschaden-Haftpflichtversicherung von Aufsichtsräten, Vorständen und Geschäftsführern (AVB-AVG) auf dem Stand Mai 2013 findet sich unter http://www.gdv.de/wp-content/uploads/2014/07/GDV-Allg.-Versicherungsbedingungen_DandO_2013.pdf. Bei der irreführend als „Fassung Februar 2016" bezeichneten Version wurde lediglich in Ziffer 3.2 ein Wort (*„schriftlich"*) durch zwei Worte (*„in Textform"*) ersetzt. Umfangreiche Kommentierungen finden sich bei *Ihlas*, D&O, S. 321 ff. zu den AVB AVG 2008 und zu den AVB AVG 2013 bei *Seitz/Finkel/Klimke*, D&O Versicherung, S. 240 ff. sowie *Baumann/Gädtke/Henzler* in Bruck/Möller, AVB-AVG. Mit davon abweichenden Klauseln werden die AVB AVG 2013 ausführlich kommentiert von *Lange*, D&O-Versicherung und Managerhaftung und *Ihlas* in Langheid/Wandt, MünchKomm. VVG, Bd. 3, D&O-Versicherung.
8 Vgl. hierzu *Ihlas*, D&O, S. 43 ff.

Unternehmen, Stiftungen, Venture Capital, Private Equity etc., Versicherungsmakler) sowie Einzelpersonen (Selbstbehalts-V, Aufsichtsrats-V). Regelmäßig gibt es zu den AVB wiederum einige Dutzend **Klauseln**. Diese Dynamik fördert Innovationen und die Nähe zu den individuellen Wünschen der Versicherten. Sie verhindert aber Transparenz und Vergleichbarkeit, insbesondere hinsichtlich der Prämien. Diese fallen seit Jahren. Eine Million Euro Versicherungssumme kostet oft unter 1000 Euro.

Bei den Bedingungen gibt es einen allgemeinen **Qualitätsstandard**, der sich von 1986 bis heute mit Ausnahme der kurzen Marktverhärtung in den Jahren 2001–2004 ständig verbessert. Ohne kontinuierliche Optimierung durch Klauseln und erweiterte AVB alle zwei bis drei Jahre verlieren die D&O-Versicherer ihre Wettbewerbsfähigkeit. Die Deckungserweiterungen werden oft prämienneutral angeboten. Gelingt anfangs ausnahmsweise ein Prämienzuschlag, verschwindet dieser in den Folgejahren wieder unter dem Druck des Wettbewerbs. Dieser aktuelle Qualitätsstandard entspricht den AVB-AVG 2013 des GDV, auf deren Ziffern nachfolgend Bezug genommen wird, allerdings mit den folgenden wesentlichen und zahlreichen Erweiterungen:

19.4

Statt 18 Ausschlüssen (Ziff. 5.1–5.18) gibt es regelmäßig nur noch drei bis fünf Ausschlüsse (dazu H., Rz. 19.74). Zu den **in guten D&O-AVB gestrichenen Ausschlüssen** gehören heute:

19.5

– Herausgabe von Bezügen, Tantiemen oder sonstigen Vergütungselementen

– Produkte und Dienstleistungen der versicherten Unternehmen[1]

– Umwelteinwirkungen[2]

– Insiderhandel[3]

– Berufshaftpflicht

– Innenverhältnis[4]

  – Ansprüche versicherter Unternehmen gegen versicherte Personen, die von anderen versicherten Personen veranlasst, beschlossen oder anderweitig verursacht wurden[5]

  – Ansprüche versicherter Personen und ihrer Angehörigen untereinander

  – Konzerninterne Bereicherung[6] (der Schaden der versicherten Gesellschaft hat bei einer anderen Gesellschaft des Konzerns zu einem Vermögensvorteil geführt)

  – vor Beendigung des Arbeitsverhältnisses

  – nicht gerichtlich festgestellte Haftung

– im Zusammenhang mit fehlerhaften oder unzureichenden anderen Versicherungen

– Beleidigung, üble Nachrede

---

1 Vgl. zur Produkthaftung (inkl. Haftung für Dienstleistungen) unten *Harbarth*, Rz. 28.11 ff. und zur Haftung im Innenverhältnis Rz. 28.42.
2 Vgl. zur Umwelthaftung unten *Uwer*, Rz. 38.4 ff.
3 Vgl. zur Haftung für verbotene Insidergeschäfte unten *Krause*, Rz. 40.106 ff.
4 Zum Missbrauchsrisiko s. *Ihlas*, D&O, S. 472–527 und *Ihlas/Stute*, Phi 4/2003.
5 Vgl. zur Haftung gegenüber der GmbH/GmbH & Co. KG oben *Uwe H. Schneider*, § 2; zur AG oben *Krieger*, § 3; zur Genossenschaft oben *Weber*, § 4; zur SE oben *Teichmann*, § 5; zum Verein und zur Stiftung oben *Burgard*, § 6.
6 Zur Haftung im Konzern oben *Sven H. Schneider*, § 8 und *Uwe H. Schneider*, § 10.

- Geschäftsschädigung, unlauterer Wettbewerb
- Verletzung von Berufsgeheimnissen, Urheber-, Patent-, Warenzeichen-, Geschmacksmuster und vergleichbaren Immaterialgüterrechten
- Vertragsstrafen, Kautionen, Bußgeldern und Entschädigungen mit Strafcharakter (punitive und exemplary damages)
- Bestechungen, Schenkungen, Spenden oder ähnlichen Zuwendungen
- Spekulationsgeschäften[1]
- Einbußen bei Darlehen und Krediten
- Anfeindungen, Schikane, Belästigung, Ungleichbehandlung oder sonstigen Diskriminierungen
- Asbest
- bei Versicherungsbeginn anhängige Rechtsstreitigkeiten.

Die Streichung dieser Ausschlüsse bedeutet nicht automatisch, dass hier die Deckungsvoraussetzungen immer erfüllt sind. Manche Ausschlüsse dienen der Abgrenzung zu anderen vorrangigen Versicherungssparten. Das ist z.B. bei den D&O-Ausschlüssen für Produkte, Dienstleistungen, Umweltschäden, Berufshaftpflicht oder Diskriminierungen[2] der Fall. Gelegentlich handelt es sich bei den Ausschlüssen um Klarstellungen, wie z.B. bei Bereicherungsansprüchen, die nicht Gegenstand einer Haftpflichtversicherung sein können. Oft sind die gestrichenen Ausschlüsse auch Unterfälle des Ausschlusses der **wissentlichen Pflichtverletzung**, wie z.B. Insiderhandel, Beleidigung oder die Verletzung von Immaterialgüterrechten.

19.6 — Statt sich wie in der Betriebs- und Berufshaftpflicht üblich auf die „**gesetzlichen Haftpflichtbestimmungen privatrechtlichen Inhalts**" zu beziehen, ist die Beschränkung auf das Privatrecht entfallen. Das wurde dann erstmals mit Ziffer 1.1 Abs. 1 Satz 1 der AVB-AVG 2013 nachgeholt. Mit dieser Erweiterung wird die steuerrechtliche Haftung aus § 69 AO und die Haftung für die Nichtabführung der Arbeitnehmeranteile zur Sozialversicherung aus § 823 Abs. 2 BGB i.V.m. §§ 266 a und 15 StGB erfasst.[3] Weitergehend wird nur auf die „Haftung" abgestellt. Teilweise wird die Haftung für vertragliche Ansprüche versichert, sofern der Ersatzanspruch im gleichen Umfang auch aufgrund gesetzlicher Haftpflichtbestimmungen einredefrei besteht.

19.7 — Statt unbestimmt langer **Nachmeldefristen** gegen unbezifferte Zuschlagsprämien (Ziff. 3.2) gibt es teilweise fünf Jahre gratis-Nachmeldefristen und feste Zuschlagsprämien für eine Verlängerung bis hin zu 12 Jahren.

19.8 — Versichert werden auch **zukünftige** und nicht nur ehemalige und gegenwärtige **Mitglieder der Organe** (Vorsorgedeckung statt Ziff. 1.11).

---

[1] Für Kurssicherungsgeschäfte galt hier stets ein ausdrücklicher Wiedereinschluss, wenn sie betriebsüblich waren.
[2] Employment Practices Liability Insurance bzw. Allgemeine Gleichbehandlungsgesetz Policen.
[3] A.A. *Sieg* in Höra (Hrsg.), Münchener Anwaltshandbuch Versicherungsrecht, 4. Aufl. 2017 (angekündigt), § 17 Rz. 86, sowie *Baumann* in Bruck/Möller, Ziff. 1 AVB-AVG Rz. 42 und *Wax* in Gruber/Mitterlechner/Wax/Strzelbicka, S. 71 f., welche hier von einer privatrechtlichen Haftung ausgehen.

- Statt **Kenntnisausschluss** in der Rückwärtsdeckung bezogen auf alle versicherten Personen (Ziff. 3.1) eine Beschränkung auf die **Repräsentanten** oder lediglich auf den Unterzeichner des Fragebogens. 19.9

- Eine bei jeder Form der **Enthaftung** gegebene und nicht nur auf rechtlich zulässige Freistellungen von Drittansprüchen beschränkte company reimbursement Deckung (Ziff. 1.2). 19.10

- Begrenzung der anzeigepflichtigen gefahrdrohenden Umstände (Ziff. 7.3.1) auf benannte **Gefahrerhöhungen** (v.a. USA-Risiken, Börsengänge und M&A-Aktivitäten oberhalb von x% der Bilanzsumme, s. I., Rz. 19.89). 19.11

- Beschränkung der Rücktritts- und Kündigungsrechte des Versicherers (Ziff. 7.1.2, 7.2.2 und 8.1) durch fortbestehende Deckung für insoweit unbeteiligte Versicherte und nicht verheimlichte Risiken (sog. **Trennbarkeit/severability**-Regeln, s. I., Rz. 19.89). 19.12

- Keine Beschränkung auf Organmitglieder in der **EU** (Ziff. 1.1), sondern weltweite Geltung. 19.13

- Statt Ausschluss des **Eigenschadens** im Umfang des prozentualen Gesellschaftsanteils des Schädigers oder seiner Familie (Ziff. 4.2) unbeschränkte Deckung im Innenverhältnis. 19.14

- **Erweiterungen** des Umfangs der Versicherung v.a. im Vorfeld des Versicherungsfalls und bezüglich Annexdeckungen (s. F. III., Rz. 19.45 und IV., Rz. 19.51). 19.15

In diesem Beitrag sollen die aktuellen Fragen der D&O-Vertragsgestaltung behandelt werden. Das ist denknotwendig punktuell und nicht allumfassend. Die Länge der AVB nimmt ständig zu und entspricht heute schon der Länge dieses Beitrages. Aktuelle **vollständige D&O-AVB** findet man im Internet[1] oder erhält diese auf Anfrage von den Versicherern zugeschickt. Die inzwischen unübersichtlichen Bedingungen werden immer häufiger mit Lesehilfen ausgestattet. Inhalts- und Stichwortverzeichnisse sowie Definitionssammlungen von A-Z sollen die Produkte für den Verbraucher handhabbar machen. 19.16

B. Vertragsgestaltung ohne statistische Erfassung des Risikos

Dieser Beitrag beschränkt sich auf eine Auswahl der kritischen Punkte. Dabei ist ein Rückgriff auf **Statistiken** nicht möglich. Denn die statistische Erforschung des Risikos der Organhaftung ist bisher außerhalb der USA nicht gelungen. Die Versicherer versuchen primär, die Ursachen im Unternehmen zu prüfen. Risikobranchen und Unternehmen mit schlechter Finanz- und Ertragslage werden dann eingeschränkt oder gar nicht versichert. Einzelne Anspruchsgrundlagen können in die IT-Systeme nicht eingegeben werden, denn davon gibt es zu viele, die Verfahren dauern zu lange und eine präzise Auswertung der Schadenkorrespondenz würde zu aufwendig. Eine Ausnahme bildet da nur das Spitzenrisiko der Wertpapier- 19.17

---

1 GDV: http://www.gdv.de/wp-content/uploads/2014/07/GDV-Allg.-Versicherungsbedingungen_DandO_2013.pdf; Gothaer:http://www.makler.gothaer.de/media/projekt_makler-portal/produkte/shuk_geschaeftskunden/haftpflichtversicherungen/berufshaftpflicht/vov/20140516_avb_do.pdf; VOV: http://www.vovgmbh.de/fileadmin/user_upload/VOVDokumente/AVB-VOV_5.0.pdf; DUAL: http://www.dualdeutschland.com/fileadmin/user_upload/DUAL_AVBDO_2017_10_2016.pdf; R&V: https://ga.ruv.de/de/uec/bedingungen/aktuell/ruv-kfh_firmenkunden_haftpflicht_verbraucherinfo.pdf; Markel: http://www.markelinternational.de/Global/Overseas%20-%20Germany/Documents/Directors%20and%20officers_DandO/161104_Antragsmodell%20Markel%20Pro%20DundO_B.pdf.

haftung in den USA.[1] Denn die D&O-Prämie wird beim Einschluss dieses Risikos mindestens verdoppelt. Daher wird dieses Risiko nachhaltig und detailliert erfasst. In Deutschland hingegen ist nach über drei Jahrzehnten der D&O-Risikotragung immer noch streitig, ob die Haftung im Innen- oder Außenverhältnis größer ist.[2]

19.18 Die Versicherungswirtschaft selbst hat kein Interesse am Aufbau und der Pflege von Statistiken zur Organhaftung. Denn die so erstmals geschaffene **Transparenz** könnte das Geschäft noch mehr verderben, als dies dem Wettbewerb bisher schon gelungen ist. Die Durchführung von statistischen Erhebungen zu diesem Thema ist so kompliziert und komplex, dass für die entsprechenden Ressourcen alljährlich Kosten von einer halben Million Euro als Budget bereitgestellt werden müssten. Die Einnahmen aus dem Verkauf der Statistik sind zu gering. Das Zeitfenster für deren Verkauf ist wegen der nur kurz andauernden Aktualität der Ergebnisse zu klein. Damit wird die Durchführung der statistischen Erhebung zu einer gemeinnützigen Aktivität.[3] Die gewinnorientierten Marktteilnehmer haben dafür keine Zeit und würden wegen des Datenschutzes keine ausreichende statistische Basis erreichen.

19.19 Trotz des Fehlens einer Statistik hat der **Wettbewerb** die Frage, welches Risiko wieviel Prämie bei dessen Einschluss in die D&O-Police kostet, in den letzten Jahrzehnten sehr gut gelöst. Denn fast alle Risiken sind heute trotz fallender Prämien versichert.

Die Policen werden unter dem Druck des Wettbewerbs inzwischen mit zusätzlichen und teilweise seltsamen[4] Deckungselementen überfrachtet. Je länger die Policen, desto moderner sind sie. Da die Zeit zur Prüfung knapp ist, wird mit Besserstellungserklärungen gearbeitet. Entbehrliche Vertragselemente werden nicht beseitigt. Dennoch schleichen sich in diese unübersichtlichen Bedingungen gelegentlich einige wenige überraschende, unklare oder den Sinn und Zweck der Regelung gefährdende Passagen ein. Dies sind Denksportaufgaben des Verwenders, welche sich bei einer individuellen Vertragsgestaltung regelmäßig lösen lassen.[5]

C. Enthaftung, der zweite von drei Gegenständen der D&O-Versicherung

19.20 Eine D&O-Versicherung benötigt zwei Versicherungsgegenstände. Dies ist die **Managerhaftungs-**[6] und die **Firmenenthaftungsversicherung**. Sie werden auch als Side A und Side B

---

[1] S. zur Haftung bei Masseklagen oben *Hess*, § 17. Zur statistischen Erfassung v.a. des Wertpapierhaftungsrisikos in den USA zuletzt *LaCroix* unter http://www.dandodiary.com/2017/01/articles/securities-litigation/nera-economic-consulting-record-number-securities-suit-filings-2016/ sowie http://www.nera.com/publications/archive/2017/recent-trends-in-securities-class-action-litigation–2016-full-y.html und https://law.stanford.edu/stanford-securities-litigation-analytics-ssla/ und https://www.cornerstone.com/Publications/Press-Releases/Securities-Class-Action-Filings-Highest-Level-20-Years/.
[2] *Ihlas*, D&O, S. 489–494.
[3] S. *Ihlas*, D&O, S. 26–31 mit den Hinweisen zu den Tabellen und Abbildungen aus der mit *Towers/Perrin* 2007 durchgeführten umfangreichsten D&O-Statistik, welche bereits 2008 eingestellt wurde (dazu a.a.O. S. 127 ff.).
[4] So können beispielsweise die Kosten für den Medikamententransport versichert werden.
[5] Zu *priority of payment* Klauseln s. G. II., Rz. 19.64.
[6] Vgl. zur Haftung für Pflichtverletzungen in der GmbH/GmbH & Co. KG oben *Uwe H. Schneider*, Rz. 2.6 ff.; zur Haftung für Pflichtverletzungen in der AG oben *Krieger*, Rz. 3.4 ff.; zur Haftung für Pflichtverletzungen in der Genossenschaft oben *Weber*, Rz. 4.7 ff.; zur Haftung für Pflichtverletzungen in der Europäischen Gesellschaft (SE) oben *Teichmann*, Rz. 5.17 ff.; zur Haftung für Pflichtverletzungen in Verein und Stiftung oben *Burgard*, Rz. 6.5 ff.; zur Vorstands- und Geschäfts-

oder als **Clause 1** und **Clause 2** bezeichnet. Die **Side A** deckt für die versicherten Personen deren Haftungen im Innenverhältnis sowie die Haftung im Außenverhältnis, von welcher sie durch ihre juristische Person nicht freigestellt werden. Die **Side B** oder Clause 2 wird überwiegend als **company reimbursement** bezeichnet.[1] Mit der deutschen Bezeichnung Firmen-Enthaftungsversicherung wird der Oberbegriff der **Enthaftung** des Managements[2] betont. Dieser umfasst den Verzicht, die Freistellung, die Entlastung und den Vergleich. Die Policen beschränken sich ebenso wie die Literatur überwiegend auf den Begriff der **Freistellung**.[3] In den Policen wird dieser Begriff nicht definiert. Die Freistellung von der Haftpflichtschuld der versicherten Person erfolgt durch die Zahlung der versicherten Unternehmen oder den Versicherer an die Gläubiger.[4] Die Freistellung kann auch nur teilweise erfolgen. Einige AVB schränken die Side B sogar noch weiter ein und verlangen eine „rechtlich zulässige Freistellung". Eine unzulässige Freistellung führt dann zum Fortfall der Deckungsvoraussetzungen von Side A und Side B gleichzeitig. Es ist daher empfehlenswert, alle Fälle der Enthaftung im Gegenstand der Side B aufzuführen.

D. Der dritte Versicherungsgegenstand: Reine Unternehmensdeckung und Prospekthaftungsversicherung

Dieser kurz auch als **Side C** bezeichnete Gegenstand der D&O-Versicherung ist immer sublimitiert. Erfasst werden Ansprüche, welche nur gegen die juristische Person erhoben werden. Regelmäßig geht es dabei um die Wertpapierhaftung: 19.21

Unternehmens-Wertpapier-Deckung Side C

Der Versicherer bietet Versicherungsschutz für Versicherungsfälle, wenn innerhalb der Vertragslaufzeit oder einer sich daran anschließenden Nachmeldefrist ... gegen die Versicherungsnehmerin oder deren Tochterunternehmen im Zusammenhang mit dem Handel von Wertpapieren dieser Gesellschaften ein Anspruch erstmalig geltend gemacht wird. Handel in diesem Sinne bedeutet den Kauf oder Verkauf eines Wertpapiers, das Angebot dazu sowie die Einladung zur Abgabe eines diesbezüglichen Angebots. Börsengänge und Zweitplatzierungen (sog. Initial oder Secondary Public Offerings; abgekürzt IPO bzw. SPO) sind ausgeschlossen. Ihr Einschluss bedarf der besonderen Vereinbarung. Wertpapiere in diesem Sinne sind Aktien, aktienvertretende Zertifikate, Schuldverschreibungen, Genussscheine, Optionsscheine und andere Wertpapiere, welche mit Aktien oder Schuldverschreibungen vergleichbar sind, wenn sie an einem Markt gehandelt werden können.

Kommt es zu einem IPO oder SPO, dann wird das Emissionsrisiko mit dem Beginn der Roadshows aus der D&O-Police ausgeschlossen und über eine **Prospekthaftpflichtversicherung** abgesichert.[5] Sie wird auch kurz IPO-Police oder POSI genannt[6] und deckt das Prospekthaftungsrisiko des emittierenden Unternehmens, seiner Organe sowie der mitversicherten weiteren Dienstleister, denn gegenüber den beteiligten Banken, Rechtsanwälten und Wirtschaftsprüfern hat sich der Emittent regelmäßig zur Freistellung verpflichtet. Anders als 19.22

---

führerhaftung im Konzern oben *Sven H. Schneider*, Rz. 8.12 ff.; zur Aufsichtsratshaftung im Konzern oben *Uwe H. Schneider*, Rz. 10.5 ff.
1 AVB-AVG § 1 Abs. 2.
2 *Ihlas*, Organhaftung, S. 220 ff., 335; *Bastuck*, Enthaftung des Managements (Diss.).
3 Vgl. zum Zusammenspiel von Freistellung und D&O-Versicherung ausführlich *Thomas*, Die Haftungsfreistellung von Organmitgliedern.
4 *Lange*, D&O, § 20 Rz. 22 ff.
5 Hierzu *Hahn*, VersR 2012, 393 und *Ihlas* in Langheid/Wandt, D&O-Versicherung, Rz. 82 ff.
6 IPO für Initial Public Offering und POSI für Public Offering of Securities Insurance (POSI) oder auch Wertpapier-Haftpflicht-Versicherung.

die D&O-Police hat diese Projektdeckung eine Laufzeit je nach Verjährung von 3, 5, 6 oder 11 Jahren. Die Emission von Wertpapieren ist eine anzeigepflichtige Gefahrerhöhung der D&O-Police (s. I., Rz. 19.90). Die Kosten für diese Police werden als einmalige Emissionskosten und nicht als wiederkehrende Versicherungskosten verbucht. Die Prospekthaftpflichtversicherung deckt v.a. das Haftungsrisiko des Emittenten ab. Das Side C Sublimit aus der D&O ist dafür zu gering. Mit Blick auf das Anspruchserhebungsprinzip ist die Herauslösung des Vorbereitungsrisikos aus der D&O und die Rückwärtsdeckung unter der POSI viel schwieriger als der unten beschriebene Wechsel eines Versicherers (F. II., Rz. 19.38). Die Praxis vermeidet daher den Wechsel des Versicherers und baut das POSI-Konsortium parallel zum D&O-Konsortium auf. Der Verzicht auf Wettbewerb hat seinen Preis.

Mit der Aufnahme einer Side C entfernt sich die D&O Police von der reinen Managerhaftung. Dies kann bei unzureichenden Versicherungssummen die Verteilungskonflikte verschärfen.

19.23 Inzwischen haben sich hier einige **Side C Deckungserweiterungen** hinzugesellt, welche die Rechtskosten versichern, die von den Gesellschaften zu tragen sind:

– faute non séparable
– corporate manslaughter
– Firmenstellungnahme
– regulatory investigations
– internal investigations
– Organisationsrechtsschutz für Vereine und Stiftungen.

Diese Bausteine werden unten im Kapitel F. IV., Rz. 19.51, erläutert.

19.24 Die Frage, ob die D&O-Versicherung primär den Managern oder den Gesellschaften nützt, war bereits in anderem Zusammenhang vom BFM[1] zugunsten der Unternehmen beantwortet worden. Es ging dabei um die Frage, ob die arbeitgeberseitig finanzierten D&O-Prämien Betriebsausgaben sind. Dies wird von der Finanzverwaltung und der h.M. bejaht.

E. Definitionen

19.25 Den Definitionen wird in den D&O-AVB fast immer ein eigenes Kapitel gewidmet. Häufig wird durch Fettschrift hervorgehoben, dass dieses Wort im **Definitionsteil** definiert ist. Traditionell werden hier Deckungserweiterungen und Ausschlüsse integriert, welche über den Empfängerhorizont hinausgehen. Der ständige Wechsel zwischen dem Definitionsteil und dem sonstigen Text der AVB ist lästig. Fehlt ein Definitionsteil, wird die Arbeit mit den Verträgen noch mühsamer.

Hier sollen nur die wichtigsten Definitionen kurz erwähnt werden:

I. Pauschaler Einschluss aller Tochterunternehmen

19.26 Die D&O-AVB schließen pauschal alle **Tochterunternehmen** ein. Dies sind Unternehmen, bei denen die Versicherungsnehmerin unmittelbar oder mittelbar im Sinne der aktuellen

---

[1] Aktenzeichen – IV C 5-S 2332-8/02 – abgedruckt in DB 2002, 399. Zur damaligen Diskussion *Ihlas*, D&O, S. 586 ff.

§§ 290 Abs. 1 und 2, 271 Abs. 2 HGB oder vergleichbare Gesellschaftsformen nach ausländischem Recht, einen beherrschenden Einfluss ausüben kann. Die Definitionen wiederholen dann die Hauptfälle, in denen das HGB a.a.O. einen beherrschenden Einfluss bejaht, d.h. stichwortartig die Stimmenmehrheit, die Beherrschungsverträge und das Recht, die Mehrheit des Kontrollorgans zu stellen. Verhandlungssache ist der Einschluss der Zweckgesellschaften und v.a. der Joint Ventures. Weitere Gesellschaften wie v.a. Fonds-, Portfoliogesellschaften[1], Gesellschaften, welche ihrerseits Anteile an der Versicherungsnehmerin halten, sowie Minderheitsbeteiligungen können im Wege der Einzelfallvereinbarung und namentlichen Benennung im Versicherungsschein dem Kreis der pauschal versicherten Tochterunternehmen hinzugefügt werden.

Neuhinzukommende und neugegründete Tochterunternehmen sind vom Versicherungsschutz automatisch erfasst, sofern keine anzeigepflichtige Gefahrerhöhung vorliegt.[2] Für solche anzeigepflichtigen neuhinzukommenden oder neugegründeten Tochterunternehmen besteht bedingungsgemäß üblicherweise zunächst ein vorläufiger Versicherungsschutz für ein bis drei Monate ab dem Zeitpunkt des Beherrschungswechsels. In dieser Zeit kann eine unbefristete Deckung vereinbart werden, wenn sich die Parteien nach der Risikoprüfung auf eine Prämie und die Bedingungen einigen können.[3] Anderenfalls entfällt der vorläufige Versicherungsschutz rückwirkend. Der Abschluss einer Rückwärtsversicherung für vor dem Zeitpunkt des Beherrschungswechsels begangene Pflichtverletzungen ist grundsätzlich nicht empfehlenswert. Im Einzelfall können Deckungserweiterung auf mitversicherte Gesellschaften vereinbart werden.[4] Diese werden entweder auf Wunsch der Versicherungsnehmerin komplett versichert oder es werden nur externe Mandate der sog. „Outside Directors" versichert. Die sogenannte **Outside Directors Liability** (**ODL**) Klausel soll dabei eigene Organmitglieder für ihre Tätigkeit in Joint Ventures, Minderheitsbeteiligungen, Fondsgesellschaften und Portfoliogesellschaften versichern.[5]

19.27

II. Weiter Kreis von versicherten Personen

Der Kreis der versicherten Personen wächst ständig.[6] Dazu gehören heute sämtliche nachfolgend aufgeführte natürliche Personen in ihrer Position bei der Versicherungsnehmerin und/oder deren Tochterunternehmen. Versicherungsschutz besteht auch für Personen mit Funktionen, die den nachstehend genannten Mandaten in ausländischen Rechtsordnungen vergleichbar sind, wie z.B. non-executive directors oder shadow directors. Der Hinweis „in ihrer Tätigkeit/Funktion" ist dann als Abgrenzung zur Berufshaftpflicht zu verstehen. M.a.W. ist z.B. ein Rechtsanwalt im Aufsichtsrat als Aufsichtsrat versichert, nicht hingegen bei seiner Tätigkeit als Rechtsanwalt.

19.28

Versicherte Personen sind ehemalige, gegenwärtige oder zukünftige

19.29

– Mitglieder der geschäftsführenden Organe,

– Mitglieder der Aufsichts- und Kontrollorgane,

---

1 Seitz/Finkel/Klimke, D&O-Versicherung, AVB-AVG Ziff. 1 Rz. 196 ff.
2 Ausführlich dazu Ihlas in Langheid/Wandt, D&O-Versicherung, Rz. 114 ff.
3 Ausführlich dazu Ihlas in Langheid/Wandt, D&O-Versicherung, Rz. 116 ff.
4 Vgl. dazu Seitz/Finkel/Klimke, D&O-Versicherung, AVB-AVG Ziff. 1 Rz. 196 ff.
5 Ausführlich dazu Ihlas in Langheid/Wandt, D&O-Versicherung, Rz. 162 ff.
6 Ausführlich dazu Ihlas in Langheid/Wandt, D&O-Versicherung, Rz. 150 ff.

- Interimsmanager,

- bestellte Liquidatoren, soweit diese im Rahmen einer freiwilligen Liquidation der Versicherungsnehmerin oder eines Tochterunternehmens, jedoch außerhalb eines Insolvenzverfahrens gem. §§ 16 ff. InsO tätig werden,

- Stellvertreter,

- ständige Vertreter (§ 13e HGB), besondere Vertreter (§§ 30, 86 BGB), Mitglieder der Vertreterversammlung (§ 43 GenG) und Gesellschafter,

- Generalbevollmächtigte,

- Mitarbeiter, soweit diese zusammen mit den oben genannten versicherten Personen in Anspruch genommen werden, sowie Mitarbeiter, soweit diese auf Weisung oder im Auftrag der vorbezeichneten versicherten Personen für diese stellvertretend tätig sind und

- leitende Angestellte, Prokuristen sowie Officer gemäß Common Law und Compliance Beauftragte.

19.30 Den versicherten Personen gleichgestellt sind

- deren Familienmitglieder, sofern diese für Pflichtverletzungen der versicherten Personen in Anspruch genommen werden oder auch

- deren Erben und gesetzliche Vertreter, sofern diese für Pflichtverletzungen der versicherten Personen in Anspruch genommen werden, welche vor deren Tod, Urteilsunfähigkeit, Zahlungsunfähigkeit oder Insolvenz begangen wurden.

19.31 Es fragt sich somit, wer bisher (noch) nicht in den Kreis der versicherten Personen einbezogen wurde. Hier sind die Gesellschafter und Aktionäre, Arbeiter, Sonderprüfer gem. § 142 AktG[1] und besondere Vertreter nach § 147 Abs. 2 AktG[2] zu nennen.

III. Fremdmandate

19.32 Versicherungsschutz besteht auch bei Schadensersatzansprüchen gegen versicherte Personen oder sonstige Angestellte der versicherten Unternehmen, wenn ihnen Pflichtverletzungen bei der Ausübung von Fremdmandaten[3] vorgeworfen werden. Solche auch als **outside directorships (ODL)** bezeichneten Mandate werden außerhalb des Kreises der mitversicherten Gesellschaften wahrgenommen. Meist handelt es sich um eine Tätigkeit im Kontrollorgan. Entscheidend ist, dass dieses **Fremdmandat** aufgrund einer Weisung der Versicherungsnehmerin oder eines Tochterunternehmens übernommen wurde. Die Frage, wie viele solcher Fremdmandate bestehen, können die Versicherungsnehmerinnen oft nicht mit Sicherheit beantworten. Vorwiegend werden solche Fremdmandate pauschal ohne namentliche Benennung mitversichert. Unproblematisch mitversichert werden Tätigkeiten bei gemeinnützigen Unternehmen. Ausgeschlossen werden Fremdmandate bei Banken, Versicherungen und sonstigen Finanzdienstleistern, börsennotierten Gesellschaften und bei Unternehmen mit Sitz in den USA. Die Leistungspflicht des Versicherers ist pro Versicherungsjahr auf ein Sublimit begrenzt. Dieses ist deutlich kleiner als die Versicherungssumme und wird auf diese angerechnet. Dadurch soll

---

1 *Ihlas* in Langheid/Wandt, D&O-Versicherung, Rz. 189.
2 Einen kritischen Erfahrungsbericht dazu gibt *Uwe H. Schneider*, ZIP 2013, 1985.
3 Ausführlich zu Fremdmandaten *Ihlas* in Langheid/Wandt, D&O-Versicherung, Rz. 162 ff.

verhindert werden, dass auf Nebenschauplätzen die Versicherungssumme für das Mutter- und die Tochterunternehmen verbraucht wird.

IV. Erweiterte Vermögensschäden

Die Begrenzung des Gegenstandes der D&O-Versicherung auf die Vermögensschäden ist versicherungstechnisch eine Abgrenzung zu den allgemeinen Haftpflichtversicherungen für das Betriebs-, Umwelt- und Produktrisiko. Denn dort geht es um die Personen- und Sachschäden. Die in der D&O versicherten **Vermögensschäden** sind hingegen nur solche Schäden, die weder Personen- noch Sachschäden sind noch sich aus solchen Schäden herleiten. 19.33

Die **erweiterte Definition Vermögensschäden** erfasst auch solche Schäden, 19.34

– die aus einem Personen- oder Sachschaden folgen, soweit die Pflichtverletzung der versicherten Person nicht für den Personen- oder Sachschaden, sondern ausschließlich für den damit im Zusammenhang stehenden Vermögensschaden ursächlich war oder

– in Form von Folgeschäden der Versicherungsnehmerin oder eines Tochterunternehmens als entgangenem Gewinn.

F. Anspruchserhebungsprinzip

I. Drei Elemente des Anspruchserhebungsprinzips

Allen Bedingungswerken sind Hinweise in Fettschrift vorangestellt. Sie teilen mit, dass der Police das Anspruchserhebungsprinzip (**Claims-made-Prinzip**) zugrunde liegt. Danach ist der Versicherungsfall die erstmalige Geltendmachung eines Haftpflichtanspruchs gegen eine versicherte Person während der Dauer des Versicherungsvertrages.[1] 19.35

Das **Anspruchserhebungsprinzip** wird von der Rechtsprechung und Literatur anerkannt. Die vom OLG München[2] als wesentlich festgestellten drei Bestandteile dieses Prinzips sind die Nachmeldefrist, die Rückwärtsversicherung und die Umstandsmeldung. Sie finden sich heute in allen AVB, allerdings in unterschiedlicher Qualität. 19.36

Der Text der **drei Komponenten des Anspruchserhebungsprinzips** lautet verkürzt: 19.37

Rückwärtsdeckung für vorvertragliche Pflichtverletzungen[3]

Der Versicherungsschutz erstreckt sich auch auf Versicherungsfälle aufgrund von vor Vertragsbeginn begangenen Pflichtverletzungen. Dies gilt jedoch nicht für solche Pflichtverletzungen, die eine versicherte Person bei Abschluss dieses Versicherungsvertrages kannte.

Nachmeldefrist für Anspruchserhebungen nach Vertragsbeendigung[4]

---

1 Zur allgemeinen Anerkennung des Anspruchserhebungsprinzips s. OLG München v. 8.5.2009 – 25 U 5136/08, VersR 2009, 1066; *Voit* in Prölss/Martin, AVB-AVG Ziff. 2 Rz. 1b; *Koch*, VersR 2011, 295; *Schramm*, Das Anspruchserhebungsprinzip, S. 112 und *Schramm*, VW 2008, 2071; *Staudinger*, S. 41, 82.
2 OLG München v. 8.5.2009 – 25 U 5136/08, VersR 2009, 1066.
3 Vgl. hierzu *Ihlas* in Langheid/Wandt, D&O-Versicherung, Rz. 305 ff.
4 Vgl. hierzu *Ihlas* in Langheid/Wandt, D&O-Versicherung, Rz. 313 ff.

Der Versicherungsschutz umfasst auch solche Anspruchserhebungen, die auf Pflichtverletzungen beruhen, die bis zur Beendigung des Versicherungsvertrages begangen und innerhalb eines Zeitraums von ... Jahren nach Beendigung des Versicherungsvertrages erhoben und dem Versicherer gemeldet worden sind.

Meldung von Umständen (Notice of Circumstance – Regelung)[1]

Die versicherten Personen und die versicherten Unternehmen haben die Möglichkeit, dem Versicherer bis 6 Monate nach Vertragsbeendigung konkrete Umstände zu melden, die eine Inanspruchnahme der versicherten Personen hinreichend wahrscheinlich erscheinen lassen. Im Fall einer tatsächlichen späteren Inanspruchnahme gilt die Inanspruchnahme als zu dem Zeitpunkt der Meldung der Umstände erfolgt.

II. Wechsel des Versicherers

19.38 Ein reibungsloser Wechsel des Versicherers ist aufgrund der sehr unterschiedlichen Ausgestaltung dieser drei Komponenten in den jeweiligen Policen regelmäßig nicht möglich. Stets müssen alle zeitlichen Schnittstellen individuell geprüft und soweit möglich angepasst werden. Prämienunterschiede zwischen der alten und der neuen Police lassen sich über die Konfiguration dieser zeitlichen Komponenten beliebig herbeiführen, ohne dass der Laie dies schnell und einfach erkennen kann.

19.39 Die meisten AVB enthalten die folgende Standard-Regelung „**Anderweitige Versicherungen**":

„Besteht für einen unter diesem Versicherungsvertrag geltend gemachten Schaden auch unter einem anderen Versicherungsvertrag Versicherungsschutz, so steht diese Versicherung nur im Anschluss an die Versicherungssumme der anderen Versicherung zur Verfügung."[2]

19.40 Hier fehlt die empfehlenswerte Vereinbarung einer **einfachen Subsidiarität**. Soll nun die Rückwärtsdeckung oder die Nachmeldefrist vorrangig sein? Soll die nachrangige Versicherung unzureichende Versicherungssummen[3] oder Bedingungslücken[4] der vorrangigen Versicherung ausgleichen? Ist ein Vorrangverhältnis nicht vereinbart, kommt es zu einer Doppelversicherung. Rechtsprechung hierzu gibt es noch nicht.

19.41 **Anpassungsbedarf beim Neuvertrag** besteht beim Wechsel des Versicherers auch in vielen anderen Bereichen des Anspruchserhebungsprinzips. Dabei sind die Nachmeldefrist, Rückwärtsversicherung und Umstandsmeldung nicht die einzigen Stellschrauben:

– Das **Kontinuitätsdatum** muss vom Vorversicherer übernommen werden. Es steht im Versicherungsschein und betrifft den Zeitpunkt der für die Rückwärtsdeckung schädlichen Kenntnis von Pflichtverletzungen. Regelmäßig ist dies das Datum der Unterzeichnung des Fragebogens oder des Beginns der ersten D&O-Police.

– Die Kontinuität soll verhindern, dass zeitliche Lücken entstehen, welche den Kenntnisausschluss aktivieren („Kenntnis bei **Versicherungsbeginn** ..."). Versicherungsbeginn und -ablauf sind also am gleichen Tage auf die Minute genau zu vereinbaren. Einige Versicherer bevorzugen hier 12:00 und andere 24:00.

---

1 Ausführlich dazu *Ihlas* in Langheid/Wandt, D&O-Versicherung, Rz. 253 ff.
2 Ausführlich dazu *Ihlas* in Langheid/Wandt, D&O-Versicherung, Rz. 559 ff.
3 Dies regeln Difference in Limit (DIL) bzw. Summenergänzungs-Vereinbarungen.
4 Dafür gibt es Difference in Conditions (DIC) bzw. Konditionsdifferenz-Vereinbarungen.

- **Umstandswissen** kann eine vorsorgliche Anzeige gegenüber dem alten Versicherer empfehlenswert machen. Hier kann z.B. ein kritischer Medienbeitrag oder die Frage des Versicherers den Anlass geben.

- Die übliche Formulierung des neuen Versicherers, die Deckung „**frei von bekannten Schäden**" zu bestätigen, muss abgelehnt werden.

- **Repräsentanten**-Klauseln, welche den Kreis der Wissensträger einengen, deren Kenntnis oder Obliegenheitsverletzung deckungsschädlich anderen Versicherten zugerechnet werden darf, müssen verglichen und angeglichen werden.

- Auch die **Kenntnisausschlüsse** dürfen keine Verschlechterung beinhalten.

- Aktuelle Fragebögen des neuen Versicherers sind durch Vereinbarung der Geltung des dem alten Versicherer gegenüber eingereichten Fragebogens zurückzuweisen.

- Die wichtigste Frage in dem Fragebogen ist die sogenannte **Erklärung zur Rückwärtsversicherung**. Sie wird auch als **Warranty Statement** bezeichnet. Der Unterzeichner erklärt damit, keine Kenntnis von Pflichtverletzungen oder sonstigen Umständen zu haben, die nach Versicherungsbeginn zu Schadenersatzansprüchen führen könnten. Die Formulierungen sind auf seine Kenntnis und eine Zurechnung nur ihm gegenüber einzuschränken. Umfassende Garantieerklärungen des Unterzeichners des Fragebogens für alle versicherten Personen und Gesellschaften sind reduktionsbedürftig. Anzustreben ist die sogenannte *severability under the application*.

- Letztlich sind im alten und neuen Vertrag die Regelungen zur Rückwärtsdeckung, Nachmeldefrist und Umstandsmeldung[1] genau zu prüfen. Denn auch hier gibt es jeweils viele Unterschiede in wesentlichen Details:
  - Bei der **Rückwärtsversicherung** ist fraglich, wessen Kenntnis schädlich ist, ob auch ein Kennenmüssen reicht, ob es Laufzeitbegrenzungen gibt, ob sie für Innen- oder nur für Außenverhältnisansprüche gilt und wie die Konkurrenz zur Nachmeldefrist geregelt ist.
  - Bei der **Nachmeldefrist** wird der Abstimmungsbedarf noch größer: Sie kann prämienfrei oder zuschlagspflichtig sein. Sie kann zwischen drei Monaten und zwölf Jahren dauern. Ist sie vor- oder nachrangig zur Rückwärtsversicherung? Erlischt sie gar mit dem Beginn der Anschlussdeckung? Kann sie nur bei einer Kündigung des Versicherers oder auch bei einer Kündigung durch die Versicherungsnehmerin erworben werden? Wird sie auch bei einer Verschmelzung oder einer Übernahme der Versicherungsnehmerin gewährt? Gibt es eine unverfallbare Mindestnachmeldefrist? Welche Modalitäten regeln deren Verlängerung, z.B. Höhe der Prämienzuschläge, Zahlungsfristen, einseitiges Gestaltungsrecht oder Verhandlungssache? Was gilt im Falle einer Verschmelzung, Insolvenz oder Übernahme der Versicherungsnehmerin oder eines Tochterunternehmens? Gibt es für Ruheständler und Arbeitsunfähige eine persönliche unverfallbare Nachmeldefrist?
  - Die **Umstandsmeldungen** sind nicht so abwechslungsreich ausgestaltet. Auch hier ist aber sorgfältig zu prüfen, wer von wann bis wann Umstände anzeigen darf und ob es Verfallsgründe gibt.

---

1 Dazu vgl. *Ihlas* in Langheid/Wandt, D&O-Versicherung, Rz. 305 ff. zur Rückwärtsversicherung, Rz. 313 ff. zur Nachmeldefrist und Rz. 253 ff. zur Umstandsmeldung.

19.42 Die Ausgestaltung der Anschlusspolice kann dazu führen, dass deren Prämie mehr als halbiert wird, weil in der Zeit nach dem Wechsel das Hauptrisiko weiterhin beim alten Versicherer verbleibt. Der Leistungsvergleich wird so schwierig. Fast immer geht es beim Wechsel des Versicherers primär um die Höhe der Prämie im nächsten Jahr. Eine technische Argumentation zu den zeitlichen Lücken und einer optimalen Kontinuität der Anschlusspolice hat hier gegenüber einem **Preisvergleich** kaum eine Chance.

III. Kostenübernahme vor Versicherungsfall und Umstandsmeldungen

19.43 Wird gegen die versicherte Person ein Anspruch schriftlich erhoben oder wird gegenüber dem versicherten Unternehmen schriftlich behauptet, dass ein solcher Anspruch bestünde, dann liegt ein **Versicherungsfall** vor. Dies führt zur Zuordnung des Schadens zu einer Versicherungsperiode und damit zur Anrechnung auf deren Versicherungssumme. Weiterhin sind die Obliegenheiten im Versicherungsfall zu erfüllen.

19.44 Zum Claims-made-Prinzip gehören auch die **Umstandsmeldungen**. Die versicherten Personen und die versicherten Unternehmen haben die Möglichkeit, dem Versicherer konkrete Umstände zu melden, die eine Inanspruchnahme der versicherten Personen hinreichend wahrscheinlich erscheinen lassen. Wenn die sonstigen Voraussetzungen der AVB wie v.a. Fristen und Konkretisierung mit der Umstandsmeldung erfüllt werden, dann wird im Fall einer tatsächlichen späteren Inanspruchnahme diese vorsorgliche Meldung als Anzeige eines Versicherungsfalls fingiert.[1]

19.45 Moderne D&O-AVB enthalten hier im Vergleich zu den AVB AVG viele **Deckungserweiterungen**, die bereits vor Eintritt des Versicherungsfalls beansprucht werden können. Wie sich diese Kostenbausteine dann zu Versicherungsfällen oder Umstandsmeldungen verhalten, bleibt fast immer ungeregelt. Das ist bedenklich, denn die Abgabe einer Umstandsmeldung oder die Anzeige eines Versicherungsfalls ist innerhalb der Unternehmen ein hochpolitischer Schritt, der sorgfältig abgewogen wird und dann oft bewusst nicht erfolgt, jedenfalls nicht spontan. Die **Kostenbausteine** bezwecken oft eine schnelle individuelle Abwehr. Das beinhaltet dann die Gefahr, dass die Police unkontrolliert getriggert wird. Die folgenden Kostenbausteine, die immer der Höhe nach sublimitiert sind[2], seien hier beispielsweise angesprochen:

19.46 **Eil-/Notfallkosten**

Kann die vorherige Zustimmung des Versicherers zur Aufwendung von Abwehrkosten nicht binnen angemessener Zeit eingeholt werden, übernimmt der Versicherer die notwendigen Kosten für eine rechtzeitige und angemessene Abwehr und Verteidigung und wird diese rückwirkend genehmigen und erstatten.

19.47 **Straf-/Ordnungswidrigkeits-/Standes-/Disziplinarrechtliches Verfahren**

Wird in einem Straf- oder Ordnungswidrigkeitenverfahren[3] oder in einem Disziplinar- und standesrechtlichen Verfahren, welches während der Versicherungsperiode erstmals eingeleitet worden ist, wegen einer Pflichtverletzung, welche einen unter den Versicherungsschutz dieses Versicherungsver-

---

1 Ausführlich dazu *Ihlas* in Langheid/Wandt, D&O-Versicherung, Rz. 253 ff.
2 Die übliche Formulierung lautet: „Hierfür steht ein Sublimit im Rahmen der Versicherungssumme i.H. von Euro …/…% zur Verfügung."
3 Die auch in § 104 Abs. 2 Satz 2 VVG geregelte Anzeigepflicht im Zusammenhang mit Ermittlungsverfahren führt ohne eine solche Erweiterung nicht zur Übernahme der Kosten des Strafverteidi-

trages fallenden Haftpflichtanspruch zur Folge haben kann, die Bestellung eines Verteidigers bzw. Rechtsanwalts für die versicherte Person notwendig, so trägt der Versicherer die notwendigen und angemessenen Kosten der Verteidigung bzw. der anwaltlichen Vertretung.[1] Der Versicherungsschutz umfasst in einem Versicherungsfall auch die unmittelbaren Kosten für die Stellung einer straf- oder zivilrechtlichen Sicherheitsleistung. Droht im weiteren Verlauf die Erhebung eines Anspruchs auf Ersatz eines Vermögensschadens, werden diese Kosten schon vor der Verfahrenseinleitung bzw. Eröffnung übernommen.

Arrestverfahren/Beschlagnahme/Ausübungsverbot 19.48

Wird hinsichtlich einer versicherten Person im Zusammenhang mit ihrer Tätigkeit als versicherte Person gerichtlich

– ein persönliches oder dingliches Arrestverfahren oder ein vergleichbares Verfahren nach ausländischem Recht angeordnet,

– ein Vermögensgegenstand konfisziert, entzogen oder beschlagnahmt oder

– ein Verbot der Ausübung dieser Tätigkeit erlassen,

so übernimmt der Versicherer die notwendigen und angemessenen Kosten der Verteidigung der versicherten Personen.

Vorbeugende Rechtskosten/Abwendungskosten 19.49

Bei Eintritt eines der folgenden Ereignisse während der Dauer des Versicherungsvertrags übernimmt der Versicherer die damit verbundenen Abwehrkosten einer versicherten Person, die durch Beauftragung eines Rechtsanwalts zur Wahrnehmung ihrer Interessen erfolgen, sofern hieraus ein gedeckter Versicherungsfall wahrscheinlich entstehen könnte:

– eine Haupt- oder Gesellschafterversammlung hat beschlossen, dass Ansprüche eines versicherten Unternehmens oder einer Drittgesellschaft gegen eine versicherte Person geltend gemacht werden müssen[2];

– die Hauptversammlung bestellt nach § 147 Abs. 2 AktG oder einer vergleichbaren ausländischen Rechtsvorschrift besondere Vertreter zur Geltendmachung von Ansprüchen eines versicherten Unternehmens gegen eine versicherte Person[3];

– Aktionäre haben ein Klagezulassungsverfahren nach § 148 Abs. 1 AktG oder einer vergleichbaren ausländischen Rechtsvorschrift wegen Ansprüchen gegen versicherte Personen beantragt[4];

– Aktionäre eines versicherten Unternehmens oder einer Drittgesellschaft fordern schriftlich dazu auf, einen Anspruch gegen eine versicherte Person geltend zu machen;

– Bestellung eines Sonderprüfers nach § 142 AktG oder einer vergleichbaren ausländischen Rechtsvorschrift;[5]

– eine versicherte Person wird durch ein versichertes Unternehmen aufgefordert, zu dem Vorwurf einer Pflichtverletzung Stellung zu nehmen;

– die Entlastung wird der versicherten Person verweigert;

---

gers und löst nur Obliegenheiten aus. Hinzu kommt in der D&O der Ausschluss der wissentlichen Pflichtverletzung.

1 Vgl. zur Haftung für Geldbußen gegen das Unternehmen unten *Wilsing*, § 31; zur strafrechtlichen Haftung von Geschäftsleitern unten *Krause*, § 40; zur Haftung für unterlassene Aufsichtsmaßnahmen unten *Schücking*, § 41.
2 Vgl. hierzu oben *Uwe H. Schneider*, Rz. 2.48 ff.
3 Vgl. hierzu oben *Krieger*, Rz. 3.46.
4 Vgl. hierzu oben *Krieger*, Rz. 3.51 ff.
5 Ausführlich hierzu oben *Bungert*, Rz. 16.8 ff.

- einer versicherten Person wurde im Zusammenhang mit einer Pflichtverletzung der Streit verkündet (§ 104 Abs. 2 Satz 1 VVG);
- die versicherte Person wird zur Auskunft oder Mitwirkung nach §§ 97, 101 InsO aufgefordert;
- gegen die Versicherungsnehmerin oder ein Tochterunternehmen wird ein Schadenersatz- oder Unterlassungsanspruch mit einem Streitwert von mindestens Euro … geltend gemacht.

19.50 Das Prinzip „Wer sich verteidigt, klagt sich an" und die Unkenntnis bei den versicherten Personen von diesen Deckungsinhalten haben bisher verhindert, dass von diesen Kostenbausteinen reger Gebrauch gemacht wird. Ist bedingungsgemäß nicht geregelt, ob die Inanspruchnahme des Kostenbausteins eine Umstandsmeldung oder gar ein Versicherungsfall ist, schwächt dies die Kontrollmöglichkeiten der Versicherungsnehmerin. Die Versicherer selbst zögern, sich hier im Vorfeld festzulegen.[1] Eine Quelle für diese Kostenbausteine ist die Strafrechtsschutzversicherung[2], welche Unternehmen für ihre Mitarbeiter abschließen können. Die Vermischung von Policen ist wegen der unterschiedlichen Risiken und Ziele nicht empfehlenswert. **Kombinationspolicen** haben sich in Deutschland nicht durchgesetzt.

IV. Erweiterter sachlicher Umfang des Versicherungsschutzes

19.51 Der in Anknüpfung an § 100 VVG formulierte Kern des sachlichen Umfangs der D&O-Versicherung besteht aus der Prüfung der Haftpflichtfrage, der Abwehr unberechtigter Schadenersatzansprüche und der **Freistellung** der Versicherten von berechtigten Schadenersatzansprüchen. Hierzu gibt es gut ein Dutzend Erweiterungen. Einige davon dienen der Vorbeugung und wurden zuvor im Abschnitt „Elemente des Anspruchserhebungsprinzips" erwähnt. In modernen Bedingungswerken findet man jetzt regelmäßig im Kapitel über den Versicherungsumfang sublimitierte Klauseln zur Übernahme der angemessenen und notwendigen Kosten für:

19.52 **Gehaltsfortzahlung**

Neben dem Aktivrechtsschutz für Vergütungsansprüche bieten die D&O-Versicherer auch die vorläufige Fortzahlung der Gehälter innerhalb festgelegter Obergrenzen und Zeiträume. Für den Fall, dass später die Deckung verneint wird, gilt dabei ein Rückzahlungsvorbehalt.

19.53 **Abwehr bei Auskunft oder Unterlassung**

Abwehrkostenschutz in den Bereichen **Immaterialgüterrechte** (Urheber-, Patent-, Warenzeichen-, Geschmacksmuster), **Kartell-** und **Wettbewerbsrecht**

Werden gegen eine versicherte Person Auskunfts- oder Unterlassungsansprüche geltend gemacht, die sich aus den vorstehend genannten Rechtsgebieten ergeben, so wird Versicherungsschutz für die Kosten der Anspruchsabwehr geboten, wenn im weiteren Verlauf mit einem Anspruch auf Ersatz eines Vermögensschadens zu rechnen ist.[3]

---

1 Ausführlich dazu *Ihlas* in Langheid/Wandt, D&O-Versicherung, Rz. 257 ff.
2 Zur Abgrenzung der D&O- von der Strafrechtsschutzversicherung *Ihlas*, D&O, S. 70 ff.; zur StrafRS-Versicherung s. den o.a. Kommentar von *Eidam*.
3 Zur wettbewerbs- und immaterialgüterrechtlichen Haftung auf Vermögensschadenersatz s. *Ihlas*, D&O, S. 282 ff.

Auslieferungsverfahren 19.54

In einem Auslieferungsverfahren sind neben den Verteidigungskosten auch die Kosten für eine Bürgschaft oder Kaution versichert, wenn einer versicherten Person während der Versicherungsperiode ein formeller Bescheid über ein Auslieferungsgesuch erstmals zugestellt oder während der Versicherungsperiode aufgrund eines Auslieferungsgesuchs ein Haftbefehl gegen eine versicherte Person vollstreckt wird. Sofern der Versicherer vorher zustimmt, können auch die notwendigen und angemessenen Kosten für weitergehende Beratungsleistungen (insbesondere Rechts- und Steuerberatungs- sowie Public Relations-Beraterkosten) im Zusammenhang mit dem Auslieferungsverfahren versichert sein.

corporate manslaughter 19.55

Hier werden die Folgeschäden aus Personenschäden im Sinne des **Corporate Manslaughter and Corporate Homicide Act 2007** des United Kingdom als versicherte Vermögensschäden fingiert. Versicherungsschutz wird auch gewährt, wenn wegen der diesbezüglichen Pflichtverletzungen gegen die versicherten Personen Regressansprüche seitens der versicherten Unternehmen geltend gemacht werden.

faute non séparable **oder § 31 BGB** 19.56

Schadenersatzansprüche Dritter gegen versicherte Unternehmen, die auf den Grundsätzen der französischen Rechtsprechung über den **faute non séparable des fonctions** wegen Pflichtverletzungen versicherter Personen erhoben werden, die letztere bei ihrer Tätigkeit für versicherte Unternehmen begangen haben, werden ausdrücklich eingeschlossen. Teilweise wird in diesem Zusammenhang dann auch die Haftung des Vereins für die Organe nach § 31 BGB mit aufgeführt. Diese Erweiterungen gewähren dann frühzeitig Deckungsschutz, unabhängig davon, ob es zu einem Regress der Gesellschaft im Innenverhältnis kommt.

Firmenstellungnahme 19.57

Versichert werden können auch die Kosten der anwaltlichen Vertretung der versicherten Gesellschaften gegenüber Strafgerichten, Behörden, Untersuchungsausschüssen oder vergleichbaren Stellen, wenn diese in Straf- oder OWi-Sachen gegen unbekannte Mitarbeiter ermitteln.

internal investigations 19.58

Auch die internen Kosten der versicherten Gesellschaften für forensische Untersuchungen können versichert werden. Die Deckungsvoraussetzungen sind für die Gesellschaften schwer nachweisbar und sehr bürokratisch. Den Versicherern muss ein Prüfungsplan und ein Abrechnungsmodus mit Vergleichspreisen externer Dienstleister vorab zur Genehmigung vorgelegt werden. Zu Internal Investigations s. oben *Wilsing/Goslar*, § 15.

Organisationsrechtsschutz 19.59

Bei einem drohenden Verlust der Gemeinnützigkeit oder der stiftungsrechtlichen Genehmigung sowie der drohenden Feststellung einer nur eingeschränkt ordnungsgemäßen Geschäftsführung bei der genossenschaftlichen Pflichtprüfung können die betroffenen Vereine, Stiftungen oder Genossenschaften die Kosten ihrer anwaltlichen Vertretung auf den D&O-Versicherer abwälzen.

Konfliktmanager 19.60

Bei Innenverhältnisansprüchen werden zur Reduktion des Schadens, zur Deeskalation und zur Vorbereitung eines Vergleichs zusätzlich zu den Kosten der Abwehr auch die Kosten für einen Konfliktmanager übernommen. Dieser soll die Gespräche und Verhandlungen zwischen den sich streitenden Versicherten strukturieren und moderierend begleiten. Der Rechtsweg zu den ordentlichen Gerichten ist bei einem Scheitern des Konfliktmanagements nicht ausgeschlossen.

19.61 **Maßnahmen der Aufsichtsbehörden, regulatory investigations**

Lassen sich die versicherten Gesellschaften und Personen bei behördlichen Untersuchungen anwaltlich vertreten und befassen sich die Behörden mit möglichen Pflichtverletzungen, die später zu D&O-Versicherungsfällen führen könnten – dies ist z.B. bei der Börsen-, Finanzdienstleistungs- oder Wettbewerbsaufsicht regelmäßig zu befürchten –, so sind heute auch diese Kosten im Umfang eines Sublimits mitversichert. Die Kosten anlässlich der Herausgabe, Vervielfältigung oder Übersetzung von Akten und Datenträgern werden dabei ebenso eingeschlossen wie die Kosten für den anwaltlichen Beistand bei Hausdurchsuchungen und Anhörungen. USA-Ausschlüsse sind dabei üblich.

19.62 **Reputationsschaden**

Wünscht eine versicherte Person zwecks Minderung eines eigenen Reputationsschadens die Beauftragung eines Rechtsanwalts oder eines Public Relations-Beraters, so sind auch diese Kosten im Rahmen von D&O-AVB heute mitversichert. Bei einer Rufschädigung nach §§ 185, 186 StGB übernimmt der Versicherer zusätzlich die Kosten einer Privatklage nach §§ 374 ff. StPO.

G. Versicherungssumme

I. Wie viel?

19.63 Die richtige Versicherungssumme gibt es nicht. Die **empfehlenswerte Versicherungssumme** könnte sich an dem denkbar größten Vermögensschaden orientieren. Diese Fragen müssen sich die versicherten Personen selbst beantworten. Es ist unüblich, diese Frage zu stellen. Üblich ist ein Vergleich mit ähnlichen Unternehmen und deren Versicherungssummen. Der Versicherungseinkauf nutzt fallende Prämien oft zur Erhöhung der Versicherungssummen, um das Kostenbudget vor Anpassungen zu schützen. Ein anderer Grund für die Erhöhung von Versicherungssummen sind pressebekannte Großschäden. Eine Obergrenze, welche die Versicherer ungern überschreiten, ist die Höhe des Eigenkapitals.

Teuer, schlechter und oft aus Sorge um unzureichende Versicherungssummen eingekauft sind zusätzliche Deckungen wie z.B. persönliche D&O-Policen, **Aufsichtsratspolicen**, Rechtsschutzdeckungen, **Wiederauffüllungsklauseln**, Optionen zur zweifach-Maximierung der Versicherungssumme sowie verschiedene Sub- und Zusatzlimits. Empfehlenswert ist der Einkauf einer ausreichend hohen Versicherungssumme für alle Versicherten und Risiken. Denn mit einer zunehmenden Höhe der Gesamtversicherungssumme wird deren Erhöhung schrittweise immer billiger. Die Tarife der Versicherer verlaufen degressiv.

II. Verteilung unzureichender Versicherungssummen

19.64 Reicht die Versicherungssumme nicht aus, wird es kompliziert.[1] Die kaum lösbaren Verteilungsfragen drängen dann hin zu einem Vergleich. Empfehlenswert sind Klauseln, welche

---

1 *Hemeling* in FS Hoffmann-Becking, S. 491, 501.

das Rangverhältnis im Vorfeld transparent für alle Beteiligten festschreiben (sog. **priority of payment rules**). Sie können konfliktfrei am Sinn und Zweck der D&O als einer Versicherung für fremde Rechnung ausgerichtet werden und z.B. wie folgt verteilen:

Sollte bei einem Versicherungsfall neben Ansprüchen gegen versicherte Personen (Side A) auch Ansprüche der versicherten Unternehmen (company reimbursement, Side B) versichert sein, wird der Versicherer

19.65

– zuerst die Abwehr unberechtigter sowie die Freistellung von berechtigten Schadenersatzverpflichtungen für die versicherten Personen leisten und

– dann erst die noch nicht verbrauchte Versicherungssumme zur Abwehr unberechtigter sowie zur Freistellung von berechtigten Schadenersatzverpflichtungen zugunsten der die Enthaftung vorleistenden versicherten Unternehmen zur Verfügung stellen.

Der Versicherer ist verpflichtet, der Versicherungsnehmerin, den Tochterunternehmen und den versicherten Personen auf Wunsch Auskunft darüber zu geben, wie hoch die verbliebene Versicherungssumme in Bezug auf geleistete Zahlungen einer Versicherungsperiode ist.

Bei der Klärung der oft nicht vorab geregelten Verteilungs- und Prioritätsfragen tragen de facto der Versicherer sowie die Versicherungsnehmerin die Hauptlast. Sie können zur Koordination der versicherten Personen und ihrer Anwälte einen **monitoring counsel** einschalten. Dessen weitere Aufgabe, die dezentral geführte Anspruchsabwehr zu optimieren, steht mit den Kosten- und Verteilungsfragen in engem Zusammenhang. Die Versicherungsnehmerin kann die natürlichen Personen ganz oder teilweise freistellen. Anhaltspunkte für die Verteilung können sich auch aus dem Gesellschaftsrecht ergeben. Die versicherten Unternehmen können aufgrund ihrer wirtschaftlichen Stärke Einschränkungen bei ihrer Side B Deckung leichter verkraften als dies bei den Ansprüchen der versicherten Personen aus der Side A zu erwarten ist. Vor allem hat die Versicherungsnehmerin die Legitimations- und Verfügungsbefugnis nach den §§ 44–46 VVG. Anders als die versicherten Personen wird die Versicherungsnehmerin vom Versicherer umfassende Auskünfte erhalten. Ein Mediator[1] wird fehlende Verteilungsregeln nicht ersetzen können und nur zusätzliche Kosten auslösen.

19.66

Die Betrachtung nach Fallgruppen[2] erlaubt eine Annäherung an das Verteilungsproblem. Die Vielzahl der wesentlichen Faktoren[3] bedingt aber zu viele Konstellationen. Als Verteilungsmaßstäbe[4] kommen das **Prioritäts-, Kopf-, Proportionalitätsprinzip** des § 109 VVG sowie die Rechtsfolgen der §§ 420 ff. BGB in Betracht.

19.67

---

1 Erwähnt wird diese Klausel bei *Armbrüster*, VersR 2014, 1, 7. Der Mediator soll entscheiden, wobei unklar bleibt, wie er denn allseits die Vollmachten einsammeln soll. Das gelingt nicht einmal den monitoring counsels. Der Versicherer kann seine Pflichtenabwägung nicht auf Dritte delegieren. Der Ruf nach einem zusätzlichen Mediator kommt ebenso wie der Ruf nach zusätzlichen Individualpolicen zu spät. Es gilt, die Verteilungsfragen im Voraus zu regeln.
2 Z.B. *Armbrüster*, VersR 2014, 2.
3 Anzahl der versicherten Personen und Unternehmen, Geschädigten, Versicherer und betroffenen Policen, Pflichtverletzungen, Anspruchsgrundlagen, Verfahren, Versicherungsfälle, Kosten- und Schadensarten sowie deren zeitliche Anordnung.
4 S. hierzu *Ihlas* in Langheid/Wandt, D&O-Versicherung, Rz. 542 ff.; *Hemeling* in FS Hoffmann-Becking, S. 501; *Armbrüster*, VersR 2014, 1; *Grooterhorst/Loomann*, r+s 2014, 157; *Langheid/Rixecker*, § 109 VVG Rz. 5.

III. Mischfallregelungen

19.68 Die AVB-AVG 13 enthalten ebenso wie viele andere D&O AVB keine Regelung der **Mischfälle**. Die Vereinbarung einer entsprechenden Klausel ist empfehlenswert, denn das Problem taucht häufig auf. Dazu ein Beispiel:

19.69 Vereinbarung bei Mischfällen

Werden Schadenersatzansprüche sowohl

– gegen versicherte und nicht versicherte Personen,

– gegen versicherte Personen und deren Unternehmen oder

– aufgrund versicherter als auch nicht versicherter Ansprüche erhoben,

trägt der Versicherer den Teil der Kosten und leistet anteilig die Freistellung, welcher dem Haftungsanteil der versicherten Personen entspricht. Soweit und solange die rechtlichen Interessen durch denselben Rechtsanwalt in den beiden zuerst genannten Fallgruppen wahrgenommen werden, übernimmt der Versicherer die gesamten Kosten. Der Regress gegen nicht versicherte Personen bleibt ausdrücklich vorbehalten. Ist keine Einigung über Haftungsanteile erzielbar, werden diese durch bindendes Schiedsurteil festgelegt, wobei der Versicherer und die versicherten Personen jeweils einen Schiedsrichter benennen, letztere gemeinsam einen dritten Schiedsrichter wählen. Im Übrigen gelten die §§ 1025 ff. ZPO. Der Anteil der so vom Versicherer übernommenen Kosten gilt nicht als Präjudiz für die Haftung und Deckung des Schadens.

19.70 Die Mischfallregelungen sind bei den Versicherern unbeliebt, regeln sie doch abstrakt eine unüberschaubare Anzahl von Konstellationen. Die enumerativen Erweiterungen des Umfangs des Versicherungsschutzes und die Kostenübernahme im Vorfeld der Anspruchserhebung haben hier teilweise Abhilfe geschaffen. So gibt es Klauseln, welche die Abwehrkosten bei Bereicherungsansprüchen decken, wenn diese zusammen mit Schadensersatzforderungen erhoben werden. Andere Klauseln decken die Kosten des Aktivrechtsschutzes für Vergütungsansprüche des Managers, wenn diesen mit Schadensersatzforderungen im Wege der Aufrechnung begegnet wird.

IV. Kostenanrechnung auf die Versicherungssumme

19.71 Zu Beginn der meisten D&O-AVB findet sich gleich nach dem Hinweis auf das Anspruchserhebungsprinzip der weitere Hinweis, dass die Kosten auf die Versicherungssumme angerechnet werden und diese somit verbrauchen können. Dies ist weltweit üblich. Der anderslautende § 101 Abs. 2 Satz 1 VVG ist abdingbar[1] und das geschieht in allen D&O-AVB. Diese Regelungen zur **Kostenanrechnung** sind seit einem obiter dictum des OLG Frankfurt, welches die Kostenanrechnung für unzulässig hält, vorsorglich wie folgt ergänzt worden:

19.72 Kosten der gerichtlichen und außergerichtlichen Abwehr der gegenüber einer versicherten Person von einem Dritten und/oder der Versicherungsnehmerin geltend gemachten Ansprüche (insbesondere Anwalts-, Sachverständigen-, Zeugen- und Gerichts-Kosten) werden auf die Versicherungssumme angerechnet.[2] Eigene Kosten des Versicherers, auf Weisung des Ver-

---

[1] A.A. OLG Frankfurt a.M. v. 9.6.2011 – 7 U 127/09, r+s 2011, 509, 511; mit dieser Mindermeinung zuvor bereits *Säcker*, VersR 2005, 10, 14 ff.; *Terno*, r+s 2013, 577, 582 unter Verweis auf die ständige Rechtsprechung BGH v. 25.6.1991 – XI ZR 257/90, BGHZ 115, 38 = MDR 1991, 859.

[2] Streitig, vgl. hierzu *Ihlas* in Langheid/Wandt, D&O-Versicherung, Rz. 512 ff. und *Baumann* in Bruck/Möller, Ziff. 4 AVB-AVG 2011/2013 Rz. 31 ff.

sicherers veranlasste Schadenermittlungskosten sowie vom Versicherer nach Fälligkeit der Versicherungsleistung verursachte Zinsen werden nicht auf die Versicherungssumme angerechnet.

V. Persönliche Wanderpolice

Anlässlich der Einführung des Pflichtselbstbehaltes für Vorstände in § 93 Abs. 6 AktG und der gleichlautenden Empfehlung in Ziffer 3.8 Abs. 3 DCGK für die Aufsichtsräte[1] wurden 2009 schätzungsweise rund 3000 **Selbstbehalts-Versicherungs-Policen** abgeschlossen. Das waren weit weniger als 5 % der vom Versicherungsmarkt geschätzten Anzahl aller betroffenen Organmitglieder. Vor und nach diesem Zeitpunkt tendierte das Interesse am Abschluss persönlicher D&O-Policen gen Null. Einige Versicherer bieten hier statt einer üblichen Selbstbehalts-Auffüllungs-Police eine nicht von der Police des Unternehmens abhängige sog. **Wanderpolice** an.[2] Dies ist eine Doppelversicherung. Deren Versicherungssumme wird individuell vereinbart und liegt meist zwischen 1,5 und 2 Jahresfestgehältern. Für das einzelne Organmitglied ist dies die einzige Möglichkeit, selbständig für höhere Versicherungssummen zu sorgen. Tritt der Versicherungsnehmer eine neue Organstellung bei einer anderen Gesellschaft an, „wandert" seine individuelle Police mit.

19.73

H. Ausschlüsse

Ausschlüsse finden sich in den Bedingungen nicht immer nur bei den Ausschlüssen. Eleganter ist es für die AVB-Gestaltung, das entsprechende Risiko beim Einschluss in die Versicherung auszuschließen. Der nach dem Ausschluss der wissentlichen Pflichtverletzung praktisch zweitwichtigste **Ausschluss** der **Kenntnis von Umständen** und Pflichtverletzungen vor dem Versicherungsbeginn findet sich regelmäßig bei den zeitlichen Bestimmungen in der Regelung zur Rückwärtsversicherung. Was erst gar nicht eingeschlossen ist, muss nicht mehr ausgeschlossen werden. Das gilt auch für Geldstrafen und -bußen. Deren Mitversicherung wird bereits bei der Definition der Vermögensschäden verneint. Die schwigrige Abgrenzung zwischen der Organhaftpflicht- und der **Berufshaftpflichtversicherung** findet sich im Gegenstand der Managerhaftung und bei der Definition der versicherten Personen, wenn dort das Organmitglied „in seiner Tätigkeit" versichert wird.

19.74

Der so verschlankte Ausschlussteil in den modernen AVB hat üblicherweise nur noch drei bis fünf Standard-Ausschlüsse. Bezüglich des USA Risikos wird nachfolgend nur auf den sog. ERISA-Ausschluss für Pensionssondervermögen eingegangen. In vielen AVB fehlen die **USA-Ausschlüsse** deshalb, weil keine USA-Risiken gezeichnet werden.

19.75

Wird ein Ausschluss gestrichen, kann dies bedeuten, dass der D&O-Versicherer dort eine sehr geringe oder gar keine Schadenaktivität zu verzeichnen hatte. Oft bedeutet die Streichung eines Ausschlusses, dass unter der Geltung der sonstigen Voraussetzungen der D&O-Police dort für Schäden ohnehin kein Versicherungsschutz geboten wurde. So mangelt es beim **Insidertrading** als *victimless crime* z.B. am Anspruchsteller[3], bei der Umwelthaftung

19.76

---
1 Dazu oben *Krieger*, Rz. 3.59.
2 Zu den unterschiedlichen Vertragskonstruktionen s. *Ihlas* in Langheid/Wandt, D&O-Versicherung, Rz. 131–149.
3 Zur Sanktion über Straf- und Bußgeldvorschriften unten *Krause*, Rz. 40.105.

sind reine Vermögensschäden selten[1], bei der Produkt- und Umwelthaftung greifen vorrangig die Betriebs- und Produkthaftpflichtversicherungen, weil hier Personen- und Sachschäden eintreten. Denn die D&O-Versicherung deckt nur die Vermögensschäden.

I. Wissentliche Pflichtverletzung und Vertrauensschadenversicherung

19.77   Alle AVB schließen die **wissentliche Pflichtverletzung** aus. Eine aktuelle Formulierung lautet beispielsweise:

> Vom Versicherungsschutz ausgeschlossen sind Ansprüche aufgrund einer wissentlichen Pflichtverletzung durch eine versicherte Person. Versicherten Personen werden die Handlungen und Unterlassungen nicht zugerechnet, die ohne ihr Wissen von anderen Organmitgliedern begangen wurden. Besteht die Pflichtverletzung allein in einer Verletzung von Satzungen, Geschäftsordnungen, Richtlinien oder sonstigen Handlungsanweisungen der versicherten Unternehmen, findet dieser Ausschluss keine Anwendung, wenn die versicherte Person bei der Verletzung der Pflicht unter objektiver Abwägung aller Umstände, insbesondere auf der Grundlage angemessener Informationen, vernünftigerweise annehmen durfte, zum Wohle der Gesellschaft zu handeln. Bei Zweifel über das Vorliegen einer wissentlichen Pflichtverletzung besteht vorläufiger Versicherungsschutz für die Kosten zur Abwehr eines Haftpflichtanspruchs. Steht das Vorliegen einer wissentlichen Pflichtverletzung rechtskräftig fest, entfällt der Versicherungsschutz rückwirkend. Die vom Versicherer bis dahin erbrachten Leistungen sind zurückzuerstatten.

19.78   Die Beteiligten werden also versuchen, einer drohenden rechtskräftigen Feststellung der wissentlichen Pflichtverletzung mit einem **Haftungs- und Deckungsvergleich** zuvorzukommen, um den D&O-Versicherungsschutz zu erhalten.

19.79   Der Verdacht auf eine Straftat beendet oft die wechselseitige Schonung im Kreise der Organmitglieder. Hat sich das den Vermögensschaden verursachende Organ persönlich bereichert, ist für den Schadensersatz die **Vertrauensschadenversicherung** und nicht die D&O einschlägig. Damit können sich Gesellschaften gegen Vermögensschäden absichern, die ihnen durch vorsätzliche unerlaubte Handlungen gem. § 823 Abs. 2 BGB i.V.m. den Vermögensdelikten des StGB von ihren Organmitgliedern und anderen Mitarbeitern zugefügt werden. Das Vorliegen der Deckungsvoraussetzungen müssen die versicherten Gesellschaften dem Vertrauensschadenversicherer nachweisen. Eine Strafanzeige wird nicht vorausgesetzt. Bezüglich der Versicherung der Kosten der strafrechtlichen Abwehr ist zwischen den entsprechenden Kostenbausteinen in der D&O-Versicherung und den **Strafrechtsschutz-Policen** zu differenzieren. Letztere sehen zugunsten der Gesellschaften ein Vetorecht vor. Sie können den Strafrechtsschutzversicherer anweisen, keine Abwehrdeckung zu gewähren. In den D&O-Strafrechtsschutz-Deckungserweiterungen fehlt ein solches Vetorecht zugunsten der Gesellschaften.

II. Versicherbarkeit von Geldbußenregressen

19.80   Der folgende Ausschluss ist häufig anzutreffen und technisch ein Einschluss.[2] Im Definitionsteil wird regelmäßig klargestellt, dass Geldbußen keine Vermögensschäden sind. Der carve back lautet dann z.B.:

---

1 Deshalb fehlt der unten von *Uwer*, Rz. 38.123, erwähnte Ausschluss von Umwelteinwirkungen in den modernen D&O-AVB.
2 Ausführlich dazu *Ihlas* in Langheid/Wandt, D&O-Versicherung, Rz. 800 ff.

Vertragsstrafen und Bußgelder 19.81

Aus dem Versicherungsvertrag erbringt der Versicherer keine Leistungen aufgrund von Regressen bei Unternehmensgeldbußen.[1] Entschädigungen mit Strafcharakter (z.B. „punitive" oder „exemplary damages") sind versichert, wenn und soweit ihnen kein gesetzliches Versicherungsverbot entgegensteht und es sich nicht um Entschädigungen wegen oder in Folge von Anstellungsschadenersatzansprüchen (Employment Practices Liability/AGG) handelt.

Es gibt unterschiedliche Klauseln, welche so wie vorstehend im Satz 2 auch im Geltungsbereich des Satzes 1 Versicherungsschutz für die Bußgeldregresse der Unternehmen zulassen, wenn dies gesetzlich nicht verboten ist. Die Klauseln setzen voraus, dass die sonstigen Deckungsvoraussetzungen gegeben sind, also insbesondere auch, dass die versicherten Personen für die Unternehmensgeldbuße haften können. Bedeutung entfalten solche Klauseln dann so lange, bis rechtskräftig festgestellt ist, dass die sanktionsauslösende Organpflichtverletzung wissentlich begangen wurde. Und um die Vermeidung dieser ausschluss- und sanktionsbewährten Feststellung wird regelmäßig intensiv und oft erfolgreich gerungen. 19.82

Im Anschluss an die Entscheidung des **LAG Düsseldorf**[2] und die zustimmende Literatur[3] ist aber bereits die Haftung der Organmitglieder für Geldbußen ihrer Unternehmen zu verneinen. Wenn bisher D&O-Vergleiche über solche Sachverhalte geschlossen wurden, dann waren in diesen komplexen Mischfällen genügend andere Kosten- und Schadenspositionen ursächlich für die Zahlungen der Versicherer. Der Gesamtschaden war größer als die Versicherungssumme und die Zahlungen der Versicherer schöpften diese nicht aus. Die D&O-Versicherer haben dabei aber keine Bußgeldregresse finanziert. Das Zivilrecht kann nicht dazu benutzt werden, die ordnungsrechtlich hohen Bußgelder für ein Unternehmen über die Organhaftung und D&O-Versicherung auf die Gemeinschaft der Versicherten abzuwälzen. Denn damit würde der Zweck der Unternehmensgeldbuße vereitelt. 19.83

Das Schweigen der Beteiligten nach dem Siemens-D&O-Vergleich über dessen Inhalt hat hier allerdings den gegenteiligen Eindruck geweckt. Die Gefahr eines hohen Bußgelds für ein börsennotiertes Unternehmen setzt seit dieser Zeit ein Ritual in Gang. Dem Bekenntnis zur Null-Toleranz und vollen Kooperation mit den Behörden folgt in Anlehnung an die ARAG-Rechtsprechung der beruhigende Hinweis an die Aktionäre, dies sei ein D&O-Schaden. Es soll sich also um ein persönliches und kein unternehmerisches Fehlverhalten handeln. 19.84

---

1 Ausführlich zur strafrechtlichen Haftung von Geschäftsleitern unten *Krause*, § 40; zur Haftung für unterlassene Aufsichtsmaßnahmen unten *Schücking*, § 41; zur Haftung für Geldbußen gegen das Unternehmen unten *Wilsing*, § 31.
2 LAG Düsseldorf v. 20.1.2015 – 16 Sa 459/14, VersR 2015, 629 = GmbHR 2015, 480 zu § 81 GWB i.V.m. § 43 GmbHG bezüglich Bußgeldern in einer Höhe von insgesamt 191 Mio. Euro. Das BAG hat das Urteil wegen Zuständigkeitsmängeln aufgehoben, ohne in der Sache zu entscheiden (BAG v. 29.6.2017 – 8 AZR 189/15). S. hierzu unten *Wilsing*, Rz. 31.29–31.35; *Reuter*, BB 1283, 1285 f.; ablehnend *Backhaus/Brand* in JurisPR-HaGesR, 6/2015 Anm. 3.
3 Sowohl dem Ergebnis als auch der Begründung stimmen zu *Bachmann*, BB 2015, 907; *Kollmann/Aufdermauer*, BB 2015, 1018; *Kolb*, GWR 2015, 169; *Labusga*, VersR 2015, 634; *Thomas*, NZG 2015, 1409; *Grunewald*, NZG 2016, 1121–1124 und *Ihlas* in Langheid/Wandt, D&O-Versicherung, Rz. 802 ff. A.A. und die wirtschaftliche Leistungsfähigkeit sowie die Versicherbarkeit bejahend zuerst *Glöckner/Müller-Tautphaeus*, AG 2001, 344, 349 (dort Fn. 57). A.A. jeweils differenzierend, die Organhaftung nicht grundsätzlich verneinend und verbunden mit dem Postulat der Eigenständigkeit des Zivilrechts *Gädtke* in Bruck/Möller, Ziff. 5 AVB-AVG Rz. 124; *Koch*, VersR 2015, 655; *Ruttmann*, Die Versicherbarkeit von Geldstrafen, Geldbußen, Strafschadensersatz und Regressansprüchen in der D&O-Versicherung, 2014, und *Ruttmann*, VW 2015, 50; *Zimmermann*, WM 2008, 433, 442; *Fleischer*, BB 2008, 1070; unten *Wilsing*, Rz. 31.18 ff.

19.85 Auf diese Idee kommt man erst mit dem Blick in die deep pocket der D&O-Versicherung. Aber diese Versicherung kann hier auch aus anderen Gründen keinen Ausgleich bieten. Der Begriff des Vermögensschadens schließt Geldbußen aus und der Ausschluss der wissentlichen Pflichtverletzung ist ebenfalls deckungsschädlich.[1] Die Idee eines Ersatzes von Unternehmensbußgeldern durch D&O-Versicherer ist wirtschaftlich ein „Regressholzweg". Das D&O-Prämienvolumen liegt unter 10 Mrd. USD. Die Bußgelder im Zusammenhang mit dem Subprime-Skandal summieren sich inzwischen bereits auf über 200 Mrd. USD. Hier nach deutschem Aktienrecht von einer Pflicht des Aufsichtsrates zu reden, vom Vorstand Schadenersatz für Bußgelder zu verlangen, welche gegen die AG verhängt wurden, ist ein „ARAG/Garmenbeck-Etikettenschwindel".[2]

III. Insolvenz

19.86 Oft sind Pflichtverletzungen nach der Insolvenzreife nicht mehr versichert. Günstig für die Versicherten ist die folgende Klausel:

Liegt bei der Versicherungsnehmerin oder einem Tochterunternehmen ein Eröffnungsgrund für ein Insolvenzverfahren wegen Zahlungsunfähigkeit, drohender Zahlungsunfähigkeit oder der Überschuldung während der laufenden Versicherungsperiode vor, so erstreckt sich der Versicherungsschutz auch auf Versicherungsfälle, die auf Pflichtverletzungen beruhen, welche nach dem Zeitpunkt der Antragstellung auf Eröffnung eines Insolvenzverfahrens begangen werden.[3]

Bis zur Entdeckung solcher Pflichtverletzungen vergeht allerdings einige Zeit. Der Ausschluss einer dreijährigen **Nachmeldefrist im Falle der Insolvenzantragstellung** in D&O AVB ist eine unangemessene Benachteiligung und damit unwirksam.[4] Ohne Bezahlung der Prämie gibt es natürlich keine Nachmeldefrist. Unwirksam sind daher die AVB-AVG 2013, die in Ziffer 3.2 Abs. 3 Satz 1 kein Recht zur Vereinbarung einer solchen Nachmeldefrist vorsehen. Die vorstehende Klausel entfaltet besondere Bedeutung mit Blick auf das Insolvenzplanverfahren, ein **Schutzschirmverfahren** nach § 270b InsO oder ein sich daran anschließendes Insolvenzverfahren in Eigenverwaltung, denn das Management bleibt ja dann weiter an Bord. Der Ausschluss von Pflichtverletzungen nach der Insolvenzreife, welcher sich in älteren Bedingungswerken oft noch findet, basiert auf der Erwartung der Ablösung der Geschäftsleitung durch den Insolvenzverwalter. Heute sind Pflichtverletzungen bis zum Zeitpunkt des Scheiterns dieser neuen Verfahren per Klausel versicherbar. Im Falle der regulären Aufhebung des jeweiligen Verfahrens besteht der Vertrag automatisch fort.

IV. Pensionssondervermögen

19.87 Bezüglich der USA gibt es den sogenannten **ERISA-Ausschluss**[5]:

Pensionskassen

Vom Versicherungsschutz ausgeschlossen sind vor den Gerichten in den USA erhobene Ansprüche und auf dem Recht der USA basierende Ansprüche wegen Pflichtverletzungen bezüglich Vorschriften betreffend die Verwaltung von Pensionskassen, Renten-, Gewinnbeteiligungs- oder anderen Wohl-

---

1 Dreher, VersR 2015, 781, 793 ff.; Fabisch, ZWeR 2013, 91, 116.
2 *Jens Koch*, AG 2012, 429, 431.
3 Ausführlich dazu *Ihlas* in Langheid/Wandt, D&O-Versicherung, Rz. 357 ff.
4 OLG Hamburg v. 8.7.2015 – 11 U 313/13, ZIP 2015, 1840.
5 Ausführlich dazu *Ihlas* in Langheid/Wandt, D&O-Versicherung, Rz. 761 ff.

fahrts- oder Sozialprogrammen zugunsten von Arbeitnehmern oder deren Angehörigen, beispielsweise des *USA Employee Retirement Income Security Act of 1974*.

Die Begrenzung dieses Ausschlusses auf die USA bedeutet nicht, dass die Organtätigkeiten für Pensionskassen außerhalb der USA versichert sind. Wenn die Pensionskassen insolvenzfest dem Konzernvermögen entzogen sind, liegt kein mitversichertes Tochterunternehmen vor. Der Einschluss in die D&O ist auch nicht ratsam, da der Sicherungsfall die Insolvenz des Arbeitgebers ist, m.a.W. die Übernahme der vollen Verantwortung gerade dann beginnt, wenn der D&O-Schutz endet. Für ausgegliederte Pensionssondervermögen empfiehlt sich eine spezielle eigenständige **Pension Trustee Liability Police**.[1] Als deren Versicherungsnehmer agieren dann die konzernfremden Versorgungseinrichtungen wie z.B. die Certified Trust Agreement e.V.s, Trusts oder sonstigen Pensionskassen. Wird z.B. ein Pensionssicherungs e.V. ausdrücklich als mitversichertes Unternehmen in die D&O-Police des Arbeitgebers eingeschlossen, so bleibt fraglich, ob die Tätigkeit für die betriebliche Altersversorgung eine versicherte Tätigkeit ist, denn sie dient nicht den gewinnorientierten Unternehmenszielen. Das Tagesgeschäft als Hauptrisiko ist jedenfalls nicht erfasst.[2] Im Sicherungsfall müssen die Treuhandgesellschaften das Vermögen verwalten, liquidieren und das komplexe und komplizierte Verteilungsverfahren durchführen. Daraus resultieren neben den Organhaftungsrisiken vor allem Haftungsrisiken gegenüber den Begünstigten und damit VH-Risiken. Daher werden auch deutsche Pensionssondervermögen in weltweite PTL-Policen einbezogen. Der o.a. ERISA-Ausschluss ist ein Spartenabgrenzungsausschluss. Die PTL-Police ist eine vorrangige anderweitige Versicherung i.S.d. D&O-Subsidiaritätsklauseln.

19.88

J. Wenig Anzeigepflichten und Schutz bei deren Verletzung: Trennbarkeit

Verletzungen von Anzeigepflichten und Obliegenheiten können üblicherweise zum völligen Verlust des Versicherungsschutzes führen. Das ist in den AVB AVG nicht anders geregelt als in anderen Versicherungssparten. Die marktüblichen D&O-AVB hingegen begrenzen die Anzeigepflichten[3] und schwächen die Sanktionsmöglichkeiten der Versicherer im Falle ihrer Verletzung ein. Im Versicherungsfall greift oft ein vereinbarter Verzicht auf das Kündigungsrecht. Schadenfallkündigungen sind ohnehin äußerst selten. Die AVB AVG regeln die Pflichten vor dem Eintritt des Versicherungsfalls ausführlich. Die modernen D&O-AVB verkürzen diesen Bedingungsteil auf einen minimalen Restumfang. Formuliert wird dann z.B. so[4]:

19.89

Vorvertragliche Anzeigepflichten, Trennbarkeit

19.90

Nicht versichert sind Versicherungsfälle aufgrund von Ansprüchen gegen versicherte Personen, die eine arglistige Täuschung begangen haben, die nach den allgemeinen gesetzlichen Regelungen zur Anfechtung des Versicherungsvertrags berechtigen würde (sog. qualifizierte **Severability-Klausel**).[5] Das gleiche gilt für versicherte Personen, welche Kenntnis von der Vornahme einer solchen Handlung hatten, es sei denn, sie haben den Gefahrenumstand, über den getäuscht wurde, unverzüglich angezeigt. Vom Versicherungsschutz ausgeschlossen sind ferner Ansprüche, welche auf Umständen beruhen, hinsichtlich derer eine vorvertragliche Anzeigepflichtverletzung begangen wurde und die

---

1 Sie wird auch als Fiduciary Liability bezeichnet und versichert nicht nur die Organtätigkeit, sondern auch das Tagesgeschäft. Zu dieser D&O- und VHV-Kombinationspolice und der Abgrenzung zur D&O des Trägerunternehmens s. *Ihlas* in Langheid/Wandt, D&O-Versicherung, Rz. 761 ff.
2 Hierzu *Ihlas*, D&O, S. 84 ff.
3 Ausführlich dazu *Ihlas* in Langheid/Wandt, D&O-Versicherung, Rz. 838 ff.
4 Zu weiteren Klauselbeispielen s. *Ihlas* in Langheid/Wandt, D&O-Versicherung, Rz. 927–930.
5 Vgl. dazu *Gädtke* in Bruck/Möller, Ziff. 7/8 AVB-AVG 2011/2013 Rz. 50 ff.

gem. § 19 VVG zum Rücktritt vom Versicherungsvertrag berechtigen würde. Abweichend hiervon bleiben jedoch Ansprüche versicherter Personen gedeckt, welche die Anzeigenpflichtverletzung nicht selbst begangen haben und keine Kenntnis von der Vornahme einer solchen Handlung hatten.

In Abweichung von § 47 VVG kommt es bei der Versicherungsnehmerin und den versicherten Tochterunternehmen ausschließlich auf die Kenntnis, das Verhalten oder das Verschulden ihrer Repräsentanten an. Repräsentanten sind der Vorsitzende des Vorstands/der Geschäftsführung, der Vorsitzende des Aufsichtsrats, der Finanzvorstand bzw. Geschäftsführer Ressort Finanzen, Leiter der Rechtsabteilung und der Versicherungsabteilung.

Rücktritt

Der Versicherer kann sich auf diesen Ausschluss nur dann berufen, wenn er der Versicherungsnehmerin die arglistige Täuschung und die Anzeigepflichtverletzung innerhalb eines Monats nach seiner Kenntniserlangung in Textform mitteilt und auf diese Rechtsfolge hingewiesen hat.

Anzeigepflichten bei Gefahrerhöhung

Die Versicherungsnehmerin ist verpflichtet, dem Versicherer unverzüglich in Textform ausschließlich folgende, nach dem Vertragsschluss eintretende, gefahrerhöhende Umstände anzuzeigen:

- Änderung des Gesellschaftszwecks der Versicherungsnehmerin;

- geplante (weitere) Aktienemissionen/Beschluss über eine Börsennotierung/Platzierung von Wertpapieren auch private Placements/ADRs bei der Versicherungsnehmerin oder einem Tochterunternehmen;

- Fusion/Übernahme/Verschmelzung der Versicherungsnehmerin;

- Hinzukommen/Neugründung neuer Tochterunternehmen

    i. mit einer bestimmten (%) Größenordnung (Gesamt-)Bilanzsumme,

    ii. die als Finanzdienstleister o.Ä. tätig sind,

    iii. mit US-Notierungen.

Rechtsfolgen

Hinsichtlich der Rechtsfolgen einer Gefahrerhöhung in den vorstehenden Fällen sowie der dem Versicherer bei dieser Gefahrerhöhung zustehenden Rechte gelten die §§ 24 ff. VVG.

19.91 Dass somit nur wenige Gefahrerhöhungen anzeigepflichtig sind, erklärt sich daraus, dass die Versicherten ohnehin nie wussten, wodurch sich das Organhaftungsrisiko im Vorfeld eines Schadens erhöht. Zumindest erhielten die Versicherer hierzu keine Anzeigen. Die **Severability** bzw. **Trennbarkeit** ist wiederum dem Charakter einer Versicherung für fremde Rechnung geschuldet. Kollektiv wirkender Versicherungsschutz, der so nur zentral von der Versicherungsnehmerin eingekauft werden kann, soll nicht durch individuelle Pflichtverletzungen rückwirkend vernichtet werden können. Ohne diesen auf verschwiegene Risiken und täuschende Personen beschränkten Verlust des Versicherungsschutzes könnten sich die Versicherten auf ihren D&O-Versicherungsschutz nicht verlassen. Denn die Rechtsfolgen der üblichen Regeln zur Obliegenheitsverletzung[1] gestatten keine geltungserhaltende Differenzierung in der Art, wie sie durch die o.a. Klauseln vereinbart wird.

19.92 Der BGH fällte bezüglich des Geldtransportunternehmens **Heros** mit Blick auf die Valorenversicherung 2011[2] den Beschluss, dass ein im Voraus vertraglich vereinbarter Ausschluss

---

1 Ausführlich dazu *Ihlas* in Langheid/Wandt, D&O-Versicherung, Rz. 870 ff.
2 BGH v. 21.9.2011 – IV ZR 38/09, NJW 2012, 296 = VersR 2011, 1563 – Heros II; BGH v. 9.11.2011 – IV TR 40/09, VersR 2012, 615 – Heros; Fortführung von BGH v. 17.1.2007 – VIII ZR 37/06, VersR 2007, 1084 = GmbHR 2007, 375; dazu *Felsch*, r+s 2012, 223, 230.

der Anfechtung wegen arglistiger Täuschung mit dem von § 123 BGB bezweckten Schutz der freien Selbstbestimmung unvereinbar und deshalb unwirksam sei, wenn die Täuschung von dem Geschäftspartner selbst oder von einer Person verübt wird, die nicht Dritter i.S. des § 123 Abs. 2 BGB ist. Das gilt auch im Verhältnis des Erklärenden zu durch die Vertragserklärung begünstigten Dritten. Dass auch hier wie in der D&O eine Versicherung für fremde Rechnung vorlag, reicht zur Übertragung der BGH Beschlüsse nicht aus. In der D&O ist der Wille der Vertragsparteien zur im Voraus erklärten Teilnichtigkeit und Trennbarkeit immer schon gängige Praxis gewesen.[1] Diese wird in Deutschland spätestens seit der Comroad-Entscheidung[2] in allen AVB berücksichtigt. Die ständige Optimierung der „qualifizierten Severability-Klauseln"[3] in den Jahren nach den Heros-Beschlüssen soll weiterhin verhindern, dass ein „schwarzes Schaf" den Verlust des D&O-Versicherungsschutzes für alle „weißen Schafe" verursachen kann. Die Klauseln bewirken, dass nur das „schwarze Schaf" persönlich keine D&O-Deckung bekommt.

---

1 *Ihlas* in Langheid/Wandt, D&O-Versicherung, Rz. 624 ff., 838 ff., 888 ff. und 915 ff.
2 OLG Düsseldorf v. 23.8.2005 – 4 U 140/04, VersR 2006, 785 = ZIP 2006, 1677.
3 *Gädtke*, r+s 2013, 313, 322; *Sommer*, ZVersWiss 102 (2013), 491, 517; *Koch*, ZVersWiss 101 (2012), 151, 160; *Hemeling* in FS Hoffmann-Becking, S. 491, 500.

§ 20
Verzicht, Vergleich und sonstige Fälle der Haftungsbeschränkung

Professor Dr. Ulrich Haas und Dr. Martin Wigand

A. GmbH	20.1
I. Verzicht und Vergleich	20.2
1. Beschränkung nach § 9b Abs. 1 GmbHG	20.3
a) Die erfassten Handlungsweisen	20.4
b) Die erfassten Ansprüche	20.5
aa) Die unstreitigen Fälle	20.5
bb) Problem: Über Kapitalerhaltung hinausgehender Schaden	20.7
cc) Problem: Existenzvernichtender Eingriff	20.8
dd) Problem: (Insolvenz-)Krisenpflichten	20.11
c) Zur Befriedigung der Gläubiger erforderlich	20.12
aa) Eintritt der auflösenden Bedingung	20.13
bb) Darlegungs- und Beweislast	20.14
cc) Rechtsfolgen	20.15
d) Ausnahmen vom „Verbot" in § 9b Abs. 1 GmbHG	20.16
aa) Abwendung des Insolvenzverfahrens über das Vermögen des Ersatzpflichtigen	20.17
bb) Regelung im Insolvenzplan	20.18
cc) Keine Anwendung auf den Insolvenzverwalter	20.19
2. Gesellschafterbeschluss	20.20
a) Beschlussverfahren	20.22
b) Fehlen des Gesellschafterbeschlusses	20.25
3. Sonstige Beschränkungen	20.26
a) § 30 Abs. 1 Satz 1 GmbHG	20.26
b) Analoge Anwendung gesellschaftsrechtlicher Vorschriften	20.28
aa) Analoge Anwendung des § 43 Abs. 3 Satz 2 GmbHG	20.29
bb) Analoge Anwendung des § 93 Abs. 5 Satz 2 und 3 AktG	20.33
c) Allgemeine Beschränkungen	20.34
aa) § 80 InsO	20.34
bb) § 138 BGB	20.35
cc) §§ 276 Abs. 3, 202 Abs. 1 BGB	20.36
4. Rechtsfolgen	20.37
a) Der Grundsatz	20.37
b) Insolvenzanfechtung	20.39
aa) Der Begriff der Unentgeltlichkeit	20.40
bb) Die Unentgeltlichkeit im konkreten Fall	20.43
II. Weisung und Billigung	20.45
1. Zuständigkeit	20.46
a) Reichweite der haftungsausschließenden Wirkung	20.48
b) Rechtsfolgen bei Fehlen oder Rechtswidrigkeit eines Beschlusses	20.49
2. Beschränkung nach § 43 Abs. 3 Satz 3 GmbHG	20.50
3. Beschränkung nach sonstigen gesellschaftsrechtlichen Grundsätzen	20.51
a) Analoge Anwendung des § 30 Abs. 1 Satz 1 GmbHG	20.52
b) Analoge Anwendung des § 43 Abs. 3 Satz 3 GmbHG	20.53
c) Analoge Anwendung des § 93 Abs. 5 Satz 2 und 3 AktG	20.55
III. Haftungsbeschränkung durch Reduzierung des Pflichten- und Sorgfaltsmaßstabs	20.56
1. Dispositionsbefugnis der Gesellschafter	20.57
2. Ausübung der Befugnis	20.61
B. AG	20.62
I. Verzicht und Vergleich	20.63
1. Erfasste Ansprüche	20.63a
2. Zuständigkeit für Verzicht und Vergleich	20.63c
3. Wirksamkeitserfordernisse	20.64
a) Zeitliche Voraussetzungen	20.65
aa) Frist und Fristberechnung	20.65
bb) Folgen der Nichteinhaltung der Frist	20.67
cc) Ausnahmen von der Dreijahresfrist	20.69
b) Zustimmung der Hauptversammlung	20.70

aa) Anforderungen an den Zustimmungsbeschluss	20.70
bb) Rechtsfolgen bei einem Verstoß	20.72
c) Sonstige Beschränkungen	20.73
4. Rechtsfolgen	20.74
a) Allgemeine Folgen	20.74
b) Auswirkungen auf das Verfolgungsrecht der Gläubiger	20.75
c) Auswirkungen auf das Klagezulassungsverfahren	20.76a
II. Beschluss der Hauptversammlung	20.77
1. Gesetzmäßiger Beschluss	20.78
2. Zusammenhang zwischen Beschluss und Handlung	20.81
III. Übernahme/Freistellung	20.83

Schrifttum: *Altmeppen*, Das neue Recht der Gesellschafterdarlehen in der Praxis, NJW 2008, 3601; *Altmeppen*, Zur Entwicklung eines neuen Gläubigerschutzkonzeptes in der GmbH, ZIP 2002, 1553; *Altmeppen*, Grundlegend Neues zum „qualifiziert faktischen" Konzern und zum Gläubigerschutz in der Einmann-GmbH, ZIP 2001, 1837; *Altmeppen*, Zur Disponibilität der Geschäftsführerhaftung in der GmbH, DB 2000, 657; *Altmeppen*, Die Haftung des Managers im Konzern, 1998; *Bauer/Krets*, Gesellschaftsrechtliche Sonderregeln bei der Beendigung von Vorstands- und Geschäftsführerverträgen, DB 2003, 811; *Bayer/Scholz*, Die Pflichten von Aufsichtsrat und Hauptversammlung beim Vergleich über Haftungsansprüche gegen Vorstandsmitglieder, ZIP 2015, 149; *Bitter*, Der Anfang vom Ende des „qualifiziert faktischen GmbH-Konzerns" – Ansätze einer allgemeinen Missbrauchshaftung in der Rechtsprechung des BGH, WM 2001, 2133; *Burgard*, Die Förder- und Treupflicht des Alleingesellschafters einer GmbH, ZIP 2002, 827; *Cahn*, Vergleichsverbote im Gesellschaftsrecht, 1996; *Dauner-Lieb*, Die Existenzvernichtungshaftung – Schluss der Debatte?, DStR 2006, 2034; *Dietz-Vellmer*, Organhaftungsansprüche in der Aktiengesellschaft: Anforderungen an Verzicht und Vergleich durch die Gesellschaft, NZG 2011, 248; *Dietz-Vellmer*, Hauptversammlungsbeschlüsse nach § 119 II AktG – geeignetes Mittel zur Haftungsvermeidung für Organe?, NZG 2014, 721; *Dietz-Vellmer*, Organhaftungsansprüche in der Aktiengesellschaft: Anforderungen an Verzicht und Vergleich durch die Gesellschaft, NZG 2011, 248; *Ebenroth/Lange*, Sorgfaltspflichten und Haftung des Geschäftsführers einer GmbH nach § 43 GmbHG, GmbHR 1992, 69; *Fischbach*, Hauptversammlungsvorlagen des Aufsichtsrats, ZIP 2013, 1153; *Fleck*, Zur Haftung des GmbH-Geschäftsführers, GmbHR 1974, 224; *Fleischer*, Vergleiche über Organhaftungs-, Einlage- und Drittansprüche der Aktiengesellschaft, AG 2015, 133; *Fleischer*, Haftungsfreistellung, Prozesskostenersatz und Versicherung für Vorstandsmitglieder, WM 2005, 909; *Freiherr von Falkenhausen*, Enthaftung durch Hauptversammlungsbeschluss – Kann § 93 IV 4 AktG den Vorstand vor Haftung schützen?, NZG 2016, 601; *Gehrlein*, Die Behandlung von Gesellschafterdarlehen durch das MoMiG, BB 2008, 846; *Greulich/Bunnemann*, Geschäftsführerhaftung für zur Zahlungsunfähigkeit führende Zahlungen an die Gesellschafter nach § 64 II 3 GmbHG-RefE – Solvenztest im deutschen Recht?, NZG 2006, 681; *Gundlach/Frenzel/Strondmann*, Der § 93 Abs. 5 AktG in der Insolvenz, DZWIR 2007, 142; *Haas/Kolmann/Pauw* in Gottwald (Hrsg.), Insolvenzrechts-Handbuch, 5. Aufl. 2015, § 92; *Haas*, Das gesellschaftsrechtliche Organisationsrecht in der (vorläufigen) Eigenverwaltung, in FS Kübler, 2015, S. 203; *Haas*, Eigenkapitalersatzrecht und Übergangsrecht, DStR 2009, 976; *Haas*, Reform des gesellschaftsrechtlichen Gläubigerschutzes, Gutachten E zum 66. DJT, 2006; *Haas*, Die Disziplinierung des GmbH-Geschäftsführers im Interesse der Gesellschaftsgläubiger, WM 2006, 1417; *Haas*, Kapitalerhaltung, Insolvenzanfechtung, Schadensersatz und Existenzvernichtung – wann wächst zusammen, was zusammen gehört?, ZIP 2006, 1373; *Haas*, Die Gesellschafterhaftung wegen Existenzvernichtung, WM 2003, 1929; *Habersack*, Enthaftung des Vorstandsmitglieds qua Anstellungsvertrag? – Kritische Bemerkungen zu Seibt, NZG 2015, 1097 –, NZG 2015, 1297; *Habersack/Schürnbrand*, Die Rechtsnatur der Haftung aus §§ 93 Abs. 3 AktG, 43 Abs. 3 GmbHG, WM 2005, 957; *Häsemeyer*, Insolvenzrecht, 4. Aufl. 2007; *Harbarth/Höfer*, Beginn der Dreijahresfrist des § 93 IV 3 AktG bei nicht abgeschlossener Schadensentstehung, NZG 2016, 686; *Haßler*, Anwendbarkeit von § 93 Abs. 4 Satz 3 AktG im Rahmen der Verschmelzung zweier Aktiengesellschaften, AG 2016, 388; *Hasselbach*, Haftungsfreistellung für Vorstandsmitglieder, NZG 2016, 890; *Hefermehl*, Zur Haftung der Vorstandsmitglieder bei Ausführung von Hauptversammlungsbeschlüssen, in FS Schilling, 1973, S. 773; *Heitsch*, Die Binnenhaftung wegen Insolvenzverschleppung gem. § 43 II GmbHG (steht nicht zur Disposition der Gesellschafter), ZInsO 2015, 1375, 1377; *Heisse*, Die Beschränkung der Geschäftsführerhaftung gegenüber der GmbH, 1986; *Henze*, Entwicklungen der Rechtsprechung des BGH im GmbH-Recht – Freud und Leid der Kommentatoren, GmbHR 2000, 1069; *Hirte*, Kapitalgesellschaftsrecht, 8. Aufl. 2015; *Hirte*, Neuregelungen mit Bezug zum gesellschaftsrechtlichen Gläubigerschutz und im Insolvenzrecht durch das Gesetz zur Modernisierung des GmbH-Rechts und zur Bekämpfung von Missbräuchen (MoMiG), ZInsO 2008, 689; *Immenga*, Bindung von Rechtsmacht durch Treuepflichten, in FS 100 Jahre GmbH-Gesetz, 1992, S. 189; *Jula*, Geschäftsführerhaftung gemäß § 43 GmbHG: Minimierung der Risiken durch Regelungen im Anstellungsvertrag?, GmbHR 2001, 806; *Kleinhenz/Leyendecker*, Voraussetzungen und Reichweite der Haftungsbefreiung nach § 93 Abs. 4 S. 1 AktG bei M&A-Transaktionen, BB 2012, 861; *Konzen*, Geschäftsführung, Weisungsrecht und Verantwortlichkeit in der GmbH und GmbH & Co. KG, NJW 1989, 2977; *Kort*, Das Verhältnis von Auszahlungsverbot (§ 30 Abs. 1 GmbHG) und Erstattungspflicht (§ 31 GmbHG), ZGR 2001, 613; *Krieger*, Zahlungen der Aktiengesellschaft im Strafverfahren gegen Vorstandsmitglieder, in FS G. Bezzenberger, 2000, S. 211; *Lohr*, Die Beschränkung der Innenhaftung des GmbH-Geschäftsführers, NZG 2000, 1204; *Lutter*, Haftung und Haftungsfreiräume des GmbH-Geschäftsführers – 10 Gebote an den Geschäftsführer, GmbHR 2000, 301; *Mennicke*, Zum Weisungsrecht der Gesellschafter und der Folgepflicht des GF in der mitbestimmungsbestimmungsfreien GmbH, NZG 2000, 622; *Mertens*, Die gesetzlichen Einschränkungen der Disposition über Ersatzansprüche der Gesellschaft durch Verzicht und Vergleich in der aktien- und konzernrechtlichen Organhaftung, in FS Fleck, 1988, S. 209; *Mestmäcker*, Zur aktienrechtlichen Stellung der Verwaltung bei Kapitalerhöhungen, BB 1961, 945; *Noack*, Reform des deutschen Kapitalgesellschaftsrecht: Das Gesetz zur Modernisierung des GmbH-Rechts und zur Bekämpfung von Missbräuchen, DB 2006, 1475; *Paulus*, Konzernrecht und Konkursanfechtung, ZIP 1996, 2141; *Reese*, Die Haftung von „Managern" im Innenverhältnis, DStR 1995, 532; *Reichert*, Reformbedarf im Aktienrecht, AG 2016, 677; *Reichert*, „ARAG/Garmenbeck" im Praxistest, ZIP 2016, 1189; *Röhricht*, Insolvenzrechtliche Ansprüche im Gesellschaftsrecht, ZIP 2005, 505; *K. Schmidt*, Reform der Kapitalsicherung und Haftung in der Krise nach dem Regierungsentwurf des MoMiG, GmbHR 2007, 1072; *Uwe H. Schneider/Sven H. Schneider*, Zwölf goldene Regeln des GmbH-Geschäftsführers zur Haftungsvermeidung, GmbHR 2005, 1229; *Seibt*, 20 Thesen zur Binnenverantwortung im Unternehmen im Lichte des reformierten Kapitalmarktsanktionsrechts, NZG 2015, 1097; *Seibt/Cziupka*, Rechtspflichten und Best Practices für Vorstands- und Aufsichtsratshandeln bei der Kapitalmarkt-Compliance, AG 2015, 98; *Sernetz/Haas* (Hrsg.), Kapitalaufbringung und -erhaltung in der GmbH, 2003; *Stobbe*, Die Durchsetzung gesellschaftsrechtlicher Ansprüche der GmbH in der Insolvenz und masselosen Insolvenz, 2001; *Thelen*, Der Gläubigerschutz bei Insolvenz der Gesellschaft mit beschränkter Haftung, ZIP 1987, 1027; *Weller*, Scheinauslandsgesellschaften nach Centros, Überseering und Inspire Art: Ein neues Anwendungsfeld für die Existenzvernichtungshaftung, IPRax 2003, 207; *Wiedemann*, Entwicklungen im Kapitalgesellschaftsrecht, DB 1993, 141; *Wiedemann*, Europäische Rechtsformwahlfreiheit und Gesellschafterhaftung, 2004; *Wolff/Jansen*, Ausschluss der Haftung der Vorstandsmitglieder durch formlose Billigung des Vorstandshandelns durch die Aktionäre?, NZG 2013, 1165; *Wigand*, Verzicht, Vergleich und sonstige Haftungsbeschränkungen im Gesellschaftsrecht, 2012; *Ziemons* in Oppenländer/Trölitzsch (Hrsg.), Praxishandbuch der GmbH-Geschäftsführung, 2. Aufl. 2011, § 29; *Zimmer/Simonot*, Finanzierung der Verteidigung gegen die Gesellschaft und Rechtsverfolgung gegen den D&O-Versicherer im Lichte von § 93 IV AktG, NZG 2016, 976; *Zimmermann*, Vereinbarungen über die Erledigung von Ersatzansprüchen gegen Vorstandsmitglieder von Aktiengesellschaften, in FS Duden, 1977, S. 773.

A. GmbH

20.1 Im GmbH-Recht wird eine Enthaftung des Geschäftsführers gegenüber der Gesellschaft – sieht man einmal von der Verwirkung oder der Verjährung ab –[1] für folgende **Fallgestaltungen** diskutiert: Verzicht und Vergleich auf den Haftungsanspruch (s. I., Rz. 20.2 ff.), Weisung

---

[1] S. hierzu etwa *Haas/Ziemons* in Michalski, § 43 GmbHG Rz. 230 ff. und 243 f.; *Haas*, NZG 2009, 976 ff.

und Billigung der bzw. durch die Gesellschafterversammlung (s. II., Rz. 20.45 ff.) sowie Modifikation des Pflichten- und Sorgfaltsmaßstabs (s. III., Rz. 20.56 ff.). Kraft Gesetzes kommt eine Enthaftung bzw. Haftungsbeschränkung des Geschäftsführers gegenüber der Gesellschaft nur in seltenen Ausnahmefällen in Betracht.[1] Keine Reduzierung des vom Geschäftsführer zu beachtenden Sorgfaltsmaßstabs im Zusammenhang mit den Organpflichten folgt insbesondere aus arbeitsrechtlichen Grundsätzen (betrieblich veranlasster Tätigkeit)[2], einem ideellen Unternehmenszweck oder aus dem Umstand, dass der Geschäftsführer ehrenamtlich tätig wird.[3]

I. Verzicht und Vergleich

Grundsätzlich steht die Haftung des Geschäftsführers gegenüber (seiner) GmbH zur Disposition der Gesellschafter. Letztere können auf den Anspruch der Gesellschaft verzichten oder auf einen entsprechenden Vergleich hinwirken. Der Verzicht oder Vergleich unterliegt jedoch bestimmten Voraussetzungen bzw. Beschränkungen.

20.2

1. Beschränkung nach § 9b Abs. 1 GmbHG

Nach § 9b Abs. 1 GmbHG ist ein Verzicht bzw. Vergleich über Ersatzansprüche der Gesellschaft nach § 9a GmbHG unwirksam, soweit der Ersatz zur Befriedigung der Gläubiger der Gesellschaft erforderlich ist. Eine Einschränkung erfährt diese Rechtsfolge dann, wenn der Geschäftsführer zahlungsunfähig ist und sich zur Abwendung des Insolvenzverfahrens mit einem Gläubiger vergleicht oder wenn die Ersatzpflicht in einem Insolvenzverfahren geregelt wird.

20.3

a) Die erfassten Handlungsweisen

Unter den Begriff „Verzicht" i.S. des § 9b Abs. 1 GmbHG fällt der Erlass (auch der Teilerlass) des Anspruchs nach § 397 BGB sowie das negative Schuldanerkenntnis.[4] Dem steht der Fall gleich, dass die Gesellschaft auf eine negative Feststellungsklage des Geschäftsführers mit einem Anerkenntnis i.S. des § 307 ZPO reagiert oder die Gesellschaft nach Erhebung der Klage auf den prozessualen Anspruch verzichtet (§ 306 ZPO).[5] Ein Verzicht auf den Ersatzanspruch liegt auch in der Entlastung des Geschäftsführers für den Zeitraum, in dem

20.4

---

1 S. Haas/Ziemons in Michalski, § 43 GmbHG Rz. 20.
2 BGH v. 25.6.2001 – II ZR 38/99, BGHZ 148, 167, 172 = GmbHR 2001, 771; Zöllner/Noack in Baumbach/Hueck, § 43 GmbHG Rz. 6; Uwe H. Schneider in Scholz, § 43 GmbHG Rz. 256; Altmeppen in Roth/Altmeppen, § 43 GmbHG Rz. 5; Ziemons in Praxishandbuch der GmbH-Geschäftsführung, § 29 Rz. 16; Kleindiek in Lutter/Hommelhoff, § 43 GmbHG Rz. 39; Haas/Ziemons in Michalski, § 43 GmbHG Rz. 194 f.; für das Aktienrecht, s. Hopt/Roth in Großkomm. AktG, § 93 AktG Rz. 395 ff.
3 Haas/Ziemons in Michalski, § 43 GmbHG Rz. 197. Für (unentgeltlich tätige) ehrenamtliche Geschäftsführer gilt wohl § 31a BGB entsprechend. Die Vorschrift zielt zwar dem Wortlaut nach allein auf Vereine, ist aber ihrer Intention und ihrem Zweck nach auch auf andere Verbände anwendbar.
4 BGH v. 20.3.1986 – II ZR 114/85, ZIP 1987, 1050 = GmbHR 1986, 302.
5 Nicht hierunter fallen aber die Fälle einer schlechten Prozessführung, etwa wenn gegen die Gesellschaft auf Grund nachlässiger Prozessführung ein Versäumnisurteil ergeht, s. auch Spindler in MünchKomm. AktG, § 93 AktG Rz. 260.

die Pflichtverletzung erfolgt ist.[1] Erfasst werden von § 9b Abs. 1 GmbHG auch der Vergleich (§ 779 BGB) und der Prozessvergleich (§ 794 Abs. 1 Nr. 1 ZPO).[2] Anwendbar ist § 9b Abs. 1 GmbHG auch auf Vereinbarungen zwischen Geschäftsführer und Gesellschafter, die eine vergleichbare Wirkung wie ein Verzicht bzw. Vergleich haben. Dies trifft etwa für Abmachungen zu, die die Durchsetzbarkeit bzw. Geltendmachung des (einmal entstandenen) Anspruchs beschränken oder (zeitweise) verhindern (z.B. Stillhalteabkommen, Ausschluss oder Einschränkung der Klagbarkeit bzw. Vereinbarung eines Insolvenznachrangs).[3] Hierher gehören auch Vereinbarungen, durch die die Verjährungsfrist abgekürzt wird.[4] Nichts anderes gilt, wenn der Ersatzanspruch an den Geschäftsführer abgetreten wird, damit dieser durch Konfusion erlischt. Nicht hierher gehört allerdings die Vereinbarung einer schiedsgerichtlichen Entscheidungszuständigkeit für die Geltendmachung der Ansprüche[5]; denn bei der Schiedsgerichtsbarkeit handelt es sich um eine in jeder Hinsicht gleichwertige Alternative zur staatlichen Gerichtsbarkeit.[6]

b) Die erfassten Ansprüche

aa) Die unstreitigen Fälle

20.5 Dem Verzichts- und Vergleichsverbot nach § 9b Abs. 1 GmbHG unterliegt in erster Linie der Anspruch nach § 9a Abs. 1 GmbHG. Danach haftet (u.a.) der Geschäftsführer gegenüber der Gesellschaft, wenn er zum Zweck der Errichtung der Gesellschaft „falsche Angaben" macht. § 9b Abs. 1 GmbHG findet entsprechende Anwendung auf Ersatzansprüche gegen den Geschäftsführer nach § 57 Abs. 4 GmbHG wegen falscher Angaben bei Kapitalerhöhung, in den Fällen der Verschmelzung oder Spaltung zu Neugründung einer GmbH (§§ 36 Abs. 2 Satz 1, 135 Abs. 2 Satz 1 UmwG) sowie der formwechselnden Umwandlung in einer GmbH (§ 197 Satz 1 UmwG).[7]

20.6 Eine Verweisung auf § 9b Abs. 1 GmbHG enthält auch § 43 Abs. 3 Satz 2 GmbHG. Ausdrücklich erfasst werden von der Verweisung Haftungsansprüche nach § 43 Abs. 3 Satz 1 GmbHG, d.h. Ersatzansprüche der Gesellschaft, die auf einem Verstoß gegen § 30 Abs. 1 GmbHG oder § 33 GmbHG beruhen.[8] Mit dem MoMiG[9] wurde der Anwendungsbereich des § 30 Abs. 1

---

1 BGH v. 20.3.1986 – II ZR 114/85, ZIP 1987, 1050, 1052 = GmbHR 1986, 302; *Tebben* in Michalski, § 9b GmbHG Rz. 2; *Veil* in Scholz, § 9b GmbHG Rz. 6; *Ulmer/Habersack* in Ulmer/Habersack/Löbbe, § 9b GmbHG Rz. 9.
2 OLG Düsseldorf v. 17.11.1988 – 8 U 52/88, AG 1989, 361; 362; *Bayer* in Lutter/Hommelhoff, § 9b GmbHG Rz. 1; *Veil* in Scholz, § 9b GmbHG Rz. 7.
3 *Tebben* in Michalski, § 9b GmbHG Rz. 3; *Veil* in Scholz, § 9b GmbHG Rz. 6; *Ulmer/Habersack* in Ulmer/Habersack/Löbbe, § 9b GmbHG Rz. 9.
4 Zur Gleichbehandlung von Ausschlussfristen und Verkürzung der Verjährungsfrist, s. BGH v. 15.11.1999 – II ZR 122/98, ZIP 2000, 135, 136 = GmbHR 2000, 187; BGH v. 16.9.2002 – II ZR 107/01, ZIP 2002, 2128, 2129 = GmbHR 2002, 1197, 1198; OLG Stuttgart v. 26.5.2003 – 5 U 160/02, GmbHR 2003, 835, 837; *Zöllner/Noack* in Baumbach/Hueck, § 43 GmbHG Rz. 55; s. auch *Fastrich* in Baumbach/Hueck, § 9b GmbHG Rz. 4.
5 *Fastrich* in Baumbach/Hueck, § 9b GmbHG Rz. 2; a.A. *Schmidt-Leithoff* in Rowedder/Schmidt-Leithoff, § 9b GmbHG Rz. 8; offen gelassen bei *Roth* in Roth/Altmeppen, § 9b GmbHG Rz. 2.
6 BR-Drucks. 211/96 v. 22.3.1996, S. 109/110.
7 *Ulmer/Habersack* in Ulmer/Habersack/Löbbe, § 9b GmbHG Rz. 4.
8 Zur umstrittenen Rechtsnatur des Haftungsanspruchs, s. *Habersack/Schürnbrand*, WM 2005, 957, 958 ff.; *Paefgen* in Ulmer/Habersack/Löbbe, § 43 GmbHG Rz. 256.
9 Gesetz zur Modernisierung des GmbH-Rechts und zur Bekämpfung von Missbräuchen vom 23.10.2008, BGBl. I 2008, 2026.

GmbHG durch die Einführung der Vorschriften in § 30 Abs. 1 Satz 2 und Satz 3 GmbHG allerdings dahingehend eingeschränkt, dass Leistungen, die im Rahmen eines Beherrschungs- oder Gewinnabführungsvertrags nach § 291 AktG erfolgen oder durch einen vollwertigen Gegenleistungs- oder Rückgewähranspruch gegen den Gesellschafter gedeckt sind, sowie die Rückgewähr von Gesellschafterdarlehen und wirtschaftlich entsprechende Rechtshandlungen nicht vom Auszahlungsverbot des § 30 Abs. 1 Satz 1 GmbHG erfasst sind. Eine Verletzung des § 30 Abs. 2 GmbHG löst eine Haftung nach § 43 Abs. 3 Satz 1 GmbHG nur im Fall des § 30 Abs. 2 Satz 3 GmbHG aus.[1] H.M. nach findet § 43 Abs. 3 Satz 1 GmbHG (und damit auch Satz 2) ebenfalls auf die der Kapitalerhaltung dienende Geschäftsführerhaftung nach § 43a GmbHG Anwendung.[2] Mit besagter Einführung des § 30 Abs. 1 Satz 3 GmbHG wurde Haftungsansprüchen aus § 43 Abs. 3 Satz 1 GmbHG, die auf den eigenkapitalersatzrechtlichen Rechtsprechungsregeln beruhen und nach bisheriger h.M. von § 9b Abs. 1 GmbHG durch den Verweis in § 43 Abs. 3 Satz 2 GmbHG erfasst waren[3], die Rechtsgrundlage entzogen.[4] Die alte Rechtslage kommt jedoch entsprechend Art. 103d Satz 1 EGInsO weiterhin zur Anwendung, wenn das Insolvenzverfahren über das Vermögen der Gesellschaft vor dem 1.11.2008 eröffnet worden ist.[5] Unstreitig findet schließlich § 9b Abs. 1 GmbHG entsprechende Anwendung (auf Grund der Verweisung in § 64 Satz 4 GmbHG n.F. und § 43 Abs. 3 GmbHG) auf die Geschäftsführerhaftung nach § 64 Satz 1 GmbHG n.F.[6]

bb) Problem: Über Kapitalerhaltung hinausgehender Schaden

Problematisch ist, ob das Verzichts- und Vergleichsverbot auch auf Ersatzansprüche Anwendung findet, mit denen die Gesellschaft einen über die Verletzung der Kapitalerhaltungspflichten hinausgehenden Schaden verlangt. Dass der Geschäftsführer hierfür von der Gesellschaft in Anspruch genommen werden kann, ist unstreitig.[7] Fraglich ist allein, nach welcher Norm sich die Ersatzpflicht des Geschäftsführers richtet. In Frage kommen insoweit § 43 Abs. 3

20.7

---

1 A.A. *Paefgen* in Ulmer/Habersack/Löbbe, § 43 GmbHG Rz. 262.
2 *Zöllner/Noack* in Baumbach/Hueck, § 43 GmbHG Rz. 47 und 54; *Paefgen* in Ulmer/Habersack/Löbbe, § 43 GmbHG Rz. 263; *Kleindiek* in Lutter/Hommelhoff, § 43 GmbHG Rz. 64; *Haas/Ziemons* in Michalski, § 43 GmbHG Rz. 220d.
3 BGH v. 9.12.1991 – II ZR 43/91, ZIP 1992, 108, 109 = GmbHR 1992, 166; s. auch BGH v. 25.6.2001 – II ZR 38/99, BB 2001, 1753, 1754 = GmbHR 2001, 771 m. Anm. *Harnier*; *Paefgen* in Ulmer/Habersack/Löbbe, § 43 GmbHG Rz. 263; *Kleindiek* in Lutter/Hommelhoff, § 43 GmbHG Rz. 57; *Altmeppen* in Roth/Altmeppen, § 30 GmbHG Rz. 1, 5; *Uwe H. Schneider* in Scholz, § 43 GmbHG Rz. 270 (zur Rechtslage vor dem MoMiG); a.A. *Haas/Ziemons* in Michalski, § 43 GmbHG Rz. 219.
4 S. zu der Abschaffung der Rechtsprechungsregeln (und damit auch der damit einhergehenden Geschäftsführerhaftung) durch das MoMiG, *Altmeppen*, NJW 2008, 3601, 3606; *Gehrlein*, BB 2008, 846, 848 f.; *Hirte*, ZInsO 2008, 689, 692; *K. Schmidt*, GmbHR 2007, 1072, 1076 f.
5 Zur Übergangsregelung s. auch BGH v. 26.1.2009 – II ZR 260/07, ZIP 2009, 615 ff. = GmbHR 2009, 427; eingehend *Haas*, DStR 2009, 976.
6 Hier sind freilich die Voraussetzungen für ein „Verzichts- und Vergleichsverbot" nach § 9b Abs. 1 GmbHG stets gegeben; denn richtiger Ansicht nach setzt der Anspruch wegen Masseverkürzung nach § 64 Satz 1 GmbHG n.F. entweder die Eröffnung des Insolvenzverfahrens oder aber die Abweisung des Insolvenzantrags mangels Masse voraus, s. *Nerlich* in Michalski, § 64 GmbHG Rz. 47; *Fleck*, GmbHR 1974, 224, 230; *Stobbe*, Die Durchsetzung gesellschaftsrechtlicher Ansprüche der GmbH in der Insolvenz und masselosen Insolvenz, 2001, Rz. 301; *Haas/Kolmann/Pauw* in Gottwald, Insolvenzrechts-Handbuch, § 92 Rz. 191. In beiden Fällen ist dann aber die Geltendmachung des Anspruchs stets zur Gläubigerbefriedigung erforderlich (s. Rz. 20.12 ff.).
7 BGH v. 20.3.1986 – II ZR 114/85, WM 1986, 789 f. = GmbHR 1986, 302; OLG Nürnberg v. 19.4.2001 – 13 U 3405/00, NZG 2001, 943, 944; *Habersack/Schürnbrand*, WM 2005, 957, 958; *Haas/Ziemons* in Michalski, § 43 GmbHG Rz. 221.

Satz 1 GmbHG oder aber – so wohl die überwiegende Ansicht – § 43 Abs. 2 GmbHG.[1] Folgt man der letztgenannten Ansicht, dann findet das Verzichts- und Vergleichsverbot in § 43 Abs. 3 Satz 2 GmbHG keine unmittelbare Anwendung.[2] In Betracht zu ziehen ist aber u.U., dass auch hier (auf den Ersatzanspruch nach § 43 Abs. 2 GmbHG) § 43 Abs. 3 Satz 2 GmbHG analog angewendet wird.[3]

cc) Problem: Existenzvernichtender Eingriff

20.8 Fraglich ist, ob § 43 Abs. 3 Satz 2 GmbHG auch auf Ansprüche der Gesellschaft gegen den Geschäftsführer im Zusammenhang mit einem existenzvernichtenden Eingriff Anwendung findet. Mit der Rechtsfigur[4] des existenzvernichtenden Eingriffs will die Rspr. – in erster Linie – Einflussnahmen des Gesellschafters auf das Gesellschaftsvermögen erfassen, die zu einer Auszahlung an die Gesellschafter führen, die die Fähigkeit der Gesellschaft, ihre Schulden zu begleichen nicht unerheblich beeinträchtigt und durch einen Einzelausgleich in Form einer Rückzahlung der „Ausschüttung" nicht adäquat kompensiert wird. Woraus sich die Haftung des Gesellschafters in diesen Fällen ergibt, war in Rechtsprechung und Literatur zunächst nicht ganz eindeutig. Ursprünglich jedenfalls hat man die Gesellschafterhaftung bei der „Durchgriffshaftung" (analog § 128 HGB) verortet.[5] Heute sieht man demgegenüber in Rechtsprechung[6] und Schrifttum[7] die Rechtsgrundlage für eine Gesellschafterhaftung in einer deliktischen Innenhaftung. Anknüpfungspunkt ist insoweit die Fallgruppe der sittenwidrigen vorsätzlichen Schädigung gem. § 826 BGB. Beteiligt sich der Geschäftsführer an einem derartigen existenzvernichtenden Eingriff, so macht sich dieser unstreitig (auch) gegenüber der Gesellschaft ersatzpflichtig. Fraglich ist freilich, woraus sich die Haftung ergibt. In Betracht kommt eine (Binnen-)Haftung nach § 43 Abs. 2 GmbHG (u.U. auch aus § 823 Abs. 2 BGB i.V.m. § 266

---

1 S. RGZ 159, 211, 230; *Paefgen* in Ulmer/Habersack/Löbbe, § 43 GmbHG Rz. 270; *Thelen*, ZIP 1987, 1027, 1032; *Haas* in Sernetz/Haas, Kapitalaufbringung und -erhaltung in der GmbH, 2003, Rz. 507; *Kleindiek* in Lutter/Hommelhoff, § 43 GmbHG Rz. 58; im Ergebnis auch *Habersack/ Schürnbrand*, WM 2005, 957, 961.
2 *Habersack/Schürnbrand*, WM 2005, 957, 961.
3 Für eine analoge Anwendung des § 43 Abs. 3 Satz 3 GmbHG in einem solchen Fall spricht jedenfalls, dass es gekünstelt erscheint, der (einheitlichen) Weisung der Gesellschafter an den Geschäftsführer, gegen die Kapitalerhaltungspflichten zu verstoßen, teilweise haftungsbefreiende Wirkung (und damit eine Folgepflicht) zusprechen zu wollen und teilweise nicht, a.A. aber BGH v. 18.2.2008 – II ZR 62/07, ZIP 2008, 736, 737 = GmbHR 2008, 488, 489; *Habersack/Schürnbrand*, WM 2005, 957, 961: Haftungsausschließende Wirkung von Weisungen ist nicht außer Kraft gesetzt.
4 S. hierzu im Einzelnen, BGH v. 17.9.2001 – II ZR 178/99, ZIP 2001, 1874 = AG 2002, 43 = GmbHR 2001, 1036; BGH v. 25.2.2002 – II ZR 196/00, BGHZ 150, 61 ff. = GmbHR 2002, 549; BGH v. 24.6.2002 – II ZR 300/00, ZIP 2002, 1578 ff. = GmbHR 2002, 902; BGH v. 13.12.2004 – II ZR 206/02, NZI 2005, 237 ff. = GmbHR 2005, 225; BGH v. 13.12.2004 – II ZR 256/02, ZIP 2005, 250 ff. = GmbHR 2005, 299; BGH v. 25.7.2005 – II ZR 390/03, ZIP 2005, 1734 ff. = GmbHR 2005, 1425; *Röhricht*, ZIP 2005, 505, 513 f.; *Weller*, Europäische Rechtsformwahlfreiheit und Gesellschafterhaftung, 2004, S. 123 ff.; *Haas* in Gutachten zum 66. DJT, 2006, E 83 ff.
5 *Altmeppen*, ZIP 2002, 1553, 1555 ff.; *Weller*, IPRax 2003, 207, 208; *Bitter*, WM 2001, 2133, 2139 ff.
6 „Trihotel"-Entscheidung des BGH v. 16.7.2007 – II ZR 3/04, ZIP 2007, 1552, 1554 = GmbHR 2007, 927, 929 und „GAMMA"-Entscheidung des BGH v. 28.4.2008 – II ZR 264/06, ZIP 2008, 1232, 1233 = GmbHR 2008, 805, 807.
7 *Emmerich/Habersack*, Konzernrecht, § 31 II 8, 21 f. (S. 547, 554) (mit Einschränkung für den Fall der Vermögenslosigkeit); *Haas* in Gutachten zum 66. DJT, 2006, E 90 ff.; *Haas*, WM 2003, 1929, 1940; *Wagner* in MünchKomm. BGB, § 826 BGB Rz. 101; s. auch *Dauner-Lieb*, DStR 2006, 2034 ff.

StGB)[1] oder nach § 826 BGB[2]. Eine analoge Anwendung des § 43 Abs. 3 Satz 1 GmbHG scheidet jedenfalls aus; denn dieser Haftungsnorm liegt – richtiger Ansicht zufolge –[3] ein verengter am Normzweck der Kapitalerhaltung orientierter Schadensbegriff zugrunde, der gerade die (in den Fällen des existenzvernichtenden Eingriffs nicht bestehende) Möglichkeit eines „Einzelausgleichs" voraussetzt.

Kann die Binnenhaftung des Geschäftsführers im Zusammenhang mit einem existenzvernichtenden Eingriff nicht in § 43 Abs. 3 Satz 1 GmbHG verortet werden, stellt sich die Frage, ob das **Verzichts- und Vergleichsverbot** in § 9b Abs. 1 GmbHG (über § 43 Abs. 3 Satz 2 GmbHG) **zur (analogen) Anwendung gelangt**. Richtiger Ansicht nach ist dies zu bejahen.[4] Wenn nämlich die Dispositionsbefugnis der Gesellschafter über den Haftungsanspruch beschränkt wird, soweit dieser auf einen Einzelausgleich gerichtet ist, dann muss dies erst recht dann gelten, wo der der Gesellschaft zugefügte Nachteil nach Art und Ausmaß nicht oder nicht angemessen durch § 43 Abs. 3 Satz 1 GmbHG kompensiert wird. Folgt man dieser Ansicht, dann ist der aus einem (existenzvernichtenden) Eingriff resultierende Haftungsanspruch gegen den Geschäftsführer auch nicht ohne weiteres „verzichtbar". 20.9

Mit Inkrafttreten des **MoMiG** ist diese Frage jedoch nur noch von untergeordneter Bedeutung, denn nunmehr hat die Innenhaftung des Geschäftsführers im Zusammenhang mit einem existenzvernichtenden Eingriff (auch) einen ausdrücklichen Niederschlag im Gesetz in Form des § 64 Satz 3 GmbHG gefunden.[5] Danach hat der Geschäftsführer an die Gesellschaft alle an die Gesellschafter erfolgten Zahlungen zu erstatten, soweit diese zur Zahlungsunfähigkeit der Gesellschaft führen mussten, es sei denn, dass diese Folge auch bei Beachtung der Sorgfalt eines ordentlichen Geschäftsmannes nicht erkennbar war. Dieser Anspruch unterliegt dabei – auf Grund der Verweisung in § 64 Satz 4 GmbHG – ausdrücklich der Beschränkung im Gläubigerinteresse nach § 43 Abs. 3 Satz 2 GmbHG. Somit verbleibt nur ein sehr enger Anwendungsbereich der Haftung aus § 43 Abs. 2 GmbHG für solche Schäden im Zusammenhang mit einem existenzvernichtenden Eingriff, die nicht bereits über § 64 Satz 3 GmbHG erfasst werden. Zu denken ist hier an insolvenzbedingte Zerschlagungsverluste, ein durch den existenzvernichtenden Eingriff ausgelöster entgangener Gewinn der Gesellschaft und ggf. auch die Kosten des (vorläufigen) Insolvenzverfahrens, sofern die materielle Insolvenz erst durch den existenzvernichtenden Eingriff herbeigeführt wurde.[6] Auch insoweit verneint die Rechtsprechung – wohl in entsprechender Anwendung der §§ 43 Abs. 3 Satz 2, 9b Abs. 1 GmbHG – die haftungsausschließende Wirkung eines Einverständnisses aller Gesellschafter.[7] 20.10

---

1 BGH v. 17.9.2001 – II ZR 178/99, ZIP 2001, 1874, 1876 f. = AG 2002, 43 = GmbHR 2001, 1036; BGH v. 25.2.2002 – II ZR 196/00, BGHZ 150, 61, 63 = GmbHR 2002, 549; *Haas*, ZIP 2006, 1373, 1380.
2 Vgl. hierzu *Haas* in Baumbach/Hueck, § 64 GmbHG Rz. 8, 252.
3 *Paefgen* in Ulmer/Habersack/Löbbe, § 43 GmbHG Rz. 269.
4 *Zöllner/Noack* in Baumbach/Hueck, 43 GmbHG Rz. 34; *Paefgen* in Ulmer/Habersack/Löbbe, § 43 GmbHG Rz. 263; *Haas/Ziemons* in Michalski, § 43 GmbHG Rz. 220d.
5 S. hierzu *Altmeppen* in Roth/Altmeppen, § 64 GmbHG Rz. 65 ff.; *Kleindiek* in Lutter/Hommelhoff, § 64 GmbHG Rz. 47 ff.; *Haas* in Baumbach/Hueck, § 64 GmbHG Rz. 122 ff., 252.
6 „Trihotel"-Entscheidung des BGH v. 16.7.2007 – II ZR 3/04, ZIP 2007, 1552 Rz. 54 ff.; BGH v. 24.7.2012 – II ZR 177/11, GmbHR 2012, 1070 Rz. 29; OLG Köln v. 18.10.2016 – 18 U 93/15, BeckRS 2016, 20545 Rz. 60.
7 BGH v. 16.6.2013 – II ZR 86/11, GmbHR 2013, 1044 Rz. 33, ohne nähere Begründung.

dd) Problem: (Insolvenz-)Krisenpflichten

20.11 Fraglich ist, ob dem Verzichts- und Vergleichsverbot nach § 9b Abs. 1 GmbHG auch die Binnenhaftung des Geschäftsführers wegen Insolvenzverschleppung unterliegt. H. M. nach haftet der Geschäftsführer bei **Insolvenzverschleppung** der Gesellschaft gegenüber nach § 43 Abs. 2 GmbHG.[1] Zu ersetzen hat der Geschäftsführer danach den über die von § 64 Satz 1 GmbHG erfassten Zahlungen hinausgehenden (Gesellschafts-)Schaden, der durch die pflichtwidrig unterlassene bzw. verspätete Insolvenzantragstellung entsteht.[2] Umstritten ist nun, inwieweit auf diesen Ersatzanspruch § 43 Abs. 3 Satz 2 GmbHG entsprechend anzuwenden ist. Ursprünglich hatte der BGH die Dispositionsbefugnis der Gesellschafterweisung in Bezug auf die Haftung wegen Insolvenzverschleppung nach § 43 Abs. 2 GmbHG ausdrücklich bejaht.[3] In einer späteren Entscheidung hat er diese Frage aber wieder offen gelassen.[4] Die wohl überwiegende Ansicht in der Literatur geht – zu Recht – davon aus, dass die Gesellschafter den Geschäftsführer nur in den Grenzen des § 43 Abs. 3 Satz 2 GmbHG von der Haftung freistellen können.[5] Da die h.M. den deliktischen Anspruch wegen Insolvenzverschleppung nach § 823 Abs. 2 BGB i.V.m. § 15a InsO stets – d.h. auch soweit es um den Quotenschaden geht – dem einzelnen Gläubiger zuweist[6], stellt sich insoweit die Frage der Einbeziehung dieser Ansprüche in § 9b GmbHG nicht. Folgt man hingegen der Ansicht, dass der Ersatzanspruch (soweit es um den Gesamtgläubigerschaden geht) der Gesellschaft zusteht[7], muss folgerichtig auch § 9b GmbHG hierauf Anwendung finden.

c) Zur Befriedigung der Gläubiger erforderlich

20.12 Der Verzicht bzw. Vergleich auf die von § 9b Abs. 1 GmbHG erfassten Haftungsansprüche entfällt kraft Gesetzes, wenn der Ersatzanspruch „zur Befriedigung der Gläubiger erforderlich" ist.[8] **Mithin sind die oben genannten Handlungsweisen h.M. zufolge nur „auflösend bedingt" wirksam.**[9] Diese Konstruktion passt freilich nicht, wenn der Verzicht in einer Prozesshandlung (§§ 306, 307 ZPO) liegt (s. Rz. 20.4); denn Letztere sind grundsätzlich bedingungsfeindlich. Im Übrigen aber entfällt die (Verzichts- bzw. Vergleichs-)Wirkung immer dann, wenn – irgendwann innerhalb der Verjährungsfrist – die „erlassenen" Beträge zur Gläubigerbefriedigung erforderlich werden.[10] Ob dies bereits im Zeitpunkt des Verzichts bzw. Vergleichs der Fall oder zu diesem Zeitpunkt bereits vorsehbar war oder nicht, ist gleichgültig.

---

1 BGH v. 18.3.1974 – II ZB 3/74, NJW 1974, 1088, 1089; *Heitsch*, ZInsO 2015, 1375, 1377; *Kleindiek* in Lutter/Hommelhoff, § 43 GmbHG Rz. 35; *Haas/Ziemons* in Michalski, § 43 GmbHG Rz. 45.
2 Zu diesem Schaden s. im Einzelnen *Haas/Kolmann/Pauw* in Gottwald, Insolvenzrechts-Handbuch, § 92 Rz. 148.
3 BGH v. 18.3.1974 – II ZB 3/74, NJW 1974, 1088, 1089.
4 BGH v. 1.3.1993 – II ZR 81/94 (früher: 61/92), DStR 1994, 1092, 1094 = GmbHR 1994, 460.
5 *Zöllner/Noack* in Baumbach/Hueck, § 43 GmbHG Rz. 5; *Haas/Kolmann/Pauw* in Gottwald, Insolvenzrechts-Handbuch, § 92 Rz. 149.
6 S. Nachweise bei *Kleindiek* in Lutter/Hommelhoff, Anh. zu § 64 GmbHG Rz. 80; *Haas* in Baumbach/Hueck, § 64 GmbHG Rz. 144 ff., 147.
7 In diesem Sinne *Haas*, ZIP 2009, 1257 ff.
8 *Ulmer/Habersack* in Ulmer/Habersack/Löbbe, § 9b GmbHG Rz. 15.
9 *Fastrich* in Baumbach/Hueck, § 9b GmbHG Rz. 2; *Veil* in Scholz, § 9b GmbHG Rz. 10; *Ulmer/Habersack* in Ulmer/Habersack/Löbbe, § 9b GmbHG Rz. 15; *Schmidt-Leithoff* in Rowedder/Schmidt-Leithoff, § 9b GmbHG Rz. 9; kritisch insoweit *Cahn*, Vergleichsverbote im Gesellschaftsrecht, 1996, S. 105 f.
10 *Ulmer/Habersack* in Ulmer/Habersack/Löbbe, § 9b GmbHG Rz. 13.

aa) Eintritt der auflösenden Bedingung

Wann die auflösende Bedingung eintritt, ist fraglich. Unstreitig ist dies der Fall, wenn über das Vermögen der Gesellschaft das Insolvenzverfahren eröffnet[1] oder wenn der Insolvenzantrag über das Vermögen der Gesellschaft mangels Masse abgewiesen wurde.[2] Fraglich ist, ob auch Zeiträume im Vorfeld der Entscheidung des Insolvenzgerichts über den Insolvenzantrag von § 9b Abs. 1 GmbHG erfasst werden. Dies wird überwiegend bejaht. Danach soll der Betrag zur Gläubigerbefriedigung bereits dann notwendig sein, wenn die Gesellschaft zahlungsunfähig oder überschuldet ist.[3] Zur Frage, ob Gleiches auch für den Eintritt der drohenden Zahlungsunfähigkeit (§ 18 InsO) gilt, finden sich keine Stellungnahmen. Mitunter sollen die Voraussetzungen auch schon bei „ernsthaften, nicht nur vorübergehenden Zahlungsschwierigkeiten" vorliegen.[4]

20.13

bb) Darlegungs- und Beweislast

Der Nachweis, dass die Forderung zur Gläubigerbefriedigung erforderlich ist, obliegt der (sich auf das Verzichts- bzw. Vergleichsverbot berufenden) Gesellschaft bzw. dem Gläubiger, der einen von § 9b Abs. 1 GmbHG erfassten Anspruch pfändet und sich zur Einziehung überweisen lässt.[5] Der Gläubiger kann den Ersatzanspruch bereits pfänden und sich zur Einziehung überweisen lassen, auch wenn der Anspruch zu diesem Zeitpunkt noch nicht zur Befriedigung der Gläubiger „erforderlich" ist[6]; denn auch bedingte bzw. künftige Ansprüche können gepfändet werden.[7] Erst wenn der Gläubiger den Anspruch gegen den Geschäftsführer einzieht, muss er den Nachweis erbringen, dass der Anspruch zur Befriedigung der Gläubiger notwendig ist. Die **Anforderungen an den Vortrag des Gläubigers, sollten insoweit nicht überspannt werden**; denn Letzterem ist in aller Regel der Einblick in die wirtschaftlichen Verhältnisse der Gesellschaft verschlossen. Hat daher der den Ersatzanspruch pfändende Gläubiger zuvor bereits einen vergeblichen Vollstreckungsversuch gegen die Gesellschaft unternommen, ist der Nachweis in jedem Fall erbracht.

20.14

cc) Rechtsfolgen

Ist der Anspruch zur Gläubigerbefriedigung erforderlich, ist ein abgeschlossener Verzicht bzw. Vergleich über den Ersatzanspruch unwirksam. Sind nur Teile des Anspruchs der Gesellschaft gegen den Ersatzpflichtigen zur Befriedigung der Gläubiger erforderlich, bleibt der Verzicht bzw. Vergleich im Übrigen wirksam. Letzteres gilt nach § 139 BGB aber nur dann, wenn die Parteien den Verzicht bzw. Vergleich ohne den unwirksamen Teil nicht vorgenommen hät-

20.15

---

1 *Veil* in Scholz, § 9b GmbHG Rz. 8; *Fastrich* in Baumbach/Hueck, § 9b GmbHG Rz. 2.
2 OLG Hamm v. 13.6.2001 – 8 U 130/00, NZG 2001, 1144.
3 *Fastrich* in Baumbach/Hueck, § 9b GmbHG Rz. 2; *Bayer* in Lutter/Hommelhoff, § 9b GmbHG Rz. 2; *Roth* in Roth/Altmeppen, § 9b GmbHG Rz. 3; *Bayer* in Lutter/Hommelhoff, § 9b GmbHG Rz. 2; *Veil* in Scholz, § 9b GmbHG Rz. 8; *Ulmer/Habersack* in Ulmer/Habersack/Löbbe, § 9b GmbHG Rz. 13.
4 *Fastrich* in Baumbach/Hueck, § 9b GmbHG Rz. 2; *Tebben* in Michalski, § 9b GmbHG Rz. 7; worin freilich der Unterschied zur Zahlungsunfähigkeit nach § 17 Abs. 2 InsO liegen soll, ist nicht zu erkennen.
5 *Tebben* in Michalski, § 9b GmbHG Rz. 9; *Ulmer/Habersack* in Ulmer/Habersack/Löbbe, § 9b GmbHG Rz. 13.
6 A.A. wohl *Veil* in Scholz, § 9b GmbHG Rz. 9.
7 *Hüßtege* in Thomas/Putzo, § 829 ZPO Rz. 10a; *Becker* in Musielak/Voit, § 829 ZPO Rz. 6; s. auch OLG Karlsruhe v. 30.7.1991 – 17 U 225/89, NJW-RR 1993, 242 f.

ten. Dann führt die Teilunwirksamkeit zur Unwirksamkeit des gesamten Verzichts bzw. Vergleichs.[1]

d) Ausnahmen vom „Verbot" in § 9b Abs. 1 GmbHG

20.16 Das Verbot in § 9b Abs. 1 GmbHG kennt geschriebene und ungeschriebene Ausnahmen. Eine ausdrücklich geregelte Ausnahme enthält § 9b Abs. 1 Satz 2 GmbHG. Danach ist ein Verzicht bzw. Vergleich ausnahmsweise wirksam, obwohl der Betrag (bis zum Eintritt der Verjährung) zur Befriedigung des Gläubigers erforderlich ist, wenn der Geschäftsführer „zahlungsunfähig ist und sich zur Abwendung des Insolvenzverfahrens mit seinen Gläubigern vergleicht oder wenn die Ersatzpflicht in einem Insolvenzplan geregelt wird". Die Bestimmung ist nicht ohne weiteres verständlich. Es verwundert daher nicht, wenn über den **Normzweck** der Vorschrift wenig Einigkeit herrscht. *Ulmer/Habersack*[2] etwa sehen in der Vorschrift eine Ausprägung des Gläubigergleichbehandlungsgrundsatzes. *Spindler* vertritt hingegen hinsichtlich der inhaltsgleichen aktienrechtlichen Bestimmung die Ansicht, dass die Vorschrift der Gesellschaft zumindest einen Teil ihrer Ansprüche vor der Zahlungsunfähigkeit des Organmitglieds sichern wolle.[3] *Cahn*[4] schließlich meint – zu Recht –, in der Bestimmung eine Privilegierung von Sanierungsbemühungen zu Gunsten des Ersatzpflichtigen auf Kosten der Gesellschaftsgläubiger zu erkennen.

aa) Abwendung des Insolvenzverfahrens über das Vermögen des Ersatzpflichtigen

20.17 § 9b Abs. 1 Satz 2 Alt. 1 GmbHG knüpft die Ausnahme von dem Verzichts- und Vergleichsverbot an enge Voraussetzungen. Die Vorschrift setzt voraus, dass der Ersatzpflichtige (hier der Geschäftsführer) zahlungsunfähig i.S. des § 17 Abs. 2 InsO ist. Darüber hinaus verlangt § 9b Abs. 1 Satz 2 Alt. 1 GmbHG, dass die Vereinbarung im Rahmen eines Vergleichs mit den Gläubigern des Ersatzpflichtigen getroffen wird und der Abwendung des Insolvenzverfahrens dient. Letzteres wird man nur annehmen können, wenn das Insolvenzverfahren tatsächlich verhindert wird, und zwar mit einer gewissen Nachhaltigkeit.[5] Erfolgt der Verzicht bzw. Vergleich im Vorfeld des Insolvenzverfahrens, um dieses abzuwenden und gelingt dies jedoch nicht, so ist der Ausnahmetatbestand in § 9b Abs. 1 Satz 2 GmbHG nicht eröffnet.[6] Wann ein Vergleich mit *„den Gläubigern"* i.S. des § 9b Abs. 1 GmbHG vorliegt, ist fraglich. Mitunter wird verlangt, dass sich der Ersatzpflichtige mit „allen" am Insolvenzverfahren interessierten Gläubigern verständigen muss.[7] Sieht man aber den Normzweck der Vorschrift darin, dass durch das Verzichts- und Vergleichsverbot die Möglichkeit einer Sanierung des Ersatzpflichtigen nicht von vornherein unmöglich gemacht werden soll, dann macht eine solche enge Auslegung wenig Sinn. Richtiger Ansicht nach müssen sich weder alle noch die Mehrzahl der Gläubiger an dem Vergleich beteiligen. Ausreichend ist vielmehr jede Vereinbarung mit einer hinreichenden Zahl von Gläubigern, um das Insolvenzverfahren über das

---

1 *Veil* in Scholz, § 9b GmbHG Rz. 10; *Ulmer/Habersack* in Ulmer/Habersack/Löbbe, § 9b GmbHG Rz. 16.
2 *Ulmer/Habersack* in Ulmer/Habersack/Löbbe, § 9b GmbHG Rz. 17.
3 *Spindler* in MünchKomm. AktG, § 93 AktG Rz. 256.
4 *Cahn*, Vergleichsverbote im Gesellschaftsrecht, 1996, S. 113 f.
5 Vgl. *Hirte/Stoll*, ZIP 2010, 253, 257.
6 *Gundlach/Frenzel/Strondmann*, DZWIR 2007, 142, 145; a.A. *Hirte/Stoll*, ZIP 2010, 253, 257 f.; *Spindler* in MünchKomm. AktG, § 93 AktG Rz. 276, 281.
7 *Schmidt-Leithoff* in Rowedder/Schmidt-Leithoff, § 9b GmbHG Rz. 7; im Grundsatz auch *Ulmer/Habersack* in Ulmer/Habersack/Löbbe, § 9b GmbHG Rz. 20.

Vermögen des Ersatzpflichtigen abzuwenden.¹ Dem Zweck, das Insolvenzverfahren über das Vermögen des Ersatzpflichtigen abzuwenden, dient sowohl ein außergerichtlicher Vergleich (auch der nach § 305 Abs. 1 Nr. 1 InsO) als auch – h.M. zufolge – ein Vergleich, der im eröffneten Verfahren im Zusammenhang mit dem Ziel geschlossen wird, die Einstellung des Verfahrens nach § 213 InsO herbeizuführen.²

bb) Regelung im Insolvenzplan

Eine weitere Ausnahme von dem Verzichts- und Vergleichsverbot sieht § 9b Abs. 1 GmbHG für den Fall vor, dass „die Ersatzpflicht in einem Insolvenzplanverfahren" geregelt wird. Früher ermöglichte das Insolvenzplanverfahren nur Abweichungen vom Regelverfahren. Damit schied diese Alternative immer dann aus, wenn der Geschäftsführer keine selbständige wirtschaftliche Tätigkeit ausübte, kannte doch das Kleininsolvenzverfahren (§ 304 InsO) keinen Insolvenzplan (§ 312 Abs. 2 InsO a.F.). Handelte es sich bei dem Geschäftsführer um einen Fremdgeschäftsführer, kam mithin die 2. Alternative in § 9b Abs. 1 Satz 2 GmbHG nie in Frage.³ Hielt dagegen der Geschäftsführer auch eine Beteiligung an der Gesellschaft, kam unter umstrittenen Voraussetzungen das Regelinsolvenzverfahren in Betracht.⁴ Der Gesetzgeber hat nun § 312 Abs. 2 InsO a.F. mit Wirkung vom 1.7.2014 abgeschafft. Damit kann nunmehr auch im Kleininsolvenzverfahren ein Planverfahren durchgeführt werden.

20.18

cc) Keine Anwendung auf den Insolvenzverwalter

Über den Wortlaut des § 9b Abs. 1 GmbHG hinaus gilt – richtiger Ansicht nach – das Verzichts- und Vergleichsverbot nicht für den Insolvenzverwalter in dem Insolvenzverfahren über das Vermögen der GmbH.⁵ Dieser kann sich daher – vorbehaltlich einer Eigenhaftung nach § 60 InsO und den Grundsätzen über das insolvenzzweckwidrige Verhalten⁶ – mit dem Geschäftsführer ohne weiteres vergleichen oder auf den Anspruch (teilweise) verzichten. U.U. muss jedoch der Insolvenzverwalter, wenn der Verzicht bzw. Vergleich eine für das Verfahren bedeutsame Rechtshandlung darstellt, die Zustimmung des Gläubigerausschusses einholen (§ 160 InsO).

20.19

2. Gesellschafterbeschluss

Nach § 46 Nr. 8 GmbHG entscheiden über die Geltendmachung von Ersatzansprüchen der Gesellschaft gegen den (auch ehemaligen)⁷ Geschäftsführer die Gesellschafter. Dahinter steht

20.20

---

1 *Veil* in Scholz, § 9b GmbHG Rz. 14; *Hirte/Stoll*, ZIP 2010, 253, 255; *Tebben* in Michalski, § 9b GmbHG Rz. 11; wohl auch *Bayer* in Lutter/Hommelhoff, § 9b GmbHG Rz. 3; ebenso für die inhaltsgleiche Vorschrift im AktG, s. *Hüffer/Koch*, § 93 AktG Rz. 79; *Hopt/Roth* in Großkomm. AktG, § 93 AktG Rz. 540; *Spindler* in MünchKomm. AktG, § 93 AktG Rz. 256.
2 *Tebben* in Michalski, § 9b GmbHG Rz. 11; *Ulmer/Habersack* in Ulmer/Habersack/Löbbe, § 9b GmbHG Rz. 20; *Fastrich* in Baumbach/Hueck, § 9b GmbHG Rz. 3; *Bayer* in Lutter/Hommelhoff, § 9b GmbHG Rz. 3; *Hopt/Roth* in Großkomm. AktG, § 93 AktG Rz. 539.
3 S. BGH v. 22.9.2005 – IX ZB 55/04, NZI 2005, 676; vgl. auch *Hirte/Stoll*, ZIP 2010, 253, 254 f.
4 S. hierzu *Haas/Kolmann/Pauw* in Gottwald, Insolvenzrechts-Handbuch, § 92 Rz. 302.
5 *Hirte* in Uhlenbruck, § 35 InsO Rz. 339; *Haas/Kolmann/Pauw* in Gottwald, Insolvenzrechts-Handbuch, § 92 Rz. 358 und 519.
6 S. zur Nichtigkeit wegen Insolvenzzweckwidrigkeit, *Mock* in Uhlenbruck, § 80 InsO Rz. 82; *Gerhardt* in Jaeger, § 60 InsO Rz. 33; *Ott/Vuia* in MünchKomm. InsO, § 80 InsO Rz. 62 f.
7 BGH v. 20.11.1958 – II ZR 17/57, BGHZ 28, 355, 357; *Hüffer/Schürnbrand* in Ulmer/Habersack/Löbbe, § 46 GmbHG Rz. 103; *Zöllner/Noack* in Baumbach/Hueck, § 46 GmbHG Rz. 59.

die Vorstellung, dass die Durchsetzung derartiger Ansprüche für die Gesellschaft weit reichende Wirkungen hat; denn zum einen werden hierdurch für das Ansehen der Gesellschaft relevante Interna in die Öffentlichkeit getragen und zum anderen wird durch die Geltendmachung eines Haftungsanspruchs die Zusammenarbeit der Organe bzw. Beteiligten untereinander erheblich belastet.[1] Aus diesem Sinn und Zweck des § 46 Nr. 8 GmbHG wird – über den Wortlaut der Vorschrift hinaus – eine **Entscheidungszuständigkeit der Gesellschafter für den Anspruchsverzicht, die Stundung, den Erlass und den Vergleich** (oder vergleichbare Formen der „Erledigung" des Anspruchs, z.B. die Vereinbarung einer Ausschlussfrist für die Geltendmachung des Anspruchs oder die Verkürzung der Verjährung) abgeleitet.[2] Dies gilt unabhängig davon, ob der Verzicht oder Vergleich den Beschränkungen des § 9b Abs. 1 GmbHG (s. Rz. 20.3 ff.) unterliegt oder nicht. Freilich können die Gesellschafter in der Satzung für die einzelnen Formen der Haftungserledigung auch die Zuständigkeit eines anderen Gesellschaftsorgans (z.B. Aufsichtsrat) vorsehen.[3]

20.21 Nach § 46 Nr. 5 GmbHG sind die Gesellschafter auch für den Anspruchsverzicht in Gestalt der **Entlastung** zuständig. Letztere befreit den Geschäftsführer von der Haftung aber grundsätzlich nur insoweit als die in Frage stehenden Ersatzansprüche bei sorgfältiger Prüfung aller Vorlagen und erstatteten Berichte erkennbar waren.[4] Aus § 46 Nr. 5 und/oder § 46 Nr. 8 GmbHG (sowie teilweise auch aus § 46 Nr. 6 GmbHG) wird schließlich auch die Entscheidungszuständigkeit der Gesellschafterversammlung zu einer so genannten **Generalbereinigung** entnommen.[5] Hierbei handelt es sich um einen Vertrag zwischen Gesellschaft und Geschäftsführer, der eine endgültige Regelung herbeiführen will und damit über die Entlastung hinaus geht, indem er einen Verzicht auf alle denkbaren, mit der Geschäftsführerposition zusammenhängenden Ersatzansprüche unabhängig davon vorsieht, ob diese zum maßgebenden Zeitpunkt erkennbar waren.[6]

---

1 *Hüffer/Schürnbrand* in Ulmer/Habersack/Löbbe, § 46 GmbHG Rz. 100; *Bayer* in Lutter/Hommelhoff, § 46 GmbHG Rz. 35.
2 BGH v. 8.12.1997 – II ZR 236/96, NJW 1998, 1315, 1316 = GmbHR 1998, 278; OLG Brandenburg v. 6.10.1998 – 6 U 278/97, NZG 1999, 210, 211 = GmbHR 1999, 344; OLG Frankfurt v. 4.12.1998 – 25 U 39/98, NZG 1999, 767, 768 = GmbHR 1999, 1144; *Zöllner/Noack* in Baumbach/Hueck, § 46 GmbHG Rz. 60; *Römermann* in Michalski, § 46 GmbHG Rz. 433 f.; *Haas/Ziemons* in Michalski, § 43 GmbHG Rz. 238a; *Hüffer/Schürnbrand* in Ulmer/Habersack/Löbbe, § 46 GmbHG Rz. 108; *Roth* in Roth/Altmeppen, § 46 GmbHG Rz. 64; *Koppensteiner/Gruber* in Rowedder/Schmidt-Leithoff, § 46 GmbHG Rz. 43; *Bayer* in Lutter/Hommelhoff, § 46 GmbHG Rz. 36; *Veil* in Scholz, § 9b GmbHG Rz. 4.
3 S. z.B. OLG Brandenburg v. 6.10.1998 – 6 U 278/97, NZG 1999, 210, 211 = GmbHR 1999, 344.
4 S. hierzu BGH v. 20.5.1985 – II ZR 165/84, BGHZ 94, 324, 326 = AG 1986, 21 = GmbHR 1985, 356; vgl. auch BGH v. 4.5.2009 – II ZR 169/07, GmbHR 2009, 1327, 1329; *Uwe H. Schneider/Sven H. Schneider*, GmbHR 2005, 1229, 1232; *Ulmer/Habersack* in Ulmer/Habersack/Löbbe, § 9b GmbHG Rz. 9; *Bayer* in Lutter/Hommelhoff, § 46 GmbHG Rz. 26.
5 S. hierzu BGH v. 8.12.1997 – II ZR 236/96, NJW 1998, 1315 f. = GmbHR 1998, 278; BGH v. 18.9.2000 – II ZR 15/99, DStR 2000, 2100, 2101 = GmbHR 2000, 1258; BGH v. 7.4.2003 – II ZR 193/02, GmbHR 2003, 712, 713 f.; OLG Frankfurt v. 4.12.1998 – 25 U 39/98, NZG 1999, 767, 768 = GmbHR 1999, 1144; OLG Brandenburg v. 6.10.1998 – 6 U 278/97, NZG 1999, 210, 211 = GmbHR 1999, 344; *Bayer* in Lutter/Hommelhoff, § 46 GmbHG Rz. 29; *Uwe H. Schneider/Sven H. Schneider*, GmbHR 2005, 1229, 1232.
6 BGH v. 8.12.1997 – II ZR 236/96, NJW 1998, 1315 f. = GmbHR 1998, 278; BGH v. 7.4.2003 – II ZR 193/02, GmbHR 2003, 712, 713; OLG Frankfurt v. 4.12.1998 – 25 U 39/98, NZG 1999, 767, 768 = GmbHR 1999, 1144.

a) Beschlussverfahren

Die Entscheidung der Gesellschafter, auf den Anspruch zu verzichten oder sich hierüber zu vergleichen, hat – grundsätzlich – durch Beschluss zu ergehen.[1] Insoweit finden die §§ 47 ff. GmbHG Anwendung. Erforderlich und genügend für den Beschluss ist die **einfache Stimmenmehrheit**.[2] Derjenige (Gesellschafter-)Geschäftsführer, um dessen Ersatzpflicht es geht, darf an der Beschlussfassung nach § 47 Abs. 4 Satz 2 GmbHG nicht teilnehmen.[3] Ein Verstoß hiergegen macht den Beschluss jedoch nicht nichtig, sondern lediglich anfechtbar.[4] Der Beschluss steht grundsätzlich im Ermessen der Gesellschaft, ist aber dann anfechtbar, wenn keine andere Entscheidung als die Versagung denkbar und die Entlastung missbräuchlich ist.[5] Letzteres ist in der Regel dann der Fall, wenn dem Geschäftsführer schwere Pflichtverletzungen vorzuwerfen sind und der Gesellschaft erheblicher Schaden zugefügt wurde. Anfechtbar ist die Entscheidung u.U. auch dann, wenn sie zu einem Zeitpunkt getroffen wird, in dem die Gesellschaft nicht in der Lage ist, die Tragweite des Geschäftsführerverhaltens zu beurteilen.[6]

20.22

Ein auch **länger andauerndes Schweigen** der Gesellschaft kann einen Beschluss nicht ersetzen und damit auch nicht als Haftungsverzicht gewertet werden.[7] Ein formeller, in einberufener Gesellschafterversammlung gefasster Beschluss ist aber nicht erforderlich, wenn alle Gesellschafter – u.U. auch in formlos getroffener Abrede – ihr Einverständnis erklären.[8] Bei der Einmann-Gesellschaft ist ebenfalls kein Beschluss erforderlich. Der Wille des Gesellschafters, auf den Anspruch verzichten zu wollen, muss aber nach außen zutage getreten sein.[9]

20.23

Ob von den Gesellschaftern tatsächlich ein Verzicht bzw. Vergleich gewollt ist, ist ebenso **durch Auslegung zu ermitteln** wie die Frage, welche Ansprüche hiervon erfasst sein sollen. Für den Gesellschafterbeschluss selbst genügt die einfache Mehrheit. Lehnen die Gesellschafter mit Beschluss die Geltendmachung des Ersatzanspruchs ab, so liegt darin nicht ohne weiteres schon ein Verzicht auf den Anspruch.[10]

20.24

---

1 BGH v. 8.12.1997 – II ZR 236/96, NJW 1998, 1315, 1316 = GmbHR 1998, 278; *Hüffer/Schürnbrand* in Ulmer/Habersack/Löbbe, § 46 GmbHG Rz. 109.
2 BGH v. 8.12.1997 – II ZR 236/96, NJW 1998, 1315, 1316 = GmbHR 1998, 278; *Paefgen* in Ulmer/Habersack/Löbbe, § 43 GmbHG Rz. 249 (§ 47 Abs. 4 analog); *Koppensteiner/Gruber* in Rowedder/Schmidt-Leithoff, § 43 GmbHG Rz. 37.
3 *Zöllner/Noack* in Baumbach/Hueck, § 46 GmbHG Rz. 62; *Koppensteiner/Gruber* in Rowedder/Schmidt-Leithoff, § 46 GmbHG Rz. 44; *Hüffer/Schürnbrand* in Ulmer/Habersack/Löbbe, § 46 GmbHG Rz. 109; vgl. auch KG Berlin v. 8.5.2014 – 12 U 22/13, NZG 2015, 198 = GmbHR 2014, 1266.
4 BGH v. 12.6.1989 – II ZR 246/88, BGHZ 108, 21 ff. = GmbHR 1989, 329; OLG Frankfurt v. 4.12.1998 – 25 U 39/98, NZG 1999, 767, 768 f. = GmbHR 1999, 1144; OLG München v. 18.7.1991 – 24 U 880/90, NJW-RR 1993, 1507 ff.
5 BGH v. 10.2.1977 – II ZR 79/75, WM 1977, 361; BGH v. 4.5.2009 – II ZR 169/07, GmbHR 2009, 1327, 1329.
6 BGH v. 4.5.2009 – II ZR 169/07, GmbHR 2009, 1327, 1329.
7 *Paefgen* in Ulmer/Habersack/Löbbe, § 43 GmbHG Rz. 248; *Haas/Ziemons* in Michalski, § 43 GmbHG Rz. 239; *Römermann* in Michalski, § 46 GmbHG Rz. 440; a.A. OLG Stuttgart v. 30.5.2000 – 20 W 1/2000, GmbHR 2000, 1048, 1049: stillschweigendes Einverständnis aller Gesellschafter ausreichend.
8 BGH v. 7.4.2003 – II ZR 193/02, DStR 2003, 1309 f. = GmbHR 2003, 712 m. Anm. *Blöse*; *Zöllner/Noack* in Baumbach/Hueck, § 46 GmbHG Rz. 62.
9 *Zöllner/Noack* in Baumbach/Hueck, § 46 GmbHG Rz. 63.
10 *Hüffer/Schürnbrand* in Ulmer/Habersack/Löbbe, § 46 GmbHG Rz. 112.

b) Fehlen des Gesellschafterbeschlusses

20.25 Ist für die Verzichtswirkung neben dem Beschluss **auch noch im Außenverhältnis eine Rechtshandlung erforderlich** (z.B. Abschluss einer entsprechenden Vereinbarung bei Generalbereinigung oder Erlassvertrag), stellt sich die Frage, ob dem Fehlen des Gesellschafterbeschlusses (auch im Außenverhältnis) eine „verzichtsausschließende" Bedeutung zukommt. Dies wird richtiger Ansicht nach mit dem Hinweis bejaht, dass die Beschlussfassung (nach § 46 Nr. 8 GmbHG) nicht nur Kompetenznorm für die gesellschaftsinterne Willensbildung, sondern auch materielle Voraussetzung für die Vornahme der Rechtshandlung im Außenverhältnis ist.[1] Fehlt es an dem Beschluss und ist die Maßnahme damit im Außenverhältnis ohne Vertretungsmacht vorgenommen worden, kann sie durch einen nachträglich gefassten Beschluss noch genehmigt werden. Folgt man dieser Ansicht allerdings nicht, so finden zumindest die Grundsätze über den Missbrauch der Vertretungsmacht Anwendung. Von der Frage des Fehlens eines Gesellschafterbeschlusses ist die Frage zu unterscheiden, ob ein (wirksam getroffener) Beschluss überhaupt eine Haftungsfreistellung enthält. Letzteres kann sich u.U. auch konkludent ergeben und ist durch Auslegung zu ermitteln.[2] Keine unmittelbare Auswirkung im Außenverhältnis hat das Fehlen des Beschlusses, wenn der Verzicht in einer Prozesshandlung, z.B. in der Erklärung eines Klageverzichts oder Anerkenntnis liegt (§§ 306, 307 ZPO, s. Rz. 20.4).

3. Sonstige Beschränkungen

a) § 30 Abs. 1 Satz 1 GmbHG

20.26 Ist der Geschäftsführer gleichzeitig Gesellschafter (oder eine dem Gesellschafter gleichzustellende Person)[3], wird die Dispositionsbefugnis der Gesellschafter über den Ersatzanspruch der Gesellschaft durch § 30 Abs. 1 Satz 1 GmbHG eingeschränkt.[4] Die Vorschrift verbietet nämlich Auszahlungen aus dem zur Erhaltung des Stammkapitals erforderlichen Vermögen. **Ein Verzicht der Gesellschaft auf einen bereits entstandenen Schadensersatzanspruch gegen den Gesellschafter-Geschäftsführer stellt regelmäßig eine Auszahlung dar.**[5] Nichts anderes gilt – grundsätzlich – für einen Vergleich über einen derartigen Ersatzanspruch.

20.27 Fraglich ist, welche Auswirkungen ein derartiger Verstoß gegen § 30 Abs. 1 Satz 1 GmbHG auf den Verzicht bzw. Vergleich hat. Grundsätzlich liegt dem Verzicht oder Vergleich (bzw. der gleichgestellten Handlung) ein Gesellschafterbeschluss zugrunde. Verstößt dieser gegen § 30 Abs. 1 Satz 1 GmbHG, weil durch den Verzicht oder Vergleich die Unterbilanz herbeigeführt oder vertieft wird, so geht die wohl überwiegende Ansicht davon aus, **dass der Be-**

---

1 BGH v. 8.12.1997 – II ZR 236/96, NJW 1998, 1315, 1316 = GmbHR 1998, 278; *Zöllner/Noack* in Baumbach/Hueck, § 46 GmbHG Rz. 61; *Bayer* in Lutter/Hommelhoff, § 46 GmbHG Rz. 40; *Haas/ Ziemons* in Michalski, § 43 GmbHG Rz. 238a; *Goette*, DStR 1998, 460 f. (für die Generalbereinigung); zweifelnd *Roth* in Roth/Altmeppen, § 46 GmbHG Rz. 64.
2 OLG Frankfurt v. 4.12.1998 – 25 U 39/98, NZG 1999, 767, 768 = GmbHR 1999, 1144.
3 S. hierzu *Fastrich* in Baumbach/Hueck, § 46 GmbHG Rz. 26 f.; *Haas* in Sernetz/Haas (Hrsg.), Kapitalaufbringung und -erhaltung in der GmbH, 2003, Rz. 397 ff.
4 BGH v. 31.1.2000 – II ZR 189/99, NZG 2000, 544 (*Haas*) = AG 2000, 472; BGH v. 7.4.2003 – II ZR 193/02, GmbHR 2003, 712, 713; BGH v. 10.5.1993 – II ZR 74/92, BGHZ 122, 333, 338 = GmbHR 1993, 427.
5 BGH v. 31.1.2000 – II ZR 189/99, NZG 2000, 544 (*Haas*) = AG 2000, 472; *Altmeppen* in Roth/Altmeppen, § 43 GmbHG Rz. 135; *Altmeppen*, DB 2000, 657; *Hommelhoff* in Lutter/Hommelhoff, § 30 GmbHG Rz. 8.

schluss nichtig ist.[1] Folgt man dieser Ansicht, so tritt beispielsweise die mit der Entlastung einhergehende Verzichtswirkung zu Gunsten des Gesellschafter-Geschäftsführers nicht ein, wenn hierdurch in das zur Erhaltung des Stammkapitals erforderliche Vermögen eingegriffen wird. Nichts anderes gilt aber auch dort, wo es (zusätzlich) für die „Erledigung" des Anspruchs eines nach außen gerichteten Vollzugsaktes (z.B. Erlassvertrag) bedarf; denn der (wirksame) Gesellschafterbeschluss ist stets auch im Außenverhältnis Wirksamkeitsvoraussetzung für das Rechtsgeschäft zwischen Gesellschaft und Geschäftsführer (s. Rz. 20.25).

b) Analoge Anwendung gesellschaftsrechtlicher Vorschriften

Vielfach werden in der Literatur die Beschränkungen der §§ 9b, 43 Abs. 3 Satz 2 und 3, 57 Abs. 4, 64 Satz 4 GmbHG als nicht ausreichend empfunden, um die Gläubiger angemessen zu schützen.[2] Im Einzelnen sind die Ansätze, um die (angebliche) Lücke zu Lasten der Gläubiger zu schließen, recht unterschiedlich. Die Rspr. steht diesen Ansätzen bislang eher ablehnend gegenüber.[3]

20.28

aa) Analoge Anwendung des § 43 Abs. 3 Satz 2 GmbHG.

Teilweise wird in der Literatur gefordert, § 43 Abs. 3 Satz 2 GmbHG (jenseits der Fälle der Kapitalerhaltung und Insolvenzreife, s. Rz. 20.5 ff.) auch auf andere Haftungsansprüche der Gesellschaft gegen den Geschäftsführer auszudehnen. Umstritten ist jedoch, wie weit die Analogie reichen soll.

20.29

Am weitesten geht die Ansicht, die § 43 Abs. 3 Satz 2 GmbHG auf alle Haftungsansprüche ausweiten will. Danach wäre ein Verzicht bzw. Vergleich immer dann unwirksam, wenn der Anspruch der Gesellschaft gegen den Geschäftsführer – innerhalb der Verjährungsfrist – zur Gläubigerbefriedigung notwendig wäre.[4] Hiergegen spricht jedoch der klare Wortlaut der Vorschrift[5]; denn der Gesetzgeber hat den § 43 Abs. 3 Satz 2 GmbHG eben nicht als eigenständigen § 43 Abs. 5 GmbHG normiert, der sich auf sämtliche Schadensersatzansprüche (und damit auch auf den § 43 Abs. 2 GmbHG) bezieht.

20.30

Mitunter wird auch die Ansicht vertreten, dass § 43 Abs. 3 Satz 2 GmbHG zwar nicht auf alle, wohl aber auf solche **Pflichtverletzungen** auszudehnen ist, **die überwiegend dem Schutz der Gläubigerinteressen dienen**.[6] Letzteres wird etwa der Pflicht zur Buchführung (§ 41

20.31

---

1 LG Kassel v. 11.9.2001 – 12 O 4101/00, ZInsO 2001, 1068, 1069; *Paefgen* in Ulmer/Habersack/Löbbe, § 43 GmbHG Rz. 252; *Zöllner/Noack* in Baumbach/Hueck, Anh § 47 GmbHG Rz. 53; *Roth* in Roth/Altmeppen, § 47 GmbHG Rz. 97; *Bayer* in Lutter/Hommelhoff, Anh. zu § 47 GmbHG Rz. 18 (Kapitalerhaltung); *Koppensteiner/Gruber* in Rowedder/Schmidt-Leithoff, § 47 GmbHG Rz. 101; s. kritisch hierzu in *Fastrich* in Baumbach/Hueck, § 30 GmbHG Rz. 66; *Haas* in Sernetz/Haas (Hrsg.), Kapitalaufbringung und -erhaltung in der GmbH, Rz. 477 f.; *Kort*, ZGR 2001, 613, 615, 634; *Henze*, GmbHR 2000, 1069, 1074.
2 *Altmeppen* in Roth/Altmeppen, § 43 GmbHG Rz. 127.
3 BGH v. 16.9.2002 – II ZR 107/01, NJW 2002, 3777, 3778 = GmbHR 2002, 1197; BGH v. 7.4.2003 – II ZR 193/02, GmbHR 2003, 712, 713; OLG Stuttgart v. 30.5.2000 – 20 W 1/2000, GmbHR 2000, 1048, 1049.
4 S. in diesem Sinne etwa *Lutter*, GmbHR 2000, 301, 311; wohl auch *Cahn*, Vergleichsverbote im Gesellschaftsrecht, 1996, S. 105 f.
5 *Zöllner/Noack* in Baumbach/Hueck, § 43 GmbHG Rz. 53.
6 *Paefgen* in Ulmer/Habersack/Löbbe, § 43 GmbHG Rz. 263; *Koppensteiner/Gruber* in Rowedder/Schmidt-Leithoff, § 43 GmbHG Rz. 41; *Kleindiek* in Lutter/Hommelhoff, § 43 GmbHG Rz. 65.

GmbHG) oder der Einberufungspflicht des Geschäftsführers nach § 49 Abs. 3 GmbHG nachgesagt.[1] Folgt man dieser Ansicht, ist für die Frage einer wirksamen Enthaftung abseits der gesetzlich normierten Fälle eine Einzelfallentscheidung hinsichtlich der jeweiligen Pflichtverletzung des Geschäftsführers erforderlich. Diese Entscheidung basiert dabei auf einem mitunter diffusen Abgrenzungsmerkmal, denn eine Unterscheidung zwischen Geschäftsführerpflichten die (überwiegend) dem Schutz der Gesellschaft bzw. der Gläubiger dienen, ist nicht immer trennscharf möglich. Soweit die Insolvenzreife noch nicht eingetreten ist, liegt ferner dem Haftungsmodell der GmbH der Grundsatz der Haftungskonzentration auf die Gesellschaft zugrunde.[2] Letzterer baut auf der Vorstellung auf, dass das, was „gut für die Gesellschaft ist, auch gut für die Gesellschaftsgläubiger ist". Es verwundert daher nicht, dass auch der Haftung des Geschäftsführers nach § 43 Abs. 2 GmbHG ein Beitrag zum mittelbaren Gläubigerschutz nachgesagt wird. Insoweit unterscheidet sich der von § 43 Abs. 2 GmbHG ausgehende reflexartige Schutz der Gläubigerinteressen zumindest grundsätzlich nicht von § 43 Abs. 3 Satz 1 GmbHG. Die Aussage, § 41 GmbHG oder § 49 Abs. 3 GmbHG lägen – anders als andere Geschäftsführerpflichten – „überwiegend im Gläubigerinteresse", legt daher eine petitio principii nahe.

20.31a Gleichwohl hätte es der Vorschrift des § 9b Abs. 1 GmbHG und der gesetzlichen Verweise auf diese Vorschrift in §§ 43 Abs. 3 Satz 2, 64 Satz 4, 57 Abs. 4 GmbHG und in §§ 36 Abs. 2, 135 Abs. 2, 197 UmwG nicht bedurft, wenn der Gesetzgeber den lediglich reflexartigen Schutz der Gesellschaftsgläubiger in allen Fällen als ausreichend erachtet hätte. Bereits § 9a GmbHG als Grundnorm des Verzichts- und Vergleichsverbots des § 9b Abs. 1 GmbHG hat einen gläubigerschützenden Charakter[3], nicht anders verhält es sich bei den Haftungstatbeständen der §§ 43 Abs. 3 Satz 1 und 64 Satz 1 GmbHG. Gleichwohl ist all diesen Haftungsnormen gemeinsam, dass ein Ersatzanspruch gegen die Geschäftsführung – aufgrund besagter Haftungskonzentration – nur der Gesellschaft zusteht. Dieser Umstand kann daher für die Frage einer analogen Anwendung des § 43 Abs. 3 Satz 2 GmbHG nur von untergeordneter Bedeutung sein. Ist für den Gesetzgeber demnach Anlass für ein gesetzlich angeordnetes Verzichts- und Vergleichsverbot stets ein Haftungsanspruch gegen die Geschäftsführung aufgrund der Verletzung einer Pflicht, die über einen Reflex hinaus unmittelbar dem Gläubigerschutz dient, ist im Spannungsfeld zwischen der allgemeinen Haftungskonzentration auf die Gesellschaft und den konkret schutzwürdigen Interessen der Gesellschaftsgläubiger eine analoge Anwendung des § 43 Abs. 3 Satz 2 GmbHG jedenfalls dann nicht von vornherein auszuschließen, wenn es um die Verletzung gläubigerschützender Geschäftsführerpflichten geht. Ausgehend von einem grundsätzlichen, nur reflexartigen Schutz der Gesellschaftsgläubiger durch die Haftungskonzentration auf die Gesellschaft muss prinzipiell die Privatautonomie der Gesellschaft hinsichtlich der Verfolgung ihr zustehender Ersatzansprüche gegen die Geschäftsführung überwiegen-

---

1 *Kleindiek* in Lutter/Hommelhoff, § 43 GmbHG Rz. 64; s. auch *Zöllner/Noack* in Baumbach/Hueck, § 43 GmbHG Rz. 5; *Paefgen* in Ulmer/Habersack/Löbbe, § 43 GmbHG Rz. 266.
2 S. hierzu *Kleindiek* in Lutter/Hommelhoff, § 43 GmbHG Rz. 48; *Paefgen* in Ulmer/Habersack/Löbbe, § 43 GmbHG Rz. 297; *Haas*, WM 2006, 1417, 1419; *Haas/Ziemons* in Michalski, § 43 GmbHG Rz. 173, 283.
3 *Veil* in Scholz, § 9a GmbHG Rz. 1; *Tebben* in Michalski, § 9a GmbHG Rz. 1, jedoch von einem indirekten Gläubigerschutz sprechend; a.A. *Fastrich* in Baumbach/Hueck, § 9a GmbHG Rz. 1. Angesichts der in § 9a Abs. 1 GmbHG sanktionierten falschen Angaben im Handelsregister insbesondere zum aufzubringenden Stammkapital, der grundsätzlichen Publizität dieser Tatsachen nach § 15 Abs. 2 Satz 1 HGB zu Lasten Dritter und der in § 82 GmbHG normierten Strafbarkeit falscher Angaben erscheint ein auf den Schutz der Gesellschaft reduzierter Normzweck des § 9a GmbHG jedoch eher zweifelhaft.

de Beachtung finden. Die Dispositionsbefugnis der Gesellschaft über derartige Ansprüche sollte jedoch dort in Frage gestellt werden, wo die Interessen der Gesellschaftsgläubiger nicht nur reflexartig, sondern durch die Nichteinhaltung von bestimmten gläubigerschützenden Organpflichten unmittelbar betroffen sind. Die erwähnten Unwägbarkeiten der Abgrenzung zwischen den einzelnen Pflichten im Hinblick auf ihren gläubigerschützenden Charakter hat dabei letztlich der Gesellschaftsgläubiger oder Insolvenzverwalter in Kauf zu nehmen, der sich gegenüber dem Geschäftsführer auf das Vergleichs- und Verzichtsverbot aus § 43 Abs. 3 Satz 2 GmbHG und dessen analoge Anwendung beruft. Eine Differenzierung nach dem Schutzzweck von Geschäftsleiterpflichten ist dem Kapitalgesellschaftsrecht nämlich grundsätzlich nicht fremd. Im Rahmen der Nichtigkeit von Beschlüssen der Hauptversammlung einer Aktiengesellschaft kann es gem. § 241 Nr. 3 AktG mitunter auch auf eben diese Abgrenzung maßgebend ankommen.

Unabhängig davon ist eine entsprechende Anwendung des § 43 Abs. 3 Satz 2 GmbHG nur dann erforderlich, wenn dies zu einer Verbesserung des Gläubigerschutzes beitragen kann. Verzichtet nämlich die Gesellschaft gegenüber dem Geschäftsführer auf einen Haftungsanspruch, so wird dies – wenn der Anspruch später zur Gläubigerbefriedigung erforderlich wird – in aller Regel eine nach dem AnfG bzw. nach §§ 129 ff. InsO **anfechtbare Rechtshandlung** darstellen (s. Rz. 20.43). Damit kann der Geschäftsführer, soweit die Gläubiger keine Befriedigung aus dem Gesellschaftsvermögen erhalten, weiter in Anspruch genommen werden. Schwieriger ist die Frage der Anfechtbarkeit allerdings zu beantworten, wenn sich die Gesellschaft mit dem Geschäftsführer verglichen und Letzterer auf dieser Grundlage eine Leistung in das Gesellschaftsvermögen erbracht hat. Es gilt in diesem Fall nämlich, Leistung und Gegenleistung im Rahmen eines solchen Vergleichs nachträglich inhaltlich zu beurteilen, um die Anfechtbarkeit festzustellen (s. Rz. 20.44). Dieses Erfordernis der inhaltlichen Überprüfung birgt nicht zu unterschätzende prozessuale Risiken für den anfechtenden Insolvenzverwalter oder Gläubiger. Die Voraussetzungen eines jeden Anfechtungstatbestands müssen außerdem nach § 140 Abs. 1 InsO bzw. § 8 Abs. 1 AnfG zum Zeitpunkt der Vornahme der anfechtbaren Rechtshandlung vorliegen (s. Rz. 20.42). Auf Grund der gesellschaftsrechtlichen Vorschriften tritt der Verzicht bzw. Vergleich hingegen im (meist späteren) Zeitpunkt der Erforderlichkeit des Ersatzanspruchs zur Gläubigerbefriedigung automatisch und ohne inhaltliche Prüfung des Vergleichs außer Kraft (s. Rz. 20.12). Insofern geht der durch § 43 Abs. 3 Satz 2 GmbHG vermittelte Schutz teilweise über das Anfechtungsrecht hinaus. Kompensiert wird dies jedoch dadurch, dass das Anfechtungsrecht die dem § 9b Abs. 1 GmbHG innewohnenden Beschränkungen nicht kennt (s. Rz. 20.16 ff.). Insgesamt gesehen bleibt damit der durch das Anfechtungsrecht vermittelte (Gläubiger-)Schutz (auch unter Berücksichtigung der Anfechtungsfristen) nicht hinter einer analogen Anwendung des § 9b Abs. 1 GmbHG zurück.

bb) Analoge Anwendung des § 93 Abs. 5 Satz 2 und 3 AktG

Teilweise wird auch die Ansicht vertreten, dass ein Verzicht bzw. Vergleich auf den Ersatzanspruch (jenseits der explizit geregelten Fälle) dann unwirksam sein soll, wenn dem Anspruch gegen den Geschäftsführer eine **gröbliche Pflichtverletzung** zugrunde liegt und darüber hinaus der Anspruch zur Befriedigung der Gläubiger erforderlich ist. Dies soll sich – so die Vertreter dieser Ansicht – aus einer analogen Anwendung der § 93 Abs. 5 Satz 2 und 3 AktG (s. hierzu Rz. 20.75 f., 20.77) ergeben.[1] Auch diesem Ansatz steht die Rspr. zu Recht

---

1 *Altmeppen* in Roth/Altmeppen, § 43 GmbHG Rz. 138 ff.; *Altmeppen*, DB 2000, 657, 658 f.; in diesem Sinne auch *Burgard*, ZIP 2002, 827, 839; a.A. aber *Zöllner/Noack* in Baumbach/Hueck, § 43 GmbHG Rz. 60; *Hüffer/Schürnbrand* in Ulmer/Habersack/Löbbe, § 46 GmbHG Rz. 198.

ablehnend gegenüber.[1] Diese Ansicht bleibt nämlich – ebenso wie die entsprechende Anwendung des § 9b Abs. 1 GmbHG (s. Rz. 20.32) – die Antwort auf die zentrale Frage schuldig, worin überhaupt die nicht hinnehmbare (und überdies durch das AktG aufzufüllende) Schutzlücke zu Lasten der Gläubiger besteht.

c) Allgemeine Beschränkungen

aa) § 80 InsO

20.34 Durch die **Insolvenzeröffnung** über das Vermögen der GmbH verändert sich zwar die Organisationsverfassung der GmbH nicht. Insbesondere bleiben die Gesellschaftsorgane (einschließlich der Gesellschafterversammlung) auch nach Insolvenzeröffnung bestehen. Die Kompetenzen der Gesellschaftsorgane beschränken sich aber auf Grund der auf den Insolvenzverwalter übergegangenen Verwaltungs- und Verfügungsbefugnis (§ 80 InsO) auf den so genannten „insolvenzfreien" Bereich.[2] Aufgrund dieser Verfügungsbeschränkung in Bezug auf alle masserelevanten Angelegenheiten sind die Gesellschafter mit Eröffnung des Insolvenzverfahrens nicht mehr befugt, auf einen Haftungsanspruch der Gesellschaft gegen den Geschäftsführer zu verzichten oder sich hierüber zu vergleichen.[3] Ist Eigenverwaltung angeordnet, so entzieht § 276a InsO den Gesellschaftern die Befugnis, über das Gesellschaftsvermögen zu disponieren. § 276a InsO schließt grundsätzlich jeglichen Einfluss des Aufsichtsorgans *„auf die Geschäftsführung des Schuldners"* aus. Der Begriff „Geschäftsführung" ist dabei nicht gesellschaftsrechtlich, sondern „insolvenzrechtlich", d.h. im Lichte der Verwaltungs- und Verfügungsbefugnis des § 80 InsO zu verstehen.[4] Hierfür spricht u.a. der gesetzgeberische Wille, wonach *„die Überwachungsorgane bei Eigenverwaltung im Wesentlichen keine weiter gehende Einwirkungsmöglichkeiten auf die Geschäftsführung haben sollen als in dem Fall, dass ein Insolvenzverwalter bestellt ist."*[5]

bb) § 138 BGB

20.35 Im Einzelfall kann ein Verzicht oder Vergleich auf einen Haftungsanspruch nach § 138 Abs. 1 BGB nichtig sein. Zu den unter die Vorschrift fallenden Fallgruppen gehören u.a. die **sittenwidrige Gläubigergefährdung und Gläubigerbenachteiligung**.[6] Die Anforderungen sind allerdings hoch. Nicht ausreichend ist es, wenn durch das Rechtsgeschäft die Befriedigungsaussichten anderer Gläubiger gefährdet werden. Das gilt nicht nur, wenn es um die Beurteilung eines schuldrechtlichen Rechtsgeschäfts, sondern auch dann, wenn es um die Frage der Sittenwidrigkeit eines Gesellschafterbeschlusses geht. So hat der BGH etwa entschieden, dass ein Entlastungsbeschluss nur dann nach § 138 Abs. 1 BGB nichtig ist, wenn „er seinem inneren Gehalt" nach in einer sittenwidrigen Schädigung nicht anfechtungsberechtigter Personen be-

---

1 BGH v. 7.4.2003 – II ZR 193/02, GmbHR 2003, 712, 713.
2 BayObLG v. 17.3.2004 – 3 Z BR 046/04, BB 2004, 797; OLG Rostock v. 17.12.2002 – 6 W 52/02, Rpfleger 2003, 444, 445 = GmbHR 2003, 1133; *Haas* in Baumbach/Hueck, § 60 GmbHG Rz. 43; *Kleindiek* in Lutter/Hommelhoff, Anh. zu § 64 GmbHG Rz. 72; *Haas/Kolmann/Pauw* in Gottwald, Insolvenzrechts-Handbuch, § 92 Rz. 291.
3 Zu den Restbefugnissen der Gesellschafterversammlung, s. *Haas/Kolmann/Pauw* in Gottwald, Insolvenzrechts-Handbuch, § 92 Rz. 319 ff.
4 *Haas*, in FS Kübler, 2015, S. 203, 208 f.; aA *Meyer* ZInsO 2013, 2361, 2363, 2367.
5 Begr. RegE ESUG, BT-Drucks. 17/5712, S. 42.
6 BGH v. 16.3.1995 – IX ZR 72/94, NJW 1995, 1668; *Sack/Fischinger* in Staudinger, § 138 BGB Rz. 438; s. auch *Wendtland* in Bamberger/Roth, § 138 BGB Rz. 70; *Armbrüster* in MünchKomm. BGB, § 138 BGB Rz. 96 ff.

steht.¹ Zumeist wird hier ein Verstoß gegen Satzung und Gesetz allein nicht ausreichen. Vielmehr müssen zusätzliche Umstände hinzutreten, um den Vorwurf der Sittenwidrigkeit zu begründen.² Hierzu zählt etwa,³ wenn das Rechtsgeschäft geeignet ist, die Gläubiger über die Kreditfähigkeit des Schuldners zu täuschen oder der Schuldner damit gegenüber anderen Vertragspartnern zum Vertragsbruch verleitet wird, wenn es den Geschäftspartnern darauf ankommt, die übrigen Gläubiger zu benachteiligen oder die Gläubigerbenachteiligung unter (rücksichtsloser) Ausnutzung einer wirtschaftlichen Machtstellung zu Stande kommt.⁴ Diese hohen Hürden wird ein Verzicht oder Vergleich der Gesellschaft auf bzw. über den Haftungsanspruch gegen den Geschäftsführer nur selten nehmen.

cc) §§ 276 Abs. 3, 202 Abs. 1 BGB

Nach § 276 Abs. 3 BGB kann **die Haftung dem Schuldner für Vorsatz nicht im Voraus erlassen werden**. Ein derartiger (im Vorfeld vereinbarter) Verzicht ist unwirksam. Eine weitere allgemeine Schranke ergibt sich aus § 202 Abs. 1 BGB. Danach kann die Verjährung bei Haftung wegen Vorsatzes nicht im Voraus durch Rechtsgeschäft erleichtert werden. Nach Anspruchsentstehung kann dagegen die Verjährung auch für diese Ansprüche abgekürzt werden.⁵ Entsprechende Anwendung findet § 202 Abs. 1 BGB auch auf die „vorherige" Vereinbarung von Ausschlussfristen zur Geltendmachung von Schadensersatzansprüchen, denen ein vorsätzlicher Pflichtenverstoß zugrunde liegt.⁶

20.36

4. Rechtsfolgen

a) Der Grundsatz

Haben die Gesellschafter den Geschäftsführer gegenüber der Gesellschaft von der Haftung durch Verzicht oder Vergleich (wirksam) freigestellt, kann die Gesellschaft den betreffenden Geschäftsführer nicht mehr in Anspruch nehmen. Fraglich ist, welche Auswirkungen eine Haftungsfreistellung gegenüber einem Teil der Geschäftsführer auf die übrigen Geschäftsleiter hat. Was von den Gesellschaftern gewollt ist, muss letztlich im Wege der Auslegung ermittelt werden.⁷ Grundsätzlich sind die **Wirkungen von Verzicht bzw. Erlass auf die an der Vereinbarung Beteiligten beschränkt** (§§ 423, 425 Abs. 1 BGB).⁸ Zwingend ist dies freilich nicht. Denkbar ist auch, dass die Beteiligten mit der Vereinbarung eine Befreiung sämtlicher Haftungsschuldner erreichen wollten. Letzteres liegt etwa dann nahe, wenn der Verzicht mit

20.37

---

1 BGH v. 8.12.1954 – II ZR 291/53, BGHZ 15, 382, 386.
2 BGH v. 16.3.1995 – IX ZR 72/94, NJW 1995, 1668; BGH v. 4.3.1993 – IX ZR 151/92, NJW 1993, 2041 f.; *Sack/Fischinger* in Staudinger, § 138 BGB Rz. 439.
3 *Sack/Fischinger* in Staudinger, § 138 BGB Rz. 440 ff.; *Armbrüster* in MünchKomm. BGB, § 138 BGB Rz. 96.
4 Zu den subjektiven Anforderungen an die Sittenwidrigkeit nach § 138 Abs. 1 BGB, s. *Wendtland* in Bamberger/Roth, § 138 BGB Rz. 22 ff.; *Armbrüster* in MünchKomm. BGB, § 138 BGB Rz. 129 ff.
5 *Grothe* in MünchKomm. BGB, § 202 BGB Rz. 7.
6 *Zöllner/Noack* in Baumbach/Hueck, § 43 GmbHG Rz. 60.
7 *Haas/Ziemons* in Michalski, § 43 GmbHG Rz. 241; *Ulmer/Habersack* in Ulmer/Habersack/Löbbe, § 9b GmbHG Rz. 7.
8 BGH v. 21.3.2000 – IX ZR 39/99, NJW 2000, 1942, 1943; *Koppensteiner/Gruber* in Rowedder/Schmidt-Leithoff, § 43 GmbHG Rz. 39; *Haas/Ziemons* in Michalski, § 43 GmbHG Rz. 241; *Veil* in Scholz, § 9b GmbHG Rz. 4; *Ulmer/Habersack* in Ulmer/Habersack/Löbbe, § 9b GmbHG Rz. 7.

dem Gesamtschuldner vereinbart wird, der im Innenverhältnis der Gesamtschuldner untereinander die Verbindlichkeit allein tragen müsste.[1]

20.38 Beschränkt sich die Wirkung des Verzichts bzw. Vergleichs auf die an der Vereinbarung unmittelbar Beteiligten, können die übrigen Geschäftsführer von der Gesellschaft nach wie vor in Anspruch genommen werden. Fraglich ist allerdings, in welcher Höhe die restlichen Geschäftsführer haften. Auch hier kommen verschiedene Optionen in Betracht, die im Wege der Auslegung zu ermitteln sind.[2] Denkbar ist etwa, dass die übrigen Geschäftsführer im vollen Umfang haften, ihrerseits aber gegen die von der Haftung (im Außenverhältnis) befreiten Personen Regress nehmen können. Eine Auslegung der Vereinbarung kann jedoch auch ergeben, dass der Verzicht bzw. Vergleich zu einem **Teilerlass** zu Gunsten der übrigen Geschäftsführer führt.[3] Ist Letzteres der Fall, verbirgt sich hinter der Vereinbarung ein Vertrag zu Gunsten der am Vergleich bzw. Verzicht nicht beteiligten Geschäftsführer.[4]

b) Insolvenzanfechtung

20.39 Der (wirksame) Verzicht bzw. Vergleich auf einen Ersatzanspruch kann – wenn der Schadensersatzanspruch zur Befriedigung der Gläubiger erforderlich werden sollte – nach §§ 129 ff. InsO bzw. nach dem AnfG anfechtbar sein.[5] In Betracht kommt insoweit insbesondere eine Anfechtung nach § 134 Abs. 1 InsO (bzw. nach der nahezu inhaltsgleichen Vorschrift in § 4 AnfG).[6] Danach sind mit Eröffnung des Insolvenzverfahrens **unentgeltliche Leistungen** des Schuldners anfechtbar, es sei denn sie sind früher als vier Jahre vor dem Antrag auf Eröffnung des Insolvenzverfahrens vorgenommen worden. Der Verzicht oder Vergleich erfüllt grundsätzlich den Begriff der „Leistung" in § 134 Abs. 1 InsO; denn dieser wird recht weit ausgelegt. Erfasst ist danach jede Schmälerung des Schuldnervermögens – auch durch Unterlassen (z.B. Nichtgeltendmachung eines Schadensersatzanspruchs) –, soweit hierdurch die Gläubiger unmittelbar oder mittelbar benachteiligt werden.[7]

aa) Der Begriff der Unentgeltlichkeit

20.40 Im Mittelpunkt des § 134 InsO steht das Merkmal der Unentgeltlichkeit. Im objektiven Sinne setzt eine unentgeltliche Verfügung voraus, dass ein Vermögenswert[8] des Schuldners zu Gunsten einer anderen Person aufgegeben wird, ohne dass der Empfänger eine ausgleichen-

---

1 BGH v. 21.3.2000 – IX ZR 39/99, NJW 2000, 1942, 1943; OLG Köln v. 18.5.1992 – 19 W 15/92, NJW-RR 1992, 1398.
2 BGH v. 21.3.2000 – IX ZR 39/99, NJW 2000, 1942, 1943; OLG Köln v. 17.12.1993 – 19 U 135/93, NJW-RR 1994, 1307.
3 BGH v. 21.3.2000 – IX ZR 39/99, NJW 2000, 1942, 1943; BGH v. 9.3.1972 – VII ZR 178/70, BGHZ 58, 216, 220; *Veil* in Scholz, § 9b GmbHG Rz. 4; *Ulmer/Habersack* in Ulmer/Habersack/Löbbe, § 9b GmbHG Rz. 7.
4 BGH v. 21.3.2000 – IX ZR 39/99, NJW 2000, 1942, 1943.
5 Im Einzelfall kann freilich auch eine nichtige Rechtshandlung des Schuldners anfechtbar sein, s. *Thole* in HK-InsO, § 129 InsO Rz. 27.
6 Zur Anfechtbarkeit von Verzicht und Vergleich nach den übrigen Tatbeständen aus §§ 130 ff. InsO eingehend *Wigand*, Verzicht, Vergleich und sonstige Haftungsbeschränkungen im Gesellschaftsrecht, S. 153 ff.
7 *Kayser* in MünchKomm. InsO, § 134 InsO Rz. 10, 39 a.E., 43; *Thole* in HK-InsO, § 134 InsO Rz. 6; *Ede/Hirte* in Uhlenbruck, § 134 InsO Rz. 14.
8 Völlig wertlose Gegenstände begründen die Anfechtung nicht; denn hierdurch entsteht kein Gläubigernachteil, s. BGH v. 11.12.2003 – IX ZR 336/01, ZIP 2004, 671, 672.

de Gegenleistung an den Schuldner (oder mit dessen Einverständnis an einen Dritten) erbringt.[1] Ganz h.M. nach kann jedoch nicht allein auf die objektiven Verhältnisse abgestellt werden. Zum Schutz der Gläubiger ist aber der Einfluss subjektiver Wertungen im Zusammenhang mit der Prüfung der Unentgeltlichkeit beschränkt.[2]

Eingang finden subjektive Wertungen zunächst, um die Zwecksetzung der schuldnerischen Leistung, d.h. den Inhalt des Rechtsgeschäfts zu ermitteln. Mithin kommt es auf den Willen der Parteien an, um überhaupt festzustellen, ob und um welcher Gegenleistung oder Vorteil willen die Leistung erbracht bzw. vereinbart wurde.[3] Im Rahmen der Prüfung, welche **Zwecksetzung** mit der Leistung verknüpft ist, kommt es nicht darauf an, ob und inwieweit zwischen dem Schuldner und dem Empfänger der Leistung eine Einigung erzielt wurde.[4] Ausreichend ist, wenn zwischen den Beteiligten ein Gleichlauf bzw. eine natürliche Übereinstimmung hinsichtlich der Zwecksetzung besteht.[5] Einseitige Vorstellungen oder Motivationen des Schuldners über mögliche wirtschaftliche Vorteile, die in keiner rechtlichen Abhängigkeit von der Leistung des Schuldners stehen, reichen demgegenüber aber nicht.[6] Auch kann nicht nachträglich ein Rechtsgrund geschaffen werden.[7] Lässt sich anhand des Parteiwillens feststellen, dass die Leistung des Schuldners nicht um einer anderen Leistung willen erbracht wurde, so ist – ohne weiteres – von einer „Unentgeltlichkeit" i.S. des § 134 InsO auszugehen.[8]

20.41

Hat der Schuldner hingegen (nach dem Willen der Parteien) die Leistung um einer anderen Leistung willen erbracht, steht damit die Entgeltlichkeit der Leistung noch nicht fest. Vielmehr prüft die h.M. sodann, **ob der Gegenleistung objektiv überhaupt ein Wert zukommt**.[9] Maßgebender Zeitpunkt ist insoweit derjenige der Vollendung des Rechtserwerbs (§ 140 InsO).[10] Ein beliebiges (wirtschaftliches) Interesse, um derentwillen der Schuldner seine Leis-

20.42

---

1 BGH v. 29.11.1990 – IX ZR 29/90, BGHZ 113, 98, 101; BGH v. 24.6.1993 – IX ZR 96/92, ZIP 1993, 1170, 1173; BGH v. 25.6.1992 – IX ZR 4/91, ZIP 1992, 1089, 1091 f.; BGH v. 1.4.2004 – IX ZR 305/00, ZIP 2004, 957, 960.
2 BGH v. 29.11.1990 – IX ZR 29/90, BGHZ 113, 98, 103; BGH v. 15.10.1975 – VIII ZR 62/74, WM 1975, 1182, 1184; BGH v. 24.6.1993 – IX ZR 96/92, ZIP 1993, 1170, 1173; BGH v. 21.1.1999 – IX ZR 429/97, ZIP 1999, 316, 317; BGH v. 1.4.2004 – IX ZR 305/00, ZIP 2004, 957, 960 = GmbHR 2004, 799; BGH v. 3.3.2005 – IX ZR 441/00, ZIP 2005, 767, 768; Vgl. auch *Thole* in HK-InsO, § 134 InsO Rz. 13 f.
3 BGH v. 21.1.1999 – IX ZR 429/97, ZIP 1999, 316, 317; s. auch *Ede/Hirte* in Uhlenbruck, § 134 InsO Rz. 19; *Kayser* in MünchKomm. InsO, § 134 InsO Rz. 17, 17c, 40.
4 BGH v. 3.3.2005 – IX ZR 441/00, ZIP 2005, 767, 768; BGH v. 24.6.1993 – IX ZR 96/92, ZIP 1993, 1170, 1173. Besteht freilich eine Einigung, so ist diese bindend, s. *Gerhardt*, ZIP 1991, 273, 279 ff.
5 *Häsemeyer*, Insolvenzrecht, Rz. 21.90.
6 BGH v. 29.11.1990 – IX ZR 29/90, BGHZ 113, 98, 101 und 104; BGH v. 24.6.1993 – IX ZR 96/92, ZIP 1993, 1170, 1173; *Ede/Hirte* in Uhlenbruck, § 134 InsO Rz. 32.
7 *Ede/Hirte* in Uhlenbruck, § 134 InsO Rz. 37; *Bork* in Kübler/Prütting/Bork, § 134 InsO Rz. 41.
8 *Häsemeyer*, Insolvenzrecht, Rz. 21.90.
9 BGH v. 9.11.2006 – IX ZR 285/03, ZIP 2006, 2391, 2391; BGH v. 29.11.1990 – IX ZR 29/90, BGHZ 113, 98, 102; BGH v. 21.1.1999 – IX ZR 429/97, ZIP 1999, 316, 317; *Thole* in HK-InsO, § 134 InsO Rz. 13; *Häsemeyer*, Insolvenzrecht, Rz. 21.91; *Kayser* in MünchKomm. InsO, § 134 InsO Rz. 22.
10 BGH v. 15.1.1964 – VIII ZR 236/62, BGHZ 41, 17, 19; BGH v. 3.3.2005 – IX ZR 441/00, ZIP 2005, 767, 768; *Ede/Hirte* in Uhlenbruck, § 134 InsO Rz. 36; *Kayser* in MünchKomm. InsO, § 134 InsO Rz. 20.

tung erbringt, reicht insoweit nicht aus.[1] Fließt dem Schuldner ein objektiver Vermögenswert zu, dann ist h.M. zufolge für die Frage der Unentgeltlichkeit (auch) auf die Wertvorstellungen der Parteien abzustellen.[2] Wollte man nämlich allein auf die objektiven Wertrelationen abstellen, würde die Grenze zum § 133 Abs. 1 InsO überschritten. Mithin ist nach dem Parteiwillen zu beurteilen, ob der Hauptzweck des Geschäfts auf Freigiebigkeit gerichtet ist oder nicht. Den Parteien steht insoweit ein gewisser Bewertungsspielraum zu.[3] Bestehen aber erhebliche Differenzen zwischen dem objektiven und dem subjektiven Wert, so ist dies ein Indiz für eine von den Parteien gewollte Teilunentgeltlichkeit. Die Parteien können sich also m.a.W. nicht zu weit von den objektiven Verhältnissen entfernen.[4] Liegt eine Teilunentgeltlichkeit vor, ist grundsätzlich eine auf die Wertdifferenz gerichtete Anfechtung möglich.[5]

bb) Die Unentgeltlichkeit im konkreten Fall

20.43 Grundsätzlich ist ein **Verzicht** auf eine Forderung eine (die Gläubiger benachteiligende) „*unentgeltliche*" Leistung i.S. des § 134 InsO.[6] Das gilt auch dann, wenn eine Gesellschaft gegenüber dem Geschäftsführer auf ihren Ersatzanspruch verzichtet. Rechtshandlung des Schuldners (hier der Gesellschaft) ist insoweit auch der durch die Gesellschafter herbeigeführte Beschluss.[7] Fraglich ist, ob sich an dieser Einordnung etwas ändert, wenn die Gesellschaft auf den Anspruch verzichtet hat, um Schaden von der Gesellschaft abzuwenden, d.h. wenn es der Gesellschaft darum geht, zu verhindern, dass Interna der Gesellschaft in die Öffentlichkeit getragen und/oder die Zusammenarbeit der Organe belastet wird (s. Rz. 20.20). Diese „Vorteile" machen den Verzicht aber nicht zu einer „entgeltlichen" Leistung; denn hierbei wird es sich zumeist um einseitige Vorstellungen des Schuldners (Gesellschaft) über mögliche wirtschaftliche Vorteile handeln, die nicht in rechtlicher Abhängigkeit zu der von ihm erbrachten Leistung stehen. Dann aber fehlt es bereits an der für eine „entgeltliche" Leistung erforderlichen Verknüpfung von Aufgabe eines Vermögenswerts und hierdurch erlangtem wirtschaftlichem Vorteil.

20.43a Nichts Anderes gilt für eine **Entlastung** der Geschäftsführung i.S. des § 46 Nr. 5 GmbHG. Hierbei handelt es sich um eine einseitige körperschaftsrechtliche Erklärung der Gesellschaft mit dem Inhalt, dass die bisherige Geschäftsführung gebilligt und dem Geschäftsführer für die Zukunft das Vertrauen ausgesprochen wird. Der die Vergangenheit billigende Teil der

---

1 BGH v. 29.11.1990 – IX ZR 29/90, BGHZ 113, 98, 103 f.; *Ede/Hirte* in Uhlenbruck, § 134 InsO Rz. 32.
2 BGH v. 29.11.1990 – IX ZR 29/90, BGHZ 113, 98, 102; BGH v. 24.6.1993 – IX ZR 96/92, ZIP 1993, 1170, 1173; BGH v. 21.1.1999 – IX ZR 429/97, ZIP 1999, 316, 317; BGH v. 3.3.2005 – IX ZR 441/00, ZIP 2005, 767, 768.
3 BGH v. 1.4.2004 – IX ZR 305/00, ZIP 2004, 957, 960 = GmbHR 2004, 799; *Ede/Hirte* in Uhlenbruck, § 134 InsO Rz. 29 und 34; *Kayser* in MünchKomm. InsO, § 134 InsO Rz. 40.
4 BGH v. 28.2.1991 – IX ZR 74/90, BGHZ 113, 393, 397; BGH v. 24.6.1993 – IX ZR 96/92, ZIP 1993, 1170, 1173; BGH v. 21.1.1999 – IX ZR 429/97, ZIP 1999, 316, 317; BGH v. 1.4.2004 – IX ZR 305/00, ZIP 2004, 957, 960 = GmbHR 2004, 799; s. auch *Ede/Hirte* in Uhlenbruck, § 134 InsO Rz. 29; *Kayser* in MünchKomm. InsO, § 134 InsO Rz. 40.
5 BGH v. 1.4.2004 – IX ZR 305/00, ZIP 2004, 957, 960 = GmbHR 2004, 799; BGH v. 24.6.1993 – IX ZR 96/92, ZIP 1993, 1170, 1173; *Thole* in HK-InsO, § 134 InsO Rz. 14; vgl. auch zu teilbaren Leistungen *Ede/Hirte* in Uhlenbruck, § 134 InsO Rz. 34; *Häsemeyer*, Insolvenzrecht, Rz. 21.93; s. zur Möglichkeit einer Teilanfechtung auch BGH v. 11.11.1993 – IX ZR 257/92, BGHZ 124, 76, 84 f. = *Haas*, EWiR 1994, 169.
6 BGH v. 14.11.1979 – VIII ZR 333/78, ZIP 1980, 21; *Kayser* in MünchKomm. InsO, § 134 InsO Rz. 24; *Dauernheim* in FK-InsO, § 134 InsO Rz. 30; *Thole* in HK-InsO, § 134 InsO Rz. 16.
7 *Paulus*, ZIP 1996, 2141, 2147 f.; *Kayser* in MünchKomm. InsO, § 129 InsO Rz. 39.

Entlastung führt im Recht der GmbH – anders als im Aktienrecht gem. § 120 Abs. 2 Satz 2 AktG – dazu, dass hinsichtlich entstandener Ersatzansprüche der Gesellschaft eine Präklusion eintritt, soweit der nach § 46 Nr. 5 GmbHG für die Entlastung zuständigen Gesellschafterversammlung bei der Beschlussfassung die Ersatzansprüche positiv bekannt waren oder für diese nach Prüfung aller relevanten Unterlagen mit der im Verkehr erforderlichen Sorgfalt erkennbar waren.[1] Aufgrund dieser verzichtsgleichen Wirkung der Entlastung unterfällt diese der Anfechtbarkeit nach § 134 Abs. 1 InsO in gleicher Weise wie ein Verzicht.[2]

In einem **Vergleich** liegt nicht zwingend eine *„unentgeltliche"* Leistung i.S. des § 134 InsO. Wird ein Vergleich geschlossen, um die bei einer verständigen Würdigung des Sachverhalts und Rechtslage bestehende Ungewissheit durch gegenseitiges Nachgeben zu beseitigen, so liegt nämlich – objektiv gesehen – nicht nur eine „Leistung" des Schuldners, sondern auch eine solche des anderen Vertragsteils vor.[3] Darüber hinaus ist in einem solchen Fall zu vermuten, dass die vereinbarte Regelung die gegenseitigen Interessen ausgewogen berücksichtigt. Innerhalb der von der objektiven Ungewissheit gekennzeichneten Vergleichslage haben mithin die Parteien für ihr gegenseitiges Nachgeben einen (die Anwendung des § 134 InsO ausschließenden) Ermessens- und Bewertungsspielraum.[4] Erst wenn der Vergleichsinhalt den Bereich verlässt, der bei objektiver Beurteilung ernstlich zweifelhaft ist, ist der Anwendungsbereich des § 134 InsO eröffnet.

20.44

II. Weisung und Billigung

Eine Haftung des Geschäftsführers entfällt nicht nur im Fall eines Verzichts oder Vergleichs, sondern auch dann, wenn er auf Weisung der Gesellschafter handelt; denn **im Rahmen seiner Folgepflicht**[5] **haftet der Geschäftsführer nicht** (arg. e § 43 Abs. 3 Satz 3 GmbHG).[6] Gleiches gilt auch, wenn die Gesellschafter das Verhalten des Geschäftsführers **billigen**.[7] Für die Frage, ob das zuständige Organ überhaupt die Geschäftsführungsmaßnahme billigen kann, gelten dieselben Voraussetzungen wie für eine Weisung.[8]

20.45

---

1 BGH v. 20.5.1985 – II ZR 165/84, ZIP 1985, 1325; *Zöllner/Noack* in Baumbach/Hueck, § 46 GmbHG Rz. 41; *Roth* in Roth/Altmeppen, § 46 GmbHG Rz. 30 ff.
2 *Kayser* in MünchKomm. InsO, § 134 InsO Rz. 8, unter Bezugnahme des RG v. 6.5.1911 – Rep. I. 164/10, RGZ 76, 244, 249; näher hierzu *Wigand*, Verzicht, Vergleich und sonstige Haftungsbeschränkungen im Gesellschaftsrecht, S. 146 ff.
3 BGH v. 9.11.2006 – IX ZR 285/03, ZIP 2006, 2391, 2392 f.
4 BGH v. 9.11.2006 – IX ZR 285/03, ZIP 2006, 2391, 2393.
5 *Haas/Ziemons* in Michalski, § 43 GmbHG Rz. 182 ff.; *Altmeppen* in Roth/Altmeppen, § 43 GmbHG Rz. 121.
6 BGH v. 14.12.1959 – II ZR 187/57, BGHZ 31, 258, 278; *Uwe H. Schneider* in Scholz, § 43 GmbHG Rz. 119; *Uwe H. Schneider/Sven H. Schneider*, GmbHR 2005, 1229, 1231.
7 BGH v. 7.4.2003 – II ZR 193/02, GmbHR 2003, 712, 713; OLG Stuttgart v. 30.5.2000 – 20 W 1/2000, GmbHR 2000, 1048, 1049; OLG Koblenz v. 9.6.1998 – 3 U 1662/89, NZG 1998, 953, 954 = GmbHR 1999, 122; *Paefgen* in Ulmer/Habersack/Löbbe, § 43 GmbHG Rz. 248; *Altmeppen* in Roth/Altmeppen, § 43 GmbHG Rz. 121; *Koppensteiner/Gruber* in Rowedder/Schmidt-Leithoff, § 43 GmbHG Rz. 37; *Haas/Ziemons* in Michalski, § 43 GmbHG Rz. 185.
8 *Koppensteiner/Gruber* in Rowedder/Schmidt-Leithoff, § 43 GmbHG Rz. 33; *Haas/Ziemons* in Michalski, § 43 GmbHG Rz. 185.

1. Zuständigkeit

20.46 Das Recht, eine Weisung zu erteilen, steht – soweit die Satzung nichts anderes vorsieht – der Gesellschafterversammlung zu. Die Erteilung der Weisung erfolgt durch einfachen Gesellschafterbeschluss (§ 47 Abs. 1 GmbHG).[1] Das weisungsbefugte Organ ist auch zuständig für eine haftungsausschließende Billigung des Geschäftsführerverhaltens. Auch diese muss – grundsätzlich – durch Beschluss ergehen.[2] Die Zuständigkeit der **Gesellschafterversammlung**, dem Geschäftsführer haftungsbefreiende Weisungen zu erteilen, entfällt mit Eröffnung des Insolvenzverfahrens, soweit die in Frage stehende Geschäftsführungsmaßnahme Masserelevanz hat (s. Rz. 20.34).

20.47 Ausnahmsweise ist ein Beschluss entbehrlich. Dies gilt etwa in einer **Einmann-Gesellschaft**. Hier bedarf es für eine bindende Weisung bzw. eine haftungsausschließende Billigung keines förmlichen Gesellschafterbeschlusses. Es genügt vielmehr das für den Geschäftsführer erkennbare Einverständnis des Alleingesellschafters mit seinem Handeln.[3] Hiervon ist immer bei einem Alleingesellschafter-Geschäftsführer auszugehen. Letzterer handelt daher stets „im Einverständnis mit sich selbst".[4] Gleiches gilt auch, wenn zwei oder mehrere Gesellschafter-Geschäftsführer einvernehmlich zum Nachteil der Gesellschaft handeln und zusammen über alle Gesellschaftsanteile verfügen.[5]

a) Reichweite der haftungsausschließenden Wirkung

20.48 Unberührt bleiben von der haftungsausschließenden Wirkung einer Weisung (oder Billigung) die **„Restpflichten" des Geschäftsführers im „Umfeld" des Beschlusses**.[6] Eine (haftungsauslösende) Verletzung dieser Restpflichten liegt etwa vor, wenn der Geschäftsführer den Beschluss des weisungsberechtigten Organs nicht ordnungsgemäß vorbereitet, nicht ausreichend auf die Folgen der Entscheidung hingewiesen, Bedenken nicht angemessen geltend gemacht bzw. pflichtwidrig auf die Willensbildung der Gesellschafter eingewirkt hat.[7] Hat der Geschäftsführer Bedenken hinsichtlich der Recht- bzw. Zweckmäßigkeit der Gesellschafterweisungen, so hat er diese vor Ausführung der Weisung gegenüber der Gesellschafterversammlung angemessen zum Ausdruck zu bringen, damit diese die Weisung aufheben bzw. abändern

---

1 *Kleindiek* in Lutter/Hommelhoff, § 37 GmbHG Rz. 17.
2 OLG Koblenz v. 9.6.1998 – 3 U 1662/89, NZG 1998, 953, 954 = GmbHR 1999, 122; *Zöllner/Noack* in Baumbach/Hueck, § 43 GmbHG Rz. 33; s. aber auch Rz. 20.22 ff.
3 BGH v. 26.10.2009 – II ZR 222/08, DStR 2010, 63; BGH v. 21.6.1999 – II ZR 47/98, BGHZ 142, 92, 95 f. = GmbHR 1999, 921; BGH v. 25.2.1991 – II ZR 76/90, NJW 1991, 1681 f. = AG 1991, 235 = GmbHR 1991, 197; OLG Stuttgart v. 30.5.2000 – 20 W 1/2000, GmbHR 2000, 1048; *Paefgen* in Ulmer/Habersack/Löbbe, § 43 GmbHG Rz. 220; *Zöllner/Noack* in Baumbach/Hueck, § 43 GmbHG Rz. 34.
4 BGH v. 26.10.2009 – II ZR 222/08, DStR 2010, 63; BGH v. 31.1.2000 – II ZR 189/99, NZG 2000, 544 (*Haas*) = AG 2000, 472; *Paefgen* in Ulmer/Habersack/Löbbe, § 43 GmbHG Rz. 220; *Zöllner/Noack* in Baumbach/Hueck, § 43 GmbHG Rz. 33.
5 BGH v. 7.4.2003 – II ZR 193/02, GmbHR 2003, 712, 713; *Paefgen* in Ulmer/Habersack/Löbbe, § 43 GmbHG Rz. 220; *Zöllner/Noack* in Baumbach/Hueck, § 43 GmbHG Rz. 33.
6 *Uwe H. Schneider* in Scholz, § 43 GmbHG Rz. 119; *Uwe H. Schneider/Sven H. Schneider*, GmbHR 2005, 1229, 1231; *Haas/Ziemons* in Michalski, § 43 GmbHG Rz. 183a.
7 *Uwe H. Schneider* in Scholz, § 43 GmbHG Rz. 119; *Haas/Ziemons* in Michalski, § 43 GmbHG Rz. 183a; *Giesecke*, GmbHR 1996, 486, 490; *Konzen*, NJW 1989, 2977, 2985; *Koppensteiner/Gruber* in Rowedder/Schmidt-Leithoff, § 43 GmbHG Rz. 28; *Hefermehl* in FS Schilling, 1973, S. 159, 172; *Canaris*, ZGR 1978, 207, 213.

kann.¹ Dies gilt insbesondere dann, wenn die Gesellschafterentscheidung für den Geschäftsführer erkennbar auf einer unrichtigen Sachverhaltsgrundlage gefällt wurde. Der Geschäftsführer muss in einem solchen Fall die Gesellschafterversammlung über die Risiken ausreichend informieren.² Verändern sich die Entscheidungsgrundlagen zu einem späteren Zeitpunkt und ist aus der Sicht der Gesellschafter eine Abänderung oder Aufhebung der Gesellschafterweisung veranlasst, so hat der Geschäftsführer ebenfalls den Sachverhalt erneut der Gesellschafterversammlung zu unterbreiten.³

b) Rechtsfolgen bei Fehlen oder Rechtswidrigkeit eines Beschlusses

Liegt kein Beschluss des zuständigen Organs vor (z.B. Weisung des Mehrheitsgesellschafters), kommt ein Haftungsausschluss von vornherein nicht in Betracht.⁴ Für die Frage, ob ein rechtswidriger Beschluss eine Folgepflicht auslöst, ist danach zu unterscheiden, ob der **Beschluss nichtig oder lediglich anfechtbar** ist.⁵ Ist der Beschluss nichtig, so führt der Geschäftsführer die Maßnahme in eigener Verantwortung durch. Weisen die Gesellschafter den Geschäftsführer durch nichtigen Beschluss zu einem schadensstiftenden Verhalten an, kommt eine Enthaftung des Geschäftsführers nicht in Betracht.⁶ Ist der Beschluss nicht nichtig, sondern lediglich anfechtbar, so ist danach zu differenzieren, ob der Beschluss wirksam angefochten wurde oder der Beschluss unanfechtbar geworden ist.⁷ Unstreitig entfällt die haftungsbefreiende Wirkung des Beschlusses, wenn dieser wirksam angefochten wurde.⁸ Ist der Beschluss durch Zeitablauf unanfechtbar geworden (analog § 246 Abs. 1 AktG analog), kommt ihm grundsätzlich (weil die Folgepflicht auslösend) auch eine haftungsbefreiende Wirkung zu.⁹ Ist die Anfechtung hingegen noch möglich, so ist die Rechtslage für die Dauer der Schwebezeit streitig, da die erfolgreiche Anfechtungsklage ex tunc wirkt und damit rückwirkend die Folgepflicht des Geschäftsführers entfallen lässt.¹⁰

20.49

---

1 BGH v. 26.3.1956 – II ZR 57/55, BGHZ 20, 239, 246; OLG Jena v. 1.9.1998 – 5 U 1816/97, NZG 1999, 121, 122 = GmbHR 1999, 346; *Uwe H. Schneider* in Scholz, § 43 GmbHG Rz. 119; *Haas/Ziemons* in Michalski, § 43 GmbHG Rz. 184; *Konzen*, NJW 1989, 2977, 2985.
2 OLG Jena v. 1.9.1998 – 5 U 1816/97, NZG 1999, 121, 122 = GmbHR 1999, 346.
3 *Koppensteiner/Gruber* in Rowedder/Schmidt-Leithoff, § 43 GmbHG Rz. 28; *Haas/Ziemons* in Michalski, § 43 GmbHG Rz. 184; *Hefermehl* in FS Schilling, 1973, S. 159, 172.
4 Zu einem Fall, in dem der Vertreter der Gesellschafter für den Geschäftsführer erkennbar unter Missbrauch seiner Vertretungsmacht gehandelt hat, s. OLG Koblenz v. 20.3.2003 – 6 U 850/00, EWiR 2003, 769 f.
5 *Ebenroth/Lange*, GmbHR 1992, 69, 73; *Konzen*, NJW 1989, 2977, 2982; *Mennicke*, NZG 2000, 622, 624. Vgl. hierzu auch BGH v. 24.3.2016 – IX ZB 32/15, NZG 2016, 552 = GmbHR 2016, 587 (wirksamer, aber anfechtbarer Beschluss, der in Räumen eines verfeindeten Gesellschafters gefasst wurde).
6 BGH v. 13.4.1994 – II ZR 16/93, BGHZ 125, 366, 372 = GmbHR 1994, 390; BGH v. 18.3.1974 – II ZR 2/72, GmbHR 1974, 131, 132; *Uwe H. Schneider* in Scholz, § 43 GmbHG Rz. 127; *Uwe H. Schneider/Sven H. Schneider*, GmbHR 2005, 1229, 1231 f.
7 *Ebenroth/Lange*, GmbHR 1992, 69, 73; *Haas/Ziemons* in Michalski, § 43 GmbHG Rz. 62.
8 *Zöllner/Noack* in Baumbach/Hueck, § 37 GmbHG Rz. 22. U. U. kann die Haftung hier aber dann entfallen, wenn sich der Geschäftsführer insoweit in einem entschuldbaren Verbotsirrtum befand, *Uwe H. Schneider/Sven H. Schneider*, GmbHR 2005, 1229, 1232.
9 *Zöllner/Noack* in Baumbach/Hueck, § 37 GmbHG Rz. 22; *Uwe H. Schneider* in Scholz, § 43 GmbHG Rz. 130; *Konzen*, NJW 1989, 2977, 2982; *Fleck*, GmbHR 1974, 224, 228.
10 S. hierzu *Zöllner/Noack* in Baumbach/Hueck, § 37 GmbHG Rz. 22.

2. Beschränkung nach § 43 Abs. 3 Satz 3 GmbHG

20.50 Die haftungsbefreiende Wirkung der Gesellschafterweisung (bzw. Billigung) entfällt, wenn es um die Erfüllung der Kapitalerhaltungs- oder Krisenpflichten geht (s. Rz. 20.5 ff.). Dies gilt nach § 43 Abs. 3 Satz 3 GmbHG jedenfalls dann, wenn der Anspruch zur Befriedigung der Gläubiger erforderlich ist (oder innerhalb der Verjährungsfrist wird). Mithin steht die (wirksame) Weisung – ebenso wie der Verzicht bzw. der Vergleich – kraft Gesetzes **unter einer auflösenden Bedingung**. Nichts Anderes gilt, wenn in diesen Fällen der Geschäftsführer mit Einverständnis der Gesellschafter gehandelt hat.[1]

3. Beschränkung nach sonstigen gesellschaftsrechtlichen Grundsätzen

20.51 Mitunter wird der durch § 43 Abs. 3 Satz 3 GmbHG vermittelte Gläubigerschutz als unzureichend empfunden. Dabei werden verschiedene Lösungen zur Lückenschließung vorgeschlagen. Die Rspr. steht einer Beschränkung der haftungsbefreienden Wirkung einer Weisung (oder Billigung) über die Fälle der §§ 30, 33, 43 Abs. 3, 64 GmbHG hinaus ablehnend gegenüber.[2]

a) Analoge Anwendung des § 30 Abs. 1 Satz 1 GmbHG

20.52 Wie oben bereits erwähnt (Rz. 20.26), kann ein Verzicht oder Vergleich auf einen Anspruch der Gesellschaft gegen einen Gesellschafter-Geschäftsführer eine verbotswidrige Auszahlung i.S. des § 30 Abs. 1 Satz 1 GmbHG darstellen. Mitunter werden in der Literatur nun diesen Fällen des Verzichts die Fälle einer Enthaftung des Gesellschafter-Geschäftsführers kraft Weisung gleichgestellt.[3] Die überwiegende Ansicht folgt diesem Vorschlag jedoch nicht. Erfasst werden nämlich von dem Verbot in § 30 Abs. 1 Satz 1 GmbHG nur solche Handlungsweisen, die zu einer „Auszahlung" führen, d.h. die das Vermögen der Gesellschaft mindern. Erteilen aber die Gesellschafter dem (Gesellschafter-)Geschäftsführer die **Weisung, eine – ansonsten pflichtwidrige, aber nicht kapitalerhaltungsrechtlich relevante – Geschäftsführungsmaßnahme vorzunehmen, so wird kein Vermögenswert aufgegeben**, der jemals in das Vermögen der Gesellschaft gelangt ist. Dann aber liegt keine Auszahlung aus dem zur Erhaltung des Stammkapitals erforderlichen Vermögens vor. Der Anwendungsbereich des § 30 Abs. 1 Satz 1 GmbHG ist m.a.W. bei diesen Formen der Enthaftung von vornherein nicht eröffnet.[4] Damit bleibt es dabei, dass die Gesellschafter nicht gehindert sind, in der wirtschaftlichen Krise der Gesellschaft über den Haftungsanspruch gegen den Gesellschafter-Geschäftsführer in Form einer Weisung zu disponieren. Nichts anderes gilt bei der Einpersonen-GmbH, in der der Gesellschafter gleichzeitig auch Geschäftsführer ist. In einem solchen Fall haftet – h.M. zufolge – der (Gesellschafter-)Geschäftsführer nicht nach § 43 Abs. 2 GmbHG gegenüber der Gesellschaft; denn ein eigenständiges schützenswertes, vom Gesellschafterinteresse zu unterscheidendes Gesellschaftsinteresse besteht hier nicht. In dieser Nichtanwendbarkeit des § 43 Abs. 2 GmbHG liegt (ebenso wie im Fall einer Gesellschafterweisung) keine „Auszah-

---

[1] BGH v. 7.4.2003 – II ZR 193/02, GmbHR 2003, 712, 713.
[2] BGH v. 31.1.2000 – II ZR 189/99, NZG 2000, 544 (*Haas*) = AG 2000, 472; BGH v. 14.12.1959 – II ZR 187/57, BGHZ 31, 258, 278.
[3] *Altmeppen*, Die Haftung des Managers im Konzern, 1998, S. 75 ff.; *Altmeppen*, DB 2000, 657; 659; *Altmeppen*, ZIP 2001, 1837, 1854 ff.; *Altmeppen* in Roth/Altmeppen, § 43 GmbHG Rz. 136.
[4] BGH v. 31.1.2000 – II ZR 189/99, NZG 2000, 544 (*Haas*) = AG 2000, 472.

lung" i.S. des § 30 Abs. 1 Satz 1 GmbHG, und zwar selbst dann nicht, wenn sich die Gesellschaft im Zeitpunkt der Geschäftsleitungsmaßnahme in einer Unterbilanz befindet.[1]

b) Analoge Anwendung des § 43 Abs. 3 Satz 3 GmbHG

In der Literatur wird teilweise die Ansicht vertreten, dass § 43 Abs. 3 Satz 3 GmbHG auf solche Pflichtverletzungen auszudehnen ist, die überwiegend dem Schutz der Gläubigerinteressen dienen.[2] Letzteres wird etwa der Pflicht zur Buchführung (§ 41 GmbHG) oder der Einberufungspflicht des Geschäftsführers nach § 49 Abs. 3 GmbHG nachgesagt.[3] Zweifel an dieser Ansicht sind – lässt mal einmal das mitunter diffuse Abgrenzungskriterium auch hier außen vor (s. Rz. 20.31) – an dieser Stelle jedoch bereits aus systematischen Gründen angebracht.

20.53

Die analoge Anwendung des § 43 Abs. 3 Satz 3 GmbHG auf Geschäftsführerpflichten, die dem Schutz der Gesellschaftsgläubiger dienen, trägt nämlich – anders als im Bereich der Enthaftung durch Verzicht oder Vergleich – wenig zur Verbesserung des Gläubigerschutzes bei. Die Pflichten in §§ 41, 49 Abs. 3 GmbHG wie auch sonstige Pflichten, die im Interesse der Gesellschaftsgläubiger stehen, sind ohnehin der Disposition der Gesellschafter entzogen. Ein Beschluss, der sich hierüber hinwegsetzt und den Geschäftsführer zu einer derartigen Pflichtverletzung anweist, ist nichtig. Einem nichtigen Beschluss kommt von vornherein keine haftungsbefreiende Wirkung zu.[4] Der Geschäftsführer haftet dann ohnehin nach § 43 Abs. 2 GmbHG gegenüber der Gesellschaft, wenn er eine nichtige Weisung ausführt. Nun wird zwar mitunter die Ansicht vertreten, dass die Geltendmachung dieses Anspruchs durch die Gesellschaft treuwidrig sei, wenn die Gesellschafter den Geschäftsführer *einstimmig* zu der Pflichtverletzung angewiesen bzw. das Verhalten desselben gebilligt haben.[5] Diese Ansicht ist jedoch dahingehend einzuschränken, dass die **Treuwidrigkeit** nicht gegeben ist, wenn sich die Gesellschaft in einer wirtschaftlichen Schieflage befindet, d.h. der Anspruch zur Befriedigung der Gläubiger erforderlich ist. Mithin besteht in den Fällen der vorliegenden Art im Grunde keine Schutzlücke zu Lasten der Gläubiger, die durch eine entsprechende Anwendung des § 43 Abs. 3 Satz 3 GmbHG geschlossen werden müsste.

20.54

c) Analoge Anwendung des § 93 Abs. 5 Satz 2 und 3 AktG

Nach § 93 Abs. 5 Satz 2 und 3 AktG kann eine (im Innenverhältnis zur Gesellschaft) haftungsbefreiende (gesetzmäßige) Weisung der Hauptversammlung an den Vorstand dem Verfolgungsrecht der Gläubiger nicht entgegen gehalten werden, wenn dem Vorstand entweder eine Pflichtverletzung nach § 93 Abs. 3 AktG oder aber – im Anwendungsbereich des § 93 Abs. 2 AktG – eine **gröbliche Pflichtverletzung** zur Last fällt (s. Rz. 20.75 f.). Fraglich ist

20.55

---

1 OLG Karlsruhe v. 12.5.1999 – 13 U 140/98, NZG 1999, 889 = GmbHR 1999, 1144; *Haas/Ziemons* in Michalski, § 43 GmbHG Rz. 180 f.
2 *Paefgen* in Ulmer/Habersack/Löbbe, § 43 GmbHG Rz. 266; *Koppensteiner/Gruber* in Rowedder/Schmidt-Leithoff, § 43 GmbHG Rz. 41; *Kleindiek* in Lutter/Hommelhoff, § 43 GmbHG Rz. 65.
3 *Kleindiek* in Lutter/Hommelhoff, § 43 GmbHG Rz. 64; s. auch *Zöllner/Noack* in Baumbach/Hueck, § 43 GmbHG Rz. 5; *Paefgen* in Ulmer/Habersack/Löbbe, § 43 GmbHG Rz. 266.
4 S. nur *Paefgen* in Ulmer/Habersack/Löbbe, § 43 GmbHG Rz. 239; *Kleindiek* in Lutter/Hommelhoff, § 43 GmbHG Rz. 42; *Haas/Ziemons* in Michalski, § 43 GmbHG Rz. 61 und 182.
5 BGH v. 18.3.1974 – II ZR 2/72, GmbHR 1974, 131, 132; *Uwe H. Schneider* in Scholz, § 43 GmbHG Rz. 134; *Koppensteiner/Gruber* in Rowedder/Schmidt-Leithoff, § 43 GmbHG Rz. 33; s. auch *Haas/Ziemons* in Michalski, § 43 GmbHG Rz. 234 f.

nun, ob die in diesen Vorschriften enthaltene Wertung auf das GmbHG übertragbar ist.[1] Auf den ersten Blick wird hierdurch der Gläubigerschutz (deutlich – aber freilich gegen den ausdrücklichen Wortlaut) ausgeweitet; denn – folgt man der Ansicht – wären nicht nur Weisungen der Gesellschafter, die zu einer Verletzung der Kapitalerhaltungs- oder Krisenpflichten aufrufen, den Gläubigern gegenüber unwirksam (§§ 64 Satz 4, 43 Abs. 3 Satz 1 GmbHG, s. Rz. 20.50), sondern auch solche, die eine gröbliche Pflichtverletzung durch den Geschäftsführer zum Gegenstand haben. Letztlich stellt sich aber auch hier die Frage, ob wirklich eine nennenswerte Regelungslücke besteht, die es durch aktienrechtliche Vorschriften zu schließen gilt. In der überwiegenden Zahl der Fälle wird nämlich der Beschluss der Gesellschafter, der zu einer „gröblichen Pflichtverletzung" anweist, wegen Verstoßes gegen gläubigerschützende Vorschriften, eines Sittenverstoßes oder auch deshalb nichtig sein, weil er auf die Schädigung nicht anfechtungsberechtigter Dritter ausgerichtet ist (vgl. auch Rz. 20.35).[2] In all diesen Fällen entfällt aber von vornherein die haftungsbefreiende Wirkung des Beschlusses mit der Folge, dass sich schon auf Grund der im GmbH-Recht angeordneten Rechtsfolgen die Frage nach einer analogen Anwendung des § 93 Abs. 5 Satz 2 und 3 AktG nicht stellt.[3]

III. Haftungsbeschränkung durch Reduzierung des Pflichten- und Sorgfaltsmaßstabs

20.56 Grundsätzlich hat der Geschäftsführer im Verhältnis zur Gesellschaft den Sorgfalts- und Pflichtenmaßstab eines ordentlichen Geschäftsmannes anzuwenden (§ 43 Abs. 1 GmbHG). Verstößt er hiergegen, dann haftet der Geschäftsführer gegenüber der Gesellschaft auf Ersatz des Schadens. In Literatur und Rspr. ist nun umstritten, inwieweit die Gesellschafter diesen Sorgfalts- und Pflichtenmaßstab absenken können (zur Verkürzung der Verjährungsfrist, s. Rz. 20.4). Problematisch ist diese Haftungsbeschränkung nicht nur hinsichtlich des „ob", sondern auch in Bezug auf das „wie".

1. Dispositionsbefugnis der Gesellschafter

20.57 Die wohl h.M. bejaht eine – grundsätzliche – Befugnis der Gesellschafter, den Pflichten- und Sorgfaltsmaßstab entsprechend zu modifizieren.[4] Eine Ausnahme soll – von der allgemeinen Schranke in § 276 Abs. 3 BGB abgesehen (s. Rz. 20.36) – lediglich für die zwingenden Geschäftsführerpflichten gelten (z.B. §§ 9a, 41, 43 Abs. 3 Satz 1, 49 Abs. 3, 57 Abs. 4, 64 Satz 1

---

1 *Altmeppen* in Roth/Altmeppen, § 43 GmbHG Rz. 138 ff.; s. auch *Altmeppen*, DB 2000, 657, 658.
2 S. zu den Nichtigkeitsgründen *Roth* in Roth/Altmeppen, § 47 GmbHG Rz. 97 ff.; *Koppensteiner/Gruber* in Rowedder/Schmidt-Leithoff, § 47 GmbHG Rz. 100 ff.; *Zöllner/Noack* in Baumbach/Hueck, Anh § 47 GmbHG Rz. 50 ff.
3 Im Ergebnis auch *Uwe H. Schneider/Sven H. Schneider*, GmbHR 2005, 1229, 1231. Nicht abschließend geklärt ist, ob ein der Weisung zugrunde liegender Beschluss auch der Insolvenzanfechtung oder Anfechtung nach dem AnfG unterliegen kann.
4 BGH v. 16.9.2002 – II ZR 107/01, NJW 2002, 3777, 3778 = GmbHR 2002, 1197; OLG Stuttgart v. 26.5.2003 – 5 U 160/02, GmbHR 2003, 835, 837; *Uwe H. Schneider* in Scholz, § 43 GmbHG Rz. 259 ff.; *Uwe H. Schneider/Sven H. Schneider*, GmbHR 2005, 1229, 1233; *Paefgen* in Ulmer/Habersack/Löbbe, § 43 GmbHG Rz. 8; *Altmeppen* in Roth/Altmeppen, § 43 GmbHG Rz. 118; *Kleindiek* in Lutter/Hommelhoff, § 43 GmbHG Rz. 64; rechtsvergleichend *Fleischer*, WM 2005, 909, 910 f., 913; *Haas*, WM 2006, 1417, 1418.

GmbHG).¹ Anderer Ansicht nach sollen auch jenseits dieser Fälle die Gesellschafter über die Haftungsvoraussetzungen nicht ohne Weiteres disponieren können. Wie weit allerdings diese Beschränkung reicht, ist im Einzelnen umstritten. Teilweise wird jede Absenkung des Pflichten- und Sorgfaltsmaßstabs im Grundsatz für unzulässig erachtet.² Andere wollen eine Absenkung des Sorgfaltsmaßstabs insoweit zulassen, als dadurch nicht generell die Haftung für Vorsatz und grobe Fahrlässigkeit ausgeschlossen wird.³

Gegen eine (generelle) Beschränkung der Verfügungsfreiheit der Gesellschafter spricht – zumindest auf den ersten Blick – ein Wertungsgesichtspunkt. Warum soll es jemandem, der im Nachhinein über einen Anspruch in Form des Verzichts disponieren kann, nicht schon im Voraus gestattet sein, die Entstehung dieses Anspruchs durch Modifikation des Pflichten- und Sorgfaltsmaßstabs zu verhindern? Die Gleichung aber, dass dasjenige, was nachträglich möglich ist, auch im Vorhinein erlaubt sein muss, ist falsch; denn der Verzicht im Nachhinein hat eine völlig andere Qualität als eine ex ante Freistellung von der Haftung.⁴ Dies zeigt schon ein Blick auf § 276 Abs. 3 BGB (s. Rz. 20.36). Auch wenn auf einen Schadensersatzanspruch, dem eine vorsätzliche Pflichtverletzung zugrunde liegt, im Nachhinein verzichtet werden kann, so folgt daraus eben nicht, dass eine Freizeichnung für Vorsatz schon im Voraus zulässig wäre. Ein weiteres Beispiel findet sich auch im Gesellschaftsrecht. So kann etwa auf einen Ersatzanspruch der Gesellschaft nach § 9a Abs. 1 GmbHG (im Nachhinein) verzichtet werden (unter der Bedingung, dass dieser nicht zur Befriedigung der Gläubiger erforderlich ist, s. Rz. 20.12 ff.). Trotzdem aber ist es den Gesellschaftern nicht gestattet, im Vorhinein den Pflichten- und Sorgfaltsmaßstab im Zusammenhang mit dem § 9a Abs. 1 GmbHG zu verändern.⁵

20.58

Wenn an eine Haftungserledigung ex ante mithin strengere Anforderungen geknüpft werden können als an einen ex post wirkenden Verzicht, ist damit freilich noch nicht gesagt, dass dies vorliegend auch so sein muss. Hiergegen könnte insbesondere sprechen, dass der Gesetzgeber in § 276 Abs. 3 BGB bereits eine abschließende Wertung vorgenommen hat. Letzteres ist jedoch abzulehnen. § 276 Abs. 3 BGB zeigt am Leitbild eines schuldrechtlichen Austauschvertrages auf, bis zu welcher Grenze sich die eine Vertragspartei der Willkür der anderen im Vorhinein ausliefern darf. Im Gesellschaftsrecht ist die Ausgangslage aber sehr viel komplexer; denn § 43 Abs. 1 GmbHG will nicht nur die Interessen des Geschäftsführers und der Gesellschaft bzw. der Gesellschafter zu einem angemessenen Ausgleich bringen. Vielmehr dienen die § 43 Abs. 1 und 2 GmbHG auch dem (zumindest mittelbaren) Schutz der Gläubiger. Hinter der Vorschrift steht nämlich die Vorstellung, dass dasjenige, was zum Wohle der Gesellschaft ist, auch dem Wohl der Gläubiger dient. Nur aus diesem Grund ist nämlich die Haftungskonzentration auf die Gesellschaft gerechtfertigt. Schon auf Grund der Mehrseitigkeit der Interessen im GmbHG kann daher in § 276 Abs. 3 BGB keine abschlie-

20.59

---

1 *Kleindiek* in Lutter/Hommelhoff, § 43 GmbHG Rz. 65; *Uwe H. Schneider/Sven H. Schneider*, GmbHR 2005, 1229, 1233; wohl auch OLG Stuttgart v. 26.5.2003 – 5 U 160/02, GmbHR 2003, 835, 837.
2 *Lutter*, GmbHR 2000, 301, 311; *Ebenroth/Lange*, GmbHR 1992, 69, 76; *Haas/Ziemons* in Michalski, § 43 GmbHG Rz. 14 ff.; *Ziemons* in Praxishandbuch der GmbH-Geschäftsführung, § 29 Rz. 21.
3 *Zöllner/Noack* in Baumbach/Hueck, § 43 GmbHG Rz. 5; *Lohr*, NZG 2000, 1204, 1209; *Reese*, DStR 1995, 532, 536.
4 *Haas/Ziemons* in Michalski, § 43 GmbHG Rz. 16; *Koppensteiner/Gruber* in Rowedder/Schmidt-Leithoff, § 43 GmbHG Rz. 4; *Ebenroth/Lange*, GmbHR 1992, 69, 76.
5 Die Tatbestandsvoraussetzungen des § 9a GmbHG sind nicht dispositiv, vgl. *Ulmer* in Ulmer/Habersack/Löbbe, § 9a GmbHG Rz. 4; *Schmidt-Leithoff* in Rowedder/Schmidt-Leithoff, § 9a GmbHG Rz. 2; *Bayer* in Lutter/Hommelhoff, § 9a GmbHG Rz. 14.

ßende Wertung gesehen werden. Dies hat auch der historische Gesetzgeber so gesehen. In der amtlichen Begründung zum Entwurf des GmbH-Gesetzes von 1891 heißt es insoweit:

„Ein geringerer Maßstab [als § 43 Abs. 1 GmbHG] darf an die Verantwortlichkeit ... [des Geschäftsführers] nicht gelegt werden, zumal es sich dabei nicht bloß um die Interessen der Gesellschafter, sondern auch um diejenigen der Gesellschaftsgläubiger handelt. Der Entwurf gestattet daher auch keine Abschwächung der gesetzlichen Diligenzpflicht durch den Geschäftsführervertrag."[1]

20.60 Schließlich könnte noch für eine Dispositionsbefugnis der Gesellschafter sprechen, dass eine ex ante Haftungserledigung ja nicht nur in Form einer Modifikation des Pflichten- und Sorgfaltsmaßstabs, sondern auch in Gestalt einer Weisung oder Billigung der Gesellschafter gegenüber dem Geschäftsführer möglich ist. Wenn nun aber eine haftungsbefreiende Weisung (bzw. Billigung) statthaft ist, dann stellt sich die Frage, warum für andere Formen der ex ante Haftungserledigung höhere Hürden gelten sollen. Richtiger Ansicht nach ist auch diese Gleichung nicht stimmig; denn in den Fällen der Weisung bzw. Billigung durch Gesellschafterbeschluss entfällt ja nicht jede Form der corporate governance im (mittelbaren) Interesse der Gläubiger.[2] Auch im Vergleich zur Weisung oder Billigung hat damit letztendlich die abstrakte Modifikation des Pflichten- und Sorgfaltsmaßstab eine andere Qualität. Darum sprechen die besseren Gründe dafür, eine Modifikation des Pflichten- und Sorgfaltsmaßstabs insgesamt nicht zuzulassen.

2. Ausübung der Befugnis

20.61 Geht man entgegen der hier vertretenen Ansicht (s. Rz. 20.58 ff.) davon aus, dass der Pflichten- und Sorgfaltsmaßstab im Rahmen der Geschäftsführerhaftung abgemildert werden kann, stellt sich die weitere Frage, in welcher Form eine derartige Modifikation zu erfolgen hat. Die Ansichten gehen auch hierzu stark auseinander. Teilweise wird insoweit die Ansicht vertreten, dass dies nur in der Satzung erfolgen kann.[3] Ob es hierfür aus Gründen des Minderheitenschutzes eines einstimmigen Gesellschafterbeschlusses bedarf, ist allerdings streitig.[4] Anderer Ansicht nach soll eine (vorherige) Modifizierung des Pflichten- und Sorgfaltsmaßstabs auch außerhalb der Satzung auf der Grundlage eines Gesellschafterbeschlusses möglich sein.[5] Auch innerhalb dieser Ansicht gehen jedoch die Meinungen darüber auseinander, ob insoweit ein einstimmiger Beschluss der Gesellschafter notwendig ist oder nicht.[6] Schließlich wird die Ansicht vertreten, dass eine Modifizierung des § 43 GmbHG auch im An-

---

1 BR-Drucks. 1891, Bd. II, Nr. 94, S. 78.
2 Vgl. *Haas/Ziemons* in Michalski, § 43 GmbHG Rz. 16 ff.; s. auch *Wiedemann*, Gesellschaftsrecht, 1980, § 8 I 1; *Wiedemann*, DB 1993, 141, 147; *Immenga* in FS 100 Jahre GmbH-Gesetz, 1992, S. 189, 206.
3 *Koppensteiner/Gruber* in Rowedder/Schmidt-Leithoff, § 43 GmbHG Rz. 4; *Lindacher*, JuS 1984, 672, 674; *Ziemons* in Praxishandbuch der GmbH-Geschäftsführung, § 29 Rz. 22.
4 So *Koppensteiner/Gruber* in Rowedder/Schmidt-Leithoff, § 43 GmbHG Rz. 4; *Altmeppen* in Roth/Altmeppen, § 43 GmbHG Rz. 118; a.A. *Zöllner/Noack* in Baumbach/Hueck, § 43 GmbHG Rz. 5; *Haas/Ziemons* in Michalski, § 43 GmbHG Rz. 12; *Ziemons* in Praxishandbuch der GmbH-Geschäftsführung, § 29 Rz. 22.
5 OLG Stuttgart v. 26.5.2003 – 5 U 160/02, GmbHR 2003, 835, 837; *Uwe H. Schneider* in Scholz, § 43 GmbHG Rz. 262; *Altmeppen* in Roth/Altmeppen, § 43 GmbHG Rz. 118; *Koppensteiner/Gruber* in Rowedder/Schmidt-Leithoff, § 43 GmbHG Rz. 4; *Lindacher*, JuS 1984, 672, 674; *Kion*, BB 1984, 864, 867; so jetzt auch *Zöllner/Noack* in Baumbach/Hueck, § 43 GmbHG Rz. 5.
6 So *Altmeppen* in Roth/Altmeppen, § 43 GmbHG Rz. 118 (einstimmiger Beschluss); a.A. *Kleindiek* in Lutter/Hommelhoff, § 43 GmbHG Rz. 66 (differenzierend); *Konzen*, NJW 1989, 2977, 2984; *Uwe H. Schneider* in FS Werner, 1984, S. 795, 814; *Uwe H. Schneider* in Scholz, § 43 GmbHG

stellungsvertrag mit dem Geschäftsführer möglich sei, soweit dem Vertrag ein entsprechender Gesellschafterbeschluss zugrunde liege.[1]

B. AG

Auch im Aktienrecht hat die Bedeutung der Haftung von Organmitgliedern über die letzten Jahre beständig zugenommen.[2] Parallel dazu spielt die Frage nach einer Enthaftung der Organmitglieder eine immer wichtigere Rolle. Im Aktienrecht wird eine Enthaftung – sieht man einmal von der Verwirkung oder der Verjährung ab –[3] für folgende Fälle diskutiert: Verzicht und Vergleich auf den Haftungsanspruch (s. I., Rz. 20.63 ff.) sowie Weisungen der Hauptversammlung (s. II., Rz. 20.77 ff.). Eine Modifikation des vom Vorstand zu beachtenden Pflichten- und Sorgfaltsmaßstabs kommt im Hinblick auf § 93 Abs. 5 AktG weder in der Satzung noch im Anstellungsvertrag in Betracht.[4] Insbesondere lässt sich auch nicht die auf Ermessen gestützte Verfolgungspflicht des Aufsichtsrats allein durch dessen Zusage im Rahmen des Anstellungsvertrags regeln.[5] Eine derartige Zusage entspricht faktisch einem Vergleich i.S. des § 93 Abs. 4 Satz 3 AktG (s. I., Rz. 20.63 ff.) und kann daher allenfalls basierend auf einem Hauptversammlungsbeschluss abgegeben werden.[6] Schließlich führt eine Entlastung des Vorstands – anders als im GmbH-Recht – gem. § 120 Abs. 2 Satz 2 AktG nicht zu einem Verzicht auf Ersatzansprüche und kann daher an dieser Stelle ebenfalls außer Betracht bleiben. Für die Reduzierung der Haftung kraft Gesetzes gilt das zur GmbH Gesagte entsprechend (s. Rz. 20.1).

20.62

I. Verzicht und Vergleich

Nach § 93 Abs. 4 Satz 3 AktG kann die Gesellschaft nur unter eingeschränkten Voraussetzungen auf einen Ersatzanspruch gegen den Vorstand verzichten oder sich hierüber vergleichen. Die Begriffe Verzicht bzw. Vergleich i.S. der beiden Vorschriften sind ebenso (weit) auszulegen wie im Rahmen des § 9b Abs. 1 GmbHG.[7] Insoweit kann an dieser Stelle hierauf verwiesen werden (s. Rz. 20.4). Die schlichte Nichtgeltendmachung der Ersatzforderung stellt keinen Verzicht bzw. Vergleich dar.[8] Ob und inwieweit die Vorschrift entsprechend anzuwenden ist, wenn die Gesellschaft das Vorstandsmitglied von einer Geldbuße freistellt,

20.63

Rz. 262; *Heisse*, Die Beschränkung der Geschäftsführerhaftung gegenüber der GmbH, 1986, S. 139; *Jula*, GmbHR 2001, 806, 808.

1 OLG Brandenburg v. 6.10.1998 – 6 U 278/97, NZG 1999, 210, 211 = GmbHR 1999, 344; *Kleindiek* in Lutter/Hommelhoff, § 43 GmbHG Rz. 66.
2 *Dietz-Vellmer*, NZG 2011, 248.
3 S. hierzu *Hopt/Roth* in Großkomm. AktG, § 93 AktG Rz. 579 ff.
4 *Hopt/Roth* in Großkomm. AktG, § 93 AktG Rz. 47; *Thümmel*, Persönliche Haftung von Managern und Aufsichtsräten, 5. Aufl. 2016, Rz. 350; *Fleischer*, WM 2005, 909, 914; s. auch *Spindler* in Münch-Komm. AktG, § 93 AktG Rz. 27; *Hüffer/Koch*, § 93 AktG Rz. 2; *Hirte/Stoll*, ZIP 2010, 253, 254.
5 So aber *Seibt*, NZG 2015, 1097, 1102 (bzgl. einer Haftungsbegrenzung auf 50 % des Wertes einer entsprechend § 802c Abs. 2 ZPO zu erstellenden Vermögensauflistung für die im Vermögen des betreffenden Vorstandsmitglieds verbleibenden Vermögensgegenstände, sog. „Halbteilungsgrundsatz"); *Seibt/Cziupka*, AG 2015, 98, 108.
6 *Habersack*, NZG 2015, 1297, 1300; a.A. *Seibt*, NZG 2015, 1097, 1102; *Seibt/Cziupka*, AG 2015, 98, 108.
7 S. auch *Fleischer*, WM 2005, 909, 918; *Habersack* in FS Baums, 2017, S. 531, 533; *Hüffer/Koch*, § 93 AktG Rz. 76.
8 *Habersack* in FS Baums, 2017, S. 531, 534 f.

welche gegen dieses verhängt wurde, s. Rz. 20.83 ff. Die in § 93 Abs. 4 Satz 3 AktG aufgestellten Anforderungen an einen Verzicht oder Vergleich gelten nicht für den Insolvenzverwalter über das Vermögen der Gesellschaft (s. bereits Rz. 20.19). Letzterer muss – wenn er über den Anspruch verfügen will – weder die Dreijahresfrist (s. Rz. 20.65 ff.) abwarten noch bedarf er zu der Verfügung der Zustimmung der Hauptversammlung (s. Rz. 20.70 ff.).[1]

1. Erfasste Ansprüche

20.63a Die in §§ 93 Abs. 4, 50 Satz 1 AktG niedergelegten Wirksamkeitserfordernisse für einen Verzicht und Vergleich auf einen Ersatzanspruch gelten für Schadensersatzansprüche der Gesellschaft gegen den Vorstand. Maßgebend für die Eigenschaft als Vorstandsmitglied ist der Zeitpunkt der Anspruchsentstehung.[2] In sachlicher Hinsicht werden von dem Anwendungsbereich der Vorschrift nicht nur die Ansprüche nach § 93 Abs. 2 und 3 AktG bzw. nach §§ 46–48 AktG erfasst, sondern sämtliche Schadensersatzansprüche der Gesellschaft gegen Vorstandsmitglieder.[3] Entsprechende Anwendung findet § 93 Abs. 4 AktG auf Schadensersatzansprüche der Gesellschaft gegen Aufsichtsratsmitglieder (§ 116 AktG). Darüber hinaus gilt die Vorschrift auch für Ersatzansprüche der Gesellschaft nach § 117 Abs. 4 AktG. Sonderbestimmungen bestehen für Ersatzansprüche gegen die Organmitglieder im Recht der verbundenen Unternehmen (§§ 302 Abs. 3, 309 Abs. 3, 310 Abs. 4, 317 Abs. 4, 318 Abs. 4, 323 Abs. 1 AktG). Auch diese Vorschriften kennen die dreijährige Sperrfrist (s. Rz. 20.65 ff.). An die Stelle des Hauptversammlungsbeschlusses nach § 93 Abs. 4 Satz 3 AktG (s. Rz. 20.70 ff.) tritt in diesen Fällen jedoch der zustimmende Sonderbeschluss der außenstehenden Aktionäre, dem nicht eine Minderheit von wenigstens 10 % des vertretenen Grundkapitals zur Niederschrift widersprochen haben darf.

20.63b Nicht von den Beschränkungen aus § 93 Abs. 4 Satz 3 AktG erfasst wird der Vergleich der Gesellschaft über den sog. Differenzhaftungsanspruch gegenüber dem Aktionär. Unabhängig davon, dass sich dieser Anspruch nicht wie von § 93 Abs. 4 Satz 3 AktG vorausgesetzt gegen den Vorstand richtet, ist auch kein Raum für eine analoge Anwendung dieser Vorschrift. Dies zeigt ein Vergleich der Beschränkung aus § 66 Abs. 1 AktG mit den aktienrechtlichen Vorschriften in §§ 50 Satz 1, 93 Abs. 4 Satz 3, 117 Abs. 4 AktG. Das AktG unterscheidet nämlich zwischen einem Verzicht und Vergleich mit dem Vorstand oder dem Aufsichtsrat auf der einen Seite und der Befreiung von Leistungspflichten von Aktionären auf der anderen Seite, was Zweifel an einer planwidrigen Regelungslücke begründet. Zudem besteht bei einem Vergleich über den Differenzhaftungsanspruch gegenüber dem Aktionär nicht die Gefahr, dass Aufsichtsrat und Vorstand kollusiv zum Nachteil der Gesellschaft agieren, so dass der Schutzzweck der §§ 50 Satz 1, 93 Abs. 4 Satz 3, 117 Abs. 4 AktG für den Differenzhaftungsanspruch keine inhaltliche Bedeutung hat. Letztlich ist die Gesellschaftergesamtheit auch vor einem nicht angemessenen Vergleich geschützt, weil der Vorstand für einen pflichtwidrig mit dem Aktionär vereinbarten Vergleich über den Differenzhaftungsanspruch seinerseits nach § 93 Abs. 2 AktG haftet und ein Vergleich oder Verzicht bezüglich dieser Organhaftung wiederum nach § 93 Abs. 4 Satz 3 AktG jedenfalls einer Zustimmung der Hauptversammlung bedarf.[4]

---

1 S. auch *Fleischer* in Fleischer, Handbuch des Vorstandsrechts, § 11 Rz. 103; *Mertens/Cahn* in KölnKomm. AktG, § 93 AktG Rz. 191 f.; *Spindler* in MünchKomm. AktG, § 93 AktG Rz. 257; *Hopt/Roth* in Großkomm. AktG, § 93 AktG Rz. 536.
2 *Hirte/Stoll*, ZIP 2010, 253, 254.
3 *Hirte/Stoll*, ZIP 2010, 253, 254.
4 BGH v. 6.12.2011 – II ZR 149/10, NZG 2012, 69, 72 f. = ZIP 2012, 73.

2. Zuständigkeit für Verzicht und Vergleich

Zuständig für Inhalt und Abschluss einer Vergleichs- oder Verzichtsvereinbarung mit dem ersatzpflichtigen Vorstandsmitglied ist gem. § 112 Abs. 1 AktG der Aufsichtsrat.[1] Das gilt auch bei einem Verzicht oder Vergleich im Verhältnis zu einem ehemaligen Vorstandsmitglied.[2] Geht es um den Anspruch gegen Aufsichtsratsmitglieder, ist der Vorstand zuständig.[3] Da die Verzichts- und Vergleichsvereinbarung unter dem Vorbehalt der Zustimmung der Hauptversammlung steht, untersteht der Beschluss des Aufsichtsrats keinen inhaltlichen Bindungen.[4]

20.63c

3. Wirksamkeitserfordernisse

Nach § 93 Abs. 4 Satz 3 AktG (bzw. § 50 Satz 1 AktG) ist ein Vergleich bzw. ein Verzicht über die Ersatzansprüche der AG erst nach Ablauf einer **Dreijahresfrist** möglich.[5]

20.64

a) Zeitliche Voraussetzungen

aa) Frist und Fristberechnung

Sinn und Zweck des § 93 Abs. 4 Satz 3 AktG ist es, dass der Aufsichtsrat als Vertreter der AG (§ 112 AktG) nicht über die Haftungsansprüche disponiert, bevor das Ausmaß des Schadens überschaubar ist.[6] Darüber hinaus dient die Vorschrift dem Schutz der Gesellschaft und der Minderheitsaktionäre.[7] Sie stellt zudem eine unbedingt zu beachtende Verfahrensvorschrift dar, bei der die Sperrfrist selbst dann nicht verkürzt werden kann, wenn schon vor deren Ablauf hinreichende Klarheit über das Schadensausmaß besteht.[8] Die Sperrfrist gilt nur für einen Verzicht oder Vergleich durch die Gesellschaft. Auf einen Dritten, der den Anspruch von der Gesellschaft erworben hat, findet die Frist keine Anwendung.[9]

20.65

---

1 *Thümmel*, Persönliche Haftung von Managern und Aufsichtsräten, 5. Aufl. 2016, Rz. 341. Vgl. zur Prüfungspflicht des Aufsichtsrats in Bezug auf Organhaftungsansprüchen gegenüber dem Vorstand „ARAG/Garmenbeck"-Entscheidung des BGH v. 21.4.1997 – II ZR 175/95, ZIP 1997, 883; zu Inhalt und Umfang dieser Prüfungspflichten näher *Dietz-Vellmer*, NZG 2011, 248, 249 ff.; *Hasselbach*, NZG 2016, 890 f.
2 BGH v. 16.2.2009 – II ZR 282/07, NZG 2009, 466 Rz. 7 = AG 2009, 327.
3 *Dietz-Vellmer*, NG 2011, 248, 249; *Thümmel*, Persönliche Haftung von Managern und Aufsichtsräten, 5. Aufl. 2016, Rz. 341.
4 *Habersack* in FS Baums, 2017, S. 531, 540 f.
5 Kritisch bzgl. der starren Frist, da sie kaum zum Schutz von Minderheitsaktionären und Gläubigern beitrage *Harbarth/Höfer*, NZG 2016, 686, 689.
6 *Spindler* in MünchKomm. AktG, § 93 AktG Rz. 251; *Hüffer/Koch*, § 93 AktG Rz. 76; *Mertens/Cahn* in KölnKomm. AktG, § 93 AktG Rz. 164; *Zimmermann* in FS Duden, 1977, S. 773, 774; zur rechtspolitischen Kritik an der Frist s. *Cahn*, Verzichts- und Vergleichsverbote im Gesellschaftsrecht, S. 143; s. auch *Fleischer* in Fleischer, Handbuch des Vorstandsrechts, § 11 Rz. 96; *Raiser/Veil*, Recht der Kapitalgesellschaften, § 14 Rz. 105.
7 *Fleischer* in Fleischer, Handbuch des Vorstandsrechts, § 11 Rz. 95.
8 *Harbarth/Höfer*, NZG 2016, 686, 687.
9 *Fleischer* in Fleischer, Handbuch des Vorstandsrechts, § 11 Rz. 96; *Fleischer*, WM 2005, 909, 919; *Hopt/Roth* in Großkomm. AktG, § 93 AktG Rz. 522 f. Im Einzelfall kann hierin freilich auch eine (unzulässige) Umgehung der Sperrfrist liegen, etwa wenn der Anspruch unentgeltlich an einen Dritten abgetreten wird, damit dieser dann auf den Ersatzanspruch verzichtet; s. hierzu auch *Mertens/Cahn* in KölnKomm. AktG, § 93 AktG Rz. 172.

20.66 Für die Fristberechnung gelten die bürgerlich-rechtlichen Bestimmungen (§§ 187, 188 BGB). Die Frist beginnt mit Entstehung des Anspruchs.[1] Letzteres setzt den Eintritt eines Schadens voraus. Hierfür ist es ausreichend, wenn die Haftung dem Grunde nach entstanden und ein Schaden absehbar ist, so dass die gerichtliche Geltendmachung im Rahmen einer Feststellungsklage möglich ist.[2] Für die sich aus dem Erstschaden entwickelnden Folgeschäden fängt die Frist nicht gesondert an zu laufen. Vielmehr ist in diesem Zusammenhang von einem „**Einheitsschaden**" auszugehen. Dies ist auch sachgerecht, weil auch die künftigen Schäden (selbst wenn deren Höhe ungewiss ist) grundsätzlich schon zu diesem Zeitpunkt geltend gemacht werden können (etwa im Wege der Feststellungsklage[3]). Fraglich ist, ob die Sperrfrist auch für solche Schäden zu laufen beginnt, die im Zeitpunkt des Eintritts des Erstschadens noch nicht absehbar sind. Im Verjährungsrecht jedenfalls wird in diesen Fällen die Frist nicht in Gang gesetzt. Letzteres ergibt sich letztlich aus § 199 Abs. 1 BGB[4], der – zum Schutz der Gläubiger – für den Lauf der Frist u.a. auf dessen Kenntnis bzw. Kennenmüssen von den den Anspruch begründenden Umständen abstellt. Eine vergleichbare Vorschrift fehlt aber für die Sperrfrist des § 93 Abs. 4 Satz 3 AktG (bzw. § 50 Satz 1 AktG). Hier kommt es für den Lauf der Frist auf die Kenntnis des Aufsichtsrats bzw. der Gesellschaft eben gerade nicht an.[5] Dann aber besteht auch kein Anlass für den Lauf der Sperrfrist zwischen vorhersehbaren und nicht vorhersehbaren Schäden zu differenzieren.[6]

bb) Folgen der Nichteinhaltung der Frist

20.67 Werden der Verzicht oder Vergleich vor Ablauf der Dreijahresfrist vereinbart, sind und bleiben diese auch nach Ablauf der Frist ungültig.[7] Auch eine nachträgliche Genehmigung durch die Hauptversammlung heilt den Verstoß nicht.[8] Vielmehr bedarf es der Neuvornahme des Rechtsgeschäfts.[9] Ist der Verzicht oder Vergleich Teil eines umfassenderen Rechtsgeschäfts, so richten sich die Folgen nach § 139 BGB. Mithin ist das gesamte Rechtsgeschäft nichtig, wenn nicht anzunehmen ist, dass die Parteien das Rechtsgeschäft auch ohne den nichtigen Teil vorgenommen hätten.[10] Eine unzulässige Umgehung der Dreijahresfrist liegt vor, wenn die Vereinbarung ausdrücklich unter dem Vorbehalt der späteren (fristgemäßen) Einholung des Hauptversammlungsbeschlusses (s. Rz. 20.70 ff.) getroffen wird.[11] Gleiches trifft zu, wenn die Aktionäre vor Ablauf der Dreijahresfrist eine Stimmrechtsbindung im

---

1 *Hüffer/Koch*, § 93 AktG Rz. 76; *Mertens/Cahn* in KölnKomm. AktG, § 93 AktG Rz. 165; *Bauer/Krets*, DB 2003, 811; *Fleischer* in Fleischer, Handbuch des Vorstandsrechts, § 11 Rz. 95.
2 *Harbarth/Höfer*, NZG 2016, 686, 688.
3 BGH v. 24.1.2006 – XI ZR 384/03, NJW 2006, 830, 832 f.; *Foerste* in Musielak/Voit, § 256 ZPO Rz. 4 und 29.
4 S. hierzu *Grothe* in MünchKomm. BGB, § 199 BGB Rz. 1 und 11 f.
5 *Spindler* in MünchKomm. AktG, § 93 AktG Rz. 251; *Mertens/Cahn* in KölnKomm. AktG, § 93 AktG Rz. 165; *Fleischer* in Fleischer, Handbuch des Vorstandsrechts, § 11 Rz. 101.
6 Im Ergebnis auch *Mertens* in FS Fleck, 1988, S. 209, 210; *Fleischer* in Fleischer, Handbuch des Vorstandsrechts, § 11 Rz. 101.
7 *Fleischer* in Fleischer, Handbuch des Vorstandsrechts, § 11 Rz. 107.
8 *Spindler* in MünchKomm. AktG, § 93 AktG Rz. 254; *Mertens/Cahn* in KölnKomm. AktG, § 93 AktG Rz. 174.
9 *Spindler* in MünchKomm. AktG, § 93 AktG Rz. 254; *Hopt/Roth* in Großkomm. AktG, § 93 AktG Rz. 534; *Mertens/Cahn* in KölnKomm. AktG, § 93 AktG Rz. 175; *Fleischer* in Fleischer, Handbuch des Vorstandsrechts, § 11 Rz. 107.
10 *Bauer/Krets*, DB 2003, 811.
11 RGZ 133, 33, 38; *Hopt/Roth* in Großkomm. AktG, § 93 AktG Rz. 533; *Habersack* in FS Baums, 2017, S. 531, 538.

Hinblick auf den später vorzunehmenden Hauptversammlungsbeschluss vereinbaren.[1] Der vorzeitig abgeschlossene Verzicht oder Vergleich kann auch nicht dahin umgedeutet werden (§ 140 BGB), dass das Vorstandsmitglied nicht vor Ablauf der Dreijahresfrist in Anspruch genommen werden kann und sodann die Hauptversammlung erneut über den Verzicht zu entscheiden hat. Auch dies wäre nämlich eine unzulässige Umgehung der Dreijahresfrist.[2]

Vielfach wird ein Verstoß gegen die zeitliche Beschränkung in § 93 Abs. 4 Satz 3 AktG (bzw. § 50 Satz 1 AktG) gar schon in dem Abschluss einer **Schiedsvereinbarung** vor Ablauf der Dreijahresfrist gesehen.[3] Dies trifft freilich allenfalls für das „alte" Schiedsverfahrensrecht. Letzteres hatte nämlich die objektive Schiedsfähigkeit noch an die Vergleichsfähigkeit der Parteien geknüpft. Mit Inkrafttreten des SchiedsVfG zum 1.1.1998 hat sich diese Rechtslage aber geändert.[4] Seitdem sind nach § 1030 Abs. 1 ZPO Streitigkeiten, die einen vermögensrechtlichen Anspruch zum Gegenstand haben, uneingeschränkt schiedsfähig. Auf eine Verfügungs- oder Vergleichsfähigkeit kommt es nach neuem Recht insoweit nicht mehr an.[5] Darüber hinaus stellt die Schiedsgerichtsbarkeit eine völlig gleichwertige parteiautonome Alternative zur staatlichen Gerichtsbarkeit dar (s. bereits Rz. 20.4).

20.68

cc) Ausnahmen von der Dreijahresfrist

Ausnahmsweise gilt die Dreijahresfrist nach § 93 Abs. 4 Satz 4 AktG (bzw. § 50 Satz 2 AktG) nicht, wenn der Vorstand

20.69

„zahlungsunfähig ist und sich zur Abwendung des Insolvenzverfahrens mit seinen Gläubigern vergleicht oder wenn die Ersatzpflicht in einem Insolvenzplan geregelt wird".

Die Vorschrift entspricht wörtlich § 9b Abs. 1 Satz 2 GmbHG, so dass an dieser Stelle auf die Ausführungen zum GmbH-Recht (s. Rz. 20.16 ff.) verwiesen werden kann. § 93 Abs. 4 Satz 4 AktG befreit nicht von dem Erfordernis der Zustimmung der Hauptversammlung.

b) Zustimmung der Hauptversammlung

aa) Anforderungen an den Zustimmungsbeschluss

Ein Verzicht bzw. Vergleich über den Ersatzanspruch bedarf nach § 93 Abs. 4 Satz 3 AktG (bzw. § 50 Satz 1 AktG) der Zustimmung der Hauptversammlung. Sinn und Zweck der Vorschrift ist es, zu verhindern, dass sich Vorstand und Aufsichtsrat wechselseitig schonen („mutual backscratching").[6] Daher steht der Hauptversammlung die Letztentscheidungsbefugnis bzgl. der Disposition über Organhaftungsansprüche zu.[7] Aus dieser Überlegung heraus ist es überzeugend, § 93 Abs. 4 Satz 3 AktG auch nach Wirksamwerden der Verschmelzung von Aktiengesellschaften anzuwenden, da das Vermögen des übernehmenden Rechtsträ-

20.70

---

1 *Mertens* in FS Fleck, 1988, S. 209, 213; *Spindler* in MünchKomm. AktG, § 93 AktG Rz. 261.
2 OLG Düsseldorf v. 17.11.1988 – 8 U 52/88, AG 1989, 361, 362.
3 S. etwa *Spindler* in MünchKomm. AktG, § 93 AktG Rz. 251; *Mertens* in FS Fleck, 1988, S. 209, 211.
4 BGBl. I 1998, 3224.
5 *Reichold* in Thomas/Putzo, § 1030 ZPO Rz. 2; *Voit* in Musielak/Voit, § 1030 ZPO Rz. 2.
6 *Fleischer* in Fleischer, Handbuch des Vorstandsrechts, § 11 Rz. 97; *Habersack* in FS Baums, 2017, S. 531; *Hüffer/Koch*, § 93 AktG Rz. 78; *Spindler* in MünchKomm. AktG, § 93 AktG Rz. 252; *Mertens/Cahn* in KölnKomm. AktG, § 93 AktG Rz. 161.
7 *Bayer/Scholz*, ZIP 2015, 149, 154 mit Verweis auf BGH v. 8.7.2014 – II ZR 174/13, ZIP 2014, 1728 = AG 2014, 751 „Recht auf wirtschaftliche Selbstschädigung – in den Grenzen der allgemeinen Treuebindung".

gers wirtschaftlich deren Aktionären zusteht und folglich auch nur diese über Verzicht und Vergleich entscheiden können sollten.[1]

20.70a Erforderlich und genügend ist eine (formelle) Beschlussfassung mit einfacher Stimmenmehrheit (§ 133 AktG)[2], wobei aber zu beachten ist, dass betroffene[3] Vorstandsmitglieder ihrerseits die Stimmrechte aus ihren Aktien nicht ausüben dürfen (§ 136 Abs. 1 AktG).[4] Der Beschluss der Hauptversammlung unterliegt keiner Inhaltskontrolle.[5] Bloße Meinungsäußerungen der Hauptversammlung oder die Zustimmung eines Mehrheitsaktionärs erfüllen das Beschluss- und Zustimmungserfordernis nicht.[6] Gleiches gilt für eine schlichte Entlastung des Vorstandsmitglieds in der Hauptversammlung.[7]

20.71 Die Zustimmung der Hauptversammlung bleibt wirkungslos, wenn **eine Minderheit von 10 % des Grundkapitals Widerspruch** zur Niederschrift erhebt. Berechnet wird der Hundertsatz nach dem Nennbetrag des vorhandenen, nicht des in der Hauptversammlung vertretenen Grundkapitals.[8] Damit kann ein auf Geltendmachung von Ersatzansprüchen gerichtetes Minderheitsverlangen i.S. des § 147 AktG nicht durch einen Zustimmungsbeschluss zu einem Verzicht oder Vergleich über den Ersatzanspruch gegenstandslos gemacht werden.[9] Der Widerspruch kann sich auch nur gegen einen Teil des Beschlusses richten. In jedem Fall aber muss der Widerspruch ausdrücklich zur Niederschrift des amtierenden Notars erklärt werden. Allein die Stimmabgabe gegen den Verzicht oder Vergleich genügt nicht.[10]

bb) Rechtsfolgen bei einem Verstoß

20.72 Fehlt der Zustimmungsbeschluss der Hauptversammlung oder bleibt dieser infolge des Widerspruchs wirkungslos (s. Rz. 20.71), so ist der Verzicht bzw. Vergleich unwirksam. Das Beschlusserfordernis ist mithin nicht nur im Innen-, sondern auch im Außenverhältnis zu beachten.[11] Die Vertretungsmacht des Aufsichtsrats (§ 112 AktG) ist m.a.W. beschränkt. Ist die Rechtshandlung (Verzicht, Vergleich) nach Ablauf der Dreijahresfrist vorgenommen

---

1 *Haßler*, AG 2016, 388, 393.
2 *Dietz-Vellmer*, NZG 2011, 248, 250. Die Satzung kann freilich eine größere Mehrheit bestimmen.
3 Betroffenheit in diesem Sinne liegt auch dann vor, wenn mehrere Vorstandsmitglieder gesamtschuldnerisch haften und nur gegenüber Einzelnen ein Verzicht bzw. Vergleich geschlossen werden soll, *Mertens* in FS Fleck, 1988, S. 209, 215.
4 *Hirte/Stoll*, ZIP 2010, 253, 254; *Spindler* in MünchKomm. AktG, § 93 AktG Rz. 252; *Mertens/Cahn* in KölnKomm. AktG, § 93 AktG Rz. 162; *Fleischer* in Fleischer, Handbuch des Vorstandsrechts, § 11 Rz. 98; *Mertens* in FS Fleck, 1988, S. 209, 215.
5 *Habersack* in FS Baums, 2017, S. 531, 543; *Bayer/Scholz*, ZIP 2015, 149, 152.
6 *Fleischer* in Fleischer, Handbuch des Vorstandsrechts, § 11 Rz. 97; *Mertens/Cahn* in KölnKomm. AktG, § 93 AktG Rz. 150; *Hopt/Roth* in Großkomm. AktG, § 93 AktG Rz. 511.
7 *Fleischer* in Fleischer, Handbuch des Vorstandsrechts, § 11 Rz. 97; *Hopt/Roth* in Großkomm. AktG, § 93 AktG Rz. 511.
8 *Spindler* in MünchKomm. AktG, § 93 AktG Rz. 253; *Dietz-Vellmer*, NZG 2011, 248, 250; *Mertens/Cahn* in KölnKomm. AktG, § 93 AktG Rz. 160.
9 *Hüffer/Koch*, § 93 AktG Rz. 78; a.A. *Fleischer*, AG 2015, 133, 138. Der Handelsrechtsausschuss des DAV, NZG 2010, 897, 899 regt eine Streichung der Vorschrift an. Zustimmend *Reichert*, AG 2016, 677, 683 f.
10 *Dietz-Vellmer*, NZG 2011, 248, 250; *Spindler* in MünchKomm. AktG, § 93 AktG Rz. 253; *Fleischer* in Fleischer, Handbuch des Vorstandsrechts, § 11 Rz. 100.
11 *Spindler* in MünchKomm. AktG, § 93 AktG Rz. 254; *Hüffer/Koch*, § 93 AktG Rz. 78.

worden, kann der Beschluss noch nachgeholt werden. Bis dahin ist der Verzicht bzw. Vergleich schwebend unwirksam.[1]

c) Sonstige Beschränkungen

Ist das Vorstandsmitglied gleichzeitig Aktionär, kann in einem Verzicht auf oder Vergleich über einen Ersatzanspruch eine verbotswidrige Rückgewähr von Einlagen nach § 57 Abs. 1 AktG liegen. Nach dieser Vorschrift dürfen die Einlagen nicht zurückgewährt werden. Erfasst werden von diesem Verbot – ebenso wie nach § 30 Abs. 1 Satz 1, 2 GmbHG (s. Rz. 20.26 f.) – auch Verkehrsgeschäfte zwischen Gesellschaft und Aktionär, die nicht zu marktüblichen Konditionen abgewickelt werden. Bei derartigen Geschäften wird nur der „marktübliche" Teil des Rechtsgeschäfts als gesellschaftsrechtlich zulässig angesehen.[2] Verzichtet die Gesellschaft auf einen Ersatzanspruch gegenüber dem Vorstandsmitglied, so stellt dies eine verbotene Einlagenrückgewähr dar, wenn dieses gleichzeitig auch Aktionär ist. Letztlich ist damit auf Grund der strengen Kapitalerhaltungsregeln im Aktienrecht jeglicher Verzicht oder Vergleich gegenüber einem Vorstandsmitglied, das gleichzeitig Aktionär ist, ausgeschlossen. Eine Ausnahme gilt allenfalls dann, wenn man in dem Verzicht bzw. Vergleich im Einzelfall keine Leistung causa societatis sehen würde.

20.73

4. Rechtsfolgen

a) Allgemeine Folgen

Für die Frage, welchen Wirkungen Verzicht und Vergleich im Verhältnis zur Gesellschaft bzw. zu anderen Gesamtschuldnern hat, s. Rz. 20.37 f. Auch gelten die Ausführungen zur Insolvenzanfechtung bzw. Anfechtung nach dem AnfG entsprechend (s. Rz. 20.39 ff.).

20.74

b) Auswirkungen auf das Verfolgungsrecht der Gläubiger

Grundsätzlich können sich die Gesellschaftsgläubiger mit ihren Ansprüchen nur an die Aktiengesellschaft halten. Unter bestimmten Voraussetzungen sieht nun § 93 Abs. 5 AktG ein so genanntes **„Verfolgungsrecht"** zu Gunsten der Gesellschaftsgläubiger vor. Danach sind die Gläubiger befugt, bestimmte Ersatzansprüche der Gesellschaft gegen den Vorstand (§ 93 Abs. 5 Satz 2 AktG)[3] im eigenen Namen geltend zu machen (ohne vorher den Anspruch zu pfänden und sich zur Einziehung überweisen zu lassen). Die Deutung des Verfolgungsrechts ist umstritten. Teilweise wird in dem Verfolgungsrecht ein eigenständiger (von dem Anspruch der Gesellschaft verschiedener) Anspruch des Gläubigers gesehen[4], teilweise nur eine Befugnis, den Anspruch der Gesellschaft in Prozessstandschaft geltend machen zu können[5]. Unabhängig davon, ob § 93 Abs. 5 Satz 1 AktG zu einer Anspruchsverdopplung führt oder nicht, stellt sich die Frage, wie sich ein (wirksamer) Verzicht oder Vergleich auf den der Gesellschaft zustehenden Ersatzanspruch auf das Verfolgungsrecht der Gläubiger auswirkt.

20.75

---

1 *Fleischer* in Fleischer, Handbuch des Vorstandsrechts, § 11 Rz. 107.
2 *Hirte*, Kapitalgesellschaftsrecht, Rz. 5.81.
3 S. hierzu auch *Gundlach/Frenzel/Strondmann*, DZWIR 2007, 142, 144 f.
4 *Hüffer/Koch*, § 93 AktG Rz. 81; *Mertens/Cahn* in KölnKomm. AktG, § 93 AktG Rz. 180; *Spindler* in MünchKomm. AktG, § 93 AktG Rz. 267.
5 Vgl. OLG Frankfurt v. 21.10.1976 – 1 U 19/76, WM 1977, 59, 62; LG Köln v. 13.1.1976 – 3 O 243/75, AG 1976, 105, 106.

20.76 § 93 Abs. 5 Satz 3 AktG ordnet an, dass ein Verzicht oder Vergleich zwar gegenüber der Gesellschaft, nicht aber zu Lasten des Verfolgungsrechts der Gläubiger (bzw. des Insolvenzverwalters) wirkt.[1] Diese können sich mithin nach wie vor auf ihr Verfolgungsrecht berufen. Fraglich ist, ob das auch für den Fall gilt, dass sich die Gesellschaft mit dem Ersatzpflichtigen verglichen hat, um das Insolvenzverfahren abzuwenden (s. Rz. 20.69). Eine dahingehende Einschränkung enthält § 93 Abs. 5 AktG jedenfalls nicht. Auch der Sache nach erscheint eine teleologische Reduktion des § 93 Abs. 5 Satz 3 AktG kaum angezeigt; denn es ist wenig einsichtig, warum die Sanierungsbemühungen zu Gunsten des Ersatzpflichtigen auf dem Rücken der Gesellschaftsgläubiger ausgetragen werden sollen.[2] Dass die Sanierungsinteressen der Ersatzpflichtigen nicht vorrangig sind, ergibt sich nicht zuletzt daraus, dass auch die Anfechtungsmöglichkeit in diesen Fällen (s. Rz. 20.74) zum Schutz der Gesellschaftsgläubiger weiterhin bestehen bleibt.

c) Auswirkungen auf das Klagezulassungsverfahren

20.76a Nach § 148 AktG können Aktionäre, deren Anteile im Zeitpunkt der Antragstellung zusammen den einhundertsten Teil des Grundkapitals oder einen anteiligen Betrag von 100 000 Euro erreichen, die Zulassung beantragen, im eigenen Namen die in § 147 Abs. 1 Satz 1 AktG bezeichneten Ersatzansprüche der Gesellschaft geltend zu machen. Sind jedoch Verzicht oder Vergleich nach § 93 Abs. 4 Satz 3 AktG wirksam, schließt dies ein Klagezulassungsverfahren nach § 148 AktG aus; denn das dort geregelte Verfolgungsrecht setzt einen bestehenden Anspruch voraus.[3] Sind also Verzicht bzw. Vergleich wirksam, läuft § 148 AktG insoweit leer.

II. Beschluss der Hauptversammlung

20.77 Nach § 93 Abs. 4 Satz 1 AktG entfällt die Haftung des Vorstands gegenüber der AG, wenn die schadensstiftende Handlung auf einem gesetzmäßigen Hauptversammlungsbeschluss beruht. Es bedarf nur des Beschlusses der Hauptversammlung der geschädigten AG. Das gilt auch im Konzern, insb. im Vertrags- und Eingliederungskonzern.[4] Für die Frage, wie sich ein solcher Hauptversammlungsbeschluss auf das Verfolgungsrecht der Gläubiger nach § 93 Abs. 5 AktG auswirkt, gelten nach § 93 Abs. 5 Satz 3 AktG die Ausführungen zum Verzicht und Vergleich entsprechend (s. Rz. 20.75 f.).[5]

20.77a Haftungsbefreiend ist – nach dem ausdrücklichen Wortlaut des § 93 Abs. 4 Satz 2 AktG – nur ein Beschluss der Hauptversammlung, nicht ein solcher des Aufsichtsrats. Beschlüsse des Aufsichtsrats haben auf die Pflichtwidrigkeit von Vorstandsmaßnahmen keinen Einfluss.[6] Das gilt selbst dann, wenn insoweit Zustimmungsvorbehalte zugunsten des Aufsichts-

---

1 *Gundlach/Frenzel/Strondmann*, DZWIR 2007, 142, 144 f.; *Fleischer* in Fleischer, Handbuch des Vorstandsrechts, § 11 Rz. 108; *Mertens/Cahn* in KölnKomm. AktG, § 93 AktG Rz. 177.
2 *Gundlach/Frenzel/Strondmann*, DZWIR 2007, 142, 145; s. auch, Rz. 20.17; a.A. *Hirte/Stoll*, ZIP 2010, 253, 256; *Spindler* in MünchKomm. AktG, § 93 AktG Rz. 281; *Mertens/Cahn* in KölnKomm. AktG, § 93 AktG Rz. 185.
3 *Dietz-Vellmer*, NZG 2011, 248, 252; *Hüffer/Koch*, § 93 AktG Rz. 78.
4 *Habersack* in FS Baums, 2017, S. 531, 535 f.
5 Für eine – nicht zu rechtfertigende – teleologische Reduktion des § 93 Abs. 5 Satz 3 AktG in den Fällen, in denen die Enthaftung auf einen Beschluss der Hauptversammlung beruht, *Hopt/Roth* in Großkomm. AktG, § 93 AktG Rz. 566.
6 *Thümmel*, Persönliche Haftung von Managern und Aufsichtsräten, 5. Aufl. 2016, Rz. 330.

rats bestehen. Auch hier entlastet der Aufsichtsratsbeschluss den Vorstand nicht.[1] Sinn und Zweck des § 93 Abs. 4 Satz 2 AktG ist es – auch hier – zu verhindern, dass Aufsichtsrat und Vorstand kollusiv zum Nachteil der Gesellschaft und der Minderheitsgesellschafter zusammenwirken. Im Übrigen korrespondiert die Vorschrift mit § 111 Abs. 1 und 4 AktG, wonach der Aufsichtsrat die Geschäftsführung zu überwachen hat, nicht aber bindend bestimmen kann, dass der Vorstand Maßnahmen positiv zu ergreifen hat.[2] Das Verfahren, um zu einer Haftungsbefreiung nach § 93 Abs. 4 AktG zu gelangen, ist aufwendig und kommt – mit Blick auf die Öffentlichkeit – ernstlich nur bei AG mit beschränktem Aktionärskreis in Betracht.[3]

1. Gesetzmäßiger Beschluss

Haftungsbefreiende Wirkung kommt nach § 93 Abs. 4 Satz 1 AktG nur einem **förmlichen Beschluss** der Hauptversammlung zu. Eine Meinungsäußerung oder Empfehlung der Hauptversammlung oder eines einzelnen (Mehrheits-)Aktionärs reichen mithin nicht aus.[4] Auch die Einwilligung aller Aktionäre ist unbeachtlich.[5] Ein Beschluss ist selbst dann notwendig, wenn es nur einen Aktionär gibt. Handelt der Vorstand hier allerdings im Einverständnis mit dem Alleinaktionär, wird dem Haftungsanspruch u.U. der Einwand der unzulässigen Rechtsausübung entgegenstehen.[6]

20.78

„Gesetzmäßigkeit" i.S. der Vorschrift setzt des Weiteren voraus, dass der Beschluss nicht nichtig (§ 241 AktG) ist.[7] Nichtig sind auch kompetenzüberschreitende Beschlüsse der Hauptversammlung, insbesondere wenn sie in die Geschäftsführungszuständigkeit des Vorstands eingreifen.[8] Eine Enthaftung des Vorstands in Fragen der Geschäftsführung tritt mithin nur ein, wenn die Hauptversammlung auf Verlangen des Vorstands gem. § 119 Abs. 2 AktG entschieden hat.[9] Dem steht nicht der Fall gleich, dass die Hauptversammlung nach § 111 Abs. 4 AktG

20.79

---

1 *Thümmel*, Persönliche Haftung von Managern und Aufsichtsräten, 5. Aufl. 2016, Rz. 330.
2 *Hüffer/Koch*, § 93 AktG Rz. 75; *Spindler* in MünchKomm. AktG, § 93 AktG Rz. 247.
3 *Thümmel*, Persönliche Haftung von Managern und Aufsichtsräten, 5. Aufl. 2016, Rz. 332.
4 *Hüffer/Koch*, § 93 AktG Rz. 73; *Thümmel*, Persönliche Haftung von Managern und Aufsichtsräten, 5. Aufl. 2016, Rz. 331; *Wiesner* in MünchHdb. AG, § 26 Rz. 40; *Mertens/Cahn* in KölnKomm. AktG, § 93 AktG Rz. 150; *Spindler* in MünchKomm. AktG, § 93 AktG Rz. 248; *Hopt/Roth* in Großkomm. AktG, § 93 AktG Rz. 478.
5 Vereinzelt wird angeregt, zwischen formellen und materiellen Beschlussmängeln zu differenzieren; wobei nur materiell rechtswidrige Beschlüsse, die bereits bestandskräftig sind, den Vorstand nicht enthaften können sollen, *Dietz-Vellmer*, NZG 2014, 721, 728.
6 OLG Celle v. 4.4.1984 – 9 U 124/83, GemWW 1984, 469; *Mertens/Cahn* in KölnKomm. AktG, § 93 AktG Rz. 150; *Wiesner* in MünchHdb. AG, § 26 Rz. 43; a.A. OLG Köln v. 25.10.2012 – 18 U 37/12, AG 2013, 396 = NZG 2013, 872; zustimmend *Wolff/Jansen*, NZG 2013, 1165, 1168.
7 *Spindler* in MünchKomm. AktG, § 93 AktG Rz. 237; *Mertens/Cahn* in KölnKomm. AktG, § 93 AktG Rz. 155.
8 Str., vgl. hierzu *Hüffer/Koch*, § 241 AktG Rz. 17; *Geßler*, ZGR 1980, 427, 444; wohl auch OLG Stuttgart v. 28.7.2004 – 20 U 5/04, AG 2004, 678, 67.
9 *Hopt/Roth* in Großkomm. AktG, § 93 AktG Rz. 472; *Wiesner* in MünchHdb. AG, § 26 Rz. 39; *Hefermehl* in FS Schilling, 1973, S. 159, 169; *Thümmel*, Persönliche Haftung von Managern und Aufsichtsräten, 5. Aufl. 2016, Rz. 331. A.A. *Dietz-Vellmer*, NZG 2014, 721, 725, wonach der Vorstand auch für die Vorlage nach § 119 Abs. 2 AktG ein Zustimmungserfordernis seitens des Aufsichtsrats zu beachten habe. Im Übrigen kann sich der Vorstand konsequenterweise keinesfalls durch eine Hauptversammlungsvorlage gem. § 119 Abs. 2 AktG vor einer Haftung für vorsätzliche Rechtsverstöße schützen, *Fischbach*, ZIP 2013, 1153, 1154.

beschließt; denn hier wird lediglich die Zustimmung des Aufsichtsrats zu einer Geschäftsführungsmaßnahme ersetzt, die jedoch nicht haftungsbefreiend wirkt (s. Rz. 20.77). Fraglich ist, ob ein nichtiger Beschluss durch Heilung nach § 242 AktG zu einem „gesetzmäßigen" Beschluss i.S. des § 93 Abs. 4 Satz 1 AktG wird.[1] Richtiger Ansicht nach ist die Enthaftung nach § 93 Abs. 4 Satz 1 AktG aber Kehrseite der Folgepflicht des Vorstands (§ 83 Abs. 2 AktG). Ist damit der Hauptversammlungsbeschluss bindend, muss er von dem Vorstand beachtet werden mit der Folge, dass dessen Haftung entfällt.

20.80 Nicht „gesetzmäßig" sind schließlich auch **anfechtbare Beschlüsse**.[2] Auch hier ist aber zu beachten, dass anfechtbare Beschlüsse mit Fristablauf (§ 246 Abs. 1 AktG) „gesetzmäßig" i.S. des § 93 Abs. 4 Satz 1 AktG werden.[3] Dennoch kann in diesen Fällen der Vorstand ausnahmsweise dann haften, wenn er im Zusammenhang mit dem Hauptversammlungsbeschluss (vorbereitende oder nachgelagerte) Begleit- oder Restpflichten (s. auch Rz. 20.48) schuldhaft verletzt hat, etwa wenn er gegen den anfechtbaren Beschluss pflichtwidrig[4] nicht (oder nicht rechtzeitig) vorgegangen ist (§ 245 Nr. 4, 5 AktG), diesen selbst herbeigeführt oder für den Beschluss infolge unrichtiger Informationen mitursächlich geworden ist.[5] Unabhängig von diesen Erwägungen ist die Hauptversammlung in ihrer Beurteilung über die Befreiung des Vorstands von der Organhaftung inhaltlich weitgehend frei und trifft die Entscheidung – im Gegensatz zum Aufsichtsrat[6] – in freiem unternehmerischen Ermessen.[7]

2. Zusammenhang zwischen Beschluss und Handlung

20.81 Nach § 93 Abs. 4 Satz 1 AktG muss die schadensstiftende Handlung des Vorstands auf dem Hauptversammlungsbeschluss „beruhen", damit eine enthaftende Wirkung eintritt. Hieraus folgt, dass der Beschluss dem Vorstandshandeln (nicht dem Entstehen des Anspruchs) vorausgehen muss.[8] Eine Enthaftung durch nachträgliche Billigung des Vorstandshandelns ist mithin nicht möglich. Eine nachträgliche (unzulässige) Billigung liegt auch dann vor, wenn der Beschluss nach Vornahme der Geschäftsführungsmaßnahme, aber vor Eintritt des Scha-

---

1 In diesem Sinne BGH v. 6.10.1960 – II ZR 150/58, BGHZ 33, 175, 176 ff.; *Hopt/Roth* in Großkomm. AktG, § 93 AktG Rz. 480 ff.; *Hüffer/Koch*, § 93 AktG Rz. 73; *Spindler* in MünchKomm. AktG, § 93 AktG Rz. 238; a.A. *Mertens/Cahn* in KölnKomm. AktG, § 93 AktG Rz. 155; *Mestmäcker*, BB 1961, 945, 947 f.
2 *Hopt/Roth* in Großkomm. AktG, § 93 AktG Rz. 486.
3 *Spindler* in MünchKomm. AktG, § 93 AktG Rz. 237; *Mertens/Cahn* in KölnKomm. AktG, § 93 AktG Rz. 156; *Wiesner* in MünchHdb. AG, § 26 Rz. 41; *Hüffer/Koch*, § 93 AktG Rz. 73; *Hopt/Roth* in Großkomm. AktG, § 93 AktG Rz. 486.
4 Hiervon ist nicht schon bei Anfechtbarkeit des Beschlusses, sondern nur dann auszugehen, wenn nach Lage der Dinge mit einem Eintritt des Schadens bei Ausführung des Beschlusses zu rechnen ist, *Wiesner* in MünchHdb. AG, § 26 Rz. 42; *Spindler* in MünchKomm. AktG, § 93 AktG Rz. 237. Auch allein der Umstand, dass der Enthaftungsbeschluss geeignet ist, der Gesellschaft einen Schaden zuzufügen, soll keine Anfechtungspflicht des Vorstands auslösen, *Freiherr von Falkenhausen*, NZG 2016, 601, 604.
5 RGZ 46, 60, 63; *Hüffer/Koch*, § 93 AktG Rz. 74; *Wiesner* in MünchHdb. AG, § 26 Rz. 42; *Spindler* in MünchKomm. AktG, § 93 AktG Rz. 237 und 244; *Hopt/Roth* in Großkomm. AktG, § 93 AktG Rz. 488; *Mertens/Cahn* in KölnKomm. AktG, § 93 AktG Rz. 154, 156.
6 Vgl. „ARAG/Garmenbeck"-Entscheidung des BGH v. 21.4.1997 – II ZR 175/95, ZIP 1997, 883.
7 *Hasselbach*, NZG 2016, 890, 891 f.
8 *Hopt/Roth* in Großkomm. AktG, § 93 AktG Rz. 477; *Mertens/Cahn* in KölnKomm. AktG, § 93 AktG Rz. 153; *Wiesner* in MünchHdb. AG, § 26 Rz. 40; *Hüffer/Koch*, § 93 AktG Rz. 73; *Spindler* in MünchKomm. AktG, § 93 AktG Rz. 242.

dens getroffen wird; denn auch dann beruht die „Handlung" nicht auf dem Beschluss der Hauptversammlung.[1]

Teilweise erfolgt eine Eingrenzung des Begriffs „Handlung" bzw. „Maßnahme" in zeitlicher Hinsicht. Es sei danach zu differenzieren, ob die Maßnahme bereits endgültig sei oder noch unter dem Vorbehalt eines Hauptversammlungsbeschlusses steht.[2] So seien beispielsweise Willenserklärungen des Vorstands im Rahmen von M&A Transaktionen meist noch vom Vorbehalt eines noch ausstehenden Hauptversammlungsbeschlusses abhängig.[3] Sollte der Vorstand einen Vertrag unter aufschiebender Bedingung (§ 158 Abs. 1 BGB) oder unter Genehmigungsvorbehalt abgeschlossen haben, kann die Hauptversammlung noch auf die Vertragswirksamkeit einwirken, sodass eine enthaftende Wirkung einträte.[4] Umstritten sind die Haftungsfolgen hingegen bei einem Rücktrittsvorbehalt bzw. bei einer (Nicht-)Ausübung der Rücktrittserklärung des Vorstands. Konsequenterweise muss bei einer Bestätigung des Vertrags durch Hauptversammlungsbeschluss und dem damit einhergehenden nicht ausgeübten Rücktritt die Enthaftung versagt werden.[5] Denn auch in diesem Fall sind die Rechtsfolgen der Handlung bereits eingetreten und der nachfolgende Beschluss entspricht gleichfalls einer nachträglichen (unzulässigen) Billigung.[6]

20.81a

Fraglich ist, ob nur eine Weisung der Hauptversammlung haftungsbefreiend wirkt oder auch eine Ermächtigung zu oder ein Einverständnis mit einer bestimmten Geschäftsführungsmaßnahme. Letztlich wird man durch Auslegung ermitteln müssen, welches Risiko die Hauptversammlung dem Vorstand durch den Beschluss abnehmen will.[7]

20.82

III. Übernahme/Freistellung

Eine faktische Befreiung des Vorstands von seiner Haftung kann auch dadurch erfolgen, dass die Gesellschaft bestehende Verbindlichkeiten eines Vorstands übernimmt und auf diesem Wege das jeweilige Vorstandsmitglied von der eigenen Haftung freistellt. Diese Art der Haftungsfreistellung ist also nicht durch einen im Aktivvermögen zu verzeichnenden Verlust von Organhaftungsansprüchen der Gesellschaft – wie bei Verzicht und Vergleich oder einem Beschluss der Hauptversammlung nach § 93 Abs. 4 Satz 3 AktG – gekennzeichnet, sondern vielmehr durch **Begründung neuer Verbindlichkeiten zulasten der Gesellschaft**. Die Schädigung des Gesellschaftsvermögens liegt damit nicht im Verlust von Aktiva, sondern in der Mehrung der Passiva. Fraglich ist in diesem Zusammenhang, ob der für eine solche Freistellung des Vorstands nach §§ 112 Abs. 1, 87 Abs. 1 AktG zuständige Aufsichtsrat die hierfür erforderliche Übernahmeerklärung gegenüber dem außenstehenden Forderungsinhaber ohne Berücksichtigung der Hauptversammlung abgeben darf oder ob auch insoweit ein Beschluss der Hauptversammlung nach § 93 Abs. 4 Satz 3 AktG eingeholt werden muss.

20.83

---

1 *Spindler* in MünchKomm. AktG, § 93 AktG Rz. 242.
2 *Kleinhenz/Leyendecker*, BB 2012, 861; *Spindler* in MünchKomm. AktG, § 93 AktG Rz. 243. Vgl. auch *Wiesner* in MünchHdb. AG, § 26 Rz. 40.
3 *Kleinhenz/Leyendecker*, BB 2012, 861, 862.
4 *Kleinhenz/Leyendecker*, BB 2012, 861, 862; *Spindler* in MünchKomm. AktG, § 93 AktG Rz. 243.
5 *Spindler* in MünchKomm. AktG, § 93 AktG Rz. 243; a.A. *Kleinhenz/Leyendecker*, BB 2012, 861, 863; *Wiesner* in MünchHdb. AG, § 26 Rz. 40.
6 *Spindler* in MünchKomm. AktG, § 93 AktG Rz. 243.
7 *Mertens/Cahn* in KölnKomm. AktG, § 93 AktG Rz. 152; *Hopt/Roth* in Großkomm. AktG, § 93 AktG Rz. 473; a.A. *Spindler* in MünchKomm. AktG, § 93 AktG Rz. 241, die stets eine Anweisung für eine Haftungsbefreiung verlangen.

20.84 Teilweise wird im Zusammenhang mit gegen den Vorstand verhängten Geldstrafen, Geldbußen oder Geldauflagen vertreten, dass dem Aufsichtsrat ohne Zustimmung der Hauptversammlung möglich ist, den Vorstand von einer eigenen Haftung nach der Einstellung eines Strafverfahrens gegen Geldauflage freizustellen, weil dies für die Gesellschaft unmittelbar vorteilhaft ist. Der Aufsichtsrat könne hierdurch aus gewichtigen Gründen des Unternehmenswohls und damit letztlich zugunsten der Gesellschaft verhindern, dass ihr Ansehen in der Öffentlichkeit und bei Geschäftspartnern sowie Kapitalgebern durch eine Berichterstattung während des Strafverfahrens beeinträchtigt und die Vorstandsarbeit behindert wird. Insofern liege in dieser Entscheidung des Aufsichtsrats kein Verzicht der Gesellschaft, der den Anwendungsbereich des § 93 Abs. 4 Satz 3 AktG tangiert.[1] Der BGH hat demgegenüber klargestellt, dass ein **Beschluss der Hauptversammlung** entsprechend § 93 Abs. 4 Satz 3 AktG unter den dort genannten Voraussetzungen stets erforderlich ist, wenn die von dem Vorstandsmitglied begangene Straftat gleichzeitig eine Pflichtverletzung gegenüber der Gesellschaft darstellt. Durch die Übernahme von Haftungsansprüchen gegen den Vorstand, mit denen eine Pflichtverletzung gegenüber der Gesellschaft einhergeht, fügt sich die Gesellschaft selbst einen (ggf. zusätzlichen) Schaden zu, den eigentlich der pflichtwidrig handelnde Vorstand zu tragen hat. Einen derartigen Vermögensnachteil kann der Aufsichtsrat nicht ohne die Zustimmung durch die Hauptversammlung beschließen, zumal die Übernahme von Verbindlichkeiten des Vorstands durch die Gesellschaft in gleicher Weise ein aktives Vorgehen erfordert wie ein Verzicht auf Ersatzansprüche. Nach dem Sinn und Zweck des § 93 Abs. 4 AktG, das Gesellschaftsvermögen und die Minderheitsaktionäre zu schützen, muss der Aufsichtsrat die Zustimmung der Hauptversammlung einholen.[2]

20.85 Aber auch abseits dieser Fallkonstellation stellt sich die Frage, ob die Gesellschaft zur Übernahme von Verbindlichkeiten ohne Zustimmung der Hauptversammlung befugt ist. Nimmt die Gesellschaft oder ein Dritter den Vorstand aufgrund begangener Pflichtverletzungen in Anspruch und existiert hierfür eine D&O-Versicherung, kommt eine Übernahme der **Rechtsverfolgungskosten im Deckungsprozess gegen die D&O-Versicherung** in Betracht, den der Vorstand regelmäßig nach einer rechtskräftigen Feststellung seiner Ersatzpflicht im vorgelagerten Haftungsprozess zu führen hat.[3] Auch hier verfolgt die Gesellschaft neben der Befreiung des Vorstands von seinen Verbindlichkeiten aus dem Deckungsprozess eigene Interessen, die z.B. in einem vollständigen Ausgleich der Organhaftungsansprüche durch die D&O-Versicherung unabhängig von der wirtschaftlichen Leistungsfähigkeit des Vorstands zu sehen sind. Die soeben dargelegten Grundsätze des BGH zur Frage der Übernahme von Geldstrafen etc. lassen sich allerdings grundsätzlich auch hierauf übertragen. Die Befreiung des Vorstands von den Kosten des Deckungsprozesses steht in gleichem unmittelbaren Zusammenhang mit der Pflichtverletzung des Vorstands gegenüber der Gesellschaft und führt letztlich eben-

---

1 Zu den Einzelheiten s. unten *Marsch-Barner/Wilk*, Rz. 21.39 ff.; *Hüffer/Koch*, § 84 AktG Rz. 23; *Krieger* in FS Bezzenberger, 2000, S. 211, 217 ff.; zuletzt auch OLG Celle v. 4.4.2013 – 9 U 137/12.
2 BGH v. 8.7.2014 – II ZR 174/13, NZG 2014, 1058 = AG 2014, 751, u.a. mit Verweis auf *Fleischer* in Spindler/Stilz, § 84 AktG Rz. 68; *Spindler* in MünchKomm. AktG, § 84 AktG Rz. 97.
3 Es besteht kein Direktanspruch der Gesellschaft gegenüber dem Versicherer, vielmehr hat der Versicherer den Vorstand von den Organhaftungsansprüchen gegenüber der Gesellschaft freizustellen, eingehend hierzu *Sieg* in Rz. 18.21 ff.; freilich kann die Führung von zwei Prozessen durch eine Abtretung des Freistellunganspruchs des Vorstands gegen die Versicherung an die Gesellschaft i.S. des § 108 Abs. 2 VVG vermieden werden, was nach BGH v. 13.4.2016 – IV ZR 51/14, AG 2016, 395 = BeckRS 2016, 07881 Rz. 26 ff., möglich ist, weil die Gesellschaft als Dritter i.S. des § 108 Abs. 2 VVG anzusehen ist.

so zu einem (zusätzlichen) Schaden in deren Vermögen wie bei der Übernahme von Geldstrafen nach strafbaren Pflichtverletzungen. Gleichwohl ist diese Konstellation anders zu beurteilen. Die Gesellschaft selbst ist Versicherungsnehmerin, trägt die Versicherungsbeiträge und hat die D&O-Versicherung gerade für den Zweck abgeschlossen, dass Haftungsansprüche gegenüber dem Vorstand nicht nur prozessual durchgesetzt werden können, sondern auch in vollem Umfang (oder jedenfalls in Höhe der vereinbarten Deckungssumme) von der Versicherung ausgeglichen werden. Insofern liegt es – anders als bei der Übernahme von Geldstrafen und Geldauflagen im Rahmen eines Strafverfahrens – im ureigenen wirtschaftlichen Interesse der Gesellschaft, dass der Vorstand als versicherte Person einen Deckungsschutz erlangt, um einen bestmöglichen Ausgleich des eingetretenen Schadens zu erreichen. Die Herbeiführung des Deckungsschutzes ist daher ebenso wenig vom Schutzzweck des § 93 Abs. 4 AktG umfasst wie der Abschluss der D&O-Versicherung und deren Finanzierung.[1] Einer Zustimmung der Hauptversammlung i.S. des § 93 Abs. 4 Satz 3 AktG bedarf es daher nicht, wenn der Aufsichtsrat eine Übernahme der Kosten des Deckungsprozesses erklärt.

---

1 *Spindler* in MünchKomm. AktG, § 84 AktG Rz. 98; *Zimmer/Simonot*, NZG 2016, 976, 980.

§ 21
Erstattung von Kosten und Geldstrafen

Professor Dr. Reinhard Marsch-Barner und Dr. Cornelius Wilk, LL.M. (Vanderbilt)

A. Einleitung 21.1	VIII. Umfang der Kostenübernahme 21.30
B. Kosten des Rechtsschutzes 21.4	C. Erstattung von Geldstrafen, Geldauflagen und Bußgeldern 21.32
I. Art und Umfang von Rechtsschutzkosten 21.4	I. Grundsätze des Auftragsrechts 21.32
II. Kostenerstattung nach Auftragsrecht 21.6	II. Anspruch auf Erstattung 21.33
	III. Freiwillige Erstattung 21.39
III. Innerer Zusammenhang mit den dienstlichen Aufgaben 21.10	IV. Angemessene Entschädigung 21.44
IV. Keine Pflichtverletzung gegenüber der Gesellschaft 21.13	V. Erstattung oder Entschädigung durch Dritte 21.47
V. Anspruch auf Vorschussleistungen . 21.14	D. Verfahrensfragen 21.48
VI. Endgültige Kostentragung 21.21	E. Offenlegung 21.53
VII. Freistellungszusage im Anstellungsvertrag 21.28	

Schrifttum: *Bastuck*, Enthaftung des Managements – Corporate Indemnifikation im amerikanischen und deutschen Recht, 1986; *Bergwitz*, Anspruch auf Ersatz von Strafverteidigungskosten, NZA 2016, 203; *Bunz/Küpper*, Grenzen des Gestaltungsspielraums für Unternehmen bei Übernahme von Geldsanktionen, Geldauflagen und Verteidigerkosten für ihre Organmitglieder, GmbHR 2015, 510; *Fleischer*, Haftungsfreistellung, Prozesskostenersatz und Versicherung für Vorstandsmitglieder, WM 2005, 909; *Hoffmann-Becking*, Übernahme von Geldbußen gegen Vorstandsmitglieder durch die Gesellschaft, ZGR 2015, 620; *Hoffmann/Wissmann*, Die Erstattung von Geldstrafen, Geldauflagen und Verfahrenskosten im Strafverfahren durch Wirtschaftsunternehmen gegenüber ihren Mitarbeitern, StV 2001, 249; *Holly/Friedhofen*, Die Abwälzung von Geldstrafen und Geldbußen auf den Arbeitgeber, NZA 1992, 145; *Horrer/Patzschke*, Strafrechtlicher Umgang mit Fremdzahlungen von Geldbußen, -strafen und -auflagen durch Unternehmen für ihre Mitarbeiter, CCZ 2013, 94; *Kapp*, Dürfen Unternehmen ihren (geschäftsführenden) Mitarbeitern Geldstrafen bzw. -bußen erstatten?, NJW 1992, 2796; *Koch* in Münchener Handbuch des Gesellschaftsrechts, Bd. 7, Gesellschaftsrechtliche Streitigkeiten (Corporate Litigation), 5. Aufl. 2016, § 30 Nr. 11; *D. Krause*, Strafrechtliche Haftung des Aufsichtsrates, NStZ 2011, 57; *R. Krause*, „Nützliche" Rechtsverstöße im Unternehmen – Verteilung finanzieller Lasten und Sanktionen, BB-Special 8/2007, 2; *Krieger*, Zahlungen der Aktiengesellschaft im Strafverfahren gegen Vorstandsmitglieder, in FS G. Bezzenberger, 2000, S. 211; *Luttermann*, Persönliche prozessuale Haftungsverschärfung bei „Corporate Misconduct" (U.S. Yates Memorandum): Regulierungsmaß und Schutzstrategie, DB 2016, 1059; *Mohamed*, Übernahme der einem Vorstandsmitglied auferlegten Geldsanktion durch die Gesellschaft – Wenn Gesellschaftsrecht auf Strafrecht trifft, CCZ 2015, 111; *Rehbinder*, Rechtliche Schranken der Erstattung von Bußgeldern an Organmitglieder und Angestellte, ZHR 148 (1984), 555; *Scharf*, Zivilrechtliche Erstattung von Verteidigungskosten, Bußgeldern, Geldauflagen und Geldstrafen, in Widmaier/Müller/Schlothauer (Hrsg.), Münchener Anwalts-Handbuch Strafverteidigung, 2. Aufl. 2014, § 43; *Schmidt-Bendun*, Grenzen für die zulässige Übernahme von Geldauflagen für Vorstandsmitglieder durch eine AG, DB 2014, 2756; *Selter*, Übernahme von Geldauflage durch die Aktiengesellschaft zugunsten ihrer Vorstandsmitglieder, ZIP 2015, 714; *Werner*, Die Pflicht der GmbH zur Übernahme von Kosten in Zusammenhang mit Strafverfahren gegen ihre Geschäftsführer, GmbHR 2012, 1107; *Zimmer*, Regress bei Korruption und Kartellverstößen, BB-

Special 8/2007, 1; *Zimmermann*, Aktienrechtliche Grenzen der Freistellung des Vorstands von kartellrechtlichen Bußgeldern, DB 2008, 687.

A. Einleitung

Die rechtlichen Risiken, die mit der Tätigkeit als Mitglied der Geschäftsführung oder des Aufsichtsrates oder sonst in führender Position eines Wirtschaftsunternehmens verbunden sind, haben in den letzten Jahren weiter zugenommen. Dies gilt vor allem für die **Haftungsrisiken** der Organmitglieder börsennotierter Gesellschaften. Für diese haben Gesetzgeber[1] und Rechtsprechung[2] die zivilrechtlichen Pflichtanforderungen kontinuierlich verschärft. Mit der Aktionärsklage gem. § 148 AktG[3] und dem Musterklageverfahren nach dem KapMuG[4] wurden sogar neue Klagemöglichkeiten von Aktionären und Gläubigern eingeführt. Auch die Normierung der Business Judgment Rule in § 93 Abs. 1 Satz 2 AktG[5] hat erwartungsgemäß zu einer stärkeren Verrechtlichung unternehmerischen Handelns und damit ebenfalls zu einer verstärkten Inanspruchnahme geführt.

21.1

Gewachsen sind auch die **strafrechtlichen Risiken** (s. dazu unten *Krause*, § 40). So nehmen die Zahl der Ermittlungsverfahren im Wirtschaftsstrafrecht und die Aufmerksamkeit, die diese Verfahren in der Öffentlichkeit erfahren, weiterhin zu.[6] Betroffen von solchen Verfahren sind häufig Organmitglieder und andere Führungskräfte der Gesellschaften. Ihre Verwicklung in strafrechtliche Untersuchungen dient manchen Initiatoren auch dazu, auf die Unternehmen Druck auszuüben, um (angebliche) Schadensersatzforderungen besser durchsetzen zu können. Diese Entwicklung wird dadurch begünstigt, dass der Kreis relevanter Straftatbestände stetig neue, nicht immer scharfe Konturen annimmt[7] und etablierte Tatbestände wie die Untreue (§ 266 StGB) extensiv ausgelegt werden.[8] Auch die Aktivitäten ausländischer Strafverfolgungsbehörden, insbesondere in den USA, gewinnen für deutsche Unternehmensleiter

21.2

---

1 Vgl. vor allem die zusätzlichen Anforderungen durch das Gesetz zur Kontrolle und Transparenz im Unternehmensbereich (KonTraG) vom 27.4.1998 (BGBl. I 1998, 786), das Transparenz- und Publizitätsgesetz (TransPuG) vom 19.7.2001 (BGBl. I 2001, 2010) sowie das Gesetz zur Angemessenheit der Vorstandsvergütung (VorstAG) vom 31.7.2009 (BGBl. I 2009, 2509).
2 Vgl. z.B. zur Geltendmachung von Schadensersatzansprüchen gegen Vorstandsmitglieder BGH v. 21.4.1997 – II ZR 175/95, BGHZ 135, 244 = AG 1997, 377 – ARAG/Garmenbeck.
3 S. dazu näher *Paschos/Neumann*, DB 2005, 1779, *Spindler*, NZG 2005, 865 und *H. Schröer*, ZIP 2005, 2081.
4 Dazu näher *Gundermann/Härle*, VuR 2006, 457 ff. sowie oben *Hess*, § 17.
5 Durch das Gesetz zur Unternehmensintegrität und Modernisierung des Anfechtungsrechts (UMAG) vom 22.9.2005 (BGBl. I 2005, 2802).
6 S. z.B. zu den strafrechtlichen Aspekten der VW-Abgasaffäre *Isfen*, JA 2016, 1 ff.
7 Vgl. etwa die Neuordnung des deutschen und europäischen Marktmissbrauchsrechts durch die Verordnung (EU) Nr. 596/2014 des Europäischen Parlaments und des Rates vom 16.4.2014 über Marktmissbrauch (Marktmissbrauchsverordnung), die Richtlinie 2014/57/EU des Europäischen Parlaments und des Rates vom 16.4.2014 über strafrechtliche Sanktionen bei Marktmanipulation (Marktmissbrauchsrichtlinie) und die deutschen Ausführungsbestimmungen in Gestalt des Ersten Gesetzes zur Novellierung von Finanzmarktvorschriften auf Grund europäischer Rechtsakte (Erstes Finanzmarktnovellierungsgesetz – 1. FiMaNoG) vom 30.6.2016 (BGBl. I 2016, 1514).
8 Vgl. z.B. BGH v. 21.12.2005 – 3 StR 470/04, NJW 2006, 522, 525 = AG 2006, 110 – Mannesmann; BGH v. 29.8.2008 – 2 StR 587/07, NJW 2009, 89 – Siemens; BGH v. 12.10.2016 – 5 StR 134/15, NZG 2017, 116 – HSH; zu den strafrechtlichen Risiken aus § 266 StGB für Aufsichtsratsmitglieder s. *Kiethe*, WM 2005, 2122, 2128 ff. und *Krause*, NStZ 2011, 57 ff.

zunehmend an Bedeutung.[1] Viele Verfahren betreffen zudem komplexe Sachverhalte, die mit zahlreichen außerstrafrechtlichen Vorfragen, z.B. aus dem Umwelt-, Kapitalmarkt- oder Bilanzrecht, verbunden sind. Dies führt in der Regel zu einer erheblichen Ausweitung solcher Verfahren mit entsprechenden Kosten, nicht zuletzt auch für die Verteidigung. Diese Kosten können von den Beschuldigten selbst häufig gar nicht aufgebracht werden; sie sind insoweit auf die Unterstützung durch ihr Unternehmen angewiesen.[2]

21.3 Vor diesem Hintergrund stellt sich die Frage, ob und inwieweit die Mitglieder von Geschäftsführung und Aufsichtsrat und andere Führungskräfte einen Anspruch auf finanzielle Unterstützung durch „ihre" Gesellschaft haben und inwieweit diese Gesellschaften ihrerseits berechtigt sind, die Kosten des Rechtsschutzes für diese Personen zu tragen und eventuell auch etwaige gegen Einzelne von ihnen verhängte Geldbußen oder Geldstrafen zu übernehmen. Weitere Gesichtspunkte treten hinzu, wenn die Gesellschaft eine Rechtsschutz- und/oder eine D&O-Versicherung zugunsten ihrer Führungskräfte abgeschlossen hat (s. dazu oben *Sieg*, Rz. 18.1 ff. und *Ihlas*, Rz. 19.28 ff.).

B. Kosten des Rechtsschutzes

I. Art und Umfang von Rechtsschutzkosten

21.4 Zu den Kosten, die einem Organmitglied im Rahmen eines gegen ihn eingeleiteten **Strafverfahrens** entstehen, zählen vor allem die Kosten eines zur Verteidigung bestellten Rechtsanwalts. In schwierigen Fällen kann sogar die Bestellung mehrerer Verteidiger und die Einschaltung von Spezialanwälten, z.B. für Fragen des ausländischen Rechts, angebracht sein. Kosten können außerdem durch die Einholung von Gutachten oder die Durchführung ergänzender Untersuchungen, z.B. zu bestimmten ökonomischen Sachverhalten, entstehen. Kommt es zu einer gerichtlichen Verhandlung und später zu einer Verurteilung, einem Strafbefehl oder auch einer Einstellung des Verfahrens, hat das betroffene Organmitglied unter Umständen ganz oder teilweise die Verfahrenskosten zu tragen (§§ 464 ff. StPO). Ähnliche Fragen können sich bei einem **Bußgeldverfahren**, z.B. im Zusammenhang mit Kartellabsprachen, Korruptionsvorwürfen oder bei Verstößen gegen die Mitteilungspflichten des WpHG[3] oder das Insiderrecht nach der Marktmissbrauchsverordnung[4], ergeben.

21.5 Kosten für rechtliche Beratung und Vertretung können einem Organmitglied auch schon im Zusammenhang mit einem bloßen **Ermittlungsverfahren** entstehen, das irgendwann nicht weiterverfolgt oder förmlich eingestellt wird.

Mit in die Betrachtung einzubeziehen sind schließlich **zivilrechtliche Verfahren**, z.B. Schadensersatzklagen, die von Aktionären oder sonstigen Dritten gegen ein Organmitglied we-

---

1 S. zu den Verfahrensleitlinien des US-Justizministeriums *Luttermann*, DB 2016, 1059 ff.
2 Vgl. *Scharf* in Widmaier/Müller/Schlothauer, Münchener Anwalts-Hdb. Strafverteidigung, § 43 Rz. 6.
3 Vgl. §§ 21 ff. iVm. § 39 Abs. 2 Nr. 2f und g WpHG, Neuzählung des WpHG durch das Zweite Gesetz zur Novellierung von Finanzmarktvorschriften auf Grund europäischer Rechtsakte (Zweites Finanzmarktnovellierungsgesetz – 2. FiMaNoG) vom 23.6.2017 (BGBl. I 2017, 1693).
4 Vgl. Art. 7 ff. der Verordnung (EU) Nr. 596/2014 des Europäischen Parlaments und des Rates v. 16.4.2014 über Marktmissbrauch (Markmissbrauchsverordnung).

gen einer unternehmensbezogenen Handlung betrieben werden.[1] Bei zivilrechtlichen Streitigkeiten sind im Falle des Unterliegens als Teil der Kosten des Rechtsstreits auch die der anderen Partei erwachsenen notwendigen Rechtsverfolgungskosten zu erstatten (§ 91 ZPO). Umgekehrt sind bei einem Obsiegen des Organmitglieds dessen Rechtsverfolgungskosten von der anderen Seite zu tragen. Weitergehend kann sich die Frage stellen, ob die Gesellschaft im Falle einer Verurteilung berechtigt oder verpflichtet ist, neben den Rechtsschutzkosten auch die dem Betroffenen auferlegten Schadensersatzleistungen zu übernehmen.

II. Kostenerstattung nach Auftragsrecht

Ob Kosten, wie sie vorstehend skizziert sind, von der Gesellschaft, in deren Diensten der Betroffene steht, übernommen werden dürfen, ist nach allgemeiner Ansicht nach **Auftragsrecht** (§§ 670, 675 BGB) zu beurteilen.[2] Danach haben die **Vorstandsmitglieder** einer AG oder SE, die **Geschäftsführer** einer GmbH, die **persönlich haftenden Gesellschafter** einer KGaA sowie die **geschäftsführenden Direktoren** und **Verwaltungsratsmitglieder** einer SE auf Grund ihres Anstellungsvertrages mit der Gesellschaft oder, falls ein solcher nicht besteht, aus dem Organverhältnis grundsätzlich Anspruch auf Ersatz der **erforderlichen Aufwendungen**, die ihnen **durch ihre Amtstätigkeit entstehen**. Dies gilt nicht nur für freiwillige Vermögensopfer wie Reisekosten oder sonstige Auslagen, sondern auch für Schäden, die sich unfreiwillig aus einer mit der Amtstätigkeit verbundenen Gefahr ergeben (sog. Zufallsschäden). Dies ist im Auftragsrecht zwar nicht ausdrücklich geregelt. Es entspricht aber allgemeiner Ansicht, dass ein Auftraggeber, der aus der Tätigkeit des Beauftragten Nutzen zieht, auch die damit verbundenen Schäden zu tragen hat.[3] Zu diesen Schäden gehören grundsätzlich auch die Kosten eines gegen einen Unternehmensleiter im Zusammenhang mit seiner Diensttätigkeit eingeleiteten Zivil-, Straf- oder Ordnungswidrigkeitenverfahrens.[4] Besteht der Schaden in einer Zahlungspflicht gegenüber einem Dritten, so verwandelt sich der Ersatzanspruch gegen die Gesellschaft in einen Freistellungsanspruch (§ 257 BGB).

21.6

Für die Mitglieder eines gesetzlich vorgeschriebenen oder freiwilligen **Aufsichtsrats** gilt dies gleichermaßen. Zwischen ihnen und der Gesellschaft besteht zwar – in Bezug auf die Aufsichtsratstätigkeit – kein Dienstvertrag, sondern ein gesetzliches Schuldverhältnis. Die §§ 670, 675 BGB sind aber auch hier entsprechend anwendbar.[5] Auf Mitglieder eines nicht gesetzlich vorgeprägten Überwachungs- oder Beratungsorgans wie **Beirat** oder **Gesellschafterausschuss**

21.7

---

1 Vgl. z.B. BGH v. 24.1.2006 – XI ZR 384/03, NJW 2006, 830 zur Deliktsaußenhaftung eines Vorstandsmitglieds (Kirch ./. Deutsche Bank/Breuer); dazu näher *Hellgardt*, WM 2006, 1514 ff.
2 *Wiesner* in MünchHdb. AG, § 21 Rz. 88; *Fleischer*, WM 2005, 909, 915, 916; *Fleischer* in Spindler/Stilz, § 84 AktG Rz. 70; *Hüffer/Koch*, § 84 AktG Rz. 23; *Kort* in Großkomm. AktG, 5. Aufl. 2016, § 84 AktG Rz. 407; *Krieger* in FS Bezzenberger, 2000, S. 211, 212; *Thüsing* in Fleischer, Handbuch des Vorstandsrechts, § 4 Rz. 80; *Mertens/Cahn* in KölnKomm. AktG, 3. Aufl. 2010, § 84 AktG Rz. 89; *Krause*, BB-Special 8/2007, 2, 7; *Paefgen* in Ulmer/Habersack/Löbbe, 2. Aufl., § 35 GmbHG Rz. 465.
3 *Bastuck*, Enthaftung des Managements, S. 112 m.w.N.
4 Vgl. BGH v. 7.11.1960 – VII ZR 82/59, BGHZ 33, 251, 257; BGH v. 5.12.1983 – II ZR 252/82, BGHZ 89, 153, 157; LG Hamburg v. 18.11.1996 – 415 O 106/96, WM 1997, 258; *Sprau* in Palandt, § 670 BGB Rz. 2; *Krieger* in FS Bezzenberger, 2000, S. 211, 212; *Werner*, GmbHR 2012, 1107 ff. zur GmbH.
5 *Hüffer/Koch*, § 113 AktG Rz. 2 b; *Hoffmann-Becking* in MünchHdb. AG, § 33 Rz. 13; *Habersack* in MünchKomm. AktG, 4. Aufl. 2014, § 113 AktG Rz. 21; *Wagner* in Semler/v. Schenck, Arbeitshandbuch für Aufsichtsratsmitglieder, 4. Aufl., § 11 Rz. 60.

können dieselben Regeln anwendbar sein, soweit die Art der Tätigkeit auftragsrechtlichen oder geschäftsbesorgenden Charakter hat und das betreffende Vermögensopfer mit der vertraglich umrissenen Tätigkeit in Verbindung steht.

21.8 Im Recht der **Personengesellschaften** ist der Erstattungsanspruch der geschäftsführenden Gesellschafter wegen (freiwilliger) Aufwendungen in den Gesellschaftsangelegenheiten § 110 HGB besonders geregelt. Nach der h.M. ergibt sich daraus ein Anspruch auf Erstattung der Kosten eines Zivil- oder strafrechtlichen Verfahrens, das gegen einen geschäftsführenden Gesellschafter im Zusammenhang mit seiner Tätigkeit geführt wird.[1]

21.9 Mit den vorstehenden Grundsätzen eng verwandt sind die im **Arbeitsrecht** für den Rechtsschutz von Mitarbeitern geltenden Regeln.[2] Hierzu hat etwa das BAG entschieden, dass der Arbeitgeber einem Berufskraftfahrer, der in Ausübung einer betrieblichen Tätigkeit unverschuldet einen schweren Verkehrsunfall verursacht und deshalb in ein Ermittlungsverfahren verwickelt wird, analog § 670 BGB die Kosten der Strafverteidigung in diesem Verfahren zu erstatten hat.[3] Verteidigungskosten, die aus einer Verletzung der Berufspflichten des Mitarbeiters entstanden sind, muss der Arbeitgeber dagegen nicht übernehmen.[4] Soweit ein Mitverschulden des Mitarbeiters vorliegt, kann eine Kürzung des Erstattungsanspruchs entsprechend § 254 BGB gerechtfertigt sein.[5]

III. Innerer Zusammenhang mit den dienstlichen Aufgaben

21.10 Ein Ersatzanspruch besteht nur für Aufwendungen, die das Organmitglied oder der Mitarbeiter den Umständen nach für erforderlich halten durfte (§ 670 BGB). Diese allgemeine Voraussetzung eines Aufwendungsersatzanspruchs bedeutet, dass nur solche Rechtsschutzkosten erstattungs- oder übernahmefähig sind, die **mit der Wahrnehmung der** jeweiligen **dienstlichen Aufgaben zusammenhängen**.[6] Zu erstatten sind nur tätigkeitsspezifische Schäden, nicht aber Schäden, die sich aus den allgemeinen Lebensrisiken ergeben.[7] Dieser tätigkeitsbezogene Zusammenhang wird bei Vorstandsmitgliedern und ähnlichen Führungskräften, die regelmäßig verpflichtet sind, ihre gesamte Arbeitskraft der Gesellschaft zur widmen, in weitem Umfang gegeben sein. So sind z.B. Aufwendungen erfasst, die mit amtsbezogenen

---

1 *Roth* in Baumbach/Hopt, § 110 HGB Rz. 11, 14; *Bergmann* in Ebenroth/Boujong/Joost/Strohn, § 110 HGB Rz. 24; *Langhein* in MünchKomm. HGB, § 110 HGB Rz. 23; vgl. auch BGH v. 3.2.1987 – 5 StR 603/86, wistra 1987, 216, wonach die Erstattung der Prozesskosten von Gesellschaftern einer KG im Hinblick auf § 110 HGB keine Untreue darstellt.
2 S. dazu *Zimmer*, BB-Special 8/2007, 1 und *Krause*, BB-Special 8/2007, 2, 3 f.
3 BAG v. 16.3.1995 – 8 AZR 260/94, NJW 1995, 2372; zustimmend *Preis* in Erfurter Komm. Arbeitsrecht, 17. Aufl. 2017, § 611 BGB Rz. 562; *Griese* in Küttner, Personalbuch, 23. Aufl. 2016 Aufwendungsersatz Rz. 21; vgl. auch LAG Hamm v. 5.4.2000 – 10 (16) Sa 1012/99, BeckRS 2000, 30784118 S. 8 zur Übernahme der Kosten eines Verteidigers sowie *Bergwitz*, NZA 2016, 203 ff. mit einer Prüfung der Kostenübernahme nach der allgemeinen Fürsorgepflicht des Arbeitgebers.
4 BAG v. 14.11.1991 – AP BGB § 611 Gefährdungshaftung des Arbeitgebers Nr. 10 = NZA 1992, 691 zu unwahren negativen Behauptungen eines angestellten Journalisten.
5 Vgl. BGH v. 5.12.1983 – II ZR 252/82, NJW 1984, 789, 790 f. = MDR 1984, 469 f.; OLG Hamm v. 31.10.1973 – 11 U 79/73, MDR 1974, 312; *Fischer* in Bamberger/Roth, § 670 BGB Rz. 25; *Berger* in Erman, § 670 BGB Rz. 20.
6 Vgl. BGH v. 28.10.2002 – II ZR 353/00, NJW 2003, 431, 432; *Fleischer* in Spindler/Stilz, § 84 AktG Rz. 64.
7 *Bastuck*, Enthaftung des Managements, S. 112.

Nebentätigkeiten wie z.B. einem Aufsichtsratsmandat in einem Konzernunternehmen oder auch einem anderen nahestehenden Unternehmen zusammenhängen.

Ein Anspruch auf Aufwendungsersatz besteht demgegenüber nicht bei Verfahren, die sich ausschließlich auf Ereignisse in der **Privatsphäre** des Betroffenen beziehen. Wird z.B. ein GmbH-Geschäftsführer wegen eines Verkehrsunfalls bei einer privaten Autofahrt in Anspruch genommen oder strafrechtlich verfolgt, so hat dies mit seiner Organstellung bei der Gesellschaft nichts zu tun. Die daraus entstehenden Kosten sind eine persönliche Angelegenheit und deshalb von dem Organmitglied selbst zu tragen. Die Gesellschaft kann die Kosten in solchen Fällen allenfalls **freiwillig**, also ohne Bestehen einer Rechtspflicht, übernehmen, dies aber nur dann, wenn die Übernahme auf Grund besonderer Umstände im Interesse der Gesellschaft liegt.[1]

21.11

Die Grundsätze für die Übernahme von Rechtsschutzkosten gelten in erster Linie für Organmitglieder und Mitarbeiter, die in einem aktiven Dienst- oder Arbeitsverhältnis zur Gesellschaft stehen. In Einzelfällen können solche Kosten aber auch zu Gunsten von **Personen** übernommen werden, **die aus den Diensten der Gesellschaft bereits ausgeschieden sind**. Dies ist etwa der Fall, wenn ein Organmitglied im Laufe eines gegen ihn geführten Verfahrens wegen Erreichens der Altersgrenze oder aus anderen Gründen aus der Gesellschaft ausscheidet. Denkbar ist auch, dass ein bereits ausgeschiedenes Organmitglied wegen seiner früheren Tätigkeit mit einem Prozess überzogen wird. Soweit ein hinreichender Bezug zur früheren Tätigkeit bei der Gesellschaft besteht, gelten für die Erstattung der Verfahrenskosten die gleichen Grundsätze wie bei einer noch aktiven Tätigkeit. In zeitlicher Hinsicht kommt es somit darauf an, ob das Dienstverhältnis zu dem Zeitpunkt bestand, in dem das verfahrensgegenständliche Ereignis stattfand, weniger dagegen darauf, ob das Dienstverhältnis noch bis zum kostenauslösenden Verfahren fortdauerte.

21.12

IV. Keine Pflichtverletzung gegenüber der Gesellschaft

Als weitere Voraussetzung des Ersatzanspruchs darf Gegenstand des Verfahrens, dessen Kosten übernommen werden sollen, **kein der Gesellschaft gegenüber pflichtwidriges Verhalten** des Organmitglieds bzw. der sonstigen Führungskraft sein. Denn erstattungsfähig sind nur solche Aufwendungen, die der Betroffene den Umständen nach für erforderlich halten durfte (§ 670 BGB). Nicht dazu gehören Rechtsschutzkosten aus Anlass einer schuldhaft begangenen Pflichtverletzung gegenüber der Gesellschaft.[2] Dies folgt auch daraus, dass rechtswidrige Aufwendungen nicht erforderlich sind.[3] Überdies wäre die Erstattung in solchen Fällen unvereinbar mit einem wegen der Pflichtverletzung bestehenden Schadensersatzanspruch

21.13

---

1 Vgl. dazu die Anforderungen des BGH v. 21.12.2005 – 3 StR 470/04, ZIP 2006, 72, 74 ff. = AG 2006, 110 – Mannesmann, an nachträgliche freiwillige Vergütungen unter dem Gesichtspunkt der Untreue.
2 *Hüffer/Koch*, § 84 AktG Rz. 23; *Mertens/Cahn* in KölnKomm. AktG, 3. Aufl. 2010, § 84 AktG Rz. 90; *Wiesner* in MünchHdb. AG, § 21 Rz. 89; *Fleischer*, WM 2005, 909, 915; *Fonk* in Semler/v. Schenck, Arbeitshandbuch für Aufsichtsratsmitglieder, 4. Aufl. 2013, § 109 Rz. 170; *Spindler* in MünchKomm. AktG, 4. Aufl. 2014, § 84 AktG Rz. 97; *Bastuck*, Enthaftung des Managements, S. 113 f.; *Krause*, BB-Special 8/2007, 2, 4 ff.; im Ergebnis auch *Hopt/Roth* in Großkomm. AktG, 5. Aufl. 2015, § 93 AktG Rz. 678; *Zöllner/Noack* in Baumbach/Hueck, § 43 GmbHG Rz. 108.
3 Vgl. *Martinek* in Staudinger, § 670 BGB Rz. 14; *Hüffer/Koch*, § 84 AktG Rz. 23; *Kort* in Großkomm. AktG, 5. Aufl. 2016, § 84 AktG Rz. 407; *Mertens/Cahn* in KölnKomm. AktG, 3. Aufl. 2010, § 84 AktG Rz. 93.

der Gesellschaft gegen das Organmitglied bzw. die sonstige Führungskraft[1] und der grundsätzlichen Pflicht des zuständigen Geschäftsführungs- bzw. Aufsichtsorgans, diesen Ersatzanspruch auch durchzusetzen.[2] Die Begehung von Straftaten oder Ordnungswidrigkeiten gehört selbst dann nicht zu den Dienstpflichten, wenn der Rechtsverstoß subjektiv im Interesse der Gesellschaft oder sogar objektiv zu ihrem Nutzen erfolgt.[3] Eine andere Beurteilung kann aber dann geboten sein, wenn das Verschulden des Organmitglieds gering ist oder unklar ist, ob überhaupt ein schuldhaftes Verhalten der Gesellschaft gegenüber vorliegt.[4]

21.13a Für die Beurteilung der Frage, ob das Verhalten des betroffenen Organmitglieds ein der Gesellschaft gegenüber pflichtwidriges Verhalten darstellt, ist die **objektive Rechtslage** maßgebend. Geht es um das Verhalten des Vorstandsmitglieds einer AG, so hat der Aufsichtsrat bei der Beurteilung, ob dieses Verhaltens pflichtwidrig war, kein Ermessen.[5] Insbesondere liegt keine unternehmerische Entscheidung vor, auf welche die Grundsätze über die Business Judgment Rule (§ 93 Abs. 1 Satz 2 AktG) anwendbar wären.[6]

21.13b Von der Frage, ob eine interne Pflichtverletzung vorliegt, hängt bei der AG zugleich die Frage ab, welches Organ für die Entscheidung über eine eventuelle Kostenübernahme zuständig ist. Kommt der **Aufsichtsrat** bei seiner Prüfung zu dem Ergebnis, dass sich das Vorstandsmitglied im Verhältnis zur Gesellschaft pflichtgemäß verhalten hat, kann er anschließend selbst darüber entscheiden, ob und inwieweit die Gesellschaft die Kosten des Rechtsschutzes übernehmen will.[7] Stellt der Aufsichtsrat dagegen fest, dass im Innenverhältnis eine Pflichtverletzung vorliegt, so kann er eine Übernahme der Rechtsschutzkosten nicht wirksam beschließen. Die Zuständigkeit für diese Entscheidung liegt dann entsprechend § 93 Abs. 4 Satz 3 AktG bei der **Hauptversammlung**. Danach können nur die Aktionäre entscheiden, ob die Gesellschaft durch eine Kostenübernahme zusätzlich geschädigt werden soll. Damit soll auch verhindert werden, dass Vorstand und Aufsichtsrat kollusiv zusammenarbeiten. Der BGH hat die Zustimmung der Hauptversammlung zwar nur für die Übernahme einer Strafsanktion durch die Gesellschaft verlangt.[8] Für die Übernahme von Rechtsschutzkosten im Zusammenhang mit einem Straf- oder Bußgeldverfahren kann aber nichts Anderes gelten.[9]

21.13c Über eine Zustimmung kann die Hauptversammlung im Übrigen frühestens drei Jahre nach der Entstehung des Anspruchs beschließen. Außerdem darf dem Beschluss keine Aktionärsminderheit von 10 % des Grundkapitals widersprechen (§ 93 Abs. 4 Satz 3 AktG). Eine zeitnahe und endgültige Kostenübernahme ist damit bei einer internen Pflichtverletzung praktisch ausgeschlossen. Die Kompetenzverlagerung auf die Hauptversammlung ist allerdings nur bei der AG, KGaA und SE[10] zu beachten. Bei Gesellschaften anderer Rechtsform wie z.B. der GmbH gilt sie nicht, da bei dieser keine § 93 Abs. 4 Satz 3 AktG entsprechende Vorschrift existiert.[11]

---

1 §§ 93, 116 Satz 1 AktG; § 43 GmbHG; §§ 612, 619a BGB.
2 BGH v. 21.4.1997 – II ZR 175/95, BGHZ 135, 244 = AG 1997, 377 – ARAG/Garmenbeck.
3 *Fleischer*, WM 2005, 909, 917.
4 *Kort* in Großkomm. AktG, 5. Aufl. 2016, § 84 AktG Rz. 407.
5 Vgl. BGH v. 8.7.2014 – II ZR 174/13, NZG 2014, 1058, 1059 Rz. 17 = AG 2014, 751.
6 Vgl. BGH v. 8.7.2014 – II ZR 174/13, NZG 2014, 1058, 1059 Rz. 21 = AG 2014, 751.
7 Vgl. BGH v. 21.4.1997 – II ZR 175/95, BGHZ 135, 244 = AG 1997, 377 – ARAG/Garmenbeck; *Schmidt-Bendun*, DB 2015, 2756, 2758.
8 Vgl. BGH v. 8.7.2014 – II ZR 174/13, NZG 2014, 1058, 1060 Rz. 20 = AG 2014, 751.
9 *Hoffmann-Becking*, ZGR 2015, 618, 623; *Bunz/Küpper*, GmbHR 2015, 510, 511.
10 Einschließlich der monistischen SE; vgl. § 39, § 40 Abs. 8 SEAG.
11 *Bunz/Küpper*, GmbHR 2015, 510, 512 f., 516.

V. Anspruch auf Vorschussleistungen

Nach § 669 BGB kann der Beauftragte für die zur Ausführung des Auftrags erforderlichen Aufwendungen einen Vorschuss verlangen. Ein Anspruch auf Vorschussleistungen besteht aber nur, soweit die Gesellschaft zum Aufwendungsersatz verpflichtet ist. Dies ist – wie dargestellt – nicht der Fall, wenn es um ein Verhalten geht, das der Gesellschaft gegenüber eine Pflichtverletzung darstellt.[1] Der Gesichtspunkt eines möglicherweise pflichtwidrigen Verhaltens darf deshalb auch bei der Vorschussgewährung nicht außer Acht gelassen werden.[2]

21.14

Um diesem Gesichtspunkt Rechnung zu tragen, muss sich die Gesellschaft eine Meinung darüber bilden, ob sich der Betroffene nach den bislang bekannten Umständen ihr gegenüber pflichtgemäß verhalten hat. Sollte bereits eine abschließende Beurteilung möglich sein, muss diese der Entscheidung über die Gewährung eines Vorschusses zugrunde gelegt werden. In den meisten Fällen wird zu Beginn eines Verfahrens eine abschließende Beurteilung allerdings noch nicht möglich sein. Die Gesellschaft kann die Gewährung eines Vorschusses dann von einer **positiven Prognose** über den Ausgang des betreffenden Verfahrens abhängig machen.[3] Eine zuverlässige Prognose ist zu Beginn des Verfahrens, insbesondere bei komplexen Sachverhalten, häufig aber ebenfalls nicht möglich. In diesem Stadium werden der Betroffene und die Gesellschaft auch eher geneigt sein, die tatsächlichen und rechtlichen Gesichtspunkte zu betonen, die für ihren Standpunkt und damit für eine Entlastung des beschuldigten Organmitglieds sprechen. Eine zu kritische Einstellung wird eher als Schwächung der Position des Betroffenen und damit auch der Gesellschaft empfunden. Dies gilt insbesondere für Fälle, in denen sich die zuständige Behörde bzw. das Gericht noch kein abschließendes Bild von den maßgeblichen Umständen gemacht hat und eine negative Bewertung durch die Gesellschaft dann möglicherweise als Indiz zu Lasten des Betroffenen wertet.

21.15

Nicht sachgerecht und mit der Fürsorgepflicht der Gesellschaft nicht vereinbar wäre es allerdings, die sich daraus ergebende Unsicherheit auf die betroffene Führungskraft abzuwälzen, indem z.B. ein Vorschuss nur in eindeutigen Fällen gewährt und im Übrigen **erst nach Abschluss des Verfahrens** über eine Kostenerstattung entschieden wird. Dies würde dem Regelungsgehalt des § 669 BGB, der einen Rechtsanspruch auf Vorschuss begründet, nicht gerecht.[4] Für den Betroffenen fallen Kosten auch nicht erst am Ende des Verfahrens, sondern regelmäßig schon während des Verfahrens und auch bereits zu dessen Beginn an. So machen insbesondere Anwälte ihr Tätigwerden häufig davon abhängig, dass ihnen ein angemessener Vorschuss gezahlt wird (§ 9 RVG).

21.16

Steht zu Beginn des Verfahrens dessen Ausgang noch nicht fest, so erscheint es sachgerechter, wenn die Gesellschaft hinsichtlich der erforderlichen Aufwendungen einen Vorschuss gewährt, dies aber unter dem **Vorbehalt der Rückforderung** geschieht, falls sich bei der end-

21.17

---

1 *Krieger* in FS Bezzenberger, 2000, S. 211, 223.
2 *Krieger* in FS Bezzenberger, 2000, S. 211, 223; großzügiger z.B. *Paefgen* in Ulmer/Habersack/Löbbe, 2. Aufl., § 35 GmbHG Rz. 469.
3 *Bastuck*, Enthaftung des Managements, S. 116 ff.; *Baums*, Gutachten zum 63. Deutschen Juristentag (2000), F 236; *Fleischer*, WM 2005, 909, 915; *Krieger* in FS Bezzenberger, 2000, S. 211, 223; *Koch* in MünchHdb. CL, § 30 Rz. 62; *Scharf* in Widmaier/Müller/Schlothauer, Münchener Anwalts-Hdb. Strafverteidigung, § 43 Rz. 91.
4 Für eine Verpflichtung unter dem Gesichtspunkt der organschaftlichen Treuepflicht *Fleischer* in Spindler/Stilz, § 84 AktG Rz. 70.

gültigen Beurteilung ein pflichtwidriges Verhalten im Innenverhältnis herausstellen sollte.[1] Mit einer solchen Zusage unter Rückforderungsvorbehalt wird den Interessen beider Seiten Rechnung getragen. Der Betroffene wird zu einem Zeitpunkt entlastet, zu dem er die Mittel für den Prozess benötigt. Die Gesellschaft entspricht damit zugleich ihrer Fürsorgepflicht[2] gegenüber ihrem Organmitglied oder der sonstigen Führungskraft. Sie kann bei einer solchen frühzeitigen Unterstützung auch Einfluss auf eine sachgerechte Verteidigung nehmen, indem sie z.B. selbst einen geeigneten Rechtsanwalt aussucht und diesen unmittelbar beauftragt.

21.18 Ein einfacher Rückforderungsvorbehalt könnte bedeuten, dass die Gesellschaft bei einer späteren Rückforderung beweisen muss, dass der Betroffene seine Pflichten verletzt hat. Allerdings ist davon auszugehen, dass im Aktienrecht die Beweislastumkehr gem. § 93 Abs. 2 Satz 2 AktG zugunsten der Gesellschaft entsprechend gilt.[3] Da gegen die Analogiefähigkeit dieser Vorschrift durchaus Bedenken bestehen[4], ist der Gesellschaft aber anzuraten, mit dem Betroffenen eine schriftliche **Vereinbarung** zu treffen, wonach die Kosten nur vorläufig übernommen werden und der Betroffene sich zur Rückzahlung verpflichtet, wenn die Gesellschaft später zu der Beurteilung gelangt, dass der Betroffene seine Pflichten der Gesellschaft gegenüber verletzt hat, und der Betroffene nicht nachweist, dass er die Sorgfalt eines ordentlichen und gewissenhaften Geschäftsleiters angewendet hat.[5] Damit wird die gesetzliche Beweislastregel bestätigt. Ergänzend kann eine angemessene Verzinsung des zurückzuzahlenden Betrages vereinbart werden.[6]

21.19 Vor allem bei hohen Kosten können Zweifel bestehen, ob die spätere **Rückforderung** der übernommenen Vorleistungen erfolgreich **durchgesetzt** werden kann. Eine Verpflichtung, den Rückforderungsanspruch zu besichern, besteht allerdings nicht.[7] Gleichwohl muss die Gesellschaft bei ihrer Entscheidung auch an eine eventuelle Rückforderung denken. Dabei sind nicht nur die Vermögensverhältnisse der unterstützten Person, sondern auch die sonstigen Interessen der Gesellschaft, z.B. die Wahrung der eigenen Reputation und das Interesse an einer sachgerechten Verteidigung, sorgfältig abzuwägen. Soweit die Gesellschaft ein eigenes Interesse an der Führung des Verfahrens hat, wird schon dies in der Regel ausreichen, um die vorläufige Übernahme der Verfahrenskosten zu rechtfertigen. Bei verbleibenden Zweifeln kann die Gesellschaft den Vorschuss auch begrenzen und über die Weitergewährung nach dem jeweiligen Stand des Verfahrens neu entscheiden. Aus der Sicht des Betroffenen ist eine Zusage für das gesamte Verfahren allerdings sinnvoller.

21.20 Für die Gewährung des Vorschusses kommt neben einer unmittelbaren Kostenübernahme auch eine Erstattung der zunächst von dem Betroffenen getragenen Vertretungs- und Verfahrenskosten in Betracht. Im Bereich des öffentlichen Dienstes kann zu diesem Zweck ein zinsloses **Darlehen** gewährt werden. Voraussetzung für die Gewährung eines solchen Darlehens

---

1 Vgl. *Fleischer*, WM 2005, 909, 915; *Fleischer* in Spindler/Stilz, § 84 AktG Rz. 70; *Hoffmann-Becking*, ZGR 2015, 612, 623; *Hüffer/Koch*, § 84 AktG Rz. 23; *Krieger* in FS Bezzenberger, S. 211, 224.
2 Vgl. BGH v. 9.11.1967 – II ZR 64/67, BGHZ 49, 30, 32; BGH v. 23.9.1968 – II ZR 94/67, BGHZ 50, 378, 383; *Mertens/Cahn* in KölnKomm. AktG, 3. Aufl. 2010, § 84 AktG Rz. 93; *Krieger* in FS Bezzenberger, 2000, S. 211, 224; *Fleischer* in Spindler/Stilz, § 84 AktG Rz. 70; *Wiesner* in MünchHdb. AG, § 21 Rz. 89.
3 Vgl. BGH v. 8.7.2014 – II ZR 174/13, NZG 2014, 1058, 1061 = AG 2014, 751.
4 S. dazu die Nachweise bei *Koch* in MünchHdb. CL, § 30 Rz. 63.
5 Vgl. *Krieger* in FS Bezzenberger, 2000, S. 211, 224 f.; *Krause*, BB-Special 8/2007, 2, 8; *Lackhoff/Habbe*, NZG 2012, 616, 618.
6 Für eine entsprechende Rechtspflicht *Krieger* in FS Bezzenberger, 2000, S. 211, 225.
7 So auch *Krieger* in FS Bezzenberger, 2000, S. 211, 225; *Koch* in MünchHdb. CL, § 30 Rz. 63.

ist u.a., dass ein dienstliches Interesse an der zweckentsprechenden Rechtsverteidigung besteht. Über die Rückforderung des Darlehens oder einen Verzicht auf die Rückforderung wird nach Abschluss des Verfahrens entschieden.[1]

VI. Endgültige Kostentragung

Nach Abschluss des Zivil-, Straf- oder Ordnungswidrigkeitenverfahrens, dessen Kosten vorläufig von der Gesellschaft übernommen wurden, hat die Gesellschaft auf der Grundlage der dann vorliegenden Erkenntnisse abschließend zu prüfen, ob es bei der Kostenübernahme bleibt oder ob die vorgeschossenen Leistungen zurückgefordert werden sollen. Dabei können sehr unterschiedliche Sachverhalte zu beurteilen sein: 21.21

Endete das Verfahren zu Gunsten der betroffenen Führungskraft, wurde diese z.B. von allen strafrechtlichen Vorwürfen **freigesprochen**, sind die Vorschussleistungen regelmäßig zu Recht erfolgt. Eine Rückforderung durch die Gesellschaft scheidet dann grundsätzlich aus. Sofern noch Zahlungspflichten z.B. gegenüber den eingeschalteten Anwälten bestehen, kann der Betroffene deren Übernahme durch die Gesellschaft verlangen (§§ 670, 675 BGB). Im Einzelfall kann allerdings trotz eines Freispruchs in strafrechtlicher Hinsicht eine Pflichtverletzung im Verhältnis zur Gesellschaft vorliegen. Dies ist z.B. dann denkbar, wenn bei dem Verdacht einer Untreue gegenüber der Gesellschaft (§ 266 StGB) nur der Vorsatz nicht nachgewiesen werden kann und deshalb ein Freispruch erfolgt. Ist der objektive Untreuetatbestand durch ein rechtswidriges Verhalten verwirklicht, kann dies für die Feststellung einer zivilrechtlichen Pflichtverletzung im Innenverhältnis ausreichen, da insoweit schon der Nachweis einfacher Fahrlässigkeit genügt.[2] Beruht der strafrechtliche Freispruch dagegen auf einem Rechtfertigungs- oder Entschuldigungsgrund, kann dieser die Rechtswidrigkeit bzw. das Verschulden auch im Verhältnis zur Gesellschaft ausschließen.[3] Dies gilt etwa bei einem Rechtsirrtum, wenn der handelnde Geschäftsleiter auf einen im Vorhinein eingeholten Rechtsrat vertraut hat.[4] 21.22

Wird der Betroffene strafrechtlich **verurteilt**, steht damit in der Regel auch eine Pflichtverletzung der Gesellschaft gegenüber fest. Die Gesellschaft ist dann grundsätzlich verpflichtet, die geleisteten Vorschüsse zurückzufordern und die Übernahme etwaiger noch ausstehender Kosten abzulehnen. Darüber hinaus wird sich die Gesellschaft mit der Frage zu befassen haben, ob eigene Schadensersatzansprüche gegen den Verurteilten bestehen und inwieweit diese geltend zu machen sind. Auch hiervon kann es aber Ausnahmen geben. Eine bestimmte strafrechtliche Beurteilung stellt noch kein zwingendes Präjudiz für die zivilrechtliche Beurteilung der Rechtslage im Innenverhältnis zur Gesellschaft dar. So ist im Arbeitsrecht anerkannt, dass eine **Straftat im Ausland**, die im Inland zu keiner oder einer wesentlich gerin- 21.23

---

1 Vgl. dazu das Rundschreiben des BMI vom 1.7.1985 (GMBl. 432), geändert durch Bekanntmachung vom 22.5.1991 – vgl. Az. – (GMBl. 497) sowie durch Rundschreiben vom 29.11.1999 – D I 4–211 481/1 – (GMBl. 497), wiedergegeben bei *Scharf* in Widmaier/Müller/Schlothauer, Münchener Anwalts-Hdb. Strafverteidigung, § 43 Rz. 8; zu den Regelungen im Bereich des öffentlichen Dienstes s. auch *Rehbinder*, ZHR 148 (1984), 555, 576 Fn. 68 und *Bergwitz*, NZW 2016, 203, 205.
2 Vgl. § 43 Abs. 1 GmbHG, § 93 Abs. 1 Satz 1 AktG.
3 Vgl. *Fleischer* in Spindler/Stilz, § 84 AktG Rz. 66; *Kort* in Großkomm. AktG, 5. Aufl. 2016, § 84 AktG Rz. 407; *Mertens/Cahn* in KölnKomm. AktG, 3. Aufl. 2010, § 84 AktG Rz. 90.
4 Zu den hierbei geltenden Anforderungen BGH v. 20.9.2011 – II ZR 234/09, NJW-RR 2011, 1670, 1671 ff. = AG 2011, 876; BGH v. 28.4.2015 – II ZR 63/14, NJW-RR 2015, 988, 991 f. = AG 2015, 535.

geren Strafe geführt hätte, nicht als interne Pflichtwidrigkeit zu werten ist.[1] Solche differenzierenden Überlegungen sind auch bei Organmitgliedern angebracht.[2]

21.23a Wird ein strafrechtliches **Ermittlungsverfahren** nach § 153a StPO gegen Zahlung einer Geldauflage oder eines Bußgeldes beendet, bleibt meist offen, ob sich das betroffene Organmitglied rechtswidrig und schuldhaft verhalten hat. Die Gesellschaft muss diese Frage dann selbst entscheiden. Bei dieser Meinungsbildung steht dem Aufsichtsrat einer AG allenfalls ein begrenzter Beurteilungsspielraum zu.[3] Um die objektive Rechtslage (s. Rz. 21.13a) zu klären, kann es angebracht sein, externen Rechtsrat einzuholen. Dabei spielt es keine Rolle, ob das betroffene Organmitglied der Einstellung des Verfahrens aus eigenem Interesse oder im Interesse der Gesellschaft zugestimmt hat. Die Zustimmung zur Verfahrensbeendigung stellt auch im zweiten Fall keine vermögenswerte Leistung zugunsten der Gesellschaft dar, durch welche der durch die Übernahme der Rechtsschutzkosten entstehende Schaden ganz oder teilweise kompensiert würde.[4]

21.24 Die vorstehend beschriebenen Grundsätze gelten auch dann, wenn sich ein Organmitglied im Zusammenhang mit seinen dienstlichen Aufgaben einem **Dritten** gegenüber pflichtwidrig verhalten hat. Gehört z.B. das Vorstandsmitglied einer AG zugleich dem Aufsichtsrat einer Tochtergesellschaft an und verletzt es dort seine Amtspflichten dieser gegenüber, so verletzt es damit in der Regel auch seine Sorgfaltspflichten gegenüber der eigenen Gesellschaft.[5]

21.25 Steht nach den abschließenden Erkenntnissen fest, dass im Innenverhältnis ein **pflichtwidriges Verhalten** vorliegt, stellt sich die Frage, ob die Gesellschaft unter Umständen dennoch berechtigt ist, die Kosten des Verfahrens zu übernehmen bzw. davon abzusehen, die bereits geleisteten Vorschüsse zurückzuverlangen. Dies ist aber nur ausnahmsweise der Fall. Die für die Gesellschaft entscheidenden Organe, insbesondere der Aufsichtsrat, sind verpflichtet, den Vorteil der Gesellschaft zu wahren und Nachteile von ihr abzuwenden (vgl. §§ 93, 116 Satz 1 AktG).[6] Ersatzansprüche der Gesellschaft sind deshalb grundsätzlich durchzusetzen.[7] Nach der Mannesmann-Entscheidung kommt es zusätzlich darauf an, ob der Gesellschaft bei einer freiwilligen Zahlung gleichzeitig Vorteile zufließen, die in einem angemessenen Verhältnis zu der mit der Zahlung verbundenen Minderung des Gesellschaftsvermögens stehen.[8] Liegt kein entsprechender zukunftsbezogener Nutzen vor, kann der objektive Tatbestand der Untreue (§ 266 StGB) erfüllt sein.

---

[1] BAG v. 11.8.1988 – 8 AZR 721/85, AP Nr. 7 zu § 611 BGB Gefährdungshaftung = NJW 1989, 316 zu einem Verkehrsunfall auf der Transitautobahn in der DDR; *Griese* in Küttner, Personalbuch, 23. Aufl. 2016, Aufwendungsersatz Rz. 21.

[2] Vgl. *Bastuck*, Enthaftung des Managements, S. 132; *Mertens/Cahn* in KölnKomm. AktG, 3. Aufl. 2010, § 84 AktG Rz. 92; *Fleischer*, WM 2005, 909, 917.

[3] BGH v. 8.7.2014 – II ZR 174/13, NZG 2014, 1058, 1060 Rz. 21 = AG 2014, 751.

[4] BGH v. 8.7.2014 – II ZR 174/13, NZG 2014, 1058, 1060 Rz. 24 = AG 2014, 751; krit. dazu *Hoffmann-Becking*, ZGR 2015, 619, 627 ff.; *Maier-Reimer*, EWiR 19/2014, 609, 610.

[5] Vgl. *Fleischer*, WM 2005, 909, 917; *Fleischer* in Spindler/Stilz, § 84 AktG Rz. 66.

[6] BGH v. 21.4.1997 – II ZR 175/95, ZIP 1997, 883, 885 f. = AG 1997, 377 – ARAG/Garmenbeck; BGH v. 21.12.2005 – 3 StR 470/04, ZIP 2006, 72, 73 = AG 2006, 110 – Mannesmann.

[7] Vgl. BGH v. 21.4.1997 – II ZR 175/95, ZIP 1997, 883, 886 = AG 1997, 377 – ARAG/Garmenbeck.

[8] BGH v. 21.12.2005 – 3StR 470/04, ZIP 2006, 72, 74 = AG 2006, 110; diese einfache Schaden-Nutzen-Betrachtung widerspricht allerdings der Business Judgment Rule des § 93 Abs. 1 Satz 2 AktG.

Nach diesen Vorgaben muss die Gesellschaft sorgfältig alle Umstände prüfen, wenn sie trotz interner Pflichtwidrigkeit die Verfahrenskosten übernehmen bzw. **auf die Rückforderung** ihrer Vorschüsse **verzichten** will.[1] Motive dafür können sein, dass die Gesellschaft ihrer Schutzpflicht gegenüber der eigenen Führungsmannschaft nachkommen will[2], ein besonderes Interesse daran hat, die betreffende Führungskraft zu halten, die Rechtslage bis zum Ausgang des Prozesses unklar war, im Verhältnis zur Gesellschaft nur eine geringe Schuld vorliegt oder endlich Rechtsfrieden einkehren soll.

21.26

Bleibt zweifelhaft, ob die Kostenübernahme trotz interner Pflichtverletzung hinreichend gerechtfertigt ist, kann dazu bei einer **GmbH** die Zustimmung der Gesellschafterversammlung eingeholt werden. Die Gesellschafter der GmbH sind bei ihrer Entscheidung nicht gebunden; sie können jedenfalls über das nicht nach § 30 GmbHG gebundene Gesellschaftsvermögen frei verfügen.[3] Bei der **AG** ist zu berücksichtigen, dass die Entscheidung über eine Kostenübernahme bzw. -erstattung bei pflichtwidrigen Verhalten eines Organmitglieds zwingend an die Zustimmung der Hauptversammlung gebunden ist (§ 93 Abs. 4 Satz 3 AktG analog; s. dazu Rz. 21.13b f.). Vorstand und Aufsichtsrat müssten dieser einen entsprechenden Beschlussvorschlag unterbreiten, wobei dieser Vorschlag unter die Business Judgment Rule fallen würde (§ 93 Abs. 1 Satz 2 AktG).[4] Die Hauptversammlung kann dann frei entscheiden. Bei einer Publikumsgesellschaft wird der Weg über die Hauptversammlung allerdings schon wegen der damit verbundenen Publizität kaum in Betracht kommen. Zu berücksichtigen ist außerdem, dass ein zustimmender Beschluss der Hauptversammlung erst drei Jahre nach der Entstehung des Anspruchs gefasst werden kann (§ 93 Abs. 4 Satz 3 AktG). Diese Sperrfrist soll sicherstellen, dass eine Entscheidung erst getroffen wird, wenn sich das Ausmaß der Verfehlungen und des Schadens überblicken lässt.[5] Eine schnelle Klärung ist damit auf diesem Wege nicht möglich.[6]

21.27

VII. Freistellungszusage im Anstellungsvertrag

Soweit das Organmitglied oder der Mitarbeiter einen gesetzlichen Anspruch auf Kostenerstattung hat, kann ihm die Gesellschaft die Erstattung, auch wenn dies rechtlich nicht erforderlich ist, im Voraus **zusagen**. Eine entsprechende Zusage kann bereits im Anstellungsvertrag oder einer internen Richtlinie enthalten sein; sie wird dort aber nur sehr allgemein formuliert sein können. Eine solche Zusage sollte mit der Einschränkung versehen sein, dass Verfahrenskosten endgültig nur in solchen Fällen übernommen werden, bei denen im Innenverhältnis kein der Gesellschaft gegenüber pflichtwidriges Verhalten des Begünstigten vorliegt. Erweist sich später im konkreten Falle, dass diese Voraussetzung nicht erfüllt ist, kann die Kostenübernahme allein schon mit Verweis auf diese Regelung abgelehnt werden. Bei unklarer Sach- und Rechtslage kann auf der Grundlage einer solchen Zusage ein Vorschuss gewährt werden, der dann allerdings unter den Vorbehalt einer Rückforderung gestellt werden sollte,

21.28

---

1 Zurückhaltend auch *Krieger* in FS Bezzenberger, 2000, S. 211, 222.
2 S. dazu *Scharf* in Widmaier/Müller/Schlothauer, Münchener Anwalts-Hdb. Strafverteidigung, § 43 Rz. 96.
3 Vgl. *Bunz/Küpper*, GmbHR 2015, 510, 513.
4 *Fleischer* in Spindler/Stilz, § 93 AktG Rz. 278; *Hüffer/Koch*, § 93 AktG Rz. 76; *Krieger/Sailer-Coceani* in K. Schmidt/Lutter, § 93 AktG Rz. 67.
5 *Mertens/Cahn* in KölnKomm. AktG, 3. Aufl. 2010, § 93 AktG Rz. 164; *Spindler* in MünchKomm. AktG, 4. Aufl. 2014, § 93 AktG Rz. 251.
6 *Schmidt-Bendun*, DB 2014, 2756, 2758; *Mohamed*, CCZ 2015, 111, 118; *Talaska*, AG 2015, 118, 121 (Steuerjournal).

falls die Gesellschaft später zu der Beurteilung gelangt, dass der Betroffene seine Pflichten der Gesellschaft gegenüber verletzt hat, und der Betroffene nicht nachweist, dass er die Sorgfalt eines ordentlichen und gewissenhaften Geschäftsleiters angewendet hat (s. Rz. 21.17 ff.).

21.29 Ist die Zusage weiter gefasst, erfasst sie insbesondere auch den Fall der internen Pflichtwidrigkeit, muss sie einschränkend ausgelegt werden. Ist dies nicht möglich, so ist die Zusage, soweit sie den Fall eines pflichtwidrigen Verhaltens einschließt, nach §§ 134, 138 BGB nichtig.[1]

VIII. Umfang der Kostenübernahme

21.30 Was den Umfang der Kostenerstattung angeht, darf die Gesellschaft nur solche Kosten übernehmen, die tatsächlich angefallen sind und dem Organmitglied zu Recht auferlegt wurden. Dazu gehört, dass die Auslagen jeweils ordnungsgemäß zu **belegen** sind.[2] Ein pauschaler Aufwendungsersatz kommt bei der Übernahme von genau zu berechnenden Verfahrenskosten nicht in Betracht.

21.31 Soweit Rechtsanwälte eingeschaltet sind, sind nicht nur die gesetzlichen Gebühren, sondern auch die freiwillig vereinbarten Gebühren erstattungsfähig.[3] Diese müssen nach den geltenden Grundsätzen substantiiert belegt werden. Das BAG hat bislang zwar nur die gesetzlichen Gebühren als erforderliche Kosten der Verteidigung anerkannt. Eine darüber hinausgehende **Honorarvereinbarung** sei nur dann i.S. des § 670 BGB erforderlich, wenn auf der Grundlage der gesetzlichen Gebühren keine anwaltliche Hilfe zu erlangen sei.[4] Insbesondere bei komplexen wirtschafts(straf)rechtlichen Mandaten sind Honorarvereinbarungen inzwischen aber üblich. Das ist auch in der Sache gerechtfertigt. Denn soweit das Organmitglied auf Rechtsberatung angewiesen ist, steht für die Sicherstellung einer sachgerechten Beratung häufig nicht nur die Frage im Mittelpunkt, ob überhaupt anwaltliche Hilfe zu erlangen ist, sondern auch die nach der beruflichen Qualifikation des Anwalts und seiner Sozietät im Einzelfall – ausgewiesen etwa durch Fachanwaltstitel, Publikationen, Teamstärke, Erfahrungen aus ähnlich gelagerten Fällen sowie persönliche und öffentliche Empfehlungen. Je komplexer, spezieller und dringender sich die erforderliche Beratung gestaltet, desto weniger wahrscheinlich wird es sein, dass das Organmitglied allein durch Mandatierung eines beliebigen einzelnen Anwalts zum gesetzlichen Gebührensatz sachgerechte Unterstützung erhalten wird. Eine qualifizierte anwaltliche Vertretung zu den gesetzlichen Gebühren wird gerade bei schwierigen und umfangreichen Verfahren kaum zu erlangen sein.[5] Dies gilt umso mehr, als der Gesetzgeber den Abschluss von Vergütungsvereinbarungen generell erleichtert hat (vgl. § 4 RVG).

---

1 *Fleischer*, WM 2005, 909, 916; *Fleischer* in Spindler/Stilz, § 84 AktG Rz. 71 f.; *Spindler* in MünchKomm. AktG, 4. Aufl. 2014, § 84 AktG Rz. 98; *Mertens/Cahn* in KölnKomm. AktG, 3. Aufl. 2010, § 84 AktG Rz. 95; *Rehbinder*, ZHR 148 (1984), 555, 572.
2 *Fleischer* in Spindler/Stilz, § 84 AktG Rz. 64; *Hüffer/Koch*, § 113 AktG Rz. 2d; OLG Karlsruhe v. 3.10.1961 – 6 U 36/59, GmbHR 1962, 135; vgl. auch BGH v. 28.10.2002 – XII ZR 353/00, NJW 2003, 431, 432.
3 *Hüffer/Koch*, § 84 AktG Rz. 23; *Fleischer*, WM 2005, 909, 915; *Scharf* in Widmaier/Müller/Schlothauer, Münchener Anwalts-Hdb. Strafverteidigung, § 43 Rz. 55; wohl auch *Uwe H. Schneider/Hohenstatt* in Scholz, § 35 GmbHG Rz. 377; abl. BAG v. 16.3.1995 – 8 AZR 260/94, NJW 1995, 2372 und *Bastuck*, Enthaftung des Managements, S. 142 mit Fn. 353.
4 BAG v. 16.3.1995 – 8 AZR 260/94, NJW 1995, 2372, 2373.
5 *Hüffer/Koch*, § 84 AktG Rz. 23; *Koch* in MünchHdb. CL, § 30 Rz. 61; *Scharf* in Widmaier/Müller/Schlothauer, Münchener Anwalts-Hdb. Strafverteidigung, § 43 Rz. 55; s. auch BGH v. 18.6.2013 – II ZR 86/11, NZG 2013, 1021, 1023 Rz. 29 = GmbHR 2013, 1044.

C. Erstattung von Geldstrafen, Geldauflagen und Bußgeldern

I. Grundsätze des Auftragsrechts

Ist ein Organmitglied oder eine sonstige Führungskraft eines Wirtschaftsunternehmens in einem Strafverfahren im Zusammenhang mit der beruflichen Tätigkeit zu einer Geldstrafe verurteilt worden, stellt sich die Frage, ob die Gesellschaft verpflichtet oder zumindest berechtigt ist, diese Geldstrafe zu erstatten. Die gleiche Frage ergibt sich bei der Verhängung eines Bußgeldes oder der Einstellung eines Strafverfahrens gegen Geldauflage. Ob und unter welchen Voraussetzungen ein Erstattungsanspruch anzunehmen ist, beurteilt sich wie die Erstattung von Verfahrenskosten nach den Grundsätzen des Auftragsrechts. Zu den Risiken der beruflichen Tätigkeit gehört nicht nur, dass ein Straf- oder Ordnungswidrigkeitenverfahren im Zusammenhang mit einer geschäftlichen Tätigkeit durchgeführt wird, sondern auch, dass ein solches Verfahren unter Umständen zu einer Strafe oder einer sonstigen finanziellen Sanktion führt. Es liegt deshalb nahe, eine Verpflichtung der Gesellschaft zur Erstattung derartiger Aufwendungen gem. §§ 670, 675 BGB anzunehmen. In diesem Sinne hat das BAG festgestellt, dass ein Mitarbeiter nach den allgemeinen zivilrechtlichen Regeln einen Anspruch auf Erstattung einer von ihm bezahlten Geldstrafe oder eines Bußgeldes haben kann.[1]

21.32

II. Anspruch auf Erstattung

Ist eine Geldstrafe oder ein Bußgeld verhängt worden, steht damit im Regelfall allerdings fest, dass der Betroffene nicht nur gegen bestimmte Rechtsvorschriften verstoßen, sondern zugleich eine **Pflichtverletzung gegenüber seiner Gesellschaft** begangen hat. Zu den Pflichten eines Organmitglieds oder leitenden Mitarbeiters gegenüber der Gesellschaft gehört es, dass er die Geschäfte der Gesellschaft im Einklang mit Recht und Gesetz führt.[2] Wird ein bestimmtes Verhalten von der Rechtsordnung missbilligt, so bedeutet dies in der Regel, dass der Täter der Gesellschaft gegenüber zum Schadensersatz verpflichtet ist.[3] Dieser Ersatzpflicht würde es widersprechen, wenn die Gesellschaft ihrerseits verpflichtet wäre, die finanziellen Folgen eines derartigen Verhaltens zu übernehmen. Eine Pflicht zum Aufwendungsersatz besteht nach § 670 BGB nur bei sog. Zufallsschäden und ist ausgeschlossen, wenn der Schaden auf einem eigenen Verschulden des Beauftragten beruht.[4] Ein Anspruch gegen die Gesellschaft auf Erstattung einer Geldstrafe oder Geldbuße ist daher grundsätzlich zu verneinen.[5]

21.33

---

1 Vgl. BAG v. 25.1.2001 – 8 AZR 465/00, NZA 2001, 653, 654; abl. Vorinstanz LAG Hamm v. 5.4.2000 – 10 (16) Sa 1012/99 S. 8.
2 *Mertens/Cahn* in KölnKomm. AktG, 3. Aufl. 2010, § 93 AktG Rz. 71; *Lutter/Krieger/Verse*, Rechte und Pflichten des Aufsichtsrats, Rz. 74 f.; *Kapp*, NJW 1992, 2796, 2798; *Krieger* in FS Bezzenberger, 2000, S. 211, 215; *Fleischer*, WM 2005, 909, 916; *Fleischer* in Spindler/Stilz, § 84 AktG Rz. 66; vgl. auch Ziff. 4.1.3 DCGK.
3 §§ 43 Abs. 2, 93 Abs. 2, 116 Satz 1 AktG.
4 Vgl. zum Mitverschulden BAG v. 27.1.2000 – 8 AZR 876/98, NZA 2000, 727.
5 *Mertens/Cahn* in KölnKomm. AktG, 3. Aufl. 2010, § 84 AktG Rz. 91, 94; *Wiesner* in MünchHdb. AG, § 21 Rz. 89; *Fleischer* in Spindler/Stilz, § 84 AktG Rz. 67; *Kort* in Großkomm. AktG, 5. Aufl. 2016, § 84 AktG Rz. 402; *Spindler* in MünchKomm. AktG, 4. Aufl. 2014, § 84 AktG Rz. 98; *Rehbinder*, ZHR 148 (1984), 555, 572 f.; *Scharf* in Widmaier/Müller/Schlothauer, Münchener AnwaltsHdb. Strafverteidigung, § 43 Rz. 44 ff.; *Zimmermann*, DB 2008, 687, 691; ebenso zum Arbeitsrecht LAG Hamm v. 30.7.1991 – 19 (14) Sa 1824/89, NJW 1991, 861.

21.34 Die **Verurteilung** in einem Straf- oder Ordnungswidrigkeitenverfahren stellt für die Frage der Erstattungspflicht im Innenverhältnis allerdings nur einen ersten Anhaltspunkt dar.[1] Die Gesellschaft hat selbständig zu prüfen, ob zivilrechtlich eine Erstattungspflicht besteht. Der Ausgang des strafrechtlichen oder Ordnungswidrigkeitenverfahrens ist dafür grundsätzlich **nicht bindend**.[2] Die Gesellschaft kann bei der zivilrechtlichen Prüfung durchaus zu einer anderen Auffassung gelangen, einschließlich der Überzeugung, dass die Auferlegung der Geldstrafe oder Geldbuße unberechtigt war.[3] In der Regel wird aber einer strafrechtlichen Verantwortung im Außenverhältnis eine zivilrechtliche Pflichtverletzung im Innenverhältnis entsprechen.[4] Dies gilt insbesondere bei rechtskräftiger Verurteilung des Organmitglieds wegen eines zulasten der Gesellschaft begangenen Vermögensdelikts. Bei der AG, SE und KGaA ist die Erstattung einer Geldstrafe oder Geldbuße zugunsten eines Organmitglieds dann nur mit Zustimmung der Hauptversammlung zulässig (§ 93 Abs. 4 Satz 3 AktG; s. Rz. 21.13b f.).

21.35 Eine vom Strafrecht abweichende Beurteilung kann z.B. dann angebracht sein, wenn ein Organmitglied bei **unklarer Rechtslage** einen vertretbaren, für die Gesellschaft günstigen Standpunkt eingenommen hat. Erfolgt dann eine Verurteilung, kann die Erstattung der Strafe geboten sein.[5] Ein Erstattungsanspruch kann auch bei einer Verurteilung im **Ausland** gegeben sein, wenn das Verhalten normalerweise ungeahndet geblieben wäre[6] oder wenn die Strafe im Verhältnis zum inländischen Recht völlig unverhältnismäßig ist.[7]

21.36 Ein Erstattungsanspruch kann sodann bei **Geldbußen** in Betracht kommen, die unabhängig von einem Verschulden oder nur auf Grund von Verschuldensvermutungen verhängt worden sind. Solche Geldbußen hat die Gesellschaft zu erstatten, wenn das Organmitglied bzw. der Mitarbeiter mit der geforderten Sorgfalt gehandelt hat.[8]

21.37 Eine Pflicht zur Erstattung kommt auch bei **Geldauflagen** im Falle einer Einstellung des Strafverfahrens nach § 153a StPO in Betracht. In solchen Fällen der Verfahrensbeendigung ist kein strafbares Verhalten festgestellt. Jedenfalls fehlt es an einer schweren Schuld. Die Annahme einer Erstattungspflicht wird deshalb eher möglich sein als bei einer Geldstrafe oder Geldbuße.[9]

21.38 Soweit danach ausnahmsweise ein Anspruch auf Erstattung einer Geldstrafe oder Geldbuße besteht, erfüllt dies aus strafrechtlicher Sicht nicht den Tatbestand der **Begünstigung** (§ 257

---

1 *Hüffer/Koch*, § 84 AktG Rz. 23; *Koch* in MünchHdb. CL, § 30 Rz. 56; *Zimmer*, BB-Special 8/2007, 1 und *Krause*, BB-Special 8/2007, 2, 5 f.
2 *Krieger* in FS Bezzenberger, 2000, S. 211, 215; *Mertens/Cahn* in KölnKomm. AktG, 3. Aufl. 2010, § 84 AktG Rz. 92.
3 *Krieger* in FS Bezzenberger, 2000, S. 211, 215.
4 *Koch* in MünchHdb. CL, § 30 Rz. 56; *Tröger*, ZHR 179 (2015), 453, 457.
5 *Mertens/Cahn* in KölnKomm. AktG, 3. Aufl. 2010, § 84 AktG Rz. 92; *Bastuck*, Enthaftung des Managements, S. 137; *Krieger* in FS Bezzenberger, 2000, S. 211, 215; vgl. auch *Thümmel*, Persönliche Haftung von Managern und Aufsichtsräten, 5. Aufl. 2016, Rz. 366.
6 *Mertens/Cahn* in KölnKomm. AktG, 3. Aufl. 2010, § 93 AktG Rz. 73; *Mertens* in Hachenburg, § 43 GmbHG Rz. 21; *Krieger* in FS Bezzenberger, 2000, S. 211, 216.
7 Vgl. BAG v. 11.8.1988 – 8 AZR 721/85, AP Nr. 7 zu § 611 Gefährdungshaftung zu einem Verkehrsunfall auf der Transitautobahn in der früheren DDR.
8 *Bastuck*, Enthaftung des Managements, S. 133; *Krieger* in FS Bezzenberger, 2000, S. 211, 215.
9 Vgl. dazu auch *Scharf* in Widmaier/Müller/Schlothauer, Münchener Anwalts-Hdb. Strafverteidigung, § 43 Rz. 49., der einem Erstattungsanspruch allerdings skeptisch gegenüber steht.

StGB) oder **Strafvereitelung** (§ 258 Abs. 2 StGB).[1] Eine Strafbarkeit unter dem Gesichtspunkt der Untreue (§ 266 StGB) scheidet bei Bestehen eines Erstattungsanspruchs ohnehin aus, weil der Gesellschaft aus der Erfüllung ihrer Pflichten kein Nachteil entsteht.

III. Freiwillige Erstattung

Auch wenn die Gesellschaft nicht verpflichtet ist, eine Geldstrafe, Geldbuße oder Geldauflage zu erstatten, bleibt die Frage, ob sie diese freiwillig erstatten darf. Soweit es darum geht, ob die Gesellschaft einem Organmitglied oder Mitarbeiter **im Voraus** die Übernahme einer solchen Strafe zusagen darf, besteht weitgehend Einigkeit, dass derartige Zusagen **unzulässig** sind.[2] Im Aktienrecht wird die Unwirksamkeit solcher Zusagen teilweise aus § 93 Abs. 4 AktG hergeleitet.[3] Sie sind jedenfalls nach § 138 BGB nichtig, weil damit der Präventionszweck des Straf- und Ordnungswidrigkeitenrechts unterlaufen würde.[4] Dieser Gesichtspunkt spielt allerdings keine Rolle, wenn eine entsprechende Zusage erst **nachträglich**, insbesondere nach einer Verurteilung, abgegeben wird. Solche nachträglichen Erstattungszusagen sind daher vom Grundsatz her zulässig.[5] Sie sind z.B. dann möglich, wenn es sich um eine Ordnungswidrigkeit handelt, die lediglich fahrlässig begangen wurde.[6]

21.39

Soweit bei der Verurteilung zu einer Geldstrafe zugleich eine Pflichtverletzung im Verhältnis zur Gesellschaft feststeht, ist für die nachträgliche Übernahme einer solchen Strafe bei den Mitgliedern von Vorstand und Aufsichtsrat einer AG die Vorschrift des **§ 93 Abs. 4 Satz 3 AktG** entsprechend anzuwenden (s. Rz. 21.13b f.). Es gelten somit dieselben Grundsätze wie bei einer Übernahme der Rechtsschutzkosten. Die Erstattung bedarf danach der Zustimmung der Hauptversammlung, wobei diese erst nach einer Sperrfrist von drei Jahren erteilt werden darf. Dem Zustimmungsbeschluss der Hauptversammlung darf außerdem keine Aktionärsminderheit von mindestens 10 % des Grundkapitals widersprechen. Diese Einschränkungen

21.40

---

1 BGH v. 7.11.1990 – 2 StR 439/90, NJW 1991, 990, 992; BAG v. 25.1.2001 – 8 AZR 465/00, NZA 2001, 653, 654; *Scharf* in Widmaier/Müller/Schlothauer, Münchener Anwalts-Hdb. Strafverteidigung, § 43 Rz. 42, 59.
2 *Bastuck*, Enthaftung des Managements, S. 136; *Fleischer*, WM 2005, 909, 916; *Fleischer* in Spindler/Stilz, § 84 AktG Rz. 72; *Kort* in Großkomm. AktG, 5. Aufl. 2016, § 84 AktG Rz. 408 f.; *Seibt* in K. Schmidt/Lutter, § 84 AktG Rz. 34; *Spindler* in MünchKomm. AktG, 4. Aufl. 2014, § 84 AktG Rz. 87; *Langhein* in MünchKomm. HGB, § 110 HGB Rz. 23; vgl. auch *Kapp*, NJW 1992, 2796, 2797 f.; *Holly/Friedhofen*, NZA 1992, 145, 149; LAG Hamm v. 5.4.2000 – 10 (16) Sa 1012/99 S. 8; LAG Schleswig-Holstein v. 30.3.2000 – 4 Sa 450/99, BB 2000, 1736, 1737; differenzierend *Scharf* in Widmaier/Müller/Schlothauer, Münchener Anwalts-Hdb. Strafverteidigung, § 43 Rz. 61.
3 *Wiesner* in MünchHdb. AG, § 21 Rz. 89; *Rehbinder*, ZHR 148 (1984), 555, 572 f.; *Kapp*, NJW 1992, 2796, 2798; *Krieger* in FS Bezzenberger, 2000, S. 211, 220; *Fleischer*, WM 2005, 909, 916.
4 S. dazu insbesondere *Kapp*, NJW 1992, 2796, 2797 f. und *Holly/Friedhofen*, NZA 1992, 145, 149.
5 *Bastuck*, Enthaftung des Managements, S. 136; *Fleischer* in Spindler/Stilz, § 84 AktG Rz. 72; *Spindler* in MünchKomm. AktG, 4. Aufl. 2014, § 84 AktG Rz. 98; *Langhein* in MünchKomm. HGB, § 110 HGB Rz. 23; *Uwe H. Schneider/Hohenstatt* in Scholz, § 35 GmbHG Rz. 378; *Scharf* in Widmaier/Müller/Schlothauer, Münchener Anwalts-Hdb. Strafverteidigung, § 43 Rz. 60 f.; *Hasselbach/Seibel*, GmbHR 2009, 354, 358.
6 Vgl. *Wiesner* in MünchHdb. AG, § 21 Rz. 89; *Kort* in Großkomm. AktG, 5. Aufl. 2016, § 84 AktG Rz. 405; *Uwe H. Schneider/Hohenstatt* in Scholz, § 35 GmbHG Rz. 378; *Bastuck*, Enthaftung des Managements, S. 138 ff.; a.A. *Fleischer*, WM 2005, 909, 917.

gelten allerdings nur, wenn Organmitglieder betroffen sind und nicht auch dann, wenn es um die Übernahme einer Strafe zugunsten sonstiger Mitarbeiter oder Führungskräfte geht.

21.41 Geht es um die Erstattung einer Geldstrafe gegenüber einem **Mitarbeiter** unterhalb der Organebene, liegt die Zuständigkeit dafür bei der Geschäftsleitung bzw. der Personalabteilung. Diese hat sorgfältig zu prüfen, ob die Erstattung der Geldstrafe im Interesse des Unternehmens liegt.[1] Ob die Erstattung zulässig ist, hängt dabei wie bei den Organmitgliedern einer AG zunächst davon ab, ob der Strafe ein der Gesellschaft gegenüber pflichtwidriges Verhalten zugrunde liegt.[2] Daneben sind aber auch die Schwere der Schuld und die Höhe des Schadens[3] sowie ergänzend zu berücksichtigen, ob der Ursprung des Strafbarkeitsrisikos im betrieblichen Handeln des Mitarbeiters zu suchen ist. Ist dies der Fall, so wäre es unbillig, dieses Risiko allein dem Mitarbeiter zuzuweisen. Da der Gesellschaft die Vorteile der Geschäftstätigkeit zufließen, muss sie grundsätzlich auch deren Risiken übernehmen.[4] Ebenfalls um Mitarbeiter unterhalb der Organebene handelt es sich bei den **geschäftsführenden Direktoren** eine monistischen SE.[5] Gem. § 40 Abs. 8 SEAG gilt für sie § 93 Abs. 4 Satz 3 AktG jedoch entsprechend.

21.42 In strafrechtlicher Hinsicht stellt die freiwillige Erstattung einer Geldstrafe zwar keine **Begünstigung** oder **Strafvereitelung** (§§ 257, 258 Abs. 2 StGB) dar.[6] Es bleibt aber das Vorliegen einer Untreue (§ 266 StGB) zu prüfen. So hat der BGH in einem Fall, in dem die Mitarbeiter eines Abwasserverbandes wegen vorsätzlicher Gewässerverunreinigung zu einer Geldstrafe verurteilt wurden, die Erstattung der Geldstrafe durch den Verband als **Untreue** gewertet.[7] Solche Zahlungen gehörten nicht zu den Aufgaben des Verbandes und ließen sich auch nicht mit dem Gesichtspunkt der Fürsorgepflicht rechtfertigen. Bei der Erstattung einer Geldstrafe durch ein Wirtschaftsunternehmen sind ähnliche Überlegungen anzustellen. Da es sich bei der Erstattung um eine freiwillige Zuwendung handelt, liegt diese nur dann im Unternehmensinteresse, wenn mit der Zahlung ein angemessener zukunftsbezogener Nutzen für das Unternehmen verbunden ist.[8] Ein solcher Nutzen kann ähnlich wie bei den Überlegungen zur zivilrechtlichen Zulässigkeit z.B. dann vorliegen, wenn die Erstattung nach den Umständen des Falles notwendig ist, um die Gesellschaft aus den negativen Schlagzeilen zu bringen und nach innen und außen Rechtsfrieden herzustellen.

---

1 Deutlich strenger in Bezug auf Mitarbeiter einer öffentlich-rechtlichen Körperschaft BGH v. 7.11.1990 – II StR 439/90, NJW 1990, 990, 991 (Erstattung einer Geldstrafe in keinem Fall statthaft); zur Nichtübertragbarkeit der dortigen Grundsätze auf privatwirtschaftliche Unternehmen *Hoffmann/Wißmann*, StV 2001, 249, 250; *Horrer/Patzschke*, CCZ 2013, 94, 96 f.; *Kahlenberg/Schwinn*, CCZ 2012, 81, 85.
2 Zu restriktiv jedoch *Hoffmann/Wißmann*, StV 2001, 249, 251 (Erstattung bei Straftat zum Nachteil des Unternehmens liegt nie im Unternehmensinteresse); zu weitgehend andererseits *Horrer/Patzschke*, CCZ 2013, 94, 97 f. (zwingender Zusammenhang „nur in Extremfällen").
3 *Bastuck*, Enthaftung des Managements, S. 139.
4 Vgl. weitergehend *Scharf* in Widmaier/Müller/Schlothauer, Münchener Anwalts-Hdb. Strafverteidigung, § 43 Rz. 82, der die Übernahme von Geldstrafen, Geldbußen, Geldauflagen und Verteidigungskosten den zulässigen freiwilligen Sozialausgaben gleichstellt.
5 *Siems* in KölnKomm. AktG, 3. Aufl. 2010, Anh. Art. 51 SE-VO § 40 SEAG Rz. 7; *Verse* in Habersack/Drinhausen, 2. Aufl. 2016, § 40 SEAG Rz. 6.
6 BGH v. 8.7.2014 – II ZR 174/13, NZG 2014, 1058, 1059 Rz. 12 = AG 2014, 751; BGH v. 25.9.1990 – 5 StR 278/90, NJW 1991, 990, 992; BGH v. 6.4.1964 – II ZR 11/62, NJW 1964, 1270, 1272; BAG v. 25.1.2001 – 8 AZR 465/00, NZA 2001, 653, 654; *Krieger* in FS Bezzenberger, 2000, S. 211, 216; *Koch* in MünchHdb. CL, § 30 Rz. 56.
7 BGH v. 25.9.1990 – 5 StR 278/90, NJW 1991, 990, 991.
8 BGH v. 21.12.2005 – 3 StR 470/04, ZIP 2006, 72, 74 = AG 2006, 110 – Mannesmann.

In **steuerlicher** Hinsicht stellt die Übernahme von Bußgeldern usw. durch die Gesellschaft bei dem Begünstigten grundsätzlich eine lohnsteuerpflichtige Einnahme dar.[1] Etwas Anderes gilt nur, wenn der Zahlung ein ganz überwiegendes eigenbetriebliches Interesse des Unternehmens zugrunde liegt.[2] Ob die Zahlungen bei der Gesellschaft abzugsfähig sind, ist umstritten.[3]

21.43

IV. Angemessene Entschädigung

Da ein langwieriges Strafverfahren gegen ein Organmitglied für die mit betroffene Gesellschaft eine starke Belastung darstellen kann, wird die Gesellschaft daran interessiert sein, dass das betroffene Organmitglied bereit ist, eine Einstellung des Verfahrens gegen eine – unter Umständen auch hohe – **Geldauflage** oder sogar einen **Strafbefehl** zu **akzeptieren**. Ebenso kann Interesse daran bestehen, dass das Organmitglied eine Verurteilung hinnimmt und auf ein mögliches **Rechtsmittel verzichtet**. In diesen Fällen stellt sich die Frage, ob die Gesellschaft dem Betroffenen für seine Bereitschaft zusätzlich zur Übernahme der Verteidigungskosten und der verhängten Geldstrafe eine angemessene Entschädigung zahlen darf.

21.44

Eine entsprechende Zusage könnte nach § 138 BGB **sittenwidrig** und damit nichtig sein. Nach der älteren Rechtsprechung ist allerdings eine Vereinbarung über die Nichterstattung oder Rücknahme einer Strafanzeige nicht ohne weiteres sittenwidrig.[4] Das Gleiche gilt für den Verzicht auf die Rücknahme eines Rechtsmittels gegen einen Kraftwerksbau.[5] Die Grenze zur Sittenwidrigkeit ist danach erst dann überschritten, wenn durch solche Vereinbarungen bestimmte persönliche Rechtspositionen kommerzialisiert werden.[6] Dies ist bei der Zusage einer angemessenen Entschädigung für den Fall der Akzeptanz einer bestimmten Entscheidung sicher nicht der Fall, soweit es dabei nur um einen Nachteilsausgleich geht.[7]

21.45

Nach der neueren restriktiven Linie der Rechtsprechung zum Aktienrecht (s. Rz. 21.13 ff.) setzen solche Vereinbarungen voraus, dass im Innenverhältnis zur Gesellschaft kein pflichtwidriges Verhalten des betroffenen Organmitglieds vorliegt. Dies ist nach der objektiven Rechtslage festzustellen. Ist eine Pflichtwidrigkeit zu bejahen, so ist eine solche Vereinbarung nur wirksam, wenn ihr die Hauptversammlung nach Maßgabe des § 93 Abs. 4 Satz 3 AktG zustimmt.[8] Damit scheidet eine entsprechende Vereinbarung im Regelfall schon aus praktischen Gründen aus. Wird sie dennoch getroffen, ohne die Hauptversammlung einzuschalten, ist sie nichtig (§ 134 BGB).

21.46

---

1 *Spatscheck*, AG 2005, 576, 577; *Hasselbach/Seibel*, GmbHR 2009, 354, 361 f.; *Stetter* in Widmaier/Müller/Schlothauer, Münchener Anwalts-Hdb. Strafverteidigung, § 44 Rz. 122.
2 Dazu näher *Mack*, AG 2009, 365, 367 f. und *Stetter* in Widmaier/Müller/Schlothauer, Münchener Anwalts-Hdb. Strafverteidigung, § 44 Rz. 125 f.
3 Für die Abzugsfähigkeit *Hasselbach/Seibel*, GmbHR 2009, 354, 362; a.A. *Macher*, NZA 1996, 578; *Stetter* in Widmaier/Müller/Schlothauer, Münchener Anwalts-Hdb. Strafverteidigung, § 44 Rz. 129; zur Abzugsfähigkeit von Strafverteidigungskosten *Mack*, AG 2009, 365 f.
4 BGH v. 22.1.1991 – VI ZR 107/90, NJW 1991, 1046.
5 BGH v. 11.12.1980 – III ZR 38/79, BGHZ 79, 141; *Heinrichs* in Palandt, § 138 BGB Rz. 56.
6 S. dazu näher *Sack* in Staudinger, § 138 BGB Rz. 463 ff.
7 *Krieger* in FS Bezzenberger, 2000, S. 211, 226 f.
8 Vgl. *Koch* in MünchHdb. CL, § 30 Rz. 64.

V. Erstattung oder Entschädigung durch Dritte

21.47 Soweit eine Erstattung oder Entschädigung durch die Gesellschaft ausscheidet, kann die Erstattung durch einen Dritten, z.B. einen Aktionär oder die Konzernobergesellschaft zulässig sein.[1] Nicht ausgeschlossen ist auch, dass die Gesellschaft dem Betroffenen aus anderem Anlass eine höhere Vergütung gewährt und dadurch mittelbar die Belastung durch die Geldstrafe oder Geldbuße gemindert wird.

D. Verfahrensfragen

21.48 Soweit es um die Erstattung der Aufwendungen von Mitgliedern des **Vorstands** einer AG, SE oder KGaA geht, entscheidet nach § 112 AktG im Einzelfall der Aufsichtsrat bzw. der mit der Durchführung der Anstellungsverträge beauftragte Ausschuss (z.B. Präsidium oder Personalausschuss).[2] Diese Zuständigkeit besteht auch gegenüber ausgeschiedenen Vorstandsmitgliedern.[3] Betrifft die Entscheidung die geschäftsführenden Direktoren einer monistischen SE, so entscheidet nach § 41 Abs. 5 SEAG der Verwaltungsrat bzw. der zuständige Verwaltungsratsausschuss. Auch dann, wenn der Anstellungsvertrag einen Anspruch auf Erstattung der Rechtsschutzkosten bei allen von Dritten im Zusammenhang mit der Organstellung eingeleiteten Verfahren vorsehen sollte, ist schon wegen der Vorfrage, ob eine interne Pflichtverletzung vorliegt, die Übernahme der Rechtsschutzkosten in jedem Einzelfall gesondert zu beschließen. Für die Erstattung von Geldstrafen und ähnlichen Sanktionen gilt dies ohnehin, da insoweit eine vorherige Zusage unwirksam wäre.

21.49 Sind Mitglieder des **Aufsichtsrates** betroffen, entscheidet über deren Aufwendungsersatz im Einzelfall der Vorstand oder die Geschäftsführung bzw. die intern mit der Abwicklung solcher Fragen betraute Stelle (z.B. Generalsekretariat oder Personalabteilung). Soweit es dabei um die Erfüllung des gesetzlichen Anspruchs (oder eines vertraglichen Anspruchs, der dem gesetzlichen Anspruch entspricht) geht, ist dies unbedenklich. In Zweifelsfällen kann es sich empfehlen, auch eine Stellungnahme des Aufsichtsrates einzuholen.[4] Sollen Aufwendungen freiwillig über den gesetzlichen Rahmen der §§ 675, 670 BGB hinaus übernommen werden, muss entsprechend § 113 AktG, § 52 Abs. 1 GmbHG die Haupt- bzw. Gesellschafterversammlung zustimmen.[5]

---

1 *Hüffer/Koch*, § 116 AktG Rz. 13 zu Freistellungserklärungen Dritter zu Gunsten von Aufsichtsratsmitgliedern; zu Vorstandsmitgliedern *Hüffer/Koch*, § 93 AktG Rz. 77 und *Fleischer* in Spindler/Stilz, § 93 AktG Rz. 255c; zurückhaltend *Westermann* in FS Beusch, 1993, S. 871, 873 ff., 882 ff.; *Habersack* in FS Ulmer, 2003, S. 151, 169 ff. und *Fleischer*, WM 2005, 909, 918; abl. *Spindler* in MünchKomm. AktG, 4. Aufl. 2014, § 84 AktG Rz. 99.
2 Da es sich um keine Frage der Vergütung handelt, gilt das Delegationsverbot gem. § 107 Abs. 3 i.V.m. § 87 AktG nicht.
3 BGH v. 26.6.1995 – II ZR 122/94, BGHZ 130, 108, 111 f. = AG 1965, 464; BGH v. 1.12.2003 – II ZR 161/02, BGHZ 157, 151, 153 f. = AG 2004, 142; *Hüffer/Koch*, § 112 AktG Rz. 2 m.w.N.
4 *Hoffmann-Becking* in MünchHdb. AG, § 33 Rz. 16; *Hüffer/Koch*, § 113 AktG Rz. 2c/j; *Bürgers/Israel* in Bürgers/Körber, § 113 AktG Rz. 14; a.A. *Drygala* in K. Schmidt/Lutter, § 113 AktG Rz. 14; *Habersack* in MünchKomm. AktG, 4. Aufl. 2014, § 113 AktG Rz. 26; *Hopt/Roth* in Großkomm. AktG, 4. Aufl. 2005, § 113 AktG Rz. 26; *Wagner* in Semler/v. Schenck, Arbeitshandbuch für Aufsichtsratsmitglieder, 4. Aufl., § 10 Rz. 86: Aufsichtsrat entscheidet allein.
5 Vgl. BGH v. 14.12.1987 – II ZR 53/87, WM 1988, 531, 533 f. zum Verein.

Bei **Geschäftsführern** einer GmbH entscheidet über den Aufwendungsersatz das für die 21.50
Durchführung des Anstellungsverhältnisses zuständige Organ. Besteht ein Aufsichtsrat oder
Beirat, wird es meist dieser sein (§ 112 AktG, § 52 Abs. 1 GmbHG), andernfalls ist die Gesellschafterversammlung[1] zuständig.

Über den Aufwendungsersatz von **leitenden Mitarbeitern** entscheidet in der Regel die Personalabteilung oder ein besonderes Direktionsbüro für die Führungskräfte. Dabei handelt es sich meist um eine Stelle, die dem Vorstand bzw. der Geschäftsführung unmittelbar unterstellt ist. 21.51

Bei der Zusage der Kostenübernahme zu Beginn oder während eines Verfahrens handelt es 21.52
sich grundsätzlich um eine **unternehmerische Entscheidung** mit einem weiten Ermessensspielraum. Bei dieser sind neben den rechtlichen Rahmenbedingungen die Grundsätze der in
§ 93 Abs. 1 Satz 2 AktG normierten Business Judgment Rule zu beachten. Diese Grundsätze
gelten für die Mitglieder von Vorstand und Aufsichtsrat (§ 116 Satz 1 AktG). Für die Geschäftsführer einer GmbH sind sie entsprechend anzuwenden.[2] Keine Anwendung findet die
Business Judgment Rule dagegen, soweit die hierüber entscheidenden Organmitglieder im
Hinblick auf die Kostenübernahme bzw. die damit einhergehende positive Bewertung des verfahrensgegenständlichen Sachverhalts einem **Interessenkonflikt** unterliegen. Dies kann insbesondere dann der Fall sein, wenn die Bewertung des Sachverhalts auch präjudiziell für die
Bewertung des Verhaltens der entscheidenden Organmitglieder selbst ist (z.B. in Hinblick
auf die Bewertung einer gleichartigen Tätigkeit oder eine Verletzung von Aufsichtspflichten). Zu einer von § 93 Abs. 1 Satz 2 AktG abgedeckten Entscheidung über die Kostenübernahme werden dann nur die unbefangenen Organmitglieder in der Lage sein.

E. Offenlegung

Die von der Gesellschaft zu Gunsten einzelner Organmitglieder übernommenen Anwalts- 21.53
und Prozesskosten einschließlich etwaiger finanzieller Sanktionen sind Teil der sonstigen betrieblichen Aufwendungen, die im **Anhang** anzugeben sind (§ 275 Abs. 2 Nr. 8, Abs. 3 Nr. 7
HGB).[3] Ein gesonderter Ausweis ist dabei nicht erforderlich. Da es sich um den Ersatz von
Aufwendungen und nicht um eine Vergütung im Sinne der §§ 87, 113 AktG[4] handelt, brauchen solche Kosten auch bei einer börsennotierten Gesellschaft nicht individuell aufgeschlüsselt zu werden.[5]

In der **Hauptversammlung** einer AG kann zwar nach solchen Kosten gefragt werden. Ent- 21.54
sprechende Auskünfte sind für die Beurteilung der Entlastung von Vorstand oder Aufsichtsrat aber regelmäßig nicht erforderlich (§ 131 Abs. 1 Satz 1 AktG). Gegen eine Auskunftspflicht sprechen auch das allgemeine Persönlichkeitsrecht und Datenschutzüberlegungen[6],

---

1 Vgl. Uwe H. Schneider/Hohenstatt in Scholz, § 35 GmbHG Rz. 378; *Scharf* in Widmaier/Müller/
Schlothauer, Münchener Anwalts-Hdb. Strafverteidigung, § 43 Rz. 85.
2 Vgl. BGH v. 4.11.2002 – II ZR 224/00, NJW 2003, 358, 359 = AG 2003, 381; OLG Stuttgart v.
26.5.2003 – 5 U 160/02, GmbHR 2003, 835, 836; *Kleindiek* in Lutter/Hommelhoff, § 43 GmbHG
Rz. 16; *Uwe H. Schneider* in Scholz, § 43 GmbHG Rz. 54.
3 *Förschle/Peun* in Beck'scher BilanzKomm., 9. Aufl. 2014, § 275 HGB Rz. 171.
4 Vgl. *Hüffer/Koch*, § 113 AktG Rz. 2b m.w.N. zum Auslagenersatz von Aufsichtsratsmitgliedern.
5 Vgl. § 285 Satz 1 Nr. 9a Satz 5 HGB mit der Verpflichtung, die Gesamtbezüge der Vorstandsmitglieder börsennotierter Gesellschaften für das letzte Geschäftsjahr individuell aufzuschlüsseln.
6 Vgl. *Krieger* in FS Bezzenberger, 2000, S. 211, 230.

auch wenn diese Gesichtspunkte bei börsennotierten Gesellschaften in letzter Zeit in den Hintergrund getreten sind.[1] In Bezug auf Fragen zu einem laufenden Verfahren, das auch die Interessen und das Wohl der Gesellschaft berührt, werden überdies in der Regel die Voraussetzungen des Auskunftsverweigerungsrechts aus § 131 Abs. 3 Satz 1 Nr. 1 AktG erfüllt sein. Etwas anderes gilt allenfalls dann, wenn konkrete Anhaltspunkte dafür bestehen, dass die entscheidenden Organmitglieder bei der Kostenübernahme ihre Pflichten verletzt haben.[2] Ebenfalls ein Auskunftsrecht besteht in Bezug auf den Inhalt und Hintergrund von Zahlungen, über deren Gewährung die Hauptversammlung entsprechend § 93 Abs. 4 Satz 3 AktG (s. Rz. 21.13b f., 21.27, 21.34, 21.40 f., 21.46) Beschluss fasst. In solchen Fällen muss schon zur Begründung des Beschlussvorschlags offengelegt werden, um welche Zahlungen es im Einzelnen geht. Unabhängig von der Reichweite des Auskunftsrechts kann es bei umfangreichen Prozessen mit entsprechendem Aufmerksamkeitswert in der Öffentlichkeit angebracht sein, die übernommenen Kosten freiwillig – ohne rechtliche Verpflichtung – zumindest in ihrer Größenordnung mitzuteilen.

21.55 Bei der **GmbH** steht den Gesellschaftern ein weitergehendes Informationsrecht zu (vgl. § 51a GmbHG). Sie können danach auch Auskunft über Zahlungen an einzelne Organmitglieder oder Mitarbeiter verlangen.[3] Eine Auskunftsverweigerung steht der Geschäftsführung nur in den engen Grenzen des § 51a Abs. 2 GmbHG zu.

---

1 Vgl. die Ausweitung der Offenlegungspflichten zu individuellen Abreden durch §§ 285 Nr. 9a, 314 Abs. 1 Nr. 6a HGB i.d.F. des VorstAG.
2 *Krieger* in FS Bezzenberger, 2000, S. 211, 230 sowie zur Offenlegung einzelner Vorstandsbezüge LG Berlin v. 17.1.1990 – 98 AktE 10/89, AG 1991, 34, 36.
3 *Bayer* in Lutter/Hommelhoff, § 51a GmbHG Rz. 13.

3. Teil
Besondere Risikobereiche und Haftungsfolgen

§ 22
Risikobereich und Haftung: Organisation (Geschäftsverteilung und Delegation) und Überwachung

Dr. Eberhard Vetter

A. Das gesetzliche Leitbild der Gesamtverantwortung 22.2	I. Vorsitzender 22.57
I. Das mehrgliedrige Geschäftsführungsorgan.................... 22.2	II. Sprecher des Vorstands 22.64
II. Gesamtverantwortung 22.4	III. Arbeitsdirektor.................. 22.65
III. Gesamtgeschäftsführung.......... 22.7	IV. Stellvertretende Geschäftsleitungsmitglieder..................... 22.66
IV. Gesamtvertretung 22.9	V. Vertreter eines Vorstandsmitglieds . 22.68
V. Vorschriftswidrige Unterbesetzung des Vorstands 22.11	VI. Bereichsvorstand 22.69
B. Abweichungen vom Prinzip der Gesamtverantwortung 22.15	VII. Vorstandsausschuss 22.70
	E. Delegation 22.71
I. Formen der Geschäftsverteilung in der Unternehmenspraxis 22.15	I. Vorbemerkung.................. 22.71
II. Rechtliche Bedeutung der Geschäftsverteilung....................... 22.19	II. Unternehmensinterne Delegation .. 22.72
1. Materielle Auswirkungen 22.19	1. Allgemeines 22.72
2. Materielle Schranken der Geschäftsverteilung...................... 22.29	2. Voraussetzungen der unternehmensinternen Delegation 22.74
III. Formelle Anforderungen der Geschäftsverteilung bei der AG 22.36	3. Grenzen der Delegation 22.76
1. Schriftlichkeit 22.36	4. Kontrollverantwortung........... 22.79
2. Geschäftsordnung des Vorstands.... 22.37	5. Unternehmensbeauftragte 22.81
3. Erlasskompetenz................. 22.38	III. Unternehmensexterne Delegation .. 22.83
4. Geltungsdauer.................. 22.43	1. Allgemeines 22.83
5. Verhältnis von Geschäftsverteilung und Anstellungsvertrag........... 22.44	2. Voraussetzungen der unternehmensexternen Delegation 22.84
IV. Formelle Voraussetzungen der Geschäftsverteilung bei der GmbH .. 22.46	3. Kontrollverantwortung........... 22.85
C. Willensbildung und Vertretung 22.50	**F. Haftung**....................... 22.87
I. Willensbildung 22.50	I. Allgemeines 22.87
II. Vertretung 22.56	II. Haftung bei Gesamtgeschäftsführung 22.95
D. Besondere Geschäftsleitungsmitglieder und Geschäftsleitungsgremien..................... 22.57	III. Haftung bei Geschäftsverteilung ... 22.96
	IV. Haftung im Fall der Delegation 22.100
	1. Haftung bei interner Delegation ... 22.101
	2. Haftung bei externer Delegation ... 22.102
	V. Gesamtschuldnerische Haftung 22.103

Schrifttum: *Bayer/Scholz*, Vom Dogma der Unzulässigkeit des Mitverschuldenseinwands bei der GmbH-Geschäftsführerhaftung, GmbHR 2016, 841; *Bedkowski*, Die Geschäftsleiterpflichten, 2006; *Beiner/Braun*, Der Vorstandsvertrag, 2. Aufl. 2014; *Bertschinger*, Arbeitsteilung und aktienrechtliche Verantwortlichkeit, 1999; *T. Bezzenberger*, Der Vorstandsvorsitzende der Aktiengesellschaft, ZGR 1996, 661; *Dose*, Die Rechtsstellung der Vorstandsmitglieder einer Aktiengesellschaft, 3. Aufl. 1975; *Dreher*, Unternehmensbeauftragte und Gesellschaftsrecht, in FS Claussen, 1997, S. 69; *Dreher*, Nicht delegierbare Geschäftsleiterpflichten, in FS Hopt, 2010, S. 517; *Eisenhardt*, Zum Weisungsrecht der Gesellschafter in der nicht mitbestimmten GmbH, in FS Pfeiffer, 1988, S. 839; *Emde*, Gesamtverantwortung und Ressortverantwortung im Vorstand der AG, in FS Uwe H. Schneider, 2011, S. 295; *Fleischer*, Zur Leitungsaufgabe des Vorstands im Aktienrecht, ZIP 2003, 1; *Fleischer*, Zum Grundsatz der Gesamtverantwortung im Aktienrecht, NZG 2003, 449; *Fleischer*, Zur Verantwortlichkeit einzelner Vorstandsmitglieder bei Kollegialentscheidungen im Aktienrecht, BB 2004, 2645; *Fleischer*, Buchführungsverantwortung des Vorstands und Haftung der Vorstandsmitglieder für fehlerhafte Buchführung, WM 2006, 2021; *Frels*, Die Geschäftsverteilung im Vorstand der Aktiengesellschaft, ZHR 122 (1959), 8; *Frühauf*, Geschäftsleitung in der Unternehmenspraxis, ZGR 1998, 407; *Götz*, Die Überwachung der Aktiengesellschaft im Lichte jüngerer Unternehmenskrisen, AG 1995, 337; *Haas*, Geschäftsführerhaftung und Gläubigerschutz, 1997; *Habersack*, Gesteigerte Überwachungspflichten des Leiters eines „sachnahen" Vorstandsressorts?, WM 2005, 2360; *Haouache*, Unternehmensbeauftragte und Gesellschaftsrecht der AG und GmbH, 2003; *Heimbach/Boll*, Führungsaufgabe und persönliche Haftung der Vorstandsmitglieder und des Vorstandsvorsitzenden im ressortaufgeteilten Vorstand einer AG, VersR 2001, 801; *von Hein*, Vom Vorstandsvorsitzenden zum CEO, ZHR 166 (2002), 464; *Heisse*, Die Beschränkung der Geschäftsführerhaftung gegenüber der GmbH, 1988; *Heller*, Unternehmensführung und Unternehmenskontrolle unter besonderer Berücksichtigung der Gesamtverantwortung des Vorstands, 1998; *Henze*, Leitungsverantwortung des Vorstands – Überwachungspflicht des Aufsichtsrats, BB 2000, 209; *Höhn*, Die Geschäftsleitung der GmbH, 1987; *Hoffmann-Becking*, Rechtliche Möglichkeiten und Grenzen der Verbesserung der Arbeit des Aufsichtsrates, in FS Havermann, 1995, S. 229; *Hoffmann-Becking*, Zur rechtlichen Organisation der Zusammenarbeit im Vorstand der AG, ZGR 1998, 497; *Hoffmann-Becking*, Vorstandsvorsitzender oder CEO, NZG 2003, 745; *Hommelhoff*, Die Konzernleitungspflicht, 1982; *Kort*, Compliance-Pflichten und Haftung von GmbH-Geschäftsführern, GmbHR 2013, 566; *Krieger*, Personalentscheidungen des Aufsichtsrats, 1981; *Leuering/Dornhegge*, Geschäftsverteilung zwischen GmbH-Geschäftsführern, NZG 2010, 13; *Löbbe/Fischbach*, Die Business Judgement Rule bei Kollegialentscheidungen des Vorstands, AG 2014, 717; *Martens*, Der Grundsatz der gemeinsamen Vorstandsverantwortung, in FS Fleck, 1988, S. 191; *Martens*, Die Organisation des Konzernvorstands, in FS Heinsius, 1991, S. 523; *Mielke*, Die Leitung der unverbundenen Aktiengesellschaft, 1990; *Nietsch*, Überwachungspflichten bei Kollegialorganen, ZIP 2013, 1449; *Peters*, Ressortverteilung zwischen GmbH-Geschäftsführern und ihre Folgen, GmbHR 2008, 682; *Rieger*, Gesetzeswortlaut und Rechtswirklichkeit im Aktienrecht, in FS Peltzer, 2001, S. 339; *M. Roth*, Unternehmerisches Ermessen und Haftung des Vorstands, 2001; *Schiessl*, Gesellschafts- und mitbestimmungsrechtliche Probleme der Spartenorganisation (Divisionalisierung), ZGR 1992, 64; *Uwe H. Schneider*, Die Geschäftsordnung der GmbH-Geschäftsführer, in FS Mühl, 1981, S. 633; *Uwe H. Schneider*, Die Wahrnehmung öffentlich-rechtlicher Pflichten durch Geschäftsführer, in FS 100 Jahre GmbHG, 1992, S. 473; *Uwe H. Schneider*, Gesellschaftsrechtliche und öffentlich-rechtliche Anforderungen an eine ordnungsgemäße Unternehmensorganisation, DB 1993, 1909; *Schönbrod*, Die Organstellung von Vorstand und Aufsichtsrat in der Spartenorganisation, 1987; *Schwark*, Spartenorganisation in Großunternehmen und Unternehmensrecht, ZHR 142 (1978), 203; *Schwark*, Virtuelle Holding und Bereichsvorstände – eine aktien- und konzernrechtliche Betrachtung, in FS Ulmer, 2003, S. 605; *Semler*, Rechtsfragen der divisionalen Organisationsstruktur in der unabhängigen Aktiengesellschaft, in FS Döllerer, 1988, S. 571; *Semler*, Leitung und Überwachung der Aktiengesellschaft, 2. Aufl. 1996; *Sina*, Voraussetzungen und Wirkungen der Delegation von Geschäftsführer-Verantwortung in der GmbH, GmbHR 1990, 65; *Spindler*, Unternehmensorganisationspflichten, 2001; *Stein*, Konzernherrschaft durch EDV, ZGR 1988, 163; *Thamm*, Die rechtliche Verfassung des Vorstands der AG, 2008; *Turiaux/Knigge*, Vorstandshaftung ohne Grenzen? – Rechtssichere Vorstands- und Unternehmensorganisation als Instrument der Risikominimierung, DB 2004, 2199; *Veil*, Unternehmensverträge, 2003; *Voß*, Gesamtschuldnerische Organhaftung, 2008; *Wendeling-Schröder*, Divisionalisierung,

Mitbestimmung und Tarifvertrag, 1984; *v. Werder*, Organisation der Unternehmensleitung und Haftung des Top-Managements, DB 1987, 2265; *Wettich*, Vorstandsorganisation in der Aktiengesellschaft, 2008; *Wicke*, Der CEO im Spannungsverhältnis zum Kollegialprinzip, NJW 2007, 3755; *Wolf*, Wider eine Misstrauenspflicht im Kollegialorgan „Vorstand", VersR 2005, 1042; *Ziemons*, Die Haftung der Gesellschafter für Einflussnahmen auf die Geschäftsführung der GmbH, 1996.

Vorbemerkung: Die Organisation der Unternehmensleitung, die Regelung der Aufgabenverteilung und Verantwortung der Organmitglieder sowie der Prozess der Entscheidungsfindung und Entscheidungsumsetzung bilden zentrale Themen der Corporate Governance. Gute und anerkannte Unternehmenspraxis verlangt klare und praxistaugliche Regelungen unter Beachtung der gesetzlichen Vorgaben. Sie müssen sowohl eine der konkreten individuellen Unternehmenssituation angepasste verantwortliche und effiziente Unternehmensführung ermöglichen, als auch eine eindeutige Lokalisierung der Zuständigkeiten gewährleisten, die eine Beurteilung der ordentlichen und verantwortlichen Aufgabenerfüllung durch die verschiedenen Organmitglieder ermöglicht. Dabei ist an eine Feststellung des II. Senats des BGH aus dem Jahr 1994 zu erinnern, dass „der Mensch unter den Bedingungen des arbeitsteiligen Betriebs zu einem Risikofaktor wird"[1]. Dem hat die Unternehmensorganisation Rechnung zu tragen.

22.1

A. Das gesetzliche Leitbild der Gesamtverantwortung

I. Das mehrgliedrige Geschäftsführungsorgan

§ 23 Abs. 3 Nr. 6 AktG überlässt die Festlegung der Größe des Vorstands grundsätzlich der Satzung. Nach § 76 Abs. 2 Satz 1 AktG kann der Vorstand aus einer oder mehreren Personen bestehen. Bei einer AG mit einem Grundkapital von mehr als 3 Mio. Euro ist der Vorstand allerdings nach § 76 Abs. 2 Satz 2 AktG aus mindestens zwei Personen zu bilden, sofern nicht die Satzung bestimmt, dass er nur aus einer Person besteht.[2] Bei der GmbH ist es nach § 6 Abs. 1 GmbHG der Gesellschafterversammlung überlassen, wie viele Geschäftsführer zu bestellen sind. Nur im Geltungsbereich der **paritätischen Mitbestimmung** sind zwingend in jedem Fall **mindestens zwei Mitglieder in die Geschäftsleitung** zu berufen, von denen eines zum Arbeitsdirektor zu bestimmen ist (§ 33 Abs. 1 MitbestG, § 13 Abs. 1 MontanmitbestG, § 13 MitbestErgG).

22.2

Setzen sich der Vorstand der AG oder die Geschäftsführung der GmbH aus mehreren Mitgliedern zusammen, so ist zu klären, welche Regeln das Gesetz für ihre Verantwortung und Zusammenarbeit sowie die innere Organisation vorsieht und inwieweit davon durch individuelle Gestaltungen abgewichen werden kann.

22.3

II. Gesamtverantwortung

§ 76 Abs. 1 AktG weist dem Vorstand die Leitung des Unternehmens zu. Damit ist in der Kompetenzordnung der AG nicht nur die Aufgabenabgrenzung des Vorstands gegenüber

22.4

---

1 BGH v. 13.4.1994 – II ZR 16/93, BGHZ 125, 366, 373.
2 Für börsennotierte Gesellschaften empfiehlt Ziff. 4.2.1 Deutscher Corporate Governance Kodex ausdrücklich einen mehrgliedrigen Vorstand.

dem Aufsichtsrat und der Hauptversammlung erfolgt[1], sondern zugleich auch der Charakter der **Unternehmensleitung als Gesamtaufgabe des Vorstands** klargestellt.[2] Auf Grund der Gesamtverantwortung trifft im mehrköpfigen Vorstand **jedes Organmitglied die Verantwortung für die Geschäftsleitung im Ganzen**.[3] Dies bedeutet z.B., dass es nicht eigenmächtig gemeinsame Kompetenzen an sich ziehen kann und auch ungeachtet der Festlegung von individuellen Funktionen stets die Geschäftsleitung als Gesamtaufgabe im Blick behalten muss.[4] Ungeachtet ihrer Gesamtverantwortung trifft die Vorstandsmitglieder im Schadensfall der Gesellschaft **keine Erfolgshaftung** (s. dazu Rz. 22.87).

22.5 Das Prinzip der **Gesamtverantwortung** kommt bei vielen Angelegenheiten einer Gesellschaft zum Tragen, z.B. im Fall der Kapitalmarktorientierung etwa bei der Abgabe der Entsprechenserklärung nach § 161 AktG[5], Ad-hoc-Publizitätspflicht nach Art. 17 Marktmissbrauchs-VO, bei der Stellungnahme nach § 27 WpÜG sowie bei der Prospektverantwortung[6]. Aber auch bei den vielfältigen öffentlich-rechtlichen Pflichten, die das von der Gesellschaft betriebene Unternehmen zu beachten hat, wird die Gesamtverantwortung relevant.[7] Insbesondere gilt dies hinsichtlich der steuerlichen Pflichten der Gesellschaft und der Abführung der Arbeitnehmeranteile der Sozialversicherungsbeiträge.[8]

22.6 Für die Verantwortung der **Mitglieder der Geschäftsführung der GmbH** gilt im Grundsatz nichts Anderes. Auch wenn das GmbHG im Unterschied zum AktG keine ausdrückliche Regelung enthält, haben die Geschäftsführer die Geschäftsleitung als **Gesamtaufgabe mit Gesamtverantwortung** wahrzunehmen.[9]

---

1 Nach *Hoffmann-Becking*, ZGR 1998, 497, 507; *Hoffmann-Becking*, NZG 2003, 745, 747 ist die Funktion von § 76 Abs. 1 AktG hierauf beschränkt; a.A. *Fleischer* in Fleischer, Handbuch des Vorstandsrechts, § 8 Rz. 6; *Martens* in FS Fleck, 1988, S. 191, 194; *Schwark*, ZHR 142 (1978), 203, 212.
2 *Fleischer*, NZG 2003, 449, 450; *Fleischer* in Fleischer, Handbuch des Vorstandsrechts, § 8 Rz. 6; *Hüffer/Koch*, § 76 AktG Rz. 1; *Kort* in Großkomm. AktG, § 76 AktG Rz. 195.
3 Vgl. BGH v. 15.10.1996 – VI ZR 319/95, BGHZ 133, 370, 375 = AG 1997, 37; OLG Hamburg v. 18.2.2000 – 11 U 213/98, AG 2001, 141, 144; *Hoffmann-Becking*, NZG 2003, 745, 747; *Martens* in FS Fleck, 1988, S. 191, 193; *Mertens/Cahn* in KölnKomm. AktG, § 77 AktG Rz. 22; *Schiessl*, ZGR 1992, 64, 67; *Schwark* in FS Ulmer, 2003, S. 605, 613.
4 Zur daraus resultierenden konkreten Überwachungsaufgabe s. Rz. 22.22.
5 *Hüffer/Koch*, § 161 AktG Rz. 12; *E. Vetter* in Henssler/Strohn, Gesellschaftsrecht, § 161 AktG Rz. 15.
6 OLG Hamburg v. 18.2.2000 – 11 U 213/98, AG 2001, 141, 144.
7 Vgl. z.B. *Kort* in Großkomm. AktG, § 76 AktG Rz. 195; *Goette*, DStR 1998, 1308, 1309; *Uwe H. Schneider* in FS 100 Jahre GmbHG, 1992, S. 473, 478 (zur GmbH); *Uwe H. Schneider*, DB 1993, 1909.
8 Vgl. z.B. BGH v. 15.10.1996 – VI ZR 319/95, BGHZ 133, 370, 375 = AG 1997, 37; BFH v. 26.4.1984 – V R 128/79, BFHE 141, 443, 447; BFH v. 4.3.1986 – VII S 33/85, GmbHR 1986, 288; *Mertens/Cahn* in KölnKomm. AktG, § 77 AktG Rz. 24.
9 BGH v. 15.10.1996 – VI ZR 319/95, BGHZ 133, 370, 377 = AG 1997, 37; BGH v. 1.3.1993 – II ZR 81/94, GmbHR 1994, 460, 461; BGH v. 8.11.1989 – 3 StR 249/89, GmbHR 1990, 298, 299; *Koppensteiner/Gruber* in Rowedder/Schmidt-Leithoff, § 43 GmbHG Rz. 11; *Uwe H. Schneider* in Scholz, § 43 GmbHG Rz. 35.

III. Gesamtgeschäftsführung

Im **mehrgliedrigen Vorstand einer AG** ist nach der Grundregel von § 77 Abs. 1 Satz 1 AktG die **Geschäftsführung allen Vorstandsmitgliedern gemeinsam** – einschließlich der stellvertretenden Vorstandsmitglieder – zur Wahrnehmung zugewiesen. Dies bedeutet, dass der Vorstand die Willensbildung durch einen **einstimmigen Beschluss** herbeiführen muss[1] und bei der Ausführung und Umsetzung der Entscheidung entweder alle Vorstandsmitglieder zusammen handeln müssen oder ein Vorstandsmitglied mit ausdrücklicher oder konkludenter Zustimmung[2] der anderen Mitglieder tätig wird. Ein Alleinentscheidungsrecht eines einzelnen Vorstandsmitglieds scheidet, wie sich aus § 77 Abs. 1 Satz 2 AktG ergibt, aus. Jedem Vorstandsmitglied kommt bei Vorstandsbeschlüssen damit ein Vetorecht zu, wobei das strenge Einstimmigkeitsprinzip allerdings der Abschwächung durch das Gebot der kollegialen Zusammenarbeit der Vorstandsmitglieder und der Orientierung am Konsensprinzip unterliegt.[3] Weder die Satzung noch die Geschäftsordnung des Vorstands können vorsehen, dass bei Meinungsverschiedenheiten im Vorstand über Geschäftsführungsangelegenheiten, die nicht einem Zustimmungsvorbehalt des Aufsichtsrats unterliegen, der Aufsichtsrat die endgültige Entscheidung trifft. Dem Aufsichtsrat kann, wie sich aus § 111 Abs. 4 Satz 1 AktG ergibt, insoweit lediglich eine Vermittlerrolle eingeräumt werden, wie dies die Vorstandsgeschäftsordnung regelmäßig vorsieht.[4] Im Übrigen ist bei **Gefahr im Verzug** ausnahmsweise – analog § 115 Abs. 2 HGB, § 744 Abs. 2 BGB – ein Übergehen nicht erreichbarer Vorstandsmitglieder zulässig, sofern sie umgehend über die Vorstandsentscheidung informiert werden.[5] Die Zustimmung kann sowohl zu einer einzelnen Maßnahme als auch zu einer Reihe von gleichartigen Maßnahmen erteilt werden.[6] Eine pauschale Einwilligung zu zukünftigen und noch nicht konkret absehbaren Geschäften und Maßnahmen reicht allerdings nicht aus und ist unwirksam.[7] Ausnahmsweise ordnet § 121 Abs. 2 Satz 1 AktG ausdrücklich eine Abweichung vom Einstimmigkeitsprinzip an, indem für die Einberufung der Hauptversammlung ein Vorstandsbeschluss mit einfacher Mehrheit ausreicht.

22.7

Für die **GmbH mit mehrköpfiger Geschäftsführung** fehlt es an einer ausdrücklichen gesetzlichen Regelung, jedoch sieht § 35 Abs. 2 Satz 2 GmbHG als gesetzliche Grundform für das Außenverhältnis die Gesamtvertretung aller Geschäftsführer vor. § 35 Abs. 2 Satz 2 GmbHG bzw. § 77 Abs. 1 AktG werden von der herrschenden Meinung analog auf das Innenverhältnis an-

22.8

---

1 OLG München v. 3.3.1993 – 7 U 3817/92, AG 1993, 285, 286; *Dose*, Rechtsstellung, S. 52; *Frels*, ZHR 122 (1959), 8, 11; *Kort* in Großkomm. AktG, § 77 AktG Rz. 7; *Spindler* in MünchKomm. AktG, § 77 AktG Rz. 10.
2 *Fleischer* in Spindler/Stilz, § 77 AktG Rz. 8; *Mertens/Cahn* in KölnKomm. AktG, § 77 AktG Rz. 8; *Wiesner* in MünchHdb. AG, § 22 Rz. 3.
3 *Fleischer* in Spindler/Stilz, § 77 AktG Rz. 8; *Raiser/Veil*, Kapitalgesellschaften, § 14 Rz. 83.
4 *Mertens/Cahn* in KölnKomm. AktG, § 77 AktG Rz. 49; *Seibt* in K. Schmidt/Lutter, § 77 AktG Rz. 8; *Spindler* in MünchKomm. AktG, § 77 AktG Rz. 26.
5 OLG München v. 16.7.1997 – 7 U 4603/96, AG 1997, 575, 576; OLG München v. 3.3.1993 – 7 U 3817/92, AG 1993, 285, 286; *Hüffer/Koch*, § 77 AktG Rz. 6; *Mertens/Cahn* in KölnKomm. AktG, § 77 AktG Rz. 8; *Kort* in Großkomm. AktG, § 77 AktG Rz. 11; *Turiaux/Knigge*, DB 2004, 2199, 2202.
6 *Kort* in Großkomm. AktG, § 77 AktG Rz. 7; *Wiesner* in MünchHdb. AG, § 22 Rz. 3.
7 BGH v. 12.12.1960 – II ZR 255/59, BGHZ 34, 27, 29 (zur GmbH); *Hüffer/Koch*, § 77 AktG Rz. 7; *Kort* in Großkomm. AktG, § 77 AktG Rz. 7.

gewandt[1], so dass auch in der GmbH der Grundsatz der **Gesamtgeschäftsführung** und das Einstimmigkeitsprinzip gelten. Die Geschäftsführer haben die getroffenen Entscheidungen grundsätzlich gemeinsam zu verantworten und dürfen Maßnahmen nur auf Grund einstimmiger Beschlüsse ausführen.[2]

IV. Gesamtvertretung

22.9 Für das **Außenverhältnis** geht das Gesetz sowohl bei der AG wie auch bei der GmbH von einer vergleichbaren Grundregel wie im Innenverhältnis aus. Nach § 78 AktG besteht bei mehreren Vorstandsmitgliedern **Gesamtvertretung**. Entsprechendes gilt nach § 35 Abs. 2 Satz 1 GmbHG für die Geschäftsführer der GmbH. Die Gesamtvertretung muss **nicht zwingend in einer gemeinsamen Erklärung aller Organmitglieder** erfolgen. Es genügen auch übereinstimmende Willenserklärungen oder auch die Erklärung eines Mitglieds mit Zustimmung der anderen.[3]

22.10 Ausnahmen vom Prinzip der Gesamtvertretung gelten allerdings für den Fall der **Passivvertretung**; hier gilt **Einzelvertretung** und es genügt die Abgabe der Erklärung gegenüber einem Organmitglied (§ 78 Abs. 2 Satz 2 AktG, § 35 Abs. 2 Satz 2 GmbHG).[4] Eine weitere Ausnahme sieht § 15 Abs. 1 Satz 1 InsO für den Antrag auf Eröffnung des Insolvenzverfahrens vor.

V. Vorschriftswidrige Unterbesetzung des Vorstands

22.11 Ist der Vorstand entgegen den gesetzlichen oder satzungsmäßigen Vorgaben unterbesetzt, hat der Aufsichtsrat unverzüglich dafür zu sorgen, dass der Vorstand wieder ordnungsgemäß besetzt ist.[5] Bei schutzwürdigem Interesse können daneben auch andere Personen nach § 85 AktG beim zuständigen Amtsgericht die gerichtliche Bestellung eines fehlenden Vorstandsmitglieds beantragen.

22.12 Generell bestehen Unsicherheiten, welche Auswirkungen die vorschriftswidrige Unterbesetzung des Vorstands auf seine Handlungsfähigkeit und damit die Aktionsfähigkeit der Gesellschaft hat, wenn eine Regelung zur Einzelvertretung durch ein einzelnes Vorstandsmitglied fehlt. Nach der Rechtsprechung des BGH ist der **vorschriftswidrig unterbesetzte Vorstand handlungsunfähig**, soweit es um den Kernbereich der Vorstandsverantwortung geht, also um Maßnahmen, die zwingend dem Gesamtvorstand vorbehalten sind.[6] Der Auffassung des

---

1 *Altmeppen* in Roth/Altmeppen, § 37 GmbHG Rz. 33; *Koppensteiner/Gruber* in Rowedder/Schmidt-Leithoff, § 37 GmbHG Rz. 16; *Zöllner/Noack* in Baumbach/Hueck, § 37 GmbHG Rz. 29; a.A. *van Venrooy*, GmbHR 1999, 685, 686.
2 BGH v. 15.10.1996 – VI ZR 319/95, BGHZ 133, 370, 376 = AG 1997, 37; *Koppensteiner/Gruber* in Rowedder/Schmidt-Leithoff, § 37 GmbHG Rz. 17; *Kleindiek* in Lutter/Hommelhoff, § 37 GmbHG Rz. 28; *Lenz* in Michalski, § 37 GmbHG Rz. 29; a.A. *van Venrooy*, GmbHR 1999, 685, 686.
3 *Hüffer/Koch*, § 78 AktG Rz. 12; *Mertens/Cahn* in KölnKomm. AktG, § 78 AktG Rz. 48; *Richter* in Semler/Peltzer/Kubis, ArbeitsHdb. Vorstandsmitglieder, § 6 Rz. 9.
4 Vgl. z.B. *Habersack* in Großkomm. AktG, § 78 AktG Rz. 54; *Koppensteiner/Gruber* in Rowedder/Schmidt-Leithoff, § 35 GmbHG Rz. 49.
5 BGH v. 12.11.2001 – II ZR 225/99, BGHZ 149, 158, 162 = AG 2002, 241 – Sachsenmilch III; *Seyfarth*, Vorstandsrecht, § 3 Rz. 21; *Wiesner* in MünchHdb. AG, § 19 Rz. 50.
6 BGH v. 12.11.2001 – II ZR 225/99, BGHZ 149, 158, 161 = AG 2002, 241 – Sachsenmilch III; OLG Dresden v. 31.8.199 – 13 U 1215/99, AG 2000, 43, 44 – Sachsenmilch II; LG Münster v. 3.12.1997

BGH ist ein Großteil des Schrifttums gefolgt[1], während sie von gewichtigen Stimmen abgelehnt wird.[2] Auch wenn vermittelnde Stimmen die Handlungsfähigkeit des Vorstands jedenfalls für bloße Realakte ohne rechtsgeschäftlichen Gehalt anerkennen wollen[3], lässt sich eine solche Differenzierung mit Blick auf das Schutzinteresse des Satzungsgebers und das Vertrauen der Aktionäre in die besondere Bedeutung des Kollegialprinzips sowie die Gesamtverantwortung aller Vorstandsmitglieder im mehrköpfigen Vorstand, die durch die wechselseitige organinterne Überwachung ergänzt wird, nicht aufrechterhalten.

Dem Risiko der Handlungsunfähigkeit des Vorstands durch eine vorschriftswidrige Unterbesetzung kann durch eine **umsichtige Satzungsgestaltung** Rechnung getragen werden, indem die Festlegung der Anzahl der Vorstandsmitglieder in die Hände des Aufsichtsrats gelegt wird.[4]

22.13

Für die **GmbH**, deren Gesellschaftsvertrag ausdrücklich eine aus mehreren Mitgliedern bestehende Geschäftsführung mit Gesamtvertretung vorschreibt, besteht, wenn nur **ein Geschäftsführer** vorhanden ist, mangels organschaftlicher Vertretungsmacht ebenfalls Handlungsunfähigkeit.[5] Auch hier wird eine vorausschauende Satzungsgestaltung empfohlen.[6]

22.14

B. Abweichungen vom Prinzip der Gesamtverantwortung

I. Formen der Geschäftsverteilung in der Unternehmenspraxis

Die Komplexität des Wirtschaftslebens mit diversifizierten Produkten und Märkten sowie die Strukturen der Unternehmen lassen sich in der Praxis kaum noch mit dem gesetzlichen Leitbild der Gesamtgeschäftsführung und Gesamtvertretung vereinbaren.[7] Die Beibehaltung dieser Organisationsform würde bei größeren und komplexeren Unternehmen und Unternehmensgruppen wegen des Umfangs der Aufgaben des Managements zu unvertretbaren Effizienzeinbußen führen. Die Unternehmenspraxis nutzt deshalb regelmäßig die Möglichkeiten, die der Satzungs- und Geschäftsordnungsautonomie nach § 77 Abs. 1 Satz 2 AktG eröffnet sind, zur Modifikation der Organisation durch **Arbeitsteilung und Aufspaltung der Verant-**

22.15

 – 21 O 161/97, AG 1998, 344 – Rheiner Moden; LG Heilbronn v. 19.11.1999 – 3 KfH O 227/99, AG 2000, 373, 374 – Konrad Hornschuh.
1 *Arnold* in Marsch-Barner/Schäfer, Handbuch börsennotierte AG, § 19 Rz. 6; *Ihrig/Schäfer*, Rechte und Pflichten des Vorstands, Rz. 416; *Spindler* in MünchKomm. AktG, § 76 AktG Rz. 98; *Wiesner* in MünchHdb. AG, § 19 Rz. 50.
2 *Kort* in Großkomm. AktG, § 76 AktG Rz. 242; *Mertens/Cahn* in KölnKomm. AktG, § 76 AktG Rz. 111; *Priester* in FS Kropff, 1997, S. 591, 597.
3 *Fleischer*, NZG 2003, 449, 451; *Hüffer/Koch*, § 76 AktG Rz. 56; *Schäfer*, ZGR 2003, 147, 153; s. auch *Thamm*, Die rechtliche Verfassung des Vorstands, S. 149.
4 Gebilligt durch BGH v. 17.12.2001 – II ZR 288/99, AG 2002, 289 – Sachsenmilch IV; *Henze*, BB 2002, 847, 848; *Mertens/Cahn* in KölnKomm. AktG, § 76 AktG Rz. 113; *Spindler* in MünchKomm. AktG, § 76 AktG Rz. 98.
5 *Altmeppen* in Roth/Altmeppen, § 35 GmbHG Rz. 48; *Paefgen* in Ulmer/Habersack/Löbbe, § 35 GmbHG Rz. 95.
6 *Altmeppen* in Roth/Altmeppen, § 35 GmbHG Rz. 48.
7 S. auch *Fleischer* in Fleischer, Handbuch des Vorstandsrechts, § 8 Rz. 7; *Rieger* in FS Peltzer, 2001, S. 339, 346; *Spindler* in MünchKomm. AktG, § 77 AktG Rz. 11; drastisch bereits *Brodmann*, Aktienrecht, 1928, § 231 HGB Anm. 2a, der die Kollektivgeschäftsführung als „Unding" bezeichnet hat.

wortung auf die einzelnen Organmitglieder. Für die Aufteilung der Verantwortung in der Unternehmensleitung in einzelne Zuständigkeitsbereiche/Ressorts kommen unterschiedliche Kriterien in Betracht.[1]

22.16 Die **funktionale Organisation**, die einer langen Tradition des 20. Jahrhunderts entspricht, orientiert die **Geschäftsverteilung** an den wesentlichen unternehmerischen Funktionen im Rahmen der Wertschöpfungskette und ist damit stark **nach internen Abläufen** ausgerichtet.[2] Bei Industrieunternehmen werden die Ressorts z.B. typischerweise definiert als Beschaffung, Fertigung, Vertrieb, Forschung und Entwicklung, Finanzen, Personal, während die Koordination sämtlicher Ressorts dem Vorstandsvorsitzenden zugewiesen ist.

22.17 Die **divisionale Organisation** nimmt die **Geschäftsverteilung nach Geschäftsbereichen oder Sparten** vor. Sie orientiert sich nicht an funktionalen Zusammenhängen und Sachzuständigkeiten im Unternehmen, sondern verfolgt einen verstärkt marktorientierten Ansatz, der meist umfassende Kompetenzen und ein hohes Maß an der selbstständigen Führung des Geschäfts als Profitcenter mit eigener Ergebnisverantwortung umfasst und schnellere Reaktionen auf Marktveränderungen ermöglichen soll.[3] Die Sparte, die regelmäßig unter der Leitung eines Vorstandsmitglieds steht, kann dabei sowohl nach Produkten bzw. Produktgruppen (z.B. Pkw, Lkw, Spezialfahrzeuge), Kundengruppen (z.B. Industrie, Handel, Endverbraucher) oder auch Regionen definiert sein. Die Spartenorganisation ist gerade bei großen Unternehmen mit weitverzweigten Aktivitäten und heterogenen Produktprogrammen weit verbreitet. Nicht selten kommt es auch zu Mischformen mit dem funktionalen Organisationsmodell im Sinne einer **Matrixorganisation**, da bestimmte Zentralfunktionen wie etwa Finanzen, Rechnungswesen, Controlling, Personal, Recht und Steuern übergreifende Zuständigkeiten wahrnehmen.[4] Nach h.M. bestehen gegenüber der Spartenorganisation keine rechtlichen Bedenken, sofern die Anforderungen der Gesamtleitung und Gesamtverantwortung des Vorstands beachtet werden.[5]

22.18 Die Entscheidung über die konkrete Ausgestaltung der eigenen Organisationsstruktur hat der Vorstand im Rahmen seines unternehmerischen Ermessens unter Berücksichtigung der individuellen Situation des Unternehmens wie Größe, Wirtschaftszweig und Wettbewerb sowie der Anforderungen von § 93 Abs. 1 Satz 2 AktG zu treffen.[6]

---

1 Vgl. dazu aus betriebswirtschaftlicher Sicht z.B. *v. Werder*, DB 1987, 2265; *Witt* in Hommelhoff/Hopt/v. Werder, Handbuch Corporate Governance, 2. Aufl. 2009, S. 303, 315.
2 *Fleischer*, NZG 2003, 449, 451; *Heller*, Unternehmensführung, S. 10; *Kort* in Großkomm. AktG, § 76 AktG Rz. 193; *Mielke*, Leitung, S. 13; *Wiedemann*, Gesellschaftsrecht, Bd. 1, 1980, S. 330; *Wettich*, Vorstandsorganisation, S. 14 ff.
3 *Heller*, Unternehmensführung, S. 11; *Schiessl*, ZGR 1992, 64; *Schönbrod*, Spartenorganisation, S. 154; *Schwark*, ZHR 142 (1978), 203, 212; *Wendeling-Schröder*, Divisionalisierung, S. 9; *Wettich*, Vorstandsorganisation, S. 18.
4 *Heller*, Unternehmensführung, S. 23; *Kort* in Großkomm. AktG, § 76 AktG Rz. 194; *Schiessl*, ZGR 1992, 64, 65; *Schönbrod*, Spartenorganisation, S. 107; *Semler*, Überwachung, Rz. 26; *Thamm*, Die rechtliche Verfassung des Vorstands, S. 182.
5 *Fleischer*, ZIP 2003, 1, 7; *Mertens/Cahn* in KölnKomm. AktG, § 77 AktG Rz. 27; *Schwark*, ZHR 142 (1978), 203, 216; *Wendeling-Schröder*, Divisionalisierung, S. 57; kritisch *Karsten Schmidt*, ZGR 1981, 455, 479; vgl. auch Bericht der Unternehmensrechtskommission, 1980, Rz. 1736.
6 Vgl. *Fleischer* in Fleischer, Handbuch des Vorstandsrechts, § 7 Rz. 42; *Hommelhoff*, Konzernleitungspflicht, S. 182; *Mertens/Cahn* in KölnKomm. AktG, § 76 AktG Rz. 9.

II. Rechtliche Bedeutung der Geschäftsverteilung

1. Materielle Auswirkungen

Mit der Einsetzung von funktional oder divisional ausgerichteten Vorstandsressorts wird in das Verhältnis der Organmitglieder untereinander eingegriffen und sowohl die **Verantwortung des einzelnen Vorstandsmitglieds für das eigene Ressort als auch hinsichtlich der fremden Ressorts** modifiziert. Den Vorstandsmitgliedern wird ein definierter Aufgabenbereich zur verantwortlichen Wahrnehmung zugewiesen. In diesem Bereich tragen sie die **Ressortverantwortung**. Ihnen steht damit insoweit abweichend von § 77 Abs. 1 Satz 1 AktG **Einzelgeschäftsführungsbefugnis** zu, das heißt das einzelne Vorstandsmitglied führt seinen Bereich „wie ein eigenes Unternehmen im Gesamtunternehmen"[1]. Es trägt in seinem Ressort die Verantwortung für das laufende Geschäft und strategische Entscheidungen sowie für die Leistungsfähigkeit der Organisation einschließlich der Entwicklung und Kontrolle des Bereichs durch Auswahl, Führung und Überwachung der ihm unterstellten Mitarbeiter.[2] Der „Ressortvorstand" kann **in seinem Bereich grundsätzlich selbständig Entscheidungen treffen** und Maßnahmen ohne vorherige Abstimmung mit seinen Vorstandskollegen durchführen.[3] Dieser Gestaltungsspielraum ist von den übrigen Vorstandsmitgliedern zu respektieren, das heißt sie sind von der unmittelbaren Einwirkung in diesem Bereich ausgeschlossen und dürfen insoweit nicht auf eigene Initiative aktiv werden, sondern müssen sich auf eventuelle Interventionen gegenüber dem Gesamtvorstand beschränken.[4] Trotz Ressortprinzip haben die Vorstandsmitglieder mit Blick auf ihre Gesamtverantwortung kollegial zusammenzuarbeiten.[5]

Die Modifikation der gesetzlichen Zuständigkeit und Verantwortung der Vorstandsmitglieder im Wege der Geschäftsverteilung setzt allerdings deren **recht- und zweckmäßige Ausgestaltung** voraus. Dabei ist zu berücksichtigen, dass es die absolut richtige Geschäftsverteilung nicht gibt.[6] Die Entscheidung ist vielmehr unter Abwägung der Vor- und Nachteile einer kollegialen Führungsstruktur unter Berücksichtigung der konkreten Verhältnisse im jeweiligen Unternehmen vorzunehmen. Zu den Mindestanforderungen an eine ordnungsgemäße Geschäftsverteilung zählen zum Einen die klare, überschneidungs- und widerspruchsfreie Festlegung der einzelnen Ressorts sowie zum Anderen die sachgerechte Auswahl der mit der Ressortleitung betrauten Vorstandsmitglieder. Das betreffende Vorstandsmitglied muss die

---

1 S. *Semler*, Überwachung, Rz. 113.
2 OLG Köln v. 31.8.2000 – 18 U 42/00, AG 2001, 363, 364; *Götz*, AG 1995, 337, 338; *Heller*, Unternehmensführung, S. 43; *Martens* in FS Fleck, 1988, S. 191, 200; *Schiessl*, ZGR 1992, 64, 81.
3 *Fleischer* in Spindler/Stilz, § 77 AktG Rz. 19; *Seyfarth*, Vorstandsrecht, § 2 Rz. 11; zu den deliktsrechtlichen und strafrechtlichen Konsequenzen vgl. z.B. *Dreher*, ZGR 1992, 22, 32 ff.; *Spindler* in Fleischer, Handbuch des Vorstandsrechts, § 13 Rz. 80 und § 15 Rz. 82 ff.; *Spindler*, Unternehmensorganisationspflichten, S. 702 ff.
4 BGH v. 13.7.1998 – II ZR 131/97, AG 1998, 519, 520; OLG Koblenz v. 22.11.2007 – 6 U 1170/07, GmbHR 2008, 37, 39 (zur GmbH); *Dose*, Rechtsstellung, S. 56; *Fleischer* in Fleischer, Handbuch des Vorstandsrechts, § 8 Rz. 9; *Heller*, Unternehmensführung, S. 44; *Mielke*, Leitung, S. 54; *Semler* in FS Döllerer, 1988, S. 571, 580; *Spindler* in MünchKomm. AktG, § 77 AktG Rz. 55; vgl. auch *Resch*, GesRZ 2000, 2, 5.
5 BGH v. 13.7.1998 – II ZR 131/97, AG 1998, 519; *Mertens/Cahn* in KölnKomm. AktG, § 93 AktG Rz. 81; *Raiser/Veil*, Kapitalgesellschaften, § 14 Rz. 83; zu weitgehend aber *Bedkowski*, Geschäftsleiterpflichten, S. 186: „geschlossen hinter jedem Akt der Geschäftsführung".
6 Ebenso *Potthoff* in FS Lück, 2003, S. 101, 109.

für den jeweiligen Bereich **erforderliche sachliche und persönliche Eignung** aufweisen.[1] Fehlt es daran und beruht die Geschäftsverteilung auf einer Entscheidung des Vorstands, wird die bezweckte Modifikation der Verantwortung der Vorstandsmitglieder nicht erreicht. Alle an der Entscheidung beteiligten Vorstandsmitglieder haften für die fehlerhafte Auswahlentscheidung gem. § 93 Abs. 1 AktG[2], denn die Zuständigkeit des Vorstands schließt auch die Verantwortung ein, für die Rechtmäßigkeit seiner eigenen Organisation zu sorgen.[3] In der Unternehmenspraxis geht die Festlegung der Ressorts und die Geschäftsverteilung auf die einzelnen Vorstandsmitglieder vielfach nicht vom Vorstand aus, sondern **wird vom Aufsichtsrat beschlossen**. Dann kann den Vorstandsmitgliedern grundsätzlich keine fehlerhafte Organisations- und Auswahlentscheidung vorgeworfen werden. Im Fall der unklaren oder nicht überschneidungsfreien Geschäftsverteilung oder der fehlenden Eignung eines Vorstandsmitglieds für das ihm übertragene Ressort trifft die Vorstandsmitglieder jedoch eine besondere Überwachungspflicht. Zudem sind sie verpflichtet, den Aufsichtsrat auf diese Organisationsdefizite aufmerksam zu machen.[4]

22.21 Ungeachtet der besonderen Zuständigkeit und Verantwortung für das eigene Ressort hat jedes Vorstandsmitglied den gemeinsam festgelegten Handlungsrahmen (Jahresplanung, Richtlinien etc.) sowie die Anforderungen zu beachten, die sich unter anderem aus dem Gesetz, der Satzung und Geschäftsordnung oder aus dem Prinzip der Gesamtverantwortung ergeben (s. dazu Rz. 22.26). Die Einzelgeschäftsführungsbefugnis entfällt im Übrigen auch dort, wo die Entscheidung oder Maßnahme der Ressortleitung ein anderes Ressort berührt. Eine Ausstrahlung auf andere Ressorts ist in der Praxis häufig gegeben, da sich die Vorgänge nur schwer auf ein Ressort begrenzen lassen. In diesem Fall bedarf es der Abstimmung mit dem betroffenen anderen Ressortvorstand. In vielen Gesellschaften wird darüber hinaus auch ausdrücklich bestimmt, dass bei Geschäften oder Vorgängen, auch wenn sie nur das Einzelressort betreffen, wegen ihrer finanziellen Größenordnung, des damit verbundenen Risikos oder ihrer sonstigen Bedeutung für das Unternehmen gleichwohl die **vorherige Entscheidung des Gesamtvorstands** eingeholt werden muss (zu Fragen der Haftung s. Rz. 22.98).

22.22 Die Einrichtung von speziellen Vorstandsressorts führt zu einer **gespaltenen Pflichtenstellung** der Vorstandsmitglieder, nämlich in eine unmittelbar verwaltende und eine beaufsichtigende Tätigkeit.[5] Hinsichtlich des **eigenen Ressorts** hat jedes Vorstandsmitglied **Informationspflichten gegenüber dem Gesamtvorstand** zu beachten sowie regelmäßig und anlassunabhängig von sich aus in den Vorstandssitzungen zu berichten. Es hat ferner dafür zu sorgen, dass alle relevanten Daten aus dem Ressort in das unternehmensinterne Berichtssystem (Management Informations System) eingegeben oder an das Controlling weitergeleitet werden. Soweit es sich um wesentliche Vorgänge handelt, sowie auf Nachfrage aus dem

---

1 BGH v. 26.6.1995 – II ZR 109/94, GmbHR 1995, 653, 654 (zur GmbH); *Fleischer* in Fleischer, Handbuch des Vorstandsrechts, § 8 Rz. 15; *Mertens/Cahn* in KölnKomm. AktG, § 77 AktG Rz. 24; BGH v. 20.10.1954 – II ZR 280/53, BGHZ 15, 71, 78; BFH v. 26.4.1984 – V R 128/79, BFHE 141, 443, 447 = ZIP 1984, 1345 (zur GmbH); *Paefgen* in Ulmer/Habersack/Löbbe, § 35 GmbHG Rz. 175a.
2 *Fleischer*, NZG 2003, 449, 453; *Habersack*, WM 2005, 2360, 2362; *Wettich*, Vorstandsorganisation, S. 232.
3 *Hopt/Roth* in Großkomm. AktG, § 93 AktG Rz. 157; *Mertens/Cahn* in KölnKomm. AktG, § 77 AktG Rz. 24; *Thamm*, Die rechtliche Verfassung des Vorstands, S. 342.
4 BGH v. 20.10.1954 – II ZR 280/53, BGHZ 15, 71, 78; *Wettich*, Vorstandsorganisation, S. 233.
5 *Fleischer*, NZG 2003, 449, 452; *Heller*, Unternehmensführung, S. 42; *Spindler* in MünchKomm. AktG, § 77 AktG Rz. 56.

Vorstand reicht die Informationspflicht auch darüber hinaus.[1] Dazu zählt auch die Information über die im eigenen Zuständigkeitsbereich bereits eingetretenen oder zu erwartenden Planabweichungen sowie eventuell vorgesehene oder bereits eingeleitete Korrekturmaßnahmen. Was die **fremden Ressorts** anbetrifft, so sind die Vorstandsmitglieder von der laufenden Geschäftsführung ausgeschlossen. Sie haben aber neben der eigenen Ressortverantwortung auch **Überwachungspflichten hinsichtlich der fremden Ressorts**, nämlich die Aufgabenerledigung durch die anderen Vorstandsmitglieder und den Gang der Geschäfte sorgfältig, kontinuierlich und angemessen[2] auf Recht- und Ordnungsmäßigkeit sowie Zweckmäßigkeit hin zu beobachten.[3] Dazu steht ihnen ein **Informationsanspruch** hinsichtlich aller Angelegenheiten der Gesellschaft zu, auch wenn sie allein das Ressort eines anderen Vorstandsmitglieds betreffen.[4] Wird das Vorstandsmitglied an der Wahrnehmung der Überwachungsverantwortung durch Vorenthaltung von Informationen gehindert, ist es zur Amtsniederlegung und Kündigung des Anstellungsverhältnisses aus wichtigem Grund berechtigt.[5] Die Grundsätze über die kollegiale Überwachungspflicht der Vorstandsmitglieder besteht in gleicher Weise sowohl in der funktionalen als auch in der divisionalen Organisationsstruktur.[6]

Die wechselseitige horizontale Überwachungspflicht beruht auf der Gesamtverantwortung des Vorstands. Treffend sind die Vorstandsmitglieder als die **primär zuständigen Kontrolleure der Vorstandsarbeit** bezeichnet worden.[7] Diese Aufgabe entfällt nicht dadurch, dass im Unternehmen z.B. eine gesonderte Controlling-Einheit oder im Vorstand ein spezielles Controlling-Ressort besteht.[8] Allerdings sind eigene Anstrengungen oder gar aktive Nachforschungen zur Überprüfung der Amtsführung der Vorstandskollegen nicht erforderlich.[9] Dies gilt insbesondere dann, wenn die Entwicklung des Unternehmens plangemäß verläuft und

22.23

---

1 *Heller*, Unternehmensführung, S. 40; *Martens* in FS Fleck, 1988, S. 191, 197; *Mielke*, Leitung, S. 74; *Turiaux/Knigge*, DB 2004, 2199, 2203; *Wiesner* in MünchHdb. AG, § 22 Rz. 24; speziell zur Verantwortung im Rechnungswesen vgl. *Fleischer*, WM 2006, 2021, 2024.
2 BGH v. 20.2.1995 – II ZR 9/94, GmbHR 1995, 299, 300; BGH v. 26.6.1995 – II ZR 109/94, GmbHR 1995, 653, 654; *Kleindiek* in Lutter/Hommelhoff, § 43 GmbHG Rz. 29; *Weber* in Hölters, § 77 AktG Rz. 34.
3 OLG Köln v. 31.8.2000 – 18 U 42/00, AG 2001, 363, 364; *Dose*, Rechtsstellung, S. 57; *Hoffmann-Becking*, ZGR 1998, 497, 512; *Fleischer* in Fleischer, Handbuch des Vorstandsrechts, § 8 Rz. 10; *Götz*, AG 1995, 337, 339; *Habersack*, WM 2005, 2360, 2362; *Richter* in Semler/Peltzer/Kubis, ArbeitsHdb. Vorstandsmitglieder, § 5 Rz. 48; *Schiessl*, ZGR 1992, 64, 68; vgl. auch OLG Hamm v. 24.4.1991 – 8 U 188/90, GmbHR 1992, 375, 377 (zur GmbH).
4 OLG Koblenz v. 22.11.2007 – 6 U 1170/07, GmbHR 2008, 37, 38 (zur GmbH); *Altmeppen* in Roth/Altmeppen, § 43 GmbHG Rz. 24; einschränkend OLG Karlsruhe v. 4.5.1999 – 8 U 153/97, NZG 2000, 264, 266; *Kleindiek* in Lutter/Hommelhoff, § 37 GmbHG Rz. 32.
5 BGH v. 26.6.1995 – II ZR 109/94, ZIP 1995, 1334, 1336; *Altmeppen* in Roth/Altmeppen, § 43 GmbHG Rz. 24.
6 *Nietsch*, ZIP 2013, 1449, 1452; *Richter* in Semler/Peltzer/Kubis, ArbeitsHdb. Vorstandsmitglieder, § 5 Rz. 48; *Schwark*, ZHR 142 (1978), 203, 216; *Semler* in FS Döllerer, 1988, S. 571, 581.
7 *Martens* in FS Fleck, 1988, S. 191, 201; zustimmend *Fleischer*, NZG 2003, 449, 459; *Hoffmann-Becking*, ZGR 1998, 497, 513; *Mertens/Cahn* in KölnKomm. AktG, § 77 AktG Rz. 25; *Kubis* in Semler/Peltzer/Kubis, ArbeitsHdb. Vorstandsmitglieder, § 1 Rz. 320; vgl. auch LG Berlin v. 3.7.2002 – 2 O 358/01, AG 2002, 682, 684 – Hypothekenbank.
8 *Heller*, Unternehmensführung, S. 43; *Hoffmann-Becking*, NZG 2003, 745, 747; *Kort* in Großkomm. AktG, § 77 AktG Rz. 35; *Nietsch*, ZIP 2013, 1449, 1451; weitergehend *Martens* in FS Fleck, 1988, S. 191, 200; s. auch *Götz*, AG 1995, 337, 338.
9 *Hopt/Roth* in Großkomm. AktG, § 93 AktG Rz. 375; *Mielke*, Leitung, S. 75; *Uwe H. Schneider*, DB 1993, 1909, 1912; *Spindler* in MünchKomm. AktG, § 93 AktG Rz. 153; vgl. auch OLG Hamm v. 24.4.1991 – 8 U 188/90, GmbHR 1992, 375, 377 (zur GmbH).

Gewinne erwirtschaftet werden. Nach verbreiteter Ansicht lassen sich allgemeine Grundsätze, wie die Überwachung der fremden Ressorts konkret erfolgen soll, nicht finden.[1] Abzustellen ist vielmehr auf die **Umstände des Einzelfalls**[2], nämlich insbesondere die Größe und den Diversifizierungsgrad des Unternehmens, die Spezialisierung und individuelle Erfahrung des zu überwachenden Vorstandsmitglieds, die Lage des Unternehmens und die Sicherheit der Planerfüllung aber auch die Art und die Höhe der betroffenen Risiken, für die das einzelne Vorstandsmitglied Verantwortung trägt.[3] Im Allgemeinen muss jedoch berücksichtigt werden, dass sich die Geschäftsverteilung im Vorstand und die gemeinsame Wahrnehmung der Leitungsaufgabe auf das **gegenseitige Vertrauen** in die verantwortliche und qualifizierte Wahrnehmung der jeweiligen Ressortzuständigkeit stützt. Dies bedeutet, dass sich die Vorstandsmitglieder grundsätzlich darauf verlassen können (müssen), dass jedes Vorstandsmitglied seine Kollegen sowohl offen und gewissenhaft über die laufende Entwicklung unterrichtet, als auch über wesentliche Vorkommnisse seines Bereichs unverzüglich in Kenntnis setzt, insbesondere dann, wenn es um Abweichungen gegenüber den bisherigen Erwartungen oder früheren Berichten im Vorstand geht.[4] Allerdings darf sich ein Vorstandsmitglied nicht allein auf die (mehr oder weniger aufmerksame) Kenntnisnahme in der Vorstandssitzung beschränken, sondern hat die Informationen über die Nachbarressorts z.B. daraufhin auszuwerten, ob Informationslücken oder Plausibilitätsdefizite bestehen.[5] „Blindes Vertrauen" auf die ordnungsgemäße Tätigkeit eines Vorstandskollegen kann nicht das Unterlassen der gegenseitigen Überwachung rechtfertigen und ist pflichtwidrig.[6]

22.24 In besonderen Situationen bestehen gesteigerte Überwachungspflichten. Ergeben sich bei einem Vorstandsmitglied **konkrete Anhaltspunkte oder Verdachtsmomente** (z.B. lückenhafte oder widersprüchliche Berichterstattung, naheliegende Interessenkonflikte, Hinweise von Vorstandskollegen, gegebenenfalls auch substantiierte Hinweise aus dem Unternehmen oder von Dritten), für eine sorgfaltswidrige oder gar rechtswidrige Geschäftsführung, ist jedes andere Vorstandsmitglied ungeachtet der bestehenden Ressortverteilung nicht nur **zum Einschreiten berechtigt**, sondern sogar **verpflichtet, aktiv zu werden**.[7]

---

1 *Hoffmann-Becking*, ZGR 1998, 497, 513; *Hopt/Roth* in Großkomm. AktG, § 93 AktG Rz. 376; *Spindler* in MünchKomm. AktG, § 77 AktG Rz. 57 und § 93 AktG Rz. 152.
2 *Fleischer*, NZG 2003, 449, 453 „Maß und Gradfrage"; s. auch *Löbbe/Fischbach*, AG 2014, 717, 721; *Weber* in Hölters, § 77 AktG Rz. 36.
3 OLG Köln v. 31.8.2000 – 18 U 42/00, AG 2001, 363, 364; s. im Einzelnen *Fleischer* in Fleischer, Handbuch des Vorstandsrechts, § 8 Rz. 22; *Heller*, Unternehmensführung, S. 45; *Löbbe/Fischbach*, AG 2014, 717, 720; vgl. auch *Bertschinger*, Arbeitsteilung und aktienrechtliche Verantwortlichkeit, 1999, S. 99; vgl. auch *Haas*, Geschäftsführerhaftung, S. 287; *Wolf*, VersR 2005, 1042, 1043.
4 BGH v. 15.10.1996 – VI ZR 319/95, BGHZ 133, 370, 377 = AG 1997, 37; OLG Köln v. 31.8.2000 – 18 U 42/00, AG 2001, 363, 364; OLG Düsseldorf v. 6.2.1992 – 6 U 17/91, GmbHR 1992, 675, 677; *Mertens/Cahn* in KölnKomm. AktG, § 77 AktG Rz. 50; *Habersack*, WM 2005, 2360, 2362; *Hopt/ Roth* in Großkomm. AktG, § 93 AktG Rz. 383; *M. Roth*, Unternehmerisches Ermessen, S. 117; strenger *Mertens/Cahn* in KölnKomm. AktG, § 93 AktG Rz. 92.
5 *Heller*, Unternehmensführung, S. 45; *Hopt/Roth* in Großkomm. AktG, § 93 AktG Rz. 376; *Seibt* in K. Schmidt/Lutter, § 77 AktG Rz. 18; *Spindler* in MünchKomm. AktG, § 93 AktG Rz. 142; *Wolf*, VersR 2005, 1042, 1043; weitergehend VG Frankfurt a.M. v. 8.7.2004 – 1 E 7363/03, AG 2005, 264; kritisch dazu z.B. *Habersack*, WM 2005, 2360; *Hüffer/Koch*, § 93 AktG Rz. 42; *Wolf*, VersR 2005, 1042.
6 BGH v. 8.12.1977 – II ZR 219/75, AG 1978, 162, 165; *Bedkowski*, Geschäftsleiterpflichten, S. 186; *Mertens/Cahn* in KölnKomm. AktG, § 93 AktG Rz. 93.
7 BGH v. 15.10.1996 – VI ZR 319/95, BGHZ 133, 370, 378 = AG 1997, 37 (zur GmbH); BGH v. 20.3.1986 – II ZR 114/85, GmbHR 1986, 302, 303; BGH v. 8.7.1985 – II ZR 198/84, GmbHR 1985,

Auch in **finanziellen Krisenzeiten** wird von den Organmitgliedern nach der Rechtsprechung eine strengere Wahrnehmung der Überwachungspflicht erwartet.[1] Treten in einem Geschäftsbereich etwa besondere Probleme oder gar Missstände auf, werden die verabschiedeten Planziele ohne plausible Erklärung signifikant verfehlt, lassen sich Informationen aus einem Geschäftsbereich nicht mit den Entwicklungen aus anderen Geschäftsbereichen vereinbaren oder werden festgelegte Termine zur Berichterstattung nicht eingehalten, sind die übrigen Vorstandsmitglieder **zur erhöhten Wachsamkeit aufgerufen** und verpflichtet, sich von der Effizienz und Ordnungsmäßigkeit der Aufgabenerledigung in dem verantwortlichen Ressort zu vergewissern.[2] Dies gilt erst recht, wenn die Informationen aus einem anderen Geschäftsbereich den Erkenntnissen aus ihrem eigenen Ressort widersprechen. Die Rechtsprechung stellt speziell im Hinblick auf die Verpflichtung zur Abführung der Arbeitnehmerbeiträge zur Sozialversicherung hohe Anforderungen an die Überwachungspflicht und verlangt im Einzelfall ungeachtet des Risikos negativer Rückwirkungen auf das Unternehmen sogar **Nachforschungen bei Dritten**.[3] In weit verzweigten Großunternehmen mit zahllosen Unternehmenszweigen und Sparten, die mit relativ großer Eigenständigkeit agieren, und der großen Zahl komplexer Vorgänge in den einzelnen Ressorts, die für die anderen Ressorts wegen der dabei erforderlichen Spezialkenntnisse oftmals kaum im Detail zu beurteilen sind, wird man freilich die Anforderungen an ein einzelnes Vorstandsmitglied auch nicht überspannen dürfen.

22.25

Die **Auswahl der konkreten Überwachungsmaßnahme** steht im Ermessen des Organmitglieds.[4] Im Allgemeinen muss es ausreichen, wenn sich das Vorstandsmitglied mit den Informationen aus und über die Nachbarressorts sorgfältig auseinandersetzt und in seinem eigenen Ressort durch die fachliche Qualifikation der Mitarbeiter, die sachgerechte Führung und Organisation der Stäbe und Abteilungen sowie eine effiziente Informationsstruktur dafür sorgt, dass Fälle von Fehlentwicklungen in anderen Ressorts frühzeitig bemerkt werden

22.26

19, 20 (zur GmbH); OLG Frankfurt a.M. v. 23.1.2004 – 24 U 135/03, GmbHR 2004, 1016; OLG Hamburg v. 18.2.2000 – 11 U 213/98, AG 2001, 141, 144; OLG Köln v. 31.8.2000 – 18 U 42/00, AG 2001, 363, 364; OLG Bremen v. 18.5.1999 – 3 U 2/98, ZIP 1999, 1671, 1676; *Arnold/Rothenburg* in Semler/Peltzer/Kubis, ArbeitsHdb. Vorstandsmitglieder, § 7 Rz. 37; *Buchta*, DStR 2003, 694, 698; *Fleischer* in Fleischer, Handbuch des Vorstandsrechts, § 8 Rz. 19; *Götz*, AG 1995, 337, 339; *Heller*, Unternehmensführung, S. 45; *Kort* in Großkomm. AktG, § 77 AktG Rz. 38; *Mertens/Cahn* in KölnKomm. AktG, § 77 AktG Rz. 28; *Nietsch*, ZIP 2013, 1449, 1452; *M. Roth*, Unternehmerisches Ermessen, S. 117; *Turiaux/Knigge*, DB 2004, 2199, 2203; die Rechtsprechung zu § 130 Abs. 1 OWiG kann im Übrigen als Orientierung dienen.

1 BGH v. 15.10.1996 – VI ZR 319/95, BGHZ 133, 370, 379 = AG 1997, 37 (zur GmbH); kritisch dazu z.B. *Uwe H. Schneider*, EWiR 1997, 37, 38; BGH v. 9.1.2001 – VI ZR 407/99, GmbHR 2001, 236, 237; OLG Düsseldorf v. 27.10.1995 – 22 U 53/95, GmbHR 1996, 368; *Kleindiek* in Lutter/Hommelhoff, § 37 GmbHG Rz. 32; *Mertens/Cahn* in KölnKomm. AktG, § 77 AktG Rz. 24; *Spindler* in MünchKomm. AktG, § 93 AktG Rz. 156; *Wettich*, Vorstandsorganisation, S. 249 ff.
2 Entgegen *Götz*, AG 1995, 337, 338, sind hinsichtlich der Zuverlässigkeit der Internen Revision und des Controlling allerdings im Vergleich zu den anderen Ressorts keine besonderen Überwachungspflichten der übrigen Vorstandsmitglieder anzuerkennen.
3 BGH v. 9.1.2001 – VI ZR 407/99, GmbHR 2001, 236, 237, es handelte sich allerdings um eine GmbH mit nur zwei Geschäftsführern; s. auch *Peters*, GmbHR 2008, 682, 685.
4 *Jaeger/Trölitzsch*, ZIP 1995, 1157, 1159; *M. Roth*, Unternehmerisches Ermessen, S. 116; vgl. auch *Fleischer* in Fleischer, Handbuch des Vorstandsrechts, § 7 Rz. 55.

und ihm direkt gemeldet werden können.[1] Ein gesteigertes generelles Misstrauen gegenüber anderen Vorstandskollegen ist weder angemessen noch wird es erwartet.[2]

22.27 Unter Berücksichtigung des Grundsatzes der vertrauensvollen Zusammenarbeit ist der **Interventionspflicht** eines Vorstandsmitglieds im Allgemeinen durch das unverzügliche direkte Gespräch mit dem Kollegen oder mit der Information des Vorstandsvorsitzenden Genüge getan, damit die Angelegenheit umgehend mit dem betreffenden Vorstandsmitglied erörtert werden kann.[3] Findet eine befriedigende Klärung allerdings nicht statt, so ist das Vorstandsmitglied verpflichtet, den Handlungen des anderen Vorstandsmitglieds zu widersprechen und die Angelegenheit dem Gesamtvorstand zur Entscheidung vorzulegen, so dass eine für alle Organmitglieder verbindliche Kollegialentscheidung herbeigeführt werden kann. Vgl. zur Sorgfaltspflicht und Haftung generell oben *Krieger*, Rz. 3.1 ff. Die Satzung oder die Geschäftsordnung kann dem einzelnen Vorstandsmitglied darüber hinaus ein Widerspruchsrecht einräumen und dessen Voraussetzungen und Rechtsfolgen näher regeln. Oftmals wird in Geschäftsordnungen vorgesehen, dass eine Maßnahme zu unterbleiben hat, bis der Gesamtvorstand entschieden hat.[4] Im Ausnahmefall hat das Vorstandsmitglied die Abberufung des pflichtwidrig handelnden Vorstandskollegen durch den Aufsichtsrat anzuregen.[5]

22.28 Die Ressortbildung hat bei der **mehrgliedrigen Geschäftsführung der GmbH** grundsätzlich die gleichen Wirkungen. Insbesondere bei Großunternehmen in der Rechtsform der GmbH ist die Organisation der Geschäftsleitung oftmals der AG angeglichen. Auch hier besteht eine **gespaltene Pflichtenstellung des einzelnen Geschäftsführers**, die hinsichtlich des fremden Ressorts nur eine Überwachungs- und gegebenenfalls eine Interventionspflicht begründet.[6] Nach überwiegender Ansicht kann in der mitbestimmungsfreien GmbH nach § 37 Abs. 1 GmbHG kraft des Weisungsrechts der Gesellschafterversammlung durch Beschluss einem Teil der Mitglieder der Geschäftsführung aufgegeben werden, sich jeder aktiven Tätigkeit für die Gesellschaft zu enthalten.[7] Im Unterschied zur AG gilt in der GmbH nicht der

---

1 Vgl. auch *Hüffer/Koch*, § 77 AktG Rz. 15; *Martens* in FS Fleck, 1988, S. 191, 195; *Uwe H. Schneider*, DB 1993, 1909, 1912;vgl. auch *Semler* in FS Lutter, 2000, S. 721, 731; *Kleindiek* in Lutter/Hommelhoff, § 43 GmbHG Rz. 30; die Einführung von „Spiegelreferaten" in den einzelnen Ressorts etwa nach dem Vorbild des Bundeskanzleramts wäre zweifelsfrei überzogen.
2 *Wolf*, VersR 2005, 1042, 1044; s. auch *Fleischer* in Spindler/Stilz, § 77 AktG Rz. 55; *Haas/Ziemons* in Michalski, § 43 GmbHG Rz. 161a; *Spindler* in MünchKomm. AktG, § 93 AktG Rz. 153.
3 *Nietsch*, ZIP 2013, 1449, 1452; *Richter* in Semler/Peltzer/Kubis, ArbeitsHdb. Vorstandsmitglieder, § 5 Rz. 51; für direkte Einschaltung des Vorstandsplenums hingegen *Kort* in Großkomm. AktG, § 77 AktG Rz. 38; *Mertens/Cahn* in KölnKomm. AktG, § 77 AktG Rz. 28; *Kleindiek* in Lutter/Hommelhoff, § 37 GmbHG Rz. 30.
4 *Kort* in Großkomm. AktG, § 77 AktG Rz. 24c; *Mertens/Cahn* in KölnKomm. AktG, § 77 AktG Rz. 29; *Spindler* in MünchKomm. AktG, § 77 AktG Rz. 59.
5 Vgl. *Fleischer*, BB 2004, 2645, 2649; *Mertens/Cahn* in KölnKomm. AktG, § 77 AktG Rz. 49.
6 Vgl. BGH v. 1.3.1993 – II ZR 81/94, GmbHR 1994, 460, 462; OLG Schleswig-Holstein v. 7.12.2001 – 14 U 122/01, GmbHR 2002, 216, 218; OLG Karlsruhe v. 4.5.1999 – 8 U 153/97, NZG 2000, 264, 266; OLG Koblenz v. 22.11.2007 – 6 U 1170/07, GmbHR 2008, 37, 39; OLG Koblenz v. 9.6.1998 – 3 U 1662/89, NZG 1998, 953, 954; RG v. 3.2.1920 – II 272/19, RGZ 98, 98, 100; *Altmeppen* in Roth/Altmeppen, § 43 GmbHG Rz. 21; *Haas*, Geschäftsführerhaftung, S. 286; *Kleindiek* in Lutter/Hommelhoff, § 43 GmbHG Rz. 29 *Rohde*, JuS 1995, 965, 966; *Uwe H. Schneider* in Scholz, § 43 GmbHG Rz. 39; *Zöllner/Noack* in Baumbach/Hueck, § 35 GmbHG Rz. 33.
7 OLG Hamm v. 8.7.1985 – 8 U 295/83, ZIP 1986, 1188, 1193; *Altmeppen* in Roth/Altmeppen, § 37 GmbHG Rz. 5; *Heisse*, Geschäftsführerhaftung, S. 83; *Koppensteiner/Gruber* in Rowedder/Schmidt-Leithoff, § 37 GmbHG Rz. 22; a.A. *Wiedemann*, Gesellschaftsrecht, Bd. 1, 1980, S. 336; *Zöllner*,

Grundsatz der gleichberechtigten Rechtsstellung der Geschäftsführer[1], so dass so genannte **Zölibatsklauseln** zulässig sind. Sie beseitigen jedoch nur die Geschäftsführungsbefugnis für das laufende Geschäft. Die Rechte und Pflichten im Rahmen der gegenseitigen Überwachung, die generell bei krisenhafter Entwicklung der Gesellschaft ohnehin von allen Geschäftsführern besonders intensiv auszuüben sind[2], wie auch die gesetzlichen Pflichten der Geschäftsführer (z.B. §§ 30 Abs. 1, 49 Abs. 3, 64 GmbHG, § 15a InsO), bleiben davon allerdings unberührt.[3]

2. Materielle Schranken der Geschäftsverteilung

Eine generelle Beschränkung der Ressortbildung und Einzelgeschäftsführungsbefugnis ergibt sich in der AG zunächst für die Aufgaben, bei denen das Gesetz den **Vorstand als solchen als Adressat** meint, insbesondere: §§ 83, 90, 91 Abs. 1, Abs. 2[4], 92, 110 Abs. 1, 118 Abs. 2, 121 Abs. 2, 124 Abs. 3 Satz 1, 126 Abs. 1, 131, 161[5], 170, 186 Abs. 4 Satz 2 und § 245 Nr. 4 AktG.

22.29

Typischer Gegenstand der Gesamtverantwortung ist die Pflicht zur **Aufstellung des Jahresabschlusses** gem. § 264 Abs. 1 HGB.[6] Die Gesamtverantwortung wird nachdrücklich dadurch zum Ausdruck gebracht, dass die Unterzeichnung des festgestellten Jahresabschlusses nach § 245 HGB nach ganz herrschender Ansicht durch alle Mitglieder des Vorstands, einschließlich der stellvertretenden Mitglieder, zu erfolgen hat.[7] Der Gesamtverantwortung unterliegt auch der so genannte **Bilanzeid**, den der Vorstand von börsennotierten Gesellschaften nach §§ 264 Abs. 2 Satz 3, 289 Abs. 1 Satz 5, 297 Abs. 2 Satz 4 und 315 Abs. 1 Satz 6 HGB abzugeben hat. Nach dem in Anlehnung an die Regelung in Section 302 Sarbanes Oxley Act vorgesehenen Bilanzeid[8] haben die Mitglieder des Vorstands schriftlich zu versichern, dass der Jahres-

22.30

ZGR 1977, 319, 325; *Zöllner/Noack* in Baumbach/Hueck, § 35 GmbHG Rz. 34, § 37 GmbHG Rz. 17.

1 *Koppensteiner/Gruber* in Rowedder/Schmidt-Leithoff, § 37 GmbHG Rz. 22; *Zöllner/Noack* in Baumbach/Hueck, § 37 GmbHG Rz. 33.
2 BGH v. 1.3.1993 – II ZR 81/94, GmbHR 1994, 460, 461; *Karsten Schmidt* in Scholz, § 64 GmbHG Rz. 210; *Seyfarth*, Vorstandsrecht, § 8 Rz. 123; *Wiesner* in MünchHdb. AG, § 22 Rz. 24.
3 *Haas*, Geschäftsführerhaftung, S. 281; *Heisse*, Geschäftsführerhaftung, S. 84; *Hommelhoff*, ZGR 1978, 119, 129; *Lutter*, ZIP 1986, 1195, 1196; *Kleindiek* in Lutter/Hommelhoff, § 37 GmbHG Rz. 39; *Peters*, GmbHR 2008, 682, 684; s. z.B. auch BGH v. 20.2.1995 – II ZR 9/94, GmbHR 1995, 299, 300; differenzierend *Ulmer* in FS Schwark, 2009, S. 271, 281.
4 Vgl. zur gemeinsamen Verantwortung für das Risikofrüherkennungssystem z.B. LG Berlin v. 3.7.2002 – 2 O 358/01, AG 2002, 682, 684 – Hypothekenbank; *Arnold* in Marsch-Barner/Schäfer, Handbuch börsennotierte AG, § 19 Rz. 16; *Buchta*, DStR 2003, 694, 698; *Preußner/Zimmermann*, AG 2002, 657, 661; *Wiesner* in MünchHdb. AG, § 25 Rz. 11.
5 Vgl. zur gemeinsamen Verantwortung für die Entsprechenserklärung z.B. *Leyens* in Großkomm. AktG, § 161 AktG Rz. 143; *Hüffer/Koch*, § 161 AktG Rz. 6; *Radke*, Die Entsprechenserklärung zum Deutschen Corporate Governance Kodex nach § 161 AktG, 2004, S. 79; *E. Vetter*, DNotZ 2003, 748, 755; s. auch BGH v. 16.2.2009 – II ZR 185/07, AG 2009, 285, 289; dazu *E. Vetter*, NZG 2009, 561.
6 BGH v. 12.1.2009 – II ZR 27/08, GmbHR 2009, 434; OLG Karlsruhe v. 21.11.1986 – 15 U 78/84, AG 1989, 35, 37; *Adler/Düring/Schmaltz*, Rechnungslegung und Prüfung der Unternehmen, 6. Aufl. 1997, § 91 AktG Rz. 7; *Mertens/Cahn* in KölnKomm. AktG, § 91 AktG Rz. 7; *Niemeier*, WPg 2006, 173, 184; *Wiesner* in MünchHdb. AG, § 25 Rz. 124.
7 *Claussen/Korth* in KölnKomm. AktG, § 245 HGB Rz. 3; *Erle*, WPg 1987, 637, 638; *Hüffer/Koch*, § 91 AktG Rz. 3; *Nonnenmacher* in Marsch-Barner/Schäfer, Handbuch börsennotierte AG, § 55 Rz. 28; *Spindler* in MünchKomm. AktG, § 91 AktG Rz. 6.
8 Vgl. dazu *Fleischer*, WM 2006, 2021 ff.; *Fleischer*, ZIP 2007, 97 ff.; *Seyfarth*, Vorstandsrecht, § 8 Rz. 109.

abschluss nach bestem Wissen ein den tatsächlichen Verhältnissen entsprechendes Bild der Vermögens-, Finanz- und Ertragslage vermittelt und dass im Lagebericht der Geschäftsverlauf einschließlich des Geschäftsergebnisses und die Lage der Gesellschaft so dargestellt werden, dass ein den tatsächlichen Verhältnissen entsprechendes Bild vermittelt wird. Die gleiche Verpflichtung besteht nach § 115 Abs. 2 Nr. 3 WpHG (§ 37w Abs. 2 Nr. 3 WpHG a.F.)[1] für die börsennotierte AG hinsichtlich des **Halbjahresfinanzberichts**.

22.31 Die Gesamtverantwortung der Vorstandsmitglieder speziell hinsichtlich der **Aufstellung und Veröffentlichung des Jahresabschlusses und des Lageberichts** sowie für die börsennotierte AG zusätzlich hinsichtlich der **Erklärung zur Unternehmensführung** nach § 289a HGB sowie der **Erklärung zur Corporate Governance** wird im Übrigen in Art. 50b der 4. Gesellschaftsrechts-Richtlinie, die durch die Richtlinie 2006/46/EG vom 14.6.2006[2] geändert worden ist, ausdrücklich betont, ohne dass hierdurch die Möglichkeit der Delegation von vorbereitenden Arbeiten für die Entscheidung des Gesamtvorstands eingeschränkt werden soll.[3] Die Gesamtverantwortung aller Vorstandsmitglieder bleibt in jedem Fall bestehen, wobei damit keine Erfolgshaftung der Vorstandsmitglieder verbunden ist.[4]

22.32 Weitere Aufgaben, die in der Verantwortung des Gesamtvorstandes liegen und die nicht von einzelnen Mitgliedern wahrgenommen werden können, bestehen bei solchen Maßnahmen, die unmittelbar das **Verhältnis zu Aufsichtsrat und Hauptversammlung** als den beiden anderen Organen der Gesellschaft betreffen.[5]

22.33 Dem Gesamtvorstand obliegen nach verbreiteter wenn auch nicht einhelliger Ansicht zentrale Aufgaben, nämlich die **generelle Leitungsverantwortung**[6], bzw. die Wahrnehmung der **originären Führungsfunktionen**[7], wie die Unternehmensplanung, Unternehmenskoordination, Unternehmenskontrolle und Führungspostenbesetzung, die **nicht zur Disposition** stehen und auch nicht eingeschränkt werden können.[8] Weitere spezielle gesetzliche Pflichtaufgaben ergeben sich z.B. aus § 34 AO, Art. 17 Marktmissbrauchs-VO, §§ 16 Abs. 3, 27 Abs. 1 WpÜG, § 10 WpPG. Soweit es bei den genannten Aufgaben lediglich um vorbereitende Arbeiten einschließlich Beschlussvorlagen geht, steht einer Übertragung auf ein einzelnes Organmitglied

---

1 Neuzählung des WpHG durch das Zweite Gesetz zur Novellierung von Finanzmarktvorschriften auf Grund europäischer Rechtsakte (Zweites Finanzmarktnovellierungsgesetz – 2. FiMaNoG) vom 23.6.2017 (BGBl. I 2017, 1693).
2 Richtlinie 2006/46/EG vom 14.6.2006, ABl. EG Nr. L 224 v. 16.8.2006, S. 1.
3 *Fleischer* in Fleischer, Handbuch des Vorstandsrechts, § 1 Rz. 17; *Spindler* in MünchKomm. AktG, § 77 AktG Rz. 19, 31.
4 *Fleischer*, ZIP 2007, 97, 103; *Habersack*, NZG 2004, 1, 6.
5 *Hoffmann-Becking*, ZGR 1998, 497, 508; *Kort* in Großkomm. AktG, § 77 AktG Rz. 34; *Semler*, Überwachung, Rz. 23; *Vedder* in Grigoleit, § 77 AktG Rz. 10; s. z.B. BGH v. 13.7.1998 – II ZR 131/97, AG 1998, 519.
6 *Dreher* in FS Hopt, 2010, S. 517, 529; *Fleischer*, ZIP 2003, 1, 5; *Spindler* in MünchKomm. AktG, § 77 AktG Rz. 61; *Turiaux/Knigge*, DB 2004, 2199, 2201.
7 *Bedkowski*, Geschäftsleiterpflichten, S. 184; *Henze*, BB 2003, 209, 210; *Hüffer/Koch*, § 77 AktG Rz. 18; *Kort* in Großkomm. AktG, § 77 AktG Rz. 31; *Raiser/Veil*, Kapitalgesellschaften, § 14 Rz. 27; *Semler* in FS Döllerer, 1988, S. 571, 577; *Semler*, Überwachung, Rz. 11.
8 *Hüffer/Koch*, § 76 AktG Rz. 9; *Kort* in Großkomm. AktG, § 77 AktG Rz. 31; *Mertens/Cahn* in KölnKomm. AktG, § 77 AktG Rz. 23; *Wettich*, Vorstandsorganisation, S. 29; *Wiesner* in MünchHdb. AG, § 19 Rz. 13.

oder auch nachgeordneten Unternehmensebenen nichts entgegen.[1] Es muss allerdings sichergestellt sein, dass das Kollegialorgan auf Grund der Vorbereitung und Information durch den Ressortverantwortlichen die endgültige Entscheidung in eigener Verantwortung trifft. Dazu reicht es z.B. nicht aus, dass die Entscheidung von einem Teil der Organmitglieder getroffen wird und die übrigen davon nur unterrichtet werden.

Zu den Leitungsaufgaben zählt auch die Verantwortung für die Prüfung und gegebenenfalls Einrichtung einer angemessenen **Corporate Compliance-Organisation** als Präventions- wie auch als Kontrollmaßnahme.[2] Compliance ist als Chefsache dem Gesamtvorstand zugewiesen.[3] Für den Bereich der Versicherungswirtschaft ergibt sich dies aus § 29 VAG. Im Übrigen hatte dies der Gesetzgeber schon im Jahre 2007 anlässlich der damaligen Neufassung des Versicherungsaufsichtsgesetzes unmissverständlich festgehalten, indem er betont hat, dass die Verantwortung der Geschäftsleiter für die ordnungsgemäße Geschäftsorganisation nicht delegierbar sei.[4] Dieses Grundverständnis gilt über den Bereich der regulierten Wirtschaft hinaus, wobei die Delegation einzelner Kontrollaufgaben durchaus möglich ist.[5] S. dazu unten *Kremer/Klahold*, § 25. 22.34

Für die **Geschäftsführer einer GmbH** bestehen wegen ihrer Gesamtverantwortung im Grundsatz für die Geschäftsverteilung hinsichtlich der gesetzlich bestimmten Aufgaben die gleichen Einschränkungen, sofern für bestimmte Aufgaben spezielle Ressorts eingerichtet werden sollen.[6] Dies gilt auch, soweit die Frage der Compliance-Verantwortung der Geschäftsführung betroffen ist[7], wobei daran zu erinnern ist, dass eine pauschale Übertragung der für die börsennotierte AG entwickelten Compliance-Anforderungen auf die kleinere GmbH wegen der unterschiedlichen Strukturen nicht angezeigt ist.[8] 22.35

---

1 *Fleischer* in Spindler/Stilz, § 76 AktG Rz. 20; *Hoffmann-Becking*, ZGR 1998, 497, 508; *Hüffer/Koch*, § 77 AktG Rz. 17; *Spindler* in MünchKomm. AktG, § 77 AktG Rz. 62.
2 Vgl. dazu *Fleischer*, BB 2008, 1070, 1072; *Fleischer* in Fleischer, Handbuch des Vorstandsrechts, § 8 Rz. 43; *Hauschka*, NJW 20004, 257, 259; *Kort* in Großkomm. AktG, § 91 AktG Rz. 122; *Rodewald/Unger*, BB 2006, 113; *Uwe H. Schneider*, ZIP 2003, 645, 647; *Spindler* in MünchKomm. AktG, § 76 AktG Rz. 17.
3 LG München I v. 10.12.2013 – 5HK O 1387/10, AG 2014, 332, 334 – Siemens/Neubürger; *Arnold*, ZGR 2014, 76, 80; *Fleischer*, NZG 2014, 321, 323; *Hüffer/Koch*, § 76 AktG Rz. 12; *Simon/Merkelbach*, AG 2014, 318, 319; *Wiesner* in MünchHdb. AG, § 25 Rz. 18.
4 Begründung des RegE zu § 64a VAG, BT-Drucks. 16/6518, S. 16.
5 *Harbarth*, ZHR 179 (2015), 136, 162; *Hüffer/Koch*, § 76 AktG Rz. 12; *Kort* in Großkomm. AktG, § 91 AktG Rz. 127; *Seibt* in K. Schmidt/Lutter, § 76 AktG Rz. 19.
6 *Kleindiek* in Lutter/Hommelhoff, § 37 GmbHG Rz. 31; *Uwe H. Schneider* in Scholz, § 43 GmbHG Rz. 39 und 43; *Zöllner/Noack* in Baumbach/Hueck, § 35 GmbHG Rz. 33, § 37 GmbHG Rz. 27; s. auch OLG Düsseldorf v. 15.11.1984 – 8 U 22/84, ZIP 1984, 1476, 1478; *Eisenhardt* in FS Pfeiffer, 1988, S. 839, 844; *Ziemons*, Haftung der Gesellschafter, S. 21.
7 *Kleindiek* in Lutter/Hommelhoff, § 43 GmbHG Rz. 30; *Kort*, GmbHR 2013, 566, 567; *Paefgen* in Ulmer/Habersack/Löbbe, § 43 GmbHG Rz. 55.
8 *Buck-Heeb* in Gehrlein/Born/Simon, vor § 35 GmbHG Rz. 9; *Kort*, GmbHR 2013, 566, 568; *Paefgen* in Ulmer/Habersack/Löbbe, § 35 GmbHG Rz. 56; *E. Vetter* in FS Graf von Westphalen, 2010, S. 719, 725; *Zöllner/Noack* in Baumbach/Hueck, § 35 GmbHG Rz. 67; s. auch *Raiser/Veil*, Kapitalgesellschaften, § 14 Rz. 86.

III. Formelle Anforderungen der Geschäftsverteilung bei der AG

1. Schriftlichkeit

22.36 Die Geschäftsverteilung greift tief in die Gesamtgeschäftsführung und Verantwortung der Organmitglieder ein. Deshalb muss ihre rechtliche Anerkennung an bestimmte objektive Voraussetzungen geknüpft werden. Für die AG ist nach einhelliger Ansicht eine **schriftliche Niederlegung der Geschäftsverteilung** notwendig.[1] Dies gilt auch für sämtliche in der Praxis häufig notwendig werdende Änderungen. Eine Geschäftsverteilung kraft praktischer Übung ist, wie bereits das Reichsgericht festgestellt hat[2], nicht anzuerkennen.[3] Aber auch für die Geschäftsführung der GmbH ist zwingend eine schriftliche Festlegung der einzelnen Ressorts geboten, damit für sämtliche Beteiligte eine verlässliche Grundlage besteht, wer für welchen Bereich sowie für welche speziellen Aufgaben eine besondere Zuständigkeit hat, so dass im Ernstfall das wechselseitige Zuschieben der Verantwortung zwischen den Organmitgliedern ausgeschlossen ist.[4] Mündliche Absprachen zwischen den Geschäftsführern oder eine andauernde Praxis der Geschäftsverteilung reichen deshalb keinesfalls aus.[5] Eine Entlastung wird hierdurch für das einzelne Organmitglied nicht bewirkt. Neben der Regelung der Geschäftsverteilung durch Gesellschaftsvertrag, Geschäftsordnung oder Beschluss der Gesellschafterversammlung[6] soll nach einigen Stimmen im Schrifttum auch die bloße Niederlegung der Geschäftsverteilung im Anstellungsvertrag genügen.[7] Da die Geschäftsverteilung nicht nur für die Zusammenarbeit im Kollegialorgan von Bedeutung ist, sondern auch maßgeblich die persönliche Verantwortung und Haftung der einzelnen Geschäftsführungsmitglieder bestimmt, wird man dieser Auffassung nur folgen können, wenn sie allen betroffenen Organmitgliedern bekannt ist. Dies wird in der Praxis nur selten der Fall sein.

2. Geschäftsordnung des Vorstands

22.37 Die Regelung der Geschäftsverteilung im Vorstand erfolgt üblicherweise in der Geschäftsordnung des Vorstands. Für die börsennotierte AG wird in Ziff. 4.2.1 Satz 2 Deutscher Corporate Governance Kodex eine Geschäftsordnung zur Regelung der Geschäftsverteilung und

---

1 OLG Koblenz v. 9.6.1998 – 3 U 1662/89, NZG 1998, 953, 954; *Fleischer* in Fleischer, Handbuch des Vorstandsrechts, § 8 Rz. 12; *Hüffer/Koch*, § 77 AktG Rz. 21; *Kort* in Fleischer, Handbuch des Vorstandsrechts, § 3 Rz. 46; *Mertens/Cahn* in KölnKomm. AktG, § 77 AktG Rz. 56; *Wiesner* in MünchHdb. AG, § 22 Rz. 30; unklar *Hopt/Roth* in Großkomm. AktG, § 93 AktG Rz. 375 und 380.
2 RG v. 3.2.1920 – II 272/19, RGZ 98, 98, 100.
3 *Ihrig/Schäfer*, Rechte und Pflichten des Vorstands, Rz. 413; s. auch BGH v. 8.11.1989 – 3 StR 249/89, GmbHR 1990, 298, 299; OLG Koblenz v. 9.6.1998 – 3 U 1662/89, NZG 1998, 953, 954; *Uwe H. Schneider* in FS 100 Jahre GmbHG, 1992, S. 473, 483; einschränkend *Altmeppen* in Roth/Altmeppen, § 43 GmbHG Rz. 21.
4 BFH v. 26.4.1984 – V R 128/79, BFHE 141, 443, 447; *Dreher*, ZGR 1992, 22, 59; *Fleischer*, NZG 2003, 449, 452; *Haas*, Geschäftsführerhaftung, S. 285; *Heisse*, Geschäftsführerhaftung, S. 84; *Rohde* JuS 1995, 965; *Uwe H. Schneider* in Scholz, § 43 GmbHG Rz. 37; a.A. *Buck-Heeb* in Gehrlein/Born/Simon, § 37 GmbHG Rz. 28; einschränkend *Kleindiek* in Lutter/Hommelhoff, § 37 GmbHG Rz. 37; s. aber auch OLG Frankfurt a.M. v. 9.12.1994 – 24 U 254/93, ZIP 1995, 213, 216.
5 BGH v. 8.11.1989 – 3 StR 249/89, GmbHR 1990, 298, 299; OLG Koblenz v. 9.6.1998 – 3 U 1662/89, NZG 1998, 953, 954; *Haas/Ziemons* in Michalski, § 43 GmbHG Rz. 159; *Leuering/Dornhegge*, NZG 2010, 13, 14.
6 *Fleischer* in MünchKomm. GmbHG, § 43 GmbHG Rz. 114; *Leuering/Dornhegge*, NZG 2010, 13, 16; *Zöllner/Noack* in Baumbach/Hueck, § 35 GmbHG Rz. 29.
7 *Fleischer* in MünchKomm. GmbHG, § 43 GmbHG Rz. 115; *Leuering/Dornhegge*, NZG 2010, 13, 16; *Rohde* JuS 1995, 965.

Zusammenarbeit des Vorstands empfohlen. Die Geschäftsverteilung bedarf zu ihrer Anerkennung in jedem Fall der Schriftform.[1] In der Unternehmenspraxis bildet sie regelmäßig eine **Anlage zur Geschäftsordnung**[2] und teilt damit deren rechtliches Schicksal.[3] Verbreitet ist die abstrakte Aufteilung der Vorstandsaufgaben durch Einrichtung allgemein beschriebener und auf die jeweilige Unternehmensorganisation (vgl. dazu Rz. 22.16 und 22.17) abgestimmter Ressorts. Dies gilt z.B. auch für die Einrichtung einer Spartenorganisation.[4] Höchst selten findet sich in der Vorstandsgeschäftsordnung auch bereits die konkrete Ressortzuweisung bestimmter Aufgaben an namentlich benannte Vorstandsmitglieder.

3. Erlasskompetenz

Der **Vorstand** hat keine Organisationsautonomie hinsichtlich seiner inneren Ordnung, sondern ihm steht nur eine **subsidiäre Zuständigkeit** zum Erlass seiner Geschäftsordnung zu, denn § 77 Abs. 2 Satz 1 AktG sieht vor, dass sich der Vorstand eine Geschäftsordnung nur geben kann, sofern nicht die Satzung dem Aufsichtsrat den Erlass der Satzung zugewiesen hat und auch der Aufsichtsrat nicht selbst die Geschäftsordnung erlässt. § 77 Abs. 2 Satz 3 AktG verlangt für den Erlass der Geschäftsordnung durch den Vorstand zwingend einen **einstimmigen Vorstandsbeschluss**.[5] Dies gilt auch für die Geschäftsverteilung.[6] Damit wird sichergestellt, dass einem Vorstandsmitglied keine Rechte oder Zuständigkeiten gegen seinen Willen genommen oder neue Zuständigkeiten zugewiesen werden können.[7] Der Grundsatz der Einstimmigkeit gilt auch für spätere Änderungen einer vom Vorstand beschlossenen Geschäftsordnung.[8] Bei neuen Vorstandsmitgliedern gilt die Geschäftsordnung allerdings auch, wenn diese nicht ausdrücklich oder konkludent zugestimmt haben.[9] Hinsichtlich der konkreten Geschäftsverteilung ist jedes einzelne Vorstandsmitglied für eine möglichst sachgerechte Ressortaufteilung verantwortlich.[10]

22.38

§ 77 Abs. 2 Satz 1 AktG weist dem **Aufsichtsrat** die **primäre Zuständigkeit** zum Erlass der Geschäftsordnung des Vorstands zu, die gem. § 107 Abs. 3 Satz 2 AktG nicht auf einen Aufsichtsratsausschuss delegiert werden darf. Dieses aus der Kompetenz des Aufsichtsrats zur Bestellung von Vorstandsmitgliedern und zum Abschluss des Anstellungsvertrages fließende

22.39

---

1 *Hüffer/Koch*, § 77 AktG Rz. 21; *Mertens/Cahn* in KölnKomm. AktG, § 77 AktG Rz. 56; vgl. auch *Kropff*, Aktiengesetz, S. 100.
2 S. z.B. die Muster bei *Happ* in Happ/Groß, Aktienrecht, Formular 8.02; *Kubis* in Semler/Peltzer/Kubis, ArbeitsHdb. Vorstandsmitglieder, § 1 Anlage H.
3 *Kort* in Fleischer, Handbuch des Vorstandsrechts, § 2 Rz. 51; *Kubis* in Semler/Peltzer/Kubis, ArbeitsHdb. Vorstandsmitglieder, § 1 Rz. 22.
4 *Thamm*, Die rechtliche Verfassung des Vorstands, S. 182.
5 *Hüffer/Koch*, § 77 AktG Rz. 19; *Ihrig/Schäfer*, Rechte und Pflichten des Vorstands, Rz. 367; *Kort* in Fleischer, Handbuch des Vorstandsrechts, § 3 Rz. 40.
6 *Kubis* in Semler/Peltzer/Kubis, ArbeitsHdb. Vorstandsmitglieder, § 1 Rz. 22; *Seyfarth*, Vorstandsrecht, § 2 Rz. 44.
7 *Kort* in Großkomm. AktG, § 77 AktG Rz. 73; *Spindler* in MünchKomm. AktG, § 77 AktG Rz. 42.
8 *Hüffer/Koch*, § 77 AktG Rz. 19; *Mertens/Cahn* in KölnKomm. AktG, § 77 AktG Rz. 62; *Seyfarth*, Vorstandsrecht, § 2 Rz. 38; *Spindler* in MünchKomm. AktG, § 77 AktG Rz. 42.
9 *Hoffmann-Becking*, ZGR 1998, 497, 500; *Hüffer/Koch*, § 77 AktG Rz. 22; *Seyfarth*, Vorstandsrecht, § 2 Rz. 38; *Vedder* in Grigoleit, § 77 AktG Rz. 18; *Wiesner* in MünchHdb. AG, § 22 Rz. 31.
10 BGH v. 26.6.1995 – II ZR 109/94, GmbHR 1995, 653, 654; *Fleischer*, NZG 2003, 449, 453; *Habersack*, WM 2005, 2360, 2362; *Kort* in Großkomm. AktG, § 77 AktG Rz. 41; *Mertens/Cahn* in KölnKomm. AktG, § 77 AktG Rz. 24; *Turiaux/Knigge*, DB 2004, 2199, 2202.

Recht, das auch durch die Satzung nicht beschnitten werden darf[1], greift auch dann, wenn sich der Vorstand bereits selbst eine Geschäftsordnung gegeben hat.[2] Diese tritt mit Beschluss des Aufsichtsrats außer Kraft. Der Aufsichtsrat ist grundsätzlich frei, ob er von seiner Zuständigkeit zum Erlass einer Vorstandsgeschäftsordnung Gebrauch machen will oder nicht. Auch Ziff. 4.2.1 Deutscher Corporate Governance Kodex enthält insoweit keine Empfehlung. Scheitert aber z.B. der Erlass der Vorstandsgeschäftsordnung durch den Vorstand selbst oder eine sachlich notwendige Änderung der geltenden Geschäftsordnung am Widerspruch eines einzelnen Vorstandsmitglieds, so ist der Aufsichtsrat aufgefordert, von seiner Kompetenz nach § 77 Abs. 2 Satz 1 AktG Gebrauch zu machen und selbst die Vorstandsgeschäftsordnung zu erlassen.[3]

22.40 Der **Aufsichtsrat** kann die von ihm erlassene Vorstandsgeschäftsordnung **jederzeit ändern**. Dies gilt auch für die Geschäftsverteilung. In der mitbestimmten Gesellschaft richtet sich der Aufsichtsratsbeschluss nicht nach § 31 MitbestG sondern nach § 29 MitbestG, so dass die einfache Stimmenmehrheit ausreicht.[4] Anlass für eine Um- oder Neuorganisation der Zuständigkeiten im Vorstand bildet in der Praxis insbesondere die Bestellung eines neuen Vorstandsmitglieds, was auch Auswirkungen auf den Zuschnitt der Ressorts der bisherigen Vorstandsmitglieder haben kann. Auch bedeutsame Akquisitionen können die Notwendigkeit zur Änderung der Geschäftsverteilung auslösen. Die Zustimmung der durch eine Ausdehnung oder Beschränkung ihrer bisherigen Kompetenzen betroffenen Vorstandsmitglieder zur vom Aufsichtsrat beschlossenen Umorganisation der Geschäftsverteilung ist für deren korporationsrechtliche Wirksamkeit nicht erforderlich, auch wenn diese im Widerspruch zur im Anstellungsvertrag enthaltenen Ressortbeschreibung steht[5] (vgl. zur dienstvertraglichen Bedeutung der Ressortzuweisung Rz. 22.44).

22.41 Nach herrschender Ansicht sind Vorstand und Aufsichtsrat nicht berechtigt, nur Einzelfragen einer Geschäftsordnung des Vorstands zu beschließen.[6] Sie sind vielmehr gezwungen, ein Regelwerk als **Gesamtregelung** zu erlassen. Allerdings kann der Aufsichtsrat für den Vorstand eine Geschäftsordnung beschließen, aus der sich ausdrücklich oder konkludent ergibt, dass es sich um eine **Rahmengeschäftsordnung** handelt, die vom Vorstand in bestimmten Bereichen noch zu konkretisieren ist.[7] Dies kommt etwa für die Einrichtung von Vorstandsressorts

---

[1] *Hüffer/Koch*, § 77 AktG Rz. 19; *Kort* in Großkomm. AktG, § 77 AktG Rz. 66; *Wiesner* in MünchHdb. AG, § 22 Rz. 30; a.A. *Meyer-Landrut* in Großkomm. AktG, 3. Aufl. 1971, § 77 AktG Anm. 7.

[2] *Hoffmann-Becking*, ZGR 1998, 497, 501; *Pentz* in Fleischer, Handbuch des Vorstandsrechts, § 16 Rz. 107.

[3] Ebenso wohl *Mertens/Cahn* in KölnKomm. AktG, § 77 AktG Rz. 62.

[4] *Lutter/Krieger/Verse*, Rechte und Pflichten des Aufsichtsrats, Rz. 458; *Pentz* in Fleischer, Handbuch des Vorstandsrechts, § 16 Rz. 112.

[5] *Beiner/Braun*, Der Vorstandsvertrag, Rz. 604; *Kort* in Fleischer, Handbuch des Vorstandsrechts, § 3 Rz. 68; *Mertens/Cahn* in KölnKomm. AktG, § 77 AktG Rz. 64; *Pentz* in Fleischer, Handbuch des Vorstandsrechts, § 16 Rz. 112; *Spindler* in MünchKomm. AktG, § 77 AktG Rz. 48; *Wiesner* in MünchHdb. AG, § 22 Rz. 27; a.A. *Krieger*, Personalentscheidungen, S. 204 ff.; vgl. auch *Lutter/Krieger/Verse*, Rechte und Pflichten des Aufsichtsrats, Rz. 457.

[6] *Hoffmann-Becking*, ZGR 1998, 497, 503; *Kort* in Großkomm. AktG, § 77 AktG Rz. 69; a.A. *Hoffmann/Lehmann/Weinmann*, MitbestG, 1978, § 33 Rz. 37; *Krieger*, Personalentscheidungen, S. 197; s. die Regierungsbegründung zu § 77 Abs. 2 AktG, abgedruckt bei *Kropff*, Aktiengesetz, S. 99.

[7] *Hoffmann-Becking*, ZGR 1998, 497, 504; *Ihrig/Schäfer*, Rechte und Pflichten des Vorstands, Rz. 365; *Kort* in Großkomm. AktG, § 77 AktG Rz. 68; *Mertens/Cahn* in KölnKomm. AktG, § 77 AktG Rz. 56.

durch den Aufsichtsrat in Betracht, deren nähere Ausgestaltung und Abgrenzung zwischen den einzelnen Geschäftsbereichen dem Vorstand überlassen bleibt.[1]

Einzelfragen der Geschäftsordnung sind nach dem ausdrücklichen Wortlaut von § 77 Abs. 2 Satz 2 AktG auch einer **bindenden Satzungsregelung** zugänglich. Hierzu zählt grundsätzlich auch die Geschäftsverteilung.[2] Allerdings kann die Satzung nach h.M.[3] nicht den vollständigen Inhalt der Geschäftsordnung vorgeben. Die Satzungsregelung muss vielmehr die **Kompetenz des Aufsichtsrats zur Bestellung der Vorstandsmitglieder** und zum Abschluss des Anstellungsvertrages wie auch die Flexibilität und Gestaltungskompetenz von Vorstand und Aufsichtsrat zur Regelung der Zusammenarbeit und inneren Ordnung des Vorstands respektieren.[4] Damit kann die Satzung zwar die Geschäftsverteilung durch generelle Einrichtung bestimmter Ressorts regeln; die Zuweisung bestimmter Ressorts an einzelne Personen ist jedoch ausgeschlossen.[5]

4. Geltungsdauer

Die Geschäftsordnung gilt als abstrakt-generelle Regelung **unabhängig von der konkreten Zusammensetzung des Vorstands** und bleibt solange in Kraft, bis sie geändert oder aufgehoben wird.[6] Insoweit besteht eine Parallele zur Geschäftsordnung des Aufsichtsrats.[7] Von einem neu in den Vorstand eintretenden Mitglied bedarf es deshalb keiner ausdrücklichen oder konkludenten Anerkennungserklärung.[8] Etwas anderes gilt allerdings, wenn es um die Zuweisung eines konkreten Vorstandsressorts an das neue Vorstandsmitglied durch die Vorstandsgeschäftsordnung geht. Sofern nicht der Aufsichtsrat diese Zuweisung bereits bei der Bestellung beschlossen hat, ist ein einstimmiger Beschluss aller Vorstandsmitglieder notwendig.[9]

22.42

22.43

---

1 *Krieger*, Personalentscheidungen, S. 198.
2 *Lutter/Krieger/Verse*, Rechte und Pflichten des Aufsichtsrats, Rz. 454; *Spindler* in MünchKomm. AktG, § 77 AktG Rz. 49.
3 *Hoffmann-Becking*, ZGR 1998, 497, 505; *Hüffer/Koch*, § 77 AktG Rz. 20; *Mertens/Cahn* in KölnKomm. AktG, § 77 AktG Rz. 61; a.A. *v. Godin/Wilhelmi*, § 77 AktG Anm. 10; *Meyer-Landrut* in Großkomm. AktG, 3. Aufl. 1971, § 77 AktG Anm. 7; *Paefgen*, Struktur und Aufsichtsratsverfassung der mitbestimmten AG, 1982, S. 138.
4 *Krieger*, Personalentscheidungen, S. 202: „grobe Züge der Geschäftsverteilung"; *Mertens/Cahn* in KölnKomm. AktG, § 77 AktG Rz. 61; *Spindler* in MünchKomm. AktG, § 77 AktG Rz. 49; zu eng *Kort* in Fleischer, Handbuch des Vorstandsrechts, § 3 Rz. 39, der nur einen „Rest an Gestaltungsfreiheit" erhalten will.
5 *G. Bezzenberger*, ZGR 1998, 352, 354; *Kort* in Fleischer, Handbuch des Vorstandsrechts, § 3 Rz. 39; *Krieger*, Personalentscheidungen, S. 196; *Lutter/Krieger/Verse*, Rechte und Pflichten des Aufsichtsrats, Rz. 455.
6 *Hoffmann-Becking*, ZGR 1998, 497, 500; *Hüffer/Koch*, § 78 AktG Rz. 22; *Mertens/Cahn* in KölnKomm. AktG, § 77 AktG Rz. 65; *Spindler* in MünchKomm. AktG, § 77 AktG Rz. 48; a.A. *Hefermehl* in Geßler/Hefermehl/Eckardt/Kropff, § 77 AktG Rz. 25; *Wiesner* in MünchHdb. AG, § 22 Rz. 31.
7 Vgl. zur Situation beim Aufsichtsrat z.B. *Lutter/Krieger/Verse*, Rechte und Pflichten des Aufsichtsrats, Rz. 653; *E. Vetter* in Marsch-Barner/Schäfer, Handbuch börsennotierte AG, § 27 Rz. 6.
8 *Mertens/Cahn* in KölnKomm. AktG, § 77 AktG Rz. 65; *Spindler* in MünchKomm. AktG, § 77 AktG Rz. 43.
9 *Hoffmann-Becking*, ZGR 1998, 497, 501; *Arnold* in Marsch-Barner/Schäfer, Handbuch börsennotierte AG, § 19 Rz. 99.

5. Verhältnis von Geschäftsverteilung und Anstellungsvertrag

22.44 Der Anstellungsvertrag hat die Bestimmungen der Satzung und die Regelungen der vom Aufsichtsrat erlassenen Vorstandsgeschäftsordnung zu respektieren. Durch Abschluss eines Anstellungsvertrages kann ein **neues Vorstandsressort korporationsrechtlich nicht wirksam begründet** und einer bestimmten Person zugewiesen werden. Entsprechende vertragliche Regelungen setzen vielmehr voraus, dass im Rahmen der Geschäftsordnung ein entsprechendes Vorstandsressort bereits eingerichtet ist.[1] Über die Ressorteinrichtung beschließen entweder der Vorstand nach § 77 Abs. 2 Satz 1 AktG oder der Gesamtaufsichtsrat nach § 107 Abs. 3 AktG (vgl. zur Zuständigkeit für die Ressortzuweisung Rz. 22.38 ff.).

22.45 Widerspricht eine vom Aufsichtsrat beschlossene **Änderung der Geschäftsverteilung** der im Anstellungsvertrag vereinbarten Ressortzuweisung und ist auch keine Öffnungsklausel enthalten, dass das Vorstandsmitglied die vom Aufsichtsrat beschlossenen Änderungen der Geschäftsverteilung hinzunehmen hat, kann dies die Niederlegung des Mandats aus wichtigem Grund rechtfertigen.[2]

IV. Formelle Voraussetzungen der Geschäftsverteilung bei der GmbH

22.46 Die **primäre Zuständigkeit** zur Regelung einer vom gesetzlichen Normalfall abweichenden Geschäftsführung in der GmbH liegt in den Händen der **Gesellschafter**.[3] Ihnen ist es überlassen, ob sie den Umfang der Geschäftsführung (wie auch die Vertretungsbefugnis) im Gesellschaftsvertrag oder durch einen Einzelbeschluss regeln wollen. Für den Beschluss der Gesellschafter reicht, soweit der Gesellschaftsvertrag keine größere Mehrheit vorschreibt, die einfache Mehrheit aus.[4] Dies gilt auch für die Ressortverteilung unter den Geschäftsführern.[5] In der mitbestimmten GmbH sind dabei jedoch die besonderen Kompetenzen des Arbeitsdirektors zu beachten (s. Rz. 22.65).

22.47 Haben die Gesellschafter keine Entscheidung getroffen, sind die **Geschäftsführer** auch ohne Ermächtigung im Gesellschaftsvertrag befugt, selbst eine Geschäftsverteilung zu beschließen.[6] Hierfür bedarf es ebenso wie für den Erlass der Geschäftsordnung durch die Geschäftsführer

---

1 *Hüffer/Koch*, § 84 AktG Rz. 5; *Lutter/Krieger/Verse*, Rechte und Pflichten des Aufsichtsrats, Rz. 455; *Mertens/Cahn* in KölnKomm. AktG, § 84 AktG Rz. 42.
2 *Beiner/Braun*, Der Vorstandsvertrag, Rz. 603; *Bürgers* in Bürgers/Körber, § 77 AktG Rz. 26; *Spindler* in MünchKomm. AktG, § 77 AktG Rz. 48; *Thüsing* in Fleischer, Handbuch des Vorstandsrechts, § 4 Rz. 134.
3 OLG Karlsruhe v. 23.3.2011 – 7 U 81/10, GmbHR 2011, 535, 538; OLG Stuttgart v. 24.7.1990 – 12 U 234/89, GmbHR 1992, 48; *Altmeppen* in Roth/Altmeppen, § 37 GmbHG Rz. 33; *Heisse*, Geschäftsführerhaftung, S. 83; *Koppensteiner/Gruber* in Rowedder/Schmidt-Leithoff, § 37 GmbHG Rz. 42; *Uwe H. Schneider/Sven H. Schneider* in Scholz, § 37 GmbHG Rz. 69.
4 OLG Karlsruhe v. 23.3.2011 – 7 U 81/10, GmbHR 2011, 535, 538; *Altmeppen* in Roth/Altmeppen, § 37 GmbHG Rz. 33; *Kleindiek* in Lutter/Hommelhoff, § 37 GmbHG Rz. 36; *Paefgen* in Ulmer/Habersack/Löbbe, § 35 GmbHG Rz. 189; s. auch BGH v. 12.10.1992 – II ZR 208/91, BGHZ 119, 379, 382 (zum Verein); a.A. *Uwe H. Schneider/Sven H. Schneider* in Scholz, § 37 GmbHG Rz. 71: Beschluss entsprechend § 53 Abs. 2 Satz 1 GmbHG mit satzungsändernder Mehrheit.
5 *Heisse*, Geschäftsführerhaftung, S. 84; *Höhn*, Die Geschäftsleitung der GmbH, S. 13; *Koppensteiner/Gruber* in Rowedder/Schmidt-Leithoff, § 37 GmbHG Rz. 42.
6 *Koppensteiner/Gruber* in Rowedder/Schmidt-Leithoff, § 37 GmbHG Rz. 42; *Leuering/Dornhegge*, NZG 2010, 13, 14; *Uwe H. Schneider* in FS Mühl, 1981, S. 633, 644; *Zöllner/Noack* in Baumbach/Hueck, § 37 GmbHG Rz. 29.

eines einstimmigen Beschlusses, sofern nicht die Gesellschafter etwas anderes bestimmt haben.[1] Die Geschäftsführer haben dabei allerdings die Vorgaben des Gesellschaftsvertrags zu beachten.[2]

Für die Geschäftsordnung der Geschäftsführung ist **Schriftform** erforderlich.[3] Durch eine rein faktische interne Geschäftsaufteilung wird für den einzelnen Geschäftsführer eine Entlastung von seiner Verantwortung nicht erreicht.[4] Eine ordnungsgemäß erlassene Geschäftsordnung bleibt bis zu einer eventuellen Änderung in Kraft, und zwar unabhängig von der individuellen personellen Zusammensetzung der Geschäftsführung.[5]

22.48

Der **Aufsichtsrat** der GmbH ist im Unterschied zur Rechtlage in der AG zum Erlass der Geschäftsordnung für die Geschäftsführung sowie zur Regelung der Zuständigkeitsverteilung, selbst wenn die Gesellschafter den Geschäftsführern keine Geschäftsordnung gegeben haben, nur dann berufen, wenn er hierzu **durch die Gesellschafter ausdrücklich ermächtigt** ist.[6] Dies gilt nicht nur für den fakultativen Aufsichtsrat, sondern insbesondere auch für den paritätisch mitbestimmten Aufsichtsrat, da ungeachtet seiner Kompetenz zur Bestellung der Mitglieder der Geschäftsführung § 25 Abs. 1 Nr. 2 MitbestG keinen Verweis auf § 77 AktG enthält.[7]

22.49

---

1 *Altmeppen* in Roth/Altmeppen, § 37 GmbHG Rz. 35; *Heisse*, Geschäftsführerhaftung, S. 84; *Koppensteiner/Gruber* in Rowedder/Schmidt-Leithoff, § 37 GmbHG Rz. 42; *Uwe H. Schneider/Sven H. Schneider* in Scholz, § 37 GmbHG Rz. 75; *Zöllner/Noack* in Baumbach/Hueck, § 37 GmbHG Rz. 29; a.A. *Hoffmann/Lehmann/Weinmann*, MitbestG, 1978, § 30 MitbestG Rz. 27; *Mertens* in Hachenburg, § 35 GmbHG Rz. 122.
2 OLG Stuttgart v. 24.7.1990 – 12 U 234/89, GmbHR 1992, 48; *Leuering/Dornhegge*, NZG 2010, 13, 14; *Paefgen* in Ulmer/Habersack/Löbbe, § 35 GmbHG Rz. 190; *Uwe H. Schneider* in FS Mühl, 1981, S. 633, 645; *Uwe H. Schneider/Sven H. Schneider* in Scholz, § 37 GmbHG Rz. 76.
3 BFH v. 26.4.1984 – V R 128/79, BFHE 141, 443, 447 = ZIP 1984, 1345; *Haas*, Geschäftsführerhaftung, S. 285; *Heisse*, Geschäftsführerhaftung, S. 84; *Uwe H. Schneider/Sven H. Schneider* in Scholz, § 37 GmbHG Rz. 69; *Uwe H. Schneider* in FS 100 Jahre GmbHG, 1992, S. 473, 484; einschränkend *Kleindiek* in Lutter/Hommelhoff, § 37 GmbHG Rz. 37.
4 BFH v. 17.5.1988 – VII R 90/85, GmbHR 1989, 170, 171; OLG Koblenz v. 9.6.1998 – 3 U 1662/89, NZG 1998, 953, 954; *Haas/Ziemons* in Michalski, § 37 GmbHG Rz. 159; *Leuering/Dornhegge*, NZG 2010, 13, 14; *Uwe H. Schneider* in FS 100 Jahre GmbHG, 1992, S. 473, 483; einschränkend *Altmeppen* in Roth/Altmeppen, § 43 GmbHG Rz. 21.
5 *Uwe H. Schneider* in FS Mühl, 1981, S. 633, 648.
6 *Koppensteiner/Gruber* in Rowedder/Schmidt-Leithoff, § 37 GmbHG Rz. 42; *Uwe H. Schneider* in FS Mühl, 1981, S. 633, 643; *Zöllner/Noack* in Baumbach/Hueck, § 37 GmbHG Rz. 29.
7 *Raiser* in Raiser/Veil/Jacobs, MitbestG, 6. Aufl. 2015, § 25 MitbestG Rz. 90; *Uwe H. Schneider* in FS Mühl, 1981, S. 633, 644; *Uwe H. Schneider/Sven H. Schneider* in Scholz, § 37 GmbHG Rz. 71; *Schubert* in Wissmann/Kleinsorge/Schubert, Mitbestimmungsrecht, 5. Aufl. 2017, § 30 MitbestG Rz. 57; *Ulmer/Habersack* in Ulmer/Habersack/Henssler, Mitbestimmungsrecht, 3. Aufl. 2013, § 30 MitbestG Rz. 21; *Zöllner/Noack* in Baumbach/Hueck, § 37 GmbHG Rz. 29; a.A. *Hoffmann/Lehmann/Weinmann*, MitbestG, 1978, § 30 MitbestG Rz. 28; *Krieger*, Personalentscheidungen, S. 296; *Lutter/Krieger/Verse*, Rechte und Pflichten des Aufsichtsrats, Rz. 1145.

C. Willensbildung und Vertretung

I. Willensbildung

22.50 Das für Geschäftsführungsentscheidungen schwerfällige Einstimmigkeitsprinzip wird in der Unternehmenspraxis regelmäßig durch das Mehrheitsprinzip ersetzt. Meist reicht danach für Beschlüsse des Vorstands oder der Geschäftsführung die **einfache Mehrheit** aus.[1] Gelegentlich wird für besonders bedeutsame Gegenstände auch eine **qualifizierte Mehrheit** verlangt.[2]

22.51 Ungeachtet der Geschäftsverteilung obliegen den Vorstandsmitgliedern kraft Gesetzes oder auf Grund der Geschäftsordnung gem. § 77 Abs. 2 Satz 1 AktG verschiedene Angelegenheiten zur gemeinsamen Entscheidung im Gesamtvorstand. Jedes Vorstandsmitglied ist dabei verpflichtet, die dazu zur Verfügung gestellten Unterlagen sorgfältig durchzuarbeiten und auf Plausibilität zu prüfen[3] sowie einer sich anhand der Unterlagen und seiner eigenen Kenntnisse und Erfahrungen – gegebenenfalls nach entsprechenden Rückfragen im Vorstand – ein **eigenes Urteil zu bilden** und gegebenenfalls in die Beratungen einzubringen. Es wird seiner Verantwortung nicht gerecht, wenn es bei der Abstimmung im Vorstand einem Beschlussantrag ohne eigene sorgfältige Befassung mit der Sache kritiklos folgt.[4]

22.52 Bei einer Vielzahl der Entscheidungen des Vorstands handelt es sich um **unternehmerische Entscheidungen**, die zwangsläufig mit einem gewissen Prognoserisiko behaftet sind. Für die Kontrollverantwortung der übrigen Vorstandsmitglieder ist dabei zu betonen, dass eine Korrelation zwischen der Intensität der Kontrolle der vorlegten Beschlussunterlagen und der Bedeutung des Vorgangs und der damit verbundenen Risiken besteht. Je größer die erkennbaren Risiken für das Unternehmen aus der beantragten Entscheidung sind, desto intensiver muss die kritische Kontrolle durch die anderen Vorstandsmitglieder ausfallen.[5]

22.53 Soweit die unternehmerische Einschätzung eines Vorhabens hinsichtlich der Chancen und Risiken durch die Mehrheit im Vorstand von einem einzelnen Vorstandsmitglied nicht geteilt wird, begründet dies keine Pflicht gegen die Mehrheitsentscheidung vorzugehen.[6] Es ist ausreichend, wenn das Vorstandsmitglied seine Bedenken im Vorstand darlegt und bei der Beschlussfassung dagegen stimmt. Dies wäre dann anders, wenn das Vorstandsmitglied der Ansicht wäre, dass der Vorstand mit der Entscheidung die Grenzen des unternehmerischen Ermessens deutlich überschritten hätte oder weil mit dem vorgesehenen Beschluss und seiner Umsetzung unverantwortliche Risiken für das Unternehmen begründet werden.[7]

22.54 Sämtliche Organmitglieder sind gem. § 93 Abs. 1 Satz 1 AktG verpflichtet, dafür zu sorgen, dass die Beschlüsse den Anforderungen von Gesetz, Satzung und Geschäftsordnung entspre-

---

1 *Kort* in Fleischer, Handbuch des Vorstandsrechts, § 2 Rz. 98; *Spindler* in MünchKomm. AktG, § 77 AktG Rz. 12.
2 *Hüffer/Koch*, § 77 AktG Rz. 11; *Kort* in Großkomm. AktG, § 77 AktG Rz. 21; *Mertens/Cahn* in KölnKomm. AktG, § 77 AktG Rz. 11.
3 *Löbbe/Fischbach*, AG 2014, 717, 723.
4 S. *Löbbe/Fischbach*, AG 2014, 717, 723; *Rieger* in FS Peltzer, 2001, S. 339, 347.
5 Ebenso *Löbbe/Fischbach*, AG 2014, 717, 723.
6 S. allgemein z.B. *Hopt/Roth* in Großkomm. AktG, § 93 AktG Rz. 170; *Seyfarth*, Vorstandsrecht, § 23 Rz. 66.
7 *Weber* in Hölters, § 77 AktG Rz. 10.

chen.[1] Stimmt ein Vorstandsmitglied für einen **rechtswidrigen Beschluss**, handelt es pflichtwidrig i.S. von § 93 Abs. 1 Satz 1 AktG mit entsprechenden haftungsrechtlichen Konsequenzen.[2] Stimmt das Vorstandsmitglied dagegen, liegt eine Pflichtverletzung nicht vor.[3] Dabei ist aus Beweisgründen anzuraten, dass die Gegenstimme im Protokoll vermerkt wird.[4] Mit der bloßen Stimmenthaltung ist es bei einem solchen Beschluss nicht getan.[5] Auch wenn das **überstimmte Vorstandsmitglied** Mehrheitsbeschlüsse grundsätzlich anzuerkennen und an ihrer Umsetzung loyal mitzuwirken hat, gilt dies nicht bei gesetzeswidrigen Vorstandsbeschlüssen.[6] Es ist vielmehr ungeachtet der für das Arbeitsklima im Vorstand zu erwartenden Belastungen verpflichtet, das ihm Mögliche und Zumutbare zu unternehmen, dass die Gesellschaft zu einem rechtmäßigen Verhalten zurückkehrt und der rechtswidrige Beschluss nicht zur Ausführung gelangt. Im Wege der Eskalationsscala kommt zunächst die Remonstration bei dem oder den Vorstandskollegen in Betracht. Sollte das Vorstandsmitglied dort tatsächlich nicht durchdringen, hat es danach den Aufsichtsrat zu unterrichten.[7] Zur Amtsniederlegung ist es nicht verpflichtet;[8] allerdings kann es sein Amt mit sofortiger Wirkung niederlegen, um persönlichen Haftungsrisiken aus dem Weg zu gehen.[9] Eine Pflicht zur Strafanzeige besteht nur im Ausnahmefall, wie z.B. bei Wiederholungsgefahr.[10] Generell kommt eine Information der Aufsichtsbehörden erst in Betracht, wenn es zuvor vergeblich den Versuch einer internen Klärung unternommen hat.[11] Hat das Vorstandsmitglied an einem Beschluss

---

1 OLG Hamm v. 10.5.1995 – 8 U 59/94, AG 1995, 512, 514 – Harpener Omni; *Fleischer*, BB 2004, 2645, 2649; *Hauschka*, AG 2004, 461, 462; zu den Pflichten des überstimmten Mitglieds s. *Fleischer*, BB 2004, 2645, 2648; *Hopt/Roth* in Großkomm. AktG, § 93 AktG Rz. 370; *Kort* in Großkomm. AktG, § 77 AktG Rz. 22; *Mertens/Cahn* in KölnKomm. AktG, § 93 AktG Rz. 94.
2 *Bürgers* in Bürgers/Körber, § 93 AktG Rz. 20; *Fleischer*, BB 2004, 2645, 2648; *Wettich*, Vorstandsorganisation, S. 273.
3 *Hopt/Roth* in Großkomm. AktG, § 93 AktG Rz. 370; *Thamm*, Die rechtliche Verfassung des Vorstands, S. 361; *Wettich*, Vorstandsorganisation, S. 275.
4 *Fleischer*, BB 2004, 2645, 2648; *Wettich*, Vorstandsorganisation, S. 275; zur Parallelsituation im Aufsichtsrat *E. Vetter*, DB 2004, 2623 ff.
5 OLG Saarbrücken v. 22.1.2014 – 2 U 69/13, AG 2014, 584, 586; LG München I v. 10.12.2013 – 5HK O 1387/10, AG 2014, 332, 335 – Siemens/Neubürger; *Fleischer*, BB 2004, 2645, 2651; *Hopt/Roth* in Großkomm. AktG, § 93 AktG Rz. 370; a.A. LG Berlin v. 8.10.2003 – 101 O 80/02, ZIP 2004, 73, 76; dagegen *E. Vetter*, DB 2004, 2623, 2625.
6 *Kort* in Großkomm. AktG, § 77 AktG Rz. 22; *Seibt* in K.Schmidt/Lutter, § 77 AktG Rz. 11; *Spindler* in MünchKomm. AktG, § 77 AktG Rz. 29; *Wiesner* in MünchHdb. AG, § 22 Rz. 15; *Paefgen* in Ulmer/Habersack/Löbbe, § 35 GmbHG Rz. 188.
7 OLG Hamm v. 10.5.1995 – 8 U 59/94, AG 1995, 512, 514 – Harpener Omni; LG München I v. 10.12.2013 – 5HK O 1387/10, AG 2014, 332, 335 – Siemens/Neubürger; *Bedkowski*, Geschäftsleiterpflichten, S. 184; *Fleischer*, NZG 2003, 449, 457; *Hopt/Roth* in Großkomm. AktG, § 93 AktG Rz. 370; *Mertens/Cahn* in KölnKomm. AktG, § 77 AktG Rz. 50; *Seibt* in K. Schmidt/Lutter, § 77 AktG Rz. 11; *Thamm*, Die rechtliche Verfassung des Vorstands, S. 362.
8 *Hopt/Roth* in Großkomm. AktG, § 93 AktG Rz. 372; *Mertens/Cahn* in KölnKomm. AktG, § 77 AktG Rz. 50; *Spindler* in MünchKomm. AktG, § 93 AktG Rz. 167; *Wettich*, Vorstandsorganisation, S. 279; vgl. zur Parallelsituation im Aufsichtsrat *E. Vetter*, DB 2004, 2623, 2626.
9 *Fleischer*, BB 2004, 2645, 2649; *Hopt/Roth* in Großkomm. AktG, § 93 AktG Rz. 372; *Spindler* in MünchKomm. AktG, § 93 AktG Rz. 167; *Wiesner* in MünchHdb. AG, § 22 Rz. 15.
10 *Fleischer* in Spindler/Stilz, § 77 AktG Rz. 34; *Wettich*, Vorstandsorganisation, S. 281; offengelassen BGH v. 6.12.2001 – 1 StR 215/01, AG 2002, 347, 351 – Südwestdeutsche Verkehrs AG.
11 BGH v. 14.7.1966 – II ZR 212/64, AG 1966, 366.

überhaupt nicht mitgewirkt, muss es gleichwohl die Rechtmäßigkeit eines Vorstandsbeschlusses überprüfen und bei dessen Rechtswidrigkeit wie dargestellt aktiv werden.[1]

22.55 Für den Fall der Stimmengleichheit kann bei einer Mindestgröße von 3 Mitgliedern für ein Organmitglied, regelmäßig ist dies der Vorsitzende, auch der **Stichentscheid** vorgesehen werden.[2] Ein **Vetorecht** mit Dauerwirkung gegen Entscheidungen der Mehrheit der Organmitglieder ist grundsätzlich zulässig[3], scheidet hingegen in mitbestimmten Gesellschaften wegen der durch § 33 MitbestG angeordneten gleichberechtigten Stellung des Arbeitsdirektors aus[4] (vgl. zu diesen Rechten des Vorsitzenden Rz. 22.60). Ungeachtet des formal bestehenden Mehrheitsprinzips wird allerdings in vielen Unternehmen im Vorstand oder der Geschäftsführung gleichwohl aus gemeinsamer Überzeugung bewusst das Prinzip der Einstimmigkeit praktiziert.

II. Vertretung

22.56 Von der nach § 78 Abs. 2 AktG und § 35 Abs. 2 GmbHG vorgesehenen schwerfälligen und unpraktikablen Gesamtvertretung durch alle Organmitglieder weicht die Praxis üblicherweise ab. Hierfür bedarf es nach § 78 Abs. 2 AktG einer Satzungsregelung oder eines Beschlusses des Aufsichtsrats, soweit er hierzu durch die Satzung ermächtigt ist. In der GmbH ist nach § 35 Abs. 2 GmbHG eine Regelung im Gesellschaftsvertrag erforderlich.[5] Die Einräumung von **Einzelvertretungsmacht** ist zulässig aber in der Praxis – auch für den Vorsitzenden – relativ selten.[6] Typischerweise besteht nach § 78 Abs. 3 AktG **Gesamtvertretung** in der Form, dass ein Organmitglied die Gesellschaft gemeinsam mit einem anderen Organmitglied (echte Gesamtvertretung) oder zusammen mit einem Prokuristen (unechte Gesamtvertretung) vertritt.[7] Zur **Entgegennahme von Willenserklärungen** besteht für jedes Organmitglied nach § 78 Abs. 2 Satz 2 AktG und § 35 Abs. 2 Satz 3 GmbHG stets Einzelvertretungsbefugnis.

---

1 *Fleischer*, BB 2004, 2645, 2651; *Seyfarth*, Vorstandsrecht, § 23 Rz. 65; *Spindler* in MünchKomm. AktG, § 93 AktG Rz. 170; *Wettich*, Vorstandsorganisation, S. 281.
2 BGH v. 14.11.1983 – II ZR 33/83, BGHZ 89, 48, 59 = AG 1984, 48 – Reemtsma; *Hoffmann-Becking*, ZGR 1998, 497, 518; *Kort* in Großkomm. AktG, § 77 AktG Rz. 26; *Mertens* in Hachenburg, § 35 GmbHG Rz. 111; *Uwe H. Schneider/Sven H. Schneider* in Scholz, § 37 GmbHG Rz. 35.
3 OLG Karlsruhe v. 20.5.2000 – 8 U 233/99, AG 2001, 93, 94; *Höhn*, Die Geschäftsleitung der GmbH, S. 66; *Kort* in Fleischer, Handbuch des Vorstandsrechts, § 3 Rz. 12; *Zöllner/Noack* in Baumbach/Hueck, § 37 GmbHG Rz. 30; a.A. *T. Bezzenberger*, ZGR 1996, 661, 665; *Hoffmann-Becking*, NZG 2003, 745, 748.
4 BGH v. 14.11.1983 – II ZR 33/83, BGHZ 89, 48, 59 = AG 1984, 48 – Reemtsma; *Hüffer/Koch*, § 84 AktG Rz. 21; *Raiser* in Raiser/Veil/Jacobs, MitbestG, 6. Aufl. 2015, § 33 MitbestG Rz. 29; *Uwe H. Schneider/Sven H. Schneider* in Scholz, § 37 GmbHG Rz. 52; *Spindler* in MünchKomm. AktG, § 77 AktG Rz. 18.
5 *Buck-Heeb* in Gehrlein/Born/Simon, § 35 GmbHG Rz. 39; *Kleindiek* in Lutter/Hommelhoff, § 35 GmbHG Rz. 37; *Zöllner/Noack* in Baumbach/Hueck, § 35 GmbHG Rz. 106.
6 *Kort* in Fleischer, Handbuch des Vorstandsrechts, § 2 Rz. 53; *Richter* in Semler/Peltzer/Kubis, ArbeitsHdb. Vorstandsmitglieder, § 6 Rz. 11; *Rieger* in FS Peltzer, 2001, S. 339, 346.
7 *Kort* in Großkomm. AktG, § 78 AktG Rz. 67; *Mertens/Cahn* in KölnKomm. AktG, § 78 AktG Rz. 38; *Roquette* in FS Oppenhoff, 1985, S. 335; *Altmeppen* in Roth/Altmeppen, § 35 GmbHG Rz. 56.

D. Besondere Geschäftsleitungsmitglieder und Geschäftsleitungsgremien

I. Vorsitzender

Nach § 84 Abs. 2 AktG kann der Aufsichtsrat einen **Vorsitzenden des Vorstands** ernennen. Die Ernennung ist auch bei börsennotierten Gesellschaften nicht zwingend.[1] Die Stellung des Vorstandsvorsitzenden ist im AktG nicht näher geregelt. Als Vorsitzender des Kollegialorgans obliegt ihm die **Leitung und Organisation der Vorstandssitzungen**, ohne dass ihm dabei automatisch besondere Befugnisse zukommen.[2] Üblicherweise sieht allerdings die Vorstandsgeschäftsordnung vor, dass die einfachen Vorstandsmitglieder den Vorstandsvorsitzenden laufend über die wichtigen Vorgänge und den Gang der Geschäfte in ihren jeweiligen Ressorts zu informieren haben.[3] Auf Grund der **besonderen Informationsbefugnis des Vorstandsvorsitzenden** bündeln sich in seiner Person frühzeitig alle Teilinformationen aus den unterschiedlichen Unternehmensbereichen, was ihm stets nicht nur einen guten Informationsstand über die Geschehnisse in den verschiedenen Ressorts gewährleistet, sondern auch einen schnelleren und umfassenden Überblick über die Lage des Gesamtunternehmens verschafft. Zudem obliegt dem Vorstandsvorsitzenden über die bloße Vorbereitung und Leitung der Sitzungen hinaus die **ressortübergreifende Koordination der Vorstandsarbeit**.[4] Dieser breite Informationsvorsprung wie auch seine Aufgabe zur vorstandsinternen Koordination begründen nicht nur eine besondere Verantwortung, sondern führen zwangsläufig zu einer **gesteigerten Überwachungspflicht**, die über die allen Vorstandsmitgliedern obliegende wechselseitige Überwachungspflicht deutlich hinausgeht[5] und zwangsläufig auch erhöhte Haftungsrisiken mit sich bringt.[6] Aus dem besonderen Informationsrecht des Vorstandsvorsitzenden erwächst schließlich die kollegiale Pflicht zur Information der anderen Vorstandsmitglieder. Nur bei gewissenhafter Wahrnehmung dieser Aufgabe wird er dem Grundsatz der Gesamtverantwortung und der gemeinsamen Unternehmensleitung durch alle Vorstandsmitglieder gerecht.[7]

22.57

---

1 Vgl. aber Ziff. 4.2.1 Deutscher Corporate Governance Kodex, wonach die Gesellschaft einen Vorsitzenden oder Sprecher des Vorstands haben soll.
2 *Mertens/Cahn* in KölnKomm. AktG, § 84 AktG Rz. 102; *Thamm*, Die rechtliche Verfassung des Vorstands, S. 269; *Wettich*, Vorstandsorganisation, S. 97; a.A. *Krieger*, Personalentscheidungen, S. 250.
3 *T. Bezzenberger*, ZGR 1996, 661, 663; *Heimbach/Boll*, VersR 2001, 801, 804; *Krieger*, Personalentscheidungen, S. 248; *Wettich*, Vorstandsorganisation, S. 117; *Wicke*, NJW 2007, 3755.
4 *T. Bezzenberger*, ZGR 1996, 661, 663 ff.; *v. Hein*, ZHR 166 (2002), 464, 489; *Kort* in Großkomm. AktG, § 84 AktG Rz. 123; *Thamm*, Die rechtliche Verfassung des Vorstands, S. 271; *Wettich*, Vorstandsorganisation, S. 97.
5 BGH v. 1.12.2003 – II ZR 216/01, ZIP 2004, 407, 409 (zur Genossenschaft); *T. Bezzenberger*, ZGR 1996, 661, 672; *Heimbach/Boll*, VersR 2001, 801, 805, 807; *Heller*, Unternehmensführung, S. 160; *Hopt/Roth* in Großkomm. AktG, § 93 AktG Rz. 377; *Ihrig/Schäfer*, Rechte und Pflichten des Vorstands, Rz. 447; *Krieger*, Personalentscheidungen, S. 250; *Spindler* in MünchKomm. AktG, § 84 AktG Rz. 102; *Wettich*, Vorstandsorganisation, S. 265; s. auch *Peters*, GmbHR 2008, 682, 686; a.A. *Fleischer*, NZG 2003, 449, 455; *v. Hein*, ZHR 166 (2002), 464, 487 ff.; *Hölters* in Hölters, § 93 AktG Rz. 236; *Uwe H. Schneider/Brouwer* in FS Priester, 2006, S. 713, 718; einschränkend *Habersack*, WM 2005, 2360, 2362.
6 *Simons/Hanloser*, AG 2010, 641, 647; *Spindler* in MünchKomm. AktG, § 84 AktG Rz. 114.
7 *Heimbach/Boll*, VersR 2001, 801, 804; *Peltzer* in Handbuch Corporate Governance, 2003, S. 223, 231, 728; *Rieger* in FS Peltzer, 2005, S. 339, 347; *Wettich*, Vorstandsorganisation, S. 117.

22.58 Im **Geschäftsverteilungsplan** kann dem Vorstandsvorsitzenden auch ein spezielles Sachressort zugewiesen werden. Die Einrichtung eines „Super-Ressorts", das die übrigen Vorstandsmitglieder einer faktischen Unterordnung unterwirft, indem sie ihnen die sachgerechte kollegiale Informations-, Mitsprache- und Überwachungsfunktion versagt, ist jedoch unzulässig.[1]

22.59 Typischerweise ist der **Vorstandsvorsitzende Repräsentant des Vorstands in der Öffentlichkeit und in den Medien**. Angesichts des starken Trends zur Personalisierung in der Welt der Medien, die das Unternehmen nicht selten mit der Person des Vorstandsvorsitzenden identifiziert, darf die besondere Bedeutung dieser Rolle und ihr erhebliches Spannungsverhältnis mit dem Kollegialprinzip nicht unterschätzt werden.[2] Diese Mahnung gilt in gleicher Weise für den Vorstand wie auch für den Aufsichtsrat, denn beide sind zur Beachtung der aktienrechtlichen Kompetenzordnung verpflichtet.

22.60 Ungeachtet des Kollegialprinzips und der Gleichberechtigung im Vorstand kann dem Vorstandsvorsitzenden das **Recht zum Stichentscheid** eingeräumt werden, wenn im Vorstand Stimmengleichheit besteht[3]; allerdings nicht im zweiköpfigen Vorstand.[4] Ob ihm bei Vorstandsbeschlüssen weiter gehende Rechte eingeräumt werden können, hängt davon ab, ob die Gesellschaft mitbestimmt ist oder nicht. In der mitbestimmungsfreien AG wird ein **aufschiebendes Vetorecht**, also das Recht zur Vertagung und erneuten Abstimmung im Vorstand, allgemein gebilligt.[5] Darüber hinaus soll dem Vorstandsvorsitzenden nach der wohl vorherrschenden Meinung nach der Satzung oder Geschäftsordnung des Vorstands ohne Widerspruch gegen das Kollegialitätsprinzip auch ein **Vetorecht mit Dauerwirkung** gegen Vorstandsbeschlüsse gestattet werden können.[6] Jedenfalls bei mitbestimmten Gesellschaften sind derart weit reichende Kompetenzen ausgeschlossen, da sie die gleichberechtigte Stellung des Arbeitsdirektors untergraben würden.[7]

---

1 *Hoffmann-Becking*, NZG 2003, 745, 749; *Thamm*, Die rechtliche Verfassung des Vorstands, S. 265; *Wicke*, NJW 2007, 3755, 3757.

2 Vgl. auch *Peltzer*, Deutsche Corporate Governance, 2. Aufl. 2004, S. 52.

3 BGH v. 14.11.1983 – II ZR 33/83, BGHZ 89, 48, 59 = AG 1984, 48 – Reemtsma; *T. Bezzenberger*, ZGR 1996, 661, 669; *Hüffer/Koch*, § 84 AktG Rz. 29; *Kort* in Fleischer, Handbuch des Vorstandsrechts, § 3 Rz. 14; *Mertens/Cahn* in KölnKomm. AktG, § 84 AktG Rz. 102; *Vedder* in Grigoleit, § 84 AktG Rz. 28.

4 OLG Hamburg v. 20.5.1985 – 2 W 49/84, AG 1985, 251; OLG Karlsruhe v. 20.5.2000 – 8 U 233/99, AG 2001, 93, 94; *T. Bezzenberger*, ZGR 1996, 661, 670; *Kort* in Großkomm. AktG, § 77 AktG Rz. 26; *Mertens/Cahn* in KölnKomm. AktG, § 77 AktG Rz. 12; a.A. *Bürkle*, AG 2012, 232, 236; *Priester*, AG 1984, 253, 256; *Riegger*, BB 1972, 592.

5 *T. Bezzenberger*, ZGR 1996, 661, 668; *Hoffmann-Becking*, ZGR 1998, 497, 519; *Hüffer/Koch*, § 77 AktG Rz. 12; *Simons/Hanloser*, AG 2010, 641, 647; *Thamm*, Die rechtliche Verfassung des Vorstands, S. 160; *Wettich*, Vorstandsorganisation, S. 105; a.A. *Vedder* in Grigoleit, § 77 AktG Rz. 12.

6 OLG Karlsruhe v. 20.5.2000 – 8 U 233/99, AG 2001, 93, 94; *Kort* in Fleischer, Handbuch des Vorstandsrechts, § 3 Rz. 13; *Lutter/Krieger/Verse*, Rechte und Pflichten des Aufsichtsrats, Rz. 465; *Mertens/Cahn* in KölnKomm. AktG, § 77 AktG Rz. 13; *Semler*, ZGR 2004, 631, 636; *Vedder* in Grigoleit, § 77 AktG Rz. 12; a.A. *T. Bezzenberger*, ZGR 1996, 661, 665; *Erle*, AG 1987, 7, 8; *Hoffmann-Becking*, NZG 2003, 745, 748; *Hoffmann-Becking*, ZGR 1998, 497, 519; *Hüffer/Koch*, § 77 AktG Rz. 12; *Thamm*, Die rechtliche Verfassung des Vorstands, S. 159; *Wettich*, Vorstandsorganisation, S. 105.

7 BGH v. 14.11.1983 – II ZR 33/83, BGHZ 89, 48, 59 = AG 1984, 48 – Reemtsma; *Hüffer/Koch*, § 84 AktG Rz. 21; *Raiser* in Raiser/Veil/Jacobs, MitbestG, 6. Aufl. 2015, § 33 MitbestG Rz. 29; *Spindler* in MünchKomm. AktG, § 77 AktG Rz. 18; a.A. *Seyfarth*, Vorstandsrecht, § 2 Rz. 19.

Über die Möglichkeit hinaus, ihm bei Vorstandsbeschlüssen besondere Rechte einzuräumen, gewinnt das Amt des Vorstandsvorsitzenden **in der Unternehmenswirklichkeit meist eine hervorgehobene Bedeutung**, die den Vorstandsvorsitzenden bisweilen deutlich in Widerspruch zum gesetzlichen Leitbild des *primus inter pares* setzt. Auch wenn ihm **weder Richtlinienkompetenz noch ein Weisungsrecht** gegenüber den Vorstandskollegen zusteht[1], nimmt er auf Grund seiner übergreifenden Koordinationsfunktion hinsichtlich der Vorstandsressorts sowie der Rolle bei der Vorbereitung und Leitung der Vorstandssitzungen eine Position ein, die ihn *de facto* deutlich gegenüber den anderen Vorstandsmitgliedern abhebt.[2] Diese Position, die im Übrigen stark vom persönlichen Durchsetzungsvermögen des Vorstandsvorsitzenden geprägt ist, wird zudem dadurch verstärkt[3], dass typischerweise die Informationsversorgung des Aufsichtsrats außerhalb von Aufsichtsratssitzungen allein in den Händen des Vorstandsvorsitzenden liegt[4] und er regelmäßig auch an allen Aufsichtsratssitzungen, etwa auch wenn es um die Bestellung eines neuen Vorstandsmitglieds geht, teilnimmt. Eine enge Zusammenarbeit und der laufende Informationsaustausch zwischen dem Vorstandsvorsitzenden und dem Aufsichtsratsvorsitzenden entsprechen schließlich guter Corporate Governance, wie sich aus Ziff. 5.2 Abs. 3 Satz 1 Deutscher Corporate Governance Kodex entnehmen lässt, die regelmäßige Kontakte des Vorstandsvorsitzenden mit dem Aufsichtsratsvorsitzenden empfiehlt. Ungeachtet der faktisch herausgehobenen Stellung des Vorstandsvorsitzenden muss jedoch die Grenze der Machtposition nach allgemeiner Ansicht stets sein, dass der Vorstandsvorsitzende nicht die inhaltliche Führung der Ressorts der anderen Vorstandsmitglieder bestimmt und in deren Amtsführung „hineinregiert"[5]. Zudem darf dem einzelnen Vorstandsmitglied nicht das direkte Gespräch mit dem Aufsichtsratsvorsitzenden untersagt werden.[6] Im Sinne guter Corporate Governance wie auch zur Verbreiterung seiner Informationsbasis ist der Aufsichtsrat ohnehin gut beraten, wenn er gelegentlich mit einzelnen Vorstandsmitgliedern informelle Einzelgespräche führt.[7] Wo die genaue Grenzziehung in der Praxis vorzunehmen ist, ist allerdings offen. Die Beachtung der Grenze ist jedoch notwendig, da eine **vertikale Vorstandsorganisation** nach dem **US-amerikanischen Modell des CEO** mit der gemeinsamen Vorstandsverantwortung zur Unternehmensleitung nicht vereinbar ist.[8] Es fehlen Gerichtsentscheidungen zur genauen Abgrenzung zwischen erlaubter Koordination und unzulässiger Weisung und sind auch kaum zu erwarten, da die Unternehmenspraxis Konfliktfälle üblicherweise dadurch löst, dass das einfache Vorstandsmitglied

22.61

---

1 *T. Bezzenberger*, ZGR 1996, 661, 662; *Fleischer*, ZIP 2003, 1, 8; *v. Hein*, ZHR 166 (2002), 464, 501; *Mertens/Cahn* in KölnKomm. AktG, § 77 AktG Rz. 17; *Seyfarth*, Vorstandsrecht, § 9 Rz. 14; *Wicke*, NJW 2007, 3755, 3757; a.A. *Dose*, Rechtsstellung, S. 74.
2 Vgl. dazu z.B. *Fleischer* in Spindler/Stilz, § 77 AktG Rz. 42; *Heller*, Unternehmensführung, S. 158; *Rieger* in FS Peltzer, 2001, S. 339, 349; *Semler* in FS Lutter, 2000, S. 721, 729.
3 S. auch Ziff. 5.2 Abs. 3 Deutscher Corporate Governance Kodex.
4 *Semler* in FS Lutter, 2000, S. 721, 728; *Thamm*, Die rechtliche Verfassung des Vorstands, S. 273; *Wettich*, Vorstandsorganisation, S. 114.
5 *Fleischer*, ZIP 2003, 1, 8; *Kort* in Großkomm. AktG, § 77 AktG Rz. 51; *Rieger* in FS Peltzer, 2001, S. 339, 349; *Seyfarth*, Vorstandsrecht, § 9 Rz. 14; vgl. auch *v. Hein*, ZHR 166 (2002), 464, 499.
6 *Hopt/Roth* in Großkomm. AktG, § 107 AktG Rz. 460; *Wettich*, Vorstandsorganisation, S. 115; s. auch *Hoffmann-Becking* in FS Havermann, 1995, S. 229, 237.
7 S. auch *Götz*, AG 1995, 337, 350; *Hoffmann-Becking* in FS Havermann, 1995, S. 229, 237; *Hopt/Roth* in Großkomm. AktG, § 107 AktG Rz. 69 und Rz. 460.
8 *Hoffmann-Becking*, NZG 2003, 745, 748; *Kort* in Großkomm. AktG, § 77 AktG Rz. 54; *Kort* in Fleischer, Handbuch des Vorstandsrechts, § 3 Rz. 11; *Seibt* in K. Schmidt/Lutter, § 77 AktG Rz. 21; *Spindler* in MünchKomm. AktG, § 77 AktG Rz. 67; vgl. auch *Dauner-Lieb* in FS Röhricht, 2005, S. 83, 100; *Rieger* in FS Peltzer, 2001, S. 339, 347.

wegen „unüberbrückbarer Meinungsverschiedenheiten" im Vorstand aus dem Unternehmen ausscheidet.

22.62 In der **mitbestimmungsfreien GmbH** können die Gesellschafter durch Gesellschafterbeschluss einen **Vorsitzenden der Geschäftsführung** einsetzen und ihm eine gegenüber den anderen Geschäftsführungsmitgliedern überragende Stellung einräumen. Der Aufsichtsrat ist zur Ernennung eines Vorsitzenden nur kraft Ermächtigung durch die Gesellschafter befugt.[1] Ist dies der Fall, kann der Aufsichtsrat dem Vorsitzenden nicht nur das Vetorecht gegen Mehrheitsentscheidungen einräumen[2], sondern auch das Recht, jederzeit eine Angelegenheit aus einem anderen Geschäftsführungsressort an sich zu ziehen.[3] Im Fall eines Alleingesellschafters kann dieser einem Geschäftsführungsmitglied grundsätzlich auch **Weisungsrechte gegenüber den anderen Mitgliedern** einräumen.[4] Dies stellt allerdings eine erhebliche Belastung der Gesamtverantwortung aller Geschäftsführungsmitglieder dar.

22.63 In der **paritätisch mitbestimmten GmbH** liegt das Recht zur Ernennung eines Vorsitzenden der Geschäftsleitung jedoch, ohne dass es dazu einer Ermächtigung durch die Gesellschafter bedarf, nach allerdings nicht unumstrittener Ansicht, ausschließlich beim Aufsichtsrat[5], da sich der Verweisung von § 31 Abs. 1 MitbestG auf § 84 AktG nicht entnehmen lässt, dass sie § 84 Abs. 2 AktG ausnehmen will. Im Unterschied zur mitbestimmungsfreien GmbH kann dem Vorsitzenden der Geschäftsführung in der mitbestimmten GmbH jedoch **kein Vetorecht** eingeräumt werden.[6]

II. Sprecher des Vorstands

22.64 Die Funktion des Vorstandssprechers wird im Unterschied zum Deutschen Corporate Governance Kodex[7] im AktG nicht erwähnt. Er wird vom Vorstand im Rahmen seiner Geschäftsführungsbefugnis nach § 77 Abs. 2 Satz 1 AktG gewählt, sofern sich nicht der Aufsichtsrat dieses Recht vorbehalten hat und zudem kein Vorstandsvorsitzender ernannt ist.[8] Die Funktion des vom Vorstand selbst bestimmten Sprechers beschränkt sich auf die **organisatorische Betreuung der Vorstandssitzungen sowie Repräsentationsaufgaben**. Weiter gehende Kompetenzen, insbesondere gesteigerte Überwachungspflichten hinsichtlich der Vorstandsarbeit, sind dem Vorstandsvorsitzenden vorbehalten und können dem Sprecher nicht übertragen wer-

---

1 *Koppensteiner/Gruber* in Rowedder/Schmidt-Leithoff, § 37 GmbHG Rz. 42; *Uwe H. Schneider/Sven H. Schneider* in Scholz, § 37 GmbHG Rz. 40; a.A. *Krieger*, Personalentscheidungen, S. 298.
2 *Kleindiek* in Lutter/Hommelhoff, § 37 GmbHG Rz. 36; *Zöllner/Noack* in Baumbach/Hueck, § 37 GmbHG Rz. 30.
3 *Höhn*, Die Geschäftsleitung der GmbH, S. 69.
4 BGH v. 6.3.2012 – II ZR 76/11, GmbHR 2012, 638 Rz. 24; *Kleindiek* in Lutter/Hommelhoff, § 37 GmbHG Rz. 43; *Stephan/Tieves* in MünchKomm. GmbHG, § 37 GmbHG Rz. 72.
5 *Krieger*, Personalentscheidungen, S. 298; *Raiser* in Raiser/Veil/Jacobs, MitbestG, 6. Aufl. 2015, § 31 MitbestG Rz. 29; *Schubert* in Wissmann/Kleinsorge/Schubert, Mitbestimmungsrecht, 5. Aufl. 2017, § 30 MitbestG Rz. 10; *Ulmer/Habersack* in Ulmer/Habersack/Henssler, Mitbestimmungsrecht, 3. Aufl. 2013, § 30 MitbestG Rz. 9; a.A. *Henssler*, GmbHR 2004, 323, 325; *Hoffmann/Lehmann/Weinmann*, MitbestG, 1978, § 31 MitbestG Rz. 47; *Koppensteiner/Gruber* in Rowedder/Schmidt-Leithoff, § 37 GmbHG Rz. 44; *Werner* in FS Fischer, 1979, S. 821, 826.
6 BGH v. 14.11.1983 – II ZR 33/83, BGHZ 89, 48, 59 = AG 1984, 48 – Reemtsma; *Kleindiek* in Lutter/Hommelhoff, § 37 GmbHG Rz. 34.
7 Vgl. Ziff. 4.2.1 Deutscher Corporate Governance Kodex.
8 *Hüffer/Koch*, § 84 AktG Rz. 30; *Kort* in Großkomm. AktG, § 77 AktG Rz. 57; *Krieger*, Personalentscheidungen, S. 255; *Simons/Hanloser*, AG 2010, 641, 642.

den.¹ Wird der Vorstandssprecher hingegen vom Aufsichtsrat ernannt, legt der Aufsichtsrat auch dessen Funktion und seine Befugnisse im Rahmen von Gesetz und Satzung fest.²

III. Arbeitsdirektor

In mitbestimmten Gesellschaften ist ein **gleichberechtigtes Mitglied des Vorstands oder der Geschäftsführung** als Arbeitsdirektor zu bestellen.³ Ihm dürfen nicht weniger Rechte eingeräumt werden als den übrigen Vorstandsmitgliedern, das heißt Regelungen zur Geschäftsführung müssen für alle gelten und dürfen nicht speziell auf ihn zugeschnitten sein. Der Arbeitsdirektor hat eine **besondere Zuständigkeit für das Personal- und Sozialwesen**. Was dabei zum Kernbereich gehört, ist im Einzelnen schwer zu bestimmen. Typischerweise zählen dazu die Personalplanung, -entwicklung und -verwaltung sowie Gehaltsabrechnung, Arbeitsschutz und Altersversorgung.⁴ In die gesetzlich gesicherte Zuständigkeit des Arbeitsdirektors fällt jedoch nicht die Verantwortung für die Leitenden Angestellten.⁵ Nach allgemeiner Ansicht können dem Arbeitsdirektor auch weitere Aufgaben übertragen werden, sofern die Wahrnehmung seiner Hauptaufgabe darunter nicht leidet. Dies schließt z.B. die Übernahme des Vorstandsvorsitzes oder die Rolle des Vorstandssprechers nicht aus.⁶ Missachten Geschäftsordnung oder Geschäftsverteilungsplan die Mindestzuständigkeit des Arbeitsdirektors, führt dies zur Nichtigkeit der entsprechenden Beschlüsse.⁷

22.65

IV. Stellvertretende Geschäftsleitungsmitglieder

Stellvertretende Vorstandsmitglieder sind nicht Vertreter eines ordentlichen Vorstandsmitglieds, sondern, wie § 94 AktG deutlich macht, echte und **vollverantwortliche Organmitglieder**. Für ihre Bestellung wie auch für die Vertretungsmacht gelten die allgemeinen Regeln. Der Bestellung eines stellvertretenden Vorstandsmitglieds, die in der Praxis nicht selten im Fall der erstmaligen Berufung in den Vorstand erfolgt, liegt lediglich im Innenverhältnis eine gewisse **hierarchische Differenzierung** zugrunde, die sich an verschiedenen Merkmalen äußern kann, wie z.B. der bisweilen fehlenden Zuweisung eines eigenen Ressorts, Beschränkungen der

22.66

---

1 *Hoffmann-Becking*, ZGR 1998, 497, 517; *Kort* in Fleischer, Handbuch des Vorstandsrechts, § 3 Rz. 15; *Simons/Hanloser*, AG 2010, 641, 644; *Spindler* in MünchKomm. AktG, § 84 AktG Rz. 115; *Wiesner* in MünchHdb. AG, § 24 Rz. 4; a.A. *Seyfarth*, Vorstandsrecht, § 9 Rz. 21.
2 *Ihrig/Schäfer*, Rechte und Pflichten des Vorstands, Rz. 489; *Seyfarth*, Vorstandsrecht, § 9 Rz. 20; a.A. *Richter* in Semler/Peltzer/Kubis, ArbeitsHdb. Vorstandsmitglieder, § 5 Rz. 61.
3 § 33 Abs. 1 Satz 1 MitbestG, § 13 Abs. 1 Satz 1 Montan-MitbestG, § 13 Satz 1 Montan-MitbestErgG.
4 Vgl. OLG Frankfurt a.M. v. 23.4.1985 – 5 U 194/84, AG 1986, 262, 263; Einzelheiten bei *Henssler* in Ulmer/Habersack/Henssler, Mitbestimmungsrecht, 3. Aufl. 2013, § 33 MitbestG Rz. 46; *Kort* in Fleischer, Handbuch des Vorstandsrechts, § 3 Rz. 19; *Oetker* in Großkomm. AktG, § 33 MitbestG Rz. 21; *Raiser* in Raiser/Veil/Jacobs, MitbestG, 6. Aufl. 2015, § 33 MitbestG Rz. 16.
5 *Hanau*, ZGR 1977, 346, 347; *Kort* in Großkomm. AktG, § 77 AktG Rz. 60; *Oetker* in Großkomm. AktG, § 33 MitbestG Rz. 21.
6 LG Frankfurt a.M. v. 26.4.1984 – 3/6 O 210/83, AG 1984, 276, 277; *Henssler* in Ulmer/Habersack/Henssler, Mitbestimmungsrecht, 3. Aufl. 2013, § 33 MitbestG Rz. 42; *Oetker* in Großkomm. AktG, § 33 MitbestG Rz. 23; *Raiser* in Raiser/Veil/Jacobs, MitbestG, 6. Aufl. 2015, § 33 MitbestG Rz. 22.
7 OLG Frankfurt a.M. v. 23.4.1985 – 5 U 194/84, AG 1986, 262; *Henssler* in Ulmer/Habersack/Henssler, Mitbestimmungsrecht, 3. Aufl. 2013, § 33 MitbestG Rz. 29; *Raiser* in Raiser/Veil/Jacobs, MitbestG, 6. Aufl. 2015, § 33 MitbestG Rz. 34.

Geschäftsführungsbefugnis auf den Vertretungsfall, den Konditionen des Anstellungsvertrages und der Länge des Bestellungszeitraums.[1] Aber auch bei bloßer Mitarbeit im Ressort eines anderen Vorstandskollegen ist das stellvertretende Vorstandsmitglied nicht von diesem weisungsabhängig.[2] Das stellvertretende Vorstandsmitglied trägt gem. § 94 AktG uneingeschränkt die Verantwortung zur gemeinsamen eigenverantwortlichen Leitung der Gesellschaft.[3]

22.67 Ebenso wie § 94 AktG lässt § 44 GmbHG ausdrücklich die Bestellung eines **stellvertretenden Geschäftsführungsmitglieds** zu. Seine Vertretungsmacht und Haftung unterscheidet sich nicht von der der anderen Geschäftsführungsmitglieder.[4] Hingegen sind Einschränkungen der Geschäftsführungsbefugnis zulässig und weitgehend üblich.[5]

V. Vertreter eines Vorstandsmitglieds

22.68 Fehlt ein Vorstandsmitglied oder ist es an der Wahrnehmung seines Amtes gehindert, so kann der Aufsichtsrat nach § 105 Abs. 2 AktG für einen im Voraus begrenzten **Zeitraum von maximal einem Jahr** ein Aufsichtsratsmitglied zum Vertreter eines Vorstandsmitglieds bestellt werden, wobei es in diesem Zeitraum nach § 105 Abs. 2 Satz 3 AktG seine Aufgabe als Aufsichtsratsmitglied nicht ausüben darf. Seine Kompetenzen und Verantwortung richten sich nach allerdings umstrittener Ansicht[6] nach der Position des fehlenden oder behinderten Vorstandsmitglieds, sofern der Aufsichtsrat in seinem Bestellungsbeschluss keine abweichende Bestimmung vornimmt, so dass insoweit auf die allgemeinen Grundsätze (s. Rz. 22.19 ff.) verwiesen werden kann.

VI. Bereichsvorstand

22.69 In großen und stark diversifizierten Unternehmen findet sich bisweilen ein Gremium, das als Bereichsvorstand, Group Executive Committee[7] oder Markenvorstand bezeichnet wird. Dabei handelt es sich regelmäßig um eine unterhalb des Gesamtvorstands bestehende Einrichtung, die typischerweise als **virtuelle Holding** für einen bestimmten Unternehmensbereich (Sparte) fungiert. Dieses Gremium steht meistens unter der Leitung des für diesen Unternehmensbereich zuständigen Vorstandsmitglieds und wird um weitere so genannte Bereichsvorstandsmitglieder – typischerweise leitende Angestellte aus dem Unternehmensbereich – ergänzt. Die

---

1 Ziff. 5.1.2 Abs. 2 Satz 1 Deutscher Corporate Governance Kodex empfiehlt bei erstmaliger Bestellung einen Bestellungszeitraum von weniger als 5 Jahren.
2 *Grigoleit/Tomasic* in Grigoleit, § 94 AktG Rz. 1; *Hüffer/Koch*, § 94 AktG Rz. 2.
3 *Habersack* in Großkomm. AktG, § 94 AktG Rz. 7; *Krieger*, Personalentscheidungen, S. 220; *Mertens/Cahn* in KölnKomm. AktG, § 94 AktG Rz. 4; *Wiesner* in MünchHdb. AG, § 24 Rz. 24.
4 Vgl. BGH v. 10.11.1997 – II ZB 6/97, GmbHR 1998, 181, 182; *Höhn*, Die Geschäftsleitung der GmbH, S. 48; *Kleindiek* in Lutter/Hommelhoff, § 44 GmbHG Rz. 2; teilweise einschränkend *Zöllner/Noack* in Baumbach/Hueck, § 44 GmbHG Rz. 12.
5 *Altmeppen* in Roth/Altmeppen, § 44 GmbHG Rz. 4; *Höhn*, Die Geschäftsleitung der GmbH, S. 48; *Koppensteiner/Gruber* in Rowedder/Schmidt-Leithoff, § 44 GmbHG Rz. 3; *Zöllner/Noack* in Baumbach/Hueck, § 44 GmbHG Rz. 4.
6 Vgl. *Heidbüchel*, WM 2004, 1317, 1321; *Hopt/M. Roth* in Großkomm. AktG, § 105 AktG Rz. 67; *Hüffer/Koch*, § 105 AktG Rz. 10; *Mertens/Cahn* in KölnKomm. AktG, § 105 AktG Rz. 27.
7 OLG Frankfurt a.M. v. 30.1.2006 – 20 W 56/05, AG 2006, 460, 461 – Deutsche Bank; eingehend z.B. *Wettich*, Vorstandsorganisation, S. 218 ff.

Bezeichnung Bereichsvorstand ist nicht unbedenklich.[1] Sie stellt eine Einrichtung vornehmlich mit Blick auf den Markt und die Öffentlichkeit dar und hat mit dem Vorstand i.S. von § 76 AktG nichts zu tun.[2] Die neben dem Vorsitzenden des Bereichs als weitere Bereichsvorstandsmitglieder bezeichneten Führungskräfte bleiben ungeachtet ihrer optischen Aufwertung Prokuristen oder Generalbevollmächtigte des Unternehmens. Sie unterstehen weiterhin dem Weisungsrecht des Arbeitgebers und tragen Verantwortung nur in den Grenzen ihrer arbeitsvertraglichen Pflichten.[3] Dem Bereichsvorstand können deshalb auch Aufgaben, die der Gesamtverantwortung des Vorstands unterliegen, nicht übertragen werden.[4] In jedem Fall muss sichergestellt werden, dass bei den Entscheidungen des Bereichsvorstands die **Verantwortung des Gesamtvorstands** gewahrt und eingefordert wird, indem insbesondere die Berichtspflichten gegenüber dem Gesamtvorstand beachtet und die **Kontroll- und Interventionsrechte** der übrigen dem Bereichsvorstand nicht angehörenden Vorstandsmitglieder beachtet werden.[5] Werden z.B. die Berichtspflichten des Bereichsvorstands gegenüber dem Gesamtvorstand durch Berichtspflichten gegenüber dem Vorstandsvorsitzenden ersetzt, so wird die gegenseitige Überwachung der Vorstandsmitglieder in problematischer Weise ausgehöhlt und zudem die irrige und unter Umständen für das Unternehmen fatale Vorstellung gefördert, die ausgeschlossenen Vorstandsmitglieder seien insoweit aus ihrer Gesamtverantwortung entlassen.[6]

VII. Vorstandsausschuss

In einigen Großunternehmen bestehen Vorstandsausschüsse, denen nur ein Teil der Vorstandsmitglieder angehört und die für einen Geschäftsbereich oder eine bestimmte Aufgabe eine besondere Verantwortung tragen. Hat der Vorstandsausschuss z.B. als Präsidium, *Steering Committee*, Projekt-, Lenkungs- oder Integrationsausschuss die Aufgabe, die Entscheidung des Vorstands vorzubereiten und etwa ein bestimmtes Projekt zur Entscheidungsreife im Gesamtvorstand zu führen, so löst das keine rechtlichen Probleme aus.[7] Soll der Vorstandsausschuss jedoch z.B. als „*Group Executive Committee*" endgültige Entscheidungen mit großer Tragweite für das Unternehmen treffen, so führt die Beschränkung des Ausschusses auf bestimmte Vorstandsmitglieder zu einem Verstoß gegen den dem Kollegialprinzip innewohnenden **Grundsatz der Gleichberechtigung und Gesamtverantwortung**, da die anderen Vor-

22.70

---

1 Kritisch gegenüber dem Terminus z.B. *Hoffmann-Becking*, ZGR 1998, 497, 510; s. auch *Schwark* in FS Ulmer, 2003, S. 605, 616; für Unzulässigkeit des Bereichsvorstands unter Beteiligung von leitenden Angestellten jedoch *Kort* in Großkomm. AktG, § 76 AktG Rz. 16; *Kort* in Fleischer, Handbuch des Vorstandsrechts, § 2 Rz. 7.
2 LG München I v. 10.12.2013 – 5HK O 1387/10, AG 2014, 332, 334 – Siemens/Neubürger; *Seyfarth*, Vorstandsrecht, § 9 Rz. 25; *Wettich*, Vorstandsorganisation, S. 168; offengelassen OLG Frankfurt a.M. v. 30.1.2006 – 20 W 56/05, AG 2006, 460, 461 – Deutsche Bank.
3 *Hoffmann-Becking*, ZGR 1998, 497, 510; *Raiser/Veil*, Kapitalgesellschaften, § 14 Rz. 29.
4 *Fleischer*, NZG 2003, 449, 452; *Fleischer* in Fleischer, Handbuch des Vorstandsrechts, § 1 Rz. 55; *Schwark* in FS Ulmer, 2003, S. 605, 614; *Turiaux/Knigge*, DB 2004, 2199, 2203; vgl. auch *Götz*, ZGR 2003, 1, 11.
5 *Schwark* in FS Ulmer, 2003, S. 605, 615; *Spindler* in MünchKomm. AktG, § 77 AktG Rz. 69.
6 Zum Grenzfall Deutsche Bank vgl. z.B. *Hoffmann-Becking*, NZG 2003, 745, 748; *v. Hein*, ZHR 166 (2002), 464, 467; dazu auch OLG Frankfurt a.M. v. 30.1.2006 – 20 W 56/05, ZIP 2006, 610, 612 – Deutsche Bank.
7 *Heller*, Unternehmensführung, S. 87; *Hoffmann-Becking*, ZGR 1998, 497, 516; *Martens* in FS Fleck, 1988, S. 191, 205; *Schiessl*, ZGR 1992, 64, 78; *Seyfarth*, Vorstandsrecht, § 9 Rz. 23.

standsmitglieder von der Entscheidung ausgeschlossen sind.[1] Ob der Vorstandsausschuss durch Beschluss des Gesamtvorstands eingesetzt worden ist, ist unbeachtlich, da die Gesamtverantwortung nicht zur Disposition der Organmitglieder steht und kein Vorstandsmitglied aus der Verantwortung entlassen werden darf. Die Einsetzung eines solchen Ausschusses ist nur dann rechtlich unbedenklich, wenn die dem Ausschuss nicht angehörenden Vorstandsmitglieder umfassend und kontinuierlich über die Ausschussarbeit informiert werden, so dass sie jederzeit von ihrem Interventionsrecht Gebrauch machen und die Behandlung der Angelegenheit im Gesamtvorstand verlangen können.[2] Ein Verstoß liegt schließlich ebenso vor, wenn ein bestimmtes Projekt von vom Vorstandsvorsitzenden ausgewählten Vorstandsmitgliedern betrieben und dem Gesamtvorstand nur formal zur abschließenden Zustimmung vorgelegt werden soll, ohne dass zu diesem Zeitpunkt noch auf die Gestaltung des Vorhabens Einfluss genommen werden kann. Ebenso wenig zulässig ist ein Zentralausschuss oder ein Vorstandspräsidium, dem die Kompetenz eingeräumt wird, Meinungsverschiedenheiten zwischen Vorstandsmitgliedern endgültig zu entscheiden.[3]

E. Delegation

I. Vorbemerkung

22.71 Die oben im Abschnitt B. (s. Rz. 22.19) erläuterte Geschäftsverteilung innerhalb des Vorstands oder der Geschäftsführung stellt der Sache nach eine Delegation von gemeinschaftlichen Aufgaben auf einzelne Organmitglieder dar. Davon zu unterscheiden ist die Delegation im engeren Sinne, die die Delegation von Geschäftsleitungsaufgaben auf Adressaten betrifft, die außerhalb des Geschäftsleitungsorgans stehen. Dies ist zum einen die **unternehmensinterne Delegation** von zentralen Vorstands- oder Geschäftsführungsaufgaben auf Stellen innerhalb des Unternehmens, die der Leitungsebene nachgeordnet sind. Zum anderen handelt es sich um die **externe Delegation** auf Dritte wie Tochtergesellschaften oder Fremdunternehmen, die üblicherweise als **Outsourcing** bezeichnet wird.

II. Unternehmensinterne Delegation

1. Allgemeines

22.72 Die Komplexität des modernen Wirtschaftslebens macht eine Arbeitsteilung im Unternehmen in hohem Maße unausweichlich. Dies gilt in Besonderheit für die Geschäftsleitung. Ungeachtet ihrer umfassenden Zuständigkeit ist sie auf die Delegation von Aufgaben angewiesen. Typisch ist neben der Delegation der Arbeiten im laufenden Tagesgeschäft, die Delegation der Entscheidungsvorbereitung, also der Erarbeitung von Beschlussvorlagen, der Analyse von Entscheidungsalternativen und der Erstellung von für die Entscheidung benötigten Unterlagen an Angestellte auf den nachgeordneten Unternehmensebenen, auf deren Grundlage anschließend auf der Geschäftsleitungsebene die endgültigen Beschlüsse herbeigeführt werden.

---

[1] *Bedkowski*, Geschäftsleiterpflichten, S. 187; *Hoffmann-Becking*, ZGR 1998, 497, 516; *Kort* in Fleischer, Handbuch des Vorstandsrechts, § 3 Rz. 27; *Martens* in FS Fleck, 1988, S. 191, 207; *Mielke*, Leitung, S. 68; *Schiessl*, ZGR 1992, 64, 79.

[2] *Heller*, Unternehmensführung, S. 88; *Hoffmann-Becking*, ZGR 1998, 497, 517; *Kort* in Fleischer, Handbuch des Vorstandsrechts, § 3 Rz. 27; *Spindler* in MünchKomm. AktG, § 77 AktG Rz. 69.

[3] *Hoffmann-Becking*, ZGR 1998, 497, 516; *Kort* in Großkomm. AktG, § 77 AktG Rz. 45; *Weber* in Hölters, § 77 AktG Rz. 44.

Ebenso in Betracht kommt die Delegation von allgemeinen oder speziellen Arbeiten und Maßnahmen an Mitarbeiter zur Ausführung der von der Geschäftsleitung in alleiniger Verantwortung verabschiedeten Entscheidungen.

Die **Delegation von Funktionen und Verantwortung ist Teil der Leitungsaufgabe des Vorstands**, über die er im Rahmen seines unternehmerischen Ermessens zu entscheiden hat.[1] Dabei steht dem Vorstand grundsätzlich ein weiter Spielraum zu, in welchem Umfang er von der Delegationsbefugnis Gebrauch macht. Zu weit geht allerdings die Ansicht, dass der Vorstand im Rahmen des effizienten Einsatzes von personellen Ressourcen verpflichtet sei, delegierbare Aufgaben auch zu delegieren.[2] Mit der Delegation werden die Mitglieder von Vorstand oder Geschäftsführung nicht vollständig von ihrer Verantwortung für den betroffenen Aufgabenbereich befreit. Es bleibt auf Grund der ihnen obliegenden Gesamtverantwortung stets die Überwachungspflicht.[3] Für die Spartenorganisation (s. Rz. 22.17) gelten hinsichtlich Delegation von Aufgaben und Funktionen im Grundsatz die gleichen Regeln.

22.73

2. Voraussetzungen der unternehmensinternen Delegation

Ausgehend von den zu den §§ 831, 823 BGB entwickelten Grundsätzen setzt die Delegation von Aufgaben an Angestellte deren **sorgfältige Auswahl, Einweisung und Einarbeitung sowie die fachliche Eignung und persönliche Zuverlässigkeit** voraus. Soweit die fachlichen Anforderungen nicht in ausreichendem Umfang vorhanden sind, muss für die notwendige Vermittlung der benötigten Kenntnisse und Fertigkeiten gesorgt werden.[4] Schließlich muss für ihre regelmäßige und angemessene Fortbildung gesorgt werden.[5]

22.74

Über die **Aufgabendelegation** entscheidet der Vorstand der AG bzw. die Geschäftsführung der GmbH im Rahmen des ihnen **zustehenden unternehmerischen Ermessens**.[6] Die Entscheidung hat damit die inhaltlichen Anforderungen der Business Judgement Rule nach § 93 Abs. 1 Satz 2 AktG zu beachten, der der Sache nach auch für die Geschäftsführer der GmbH gilt[7], sofern insoweit nicht eine Weisung der Gesellschafter erfolgt.[8] Über die interne Delegation entscheidet das für das Ressort zuständige Organmitglied, falls eine Ressortaufteilung vorhanden ist. Besteht keine Ressortaufteilung, so bedarf die Delegation einer Entscheidung des

22.75

---

1 *Hegnom*, CCZ 2009, 57, 58; *Kort* in Großkomm. AktG, § 76 AktG Rz. 36; *Mertens/Cahn* in Köln-Komm. AktG, § 76 AktG Rz. 9; *Turiaux/Knigge*, DB 2004, 2199, 2204.
2 So aber *Hommelhoff*, Konzernleitungspflicht, S. 181.
3 *Martens* in FS Fleck, 1988, S. 191, 196; *Schiessl*, ZGR 1992, 64, 81; vgl. auch *Götz*, AG 1995, 337, 338.
4 Vgl. KG Berlin v. 9.10.1998 – 14 U 4823/96, NZG 1999, 400, 401; *Fleischer* in Fleischer, Handbuch des Vorstandsrechts, § 8 Rz. 30; *Haas/Ziemons* in Michalski, § 43 GmbHG Rz. 167; *Kleindiek* in Lutter/Hommelhoff, § 43 GmbHG Rz. 30; *Uwe H. Schneider* in Scholz, § 43 GmbHG Rz. 49; *Sina*, GmbHR 1990, 65, 66.
5 *Uwe H. Schneider* in FS 100 Jahre GmbHG, 1992, S. 473, 486.
6 *Fleischer*, ZIP 2003, 1, 8; *Fleischer* in Fleischer, Handbuch des Vorstandsrechts, § 1 Rz. 56; *Haas/Ziemons* in Michalski, § 43 GmbHG Rz. 54; *Hüffer* in Liber amicorum Happ, 2006, S. 93, 107.
7 BGH v. 4.11.2002 – II ZR 224/00, BGHZ 152, 280, 287 = AG 2003, 381; BGH v. 14.7.2008 – II ZR 202/07, GmbHR 2008, 1033; OLG Stuttgart v. 26.5.2003 – 5 U 160/02, GmbHR 2003, 835, 836; *Kleindiek* in Lutter/Hommelhoff, § 43 GmbHG Rz. 23; *Raiser/Veil*, Kapitalgesellschaften, § 42 Rz. 86; *Zöllner/Noack* in Baumbach/Hueck, § 43 GmbHG Rz. 22.
8 Vgl. *Oltmanns*, Geschäftsleiterhaftung und unternehmerisches Ermessen, 2001, S. 352; *Zöllner/Noack* in Baumbach/Hueck, § 43 GmbHG Rz. 28.

Gesamtorgans. Die Delegation ist formlos wirksam.[1] Den Anforderungen guter Corporate Compliance entspricht allerdings aus Gründen der ordnungsgemäßen Dokumentation nur eine **schriftlich festgehaltene Delegation**.

3. Grenzen der Delegation

22.76 Der **Vorstand der AG** hat bei der Delegation auf nachgeordnete Abteilungen nicht nur das **Gebot der Eigenverantwortlichkeit** bei der Ausübung der Leitungsmacht gem. § 76 Abs. 1 AktG zu befolgen, sondern darüber hinaus die Grenzen zu beachten, die auch für eine organinterne Geschäftsverteilung hinsichtlich der **originären Führungsfunktionen** von Bedeutung sind (s. Rz. 22.29 ff.). Insbesondere hat er sicherzustellen, dass von den beauftragten Abteilungen oder Mitarbeitern bei der Erledigung der delegierten Aufgaben, soweit es sich um **Funktionen im Leitungsbereich** handelt, die Vorgaben der Geschäftsleitung beachtet und **keine definitiven Entscheidungen** getroffen werden, sondern dem Vorstand das Letztentscheidungsrecht verbleibt.[2] Schließlich muss der Vorstand die Möglichkeit haben, die **Delegation jederzeit rückgängig zu machen** und die Aufgaben und Funktionen wieder an sich zu ziehen.[3] Auf Grund des arbeitsrechtlichen Direktionsrechts gegenüber den Mitarbeitern ist dies gewährleistet. Unter Berücksichtigung dieser Vorgaben können jederzeit vorbereitende oder ausführende Aufgaben sowie Unterstützungsfunktionen vom Vorstand an Mitarbeiter delegiert werden.

22.77 Das **interne Berichtswesen** muss allerdings sicherstellen, dass der Vorstand sein Leitungsrecht im Ernstfall auch wahrnehmen kann. Im Geltungsbereich des MitbestG ist bei einer Delegation auf nachgeordnete Stellen auch zu beachten, dass dem Arbeitsdirektor der ihm nach § 33 MitbestG zustehende Entscheidungsbereich in grundlegenden Fragen des Personal- und Sozialwesens erhalten bleibt (s. Rz. 22.65).

22.78 Im Unterschied zur AG ist den **Geschäftsführern der GmbH kein geschützter Bereich der eigenverantwortlichen Geschäftsleitung zugewiesen**.[4] Ihr Aufgabenbereich kann demgemäß kraft des Weisungsrechts der Gesellschafter, auch soweit **Funktionen im Leitungsbereich** betroffen sind, weitgehend auf nachgeordnete Abteilungen übertragen werden.[5] Ob der Geschäftsführung ein Kernbestand eigener Sachentscheidungen in Geschäftsleitungsfragen als „Chefsache" vorbehalten bleiben muss, ist streitig.[6] In jedem Fall sind der Delegation

---

1 Ebenso *Uwe H. Schneider* in FS 100 Jahre GmbHG, 1992, S. 473, 488.
2 *Fleischer* in Fleischer, Handbuch des Vorstandsrechts, § 8 Rz. 27; *Henze*, BB 2000, 209, 210; *Kort* in Großkomm. AktG, § 76 AktG Rz. 49; *Mertens/Cahn* in KölnKomm. AktG, § 76 AktG Rz. 45; *Mielke*, Leitung, S. 93; *Turiaux/Knigge*, DB 2004, 2199, 2205; *Veil*, Unternehmensverträge, S. 88.
3 *Kort* in Großkomm. AktG, § 76 AktG Rz. 49a; *Mertens/Cahn* in KölnKomm. AktG, § 76 AktG Rz. 45; *Stein*, ZGR 1988, 163, 170; *Turiaux/Knigge*, DB 2004, 2199, 2205.
4 Vgl. BGH v. 14.12.1959 – II ZR 187/57, BGHZ 31, 258, 278; OLG Frankfurt a.M. v. 7.2.1997 – 24 U 88/95, GmbHR 1997, 346, 347; *Uwe H. Schneider/Sven H. Schneider* in Scholz, § 37 GmbHG Rz. 37; *Ziemons*, Haftung der Gesellschafter, S. 21.
5 BGH v. 15.10.1996 – VI ZR 319/95, BGHZ 133, 370, 377; OLG Nürnberg v. 9.6.1999 – 12 U 4408/98, NZG 2000, 154, 155; *Kleindiek* in Lutter/Hommelhoff, § 37 GmbHG Rz. 12; *Paefgen* in Ulmer/Habersack/Löbbe, § 37 GmbHG Rz. 28.
6 So z.B. *Hommelhoff*, ZGR 1978, 119, 128; *Wiedemann*, Gesellschaftsrecht, Bd. 1, 1980, S. 330; *Zöllner/Noack* in Baumbach/Hueck, § 46 GmbHG Rz. 5, 93; *Zöllner/Noack* in Baumbach/Hueck, § 37 GmbHG Rz. 18; wohl auch *Haas/Ziemons* in Michalski, § 43 GmbHG Rz. 167; a.A. OLG Nürnberg v. 9.6.1999 – 12 U 4408/98, NZG 2000, 154, 155; OLG Karlsruhe v. 25.8.1995 – 15 U 286/94, GmbHR 1996, 208, 209; *Altmeppen* in Roth/Altmeppen, § 37 GmbHG Rz. 4; *Eisenhardt* in FS

hinsichtlich der gesetzlich bestimmten Aufgaben der Geschäftsführung (vgl. z.B. §§ 7, 30, 31, 33, 40, 41, 49 Abs. 3, 57 Abs. 1, 64 GmbHG, § 15 InsO, § 33 MitbestG, § 264 Abs. 1 HGB, § 34 AO) zwingende Grenzen gesetzt.[1]

4. Kontrollverantwortung

Mit der wirksamen Delegation werden Entscheidungsmacht und Verantwortung auf den nachgeordneten Adressaten und Aufgabenempfänger im Unternehmen übertragen. Ähnlich wie bei der organinternen Geschäftsverteilung (s. Rz. 22.23) führt die Delegation jedoch **keine völlige Entlastung der Geschäftsleitung** herbei, sondern begründet **Überwachungs- und Aufsichtspflichten als Restzuständigkeit der Leitungsaufgabe**.[2] Bei mehrfach hierarchisch gestuften Unternehmensstrukturen bezieht sich die Überwachungspflicht der Geschäftsleitung auf die unmittelbar unterstellten Mitarbeiter und deren Führungs- und Überwachungsverhalten.[3] Dies schließt die Einrichtung entsprechender Organisations-, Berichts- und Kontrollstrukturen ein, damit die Geschäftsleitung über die notwendigen Informationen verfügt, um im Notfall erforderliche Maßnahmen ergreifen zu können.[4]

22.79

In Abhängigkeit vom jeweiligen Geschäftszweig des Unternehmens und dem sich aus seiner Größe, Organisationsstruktur und Komplexität ergebenden konkreten Risikoprofil ist die Geschäftsleitung gehalten, besondere Organisationsmaßnahmen zu ergreifen, insbesondere ein **Compliance-System** einzurichten, um den vielfältigen rechtlichen Anforderungen sachgerecht und angemessen begegnen zu können, die sich aus den technischen, regulativen und sonstigen Herausforderungen und Risiken der Unternehmenstätigkeit ergeben.[5] Auch wenn Ziff. 4.1.3 Deutscher Corporate Governance Kodex keine Verhaltensempfehlung enthält, sondern nur deskriptiven Charakter hat, lässt sich die Regelung aber zusammen mit Ziff. 3.4 Abs. 2 Deutscher Corporate Governance Kodex durchaus als Hinweis auf die besondere Compliance-Verantwortung des Vorstands verstehen. Gesetzliche Grundlagen z.B. für eine Compliance-Organisation für Wertpapierdienstleistungsunternehmen finden sich in § 80 WpHG (§ 33 WpHG a.F. [s. im Einzelnen unten *Gebauer/Fett*, Rz. 24.82 ff.]). Das Compli-

22.80

Pfeiffer, 1988, S. 839, 846; *Koppensteiner/Gruber* in Rowedder/Schmidt-Leithoff, § 37 GmbHG Rz. 22; *Paefgen* in Ulmer/Habersack/Löbbe, § 37 GmbHG Rz. 28; *Stephan/Tieves* in MünchKomm. GmbHG, § 37 GmbHG Rz. 68; *Ziemons*, Haftung der Gesellschafter, S. 22.
1 *Altmeppen* in Roth/Altmeppen, § 37 GmbHG Rz. 6; *Kleindiek* in Lutter/Hommelhoff, § 37 GmbHG Rz. 12; *Uwe H. Schneider* in FS 100 Jahre GmbHG, 1992, S. 473, 487.
2 BGH v. 15.10.1996 – VI ZR 319/95, BGHZ 133, 370, 377 = GmbHR 1997, 25; KG Berlin v. 9.10.1998 – 14 U 4823/96, NZG 1999, 400; *Götz*, AG 1995, 337, 338; *Haas/Ziemons* in Michalski, § 43 GmbHG Rz. 170; *Hegnom*, CCZ 2009, 57, 61; *Heller*, Unternehmensführung, S. 35; *Semler*, Überwachung, Rz. 24; *Sina*, GmbHR 1990, 65; *Turiaux/Knigge*, DB 2004, 2199, 2205.
3 KG Berlin v. 9.10.1998 – 14 U 4823/96, NZG 1999, 400; *Fleischer* in Fleischer, Handbuch des Vorstandsrechts, § 8 Rz. 39; *Haouache*, Unternehmensbeauftragte, S. 69; *Lohr*, NZG 2000, 1204, 1210; *Uwe H. Schneider* in Scholz, § 43 GmbHG Rz. 49.
4 OLG Köln v. 31.8.2000 – 18 U 42/00, AG 2001, 363, 364; *Götz*, AG 1995, 337, 338; *Haas/Ziemons* in Michalski, § 43 GmbHG Rz. 171.
5 Vgl. zur Einrichtung von Corporate Compliance Systemen unten *Kremer/Klahold*, § 25 sowie *Fleischer* in Fleischer, Handbuch des Vorstandsrechts, § 8 Rz. 43; *Hauschka* (Hrsg.), Corporate Compliance, 2007 m.w.N.; *Kort*, GmbHR 2013, 566; zur Compliance im Konzern vgl. z.B. *Fleischer*, CCZ 2008, 1; *Uwe H. Schneider/Sven H. Schneider*, ZIP 2007, 2061.

ance-System tritt ergänzend neben das Frühwarnsystem zur Erfassung und Erkennung existenzgefährdender Risiken i.S. von § 91 Abs. 2 AktG.[1]

5. Unternehmensbeauftragte

22.81 Nur in eingeschränktem Umfang kann die Bestellung von Unternehmensbeauftragten als Teil der Geschäftsleitung betrachtet werden. Verschiedene spezialgesetzliche Vorschriften fordern die Bestellung von Betriebs- oder Unternehmensbeauftragten zur Wahrung von Belangen, die im öffentlichen Interesse als besonders schutzwürdig eingestuft werden.[2] Für einige dieser Beauftragten ist die Mitgliedschaft im Vorstand bzw. Geschäftsführung zwingend. Bei diesen Einrichtungen handelt es sich im Regelfall nicht um die Wahrnehmung einer der Geschäftsleitung zuzurechnenden Kompetenz, sondern um eine außerhalb der Unternehmenshierarchie stehende **unternehmensinterne Überwachungsfunktion in Ergänzung zur externen staatlichen Aufsicht**.[3] Deshalb stehen den Unternehmensbeauftragten regelmäßig auch **besondere Rechte gegenüber der Geschäftsleitung** zu.[4] Soweit die Einsetzung von Unternehmensbeauftragten gesetzlich vorgeschrieben ist, handelt es sich bei diesen Funktionen nicht um eine freiwillige Delegation von Aufgaben der Geschäftsleitung auf ein bestimmtes Geschäftsleitungsmitglied oder einen Mitarbeiter einer nachgeordneten Ebene, sondern um die Befolgung eines an den Unternehmensträger adressierten Gesetzesbefehls. Die Unternehmensleitung ist kraft Gesetzes zur Bestellung der Betriebs- oder Unternehmensbeauftragten verpflichtet, hat aber ein Ermessen bei der Personalauswahl.

22.82 Anders zu beurteilen ist die Einsetzung eines **kraft autonomer Entscheidung der Geschäftsleitung eingesetzten Unternehmensbeauftragten**, z.B. als Compliance Beauftragter[5], Corporate Governance Beauftragter[6], Familienbeauftragter oder Qualitätsbeauftragter. Diese Beauftragten nehmen eine vom Vorstand oder der Geschäftsführung besonders hoch eingeschätzte Aufgabe wahr, die ihnen im Wege der unternehmensinternen Delegation zugewiesen wird. Dabei stehen ihnen jedoch **keine Autonomie in ihrer Amtsführung und keine besonderen Rechte gegenüber der Geschäftsleitung** zu, sondern sie erledigen ihre Aufgabe in deren Auftrag und unterstehen deren Weisungen. Der Geschäftsleitung kommt damit weiterhin die Führungs- und Kontrollverantwortung für diese Mitarbeiter zu. Zum Compliance-Beauftragten s. eingehend unten *Gebauer/Fett*, Rz. 24.50 ff.

---

1 Vgl. bereits BGH v. 12.7.1979 – III ZR 154/77, BGHZ 75, 96, 120, 133 = AG 1980, 53 – Herstatt; *Götz*, AG 1995, 337, 338.

2 Vgl. z.B. Arbeitssicherheitsbeauftragter, § 5 ArbSichG; Betriebsarzt, § 2 ArbSichG; Datenschutzbeauftragter, § 36 BDSG; Geldwäschebeauftragter, § 14 Abs. 2 Nr. 1 GwG; Gewässerschutzbeauftragter, § 21a WHG; Immissionsschutzbeauftragter, Störfallbeauftragter, §§ 53, 58 BImschG; Abfallbeauftragter, § 54 KrW-AbfG; weiterhin Ausfuhrverantwortlicher gem. Nr. 2 der Grundsätze der Bundesregierung zur Prüfung der Zuverlässigkeit von Exporteuren von Kriegswaffen und rüstungsrelevanten Gütern vom 25.7.2001.

3 *Dreher* in FS Claussen, 1997, S. 69, 71; *Haouache*, Unternehmensbeauftragte, S. 23; *Rehbinder*, ZHR 165 (2001), 1, 10; vgl. auch *Uwe. H. Schneider* in FS 100 Jahre GmbHG, 1992, S. 473, 480 (zur GmbH).

4 *Dreher* in FS Claussen, 1997, S. 69, 72; *Haouache*, Unternehmensbeauftragte, S. 23; *Rehbinder*, ZGR 1989, 321 ff.; vgl. auch *Kort* in Großkomm. AktG, § 76 AktG Rz. 48.

5 S. dazu z.B. *Bürkle*, BB 2005, 565; *Hauschka*, NJW 2004, 257, 259; *Lösler*, NZG 2005, 104, 105.

6 S. dazu z.B. *Peltzer*, DB 2002, 2580; *Seibt*, AG 2002, 249, 254.

III. Unternehmensexterne Delegation

1. Allgemeines

Entscheidet sich die Geschäftsleitung im Rahmen ihres unternehmerischen Ermessens z.B. aus Effizienz- und Kostengründen oder zur Sicherstellung der technologischen Fortentwicklung für die externe Delegation von bestimmten bisher im Unternehmen wahrgenommenen Aufgaben und Funktionen, hat dies im Unterschied zur (vertikalen) unternehmensinternen Delegation relativ tiefgreifende Einschnitte in die Unternehmensstruktur zur Folge. **„Make-or-buy"-Prozesse**, die zur Aufgabe von bestimmten Funktionsbereichen führen, lassen sich in der Regel nicht oder jedenfalls nicht kurzfristig und meist nur mit erheblichem Aufwand rückgängig machen. Dies gilt es insbesondere bei der Verlagerung von Funktionen an externe Dritte aber eingeschränkt auch bei der Verlagerung in Konzerngesellschaften zu bedenken. Ausgespart bleibt die Darstellung des Betriebsführungs- oder Managementvertrages.[1]

22.83

2. Voraussetzungen der unternehmensexternen Delegation

Nach § 76 Abs. 1 AktG hat der Vorstand das Recht und die Pflicht, die Gesellschaft eigenverantwortlich zu leiten. Entscheidet sich der Vorstand im Rahmen seines Ermessens auf Grund strategischer Überlegungen dafür, eigene Unternehmensfunktionen auf externe Dritte auszulagern, so hat er dabei zu beachten, dass **originäre Führungsfunktionen** ebensowenig ausgelagert werden dürfen wie Hilfsfunktionen, die für die Wahrnehmung der Führungsfunktion und seiner unternehmerischen Verantwortung unverzichtbar sind[2] (s. Rz. 22.33). Welche konkreten Einzelfunktionen darüber hinaus einem Auslagerungsverbot unterliegen, ist nicht vollständig geklärt und kann nur im konkreten Einzelfall unter Berücksichtigung der konkreten Unternehmenssituation beurteilt werden.[3] Stets hat der Vorstand jedoch sicherzustellen, dass er ungeachtet einer erfolgten Delegation seine Führungsfunktionen eigenverantwortlich wahrnehmen kann. Dies bedeutet, dass speziell im Hinblick auf die Anforderungen an die Zulässigkeit eines **Outsourcing der Datenverarbeitung** sichergestellt werden muss, dass die für den Vorstand verfügbare IT-Infrastruktur und die Systeme auch die Unterstützungsfunktion in organisatorischer und funktioneller Hinsicht erbringen, auf die der Vorstand zur Wahrung seiner Führungsfunktion angewiesen ist.[4]

22.84

3. Kontrollverantwortung

Beim Abschluss eines Outsourcing-Vertrages muss der Vorstand neben der sorgfältigen Auswahl des Dritten darauf achten, dass der verlagernden Gesellschaft nicht nur vertraglich **Informations-, Steuerungs- und Kontrollrechte** eingeräumt werden, sondern dass ungeachtet der Delegation das **Letztentscheidungsrecht der Geschäftsleitung** gewährleistet ist, wie

22.85

---

1 Vgl. dazu z.B. *Fleischer*, ZIP 2003, 1, 9; *Huber*, ZHR 152 (1988), 1 ff., 123 ff.; *Krieger* in MünchHdb. AG, § 72 Rz. 41.
2 *Dreher* in FS Hopt, 2010, S. 517, 523; *Fleischer* in Fleischer, Handbuch des Vorstandsrechts, § 1 Rz. 57; *Hüffer/Koch*, § 76 AktG Rz. 8; *Kort* in Großkomm. AktG, § 76 AktG Rz. 50; *Mertens/Cahn* in KölnKomm. AktG, § 76 AktG Rz. 4, 45; *Semler*, Überwachung, Rz. 22; *Stein*, ZGR 1988, 163, 168; *Veil*, Unternehmensverträge, S. 89.
3 S. dazu z.B. *Spindler* in MünchKomm. AktG, § 76 AktG Rz. 16; *Veil*, Unternehmensverträge, S. 89 ff.
4 LG Darmstadt v. 6.5.1986 – 14 O 328/85, AG 1987, 218 – EDS/Opel; *Hirte*, CR 1992, 193, 195; *Spindler* in MünchKomm. AktG, § 76 AktG Rz. 19; *Stein*, ZGR 1988, 163, 169.

wenn die Aufgabe noch im Unternehmen wahrgenommen würde.[1] Darüber hinaus ist zu verlangen, dass das auslagernde Unternehmen durch geeignete organisatorische Maßnahmen personelle Restkompetenzen und Know-how im eigenen Unternehmen sichert, um der Gefahr einer existentiellen Abhängigkeit von dem Dienstleister (Beurteilung von technologischen Entwicklungen, Systemwechsel und Investitionen) zu begegnen und um es der Geschäftsleitung zu ermöglichen, nicht nur die vertraglichen Informations-, Steuerungs- und Kontrollrechte kompetent und effektiv wahrnehmen zu können, sondern im Notfall auch in verantwortlicher Weise über eine Kündigung des Outsourcing-Vertrages entscheiden zu können.[2] Der **Zugriff auf die existenznotwendigen Daten** muss stets gesichert sein, z.B. durch Sicherung der Eigentumsrechte an sensiblen Daten, Ausschluss von Zurückbehaltungsrechten im Fall der Vertragsbeendigung etc.[3] Mit der Auslagerung wird die Verantwortung der Geschäftsleitung für die sachgerechte Erfüllung der übertragenen Aufgaben deutlich modifiziert und auf die Überwachungsfunktion reduziert.

22.86 Ob man im Fall der **100 %igen Tochtergesellschaft** ähnliche Anforderungen an die Absicherung des Letztentscheidungsrechts der Geschäftsleitung stellen kann wie bei der unternehmensinternen Delegation, ist offen. Die Obergesellschaft ist mangels Drittinteressen regelmäßig in der Lage, ihre eigenen Interessen nicht nur über die vertraglichen Rechte sondern auch auf anderem Weg durchzusetzen.[4] Strenge Anforderungen an die vertragliche Absicherung der unternehmerischen Verantwortung sind allerdings im Fall des **Outsourcing an einen externen Dritten** zu beachten, da die Gesellschaft in diesem Fall allein auf ihre vertraglichen Rechte angewiesen ist. In der regulierten Wirtschaft sind Outsourcing-Verträge relativ weit verbreitet. Aus dem Bereich der Kredit- bzw. Versicherungswirtschaft können die gesetzlichen Vorgaben zu Outsourcing-Verträgen (§ 25b Abs. 3 KWG und § 32 Abs. 2 und 4 VAG) wertvolle Anhaltspunkte liefern.[5]

F. Haftung

I. Allgemeines

22.87 Die Organhaftung der der Mitglieder des Vorstands einer AG, bzw. der Geschäftsführung einer GmbH ist **keine Erfolgshaftung**. Bei der Binnenhaftung handelt es sich ungeachtet der Gesamtverantwortung der Mitglieder des Kollegialorgans sowohl nach § 93 Abs. 2 AktG als auch nach § 43 Abs. 2 GmbHG stets eine **Haftung für eigenes Verschulden** bei der Verletzung der ihnen persönlich obliegenden Sorgfaltspflichten.[6] Für das Verschulden von Kolle-

---

1 LG Darmstadt v. 6.5.1986 – 14 O 328/85, AG 1987, 218 – EDS/Opel; *Dreher* in FS Hopt, 2010, S. 517, 530; *Fleischer*, ZIP 2003, 1, 10; *Henze*, BB 2000, 209, 210; *Hirte*, CR 1992, 193, 195; *Kort* in Großkomm. AktG, § 76 AktG Rz. 48; *Semler*, Überwachung, Rz. 24; *Stein*, ZGR 1988, 163, 171; *Turiaux/Knigge*, DB 2004, 2199, 2206.
2 S. auch die Warnung von *Stein*, ZGR 1988, 163, 173, dass der „Kontrollierte zwangsläufig zum Kontrolleur" würde.
3 *Dreher* in FS Hopt, 2010, S. 517, 536; *Fleischer*, ZIP 2003, 1, 10; *Kort* in Großkomm. AktG, § 76 AktG Rz. 37; *Spindler* in MünchKomm. AktG, § 76 AktG Rz. 18.
4 Ebenso *Stein*, ZGR 1988, 163, 170; wohl auch *Fleischer* in Spindler/Stilz, § 76 AktG Rz. 69.
5 S. dazu auch die aufsichtsrechtlichen Grundsätze zur Funktionsausgliederung der BaFin; vgl. generell z.B. *Spindler*, Unternehmensorganisationspflichten, S. 236 ff.
6 BGH v. 8.7.1985 – II ZR 198/84, GmbHR 1986, 19; *Bedkowski*, Geschäftsleiterpflichten, S. 185; *Hopt/Roth* in Großkomm. AktG, § 93 AktG Rz. 391; *Mertens/Cahn* in KölnKomm. AktG, § 93 AktG Rz. 48; *Wiesner* in MünchHdb. AG, § 26 Rz. 22; *Koppensteiner/Gruber* in Rowedder/Schmidt-

gen haben sie nicht einzustehen. Demgemäß ist bei der Beurteilung der persönlichen Haftung von einzelnen Organmitgliedern gegenüber der Gesellschaft auf ihre individuelle Verantwortung im Rahmen der Geschäftsführung abzustellen. Soweit sie allerdings ihre ressortübergreifende Überwachungspflicht missachten, kommt eine Haftung für eigenes Verschulden in Betracht.[1]

Wegen des **objektiv-typisierten Verschuldensmaßstabs** ist mit der Verletzung von Sorgfaltspflichten regelmäßig auch das Verschulden des Organmitglieds zu bejahen.[2] Vgl. zur Sorgfaltspflicht und Haftung generell oben *Krieger*, Rz. 3.39 ff. und *Uwe H. Schneider*, Rz. 2.35 ff.

Die dem Organmitglied im Rahmen der Geschäftsverteilung konkret zugewiesene Aufgabe innerhalb des Gesamtgremiums wirkt sich zwangsläufig auf seine individuelle Haftung maßgeblich aus, denn die zulässige Geschäftsverteilung im mehrköpfigen Geschäftsleitungsorgan führt zu einer **Reduktion der individuellen Pflichten** des einzelnen Organmitglieds (s. Rz. 22.22) und damit zu einer Reduktion des Risikos der persönlichen Haftung.

22.88

Für den Geschäftsführer einer GmbH gilt allerdings, dass eine Haftung wegen sorgfaltswidrigen Verhaltens nach § 43 Abs. 2 GmbHG gegenüber der Gesellschaft ausscheidet, wenn sein Handeln auf eine **bindende Weisung der Gesellschafter** zurückgeht.[3] In diesem Fall kommt auch eine Haftung gegenüber der Gesellschaft nach anderen Anspruchsgrundlagen nicht in Betracht.[4]

22.89

Eine **Zurechnung des Verschuldens von Dritten** gegenüber einem Organmitglied wie z.B. von Angestellten des Unternehmens kommt ebenso wenig in Betracht wie das von anderen Organmitgliedern. Weder § 278 BGB[5] noch § 831 BGB sind anwendbar.[6] Die Mitverantwortung oder Versäumnisse anderer Mitglieder des Geschäftsleitungsorgans oder des Aufsichtsrats führen im Übrigen nicht gem. §§ 31, 254 BGB zu einer Entlastung des verantwortlichen

22.90

Leithoff, § 43 GmbHG Rz. 9; s. auch *Peters*, GmbHR 2008, 682, 686; *Uwe H. Schneider* in Scholz, § 43 GmbHG Rz. 31.

1 BGH v. 20.11.2014 – III ZR 509/13, ZIP 2015, 166, 167; BGH v. 15.1.2013 – II ZR 90/11, AG 2013, 259 Rz. 22 – Corealcredit Bank; *Fleischer* in Fleischer, Handbuch des Vorstandsrechts, § 11 Rz. 57; *Voß*, Gesamtschuldnerische Organhaftung, S. 36; *Wiesner* in MünchHdb. AG, § 26 Rz. 26.

2 BGH v. 16.2.1981 – II ZR 49/80, GmbHR 1981, 191, 192 (zur GmbH); BGH v. 28.10.1971 – II ZR 49/70, WM 1971, 1548, 1549 (zur AG); *Fleischer* in Fleischer, Handbuch des Vorstandsrechts, § 11 Rz. 55; *Hopt/Roth* in Großkomm. AktG, § 93 AktG Rz. 392; *Mertens/Cahn* in KölnKomm. AktG, § 93 AktG Rz. 136; *Spindler* in MünchKomm. AktG, § 93 AktG Rz. 158.

3 BGH v. 10.5.1993 – II ZR 74/92, BGHZ 122, 339, 336 = GmbHR 1993, 427; BGH v. 21.6.1999 – II ZR 47/98, BGHZ 142, 92, 95 = ZIP 1999, 1352; BGH v. 26.10.2009 – II ZR 222/08, GmbHR 2010, 85 Rz. 10; *Bedkowski*, Geschäftsleiterpflichten, S. 468; *Haas/Ziemons* in Michalski, § 43 GmbHG Rz. 182; *Koppensteiner/Gruber* in Rowedder/Schmidt-Leithoff, § 43 GmbHG Rz. 28; *Uwe H. Schneider* in Scholz, § 43 GmbHG Rz. 119.

4 BGH v. 21.6.1999 – II ZR 47/98, GmbHR 1999, 921, 922; *Haas/Ziemons* in Michalski, § 43 GmbHG Rz. 182.

5 BGH v. 20.9.2011 – II ZR 234/09, AG 2011, 876 Rz. 17 – ISION; *Hüffer/Koch*, § 93 AktG Rz. 46; *Mertens/Cahn* in KölnKomm. AktG, § 93 AktG Rz. 49; *Mielke*, Leitung, S. 115; *Bayer/Scholz*, GmbHR 2016, 841, 842; *Haas*, Geschäftsführerhaftung, S. 286; *Kleindiek* in Lutter/Hommelhoff, § 43 GmbHG Rz. 30; a.A. FG München v. 18.3.1992 – 3 K 3164/87, GmbHR 1992, 627, 628 (zur GmbH); *Schönbrod*, Spartenorganisation, S. 188; s. aber auch BGH v. 31.3.1954 – II ZR 57/53, BGHZ 13, 61, 66 (zur GmbH); *Fleck*, GmbHR 1974, 224, 225.

6 BGH v. 14.5.1974 – VI ZR 8/73, NJW 1974, 1371, 1372 (zur GmbH); *Hüffer/Koch*, § 93 AktG Rz. 46; *Mertens/Cahn* in KölnKomm. AktG, § 93 AktG Rz. 49; *Kleindiek* in Lutter/Hommelhoff, § 43 GmbHG Rz. 29; *Uwe H. Schneider* in Scholz, § 43 GmbHG Rz. 31.

Geschäftsleitungsmitglieds hinsichtlich seiner eigenen Haftung.[1] § 93 Abs. 4 Satz 2 AktG lässt sich entnehmen, dass die jeweiligen Organwalterpflichten nebeneinander stehen; Gleiches lässt sich § 43 Abs. 2 GmbHG entnehmen, der ausdrücklich von der „solidarischen" Haftung mehrerer Geschäftsführer spricht. Das zuständige Geschäftsführungsmitglied kann deshalb, soweit seine persönliche Haftung in Rede steht, nicht einwenden, ein anderes Mitglied des Geschäftsleitungsorgans oder des Aufsichtsorgans sei für den Schaden mitverantwortlich.[2]

22.91 Hat allerdings die Gesellschafterversammlung den Geschäftsführern hinsichtlich der Geschäftsverteilung **bindende Weisungen** erteilt, z.B. im Wege der Beschränkung der Rechtsstellung und Befugnisse eines Geschäftsführers, so genannte Zölibatsklauseln (s. Rz. 22.28), so kann dies u.U. den **Einwand des Mitverschuldens** der Gesellschaft gem. § 254 BGB begründen.[3]

22.92 Die Vorstandsmitglieder der AG haften gem. § 93 AktG für leichte Fahrlässigkeit und können **keine Haftungsmilderung nach den arbeitsrechtlichen Grundsätzen** der betrieblich veranlassten Tätigkeit in Anspruch nehmen.[4] Für die Geschäftsführer der GmbH gilt dies hinsichtlich ihrer Haftung gem. § 43 Abs. 1 GmbHG nach herrschender Ansicht in gleicher Weise, und zwar auch dann, wenn es sich um einen Fremdgeschäftsführer handelt.[5]

22.93 Auch für **ehrenamtlich tätige Vorstandsmitglieder** sieht das AktG kein Haftungsprivileg vor. Ob die für ehrenamtlich tätige Mitglieder des Vereinsvorstands geltende Sonderregelung in § 31a BGB im Wege der Analogie in das AktG und GmbHG übertragen werden kann, ist zweifelhaft.[6]

22.94 Während der Haftungsmaßstab der Vorstandsmitglieder nach § 93 Abs. 1 Satz 1 AktG zwingend ist und § 23 Abs. 5 AktG insoweit keine Gestaltungsmöglichkeit zulässt, kann für die **Geschäftsführer der GmbH** sowohl im Gesellschaftsvertrag als auch im Anstellungsvertrag

---

[1] BGH v. 16.2.1981 – II ZR 49/80, GmbHR 1981, 191, 192 (zur GmbH); BGH v. 14.3.1983 – II ZR 103/82, GmbHR 1983, 300 (zur GmbH); BGH v. 26.11.2007 – II ZR 161/06, GmbHR 2008, 144 Rz. 3 (zur GmbH); OLG Düsseldorf v. 28.11.1996 – 6 U 11/95, AG 1997, 231, 237 – ARAG/Garmenbeck; *Bayer/Scholz*, GmbHR 2016, 841, 842; *Bedkowski*, Geschäftsleiterpflichten, S. 185; *Fleischer* in Fleischer, Handbuch des Vorstandsrechts, § 11 Rz. 59; *Paefgen* in Ulmer/Habersack/Löbbe, § 43 GmbHG Rz. 33; *Mertens* in Hachenburg, § 43 GmbHG Rz. 13; *Raiser/Veil*, Kapitalgesellschaften, § 14 Rz. 87; *Uwe H. Schneider* in Scholz, § 43 GmbHG Rz. 245.

[2] BGH v. 20.11.2014 – III ZR 509/13, ZIP 2015, 166, 167 – Johannes a Lasco-Stiftung; BGH v. 26.11.2007 – II ZR 161/06, GmbHR 2008, 144, 145; *Krieger/Sailer-Coceani* in K. Schmidt/Lutter, § 93 AktG Rz. 30.

[3] BGH v. 5.7.1993 – II ZR 174/92, DStR 1993, 1637, 1638 (zur GmbH); *Altmeppen* in Roth/Altmeppen, § 43 GmbHG Rz. 108; *Zöllner/Noack* in Baumbach/Hueck, § 43 GmbHG Rz. 45; s. dazu näher *Bayer/Scholz*, GmbHR 2016, 841, 846 ff.

[4] *Fleischer* in Fleischer, Handbuch des Vorstandsrechts, § 11 Rz. 56; *Hopt/Roth* in Großkomm. AktG, § 93 AktG Rz. 395; *Hüffer/Koch*, § 93 AktG Rz. 51.

[5] BGH v. 25.6.2001 – II ZR 38/99, BGHZ 148, 167, 172; KG Berlin v. 9.10.1998 – 14 U 4823/96, NZG 1999, 400, 402; *Goette* in FS Wiedemann, 2002, S. 873, 874; *Haas*, Geschäftsführerhaftung, S. 295; *Hopt/Roth* in Großkomm. AktG, § 93 AktG Rz. 397; *Kleindiek* in Lutter/Hommelhoff, § 43 GmbHG Rz. 39; *Lutter*, GmbHR 2000, 301, 311; *Zöllner/Noack* in Baumbach/Hueck, § 43 GmbHG Rz. 6; a.A. *Reiserer*, DStR 2000, 31, 34.

[6] Dagegen z.B. *Kleindiek* in Lutter/Hommelhoff, § 43 GmbHG Rz. 39; *Leuschner*, NZG 2014, 281, 287; *E. Vetter*, GmbHR 2012, 181, 187; nicht generell ablehnend *Fleischer* in MünchKomm. GmbHG, § 43 GmbHG Rz. 256b; s. auch BGH v. 1.12.2003 – II ZR 216/01, ZIP 2004, 407, 409 (zur Genossenschaft).

eine **Haftungsmilderung** im Sinne einer Haftung nur für grobe Fahrlässigkeit oder Vorsatz festgelegt werden.[1]

II. Haftung bei Gesamtgeschäftsführung

Ist im Geschäftsleitungsorgan keine Geschäftsverteilung vorgesehen, sondern gilt uneingeschränkt die Gesamtgeschäftsführung, so liegt eine **Pflichtverletzung des allein handelnden Organmitglieds** bereits darin, dass es die Gesamtgeschäftsführungsbefugnis missachtet und ohne die übrigen Mitglieder tätig geworden ist.[2] Die anderen Vorstands- oder Geschäftsführungsmitglieder haften, sofern sie das selbständige Agieren ihres Kollegen wissentlich geduldet haben.[3]

22.95

III. Haftung bei Geschäftsverteilung

Besteht für das Geschäftsleitungsorgan eine Geschäftsverteilung, so verändert dies auch den Umfang der individuellen Sorgfaltspflichten des einzelnen Organmitglieds (s. Rz. 22.22 und 28).

22.96

Das für den jeweiligen Geschäftsbereich zuständige Mitglied trägt die so genannte **Ressortverantwortung**, d.h. es trifft die volle Handlungsverantwortung für die ihm zugewiesenen Aufgaben. Dies schließt die Verantwortung für die effiziente Organisation des eigenen Ressorts und die **Auswahl, Einweisung und Überwachung der zugehörigen Mitarbeiter** ebenso ein wie die sorgfältige Vorbereitung und Durchführung von Entscheidungen innerhalb des eigenen Ressorts (s. Rz. 22.19). Für fehlerhafte Organisation, Überwachung oder Fehlentscheidungen, für die es auf Grund der Ressortverteilung allein zuständig ist, trägt das Organmitglied auch die alleinige Verantwortung.

22.97

Handelt es sich allerdings um eine **nicht ressortfähige Aufgabe**, die wegen der insoweit zwingenden Gesamtverantwortung nicht einem einzelnen Mitglied zugewiesen werden kann, haften die übrigen Vorstands- oder Geschäftsführungsmitglieder bereits wegen **Verstoßes gegen das Delegationsverbot**, und zwar auch dann, wenn gegenüber ihrem Verhalten nach unternehmerischen Maßstäben der Vorwurf der Sorgfaltswidrigkeit nicht zu erheben wäre.[4] Gleiches gilt im Übrigen auch, wenn der **Zustimmungsvorbehalt des Aufsichtsrates** zu einem Geschäft nach § 111 Abs. 4 Satz 2 AktG missachtet und auch nicht nachträglich durch den Aufsichtsrat oder die Hauptversammlung nachgeholt wird.[5]

22.98

---

1 BGH v. 16.9.2002 – II ZR 107/01, GmbHR 2002, 1198, 1199; *Kleindiek* in Lutter/Hommelhoff, § 43 GmbHG Rz. 66; *Uwe H. Schneider* in FS Werner, 1984, S. 795, 811; *Westermann* in FS Beusch, 1993, S. 871, 880; *Zöllner/Noack* in Baumbach/Hueck, § 43 GmbHG Rz. 5; a.A. *Haas*, Geschäftsführerhaftung, S. 298; *Heisse*, Geschäftsführerhaftung, S. 122.
2 BGH v. 12.10.1992 – II ZR 208/91, VersR 1993, 116, 118 (zum Verein); OLG München v. 3.3.1993 – 7 U 381/92, AG 1993, 285, 286 (zur AG); *Hopt/Roth* in Großkomm. AktG, § 93 AktG Rz. 373; *Koppensteiner/Gruber* in Rowedder/Schmidt-Leithoff, § 43 GmbHG Rz. 12.
3 *Hopt/Roth* in Großkomm. AktG, § 93 AktG Rz. 373.
4 BGH v. 9.1.2001 – VI ZR 407/99, GmbHR 2001, 236, 237; *Fleischer*, AG 2003, 291, 292; *Hopt/Roth* in Großkomm. AktG, § 93 AktG Rz. 373; *Hüffer/Koch*, § 93 AktG Rz. 46; *Mertens/Cahn* in KölnKomm. AktG, § 77 AktG Rz. 24; *Altmeppen* in Roth/Altmeppen, § 43 GmbHG Rz. 12; *Uwe H. Schneider* in Scholz, § 43 GmbHG Rz. 42.
5 *Hopt/Roth* in Großkomm. AktG, § 111 AktG Rz. 711; *Spindler* in MünchKomm. AktG, § 93 AktG Rz. 24; *E. Vetter* in Marsch-Barner/Schäfer, Handbuch börsennotierte AG, § 26 Rz. 40; zur Haftung

22.99 Die Mitglieder des Vorstands, bzw. der Geschäftsführung, die auf Grund der Geschäftsverteilung nicht in der speziellen Ressortverantwortung stehen, sind wegen ihrer Gesamtverantwortung verpflichtet, den Ressortverantwortlichen zu beobachten und zu überwachen. Sie haben sich selbst stetig über die Geschehnisse in den anderen Ressorts zu informieren und gegebenenfalls korrigierend einzugreifen (s. Rz. 22.23). Schadenstiftende Versäumnisse durch **Verletzung der Selbstinformations-, Überwachungs- und Interventionspflichten**, kann ihre persönliche Haftung nach § 93 Abs. 2 AktG oder § 43 Abs. 2 GmbHG begründen.[1] Im Übrigen haben sie aber für Sorgfaltspflichtverstöße in einem Ressort, für das sie nicht zuständig sind, nicht einzustehen.

IV. Haftung im Fall der Delegation

22.100 Das Vorstands- oder Geschäftsführungsmitglied haftet bei der vertikalen Delegation von Aufgaben stets nach § 93 Abs. 2 AktG bzw. nach § 43 Abs. 2 GmbHG, wenn eine Delegation der ihm übertragenen Aufgabe nach Gesetz, Satzung oder Geschäftsordnung unzulässig ist.[2] Gleiches gilt, wenn es einen zulässigen Widerspruch eines anderen Geschäftsleitungsmitglieds gegen alleiniges Handeln missachtet.[3]

1. Haftung bei interner Delegation

22.101 Macht die Geschäftsleitung von der Möglichkeit, bestimmte Sachaufgaben auf nachgeordnete Hierarchieebenen zu delegieren in zulässigem Rahmen Gebrauch, so hat sie die jeweiligen Mitarbeiter sorgfältig auf ihre fachliche und persönliche Eignung auszusuchen, in die übertragenen Aufgaben einzuweisen und regelmäßig zu überwachen, um gegebenenfalls korrigierend eingreifen zu können[4] (s. Rz. 22.79). Das verantwortliche Organmitglied hat diesen Aufgaben mit der Sorgfalt eines gewissenhaften und ordentlichen Geschäftsleiters (§ 93 Abs. 1 Satz 1 und § 43 Abs. 1 GmbHG) nachzugehen. Erleidet die Gesellschaft trotz sorgfältiger Überwachung durch die Geschäftsleitung auf Grund von Fehlern eines fachlich qualifizierten Mitarbeiters einen Schaden, scheidet eine Haftung des zuständigen Vorstands- oder Geschäftsführungsmitglieds aus.[5] Das pflichtwidrige Intervenieren gegen ein sorgfaltsgemäßes Verhalten eines Mitarbeiters löst jedoch die persönliche Haftung des intervenierenden Organmitglieds aus.[6]

---

wegen Missachtung der aktienrechtlichen Kompetenzordnung s. auch BGH v. 28.4.2015 – II ZR 63/14, AG 2015, 535 Rz. 24.

1 BGH v. 15.10.1996 – VI ZR 319/95, BGHZ 133, 370, 379 = GmbHR 1997, 25 (zur GmbH); BGH v. 20.3.1986 – II ZR 114/85, GmbHR 1986, 302, 303 (zur GmbH); *Hüffer/Koch*, § 93 AktG Rz. 42; *Mertens/Cahn* in KölnKomm. AktG, § 93 AktG Rz. 92; *Haas/Ziemons* in Michalski, § 43 GmbHG Rz. 161; *Kleindiek* in Lutter/Hommelhoff, § 43 GmbHG Rz. 29; *Koppensteiner/Gruber* in Rowedder/Schmidt-Leithoff, § 43 GmbHG Rz. 11; *Uwe H. Schneider*, DB 1993, 1909, 1912.
2 *Arnold* in Marsch-Barner/Schäfer, Handbuch börsennotierte AG, § 22 Rz. 45; *Fleischer* in Fleischer, Handbuch des Vorstandsrechts, § 11 Rz. 27; *Uwe H. Schneider* in Scholz, § 43 GmbHG Rz. 42.
3 BGH v. 12.10.1992 – II ZR 208/91, VersR 1993, 116, 117 (zum Verein).
4 OLG Koblenz v. 10.6.1991 – 6 U 1650/89, GmbHR 1991, 416, 417 (zur GmbH); *Heller*, Unternehmensführung, S. 44; *Kleindiek* in Lutter/Hommelhoff, § 43 GmbHG Rz. 30; *Uwe H. Schneider* in FS 100 Jahre GmbHG, 1992, S. 473, 485 ff.
5 *Uwe H. Schneider* in Scholz, § 43 GmbHG Rz. 39; kritisch deshalb mit Blick auf die Spartenorganisation z.B. *Schwark*, ZHR 142 (1978), 203, 219; s. auch *Schwark* in FS Ulmer, 2003, S. 605, 618; speziell zur Buchführungsverantwortung vgl. *Fleischer*, WM 2006, 2021, 2024.
6 *Heller*, Unternehmensführung, S. 40; *Kort* in Großkomm. AktG, § 77 AktG Rz. 39; *Mertens/Cahn* in KölnKomm. AktG, § 77 AktG Rz. 30.

2. Haftung bei externer Delegation

Hat die Gesellschaft zentrale Aufgaben auf einen externen Dienstleister durch Outsourcing übertragen, so gelten im Grundsatz die gleichen Haftungsprinzipien wie bei der internen Delegation. Da die organschaftliche Haftung eigenes Verschulden voraussetzt[1], kommt eine Zurechnung des Verschuldens des Dienstleisters nicht in Betracht.[2] Über die **sorgfältige Auswahl und laufende Überwachung** des Dienstleisters hinaus wird die Geschäftsleitung allerdings regelmäßig rechtzeitig vor den Stichtagen zur **Kündigung oder Verlängerung des Vertrages** zu überprüfen haben, ob die Outsourcing-Entscheidung weiterhin die unternehmerisch richtige Entscheidung ist. Ebenso muss die Unternehmensleitung kontinuierlich prüfen, ob die eigenen organisatorischen Vorkehrungen zur Überwachung des externen Dienstleisters und die mit seiner Überwachung betrauten eigenen Mitarbeiter ihre Überwachungsaufgabe sachgerecht und effizient ausüben (s. Rz. 22.85).

22.102

V. Gesamtschuldnerische Haftung

Sind mehrere Vorstandsmitglieder oder Geschäftsführer für den der Gesellschaft entstandenen Schaden verantwortlich, haften sie ihr gem. § 93 Abs. 2 Satz 1 AktG bzw. § 43 Abs. 2 GmbHG als Gesamtschuldner i.S. von §§ 421 ff. BGB. Jedes Organmitglied haftet für den vollen Schaden unabhängig von der Art der Pflichtverletzung und dem Grad des individuellen Verschuldens. Die gesamtschuldnerische Haftung kommt auch dann zum Tragen, wenn zwar mehrere Organmitglieder der Vorwurf der Pflichtverletzung trifft, aber nur das ressortverantwortliche Organmitglied **pflichtwidrig gehandelt** hat, während sich die anderen Organmitglieder wegen der **Vernachlässigung ihrer Überwachungspflicht** zu verantworten haben.[3]

22.103

Die **organübergreifende gesamtschuldnerische Haftung** der betreffenden Organmitglieder kommt nach h.M. in Betracht, wenn die Pflichtverletzung sowohl dem Vorstandsmitglied im Rahmen seiner Geschäftsleitungsfunktion als auch den einzelnen Aufsichtsratsmitgliedern im Rahmen ihrer Überwachungsfunktion zur Last fällt.[4]

22.104

Folge der gesamtschuldnerischen Haftung ist, dass jedes Vorstandsmitglied oder Mitglied der Geschäftsführung gegenüber der Gesellschaft nach § 421 Abs. 1 BGB auf den **Ersatz des vollen Schadens** haftet.[5] Dem von der Gesellschaft in Anspruch genommenen Mitglied des Vor-

22.105

---

1 *Mertens/Cahn* in KölnKomm. AktG, § 93 AktG Rz. 48.
2 *Uwe H. Schneider/Brouwer* in FS Priester, 2007, S. 713, 731; *Uwe H. Schneider* in Scholz, § 43 GmbHG Rz. 45; *Veil*, Unternehmensverträge, S. 87.
3 BGH v. 26.11.2007 – II ZR 161/06, GmbHR 2008, 144, 145; BGH v. 14.3.1983 – II ZR 103/82, GmbHR 1983, 300; *Altmeppen* in Roth/Altmeppen, § 43 GmbHG Rz. 114; *Fleischer* in MünchKomm. GmbHG, § 43 GmbHG Rz. 318; *Paefgen* in Ulmer/Habersack/Löbbe, § 43 GmbHG Rz. 198; *Uwe H. Schneider* in Scholz, § 43 GmbHG Rz. 248; *Voß*, Gesamtschuldnerische Organhaftung, S. 37.
4 *Freund*, GmbHR 2013, 785, 786; *Habersack* in MünchKomm. AktG, § 116 AktG Rz. 73; *Hopt/Roth* in Großkomm. AktG, § 93 AktG Rz. 461; *Kocher/von Falkenhausen*, AG 2016, 848, 849; *Fleischer* in MünchKomm. GmbHG, § 43 GmbHG Rz. 318; *Paefgen* in Ulmer/Habersack/Löbbe, § 43 GmbHG Rz. 198; *Uwe H. Schneider* in Scholz, § 43 GmbHG Rz. 253; *Voß*, Gesamtschuldnerische Organhaftung, S. 72; dezidiert a.A. *Drygala* in K. Schmidt/Lutter, § 116 AktG Rz. 52; s. auch *Freund*, GmbHR 2013, 785, 786.
5 *Fleischer* in MünchKomm. GmbHG, § 43 GmbHG Rz. 319; *Hopt/Roth* in Großkomm. AktG, § 93 AktG Rz. 462; *Kleindiek* in Lutter/Hommelhoff, § 43 GmbHG Rz. 38; *Seyfarth*, Vorstandsrecht, § 23 Rz. 60.

stands oder der Geschäftsführung steht die Möglichkeit offen, von den für den eingetretenen Schaden mitverantwortlichen Mitgliedern der Geschäftsleitung oder des Aufsichtsrats im Rahmen des Gesamtschuldnerausgleichs nach § 426 Abs. 1 BGB (anteilige) **Befreiung von der Verbindlichkeit** oder nach Befriedigung der Gesellschaft auf Grund der Cessio legis nach § 426 Abs. 2 BGB **Ausgleich** zu verlangen.[1]

22.106 Wie die **Aufteilung der Haftung im Innenverhältnis** unter den betroffenen Organmitgliedern zu erfolgen hat, wird im Schrifttum nicht einheitlich beurteilt.[2] Die Verteilung der Haftung untereinander nach gleichen Anteilen gem. § 426 Abs. 1 Satz 1 BGB ist nur dann angemessen, wenn nichts anderes bestimmt ist. Daran bestehen Zweifel, wenn die Schwere des jeweiligen Pflichtverstoßes und das individuelle Verschulden der beteiligten Personen nicht vergleichbar sind. Ausgehend vom Rechtsgedanken von § 840 Abs. 2 BGB[3], der dem unmittelbar Verantwortlichen im Verhältnis zu den anderen Organmitgliedern die alleinige Haftung zuweist, wird man im Regelfall die **Pflichtverletzung des unmittelbar verantwortlichen Mitglieds des Vorstands oder der Geschäftsführung** deutlich schwerer bewerten als die (bloße) Missachtung der Überwachungspflicht eines Geschäftsleitungs- oder Aufsichtsratsmitglieds.[4] Soweit bei einem Organmitglied keine gravierende Verletzung der Aufsichtspflicht vorliegt, wird deshalb das unmittelbar verantwortliche Organmitglied regelmäßig im Hinblick auf den Ausgleich im Innenverhältnis für den gesamten Schaden aufzukommen haben.[5] Eine Aufteilung der Haftung im Innenverhältnis nach dem relativen Grad der Verantwortung der Beteiligten entsprechend dem Rechtsgedanken von § 254 BGB wird dem Prinzip der Arbeits- und Verantwortungsteilung auf Grund des Ressortprinzips sowie dem daraus folgenden unterschiedlichen Gewicht von Handlungsverantwortung und Überwachungsverantwortung nicht gerecht[6]. Eine andere Beurteilung wird man im Hinblick auf den **Vorsitzenden des Vorstands oder der Geschäftsführung** dann anzunehmen haben, wenn dieser kraft der Geschäftsordnung oder auf Grund der praktischen Gegebenheiten gegenüber seinen Kollegen eine herausgehobene Kontrollfunktion hat und von dieser auch eingehend Gebrauch macht.[7]

---

1 *Habersack* in MünchKomm. AktG, § 116 AktG Rz. 73; *Hüffer/Koch*, § 93 AktG Rz. 18; *Kleindiek* in Lutter/Hommelhoff, § 43 GmbHG Rz. 38; zu den dabei auftretenden Fragen s. z.B. *Freund*, GmbHR 2013, 785, 786; *Kocher/von Falkenhausen*, AG 2016, 848, 849.
2 S. dazu *Voß*, Gesamtschuldnerische Organhaftung, S. 164 ff. m.w.N.
3 Gleiche Wertung auch in § 1833 Abs. 2 Satz 2 BGB; *Zöllner/Noack* in Baumbach/Hueck, § 43 GmbHG Rz. 29.
4 *Haas/Ziemons* in Michalski, § 43 GmbHG Rz. 228; *Hopt/Roth* in Großkomm. AktG, § 93 AktG Rz. 465; *Kleindiek* in Lutter/Hommelhoff, § 43 GmbHG Rz. 38; *Voß*, Gesamtschuldnerische Organhaftung, S. 161 ff.; *Zöllner/Noack* in Baumbach/Hueck, § 43 GmbHG Rz. 29.
5 *Fleischer* in MünchKomm. GmbHG, § 43 GmbHG Rz. 319; *Haas/Ziemons* in Michalski, § 43 GmbHG Rz. 228; *Paefgen* in Ulmer/Habersack/Löbbe, § 43 GmbHG Rz. 200; *Zöllner/Noack* in Baumbach/Hueck, § 43 GmbHG Rz. 29; a.A. wegen der größen Flexibilität bei Anwendung von § 254 BGB z.B. *Hopt/Roth* in Großkomm. AktG, § 93 AktG Rz. 465; *Mertens/Cahn* in KölnKomm. AktG, § 93 AktG Rz. 50; s. zum Ganzen weitergehend z.B. *Bürgers* in Bürgers/Körber, § 93 AktG Rz. 21b; *Fleischer* in Fleischer, Handbuch des Vorstandsrechts, § 11 Rz. 82; *Seyfarth*, Vorstandsrecht, § 23 Rz. 60;
6 *Fleischer* in MünchKomm. GmbHG, § 43 GmbHG Rz. 319; *Zöllner/Noack* in Baumbach/Hueck, § 43 GmbHG Rz. 29; a.A. wohl *Altmeppen* in Roth/Altmeppen, § 43 GmbHG Rz. 114.
7 *Hopt/Roth* in Großkomm. AktG, § 93 AktG Rz. 465; *Krieger/Sailer-Coceani* in K. Schmidt/Lutter, § 93 AktG Rz. 30; *Seyfarth*, Vorstandsrecht, § 23 Rz. 60; allgemein *Bezzenberger*, ZGR 1996, 661, 670 ff.

§ 23
Risikobereich und Haftung:
Haftung und Abberufung von Vorstand und Aufsichtsorgan bei Kredit- und Finanzdienstleistungsinstituten

Reinfrid Fischer

A. Einführung	23.1
B. Haftung der Geschäftsleiter	23.8
I. Einfluss des Aufsichtsrechts	23.8
1. Europarechtliche Vorgaben	23.8
2. Organhaftung der privatrechtlich organisierten Institute	23.9
3. Haftungsgrundlagen bei Sparkassen und Landesbanken	23.10
a) Landesgesetzliche Regelungen	23.10
b) Fehlende gesetzliche Grundlagen	23.12
c) Vereinzelte Haftungsprivilegierung im öffentlichen Sektor	23.13
4. Deliktische Haftung und Direktansprüche Dritter	23.15
a) Der Kirch/Breuer-Fall	23.17
b) Verletzung von Geheimhaltungspflichten	23.18
5. Haftung nach § 17 KWG	23.20
II. Anforderungen an die Geschäftsorganisation	23.21
1. § 25a KWG	23.21
2. MaRisk	23.24
a) Risikostrategie und Risikomanagement	23.28
b) Funktionstrennung	23.30
c) Personalausstattung und Anreizsysteme	23.31
d) Operationelle Risiken	23.32
e) Kreditgeschäft	23.33
f) Handelsgeschäft	23.34
g) Kontrollsysteme	23.35
h) Outsourcing	23.36
3. Organisationspflichten zur Verhinderung krimineller Handlungen	23.39
III. Persönliche Anforderungen und Sorgfaltspflichten in der Finanzbranche – Aufsichtliche Qualifikationsanforderungen BaFin/EBA/EZB	23.42
1. Zuverlässigkeit	23.44
2. Fachliche Eignung	23.46
3. Zeitliche Verfügbarkeit	23.49
4. Regelvermutung	23.50
5. Verfahren zum Nachweis der Qualifikation	23.52
6. Weitere Regelung zu Pflichten der Geschäftsleiter	23.55
IV. Haftungsrisiken im Bankgeschäft	23.56
1. Business Judgement Rule in der Rechtsprechung zu Banken und Sparkassen	23.57
2. Anforderungen an die Prozesse im Kreditgeschäft	23.61
3. Bonitätsprüfung des Kreditnehmers	23.63
4. Risikoermittlung und -bewertung im Kreditgeschäft	23.66
5. Gewährung von Sanierungskrediten	23.69
6. Haftungsrisiken aus dem Wertpapiergeschäft	23.73
7. Organkredite und Haftung	23.77
V. Darlegungs- und Beweislast	23.79
VI. Wirkung der Entlastung	23.82
VII. Verjährung	23.84
1. Zehnjährige Verjährungsfrist	23.84
2. Zweck der Regelung	23.86
3. Sonstige Haftungsansprüche	23.87
4. Beginn der Verjährungsfrist	23.89
5. Kritik an der Regelung	23.92
C. Haftung der Mitglieder des Aufsichtsorgans	23.93
I. Rechtsgrundlagen der Haftung	23.94
1. Allgemeine Grundlagen	23.94
2. Besonderheiten bei öffentlich-rechtlichen Instituten	23.97
a) Haftungsbeschränkung in einigen Landesgesetzen	23.99
b) Haftung ohne gesetzliche Regelung	23.100
c) Haftungsmaßstab für den Verwaltungsratsvorsitzenden	23.102
II. Sachkunde- und Sorgfaltsanforderungen	23.103

1. Allgemeine Anforderungen 23.103
2. Richtlinienkompetenz des Verwaltungsrats von Sparkassen 23.105
3. Besondere aufsichtliche Anforderungen 23.107
4. Flexible Auslegung durch die BaFin. 23.111
5. Weitergehende Anforderungen durch EBA, ESMA und EZB. 23.115
6. Informationsrechte und -pflichten . 23.119
7. Verschwiegenheitspflicht 23.124
   a) Besondere Vertrauensempfindlichkeit 23.124
   b) Anwendungsbereich 23.125
   c) Beratungsgeheimnis. 23.127
   d) Vorkehrungen zur Wahrung der Vertraulichkeit. 23.128
III. Verjährung. 23.131

D. Bankaufsichtliche Maßnahmen gegen Geschäftsleiter und Mitglieder des Aufsichtsorgans 23.135

I. Abberufung und Tätigkeitsverbot von Geschäftsleitern 23.135
1. Verantwortlichkeit des Geschäftsleiters. 23.139
2. Nachweis durch die BaFin 23.143
II. Abberufung nach Verwarnung. 23.146
1. Verwarnung bei leichtfertigen Gesetzesverstößen. 23.147
2. Missbilligung als milderes Mittel . . . 23.150
3. Qualifikationsmängel und Leichtfertigkeit 23.151
III. Abberufung und Tätigkeitsverbot von Mitgliedern des Aufsichtsorgans 23.154
1. Abberufungsgründe 23.155
2. Abberufung bei geborenen Mitgliedern 23.158
3. Rechtsschutz 23.160

Schrifttum: *Bachmann*, Reform der Organhaftung?, 70. Deutscher Juristentag 2014, Gutachten zu Teil E; *Bachmann*, Geschäftsleiterhaftung im Fokus von Rechtsprechung und Rechtspolitik, BB 2015, 771; *Bayer*, Vorstandshaftung in der AG de lege lata und de lege ferenda, NJW 2014, 2546; *Beck/Samm/Kokemoor*, Kreditwesengesetz mit CRR, Loseblattkommentar, 190. Lfg., Stand Dezember 2016; *Berg*, Zur Haftung von Vorstandsmitgliedern der Sparkassen in Bayern, Bayerische Verwaltungsblätter 2000, 385; *Berger*, Niedersächsisches Sparkassengesetz, 2. Aufl. 2006; *Boos/Fischer/Schulte-Mattler*, Kommentar zum KWG, 5. Aufl. 2016; *Brandi/Gieseler*, Der Aufsichtsrat in Kreditinstituten – Persönliche Voraussetzungen, Sanktionen und Ausschüsse nach geltendem Recht und CRD IV, NZG 2012, 1321; *Bürgers/Körber*, Aktiengesetz, 3. Aufl. 2014; *Cichy/Cziupka/Wiersch*, Voraussetzungen der Strafbarkeit der Geschäftsleiter von Kreditinstituten nach § 54a KWG nF, NZG 2013, 846; *Consbruch/Fischer*, KWG-Textsammlung, Loseblattausgabe, 108. Lfg., Stand März 2017; *Dengler*, Die MaRisk-Anforderungen und ihre Auswirkungen auf die Vorstandshaftung, WM 2014, 2032; *Dreher*, Die Gesamtqualifikation des Aufsichtsrates – Die Rechtslage in der Normal-AG und bei beaufsichtigten Versicherungsunternehmen sowie Kreditinstituten, in FS Hoffmann-Becking, 2013, S. 313; *Ehricke/Rotstegge*, Drittschutz zu Gunsten anderer Konzerngesellschaften bei Verletzung des Bankgeheimnisses, ZIP 2006, 925; *Faßbender*, 18 Jahre ARAG Garmenbeck – und alle Fragen offen?, NZG 2015, 501; *Ficus*, Die Verwarnung nach § 36 II KWG – Gesetzesimmanente Fairness und zweckwidriger Rechtsschutz, NVwZ 2009, 1413; *Fischer, R.*, Haftung und Abberufung von Bankvorständen, DStR 2007, 1083; *Fischer, R.*, Entlastung des Sparkassenvorstands und Bestätigung der Sparkassenaufsichtsbehörde, WM 2007, 1005; *Fischer, R.*, Informationsrechte des Verwaltungsrats und Vertraulichkeitsgebot bei Sparkassen, ZIP 2004, 2169; *Fischer/Klanten*, Bankrecht, 4. Aufl. 2010; *Fleischer*, Ruinöse Managerhaftung: Reaktionsmöglichkeiten de lege lata und de lege ferenda, ZIP 2014, 1395; *Fleischer*, Verjährung von Organhaftungsansprüchen: Rechtspraxis – Rechtsvergleichung – Rechtspolitik, AG 2014, 457; *Glenk*, Der unqualifizierte Aufsichtsrat: Anforderungen und Abberufungsmöglichkeiten der Bankenaufsicht, ZfgK 2013, 972; *Goette*, Zur Verteilung der Darlegungs- und Beweislast des objektiven Pflichtwidrigkeit bei der Organhaftung, ZGR 1995, 648; *Graef*, Haftung der Geschäftsführer bei fehlerhafter Kreditvergabe, GmbHR 2004, 327; *Großfeld/Noelle*, Haftung des Vorstands einer Genossenschaftsbank als Strukturproblem, AG 1986, 275; *Habbe/Köster*, Neue Anforderungen an Vorstand und Aufsichtsrat von Finanzinstituten, BB 2011, 265; *Habersack*, Gesteigerte Überwachungspflichten des Leiters eines „sachnahen" Ressorts?, WM 2005, 2360; *Hafke*, Über die Zulassung von Außenseitern, ZfKW 1980, 664; *Hingst/Himmelreich/Krawinkel*, Neue rechtliche Rahmenbedingungen für die Kontrollorgane von Banken und Sparkassen, WM 2009, 2016; *Hilgers/Kurta*, Die fachlichen und persönlichen Anforderungen an Mitglieder von Verwaltungs- und Aufsichtsräten, ZBB 2010, 471; *Hönsch/Kaspar*, Evaluierung von Geschäftsleitung und Aufsichtsrat nach § 25d KWG, ZfgK 2014, 380; *Hopt*, Die Verantwortlichkeit von Vorstand und Aufsichtsrat: Grundsatz und Praxisprobleme – unter Berücksichtigung der Banken, ZIP 2013, 1793; *Kiethe*, Die zivil- und strafrechtliche Haftung von Vorstandsmitgliedern eines Kreditinstituts für riskante Kreditgeschäfte, WM 2003, 861; *Klüpfel/Gaberdiel/Gnamm/Höppel*, Kommentar zum Sparkassengesetz, 8. Aufl. 2011; *Koch*, Regressreduzierung im Kapitalgesellschaftsrecht – eine Sammelrepublik, AG 2014, 513; *König*, Neue Anforderungen an die zivilrechtlichen Kreditwürdigkeitsprüfungspflichten, WM 2017, 269; *Kümpel/Wittig*, Bank- und Kapitalmarktrecht, 4. Aufl. 2011; *Kruchen*, Sachkunde von Aufsichtsratsmitgliedern, DAR 4/2011, 58; *Lackhoff*, Neue Vorgaben des KWG für die Mandatshöchstzahl von Aufsichtsratsmitgliedern, ZfgK 2014, 663; *Lang/Balzer*, Handeln auf angemessener Informationsgrundlage – Zum Haftungsregime von Vorstand und Aufsichtsrat von Kreditinstituten, WM 2012, 1167; *Langenbucher/Bliesener/Spindler*, Bankrechts-Kommentar, 2. Aufl. 2016; *Lehleiter/Hoppe*, Die Haftung des Bankverantwortlichen bei der Kreditvergabe, BKR 2007, 178; *Leuschner/Wolfgarten*, Neue Anforderungen an Aufsichts- und Verwaltungsräte von Kredit- und Finanzdienstleistungsinstitute, WPg 2015, 375; *Lutter*, Bankenkrise und Organhaftung, ZIP 2009, 197; *Lutter*, Pflichten und Haftung von Sparkassenorganen, 1991; *Lutter*, Zur Rechtmäßigkeit von internationalen Risikogeschäften durch Banken der öffentlichen Hand, BB 2009, 786; *Lutz/Neus/Scharpf/Schneider/Wagner/Weber*, Kreditwesengesetz (KWG), 3. Aufl. 2015; *Opitz*, Zur Fortbildungsverantwortung von Vorstand und Aufsichtsrat, Zugleich ein Beitrag zu §§ 25c und 25d KWG idF von Art. 1 Nr. 48 CRD IV-Umsetzung GE, BKR 2013, 177; *Müller/Fischer/Müller*, Rechtsschutz bei der Erteilung und Entziehung von Erlaubnissen für Kreditinstitute – Eine erste Betrachtung der unions- und mitgliedschaftlichen Rechtsschutzmöglichkeiten, WM 2016, 1505; *Plagemann*, Die zeitliche Verfügbarkeit von Organmitgliedern von Banken und Finanzdienstleistungsinstituten, WM 2014, 2345; *Reischauer/Kleinhans*, Kreditwesengesetz, Loseblattkommentar, Lfg. 9/16, Stand Dezember 2016; *Redeke*, Auswirkungen des UMAG auf die Verfolgung von Organhaftungsansprüchen seitens des Aufsichtsrats?, ZIP 2008, 1549; *Ruhwedel*, Effizienzprüfung nach § 25d KWG, DB 2014, 79; *Schäfer/Zeller*, Finanzkrise, Risikomodelle und Organhaftung, BB 2009, 1706; *Schieferstein*, Verhältnismäßigkeitsüberlegungen zur Verwarnung nach § 36 Abs. 2 KWG als Maßnahme der Bankenaufsicht, WM 2009, 1725; *Semler*, Anforderungen an die Befähigung eines Aufsichtsratsmitglieds, in FS K. Schmidt, 2009, S. 1489; *Schimansky/Bunte/Lwowski*, Bankrechts-Handbuch, 5. Aufl. 2017; *Schlierbach/Püttner*, Das Sparkassenrecht in der Bundesrepublik Deutschland, 5. Aufl. 2003; *Schmidt, M.*, Die Sorgfaltspflicht des Vorstands bei Kreditentscheidungen aus ökonomischer Sicht, ZBB 2006, 31; *Schmitt, B.*, Untreue von Bank- und Sparkassenverantwortlichen bei der Kreditvergabe, BKR 2006, 125; *Schneider/Schneider*, Der Aufsichtsrat der Kreditinstitute zwischen gesellschaftsrechtlichen Vorgaben und aufsichtsrechtlichen Anforderungen, NZG 2016, 41; *Schwennicke/Auerbach*, KWG, Kommentar, 3. Aufl. 2016; *Witte/Indenhuck*, Wege aus der Haftung – die Beauftragung externer Berater durch den Aufsichtsrat, BB 2014, 2563; *Witte/Hrubesch*, Die persönliche Haftung von Mitgliedern des Aufsichtsrats einer AG – unter besonderer Berücksichtigung der Haftung für Kreditvergaben, BB 2004, 725.

A. Einführung

Das Haftungsregime für Vorstände und Aufsichts- oder Verwaltungsräte von Banken, Sparkassen, Finanzdienstleistungsinstituten, Wertpapierfirmen und Kapitalverwaltungsgesellschaften unterliegt zwar grundsätzlich den gleichen Regeln wie das anderer Unternehmen. Dennoch bedingt die Struktur der Finanzbranche und die **hohe Aufmerksamkeit**, die **Gesetzgeber** und **Gesellschaft** diesem Bereich widmen, eine Reihe von Besonderheiten. Vor allem enthalten die Aufsichtsgesetze, besonders das Kreditwesengesetz, das Wertpapierhandelsgesetz, das Geldwäschegesetz, das Pfandbriefgesetz, das Depotgesetz sowie weitere Spezialge-

23.1

setze samt ergänzender Verordnungen (vor allem die CRR-VO[1]) und aufsichtsbehördlicher Verlautbarungen eine Vielzahl spezifischer Sorgfalts- und Verhaltenspflichten, deren Nichtbeachtung Haftungsrisiken beinhaltet. Dies hat zur Folge, dass Unternehmensorganisation und Entscheidungsfindung nicht ausschließlich durch das Zivil- und Gesellschaftsrecht sowie nationale Compliance-Grundsätze, sondern in bedeutendem Umfang auch durch das deutsche und europäische Aufsichtsrecht bestimmt werden.[2] Die Erfüllung dieser Pflichten wird auf der Grundlage des einheitlichen europäischen Aufsichtsmechanismus (SSM) durch die Europäische Zentralbank (EZB) als grundsätzlich zuständige Aufsichtsbehörde bzw. für die nicht systemrelevanten Institute durch die Bundesanstalt für Finanzdienstleistungsaufsicht (BaFin)[3] überwacht. Auch die starke Einbindung der Institute in die Verbandsorganisation, die bei einem Großteil – nämlich den Kreditgenossenschaften und Sparkassen – zudem als gesetzlicher Jahresabschlussprüfer fungiert, sorgt für eine engmaschige Kontrolle und Beobachtung der Institute und damit auch der Pflichterfüllung durch deren Organe.

23.2 Vielfach herrscht die Vorstellung, dass Schadensersatzansprüche gegen Organmitglieder von Banken in der Praxis kaum vorkämen[4], das Organhaftungsrecht insgesamt weitgehend „**totes Recht**" sei. In jüngerer Zeit wird dies auch anders gesehen und jedenfalls für die gesamte Wirtschaft von einer regelrechten Klagewelle gesprochen.[5] Auch berichteten die D&O-Versicherungen über eine Vielzahl von Fällen, die außergerichtlich bereinigt würden.[6] Für den Bereich der Kreditwirtschaft ist davon aber wenig zu bemerken, jedenfalls wenn man die bekannt gewordenen Haftungsfälle in Beziehung setzt zu den gigantischen Fehlleistungen, die zu der Finanzkrise der Jahre 2007 folgende geführt haben.[7]

23.3 Auslöser war die so genannte **Subprime Krise**. Eine Reihe großer privater und öffentlicher Banken beteiligten sich an der Emission, Gewährleistung oder an Investments in von nicht haftenden Zweckgesellschaften (SPVs) ausgegebenen Wertpapieren oder Derivaten, ohne diese Geschäfte wirklich überblicken zu können. Betrachtet man die individuellen und gesamtwirtschaftlichen Schäden, durch die im Anschluss an den Zusammenbruch des Bankhauses Lehman Brothers im September 2008 eskalierte Bankenkrise, die durch bestandsgefährdendes Versagen von Organmitgliedern der beteiligten Banken maßgeblich verursacht worden sein kann[8], so überrascht in der Tat, dass die erfolgreiche Geltendmachung von Schadensersatzansprüchen selten ist. Möglicherweise verstärkt die in der Literatur zunehmend kritisierte[9] fundamentalistisch streng ausgestaltete Haftung aller Beteiligten, die keinerlei Haftungs-

---

1 Verordnung (EU) Nr. 575/2013 des Europäischen Parlaments und des Rates v. 26.6.2013 über Aufsichtsanforderungen an Kreditinstitute und Wertpapierfirmen und zur Änderung der Verordnung (EU) Nr. 646/2012, ABl. EU Nr. L 176 v. 27.6.2013, S. 1, abgedruckt bei *Consbruch/Fischer*, B 81.
2 So auch *Schneider/Schneider*, NZG 2016, 46, 47.
3 Vgl. § 1 Abs. 5 KWG unter Verweis auf Art. 4 der SSM-Verordnung – (EU) Nr. 1024/2013 vom 15.10.2013 zur Übertragung besonderer Aufgaben im Zusammenhang mit der Aufsicht über Kreditinstitute auf die Europäische Zentralbank ABl. EU Nr. L 287 v. 29.10.2013, S. 63, abgedruckt bei *Consbruch/Fischer*, A 90.
4 Zur generell geringen Haftungs-Inspruchnahme vgl. *Spindler* in MünchKomm. AktG, 4. Aufl., § 93 AktG Rz. 2.
5 *Hopt*, ZIP 2013, 1793, 1794.
6 *Hopt*, ZIP 2013, 1793, 1794.
7 Zu gegenteiligen Ausnahmen aus der Rechtsprechung vgl. nachfolgend Rz. 23.57 ff.
8 Vgl. dazu *Lutter*, ZIP 2009, 197 und OLG Düsseldorf v. 9.12.2009 – I-6 W 45/09, AG 2010, 126 = ZIP 2010, 28.
9 Z.B. *Bayer*, NJW 2014, 2446; *Fleischer*, ZIP 2014, 1305 ff.; *Hopt*, ZIP 2013, 1793, 1804; weitere Nachweise bei *Koch*, AG 2014, 513, 514 ff.

milderung etwa nach Komplexität und Schwere der Aufgabe zulässt – die Business Judgement Rule ist keine solche – die Abneigung, Schadensersatzansprüche überhaupt geltend zu machen. Außerdem dürfte bei Großunternehmen auch außerhalb des Bankenbereichs ein korporatives Einvernehmen zwischen den Vorständen und ihren Aufsichtsorganen verbreitet sein, nach dem man sich nicht gegenseitig in Haftung nimmt.

Die Zurückhaltung bei der Realisierung von **Schadensersatzansprüchen** beschränkt sich jedoch auf die sehr großen Institute. Bei **Kreditgenossenschaften und Sparkassen** trifft es nicht zu, dass die Inanspruchnahme von Vorstandsmitgliedern kaum vorkäme. Die Genossenschaftsorganisation macht zum Beispiel bei Krisenfällen von Volks- oder Raiffeisenbanken regelmäßig zur Bedingung für Sanierungsleistungen, dass Haftungsansprüche gegen Vorstände geprüft und gegebenenfalls durchgesetzt werden.[1] Wesentlich wegen dieses Haftungsrisikos ist ein Großteil der Vorstände von Kreditgenossenschaften und Sparkassen in einer Art Schutzgemeinschaften organisiert[2], die kostenlosen Rechtsschutz bei Schadensersatzforderungen bieten. Zahlreiche Fälle werden still durch Vergleich gelöst, z.B. durch Teilverzicht auf Pensionszahlungen ehemaliger Vorstandsmitglieder. Es gibt aber auch eine ausgeprägte Rechtsprechung zur Haftung von Bankvorständen, allerdings fast ausschließlich im Bereich von Sparkassen und Kreditgenossenschaften. Einige gelangten bis zum BGH[3], der anders als häufig die Vorinstanzen eine konsequente Anwendung der gesetzlichen Haftungsgrundsätze praktiziert. Ob noch weitere Fälle auch für den Bereich der großen international tätigen Banken hinzukommen, wenn die Bankenkrise von 2007 ff. aufgearbeitet ist oder Strafverfahren zu Verurteilungen führen sollten, bleibt abzuwarten. Fast zehn Jahre nach der Krise (Anfang 2017) ist dies allerdings nicht erkennbar.

23.4

Die **heterogene Organisationsstruktur** der Kreditwirtschaft bedingt Unterschiede in den rechtlichen Grundlagen und der Praxis der Organhaftung. Dabei steht auf den gleichen Märkten eine Vielzahl von Instituten unterschiedlicher Größenordnung und Rechtsform miteinander im Wettbewerb. Nach der Bankenstatistik der Deutschen Bundesbank[4] waren Ende 2016 1960 Kreditinstitute am Markt tätig. Die Bankenstatistik unterscheidet zwischen Großbanken, Regionalbanken und sonstigen Kreditbanken, Zweigstellen ausländischer Kreditinstitute, Landesbanken und Sparkassen, genossenschaftlichen Zentralbanken und Kreditgenossenschaften, Realkreditinstituten, Bausparkassen und Banken mit Sonderaufgaben. Der zahlenmäßig und gemessen am Geschäftsvolumen der Branche kleinere Teil der Kreditinstitute wird in den Rechtsformen der AG, GmbH oder oHG betrieben. Der Großteil – nämlich die Sparkassen, die meisten Landesbanken und staatliche Förderbanken – werden in öffentlicher Rechtsform betrieben, ein weiterer Teil der Branche in der Rechtsform der Genossenschaft. Auch dies bedingt Besonderheiten in Bezug auf die Haftung, die bei den öffentlich-rechtlichen Kreditinstituten zudem landesrechtlich unterschiedlich geregelt ist.

23.5

Teilweise fehlt auch eine Regelung oder beschränkt sich auf Grundsätze, so dass die Rechtslage durch **Analogien zum Gesellschaftsrecht** oder zum öffentlichen Dienstrecht klärungs-

23.6

---

1 Vgl. §§ 24 Abs. 2, 26 Satz 1 und 31 Abs. 2 Buchst. a der Satzung der BVR Institutssicherungs-GmbH; *Hopt*, ZIP 2013, 1793.
2 Z.B. ISV, Interessengemeinschaft von Sparkassenvorstandsmitgliedern e.V. oder VGgB, Vereinigung der Geschäftsleiter genossenschaftlicher Banken in Südwestdeutschland e.V.
3 Vgl. z.B. BGH v. 15.9.2014 – II ZR 112/13, AG 2015, 240 = WM 2015, 332; BGH v. 3.11.2008 – II ZR 236/07, AG 2009, 117 = NZG 2009, 117; BGH v. 8.1.2007 – II ZR 304/04, DStR 2007, 402; BGH v. 21.3.2005 – II ZR 54/03, ZIP 2005, 981 und BGH v. 3.12.2001 – II ZR 308/99, ZIP 2002, 213.
4 Deutsche Bundesbank, Bankenstatistik, Dezember 2016, S. 104 ff.

bedürftig ist. Im Zusammenhang mit internationalen Risikogeschäften durch Banken der öffentlichen Hand wurde außerdem auf risikobegrenzende Sonderpflichten aufgrund der öffentlichen Anbindung hingewiesen und daraus auf eine verschärfte Haftung geschlossen.[1] Eine Umsetzung dieser Forderung in Unternehmenspraxis oder Rechtsprechung ist aber nicht erkennbar. Allerdings sieht das OLG Düsseldorf[2] bei einer Bank in privater Rechtsform (in öffentlichem Eigentum) eine grobe Pflichtverletzung, wenn deren Vorstand einen Großteil risikoreicher Geschäftstätigkeit (46 %) außerhalb des satzungsmäßigen Unternehmenszwecks (Förderung der gewerblichen Wirtschaft) entwickelt.

23.7 Ein weiteres berufliches Risiko von Vorständen und Mitgliedern der Aufsichtsorgane der Institute der Finanzbranche beruht auf der Möglichkeit der Bankenaufsicht, gem. § 36 Abs. 1 bis 3 KWG die Abberufung von unfähigen Organmitgliedern zu verlangen. Außerdem kann ein Tätigkeitsverbot verhängt werden.

B. Haftung der Geschäftsleiter

I. Einfluss des Aufsichtsrechts

1. Europarechtliche Vorgaben

23.8 Die im Aufsichtsrecht statuierten besonderen Organisation- und Handlungspflichten für die Institute der Finanzbranche beinhalten gewerberechtliche Vorgaben, die die Geschäftsleiter zu beachten und umzusetzen haben. Verletzungen dieser Pflichten können zwangsläufig Haftungsrisiken begründen, jedenfalls wenn daraus Schäden einschließlich aufsichtlicher Sanktionsmaßnahmen resultieren. Vielzahl, Komplexität und Kleinteiligkeit dieser nationalen und europarechtlichen Vorgaben haben in jüngerer Zeit – vor allem mit der Umsetzung der CRR IV– Richtlinie[3] – dramatisch zugenommen. *Schneider/Schneider*[4] sprechen von einer **explosionsartigen Zunahme von Governance-Regeln** im Aufsichtsrecht. Die Folge ist, dass das Aufsichtsrecht als öffentlich-rechtliches Gewerberecht die Rahmenbedingungen des Zivil-, Gesellschafts- und öffentlichen Unternehmensrechts überlagert und in beträchtlichem Umfang die unternehmenspolitische Organisation- und Gestaltungsfreiheit verdrängt, z.B. im Hinblick auf die Gewinnmaximierung oder die Risikobereitschaft, die je nach Struktur des Instituts zwingende Einrichtung bestimmter Ausschüsse des Aufsichtsorgans, die Vergütung der leitenden Personen nach den auf Institute der Finanzbranche fokussierten Regeln der InstitutsvergütungVO, sowie über das Gesellschaftsrecht und allgemeine Compliance-Regeln hinausgehende Mandatsbegrenzungen.

2. Organhaftung der privatrechtlich organisierten Institute

23.9 Rechtsgrundlagen für die Haftung von Vorstandsmitgliedern von Banken und Finanzinstituten in privater Rechtsform sind die allgemeinen gesellschafts- und genossenschaftsrecht-

---

1 *Lutter*, BB 2009, 786.
2 OLG Düsseldorf v. 9.12.2009 – I-6 W 45/09, AG 2010, 126 = ZIP 2010, 28, 31.
3 Gesetz zur Umsetzung der Richtlinie 2013/36/EU über den Zugang zur Tätigkeit von Kreditinstituten und die Beaufsichtigung von Kreditinstituten und Wertpapierfirmen und zur Anpassung des Aufsichtsrechts an die Verordnung (EU) Nr. 575/2013 über Aufsichtsanforderungen an Kreditinstitute und Wertpapierfirmen (CRD IV-Umsetzungsgesetz) vom 28.8.2013, BGBl. I 2013, 3395.
4 *Schneider/Schneider*, NZG 2016, 41, 42.

lichen Bestimmungen, also insbesondere § 93 Abs. 2 AktG, § 43 Abs. 1 GmbHG und § 34 Abs. 2 GenG. Insoweit gelten **keine Besonderheiten** gegenüber den Darstellungen von *Uwe H. Schneider, Krieger* und *Weber* im Grundlagenteil in den §§ 2 bis 4.

3. Haftungsgrundlagen bei Sparkassen und Landesbanken

a) Landesgesetzliche Regelungen

Für öffentlich-rechtliche Institute ist die Rechtslage hingegen aufgrund **landesrechtlicher Gesetzgebungszuständigkeit und teilweise fehlender Regelungen** differenziert. Eine gesetzlich geregelte Haftungsgrundlage für Sparkassenvorstände enthalten die Sparkassengesetze von Baden-Württemberg, Niedersachsen und den neuen Bundesländern außer Thüringen.[1] Teilweise wird auch auf die Sorgfalts- und Haftungsregelungen des Aktiengesetzes verwiesen, so z.B. bei der Aufbaubank Thüringen und bei der Investitionsbank Hessen.[2]

23.10

Abgesehen von vereinzelten Verweisungen auf das Aktiengesetz beschränken sich die genannten gesetzlichen Regelungen auf die Feststellung, dass Vorstandsmitglieder, die ihre Pflichten verletzen, der Sparkasse oder der Landesbank zum Ersatz des hieraus entstandenen Schadens verpflichtet sind. Weitere Regelungen, wie sie das Aktien- und Genossenschaftsrecht kennt, z.B. zur **Beweislast oder Verjährung**, bestehen nicht. In Niedersachsen ist allerdings sowohl für die Sparkassen als auch für die Norddeutsche Landesbank und die Niedersächsische Förderbank eine Haftungsbeschränkung eingeführt.[3] Einen mittelbaren Hinweis auf eine bestehende Haftung enthalten die Sparkassengesetze von Rheinland-Pfalz und dem Saarland. Dort ist nämlich geregelt, dass die Entlastung keine Haftungsfreistellung bewirkt, was eine Haftung voraussetzt.[4] Eine Regelung im Umkehrschluss, nämlich eine unbeschränkte Haftung, lässt sich auch aus § 20 SpkG Schleswig-Holstein schließen. Diese Bestimmung erklärt die Haftungsbegrenzung des Landesbeamtengesetzes für Mitglieder des Verwaltungsrats und dessen Ausschüsse für entsprechend anwendbar. Aus dem Fehlen einer entsprechenden Regelung kann für Vorstandsmitglieder auf eine unbeschränkte Haftung geschlossen werden.[5]

23.11

b) Fehlende gesetzliche Grundlagen

Für die Sparkassen der Länder ohne gesetzliche Regelung und die weiteren in öffentlicher Rechtsform geführten Landesbanken ist keine ausdrücklich geregelte Haftungsgrundlage ersichtlich. Dennoch ist es heute herrschende Meinung[6], dass auch ohne gesetzliche Regelung der allgemeine organisationsrechtliche Grundsatz gilt, der den § 93 AktG, § 43 GmbHG und § 34 GenG zugrunde liegt: Aus der Übertragung der Organfunktion folgt die Verantwortlichkeit für die korrekte Erfüllung der Organaufgabe. Aufgabe und Haftungsverantwortlichkeit

23.12

---

1 § 25 Abs. 5 SpkG B-W, § 20 Abs. 4 SpkG Brdbg, § 20 Abs. 3 SpkG M-V, § 10 Abs. 1 Satz 4 SpkG Nieders., § 20 Abs. 3 Sächs SpkG und § 20 Abs. 3 SpkG S-A. Für die NordLB und die Nieders. Förderbank gibt es gleichfalls eine spezifische Regelung in § 9 Abs. 2 des NordLB-Staatsvertrags bzw. § 10 Nieders. FörderbankG.
2 § 4 Nr. 3 AufbaubankG Thüringen bzw. § 9 Abs. 3 InvestitionsbankG Hessen.
3 Näheres nachfolgend Rz. 23.14.
4 § 19 Abs. 5 Satz 3 SpkG Rhl.-Pf. und § 24 Abs. 5 Satz 2 Saarl. SpkG.
5 Ebenso *Schlierbach/Püttner*, S. 221, Fn. 1.
6 BGH v. 15.9.2014 – II ZR 112/13, WM 2015, 332 = AG 2015, 240 mit Kurzbespr. *R. Fischer*, WuB 2015, 336 und *Tischler*, GWR 2015, 76; *Lutter*, Pflichten und Haftung, S. 10 ff. und BB 2009, 791; *Schlierbach/Püttner*, S. 221; a.A. *Kiethe*, WM 2003, 861 und ebenso abwegig hinsichtlich des Vorsitzenden des Verwaltungsrats OLG Rostock v. 5.8.2016 – 1 U 21/12, juris.

bilden eine Einheit, deren Grundlage das **organschaftliche Rechtsverhältnis** zwischen Organmitglied und Unternehmen ist.[1] Demnach besteht ein organschaftliches Treue- und Pflichtenverhältnis, aus dem das Organmitglied zur sorgfältigen und gewissenhaften Erfüllung seiner Aufgaben verpflichtet ist. Entsteht der Sparkasse oder Landesbank ein Schaden durch die schuldhafte Verletzung dieser Pflichten, so haftet das Organmitglied.[2] Dies entspricht weitgehend den Regeln des privaten Verbandsrechts, so dass auf dessen Haftungsgrundsätze sowie die Kommentierung und das Fallmaterial, insbesondere zur Aktiengesellschaft, zurückgegriffen werden kann.[3]

c) Vereinzelte Haftungsprivilegierung im öffentlichen Sektor

23.13 Für die öffentlich-rechtlich organisierten Institute des Finanzsektors gelten grundsätzlich die gleichen Haftungsmaßstäbe wie für andere Unternehmen, also die unbeschränkte Haftung für jede Fahrlässigkeit. Eine Ausnahme wird für die Mitglieder des Vorstands der **bayerischen Sparkassen** vertreten.[4] Diese Auffassung stützt sich darauf, dass das bayerische Sparkassenrecht keine Regelung der Organhaftung enthält, jedoch nach Art. 20 Abs. 2 Bayer. SpkG ergänzend die Bestimmungen des allgemeinen Kommunalrechts heranzuziehen sind. Damit gelte die **kommunalrechtliche Haftungsprivilegierung** auch für die Mitglieder des Vorstands. Diese Auffassung findet eine gewisse Stütze darin, dass die Mitglieder des Vorstands der bayerischen Sparkassen – anders als in den anderen Bundesländern – nicht Bedienstete der Sparkasse, sondern von deren kommunalen Trägern sind. Dennoch begegnet diese Auffassung angesichts der gleichartigen Aufgaben, Pflichten und Funktionen von bayerischen Sparkassenvorständen im Vergleich zu den Vorständen anderer Sparkassen und Banken rechtspolitischen Bedenken. Auch erscheint die Anwendung des Kommunalrechts keineswegs zwingend. Vielmehr lässt sich die Regelungslücke ebenso wie in den anderen Bundesländern ohne spezifische Organhaftungsregelung durch entsprechende Anwendung der allgemeinen Organhaftungsgrundsätze schließen.[5]

23.14 Eine weitere Besonderheit ergibt sich aus der ausdrücklichen **Haftungsprivilegierung** für Sparkassenvorstände im **Niedersächsischen Sparkassengesetz**. Der niedersächsische Gesetzgeber hat den im Referentenentwurf zum UMAG[6] enthaltenen Vorschlag einer Haftungsmilderung übernommen[7], der letztlich jedoch nicht Eingang in § 93 AktG gefunden hat. § 10 Abs. 1 Satz 5 Nieders. SpkG enthält für die Vorstände der Sparkassen eine Haftungsbeschränkung für bestimmte leicht fahrlässig begangene Pflichtverletzungen. Danach liegt eine haftungsbegründende Pflichtverletzung nicht vor, wenn das Vorstandsmitglied **ohne grobe Fahrlässigkeit annehmen durfte, auf der Grundlage angemessener Information** zum Wohl der Sparkasse zu handeln. Der Vorstand haftet also auch dann nicht, wenn er leicht fahrlässig die erforderlichen Informationen nicht eingeholt, diese nicht sorgfältig genug ausgewertet oder das Unternehmensinteresse mit leichter Fahrlässigkeit fehlerhaft eingeschätzt hat. Diese Re-

---

1 *Lutter*, Pflichten und Haftung, S. 11.
2 *Lutter*, Pflichten und Haftung, S. 12; *Schlierbach/Püttner*, S. 220 ff.; a.A. das insoweit abseitige Urteil des OLG Rostock v. 5.8.2016 – 1 U 21/12 (unveröffentlicht) – keine Haftung des Vorsitzenden des Verwaltungsrats einer Sparkasse in M.-V.
3 *Lutter*, Pflichten und Haftung, S. 11 f.
4 *Berg*, Bayerische Verwaltungsblätter 2000, 385 ff.
5 Im Ergebnis ebenso *Lutter*, Pflichten und Haftung, S. 11, 12.
6 Gesetz zur Unternehmensintegrität und Modernisierung des Anfechtungsrechts (UMAG) vom 22.9.2005, BGBl. I 2005, 2802.
7 Näheres zur Gesetzesentwicklung vgl. *Berger*, § 10 Rz. 15, Fn. 49.

gelung entspricht zumindest teilweise einer zunehmend in der Literatur erhobenen Forderung nach Haftungsmilderung oder entsprechender Übernahme arbeitsrechtlicher Haftungsprivilegierung.[1] Die niedersächsische Regelung bedeutet allerdings nicht, dass der Vorstand generell nur für Vorsatz und grobe Fahrlässigkeit hafte. Die Haftungserleichterung für niedersächsische Sparkassenvorstände gilt vielmehr nur für die Informationsbeschaffung und -auswertung sowie die Abwägung bei unternehmerischen Entscheidungen, nicht aber für sonstige haftungsbegründende Sachverhalte. Die Haftungsprivilegierung greift z.B. nicht, wenn keine Entscheidungsgrundlagen ermittelt und bewertet, gesetzliche oder satzungsmäßige Bestimmungen verletzt oder das mit der Entscheidung verbundene Risiko in unverantwortlicher Weise falsch eingeschätzt wird.[2] Eine gleichartige Haftungsmilderung gilt für die Vorstände der Norddeutschen Landesbank und der Niedersächsischen Förderbank.

4. Deliktische Haftung und Direktansprüche Dritter

Hinsichtlich der weiteren Anspruchsgrundlagen aus deliktischer Haftung – z.B. aus § 823 Abs. 1 und 2 BGB i.V.m. § 266 StGB oder § 826 BGB bestehen keine Besonderheiten gegenüber der Rechtslage bei sonstigen Unternehmen. Gleiches gilt für Direktansprüche von Gläubigern gegen die Organe des Instituts z.B. nach § 93 Abs. 5 AktG oder § 34 Abs. 5 GenG. Schadensersatzansprüche von Gläubigern gegen Organmitglieder haben in der Finanzwirtschaft bislang – soweit bekannt – in Praxis und Rechtsprechung **kaum Bedeutung erlangt**. 23.15

So hat das OLG Stuttgart[3] in einem Fall, in dem ein geschädigter Anleger den **Geschäftsführer einer GmbH wegen fehlerhafter Anlageberatung** in die Haftung nehmen wollte, dies abgelehnt und wie folgt begründet: „Ein eigenes (vor)vertragliches Verhältnis mit dem Kläger hat der Beklagte nicht begründet. Die ausnahmsweise Eigenhaftung des Vertreters erfordert nach der Rechtsprechung des Bundesgerichtshofs entweder die Inanspruchnahme besonderen persönlichen Vertrauens oder ein unmittelbares wirtschaftliches Eigeninteresse des Vertreters an dem Zustandekommen des Rechtsverhältnisses, so dass er wirtschaftlich betrachtet gleichsam in eigener Sache verhandelt (BGH, Urteil vom 11.1.2007, NJW 2007, 1362, juris Rz. 9). ... Für die Bejahung der Eigenhaftung des Geschäftsführers einer GmbH unter dem Gesichtspunkt des wirtschaftlichen Eigeninteresses reichen weder eine maßgebliche Beteiligung an der Gesellschaft noch die Stellung von Sicherheiten für die Verbindlichkeiten der Gesellschaft aus (BGH, Urteil vom 6.6.1994 – II ZR 292/91, juris R. 15). Es müssen vielmehr noch andere qualifizierende Umstände hinzukommen, die nach Auffassung der Literatur allerdings nur selten vorliegen dürften (MüKo BGB/*Emmerich*, 7. Aufl., § 311 Rz. 177). ... Wer mit einer GmbH in geschäftlichen Kontakt tritt, muss davon ausgehen, dass auch die Verpflichtungen aus dem gesetzlichen Schuldverhältnis, das durch Handeln eines gesetzlichen Vertreters der Gesellschaft bei der Anbahnung von Vertragsverhandlungen entsteht, grundsätzlich nur die vertretene Gesellschaft treffen (Urteil vom 3.10.1989 – XI ZR 187/88, NJW 1990, 389, juris Rz. 14)." 23.16

---

1 So besonders *Koch*, AG 2014, 513, 523 ff.; ähnlich z.B. *Fleischer*, ZIP 2014, 1305 ff.; *Bayer*, NJW 2014, 2446 und *Hopt*, ZIP 2013, 1793, 1804.
2 *Berger*, § 10 Rz. 15.
3 OLG Stuttgart v. 23.2.2016 – 1 U 97/15, GmbHR 2016, 1200 = ZIP 2016, 2066 = NZG 2016, 1342.

a) Der Kirch/Breuer-Fall

23.17 Eine Ausnahme stellt allerdings der Kirch/Breuer-Fall[1] dar. Dabei ging es um eine (abgetretene) Schadensersatzforderung eines Unternehmens der Kirch-Gruppe gegen den Sprecher des Vorstands der Deutschen Bank, weil dieser in einer Fernsehsendung geäußert hatte, dass die sanierungsbedürftige Gruppe von den bisherigen Hausbanken keine Kredite mehr erhalten werde. Die stark beachtete Entscheidung des BGH berührt neben komplexen Fragen der Schadenskausalität und der Schutzbereichserstreckung[2] auch banktypische Verhaltenspflichten der Organmitglieder. Der BGH begründet die Haftung mit **Nebenpflichten aus dem besonderen Vertrauensverhältnis** zwischen Bank und Kunde. Eine solche Nebenpflicht aus dem Darlehensvertrag verpflichte zur Rücksichtnahme und Loyalität gegenüber dem Darlehensnehmer und dazu, „die Kreditwürdigkeit des Darlehensnehmers weder durch Tatsachenbehauptungen, auch wenn sie wahr sind, noch durch Werturteile oder Meinungsäußerungen zu gefährden". Durch die öffentlichen Äußerungen über die fehlende Sanierungsbereitschaft und damit die geringe Kreditwürdigkeit der insolvenzgefährdeten Kreditnehmerin sei diese Loyalitätspflicht verletzt worden. Dies stelle einen Eingriff in das durch § 823 Abs. 1 BGB geschützte Recht am eingerichteten und ausgeübten Gewerbebetrieb dar.

b) Verletzung von Geheimhaltungspflichten

23.18 Die Kirch/Breuer-Entscheidung hätte auch mit einer Verletzung des **Bankgeheimnisses**[3] begründet werden können, was der BGH aber offen lässt. Im Ergebnis können damit kreditgefährdende Äußerungen über Kunden, auch wenn sie wahr sind, zu Direktansprüchen aus unerlaubter Handlung führen, für die über § 31 BGB auch das Institut haftet. Allerdings kommt der Haftung für Verletzungen des Bankgeheimnisses kaum praktische Bedeutung zu, obwohl das Bankgeheimnis wesentlicher Teil der Vertrauensbasis der Kreditinstitute ist.[4] Dies dürfte weniger daran liegen, dass Verletzungen des Bankgeheimnisses nicht vorkämen, sondern daran, dass Schaden und Schadenskausalität schwer nachweisbar sind.

23.19 Der BGH spricht in dieser Entscheidung einen weiteren banktypischen Sachverhalt an. Die relativ wenig bekannte Bestimmung des § 55b KWG verbietet die unbefugte Offenbarung von Angaben, die dem Institut im Zusammenhang mit **Millionen-Kredit-Anzeigen** bekannt werden. Zugrunde liegt die Verpflichtung der Institute nach § 14 Abs. 1 KWG, die Verschuldung ihrer Kreditnehmer ab einer Grenze von 1,5 Mio. Euro der Bundesbank anzuzeigen. Diese informiert in einer Rückmeldung die anzeigenden Institute über die Gesamtverschuldung eines Kreditnehmers sowie die Anzahl der kreditgewährenden Unternehmen. Die unbefugte Offenbarung von daraus gewonnenen Informationen ist gem. § 55b KWG strafbar. Damit ist im Zusammenhang mit der Weitergabe vertraulicher Informationen durch Organmitglieder ein Haftungstatbestand gem. § 823 Abs. 2 BGB i.V.m. § 55b KWG gegeben, und zwar gerade bei der Bekanntgabe zutreffender Informationen. In dem Kirch/Breuer-Fall hat der BGH in den mehr generalisierenden öffentlichen Äußerungen und Einschätzungen jedoch zu Recht keine Verletzung des § 55b KWG gesehen. Hierzu wäre vielmehr erforderlich, dass konkrete Erkenntnisse aus den Rückmeldungen der Deutschen Bundesbank offenbart werden.

---

1 BGH v. 24.1.2006 – XI ZR 384/03, BGHZ 166, 84 = WM 2006, 308 = ZIP 2006, 317.
2 Hierzu vgl. *Ehricke/Rotstegge*, ZIP 2006, 925 ff.
3 Vgl. Nr. 2 AGB Banken sowie Kommentierung hierzu z.B. von *Bunte* in Schimansky/Bunte/Lwowski, Bankrechts-Handbuch, § 7.
4 Vgl. *Bruckner/Krepold* in Schimansky/Bunte/Lwowski, Bankrechts-Handbuch, § 39 Rz. 1 ff.

5. Haftung nach § 17 KWG

Eine weitere bankspezifische Haftungsgrundlage enthält § 17 KWG. Hierauf wird gesondert unter Rz. 23.77 f. eingegangen. 23.20

II. Anforderungen an die Geschäftsorganisation

1. § 25a KWG

Die für jeden Unternehmensleiter zentrale Aufgabe, für eine den Anforderungen des Unternehmens geeignete Geschäftsorganisation zu sorgen, ist im Bankaufsichtsrecht detailliert kodifiziert. Die maßgeblichen, außerordentlich komplexen aufsichtlichen Regelungen finden sich in §§ 25a, b, e und f KWG, in der CRR-Verordnung[1] sowie als Organisationspflichten zur Geldwäscheprävention in §§ 25g ff. KWG und in weiteren Aufsichtsgesetzen. So enthält z.B. das Wertpapierhandelsgesetz zahlreiche Organisationspflichten für die Geschäftsleiter von Wertpapierdienstleistungsunternehmen. § 81 WpHG[2] verweist auf § 25c Abs. 3 KWG und fordert von den Geschäftsleitern der Wertpapierdienstleistungsunternehmen, ihre Aufgaben in einer Art und Weise wahrzunehmen, die die Integrität des Marktes wahrt und durch die die Interessen der Kunden gefördert werden. In einem detaillierten Katalog sind zahlreiche entsprechende Pflichten geregelt, die die Geschäftsleiter in Ihrem Unternehmen festlegen, umsetzen und überwachen müssen. Die in § 25a KWG und weiteren Aufsichtsgesetzen geregelten Anforderungen an die Geschäftsorganisation eines Kreditinstituts wurden vom Gesetzgeber und den Aufsichtsbehörden laufend fortgeschrieben und teilweise auch neu definiert.[3] Diese durch jeweils aktuelle Krisenerfahrungen und das steigende Sicherheitsbedürfnis des Staates besonders bei der Geldwäsche- und Terrorbekämpfung veranlasste stark bürokratisierte Regulierungshektik erscheint **rechtspolitisch fragwürdig**. Denn außer der immer exzessiveren Instrumentalisierung der Finanzwirtschaft für Zwecke der Kriminalitätsbekämpfung stellen die laufend erweiterten Spezialanforderungen an die Betriebsorganisation z.B. bei der Erfassung der Einzelrisiken, der Geldwäsche- und Betrugsbekämpfung u.a. nicht nur kleinere Institute vor schwer lösbare Umsetzungs- und laufende Kostenprobleme. Dennoch ergeben die aufsichtlich vorgegebenen Anforderungen an die Betriebsorganisation sowie die Organisationspflichten zur Geldwäscheprävention den wesentlichen Maßstab für die sorgfältige und gewissenhafte Erfüllung der Geschäftsleiterpflichten – auch i.S. von § 93 Abs. 1 AktG[4]. Neben den genannten aufsichtlichen Anforderungen nach dem KWG und der CRR-Verordnung enthält die detaillierte Regelung in § 25c Abs. 2–4 KWG eine ergänzende – teilweise sogar strafbewehrte (§ 54a KWG) – Kodifizierung der Geschäftsleiterpflichten bei der Geschäftsorganisation, die sich allerdings mit den Anforderungen nach § 25a KWG weitgehend 23.21

---

1 Verordnung (EU) Nr. 575/2013 vom 26.6.2013 über Aufsichtsanforderungen an Kreditinstitute und Wertpapierfirmen und zur Änderung der Verordnung (EU) Nr. 646/2012, ABl. EU Nr. L 176 v. 27.6.2013, S. 1, abgedruckt bei *Consbruch/Fischer*, B 81.
2 i.d.F. des Zweiten Finanzmarktnovellierungsgesetzes (2. FiMaNoG) vom 23.6.2017, BGBl. I 2017, 1693.
3 Fünf teilweise grundlegende Gesetzesänderungen des § 25a KWG zwischen 2013 und 2016, zuletzt durch das FSM-Neuordnungsgesetz vom 23.12.2016 (BGBl. I 2016, 3171); ebenso Neufassung der Mindestanforderungen an das Risikomanagement (MaRisk), neu gefasst durch Rundschreiben 10/2012 der BaFin vom 14.12.2012, abgedruckt bei *Consbruch/Fischer*, B 64.36 oder die umfassenden und sanktionierten Neuregelungen für Wertpapierdienstleistungsunternehmen aufgrund Art. 3 des Zweiten Finanzmarktnovellierungsgesetzes (2. FiMaNoG) vom 23.6.2017, BGBl. I 2017, 1693, 1700 ff.
4 Ebenso *Schäfer/Zeller*, BB 2009, 1707.

überschneidet. Mit den geschilderten, kaum mehr überblickbaren und in den letzten Jahren noch intensivierten aufsichtlichen Anforderungen für Vorstände in der Finanzbranche wurde ein detaillierter Pflichtenkanon geschaffen, der weit über die Anforderungen in anderen Branchen hinausgeht.[1] Ihnen kommt damit **zentrale Bedeutung für die Haftung** im Falle von schadensbegründenden Fehlentwicklungen und – auch ohne konkretisierbaren Schaden – für das **Risiko der Abberufung** auf aufsichtliche Anforderung zu.

23.22 Die für Institute erforderliche **Betriebsorganisation** umfasst nach § 25a KWG im Wesentlichen:

- ein angemessenes **Risikomanagement**,

- Regelungen zur jederzeitigen **Bestimmung der finanziellen Lage**,

- eine **Dokumentation** der Geschäftstätigkeit samt fünfjähriger Aufbewahrungspflicht, soweit die handelsrechtlichen Aufbewahrungsfristen nicht länger sind – vgl. § 257 Abs. 4 HGB (zehn Jahre z.B. für Buchungsbelege) und § 257 Abs. 1 HGB (sonstige Unterlagen),

- einen Prozess, der es den Mitarbeitern unter Wahrung der Vertraulichkeit ermöglicht, **Verstöße** gegen bankaufsichtliche Normen sowie strafbare Handlungen an geeigneten Stellen **zu berichten**,

- angemessene Sicherungssysteme zur **Prävention gegen Geldwäsche und kriminelle Schädigungen** der Bank (z.B. Betrug) gem. § 25h KWG.

23.23 Dem **Risikomanagement** kommt dabei besondere Bedeutung zu. Es soll insbesondere umfassen:

- Die Ermittlung der **Risikotragfähigkeit** unter Berücksichtigung des verfügbaren Risikodeckungspotenzials,

- die Festlegung von **Risikostrategien** sowie die Einrichtung von Prozessen zur Planung, Umsetzung, Beurteilung und Anpassung der Strategien,

- ein **internes Kontrollsystem**, das die aufbau- und ablauforganisatorischen Regelungen, die Prozesse zur Identifizierung, Beurteilung, Steuerung sowie Überwachung und Kommunikation von Risiken, eine Risikocontrolling- und eine Compliance-Funktion umfasst,

- eine **Innenrevision**,

- eine angemessene **personelle und technisch-organisatorische Ausstattung** des Instituts,

- ein **Notfallkonzept** besonders für das IT-System,

- transparente und auf eine nachhaltige Entwicklung des Instituts ausgerichtete **Vergütungssysteme** für Geschäftsleiter und Mitarbeiter.

2. MaRisk

23.24 Zur Konkretisierung hat die BaFin zuletzt am 14.12.2012 geänderte Mindestanforderungen an das Risikomanagement (MaRisk) samt ausführlicher Erläuterungen veröffentlicht.[2] Sie gelten für die der Aufsicht der BaFin unterliegenden Kreditinstitute, die meisten Finanz-

---

[1] *Hopt*, ZIP 2013, 1793, 1803.
[2] Rundschreiben 10/2012 (BA) der BaFin vom 14.12.2012, abgedruckt bei *Consbruch/Fischer*, B 64.44.

dienstleistungsinstitute und Zweigniederlassungen ausländischer Institute sowie Wertpapierhandelsbanken. Eine Novelle der MaRisk war für Ende 2016 geplant, lag jedoch bei Redaktionsschluss Mitte 2017 noch nicht vor.[1] Für Kapitalverwaltungsgesellschaften gilt eine auf diese Unternehmen spezialisierte Fassung von Mindestanforderungen an das Risikomanagement (KAMaRisk).[2]

Die derzeit geltenden MaRisk zielen auf ein Konzept einer ganzheitlichen Risikobetrachtung. Sie gehen von einem prinzipienorientierten Ansatz mit einer Reihe von Öffnungsklauseln aus, die den Instituten grundsätzlich **Gestaltungsspielräume** für betriebswirtschaftlich bestimmte Umsetzungslösungen einräumen. Außerdem werden die MaRisk in dem dazu veröffentlichten Begleitschreiben[3] als nach dem **Proportionalitätsprinzip** (allerdings auch „nach oben") angewandter prinzipienorientierten Ansatz bezeichnet. Der aufsichtlichen Praxis und ebenso der Prüfungspraxis entspricht dies allenfalls teilweise. Vielfach werden die Einzelanforderungen der MaRisk und ihre behördliche Auslegung jedoch als im Detail verbindliche **Richtlinien für die Unternehmensorganisation** behandelt, sofern nicht darüber hinausgehende Anforderungen aufgrund spezifischer Verhältnisse bedeutender Institute von der Aufsichtsbehörde erwartet werden. 23.25

Bei den MaRisk handelt es sich zwar um eine rechtlich nicht verbindliche, empfehlende Kundgabe der behördlichen Rechtsauffassung[4] zur Konkretisierung der Anforderungen nach § 25a KWG. Sie haben daher weder gegenüber den Instituten noch gegenüber der Rechtsprechung rechtlich verbindliche Wirkungen, bewirken allenfalls eine Selbstbindung der Aufsichtsbehörde.[5] Obwohl es wünschenswert wäre, Angemessenheit und Zweckmäßigkeit der praktizierten starren aufsichtlichen Bindung an Vorgaben der MaRisk und deren Auslegung durch Aufsicht und aufsichtliche Prüfung gerichtlich zu hinterfragen, wirken diese in der Realität – der Aufsichtspraxis ebenso wie als **Beurteilungsmaßstab** der Rechtsprechung – jedoch **fast wie Rechtsnormen**.[6] Angesichts der hochspezialisierten und komplexen Materie sind Verwaltungsgerichte auch kaum in der Lage, die Angemessenheit der Regelungen oder alternativer Lösungsansätze zuverlässig zu beurteilen. Die betroffenen Institute und ihre Verbände haben allenfalls im Rahmen von Anhörungen bei der Fortentwicklung der MaRisk die Möglichkeit, alternative Vorstellungen einzubringen, sind jedoch bei der laufenden Aufsicht gegenüber dieser selbst mit gutachterlicher Unterstützung erfahrungsgemäß meist chancenlos. 23.26

Die Umsetzung der aufsichtlichen Rahmenbedingungen von KWG, CRR-VO und MaRisk stellt in der Unternehmenspraxis damit den entscheidenden **Maßstab für die Erfüllung der Sorgfaltsanforderungen** der Geschäftsleiter auch im Sinne der von der Rechtsprechung[7] geforderten Beachtung der **in der Branche anerkannten Erkenntnisse und Erfahrungssätze** dar. Auch kann davon ausgegangen werden, dass die Zivilgerichte in Haftungsprozessen und 23.27

---

1 Vgl. MaRisk-Novelle 2016 – Konsultationsentwurf der BaFin vom 19.2.2016, https://www.bafin. de/SharedDocs/Downloads/DE/Konsult.
2 Rundschreiben der BaFin (WA) vom 10.1.2017, abgedruckt bei *Consbruch/Fischer*, D 41.80.
3 Schreiben der BaFin vom 14.12.2012 (BA 54-FR 2210-2012/0002).
4 Vgl. Urteil des Hess. VGH v. 31.4.2006 – 6 UE 3256/05, WM 2007, 392 mit Anm. *Fischer*, WuB I L 1. § 36 KWG 1.07.
5 Ebenso *Dengler*, WM 2014, 2032, 2033.
6 Eine aufschlussreiche Auseinandersetzung mit dieser Situation findet sich bei *Dengler*, WM 2014, 2032, 2038.
7 Z.B. BGH v. 3.12.2001 – II ZR 308/99, ZIP 2002, 213; BGH v. 8.1.2007 – II ZR 304/04, ZIP 2007, 321.

ebenso die Strafgerichte bei der Prüfung des Untreuetatbestands[1] diesen Maßstab anwenden. In einem Urteil des OLG Frankfurt vom 12.12.2007[2] rechtfertigte das Gericht die Nichtanwendung der Vorgängerregelung, der Mindestanforderungen für das Kreditgeschäft (MaK), mit der im Streitfall von der Bankenaufsicht eingeräumten, noch nicht abgelaufenen Übergangsfrist[3] für deren Anwendung. Dies lässt den Schluss zu, dass bei Inkrafttreten der jeweils gültigen Regelung Abweichungen von den Vorgaben der MaRisk allenfalls dann, wenn ungewöhnliche Sonderverhältnisse vorliegen, den Sorgfaltsanforderungen entsprechen. Angesichts der außerordentlich komplexen Materie und der häufigen Änderungen und Anpassungen sowohl des § 25a KWG als auch der MaRisk bewirkt die Maßstabsfunktion dieser Regelungen ein beträchtliches Risikopotenzial für die Geschäftsleiter im Hinblick auf die Organhaftung.[4] Die MaRisk formulieren Mindestanforderungen im Wesentlichen zu folgenden Bereichen einer ordnungsgemäßen Geschäftsorganisation:

a) Risikostrategie und Risikomanagement

23.28 Auf der Grundlage eines **Gesamtrisikoprofils** soll sichergestellt werden, dass alle wesentlichen Risiken durch das Risikodeckungspotential laufend abgedeckt sind. Dabei hat die Geschäftsleitung eine Geschäftsstrategie und eine dazu konsistente Risikostrategie – ggf. unterteilt in Teilstrategien – festzulegen. Weiterhin ist ein internes Kontrollsystem einzurichten, das Regelungen zur Aufbau- und Ablauforganisation sowie Risikosteuerungs- und -controllingprozesse umfasst. Die damit verbundenen Aufgaben, Kompetenzen, Verantwortlichkeiten, Kontrollen und Kommunikationswege sind klar zu definieren und aufeinander abzustimmen.

23.29 Das Risikomanagement soll einen Überblick über alle Risiken des Instituts, deren Identifizierung und Grundlagen für die Handhabung der wesentlichen Risiken umfassen. Als wesentliche Risiken sind dabei das **Adressenausfallrisiko** (einschließlich Länderrisiken), das **Marktpreisrisiko** (Kursrisiko aus Wertpapier- und Währungsgeschäften, Zinsänderungsrisiko, Marktpreisrisiko aus Warengeschäften) und das **Liquiditätsrisiko** sowie Risiken aus den **operationellen Abläufen** innerhalb des Instituts identifiziert. Zur Risikoermittlung und -steuerung und zum Risikocontrolling müssen in der Praxis Risikoszenarien ermittelt und Stresstests durchgeführt werden.

b) Funktionstrennung

23.30 Wesentliche Prinzipien der MaRisk sind die Funktionstrennung zwischen Markt- und Marktfolgebearbeitung im Kreditgeschäft[5] und im Handelsgeschäft zwischen Handel und Abwicklung jeweils bis zur Ebene der Geschäftsleitung und das **Zwei-Voten-Prinzip**, nach dem grundsätzlich beide Bereiche einer Entscheidung zustimmen müssen. Dies schließt – je nach Art, Umfang, Komplexität, Risikogehalt und Kompetenzregelung – abweichende Einzelregelungen besonders bei kleinen Instituten (MaRisk BTO 1.1) oder die Nichtbeachtung eines Votums durch den letzten Kompetenzträger nicht aus.

---

1 So *Schmitt*, BKR 2006, 125, 129.
2 OLG Frankfurt a.M. v. 12.12.2007 – 17 U 111/07, AG 2008, 453.
3 Vgl. hierzu auch *Fischer/Müller* in Boos/Fischer/Schulte-Mattler, § 36 KWG Rz. 43.
4 *Dengler*, WM 2014, 2032.
5 Vgl. dazu Urteil des BGH v. 8.1.2007 – II ZR 304/04, ZIP 2007, 322.

c) Personalausstattung und Anreizsysteme

Eine ordnungsgemäße Geschäftsorganisation setzt nach den MaRisk zunächst eine an den Geschäftsaktivitäten und der Risikosituation ausgerichtete quantitativ und qualitativ hinreichende Personalausstattung voraus. Es sind Stellenbeschreibungen erforderlich, die Aufgaben, Inhalte, Kompetenzen, Verantwortlichkeiten und die Weisungsbefugnisse darstellen. Die Erfahrungen mit der Finanzmarktkrise 2008 haben bei der Neufassung 2009 der MaRisk eine Regelung zu den Anreizsystemen veranlasst. Sie konkretisieren die mit dem Gesetz zur Angemessenheit der Vorstandsvergütung[1] getroffenen Regelungen (besonders § 87 AktG) und gelten für Institute in jeder Rechtsform. Danach müssen Vergütungssysteme so ausgerichtet sein, dass schädliche Anreize zur Eingehung unverhältnismäßig hoher Risikopositionen vermieden werden sowie den sonstigen Anforderungen der Institutsvergütungsverordnung[2] entsprechen.

23.31

d) Operationelle Risiken

Die organisatorischen Anforderungen zur Beherrschung der operationellen Risiken sollen insbesondere eine funktionsfähige Entwicklung der Aufbau- und Ablauforganisation durch entsprechende Qualifizierung der Mitarbeiter, laufende Anpassung der technisch-organisatorischen Ausstattung, eine hinreichende Notfallplanung und funktionsfähige Vorgaben (**Organisationshandbücher**) für sämtliche Geschäfte und vor allem Geschäfte in neuen Produkten oder neuen Märkten umfassen.

23.32

e) Kreditgeschäft

Bei der Organisation der Kreditprozesse sehen die MaRisk eine Trennung zwischen risikorelevanten und nicht (richtig: weniger) risikorelevanten Engagements vor. Maßgebliche Kriterien hierfür sind **Größenkonzentrations- und Klumpenrisiken**, Umfang der **Ausfallwahrscheinlichkeit** sowie **Werthaltigkeit der Sicherheiten**. Zur Risikosteuerung und Risikoüberwachung im Kreditgeschäft ist zunächst eine Risikostrategie mit entsprechenden Limiten zu formulieren. Es sind Überwachungsinstrumente zur Früherkennung und Quantifizierung von Ausfallrisiken sowie ein funktionsfähiges Berichtswesen hierzu einzurichten. Zur Risikobeurteilung ist ein aussagefähiges Risikoklassifizierungsverfahren (Rating und Scoring) zu unterhalten. Negative Erfahrungen mit der Zuverlässigkeit **externer Ratingsysteme** haben die BaFin veranlasst, in der Neufassung 2009 der MaRisk klarzustellen, dass die „Verwendung externer Bonitätseinschätzungen ... das Institut nicht von seiner Verpflichtung (entheht), sich ein Urteil über das Adressenausfallrisiko, zu bilden und dabei eigene Erkenntnisse und Informationen in die Kreditentscheidung einfließen zu lassen" (MaRisk BTO 1.2.4.).

23.33

f) Handelsgeschäft

Ein ähnliches Risikocontrolling ist für die Handelsgeschäfte erforderlich, das Strategie, Risikolimite und Kompetenzen umfasst. Auch für das Handelsgeschäft muss eine **aufbauorganisatorische Trennung** zwischen Handel, Risikocontrolling sowie der Abwicklung und Kon-

23.34

---

[1] VorstAG v. 31.7.2009, BGBl. I 2009, 2509.
[2] Verordnung über die aufsichtlichen Anforderungen an Vergütungssysteme von Instituten (Institutsvergütungsverordnung – InstitutsVergV) vom 16.12.2013 (BGBl. I 2013, 4270 ff.) – Neufassung geplant – Konsultationsfassung, Stand 28.3.2017, von der BaFin veröffentlicht unter https://www.bafin.de/SharedDocs/Veroeffentlichungen/DE/Meldung/2017/meldung_170119_institutsvergv_aend.

trolle bis zur Ebene der Geschäftsleitung eingerichtet sein. Voraussetzung ist, dass für sämtliche Handelsgeschäfte verbindliche Vorgaben z.B. zu Konditionen samt Nebenabreden und der grundsätzlichen Abwicklung zu marktgerechten Bedingungen vereinbart sind. Die laufende Kontrolle umfasst insbesondere die Marktgerechtigkeit der Geschäftsabschlüsse, die Einhaltung der Limite sowie die Ordnungsmäßigkeit der Abwicklung und Dokumentation.

g) Kontrollsysteme

23.35 Schließlich erfordert eine ordnungsgemäße Betriebsorganisation eine ausreichende Kontrolle der Umsetzung der festgelegten Risikostrategie. Diese erfolgt durch prozessabhängige Kontrollsysteme bei den jeweiligen Geschäften und Geschäftsarten und eine prozessunabhängige **interne Revision**, die in jedem Institut eingerichtet sein muss. Die interne Revision hat risikoorientiert die Funktionsfähigkeit des Risikomanagements nach den individuellen Anforderungen des jeweiligen Instituts und den getroffenen Vorgaben, die Funktionsfähigkeit der prozessabhängigen Kontrollsysteme und die Ordnungsmäßigkeit aller Geschäfte und sonstigen Prozesse – auch unangemeldet – zu prüfen.

h) Outsourcing

23.36 Zu einer ordnungsmäßigen Betriebsorganisation gehört gem. § 25b KWG auch, dass bei Auslagerung von Aktivitäten und Prozessen auf andere Unternehmen (Outsourcing) die Ordnungsmäßigkeit der Geschäfte und der Geschäftsorganisation nicht beeinträchtigt und dadurch keine übermäßigen zusätzlichen Risiken begründet werden. Einzelheiten sind in den MaRisk, AT 9 geregelt. Dabei gehen die MaRisk von dem Grundsatz aus, dass Zuverlässigkeit, Art, Umfang, Ausgestaltung und Kontrolle ausgelagerter Funktionen von der Geschäftsleitung zu beurteilen sind. Sofern bestimmte geschäftliche oder organisatorische Prozesse (EDV-Dienstleistungen, Durchführung der Innenrevision, Notfalldienste, Kreditüberwachung usw.) auf externe Unternehmen ausgelagert werden, dürfen dadurch die **Steuerungsmöglichkeit der Geschäftsleitung** und die bankaufsichtliche Überwachung nicht faktisch gelockert werden. Die Auslagerung darf auch nicht dazu führen, dass die Geschäftsleitung nicht mehr für sämtliche – auch die ausgelagerten – Tätigkeiten verantwortlich wäre.[1]

23.37 Bestimmte **kardinale Funktionen**, die Kernbereiche des Bank- oder Finanzdienstleistungsgeschäfts und alle Entscheidungen, die die Grundlagen der Geschäftstätigkeit des Instituts betreffen, sind grundsätzlich nicht auslagerbar.[2] Dazu gehören besonders die Unternehmensplanung, -koordination und -kontrolle und die Funktion des IT-Sicherheitsbeauftragten.[3] Die Innenrevision kann ausgelagert werden, sofern die Geschäftsleitung einen hausinternen Revisionsbeauftragten bestellt, der Planung und Abwicklung der Innenrevision mit dem beauftragten Dritten abstimmt und überwacht.[4]

23.38 Die Auslagerung bedarf einer **schriftlichen Vereinbarung** mit dem Outsourcing-Unternehmen, die gewährleistet, dass die Durchführung der ausgelagerten Tätigkeiten den erforderli-

---

[1] Einen solchen Fall behandelt das OLG Düsseldorf v. 9.12.2009 – I-6 W 45/09, AG 2010, 126 = ZIP 2010, 28.
[2] MaRisk AT 9.4 Satz 4; Einzelheiten bei *Ferstl* in Beck/Samm/Kokemoor, § 25b KWG Rz. 32 ff.; *Braun* in Boos/Fischer/Schulte-Mattler, § 25b KWG Rz. 33 ff.
[3] *Ferstl* in Beck/Samm/Kokemoor, § 25b KWG Rz. 40 unter Hinweis auf ein Schreiben der BaFin vom 15.5.2015.
[4] Vgl. *Braun* in Boos/Fischer/Schulte-Mattler, § 25b KWG Rz. 86.

chen Qualitätsstandards des auslagernden Instituts entspricht, eine Information und Kontrolle durch die Geschäftsleitung, die interne Revision und den Jahresabschlussprüfer ermöglicht sowie die Einhaltung sonstiger bankaufsichtlicher Anforderungen sicherstellt. Es gilt der Grundsatz, dass Zuverlässigkeit, Art, Umfang, Ausgestaltung und Kontrolle ausgelagerter Funktionen von der Geschäftsleitung zu beurteilen sind.

3. Organisationspflichten zur Verhinderung krimineller Handlungen

Mit der Geldwäscherichtlinie der Europäischen Gemeinschaften[1] bzw. dem Geldwäschegesetz[2] sind den Kreditinstituten umfangreiche **Organisations-, Kontroll- und Anzeigepflichten** zur Mitwirkung bei der Bekämpfung der organisierten Kriminalität, insbesondere der Geldwäsche auferlegt worden. Das Geldwäschegesetz schreibt in den §§ 4 und 8 GWG besondere Identifizierungspflichten, Aufzeichnungs- und Aufbewahrungspflichten, in § 10 Abs. 1 GWG die Pflicht zur Erstattung von Strafanzeigen bei Verdacht der Geldwäsche und in § 9 GWG interne Sicherungsmaßnahmen vor. Dazu gehören insbesondere die Bestellung eines der Geschäftsleitung unmittelbar nachgeordneten **Geldwäschebeauftragten**, die Entwicklung und Aktualisierung interner Grundsätze sowie geschäfts- und kundenbezogener Sicherungssysteme, Kontrollen und Schulungsmaßnahmen für die Mitarbeiter. Die Aufzeichnungs- und Aufbewahrungspflichten müssen eine Dokumentation der ausgeführten Geschäfte und eine lückenlose Überwachung durch die BaFin ermöglichen. Die entsprechenden Aufzeichnungen sind mindestens 6 Jahre aufzubewahren. Die BaFin hat in einer Vielzahl von Verlautbarungen, Rundschreiben und sonstigen Äußerungen die Pflichten der Kreditinstitute nach dem Geldwäschegesetz und ergänzenden Regelungen konkretisiert.[3]

23.39

§§ 25h bis 25l KWG verpflichten die Institute ergänzend zu den Pflichten nach § 9 GWG über angemessene geschäfts- und kundenbezogene Sicherungssysteme gegen Geldwäsche und gegen betrügerische Handlungen zu verfügen. Aus § 25h Abs. 2 KWG folgt, dass alle Kundentransaktionen einer laufenden **automatisierten Rasterüberprüfung** auf geldwäsche- oder betrugsverdächtige Sachverhalte unterzogen werden müssen. Davon sollen sämtliche Geschäftsbereiche wie Einlagengeschäft, Kreditgeschäft, Zahlungsverkehr, Wertpapierdienstleistungsgeschäft usw. erfasst sein. Ein solches Geldwäschepräventionssystem erfordert vor allem im Massengeschäft die Unterhaltung EDV-gestützter Monitoring-Systeme, die die Geschäftsbeziehung anhand kriminologisch entwickelter Risikoparameter laufend überprüfen. Die Sicherungssysteme sollen außerdem dazu dienen, Geschäftsvorfälle im Zusammenhang mit Terrorismusfinanzierung und betrügerische Handlungen zu Lasten des Instituts aufzudecken und damit mittelbar dem Instituts- und Gläubigerschutz zu dienen.

23.40

---

1 Ursprünglich Richtlinie 91/308/EWG des Rates zur Verhinderung der Nutzung des Finanzsystems zum Zwecke der Geldwäsche vom 10.6.1991, ABl. EG Nr. L 166 v. 28.6.1991, S. 77, mehrfach ersetzt, zuletzt durch die Richtlinie (EU) 2015/849 des Europäischen Parlaments und des Rates vom 20. Mai 2015 zur Verhinderung der Nutzung des Finanzsystems zum Zwecke der Geldwäsche und der Terrorismusfinanzierung, zur Änderung der Verordnung (EU) Nr. 648/2012 des Europäischen Parlaments und des Rates und zur Aufhebung der Richtlinie 2005/60/EG des Europäischen Paraments und des Rates und der Richtlinie 2006/70/EG der Kommission (ABl. Nr. L 141 v. 5.6.2015, S. 73).
2 Neufassung vom 23.6.2017, Art. 1 des Gesetzes zur Umsetzung der Vierten EU-Geldwäscherichtlinie, zur Ausführung der EU-Geldtransferverordnung und zur Neuorganisation der Zentralstelle für Finanztransaktionsuntersuchungen, BGBl. I 2017, 1822.
3 Abgedruckt bei *Consbruch/Fischer*, C 40.1 ff.

23.41 Ergänzt werden die Regelungen durch die Bestimmungen in den §§ 25i bis k KWG über die Anwendung vereinfachter oder verschärfter Sorgfaltsanforderungen je nach geschäftlicher Transaktion und Vertragspartner. Außerdem bestehen umfangreiche Aufzeichnungs- und Aufbewahrungspflichten. In **Institutsgruppen** haben die übergeordneten Institute nach § 25l KWG dafür zu sorgen, dass die Sicherungsmaßnahmen und sonstigen Präventionspflichten auch gruppenweit eingehalten werden. Die Einhaltung dieser Pflichten wird von der BaFin und der Jahresabschlussprüfung überwacht. Verletzungen können über aufsichtliche Sanktionen hinaus auch haftungsrelevant werden, z.B. wenn Verletzungen dieser Pflichten zu Geldbußen führen oder eine unzureichende Kriminalitätsprävention Betrugs- oder Unterschlagungsfälle begünstigt.

III. Persönliche Anforderungen und Sorgfaltspflichten in der Finanzbranche – Aufsichtliche Qualifikationsanforderungen BaFin/EBA/EZB

23.42 Das Aufsichtsrecht fordert in der detaillierten Regelung des § 25c KWG eine besondere Qualifikation der Geschäftsleiter für Bank- und Finanzdienstleistungsinstitute. Eine entsprechende Regelung enthält § 25d KWG für die Mitglieder des Aufsichtsorgans. Gleichartige aufsichtliche Anforderungen gelten auch für die Organmitglieder von Kapitalanlagegesellschaften und Zahlungsdiensteinstituten. Geschäftsleiter solcher Institute müssen in ausreichendem Maße über **theoretische und praktische Kenntnisse** in den betriebenen Geschäftsarten sowie über **Leitungserfahrung** verfügen. Außerdem weist die gesetzliche Regelung darauf hin, dass Geschäftsleiter der Wahrnehmung ihrer Aufgaben **ausreichend Zeit** widmen müssen. Die BaFin hat in einem Merkblatt vom 4.1.2016 die nach ihrer Aufsichtspraxis erforderlichen Anforderungen an Zuverlässigkeit und Qualifikation der Geschäftsleiter von Instituten der Finanzdienstleistungsbranche bekannt gemacht.[1]

23.43 Ergänzend hat die EBA „Leitlinien" zur Beurteilung der Eignung von Mitgliedern des Leitungsorgans und von Inhabern von Schlüsselfunktionen" herausgegeben[2], die auch eine Grundlage für die Merkblätter der BaFin zu den Anforderungen an Geschäftsleiter und Mitglieder des Aufsichtsorgans darstellen. Diese sollen überarbeitet und erweitert werden. Ein entsprechender gemeinsamer Entwurf[3] von EBA und ESMA wurde im Oktober 2016 bekannt gemacht und bis Januar 2017 mit den nationalen Verbänden und Behörden konsultiert. Die geänderten Leitlinien sind bisher (Mitte 2017) noch nicht in Kraft getreten und dürften weiteren enormen bürokratischen Aufwand besonders im Hinblick auf die geforderten regelmäßigen Aktualisierungen und Überprüfungen der Qualifikation auch im Amt befindlicher Funktionsträger sowohl des Vorstands als auch des Aufsichtsorgans bewirken. Daneben hat die EZB im November 2016 den Entwurf eines Leitfadens[4] zur Beurteilung von Mitgliedern der

---

1 Merkblatt zu den Geschäftsleitern gemäß KWG, ZAG und KAGB vom 4.1.2016, abgedruckt bei *Consbruch/Fischer*, B 64.55.
2 EBA/GL/2012/06 vom 22.11.2012, https://www.eba.europa.eu/documents/10180/106695/EBA_2012_00220000_DE_COR.pdf.
3 EBA/CP/2016/17 – Entwurf von Leitlinien von EBA/ESMA vom 28.10.2016, https://www.eba.europa.eu/documents/10180/1639842/Consultation+Paper+on+Joint+ESMA+EBA+Guidelines+on+suitability+of+management+body+(EBA-CP-2016-17).pdf.
4 Veröffentlich unter https://www.bankingsupervision.europa.eu/legalframework/publiccons/pdf/fap/fap_guide.de.pdf.

Leitungsorgane für die ihrer Aufsicht unmittelbar unterstehenden CRR-Kreditinstitute[1] veröffentlicht, der die Leitlinien von EBA und ESMA ergänzen soll, teilweise aber Widersprüche dazu enthält. Mit dem derzeitigen Ansatz der Verlautbarungen zum Qualifikationserfordernis von auf die Finanzwirtschaft spezialisiertem Fachwissen und entsprechender Erfahrung können sie auch zu Problemen hinsichtlich einer repräsentativen und ausgewogenen Besetzung besonders des Aufsichtsorgans führen. Die Spitzenverbände der deutschen Kreditwirtschaft haben in zwei Schreiben dazu kritisch Stellung genommen.[2] Außerdem haben die kommunalen Spitzenverbände gemeinsam mit dem deutschen Sparkassen- und Giroverband in einem Schreiben vom 23.1.2017 an das zuständige Bundesministerium der Finanzen und die Deutsche Bundesbank auf Unvereinbarkeiten der Vorschläge mit Grundlagen und Organstruktur der öffentlich-rechtlichen Kreditinstitute hingewiesen.[3] Inwieweit die Vorschläge von EBA/ESMA und EZB umgesetzt werden, war zum Zeitpunkt des Redaktionsschlusses dieses Beitrags noch nicht bekannt.

1. Zuverlässigkeit

Das allgemeine gewerberechtliche Erfordernis der Zuverlässigkeit (§ 35 GewO) von Geschäftsleitern ist in § 33 Abs. 1 Nr. 3 KWG ausdrücklich als Voraussetzung für die Erteilung der aufsichtlichen Erlaubnis formuliert. Sie setzt voraus, dass der Geschäftsleiter nach dem Gesamtbild seines Verhaltens und seiner Persönlichkeit die Gewähr dafür bietet, dass er seine Tätigkeit ordnungsgemäß ausüben wird. Dabei ist auf die **Besonderheiten der Geschäfte** von Kredit- und Finanzdienstleistungsinstituten und die besonders hohe Vertrauensempfindlichkeit dieser Branche abzustellen. Bei der Beurteilung des Einzelfalls sind daher die unterschiedlichen Anforderungen je nach Art, Größe und Geschäftstätigkeit des Instituts zu berücksichtigen.[4]

23.44

Die erforderliche Zuverlässigkeit wird grundsätzlich **unterstellt, wenn keine Tatsachen vorliegen, aus denen sich die Unzuverlässigkeit ergibt**. Die BaFin beurteilt nach den eingereichten Unterlagen (Lebenslauf, Zeugnisse usw.) und eigenen Kenntnissen (frühere Tätigkeit als Geschäftsleiter, Straffreiheitserklärung u.a.) nach pflichtgemäßem Ermessen, ob Bedenken gegen die Zuverlässigkeit bestehen. Solche können sich z.B. aus Vorstrafen, schwerwiegenden Verstößen gegen Ordnungsvorschriften insbesondere des KWG, dem Abschluss von Spekulationsgeschäften mit unvertretbarem Risiko, erheblichen Unregelmäßigkeiten im Arbeitsleben, schwerer oder nachhaltiger Nichtbeachtung von betrieblichen Anordnungen, Verschulden eines Insolvenzverfahrens, krankhaften Verhaltensstörungen u.a. ergeben.[5]

23.45

---

1 Derzeit 21 bedeutende (systemrelevante) deutsche Banken und Sparkassen gemäß Art. 4 Abs. 1 SSM-VO 1024/2013 vom 13.10.2013 (ABl. EU Nr. L 287 v. 29.10.2013, S. 63).
2 Schreiben der deutschen Kreditwirtschaft (DK) vom 27.10.2016 (EBA/ESMA) und vom 20.1.2017 (EZB).
3 Vom Bundesverband der kommunalen Spitzenverbände veröffentlicht unter https://kommunal.de/wp-content/uploads/2017/02/170123_b_Kommunale-Spitzenverbände-und-DSGV-an-BMF-BaFin-und-Bundesbank_FINAL.PDFch; vgl. Auch FAZ vom 1.2.2017, S. 18.
4 *Fischer/Müller* in Boos/Fischer/Schulte-Mattler, § 33 KWG Rz. 38.
5 Ein Beispielskatalog für Mängel der Zuverlässigkeit ist bei *Fischer/Müller* in Boos/Fischer/Schulte-Mattler, § 33 KWG Rz. 41–46 aufgeführt.

2. Fachliche Eignung

23.46 Anders als beim Erfordernis der Zuverlässigkeit wird die fachliche Eignung nicht bereits dann vermutet, wenn keine negativen Tatsachen zur Qualifikation vorliegen. Vielmehr muss der Bewerber um ein Vorstandsamt gegenüber der EZB bzw. der BaFin nachweisen, dass er über hinreichende theoretische und praktische Kenntnisse in den vorgesehenen Geschäftsarten und über Leitungserfahrung verfügt. **Theoretische Kenntnisse** sollten betriebswirtschaftliche, volkswirtschaftliche, steuerliche und wirtschaftsrechtliche Kenntnisse – insbesondere auch solche des KWG – umfassen. Sie werden i.d.R. durch die Berufsausbildung, Weiterbildung, akademisches Studium, in der Praxis gewonnene theoretische Kenntnisse oder durch die in der Kreditwirtschaft besonders von deren Verbänden gebotenen speziellen Lehrgänge erworben. Für Spezialinstitute wie Hypothekenbanken, Bausparkassen, Kapitalanlagegesellschaften usw. sind entsprechende Spezialkenntnisse erforderlich.

23.47 Weiterhin sind **praktische Kenntnisse** in den betriebenen Geschäftsarten zum Nachweis der Qualifikation erforderlich. Nach dem zitierten Merkblatt[1] der BaFin bemessen sich die Anforderungen an die fachliche Eignung eines Geschäftsleiters „an der Größe und Struktur des Instituts sowie der Art und Vielfalt der von dem Institut betriebenen Geschäfte und werden anhand des Einzelfalls beurteilt. Es gibt daher keine allgemeine fachliche Eignung eines Geschäftsleiters – die Beurteilung durch die Bundesanstalt erfolgt immer für das konkrete Institut".

23.48 Die **Leitungserfahrung** soll grundsätzlich innerhalb eines Instituts erworben sein. Dabei legt die BaFin bei Kreditinstituten besonderen Wert auf Erfahrungen im Kreditgeschäft, während praktische Erfahrungen ausschließlich im Passiv- oder Wertpapierbereich, in Organisation oder in Stabsabteilungen von der BaFin meist nicht als ausreichend angesehen wurden. Die Leitungserfahrung soll auf der Ebene mindestens unmittelbar unter der Geschäftsleitung erworben sein. Dabei werden eigene Entscheidungs- und Vertretungsbefugnisse z.B. als Abteilungs-, Zweigstellen- oder Gruppenleiter erwartet. Leitungserfahrung setzt weiterhin Personalführung voraus und muss Eigenverantwortlichkeit und hinreichende Entscheidungsbefugnisse beinhalten. Der Nachweis wird z.B. durch Vorlage von Arbeitszeugnissen erbracht, aus denen sich die bisherigen Kompetenzen (z.B. Umfang der Kreditbewilligungsbefugnis), Anzahl und Funktionen der unterstellten Mitarbeiter, Dauer der jeweiligen Tätigkeit u.s.w. ergeben. Die Details der bankaufsichtlichen Anforderungen an die fachliche Qualifikation sind in der Kommentarliteratur[2] und teilweise auch in der Rechtsprechung[3] ausführlich diskutiert.

3. Zeitliche Verfügbarkeit

23.49 Die gesetzliche Regelung betont, dass die Geschäftsleiter eines Instituts der Wahrnehmung ihrer Aufgaben ausreichend Zeit widmen müssen (§ 25c Abs. 1 Satz 1 KWG). Wenn ein Geschäftsleiter nicht über die ausreichende Zeit zur Wahrnehmung seiner Aufgaben verfügt, ist dies sogar ein Grund zur Versagung der Erlaubnis und damit auch ein Grund zum Entzug der Erlaubnis (§ 35 Abs. 2 Nr. 3 i.V.m. § 33 Abs. 1 Nr. 4a KWG) oder – als milderes Mittel –

---

1 Merkblatt zu den Geschäftsleitern gemäß KWG, ZAG und KAGB vom 4.1.2016, II 1 b, abgedruckt bei *Consbruch/Fischer*, B 64.55.
2 Vgl. z.B. *Braun* in Boos/Fischer/Schulte-Mattler, Kommentierung zu § 25c KWG; *Reischauer/Kleinhans*, § 25c KWG Rz. 19 ff.; *Kleinert* in Beck/Samm, § 25c KWG Rz. 38 ff.
3 Vgl. z.B. BVerwG v. 27.6.1961 – I c34.60, NJW 1961, 1834.

zur **Abberufung des Geschäftsleiters** (§ 36 Abs. 1 Satz 1 i.V.m. § 33 Abs. 1 Nr. 4a KWG). Das Merkblatt der BaFin[1] widmet dem Thema unter II 4. erläuternde Ausführungen. Weit darüber hinausgehen die Vorschläge in den Entwürfen des EZB-Leitfadens und der Leitlinien von EBA und ESMA.[2] Danach soll der Zeitaufwand nach Tagen und Stunden für alle Tätigkeiten einschließlich weiterer Mandate des Funktionsträgers konkret angegeben werden. Derzeit erwartet die BaFin lediglich die Berücksichtigung der Mandatstätigkeit bei Schätzung des gesamten Zeitaufwands.

4. Regelvermutung

§ 25c Abs. 1 Satz 3 KWG fingiert die fachliche Qualifikation, „wenn eine **dreijährige leitende Tätigkeit bei einem Institut** von vergleichbarer Größe und Geschäftsart nachgewiesen wird." Der erwähnte Entwurf des EZB-Leitfadens sieht höhere Schwellenwerte vor, nämlich zehn Jahre für den Vorsitzenden des Vorstands und fünf Jahre für Mitglieder des Vorstands. Die Spitzenverbände des Kreditgewerbes halten dies nicht für angemessen. Die Anforderung an die fachliche Qualifikation erfordert allerdings nicht, dass bereits eine völlig gleichwertige Tätigkeit ausgeübt wurde, da sich anderenfalls kein Nachwuchs entwickeln könnte. Andererseits setzt die BaFin **strenge Maßstäbe**. Bei einem Abteilungsleiter eines Kreditinstituts wird in der Regel zumindest Krediterfahrung und hinreichende personelle Leitungsfunktion einer mittleren bis größeren Abteilung eines vergleichbaren Institutes erwartet. Bei Abschlussprüfern wird i.d.R. vorausgesetzt, dass sie Leiter eines Prüfungsteams zur Prüfung von entsprechenden Instituten waren, einen größeren selbstständigen Verantwortungsbereich innehatten und bereits früher Erfahrungen in einem vergleichbaren Institut gesammelt haben. Mitarbeiter von Stäben werden ohne weitere Qualifikation i.d.R. für Kreditinstitute nicht zugelassen. Entsprechendes gilt bei Mitarbeitern, die ausschließlich Erfahrung in der Innenrevision, jedoch keine selbstständige geschäftliche Verantwortung nachweisen können. Bei Zweigstellenleitern ist je nach Dauer, Kompetenz, Art und Größe der Zweigstelle in der Regel die Geschäftsleiterqualifikation für ein vergleichbares Institut gegeben. Hingegen begründet die Funktion als Mitglied im Aufsichtsorgan allein weder die Anforderungen an die theoretischen Kenntnisse noch die an die erforderliche Leitungserfahrung.

23.50

Die Vermutung ist doppelt widerlegbar – durch andersartigen Nachweis oder Ablehnung trotz Erfüllung der Regelvoraussetzungen (z.B. erwiesene Unfähigkeit in früherer Funktion als Geschäftsleiter). Andererseits kann die Regelvermutung nicht in der Weise schematisch angewendet werden, dass ohne den Nachweis der Regelvermutung die fachliche Qualifikation abzulehnen wäre. Das Bundesverwaltungsgericht hat in einem Urteil vom 16.10.1979[3] festgestellt, dass Grundvorschrift für die Festlegung der fachlichen Eignung nicht die Regelvermutung, sondern die einzelnen Qualifikationsmerkmale sind. Daher ist eine **individuelle Prüfung** der fachlichen Eignung anhand aller Umstände des Einzelfalles erforderlich. So kann z.B. die Leitungserfahrung auch außerhalb eines Instituts in einem Industrieunternehmen erworben sein, ebenso wie sich die theoretischen Kenntnisse z.B. aus der Tätigkeit als Wirtschaftsprüfer von Kreditinstituten ergeben können. Die dreijährige leitende Tätigkeit bei einem Kreditinstitut muss nicht unmittelbar vor der Bestellung zum Geschäftsleiter lie-

23.51

---

1 Merkblatt zu den Geschäftsleitern gemäß KWG, ZAG und KAGB vom 4.1.2016, II 1 b, abgedruckt bei *Consbruch/Fischer*, B 64.55.
2 S. vorstehend Rz. 23.43.
3 Abgedruckt bei *Beckmann/Bauer*, Nr. 13 zu § 33 Abs. 1 Nr. 3 KWG.

gen. Liegen allerdings große Zeiträume zwischen der Bestellung zum Geschäftsleiter, so erkennt die BaFin die Regelvermutung nicht als erfüllt an.

5. Verfahren zum Nachweis der Qualifikation

23.52 Die Qualifikation wird vor allem mit einer Darstellung der bisherigen Tätigkeiten des künftigen Geschäftsleiters in seinem **Lebenslauf**, insbesondere seiner Ausbildung, Vorerfahrungen, bisheriger Tätigkeiten und ausgeübten Verantwortungsbereiche glaubhaft gemacht. Dabei richten sich die Anforderungen an die erforderliche Qualifikation entscheidend nach der **Geschäftsart und Größe** des betreffenden Instituts. An die Leitung eines Universalkreditinstituts sind andere fachliche Anforderungen zu stellen als z.B. an ein Spezialinstitut wie eine Bausparkasse oder eine Förderbank. Ebenso sind wesentlich andere Kenntnisse und Erfahrungen für die Leitung eines Finanzdienstleistungsunternehmens, eines Energiederivatehändlers oder eines Wertpapierhandelsunternehmens erforderlich. Auch hierbei ist wiederum nach der Geschäftsart zu unterscheiden.

23.53 Bei der Bestellung eines Geschäftsleiters bedarf es zwar keiner Erlaubnis oder Genehmigung durch die Aufsicht. Vielmehr sind Aufsichtsrat oder Verwaltungsrat bzw. bei einer GmbH die Gesellschafter für die Bestellung und Anstellung des Vorstandsmitglieds oder Geschäftsführers allein verantwortlich. Jedoch muss die **Absicht der Bestellung** des Geschäftsleiters und später auch der Vollzug der Bestellung der Aufsichtsbehörde nach § 24 Abs. 1 Nr. 1 KWG **angezeigt** werden. Einzelheiten zur erforderlichen Anzeige enthält § 5 AnzV samt Anlagen. In diesem Rahmen sind die Qualifikationsanforderungen darzulegen. Stellt die BaFin in diesem Zusammenhang die fehlende fachliche Qualifikation fest, so kann sie die Bestellung dieses Geschäftsleiters untersagen. Um eine solche Situation zu vermeiden, lässt die BaFin so genannte **Voranfragen** zu. Danach kann das Institut bereits vor der Bestellung eines Geschäftsleiters die Unterlagen der BaFin zur Prüfung einreichen, um sich darüber zu vergewissern, ob Bedenken gegen die Bestellung des Geschäftsleiters bestehen. Hingegen gibt die Aufsichtsbehörde keine generellen Auskünfte über die fachliche Qualifikation bestimmter Personen für die Leitung von Instituten[1], schon weil sich die fachliche Qualifikation auf Institute bestimmter Geschäftsart und Größe bezieht.

23.54 Fraglich ist, ob die negative Äußerung zur fachlichen Eignung eines Vorstandsbewerbers von diesem mit einem Rechtsbehelf angegriffen werden kann. Hält die BaFin die Qualifikation nicht für gegeben, so wird sie in diesem informellen Verfahren mitteilen, dass sie bei Bestellung die Abberufung dieses Geschäftsleiters verlangen würde. Es handelt sich hierbei weder um einen Verwaltungsakt, noch ist Adressat der informellen Maßnahme der Betroffene, sondern das Kreditinstitut. Dennoch hat dies gravierende Auswirkungen für den Betroffenen, da er in einem solchen Falle kaum zum Geschäftsleiter bestellt wird. Dies rechtfertigt die Auffassung, dass dagegen die **Unterlassungsklage** in Form der Leistungsklage nach § 42 VwGO vor dem Verwaltungsgericht Frankfurt zulässig ist[2], da die Unterlassungsklage auch gegenüber schlicht hoheitlichem Handeln erhoben werden kann. Das erforderliche Rechtsschutzbedürfnis liegt bei negativen behördlichen Aussagen zur Qualifikation des Betroffenen

---

1 Undatiertes (ca. 2000) Schreiben des ehemaligen Bundesaufsichtsamts für das Kreditwesen (XII – 151), abgedruckt bei *Consbruch/Fischer*, B 64.6.
2 *Fischer/Müller* in Boos/Fischer/Schulte-Mattler, § 36 KWG Rz. 85; zu Rechtsbehelfen gegenüber Äußerungen der EZB liegen bislang noch keine Erfahrungen vor. Generell zum Rechtsschutz gegenüber Maßnahmen der EZB vgl. *Müller/Fischer/Müller*, WM 2016, 1505 ff.

vor. Hingegen kann die BaFin mit keinem Rechtsmittel gezwungen werden, sich zur fachlichen Qualifikation eines Vorstandsbewerbers zu äußern.

6. Weitere Regelung zu Pflichten der Geschäftsleiter

Die gesetzliche Regelung in § 25c Abs. 3 und 4 KWG beschreibt ergänzend zu und weitgehend überschneidend mit § 25a KWG detailliert die spezifischen Pflichten, die ein Geschäftsleiter zur Gewährleistung einer ordnungsgemäßen Geschäftsorganisation und Geschäftsführung sowie zum Einsatz angemessener **personeller und finanzieller Ressourcen** zu erfüllen hat. Weiterhin verpflichtet die Regelung den Geschäftsleiter, dafür zu sorgen, dass das Institut über wirksame **Strategien, Prozesse Verfahren und Konzepte** verfügt. Für bedeutende CRR-Institute (Kreditinstitute und Wertpapierfirmen)[1] gelten außerdem **Mandatsbeschränkungen** hinsichtlich der Mitgliedschaft in Geschäftsführungs- oder Aufsichtsorganen (§ 25c Abs. 2 Satz 1 KWG). 23.55

IV. Haftungsrisiken im Bankgeschäft

Das Schwergewicht der aus Rechtsprechung und Praxis bekannt gewordenen Haftungsfälle betrifft Pflichtverletzungen im Zusammenhang mit dem Kreditgeschäft. Bedeutsame Haftungsrisiken entstehen aber auch aus anderen Geschäftsbereichen der Institute. So wurden z.B. Anlageentscheidungen im Wertpapiereigengeschäft zum Gegenstand von Schadensersatzansprüchen gemacht. Dies spielt bei der Aufarbeitung der Haftungsfolgen aus spekulativen Fehlentscheidungen bei der so genannten Subprime-Krise ab dem Jahre 2007 eine bedeutsame Rolle.[2] 23.56

1. Business Judgement Rule in der Rechtsprechung zu Banken und Sparkassen

Die mit der ARAK/Garmenbeck-Entscheidung[3] entwickelten und heute in § 93 Abs. 1 AktG kodifizierten Grundsätze für den Handlungsrahmen eines ordentlichen und gewissenhaften Geschäftsleiters wurden in mehreren BGH-Urteilen, die Kreditinstitute betrafen, aufgegriffen und auf die spezifischen Pflichten von Bankmanagern angewandt. Der mit der Business Judgement Rule eingeräumte weite unternehmerische Ermessensspielraum setzt einen **rechtlich eingeräumten Handlungsrahmen** voraus. Dieser liegt z.B. hinsichtlich der in § 25a KWG geforderten ordnungsmäßigen Geschäftsorganisation nur insoweit vor, als die detaillierte Gesetzesregelung Spielräume belässt.[4] Ähnliches gilt für die zwar nicht rechtlich, aber doch faktisch verbindlichen Mindestanforderungen an das Risikomanagement (MaRisk).[5] Dies engt den möglichen unternehmerischen Handlungsrahmen bei Finanzinstituten erheblich enger ein als dies bei Unternehmen ohne so weitgehende aufsichtliche Rahmenregelungen der Fall ist.[6] Als 23.57

---

1 Große und mittelgroße oder systemrelevante Institute mit 15 Mrd. Euro Bilanzsumme oder gemäß anderer Kriterien – § 25c Abs. 2 Satz 6 KWG.
2 Vgl. Rz. 23.3 und Rz. 23.74 ff. sowie z.B. BGH v. 15.1.2013 – II ZR 90/11, ZIP 2013, 455 = AG 2013, 259 = NZG 2013, 293 = WM 2013, 456 = EWiR 2013, 261 (*E. Vetter*); OLG Düsseldorf v. 9.12.2009 – I-6 W 45/09, AG 2010, 126 = ZIP 2010, 28; LG Düsseldorf v. 25.4.2014 – 39 O 36/11, WM 2014, 1293; ferner *Lutter*, ZIP 2009 197 und *Lutter*, BB 2009, 786.
3 BGH v. 24.4.1997 – II ZR 175/95, AG 1997, 377 = ZIP 1997, 383.
4 *Dengler*, WM 2014, 2037.
5 Dazu nachstehend Rz. 23.61 und *Dengler*, WM 2014, 2037.
6 *Hopt*, ZIP 2013, 1793, 1798.

Voraussetzungen für die Anwendung des weiten Ermessensspielraums gelten die streng gehandhabte Einholung der **erforderlichen Information** zur Entscheidungsfindung, die Einhaltung aller **rechtlichen Vorgaben** einschließlich der Satzungsbestimmungen des eigenen Instituts sowie eine hinreichende **Dokumentation** auch der Vorgänge im Zusammenhang mit der Entscheidungsfindung, nicht zuletzt im Hinblick auf die die Mitglieder des Vorstands treffende Beweislast zur Einhaltung der Sorgfaltspflichten.[1] In diesem Zusammenhang kommt bei Kreditinstituten Kompetenzregelungen und statuarischen oder gesetzlichen Entscheidungsvorbehalten eine besondere Bedeutung zu[2], etwa eine gesetzlich oder satzungsmäßig vorgesehene Beteiligung eines Kreditausschusses an Kreditentscheidungen oder die nach §§ 13 Abs. 2 und 15 Abs. 1 KWG vorgeschriebenen **Beschlussanforderungen** an Großkredite und Organkredite. Schäden aus der Verletzung dieser Vorgaben führen fast zwangsläufig zu Organhaftungsansprüchen, ohne dass weiteres Fehlverhalten bei der Kreditvergabe erforderlich wäre.

23.58 In einer Entscheidung vom 3.12.2001[3] hält der BGH den Handlungsrahmen für überschritten, „wenn aus der Sicht eines ordentlichen und gewissenhaften Geschäftsleiters einer Genossenschaftsbank das hohe **Risiko eines Schadens** unabweisbar ist und keine vernünftigen geschäftlichen Gründe dafür sprechen, es dennoch einzugehen". Eine Pflichtverletzung sei gegeben, „wenn das Vorstandsmitglied gegen die **in dieser Branche anerkannten Erkenntnisse** und Erfahrungssätze verstößt".[4] Mit seinem Urteil vom 21.3.2005[5] bezieht sich der BGH auf das Urteil aus 2001 und ergänzt: „Für Vorstandsmitglieder einer Genossenschaftsbank bedeutet dies, dass Kredite grundsätzlich **nicht ohne übliche Sicherheiten** und nur unter Beachtung der Beleihungsobergrenzen gewährt werden dürfen." Schließlich stellte der BGH in seinem eine Hypothekenbank[6] betreffenden Urteil vom 15.1.2013[7] erneut[8] klar, dass der Betrieb von Geschäften, die **vom Unternehmenszweck nicht gedeckt** sind, pflichtwidrig sind und Organhaftungsansprüche auslösen können.

23.59 Nach einem Urteil des OLG Frankfurt a.M.[9] steht dem Vorstand einer Bank bei der gem. § 91 Abs. 2 AktG i.V.m. § 25a KWG erforderlichen Einrichtung eines Risikomanagement- und -überwachungssystems ein weiter unternehmerischer Spielraum zu. Allerdings ist dieser heute durch die wesentlich detaillierteren Regelungen in den MaRisk und die wenig flexible Auslegungspraxis der Aufsichtsbehörde und ihrer Prüfer in hohem Maße determiniert. Darüber hinaus enthalten die MaRisk eine Vielzahl von organisatorischen Anforderungen und Detailregelungen für die gesamte Geschäftsorganisation.[10]

---

1 *Hopt*, ZIP 2013, 1793, 1797.
2 Nachweise bei *Lang/Balzer*, WM 2012, 1167, 1170.
3 BGH v. 3.12.2001 – II ZR 308/99, WM 2002, 2220 = ZIP 2002, 213.
4 Ähnlich BGH v. 8.1.2007 – II ZR 304/04, ZIP 2007, 321.
5 BGH v. 21.3.2005 – II ZR 54/03, ZIP 2005, 981; ähnlich BGH v. 3.11.2008 – II ZR 236/07, AG 2009, 117 = NZG 2009, 117.
6 Corealcredit Bank.
7 BGH v. 15.1.2013 – II ZR 90/11, ZIP 2013, 455 = AG 2013, 259 = NZG 2013, 293 = WM 2013, 456 = EWiR 2013, 261 (*E. Vetter*).
8 Ähnlich bereits BGH v. 5.10.1992 – II ZR 172/91, BGHZ 119, 305, 332 = AG 1993, 125 = ZIP 1992, 1542 = EWiR 1993, 3 (*Hammen*).
9 OLG Frankfurt a.M. v. 12.12.2007 – 17 U 111/07, AG 2008, 453.
10 Einen einführenden Überblick hierzu gibt *Dengler*, WM 2014, 2032, 2036.

Die Grundsätze der Organhaftung und damit die Business Judgement Rule sind auch auf die Mitglieder von **Vorständen von Sparkassen** anwendbar. Der BGH begründet dies mit einer Analogie zu § 93 AktG.[1] Einer Analogie zum Aktiengesetz hätte es allerdings nicht bedurft, weil Organhaftung und Business Judgement Rule von der Rechtsprechung entwickelt und vom Gesetzgeber nur kodifiziert wurden. Sie sind daher auch ohne gesetzliche Regelung auf Vorstände von Unternehmen jeder Rechtsform anwendbar, soweit nichts Anderes ausdrücklich geregelt ist. Dabei können Spezifika der öffentlichen Rechtsform der Sparkassen besonders bei Beurteilung der Handlungspflichten der Mitglieder des Vorstands Berücksichtigung finden, ohne dass Vorgaben des Aktienrechts dem entgegenstünden[2]. Hingegen sind die weiteren Regelungen des § 93 AktG (Abs. 2 Satz 3 und Abs. 3 bis 6) weder analog noch aufgrund allgemeiner Rechtsgrundsätze auf Sparkassen anwendbar.[3]

23.60

2. Anforderungen an die Prozesse im Kreditgeschäft

Die organisatorischen Anforderungen des § 25a KWG und ihre Konkretisierung in BTO 1 der MaRisk (vgl. Rz. 23.33 ff.) sowie die organisatorischen Geschäftsleiterpflichten nach § 25c Abs. 3–4 KWG haben maßgebliche Bedeutung für die Vermeidung von Haftungsrisiken im Kreditgeschäft. Denn Bearbeitungsfehler werden häufig nicht auf Vorstandsebene, sondern von den zuständigen Kreditbearbeitern verursacht. Eine mangelhafte Aufbau- oder Ablauforganisation begünstigt solche Fehlentwicklungen. Haftungsfälle haben sich daher keineswegs nur dann ergeben, wenn der Vorstand selbst an einer Kreditentscheidung beteiligt war, sondern auch aus einer vom Vorstand zu verantwortenden mangelhaften **Organisation und Fehlern auf nachgeordneter Ebene**. Für den Haftungsnachweis stellt sich in diesem Fall zwar ein Kausalitätsproblem. Generell kann man aber davon ausgehen, dass mangelhafte Vorgaben für die Kreditbearbeitung und Risikokontrolle den Anscheinsbeweis für in diesem Zusammenhang aufgetretene Fehler der nachgeordneten Stelle und daraus resultierende Schäden erbringen können.[4]

23.61

Die Umsetzung und laufende Einhaltung der Anforderungen an die Prozesse bei Kreditgewährung, Kreditbearbeitungskontrolle, Kreditweiterbearbeitung samt laufender Bonitätsüberwachung anhand der vom Kreditnehmer vorzulegenden Unterlagen, Intensivbetreuung bei gefährdeten Engagements und die rechtzeitige Bildung der erforderlichen Risikovorsorge sind Voraussetzung für eine pflichtgemäße **Schadensprävention** im Kreditgeschäft. Außerdem müssen gewährte Kredite während der gesamten Laufzeit einer laufenden Kontrolle des Kreditrisikos unterzogen werden. Weiterhin müssen Verfahren zur Früherkennung von Risiken im Kreditgeschäft und zur Risikoklassifizierung eingerichtet und praktiziert werden.[5]

23.62

3. Bonitätsprüfung des Kreditnehmers

Die Verletzung der Pflicht zur sorgfältigen Bonitätsprüfung des Kreditnehmers ist ein häufiger Vorwurf in den von der Rechtsprechung entschiedenen Fällen zur Haftung von Bankvor-

23.63

---

1 BGH v. 15.9.2014 – II ZR 112/13, AG 2015, 240 = WM 2015, 332, mit Kurzbespr. *R. Fischer*, WuB 2015, 336 und *Tischler*, GWR 2015, 76.
2 So der vorstehend zitierte Beschluss des BGH unter II, 1.
3 *Fischer*, Anmerkung zu dem vorstehend zitierten Beschluss des BGH in WuB 2015, 336.
4 So z.B. für Verletzung von Verkehrssicherungspflichten, BGH v. 14.12.1993 – VI ZR 271/92, NJW 1994, 945.
5 Zu den Einzelheiten vgl. MaRisk BTO 1.1 bis 1.4.

ständen[1], zur Strafbarkeit wegen Untreue bei Kreditvergaben[2] und bei der Begründung von bankaufsichtlichen Verwarnungen oder Abberufungsverlangen nach § 36 Abs. 2 KWG.[3]

23.64 Nach der in § 18 KWG formulierten **Offenlegungspflicht** darf ein Kreditinstitut einen Kredit von mehr als 750 000,00 Euro oder 10 % des haftenden Eigenkapitals des Kreditinstituts nur gewähren, wenn es sich die wirtschaftlichen Verhältnisse des Kreditnehmers insbesondere durch Vorlage der aktuellen Jahresabschlüsse und betriebswirtschaftlichen Auswertungen offenlegen lässt. Hiervon gibt es einige Ausnahmen, auf die hier nicht im Einzelnen eingegangen werden kann. Die Offenlegungsgrenze von 750 000,00 Euro besagt keineswegs, dass Kredite unterhalb dieses Rahmens blind gewährt werden dürften. Die Pflicht zur Kreditwürdigkeitsprüfung gilt generell, wenn auch unterhalb der Bagatellgrenze ein größerer Entscheidungsspielraum darüber besteht, welche Informationen vom Kreditnehmer beschafft werden müssen. Auch nach Kreditgewährung sind die wirtschaftlichen Verhältnisse des Kreditnehmers laufend zu überwachen.[4] Bringt der Kreditnehmer während der Laufzeit des Kredits die erforderlichen Unterlagen trotz entsprechender Aufforderung nicht bei, so soll ihm der Kredit gekündigt werden. Ein entsprechendes Kündigungsrecht ist nach aufsichtlicher Auffassung im Kreditvertrag zu vereinbaren.[5] Im Falle einer gravierenden Bonitätsverschlechterung müssen die notwendigen Konsequenzen gezogen werden, z.B. durch Sicherheitenverstärkung, sofern möglich, notfalls durch Kreditkündigung, wenn dies Ausfälle vermindern oder verhindern kann.

23.65 Zur Offenlegung der wirtschaftlichen Verhältnisse der Kreditnehmer hatte die Bankenaufsicht bis zum Jahre 2005 eine kaum mehr überschaubare Anzahl an Rundschreiben und sonstigen Verlautbarungen herausgegeben und der Jahresabschlussprüfung aufgegeben, über deren Einhaltung detailliert zu berichten. Dies hatte zu einer stark formalisierten Praxis geführt. Mit Rundschreiben vom 9.5.2005[6] hatte die BaFin sämtliche Verlautbarungen hierzu aufgehoben und die Anwendung der Offenlegungsanforderungen des § 18 KWG in die Verantwortung der Geschäftsleiter gestellt.[7] Nach der **heutigen Aufsichtspraxis** sind die Anforderungen detailliert in MaRisk BTO 1.2 formuliert.

4. Risikoermittlung und -bewertung im Kreditgeschäft

23.66 Bei einer Kreditentscheidung muss eine Prognoseentscheidung getroffen werden, die sich auf vergangenheits- und gegenwartsbezogene Fakten des Kreditnehmers und des wirtschaftlichen Umfelds sowie eine zukunftsbezogene Einschätzung stützt. Das stets bestehende Ausfallrisiko muss bestimmt und in Relation zu den Ertragschancen gesetzt werden. Die auf die Zukunft gerichtete Einschätzung muss durch vollständige und entscheidungsrelevante Tatsa-

---

1 Vgl. z.B. BGH v. 8.1.2007 – II ZR 304/04, DStR 2007, 402 und BGH v. 3.12.2001 – II ZR 308/99, ZIP 2002, 213; OLG Frankfurt a.M. v. 12.12.2007 – 17 U 111/07, AG 2008, 453; KG Berlin v. 22.3.2005 – 14 U 248/03, AG 2005, 581 = ZIP 2005, 1866.
2 Vgl. BGH v. 15.11.2001 – 1 StR 185/01, WM 2002, 225 und BGH v. 4.6.2000 – 1 StR 280/99, NJW 2000, 2364; *Schmitt*, BKR 2006, 125, 128.
3 Vgl. z.B. Beschluss des OVG Berlin v. 2.10.2001 – 1 Sn 27.01, EWiR § 36 KWG 1/02, 533 (*Fischer*); *Fischer/Müller* in Boos/Fischer/Schulte-Mattler, § 36 KWG Rz. 36.
4 OLG Hamm v. 12.7.2012 – I-27 U 12/10, AG 2012, 683 = DB 2012, 1975; MaRisk BTO 1.2.2.2.
5 *Bock* in Boos/Fischer/Schulte-Mattler, § 18 KWG Rz. 48; MaRisk BTO 1.2.9.
6 Abgedruckt bei *Consbruch/Fischer*, B 61.55.
7 Zu dieser Entwicklung und deren Konsequenzen vgl. *Lehleiter/Hoppe*, BKR 2007, 182; *Schmitt*, BKR 2006, 125.

chen unterlegt werden. Die Kreditentscheidung darf sich daher nicht auf eine „Prophezeiung", sondern muss sich auf eine **Prognose** stützen.[1]

Kardinale Bedeutung kommt dabei der laufenden **Offenlegung der wirtschaftlichen Verhältnisse** gem. § 18 KWG und deren Auswertung zu. Alle für die Kreditentscheidung oder Weitergewährung maßgeblichen Zahlen, Fakten und sonstigen Beurteilungsgrundlagen müssen je nach Bedarf aus aktuellen Jahresabschlüssen, zuverlässigen betriebswirtschaftlichen Zwischenberichten, Steuererklärungen, Gehaltsnachweisen, Vermögensaufstellungen u.a. ermittelt, sorgfältig ausgewertet und – notfalls mittels externer Sachkunde – bewertet werden. Hierzu sind zunächst die Ausgangsdaten der wirtschaftlichen Situation des Kreditnehmers als auch Informationen zu den persönlichen Verhältnissen, der fachlichen Erfahrung und dem bisherigen Auftreten des Kreditnehmers sowie Daten des zu finanzierenden Objekts bzw. der Marktstellung und Branche des Unternehmens zu ermitteln. Die ermittelten Daten müssen richtig, vollständig und relevant, die zukunftsbezogenen Prämissen plausibel, sachlogisch und neutral sein.

23.67

Auf Basis dieser Informationen müssen Prämissen gesetzt werden, also zukunftsbezogene Annahmen hinsichtlich der weiteren Entwicklung des Kreditnehmers und/oder des zu finanzierenden Objekts sowie des wirtschaftlichen Umfelds wie Konjunktur, Situation der Branche, erwartete Preis- und Ertragsentwicklung. Die bei diesen Prämissen unterstellten Annahmen müssen sachlogisch und plausibel sein. Ob sie letztlich eintreten, liegt außerhalb des **Verantwortungsbereichs des Entscheidungsträgers**. Die auf dieser Basis getroffene Entscheidung muss vertretbar und nachvollziehbar sein, braucht sich aber im Nachhinein nicht als erfolgreich zu erweisen. Solange die Entscheidung in weitem unternehmerischen Handlungsspielraum auf informierter Basis getroffen wurde, ist sie nicht pflichtwidrig. Sie wird auch nicht dadurch widerlegt, dass nachgewiesen wird, dass z.B. ein gegenteiliges Votum auf gleicher Entscheidungsgrundlage die sich nachträglich als richtig erweisende Handlungsalternative vorgeschlagen hatte.[2] Vielmehr ist dies Gegenstand des unternehmerischen Entscheidungsspielraums gem. § 93 Abs. 1 Satz 2 AktG.

23.68

5. Gewährung von Sanierungskrediten

Eine in der Kreditwirtschaft nicht seltene Problematik ergibt sich bei Kreditbedarf eines in der Krise befindlichen Kreditkunden. Hier stellt sich für den Bankvorstand die Entscheidungsnotwendigkeit, ob das ausfallgefährdete „**schlechte Geld**" durch neues „**gutes Geld**" gerettet werden kann. Im Grundsatz gelten die gleichen Ermittlungs- und Prognoseanforderungen wie vorstehend beschrieben. Entscheidende Bedeutung kommt der Aufstellung und zuverlässigen Beurteilung eines Sanierungsplans auf der Grundlage weiterer Kredite zu.

23.69

Ein signifikantes Beispiel einer solchen Situation hatte das **Kammergericht Berlin** bei seinem Urteil vom 22.3.2005[3] zu entscheiden. Es ging um die Finanzierung von Plattenbauten. Die wirtschaftlich wenig erfahrenen Initiatoren hatten bereits erhebliche Kredite von der Bank zum Ankauf und zur Sanierung der Objekte bekommen, waren in einer kritischen wirtschaftlichen Situation, hatten sich aber dennoch zum Kauf und zur Sanierung weiterer Plattenbauten auf Kredit verpflichtet. Bei der Vorbereitung der Kreditentscheidung hatte der Bereich Marktfolge ein negatives Votum abgegeben, weil er die Wirtschaftlichkeit der weiteren

23.70

---

1 Eine scharfsinnige Analyse dazu enthält ein Aufsatz von *M. Schmidt*, ZBB 2006, 31.
2 KG Berlin v. 22.3.2005 – 14 U 248/03, AG 2005, 581 = ZIP 2005, 1866.
3 KG Berlin v. 22.3.2005 – 14 U 248/03, AG 2005, 581 = ZIP 2005, 1866.

Finanzierung kritisch sah. Dennoch hat das Kammergericht – wie schon die Vorinstanz – die Schadensersatzklage abgelehnt. Es führt aus, dass für die Bank die Entscheidungslage bestand, entweder das Projekt weiter zu fördern oder bei Versagung neuer Kredite die Gefahr des finanziellen Zusammenbruchs samt Teilausfall des Kreditengagements in Kauf zu nehmen. In dieser Situation hätte der Vorstand trotz des kritischen internen Revisionsberichtes nicht gegen seine Sorgfaltspflichten verstoßen, indem er sich für die weitere Finanzierung des Vorhabens entschieden habe.

23.71 Das Urteil enthält noch einen bemerkenswerten Aspekt zur Anwendung des § 18 KWG. Auf den ersten Blick scheint bei ausfallgefährdeten Krediten eine besondere **Sorgfalt hinsichtlich der Offenlegung** der wirtschaftlichen Verhältnisse erforderlich zu sein. Dies ist nicht der Fall. Wenn die Bank nämlich weiß, dass ihr Kreditnehmer mehr oder minder zahlungsunfähig ist, nutzen ihr ordnungsgemäß unterschriebene Bilanzen – sofern überhaupt noch vorhanden – oder die Erfüllung sonstiger mehr formaler Anforderungen wenig. In dieser Situation sind Prognoseentscheidungen über den Sanierungsplan, den Objektwert und die Sicherheitenbewertung die maßgeblichen Entscheidungsgrundlagen. Das Kammergericht führt dazu aus, dass der Vorstand bereits auf Grund des Revisionsberichtes die mangelnde Bonität der Initiatoren kannte. Eine weitere Prüfung sei damit entbehrlich gewesen, da bereits feststand, dass die Vermögenslage der Initiatoren allein nicht geeignet war, eine weitere Kreditvergabe zu rechtfertigen. Der Vorschrift des § 18 KWG sei damit im Ergebnis Genüge getan, da schon auf Grund des Revisionsberichtes ein hinreichend klares Bild von den mit der Kreditvergabe verbundenen Risiken bestand.

23.72 Diesen Ausführungen ist im Grundsatz sachbezogen zuzustimmen, obwohl bezweifelt werden muss, dass die **Aufsichtsbehörde** angesichts ihrer in der Regel **stark formalisierten Vorgehensweise** diese Sicht teilt. In der Literatur wurde Kritik an der Entscheidung geübt.[1] Diese bezog sich aber nicht auf die grundsätzlichen Ausführungen, sondern darauf, dass das Gericht sich zu wenig mit der Tatsachengrundlage auseinandergesetzt habe. So sollen neben der mangelnden Berücksichtigung der fehlenden kaufmännischen und technischen Erfahrung der Initiatoren vor allem auch erhebliche technische Fehler bei der Ermittlung der Entscheidungsgrundlage gemacht worden sein. Träfe dies zu, läge eine Haftung wegen schadensbegründender Sorgfaltspflichtverletzungen nahe.

6. Haftungsrisiken aus dem Wertpapiergeschäft

23.73 Bei der **Eigenanlage in Wertpapieren**, auch bei der Auflegung von Sonderfonds in Zusammenarbeit mit Kapitalanlagegesellschaften, drohen Haftungsrisiken, wenn die Entscheidungsgrundlagen nicht hinreichend sorgfältig ermittelt sind, den vorgegebenen Anlagerichtlinien widersprechen oder Mängel bei der laufenden Risikokontrolle zu vermeidbaren Schäden führen. Auch fehlerhafte Anlageempfehlungen an Kunden können Regressansprüche gegen Mitglieder des Vorstands auslösen. Solche Fälle sind aus der Rechtsprechung jedoch nicht bekannt. Vor allem im Zusammenhang mit der sog. Subprime-Krise 2008 ergingen jedoch verschiedene Urteile zu den Sorgfaltspflichten der Mitglieder des Vorstands im Zusammenhang mit Verbriefungsaktionen.

---

1 *M. Schmidt*, ZBB 2006, 38.

So hat der BGH[1] im Fall der Corealcredit Bank entschieden, dass der „Abschluss von **Zins-** 23.74
derivategeschäften, die nicht der Absicherung von Zinsrisiken aus dem Hauptgeschäft oder
dem zulässigen Nebengeschäft einer Hypothekenbank dienten" vom damaligen Unternehmenszweck einer Hypothekenbank nicht gedeckt und ein für eine Hypothekenbank unzulässiges Spekulationsgeschäft war. Der BGH hat in diesem Zusammenhang allerdings auch geklärt, dass „wenn aus einer Reihe gleichartiger unzulässiger Spekulationsgeschäfte durch ein Organ sowohl Gewinne als auch Verluste entstehen, … sich die Gesellschaft auf einen Schadensersatzanspruch wegen der entstandenen Verluste grundsätzlich auch die Gewinne anrechnen lassen" muss (**Vorteilsausgleichung**). Die Darlegungs- und Beweislast hinsichtlich der anzurechnenden Gewinne liege beim Beklagten.[2]

Das OLG Düsseldorf[3] hat in einem die Industriekreditbank (IKB) betreffenden Verfahren, 23.75
das allerdings nicht zur Haftung des Vorstands, sondern zur Durchsetzung der Einleitung einer Sonderprüfung durch eine Minderheit von Aktionären erging, festgestellt, dass der Vorstand der Bank eine grobe Pflichtverletzung begeht, wenn er auf nicht ausreichender Informationsgrundlage handelt oder bewusst übergroße Risiken, eingeht. „Bereits die übermäßige Komplexität und Intransparenz des Verbriefungssegments bedingt nahezu die Unmöglichkeit für den Vorstand, Entscheidungen auf ausreichender Informationsgrundlage zu treffen. … Externe Ratings von Rating-Agenturen können den Vorstand von der Pflicht zu eigener Information nicht entbinden. … Kein Vorstand handelt sorgfältig, wenn er Risiken für sein Unternehmen eingeht, die, wenn sie sich verwirklichen, zum Untergang des Unternehmens führen. … Die hinreichende Diversifikation des Kreditportfolios und damit insbesondere die Vermeidung von Klumpenrisiken gehört aber zu den Grundsätzen des sorgfältigen Bankmanagements." Das Gericht greift auch den später vom BGH im Fall der Corealcredit Bank[4] herausgearbeiteten Aspekt der Vorstandspflichten, nämlich die **Bindung an die satzungsmäßige Regelung des Unternehmenszwecks**, auf. „Besteht der satzungsmäßige Gegenstand einer Bank in der Förderung und Finanzierung der gewerblichen Wirtschaft, insbesondere des Mittelstands, ist ein Anteil des Geschäftsvolumens von 46 % im Verbriefungssektor davon nicht mehr gedeckt."

Zum gleichen Komplex der Finanzmarktkrise hielt es das LG Düsseldorf[5] bei Erfüllung der 23.76
Vorstandspflichten für maßgebend, ob der Vorstand zur Zeit der Entscheidungen zum **Erwerb strukturierter Finanzprodukte** einen drastischen Wertverlust der Produkte in seine Überlegungen einbeziehen musste. Das Gericht verneint dies im konkreten Fall der Ärzte- und Apothekerbank (Apo-Bank), weil der Erwerb der strukturierten Wertpapiere im Rahmen des Unternehmenszwecks gelegen und im Verhältnis zur Bilanzsumme kein existenzgefährdendes Ausmaß erreicht habe. Die sorgfältig begründete Entscheidung hält für maßgeblich, dass aus der Sicht der Zeit auch angesichts der guten Ratings mit einem Totalverlust nicht gerechnet werden musste. Insgesamt hätten die Entscheidungen des Vorstands der Sorgfalt eines ordentlichen und gewissenhaften Geschäftsleiters entsprochen und damit innerhalb des weiten unternehmerischen Ermessens gelegen. Das Gericht setzt sich zwar auch mit den Über-

---

1 BGH v. 15.1.2013 – II ZR 90/11 (OLG Frankfurt a.M.), ZIP 2013, 455 = AG 2013, 259 = NZG 2013, 293 = WM 2013, 456 mit Anm. *Wittmann*, jurisPR-BKR 9/213 Anm. 3 und *E. Vetter*, EWiR 2013, 261.
2 So auch die wohl h.M., vgl. z.B. *Fleischer* in Spindler/Stilz, § 93 AktG Rz. 39.
3 OLG Düsseldorf v. 9.12.2009 – I-6 W 45/09, AG 2010, 126.
4 Vgl. oben Rz. 23.74.
5 LG Düsseldorf v. 25.4.2014 – 39 O 36/11, WM 2014, 1293, Kurzbesprechung *Bachmann*, BB 2014, 2388.

legungen des vorstehend zitierten Urteils des OLG Düsseldorf auseinander und diskutiert die wesentlichen Mängel der strukturierten Wertpapiere – Undurchschaubarkeit der hoch komplexen Rechtskonstruktionen, der Unmöglichkeit der Bonitätsprüfung der den Werten unterlegten Forderungen (underlaying) und der naheliegenden Tendenz der emittierenden Unternehmen, wertlose oder geringwertige Forderungen den strukturierten Wertpapieren zugrunde zu legen. Anders als das vorstehend zitierte Urteil des OLG Düsseldorf geht das Landgericht Düsseldorf davon aus, dass angesichts der weit verbreiteten Akzeptanz dieser Anlagen und der guten Ratings die Geschäftsleiter diese Mängel zur Zeit des Erwerbs jedoch nicht hätten erkennen können. Zur Verlässlichkeit externer Ratings hatte das OLG Düsseldorf hingegen eine andere Sicht entwickelt: „Zum einen liegt auf der Hand, dass Rating-Agenturen als privatwirtschaftlich organisierte Unternehmen, die aufgrund eines konkreten entgeltlichen Auftrages Bewertungen u.a. für Finanzprodukte des jeweiligen Auftraggebers abgeben und bereits im Vorfeld die Auftraggeber bei der Gestaltung der Modelle beraten, nicht wirklich objektiv beurteilen. ..." Auch die Legitimierung des in der Wirtschaft nicht selten anzutreffenden **Lemminge-Prinzips** in der Entscheidung des Landgerichts Düsseldorf erscheint fragwürdig. Es könnte mit dem OLG Düsseldorf auch die Auffassung vertreten werden, dass ein verantwortungsbewusster Geschäftsleiter ein Produkt, das er in keiner Weise durchschauen kann selbst bei guten Ratings nicht erwerben sollte. Auch waren zum Zeitpunkt der Entscheidungen durchaus Zweifel an der alleinigen Maßgeblichkeit externer Ratings bekannt.

7. Organkredite und Haftung

23.77 § 17 KWG enthält eine spezifische Haftungsbestimmung für Kredite an Gesellschafter, Organmitglieder, Prokuristen und Generalbevollmächtigte des Instituts einschließlich deren Ehegatten und Kinder sowie an durch personelle oder Kapitalverflechtung nahestehende Unternehmen oder deren Organmitglieder, Ehegatten und Kinder. Die Regelung soll Vetternwirtschaft in der Kreditwirtschaft vorbeugen. Solche Organkredite müssen gem. § 15 Abs. 1 KWG einstimmig von allen Geschäftsleitern beschlossen sowie vom Aufsichtsorgan gebilligt werden. Die Zustimmung des Aufsichtsorgans entfällt naturgemäß, wenn ein solcher z.B. bei einer GmbH nicht gebildet ist.[1] Außerdem dürfen Organkredite – außer im Rahmen von Mitarbeiterprogrammen – nur zu marktmäßigen Konditionen gewährt werden. Die **Zustimmung des Aufsichtsorgans und der einstimmige Beschluss** der Geschäftsleiter müssen sich nicht nur auf die Höhe des Kredits und die Person des Kreditnehmers, sondern auch auf die Konditionen, insbesondere die Verzinsung und die Rückzahlung des Kredits, erstrecken. Sollen die Konditionen (außer Verlängerung der Laufzeit des Kredits) nachträglich geändert werden, ohne dass diese Möglichkeit in dem ursprünglichen Beschluss über die Zustimmung (gegenüber dem Kunden offengelegt oder nur als vorsorgliche interne Bewilligung) enthalten war, gelten die Beschlussanforderungen auch hierfür[2], ebenso wenn der Kredit um mehr als 10 % erhöht wird (§ 15 Abs. 3 Nr. 3 KWG).

23.78 Wird ein Organkredit ohne die einstimmige Zustimmung der Geschäftsleiter oder ohne die Zustimmung des Aufsichtsorgans gewährt, so **haften die Organmitglieder** gegenüber der Bank als Gesamtschuldner für entstehende Schäden sogar auch dann, wenn sie zwar unbeteiligt sind, aber trotz Kenntnis nicht dagegen einschreiten (§ 17 Abs. 1 KWG). Einer weite-

---

[1] BGH v. 11.7.2006 – VI ZR 339/04, ZIP 2006, 1761.
[2] *Groß* in Boos/Fischer/Schulte-Mattler, § 15 KWG Rz. 38 unter Bezugnahme auf ein Schreiben der BaFin vom 3.6.2009, abgedruckt bei *Consbruch/Fischer*, B 62.8; vgl. dazu auch Schreiben des ehemaligen Bundesaufsichtsamts für das Kreditwesen vom 20.6.1974 und vom 6.9.1974, abgedruckt bei *Consbruch/Fischer*, B 62.8 und B 62.9.

ren Pflichtverletzung – etwa unsorgfältige Kreditprüfung – bedarf es für die Haftungsinanspruchnahme nicht. Es gilt eine gleichartige Beweislastumkehr wie für Organhaftungsansprüche im Gesellschaftsrecht sowie eine fünfjährige Verjährungsfrist (§ 17 Abs. 1 Halbs. 1 und Abs. 3 KWG). Die Haftung kann auch von Gläubigern des Instituts geltend gemacht werden, soweit sie durch das Institut nicht befriedigt werden (§ 17 Abs. 2 KWG). Die Haftung nach § 17 KWG spielt in der Bankenpraxis bislang kaum eine Rolle.

V. Darlegungs- und Beweislast

§ 93 Abs. 2 Satz 2 AktG und ebenso § 34 Abs. 2 Satz 2 GenG sehen eine **Umkehr der Beweislast** vor.[1] Obwohl es dafür keine gesetzliche Regelung gibt, wendet der BGH die Umkehr der Beweislast auch für die GmbH-Geschäftsführer an, zumal die Beweislastumkehr von der Rechtsprechung bereits angewandt wurde, als es eine gesetzliche Regelung hierfür noch nicht gab.[2]

23.79

Das **Sparkassenrecht** kennt gleichfalls keine Regelung der Beweislast für Organhaftungsansprüche. Es ist davon auszugehen, dass die von der Rechtsprechung für maßgebend gehaltenen Gesichtspunkte – insbesondere dass primär der handelnde Vorstand seine eigene Tätigkeit zu seiner Entlastung offen legen muss – für Sparkassen und Landesbanken gleichfalls gelten. Außerdem bietet sich die Analogie zum Gesellschaftsrecht aus gleichen Gründen wie hinsichtlich der Anwendung der Beweislastumkehr auf GmbH-Geschäftsführer[3] an.

23.80

In der **gerichtlichen Schadensersatzpraxis** verlässt sich der Kläger in der Regel nicht auf die Beweislastumkehr. Vielmehr ist es üblich, dass die Bank alle Tatsachen, auch die Einzelumstände der Pflichtverletzung, darlegt und Beweis hierfür anbietet. Meist belegt sie dies zunächst durch Vorlage von Auszügen aus Prüfungsberichten, was aber allein nicht genügt. Vielmehr wird sie anhand der konkreten Entscheidungsumstände – also der Kreditunterlagen usw. – Schadensursache und Pflichtverletzung darlegen. Wenn die maßgeblichen Tatsachen aber nicht dokumentiert sind oder die Tatsachenlage unklar ist, spielt die Beweislastumkehr eine Rolle. Wenn sich zum Beispiel die Sicherheitenprüfung nicht aus den Kreditakten ergibt, trifft den Vorstand die Beweislast, dass sie dennoch mit der notwendigen Sorgfalt erfolgt ist. Der Vertreter der Beklagtenseite stellt daher nicht selten – auch aus taktischen Gründen – umfängliche Informations- und Vorlageanforderungen. Es ist Aufgabe einer sachgerechten Abwägung durch das Gericht, welche Einsichts- und Vorlagerechte für den Beklagten zielführend sein können und welche lediglich der Verzögerung oder Vernebelung dienen.

23.81

VI. Wirkung der Entlastung

§ 93 Abs. 4 Satz 2 AktG schließt einen Haftungsverzicht aufgrund der Entlastung durch den Aufsichtsrat ausdrücklich aus. Das Genossenschaftsrecht kennt eine solche Regelung nicht. Trotzdem gilt im praktischen Ergebnis kaum etwas Anderes. Denn nach der Rechtsprechung kann eine Verzichtswirkung nur eintreten, wenn das Entlastungsorgan den **Schaden und**

23.82

---

1 Einzelheiten hierzu vgl. den Beitrag oben von *Born*, § 14, sowie *Goette*, Beweislast, ZGR 1995, 648 ff.
2 Vgl. BGH v. 4.11.2002 – II ZR 224/00, GmbHR 2003, 113 = AG 2003, 381 = ZIP 2002, 2314. Die Entscheidung verweist u.a. auch auf die historische Entwicklung dieser Rechtsprechung bereits vor der gesetzlichen Regelung.
3 Vgl. BGH v. 4.11.2002 – II ZR 224/00, GmbHR 2003, 113 = AG 2003, 381 = ZIP 2002, 2314.

die **schadensbegründenden Umstände** kennt. In einer Entscheidung vom 3.12.2001[1] hat der BGH die Verzichtswirkung selbst in einem Fall abgelehnt, in dem der Generalversammlung über Probleme mit der schadensbegründenden Kreditvergabe berichtet und deutliche Kritik an der vom Vorstand eingeschlagenen Kreditpolitik formuliert wurden. Ansprüche, die aus dem Bericht nicht oder in wesentlichen Punkten nur so unvollständig erkennbar sind, dass die Tragweite der Entlastungsentscheidung nicht voll überblickbar ist, werden nach Auffassung des BGH von der Verzichtswirkung dennoch nicht erfasst. Da der Generalversammlung bzw. der Vertreterversammlung einer Genossenschaftsbank der Prüfungsbericht nicht vorliegt und auch kaum je über einzelne Kreditausfälle samt den schadensbegründenden Pflichtverletzungen berichtet wird, kommt damit eine Haftungsentlastung bei Kreditgenossenschaften im praktischen Ergebnis kaum je in Betracht.

23.83 Bei **Sparkassen** ist die Situation etwas anders. In einer Reihe von Bundesländern ist zwar – ebenso wie im Aktienrecht – die Verzichtswirkung ausdrücklich gesetzlich ausgeschlossen, in anderen aber nicht. In den letzteren Bundesländern, z.B. in Baden-Württemberg, Bayern, Niedersachsen und in drei neuen Bundesländern, gilt keine solche Regelung. Dort erhält der Verwaltungsrat den Prüfungsbericht und kann somit von kritischen Feststellungen Kenntnis nehmen, wozu er verpflichtet ist.[2] Daher ist für diese Länder vertretbar, dass die Entlastung einen Haftungsverzicht zumindest dann bewirkt, wenn die Umstände von Schaden und Pflichtwidrigkeit aus dem Prüfungsbericht erkennbar sind.[3] Eine Besonderheit stellt das in einigen Bundesländern bestehende, angesichts des kommunalen Selbstverwaltungsrechts der Sparkassenträger verfassungsrechtlich fragwürdige[4] Erfordernis der Zustimmung der Sparkassenaufsichtsbehörde zur Entlastung dar. Auch wenn diese erteilt wird, stellt dies keine Haftungsentlastung dar, da für diese Zustimmung andere Beurteilungsmaßstäbe gelten und die Sparkassenaufsicht auf die Rechtsaufsicht beschränkt ist.[5]

VII. Verjährung

1. Zehnjährige Verjährungsfrist

23.84 § 52a KWG trifft für Kreditinstitute eine Sonderregelung für Organhaftungsansprüche für Geschäftsleiter und Mitglieder des Aufsichts- oder Verwaltungsorgans. Schadensersatzansprüche verjähren danach zehn Jahre nach Entstehung des Schadens. Die Regelung ist auf Schadensersatzansprüche wegen Pflichtverletzungen in einem Kreditinstitut in jeder privatrechtlichen, genossenschaftlichen oder öffentlich-rechtlichen Rechtsform begrenzt, gilt also **nicht für sonstige Institute der Finanzbranche**. Anspruchsgegner können sowohl Geschäftsleiter als auch Mitglieder eines Aufsichtsorgans des Kreditinstituts sein. Diese Organe sind in § 15 Abs. 1 Satz 1 Nr. 3 bzw. § 1 Abs. 2 KWG legal definiert. Diese Definitionen sind jedoch nicht zwingend abschließend.

23.85 § 52a KWG wurde parallel zu einer gleichartigen Regelung für Ansprüche von börsennotierten Aktiengesellschaften gegen deren Organmitglieder in § 93 Abs. 6 AktG mit dem Restruk-

---

1 BGH v. 3.12.2001 – II ZR 308/99, WM 2002, 220; ähnlich BGH v. 21.3.2005 – II ZR 54/03, ZIP 2005, 981.
2 *Fischer*, Informationsrechte, ZIP 2004, 2169.
3 H.M. z.B. *Schlierbach/Püttner*, S. 261; *Berger*, § 23 Rz. 22 m.w.N.; *Klüpfel/Gaberdiel/Gnamm/Höppel*, § 30 II 9; *Fischer*, Entlastung, WM 2007, 1005.
4 *Fischer*, Entlastung, WM 2007, 1009.
5 *Fischer*, Entlastung, WM 2007, 1010.

turierungsgesetz[1] geschaffen und trat vor Jahresende 2010 in Kraft[2]. Für Aktiengesellschaften galt vorher – wie auch weiterhin für solche, die nicht börsennotiert sind, eine Verjährungsfrist von fünf Jahren. Für Kreditinstitute gab es vor Dezember 2010 keine einheitliche Verjährungsregelung für solche Ansprüche. Die Verjährungsfrist betrug gemäß gesellschaftsrechtlicher Spezialregeln (§§ 93 Abs. 6, 116, 283 Nr. 3 AktG, § 43 Abs. 4 GmbHG, § 34 Abs. 6 GenG) fünf Jahre. Für öffentlich-rechtliche Kreditinstitute gab es unterschiedliche Verjährungsfristen, wobei deren Dauer teilweise unterschiedlich beurteilt wurde.[3]

2. Zweck der Regelung

Die Neuregelung dient dazu, Schadensersatzansprüche gegen Organmitglieder aus dem Organ- und Anstellungsverhältnis leichter durchsetzbar zu machen, indem mehr Zeit zu deren Aufdeckung und Verfolgung verbleibt. Hintergrund war die Befürchtung, Haftungsansprüche gegen Organmitglieder – besonders im Zusammenhang mit **Risikogeschäften im Gefolge der Finanzmarktkrise** der Jahre 2007 folgende – könnten vor Geltendmachung verjähren. Die Regierungsbegründung zur Neuregelung unterscheidet insoweit zwischen börsennotierten Aktiengesellschaften und Kreditinstituten.[4] Hinsichtlich der börsennotierten Aktiengesellschaften wird darauf hingewiesen, dass aufgrund der anonymisierten breiten Gesellschafterbasis die Gefahr bestehe, dass Pflichtverletzungen von Vorstand und Aufsichtsrat mangels besonderen Engagements und nur kurzfristigen Interesses der Aktionäre möglicherweise erst spät entdeckt würden. Zudem seien oftmals aufwändige Sonderprüfungen notwendig, bevor eine Pflichtverletzung hinreichend gesichert erscheine. Bezüglich der Kreditinstitute wird darauf hingewiesen, dass einige von ihnen zur Entstehung der Finanzmarktkrise beigetragen hätten und somit potenziell besonders von der zeitaufwändigen Aufarbeitung der Finanzmarktkrise betroffen seien. Dies galt besonders für mögliche Schadensersatzansprüche bei Landesbanken, da die Anwendung der nur dreijährigen (allerdings kenntnisabhängigen) gesetzlichen Verjährungsfrist nicht sicher ausgeschlossen werden konnte.[5] Die bisherige fünfjährige Verjährungsfrist für Kapitalgesellschaften und Genossenschaften erscheint auf den ersten Blick zwar ausreichend, läuft aber unabhängig von der Kenntnis des für die Geltendmachung von Schadensersatzansprüchen zuständigen Organs ab. Erfahrungsgemäß erlangt aber das zuständige Organ häufig erst Jahre nach Schadensentstehung hiervon Kenntnis.

23.86

3. Sonstige Haftungsansprüche

Unklar ist, ob auch **deliktische Haftungsansprüche** dieser Verjährung unterliegen. Konkurrierende deliktische Schadensersatzansprüche beruhen unabhängig von Organhaftungsansprüchen auf selbständigen Rechtsgrundlagen wie z.B. § 823 BGB oder spezialgesetzlichen Regelungen z.B. des Umweltrechts usw. Etwaige deliktische Ansprüche unterliegen damit auch im Zusammenhang mit Sorgfaltspflichtverletzungen von Leitungsorganen der dreijäh-

23.87

---

1 v. 9.12.2011, BGBl. I 2011, 1900.
2 Vgl. Art. 17 RStruktG.
3 Vgl. zur früheren Rechtslage bei öffentlich rechtlichen Kreditinstituten *Fischer* in Krieger/Uwe H. Schneider, Handbuch Managerhaftung, 2. Aufl., § 19 Rz. 9 und 54; *Rümker*, Zur Organhaftung öffentlich-rechtlicher Kreditinstitute, in FS Winfried Werner, 1984, S. 745, 755, 765; *Völter*, Aufgaben und Pflichten von Verwaltungsräten, 5. Aufl. 2005, S. 43, 98; *Wulf*, Der Verwaltungsrat öffentlich-rechtlicher Kreditinstitute, 1992, S. 103.
4 RegBegr., RStruktG, BT-Drucks. 17/3024, S. 132.
5 Vgl. zur Verjährungsfrage für Organhaftungsansprüche gegen Organmitglieder der bayerischen Landesbank Plenarprotokoll 16/60 des Bayerischen Landtags vom 23.11.2010, S. 1118 ff.

rigen zivilrechtlichen Regelverjährung. Es ist nicht erkennbar, dass der Gesetzgeber mit der Spezialregelung im Restrukturierungsgesetz hieran etwas ändern wollte. Im Ergebnis kann aber offen bleiben, ob § 52a KWG auf solche deliktischen Ansprüche Anwendung findet, da dem angesichts der regelmäßig auch deliktische Rechtsverletzungen umfassenden Organhaftung kaum praktische Bedeutung zukommt.

23.88 Die Regelung des § 17 Abs. 3 KWG, die eine Verjährungsfrist von fünf Jahren bei Schäden aus der **Verletzung der Organkreditbestimmungen** vorsieht, gilt unverändert. Dies ergibt einen gewissen Widerspruch zur Verjährungsfrist des § 52a KWG. Da die Bestimmung aber unangetastet blieb, dürfte § 17 Abs. 3 KWG als eine diesen Haftungstatbestand privilegierende Spezialvorschrift gegenüber § 52a KWG anzusehen sein. Diese Privilegierung erstreckt sich aber ausschließlich auf Schadensersatzansprüche aus der Verletzung der im KWG verankerten spezifischen Beschlussanforderungen bei Organkrediten, nicht hingegen auf jedwede Pflichtverletzung bei Gewährung eines Organkredits. Ist z.B. der schadensverursachende Organkredit, gleichgültig ob er ordnungsgemäß oder ohne die notwendigen Beschlüsse zustande gekommen ist, aufgrund einer pflichtwidrig fehlerhaften Bonitäts- oder Sicherheitenbewertung gewährt worden, so haften die hierfür Verantwortlichen nach den allgemeinen Organhaftungsgrundsätzen. Damit ist auch die zehnjährige Verjährungsfrist anwendbar. Somit kommt den unterschiedlichen Fristen in der Praxis wohl kaum Bedeutung zu, da die Kausalität des Schadens selten ausschließlich auf fehlerhaften Organkreditbeschlüssen, sondern regelmäßig auch auf sonstigen Pflichtverletzungen beruhen dürfte. Allerdings haften die nicht an der Kreditvergabe unmittelbar beteiligten Organmitglieder gesamtschuldnerisch nur nach § 17 KWG und somit mit fünfjähriger Verjährungsfrist.

4. Beginn der Verjährungsfrist

23.89 Die zehnjährige Verjährungsfrist ist unabhängig von Kenntnis oder Kennenmüssen des Schadens gem. § 200 BGB mit dem Eintritt des Schadens anwendbar. Dabei nimmt die Rechtsprechung einen Schaden nicht erst dann an, wenn er der Höhe nach feststeht. Es genügt, dass der Schaden **dem Grunde nach entstanden** ist, also eine Sorgfaltspflichtverletzung eine Verschlechterung der Vermögenslage bewirkt, ohne dass zu diesem Zeitpunkt bereits feststeht, ob der Schaden bestehen bleibt und in welcher Höhe er entsteht.[1] Es genügt also, dass eine Feststellungsklage erfolgreich erhoben werden könnte.[2]

23.90 Pflichtwidrigkeiten des Vorstands bei Kreditvergaben oder im Anlagegeschäft genügen allein nicht für den Beginn der Verjährungsfrist. Ein latentes Ausfallrisiko besteht bei jedem Kredit- oder Anlagegeschäft. Wenn z.B. die Bonität des Kreditnehmers oder die Sicherheiten auf Grund pflichtwidrig fehlerhaft ermittelter Beurteilungsgrundlagen zu günstig eingeschätzt werden, kann ein Schaden zwar entstehen. Solange der Kreditnehmer seine Verbindlichkeiten erfüllt und keine Korrektur der Sicherheitenbewertung erfolgt, ist noch kein konkretisierter Schaden eingetreten. Eine bloße **Vermögensgefährdung** setzt die Verjährungsfrist noch nicht in Lauf.[3] Selbst wenn der Bericht des Jahresabschlussprüfers Mängel zum Beispiel bei der Offenlegung der wirtschaftlichen Verhältnisse feststellt, ist noch keine als Schaden anzusehende Verschlechterung der Vermögenslage eingetreten. Erst wenn z.B. Zahlungsstockungen

---

1 BGH v. 28.10.1993 – IX ZR 21/93, AG 1994, 81 und BGH v. 23.3.1987 – II ZR 190/86, AG 1987, 245 = ZIP 1987, 776.
2 BGH v. 21.2.2005 – II ZR 112/03, GmbHR 2005, 544 = ZIP 2005, 852 und BGH v. 23.3.1987 – II ZR 190/86, AG 1987, 245 = ZIP 1987, 776.
3 OLG Frankfurt a.M. v. 12.12.2007 – 17 U 111/07, AG 2008, 453.

eintreten oder der Blankoanteil des Kredits die Leistungsfähigkeit des Kreditnehmers übersteigt, weil erkannt wird, dass die Sicherheiten weniger als eingeschätzt wert sind, konkretisiert sich ein Schaden.

Dies spricht dafür, den maßgebenden Zeitpunkt erst dann anzunehmen, wenn entweder eine **Wertberichtigung** gebildet wird oder bei ordnungsmäßiger Beurteilung der zu diesem Zeitpunkt eingetretenen Tatsachen gebildet werden müsste. Vor dem Erfordernis einer Wertberichtigung ist ein Schaden, der über das allgemeine Kreditrisiko hinausgeht, hingegen noch nicht konkretisierbar.[1] Daher wäre auch eine Klage auf Feststellung der Schadensersatzpflicht nicht erfolgreich. In der Praxis kann selbst danach noch ein langer Zeitraum vergehen, bevor dem Aufsichtsorgan realistischerweise bekannt wird, dass bestimmte Wertberichtigungen auf Pflichtverletzungen des Vorstands beruhen, die zum Schadensersatz verpflichten.

23.91

5. Kritik an der Regelung

Die auf zehn Jahre verlängerte Verjährungsfrist erfuhr in der gesellschaftsrechtlichen Literatur[2] und beim **70. Deutschen Juristentag** 2014 vielfach Kritik und löste Alternativvorschläge aus. Der Gutachter, Gregor Bachmann, hält die Frist für zu lang und argumentiert unter anderem mit der Beweisnot ausgeschiedener Vorstandsmitglieder.[3] Der 70. Deutsche Juristentag hat daraufhin mehrheitlich folgende Beschlüsse gefasst:

23.92

– „8a) Es sollte die zehnjährige Verjährungsfrist der § 93 Abs. 6 AktG, 52a KWG abgeschafft werden.
– b) Die aktienrechtliche Organhaftung sollte der allgemeinen Verjährungsregelung in §§ 196, 199 BGB unterstellt werden, allerdings mit der Maßgabe, dass die Dreijahresfrist spätestens mit dem Ausscheiden des Organmitglieds zu laufen beginnt.
– c) Es sollte für den Fall einer Sonderprüfung oder einer aufsichtsrechtlichen Prüfung eine Verjährungshemmung eingeführt werden."

Bislang ist ein Aufgreifen dieser Vorschläge in Politik oder Gesetzgebung nicht erkennbar.

C. Haftung der Mitglieder des Aufsichtsorgans

Eine Haftungsinanspruchnahme von Aufsichtsrats- oder Verwaltungsratsmitgliedern von Banken oder Sparkassen kommt – anders als für den Vorstandsbereich (zumindest bei kleineren Instituten, vgl. Rz. 23.4) – in der Praxis kaum vor. Dies mag zum einen an der weit verzweigten Streuung der Verantwortlichkeit liegen. Die Durchsetzung der zivilrechtlichen Konsequenzen von Pflichtverletzungen z.B. im Zusammenhang mit den Schadensfolgen der Subprime-Krise dürfte einen großen Teil der Aufsichtsorganmitglieder einschließlich der Mitglieder aus Wirtschaft, Politik und Gewerkschaften erfassen, was ein faktisches Hindernis für die Geltendmachung von Schadensersatzansprüchen darstellen dürfte. Außerdem wird hier der kardinale **Fehler des Haftungssystems** besonders deutlich, nach dem die häufig selbst versagenden Mitglieder des Vorstands die Mitglieder ihres eigenen Wahlorgans in die Haftung nehmen müssten.

23.93

---

1 OLG Frankfurt a.M. v. 12.12.2007 – 17 U 111/07, AG 2008, 453.
2 Z.B. *Hopt*, ZIP 1793, 1798; *Fleischer*, AG 2014, 457, 467.
3 *Bachmann*, Reform der Organhaftung? – Materielles Haftungsrecht und seine Durchsetzung in privaten und öffentlichen Unternehmen, Gutachten E zum 70. Deutschen Juristentag, S. 122, Nr. 6.

I. Rechtsgrundlagen der Haftung

1. Allgemeine Grundlagen

23.94 Gegenüber den allgemeinen Haftungsgrundlagen der § 116 AktG und § 41 GenG gelten bei Banken keine Besonderheiten. Die Haftungsregelung des § 17 KWG bei fehlerhaft vergebenen Organkrediten (vgl. Rz. 23.77 f.) gilt für Mitglieder des Aufsichtsorgans gleichermaßen. Die Mitglieder der Aufsichtsräte von Banken haften somit für Schäden aus jedweder Verletzung ihrer Pflichten nach **objektiven Maßstäben** mit ihrem Vermögen unbeschränkt. Eine Differenzierung der Verantwortlichkeit nach Herkunft oder Vorerfahrung (Personalvertreter, Neuwahl, Mitglied kraft Amtes usw.) findet nicht statt.[1] Das Mitglied kann sich somit weder auf mangelnde Sachkunde noch auf unzureichende Information berufen, jedenfalls wenn der Informationsmangel erkennbar und behebbar ist.

23.95 Allerdings hat die BaFin mit ihrer relativ großzügigen Interpretation des § 25d Abs. 2 KWG[2] die Sachkundeanforderungen niedrig angesetzt. Fraglich ist, ob die geringen amtlich gesetzten Sachkundeanforderungen auch die für die Haftung maßgeblichen Sorgfaltsstandards herabsetzen. Auch fragt sich, welche Sorgfaltsmaßstäbe in der Übergangsfrist zwischen Bestellung und einer von der amtlichen Interpretation eingeräumten Frist bis zur Aneignung der erforderlichen Sachkunde gelten sollen. Eine **Herabsetzung allgemein gültiger Sorgfaltsmaßstäbe** wegen einer amtlich verfügten Herabsetzung der Qualifikationsanforderungen erscheint rechtlich nicht veranlasst. Vielmehr bemisst sich der Sorgfaltsmaßstab nach objektiven Kriterien der wahrzunehmenden Aufgaben. Diese richten sich nach Art und Umfang der zu überwachenden Geschäfte. Außerdem definieren die Aussagen der BaFin zu den Qualifikationsanforderungen Grundsätze für die Beurteilung aufsichtlicher Vorgaben und gegebenenfalls aufsichtlicher Maßnahmen (z.B. Abberufungsverlangen nach § 36 Abs. 3 KWG). Diese auch für Schadensersatzansprüche wegen objektiv fehlerhafter oder unzureichender Überwachung der Geschäftsführung anzuwenden, erscheint nicht veranlasst. Dies führt allerdings dazu, dass ein noch nicht hinreichend sachkundiges Mitglied des Aufsichtsorgans das Risiko eingeht, Schadensersatzansprüchen wegen Maßnahmen oder Unterlassungen ausgesetzt zu sein, die für ihn subjektiv nicht vollständig beherrschbar sind.

23.96 Fälle der **Inanspruchnahme** von Mitgliedern des Aufsichtsorgans von Kredit- oder Finanzdienstleistungsinstituten sind **in der Praxis allerdings kaum bekannt geworden**. Die folgenden Ausführungen des OLG Düsseldorf in der IKB-Entscheidung[3] sind in diesem Zusammenhang jedoch bemerkenswert: „Der Aufsichtsrat hätte daher nicht zulassen dürfen, dass der Vorstand unter Verstoß gegen den satzungsmäßigen Unternehmenszweck ... Geschäfte im Verbriefungssektor tätigt, oder zumindest rechtzeitig Gegenmaßnahmen ergreifen müssen. ... Es besteht ferner begründeter Verdacht, dass auch einem vom Vorstand nur unzureichend informierten Aufsichtsrat es nicht hat entgehen können, dass der Vorstand übergroße und existenzbedrohende Risiken eingegangen ist. Auch die erheblichen Diskrepanzen in den Geschäftsberichten 2006/2007 ... hätten entsprechende Nachfragen des Aufsichtsrats auslösen müssen. Es liegen daher Tatsachen vor, die den hinreichenden Verdacht rechtfertigen, dass der Aufsichtsrat seine Überwachungspflichten in erheblichem Maße verletzt hat." Diese Feststellungen haben jedoch nicht zu einer Inanspruchnahme von Mitgliedern des Aufsichtsorgans geführt, weil es in dem entschiedenen Fall nicht um die Haftung, sondern um die

---

1 Dieser allgemeine Grundsatz gilt auch für Sparkassen, vgl. *Schlierbach/Püttner*, S. 182.
2 Vgl. nachfolgend Rz. 23.111 ff.
3 OLG Düsseldorf v. 9.12.2009 – I-6 W 45/09, AG 2010, 126 = ZIP 2010, 28.

Durchsetzung einer Sonderprüfung durch eine Minderheit von Aktionären ging und eine Schadensersatzklage auf dieser Grundlage nicht bekannt geworden ist. Hätte jedoch die geschädigte Bank die Mitglieder ihres Aufsichtsrats auf Schadensersatz in Anspruch genommen, so hätte sich auch ein neu gewähltes Aufsichtsratsmitglied nach hier vertretener Auffassung nicht darauf berufen können, dass es nach den von der BaFin definierten Qualifikationsanforderungen noch nicht die für die Erfüllung seiner Aufgaben erforderliche Sachkunde hätte haben müssen.

2. Besonderheiten bei öffentlich-rechtlichen Instituten

Die **Haftungsgrundlage** für das Aufsichtsorgan der öffentlich-rechtlichen Institute ist teilweise in den Landesgesetzen enthalten, teilweise fehlt jedwede Regelung. In der sparkassenrechtlichen Literatur ist jedoch allgemein anerkannt, dass Verwaltungsratsmitglieder für Pflichtverletzungen haften, und zwar auch dann, wenn das anwendbare Sparkassengesetz keine Haftungsnorm enthält.[1] Gleiches gilt für Landesbanken und sonstige öffentlich-rechtliche Kreditinstitute. Denn auch hier gilt, dass aus der Verleihung der Organstellung die Verpflichtung zur ordnungsgemäßen Erfüllung der entsprechenden Aufgaben und somit die Haftung für Verletzungen dieser Pflichten folgt.

23.97

Die Haftung besteht auch dort, wo bei Pflichtverletzungen gesetzlich nur die Möglichkeit des **Ausschlusses aus dem Verwaltungsrat** geregelt ist (wie z.B. in § 14 Abs. 3 SpkG M-V), eine gesetzliche Haftungsanordnung für Pflichtverletzungen aber fehlt.[2] Mittelbar wird dies z.B. durch die gesetzliche Regelung in Baden-Württemberg in § 19 Abs. 5 und Abs. 6 SpkG B-W[3] bestätigt, die sowohl die Haftung als auch gleichzeitig die Ausschließung vorsehen, mithin die Ausschließung kein die Haftung verdrängender Tatbestand ist.

23.98

a) Haftungsbeschränkung in einigen Landesgesetzen

In einigen Bundesländern wurde der Haftungsmaßstab des Verwaltungsrats einer Sparkasse gesetzlich ausdrücklich geregelt. So kennen Baden-Württemberg, Hessen, Nordrhein-Westfalen, Rheinland-Pfalz, das Saarland, Schleswig-Holstein und Thüringen eine Haftungsbeschränkung für Mitglieder des Verwaltungsrats auf Vorsatz und grobe Fahrlässigkeit – meist durch Verweisung auf die **Regelungen des Landesbeamtengesetzes**.[4] Gleiches gilt für die Verwaltungsratsmitglieder in Bayern. Dort besteht zwar keine ausdrückliche Haftungsregelung, jedoch in Art. 20 Abs. 2 bay. SpkG eine allgemeine Verweisungsklausel auf die Bestimmungen des Kommunalrechts.[5] Niedersachsens Sparkassengesetz enthält eine Regelung, die die modifizierten Haftungsgrundsätze für den Vorstand für anwendbar erklärt (vgl. dazu Rz. 23.14). Danach liegt eine haftungsbegründende Pflichtverletzung nicht vor, wenn das Verwaltungsratsmitglied ohne grobe Fahrlässigkeit annehmen durfte, auf der Grundlage angemessener Informationen zum Wohl der Sparkasse zu handeln. Gleiches gilt für die Norddeutsche Landes-

23.99

---

1 *Schlierbach/Püttner*, S. 180; *Lutter*, Pflichten und Haftung, S. 72.
2 *Lutter*, Pflichten und Haftung, S. 74; a.A. das insoweit abseitige Urteil des OLG Rostock v. 5.8.1016 – 1 U 21/12 (unveröffentlicht) – keine Haftung der Mitglieder und des Vorsitzenden des Verwaltungsrats einer Sparkasse in M.-V.
3 Ebenso in Thüringen, vgl. § 8 Abs. 2 Satz 3 Thür SpkG und § 4 Satz 2 Thür. SpkVO.
4 vgl. z.B. § 19 Abs. 6 SpkG B-W i.V.m. § 59 LBG, nicht aber bei der Landesbank Baden-Württemberg – vgl. § 6 Abs. 3 Satz 2 Satzung LBBW; § 5d Abs. 3 Satz 2 hess. SpkG; § 14 Abs. 8 SpkG NRW i.V.m. § 84 Abs. 1 LBG.
5 Näheres vgl. *Berg*, Bay. VBl. 2000, 385 ff.

bank[1] sowie die Niedersächsische Förderbank (§ 10 Abs. 1 Satz 5 Nieders. FörderbankG). Eine Haftungsbeschränkung auf Vorsatz und grobe Fahrlässigkeit gilt für die Mitglieder der Verwaltungsräte der Bayerischen Landesbank[2] und der Hessischen Landesbank[3]. Für andere öffentliche Banken sind die aktienrechtlichen Haftungsbestimmungen ausdrücklich für anwendbar erklärt, so für die Investitionsbank Hessen[4] und die Aufbaubank Thüringen[5].

b) Haftung ohne gesetzliche Regelung

23.100 Fraglich ist die Rechtslage, wenn eine spezialgesetzliche Regelung fehlt wie in Berlin und den neuen Bundesländern außer Thüringen. Hierzu wird in der sparkassenrechtlichen Literatur teilweise vertreten, dass die Regelung der Länder mit einer entsprechenden **Haftungsprivilegierung analog anwendbar** sei.[6] Dies wird mit der ehrenamtlichen Tätigkeit, mit der Nähe zu kommunalen Ämtern, bei denen die kommunalrechtliche Haftungsbeschränkung greift, und mit dem Fehlen eines Sachgrundes für eine unterschiedliche Behandlung begründet.

23.101 Letzteres überzeugt aber schon deshalb nicht, weil **landesrechtlich unterschiedliche Regelungen** im Organisationsrecht der Landesbanken und Sparkassen häufig anzutreffen sind und zumindest durch die Sonderregelung in Niedersachsen (nur teilweise Haftungsbeschränkung) ausdrücklich abweichend von den anderen Ländern mit einer Haftungsregelung ausgestaltet ist (ebenso unterschiedliche Regelungen bei anderen öffentlichen Banken – siehe vorstehender Absatz). Hinzu kommt, dass in vier neuen Bundesländern[7] eine Haftungsprivilegierung für Mitglieder des Verwaltungsrats nicht geregelt wurde, obwohl die Sparkassengesetze der anderen Bundesländer bekannt waren und weitgehend als Vorlage dienten. Dies spricht für eine bewusste Nichtregelung einer Haftungsprivilegierung, die somit auch nicht gewollt sein dürfte. Außerdem ist der beamtenrechtliche Haftungsmaßstab mit der gesetzlich angeordneten Sorgfalt eines ordentlichen Kaufmanns kaum vereinbar.[8] Schließlich sind bei heutigen Sparkassen die Vergleichbarkeit und die Wettbewerbssituation mit Instituten des privaten und genossenschaftlichen Sektors zu berücksichtigen, der keine Haftungsprivilegierung ihrer Überwachungsorgane kennt. *Lutter*[9] begründet das Haftungserfordernis bei Nichtregelung auch damit, dass die Milderung des Haftungsmaßstabs den Fehlschluss suggerieren könnte, dass die Überwachungstätigkeit eines Sparkassenverwaltungsrats potenziell mit höheren Defiziten und Unzulänglichkeiten behaftet wäre, weil es keine branchenübliche Haftung gibt, die disziplinierend wirkt. Sofern keine ausdrückliche Regelung im Landessparkassenrecht getroffen ist, sprechen die überzeugenderen Gründe daher gegen eine analoge Anwendung der beamtenrechtlichen Haftungsprivilegierung.

---

1 § 9 Abs. 3 i.V.m. Abs. 2 Satz 3 NordLB-Staatsvertrag.
2 § 19 Abs. 2 Satz 2 Satzung bayer.LB.
3 § 11 Abs. 8 Satz 2 Satzung Helaba.
4 § 9 Abs. 2 Errichtungsgesetz Investitionsbank Hessen.
5 § 4 Nr. 3 AufbaubankG.
6 *Schlierbach/Püttner*, S. 180 ff. m.w.N.
7 Anders in Thüringen – vgl. § 4 Satz 2 Thür. SpkVO.
8 So *Lutter*, Pflichten und Haftung, S. 126 ff.
9 Ähnlich *Lutter*, Pflichten und Haftung, S. 126 ff.

c) Haftungsmaßstab für den Verwaltungsratsvorsitzenden

In den Ländern ohne gesetzlich geregelte Haftungsprivilegierung könnte fraglich sein, ob die gleichen Haftungsmaßstäbe für den Vorsitzenden des Verwaltungsrats gelten. Denn er gehört nach den Landessparkassengesetzen dem Organ nicht als gewählter, sondern als geborener Vertreter an (außer bei Zweckverbandssparkassen). Das Amt des Vorsitzenden folgt dem Hauptamt in der Verwaltung des Trägers. Das Kommunalrecht enthält eine **Haftungsprivilegierung für die Vertreter der Gebietskörperschaften** für ihre Tätigkeit in einem Organ eines Unternehmens in privater Rechtsform. Das kommunale Wirtschaftsrecht ist jedoch auf die Tätigkeit bei Sparkassen nicht anwendbar, weil die deutschen Gemeindeordnungen einheitlich bestimmen[1], dass es für das öffentliche Sparkassenwesen bei den besonderen Vorschriften des Sparkassenrechts verbleibt.[2] Eine abweichende haftungsrechtliche Behandlung des Vorsitzenden des Verwaltungsrats ist damit nicht begründet. Für ihn gelten die gleichen Grundsätze, nach denen aus der übertragenen Organstellung die Pflicht zur ordnungsgemäßen Erfüllung der Organaufgaben folgt, für deren Verletzung der Amtsträger mangels entgegenstehender Regelung für jedwede Fahrlässigkeit einzustehen hat. Ein Übergreifen der mit dem Hauptamt verbundenen Haftungsprivilegierung auf die andersartige Tätigkeit als Überwacher des im Vergleich zu Kommunalunternehmen andersartigen Wirtschaftsunternehmens Sparkasse ist nicht veranlasst. Es wäre auch inkonsequent, die weiteren Mitglieder des Verwaltungsrats für jedwede Fahrlässigkeit haften zu lassen, den Vorsitzenden jedoch nicht.[3]

23.102

II. Sachkunde- und Sorgfaltsanforderungen

1. Allgemeine Anforderungen

Für die Pflichten sowie die Sorgfaltsanforderungen an die Mitglieder des Aufsichtsorgans von Instituten der Finanzbranche gelten grundsätzlich keine anderen Maßstäbe, als sie oben von *Krieger*, Rz. 3.20 ff. für die Aktiengesellschaft dargestellt sind. Jedoch bedingt der vorstehend dargestellte[4] hochkomplexe Aufgaben-und Pflichtenkanon der Geschäftsleitung von Instituten der Finanzbranche eine entsprechend **komplexe Überwachungstätigkeit**[5] des Aufsichtsorgans. Dieser deutlich höhere Standard als in den meisten sonstigen Unternehmen bedingt zwangsläufig auch höhere Haftungsrisiken.

23.103

Neben den nachstehend dargestellten besonderen aufsichtlichen Anforderungen werden für Mitglieder des Aufsichtsorgans von Kreditinstituten mindestens allgemeine wirtschaftliche Erfahrung und Grundkenntnisse der spezifischen Geschäfte, die das Institut betreibt, samt deren Risiken und des allgemeinen Organisationsablaufs, ferner Kenntnisse der Rechtsgrundlagen des Instituts samt Bankaufsichtsrecht für notwendig gehalten. Die Organmitglieder müssen diejenigen **Mindestkenntnisse und -fähigkeiten** besitzen oder sich aneignen, die notwendig sind, um alle normalerweise anfallenden Geschäftsvorgänge ohne fremde Hilfe verstehen und sachgerecht beurteilen zu können. Die Sachkunde muss so weit reichen, dass das Mitglied imstande ist, die vorgelegten Unterlagen einschließlich Bilanz und Prüfungsbericht zu

23.104

---

1 Vgl. z.B § 92 Abs. 6 Bbg. KVerf oder § 68 Abs. 5 Satz 2 KV M-V.
2 Ebenso *Berg*, Bay. VBl. 2000, 392, rechte Spalte.
3 *Lutter*, Pflichten und Haftung, S. 143; für die umgekehrte Gesetzeslage in BW (Haftungsprivilegierung trotz fehlender Regelung für Vorsitzenden) vgl. *Klüpfel/Gaberdiel/Gnamm/Höppel*, § 19 Anm. VI.3.
4 Vgl. vorstehend Rz. 23.21 ff. und 23.57 ff.
5 Vgl. hierzu *Lang/Balzer*, WM 2012, 1167, 1171 f.

verstehen, ggf. Ergänzungen zu fordern und aufgrund dieser Information die Situation des Instituts, die Vorstandsarbeit und die zu treffenden Entscheidungsgegenstände zu beurteilen.

2. Richtlinienkompetenz des Verwaltungsrats von Sparkassen

23.105 Für Sparkassen gelten einige Besonderheiten. Die Überwachung der Geschäftsführung des Vorstands ist zwar auch bei Sparkassen Hauptaufgabe des Verwaltungsrats. Sie bezieht sich darauf, dass der Vorstand seiner Pflicht zur ordnungsgemäßen Geschäftsführung nachkommt und sich bei seiner Tätigkeit an Gesetz, Verordnung, Satzung, aufsichtsbehördlichen Anordnungen und internen Geschäftsanweisungen hält.[1] Allerdings ist Gegenstand der Überwachung nur eine **Rechtmäßigkeitskontrolle**[2], während Zweckmäßigkeitsfragen im ausschließlichen Kompetenzbereich des Vorstands liegen.

23.106 Neben der Überwachungsaufgabe bestimmt der Verwaltungsrat nach den Sparkassengesetzen der Länder[3] auch die **Richtlinien der Geschäftspolitik**. Damit ist das Management-System der Sparkassen tendenziell auf eine engere Verzahnung der Aufgaben von Vorstand und Verwaltungsrat als bei der Aktiengesellschaft angelegt.[4] Richtlinien der Geschäftspolitik sind **allgemeine Orientierungsmaßstäbe und Zielvorstellungen für die Unternehmenspolitik**.[5] Eingriffe in die Geschäftsführung oder Einzelweisungen – z.B. zu Regelkonditionen, bestimmten Geschäftsabschlüssen oder organisatorischen Maßnahmen – sind damit nicht legitimiert. Trotz Richtlinienkompetenz des Verwaltungsrats gilt auch für Sparkassen die grundsätzliche Funktionstrennung zwischen Geschäftsführungsaufgabe des Vorstands und deren Überwachung durch den Verwaltungsrat.[6] Etwas Anderes wäre mit der aufsichtsrechtlich gebotenen Alleinverantwortlichkeit[7] des Vorstands für den Unternehmenserfolg nicht vereinbar.

3. Besondere aufsichtliche Anforderungen

23.107 Die allgemeinen Sachkundeanforderungen des Gesellschafts-, Genossenschafts- und Sparkassenrechts an die Mitglieder der Aufsichtsorgane wurden für Kredit – und Finanzdienstleistungsinstitute mit dem Gesetz zur Stärkung der Finanzmarkt- und Versicherungsaufsicht vom 29.7.2009[8] neu geregelt und mit dem CRD IV Umsetzungsgesetz[9] **im Bankaufsichtsrecht weiter konkretisiert**. Ähnlich wie bei Geschäftsleitern enthält § 25d KWG eine detaillierte Regelung der Anforderungen an Mitglieder des Aufsichtsorgans. Die BaFin hat hierzu in einem **Merkblatt**[10] ausführlich Stellung genommen. Das in dritter Auflage vorliegende Merkblatt gibt einen Überblick über die erforderliche Sachkunde, Zuverlässigkeit, erforderliche zeitliche

---

1 *Lutter*, Pflichten und Haftung, S. 87.
2 *Berger*, § 15 Rz. 5; *Schlierbach/Püttner*, S. 185; *Lutter*, Pflichten und Haftung, S. 86.
3 Außer in Niedersachsen, wo der Verwaltungsrat den Vorstand nur berät und dessen Geschäftsführung überwacht – vgl. § 16 Abs. 1 Nieders. SpkG.
4 *Lutter*, Pflichten und Haftung, S. 138 f.
5 *Schlierbach/Püttner*, Abschnitt 14.6.2; *Klüpfel/Gaberdiel/Gnamm/Höppel*, § 12 II 2 und 3; *Lutter*, Pflichten und Haftung, S. 79.
6 *Berger*, § 16 Rz. 2; *Klüpfel/Gaberdiel/Gnamm/Höppel*, § 12 I 2.
7 *Schäfer* in Boos/Fischer/Schulte-Mattler, § 1 KWG Rz. 210; *Berger*, § 10 Rz. 4; *Klüpfel/Gaberdiel/Gnamm/Höppel*, § 12 II 2 und 3.
8 BGBl. I 2009, 2305.
9 Gesetz vom 28.8.2013 (BGBl. I 2013, 3395).
10 Merkblatt zu den Mitgliedern von Verwaltungs- und Aufsichtsorganen gemäß KWG und KAGB vom 4.1.2016, abgedruckt bei *Consbruch/Fischer*, B 64.56.

Verfügbarkeit und die weiteren Anforderungen und enthält einen Formularanhang zur Erfüllung der damit verbundenen Anzeigepflichten. Darin werden auch die gesetzlichen Anforderungen an die Bildung von Ausschüssen nach dem Kreditwesengesetz erläutert.

Nach den Regelungen in den §§ 25d Abs. 1 bis 3 und 36 Abs. 3 KWG müssen die Mitglieder des Verwaltungs- oder Aufsichtsorgans eines Instituts „zuverlässig sein, die erforderliche Sachkunde zur Wahrnehmung der Kontrollfunktion sowie zur Beurteilung und Überwachung der Geschäfte, die das jeweilige Unternehmen betreibt, besitzen und der Wahrnehmung ihrer Aufgaben ausreichend Zeit widmen". Dabei sind Umfang und Komplexität der von dem Institut betriebenen Geschäfte zu berücksichtigen. § 25d KWG enthält auch eine **detaillierte Regelung** zu den persönlichen und fachlichen Qualifikationsanforderungen der Mitglieder des Aufsichtsorgans. Erhöhte Anforderungen stellt sie an Personen, die die Aufsichtsfunktion in einem Institut von erheblicher Bedeutung[1] wahrnehmen. Außerdem sieht die Vorschrift für Institute von erheblicher Bedeutung die Einrichtung eines **Risikoausschusses**, eines **Prüfungsausschusses**, eines **Normierungsausschusses** und eines **Vergütungskontrollausschusses** auf der Ebene des Aufsichtsorgans vor.

23.108

§ 25d Abs. 3 KWG verbietet Mitgliedern des Aufsichtsorgans außerdem, in anderen Unternehmen die Geschäftsleiterfunktion und mehr als zwei Aufsichts- oder Verwaltungsratsämter oder allein mehr als drei Aufsichts- oder Verwaltungsratsämter wahrzunehmen. Ausnahmen gelten innerhalb von Institutsgruppen und Konzernen sowie für nicht überwiegend gewerblich tätige Unternehmen. Außerdem beschränkt § 25d Abs. 3 Nr. 2 KWG den **Wechsel von Geschäftsleitern in das Aufsichtsorgan**, wenn bereits zwei ehemalige Geschäftsleiter des Unternehmens dort Mitglied sind. Dies entspricht einer Forderung des Deutschen Corporate Governance Kodex.[2]

23.109

Es besteht eine **Anzeigepflicht** für die Bestellung eines Mitglieds des Verwaltungs- und Aufsichtsorgans, bei der Angaben zur Beurteilung der Zuverlässigkeit und Sachkunde (Einreichung von Lebenslauf, Führungszeugnis nach § 30 Abs. 5 BZRG, Straffreiheitserklärung) gemacht werden müssen (§ 24 Abs. 1 Nr. 15 KWG/§ 5 AnzV entsprechend). Die BaFin überwacht die Zuverlässigkeits- und Sachkundeanforderungen und kann die Abberufung von Mitgliedern des Aufsichtsorgans verlangen.

23.110

4. Flexible Auslegung durch die BaFin

Die BaFin hat in dem zitierten Merkblatt[3] Erläuterungen gegeben. Danach sind die Anforderungen an Mitglieder von Aufsichts- und Verwaltungsräten insbesondere an der Größe und systemischen Relevanz des Unternehmens sowie **Art, Umfang, Komplexität und Risikogehalt der Geschäftsaktivitäten** zu messen. Für Arbeitnehmervertreter sollen zwar keine abweichenden Kriterien gelten. Bei Beschäftigten des jeweiligen Unternehmens, geht die BaFin jedoch davon aus, dass das gesetzliche Kriterium „Verständnis für die wirtschaftlichen und rechtlichen Abläufe im Tagesgeschehen eines Instituts" zumindest dann vorliegt, wenn sie nicht lediglich Unterstützungsfunktionen in dem Institut wahrnehmen.

23.111

---

1 Definiert in § 25d Abs. 3 Satz 8 KWG.
2 Deutscher Corporate Governance Kodex vom 26.2.2002 in der Fassung der Neubekanntmachung vom 5.5.2015.
3 Vom 4.1.2016, abgedruckt bei *Consbruch/Fischer*, B 64.56.

23.112 Weiterhin nimmt die BaFin bei **Kaufleuten, buchführungspflichtigen Land- und Forstwirten sowie sonstigen Unternehmern** i.S. des § 141 AO regelmäßig die allgemeine wirtschaftliche Sachkunde an. Sie sei beispielsweise dann zu bejahen, wenn das Gewerbe des Organmitglieds dem Großteil der Institutskunden der Art nach vergleichbar ist. Danach verfügt z.B. der Geschäftsführer oder Inhaber eines mittelständischen Betriebs über die erforderliche kreditwirtschaftliche Sachkunde für das Aufsichtsorgan einer Kreditgenossenschaft oder Sparkasse, deren Kunden zum größeren Teil dieser Art von Unternehmen entsprechen.

23.113 Schließlich könne auch die Tätigkeit in anderen Branchen oder der **öffentlichen Verwaltung oder aufgrund von politischen Mandaten** die erforderliche Sachkunde begründen, wenn diese Tätigkeit maßgeblich auf wirtschaftliche und juristische Fragestellungen ausgerichtet ist. Danach verfügten auch Kämmerer, Bürgermeister und Landräte einer Gebietskörperschaft regelmäßig über die erforderliche Sachkunde, wenn sie „über einen längeren Zeitraum Tätigkeiten ausgeübt haben, die maßgeblich auf wirtschaftliche und rechtliche Fragestellungen ausgerichtet" waren. Diese Aussage hat vor allem für Sparkassen Bedeutung, nach deren Gesetzeslage diese Funktionsträger häufig geborene Vorsitzende von Verwaltungsräten sind, die nur unter erheblichen rechtlichen und tatsächlichen Komplikationen austauschbar wären.

23.114 Selbst wenn diese schon weit gefassten Anforderungen nicht erfüllt sind, können die erforderlichen Kenntnisse nach den Erläuterungen der BaFin – wie auch von der Gesetzesbegründung angenommen – grundsätzlich durch Fortbildung erworben werden, sogar nach der Bestellung.[1] Der Inhalt der Fortbildung soll Größe und Komplexität des Instituts berücksichtigen. Die **Fortbildung** soll die grundlegenden wirtschaftlichen und rechtlichen Abläufe im Tagesgeschehen des jeweiligen Instituts, das Risikomanagement sowie die Funktionen und die Verantwortung der Mitglieder des Aufsichtsorgans umfassen. Auch Kenntnisse über die Grundzüge der Bilanzierung sowie des Aufsichtsrechts sollten erworben werden. Werden die Kenntnisse erst nach Beginn der Tätigkeit in dem Aufsichtsorgan erworben, sollte dies innerhalb von 6 Monaten nach Bestellung erfolgen. Die Bereitschaft zu entsprechender Fortbildung soll im Zusammenhang mit der Anzeige der Bestellung erklärt werden. Nach Abschluss der Fortbildung soll die BaFin einen entsprechenden Teilnahmenachweis erhalten.

5. Weitergehende Anforderungen durch EBA, ESMA und EZB

23.115 Mit den bereits erwähnten Entwürfen einer gemeinsamen Leitlinie von EBA und ESMA[2] sowie eines Leitfadens der EZB[3] würden wesentlich weitergehende Anforderungen an die Mitglieder von Aufsichtsorganen gestellt. Zunächst ist darauf hinzuweisen, dass beide Entwürfe die im deutschen Gesellschafts- und öffentlichen Unternehmensrecht geltende **Funktionstrennung** zwischen Geschäftsführungsorgan und Aufsichtsorgan nur unzureichend berücksichtigen. Sie gehen vielmehr von der in anderen Ländern geltenden Einorganschaft aus. So sind z.B. in Ziff. 5.1 ff. des Entwurfs des Leitfadens der EZB weitgehend einheitliche Kriterien für die Mitglieder des „Leitungsorgans" vorgegeben.

---

1 BT-Drucks. 18/1305.
2 EBA/CP/2016/17 – Entwurf von Leitlinien von EBA/ESMA vom 28.10.2016, https://www.eba.europa.eu/documents/10180/1639842/Consultation+Paper+on+Joint+ESMA+EBA+Guidelines+on+suitability+of+management+body+(EBA-CP-2016-17).pdf.
3 Stand November 2016, veröffentlich unter https://www.bankingsupervision.europa.eu/legalframework/publiccons/pdf/fap/fap_guide.de.pdf.

Als **maßgebliche Kriterien** benennt die EZB: Erfahrung, Leumund, Interessenkonflikte und Voreingenommenheit, Zeitaufwand und kollektive Eignung. Hinsichtlich der Qualifikation erwartet die EZB, dass alle Organmitglieder theoretische Erfahrung in den Bereichen Finanzmärkte, Regulierungsrahmen und rechtliche Anforderungen, strategische Planung, Risikomanagement, effektive Unternehmensführung und Auswertung von Finanzinformationen aufweisen. Außerdem sollen alle Organmitglieder praktische Erfahrungen in entsprechenden Positionen unter Berücksichtigung von Beschäftigungsdauer, Größe des Unternehmens, Verantwortungsbereich und Zahl der unterstellten Mitarbeiter usw. gesammelt haben. Dabei unterscheidet der Entwurf des Leitfadens nicht zwischen dem Management und dem Aufsichtsorgan. Die Spitzenverbände der deutschen Kreditwirtschaft[1] kritisieren dies zu Recht als praxisfremd und als „**Diversity-Hemmnis**". 23.116

Ein **Interessenkonflikt** soll unter anderem dann vorliegen, wenn das betreffende Mitglied oder eine ihm nahestehende Personen eine Position mit hohem **politischen Einfluss** bekleidet – z.B. als Bürgermeister, Regierungsmitglied oder Ministerialbeamter. Eine Ausnahme soll allerdings für Vertreter der Anteilseigner gelten. Der Ausschluss von Personen mit hohem politischen Einfluss aus den Organen hat gleichfalls Widerspruch in der Stellungnahme der deutschen Kreditwirtschaft sowie einem gemeinsamen Schreiben[2] der kommunalen Spitzenverbände und des Deutschen Sparkassen und Giroverband ausgelöst. Es wird befürchtet, dass diese Forderung in Widerspruch zu den grundlegenden Strukturen der deutschen öffentlich-rechtlich organisierten Kreditinstitute, vor allem der Verzahnung der Organe der kommunalen Träger im Aufsichtsorgan der Sparkassen stehen würde. Denn die Hauptverwaltungsbeamten der Trägerkommunen von Sparkassen – also Landräte und Bürgermeister – sind nach dem Sparkassenrecht der Länder meist die geborenen Vorsitzenden der Verwaltungsräte der Sparkassen. Außerdem wird die kommunale Bindung durch weitere Vertreter der Trägerkommunen im Verwaltungsrat der Sparkassen verankert. Ähnliches gilt bei anderen öffentlichen Banken, bei denen Minister oder Ministerialbeamte als Trägervertreter im Aufsichtsorgan Vorsitzende oder Mitglieder sind. Nach deutschem öffentlich-rechtlichen Rechtsverständnis haben Sparkassen und öffentliche-rechtlich organisierte Banken keine Eigentümer und somit auch **keine Anteilseigner, sondern Träger**[3] oder Gewährträger.[4] Allerdings kann vermutet werden, dass die Verfasser des EZB-Leitfadens diese spezifisch deutsche Rechtslage nicht vor Augen hatten oder davon ausgehen, dass unter Vertreter der Anteilseigner auch die Vertreter der Träger zu verstehen sind und somit unter die erwähnte Ausnahme vom Ausschluss aus dem Aufsichtsorgan fallen. 23.117

Die gemeinsamen Vorschläge von EBA und ESMA bzw. die der EZB weisen weitere teils exzessive und wenig praxisnahe Vorschläge[5] besonders im Hinblick auf das geforderte einseitig ausgerichtete Expertentum, die vorherige Ermittlung und den Nachweis des geplanten Zeitaufwands, die laufende Nachkontrolle der Qualifikation der Organmitglieder usw. auf. Hinsichtlich der Beurteilung des Leumunds erhebt die EZB ausdrücklich die Forderung, dass die **Grundsätze der Verhältnismäßigkeit und der Unschuldsvermutung nicht gelten** sollen. Solche Vorstellungen werden von bürokratisch fundamentalistischen Eurokraten mit 23.118

---

1 Schreiben der deutschen Kreditwirtschaft (DK) vom 20.1.2017.
2 Vom Bundesverband der kommunalen Spitzenverbände veröffentlicht unter https://kommunal. de/wp-content/uploads/2017/02/170123_b_Kommunale-Spitzenverbände-und-DSGV-an-BMF-Ba Fin-und-Bundesbank_FINAL.PDFch; vgl. auch FAZ vom 1.2.2017, S. 18.
3 Vgl. z.B. § 1 SpkG B-W; Art. 4 Abs. 1 bay. SpkG; § 3 Abs. 2 Berl. Spk.
4 Vgl. z.B. § 5 Abs. 1 L-BankG B-W.
5 Vgl. auch vorstehend Rz. 23.43.

merkwürdigem Verfassungsverständnis im Elfenbeinturm entwickelt. Außerdem erscheint es als eine Illusion, mit noch so perfektionistischen Anforderungen samt Durchleuchtung aller Details der persönlichen und beruflichen Entwicklung Fehlverhalten von Führungspersonal besser verhindern zu wollen. Leider sind dies nicht die einzigen Beispiele der Bedrohung einer funktionsfähigen Finanzwirtschaft durch eine Überregulierung, die die Kollateralschäden, die sie anrichtet, nicht erkennt.

6. Informationsrechte und -pflichten

23.119 Zur Ausübung der Aufsichtsfunktion fordert das Merkblatt der BaFin, dass Mitglieder des Aufsichtsorgans die Geschäftsstrategie und die Risikosituation des Unternehmens laufend beobachten und sich ein Urteil darüber bilden. Insbesondere bei bereits festgestellten oder zu erwartenden erheblichen Änderungen der Risikosituation sei auch **zwischen den Sitzungen** eine enge Begleitung der Entwicklung des Instituts erforderlich. Die BaFin bezieht sich dabei auf § 36 Abs. 3 Satz 4 KWG, wonach Mitglieder des Aufsichtsorgans ihre Überwachungs- und Kontrollfunktion so auszuüben haben, dass wesentliche Verstöße der Geschäftsleiter gegen die Grundsätze einer ordnungsgemäßen Geschäftsführung entdeckt und verhindert werden können. Dies setze den notwendigen zeitlichen Einsatz besonders für die Vorbereitung von Sitzungen und eine aktive Inanspruchnahme des Auskunftsrechts gegenüber der Geschäftsleitung voraus.

23.120 Die Mitglieder des Aufsichtsorgans können ihre Aufgabe nur dann sachgerecht erfüllen, wenn sie hinreichend informiert sind. Die Information muss so aufbereitet sein, dass sie die erforderliche Entscheidungsgrundlage für alle zu behandelnden Fragen im Aufsichtsorgan darstellt. Je nach Entscheidungsgegenstand müssen die zur Beurteilung erforderlichen Maßnahmen, geschäftspolitischen Zwecke, Konsequenzen und Risiken vom Vorstand dargestellt bzw. die entsprechenden Daten geliefert werden. Weitere Informationsquellen sind die Ergebnisse von Ausschüssen, die Prüfungsberichte und Pressedarstellungen. Allerdings befasst sich der Aufsichts- oder Verwaltungsrat – von gewichtigen Ausnahmen abgesehen – weder mit Einzelgeschäften, noch mit den Details der organisatorischen Entwicklung. Für die Information genügt die **Darstellung der wesentlichen Planungen, Entwicklungen, Risiken und organisatorischen Veränderungen**.

23.121 Der Vorstand ist zur selbständigen, rechtzeitigen, offenen und **gewissenhaften Unterrichtung** über alle wichtigen Vorgänge unabhängig von etwaigen konkreten Fragen der Organmitglieder verpflichtet, ggf. auch zur Aktenvorlage.[1] Wichtige Angelegenheiten sind bei Kreditinstituten unter anderem die wirtschaftliche Lage, die Solvabilität und Liquidität entsprechend den bankaufsichtlichen Anforderungen nach der CRR-Verordnung, den §§ 10 bis 11 KWG und der Solvabilitätsverordnung, besondere Risiken, größere Wertberichtigungen oder Abschreibungen, Beanstandungen der Aufsicht, geplante Strukturmaßnahmen u.a.

23.122 Die Information durch den Vorstand muss nicht nur inhaltlich zutreffen, für Zwecke des Aufsichtsorgans vollständig und in sich schlüssig sein, sondern auch in einer Form zur Verfügung gestellt werden, die es den Mitgliedern ermöglicht, die **Informationen in zumutbarer Weise zur Kenntnis** zu nehmen. Für leicht überblickbare Sachverhalte, z.B. solche, die lediglich eine Fortschreibung bekannter Umstände usw. darstellen, genügen wesentlich geringere Anforderungen – z.B. nur mündlicher Vortrag in der Sitzung – als für sachlich schwierige Beratungs-

---

[1] *Spindler* in MünchKomm. AktG, 4. Aufl., § 90 AktG Rz. 49 ff.; *Schlierbach/Püttner*, S. 187.

oder Entscheidungsgegenstände. Der in der Regierungsbegründung[1] zum Transparenz- und Publizitätsgesetz niedergelegte Grundsatz, dass umfangreiche oder komplizierter Unterlagen früher als andere zur Verfügung gestellt werden müssen, gilt ebenso wie das Erfordernis, dass bei besonders schwierigen Beschlussgegenständen oder solchen von bedeutsamer Tragweite ein größerer Zeitraum für eine gewissenhafte Prüfung erforderlich ist. Andererseits müssen die Unterlagen den aktuellen Stand wiedergeben. Soweit dies nicht im Rahmen einer hinreichend frühzeitigen Vorlage möglich ist, lässt sich das Problem durch kurzfristige Ergänzung – ggf. auch mündlich in der Sitzung – lösen.

Jedes **Organmitglied ist dafür verantwortlich**, dass es, soweit erkennbar, die erforderlichen Informationen erhält. Es ist verpflichtet, bei Unplausibilität der Vorstandsvorlagen, Lücken oder sonstigen Mängeln der Berichterstattung des Vorstands weitergehende Informationen einzufordern.[2] Dies bedeutet allerdings nicht, dass jedes Organmitglied jedwede Information an sich selbst einfordern könnte. Zur Erfüllung der aktiven Informationspflicht genügt der Hinweis auf eine ggf. unzureichende Entscheidungsvorbereitung mit dem Antrag, entsprechende Informationen dem Aufsichtsorgan zu übermitteln. Erhält ein solcher Antrag nicht die notwendige Mehrheit oder ist er aus anderen Gründen nicht durchsetzbar, wurde der Antragsteller seiner Informationsverpflichtung gerecht.

23.123

7. Verschwiegenheitspflicht

a) Besondere Vertrauensempfindlichkeit

Die Verschwiegenheitspflicht hat in der Kreditwirtschaft angesichts von **Bankgeheimnis** und besonderer Vertrauensempfindlichkeit der Branche[3] herausragende Bedeutung. Sie erfasst jede vertrauliche Information aus dem Geschäftsbetrieb und den gesamten Beratungsinhalt (Beratungs- und Abstimmungsgeheimnis). Alle kundenbezogenen Tatsachen sind durch das Bankgeheimnis geschützt, vertrauliche Interna der geschäftlichen Entwicklung, der Planung usw. unterliegen dem Schutz des Betriebsgeheimnisses und personelle Angelegenheiten wie z.B. Bewerbungsunterlagen dem Daten- und Persönlichkeitsschutz.

23.124

b) Anwendungsbereich

Das Spannungsverhältnis zwischen Geheimhaltungserfordernis bzw. Missbrauchsgefahr einerseits und dem Informationsbedarf der Aufsichts- oder Verwaltungsratsmitglieder andererseits kann nicht in der Weise gelöst werden, dass den Organmitgliedern **entscheidungsnotwendige Informationen vorenthalten** oder ohne hinreichende Prüfungsmöglichkeit übermittelt werden. Vorstand und Aufsichtsorgan gelten in gleicher Weise als vertrauenswürdig. Ein Bankgeheimnis oder Betriebsgeheimnis zwischen Vorstand und Verwaltungsrat ist daher in keinem Falle anzuerkennen. Gegenüber einem pflichtgemäßen, d.h. nicht überwachungsfremden Zweck dienenden Auskunftsverlangen des Aufsichtsorgans kann sich der Vorstand daher nicht auf das Bankgeheimnis berufen.[4] Sofern besondere Umstände dies erfordern – z.B. bei Befangenheit oder persönlicher Betroffenheit – kann außerdem im Einzelfall das Aufsichtsorgan durch Beschluss ein **einzelnes Mitglied** von einer bestimmten Informati-

23.125

---

[1] BT-Drucks. 14/8769, S. 15.
[2] *Lang/Balzer*, WM 2012, 1167, 1173 f.
[3] Vgl. *Fischer* in Boos/Fischer/Schulte-Mattler, Einf. 62.
[4] Vgl. *Lutter*, Pflichten und Haftung, S. 121; *Spindler* in MünchKomm. AktG, 4. Aufl., § 90 AktG Rz. 55; *Schlierbach/Püttner*, S. 187.

on **ausschließen** oder beschließen, dass besonders vertrauensempfindliche Informationen z.B. nur dem Vorsitzenden oder einem Ausschuss (z.B. Personalausschuss, Hauptausschuss) zugänglich gemacht werden.

23.126 Die gesetzliche Pflicht der Mitglieder der Aufsichtsorgane zur Verschwiegenheit gilt für privatrechtlich wie öffentlich-rechtlich organisierte Institute[1] gleichermaßen. Bei Letzteren sind Verletzungen der Verschwiegenheitspflicht zudem **strafbewehrt**. Wer unbefugt ein fremdes Geheimnis, namentlich ... ein Betriebs- oder Geschäftsgeheimnis, offenbart, das ihm als Amtsträger oder für den öffentlichen Dienst besonders Verpflichteter ... anvertraut oder sonst bekannt geworden ist", macht sich gem. § 203 Abs. 2 Nr. 1 StGB strafbar. Der Amtsträgerbegriff nach § 11 Abs. 1 Nr. 2 StGB umfasst unter anderem sonstige in einem öffentlich-rechtlichen Amtsverhältnis stehende Personen, was für die Mitglieder der Organe von Sparkassen und Landesbanken allgemein angenommen wird.[2]

c) Beratungsgeheimnis

23.127 Der in der Kreditwirtschaft besonders wichtige Schutz der Vertraulichkeit ist in der Praxis gefährdet durch anderweitige Pflichten und Einbindungen der Organmitglieder. Die Mitglieder der Vertretung der Träger bei den öffentlich-rechtlichen Instituten sind ihren Fraktionen und den Bürgern ihres Wahlbezirks besonders verbunden[3], die Mitbestimmungsvertreter sind häufig Mitglieder des Personalrats und den Arbeitnehmerinteressen verpflichtet.[4] Schließlich können sich **Kollisionen** auch aus geschäftlichen Verpflichtungen und Beziehungen zu Kunden oder sonstigen Geschäftspartnern des Instituts ergeben. Jedoch unterliegen auch die **Kommunal- und Staatsvertreter** in den öffentlich-rechtlich organisierten Instituten der strikten Schweigepflicht gegenüber ihren Entsendungskörperschaften. Eine Offenbarung von vertraulichen Informationen über die geschäftlichen Verhältnisse oder Sitzungsgang und Abstimmungsverhalten z.B. gegenüber der Trägerkörperschaft, Partei oder Fraktion stellt eine Verletzung der Verschwiegenheitspflicht dar.[5] Es besteht keine rechtlich anzuerkennende Güterabwägung zwischen dem Informationsinteresse von Institutsträger, Politik, Presse oder sonstiger Öffentlichkeit im Verhältnis zu der gesetzlich angeordneten Verschwiegenheitspflicht. Entsprechendes gilt im Verhältnis der Mitarbeitervertreter gegenüber Personalrat oder Gewerkschaft.

d) Vorkehrungen zur Wahrung der Vertraulichkeit

23.128 Jedoch kann die geschilderte Vertrauensempfindlichkeit vieler Beratungs- und Beschlussgegenstände Anlass sein, besondere Vorkehrungen zur Gewährleistung des Geheimnisschutzes vorzusehen, ohne dem Aufsichtsorgan die für seine Tätigkeit erforderlichen Informationen zu verweigern. Von Bedeutung ist dabei die Frage der **Übermittlung schriftlicher Sitzungsunterlagen**. Der Gesetzestext des § 90 Abs. 1 AktG besagt zwar, dass schriftliche Berichte je-

---

1 *Lutter*, Pflichten und Haftung, S. 121 ff.; *Schlierbach/Püttner*, S. 178; *Berger*, § 15 Rz. 1 ff.; *Klüpfel/ Gaberdiel/Gnamm/Höppel*, § 19 III.
2 Anwendbarkeit von § 203 StGB auf das Amts- oder Bankgeheimnis vom BGH in einem obiter dictum allerdings in Zweifel gezogen, vgl. Urteil v. 27.10.2009 – XI ZR 225/08, ZIP 2009, 2329.
3 Hierauf weist *Berger* in § 15 Rz. 1 hin.
4 Zur Problematik bei den Mitbestimmungsvertretern vgl. *Spindler* in MünchKomm. AktG, 4. Aufl., § 90 AktG Rz. 56 und *Schlierbach/Püttner*, S. 178, 179.
5 *Schlierbach/Püttner*, S. 178 unter Verweis auf VGH BW v. 12.3.2001 – 1 S 785/00, VBl. BW 2001, 261 f.; *Berger*, § 15 Rz. 1.

dem Aufsichtsratsmitglied auf Verlangen zu übermitteln sind. Dies steht jedoch unter dem Vorbehalt eines gegenteiligen Beschlusses des Aufsichtsrats. Das Schwergewicht der Regelung des § 90 Abs. 5 Satz 2 AktG liegt nicht in der Art der Übermittlung, sondern darin, dass jedes Aufsichtsratsmitglied die Übermittlung von schriftlichen Berichten verlangen kann.[1]

Die Art der Übermittlung bedeutet daher nicht zwangsläufig **Übersendung an die Privat- oder Geschäftsanschrift**. Im Zusammenhang mit § 90 Abs. 5 Satz 2 AktG werden zwar unterschiedliche Möglichkeiten der Informationsvermittlung diskutiert – so z.B. die Übersendung per Post, per E-Mail, per Telefax oder durch Aushändigung zur Mitnahme und Rückgabe. Keine dieser Formen und auch nicht das Prinzip, dass die Unterlagen grundsätzlich außerhalb der Geschäftsräume des Unternehmens eingesehen werden dürfen, ist im Gesetz festgeschrieben. Vielmehr ist unter Übermittlung auch die Aushändigung schriftlicher Unterlagen in den Geschäftsräumen der Gesellschaft zu verstehen.[2] Eine „Übermittlung" ist – z.B. in Sonderfällen besonderer Geheimhaltung – selbst dann gegeben, wenn die Unterlagen dem Mitglied nur während der Sitzung zur Einsicht bereitgestellt werden.

23.129

Besonders im Hinblick auf die Vertraulichkeit von Beratungsgegenständen und die Verschwiegenheitspflicht der Mitglieder des Aufsichtsorgans sind hierzu auch **satzungsrechtliche Regelungen** möglich, soweit sie den Rahmen des § 90 Abs. 5 AktG einhalten. Dass die Aufstellung von Richtlinien zur Wahrung oder Konkretisierung der Vertraulichkeit generell zulässig ist, ergibt sich unter anderem aus einer Entscheidung des Bundesgerichtshofs und der Gesetzesbegründung zum Gesetz zur Kontrolle und Transparenz im Unternehmensbereich (KonTraG).[3] Danach kann „der Aufsichtsrat eine Informationsordnung erlassen ..., die die Berichtspflicht im Einzelnen regelt".

23.130

III. Verjährung

Die zehnjährige Verjährungsfrist des § 52a KWG gilt für Mitglieder des Aufsichtsorgans gleichermaßen. Fraglich erscheint jedoch, ob bei öffentlich-rechtlichen Instituten in Ländern mit haftungsrechtlicher Privilegierung der Mitglieder des Aufsichtsorgans durch Verweisung auf Regelungen des Beamtenrechts auch die hiernach geltende Verjährungsfrist anwendbar ist. Dies ist zu verneinen, weil die auf Kreditinstitute fokussierte Regelung des § 52a KWG die speziellere Norm gegenüber den für alle Beamten geltenden Bestimmungen darstellt. Für Sparkassen und andere dem Landesrecht unterliegende Institute gilt gem. Art. 74 Abs. 1 Nr. 11 i.V.m. Art. 34 GG der Vorrang der bundesrechtlichen Regelung. Auch der Zweck der zehnjährigen Verjährungsfrist, nämlich die häufig verzögerte Erkennbarkeit und langwierige Ermittlung von Organhaftungsfällen bei Kreditinstituten, ist auch im Falle der Haftungsprivilegierung gegeben.

23.131

Es ist zweifelhaft, ob Ansprüche gegen Mitglieder der **Trägerversammlung**[4] eines öffentlich-rechtlichen Kreditinstituts ebenfalls nach § 52a KWG verjähren. Maßgebend kommt es da-

23.132

---
[1] So z.B. *Spindler* in MünchKomm. AktG, 4. Aufl., § 90 AktG Rz. 46.
[2] *Spindler* in MünchKomm. AktG, 4. Aufl., § 90 AktG Rz. 46; *Hüffer/Koch*, § 90 AktG Rz. 14; zur Aushändigung von Unterlagen bei Sparkassen vgl. *Fischer*, Informationsrechte, ZIP 2004, 2169, 2176.
[3] BT-Drucks. 13/9712, S. 15.
[4] Vgl. z.B. §§ 8 ff. der Satzung der Helaba v. 14.11.1990, Hess. StAnz. S. 2902; § 21 Satzung NordLb i.d.F. der Bekanntmachung v. 22.1.2008, Nds. MBl. Nr. 6/2008, S. 317; §§ 7 ff. Satzung der NRW-Bank v. 16.3.2004, GV NRW S. 772.

bei auf Aufgaben und Funktionen des Organs an, nämlich ob diese zumindest teilweise als Verwaltungs- oder Aufsichtsfunktionen zu werten sind. Die Überwachung der Geschäftsführung und damit des Vorstands obliegt zwar auch bei öffentlich-rechtlichen Kreditinstituten mit Trägerversammlung originär nicht dieser, sondern dem Verwaltungs- oder Aufsichtsrat. Vergleicht man allerdings die Kompetenzen der Trägerversammlung mit denen der Hauptversammlung einer Aktiengesellschaft, so ergeben sich teilweise wesentliche Unterschiede. Soweit die Trägerversammlung z.B. für die Bestellung, Abberufung, Anstellung und Entlassung der Mitglieder und des Vorsitzenden des Vorstands zuständig ist[1], liegt es nahe, sie jedenfalls partiell als Aufsichtsorgan im organhaftungsrechtlichen Sinne und damit auch i.S. von § 52a KWG anzusehen. Sind ihr jedoch nur mit der Hauptversammlung vergleichbare Zuständigkeiten eingeräumt, wie z.B. Bestellung des Verwaltungsrats, Entlastung der Organe, Bestellung des Abschlussprüfers und Entscheidung über Satzungsänderungen, die Gewinnverwendung usw.[2], ist davon auszugehen, dass nur die Wahrnehmung typischer Eigentümerrechte das Organ prägt und es somit nicht als „Aufsicht- oder Verwaltungsorgan" i.S. des § 52a KWG eingestuft werden kann. Es kommt somit auf die konkrete Ausgestaltung der Aufgaben der jeweiligen Trägerversammlung im Einzelfall an.

23.133 Soweit **Beiräte und Ausschüsse** aus Mitgliedern des Verwaltungs- oder Aufsichtsorgans bestehen, ist deren Tätigkeit als Teil oder Ausfluss der Organtätigkeit anzusehen. Für die Verjährung von Schadensersatzansprüchen gilt daher § 52a KWG und zwar auch insoweit, als die schadensbegründenden Tätigkeiten oder Unterlassungen Pflichten aus der Ausschuss- oder Beiratsfunktion verletzen. Für Beiräte, die keine Organfunktionen wahrnehmen und meist nur beratend tätig sind, gilt § 52a KWG grundsätzlich nicht. Sofern ein Kreditinstitut drittel- oder vollparitätisch mitbestimmt ist, gilt für die Verjährung der Haftung der **Mitarbeitervertreter** ebenfalls § 52a KWG. Diese Norm verdrängt § 116 AktG i.V.m. § 1 Abs. 1 Nr. 3 DrittelbG und i.V.m. § 25 Abs. 1 Nr. 2 MitbestG als speziellere Norm.

23.134 Die spezialgesetzliche Verjährungsfrist des § 17 Abs. 3 KWG für Schäden aus einer Verletzung der Organkreditbestimmungen[3] gilt auch für Mitglieder und den Vorsitzenden der Verwaltungsräte von Sparkassen in diesen Ländern. Praktische Bedeutung kommt den unterschiedlichen Verjährungsfristen aber kaum zu.[4]

D. Bankaufsichtliche Maßnahmen gegen Geschäftsleiter und Mitglieder des Aufsichtsorgans

I. Abberufung und Tätigkeitsverbot von Geschäftsleitern

23.135 Die BaFin kann nach § 36 KWG **vom Bestellungsorgan verlangen**, dass ungeeignete Geschäftsleiter abberufen werden oder sie kann ihnen mit sofortiger Wirkung die Tätigkeit als

---

1 So z.B. § 9 Abs. 1 Nr. 5 und 9 ff. der Satzung der Helaba v. 14.11.1990, Hess. StAnz. S. 2902 und §§ 21 und 22.
2 So z.B. für die Generalversammlung nach § 14 Satzung der BayerLB v. 9.8.2002, Bayer. StAnz Nr. 32; § 21 Abs. 5 Satzung NordLb i.d.F. der Bekanntmachung vom 22.1.2008, Nds. MBl. Nr. 6/2008, S. 317; § 10 Satzung der NRW-Bank vom 16.3.2004, GV NRW S. 772; für Hauptsammlung gem. § 8 Landesbankgesetz – LBBW v. 11.11.1998, zuletzt geändert durch Gesetz vom 19.12.2013 (GBl 2013, 492).
3 Vgl. vorstehend Rz. 23.77.
4 Vgl. vorstehend Rz. 23.78.

Geschäftsleiter untersagen. Der EZB steht das Recht zu, „Mitgliedern des Leitungsorgans von Kreditinstituten, die den Anforderungen der Rechtsakte nach Art. 4 Abs. 3 Unterabsatz eins nicht entsprechen, jederzeit abzuberufen".[1] Bei den von der EZB überwachten, bedeutenden Kreditinstituten kann also die **EZB die Abberufung unmittelbar verfügen**, ohne dass die Mitwirkung des Bestellungsorgans erforderlich wäre. Das Abberufungsverlangen der BaFin kann selbstständig angeordnet werden, ohne dass es zu einem sofortigen Tätigkeitsverbot kommt. Hingegen kann das Tätigkeitsverbot nur verfügt werden, wenn die BaFin gleichzeitig oder vorher die Abberufung verlangt hat.[2] Das Tätigkeitsverbot bezieht sich nicht nur auf die Ausübung der gegenwärtigen Geschäftsführungs- und Vertretungsfunktion, sondern (bis zur Aufhebung) auf jede Geschäftsleiterfunktion bei demselben oder anderen Instituten.[3]

Auch nach § 46 Abs. 1 Satz 1 Nr. 3 KWG kann ein Tätigkeitsverbot verfügt werden. Abgesehen davon, dass dieses nicht in Verbindung mit einem Abberufungsverlangen ausgesprochen werden muss, handelt es sich um eine einstweilige Maßnahme zur **Gefahrenabwehr bei Gläubigergefährdung**, die mit der Wiederherstellung ordnungsmäßiger Zustände endet. Allerdings kann auch in diesem Falle nach Klärung der Verantwortlichkeit ein Abberufungsverlangen oder ein dauerhaftes Tätigkeitsverbot nach § 36 Abs. 1 Satz 1 oder Abs. 2 Satz 1 KWG folgen.

23.136

Solche Fälle kommen in der **Aufsichtspraxis** durchaus vor und werden in den Jahresberichten der BaFin unter „Maßnahmen gegen Geschäftsleiter" bekannt gemacht.[4] Daneben erfolgen aufsichtlich veranlasste Abberufungen von Vorständen aus Banken und Finanzdienstleistungsinstituten aufgrund informellen Verwaltungshandelns durch entsprechende Einflussnahme der Aufsichtsbehörde auf die Aufsichtsorgane. Die Gründe für ein Abberufungsverlangen nach § 36 Abs. 1 KWG sind vor allem eine unzureichende fachliche Qualifikation oder Mängel der Zuverlässigkeit sowie weitere Gründe, die den Entzug der Betriebserlaubnis rechtfertigen können. Als weiteren Grund nennt § 36 Abs. 2 KWG **vorsätzliche oder leichtfertige Verstöße gegen Aufsichtsnormen**, die trotz Verwarnung fortgesetzt werden.

23.137

Typische Qualifikations- oder Zuverlässigkeitsmängel als Abberufungsgründe sind eine unsachgemäße Geschäftsführung z.B. im Bereich der Geschäftsorganisation (§ 25a Abs. 1 KWG), bei Kontroll- und Sicherheitsvorkehrungen, bei der Führung der Geschäftsbücher, die Verletzung von Satzungsbestimmungen wie Kompetenzverletzungen oder Nichteinhaltung von Zustimmungsvorbehalten anderer Organe, ferner Buchungsmanipulationen, kriminelle Handlungen u.a. Die Verletzung aufsichtlicher Bestimmungen kann zwar grundsätzlich die Qualifikation in Frage stellen. Ein damit begründetes Abberufungsverlangen oder ein Tätigkeitsverbot muss in der Regel jedoch die spezielleren gesetzlichen Voraussetzungen der § 36 Abs. 2 i.V.m. § 35 Abs. 2 Nr. 6 KWG erfüllen. Auch ist davon auszugehen, dass die BaFin auch bei Anwendung des § 36 Abs. 1 KWG bei Qualifikationsmängeln den Geschäftsleiter vorher abmahnen und ihm Gelegenheit zur Beseitigung der Mängel geben sollte[5], ob-

23.138

---

1 Art. 16 Abs. 2 Buchst. m der SSM-Verordnung (Verordnung (EU) Nr. 1024/2013 des Rates vom 15.10.2013 zur Übertragung besonderer Aufgaben im Zusammenhang mit der Aufsicht über Kreditinstitute auf die Europäische Zentralbank (ABl. EU Nr. L 287 v. 29.10.2013, S. 63).
2 *Fischer/Müller* in Boos/Fischer/Schulte-Mattler, § 36 KWG Rz. 5.
3 Regierungsbegründung zur 6. KWG-Novelle BR-Drucks. 963/96, Nr. 54.
4 www.bafin.de-veroeffentlichungen-jahresberichte, z.B. Jahresbericht 2015, S. 155, Tabelle 18. Im Jahr 2014 gab es allerdings kein Abberufungsverlangen und „nur" zwei Verwarnungen von Geschäftsleitern.
5 Zur Begründung vgl. *Fischer/Müller* in Boos/Fischer/Schulte-Mattler, § 36 KWG Rz. 53.

wohl eine förmliche Verwarnung nur in § 36 Abs. 2 KWG, nicht aber bei einem Abberufungsverlangen nach § 36 Abs. 1 KWG gesetzlich vorausgesetzt ist.

1. Verantwortlichkeit des Geschäftsleiters

23.139 Abberufung und Tätigkeitsverbot setzen die persönliche Verantwortlichkeit des Betroffenen voraus. Es genügt, dass Mängel der Führung und insbesondere Verletzungen bankaufsichtlicher Normen **in seinem Verantwortungsbereich entstanden** sind, wobei ihm auch unterlassene Kontrollen, mangelhafte Durchsetzung angeordneter Maßnahmen oder Desorganisation ohne entsprechende Kompetenzzuweisung zuzurechnen sind. Bei Unklarheiten in den Verantwortungsbereichen liegt regelmäßig ein Mangel in der Geschäftsorganisation vor, für den sämtliche Geschäftsleiter nach dem Grundsatz der Gesamtverantwortlichkeit verantwortlich sind.

23.140 Mit dem **Grundsatz der Gesamtverantwortung** lässt sich aber nicht jeder Mangel der Geschäftsabwicklung oder jeder sonstige Verstoß gegen bankaufsichtliche Pflichten jedem Geschäftsleiter zurechnen. Der auch im Bankaufsichtsrecht geltende gesellschaftsrechtliche Grundsatz der Gesamtverantwortung geht zwar einerseits davon aus, dass jeder Geschäftsleiter, also auch der nicht ressortzuständige, Erfolg oder Misserfolg des Instituts zu verantworten hat. Die Gesamtverantwortung bezieht sich aber auf den Unternehmenserfolg als solchen und nicht auf Details der Ressortverantwortlichkeit der anderen Vorstandsmitglieder. Sie umfasst die elementaren Angelegenheiten des Unternehmens, also z.B. die Unternehmensstrategie, die Grundlagen der Betriebs- und Geschäftsorganisation und existenziell bedeutsame Einzelgeschäfte, nicht aber die Vielzahl von organisatorischen Einzelheiten wie z.B. die Erfüllung der Offenlegungsanforderungen des § 18 KWG durch die Mitarbeiter oder die Umsetzung dieser Pflicht durch das ressortzuständige Vorstandsmitglied.[1] Vielmehr beschränkt sich die Verantwortlichkeit bei Maßnahmen im Rahmen der arbeitsteiligen Betriebsorganisation auf unmittelbar eigene Fehlentscheidungen oder eine Verletzung von Kontroll-, Auswahl- und Überwachungspflichten gegenüber den anderen Vorstandsmitgliedern und den Mitarbeitern des eigenen Ressorts.

23.141 Das **Delegationsprinzip** bewirkt dabei, dass sich die Verantwortlichkeit auf eine Sekundärpflicht in Form der sorgfältigen Auswahl der beauftragten Personen und der funktionsfähigen Organisation der delegierten Aufgaben reduziert, sowie im Falle der Delegation auf Ebene des Vorstands auf Grund der Geschäftsverteilung auf eine Plausibilitätskontrolle und verstärkte Kontrolle der Maßnahmen des handelnden Vorstandsmitglieds bei Auffälligkeiten. Dies führt zu unterschiedlichen Stufen der Verantwortung. Grundsätzlich darf jedes Vorstandsmitglied darauf vertrauen, dass alle Vorstandsmitglieder ihre Aufgaben ordnungsgemäß erfüllen. Die fachliche Verantwortung der anderen Vorstandsmitglieder tritt daher solange hinter diejenige des Ressortleiters zurück, als kein greifbarer Anlass zur Vermutung von Fehlleistungen des Zuständigen besteht. Das ressortmäßig nicht zuständige Vorstandsmitglied ist also grundsätzlich von der fachlichen Einzelverantwortung entlastet. Vielmehr ist ihm aufgrund der Aufgabenteilung verwehrt, in den einem anderen zugewiesenen Geschäftsbereich einzugreifen.[2]

---

[1] Vgl. *R. Fischer*, DStR 2007, 1083, 1087.
[2] *Pöhlmann/Fandrich/Bloehs*, 4. Aufl. 2012, § 34 GenG Rz. 10 mit Rechtsprechungsnachweisen; ähnlich *Spindler* in MünchKomm. AktG, 4. Aufl., § 93 AktG Rz. 148 mit Rechtsprechungsnachweisen und *Großfeld/Noelle*, AG 1986, 275, 278; BGH v. 4.6.2000 – 1 StR 280/99, NJW 2000, 2364, 2366.

Der BGH hat die **abgestufte Verantwortlichkeit** des Vorstandsvorsitzenden eines Kreditinstituts bei Kreditentscheidungen durch einen mehrköpfigen Vorstand anschaulich wie folgt beurteilt: „Wird die Entscheidung über eine Kreditvergabe wie hier von einem mehrköpfigen Gremium getroffen, kommen auch für den Fall des Einstimmigkeitsprinzips unterschiedliche Verantwortlichkeiten der Beteiligten in Frage. So wird sich der Vorstandsvorsitzende, es sei denn, es gehe um besonders hohe Risiken, auf den Bericht des Kreditsachbearbeiters und des Kreditvorstands verlassen dürfen. Nur wenn sich daraus Zweifel oder Unstimmigkeiten ergeben, ist Rückfrage oder eigene Nachprüfung geboten. Das Gleiche gilt für weitere Beteiligte wie die Mitglieder eines Kreditausschusses."[1]

23.142

2. Nachweis durch die BaFin

Die BaFin stützt sich bei Abberufungsverlangen häufig auf **Feststellungen des Jahresabschlussprüfers** oder eines Sonderprüfers und erklärt regelmäßig, dass sie sich diese voll inhaltlich zu eigen mache. Soweit die BaFin eine eigene Sonderprüfung veranlasst hat, verlässt sie sich in der Aufsichtspraxis nicht selten weitestgehend auf dessen Ergebnisse, ohne dabei einen hinreichender Abgleich mit möglicherweise gegenteiligen Prüfungsfeststellungen oder Wertungen z.B. des Jahresabschlussprüfers zu gleichen Sachverhalten vorzunehmen. Soweit dies zutrifft, missachtet sie dabei ihre verwaltungsrechtliche Verpflichtung zu vollständiger und neutraler Aufklärung und ist sich bewusst, dass Rechtsschutz dagegen zwar theoretisch besteht, in der Praxis aber nahezu ausgeschlossen ist.

23.143

Außerdem übersieht die Praxis, Prüfungsfeststellungen ungewertet zu übernehmen, dass Feststellungen von Prüfern regelmäßig eine Situation oder einen Zustand beschreiben, ohne dass dies zwingend auf die Vermeidbarkeit, die Vorwerfbarkeit und die persönliche Zurechnung schließen lässt. Hierzu müsste die BaFin eigene Feststellungen und Wertungen treffen. Diese Praxis des ehemaligen Bundesaufsichtsamts für das Kreditwesen wurde in einem Urteil des Verwaltungsgerichts Berlin vom 18.9.2001[2] zu einem Abberufungsverlangen deutlich kritisiert. Das Gericht fordert eine umfassende Sachverhaltsaufklärung und -abwägung. Dabei muss, anders als bei Prüfungsberichten, die sich auf die Darlegung von Mängeln beschränken, zusätzlich festgestellt werden, dass der Abzuberufende für die Mängel verantwortlich ist. Notwendig ist dabei auch die Feststellung, dass objektiv erforderliche und mögliche Maßnahmen unterlassen wurden. Soweit z.B. ein Institut in einer Restrukturierungsphase oder aufgrund des Zusammentreffens besonderer Erschwernisse nicht in der Lage ist, sämtliche aufsichtlichen Anforderungen zeitnah zu erfüllen, ist ein Abberufungsverlangen nur dann gerechtfertigt, wenn die Bundesanstalt nachweisen kann, dass es **realistische Handlungsalternativen** gegeben hätte, die die kritische Situation vermieden hätten.[3]

23.144

Bei der Beurteilung ergriffener Maßnahmen und der Prioritätensetzung steht den Geschäftsleitern ein **unternehmerischer Entscheidungsspielraum** zu. Außerdem sind die wirtschaftlichen Rahmenbedingungen – in dem vom VG Berlin entschiedenen Fall handelte es sich um ein krisengeschütteltes Gebiet am Rande Ostdeutschlands – zu berücksichtigen. Weiterhin hat eine angemessene Gewichtung von Verstößen oder verfehlten Unternehmenszielen im Verhältnis zu realisierbaren Alternativen und zu erzielten Fortschritten oder Erfolgen stattzufinden. Der von der BaFin nicht selten gezogene Schluss von der Schwere der Problemlage auf

23.145

---

1 BGH v. 4.6.2000 – 1 StR 280/99, NJW 2000, 2364, 2366.
2 VG Berlin v. 18.9.2001 – VG 25 A 16.99 (Seelow – unveröffentlicht).
3 Näheres hierzu vgl. *Fischer/Müller* in Boos/Fischer/Schulte-Mattler, § 36 KWG Rz. 37 ff. und VG Berlin v. 18.9.2001 – VG 25 A 16.99 (*Seelow* – unveröffentlicht).

die persönliche Verantwortlichkeit der Geschäftsleiter reicht für eine ordnungsmäßige Begründung eines Verwaltungsaktes mit schwerwiegender Rechtsfolge – regelmäßig Zerstörung der beruflichen und wirtschaftlichen Existenz der Betroffenen – nicht aus. Die Abwendung einer Gefahrenlage durch unqualifizierte Geschäftsleiter ist zwar ein vorrangiges Ziel zur Gläubigersicherung und zur Erhaltung der Ordnungsmäßigkeit im Kreditgewerbe. Die Abberufung allein löst das Problem aber nicht. Vielmehr muss die BaFin zuverlässig davon ausgehen können, dass andere Geschäftsleiter die Probleme deutlich effizienter in den Griff bekommen könnten.

II. Abberufung nach Verwarnung

23.146 Geschäftsleiter, die vorsätzlich oder leichtfertig gegen Bestimmungen des KWG, das WpHG oder andere Gesetze mit aufsichtlichen Geboten sowie gegen die zur Durchführung dieser Gesetze erlassenen Verordnungen oder Anordnungen der BaFin verstoßen, können gem. § 36 Abs. 2 KWG nach vorheriger Verwarnung ebenfalls abberufen werden. Der Gesetzeswortlaut bestätigt, dass Maßnahmen nach § 36 Abs. 2 KWG nicht auf sonstige **Gesetzesverstöße** gestützt werden können, zumal es nicht Aufgabe der BaFin ist, zivilrechtliche, verbraucherschützende oder sonstige allgemeine Rechtsnormen zu überwachen.

1. Verwarnung bei leichtfertigen Gesetzesverstößen

23.147 Ein Abberufungsverlangen nach § 36 Abs. 2 KWG setzt eine Verwarnung durch die Aufsicht voraus. Die Verwarnung ist ein anfechtbarer **Verwaltungsakt**.[1] Dieser ist bei schwerwiegenden Verstößen bereits nach einem einmaligen Vorfall möglich. Die vorstehend dargestellten Anforderungen an die Begründung eines Abberufungsverlangens (persönliche Zurechenbarkeit, Vermeidbarkeit, angemessene Gewichtung usw.) gelten für die Erteilung einer Verwarnung entsprechend.

23.148 Eine Verwarnung kann weiterhin nur bei leichtfertigem Verhalten des Betroffenen ausgesprochen werden. Dies setzt ein **ungewöhnlich großes Maß an Nachlässigkeit** voraus, mit dem der Geschäftsleiter Pflichten nicht wahrnimmt oder in grober Achtlosigkeit darauf vertraut, dass die notwendigen bankaufsichtlichen Pflichten von anderen erfüllt werden. Allerdings wird in der aufsichtlichen Praxis der BaFin dem Tatbestandsmerkmal der Leichtfertigkeit praktisch keine Bedeutung beigemessen bzw. die Leichtfertigkeit mit nicht vertretbaren Schlussfolgerungen begründet.[2]

23.149 Aus dem Gesetzeswortlaut ergibt sich weiter, dass einzelne Verstöße gegen Regelungen trotz vorheriger Verwarnung nicht für ein Abberufungsverlangen ausreichen. Vielmehr muss ein **Verhalten** vorliegen, das fortgesetzt wird. Dies setzt voraus, dass ein inhaltlicher Zusammenhang zwischen mehreren Regelverstößen vorliegt, was allerdings nicht bedeutet, dass es sich um Verstöße gegen gleiche Bestimmungen handeln muss. Es genügt z.B., dass Anzeigepflichten verschiedener Art vernachlässigt oder unterschiedliche Kreditbegrenzungen nicht eingehalten werden. Außerdem muss ein **zeitlicher Zusammenhang** zwischen Verwarnung und erneutem Verstoß bestehen. Beachtet der Geschäftsleiter die Verwarnung über einen länge-

---

[1] Früher streitig, wie hier VGH Hess. v. 31.5.2006 – 6 UE 3256/05, WM 2007, 392 = WuB I L 1. § 36 KWG 1.07 (*R. Fischer*); zum Streitstand s. *Schwennicke* in Schwennicke/Auerbach, § 36 KWG Rz. 33.
[2] Vgl. nachstehend Rz. 23.152.

ren Zeitraum und verstößt er erst später erneut gegen eine aufsichtliche Bestimmung, so ist dies kein fortgesetztes Verhalten. Die BaFin nimmt diesen Zeitraum mit ca. drei Jahren an. Allerdings ist der Vorgang nach drei Jahren nicht „aus den Akten". Vielmehr berücksichtigt die BaFin die Vorgänge, die Anlass für die Verwarnung waren, auch nach Ablauf von drei Jahren bei späteren Entscheidungen wie z.B. bei einer geplanten Berufung in ein anderes Vorstands- oder Aufsichtsratsamt.

2. Missbilligung als milderes Mittel

Der Hessische Verwaltungsgerichtshof ging in einem Urteil vom 31.5.2006[1] von einer „Ermessensunterschreitung" aus, wenn die BaFin nicht auch die Möglichkeit einer **formlosen Missbilligung als milderes Mittel** prüft. Das Gericht sah eine „zur Rechtswidrigkeit führende erhebliche Ermessensunterschreitung ... darin, dass die BaFin erkennbar die Möglichkeit einer einfachen oder formlosen Missbilligung als möglicherweise ausreichende Reaktion auf die begangenen Pflichtverstöße nicht in Betracht gezogen hat". Die BaFin machte vor dem Bundesverwaltungsgericht geltend, dass eine Missbilligung, da gesetzlich nicht geregelt, kein rechtlich zulässiges Aufsichtsmittel sei. Das Bundesverwaltungsgericht ließ die Revision mit Beschluss vom 6.11.2006[2] nicht zu. Es ist der Auffassung, dass eine formlose Missbilligung auch ohne ausdrückliche Ermächtigung als milderes Mittel gegenüber einer förmlichen Verwarnung zulässig und unter dem Gesichtspunkt der Verhältnismäßigkeit je nach Sachlage geboten sein kann. Danach muss die BaFin vor Erlass einer förmlichen Verwarnung oder eines Abberufungsverlangens regelmäßig den Einsatz einer Missbilligung, Beanstandung oder sonstigen nicht förmlichen Maßnahme prüfen. Zum anderen kann sich die Rechtsverteidigung gegen eine Verwarnung darauf stützen, dass weniger belastende Maßnahmen das Aufsichtsziel auch erfüllt hätten. Allerdings erklärt die BaFin in ihrer Verwaltungspraxis seither routinemäßig, dass eine Missbilligung angesichts der Bedeutung oder Schwere der Verstöße als notwendige Sanktion (oder ähnlich) nicht ausgereicht hätte.

23.150

3. Qualifikationsmängel und Leichtfertigkeit

Mängel bei der Geschäftsführung beruhen regelmäßig nicht auf Unwilligkeit oder besonders großer Nachlässigkeit, also leichtfertigem Führungsverhalten, sondern darauf, dass der Geschäftsleiter die korrekte Anwendung der bankaufsichtlichen Regelungen **nicht in den Griff bekommt**. Dies galt früher vor allem für § 18 KWG, auf den Verwarnungen und Abberufungsverlangen gestützt wurden, und heute für § 25a KWG samt Mindestanforderung an das Risikomanagement. In diesen Fällen verhält sich der Geschäftsleiter kaum je leichtfertig. Die Praxis zeigt vielmehr, dass der Geschäftsleiter bei kritischen Situationen die Problemlage auch ohne Leichtfertigkeit nicht zutreffend bewertet oder mit der Problemlösung überfordert ist. Ähnliches gilt, wenn der Vorstand vom eng ausgelegten Wortlaut aufsichtlicher Vorgaben abweicht, etwa weil er weniger bürokratisch aufwändige Methoden der Geschäftsführung für ebenso zielführend hält. Angesichts der regelmäßig **formalistischen und wenig flexiblen Beurteilung** durch die Sonderprüfer der Deutschen Bundesbank oder die BaFin geht der Vorstand das Risiko ein, dass solche Abweichungen gleichfalls als leichtfertige Verstöße gegen aufsichtliche Vorgaben gewertet werden.

23.151

---

1 VGH Hess. v. 31.5.2006 – 6 UE 3256/05, WM 2007, 392 = WuB I L 1. § 36 KWG 1.07 (*R. Fischer*).
2 BVerwG v. 6.11.2006 – 6 B 82.06, WM 2007, 1655 = WuB I L 1. § 36 KWG 2.07 (*R. Fischer*).

23.152 Die Praxis der BaFin unterstellt regelmäßig das gesetzliche Tatbestandsmerkmal der Leichtfertigkeit, ohne diese vertretbar zu begründen. Bei größeren Abweichungen von aufsichtlichen Vorgaben oder wenn erhebliche Mängel z.B. aus einem früheren Prüfungsbericht oder einer Beanstandung der BaFin erkennbar waren und vom Geschäftsleiter noch nicht behoben werden konnten, wird daraus auf Leichtfertigkeit geschlossen. Die BaFin begründet dies formelhaft z.B. damit, dass sich aus der Schwere der Verstöße die Leichtfertigkeit ergebe – ein recht eigenwilliger Schluss. Würde die BaFin das Tatbestandsmerkmal der Leichtfertigkeit zutreffend begründen, könnte sie kaum je eine Verwarnung erteilen. Ihr bliebe dann nur die auch sachlich richtige Möglichkeit, die fachliche **Qualifikation des Geschäftsleiters** in Zweifel zu ziehen. Dies kann gleichfalls ein Abberufungsverlangen begründen, wobei der Gesetzeswortlaut keine vorherige Verwarnung vorschreibt.

23.153 Es erscheint jedoch widersprüchlich und unangemessen, wenn der leichtfertig handelnde Geschäftsleiter eine Bewährungschance in Form der zwingend vorgeschriebenen vorherigen Verwarnung erhalten muss, während der Geschäftsleiter, der möglicherweise nur vorübergehend Probleme nicht in den Griff bekommt, ohne Verwarnung abberufen werden könnte.[1] Hier zeigt sich die weitere Bedeutung des zitierten Beschlusses des Bundesverwaltungsgerichts. Denn die BaFin kann eine nicht förmliche **Abmahnung auch als Vorstufe einer potenziellen Abberufung** wegen mangelnder fachlicher Eignung einsetzen, ohne den fragwürdigen Vorwurf der Leichtfertigkeit begründen zu müssen. Die Entscheidung des Bundesverwaltungsgerichts stellt klar, dass die BaFin die Möglichkeit hat, im Vorfeld und zur Vermeidung der Abberufung eines Geschäftsleiters von diesem eine Beseitigung der Mängel unter Hinweis auf die Möglichkeit der Abberufung nach § 36 Abs. 1 KWG zu verlangen.

III. Abberufung und Tätigkeitsverbot von Mitgliedern des Aufsichtsorgans

23.154 Die Bankenaufsicht hat seit August 2009 die Möglichkeit, von einem Institut oder einer Finanzholding-Gesellschaft zu verlangen, dass diese ungeeignete Mitglieder ihres Verwaltungs- oder Aufsichtsorgans abberufen. Für die von der EZB unmittelbar überwachten Kreditinstitute ist ebenso wie bei den Geschäftsleitern eine unmittelbare Abberufung von Organmitgliedern mit Aufsichtsfunktion durch die EZB möglich. Die Regelung in § 36 Abs. 3 KWG wurde mit dem Gesetz zur Stärkung der Finanzmarkt- und Versicherungsaufsicht vom 29.7.2009[2] in das Kreditwesengesetz eingefügt. Nach der Gesetzesbegründung[3] besteht auch für die **bereits bestellten Mitglieder** des Aufsichtsorgans, gleichgültig ob sie der Arbeitgeber- oder der Arbeitnehmerseite zuzurechnen sind, „keine schützenswerte Vertrauensposition", wenn sie unzuverlässig oder fachlich ungeeignet sind. Soweit eine Abberufung durch das Gericht in Betracht kommt (z.B. § 103 Abs. 3 AktG), kann auch die Aufsichtsbehörde gem. § 36 Abs. 3 Satz 3 KWG den Antrag auf Abberufung stellen, wenn der Aufsichtsrat dem Abberufungsverlangen nicht nachgekommen ist. Anstelle einer Abberufung kann die Aufsichtsbehörde auch einen Sonderbeauftragten bestellen, der in die Befugnisse des Mitglieds eintritt und dessen Funktion ganz oder teilweise wahrnimmt.[4]

---

1 So *Fischer/Müller* in Boos/Fischer/Schulte-Mattler, § 36 KWG Rz. 62.
2 BGBl. I 2009, 2305.
3 BT-Drucks. 16/12783, S. 16.
4 Vgl. Merkblatt der BaFin zu den Mitgliedern von Verwaltungs- und Aufsichtsorganen gemäß KWG und KAGB vom 4.1.2016, IV.

1. Abberufungsgründe

Als Gründe für ein solches Abberufungsverlangen nennt das Gesetz entweder **mangelnde Zuverlässigkeit, mangelnde Sachkunde, unzureichende zeitliche Verfügbarkeit, unzureichende Wahrnehmung der Überwachungs- und Kontrollaufgabe oder Verstöße gegen die Mandatsbeschränkungen des § 25d Abs. 3 KWG**. Die mangelnde Zuverlässigkeit oder fehlende fachliche Qualifikation kann die Aufsichtsbehörde aus den nach § 24 Abs. 1 Nr. 15 KWG bei Bestellung einzureichenden Unterlagen (Lebenslauf, Führungszeugnis u.a.) oder aus späteren Erkenntnissen aus ihrer laufenden Aufsicht z.B. aufgrund der Jahresabschlussprüfungen oder einer Sonderprüfung erkennen.

23.155

Das Gesetz konkretisiert die mangelnde Ausübung der Aufsichts- und Kontrollaufgabe in § 36 Abs. 3 Satz 1 Nr. 4 und 5 KWG. So soll ein Abberufungsverlangen z.B. dann begründet sein, wenn das Mitglied des Aufsichtsorgans wesentliche Verstöße des Unternehmens gegen die Grundsätze einer ordnungsgemäßen Geschäftsführung wegen sorgfaltswidriger Ausübung seiner Überwachungs- und Kontrollfunktion **nicht bemerkt oder das Mitglied nicht alles Erforderliche zur Beseitigung der Verstöße veranlasst** hat. In diesem Fall ist vor einem Abberufungsverlangen allerdings eine Verwarnung der Organe des Unternehmens durch die Aufsichtsbehörde Voraussetzung des Abberufungsverlangens. Bei fehlender Zuverlässigkeit oder Sachkunde ist ein Abberufungsverlangen hingegen ohne vorherige Verwarnung möglich.[1] Eine vorwerfbare Pflichtverletzung liegt nur dann vor, wenn der Vorstand das Aufsichtsorgan über die Lage des Unternehmens und die geschäftliche Situation hinreichend informiert hat oder das Mitglied aufgrund eigener Kenntnisse ernsthafte Zweifel an Inhalt oder Vollständigkeit der vom Vorstand erteilten Informationen oder an der Geschäftspolitik haben musste.[2]

23.156

Unter den gleichen Voraussetzungen wie ein Abberufungsverlangen kann die Aufsichtsbehörde den Mitgliedern des Aufsichtsorgans die Ausübung ihrer Tätigkeit untersagen. Allerdings kann sie ein solches **Tätigkeitsverbot** – anders als bei Geschäftsleitern – nicht unmittelbar gegenüber dem betroffenen Mitglied aussprechen, sondern kann nur verlangen, dass dieses von den hierzu berufenen Organen des betroffenen Unternehmens ausgesprochen wird, soweit dies gesellschaftsrechtlich überhaupt möglich ist.[3]

23.157

2. Abberufung bei geborenen Mitgliedern

Fraglich ist, wie ein Abberufungsverlangen realisiert werden kann, wenn das Mitglied nicht bestellt werden muss, sondern kraft Amtes die Aufsichtsfunktion wahrnimmt. Dies ist insbesondere bei Sparkassen und Landesbanken der Fall. So ist Vorsitzender des Verwaltungsrats einer Sparkasse kraft Gesetzes meist der Hauptverwaltungsbeamte, Oberbürgermeister oder Landrat und bei Landesbanken der vom Gesetz für zuständig erklärte Minister oder der Präsident des Sparkassenverbands.[4] Ein Abberufungsverlangen würde ein **Ausscheiden aus dem Hauptamt** voraussetzen. Dementsprechend müsste sich die BaFin bei einer Sparkasse an die kommunale Gebietskörperschaft mit der Forderung wenden, ihren Hauptverwaltungsbeamten, Landrat oder Bürgermeister aus dem Amt zu entfernen. Entsprechendes

23.158

---

[1] Vgl. Merkblatt der BaFin zu den Mitgliedern von Verwaltungs- und Aufsichtsorganen gemäß KWG und KAGB vom 4.1.2016.
[2] So Ausschussempfehlung des Finanzausschusses BT-Drucks. 16/13684, S. 41.
[3] Vgl. Merkblatt der BaFin zu den Mitgliedern von Verwaltungs- und Aufsichtsorganen gemäß KWG und KAGB vom 4.1.2016.
[4] Vgl. z.B. § 11 Satzung NordLB, anders z.B. § 12 Satzung der LBBW.

würde für die Landesregierung im Hinblick auf Minister als geborene Vorsitzende des Aufsichtsrats einer Landesbank gelten.

23.159 Ob dies – besonders im Falle der Wahl eines Kommunalbeamten in sein Hauptamt – rechtlich überhaupt möglich ist, sei dahingestellt. Jedenfalls erscheint eine solche Situation lebensfremd – abgesehen von dem Fall schwerkrimineller Verfehlungen, die aufgrund gesetzlicher Bestimmungen ohnehin zur Entfernung aus dem Hauptamt oder zur Amtsniederlegung führen. Die Realitätsferne dieser Regelung dürfte auch der Grund dafür sein, dass die BaFin in ihren Erläuterungen zum Sachkundeerfordernis davon ausgeht, dass bei dem Kämmerer und dem Hauptverwaltungsbeamten einer Gebietskörperschaft und vermutlich auch bei den anderen geborenen Vorsitzenden die Sachkunde regelmäßig anzunehmen ist. Eine rechtlich nicht ganz überzeugende – wohl aber praktizierte – Möglichkeit besteht darin, dass das geborene Mitglied wegen mangelnder Qualifikation an der Ausübung des Verwaltungsratsamts als gehindert gilt und sich von seinem Vertreter im Amt ständig vertreten lässt. Schließlich besteht auch die Möglichkeit einen **Sonderbeauftragten** gem. § 45c Abs. 1 Satz 1 KWG zu bestellen, der die Befugnisse des geborenen Vorsitzenden des Verwaltungsrats wahrnimmt.

3. Rechtsschutz

23.160 Das Abberufungsverlangen ist ein Verwaltungsakt, der sich an das Institut und nicht an den betroffenen Geschäftsleiter oder das Mitglied des Aufsichtsorgans richtet. Adressat ist demnach nur das Institut, das die Abberufung durchzuführen hat. Da das Abberufungsverlangen gegenüber der betreffenden Person Drittwirkung erzeugt, ist er Betroffener i.S. von § 41 Abs. 1 Satz 1 VwVfG. Damit hat dieser ein **selbständiges Anfechtungsrecht**.[1] Das Tätigkeitsverbot richtet sich hingegen unmittelbar an den Betroffenen. Er ist materieller Adressat, an den der Verwaltungsakt zuzustellen ist. Das Institut ist allerdings mittelbar betroffen, weshalb eine Bekanntgabe regelmäßig auch an dieses erfolgt und ebenfalls ein selbständiges Anfechtungsrecht eröffnet.

23.161 Rechtsbehelfe sind bei Maßnahmen der BaFin **Widerspruch und Anfechtungsklage** vor dem Verwaltungsgericht Frankfurt[2], bei Maßnahmen der EZB **Nichtigkeitsklage** nach Art. 256 Abs. 1 Satz 1, 263 Abs. 1 AEUV oder **Anrufung des administrativen Überprüfungsausschusses** gem. Art. 24 Abs. 1 SSM-VO.[3] Die Einlegung von Rechtsbehelfen hat grundsätzlich keine aufschiebende Wirkung.[4]

---

1 *Fischer/Müller* in Boos/Fischer/Schulte-Mattler, § 36 KWG Rz. 68.
2 § 3 Abs. 1 Satz 3 FinDAG.
3 Verordnung (EU) Nr. 1024/2013 des Rates vom 15.10.2013 zur Übertragung besonderer Aufgaben im Zusammenhang mit der Aufsicht über Kreditinstitute auf die Europäische Zentralbank (ABl. EU Nr. L 287 v. 29.10.2013, S. 63). – Näheres zum Rechtsschutz gegen Maßnahmen der EZB vgl. *Müller/Fischer* in Boos/Fischer/Schulte-Mattler, § 33 KWG Rz. 82 ff. sowie *Müller/Fischer/Müller*, WM 2016, 1505.
4 § 49 Abs. 1 KWG bzw. Art. 278 AEUV oder Art. 24 Abs. 8 SSM-VO.

§ 24
Risikobereich und Haftung: Compliance im Kredit- und Finanzdienstleistungswesen

Dr. Stefan Gebauer und Dr. Torsten Fett

A. Terminologisches Verständnis von Compliance	24.1
B. Pflicht der Geschäftsleitung zur Einrichtung einer Compliance-Funktion.	24.8
I. Pflichtenquellen des KWG	24.8
II. Wertpapierhandelsrechtliche Pflicht .	24.11
C. Aufgaben der Compliance-Funktion.	24.15
I. Aufgaben der KWG-Compliance-Funktion	24.15
II. Aufgaben der Compliance-Funktion nach wertpapierhandelsrechtlichen Regelungen	24.23
D. Grundzüge der organisatorischen Aufstellung der Compliance-Funktion.	24.31
I. Regelungen aus Sicht des KWG	24.31
II. Regelungen aus Sicht des Wertpapierhandelsrechts	24.38
E. Weitere Compliance-Maßnahmen . .	24.46
F. Pflichten des Compliance-Beauftragten.	24.50
G. Compliance-Pflicht des Aufsichtsorgans nach KWG und wertpapierhandelsrechtlichen Vorschriften . . .	24.53
H. Compliance im Konzern	24.58
J. Mögliche Rechtsfolgen bei Verstößen gegen die Compliance-Pflicht	24.65
I. Aufsichtsrechtliche Maßnahmen . . .	24.65
1. Abhilfeverfügungen.	24.65
2. Verwarnung von Geschäftsleitern . . .	24.72
3. Abberufung von Geschäftsleitern und Tätigkeitsverbote	24.73
4. Verwarnungen gegenüber Mitgliedern des Aufsichtsorgans	24.78
5. Abberufung von Mitgliedern des Aufsichtsorgans und Tätigkeitsverbote.	24.79
6. Entzug der Betriebserlaubnis und Auflösung des Instituts	24.83
7. Maßnahmen gegenüber Compliance-Beauftragten	24.84
8. Bekanntmachung von Maßnahmen.	24.86
II. Ordnungswidrigkeit und Strafe	24.89
1. Verhängung von Geldbußen	24.89
2. Strafrechtliche Sanktion	24.97
III. Zivilrechtliche Haftung	24.102
1. Haftung gegenüber Kunden des Instituts	24.102
2. Haftung gegenüber dem Institut . . .	24.106

Schrifttum: *Assies/Beule/Heise/Strube* (Hrsg.), Handbuch des Fachanwalts Bank- und Kapitalmarktrecht, 5. Aufl. 2015; *Birnbaum*, Neue Herausforderungen für die Compliance der Banken durch die MaComp, ZfgK 2013, 771 ff.; *Beck/Samm/Kokemoor* (Begr./Hrsg.), Kreditwesengesetz mit CRR, Loseblatt; *Buck-Heeb*, Informationsorganisation im Kapitalmarktrecht – Compliance zwischen Informationsmanagement und Wissensorganisationspflichten, CCZ 2009, 18; *Bürkle/Hauschka* (Hrsg.), Compliance Officer, 2015; *Boldt/Büll/Voss*, Implementierung einer Compliance-Funktion in einer mittelständischen Bank unter Berücksichtigung der neuen Mindestanforderungen an das Risikomanagement (MaRisk), CCZ 2013, 248; *Boos/Fischer/Schulte-Mattler* (Hrsg.), KWG, CRR-VO, 5. Aufl. 2016; *Canzler/Hammermaier*, Die Verfolgung und Ahndung wertpapierrechtlicher Delinquenz durch die Wertpapieraufsicht der BaFin: Das kapitalmarktrechtliche Bußgeldverfahren, AG 2014, 57; *Casper/Terlau* (Hrsg.), Zahlungsdiensteaufsichtsgesetz, 2014; *Erbs/Kohlhaas*, Strafrechtliche Nebengesetze, Loseblatt; *Fett*, Allgemeine Rechtsgrundlagen der Wertpapier-Compliance, in Renz/Henze (Hrsg.), Organisation der Wertpapier-Compliance-Funktion, 2012; *Fett/Gebauer*, Compliance-Strukturen im faktischen Bankkonzern, in Grundmann/Kirchner/Raiser/Schwintowski/Weber/Windbichler (Hrsg.), Unternehmensrecht zu Beginn des 21. Jahrhunderts, FS Schwark, 2009, S. 375; *Frank*, Die Level-3-Verlautbarungen der ESMA – ein sicherer Hafen für den Rechtsanwender?, ZBB 2015, 213; *Graf*, Beck-Online-Kommentar zum OWiG, Stand April 2017; *Habersack*, Gesteigerte Überwachungspflichten des Leiters eines „sachnahen" Vorstandsressorts?, WM 2005, 2360; *Heißner/Benecke*, Compliance-Praxis im Wandel: von der reinen Kontrolle zum Integrity Management, BB 2013, 2923; *Hirte/Möllers* (Hrsg.) Kölner Kommentar zum WpHG, 2. Aufl.2014; *Hopt/Wohlmannstetter* (Hrsg.), Handbuch Corporate Governance von Banken, 2011; *Houache*, Unternehmensbeauftragte und Gesellschaftsrecht der AG und GmbH. Das Spannungsverhältnis, 2002; *Just/Voß/Ritz/Becker* (Hrsg.), Wertpapierhandelsgesetz, 2015; *Senge* (Hrsg.), Karlsruher Kommentar zum Gesetz über Ordnungswidrigkeiten, 4. Aufl. 2014; *Kümpel/Wittig* (Hrsg.), Bank- und Kapitalmarktrecht, 4. Aufl. 2011; *Lehrl*, Sachkunde – Zuverlässigkeit – persönliche Ausschlussgründe von Aufsichtsräten gemäß § 36 Abs. 3 KWG, BKR 2010, 485; *Lütgerath*, Die Vorgaben zur ordnungsgemäßen Geschäftsorganisation im Bankaufsichtsrecht, 2016; *Mülbert/Wilhelm*, Risikomanagement und Compliance im Finanzmarktrecht – Entwicklung der aufsichtsrechtlichen Anforderungen, ZHR 178 (2014), 502; Münchner Kommentar zum Aktiengesetz, Band 2, 4. Aufl. 2014; Münchner Kommentar zum StGB, Band 7, 2. Aufl. 2015; *Nietsch*, Compliance-Risikomanagement als Aufgabe der Unternehmensleitung; ZHR 180 (2016), 733; *Preuße/Zingel* (Hrsg.), WpDVerOV, 2015; *Quinten*, Anforderungen an Geschäftsleiter von Instituten, CB 2014, 152; *Raum*, Strafrechtliche Pflichten von Compliance-Beauftragten, CCZ 2014, 197; *Reischauer/Kleinhans*, Kreditwesengesetz, Loseblatt; *Renz/Sartowski*, Anlageberater, Vertriebsbeauftragte und Compliance-Beauftragte – Neue Regelungen des WpHG und der WpHGMaAnzVO sowie deren praktische Umsetzung, CCZ 2012, 67; *Röh/Zingel*, Compliance nach der MiFID II, CB 2014, 429; *Schäfer*, Vorsatz bei unterlassener Aufklärung über den Erhalt von Rückvergütungen, WM 2012, 1022; *Schimansky/Bunte/Lwowski* (Hrsg.), Bankrechts-Handbuch, Band II, 5. Aufl. 2017; *Schmidt*, Compliance-Funktion nach MaRisk, 2015; *Uwe H. Schneider*, Konflikte zwischen Unternehmensleitung und Aufsichtsrat über die Compliance, ZIP 2016, Beilage zu Heft 22, S. 70; *Uwe H. Schneider/Brouwer*, Die Verantwortlichkeit der Gesellschaft und ihrer Geschäftsleiter bei Delegation öffentlich-rechtlicher Pflichten, FS Priester, 2007, S. 713; *Uwe H. Schneider/Sven H. Schneider*, Der Aufsichtsrat der Kreditinstitute zwischen gesellschaftsrechtlichen Vorgaben und aufsichtsrechtlichen Anforderungen, NZG 2016, 41; *Schwark/Zimmer* (Hrsg.), Kapitalmarktrechts-Kommentar; 4. Aufl. 2010; *Schwennicke/Auerbach* (Hrsg.), KWG, 3. Aufl. 2016; *Szesny/Kuthe* (Hrsg.), Kapitalmarkt Compliance, 2014; *Wundenberg*, Compliance und prinzipiengeleitete Aufsicht über Bankengruppen, 2012.

A. Terminologisches Verständnis von Compliance

24.1 Wenn im Bereich der Kredit- und Finanzdienstleistungsinstitute von Compliance die Rede ist, so ist mit diesem Begriff wie in anderen Branchen auch die Pflicht des Unternehmens gemeint, im Einklang mit dem geltenden Recht zu handeln.[1] Darüber hinaus werden darunter aber gerade auch die organisatorischen Maßnahmen verstanden, die erforderlich sind, um im Unternehmen für die Einhaltung der einschlägigen Gesetze zu sorgen.[2] Das die Institute betreffende **Aufsichtsrecht stellt** vor allem diese **organisatorischen Maßnahmen in den Mittelpunkt** der Betrachtungen. § 25a Abs. 1 Satz 1 KWG macht dies deutlich, indem die Vorschrift eine ausdrückliche Pflicht zur Einrichtung einer ordnungsgemäßen Geschäftsorganisation aufstellt, die die Einhaltung der vom Institut zu beachtenden gesetzlichen Bestimmungen gewährleistet. Eine Pflicht des Unternehmens, der Geschäftsleitung und seiner Mitarbeiter zur Befolgung rechtlicher Vorschriften wird durch diese Formulierung gedanklich bereits als bestehend vorausgesetzt. **§ 25a Abs. 1 KWG fordert** seit 2014 zudem mit sei-

---

1 *Braun* in Boos/Fischer/Schulte-Mattler, § 25a KWG Rz. 37.
2 *Wundenberg*, Compliance und prinzipiengeleitete Aufsicht, S. 7; *Faust* in Schimansky/Bunte/Lwowski, Bankrechts-Handbuch, § 109 Rz. 1.

nem Satz 3 Nr. 3c in organisatorischer Hinsicht insbesondere das **Vorhandensein einer Compliance-Funktion**. Damit ist regelmäßig das Bestehen eines personell und sachlich abgegrenzten Bereichs innerhalb der Aufbauorganisation des Instituts gemeint, dem spezifische Aufgaben bei der Sicherstellung der Regeltreue des Unternehmens zukommen. Entsprechend den Zielen des Bankaufsichtsrechts ordnet sich die Vorschrift darin ein, Missständen im Kredit- und Finanzdienstleistungswesen entgegenzuwirken, welche die Sicherheit der den Instituten anvertrauten Vermögenswerte gefährden, die ordnungsmäßige Durchführung der Bankgeschäfte oder Finanzdienstleistungen beeinträchtigen oder erhebliche Nachteile für die Gesamtwirtschaft herbeiführen können (§ 6 Abs. 3 KWG). Neben der auf die Sicherstellung der Solvenz der Institute und die Funktionsfähigkeit der Geld- und Kapitalmärkte ausgerichteten Zielsetzung gewinnt der kollektive Kundenschutz (Schutz der Einleger, Anleger und Verbraucher) zunehmend an Stellenwert (§ 4 Abs. 1a Satz 1 FinDAG).[1]

Die **Compliance-Funktion ist** wie die Risikocontrolling-Funktion **Bestandteil des** von § 25a Abs. 1 KWG vorzuhaltenden **internen Kontrollsystems**, das zu den internen Kontrollverfahren zählt, die wiederum zum Risikomanagement gehören, welches letztlich definitorisch in der ordnungsgemäßen Geschäftsorganisation aufgeht. Die Abfolge der Begrifflichkeiten verdeutlicht, dass die Einrichtung der Compliance-Funktion nicht die einzige zu treffende Vorkehrung zur Gewährleistung der Rechtsbefolgung darstellt. Vielmehr müssen alle Elemente der zu bildenden Geschäftsorganisation auf die Einhaltung des Rechts ausgerichtet sein. Dies bedeutet, dass die unmittelbar geschäftlich tätig werdenden Einheiten eines Instituts ebenso für die Einhaltung der einschlägigen Gesetze Sorge tragen müssen, wie die Abteilungen, die zum internen Kontrollsystem zählen. Darüber hinaus sind auch das Festlegen der Compliance-Strategie sowie die eher „weichen" Faktoren, wie das Wahrnehmen einer Vorbildrolle in Compliance-Angelegenheiten durch die Geschäftsleiter,[2] die Etablierung einer mit positiven Merkmalen besetzten Compliance-Kultur[3] im Institut und der Erlass einer allgemeinen Wohlverhaltensrichtlinie „Code of Conduct/Verhaltenskodex"[4] auf die Rechtsbefolgung abzielende Maßnahmen.

24.2

Dem Regulierungsansatz des § 25a KWG und damit auch der Konzeption des Compliance-Risiko-Managements liegt gedanklich das **„Three Lines of Defence"-Modell** zugrunde.[5] Danach sind die Geschäftseinheiten des Instituts die erste Verteidigungslinie in Bezug auf etwaige Risiken, einschließlich des operationellen Risikos, im geschäftlichen Verkehr gegen Rechtsvorschriften zu verstoßen. Die zweite Verteidigungslinie stellen die von den geschäftlichen Einheiten unabhängigen Funktionen Risikocontrolling und Compliance dar. Diese zweite Linie soll sich auf die weitergehende Identifizierung, Bewertung, Überwachung sowie das Reporting von Risiken sowie die Sicherstellung der Einhaltung interner und externer Anforderungen

24.3

---

1 Vgl. auch Begründung zum Finanzstabilitätsgesetz, BT-Drucks. 17/10040, S. 13 und zu den Zielen des Europäischen Systems der Finanzaufsicht Art. 1 Abs. 5 Satz 2 f.) und 2.1 EU-VO Nr. 1093/2010.
2 Allgemein *Heißner/Benecke*, BB 2013, 2923, 2924, 2926.
3 MaComp BT 1.1.Tz. 5; *Leisch/Sauer* in Assies/Beule/Heise/Strube, FA-BKR, Kap. 1 Rz. 187 ff.; *Faust* in Schimansky/Bunte/Lwowski, Bankrechts-Handbuch, § 109 Rz. 100. Zur Risikokultur allgemein MaRisk/BA-E 2016 AT 3 Tz. 1 Satz 4 nebst Erläuterung.
4 EBA-Leitlinien zur Internen Governance v. 27.9.2011, Nr. 15; EBA „Draft Guidelines on internal governance" vom 28.10.2016, Rz. 85.
5 Baseler Ausschuss für Bankenaufsicht „Guidelines Corporate governance principles for banks" vom Juli 2015, Einleitung Nr. 13, 38; EBA „Draft Guidelines on internal governance" v. 28.10.2016, Erwägungsgrund Nr. 20; *Leisch/Sauer* in Assies/Beule/Heise/Strube, FA-BKR, Kap. 1 Rz. 201 ff.; *Gebauer/Niermann* in Hauschka/Moosmayer/Lösler, Corporate Compliance, § 48 Rz. 4; *Faust* in Schimansky/Bunte/Lwowski, Bankrechts-Handbuch, § 109 Rz. 117.

seitens der Geschäftsbereiche beziehen. Die interne Revision bildet schließlich die dritte Verteidigungslinie; sie prüft, ob die internen Verfahren ordnungsgemäß umgesetzt sind, konsequent angewandt werden und wirksam sind.

24.4 Das KWG selbst enthält nur wenige weitergehende Vorgaben, wie die Rechtsbefolgung auf allen Ebenen der Geschäftsorganisation zu bewerkstelligen ist und vor allem, wie insbesondere die Compliance-Funktion ausgestaltet zu sein hat und wann und wie sie aktiv werden muss. Diese ergeben sich vornehmlich aus Verlautbarungen der Aufsichtsbehörden bzw. beim Betrieb spezifischer Geschäftsarten aus Rechtsnormen, die § 25a KWG hierarchisch vorgehen bzw. die spezielleren Regeln darstellen. Im KWG selbst genannt sind in § 25h zunächst noch die Funktion des Geldwäschebeauftragten, der für die Durchführung der Vorschriften zur Bekämpfung und Verhinderung der Geldwäsche und der Terrorismusfinanzierung verantwortlich ist, und die Stelle zur Verhinderung sonstiger strafbarer Handlungen, die zu einer Gefährdung des Vermögens des Instituts führen können. Auch die Einrichtung eines Prozesses, der es den Mitarbeitern unter Wahrung der Vertraulichkeit ihrer Identität ermöglicht, Verstöße gegen die Bankenaufsichtsverordnung CRR, die Marktmissbrauchs-Verordnung MAD, die PRIIP-Verordnung, das KWG und darauf beruhender Rechtsverordnungen sowie gegen etwaige strafbare Handlungen an geeignete Stellen zu berichten, ist im KWG in § 25a Abs. 1 Satz 4 Nr. 3 verankert. Beim Geschäft mit Finanzinstrumenten sind insbesondere die **Vorgaben zur Compliance-Funktion nach § 33 Abs. 1 WpHG und § 12 WpDVerOV und künftig vor allem auch nach Art. 22 DVO (EU) 2017/565** zu beachten.[1] Aus dem Bereich der behördenseitigen Vorschriften sind die Mindestanforderungen der Bundesanstalt für Finanzdienstleistungsaufsicht (BaFin) an das Risikomanagement (MaRisk/BA)[2] als Quelle für die Ausgestaltung der Funktion hervorzuheben, die auf den Leitlinien der Europäischen Bankaufsichtsbehörde (European Banking Authority, EBA)[3] für die interne Unternehmenssteuerung beruhen. Auch den „Mindestanforderungen der BaFin/WA an die Compliance-Funktion und die weiteren Verhaltens-, Organisations- und Transparenzpflichten nach §§ 31 ff. WpHG (MaComp)"[4] kommt große Bedeutung zu. Die deutschen Institute, die nicht nur der Aufsicht der BaFin, sondern aufgrund der Größe und Bedeutung auch der Aufsicht durch die Europäische Zentralbank (EZB) unterliegen, müssen zudem darauf achten, ob es Verlautbarungen der EZB gibt, die bei der internen Organisation Berücksichtigung finden sollten. Erste Aussagen zur Compliance-Funktion befinden sich im SSM supervisory statement on governance and risk appetite.[5] Die Rechtsanwender sind insofern einer Reihe von Normenquellen des europäischen und nationalen Rechts ausgesetzt, die sie nebeneinander im Blick haben müssen, was die Rechtsfindung zunehmend komplizierter gestaltet.[6]

24.5 Von besonderer Bedeutung für die Rechtsanwendung in der Praxis sind die Verlautbarungen der Aufsichtsbehörden. Bei den **MaRisk/BA** oder auch den **MaComp** handelt es sich nicht um materielles Recht, sondern um die informelle Kundgabe der Rechtsauffassung der Ba-

---

1 Die DVO (EU) 2017/565 (ABl. EU L 87 v. 31.3.2017, S. 1) tritt am 3.1.2018 in Kraft und löst den Regelungsgehalt des § 33 WpHG zur Compliance-Funktion weitgehend ab.
2 Rundschreiben 10/2012 (BA) – Mindestanforderungen an das Risikomanagement – MaRisk v. 14.12.2012.
3 EBA-Leitlinien zur Internen Governance vom 27.9.2011. Die überarbeiteten Leitlinien (EBA „Draft Guidelines on internal governance" v. 28.10.2016) sollen voraussichtlich Mitte 2017 in Kraft treten und sich nicht nur an die zuständige Aufsichtsbehörde, sondern auch direkt an die Institute richten.
4 Rundschreiben der BaFin/WA v. 7.6.2010, zuletzt geändert am 8.3.2017.
5 SSM supervisory statement on governance and risk appetite vom Juni 2016.
6 Kritisch hierzu insbesondere *Mülbert/Wilhelm*, ZHR 178 (2014), 502, 542.

Fin.[1] Mit solchen **norminterpretierenden Verwaltungsvorschriften**[2] können keine neuen Pflichten für Institute geschaffen, sondern nur bestehende gesetzliche Pflichten aus Sicht der Verwaltung präzisiert werden. In den MaRisk/BA und MaComp finden sich mitunter Aussagen, zu denen ein Anker in materiellen Gesetzen nur schwerlich zu finden ist; man kann hier in Teilen von einer gesetzesüberschießenden Standardsetzung der Aufsichtsbehörde sprechen. In der Praxis kommt der Befolgung der MaRisk/BA und der MaComp gleichwohl eine überaus gewichtige Bedeutung zu. Handeln Organe eines Instituts nicht in der behördlich verlautbarten Form, so greifen regelmäßig aufsichtsrechtliche Maßnahmen, die im Ergebnis zur Abberufung der Geschäftsleiter oder zum Entzug der Erlaubnis für das Institut führen können. Dies hat den Effekt, dass Institute und ihre Organe den behördlichen Rechtsauffassung regelmäßig widerspruchslos folgen, selbst wenn im Einzelfall überzeugende Gründe vorliegen sollten, sie nicht anzuwenden.[3] Im Gegenzug verschafft es eine für das Geschäft der Institute zentrale Rechtssicherheit, wenn sie sich an die Vorgaben der aufsichtsrechtlichen Verlautbarungen halten.[4]

Eine ähnliche gelagerte Problematik ergibt sich bei Compliance-Leitlinien der EBA oder der ESMA. Bei den für 2017 zur Veröffentlichung vorgesehenen überarbeiteten **Guidelines on Internal Governance der EBA** vom 28.10.2016 heißt es in Rz. 1 des Entwurfs beispielsweise, dass die zuständige Aufsichtsbehörde und die Institute alle erforderlichen Anstrengungen unternehmen müssen, um diesen Leitlinien nachzukommen. Nach der Art. 16 Abs. 3 der EBA-Verordnung ist allerdings noch erforderlich, dass sich die BaFin bzw. die EZB als zuständige Behörde zur Beachtung der Leitlinien in ihrem Aufsichtsbereich positiv äußert. Mag es für diese Art der EU-behördlichen Verlautbarung mit Art. 73 Abs. 1 und 3 CRD IV i.V. mit Art. 16 EBA-VO auch eine konkrete Befugnisnorm für die EBA zum Erlass von Leitsätzen über Regelungen zur Unternehmensführung- und Kontrolle geben, so werden diese dennoch keine Gesetze im materiellen Sinne. Dies ergibt sich unter Rückgriff auf Art. 288 Abs. 5 AEUV, wonach Empfehlungen und Stellungnahmen einer EU-Institution rechtlich nicht verbindlich sind.[5] Sie werden es auch nicht, wenn die BaFin die überarbeiteten EBA-Leitlinien in die MaRisk/BA bzw. MaComp einarbeitet, da sie dann den oben beschriebenen Status norminterpretierender Verwaltungsvorschriften nicht übersteigen. 24.6

Bei reinen **Zahlungsinstituten bzw. E-Geld-Instituten** stellt § 22 ZAG die **Compliance-Grundnorm** dar. Erbringen diese Institute zugleich vom KWG erfasste Dienstleistungen, so gilt diese Vorschrift neben § 25a KWG. § 22 Abs. 1 ZAG fordert wie § 25a Abs. 1 KWG eine ordnungsgemäße Geschäftsorganisation. Eine ordnungsgemäße Geschäftsorganisation umfasst nach § 22 Abs. 1 ZAG insbesondere angemessene Maßnahmen der Unternehmenssteuerung, Kontrollmechanismen und Verfahren, die gewährleisten, dass das Zahlungsinstitut seine gesetzlichen Verpflichtungen erfüllt.[6] Für **Kapitalverwaltungsgesellschaften**, auch wenn diese partiell Dienstleistungen nach dem KWG erbringen (vgl. § 20 KAGB), leiten sich die **relevanten Vorgaben für eine Compliance-Funktion** aus § 28 Abs. 4 KAGB i.V.m. § 4 Abs. 1 24.7

---

1 HessVerwG v. 31.5.2006 – 6 UE 3256/05, WM 2007, 392, 393 f.; *Weber-Rey/Baltzer* in Hopt/Wohlmannstetter, Handbuch Corporate Governance von Banken, S. 456 f.; *Glawischnig-Quinke* in Sesny/Kuthe, Kapitalmarkt Compliance, § 14 Rz. 26 f.
2 *Weber-Rey/Baltzer* in Hopt/Wohlmannstetter, Handbuch Corporate Governance von Banken, S. 456.
3 Vgl. z.B. *Lütgerath*, Geschäftsorganisation im Bankaufsichtsrecht, S. 87.
4 *Meyer/Paezel/Will* in Hirte/Möllers, KölnKomm. WpHG, § 33 WpHG Rz. 34.
5 Vgl. zur parallelen Frage bei ESMA-Leitlinien, *Frank*, ZBB 2015, 213, 215.
6 *Reinicke* in Casper/Terlau, § 22 ZAG Rz. 21.

KAVerOV und Art. 61 Abs. 2 VO (EU) Nr. 231/2013 ab.[1] Im Folgenden konzentrieren sich die Ausführungen auf die Compliance nach KWG und MaRisk/BA sowie nach den wertpapierhandelsrechtlichen Vorschriften.

B. Pflicht der Geschäftsleitung zur Einrichtung einer Compliance-Funktion

I. Pflichtenquellen des KWG

24.8 § 25a Abs. 1 KWG richtet sich zunächst an das Institut, das auf das Vorhandensein einer ordnungsgemäßen Geschäftsorganisation verpflichtet wird.[2] Die **Geschäftsleiter sind als organschaftliche Vertreter für die Erfüllung der Pflicht des Instituts zuständig.**[3] § 25a Abs. 1 Satz 2 Halbsatz 1 KWG spricht sodann aber auch die Geschäftsleiter an, dass diese für die ordnungsgemäße und damit die Einhaltung des Rechts sicherstellende Unternehmensorganisation verantwortlich sind. Die **Pflicht** kann damit nicht nur als eine **des Instituts**, sondern **zugleich** als **eine eigene Pflicht der Geschäftsleiter** angesehen werden.[4] Sie tragen daher auch unmittelbar Verantwortung für das Vorhandensein einer vorschriftsmäßigen Compliance-Funktion als notwendigen Bestandteil der ordnungsgemäßen Geschäftsorganisation. **§ 25c Abs. 4a Nr. 3c KWG wiederholt** unter Bezugnahme auf § 25a Abs. 1 Satz 2 KWG, **dass die Geschäftsleiter für** die Einrichtung einer **Compliance-Funktion Sorge tragen müssen.** Aus § 25a Abs. 3 KWG ergibt sich, dass in Konzernstrukturen die Geschäftsleiter des übergeordneten Unternehmens zugleich eine Verpflichtung zur Einrichtung einer gruppenweiten Compliance-Funktion haben. § 25c Abs. 4b Satz 2 Nr. 3 e) KWG nimmt diese konzerndimensionale Pflicht auch nochmals auf und verlangt von den Geschäftsleitern des übergeordneten Instituts bei der Einrichtung des Kontrollsystems der Institutsgruppe für eine Compliance-Funktion zu sorgen. Der Grund für die Aufnahme unmittelbarer und präziser Geschäftsleiterpflichten im Gesetz ist die in § 54a KWG normierte Strafbarkeit bei der Nichterfüllung von Organisationspflichten. Der verfassungsrechtliche Bestimmtheitsgrundsatz erfordert eine hinreichend konkrete Formulierung des strafbaren Verhaltens.[5]

24.9 Ausweislich der § 25c Abs. 4a Nr. 3 c) und § 25c Abs. 4b Satz 2 Nr. 3 e) KWG trifft die Geschäftsleiter die **Pflicht** zum Vorhalten einer Compliance-Funktion **im Rahmen ihrer Gesamtverantwortung.**[6] Die Geschäftsleiter müssen demnach über die Einrichtung und die Aufgaben der Funktion, wozu auch die Zuweisung der erforderlichen sachlichen Mittel gehört, **gemeinschaftlich entscheiden.**[7] **Eine Aufgabendelegation ist** damit auf dieser Ebene

---

1 Vgl. Nr. 11.3 KAMaRisk (WA) v. 10.1.2017.
2 Unstr., vgl. *Langen* in Schwennicke/Auerbach, § 25a KWG Rz. 10.
3 Z.B. *Spindler* in MünchKomm. AktG, 4. Aufl. 2014, § 93 AktG Rz. 74; *Uwe H. Schneider/Brouwer* in FS Priester, S. 713, 716.
4 Vgl. *Wundenberg*, Compliance und prinzipiengeleitete Aufsicht, S. 127; *Lütgerath*, S. 130 f.; a.A. wohl *Langen* in Schwennicke/Auerbach, § 25a KWG Rz. 21: „Normadressat im Institut sind die Geschäftsleiter".
5 BT-Drucks. 17/12601, S. 29; *Quinten*, CB 2014, 152, 156.
6 Vgl. zur Gesamtverantwortung auch MaRisk/BA AT 3.
7 In diesem Sinne etwa die Gesetzesbegründung BT-Drucks. 17/12601, S. 29, die davon spricht, dass diese Pflichten nicht in Einzelressorts aufgeteilt werden dürfen. So auch *Scholz-Fröhling* in Preuße/Zingel, § 12 WpDVerOV Rz. 63; abweichend *Braun* in Boos/Fischer/Schulte-Mattler, § 25a KWG Rz. 54; *Lütgerath*, Geschäftsorganisation im Bankaufsichtsrecht, S. 135; *Bittwerwolf* in Reischauer/Kleinhans, Stand 2015, § 56 KWG Anm. 4 und wohl auch *Langen* in Schwennicke/Auerbach, § 25a KWG Rz. 23; s. auch *Nietsch*, ZHR 180 (2016), 733, 747 ff.

nicht vorgesehen. Dem steht es nicht entgegen, dass einem Geschäftsleitungsmitglied eine Ressortverantwortung für die Compliance-Funktion übertragen wird und dieses sich um die Vorbereitung von Compliance-Beschlüssen des Gremiums sowie die verstärkte Kontrolle, ob die Compliance-Funktion die zugewiesenen Aufgaben erfüllt, kümmert.

Gem. § 25a Abs. 1 Satz 2 Halbsatz 2 KWG endet die Pflicht der Geschäftsleiter für die ordnungsgemäße Geschäfts- und die damit verbundene Compliance-Organisation zu sorgen, bei Sachverhalten, über die das Aufsichtsorgan zu entscheiden hat. Organisationspflichten treffen das Aufsichtsorgan insbesondere bei der Errichtung und bei der Arbeit von Ausschüssen nach § 25d Abs. 7 ff. KWG.[1]

24.10

II. Wertpapierhandelsrechtliche Pflicht

Wertpapierdienstleistungsunternehmen sind immer zugleich Institute im Sinne des KWG. Sie **haben** damit **auch § 25a KWG** und die aus dieser Vorschrift ableitbaren Vorgaben zur Einrichtung einer Compliance-Funktion **zu beachten.** § 33 Abs. 1 Satz 1 WpHG deklariert dies nochmals ausdrücklich mit der Aussage, dass ein Wertpapierdienstleistungsunternehmen die organisatorischen Pflichten nach § 25a Abs. 1 KWG einhalten muss. In **§ 33 Abs. 1 Satz 2 WpHG** wird für das Unternehmen darüber hinaus vorgeschrieben, dass es angemessene Grundsätze aufzustellen und Mittel vorzuhalten und Verfahren einzurichten hat, die darauf ausgerichtet sind, sicherzustellen, dass das Wertpapierdienstleistungsunternehmen und seine Mitarbeiter einschließlich der Leitungsorgane den Verpflichtungen des WpHG nachkommen, wobei insbesondere **eine dauerhafte und wirksame Compliance-Funktion einzurichten** ist, die ihre Aufgaben unabhängig wahrnehmen kann. Eine unmittelbare Verpflichtung für die Geschäftsleiter zur Einrichtung einer Compliance-Funktion enthält § 33 WpHG nicht. Es gilt aber auch hier, dass die **Geschäftsleiter** in ihrer Eigenschaft **als Organwalter** für die Erfüllung der an die Gesellschaft gerichteten Pflicht **verantwortlich** sind.[2] Aufgrund der Bedeutung der Unternehmensorganisation weist die BaFin in den MaComp BT 1.1. Tz. 1 auf die **Gesamtverantwortung der Geschäftsleitung** hin.

24.11

Im Zuge der Implementierung der MiFID II-Regelungen zum 3.1.2018 werden sich bei der Verankerung der Verpflichtung zur Einrichtung einer wertpapierhandelsrechtlich geprägten Compliance-Funktion Änderungen ergeben. Zunächst bleibt es bei der **Nachfolgeregelung zu § 33 WpHG in § 80 Abs. 1 Satz 1 WpHG n.F.**,[3] bei der Aussage, dass Wertpapierdienstleistungsunternehmen die organisatorischen Pflichten nach § 25a Abs. 1 KWG einzuhalten haben. Die Regelungen zur Compliance-Funktion werden dann allerdings aus dem WpHG herausgenommen. An deren Stelle tritt **Art. 22 DVO (EU) 2017/565** als unmittelbar in Deutschland geltendes Unionsrecht. Unter der Überschrift „Einhaltung der Vorschriften („Compliance")" heißt es in Art. 22 Abs. 1 Unterabs. 1, dass die Wertpapierfirmen angemessene Strategien und Verfahren festlegen und umsetzen müssen, die darauf ausgelegt sind, jedes Risiko einer etwaigen Missachtung der in der MiFID II festgelegten Pflichten durch die Wertpapierfirma aufzudecken; zudem sind angemessene Maßnahmen und Verfahren einzuführen, um das Risiko auf ein Mindestmaß zu beschränken. Art. 22 Abs. 2 Unterabs. 1 Halb-

24.12

---

[1] *Braun* in Boos/Fischer/Schulte-Mattler, § 25a KWG Rz. 61.
[2] In Bezug auf § 33 WpHG vgl. *Scholz-Fröhling* in Preuße/Zingel, § 12 WpDVerOV Rz. 63; allg. *Spindler* in MünchKomm. AktG, § 93 AktG Rz. 74; *Uwe H. Schneider/Brouwer* in FS Priester, S. 713, 716.
[3] Vgl. Zweites Finanzmarktnovellierungsgesetz (2. FiMaNoG) vom 23.6.2017, BGBl. I 2017, 1693.

satz 1 DVO (EU) 2017/565 **verlangt** sodann **von den Unternehmen die Einrichtung einer permanenten und wirksamen, unabhängig arbeitenden Compliance-Funktion.**

24.13 Vorschriften, die im neuen Regelungsregime Geschäftsleiter unmittelbar als Normadressaten der Compliance-bezogenen Pflichten ansprechen, finden sich in § 81 WpHG n.F. § 81 Abs. 1 Satz 2 Nr. 1 a) WpHG n.F. führt aus, dass die **Geschäftsleiter** insbesondere unter Berücksichtigung von Art, Umfang und Komplexität der Geschäftstätigkeit sowie aller von dem Wertpapierdienstleistungsunternehmen einzuhaltenden Anforderungen, **die Organisation zur Erbringung von Wertpapierdienstleistungen, einschließlich der hierfür erforderlichen Mittel, und organisatorischen Regelungen festzulegen, umzusetzen und zu überwachen** haben. Sie haben dabei über § 25c Abs. 3 KWG hinausgehend bei ihren auf das Wertpapierdienstleistungsgeschäft bezogenen Handlungen die **Integrität des Marktes zu wahren und die Interessen der Kunden zu fördern.**[1] Da die Compliance-Funktion ein im Grundsatz zwingend notwendiges Organisationserfordernis des Instituts für die Erbringung von Wertpapierdienstleistungen ist, haben die Geschäftsleiter nach § 81 Abs. 1 Satz 2 Nr. 1 a) WpHG n.F. die unmittelbare persönliche Pflicht, eine ordnungsgemäße Compliance-Organisation einzurichten. Durch die Bezugnahme auf die KWG-Vorschrift ist bei dieser Pflicht ebenfalls von einer Gesamtverantwortung der Geschäftsleiter auszugehen, so dass **zur Pflichterfüllung gemeinschaftliches Handeln aller Geschäftsleiter erforderlich** ist. Auch hier ist nicht ausgeschlossen, dass einem Geschäftsleitungsmitglied eine Ressortverantwortung für die wertpapierhandelsrechtliche Compliance-Funktion übertragen wird und dieses sich um die Vorbereitung von Compliance-Beschlüssen des Gremiums sowie die verstärkte Kontrolle, ob die Compliance-Funktion die zugewiesenen Aufgaben erfüllt, kümmert. Hierfür spricht Art. 25 Abs. 1 Unterabs. 2 DVO (EU) 2017/565, der bestimmt, dass bei der Verteilung wesentlicher Aufgaben unter den Geschäftsführern eindeutig festgelegt werden muss, wer für die Überwachung und Aufrechterhaltung der organisatorischen Anforderungen der Wertpapierfirma zuständig ist. Die direkte Ansprache der Geschäftsleiter in § 81 Abs. 1 Satz 2 Nr. 1a WpHG n.F. liegt darin begründet, dass Art. 9 Abs. 3 MiFID II als umsetzungsvorgebende Vorschrift die Geschäftsleiter als Normadressarten vorsieht.

24.14 § 81 Abs. 4 WpHG n.F. richtet sich ebenfalls direkt an die Geschäftsleiter und **verpflichtet** diese, den **Produktfreigabeprozess** des § 80 Abs. 9 WpHG n.F. **wirksam zu überwachen**; zudem sollen sie sicherstellen, dass die Compliance-Berichte an die Geschäftsleiter systematisch Informationen über die von dem Wertpapierdienstleistungsunternehmen konzipierten und empfohlenen Finanzinstrumente enthalten, insbesondere auch über die jeweilige Vertriebsstrategie. Die Vorgabe in Art. 9 Abs. 6 der Delegierten Richtlinie (EU) 2017/593 hätte hier nicht zwingend eine unmittelbare Verpflichtung der Geschäftsleiter verlangt.[2]

---

1 Die Pflicht, im Bereich der Organisationspflichten die Interessen der Kunden nicht nur zu wahren, sondern zu fördern, stellt eine erneute gesetzgeberische Verstärkung des Anlegerschutzgedankens dar, die das Interesse der Gesellschaft weiter in den Hintergrund rücken lässt. Die verfassungsrechtlichen Implikationen dieses Förderauftrags werden zukünftig sicher noch Gegenstand von Diskussionen sein.
2 Richtlinie der Kommission v. 7.4.2016, ABl. EU Nr. L 87 v. 31.3.2017, S. 500.

C. Aufgaben der Compliance-Funktion

I. Aufgaben der KWG-Compliance-Funktion

Ausführungen darüber, welche Aufgaben einer Compliance-Funktion durch die Geschäftsleitung aufzuerlegen sind, lassen sich der Gesetzesbegründung zu § 25a KWG und der norminterpretierenden Verwaltungsvorschrift MaRisk/BA entnehmen. Diese unterscheiden dabei grundsätzlich zwischen **beaufsichtigenden und beratenden Aufgaben**. In der Gesetzesbegründung zum CRD IV-Umsetzungsgesetz von 2012 heißt es unter Hinweis auf Nr. 28 der EBA Guidelines on Internal Governance vom 27.9.2011, dass die Compliance-Funktion die institutsinternen Vorkehrungen zur Einhaltung der für das Institut wesentlichen rechtlichen Regelungen und Vorgaben bewerten, deren Qualität und Angemessenheit sichern und überwachen und die Geschäftsleiter bei der Ausgestaltung dieser institutsinternen Vorkehrungen unterstützen soll.[1] Somit soll den Risiken, die sich aus der Nichteinhaltung der rechtlichen Regelungen und Vorgaben ergeben können, entgegengewirkt werden.[2] Die MaRisk/BA, die sich als aufsichtsbehördliche Praxis ebenfalls auf die genannten EBA Guidlines on Internal Governance stützt,[3] enthält in AT 4.4.2 Nr. 1 derzeit folgende Kernaussagen: Erstens soll die Funktion **Risiken, die sich aus der Nichteinhaltung rechtlicher Regelungen und Vorgaben ergeben können, entgegenwirken**, zweitens auf die **Implementierung wirksamer Verfahren zur Einhaltung der** für das Institut **wesentlichen rechtlichen Regelungen und entsprechender Kontrollen hinwirken** und drittens **die Geschäftsleitung hinsichtlich** der Einhaltung **dieser rechtlichen Regelungen unterstützen und beraten.** Über die Angemessenheit und Wirksamkeit der getroffenen Vorkehrungen zur Einhaltung der wesentlichen rechtlichen Regelungen und Vorgaben hat die Compliance-Funktion **der** gesamten **Geschäftsleitung regelmäßig zu berichten**; Defizite sowie Maßnahmen zu deren Behebung sind dabei in den Berichten zu benennen; vgl. MaRisk/BA AT 4.4.2 Tz. 5.

24.15

Zur **Reichweite der Kontrollhandlungen** der Compliance-Funktion finden sich in der MaRisk/BA keine konkreten Ausführungen. Die für die eigene Berichterstattung notwendige Bewertung der vorhandenen prozessintegrierten Kontrollen in den Geschäfts- und Infrastruktureinheiten des Unternehmens kann hier bereits ausreichend sein.[4] Die BaFin hat sich auf den Standpunkt gestellt, dass die **Compliance-Funktion Kontrollhandlungen zumindest durchführen können muss**.[5] Gemäß dem Entwurf der EBA für Guidelines on Internal Governance vom 28.10.2016 soll die Compliance-Funktion sicherstellen, dass das Compliance-Monitoring planmäßig und strukturiert erfolgt.[6] Es ist damit zu erwarten, dass in der Aufsichtspraxis der BaFin, resp. in einer überarbeiteten MaRisk/BA, dem Gesichtspunkt kontrollierender Compliance-Tätigkeit künftig noch mehr Aufmerksamkeit gewidmet wird. Ein weiterer Teilaspekt des Compliance-Monitorings kann ferner das Erkennen von Interessenkonflikten zwischen dem Institut, seinen Organen bzw. Mitarbeitern und seinen Kunden sein, wenngleich es keine Verpflichtung gibt, dies der Compliance-Funktion zuzuweisen.[7] Allgemein gilt, dass sich die kontrollierende Tätigkeit der Compliance-Funktion von der der internen Revision da-

24.16

---

1 BT-Drucks. 510/12, S. 140.
2 BT-Drucks. 510/12, S. 140.
3 Vgl. Schreiben der BAFin/BA v. 14.12.2012 zur MaRisk-Novelle.
4 *Schmidt* in Schmidt, Compliance-Funktion nach MaRisk, 2015, S. 16 f.
5 Protokoll zur Sitzung des Fachgremiums MaRisk am 24.4.2013, Nr. 4
6 EBA „Draft Guidelines on internal governance" vom 28.10.2016, Nr. 180.
7 Zur Pflicht der Geschäftsleitung Maßnahmen festlegen, um Interessenkonflikten vorzubeugen, s. § 25c Abs. 3 Nr. 1 KWG.

durch unterscheidet, dass erstere schwerpunktmäßig prozessbegleitend und letztere nachgelagert und damit prozessunabhängig ist.[1]

24.17 Die Beratung der Geschäftsleitung und der Geschäftsbereiche des Unternehmens kann durch Erteilung von **Rat in konkreten Geschäftsvorfällen** oder **in generalisierter Form mittels Schulungen** erfolgen. Gerade durch systematische Wissensvermittlung bildet die Compliance-Funktion einen **wichtigen Baustein zur Förderung einer einheitlichen Compliance-Kultur** im Unternehmen.[2] Die Schulungen können in Form von Präsenzveranstaltungen oder medienbasierten Trainings (E-Lerning-Systeme-, Webinare u.Ä.) erfolgen. AT 8 MaRisk/BA fordert darüber hinaus, dass die Compliance-Funktion bei der Aufnahme von Geschäftsaktivitäten mit neuen Produkten oder auf neuen Märkten (**Neu-Produkt-Prozess**) und **bei Änderungen betrieblicher Prozesse oder Strukturen in die Vorbereitungen einzubeziehen** ist. Auch in diesen Prozessen kann Compliance seine beratende Funktion wahrnehmen.[3] Es ist zu erwarten, dass sich Vorschriften häufen werden, die bankinterne Prozesse benennen, in denen die Compliance-Funktion beratend und/oder kontrollierend tätig werden soll. Die EBA hält es künftig ggf. für erforderlich, dass die internen Leitlinien zur Beurteilung der Eignung von Mitgliedern des Leitungsorgans und von Inhabern von Schlüsselfunktionen unter aktiver Mitwirkung der Compliance-Funktion erstellt werden. Die Compliance-Funktion muss analysieren, inwieweit diese Richtlinie mit anderen internen und externen Vorschriften im Einklang steht, und die Befolgung der Richtlinie in ihr Reporting an die Geschäftsleitung und das Aufsichtsorgan einbeziehen.[4]

24.18 Die Formulierungen der Aufgaben für die Compliance-Funktion in der Gesetzesbegründung und in der MaRisk/BA verdeutlichen, dass die **Methodik des allgemeinen Risikomanagements zur Anwendung gelangen** soll, insbesondere durch Identifikation, Bewertung und Kontrolle der Risiken.[5] Die Risiken sind dabei aus Gesetzesverletzungen resultierende (Geld-)Strafen, Bußgelder, Abschöpfungen bzw. Verfall erzielter Gewinne, Ausschlüsse aus Auftragsvergabeverfahren und auch Kosten im Zusammenhang mit Untersuchungen und für Schadensersatzansprüche bzw. Vertragsrückabwicklungen.[6] Auch der Verlust an Reputation kann in die Betrachtungen einbezogen werden.[7] Die **Identifizierung der wesentlichen rechtlichen Regelungen und Vorgaben**, deren Nichteinhaltung zu einer Gefährdung des Vermögens des Instituts führen können, **hat gem. MaRisk/BA AT 4.4.2. Tz. 2 in regelmäßigen Abständen** durch die Compliance-Funktion **zu erfolgen**. Dabei geht es nicht nur darum zu erkennen, welche Regelungen geändert oder neu erlassen worden sind, sondern auch darum, ob bestehende Gesetze durch Änderungen der Rechtsprechung anders auszulegen sind.[8]

---

1 Schreiben der BAFin/BA vom 14.12.2012 zur MaRisk-Novelle; *Schmidt* in Schmidt, Compliance-Funktion nach MaRisk, 2015, S. 15.
2 Vgl. Protokoll zur Sitzung des Fachgremiums MaRisk am 24.4.2013, Nr. 2 Abs. 1 a.E.
3 Sehr weitgehend EBA „Draft Guidelines on internal governance" vom 28.10.2016, Nr. 145, wo eine Genehmigung neuer Produkte durch Compliance für erforderlich gehalten wird. Kritisch hierzu die Stellungnahme der DK vom 27.1.2016, S. 15.
4 EBA/ESMA-Draft Guidelines on the assessment of the suitability of members of the management body and key function holders under Directive 2013/36/EU and Directive 2014/65/EU v. 28.10.2016, Rz. 102.
5 So auch das Gesetz selbst in § 25a Abs. 1 Satz 3 Nr. 3 b) KWG.
6 Protokoll zur Sitzung des Fachgremiums MaRisk am 24.4.2013, Nr. 2 Abs. 2.
7 EBA-Leitlinien zur Internen Governance v. 27.9.2011, Nr. 28; *Boldt/Büll/Voss*, CCZ 2013, 248.
8 Protokoll zur Sitzung des Fachgremiums MaRisk am 24.4.2013, Nr. 4. Abs. 1.

24.19 Die Ausführungen in der MaRisk/BA klären nicht abschließend, welche Aufgaben von der Geschäftsleitung an die Compliance-Funktion zuzuweisen sind.[1] Die konkrete Ausgestaltung der Funktion ist letztlich, wie sich aus der **Proportionalitätsklausel des § 25a Abs. 1 Satz 4 KWG** ergibt, institutsspezifisch anhand von Art, Umfang, Komplexität und Risikogehalt der jeweiligen ausgeübten Geschäftstätigkeiten vorzunehmen. In der MaRisk/BA wird hierzu ausgeführt, dass große Institute oder Institute, deren Geschäftsaktivitäten durch besondere Komplexität, Internationalität oder eine besondere Risikoexponierung gekennzeichnet sind, weitergehende Vorkehrungen im Bereich des Compliance-Risikomanagements zu treffen haben als weniger große Institute mit weniger komplexen Geschäftsaktivitäten, die keine außergewöhnliche Risikoexponierung aufweisen.[2]

24.20 Zudem hat sich die Tätigkeit der Compliance-Funktion auf die identifizierten wesentlichen rechtlichen Regelungen, deren Nichteinhaltung zu einer Gefährdung des Vermögens[3] des Instituts führen kann, zu konzentrieren.[4] Die BaFin hat sich in einem Schreiben an die Verbände der Kreditwirtschaft zur MaRisk-Novelle 2012 dahingehend eingelassen, dass **wesentliche rechtliche Regelungen und Vorgaben, die im Zusammenhang mit der Compliance-Funktion relevant sein können**, Vorgaben zu Wertpapierdienstleistungen, zur Bekämpfung der Geldwäsche und Terrorismusfinanzierung, zum allgemeinen Verbraucherschutz, zum Datenschutz sowie zur Verhinderung doloser Handlungen zu Lasten des Instituts sind.[5] Dabei fällt auf, dass die BaFin hier im Wesentlichen auf Regelungsbereiche abstellt, aus denen sich bereits konkrete Organisationspflichten für das Institut ergebenen. Die Wertpapier-Compliance-Funktion, der Geldwäschebeauftragte gem. § 25h Abs. 4 KWG, die Stelle zur Verhinderung sonstiger strafbaren Handlungen gem. § 25h Abs. 9 KWG und der Datenschutzbeauftrage gem. § 4 Abs. 1 BDSG, waren bereits vor dem kodifizierten Ausbau der Compliance-Funktion im KWG anderweitig im Gesetz vorgeschrieben. All diese Unternehmensfunktionen sind mit dem Vorhandensein einer Compliance-Funktion nach § 25a Abs. 1 KWG nicht entbehrlich geworden. Ihre Aufgaben können grundsätzlich mit denen der KWG-Compliance-Funktion zusammengefasst werden.[6]

24.21 Bei der Zuweisung von Aufgaben an die Compliance-Funktion sind **Abstimmungen von Tätigkeiten aller drei „Verteidigungslinien"** zulässig. Der Grad und die Qualität der Kontrollen in den Geschäftsbereichen und durch die interne Revision können bei der Festlegung der Kontrolldichte der Compliance-Funktion berücksichtigt werden. Im Einführungsschreiben zur MaRisk-Novelle von 2012 führt die BaFin aus, dass die Geschäftsbereiche letztlich für die Implementierung wirksamer Verfahren, die die Einhaltung der rechtlichen Regelungen und Vorgaben sicherstellen, verantwortlich sind.[7] Die Compliance-Funktion soll dabei stärker die beratende und koordinierende Funktion ausüben. Sie soll darauf achten, dass die Geschäftsbereiche ihrer Verantwortung nachkommen und keine unerwünschten Regelungs-

---

[1] *Gebauer/Niermann* in Hauschka/Moosmayer/Lösler, Corporate Compliance, § 48 Rz. 8.
[2] Vgl. Präambel MaRisk/BA.
[3] Nach *Schmidt* in Schmidt, Compliance-Funktion nach MaRisk, S. 23, muss es sich um eine wesentliche Gefährdung handeln; wohl auch die BaFin, die im Schreiben zur MARisk-Novelle von einem wesentlichen Compliance-Risiko spricht.
[4] Protokoll zur Sitzung des Fachgremiums MaRisk am 24.4.2013, Nr. 2 Abs. 2.
[5] Ausfl. zu den in Betracht kommenden relevanten Risiken *Niwek/Schröer* in Schmidt, Compliance-Funktion nach MaRisk, S. 83 ff.
[6] Protokoll zur Sitzung des Fachgremiums MaRisk am 24.4.2013, Nr. 5 Abs. 3.
[7] Schreiben Schreiben der BAFin/BA v. 14.12.2012 zur MaRisk-Novelle; *Gebauer/Niermann* in Hauschka/Moosmayer/Lösler, Corporate Compliance, § 48 Rz. 22.

lücken im Institut auftreten.[1] Auch kann die Compliance-Beratung und die Beobachtung der Rechtsentwicklung durch die Compliance-Funktion im Zusammenhang mit den Aufgaben anderer Bereiche des Instituts abgestimmt werden. Nicht erforderlich ist, dass die Compliance-Abteilung die Rechts-, die Steuer- oder die Personalabteilung bzw. das Rechnungswesen in ihren jeweiligen Aufgaben vollständig substituiert.[2]

24.22 **Spezielle Aufgaben**, die der Compliance-Funktion zuzuweisen sind, **ergeben sich** schließlich **aus der Institutsvergütungs-Verordnung**. Nach § 3 Abs. 3 der Verordnung sind die Institute aufgefordert, ihre Kontrolleinheiten, also auch die Compliance-Funktion,[3] an der Ausgestaltung und Überwachung der Vergütungssysteme angemessen zu beteiligen. Auch Art. 8 InstitutsVergVO fordert spezielle Compliance-Aufgaben ein. Nach Abs. 1 der Vorschrift ist es Geschäftsleitern und Mitarbeitern, die eine risikoorientierte Vergütung erhalten, verboten, die Risikoorientierung ihrer Vergütung durch Absicherungs- oder sonstige Gegenmaßnahmen ganz oder teilweise wieder aufzuheben. Zur Überprüfung der Einhaltung dieses Verbots sind gem. Art. 8 Abs. 2 Satz 1 InstitutsVergVO angemessene Compliance-Strukturen einzurichten. Die Verordnung geht davon aus, dass sich das Verbot in den Anstellungsverhältnissen widerzuspiegeln hat und durch die Compliance-Funktion bzw. bei bedeutenden Instituten durch den dort zu bestellenden Vergütungsbeauftragten risikoorientiert in Stichproben überprüft wird.

II. Aufgaben der Compliance-Funktion nach wertpapierhandelsrechtlichen Regelungen

24.23 Bislang leiten sich die Aufgaben für die wertpapierhandelsrechtliche Compliance-Funktion aus **§ 33 Abs. 1 Satz 2 Nr. 1 WpHG i.V.m. § 12 Abs. 3 WpDVerOV** ab. Erstens muss diese die Angemessenheit und Wirksamkeit der Grundsätze und Vorkehrungen, die der **Gefahr einer Verletzung des WpHG** und der in entsprechenden Verordnungen geregelten Verpflichtungen durch das Wertpapierdienstleistungsunternehmen oder seine Mitarbeiter **entgegenwirken** sollen, sowie die zur **Behebung von Defiziten** getroffenen Maßnahmen **überwachen und regelmäßig bewerten**. Und zweitens soll sie die **Mitarbeiter im Hinblick auf die Einhaltung der wertpapierhandelsrechtlichen Vorschriften beraten und unterstützen**. Über die Compliance-Arbeit ist gem. § 33 Abs. 1 Satz 2 Nr. 5 WpHG **Bericht zu erstatten**. Die gesamte Geschäftsleitung und die Mitglieder des Aufsichtsorgans sind durch die Compliance-Funktion in angemessenen Zeitabständen, zumindest einmal jährlich, über die Angemessenheit und Wirksamkeit der angewandten Grundsätze und eingesetzten Mittel und Verfahren zu informieren. Die Berichte haben auch darauf einzugehen, ob zur Behebung von Verstößen des Wertpapierdienstleistungsunternehmens oder seiner Mitarbeiter gegen wertpapierhandelsrechtliche Pflichten oder zur Beseitigung des Risikos eines solchen Verstoßes geeignete Maßnahmen ergriffen wurden.

24.24 Über die gesetzlichen Vorschriften des WpHG und der WpDVerOV hinaus, sind mit der norminterpretierenden Verwaltungsvorschrift MaComp aufsichtsbehördliche Leitlinien zum Aufgabenspektrum der Compliance-Funktion ergangen. Die Verwaltungsvorschriften beruhen dabei auf den „ESMA-Leitlinien zu einigen Aspekten der MiFID-Anforderungen an die

---

1 Protokoll zur Sitzung des Fachgremiums MaRisk am 24.4.2013, Nr. 4 Abs. 2.
2 Zu den Einzelheiten vgl. Protokoll zur Sitzung des Fachgremiums MaRisk am 24.4.2013, Nr. 3 Abs. 1.
3 Vgl. hierzu § 2 Abs. 9 InstitutsVergVO und Auslegungshilfe zur InstitutsVergVO v. 10.8.2016, zu § 3.

Compliance-Funktion vom 25.6.2012".[1] Auch in MaComp AT 3.2 wird – analog zu den MaRisk/BA – ebenfalls der im Gesetz verankerte **Proportionalitätsgrundsatz (§ 33 Abs. 1 Satz 3 WpHG, § 12 Abs. 4 WpDVerOV)** nochmals hervorgehoben. Bei der Einrichtung der Compliance-Funktion muss das Wertpapierdienstleistungsunternehmen Art, Umfang, Komplexität und Risikogehalt seines Geschäfts sowie Art und Spektrum der von ihm angebotenen Wertpapierdienstleistungen berücksichtigen. Damit bestehen auf Einzelinstitutsebene innerhalb der zwingend an die Compliance-Funktion zuzuweisenden Aufgaben immer noch Spielräume bei der Ausformulierung der konkreten Tätigkeiten.

Die **Überwachung**, die **auf der Grundlage eines schriftlichen Plans**[2] und regelmäßig erfolgen soll, stellt sich aus Sicht der BaFin wie folgt dar:[3] Die Compliance-Funktion überwacht und bewertet die im Unternehmen aufgestellten Grundsätze und eingerichteten Verfahren sowie die zur Behebung von Defiziten getroffenen Maßnahmen. Sie wirkt durch regelmäßige risikobasierte Überwachungshandlungen darauf hin, dass den Organisations- und Arbeitsanweisungen des Wertpapierdienstleistungsunternehmen nachgekommen wird, und dass die Mitarbeiter der operativen Geschäftsbereiche das nötige Bewusstsein für Compliance-Risiken aufweisen. Sie trägt dafür Sorge, dass Interessenkonflikte vermieden werden bzw. unvermeidbaren Interessenkonflikten ausreichend Rechnung getragen wird. Dies gilt insbesondere hinsichtlich der Wahrung der Kundeninteressen. Des Weiteren hat die Compliance-Funktion darauf hinzuwirken, dass organisatorische Vorkehrungen im Unternehmen getroffen werden, um die unzulässige Weitergabe von compliance-relevanten Informationen zu verhindern. Besondere Erwähnung findet die Compliance-Funktion in der MaComp bei der Überwachung von Vergütungssystemen. Nach MaComp BT 8.2.2 Tz. 1 soll sie die Einrichtung, Ausgestaltung und Umsetzung von Vergütungssystemen überwachen, wobei die Überwachung der Vergütung der Geschäftsleitung anhand abstrakter Kriterien erfolgen kann.[4]

24.25

Ihrer **Beratungspflicht** kommt die Compliance-Funktion insbesondere durch das Abhalten von eigenen Mitarbeiterschulungen oder Unterstützung von **Schulungen** anderer Bereiche, durch die **tägliche Betreuung** von Mitarbeitern bei der Rechtsbefolgung und die **Mitwirkung bei der Erstellung neuer Grundsätze und Verfahren** innerhalb des Unternehmens nach.[5] Bei den Schulungen liegen die Schwerpunkte auf der Vermittlung von Wissen über die internen Grundsätze und Verfahren des Unternehmens und seine organisatorische Struktur im Bereich der Wertpapierdienstleistungen und über die rechtlichen Anforderungen des WpHG nebst Verordnungen, über die einschlägigen Verlautbarungen von ESMA und BaFin sowie andere relevante aufsichtsrechtliche Anforderungen, einschließlich möglicher Änderungen.[6] Die Beratung bezieht sich insbesondere auch auf Produktgenehmigungsprozesse für Finanzinstrumente, die in den Vertrieb aufgenommen werden sollen.[7]

24.26

Die ESMA hält es künftig ggf. für erforderlich, dass die internen Leitlinien zur Beurteilung der Eignung von Mitgliedern des Leitungsorgans und von Inhabern von Schlüsselfunktionen unter aktiver Mitwirkung der Compliance-Funktion erstellt werden. Die Compliance-

24.27

---

1 Verlautbarung ESMA/2012/388 v. 25.6.2012./388
2 MaComp BT 1.3.2.1.
3 MaComp BT 1.2.1 Tz. 1 bis 3.
4 Hier ist bereits die höherrangige InstitutsVergVO zu beachten, wonach die Compliance-Funktion als Kontrolleinheit bei der Ausgestaltung und der Überwachung der Vergütungssysteme angemessen zu beteiligen ist.
5 MaComp BT 1.2.3. Tz. 1, 2 und 5 und MaComp BT 1.2.4.
6 MaComp BT 1.2.3. Tz. 2
7 MaComp BT 1.2.4. Tz. 4.

Funktion muss analysieren, inwieweit die Richtlinie mit anderen internen und externen Vorschriften im Einklang steht und die Befolgung der Richtlinie in ihr Reporting an die Geschäftsleitung und das Aufsichtsorgan einbeziehen.[1] Allgemeine Ausführungen zum Compliance-Berichtswesen sind in MaComp BT 1.2.2. enthalten.

24.28 Die Geschäftsleitung ist nicht verpflichtet, der Compliance-Funktion die generelle Befugnis zu übertragen, dass diese mit den Aufsichtsbehörden (BaFin, Bundesbank, Handelsüberwachungsstellen von Börsen) unmittelbar in Kontakt treten kann. Gleichwohl ist dies eine häufig anzutreffende Praxis.[2] Die MaComp BT 1.2.4 Tz. 5 sieht vor, dass die **Compliance-Funktion bei wesentlichen Schriftwechseln mit Behörden** im Bereich der Wertpapieraufsicht sowie Handelsüberwachungsstellen **einzubeziehen** ist. Ganz ähnlich verhält es sich bei der **Ausgestaltung der Prozesse zur Überwachung der Mitarbeitergeschäfte** im Unternehmen oder bei der Einrichtung von Vertraulichkeitsbereichen. Auch hier muss der Compliance-Funktion nicht zwingend die Zuständigkeit komplett übertragen werden. Es genügt die Einbeziehung bei der Aufgabenerfüllung durch das Institut.[3]

24.29 **Art. 22 Abs. 2 DVO (EU) 2017/565** führt unter Berücksichtigung des Proportionalitätsgedankens in Art. 22 Abs. 1 Unterabs. 2 DVO (EU) 2017/565 das Konzept, nach dem die **Compliance-Funktion beratende und überwachende Funktion** hat, konsequent fort.[4] Die Vorschrift benennt als Aufgaben, mit der die Funktion zu betrauen ist, insbesondere folgende Punkte:

- Überwachung und Bewertung der Angemessenheit und Wirksamkeit der zur Rechtsbefolgung eingerichteten Maßnahmen, Strategien und Verfahren sowie der Schritte, die zur Behebung etwaiger Defizite bei der Einhaltung ihrer Pflichten unternommen wurden,
- Beratung und Unterstützung der für Wertpapierdienstleistungen und Anlagetätigkeiten zuständigen relevanten Personen im Hinblick auf die Einhaltung der Pflichten der Wertpapierfirma aus der MiFID II,
- mindestens einmal jährlich Berichterstattung an das Leitungsorgan über die Umsetzung und Wirksamkeit des gesamten Kontrollumfelds für Wertpapierdienstleistungen und Anlagetätigkeiten, über die ermittelten Risiken sowie über die Berichterstattung bezüglich der Abwicklung von Beschwerden und über die ergriffenen oder zu ergreifenden Abhilfemaßnahmen,
- Überwachung der Prozessabläufe für die Abwicklung von Beschwerden und Berücksichtigung von Beschwerden als Quelle relevanter Informationen im Zusammenhang mit den allgemeinen Überwachungsaufgaben.

Aus Art. 22 Abs. 3 DVO (EU) 2017/565 folgt zudem eine Ad-hoc-Berichtspflicht der Compliance-Funktion an das Leitungsorgan für den Fall, dass sie ein erhebliches Risiko feststellt, dass die Wertpapierfirma ihre aus der MiFID II resultierenden Pflichten nicht erfüllt. Schließlich ist auf eine ausdrücklich genannte Beratungsaufgabe gegenüber der Geschäftsleitung gem. Art. 27 Abs. 3 DVO (EU) 2017/565 hinzuweisen. Die Geschäftsleitung hat die Compliance-

---

[1] EBA/ESMA-Draft guidelines on the assessment of the suitability of members of the management body and key function holders under Directive 2013/36/EU and Directive 2014/65/EU vom 28.10.2016, Rz. 102.
[2] Best-Practice-Leitlinie des BdB vom Juni 2011, S. 17.
[3] MaComp BT 1.2.4 Tz. 6.
[4] *Röhl/Zingel*, CB 2014, 429, 431.

Funktion in die Beratung der Vergütungsgrundsätze des Instituts einzubeziehen, bevor diese von der Geschäftsleitung beschlossen werden.

Aus § 80 Abs. 13 WpHG n.F. ergibt sich eine der Compliance-Funktion zuzuweisende Aufgabe. Danach hat des Wertpapierdienstleistungsunternehmen sicherzustellen, dass seine gem. Art. 22 Abs. 2 DVO (EU) 2017/565 eingerichtete Compliance-Funktion die Entwicklung und regelmäßige Überprüfung der **Produktfreigabevorkehrungen überwacht** und etwaige Risiken, dass Anforderungen an den Produktüberwachungsprozess nicht erfüllt werden, frühzeitig erkennt.

24.30

D. Grundzüge der organisatorischen Aufstellung der Compliance-Funktion

I. Regelungen aus Sicht des KWG

Nicht nur zu den Aufgaben, sondern auch zur organisatorischen Aufstellung der Compliance-Funktion enthalten die Gesetzesbegründung zu § 25a KWG und die MaRisk/BA weiterführende Hinweise. Aus dem strukturellen Auftrag, dass das Institut bzw. die Geschäftsleiter eine Compliance-Funktion einzurichten haben, lässt sich der Grundsatz einer **unmittelbaren Unterstellung an die Geschäftsleitung** ableiten; vgl. MaRisk/BA AT 4.4.2. Tz. 3 Satz 1. Auch die **Benennung eines Leiters**, der gegenüber der Geschäftsleitung für die Erledigung der an die Funktion übertragenen Aufgaben verantwortlich ist, – die MaRisk/BA spricht hier vom Compliance-Beauftragten – kann als allgemeines Erfordernis einer ordnungsgemäßen Aufbau- und Ablauforganisation betrachtet werden. Auch die Schaffung einer **Vertretungsregelung** für den Fall der Abwesenheit des Compliance-Beauftragten, fällt in den unmittelbaren Pflichtenbereich der Geschäftsleitung.[1] Bei der Einrichtung der Compliance-Funktion – so MaRisk/BA AT 4.4.2 Tz. 5 – haben die Geschäftsleiter den Mitarbeitern der Compliance-Funktion ausreichende Befugnisse und einen **uneingeschränkten Zugang zu allen Informationen** einzuräumen, die diese für die Erfüllung ihrer Aufgaben benötigen. Der Compliance-Beauftragte hat den Anforderungen seines Aufgabengebietes entsprechende Qualifikationen aufzuweisen.[2]

24.31

Die Compliance-Funktion mit dem Compliance-Beauftragten an der Spitze, kann von der Geschäftsleitung mit einem **Weisungsrecht** gegenüber den Geschäftsbereichen ausgestattet werden. Eine Pflicht hierzu besteht jedoch nicht.[3] Es genügt, wenn durch die Compliance-Funktion festgestellte Mängel in den unternehmensinternen Kontrollprozessen im regelmäßigen oder bei einem entsprechenden Schweregrad auch im Ad-hoc-Berichtswesen an die Geschäftsleitung eskaliert werden.[4]

24.32

Bei kleinen Instituten, so die Gesetzesbegründung zu § 25a KWG, ist die Schaffung einer eigenständigen Organisationseinheit zur Erfüllung der Aufgaben der Compliance-Funktion nicht verpflichtend.[5] Das Proportionalitätsprinzip kommt demnach nicht nur bei der Auf-

24.33

---

1 S. MaRisk/BA AT 7.1. Auch die allgemeine Nachfolgeplanung kann hierzu gezählt werden, vgl. 3.4.5. vom 7.4.2014 Guidance on Supervisory Interaction with Financial Institutions on Risk Culture.
2 MaRisk/BA, Erläuterungen zu AT 7.1 Tz. 2.
3 Protokoll zur Sitzung des Fachgremiums MaRisk am 24.4.2013, Nr. 4 Abs. 2 a.E.
4 Protokoll zur Sitzung des Fachgremiums MaRisk am 24.4.2013, Nr. 4 Abs. 2 a.E.
5 BT-Drucks. 17/10974, S. 85.

gabendefinition der Compliance-Funktion, sondern auch bei der organisatorischen Ausgestaltung zum Tragen. Dies bedeutet, dass Compliance-Aufgaben grundsätzlich in Abteilungen erfüllt werden können, die zugleich andere Aufgaben wahrnehmen. MaRisk/BA AT 4.2.2 Tz. 3 Satz 2 führt hierzu aus, dass die Compliance-Funktion mit anderen Kontrolleinheiten zusammengefasst werden kann. Verzahnungen im Sinne der Erzielung von Synergien durch die **Bündelung von Aufgaben sind damit zulässig**. In Betracht kommen dabei Kombinationen mit dem Risikocontrolling, der Geldwäscheabteilung und dem Datenschutz. Der KWG-Compliance-Beauftragte kann neben dieser Funktion auch die Aufgaben als Compliance-Beauftragter nach den wertpapierhandelsrechtlichen Vorschriften bzw. als Geldwäsche- oder Datenschutzbeauftragter übernehmen.[1] Bei Instituten, die Bank- und Wertpapiergeschäfte betreiben, stellt die Zusammenfassung keinen Widerspruch dar. Wie sich der MaRisk/BA AT 2 Satz 2 entnehmen lässt, wird die KWG-Compliance-Funktion automatisch zugleich zu einer Wertpapier-Compliance-Funktion, weil die Beachtung der Anforderungen der MaRisk/BA auch den Zweck verfolgt, die Interessen der Wertpapierdienstleistungskunden zu schützen.[2]

24.34 Entsprechend dem Three-Lines-of Defence-Modell und der notwendigen **Unabhängigkeit** der Risikokontrollfunktionen verschließt sich indes eine Zusammenlegung der Compliance-Funktion mit einem Geschäftsbereich.[3] Auch eine Zusammenlegung von Compliance und interner Revision erscheint nach der Konzeption von § 25a KWG, der neben einem internen Kontrollsystem mit einer Compliance-Funktion explizit eine interne Revision fordert, ausgeschlossen.[4] Schließlich umreißt die MaRisk/BA, dass in kleinen Instituten auch ein Geschäftsleitungsmitglied als Compliance-Beauftragter benannt werden kann.[5] Dieser sollte dann wiederum nicht zugleich die Ressortzuständigkeit für die interne Revision innehaben.[6]

24.35 **Aufgaben der Compliance-Funktion** können entsprechend der Rahmenvorgaben des § 25b KWG **ausgelagert** werden. Dabei ist darauf hinzuweisen, dass bei der Bewertung durch die Bankenaufsicht, ob die Auslagerungsvoraussetzungen vorliegen, strenge Maßstäbe angelegt werden. Eine vollständige Auslagerung der Compliance-Funktion wird bei größeren Instituten als kritisch erachtet.[7]

24.36 Die organisatorische Einrichtung und die Aufgabenzuweisung an die Compliance-Funktion muss sich aufgrund der **Gesamtverantwortung** der Geschäftsleiter **durch eine durch Mehrheitsbeschlüsse dokumentierte Willensbildung** der Geschäftsleitung nachvollziehen lassen. Dies schließt die Zuweisung sachlicher, personeller und finanzieller Mittel ein. Die Beschlusslage muss sich in der Folge dann in den internen Organisationsrichtlinien widerspiegeln. Nach MaRisk/BA AT 5 haben die Organisationsrichtlinien die Regelungen zu enthalten, die die Einhaltung rechtlicher Regelungen und Vorgaben gewährleisten.

---

1 Protokoll zur Sitzung des Fachgremiums MaRisk am 24.4.2013, Nr. 5 Abs. 3, allerdings kritisch im Hinblick auf den Datenschutzbeauftragten.
2 Zum Verhältnis MaRisk/BA und MAComp vgl. auch MaComp AT 7; ausführlich *Mülbert/Wilhelm*, ZHR 178 (2014), 502, 524 ff.
3 Protokoll zur Sitzung des Fachgremiums MaRisk am 24.4.2013, Nr. 5 Abs. 2.
4 MaRisk/BA AT 4.4.3 Tz. 3; Protokoll zur Sitzung des Fachgremiums MaRisk am 24.4.2013, Nr. 5 Abs. 2; *Braun* in Boos/Fischer/Schulte-Mattler, § 25a KWG Rz. 436.
5 MaRisk/BA AT 4.4.2. Tz. 4.
6 Vgl. Entwurf MaRisk-Novelle vom 18.2.2016 Erläuterungen zu AT 4.4.2 Tz. 5.
7 Vgl. Entwurf MaRisk-Novelle vom 18.2.2016 AT 9 Tz. 4 f.

Bei der **Einrichtung und Ausgestaltung der Compliance-Funktion** handelt es sich nicht um einen einmaligen Akt, sondern um einen **fortlaufenden Vorgang**. Die Geschäftsleitung hat sich im zeitlichen Verlauf regelmäßig damit auseinanderzusetzen, ob die Compliance-Funktion nach wie vor ordnungsgemäß eingerichtet ist, oder ob sie an neue Entwicklungen angepasst werden muss.[1] § 25a Abs. 1 Satz 5 KWG verlangt vom Institut, dass das Risikomanagement und damit auch die Compliance-Funktion regelmäßig auf Angemessenheit und Wirksamkeit zu überprüfen ist. Darin spiegelt sich eine Pflicht der Geschäftsleitung wider, zu **prüfen, ob der Compliance-Beauftragte und seine Abteilung die zugewiesenen Aufgaben erfüllt**. Ausgangspunkte der Bewertung durch die Geschäftsleitung bilden dabei das Berichtswesen der Compliance-Funktion und die Berichte externer Prüfer im Zuge der Jahresabschlussprüfung[2] bzw. der Prüfung des Wertpapiergeschäfts[3]. Auch Bewertungen des Risikocontrollings und Feststellungen der internen Revision sind beachtlich. Darüber hinaus können eigene Kontrollhandlungen der Geschäftsleitung (Augenschein, Stichproben) notwendig werden, wenn Anhaltspunkte bestehen, dass Abläufe nicht wie von ihr vorgegeben, verlaufen. Die Überprüfung der Angemessenheit und Wirksamkeit hat also unabhängig von den Bewertungen der Compliance-Funktion zu erfolgen. Denkbar ist, dass die Geschäftsleitung die Compliance-Funktion im Gegensatz zu der Einschätzung der Funktion selbst als unzureichend einstuft. Wenn dies der Fall ist, hat die Geschäftsleitung die zur Beseitigung von Unzulänglichkeiten erforderlichen Maßnahmen von sich aus zu ergreifen.

24.37

II. Regelungen aus Sicht des Wertpapierhandelsrechts

In organisatorischer Hinsicht lässt sich § 33 Abs. 1 Satz 2 Nr. 5 WpHG entnehmen, dass das Wertpapierdienstleistungsunternehmen Mitarbeiter mit der Compliance-Funktion beauftragen muss. Ein Mitarbeiter ist dabei, wie sich § 34d Abs. 3 Satz 1 WpHG entnehmen lässt, mit der Aufgabe des **Compliance-Beauftragten**, der die Verantwortlichkeit für die Compliance-Funktion zu tragen hat, zu betrauen.[4] Er hat die hierfür erforderliche Sachkunde und Zuverlässigkeit zu verfügen.[5] Das Wertpapierdienstleistungsunternehmen muss der BaFin die Person des Compliance-Beauftragten anzeigen, bevor er die Tätigkeit aufnimmt. Aus der MaComp BT 1.1. Tz. 2 kann entnommen werden, dass die **Compliance-Funktion der Geschäftsleitung unmittelbar nachgeordnet** zu sein hat, wobei sie auch einem Mitglied der Geschäftsleitung unterstellt sein kann.[6] Für den Fall der Abwesenheit, ist dem Compliance-Beauftragten ein **Vertreter** zuzuordnen.[7] Die BaFin empfiehlt zur Wahrung der **Unabhängigkeit des Compliance-Beauftragten** eine Ernennung für einen Zeitraum von mindestens 24 Monaten. Auch die Vereinbarung einer arbeitgeberseitigen 12-monatigen Kündigungsfrist wird behördenseitig als weiteres geeignetes Mittel zur Stärkung des Funktionsinhabers angesehen.[8]

24.38

---

1 MaRisk/BA AT 3.
2 Nach § 11 Abs. 2 Nr. 5 PrüfbV beurteilt der Abschlussprüfer, ob das Institut eine angemessene und wirksame Compliance-Funktion besitzt.
3 Näher hierzu die bisherige Wertpapierdienstleistungs-Prüfungsverordnung der BaFin, wonach Einrichtung, Ausstattung und Organisation der Compliance-Stelle zu bewerten sind und die Sachkunde und Zuverlässigkeit des Compliance-Beauftragten.
4 S. zur Pflicht auch § 12 Abs. 3 WpDVerOV und MaComp BT 1.1. Tz. 3.
5 Näher hierzu §§ 3 und 6 WpHGMaAnzV sowie MaComp BT 1.3.1.4.
6 Vgl. auch BT 1.3.3.4 Tz. 3.
7 MaComp BT 1.3.2 2.
8 MaComp BT 1.3.3.4 Tz. 4.

24.39 Im Unterschied zur KWG-Compliance-Funktion, für die überhaupt kein Weisungsrecht gegenüber anderen Unternehmenseinheiten eingerichtet werden braucht, ist dem **Compliance-Beauftragten** nach den wertpapierrechtlichen Vorschriften die **Kompetenz** zu verleihen, geeignete und erforderliche **vorläufige Maßnahmen zu treffen**, um eine konkrete Gefahr der Beeinträchtigung von Kundeninteressen bei der Erbringung von Wertpapierdienstleistungen oder Wertpapiernebendienstleistungen abzuwenden; § 12 Abs. 3 Satz 2 WpDVerOV. Fällt im Compliance-Monitoring z.B. auf, dass ungeeignete Produkte an Kunden verkauft werden, könnte ein weiterer Verkauf sofort gestoppt werden, bis der Sachverhalt gründlich aufgeklärt ist.[1]

24.40 Nach § 12 Abs. 4 Satz 3 WpDVerOV besteht die Pflicht, dass nicht nur der Compliance-Beauftragte, sondern alle mit der Compliance-Funktion betrauten Personen über die für eine ordnungsgemäße und unabhängige Erfüllung ihrer Aufgaben erforderlichen Fachkenntnisse,[2] Mittel und Kompetenzen sowie über Zugang zu allen für ihre Tätigkeit relevanten Informationen verfügen müssen.[3] Die Compliance-Mitarbeiter dürfen im Grundsatz weder an den Wertpapierdienstleistungen beteiligt sein, die sie überwachen, noch darf die Art und Weise ihrer Vergütung eine Beeinträchtigung ihrer Unvoreingenommenheit bewirken oder wahrscheinlich erscheinen lassen.

24.41 MaComp BT 1.3.1.1 Tz. 1 weist darauf hin, dass zur Einrichtung der Compliance-Funktion auch die entsprechende Ausstattung mit den zur Aufgabenerfüllung notwendigen personellen, sachlichen und sonstigen Mitteln gehört. Dies schließt nicht aus, dass die Organisationsentscheidungen auf einen effizienten Ressourceneinsatz ausgerichtet[4] und mit den Kontrollspektrum der anderen beiden „Verteidigungslinien" abgestimmt sind.[5] In MaComp BT 1.2.1.2. Tz. 6 heißt es, dass die Überwachungshandlungen der Compliance-Funktion unter Berücksichtigung der Kontrollen der Geschäftsbereiche sowie der Prüfungshandlungen der Risikomanagementfunktion, der internen Revision, des Controllings oder anderer Kontrollfunktionen im Bereich der Wertpapierdienstleistungen durchgeführt werden. Die MaComp enthält aber vor dem Hintergrund des Proportionalitätsgrundsatzes, der sich vor allem in § 12 Abs. 5 WpDVerOV widerspiegelt, ganz ähnlich zu den Richtlinien der MaRisk/BA Hinweise darüber, welche **organisatorischen Verknüpfungen** es **mit anderen Abteilungen** geben kann. Gründe für das Absehen von einer gänzlich separaten Compliance-Funktion können dabei die geringe Größe des Instituts[6], aber auch anderweitig anerkennenswerte Gründe sein.[7] Eine Anbindung der Compliance-Funktion an andere Kontrolleinheiten wie etwa die Geldwäscheprävention oder das Risikocontrolling, sind zulässig, sofern hierdurch die Wirksamkeit und Unabhängigkeit der Compliance-Funktion nicht beeinträchtigt wird.[8] Auch eine Kombination mit der Rechtsabteilung ist denkbar, wobei die BaFin die Befürchtung geäußert hat, dass die Unabhängigkeit der Compliance-Abteilung unterlaufen werden könnte, wenn das fragliche Institut in Dienstleistungsbereichen aktiv ist, die erhebliche Inte-

---

1 Beispiel nach *Scholz-Fröhling* in Preuße/Zingel, § 12 WoDVerOV Rz. 149.
2 S. zur Sachkunde der Compliance-Mitarbeiter auch MaComp BT 1.3.1.3.
3 Zu den Befugnissen der Compliance-Mitarbeiter siehe auch MaComp BT 1.3.1.2. und Rundschreiben der BaFin (BA) zum Algorithmushandel vom 18.12.2013 Kapitel 7 Rz. 65 f.
4 So Leitsatz 1 Verlautbarung ESMA/2012/388 vom 25.6.2012.
5 Der Gedanke des Three Lines of Defence-Modells kommt in der Tz. 24 der ESMA-Leitlinien über Compliance v. 25.6.2012 zum Ausdruck.
6 Vgl. hierzu MaComp BT 1.3.3.1
7 MaComp BT 1.3.3.2.
8 MaComp BT 1.3.3.3 Tz. 1.

ressenkonflikte zwischen dem Institut und Kunden bzw. verschiedenen Kundengruppen beinhalten (z.B. Eigenhandel. Emissionsgeschäft, Unternehmensberatung).[1]

Die wertpapierhandelsrechtliche **Compliance-Funktion kann** unter Berücksichtigung der allgemein bankaufsichtsrechtlichen Outsourcingvorschriften teilweise oder ganz **ausgelagert werden.**[2] Die Pflichtenlage der Geschäftsleitung und die des Compliance-Beauftragten ändern sich dadurch nicht.[3]

24.42

Mit Inkrafttreten der DVO (EU) 2017/565 zum 3.1.2018 leiten sich die organisatorischen Maßnahmen für die wertpapierhandelsrechtliche Compliance-Funktion ganz überwiegend aus Art. 22 Abs. 2 der Verordnung ab. Die Regelungen des § 33 Abs. 1 Satz 2 Nr. 1 und Nr. 5 WpHG finden sich ab diesem Zeitpunkt nicht mehr in der Nachfolge-Vorschrift § 80 WpHG n.F. wieder. § 80 Abs. 1 Satz 3 WpHG verweist indes darauf, dass nähere Bestimmungen zur Organisation der Wertpapierdienstleistungsunternehmen sich aus den Art. 21 bis 26 der DVO (EU) 2017/565 ergeben.[4]

24.43

Aus § 81 Abs. 5 Satz 1 WpHG n.F. ergibt sich künftig die Pflicht, dass Wertpapierdienstleistungsunternehmen einen **Beauftragten zu ernennen** haben, der die Verantwortung dafür trägt, dass das Wertpapierdienstleistungsunternehmen seine Verpflichtungen in Bezug auf den **Schutz von Finanzinstrumenten und Geldern von Kunden** einhält. Damit ist nicht automatisch der Compliance-Beauftragte gemeint. Wie sich aus § 81 Abs. 5 Satz 1 WpHG n.F. ergibt, kann der im Zusammenhang mit dem Schutz der Finanzinstrumente und Gelder von Kunden zuständige Beauftragte auch weitere Aufgaben wahrnehmen und somit mit dem Compliance-Beauftragten, dem Geldwäschebeauftragten dem Leiter der Stelle zur Verhinderung sonstiger strafbaren Handlungen bzw. anderen Mitarbeitern dieser Abteilung identisch sein. Wegen der Sachnähe ist auch eine Ansiedlung dieses Beauftragten im Bereich der operativen Geschäftsabwicklung (Operations, Back Office) möglich.

24.44

Wie die **Aufgabenzuweisung** an die KWG-Compliance-Funktion und deren Ausstattung, sind auch Strukturmaßnahmen im Hinblick auf die wertpapierrechtliche Compliance-Funktion **durch die Geschäftsleitung per Beschluss** zu treffen.[5] Ergibt sich anhand der regelmäßigen Risikoanalyse der Compliance-Funktion, dass sich Umfang und Schwerpunkt der Tätigkeit der Compliance-Funktion ändern müssen, so hat die Geschäftsleitung nach entsprechender Plausibilisierung neue Festlegungen zu treffen und zu dokumentieren. Bereits heute heißt es in MaComp BT.1.3.1.1 Tz. 3 – als Ausfluss von § 33 Abs. 1 Satz 2 Nr. 6 WpHG, dass bei wesentlichen Erweiterungen des Geschäfts, Ausstattung und Tätigkeit der Compliance-Funktion an das veränderte Compliance-Risiko anzupassen sind, und dass die Geschäftsleitung regelmäßig zu überwachen hat, ob die Anzahl der Mitarbeiter der Compliance-Funktion für die Erfüllung ihrer Aufgaben noch ausreichend ist. Künftig ist diese Pflicht Art. 25 Abs. 1 DVO (EU) 2017/565 zu entnehmen, wonach die Geschäftsleitung aufgefordert ist, die Wirksamkeit der zur Einhaltung der aus der MiFID II heraus resultierenden Pflichten, der festgeleg-

24.45

---

1 MaComp BT 1.3.3.3 Tz. 3.
2 MaComp BT 1.3.4 Tz. 1.
3 S. § 25b Abs. 2 KWG, § 33 Abs. 3 WpHG und MaComp BT 1.3.4 Tz. 1 a).
4 Eines Verweises bedarf es nicht zwingend, da die DVO (EU) 2017/565 bereits unmittelbar geltendes Recht ist. Fraglich ist, ob die Vorschriften durch den Verweis zugleich bundesrechtlich gesetztes Recht geworden sind.
5 Zur Beschlussnotwendigkeit für die Bestellung des Compliance-Beauftragten z.B. *Langfritz* in Szesny/Kuthe, Kapitalmarkt Compliance, § 16 Rz. 31 ff.; *Meyer/Paezel/Will* in Hirte/Möllers, Köln-Komm. WpHG, § 33 WpHG Rz. 133.

ten Grundsätze, der Vorkehrungen und Verfahren zu bewerten und **regelmäßig zu überprüfen** und angemessene Maßnahmen zur Behebung etwaiger Mängel zu ergreifen.

E. Weitere Compliance-Maßnahmen

24.46 Der Einrichtung der Compliance-Funktion, sei es nach dem KWG oder den wertpapieraufsichtsrechtlichen Vorschriften, ist nur ein Baustein Compliance-bezogener Pflichten und Handlungen der Geschäftsleitung. Ein erfolgreiches Wirken der Compliance-Funktion und die Rechtsbefolgung durch Mitarbeiter werden letztlich nur dann dauerhaft zu gewährleisten sein, wenn die Geschäftsleitung mit gutem Vorbild bei der Einhaltung der Vorschriften vorangeht und damit für eine angemessene Compliance-Kultur im Institut sorgt.[1] Dass die **Geschäftsleiter sich sichtbar für eine Integritäts- und Compliance-Kultur einsetzen** sollen, wird seitens der Bankaufsichtsbehörden zunehmend als eine Pflicht begriffen. Im Entwurf der MaRisk-Novelle vom 18.2.2016 heißt es in AT 3 Tz. 1 beispielsweise, dass die Geschäftsleiter im Rahmen ihrer Gesamtverantwortung auch für die Entwicklung, Förderung und Integration einer angemessenen Risikokultur innerhalb des Instituts und der Gruppe zuständig sind.[2] Eine solche echte Pflicht lässt sich allerdings kaum aus den gesetzlichen Organisationspflichten ableiten und letztlich auch schwerlich kontrollieren. Vielmehr ist es ein Hinweis darauf, dass Geschäftsleiter, die keine Vorbildrolle einnehmen, die Wahrscheinlichkeit erhöhen, dass es im Unternehmen zu Compliance-Verstößen mit entsprechenden Konsequenzen für das Unternehmen und seine Geschäftsleiter kommt.

24.47 Das Auseinandersetzen mit dem Thema Rechtsbefolgung beginnt für die Geschäftsleitung bereits auf der Ebene der schriftlichen Fixierung der Unternehmensstrategie, die einer jährlichen Überprüfung unterliegt. § 25a Abs. 1 Satz 3 Halbsatz 2 Nr. 1 KWG folgend, hat das Risikomanagement eines Instituts insbesondere auch die Festlegung einer auf die nachhaltige Entwicklung des Instituts gerichteten Geschäftsstrategie und einer damit konsistenten Risikostrategie zu umfassen. Für die Geschäftsleitung eines übergeordneten Instituts bezieht sich dies nach § 25a Abs. 3 KWG auf die Gruppe. In § 25c Abs. 3, 4a und 4b KWG sowie § 81 Abs. 1 WpHG n.F. wird diese Strategiepflicht als persönliche Geschäftsleiterpflicht ausgestaltet. In der geforderten **Strategiedokumentation legt** die Geschäftsleitung auch ihre **Grundsätze zum Umgang mit dem Compliance-Risiko fest.** Dabei ist zu dokumentieren, wie, gemessen am regulatorischen Umfeld und den zur Verfügung stehenden sachlichen und personellen Ressourcen, die geschäftlichen Aktivitäten rechtssicher ausgeführt werden können. Die Darstellung der Compliance-Ziele sowie der Maßnahmen zur Erreichung dieser Ziele stecken die Eckpunkte für die Planung aller Maßnahmen, die auf die Rechtsbefolgung gerichtet sind, einschließlich Umfang und Größe der Compliance-Funktion, ab und müssen daher hinreichend konkret formuliert sein, um plausibel in die operative Unternehmensplanung überführt werden zu können.[3] Die Compliance-Strategie ist auch die Stelle, an der die Frage zu verorten ist, ob es im Rahmen des Unternehmensgegenstandes zulässig ist, bei der Entscheidung über geschäftliche Handlungen neben rechtlichen Aspekten auch Legitimitätsaspekte zu berücksichtigen. Die Verantwortung für Strategien, darauf weist MaRisk/BA AT

---
1 Sog. Tone from the Top; vgl. hierzu z.B. EBA „Draft Guidelines on internal governance" vom 28.10.2016, Nr. 84 a); *Fett* in Renz/Henze, Complianceorganisation, S. 11; *Scholz-Fröhling* in Preuße/Zingel, § 12 WpDVerOV Rz. 114.
2 Grundlage hierfür bilden die Leitlinien des Financial Stability Board v. 7.4.2014 Guidance on Supervisory Interaction with Financial Institutions on Risk Culture.
3 MaRisk/BA, Erläuterungen zu AT 4.2 Tz. 1.

4.2. Tz. 3 Satz 1 Halbsatz 2 hin, kann die Geschäftsleitung nicht delegieren.[1] Dies gilt damit auch für die Compliance-Risikostrategie.

Die Geschäftsleitung hat sodann für die Umsetzung der Compliance-Risikostrategie zu sorgen.[2] Dies erfolgt durch die **Verabschiedung detaillierter Organisationsrichtlinien, die die Compliance-Ziele für Unternehmenseinheiten, einschließlich der Compliance-Funktion, operationalisieren.** Inhaltlich handelt es sich dabei um aufbau- und ablauforganisatorische Regelungen und Kompetenzzuweisungen, die der Einhaltung der zu beachtenden Rechtsnormen dienen. Die Geschäftsleitung ist insgesamt verpflichtet, Weisungen und Beschlüsse, die für die Compliance-Funktion wichtig sind, dieser bekannt zu geben.[3] Aus aufsichtsbehördlicher Sicht werden zunehmend auch allgemeine Regelungen zum Wohlverhalten (Code of Conduct, Verhaltenskodes für Mitarbeiter) eingefordert.[4] Ferner finden sich auch Regelungsansätze, die das Vorhandensein von Grundsätzen über die Behandlung von Compliance-Verstößen einfordern.[5]

24.48

Eine weitere Compliance-bezogene Pflicht betrifft das **Berichtswesen an das Aufsichtsorgan**. Nach § 25c Abs. 4a Nr. 3e und Abs. 4b Satz 2 Nr. 4d KWG hat die Geschäftsleitung in angemessenen Abständen, mindestens aber vierteljährlich, dem Aufsichtsorgan über die Risikosituation einschließlich einer Beurteilung der Risikosituation zu berichten. Diese Berichte beinhalten die aktuelle Einschätzung zum Compliance-Risiko. Sollten sich zwischenzeitlich unter Risikogesichtspunkten wesentliche Veränderungen des Compliance-Risikos ergeben, so ist das Aufsichtsorgan unverzüglich zu informieren.[6] Daneben hat die Geschäftsleitung die an sie gerichteten Berichte der Compliance-Funktion, an das Aufsichtsorgan und die interne Revision weiterzuleiten.[7] Schließlich soll nach MaComp BT 1.3.1.1 Tz. 2 Satz 3 die Geschäftsleitung bei einer Kürzung des Budgets für die wertpapierhandelsrechtliche Compliance-Funktion das Aufsichtsorgan informieren.

24.49

F. Pflichten des Compliance-Beauftragten

Die Geschäftsleitung hat ihre jeweils aus dem KWG bzw. dem Wertpapierhandelsrecht fließende Pflicht zur Einrichtung der Compliance-Funktion im Grundsatz erfüllt, wenn sie ausgehend von ihrer Compliance-Strategie Richtlinien mit den Aufgabenzuweisungen herausgearbeitet, den Compliance-Beauftragten ordnungsgemäß ernannt und beauftragt und die sachlichen Mittel für die Funktion bereitgestellt hat. Gleiches gilt, wenn ein übergeordnetes Institut zugleich einen Konzernbeauftragten zu bestellen hat. An dieser Stelle beginnt die unmittelbare Pflichterfüllung des benannten **Compliance-Beauftragten, der die der Funktion zugewiesen Aufgaben erfüllen bzw. die Erfüllung organisieren muss**. Die Pflicht der Geschäftsleitung besteht dann in der Überwachung, ob der Compliance-Beauftragte seinerseits den zugewiesenen Aufgaben nachkommt. Im Rahmen ihrer Gesamtverantwortung hat die Geschäftsleitung gem. § 25a Abs. 1 Satz 5 KWG die Angemessenheit und Wirksamkeit des Risi-

24.50

---

1 *Langen* in Schwennicke/Auerbach, § 25a KWG Rz. 26.
2 MaRisk/BA AT 4.2. Tz. 3 Satz 2.
3 MaRisk/BA, AT 4.4.2 Tz. 5 Satz 2.
4 Entwurf MaRisk-Novelle vom 18.2.2016, AT 5 Tz. 3.
5 Art. 321 CRR.
6 MaRisk/BA AT 4.3.2 Tz. 6 Satz 3.
7 MaRisk/BA AT 4.4.2 Tz. 6 Satz 4 und MaComp BT 1.1. Tz. 3.

komanagements und damit auch die der Compliance-Funktion regelmäßig zu überprüfen.[1] Die Geschäftsleiterpflicht richtet sich damit nicht darauf, die Arbeit der Compliance-Funktion im operativen Tagesgeschäft zu koordinieren. Hiermit ist der Compliance-Beauftragte betraut. MaRisk/BA AT 4.4.2 Tz. 4 Satz 1 hält dazu fest, dass dieser für die Erfüllung der Aufgaben der Compliance-Funktion verantwortlich ist. Die MaComp führt in BT 1.1. Tz. 3 ihrerseits aus, dass der Compliance-Beauftragte unbeschadet der Gesamtverantwortung der Geschäftsleitung für die Compliance-Funktion sowie die Berichte an die Geschäftsleitung und an das Aufsichtsorgan verantwortlich ist.

24.51 Unmittelbare gesetzliche Pflichten treffen Compliance-Beauftragte weder aus dem KWG noch nach den wertpapierhandelsrechtlichen Vorschriften.[2] **Compliance-Beauftragte sind** keine verlängerten Arme der Aufsicht, sondern vielmehr **Bestandteile der internen Governance des jeweiligen Unternehmens.**[3] Bei der Pflicht des Beauftragten, die Aufgaben der Funktion wahrzunehmen, handelt es sich um eine von der Instituts- und Geschäftsleiterpflicht durch Beauftragung abgeleitete Pflicht. Die Aufgabenzuweisung erfolgt durch die Geschäftsleitung über das Anstellungsverhältnis und das Direktionsrecht. Soweit die Aufgaben der Compliance-Funktion gesetzlich vorausbestimmt sind, erfolgt die Delegation gezwungenermaßen. Über das gesetzliche Mindestmaß der Aufgaben, die der Compliance-Funktion zuzuordnen sind, können dem Compliance-Beauftragten darüber hinausgehende Aufgaben und Kompetenzen übertragen werden. So kann sich seine Pflichtenstellung entscheidend verändern, indem ihm die Befugnis eingeräumt wird, verbindliche geschäftliche Entscheidungen zu treffen, z.B. Geschäfte zu untersagen, soweit er diese für unrechtmäßig oder geschäftlich unangemessen hält. In der Folge kann der **Compliance-Beauftragte i.S. von § 9 Abs. 2 Satz 1 Nr. 2 OWiG und § 14 Abs. 2 Satz 1 Nr. 2 StGB als vom Betriebsinhaber ausdrücklich Beauftragter angesehen werden, der in eigener Verantwortung Aufgaben wahrnimmt, die dem Inhaber obliegen.**[4] Dies hat zur Folge, dass der Beauftragte zum Adressaten von Ordnungswidrigkeits- bzw. Straftatbeständen wird, die sich zunächst nur an die Geschäftsleiter wenden.

24.52 Nicht übersehen werden darf dabei auch, dass bei der **herausgehobenen Stellung des Compliance-Beauftragten** im Unternehmen diesem eine **Garantenstellung i.S. der §§ 13 Abs. 1 StGB und 8 Abs. 1 OWiG** zuwachsen kann. Dies gilt insbesondere dann, wenn er – über das gesetzliche Mindestmaß an Aufgaben – weitreichende Weisungsbefugnisse gegenüber den Geschäftseinheiten eingeräumt bekommen hat. Äußerungen des Bundesgerichtshofs in Bezug auf Compliance-Beauftragte allgemein[5] und der BaFin als Wertpapieraufsichtsbehörde speziell für branchenspezifische Compliance-Beauftragte[6] lassen den Schluss zu, dass der Beauftragte rechtlich als ein Garant angesehen wird, der dafür einzustehen hat, den Erfolg von Straftaten bzw. Ordnungswidrigkeiten abzuwenden. Ist dies der Fall, entsteht für den Compliance-Beauftragten daraus eine rechtlich erhebliche Handlungspflicht. Mit der Ga-

---

1 S. hierzu bereits Rz. 24.37.
2 A.A. wohl *Birnbaum* für die Kontrollaufgaben der wertpapierhandelsrechtliche Compliance-Funktion, ZfgK 2013, 771, 773; ähnlich auch *Scholz-Fröhling* in Preuße/Zingel, § 12 WpDVerOV Rz. 38.
3 *Bürkle* in Bürkle/Hauschka, Compliance Officer, 2015, § 13 Rz. 78 f.
4 *Canzler/Hammermaier*, AG 2014, 57, 66.
5 BGH v. 17.7.2009 – 5 StR 394/08, WM 2009, 1882, 1883 f. = AG 2009, 740; zust. *Raum*, CCZ 2012, 197; kritisch *Szesny* in Szesny/Kuthe, Kapitalmarkt Compliance, 2014, § 21 Rz. 60.
6 S. WpHG-Bußgeldleitlinien II der BaFin vom Februar 2017, Besonderer Teil A. (S. 14).

rantenstellung wird er letztlich zum Adressaten der Norm, an den sich das Verhaltensgebot eines Straf- oder Bußgeldtatbestands richtet.[1]

G. Compliance-Pflicht des Aufsichtsorgans nach KWG und wertpapierhandelsrechtlichen Vorschriften

Auch wenn es das KWG nicht ausdrücklich verlangt, so ist bei den allermeisten Kredit- und Finanzdienstleistungsinstituten ein Aufsichtsorgan eingerichtet. Folgt dies wie bei einer Aktiengesellschaft nicht bereits aus der Rechtsform, so fordert die Bankaufsicht spätestens im Rahmen des Erlaubnisverfahrens die Einrichtung eines Kontrollgremiums. Dies gilt zumindest dann, wenn Art und Umfang der angestrebten Geschäftätigkeit erheblich sind und damit mit einem erhöhten Risikogehalt einhergehen. Zunächst hat das Aufsichtsorgan in Bezug auf die es treffende Selbstorganisation, die **Beachtung der an das Gremium gerichteten Vorschriften sicherzustellen**.[2] Aus der Überwachungsfunktion folgen sodann für die Mitglieder des Aufsichtsorgans Pflichten mit Compliance-Bezug.

24.53

§ 25d Abs. 6 Satz 1 KWG verlangt vom **Aufsichtsgremium**, dass es **die Geschäftsleiter** im Hinblick **auf die Einhaltung der einschlägigen bankaufsichtsrechtlichen Regelungen überwacht**. Das Organ hat sich danach damit auseinanderzusetzen, ob die Geschäftsleiter ihren Pflichten aus § 25a und § 25c KWG, einschließlich der Einrichtung einer ordnungsgemäßen Compliance-Funktion, nachgekommen sind.[3] Auch § 25d Abs. 6 Satz 2 KWG enthält eine Compliance-bezogene Komponente. Dort heißt es, dass das Aufsichtsorgan der Erörterung von Strategien, Risiken und Vergütungssystemen ausreichend Zeit widmen muss. Dies bedeutet, dass sich die Überwachungs- und Beratungsfunktion auch auf die Compliance-Risikostrategie bezieht und mit einer gewissen Intensität zu erfolgen hat. Bei der Einrichtung eines Risikoausschusses nach § 25d Abs. 8 KWG kommt diesem eine hervorgehobene Rolle bei der Beratung zur Gesamtrisikobereitschaft zu.

24.54

Versteht man unter den bankaufsichtsrechtlichen Regelungen i.S. des § 25d Abs. 6 Satz 1 KWG die in § 1 Abs. 18 KWG genannten Branchenvorschriften,[4] so erfasst die Überwachungsaufgabe auch die wertpapierhandelsrechtliche Compliance-Verpflichtung und die Verwaltungsvorschriften zu Compliance-Themen, wie die MaRisk/BA und MaComp. Auch § 25d Abs. 9 KWG lässt sich entnehmen, dass sich das Aufsichtsorgan vertieft mit Fragen der Compliance auseinanderzusetzen hat. Hat es aufgrund Größe und Komplexität des Unternehmens auch einen **Prüfungsausschuss** einzurichten, so **muss sich** dieser **mit der Wirksamkeit des Risikomanagementsystems**, insbesondere des internen Kontrollsystems und der internen Revision **beschäftigen**. Dies schließt die Bewertung der Wirksamkeit der Compliance-Funktion als Bestandteil des internen Kontrollsystems mit ein.[5] Hierfür wird die Vornahme einer genau-

24.55

---

1 BGH v. 6.7.1990 – 2 StR 549/89, BGHSt 37, 119.
2 *Schmidt-Husson* in Hauschka/Moosmayer/Lösler, Corporate Compliance, § 6 Rz. 44.
3 *Wolfgarten* in Boos/Fischer/Schulte-Mattler, § 25d KWG Rz. 75. S. auch MaRisk/MA AT 1 Tz. 1 a.E.; *Kleinert* in Beck/Samm/Kokemoor, Stand 2016, § 25d KWG Rz. 114.
4 So *Brogl* in Reischauer/Kleinhans, Stand 2015, § 25d KWG Anm. 95; i.E. ebenso *Kleinert* in Beck/Samm/Kokemoor, Stand 2016, § 25d KWG Rz. 114.
5 *Brogl* in Reischauer/Kleinhans, Stand 2015, § 25d KWG Anm. 131. Hinzuweisen ist auch auf Nr. 36 EBA „Draft Guidelines on internal governance" vom 28.10.2016, wonach künftig ein separater Compliance-Ausschuss zu erwägen ist, der vom Risikoausschuss verschieden sein soll. Fraglich er-

en Plausibilitätsprüfung gefordert.[1] Kommt das Aufsichtsorgan dabei zu dem Ergebnis, dass keine ordnungsgemäße Compliance-Funktion vorliegt, so muss es einschreiten. Dies bedeutet aber nicht, dass es sodann für die Ausarbeitung der entsprechenden institutsinternen Vorgaben zuständig wird.[2]

24.56 Die Informationsquellen, auf deren Grundlage das Aufsichtsorgan seine Compliance-bezogenen Überwachungshandlungen vornehmen kann, sind vielfältig. In Betracht kommen hier die Strategiedokumentation, die allgemeinen Risikoberichte der Geschäftsleitung[3], das Reporting der Compliance-Funktion und der internen Revision sowie die Berichte des Abschlussprüfers. Die Geschäfts- und Risikostrategie enthält auch die Compliance-Strategie. Nach MaRisk/BA AT 4.2 Tz. 5 ist diese – wie jede Strategie – mit dem Aufsichtsorgan zu erörtern. Aus MaRisk/BA AT 4.2.2. Tz. 6 Satz 3 ergibt sich, dass die Berichte der Compliance-Funktion nicht nur an die Geschäftsleitung, sondern auch an das Aufsichtsorgan weiterzuleiten sind. Die Compliance-Berichte enthalten Aussagen zur Angemessenheit und Wirksamkeit der Regelungen zur Einhaltung der wesentlichen rechtlichen Verpflichtungen und auch Angaben zu möglichen Defiziten sowie zu Maßnahmen zu deren Behebung. Ferner können auch Feststellungen der internen Revision aus Prüfungen der Compliance-Funktion gegenüber dem Aufsichtsgremium berichtspflichtig sein.[4] Die BaFin verlangt schließlich, dass die Geschäftsleitung **bei einer Neubesetzung der Position des Compliance-Beauftragten das Aufsichtsorgan zu informieren** hat,[5] im Idealfall rechtzeitig vorab und unter Angabe der Gründe.[6] Auch hieraus können ggf. Schlüsse über die Qualität der Compliance-Arbeit gezogen werden.

24.57 Der Prüfungsausschussvorsitzende oder – sofern kein Prüfungsausschuss eingerichtet ist – der Vorsitzende des Aufsichtsorgans, können beim Leiter des Risikomanagements und beim Leiter der internen Revision unmittelbar Auskünfte einholen; § 25d Abs. 8 Satz 4 KWG. Gegenüber dem Compliance-Beauftragten sieht das KWG dagegen ein solches Recht nicht vor.[7] In der Praxis laden Aufsichtsräte in Abstimmung mit der Geschäftsleitung vielfach auch die Compliance-Beauftragten zu Sitzungen ein, so dass mit diesen ebenfalls ein unmittelbarer Austausch stattfinden kann.[8] Für den Bereich der wertpapierhandelsrechtlichen Compliance-Funktion hat die BaFin in der MaComp gefordert, dass Wertpapierdienstleistungsunternehmen sicherzustellen haben, dass der **Vorsitzende des Aufsichtsorgans** – oder bei Bestehen eines Prüfungsausschusses der Ausschussvorsitzende – unter Einbeziehung der Geschäftsleitung **direkt beim Compliance-Beauftragten Auskünfte einholen** kann.[9] Hierbei dürfte es sich kaum mehr um eine behördliche Verlautbarung handeln, bei der es sich um die Interpretation einer Compliance-Organisationsvorschrift des KWG bzw. des WpHG handelt, sondern vielmehr um eine Normsetzung ohne entsprechende Befugnis. Der Entwurf der EBA vom 28.10.2016 für Guidelines on Internal Governance sieht sogar vor, dass dem Compliance-Be-

---

scheint, ob ein solcher Ausschuss die vom KWG dem Risiko- und Prüfungsausschuss zugeordneten Aufgaben übernehmen könnte.

1 In diesem Sinne etwa *Uwe H. Schneider/Sven H. Schneider*, NZG 2016, 41, 46.
2 Vgl. allgemein *Uwe H. Schneider*, Beilage zu ZIP 2016, Beilage zu Heft 22, S. 70, 71.
3 Vgl. MaRisk/BA AT 4.3.2 Tz. 6.
4 MaRisk/BA BT 2.4. Tz. 5.
5 MaRisk/BA AT 4.2.2. Tz. 7; s. auch EBA „Draft Guidelines on internal governance" vom 28.10.2016, Nr. 124.
6 Entwurf MaRisk-Novelle vom 18.2.2016, AT 4.4.2 Tz. 75.
7 Grundsätzlich bejahend *Uwe H. Schneider*, ZIP 2016, Beilage zu Heft 22, S. 70, 72 m.w.N. zum Meinungsstand.
8 *Wolfgarten* in Boos/Fischer/Schulte-Mattler, § 25d KWG Rz. 106.
9 MaComp BT. 1.1 Tz. 2.

auftragten in angemessener Weise ein Recht zustehen sollte, aus eigener Initiative heraus direkt an das Aufsichtsorgan zu berichten.[1] Gegen die wirksame Einführung einer solchen Regelung mittels aufsichtsbehördlicher Verlautbarung bestehen dieselben Bedenken.

H. Compliance im Konzern

In einer Institutsgruppe ergibt sich für die Geschäftsleiter des übergeordneten Instituts nach §§ 25a Abs. 3, 25c Abs. 4b Satz 2 Nr. 3 e) KWG die Pflicht, bei der Einrichtung des Kontrollsystems der Gruppe für eine Konzern-Compliance-Funktion zu sorgen. Für die gruppenweite Verhinderung von Geldwäsche- und Terrorismusfinanzierung sowie sonstiger strafbarer Handlungen besteht mit § 25l KWG eine spezielle Vorschrift, aus der sich Aufgaben für den Konzern-Geldwäschebeauftragten ableiten lassen. Der Aufgabenzuweisung und Strukturierung der Konzern-Compliance-Funktion vorgelagert ist bereits der Aspekt, eine **gruppenweite Risikostrategie nebst Compliance-Risikostrategie** festzulegen.[2] Das Aufsichtsorgan eines übergeordneten Instituts hat die konzernbezogene Compliance-Pflicht der Geschäftsleiter zu überwachen.

24.58

Hinsichtlich der gruppenweiten Compliance-Funktion ist eine Organisationseinheit zu beauftragen, die die **Aufgaben der Compliance-Funktion mit Blickrichtung auf die nachgeordneten Gesellschaften** wahrnimmt. Regelmäßig werden der Compliance-Funktion und dem Compliance-Beauftragten des übergeordneten Instituts zugleich die Aufgaben für die Konzernfunktion auferlegt. Damit die Konzern-Compliance-Funktion im Sinne der Konzernstrategie auch bei den Tochterunternehmen auf die Implementierung wirksamer Verfahren zur Einhaltung der für die Gruppe wesentlichen rechtlichen Regelungen und entsprechender Kontrollen hinzuwirken kann, ist eine Interaktion zwischen den Unternehmen notwendig. Das Bankaufsichtsrecht setzt diese Zusammenarbeit voraus, denn anderenfalls ließe sich keine Identifizierung des aggregierten Compliance-Risikos, wie von § 25c Abs. 4b Satz 2 Nr. 3 e) KWG gefordert, vornehmen. Ein impliziter **gesetzlicher Anspruch der Muttergesellschaft auf Informationserteilung gegenüber der Tochtergesellschaft im Hinblick auf Compliance-Risiken** bei der Tochtergesellschaft wurde deshalb dem § 25a Abs. 1 und 3 KWG bereits in der Vergangenheit beigemessen.[3]

24.59

Problematisch erschien allerdings die Frage, ob und inwieweit zur Steuerung von Compliance-Risiken auf die Tochtergesellschaft eingewirkt werden kann. In der MaRisk/BA heißt es beispielsweise zum gruppenweiten Risikomanagement, dass klare Absprachen über die Aufgaben, Kompetenzen und Prozesse zwischen den Gesellschaften der Institutsgruppe getroffen werden sollten.[4] Nicht erörtert wird dort jedoch, ob die Obergesellschaft die Tochtergesellschaft zu konkreten Compliance-Maßnahmen anweisen darf, wenn es zu keiner Absprache kommt oder, ob eine Absprache auch Weisungsrechte beinhalten darf. Konkret kann es dabei um Weisungen gehen, teure IT-Systeme zum Compliance-Monitoring anzuschaffen oder bestimmte Geschäfte in rechtlich schwierigem Terrain künftig zu unterlassen.[5] Insbesondere kennt das Aktienkonzernrecht bei faktischer Konzernierung kein Weisungsrecht. Aber auch

24.60

---
1 EBA „Draft Guidelines on internal governance" vom 28.10.2016, Nr. 24 g) und 175.
2 Vgl. §§ 25a Abs. 1 Satz 3 Nr. 1 i.V.m. Abs. 3, 25c Abs. 4a und 4b KWG.
3 Vgl. *Fett/Gebauer* in FS Schwark, S. 375, 382 ff.
4 MARisk/BA AT 4.5 Rz. 4.
5 S. *Fett/Gebauer* in FS Schwark, S. 375, 383.

bei GmbHs ist das Weisungsrecht des herrschenden Gesellschafters begrenzt, wenn die Compliance-Vorgaben auf eine Existenzgefährdung der Gesellschaft hinausliefen.

24.61 Lange Zeit herrschte gesetzgeberisch die Auffassung, dass auf die Tochtergesellschaften nur insoweit eingewirkt werden dürfe, soweit allgemeines Gesellschaftsrecht nicht entgegenstehe.[1] In der Konsequenz durften im Aktienkonzern Weisungen ohne Friktionen nur bei Bestehen eines Beherrschungsvertrages vorgenommen werden. In der Begründung des Anfang 2014 in Kraft getretenen CRD IV-Umsetzungsgesetz heißt es nun, dass die Einwirkungsrechte des übergeordneten Unternehmens im Einklang mit der CRD IV uneingeschränkt gelten und auch nicht durch anderweitiges Gesellschaftsrecht beschnitten werden.[2] Dies kann als Aussage für das **Bestehen eines aufsichtsrechtlichen Weisungsrechts zugunsten der Konzernobergesellschaft** begriffen werden. Allerdings schränken die folgenden Ausführungen der Gesetzesbegründung die Einwirkungsrechte wieder auf ein gesellschaftsrechtlich verträgliches Maß ein[3]: Unberührt bleiben soll nämlich – und zwar auch bei vertraglicher Vereinbarung von Durchgriffsrechten – die Pflicht des nachgeordneten Unternehmens zu prüfen, inwieweit Weisungen des übergeordneten Unternehmens rechtmäßig sind. Ebenso soll das Recht des nachgeordneten Unternehmens unberührt bleiben, Weisungen des übergeordneten Unternehmens zum Abschluss für das nachgeordnete Unternehmen nachteiliger – insbesondere existenzgefährdender – Rechtsgeschäfte oder zur Durchführung anderer nachteiliger Maßnahmen nicht auszuführen.

24.62 Darüber hinaus geht es bei der Ausgestaltung der Konzern-Compliance-Funktion um den fachlichen Austausch der Compliance-Mitarbeiter der betroffenen Konzerngesellschaften, um übergreifende Schulungsmaßnahmen, sachlich-inhaltliche Vorschlagsrechte, Zugangsrechte, etc. Möglich ist es, dass nachgeordnete Unternehmen im Rahmen der Absprachen Elemente ihrer Compliance-Funktion auf die Muttergesellschaft auslagern und somit ein hohes Maß an einheitlicher Compliance-Arbeit in der Gruppe bewirken.[4] Für die Ausgestaltung der Konzern-Funktion gilt der Proportionalitätsgrundsatz. Die Ausgestaltung des Risikomanagements in der Gruppe hängt von Art, Umfang, Komplexität und Risikogehalt der von der Gruppe betriebenen Geschäftstätigkeiten ab; § 25a Abs. 3 i.V.m. § 25a Abs. 1 Satz 4 KWG.

24.63 Die Verpflichtung des übergeordneten Unternehmens zur Etablierung einer Gruppen-Compliance ersetzt jedenfalls nicht die Pflicht eines nachgeordneten Instituts und seiner Geschäftsleiter, auf Einzelebene seine Compliance-Pflichten zu erfüllen.[5] Will ein Mutterinstitut konkrete Vorgaben zur Gruppen-Compliance machen, muss es zugleich gewährleisten, dass damit auch die Pflicht der Tochtergesellschaft erfüllt wird.[6]

24.64 Im Konzernkontext ist auf die Vorschrift des **§ 25 Finanzkonglomerate-Aufsichtsgesetz** (FKAG) von 2013 aufmerksam zu machen. Dort sind spezielle organisatorische Pflichten für Konzerne definiert, in denen Unternehmen der Banken- oder Wertpapierdienstleistungsbranche mit denen der Versicherungsbranche unter einem Dach tätig werden. Aus § 25 Abs. 1 Satz FKAG ergibt sich, dass auf Konglomeratsebene die bankaufsichtsrechtlichen und die ver-

---

1 BT-Drucks. 15/3641, S. 48.
2 BT-Drucks. 17/10974, S. 86.
3 BT-Drucks. 17/10974, S. 86.
4 MaComp BT 1.3.2.2.
5 MaComp BT 1.3.2.2.
6 In MaComp BT 1.2.4 Tz. 6 wird die Prüfungspflicht des inländischen Instituts hervorgehoben, ob die Vorgaben des ausländischen Mutterunternehmens mit den deutschen aufsichtsrechtlichen Vorgaben im Einklang stehen. Die Compliance-Funktion soll dabei federführend sein.

sicherungsaufsichtsrechtlichen Organisationsvorschriften einschließlich der Compliance-Vorschriften aus § 25a Abs. 1 KWG und aus § 29 VAG zu beachten sind. Verantwortlich hierfür sind die Geschäftsleiter des übergeordneten Konglomeratsunternehmens, vgl. § 12 FKAG. Eine effiziente Pflichterfüllung in diesem Bereich gestaltet sich im Hinblick auf die Compliance-Funktion als besonders schwierig, da durch die Neufassung der versicherungsrechtlichen Organisationsvorschriften zum 1.1.2016[1] der bisherige strukturelle Gleichlauf zwischen Bank- und Versicherungsrecht sich auseinanderentwickelt. Das Versicherungsrecht trennt mittlerweile zwischen dem Risikomanagement und internen Kontrollverfahren, zu denen Compliance gehört.[2]

J. Mögliche Rechtsfolgen bei Verstößen gegen die Compliance-Pflicht

I. Aufsichtsrechtliche Maßnahmen

1. Abhilfeverfügungen

Kommen Institut und Geschäftsleiter ihrer Pflicht zur Einrichtung einer Compliance-Funktion nach § 25a Abs. 1 KWG ganz oder teilweise nicht nach, stehen der BaFin grundsätzlich drei Vorschriften zu Verfügung, auf deren Grundlage sie Abhilfe verlangen kann. § 6 Abs. 3 KWG, § 25a Abs. 2 Satz 2 KWG sowie § 25c Abs. 4c KWG geben der Behörde die Kompetenz, Anordnungen zur Herstellung des gesetzlich erforderlichen Standards zu treffen. Im Hinblick auf die Compliance-Funktion nach § 33 Abs. 1 WpHG **kann die BaFin** gem. § 4 Abs. 2 Satz 1 bzw. Abs. 1 Satz 3 WpHG entsprechende **Anordnungen erlassen**. Nach Inkrafttreten von Art. 22 DVO (EU) 2017/565 bildet § 6 Abs. 2 Satz 2 bzw. § 6 Abs. 1 Satz 3 WpHG n.F. die Ermächtigungsgrundlage.

24.65

§ 6 Abs. 3 KWG besagt, dass die BaFin Anordnungen treffen kann, **die geeignet und erforderlich sind, um Verstöße gegen aufsichtsrechtliche Bestimmungen zu unterbinden oder um Missstände in einem Institut zu beseitigen**, welche die Sicherheit der dem Institut anvertrauten Vermögenswerte gefährden können oder die ordnungsgemäße Durchführung der Bankgeschäfte oder Finanzdienstleistungen beeinträchtigen. Das Nichtvorhandensein einer ordnungsgemäßen Compliance-Funktion stellt einen Verstoß gegen die aufsichtsrechtliche Bestimmungen in § 25a Abs. 1 KWG und § 25c Abs. 4a KWG dar. Zugleich werden Mängel bei der Compliance-Funktion auch einen Missstand im Institut darstellen, der zu den genannten Gefahren bzw. Beeinträchtigungen führt.[3] Für Mängel in der wertpapierhandelsrechtlichen Compliance-Funktion gem. § 33 Abs. 1 WpHG bzw. Art. 22 DVO (EU) 2017/565 kann zumindest § 6 Abs. 3 KWG in der Missstandsalternative herangezogen werden. Verstöße gegen aufsichtsrechtliche Vorschriften außerhalb des KWG werden regelmäßig unter den Missstandsbegriff zu fassen sein.[4] **Anordnungen** nach § 6 Abs. 3 KWG können entsprechend dem Wortlaut der Vorschrift **gegenüber dem Institut** und den Geschäftsleitern ergehen.

24.66

§ 25a Abs. 2 Satz 2 KWG erlaubt der BaFin, Anordnungen zu treffen, die geeignet und erforderlich sind, die ordnungsgemäße Geschäftsorganisation, also auch eine entsprechende Com-

24.67

---

1 Gesetz zur Modernisierung der Finanzaufsicht über Versicherungen (VAMoG) vom 1.4.2015, BGBl. I 2015, 434.
2 Vgl. §§ 23, 26, 39 VAG.
3 *Schäfer* in Boos/Fischer/Schulte-Mattler, § 6 KWG Rz. 65 i.V.m. Rz. 35.
4 *Schäfer* in Boos/Fischer/Schulte-Mattler, § 6 KWG Rz. 65 i.V.m. 39; *Habetha/Schwennicke* in Schwennicke/Auerbach, § 6 KWG Rz. 17.

pliance-Funktion sicherzustellen.[1] Adressat einer Anordnung kann nach dieser Vorschrift nur das Institut sein.[2] Für die Umsetzung des Inhalts der Anordnung sind die Geschäftsleiter berufen.

24.68 Wenn die BaFin zu dem Ergebnis gelangt, dass das Institut oder die Gruppe im Hinblick auf die Compliance-Funktion nicht über die in § 25c Abs. 4a bzw. 4b KWG aufgeführten Strategien, Prozesse, Verfahren, Funktionen und Konzepte verfügt, kann sie unabhängig von anderen Maßnahmen nach dem KWG gem. § 25c Abs. 4c KWG anordnen, dass geeignete Schritte eingeleitet werden, um die festgestellten Mängel innerhalb einer angemessenen Frist zu beseitigen. Da es sich bei § 25c KWG um unmittelbare Geschäftsleiterpflichten handelt, werden die **Anordnungen** zur Beseitigung etwaiger Defizite bei der Implementierung einer ordnungsgemäßen Compliance-Strategie bzw. Compliance-Funktion nach dieser Vorschrift **gegenüber den Geschäftsleitern** ergehen. Handeln die Geschäftsleiter einer solchen vollziehbaren Anordnung zuwider, und kommt es in Folge dessen zu einer Bestandsgefährdung des Instituts, so ist eine Strafbarkeit nach § 54a KWG eröffnet.

24.69 Unterhält ein Institut keine ordnungsgemäße Compliance-Funktion nach § 33 Abs. 1 WpHG, so kann die BaFin nach § 4 Abs. 2 Satz 1 WpHG zur Durchsetzung des Gebots geeignete und erforderliche Anordnungen treffen. Ein Verstoß gegen die Compliance-Organisationsvorschrift wird bei einem gewissen Schweregrad zudem einen Missstand darstellen, der die ordnungsgemäße Durchführung von Wertpapierdienstleistungen beeinträchtigt.[3] Daher kommt als Ermächtigungsgrundlage für Anordnungen zur Herstellung einer ordnungsgemäßen Compliance-Funktion auch § 4 Abs. 1 Satz 3 WpHG in Betracht, wonach geeignete und erforderliche Anordnungen getroffen werden können, um solch einen Missstand zu beseitigen. Mit Inkrafttreten des Art. 22 DVO (EU) 2017/565 und des 2. FiMaNoG bilden die § 6 Abs. 1 Satz 2 WpHG und § 6 Abs. 2 Satz 2 WpHG n.F. die Ermächtigungsgrundlagen.[4] Die Adressaten der Verwaltungsakte werden regelmäßig die Institute selbst sein, da diese die Primärverpflichteten aus der pflichtenbegründeten Vorschrift sind. Ausgeschlossen sind Anordnungen gegenüber den Geschäftsleitern aufgrund von Defiziten in der Compliance-Funktion damit nicht. Dies gilt insbesondere vor dem Hintergrund, dass das WpHG n.F. mit § 81 WpHG auch unmittelbare Geschäftsleiterpflichten enthält und sich aus § 81 Abs. 1 Satz 2 Nr. 1a WpHG i.V.m. Art. 22 DVO (EU) 2017/565 eine persönliche Geschäftsleiterpflicht zur Einrichtung einer Compliance-Funktion begründen lässt.

24.70 Zur **Durchsetzung ihrer Anordnungen** kann die BaFin nach § 17 Abs. 1 Satz 1 FinDAG **Verwaltungszwangsmaßnahmen** nach dem Verwaltungs-Vollstreckungsgesetz einleiten. Wird einer Anordnung der BaFin zur Beseitigung von Unzulänglichkeiten in der Compliance-Organisation nicht nachgekommen, so kommt nach § 17 Abs. 1 Satz 3 FinDAG die Verhängung eines Zwangsgelds von bis zu 2,5 Mio. Euro in Betracht. Sind die Geschäftsleiter Adressaten einer Abhilfeverfügung, so sind sie im Anschluss daran dann ebenfalls unmittelbar Angesprochene der eventuellen Verwaltungszwangsmaßnahme.

---

1 *Braun* in Boos/Fischer/Schulte-Mattler, § 25a KWG Rz. 692, *Langen* in Schwennicke/Auerbach, KWG, § 25a KWG Rz. 170.
2 *Braun* in Boos/Fischer/Schulte-Mattler, § 25a KWG Rz. 695.
3 Zur Frage von erheblichen Gesetzesverstößen gegen das WpHG als Missstand vgl. näher *Schlette/Bouchon* in Fuchs, § 4 WpHG Rz. 19.
4 Hinzuweisen ist darauf, dass sich die Befugnis der BaFin zur Überwachung der DVO (EU) 2017/565 nicht aus § 1 Abs. 1 Nr. 8 WpHG n.F. ergibt, sich wohl aber aus § 88 Abs. 1 Nr. 5 c) WpHG n.F. ableiten lässt.

Unterliegen deutsche Institute auch der Aufsicht der EZB, so ist die Überwachung der Einhaltung der organisatorischen Vorschriften nach § 25a KWG der europäischen Aufsicht zugeordnet.[1] Dies ergibt sich aus § 6b Abs. 2 Nr. 12 und 14 i.V.m. § 1 Abs. 5 KWG sowie aus Art. 4 Abs. 1 e) und f) SSM-VO. Sollte die EZB im Rahmen ihrer Überwachungsaufgabe Verstöße innerhalb der bankaufsichtsrechtlichen Compliance-Organisation des Instituts feststellt, so kann sie selbst Abhilfe anordnen. Nach Art. 16 Abs. 1 der SSM-VO **besteht für die EZB die Kompetenz, das Institut zu verpflichten, Maßnahmen zu ergreifen**, die erforderlich sind, um etwaigen aufkommenden Schwierigkeiten zu begegnen. Weitere Maßnahmen, wie z.B. Verstärkungsverlangen hinsichtlich interner Compliance-Verfahren und – strategien können ggf. nach § 16 Abs. 2 SSM-VO ergehen. Anordnungen, bei denen die Geschäftsführer unmittelbare Adressaten sind, sieht Art. 16 SSM-VO nicht ausdrücklich vor. Allerdings ergibt sich aus Art. 22 und 24 SSM-VO, dass seitens der EZB wohl auch Verwaltungsanordnungen gegen natürliche Personen erlassen werden können.

24.71

2. Verwarnung von Geschäftsleitern

Sind Geschäftsleiter ihren Compliance-Verpflichtungen nicht nachgekommen, so kann die BaFin unabhängig vom Erlass von Abhilfeverfügungen gegenüber den Geschäftsleitern eine **Verwarnung verhängen**.[2] Das KWG zählt die Verwarnung in § 36 Abs. 2 KWG als Tatbestandsvoraussetzung für eine Abberufung und die Verhängung eines Tätigkeitsverbots von Geschäftsleitern auf. Verstöße gegen die Vorgaben des § 25a KWG sind Handlungen, die zur Abberufung und zum Tätigkeitsverbot führen können (s. sogleich unter 3., Rz. 24.73). Bei einer Verwarnung handelt es sich um eine förmliche Maßnahme in Form eines Verwaltungsaktes.[3] Aus Gründen der Verhältnismäßigkeit, z.B. **bei kleineren Organisationsmängeln, kann es geboten sein, lediglich eine formlose Missbilligung** auszusprechen.[4] Diese Form des Verwaltungshandelns ist im Gesetz nicht geregelt, stellt allerdings ein zu berücksichtigendes milderes Mittel dar. Eine exakte Begründung und eine Rechtsmittelbelehrung erfolgen bei dieser Maßnahmenform regelmäßig nicht.[5] Ferner kommen als mildere Mittel zur förmlichen Verwarnung auch Hinweise und Belehrungen der Geschäftsleitungen in Betracht.[6]

24.72

3. Abberufung von Geschäftsleitern und Tätigkeitsverbote

Vorbehaltlich einer Zuständigkeit der EZB benötigen Institute für ihre Tätigkeit eine schriftliche Erlaubnis der BaFin (§ 32 Abs. 1 Satz 1 KWG). Voraussetzung für die Erteilung einer solchen Erlaubnis ist u.a., dass das Institut über zuverlässige geeignete Geschäftsleiter verfügt (§ 33 Abs. 1 Nr. 2, 4 KWG). Stellt sich nach Erlaubniserteilung heraus, dass ein Geschäftsleiter nicht (mehr) zuverlässig und/oder ungeeignet ist, so kann die BaFin die Erlaubnis aufheben oder, als weniger einschneidende Maßnahme, die Abberufung des betreffenden Geschäftsleiters verlangen und ihm die Ausübung seiner Tätigkeit untersagen (Abberufungsverlangen und

24.73

---

1 Dies ist im Grundsatz unstreitig, vgl. z.B. *Braun* in Boos/Fischer/Schulte-Mattler, § 25a KWG Rz. 736, wenngleich hinsichtlich von Einzelheiten noch Klärungsbedarf besteht.
2 Vgl. zur Verwarnung allgemein und weitergehend oben *Fischer*, Rz. 23.146 ff.
3 Hess. VG v. 31.5.2006 – 6 UE 3256/05, WM 2007, 392; *Fischer/Müller* in Boos/Fischer/Schulte-Mattler, § 36 KWG Rz. 65.
4 Hess. VG v. 31.5.2006 – 6 UE 3256/05, WM 2007, 392, 395, BVerwG, WM 2007 1655; *Fischer/Müller* in Boos/Fischer/Schulte-Mattler, § 36 KWG Rz. 63.
5 *Fischer/Müller* in Boos/Fischer/Schulte-Mattler, § 36 KWG Rz. 65.
6 BVerwG v. 6.11.2006 – 6 B 82/06, WM 2007, 1655; *Schwennicke* in Schwennicke/Auerbach, § 36 KWG Rz. 32.

Tätigkeitsverbot) (§§ 36 Abs. 1 Satz 1, 35 Abs. 2 Nr. 3, 33 Abs. 1 Nr. 2, 4 KWG).[1] **Das Zuwiderhandeln gegen aufsichtsrechtliche Organisationsvorschiften** wie § 25a KWG und § 33 WpHG bzw. Art. 22 DVO (EU) 2017/565 ist dabei **ein Kriterium, das zur Unzuverlässigkeit eines Geschäftsführers und damit zur Abberufung führen kann.** Wann Unzuverlässigkeit anzunehmen ist, hängt von den Umständen des Einzelfalls ab, insbesondere auch von den unterschiedlichen Anforderungen des konkreten Instituts an den jeweiligen Geschäftsleiter, die abhängig sind z.B. von Größe und Geschäftsart des Instituts.[2] Einmalige oder aus einer Sondersituation resultierende Verfehlungen gegen Organisationsvorschriften lassen in der Regel noch nicht auf Unzuverlässigkeit schließen. Es ist vielmehr zu verlangen, dass der Verstoß eine gewisse Schwere aufweist oder häufiger vorkommt.[3]

24.74 Abberufungsverlangen und Tätigkeitsverbot kann die BaFin auch aussprechen, wenn ein Geschäftsleiter (§ 36 Abs. 2 KWG) oder das Institut (§§ 36 Abs. 1 Satz 1, 35 Abs. 2 Nr. 6 KWG) **nachhaltig gegen bank- und kapitalmarktrechtliche Bestimmungen** verstößt. Die Organisationsvorschriften §§ 25a und 25c KWG sowie die § 33 WpHG bzw. § 81 WpHG n.F. fallen ohne weiteres hierunter.[4] Beide Vorschriften setzen voraus, dass die Zuwiderhandlungen trotz Verwarnung durch die BaFin fortgesetzt werden.[5] § 36 Abs. 2 KWG fordert die Verwarnung ausdrücklich, für § 35 Abs. 2 Nr. 6 KWG wird ihre Notwendigkeit insbesondere aus dem Wort „nachhaltig" hergeleitet.[6] Beim Abberufungsverlangen handelt es sich um ein mittelbares und ein unmittelbares Eingriffsrecht: Es wirkt mittelbar, da die BaFin nicht selbst die organschaftliche Funktion des Geschäftsleiters beenden kann, sondern nur vom Institut die Abberufung verlangen kann.[7] Demgegenüber kann die BaFin dem betroffenen Geschäftsleiter die Ausübung seiner Tätigkeit unmittelbar untersagen.[8]

24.75 Hinzuweisen ist darauf, dass der BaFin aus § 45c KWG heraus auch die Befugnis zusteht, einen **Sonderbeauftragten zu bestellen, der Aufgaben im Institut, wie die Beseitigung von Mängeln in der Compliance-Organisation, wahrnimmt.** Er kann dabei die Befugnisse eines Geschäftsleiters erhalten, wenn Tatsachen vorliegen, aus denen sich ergibt, dass bei einem oder mehreren Geschäftsführern Unzuverlässigkeit oder mangelnde fachliche Eignung vorliegt (§ 45c Abs. 2 Nr. 1 KWG). Die BaFin kann den Sonderbeauftragten aber auch neben der Geschäftsleitung einsetzen, damit dieser dafür Sorge trägt, dass eine ordnungsgemäße Geschäftsorganisation einschließlich eines angemessenen Risikomanagements hergestellt werden, wenn das Institut nachhaltig gegen Bestimmungen bankaufsichtsrechtlicher Gesetze wie das KWG und das WpHG verstoßen hat (§ 45c Abs. 2 Nr. 5 KWG). Er kann auch nur zur

---

1 S. zur Abberufung und zum Tätigkeitsverbot allgemein und ausführlich *oben Fischer*, Rz. 23.135 ff.
2 So sind z.B. bei einem Finanzdienstleister, der keine Vermögenswerte von seinen Kunden entgegennimmt, weniger strenge Anforderungen zu stellen als an den Leiter einer Universalbank (*Fischer/ Müller* in Boos/Fischer/Schulte-Mattler, § 33 KWG Rz. 38).
3 Fischer/Müller in Boos/Fischer/Schulte-Mattler, § 33 KWG Rz. 40; *Habersack*, WM 2005, 2360, 2364; anders VG Frankfurt a.M. v. 8.7.2004 – 1 E 7363/03[1], WM 2004, 2157.
4 *Fischer/ Müller* in Boos/Fischer/Schulte-Mattler, § 36 KWG Rz. 50; *Glawischnig-Quinket* in Reischauer/Kleinhans, Stand 2014, § 36 KWG Anm. 13.
5 Nach *Schwennicke* in Schwennicke/Auerbach, § 36 KWG Rz. 31 soll es keiner Verwarnung bedürfen, wenn die Pflichtverletzung ungewöhnlich schwerwiegend ist oder der Aufforderung zu gesetzeskonformen Verhalten ersichtlich keinen Erfolg verspricht.
6 *Fischer/Müller* in Boos/Fischer/Schulte-Mattler, § 35 KWG Rz. 45.
7 *Fischer/Müller* in Boos/Fischer/Schulte-Mattler, § 36 KWG Rz. 1 und 67.
8 *Fischer/Müller* in Boos/Fischer/Schulte-Mattler, § 36 KWG Rz. 4 und 70.

Überwachung der Einhaltung von Anordnungen der BaFin eingesetzt werden, die im Hinblick auf die Abhilfe von Compliance-Defiziten erlassen worden sind (§ 45c Abs. 2 Nr. 6 KWG).

Bei einem Verstoß gegen die Geschäftsleiterpflicht aus § 81 Abs. 1 Satz 2 Nr. 1a WpHG n.F. i.V.m. Art. 22 DVO (EU) 2017/565 zur Einrichtung einer wertpapierhandelsrechtlichen Compliance-Funktion kann die BaFin für den Ausspruch einer bis zu zwei Jahre andauernden Untersagung der Ausübung der Berufstätigkeit auch auf die Ermächtigung in § 6 Abs. 8 Satz 1 i.V.m. § 6 Abs. 6 Nr. 3 WpHG n.F. zurückgreifen. Die betreffenden Geschäftsleiter müssten dann ihr gesetzeswidriges Verhalten trotz einer Verwarnung durch die Bundesanstalt fortgesetzt haben. 24.76

Bei Instituten, die **durch die EZB** beaufsichtigt werden, sieht Art. 16 Abs. 2 m) SSM-VO für die Aufsichtsbehörde die Möglichkeit vor, Mitglieder eines Leitungsorgans (in ihrer Funktion als Geschäftsführungsorgan), die die Anforderungen unionsrechtlich determinierter Rechtsakte i.S. des Art. 4 Abs. 3 Unterabs. 1 SSM-VO nicht erfüllen, **abzuberufen**. Die Compliance-Anforderungen an Finanzdienstleistungsinstitute finden ihre Grundlage in EU-Richtlinien und Verordnungen (vgl. z.B. Art. 16 MiFID II und DVO (EU) 2017/565). Aber auch die Vorschriften der KWG-Compliance-Funktion sind im Kern Risikomanagementvorschriften, die aus der EU-Richtlinie CRD IV in Art. 74 abgeleitet werden können.[1] Wer der Adressat einer EZB-Abberufungsmaßnahme ist, bleibt in der Befugnisnorm offen. Im Rückschluss aus Art. 24 Abs. 5 SSM-VO kommen sowohl das Institut als auch das Organmitglied selbst in Betracht. 24.77

4. Verwarnungen gegenüber Mitgliedern des Aufsichtsorgans

Ähnlich wie gegenüber Geschäftsleitern, kann die BaFin auch Verwarnungen gegenüber Mitgliedern des Aufsichtsorgans eines Instituts aussprechen. § 36 Abs. 3 KWG kennt die Verwarnung als Voraussetzung für eine Abberufung von Aufsichts- oder Verwaltungsräten. Verstoßen die Gremiumsmitglieder gegen ihre Pflicht, die Geschäftsleiter hinsichtlich der Erfüllung der Compliance-Pflichten zu überwachen, so kann dies einen Abberufungs- und Tätigkeitsverbotsgrund darstellen (s. unter 5., Rz. 24.79) Bei einer Verwarnung handelt es sich um eine förmliche Maßnahme gegenüber dem Gremiumsmitglied in Form eines Verwaltungsakts.[2] Aus Gründen der Verhältnismäßigkeit, z.B. bei minder schweren Überwachungsverstößen, kann es angezeigt sein, nur eine formlose Missbilligung auszusprechen. Diese Form der Verwarnung ist im Gesetz nicht geregelt, stellt allerdings ein von der BaFin zu berücksichtigendes milderes Mittel dar. 24.78

5. Abberufung von Mitgliedern des Aufsichtsorgans und Tätigkeitsverbote

Das KWG enthält Regelungen, die der BaFin die Kompetenz geben, Mitglieder des Aufsichtsorgans eines Instituts abzuberufen und deren weitere Tätigkeit als Organmitglied im konkreten, aber auch in anderen Instituten zu untersagen (§ 36 Abs. 3 KWG).[3] Beide Maßnahmen können getrennt, oder wenn erforderlich, auch zusammen ergriffen werden.[4] Insbesondere 24.79

---

1 Vgl. auch § 92 Abs. 2 f.) CRD IV, wo das Bestehen der Compliance-Funktion unionsrechtlich vorausgesetzt wird. Enger wohl *Bürkle* in Bürkle/Hauchka, Compliance Officer, § 13 Rz. 46.
2 *Lehrl*, BKR 2010, 485, 498.
3 S. auch oben *Fischer*, Rz. 23.154 ff.
4 BaFin Merkblatt zu den Mitgliedern von Verwaltungs- und Aufsichtsorganen gem. KWG und KAGB vom 4.1.2016, zuletzt geändert am 31.1.2017, Kapitel IV.

lassen § 36 Abs. 3 Satz 1 Nr. 4 und 5 KWG diese Sanktionen zu, wenn dem Mitglied des Aufsichtsorgans wegen sorgfaltswidriger Ausübung seiner Überwachungs- und Kontrollfunktion **Verstöße des Unternehmens gegen die Grundsätze ordnungsgemäßer Geschäftsführung verborgen geblieben** sind oder das Mitglied **nicht alles Erforderliche zur Beseitigung erkannter Defizite veranlasst hat** und das jeweilige Verhalten trotz Verwarnung durch die BaFin fortsetzt.[1] Die Nichteinhaltung der in der Gesamtverantwortung der Geschäftsleitung liegenden Compliance-Pflichten durch die Geschäftsleitung stellt dabei einen Verstoß gegen die Grundsätze ordnungsgemäßer Institutsgeschäftsführung dar. Die Beachtung interner und externer Regelungen über nicht delegierbare Geschäftsleiteraufgaben bildet einen wesentlichen Bestandteil dieser Grundsätze. Auch können permanente Verstöße gegen die Pflichten, die Compliance-Arbeit der Geschäftsleitung zu überwachen, **zur Unzuverlässigkeit eines Mitglieds des Aufsichtsorgans** führen und damit die Tatbestandsvoraussetzungen für den Abberufungsgrund nach § 36 Abs. 3 Satz 1 Nr. 1 KWG erfüllen.

24.80 Adressat einer Abberufungsanordnung ist das Unternehmen, vertreten durch die Geschäftsleitung. Das Unternehmen hat dann dafür Sorge zu tragen, dass die Maßnahme durch Einleitung entsprechender Schritte umgesetzt wird.[2] Die Untersagung der Ausübung der Tätigkeit als Mitglied im Aufsichtsorgan ist hingegen an das Mitglied selbst zu richten.[3]

24.81 Anstelle von Abberufung oder Tätigkeitsverbot kann die BaFin nach § 45c Abs. 2 Nr. 3 KWG auch einen **Sonderbeauftragten bestellen, der die Aufgaben des Aufsichtsorgans oder eines Mitglieds** ganz oder teilweise **übernimmt**. Die entzogenen Befugnisse des Organs bzw. des Mitglieds ruhen dann solange, wie der Sonderbeauftragte im Einsatz ist. Denkbar wäre der Einsatz eines Sonderbeauftragten z.B. für den Fall, wenn sich ein Aufsichtsgremium weigern würde, einen Geschäftsleiter trotz vorliegendem Abberufungsverlangen aufgrund von Compliance-Verstößen abzuberufen.[4]

24.82 Bei Instituten, die durch die EZB beaufsichtigt werden, ist Art. 16 Abs. 2m) SSM-VO dahingehend auszulegen, dass er wohl auch eine **Abberufungsmöglichkeit für die Mitglieder des Aufsichtsorgans eines deutschen Instituts durch die EZB** vorsieht. Der Begriff des Leitungsorgans im EU-Recht umfasst neben der Geschäftsleiter- auch die Aufsichtsfunktion.[5] Die EZB könnte demnach Mitglieder des Aufsichtsorgans abberufen, wenn diese die Geschäftsleitung in Bezug auf Erfüllung der Compliance-Pflichten, die sich in den Grundsätzen ordnungsgemäßer Geschäftsführung niederschlagen, nicht wirksam überwachen. Offen bleibt, an wen die EZB eine Abberufungsmaßnahme richtet. Wie bei der Geschäftsleiterabberufung ausgeführt, kommt eine Adressierung sowohl an das Institut als auch an das Organmitglied in Betracht.

---

1 Nach *Lehrl*, BKR 2010, 485, soll bei schwerwiegenden Verstößen die Abberufung und Tätigkeitsverbot auch ohne vorherige Verwarnung möglich sein.
2 BaFin Merkblatt zu den Mitgliedern von Verwaltungs- und Aufsichtsorganen gemäß KWG und KAGB vom 4.1.2016, zuletzt geändert am 31.1.2017, Kapitel IV. S. auch *Fischer/Müller* in Boos/Fischer/Schulte-Mattler, § 36 KWG Rz. 138 ff.
3 BaFin Merkblatt zu den Mitgliedern von Verwaltungs- und Aufsichtsorganen gemäß KWG und KAGB vom 4.1.2016, zuletzt geändert am 31.1.2017, Kapitel IV; *Fischer/Müller* in Boos/Fischer/Schulte-Mattler, § 36 KWG Rz. 4.
4 Vgl. *Lindemann* in Boos/Fischer/Schulte-Mattler, § 45c KWG Rz. 27.
5 Vgl. in diesem Zusammenhang insbes. auch Art. 93 Abs. 1 SSM-RVO und Art. 3 Abs. 1 Nr. 7 CRD IV i.V.m. Erwägungsgrund Nr. 56 CRD IV.

6. Entzug der Betriebserlaubnis und Auflösung des Instituts

Nach § 35 Abs. 2 Nr. 6 KWG kann die BaFin die Erlaubnis zum Betrieb des Geschäfts aufheben, wenn das Institut nachhaltig gegen KWG bzw. WpHG-Vorschriften verstößt. Damit sind **Verstöße gegen die Compliance-Verpflichtung** aus § 25a Abs. 1 KWG und § 33 Abs. 1 WpHG taugliche **Anknüpfungspunkte für einen Entzug der Erlaubnis**. Die Aufsichtsbehörde kann die Aufhebung der Erlaubnis gem. § 38 Abs. 1 KWG mit einem Abwicklungs- und Auflösungsbeschluss verknüpfen. Das gleiche Procedere ist bei einem EZB-beaufsichtigten Institut möglich. Ein Entzug der Zulassung bei fortgesetzten Verstößen gegen Organisationsvorschriften kommt hier ggf. gem. Art. 14 Abs. 6 SSM-VO in Betracht. Die Auflösung des Unternehmens richtet sich in diesem Falle dann ebenfalls nach § 38 KWG.[1]

24.83

7. Maßnahmen gegenüber Compliance-Beauftragten

Der Compliance-Beauftragte ist nicht unmittelbarer Adressat der gesetzlichen Pflichten aus dem KWG bzw. dem WpHG oder künftig der DVO (EU) 2017/565. Damit liegen vom Grundsatz her auch **keine Anknüpfungspunkte für direkte aufsichtsrechtliche Maßnahmen**, wie Abhilfeverlangen oder Abberufung, gegen den Compliance-Beauftragten vor. Sollte die Aufsichtsbehörde Anhaltspunkte dafür haben, dass die Geschäftsleitung einen Compliance-Verantwortlichen ernannt hat, der nicht die erforderlichen Fach- und Sachkompetenzen für die Leitung der Compliance-Funktion besitzt, so hat die Aufsicht im Rahmen ihrer Befugnisse der Gesetzes- und Missstandsaufsicht **gegenüber der Gesellschaft eine Neubesetzung der Position einzufordern**.[2]

24.84

Für den Compliance-Beauftragten nach den wertpapierhandelsrechtlichen Vorschriften statuiert § 34d Abs. 4 Satz 1 Nr. 1 WpHG[3] ausdrücklich, dass bei Vorliegen von Tatsachen, aus denen sich fehlende Sachkunde oder Zuverlässigkeit ergibt, die BaFin unbeschadet ihrer Befugnisse nach § 4 WpHG dem Wertpapierdienstleistungsunternehmen den Einsatz der betreffenden Person als Beauftragten untersagen kann, solange diese die genannten Anforderungen nicht erfüllt. Darüber hinaus kann die BaFin gem. § 34d Abs. 4 Satz 1 Nr. 2 b) WpHG dem Wertpapierdienstleistungsunternehmen verbieten, den Compliance-Beauftragten für einen Zeitraum von bis zu zwei Jahren in dieser Funktion zu beschäftigen, wenn dieser gegen Bestimmungen des 6. Abschnitts des WpHG, die er bei der Durchführung seiner Tätigkeit zu beachten hat, verstoßen hat. Zuvor kann die BaFin allerdings nach § 34d Abs. 4 Satz 1 Nr. 2 a) WpHG auch das Unternehmen und **den Compliance-Beauftragten verwarnen**. Ein Verstoß gegen die Vorschriften des 6. Abschnitts des WpHG kann richtigerweise nur durch das Wertpapierdienstleistungsunternehmen und nicht durch den Compliance-Beauftragten begangen werden. Nach der Gesetzesbegründung ist mit der Formulierung gemeint, dass die gegen das Gesetz verstoßende Handlung eindeutig dem Mitarbeiter, also dem Compliance-Beauftragten zuzuordnen ist.[4] Dies wäre z.B. bei einem Unterlassen der Compliance-Berichtspflicht der Fall.[5] Bei den Maßnahmen der BaFin nach § 34b Abs. 4 WpHG gegenüber dem Unternehmen

24.85

---

1 Vgl. *Fischer/Müller* in Boos/Fischer/Schulte-Mattler, § 38 KWG Rz. 8.
2 Allgemein *Houache*, Unternehmensbeauftragte, S. 157 f.
3 In der Fassung des WpHG nach dem 2. FiMaNoG enthält § 87 Abs. 6 eine weitgehend identische Regelung.
4 BT-Drucks.17/3628, S. 23; *Renz/Sartowski*, CCZ 2012, 67, 71.
5 Nach h.M. sollen auch Verstöße des Compliance-Beauftragten gegen § 12 Abs. 3 WpDVerOV und die MaComp Verstöße gegen den 6. Abschnitt des WpHG darstellen: *Fuchs* in Fuchs, WpHG, § 34d Rz. 28; *Möllers* in Hirte/Möllers, KölnKomm. WpHG, § 34d WpHG Rz. 111; *Renz/Sartowski*, CCZ 2012, 67, 71.

handelt es sich unzweifelhaft um Verwaltungsakte. Beim Ausspruch der Verwarnung gegenüber dem Mitarbeiter wird bisweilen nur schlichtes Verwaltungshandeln angenommen.[1] Angesichts der Vorstufe dieser Maßnahme für ein Tätigkeitsverbot überzeugt dies jedoch nicht.

8. Bekanntmachung von Maßnahmen

24.86 Die BaFin wird durch die Soll-Vorschrift des § 60b Abs. 1 KWG verpflichtet, bestandskräftige Maßnahmen, die sie gegen Institute bzw. Geschäftsleiter wegen Verstößen gegen das KWG ergriffen hat, unverzüglich **auf ihren Internetseiten zu veröffentlichen** und dabei auch Informationen zu Art und Charakter des Verstoßes mitzuteilen. Die auf die §§ 6, 25a, 25c KWG gestützten Verlangen zur Beseitigung von Defiziten bei der Compliance und die Abberufungen und Tätigkeitsverbote zählen hierzu.[2] § 60b Abs. 1 KWG nennt ausdrücklich auch unanfechtbar gewordene Bußgeldbescheide. In § 60b Abs. 2 bis 4 KWG sind Ausnahmen von der ganzen bzw. nicht-anonymisierten Bekanntmachung zum Schutz von Persönlichkeitsrechten, dem Schutz des betroffenen Unternehmens und der Finanzmarktstabilität vorgesehen. Die Maßnahmen und Bußgeldentscheidungen sollen gem. § 60b Abs. 5 KWG ab Unanfechtbarkeit bzw. Bestandskraft mindestens für fünf Jahre auf den Internetseiten der Bundesanstalt veröffentlicht bleiben. Maßnahmen der EZB können nicht unter Berufung auf § 60b KWG veröffentlicht werden.[3] Die BaFin berichtet über Maßnahmen wie Abberufungsverlangen in anonymisierter Form auch in ihren Jahresberichten.[4]

24.87 Die Befugnis zur Bekanntmachung von Maßnahmen zur Behebung von Compliance-Mängeln, die sich auf Ermächtigungen des WpHG stützen, ergibt sich aus § 40b Abs. 1 WpHG bzw. § 123 Abs. 1 WpHG n.F. Die BaFin kann unanfechtbare Anordnungen, die sie wegen Verstößen getroffen hat, und wozu auch Bußgeldbescheide gehören,[5] auf ihrer Internetseite veröffentlichen, es sei denn, die Veröffentlichung würde die Finanzmärkte erheblich gefährden oder zu einem unverhältnismäßigen Schaden bei den Beteiligten führen. Im Gegensatz zu den Vorgaben des KWG hat die BaFin vor der Veröffentlichung eine Prüfung vorzunehmen, ob die Bekanntmachung zur Beseitigung oder Verhinderung von Missständen geeignet und erforderlich ist. Da es sich hier um eine Kann-Vorschrift handelt, ist das Ermessen der BaFin ungleich größer als bei der Anwendung des § 60b KWG.

24.88 Unanfechtbar gewordene Anordnungen der BaFin gegenüber Wertpapierdienstleistungsunternehmen nach § 34d Abs. 4 Satz 1 WpHG (§ 87 Abs. 6 WpHG n.F.), nicht sachkundige oder unzuverlässige Personen bzw. Compliance-Beauftragte, die gegen Bestimmungen des 6. Abschnitts des WpHG verstoßen haben, nicht als Compliance-Beauftragte zu beschäftigen, können unter Anwendung des § 34d Abs. 4 Satz 2 WpHG auf der Internetseite der BaFin bekanntgemacht werden, es sei denn, die Veröffentlichung würde den Interessen des Unternehmens schaden. Der Name der betroffenen natürlichen Person darf dabei nicht genannt werden; § 34d Abs. 4 Satz 3 WpHG.

---

1 *Fuchs* in Fuchs, § 34d WpHG Rz. 29, *Koller* in Assmann/Uwe H. Schneider, § 34d WpHG Rz. 4, 20 ff., 42.
2 In der Gesetzesbegründung werden u.a. die §§ 35 und 36 KWG exemplarisch aufgezählt; vgl. BT-Drucks. 17/10974, S. 97.
3 *Lindemann* in Boos/Fischer/Schulte-Mattler, § 60b KWG Rz. 8.
4 Lt. BaFin-Jahresbericht 2015, S. 154 f. gab es 2015 keine Abberufungsverlangen gegenüber Geschäftsleitern bzw. Mitgliedern von Aufsichtsorganen und keine Maßnahmen nach § 25a KWG.
5 *Waßmer* in Fuchs, § 40b WpHG Rz. 10.

II. Ordnungswidrigkeit und Strafe

1. Verhängung von Geldbußen

Erlässt die BaFin gegenüber dem Institut eine vollziehbare Anordnung zur Anpassung der Compliance-Funktion auf der Grundlage von § 25a Abs. 2 Satz 2 KWG und kommt das Institut dieser Anordnung vorsätzlich oder fahrlässig nicht nach, so stellt dies gem. **§ 56 Abs. 2 Nr. 3 f.) KWG eine Ordnungswidrigkeit** dar. Für die Verletzung von Pflichten, deren Adressaten die Institute selbst sind, statuiert **§ 9 Abs. 1 Nr. 1 OWiG eine persönliche Verantwortlichkeit der vertretungsberechtigten Organmitglieder**.[1] Die Geldbuße kann damit gegen die für das Institut handelnden Geschäftsleiter in deren Organfunktion ausgesprochen werden. Dies schließt allerdings die Verhängung eines Bußgelds gegen das Institut als juristische Person bzw. Personenvereinigung nicht aus. Über **§ 30 Abs. 1 Nr. 1 OWiG** werden die von einem Geschäftsleitungsmitglied begangenen Ordnungswidrigkeiten, durch die Pflichten, welche die juristische Person oder die Personenvereinigung treffen, verletzt worden sind, **dem Institut wieder zugerechnet, so dass auch diesem gegenüber ein Bußgeld festgesetzt werden kann**. Im Ergebnis kann ein Bußgeld gegenüber dem Institut und den jeweiligen Geschäftsleitern verhängt werden. § 56 Abs. 6 KWG bestimmt, dass die Ordnungswidrigkeit mit einer Geldbuße bis zu 5 Mio. Euro geahndet werden kann. Sollte das Institut aus der Nichtbeachtung der Compliance-bezogenen Vorschrift einen wirtschaftlichen Vorteil erlangt haben und dieser höher als der genannte Höchstbetrag ausfallen, so kann das Bußgeld für das Institut auch überschritten werden. Ersparte Aufwendungen aufgrund einer nicht hinreichend ausgestatteten Compliance-Funktion können ggf. als wirtschaftlicher Vorteil angesehen werden.[2] Das Gesetz bestimmt in § 56 Abs. 7 KWG für das höhere Bußgeld 10 % des Nettoumsatzes des Unternehmens im vorangegangenen Geschäftsjahr oder das Zweifache des durch die Zuwiderhandlung erlangten Mehrerlöses. Bei fahrlässiger Begehungsweise kann allerdings nach § 17 Abs. 2 OWiG nur die Hälfte des angedrohten Höchstbetrages in Ansatz gebracht werden.[3]

24.89

Für die bislang nach § 33 Abs. 1 Satz 2 Nr. 2 WpHG und entsprechend den Vorgaben der WpDVerVO einzurichtende Compliance-Funktion besteht mit **§ 39 Abs. 2 Nr. 17c WpHG** eine Bußgeldbewehrung. Auch die Beschäftigung eines Compliance-Beauftragten, der nicht sachkundig bzw. nicht zuverlässig i.S. von § 34d Abs. 3 WpHG ist, oder dessen Tätigwerden dem Unternehmen von der BaFin nach § 34d Abs. 4 Nr. 1 bzw. Nr. 2 WpHG untersagt worden ist, kann nach **§ 39 Abs. 2 Nr. 22 bzw. § 39 Abs. 3 Nr. 1 b) WpHG** bebußt werden. Wird danach vorsätzlich oder leichtfertig gegen die genannten Institutspflichten verstoßen, so kann gegen die Geschäftsleiter nach § 9 Abs. 1 OWiG und das Institut nach § 30 Abs. 1 und 4 OWiG kumulativ oder auch isoliert ein Bußgeld verhängt werden.[4] Die jeweilige Ordnungswidrigkeit kann bei Vorsatz mit einer Geldbuße von bis zu 200 000 Euro geahndet werden (§ 39 Abs. 6 WpHG). Im Falle leichtfertigen Handelns beträgt die Androhung unter Berücksichtigung von § 17 Abs. 2 OWiG 100 000 Euro.

24.90

Mit Inkrafttreten der DVO (EU) 2017/565 und dem 2. FiMaNoG ergeben sich bei Nichtbeachtung der Compliance-bezogenen Organisationsvorschriften mit **§ 120 Abs. 8 Nr. 1 und**

24.91

---

1 *Canzler/Hammermaier*, AG 2014, 57, 64 f.; *Rogall* in Senge, KK-OWiG, 4. Aufl. 2014, § 9 OWiG Rz. 7 f.
2 Bei § 30 OWiG werden ersparte Aufwendungen zur Sicherstellung von Sicherheitsanforderungen als Vermögensvorteil angesehen, vgl. *Meyberg* in BeckOK OWiG, § 30 OWiG Rz. 86.
3 *Lindemann* in Boos/Fischer/Schulte-Mattler, § 56 KWG Rz. 13.
4 *Canzler/Hammermaier*, AG 2014, 57, 64 f.; *Vogel* in Assmann/Uwe H. Schneider, § 39 WpHG Rz. 79.

Nr. 110 WpHG n.F. zwei Bußgeldtatbestände, die vom bisherigen Ansatz des § 39 Abs. 2 Nr. 17c WpHG abweichen. Aus § 120 Abs. 8 Nr. 1 WpHG n.F. folgt, dass ordnungswidrig derjenige handelt, der vorsätzlich oder leichtfertig im Zusammenhang mit einer Untersuchung betreffend die Einhaltung der Pflichten des 11. Abschnitts des WpHG einer vollziehbaren Anordnung der BaFin zuwiderhandelt. Nach § 88 Abs. 1 Nr. 5 c) WpHG n.F., der im 11. Abschnitt des Gesetzes steht, kann die BaFin ohne Anlass prüfen, ob die Institute Art. 22 DVO (EU) 2017/565 einhalten. Kommt die Behörde dabei zu dem Ergebnis, dass es unterlassen wurde, eine wirksame und dauerhafte Compliance-Funktion einzurichten, so kann sie im Rahmen von § 6 Abs. 1 Satz 2 WpHG und § 6 Abs. 2 Satz 2 WpHG n.F. Anordnungen treffen, deren Nichtbeachtung zur Verwirklichung des Bußgeldtatbestands führt. Die Bußgeldbescheide können sich unter Berücksichtigung von §§ 9 und 30 OWiG gegen die Geschäftsleiter und/oder das Institut wenden (vgl. § 17 OWiG). Die Höhe des Bußgelds bestimmt sich bei Vorsatz nach § 120 Abs. 20 Satz 1 WpHG n.F. und kann bis zu 5 Mio. Euro betragen. Gegenüber dem Institut als juristische Person bzw. Personenvereinigung kann die Buße gem. § 120 Abs. 20 Satz 2 WpHG n.F. bis zu 10 % des Gesamtumsatzes betragen, den das Institut im der Behördenentscheidung vorangegangenen Geschäftsjahr erzielt hat. Ohne dass zwischen natürlichen und juristischen Personen unterschieden wird, soll nach § 120 Abs. 20 Satz 3 WpHG n.F. über die in den Sätzen 1 und 2 genannten Beträge hinaus die Ordnungswidrigkeit mit einer Geldbuße bis zum Zweifachen eines aus dem Verstoß ggf. gezogenen wirtschaftlichen Vorteils geahndet werden können.[1] Für den Fall der Leichtfertigkeit nach § 17 Abs. 2 OWiG kann indes nur die Hälfte des angedrohten Höchstbetrages in Ansatz gebracht werden.

24.92 Die zweite Befugnis zur Geldbuße wegen unterlassener Compliance-Maßnahmen aus § 120 Abs. 8 Nr. 110 WpHG n.F. knüpft an § 81 Abs. 1 WpHG n.F. an. Danach handelt ordnungswidrig, wer vorsätzlich oder leichtfertig entgegen § 81 Abs. 1 WpHG nicht die zur Erbringung von Wertpapierdienstleistungen erforderliche Organisation festlegt, umsetzt und überwacht. Nach § 81 Abs. 1 WpHG n.F. sind die Geschäftsführer persönlich zur Einrichtung einer Compliance-Funktion als erforderliches Mittel zur ordnungsgemäßen Erbringung von Wertpapierdienstleistungen verpflichtet, so dass ein Bußgeld ohne Rückgriff auf § 9 Abs. 1 OWiG gegenüber den Geschäftsleitern ausgesprochen werden kann. Eine gleichzeitige oder auch alleinige Bebußung des Unternehmens nach § 30 Abs. 1 Nr. 1 OWiG kommt nur dann in Betracht, wenn das Institut durch die Unterlassung der Geschäftsleiter bereichert worden sein sollte. Im Übrigen bleibt die Beschäftigung eines Compliance-Beauftragten, der nicht sachkundig bzw. nicht zuverlässig, oder dessen Tätigwerden dem Unternehmen von der BaFin WpHG untersagt worden ist, jeweils Gegenstand eines separaten Bußgeldtatbestands (**§ 120 Abs. 8 Nr. 134 und 136 WpHG n.F.**) mit der beschriebenen Bußgeldhöhe nach § 120 Abs. 20 WpHG n.F.

24.93 Eine **bußgeldrechtliche Verantwortlichkeit des Compliance-Beauftragten** hinsichtlich der genannten Ordnungswidrigkeiten kann im Wege der Substitutenhaftung nach § 9 Abs. 2 Satz 1 Nr. 2 OWiG erwogen werden.[2] Da es sich bei den Pflichten zur Einrichtung der Compliance-Funktion um nicht delegierbare Leitungspflichten der Geschäftsleiter handelt, können diese Pflichten nicht dergestalt durch einen Auftrag übertragen werden, dass der Compliance-Beauftragte diese in eigener Verantwortung wahrnimmt. Werden die unter Geldbuße gestellten Verstöße gegen die Compliance-Pflicht durch die Geschäftsleiter vorsätzlich begangen, so können allerdings nach § 14 Abs. 1 OWiG auch Dritte tatbeteiligt sein, ohne dass diese Dritten

---

1 Vgl. hierzu auch Art. 70 Abs. 6 h) MiFID II.
2 Allgemein zur Anwendbarkeit des § 9 Abs. 2 OWiG auf § 56 KWG vgl. *Albert* in Reischauer/Kleinhans, Stand 2011, § 56 KWG Anm. 5 und auf § 39 WpHG *Vogel* in Assmann/Uwe H. Schneider, § 39 WpHG Rz. 56 f.

zugleich Geschäftsführer sind. Die Dritten können dabei Anstifter oder Gehilfe sein und werden vom Gesetz her wie ein Täter behandelt. Damit können die Dritten ebenfalls mit Geldbuße belegt werden. Als Beteiligte kommen Mitglieder des Aufsichtsorgans oder auch Compliance-Beauftragte in Betracht.[1]

Kommt es im Institut zu betriebsbezogenen Zuwiderhandlungen gegen Strafvorschriften oder Ordnungswidrigkeitstatbestände durch Angestellte, die der Geschäftsleitung nachgeordnet sind, so kann dies nach **§ 130 Abs. 1 Satz 1 OWiG i.V.m. § 9 Abs. 1 Nr. 1 OWiG** eine Ordnungswidrigkeit auf Geschäftsleiterebene darstellen,[2] die auf der Nichterfüllung einer Compliance-Funktion-bezogenen Pflicht der Geschäftsleiter beruht. Hat die Geschäftsleitung Kontrollaufgaben auf die Compliance-Funktion übertragen, **unterlässt die Geschäftsleitung dann aber vorsätzlich oder fahrlässig die erforderliche Überwachung, ob der Compliance-Beauftragte mit seiner Abteilung die zugewiesenen Kontrollen ausführt**, so ist dies dann eine Ordnungswidrigkeit, wenn die betriebsbezogenen Zuwiderhandlungen bei Anwendung der gehörigen Aufsicht durch die Geschäftsleiter verhindert oder wesentlich erschwert worden wären.[3] § 130 Abs. 1 Satz 2 OWiG weist ausdrücklich auf die Konstellation der gestuften internen Beaufsichtigung hin, wonach zu den erforderlichen Aufsichtsmaßnahmen u.a. auch die Bestellung, die sorgfältige Auswahl und die Überwachung von Aufsichtspersonen gehört. Die Bußgeldbemessung richtet sich nach § 130 Abs. 3 OWiG. Liegt eine Zuwiderhandlung gegen eine Strafnorm vor, so kann das Bußgeld gegen Geschäftsleiter bei vorsätzlicher Aufsichtspflichtverletzung gem. § 130 Abs. 3 Satz 1 OWiG bis zu 1 Mio. Euro betragen und bei fahrlässiger Begehung bis zu 500 000 Euro (vgl. § 17 Abs. 2 OWiG).[4] Aufgrund des Verweises in § 130 Abs. 1 Satz 2 OwiG auf § 30 Abs. 2 Satz 3 OWiG kann das Bußgeld gegenüber dem Institut im Falle vorsätzlicher Aufsichtspflichtverletzung mit maximal 10 Mio. Euro bedeutend höher ausfallen.[5] Ist die Rechtsfolge der Norm, der zuwidergehandelt worden ist, ein Bußgeld, so richtet sich die für die Aufsichtspflichtverletzung mögliche Geldbuße nach dem Bußgeldrahmen dieser Vorschrift. In Fällen, in denen die Zuwiderhandlung mit Strafe und Geldbuße ahndbar ist, bestimmt sich das Höchstmaß der Geldbuße für die Aufsichtspflichtverletzung nach dem Höchstmaß der Geldbuße der Ordnungswidrigkeitsnorm, sofern dieses 1 Mio. Euro übersteigt.

24.94

Dem Wortlaut von § 130 Abs. 1 Satz 1 OWiG nach, müssen die Aufsichtsmaßnahmen im Betrieb oder Unternehmen unterlassen worden sein. Daraus wird z.T. geschlussfolgert, dass die Geschäftsleiter der Muttergesellschaft gegenüber den Geschäftsleitern der Tochtergesellschaft aufsichtspflichtig sein können.[6] Es erscheint deshalb nicht ausgeschlossen, dass ein Haftungsrisiko besteht, wenn Geschäftsleiter eines übergeordneten Instituts die Umsetzung von angeordneten Maßnahmen für eine wirksame Konzern-Compliance-Funktion nicht kontrollieren. Bei Zuwiderhandlungen auf Tochtergesellschaftsebene könnte dann argumentiert

24.95

---

1 Ausdrücklich für Angestellte des Instituts *Lindemann* in Boos/Fischer/Schulte-Mattler, § 56 KWG Rz. 24; *Albert* in Reischauer/Kleinhans, Stand 2011, § 56 KWG Anm. 4; für die in § 9 Abs. 1 OWiG Genannten auch *Schwennicke* in Schwennicke/Auerbach, § 56 KWG Rz. 73.
2 Bei § 130 OWiG handelt es sich um einen subsidiären Auffangtatbestand, der nur zum Tragen kommen kann, wenn dem Aufsichtspflichtigen keine Täterschaft oder Teilnahme an einer Straftat oder Ordnungswidrigkeit nachgewiesen werden kann (s. nur *Rogall* in Senge, KK-OWiG, § 130 OWiG Rz. 124 f.).
3 Ausführlich zu § 130 OWiG *Schücking*, § 41.
4 *Rogall* in Senge, KK-OWiG, § 130 OWiG Rz. 121.
5 *Rogall* in Senge, KK-OWiG, § 130 OWiG Rz. 121.
6 OLG München v. 23.9.2014 – 3 Ws 599, 600/14, BB 2015, 2004; *Rogall* in Senge, KK-OWiG, § 130 OWiG Rz. 27.

werden, dass bei entsprechender Aufsicht die Gesetzesübertretungen zumindest erschwert worden wären.

24.96 Schließlich muss bei § 130 Abs. 1 OWiG erwogen werden, ob ein **Compliance-Beauftragter vermittelt über § 9 Abs. 2 Nr. 2 OWiG bußgeldrechtlich belangt werden** kann, sofern er Aufgaben des Betriebsinhabers in eigener Verantwortung wahrnimmt.[1] Kommt der Beauftragte der ihm übertragenen Pflicht nicht nach, indem er wesentlichen straf- oder bußgeldrechtlichen Risiken nicht entgegenwirkt, hätte er den Tatbestand des § 130 Abs. 1 OWiG bereits erfüllt. Die Wahrnehmung von Aufgaben in eigener Verantwortung i.S. von § 9 Abs. 2 Nr. 2 OWiG sollte indes nur dann ernsthaft in Betracht zu ziehen sein, wenn der Compliance-Beauftragte über die Unabhängigkeit bei der Aufgabenerfüllung hinaus die ausdrückliche Befugnis hat, verbindliche Weisungen gegenüber anderen Mitarbeitern des Instituts oder gar der Gruppe zu erteilen.

2. Strafrechtliche Sanktion

24.97 Kommt die Geschäftsleitung ihren Verpflichtungen aus § 25c Abs. 4a oder § 25c Abs. 4b Satz 2 KWG, zu denen insbesondere die Einrichtung der Compliance-Funktion für das Institut und ggf. für die Gruppe zählt, nicht nach und wird dadurch eine Bestandsgefährdung des geleiteten Unternehmens oder eines gruppenangehörigen Instituts herbeiführt, so stellt dies eine **Straftat nach § 54a KWG** dar. Das Gesetz sieht hier eine Freiheitsstrafe von bis zu fünf Jahren oder Geldstrafe für Vorsatztaten (§ 54a Abs. 1 KWG) vor. Bei einer lediglich fahrlässigen Herbeiführung der Gefahr sieht § 54a Abs. 2 KWG eine Freiheitsstrafe bis zu zwei Jahren oder eine Geldstrafe vor. Die Tat ist nur strafbar, wenn die BaFin den Geschäftsleitern durch Anordnung nach § 25c Abs. 4c KWG die Beseitigung des Verstoßes gegen § 25c Abs. 4a bzw. Abs. 4b Satz 2 KWG aufgegeben hat, die Geschäftsleiter dieser vollziehbaren Anordnung zuwidergehandelt haben und hierdurch die Bestandsgefährdung herbeigeführt worden ist.

24.98 Als **Tathandlung** kommt das „Nicht-dafür-Sorge-Tragen" – also ein Unterlassen – in Betracht, dass das Institut über die in § 25c Abs. 4a oder § 25c Abs. 4b Satz 2 KWG genannten Strategien, Prozesse, Verfahren, Funktionen oder Konzepte verfügt. Vom Gesetzeswortlaut erfasst ist der Umstand, dass eine Compliance-Funktion überhaupt nicht eingerichtet worden ist, also weder Aufgaben zugewiesen noch sachliche und personelle Ressourcen festgelegt worden sind. Nicht deutlich geregelt ist, ob auch eine nicht angemessen eingerichtete Funktion zur Strafbarkeit führen kann. Die gleiche Frage stellt sich auch bei einem Fehlen einer Compliance-Strategie als Teil der Risikostrategie. Die Formulierung des Nicht-Sorge-Tragens kann als Unterlassen der Ausfüllung der Pflichten gesehen werden[2] und deshalb auch das Fehlen einzelner Elemente der Gesamtpflicht als Taterfolg.

24.99 Als weiteres Tatbestandsmerkmal muss es in Folge der Pflichtverletzung zu einer Bestandsgefährdung des Instituts bzw. eines gruppenangehörigen Instituts gekommen sein. Eine Bestandsgefährdung kann angenommen werden, wenn sich die wirtschaftliche Lage des Instituts derart verschlechtert, dass ohne korrigierende Maßnahmen eine Insolvenz droht.[3] Ob hingegen eine Bestandsgefährdung auch dann vorliegt, wenn die Voraussetzungen für die Auf-

---

1 So ausdrücklich *Raum*, CCZ 2014, 197; auch *Beck* in BeckOK OWiG, § 130 OWiG Rz. 37.1. S. auch *Rogall* in Senge, KK-OWiG, § 130 OWiG Rz. 35.
2 *Janssen* in MünchKomm. StGB, § 54a KWG Rz. 15.
3 So in etwa die Legaldefinition in § 48b Abs. 1 KWG a.F., die im Zeitpunkt des Inkrafttretens von § 54a KWG am 2.1.2014 galt.

hebung der Erlaubnis nach § 32 KWG vorliegen[1], ohne dass eine wirtschaftliche Schieflage vorliegt, erscheint indes fraglich. Schließlich verlangt § 54a Abs. 3 KWG für eine Strafbarkeit, dass die BaFin den Geschäftsleitern die Beseitigung des Verstoßes aufgegeben haben muss, der vollziehbaren Anordnung zuwidergehandelt worden sein muss und hierdurch die Bestandsgefährdung herbeigeführt worden ist.[2]

Bei § 54a KWG handelt es sich um ein Sonderdelikt; andere Personen als die Geschäftsleiter kommen wegen des Bezugs zu § 25c Abs. 4 a und 4b Satz 2 KWG nicht als **Täter** in Betracht.[3] Sie können jedoch **Anstifter** (§ 26 StGB) oder **Gehilfe** (§ 27 StGB) sein. Das Fehlen der Geschäftsführereigenschaft führt gem. § 28 Abs. 1 StGB lediglich zu einer Strafmilderung. Mitglieder des Aufsichtsorgans oder auch Compliance-Beauftragte kommen insofern als Tatteilnehmer in Betracht, wenn sie bei den Geschäftsführern den Tatentschluss durch aktives Tun hervorrufen oder diesen bestärken.[4]

24.100

Neben der strafrechtlichen Verantwortung der Geschäftsleiter und ggf. weiterer handelnder Personen kommt auch eine Verbandsgeldbuße gegen das Institut nach § 30 OWiG in Betracht.[5]

24.101

III. Zivilrechtliche Haftung

1. Haftung gegenüber Kunden des Instituts

Erleiden Kunden eines Instituts einen Schaden, der auch auf eine mangelhafte Compliance-Organisation zurückgeführt werden kann, so stellt sich die Frage, ob es **Anspruchsgrundlagen** gibt, die auf dieser Grundlage eine zivilrechtliche Haftung begründen können. Eine Haftung des Instituts bzw. seiner Geschäftsleiter kann dabei unter dem Gesichtspunkt einer vertraglichen Pflichtverletzung bzw. der Verletzung eines Schutzgesetzes i.S. von § 823 Abs. 2 BGB erwogen werden. Ein vertraglicher Schadensersatzanspruch gem. § 280 Abs. 1 BGB kann gegeben sein, wenn §§ 25a Abs. 1 Satz 3 Nr. 3c, 25c Abs. 4a Nr. 3c und Abs. 4b Satz 2 Nr. 3 e) oder § 33 Abs. 1 Satz 2 WpHG bzw. Art. 22 DVO (EU) 2017/565 und § 81 Abs. 1 Satz 2 Nr. 1 a WpHG n.F. zur Konkretisierung der vertraglichen Pflichten des Instituts gegenüber Kunden herangezogen werden können.[6] Bei der gesetzlichen Haftung aus § 823 Abs. 2 BGB ist zu erörtern, ob diese aufsichtsrechtlichen Vorschriften Schutzgesetze darstellen. Darüber hinaus kommen als Schutzgesetze auch die Bußgeldvorschriften des KWG (§ 56 Abs. 2 Nr. 3 f.), des

24.102

---

1 So wohl *Lindemann* in Boos/Fischer/Schulte-Mattler, § 54a KWG Rz. 9, der auf die im Vergleich zu § 48b KWG a.F. weitere Definition des seit November 2015 geltenden § 63 Abs. 1 des SAG abstellt.
2 Hierbei ist streitig, ob es sich es dabei um einen Strafausschließungsgrund handelt (z.B. *Lindemann* in Boos/Fischer/Schulte-Mattler, § 54a KWG Rz. 18 unter Hinweis auf BT-Drs. 17/13539, S. 14) oder ein Tatbestandsmerkmal ist (so z.B. *Janssen* in MünchKomm. StGB, § 54a KWG Rz. 9. Auswirkungen hat der Streit z.B. darauf, worauf sich der Teilnehmervorsatz beziehen muss. Handelt es sich um einen Strafausschließungsgrund, muss sich die Kenntnis des Teilnehmers nicht auf die BaFin-Anordnung beziehen.
3 *Häberle* in Erbs/Kohlhaas/Häberle, Strafrechtliche Nebengesetze, Stand 2017, 54a KWG Rz. 2.; *Eggers* in Szesny/Kuthe, Kapitalmarkt Compliance, § 29 Rz. 41.
4 *Häberle* in Erbs/Kohlhaas/Häberle, Strafrechtliche Nebengesetze, Stand 2017, § 54a KWG Rz. 2; *Lindemann* in Boos/Fischer/Schulte-Mattler, § 54a KWG Rz. 26.
5 *Häberle* in Erbs/Kohlhaas/Häberle, Strafrechtliche Nebengesetze, Stand 2017, § 54a KWG Rz. 8; *Janssen* in MünchKomm. StGB, § 54a KWG Rz. 35.
6 *Buck-Heeb*, CCZ 2009, 18, 19.

Wertpapierhandelsrechts (§ 39 Abs. 2 Nr. 17c WpHG bzw. § 120 Abs. 8 Nr. 1 und Nr. 110 WpHG n.F.), § 130 OWiG sowie die Strafvorschrift des § 54a KWG in Frage.

24.103 Für eine **vertragliche Haftung** ist die Frage relevant, ob das Vorhalten einer ordnungsgemäßen Compliance-Organisation als Nebenpflicht zum Pflichtenprogramm der Vertragsbeziehung zwischen Institut und den Kunden gehört. Dies lässt sich nicht mit einem generellen Ja oder Nein beantworten, sondern wird mit Blick auf die konkret erbrachte Bank- bzw. Finanzdienstleistung zu beantworten sein. In jedem Fall wird eine Verneinung zunehmend schwieriger, da in den Vorschriften des bank- und wertpapierhandelsrechtlichen Aufsichtsrechts der Kundenschutz (Einleger und Anleger) neben dem Institutionen- bzw. Marktfunktionsschutz gerade auch bei den organisationsrechtlichen Vorschriften immer stärker als Aufsichtsziel zum Tragen kommt.[1]

24.104 Die **Schutzgesetzeigenschaft der § 25a Satz 1 KWG und § 33 Abs. 1 Satz 2 WpHG** wurde in der Vergangenheit von der herrschenden Meinung mangels konkreter kundenbezogener Regelung und der ordnungspolitischen Funktion der Vorschrift zu Recht abgelehnt.[2] Konsequenterweise können dann auch die Bußgeldtatbestände, die auf diesen Vorschiften aufbauen, keine Schutzgesetze i.S. von § 823 Abs. 2 BGB sein. Gleiches gilt auch für die Organisationsvorschriften, die sich nicht an das Institut, sondern an die Geschäftsführer wenden und für den Straftatbestand des § 54a KWG.[3] Schließlich können mit dieser Argumentation auch keine Ansprüche gegen die Mitglieder des Aufsichtsorgans wegen der Verletzung der Überwachungspflicht im Hinblick auf Compliance-bezogene Geschäftsleiterpflichten hergeleitet werden. Aber auch hier gilt, dass durch die zunehmend stärkere Betonung des Einleger- und Anlegerschutzes das Rechtsverständnis ändern kann.

24.105 Hinsichtlich § 130 OWiG liegt eine Entscheidung des BGH aus dem Jahr 1994 vor, in der die Schutzgesetzeigenschaft der Norm abgelehnt worden ist.[4] Mit der Vorschrift hat der Gesetzgeber nicht die Schaffung eines weiteren individualschützenden Schadensersatzanspruchs angestrebt.

2. Haftung gegenüber dem Institut

24.106 Haben **Geschäftsleiter** ihre Pflichten verletzt, so haben sie der Gesellschaft den daraus entstehenden Schaden zu ersetzen. Die Verpflichtung hierzu ergibt sich aus dem für die Rechtsform des Instituts anwendbaren Gesellschaftsrecht. Bei einer Aktiengesellschaft stellt **§ 93 Abs. 2 Satz 1 AktG** und bei einer GmbH **§ 43 Abs. 2 GmbHG** die einschlägige Vorschrift dar. Sollten Dritte die Gesellschaft wegen der Verletzung von Compliance-Pflichten erfolgreich in Anspruch genommen haben oder sind Bußgelder wegen der Verletzung von Compliance-

---

[1] Die gesetzgeberische Stärkung des Anlegerschutzes durch Ausweitung der Organisationspflichten kommt in der Begründung zum 2. FiMaNoG deutlich zur Sprache; BT-Drucks. 18/10936, S. 1 f.

[2] Zu § 25a Abs. 1 KWG: *Lindemann* in Boos/Fischer/Schulte-Mattler, § 54a KWG Rz. 3; *Langen* in Schwennicke/Auerbach, § 25a KWG Rz. 184; *Schäfer*, WM 2012, 1022; s. zu § 25a Abs. 1 KWG a.F. auch OLG Frankfurt v. 12.12.2007 – 17 U 111/07, AG 2008, 453; zu § 33 Abs. 1 Satz 2 WpHG: *Fuchs* in Fuchs, § 33 WpHG Rz. 186; *Baur* in Just/Voß/Ritz/Becker, § 33 WpHG Rz. 108; *Fett* in Schwark/Zimmer, § 33 WpHG Rz. 4; a.A. *Grundmann* in Ebenroth/Boujong/Joost/Strohn, HGB, § 33 WpHG Rz. VI 320.

[3] *Lindemann* in Boos/Fischer/Schulte-Mattler, § 54a KWG Rz. 3.

[4] BGH v. 13.4.1994 – II ZR 16/93, NJW 1994, 1801, 1804 f.; OLG Koblenz v. 5.11.2004 – 5 U 875/04, NZG 2005, 79, 81; *Pelz* in Hauschka/Moosmayer/Lösler, Corporate Compliance, § 5 Rz. 47.

Pflichten gegen die Gesellschaft verhängt worden sein, so sind dies grundsätzlich Schäden am Gesellschaftsvermögen, für die die Geschäftsleiter regresspflichtig sind.[1] Für Aufsichtsorgane gestaltet sich ein Rückgriff der Gesellschaft ganz ähnlich, da die gesellschaftsrechtlichen Vorschriften für das **Aufsichtsorgan a**uf die Geschäftsleitervorschriften verweisen. **§ 116 AktG verweist dabei auf § 93 AktG.** Diese Vorschriften kommen nach § 52 GmbHG auch bei einem bei einer GmbH eingerichteten Aufsichtsrat zur Anwendung.

Kommt ein **Rückgriff gegen den Compliance-Beauftragten** in Betracht, so leitet sich seine Haftung gegenüber dem Institut aus der **Schlechterfüllung seines Vertrages** mit dem Institut ab. Ist er beim Unternehmen angestellt, so haftet er nach arbeitsvertraglichen Grundsätzen. Dies kann bei fahrlässigen Pflichtverletzungen u.U. zu einem eingeschränkten Regress gegenüber dem Institut führen, so dass dieses den Schaden zu tragen hat.[2]   24.107

Problematisch können sich **Regresssachverhalte** erweisen, wenn wegen desselben Verstoßes gegen die Compliance-Vorschriften Bußgelder sowohl gegenüber dem Institut als auch gegenüber den handelnden natürlichen Personen verhängt werden. Im Ergebnis würden dann beide Bußgelder von den Geschäftsleitern bzw. Compliance-Beauftragten zu tragen sein. Es mehren sich deshalb beachtliche Stimmen, die einen Ausschluss oder zumindest eine Begrenzung der Regressmöglichkeit bei Ordnungswidrigkeiten mit einem hohen Bußgeldrahmen fordern.[3]   24.108

Verstöße gegen die Compliance-Pflichten können zur **Abberufung und außerordentlichen Kündigung der Geschäftsleiter** durch das Aufsichtsorgan führen.[4] Die Abberufung richtet sich nach den Vorschriften des Gesellschaftsrechts. Bei einem Institut in Form einer Aktiengesellschaft ist § 84 Abs. 3 AktG zu beachten. Danach muss für die Abberufung ein wichtiger Grund vorliegen. Schwere Verstöße gegen die Compliance-Organisationsvorschrift können hierzu zählen.[5] Auch Mitglieder von Aufsichtsorganen, die ihrer Aufsichtspflicht in Compliance-Angelegenheiten nicht nachkommen, können entsprechend den allgemeinen Vorschriften (§ 103 AktG) ihrer Funktion enthoben werden. Ebenso kann der Vertrag mit dem Compliance-Beauftragten aus wichtigem Grund gelöst werden, wenn dieser seine Pflichten schwer verletzt hat.   24.109

Abschließend ist darauf hinzuweisen, dass Verstöße gegen die Compliance-Pflichten auch negative **Auswirkungen auf die Vergütung** haben werden. Die Institutsvergütungs-Verordnung sieht vor, dass bei bedeutenden Instituten in den Dienstverhältnissen der Geschäftsleiter aufgrund ihrer Eigenschaft als Risikoträger die Möglichkeit vorzusehen ist, die eine nachträgliche Reduktion der variablen Vergütung zulässt. Entsprechendes gilt, wenn auch der Compliance-Beauftragte als Risikoträger eingestuft worden ist. In § 20 Abs. 5 Satz 1 InstitutsVergVO ist geregelt, dass negative Erfolgsbeiträge die Höhe der variablen Vergütung einschließlich der zurückbehaltenen Beträge verringern oder zum vollständigen Verlust derselben führen müssen. Der vollständige Verlust einer variablen Vergütung soll nach § 20 Abs. 5 Satz 3 InstitutsVergVO insbesondere dann eintreten, wenn die betreffende Person an einem Verhalten, das für das   24.110

---

1 *Hüffer/Koch*, § 93 AktG Rz. 48.
2 Ausführlich zur eingeschränkten Arbeitnehmerhaftung *Fabian/Mengel* in Bürkle/Hauschka, Compliance Officer, § 7 Rz. 10 ff.
3 Im Bereich einer kartellrechtlichen Buße hat das LAG Düsseldorf v. 20.1.2015 – 16 Sa 469/14, einen Regress abgelehnt. Vgl. zum Streitstand ausfl. *Hüffer/Koch*, § 93 AktG Rz. 48.
4 *Langen* in Schwennicke/Auerbach, § 25a KWG Rz. 185.
5 *Hüffer/Koch*, § 84 AktG Rz. 36; LG Berlin v. 3.7.2002 – 2 O 358/01, AG 2002, 682 ff.

Institut zu erheblichen Verlusten geführt hat, beteiligt oder dafür verantwortlich war. Das Gleiche gilt, wenn externe oder interne Regelungen in Bezug auf Eignung und Verhalten nicht eingehalten worden sind. Verstöße gegen die Compliance-Organisationsvorschriften können bei beiden Tatbestandsalternativen die Grundlage für eine Reduktion bzw. den Verlust der variablen Vergütung darstellen. § 18 Abs. 5 Satz 3 InstitutsVergVO-E führt als Verlustgrund zusätzlich auch ein Verhalten auf, das zu regulatorischen Sanktionen geführt hat. Ein negativer Erfolgsbeitrag aufgrund der genannten Fälle soll künftig auch zur einer zeitlich begrenzten Rückforderungspflicht für bereits gewährte variable Bezüge führen; § 20 Abs. 6 InstitutsVergVO-E.

§ 25
Risikobereich und Haftung: Compliance in Industrieunternehmen

Dr. Thomas Kremer und Dr. Christoph Klahold

A. Einführung	25.1
B. Compliance und Haftung	25.5
I. Wirtschaftliche Risiken bei Kartellverstößen und Korruptionsfällen	25.6
II. Haftungsrisiken wegen fehlender oder fehlerhafter Compliance	25.9
III. Haftungsreduzierung durch Compliance	25.11
C. Compliance als Konzernleitungsaufgabe	25.12
D. Aufbau und Elemente von Compliance Programmen	25.14
I. Einrichtung einer Compliance Organisation und Aufgabenverteilung	25.15
1. Vorstand	25.15
2. Aufsichtsrat/Prüfungsausschuss	25.18
3. Operative Einheiten sowie Segment- bzw. Spartenführungsgesellschaften	25.19
4. Compliance Funktion/Compliance Officer	25.20
5. Mitbestimmung des Betriebsrats	25.23
II. Elemente eines Compliance Programms	25.25
1. Compliance Kultur	25.26
2. Risikoanalyse	25.27
3. Konzernrichtlinien	25.28
4. Insbesondere Vorgaben zum Umgang mit Geschäftspartnern, wie etwa Vertriebsberatern und -agenten	25.30
5. Informationen und Vorgaben zu Einzelthemen	25.31
6. Schulungen	25.34
a) E-Learning	25.37
b) Präsenzschulungen	25.38
7. Beratung im operativen Geschäft	25.39
8. Compliance Audits	25.40
a) Organisation und Durchführung	25.41
b) Umgang mit Audit-Ergebnissen	25.43
9. Hinweisgebersysteme	25.45
a) Internes oder externes Hinweisgebersystem	25.46
b) Weitere Aspekte bei der Ausgestaltung des Hinweisgebersystems	25.47
10. Compliance Reporting	25.48
11. Sanktionen	25.50
III. Integration von Compliance in die Geschäftsprozesse	25.51
1. Umsetzung in den Funktionen	25.52
2. Umsetzung im operativen Geschäft	25.55
3. Digitalisierung	25.56
IV. Verhalten des Unternehmens im Ermittlungsverfahren	25.57
E. Zusammenfassung und Ausblick	25.58

Schrifttum: *Bannenberg/Inderst/Poppe*, Compliance – Aufbau, Management, Risikobereiche, Heidelberg 2013; *Bicker*, Compliance – organisatorische Umsetzung im Konzern, AG 2012, 542; *Bunting*, Konzernweite Compliance – Pflicht oder Kür?, ZIP 2012, 1542; *Fleischer*, Aktienrechtliche Compliance-Pflichten im Praxistest: Das Siemens/Neubürger-Urteil des LG München I, NZG 2014, 321; *Fleischer*, Corporate Compliance im aktienrechtlichen Unternehmensverbund, CCZ 2008, 1; *Hauschka/Galster/Marschlich*, Leitlinien für die Tätigkeit in der Compliance-Funktion im Unternehmen (für Compliance Officer außerhalb regulierter Sektoren) – Gemeinsames Positionspapier des Netzwerk Compliance e.V., der Fachgruppe Compliance des Bundesverbandes der Unternehmensjuristen (BUJ), des DICO – Deutsches Institut für Compliance und des Berufsverbandes der Compliance Manager (BCM), CCZ 2014, 242; *Klahold/Lochen*, Compliance Organisation, in Hauschka/Moosmayer/Lösler, Corporate Compliance, 3. Aufl. 2016, § 37; *Koch*, Compliance-Pflichten im Unternehmensverbund?, WM 2009, 1013; *Kremer/Bachmann/Lutter/v. Werder*, Deutscher Corporate Governance Kodex, Kommentar. 6. Aufl. 2016; *Kremer/Klahold*, Compliance Programme in Industriekonzernen, ZGR 2010, 113; *Kurer*, Legal and Compliance Risk, Oxford 2015; *Moosmeyer*, Compliance – Praxisleitfaden für Unternehmer, München, 3. Aufl. 2015; *Seibt/Ciupka*, 20 Thesen zur Compliance-Verantwortung im

System der Organhaftung aus Anlass des Siemens/Neubürger-Urteils, DB 2014, 766; *Wieland/Grüninger*, Die 10 Bausteine des Compliance-Managements: ComplianceProgramMonitor ZfW, in Wieland/Steinmeyer/Grüninger (Hrsg.), Handbuch Compliance-Management, 2. Aufl. 2014, S. 89.

A. Einführung

25.1 Compliance im Sinne von Maßnahmen zur Einhaltung der gesetzlichen Vorschriften und unternehmensinternen Regelwerke ist in den letzten Jahren nicht nur in der Finanzdienstleistungsbranche und in großen Industriekonzernen sondern auch in mittelständischen, international ausgerichteten Unternehmen zum selbstverständlichen Bestandteil der Unternehmensführung geworden.[1] Ausgelöst wurde diese Entwicklung durch steigende **Haftungsrisiken** für Management und hohe Bußgelder gegen Unternehmen aus Verstößen z.B. gegen Kartell-, Korruptions-, Datenschutz-, Geldwäsche- oder Exportkontrollvorschriften. Hinzu kamen vielfältige Compliance **Skandale**, bei denen sich diese Risiken für namhafte Unternehmen in Form von Haftstrafen für das Management, Geldbußen und Schadensersatzzahlungen in Millionenhöhe sowie erheblicher Reputationsschäden realisiert haben. In jüngerer Zeit verbinden Unternehmen mit Compliance zunehmend eine weitergehende Zielsetzung, die sich aus der Überzeugung ableitet, dass Unternehmen nur dann nachhaltig erfolgreich seien können, wenn sie auf Basis einer wertebasierten Unternehmens- und insbesondere Integritätskultur handeln. Danach ist Compliance ganzheitlich als eine Frage der Haltung zu begreifen und entsprechende Verhaltensgrundsätze sind zur Verfolgung legitimer Geschäftsinteressen im Unternehmen und vor allem bei ihren Führungskräften nachhaltig zu verankern (**Compliance Kultur**). Auch der Deutsche Corporate Governance Kodex (**Kodex**) macht in seiner Präambel deutlich, dass sich gute Unternehmensführung durch legales und ethisch fundiertes, eigenverantwortliches Handeln auszeichnet. (**Leitbild des Ehrbaren Kaufmanns**)[2]

Während im Bereich der Finanzdienstleistungsbranche seit Jahren detaillierte Vorgaben für die einzelnen Elemente eines Compliance Management Systems (**CMS**)[3] und die zur Umsetzung erforderliche Aufbau- und Ablauforganisation existieren[4], wurden jenseits dieser regulierten Bereiche in Deutschland erst in jüngerer Zeit entsprechende Strukturen sichtbar: Welche Anforderungen sind an eine wirksame Compliance und damit an eine ordnungsgemäße und funktionierende Compliance Aufbau- und Ablauforganisation zu stellen und welche inhaltlichen Elemente gehören konkret zu einem angemessenen CMS? Was ist unter einer Compliance Kultur zu verstehen und wie verankert man konkret eine wertebasierte Unternehmensführung, die die Compliance Kultur trägt?

---

1 Eine Erhebung zur Verbreitung von Compliance Management Systemen im Rahmen einer gemeinsamen Studie von PWC und der Martin-Luther-Universität Halle-Wittenberg ergab bei 720 teilnehmenden Unternehmen die folgenden Zahlen: 96 % der Unternehmen mit mehr als 10000 Mitarbeitern gab an, ein CMS implementiert zu haben. Bei Unternehmen mit 5000 bis 10 000 Mitarbeitern waren es 92 % sowie 73 % (1000 bis 4999) und 64 % (500 bis 999) bei kleineren Unternehmen; s. Wirtschaftskriminalität in der analogen und digitalen Wirtschaft 2016, S. 54 (online abrufbar unter: http://www.pwc.de/de/risiko-management/assets/studie-wirtschaftskriminalitaet-2016.pdf).

2 Deutscher Corporate Governance Kodex, Präambel, 2. Absatz; www.dcgk.de/Kodex und dazu *Kremer*, Compliance Manager 2016, 53, 54.

3 In diesem Beitrag werden die Begriffe „Compliance Management System" (CMS) und „Compliance Programm" synonym verwendet.

4 Vgl. zu Compliance in Finanzdienstleistungsunternehmen oben *Gebauer/Fett*, § 24.

Die Unternehmenspraxis, insbesondere die Compliance Verantwortlichen in den Unterneh- 25.2
men, teilweise unterstützt durch Rechtsanwälte und Wirtschaftsprüfer, haben auf Basis dieser Fragestellungen Compliance Lösungen entwickelt, die dann ständig hinterfragt und kontinuierlich verbessert werden. Vor allem ausgelöst durch die „großen" (im Sinne von teuren und öffentlichkeitswirksamen) **Compliance Fälle** wie Siemens, thyssenkrupp[1], MAN[2], Daimler[3] und Ferrostaal[4] entwickelten sich in Deutschland etwa ab 2006/2007 schrittweise in der Industrie Standards für den Aufbau von Compliance Programmen. Dazu haben die Unternehmen entlang der Tätigkeitsfelder „informieren und beraten", „identifizieren" sowie „berichten und handeln" entsprechende Compliance Maßnahmen und Organisationen entwickelt und implementiert. Sie können dabei von bestehenden best practise-Beispielen ausländischer Unternehmen profitieren, die teils auf Basis ihrer jeweiligen nationalen gesetzlichen Vorgaben, schon früher begonnen haben, Compliance Strukturen in ihren Unternehmen zu schaffen. Diese aus der Praxis heraus geprägte Entwicklung wird begleitet durch die Entwicklung von (Prüfungs-)Standards, wie etwa dem IDW PS 980 oder die beiden ISO Normen 19600 und 37001[5], aus denen sich Organisationsvorgaben ergeben und die Unternehmen die Möglichkeit zur Zertifizierung bieten. Parallel dazu haben sich – trotz einer Vielzahl offener Fragen und unterschiedlicher Auffassungen – in Rechtsprechung und rechtswissenschaftlichem Schrifttum in den letzten Jahren ein gewisses Grundverständnis herauskristallisiert, welche Compliance bezogenen (Organisations-)Pflichten sich auch für nicht-regulierte Unternehmen aus den gesetzlichen Vorgaben ergeben.

Nach wohl herrschender Auffassung[6] gibt es danach – jedenfalls für Unternehmen mit einem 25.3
entsprechenden Risikoprofil bzw. für die entsprechenden Risikofelder eines Unternehmens – eine **Pflicht zur Einrichtung einer Compliance Organisation.** Diese sog. Legalitätskontrollpflicht ist für die Aktiengesellschaft eine aus den §§ 76 Abs. 1, 93 Abs. 1 AktG abzuleitende Leitungsaufgabe des Vorstands, die in ihrem Kern delegationsfeindlich ist. Auch der Kodex geht von einer entsprechenden Rechtspflicht aus, wie sich aus Ziffer 4.1.3[7] ergibt. Bei der Ausgestaltung des Compliance Programms und seiner Elemente sowie bei der Einrichtung der dazu passenden Compliance Organisation steht dem Vorstand jedoch ein erheblicher Beurteilungs- und Ermessensspielraum zu.[8] Er muss prüfen und entscheiden, welche konkreten Maßnahmen geeignet und zumutbar sind, um ein gesetzestreues Verhalten sicher zu stellen. Dabei sind das jeweilige Geschäftsmodell, die Größe, Komplexität und Internationalität des Unternehmens und in der Praxis entwickelte best practice Ansätze und Standards zu berücksichtigen. Dementsprechend stellt auch der Kodex fest, dass der Vorstand für angemessene, an der Risikolage des Unternehmens ausgerichtete Compliance Maßnahmen zu sorgen habe.[9]

---

1 Teure Schienen, teure Strafen, Süddeutsche Zeitung vom 23.7.2013; www.süddeutsche.de.
2 Korruption kostet MAN eine Viertelmilliarde Euro; die Welt v. 24.3.2014.
3 Daimler feuert 45 Mitarbeiter wegen Korruption, Spiegel online v. 25.3.2010.
4 Millionenstrafe für Ferrostaal, Süddeutsche Zeitung vom 31.1.2012; www.süddeutsche.de.
5 Zum IDW PS 980: *Golinski*, Antikorruptionsprogramme auf dem Prüfstand (2016), S. 53 ff.; Zu den ISO Normen 19600 und 37001: *Manja*, CCZ 2015, 6 ff. und dazu *Bachmann* in Kremer/Bachmann/Lutter/v. Werder, Kodex Kommentar, Rz. 821 ff.
6 Vgl. *Seyfarth*, Vorstandsrecht, § 8 Rz. 39 ff.; *Klahold/Lochen* in Hauschka/Moosmayer/Lösler, Corporate Compliance, § 37 Rz. 4; *Fleischer* in Fleischer, Handbuch des Vorstandsrechts, § 8 Rz. 1, 39 zur Delegationsfeindlichkeit Rz. 44; *Fleischer*, NZG 2014, 321, 322 m.w.N.; *Bicker*, AG 2012, 542, 544; *Reichert*, ZIS 2011, 113 ff.; *Bachmann*, ZIP 2014, 579, 580 f.
7 *Bachmann* in Kremer/Bachmann/Lutter/v. Werder, Kodex Kommentar, Rz. 825
8 S. etwa *Seibt* in K. Schmidt/Lutter, § 76 AktG Rz. 12.
9 Vgl. Ziffer 4.1.3 des Kodex i.d.F. vom 7.2.2017, www.dcgk.de/kodex.

Aus allgemeinen Rechtsgrundsätzen ergeben sich zudem weitere Organisationsanforderungen, die vom Vorstand bei der Einrichtung einer Compliance Organisation zu beachten sind, etwa zur wirksamen vertikalen Delegation (Auswahl, Instruktion und Überwachung von nachgeordneten Mitarbeitern) oder aus den Aufsichtspflichten nach § 130 OWiG.[1]

25.4 Die durch Compliance Maßnahmen zu adressierenden Themenfelder sind je nach Unternehmen vielfältig und längst nicht mehr auf Korruptionsbekämpfung und kartellrechtliche Fragestellungen begrenzt. Produzierende Unternehmen müssen besonderen Wert auf die Einhaltung der Umweltgesetze bzw. auf Produkt- und Qualitätssicherungsmanagement legen[2], wie sich aus den aktuellen Vorgängen bei Volkswagen bzw. in der Automobilindustrie in drastischer Weise zeigt. Auch wenn das Ausmaß der negativen Auswirkungen der „Abgasthematik" noch nicht abschließend feststeht, ist bereits erkennbar, dass sich erhebliche Compliance Risiken auch aus technisch-operativen Geschäftsabläufen etwa im Bereich Forschung und Entwicklung ergeben können. Bei börsennotierten Unternehmen machen die insiderrechtlichen Regeln vielfältige Compliance Maßnahmen erforderlich.[3] Exportierende Unternehmen müssen durch organisatorische Maßnahmen sicherstellen, dass die außenwirtschaftsrechtlichen Bestimmungen eingehalten werden. Und selbstverständlich ist jede Geschäftsführung verpflichtet, in ihrem Verantwortungsbereich für die Einhaltung des Arbeitnehmergleichbehandlungsgesetzes und der Vorschriften zur Arbeitnehmerüberlassung und Scheinselbständigkeit Sorge zu tragen.[4] Die stetig wachsende Bedeutung des Datenschutzes wird durch die neue und ab Mai 2018 unmittelbar geltende Grundverordnung der EU nicht zuletzt durch den erweiterten Bußgeldrahmen bei Verstößen von bis zu 4 % des jährlichen Konzernumsatzes noch einmal einen weiteren Schub erhalten.[5]

Bei der Ausgestaltung eines CMS können insbesondere die Größe einer unternehmerischen Aktivität und ihr Reifegrad berücksichtigt werden. Das CMS eines großen Industriekonzerns passt nicht zu den geschäftlichen Aktivitäten eines Start-ups, auch wenn das Start-up in der Rechtsform einer Kapitalgesellschaft geführt wird. Auch bei einem Start-up trifft der Geschäftsleiter die Legalitätspflicht, aber bei einfachen und transparenten Strukturen kann auch ein verbindlicher „Code of Conduct" ausreichen, um den Compliance Pflichten nachzukommen. Wächst die unternehmerische Aktivität sind die Compliance Maßnahmen entsprechend zu prüfen und ggfs. auszubauen. Compliance Organisationen sind insoweit flexible Systeme.

B. Compliance und Haftung

25.5 Compliance Maßnahmen sind Bestandteil des operativen Risikomanagements, weil Verstöße gegen die vom Compliance Programm erfassten Vorschriften regelmäßig zu hohen, mitunter Existenz bedrohenden, Strafen, Bußgeldern und Schadensersatzzahlungen führen. Das gilt

---

1 *Rogall* in KK OWiG, 4. Aufl. 2014, § 130 OWiG Rz. 13 ff. Dazu der Überblick bei *Seyfarth*, Vorstandsrecht, § 26 Rz. 102 ff.
2 S. zu den Haftungsfragen im Umweltrecht unten *Uwer*, § 38; vgl. zu Compliance bei Qualität und Produktentwicklung *Veltins* in Hauschka/Moosmayer/Lösler, Corporate Compliance, § 22 Rz. 6 ff. und § 23 Rz. 9 ff.
3 S. zur Haftung für fehlerhafte Informationen im Kapitalmarkt unten *Krämer/Gillessen*, § 32.
4 Vgl. *Fleischer* in Fleischer, Handbuch des Vorstandsrechts, § 8 Rz. 40, 45; *Mengel/Hagemeister*, BB 2006, 2466, 2467; zum Arbeitnehmerüberlassungsgesetz *Greeve/von Grießenbeck* in Hauschka/Moosmayer/Lösler, Corporate Compliance, § 53 Rz. 33 ff.; *Pelz* in Hauschka/Moosmayer/Lösler, Corporate Compliance, § 20 Rz. 33.
5 Vgl. *Wybitul*, CCZ 2016, 194; *Schantz*, NJW 2016, 1841, 1847.

insbesondere bei Kartellverstößen und Korruptionsfällen (dazu Ziffer I Rz. 25.6). Hinzu kommt eine Vielzahl weiterer finanzieller und nicht-finanzieller negativer Auswirkungen. Für die betroffenen Organmitglieder und Mitarbeiter bestehen nicht selten sogar strafrechtliche Risiken. Gleichzeitig sind Compliance Maßnahmen Bestandteil von Aufsichtspflichten, die dem Unternehmen und seinen Organen obliegen und deren Verletzung ihrerseits Haftungstatbestände begründen (dazu Ziffer II Rz. 25.9), umgekehrt aber auch die Frage aufwerfen, ob ein effektives Compliance Programm exkulpierend wirken oder bußgeldreduzierend angerechnet werden kann (dazu Ziffer III Rz. 25.11).

I. Wirtschaftliche Risiken bei Kartellverstößen und Korruptionsfällen

Kartellverstöße aber auch Korruptionsfälle können erhebliche und mitunter **Existenz bedrohende Risiken** für ein Unternehmen[1] begründen und selbst souveräne Staaten in eine volkswirtschaftliche Schieflage bringen. So hat der flächendeckende Korruptionsskandal bei dem halbstaatlichen brasilianischen Mineralölkonzern Petrobras zu einer handfesten Finanzkrise in dem Land geführt und auch Ermittlungen gegen die amtierende Präsidentin nach sich gezogen.[2] Viele Korruptionsvorschriften nationaler Rechtsordnung sind in jüngerer Vergangenheit erheblich verschärft worden.[3]

25.6

Das Bußgeldniveau für Kartellverstöße ist unverändert hoch und hat zuletzt neue Rekordwerte erreicht. Insgesamt sind in 2016 ca. 3,8 Mrd. Euro an Bußgeldern verhängt worden, wovon etwa 2,9 Mrd. Euro auf das Lkw-Kartell entfallen.[4] So hat die **EU-Kommission** im Jahr 2016 allein gegen die LKW Hersteller Daimler und DAF ein **Bußgeld** von ca. 1,01 Mrd. Euro bzw. von rund 750 Mio. Euro wegen kartellrechtswidriger Koordinierung von Bruttolistenpreisen für mittelschwere und schwere Lastkraftwagen und Absprache eines Zeitplans für die Einführung von Emissionssenkungstechnologien verhängt. Damit gibt es nun insgesamt vier Kartellverfahren, bei denen die Europäische Kommission mehr als eine Milliarde Euro an Bußgeldern verhängt hat (ferner Bildröhren, Euro-Zinsderivate EIRD und Autoglas).[5] Basis dieser Bußgeldfestsetzungen waren die von der EU-Kommission am 28.6.2006 beschlossenen Bußgeldleitlinien.[6] Höchstgrenze für ein Bußgeld sind 10 % des Konzernumsatzes[7] je Verstoß.

---

1 Pressemitteilung der Europäischen Kommission v. 23.6.2010, IP/10/790 „Badezimmerausstattungen": „Die Geldbußen von fünf Unternehmen wurden ermäßigt, da die betreffenden Unternehmen angesichts ihrer finanziellen Lage vermutlich nicht in der Lage sind, die Geldbuße zu bezahlen."
2 Hierzulande hat jüngst die Aufarbeitung der Vergabe der Fußball WM 2006 nach Deutschland für besondere mediale Aufmerksamkeit gesorgt. Dort wird u.a. *Franz Beckenbauer* vorgeworfen, gemeinschaftlich mit anderen 6,7 Mio. Euro aus einer schwarzen Kasse an Funktionäre bei der FIFA geleistet zu haben. Im Zuge dieser Ermittlungen ist *Wolfgang Niersbach* als amtierender DFB-Präsident zurückgetreten.
3 Vgl. UK Bribery Act (2010) in Großbritannien, „Sapin II" in Frankreich (2016) oder die Verschärfung des § 299 StGB (2015) in Deutschland („Geschäftsherrenmodell").
4 Pressemitteilung der Europäischen Kommission v. 19.7.2016, IP/16/2582.
5 Nachweise zu finden unter http://ec.europa.eu/competition/cartels/statistics/statistics.pdf. Auch für den Vorwurf des Missbrauchs einer marktbeherrschenden Stellung hatte Intel bereits 2009 mehr als eine Milliarde Euro als Bußgeld zu zahlen.
6 Leitlinien für das Verfahren zur Festsetzung von Geldbußen gem. Art. 23 Abs. 2 (a) der Verordnung (EG) Nr. 1/2003 – ABl. EG Nr. C 210 v. 1.9.2006, S. 2; dazu *Sünner*, EuZW 2007, 8 ff.
7 Art. 23 Abs. 2 VO (EG) Nr. 1/2003, vgl. dazu *Bechtold/Bosch/Brinker/Hirsbrunner*, EG-Kartellrecht, Art. 23 VO 1/2003 Rz. 41.

25.7 Auch die vom **Bundeskartellamt** verhängten Geldbußen wegen Verstößen gegen das deutsche Kartellrecht (GWB) sind weiterhin exorbitant hoch. Grundlage der Bußgeldbemessung bilden nunmehr die aktualisierten Bußgeldleitlinien aus 2013.[1] Der Neufassung ging die Rechtsprechung des BGH in Sachen *Grauzement* voraus, wonach es sich bei der 10 %-Grenze nach § 81 Abs. 4 Satz 2 GWB nicht um eine Kappungsgrenze, sondern eine absolute Bußgeldobergrenze handelt.[2] Zuvor hatte das Amt in 2003 Bußgelder von über 660 Mio. Euro gegen die Teilnehmer des Zementkartells verhängt, die mittlerweile gerichtlich auf knapp 330 Mio. Euro herabgesetzt wurden.[3] Mit Abschluss der Verfahren Zucker, Bier und Wurst im Jahr 2014 hat das Bundeskartellamt erstmals in Summe mehr als eine Milliarde Euro an Bußgeldern in einem Jahr verhängt.[4] Aber auch in den Jahren zuvor waren dreistellige Millionenbeträge von Herstellern von Schienen- und Weichen, im Flüssiggas-Verfahren sowie im Bereich des Lebensmitteleinzelhandels ausgesprochen worden.

Hinzukommen **Schadensersatzrisiken** für die betroffenen Unternehmen, weil sie von übervorteilten Kunden in Anspruch genommen werden (sog. Private Enforcement). Nach Einschätzung einiger Experten[5] können die Schadensersatzforderungen die Höhe der für das Kartell verhängten Bußgelder erreichen oder sogar übersteigen. Im Nachgang zum Luftfrachtkartell ist z.B. eine Schadensersatzklage von fast drei Mrd. Euro gegen die Kartellanten eingereicht worden. Die Diskussionen um eine Ausweitung des Private Enforcements werden durch die Umsetzung der Schadensersatz-Richtlinie mit Einführung der 9. GWB Novelle in Deutschland weiter befeuert.[6] Das Risiko steigt um ein vielfaches, wenn die Forderungen in class action ähnlichen Sammelverfahren geltend gemacht werden können.[7] Auch das Aufdeckungsrisiko von Kartellverstößen ist wegen der Erfolge europäischer und nationaler Kronzeugenregelungen weiterhin hoch.[8] Schließlich steigt auch im Kartellrecht die Gefahr, dass Mitarbeiter wegen Submissionsabsprachen strafrechtlich zur Verantwortung gezogen werden.[9]

---

1 Vgl. auch die Leitlinien für die Bußgeldzumessung in Kartellordnungswidrigkeitenverfahren, Bekanntmachung v. 25.6.2013; *Ost*, NZKart 2013, 173, 174. Kritisch *Barth/Budde*, NZKart 2013, 311, 316 ff.
2 BGH v. 26.2.2013 – KRB 20/12, NJW 2013, 1972.
3 Vgl. Pressemitteilung des Bundeskartellamts v. 14.4.2003 und Pressemitteilung Nr. 19/09 des OLG Düsseldorf v. 26.6.2009.
4 Tätigkeitsbericht des Bundeskartellamtes 2013/2014, BT-Drucks. 18/5210, S. III.
5 Vgl. *Lampert*, BB 2002, 2237, 2238; *Hauschka*, BB 2004, 1178.
6 Richtlinie 2014/104/EU des Europäischen Parlaments und des Rates vom 26. November 2014 über bestimmte Vorschriften für Schadensersatzklagen nach nationalem Recht wegen Zuwiderhandlungen gegen wettbewerbsrechtliche Bestimmungen der Mitgliedstaaten und der Europäischen Union, ABl. EU Nr. L 349 v. 5.12.2014, S. 1.
7 Vgl. FAZ v. 20.10.2009 („Barroso verheddert sich im Sammelklagen-Dickicht") sowie die Internetseite der EU Kommission (http://ec.europa.eu/competition/antitrust/actionsdamages/index.html) zu den Überlegungen, eine EU-Richtlinie zur Regelung von Gruppen- und Verbandsklagen zur Geltendmachung kartellrechtlicher Schadensersatzansprüche einzuführen. Vgl. im Kontext der VW-Abgasthematik auch die aktuellen Klagen des Rechtsdienstleisters MyRight vor dem Landgericht Braunschweig (https://www.test.de/Abgasmanipulation-bei-VW-US-Kanzlei-startet-deutsche-Sammelklage-4982816-0/).
8 Bundeskartellamt: Bekanntmachung über den Erlass und die Reduktion von Geldbußen in Kartellsachen v. 7.3.2006 (Bekanntmachung Nr. 9/2006); Europäische Kommission: Mitteilung der Kommission über den Erlass und die Ermäßigung von Geldbußen in Kartellsachen, ABl. EG Nr. C 298 v. 8.12.2006, S. 17.
9 Vgl. § 298 StGB – wettbewerbsbeschränkende Absprachen bei Ausschreibungen; vgl. auch *Lampert*, BB 2002, 2237, 2238; *Reimann/Krohs*, WuW 2003, 739 ff. zur Rechtslage in UK. Vgl. auch den Fall

Die enormen wirtschaftlichen Risiken für die Unternehmen aus **Korruptionsfällen** haben sich in den Fällen Siemens, MAN und Ferrostaal deutlich gezeigt.[1] Hierfür gibt es mehrere Ursachen. Die hohen Bußgelder entstehen in der Praxis durch die Vorschriften zum **Verfall** (Abschöpfung des durch die Korruption erlangten Gewinns nach dem „Bruttoprinzip")[2] bzw. zur **Gewinnabschöpfung**. Hinzu kommt die Zurechnung von Aufsichtspflichtverletzungen von Geschäftsleitern, Leitenden Angestellten und Mitarbeitern an das Unternehmen (s. Rz. 25.10). Vergleichbare oder noch weitergehende Risiken aus ausländischen Rechtsordnungen, insbesondere – aber nicht nur[3] – aus den USA und aus UK kommen je nach Sachverhalt hinzu.[4] Größte Bedeutung hat auch der Reputationsschaden[5], der dem Unternehmen bei Korruptions- wie bei Kartellfällen entsteht. Börsennotierte Unternehmen haben daneben ein nicht zu unterschätzendes Börsenkursrisiko.

25.8

II. Haftungsrisiken wegen fehlender oder fehlerhafter Compliance

Haftungsrisiken für Unternehmen und ihre Organmitglieder und Mitarbeiter ergeben sich nicht nur aus aktiven Verstößen gegen die einschlägigen straf- und bußgeldbewährten Vorschriften der vom Compliance Programm erfassten Gesetze. Parallel zu den steigenden Anforderungen an eine effektive Compliance und zur Einführung von Compliance Management Systemen steigt auch das individuelle Risiko, wegen fehlender oder fehlerhafter Compliance zu haften. So hat insbesondere das sog. **Siemens/Neubürger Urteil** des LG München I[6] deutlich gemacht, dass sich der Vorstand auch ohne eigene Beteiligung am Compliance Verstoß wegen der Verletzung von Organisations- und Aufsichtspflichten schadensersatzpflichtig machen kann, weil keine angemessene, d.h. am spezifischen Risikoprofil des Unternehmens orientierte Compliance Organisation eingerichtet wurde. Als Kernaufgabe nennt das LG München bei entsprechender Gefährdungslage eine auf Schadensprävention und Risikokontrolle ausgerichtete Organisation, wobei Art, Größe und Organisation des Unternehmens, die zu beachtenden Vorschriften, die geographische Präsenz und Verdachtsfälle der Vergangenheit zu berücksichtigen sind. Insoweit bilden die Aufsichtspflichten nach § 130 OWiG einen

25.9

---

des LG Bochum, in dem zwei hochrangige Mitarbeiter im Rahmen des Schienenkartells strafrechtlich wegen Submissionsabsprachen zur Verantwortung gezogen wurden (http://www.juve.de/nachrichten/verfahren/2016/12/schienenkartell-strafverfahren-in-bochum-endet-ohne-urteile).

1 Vgl. Pressemitteilung der Siemens AG v. 15.12.2008 (http://www.siemens.com/press/pool/de/events/2008-12-pk/summary-d.pdf), Korruption kostet MAN eine Viertelmilliarde Euro; die Welt v. 24.3.2014; Millionenstrafe für Ferrostaal, Süddeutsche Zeitung v. 31.1.2012; www.süddeutsche.de.
2 Vgl. BGH v. 2.12.2005 – 5 StR 119/05, wistra 2006, 96 = NJW 2006, 925; BGH v. 21.8.2002 – 1 StR 115/02, NJW 2002, 3339–3342; *Sedemund*, DB 2003, 323; *Zimmer/Stetter*, BB 2006, 1445, 1449.
3 Vgl. etwa zu den Folgen des Siemens/Enel-Verfahrens nach italienischem Recht: BGH v. 29.8.2008 – 2 StR 587/07, NJW 2009, 89, 90 Rz. 21 ff.
4 Vgl. aus dem deutschen Schrifttum zum US-amerikanischen Foreign Corrupt Practises Act nur *Schulte/Görts*, RIW 2006, 561 ff.; *Partsch*, The Foreign Corrupt Practices Act (FCPA) der USA, Monographie, 2007.
5 *Bürkle*, BB 2005, 565, 566; *Hauschka*, BB 2007, 165, 166.
6 LG München I v. 10.10.2013 – 5 HKO 1387/10, AG 2014, 332 = CCZ 2014, 142, m. Anm. *Grützner*, BB 2014, 850 ff.; *Fleischer*, NZG 2014, 321; *Seibt/Ciupka*, DB 2014, 766; vgl. auch *Koch*, WM 2009, 1013 ff.; *Koch*, ZHR 171 (2007), 554, 572; *Bürkle*, BB 2005, 565, 568; *Bürkle*, BB 2007, 1797, 1799; *Uwe H. Schneider/v. Buttlar*, ZIP 2004, 1621, 1622; *Uwe H. Schneider*, ZIP 2003, 645, 648 f.; *Fleischer* in Fleischer, Handbuch des Vorstandsrechts, § 8 Rz. 43 ff.; *Fleischer*, CCZ 2008, 1, 4 ff.

Mindeststandard für die Sorgfaltspflichten des Vorstands nach § 93 AktG.[1] Dagegen stellt § 130 OWiG kein Schutzgesetz i.S. von § 823 Abs. 2 BGB dar.[2]

Aus strafrechtlicher Sicht hat der **BGH** in der Entscheidung „**Berliner Stadtreinigung**" **ebenfalls** explizit das Haftungsrisiko verdeutlicht.[3] Im Urteil wird als obiger dictum ausgeführt, dass der Compliance Officer eine Garantenstellung i.S. von § 13 StGB in Bezug auf betriebsbezogene Taten von Unternehmensangehörigen innehabe. Daraus ergibt sich, dass ein Compliance Officer im Einzelfall qua Delegation die Garantenpflicht der Geschäftsleitung übernehmen kann, die diese wiederum als Betriebsinhaber zur Verhinderung betriebsbezogener Straftaten trifft (Geschäftsherrenhaftung).[4]

Compliance Officer sind also dem Risiko ausgesetzt, sich als **Unterlassungstäter** strafbar zu machen, wenn sie strafbare Handlungen von Unternehmensangehörigen nicht selbst unterbinden oder bei der verantwortlichen Geschäftsführung oder – sofern diese selbst involviert ist – beim Aufsichtsrat anzeigen. Auch wenn als weiteres Tatbestandsmerkmal von § 13 StGB die faktische Möglichkeit hinzutreten muss, die Straftat durch ein objektiv gebotenes Verhalten verhindern zu können, sind die durch die Garantenstellung begründeten Strafbarkeitsrisiken nicht nur theoretischer Natur. Dies gilt umso mehr, als dass der Compliance Officer die Aufgabe und das Rollenverständnis hat, nah am operativen Geschäft und den darin liegenden Compliance Risiken zu sein und dadurch regelmäßig Kenntnis von kritischen Sachverhalten erlangt. Daher ist es wichtig, Aufgaben des Compliance Officers im Unternehmen klar zu regeln, zumal es ein festes Berufsbild (noch) nicht gibt. Hat der Compliance Officer beratende Aufgaben gegenüber der Geschäftsleitung, liegt die Annahme einer Verantwortungsdelegation und damit einer Garantenstellung eher fern.

25.10 Inwieweit sich die Entscheidung „Berliner Stadtreinigung" auf **Konzernsachverhalte** übertragen lässt und ein Compliance Officer der Muttergesellschaft auch eine Garantenpflicht gegenüber den Tochtergesellschaften hat, ist soweit ersichtlich nicht von der Rechtsprechung entschieden, wird aber von der h.M. zu Recht abgelehnt. Eine etwaige Garantenstellung des Compliance Officers muss von derjenigen der Geschäftsleitung abgeleitet werden und die

---

1 *Fleischer* in Fleischer, Handbuch des Vorstandsrechts, § 8 Rz. 45; *Fleischer*, ZIP 2005, 141 ff.; *Fleischer*, CCZ 2008, 1, 3 ff.; *Kremer/Klahold*, ZGR 2010, 141; *Uwe H. Schneider*, ZGR 1996, 225, 242 ff.; *Wagner*, CCZ 2009, 8, 13; *Wirtz*, WuW 2001, 342, 354/355; *Schwintowski*, NZG 2005, 200, 202 (i.V.m. § 91 Abs. 2 AktG).

2 BGH v. 13.4.1994 – II ZR 16/93, BGHZ 125, 366 mit dem Hinweis darauf, dass grundsätzlich kein Bedürfnis für eine Behandlung von § 130 OWiG als Schutzgesetz bestehe, soweit nach § 831 BGB oder § 31 BGB die Gesellschaft für den Schaden einzustehen habe; soweit dies nicht der Fall sei, gebe es keinen Grund, über § 130 OWiG die Haftung auf die Organmitglieder im Hinblick auf deren Aufsichtspflicht zu erstrecken; OLG Koblenz v. 5.11.2004 – 5 U 875/04, NZG 2005, 79, 81; vgl. *Pelz* in Hauschka/Moosmayer/Lösler, Corporate Compliance, § 5 Rz. 47 f. zum Streitstand, inwieweit bei Verletzung der Organisationspflicht als Ausfluss der Verkehrssicherungspflicht eine deliktische Außenhaftung des Geschäftsführers angenommen werden kann.

3 BGH v. 17.7.2009 – 5 StR 394/08, AG 2009, 740, 741, bei Rz. 27; *Berndt*, StV 2009, 689; *Thomas*, CCZ 2009, 239; *Kraft/Winkler*, CCZ 2009, 29, 32; zur vertikalen Delegation der Garantenpflicht im Unternehmen: *Huff*, S. 93 ff., 137 ff., 177 ff.; vgl. auch BGH v. 10.7.2012 – VI ZR 341/10, BGHZ 194, 26 ff. mit Anm. *Grützner*, DB 2013, 561 ff.

4 *Fischer*, 64. Aufl., § 13 StGB Rz. 38, 39, m.w.N.; *Huff*, S. 84 ff.; *Langkeit*, Garantenpflicht der Mitglieder des Holding-Vorstandes auf Unterbindung von Straftaten der Geschäftsführer von Tochtergesellschaften, in FS Otto, 2007, S. 649, 651 ff. Der BGH hat diese Garantenstellung des Geschäftsherrn durch das obiter dictum in seinem Urteil vom 17.7.2009 (5 StR 394/08, AG 2009, 740, 741, bei Rz. 27) im Grundsatz wohl anerkannt, da der Compliance Officer nicht weitergehende Pflichten haben kann, als die die Aufgaben übertragende Geschäftsleitung.

Geschäftsleitung kann nicht mehr Verantwortung übertragen, als sie selbst aufgrund ihrer Leitungsmacht als Geschäftsherr eines Betriebes bzw. Unternehmens in strafrechtlicher Hinsicht zu tragen hat.[1] Eine allgemeine Garantenpflicht eines Compliance Officers für das Verhalten von verbundenen Unternehmen bzw. deren Mitarbeitern besteht daher nicht, da es jenseits von §§ 309, 317 AktG bereits an zivil- bzw. gesellschaftsrechtlichen Haftungstatbeständen gegenüber den verbundenen Unternehmen mangelt (keine Konzernleitungspflicht gegenüber abhängigen Gesellschaften)[2] und auch keine generelle konzernweite Aufsichtspflicht nach § 130 OWiG besteht.

Haftungsrisiken für die Geschäftsführung bzw. das Unternehmen für unzureichende Compliance Maßnahmen können sich zudem wegen einer Aufsichtspflichtverletzung nach § 130 OWiG ergeben.[3] Der Vorschrift kommt in den letzten Jahren hohe praktische Relevanz[4] zu, weil sie als Auffangtatbestand in Verbindung mit § 30 OWiG als Basis für die Inanspruchnahme des Unternehmens fungiert und Geldbußen in Höhe von bis zu 10 Mio. Euro plus Gewinnabschöpfung auch dann verhängt werden können, wenn der eigentliche Compliance Verstoß nicht von einer Leitungsperson, sondern einem „einfachen" bzw. einem nicht zu individualisierenden Mitarbeiter begangen wurde. Die zur Haftungsvermeidung erforderlichen Aufsichtsmaßnahmen sind gesetzlich nicht vorgegeben und werden von den Behörden und Gerichten jeweils im Einzelfall ermittelt – häufig mit dem Ergebnis, dass die vom bebußten Unternehmen ergriffenen Compliance Maßnahmen unzureichend waren.[5]

Parallel zu § 13 StGB stellt sich auch bei § 130 OWiG die Frage nach der Konzerndimensionalität der Aufsichtspflicht. Diese im Schrifttum umstrittene Frage hat das OLG München[6] unlängst in der Weise beantwortet, dass eine generelle konzernweite Aufsichtspflicht abzulehnen ist. Stattdessen sollen die tatsächlichen Verhältnisse im Konzern maßgeblich sein. Nur wenn der Tochtergesellschaft von der Konzernmutter tatsächlich konkrete Weisungen erteilt werden, die das Handeln der Tochtergesellschaft beeinflussen, und dadurch die Gefahr der Verletzung betriebsbezogener Pflichten begründet wird, besteht nach Auffassung

---

1 Vgl. *Langkeit* in FS Otto, S. 649 ff.; *Fischer*, 64. Aufl., § 13 StGB Rz. 39 m.w.N.
2 *Spindler* in Fleischer, Handbuch des Vorstandsrechts, § 15 Rz. 127 f. m.w.N.; *Langkeit* in FS Otto, S. 649 ff.; *Koch*, WM 2009, 1013, 1018; differenzierend *Koch*, ZHR 171 (2007), 554, 578; *Ransiek*, ZGR 1999, 613, 630; zur zivilrechtlichen Haftung im Konzern: oben *Sven H. Schneider*, Rz. 8.44 ff.
3 Vgl. die Übersicht unten bei *Schücking*, § 41 sowie bei *Krekeler/Werner*, Unternehmer und Strafrecht, München 2006, Rz. 24 ff.; *Müller-Gugenberger*, Wirtschaftsstrafrecht, 6. Aufl. 20015, § 30 Rz. 118 ff.; *Rogall* in KK OWiG, 4. Aufl. 2014, § 130 OWiG Rz. 51 ff.; *Huff*, Die Freizeichnung von strafrechtlicher Verantwortlichkeit durch Pflichtendelegation im Unternehmen – ein deutsch-französischer Vergleich, Dissertation, 2008, S. 73 ff.; *Bachmann/Prüfer*, ZRP 2005, 109, 110; *Zimmer/Stetter*, BB 2006, 1445, 1448; *Hauschka*, ZIP 2004, 877, 879; oben *Gebauer/Fett*, Rz. 24.94 ff.
4 So etwa im Fall Siemens (www.siemens.com/press/pool/de/events/2008-12-PK/MucStaats.pdf) oder MAN (vgl. Pressemitteilung der StA München I v. 10.12.2009 unter: www.justiz.bayern.de/sta/sta/m1/presse/archiv/2009/02346/).
5 Vgl. S. 13 des Bußgeldbescheides gegen die Siemens AG „[...] sorgte der Gesamtvorstand für keine durchgreifenden Verbesserungen des erkennbar unzureichenden Compliancesystems" (www.siemens.com/press/pool/de/events/2008-12-PK/MucStaats.pdf) oder die Pressemitteilung der Staatsanwaltschaft München I vom 10.12.2009 „Der Bescheid ahndet die Verletzung der Aufsichtspflicht [...] durch mangelhafte Compliancestruktur [...]" (www.justiz.bayern.de/sta/sta/m1/presse/archiv/2009/02346/).
6 OLG München v. 23.9.2014 – 3 Ws 599, 600/14, BB 2015, 2004. Vgl. auch *Spindler* in Fleischer, Handbuch des Vorstandsrechts, § 15 Rz. 127 f.; *Wirtz*, WuW 2001, 342; *Gürtler* in Göhler, 17. Aufl. 2017, § 130 OWiG Rz. 5a; *Fleischer*, CCZ 2008, 1, 5; *Koch*, AG 2009, 564 ff.

des OLG München im Umfang dieser konkreten Einflussnahme eine gesellschaftsrechtliche Aufsichtspflicht der Konzernmutter. Dort, wo die Tochtergesellschaft indes in ihrer Willensbildung und Handlungsfreiheit nicht durch die Weisungen der Konzernmutter beeinflusst wird, verbleibt die ordnungswidrigkeitenrechtliche Verantwortlichkeit zur Einhaltung der betriebsbezogenen Pflichten und die damit korrespondierende besondere Aufsichtspflicht i.S. des § 130 OWiG bei dem Leitungsorgan der rechtlich selbständigen Tochtergesellschaft.

Der vorstehende Befund verdeutlicht, dass zur Haftungsvermeidung von Organmitgliedern und Verantwortlichen der Konzernmutter auf ein den Governance Regeln entsprechendes tatsächliches Verhalten ankommt. Greift z.B. ein Geschäftsführer der Mutter in Compliance Maßnahmen der Tochter ein, in dem er z.B. angezeigte interne Untersuchungen unterbindet, begründet er damit für sich persönlich eine Aufsichtspflicht, für deren Verletzung er persönlich haften kann.

III. Haftungsreduzierung durch Compliance

25.11 Auch wenn sich das Risiko von Compliance Verstößen in Unternehmen niemals gänzlich ausschließen lässt, besteht zumindest die begründete Erwartung, dass ein angemessenes Compliance Programm das Risiko deutlich reduziert und Compliance Verstößen vorbeugt.

Kommt es gleichwohl zu Compliance Verstößen stellt sich die Frage, inwieweit sich angemessene Compliance Programme straf- oder bußgeldmindernd bzw. -verhindernd auswirken können. Auf internationaler Ebene haben sich in den letzten Jahren verschiedenen Gesetzgeber und Behörden dazu entschieden, nicht nur die Anforderungen an Compliance stärker auszuformulieren und konkrete Vorgaben für Compliance Maßnahmen und Prozesse zu machen, sondern auch (finanzielle) Anreize in Form von **Exkulpationsmöglichkeiten** und Bußgeldreduzierung zur Einführung effektiver Compliance Programme zu setzen.[1] Dieser Trend ist in Deutschland und im europäischen Kartellrecht hingegen noch nicht angekommen und wird vom Gesetzgeber und den zuständigen Behörden grundsätzlich abgelehnt. Daran hat sich auch durch die 9. GWB-Novelle nichts geändert. So sehen weder die Bußgeldleitlinien der Kommission noch die des Bundeskartellamtes die Möglichkeit einer Bußgeldreduzierung für wirksame Compliance vor[2] und der EuGH hat diese Praxis auf europäischer Ebene in ständiger Rechtsprechung[3] ausdrücklich für zulässig und richtig erklärt.

Im Schrifttum[4] wird zu Recht deutliche Kritik an dieser Entscheidungspraxis in Deutschland und Europa formuliert, zumal eine Änderung dieser Handhabung dogmatisch ohne

---

1 USA, UK, Italien, Australien, Frankreich, Spanien USA: DoJ./. Kayaba (*Eufinger*, CCZ 2016, 209, 211); UK: Bribery Act 2010, Sect. 7 Para. 2 (*Klengel/Dymek*, HRRS 2010, S. 22, 25); Italien: Dekret 231/2001 (*Prudentino*, BB 2012, 2561, 2562); Australien: AS 3806-1998 (*Napokoj*, Risikominimierung durch Corporate Compliance, 2010, S. 16); Frankreich: Documentcadre du 10 février 2012 (*Eufinger*, CCZ 2016, 209); Spanien: Art. 31a, 33bis Span. StGB (*Tauschwitz/Tornero*, CCZ 2016, 18).
2 Vgl. Europäische Kommission, Leitlinien für das Verfahren zur Festsetzung von Geldbußen gemäß Artikel 23 Absatz 2 Buchstabe a) der Verordnung (EG) Nr. 1/2003, Rz. 20, 22 (http://ec.europa.eu/competition/antitrust/legislation/fines_de.pdf); Bundeskartellamt, Leitlinien für die Bußgeldzumessung in Kartellordnungswidrigkeitenverfahren, Rz. 6.
3 Vgl. nur EuGH v. 18.7.2013 – C-501/11 P, Rz. 144; sowie die Nachweise bei *Voet van Vormizeele*, CCZ 2009, 41, 44.
4 Vgl. etwa zuletzt *Bachmann* in Kremer/Bachmann/Lutter/v. Werder, Kodex Kommentar, Rz. 845; *Bosch/Colbus/Harbusch*, WuW 2009, 740 ff.; *Voet van Vormizeele*, CCZ 2009, 41 ff.; vgl. auch *Sieber*, Compliance Programme im Unternehmensstrafrecht, in FS Tiedemann, 2008, S. 449, 472 f.

weiteres möglich und zur Anerkennung und Förderung der Compliance Anstrengungen der Unternehmen überfällig ist. Im Kern geht es darum, die unternehmerische Abwägungsentscheidung des Managements, ob und inwieweit in Compliance investiert werden soll, positiv dadurch zu beeinflussen, dass wirksame Compliance Programme bußgeldmindernde und damit unmittelbar positive finanzielle Wirkung entfalten. Wichtig ist dabei, dass im Grundsatz beide Konstellationen erfasst werden, nämlich einerseits ein effektives Compliance Programm, das einen Verstoß nicht verhindern konnte und andererseits nach dem Verstoß im Rahmen einer Selbstreinigung ergriffene Maßnahmen.

Im Strafrecht bzw. allgemeinen Ordnungswidrigkeitenrecht kann zumindest theoretisch der Vorwurf der Aufsichtspflichtverletzung aus § 130 OWiG durch ein effektives Compliance Programm vollständig beseitigt werden, wobei auf die hohen Anforderungen der Rechtsprechung bereits unter Rz. 25.10 hingewiesen wurde.[1] Die rechtspolitische Diskussion in Deutschland hat das aufgegriffen. Verschiedene Gesetzesentwürfe[2] zur Änderung des OWiG, aber auch zur Einführung eines Unternehmensstrafrechts wollen eine Möglichkeit zur Bußgeldreduzierung durch Compliance einräumen. Namentlich ist der Gesetzentwurf aus Nordrhein-Westfalen zur Einführung einer Verbandsstrafbarkeit, der Entwurf vom Bund der Unternehmensjuristen (BUJ)[3] zur Einführung eines modernen Unternehmenssanktionsrechts und vom Deutschen Institut für Compliance (DICO) für ein Compliance-Anreiz-Gesetz zu nennen[4].

C. Compliance als Konzernleitungsaufgabe

In Anbetracht der geschilderten wirtschaftlichen Risiken insbesondere aus Kartellverstößen und Korruptionsfällen, aber auch unter Berücksichtigung der persönlichen Haftungs- und Strafbarkeitsrisiken von Organmitgliedern sollte es selbstverständlich sein, dass nicht nur die Organe der betreffenden Unternehmen, sondern bei Konzerneingebundenheit des Unternehmens auch der Vorstand einer Konzernobergesellschaft im Rahmen seiner eigenen Leitungspflicht gehalten ist, Compliance Risiken durch geeignete Maßnahmen im Konzern vorzubeugen.[5] Dementsprechend gehen Literatur und Rechtsprechung zunehmend davon aus, dass sich die Legalitätskontrollpflicht[6] des Vorstands auch auf die Tochterunternehmen bezieht. Auch der **Deutsche Corporate Governance Kodex** drückt das sehr deutlich aus: „Der Vorstand hat für die Einhaltung der gesetzlichen Bestimmungen zu sorgen und wirkt auf deren Beachtung durch die Konzernunternehmen hin."[7] Die Konzernobergesellschaft kommt ihrer

25.12

---

1 *Sieber* in FS Tiedemann, 2008, S. 449, 470/471.
2 Übersicht bei *Holz*, comply 1/2015, S. 12 f. (online abrufbar unter: https://www.bundesanzeiger-verlag.de/fileadmin/Betrifft-Unternehmen/Dokumente/PDF/comply_Ausgabe-01-2015.pdf); vgl. auch *Grützner*, CCZ 2015, 56.
3 Vgl. *Beulke/Moosmayer*, CCZ 2014, 146 ff.; *Klahold*, NJW-aktuell 34/2016, S. 17 (im Kontext der 9. GWB-Novelle).
4 Vgl. *Dierlamm*, CCZ 2014, 194 ff.
5 *Lutter/Krieger/Verse*, Rechten und Pflichten des Aufsichtsrats, Rz. 75; *Uwe H. Schneider*, ZIP 2003, 646, 648; *Uwe H. Schneider*, NZG 2009, 1321, 1323 ff.; *Seibt* in K. Schmidt/Lutter, § 76 AktG Rz. 28; richtungsweisend in dieser Hinsicht: LG München I v. 10.12.2013 – 5 HKO 1387/10, AG 2014, 332 = CCZ 2014, 142, m. Anm. *Grützner*, BB 2014, 850 ff.; *Bürkle*, CCZ 2015, 52 ff.; *Fuchs/Zimmermann*, JZ 2014, 838 ff.; sowie für die Geltung des § 130 OWiG für die Konzernmutter: OLG München v. 23.9.2014 – 3 Ws 599, 600/14, BB 2015, 2004.
6 Dazu *Bachmann* in Kremer/Bachmann/Lutter/v. Werder, Kodex Kommentar, Rz. 820.
7 Ziffer 4.1.3 des Kodex. Vgl. dazu *Bachmann* in Kremer/Bachmann/Lutter/v. Werder, Kodex Kommentar, Rz. 819 f.

Verpflichtung, auf die Einhaltung der gesetzlichen Bestimmungen durch die Konzernunternehmen hinzuwirken, in der Regel dadurch nach, dass sie ein angemessenes konzernweites Compliance Programm implementiert. Die Ausführung liegt dann regelmäßig bei den Geschäftsleitungen der Konzernunternehmen, die damit ihrer eigenen Legalitätspflicht nachkommen.

25.13 Deutsche Konzerne sind aus steuerlichen Gründen im Inland vielfach als **Vertragskonzerne** strukturiert. Somit haftet die Konzernobergesellschaft in diesen Fällen über ihre konzernrechtliche Verlustausgleichspflicht (§ 302 AktG) mittelbar für alle ihren Konzernunternehmen auferlegten Geldbußen. Auch dies spricht dafür, geeignete Maßnahmen durch die Konzernmutter zu treffen, dass Compliance Verstöße auch in Tochtergesellschaften nicht stattfinden.

In diesem Zusammenhang ist auch zu berücksichtigen, dass z.B. die EU-Kommission bei Verstößen gegen das europäische Kartellrecht durch ein Konzernunternehmen in aller Regel auch die **Konzernobergesellschaft** in gleicher Höhe in Anspruch nimmt. Auf Basis der ständigen Rechtsprechung der europäischen Gerichte[1] bilden Mutter- und Tochtergesellschaft eine wirtschaftliche Einheit, wenn die Muttergesellschaft entscheidenden Einfluss auf das Geschäftsverhalten der Tochtergesellschaft ausübt. Die EU-Kommission geht dann im Wege der Vermutung davon aus, dass die Muttergesellschaft einen entsprechenden Einfluss über ihre 100 %ige Tochtergesellschaft ausübt. Diese Vermutung ist in der Praxis nur schwer zu widerlegen. Die Rechtsfigur der **wirtschaftlichen Einheit** wurde im Zuge der 9. GWB Novelle in modifizierter Form in § 81 Abs. 3a GWB auch in das deutsche Kartellrecht übernommen. Künftig haftet nach deutschem Recht auch die Konzernmutter gesamtschuldnerisch mit ihrer kartellrechtswidrig handelnden Tochtergesellschaft, und zwar alleine aufgrund ihres bestimmenden Einflusses im Sinne einer nach allgemeinen Kriterien zu bestimmenden Ausübung ihrer Funktion als Leitungs- und Koordinierungsinstanz, ohne dass es einer Beteiligung am bzw. Kenntnis vom Kartell bedürfte[2].

D. Aufbau und Elemente von Compliance Programmen

25.14 Üblicherweise besteht ein Compliance Programm größerer Industrieunternehmen aus verschiedenen, teils präventiv, teils repressiv-kontrollierend ausgerichteten Bestandteilen:

– aus einem eindeutigen Bekenntnis der Unternehmensleitung zur Einhaltung von Recht, Gesetz, internen Richtlinien und zu einer Compliance Kultur im Unternehmen („tone from the top");

– aus einer unternehmensspezifisch durchzuführenden Risikoanalyse, aus der die jeweiligen Compliance Themenfelder und konkreten Risikobereiche und Geschäftsprozesse unter Berücksichtigung des Geschäftsmodells und der sachlichen und räumliche Märkte abgeleitet werden;

---

[1] EuGH v. 10.9.2009 – C-97/08 P, abrufbar unter www.eur-lex.eu, Rz. 54 ff.; EuG v. 12.12.2007 – T-112/05, Slg. 2007, 5049 Rz. 57 ff.; EuGH v. 25.10.1983 – 107/82, Slg. 1983, 3151 Rz. 49; EuGH v. 16.11.2000 – C-286/98 P, Slg. 2000, I-9925 Rz. 29; *Bechtold/Bosch/Brinker/Hirsbrunner*, EG-Kartellrecht, Art. 23 VO 1/2003 Rz. 26 m.w.N. Vgl. zu entsprechenden und auf § 130 OWiG gestützten Tendenzen in der Entscheidungspraxis des Bundeskartellamtes („Etex"): *Koch*, AG 2009, 564 ff.

[2] Zur Begründung führt die Regierung „Klarstellungsgründe" an, s. RegE, BT-Drucks. 18/10207, S. 57 f.; zur Darstellung der Änderungen nach der 9. GWB-Novelle: *Rother*, NZKart 2017, 1 ff.; vgl. auch die Stellungnahme des Deutschen Anwaltvereins unter https://anwaltverein.de/de/newsroom/sn-nr-56-16-zum-9-gwb-aendg sowie *Klahold*, NJW-aktuell 34/2016, S. 17.

- aus Konzernrichtlinien, die deutlich machen, dass Gesetzesverstöße im Konzern keinesfalls geduldet werden, und die hierzu konkretisierende Verhaltensregeln aufstellen;

- aus Awareness Maßnahmen zur Erläuterung der Rechtslage und internen Compliance Anforderungen und Regeln;

- aus vertiefenden Schulungsmaßnahmen für und Beratungsangebote an ausgewählte Mitarbeiterkreise;

- aus anlassbezogenen Prüfungen bei Hinweisen auf Rechtsverstöße sowie anlassunabhängigen Auditierungen zur Überprüfung der Einhaltung der Gesetze und Richtlinien;

- aus Berichtspflichten über die Umsetzung des Programms sowie über aufgetretene Verstöße gegen gesetzliche Vorschriften oder Konzernrichtlinien und ihre Ahndung.

Das Compliance Programm soll in seiner Gesamtheit bewirken, das Rechtsverstöße auf den jeweiligen Compliance Feldern möglichst unterbleiben, auch wenn es eine absolute Sicherheit nicht geben kann. Auch ein noch so gutes Compliance Programm kann kriminelles Handeln oder vorsätzliche Verstöße nicht vollständig ausschließen. Das gilt selbst dann, wenn weitergehende, integritätsfördernde Maßnahmen implementiert sind.

I. Einrichtung einer Compliance Organisation und Aufgabenverteilung

1. Vorstand

Die Einrichtung eines **CMS** fällt in erster Linie in die Zuständigkeit des Leitungsorgans, bei der Aktiengesellschaft also des **Vorstands**. Das CMS wird vom Vorstand in der Praxis in aller Regel inhaltlich und kommunikativ mit dem Unternehmensleitbild verzahnt und bildet die Grundlage für eine Werte- und Integritätskultur im Unternehmen. Aufgabe des Vorstands ist es dabei auch, in besonderer Weise die **Compliance Kultur** im Unternehmen durch einen eindeutigen regelmäßigen und glaubwürdigen „**Tone from the Top**" konsequent vorzuleben und dadurch seiner unternehmerischen Compliance Verantwortung gerecht zu werden. Auf dieser Basis hat der Vorstand unter Einsatz entsprechender Richtlinien oder Anweisungen die Einführung und die regelmäßige Fortentwicklung des Compliance Programms zu beschließen und seine Durchführung zu überwachen.[1] Im Vorstandsbeschluss zur Einrichtung des CMS ist zudem der sachliche und organisatorisch-räumliche Geltungsbereich des Compliance Programms zu begründen und festzulegen. Beides wird regelmäßig auf Basis einer vorab durchzuführenden **Risikoanalyse** erfolgen und sich zum einen auf die vom Programm erfassten Rechtsgebiete (also etwa Kartellrecht, Korruptionsbekämpfung, Datenschutz, Geldwäsche etc.) beziehen und zum anderen bestimmen, in welchen Einheiten des Unternehmens bzw. Konzerns das Programm gelten soll. Mit Blick auf die konzern- bzw. weltweit weitestgehend gleichartigen Risiken aus Kartell- und Korruptionsverstößen empfiehlt es sich, Compliance Programme jedenfalls für diese Rechtsgebiete konzernweit einheitlich zu definieren.

25.15

Aufgabe des Vorstands ist es ferner den Aufsichtsrat regelmäßig über das Programm und seine Umsetzung zu informieren, um ihn in die Lage zu versetzen, seine Überwachungs- und Beratungsaufgaben im Bereich Compliance wahrzunehmen.[2]

---

[1] *Fleischer*, AG 2003, 291 ff.; *Uwe H. Schneider*, ZIP 2003, 645 ff.; *Kremer/Klahold*, ZGR 2010, 113, 124.

[2] *Klahold/Lochen* in Hauschka/Moosmayer/Lösler, Corporate Compliance, § 37 Rz. 12 ff.; *Bicker*, AG 2012, 542, 545.

25.16 Die Umsetzung des Compliance Programms im Konzern wird durch den Vorstand kontrolliert. Liegen keine Hinweise auf mögliche Schwachstellen vor, ist es nicht die Aufgabe des Vorstands „jeden Stein im Unternehmen umzudrehen"[1]. Gleichwohl ist zu beachten, dass sich die **Überwachungsaufgaben** von Vorstand und Aufsichtsrat intensivieren, wenn und soweit es zu Verstößen gegen das Compliance Programm gekommen ist bzw. entsprechende Hinweise auftreten.[2]

25.17 Innerhalb des Vorstands empfiehlt es sich jedenfalls bei Unternehmen mit entsprechendem Risikoprofil, einem einzelnen Vorstandsmitglied die **Ressortverantwortung für Compliance** zuzuweisen, um das Programm in die Vorstandsorganisation einzubinden und einen sachkundigen Ansprechpartner im Vorstand zu haben.[3] Sofern kein eigenes Ressort für Compliance auch in Kombination mit anderen Bereichen wie Recht oder Datenschutz existiert, kommt als Ressortverantwortlicher z.B. der für das Risikomanagement zuständige Finanzvorstand in Betracht. Weniger optimal wäre hingegen die Benennung eines Vorstandsmitglieds mit operativer Verantwortung, da in dieser Konstellation Interessenkonflikte im Zusammenhang mit notwendigen Aufklärungsmaßnahmen nicht ausgeschlossen werden können. Aufgabe des für Compliance zuständigen Vorstandsmitglieds ist die Umsetzung des vom Gesamtvorstand beschlossenen Compliance Programms in konkrete Organisationsmaßnahmen sowie die Überwachung der Implementierung.

2. Aufsichtsrat/Prüfungsausschuss

25.18 In der Aktiengesellschaft ergeben sich nicht nur für die Unternehmensleitung, sondern auch für den Aufsichtsrat und seinen Prüfungsausschuss Compliance bezogene Pflichten[4], die bei der Einrichtung eines CMS zu berücksichtigen sind:

Aufgabe des Aufsichtsrates ist es, die **Geschäftsführung** des Vorstands zu **überwachen.** Dazu gehört u.a. auch die Überprüfung der Compliance Maßnahmen des Vorstands. Zur Wahrnehmung seiner Überwachungsaufgabe berichtet der Vorstand dem Aufsichtsrat in regelmäßigen Abständen sowie bei Bedarf ad hoc über das Compliance Programm, seine Weiterentwicklung und Umsetzung sowie gravierende Compliance Verstöße. Der Aufsichtsrat kann die Überwachung der Vorstandstätigkeit im Bereich Compliance auf einen Ausschuss übertragen. In der Praxis wird diese Aufgabe regelmäßig vom Prüfungsausschuss wahrgenommen. Das sieht auch der Kodex in Ziffer 5.3.2[5] so vor. Es ist nicht Aufgabe des Aufsichtsrats/Prüfungsausschusses, ein funktionsfähiges Compliance Programm für das Unternehmen zu entwickeln oder zu implementieren. Er hat hingegen die Aufgabe, sich das vom Vorstand beschlossene

---

1 Vgl. zur abgestuften Überwachungspflicht des Vorstands *Fleischer* in Fleischer, Handbuch des Vorstandsrechts, § 8 Rz. 32 ff. m.w.N.
2 *Fleischer*, AG 2003, 291, 299; OLG Düsseldorf v. 22.5.1990 – 2 Ss OWi 144/90–28/90 III, wistra 1991, 38; *Rogall* in KK OWiG, 4. Aufl. 2014, § 130 OWiG Rz. 64. Für die Rechtslage im Falle der Delegation: *Busekist/Keuten*, CCZ 2016, 119, 125.
3 *Hauschka*, BB 2007, 165, 167.
4 *Bürkle*, BB 2007, 1797, 1800; *Nonnenmacher/Wemmer/v. Werder*, DB 2016, 2826, 2831; *Kremer/Klahold*, ZGR 2010, 123 f.; allg. dazu *Lutter/Krieger*/Verse, Rechte und Pflichten des Aufsichtsrats, § 3 Rz. 63 ff., 68, 150; *Lutter*, Aufsichtsrat und Sicherung der Legalität in Unternehmen, in FS Hüffer, 2010, S. 617; *Winter*, Die Verantwortlichkeit des Aufsichtsrats für „Corporate Compliance", in FS Hüffer, 2010, S. 1103; *Semler* in MünchKomm. AktG, 4. Aufl.2014, § 111 AktG Rz. 60 ff.; *Hüffer*, NZG 2007, 47, 49.
5 Dazu *Kremer* in Kremer/Bachmann/Lutter/v. Werder, Kodex Kommentar, Rz. 1294; *Nonnenmacher/Wemmer/v. Werder*, DB 2016, 2826, 2831.

Programm vorstellen zu lassen und zu beurteilen, ob es schlüssig ist, den rechtlichen Anforderungen und dem Gefahrenpotenzial des Unternehmens genügt und ob der Vorstand das Compliance Programm und dessen Umsetzung ausreichend überwacht. Dazu gehören auch Berichte (bei Bedarf auch ad hoc) über wesentliche Compliance Verstöße[1] bzw. Verdachtsfälle und die vom Vorstand veranlassten Maßnahmen. Eine Befassung des Aufsichtsrates/Prüfungsausschusses mit Einzelheiten des Compliance Programms oder mit bestimmten Compliance Vorgängen ist in der Regel genauso wenig erforderlich wie die Einleitung eigener Sachverhaltsermittlungen. Erst wenn er etwa in einem gravierenden Einzelfall oder im Fall sich häufender Compliance Verstöße bzw. Verdachtsmomente den Eindruck gewinnt, dass der Vorstand seiner Leitungsaufgabe nicht nachkommt, muss er stärker aktiv werden (**abgestufte Überwachungspflicht**) und sich jedenfalls vom Vorstand berichten lassen, welche Maßnahmen er bereits ergriffen hat oder noch ergreifen wird.

3. Operative Einheiten sowie Segment- bzw. Spartenführungsgesellschaften

Die operativen Einheiten sowie – falls vorhanden – ihre zuständigen Segment- oder Spartenführungsgesellschaften haben neben ihrer Legalitätspflicht ebenfalls eine unternehmerische Verantwortung für Compliance. Diese erschöpft sich nicht nur in der ordnungsgemäßen **Umsetzung** der einzelnen Elemente des definierten Compliance Programms, sondern umfasst insbesondere auch die **Förderung der Compliance Kultur** im jeweiligen Verantwortungsbereich. Dazu zählen konkret z.B. die glaubwürdige Kommunikation des Themas Compliance „ohne Augenzwinkern" und die Förderung einer angstfreien „**Speak-Up-Kultur**" im Unternehmen. Durch die Speak-Up-Kultur soll die Aufmerksamkeit der Mitarbeiter für intransparentes und compliance-widriges Verhalten präventiv geschärft werden. Gleichermaßen geht es darum, dass Hinweise auf Gesetzesverstöße und Fehlverhalten gegenüber der Leitungsebene transparent gemacht werden sowie die vertrauensvolle **Zusammenarbeit mit der Compliance Abteilung** bei Beratungs- und Prüfungsanfragen. Zu einem Compliance Programm gehört zudem auch, **Compliance in die Geschäftsprozesse zu integrieren** und Maßnahmen zur Reduzierung spezifischer Compliance Risiken zu ergreifen, etwa aus unternehmerischer Sicht Alternativen zum Einsatz von Vertriebsmittlern in Hochrisikoländern zu prüfen oder sicherzustellen, dass Vertriebsmittler ausschließlich in angemessener Art und Weise vergütet werden. Auch die konsequente Ahndung und Sanktionierung von verantwortlichen Mitarbeitern in Abstimmung mit der Compliance Abteilung bei festgestellten Einzelfällen und Verstößen gehört zu den Aufgaben der operativ verantwortlichen Einheiten.

25.19

Analog zur Delegation im Konzernvorstand empfiehlt es sich auch auf den weiteren Hierarchieebenen im Konzern das Thema Compliance auf Ebene der operativen Geschäftsleitung horizontal zuzuordnen. Dabei kommt dem Vorsitzenden der Geschäftsführung bzw. CEO stets eine besondere Verantwortung zu, als Vorbild für Compliance zu agieren. Daneben kann ein Mitglied der Geschäftsleitung benannt werden, das in erster Linie für die Umsetzung von Compliance Maßnahmen zuständig ist und die Schnittstelle zwischen der Compliance Abteilung und weiteren operativ Verantwortlichen bildet. Wegen der Nähe zum Risikomanagement eignet sich auch insoweit der finanzverantwortliche Geschäftsführer in aller Regel in besonderer Weise für diese Aufgabe.

---

[1] Vgl. Rz. 25.48 zur Konkretisierung des Begriffs „wesentliche Verstöße".

4. Compliance Funktion/Compliance Officer

25.20 In den letzten Jahren wurden insbesondere in größeren Unternehmen zunehmend Compliance Officer[1] und ganze **Compliance Bereiche** mit einem (Chief) Compliance Officer als Leiter aufgebaut. Compliance Bereiche sind entweder als eigenständiger Teil der Rechtsabteilung[2] oder als separate Funktion mit direkter Berichtlinie an den Vorstand organisiert und somit wichtiger Bestandteil der **Governance** des Unternehmens.[3] Zur Verzahnung mit anderen Risiko-Funktionen kommt daneben die Einrichtung eines **Compliance Lenkungskreises** (Compliance Committee) bei der Konzernobergesellschaft in Betracht.[4] Neben der Compliance- sowie der Rechtsabteilung sollte insbesondere die interne Revision sowie die für das Risikomanagement und Reporting sowie das interne Kontrollsystem zuständige Controlling- bzw. Accountingabteilung in diesem Gremium vertreten sein. Hinzu kommt im Korruptionsbereich auf Grund der großen Bedeutung der steuerlichen Behandlung durch die Betriebsprüfung die Teilnahme der Steuerabteilung. Auch Vertreter operativer Einheiten können Mitglieder des Lenkungskreises sein.

25.21 Für die Durchsetzung von Compliance im Unternehmen ist auch die Fachkompetenz und Unterstützung des Kommunikationsbereichs ein wesentlicher Erfolgsfaktor. Wichtig ist, dass die Compliance Maßnahmen in ein **kommunikatives Gesamtkonzept** eingebunden sind, durch das die positive Bedeutung des Themas Compliance für den Unternehmenserfolg und der strategische Mehrwert der Compliance Arbeit betont und in geeigneter Weise kommuniziert werden. Insbesondere Unternehmen, die in jüngerer Vergangenheit von signifikanten Compliance Vorfällen betroffen waren bzw. noch sind, werden darüber hinaus Compliance in besonderer Weise als Change Management Thema begreifen und die Compliance Arbeit mit Initiativen zur nachhaltigen Verankerung des Unternehmensleitbildes sowie dem Wertemanagement verzahnen.

25.22 Voraussetzung für die Einrichtung einer Compliance Abteilung ist zunächst eine sachgerechte **Aufgabenbeschreibung** und die **Ausstattung mit angemessenen Personal- und Sachmitteln**.[5] Bei der Stellenbesetzung ist das vielschichtige und komplexe Aufgabenprofil[6] der Compliance Officer mit einer Vielzahl persönlicher und fachlicher Anforderungen zu berücksichtigen. Dazu gehören neben einer hohen Fachexpertise bei der Wahrnehmung der anwaltlichen Tätigkeiten[7] in den jeweiligen Rechtsgebieten Eigenschaften wie Kenntnisse der Unternehmenskultur, Integrität, Durchsetzungskraft, interkulturelle Kompetenz, didaktisches- sowie prozessorientiertes Verständnis und Kommunikationsstärke. Bei international tätigen Unternehmen empfiehlt es sich, Compliance Officer nicht nur in Deutschland, sondern je nach

---

1 Vgl. zu aktuellen empirischen Daten in Deutschland Rz. 25.1, Fn. 1.
2 Vgl. *Klahold/Lochen* in Hauschka/Moosmayer/Lösler, Corporate Compliance, § 37 Rz. 47.
3 Vgl. *Otto/Henning*, Compliance Report 2017/2018, wonach 93 % der an der Studie teilnehmenden rd. 400 deutschen Unternehmen über eine eigenständige Compliance Abteilung verfügen, davon 50 % als Teil der Rechtsabteilung organisiert.
4 *Bürkle* in Hauschka/Moosmayer/Lösler, Corporate Compliance, § 36 Rz. 68; zum Aufbau einer Compliance Organisation vgl. auch *Lösler*, NZG 2005, 105, 107.
5 *Klahold/Lochen* in Hauschka/Moosmayer/Lösler, Corporate Compliance, § 37 Rz. 46; *Hauschka*, BB 2004, 1178, 1180.
6 *Klahold/Lochen* in Hauschka/Moosmayer/Lösler, Corporate Compliance, § 37 Rz. 28 ff., 38 ff.; *Hauschka/Galster/Marschlich*, CCZ 2014, 242 ff.; *Jens Hüffer/Uwe H. Schneider*, ZIP 2010, 55.
7 Vgl. dazu *Klindt*, NJW 2006, 3399; *Schwung*, AnwBl 2007, 14; *Berndt/Theile*, Unternehmensstrafrecht und Unternehmensverteidigung, Rz. 457; für die Besonderheiten des „legal privilege" für Syndikusanwälte: *Hustus*, NStZ 2016, 65.

Tätigkeitsschwerpunkt und Risikolandkarte des Unternehmens in anderen Ländern und Regionen anzusiedeln, um lokale/regionale rechtliche und kulturelle Ausprägungen zu erfassen und Compliance in der richtigen Sprache und Zeitzone vor Ort zu vermitteln.

5. Mitbestimmung des Betriebsrats

25.23 Ein allgemeines Mitbestimmungsrecht des Betriebsrats bei der Einrichtung von Compliance Programmen besteht grundsätzlich nicht. Allerdings kann sich eine Zustimmungspflicht für gewisse Einzelmaßnahmen ergeben.[1] Zuständig ist grundsätzlich der Betriebsrat bzw. bei unternehmensweiten Regelungen mit mehreren Betrieben gemäß § 50 Abs. 1 BetrVG der Gesamtbetriebsrat; bei Konzernprogrammen ist nach § 58 Abs. 1 BetrVG eine gesetzliche Zuständigkeit des Konzernbetriebsrates allein gegeben.[2] Denkbar ist dies neben mitbestimmungsfreien Verlautbarungen zur Unternehmensphilosophie und Hinweisen zu gesetzestreuem Handeln etwa bei konkreten Verhaltensmaßgaben im Zusammenhang mit dem Arbeitsverhältnis nach § 87 Abs. 1 Nr. 1 BetrVG. Daneben etwa gem. **§ 87 Abs. 1 Nr. 6 BetrVG** bei der Einführung von elektronischen Schulungsprogrammen, wenn diese die Möglichkeit zur elektronischen Verhaltensüberwachung beinhalten. Je nach Ausgestaltung der Schulungsmaßnahmen kann sich ein Mitbestimmungsrecht auch aus **§ 98 BetrVG** ergeben.

25.24 Daneben kann sich aus **§ 87 Abs. 1 Nr. 1 BetrVG** ein betriebliches Mitbestimmungsrecht bei Compliance Maßnahmen ergeben. Die Vorschrift ist von der Rechtsprechung[3] mittlerweile in verschiedenen Entscheidungen (**Wal Mart und Honeywell**) angewendet worden, in der es um Mitspracherechte des Betriebsrats bei der Einführung eines an amerikanischen Standards orientierten Compliance- und Ethik-Programms ging. So wurde eine Mitbestimmungspflicht des Betriebsrats wegen Regelungen zum Ordnungsverhalten im Betrieb für Vorgaben des Arbeitgebers bejaht, die eine Verpflichtung zur (anonymen) Meldung von (möglichen) Verstößen gegen den unternehmensinternen Verhaltenskodex an den Arbeitgeber (Pflicht zur Whistleblower-Meldung) vorsahen.[4] Gleiches gilt für das ausnahmslose Verbot, Geschenke oder Zuwendungen (einschließlich Trinkgeldern und Aufmerksamkeiten zu Weihnachten etc.) von Lieferanten anzunehmen oder zu fordern, jedenfalls dann, wenn zugleich eine Verpflichtung geschaffen wird, den Vorgesetzten über eine entsprechende Offerte eines Lieferanten zu informieren.[5]

Schließlich können Mitbestimmungsrechte gem. § 87 Abs. 1 Nr. 6 BetrVG bei der Durchführung von Investigations-Maßnahmen bestehen, vor allem bei einer Kontrolle von E-Mails und sonstigen elektronischen Daten, wenn diese etwa mit einer speziellen Software untersucht oder auf einen externen Server übertragen werden; der hierfür notwendige kollektive Bezug wird von der Rechtsprechung als Auslöser von Mitbestimmungsrechten nach § 87 BetrVG auch bei Einzelmaßnahmen regelmäßig angenommen.[6]

---

1 Vgl. dazu *Meyer*, NJW 2006, 3605 ff.; *Schuster/Darsow*, NZA 2005, 273; *Juncker*, BB 2005, 602.
2 BAG v. 22.7.2008 – 1 ABR 40/07, NZA 2008, 1248, 1255.
3 BAG v. 22.7.2008 – 1 ABR 40/07, NZA 2008, 1248, 1255; ArbG Wuppertal v. 15.6.2005 – 5 BV 20/05, ZIP 2005, 1334; LAG Düsseldorf v. 14.11.2005 – 10 TaBV 46/05, ZIP 2006, 436.
4 BAG v. 22.7.2008 – 1 ABR 40/07, NZA 2008, 1248, 1255; LAG Düsseldorf v. 14.11.2005 – 10 TaBV 46/05, ZIP 2006, 436, 438; vgl. *Wisskirchen/Körber/Bissels*, BB 2006, 1567, 1571; *Unmuß*, CCZ 2009, 88, 90 ff.
5 LAG Düsseldorf v. 14.11.2005 – 10 TaBV 46/05, ZIP 2006, 436, 439 m.w.N.
6 Vgl. bei Arbeitszeit BAG v. 27.11.1990 – 1 ABR 77/89, NZA 1991, 382.

II. Elemente eines Compliance Programms

25.25 Compliance Programme bestehen aus verschiedenen Einzelelementen, die aufeinander aufbauen und miteinander zu verzahnen sind. Die wesentlichen Bestandteile eines Compliance Programms werden anhand der Beispiele Korruptionsbekämpfung und Kartellrecht im Folgenden vorgestellt, sie lassen sich in die Elemente „Compliance Kultur" (Ziffer 1) „Risikoanalyse" (Ziffer 2), „informieren und beraten der Mitarbeiter" (Ziffern 3–7), „identifizieren potentieller Compliance Verstöße" (Ziffern 8 und 9) sowie „berichten und handeln" (Ziffern 10 und 11) einteilen.[1]

1. Compliance Kultur

25.26 Basis und Kernbestandteil eines jeden Compliance Programms ist das Bekenntnis der Geschäftsleitung, das Unternehmen nach **ethischen Grundsätzen** verantwortungsvoll und im Einklang mit den geltenden Gesetzen und den Regeln des fairen Wettbewerbs zu führen, sog. Compliance Commitment.[2] Es muss deutlich werden, dass Compliance im Unternehmen eine **wesentliche Leitungsaufgabe** ist und dass die im Unternehmen geltenden Grundwerte wesentliche Prinzipien für das unternehmerische Handeln des Konzerns bilden: Im Sinne einer **„zero tolerance"** Politik sind demnach Gesetzes- oder Richtlinienverstöße, insbesondere gegen das Kartellrecht oder die Korruptionsgesetze niemals im Unternehmensinteresse. Das gilt unabhängig davon, welche (kurzfristig wirkenden) Ertragschancen sich für das Unternehmen durch ein Compliance widriges Verhalten ergeben könnten.[3] Demzufolge werden Hinweise auf Rechts- oder Richtlinienverstöße konsequent und umfassend aufgeklärt, identifizierte Verstöße unverzüglich abgestellt und angemessen sanktioniert. Ein klarer „tone from the top" und ein vorbildliches Verhalten der Mitglieder der Geschäftsleitung sind wesentliche Erfolgsfaktoren für ein Compliance Programm.

25.26a Die Bedeutung des Compliance Programms für den Unternehmenserfolg muss Führungskräften und Mitarbeitern deutlich gemacht werden. Dem **Compliance Commitment** liegt das zwingende Verständnis zugrunde, dass Geschäftsleitung und Compliance Abteilung zwar das nachgeordnete Management und die Mitarbeiter auf Basis des Compliance Programms bei Einhaltung der Compliance Anforderungen beraten und unterstützen, die Verantwortung zur Einhaltung der Gesetze aber beim jeweils für einen Geschäftsvorgang Zuständigen verbleibt. Führungskräfte haben ganz persönlich eine **unternehmerische Verantwortung für Compliance**.

Die richtige Compliance Kultur muss sich aus dem Unternehmensleitbild ableiten und hängt damit sehr stark von unterschiedlichen Unternehmensspezifika ab. Wichtig ist, dass regelmäßig, möglichst unter Verwendung konkreter positiver wie negativer Beispiele gelebter Compliance Kultur von der Unternehmensleitung, aber auch vom nachgeordneten Management glaubwürdig auf die Relevanz und positive Bedeutung von Compliance im Sinne des richtigen **„Tone from the Top"** hingewiesen wird. Auch Maßnahmen zur Förderung einer

---

[1] Zu den Elementen eines Compliance Programms s. auch die zusammenfassende Übersicht bei *Seyfarth*, Vorstandsrecht, § 8 Rz. 42 ff.
[2] *Itzen*, BB-Special 5/2008, 12, 14; *Bachmann* in Kremer/Bachmann/Lutter/v. Werder, Kodex Kommentar, Rz. 831
[3] Zur Legalitätspflicht des Vorstands auch bei „nützlichen" Pflichtverletzungen im Zusammenhang mit Compliance Sachverhalten vgl. *Fleischer*, ZIP 2005, 141 ff.; *Thole*, ZHR 173 (2009), 504, 512 ff.

„**Speak Up Kultur**" gehören in diesen Kontext.[1] Dabei handelt es sich bezogen auf Compliance um einen transparenten d.h. festgelegten Prozessen folgenden Umgang mit möglichem Fehlverhalten. Derartige Verhaltensweisen müssen immer wieder durch Geschäftsleitung und Führungskräfte vorgelebt und kommuniziert werden. Auf diese Weise kann eine Compliance Kultur Schritt für Schritt Bestandteil der „DNA" der Führungskräfte und Mitarbeiter zu werden.

2. Risikoanalyse

Basis jedes Compliance Programms ist eine Analyse der für das jeweilige Unternehmen relevanten spezifischen Risikofelder (so genannte **Risikolandschaft**). Sie gibt wieder, welche (nationalen und internationalen) anwendbaren Rechtsvorschriften vom Unternehmen bzw. einzelnen Unternehmenseinheiten zu beachten sind (z.B. das Korruptionsverbot), welche spezifischen Risiken sich auf Grundlage des jeweiligen Geschäftsmodells, der relevanten Märkte und der Organisationsstruktur des Unternehmens ergeben (z.B. aus der Einschaltung provisionsbezogen tätiger Vertriebsmittler im Projektgeschäft in einem Hochrisikoland mit öffentlichen Auftraggebern) und wie dieses Risiko in finanzieller Hinsicht, aber auch in Bezug auf die Reputation des Unternehmens zu bewerten ist (z.B. Bußgelder, Gewinnabschöpfung und Vergabesperren). Auf Basis der Risikoanalyse ist zu definieren, welche organisatorischen Maßnahmen z.B. innerhalb des nächsten Jahres zu ergreifen sind, um die identifizierten Risiken zu mitigieren. In diesem Zusammenhang ist oftmals eine Priorisierung unvermeidlich.

25.27

Die **Risikoanalyse** kann ausgehend von der Unternehmensspitze hin zu den operativen Einheiten oder umgekehrt von unten nach oben durchgeführt werden. Im ersten Fall erfolgt die Analyse durch Einschätzung der Compliance Risiken aus Leitungsperspektive sowie aus Sicht der Compliance Abteilung sowie weiterer Funktionen des Risikomanagements. Bei einer Bottom Up Anlyse werden die Risiken regelmäßig aus Sicht der operativen Einheiten auf Basis einheitlicher Prozessvorgaben eingeschätzt. Um aussagekräftige Ergebnisse zu erhalten, ist es wichtig, dass die Analyse für Einheiten mit unterschiedlichen Geschäftsmodellen und eventuellen regionalen Besonderheiten individualisiert durchgeführt wird. Bei der **Bewertung eines spezifischen Risikos** können neben dem konkreten Einzelthema (also etwa hoher Marktanteil bei einem oligopolen Commodity Markt als typisches Kartellrisiko) auch auf allgemeine Kriterien wie Länderrisiken, Governance Fragen (etwa reduziertes Kontrollniveau in einem 50:50 Joint Venture) oder frühere Compliance Verstöße auf diesem Markt in die Beurteilung einfließen. Dabei kann die Ermittlung von Korruptionsrisiken auch auf öffentlich zugänglichen **Länderrisikovergleichen** aufsetzen, wie etwa dem Corruption Perception Index von Transparency International.[2]

Auf Basis der Analyse sind sodann Maßnahmen zur **Risikoreduzierung** (also etwa konkrete Schulungen für spezifische Zielgruppen, die Einführung von Zustimmungsvorbehalten mit vorheriger Einzelfallprüfung durch die Rechts- oder Compliance Abteilung bei Risikogeschäften oder Anpassungen von Geschäftsmodellen oder Vertriebs- bzw. Einkaufsprozessen etc.) zu definieren und konkrete Umsetzungsschritte zu vereinbaren, um auf diese Weise die identifizierten **Bruttorisiken** (vor Compliance und internen Kontrollmaßnahmen) möglichst weitgehend zu vertretbaren **Nettorisiken** (nach Durchführung der Maßnahmen) zu reduzieren. Die Umsetzung der Maßnahmen ist nachzuhalten und zu dokumentieren.

---

[1] Dazu *Kremer*, Compliance Manager 2016, 53, 54; *Klahold/Lochen* in Hauschka/Moosmayer/Lösler, Corporate Compliance, § 37 Rz. 15.
[2] Abrufbar im Internet unter http://www.transparency.de/Corruption-Perceptions-Index-2.1234.0.html.

3. Konzernrichtlinien

25.28 Anknüpfend an das Compliance Commitment und inhaltlich auf Basis der Risikoanalyse sind sodann vom Vorstand zu verabschiedende **Konzernrichtlinien** oder vergleichbare Anweisungen zu erstellen, aus denen sich für die vom CMS erfassten Compliance Themen die einzelnen verbindlichen Regeln und Vorgaben ergeben. Diese unternehmensinternen Vorschriften begründen den Regelungsrahmen im Konzern, legen die Verantwortlichkeiten für das Programm sowie seine konsequente konzernweite Umsetzung[1] fest und bilden die Grundlage für alle weiteren Compliance Maßnahmen.

Inhaltlich sind in den Richtlinien ausgehend von den gesetzlichen Kerntatbeständen, also etwa dem Korruptions- oder Kartellverbot, möglichst **konzernweit einheitliche Anforderungen** für **typische Risikobereiche** zu definieren, also etwa im Umgang mit bestimmten Geschäftspartnern (z.B. Vertriebsmittlern[2], Distributoren, Zollagenten etc.) oder der Umgang mit Spenden, Sponsoring, Marketingveranstaltungen sowie Einladungen und Geschenken. Im Kartellrecht wird es neben dem Verbot von hard core Kartellen insbesondere um das Verhalten bei Wettbewerberkontakten und den Informationsaustausch mit Wettbewerbern gehen. Auch spezifische **organisatorische Aspekte** des Compliance Programms können ihre Grundlage in Richtlinien haben, wie etwa die Festlegung von Zuständigkeiten oder die Definition von Rolle und Aufgaben der Compliance Verantwortlichen, interne Berichtsvorgaben bei Hinweisen auf Compliance Verstöße oder der Prozess zur Durchführung von internen Ermittlungen.

25.29 Bei Abfassung der Richtlinien ist unbedingt darauf zu achten, dass diese möglichst **kurz einfach und verständlich** formuliert und praktisch zu handhaben sind („so viel wie nötig, so wenig wie möglich"), um eine hohe Akzeptanz des Compliance Programms bei Mitarbeitern und Führungskräften und der unternehmensinternen Anforderungen zu erreichen. Andernfalls droht das Compliance Programm bei den Mitarbeitern entweder nicht ernst genommen zu werden oder die relevanten Vorgaben gehen im Regelungsdickicht unter. Beide Fälle können zu einem erhöhten Risiko von Compliance Verstößen führen. Daher sollten Detailvorgaben oder zielgruppenspezifische Anforderungen des Compliance Programms in den Richtlinien nur allgemein formuliert werden und Einzelthemen können dann in weiteren Veröffentlichungen aufgearbeitet werden, sei es über Intranetbeiträge wie Blogs oder durch Informationsschriften.

Konzernrichtlinien müssen immer wieder auf Aktualität überprüft werden. Hierzu gehört ein regelmäßiges Review etwa alle drei Jahre aber auch adhoc Überprüfungen und Anpassungen, falls sich die relevanten regulatorischen Rahmenbedingungen wesentlich verändern.

Durch die Richtlinien können und sollten zudem unternehmensweit einheitliche Regeln auch in den Bereichen definiert werden, in denen in einzelnen Ländern in Teilen unterschiedliche gesetzliche Rahmenbedingungen herrschen, also etwa durch Festschreibung eines konsequenten **Korruptionsverbots auch im privaten Sektor**, sofern nationale gesetzliche Regelungen fehlen. Auch strikte Regeln im Umgang mit sog. Beschleunigungsgeldern (**Facilitation Payments**) sind hilfreich. Umgekehrt ist auch zu beachten, dass in den letzten Jahren in einer zunehmenden Anzahl von Jurisdiktionen spezifische inhaltliche und organisatorische Anforderungen an Compliance Programme gesetzlich festgelegt worden sind, wie etwa in den

---

1 *Bachmann* in Kremer/Bachmann/Lutter/v. Werder, Deutscher Corporate Governance Kodex, 6. Aufl. 2016, Ziff. 4.1.3, Rz. 848.
2 S. Rz. 25.30.

USA[1], UK[2], Italien[3] sowie Spanien[4] und Frankreich[5]. Demzufolge muss bei allem Streben nach möglichst global einheitliche Regeln im Unternehmen gleichzeitig sichergestellt sein, dass das Programm bei der Anwendung im Ausland an derartige lokale Organisationsvorschriften angepasst werden kann.

4. Insbesondere Vorgaben zum Umgang mit Geschäftspartnern, wie etwa Vertriebsberatern und -agenten

Ein wichtiges Element zur Korruptionsprävention können detaillierte verbindliche Vorgaben für den Umgang mit Geschäftspartnern und Berater- und Provisionsverträgen im Vertrieb sein. Berater und Agenten übernehmen in etlichen Branchen, insbesondere im internationalen Projektgeschäft mitunter eine wichtige vertriebsunterstützende Funktion. Die Compliance Relevanz derartiger Verträge ergibt sich daraus, dass in Beraterverträgen oftmals hohe erfolgsabhängige Provisionen vereinbart sind. Entsprechende Vereinbarungen eignen sich daher auch als **Vehikel, um illegale Zahlungen zu verschleiern**, indem den Leistungen des Unternehmens keine adäquate Gegenleistung des Beraters gegenübersteht und das Geld stattdessen teilweise als Schmiergeld an Dritte weitergeleitet wird.[6]

25.30

Vor diesem Hintergrund ist zunächst unternehmerisch zu hinterfragen, ob derartige Vertriebsmodelle nicht auch durch den Einsatz des eigenen Vertriebs oder alternative Gestaltungen ersetzt werden können. Sollte das nicht möglich bzw. sinnvoll sein, sind besondere Vorsichtsmaßnahmen zu ergreifen, damit sichergestellt ist, dass die Provisionen tatsächlich bei dem Berater verbleiben und nicht zu ungesetzlichen Zwecken verwendet werden. **Verbindliche Vorgaben im Umgang mit Geschäftspartnern**[7], **insbesondere mit vertriebs-**

---

1 Vgl. US Sentencing Commission (Hrsg.), Federal Sentencing Guidelines Manual, Sentencing of Organizations (erstmalig im Manual von 1991 enthalten) (www.ussc.gov/sites/default/files/pdf/guidelines-manual/2016/CHAPTER_8.pdf), U.S. Department of Justice und U.S. Securities and Exchange Commission (USA) (Hrsg.), Ressource Guide to US Foreign Corrupt Practices Act, Chapter 5: „Hallmarks of Effective Compliance Programs", November 2012 (www.justice.gov/sites/default/files/criminal-fraud/legacy/2015/01/16/guide.pdf) sowie U.S. Department of Justice, Fraud Section (USA) (Hrsg.), Evaluation of Corporate Compliance Programs, Februar 2017 (www.justice.gov/criminal-fraud/page/file/937501/download; www.complianceweek.com/blogs/enforcement-action/department-of-justice-guidance-%E2%80%98evaluation-of-corporate-compliance-programs#.WNvT5E00MyE).
2 Richtlinie zum UK Bribery Act 2010; online abrufbar unter: http://www.justice.gov.uk/downloads/legislation/bribery-act-2010-guidance.pdf.
3 In Italien ergeben sich organisationsrechtliche Vorgaben für ein Compliance Programm aus dem Gesetz Nr. 231/2001 v. 8.6.2001 (vgl. zur Umsetzung etwa den Compliance Bericht von Fiat unter https://www.fcagroup.com/en-US/governance/governance_documents/FiatDocuments/2013/2_Abstract-Compliance.pdf).
4 In Spanien ist der Gesetzgeber 2015 zum sog. „autorresponsabilidad" (Organisations- und Kontrollverschulden) übergegangen; vgl. *Pérez*, CB 2016, 97.
5 Für einen ausführlichen Länderbericht s. *Querenet-Hahn/Karg*, CB 2015, 283.
6 *Moosmayer*, Praxisleitfaden für Unternehmen, Rz. 77 ff., 243 ff.; vgl. auch den Kriterienkatalog bei *Greeve* in Hauschka/Moosmayer/Lösler, Corporate Compliance, § 25 Rz. 195 sowie die ICC Guidelines zum Einsatz von Beratern/Vermittlern unter http://www.ethic-intelligence.com/wp-content/uploads/02_icc_guidelines_third_parties.pdf.
7 Je nach Risikoprofil des Unternehmens können die Vorgaben – ggf. angepasst – auch auf andere bzw. sämtliche Dienstleister und Berater des Unternehmens angewendet werden. In Frage kommen etwa Zollagenten, Distributoren aber auch IT-Dienstleister, Unternehmensberater, Anwaltskanzleien etc.

unterstützenden Beratern dienen dazu, derartige Risiken zu minimieren. Die folgenden Aspekte sind dabei von besonderer Bedeutung: Vorgaben für die Vertragsverhandlungen (Auswahl, Identität und mögliche Alternativen zum Berater), den Vertragsinhalt (detaillierte Beschreibung der vertraglich vereinbarten Leistungen des Beraters sowie Vereinbarung einer angemessenen Vergütung), den Vertragsabschluss (interner Zustimmungsprozess) und die Vertragsabwicklung (einschließlich Vorgaben für die Zahlungsabwicklung und für eine detaillierte Dokumentation der erbrachten Leistungen). Es muss sichergestellt sein, dass die Geschäftsbeziehung zu dem Berater sowohl zulässig ist und insbesondere nicht gegen die Korruptionsgesetze verstößt, als auch keine Indizwirkung bzw. keinen **böser Schein** im Hinblick auf einen Korruptionsfall entfaltet. Dies ist nicht nur wichtig, um einen möglichen **Anfangsverdacht** aus Sicht einer Staatsanwaltschaft oder der steuerlichen Betriebsprüfung[1] bzw. anderer Dritter (Wirtschaftsprüfer, Presse, Aktionäre/Kapitalmarkt, Vergabebehörden, Exportkreditversicherer usw.) von vorneherein zu vermeiden, sondern ist auch Garant dafür, dass unternehmensintern das Compliance Commitment nicht an **Glaubwürdigkeit** verliert, sondern in seiner konsequenten Umsetzung die Anerkennung und Unterstützung der Führungskräfte und Mitarbeiter findet. Daher muss auch die Einhaltung der Vorgaben zu Berater- und Provisionsverträgen im Vertrieb immer wieder überprüft werden.[2]

5. Informationen und Vorgaben zu Einzelthemen

25.31 Informationen und Vorgaben zu Einzelthemen, in denen den Mitarbeitern die relevanten und jeweils aktuellen gesetzlichen **Bestimmungen in verständlicher Weise erläutert** werden, sind zur Verhinderung von Gesetzesverstößen in den Bereichen Korruptionsbekämpfung und Kartellrecht[3] besonders wichtig. Je nach Unternehmensgröße kann es sich anbieten **funktions- oder zielgruppenspezifische Materialien** zu erstellen, die dann auch nur an die relevanten Personenkreise im Unternehmen kommuniziert werden. **Inhaltliche Schwerpunkte** können z.B. im Bereich der Anwendung deutschen Korruptionsstrafrechts auf Auslandssachverhalte oder bei der Erläuterung so genannter hard core Kartelle und ihrer Rechtsfolgen nach deutschem, europäischem und ggf. US-Kartellrecht liegen.

25.32 Anknüpfend an die Richtlinien können den Mitarbeitern über weitere Veröffentlichungen des Compliance Bereichs Verhaltensempfehlungen und Vorgaben gemacht werden, die die gesetzlichen Vorschriften konkretisieren und dazu den Umgang mit einzelnen Sachverhalten verbindlich festlegen oder empfehlen. Zum Kartellrecht bieten sich Empfehlungen zum Verhalten bei Treffen mit Vertretern branchengleicher Unternehmen im Rahmen von **Verbandsaktivitäten** an, etwa um unzulässigem Informationsaustausch zwischen Wettbewerbern vorzubeugen. Gleiches gilt für den **Informationsaustausch unter Wettbewerbern** bei M&A, R&D, Market Intelligence- bzw. Benchmarking Aktivitäten oder im Rahmen öffentlicher Unternehmenskommunikation zur Vorbeugung gegen den Vorwurf unzulässigen **Signallings**. Daneben sollten auch Fragen im Zusammenhang mit vertikalen Wettbewerbsbeschränkungen und dem **Vertriebskartellrecht** behandelt werden, die in behördlichen Verfahren und bei Bußgeldentscheidungen in den letzten Jahren eine immer wichtigere Rolle einnehmen. Im Korruptionsbereich kann etwa der **Umgang mit Geschenken und Einladungen** vorgegeben werden, um bei diesem sensiblen Thema bereits einen „bösen Schein" im Hinblick auf un-

---

[1] Zur Praxis der Betriebsprüfung bei Indizien für Korruption: *Hauschka*, BB 2007, 165, 169; und *Waschbusch/Zieger*, StB 2016, 329 ff.; allgemein zur Rolle des Steuerrechts bei der Korruptionsbekämpfung: *Spatscheck*, NJW 2006, 641 ff. und *Werder/Rudolf*, BB 2015, 665, 666.
[2] Vgl. zu Audit Ansätzen unter Rz. 25.40.
[3] *Bürkle*, BB 2005, 565, 566.

gesetzliches Verhalten durch Mitarbeiter zu vermeiden. Denkbar ist zum Beispiel eine Regelung, dass Einladungen zu Sport- oder Kulturveranstaltungen stets der Genehmigung des Vorgesetzten bedürfen oder dass Einladungen nicht auch die Übernahme von Transport- und Übernachtungskosten umfassen dürfen. Zudem können Richtwerte mit zumindest indikativer Wirkung festgelegt und kommuniziert werden, um für die Mitarbeiter zu verdeutlichen, bis zu welcher Größenordnung (etwa bei Einladungen: bis 100 Euro) Zuwendungen dieser Art im Unternehmen im Normalfall (also etwa nicht gegenüber Amtsträgern oder zum Anfüttern) als angemessen akzeptiert werden. Auch wenn sich damit naturgemäß mangels Bindungswirkung gegenüber den Strafverfolgungsbehörden nur relative Rechtssicherheit erzeugen lässt, kann gleichwohl für sozialadäquate Zuwendungen ein notwendiger unternehmerischer Ermessensspielraum geschaffen werden.

Darüber hinaus können Mitarbeitern Informationen zur Verfügung gestellt werden, in denen sie – ggf. je nach Aufgabenbereich unterschiedlich detailliert – über das gebotene **Verhalten beim Erscheinen von Ermittlungsbehörden** (Staatsanwaltschaft bzw. nationale oder europäische Kartellbehörden) unterrichtet werden.[1] Derartige Informationen stellen die Rechte und Pflichten der ermittelnden Behörden einerseits und der Mitarbeiter andererseits erläutern und dienen für letztere als Handlungsleitfaden in einer Durchsuchungs- bzw. Nachprüfungssituation. Hintergrund ist die Erfahrung, dass gerade in einer solchen für die allermeisten Mitarbeiter sehr ungewohnten Situation mannigfaltige Fehler vorkommen können, die im weiteren Verfahrensablauf die Position des Unternehmens erheblich beeinträchtigen können. Es soll auf diese Weise sichergestellt werden, dass sich beispielsweise jede Durchsuchung/Nachprüfung nur im Rahmen des zugrunde liegenden Beschlusses bewegt und stets von einer ausreichenden Anzahl von Compliance Officern, externen Anwälten und/oder entsprechend instruierten Personen begleitet wird. Da sich Durchsuchungen regelmäßig auch auf E-Mail Korrespondenz und elektronisch gespeicherte Dokumente beziehen werden, gilt es für diesen wichtigen Bereich spezifische Vorkehrungen zu treffen. Ein Schwerpunkt bildet dabei regelmäßig die Frage, wie die Grenzen des zulässigen Durchsuchungsumfangs beim Zugriff auf die IT gewahrt werden können.[2] Umgekehrt darf nicht durch eine rechtlich unzulässige Abwehrhaltung einzelner Mitarbeiter (etwa indem den Beamten der Zutritt verweigert wird oder Akten vernichtet werden) gegenüber den ermittelnden Behörden die Basis für eine spätere Kooperation des Unternehmens mit den Behörden zerstört werden.

25.33

6. Schulungen

Kernbestandteil der Präventionsarbeit ist die Durchführung von Schulungen.[3] Diese sollten sich auf alle Compliance relevanten Themengebiete erstrecken und eine entsprechende Awareness schaffen. **Schulungsteilnehmer** zu Kartell- und Korruptionsprävention sind typischerweise: Vorstände, Geschäftsführer, Leitende Angestellte, Mitarbeiter aus den Bereichen Vertrieb, Marketing, Projektmanagement, Einkauf/Beschaffung, Recht sowie aus technischen Abteilungen, die vertriebs- bzw. einkaufsunterstützend tätig sind oder potentiell mit Wettbewerbern in Kontakt stehen. Hinzu kommen Mitarbeiter aus Stabsfunktionen, die im Rahmen ihrer Tätigkeit mit spezifischen Compliance Fragen in Kontakt kommen können, also

25.34

---

1 Vgl. dazu *Klahold/Berndt* in Momsen/Grützner, Wirtschaftsstrafrecht, Kap. 3 A, Rz. 45; *Dittrich/Matthey* in Hauschka/Moosmayer/Lösler, Corporate Compliance, § 26 Rz. 74; ein Mustertext findet sich bei *Zimmer/Stetter*, BB 2006, 1445, 1452.
2 Vgl. zum Kartellverfahren *Vollmer*, WuW 2006, 235 ff.
3 *Rogall* in KK OWiG, 4. Aufl. 2014, § 130 OWiG Rz. 59 bis 61; *Wirtz*, WuW 2001, 342, 343; *Bürkle*, BB 2005, 565, 566; unten *Dreher*, Rz. 35.62 ff. jeweils m.w.N.

etwa Steuern (Umgang mit Hinweisen auf Korruption aus steuerlicher Sicht) oder M&A, Business Development, Strategie oder Kommunikation (kein unzulässiger Informationsaustausch mit Wettbewerbern, kein Signalling, aber auch Vermeidung von Compliance Risiken aus strategischer Sicht, etwa bei Eintritt in neue Märkte oder bei der Gestaltung von Geschäftsmodellen).

25.35 Schulungsinhalt sind zunächst die maßgeblichen regulatorischen Grundlagen z.B. im Datenschutzrecht oder die kartell- und korruptionsrechtlichen Grundlagen sowie die erheblichen Unternehmensrisiken, die sich aus Verstößen ergeben. **Thematisch** werden sich Schulungen an den Themen orientieren, die bei der Risikoanalyse identifiziert wurden. Daneben können **zielgruppenspezifische Schulungen** konzipiert und durchgeführt werden, also etwa speziell für Mitarbeiter im Einkauf oder Vertrieb oder für Mitarbeiter, die bei Verbandssitzungen mit Wettbewerbern in Kontakt kommen.[1] Ferner sollten die auf operativer Ebene zuständigen Compliance Verantwortlichen geschult werden, um sie mit ihrer Rolle und den Aufgaben im Detail vertraut zu machen.

25.36 Für die Durchführung der Schulungen kommen im Wesentlichen zwei verschiedene Schulungstypen in Frage: Klassische **Präsenzschulungen** sowie ein elektronisch und ggf. interaktiv ausgestaltetes Training, sog. **E-Learning**. Da mit Präsenzschulungen eine höhere Aufmerksamkeit und Schulungstiefe und mit einem E-Learning Programm ein größerer Teilnehmerkreis zur Vermittlung von Basiswissen erreicht werden kann, bietet es sich an, beide Schulungsarten in einer Weise zu kombinieren, dass die elektronische Schulung z.B. einmal jährlich (ggf. abwechselnd als ausführlicher Grund- und verkürzter Auffrischungskurs) und die physischen Schulungen z.B. in einem Zeitraum von zwei bis drei Jahren wiederholt werden.[2] Ein ggf. über mehrere Jahre erstellter **Schulungsplan** hilft, die relevanten Zielgruppen systematisch zu erfassen und die Umsetzung zu dokumentieren.

a) E-Learning

25.37 Die Vermittlung von Compliance Themen via E-Learning ist heutzutage weithin üblich und wird in interaktiver und didaktisch ansprechenden Formaten von einer Vielzahl externer Dienstleister angeboten. Eine besondere Form von E-Learnings sind Internet basierte Vorträge zu einzelnen Themenbereichen, sogenannte „Massive Open Online Courses" (MOOCs), die auch interaktiv ausgestaltet und ggfls. als Fortbildungsveranstaltung für Führungskräfte zu Spezialthemen eingesetzt werden können.[3] Durch E-Learning kann ein **großer Personenkreis** erreicht und die Anzahl der Teilnehmer sowie die Erledigung statistisch erfasst und revisionssicher dokumentiert werden.[4] Die Inhalte lassen sich einheitlich in mehrere Sprachen übersetzen, wodurch ein einheitliches Informationsniveau sichergestellt werden kann. Gleichzeitig sollte ein E-Learning nicht „von der Stange" gekauft werden, sondern muss einerseits an die Compliance Ziele des Unternehmens anknüpfen und inhaltlich auf die **spezifische Situation** des Unternehmens (Größe und Branche des Unternehmens, Ausgestaltung des Compliance Programms, besondere Risikobereiche etc.) – ggf. auch durch zielgruppenspezifische Kurse unter Berücksichtigung lokaler rechtlicher Besonderheiten – zugeschnitten sein.

---

1 Vgl. *Dittrich/Matthey* in Hauschka/Moosmayer/Lösler, Corporate Compliance, § 26 Rz. 67 ff.
2 Zu Wiederholungsschulungen vgl. *Rogall* in KK OWiG, 4. Aufl. 2014, § 130 OWiG Rz. 59.
3 Vgl. www.coursera.org mit Anwendungsbeispielen.
4 *Hauschka*, BB 2007, 165, 168.

b) Präsenzschulungen

Zusätzlich zu E-Learning Schulungen ist zu empfehlen, weiterhin auch klassische Präsenzschulungen abzuhalten. Inhaltlich **vertiefende Schulungsinhalte** lassen sich in einer persönlichen Schulungssituation – auch insoweit bei Bedarf nach Zielgruppen zusammengestellt – deutlich überzeugender vermitteln und geben die Möglichkeit, konkrete Fallgestaltungen zu diskutieren.

25.38

Um auch im Bereich der Präsenzschulungen ein einheitliches Schulungsniveau sicherzustellen können von zentraler Stelle, etwa durch die Compliance Officer, **Standardvorträge** erstellt werden. Neben der Vermittlung rechtlicher Fallgestaltungen – wie etwa die komplexen und für den juristischen Laien nicht immer intuitiven Problemkreise des Kartellrechts – können in **Workshops** auch Fragen nach dem richtigen Umgang in **Dilemmata-Situationen** durchgespielt werden, so dass die Schulung zugleich Werteorientierung und Anleitung zum richtigen Verhalten im Sinne einer gelebten **Integritätskultur** gibt.

Die Erfahrung zeigt, dass sich bei Präsenzschulungen und insbesondere aus Nachfragen zu Einzelthemen ein Beratungsbedarf bei spezifischen Einzelthemen ergeben kann, die Gegenstand einer nachfolgenden vertieften Compliance Beratung werden.

7. Beratung im operativen Geschäft

Durch regelmäßige Schulungen wird ein Basiswissen in Compliance Fragen vermittelt und zugleich das Bewusstsein für kritische Fallgestaltungen bei den Mitarbeitern geweckt und geschärft. Der Beratungsbedarf kann sowohl durch das persönliche Beratungsgespräch mit dem zuständigen Compliance Officer und/oder durch einen Helpdesk bzw. eine Beratungshotline abgedeckt werden.

25.39

Eine derartige interne Hotline sollte unabhängig von einer ggf. existierenden externen Hinweisgeberportal (Whistleblower Hotline, dazu Rz. 25.45 ff.) eingerichtet werden, da die Zielrichtung der beiden Maßnahmen deutlich unterschiedlich ist: Die Beratungshotline steht zur Beantwortung abstrakter oder konkreter Rechts- und Verhaltensfragen zur Verfügung. Die Mitarbeiter sollen einen persönlichen Ansprechpartner in Compliance Fragen haben, der sie kompetent berät. Durch ein Hinweisgebersystem soll dagegen in erster Linie die Möglichkeit geschaffen werden, auch unter Wahrung der Anonymität vertraulich auf mögliche Verdachtsfälle aufmerksam zu machen.

8. Compliance Audits

Bei Hinweisen auf Compliance Verstöße ist die zuständige Geschäftsführung verpflichtet, den zu Grunde liegenden Sachverhalt aufzuklären, identifizierte Verstöße abzustellen und ggf. gegenüber verantwortlichen Mitarbeitern zu ahnden.[1] In den Unternehmen hat sich unter dem Stichwort „Internal Investigations" in den letzten Jahren die Praxis entwickelt, diesen Pflichtentrias durch umfassende sog. Compliance Audits wahrzunehmen. Dies gilt insbesondere dann, wenn Hinweise auf systematische oder schwerwiegende Verstöße vorliegen.

25.40

---

[1] LG München I v. 10.12.2013 – 5 HKO 1387/10, NZG 2014, 345 = AG 2014, 332; *Fleischer*, NZG 2014, 321, 324; *Moosmayer*, Compliance Praxisleitfaden, Rz. 15; *Rogall* in KK OWiG, 4. Aufl. 2014, § 130 OWiG Rz. 65 f.; *Schaefer/Baumann*, NJW 2011, 3601 ff.; *Fuhrmann*, NZG 2016, 881, 889 m.w.N.; die zuständige Aufsichtsbehörde kann aber eine Sanktion in Form einer Kündigung nur bedingt verlangen, vgl. Hessisches LAG v. 13.7.2016 – 18 Sa 1498/15, ZIP 2016, 2493.

Die Durchführung von anlassbezogenen oder als Regelprüfung geplanten Compliance Audits korrespondiert mit den Anforderungen der Rechtsprechung zu § 130 OWiG. Diese verlangt von der Unternehmensleitung, dass zur Wahrnehmung der im Betrieb erforderlichen Aufsicht auch **wiederkehrende unangekündigte Stichprobenkontrollen** durchzuführen sind.[1] Die Durchführung derartiger Prüfungen in der Praxis der Kartell- bzw. Korruptionscompliance kann sich insbesondere in großen tief gestaffelten Konzernen, in denen es in den verschiedenen betrieblichen Einheiten eine große Vielzahl einzelner Projekte und eine noch viel größere Anzahl von Buchungsvorgängen gibt, als schwierig und aufwendig erweisen.[2]

a) Organisation und Durchführung

25.41 Das Compliance Audit, also die **systematische Prüfung** einzelner Unternehmensbereiche anhand bestimmter Untersuchungskriterien auf konkrete Compliance Risiken[3], wird in der Praxis vielfach von der Compliance- oder Rechtsabteilung häufig mit Unterstützung externen Rechtsanwälten durchgeführt. Eine Personenidentität von Rechts- bzw. Complianceberater der betroffenen Einheit und Prüfer (*Investigator*) sollte wegen der Gefahr von Interessenkonflikten möglichst vermieden bzw. durch andere Maßnahmen zur Sicherstellung der Prüfungsstandards kompensiert werden. Sofern kaufmännische Sachverhalte zu untersuchen sind oder wenn komplexe forensische Prüfungen erfolgen müssen, ist das Team durch die interne Revision, ggf. unterstützt von externen Wirtschaftsprüfern, zu ergänzen.

Ein Compliance Audit kann ggf. mit herkömmlichen Revisionsprüfungen kombiniert werden. Es unterscheidet sich aber von Revisionsprüfungen dadurch, dass diese in erster Linie darauf ausgerichtet sind, die Übereinstimmung geschäftlicher Vorgänge mit internen Prozessen zu überprüfen und ggf. interne Kontrollschwächen aufzuzeigen und mit Maßnahmen zu Prozessverbesserungen zu unterlegen.[4] Ein Compliance Audit zielt dagegen darauf ab, mögliche Rechts- bzw. Complianceverstöße zu identifizieren und ggf. persönliches vorwerfbares Fehlverhalten zu ermitteln und auf dieser Basis notwendige bzw. erforderliche Maßnahmen (etwa Abstellen und ggf. Sanktionieren des Verstoßes, spezifische Präventionsmaßnahmen zur Verhinderung weiterer Verstöße) zu definieren und umzusetzen.

Bei der Vorbereitung der Audits kann es je nach Größe und Risikoeinschätzung des Unternehmens geboten sein, **Audit Pläne** aufzustellen, auf deren Basis sukzessive die identifizierten Bereiche geprüft werden.[5] Dies kann z.B. durch ein Jahresprogramm erfolgen. Eine Abstimmung mit dem Jahresprüfungsprogramms der internen Revision empfiehlt sich.

25.42 Im Einzelnen sind zunächst der **Untersuchungszeitraum und der Untersuchungsgegenstand** (die zu untersuchende geschäftliche Aktivität) festzulegen. Liegen keine – selbstver-

---

1 *Rogall* in KK OWiG, 4. Aufl. 2014, § 130 OWiG Rz. 62; unten *Dreher*, Rz. 35.67; OLG Düsseldorf v. 27.3.2006 – VI-Kart 3/05 (OWi), WuW/E DE-R 1733, 1745; BayObLG v. 10.8.2001 – 3 ObOWi 51/01, NJW 2002, 766, 767; vgl. auch BGH v. 25.6.1985 – KRB 2/85, NStZ 1986, 34 f.; OLG Köln v. 20.5.1994 – Ss 193/94 (B), wistra 1994, 314 ff. (umfassende Geschäftsprüfungen als Alternative zu stichprobenartigen Kontrollen).
2 Vgl. *Klusmann* in Wiedemann, Handbuch des Kartellrechts, 3. Aufl. 2016, § 55 Rz. 35, 36.
3 Zu korruptionsrechtlichen Prüfungen: *Klahold/Berndt* in Momsen/Grützner, Wirtschaftsstrafrecht, Kap. 3 A, Rz. 89; zu kartellrechtlichen Prüfungen: *Dittrich/Matthey* in Hauschka/Moosmayer/Lösler, Corporate Compliance § 26 Rz. 95 ff.
Hauschka, BB 2004, 1178, 1181 f.; zu rechtlichen Fragen bei Internal Investigations vgl. oben *Wilsing/Goslar*, Rz. 15.1 ff.; *Klengel/Mückenberger*, CCZ 2009, 81 ff.; *Wagner*, CCZ 2009, 8 ff.
4 *Liese/Schulz*, BB 2011, 1347, 1347 f.
5 *Hauschka*, BB 2004, 1178, 1181.

ständlich vorrangig zu behandelnden – konkreten Hinweise auf Verstöße vor, kann es sich im Sinne einer abgestuften Vorgehensweise empfehlen, sich (zunächst) auf die Unternehmen und die konkreten Themenfelder (Länder/Märkte, Geschäftsmodelle, frühere Compliance Verstöße etc.) zu konzentrieren, die in der Risikoanalyse als besonders gefährdet eingestuft wurden.[1]

Der auf diese Weise näher eingegrenzte Untersuchungsgegenstand wird anschließend im Einzelnen detailliert geprüft. Ein erster Überblick über mögliche Compliance Risiken lässt sich üblicherweise durch eine (erste) **Befragung** der bei dem konkreten Geschäft involvierten Mitarbeiter und Organmitglieder gewinnen, wobei sämtliche Befragungen zu dokumentieren sind.[2] Parallel sind die zugrunde liegenden (auch elektronischen) **Akten**, insbesondere Verträge und Rechtsbeziehungen sowie die darauf basierenden Zahlungsströme zu **prüfen**, woraus dann bei Problemfällen Anlass zu weiteren Interviews erwächst. Die Aufklärungsmaßnahmen des Unternehmens unterliegen allerdings rechtlichen Schranken. Dies gilt etwa für gesellschaftsrechtliche Hürden (etwa bei der Auditierung eines gemeinschaftlich kontrollierten Joint Ventures) als auch für Vorgaben aus den einschlägigen Datenschutzbestimmungen, insbesondere nach § 32 Abs. 1 Sätze 1 und 2 BDSG.[3] Vor allem bei Überwachung und Auswertung von E-Mails können sich (straf-)rechtliche Risiken ergeben, insbesondere soweit die private Nutzung von E-Mails im Unternehmen erlaubt ist oder geduldet wird.[4]

b) Umgang mit Audit-Ergebnissen

Es liegt auf der Hand, dass die Aufdeckung von Compliance Verstößen im Rahmen eines Audits nicht nur die **sofortige Abstellung** sämtlicher noch nicht beendeter Verstöße und Maßnahmen zur **Vorbeugung künftiger Verstöße** zur Folge haben muss, sondern auch angemessene **arbeits- und zivilrechtliche Sanktionen** gegen die betroffenen Mitarbeiter zu ergreifen sind.[5] Daneben kann es im Unternehmensinteresse liegen, die zuständige **Ermittlungsbehörde** über einen Gesetzesverstoß in Kenntnis zu setzen[6], etwa um weitergehende Möglichkeiten zur Ermittlung des Sachverhaltes auszuschöpfen und zugleich unternehmensintern und gegenüber der Öffentlichkeit das Compliance Commitment des Unternehmens zu unterstreichen und **Reputationsrisiken** dadurch zu vermindern, dass auch kritische Sachverhalte transparent behandelt werden.

25.43

Hinzu kommt die Frage, ob und inwieweit die Möglichkeit besteht, das Bußgeldrisiko in erheblichem Maße zu reduzieren, indem das Unternehmen von einer kartellrechtlichen Kronzeugenregelung (Bundeskartellamt)[7] bzw. einem **Leniency Programm** (EU Kommission)[8] profitiert. Im Korruptionsbereich ist zu überlegen, proaktiv die Staatsanwaltschaft über ei-

---

1 Vgl. Rz. 25.27.
2 *Hauschka*, BB 2004, 1178, 1181.
3 Vgl. *Wessing* in Hauschka/Moosmayer/Lösler, Corporate Compliance, § 46 Rz. 24 ff.
4 Vgl. *Wessing* in Hauschka/Moosmayer/Lösler, Corporate Compliance, § 46 Rz. 32 ff.; *Klengel/Mückenberger*, CCZ 2009, 81, 83.
5 Rz. 25.50.
6 Eine Rechtspflicht zur Anzeige von Verdachtsfällen besteht dagegen außerhalb der Katalogtaten des § 138 StGB nicht. Vgl. auch *Reichert/Ott*, ZIP 2009, 2173, 2177.
7 Sog. Bonusregelung des Bundeskartellamtes – Bekanntmachung über den Erlass und die Reduktion von Geldbußen in Kartellsachen v. 7.3.2006 (Bekanntmachung Nr. 9/2006).
8 Mitteilung der Kommission über den Erlass und die Ermäßigung von Geldbußen in Kartellsachen, ABl. EG Nr. C 298 v. 8.12.2006, S. 17. Zum Spannungsfeld zwischen behördlichen Leniency und unternehmensinternen Compliance Programmen vgl. *Bosch/Colbus/Harbusch*, WuW 2009, 740, 746.

nen problematischen Vorgang zu informieren. Dabei kann auch bedacht werden, dass es bei **steuerlichen Betriebsprüfungen** zu Mitteilungen an die Staatsanwaltschaft kommen kann. Dieses Risiko besteht, wenn etwa auf Grund der Höhe der im Raum stehenden zweifelhaften Zahlungen oder anderer Indizien davon auszugehen ist, dass der Betriebsprüfer von seiner Mitteilungspflicht nach § 4 Abs. 5 Satz 1 Nr. 10 EStG Gebrauch machen wird und den Vorgang voraussichtlich an die Staatsanwaltschaft abgibt.[1]

25.44   Der Verdachtsvorgang sollte bestenfalls gemeinsam mit einer möglichst umfassenden Darstellung des Sachverhalts mitgeteilt werden, um die **Kooperationsbereitschaft** des Unternehmens zu unterstreichen und einschneidende Ermittlungsmaßnahmen der Behörde, insbesondere eine Durchsuchung der Geschäftsräume, auf ein erforderliches Maß zu reduzieren bzw. ganz zu vermeiden.

In Ergänzung zu einzelfallbezogenen Maßnahmen infolge des Audits sind die Ergebnisse der Prüfung auch im Hinblick auf möglicherweise erforderliche Änderungen des Compliance Programms oder der Unternehmensorganisation zu analysieren. Die danach erforderlichen Maßnahmen sind umgehend einzuleiten. Sofern diese Risikoanalyse im Korruptionsbereich für bestimmte Regionen oder Länder ergibt, dass unabhängig von sämtlichen möglichen Präventionsmaßnahmen ein nicht unerhebliches Korruptionsrisiko verbleibt, kann als ultima ratio auch der Rückzug aus diesen Ländern in Betracht kommen.

9. Hinweisgebersysteme

25.45   Ein weiteres wesentliches Element der Compliance Organisation ist die Einrichtung eines **Hinweisgebersystems,** das auch Gegenstand von Empfehlungen/Anregungen des Kodex ist.[2] Beschäftigten soll auf geeignete Weise die Möglichkeit eingeräumt werden, geschützt, also auf **vertraulicher bzw. anonymer Basis** Hinweise auf Rechtsverstöße im Unternehmen zu geben; auch Dritten sollte die Möglichkeit eingeräumt werden.[3] Um dabei nicht in Konflikt mit der arbeitsgerichtlichen Rechtsprechung zu kommen, wonach Sanktionen gegen einen Arbeitnehmer, der illegale Praktiken seines Arbeitgebers anzeigt[4], zulässig seien können, wird den Hinweisgebern dabei vom Unternehmen zugesichert, dass ihnen durch die Meldung keine Nachteile entstehen (sog. **„non-retaliation policy").** Eine weitere wesentliche Grundfrage ist die Definition der sachlichen Themenfelder, für die das Hinweisgebersystem (in erster Linie) eingerichtet wird und wie es im Unternehmen bekannt gemacht wird. Dabei geht es weniger um die Festlegung, dass Hinweise auf Verstöße gegen vermeintlich „weniger wichtige" Gesetze nicht angenommen werden, als vielmehr um datenschutzrechtliche Fragen[5] sowie die konkrete Aufgabenzuordnung, welche Funktion im Unternehmen je nach Themenfeld für die Kommunikation mit dem Whistleblower sowie die Sachaufklärung und Bewertung, einschließlich Dokumentation und Maßnahmenumsetzung zuständig sein soll. Das betrifft zum einen die Frage der funktionalen Zuordnung: So kommt eine zentrale Zuständigkeit für alle Meldungen bei Recht, Compliance oder der internen Revision oder eine themenspezifische Zuord-

---

1 Vgl. dazu *Spatscheck*, NJW 2006, 641. Steuerliche Handlungspflichten können sich zudem aus § 153 AO ergeben.
2 Vgl. Ziffer 4.1.3 Satz 3 des Kodex, www.dcgk.de/Kodex; *Buchert* in Hauschka/Moosmayer/Lösler, Corporate Compliance, § 42 Rz. 62 ff., 120 ff.; *Seyfarth*, Vorstandsrecht, § 8 Rz. 45.
3 Allgemein zum Whistleblowing *Reiter*, RIW 2005, 168 ff.; *Busekist/Fahrig*, BB 2013, 119; *Wirth/Krause*, CB 2015, 27; zum Whistleblowing des Compliance-Officers *Blassl*, CB 2016, 298.
4 Nachweise bei *Wisskirchen/Körber/Bissels*, BB 2006, 1567, 1570/1571.
5 Vgl. *Brandt* in Hauschka/Moosmayer/Lösler, Corporate Compliance, § 29 Rz. 81, 90; *Buchert* in Hauschka/Moosmayer/Lösler, Corporate Compliance, § 42 Rz. 46, 47.

nung zu einzelnen Funktionen in Betracht, bei der etwa die Steuerabteilung für den Hinweis auf Verletzung von Steuervorschriften, der Rechtsbereich für Datenschutzverstöße und die Personalabteilung für HR-Fälle zuständig ist, während Hinweise auf Kartell oder Korruptionsverstöße von der Compliance oder Rechtsabteilung übernommen werden. Insbesondere bei einem dezentralen Ansatz empfiehlt es sich, klare Zuständigkeiten mit einem Abstimmungserfordernis für Grenzfälle sowie bestimmte Grundregeln und Mindeststandards für die Fallprüfung und Dokumentation festzulegen.

a) Internes oder externes Hinweisgebersystem

Bei der Ausgestaltung des Hinweisgebersystems ist zunächst zwischen einer internen und einer externen Lösung zu differenzieren. Bei der **internen Lösung** kann sich der Whistleblower auf einem definierten Wege (schriftlich, per E-Mail oder telefonisch) an eine unternehmensinterne zentrale Stelle wenden, etwa an die für „Tell-Me" zuständige Abteilung im Compliance Bereich. Inwiefern bei einer solchen Meldestelle tatsächlich zielführende Hinweise auf mögliche Verstöße gegen das Compliance Programm eingehen, hängt im Wesentlichen davon ab, ob die Mitarbeiter **Vertrauen** in die Compliance Organisation und die non-retaliation policy haben.

25.46

Alternativ zu einem internen Hinweisgebersystem besteht die Möglichkeit eine **externe Stelle** zu schaffen, bei der Hinweise auf Compliance Verstöße gemeldet werden können. Hier haben sich in der Praxis in den letzten Jahren zwei Grund-Modelle entwickelt, die auch parallel eingesetzt werden können. Bei dem ersten Modell über einen externen Rechtsanwalt wird dieser mit dem spezifischen Mandat, Hinweise auf Compliance Verstöße entgegenzunehmen vom Unternehmen als Ombudsmann mandatiert. Ein Hinweisgeber kann in diesem Fall mit der Zusage des Ombudsmanns, dass seine Identität gegenüber dem Unternehmen auf Wunsch anonym bleibt, „gefahrlos" Kontakt aufnehmen. Im günstigsten Fall erwächst daraus ein fortgesetzter Dialog zwischen Hinweisgeber und Ombudsmann, der zur Klärung offener Sachverhaltsfragen beitragen kann. Bei dem zweiten Modell handelt es sich um ein IT- und internetbasiertes Hinweisgebersystem, bei dem die Kommunikation in aller Regel über eine IT-Plattform per Eingabemaske in elektronischer Form erfolgt, die ebenfalls einen durch technische Vorkehrungen sichergestellten vertraulichen und anonymen Dialog ermöglicht. Ein solches System hat den Vorteil, dass eingehende Hinweise bereits thematisch sortiert und vorstrukturiert werden können und zugleich ein Case Management System zur Dokumentation der Vorgänge und ihrer Bearbeitung bereitgestellt wird.[1] Ferner ist es von Zeitzonen und Sprachen unabhängig. Empfänger der an das System gemeldeten Hinweise sind in der Regel Mitarbeiter der unternehmensintern für die Vorgänge zuständigen Stellen.

b) Weitere Aspekte bei der Ausgestaltung des Hinweisgebersystems

Bei der Auswahl des passenden Systems ist zu beachten, dass die Identität des Hinweisgebers zwar durch vertragliche Zusagen und technische Maßnahmen im Verhältnis zum Unternehmen geschützt werden kann, dass aber ein Schutz vor staatlichem Zugriff nicht möglich ist und zwar auch dann nicht, wenn das Unternehmen einen externen Rechtsanwalt als Ombudsmann eingeschaltet hat. Denn nach der Rechtsprechung[2] erstreckt sich der **Beschlagnahmeschutz** des § 97 Abs. 1 Nr. 3 StPO **nicht** auch **auf Dokumente von** nichtbeschuldigten anonymen **Hinweisgebern**.

25.47

---

1 *Buchert* in Hauschka/Moosmayer/Lösler, Corporate Compliance, § 42 Rz. 51 ff.
2 LG Bochum v. 16.3.2016 – II-6 Qs 1/16, NStZ 2016, 500.

Im Übrigen ist sicherzustellen, dass unabhängig davon, welche Gestaltungsform eines Hinweisgebersystems gewählt wird, auch solche Hinweise erfasst und in gleicher Weise wie Meldungen an das System oder den Ombudsmann verfolgt werden, die dem Unternehmen aus **anderen Quellen** zur Kenntnis gelangen. Das kann der klassische (anonyme) Brief an den Vorstand bzw. Aufsichtsrat oder ein Hinweis sein, den der Vorgesetzte oder die Rechts- bzw. Compliance Abteilung im Rahmen der Beratung im Tagesgeschäft erfährt. Sämtliche Hinweise sind ernst zu nehmen und mit gleicher Konsequenz aufzuklären. Dabei ist anzumerken, dass gerade Hinweise auf Rechts- oder Richtlinienverstöße, die ein Mitarbeiter offen im Rahmen seiner vertrauensvollen Zusammenarbeit mit dem Compliance Officer meldet, ein gutes Zeichen für eine funktionierende **Speak-Up Kultur** im Unternehmen sind. Zugleich stellt dies für den Compliance Officer mitunter eine schwierige Situation dar, weil er oder sie einerseits die Vertrauensbeziehung zum Hinweisgeber nicht belasten, sondern stärken möchte, andererseits aber an der Weitergabe der Meldung an die zuständige Stelle kein Weg vorbeiführt. Derartige Situationen sind Beleg für das komplexe Anforderungsprofil an die Position des Compliance Officers.

Die **Aufgabenverteilung** zwischen einem **externen Ombudsmann** und der **internen Compliance Organisation** sollte in einer Mandatsvereinbarung fixiert werden. Dazu gehört auch eine Regelung, nach der der Ombudsmann im Interesse des Unternehmens (und nicht des Hinweisgebers oder der Strafverfolgungsbehörden) tätig wird und seine wesentliche Leistung darin besteht, die eingehenden Meldungen nach einer ersten Plausibilitätsprüfung an die vereinbarte Stelle im Unternehmen weiterzuleiten und anschließend bei Bedarf den Kontakt zum Hinweisgeber im Sinne eines fortgesetzten Dialoges zu halten. Dagegen sollte es nicht Aufgabe des Anwalts sein, im Unternehmen eigene Sachverhaltsermittlungen anzustellen.

10. Compliance Reporting

25.48 Zu einer guten Corporate Governance gehört es, dass zumindest die Grundzüge des CMS offengelegt werden. So empfiehlt es auch der Kodex.[1] Die Offenlegung kann leicht auffindbar auf der Internet-Seite der Gesellschaft erfolgen. So können sich alle Stakeholder und die Öffentlichkeit ein eigenes Bild von den Compliance Aktivitäten des Unternehmens machen.

Darüber hinaus ist der Vorstand regelmäßig über das CMS, wesentliche Compliance Verstöße und die im Berichtszeitraum durchgeführten Maßnahmen informieren.[2] **Bestandteil der Berichte** sind z.B. Hinweise auf neue Elemente und ggf. die Effektivität des Programms, Darstellungen zur gelebten Compliance Kultur im Unternehmen, Statistiken bzw. Aussagen Schulungen und Beratungsaktivitäten oder Whistleblower Meldungen sowie ggfs. eine Berichterstattung auf Basis definierter Kriterien über im Berichtszeitraum aufgetretene wesentliche Compliance **Einzelfälle** bzw. **behördliche Verfahren** und die in diesem Zusammenhang ergriffenen Maßnahmen. Als Kriterien für die Frage der Wesentlichkeit bietet sich an: Bußgeld- bzw. Schadenspotential, Hinweis auf systematische/wiederkehrende Verstöße, Beteiligung höherer Managementebenen bzw. Führungskräfte, einschließlich Personen, die für den Jahresabschluss des (jeweiligen Einzel-)Unternehmens zuständig sind. Inhaltlich sind der Sachverhalt und die konkret ergriffenen Maßnahmen (Sachverhaltsaufklärung, Risikoeinschätzung, Sanktionen gegen einzelne Mitarbeiter, Maßnahmen zur Vermeidung von Wiederholungen)

---

1 S. Ziffer 4.1.3 Satz 2 des Kodex, aus der Praxis vgl. etwa die Compliance Berichte von Siemens (https://www.siemens.com/global/en/home/company/sustainability/compliance.html) oder thyssenkrupp (https://www.thyssenkrupp.com/de/unternehmen/compliance/wofuer-wir-stehen/).
2 *Klahold/Lochen* in Hauschka/Moosmayer/Lösler, Corporate Compliance, § 37 Rz. 8, 53 f.; *Bürkle*, BB 2005, 565.

unverzüglich sowie im Rahmen eines Follow-Up zu berichten. Abhängig vom Einzelfall kann die Berichterstattung mündlich oder schriftlich erfolgen, wobei in jedem Fall – und zwar auch mit Blick auf die zunehmende Anzahl von **Organhaftungsfällen**[1] im Zusammenhang mit dem ordnungsgemäßen Umgang mit Compliance Fällen bzw. Hinweisen – eine **angemessene Dokumentation** des Vorgangs und der erfolgten Berichterstattung an die Gremien sicherzustellen ist.

Der Bericht der Compliance Funktion bzw. des Chief Compliance Officers gegenüber der Unternehmensleitung dient auch als Basis für die Berichterstattung an den **Prüfungsausschuss des Aufsichtsrats oder an das Gesamtorgan Aufsichtsrat**[2]. Dabei ist zu beachten, dass nicht nur die Aufsichtsgremien der Obergesellschaft im Konzern, sondern auch der konzerneingebundenen Gremien in entsprechender Weise über Gestaltung und Umsetzung des CMS und ggf. wesentliche Einzelfälle zu informieren sind. 25.49

Auch der Bericht des Aufsichtsrats an die Hauptversammlung nach § 171 Abs. 2 AktG sollte auf das Thema Überwachung der Compliance Aktivitäten des Vorstands durch den Aufsichtsrat eingehen.[3] Die Intensität der Berichterstattung richtet sich dann nach dem Einzelfall. Bei börsennotierten Unternehmen ergeben sich Berichtsanforderungen zu Compliance darüber hinaus aus Ziffer 3.10 (als Teil des Governance Berichtes) sowie 4.1.3 (Offenlegung von Grundzügen des CMS) des Kodex.

11. Sanktionen

Verstöße gegen das Compliance Programm und die zu Grunde liegenden gesetzlichen Vorschriften durch Mitarbeiter des Unternehmens sind in Form von **arbeits- und/oder zivilrechtlichen Maßnahmen**, bis hin zur fristlosen Kündigung, zu sanktionieren.[4] 25.50

Auf Grund der Vielfalt der denkbaren Sachverhaltskonstellationen bedarf zwar jeder identifizierte Compliance Verstoß einer ausführlichen Einzelfallbeurteilung, jedoch bietet es sich an, die Grundsätze und Kriterien zur Festlegung der **angemessenen Sanktion** in entsprechenden **Sanktionsleitlinien** festzulegen, um vergleichbare Sachverhalte in gleicher Weise zu sanktionieren und dem Eindruck willkürlicher Maßnahmen vorzubeugen.

Bei der Frage, ob ein schwerer Compliance Verstoß durch (fristlose) Kündigung sanktioniert werden kann oder soll, steckt das Unternehmen je nach Fallkonstellation nicht selten in einem Dilemma, weil die (sofortige) Beendigung des Arbeitsverhältnisses dazu führt, dass das Unternehmen mangels eigener Sachverhaltskenntnis zur Kooperation mit den Ermittlungsbehörden auf Informationen des beschuldigten Mitarbeiters angewiesen ist.[5]

---

1 Ganz aktuell ist hierbei das Beispiel des Abgas-Skandals bei VW (http://www.manager-magazin.de/unternehmen/autoindustrie/abgasskandal-warum-der-vw-vorstand-haftbar-ist-a-1054753.html) und einen Überblick bei https://www.risknet.de/themen/risknews/manager-unterschaetzen-persoenliche-haftungsrisiken/7a8ac2a99c57573020876775bccbbec3/; vgl. hierzu auch die Besprechung des *Neubürger/Siemens-Urteils* bei *Seibt/Cziupka*, DB 2014, 1598; vgl. auch die Rechtsprechungsübersichten von *Gärtner*, BB 2014, 2627; BB 2013, 2242; BB 2012, 1475.
2 *Klahold/Lochen* in Hauschka/Moosmayer/Lösler, Corporate Compliance, § 37 Rz. 53 f.; zur Intensität der Berichterstattung von Einzelfällen vgl. Rz. 25.18.
3 Weitergehend *Lutter* in FS Hüffer, 2010, S. 617, 623 f. – Rechtspflicht.
4 *Rogall* in KK OWiG, 4. Aufl. 2014, § 130 OWiG Rz. 65, 66; *Krekeler/Werner*, Unternehmer und Strafrecht, München 2006, Rz. 26 m.w.N.; *Reichert/Ott*, ZIP 2009, 2173, 2178. Vgl. zu den Voraussetzungen einer Kündigung in Korruptionsfällen *Linck* in Schaub, Arbeitsrechts-Handbuch, 16. Aufl. 2015, Rz. 116.
5 *S. Seyfarth*, Vorstandsrecht, § 8 Rz. 48.

Gleichwohl ist zwingend darauf zu achten, dass festgestellte **Verstöße** gegen das Compliance Programm auch in angemessener Weise **sanktioniert werden**. Die Ahndung festgestellter Verstöße ist nicht nur Rechtsplicht sondern auch zur Aufrechterhaltung der Glaubwürdigkeit von Compliance im Unternehmen zwingend erforderlich. Andernfalls besteht die Gefahr, dass die Compliance Bemühungen des Unternehmens von den Mitarbeitern als willkürlich bzw. bloße Lippenbekenntnisse aufgefasst werden und das Programm seine Wirkung verliert, und zwar sowohl im Hinblick auf die **Abschreckungswirkung** in Bezug auf vorsätzlich rechtswidriges Verhalten als auch in seiner **Präventivwirkung** zur Stärkung einer **Compliance- und Integritätskultur** und den strategischen Mehrwert von Compliance für **nachhaltig erfolgreiches unternehmerisches Handeln**.[1]

III. Integration von Compliance in die Geschäftsprozesse

25.51 Das Compliance Programm ist in vielfältiger Hinsicht in die Geschäftsprozesse des Unternehmens zu integrieren. Es empfiehlt sich, die einzelnen Handlungsfelder gemeinsam mit den jeweiligen Einheiten einerseits funktional andererseits für das operative Geschäft zu ermitteln.

1. Umsetzung in den Funktionen

25.52 In funktionaler Hinsicht ergibt sich Integrationsbedarf zur Abdeckung und Reduzierung einer Vielzahl von Compliance Risiken insbesondere für die Bereiche **Einkauf und Vertrieb/Marketing**. Die konkreten Maßnahmen erstrecken sich einerseits auf die Verankerung von Compliance in **Kernprozesse** der jeweiligen Funktion, also etwa die Berücksichtigung von Compliance Risiken zur Korruptionsprävention, Vermeidung von Interessenkonflikten oder Reduzierung von Geldwäscherisiken bei der **Lieferantenauswahl** im Einkauf oder die Verankerung der Regeln zur Einbindung von Vertriebsmittlern in die Vertriebsprozesse. Andererseits sind auch allgemeine organisatorische Maßnahmen, wie eine regelmäßige **Rotation** von Mitarbeitern im Einkauf und Vertrieb prozessual zu erfassen. Dadurch soll verhindert werden, dass es zwischen den entsprechenden Mitarbeitern auf Kunden- und Lieferantenseite zu Interessenkonflikten und Abhängigkeitsverhältnissen kommt.[2]

Weitere Funktionen, mit denen die Integration von Compliance in relevante Prozesse gemeinsam erarbeitet und operationalisiert werden sollte, sind etwa Controlling/Risk Management/Accounting, Strategie, R&D, M&A, Investor Relations oder HR. Besonders wichtig ist, die Verzahnung von Compliance mit dem **Risikomanagement** und **internen Kontrollsystem** (IKS). Dabei geht es zum Beispiel darum, das **Vier-Augen-Prinzip**[3] und die Funktionstrennung zwischen Bestell-, Annahme- und Bezahlvorgängen als wesentliche IKS-Maßnahme umzusetzen. Durch die Verknüpfung zum Risikomanagement werden auch die Grundlagen für die interne und **externe Compliance Berichterstattung** (als ad hoc Meldung oder Teil der Regelberichterstattung) über relevante Risiken bzw. behördliche Verfahren gelegt. Mit der Strategieabteilung sind beispielsweise die Themenfelder **Vertriebsstrategie** (Festlegung von Geschäftsmodellen oder **Market Entry** bzw. **Exit**-Entscheidungen unter Berücksichtigung von Compliance Risiken) oder die Erfassung kartellrechtlicher Aspekte in den Bereichen **Market Intelligence**

---

1 Unten *Dreher*, Rz. 35.74; *Hauschka*, BB 2007, 165, 171 f. Aus kriminologischer Sicht *Bussmann/Matschke*, CCZ 2009, 132, 136.
2 *Hauschka*, BB 2007, 165, 170.
3 *Hauschka*, AG 2004, 461, 467, 472; *Hauschka*, BB 2007, 165, 168 mit weiteren Vorschlägen zur Ablauforganisation im Rahmen der Korruptionsprävention; vgl. auch *Passarge/Graf* für das „Hamburger Compliance-Zertifikat", CCZ 2014, 119, 124.

oder **Benchmarking mit Wettbewerbern** zu berücksichtigen. Auch bei den Funktionen R&D, M&A und Investor Relations geht es vor allem darum, die Regeln zum Informationsaustausch mit Wettbewerbern in die jeweiligen funktionsspezifischen Prozesse zu integrieren. Bei M&A kommt der Umgang mit Compliance Risiken, insbesondere **Korruptionsrisiken in der Due Diligence** und in den Haftungs- und Gewährleistungsklauseln hinzu.

Eine wesentliche Rolle spielt die Verzahnung der Bereiche **Compliance und Personal**. Gemeinsam mit dem Personalbereich sind dabei Prozesse zu erarbeiten, um konkrete Compliance Risiken zu reduzieren (etwa bei der Einstellung von Mitarbeitern vom Wettbewerb), die Umsetzung des Compliance Programms zu begleiten (Auswahl und Erfassung von Schulungsteilnehmern in den Personalsystemen) oder konkrete Maßnahmen im Konfliktfall zu definieren (Zuständigkeiten und Vorgaben bei der Trennung von Mitarbeitern aus Compliance Gründen, etwa um den Zugang zum IT-System oder Firmengelände unverzüglich zu unterbinden). Darüber hinaus geht es um Maßnahmen und Programme zur Förderung der **Compliance Kultur**. So sollten die Unternehmenswerte und insbesondere der Schwerpunkt auf Integrität in der Führungskräfteentwicklung Berücksichtigung finden, sei es im Dialog mit dem Vorgesetzten, inwieweit der Mitarbeiter seine Compliance Verantwortung sichtbar lebt und in seinem Verantwortungsbereich für den richtigen Tone from the Top bzw. Middle sorgt oder indem Compliance und Wertemanagement in die Seminarprogramme und bei Veranstaltungen zur Führungskräfteentwicklung des Unternehmens eingebaut wird.

25.53

Ein wichtiges Personalthema mit Compliance Bezug ist schließlich die Berücksichtigung von Compliance bei der Vergütung. Zunächst ist bei aller Komplexität des Themas darauf zu achten, dass die bestehenden **Vergütungssysteme** des Unternehmens jedenfalls keine Compliance konträren Leistungsanreize schaffen[1] und nach Möglichkeit zugleich um Compliance orientierte Komponenten ergänzt werden. Es bietet sich etwa an, messbare Kenngrößen zu definieren, die dann in die Zielvereinbarung etwa eines operativ für die Umsetzung des Programms verantwortlichen Compliance Managers als individuelles Ziel aufgenommen werden. Denkbar sind etwa Zielvorgaben wie das Erreichen einer bestimmten Teilnahmequote an Schulungen, der erfolgreiche Roll-Out bestimmter Programmelemente, (z.B. Risikoanalyse oder E-Learning Programm) oder die Durchführung von Compliance Workshops. Die Aufnahme eines Bonus/Malus falls im eigenen Verantwortungsbereich Compliance Verstöße (nicht) vorgekommen sind, hat sich als Vergütungsbestandteil für einen größeren Personenkreis in der Praxis soweit erkennbar bisher eher nicht durchgesetzt, weil eine Geschäftsführung im Einklang mit Recht und Gesetz eine Selbstverständlichkeit seien sollte, die Anreizwirkung einer solchen Regelung mangels Beeinflussbarkeit schwer zu ermitteln ist und Compliance Verstöße – anders etwa als Arbeitsunfälle – regelmäßig erst mit erheblichem zeitlichen Nachlauf identifiziert werden, sodass jede Bonuszahlung unter dem Vorbehalt stünde, dass auch in den Folgejahren keine Altfälle bekannt werden.

25.54

2. Umsetzung im operativen Geschäft

Die identifizierten funktionsspezifischen Themen sind in den einzelnen Geschäftseinheiten umzusetzen. Ferner bedürfen auch diejenigen Compliance Felder der O**perationalisierung**, die praktisch im gesamten Unternehmen vorkommen können, wie etwa die Vorgaben für Einladungen, Geschenke, Sponsoring oder Spenden durch Festlegung von Melde-, Prüf- und Genehmigungsprozesse oder die Einführung eines „Gift & Entertainment Registers" zur Transparenzschaffung und Dokumentation.

25.55

---

1 *Bussmann/Matschke*, CCZ 2009, 132, 138; vgl. auch *Lutter* in FS Hüffer, 2010, S. 617, 620.

3. Digitalisierung

25.56 Mit wachsender Bedeutung von Compliance wurden in den letzten Jahren für verschiedene Regelungs- und Risikobereiche vermehrt digitale Lösungen von Unternehmen und externen Dienstleistern konzipiert und auf den Markt gebracht. Sie können bei der Umsetzung von Compliance Elementen und zur effektiven und effizienten Integration von Compliance in die Geschäftsprozesse eingesetzt werden. Beispielhaft sei verwiesen auf E-Learning Programme, internetbasierte Hinweisgebersysteme oder Software zur Unterstützung von Compliance Audits, etwa zur Erfassung und risikobasierten Durchsuchung elektronischer Massendaten, sei es aus dem Rechnungswesen oder aus dem Bereich elektronischer Kommunikation (E-Search von E-Mail Postfächern). Daneben gibt es rollenbasierte Systeme und Tools mit denen Prozesse zur Prüfung und Genehmigung von Spenden und Sponsoring-Aktivitäten oder zur Einschaltung externer Geschäftspartner, wie Vertriebsmittler, Distributoren oder Zollagenten abgebildet werden. Die Einführung derartiger IT-Lösungen ist stets mit einem gewissen Aufwand und einem nicht zu unterschätzenden Kommunikations- und Trainingseinsatz für die Anwender verbunden. Sie haben aber den Vorteil, dass immer wiederkehrende Compliance Themen standardisiert durchgeführt und revisionssicher dokumentiert werden.

IV. Verhalten des Unternehmens im Ermittlungsverfahren

25.57 Das Unternehmen muss für den Fall, dass gegen das Unternehmen selbst oder einzelne Mitarbeiter ein Ermittlungsverfahren wegen des Verdachts auf Compliance Verstöße anhängig wird, unverzüglich sämtliche erforderlichen Maßnahmen ergreifen, um das **Schadensrisiko** soweit wie möglich zu **begrenzen**.

Dazu ist im ersten Schritt das **Verteidigungsteam** aufzustellen, zu dem neben den intern zuständigen Stellen auch entsprechend qualifizierte externe Berater gehören sollten. Sodann ist einerseits der Kontakt zu den ermittelnden Behörden zu suchen und vollumfängliche **Kooperation** anzubieten. Zugleich sind in gebotenem Umfang Verfahrensrechte des Unternehmens, etwa bei Durchsuchungen/Nachprüfungen oder im Hinblick auf Akteneinsicht etc., wahrzunehmen. Ferner wird es in dieser Phase häufig geboten sein, den betroffenen Mitarbeitern geeignete Individualverteidiger zur Seite zu stellen, deren Kosten unter dem Vorbehalt, dass es zu keiner Verurteilung wegen einer vorsätzlichen Straftat kommt, vom Unternehmen bzw. von einer ggf. bestehenden Industriestrafrechtsversicherung übernommen werden.

Gleichzeitig ergibt es in aller Regel die Notwendigkeit, eine eigene **interne Untersuchung** der Vorwürfe einzuleiten, um das Risikopotential des Vorgangs abschätzen zu können und ggf. die erforderlichen Sanktionen bzw. anderen internen Maßnahmen zu veranlassen. Wie bei Compliance Audits ergeben sich auch insoweit Grenzen der internen Ermittlungsbefugnisse aus den einschlägigen Datenschutzgesetzen.

Davon ausgehend, dass bei größeren anhängigen Ermittlungsverfahren regelmäßig in der Presse berichtet wird, ist neben der internen **Kommunikation** (Information von Vorstand und Aufsichtsrat) auch die externe Kommunikation zu organisieren.

E. Zusammenfassung und Ausblick

25.58 Die Einrichtung und Implementierung eines angemessenen Compliance Management Systems bzw. Compliance Programms gehört jedenfalls bei Industrieunternehmen mit entsprechendem Risikoprofil zum Pflichtenkreis der Geschäftsleitung. Bei der Festlegung und Umsetzung der Maßnahmen im Einzelnen steht den Unternehmen unter Berücksichtigung der Vorgaben aus Gesetz und Rechtsprechung sowie den in der Praxis entwickelten Standards ein weiter Beurteilungs- und Ermessensspielraum zu.

Compliance ist trotz aller im Detail noch ungelösten rechtlichen Fragen als konzernweite Leitungsaufgabe zu verstehen. Aufgrund der zunehmenden Orientierung von Straf- und Bußgeldern am Konzernumsatz sowie zunehmender Überwachungspflichten bzw. Haftungsrisiken für die Konzernmutter sind Einrichtung und Implementierung eines CMS konzernweit zu koordinieren und in ihren Kernbereichen auch einheitlich auszugestalten und umzusetzen. Durch geeignete organisatorische Vorgaben und Berichtssysteme ist sicherzustellen, dass relevante Compliance Risiken aus Konzernsicht erkannt und reduziert und wesentliche Compliance Verstöße gemeldet bzw. identifiziert, abgestellt und sanktioniert werden können.

Grundlage des CMS ist eine auf rechtmäßiges, nachhaltiges und wertorientiertes unternehmerisches Handeln ausgerichtete Compliance Kultur, in der Werte wie Glaubwürdigkeit, Transparenz und Integrität als Eckpfeiler eine wesentliche Rolle einnehmen und vom Management vorgelebt werden.

Zur Identifizierung der für das CMS relevanten Themenfelder bedarf es einer Risikoanalyse, aus der sich ergibt, bei welchen geschäftlichen Aktivitäten und Prozessen welche Compliance Risiken bestehen. Die abzudeckenden Themenfelder gehen mittlerweile weit über die klassischen Bereiche Kartellrecht und Korruptionsbekämpfung hinaus und können eine Vielzahl von rechtlich oder technisch geprägten Regelungsfeldern erfassen.

Ein effektives CMS beruht auf vier Kernbestandteilen: Basis ist ein unmissverständlicher die Compliance Kultur vermittelnder Tone from The Top. Hinzu kommen die einzelnen auf Prävention, Risikoidentifikation und Reaktion ausgerichteten Elemente des Compliance Programms sowie die Integration des CMS in die Geschäftsprozesse des Unternehmens. Schließlich bedarf es einer mit angemessenen Ressourcen ausgestatteten Compliance Organisation, die Design, Steuerung und Umsetzung des CMS verantwortet und die Führungskräfte und Mitarbeiter bei der Einhaltung der Compliance Vorgaben unterstützt.

Ein entsprechend aufgesetztes und implementiertes CMS sollte das Risiko insbesondere schwerwiegender bzw. systematischer Compliance Verstöße signifikant reduzieren. Zugleich trägt es zu einer wertorientierten transparenten Unternehmenskultur bei, ist eine wesentliche Säule der Governance und des Risikomanagements und schafft dadurch einen strategischen Mehrwert für das Unternehmen.

Fehlende oder fehlerhafte Compliance kann für das Unternehmen und sein Management dagegen zu hohen, ggf. Existenz bedrohenden wirtschaftlichen Nachteilen und Reputationsschäden führen. Mit steigenden Anforderungen an effektive CMS und die damit verbundenen Pflichten für Unternehmen und ihre Leitungspersonen wächst auch das Risiko, nicht nur bei aktiven Verstößen gegen straf- und bußgeldbewährte Vorschriften zu haften, sondern auch wegen unzureichender Compliance Maßnahmen in der Prävention oder im Umgang mit identifizierten Fällen bzw. wegen Aufsichts- und Organisationsverschulden zur Verantwortung gezogen zu werden.

Im Umkehrschluss sind die rechtspolitischen Bestrebungen und Initiativen zu unterstützen, um auch in Deutschland bzw. im europäischen Kartellrecht die Möglichkeit zur Exkulpation bzw. Bußgeldreduzierung für den Fall zu eröffnen, dass es trotz effektiver Compliance zu einem Rechtsverstoß im Unternehmen gekommen ist. Dadurch wird den erheblichen und häufig kostenintensiven Compliance Maßnahmen der Unternehmen in angemessener Weise Rechnung getragen und es werden zugleich positive Anreize zu weiter intensivierten Compliance Anstrengungen gesetzt.

§ 26
Risikobereich und Haftung: Wettbewerbsverbote und Ansichziehen von Corporate Opportunities

Professor Dr. Dirk A. Verse, M.Jur. (Oxford)

A. Einführung 26.1
B. Gesetzliche Pflichten der Vorstandsmitglieder und Geschäftsführer 26.4
 I. Wettbewerbsverbot 26.4
  1. Grundlagen 26.5
   a) Vorstand der AG 26.5
   b) GmbH-Geschäftsführer 26.7
  2. Persönlicher Geltungsbereich 26.8
  3. Zeitlicher Geltungsbereich 26.10
  4. Gegenständlicher Geltungsbereich ... 26.14
   a) Betreiben eines Handelsgewerbes . 26.14
   b) Geschäftemachen im Geschäftszweig der Gesellschaft 26.16
   c) Vorstandsmitglied, Geschäftsführer oder Komplementär einer anderen Handelsgesellschaft 26.21
   d) Grenzfall: Vorbereitungsmaßnahmen 26.23
 II. Geschäftschancenbindung 26.24
  1. Verhältnis zum Wettbewerbsverbot .. 26.24
  2. Zuordnung der Geschäftschancen ... 26.29
  3. Rechtfertigungsgründe für die Eigenwahrnehmung 26.32
  4. Ansichziehen von Geschäftschancen . 26.33
 III. Befreiung von Wettbewerbsverbot und Geschäftschancenbindung 26.34
  1. Zuständiges Organ 26.34
  2. Mehrheitserfordernis; konkrete und generelle Befreiung 26.35
  3. Weitere Modalitäten der Befreiung .. 26.36
 IV. Rechtsfolgen von Verstößen 26.39
  1. Unterlassungsanspruch 26.40
  2. Schadensersatz 26.41
  3. Eintrittsrecht 26.42
 V. Verjährung 26.48
C. Pflichten der Vorstandsmitglieder und Geschäftsführer aus dem Anstellungsvertrag 26.51
 I. Überblick über mögliche vertragliche Regelungen 26.51
 II. Nachvertragliche Wettbewerbsverbote 26.54
  1. Prüfungsmaßstab 26.55
  2. Konkretisierung 26.56
  3. Rechtsfolgen unzulässiger Vereinbarungen 26.60
  4. Verzicht; Lösung vom nachvertraglichen Wettbewerbsverbot 26.61
 III. Rechtsfolgen von Verstößen 26.62
D. Pflichten der Aufsichtsratsmitglieder 26.63
 I. Ausgangspunkt: kein Wettbewerbsverbot, keine Inkompatibilität 26.63
 II. Treuepflicht und Geschäftschancenbindung 26.66
  1. Pflichten im Rahmen der Organtätigkeit 26.66
  2. Pflichten außerhalb der Organtätigkeit 26.68

Schrifttum: *Abeltshauser*, Leitungshaftung im Kapitalgesellschaftsrecht, 1998; *Armbrüster*, Wettbewerbsverbote im Kapitalgesellschaftsrecht, ZIP 1997, 1269; *Bauer/Diller*, Wettbewerbsverbote, 7. Aufl. 2015; *Bergwitz*, Befreiung der GmbH von der Karenzentschädigungspflicht beim nachvertraglichen Wettbewerbsverbot des abberufenen Geschäftsführers, GmbHR 2007, 523; *Bryant*, Gesellschaftsrechtliche Wettbewerbsverbote für Geschäftsleiter, 2013; *Claussen/Korth*, Das Wettbewerbsverbot des Geschäftsführers/Gesellschafters einer GmbH, in FS Beusch, 1993, S. 111; *Diller*, Konkurrenztätigkeit des GmbH-Geschäftsführers während des Kündigungsprozesses, ZIP 2007, 201; *Fleck*, Eigengeschäfte eines Aufsichtsratsmitglieds, in FS Heinsius, 1991, S. 89; *Fleischer*, Verdeckte Gewinnausschüttung: Die Geschäftschancenlehre im Spannungsfeld zwischen Gesellschafts- und Steuerrecht, DStR 1999, 1249; *Fleischer*, Gelöste und ungelöste Probleme der gesellschaftsrechtlichen

Geschäftschancenlehre, NZG 2003, 985; *Fleischer,* Gegenwartsfragen der Geschäftschancenlehre im englischen und deutschen Gesellschaftsrecht, in FS Kilian, 2004, S. 645; *Fleischer,* Wettbewerbs- und Betätigungsverbote für Vorstandsmitglieder im Aktienrecht, AG 2005, 336; *Freudenberg,* Das Nebentätigkeitsrecht der Vorstandsmitglieder nach § 88 AktG, 1989; *Gehle,* Nachvertragliches Wettbewerbsverbot: Geltungserhaltende Reduktion kraft vertraglicher Vereinbarung?, DB 2010, 1981; *Gerigk,* Nachvertragliche Wettbewerbsverbote mit geschäftsführenden Organmitgliedern und Gesellschaftern, 2013; *Goette,* Die GmbH, 2. Aufl. 2002; *Goette,* Aktuelle höchstrichterliche Rechtsprechung zur Freiberuflersozietät, AnwBl 2007, 637; *Grundmann,* Der Treuhandvertrag, 1997; *Habersack,* Geschäftschancen im Recht der verbundenen Aktiengesellschaft, in FS Hoffmann-Becking, 2013, S. 421; *Heidenhain,* Nachvertragliches Wettbewerbsverbot des GmbH-Geschäftsführers, NZG 2002, 605; *Hitzler,* Loyalitätskonflikte bei Arbeitnehmern und GmbH-Fremdgeschäftsführern, 2005; *Hoffmann-Becking,* Nachvertragliche Wettbewerbsverbote für Vorstandsmitglieder und Geschäftsführer, in FS Quack, 1991, S. 273; *Hoffmann-Becking,* Das Wettbewerbsverbot des Geschäftsleiters der Kapitalgesellschaft & Co., ZHR 175 (2011), 597; *Hopt,* Interessenwahrung und Interessenkonflikte im Aktien-, Bank- und Berufsrecht, ZGR 2004, 1; *Jäger,* Das nachvertragliche Wettbewerbsverbot und die Karenzentschädigung für Organmitglieder juristischer Personen, DStR 1995, 727; *Korkmaz,* Konzernweite nachvertragliche Wettbewerbsverbote für Vorstandsmitglieder, NJOZ 2014, 481; *Kort,* Interessenkonflikte bei Organmitgliedern der AG, ZIP 2008, 717; *Krahforst,* Nachvertragliche Wettbewerbsverbote für GmbH-Geschäftsführer – Beurteilungsgrundlagen und Zulässigkeitsmaßstäbe, 2012; *Krämer,* Nachvertragliche Wettbewerbsverbote im Spannungsfeld von Berufs- und Vertragsfreiheit, in FS Röhricht, 2005, S. 335; *Kübler,* Erwerbschancen und Organpflichten, in FS Werner, 1984, S. 437; *Kübler/Waltermann,* Geschäftschancen der Kommanditgesellschaft, ZGR 1991, 162; *Kukat,* Praktische Hinweise zur Vereinbarung nachvertraglicher Wettbewerbsverbote für Geschäftsführer und zur Anrechnung anderweitigen Erwerbs, BB 2001, 951; *Kumpan,* Der Interessenkonflikt im deutschen Privatrecht, 2014; *Manger,* Das nachvertragliche Wettbewerbsverbot des GmbH-Geschäftsführers, GmbHR 2001, 89; *J. M. Menke,* Gestaltung nachvertraglicher Wettbewerbsverbote mit GmbH-Geschäftsführern – Verzicht statt Karenzentschädigung, NJW 2009, 636; *Mense,* Interessenkonflikte bei Mehrfachmandaten im Aufsichtsrat der AG, 2007; *Merkt,* Unternehmensleitung und Interessenkollision, ZHR 159 (1995), 423; *Meyer,* Das „Eintrittsrecht" der Aktiengesellschaft gemäß § 88 Abs. 2 Satz 2 AktG, AG 1988, 259; *Möllers,* Treuepflichten und Interessenkonflikte bei Vorstands- und Aufsichtsratsmitgliedern, in Hommelhoff u.a. (Hrsg.), Handbuch Corporate Governance, 2. Aufl. 2009, S. 423; *Palzer,* Fortwirkende organschaftliche Pflichten des Geschäftsführers einer GmbH, 2001; *Polley,* Wettbewerbsverbot und Geschäftschancenlehre, 1993; *Reinhardt,* Interessenkonflikte bei der Wahrnehmung von Geschäftschancen im US-amerikanischen und deutschen Gesellschaftsrecht, 1994; *Röhricht,* Das Wettbewerbsverbot des Gesellschafters und des Geschäftsführers, WPg 1992, 766; *Salfeld,* Wettbewerbsverbote im Gesellschaftsrecht, 1987; *Schiessl,* Die Wahrnehmung von Geschäftschancen der GmbH durch ihren Geschäftsführer, GmbHR 1988, 53; *U.H. Schneider,* Wettbewerbsverbot für Aufsichtsratsmitglieder einer Aktiengesellschaft?, BB 1995, 365; *Sina,* Die Befreiung des GmbH-Geschäftsführers vom Wettbewerbsverbot, DStR 1991, 40; *Steck,* Neue Aspekte zur Geschäftschancenlehre bei GmbH-Gesellschaftern, GmbHR 2005, 1157; *Strelau,* Wettbewerbsverbote für den GmbH-Geschäftsführer und Befreiungsmöglichkeiten, 1999; *Thiel,* Verdeckte Gewinnausschüttung bei Verletzung des Wettbewerbsverbots durch Gesellschafter/Geschäftsführer einer GmbH, GmbHR 1992, 338; *Thüsing,* Nachorganschaftliche Wettbewerbsverbote bei Vorständen und Geschäftsführern, NZG 2004, 9; *Timm,* Wettbewerbsverbot und „Geschäftschancen"-Lehre im Recht der GmbH, GmbHR 1981, 177; *Ulmer,* Aufsichtsratsmandat und Interessenkollision, NJW 1980, 1603; *Wassermeyer,* Das Wettbewerbsverbot des Gesellschafters und des Gesellschafter-Geschäftsführers einer GmbH, GmbHR 1993, 329; *Weisser,* Corporate Opportunities, 1991; *Weller,* Wettbewerbsverbote und ihre Drittwirkung in der Kapitalgesellschaft & Co. KG, ZHR 175 (2011), 110; *Wirth,* Anforderungsprofil und Inkompatibilitäten für Aufsichtsratsmitglieder, ZGR 2005, 327.

A. Einführung

26.1 Dass die Mitglieder des Leitungsorgans (Vorstand, Geschäftsführung) gegenüber ihrer Gesellschaft eine besondere Treuepflicht trifft, aus der sich u.a. das Verbot ergibt, mit der Gesellschaft in Wettbewerb zu treten, ist rechtsformübergreifend seit langem anerkannt. Für die Vorstandsmitglieder einer AG (§ 88 AktG), die Vorstandsmitglieder bzw. geschäftsführenden Direktoren einer SE (Art. 9 SE-VO, § 40 Abs. 7 SEAG i.V.m. § 88 AktG) sowie die geschäftsführenden, persönlich haftenden Gesellschafter einer OHG, KG oder KGaA (§§ 112, 113, 161 HGB, § 284 AktG) ergibt sich das **Wettbewerbsverbot** unmittelbar aus dem Gesetz. Aber auch dort, wo es – wie insbesondere für den GmbH-Geschäftsführer – an einer gesetzlichen Bestimmung fehlt, besteht Einigkeit, dass auch ohne Satzungsregelung oder Vereinbarung im Anstellungsvertrag ein Wettbewerbsverbot des Geschäftsführers als Ausfluss der organschaftlichen Treuepflicht anzuerkennen ist.[1] Für börsennotierte Gesellschaften und sonstige Gesellschaften mit Kapitalmarktzugang i.S. des § 161 Abs. 1 Satz 2 AktG sieht der Deutsche Corporate Governance Kodex (DCGK) noch weiter gehende Regelungen vor. Ziff. 4.3.1 Satz 2 DCGK erinnert zunächst an die gesetzliche Verpflichtung, dass die Vorstandsmitglieder während ihrer Tätigkeit für das Unternehmen einem umfassenden Wettbewerbsverbot unterliegen. Darüber hinaus formuliert Ziff. 4.3.4 DCGK die Empfehlung, dass Vorstandsmitglieder Nebentätigkeiten, insbesondere Aufsichtsratsmandate außerhalb des Unternehmens, nur mit Zustimmung des Aufsichtsrats übernehmen sollen.

26.2 Als gesichert gelten kann neben dem Wettbewerbsverbot auch das durch die US-amerikanische Rechtsprechung inspirierte[2] Verbot des Vorstandsmitglieds bzw. Geschäftsführers, Geschäftschancen der Gesellschaft („**corporate opportunities**") zum eigenen Vorteil auszunutzen.[3] Zwar fehlt es insoweit an einer ausdrücklichen gesetzlichen Regelung. Die Geschäftschancenbindung ergibt sich aber unmittelbar aus der organschaftlichen Treuepflicht, genauer: aus der Pflicht der Geschäftsleiter, „bei der Wahrnehmung der ihnen übertragenen Aufgaben allein das Wohl des Unternehmens und nicht ihren eigenen wirtschaftlichen Nutzen zu verfolgen."[4] Erwähnung findet die Geschäftschancenlehre zudem in Ziff. 4.3.1 Satz 2

---

1 Vgl. für den Geschäftsführer einer GmbH BGH v. 9.11.1967 – II ZR 64/67, BGHZ 49, 30, 31; BGH v. 26.10.1964 – II ZR 127/62, WM 1964, 1320, 1321; BGH v. 24.11.1975 – II ZR 104/73, WM 1976, 77; BGH v. 11.10.1976 – II ZR 104/75, GmbHR 1977, 43; *Uwe H. Schneider* in Scholz, § 43 GmbHG Rz. 153 ff.; *Zöllner/Noack* in Baumbach/Hueck, § 35 GmbHG Rz. 41 ff.; für den geschäftsführenden Kommanditisten (gegen den Wortlaut des § 165 HGB) BGH v. 5.12.1983 – II ZR 242/82, BGHZ 89, 162, 165 f. = GmbHR 1984, 203; BGH v. 8.5.1989 – II ZR 229/88, WM 1989, 1216, 1217 = GmbHR 1989, 460; *Roth* in Baumbach/Hopt, § 165 HGB Rz. 3.
2 Zur US-amerikanischen „corporate opportunities"-Doktrin aus deutscher Sicht erstmals *Mestmäcker*, Verwaltung, Konzerngewalt und Rechte der Aktionäre, 1958, S. 166 ff.; ferner etwa *Abeltshauser*, Leitungshaftung im Kapitalgesellschaftsrecht, 1998, S. 298 ff.; *Merkt*, US-amerikanisches Gesellschaftsrecht, 3. Aufl. 2013, Rz. 995 ff.; *Weisser*, Corporate Opportunities, 1991.
3 Vgl. vorerst nur BGH v. 23.9.1985 – II ZR 246/84, WM 1985, 1443 f. = GmbHR 1986, 42; *Spindler* in MünchKomm. AktG, § 88 AktG Rz. 61 ff.; *Uwe H. Schneider* in Scholz, § 43 GmbHG Rz. 201 ff.; aus der steuerlichen Rechtsprechung (Ansichziehen von Geschäftschancen durch den Gesellschafter-Geschäftsführer als verdeckte Gewinnausschüttung) BFH v. 30.8.1995 – I R 155/94, BFHE 178, 371 ff. = GmbHR 1996, 58; BFH v. 9.7.2003 – I R 100/02, NZG 2004, 974, 975 = GmbHR 2003, 1497 m.w.N.
4 St.Rspr., vgl. BGH v. 8.5.1967 – II ZR 126/65, WM 1967, 679; BGH v. 10.2.1977 – II ZR 79/75, WM 1977, 361, 362; BGH v. 21.2.1983 – II ZR 183/82, WM 1983, 498, 499 = GmbHR 1983, 300; BGH v. 23.9.1985 – II ZR 246/84, WM 1985, 1443 = GmbHR 1986, 42; BGH v. 12.6.1989 – II ZR 334/887, WM 1989, 1335, 1339 = AG 1989, 354.

DCGK. Danach dürfen die Vorstandsmitglieder „Geschäftschancen, die dem Unternehmen zustehen, nicht für sich nutzen."

Jenseits der grundsätzlichen Anerkennung von Wettbewerbsverbot und Geschäftschancenlehre befindet man sich allerdings schnell auf ungesichertem Terrain. Unsicherheiten bestehen nicht nur darüber, in welchem Verhältnis Wettbewerbsverbot und Geschäftschancenbindung grundsätzlich zueinander stehen, sondern auch (und praktisch bedeutsamer) in Bezug auf zahlreiche Einzelfragen, die den Geltungsbereich beider Verbote betreffen. Die Rechtslage wird zudem dadurch unübersichtlich, dass die Reichweite des gesetzlichen Wettbewerbsverbots nicht für alle Rechtsformen einheitlich zu bestimmen ist. Die folgende Darstellung konzentriert sich auf die **Rechtslage in der AG und der GmbH**.[1] Sie beschränkt sich ferner auf das Wettbewerbsverbot der Organmitglieder, bezieht also das ggf. zusätzlich bestehende, im Einzelnen umstrittene Wettbewerbsverbot aus der Stellung als herrschender Gesellschafter[2] nicht mit ein. Im Mittelpunkt stehen im Folgenden das Wettbewerbsverbot und die Geschäftschancenbindung der Vorstandsmitglieder und Geschäftsführer, wobei zunächst der gesetzliche Pflichtenrahmen (unter B., Rz. 26.4 ff.) und sodann mögliche Modifikationen durch den Anstellungsvertrag (C., Rz. 26.51 ff.) in den Blick genommen werden. Zum Abschluss wird die Frage behandelt, ob und inwieweit Wettbewerbsverbot und Geschäftschancenbindung auch auf Aufsichtsratsmitglieder anzuwenden sind (D., Rz. 26.63 ff.).

26.3

B. Gesetzliche Pflichten der Vorstandsmitglieder und Geschäftsführer

I. Wettbewerbsverbot

Zwischen dem in § 88 AktG geregelten Wettbewerbsverbot des Vorstands der AG und dem ungeschriebenen, aber allgemein anerkannten[3] Wettbewerbsverbot des GmbH-Geschäftsführers bestehen zahlreiche Parallelen. Sie werden daher im Folgenden gemeinsam behandelt. Dies darf jedoch nicht den Blick für verbleibende Unterschiede verstellen (s. insbes. Rz. 26.7, 26.34 f.).

26.4

1. Grundlagen

a) Vorstand der AG

Das Wettbewerbsverbot des Vorstandsmitglieds nach § 88 AktG dient einem doppelten **Schutzzweck:** zum einen dem Schutz der Gesellschaft vor Wettbewerbshandlungen, zum anderen dem Schutz vor anderweitigem Einsatz der Arbeitskraft der Vorstandsmitglieder.[4] Grundlegend für das zutreffende Verständnis des gesetzlichen Wettbewerbsverbots ist die Er-

26.5

---

1 Ausgespart bleiben die Besonderheiten in der Kapitalgesellschaft & Co. KG; s. dazu aber noch Rz. 26.21 m.N.
2 Dazu *Michalski/Funke* in Michalski, § 13 GmbHG Rz. 188 ff.; *Habersack* in Emmerich/Habersack, Aktien- und GmbH-Konzernrecht, vor § 311 AktG Rz. 7 (AG); Anh. § 318 AktG Rz. 16 ff. (GmbH); *Verse* in Henssler/Strohn, Gesellschaftsrecht, Anh. § 13 GmbHG Rz. 32 ff., § 14 GmbHG Rz. 111 ff.; kritisch *Hüffer* in FS Röhricht, 2005, S. 251 ff.
3 Nachw. in Rz. 26.1 Fn. 1.
4 BGH v. 17.2.1997 – II ZR 278/95, ZIP 1997, 1063, 1064 = AG 1997, 328; BGH v. 2.4.2001 – II ZR 217/99, NJW 2001, 2476 = AG 2001, 468; *Hüffer/Koch*, § 88 AktG Rz. 1; *Mertens/Cahn* in Köln-Komm. AktG, § 88 AktG Rz. 2.

kenntnis, dass die in § 88 AktG ausdifferenzierten Verbotstatbestände diesem doppelten Schutzzweck mit ganz unterschiedlicher Akzentsetzung dienen.[1]

26.6 Bei dem in § 88 Abs. 1 Satz 1, 2. Alt. AktG geregelten Verbot, ohne Einwilligung des Aufsichtsrats im Geschäftszweig der Gesellschaft für eigene oder fremde Rechnung Geschäfte zu machen, steht der Schutzzweck der Konkurrenzverhütung ganz im Vordergrund.[2] Hier lässt sich deshalb von einem „echten" Wettbewerbsverbot sprechen.[3] Anderes gilt für die in § 88 Abs. 1 Satz 1, 1. Alt. und § 88 Abs. 1 Satz 2 AktG angesprochenen Verbotstatbestände („**unechtes**" **Wettbewerbsverbot; Betätigungsverbot**). Diese Vorschriften untersagen dem Vorstandsmitglied ohne Einwilligung des Aufsichtsrats schlechthin, ein Handelsgewerbe zu betreiben und/oder Vorstandsmitglied, Geschäftsführer oder persönlich haftender Gesellschafter einer anderen Handelsgesellschaft zu sein. Dabei kommt es nach bisher einhelliger Ansicht *nicht* darauf an, ob es sich um ein konkurrierendes Handelsunternehmen handelt.[4] Es kann sich vielmehr auch um Unternehmen handeln, die auf ganz anderen Geschäftsfeldern tätig sind. Daraus erhellt, dass es hier weniger um den Schutz vor Wettbewerbshandlungen geht, sondern in erster Linie um den Schutz der Gesellschaft vor anderweitigem Einsatz der Arbeitskraft ihrer Vorstandsmitglieder.[5] Ein Bezug zum Schutz vor Wettbewerbshandlungen lässt sich in dieser zweiten Kategorie nur herstellen, wenn man § 88 Abs. 1 Satz 1, 1. Alt. und Satz 2 AktG als eine Art Vorfeldtatbestand begreift:[6] Das Verbot, ein Handelsgewerbe bzw. eine Handelsgesellschaft gleich welcher Art zu betreiben oder zu leiten, schützt die Gesellschaft auch dort, wo die genauen Grenzen des eigenen Geschäftszweigs unsicher sind, und beugt so Zweifelsfällen vor. Gleichwohl bleibt das weit ausgreifende Betätigungsverbot, wie nicht zuletzt die Rechtsvergleichung belegt[7], rechtspolitisch fragwürdig. Selbst verfassungsrechtliche Bedenken, namentlich mit Rücksicht auf das Grundrecht der freien Berufswahl (Art. 12 Abs. 1 GG), erscheinen keineswegs fern liegend. Die Forderung nach einer verfassungskonformen Auslegung, die das Betätigungsverbot auf konkurrierende Tätigkeiten beschränkt, kann sich immerhin darauf stützen, dass das BAG für das Wettbewerbsverbot des Handlungsgehilfen (§ 60 HGB) eine derartige verfassungskonforme Auslegung vorgenommen hat[8] und der Wortlaut des § 88 Abs. 1 Satz 1, 1. Alt. AktG demjenigen des § 60 Abs. 1, 1. Alt. HGB nachgebildet ist. Im Aktienrecht hat sich diese Forderung jedoch bislang nicht durchsetzen können.[9]

---

1 Vgl. *Fleischer*, AG 2005, 336, 337; *Meyer*, AG 1988, 259; noch weitergehend *Armbrüster*, ZIP 1997, 1269, 1270: „zwei völlig verschiedenartige Institute".
2 BGH v. 2.4.2001 – II ZR 217/99, NJW 2001, 2476 re. Sp. = AG 2001, 468.
3 Zu dieser Terminologie *Fleischer*, AG 2005, 336, 337; *Fleischer* in Spindler/Stilz, § 88 AktG Rz. 1.
4 Allg. M.; s. nur *Spindler* in MünchKomm. AktG, § 88 AktG Rz. 13, 20; *Kort* in Großkomm. AktG, § 88 AktG Rz. 25, 44; *Mertens/Cahn* in KölnKomm. AktG, § 88 AktG Rz. 10. Zur abweichenden Auslegung des § 60 Abs. 1, 1. Alt. HGB trotz gleichen Wortlauts s. sogleich im Text.
5 *Fleischer* in Spindler/Stilz, § 88 AktG Rz. 1; *Hüffer/Koch*, § 88 AktG Rz. 1; *Armbrüster*, ZIP 1997, 1269 f. S. auch Begr. RegE AktG 1965 bei *Kropff*, Aktiengesetz, S. 112.
6 So *Fleischer*, AG 2005, 336, 337; *Fleischer* in Spindler/Stilz, § 88 AktG Rz. 2.
7 Dazu *Fleischer*, AG 2005, 336, 338 ff.
8 BAG v. 25.5.1970 – 3 AZR 384/69, BAGE 22, 344 ff.; BAG v. 3.5.1983 – 3 AZR 62/81, BAGE 42, 329, 334.
9 Ausdrücklich ablehnend *Mertens/Cahn* in KölnKomm. AktG, § 88 AktG Rz. 10 a.E.; *Fleischer* in Spindler/Stilz, § 88 AktG Rz. 17 („trotz gewisser Bedenken").

b) GmbH-Geschäftsführer

Das ungeschriebene, im Wege der richterlichen Rechtsfortbildung aus der organschaftlichen Treuepflicht entwickelte Wettbewerbsverbot des GmbH-Geschäftsführers wird zwar ebenfalls auf den genannten doppelten Schutzzweck – Schutz vor Wettbewerbshandlungen einerseits, Erhaltung der Arbeitskraft andererseits – zurückgeführt.[1] Bei näherem Hinsehen zeigt sich aber, dass letzterem Gesichtspunkt im GmbH-Recht nicht dasselbe Gewicht beigemessen wird wie im Aktienrecht. Das organschaftliche Wettbewerbsverbot des GmbH-Geschäftsführers beschränkt sich nach h.M. nur auf echte Konkurrenzaktivitäten[2], bezieht also die von § 88 AktG erfassten Vorfeldtatbestände, die auch Tätigkeiten für nicht konkurrierende Handelsgesellschaften untersagen, *nicht* mit ein. Darin liegt ein **wesentlicher Unterschied** zwischen dem gesetzlichen Wettbewerbsverbot des Vorstandsmitglieds und demjenigen des GmbH-Geschäftsführers.[3] Zwar wird nicht selten pauschal von einer analogen Anwendung des § 88 AktG auf den GmbH-Geschäftsführer gesprochen.[4] Bei Beschreibung des Schutzbereichs des Wettbewerbsverbots wird dann aber auch bei diesen Autoren zumeist deutlich, dass Aktivitäten in nicht-konkurrierenden Gesellschaften nicht erfasst sind.[5] Auch die Rechtsprechung hat, soweit ersichtlich, das Wettbewerbsverbot des GmbH-Geschäftsführers bislang nicht auf solche Tätigkeiten erstreckt. In Anbetracht der Tatsache, dass die weite Ausdehnung des § 88 AktG ohnehin rechtspolitisch und sogar verfassungsrechtlich bedenklich ist (Rz. 26.6 a.E.), sollte es bei dieser restriktiven Linie auch bleiben. In der Praxis relativiert sich der Unterschied allerdings dadurch, dass im Anstellungsvertrag des GmbH-Geschäftsführers häufig ein vertragliches Verbot jeglicher anderweitigen Tätigkeit im beruflichen Bereich vereinbart wird.[6]

26.7

2. Persönlicher Geltungsbereich

Dem Wettbewerbsverbot unterliegen grundsätzlich alle amtierenden Vorstandsmitglieder und Geschäftsführer, und zwar auch bei fehlerhafter Bestellung.[7] Gleiches gilt für stellvertretende Vorstandsmitglieder (§ 94 AktG). Nicht erfasst werden dagegen Aufsichtsratsmitglieder[8], selbst wenn sie gem. § 105 Abs. 2 AktG für einen begrenzten Zeitraum zu stellvertretenden Vorstandsmitgliedern bzw. Geschäftsführern bestellt werden (§ 105 Abs. 2 Satz 4 AktG i.V.m. § 52 Abs. 1 GmbHG, § 1 Abs. 1 Nr. 3 DrittelbG, § 6 Abs. 2 MitbestG). Keine Anwen-

26.8

---

1 Vgl. nur *Haas/Ziemons* in Michalski, § 43 GmbHG Rz. 97.
2 *Zöllner/Noack* in Baumbach/Hueck, § 35 GmbHG Rz. 41; *Haas/Ziemons* in Michalski, § 43 GmbHG Rz. 100 f.; *Uwe H. Schneider* in Scholz, § 43 GmbHG Rz. 164; *Armbrüster*, ZIP 1997, 1269, 1276; *Bryant*, Gesellschaftsrechtliche Wettbewerbsverbote für Geschäftsleiter, 2013, S. 56; näher unten im Text (Rz. 26.14–23, insbes. 26.19 f.).
3 Es ist deshalb in dieser Form nicht richtig, wenn im Schrifttum (etwa *Uwe H. Schneider* in Scholz, § 43 GmbHG Rz. 153) gesagt wird, dass die im Zuge der gescheiterten GmbH-Reform 1971 vorgeschlagene Regelung des § 71 GmbHG-E, die für den GmbH-Geschäftsführer ein an § 88 AktG angelehntes Wettbewerbsverbot einführen wollte (BT-Drucks. VI/3088, S. 20, 124), nur die bereits bestehende Rechtslage wiedergegeben hätte.
4 *Oetker* in Henssler/Strohn, Gesellschaftsrecht, § 35 GmbHG Rz. 20; *B. Schmidt* in Achilles/Ensthaler/Schmidt, § 43 GmbHG Rz. 32; *Thiel*, GmbHR 1992, 338, 339; vgl. auch *Koppensteiner/Gruber* in Rowedder/Schmidt/Leithoff, § 43 GmbHG Rz. 19.
5 Anders allerdings *Paefgen* in Ulmer/Habersack/Löbbe, § 43 GmbHG Rz. 82.
6 Vgl. etwa das Vertragsmuster bei *Wentrup* in Beck'sches Formularbuch Bürgerliches Handels- und Wirtschaftsrecht, 12. Aufl. 2016, IX.48, § 1 Abs. 3. S. dazu auch noch Rz. 26.52.
7 BGH v. 6.4.1964 – II ZR 75/62, BGHZ 41, 282, 287; *Fleischer* in Spindler/Stilz, § 88 AktG Rz. 7.
8 Näher unten Rz. 26.63.

dung findet das gesetzliche Wettbewerbsverbot gem. § 268 Abs. 3 AktG auch auf die Abwickler einer AG, mögen diese auch mit den bisher amtierenden Vorstandsmitgliedern identisch sein (§ 265 Abs. 1 AktG). Dahinter steht die Überlegung, dass mit Rücksicht auf die vorübergehende Natur des Amtes ein umfassendes gesetzliches Wettbewerbsverbot zu weit ginge. Um die Abwickler an das Wettbewerbsverbot zu binden, bedarf es somit einer entsprechenden Vereinbarung. Dabei stellt sich häufig die Auslegungsfrage, ob ein im Anstellungsvertrag des Vorstandsmitglieds vereinbartes Wettbewerbsverbot auch für seine Tätigkeit als Abwickler gilt. Um die gesetzliche Wertung des § 268 Abs. 3 AktG nicht auszuhöhlen, bedarf es besonderer Anhaltspunkte, die für eine Ausdehnung des Verbots auch auf das Abwicklungsstadium sprechen. Im Zweifel ist eine solche Ausdehnung zu verneinen.[1] Entsprechendes gilt für die Liquidatoren der GmbH (§ 268 Abs. 3 AktG analog).[2]

26.9 Fraglich ist, ob das Wettbewerbsverbot auch dann eingreift, wenn das Vorstandsmitglied oder der Geschäftsführer zugleich **Alleingesellschafter** ist. Im GmbH-Recht verneint die h.M. diese Frage, da den Alleingesellschafter-Geschäftsführer auch sonst keine Treuepflicht gegenüber seiner Gesellschaft trifft.[3] Äußerstenfalls kann der Entzug von Geschäftschancen aber als existenzvernichtender Eingriff geahndet werden.[4] Im Aktienrecht zeichnet sich dagegen noch keine einheitliche Linie ab.[5] Die Frage verliert dadurch an Brisanz, dass in einer solchen Konstellation der Aufsichtsrat regelmäßig bereit sein wird, eine Befreiung von dem Wettbewerbsverbot zu erteilen. Ist dies nicht rechtzeitig geschehen, lässt sich der Frage allerdings nicht länger ausweichen. Für eine teleologische Reduktion des § 88 AktG wird angeführt, dass die Vorschrift ausschließlich den Interessen der Aktionäre und nicht Gläubigerinteressen diene.[6] Diese Aussage ist indes keineswegs gesichert. Im Gegenteil ist auch sonst für die organschaftlichen Sorgfalts- und Treuepflichten, die das Vorstandsmitglied gem. § 93 Abs. 1 AktG zu beachten hat, anerkannt, dass sie auch eine gläubigerschützende Funktion erfüllen.[7] Hinzu kommt, dass der Alleinaktionär generell stärkeren Bindungen gegenüber seiner AG unterliegt als der Alleingesellschafter einer GmbH, der seine Gesellschaft bis zur Grenze des Stammkapitals bzw. der Existenzvernichtung beliebig schädigen darf. Im Ergebnis dürfte deshalb mehr dafür sprechen, § 88 AktG auch auf das Vorstandsmitglied anzuwenden, das zugleich Alleinaktionär ist.

---

1 *Drescher* in Henssler/Strohn, Gesellschaftsrecht, § 268 AktG Rz. 9; *Kort* in Großkomm. AktG, § 88 AktG Rz. 13; zurückhaltend auch *J. Koch* in MünchKomm. AktG, § 268 AktG Rz. 31; für Fortgeltung des vertraglichen Wettbewerbsverbots aber OLG Brandenburg v. 24.6.2008 – 6 U 104/07, AG 2009, 513, 515 f., wenn der Anstellungsvertrag – insbesondere auch hinsichtlich der Vergütungshöhe – unverändert fortgesetzt wird.
2 *Klöhn* in Bork/Schäfer, § 43 GmbHG Rz. 48.
3 Vgl. BGH v. 28.9.1992 – II ZR 299/91, BGHZ 119, 257, 262 = GmbHR 1993, 38 = AG 1993, 84; BGH v. 10.5.1993 – II ZR 74/92, BGHZ 122, 333, 336 = GmbHR 1993, 427; BFH v. 12.10.1995 – I R 127/94, DStR 1996, 337, 338 = GmbHR 1996, 219; *Paefgen* in Ulmer/Habersack/Löbbe, § 43 GmbHG Rz. 84; *Habersack* in Emmerich/Habersack, Aktien- und GmbH-Konzernrecht, Anh. § 318 AktG Rz. 17, 33; *Goette*, DStR 1998, 1137, 1139; *Röhricht*, WPg 1992, 766, 784 f.; a.A. *Claussen/Korth* in FS Beusch, S. 111, 117 f.
4 Dazu *Verse* in Henssler/Strohn, Gesellschaftsrecht, § 13 GmbHG Rz. 44 ff.
5 Für Anwendung des § 88 AktG die wohl h.L., *Claussen/Korth* in FS Beusch, S. 111, 117; *Kort* in Großkomm. AktG, § 88 AktG Rz. 12; *Mertens/Cahn* in KölnKomm. AktG, § 88 AktG Rz. 6; *Spindler* in MünchKomm. AktG, § 88 AktG Rz. 9; dagegen *Armbrüster*, ZIP 1997, 1269, 1270 (teleologische Reduktion); vermittelnd *Fleischer* in Spindler/Stilz, § 88 AktG Rz. 7 (kein Wettbewerbsverbot, solange Gläubigerinteressen nicht gefährdet sind).
6 *Armbrüster*, ZIP 1997, 1269, 1270.
7 *Hopt/M. Roth* in Großkomm. AktG, § 93 AktG Rz. 29 m.w.N.

3. Zeitlicher Geltungsbereich

Das Wettbewerbsverbot des Vorstandsmitglieds (§ 88 AktG) und des GmbH-Geschäftsführers gelten nur während der Amtszeit als Geschäftsleiter.[1] Hinsichtlich des Beginns des Verbots ist man sich einig, dass es auf die **Bestellung** und nicht auf den möglicherweise erst später abgeschlossenen Anstellungsvertrag ankommt.[2] In Bezug auf das Ende des Verbots bestehen dagegen einige Zweifelsfragen.

26.10

Ungekündigter Anstellungsvertrag. So stellt sich zunächst die Frage, ob das Wettbewerbsverbot fortgilt, wenn die Bestellung zum Vorstandsmitglied/Geschäftsführer bereits widerrufen ist, der Anstellungsvertrag aber nicht zum selben Termin gekündigt wurde, sondern weiter besteht. Das OLG Frankfurt a.M. hat hierzu entschieden, dass das echte Wettbewerbsverbot aus § 88 Abs. 1 Satz 1, 2. Alt. AktG bis zur Beendigung des Anstellungsvertrags fortgelte.[3] Das weiter gehende Betätigungsverbot auch für nicht konkurrierende Tätigkeiten (§ 88 Abs. 1 Satz 1, 1. Alt., Satz 2 AktG) will das Gericht dagegen offenbar nicht mehr anwenden, wenn die AG das frühere Vorstandsmitglied für die restliche Dauer seines Anstellungsvertrags von weiterer Tätigkeit für sie freigestellt hat.[4] Richtiger erscheint es indes, § 88 AktG nach Widerruf der Bestellung gänzlich unangewendet zu lassen. Die Vorschrift knüpft nach ihrem klaren Wortlaut und ihrer Funktion als Ausprägung der organschaftlichen Treuepflicht unmittelbar an die Organstellung an und kann deshalb nach einem Widerruf der Bestellung nicht mehr anwendbar sein.[5] Allerdings wird sich regelmäßig aus dem Anstellungsvertrag ein schuldrechtliches Wettbewerbsverbot ergeben. Sofern im Anstellungsvertrag keine explizite Regelung getroffen wurde, liegt es nahe, sich für den Zeitraum vom Ende der Bestellung bis zum Ende des Anstellungsvertrags an den Grundsätzen des arbeitsrechtlichen Wettbewerbsverbots zu orientieren.[6] Im Arbeitsrecht ist anerkannt, dass das aus der Treuepflicht des Arbeitnehmers abgeleitete Wettbewerbsverbot vorbehaltlich abweichender Abreden auch dann bis zum Ende des Arbeitsverhältnisses gilt, wenn das Arbeitsverhältnis nicht mehr ausgeübt wird.[7] Das arbeitsrechtliche Wettbewerbsverbot untersagt jedoch nur die Aufnahme einer Konkurrenztätigkeit,[8] während das weiter gehende, auch nicht-konkurrierende Tätigkeiten erfassende Betätigungsverbot des § 88 Abs. 1 Satz 1, 1. Alt., Satz 2 AktG keine Entsprechung findet. Im Ergebnis gelangt man auf diesem Weg zu dem, was offenbar auch das OLG

26.11

---

1 Nahezu allg. M.; vgl. nur *Hüffer/Koch*, § 88 AktG Rz. 2; *Uwe H. Schneider* in Scholz, § 43 GmbHG Rz. 153, 173; abweichend *Palzer*, Fortwirkende organschaftliche Pflichten des Geschäftsführers der GmbH, 2001, S. 239, die für eine im Umfang eingeschränkte Fortwirkung des Wettbewerbsverbots für ehemalige Geschäftsleiter plädiert.
2 *Fleischer*, AG 2005, 336, 340; *Fleischer* in Spindler/Stilz, § 88 AktG Rz. 8.
3 OLG Frankfurt a.M. v. 5.11.1999 – 10 U 257/98, NZG 2000, 738, 739 = AG 2000, 518; zustimmend *Spindler* in MünchKomm. AktG, § 88 AktG Rz. 11; *Mertens/Cahn* in KölnKomm. AktG, § 88 AktG Rz. 7.
4 Der zweite Leitsatz der Entscheidung, der von einer Fortgeltung des gesamten § 88 Abs. 1 AktG bis zum Ende des Anstellungsvertrags spricht, ist insofern zu weit geraten.
5 Ebenso *Fleischer* in Spindler/Stilz, § 88 AktG Rz. 10; *Kort* in Großkomm. AktG, § 88 AktG Rz. 109; *Seibt* in K. Schmidt/Lutter, § 88 AktG Rz. 5. Auch in der GmbH kann nach Widerruf der Bestellung nicht mehr an die organschaftliche Treuepflicht, sondern nur noch an den Anstellungsvertrag angeknüpft werden; OLG Oldenburg v. 17.2.2000 – 1 U 155/99, NZG 2000, 1038, 1039; *Kleindiek* in Lutter/Hommelhoff, Anh. § 6 GmbHG Rz. 21 m.w.N.
6 So auch *Fleischer* in Spindler/Stilz, § 88 AktG Rz. 10; *Thüsing* in Fleischer, Handbuch des Vorstandsrechts, § 4 Rz. 85; *Seyfarth*, Vorstandsrecht, § 10 Rz. 10.
7 BAG v. 17.10.1969 – 3 AZR 442/68, AP § 611 BGB Treuepflicht Nr. 7; BAG v. 17.10.2012 – 10 AZR 809/11, NZA 2013, 207, 208; *Richardi/Fischinger* in Staudinger, § 611 BGB Rz. 1178.
8 Vgl. oben Rz. 26.6 a.E.; *Richardi/Fischinger* in Staudinger, § 611 BGB Rz. 1179.

Frankfurt a.M. zu begründen suchte: ein Konkurrenzverbot bis zum Ende des Anstellungsvertrags, aber kein allgemeines Betätigungsverbot.

26.12 **Bestrittene Abberufung und Kündigung.** Sind die Abberufung sowie die Kündigung des Anstellungsvertrags bereits erfolgt, ergibt sich die weitere Frage, ob die Bindung an das Wettbewerbsverbot fortbesteht, wenn der betroffene Organwalter die Wirksamkeit der Abberufung und/oder der Kündigung bestreitet. Nach zutreffender Ansicht ist der Betroffene – sofern kein nachvertragliches Wettbewerbsverbot vereinbart ist – während des Rechtsstreits weder an ein organschaftliches noch an ein anstellungsvertragliches Wettbewerbsverbot gebunden, da ihm nicht zugemutet werden kann, während des Rechtsstreits mit ungewissem Ausgang eine „Auszeit" von unbestimmter Dauer zu nehmen.[1] Nicht zu verkennen ist allerdings, dass diese im Gesellschaftsrecht herrschende Ansicht der (umstrittenen) Rechtsprechung des BAG zum Parallelproblem im Rahmen des arbeitsrechtlichen Konkurrenzverbots widerspricht.[2]

26.13 **Amtsniederlegung.** Legt das Vorstandsmitglied bzw. der Geschäftsführer sein Amt nieder, so führt dies nach h.M. nur dann zur Beendigung des Wettbewerbsverbots, wenn die Niederlegung berechtigt war.[3] Die Gegenansicht ist großzügiger und will das Wettbewerbsverbot auch bei unberechtigter Amtsniederlegung nicht mehr anwenden, es sei denn, es liegt rechtsmissbräuchliches Verhalten vor.[4] Nach der hier vertretenen Ansicht kommt das organschaftliche Wettbewerbsverbot schon deshalb nicht zur Anwendung, da auch dann, wenn die Berechtigung der Amtsniederlegung streitig ist, das Vorstandsmitglied bzw. der Geschäftsführer analog § 84 Abs. 3 Satz 4 AktG aus dem Amt ausscheidet.[5] Hat das Vorstandsmitglied zugleich den Anstellungsvertrag gekündigt und herrscht über die Wirksamkeit der Kündigung Streit, stellt sich aber erneut die Frage, ob ein Konkurrenzverbot aus dem Anstellungsverhältnis abzuleiten ist. Sofern die Kündigung unwirksam ist, wird man dies – insoweit in Übereinstimmung mit der Rechtsprechung des BAG zum arbeitsrechtlichen Konkurrenzverbot[6] – bejahen müssen. Dass das (ehemalige) Vorstandsmitglied damit bis zur Klärung der Unwirksamkeit der Kündigung über das Bestehen des Konkurrenzverbots im Ungewissen bleibt, erscheint in

---

1 OLG Frankfurt a.M. v. 5.11.1999 – 10 U 257/98, NZG 2000, 738, 740 = AG 2000, 518; *Fleischer* in Spindler/Stilz, § 88 AktG Rz. 11; *Spindler* in MünchKomm. AktG, § 88 AktG Rz. 11; *Kort* in Großkomm. AktG, § 88 AktG Rz. 111; *Kleindiek* in Lutter/Hommelhoff, Anh. § 6 GmbHG Rz. 21; a.A. *Diller*, ZIP 2007, 201, 206: Entfallen des Konkurrenzverbots nur in „extremen Fällen" einer vom früheren Geschäftsführer bzw. Vorstandsmitglied unverschuldeten Zwangslage.
2 BAG v. 25.4.1991 – 2 AZR 624/90, AP § 626 BGB Nr. 104; *Weber* in Staub, § 60 HGB Rz. 37 m.w.N. auch zur Gegenauff.; a.A. RGZ 77, 121 ff.; *v. Hoyningen-Huene* in MünchKomm. HGB, § 60 HGB Rz. 21.
3 *Fleischer* in Spindler/Stilz, § 88 AktG Rz. 12; *Spindler* in MünchKomm. AktG, § 88 AktG Rz. 9; *Hüffer/Koch*, § 88 AktG Rz. 2 m.w.N.
4 *Mertens/Cahn* in KölnKomm. AktG, § 88 AktG Rz. 7; *Armbrüster*, ZIP 1997, 1269, 1270 f.; vermittelnd *Thüsing* in Fleischer, Handbuch des Vorstandsrechts, § 4 Rz. 86: Aufhebung des Wettbewerbsverbots, sofern die Amtsniederlegung nicht offensichtlich unwirksam ist und solange nicht eine erstinstanzliche Entscheidung das Fortbestehen des Mandats feststellt bzw. eine einstweilige Verfügung den Wettbewerb untersagt.
5 H.M.; vgl. BGH v. 8.2.1993 – II ZR 58/92, BGHZ 121, 257, 261 f. = AG 1993, 280 = GmbHR 1993, 216 (GmbH); *Hüffer/Koch*, § 84 AktG Rz. 45 m.w.N. Eine Ausnahme kommt nur in Missbrauchsfällen in Betracht; vgl. OLG Düsseldorf v. 6.12.2000 – 3 Wx 393/00, DB 2001, 261 = GmbHR 2001, 144.
6 BAG v. 17.10.1969 – 3 AZR 442/68, AP § 611 Treuepflicht Nr. 7; *Weber* in Staub, § 60 HGB Rz. 33 m.w.N.

diesem Fall zumutbar, da es anders als im Fall des Widerrufs der Bestellung die Unsicherheit selbst herbeigeführt hat.

4. Gegenständlicher Geltungsbereich

a) Betreiben eines Handelsgewerbes

Wie eingangs dargelegt ist dem Vorstandsmitglied der AG das Betreiben eines **Handelsgewerbes** (§ 88 Abs. 1 Satz 1, 1. Alt. AktG) unabhängig davon verboten, ob es sich um ein Konkurrenzunternehmen handelt oder nicht (Rz. 26.6). Dagegen trifft den GmbH-Geschäftsführer das Verbot vorbehaltlich einer Erweiterung im Anstellungsvertrag nur, wenn es sich um ein konkurrierendes, d.h. im selben Geschäftszweig tätiges Handelsgewerbe handelt.[1] Ein Handelsgewerbe bildet nach der Legaldefinition des § 1 Abs. 2 HGB jeder Gewerbebetrieb, der nach Art oder Umfang einen in kaufmännischer Weise eingerichteten Geschäftsbetrieb erfordert. Dem Gewerbebegriff wiederum unterfällt nach herkömmlicher handelsrechtlicher Terminologie jede auf Gewinn und dauernde Wiederholung gerichtete selbständige Tätigkeit, jedoch unter Ausschluss freiberuflicher Tätigkeit.[2] Nach wohl herrschender Ansicht soll § 88 Abs. 1 Satz 1, 1. Alt. AktG gleichwohl auch auf **freiberufliche Aktivitäten** (analog) anzuwenden sein.[3] Einschränkend ist allerdings zu verlangen, dass der mit der freiberuflichen Tätigkeit verbundene Arbeitsaufwand mit jenem für den Betrieb eines Handelsgewerbes vergleichbar ist,[4] d.h. einen Großteil der Arbeitskraft bindet.[5]

26.14

Von § 88 Abs. 1 Satz 1, 1. Alt. AktG werden grundsätzlich nur selbständige Tätigkeiten im eigenen Namen erfasst. Der Tatbestand kann aber nicht dadurch umgangen werden, dass das Vorstandsmitglied einen Strohmann oder Treuhänder vorschiebt oder das Handelsgewerbe nicht unmittelbar selbst, sondern durch eine von ihm **beherrschte Gesellschaft** betreibt.[6]

26.15

b) Geschäftemachen im Geschäftszweig der Gesellschaft

Der Verbotstatbestand des Geschäftemachens für eigene oder fremde Rechnung im Geschäftszweig der Gesellschaft (§ 88 Abs. 1 Satz 1, 2. Alt. AktG) ist teils enger, teils weiter als derjenige der 1. Alt. (Betreiben eines Handelsgewerbes): enger insofern, als hier nur der Geschäftszweig der Gesellschaft betroffen ist; weiter insofern, als auch ein vereinzeltes oder unselbständiges Geschäftemachen genügt, während die 1. Alt. eine auf Dauer angelegte, selbständige Tätigkeit voraussetzt.

26.16

Unter **Geschäftemachen** versteht der BGH jede, wenn auch nur spekulative, auf Gewinnerzielung gerichtete Teilnahme am geschäftlichen Verkehr, die nicht zur Befriedigung eigener

26.17

---

1 H.M.; s. oben Rz. 26.7. Zur Konkretisierung des Geschäftszweigs Rz. 26.19 f.
2 *Hopt* in Baumbach/Hopt, § 1 HGB Rz. 12.
3 OLG Frankfurt a.M. v. 5.11.1999 – 10 U 257/98, NZG 2000, 738, 739 = AG 2000, 518; *Mertens/Cahn* in KölnKomm. AktG, § 88 AktG Rz. 10; *Seibt* in K. Schmidt/Lutter, § 88 AktG Rz. 6; *Spindler* in MünchKomm. AktG, § 88 AktG Rz. 1; a.A. *Hüffer/Koch*, § 88 AktG Rz. 3; *Kort* in Großkomm. AktG, § 88 AktG Rz. 23 f.
4 *Fleischer* in Spindler/Stilz, § 88 AktG Rz. 18; *Ihrig/Schäfer*, Rechte und Pflichten des Vorstands, Rz. 304.
5 Ähnlich *Seyfarth*, Vorstandsrecht, § 10 Rz. 13: „quasi vollberuflich".
6 *Fleischer*, AG 2005, 336, 342; *Spindler* in MünchKomm. AktG, § 88 AktG Rz. 21; *Uwe H. Schneider* in Scholz, § 43 GmbHG Rz. 165.

privater Bedürfnisse erfolgt, also nicht lediglich persönlichen Charakter hat.[1] Privaten Charakter hat z.B. der Erwerb einer Immobilie zu eigenen Wohnzwecken; auch das Vorstandsmitglied oder der Geschäftsführer einer im Immobilienhandel tätigen Gesellschaft bedarf hierfür also keiner Einwilligung des Aufsichtsrats bzw. der Gesellschafterversammlung.[2] Gleiches wird für den Erwerb oder die Veräußerung von Aktien der Gesellschaft durch Vorstandsmitglieder (*directors' dealings*) angenommen.[3] Da der Schutzzweck der Konkurrenzverhütung nicht berührt ist, liegt ein unzulässiges Geschäftemachen auch dann nicht vor, wenn der Abschluss des Geschäfts letztlich der Gesellschaft zugutekommt, mag das Vorstandsmitglied oder der Geschäftsführer hierfür auch Provisionszahlungen erhalten haben.[4]

26.18 Verboten ist nicht nur das Geschäftemachen für **eigene**, sondern auch für **fremde Rechnung**. Deshalb darf das Vorstandsmitglied bzw. der Geschäftsführer im Geschäftszweig der Gesellschaft auch nicht als unmittelbarer (Prokurist, Handelsvertreter etc.) oder mittelbarer (Kommissionär) Stellvertreter eines anderen geschäftlich tätig werden. Dem Handeln des Geschäftsleiters selbst ist unter Umgehungsgesichtspunkten wiederum der Fall gleichzustellen, dass dieser einen Strohmann oder Treuhänder vorschiebt[5] oder die Geschäfte durch eine von ihm beherrschte Gesellschaft betreibt.[6]

26.19 Wie weit der **Geschäftszweig der Gesellschaft** zu ziehen ist, wird uneinheitlich beantwortet. Eine im Aktienrecht verbreitete Ansicht will im Anschluss an die Rechtsprechung des BGH zum Wettbewerbsverbot des § 112 HGB[7] nicht auf den satzungsmäßigen Unternehmensgegenstand, sondern allein auf den tatsächlichen Tätigkeitsbereich der Gesellschaft abstellen, und zwar unabhängig davon, ob dieser den Unternehmensgegenstand über- oder unterschreitet.[8] Im GmbH-Recht wird dagegen überwiegend vertreten, dass im Fall der Satzungsunterschreitung der satzungsmäßige Unternehmensgegenstand maßgeblich bleiben müsse.[9]

---

1 BGH v. 17.2.1997 – II ZR 278/95, ZIP 1997, 1063, 1064; ebenso BAG v. 15.2.1962 – 5 AZR 79/61, AP § 61 HGB Nr. 1.
2 Beim Erwerb zweier Immobilien kommt es auf den Einzelfall an; vgl. BGH v. 17.2.1997 – II ZR 278/95, ZIP 1997, 1063, 1064.
3 *Fleischer* in Spindler/Stilz, § 88 AktG Rz. 20; *Spindler* in MünchKomm. AktG, § 88 AktG Rz. 14. Solche Geschäfte sind aber in börsennotierten Gesellschaften nach Art. 19 MMVO (früher § 15a WpHG) der Gesellschaft und der BaFin zu melden.
4 BGH v. 2.4.2001 – II ZR 217/99, NJW 2001, 2476 = AG 2001, 468 (anders noch OLG Köln v. 8.6.1999 – 22 U 269/98, AG 1999, 573, 574 als Vorinstanz). In Betracht kommt aber eine Pflicht zur Herausgabe der erlangten Provision entsprechend § 667 BGB; vgl. BGH v. 26.4.2001 – IX ZR 53/00, NJW 2001, 2477.
5 *Schwennicke* in Grigoleit, § 88 AktG Rz. 4; *Uwe H. Schneider* in Scholz, § 43 GmbHG Rz. 165.
6 *Spindler* in MünchKomm. AktG, § 88 AktG Rz. 21; *Uwe H. Schneider* in Scholz, § 43 GmbHG Rz. 165.
7 BGH v. 21.2.1978 – KZR 6/77, BGHZ 70, 331, 332 f. = GmbHR 1978, 107; BGH v. 5.12.1983 – II ZR 242/82, BGHZ 89, 162, 170 = GmbHR 1984, 203.
8 *Bürgers/Israel* in Bürgers/Körber, § 88 AktG Rz. 6; *Ihrig/Schäfer*, Rechte und Pflichten des Vorstands, Rz. 306; *Hüffer/Koch*, § 88 AktG Rz. 3; *Kort* in Großkomm. AktG, § 88 AktG Rz. 28; *Seibt* in K. Schmidt/Lutter, § 88 AktG Rz. 7; *Thüsing* in Fleischer, Handbuch des Vorstandsrechts, § 4 Rz. 89; einschränkend *Mertens/Cahn* in KölnKomm. AktG, § 88 AktG Rz. 13: tatsächlicher Tätigkeitsbereich maßgeblich, aber nicht bei Satzungsüberschreitung.
9 *Goette*, Die GmbH, § 8 Rz. 142; *Röhricht*, WPg 1992, 766, 769; *Paefgen* in Ulmer/Habersack/Löbbe, § 43 GmbHG Rz. 94; *Uwe H. Schneider* in Scholz, § 43 GmbHG Rz. 163; ebenso auch für die AG *Fleischer* in Spindler/Stilz, § 88 AktG Rz. 21; *Spindler* in MünchKomm. AktG, § 88 AktG Rz. 17; *Weber* in Hölters, § 88 AktG Rz. 8; *Tieves*, Der Unternehmensgegenstand der Kapitalgesellschaft, 1998, S. 296 f.

Diese Ansicht verdient für das GmbH- und Aktienrecht gleichermaßen Zustimmung. Andernfalls bestünde die Gefahr, dass die Geschäftsleiter eine im Gesellschaftsinteresse liegende und nach der Satzung erlaubte Ausdehnung der Geschäfte der Gesellschaft unterlassen, um nicht mit eigenen geschäftlichen Aktivitäten in Konflikt zu geraten. Die vorstehenden Grundsätze gelten auch dann, wenn während der Amtszeit des Geschäftsleiters der tatsächliche Tätigkeitsbereich oder der Unternehmensgegenstand erweitert wird. Bereits vorher ausgeübte Konkurrenztätigkeiten des Organmitglieds genießen also keinen Bestandsschutz.[1]

Trotz des auf die „Gesellschaft" abstellenden Wortlauts sind nach überwiegender Ansicht auch die Geschäftszweige von weiteren Unternehmen geschützt, sofern diese unter der Konzernleitung der Gesellschaft (§ 18 AktG) stehen.[2] Teilweise werden auch schlicht abhängige Unternehmen (§ 17 AktG) mit einbezogen.[3] Sinn und Zweck des Wettbewerbsverbots sprechen in der Tat für eine **konzernweite Ausdehnung**, da auch durch Konkurrenz in den Geschäftszweigen von Tochter- und Enkelgesellschaften mittelbar die Gesellschaft beeinträchtigt wird. Auch der Wortlaut des § 88 Abs. 1 Satz 1, 2. Alt. AktG bildet zumindest bei Konzernunternehmen, die im Sinne des § 18 AktG der einheitlichen Leitung der Gesellschaft unterstehen, keine unübersteigbare Schranke. Da die Gesellschaft auf jene Unternehmen beherrschenden Einfluss ausübt, lässt sich in einem weiteren Sinne davon sprechen, dass die Gesellschaft (mittelbar) auch auf den Geschäftsfeldern der Konzernunternehmen aktiv ist. Eine Ausdehnung in umgekehrter Richtung mit der Folge, dass zum Geschäftszweig einer Tochtergesellschaft auch alle vom Mutterkonzern betriebenen Aktivitäten zählen, lässt sich dagegen nicht begründen.[4]

26.20

c) Vorstandsmitglied, Geschäftsführer oder Komplementär einer anderen Handelsgesellschaft

Nach § 88 Abs. 1 Satz 2 AktG darf das Vorstandsmitglied der AG ohne Einwilligung des Aufsichtsrats nicht Vorstandsmitglied, Geschäftsführer oder persönlich haftender Gesellschafter einer anderen Handelsgesellschaft sein. Wie in Abs. 1, 1. Alt. (Betreiben eines Handelsgewerbes) kommt es im Aktienrecht nicht darauf an, ob die Handelsgesellschaft mit der AG in Wettbewerb steht (Rz. 26.6). Auch Handelsgesellschaften desselben Konzerns sind nicht aus-

26.21

---

1 *Armbrüster*, ZIP 1997, 1269, 1270; *Fleischer* in Spindler/Stilz, § 88 AktG Rz. 22; *Spindler* in MünchKomm. AktG, § 88 AktG Rz. 16; abweichend allerdings die h.L. zum Wettbewerbsverbot des Handlungsgehilfen (§ 60 HGB), vgl. *Weber* in Staub, § 60 HGB Rz. 12 m.w.N.
2 *Fleischer* in Spindler/Stilz, § 88 AktG Rz. 24; *Mertens/Cahn* in KölnKomm. AktG, § 88 AktG Rz. 13; *Spindler* in MünchKomm. AktG, § 88 AktG Rz. 24; *Bachmann* in Kremer/Bachmann/Lutter/v. Werder, DCGK, Rz. 1079; *Röhricht*, WPg 1992, 766, 770; *Uwe H. Schneider* in Scholz, § 43 GmbHG Rz. 163; *Zöllner/Noack* in Baumbach/Hueck, § 35 GmbHG Rz. 45; a.A. aber OLG Frankfurt a.M. v. 5.11.1999 – 10 U 257/98, NZG 2000, 738, 739 = AG 2000, 518; *Thüsing* in Fleischer, Handbuch des Vorstandsrechts, § 4 Rz. 106.
3 *Röhricht*, WPg 1992, 766, 770; *Zöllner/Noack* in Baumbach/Hueck, § 35 GmbHG Rz. 45; *Eckert* in Wachter, § 88 AktG Rz. 10.
4 Wie hier *Seyfarth*, Vorstandsrecht, § 10 Rz. 27; differenzierend *Uwe H. Schneider*, GmbHR 1993, 10, 18 und *Haas/Ziemons* in Michalski, § 43 GmbHG Rz. 101 a.E. (Frage des Einzelfalls je nachdem, inwieweit der Tochter-Geschäftsleiter auch in Vorgänge des herrschenden Unternehmens eingebunden ist); zwischen Vertrags- und faktischem Konzern unterscheidend oben *Sven H. Schneider*, Rz. 8.92 f. A.A. – auch Geschäftszweig der Mutter erfasst – dagegen *Kort* in Großkomm. AktG, § 88 AktG Rz. 30.

genommen.[1] Ist die AG Komplementärin einer AG & Co. KG und will ihr Vorstandsmitglied zugleich ein Vorstandsamt bei der herrschenden Mehrheitskommanditistin übernehmen, so ist auch dies allein nach § 88 Abs. 1 Satz 2 AktG zu beurteilen, d.h. von der Einwilligung des Aufsichtsrats abhängig.[2] Nach ihrem Schutzzweck muss die Vorschrift auch auf vergleichbare Tätigkeiten in einer ausländischen Handelsgesellschaft[3] oder einer unternehmerisch tätigen BGB-Gesellschaft[4] entsprechend anwendbar sein. Erfasst wird nach zutreffender Ansicht auch die Stellung als (abweichend von § 164 HGB) geschäftsführender Kommanditist.[5] Eine entsprechende Anwendung auf Aufsichtsratsmandate kommt dagegen nach allgemeiner Ansicht nicht in Betracht. Für börsennotierte Gesellschaften sowie Gesellschaften mit Kapitalmarktzugang i.S. des § 161 Abs. 1 Satz 2 AktG ist insoweit allerdings die Empfehlung in Ziff. 4.3.4 DCGK zu beachten, wonach Aufsichtsratsmandate außerhalb des Unternehmens – gemeint ist damit: außerhalb des Konzerns[6] – nur mit Zustimmung des Aufsichtsrats übernommen werden sollen.

26.22 Für den GmbH-Geschäftsführer ist wiederum die Einschränkung zu beachten, dass ihm die genannten Ämter nur untersagt sind, wenn es sich um konkurrierende, d.h. im Geschäftszweig der Gesellschaft tätige Gesellschaften handelt.[7]

d) Grenzfall: Vorbereitungsmaßnahmen

26.23 Einen streitträchtigen Grenzfall bilden vorbereitende Maßnahmen, die auf die Gründung eines künftigen Handelsgewerbes oder auf künftige Geschäftsabschlüsse im Geschäftszweig der Gesellschaft gerichtet sind. Einigkeit besteht, dass **vorbereitende Hilfsgeschäfte** wie z.B. die Anmietung und Ausstattung von Geschäftsräumen nicht unter das Wettbewerbsverbot fallen.[8] Die Grenze des Zulässigen wird aber überschritten, sobald bereits konkret Geschäftsbeziehun-

---

1 Allg. M.; vgl. nur BGH v. 9.3.2009 – II ZR 170/07, BGHZ 180, 105 = AG 2009, 500, Rz. 14 f.; *Fleischer* in Spindler/Stilz, § 88 AktG Rz. 25; *Hüffer/Koch*, § 88 AktG Rz. 4 i.V.m. § 76 AktG Rz. 53 f.

2 Die Minderheitsgesellschafter der KG können die Bestellung zum Doppelvorstandsmitglied nicht in analoger Anwendung des § 112 Abs. 1 HGB unterbinden; BGH v. 9.3.2009 – II ZR 170/07, BGHZ 180, 105 = AG 2009, 500; zust. *Hüffer/Koch*, § 88 AktG Rz. 4 m.w.N.; *Böttcher/Kautzsch*, NZG 2009, 819 ff.; *Weller*, ZHR 175 (2011), 110, 136 f.; a.A. *Cahn*, Der Konzern 2007, 716 ff.; *Mertens/Cahn* in KölnKomm. AktG, § 88 AktG Rz. 4; kritisch auch *Hoffmann-Becking*, ZHR 175 (2011), 597, 602 ff. Eingehend zu der hier nicht zu vertiefenden Rechtslage in der Kapitalgesellschaft & Co. KG *Bryant*, Gesellschaftsrechtliche Wettbewerbsverbote für Geschäftsleiter, 2013, S. 115 ff.

3 *Fleischer* in Spindler/Stilz, § 88 AktG Rz. 25; *Mertens/Cahn* in KölnKomm. AktG, § 88 AktG Rz. 15.

4 *Fleischer* in Spindler/Stilz, § 88 AktG Rz. 25; *Mertens/Cahn* in KölnKomm. AktG, § 88 AktG Rz. 15; *Armbrüster*, ZIP 1997, 1269, 1270.

5 Für direkte Anwendung („Geschäftsführer") *Hüffer/Koch*, § 88 AktG Rz. 4; *Kort* in Großkomm. AktG, § 88 AktG Rz. 47; für entsprechende Anwendung *Fleischer* in Spindler/Stilz, § 88 AktG Rz. 25; *Ihrig/Schäfer*, Rechte und Pflichten des Vorstands, Rz. 305; abweichend *Spindler* in MünchKomm. AktG, § 88 AktG Rz. 21; *Thüsing* in Fleischer, Handbuch des Vorstandsrechts, § 4 Rz. 91 (fehlende Regelungslücke).

6 *Bachmann* in Kremer/Bachmann/Lutter/v. Werder, DCGK, Rz. 1080.

7 *Zöllner/Noack* in Baumbach/Hueck, § 35 GmbHG Rz. 41; s. schon Rz. 26.7.

8 BAG v. 12.5.1972 – 3 AZR 401/71, AP § 60 HGB Nr. 6 (zur Parallelfrage im Rahmen des § 60 HGB); OLG Frankfurt a.M. v. 5.11.1999 – 10 U 257/98, NZG 2000, 738, 739 = AG 2000, 518; OLG Oldenburg v. 17.2.2000 – 1 U 155/99, NZG 2000, 1038, 1039; *Fleischer*, AG 2005, 336, 341; *Spindler* in MünchKomm. AktG, § 88 AktG Rz. 22; *Paefgen* in Ulmer/Habersack/Löbbe, § 43 GmbHG Rz. 90; *Bergmann* in Ebenroth/Boujong/Joost/Strohn, § 112 HGB Rz. 20.

gen angebahnt werden.[1] Gleiches gilt für das Abwerben von Kunden und Auftraggebern[2] sowie das Abwerben von wichtigem Personal der Gesellschaft.[3] Die zuletzt genannten Sachverhalte fallen nach der Rechtsprechung des BAG zum Parallelproblem im Rahmen des § 60 HGB (Wettbewerbsverbot des Handlungsgehilfen) zwar nicht unter die 1. Alt. (Betreiben eines Handelsgewerbes), wohl aber unter das Geschäftemachen im Geschäftszweig der Gesellschaft im Sinne der 2. Alt.

II. Geschäftschancenbindung

1. Verhältnis zum Wettbewerbsverbot

Betrachtet man den weiten Geltungsbereich des gesetzlichen Wettbewerbsverbots, mag man sich fragen, welcher Anwendungsbereich insbesondere im Aktienrecht noch für die eingangs erwähnte **Geschäftschancenlehre** verbleibt. In der Tat sind die meisten denkbaren Tätigkeiten, durch die das Vorstandsmitglied Geschäftschancen der Gesellschaft an sich zieht, bereits vom gesetzlichen Wettbewerbsverbot erfasst.[4] Gleichwohl bleiben Schutzlücken, in denen das Wettbewerbsverbot der Ergänzung durch die Geschäftschancenlehre bedarf.

26.24

Anerkannt ist dies zunächst für den Fall des Ausnutzens von Geschäftschancen **nach Ausscheiden** des Vorstandsmitglieds bzw. Geschäftsführers aus dem Amt. Wie dargelegt (Rz. 26.10–26.13) wirkt das Wettbewerbsverbot in diesem Zeitraum nicht mehr, sofern keine abweichende Vereinbarung im Anstellungsvertrag getroffen wurde. Es liegt also kein Verstoß gegen das Wettbewerbsverbot vor, wenn der Geschäftsleiter eine ihm während seiner Amtszeit angetragene Geschäftschance der Gesellschaft vorenthält und erst nach seinem Ausscheiden für sich ausnutzt.[5] Hier hilft die Geschäftschancenlehre, die der BGH aus der allgemeinen Treuepflicht des Geschäftsleiters ableitet, allein das Wohl der Gesellschaft und nicht seinen eigenen wirtschaftlichen Nutzen zu verfolgen.[6] Diese Pflicht wird verletzt, wenn der Geschäftsleiter eine ihm während seiner Amtszeit bekannt gewordene Geschäftschance der Gesellschaft nicht für diese ausnutzt, sondern bei seinem Ausscheiden mitnimmt, um sie anschließend für sich auszunutzen.[7]

26.25

---

1 BAG v. 30.1.1963 – 2 AZR 319/62, AP § 60 HGB Nr. 3; BAG v. 12.5.1972 – 3 AZR 401/71, AP § 60 HGB Nr. 6; OLG Oldenburg v. 17.2.2000 – 1 U 155/99, NZG 2000, 1038, 1039; vgl. auch BGH v. 19.6.1995 – II ZR 228/94, DStR 1995, 1359 m. Anm. *Goette*.
2 BAG v. 24.4.1970 – 3 AZR 324/69, AP § 60 HGB Nr. 5.
3 BAG v. 30.1.1963 – 2 AZR 319/62, AP § 60 HGB Nr. 3; BAG v. 12.5.1972 – 3 AZR 401/71, AP § 60 HGB Nr. 6.
4 *Hopt/M. Roth* in Großkomm. AktG, § 93 AktG Rz. 251; *Kort* in Großkomm. AktG, § 88 AktG Rz. 194; *Seyfarth*, Vorstandsrecht, § 10 Rz. 69 f.
5 BGH v. 23.9.1985 – II ZR 246/84, WM 1985, 1443, 1444 = GmbHR 1986, 42 = WuB II C. § 43 GmbHG 2.86 m. Anm. *Uwe H. Schneider*; OLG Frankfurt a.M. v. 13.5.1997 – 11 U (Kart) 68/96, GmbHR 1998, 376, 377 f.
6 BGH v. 8.5.1967 – II ZR 126/65, WM 1967, 679; BGH v. 10.2.1977 – II ZR 79/75, WM 1977, 361, 362; BGH v. 21.2.1983 – II ZR 183/82, WM 1983, 498, 499 = GmbHR 1983, 300; BGH v. 23.9.1985 – II ZR 246/84, WM 1985, 1443 = GmbHR 1986, 42; BGH v. 12.6.1989 – II ZR 334/87, WM 1989, 1335, 1339 = AG 1989, 354 = GmbHR 1989, 365; s. bereits oben Rz. 26.2.
7 BGH v. 23.9.1985 – II ZR 246/84, WM 1985, 1443, 1444 = GmbHR 1986, 42 = WuB II C. § 43 GmbHG 2.86 m. Anm. *Uwe H. Schneider*; OLG Frankfurt a.M. v. 13.5.1997 – 11 U (Kart) 68/96, GmbHR 1998, 376, 378; OLG Oldenburg v. 17.2.2000 – 1 U 155/99, NZG 2000, 1038, 1039; *Fleischer*, AG 2005, 336, 341; *Haas/Ziemons* in Michalski, § 43 GmbHG Rz. 123.

26.26 Eine zweite Fallgruppe, in der das Wettbewerbsverbot nach verbreiteter Ansicht der Ergänzung durch die Geschäftschancenlehre bedarf, bilden die sog. **geschäftszweigneutralen Geschäfte**.[1] Hierzu werden Hilfsgeschäfte wie etwa die Beschaffung eines Darlehens oder von Arbeitsmitteln (Maschinen, Betriebsgrundstücke etc.) gezählt. Dabei wird unterstellt, dass sich diese Geschäfte jenseits des Geschäftszweigs der Gesellschaft bewegen und deshalb – sofern sie das Vorstandsmitglied nicht gewerblich betreibt (§ 88 Abs. 1 Satz 1, 1. Alt. AktG) – nicht vom Wettbewerbsverbot erfasst werden.[2] Bei dieser Sicht der Dinge bleibt in der Tat nur der Rückgriff auf die Geschäftschancenlehre. Die Prämisse, dass derartige Geschäfte jenseits des Geschäftszweigs der Gesellschaft liegen, ist indes nicht zwingend. Da Hilfsgeschäfte vom Unternehmensgegenstand gedeckt sind[3], lassen sich die betreffenden Fälle bei weiter Auslegung des Geschäftszweigs auch über das Wettbewerbsverbot lösen.[4] In der Rechtsprechung des BGH begegnen denn auch beide Lösungswege.[5]

26.27 Schutzlücken des gesetzlichen Wettbewerbsverbots werden schließlich in einer dritten Fallgruppe sichtbar. Auch bei weiter Auslegung des Geschäftszweigs der Gesellschaft lassen sich hierunter nicht solche Geschäfte subsumieren, die sowohl **jenseits des Unternehmensgegenstands** als auch jenseits eines u.U. darüber hinausgehenden tatsächlichen Tätigkeitsbereichs der Gesellschaft liegen. Es kann aber im Interesse der Gesellschaft sein, auch in diesem Bereich Geschäftschancen, z.B. die Erschließung eines neuen Produktmarktes oder den Erwerb eines gut zur Erweiterung der vorhandenen Konzernstruktur passenden Unternehmens, wahrzunehmen und den Unternehmensgegenstand entsprechend zu ändern.[6] Nutzt der Geschäftsleiter eine solche Geschäftschance für eigene Zwecke, lässt sich dies grundsätzlich nicht über das Wettbewerbsverbot erfassen[7], sondern nur über die Geschäftschancenlehre.

26.28 Nach verbreiteter, aber zunehmend in die Kritik geratener Ansicht stellt das gesetzliche Wettbewerbsverbot lediglich einen Unterfall der weiter ausgreifenden Geschäftschancenlehre dar.[8] Zutreffend ist dies allenfalls für das „echte" Wettbewerbsverbot des § 88 Abs. 1 Satz 1, 2. Alt. AktG, nicht für die im Aktienrecht geltenden Vorfeldtatbestände des § 88 Abs. 1 Satz 1, 1. Alt. und Satz 2 AktG, deren primärer Zweck in der Erhaltung der Arbeitskraft des Vorstandsmitglieds liegt (Rz. 26.6). Wenn dem Vorstandsmitglied verboten wird, in einer grundverschiede-

---

1 Vgl. *Armbrüster*, ZIP 1997, 1269, 1270; *Polley*, Wettbewerbsverbot und Geschäftschancenlehre, 1993, S. 126 f.
2 Deutlich *Polley*, Wettbewerbsverbot und Geschäftschancenlehre, 1993, S. 126 ff.
3 Allg. M.; vgl. nur *Tieves*, Der Unternehmensgegenstand der Kapitalgesellschaft, 1998, S. 211, m.w.N.
4 Ebenso *Seyfarth*, Vorstandsrecht, § 10 Rz. 69.
5 Vgl. einerseits zu § 112 HGB BGH v. 27.6.1957 – II ZR 37/56, WM 1957, 1128, 1129 (Ausdehnung des Wettbewerbsverbots auf ein Hilfsgeschäft, auf das die Gesellschaft dringend angewiesen war); andererseits BGH v. 8.5.1967 – II ZR 126/65, WM 1967, 679; BGH v. 10.2.1977 – II ZR 79/75, WM 1977, 361 (keine Erwähnung des Wettbewerbsverbots; Geschäftschancenlehre).
6 Vgl. *Röhricht*, WPg 1992, 766, 770; *Schiessl*, GmbHR 1988, 53, 54.
7 Anders liegt es nur, wenn die Schwelle zu einer gewerblichen Tätigkeit überschritten wird (§ 88 Abs. 1 Satz 1, 1. Alt. AktG).
8 *Merkt*, ZHR 159 (1995), 423, 434; *Timm*, GmbHR 1981, 177; *Weisser*, Corporate Opportunities, 1991, S. 147 f.; a.A. *Fleischer* in Spindler/Stilz, § 88 AktG Rz. 5, § 93 AktG Rz. 137; *Hopt/M. Roth* in Großkomm. AktG, § 93 AktG Rz. 251; *Mertens/Cahn* in KölnKomm. AktG, § 88 AktG Rz. 5; *Paefgen* in Ulmer/Habersack/Löbbe, § 43 GmbHG Rz. 98; *Uwe H. Schneider* in Scholz, § 43 GmbHG Rz. 201; *Kumpan*, Der Interessenkonflikt im deutschen Privatrecht, 2014, S. 485 f.; im Erg. auch BGH v. 4.12.2012 – II ZR 159/10, GmbHR 2013, 259, 260 (zur GbR): „Die Geschäftschancenlehre steht als eigenständiges Rechtsinstitut ... neben dem Wettbewerbsverbot."

nen, für die Gesellschaft uninteressanten Branche ein Handelsgewerbe zu betreiben (§ 88 Abs. 1 Satz 1, 1. Alt. AktG), hat dies mit dem Ansichziehen von Geschäftschancen der Gesellschaft ersichtlich nichts zu tun. Ungeachtet der Meinungsverschiedenheiten über das genaue **Verhältnis von Wettbewerbsverbot und Geschäftschancenlehre** besteht aber Einigkeit, dass die Rechtsfolgen von Verstößen dieselben sind. § 88 Abs. 2 und Abs. 3 AktG werden auf Verletzungen der Geschäftschancenbindung entsprechend angewendet (Rz. 26.39), was angesichts der Nähe zu Verstößen gegen das echte Wettbewerbsverbot (§ 88 Abs. 1 Satz 1, 2. Alt. AktG) auch gerechtfertigt erscheint.

2. Zuordnung der Geschäftschancen

Im Zentrum der Geschäftschancenlehre steht die Frage, unter welchen Voraussetzungen eine Geschäftschance der Gesellschaft zugeordnet ist. Es fällt schwer, diese Frage in verallgemeinerungsfähiger Form zu beantworten. Mit Recht wird darauf hingewiesen, dass es letztlich immer einer sorgfältigen Prüfung anhand aller Umstände des Einzelfalls bedarf.[1] Unbeschadet dessen haben sich in Rechtsprechung und Literatur einzelne Kriterien herausgebildet, die in den meisten Fällen eine hinreichend verlässliche Zuordnung der Geschäftschancen ermöglichen. Dabei werden in Anlehnung an die in den USA entwickelten Abgrenzungskriterien („**interest or expectancy test**" und „**line of business test**")[2] zwei Zuordnungskategorien unterschieden.[3] Diese gelten für Geschäftsleiter personalistischer Gesellschaften und solche von Publikumsgesellschaften gleichermaßen.[4]

26.29

In der ersten Kategorie sind die Geschäftschancen deshalb der Gesellschaft zugeordnet, weil sie an dem betreffenden Geschäft bereits ein **konkretes Interesse** geäußert hat oder ihr eine **konkrete Geschäftsaussicht** zusteht. So gebührt eine Geschäftschance der Gesellschaft, wenn

26.30

– der Geschäftsabschluss von der Gesellschaft bereits beschlossen wurde[5],

– die Gesellschaft in Vertragsverhandlungen eingetreten ist[6],

– die Gesellschaft anderweitig ihr Interesse an Geschäften dieser Art bekundet hat[7], oder

---

1 *Fleischer*, NZG 2003, 985, 987.
2 Dazu *Weisser*, Corporate Opportunities, 1991, S. 47 ff.; *Merkt*, US-amerikanisches Gesellschaftsrecht, 3. Aufl. 2013, Rz. 1000 ff.; *Kumpan*, Der Interessenkonflikt im deutschen Privatrecht, 2014, S. 487 ff.
3 Vgl. *Uwe H. Schneider* in Scholz, GmbHG, § 43 Rz. 203 f.; *Hopt/M. Roth* in Großkomm. AktG, § 93 AktG Rz. 254; *Fleischer* in Spindler/Stilz, § 93 AktG Rz. 136 ff.; *Fleischer*, NZG 2003, 985, 986 f.; *Merkt*, ZHR 159 (1995), 423, 438 ff.; *Kumpan*, Der Interessenkonflikt im deutschen Privatrecht, 2014, S. 490 ff.; einschränkend *Steck*, GmbHR 2005, 1157, 1162 ff. (allerdings zur Bindung der Gesellschafter, nicht der Geschäftsführer, an die Geschäftschancenlehre).
4 *Fleischer* in Spindler/Stilz, § 93 AktG Rz. 143; *Kumpan*, Der Interessenkonflikt im deutschen Privatrecht, 2014, S. 495 f.; abweichend (strengere Anforderungen in Publikumsgesellschaften) *Reinhardt*, Interessenkonflikte bei der privaten Wahrnehmung von Geschäftschancen, 1994, S. 95 ff., 101 ff.
5 BGH v. 8.5.1989 – II ZR 229/88, WM 1989, 1216, 1218 = GmbHR 1989, 460 (zur KG).
6 BGH v. 8.5.1989 – II ZR 229/88, WM 1989, 1216, 1217 = GmbHR 1989, 460 (zur KG); BGH v. 4.12.2012 – II ZR 159/10, GmbHR 2013, 259, 261 (zur GbR).
7 *Hopt/M. Roth* in Großkomm. AktG, § 93 AktG Rz. 256; *Mertens/Cahn* in KölnKomm. AktG, § 93 AktG Rz. 105; *Uwe H. Schneider* in Scholz, § 43 GmbHG Rz. 204.

– dem Geschäftsleiter das Geschäft nur mit Rücksicht auf seine Organstellung angetragen wurde[1].

Darauf, ob das in Aussicht genommene Geschäft in den Geschäftszweig der Gesellschaft fällt, kommt es nicht an (Rz. 26.26 f.).

26.31 Die zweite Kategorie umfasst Geschäftschancen, die der Gesellschaft auf Grund ihres **Sachzusammenhangs mit der Geschäftstätigkeit der Gesellschaft** zugeordnet werden. Hierunter fallen insbesondere Geschäfte, die sich im bisherigen Tätigkeitsbereich der Gesellschaft bewegen.[2] Obwohl der Tätigkeitsbereich der Gesellschaft bereits durch das Wettbewerbsverbot des § 88 Abs. 1 Satz 1, 2. Alt. AktG geschützt ist, hat die Geschäftschancenlehre auch hier eigenständige Bedeutung, da sie anders als das Wettbewerbsverbot auch den Fall erfasst, dass der Geschäftsleiter die Geschäftschance erst nach seinem Ausscheiden für sich ausnutzt (Rz. 26.25). Darüber hinaus wird im Schrifttum angenommen, dass eine Geschäftschance auch dann kraft Sachzusammenhangs der Gesellschaft zuzuordnen ist, wenn es sich um die bisherigen Geschäftsfelder gut ergänzende, angrenzende Tätigkeitsbereiche handelt, die für die Gesellschaft – z.B. weil sie Synergie- oder andere Effizienzvorteile versprechen – erkennbar von Interesse sind.[3]

3. Rechtfertigungsgründe für die Eigenwahrnehmung

26.32 Ist eine Geschäftschance nach den vorstehenden Grundsätzen der Gesellschaft zuzuordnen, darf der Geschäftsleiter die Geschäftschance nur in Ausnahmefällen selbst nutzen. Die wichtigste Ausnahme bildet der Fall, dass der Aufsichtsrat bzw. die Gesellschafterversammlung die Geschäftschance vorab **freigegeben** hat (Rz. 26.34–26.38). Sieht man hiervon ab, bestehen für die Eigenwahrnehmung sehr eng gezogene Grenzen. So kann sich der Geschäftsleiter nach der Rechtsprechung des BGH nicht damit verteidigen, dass er von der Geschäftschance außerhalb des Dienstes, also **privat Kenntnis** erlangt hat.[4] Dies gilt nach einer Entscheidung des OLG Frankfurt a.M. auch dann, wenn die Geschäftschance dem Geschäftsleiter von einem persönlichen Freund angetragen wird.[5] Wenn allerdings feststeht, dass der Antragende nicht mit der Gesellschaft kontrahiert hätte, sondern sich nur an den Geschäftsleiter **höchstpersönlich** wenden wollte, was namentlich bei Geschäften im Familienkreis oder auf Grund persönlicher Freundschaft in Betracht kommt, wird man die Erwerbsgelegenheit richtigerweise nicht als „corporate opportunity" einordnen können.[6] Die Beweislast für diese Ausnahme trägt freilich der Geschäftsleiter.[7] Auch sonst kann sich dieser mit dem von ihm zu

---

1 BGH v. 8.5.1967 – II ZR 126/65, WM 1967, 679; BGH v. 10.2.1077 – II ZR 79/75, GmbHR 1977, 129, 130.
2 Vgl. BGH v. 23.9.1985 – II ZR 246/84, WM 1985, 1443 f. = GmbHR 1986, 42; OLG Frankfurt a.M. v. 13.5.1997 – 11 U (Kart) 68/96, GmbHR 1998, 376, 378; *Fleischer* in Spindler/Stilz, § 93 AktG Rz. 142; *Hopt/M. Roth* in Großkomm. AktG, § 93 AktG Rz. 254; Uwe H. *Schneider* in Scholz, § 43 GmbHG Rz. 204; kritisch *Kumpan*, Der Interessenkonflikt im deutschen Privatrecht, 2014, S. 492 f., der diese Fälle allein dem Wettbewerbsverbot zuordnen will.
3 *Fleischer* in Spindler/Stilz, § 93 AktG Rz. 142; *Fleischer*, NZG 2003, 985, 987; *Röhricht*, WPg 1992, 766, 770; *Schiessl*, GmbHR 1988, 53, 54; *Weisser*, Corporate Opportunities, 1991, S. 150 ff.
4 BGH v. 23.9.1985 – II ZR 246/84, WM 1985, 1443, 1444 = GmbHR 1986, 42; BGH v. 4.12.2012 – II ZR 159/10, GmbHR 2013, 259, 261.
5 OLG Frankfurt a.M. v. 13.5.1997 – 11 U (Kart) 68/96, GmbHR 1998, 376, 378.
6 Vgl. Uwe H. *Schneider* in Scholz, § 43 GmbHG Rz. 205; *Hopt/M. Roth* in Großkomm. AktG, § 93 AktG Rz. 258; *Fleischer* in Spindler/Stilz, § 93 AktG Rz. 148; *Fleischer*, NJW 2006, 3239, 3240.
7 *Fleischer*, NZG 2003, 985, 989; *Fleischer*, NJW 2006, 3239, 3240.

führenden Nachweis entlasten, dass es **der Gesellschaft unmöglich** gewesen wäre, die Geschäftschance zu nutzen.[1] Nicht hinreichend ist jedoch der Einwand, der Gesellschaft hätten die finanziellen Mittel gefehlt, die Geschäftschance zu ergreifen.[2] Die Entscheidung, ob die finanziellen Mittel nicht doch durch Kapitalmaßnahmen oder anderweitig aufgebracht werden können, darf der Geschäftsleiter nicht alleine treffen. Auch ein bevorstehender Wechsel in die Selbständigkeit vermag die Mitnahme von Geschäftschancen nicht zu rechtfertigen.[3]

4. Ansichziehen von Geschäftschancen

Ein verbotenes **Ansichziehen** von Geschäftschancen soll nach häufig vertretener Ansicht nur vorliegen, wenn das Vorstandsmitglied die Chance für sich selbst, eine ihm nahe stehende Person oder ein Unternehmen nutzt, an dem es in relevantem Maße beteiligt ist.[4] Diese nicht näher begründete Einschränkung erscheint allerdings überprüfungsbedürftig. Das Vorstandsmitglied verletzt seine Pflicht, das Gesellschaftsinteresse zu fördern, auch dann, wenn er Geschäftschancen auf einen Dritten überleitet, der ihm nicht in dem genannten Sinn nahe steht. Mit Recht hat deshalb das Kammergericht ein verbotenes Ansichziehen von Geschäftschancen in einem Fall bejaht, in dem der Geschäftsleiter Geschäftschancen auf eine andere Gesellschaft übergeleitet hatte, deren Prokurist er war, an der er aber keine Beteiligung hielt.[5]

26.33

III. Befreiung von Wettbewerbsverbot und Geschäftschancenbindung

1. Zuständiges Organ

Sowohl vom gesetzlichen Wettbewerbsverbot als auch vom Verbot, Geschäftschancen der Gesellschaft an sich zu ziehen, kann nach allgemeiner Ansicht Dispens erteilt werden. Zuständiges Organ ist in der AG der **Aufsichtsrat**. Für das Wettbewerbsverbot ergibt sich dies unmittel-

26.34

---

1 Vgl. BFH v. 13.11.1996 – I R 149/94, NJW 1997, 1806, 1807 = GmbHR 1997, 315; *Merkt*, ZHR 159 (1995), 423, 443 f.; *Schiessl*, GmbHR 1988, 53, 55; i.E. auch *Hopt/M. Roth* in Großkomm. AktG, § 93 AktG Rz. 257 (z.B. wenn die Gesellschaft das Geschäft wegen eines Exportverbots nicht tätigen darf); a.A. *Uwe H. Schneider* in Scholz, § 43 GmbHG Rz. 208.
2 BGH v. 23.9.1985 – II ZR 257/84, WM 1985, 1444, 1445 (zur OHG); *Fleischer* in Spindler/Stilz, § 93 AktG Rz. 145 f.; *Hopt/M. Roth* in Großkomm. AktG, § 93 AktG Rz. 257; *Uwe H. Schneider* in Scholz, § 43 GmbHG Rz. 208; *Merkt*, ZHR 159 (1995), 423, 443 f.; *Röhricht*, WPg 1992, 766, 770; *Schiessl*, GmbHR 1988, 53, 55; zu weit insofern BFH v. 13.11.1996 – I R 149/94, NJW 1997, 1806, 1807 = GmbHR 1997, 315. A.A. für den Vorstand der AG *Habersack* in FS Hoffmann-Becking, S. 421, 430: Soweit die Gesellschaft „objektiv nicht leistungsfähig" ist, liege schon keine Geschäftschance der AG vor.
3 BGH v. 23.9.1985 – II ZR 246/84, WM 1985, 1443, 1444 = GmbHR 1986, 42; einschränkend *Fleischer* in Spindler/Stilz, § 93 AktG Rz. 151 f.; *Hopt/M. Roth* in Großkomm. AktG, § 93 AktG Rz. 259.
4 *Hopt/M. Roth* in Großkomm. AktG, § 93 AktG Rz. 262; *Haas/Ziemons* in Michalski, § 43 GmbHG Rz. 122; *Paefgen* in Ulmer/Habersack/Löbbe, § 43 GmbHG Rz. 102; *Uwe H. Schneider* in Scholz, § 43 GmbHG Rz. 201 mit Fn. 4.
5 KG Berlin v. 11.5.2000 – 2 U 4203/99, NZG 2001, 129 = DStR 2001, 1042 m. Anm. *Haas/Holler*. Wie hier auch *Altmeppen* in Roth/Altmeppen, § 43 GmbHG Rz. 30; *Klöhn* in Bork/Schäfer, § 43 GmbHG Rz. 54 („weder selbst noch zugunsten anderer ihm nahestehender Personen oder anderer Dritter").

bar aus § 88 Abs. 1 AktG; für die Geschäftschancenlehre muss Entsprechendes gelten.[1] Für die GmbH ist zu differenzieren: Sofern sie keinen Aufsichtsrat hat, entscheidet die **Gesellschafterversammlung** über die Befreiung. In der nach MitbestG mitbestimmten GmbH ist dagegen analog § 88 Abs. 1 AktG grundsätzlich[2] der Aufsichtsrat zuständig.[3] Für diese Ansicht spricht der enge Sachzusammenhang mit der Be- und Anstellung der Geschäftsführer, für die in der dem MitbestG unterliegenden GmbH ebenfalls der Aufsichtsrat zuständig ist.[4] In der nach dem DrittelbG mitbestimmten GmbH bewendet es hingegen bei der Zuständigkeit der Gesellschafterversammlung, da diese auch für die Be- und Anstellung der Geschäftsführer zuständig bleibt.[5] Gleiches gilt in Ermangelung einer abweichenden Satzungsregelung auch für die GmbH mit fakultativem Aufsichtsrat.

2. Mehrheitserfordernis; konkrete und generelle Befreiung

26.35 Sofern in der GmbH die Gesellschafterversammlung über die Befreiung entscheidet, wird unterschiedlich beurteilt, welches **Mehrheitserfordernis** für die Beschlussfassung gelten soll. Wenn es um einen konkreten Dispens zu einem einzelnen Geschäft und nicht um eine generelle Aufhebung des Wettbewerbsverbots oder der Geschäftschancenbindung geht, genügt nach überwiegender und zutreffender Ansicht die einfache Mehrheit,[6] wobei zu beachten ist, dass der betroffene Gesellschafter-Geschäftsführer gem. § 47 Abs. 4 GmbHG einem Stimmverbot unterliegt.[7] Eine generelle Aufhebung bedarf dagegen eines satzungsändernden Beschlusses

---

1 *Fleischer* in Spindler/Stilz, § 93 AktG Rz. 149; *Hopt/M. Roth* in Großkomm. AktG, § 93 AktG Rz. 261; *Mertens/Cahn* in KölnKomm. AktG, § 93 AktG Rz. 105; *Habersack* in FS Hoffmann-Becking, S. 421, 429 f.; *Seyfarth*, Vorstandsrecht, § 10 Rz. 70.

2 Anders nur, wenn es um eine generelle Aufhebung des Wettbewerbsverbots geht; s. dazu Rz. 26.35.

3 *Ulmer/Habersack* in Ulmer/Habersack/Henssler, MitbestR, § 31 MitbestG Rz. 40; *Fleischer* in MünchKomm. GmbHG, § 43 GmbHG Rz. 188; *Klöhn* in Bork/Schäfer, § 43 GmbHG Rz. 51; *Kübler/Waltermann*, ZGR 1991, 162, 171; *Merkt*, ZHR 159 (1995), 423, 445; *Röhricht*, WPg 1992, 766, 781; *Schiessl*, GmbHR 1988, 53, 55 f.; a.A. *Raiser* in Raiser/Veil/Jacobs, § 25 MitbestG Rz. 90; offen gelassen in BGH v. 14.11.1983 – II ZR 33/83, BGHZ 89, 48, 57 = AG 1984, 48 = GmbHR 1984, 151.

4 Vgl. § 31 MitbestG sowie BGH v. 14.11.1983 – II ZR 33/83, BGHZ 89, 48 ff. = AG 1984, 48 = GmbHR 1984, 151; *Ulmer/Habersack* in Ulmer/Habersack/Henssler, MitbestR, § 31 MitbestG Rz. 37 ff.

5 § 31 MitbestG findet im DrittelbG keine Entsprechung; s. nur *Henssler* in Ulmer/Habersack/Henssler, MitbestR, Einl. DrittelbG Rz. 6; *Lutter/Krieger/Verse*, Rechte und Pflichten des Aufsichtsrats, Rz. 1134.

6 *Altmeppen* in Roth/Altmeppen, § 43 GmbHG Rz. 31; *Fleischer* in MünchKomm. GmbHG, § 43 Rz. 188; *Kleindiek* in Lutter/Hommelhoff, Anh. § 6 GmbHG Rz. 23; *Klöhn* in Bork/Schäfer, § 43 GmbHG Rz. 51; *Zöllner/Noack* in Baumbach/Hueck, § 35 GmbHG Rz. 43; zumindest für den Fall, dass die Satzung die Möglichkeit der Befreiung ausdrücklich vorsieht (Öffnungsklausel), auch BGH v. 16.2.1981 – II ZR 168/79, GmbHR 1981, 189, 190 = AG 1981, 225; a.A. *Uwe H. Schneider* in Scholz, § 43 GmbHG Rz. 192 (Satzungsänderung oder einstimmiger Gesellschafterbeschluss); bei Fehlen einer Öffnungsklausel auch *Paefgen* in Ulmer/Habersack/Löbbe, § 43 GmbHG Rz. 103 f.; *Röhricht*, WPg 1992, 766, 781 (Satzungsänderung).

7 *Altmeppen* in Roth/Altmeppen, § 43 GmbHG Rz. 31; *Zöllner/Noack* in Baumbach/Hueck, § 35 GmbHG Rz. 43; *Röhricht*, WPg 1992, 766, 781; implizit auch BGH v. 16.2.1981 – II ZR 168/79, GmbHR 1981, 189, 190 = AG 1981, 225.

der Gesellschafterversammlung mit Dreiviertel-Mehrheit,[1] und zwar richtigerweise auch in der dem MitbestG unterliegenden GmbH. In der AG ist eine generelle Aufhebung des Verbots sogar gänzlich ausgeschlossen. Dass der Aufsichtsrat keine generelle Aufhebung erteilen darf, ergibt sich unmittelbar aus § 88 Abs. 1 Satz 3 AktG. Danach kann die Einwilligung nur für bestimmte Arten von Tätigkeiten, also für einen klar abgegrenzten Bereich, erteilt werden; eine **Blankoeinwilligung** ist unwirksam. Hierdurch soll erreicht werden, dass sich der Aufsichtsrat eindeutig darüber schlüssig wird, in welchem Umfang er Nebentätigkeiten zulässt.[2] Wegen der in der AG zu beachtenden Satzungsstrenge (§ 23 Abs. 5 AktG) kann von dem Verbot der Blankoeinwilligung auch durch Satzungsbestimmung nicht abgewichen werden.[3]

3. Weitere Modalitäten der Befreiung

Auch hinsichtlich der weiteren Modalitäten der Befreiung ist zwischen den Rechtsformen zu unterscheiden. In der AG verlangt § 88 Abs. 1 AktG für die Befreiung eine Einwilligung, also die **vorhergehende Zustimmung** (§ 183 BGB) des Aufsichtsrats. Eine spätere Genehmigung genügt nicht[4] und kann nur für die Zukunft Bedeutung erlangen. Bereits entstandene Ersatzansprüche der Gesellschaft bleiben bestehen (§ 93 Abs. 4 Satz 2 AktG); auf sie kann nur nach Maßgabe des § 93 Abs. 4 Satz 3 AktG verzichtet werden.[5] In der GmbH kann die Gesellschafterversammlung die Befreiung dagegen auch rückwirkend aussprechen und dies mit einem Erlass bereits entstandener Ansprüche verbinden.[6] § 93 Abs. 4 Satz 3 AktG findet in der GmbH keine analoge Anwendung.[7] Beim Erlass von Ansprüchen gegen einen Gesellschafter-Geschäftsführer sind allerdings die Kapitalerhaltungsgrundsätze (§§ 30 f. GmbHG) zu berücksichtigen.

26.36

Der Aufsichtsrat kann die Entscheidung über die Einwilligung einem Ausschuss übertragen (§ 107 Abs. 3 AktG).[8] Gem. § 108 Abs. 1 AktG muss sich die Einwilligung aus einem **Beschluss** des Aufsichtsrats bzw. des zuständigen Ausschusses ergeben; sie kann also nicht durch konkludentes Verhalten außerhalb eines Beschlusses erteilt werden.[9] Die Einwilligung muss in

26.37

---

1 Str., wie hier *Haas/Ziemons* in Michalski, § 43 GmbHG Rz. 109; *Röhricht*, WPg 1992, 766, 781 m.w.N.; für Einstimmigkeitserfordernis *Klöhn* in Bork/Schäfer, § 43 GmbHG Rz. 52.
2 Begr. RegE AktG bei *Kropff*, Aktiengesetz, S. 112.
3 *Kumpan*, Der Interessenkonflikt im deutschen Privatrecht, 2014, S. 374 f. Fn. 114.
4 Ganz h.M.; *Hüffer/Koch*, § 88 AktG Rz. 5; *Kort* in Großkomm. AktG, § 88 AktG Rz. 55; *Spindler* in MünchKomm. AktG, § 88 AktG Rz. 27; *Wiesner* in MünchHdb. AG, § 21 Rz. 93; abweichend *Meyer-Landrut* in Großkomm. AktG, 3. Aufl., § 88 AktG Anm. 5: Rechtswidrigkeit entfällt, wenn vergangenes und künftiges Tun eine wirtschaftliche Einheit bilden.
5 *Fleischer* in Spindler/Stilz, § 88 AktG Rz. 34; *Kort* in Großkomm. AktG, § 88 AktG Rz. 55; *Spindler* in MünchKomm. AktG, § 88 AktG Rz. 30.
6 Auch in der mitbestimmten GmbH obliegt der Erlass von Ansprüchen gegen die Geschäftsführer in Ermangelung abweichender Regelungen nach § 46 Nr. 8 GmbHG den Gesellschaftern, nicht dem Aufsichtsrat.
7 Statt aller *Uwe H. Schneider* in Scholz, § 43 GmbHG Rz. 264.
8 *Fleischer* in Spindler/Stilz, § 88 AktG Rz. 27; *Hüffer/Koch*, § 88 AktG Rz. 5; *Mertens/Cahn* in Köln-Komm. AktG, § 88 AktG Rz. 16.
9 Heute ganz h.M.; *Fleischer* in Spindler/Stilz, § 88 AktG Rz. 27; *Hüffer/Koch*, § 88 AktG Rz. 5; *Spindler* in MünchKomm. AktG, § 88 AktG Rz. 25; *Thüsing* in Fleischer, Handbuch des Vorstandsrechts, § 4 Rz. 92 mit dem zutr. Hinweis, dass ein solches Verhalten aber im Rahmen des Schadensersatzes nach § 88 Abs. 2 AktG Bedeutung erlangen kann (u.U. entschuldbarer Irrtum des Vorstandsmitglieds; Mitverschulden der Gesellschaft); a.A. noch *Baumbach/Hueck*, § 88 AktG Rz. 5.

dem Beschluss aber nicht ausdrücklich ausgesprochen werden. Vielmehr ist der rechtliche Sinngehalt des Beschlusses wie sonst auch[1] durch Auslegung zu ermitteln. Deshalb wird man in dem Beschluss über die Bestellung eines Vorstandsmitglieds bzw. Geschäftsführers, von dem alle Aufsichtsratsmitglieder (bzw. alle Mitglieder des zuständigen Ausschusses) wissen, dass er eine der in § 88 Abs. 1 AktG genannten Tätigkeiten entfaltet, in der Regel zugleich die erforderliche Einwilligung erblicken können.[2] Entsprechendes gilt auch für die Bestellung von GmbH-Geschäftsführern durch die Gesellschafterversammlung, wenn alle Gesellschafter von der Konkurrenztätigkeit Kenntnis haben.[3]

26.38 Die Entscheidung über die Einwilligung liegt im pflichtgemäßen **Ermessen** des Aufsichtsrats bzw. der Gesellschafterversammlung. In Ausnahmefällen, z.B. wenn die Gesellschaft den Unternehmensgegenstand oder ihren tatsächlichen Tätigkeitsbereich erweitert und ein früher zulässiges Geschäftemachen nunmehr in den Geschäftszweig der Gesellschaft fällt, kann sich das Ermessen dahin reduzieren, dass die Einwilligung für eine Übergangszeit zu erteilen ist.[4] Die Einwilligung kann widerruflich oder unwiderruflich erteilt werden. Ist sie Bestandteil des Anstellungsvertrags geworden, wird sie bei Fehlen einer ausdrücklichen Regelung im Zweifel als unwiderruflich anzusehen sein.[5] Ansonsten wird angenommen, dass mit Rücksicht auf die auf dem Spiel stehenden Belange die Einwilligung in das Geschäftemachen im Geschäftszweig der Gesellschaft im Zweifel widerruflich, die Einwilligung in das Betreiben eines Handelsgewerbes oder zur Begründung einer Organmitgliedschaft dagegen unwiderruflich ist.[6]

IV. Rechtsfolgen von Verstößen

26.39 Die **Rechtsfolgen** von Verstößen gegen das gesetzliche Wettbewerbsverbot sind in § 88 Abs. 2 AktG nur unvollständig geregelt. Neben den dort genannten Sanktionen (Schadensersatz, Eintrittsrecht), die auch in der GmbH analoge Anwendung finden[7], besteht anerkanntermaßen auch ein Anspruch der Gesellschaft auf Unterlassung der verbotenen Tätigkeit. Ferner bilden Verstöße gegen das gesetzliche Wettbewerbsverbot häufig einen wichtigen Grund zur Abberufung des Vorstandsmitglieds (§ 84 Abs. 3 Satz 1 AktG) bzw. des Geschäftsführers und zur

---

1 Vgl. BGH v. 19.12.1988 – II ZR 74/88, NJW 1989, 1928, 1929 = AG 1989, 129 = GmbHR 1989, 166; *Habersack* in MünchKomm. AktG, § 108 AktG Rz. 13; *Hoffmann-Becking* in MünchHdb. AG, § 31 Rz. 65; *Lutter/Krieger/Verse*, Rechte und Pflichten des Aufsichtsrats, Rz. 714.
2 Rechtsgedanke der §§ 60 Abs. 2, 112 Abs. 2 HGB; wie hier *Fleischer* in Spindler/Stilz, § 88 AktG Rz. 27; *Mertens/Cahn* in KölnKomm. AktG, § 88 AktG Rz. 16; *Spindler* in MünchKomm. AktG, § 88 AktG Rz. 25.
3 Vgl. *Röhricht*, WPg 1992, 766, 780.
4 *Fleischer* in Spindler/Stilz, § 88 AktG Rz. 29; *Fleischer*, AG 2005, 336, 345 unter Hinweis auf die Treuepflicht der Gesellschaft.
5 *Fleischer* in Spindler/Stilz, § 88 AktG Rz. 28; *Mertens/Cahn* in KölnKomm. AktG, § 88 AktG Rz. 18; *Seyfarth*, Vorstandsrecht, § 10 Rz. 24.
6 *Fleischer* in Spindler/Stilz, § 88 AktG Rz. 28; *Mertens/Cahn* in KölnKomm. AktG, § 88 AktG Rz. 18; *Spindler* in MünchKomm. AktG, § 88 AktG Rz. 25.
7 Zum Eintrittsrecht der GmbH analog § 88 Abs. 2 AktG BGH v. 16.2.1981 – II ZR 168/79, BGHZ 80, 69, 76 = AG 1981, 225 = GmbHR 1981, 189; BGH v. 12.6.1989 – II ZR 334/87, WM 1989, 1335, 1338 = AG 1989, 354; *Paefgen* in Ulmer/Habersack/Löbbe, § 43 GmbHG Rz. 106; *Uwe H. Schneider* in Scholz, § 43 GmbHG Rz. 168.

Kündigung seines Anstellungsvertrags (§ 626 BGB).[1] Die genannten Rechtsfolgen gelten entsprechend auch für Verstöße gegen die Geschäftschancenbindung.[2]

1. Unterlassungsanspruch

Dass der Gesellschaft ein einklagbarer Anspruch auf **Unterlassung** der verbotenen Konkurrenztätigkeit zusteht, ergibt sich aus allgemeinen Grundsätzen[3] und ist mit Recht einhellig anerkannt.[4] Der Anspruch ist verschuldensunabhängig[5] und setzt nicht voraus, dass der Verstoß bereits erfolgt ist. Vielmehr genügt die Gefahr einer erstmaligen Begehung.[6] In eilbedürftigen Fällen kann der Unterlassungsanspruch im Wege der einstweiligen Verfügung (§ 935 ZPO) geltend gemacht werden.

26.40

2. Schadensersatz

Gem. § 88 Abs. 2 Satz 1 AktG bzw. § 43 Abs. 2 GmbHG steht der Gesellschaft ferner ein **Schadensersatzanspruch** zu. Obwohl der Gesetzeswortlaut hierzu schweigt, besteht Einigkeit, dass der Anspruch **Verschulden**, also Vorsatz oder Fahrlässigkeit (§ 276 Abs. 1 BGB), voraussetzt.[7] Die Beweislast für ein fehlendes Verschulden trifft analog § 93 Abs. 2 Satz 2 AktG das Vorstandsmitglied bzw. den Geschäftsführer.[8] In der AG sind ferner § 93 Abs. 4 Satz 3 AktG (Einschränkungen für Verzicht oder Vergleich über den Schadensersatzanspruch)[9] und § 93 Abs. 5 AktG (Verfolgungsrecht der Gläubiger) entsprechend anzuwenden.[10] Der Inhalt des Schadensersatzanspruchs richtet sich nach allgemeinem Schadensrecht (§§ 249 ff. BGB). Die Ge-

26.41

---

1 *Spindler* in MünchKomm. AktG, § 88 AktG Rz. 39; *Marsch-Barner/Diekmann* in MünchHdb. GmbH, § 43 Rz. 69.
2 *Kort* in Großkomm. AktG, § 88 AktG Rz. 198 f.; *Mertens/Cahn* in KölnKomm. AktG, § 88 AktG Rz. 5 a.E.; *Seibt* in K. Schmidt/Lutter, § 88 AktG Rz. 7 a.E.; *Uwe H. Schneider* in Scholz, § 43 GmbHG Rz. 209; *Merkt*, ZHR 159 (1995), 423, 446 ff.; *Schiessl*, GmbHR 1988, 53, 56; eingehend *Weisser*, Corporate Opportunities, S. 233 ff.
3 Allgemein zum Unterlassungsanspruch gegenüber drohenden Pflichtverletzungen aus vertraglichen Schuldverhältnissen *Bachmann* in MünchKomm. BGB, § 241 BGB Rz. 19 m.w.N.
4 *Fleischer* in Spindler/Stilz, § 88 AktG Rz. 33; *Spindler* in MünchKomm. AktG, § 88 AktG Rz. 29; *Paefgen* in Ulmer/Habersack/Löbbe, § 43 GmbHG Rz. 106; *Uwe H. Schneider* in Scholz, § 43 GmbHG Rz. 166; ebenso zu den insoweit vergleichbaren §§ 112 f. HGB *Roth* in Baumbach/Hopt, § 113 HGB Rz. 4.
5 Allg. M.; Nachw. wie vor.
6 *Spindler* in MünchKomm. AktG, § 88 AktG Rz. 29; *Freudenberg*, Das Nebentätigkeitsrecht der Vorstandsmitglieder nach § 88 AktG, 1989, S. 154; jeweils unter Hinweis auf § 259 ZPO. Richtigerweise zählt die Begehungsgefahr wie bei anderen gesetzlichen Unterlassungsansprüchen (z.B. § 1004 Abs. 1 Satz 2 BGB) aber wohl schon zu den materiellen Anspruchsvoraussetzungen.
7 Statt aller *Spindler* in MünchKomm. AktG, § 88 AktG Rz. 30; *Hüffer/Koch*, § 88 AktG Rz. 6. Bei Vorsatz ist daneben an konkurrierende Ansprüche aus § 823 Abs. 2 BGB i.V.m. § 266 StGB und § 826 BGB zu denken.
8 *Spindler* in MünchKomm. AktG, § 88 AktG Rz. 30; *Hüffer/Koch*, § 88 AktG Rz. 6; *Kort* in Großkomm. AktG, § 88 AktG Rz. 65; für die GmbH *Haas/Ziemons* in Michalski, § 43 GmbHG Rz. 253.
9 Anders in der GmbH; s. Rz. 26.36.
10 *Fleischer* in Spindler/Stilz, § 88 AktG Rz. 34; *Kort* in Großkomm. AktG, § 88 AktG Rz. 93; *Spindler* in MünchKomm. AktG, § 88 AktG Rz. 30. Zur analogen Anwendung des § 93 Abs. 5 AktG im GmbH-Recht einerseits *Altmeppen* in Roth/Altmeppen, § 43 GmbHG Rz. 95 (bejahend); andererseits BGH v. 6.2.1990 – VI ZR 75/89, NJW 1990, 1725; *Uwe H. Schneider* in Scholz, § 43 GmbHG Rz. 290 (verneinend).

sellschaft ist mithin so zu stellen, wie wenn der Verstoß nicht erfolgt wäre. Die Beweislast für den eingetretenen Schaden trägt die Gesellschaft.[1] Hinsichtlich eines etwaigen entgangenen Gewinns kommt ihr die Beweiserleichterung des § 252 Satz 2 BGB zugute. Der entgangene Gewinn ist also bereits dann zu ersetzen, wenn nach dem gewöhnlichen Lauf der Dinge oder auf Grund besonderer Umstände mit Wahrscheinlichkeit zu erwarten ist, dass die Gesellschaft bei Unterbleiben des Verstoßes das dem Geschäftsleiter verbotene Geschäft selbst getätigt hätte.

3. Eintrittsrecht

26.42 Anstelle des Schadensersatzes kann die Gesellschaft nach § 88 Abs. 2 Satz 2 AktG von dem Geschäftsleiter auch verlangen, dass er die auf eigene Rechnung gemachten Geschäfte als für Rechnung der Gesellschaft eingegangen gelten lässt und die aus Geschäften für fremde Rechnung bezogene Vergütung herausgibt oder seinen Anspruch auf die Vergütung abtritt. Dieses sog. **Eintrittsrecht** ist für die Gesellschaft insbesondere dann von Interesse, wenn der Nachweis eines Schadens aus der verbotenen Wettbewerbstätigkeit Schwierigkeiten bereitet.

26.43 Der genaue **Anwendungsbereich** des Eintrittsrechts ist zweifelhaft und umstritten. Der Wortlaut („gemachte Geschäfte") legt es auf den ersten Blick nahe, das Eintrittsrecht auf Verstöße gegen das Geschäftemachen im Sinne des § 88 Abs. 1 Satz 1, 2. Alt. AktG zu beschränken.[2] Folgt man der Rechtsprechung des BGH zum Parallelfall des § 113 HGB[3], gilt das Eintrittsrecht darüber hinaus aber auch für die Tätigkeit als persönlich haftender Gesellschafter einer anderen Handelsgesellschaft (§ 88 Abs. 1 Satz 2 AktG). Allerdings wird man dies auf den Fall zu beschränken haben, dass die Handelsgesellschaft zu der AG in Wettbewerb steht, da die scharfe Sanktion des Eintrittsrechts nur beim Vorliegen eines konkreten Interessenkonflikts gerechtfertigt erscheint.[4] Steht die Handelsgesellschaft nur teilweise in Konkurrenz zur AG, sind die Gewinne also nur anteilig herauszugeben.[5] Entsprechendes muss auch für die übrigen in § 88 Abs. 1 Satz 1, 1. Alt. und Satz 2 AktG geregelten Tatbestände gelten. Betätigt sich der Geschäftsleiter unzulässigerweise als Vorstand oder Geschäftsführer einer konkurrierenden Handelsgesellschaft, bezieht sich das Eintrittsrecht nicht auf die bloße Tätigkeitsvergütung[6], sondern nur auf etwaige Gewinnanteile, die der Geschäftsleiter aus Konkurrenzgeschäften dieser Gesellschaft gezogen hat.[7]

---

1 *Spindler* in MünchKomm. AktG, § 88 AktG Rz. 30; *Hüffer/Koch*, § 88 AktG Rz. 6.
2 So *Fleischer* in Spindler/Stilz, § 88 AktG Rz. 36; *Spindler* in MünchKomm. AktG, § 88 AktG Rz. 37.
3 BGH v. 6.12.1962 – KZR 4/62, BGHZ 38, 306 ff.; zustimmend *C. Schäfer* in Staub, § 113 HGB Rz. 20; a.A. die früher h.M.
4 Wie hier i.E. *Hüffer/Koch*, § 88 AktG Rz. 8; *Kort* in Großkomm. AktG, § 88 AktG Rz. 69; *Meyer*, AG 1988, 259, 260 f.; ohne diese Einschränkung *Mertens/Cahn* in KölnKomm. AktG, § 88 AktG Rz. 24; *Oltmanns* in Heidel, § 88 AktG Rz. 8; *Seyfarth*, Vorstandsrecht, § 10 Rz. 56. Im Fall des § 113 HGB ergibt sich diese Einschränkung schon daraus, dass der Tatbestand des § 112 HGB enger als § 88 Abs. 1 AktG gefasst ist und nur die Beteiligung an „gleichartigen", d.h. im selben Geschäftszweig tätigen Handelsgesellschaften erfasst.
5 *Kort* in Großkomm. AktG, § 88 AktG Rz. 89. Notfalls muss der Anteil entsprechend § 287 ZPO geschätzt werden.
6 So aber *Mertens/Cahn* in KölnKomm. AktG, § 88 AktG Rz. 24.
7 *Hüffer/Koch*, § 88 AktG Rz. 8; *Meyer*, AG 1988, 259, 260; abweichend (kein Eintrittsrecht) *Fleischer* in Spindler/Stilz, § 88 AktG Rz. 36 a.E.; *Spindler* in MünchKomm. AktG, § 88 AktG Rz. 37.

Kein Eintrittsrecht besteht, wenn die erzielten Vorteile aus Geschäften stammen, welche die AG nicht selbst hätte abschließen können, da in diesem Fall kein Wettbewerb vorliegt.[1] Folglich scheidet das Eintrittsrecht insbesondere bei verbots- oder sittenwidrigen Geschäften aus.[2]

26.44

Nach – allerdings zunehmend bestrittener – h.M. setzt auch das Eintrittsrecht **Verschulden** voraus.[3] Dies mag zwar bei einer bereicherungsrechtsähnlichen Gewinnabschöpfung, wie sie mit dem Eintrittsrecht verbunden ist, nicht selbstverständlich sein.[4] Für die Beibehaltung der h.M. spricht aber der Wortlaut des § 88 Abs. 2 Satz 2 AktG („statt dessen", also statt des ebenfalls Verschulden voraussetzenden Schadensersatzes). Das von der Gegenansicht behauptete rechtsökonomische Bedürfnis nach einer strengeren Haftung wiegt demgegenüber nicht sonderlich schwer, wenn man bedenkt, dass die Beweislast für das fehlende Verschulden entsprechend § 93 Abs. 2 Satz 2 AktG beim Geschäftsleiter liegt.[5]

26.45

Die **Wirkung** des Eintrittsrechts besteht *nicht* darin, dass die AG in das Geschäft mit dem Geschäftspartner des Vorstandsmitglieds einrückt. Das Eintrittsrecht hat anerkanntermaßen keine Außenwirkung, sondern regelt allein die internen Folgen einer Pflichtverletzung zwischen Geschäftsleiter und Gesellschaft.[6] Bei Geschäften auf eigene Rechnung ist der Geschäftsleiter verpflichtet, die Ergebnisse des Geschäfts auf die AG zu übertragen, insbesondere den erzielten Gewinn an die Gesellschaft herauszugeben.[7] Bei Geschäften auf fremde Rechnung muss er die bezogene Vergütung abführen bzw. den Vergütungsanspruch abtreten. Analog § 666 BGB ist der Geschäftsleiter ferner zur Auskunft und Rechnungslegung über die verbotenen Konkurrenzgeschäfte verpflichtet.[8] Im Zusammenhang mit der Gewinnerzielung stehende Aufwendungen kann er in Anrechnung bringen (Rechtsgedanke des § 687 Abs. 2 Satz 2 BGB).[9] Dagegen ist der im neueren Schrifttum vereinzelt vertretenen Auffassung, ein gutgläubiger Geschäftsleiter könne dem Herausgabeanspruch analog § 818 Abs. 3 BGB auch einen Wegfall der Bereicherung entgegenhalten[10], nicht zu folgen. Diese Ansicht wäre allenfalls dann

26.46

---

1 *Spindler* in MünchKomm. AktG, § 88 AktG Rz. 38.
2 *Hüffer/Koch*, § 88 AktG Rz. 7; *Kort* in Großkomm. AktG, § 88 AktG Rz. 78; *Spindler* in MünchKomm. AktG, § 88 AktG Rz. 38; *Meyer*, AG 1988, 259, 261 ff.; offen gelassen in BGH v. 9.12.1987 – 3 StR 104/87, WM 1988, 650, 652.
3 *Kort* in Großkomm. AktG, § 88 AktG Rz. 74; *Spindler* in MünchKomm. AktG, § 88 AktG Rz. 33; *Thüsing* in Fleischer, Handbuch des Vorstandsrechts, § 4 Rz. 95; *Paefgen* in Ulmer/Habersack/Löbbe, § 43 GmbHG Rz. 106; zu § 113 HGB *Bergmann* in Ebenroth/Boujong/Joost/Strohn, § 113 HGB Rz. 11; *C. Schäfer* in Staub, § 113 HGB Rz. 16; a.A. *Fleischer* in Spindler/Stilz, § 88 AktG Rz. 37; *Mertens/Cahn* in KölnKomm. AktG, § 88 AktG Rz. 23; *Hüffer/Koch*, § 88 AktG Rz. 7; *Schwennicke* in Grigoleit, § 88 AktG Rz. 14; *Hopt*, ZGR 2004, 1, 48 f.
4 Vgl. den Einwand bei *Hüffer/Koch*, § 88 AktG Rz. 7.
5 *Oltmanns* in Heidel, § 88 AktG Rz. 8; *Spindler* in MünchKomm. AktG, § 88 AktG Rz. 33.
6 Allg. M.; BGH v. 6.12.1962 – KZR 4/62, BGHZ 38, 306, 310; BGH v. 5.12.1983 – II ZR 242/82, BGHZ 89, 162, 171 = GmbHR 1984, 203 (jeweils zu § 113 HGB); *Spindler* in MünchKomm. AktG, § 88 AktG Rz. 34.
7 BGH v. 6.12.1962 – KZR 4/62, BGHZ 38, 306, 310 f.; BGH v. 5.12.1983 – II ZR 242/82, BGHZ 89, 162, 171 = GmbHR 1984, 203; *Spindler* in MünchKomm. AktG, § 88 AktG Rz. 35.
8 *Kort* in Großkomm. AktG, § 88 AktG Rz. 81, 85; *Spindler* in MünchKomm. AktG, § 88 AktG Rz. 34, 36; *Paefgen* in Ulmer/Habersack/Löbbe, § 43 GmbHG Rz. 107.
9 BGH v. 6.12.1962 – KZR 4/62, BGHZ 38, 306, 311; BGH v. 5.12.1983 – II ZR 242/82, BGHZ 89, 162, 171 = GmbHR 1984, 203; *Fleischer* in Spindler/Stilz, § 88 AktG Rz. 38; *Spindler* in MünchKomm. AktG, § 88 AktG Rz. 36.
10 *Rusch*, Gewinnhaftung bei Verletzung von Treuepflichten, 2003, S. 240; vgl. dazu auch *Fleischer* in Spindler/Stilz, § 88 AktG Rz. 38 a.E.; ablehnend *Hopt*, ZGR 2004, 1, 48 f.

erwägenswert, wenn das Eintrittsrecht wie ein Bereicherungsanspruch verschuldensunabhängig wäre, was jedoch nach herrschender Ansicht (Rz. 26.45) nicht der Fall ist.

26.47 Die Gesellschaft kann nur entweder Schadensersatz oder Gewinnherausgabe verlangen. Streitig ist, ob die **Ausübung des Wahlrechts** durch Erklärung des Aufsichtsrats (§ 112 AktG) bzw. der Gesellschafterversammlung gegenüber dem Geschäftsleiter Bindungswirkung in dem Sinne entfaltet, dass die Gesellschaft später nicht mehr auf die jeweils andere Rechtsfolge wechseln darf. Während dies früher unter Hinweis auf den Rechtsgedanken des § 263 Abs. 2 BGB bejaht wurde[1], stößt eine derartige Bindungswirkung in neuerer Zeit ganz überwiegend auf Ablehnung.[2] In der Tat dürfte es zum Schutz der Interessen des Geschäftsleiters ausreichen, wenn man eine Bindung nicht generell annimmt, sondern nur ausnahmsweise, wenn die Gesellschaft einen Vertrauenstatbestand gesetzt hat, der Geschäftsleiter sich in schutzwürdigem Vertrauen auf diese Alternative eingerichtet hat und der spätere Wechsel deshalb als treuepflichtwidrig erscheinen muss.[3] An einem schutzwürdigen Vertrauenstatbestand fehlt es jedenfalls dann, wenn sich die Gesellschaft einen späteren Wechsel vorbehalten hat.[4] Ist freilich einer der beiden Ansprüche bereits erfüllt worden, erlischt damit auch der andere, so dass danach ein Übergang auf die andere Alternative nicht mehr in Betracht kommt.

V. Verjährung

26.48 Für die Ansprüche der Gesellschaft aus dem Wettbewerbsverbot enthält § 88 Abs. 3 AktG eine besondere, im Vergleich zu den allgemeinen bürgerlich-rechtlichen Regeln (§§ 195, 199 BGB) kürzere Verjährungsregelung.[5] Sie ist nach überwiegender und überzeugender Ansicht auch auf die GmbH entsprechend anzuwenden.[6] Auch auf Verstöße gegen die Geschäftschancenbindung ist die Vorschrift analog anwendbar.[7] Nach § 88 Abs. 3 Satz 1 AktG verjähren die Ansprüche bereits nach **drei Monaten** seit dem Zeitpunkt, in dem alle übrigen Vorstandsmitglieder und alle Aufsichtsratsmitglieder von der zum Schadensersatz verpflichtenden Handlung Kenntnis erlangen oder ohne grobe Fahrlässigkeit erlangen müssten. Auf wessen Kennt-

---

1 *Meyer-Landrut* in Großkomm. AktG, 3. Aufl., § 88 AktG Anm. 6.
2 *Hüffer/Koch*, § 88 AktG Rz. 6; *Kort* in Großkomm. AktG, § 88 AktG Rz. 95 f.; *Mertens/Cahn* in KölnKomm. AktG, § 88 AktG Rz. 20; *Seibt* in K. Schmidt/Lutter, § 88 AktG Rz. 12; *Thüsing* in Fleischer, Handbuch des Vorstandsrechts, § 4 Rz. 99; grundsätzlich auch *Spindler* in MünchKomm. AktG, § 88 AktG Rz. 31, der aber den Wechsel vom Eintrittsrecht zum Schadensersatz nur bei wichtigen Gründen zulassen will.
3 Vgl. *Hüffer/Koch*, § 88 AktG Rz. 6; *Kort* in Großkomm. AktG, § 88 AktG Rz. 96; *Seibt* in K. Schmidt/Lutter, § 88 AktG Rz. 12; ähnlich *Thüsing* in Fleischer, Handbuch des Vorstandsrechts, § 4 Rz. 99.
4 *Thüsing* in Fleischer, Handbuch des Vorstandsrechts, § 4 Rz. 99.
5 Der Gesetzgeber stützt dies auf die Überlegung, dass Wettbewerbsverbote besonders begründungsbedürftige Ausnahmen von § 1 GWB seien; vgl. Begr. RegE eines Gesetzes zur Anpassung von Verjährungsvorschriften, BT-Drucks. 15/3653, S. 12 re. Sp.
6 BGH v. 26.10.1964 – II ZR 127/62, WM 1964, 1320, 1321 (zur analogen Anwendung des § 79 Abs. 3 AktG 1937); wohl auch BGH v. 12.6.1989 – II ZR 334/87, WM 1989, 1335, 1338 = AG 1989, 354 = GmbHR 1989, 365; *Marsch-Barner/Diekmann* in MünchHdb. GmbH, § 43 Rz. 68; *Zöllner/Noack* in Baumbach/Hueck, § 35 GmbHG Rz. 42; einschränkend (analoge Anwendung nur für das Eintrittsrecht) *Uwe H. Schneider* in Scholz, § 43 GmbHG Rz. 170.
7 OLG Köln v. 10.1.2008 – 18 U 1/07, GmbHR 2008, 1103, 1104 f.; *Mertens/Cahn* in KölnKomm. AktG, § 88 AktG Rz. 29.

nis bzw. grob fahrlässige Unkenntnis es in der GmbH ankommt, wird uneinheitlich beantwortet.[1] Da § 88 Abs. 3 Satz 1 AktG auf das Leitungs- und das Bestellungsorgan abhebt, wird in der dem MitbestG unterliegenden GmbH richtigerweise auf alle Mitgeschäftsführer sowie alle Aufsichtsratsmitglieder abzustellen sein, im Übrigen auf alle Mitgeschäftsführer und alle Gesellschafter (bzw., wenn die Bestellungskompetenz einem anderen Organ als der Gesellschafterversammlung zugewiesen ist, alle Mitglieder dieses Organs). Werden einzelne Mitglieder bewusst nicht informiert, um den Verjährungsbeginn hinauszuzögern, liegt ein Rechtsmissbrauch vor, der den Lauf der Frist nicht hindert.[2]

Unabhängig von Kenntnis bzw. grob fahrlässiger Unkenntnis verjähren die Ansprüche gem. § 88 Abs. 3 Satz 2 AktG spätestens in **fünf Jahren** seit ihrer Entstehung. Die Frist beginnt beim Geschäftemachen im Geschäftszweig der Gesellschaft mit dem Abschluss des jeweiligen Geschäfts.[3] Beim Betrieb eines Handelsgewerbes oder bei der Beteiligung an einer anderen Handelsgesellschaft als Geschäftsleiter oder persönlich haftender Gesellschafter wollte eine früher verbreitete Ansicht auf den Beginn der jeweiligen Dauertätigkeit abstellen.[4] Da nicht nur die Aufnahme, sondern auch das Fortbetreiben dieser Aktivitäten verboten ist, überwiegt heute indes mit Recht die Auffassung, dass die Frist kontinuierlich neu zu laufen beginnt.[5] 26.49

Die Verjährungsregelung des § 88 Abs. 3 AktG gilt neben den in Abs. 2 erwähnten Ansprüchen auch für den Unterlassungsanspruch und im Zweifel auch für vertraglich vereinbarte weitere Sanktionen des gesetzlichen Wettbewerbsverbots (z.B. eine Vertragsstrafe).[6] Auf konkurrierende Ansprüche aus unerlaubter Handlung findet § 88 Abs. 3 AktG dagegen nach zutreffender Ansicht keine Anwendung.[7] Gleiches wird für Ansprüche aus § 687 Abs. 2 BGB gelten müssen.[8] 26.50

---

1 Vgl. einerseits *Marsch-Barner/Diekmann* in MünchHdb. GmbH, § 43 Rz. 68 (alle Mitgeschäftsführer, Gesellschafter und, falls ein obligatorischer Aufsichtsrat besteht, Aufsichtsratsmitglieder); andererseits *Mertens* in Hachenburg, 8. Aufl. 1991, § 43 GmbHG Rz. 39 (alle Gesellschafter und, sofern die Gesellschaft einen Aufsichtsrat hat, alle Aufsichtsratsmitglieder); ebenso § 71 Abs. 3 GmbHG-RegE 1971.
2 *Fleischer* in Spindler/Stilz, § 88 AktG Rz. 41; *Mertens/Cahn* in KölnKomm. AktG, § 88 AktG Rz. 30; *Thüsing* in Fleischer, Handbuch des Vorstandsrechts, § 4 Rz. 100.
3 *Mertens/Cahn* in KölnKomm. AktG, § 88 AktG Rz. 31; *Spindler* in MünchKomm. AktG, § 88 AktG Rz. 432.
4 *Meyer-Landrut* in Großkomm. AktG, 3. Aufl., § 88 AktG Anm. 9 m.w.N.
5 *Fleischer* in Spindler/Stilz, § 88 AktG Rz. 41; *Kort* in Großkomm. AktG, § 88 AktG Rz. 102; *Spindler* in MünchKomm. AktG, § 88 AktG Rz. 43; *Thüsing* in Fleischer, Handbuch des Vorstandsrechts, § 4 Rz. 100; im Ergebnis auch *Mertens/Cahn* in KölnKomm. AktG, § 88 AktG Rz. 31.
6 *Fleischer* in Spindler/Stilz, § 88 AktG Rz. 41 a.E.; *Mertens/Cahn* in KölnKomm. AktG, § 88 AktG Rz. 29; *Spindler* in MünchKomm. AktG, § 88 AktG Rz. 45; *Thüsing* in Fleischer, Handbuch des Vorstandsrechts, § 4 Rz. 100.
7 *Mertens/Cahn* in KölnKomm. AktG, § 88 AktG Rz. 29; *Spindler* in MünchKomm. AktG, § 88 AktG Rz. 46; *Thüsing* in Fleischer, Handbuch des Vorstandsrechts, § 4 Rz. 100; differenzierend *Kort* in Großkomm. AktG, § 88 AktG Rz. 182.
8 Differenzierend allerdings *Mertens/Cahn* in KölnKomm. AktG, § 88 AktG Rz. 29.

C. Pflichten der Vorstandsmitglieder und Geschäftsführer aus dem Anstellungsvertrag

I. Überblick über mögliche vertragliche Regelungen

26.51 Im Anstellungsvertrag können sowohl Erleichterungen als auch Ausweitungen des gesetzlichen Wettbewerbsverbots und der Geschäftschancenbindung vereinbart werden. Eine Grenze für Erleichterungen bildet in der AG das in § 88 Abs. 1 Satz 3 AktG geregelte Verbot der Blankoeinwilligung, das auch für den Anstellungsvertrag gilt.[1] In der GmbH bedarf es für die generelle Aufhebung einer Grundlage in der Satzung.[2] Verschärfungen des Wettbewerbsverbots und der Geschäftschancenbindung sind vornehmlich an §§ 134, 138 BGB zu messen, bei nicht individuell ausgehandelten (Formular-)Verträgen auch an §§ 307 ff. BGB.[3]

26.52 In der Vertragspraxis sind insbesondere **Ausweitungen** des Wettbewerbsverbots weit verbreitet. Besondere Bedeutung hat dabei die Vereinbarung eines nachvertraglichen Wettbewerbsverbots (dazu gesondert unter II., Rz. 26.54 ff.). Häufig anzutreffen ist auch die Regelung, dass Vorstandsmitglieder und Geschäftsführer sich nicht an Unternehmen beteiligen dürfen, die zu der Gesellschaft oder einem mit ihr verbundenen Unternehmen in Wettbewerb stehen oder zu der Gesellschaft oder einem mit ihr verbundenen Unternehmen Geschäftsbeziehungen in wesentlichem Umfang unterhalten.[4] Eine solche Vertragsbestimmung ist rechtlich unbedenklich und aus Sicht der Gesellschaft sinnvoll, da dieser Fall vom gesetzlichen Wettbewerbsverbot nicht erfasst wird.[5] Darüber hinaus sehen die Anstellungsverträge gelegentlich vor, dass jede anderweitige bezahlte oder unbezahlte Tätigkeit der Einwilligung des Aufsichtsrats bzw. der Gesellschafterversammlung bedarf. Das OLG Frankfurt a.M. hat hierzu entschieden, dass eine solche Klausel restriktiv dahin auszulegen ist, dass nur solche Tätigkeiten der Einwilligung bedürfen, durch die die Erfüllung der geschuldeten Dienste beeinträchtigt wird.[6] Sachgerecht erscheint es, derartige Klauseln im Anstellungsvertrag auf Tätigkeiten im beruflichen Bereich, gleich ob entgeltlich oder ehrenamtlich, zu beschränken.[7]

---

1 *Mertens/Cahn* in KölnKomm. AktG, § 88 AktG Rz. 8; *Seyfarth*, Vorstandsrecht, § 10 Rz. 33; *Thüsing* in Fleischer, Handbuch des Vorstandsrechts, § 4 Rz. 104.
2 S. Rz. 26.35.
3 Wenn man mit dem BGH (BGH v. 5.6.1996 – VIII ZR 151/95, BGHZ 133, 71, 77 f.; BGH v. 28.6.2000 – VIII ZR 240/99, NJW 2000, 3133, 3135 f. = GmbHR 2000, 878; str.) den GmbH-Geschäftsführer – und dann wohl auch das Vorstands- oder Aufsichtsratsmitglied – als Verbraucher im Sinne des § 13 BGB einstuft, gilt Letzteres sogar dann, wenn der vorformulierte Anstellungsvertrag nur zur einmaligen Verwendung bestimmt ist (§ 310 Abs. 3 Nr. 2 BGB).
4 Vgl. etwa die Vertragsformulare bei *Hoffmann-Becking* in Beck'sches Formularbuch Bürgerliches, Handels- und Wirtschaftsrecht, 12. Aufl. 2016, X.13 § 1 Abs. 4; *Wentrup* in Beck'sches Formularbuch Bürgerliches, Handels- und Wirtschaftsrecht, 12. Aufl. 2016, IX.48 § 1 Abs. 4; ferner *Seyfarth*, Vorstandsrecht, § 10 Rz. 32.
5 Erfasst wird nur die beherrschende Beteiligung an einem anderen Unternehmen, s. Rz. 26.15, 26.18.
6 OLG Frankfurt a.M. v. 5.11.1999 – 10 U 257/98, NZG 2000, 738, 739 = AG 2000, 518; zustimmend *Kort* in Großkomm. AktG, § 88 AktG Rz. 126.
7 Vgl. die Vertragsmuster bei *Hoffmann-Becking* in Beck'sches Formularbuch Bürgerliches, Handels- und Wirtschaftsrecht, 12. Aufl. 2016, X.13 § 1 Abs. 2; *Wentrup* in Beck'sches Formularbuch Bürgerliches, Handels- und Wirtschaftsrecht, 12. Aufl. 2016, IX.48 § 1 Abs. 3. Kritisch zu solchen Klauseln *Thüsing* in Fleischer, Handbuch des Vorstandsrechts, § 4 Rz. 105; dagegen jedoch mit Recht *Seyfarth*, Vorstandsrecht, § 10 Rz. 31.

Rechtlich bedenklich sind dagegen Vertragsbestimmungen, die entgegen § 88 Abs. 1 AktG 26.53
die Entscheidung über die Befreiung vom Wettbewerbsverbot nicht dem Aufsichtsrat oder
dem zuständigen Ausschuss (§ 107 Abs. 3 AktG), sondern dem **Aufsichtsratsvorsitzenden**
zuweisen.[1] Einem Vorstandsmitglied bzw. Geschäftsführer, der im Vertrauen auf eine entsprechende Bestimmung des Anstellungsvertrags lediglich die Einwilligung des Aufsichtsratsvorsitzenden eingeholt hat, wird aber häufig kein schuldhafter Verstoß gegen das Wettbewerbsverbot zur Last fallen.

II. Nachvertragliche Wettbewerbsverbote

Das gesetzliche Wettbewerbsverbot endet mit dem Ausscheiden aus dem Amt (Rz. 26.10– 26.54
26.13). Will sich die Gesellschaft auch für den danach liegenden Zeitraum schützen, bedarf
es daher einer Regelung im Anstellungsvertrag (sog. nachvertragliches Wettbewerbsverbot).
Hiervon wird üblicherweise auch Gebrauch gemacht.[2]

1. Prüfungsmaßstab

Nach höchstrichterlicher Rechtsprechung sind die für Arbeitnehmer geltenden Schutzvor- 26.55
schriften der §§ 74 ff. HGB, sofern der Anstellungsvertrag sie nicht in Bezug nimmt[3], auf
Geschäftsführer einer GmbH nicht durchgehend entsprechend anwendbar.[4] Für Vorstandsmitglieder einer AG kann konsequenterweise nichts anderes gelten.[5] Die Wirksamkeit des
nachvertraglichen Wettbewerbsverbots setzt daher nicht generell eine Entschädigungsregelung i.S. des § 74 Abs. 2 HGB voraus. Die Rechtsprechung stellt gleichwohl strenge Anforderungen an die Zulässigkeit solcher Vereinbarungen. Sie halten einer Kontrolle am Maßstab des **§ 138 Abs. 1 BGB i.V.m. Art. 2, 12 GG** nur stand, wenn sie – insoweit nahezu wortgleich § 74a Abs. 1 Sätze 1 und 2 HGB – „dem Schutz eines berechtigten Interesses des Gesellschaftsunternehmens dienen und nach Ort, Zeit und Gegenstand die Berufsausübung und wirtschaftliche Betätigung des Geschäftsführers nicht unbillig erschweren"[6]. Beschränkt die Klausel auch die selbstständige unternehmerische Betätigung des Geschäftsleiters, kommen als zusätzliche Schranken § 1 GWB und Art. 101 AEUV in Betracht. Hält die Klausel

---

1 *Fonk* in Semler/v. Schenck, Arbeitshdb. für Aufsichtsratsmitglieder, § 10 Rz. 95 mit Fn. 245; *Hoffmann-Becking* in Beck'sches Formularbuch Bürgerliches, Handels- und Wirtschaftsrecht, 12. Aufl. 2016, X.13 Anm. 3.
2 Vertragsmuster bei *Hoffmann-Becking* in Beck'sches Formularbuch Bürgerliches, Handels- und Wirtschaftsrecht, 12. Aufl. 2016, X.13 § 8; *Wentrup* in Beck'sches Formularbuch Bürgerliches, Handels- und Wirtschaftsrecht, 12. Aufl. 2016, IX.48 § 7.
3 Eine solche Inbezugnahme wäre unproblematisch zulässig; vgl. *Bauer/Diller*, Wettbewerbsverbote, Rz. 1039; *Mertens/Cahn* in KölnKomm. AktG, § 88 AktG Rz. 37; *Thüsing* in Fleischer, Handbuch des Vorstandsrechts, § 4 Rz. 109.
4 BGH v. 26.3.1984 – II ZR 229/83, BGHZ 91, 1, 3 ff. = GmbHR 1984, 234; BGH v. 17.2.1992 – II ZR 140/91, NJW 1992, 1892 f. = GmbHR 1992, 263; BGH v. 4.3.2002 – II ZR 77/00, NZG 2002, 475, 476 = GmbHR 2002, 431; BGH v. 28.4.2008 – II ZR 11/07, GmbHR 2008, 930; BGH v. 7.7.2008 – II ZR 81/07, GmbHR 2008, 1032; in der Literatur sehr str. insbesondere für wirtschaftlich und sozial abhängige Fremdgeschäftsleiter, vgl. nur *Bauer/Diller*, Wettbewerbsverbote, Rz. 1038 mit umfangreichen Nachw.; differenzierend *Gerigk*, Nachvertragliche Wettbewerbsverbote mit geschäftsführenden Organmitgliedern und Gesellschaftern, 2013, S. 137 ff.
5 *Hüffer/Koch*, § 88 AktG Rz. 10; *Spindler* in MünchKomm. AktG, § 88 AktG Rz. 48; *Wiesner* in MünchHdb. AG, § 21 Rz. 99.
6 BGH v. 26.3.1984 – II ZR 229/83, BGHZ 91, 1, 5 = GmbHR 1984, 234.

den genannten strengen Anforderungen stand, wird man aber auch eine verbotene Wettbewerbsbeschränkung im Sinne dieser Vorschriften verneinen müssen.[1]

2. Konkretisierung

26.56 Der oben wiedergegebene Prüfungsmaßstab des BGH beinhaltet eine **zweistufige Prüfung**. Auf der ersten Stufe wird geprüft, ob das Verbot dem Schutz eines berechtigten Interesses der Gesellschaft dient. Ist das nicht der Fall, ist das nachvertragliche Wettbewerbsverbot bereits aus diesem Grund unzulässig. Hieran vermag auch eine etwa vorgesehene Karenzentschädigung nichts zu ändern.[2] Besteht dagegen – wie in der Regel – ein berechtigtes Interesse der Gesellschaft[3], ist auf der zweiten Stufe im Rahmen einer Gesamtbetrachtung anhand aller Umstände des Einzelfalls zu prüfen, ob das berufliche Fortkommen des Geschäftsleiters nach Gegenstand, Ort und Zeit unbillig erschwert wird. Erst auf dieser zweiten Stufe ist mit zu berücksichtigen, ob und in welcher Höhe eine Karenzentschädigung vorgesehen ist.

26.57 In **gegenständlicher** Hinsicht ist eine Klausel, die sich auf den Schutz der bestehenden Kundenbeziehungen beschränkt (Kunden- oder Mandantenschutzklausel), wesentlich eher zulässig als eine Bestimmung, die generell jeglichen Wettbewerb untersagt (Konkurrenzschutzklausel). Konkurrenzschutzklauseln sind zwar nicht per se unzulässig[4], werden aber in der Rechtsprechung häufig kassiert.[5] Allgemein gilt, dass Klauseln, die den gegenständlichen Verbotsumfang präzise beschreiben, indem sie z.B. die Hauptgeschäftsfelder der Gesellschaft und ggf. weiterer Konzerngesellschaften[6] sowie das von dem Geschäftsleiter wahrgenommene Ressort konkret bezeichnen, weniger Bedenken begegnen als solche, die derartige Präzisierungen vermissen lassen.[7]

26.58 Auch die **örtliche** Reichweite des Verbots darf nicht zu weit gefasst sein. Sie muss sich in erster Linie an dem Markt orientieren, auf dem die Gesellschaft tätig ist.[8] Ferner ist zu fra-

---

1 *Kort* in Großkomm. AktG, § 88 AktG Rz. 174; *Spindler* in MünchKomm. AktG, § 88 AktG Rz. 53 f.; *Thüsing* in Fleischer, Handbuch des Vorstandsrechts, § 4 Rz. 109; strenger wohl *Armbrüster*, ZIP 1997, 1269, 1271 m.w.N.
2 *Bauer/Diller*, Wettbewerbsverbote, Rz. 1047; *Hoffmann-Becking* in FS Quack, S. 273, 274 f.; *Thüsing* in Fleischer, Handbuch des Vorstandsrechts, § 4 Rz. 111.
3 Vgl. *Seyfarth*, Vorstandsrecht, § 10 Rz. 38, mit dem zutr. Hinweis, dass eine vertrauensvolle Zusammenarbeit der Geschäftsleiter in aller Regel unmöglich wäre, wenn die Gefahr bestünde, dass Informationen und Geschäftsgeheimnisse unmittelbar nach Amtsende zu Lasten der Gesellschaft weiterverwendet werden.
4 Zutr. *Bauer/Diller*, Wettbewerbsverbote, Rz. 1054; *Seyfarth*, Vorstandsrecht, § 10 Rz. 41; *Thüsing* in Fleischer, Handbuch des Vorstandsrechts, § 4 Rz. 112.
5 Vgl. etwa BGH v. 26.3.1984 – II ZR 229/83, BGHZ 91, 1, 6 f. = GmbHR 1984, 234; OLG Hamm v. 11.1.1988 – 8 U 142/87, GmbHR 1988, 344, 345 = GmbHR 1988, 344; OLG Düsseldorf v. 3.12.1998 – 6 U 151/98, GmbHR 1999, 405 = GmbHR 1999, 120; näher *Bauer/Diller*, Wettbewerbsverbote, Rz. 1050 ff.; *Thüsing* in Fleischer, Handbuch des Vorstandsrechts, § 4 Rz. 112.
6 Dazu OLG Nürnberg v. 25.11.2009 – 12 U 681/09, GmbHR 2010, 141, 143; *Hoffmann-Becking* in FS Quack, S. 273, 275 f.; *Bauer/Diller*, Wettbewerbsverbote, Rz. 1056; *Korkmaz*, NJOZ 2014, 481 ff.
7 Hinweise zur Vertragsgestaltung bei *Hoffmann-Becking* in FS Quack, S. 273, 275 f.; *Hoffmann-Becking* in Beck'sches Formularbuch Bürgerliches, Handels- und Wirtschaftsrecht, 12. Aufl. 2016, X.13 § 8; *Kukat*, BB 2001, 951, 952.
8 Vgl. OLG Celle v. 13.9.2000 – 9 U 110/00, NZG 2001, 131, 132 = GmbHR 2000, 1258; *Spindler* in MünchKomm. AktG, § 88 AktG Rz. 51; *Thüsing* in Fleischer, Handbuch des Vorstandsrechts, § 4 Rz. 114; *Jäger*, DStR 1995, 724, 726.

gen, ob der Geschäftsleiter über Kenntnisse verfügt, deren Ausnutzung tatsächlich in allen regionalen Märkten, in denen die Gesellschaft aktiv ist, eine Bedrohung für die Interessen der Gesellschaft darstellt. Als Richtschnur für die **zeitliche** Begrenzung des Verbots wird die Zweijahresfrist des § 74a Abs. 1 Satz 3 HGB herangezogen.[1]

Obwohl nach der Rechtsprechung des BGH § 74 Abs. 2 HGB keine analoge Anwendung findet und deshalb nicht generell eine **Karenzentschädigung** vorgesehen werden muss (Rz. 26.55), fallen die Vereinbarung einer solchen und deren Höhe im Rahmen der vorzunehmenden Abwägung durchaus ins Gewicht. Insbesondere bei weit gefassten Wettbewerbsverboten, die über eine bloße Kundenschutzklausel hinausgehen, wird die Vereinbarung einer Karenzentschädigung regelmäßig erforderlich sein, um dem Verdikt der Sittenwidrigkeit zu entgehen.[2] Die Entschädigung muss aber nicht notwendig die in § 74 Abs. 2 HGB vorgegebene Höhe erreichen.[3] Ergibt sich nach den vorstehenden Grundsätzen, dass eine Karenzentschädigung erforderlich ist, um die Sittenwidrigkeit abzuwenden, wird man diese im Anstellungsvertrag nicht davon abhängig machen dürfen, ob die Gesellschaft nach Beendigung des Anstellungsvertrags auf das Wettbewerbsverbot verzichtet. Wegen der Ungewissheit, wie sich die Gesellschaft entscheidet, würde ein solches **bedingtes Wettbewerbsverbot** wie ein unbedingtes Verbot ohne Karenzentschädigung wirken.[4] Eine derartige Klausel wird deshalb – in Anlehnung an die Rechtsprechung des BAG zu bedingten Wettbewerbsverboten für Arbeitnehmer[5] – als unzulässig anzusehen sein.[6] Wird eine Karenzentschädigung vereinbart, sollte unbedingt geregelt werden, in welchem Umfang **anderweitiger Verdienst**, den der Geschäftsleiter während der Karenzzeit erzielt, auf die Karenzentschädigung anzurechnen ist. Unterbleibt dies, findet keine Anrechnung statt, da § 74c HGB nicht entsprechend anwendbar ist.[7]

3. Rechtsfolgen unzulässiger Vereinbarungen

Der sorgfältigen Begrenzung des nachvertraglichen Wettbewerbsverbots kommt nicht zuletzt deshalb besondere Bedeutung zu, weil nach h.M. eine **geltungserhaltende Reduktion** von zu weit gefassten Klauseln nur in engen Grenzen in Betracht kommt. Zwar nimmt die Rechtsprechung bei überlangen Wettbewerbsverboten eine geltungserhaltende Reduktion auf den angemessenen Zeitraum vor.[8] Für inhaltlich zu weit gefasste Wettbewerbsverbote soll jedoch an-

---

1 OLG Celle v. 13.9.2000 – 9 U 110/00, NZG 2001, 131, 132 = GmbHR 2000, 1258 („regelmäßig zwei Jahre"); *Bauer/Diller*, Wettbewerbsverbote, Rz. 1058; *Kort* in Großkomm. AktG, § 88 AktG Rz. 145; *Thüsing* in Fleischer, Handbuch des Vorstandsrechts, § 4 Rz. 114; *Wiesner* in MünchHdb. AG, § 21 Rz. 100.
2 *Bauer/Diller*, Wettbewerbsverbote, Rz. 1074; *Wiesner* in MünchHdb. AG, § 21 Rz. 100; *Hoffmann-Becking* in FS Quack, S. 273, 278; *Kort*, ZIP 2008, 717, 718 f.
3 *Bauer/Diller*, Wettbewerbsverbote, Rz. 1075; *Hoffmann-Becking* in FS Quack, S. 273, 278; strenger OLG Düsseldorf v. 18.5.1989 – 8 U 143/88, DB 1990, 1960.
4 *Hoffmann-Becking* in FS Quack, S. 273, 280.
5 St.Rspr., vgl. etwa BAG v. 2.5.1970 – 3 AZR 134/69, AP § 74 HGB Nr. 26; BAG v. 19.1.1978 – 3 AZR 573/77, AP § 74 HGB Nr. 36.
6 Für Heranziehung der Grundsätze der BAG-Rechtsprechung mit Unterschieden im Einzelnen auch *Hoffmann-Becking* in FS Quack, S. 273, 280; *Wiesner* in MünchHdb. AG, § 21 Rz. 101; abweichend *Thüsing* in Fleischer, Handbuch des Vorstandsrechts, § 4 Rz. 116 m.w.N.
7 BGH v. 28.4.2008 – II ZR 11/07, GmbHR 2008, 930; *Mertens/Cahn* in KölnKomm. AktG, § 88 AktG Rz. 39; *Zöllner/Noack* in Baumbach/Hueck, § 35 GmbHG Rz. 202; a.A. *Bauer/Diller*, Wettbewerbsverbote, Rz. 1086; *Fleischer* in Spindler/Stilz, § 88 AktG Rz. 47.
8 BGH v. 29.10.1991 – II ZR 241/89, NJW 1991, 699 f. = GmbHR 1991, 15; BGH v. 14.7.1997 – II ZR 238/96, NJW 1997, 3089 f.; BGH v. 8.5.2000 – II ZR 308/98, BB 2000, 1420, 1421 = ZIP 2000,

deres gelten, da eine Aufrechterhaltung in diesem Fall nur durch eine rechtsgestaltende Einwirkung auf den Vertrag möglich sei, die den Gestaltungsspielraum der Gerichte überschreite.[1] Ob eine salvatorische Klausel hieran etwas zu ändern vermag, ist zweifelhaft.[2] Für die rigide Haltung der Rechtsprechung lässt sich insbesondere der Präventionsgedanke anführen. Das Risiko der Nichtigkeit gibt einen Anreiz, die Grenzen des § 138 BGB nicht durch allzu einseitige Vertragsgestaltung zu überschreiten. Gleichwohl mehren sich im Schrifttum die Stimmen, die für eine Ausdehnung der geltungserhaltenden Reduktion plädieren.[3]

4. Verzicht; Lösung vom nachvertraglichen Wettbewerbsverbot

26.61 Sofern nichts Abweichendes vereinbart ist, kann die Gesellschaft vor Beendigung des Anstellungsvertrags entsprechend § 75a HGB schriftlich auf das nachvertragliche Wettbewerbsverbot **verzichten** mit der Folge, dass sie mit Ablauf eines Jahres[4] seit der Erklärung von der Pflicht zur Karenzentschädigung frei wird.[5] Nach Ansicht des BGH soll ein Verzicht allerdings dann nicht mehr möglich sein, wenn sich der Geschäftsleiter bereits auf die mit dem Wettbewerbsverbot verbundenen Einschränkungen seiner neuen beruflichen Tätigkeit eingerichtet hat.[6] Ferner können sich die Parteien unter den Voraussetzungen des entsprechend anwendbaren § 75 Abs. 1, Abs. 3 HGB von dem nachvertraglichen Wettbewerbsverbot lösen.[7]

1337 (jeweils zum Wettbewerbsverbot eines ausscheidenden Gesellschafters); ebenso für Vorstandsmitglieder *Spindler* in MünchKomm. AktG, § 88 AktG Rz. 50; *Hüffer/Koch*, § 88 AktG Rz. 10; *Thüsing* in Fleischer, Handbuch des Vorstandsrechts, § 4 Rz. 122 (trotz § 306 BGB auch bei Formularverträgen).

1 BGH v. 29.10.1991 – II ZR 241/89, NJW 1991, 699 f. = GmbHR 1991, 15; BGH v. 14.7.1997 – II ZR 238/96, NJW 1997, 3089, 3090; OLG Nürnberg v. 25.11.2009 – 12 U 681/09, GmbHR 2010, 141, 143 f.; ebenso *Hüffer/Koch*, § 88 AktG Rz. 10; *Spindler* in MünchKomm. AktG, § 88 AktG Rz. 50 m.w.N.

2 Ablehnend OLG Nürnberg v. 25.11.2009 – 12 U 681/09, GmbHR 2010, 141, 144 f., 146; *Goette*, AnwBl. 2007, 637, 644; *Kort* in Großkomm. AktG, § 88 AktG Rz. 166; *Thüsing* in Fleischer, Handbuch des Vorstandsrechts, § 4 Rz. 123, 126 m.w.N.; befürwortend aber *Sack/Fischinger* in Staudinger, 2011, § 138 BGB Rz. 159; differenzierend *Gehle*, DB 2010, 1981, 1982 f. (Geltungserhaltung auch bei inhaltlich zu weit gefasstem Verbot möglich, aber nur, wenn salvatorische Klausel eine konkrete Auffangregelung vorsieht).

3 Allgemein *Faust* in AnwKomm. BGB, § 139 BGB Rz. 31 ff.; speziell zum Wettbewerbsverbot *Bauer/Diller*, Wettbewerbsverbote, Rz. 1066 f.; *Hirte*, ZHR 154 (1990), 443, 459 f.; *Manger*, GmbHR 2001, 89, 91 f.; *Krahforst*, Nachvertragliche Wettbewerbsverbote für GmbH-Geschäftsführer, 2012, S. 352 ff.

4 Diese Schutzfrist kann im Anstellungsvertrag verkürzt werden; näher dazu *Bauer/Diller*, Wettbewerbsverbote, Rz. 1092; *J.-M. Menke*, NJW 2009, 636, 637 ff.; *Seyfarth*, Vorstandsrecht, § 10 Rz. 50.

5 BGH v. 17.2.1992 – II ZR 140/91, NJW 1992, 1892 f. = GmbHR 1992, 263; *Bauer/Diller*, Wettbewerbsverbote, Rz. 1090; *Seyfarth*, Vorstandsrecht, § 10 Rz. 48; *Thüsing* in Fleischer, Handbuch des Vorstandsrechts, § 4 Rz. 116; a.A. (Anwendbarkeit des § 75a HGB bedarf besonderer Vereinbarung) *Mertens/Cahn* in KölnKomm. AktG, § 88 AktG Rz. 41; *Krahforst*, Nachvertragliche Wettbewerbsverbote für GmbH-Geschäftsführer, 2013, S. 381 ff.

6 BGH v. 4.3.2002 – II ZR 77/00, NZG 2002, 475 f. = GmbHR 2002, 431; sehr zw., da der Verzicht noch vor Beendigung des Anstellungsvertrags erklärt wurde, die Voraussetzungen des § 75a HGB also vorlagen. Kritisch auch *Bauer/Diller*, Wettbewerbsverbote, Rz. 1091 f.; *Heidenhain*, NZG 2002, 605 f.

7 H.M., *Spindler* in MünchKomm. AktG, § 88 AktG Rz. 59; *Thüsing* in Fleischer, Handbuch des Vorstandsrechts, § 4 Rz. 120; *Bergwitz*, GmbHR 2007, 523, 524 f.; a.A. *Bauer/Diller*, Wettbewerbsverbote, Rz. 1098 ff. (§ 314 BGB statt § 75 Abs. 1, Abs. 3 HGB analog).

III. Rechtsfolgen von Verstößen

Treffen die Parteien keine anderslautende Regelung, wird man im Zweifel davon ausgehen können, dass sich die Rechtsfolgen von Verstößen gegen ein (nach-)vertragliches Wettbewerbsverbot nach den Regeln richten sollen, die bei Verstößen gegen das gesetzliche Wettbewerbsverbot eingreifen (Rz. 26.39–26.47). Abweichend hiervon soll allerdings für das Eintrittsrecht (§ 88 Abs. 2 Satz 2 AktG) eine ausdrückliche Vereinbarung erforderlich sein.[1] Weiter gehende Regelungen, z.B. über eine Vertragsstrafe, sind grundsätzlich zulässig.[2] Für die Verjährung sollen die allgemeinen Regeln (§ 195 BGB, nicht § 88 Abs. 3 AktG) Anwendung finden.[3]

26.62

D. Pflichten der Aufsichtsratsmitglieder

I. Ausgangspunkt: kein Wettbewerbsverbot, keine Inkompatibilität

Für Aufsichtsratsmitglieder sieht das Gesetz **kein Wettbewerbsverbot** vor. Nach allgemeiner Ansicht lässt sich das weit reichende Wettbewerbsverbot des § 88 AktG auf Aufsichtsratsmitglieder auch nicht entsprechend anwenden.[4] Die Richtigkeit dieser Ansicht ergibt sich unmittelbar aus § 105 Abs. 2 Satz 4 AktG: Danach besteht für Aufsichtsratsmitglieder selbst dann kein Wettbewerbsverbot gem. § 88 AktG, wenn sie ausnahmsweise zu Stellvertretern von fehlenden oder verhinderten Vorstandsmitgliedern bestellt werden.[5] Da § 88 AktG jedenfalls auch den Schutz vor anderweitigem Einsatz der Arbeitskraft des Organwalters bezweckt (Rz. 26.5 f.), das Aufsichtsratsamt aber als Nebenamt ausgestaltet ist, leuchtet die mangelnde Anwendbarkeit des § 88 AktG auch unmittelbar ein.

26.63

Wenn die besonders weitreichende Vorschrift des § 88 AktG, die zum Teil sogar nicht-konkurrierende Tätigkeiten verbietet (Rz. 26.6), auf Aufsichtsratsmitglieder keine Anwendung findet, ist damit allerdings noch nicht entschieden, ob sich nicht ein dem Umfang nach beschränkteres Wettbewerbsverbot für Aufsichtsratsmitglieder begründen lässt. So wird von namhafter Seite vertreten, dass der Vertreter eines konkurrierenden Unternehmens jedenfalls dann, wenn eine Konkurrenzsituation in zentralen Tätigkeitsbereichen besteht, von der Übernahme des Aufsichtsratsamts ausgeschlossen sei.[6] Die h.M. steht der Annahme einer

26.64

---

1 *Thüsing* in Fleischer, Handbuch des Vorstandsrechts, § 4 Rz. 127; vgl. auch *Paefgen* in Ulmer/Habersack/Löbbe, § 35 GmbHG Rz. 509.
2 Zu den Grenzen *Thüsing* in Fleischer, Handbuch des Vorstandsrechts, § 4 Rz. 131.
3 *Kort* in Großkomm. AktG, § 88 AktG Rz. 131; *Thüsing* in Fleischer, Handbuch des Vorstandsrechts, § 4 Rz. 127.
4 Statt aller *Hüffer/Koch*, § 88 AktG Rz. 2; *Lutter/Krieger/Verse*, Rechte und Pflichten des Aufsichtsrats, Rz. 880; *Spindler* in MünchKomm. AktG, § 88 AktG Rz. 9; *Uwe H. Schneider*, BB 1995, 365, 366 f.
5 Bisher entfaltete Konkurrenzaktivitäten dürfen also weitergeführt werden. Die neue Aufnahme einer Wettbewerbstätigkeit nach Beginn der Abordnung in den Vorstand ist dagegen unzulässig (treuepflichtwidrig); *Habersack* in MünchKomm. AktG, § 105 AktG Rz. 34; *Mertens/Cahn* in KölnKomm. AktG, § 105 AktG Rz. 30.
6 So insbesondere *Lutter* in Lutter/Krieger/Verse, Rechte und Pflichten des Aufsichtsrats, Rz. 21 ff.; *Lutter*, ZHR 159 (1995), 287, 303.

derartigen **Inkompatibilität** indes aus guten Gründen ablehnend gegenüber.[1] Den Vorschlag, im Gesetz eine Unvereinbarkeit von Aufsichtsratsmandaten mit Vorstands- und Aufsichtsratsmandaten in konkurrierenden Unternehmen vorzusehen[2], hat der Gesetzgeber bewusst nicht aufgegriffen. Statt dessen hat er sich im KonTraG[3] mit der Regelung begnügt, dass bei Aufsichtsratswahlen in börsennotierten Gesellschaften Angaben zu Mitgliedschaften in anderen gesetzlich zu bildenden Aufsichtsräten und vergleichbaren Kontrollgremien zu machen sind (§ 125 Abs. 1 Satz 5 AktG). Von dieser Rechtslage (keine gesetzliche Inkompatibilität) geht auch der Deutsche Corporate Governance Kodex aus, der in Ziff. 5.4.2 Satz 4 lediglich die Empfehlung ausspricht, dass Aufsichtsratsmitglieder börsennotierter und nach § 161 Abs. 1 Satz 2 AktG gleichgestellter Gesellschaften keine Organfunktion oder Beratungsaufgaben bei wesentlichen Wettbewerbern ausüben sollen.[4] In besonders gravierenden Fällen kann ferner eine Pflicht zur Amtsniederlegung bestehen (Rz. 26.67). Den Gesellschaften bleibt es unbenommen, darüber hinaus in ihrer Satzung besondere Inkompatibilitätsregeln aufzustellen.[5]

26.65 Soweit in Teilen des Schrifttums versucht wird, für die GmbH abweichende Grundsätze zu begründen und hier doch wieder zu einem Wettbewerbsverbot der Aufsichtsratsmitglieder zu gelangen[6], ist dem nicht zu folgen. Insbesondere ist die umfassende Information der Aufsichtsratsmitglieder, auf die das Bedürfnis nach einem Wettbewerbsverbot gestützt wird, keine Besonderheit der GmbH, die eine Abweichung von den im Aktienrecht geltenden Grundsätzen rechtfertigen würde.

II. Treuepflicht und Geschäftschancenbindung

1. Pflichten im Rahmen der Organtätigkeit

26.66 Die Entscheidung des Gesetzgebers gegen ein Wettbewerbsverbot der Aufsichtsratsmitglieder ändert nichts daran, dass auch die Aufsichtsratsmitglieder organschaftlichen Treuebindungen gegenüber der Gesellschaft unterliegen und, soweit sie in Ausübung ihres Amtes handeln[7], sich allein am Gesellschaftsinteresse zu orientieren haben.[8] In diesem Bereich besteht daher auch für Aufsichtsratsmitglieder eine Bindung an die **Geschäftschancenlehre**. Bietet sich auf Grund der Kenntnisse und Verbindungen, die das Aufsichtsratsmitglied kraft seines Amtes erlangt hat, die Gelegenheit, ein die Gesellschaft interessierendes Geschäft abzuschließen, muss das Aufsichtsratsmitglied also darauf hinwirken, dass die Gesellschaft das

---

1 OLG Schleswig v. 26.4.2004 – 2 W 46/04, BB 2004, 1187, 1189 = AG 2004, 453; *Habersack* in MünchKomm. AktG, § 100 AktG Rz. 82; *Hüffer/Koch*, § 103 AktG Rz. 13b; *Hopt/M. Roth* in Großkomm. AktG, § 100 AktG Rz. 78 ff.; *Wirth*, ZGR 2005, 327, 343 ff.; jeweils m.w.N.
2 Vgl. § 100 Abs. 2 Satz 1 Nr. 4 AktG-E in der Fassung des „Entwurfs eines Gesetzes zur Steigerung der Effizienz in Aufsichtsräten und zur Begrenzung von Machtkonzentrationen bei Kreditinstituten infolge von Unternehmensbeteiligungen", BT-Drucks. 13/9716, S. 4, 11 f.
3 Gesetz zur Kontrolle und Transparenz im Unternehmensbereich (KonTraG) vom 27.4.1998, BGBl. I 1998, 786.
4 Näher dazu *Kremer* in Kremer/Bachmann/Lutter/v. Werder, DCGK, Rz. 1395 ff.; *E. Vetter* in Marsch-Barner/Schäfer, Handbuch börsennotierte AG, 3. Aufl. 2014, § 25 Rz. 18; *Wilsing* in Wilsing, DCGK, 5.4.2. Rz. 15 ff.
5 *Hopt/M. Roth* in Großkomm. AktG, § 100 AktG Rz. 83, 104; *Wirth*, ZGR 2005, 327, 346 f.
6 So etwa *Uwe H. Schneider* in Scholz, § 52 GmbHG Rz. 506; ablehnend *Heermann* in Ulmer/Habersack/Löbbe, § 52 GmbHG Rz. 138; *Zöllner/Noack* in Baumbach/Hueck, § 52 GmbHG Rz. 68.
7 Zum Handeln außerhalb der Organfunktion sogleich Rz. 26.68.
8 Statt aller *Hopt/M. Roth* in Großkomm. AktG, § 116 AktG Rz. 173 ff.; *Lutter/Krieger/Verse*, Rechte und Pflichten des Aufsichtsrats, Rz. 1005 ff.

Geschäft abschließen kann. Dagegen wäre es pflichtwidrig, das Geschäft stattdessen zu eigenen Gunsten abzuschließen oder Dritten zukommen zu lassen.[1] Für Aufsichtsratsmitglieder börsennotierter Gesellschaften ruft Ziff. 5.5.1 DCGK diese Pflicht ausdrücklich in Erinnerung. Wegen der haftungsrechtlichen Konsequenzen eines Verstoßes kann auf die Ausführungen unter B.IV und V. (Rz. 26.39–26.50) verwiesen werden.

Der Umstand, dass das Aufsichtsratsamt als Nebenamt ausgestaltet ist, kann zu mannigfaltigen **Interessenkonflikten** mit dem Hauptamt oder weiteren Nebenämtern führen. In der Rechtsprechung ist geklärt, dass sich das Aufsichtsratsmitglied nicht damit entlasten kann, die Pflichterfüllung gegenüber der einen Gesellschaft rechtfertige die Pflichtverletzung gegenüber der anderen.[2] In einer solchen Situation ist das Aufsichtsratsmitglied vielmehr gehalten, den Interessenkonflikt **offenzulegen**.[3] Erfüllt der Interessenkonflikt den Tatbestand des § 34 BGB analog (Rechtsgeschäft/Rechtsstreit mit der Gesellschaft, Richten in eigener Sache), entfällt kraft Gesetzes das Stimmrecht des befangenen Aufsichtsratsmitglieds.[4] Handelt es sich um einen Interessenkonflikt, der nicht die Schwelle des § 34 BGB erreicht, aber so erheblich ist, dass er die Berufung auf die Business Judgment Rule (§§ 93 Abs. 1 Satz 2, 116 Satz 1 AktG) ausschließt, greift zwar kein gesetzliches Stimmverbot ein; dennoch ist dem betroffenen Aufsichtsratsmitglied auch hier nahezulegen, der **Beschlussfassung und auch der Beratung fernzubleiben**, um den übrigen Aufsichtsratsmitgliedern eine unbefangene Entscheidungsfindung zu ermöglichen. Der Betroffene verstößt damit nicht gegen seine Amtspflicht zur Mitwirkung an den Entscheidungen des Aufsichtsrats.[5] Nach zutreffender Ansicht ist das konfliktbefangene Mitglied aufgrund seiner organschaftlichen Treuepflicht zu diesem Vorgehen sogar verpflichtet; die übrigen Aufsichtsratsmitglieder können daher von ihm verlangen, Beratung und Beschlussfassung fernzubleiben.[6] Sollte sich die Interessenkollision sogar zu einem andauernden Pflichtenwiderstreit verdichten, muss das Aufsichtsratsmitglied eines der kollidierenden Ämter niederlegen.[7] Kommt das Mitglied dem nicht nach, sind die

26.67

---

1 *Heermann* in Ulmer/Habersack/Löbbe, § 52 GmbHG Rz. 138; *Lutter/Krieger/Verse*, Rechte und Pflichten des Aufsichtsrats, Rz. 1006; *Kumpan*, Der Interessenkonflikt im deutschen Privatrecht, 2014, S. 496 f.; anders offenbar *Merkt*, ZHR 159 (1995), 423, 432 ff., insbes. 434 f., der annimmt, eine derartige Pflicht müsse erst vertraglich vereinbart werden.
2 BGH v. 21.12.1978 – II ZR 244/78, NJW 1980, 1629 f.; *Hüffer/Koch*, § 116 AktG Rz. 8; *Hoffmann-Becking* in MünchHdb. AG, § 33 Rz. 80; *Kort*, ZIP 2008, 717, 721.
3 *Habersack* in MünchKomm. AktG, § 100 AktG Rz. 91; *Hopt/M. Roth* in Großkomm. AktG, § 100 AktG Rz. 164; vgl. auch die Empfehlung in Ziff. 5.5.2 DCGK. Nach Ziff. 5.5.3 Satz 1 DCGK soll der Aufsichtsrat sodann in seinem Bericht an die Hauptversammlung (§ 171 Abs. 2 AktG) über aufgetretene Interessenkonflikte und deren Behandlung informieren.
4 Näher dazu *Habersack* in MünchKomm. AktG, § 100 AktG Rz. 94, § 108 AktG Rz. 29 ff.; *Kumpan*, Der Interessenkonflikt im deutschen Privatrecht, 2014, S. 508 ff., 523 f.; *Mense*, Interessenkonflikte bei Mehrfachmandaten im Aufsichtsrat der AG, 2007, S. 107 ff.
5 *Hüffer/Koch*, § 108 AktG Rz. 13; *J. Koch*, ZGR 2014, 697, 710 ff., 712; *Lutter/Krieger/Verse*, Rechte und Pflichten des Aufsichtsrats, Rz. 1007; *Hopt/M. Roth* in Großkomm. AktG, § 116 AktG Rz. 174; *Spindler* in Spindler/Stilz, § 116 AktG Rz. 37; a.A. *Habersack* in MünchKomm. AktG, § 100 AktG Rz. 95 (konfliktbefangenes Aufsichtsratsmitglied muss, sofern kein Stimmverbot analog § 34 BGB eingreift, an der Beschlussfassung mitwirken und sich aktiv dafür einsetzen, dass ein dem Gesellschaftsinteresse zuwiderlaufender Beschluss nicht gefasst wird).
6 Ausf. *J. Koch*, ZGR 2014, 697, 713 ff., insbes. 719 ff. (durch Beschluss mit einfacher Mehrheit); *Hüffer/Koch*, § 108 AktG Rz. 14; *Diekmann/Fleischmann*, AG 2013, 141, 147; *Lutter/Krieger/Verse*, Rechte und Pflichten des Aufsichtsrats, Rz. 900, 902.
7 *Habersack* in MünchKomm. AktG, § 100 AktG Rz. 96; *Hüffer/Koch*, § 116 AktG Rz. 8; *Hoffmann-Becking* in MünchHdb. AG, § 33 Rz. 83; *Hopt/M. Roth* in Großkomm. AktG, § 100 AktG Rz. 171,

übrigen Aufsichtsratsmitglieder ihrerseits gehalten, die gerichtliche Abberufung aus wichtigem Grund (§ 103 Abs. 3 AktG) zu betreiben.[1]

2. Pflichten außerhalb der Organtätigkeit

26.68 Die Treuebindungen der Aufsichtsratsmitglieder und ihre Pflicht, das Gesellschaftsinteresse zu wahren, gehen aber nicht so weit, dass sie verpflichtet wären, das Wohl der Gesellschaft auch dort aktiv zu fördern, wo sie außerhalb ihrer Organfunktionen einer anderen Tätigkeit nachgehen. Vielmehr dürfen sie in diesem Bereich grundsätzlich ihre eigenen Interessen verfolgen, selbst wenn diese sich mit den Belangen der Gesellschaft berühren oder ihnen sogar widersprechen.[2] Deshalb besteht in diesem Bereich auch **keine Geschäftschancenbindung**. Geschäftschancen, die sich dem Aufsichtsratsmitglied unabhängig von seinem Amt eröffnen, darf es also für eigene Zwecke oder für Dritte ausnutzen.[3] Darin liegt ein zentraler Unterschied zur Geschäftschancenbindung der Vorstandsmitglieder und Geschäftsführer, die jeweils gehalten sind, grundsätzlich auch solche Geschäftschancen für die Gesellschaft auszunutzen, von denen sie außerhalb ihres Amtes erfahren haben (Rz. 26.32). Die Grenze der zulässigen Wahrnehmung außergesellschaftlicher Interessen der Aufsichtsratsmitglieder außerhalb ihrer Organfunktion ist erst dort erreicht, wo das Interesse der Gesellschaft ohne Not und stärker beeinträchtigt wird, als dies zur berechtigten Interessenwahrnehmung erforderlich ist.[4]

---

§ 116 AktG Rz. 174; *Mertens/Cahn* in KölnKomm. AktG, § 116 AktG Rz. 34. Vgl. auch Ziff. 5.5.3 Satz 2 DCGK.

1 *Habersack* in MünchKomm. AktG, § 100 AktG Rz. 96.
2 *Hopt/M. Roth* in Großkomm. AktG, § 116 AktG Rz. 178; *Lutter/Krieger/Verse*, Rechte und Pflichten des Aufsichtsrats, Rz. 880; *Mertens/Cahn* in KölnKomm. AktG, § 116 AktG Rz. 31; *Fleck* in FS Heinsius, S. 89, 90 f.; *Ulmer*, NJW 1980, 1603, 1606.
3 *Habersack* in MünchKomm. AktG, § 116 AktG Rz. 48; *Hopt/M. Roth* in Großkomm. AktG, § 116 AktG Rz. 194; *Lutter/Krieger/Verse*, Rechte und Pflichten des Aufsichtsrats, Rz. 880; *Mertens/Cahn* in KölnKomm. AktG, § 116 AktG Rz. 31; *Spindler* in Spindler/Stilz, § 116 AktG Rz. 92; *Fleck* in FS Heinsius, S. 89, 92.
4 *Mertens/Cahn* in KölnKomm. AktG, § 116 AktG Rz. 31; *Fleck* in FS Heinsius, S. 89, 91.

§ 27
Risikobereich und Haftung: Schutzrechtsverletzungen und Wettbewerbsverstöße

Dr. Wolfgang Kellenter, LL.M. (LSE)

A. Einführung	27.1	1. Reichsgericht und Bundesgerichtshof	27.16
B. Überblick über die Haftungssystematik	27.3	2. Instanzgerichte	27.20
I. Ansprüche bei Schutzrechtsverletzungen und Wettbewerbsverstößen	27.3	II. Literaturmeinungen	27.26
		III. Stellungnahme	27.38
II. Haftende	27.8	1. Deliktsrechtliche Haftung	27.38
C. Außenhaftung des Managers	27.14	2. Störerhaftung	27.43
I. Entwicklung und Stand der Rechtsprechung	27.16	D. Fazit	27.44

Schrifttum: *Büscher*, Aus der Rechtsprechung des EuGH und des BGH zum Wettbewerbsrecht seit Ende 2013, GRUR 2015, 5; *Fritzsche*, Anmerkung zum BGH-Urteil: Haftung des Geschäftsführers für unlautere Wettbewerbshandlungen – Geschäftsführerhaftung, LMK 2014, 362609; *Goldmann*, Geschäftsführer „mbH": Einschränkung der persönlichen Haftung von Organen bei Wettbewerbsverstößen, GRUR-Prax 2014, 404; *Götting*, Die persönliche Haftung des GmbH-Geschäftsführers für Schutzrechtsverletzungen und Wettbewerbsverstöße, GRUR 1994, 6; *Haß*, Die persönliche Haftung des GmbH-Geschäftsführers bei Wettbewerbsverstößen und Verletzung gewerblicher Schutzrechte, GmbHR 1994, 666; *Haß*, Zur persönlichen Haftung des GmbH-Geschäftsführers bei Wettbewerbsverstößen und Verletzungen gewerblicher Schutzrechte, in FS Schilling, 2007, S. 249; *Hühner*, Haftet der Geschäftsführer persönlich? – Zur Außenhaftung von Organen bei Wettbewerbsverstößen und Verletzung gewerblicher Schutzrechte, GRUR-Prax 2013, 459; *Jestaedt*, Anmerkung zum BGH-Urteil: Titelschuldner im Zwangsvollstreckungsverfahren, GRUR 2012, 542; *Keller*, Außenhaftung des GmbH-Geschäftsführers bei Wettbewerbsverstößen und Verletzung gewerblicher Schutzrechte, GmbHR 2005, 1235; *Klaka*, Persönliche Haftung des gesetzlichen Vertreters für die im Geschäftsbetrieb der Gesellschaft begangenen Wettbewerbsverstöße und Verletzungen von Immaterialgüterrechten, GRUR 1988, 729; *Köhler*, „Täter" und „Störer" im Wettbewerbs- und Markenrecht – Zur BGH-Entscheidung „Jugendgefährdende Medien bei eBay", GRUR 2008, 1; *Leistner*, Störerhaftung und mittelbare Schutzrechtsverletzung, GRUR-Beilage 1/2010; *Lutter*, Haftungsrisiken des Geschäftsführers einer GmbH, GmbHR 1997, 329; *Maier*, Die Haftung des GmbH-Geschäftsführers für Wettbewerbsverstöße im Unternehmen, WRP 1986, 71; *Maier*, Die Haftung des GmbH-Geschäftsführers für Immaterialgüterrechtsverletzungen, GmbHR 1986, 153; *Messer*, Wettbewerbsrechtliche Haftung der Organe juristischer Personen, in FS Ullmann, 2006, S. 769; *Meier-Beck*, Die Rechtsprechung des BGH in Patentsachen im Jahr 2015, GRUR 2016, 865; *Müller*, Grenzenlose Organhaftung für Patentverletzungen?, GRUR 2016, 570; *Müller*, Anwaltshaftung wegen unberechtigter Schutzrechtsverwarnung, ZIP 2016, 1368; *Nordemann/Waiblinger*, Gesetzgebung und höchstrichterliche Rechtsprechung im Urheberrecht 2015, NJW 2016, 772; *Ottofülling*, Die wettbewerbsrechtliche und immaterialgüterrechtliche Störerhaftung des Geschäftsführers der GmbH, 1990; *Ottofülling*, Steht der Geschäftsführer der GmbH in der Gefahr, persönlich auf Unterlassung zu haften? – Eine Darstellung anhand von Beispielen aus dem gewerblichen Rechtsschutz, GmbHR 1991, 304; *Pfeifer*, Anmerkung zum BGH-Urteil: Anforderungen an zulässige technische Schutzmaßnahmen für Videospiele – Videospiel-Konsolen II, GRUR 2015, 682; *Ruess/Delpy*, Neues zur Haftung der Geschäftsführer für wettbewerbsrechtliche Verstöße, GWR 2013, 455; *Thiering*, Die Rechtsprechung des EuGH und des BGH zum Markenrecht seit dem Jahr 2014, GRUR 2015, 941; *Werner*, Die Haftung des GmbH-Geschäftsführers für die Verletzung gewerblicher Schutzrechte, GRUR 2009, 820; *Werner*, Die Haftung des GmbH-Geschäftsführers für Wettbewerbsverstöße und Immaterialgüterrechtsverletzungen durch die Gesellschaft, GRUR 2015, 739.

A. Einführung

27.1 Bei der Verletzung von Schutzrechten (wie etwa Patenten, Marken, Designs oder Urheberrechten) und bei Wettbewerbsverstößen durch eine GmbH oder AG wird in erster Linie die Gesellschaft verklagt. Darüber hinaus ist es aber gängige Praxis, die Geschäftsführer bzw. Mitglieder des Vorstands (nachfolgend zusammen als „Manager" bezeichnet) auch persönlich in Anspruch zu nehmen.[1] Die (Instanz-)Gerichte verurteilten bis vor einiger Zeit in der Regel ohne nähere Ausführungen die Gesellschaft und die Manager als Gesamtschuldner. Dementsprechend war in der Praxis eine (Mit-)Haftung des Managers nahezu immer gegeben, bis der I. Zivilsenat des Bundesgerichtshofs für einzelne Bereiche des gewerblichen Rechtsschutzes strengere Anforderungen an die Haftung des Managers gestellt hat. Der für Patentrecht zuständige X. Zivilsenat des Bundesgerichtshofs scheint dem aber nicht zu folgen, so dass Manager bei Patentverletzungen einem höheren Haftungsrisiko unterliegen. Mit dieser Rechtsprechungsentwicklung wird sich später (insbesondere im Abschnitt C.I.1., Rz. 27.16 ff.) ausführlich auseinandergesetzt.

27.2 Im Folgenden wird zunächst ein Überblick über die Haftungssystematik bei Schutzrechtsverletzungen und Wettbewerbsverstößen gegeben (Abschnitt B., Rz. 27.3 ff.). Anschließend wird untersucht, wie die Rechtsprechung und die Literatur diese Problematik beurteilen und ob diese Praxis gerechtfertigt ist (Abschnitt C., Rz. 27.14 ff.). Betrachtet wird hierbei nur die Frage der Außenhaftung. Für die Innenhaftung sind keine Besonderheiten ersichtlich. Daher kann insoweit auf die ausführliche Darstellung zur Innenhaftung oben in § 2 und § 3 verwiesen werden. Ferner wird auch auf die Frage der strafrechtlichen Haftungsrisiken nicht eingegangen. Obgleich die vorsätzliche Verletzung von Schutzrechten eine Straftat ist, findet eine Strafverfolgung in der Praxis in der Regel nur im Bereich der Produktpiraterie statt.

B. Überblick über die Haftungssystematik

I. Ansprüche bei Schutzrechtsverletzungen und Wettbewerbsverstößen

27.3 Bei der (drohenden) Verletzung von Schutzrechten und Wettbewerbsverstößen besteht zunächst ein **Unterlassungsanspruch**.[2] Der Unterlassungsanspruch ist verschuldensunabhängig.[3] Er setzt eine Wiederholungs- oder Erstbegehungsgefahr voraus.[4] Eine bereits begangene Rechtsverletzung indiziert Wiederholungsgefahr, die in der Regel nur durch Abgabe einer

---

1 Vgl. auch *Haß*, GmbHR 1994, 666; *Ottofülling*, GmbHR 1991, 304 f.; *Klaka*, GRUR 1988, 729.
2 S. z.B. § 139 Abs. 1 PatG, § 14 Abs. 5 MarkenG, § 42 Abs. 1 DesignG, § 8 Abs. 1 UWG.
3 *Mes*, Kommentar zum Patentgesetz & Gebrauchsmustergesetz, 4. Aufl. 2015, § 139 PatG Rz. 75; *Hacker* in Ströbele/Hacker, Kommentar zum Markengesetz, 11. Aufl. 2015, § 14 Rz. 371; *Goldmann* in Harte-Bavendamm/Henning-Bodewig, Kommentar zum UWG, 4. Aufl. 2016, § 8 Rz. 26; jeweils m.w.N.
4 *Grabinski/Zülch* in Benkard, Kommentar zum Patentgesetz & Gebrauchsmustergesetz, 11. Aufl. 2015, § 139 PatG Rz. 28 ff.; *Hacker* in Ströbele/Hacker, Kommentar zum Markengesetz, 11. Aufl. 2015, § 14 Rz. 433 ff., 444 ff.; *Goldmann* in Harte-Bavendamm/Henning-Bodewig, Kommentar zum UWG, 4. Aufl. 2016, § 8 Rz. 25, 27; jeweils m.w.N.

Unterlassungsverpflichtungserklärung ausgeräumt werden kann, welche durch ein Vertragsstrafeversprechen des Verletzers für künftige Verletzungen gesichert ist.[1]

Bei Schutzrechtsverletzungen steht dem Verletzten ferner grundsätzlich ein verschuldensunabhängiger[2] **Anspruch auf Auskunft** über den Vertriebsweg des Verletzungsprodukts zu.[3] Weiterhin kann der Verletzte grundsätzlich die **Vernichtung** der sich im Besitz oder Eigentum des Verletzers befindlichen Verletzungsprodukte verlangen.[4] Auch dieser Anspruch ist verschuldensunabhängig.[5]

27.4

Schutzrechtsverletzungen und Wettbewerbsverstöße lösen darüber hinaus einen **Schadensersatzanspruch** aus. Dieser ist verschuldensabhängig, erfordert also Vorsatz oder Fahrlässigkeit.[6] Die Rechtsprechung nimmt jedoch in nahezu jedem Verletzungsfall jedenfalls Fahrlässigkeit an.[7] In der Praxis stellt das Verschuldenserfordernis damit keine signifikante Hürde für die Zuerkennung eines Schadensersatzanspruchs dar.

27.5

Der Verletzte kann seine Schadensersatzforderung in aller Regel nicht ohne Auskunft des Verletzers über den Umfang der Rechtsverletzung und deren weitere Einzelheiten beziffern. Daher ist anerkannt, dass der Verletzte von dem Verletzer qua Gewohnheitsrecht **Auskunft/Rechnungslegung** über die Umstände verlangen kann, die der Verletzte zur ordnungsgemäßen Berechnung des Schadensersatzanspruchs kennen muss.[8] Inzwischen ist der Auskunftsanspruch jedenfalls teilweise auch gesetzlich geregelt.[9]

27.6

---

1 BGH v. 19.3.1998 – I ZR 264/95, GRUR 1998, 1045, 1046 – Brennwertkessel; *Grabinski/Zülch* in Benkard, Kommentar zum Patentgesetz & Gebrauchsmustergesetz, 11. Aufl. 2015, § 139 PatG Rz. 30; *Hacker* in Ströbele/Hacker, Kommentar zum Markengesetz, 11. Aufl. 2015, § 14 Rz. 434; *Goldmann* in Harte-Bavendamm/Henning-Bodewig, Kommentar zum UWG, 4. Aufl. 2016, § 8 Rz. 26, 51; jeweils m.w.N.
2 *Grabinski/Zülch* in Benkard, Kommentar zum Patentgesetz & Gebrauchsmustergesetz, 11. Aufl. 2015, § 140b PatG Rz. 2 f.; *Ingerl/Rohnke*, Kommentar zum Markengesetz, 3. Aufl. 2010, § 19 Rz. 6; jeweils m.w.N.
3 S. z.B. § 140b Abs. 1 PatG, § 19 Abs. 1 MarkenG, § 46 Abs. 1 DesignG.
4 S. z.B. § 140a Abs. 1 PatG, § 18 Abs. 1 MarkenG, § 43 Abs. 1 DesignG.
5 BGH v. 14.12.1995 – I ZR 210/93, GRUR 1996, 271, 275 – Gefärbte Jeans; *Grabinski/Zülch* in Benkard, Kommentar zum Patentgesetz & Gebrauchsmustergesetz, 11. Aufl. 2015, § 140a PatG Rz. 3; *Hacker* in Ströbele/Hacker, Kommentar zum Markengesetz, 11. Aufl. 2015, § 18 Rz. 17; jeweils m.w.N.
6 S. z.B. § 139 Abs. 2 Satz 1 PatG, § 14 Abs. 6 Satz 1 MarkenG, § 42 Abs. 2 Satz 1 DesignG, § 9 Satz 1 UWG.
7 Vgl. z.B. BGH v. 6.5.1999 – I ZR 199/96, GRUR 1999, 923, 928 – Tele-Info-CD: Ein Verschulden ist nur dann ausgeschlossen, wenn der Verletzer „bei Anwendung der im Verkehr erforderlichen Sorgfalt mit einer anderen Beurteilung durch die Gerichte nicht zu rechnen brauchte"; vgl. auch *Keukenschrijver* in Busse, Kommentar zum Patentgesetz, 8. Aufl. 2016, § 139 Rz. 105; *Ingerl/Rohnke*, Kommentar zum Markengesetz, 3. Aufl. 2010, vor §§ 14–19 Rz. 223 („Einwand des Rechtsirrtums auch bei noch so sorgfältiger Beiziehung anwaltlichen oder gar gutachterlichen Rates praktisch aussichtslos"); jeweils m.w.N.
8 Vgl. z.B. BGH v. 16.9.1982 – X ZR 54/81, GRUR 1982, 723 – Dampffrisierstab I; BGH v. 24.11.1983 – I ZR 147/81, GRUR 1984, 730 – Dampffrisierstab II; BGH v. 29.9.1994 – I ZR 114/84, GRUR 1995, 50, 53 – Indorektal/Indohexal; *Grabinski/Zülch* in Benkard, Kommentar zum Patentgesetz & Gebrauchsmustergesetz, 11. Aufl. 2015, § 139 Rz. 88 ff.; *Ingerl/Rohnke*, Kommentar zum Markengesetz, 3. Aufl. 2010, § 19 Rz. 65 ff.; jeweils m.w.N.
9 S. z.B. § 140b PatG, § 19 MarkenG, § 46 DesignG.

27.7 Durch das Gesetz zur Verbesserung der Durchsetzung von Rechten des geistigen Eigentums[1], welches zur Umsetzung der sog. Durchsetzungsrichtlinie[2] geschaffen wurde, haben zusätzliche Ansprüche des Verletzten Eingang in das deutsche Recht gefunden. Nunmehr hat der Verletzte Anspruch auf **Rückruf** der rechtsverletzenden Gegenstände und deren **Entfernung aus den Vertriebswegen**.[3] Bei hinreichender Wahrscheinlichkeit einer Rechtsverletzung kann der Rechteinhaber **Vorlage- und Besichtigungsansprüche** geltend machen.[4] Ein Anspruch auf Vorlage von bzw. Zugang zu Bank-, Finanz- oder Handelsunterlagen kann zudem geltend gemacht werden, wenn eine in gewerblichem Ausmaß begangene Rechtsverletzung hinreichend wahrscheinlich und die Vorlage bzw. der Zugang für die Sicherung von Schadensersatzansprüchen des Verletzten erforderlich ist.

Schließlich besteht auf Grund der nunmehr vorgesehenen **Veröffentlichungsbefugnis** für den Verletzten die Möglichkeit, zivilrechtliche Urteile auf Kosten des Prozessgegners zu veröffentlichen.[5]

II. Haftende

27.8 Für Schutzrechtsverletzungen und Wettbewerbsverstöße haftet jeder **Täter** (einschließlich Mittäter oder mittelbarer Täter), also jeder, dessen eigene Tat den Rechtsverstoß darstellt.[6] Außerdem haftet jeder **Gehilfe** und Anstifter. Die Haftung als Gehilfe oder Anstifter setzt jedoch eine vorsätzliche Beteiligung an der objektiv rechtswidrigen Haupttat voraus.[7]

27.9 Daneben haftet nach der Rechtsprechung auch der sog. **Störer**. Störer ist grundsätzlich jeder, der in irgendeiner Weise willentlich und adäquat kausal an der Herbeiführung der rechtswidrigen Beeinträchtigung mitwirkt.[8] In der Rechtsprechung wurde die Störerhaftung zunächst sehr weit ausgedehnt. Als Störer sollte haften, wer den Rechtsverstoß eines Dritten in irgendeiner Weise unterstützt und es trotz bestehender rechtlicher Möglichkeit unterlässt, den Dritten an der Rechtsverletzung zu hindern.[9] Später war jedoch eine restriktivere Tendenz zu be-

---

1 Gesetz zur Verbesserung der Durchsetzung von Rechten des geistigen Eigentums v. 7.7.2008, BGBl. I 2008, 1191 ff., in Kraft getreten am 1.9.2008.
2 Europäische Richtlinie 2004/48/EG zur Durchsetzung der Rechte des geistigen Eigentums v. 29.4.2004, ABl. EG 2004, Nr. L 195, S. 16 (sog. Durchsetzungsrichtlinie).
3 S. z.B. § 140a Abs. 3 PatG, § 18 Abs. 2 MarkenG, § 43 Abs. 2 DesignG.
4 S. z.B. § 140c PatG, § 19a MarkenG, § 46a DesignG.
5 S. z.B. § 140e PatG, § 19c MarkenG, § 24e GebrMG.
6 Vgl. nur *Keukenschrijver* in Busse, Kommentar zum Patentgesetz, 8. Aufl. 2016, § 139 Rz. 31; *Ingerl/Rohnke*, Kommentar zum Markengesetz, 3. Aufl. 2010, vor §§ 14–19 Rz. 25; jeweils m.w.N.
7 BGH v. 17.5.2001 – I ZR 251/99, GRUR 2001, 1038, 1039 – ambiente.de; OLG Karlsruhe v. 23.5.2001 – 6 U 104/99, Mitt. 2001, 447, 451 – Trinityringe; *Ingerl/Rohnke*, Kommentar zum Markengesetz, 3. Aufl. 2010, vor §§ 14–19 Rz. 28; jeweils m.w.N.
8 BGH v. 12.10.1989 – I ZR 29/88, GRUR 1990, 373, 374 – Schönheitschirurgie; BGH v. 4.10.1990 – I ZR 299/88, GRUR 1991, 540, 541 – Gebührenausschreibung; BGH v. 17.5.2001 – I ZR 251/99, GRUR 2001, 1038, 1039 – ambiente.de; BGH v. 18.10.2001 – I ZR 22/99, GRUR 2002, 618, 619 – Meißner Dekor; BGH v. 30.4.2008 – I ZR 73/05, GRUR 2008, 702, 706 – Internet-Versteigerung III; *Ingerl/Rohnke*, Kommentar zum Markengesetz, 3. Aufl. 2010, vor §§ 14–19 Rz. 56; *Köhler/Feddersen* in Köhler/Bornkamm, Gesetz gegen den unlauteren Wettbewerb, 35. Aufl. 2017, § 8 Rz. 2.2; jeweils m.w.N.
9 BGH v. 21.9.1989 – I ZR 27/88, GRUR 1990, 463, 464 – Firmenrufnummern; BGH v. 7.7.1988 – I ZR 36/87, GRUR 1988, 829, 830 – Verkaufsfahrten II; BGH v. 5.12.1975 – I ZR 122/74, GRUR 1976, 256 – Rechenscheibe; BGH v. 6.7.1954 – I ZR 38/53, GRUR 1955, 97 – Constanze II.

obachten. Seither wird eine Störerhaftung nur noch dann angenommen, wenn der Störer eine ihm zumutbare Prüfungspflicht, ob seine Handlung eine Rechtsverletzung begünstigen würde, verletzt hat.[1] Der Umfang dieser Prüfungspflicht beurteilt sich nach der Zumutbarkeit, insbesondere unter Berücksichtigung von Funktion und Stellung des Inanspruchgenommenen sowie mit Blick auf die Eigenverantwortlichkeit des unmittelbaren Rechtsverletzers.[2] In mehreren Entscheidungen ließ der Bundesgerichtshof zunächst offen, ob es eine Störerhaftung jenseits der Haftung nach den allgemeinen Regeln von Täterschaft und Teilnahme noch geben solle.[3] Der Bundesgerichtshof hat die Figur der Störerhaftung für den Bereich der Verletzung absoluter Rechte jedoch bislang beibehalten.[4] Insbesondere zu Markenrechtsverstößen im Internet hat das Gericht die Zumutbarkeit der Prüfpflichten zunehmend konkretisiert.[5] So ist der Störer auch für die Verhinderung künftiger, im Kern vergleichbarer Rechtsverstöße verantwortlich, soweit diese mit zumutbaren Kontrollmaßnahmen identifizierbar sind, wenn er zuvor auf eine konkrete, klare Rechtsverletzung hingewiesen worden war.[6] An diesen Hinweis sind nicht allzu strenge Anforderungen zu stellen, vielmehr muss der Hinweis lediglich so konkret gefasst sein, dass der Rechtsverstoß ohne eingehende Überprüfung tatsächlicher oder rechtlicher Art festgestellt werden kann.[7] Bleiben für den anderen Teil Zweifel am Vorliegen einer Schutzrechtsverletzung oder an der Befugnis des Hinweisenden, ist er nach Treu und Glauben gehalten, den Hinweisenden auf diese Zweifel aufmerk-

---

[1] Das Konzept der Prüfungspflichten über den Bereich der Pressehaftung hinaus wurde erstmals verallgemeinert in BGH v. 10.10.1996 – I ZR 129/94, GRUR 1997, 313 – Architektenwettbewerb; BGH v. 15.10.1998 – I ZR 120/96, GRUR 1999, 418 – Möbelklassiker.
[2] BGH v. 17.5.2001 – I ZR 251/99, GRUR 2001, 1038 f. – ambiente.de; BGH v. 15.10.1998 – I ZR 120/96, GRUR 1999, 418 – Möbelklassiker; BGH v. 1.4.2004 – I ZR 317/01, GRUR 2004, 693, 695 – Schöner Wetten; BGH v. 9.2.2006 – I ZR 124/03, GRUR 2006, 875, 877 – Rechtsanwalts-Ranglisten; BGH v. 30.4.2008 – I ZR 73/05, GRUR 2008, 702, 706 – Internet-Versteigerung III; BGH v. 5.2.2015 – I ZR 240/12, GRUR 2015, 485, 490 – Kinderhochstühle im Internet III; BGH v. 26.11.2015 – I ZR 174/14, GRUR 2016, 268, 270 – Störerhaftung des Access-Providers; vgl. auch *Ingerl/Rohnke*, Kommentar zum Markengesetz, 3. Aufl. 2010, vor §§ 14–19 Rz. 56; *Köhler/Feddersen* in Köhler/Bornkamm, Gesetz gegen den unlauteren Wettbewerb, 35. Aufl. 2017, § 8 Rz. 2.2a; jeweils m.w.N.
[3] BGH v. 24.6.2003 – KZR 32/02, GRUR 2003, 807, 808 – Buchpreisbindung; BGH v. 15.5.2003 – I ZR 292/00, GRUR 2003, 969, 970 – Ausschreibung von Vermessungsleistungen.
[4] Vgl. zum Urheberrecht BGH v. 16.5.2013 – I ZR 216/11, GRUR 2013, 1229, 1231 – Kinderhochstühle im Internet II; BGH v. 26.11.2015 – I ZR 174/14, GRUR 2016, 268 – Störerhaftung des Access-Providers; zum Markenrecht BGH v. 19.4.2007 – I ZR 35/04, GRUR 2007, 708, 712 – Internet-Versteigerung II; BGH v. 5.2.2015 – I ZR 240/12, GRUR 2015, 485, 490 – Kinderhochstühle im Internet III; vgl. zum Namensrecht, § 12 BGB, BGH v. 14.6.2006 – I ZR 249/03, GRUR 2006, 957, 958 – Stadt Geldern.
[5] BGH v. 11.3.2004 – I ZR 304/01, GRUR 2004, 860 – Internet-Versteigerung I; BGH v. 19.4.2007 – I ZR 35/04, GRUR 2007, 708 – Internet-Versteigerung II; BGH v. 30.4.2008 – I ZR 73/05, GRUR 2008, 702 – Internet-Versteigerung III; BGH v. 17.8.2011 – I ZR 57/09, GRUR 2011, 1038, 1040 – Stiftparfüm; *Leistner*, GRUR-Beil. 1/2010, 1, 22 ff.
[6] BGH v. 19.4.2007 – I ZR 35/04, GRUR 2007, 708, 712 – Internet-Versteigerung II; BGH v. 30.4.2008 – I ZR 73/05, GRUR 2008, 702, 706 – Internet-Versteigerung III; BGH v. 17.8.2011 – I ZR 57/09, GRUR 2011, 1038, 1040 – Stiftparfüm; BGH v. 5.2.2015 – I ZR 240/12, GRUR 2015, 485, 490 – Kinderhochstühle im Internet III; für das Urheberrecht: BGH v. 12.7.2012 – I ZR 18/11, GRUR 2013, 370, 372 – Alone in the Dark; BGH v. 26.11.2015 – I ZR 174/14, GRUR 2016, 268, 271 – Störerhaftung des Access-Providers.
[7] BGH v. 17.8.2011 – I ZR 57/09, GRUR 2011, 1038, 1040 f. – Stiftparfüm.

sam zu machen und gegebenenfalls angemessene Belege für die behaupteten Verletzungen und die Befugnis zu verlangen.[1]

27.10 Im Bereich des **Wettbewerbsrechts** ist hingegen eine andere Entwicklung der Rechtsprechung zu beobachten. In der Entscheidung *Jugendgefährdende Medien bei eBay*[2] statuierte der Bundesgerichtshof Verkehrspflichten, wie sie hinsichtlich der deliktsrechtlichen Verantwortlichkeit für das Verhalten Dritter in der allgemeinen zivilrechtlichen Dogmatik zu § 823 Abs. 1 BGB entwickelt wurden und beurteilte den Verletzer als **Täter**. Das Gericht stellte den Grundsatz auf, dass, wer durch sein Handeln im geschäftlichen Verkehr die ernsthafte Gefahr begründet, dass Dritte durch das Wettbewerbsrecht geschützte Interessen von Marktteilnehmern verletzen, auf Grund einer wettbewerbsrechtlichen Verkehrspflicht dazu verpflichtet ist, diese Gefahr im Rahmen des Möglichen und Zumutbaren zu begrenzen. Zwar hatte der Bundesgerichtshof mit diesem Urteil die Figur der Störerhaftung im Wettbewerbsrecht noch nicht ausdrücklich aufgegeben[3], dies hat er aber dann in der Entscheidung *Kinderhochstühle im Internet I* mit dem Hinweis nachgeholt, dass es *„der BGH wiederholt angedeutet hat"*.[4] Seitdem ist es ständige Rechtsprechung, dass eine Störerhaftung im Wettbewerbsrecht ausscheidet, weil es bei Wettbewerbsverstößen um Verhaltensunrecht geht, wofür die Störerhaftung ausgeschlossen ist.[5] Daher kann eine Verantwortlichkeit nur noch über die Regeln von Täterschaft und Teilnahme begründet werden. Die Aufgabe der Störerhaftung wurde dadurch möglich, dass die Mitwirkung an einem fremden Wettbewerbsverstoß einen selbständigen eigenen Wettbewerbsverstoß auf Grund der Verletzung einer wettbewerbsrechtlichen Verkehrspflicht darstellt.[6] Abzuwarten bleibt, ob der Bundesgerichtshof in Zukunft auch für Verletzungen absoluter Rechte von der Störerhaftung Abstand nehmen und zu einer Haftung auf Grund Verkehrspflichtverletzung übergehen wird. Dafür spricht jedenfalls das, was der X. Zivilsenat des Bundesgerichtshofs in seiner Entscheidung *Glasfasern II* zu der Managerhaftung für Patentverletzungen ausgeführt hat. Den gesetzlichen Vertreter treffe eine Garantenpflicht, die sich aus der gesteigerten Gefährdungslage bei technischen Schutzrechten ergebe, so dass bei einer schuldhaften Patentverletzung alles regelmäßig darauf hindeute, dass die gesetzlichen Vertreter die ihnen insoweit obliegenden Pflichten schuldhaft verletzt haben.[7] Eine Störerhaftung wurde in diesem Zusammenhang gar nicht erörtert. Vielmehr kann daraus geschlossen werden, dass zumindest im **Patentrecht** der zuständige X. Zivilsenat des Bundesgerichtshofs die Haftung auf **Täter** und **Teilnehmer** begrenzt, denn die für die Störerhaftung erforderlichen Prüfpflichten sieht er als Verkehrspflichten an, die bei Verletzung eine Haftung als Täter oder Teilnehmer begründen.[8] Der I. Zivilsenat des Bundesgerichtshofs hat für das **Marken- und Urheberrecht** jedoch noch keinen Abstand von der **Störerhaftung** genommen.

---

1 BGH v. 17.8.2011 – I ZR 57/09, GRUR 2011, 1038, 1041 – Stiftparfüm; BGH v. 11.6.2015 – I ZR 19/14, GRUR 2016, 176, 183 – Tauschbörse I; BGH v. 11.6.2015 – I ZR 7/14, GRUR 2016, 184, 189 – Tauschbörse II.
2 BGH v. 12.7.2007 – I ZR 18/04, GRUR 2007, 890 – Jugendgefährdende Medien bei eBay.
3 Vgl. nur *Köhler*, GRUR 2008, 1, 2.
4 BGH v. 22.7.2010 – I ZR 139/08, GRUR 2011, 152, 156 – Kinderhochstühle im Internet I.
5 BGH v. 12.7.2012 – I ZR 54/11, GRUR 2013, 301, 304 – Solarinitiative; BGH v. 18.6.2013 – I ZR 242/12, GRUR 2014, 883 – Geschäftsführerhaftung; BGH v. 5.2.2015 – I ZR 240/12, GRUR 2015, 485, 490 – Kinderhochstühle im Internet III.
6 *Köhler/Feddersen* in Köhler/Bornkamm, Gesetz gegen den unlauteren Wettbewerb, 35. Aufl. 2017, § 8 Rz. 2.2c.
7 BGH v. 15.12.2015 – X ZR 30/14, GRUR 2016, 257, 264 – Glasfasern II.
8 *Köhler/Feddersen* in Köhler/Bornkamm, Gesetz gegen den unlauteren Wettbewerb, 35. Aufl. 2017, § 8 Rz. 2.2d.

Der praktische Unterschied zwischen Störer- und Täterhaftung besteht darin, dass nach der Rechtsprechung des Bundesgerichtshofs Störer allenfalls auf **Unterlassung und Beseitigung, nicht** jedoch auf **Schadensersatz** haften[1], Täter hingegen auch auf Schadensersatz in Anspruch genommen werden können.[2]

27.11

Eine Haftung als Täter kommt ferner im Falle der **unzureichenden Kontrolle geschäftlicher Einrichtungen** in Betracht. Begeht ein Dritter bei der Nutzung geschäftlicher Einrichtungen einen Wettbewerbsverstoß, so kann der Inhaber der Einrichtung hierfür haften müssen. So legte der Bundesgerichtshof in der Entscheidung *Halzband*[3] fest, dass – jedenfalls im Rahmen des Unterlassungsanspruchs – auch derjenige als Täter eines Wettbewerbsverstoßes haftet, der seine Zugangsdaten zu einem Mitgliedskonto bei eBay nicht hinreichend vor fremdem Zugriff sichert.[4] Bei sonstigen geschäftlichen Einrichtungen wie Telefon- und Telefaxanschlüssen, E-Mail-Adressen oder Briefbögen kann der Verkehr nach Auffassung des Bundesgerichtshofs hingegen nicht ohne weiteres davon ausgehen, dass die jeweilige Aktivität vom Inhaber der Einrichtung oder mit dessen Zustimmung von einem Dritten ausgeht, so dass diesbezüglich weniger strenge Maßstäbe anzulegen sind.[5] Gleiches gilt für den Anschlussinhaber bei der Nutzung ungesicherter WLAN-Anschlüsse durch außenstehende Dritte, denn der IP-Adresse kommt ebenso wenig eine vergleichbare Identifikationsfunktion zu.[6] Den Anschlussinhaber trifft lediglich eine sekundäre Darlegungslast, dass er selbst den Verstoß nicht begangen hat.[7]

27.12

Wird eine Haftung im Ergebnis bejaht und sind eine juristische Person und ihr Organ beide gleichermaßen aus einem Vollstreckungstitel zur Unterlassung verpflichtet, so kann ein **Ordnungsgeld** nach § 890 ZPO nur noch gegen die **juristische Person** festgesetzt werden, wenn das Organ im Rahmen der geschäftlichen Tätigkeit für eben diese juristische Person verbotswidrig gehandelt hat.[8] Entsprechendes gilt für Vertragsstrafen aus Unterlassungsverträgen.[9] Es fällt daher nur eine einzige **Vertragsstrafe** an, wenn ein Verstoß gegen das Vertragsstrafeversprechen stattfindet, der der juristischen Person nach § 31 BGB zuzurechnen ist.[10] Im Fall der Vertragsstrafe ist die Haftung der juristischen Person und des Organs aber trotzdem keine subsidiäre Haftung, sondern eine Haftung als Gesamtschuldner für nur diese eine Vertragsstrafe.[11]

27.13

---

1 BGH v. 27.11.2014 – I ZR 124/11, GRUR 2015, 672, 679 – Videospiel-Konsolen II; BGH v. 18.10.2001 – I ZR 22/99, GRUR 2002, 618, 619 – Meißner Dekor.
2 *Köhler*, GRUR 2008, 1, 7.
3 BGH v. 11.3.2009 – I ZR 114/06, GRUR 2009, 597 – Halzband.
4 Eine Schadensersatzpflicht des Inhabers der Einrichtung kommt allerdings in der Regel nur dann in Betracht, wenn er weiß oder jedenfalls damit rechnen muss, dass der Dritte sie für rechtsverletzende Handlungen nutzt, vgl. BGH v. 11.3.2009 – I ZR 114/06, GRUR 2009, 597, 598 – Halzband.
5 Vgl. BGH v. 11.3.2009 – I ZR 114/06, GRUR 2009, 597, 598 – Halzband; *Köhler/Feddersen* in Köhler/Bornkamm, Gesetz gegen den unlauteren Wettbewerb, 35. Aufl. 2017, § 8 Rz. 2.14.
6 BGH v. 12.5.2010 – I ZR 121/08, GRUR 2010, 633, 634 – Sommer unseres Lebens.
7 BGH v. 12.5.2010 – I ZR 121/08, GRUR 2010, 633, 634 – Sommer unseres Lebens; BGH v. 11.6.2015 – I ZR 74/15, GRUR 2016, 191, 194 – Tauschbörse III; *Köhler/Feddersen* in Köhler/Bornkamm, Gesetz gegen den unlauteren Wettbewerb, 35. Aufl. 2017, § 8 Rz. 2.14.
8 BGH v. 12.1.2012 – I ZB 43/11, GRUR 2012, 541, 542 – Titelschuldner im Zwangsvollstreckungsverfahren.
9 BGH v. 8.5.2014 – I ZR 210/12, GRUR 2014, 797, 801 – fishtailparka.
10 BGH v. 8.5.2014 – I ZR 210/12, GRUR 2014, 797, 801 – fishtailparka.
11 BGH v. 8.5.2014 – I ZR 210/12, GRUR 2014, 797, 801 – fishtailparka; in diese Richtung bereits *Jestaedt*, GRUR 2012, 542, 543.

Etwas anderes gilt jedoch, wenn es um ein Zwangsgeld im Rahmen der Vollstreckung nach § 888 ZPO geht (z.B. bei der Auskunftsvollstreckung im Rahmen eines Auskunftsanspruchs nach § 19 MarkenG), denn dieses Zwangsgeld ist eine Beugemaßnahme und gerade keine repressive Maßnahme.[1]

C. Außenhaftung des Managers

27.14 Eine Außenhaftung des Managers besteht stets dann, wenn **eigene Handlungen** des Managers zu einer **Schutzrechtsverletzung** oder einem **Wettbewerbsverstoß** geführt haben. Der Manager haftet daher, wenn er selbst z.B. marken- oder patentverletzende Produkte entwickelt, eingekauft oder vertrieben oder eine wettbewerbswidrige Werbeanzeige gestaltet oder in Auftrag gegeben hat.[2]

27.15 In der Regel ist der Manager jedoch nur in kleineren Betrieben unmittelbar in (alle) Handlungen des operativen Geschäfts involviert. Je größer das Unternehmen, desto mehr überwiegen **Arbeitsteilung und Delegation**. Der Manager trägt hierbei zwar die operative Verantwortung, befasst sich aber nicht mit allen Einzelfragen des Tagesgeschäftes. Es stellt sich daher die Frage, ob und ggf. unter welchen Voraussetzungen der Manager nach außen haftet, wenn im Unternehmen Schutzrechtsverletzungen oder Wettbewerbsverstöße begangen werden, an denen der Manager nicht selbst durch eigenes Tun beteiligt ist.

I. Entwicklung und Stand der Rechtsprechung

1. Reichsgericht und Bundesgerichtshof

27.16 Das **RG** ging davon aus, dass der Geschäftsführer einer GmbH für Wettbewerbsverstöße gesamtschuldnerisch mit der Gesellschaft haftet. Diese Haftung sollte unabhängig davon bestehen, ob der Geschäftsführer an dem von einem Mitgeschäftsführer begangenen Wettbewerbsverstoß selbst beteiligt gewesen sei oder diesen gekannt habe.[3] Dies folge daraus, dass der Geschäftsführer die Pflicht habe, gesetzeswidrige Handlungen von Mitgeschäftsführern zu verhindern. Tue er dies nicht, so mache er sich diese zu Eigen.[4]

27.17 Diese Erwägungen übernahm der **Bundesgerichtshof** zunächst in seiner *Underberg*-Entscheidung aus dem Jahr 1956.[5] In der Folge war jedoch in weiteren Entscheidungen des Bundesgerichtshofs zu beobachten, dass das Gericht die Haftung des Geschäftsführers in der Regel

---

1 OLG Frankfurt a.M. v. 9.4.2015 – 6 W 32/15, GRUR-RR 2015, 408 – Zwangsgeld gegen Geschäftsführer; OLG Düsseldorf v. 21.1.2016 – I-15 W 12/15, juris; *Kühnen*, Handbuch der Patentverletzung, 9. Aufl. 2017, Kapitel H Rz. 185; im Rahmen der Rechnungslegungserzwingung bereits OLG Düsseldorf v. 8.9.2011 – I-2 W 26/11, GRUR-RR 2012, 406, 409 – Nullauskunft.
2 Vgl. nur BGH v. 26.9.1985 – I ZR 86/83, GRUR 1986, 248, 251 – Sporthosen; BGH v. 5.6.1975 – X ZR 37/72, GRUR 1975, 652, 653 – Flammkaschierverfahren; BGH v. 18.6.2014 – I ZR 242/12, GRUR 2014, 883, 884 – Geschäftsführerhaftung; *Keukenschrijver* in Busse, Kommentar zum Patentgesetz, 8. Aufl. 2016, § 139 Rz. 37; *Ingerl/Rohnke*, Kommentar zum Markengesetz, 3. Aufl. 2010, vor §§ 14–19 Rz. 33; *Köhler/Feddersen* in Köhler/Bornkamm, Gesetz gegen den unlauteren Wettbewerb, 35. Aufl. 2017, § 8 Rz. 2.21; jeweils m.w.N.
3 RG, GRUR 1936, 1084, 1089 – Standard-Lampen.
4 RG, GRUR 1936, 1084, 1089 – Standard-Lampen; vgl. auch RG, GRUR 1933, 656 – Tekton; RG, GRUR 1935, 99, 101 – Viskoselösung; RG, GRUR 1935, 913, 915 – Reißverschluss.
5 BGH v. 30.10.1956 – I ZR 199/55, GRUR 1957, 342, 347 – Underberg.

mit seiner konkreten Beteiligung an einer Schutzrechtsverletzung bzw. einem Wettbewerbsverstoß begründete[1], wenngleich in den jeweils zu entscheidenden Fällen die Frage einer Haftung ohne konkrete Beteiligung des Geschäftsführers nicht zu entscheiden war. Über eine solche Konstellation hatte der Bundesgerichtshof dann erst in seinen Entscheidungen *Sporthosen*[2] und *Sportschuhe*[3] aus dem Jahr 1985 zu befinden. In diesen Entscheidungen lehnte der Bundesgerichtshof die Haftung eines Geschäftsführers ab, der weder an der Rechtsverletzung teilgenommen noch von ihr gewusst hatte.[4] Die Auffassung, dass Manager (nur) haften, wenn sie den Rechtsverstoß veranlasst haben oder den ihnen bekannten Rechtsverstoß hätten unterbinden können, bestätigte der Bundesgerichtshof in den folgenden Jahren in mehreren Entscheidungen.[5]

In den neueren Entscheidungen des für Markenrecht, Urheberrecht, Designrecht und Wettbewerbsrecht zuständigen **I. Zivilsenats** *Geschäftsführerhaftung* und *Videospiel-Konsolen II* wird von diesen Grundsätzen allerdings in dieser Allgemeinheit Abstand genommen.[6] Ein Geschäftsführer hafte als **Täter** oder **Teilnehmer** demnach für deliktische Handlungen der von ihm vertretenen Gesellschaft nur, wenn er entweder an dieser Handlung durch **positives Tun** beteiligt war oder wenn ihm eine nach allgemeinen Grundsätzen des Deliktsrechts begründete **Garantenstellung** zukam und er die Handlung deswegen hätte verhindern müssen.[7] Dafür reiche generell die Organstellung des Geschäftsführers als solche oder die schlichte Kenntnis der Rechtsverletzung nicht aus, sondern die Verletzung müsse auf einem Verhalten beruhen, das nach dem äußeren Erscheinungsbild und mangels abweichender Feststellungen dem Geschäftsführer anzulasten sei, also das typischerweise auf der Geschäftsführerebene entschieden werde.[8] Als Beispiele nennt der Bundesgerichtshof die rechtsverletzende Benutzung einer bestimmten Firmierung, den allgemeinen Werbeauftritt eines Unternehmens, das allgemeine Konzept einer Kundenwerbung eines Unternehmens, den Inhalt einer Presseerklärung eines Unternehmens, in der der Geschäftsführer selbst zu Wort kommt, den allgemeinen Internet-

27.18

---

1 BGH v. 12.4.1957 – I ZR 28/56, GRUR 1959, 428, 429 – Michaelismesse; BGH v. 19.6.1963 – Ib ZR 15/62, GRUR 1964, 88, 89 – Verona-Gerät; BGH v. 5.6.1975 – X ZR 37/72, GRUR 1975, 652, 653 – Flammkaschierverfahren; BGH v. 13.11.1979 – KZR 1/79, GRUR 1980, 242, 244 – Denkzettel-Aktion.
2 BGH v. 26.9.1985 – I ZR 86/83, GRUR 1986, 248 ff. – Sporthosen.
3 BGH v. 26.9.1985 – I ZR 85/83, GRUR 1986, 252 f. – Sportschuhe.
4 BGH v. 26.9.1985 – I ZR 86/83, GRUR 1986, 248, 251 – Sporthosen; die Entscheidung Sportschuhe ist insofern wortgleich, vgl. BGH v. 26.9.1985 – I ZR 85/83, GRUR 1986, 252, 253.
5 BGH v. 9.6.2005 – I ZR 279/02, GRUR 2005, 1061, 1064 – Telefonische Gewinnauskunft; BGH v. 30.6.2011 – I ZR 157/10, GRUR 2012, 184, 187 – Branchenbuch Berg; BGH v. 19.4.2012 – I ZR 86/10, GRUR 2012, 1145, 1148 – Pelikan; BGH v. 15.8.2013 – I ZR 188/11, GRUR 2013, 1161, 1164 – Hard Rock Cafe.
6 BGH v. 18.6.2014 – I ZR 242/12, GRUR 2014, 883, 884 – Geschäftsführerhaftung; BGH v. 27.11.2014 – I ZR 124/11, GRUR 2015, 672, 679 – Videospiel-Konsolen II.
7 BGH v. 18.6.2014 – I ZR 242/12, GRUR 2014, 883, 884 – Geschäftsführerhaftung; BGH v. 27.11.2014 – I ZR 124/11, GRUR 2015, 672, 679 – Videospiel-Konsolen II; bestätigt durch: BGH v. 22.1.2015 – I ZR 107/13, GRUR 2015, 909, 914 – Exzenterzähne; BGH v. 19.3.2015 – I ZR 4/14, GRUR 2015, 1108, 1113 – Green-IT; BGH v. 5.11.2015 – I ZR 76/11, GRUR 2016, 487, 489 – Wagenfeld-Leuchte II; BGH v. 5.11.2015 – I ZR 91/11, GRUR 2016, 490, 493 – Marcel-Breuer-Möbel II.
8 BGH v. 18.6.2014 – I ZR 242/12, GRUR 2014, 883, 884 – Geschäftsführerhaftung; BGH v. 27.11.2014 – I ZR 124/11, GRUR 2015, 672, 679 – Videospiel-Konsolen II; BGH v. 22.1.2015 – I ZR 107/13, GRUR 2015, 909, 914 – Exzenterzähne.

auftritt eines Unternehmens¹ und die Aufnahme des Vertriebs einer eigenen Produktpalette und Produktgestaltung². Kommt es bei solchen Verhaltensweisen zu einem Rechtsverstoß, so haftet der Manager wegen positiven Tuns für die Rechtsverletzung, soweit keine entgegenstehenden Tatsachen existieren. Erlange der Geschäftsführer lediglich Kenntnis davon, dass bei der unter seiner Leitung stehenden Geschäftstätigkeit Wettbewerbsverstöße begangen werden oder ihre Begehung bevorsteht, treffe ihn persönlich regelmäßig im Verhältnis zu außenstehenden Dritten auch keine wettbewerbsrechtliche Verkehrspflicht, eine Wettbewerbsverletzung zu verhindern.³ Eine solche Verkehrspflicht ergebe sich weder allein aus der Organstellung und der Verantwortlichkeit für den Geschäftsbetrieb noch aus der Auslagerung von Tätigkeiten noch aus der Aufnahme einer Direktvertriebstätigkeit.⁴ Demgegenüber ergebe sich eine Verkehrspflicht, die eine Garantenstellung und damit eine Haftung durch Unterlassen begründe, in begrenztem Umfang und bei besonderen Umständen aus einer Erfolgsabwendungspflicht, aus einem bewussten Entziehen der Kenntnis- und Verhinderungsmöglichkeit von Wettbewerbsverstößen und aus dem Betreiben eines auf Rechtsverletzungen angelegten Geschäftsmodells.⁵

Neben der Haftung als Täter oder Teilnehmer könne der Geschäftsführer bei der Verletzung absoluter Rechte auch als **Störer** haften, nicht aber bei bloßen Wettbewerbsverstößen oder der Verletzung technischer Schutzmaßnahmen im Urheberrecht. Als Störer hafte der Geschäftsführer bei der **Verletzung absoluter Rechte**, wenn er – ohne Täter oder Teilnehmer zu sein – in irgendeiner Weise willentlich und adäquat kausal zur Verletzung des geschützten Rechts beitrage und zumutbare Verhaltenspflichten verletze.⁶ Das Unterstützen oder Ausnutzen der Rechtsverletzung eines eigenverantwortlich handelnden Dritten könne weiterhin genügen, sofern der Inanspruchgenommene die rechtliche und tatsächliche Möglichkeit zur Verhinderung dieser Handlung habe.⁷ In den konkreten Entscheidungen des I. Zivilsenats des Bundesgerichtshofs ging es lediglich um das Wettbewerbsrecht und technische Schutzmaßnahmen im Urheberrecht. Daher schied eine Störerhaftung mangels absoluten Rechts aus. In Bezug auf das **Markenrecht** als absolutes Recht hat sich der I. Zivilsenat des Bundesgerichtshofs bisher noch nicht geäußert. Lediglich zum **Urheberrecht** hat der I. Zivilsenat des Bundesgerichtshofs kurz auf die beiden Entscheidungen hingewiesen und eine Haftung des Geschäftsführers als Täter bejaht.⁸ Es bleibt abzuwarten, ob er seine neue Rechtsprechung auch auf das Markenrecht überträgt.

27.19 Ende 2015 hat der für **Patentrecht** zuständige **X. Zivilsenat** des Bundesgerichtshofs in der Entscheidung *Glasfasern II* eine Stellungnahme zu der Rechtsprechungsänderung des I. Zivilsenats vermieden und ausgeführt, dass jedenfalls auch nach dem neuen Ansatz eine Haftung im konkreten Fall zu bejahen sei.⁹ Diese Haftung sei darauf zurückzuführen, dass den Geschäftsführer eine Garantenpflicht treffe, wenn der Betroffene ein Schutzgut der Einflusssphäre der Gesellschaft anvertraut habe oder wenn aus sonstigen Gründen eine konkrete

---

1 BGH v. 18.6.2014 – I ZR 242/12, GRUR 2014, 883, 884 – Geschäftsführerhaftung.
2 BGH v. 22.1.2015 – I ZR 107/13, GRUR 2015, 909, 914 – Exzenterzähne.
3 BGH v. 18.6.2014 – I ZR 242/12, GRUR 2014, 883, 884 – Geschäftsführerhaftung.
4 BGH v. 18.6.2014 – I ZR 242/12, GRUR 2014, 883, 884 f. – Geschäftsführerhaftung.
5 BGH v. 18.6.2014 – I ZR 242/12, GRUR 2014, 883, 884 f. – Geschäftsführerhaftung.
6 BGH v. 27.11.2014 – I ZR 124/11, GRUR 2015, 672, 679 – Videospiel-Konsolen II; BGH v. 19.3.2015 – I ZR 4/14, GRUR 2015, 1108, 1113 – Green-IT.
7 BGH v. 27.11.2014 – I ZR 124/11, GRUR 2015, 672, 679 – Videospiel-Konsolen II.
8 BGH v. 5.11.2015 – I ZR 76/11, GRUR 2016, 487, 489 – Wagenfeld-Leuchte II; BGH v. 5.11.2015 – I ZR 91/11, GRUR 2016, 490, 493 – Marcel-Breuer-Möbel II.
9 BGH v. 15.12.2015 – X ZR 30/14, GRUR 2016, 257, 264 – Glasfasern II.

Gefahrenlage für das Schutzgut bestehe und der Geschäftsführer oder Mitarbeiter des Unternehmens für die Steuerung derjenigen Unternehmenstätigkeit verantwortlich sei, aus der sich die Gefahrenlage ergebe.[1] Gehe man so vor, so folge die Haftung des Geschäftsführers nicht aus der Geschäftsführerstellung als solcher, weil Pflichten aus der Organstellung zur ordnungsgemäßen Geschäftsführung grundsätzlich nur gegenüber der Gesellschaft bestehen, sondern aus der tatsächlichen und rechtlichen Möglichkeit und Zumutbarkeit eine solche Gefahrenlage für absolut geschützte Rechte Dritter zu beherrschen.[2] In einem nächsten Schritt stellt der X. Zivilsenat dann fest, dass eine solche Gefahrenlage im Hinblick auf den Schutz von Patenten typischerweise besteht, wenn ein Unternehmen technische Erzeugnisse herstellt oder einführt.[3] Das liege daran, dass technische Schutzrechte üblicherweise einer gesteigerten Gefährdungslage ausgesetzt seien, weil ansonsten der Schutz nicht hinreichend gewährleistet wäre, wenn andere Marktteilnehmer der Frage, ob ihre Tätigkeit fremde Schutzrechte verletzt, nur untergeordnete Bedeutung beimäßen.[4] Daher wird im Ergebnis festgehalten, dass es im Regelfall keiner näheren Feststellungen dazu bedürfe, dass die schuldhafte Verletzung eines Patents durch eine Gesellschaft auf einem schuldhaften Fehlverhalten ihrer gesetzlichen Vertreter beruhe, weil die schuldhafte Patentverletzung in der Regel darauf hindeute, dass der gesetzliche Vertreter seine Pflichten schuldhaft verletzt habe.[5] Damit nähert sich der X. Zivilsenat wieder den weiten Grundsätzen an, die vor den Entscheidungen des I. Zivilsenats *Geschäftsführerhaftung* und *Videospiel-Konsolen II* vorherrschend waren. Eine Stellungnahme des I. Zivilsenats des Bundesgerichtshofs zu der abweichenden Haltung des X. Zivilsenats des Bundesgerichtshofs liegt bisher noch nicht vor.

2. Instanzgerichte

Die Instanzgerichte folgten zunächst überwiegend der oben aufgezeigten alten Linie des Bundesgerichtshofs.[6] Es finden sich aber auch einige Entscheidungen, bei denen eine Managerhaftung auch dann bejaht wurde, wenn der Manager keine Kenntnis von der Schutzrechtsverletzung bzw. dem Wettbewerbsverstoß hatte. So hatte beispielsweise das **OLG Hamburg** einen Fall zu entscheiden, bei dem der Geschäftsführer einer GmbH behauptete, sich dauerhaft im Ausland aufgehalten und deswegen von einem in der GmbH begangenen Urheberrechtsverstoß nichts mitbekommen zu haben. Das Gericht hielt den Geschäftsführer gleichwohl für haftbar, weil er seine Organisationspflichten verletzt habe.[7] Ähnlich gelagert war ein vom **OLG Nürnberg** entschiedener Fall, in dem sich der Geschäftsführer einer GmbH überwiegend im Ausland aufhielt. Das Gericht hielt den Geschäftsführer jedenfalls auf Grund fahrlässiger Unkenntnis des von der GmbH begangenen Wettbewerbsverstoßes für haftbar.[8]

27.20

Das **OLG Frankfurt a.M.** bejahte die Haftung eines Geschäftsführers für einen in der Werbung der GmbH begangenen Wettbewerbsverstoß, obwohl der Geschäftsführer den Bereich

27.21

---

1 BGH v. 15.12.2015 – X ZR 30/14, GRUR 2016, 257, 264 – Glasfasern II.
2 BGH v. 15.12.2015 – X ZR 30/14, GRUR 2016, 257, 264 – Glasfasern II.
3 BGH v. 15.12.2015 – X ZR 30/14, GRUR 2016, 257, 264 – Glasfasern II.
4 BGH v. 15.12.2015 – X ZR 30/14, GRUR 2016, 257, 264 – Glasfasern II.
5 BGH v. 15.12.2015 – X ZR 30/14, GRUR 2016, 257, 264 – Glasfasern II.
6 Vgl. z.B. KG Berlin v. 7.11.2000 – 5 U 6923/99, GRUR Int. 2002, 327, 328 f. – EURO-Paletten; OLG Düsseldorf v. 17.11.1998 – 20 U 162/97, WRP 1999, 343, 346 – ufa.de; OLG Bremen v. 20.2.1997 – 2 U 120/96, WRP 1997, 331, 337 – Comtes; OLG Bremen v. 22.6.2006 – 2 U 19/06, AfP 2007, 219 f.; jeweils m.w.N.
7 OLG Hamburg v. 17.4.2002 – 5 U 24/01, GRUR-RR 2002, 240, 242 f. – Super Mario.
8 OLG Nürnberg v. 17.5.1983 – 3 U 681/83, GRUR 1983, 595 – Abwesender Geschäftsführer.

der Werbung einem weiteren Geschäftsführer überlassen hatte. Das Gericht hielt es für unbeachtlich, ob der Geschäftsführer Kenntnis von dem Wettbewerbsverstoß gehabt habe. Dem Geschäftsführer sei die Kenntnis des für die Werbung verantwortlichen anderen Geschäftsführers gem. § 166 Abs. 1 BGB analog zuzurechnen.[1] Schließlich führte das **OLG Karlsruhe** in einem obiter dictum aus, dass es für die Haftung eines Geschäftsführers für einen in der Werbung der GmbH begangenen Rechtsverstoß ausreiche, wenn der Geschäftsführer es unterlassen habe, die Werbung selbst zu kontrollieren.[2]

27.22 Nach den neueren Entscheidungen des I. Zivilsenats des Bundesgerichtshofs haben sich auch einige Instanzgerichte dieser engeren Sichtweise angeschlossen.[3]

27.23 Jedoch hat das **OLG Düsseldorf** dem im Rahmen einer Patentstreitigkeit widersprochen.[4] Nach Darstellung der neuen Ansicht des I. Zivilsenats des Bundesgerichtshofs stellte das Gericht kurz fest, dass der Senat der Ansicht des I. Zivilsenats des Bundesgerichtshofs für das Patentrecht nicht beizutreten vermag.[5] Im Anschluss führt es aber zur Bejahung der Haftung des Alleingeschäftsführers trotzdem aus, dass er nicht nur Kenntnis von den Benutzungshandlungen der Gesellschaft gehabt und nichts zu deren Verhinderung getan habe, sondern vielmehr auch aktiv, durch den Entwurf des Geschäftsmodells und seine Entscheidungen, mit wem zusammengearbeitet werde, mitgewirkt habe.[6] Mit dieser Betrachtungsweise liegt es auf einer Linie mit der späteren Entscheidung *Glasfasern II* des X. Zivilsenats des Bundesgerichtshofs. Auf anderen Gebieten des gewerblichen Rechtsschutzes folgt das OLG Düsseldorf aber der engeren Auffassung des I. Zivilsenats und wendet auch seine aufgestellten Grundsätze an.[7]

27.24 Nicht nur das OLG Düsseldorf im Rahmen des Patentrechts, sondern auch andere Gerichte folgen nicht den engeren Grundsätzen des I. Zivilsenats des Bundesgerichtshofs.[8] Sie wenden die bis dahin geltende Rechtsprechung und deren Voraussetzungen für eine Managerhaftung an. Zur Begründung wird regelmäßig angeführt, dass eine Übertragung der neuen Grundsätze schon deshalb ausscheide, da bei den absoluten Rechten weiterhin an der Störerhaftung festt-

---

1 OLG Frankfurt a.M. v. 11.5.2000 – 6 U 32/00, GRUR-RR 2001, 198, 199.
2 OLG Karlsruhe v. 1.8.1984 – 6 W 61/84, WRP 1985, 104, 105.
3 Zum Wettbewerbsrecht OLG Frankfurt a.M. v. 15.10.2015 – 6 U 161/14, GRUR-RR 2016, 74, 77 – Vogel® Germany; OLG Hamm v. 1.12.2015 – I-4 W 97/14, GRUR-RR 2016, 383, 384 – Streitwert bei parallelem Vorgehen; OLG Köln v. 24.6.2016 – 6 U 149/15, WRP 2016, 1027, 1035; zum Urheberrecht OLG Schleswig v. 7.12.2015 – 6 U 54/13, GRUR-RS 2016, 00037 – Kieler Woche.
4 OLG Düsseldorf v. 11.6.2015 – I-2 U 64/14, GRUR-RS 2015, 18679 – Verbindungsstück; ebenfalls eine Haftung des Geschäftsführers wegen seiner Organstellung und seiner darin liegenden Verantwortung bejaht OLG Düsseldorf v. 18.12.2014 – I-2 U 19/14, GRUR-RS 2015, 03253 – Schuheinlage.
5 OLG Düsseldorf v. 11.6.2015 – I-2 U 64/14, GRUR-RS 2015, 18679 – Verbindungsstück; dem zustimmend LG Düsseldorf v. 24.11.2015 – 4a O 149/14, juris und LG Düsseldorf v. 24.11.2015 – 4a O 147/14, juris.
6 OLG Düsseldorf v. 11.6.2015 – I-2 U 64/14, GRUR-RS 2015, 18679 – Verbindungsstück.
7 Zum Urheberrecht OLG Düsseldorf v. 8.9.2015 – I-20 U 75/14, GRUR-RS 2016, 00254 – Fassadenarbeiten; zum Markenrecht OLG Düsseldorf v. 10.11.2015 – I-20 U 26/15, MarkenR 2016, 168, 171 – Neuetikettierung von Medizinprodukten; OLG Düsseldorf v. 12.4.2016 – I-20 U 48/15, GRUR-RS 2016, 07919 – Verbandsmaterial; im Designrecht wurde es offengelassen OLG Düsseldorf v. 24.3.2015 – I-20 U 162/10, juris = BeckRS 2015, 07898.
8 Zum Urheberrecht OLG Köln v. 5.12.2014 – 6 U 57/14, WRP 2015, 387, 389 – Parfümfotos bei eBay; zum Markenrecht OLG Frankfurt a.M. v. 7.4.2016 – 6 U 4/15, GRUR 2016, 817, 819 – BEAUTY-TOX.

gehalten werde, so dass die Ausgangssituation eine ganz andere sei.[1] Insbesondere das **OLG Hamburg** macht deutlich, dass die neuen, engeren Grundsätze lediglich für das Wettbewerbsrecht Bedeutung haben sollen, wohingegen zum Beispiel für das Markenrecht die alten Grundsätze anzuwenden seien.[2]

Dies wird noch dadurch unterstützt, dass die Entscheidung *Glasfasern II* des X. Zivilsenats des Bundesgerichtshofs von den Instanzgerichten begrüßt wird und die Argumentation auch über das Patentrecht hinaus angewendet wird.[3]

27.25

II. Literaturmeinungen

In der älteren Literatur wurde die Organisationshaftung, eine Haftung auf Grund einer Verkehrssicherungspflicht und eine dritte Meinung, die die beiden vorgenannten Ansätze abgelehnt hat, vertreten.

27.26

Bei der **Organisationshaftung** soll der Manager generell für die Verletzung von Rechten Dritter durch die Gesellschaft haften, für die Mängel in der Organisation der Gesellschaft ursächlich sind.[4] Da die Gesellschaft nur durch ihre Organe handeln könne, sei die Rechtspflicht der Gesellschaft, Schädigungen Dritter zu vermeiden, letztlich eine Rechtspflicht ihrer Organe. § 31 BGB als reine Zurechnungsnorm begründe lediglich eine zusätzliche Haftung der Gesellschaft für das vom Organ begangene Delikt. Dieses bleibe aber (auch) ein Delikt des Organs.[5] In Folge dieser Ansicht wäre der Manager immer dann auch für ohne seine Beteiligung begangene Schutzrechtsverletzungen oder Wettbewerbsverstöße haftbar, wenn er keine ausreichenden organisatorischen Maßnahmen zur Vermeidung solcher Rechtsverstöße getroffen hat.

Die Haftung des Managers für Schutzrechtsverletzungen oder Wettbewerbsverstöße auf Grund einer **Verkehrssicherungspflicht** wird insbesondere mit der besonderen Bedeutung und Verletzlichkeit von Schutzrechten bzw. der Gebote des lauteren Wettbewerbs begründet. Hieraus folge die **persönliche Pflicht des Managers**, mittels der Unternehmensorganisation derartige Rechtsverletzungen zu vermeiden.[6] Im Übrigen drohe, dass sich der Manager durch

27.27

---

1 OLG Köln v. 5.12.2014 – 6 U 57/14, WRP 2015, 387, 389 – Parfümfotos bei eBay; OLG Frankfurt a.M. v. 7.4.2016 – 6 U 4/15, GRUR 2016, 817, 819 – BEAUTY-TOX.
2 OLG Hamburg v. 22.1.2015 – 5 U 271/11, GRUR-RR 2015, 282, 288 – partnership; Anwendung der neuen Grundsätze im Wettbewerbsrecht: OLG Hamburg v. 6.11.2014 – 3 U 86/13, GRUR-RR 2015, 110, 114 – Buddy-Bots; OLG Hamburg v. 19.1.2015 – 5 U 203/11, GRUR-RR 2015, 250, 253 – Bist du bereit für die Elite?
3 Zum Markenrecht OLG Karlsruhe v. 25.5.2016 – 6 U 17/15, WRP 2015, 759; zum Patentrecht OLG Karlsruhe v. 24.2.2016 – 6 U 51/14, juris; LG Düsseldorf v. 12.5.2016 – 4a O 22/15, juris; LG Düsseldorf v. 12.5.2016 – 4a O 48/15, juris.
4 *Brüggemann*, AcP 191 (1991), 33, 64 ff.; vgl. auch *Altmeppen*, ZIP 1995, 881, 886 f.; *Altmeppen*, NJW 1996, 1017, 1024; *Messer* in FS Ullmann, 2006, S. 769, 777 f.; ähnlich auch BGH v. 5.12.1989 – VI ZR 73/89, BGHZ 109, 291, 303 – Baustoff: Außenhaftung des GmbH-Geschäftsführers bejaht, „wenn mit den Pflichten aus der Organstellung gegenüber der Gesellschaft Pflichten einhergehen, die von dem Geschäftsführer nicht mehr nur für die Gesellschaft als deren Organ zu erfüllen sind, sondern die ihn aus besonderen Gründen persönlich gegenüber dem Dritten treffen."
5 Vgl. *Brüggemann*, AcP 191 (1991), 33, 64 ff.
6 *Ottofülling*, GmbHR 1991, 304, 309; *Ottofülling*, Die wettbewerbsrechtliche und immaterialgüterrechtliche Störerhaftung des Geschäftsführers der GmbH, 1990, S. 94 ff.; *Klaka*, GRUR 1988, 729, 732; *Maier*, WRP 1986, 71, 75.

Vorschieben von ahnungslosen Mitarbeitern oder z.B. mit der Werbungserstellung beauftragten Dritten seiner Verantwortung entziehen könne.[1] Im Rahmen dieser Meinung gibt es unterschiedliche Ansichten dazu, wann im Einzelnen eine solche Verkehrssicherungspflicht besteht bzw. diese verletzt sein soll.

27.28 *Ottofülling* nimmt eine **Einzelfallbetrachtung** vor, die darauf abstellt, ob es im konkreten Fall dem Manager zumutbar gewesen sei, die Rechtsverletzung zu vermeiden.[2] Es seien insbesondere die situationsbedingte Wahrscheinlichkeit einer Schutzrechtsverletzung oder eines Wettbewerbsverstoßes, die Qualifikation und Erfahrung des Managers, das Ausmaß der Pflichtwidrigkeit, die Schwere des Organisationsmangels sowie die Höhe des drohenden Schadens zu berücksichtigen.[3]

27.29 *Klaka* sieht in dem Manager einen „**Zustandsstörer**", der unabhängig von den Umständen des Einzelfalls auf Unterlassung und Beseitigung der Störung hafte, wenn die Gesellschaft ein Schutzrecht oder das Wettbewerbsrecht verletzt.[4] Gleichfalls sei der Manager grundsätzlich auch auf Schadensersatz haftbar. Hierbei sei jedoch für die Frage des Verschuldens – insoweit ähnlich der Ansicht von *Ottofülling* – auf die Umstände des Einzelfalls abzustellen, insbesondere auf die Art bzw. Branche und Größe des Unternehmens sowie die betriebsbedingte Wahrscheinlichkeit der Verletzung von Schutzrechten bzw. von Wettbewerbsverstößen.[5]

27.30 *Maier* bejaht eine auch nach außen bestehende Pflicht des Managers, in **schutzrechtssensiblen Unternehmensbereichen** die Schutzrechtslage zu überprüfen und durch organisatorische Maßnahmen Schutzrechtsverletzungen zu vermeiden. Bei Wettbewerbssachen hänge es von der Schwere der Rechtsgutgefährdung und den besonderen Umständen des Einzelfalls ab, ob eine derartige Pflicht bestehe.[6] Diese Differenzierung begründet Maier damit, dass die Gesetze zum Schutz von Schutzrechten konkrete und absolute Handlungsge- und -verbote vorsähen, was jedoch für den Fall von Werbemaßnahmen (die *Maier* anscheinend als die wesentliche Konstellation wettbewerbsrechtlich relevanter Handlungen ausmacht) nicht ersichtlich sei.[7]

27.31 Deutlich restriktiver als die vorgenannten Ansätze sieht *Keller* eine nach außen bestehende Verkehrssicherungspflicht des Managers nur dann als gegeben an, wenn der Manager auf Grund seiner Vergütung **in ausgeprägtem und erheblichem Maße am wirtschaftlichen Erfolg der Gesellschaft** teilhat, wobei bereits die Chance auf eine solche Teilhabe haftungsbegründend sei.[8] *Keller* begründet dies damit, dass derjenige, der den Gewinn aus einer gefährlichen Tätigkeit zieht, auch das Risiko der Haftung gegenüber Dritten tragen müsse.[9]

---

1 *Ottofülling*, GmbHR 1991, 304, 309; in diese Richtung ebenfalls *Ruess/Delpy*, GWR 2013, 455, 456.
2 *Ottofülling*, GmbHR 1991, 304, 309; *Ottofülling*, Die wettbewerbsrechtliche und immaterialgüterrechtliche Störerhaftung des Geschäftsführers der GmbH, 1990, S. 94 ff.
3 *Ottofülling*, GmbHR 1991, 304, 309; *Ottofülling*, Die wettbewerbsrechtliche und immaterialgüterrechtliche Störerhaftung des Geschäftsführers der GmbH, 1990, S. 94 ff.
4 *Klaka*, GRUR 1988, 729, 732.
5 *Klaka*, GRUR 1988, 729, 733.
6 *Maier*, WRP 1986, 71, 75.
7 *Maier*, WRP 1986, 71, 75.
8 *Keller*, GmbHR 2005, 1235, 1242.
9 *Keller*, GmbHR 2005, 1235, 1242.

Manche Autoren lehnen sowohl eine Organisationshaftung des Managers als auch eine Haftung auf Grund einer Verkehrssicherungspflicht ab.[1] Für eine Organisationshaftung oder die Annahme einer Verkehrssicherungspflicht fehle es an einer gesetzlichen Grundlage.[2] 27.32

In jüngerer Vergangenheit wurde von der Literatur überwiegend Stellung zu der neuen Rechtsprechung des Bundesgerichtshofs und dessen Ansichten bezogen. 27.33

Hauptdiskussionspunkt ist, ob die Rechtsprechung des I. Zivilsenats des Bundesgerichtshofs zum Wettbewerbsrecht (Entscheidung *Geschäftsführerhaftung*) und zu den technischen Schutzmaßnahmen im Urheberrecht (Entscheidung *Videospiel-Konsolen II*) auf absolute Rechte (wie beispielsweise das Markenrecht oder das klassische Urheberrecht) übertragen werden kann. 27.34

Auf der einen Seite plädiert ein Teil der Literatur dafür, dass die aufgestellten Grundsätze des I. Zivilsenats des Bundesgerichtshofs bei der Haftung als Täter oder Teilnehmer auch auf die Verletzung absoluter Rechte übertragen werden sollen.[3] Als Begründung wird darauf hingewiesen, dass obwohl bei den Immaterialgüterrechten die Störerhaftung noch Anwendung findet, der Anknüpfungspunkt für die persönliche Haftung des Geschäftsführers dem Schwerpunkt nach ein Unterlassen sei, das sich nach den Grundsätzen aus der Entscheidung *Geschäftsführerhaftung* bemesse.[4] Außerdem würden sich Immaterialgüterrechtsverletzungen nicht anders als Wettbewerbsverstöße darstellen, denn bei beiden ist die Haftung von der Verletzung einer Verkehrssicherungspflicht abhängig.[5] 27.35

Auf der anderen Seite sollen die aufgestellten Grundsätze des I. Zivilsenats des Bundesgerichtshofs nicht auf die Verletzung absoluter Rechte anwendbar sein.[6] Es bliebe bei den Grundsätzen die vor den Entscheidungen *Geschäftsführerhaftung* und *Videospiel-Konsolen II* gegolten haben, nämlich die Kenntnis von der Rechtsverletzung und dessen Vermeidbarkeit.[7] Als Begründung wird angeführt, dass bei den absoluten Rechten die Störerhaftung noch gelte und daher keine vergleichbare Situation vorläge.[8] 27.36

Aber auch die Entscheidung *Glasfasern II* vom X. Zivilsenat des Bundesgerichtshofs wurde vereinzelt kommentiert. *Müller* kritisiert die weitreichende persönliche Haftung der organschaftlichen Vertreter für Schäden Dritter durch Patentrechtsverletzungen, die der X. Zivilsenat des Bundesgerichtshofs in dieser Entscheidung aufgestellt hat.[9] Diese widerspräche sowohl den gesellschaftsrechtlichen Wertungen, indem die Gläubigergruppe der Patentinhaber gegenüber anderen Gläubigern privilegiert wird, als auch den anerkannten Ausnahmetatbeständen des allgemeinen Delikts- und Wettbewerbsrechts.[10] Vielmehr plädiert er dafür, die durch den I. Zivilsenat des Bundesgerichtshofs aufgestellten Grundsätze auf die technischen 27.37

---

1 *Götting*, GRUR 1994, 6, 12; *Haß*, GmbHR 1994, 666, 671 f.
2 *Götting*, GRUR 1994, 6, 11 f.; *Haß*, GmbHR 1994, 666, 671 f.; *Haß* in FS Schilling, 2007, S. 249 ff.
3 *Goldmann*, GRUR-Prax 2014, 404, 406; *Werner*, GRUR 2015, 739, 742; *Thiering*, GRUR 2015, 941, 954; *Müller*, GRUR 2016, 570, 572; *Nordemann/Waiblinger*, NJW 2016, 772, 776.
4 *Goldmann*, GRUR-Prax 2014, 404, 406.
5 *Werner*, GRUR 2015, 739, 742 f.
6 *Fritzsche*, LMK 2014, 362609; *Büscher*, GRUR 2015, 5, 17; *Pfeifer*, GRUR 2015, 682, 683.
7 *Pfeifer*, GRUR 2015, 682, 683.
8 *Fritzsche*, LMK 2014, 362609; *Büscher*, GRUR 2015, 5, 17.
9 *Müller*, GRUR 2016, 570, 572, ebenfalls *Müller*, ZIP 2016, 1368, 1372.
10 *Müller*, GRUR 2016, 570, 571 f.; in diese Richtung auch *Müller*, ZIP 2016, 1368, 1372.

Schutzrechte zu übertragen.[1] Demgegenüber verteidigt *Meier-Beck* diese Entscheidung des X. Zivilsenats des Bundesgerichtshofs mit der Begründung, dass der Betroffene ein Schutzgut der Einflusssphäre der Gesellschaft anvertraut habe oder dass aus sonstigen Gründen für das Schutzgut eine Gefahrenlage bestehe, für die er verantwortlich sei.[2] Es sei nicht zu begründen, warum ein GmbH-Geschäftsführer im Hinblick auf deliktsrechtlich begründete Jedermannspflichten besser stehen sollte, als beispielsweise der Einzelkaufmann oder der persönlich haftende Gesellschafter einer Personenhandelsgesellschaft.[3] Außerdem könne eine Garantenstellung nicht nur im Hinblick auf Verletzungen von Leib und Leben bestehen, sondern vielmehr im Hinblick auf generell absolut geschützte Rechtsgüter.[4]

III. Stellungnahme

1. Deliktsrechtliche Haftung

27.38 Eine Haftung des Managers für im Unternehmen ohne eigene Mitwirkung des Managers begangene Schutzrechtsverletzungen oder Wettbewerbsverstöße wäre eine **Haftung für Unterlassen**, nämlich dafür, dass der Manager es unterlassen hat, die Rechtsverletzung (insbesondere durch eine entsprechende Unternehmensorganisation) zu verhindern.[5] Nach den allgemeinen deliktsrechtlichen Grundsätzen ist für eine Unterlassungshaftung jedoch erforderlich, dass der Inanspruchgenommene „Garant" war, ihn also eine **Rechtspflicht** traf, **den Deliktserfolg abzuwenden**. Eine Garantenstellung kommt dabei nicht jedermann zu, sondern nur demjenigen, der auf Grund besonderer Umstände zur Schadensverhinderung verpflichtet ist.[6]

27.39 Eine **Garantenstellung** lässt sich insoweit nicht mit Organisationspflichten des Managers begründen. Der Manager hat zwar solche Organisationspflichten und zwar auch im Hinblick darauf, dass Verletzungen der Rechte Dritter vermieden werden.[7] Diese Organisationspflicht des Managers besteht jedoch prinzipiell nur gegenüber der Gesellschaft, wie sich insbesondere aus § 43 Abs. 2 GmbHG und § 93 Abs. 2 Satz 1 AktG ergibt.[8] Eine Ausdehnung dieser Pflicht auch gegenüber Dritten würde dem Grundgedanken zuwiderlaufen, dass bei Kapitalgesellschaften eine persönliche Haftung der Handelnden gegenüber Dritten gerade nicht gegeben sein soll, um das unternehmerische Risiko zu mindern und so einen Anreiz für unternehmerisches Handeln zu bieten. Eine Organisationsaußenhaftung ist mithin abzulehnen.[9]

---

1 *Müller*, GRUR 2016, 570, 572.
2 *Meier-Beck*, GRUR 2016, 865, 871.
3 *Meier-Beck*, GRUR 2016, 865, 871.
4 *Meier-Beck*, GRUR 2016, 865, 872.
5 *Haß*, GmbHR 1994, 666, 670; *Götting*, GRUR 1994, 6, 9; *Ottofülling*, GmbHR 1991, 304, 309; *Maier*, GmbHR 1986, 153, 156; *Maier*, WRP 1986, 71, 73.
6 Vgl. nur *Spickhoff* in Soergel, 13. Aufl. 2005, § 823 BGB Rz. 15 f. m.w.N.
7 Vgl. nur *Haas/Ziemons* in Michalski, § 43 GmbHG Rz. 161 ff. m.w.N.
8 Vgl. *Zöllner/Noack* in Baumbach/Hueck, § 43 GmbHG Rz. 77 m.w.N.; *Müller*, ZIP 2016, 1368, 1371; ständige Rechtsprechung des Bundesgerichtshofs zu § 43 Abs. 1 GmbHG und § 93 Abs. 1 Satz 1 AktG: BGH v. 18.6.2014 – I ZR 242/12, GRUR 2014, 883, 884 – Geschäftsführerhaftung; BGH v. 15.12.2015 – X ZR 30/14, GRUR 2016, 257, 264 – Glasfasern II; jeweils m.w.N.
9 *Zöllner/Noack* in Baumbach/Hueck, § 43 GmbHG Rz. 77; *Dieckmann/Marsch-Barner* in MünchHdb. GmbH, 4. Aufl. 2012, § 46 Rz. 73; *Lutter*, GmbHR 1997, 329, 335; *Medicus*, ZGR 1998, 570, 579 f.; *Haß*, GmbHR 1994, 666, 671; *Keller*, GmbHR 2005, 1235, 1241; *Götting*, GRUR 1994, 6, 9 f.; *Hühner*, GRUR-Prax 2013, 459, 460 f.; jeweils m.w.N.

Eine **Garantenstellung** kann sich aber auf Grund einer den Manager persönlich treffenden Verkehrssicherungspflicht gegenüber Schutzrechten Dritter bzw. den Regeln des lauteren Wettbewerbs begründen. Nach der Rechtsprechung des Bundesgerichtshofs im Bereich des Wettbewerbsrechts trifft nicht nur das Unternehmen Verkehrssicherungspflichten (s. Rz. 27.10), sondern es treffen auch den Geschäftsführer wettbewerbsrechtliche Verkehrspflichten (s. Rz. 27.18). Hieraus lässt sich jedoch nicht ableiten, dass den Manager per se eine persönliche Verkehrssicherungspflicht treffen würde. Insoweit gilt zunächst, dass es keine allgemeine Rechtspflicht gibt, Schädigungen der Rechtsgüter Dritter (etwa deren Eigentum oder körperliche Unversehrtheit) durch fremde Handlungen zu verhindern.[1] Die besondere Bedeutung und Verletzlichkeit von Schutzrechten vermag, entgegen der Entscheidung *Glasfasern II* des X. Zivilsenats des Bundesgerichtshofs, hiervon keine Ausnahme zu begründen. Denn mit der besonderen Verletzlichkeit geht einher, dass in vielen Fällen die Verletzungslage alles andere als überschaubar und einfach erkennbar ist.[2] Die Annahme einer umfassenden generellen Verkehrssicherungspflicht des Managers würde in der Folge erhebliche persönliche Haftungsrisiken nach sich ziehen, die mit der in § 43 Abs. 2 GmbHG/§ 93 Abs. 2 Satz 1 AktG getroffenen Wertung – als Anreiz für unternehmerisches Tun – kaum vereinbar wäre.[3] Es bleibt also dabei, dass eine Haftung des Managers für im Unternehmen ohne eigene Mitwirkung begangene Wettbewerbsverstöße nur in Betracht kommt, wenn er die Verstöße auf Grund einer nach allgemeinen Grundsätzen des Deliktsrechts begründeten Garantenstellung hätte verhindern müssen. Der Bundesgerichtshof betont dabei, dass die Kenntniserlangung des Geschäftsführers davon, dass bei der unter seiner Leitung stehenden Geschäftstätigkeit Wettbewerbsverstöße begangen werden oder ihre Begehung bevorsteht, nicht ausreiche, um ihn persönlich eine wettbewerbsrechtliche Verkehrspflicht im Verhältnis zu außenstehenden Dritten aufzuerlegen.[4]

Von entscheidender Bedeutung ist, ob die Rechtsprechung des I. Zivilsenats des Bundesgerichtshofs zum Wettbewerbsrecht (Entscheidung *Geschäftsführerhaftung*) und zu den technischen Schutzmaßnahmen im Urheberrecht (Entscheidung *Videospiel-Konsolen II*) auf absolute Rechte übertragbar ist oder ob diesbezüglich weiterhin die alte Rechtsprechung, die auf die Kenntnis von der Rechtsverletzung und dessen Vermeidbarkeit abstellt, anzuwenden ist. Für eine Übertragbarkeit spricht die vergleichbare Interessenlage, dass ein Recht verletzt wurde und der Geschäftsführer dafür herangezogen werden soll. In der Praxis macht es keinen Unterschied, ob dies ein Wettbewerbsverstoß oder eine Markenverletzung gewesen ist. Daran ändert auch die Aufgabe der Störerhaftung im Wettbewerbsrecht nichts. Auch wenn der I. Zivilsenat des Bundesgerichtshofs dies so nicht ausdrücklich ausgeführt hat, hat er doch seine Rechtsprechung, ohne näher darauf einzugehen, auf das Urheberrecht übertragen.[5] Für eine Übertragbarkeit spricht auch die Herangehensweise des X. Zivilsenats des Bundesgerichtshofs in der Entscheidung *Glasfasern II*. Es wurde lediglich offengelassen, ob die Voraussetzungen, die der I. Zivilsenat aufgestellt hatte, mit dem bislang vertretenen Ansatz des Senats in Einklang stehen. Dies zeigt aber, dass der X. Zivilsenat des Bundesgerichtshofs der Meinung ist, dass diese Grundsätze nicht generell unanwendbar auf absolute Rechte, wie das Patentrecht, sind. Somit ist die Rechtsprechung des I. Zivilsenats des

---

1 Vgl. nur *Götting*, GRUR 1994, 6, 10; *Haß*, GmbHR 1994, 666, 671; *Larenz*, Schuldrecht, Band I, Allgemeiner Teil, 14. Aufl. 1987, § 27 III 5 m.w.N.
2 *Götting*, GRUR 1994, 6, 12; *Haß*, GmbHR 1994, 666, 671.
3 Vgl. auch *Götting*, GRUR 1994, 6, 12; *Haß*, GmbHR 1994, 666, 671.
4 Vgl. BGH v. 18.6.2014 – I ZR 242/12, GRUR 2014, 883, 884 – Geschäftsführerhaftung.
5 BGH v. 5.11.2015 – I ZR 76/11, GRUR 2016, 487, 489 – Wagenfeld-Leuchte II; BGH v. 5.11.2015 – I ZR 91/11, GRUR 2016, 490, 493 – Marcel-Breuer-Möbel II.

Bundesgerichtshofs generell auf absolute Rechte zu übertragen. Die viel weitergehende Ansicht des X. Zivilsenats des Bundesgerichtshofs für das Patentrecht ist wegen der uferlosen Haftungsmöglichkeit von Managern abzulehnen.

27.41 Eine **einzelfallbezogene Betrachtung** auf Grund von Qualifikation und Stellung des Managers, der betriebsbedingten Risikolastigkeit etc. wie sie *Ottofülling* fordert (s. Rz. 27.28), überzeugt nicht. Bei einer solchen Herangehensweise würde ein nicht tragfähiges Maß an Rechtsunsicherheit entstehen.[1] Nicht überzeugend ist auch der von *Keller* vertretene Ansatz, dass eine Verkehrssicherungspflicht dann bestehen soll, wenn der Manager durch die Strukturierung seiner Vergütung den Gewinn aus der rechtsverletzenden Handlung zieht (s. Rz. 27.31). Insoweit fehlt es an einer gesetzlichen Grundlage, die eine Ausnahme von dem Grundprinzip, dass der Manager nicht persönlich haftet, rechtfertigen würde. Wenn für den Gesellschafter, der durch sein Gewinnbezugsrecht von den geschäftlichen Erfolgen der Gesellschaft profitiert, die Haftungssperre des § 13 Abs. 2 GmbHG bzw. § 1 Abs. 1 Satz 2 AktG gilt, ist nicht ersichtlich, warum für einen Manager etwas anderes gelten soll, nur weil er auf Grund seiner Vergütung von dem Geschäftserfolg profitiert.

27.42 Abzulehnen ist in diesem Zusammenhang die Ansicht des OLG Frankfurt a.M., nach der dem Manager die **Kenntnis seines Co-Managers** nach § 166 Abs. 1 BGB analog **zuzurechnen** sei (s. Rz. 27.21). § 166 Abs. 1 BGB ist eine Regelung zur Kenntniszurechnung bei Vertretern im rechtsgeschäftlichen Bereich. Für das Deliktsrecht gelten demgegenüber die aufgezeigten Regeln der Täterschaft und Teilnahme. Die insoweit geltenden unterschiedlichen Maßstäbe sind auch interessengerecht, da es bei der Begehung von Delikten keine „Stellvertretung" gibt. Es fehlt mithin sowohl an einer Regelungslücke als auch an einer vergleichbaren Interessenlage.[2]

2. Störerhaftung

27.43 Zu einer noch weitergehenden Haftung des Managers für ohne seine Beteiligung begangene Schutzrechtsverletzungen oder Wettbewerbsverstöße wird man nicht unter dem Aspekt der **Störerhaftung** kommen. Die neuere Rechtsprechung lehnt für das Wettbewerbsrecht generell eine Störerhaftung ab. Im Bereich von Schutzrechtsverletzungen verlangt sie insoweit, dass der Störer zumutbare Prüfpflichten verletzt haben muss (s. Rz. 27.9 f.). Eine generelle Prüfpflicht ist abzulehnen, da man ansonsten über den Umweg der Störerhaftung doch noch zu einer generellen Organisationshaftung des Managers gegenüber Dritten kommen würde, was allerdings aus den aufgezeigten Gründen abzulehnen ist (s. Rz. 27.39). Die zumutbaren Prüfpflichten im Einzelfall sind jedoch nichts anderes als die die Garantenstellung begründenden Verkehrspflichten. Bei Verletzung dieser Verkehrspflichten haftet der Manager bereits als Täter, so dass eine Störerhaftung nicht mehr von besonderer Bedeutung sein dürfte. Die Störerhaftung führt folglich nicht zu einer weitergehenden Haftung des Managers.

---

[1] *Keller*, GmbHR 2005, 1235, 1241; *Haß*, GmbHR 1994, 666, 672; *Götting*, GRUR 1994, 6, 12; *Werner*, GRUR 2015, 739, 741.

[2] Vgl. nur OLG Köln v. 26.6.1992 – 6 U 72/91, NJW-RR 1993, 865, 867; *Wilhelm*, Rechtsform und Haftung der juristischen Person, 1981, S. 254; *Keller*, GmbHR 2005, 1235, 1238; *Werner*, GRUR 2009, 820, 822; *Werner*, GRUR 2015, 739, 742; jeweils m.w.N.

D. Fazit

Manager haften für im Unternehmen begangene Schutzrechtsverletzungen und Wettbewerbsverstöße, die sie selbst begangen oder an denen sie teilgenommen haben. Für ohne Beteiligung des Managers begangene Rechtsverletzungen haftet der Manager demgegenüber nach der neuen Rechtsprechung des Bundesgerichtshofs und der hier vertretenen Ansicht nur dann, wenn ihm eine nach allgemeinen Grundsätzen des Deliktsrechts begründete Garantenstellung zukommt und er die Handlung deswegen hätte verhindern müssen. Dies hat der I. Zivilsenat des Bundesgerichtshofs für das Wettbewerbsrecht und für die technischen Schutzmaßnahmen im Urheberrecht entschieden. Für absolute Schutzrechte hat der I. Zivilsenat des Bundesgerichtshofs aber eine weitergehende Störerhaftung für möglich gehalten. Die bloße Kenntnis des Managers von Rechtsverstößen führt daher anders als nach der alten Rechtsprechung nicht zur Haftung des Managers, da alleine durch die Kenntnis keine wettbewerbsrechtlichen Verkehrspflichten gegenüber Dritten ausgelöst werden. Nach der hier vertretenen Ansicht ist diese Rechtsprechung aber auch generell auf die Verletzung absoluter Rechte zu übertragen. Im Patentrecht hat der X. Zivilsenat des Bundesgerichtshofs entschieden, dass sich eine solche Garantpflicht aus einer gesteigerten Gefahrenlage ergibt, der sich technische Schutzrechte ausgesetzt sehen. Damit wird eine sehr weite Managerhaftung im Patentrecht verfolgt und sich der früheren für den Manager strengeren Rechtsprechung wieder angenähert. Es bleibt abzuwarten, wie der I. Zivilsenat auf diese Auffassung des X. Zivilsenats reagiert und ob er für die in seinen Zuständigkeitsbereich fallenden absoluten Rechte (Marken, Designs und Urheberrechte) bei seiner neuen liberaleren Haltung einer gesondert festzustellenden Garantenpflicht bleibt oder ob er sich der Rechtsprechung des X. Zivilsenats anschließt und aufgrund der Verletzlichkeit absoluter Schutzrechte im gewerblichen Rechtsschutz wie der X. Zivilsenat im Patentrecht in der Regel eine Garantenpflicht annimmt.

27.44

§ 28
Risikobereich und Haftung: Produktverantwortung

Dr. Stephan Harbarth, LL.M. (Yale)

A. Einführung....................	28.1
B. Thematische Eingrenzung........	28.3
I. Produkthaftung im klassischen Sinn.	28.4
1. Haftungsgrundlage..............	28.4
2. Produktbegriff..................	28.8
II. Untersuchungsgegenstand........	28.9
C. Zivilrechtliche Verantwortlichkeit.	28.11
I. Schadensersatzansprüche gegen die Gesellschaft................	28.11
1. Produkthaftung im engeren Sinn....	28.11
a) Produkthaftung gem. § 823 Abs. 1 BGB.................	28.12
b) Produkthaftung gem. § 1 Abs. 1 Satz 1 ProdHaftG............	28.27
c) Vertragliche Produkthaftung.....	28.31
2. Produkthaftung im weiteren Sinne..	28.32
II. Schadensersatzansprüche gegen Vorstandsmitglieder und Geschäftsführer	28.33
1. Inanspruchnahme im Außenverhältnis......................	28.33
a) Grundsätze...................	28.33
b) Sicht des BGH................	28.35
c) Sicht der Literatur.............	28.37
d) Stellungnahme................	28.38
e) Unterschiedliche Verjährung bei gesamtschuldnerischer Haftung..	28.41
2. Inanspruchnahme im Innenverhältnis.......................	28.42
a) Grundsätze...................	28.43
b) Mehrköpfige Geschäftsführungsorgane......................	28.47
c) Delegation auf nachgeordnete Unternehmensebenen..........	28.59
d) Eigenes Verschulden	28.66
e) Problematik sog. nützlicher Pflichtverletzungen	28.69
III. Konzernspezifische Besonderheiten..	28.71
IV. Sonstige zivilrechtliche Verantwortlichkeit....................	28.72
D. Strafrechtliche Verantwortlichkeit.	28.75
E. Zusammenfassung..............	28.79

Schrifttum: *Bräutigam/Klindt*, Industrie 4.0, das Internet der Dinge und das Recht, NJW 2015, 1137; *Dreher*, Die persönliche Verantwortlichkeit von Geschäftsleitern nach außen und die innergesellschaftliche Aufgabenteilung, ZGR 1992, 22; *Droste*, Produktbeobachtungspflichten der Automobilhersteller bei Software in Zeiten vernetzten Fahrens, CCZ 2015, 105; *Fleischer*, Zur Leitungsaufgabe des Vorstands im Aktienrecht, ZIP 2003, 1, 2; *Fleischer*, Aktienrechtliche Legalitätspflicht und „nützliche" Pflichtverletzungen von Vorstandsmitgliedern, ZIP 2005, 141; *Gomille*, Herstellerhaftung für automatisierte Fahrzeuge, JZ 2016, 76; *Harbarth*, Anforderungen an die Compliance-Organisation in börsennotierten Unternehmen, ZHR 179 (2015), 136; *Harbarth/Brechtel*, Rechtliche Anforderungen an eine pflichtgemäße Compliance-Organisation im Wandel der Zeit, ZIP 2016, 241; *Hassemer*, Produktverantwortung im modernen Strafrecht, 2. Aufl. 1994; *Hauschka*, Compliance am Beispiel der Korruptionsbekämpfung, ZIP 2004, 877; *Heil/Russenschuck*, Die persönliche Haftung des GmbH-Geschäftsführers, BB 1998, 1749; *Kleindiek*, Deliktshaftung und juristische Personen, 1997; *Löbbe*, Unternehmenskontrolle im Konzern, 2003; *Medicus*, Deliktische Außenhaftung der Vorstandsmitglieder und Geschäftsführer, ZGR 1998, 570; *Medicus*, Die Außenhaftung des Führungspersonals juristischer Personen im Zusammenhang mit Produktmängeln, GmbHR 2002, 809; *Mitterer/Wiedemann/Zwissler*, BB-Gesetzgebungs- und Rechtsprechungsreport zu Industrie 4.0 und Digitalisierung, BB 2017, 3; *Molitoris/Klindt*, Aktuelle Entwicklungen im Produktsicherheits- und Produkthaftungsrecht, NJW 2016, 2464; *Polly*, Das neue Produktsicherheitsgesetz – Empfehlungen an Wirtschaftsakteure zur Compliance in der Produktsicherheit, CCZ 2012, 59; *Polly*, Produkt-Compliance – Risiken, rechtliche Herausforderungen und bevorstehende Entwicklungen, CB 2014, 322; *Radtke*, Organ- und Vertreterhaftung aus strafrechtlicher Sicht, ZIP 2016, 1993; *Reichert*, Corporate Compliance und der

Grundsatz der Verhältnismäßigkeit, in FS Hoffmann-Becking, 2013, S. 943; *Reichert/Ott*, Die Zuständigkeit von Vorstand und Aufsichtsrat zur Aufklärung von Non Compliance in der AG, NZG 2014, 241; *Sandberger*, Die Außenhaftung des GmbH-Geschäftsführers, 1997; *Uwe H. Schneider*, Die Wahrnehmung öffentlich-rechtlicher Pflichten durch den Geschäftsführer, in FS 100 Jahre GmbH-Gesetz, 1992, S. 473; *Uwe H. Schneider*, Compliance als Aufgabe der Unternehmensleitung, ZIP 2003, 645; *Semler*, Leitung und Überwachung der Aktiengesellschaft, 2. Aufl. 1996; *Spindler*, Unternehmensorganisationspflichten, 2001; *Wagner*, Persönliche Haftung der Unternehmensleitung: die zweite Spur der Produkthaftung?, VersR 2001, 1057; *Wagner*, Produktvigilanz und Haftung, VersR 2014, 905.

A. Einführung

Die Haftung von Managern ist in den vergangenen Jahren zunehmend stärker in den Fokus nicht nur der öffentlichen Diskussion, sondern auch der rechtswissenschaftlichen Analyse geraten. Auch die Produktverantwortung bzw. Produkthaftung hat sich unter dem Eindruck wegweisender Judikate und intensiver rechtswissenschaftlicher Betrachtung über die Jahrzehnte zu einer komplexen Rechtsmaterie entwickelt. Dessen ungeachtet hat die Produktverantwortung von Managern, die in strafrechtlicher Hinsicht Gegenstand höchstrichterlicher Entscheidungen war, im gesellschaftsrechtlichen Schrifttum bislang nur wenig Beachtung gefunden.

28.1

Vor diesem Hintergrund möchte der nachfolgende Beitrag zunächst die zu untersuchende Thematik eingrenzen (dazu B., Rz. 28.3 ff.), sodann die zivilrechtliche Verantwortlichkeit von Managern näher beleuchten (dazu C., Rz. 28.11 ff.) und ihre strafrechtliche Verantwortlichkeit stichwortartig skizzieren (dazu D., Rz. 28.75 ff.), bevor die zentralen Ergebnisse abschließend kurz zusammengefasst werden (dazu E., Rz. 28.79 ff.).

28.2

B. Thematische Eingrenzung

Eine Analyse der Produktverantwortung des Managers legt eine Anknüpfung an die von Rechtsprechung und Literatur entwickelten **Grundsätze zur Produkthaftung** nahe. Indes bestehen zwischen dem Anwendungsbereich der klassischen Produkthaftungsgrundsätze und jenem der Produktverantwortung von Managern nicht unerhebliche Unterschiede. Vor diesem Hintergrund soll zunächst die Produkthaftung im klassischen Sinn kurz dargestellt werden (dazu I., Rz. 28.4 ff.), bevor der Gegenstand der vorliegenden Untersuchung näher eingegrenzt wird (dazu II., Rz. 28.9 ff.).

28.3

I. Produkthaftung im klassischen Sinn

1. Haftungsgrundlage

Die Produkthaftung oder Produktverantwortung im herkömmlichen Sinn bezeichnet eine Haftungskonstruktion, die auf **§ 823 Abs. 1 BGB als Anspruchsgrundlage** zurückgreift[1]

28.4

---

1 In Betracht kommen daneben grundsätzlich auch Ansprüche aus § 823 Abs. 2 BGB i.V.m. einem Schutzgesetz (etwa das Produktsicherheitsgesetz – ProdSG – v. 8.11.2011 (BGBl. I 2011, 2178, 2179, I 2012, 131), aus § 826 BGB sowie aus § 831 BGB (zur Produkthaftung gem. § 823 Abs. 2 BGB *Wagner* in MünchKomm. BGB, § 823 BGB Rz. 693 ff.; *Förster* in Bamberger/Roth, § 823 BGB Rz. 665 ff.; *Rolland*, Produkthaftungsrecht, 1990, Teil II Rz. 125 ff.; *Foerste* in Foerste/Graf von Westphalen, Produkthaftungshandbuch, 3. Aufl. 2012, § 31 Rz. 1 ff., zur Produkthaftung nach

und durch Richterrecht zu Beweislastverteilung und Verkehrspflichtkonzeption geprägt ist. Haftungsvoraussetzung ist dabei das In-Verkehr-Bringen eines fehlerhaften Produkts unter schuldhaftem Verstoß gegen die Pflicht zu ordnungsgemäßer Konstruktion, Fabrikation, Instruktion oder Produktbeobachtung, das in zurechenbarer Weise zu einer Rechtsgutsverletzung und einem Schaden führt.[1]

28.5 Neben diesen deliktsrechtlichen Ansatz tritt die Haftung nach dem auf Gemeinschaftsrecht beruhenden **Produkthaftungsgesetz** (ProdHaftG)[2], namentlich aufgrund von § 1 Abs. 1 Satz 1 ProdHaftG. Das ProdHaftG sieht eine Haftung für Schäden vor, die durch das In-Verkehr-Bringen eines fehlerhaften Produktes infolge einer Verletzung der dort niedergelegten Rechtsgüter entstanden sind.[3] Über die zutreffende rechtsdogmatische Einordnung der Produkthaftung nach Produkthaftungsgesetz im System des deutschen Haftungsrechts herrscht keine Einigkeit; der Gemeinschaftsgesetzgeber ging jedenfalls von einer verschuldensunabhängigen Haftung aus.[4]

28.6 Ersatzfähig ist im Rahmen der Produkthaftung nach § 823 Abs. 1 BGB sowie nach Produkthaftungsgesetz nur das sog. **Integritätsinteresse**. Die das Äquivalenzinteresse betreffende Einbuße, die durch den Produktfehler an sich eintritt, ist weder nach § 823 Abs. 1 BGB noch nach dem Produkthaftungsgesetz ersatzfähig.[5] Auch reine Vermögensschäden sind hiernach nicht zu ersetzen.

28.7 Daneben kommt eine Produkthaftung auch auf **vertraglicher oder vorvertraglicher Grundlage** in Betracht, insbesondere wegen zu vertretender Verletzung einer vertraglichen oder vorvertraglichen Leistungs- oder Schutzpflicht in Form eines Produktfehlers nach allgemeinem Haftungsrecht gem. §§ 280, 241, 311 BGB.[6] Vertragliche Ansprüche, die grundsätzlich auch das Äquivalenzinteresse umfassen, treten in ihrer Bedeutung indes hinter deliktsrechtlichen und produkthaftungsgesetzlichen Ansprüchen zurück. Denn es fehlt häufig an direkten vertraglichen Beziehungen zwischen dem Geschädigten und demjenigen, der das Produkt in Ver-

---

§ 826 BGB *Foerste* in Foerste/Graf von Westphalen, Produkthaftungshandbuch, 3. Aufl. 2012, § 35 Rz. 1 ff., zur Produkthaftung gem. § 831 BGB BGH v. 19.6.1973 – VI ZR 178/71, NJW 1973, 1602, 1603; *Wagner* in MünchKomm. BGB, § 823 BGB Rz. 618; *Foerste* in Foerste/Graf von Westphalen, Produkthaftungshandbuch, 3. Aufl. 2012, § 37 Rz. 1 ff.; *Rolland*, Produkthaftungsrecht, 1990, Teil II Rz. 129 ff.).

1 Grundlegend BGH v. 26.11.1968 – VI ZR 212/66, BGHZ 51, 91, 102, 104 ff. – Hühnerpestfall; *Hager* in Staudinger, § 823 BGB Rz. F 6 ff.; *Krause* in Soergel, § 823 BGB Anh. III Rz. 1 ff.; *Wagner* in MünchKomm. BGB, § 823 BGB Rz. 654; *Schaub* in Prütting/Wegen/Weinreich, § 823 BGB Rz. 167 ff.

2 Das Produkthaftungsgesetz erging in Umsetzung der EG-Richtlinie 85/374/EWG, ABl. EG Nr. L 210 v. 7.8.1985, S. 29, geändert durch EG-Richtlinie 1999/34/EG, ABl. EG Nr. L 141 v. 4.6.1999, S. 20; näher hierzu *Wagner* in MünchKomm. BGB, Einl. ProdHaftG Rz. 1 ff.

3 *Oechsler* in Staudinger, Einl. zum ProdHaftG Rz. 1 ff.; *Krause* in Soergel, Vor § 1 ProdHaftG Rz. 1 ff.; *Wagner* in MünchKomm. BGB, Einl. ProdHaftG Rz. 1 ff.

4 Vgl. zum Streitstand *Oechsler* in Staudinger, Einl. zum ProdHaftG Rz. 27 ff.; *Krause* in Soergel, Vor § 1 ProdHaftG Rz. 5; *Wagner* in MünchKomm. BGB, Einl. ProdHaftG Rz. 14 ff. Vgl. zu den Auswirkungen der Diskussion für die Praxis *Oechsler* in Staudinger, Einl. zum ProdHaftG Rz. 28.

5 *Oechsler* in Staudinger, § 1 ProdHaftG Rz. 6, 9; *Wagner* in MünchKomm. BGB, § 1 ProdHaftG Rz. 7 f.; *Förster* in Bamberger/Roth, § 823 BGB Rz. 660; *Rolland*, Produkthaftungsrecht, 1990, § 1 ProdHaftG Rz. 22.

6 *Graf von Westphalen* in Foerste/Graf von Westphalen, Produkthaftungshandbuch, 3. Aufl. 2012, 1. Teil; *Hager* in Staudinger, § 823 BGB Rz. F 3; *Krause* in Soergel, Anh. III § 823 BGB Rz. 8.

kehr bringt. Derjenige, der das Produkt in Verkehr bringt, ist grundsätzlich auch nicht Erfüllungsgehilfe desjenigen, der mit dem Geschädigten in einem vertraglichen oder vorvertraglichen Rechtsverhältnis steht.[1]

2. Produktbegriff

Die herkömmlichen Grundsätze über die Produkthaftung betreffen indes nur einen Ausschnitt aus den im Wirtschaftsverkehr angebotenen Produkten: 28.8

– Nach überwiegender Auffassung sind sowohl die Grundsätze über die Haftung nach Deliktsrecht als auch jene über die Haftung nach dem Produkthaftungsgesetz auf **körperliche Gegenstände** beschränkt.[2] Keine Anwendung finden sie hiernach z.B. auf fehlerhafte Dienstleistungen.

– Nicht von der Haftung nach dem Produkthaftungsgesetz erfasst werden aufgrund der Legaldefinition in § 2 ProdHaftG ferner **unbewegliche Sachen**.[3] Auch im Anwendungsbereich der deliktsrechtlichen Produkthaftung wird teilweise für die Ausklammerung unbeweglicher Sachen plädiert.[4]

II. Untersuchungsgegenstand

Der Gegenstand der vorliegend vorzunehmenden Untersuchung ist in mehrfacher Hinsicht grundsätzlich weiter als der Anwendungsbereich der klassischen Produkthaftungsgrundsätze. Dies betrifft zunächst den **Produktbegriff**. Zahlreiche Unternehmen bieten Produkte an, die insbesondere mangels Körperlichkeit dem Anwendungsbereich der klassischen Produkthaftungsgrundsätze nicht oder nicht uneingeschränkt unterfallen (z.B. Versicherungsverträge, Dienstleistungen oder Immobilien). Aus einer Untersuchung der Produktverantwortung von Managern können derartige Produkte jedoch nicht ausgeklammert werden. In die Untersuchung miteinbezogen werden müssen darüber hinaus solche Fälle der Produkthaftung, in denen es nicht um den Ersatz des Integritäts-, sondern jenen des von der deliktsrechtlichen sowie der produkthaftungsgesetzlichen Produkthaftung nicht geschützten Äquivalenzinteresses geht; auch insoweit können erhebliche Schäden entstehen. Die nachfolgende Untersuchung hat daher grundsätzlich die Haftung für sämtliche am Markt angebotenen Produkte und alle in Betracht kommen, durch sie verursachten Schäden in den Blick zu nehmen. Da Fälle der Produkthaftung im klassischen Sinn jedoch auch bei der Produktverantwortung von Managern die praktisch bedeutsamste Rolle spielen dürften, soll hier der Schwerpunkt der Untersuchung liegen. 28.9

Der **Eingrenzung** bedarf der Untersuchungsgegenstand demgegenüber in anderer Hinsicht: Nicht Gegenstand der Untersuchung sein sollen zum einen Besonderheiten, die sich aufgrund ausländischer Bestimmungen über die Produkthaftung ergeben können (z.B. im Rah- 28.10

---

[1] BGH v. 26.11.1968 – VI ZR 212/66, BGHZ 51, 91, 93 ff.
[2] So zur deliktsrechtlichen Produkthaftung *Hager* in Staudinger, § 823 BGB Rz. F 6; a.A. *Wagner* in MünchKomm. BGB, § 823 BGB Rz. 624. Ebenso zur Haftung nach Produkthaftungsgesetz *Oechsler* in Staudinger, § 2 ProdHaftG Rz. 11 ff.; *Wagner* in MünchKomm. BGB, § 2 ProdHaftG Rz. 3; a.A. *Lehmann*, NJW 1992, 1721, 1724.
[3] *Oechsler* in Staudinger, § 2 ProdHaftG Rz. 17 ff.; *Wagner* in MünchKomm. BGB, § 2 ProdHaftG Rz. 6.
[4] *Rolland*, Produkthaftungsrecht, 1990, Teil II Rz. 60; a.A. *Hager* in Staudinger, § 823 BGB Rz. F 6.

men der unmittelbaren Inanspruchnahme von Managern durch Geschädigte), zum anderen die Inanspruchnahme von Managern mit Arbeitnehmerstatus und Aufsichtsrats- oder Beiratsmitgliedern. Auch hinsichtlich der Rechtsform ist einzugrenzen: Untersucht werden soll ausschließlich die Verantwortung von Vorstandsmitgliedern einer AG sowie Geschäftsführern einer GmbH.

C. Zivilrechtliche Verantwortlichkeit

I. Schadensersatzansprüche gegen die Gesellschaft

1. Produkthaftung im engeren Sinn

28.11 Unter der Produkthaftung im engeren Sinn ist die Haftung gem. §§ 823 Abs. 1 und 2, 826, 831 BGB, § 1 Abs. 1 Satz 1 ProdHaftG sowie §§ 280, 241, 311 BGB zu verstehen, soweit sie an den Begriff des Produkts im Sinn eines (beweglichen) körperlichen Gegenstands anknüpft und auf den Ersatz des Integritätsinteresses gerichtet ist (vgl. Rz. 28.4 ff.).[1]

a) Produkthaftung gem. § 823 Abs. 1 BGB

28.12 aa) Die Produkthaftung gem. § 823 Abs. 1 BGB[2] erfordert das **In-Verkehr-Bringen eines fehlerhaften Produkts** durch den deliktisch Verantwortlichen als Verletzungshandlung.[3]

28.13 Deliktisch verantwortlich und damit Anspruchsgegner ist zunächst der **Hersteller des Produkts**, also derjenige, der das Erzeugnis vollständig in seinem Unternehmen produziert. Weiterhin trifft den Zulieferer eine Einstandspflicht für Schäden, die das von ihm gefertigte Teil hervorruft. In Betracht kommt ferner eine Haftung von Unternehmern, die lediglich eine Montageleistung erbringen, Händlern, Quasi-Herstellern und Importeuren.[4]

28.14 Ein Produkt ist fehlerhaft, wenn es den **Sicherheitsanforderungen**, die der Verkehr an ein solches Erzeugnis stellt, nicht genügt und das Integritätsinteresse derer, die mit dem Produkt in Kontakt geraten, nicht hinreichend geschützt ist.[5] Zur Konkretisierung dieser Anforderungen hat die Rechtsprechung, ausgehend von den objektiven Verhaltenspflichten, die einen Produzenten auf Grund berechtigter Verkehrserwartung treffen, verschiedene Fehlerkategorien herausgebildet.[6]

28.15 Der Verantwortliche haftet zunächst für **Konstruktionsfehler**. Ein solcher liegt vor, wenn ein Produkt in Verkehr gebracht wird, das auf Grund seiner Konstruktion oder Zusammen-

---

[1] Keiner näheren Betrachtung können hier Fragen der Produkthaftung auf Grund von Spezialgesetzen (z.B. dem Arzneimittelgesetz) unterzogen werden.
[2] Aufgrund ihrer untergeordneten praktischen Relevanz soll die Produkthaftung gem. §§ 823 Abs. 2, 826 und 831 BGB hier keiner näheren Betrachtung unterzogen werden.
[3] *Hager* in Staudinger, § 823 BGB Rz. F 11; *Förster* in Bamberger/Roth, § 823 BGB Rz. 663 f.; *Wilhelmi* in Erman, § 823 BGB Rz. 112; *Sprau* in Palandt, § 823 BGB Rz. 170; *Rolland*, Produkthaftungsrecht, 1990, Teil II, S. 326 f.
[4] Vgl. mit weiteren Differenzierungen *Hager* in Staudinger, § 823 BGB Rz. F 27 ff.; *Krause* in Soergel, Anh. III § 823 BGB Rz. 29 ff.; *Wagner* in MünchKomm. BGB, § 823 BGB Rz. 626 ff.
[5] *Rolland*, Produkthaftungsrecht, 1990, Teil II Rz. 21.
[6] Zu Umfang und Entstehungsgrund der Verkehrspflichten in der Produkthaftung *Hager* in Staudinger, § 823 BGB Rz. F 8 ff.; *Wagner* in MünchKomm. BGB, § 823 BGB Rz. 642 ff.

setzung den Anforderungen, die im Hinblick auf den Verwendungszweck gestellt werden, nicht gerecht wird und daher nicht die erforderliche Betriebssicherheit aufweist; nicht erforderlich ist indes die optimale Sicherheit des Produkts.[1] Der für die Beurteilung maßgebliche Zeitpunkt ist insoweit das In-Verkehr-Bringen des Erzeugnisses.[2]

Daneben treten als weitere Kategorie **Fabrikationsfehler**. Ein Fabrikationsfehler liegt vor, wenn der „Bauplan" des Produkts das gebotene Maß an Sicherheit bietet, es jedoch im Fertigungsprozess zu einer planwidrigen Abweichung von der vom Hersteller selbst angestrebten Sollbeschaffenheit der Ware kommt.[3] Besondere Bedeutung kommt insoweit Zwischen- und Endkontrollen zu, die in der Betriebsorganisation vorgesehen sein müssen, um einen hinreichenden Qualitätsstandard zu gewährleisten.[4] Keine haftungsbegründende Pflichtverletzung liegt im Fall eines sog. „Ausreißers" vor, also dann, wenn ein den Sicherheitsanforderungen nicht gerecht werdendes Produkt in den Verkehr geraten ist, obwohl alle im Rahmen des Zumutbaren möglichen Maßnahmen getroffen worden waren.[5]

28.16

Eine Haftung für **Entwicklungsfehler**, d.h. für diejenigen Gefahren, die im Zeitpunkt des In-Verkehr-Bringens des Produktes nach dem Stand der Wissenschaft und Technik bei Anwendung zumutbarer Sorgfalt nicht erkennbar waren, kommt demgegenüber nicht in Betracht[6]; umstritten ist insoweit nur, ob es an einem Produktfehler, an der objektiven Pflichtwidrigkeit oder am Verschulden fehlt.[7]

28.17

Ferner trifft den Verkehrspflichtigen eine Einstandspflicht für **Instruktionsfehler**.[8] Wer ein Produkt in Verkehr bringt, hat die Pflicht, dem künftigen Nutzer Gebrauchsinformationen zu erteilen, die ihn unterrichten und warnen, damit keine Rechtsgutsverletzung und kein Schaden durch das Erzeugnis entsteht, von dem zumindest eine unvermeidbare „Restgefahr" ausgeht. Der Umfang der Pflicht wird dabei von einem vorhersehbaren Fehlgebrauch bestimmt.[9]

28.18

Schließlich besteht eine Haftung bei Verletzung der **Produktbeobachtungspflicht**.[10] Auch ein Produkt, das den berechtigten Erwartungen des Verkehrs nach dem Kenntnisstand zum Zeitpunkt des In-Verkehr-Bringens gerecht wird, löst im weiteren Verlauf die Pflicht aus, das Erzeugnis zu beobachten und Informationen über die Folgen der Nutzung einzuholen.[11] In die-

28.19

---

1 *Hager* in Staudinger, § 823 BGB Rz. F 12 f.; *Wagner* in MünchKomm. BGB, § 823 BGB Rz. 656 ff.; *Schaub* in Prütting/Wegen/Weinreich, § 823 BGB Rz. 180 f.
2 *Krause* in Soergel, Anh. III § 823 BGB Rz. 18.
3 *Wagner* in MünchKomm. BGB, § 823 BGB Rz. 658.
4 *Hager* in Staudinger, § 823 BGB Rz. F 17 ff.; *Krause* in Soergel, Anh. III § 823 BGB Rz. 19 f.; *Wagner* in MünchKomm. BGB, § 823 BGB Rz. 658 ff.
5 *Krause* in Soergel, Anh. III § 823 BGB Rz. 20; *Wagner* in MünchKomm. BGB, § 823 BGB Rz. 660 f.
6 BGH v. 16.9.2009 – VI ZR 107/08, NJW 2009, 2952, 2955.
7 Vgl. BGH v. 26.11.1968 – VI ZR 212/66, BGHZ 51, 91, 105 f.; BGH v. 17.3.1981 – VI ZR 191/79, BGHZ 80, 186, 193; *Hager* in Staudinger, § 823 BGB Rz. F 19; *Foerste* in Foerste/Graf von Westphalen, Produkthaftungshandbuch, 3. Aufl. 2012, § 24 Rz. 103 ff.
8 BGH v. 16.9.2009 – VI ZR 107/08, NJW 2009, 2952, 2954 f.
9 *Hager* in Staudinger, § 823 BGB Rz. F 14 f.; *Krause* in Soergel, Anh. III § 823 BGB Rz. 21 ff.; *Wagner* in MünchKomm. BGB, § 823 BGB Rz. 662 ff.
10 *Wagner*, VersR 2014, 905 ff.
11 Die Pflicht zur Produktbeobachtung kann jedenfalls dann auch einer reinen Vertriebsgesellschaft obliegen, wenn sie als einziger Repräsentant des ausländischen Herstellers auf dem deutschen Markt in Erscheinung tritt (BGH v. 9.12.1986 – VI ZR 65/86, BGHZ 99, 167, 170 f.).

sem Zusammenhang müssen zunächst Einrichtungen geschaffen werden, um Eingaben von Benutzern aufzunehmen und bearbeiten zu können („*passive Produktbeobachtung*"). Weiterhin müssen alle Erkenntnisquellen im Rahmen des Zumutbaren genutzt werden, um nachträglich auftretende Gefahren wahrnehmen zu können („*aktive Produktbeobachtung*"). Dabei kann es erforderlich werden, neben den bisher bereits zu beachtenden Fachpublikationen in Zukunft auch Fachforen im Internet zumindest in regelmäßigen zeitlichen Abständen auf berichtete Produktmängel zu überprüfen.[1] Auch die Produktentwicklung bei Wettbewerbern und der Markt der Produktkombinationen sind dabei zu beachten. Wird eine Gefahr offenbar, ist der Pflichtige gehalten, die laufende Produktion bzw. den Vertrieb ggf. um- oder einzustellen, weitergehend zu instruieren, zu warnen oder gar zurückzurufen.[2]

28.19a   Die Produktbeobachtungspflicht gewinnt unter den Bedingungen der **Digitalisierung** zunehmend an Bedeutung und verdient die besondere Aufmerksamkeit der Unternehmensführung. Zwar lassen sich die verschiedenen Phänomene („Internet der Dinge", „Smart Factoring", „Industrie 4.0"[3], „vernetztes Fahren", „automatisiertes Fahren"[4] usw.) nicht leicht auf einen gemeinsamen Nenner bringen, doch lässt sich zumindest feststellen, dass die permanente Vernetzung von Produkten und Produktionsverfahren das Produkthaftungsrecht vor neue, wenngleich in der Vergangenheit der Sache nach nicht völlig unbekannte Herausforderungen stellt. Der weltweite Zugriff auf Produkte nach deren In-Verkehr-Bringen erleichtert einerseits dem Hersteller die Produktbeobachtung (und ggf. -korrektur), führt andererseits aber auch dazu, dass Dritte auf das Produkt Einfluss nehmen können, sei es auf legalem Weg (wie bei der Kombination von Software-Komponenten verschiedener Hersteller) oder in krimineller Absicht („Cyber-Angriffe"). In diesem Umfeld dem Hersteller zuzumuten, alle externen Risiken zu überwachen und zu beherrschen, wäre zweifellos überzogen. Freilich nimmt die Produktverantwortung in dem Umfang zu, in dem bedeutende Rechtsgüter auf dem Spiel stehen (etwa bei Gefahren für Leib und Leben beim Einsatz medizinischer Geräte und Software).[5]

28.20   Da die Gesellschaft über ihre Organe handelt, hat sie sich die Verletzung der Verkehrspflichten, die sie zwar als Unternehmensträger treffen, aber von den Organen und Repräsentanten wahrgenommen werden, über § 31 BGB zurechnen zu lassen[6] (vgl. zur Frage der Haftung der Organe und Repräsentanten Rz. 28.33 ff.).

28.21   bb) Ein auf § 823 Abs. 1 BGB gestützter Schadensersatzanspruch setzt darüber hinaus rechtswidriges und schuldhaftes Verhalten des Verkehrspflichtigen sowie den Eintritt einer zurechenbaren Rechtsgutsverletzung und eines zurechenbaren Schadens voraus.

---

1 Vgl. – in der Tendenz noch weitergehend – *Hauschka/Klindt*, NJW 2007, 2726, 2729.
2 *Hager* in Staudinger, § 823 BGB Rz. F 20 ff.; *Krause* in Soergel, Anh. III § 823 BGB Rz. 25 ff.; *Wagner* in MünchKomm. BGB, § 823 BGB Rz. 675 ff. Vgl. zum Erfordernis effektiver Gefahrenabwehr zum Schutz der in § 823 Abs. 1 BGB genannten Rechtsgüter durch deutliche Warnung, Rückruf oder Nachrüstung BGH v. 6.12.2008 – VI ZR 170/07, BGHZ 179, 157 ff. und die Besprechung *Klindt*, BB 2009, 792. Praktische Erleichterungen zur Warnung vor fehlerhaften Produkten bringt nunmehr die zentrale Internetseite https://webgate.ec.europa.eu/gpsd-ba, über die die zuständigen Behörden der EWR-Mitgliedstaaten zentral in Kenntnis gesetzt werden können.
3 *Mitterer/Wiedemann/Zwissler*, BB 2017, 3, 10 f.; *Bräutigam/Klindt*, NJW 2015, 1137, 1141 f.
4 *Gomille*, JZ 2016, 76 ff.; *Droste*, CCZ 2015, 105 ff.
5 *Droste*, CCZ 2015, 105, 107; *Mitterer/Wiedemann/Zwissler*, BB 2017, 3, 11.
6 *Kleindiek*, Deliktshaftung und juristische Person, 1997, S. 356 f.; *Weick* in Staudinger, § 31 BGB Rz. 1, 6; *Reuter* in MünchKomm. BGB, § 31 BGB Rz. 11, 30 ff.

cc) Von herausragender Bedeutung im Rahmen der deliktischen Produkthaftung sind die von der Rechtsprechung entwickelten **Grundsätze zur Beweislastverteilung**. Da es sich bei den anspruchsbegründenden Tatsachen um Vorgänge im Betrieb des Anspruchsgegners handele, dieser die Produktionssphäre überblicke und den Herstellungsprozess und die Auslieferungskontrolle der fertigen Produkte organisiere, sei er näher daran, den Sachverhalt aufzuklären und die Folgen der Beweislosigkeit zu tragen.[1]

28.22

Nach den von der Rechtsprechung entwickelten Regeln muss der Anspruchsteller im Grundsatz darlegen und beweisen, dass das Produkt einen Fehler aufweist, Rechtsgutsverletzung und Schaden eingetreten sind, der erforderliche Zurechnungszusammenhang zwischen der Fehlerhaftigkeit des Produkts und der Verletzung des Rechtsguts sowie dem Eintritt des Schadens besteht und der Produktfehler aus dem Gefahrenbereich des Verkehrspflichtigen herrührt.[2]

28.23

Dem Anspruchsgegner obliegen hingegen Darlegung und Beweis im Hinblick darauf, dass eine **objektive Pflichtwidrigkeit nicht vorliegt oder ihm kein Verschulden zur Last fällt**. Dies soll allerdings bei der Verletzung der Produktbeobachtungspflicht bzw. einem nachträglichen Instruktionsfehler in Bezug auf die objektive Pflichtwidrigkeit nicht gelten; dort soll dem Anspruchsteller die Darlegungs- und Beweislast obliegen. Falls der Verantwortliche den Kausalzusammenhang zwischen einem Verstoß gegen eine Verkehrspflicht und einem Produktfehler in Abrede stellen will, trägt er auch hierfür die Darlegungs- und Beweislast.[3]

28.24

Ausgehend von diesen Grundsätzen nahm die Rechtsprechung weitere Differenzierungen vor. So trifft den Verantwortlichen eine **Befundsicherungspflicht** bei Produkten, die erhebliche Risiken für den Verbraucher in sich tragen, die in der Herstellung angelegt sind und deren Beherrschung deshalb einen Schwerpunkt des Produktionsvorgangs darstellt.[4] Der Verantwortliche hat im Rahmen des Möglichen und Zumutbaren durch die Einrichtung eines Kontrollverfahrens dafür Sorge zu tragen, dass der Status der Fehlerlosigkeit vor dem In-Verkehr-Bringen als Befund gesichert wird. Gelingt dem Anspruchsteller der Nachweis einer Verletzung der Befundsicherungspflicht durch den Anspruchsgegner, kehrt sich die Beweislast hinsichtlich des Umstands, dass der Produktfehler im Bereich des Anspruchsgegners entstanden ist („*Fehlerherkunfts-Beweis*"), um.[5] Der Anspruchsgegner kann sich mithin durch die bloße Behauptung, der zu einer Rechtsgutsverletzung und einem Schaden führen-

28.25

---

1 BGH v. 26.11.1968 – VI ZR 212/66, BGHZ 51, 91, 104 ff.; vgl. zu den Gründen der Änderung der Beweislastverteilung auch *Hager* in Staudinger, § 823 BGB Rz. F 1.
2 BGH v. 26.11.1968 – VI ZR 212/66, BGHZ 51, 91, 105; BGH v. 30.4.1991 – VI ZR 178/90, NJW 1991, 1948, 1950 f.; BGH v. 2.2.1999 – VI ZR 392/97, NJW 1999, 1028, 1029; *Hager* in Staudinger, § 823 BGB Rz. F 39; *Wagner* in MünchKomm. BGB, § 823 BGB Rz. 684 ff.; *Schaub* in Prütting/Wegen/Weinreich, § 823 BGB Rz. 197; *Förster* in Bamberger/Roth, § 823 BGB Rz. 759 ff.
3 BGH v. 26.11.1968 – VI ZR 212/66, BGHZ 51, 91, 105 ff.; BGH v. 30.4.1991 – VI ZR 178/90, NJW 1991, 1948, 1950 f.; BGH v. 2.2.1999 – VI ZR 392/97, NJW 1999, 1028, 1029; *Hager* in Staudinger, § 823 BGB Rz. F 43 ff. mit zahlreichen weiteren Rechtsprechungsnachweisen; *Förster* in Bamberger/Roth, § 823 BGB Rz. 767 ff.
4 BGH v. 8.12.1992 – VI ZR 24/92, NJW 1993, 528, 529; ebenso *Förster* in Bamberger/Roth, § 823 BGB Rz. 700 ff.
5 *Hager* in Staudinger, § 823 BGB Rz. F 40; *Krause* in Soergel, Anh. III § 823 BGB Rz. 47; *Wagner* in MünchKomm. BGB, § 823 BGB Rz. 689; *Schaub* in Prütting/Wegen/Weinreich, § 823 BGB Rz. 199; *Förster* in Bamberger/Roth, § 823 BGB Rz. 762 f.; *Baumgärtel* in Baumgärtel, Handbuch der Beweislast im Privatrecht, Band 1, 2. Aufl. 1991, § 823 Anh. C III Rz. 21.

de Fehler (z.B. die Schadhaftigkeit einer Mineralwasserflasche) rühre nicht aus seinem Gefahrenbereich, nicht entlasten.

28.26 Demgegenüber hält die Rechtsprechung im Bereich der Verletzung von Instruktionspflichten und Reaktionspflichten im Fall der Produktbeobachtung eine **Beweislastumkehr** hinsichtlich des Nachweises, dass sich der Anspruchsteller bei ordnungsgemäßer Instruktion an die Anweisung gehalten hätte und infolgedessen Rechtsgutsverletzung und Schaden ausgeblieben wären, nicht für gerechtfertigt.[1] Diese Abweichung von der Rechtsprechung im Bereich der vertraglichen Haftung aus Pflichtverletzung[2] wird von einem Großteil des Schrifttums zu Recht kritisiert. Es besteht kein sachlicher Grund, die Beweislast bei der Verletzung von Verkehrs- und Vertragspflichten in dieser Hinsicht unterschiedlich zu handhaben.[3]

b) Produkthaftung gem. § 1 Abs. 1 Satz 1 ProdHaftG

28.27 aa) Die Haftung nach § 1 Abs. 1 Satz 1 ProdHaftG setzt zunächst voraus, dass durch den Fehler eines Produkts jemand getötet, sein Körper oder seine Gesundheit verletzt oder eine Sache beschädigt wird.[4]

28.28 bb) Der **Produktfehler** wird in § 3 ProdHaftG definiert. Maßgeblich ist insoweit die Sicherheit des Erzeugnisses gemessen an den berechtigten Erwartungen des Verkehrs in Bezug auf die Achtung des Integritätsinteresses.[5]

28.29 cc) Die Haftung nach dem Produkthaftungsgesetz trifft den sog. **Hersteller.** Hierunter fällt nach § 4 Abs. 1 Satz 1 ProdHaftG zunächst derjenige, in dessen Organisationsbereich ein Endprodukt, ein Grundstoff oder ein Teilprodukt gefertigt wurde. Erforderlich ist ein Tätigwerden für eigene Rechnung; an der Entstehung beteiligte Organwalter sind somit nicht Hersteller.[6] Haftbar sind weiterhin der Quasi-Hersteller, der Importeur und der Lieferant unter den in § 4 Abs. 1 Satz 2, Abs. 2 und 3 ProdHaftG normierten Voraussetzungen.[7]

---

1 BGH v. 9.12.1986 – VI ZR 65/86, BGHZ 99, 167, 181; BGH v. 24.1.1989 – VI ZR 112/88, BGHZ 106, 273, 284; BGH v. 12.11.1991 – VI ZR 7/91, BGHZ 116, 60, 73; zu tatsächlicher Vermutung hinsichtlich haftungsbegründender Kausalität BGH v. 2.3.1999 – VI ZR 175/98, NJW 1999, 2273, 2274.
2 Vgl. BGH v. 19.2.1975 – VIII ZR 144/73, BGHZ 64, 46, 51 f.; *Hager* in Staudinger, § 823 BGB Rz. F 41; *Foerste* in Foerste/Graf von Westphalen, Produkthaftungshandbuch, 3. Aufl. 2012, § 30 Rz. 12; vgl. allerdings BGH v. 12.11.1991 – VI ZR 7/91, BGHZ 116, 60, 73 (tatsächliche Vermutung für instruktionsgerechtes Verhalten).
3 *Hager* in Staudinger, § 823 BGB Rz. F 42; *Krause* in Soergel, Anh. III § 823 BGB Rz. 52; *Foerste* in Foerste/Graf von Westphalen, Produkthaftungshandbuch, 3. Aufl. 2012, § 30 Rz. 128 ff.
4 Umstritten ist in diesem Zusammenhang die Haftung für sog. „Weiterfresserschäden"; sie wird mehrheitlich unter Berufung auf § 1 Abs. 1 Satz 2 Halbsatz 1 ProdHaftG abgelehnt (*Oechsler* in Staudinger, § 1 ProdHaftG Rz. 9 ff.; *Krause* in Soergel, § 1 ProdHaftG Rz. 3 ff.; *Wagner* in Münch-Komm. BGB, § 1 ProdHaftG Rz. 7 ff.; *Sprau* in Palandt, § 1 ProdHaftG Rz. 5 f.).
5 *Oechsler* in Staudinger, § 3 ProdHaftG Rz. 15 ff.; *Krause* in Soergel, § 3 ProdHaftG Rz. 1 f.
6 *Oechsler* in Staudinger, § 4 ProdHaftG Rz. 9; *Schaub* in Prütting/Wegen/Weinreich, § 4 ProdHaftG Rz. 1.
7 Vgl. *Oechsler* in Staudinger, § 4 ProdHaftG Rz. 8 ff.; *Krause* in Soergel, § 4 ProdHaftG Rz. 3 ff.

dd) Ein Anspruch nach dem Produkthaftungsgesetz setzt ferner voraus, dass keiner der **Ausschlusstatbestände** des § 1 Abs. 2 und 3 ProdHaftG eingreift.[1] § 1 Abs. 4 ProdHaftG regelt die Beweislast: Für den Fehler, den Schaden und den ursächlichen Zusammenhang zwischen Fehler und Schaden trägt der Geschädigte die Beweislast. Ist streitig, ob die Ersatzpflicht gem. § 1 Abs. 2 oder 3 ProdHaftG ausgeschlossen ist, so trägt der Hersteller die Beweislast.

28.30

c) Vertragliche Produkthaftung

Vertragliche oder vorvertragliche Schadensersatzansprüche können sich aus einer Pflichtverletzung gem. §§ 280 Abs. 1, 241 Abs. 1 Satz 1 und Abs. 2, 311 Abs. 1 und Abs. 2 BGB ergeben. Die Einzelheiten können insoweit hier nicht näher dargestellt werden.

28.31

2. Produkthaftung im weiteren Sinne

Die Ansprüche im Rahmen der Produkthaftung im weiteren Sinne, also hinsichtlich unbeweglicher Sachen (z.B. Erstellung fehlerhafter Reihenhäuser), nicht-körperlicher Gegenstände (z.B. fehlerhafte Versicherungsprodukte) sowie des Äquivalenzinteresses (z.B. Kaufpreisminderung bei einem mangelhaften Kraftfahrzeug), sind vielgestaltig und können hier nur schlagwortartige Erwähnung finden. In Betracht kommt insbesondere eine Haftung aus Vertrag oder aus Verschulden bei Vertragsschluss. Daneben sind auch deliktische Schadensersatzansprüche möglich. Als Anspruchsgrundlagen sind insoweit § 823 Abs. 2 BGB i.V.m. einem Schutzgesetz (z.B. § 263 StGB oder Normen des Produktsicherheitsgesetzes – ProdSG[2]) sowie § 826 BGB denkbar. Auch Ansprüche nach § 823 Abs. 1 BGB können gegeben sein, sofern es sich nicht um reine Vermögensschäden handelt.

28.32

II. Schadensersatzansprüche gegen Vorstandsmitglieder und Geschäftsführer

1. Inanspruchnahme im Außenverhältnis

a) Grundsätze

Soweit nicht ausnahmsweise eine Außenhaftung der Vorstandsmitglieder und Geschäftsführer aus Vertrag oder aus Verschulden bei Vertragsschluss in Betracht kommt[3] (vgl. auch oben *Altmeppen*, Rz. 7.5 ff., 7.19 ff.), stellt sich die Frage ihrer deliktsrechtlichen Produktverantwortung. Grundsätzlich unproblematisch ist insoweit die Anwendbarkeit von § 823 Abs. 1 BGB, von § 823 Abs. 2 BGB in Verbindung mit einem Schutzgesetz (z.B. § 263 StGB oder Normen des Produktsicherheitsgesetzes – ProdSG) sowie von § 826 BGB in Fällen **eigenhändigen Fehlverhaltens** eines Vorstandsmitglieds oder eines GmbH-Geschäftsführers.[4]

28.33

Problematisch sind demgegenüber Fälle der **Verletzung von Verkehrspflichten** durch Organmitglieder, in denen allein die juristische Person Pflichtenträger ist (vgl. auch oben *Kleindiek*,

28.34

---

1 Vgl. hierzu die ausführliche Kommentierung bei *Oechsler* in Staudinger, § 1 ProdHaftG Rz. 40 ff.; *Krause* in Soergel, § 1 ProdHaftG Rz. 8 ff.; *Wagner* in MünchKomm. BGB, § 1 ProdHaftG Rz. 23 ff. und 58 ff.; *Sprau* in Palandt, § 1 ProdHaftG Rz. 13 ff.

2 Dazu *Polly*, CCZ 2012, 59 ff.; *Polly*, CB 2014, 322 ff.

3 Näher zur Haftung von Organmitgliedern aus Vertrag und aus Verschulden bei Vertragsschluss *Kleindiek* in Lutter/Hommelhoff, § 43 GmbHG Rz. 71 ff. mit zahlreichen weiteren Nachweisen.

4 Vgl. *Kleindiek* in Lutter/Hommelhoff, § 43 GmbHG Rz. 79 ff.; *Fleischer* in MünchKomm. GmbHG, § 43 GmbHG Rz. 347 ff.

Rz. 11.12 ff.). Die juristische Person hat gegenüber jedermann Verkehrssicherungspflichten, deren Verletzung durch ein Organ der juristischen Person nach § 31 BGB zugerechnet wird. Organisationspflichten der Organmitglieder (näher zum Inhalt der Organisationspflichten Rz. 28.43 ff.) wurden hingegen grundsätzlich nur gegenüber der juristischen Person bejaht.[1]

b) Sicht des BGH

28.35 In Abkehrung von diesem Prinzip wurde indes vermehrt eine deliktische Haftung von Führungspersonen wegen Organisationsmängeln gegenüber Dritten angenommen. Insbesondere die **Rechtsprechung** hat verschiedentlich eine Neigung erkennen lassen, **Führungskräfte** persönlich neben der juristischen Person als **Träger von deliktischen Verhaltenspflichten** anzusehen, die auf die Vornahme von gebotenen Organisationsmaßnahmen gerichtet sind.[2] So hat der BGH in der sog. „Spannkupplung"-Entscheidung die bezüglich des Herstellers eines gefährlichen Produkts entwickelten Grundsätze über die Beweislastumkehr auch zu Lasten von Personen für anwendbar erklärt, die neben dem Hersteller haften und in dessen Produktionsbereich als Produktionsleiter eine herausgehobene und verantwortliche Stellung innehaben.[3] In der Literatur ist diese Sicht auf verbreitete Ablehnung gestoßen.[4] In der sog. „Salmonellen"-Entscheidung hat der BGH hingegen den Standpunkt eingenommen, die Beweislastumkehr gelte nicht für alle leitenden Mitarbeiter, sondern nur dann, wenn der Betriebsangehörige „aufgrund seiner besonderen Stellung im Betrieb als Repräsentant des Unternehmens" betrachtet werden könne.[5]

28.36 In der sog. **„Baustoff"-Entscheidung** hat der VI. Zivilsenat des BGH eine deliktsrechtliche Außenhaftung eines GmbH-Geschäftsführers bejaht, „wenn mit den Pflichten aus der Organstellung gegenüber der Gesellschaft Pflichten einhergehen, die von dem Geschäftsführer nicht mehr nur für die Gesellschaft als deren Organ zu erfüllen sind, sondern die ihn aus besonderen Gründen persönlich gegenüber dem Dritten treffen". Im außervertraglichen, deliktischen Bereich könne über die Organstellung hinaus eine mit der Zuständigkeit für die Organisation und Leitung und der daraus erwachsenden persönlichen Einflussnahme auf die Gefahrenabwehr bzw. -steuerung verbundene persönliche Verantwortung des Organs dem betroffenen Außenstehenden gegenüber zum Tragen kommen.[6] Der VI. Zivilsenat des BGH

---

1 BGH v. 13.4.1994 – II ZR 16/93, BGHZ 125, 366, 375 f. m.w.N. Keiner näheren Betrachtung unterzogen werden können hier öffentlich-rechtliche Organisationspflichten (dazu ausführlich *Spindler*, Unternehmensorganisationspflichten, 2001, S. 15 ff.).
2 Vgl. OLG Stuttgart v. 29.4.2008 – 5 W 9/08, NJW 2008, 2514, 2515; vgl. auch *Larenz/Canaris*, Lehrbuch des Schuldrechts, Bd. II/2, 13. Aufl. 1994, § 76 III 5.d).
3 BGH v. 3.6.1975 – VI ZR 192/73, NJW 1975, 1827, 1828 f.
4 *von Caemmerer* in FS Flume, 1978, Bd. I, S. 359, 368 Fn. 48; *Diederichsen*, NJW 1978, 1281, 1287; *Mertens*, AcP 178 (1978), 227, 236; vgl. auch die ausführliche Darstellung des Meinungsstands bei *Sandberger*, Die Außenhaftung des GmbH-Geschäftsführers, 1997, S. 240 ff.; vgl. ferner BGH v. 7.10.1986 – VI ZR 187/85, NJW 1987, 372, 373 f.
5 BGH v. 19.11.1991 – VI ZR 171/91, BGHZ 116, 104, 113 f.; näher zur Entwicklung der Rechtsprechung hinsichtlich der Eigenhaftung von Mitarbeitern des Produzenten *Rogge*, Selbständige Verkehrspflichten bei Tätigkeiten im Interesse Dritter, 1997, S. 97 ff.
6 BGH v. 5.12.1989 – VI ZR 335/88, BGHZ 109, 297, 303.

hat seine Haltung später bestätigt.[1] Der II. Zivilsenat des BGH hat gegenüber dieser Linie des VI. Zivilsenats allerdings eine gewisse Skepsis erkennen lassen.[2]

c) Sicht der Literatur

In der Literatur ist die „Baustoff"-Entscheidung auf ein **geteiltes Echo** gestoßen. Während einige die Entscheidung begrüßen[3], überwiegen insgesamt kritische Stimmen. Mehrheitlich wird die „Baustoff"-Entscheidung im Hinblick auf unabsehbare Haftungsrisiken[4] sowie unter Hinweis darauf abgelehnt, dass eine Grenze zwischen den Pflichten der Geschäftsführung gegenüber der Gesellschaft und den deliktischen Pflichten der Geschäftsführung gegenüber Dritten nicht ersichtlich sei.[5] Darüber hinaus wird im Schrifttum darauf hingewiesen, dass die Grundsätze der „Baustoff"-Entscheidung jedenfalls auf Fälle mangelhafter Produktinformation nicht übertragbar seien, weil es dabei nicht um das Fehlen eines organisierten Informationsaustauschs, sondern um die richtige Auswertung der vorhandenen Informationen gehe.[6]

28.37

d) Stellungnahme

Will man (zu Recht) die Haftungsschleusen in AG und GmbH nicht öffnen, indem man die grundsätzliche Differenzierung zwischen Verkehrspflichten der Gesellschaft und solchen ihrer Geschäftsführungsmitglieder aufhebt, sämtliche Verkehrspflichten der Gesellschaft auf die Mitglieder des Leitungsorgans projiziert und damit diese letztlich zu „Ausfallbürgen der Gesellschaft"[7] macht, ist der „Baustoff"-Entscheidung des BGH eine Absage zu erteilen. Nach zutreffender Auffassung ist vielmehr zu differenzieren zwischen Fällen, in denen juristische Personen für ein Eigendelikt ihres Organwalters neben diesem haften, und anderen Fällen der Verletzung von Verkehrspflichten, in denen allein die juristische Person Pflichtenträger ist.[8] Die deliktische Haftung einer juristischen Person setzt nach dem Haftungskonzept des BGB

28.38

---

1 BGH v. 12.3.1996 – VI ZR 90/95, ZIP 1996, 786, 788. Allerdings hat der Senat später betont, allein aus der Geschäftsführerstellung ergebe sich keine Garantenstellung gegenüber außenstehenden Dritten: BGH v. 10.7.2012 – VI ZR 341/20, ZIP 2012, 1552 Rz. 17 ff. (vgl. auch zu Wettbewerbsverstößen BGH v. 18.6.2014 – I ZR 242/12, NZG 2014, 911 Rz. 14 ff.).
2 BGH v. 13.4.1994 – II ZR 16/93, BGHZ 125, 366, 375 f.; ebenso *Goette*, DStR 1998, 1308, 1314.
3 *Hager* in Staudinger, § 823 BGB Rz. E 68; *Schlechtriem* in FS Heiermann, 1995, S. 281, 289 f.; *Wimmer*, NJW 1996, 2546, 2549; vgl. auch *Foerste*, VersR 2002, 1, 2 ff.
4 *Mertens/Mertens*, JZ 1990, 488, 488 f.; *Lutter*, ZHR 157 (1993), 464, 471 ff.; *Dreher*, ZGR 1992, 22, 33 f.; *Medicus*, ZGR 1998, 570, 584 f.; *Kleindiek* in Lutter/Hommelhoff, § 43 GmbHG Rz. 86; ausführlich zum Meinungsbild *Kleindiek*, Deliktshaftung und juristische Person, 1997, S. 368 ff.; *Spindler*, Unternehmensorganisationspflichten, 2001, S. 846 ff.
5 *Dreher*, ZGR 1992, 22, 33 f.; *Mertens/Mertens*, JZ 1990, 488, 489; *Hopt/Roth* in Großkomm. AktG, § 93 AktG Rz. 664. Demgegenüber plädieren *Zöllner/Noack* für eine Garantenstellung des Geschäftsführers: Er habe dafür zu sorgen, dass das von ihm geführte Unternehmen Leib und Leben Dritter nicht verletze; eine Garantenstellung zum Schutz fremden Eigentums oder fremden Vermögens bestehe demgegenüber nicht (*Zöllner/Noack* in Baumbach/Hueck, § 43 GmbHG Rz. 78); demgegenüber generell für eine „Garantenstellung zum Schutz fremder Güter, die der Einflusssphäre der Gesellschaft anvertraut wurden" OLG Stuttgart v. 29.4.2008 – 5 W 9/08, NJW 2008, 2514, 2515; zu weiteren Ansätzen in der Literatur *Medicus*, GmbHR 2002, 809, 816 ff.
6 *Medicus*, GmbHR 2002, 809, 815.
7 So *Kleindiek* in Lutter/Hommelhoff, § 43 GmbHG Rz. 86.
8 Ausführlich *Kleindiek*, Deliktshaftung und juristische Person, 1997, S. 368 ff., 473 ff.; *Kleindiek* in Lutter/Hommelhoff, § 43 GmbHG Rz. 84.

gerade keine deliktische Haftung des Organs voraus.[1] Die aus den bestehenden Verkehrspflichten resultierenden Organisations- und Überwachungspflichten der Geschäftsleiter bestehen nur gegenüber der Gesellschaft, nicht gegenüber Dritten. Sie vermögen deshalb jedenfalls **grundsätzlich keine Produktaußenhaftung der Geschäftsleiter** zu begründen. Gleiches ist im Hinblick auf den Aspekt der Übernahme von Verkehrspflichten festzuhalten. Mit der Übernahme der Geschäftsleiterposition erfolgt das für ein Organ charakteristische Handeln für eine andernfalls handlungsunfähige juristische Person, aber keine Übernahme sämtlicher die Gesellschaft treffender Verkehrspflichten.[2]

28.39 Auch kann nicht ohne Weiteres eine haftungsbegründende **Garantenstellung** des Geschäftsleiters aus einem der Gesellschaft zuzurechnenden pflichtwidrigen gefährdenden Vorverhalten angenommen werden; auch insoweit ist zwischen Gesellschaft und Organ sorgfältig zu trennen.[3] Anderes kann dann gelten, wenn der Geschäftsführer selbst Garant ist (z.B. weil er durch eigenes Verhalten eine Gefahrenquelle schafft).[4]

28.40 Eine Außenhaftung des Geschäftsleiters für Produktmängel ist demgegenüber u.a.[5] dann zu bejahen, wenn er von einer (bevorstehenden) Verletzungshandlung nachgeordneter Mitarbeiter – Gleiches wird man im Hinblick auf andere Organmitglieder bejahen müssen – **Kenntnis erlangt** und dennoch hiergegen nicht einschreitet; in einer derartigen Konstellation haftet der Geschäftsleiter in gleicher Weise wie bei einer eigenhändigen Verletzungshandlung.[6] Unter diesen Voraussetzungen kann ein Vorstandsmitglied bzw. Geschäftsführer für Produktmängel somit auch dann haften, wenn er nach der internen Geschäftsverteilung innerhalb des Geschäftsführungsorgans nicht dafür zuständig war, den drittschädigend tätigen Unternehmensmitarbeiter zu überwachen. Zur Bejahung der Handlungspflicht und zur Haftungsbegründung nicht ausreichend ist demgegenüber fahrlässige Unkenntnis der Verletzungshandlung eines nachgeordneten Mitarbeiters oder eines anderen Organmitglieds.[7]

e) Unterschiedliche Verjährung bei gesamtschuldnerischer Haftung

28.41 Bestehen Ansprüche sowohl gegen eine Gesellschaft als auch gegen ihre Geschäftsführer oder Vorstandsmitglieder, so können die Ansprüche zu unterschiedlichen Zeitpunkten verjähren. Daran ändert auch die Tatsache nichts, dass die Gesellschaft und ihre Organmitglieder gem. § 840 Abs. 1 BGB als Gesamtschuldner haften. Nach § 199 Abs. 1 BGB beginnt die Verjährungsfrist im Regelfall erst mit dem Schluss des Jahres zu laufen, in dem der Anspruch entstanden ist und der Gläubiger von den den Anspruch begründenden Umständen und der Person des Schuldners Kenntnis erlangt oder ohne grobe Fahrlässigkeit erlangen müsste. Sind die mithaftenden Organmitglieder etwa nach Namen, Anschrift und Aufgabenstellung im Betrieb

---

1 Näher *Kleindiek* in Lutter/Hommelhoff, § 43 GmbHG Rz. 84; a.A. *Altmeppen*, ZIP 1995, 881, 887 f.; *Altmeppen* in Roth/Altmeppen, § 43 GmbHG Rz. 61.
2 Zutreffend *Heil/Russenschuck*, BB 1998, 1749, 1752; *Kleindiek* in Lutter/Hommelhoff, § 43 GmbHG Rz. 85; *Medicus*, GmbHR 2002, 809, 814.
3 Vgl. *Heil/Russenschuck*, BB 1998, 1749, 1752 f.
4 *Kleindiek* in Lutter/Hommelhoff, § 43 GmbHG Rz. 87; *Fleischer* in MünchKomm. GmbHG, § 43 GmbHG Rz. 350 f.
5 Ausführlich zu Fällen der Außenhaftung *Haas*, Geschäftsführerhaftung und Gläubigerschutz, 1997, passim; *Medicus*, ZGR 1998, 570, 580 ff.
6 *Lutter*, ZHR 157 (1993), 464, 468 f.; *Kleindiek*, Deliktshaftung und juristische Person, 1997, S. 464 f.; *Kleindiek* in Lutter/Hommelhoff, § 43 GmbHG Rz. 88; dies als zu eng kritisierend *Wagner*, VersR 2001, 1057, 1061.
7 *Kleindiek* in Lutter/Hommelhoff, § 43 GmbHG Rz. 88.

den durch ein schadhaftes Produkt Geschädigten unbekannt, kann es der Fall sein, dass ein Anspruch gegen die zuständigen Organmitglieder noch nicht verjährt ist, wohl aber der Schadensersatzanspruch gegen die – nach Namen und Anschrift bekannte – Gesellschaft.[1]

2. Inanspruchnahme im Innenverhältnis

Von der Außenhaftung zu unterscheiden ist eine mögliche **Innenhaftung** von Vorstandsmitgliedern und GmbH-Geschäftsführern gegenüber der Gesellschaft für Schäden, die durch mangelhafte Produkte verursacht werden.[2] Sie ist nicht nur im Rahmen echter Produkthaftungsfälle (also bei Verbindlichkeiten der Gesellschaft aus Produkthaftung) von Relevanz, sondern unter Umständen auch bei fehlender Haftung der Gesellschaft (z.B. wenn Produktmängel zwar keine Haftung der Gesellschaft nach sich ziehen, es aber wegen Reputationsverlusts zu einem Gewinnrückgang kommt).

28.42

a) Grundsätze

Die Analyse der Innenhaftung der Mitglieder des Geschäftsführungsorgans verlangt zunächst eine nähere Betrachtung ihres Pflichtenkreises. Im Recht der AG und der GmbH wird aus der Verpflichtung der Vorstandsmitglieder bzw. GmbH-Geschäftsführer, bei ihrer Geschäftsführung die Sorgfalt eines ordentlichen und gewissenhaften Geschäftsleiters anzuwenden (§ 93 Abs. 1 Satz 1 AktG, § 43 Abs. 1 GmbHG), ihre Pflicht abgeleitet, sich in ihrer gesamten Amtsführung gesetzestreu zu verhalten.[3] Diese **Legalitätspflicht** schließt neben der internen Pflichtenbindung nach Aktiengesetz bzw. GmbH-Gesetz, Satzung und Geschäftsordnung auch die externe Pflichtenbindung ein, die sich aus Rechtsvorschriften außerhalb des Aktiengesetzes bzw. des GmbH-Gesetzes ergibt.[4]

28.43

Die Verpflichtung der Vorstandsmitglieder bzw. GmbH-Geschäftsführer, kraft ihrer Organfunktion für die Erfüllung von Pflichten der Gesellschaft zu sorgen, gilt auch im Hinblick auf die der Gesellschaft obliegenden **Verkehrspflichten**[5], mithin auch für jene im Bereich der Produktverantwortung. Aufgrund der organschaftlichen Pflichtenstellung der Vorstandsmitglieder bzw. GmbH-Geschäftsführer schlagen die vorstehend (vgl. Rz. 28.12 ff.) skizzierten Verkehrspflichten der Gesellschaft gegenüber Dritten im Innenverhältnis in die Verpflichtung der Vorstandsmitglieder bzw. GmbH-Geschäftsführer um, für die Einhaltung dieser Verkehrspflichten Sorge zu tragen. Gleiches gilt im Hinblick auf die Einhaltung der rechtsgeschäftlichen Pflichten der Gesellschaft; auch dies haben die Vorstandsmitglieder bzw. GmbH-Geschäftsführer sicherzustellen.[6]

28.44

Die Pflichten der Vorstandsmitglieder und GmbH-Geschäftsführer betreffen **Konstruktion, Fabrikation, Instruktion und Produktbeobachtung**. Sie haben demnach im Einzelnen si-

28.45

---

1 Vgl. BGH v. 12.12.2000 – VI ZR 345/99, NJW 2001, 964 f.
2 Vgl. *Heil/Russenschuck*, BB 1998, 1749, 1752.
3 Vgl. BGH v. 15.10.1996 – VI ZR 319/95, BGHZ 133, 370, 377; *Hopt/Roth* in Großkomm. AktG, § 93 AktG Rz. 132 ff.; *Mertens/Cahn* in KölnKomm. AktG, § 93 AktG Rz. 71; *Kleindiek* in Lutter/Hommelhoff, § 43 GmbHG Rz. 12; *Zöllner/Noack* in Baumbach/Hueck, § 43 GmbHG Rz. 7; *Fleischer* in MünchKomm. GmbHG, § 43 GmbHG Rz. 21.
4 *Fleischer*, ZIP 2005, 141, 142; ähnlich *Abeltshauser*, Leitungshaftung im Kapitalgesellschaftsrecht, 1998, S. 205; *Spindler* in MünchKomm. AktG, § 93 AktG Rz. 73 f.
5 Zur GmbH *Kleindiek* in Lutter/Hommelhoff, § 43 GmbHG Rz. 12.
6 Zur GmbH *Kleindiek* in Lutter/Hommelhoff, § 43 GmbHG Rz. 12.

cherzustellen, dass Produkte so konstruiert werden, dass sie den sich aus dem Verwendungszweck ergebenden Anforderungen gerecht werden, dass die Produkte nicht fehlerhaft hergestellt werden, dass die Nutzer der Produkte zutreffend instruiert werden und dass in den Verkehr gebrachte Produkte passiv und aktiv beobachtet werden. Zur Konkretisierung dieser organschaftlichen Pflichten kann auf die die Gesellschaft im Außenverhältnis treffenden Verkehrspflichten (dazu Rz. 28.12 ff.) Bezug genommen werden.[1] Die Vorstandsmitglieder und GmbH-Geschäftsführer brauchen sich dabei nicht unmittelbar in der Konstruktion, Fabrikation, Instruktion und Produktbeobachtung zu betätigen. Sie können ihrer Verpflichtung, dafür Sorge zu tragen, dass die die Gesellschaft im Außenverhältnis treffenden Verkehrspflichten beachtet werden, auch durch Schaffung, Beobachtung und ggf. Fortentwicklung adäquater Organisationsstrukturen entsprechen.

28.46 Die Pflicht der Vorstandsmitglieder bzw. GmbH-Geschäftsführer erschöpft sich im Bereich der deliktischen Produkthaftung indes nicht in der Sicherstellung verkehrspflichtkonformen Verhaltens, sondern betrifft zugleich **Beweislastaspekte**. Auch im Fall eines „non liquet" hinsichtlich der objektiven Pflichtwidrigkeit oder des Verschuldens kommt eine Haftung der Gesellschaft nämlich dann in Betracht, wenn der Produzent das Fehlen der objektiven Pflichtwidrigkeit oder des Verschuldens nicht dartun und beweisen kann.[2] Das Geschäftsführungsorgan ist deshalb nicht nur verpflichtet, für das Ausbleiben schuldhafter Verkehrspflichtverletzungen Sorge zu tragen, sondern hat zugleich sicherzustellen, dass die Gesellschaft das Fehlen der objektiven Pflichtwidrigkeit oder des Verschuldens dartun und beweisen kann. Diese Pflicht, die nicht aus der organschaftlichen Pflicht zur Einhaltung der externen Pflichtenbindung resultiert (eine externe Pflicht besteht zwar bezüglich eines verkehrspflichtkonformen Verhaltens, nicht hingegen hinsichtlich der Darlegung und des Beweises des Fehlens der objektiven Pflichtwidrigkeit oder des Verschuldens), sondern aus der allgemeinen organschaftlichen Pflicht zur Wahrnehmung der Vermögensinteressen der Gesellschaft folgt, beinhaltet neben der Durchführung der die objektive Pflichtwidrigkeit oder das Verschulden ausschließenden Maßnahmen insbesondere deren sorgfältige Dokumentation.

b) Mehrköpfige Geschäftsführungsorgane

28.47 Setzt sich das Geschäftsführungsorgan – wie regelmäßig der Fall – aus mehreren Personen zusammen, so treffen die vorstehend entwickelten Pflichten im Ausgangspunkt das **Gesamtorgan**. Es stellt sich indes die Frage, wie sich die das Gesamtorgan treffenden Verpflichtungen auf die individuelle Pflichtenstellung des einzelnen Organmitglieds auswirken, insbesondere welche Organmitglieder zur Erfüllung der Pflichten zuständig sind und welchen Pflichten die übrigen Organmitglieder insoweit unterliegen.

28.48 Mehrere Vorstandsmitglieder sind gem. § 77 Abs. 1 Satz 1 AktG nur gemeinschaftlich zur Geschäftsführung befugt. Gem. § 77 Abs. 1 Satz 2 AktG kann die Satzung oder die Geschäftsordnung indes Abweichendes bestimmen. Entsprechendes gilt in der GmbH.[3] Ihre Grenze findet die zulässige Geschäftsverteilung am **Kernbereich zwingender Gesamtzuständigkeiten**, die

---

1 Ausführlich zur Konkretisierung der Organisationspflichten im Bereich der Produkthaftung *Spindler*, Unternehmensorganisationspflichten, 2001, S. 701 ff. (auf S. 719 ff. auch zur unternehmensexternen Organisation).
2 Vgl. BGH v. 2.2.1999 – VI ZR 392/97, NJW 1999, 1028, 1029.
3 *Zöllner/Noack* in Baumbach/Hueck, § 37 GmbHG Rz. 29.

vom Vorstand bzw. den Geschäftsführern als Gesamtorgan wahrzunehmen sind.[1] So sind neben Zuständigkeiten, die das Gesetz zwingend der Gesamtverantwortung des Vorstands bzw. der Geschäftsführer zuweist (z.B. §§ 90, 91 AktG), unternehmerische Führungsaufgaben und Entscheidungen über grundlegende geschäftspolitische Fragen nicht auf ein einzelnes Vorstandsmitglied bzw. einen einzelnen Geschäftsführer delegierbar, sondern bleiben der Entscheidung des Gesamtgremiums vorbehalten.[2] Dies wirft die Frage auf, ob und unter welchen Voraussetzungen Maßnahmen des Geschäftsführungsorgans im Rahmen seiner Produktverantwortung zwingend vom Gesamtorgan zu treffen sind.

Eine zwingende Gesamtzuständigkeit des Vorstands könnte sich zunächst aus dessen Verpflichtung zur **Einrichtung eines sog. Frühwarnsystems**[3] zwecks Früherkennung von den Fortbestand der Gesellschaft gefährdenden Entwicklungen gem. § 91 Abs. 2 AktG ergeben.[4] Die Pflicht zur Einrichtung eines Frühwarnsystems trifft das Organ in seiner Gesamtheit[5]; indes müssen lediglich die groben Strukturen und Ziele des Frühwarnsystems vom Gesamtgremium festgelegt und ihre Einhaltung überwacht werden, während die konkrete Ausformung des Frühwarnsystems auf einzelne Vorstandsmitglieder delegiert werden kann[6], sofern klar geregelt ist, wer auf der Ebene des Gesamtvorstandes die Hauptverantwortung zu tragen hat.[7] Eine Bestandsgefährdung setzt zunächst voraus, dass sich nachteilige Veränderungen wesentlich auf die Vermögens-, Finanz- oder Ertragslage der Gesellschaft auswirken können. Aufgrund der gesetzlichen Bezugnahme auf den Fortbestand der Gesellschaft ist darüber hinaus erforderlich, dass es sich um Vorgänge handelt, die das Insolvenzrisiko hervorrufen oder erheblich steigern.[8] Nur unter diesen engen Voraussetzungen besteht demnach eine aus § 91 Abs. 2 AktG folgende zwingende Zuständigkeit des Gesamtorgans.

28.49

Außerhalb des schmalen Anwendungsbereichs von § 91 Abs. 2 AktG verengt sich die aufgeworfene Frage somit darauf, ob es sich bei den Bereich der Produktverantwortung betreffenden Geschäftsführungsmaßnahmen (z.B. Richtlinien zur Produktentwicklung, organisatorische Vorgaben zur Produktion, Rückrufentscheidungen) um **unternehmerische Führungsaufgaben** bzw. **Entscheidungen über grundlegende geschäftspolitische Fragen** handelt oder ob dies nicht der Fall ist. Für das Vorliegen einer unternehmerischen Führungsentscheidung kommt es entscheidend auf ihre Erheblichkeit für die mittel- und lang-

28.50

---

1 *Mertens/Cahn* in KölnKomm. AktG, § 77 AktG Rz. 18, 20; *Wiesner* in MünchHdb. AG, § 22 Rz. 24; *Hoffmann-Becking*, ZGR 1998, 497, 512; *Schiessl*, ZGR 1992, 64, 68 ff.; *Löbbe*, Unternehmenskontrolle im Konzern, 2003, S. 169.
2 *Mertens/Cahn* in KölnKomm. AktG, § 77 AktG Rz. 18; *Martens* in FS Fleck, 1988, S. 191, 193 ff.; *Schwark*, ZHR 142 (1978), 203, 216.
3 Zu den entsprechenden Änderungen durch das Bilanzrechtsmodernisierungsgesetz (BilMoG) vgl. etwa *Hommelhoff/Mattheus*, BB 2007, 2787 ff.
4 Zur Anwendbarkeit von § 91 Abs. 2 AktG im GmbH-Recht *Löbbe*, Unternehmenskontrolle im Konzern, 2003, S. 189.
5 LG München I v. 10.12.2013 – 5 HK O 1387/10, NZG 2014, 345, 347 f. = AG 2014, 332 – Siemens/Neubürger; LG Berlin v. 3.7.2002 – 2 O 358/01, AG 2002, 682, 684; *Hüffer/Koch*, § 91 AktG Rz. 1, 4; *Vogler/Kundert*, DB 1998, 2377, 2378.
6 LG Berlin v. 3.7.2002 – 2 O 358/01, AG 2002, 682, 684; *Fleischer*, NZG 2003, 449, 449 ff.; enger *Preußner*, NZG 2004, 1151 ff.; *Hopt/Roth* in Großkomm. AktG, § 93 AktG Rz. 183; allgemein zur Geschäftsverteilung im Vorstand *Spindler* in MünchKomm. AktG, § 93 AktG Rz. 131 ff.
7 LG München I v. 10.12.2013 – 5 HK O 1387/10, NZG 2014, 345, 347 f. = AG 2014, 332 – Siemens/Neubürger.
8 *Spindler* in MünchKomm. AktG, § 91 AktG Rz. 21; *Götz*, NJW-Sonderheft H. Weber, 2001, S. 21, 22; a.A. *J. Hüffer* in FS Imhoff, 1998, S. 91, 100.

fristige Entwicklung des Unternehmens und dessen Ertrags-, Finanz- und Beschäftigungslage an. Als unternehmerische Führungsentscheidungen werden daher regelmäßig die Unternehmensplanung, insbesondere die Festlegung strategischer Unternehmensziele, die Festsetzung der Unternehmenspolitik und der Organisationsstruktur, die unternehmerische Koordinierung und Kontrolle sowie die Besetzung von Führungspositionen im Unternehmen qualifiziert.[1] Verlässliche Kriterien dafür, ob eine Maßnahme zum Leitungsbereich zu rechnen ist und damit in die Zuständigkeit des Gesamtvorstands fällt oder aber zum Kreis einfacher Geschäftsführungsmaßnahmen gehört, haben sich in Rechtsprechung und Literatur noch nicht herausgebildet.[2] Als maßgeblich werden allgemein die Größe des Unternehmens sowie Art und Umfang des Geschäfts angesehen.[3] Dieser allgemeine Maßstab legt es nahe, die gestellte Frage einzelfallbezogen zu beantworten. Für auf einzelne Vorstandsmitglieder oder Geschäftsführer delegierbare Maßnahmen verbliebe im Bereich der Produktverantwortung somit ein erheblicher Anwendungsbereich.

28.51 Fraglich ist indes, ob aus der strafrechtlichen **„Lederspray"-Entscheidung** des BGH[4], die im strafrechtlichen Schrifttum überwiegend Zuspruch gefunden hat[5], eine generelle Regel folgt, dass Entscheidungen über einen Vertriebsstop, eine Warn- oder eine Rückrufaktion stets vom Geschäftsführungsorgan[6] als Ganzem getroffen werden müssen. Der BGH betonte, der Grundsatz der Generalverantwortung und Allzuständigkeit der Geschäftsleitung greife dort ein, „wo – wie etwa in Krisen- und Ausnahmesituationen – aus besonderem Anlass das Unternehmen als Ganzes betroffen ist". So verhalte es sich „gerade auch bei einer Häufung von Verbraucherbeschwerden über Schadensfälle durch Benutzung eines vom Unternehmen massenweise hergestellten und vertriebenen Serienprodukts, wenn zu entscheiden ist, welche Maßnahmen zu ergreifen sind und ob insbesondere ein Vertriebsstopp, eine Warn- oder eine Rückrufaktion stattfinden muss"[7].

28.52 Ob der BGH damit eine generelle Gesamtzuständigkeit des Geschäftsführungsorgans für Entscheidungen über einen Vertriebsstopp, eine Warn- oder Rückrufaktion verlangt, erscheint allerdings nicht frei von Zweifeln. Zum einen ließe sich die Bezugnahme auf **Krisen- und Ausnahmesituationen** so verstehen, dass in Ermangelung einer solchen Krisen- und Ausnahmesituation keine Gesamtzuständigkeit anzunehmen ist. Über das aus Sicht des Unternehmens zu beurteilende Kriterium des Vorliegens einer krisenhaften Zuspitzung (eine solche könnte etwa fehlen, wenn bei einem Großkonzern nur eine kleine Produktionseinheit betroffen ist) käme es letztlich entscheidend auf eine Beurteilung des konkreten Einzelfalls an. Zum anderen hat der BGH seinen Standpunkt zugleich mit dem – nur im Einzelfall zu-

---

1 *Mertens/Cahn* in KölnKomm. AktG, § 76 AktG Rz. 5; *Semler*, Leitung und Überwachung der Aktiengesellschaft, Rz. 11 ff.; *Hüffer/Koch*, § 76 AktG Rz. 8 f.; *Spindler* in MünchKomm. AktG, § 76 AktG Rz. 16.
2 Vgl. *Fleischer*, ZIP 2003, 1, 2, der die Ausarbeitung einer aktienrechtlichen „Kernbereichslehre", anhand derer delegierbare und nicht delegierbare Aufgaben unterschieden werden sollen, als „wünschenswert" bezeichnet.
3 *Kort* in Großkomm. AktG, § 77 AktG Rz. 31.
4 BGH v. 6.7.1990 – 2 StR 549/89, BGHSt 37, 106, 106 ff.
5 *Krekeler/Werner*, Unternehmer und Strafrecht, 2006, Rz. 1083; *Kuhlen* in 50 Jahre BGH – FG Wissenschaft, Band IV, S. 647 ff.; *Schünemann* in 50 Jahre BGH – FG Wissenschaft, Band IV, S. 621 ff.; ablehnend *Spindler* in Fleischer, Handbuch des Vorstandsrechts, § 15 Rz. 72 ff.
6 Die vom BGH aufgestellten Grundsätze gelten, wenngleich der „Lederspray"-Fall eine GmbH betraf, nicht nur für GmbH-Geschäftsführer, sondern auch für Vorstandsmitglieder einer Aktiengesellschaft (*Spindler* in Fleischer, Handbuch des Vorstandsrechts, § 15 Rz. 68 ff.).
7 BGH v. 6.7.1990 – 2 StR 549/89, BGHSt 37, 106, 124.

treffenden – Umstand begründet, dass im konkreten Fall in unterschiedlicher Weise alle vier Geschäftsbereiche der Muttergesellschaft wie auch die Vertriebsgesellschaften kompetenzmäßig betroffen gewesen seien[1]; auch insoweit sind Interpretationsspielräume im Sinne einer einzelfallbezogenen Sicht eröffnet. Insgesamt dürfte indes viel dafür sprechen, die einschlägigen Ausführungen des BGH so zu verstehen, dass nach Ansicht des BGH Entscheidungen über einen Vertriebsstopp, eine Warn- oder Rückrufaktion in allen Fällen vom gesamten Geschäftsführungsorgan zu treffen sind.

Ein solches Verständnis unterstellt, wäre der „Lederspray"-Entscheidung des BGH jedoch eine Absage zu erteilen. Es wäre nicht einsichtig, weshalb der auf die Definition des Kernbereichs zwingender Gesamtzuständigkeiten anzuwendende allgemeine **einzelfallbezogene Maßstab**, wonach es entscheidend auf die Größe des Unternehmens sowie Art und Umfang des Geschäfts ankommt, nicht auch im Bereich von Entscheidungen über einen Vertriebsstopp, eine Warn- oder eine Rückrufaktion gelten sollte. Nimmt man die rechtliche Beurteilung richtigerweise anhand des vorerwähnten allgemeinen Maßstabs vor, kommt erhebliche Bedeutung zum einen der Größe des Unternehmens, zum anderen der Dimension der konkreten Entscheidung über einen Vertriebsstopp eine Warn- oder eine Rückrufaktion zu. So wird eine Entscheidung über den Rückruf einer kleinen Produktionseinheit in vielen Fällen keine nachhaltigen Auswirkungen auf die mittel- und langfristige Entwicklung des Unternehmens haben, während dies bei einer umfassenden Rückrufaktion für ein bestimmtes Produkt (z.B. alle Fahrzeuge eines bestimmten Typs) durchaus der Fall sein kann. Fraglich ist in diesem Zusammenhang weiterhin, ob eine zwingende Gesamtzuständigkeit dann anzunehmen ist, wenn die Produktfehler zu Lebens- oder ernsthaften Gesundheitsgefahren führen können. Die organschaftliche Pflichtenstellung der Vorstandsmitglieder bzw. GmbH-Geschäftsführer bemisst sich indes primär nach den der Gesellschaft drohenden Gefahren, nicht hingegen nach den Dritten drohenden Rechtsgutsverletzungen. Eine zwingende Gesamtzuständigkeit ist unter Zugrundelegung des vorstehend dargestellten allgemeinen Maßstabs deshalb nur dann anzunehmen, wenn die Dritten drohenden Rechtsgutsbeeinträchtigungen unter Berücksichtigung der Größe des Unternehmens sowie der Art, des Umfangs und der Auswirkungen des Geschäfts eine Qualifizierung als unternehmerische Führungsaufgabe bzw. grundlegende geschäftspolitische Entscheidung rechtfertigen. Diese Voraussetzung ist bei Lebens- oder Gesundheitsgefahren nicht notwendig, im Hinblick auf den von Lebens- oder schwerwiegenden Gesundheitsgefahren ausgehenden finanziellen Schaden oder Imageschaden eines Unternehmens jedoch vielfach erfüllt.

28.53

Selbst wenn man vor dem Hintergrund des „Lederspray"-Urteils des BGH grundsätzlich eine zwingende Gesamtkompetenz aller Mitglieder des Geschäftsführungsorgans bejahen wollte, wäre der Anwendungsbereich dieses Urteils in mehrfacher Hinsicht begrenzt. Zunächst betrifft das „Lederspray"-Urteil des BGH nur Entscheidungen über einen Vertriebsstopp, eine Warn- oder eine Rückrufaktion. **Andere Bereiche der Produktverantwortung** des Geschäftsführungsorgans (wie z.B. die Organisation der Produktentwicklung und der Produktion) waren demgegenüber nicht Gegenstand der BGH-Entscheidung.

28.54

Darüber hinaus betraf die „Lederspray"-Entscheidung des BGH nur den **Fall einer ablehnenden Entscheidung** über einen Vertriebsstopp, eine Warn- oder eine Rückrufaktion. Auch unter Zugrundelegung der „Lederspray"-Entscheidung des BGH wäre es mithin vertretbar, einem Mitglied des Geschäftsführungsorgans die Kompetenz einzuräumen, allein einen Ver-

28.55

---

1 BGH v. 6.7.1990 – 2 StR 549/89, BGHSt 37, 106, 124.

triebsstopp, eine Warn- oder Rückrufaktion anzuordnen[1], und es nur im Fall einer ablehnenden Entscheidung zu verpflichten, die Angelegenheit dem Gesamtorgan zur Entscheidung vorzulegen.

28.56 Orientiert man sich primär nicht an den im „Lederspray"-Urteil des BGH enthaltenen Ausführungen, sondern an den allgemeinen Leitlinien zur Abgrenzung von Maßnahmen mit zwingender Gesamtzuständigkeit des Geschäftsführungsorgans und solchen, die in die **Einzelverantwortung eines Organmitglieds** übertragen werden können, bleibt festzuhalten, dass Maßnahmen im Bereich der Produktverantwortung grundsätzlich nicht dem Gesamtorgan vorbehalten sind, sondern in die Einzelzuständigkeit einzelner Organmitglieder übertragen werden können.[2] Dies betrifft neben dem Bereich der Produktkonstruktion und der Herstellung einschließlich der Befundsicherung die Instruktion der Produktnutzer und die Produktbeobachtung einschließlich Entscheidungen über einen Vertriebsstopp, eine Warn- oder eine Rückrufaktion. Eine Grenze ist der Übertragbarkeit in die Zuständigkeit eines einzelnen Organmitglieds erst dann gezogen, wenn die Maßnahme im Hinblick auf ihre Art und ihren Umfang sowie die Unternehmensgröße dem Leitungsbereich zuzurechnen ist. Fraglich ist, ob eine strengere Sicht bei Produkten mit einem besonderen Gefahrenpotential (z.B. Sprengstoff) gerechtfertigt ist. Indes erscheint es vorzugswürdig, auch bei derartigen Produkten keine zwingende Gesamtkompetenz anzunehmen, sondern die Gefährlichkeit als einen Faktor bei der Beurteilung der Art der Maßnahme zu würdigen (was im Ergebnis freilich häufig zu einer Gesamtkompetenz führen wird).

28.57 Möchte man von der Möglichkeit weitreichender Einzelzuständigkeit von Mitgliedern des Geschäftsführungsorgans Gebrauch machen, stellt sich in der Rechtspraxis die Frage, wie die Abgrenzung von zwingenden Gesamtkompetenzen und organintern delegierbaren Aufgaben in der Satzung oder – vor allem im Hinblick auf die Möglichkeit der vereinfachten Änderung regelmäßig vorzugswürdig – in der **Geschäftsordnung** umgesetzt werden kann. Dabei können die Voraussetzungen einer zwingenden Gesamtkompetenz des Geschäftsführungsorgans abstrakt umschrieben werden (z.B. wesentliche Bedeutung für das Unternehmen unter Berücksichtigung von Art und Umfang der Maßnahmen) oder durch betragsmäßige Schwellenwerte konkretisiert werden. Im letzteren Fall ist darauf zu achten, dass die Schwellenwerte, falls das Unternehmen schrumpft, angepasst werden.

28.58 Auch soweit Geschäftsführungsaufgaben innerhalb des Geschäftsführungsorgans auf ein Mitglied delegiert werden, werden die übrigen Mitglieder nicht von ihrer Verantwortung für die delegierten Aufgaben befreit. Vielmehr wandeln sich die bestehenden Sorgfaltspflichten in **wechselseitige Kontrollpflichten**.[3] Dabei steigt die Intensität der geforderten wechselseitigen Kontrolle mit der Wahrscheinlichkeit und Größe eines drohenden Schadens.

---

1 Anderes würde dann gelten, wenn die Anordnung eines Vertriebsstopps, einer Warn- oder einer Rückrufaktion aufgrund der von ihr hervorgerufenen Auswirkungen (z.B. Imageschaden, finanzieller Aufwand) unter Berücksichtigung der Größe des Unternehmens als eine dem Leitungsbereich zuzurechnende Maßnahme zu qualifizieren wäre.

2 Dabei muss das Organmitglied, dem die Aufgabe übertragen wird, die zu ihrer Erfüllung erforderliche persönliche und fachliche Qualifikation besitzen (*Uwe H. Schneider* in FS 100 Jahre GmbH-Gesetz, 1992, S. 473, 484).

3 *Mertens/Cahn* in KölnKomm. AktG, § 77 AktG Rz. 26; *Wiesner* in MünchHdb. AG, § 22 Rz. 24; *Schiessl*, ZGR 1992, 64, 68; *Löbbe*, Unternehmenskontrolle im Konzern, 2003, S. 172 ff.

c) Delegation auf nachgeordnete Unternehmensebenen

Da Vorstandsmitglieder einer AG und Geschäftsführer einer GmbH schon aus Kapazitätsgründen nicht in der Lage sind, sämtliche Geschäftsführungstätigkeiten umfassend selbst wahrzunehmen, können sie sie auf **nachgeordnete Stellen** übertragen[1] (vgl. auch oben E. Vetter, Rz. 22.71 ff.). Zwingend dem Gesamtgeschäftsführungsorgan zugewiesen sind jedoch unternehmerische Führungsentscheidungen (vgl. Rz. 28.47 ff.). Indes wird die Leitungsmacht des Geschäftsführungsorgans auch in den Fällen unternehmerischer Führungsentscheidungen nicht berührt, wenn lediglich die Vorbereitung oder die Ausführung der Entscheidungen an Personen delegiert wird, die dem arbeitsrechtlichen Direktionsrecht des Geschäftsführungsorgans unterliegen. Nur die Leitungsentscheidung selbst muss beim Geschäftsführungsorgan verbleiben.[2]

28.59

Auch hinsichtlich der Möglichkeit der vertikalen Delegation ist es bislang weder der Rechtsprechung noch der Literatur gelungen, klare Kriterien für die Abgrenzung von unternehmerischen Führungsentscheidungen und an nachgeordnete Ebenen **delegierbaren Entscheidungen** zu entwickeln.[3] Nach hier vertretener Auffassung kann bei der Beurteilung des Vorliegens einer unternehmerischen Führungsentscheidung kein verallgemeinernder Maßstab Anwendung finden. Es muss vielmehr unter Berücksichtigung der Unternehmensgröße sowie von Art und Umfang der Maßnahme beurteilt werden, ob diese dem nicht delegierbaren Leitungsbereich zuzuordnen ist.[4] Hinsichtlich der bei der Beurteilung der Delegierbarkeit zu berücksichtigenden Aspekte kann auf die Ausführungen zur horizontalen Delegierbarkeit Bezug genommen werden (vgl. Rz. 28.46 ff.). Ist die Delegation in concreto zulässig, lässt sie die Verantwortung der Mitglieder des Geschäftsführungsorgans nicht zur Gänze entfallen, sondern gibt ihr nur einen anderen Inhalt.[5] Die Mitglieder des Geschäftsführungsorgans haben in solchen Fällen für die ordnungsgemäße Auswahl, Einweisung und Überwachung der betrauten Mitarbeiter einzustehen.[6]

28.60

Die **ordnungsgemäße Auswahl** der Mitarbeiter gebietet, dass sie über die erforderlichen persönlichen und fachlichen Qualifikationen hinsichtlich der Konstruktion, Fabrikation einschließlich Befundsicherung, Instruktion, Produktbeobachtung und Dokumentation ver-

28.61

---

1 *Löbbe*, Unternehmenskontrolle im Konzern, 2003, S. 42; *Semler*, Leitung und Überwachung der Aktiengesellschaft, Rz. 10. Keiner näheren Betrachtung unterzogen werden kann hier die Übertragung von Aufgaben im Rahmen der Produktverantwortung auf Unternehmensexterne (vgl. dazu *Spindler*, Unternehmensorganisationspflichten, 2001, S. 719 ff.; insbesondere S. 729 ff.).
2 *Fleischer* in Fleischer, Handbuch des Vorstandsrechts, § 1 Rz. 56; *Fleischer*, ZIP 2003, 1, 8; *Spindler* in MünchKomm. AktG, § 76 AktG Rz. 18; *Kort* in Großkomm. AktG, § 76 AktG Rz. 49.
3 Zur Delegation von Compliance-Aufgaben *Harbarth*, ZHR 179 (2015), 137, 162 ff.
4 Im gedanklichen Ausgangspunkt spricht viel dafür, die Schwelle für die rechtliche Zulässigkeit der Delegation auf nachgeordnete Ebenen tendenziell höher anzusiedeln als bei einer Delegation auf einzelne Mitglieder des Geschäftsführungsorgans. In beiden Konstellationen wird die Aufgabe zwar nicht mehr vom Gesamtgeschäftsführungsorgan, im zweiten Szenario aber immerhin noch von einem Mitglied des Geschäftsführungsorgans und nicht lediglich von auf nachgeordneten Ebenen tätigen Mitarbeitern wahrgenommen. Es erscheint indes zweifelhaft, ob sich derartige Differenzierungen einigermaßen praktikabel umsetzen ließen. Festgehalten werden kann jedenfalls, dass viel dafür spricht, nicht auf einzelne Mitglieder des Geschäftsführungsorgans horizontal delegierbare Aufgaben auch als vertikal nicht delegierbar zu qualifizieren.
5 Vgl. *Fleischer* in Fleischer, Handbuch des Vorstandsrechts, § 8 Rz. 28; *Hopt/Roth* in Großkomm. AktG, § 93 AktG Rz. 162 ff.; *Löbbe*, Unternehmenskontrolle im Konzern, 2003, S. 42; ebenso zur GmbH *Haas/Ziemons* in Michalski, § 43 GmbHG Rz. 170.
6 Vgl. BGH v. 7.11.1994 – II ZR 270/93, BGHZ 127, 336, 347.

fügen, um die ihnen zugewiesenen Aufgaben ordnungsgemäß zu erfüllen.[1] Die konkreten Sorgfaltsanforderungen hängen nach allgemeinen Grundsätzen dabei insbesondere vom Grad der dem Unternehmen drohenden Risiken ab.[2] Für den Bereich der Produkthaftung folgt hieraus, dass die Sorgfaltspflichtanforderungen mit einer Erhöhung des vom konkreten Produkt ausgehenden Gefährdungspotentials für das Unternehmen zunehmen, wobei sich das Gefährdungspotential nicht nur in Verbindlichkeiten aus etwaigen Schadensfällen, sondern auch in Ertragseinbußen infolge von durch Schadensfälle ausgelösten Imageschäden manifestieren kann. Je wahrscheinlicher derartige Vorgänge sind und je höher der durch sie verursachte Schaden der Gesellschaft sein kann, desto strenger sind die an die Auswahl der Mitarbeiter anzulegenden Sorgfaltsmaßstäbe. Die vom Vorstand ausgewählten Mitarbeiter brauchen ihrerseits nicht über eine spezielle fachliche Expertise hinsichtlich aller in ihrem Verantwortungsbereich angesiedelten Produkte zu verfügen; es reicht aus, dass sie ihrerseits zur ordnungsgemäßen Auswahl, Einweisung und Überwachung von Mitarbeitern in der Lage sind. Das Vorhandensein der erforderlichen fachlichen Qualifikation setzt in der Regel nicht notwendig bestimmte Berufsabschlüsse voraus. Die Existenz von Berufsabschlüssen wird es indes vielfach erleichtern, eine ordnungsgemäße Auswahl darzutun.

28.62 Eine **sorgfaltsgemäße Einweisung** der Mitarbeiter erfordert die Erläuterung der ihnen übertragenen Aufgaben, die Schaffung von Berichtszuständigkeiten, die Bekanntgabe der Regeln über die unternehmensinterne Organisation und Hinweise auf besondere Gefahrenmomente.[3] Die Einweisungspflicht beinhaltet auch die Pflicht, die Mitarbeiter in angemessener Weise fortzubilden.[4]

28.63 Ferner haben die Mitglieder des Geschäftsführungsorgans für eine **laufende Überwachung** zu sorgen und sicherzustellen, dass die Mitarbeiter auf nachgeordneten Unternehmensebenen die ihnen übertragenen Aufgaben ordnungsgemäß erledigen.[5] Sie haben zunächst geeignete organisatorische Vorkehrungen zu treffen, um Pflichtverletzungen von Unternehmensangehörigen zu vermeiden, insbesondere die Verantwortlichkeiten unter den Mitarbeitern festzulegen.[6] Sie haben weiterhin Kontrollmechanismen zu etablieren, die nicht erst bei der Entdeckung von Missständen eingreifen.[7] Gibt es Hinweise auf Pflichtverstöße auf nachgeordneten Unternehmensebenen, haben die Mitglieder des Geschäftsführungsorgans dem unverzüglich nachzugehen.[8] Die erforderlichen Überwachungsmaßnahmen können je nach Größe und Organisationsform des Unternehmens auch auf mehreren Unternehmensebenen zu treffen sein.[9] In besonderen Fällen kann eine gesteigerte Überwachungspflicht anzuneh-

---

1 Vgl. *Fleischer* in Fleischer, Handbuch des Vorstandsrechts, § 8 Rz. 30; zur Auswahl des Compliance Officer *Harbarth*, ZHR 179 (2015), 137, 164 f.
2 Vgl. *Fleischer* in Fleischer, Handbuch des Vorstandsrechts, § 8 Rz. 30; *Uwe H. Schneider* in FS 100 Jahre GmbH-Gesetz, 1992, S. 473, 488.
3 *Fleischer* in Fleischer, Handbuch des Vorstandsrechts, § 8 Rz. 31.
4 *Uwe H. Schneider* in FS 100 Jahre GmbH-Gesetz, 1992, S. 473, 486.
5 Vgl. BGH v. 7.11.1994 – II ZR 270/93, BGHZ 127, 336, 347; KG Berlin v. 9.10.1998 – 14 U 4823/96, NZG 1999, 400, 400; *Hopt/Roth* in Großkomm. AktG, § 93 AktG Rz. 162 ff.; *Fleischer* in Fleischer, Handbuch des Vorstandsrechts, § 8 Rz. 32.
6 *Lutter*, GmbHR 2000, 301, 304.
7 Vgl. *Fleischer* in Fleischer, Handbuch des Vorstandsrechts, § 8 Rz. 37.
8 Vgl. BGH v. 8.10.1984 – II ZR 175/83, GmbHR 1985, 143, 144; LG München I v. 10.12.2013 – 5 HK O 1387/10, NZG 2014, 345, 346 f. = AG 2014, 332 – Siemens/Neubürger; *Fleischer* in Fleischer, Handbuch des Vorstandsrechts, § 8 Rz. 35.
9 *Fleischer* in Fleischer, Handbuch des Vorstandsrechts, § 8 Rz. 39.

men sein.¹ Dies kann insbesondere dann der Fall sein, wenn bei vergleichbaren Produkten Schadensfälle bekannt werden oder sonstige Anhaltspunkte vorliegen, die ein gesteigertes Risiko von Produktfehlern erkennen lassen.

Aufgrund der Überwachungspflichten des Geschäftsführungsorgans kann sich dieses seiner Pflichten im Rahmen der Produktverantwortung nicht durch die Delegation auf ein **Expertengremium** entledigen. Ein solches – im Hinblick auf den größeren Sachverstand und eine eventuell erhöhte Reaktionsgeschwindigkeit durchaus naheliegendes – Gremium kann zwar eingerichtet werden. Es kann indes nicht als „frei schwebendes" Gremium ausgestaltet werden, sondern bedarf der „Anbindung" an und der Überwachung durch das Geschäftsführungsorgan. Auch unter Zugrundelegung der Grundsätze der „Lederspray"-Entscheidung des BGH kann vorgesehen werden, ein solches Gremium zu ermächtigen, einen Vertriebsstopp, eine Warn- oder eine Rückrufaktion anzuordnen, und es nur für den Fall einer ablehnenden Entscheidung zur Vorlage der Angelegenheit an das Gesamtgeschäftsführungsorgan zu verpflichten (vgl. auch Rz. 28.55).

28.64

Fraglich ist darüber hinaus, ob und unter welchen Voraussetzungen das Geschäftsführungsorgan im Produktbereich zur Einrichtung einer auf Schadensprävention und Risikokontrolle angelegten **Compliance-Organisation** verpflichtet ist.² Der Begriff der Compliance, der ursprünglich aus der anglo-amerikanischen Bankenwelt stammt³, umfasst die Gesamtheit aller Maßnahmen, um das rechtmäßige Verhalten von Unternehmen, Organmitgliedern und Mitarbeitern zu gewährleisten.⁴ Wenngleich in jüngerer Vergangenheit weitere Compliance-relevante Risikobereiche identifiziert wurden, wurde der Bereich der Produkthaftung bisher vielfach nicht als Compliance-Gebiet angesehen.⁵ Angesichts des hier vorhandenen erheblichen Risikopotentials erscheint es indes naheliegend, Compliance-Pflichten auch im Bereich der Produkthaftung als möglich anzusehen. Eine Pflicht zur Schaffung einer Compliance-Organisation⁶ wird man insoweit indes nicht generell, sondern nur dann bejahen können, wenn dies im konkreten Fall unter Berücksichtigung der Größe des Unternehmens, der Vielfalt und Bedeutung der von ihm einzuhaltenden Vorschriften sowie früherer Missstände und Unregelmäßigkeiten⁷ erforderlich ist.⁸

28.65

---

1 Vgl. *Hopt/Roth* in Großkomm. AktG, § 93 AktG Rz. 162 ff.
2 Eingehend zur Reichweite von Compliance-Organisationspflichten *Harbarth*, ZHR 179 (2015), 136 ff.; *Reichert* in FS Hoffmann-Becking, 2013, S. 943 ff. Aus der neueren Rechtsprechung insbes. LG München I v. 10.12.2013 – 5 HK O 1387/10, NZG 2014, 345 ff. = AG 2014, 332 – Siemens/Neubürger.
3 *Fleischer* in Fleischer, Handbuch des Vorstandsrechts, § 8 Rz. 41. Zur Entwicklung der inhaltlichen Anforderungen *Harbarth/Brechtel*, ZIP 2016, 241 ff.
4 Vgl. *Uwe H. Schneider*, ZIP 2003, 645, 646 f. und in diesem Handbuch oben *Kremer/Klahold*, § 25.
5 Vgl. *Fleischer* in Fleischer, Handbuch des Vorstandsrechts, § 8 Rz. 44; s. indes auch *Veltins* in Hauschka/Moosmayer/Lösler, Corporate Compliance, 3. Aufl. 2016, §§ 22 ff. sowie *Uwe H. Schneider*, CCZ 2008, 18, mit Hinweisen zum Unternehmensstrafrecht in den USA und Großbritannien.
6 Zu deren Ausgestaltung näher *Uwe H. Schneider*, ZIP 2003, 645, 649 f.
7 Vgl. zu derartigen Faktoren LG München I v. 10.12.2013 – 5 HK O 1387/10, NZG 2014, 345, 347 = AG 2014, 332 – Siemens/Neubürger; *Fleischer* in Fleischer, Handbuch des Vorstandsrechts, § 8 Rz. 44.
8 S. auch *Hauschka*, ZIP 2004, 877, 878; tendenziell strenger *Uwe H. Schneider*, ZIP 2003, 645, 647 ff.

d) Eigenes Verschulden

28.66 Eine Haftung von AG-Vorstandsmitgliedern nach § 93 Abs. 2 AktG bzw. von GmbH-Geschäftsführern nach § 43 Abs. 2 GmbHG setzt eine **eigene schuldhafte Pflichtverletzung** voraus. Schuldhafte Pflichtverletzungen anderer Organmitglieder oder von Mitarbeitern auf nachgeordneten Unternehmensebenen sind weder nach § 278 BGB noch nach § 831 BGB zuzurechnen.[1] Erforderlich ist demnach, dass das in Anspruch genommene Vorstandsmitglied bzw. der in Anspruch genommene Geschäftsführer schuldhaft die vorstehend entwickelten Pflichten (dazu Rz. 28.43 ff.) verletzt.

28.67 Nach § 93 Abs. 2 Satz 2 AktG trifft die Vorstandsmitglieder die **Beweislast** dafür, dass sie die Sorgfalt eines ordentlichen und gewissenhaften Geschäftsleiters angewandt haben. Die AG muss hiernach Eintritt und Höhe des Schadens, Handlung bzw. Unterlassung des beklagten Vorstandsmitglieds sowie adäquate Kausalität zwischen Handlung und Schaden beweisen. Demgegenüber ist das Vorstandsmitglied beweisbelastet, dass die Handlung nicht pflichtwidrig oder nicht schuldhaft war oder dass der Schaden auch bei pflichtgemäßem Verhalten eingetreten wäre.[2] Gleiches gilt, auch wenn dort keine ausdrückliche gesetzliche Regelung existiert, für die GmbH.[3] Aufgrund dieser Beweislastregelung kommt der Frage, ob die Grundsätze über die Beweislastverteilung im Verhältnis zwischen Geschädigtem und Produzenten auch für dessen Rückgriff bei den Mitgliedern des Geschäftsführungsorgans zu beachten sind, nur eingeschränkte Relevanz zu. Es sind indes Konstellationen denkbar, in denen sich diese Frage durchaus stellen kann. Haftet die Gesellschaft etwa wegen Verletzung der Befundsicherungspflicht und möchte sie hierfür Rückgriff bei einem Mitglied des Geschäftsführungsorgans nehmen, würde etwa die Frage aufgeworfen, ob das Vorstandsmitglied die Beweislast dafür trägt, dass der Produktfehler nicht in dem von ihm zu verantwortenden Bereich entstanden ist. Im Ergebnis ist eine Übertragung der Beweislastgrundsätze des klassischen Produkthaftungsrechts auf das Verhältnis zwischen Gesellschaft und Organmitglied jedoch abzulehnen. Die den Geschädigten gewährten Beweiserleichterungen werden gerechtfertigt unter Hinweis auf die Unübersichtlichkeit des Produktionsbereichs und die damit verbundenen Schwierigkeiten des Nachweises eines verschuldeten Fehlers, die auf die Beeinflussung des Konsumverhaltens abzielende Werbung und die Möglichkeit des Produzenten, die Risiken am ehesten versichern zu können.[4] Diese Überlegungen lassen sich auf das Verhältnis zwischen Gesellschaft und Organmitglied nicht übertragen. Insoweit bewendet es daher bei den auf § 93 Abs. 2 Satz 2 AktG gestützten Grundsätzen, die auch auf die GmbH Anwendung finden.

28.68 Hiervon zu unterscheiden ist die weitere – zu bejahende – Frage, ob die auf das Verhältnis zwischen Geschädigtem und Produzenten anwendbaren Beweislastgrundsätze im Regressszenario insofern Berücksichtigung finden, als es um die Frage geht, ob der Gesellschaft überhaupt ein Schaden entstanden ist. Ist – wie regelmäßig der Fall – gem. §§ 72 ff. ZPO der Streit verkündet worden, greift insoweit die Nebeninterventionswirkung gem. § 68 ZPO ein.

---

1 Zur AG *Fleischer* in Fleischer, Handbuch des Vorstandsrechts, § 8 Rz. 14; *Fleischer*, AG 2003, 291, 292; zur GmbH *Haas/Ziemons* in Michalski, § 43 GmbHG Rz. 175 f.
2 *Hüffer/Koch*, § 93 AktG Rz. 53; *Wiesner* in MünchHdb. AG, § 26 Rz. 24 jeweils m.w.N.; ausführlich zur Problematik auch *Goette*, ZGR 1995, 648, 649 ff.
3 BGH v. 4.11.2002 – II ZR 224/00, BGHZ 152, 280, 284 f.; *Kleindiek* in Lutter/Hommelhoff, § 43 GmbHG Rz. 52; *Fleischer* in MünchKomm. GmbHG, § 43 GmbHG Rz. 270 ff.
4 Vgl. *Hager* in Staudinger, § 823 BGB Rz. F 1.

e) Problematik sog. nützlicher Pflichtverletzungen

Fraglich ist, ob sich Mitglieder des Geschäftsführungsorgans im Innenverhältnis darauf berufen können, ein erfolgter Gesetzesverstoß sei im Interesse der Gesellschaft geschehen. Praktische Bedeutung könnte dem etwa dann zukommen, wenn die mit der Wahrung der Befundsicherungspflicht verbundenen Kosten betragsmäßig die aus ihrer Verletzung resultierenden Schadensersatzpflichten der Gesellschaft jedenfalls ex ante übersteigen (z.B. weil Rechtsgutsverletzungen nur in extrem seltenen Fällen zu erwarten stehen). Ein unternehmerischer Handlungsspielraum bei **profitablen Pflichtverletzungen** wird indes im einschlägigen Schrifttum jedenfalls im Grundsatz verneint.[1] Dem ist im Hinblick darauf zu folgen, dass die Einhaltung der Gesetzesbestimmungen dem Gesellschaftsinteresse vorgeordnet ist[2] (vgl. zu diesem Fragenkreis auch unten *Wilsing*, Rz. 31.23 ff.).

28.69

Kein Gesetzesverstoß der Gesellschaft steht demgegenüber in Rede, soweit es nur um die Verpflichtung der Mitglieder des Geschäftsführungsorgans geht, insbesondere durch **Dokumentation** sicherzustellen, dass die Gesellschaft das Fehlen der objektiven Pflichtwidrigkeit oder des Verschuldens dartun und beweisen kann (vgl. Rz. 28.46). Insoweit verbleibt deshalb Raum für die Argumentation, die im Innenverhältnis grundsätzlich gebotenen Handlungsweisen hätten im konkreten Fall aufgrund der mit ihnen verbundenen Kosten im Interesse der Gesellschaft unterbleiben dürfen.

28.70

III. Konzernspezifische Besonderheiten

Schwierige Rechtsfragen stellen sich im Zusammenhang mit der Produktverantwortung von Managern in Konzernstrukturen (näher zur Organhaftung im Konzern oben *Sven H. Schneider*, Rz. 8.12 ff.). Auch insoweit ist zwischen der Frage der Inanspruchnahme von Organmitgliedern des Mutterunternehmens im **Außenverhältnis**[3] und jener ihrer Inanspruchnahme im **Innenverhältnis** zu unterscheiden. Letztere betrifft dabei nicht nur Fälle, in denen das Mutterunternehmen seinerseits in Anspruch genommen wird, sondern auch solche, in denen schuldhafte Pflichtverletzungen von Organmitgliedern des Mutterunternehmens zur Schädigung von Tochterunternehmen und damit mittelbar zur Schädigung des Mutterunternehmens geführt haben. Voraussetzung der Inanspruchnahme im Innenverhältnis ist dabei die schuldhafte Verletzung von Pflichten der Mitglieder des Geschäftsführungsorgans im Zusammenhang mit der Leitung und Kontrolle des Konzernverbundes.[4] Dieser komplexe Fragenkreis kann hier nicht vertieft werden.

28.71

---

1 *Hopt/Roth* in Großkomm. AktG, § 93 AktG Rz. 134; *Ihrig*, WM 2004, 2098, 2104; *Paefgen*, Unternehmerische Entscheidungen und Rechtsbindung der Organe in der AG, 2002, S. 24; *Fleischer*, ZIP 2005, 141, 142 ff. (auch näher zu Ausnahmen); *Altmeppen* in Roth/Altmeppen, § 43 GmbHG Rz. 6; differenzierend *Uwe H. Schneider* in Scholz, § 43 GmbHG Rz. 78 f.
2 Zutreffend *Fleischer*, ZIP 2005, 141, 148 f.
3 Vgl. dazu die Darstellung bei *Spindler* in Fleischer, Handbuch des Vorstandsrechts, § 13 Rz. 88 ff.
4 Ausführlich zur Kontrolle von Konzernunternehmen durch das Leitungsorgan der Obergesellschaft *Löbbe*, Unternehmenskontrolle im Konzern, 2003, S. 74 ff.

IV. Sonstige zivilrechtliche Verantwortlichkeit

28.72 Pflichtverletzungen von Vorstandsmitgliedern im Rahmen der Produktverantwortung können den **Widerruf ihrer Bestellung** rechtfertigen. Voraussetzung hierfür ist nach § 84 Abs. 3 Satz 1 AktG das Vorliegen eines wichtigen Grundes. Ein solcher ist zu bejahen, wenn die Fortsetzung des Organverhältnisses bis zum Ende der Amtszeit für die AG unzumutbar ist.[1] Als wichtiger Grund gilt namentlich grobe Pflichtverletzung, Unfähigkeit zur ordnungsgemäßen Geschäftsführung oder Vertrauensentzug durch die Hauptversammlung, es sei denn, dass das Vertrauen aus offenbar unsachlichen Gründen entzogen wurde (§ 84 Abs. 3 Satz 2 AktG). Ob Pflichtverletzungen von Vorstandsmitgliedern im Rahmen ihrer Produktverantwortung einen wichtigen Grund für den Widerruf der Bestellung darstellen, lässt sich indes nicht verallgemeinernd, sondern nur im Hinblick auf den jeweils in Rede stehenden Einzelfall beurteilen.

28.73 In der GmbH ist die Bestellung der Geschäftsführer grundsätzlich unbeschadet etwaiger Entschädigungsansprüche aus bestehenden Verträgen jederzeit widerruflich. Allerdings kann der Gesellschaftsvertrag die Abberufbarkeit bis zur Grenze des Vorliegens wichtiger Gründe beliebig einschränken.[2] Im Anwendungsbereich des Mitbestimmungsgesetzes findet auf die Abberufung von GmbH-Geschäftsführern zwingend § 84 AktG Anwendung (§ 31 MitbestG).

28.74 Der Widerruf der Bestellung als Vorstandsmitglied bzw. Geschäftsführer lässt den **Anstellungsvertrag** grundsätzlich unberührt. Eine grobe Pflichtverletzung kann einen wichtigen Grund für die außerordentliche Kündigung des Anstellungsvertrages darstellen[3]; dessen Vorliegen kann letztlich indes auch im Bereich der Produktverantwortung nur einzelfallbezogen beurteilt werden.

D. Strafrechtliche Verantwortlichkeit

28.75 Die strafrechtliche Verantwortung von Vorstandsmitgliedern einer AG und GmbH-Geschäftsführern, die hier nur kurz skizziert werden kann (s. dazu unten *Krause*, § 40)[4], wird maßgeblich durch die sog. **„Lederspray"-Entscheidung** des II. Strafsenats des BGH geprägt.

28.76 Die Entscheidung ist insbesondere[5] im Hinblick darauf bedeutsam, dass der BGH eine **Garantenstellung** der Geschäftsleitung aus gefährlichem Vorverhalten schon allein jedenfalls aufgrund der objektiven Pflichtwidrigkeit der Geschäftsleitung bejaht, also auch ohne

---

1 *Hüffer/Koch*, § 84 AktG Rz. 34.
2 *Zöllner/Noack* in Baumbach/Hueck, § 38 GmbHG Rz. 7.
3 Näher *Hüffer/Koch*, § 84 AktG Rz. 50.
4 Umfangreichere Untersuchungen finden sich insbesondere bei *Hilgendorf*, Strafrechtliche Produzentenhaftung in der „Risikogesellschaft", 1993; *Kuhlen*, Fragen einer strafrechtlichen Produkthaftung, 1989; *Hassemer*, Produktverantwortung im modernen Strafrecht, 2. Aufl. 1996; *Ransiek*, Unternehmensstrafrecht, 1996.
5 Bedeutung kommt ihr auch insoweit zu, als sie einen Ursachenzusammenhang zwischen der Beschaffenheit eines Produkts und Gesundheitsbeeinträchtigungen seiner Nutzer auch dann als rechtsfehlerfrei festgestellt ansieht, wenn offen bleibt, welche Substanz den Schaden ausgelöst hat, aber andere in Betracht kommende Schadensursachen auszuschließen sind (BGHSt 37, 106, 111 ff.); vgl. zu den Anforderungen an die Feststellung eines Ursachenzusammenhangs zwischen chemischen Substanzen und Gesundheitsschäden auch BGHSt 41, 206, 214 ff.

schuldhaftes Vorverhalten.[1] Offen ließ der BGH demgegenüber die Ableitung einer Garantenstellung aus zivilrechtlichen Verkehrssicherungspflichten.[2]

Nach herrschender Meinung ist strafrechtlich jedes Mitglied des Geschäftsführungsorgans zum Handeln für die juristische Person verpflichtet. Indes kann es auch im strafrechtlichen Bereich zu einer Reduktion der Pflicht des infolge einer bestimmten Ressortverteilung unzuständigen Organmitglieds auf eine Überwachungspflicht kommen, die bei Anhaltspunkten für Pflichtverletzungen auch zu einer Pflicht zum Eingreifen erstarken kann.[3] Auch in strafrechtlicher Hinsicht ist nach zutreffender Auffassung eine zwingende **Gesamtzuständigkeit** für jedwede Entscheidung über einen Vertriebsstopp, eine Warn- oder Rückrufaktion abzulehnen (vgl. Rz. 28.51 ff.). 28.77

Keiner näheren Betrachtung unterzogen werden können hier die Konkretisierung strafrechtlich begründeter **Organisationspflichten** sowie die Fragenkreise der Täterschaft kraft Organisationsherrschaft, der Verletzung der Aufsichtspflicht nach § 130 OWiG sowie von Straftaten und Ordnungswidrigkeiten in Konzernstrukturen (s. dazu unten *Schücking*, Rz. 41.22 ff.).[4] 28.78

E. Zusammenfassung

1. Der Produktverantwortung von Managern liegt ein weiterer Produktbegriff zugrunde als dem klassischen Produkthaftungsrecht: Erfasst wird auch die Haftung für unkörperliche Produkte und für unbewegliche Sachen. Darüber hinaus schließt die Produktverantwortung von Managern anders als das klassische Produkthaftungsrecht auch Aspekte des Ersatzes des Äquivalenzinteresses ein. 28.79

2. a) Eine deliktische Produktaußenhaftung von Vorstandsmitgliedern und GmbH-Geschäftsführern kommt in den Fällen eigenhändigen Fehlverhaltens nach § 823 Abs. 1 BGB, § 823 Abs. 2 BGB in Verbindung mit einem Schutzgesetz sowie nach § 826 BGB in Betracht. 28.80

   b) Eine deliktische Produktaußenhaftung von Vorstandsmitgliedern und GmbH-Geschäftsführern scheidet außerhalb eigenhändigen Fehlverhaltens demgegenüber grundsätzlich aus, weil Träger der Verkehrspflichten nur die juristische Person, nicht hingegen das Organmitglied ist. 28.81

   c) Eigenhändigem Handeln steht es indes gleich, wenn das Organmitglied von Verletzungshandlungen nachgeordneter Mitarbeiter oder anderer Organmitglieder erfährt und hiergegen nicht einschreitet. 28.82

3. Im Innenverhältnis gegenüber der Gesellschaft haben Vorstandsmitglieder und GmbH-Geschäftsführer (vor allem mittels Organisation) die sorgfältige Konstruktion und Fabrikation von Produkten, die sachgerechte Instruktion ihrer Nutzer und die sorgfältige Produktbeobachtung sicherzustellen. Sie haben darüber hinaus sicherzustellen, dass die Gesellschaft das Fehlen der objektiven Pflichtwidrigkeit oder des Verschuldens im Rah- 28.83

---

1 BGH v. 6.7.1990 – 2 Str 549/89, BGHSt 37, 106, 113 ff.
2 BGH v. 6.7.1990 – 2 Str 549/89, BGHSt 37, 106, 115; vgl. hierzu auch *Spindler* in Fleischer, Handbuch des Vorstandsrechts, § 15 Rz. 70 ff. m.w.N.
3 *Radtke*, ZIP 2016, 1993, 1998 f.; *Spindler* in Fleischer, Handbuch des Vorstandsrechts, § 15 Rz. 82 m.w.N.
4 Näher zu alldem *Spindler* in Fleischer, Handbuch des Vorstandsrechts, § 15 Rz. 75 ff. m.w.N.

men eines Produkthaftungsprozesses beweisen kann (insbesondere durch sorgfältige Dokumentation ergriffener Maßnahmen).

28.84 4. a) Die Produktverantwortung obliegt grundsätzlich dem gesamten Geschäftsführungsorgan. Es kann indes durch die Satzung oder die Geschäftsordnung eine Einzelzuständigkeit begründet werden.

28.85 b) Eine zwingende Gesamtzuständigkeit folgt aus § 91 Abs. 2 AktG nur bei Hervorrufen oder erheblicher Steigerung eines Insolvenzrisikos.

28.86 c) Eine zwingende Gesamtzuständigkeit besteht auch dann, wenn die konkrete Maßnahme als unternehmerische Führungsaufgabe zu qualifizieren ist. Dies beurteilt sich in Abhängigkeit von der Größe des Unternehmens sowie Art und Umfang der Maßnahme, wobei es insbesondere auf das Gefahrenpotential der jeweiligen Produkte ankommt. Verallgemeinerungen im Sinn einer zwingenden Gesamtzuständigkeit für einen Vertriebsstopp, eine Warn- oder Rückrufaktion betreffende Maßnahmen sind auch vor dem Hintergrund des „Lederspray"-Urteils des BGH abzulehnen.

28.87 5. Soweit keine unternehmerische Führungsentscheidung betroffen ist, können die Maßnahmen im Rahmen der Produktverantwortung auch auf nachgeordnete Unternehmensebenen übertragen werden. Die betrauten Mitarbeiter sind indes ordnungsgemäß auszuwählen, einzuweisen und zu überwachen. Die an die Auswahl, Einweisung und Überwachung anzulegenden Pflichtenmaßstäbe hängen insbesondere vom Gefahrenpotential der jeweiligen Produkte ab. Das Geschäftsführungsorgan kann sich seiner Pflichten durch Einschaltung eines Sachverständigengremiums nicht vollständig entledigen.

28.88 6. Die Gesellschaft kann sich im Regressprozess hinsichtlich der Pflichtwidrigkeit und des Verschuldens eines Organmitglieds nicht auf die von der Rechtsprechung im Recht der Produkthaftung entwickelten Beweislastgrundsätze berufen. Indes finden die Regelungen gem. § 93 Abs. 2 Satz 2 AktG insoweit Anwendung (und zwar auch in der GmbH).

28.89 7. Den Mitgliedern des Geschäftsführungsorgans ist im Innenverhältnis der Einwand versagt, eine Verletzung der Verkehrssicherungspflichten habe im wohl verstandenen Interesse der Gesellschaft gelegen. Möglich bleibt dieser Einwand demgegenüber im Hinblick auf Maßnahmen, die erforderlich sind, um das Fehlen der objektiven Pflichtwidrigkeit oder des Verschuldens darzutun und zu beweisen (insbesondere Dokumentationsmaßnahmen).

28.90 8. Auch in strafrechtlicher Hinsicht ist einer zwingenden Gesamtzuständigkeit des Geschäftsführungsorgans für jedwede Entscheidung über einen Vertriebsstopp, eine Warn- oder Rückrufaktion eine Absage zu erteilen.

§ 29
Risikobereich und Haftung: M&A-Transaktionen

Dr. Thomas Bücker und Dr. Sabrina Kulenkamp

A. Einführung	29.1
B. Spezifische Managerpflichten bei M&A-Transaktionen	29.3
I. Insiderrecht	29.3
1. Kauf bzw. Verkauf börsennotierter Aktien	29.5
2. Börsennotiertes Unternehmen als Käufer oder Verkäufer	29.12
II. Ad-hoc-Publizität	29.15
III. Anzeige- und Genehmigungspflichten	29.21
1. Fusionskontrolle	29.22
2. Bank- und Versicherungsaufsichtsrecht	29.23
3. Ausländische Anzeige- und Genehmigungserfordernisse	29.24
4. Außenwirtschaftsrecht	29.25
a) Sektorspezifische Prüfung	29.27
b) Sektorübergreifende Prüfung	29.29
5. CFIUS	29.33
IV. Managerpflichten bei öffentlichen Übernahmen	29.36
1. Rechtliche Rahmenbedingungen in Deutschland	29.37
a) Vertraulichkeit	29.38
b) Vorbereitungsmaßnahmen	29.39
c) Beteiligungsaufbau	29.42
d) Berater	29.45
e) Informationspflichten	29.46
f) Angebotsunterlage	29.47
2. Zielgesellschaft	29.49
a) Verhinderungsverbot	29.50
b) Informationspflichten	29.52
c) Interessenkonflikte	29.54
V. Wahrung der aktienrechtlichen Kompetenzordnung	29.55
1. Zustimmungsvorbehalte des Aufsichtsrats	29.56
2. Mitwirkungsrechte der Hauptversammlung	29.58
3. Folgen einer Kompetenzüberschreitung	29.59
VI. Mitteilungspflichten	29.62
1. Börsennotierte Unternehmen	29.63
a) §§ 33 f. WpHG (§§ 21 f. WpHG a.F.)	29.63
b) Eigengeschäfte von Führungskräften	29.72
2. Nicht börsennotierte Unternehmen	29.73
C. Allgemeine Managerpflichten bei M&A-Transaktionen	29.74
I. Handeln zum Wohl der Gesellschaft auf angemessener Informationsgrundlage	29.75
II. Due Diligence	29.86
III. Transaktionsstrukturierung	29.91
IV. Abbruch von Vertragsverhandlungen	29.93
V. Vertragsgestaltung	29.94
VI. Haftungsrisiken und Pflichten nach Vertragsvollzug	29.98
1. Integrationsmaßnahmen	29.98
2. Vertragsmonitoring	29.101

Schrifttum: *Berens/Brauner/Strauch*, Due Diligence bei Unternehmensakquisitionen, 7. Aufl. 2013; *Böttcher*, Organpflichten beim Unternehmenskauf, NZG 2007, 481; *Brellochs*, Die Neuregelung der kapitalmarktrechtlichen Beteiligungspublizität – Anmerkungen aus Sicht der M&A- und Kapitalmarktpraxis, AG 2016, 157; *Fleischer*, Kompetenzüberschreitungen von Geschäftsleitern im Personen- und Kapitalgesellschaftsrecht: Schaden – rechtmäßiges Alternativverhalten – Vorteilsausgleichung, DStR 2009, 1294; *Fleischer*, Aktuelle Entwicklungen in der Managerhaftung, NJW 2009, 2337; *Fleischer/Körber*, Due Diligence und Gewährleistung beim Unternehmenskauf, BB 2001, 841; *Haas/Müller*, Haftungsrisiken des GmbH-Geschäftsführers im Zusammenhang mit Unternehmens(ver)käufen, GmbHR 2004, 1169; *Hemeling*, Gesellschaftsrechtliche Fragen der Due Diligence beim Unternehmenskauf, ZHR 169 (2005), 274; *Hoor*, Die Haftung der Unternehmensleiter von Kapitalgesellschaften für das Fehlverhalten beim Erwerb eines Unternehmens, 2003; *Kiethe*, Vorstandshaftung aufgrund fehlerhafter Due Diligence beim Unternehmenskauf, NZG 1999, 976; *Klöhn*, Ad-hoc-Publizität und Insiderverbot im neuen Marktmissbrauchsrecht, AG 2016, 423; *Klöhn/Schmolke*, Der Aufschub der Ad-hoc-Publizität nach Art. 17 Abs. 4 MAR zum Schutz der Unternehmensreputation, ZGR 2016, 866; *Kumpan*, Die neuen Regelungen zu Directors' Dealings in der Martkmissbrauchsverordnung, AG 2016, 446; *Kumpan*, Ad-hoc-Publizität nach der Marktmissbrauchsverordnung, DB 2016, 2039; *Lutter*, Due Diligence des Erwerbers beim Kauf einer Beteiligung, ZIP 1997, 613; *Munkert*, Unternehmenstransaktionen erfolgreich managen, DStR 2008, 2501; *Osswald*, Die D&O-Versicherung beim Unternehmenskauf: Auswirkungen eines Unternehmenskaufs und einer Verschmelzung auf den D&O-Versicherungsschutz, 2009; *Pöllath/Philipp*, Unternehmenskauf und Verschmelzung: Pflichten und Haftung von Vorstand und Geschäftsführer, DB 2005, 1503; *Poelzig*, Durchsetzung und Sanktionierung des neuen Marktmissbrauchsrechts, NZG 2016, 492; *Poelzig*, Insider- und Marktmanipulationsverbot im neuen Marktmissbrauchsrecht, NZG 2016, 528; *Poelzig*, Die Neuregelung der Offenlegungsvorschriften durch die Marktmissbrauchsverordnung, NZG 2016, 761; *Schaffner*, Haftungsbeschränkungen im Managementletter, BB 2007, 1292; *Seibt/Kulenkamp*, CFIUS-Verfahren und Folgen für M&A-Transaktionen mit Beteiligung deutscher Unternehmen – und als Modell für die Weiterentwicklung des deutschen Außenwirtschaftsrechts?, ZIP 2017, 1345; *Seibt/Wollenschläger*, Revision des Marktmissbrauchsrechts durch Marktmissbrauchsverordnung und Richtlinie über strafrechtliche Sanktionen für Marktmanipulation, AG 2014, 593; *Seibt/Wollenschläger*, Haftungsrisiken für Manager wegen fehlgeschlagener Post Merger Integration, DB 2009, 1579; *Sieger/Hasselbach*, Die Haftung des GmbH-Geschäftsführers bei Unternehmenskäufen, GmbHR 1998, 957; *van Venrooy*, Geschäftsführerhaftung beim Unternehmenskauf, GmbHR 2008, 1; *Werner*, Haftungsrisiken bei Unternehmensakquisitionen: die Pflicht des Vorstands zur Due Diligence, ZIP 2000, 989.

A. Einführung

29.1 Der Erwerb und die Veräußerung von Unternehmen sind für die strategische Ausrichtung und Entwicklung vieler Gesellschaften von zentraler Bedeutung. Das Volumen von *Mergers & Acquisitions* (M&A) hatte über die letzten Jahrzehnte nicht zuletzt wegen der Öffnung der Märkte in Osteuropa und Fernost sowie der allgemeinen Intensivierung des globalen Wettbewerbs kontinuierlich zugenommen. Auf Grund der weltweiten Finanz- und Wirtschaftskrise war das Transaktionsgeschäft dann seit 2008 zunächst deutlich zurückgegangen. Der Markt hat sich in den letzten Jahren allerdings zunehmend erholt. 2016 wurden weltweit M&A-Transaktionen mit einem Gesamtvolumen von mehr als 3,3 Billionen US-Dollar abgeschlossen.[1] Grund für den Erwerb von Unternehmen ist zumeist der Wunsch nach Expansion oder Diversifizierung. Die Veräußerung von Unternehmen oder Geschäftsbereichen ist oftmals durch die angestrebte Konzentration auf strategische Kernfelder oder Trennung von weniger profitablen oder restrukturierungsbedürftigen Unternehmensbereichen motiviert. In jüngerer Zeit erfolgten Unternehmensverkäufe verstärkt auch zum Abbau von Überkapazitäten sowie zur Beschaffung liquider Mittel. Diese Bedürfnisse bestehen für Unternehmen auch und gerade in wirtschaftlichen Krisenzeiten.

29.2 Angesichts der großen Bedeutung von M&A-Transaktionen und der Komplexität der Rahmenbedingungen ist es fast verwunderlich, dass es bislang nicht häufiger zu Fällen von M&A-bezogener Organhaftung gekommen ist.[2] Die ganz überwiegende Zahl spektakulärer Fälle von Managerhaftung – allen voran die US-Fälle Enron, Worldcom bzw. die deutschen Beispiele In-

---

1 http://www.mergermarket.com/info/mergermarket-envision/.
2 Vgl. jedoch etwa OLG Oldenburg v. 22.6.2006 – 1 U 34/03, DB 2006, 2511 (bestätigt durch Nichtzulassungsbeschluss des BGH v. 15.5.2007 – II ZR 165/06).

fomatec, Flowtex, EM.TV, Comroad, Kombassan sowie z.B. die Untreuevorwürfe gegen die Vorstandsmitglieder der HSH Nordbank AG oder der Fall Lafonta/AMF[1] – ist eher dem Bereich von Falschbilanzierung und irreführender oder verspäteter Kapitalmarktkommunikation zuzuordnen. Die Gründe für diese vergleichsweise **geringe „Prozessneigung"** des M&A-Geschäfts dürften zum einen im bislang vorherrschenden System der „Innenhaftung" von Vorstand und Aufsichtsrat liegen, das signifikante Hürden für die gerichtliche Inanspruchnahme von Organen errichtet.[2] Zum anderen wirkt sich gerade im Bereich des M&A das Haftungsprivileg der Business Judgment Rule aus, die nach ihrer richterrechtlichen Ausformung durch die ARAG/Garmenbeck-Entscheidung des BGH[3] seit 2005 in § 93 Abs. 1 AktG explizit verankert ist: Die Entscheidung zum Erwerb oder zur Veräußerung eines Unternehmens oder Geschäftszweigs liegt im Kernbereich des unternehmerischen Handelns und geht oftmals mit komplexen Einschätzungen, Wertungen und Prognosen einher. Fehlurteile – selbst wenn sie gravierende wirtschaftliche Folgen haben – sind in diesem „geschützten" Bereich daher kaum justitiabel. Sie führen in der Praxis allenfalls zur Abberufung der verantwortlichen Organmitglieder, nicht aber zu einer persönlichen Inanspruchnahme. Im Zuge der Finanzmarktkrise sind allerdings die Verantwortlichkeiten von Vorständen und Aufsichtsräten auch im Zusammenhang von M&A-Transaktionen stärker in den Fokus der Diskussion geraten. Es wäre daher nicht überraschend, wenn zukünftig die Bereitschaft steigt, Manager für wirtschaftlich „gescheiterte" M&A-Transaktionen in Anspruch zu nehmen.

B. Spezifische Managerpflichten bei M&A-Transaktionen

I. Insiderrecht

Bei M&A-Transaktionen unter Beteiligung börsennotierter Unternehmen ergeben sich für das jeweilige Management der handelnden Parteien potentielle Haftungsrisiken aus dem gesetzlichen **Verbot von Insidergeschäften** nach Art. 14 der Marktmissbrauchsverordnung (*Market Abuse Regulation*) (Verordnung (EU) Nr. 596/2014 vom 16.4.2014; nachfolgend MAR).[4] Es umfasst drei Grundtatbestände: Das Verbot, Insidergeschäfte zu tätigen oder dies

29.3

---

1 BGH v. 19.7.2004 – II ZR 402/02, AG 2004, 546 – Infomatec; BGH v. 10.11.2004 – VIII ZR 186/03, NJW 2005, 359 = ZIP 2004, 2384 – Flowtex; BGH v. 9.5.2005 – II ZR 287/02, NJW 2005, 2450 = AG 2005, 609 – EM.TV; BGH v. 26.6.2006 – II ZR 153/05, NZG 2007, 269 = AG 2007, 169 – Comroad III; BGH v. 4.6.2007 – II ZR 147/05, NZG 2007, 708 = AG 2007, 620 – Comroad IV; BGH v. 4.6.2007 – II ZR 173/05, NZG 2007, 711 = AG 2007, 623 – Comroad V; BGH v. 7.1.2008 – II ZR 229/05, NZG 2008, 382 = AG 2008, 252 – Comroad VI; BGH v. 7.1.2008 – II ZR 68/06, NZG 2008, 385 = AG 2008, 254 – Comroad VII; BGH v. 7.1.2008 – II ZR 310/06, NZG 2008, 386 = AG 2008, 377 – Comroad VIII; BGH v. 4.6.2013 – VI ZR 288/12, NZG 2013, 992 = AG 2013, 637 – Kombassan; BGH St v. 12.10.2016 – V StR 134/15, ZIP 2016, 2467 – HSH Nordbank AG; EuGH v. 11.3.2015 – C-628/13, ECLI:EU:C:2015:162, AG 2015, 388 – Lafonta/AMF.
2 Auch nach Inkrafttreten des Gesetzes zur Unternehmensintegrität und Modernisierung des Anfechtungsrechts (UMAG) vom 22.9.2005 (BGBl. I 2005, 2802 ff.) setzt die Erhebung einer gegen Organmitglieder gerichteten Klage das Durchlaufen eines Klagezulassungsverfahrens voraus (§ 148 AktG), bei dem unter anderem Tatsachen vorliegen müssen, die den Verdacht rechtfertigen, dass der Gesellschaft durch Unredlichkeit oder grobe Verletzung des Gesetzes oder der Satzung ein Schaden entstanden ist, hierzu: *Hüffer/Koch*, § 148 AktG Rz. 4 ff.; *K. Schmidt*, NZG 2005, 796. Vgl. aber *Duve/Basak*, BB 2006, 1345, 1347 ff.
3 BGH v. 21.4.1997 – II ZR 175/95, NJW 1997, 1926 = AG 1997, 377.
4 Die MAR ist seit dem 3.7.2016 in allen Mitgliedstaaten der EU verbindlich. Das neue Marktmissbrauchsrecht gilt gem. Art. 2 Abs. 1 lit. b und c MAR nunmehr auch für Finanzinstrumente, die

zu versuchen (Art. 14 lit. a MAR, sog. *Insiderhandelsverbot*), einem Dritten zu empfehlen, Insidergeschäfte zu tätigen, oder Dritte dazu zu verleiten[1], Insidergeschäfte zu tätigen (Art. 14 lit. b MAR, sog. *Empfehlungsverbot*) sowie das Verbot der unrechtmäßigen Offenlegung der Insiderinformationen (*Offenlegungsverbot*, Art. 14 lit. c MAR). Was ein Insidergeschäft ist, ergibt sich aus Art. 8 MAR. Adressat der Norm ist jede natürliche oder juristische Person, die über eine Insiderinformation verfügt.[2]

29.4 Das Insiderhandelsverbot ist **strafbewehrt**, vgl. § 119 Abs. 3 WpHG (§ 38 Abs. 3 WpHG a.F.)[3] und Art. 30 Abs. 1, zweiter Unterabsatz MAR. Hat ein Unternehmen aus einer Insidertat einen Vermögensvorteil erlangt, kann zudem nach § 73 StGB dessen Verfall angeordnet werden.[4]

1. Kauf bzw. Verkauf börsennotierter Aktien

29.5 Die MAR verwendet generell und insbesondere im Zusammenhang mit dem Insiderhandelsverbot – anders als noch § 12 WpHG a.F. – nicht den Begriff der Insiderpapiere, sondern den Oberbegriff **Finanzinstrument** und stellt insoweit auf die Definition in der europäischen Finanzmarktrichtlinie ab.[5] Gem. Art. 3 Abs. 1 Nr. 1 MAR i.V.m. Art. 4 Abs. 1 Nr. 15 der Richtlinie 2014/65/EU i.V.m. Anhang I Abschn. C MiFID II fallen darunter z.B. übertragbare Wertpapiere, Geldmarktinstrumente, Optionen und Derivate. Zudem sind nunmehr auch Emissionszertifikate erfasst.[6]

29.6 Das Insiderhandelsverbot untersagt den Bezug, Erwerb oder die Veräußerung von Finanzinstrumenten für eigene oder fremde Rechnung unter der **Nutzung** von „**Insiderinformationen**", wenn sich diese auf das Finanzinstrument beziehen (Art. 14 Abs. 1 lit. a i.V.m. Art. 8 Abs. 1 MAR). Neu ist, dass nach Art. 8 Abs. 1 Satz 2 MAR nunmehr auch die **Stornierung** oder **Änderung** eines Auftrags in Bezug auf ein Finanzinstrument dem Insiderhandel unterfällt, wenn der Auftrag vor Erlangen der Insiderinformation erteilt wurde. Dies ist für die M&A-Praxis namentlich deshalb von Relevanz, da der nach altem Recht zulässige Beteiligungsaufbau in der Weise, dass vor Durchführung der Due Diligence bei Investmentbanken platzierte verbindliche Kaufaufträge ohne Weiteres storniert werden konnten, wenn der Er-

---

in einem multilateralen Handelssystem gehandelt werden, zum Handel in einem multilateralen Handelssystem zugelassen sind oder für die ein Antrag auf Zulassung zum Handel in einem multilateralen Handelssystem gestellt wurde, sowie für Finanzinstrumente, die in einem organisierten Handelssystem gehandelt werden. Damit wird nunmehr auch der Freiverkehr vom Anwendungsbereich erfasst.

1 Der ursprünglich in Art. 14 lit. b MAR verwendete Begriff „anstiften" wurde im Corrigendum des Europäischen Rates vom 14.9.2016 insoweit zu „verleiten" korrigiert (Dokument 9993/16 des Europäischen Rates vom 14.9.2016).
2 Art. 14 i.V.m. Art. 8 i.V.m. Art. 3 Abs. 1 Nr. 13 MAR.
3 Neuzählung des WpHG durch das Zweite Gesetz zur Novellierung von Finanzmarktvorschriften auf Grund europäischer Rechtsakte (Zweites Finanzmarktnovellierungsgesetz – 2. FiMaNoG) vom 20.6.2017, (BGBl. I 2017, 1693).
4 Dazu *Gassmann*, wistra 2004, 41.
5 Richtlinie 2014/65/EU des Europäischen Parlaments und des Rates vom 15.3.2014 über Märkte für Finanzinstrumente sowie zur Änderung der Richtlinien 2002/92/EG und 2011/61/EU (Markets in Financial Instruments Directive II – MiFID II).
6 Dies sind nach Art. 3 Abs. 1 Nr. 19 MAR i.V.m. Anhang I Abschn. C Nr. 11 der RL 2014/65/EU solche, die aus Anteilen bestehen, deren Übereinstimmung mit den Anforderungen der Richtlinie 2003/87/EG (Emissionshandelssystem) anerkannt ist.

werber von einer Insiderinformation erfuhr, nach neuem Recht nicht mehr zulässig ist.[1] Nach Art. 7 Abs. 1 lit. a MAR sind Insiderinformationen nicht öffentlich bekannte präzise Informationen, die direkt oder indirekt einen oder mehrere Emittenten oder ein oder mehrere Finanzinstrumente betreffen und die, wenn sie öffentlich bekannt würden, geeignet wären, den Kurs dieser Finanzinstrumente oder den Kurs damit verbundener derivativer Finanzinstrumente erheblich zu beeinflussen. Gem. Art. 7 Abs. 2 MAR sind Informationen dann als **präzise** anzusehen, wenn damit eine Reihe von Umständen gemeint ist, die bereits gegeben sind oder bei denen man vernünftigerweise erwarten kann, dass sie in Zukunft gegeben sein werden, oder ein Ereignis, das bereits eingetreten ist oder von dem man vernünftigerweise erwarten kann, dass es in Zukunft eintreten wird, und diese Informationen darüber hinaus spezifisch genug sind, um einen Schluss auf die mögliche Auswirkung dieser Reihe von Umständen oder dieses Ereignisses auf die Kurse der Finanzinstrumente (…) zuzulassen.[2]

Art. 9 MAR enthält einen – nicht abschließenden[3] – **Katalog legitimer Handlungen**, bei deren Eingreifen der Handel mit Finanzinstrumenten trotz Kenntnis einer Insiderinformation grundsätzlich nicht dem Insiderhandelsverbot unterfällt.[4] Die Regelung greift den vom EuGH in der Rechtssache „Spector Photo Group" entwickelten Grundsatz auf, wonach die Tatsache, dass ein Primärinsider, der eine Insiderinformation besitzt, auf dem Markt ein Geschäft tätigt, die „Nutzung" der Insidertatsache grundsätzlich impliziert.[5] Allerdings kann diese Vermutung nach dem EuGH widerlegt werden.[6] Die bereits in der Spector Photo Group-Entscheidung angelegten Fallgruppen finden sich nunmehr in Art. 9 MAR wieder und werden zum Teil auch weiterentwickelt. So soll beispielsweise bei einer juristischen Person kein Insidergeschäft vorliegen, wenn diese wirksame organisatorische Vorkehrungen, wie etwa die Einführung von Chinese Walls, getroffen hat um zu verhindern, dass die natürlichen Personen, die das Geschäft im Auftrag der juristischen Person abschließen oder sonst beeinflussen, Kenntnis von der maßgeblichen Insiderinformation erhalten (Art. 9 Abs. 1 MAR). Ein Insidergeschäft soll auch bei rechtmäßigen Geschäften von Market-Makern (Art. 9 Abs. 2 MAR) sowie bloßen Erfüllungsgeschäften ausgeschlossen sein, die lediglich der Erfüllung einer fälligen vertraglichen oder gesetzlichen Verpflichtung dienen, die vor Erhalt der Insiderinformation entstanden ist (Art. 9 Abs. 3 MAR).

29.7

In welchem Umfang das Insiderhandelsverbot auch im Rahmen von öffentlichen **Übernahme- oder Pflichtangeboten** gilt, war vor Inkrafttreten der MAR im Einzelnen umstritten. Nach der Verwaltungspraxis der BaFin sollte die Abgabe eines öffentlichen Übernahmeangebots unter Verwendung einer Insiderinformation grundsätzlich unzulässig sein.[7] Diese Auffassung stand jedoch im Widerspruch zu Erwägungsgrund 29 der Marktmissbrauchsrichtlinie[8],

29.8

---

1 *Seibt/Wollenschläger*, AG 2014, 593, 597.
2 Zum Begriff der Insiderinformationen s. etwa *Seibt/Wollenschläger*, AG 2014, 593, 596; *Grundmann* in Großkomm. HGB, 5. Aufl., Bankvertragsrecht Zweiter Teil Rz. 340 f.
3 Vgl. Erwägungsgrund 24 der MAR; ebenso *Klöhn*, AG 2016, 423, 433; *Poelzig*, NZG 2016, 529, 533; *Seibt/Wollenschläger*, AG 2014, 593, 596; *Veil*, ZBB 2014, 85, 91.
4 Gleichwohl kann verbotenes Insidergeschäft vorliegen, wenn die zuständige Behörde feststellt, dass sich hinter den betreffenden Handelsaufträgen, Geschäften oder Handlungen ein rechtswidriger Grund verbirgt (vgl. Art. 9 Abs. 5 MAR).
5 EuGH v. 23.12.2009 – C-45/08, ECLI:EU:C:2009:806, NZG 2010, 107 Tz. 54 = AG 2010, 74 – Spector Photo Group NV.
6 EuGH v. 23.12.2009 – C-45/08, ECLI:EU:C:2009:806, NZG 2010, 107 Tz. 62 = AG 2010, 74 – Spector Photo Group NV.
7 Emittentenleitfaden der Bundesanstalt für Finanzdienstleistungsaufsicht, 4. Aufl. 2013, S. 39.
8 ABl. EG Nr. L 96 vom 12.4.2003, S. 16.

wonach das Verwenden einer Insiderinformation im Falle eines öffentlichen Übernahmeangebots als solches gerade nicht als Insidergeschäft gelten sollte. Die vorherrschende Ansicht in der Literatur kam deshalb zur alten Rechtslage zu dem Ergebnis, dass kein verbotenes Insidergeschäft vorlag, soweit Insiderinformationen zur Abgabe von öffentlichen Übernahmeangeboten genutzt wurden.[1] Art. 9 MAR enthält zwar keine solche derartige Bereichsausnahme, bestimmt jedoch spezifisch in seinem Abs. 4, dass die Nutzung einer Insiderinformation nicht vorliegt, wenn die betreffende Person diese Insiderinformation im Zuge der Übernahme eines Unternehmens oder eines Unternehmenszusammenschlusses auf der Grundlage eines öffentlichen Angebots erworben hat und diese Insiderinformationen ausschließlich nutzt, um den Unternehmenszusammenschluss oder die Übernahme auf der Grundlage eines öffentlichen Angebots weiterzuführen, unter der Voraussetzung, dass zum Zeitpunkt der Genehmigung des Unternehmenszusammenschlusses oder der Annahme des Angebotes durch die Anteilseigner des betreffenden Unternehmens sämtliche Insiderinformationen öffentlich gemacht worden sind oder auf andere Weise ihren Charakter als Insiderinformationen verloren haben.

29.9 Über die in Art. 9 MAR geregelten Fallgruppen hinaus kann auch nach Inkrafttreten der MAR ein Käufer, der eine positive Insiderinformation im Rahmen einer **Due-Diligence-Prüfung** bei der Zielgesellschaft erlangt hat, dennoch einen ursprünglich beabsichtigten außerbörslichen Paketerwerb durchführen, wenn der Verkäufer den gleichen Kenntnisstand über die betreffende Insiderinformation hat wie er selbst (sog. *Face to Face-Geschäft*).[2] Weitere Zukäufe über die Börse oder von Dritten, die nicht über die betreffende Insiderinformation verfügen (sog. *alongside purchases*), würden hingegen gegen das Insiderhandelsverbot verstoßen.[3] Entgegen der bisherigen BaFin-Auffassung sollten *alongside purchases* hingegen zulässig sein, wenn die Parteien denselben Informationsstand haben.[4]

29.10 Zulässig bleibt weiter auch das sog. „**stakebuilding**" (Beteiligungsaufbau) im Vorfeld einer Übernahme, wenn der Käufer über keine andere Insiderinformation verfügt als die Kenntnis von seiner eigenen Übernahmeabsicht.[5] Denn in diesem Fall wird die Insiderinformation nicht verwendet, sondern lediglich umgesetzt.[6] Neben einer möglichen Organhaftung im Hinblick auf Schäden des Unternehmens durch eine Verletzung des Insiderhandelsverbots sind auch die individuellen strafrechtlichen Sanktionen für das Management zu beachten (s. Rz. 29.4).

29.11 Auch wenn noch keine Insiderinformation vorliegt, entspricht es verbreiteter Praxis, dem Management und den Mitgliedern des Transaktionsteams nahezulegen, bereits in der frühen

---

1 So zu § 14 Abs. 1 Nr. 1 WpHG a.F. anstatt vieler *Klöhn* in Hirte/Möllers, KölnKomm. WpHG, § 14 WpHG Rz. 203 f. m.w.N.
2 So auch *Poelzig*, NZG 2016, 528, 533; *Seibt/Wollenschläger*, AG 2014, 593, 598; zur alten Rechtslage s. *Assmann* in Assmann/Uwe H. Schneider, § 14 WpHG Rz. 28, 42; *Hasselbach*, NZG 2004, 1087, 1089, 1091; *Mennicke* in Fuchs, § 14 WpHG Rz. 84.
3 Vgl. zur alten Rechtslage Emittentenleitfaden der Bundesanstalt für Finanzdienstleistungsaufsicht, 4. Aufl. 2013, S. 38; *Schäfer* in Schäfer/Hamann, Kapitalmarktgesetze, § 14 WpHG Rz. 69.
4 Ebenso *Seibt/Wollenschläger*, AG 2014, 593, 598 m.w.N.; a.A. zur alten Rechtslage Emittentenleitfaden der Bundesanstalt für Finanzdienstleistungsaufsicht, 4. Aufl. 2013, S. 38.
5 Nach Art. 9 Abs. 5 MAR stellt die bloße Tatsache, dass eine Person ihr Wissen darüber, dass sie beschlossen hat, Finanzinstrumente zu erwerben oder zu veräußern, beim Erwerb oder der Veräußerung dieser Finanzinstrumente nutzt, an sich noch keine Nutzung von Insiderinformationen dar.
6 *Klöhn*, Beilage zu ZIP 22/2016, 44, 45 (auch zum sog. „Scalping").

Vorbereitungsphase einer Transaktion nicht mehr mit Wertpapieren der betreffenden (börsennotierten) Gesellschaft zu handeln. Umsetzen lässt sich eine solch frühes „Handelsverbot" beispielsweise durch die Einrichtung einer „vorläufigen" Insider- oder Teamliste mit einer Belehrung bzw. Empfehlung, bereits auch in der Vorphase einer technischen Insiderinformation nicht zu handeln.

2. Börsennotiertes Unternehmen als Käufer oder Verkäufer

Tritt ein börsennotiertes Unternehmen als Verkäufer oder Käufer auf, kann die Durchführung einer M&A-Transaktion für das Unternehmen selbst eine Insiderinformation darstellen. Dies ist dann der Fall, wenn die Transaktion für das Unternehmen von solcher Bedeutung ist, dass sie ein verständiger Anleger bei seiner Anlageentscheidung berücksichtigen würde. Bei **mehrstufigen Prozessen**, wie dies bei M&A-Transaktionen regelmäßig der Fall ist, stellt sich für jedes Stadium der Transaktion die Frage, ob bereits die Eignung zur erheblichen Preisbeeinflussung besteht. Ausweislich Art. 7 Abs. 2 Satz 2, Abs. 3 MAR, der nunmehr die vom EuGH in der Daimler/Geltl-Entscheidung[1] aufgestellten wesentlichen Grundsätze kodifiziert, kann bei derartigen zeitlich gestreckten Vorgängen auch jeder bereits eingetretene oder in Zukunft vernünftigerweise zu erwartende Zwischenschritt grundsätzlich eine Insiderinformation darstellen. Sind die Verhandlungen allerdings noch nicht über die Abgabe einer wechselseitigen Vertraulichkeitserklärung hinausgekommen oder läuft noch eine Due-Diligence-Prüfung, wird ein verständiger Anleger diesen Sachverhalt wegen der noch bestehenden Unwägbarkeiten regelmäßig wohl noch nicht „einpreisen".[2] In einem solchen Stadium dürfte dann deshalb noch keine Insiderinformation vorliegen. Erst wenn in Zukunft vernünftigerweise erwartet werden kann, dass es tatsächlich zu der betreffenden Transaktion kommt, ist vom Vorliegen einer Insiderinformation auszugehen.[3] Dies kann insbesondere dann der Fall sein, sobald ein Letter of Intent mit entsprechenden vertraglichen Rahmenbedingungen geschlossen wird.[4] Ab diesem Zeitpunkt ist es dem Management und allen sonstigen von der Transaktion informierten Dritten verboten, mit Wertpapieren des betreffenden Unternehmens zu handeln.

29.12

Grundsätzlich ist auch der **Erwerb eigener Aktien** durch die Gesellschaft vom Insiderhandelsverbot erfasst.[5] Der Vorstand darf daher bei seiner Entscheidung zum Erwerb eigener Aktien keine Informationen über eine M&A-Transaktion nutzen, wenn ihre Durchführung zum Zeitpunkt der Beschlussfassung i.S. des Art. 7 Abs. 2 Satz 1 MAR in Zukunft „vernünftiger Weise erwartet werden kann". Weiterhin zulässig ist gem. Art. 5 Abs. 1, Abs. 4 MAR nur der Handel mit eigenen Aktien im Rahmen von Rückkaufprogrammen oder zur Kursstabilisierung. Der Anwendungsbereich dieser *Safe-Harbour-Regelung* wird mittels technischer Regulierungsstandards der ESMA konkretisiert und in diesem Zusammenhang durch zahlreiche Bedingungen und bestimmte Erwerbszwecke eingeschränkt.[6] Außerhalb des Anwendungs-

29.13

---

1 EuGH v. 28.6.2012 – Rs. C-19/11, ECLI:EU:C:2012:397, AG 2012, 555.
2 Vgl. *Fietz* in Unmuß, Corporate Compliance, 3. Aufl. 2017, Kapitel 11 Rz. 37.
3 EuGH v. 28.6.2012 – Rs. C-19/11, AG 2012, 555; BGH v. 23.4.2013 – II ZB 7/09, AG 2013, 518; *Kumpan*, DB 2016, 2039, 2041; *Poelzig*, NZG 2016, 528, 532; *von der Linden*, DStR 2016, 1036, 1037.
4 Vgl. *Fietz* in Unmuß, Corporate Compliance, 3. Aufl. 2017, Kapitel 11 Rz. 37; *Pfüller* in Fuchs, § 15 WpHG Rz. 257 f.
5 Vgl. EuGH v. 23.12.2009 – Rs. C-45/08, ECLI:EU:C:2009:806, NZG 2010, 107 = AG 2010, 74 – Spector Photogroup NV.
6 *Assmann* in Assmann/Uwe H. Schneider, § 14 WpHG Rz. 41.

bereichs von Art. 5 MAR hat der Vorstand also sicherzustellen, dass keine Aktienrückkäufe auf Basis von Insiderwissen z.B. zu dem Zweck erfolgen, die Aktien später als Akquisitionswährung einzusetzen. Unter Umständen kann auch eine vorläufige Unterbrechung des Rückkaufprogramms durch den Vorstand der Gesellschaft vom Insiderhandelsverbot erfasst werden, solange die Information nicht öffentlich bekannt gemacht wurde, da gem. Art. 8 Abs. 1 Satz 2 MAR auch die Stornierung eines Auftrags in Bezug auf ein Finanzinstrument, auf das sich die Insiderinformation bezieht, ein Insidergeschäft ist. Bei der Umsetzung von Aktienrückkaufprogrammen empfiehlt es sich daher weiterhin, gegenüber der beauftragten Bank eine feste Verpflichtung zum Erwerb einer bestimmten Anzahl von Aktien einzugehen[1] sowie entsprechende Entscheidungen und Beschlüsse ausführlich zu dokumentieren.[2] Dann kann das beauftragte Institut den Aktienrückkauf auch dann noch durchführen, wenn das Unternehmen nach Auftragserteilung Kenntnis von Insiderinformationen erhält.

29.14 Aus Art. 18 MAR ergeben sich besondere Organisationspflichten des Vorstands im Hinblick auf die Compliance mit insiderrechtlichen Vorschriften bei M&A-Transaktionen. Nach jener Norm müssen Emittenten oder alle in ihrem Auftrag oder für ihre Rechnung handelnde Personen eine sog. **Insiderliste** führen. Diese ist nach Art. 18 Abs. 5 MAR für mindestens fünf Jahre nach Erstellung oder Aktualisierung aufzubewahren. In welchem Format die Insiderliste geführt werden muss, ist unter anderem in der Durchführungsverordnung (EU) 2016/347 der Kommission[3] geregelt; diese enthält auch eine entsprechende Vorlage. Der Vorstand hat dafür zu sorgen, dass die in den Verzeichnissen aufgeführten Personen über die rechtlichen Pflichten, die sich aus dem Zugang zu Insiderinformationen ergeben, sowie über die Rechtsfolgen von Verstößen gegen das Verbot von Insidergeschäften aufgeklärt werden, vgl. Art. 18 Abs. 2 MAR. Die vorsätzliche oder leichtfertige Verletzung der Pflichten aus Art. 18 MAR stellt eine Ordnungswidrigkeit dar (§ 120 Abs. 15 Nr. 12–16 WpHG [§ 39 Abs. 3d Nr. 12–16 WpHG a.F.]). Bei Verstößen drohen Geldbußen von bis zu 500 000 Euro bzw. 1 000 000 Euro für juristische Personen, vgl. Art. 30 Abs. 2 lit. i (iii) und lit. j (iii) MAR i.V.m. § 120 Abs. 18 WpHG (§ 39 Abs. 4a WpHG a.F.).

II. Ad-hoc-Publizität

29.15 Nach Art. 17 Abs. 1 Satz 1 MAR sind Emittenten[4] verpflichtet, Insiderinformationen, die diese unmittelbar betreffen, unverzüglich der Öffentlichkeit bekannt zu geben.[5] Zweck der Ad-hoc-Publizitätspflicht ist es, den Kapitalmärkten unverzüglich und gleichmäßig alle **kursrelevanten Informationen** zur Verfügung zu stellen. Gleichzeitig ist die Pflicht zur Ad-hoc-

---

1 Vgl. noch zur alten Rechtslage Emittentenleitfaden der Bundesanstalt für Finanzdienstleistungsaufsicht, 4. Aufl. 2013, S. 40.
2 Delegierte Verordnung (EU) 2016/1052 der Kommission v. 8.3.2016 zur Ergänzung der Verordnung (EU) Nr. 596/2014 durch technische Regulierungsstandards für die auf Rückkaufprogramme und Stabilisierungsmaßnahmen anwendbaren Bedingungen.
3 Durchführungsverordnung (EU) 2016/347 der Kommission v. 10.3.2016 zur Festlegung technischer Durchführungsstandards im Hinblick auf das genaue Format der Insiderlisten und für die Aktualisierung von Insiderlisten gemäß der Verordnung (EU) Nr. 596/2014 des Europäischen Parlaments und des Rates.
4 Zum erweiterten Anwendungsbereich s. Art. 3 Abs. 1 Nr. 21 MAR.
5 Vgl. hierzu auch die FAQ der BaFin zu Art. 17 MAR, I Nr. 1 (Stand 20.6.2017), sowie m.w.N. *Klöhn*, AG 2016, 423, 430. Für mögliche Pflichtverstöße vor dem 3.7.2016 bleibt weiter § 15 WpHG a.F. einschlägig, vgl. *Scholz*, NZG 2016, 1286.

Publizität eine wichtige Präventivmaßnahme zur Einhaltung des Verbots von Insidergeschäften.

Der Begriff der „Insiderinformation" ist deckungsgleich mit dem im Rahmen des Insiderhandelsverbots verwendeten Begriff (s. Rz. 29.6). Allerdings bezieht sich die Veröffentlichungspflicht nur auf solche Insiderinformationen, die den Emittenten **unmittelbar betreffen**. Entgegen § 15 Abs. 1 Satz 3 WpHG a.F. definiert Art. 17 MAR nicht, wann eine Insiderinformation den Emittenten unmittelbar betrifft.[1] Wie schon bisher ist dies jedoch insbesondere dann der Fall, wenn sich die Insiderinformation auf Umstände bezieht, die in seinem Tätigkeitsbereich eingetreten sind. Bezieht sich eine Information nur auf seine Wertpapiere (beispielsweise die bevorstehende Umplatzierung eines Aktienpakets) oder allgemeine, wenn auch für den Emittenten besonders bedeutsame Sachverhalte (wie etwa allgemeine Wirtschaftsdaten oder die Ölpreisentwicklung), besteht keine Veröffentlichungspflicht.[2]

29.16

Bei M&A-Transaktionen kann sowohl für die Bieter- als auch für die Zielgesellschaft die Frage eine Veröffentlichungspflicht nach Art. 17 Abs. 1 Satz 1 MAR entstehen. Insoweit gelten grundsätzlich die gleichen Erwägungen wie unter Rz. 29.12. Eine veröffentlichungspflichtige Insiderinformation entsteht grundsätzlich erst dann, wenn vernünftigerweise zu erwarten ist, dass die betreffende Transaktion zustande kommt. Maßgeblich ist stets der Einzelfall. Typischerweise ist der Abschluss einer Vertraulichkeitsvereinbarung jedoch als bloße Vorbereitungshandlung noch nicht als Insiderinformation anzusehen, jedenfalls sofern die Vereinbarung keine besonderen materiellen Regelungen enthält; im Einzelfall kann bei Vereinbarung von Standstill und Exklusivität ggf. anderes gelten. Auch im Falle der Zulassung zur ersten Phase der Due Diligence, bei der die Überprüfung ohne Offenlegung sensitiver Informationen erfolgt, spricht einiges dafür, regelmäßig noch keine Insiderinformation anzunehmen, auch wenn die Transaktion von erheblicher Bedeutung ist. Stehen sich auf Seiten der Bieter- und der Zielgesellschaft von Anfang an nur jeweils ein Unternehmen gegenüber, kann eine Insiderinformation aber bereits anzunehmen sein, wenn sich der ernsthafte Einigungswille der Verhandlungspartner in einer Vereinbarung – beispielsweise dem Abschluss eines Letter of Intent – manifestiert.

29.17

Unter bestimmten Voraussetzungen kann der Emittent eigenverantwortlich den **Aufschub der Veröffentlichung** einer Insiderinformation nach Art. 17 Abs. 4 MAR vornehmen.[3] Art. 17 Abs. 4 Unterabs. 2 MAR stellt klar, dass die Offenlegung von Insiderinformationen auch im Fall von Zwischenschritten innerhalb eines zeitlich gestreckten Vorgangs aufgeschoben werden kann. Ein solcher Aufschub kann für Unternehmen insbesondere zum Schutz der Unternehmensreputation von Interesse sein.[4] Für einen Aufschub ist zunächst erforderlich, dass die unverzügliche Offenlegung geeignet wäre, die berechtigten Interessen des Emittenten oder Teilnehmers am Markt für Emissionszertifikate zu beeinträchtigen, Art. 17 Abs. 4 lit. a MAR. Typische berechtigte Interessen lassen sich zum einen dem Erwägungsgrund 50 der MAR und zum anderen dem (in dieser Hinsicht nicht abschließenden) Final Report der ESMA entneh-

29.18

---

1 *Kumpan*, DB 2016, 2039, 2041.
2 So noch zur alten Rechtslage Emittentenleitfaden der Bundesanstalt für Finanzdienstleistungsaufsicht, 4. Aufl. 2013, S. 51 f.
3 S. dazu die von der ESMA veröffentlichte deutsche Übersetzung der Leitlinien für den Aufschub der Offenlegung von Insiderinformationen (ESMA/2016/1478 DE).
4 Vgl. zu diesem Interesse umfassend *Klöhn/Schmolke*, ZGR 2016, 866 ff.

men.[1] Ein Aufschub der Veröffentlichung kommt jedoch in jedem Fall nur dann in Betracht, wenn darüber hinaus die Aufschiebung nicht geeignet ist, die **Öffentlichkeit** irrezuführen und der Emittent die **Geheimhaltung der Insiderinformation** sicherstellen kann (Art. 17 Abs. 4 lit. b und c MAR).[2] Nimmt der Emittent ein Recht zum Aufschub der Veröffentlichung wahr, darf er keine dem wahren Sachverhalt gegenläufigen Erklärungen abgeben oder Signale setzen. Anders als nach früherer Rechtslage ist die Öffentlichkeit so schnell wie möglich über eine Informationen zu informieren, wenn nach Art. 17 Abs. 7 Unterabs. 2 MAR ein **Gerücht** auf eine Insiderinformation Bezug nimmt, die nicht offengelegt wurde, wenn dieses Gerücht ausreichend präzise ist, dass zu vermuten ist, dass die Vertraulichkeit der Information nicht mehr gewährleistet ist. Die bislang weit verbreitete „No Comment Policy" ist nunmehr lediglich noch bei unpräzisen Gerüchten zulässig. Nach Auffassung der BaFin ist ein Gerücht dann ausreichend präzise, „wenn die daraus abzuleitende Information darauf schließen lässt, dass ein Informationsleck entstanden ist, wobei dessen Herkunft unerheblich ist, so dass die Vertraulichkeit nicht länger als gewahrt gelten kann".[3] Als Kontrolltest sollte die Überlegung angestellt werden, ob das Gerücht so konkret ist, dass es „nur von jemandem stammen kann, der Bescheid weiß".

29.19 Ein Aufschub der Veröffentlichungspflicht nach Art. 17 Abs. 4 MAR setzt einen entsprechenden ausdrücklichen Beschluss des Emittenten voraus.[4] Nach Auffassung der BaFin ist sogar mindestens ein Vorstandsmitglied an der Entscheidung über den Aufschub zu beteiligen.[5] Entfallen die Voraussetzungen für einen Aufschub der Veröffentlichung, ist diese unverzüglich **nachzuholen** (Art. 17 Abs. 6 Unterabs. 2 und 3 MAR). Gleichzeitig ist die nach Art. 17 Abs. 3 festgelegte zuständige Behörde unmittelbar nach der Offenlegung der Informationen schriftlich über den Aufschub sowie darüber, inwieweit die Voraussetzungen für den Aufschub vorlagen, zu informieren (Art. 17 Abs. 4 Unterabs. 3 MAR). Die Pflicht zur Nachholung der Veröffentlichung entfällt, wenn die betreffende Information dann nicht mehr eine nach Art. 7 MAR veröffentlichungspflichtige Insiderinformation darstellt.

29.20 Nach §§ 97 und 98 WpHG (§§ 37b und c WpHG a.F.) haftet der **Emittent** Dritten gegenüber für Verletzungen der Ad-hoc-Publizitätspflicht unter den dort genannten Voraussetzungen.[6] Zudem drohen bei Verstößen – im Vergleich zur früheren Rechtslage massiv verschärfte – Geldbußen für natürliche Personen von bis zu 1 Mio. Euro und für juristische Personen bis zu 2,5 Mio. Euro bzw. 2 % des Gesamtumsatzes, den der Emittent in dem der Behördenentscheidung vorangegangenen Geschäftsjahr erzielt hat (vgl. § 120 Abs. 15 Nr. 6–11, Abs. 18, Abs. 23 WpHG [§ 39 Abs. 3 lit. d Nr. 6–11, Abs. 4a, 5 WpHG a.F.]). Der Vorstand ist für die Einhaltung der Pflichten nach Art. 17 MAR verantwortlich. Vorstandsmitglieder, die diese Pflicht verletzen, haften der Gesellschaft auf Schadensersatz.[7] Der Regressanspruch kann nach §§ 97/98 Abs. 5 WpHG (§§ 37b/c Abs. 5 WpHG a.F.) nicht im Voraus beschränkt oder aus-

---

1 ESMA, Final Report – Guidelines on the Market Abuse Regulation – market soundings and delay of disclosure of inside information, 13.7.2016, ESMA/2016/1130, 3.2, S. 13 ff.
2 *Grundmann* in Großkomm. HGB, Bankvertragsrecht Zweiter Teil Rz. 510.
3 FAQ der BaFin zu Art. 17 MAR, III Nr. 4 (Stand 22.12.2016).
4 *Kumpan*, DB 2016, 2039, 2043; *Seibt/Wollenschläger*, AG 2014, 593, 600, jeweils m.w.N.
5 FAQ der BaFin zu Art. 17 MAR, III Nr. 2 (Stand 22.12.2016).
6 Vgl. zur Haftung für unterlassene oder fehlerhafte Ad-hoc-Mitteilungen unten *Krämer/Gillessen*, Rz. 32.53 ff.
7 Vgl. zur alten Rechtslage *Fuchs* in Fuchs, §§ 37b, 37c WpHG Rz. 53; *Sethe* in Assmann/Uwe H. Schneider, §§ 37b, 37c WpHG Rz. 160 ff.

geschlossen werden. Bei deliktischem Handeln von Organmitgliedern besteht auch eine **Organaußenhaftung**.[1]

III. Anzeige- und Genehmigungspflichten

Der Erwerb und die Veräußerung bedeutender Beteiligungen an Unternehmen können im In- und Ausland Anzeige- und Genehmigungspflichten auslösen. Um Haftungsrisiken für das Management zu vermeiden, müssen M&A-Transaktionen daher schon in einem sehr frühen Stadium sorgfältig daraufhin geprüft werden, ob sie **Anmeldungserfordernissen** und ggf. sogar **gesetzlichen Vollzugsverboten** unterliegen.

29.21

1. Fusionskontrolle

Nach § 41 Abs. 1 GWB dürfen größere **Zusammenschlussvorhaben** erst nach Freigabe durch das Bundeskartellamt vollzogen werden. Auch für Zusammenschlussvorhaben mit gemeinschaftsweiter Bedeutung besteht nach Art. 7 Abs. 2 EG-Fusionskontrollverordnung grundsätzlich ein Vollzugsverbot bis zur Freigabe der Transaktion durch die Kommission.

29.22

2. Bank- und Versicherungsaufsichtsrecht

Der beabsichtigte Erwerb oder die Erhöhung einer bedeutenden Beteiligung an einem **Kredit- oder Finanzdienstleistungsinstitut** ist sowohl der BaFin als auch der Deutschen Bundesbank unverzüglich schriftlich anzuzeigen (§ 2c Abs. 1 Satz 1 KWG). Die BaFin kann innerhalb von 60 Arbeitstagen nach Bestätigung des Eingangs der vollständigen Anzeige bei Vorliegen einer der in § 2c Abs. 1b KWG genannten Gründe den beabsichtigten Erwerb der bedeutenden Beteiligung oder deren Erhöhung untersagen. Das KWG enthält jedoch kein § 41 Abs. 1 GWB vergleichbares Vollzugsverbot. Ähnliches gilt im Fall des beabsichtigten Erwerbs einer bedeutenden Beteiligung an **Versicherungsunternehmen**. Hinsichtlich der Anzeigepflichten und der Untersagungsmöglichkeiten durch die BaFin (§ 104 Abs. 1 und 1b VAG) gelten im Wesentlichen die gleichen Voraussetzungen wie im Bankaufsichtsrecht.

29.23

3. Ausländische Anzeige- und Genehmigungserfordernisse

Auch nach ausländischen Rechtsordnungen bestehende Anmeldepflichten und Vollzugsverbote sind zu beachten. Nach den jeweils nationalen Regelungen können diese auch dann Anwendung finden, wenn eine M&A-Transaktion zunächst nur einen rein inländischen Sachverhalt zu betreffen scheint. Dies gilt etwa für kartellrechtliche Anmeldeerfordernisse bzw. Vollzugsverbote, da die entsprechenden Regelungen nach den nationalen Regelungen jeweils auch auf Auslandssachverhalte Anwendung finden, wenn diese **Auswirkungen in dem jeweiligen Staat** haben. Voraussetzung hierfür ist, dass die jeweiligen nationalen Schwellenwerte überschritten sind und die Transaktion einen „Zusammenschluss" im Sinne der nationalen Gesetze darstellt. Von nicht unerheblicher praktischer Bedeutung sind auch ausländische bankaufsichts- und versicherungsrechtliche Anmelde- und Freigabeerfordernisse. Diese können schon dann ausgelöst werden, wenn eine bedeutende Beteiligung an einem Mutterunternehmen des betreffenden ausländischen Kreditinstituts bzw. Versicherungsunterneh-

29.24

---

[1] St. Rspr. vgl. nur BGH v. 9.5.2005 – II ZR 287/02, NJW 2005, 2450 = AG 2005, 609 – EM.TV. Vgl. dazu den Überblick bei *Duve/Basak*, BB 2005, 2645 ff.

mens erworben wird.[1] Die Verletzung ausländischer regulatorischer Normen kann zwar im Inland regelmäßig nicht geahndet werden. Sie hat daher regelmäßig nur praktische Folgen (z.B. „cold shouldering"), die im Einzelfall aber durchaus gravierend sein können.

4. Außenwirtschaftsrecht

29.25 Nach dem Außenwirtschaftsgesetz sowie der Außenwirtschaftsverordnung (AWV)[2] stehen dem Bundesministerium für Wirtschaft und Energie weitreichende Kontrollbefugnisse hinsichtlich des Erwerbs deutscher Unternehmen durch gemeinschaftsfremde Investoren zu. Spätestens mit dem Widerruf der vom Bundesministerium für Wirtschaft und Energie am 8.9.2016 erteilten Unbedenklichkeitsbescheinigung in Bezug auf das Übernahmeangebot des chinesischen Investors Grand Chip Investment an die Aktionäre der AIXTRON SE ist das Prüfverfahren des Bundesministeriums für Wirtschaft und Energie nach dem Außenwirtschaftsgesetz sowie der Außenwirtschaftsverordnung stark in den Fokus gerückt.

29.26 Die Überprüfung von Beteiligungserwerben bzw. Übernahmeangeboten von Investoren, die weder in der EU noch in den Mitgliedstaaten der EFTA ansässig sind, erfolgt auf der Grundlage der §§ 55–62 AWV. Es ist zu differenzieren zwischen sektorübergreifender (§§ 55–59 AWV) und sektorspezifischer (§§ 60–62 AWV) Prüfung.[3]

a) Sektorspezifische Prüfung

29.27 Bei der spezielleren sektorspezifischen Prüfung untersucht das Bundesministerium für Wirtschaft und Energie, ob durch den unmittelbaren oder mittelbaren Erwerb von mindestens 25 % der Stimmrechte an einem inländischen Unternehmen durch einen Ausländer wesentliche Sicherheitsinteressen der Bundesrepublik Deutschland gefährdet werden (§ 60 Abs. 1 AWV). Eine solche Prüfung kann erfolgen, wenn das Unternehmen

(i) Güter i.S. des Teils B der Kriegswaffenliste (KWL) herstellt oder entwickelt,

(ii) besonders konstruierte Motoren oder Getriebe zum Antrieb von Kampfpanzern oder anderen gepanzerten militärischen Kettenfahrzeugen herstellt oder entwickelt;

(iii) Produkte mit IT-Sicherheitsfunktionen zur Verarbeitung von staatlichen Verschlusssachen oder für die IT-Sicherheitsfunktion wesentliche Komponenten solcher Produkte herstellt oder hergestellt hat und noch über die Technologie verfügt, wenn das Gesamtprodukt mit Wissen des Unternehmens von dem Bundesamt für Sicherheit in der Informationstechnik zugelassen wurde;

(iv) Güter herstellt oder entwickelt, die der Listenposition 0005, 0011, 0014, 0015 oder 0017 aus Teil I Abschnitt A der Ausfuhrliste unterfallen oder

(v) Güter herstellt oder entwickelt, die der Listenposition 0018 aus Teil I Abschnitt A der Ausfuhrliste unterfallen, sofern diese zur Herstellung von Gütern im Sinne von Nummer 4 bestimmt sind.

---

1 Vgl. etwa die entsprechenden Bestimmungen des Change In Bank Control Act of 1978 (12 U.S.C. § 1817[j]).
2 BGBl. I 2013, 2865, zuletzt geändert durch die am 12.7.2017 von der Bundesregierung beschlossene 9. Verordnung zur Änderung der Außenwirtschaftsverordnung.
3 Dazu auch *Seibt/Kulenkamp*, ZIP 2017, 1345, 1353 ff.

Durch Einfügung der Ziffern (iv) und (v) durch die 9. Verordnung zur Änderung der Außenwirtschaftsverordnung wurde der Tatbestand der Gefährdung der öffentlichen Sicherheit auf bestimmte verteidigungspolitische Schlüsseltechnologien erweitert. Einbezogen werden namentlich die Technologiebereiche der Sensorik und der Kryptotechnologie.

Der Erwerb im Rahmen der sektorspezifischen Investitionsprüfung ist meldepflichtig (§ 60 Abs. 3 AWV). In der schriftlichen Meldung sind der geplante Erwerb, der Erwerber, das zu erwerbende inländische Unternehmen und die jeweiligen Geschäftsfelder in den Grundzügen darzustellen. Leitet das Bundesministerium für Wirtschaft und Energie nicht innerhalb von drei Monaten nach der schriftlichen Meldung ein förmliches Prüfverfahren ein, gilt der Erwerb als freigegeben (§ 61 AWV). Im Falle der Eröffnung eines Prüfverfahrens ist der Erwerber verpflichtet, weitere Unterlagen vorzulegen, die sich aus einer am 6.9.2013 im Bundesanzeiger veröffentlichten Allgemeinverfügung des (damals noch) Bundesministeriums für Wirtschaft und Technologie ergeben (vgl. § 61 i.V.m. 57 AWV). Darüber hinaus kann das Ministerium für die Prüfung weitere Unterlagen anfordern. Das Bundesministerium für Wirtschaft und Energie kann gegenüber dem Meldepflichtigen bis zum Ablauf von drei Monaten nach Eingang der vollständigen Unterlagen gem. § 57 AWV den Erwerb untersagen oder Anordnungen erlassen (§ 62 AWV).

29.28

b) Sektorübergreifende Prüfung

Das Bundesministerium für Wirtschaft und Energie kann unabhängig davon, welchem (Geschäfts-)Sektor die Zielgesellschaft unterfällt, prüfen, ob ein Beteiligungserwerb die öffentliche Ordnung oder Sicherheit der Bundesrepublik Deutschland gefährdet. Der Anwendungsbereich für eine solche sektorübergreifende Prüfung ist gem. § 55 AWV eröffnet, wenn

29.29

(i) ein Unionsfremder ein inländisches Unternehmen oder eine unmittelbare oder mittelbare Beteiligung an einem inländischen Unternehmen erwirbt (§ 55 Abs. 1 AWV), wobei der unmittelbare oder mittelbare Stimmrechtsanteil des Erwerbers an dem inländischen Unternehmen nach dem Erwerb 25 % der Stimmrechte erreichen oder überschreiten muss (§ 56 Abs. 1 AWV), oder

(ii) der Erwerber zwar Unionansässiger ist, es aber Anzeichen dafür gibt, dass eine missbräuchliche Gestaltung oder ein Umgehungsgeschäft vorgenommen wurde, um eine Prüfung zu unterlaufen (§ 55 Abs. 2 Satz 1 AWV).

Eine Berufung auf die öffentliche Ordnung und Sicherheit ist nur möglich, wenn eine tatsächliche und hinreichend schwere Gefährdung vorliegt, die ein Grundinteresse der Gesellschaft berührt. Ausdrücklich anerkannt war bislang eine Betroffenheit der öffentlichen Sicherheit bei Fragen der Sicherstellung der Versorgung im Krisenfall in den Bereichen Telekommunikation und Elektrizität, Energie- und Wasserwirtschaft einschließlich entflochtener Infrastrukturbetreiber oder der Gewährleistung von Dienstleistungen von strategischer Bedeutung.[1] Die von der Bundesregierung am 12.7.2017 beschlossene 9. Verordnung zur Änderung der Außenwirtschaftsverordnung konkretisiert nunmehr in einem neu eingefügten Katalog nach § 55 Abs. 1 Satz 2 AWV n.F. den Begriff der öffentlichen Ordnung oder Sicherheit. Dabei wird ausweislich der Verordnung aufgrund der veränderten Sicherheitslage im Bereich

29.30

---

1 So ausdrücklich *Pottmeyer* in Wolffgang/Simonsen/Rogmann, AWR-Kommentar (Stand August 2013), § 55 AWV Rz. 42 f. m.w.N.; s. auch *Pottmeyer*, AW-Prax. 2016, 271, 273.

ziviler sicherheitsrelevanter Technologien ein Fokus auf Unternehmen gelegt, die (i) Kritische Infrastrukturen im Sinne des Gesetzes über das Bundesamt für Sicherheit in der Informationstechnik (sog. BSI-Gesetz) betreiben, (ii) branchenspezifische Software zum Betrieb von Kritischen Infrastrukturen entwickeln, (iii) mit Überwachungsmaßnahmen nach § 110 des Telekommunikationsgesetzes (TKG) betraut sind, (iv) Cloud-Computing-Dienste erbringen oder (v) Schlüsselunternehmen für Produkte der Telematikinfrastruktur sind. Ausweislich der Begründung zu § 55 Abs. 1 Satz 2 Nr. 1 AWV n.F.[1] sind die aufgeführten Fallgruppen indes nicht abschließend.

29.31 Für Übernahmen in den vorgenannten Bereichen besteht künftig eine Meldepflicht gegenüber dem Bundesministerium für Wirtschaft und Energie. Es besteht hingegen keine Genehmigungspflicht für Investoren. Das Bundesministerium für Wirtschaft und Energie kann jedoch innerhalb von drei Monaten nach Abschluss des schuldrechtlichen Vertrags über den Beteiligungserwerb bzw. nach Veröffentlichung der Entscheidung zur Abgabe eines Übernahmeangebots bzw. der Veröffentlichung der Kontrollerlangung von Amts wegen eine Prüfung vornehmen (§ 55 Abs. 3 AWV). Zu diesem Zweck ist der unmittelbare Erwerber verpflichtet, dem Bundesministerium für Wirtschaft und Energie Unterlagen über den Erwerb einzureichen (vgl. § 57 Satz 1 AWV und die am 6.9.2013 im Bundesanzeiger veröffentlichte Allgemeinverfügung[2]), wobei das Bundesministerium für Wirtschaft und Energie für die Prüfung weitere Unterlagen anfordern kann. Informationspflichtig ist nach § 57 Abs. 3 AWV auch das inländische Zielunternehmen. Bis zum Ablauf von vier Monaten nach Eingang der vollständigen Unterlagen kann das Bundesministerium für Wirtschaft und Energie dem unmittelbaren Erwerber gegenüber den Erwerb untersagen oder Anordnungen erlassen (§ 59 Abs. 1 Satz 1 AWV). Sowohl für die Untersagung als auch den Anordnungserlass ist die Zustimmung der Bundesregierung erforderlich (§ 59 Abs. 1 Satz 2 AWV).

29.32 Auch wenn die mit Erteilung einer Unbedenklichkeitsbescheinigung einhergehende Transaktionssicherheit seit dem Widerruf einer solchen bereits erteilten Bescheinigung in Sachen AIXTRON weniger nachhaltig ist, ist es gleichwohl zu empfehlen, die Erteilung einer Unbedenklichkeitsbescheinigung freiwillig zu beantragen, um zu einem möglichst frühen Stadium (jedenfalls eine gewisse) Transaktionssicherheit zu erlangen.[3] Ein Vollzugsverbot für entsprechende Transaktionen besteht nicht. Wird der Unternehmenserwerb jedoch untersagt, so gelten für die Rückabwicklung des dinglichen Geschäfts die Vorschriften des § 812 Abs. 1 Satz 2 1. Alt. BGB (vgl. das Konzept der auflösenden Bedingung nach § 15 Abs. 2 AWG).

5. CFIUS

29.33 Auch der US-Präsident hat weitreichende Kontrollbefugnisse, sofern es um den Erwerb von Kontrolle über ein US-Unternehmen durch Ausländer oder ausländische Unternehmen geht. Nach dem Exon-Florio Amendment zum Defense Production Act von 1950 in der Fassung des Foreign Investment and National Security Act von 2007 kann der US-Präsident solche Transaktionen untersagen, wenn die nationale Sicherheit (*national security*) der USA gefährdet ist. Diese Untersagungsbefugnis übt der US-Präsident durch das „Committee on

---

1 Vgl. 9. Verordnung zur Änderung der Außenwirtschaftsverordnung vom 12.7.2017, S. 11.
2 Bundesministerium für Wirtschaft und Technologie, BAnz AT 6.9.2013 B1.
3 Vgl. dazu – vor AIXTRON – etwa *Krause*, BB 2009, 1082 ff.; *von Rosenberg/Hilf/Klepper*, DB 2009, 831 ff.; *Seibt/Wollenschläger*, ZIP 2009, 833.

Foreign Investment in the United States" (***CFIUS***)¹ aus. Der Anwendungsbereich des CFIUS-Verfahrens ist sehr breit und erfasst alle Arten von Erwerbsgeschäften, einschließlich Verschmelzungsvorgänge, öffentliche Kaufangebote, die Beteiligung an einem Joint Venture oder den Abschluss eines Betriebsführungsvertrages. Dabei wird der Kontrollbegriff sehr weit ausgelegt; eine für das CFIUS-Verfahren relevante Transaktion kann bereits vorliegen, wenn eine wesentliche Beteiligung erworben wird und damit einhergehend Abreden über die Besetzung im Aufsichtsrat verbunden sind.

Spätestens seit der gescheiterten Übernahme der AIXTRON SE durch den chinesischen Investor Grand Chip Investment infolge einer Verbotsverfügung des US-Präsidenten[2] ist das CFIUS-Verfahren auch in den Fokus potentieller Erwerber und Bieter in Bezug auf deutsche Gesellschaften gerückt.[3] Dies gilt insbesondere, da der AIXTRON-Fall – wie auch bereits die Untersagungsankündigung betreffend den beabsichtigten Verkauf von Philips Lumileds an den chinesischen Finanzinvestor GO Scale im Januar 2016 – eindrücklich zeigt, dass die Eröffnung des Anwendungsbereichs nicht etwa voraussetzt, dass eine US-Gesellschaft erworben wird. Es genügt vielmehr, dass die Transaktion eine Gesellschaft betrifft, die am innerstaatlichen US-Handel teilnimmt.

29.34

Vor diesem Hintergrund ist sowohl potentiellen Erwerbern als auch potentiellen Zielgesellschaften zu empfehlen, vor einer Transaktion genau zu prüfen, ob der Anwendungsbereich für das CFIUS-Verfahren eröffnet und ggf. wie hoch das Risiko einzuschätzen ist, dass CFIUS eine Gefährdung der nationalen Sicherheit annimmt.

29.35

IV. Managerpflichten bei öffentlichen Übernahmen

Mit der ständig wachsenden Markttiefe der nationalen Kapitalmärkte in den vergangenen Jahren hat national wie international die Übernahme börsennotierter Gesellschaften ständig zugenommen. Bei öffentlichen Angeboten ist eine Vielzahl von Pflichten zu beachten, die sich aus der **Kapitalmarktorientierung** dieser Angebote und der höheren gesetzlichen Regelungsdichte in diesem Bereich, gerade auch bei grenzüberschreitenden Angeboten, ergeben. Bei Planung und Durchführung eines Angebotsverfahrens ist die Geschäftsführung des Bieters für die strikte Beachtung aller anwendbaren gesetzlichen Regelungen verantwortlich. Auch anwendbare ausländische, insbesondere US-amerikanische Normen sind zu beachten. Eine besondere Komplexität entsteht insbesondere in den Fällen, in denen eine neu gegründete Gesellschaft parallel zwei Übernahmeangebote in unterschiedlichen Jurisdiktionen veröffentlicht (sog. „NewCo-Modell"), die ggf. interkonditional miteinander verbunden werden.[4] Das Management trifft insofern eine besondere Verantwortung bei der Auswahl geeigneter Berater. Etwaige **Interessenkonflikte** von Vertretern des Bieters aus Mandaten bei der Zielgesellschaft[5] sind rechtzeitig aufzulösen.

29.36

---

1 Vgl. hierzu *Seibt/Kulenkamp*, ZIP 2017, 1345 ff.
2 Vgl. die Ad-hoc Mitteilungen der AIXTRON SE vom 3.12.2016 und vom 8.12.2016.
3 Vgl. hierzu *Seibt*, „Aixtron-Fall hat enorme Folgen für Übernahmen", Börsen-Zeitung v. 10.12.2016, S. 9; *Seibt*, Manager Magazin online v. 4.12.2016 (http://www.manager-magazin.de/unternehmen/it/nach-aixtron-verbot-neue-spielregeln-fuer-deutsche-unternehmen-a-1124381.html).
4 So etwa bei dem beabsichtigten Zusammenschluss der Deutsche Börse AG mit der London Stock Exchange PLC; vgl. die Meldung der HLDCO123 PLC gem. § 10 Abs. 1 WpÜG vom 16.3.2016.
5 Dazu etwa *Möllers*, ZIP 2006, 1615 ff.

§ 29 | Besondere Risikobereiche und Haftungsfolgen

1. Rechtliche Rahmenbedingungen in Deutschland

29.37 Öffentliche Angebote für deutsche börsennotierte Unternehmen unterliegen den Vorschriften des sog. **Wertpapiererwerbs- und Übernahmegesetzes** (WpÜG) sowie der nach dem WpÜG ergangenen Rechtsverordnungen, insbesondere der WpÜG-Angebotsverordnung. Öffentliche Angebote der Zielgesellschaft zum Erwerb eigener Aktien sind vom Anwendungsbereich des Gesetzes ausgenommen.[1] Das WpÜG unterscheidet nach Struktur und Zielrichtung des Angebots zwischen Erwerbs-, Übernahme- und Pflichtangeboten. Während eine Reihe von Regelungen für alle Angebotsverfahren gelten, finden insbesondere die Mindestpreisregelungen des § 31 WpÜG i.V.m. §§ 4 ff. WpÜG-AngebVO nur auf Übernahme- und Pflichtangebote Anwendung.

a) Vertraulichkeit

29.38 Die Vorbereitung eines öffentlichen Übernahme- oder Pflichtangebots erfordert besondere Vorkehrungen seitens des Bieters und seiner Berater zur Wahrung der Vertraulichkeit. Dies ist zum einen in den **Mindestpreisregelungen** des WpÜG begründet. Nach § 31 WpÜG i.V.m. §§ 3 ff. WpÜG-AngebVO muss bei Übernahme- und Pflichtangeboten die angebotene Gegenleistung bestimmte Mindestanforderungen erfüllen. Insbesondere darf der Angebotspreis den gewichteten durchschnittlichen Börsenkurs der betreffenden Aktien der Zielgesellschaft während der letzten drei Monate vor Ankündigung des Übernahmeangebots bzw. Mitteilung des Kontrollerwerbs nicht unterschreiten (§ 31 Abs. 1 WpÜG i.V.m. §§ 5 und 6 WpÜG-AngebVO).[2] Vertraulichkeitslücken führen regelmäßig zu **spekulativen Käufen** bzw. Insidergeschäften und können somit einen Anstieg des Börsenkurses der betreffenden Aktien auslösen. Dadurch verringert sich der Spielraum des Bieters zum Angebot einer Prämie. Im Extremfall kann das Angebot sogar wirtschaftlich obsolet werden. Ist der Bieter selbst eine börsennotierte Gesellschaft, ist die strikte Vertraulichkeitswahrung auch schon deshalb erforderlich, weil ansonsten die Möglichkeit des Aufschubs der Veröffentlichung des bevorstehenden Angebots als **Ad-hoc-Mitteilung** nach Art. 17 Abs. 4 MAR entfallen könnte (s. Rz. 29.18). Die Organe des Bieters haben also diejenigen Maßnahmen zu veranlassen, die erforderlich sind, damit Informationen über das in Erwägung gezogene bzw. bevorstehende Angebot nur an Personen weitergegeben werden, die diese zur Wahrnehmung der ihnen übertragenen Aufgaben auch tatsächlich benötigen.

b) Vorbereitungsmaßnahmen

29.39 Das Management hat **alternative Transaktionsstrukturen**, wie etwa eine Verschmelzung von Bieter und Zielgesellschaft zu prüfen und deren Vor- und Nachteile gegenüber einem Übernahmeverfahren abzuwägen. Transaktionsstrukturen, die hauptversammlungspflichtige Kapitalmaßnahmen seitens des Bieters voraussetzen, sollten aus Gründen der **Transaktionssicherheit** und **Transaktionsgeschwindigkeit** regelmäßig vermieden werden. Ist der Bieter selbst eine Aktiengesellschaft, bedarf es jedoch selbst bei großvolumigen Transaktionen nach

---

1 Verlautbarung der BaFin vom 9.8.2006; *Angerer* in Angerer/Geibel/Süßmann, § 1 WpÜG Rz. 127.
2 Die BaFin teilt dem Bieter nach der Veröffentlichung der Absicht, ein Übernahmeangebot abzugeben, auf Anfrage den Mindestpreis der betreffenden Aktien der Zielgesellschaft mit.

den sog. „Holzmüller"- bzw. „Gelatine"-Grundsätzen des BGH[1] regelmäßig nicht der Zustimmung der Hauptversammlung.

Im Übrigen ist darauf zu achten, dass die Angebotsstruktur den Bedürfnissen des Bieters insbesondere in finanzieller, bilanzieller und steuerlicher (und zwar auch grunderwerbsteuerlicher[2]) Hinsicht entspricht. Um eine möglichst hohe Annahmequote zu erzielen, müssen auch die **steuerlichen Folgen** einer Annahme des Angebots aus Sicht der Aktionäre der Zielgesellschaft berücksichtigt werden.

29.40

Spätestens zum Zeitpunkt der Einreichung der Angebotsunterlage bei der BaFin muss der Bieter zudem sicherstellen, dass ihm die zur vollständigen Erfüllung des Angebots notwendigen Mittel zeitgerecht zur Verfügung stehen werden (§ 13 Abs. 1 Satz 1 WpÜG). Bei Barangeboten muss der Bieter zusätzlich eine **Finanzierungsbestätigung** durch ein unabhängiges Wertpapierdienstleistungsunternehmen beschaffen (§ 13 Abs. 1 Satz 2 WpÜG). Im Hinblick auf die Pflicht zur Abgabe eines Angebots nach Veröffentlichung der Angebotsabsicht (§ 14 Abs. 1 Satz 1 WpÜG) ist zu empfehlen, dass der Bieter die Finanzierung des Angebots sowie die Ausstellung der Finanzierungsbestätigung bereits vor der Angebotsankündigung sicherstellt.

29.41

c) Beteiligungsaufbau

Neben dem historischen Börsenkurs bildet die höchste der von dem Bieter innerhalb der letzten sechs Monate vor Veröffentlichung der Angebotsunterlage gewährte oder vereinbarte Gegenleistung für Aktien der Zielgesellschaft eine zwingende gesetzliche Vorgabe für die Mindesthöhe der anzubietenden Gegenleistung (§ 4 WpÜG-AngebVO). **Vorerwerbe** können auch die Möglichkeit des Bieters, eigene Aktien als Gegenleistung anzubieten, einschränken. Denn hat der Bieter in dem Zeitraum von sechs Monaten vor Veröffentlichung der Angebotsabsicht bzw. des erfolgten Kontrollerwerbs bis zum Ablauf der Annahmefrist des Angebots mindestens 5 % der Aktien oder Stimmrechte an der Zielgesellschaft gegen Zahlung einer Geldleistung erworben, muss auch das Pflicht- bzw. Übernahmeangebot (jedenfalls auch) gegen Barleistung erfolgen (§ 31 Abs. 3 WpÜG). Erwerbsvorgänge oder sonstige Vereinbarungen von Personen, die mit dem Bieter gemeinsam handeln (§ 2 Abs. 5 WpÜG), werden dem Bieter **zugerechnet**. Konzernunternehmen des Bieters gelten dabei (unwiderleglich) als mit diesem gemeinsam handelnde Personen (§ 2 Abs. 5 Satz 3 WpÜG). Das Management des Bieters muss daher schon im Vorfeld einer geplanten Transaktion sorgfältig Geschäfte in Aktien der Zielgesellschaft abwägen. Der Abschluss von Derivatgeschäften im Vorfeld eines Übernahmeverfahrens, die dem Bieter keinen Anspruch auf Lieferung von Aktien, sondern lediglich auf Barausgleich vermitteln, stellt hingegen keinen Art oder Höhe der Gegenleistung präjudizierenden Vorerwerbstatbestand dar.[3]

29.42

---

1 BGH v. 25.2.1982 – II ZR 174/80, NJW 1982, 1703 = AG 1982, 158 – Holzmüller; BGH v. 26.4.2004 – II ZR 155/02, ZIP 2004, 993 = AG 2004, 384 – Gelatine I; BGH v. 26.4.2004 – II ZR 154/02 = ZIP 2004, 1001 – Gelatine II; BGH v. 20.11.2006 – II ZR 226/05, NZG 2007, 234 = AG 2007, 203 zu Veräußerungsfällen; vgl. dazu etwa *Liebscher*, ZGR 2005, 1 ff.; *Habersack* in Emmerich/Habersack, Aktien- und GmbH-Konzernrecht, vor § 311 AktG Rz. 33; *Mülbert* in Großkomm. AktG, § 119 AktG Rz. 20.
2 Vgl. *Behrens/Scholderer*, AG 2005, 388 ff.
3 Ebenso *Baums/Sauter*, ZHR 173 (2009), 454, 480.

29.43 Ein **verdeckter Beteiligungsaufbau** war schon früher nur in engen Grenzen möglich.[1] Nach der Ausweitung der Meldepflichten durch den europäischen und nationalen Gesetzgeber[2] sind nunmehr insoweit kaum noch Gestaltungsspielräume, etwa durch den Einsatz von Wertpapierleihgeschäften oder auf Barausgleich gerichtete Derivate, denkbar.[3] Neben Mitteilungspflichten nach §§ 33 f., § 38 WpHG (§§ 21 f., § 25 WpHG a.F.) sowie ggf. Art. 19 MAR sind in diesem Zusammenhang insbesondere auch mögliche Ad-hoc-Publizitätspflichten nach Art. 17 MAR sowie das Verbot der Marktmanipulation nach Art. 12, 15 MAR zu beachten.

29.44 Entsprechendes gilt für **Parallel- und Nacherwerbe** von Aktien der Zielgesellschaft durch den Bieter oder mit diesem gemeinsam handelnde Personen. Auch diese können (rückwirkend) zu einer Erhöhung des Mindestangebotspreises führen (§ 31 Abs. 4 und 5 WpÜG).

d) Berater

29.45 Die Regelungsdichte und Besonderheiten öffentlicher Pflicht- und Übernahmeangebote erfordern die Beratung des Bieters nicht nur aus rechtlicher und steuerlicher Sicht, sondern auch aus Kapitalmarktperspektive. Deshalb ist regelmäßig die Einschaltung eines in Transaktionen dieser Art erfahrenen **Finanzberaters** indiziert. Ist dieser ein vom Bieter unabhängiges Finanzdienstleistungsunternehmen, kann er auch die von dem Bieter der Angebotsunterlage ggf. beizufügende sog. Finanzierungsbestätigung abgeben (vgl. § 13 Abs. 1 Satz 2 i.V.m. § 11 Abs. 2 Satz 3 Nr. 4 WpÜG) oder die Angemessenheit des Angebotspreises durch eine Fairness Opinion – im Sinne einer Informationsgrundlage für die Entscheidung des Bieter-Vorstands – unterlegen.

e) Informationspflichten

29.46 In öffentlichen Angebotsverfahren unterliegt der Bieter diversen Informationspflichten. Dazu gehört zunächst die Verpflichtung zur unverzüglichen Veröffentlichung seiner **Entscheidung zur Abgabe eines Angebots** (§ 10 Abs. 1 und 3 WpÜG) bzw. des erfolgten Kontrollerwerbs (§ 35 Abs. 1 i.V.m. § 10 Abs. 3 WpÜG) sowie die entsprechende Unterrichtung des Vorstands der Zielgesellschaft und des Betriebsrats beim Bieter (§ 10 Abs. 5 WpÜG). Nach § 23 WpÜG muss der Bieter während und auch noch nach der Annahmefrist Veröffentlichungen über Erwerbsgeschäfte, aktuelle Stimmrechtsanteile und den Umfang zugegangener Annahmeerklärungen veröffentlichen (sog. **Wasserstandsmeldungen**).

---

[1] Vgl. zur alten Rechtslage etwa *Baums/Sauter*, ZHR 173 (2009), 454; *Cascante/Topf*, AG 2009, 53; *Fleischer/Schmolke*, NZG 2009, 401; *Meyer/Kiesewetter*, WM 2009, 340; *Schiessl*, Der Konzern 2009, 291.

[2] Gesetz zur Begrenzung der mit Finanzinvestitionen verbundenen Risiken (Risikobegrenzungsgesetz) vom 12.8.2008, BGBl. I 2008, 1688; Gesetz zur Stärkung des Anlegerschutzes und zur Verbesserung der Funktionsfähigkeit des Kapitalmarkts vom 5.4.2011, BGBl. I 2011, 538; RL 2013/50/EU des Europäischen Parlaments und des Rates vom 22.10.2013, ABl. EU Nr. L 294 vom 6.11.2013, S. 13; Gesetz zur Umsetzung der Transparenzrichtlinie-Änderungsrichtlinie vom 25.11.2015, BGBl. I 2015, 2029.

[3] *Weidemann*, NZG 2016, 605, 610; *Zetzsche*, AG 2015, 381, 387; *Cascante/Bingel*, NZG 2011, 1086, 1096.

f) Angebotsunterlage

Nach § 12 Abs. 1 WpÜG haftet u.a. der Bieter als **Unterzeichner der Angebotsunterlage** (§ 11 Abs. 1 Satz 5 WpÜG) für deren Richtigkeit und Vollständigkeit. Daneben haften diejenigen, von denen der Erlass der Angebotsunterlage ausgeht (§ 12 Abs. 1 Nr. 2 WpÜG). Allein auf Grund ihrer Organstellung haften Mitglieder der Geschäftsführung des Bieters Dritten gegenüber jedoch nicht für den Inhalt der Angebotsunterlage.[1] Anderes kann jedoch gelten, wenn diese ein **eigenes wirtschaftliches Interesse** an der Transaktion haben, etwa weil sie (aktuell oder prospektiv) Anteilseigner des Bieters oder der Zielgesellschaft sind.[2] Mangels eigenen wirtschaftlichen Interesses am Erfolg eines Angebots unterfallen die **Berater** des Bieters in der Regel nicht der Haftung nach § 12 Abs. 1 WpÜG.[3]

29.47

Neben den Regelungen zu Art und Höhe der angebotenen Gegenleistung sind die **Bedingungen**, unter die das Angebot gestellt wird (§ 18 Abs. 1 WpÜG), für den Bieter von großer Bedeutung. Zwingend aufzunehmen sind regulatorische Bedingungen zur Berücksichtigung etwaiger Vollzugsverbote (s. Rz. 29.21 ff.). Etwaige Annahmen, die der Bieter seinem Angebot zu Grunde gelegt hat, können durch geeignete (nach § 18 Abs. 1 WpÜG objektiv zu fassende) Bedingungen abgesichert werden. Dazu können etwa die Festlegung einer Mindestannahmeschwelle (§ 21 Abs. 1 Nr. 3 WpÜG) sowie Bedingungen, die den Bieter gegen Verwässerungseffekte schützen, gehören. Auch Bedingungen, die den Bieter vor wesentlichen Veränderungen bei der Zielgesellschaft schützen, sind möglich, wenn auch die Verwaltungspraxis der BaFin an sog. *Material Adverse Change*-Bedingungen besondere Anforderungen stellt.[4]

29.48

2. Zielgesellschaft

Die Pflichten von Vorstand und Aufsichtsrat der Zielgesellschaft bei Übernahmeverfahren werden im Wesentlichen durch den allgemeinen Grundsatz der **Gleichbehandlung** der Aktionäre (§ 3 Abs. 1 WpÜG), der Verpflichtung, ausschließlich im **Interesse der Zielgesellschaft** zu handeln (§ 3 Abs. 3 WpÜG) sowie das sog. **Verhinderungsverbot** (§ 33 WpÜG) geprägt.

29.49

a) Verhinderungsverbot

Nach § 33 Abs. 1 WpÜG darf der Vorstand der Zielgesellschaft nach Veröffentlichung der Entscheidung zur Abgabe eines Übernahmeangebots keine Handlungen vornehmen, durch die der **Erfolg** des Angebots **verhindert** werden könnte (§ 33 Abs. 1 Satz 1 WpÜG). Dies gilt auch nach Veröffentlichung eines erfolgten Kontrollerwerbs nach § 35 Abs. 1 WpÜG, wenn der Kontrollerwerber zugleich die Abgabe eines sog. **Pflichtangebots** angekündigt hat.[5] Allerdings unterliegt das sog. Verhinderungsverbot einer Reihe von **Ausnahmen**, vgl. § 33 Abs. 1 Satz 2 WpÜG. Insbesondere bleiben die Suche nach einem konkurrierenden Bieter, Maßnahmen, die auch unabhängig von dem Angebot durchgeführt worden wären sowie Handlungen, denen der Aufsichtsrat zugestimmt hat, zulässig. Wesentlich enger ist der Handlungsspielraum

29.50

---

1 *Fuchs* in Fleischer, Handbuch des Vorstandsrechts, § 22 Rz. 47.
2 *Hopt*, ZHR 166 (2002), 383, 406 ff.; *Assmann* in Assmann/Pötzsch/Uwe H. Schneider, § 12 WpÜG Rz. 39.
3 *Louven* in Angerer/Geibel/Süßmann, § 12 WpÜG Rz. 20.
4 Vgl. *Krause/Favoccia* in Assmann/Pötzsch/Uwe H. Schneider, § 18 WpÜG Rz. 88 ff.; *Berger/Filgut*, WM 2005, 253 ff.; *Hasselbach/Wirtz*, BB 2005, 842 ff.
5 *Pötzsch/Assmann* in Assmann/Pötzsch/Uwe H. Schneider, § 39 WpÜG Rz. 48; *von Bülow* in Köln.Komm. WpÜG, § 39 WpÜG Rz. 37 f.; *Baums/Hecker* in Baums/Thoma, § 39 WpÜG Rz. 41.

von Vorstand und Aufsichtsrat hingegen, wenn die Satzung der Zielgesellschaft das **europäische Verhinderungsverbot** für anwendbar erklärt hat (§ 33a WpÜG). Bislang ist jedoch kein Fall bekannt geworden, in dem eine börsennotierte Gesellschaft ein entsprechendes „opting in" durchgeführt hat.[1] Die Verletzung des Verhinderungsverbots stellt eine Ordnungswidrigkeit dar (§ 60 Abs. 1 Nr. 8 WpÜG) und kann zum Innenregress führen.[2]

29.51 Vor Bekanntgabe eines bevorstehenden Übernahme- oder Pflichtangebots werden Vorstand und Aufsichtsrat der Zielgesellschaft durch § 33 WpÜG nicht in ihrem Handlungsspielraum beschränkt.[3] **Präventive Abwehrmaßnahmen** einer Zielgesellschaft sind deshalb nicht von vornherein unzulässig.[4] Ihre Zulässigkeit im Einzelfall richtet sich vielmehr nach den für die jeweilige Maßnahme geltenden aktienrechtlichen Bestimmungen. Bei der Entscheidung über die Implementierung präventiver Abwehrmaßnahmen besteht nach h.M. insbesondere keine Neutralitätspflicht des Vorstands.[5] Dieser hat sein Handeln vielmehr allein am Unternehmensinteresse auszurichten. Abwehrmaßnahmen müssen also im Interesse des Unternehmens erfolgen und dürfen nicht gegen das Schädigungsverbot verstoßen.[6] Im Übrigen besteht jedoch bei der Entscheidung über konkrete Abwehrmaßnahmen ein breites unternehmerisches Ermessen.[7] Maßnahmen, die mit Blick auf das Unternehmensinteresse „neutral" sind, sind gerechtfertigt, sofern der Vorstand bei der Planung und Umsetzung dieser Maßnahmen von dem Interesse einer auf Kontinuität und Nachhaltigkeit ausgerichteten Unternehmensentwicklung geleitet wird. Maßnahmen, die mit Nachteilen für die Gesellschaft verbunden sind, bedürfen hingegen einer besonders eingehenden Rechtfertigung und dürften nur ausnahmsweise zulässig sein.[8] Die bloße abstrakte Befürchtung, dass unerwünschte Anleger Einfluss auf die Gesellschaft erlangen könnten, um bestimmte kurzfristige Ziele herbeizuführen, wird hierfür in aller Regel nicht ausreichen. In diesem Zusammenhang ist zu beachten, dass bestimmte Abwehrmechanismen als Teil des Lageberichts **offenlegungspflichtig** sind, vgl. § 289 Abs. 4 bzw. § 315 Abs. 4 HGB.

b) Informationspflichten

29.52 Der Vorstand der Zielgesellschaft hat den zuständigen Betriebsrat unverzüglich von einem angekündigten öffentlichen Angebot zu unterrichten (§ 10 Abs. 5 WpÜG) und diesem die Angebotsunterlage zu übermitteln (§ 14 Abs. 4 WpÜG). Nach § 106 Abs. 2, Abs. 3 Nr. 9a BetrVG ist im Fall von Pflicht- und Übernahmeangeboten auch der Wirtschaftsausschuss zu unter-

---

1 Vgl. *Süßmann* in Angerer/Geibel/Süßmann, § 31a WpÜG Rz. 1.
2 *Krause/Pötzsch/Stephan* in Assmann/Pötzsch/Uwe H. Schneider, § 33 WpÜG Rz. 309.
3 *Hirte* in KölnKomm. WpÜG, § 33 WpÜG Rz. 37; *Krause/Pötzsch/Stephan* in Assmann/Pötzsch/Uwe H. Schneider, § 33 WpÜG Rz. 71 und 243 ff.; *Grunewald* in Baums/Thoma, § 33 WpÜG Rz. 115.
4 *Schlitt* in MünchKomm. AktG, § 33 WpÜG Rz. 255. Allgemein zu den Pflichten des Vorstands bei der Übernahmeprophylaxe *von Falkenhausen*, NZG 2007, 97 ff.; *Schiessl*, AG 2009, 385 ff.
5 *Brandi* in Angerer/Geibel/Süßmann, § 33 WpÜG Rz. 62; *Krause/Pötzsch/Stephan* in Assmann/Pötzsch/Uwe H. Schneider, § 33 WpÜG Rz. 245; *Schiessl*, AG 2009, 385, 386; *Schlitt* in MünchKomm. AktG, § 33 WpÜG Rz. 75 ff.
6 *Krause*, AG 2002, 133, 135 ff.; *Schlitt* in MünchKomm. AktG, § 33 WpÜG Rz. 77 und 255.
7 *Grunewald* in Baums/Thoma, § 33 WpÜG Rz. 105.
8 Ein Überblick über zulässige präventive Abwehrmaßnahmen findet sich bei *Krause/Pötzsch/Stephan* in Assmann/Pötzsch/Uwe H. Schneider, § 33 WpÜG Rz. 248 ff.; sowie bei *Brandi* in Angerer/Geibel/Süßmann, § 33 WpÜG Rz. 63 ff.

richten.[1] Ferner haben Vorstand und Aufsichtsrat der Zielgesellschaft eine **begründete Stellungnahme** zu dem Angebot und jeder Angebotsänderung abzugeben (§ 27 WpÜG). Neben dem gesetzlich vorgeschriebenen Inhalt der Stellungnahme (vgl. § 27 Nr. 1 bis 4 WpÜG) ist es üblich geworden, dass Vorstand und Aufsichtsrat in ihren Stellungnahmen nach § 27 WpÜG auch Aussagen zu dem Wert des Angebots für die Aktionäre der Zielgesellschaft aufnehmen und ggf. eine Empfehlung zur Annahme bzw. Nichtannahme des Angebots aussprechen. Dazu empfiehlt sich die vorherige Einholung einer **Fairness Opinion** durch einen unabhängigen Finanzberater.

Verletzt der Vorstand bei Abgabe der Stellungnahme seine Sorgfaltspflichten, kann dies grundsätzlich zu Schadensersatzansprüchen nach § 93 Abs. 2 AktG führen. Allerdings wird der Gesellschaft im Regelfall durch die Pflichtverletzung kein Schaden entstehen.[2] Ein gesetzlicher Haftungstatbestand, der die Geltendmachung von **Schadensersatzansprüchen** durch Aktionäre der Zielgesellschaft auf Grund einer unrichtigen oder unvollständigen Stellungnahme normiert, besteht nicht. Eine entsprechende Anwendung des § 12 WpÜG scheidet aus. Auch die Grundsätze der Prospekthaftung finden keine Anwendung.[3]

29.53

c) Interessenkonflikte

Mitglieder des Vorstands und des Aufsichtsrats der Zielgesellschaft können in Übernahmeverfahren vielfältigen Interessenkonflikten ausgesetzt sein. Sie müssen den Unternehmensinteressen stets den Vorrang gegenüber eigenen Interessen einräumen.[4] Zudem ist es dem Bieter ausdrücklich verboten, Organmitgliedern der Zielgesellschaft **ungerechtfertigte Vorteile** zu gewähren oder in Aussicht zu stellen (vgl. § 33d WpÜG). Insbesondere im Falle einer Ansprache der Zielgesellschaft durch sog. **Private-Equity-Investoren** müssen die Organmitglieder schon im Vorfeld eines Angebots besonders sorgfältig auf die sachgerechte Auflösung etwaiger Interessenkonflikte achten. Dabei geht es nicht nur um die Pflicht zur Wahrung von Betriebs- und Geschäftsgeheimnissen (§ 93 Abs. 1 Satz 3 AktG), sondern etwa auch um ein mögliches Interesse der Zielgesellschaft an einem Bieterwettbewerb oder dem Zusammenschluss mit einem strategischen Investor. Die Vereinbarung einer **Rückbeteiligung** bzw. sonstiger Incentivierungsprogramme nach einem erfolgreichen Angebot bedarf im Hinblick auf § 33d WpÜG ebenfalls besonders sorgfältiger Prüfung. Eine Treuepflichtverletzung kann zur Abberufung des Organmitglieds führen sowie Schadensersatzansprüche auslösen.

29.54

V. Wahrung der aktienrechtlichen Kompetenzordnung

Das Aktiengesetz enthält kein Sonderrecht für M&A-Transaktionen. Das Vorstandsverhalten ist insoweit an den allgemeinen Sorgfaltspflichten der §§ 76, 93 AktG und dem übrigen Regelungsrahmen des Aktiengesetzes, z.B. hinsichtlich der Ausgabe neuer Aktien[5] oder der Vorbereitung und Durchführung von strukturändernden Maßnahmen[6], zu messen. Dabei

29.55

---

1 Dazu *Schröder/Folter*, NZA 2008, 1097 ff.
2 *Fuchs* in Fleischer, Handbuch des Vorstandsrechts, § 22 Rz. 101.
3 *Fuchs* in Fleischer, Handbuch des Vorstandsrechts, § 22 Rz. 101; a.A. *Röh* in Haarmann/Schüppen, FrankfurtKomm. WpÜG, § 27 WpÜG Rz. 85 ff.
4 BGH v. 21.12.1979 – II ZR 244/78, NJW 1980, 1629, 1639 = AG 1980, 111; *Möllers*, ZIP 2006, 1615.
5 Z.B. § 186 AktG zum Bezugsrechtsausschluss oder § 255 AktG zur Angemessenheit des Ausgabebetrags.
6 Z.B. §§ 293 ff. AktG zum Abschluss von Unternehmensverträgen.

kommt vor allem der Wahrung der aktienrechtlichen Kompetenzordnung besondere Bedeutung zu.

1. Zustimmungsvorbehalte des Aufsichtsrats

29.56 Nach § 111 Abs. 4 Satz 2 AktG müssen die Satzung oder der Aufsichtsrat bestimmen, dass bestimmte Arten von Geschäften nur mit Zustimmung des Aufsichtsrats vorgenommen werden dürfen. Typischerweise zählen sowohl die Veräußerung als auch der Erwerb von Unternehmen oder Beteiligungen an Unternehmen zum **Katalog der zustimmungsbedürftigen Geschäfte**. Signifikante M&A-Transaktionen wird der Vorstand in der Regel nicht ohne die Einbindung des Aufsichtsrats durchführen dürfen.[1] Die Frage, ob die Transaktion dem Aufsichtsrat vorzulegen ist, ist keine unternehmerische Entscheidung und unterfällt daher nicht der Business Judgment Rule.[2] Missachtet der Vorstand die Aufsichtsratszuständigkeit, so handelt er pflichtwidrig.[3] Zweifelsfragen bei der Auslegung von unbestimmten Rechtsbegriffen im Zustimmungskatalog, wie z.B. „Wesentlichkeit" oder „außerhalb des gewöhnlichen Geschäftsgangs", gehen zu Lasten des Vorstands, so dass der Vorstand sich im Zweifel eher für die **Einbeziehung des Aufsichtsrats** entscheiden sollte.

29.57 Für die Auflösung des bei Transaktionen mit börsennotierten Aktiengesellschaften oftmals bestehenden Spannungsverhältnisses zwischen Aufsichtsratszustimmung und **Wahrung der Vertraulichkeit** gibt es keine „Standardlösung". Im Grundsatz ist der Aufsichtsrat vollumfänglich und innerhalb der in Satzung oder Geschäftsordnung enthaltenen Fristen zu informieren. Dies führt in der Praxis, insbesondere bei Großtransaktionen börsennotierter Gesellschaften, oftmals zu so genannten „Leak"-Risiken. Daher wird unter pragmatischen Aspekten oft auf eine Kombination aus Involvierung des **Aufsichtsratsvorsitzenden**, ggf. Vorbesprechung im Aufsichtsratspräsidium – unter Einbeziehung des Spitzenrepräsentanten der Arbeitnehmerseite – und einer Tischvorlage im Aufsichtsratsplenum zurückgegriffen. Dieses Vorgehen kann zwar mittlerweile nicht mehr als „State of the Art" bezeichnet werden, erscheint aber in Ausnahmefällen vertretbar, wenn sichergestellt ist, dass in der relevanten Sitzung des Aufsichtsratsplenums hinreichend **Gelegenheit zur Information** (u.U. auch durch die Fachabteilungen der Gesellschaft oder externe Berater), Aussprache und Abwägung zur Verfügung steht. Als vermittelnde Lösung kommt die Übersendung der relevanten Informationen an den Aufsichtsrat unter Verkürzung der an sich vorgesehenen Fristen in Betracht, idealerweise unter Nutzung eines Wochenendes. Der Abschluss einer M&A-Transaktion ohne die erforderliche Zustimmung des Aufsichtsrats hat – als Verstoß gegen die internen Legalitätspflichten – für die handelnde Personen unter Umständen erhebliche **Haftungsfolgen** (vgl. Rz. 29.59 f.).

2. Mitwirkungsrechte der Hauptversammlung

29.58 Das Aktiengesetz sieht – ebenso wie das Umwandlungsgesetz – für eine Vielzahl von Maßnahmen die **Mitwirkung der Hauptversammlung** vor. Im Zusammenhang mit M&A-Transaktionen sind insbesondere folgende hauptversammlungspflichtige Maßnahmen relevant:

---

1 Dazu *J. Hüffer* in FS Hüffer, 2010, S. 365, 371 ff.
2 Begr. RegE UMAG, BT-Drucks. 15/5092, S. 11.
3 *Habersack* in MünchKomm. AktG, § 111 AktG Rz. 129; *Fleischer* in Fleischer, Handbuch des Vorstandsrechts, § 7 Rz. 10; *Ihrig*, WM 2004, 2098, 2103. Allgemein zum Zustimmungsvorbehalt nach § 111 Abs. 4 AktG *Fonk*, ZGR 2006, 841 ff.

Hauptversammlungspflichtige Maßnahme	Anwendungsbereich
Beschlüsse nach den Grundsätzen der „Holzmüller"- bzw. „Gelatine"-Entscheidungen des BGH[1],	Transaktionen, die auf Grund ihrer qualitativen oder quantitativen Bedeutung einer Satzungsänderung nahe kommen.
Änderung des Unternehmensgegenstands	Transaktionen, deren Vollzug zu einer Über- oder Unterschreitung des in der Satzung festgelegten Unternehmensgegenstands führen würden
Beschlüsse nach § 179a AktG	Transaktionen, in denen das gesamte Gesellschaftsvermögen veräußert wird
Kapitalerhöhung nach §§ 182 ff. AktG	Aufnahme von Kapital zur Finanzierung einer Transaktion „Bezahlung" von Unternehmenserwerben mit Aktien
Verschmelzung nach §§ 2 ff. UmwG	Rechtlicher Zusammenschluss von Unternehmen
Ausgliederung nach § 123 Abs. 3 UmwG	Zur Vorbereitung von Veräußerungen (sog. „Carve-out")
Beherrschungs- und Gewinnabführungsvertrag nach §§ 291 ff. AktG	Zur Integration des Zielunternehmens nach Vollzug der Transaktion
Squeeze-out nach §§ 327a ff. AktG mit der Konsequenz des Delistings	Zur Vorbereitung der Integration des Zielunternehmens nach Vollzug der Transaktion Kostenersparnis durch Wegfall der Börsennotierung

Die Einholung einer etwa erforderlichen Hauptversammlungszustimmung ist ein aufwendiges, mühsames und für die Beteiligten bisweilen nervenaufreibendes Projekt.[2] Obgleich die insbesondere mit der Einführung des Gesetzes zur Umsetzung der Aktionärsrechterichtlinie (ARUG) vom Gesetzgeber ergriffenen „Gegenmaßnahmen"[3] Früchte tragen und die Zahl der Aktionärsklagen insgesamt zurückgegangen ist[4], wird die Notwendigkeit einer Hauptversammlungsbefassung im Kontext von Unternehmensakquisitionen noch immer als erheblicher Störfaktor und Transaktionsrisiko angesehen, das nach Möglichkeit zu vermeiden ist. Weiter auf dem Vormarsch sind nach wie vor auch die sog. aktivistischen Aktionäre

---

1 Vgl. BGH v. 25.2.1982 – II ZR 174/80, NJW 1982, 1703 = AG 1982, 158 – Holzmüller; BGH v. 26.4.2004 – II ZR 155/02, ZIP 2004, 993 = AG 2004, 384 – Gelatine I; BGH v. 26.4.2004 – II ZR 154/02 = ZIP 2004, 1001 – Gelatine II; vgl. aber BGH v. 20.11.2006 – II ZR 226/05, NZG 2007, 234 = AG 2007, 203 zu Veräußerungsfällen. Umstritten ist das Bestehen einer ungeschriebenen Hauptversammlungszuständigkeit nach den „Holzmüllergrundsätzen" für den Fall des Beteiligungserwerbs. Bejahend bspw. *Hoffmann* in Spindler/Stilz, § 119 AktG Rz. 30 sowie *Spindler* in K. Schmidt/Lutter, § 119 AktG Rz. 34 jeweils m.w.N. Ablehnend bspw. *Krieger* in MünchHdb. AG, § 70 Rz. 10 sowie *Kubis* in MünchKomm. AktG, § 119 AktG Rz. 67 jeweils m.w.N. Differenzierend nach fortbestehender Beteiligung außenstehender Aktionäre an der Erwerbsgesellschaft: *Mülbert* in Großkomm. AktG, § 119 AktG Rz. 71.
2 *Marsch-Barner* in Marsch-Barner/Schäfer, Handbuch börsennotierte AG, § 31 Rz. 3 f.; *Martens*, Leitfaden für die Leitung der Hauptversammlung einer Aktiengesellschaft, 3. Aufl. 2003, S. 9 ff.
3 Durch das ARUG wurden u.a. das Freigabeverfahren nach § 246a AktG auf eine Instanz verkürzt und eine Mindestbeteiligungsschwelle von 1000 Euro für die Berücksichtigung von Aktionären im Freigabeverfahren eingeführt.
4 So ist beispielsweise die Zahl der Beschlussmängelklagen von 554 im Jahr 2008 auf 66 im Jahr 2011 zurückgegangen, vgl. die Studie von *Baums/Drinhausen/Keinath*, ZIP 2011, 2329, 2331; vgl. ferner *Bayer/Hoffmann/Sawada*, ZIP 2012, 897 ff.; *Bayer/Hoffmann*, ZIP 2013, 1193 ff.

(*activist shareholders*), die häufig von Aktienkurssteigerungen bei Übernahmen profitieren oder durch einen Wechsel im Management oder Aufsichtsrat den Ertrag eines Unternehmens steigern wollen.[1] Um die insoweit bestehenden Risiken zu minimieren, muss die Vorbereitung einer Hauptversammlung – d.h. Einberufung, Berichterstattung, Auslage von Unterlagen und „Regieführung" in der Hauptversammlung – mit großer Sorgfalt betrieben werden. Eine erfolgreiche Inanspruchnahme von Organen wegen fehlerhafter Hauptversammlungsvorbereitung hat es jedoch, soweit ersichtlich, noch nicht gegeben. Risiken resultieren eher aus der pflichtwidrigen Umgehung erforderlicher Zustimmungen (s. Rz. 29.59).

3. Folgen einer Kompetenzüberschreitung

29.59   Der Vorstand hat die aktienrechtliche Kompetenzordnung auch bei M&A-Transaktionen zwingend zu wahren. Dies stellt § 82 Abs. 2 AktG explizit klar. Pflichtwidrige Kompetenzüberschreitungen liegen vor, wenn der Vorstand ohne Rücksichtnahme auf Zustimmungsvorbehalte des Aufsichtsrats ein Unternehmen veräußert, durch eine Veräußerung den satzungsmäßigen Unternehmensgegenstand ohne entsprechenden Änderungsbeschluss der Hauptversammlung über- oder unterschreitet[2] oder sich eigenmächtig über **Mitwirkungsbefugnisse der Hauptversammlung** hinwegsetzt.[3] Eine Privilegierung durch die Business Judgment Rule greift in diesen Fällen nicht ein, auch wenn das Rechtsgeschäft als solches eine unternehmerische Entscheidung darstellt.

29.60   Während der Vorstand nach herrschender Lehre für alle durch das kompetenzwidrig abgeschlossene Geschäft entstehenden Schäden haftet und der Einwand eines „rechtmäßigen Alternativverhaltens" abgeschnitten ist[4], hat der BGH in zwei Entscheidungen festgestellt, dass ein Verstoß gegen die innergesellschaftliche Kompetenzordnung allein noch keine Schadensersatzpflicht begründet.[5] Der Vorstand kann sich hiernach bei einem Überschreiten seiner Befugnisse also mit dem Argument entlasten, dass der Schaden auch bei pflichtgemäßem Handeln eingetreten wäre (etwa, weil der Aufsichtsrat oder die Hauptversammlung der betreffenden Maßnahme zugestimmt hätten). Allerdings trägt der Vorstand die volle Beweislast dafür, dass der Schaden auch bei Beachtung der Kompetenzordnung eingetreten wäre.[6]

29.61   Dieses verschärfte Haftungsregime besteht auch in jenen Fällen, in denen der Vorstand eine Transaktion auf der Grundlage eines Hauptversammlungsbeschlusses vollzogen hat, dieser sich im Nachhinein jedoch – auf Grund einer Anfechtungs- oder Nichtigkeitsklage – als un-

---

1 Vgl. *Fabritius/Lyons/Kulenkamp*, „In Deutschland haben es Hedgefonds leichter", Börsen-Zeitung v. 11.4.2015, S. 9.
2 Dem Urteil des OLG Köln v. 15.1.2009 – 18 U 205/07, ZIP 2009, 1469 ff. = AG 2009, 416 zufolge ist es dem Vorstand verboten, Tätigkeitsfelder aufzugeben, die in der Satzung verbindlich und abschließend festgelegt sind. Zur nachträglichen „Legalisierung" einer Satzungsunterschreitung OLG Köln v. 15.1.2009 – 18 U 205/07, ZIP 2009, 1469 ff. = AG 2009, 416. Dies ablehnend OLG Stuttgart v. 13.7.2005 – 20 U 1/05, WM 2005, 1708, 1711 = AG 2005, 693.
3 *Fleischer* in Fleischer, Handbuch des Vorstandsrechts, § 7 Rz. 10 ff.; *Spindler* in MünchKomm. AktG, § 93 AktG Rz. 73; *Paefgen*, Unternehmerische Entscheidungen und Rechtsbindung der Organe in der AG, 2002, S. 19.
4 Vgl. bspw. *Hopt/Roth* in Großkomm. AktG, § 93 AktG Rz. 416; *Krieger/Sailer-Coceani* in K. Schmidt/Lutter, § 93 AktG Rz. 40; *Spindler* in MünchKomm. AktG, § 93 AktG Rz. 174; *Wiesner* in MünchHdb. AG, § 26 Rz. 22.
5 BGH v. 11.12.2006 – II ZR 166/05, NJW 2007, 917, 918 = NZG 2007, 185, 187 sowie BGH v. 21.7.2008 – II ZR 39/07, NZG 2008, 783 = DStR 2008, 1974 = GmbHR 2008, 1092.
6 *Fleischer*, DStR 2009, 1204, 1208 f.

wirksam oder rechtswidrig herausstellt. Daher geht der Vorstand beim Vollzug von noch nicht endgültigen bestandskräftigen Hauptversammlungsbeschlüssen ein **gesteigertes Haftungsrisiko** ein, was die Bedeutung einer sorgfältigen Vorbereitung von hauptversammlungspflichtigen Maßnahmen unterstreicht. Allerdings stützt sich der Vorstand beim Vollzug dieser Maßnahmen in der Regel auf ein – intern oder extern erstelltes – Gutachten über die Rechtmäßigkeit der Beschlussfassung (sog. „Holzmüller-Gutachten"), so dass ihn bei einer späteren entgegengesetzten Gerichtsentscheidung grundsätzlich kein Verschulden wegen des Vollzugs der Maßnahme trifft.[1]

VI. Mitteilungspflichten

Erwerb und Übertragung von Unternehmensbeteiligungen können sowohl für den Erwerber als auch für den Veräußerer Mitteilungspflichten auslösen.

29.62

1. Börsennotierte Unternehmen

a) §§ 33 f. WpHG (§§ 21 f. WpHG a.F.)

Mit Inkrafttreten des Gesetzes zur Umsetzung der Transparenzrichtlinie-Änderungsrichtlinie[2] gelten seit dem 26.11.2015 verschärfte Regelungen zur kapitalmarktrechtlichen Beteiligungspublizität. Nach § 33 Abs. 1 (§ 21 Abs. 1 WpHG a.F.) ist der BaFin und der Gesellschaft schriftlich mitzuteilen, wenn der **Stimmrechtsanteil** des Mitteilungspflichtigen an einer deutschen börsennotierten Gesellschaft (§ 33 Abs. 4 WpHG [§ 21 Abs. 2 WpHG a.F.]) 3 %, 5 %, 10 %, 15 %, 20 %, 25 %, 30 %, 50 % oder 75 % erreicht, überschreitet oder unterschreitet. Die Meldepflicht nach § 33 Abs. 1 (§ 21 Abs. 1 WpHG a.F.) wird bereits durch das Bestehen eines auf die Übertragung von Aktien gerichteten unbedingten und ohne zeitliche Verzögerung zu erfüllenden Anspruchs oder einer entsprechenden Verpflichtung ausgelöst – auf den Zeitpunkt des dinglichen Vollzugs des Vertrags (sog. *Closing*) kommt es dagegen nicht mehr an (Definition des „*Gehörens*" nach § 33 Abs. 3 WpHG (§ 21 Abs. 1b WpHG a.F.)).[3] Ob Erwerbs- und Veräußerungsgeschäfte „ohne zeitliche Verzögerung" zu erfüllen sind, bemisst sich danach, ob sie innerhalb der üblicherweise im jeweiligen Markt als sofortige Lieferung akzeptierten Fristen zu erfüllen sind. Allerdings sind in der Praxis durchaus Fallgestaltungen denkbar, die bereits vor dem Bestehen eines unbedingten und ohne zeitliche Verzögerung zu erfüllenden Anspruchs einen Zurechnungstatbestand nach § 34 WpHG (§ 22 WpHG a.F.) erfüllen. In Betracht kommen insbesondere Regelungen, bei denen der dingliche Anteilsübergang durch einseitige Willenserklärungen oder andere einseitige Maßnahmen (z.B. Zahlung des Kaufpreises bei aufschiebend bedingter Übereignung) herbeigeführt werden kann (Zurechnung nach § 34 Abs. 1 Satz 1 Nr. 5 WpHG (§ 22 Abs. 1 Satz 1 Nr. 5 WpHG a.F.) oder bei denen der Verkäufer die Beteiligung auf Grund vertraglicher Abreden bereits für Rechnung des Erwerbers hält (Zurechnung nach § 34 Abs. 1 Satz 1 Nr. 2 WpHG [§ 22 Abs. 1 Satz 1 Nr. 2 WpHG a.F.]).

29.63

Die Meldepflichten nach § 33 WpHG (§ 21 WpHG a.F.) werden ergänzt durch weitere Meldepflichten gem. § 38 WpHG (§ 25 WpHG a.F.), der die Umgehung der Meldepflicht nach

29.64

---

[1] Vgl. zur Frage des mangelnden Verschuldens bei Einholung von Rechtsrat BGH v. 14.5.2007 – II ZR 48/06, NJW 2007, 2118 f. = NZG 2007, 545.
[2] Vgl. BGBl. I 2015, 2029 ff.
[3] Vgl. hierzu auch *Brellochs*, AG 2016, 157, 160.

§ 33 WpHG (§ 21 WpHG a.F.) durch Verwendung innovativer Instrumente im Finanzbereich verhindern und insbesondere ein heimliches Anschleichen erschweren soll.[1]
Nach § 38 Abs. 1 Satz 1 WpHG (§ 25 Abs. 1 Satz 1 WpHG a.F.) gilt die Meldepflicht des § 33 Abs. 1 und 2 WpHG (§ 21 Abs. 1 und 1a WpHG a.F.) entsprechend für unmittelbare oder mittelbare Inhaber bestimmter Instrumente, wenn die in § 33 Abs. 1 Satz 1 WpHG (§ 21 Abs. 1 Satz 1 WpHG a.F.) genannten Schwellen, abgesehen von der 3 %-Schwelle, erreicht, überschritten oder unterschritten werden. Erfasst werden Instrumente, die dem Inhaber bei Fälligkeit ein unbedingtes Recht auf Erwerb der mit Stimmrechten verbundenen Aktien verleihen (§ 38 Abs. 1 Satz 1 Nr. 1a WpHG [§ 25 Abs. 1 Satz 1 Nr. 1a WpHG a.F.]), bei denen der Erwerb im Ermessen des Inhabers steht (§ 38 Abs. 1 Satz 1 Nr. 1b WpHG [§ 25 Abs. 1 Satz 1 Nr. 1b WpHG a.F.]) sowie Instrumente, die sich auf Aktien i.S. der Nr. 1 beziehen und eine **vergleichbare wirtschaftliche Wirkung** wie die in Nr. 1 genannten Instrumente haben, unabhängig davon, ob sie einen Anspruch auf physische Lieferung einräumen oder nicht (§ 38 Abs. 1 Satz 1 Nr. 2 WpHG [§ 25 Abs. 1 Satz 1 Nr. 2 WpHG a.F.]). Als solche Instrumente benennt der nicht abschließende[2] Beispielskatalog des § 38 Abs. 2 WpHG (§ 25 Abs. 2 WpHG a.F.) insbesondere übertragbare Wertpapiere, Optionen, Terminkontrakte, Swaps, Zinsausgleichsvereinbarungen und Differenzgeschäfte.

29.65 Nach § 39 Abs. 1 WpHG (§ 25a Abs. 1 WpHG a.F.) findet dabei eine Zusammenrechnung von Stimmrechtsanteilen und Erwerbsrechten des Mitteilungspflichtigen an demselben Emittenten statt. Für einen Meldepflichtigen, der bereits einen Stimmrechtsanteil nach § 33 Abs. 1 WpHG (§ 21 Abs. 1 WpHG a.F.) gemeldet hat, kann eine Mitteilungspflicht nach § 38 Abs. 1 WpHG (§ 25 Abs. 1 WpHG a.F.) auf Grund des Erwerbs von Optionsrechten etc. also nur dann entstehen, wenn dadurch die Summe aus gehaltenen Stimmrechten und Erwerbsrechten die nächste Meldeschwelle erreicht. Während die Meldeplicht des § 33 WpHG (§ 21 WpHG a.F.) also auf das „*Gehören*" der Aktien abstellt, wird diese im Falle des § 38 WpHG (§ 25 WpHG a.F.) bereits durch die unmittelbare oder mittelbare Inhaberschaft von Instrumenten ausgelöst, welche dem Inhaber ein unbedingtes Recht oder ein Ermessen in Bezug auf den Erwerb, also lediglich eine Erwerbsmöglichkeit, verleihen sowie solche Instrumente, die eine damit vergleichbare wirtschaftliche Wirkung haben.

29.66 Die Mitteilung hat unverzüglich, spätestens innerhalb von vier Handelstagen zu erfolgen, vgl. § 33 Abs. 1 Sätze 1, 3 und 4 WpHG (§ 21 Abs. 1 Sätze 1, 3 und 4 WpHG a.F.).

29.67 Um auch **mittelbare Stimmrechtsherrschaft** und sonstiges Beeinflussungspotential sowie Umgehungssachverhalte zu erfassen, sind für die Höhe des relevanten Stimmrechtsanteils nicht nur die von dem Meldepflichtigen selbst gehaltenen Stimmrechte relevant. Stimmrechte aus Aktien, auf deren Ausübung der Meldepflichtige tatsächlich oder wahrscheinlich Einfluss nehmen kann, werden zugerechnet, vgl. § 34 WpHG (§ 22 WpHG a.F.). Bei **Konzernsachverhalten** kann daher der Erwerb bzw. die Übertragung von Aktien durch ein Tochterunternehmen Meldepflichten auf jeder Ebene bis hin zur Konzernspitze auslösen, und zwar auch dann, wenn ein Tochterunternehmen ohne Wissen der Konzernspitze Stimmrechte erwirbt bzw. veräußert. Auch bloß konzerninterne Restrukturierungen können Mitteilungspflichten auslösen. Tatbestände im Vorfeld von M&A-Transaktionen, die auf die Stimmverhältnisse bei der Zielgesellschaft (noch) ohne Einfluss bleiben, sind für die Mitteilungspflichten nach §§ 33 ff.

---

[1] *Schürnbrand* in Emmerich/Habersack, Aktien- und GmbH-Konzernrecht, Anh. § 25 Rz. 1 m.w.N.; BT-Drucks. 16/2498, S. 28.
[2] Begr. RegE, BT-Drucks. 18/5010, S. 46 f.

WpHG (§§ 21 ff. WpHG a.F.) regelmäßig ohne Bedeutung. Dies gilt nach § 38 WpHG (§ 25 WpHG a.F.) jedoch nicht für Derivatgeschäfte.

Die Verletzung einer Mitteilungspflicht nach § 33 Abs. 1 Satz 1 oder 2 oder Abs. 2 WpHG (§ 21 Abs. 1 Satz 1 oder 2 oder Abs. 1a WpHG a.F.) oder nach § 38 Abs. 1 Satz 1 WpHG (§ 25 Abs. 1 Satz 1 WpHG a.F.) sowie nach § 39 Abs. 1 Satz 1 WpHG (§ 25a Abs. 1 Satz 1 WpHG a.F.) stellt nicht nur eine Ordnungswidrigkeit dar, vgl. § 120 Abs. 2 Nr. 2d und e WpHG (vgl. § 39 Abs. 2 Nr. 2f und g WpHG a.F.).[1] Sie wird in außergewöhnlich scharfer Form auch zivilrechtlich sanktioniert: Nach § 44 WpHG (§ 28 WpHG a.F.) tritt im Fall der Verletzung von Mitteilungspflichten nach §§ 33 f. WpHG (§§ 21 f. WpHG a.F.) ein **Rechtsverlust** im Hinblick auf alle Aktien ein, die dem Meldepflichtigen gehören oder aus denen ihm Stimmrechte nach § 34 WpHG (§ 22 WpHG a.F.) zugerechnet werden.[2] Erfolgte die Pflichtverletzung nicht vorsätzlich und wurde die Stimmrechtsmitteilung unverzüglich nachgeholt, gilt dies allerdings insbesondere nicht für Dividendenansprüche, vgl. § 44 Abs. 1 Satz 2 WpHG (§ 28 Abs. 1 Satz 2 WpHG a.F.). Nach § 44 Abs. 1 Sätze 3 und 4 WpHG (§ 28 Abs. 1 Sätze 3 und 4 WpHG a.F.) kann sich der Rechtsverlust andererseits um sechs Monate verlängern, wenn die Mitteilungspflicht vorsätzlich oder grob fahrlässig verletzt wurde und in nicht nur unwesentlicher Weise die Offenlegung des gehaltenen Stimmrechtsanteils betraf.[3] Nach zutreffender Auffassung ordnet diese Regelung allerdings nur den fortdauernden Verlust von Verwaltungsrechten aus den betroffenen Aktien an.[4] Nach § 44 Abs. 2 WpHG (§ 28 Abs. 2 WpHG a.F.) hat auch die Verletzung der Mitteilungspflichten nach § 38 Abs. 1 WpHG (§ 25 Abs. 1 WpHG a.F.) oder § 39 Abs. 1 WpHG (§ 25a Abs. 1 WpHG a.F.) einen Rechtsverlust i.S. des § 44 Abs. 1 WpHG (§ 28 Abs. 1 WpHG a.F.) zur Folge, wobei dies lediglich für die Aktien desselben Emittenten gilt, welche dem Meldepflichtigen gehören.

29.68

Die Verletzung gesetzlicher Mitteilungspflichten kann zudem eine verbotene Marktmanipulation (vgl. Art 12 Abs. 1a lit. i MAR) darstellen. Werden durch den Meldepflichtigen trotz rechtswidrig unterlassener Offenlegung Geschäfte in relevanten Wertpapieren vorgenommen, kommt auch ein Verstoß gegen das Insiderhandelsverbot nach Art. 14 a MAR in Betracht. Die Schärfe der möglichen Rechtsfolgen erfordert daher ein besonders hohes Maß an Sorgfalt des Managements bei der Erfüllung der Mitteilungspflichten nach §§ 33 ff. WpHG (§§ 21 ff. WpHG a.F.). Potentiell meldepflichtige Mutterunternehmen treffen daher bestimmte **Organisationspflichten**, um die ordnungsgemäße Erfüllung aller Meldepflichten, insbesondere auf Grund zugerechneter Stimmrechtsanteile sicherzustellen.[5] Dabei können auch außerhalb des relativ engen Anwendungsbereichs des § 37 WpHG (§ 24 WpHG a.F.) Mitteilungspflichten innerhalb des Konzerns durch eine Konzerngesellschaft auf Grund Vollmacht für andere Konzerngesellschaften erfüllt werden.

29.69

Mitteilungen nach § 33 Abs. 1 Satz 1, Abs. 2 WpHG (§ 21 Abs. 1 Satz 1, Abs. 1a WpHG a.F.) und § 38 Abs. 1 Satz 1 WpHG (§ 25 Abs. 1 Satz 1 WpHG a.F.) sowie nach § 39 Abs. 1 Satz 1 WpHG (§ 25a Abs. 1 Satz 1 WpHG a.F.) sind von der betreffenden Gesellschaft unverzüglich, spätestens drei Handelstage nach Zugang der Mitteilung, zu **veröffentlichen** (§ 40 Abs. 1

29.70

---

1 Vgl. zur Haftung für fehlerhafte Stimmrechtsmitteilungen unten *Krämer/Gillessen*, Rz. 32.81 ff.
2 Dazu etwa *von Bülow/Petersen*, NZG 2009, 481 ff.; *Riegger/Wasmann* in FS Hüffer, 2010, S. 823, 829 ff.
3 *von Bülow/Petersen*, NZG 2009, 481 ff.; *Fleischer*, DB 2009, 1335 ff.; *Scholz*, AG 2009, 313.
4 *Vocke*, BB 2009, 1600, 1605 f. unter zutr. Verweis auf die Beschlussempfehlung des Finanzausschusses zum RisikobegrenzungsG, BT-Drucks. 16/9778, S. 3.
5 *Uwe H. Schneider* in Assmann/Uwe H. Schneider, § 21 WpHG Rz. 143 f.

Satz 1 WpHG [§ 26 Abs. 1 Satz 1 WpHG a.F.]). Nach § 42 WpHG (§ 27 WpHG a.F.) kann die Gesellschaft einen Nachweis für das Bestehen des Stimmrechtsanteils verlangen.

29.71 Sobald der Stimmrechtsanteil des Meldepflichtigen die Schwelle von 10 % erreicht oder überschreitet, ist dieser nach § 43 Abs. 1 WpHG (§ 27a Abs. 1 WpHG a.F.) außerdem verpflichtet, dem Emittenten innerhalb von 20 Handelstagen über die mit dem Erwerb verfolgten **Ziele** und die **Herkunft der Mittel** zu informieren.[1] Diese Information ist anschließend vom Emittenten zu veröffentlichen.

b) Eigengeschäfte von Führungskräften

29.72 Personen, die Führungsaufgaben bei börsennotierten Emittenten wahrnehmen, sind gem. Art. 19 MAR verpflichtet, eigene Geschäfte in Finanzinstrumenten des Emittenten unverzüglich, spätestens aber drei Geschäftstage nach Abschluss des Eigengeschäfts, zu melden.[2] Diese Pflicht gilt auch für Personen, die mit Führungspersonen in einer **engen Beziehung** stehen.[3] Ob dabei die Mitteilungspflicht bei verbundenen juristischen Personen wie nach der bisherigen Verwaltungspraxis der BaFin einschränkend auszulegen sein wird, bleibt abzuwarten.[4] Nunmehr sind auch Geschäfte mit Schuldtiteln sowie die Verpfändung von Finanzinstrumenten erfasst.[5] Auch die auf ein Erwerbs- oder Übernahmeangebot nach dem WpÜG hin von einer Person mit Führungsaufgaben bei der Zielgesellschaft eingelieferten Aktien können grundsätzlich eine Meldepflicht auslösen.[6] Entsprechendes gilt für M&A-bezogene Transaktionen von Führungskräften und nahestehenden Personen außerhalb von Angeboten (z.B. auf Grund von vertraglich geregelten Mitveräußerungspflichten). Die Meldepflicht bei Eigengeschäften gilt jedoch erst, nachdem innerhalb eines Kalenderjahres ein Gesamtvolumen von 5000 Euro erreicht worden ist, Art. 19 Abs. 8 MAR.[7] Es ist dann nur das Geschäft meldepflichtig, mit dem die Schwelle überschritten wird[8], sowie alle Geschäfte, die **nach** Überschreiten des Schwellenwertes abgeschlossen werden.[9] Ein Novum stellt zudem das in Art. 19 Abs. 11 MAR geregelte **Handelsverbot für Führungskräfte** dar, welches

---

[1] Dazu näher *von Bülow/Stephanblome*, ZIP 2008, 1797, 1801 ff.; *Fleischer*, AG 2008, 873 ff.; *Uwe H. Schneider* in Assmann/Uwe H. Schneider, § 27a WpHG Rz. 12 ff.

[2] Im Vergleich zur früheren Rechtslage (§ 15a WpHG a.F.) wurden die Mitteilungspflichten ausgeweitet und verschärft, vgl. einführend *Kumpan*, AG 2016, 446 m.w.N.

[3] Darunter fallen z.B. die Ehepartner, unterhaltsberechtigte Kinder sowie juristische Personen, Personengesellschaften oder eine Treuhand, vgl. Art. 3 Abs. 1 Nr. 26 MAR.

[4] Dafür *Kumpan*, AG 2016, 446, 450. Ob der Emittent selbst in Bezug auf von ihm getätigte Eigengeschäfte meldepflichtig ist, bleibt abzuwarten. Die BaFin geht vorläufig davon aus, dass keine Mitteilungspflicht besteht, vgl. FAQ zu Eigengeschäften von Führungskräften nach Art. 19 MAR der BaFin, 7. Version, Stand 11.1.2017, Abschnitt II, Frage 7.

[5] *Seibt/Wollenschläger*, AG 2014, 593, 601; vgl. weiter Art. 10 der Delegierten Verordnung (EU) 2016/522 der Kommission vom 17.12.2015, welcher einen nicht abschließenden Katalog meldepflichtiger Geschäfte enthält.

[6] So umfassend *Kraack*, AG 2016, 57 ff. (mit Beispielen aus der jüngeren Praxis).

[7] Dieser Schwellenwert kann von den zuständigen Behörden auf bis zu **20 000 Euro** erhöht werden, Art. 19 Abs. 9 MAR. Bei der Berechnung sind auch Transaktionen zu berücksichtigen, bei denen Führungskräften Finanzinstrumente ohne Gegenleistung gewährt wurden, auch diese können eine Meldepflicht auslösen (vgl. Questions and Answers On the Market Abuse Regulation (ESMA70-21038340-40), 27.1.2017, Section 2, Question 6).

[8] Vgl. FAQ zu Eigengeschäften von Führungskräften nach Art. 19 MAR der BaFin, 7. Version, Stand 11.1.2017, Abschnitt III, Frage 2.

[9] *Seibt/Wollenschläger*, AG 2014, 593, 601.

sich indes nicht auf in enger Beziehung zu diesen stehende Personen erstreckt.[1] Während eines geschlossenen Zeitraums von 30 Tagen (sog. *„closed period"*) vor der Ankündigung[2] eines Zwischenberichts oder eines Jahresabschlussberichts, zu deren Veröffentlichung der Emittent verpflichtet ist, dürfen Führungskräfte weder direkt noch indirekt Eigengeschäfte oder Geschäfte für Dritte im Zusammenhang mit den Anteilen oder Schuldtiteln ihres Emittenten oder mit Derivaten oder anderen mit diesen in Zusammenhang stehenden Finanzinstrumenten tätigen.[3] Das Handelsverbot gilt jedoch nicht absolut. Der Emittent kann bei Vorliegen bestimmter Voraussetzungen (z.B. Notverkäufe) den Handel erlauben, Art. 19 Abs. 12 MAR.[4] Bei Verstößen gegen die Pflichten aus Art. 19 MAR drohen scharfe Sanktionen.[5]

2. Nicht börsennotierte Unternehmen

Bei **nicht börsennotierten Aktiengesellschaften** sind die Mitteilungspflichten nach §§ 20 ff. AktG zu beachten. Wird ein Geschäftsanteil an einer **GmbH** übertragen, gilt gegenüber der Gesellschaft nur derjenige als Inhaber des Geschäftsanteils, der als solcher in der im Handelsregister aufgenommenen Gesellschafterliste eingetragen ist (§ 16 Abs. 1 GmbHG). Eine vergleichbare Regelung besteht nach § 67 Abs. 2 AktG im Fall von Namensaktien. Weitere Mitteilungspflichten über erworbene bzw. veräußerte Beteiligungen können sich aus der **Satzung** des betreffenden Unternehmens sowie nach ausländischem Recht ergeben.

29.73

C. Allgemeine Managerpflichten bei M&A-Transaktionen

Neben den vorstehend unter B. (Rz. 29.3 ff.) erörterten Verhaltenspflichten, die überwiegend auf spezifischen gesetzlichen Pflichten beruhen, gibt es weitere, aus eher allgemeinen Grundsätzen abgeleitete Regeln, die das Management bei M&A-Transaktionen zu beachten hat.

29.74

I. Handeln zum Wohl der Gesellschaft auf angemessener Informationsgrundlage

Wie eingangs bereits festgestellt, handelt es sich bei der Entscheidung, ob und zu welchen Konditionen ein Unternehmen erworben wird, um eine unternehmerische Entscheidung. Diese hat der Vorstand mit der Sorgfalt eines ordentlichen und gewissenhaften Geschäftsleiters und damit strikt im Unternehmensinteresse zu treffen (vgl. § 93 Abs. 1 Satz 1 AktG).

29.75

---

1 *Stüber*, DStR 2016, 1221, 1225. Die BaFin geht davon aus, dass das Handelsverbot jedoch auch für indirekt getätigte Eigengeschäfte bzw. für Dritte getätigte Geschäfte gilt und darunter solche Transaktionen fallen können, die über oder für eine eng verbundene Person ausgeführt werden, vgl. FAQ zu Eigengeschäften von Führungskräften nach Art. 19 MAR der BaFin, 7. Version, Stand 11.1.2017, Abschnitt VI, Frage 1. Vgl. im Übrigen zu Ausnahmen vom Handelsverbot Art. 7 bis 9 der Delegierten Verordnung (EU) 2016/522 der Kommission vom 17.12.2015.
2 Fristauslösend ist dabei die Veröffentlichung, nicht die Ankündigung des Berichts, vgl. *Stüber*, DStR 2016, 1221, 1226; vgl. auch Questions and Answers On the Market Abuse Regulation (ESMA/2016/1644), 20.12.2016, Section 2, Question 2.
3 *Kumpan*, AG 2016, 446, 456; *Stüber*, DStR 2016, 1221, 1225 f. Der *Vollzug* eines vor Beginn der closed period geschlossenen unbedingten Geschäfts dürfte auch innerhalb des Handelsverbotszeitraumes zulässig sein, vgl. FAQ zu Eigengeschäften von Führungskräften nach Art. 19 MAR der BaFin, 7. Version, Stand 11.1.2017, Abschnitt VI, Frage 5.
4 Vgl. dazu *Seibt/Wollenschläger*, AG 2014, 593, 602.
5 Vgl. dazu ausführlich *Kumpan*, AG 2016, 446, 458 m.w.N.

Hierbei kommt ihm ein breiter Ermessensspielraum zu. Durfte der Vorstand vernünftigerweise annehmen, bei einer unternehmerischen Entscheidung auf der Grundlage angemessener Informationen zum Wohle der Gesellschaft zu handeln, scheidet eine Sorgfaltspflichtverletzung aus (vgl. § 93 Abs. 1 Satz 2 AktG – Business Judgment Rule).

29.76 Das Handeln zum Wohl der Gesellschaft erfordert eine Ausrichtung an der nachhaltigen Ertragsstärkung und Wettbewerbsfähigkeit des Unternehmens.[1] Dies gilt uneingeschränkt auch für M&A-Transaktionen. Allein der Wunsch nach Größe reicht z.B. zur Rechtfertigung von Zukäufen nicht aus. Hinzukommen muss stets eine **qualitative Komponente**, wie z.B. die Verbesserung der Wettbewerbsposition oder zusätzliches Ertragspotential. Jedenfalls aus der ex ante Perspektive muss der Vorstand in der Lage sein, den Unternehmenskauf durch solche qualitativen Aspekte zu rechtfertigen. Der Vorstand hat sein Handeln stets am Gebot der Wirtschaftlichkeit auszurichten, darf also insbesondere kein Gesellschaftsvermögen verschwenden oder durch seine unternehmerische Entscheidung unnötige bzw. übermäßige Risiken eingehen.[2] Maßnahmen, durch welche das Gesellschaftsvermögen in unverhältnismäßiger Weise gefährdet wird (z.B. eine mit unvertretbaren Risiken behaftete M&A-Transaktion), hat der Vorstand zu unterlassen. Da jede unternehmerische Entscheidung jedoch mit Risiken verbunden ist, kann die Grenze zur Pflichtverletzung erst überschritten sein, wenn das mit der unternehmerischen Entscheidung verbundene Risiko vom Vorstand in völlig unverantwortlicher Weise falsch beurteilt worden ist.[3] Entscheidend für das Handeln im Unternehmensinteresse ist die sorgfältige Abwägung der mit einer Transaktion verbundenen Vor- und Nachteile. Im Rahmen eines etwaigen nachfolgenden Haftungsprozesses hat das Gericht den dem Vorstand hierbei zustehenden Ermessensspielraum zu respektieren und bei der Beurteilung des Vorstandshandelns eine strikte „ex-ante" Perspektive einzunehmen.

29.77 Bedeutsam für die Vermeidung von Organhaftung bei M&A-Transaktionen ist das Handeln ohne **Sonderinteressen** und sachfremde Einflüsse.[4] Erweist sich ein Unternehmenskauf im Nachhinein als nachteilig und stellt sich heraus, dass der Erwerb durch unternehmensfremde Interessen motiviert war (z.B. Erwerb eines krisenbehafteten Unternehmens aus dem Familienkreis eines Vorstandsmitglieds), ist das Organhandeln nicht mehr durch die Business Judgment Rule gedeckt und eine persönlich Haftung kommt grundsätzlich in Betracht.[5] Im Falle von Interessenkonflikten sollten Organmitglieder daher nach Möglichkeit weder an den Beratungen noch an den Beschlussfassungen über die Transaktion teilnehmen. Wenn eine Mitwirkung unvermeidbar ist, sollten die der Entscheidung zu Grunde liegenden Erwägungen – insbesondere das Unternehmensinteresse an der Durchführung der Transaktion – ausführlich dokumentiert werden.

29.78 Das in der Praxis wichtigste „Enthaftungskriterium" für Organhandeln im Rahmen von M&A-Transaktionen ist indes das Handeln auf der **Grundlage angemessener Information**.[6]

---

[1] Begr. RegE UMAG, BT-Drucks. 15/5092, S. 11; *Fleischer* in Fleischer, Handbuch des Vorstandsrechts, § 7 Rz. 56.
[2] *Fleischer* in Spindler/Stilz, § 93 AktG Rz. 90; *Seibt*, ZIP 2013, 1597, 1598.
[3] *Gaul*, AG 2016, 484, 491; *Nauheim/Goette*, DStR 2013, 2520, 2522.
[4] Begr. RegE UMAG, BT-Drucks. 15/5092, S. 11; *Fleischer* in Fleischer, Handbuch des Vorstandsrechts, § 7 Rz. 56.
[5] Vgl. allgemein zu den Pflichten des Vorstands beim Unternehmenskauf *Böttcher*, NZG 2007, 481 ff.
[6] BGH v. 4.11.2002 – II ZR 224/00, NJW 2003, 358 = AG 2003, 381; OLG Oldenburg v. 22.6.2006 – 1 U 34/03, DB 2006, 2511 = GmbHR 2006, 1263; *Fleischer* in Fleischer, Handbuch des Vorstandsrechts, § 7 Rz. 58.

Abgesehen von der zentralen Frage der Due-Diligence-Prüfung (vgl. hierzu Rz. 29.86 ff.) geht es hierbei vor allem um die sorgfältige Erhebung und Aufbereitung der relevanten Entscheidungsgrundlagen für die Transaktion. Hierbei stehen neben den Informationen über die Zielgesellschaft selbst (Rentabilität, Risiken, Finanzierung) insbesondere Marktanalysen, Bewertungsfragen, das rechtliche und regulatorische Umfeld sowie die sorgfältige Ermittlung potentieller Kauf- oder Verkaufsinteressenten im Vordergrund.

Angesichts der erheblichen wirtschaftlichen Tragweite einer Unternehmensübernahme sowie der mit ihr verbundenen Auswirkungen auf die Unternehmensstrategie, ist der Vorstand verpflichtet, eine breite Informationsgrundlage für die Vorbereitung und Durchführung der Transaktion zu schaffen.[1]

29.79

Nach einer Entscheidung des Bundesgerichtshofes, ist die Geschäftsleitung verpflichtet, „*in der konkreten Entscheidungssituation alle verfügbaren Informationsquellen tatsächlicher und rechtlicher Art auszuschöpfen und auf dieser Grundlage die Vor- und Nachteile der bestehenden Handlungsoptionen sorgfältig abzuschätzen und den erkennbaren Risiken Rechnung zu tragen*".[2]

29.80

Diese vom BGH vertretene Auffassung ist allerdings sehr weitgehend und muss insbesondere vor dem Hintergrund der praktischen Besonderheiten einer M&A-Transaktion einschränkend ausgelegt werden. Der Umfang der Informations(beschaffungs)pflichten bei M&A-Transaktionen ist vielmehr vom jeweiligen Einzelfall abhängig; bei der vorzunehmenden Abwägung dürfen insbesondere die verfügbare Zeit sowie Kosten- und Nutzenfaktoren bezüglich einer weiteren Informationsgewinnung für eine angemessene Tatsachenbasis berücksichtigt werden.[3] Der Gesetzgeber erkennt in seiner Regierungsbegründung an, dass im konkreten Einzelfall eine umfassende Entscheidungsvorbereitung schwierig oder gar unmöglich sein kann.[4] In der M&A-Praxis können zeitliche oder gegenständliche Beschränkungen der Informationsbeschaffung insbesondere bei kompetitiven Bieter- bzw. Auktionsverfahren relevant werden. Die mit einer mangelnden Informationslage einhergehenden Risiken dürfen hierbei nicht außer Verhältnis zum Unternehmensinteresse an der Durchführung der Transaktion stehen.[5] Der Vorstand sollte zudem bei seiner Abwägungsentscheidung über die Durchführung der Transaktion das Nichtvorliegen bestimmter Informationen oder einen hohen Zeitdruck aktiv adressieren und in die Abwägung einstellen. Verstößt der Vorstand gegen Informationspflichten indiziert dies zwar eine Pflichtverletzung i.S. des § 93 Abs. 1 Satz 1 AktG, dies schließt jedoch ein pflichtgemäßes Handeln nicht *per se* aus.[6]

29.81

Den Vorstand trifft in diesem Zusammenhang neben der Informations- auch eine **Organisationspflicht**, d.h. er muss durch den Einsatz interner oder externer Ressourcen sicherstellen, dass die relevanten Informationen beschafft werden (z.B. Strategieabteilung, M&A-Abteilung, Rechtsabteilung, Steuerabteilung). Die Praxis zeigt, dass größere M&A-Transaktionen mittlerweile ganz überwiegend von Investmentbanken und externen Rechtsberatern begleitet werden, die nicht nur Beratungs- und „Absicherungsfunktion" (z.B. Fairness Opinions, Le-

29.82

---

[1] *Spindler* in MünchKomm. AktG, § 93 AktG Rz. 50.
[2] BGH v. 12.10.2016 – V StR 134/15, ZIP 2016, 2467, 2470 – HSH Nordbank AG.
[3] BGH v. 12.10.2016 – V StR 134/15, ZIP 2016, 2467, 2470 – HSH Nordbank AG; *Thümmel*, Persönliche Haftung von Managern und Aufsichtsräten, Rz. 197.
[4] *Nauheim/Goette*, DStR 2013, 2525; Begr. RegE, BR-Drucks. 3/05, S. 20.
[5] *Nauheim/Goette*, DStR 2013, 2525.
[6] BGH v. 12.10.2016 – V StR 134/15, ZIP 2016, 2467, 2470 – HSH Nordbank AG; OLG München v. 12.1.2017 – 23 U 3582/16, BB 2017, 258.

gal Opinions) haben, sondern oftmals auch Informationen beschaffen und Erfahrungen aus vergleichbaren Transaktionen zur Verfügung stellen können, die für eine Kauf- oder Verkaufsentscheidung und deren Umsetzung von Bedeutung sind.

29.83 Bei der Einschaltung von (externen und internen) **Experten** scheidet eine Pflichtverletzung und damit eine Haftung des Vorstands aufgrund unrichtigen Expertenrates aus, wenn und soweit der Experte fachkompetent und unabhängig ist sowie sorgfältig ausgewählt wurde, dem Experten Zugang zu einer für die Erstellung seines Rates ausreichenden Informationsbasis verschafft wurde und der Vorstand den Rat des Experten einer eigenen Plausibilitätsüberprüfung unterzogen hat.[1]

29.84 Ob als **Gegenstand der Plausibilitätsprüfung** ein Expertenrat in mündlicher Form ausreicht oder aber ein schriftliches Beratungsergebnis erforderlich ist, hängt vom Einzelfall ab. Dabei sind insbesondere die Komplexität der Fragestellung sowie die Eilbedürftigkeit der Entscheidung des Vorstands zu berücksichtigen.[2] Erhöhte inhaltliche Anforderungen an die Plausibilitätsprüfung des Beratungsergebnisses des Experten sind beispielsweise zu stellen, wenn dem Rat eines anderen Experten widersprochen wird.[3] Im Ergebnis ist es daher empfehlenswert, insbesondere bei komplexen Sachverhalten oder Beurteilungsfragen einen schriftlich dokumentierten Expertenrat einzuholen.

29.85 Die **Darlegungs- und Beweislast** für die Einhaltung der oben genannten Grundsätze des Vertrauens auf einen Expertenrat obliegt dem Vorstand.[4] Es ist daher zu empfehlen, dass die Eignung des Experten und dessen Auswahl, die dem Experten zur Verfügung gestandenen Informationen sowie das Ergebnis der vom Vorstand vorgenommenen Plausibilitätsprüfung dokumentiert und bis zum Ablauf der Verjährungsfrist aufbewahrt werden.

II. Due Diligence

29.86 In aller Regel ist die Durchführung einer sog. Due-Diligence-Prüfung der Zielgesellschaft durch den **Erwerbsinteressenten** geboten. Sie trägt zur Risikominderung bei und verbessert die Entscheidungsgrundlage der Geschäftsleitung über die Transaktion.[5] Eine absolute Pflicht zur Durchführung einer Due Diligence unabhängig vom konkreten Einzelfall besteht aber nicht. Kommt also der Vorstand der Erwerbergesellschaft nach einer Gesamtwürdigung der konkreten Umstände des Einzelfalls und einer Risikoabwägung ermessensfehlerfrei zu dem Ergebnis, dass der Erwerb auch ohne vorherige Due-Diligence-Prüfung im Unternehmensinteresse liegt, ist ein Unternehmens- oder Anteilserwerb auch ohne eine solche Prüfung nicht pflichtwidrig.[6] Die Durchführung einer Due-Diligence-Prüfung bei börsennotierten Unternehmen kann zudem für den Erwerbsinteressenten zu einem insiderrechtlichen Handelsverbot führen (s. Rz. 29.9).

---

1 BGH v. 20.9.2011 – II ZR 234/09, NJW-RR 2011, 1670, 1672 – ISION; *Thümmel*, Persönliche Haftung von Managern und Aufsichtsräten, Rz. 197a.
2 BGH v. 20.9.2011 – II ZR 234/09, NJW-RR 2011, 1670, 1672 – ISION.
3 BGH v. 20.9.2011 – II ZR 234/09, NJW-RR 2011, 1670, 1672 – ISION.
4 BGH v. 20.9.2011 – II ZR 234/09, NJW-RR 2011, 1670, 1672 – ISION.
5 Dazu näher z.B. *Fleischer/Körber*, BB 2001, 841, 842.
6 *Fleischer*, ZHR 172 (2009), 538, 543 f.; *Spindler* in MünchKomm. AktG, § 93 AktG Rz. 102; a.A. *Huber*, AcP 202 (2002), 179, 203; *Kiethe*, NZG 1999, 976, 982.

Auch für den **Verkäufer** ist eine genaue Kenntnis der Verhältnisse der Zielgesellschaft vor Beginn der Verhandlungen von großer Wichtigkeit. Nur so können etwaige Probleme, die ein Erwerber wirtschaftlich bei dem Veräußerer wird belassen wollen, rechtzeitig adressiert werden. Denn der Veräußerer wird nicht in eine Situation kommen wollen, in der der potentielle Erwerber ggf. erst kurz vor Vertragsschluss unter Verweis auf ein von ihm in der Due Diligence identifiziertes Problem weitgehende Risikoübernahmen durch den Verkäufer oder gar eine Kaufpreisadjustierung verlangt.

29.87

Das Offenlegungsinteresse der potentiellen Erwerber steht jedoch in einem Spannungsverhältnis zu dem Interesse der Zielgesellschaft an der Wahrung von Betriebs- und Geschäftsgeheimnissen. Auch gesetzliche Vertraulichkeitsverpflichtungen (z.B. hinsichtlich personenbezogener Daten von Arbeitnehmern, vgl. § 3 Abs. 1 sowie § 28 BDSG) können einer Offenlegung von Informationen entgegenstehen. Die Offenlegung von Informationen kann schließlich durch Vertraulichkeitsvereinbarungen der Zielgesellschaft mit Dritten erschwert werden. In jedem Fall muss das Management der Zielgesellschaft bestimmte **Vorkehrungen** zur Wahrung des Unternehmensinteresses an der Vertraulichkeit von Betriebs- und Geschäftsgeheimnissen treffen. Hierzu werden in der Regel folgende Maßnahmen gehören[1]:

29.88

- Abschluss einer angemessenen Vertraulichkeitsvereinbarung vor Beginn der Due-Diligence-Prüfung,
- Einrichtung eines Datenraums mit festen Regeln über Zugang und Auswertung der Unterlagen,
- Erfassung aller offen gelegten Informationen, auch Management Präsentationen etc.,
- Begrenzung des Zugangs zu sensiblen Informationen auf einen bestimmten Personenkreis,
- gestuftes Verfahren, in dem sensiblere Informationen erst in einem fortgeschrittenen Stadium der Vertragsverhandlungen offen gelegt werden,
- Weitergabe bestimmter Informationen nur in anonymisierter oder aggregierter Form (z.B. personenbezogene Daten von Arbeitnehmern),
- Auswertung sensibler Informationen nur in Form eines verkürzten Due Diligence Reports durch einen zur Verschwiegenheit verpflichteten Berater des Interessenten.

Die Zulässigkeit von Due-Diligence-Prüfungen auch bei **börsennotierten Gesellschaften** ist mittlerweile allgemein anerkannt.[2] Zweifelsfragen bestehen lediglich hinsichtlich des zulässigen Umfangs und des dabei einzuhaltenden Verfahrens. Nach zutreffender Auffassung fällt die Entscheidung über das Ob, Wann und Wie einer Due-Diligence-Prüfung durch einen Erwerbsinteressenten in die Geschäftsleitungskompetenz des Vorstands der Zielgesellschaft.[3] Der Vorstand hat dabei regelmäßig einen **weiten Ermessensspielraum**.[4] Bei seiner Entscheidung hat er das Interesse der Gesellschaft an einer Übernahme bzw. eines Beteiligungserwerbs durch den Interessenten gegenüber den Geheimhaltungsinteressen der Gesellschaft

29.89

---

[1] Vgl. etwa *Müller*, NJW 2000, 3452, 3454; *Fleischer*, ZIP 2002, 651, 652; *Hemeling*, ZHR 169 (2005), 274, 281 ff.
[2] Vgl. etwa *Fleischer* in Spindler/Stilz, § 93 AktG Rz. 158; *Hemeling*, ZHR 169 (2005), 274, 278 ff.; *Spindler* in MünchKomm. AktG, § 93 AktG Rz. 137; a.A. jedoch *Lutter*, ZIP 1997, 613, 617.
[3] *Fleischer*, ZIP 2002, 651; *Krieger/Sailer-Coceani* in K. Schmidt/Lutter, § 93 AktG Rz. 27; *Schiessl*, AG 2009, 385, 390.
[4] *Müller*, NJW 2000, 3452, 3453 f.; *Hemeling*, ZHR 169 (2005), 274, 279.

abzuwägen.¹ Dabei lässt sich aus der in § 93 Abs. 1 Satz 3 AktG geregelten Schweigepflicht der Vorstandsmitglieder keine generelle Vermutung des Vorrangs des Geheimhaltungsinteresses der Gesellschaft gegenüber dem Interesse am Zustandekommen einer Transaktion ableiten.² Vielmehr ist das Interesse der Gesellschaft an der Wahrung von Geschäfts- und Betriebsgeheimnissen nur einer – wenn auch ein wichtiger – der in dem Abwägungsprozess zu berücksichtigenden Gesichtspunkte.³ Die Verschwiegenheitspflicht des Vorstands ist schließlich kein Selbstzweck, sondern dient dem Gesellschaftsinteresse, dem im Einzelfall aber mit einer Offenbarung eines Geschäftsgeheimnisses besser gedient sein kann.⁴ Das Ermessen des Vorstands kann sich sogar ausnahmsweise auf null reduzieren und damit zu einer verpflichtenden Ablehnung (etwa wenn ein Scheitern der vom Erwerber angestrebten Transaktion aus kartellrechtlichen Gründen evident ist) oder Gestattung (beispielsweise bei einer Sanierungssituation) der Due Diligence führen.⁵ Aufsichtsrat oder gar Hauptversammlung der Zielgesellschaft müssen in die Entscheidungsfindung des Vorstands nicht involviert werden.⁶ Jedoch ist es naheliegend und ratsam, dass der Vorstand den Aufsichtsratsvorsitzenden in den Entscheidungsprozess einbezieht und unterrichtet. Dies gibt dem Aufsichtsratsvorsitzenden dann die Möglichkeit, einen einzelfallbezogenen Zustimmungsvorbehalt nach § 111 Abs. 4 Satz 2 AktG zu etablieren, sofern er dies für sachgerecht erachtet.

29.90 Hat sich der Vorstand ermessensfehlerfrei entschlossen, einem Übernahmeinteressenten bestimmte Informationen zugänglich zu machen, erfolgt die Offenlegung weder „unrechtmäßig" im Sinne der Art. 14 lit. c, 10 Abs. 1 MAR noch unter Verletzung der in § 404 AktG strafbewehrten Geheimhaltungspflicht der Vorstandsmitglieder.⁷ Der Vorstand sollte jedoch durch eine sog. **Standstill-Vereinbarung** zu verhindern versuchen, dass eine Transaktion auf der Basis von Informationen, die die Gesellschaft zur Verfügung gestellt hat, ohne seine Unterstützung durchgeführt wird. Der Verzicht auf eine bestehende Standstill-Vereinbarung ist eine unternehmerische Entscheidung des Vorstands und unterliegt der Business Judgment Rule (vgl. Rz. 29.75).

III. Transaktionsstrukturierung

29.91 Während die Auswahlentscheidung und die Kaufpreisbemessung in Bezug auf das „Target" als unternehmerische Entscheidung in den Anwendungsbereich der Business Judgment Rule fällt, trifft dies nicht bzw. nur eingeschränkt für die Transaktionsstrukturierung zu. Hier geht es nicht um Prognosen oder Wertungsspielräume, sondern um eine sorgfältige **Analyse von Optimierungsmöglichkeiten** bei der geplanten Transaktion.⁸ Insbesondere für grenzüberschreitende Unternehmenszusammenschlüsse bestehen heute mehr Gestaltungsmöglichkeiten denn je.⁹

---

1 *Spindler* in MünchKomm. AktG, § 93 AktG Rz. 137.
2 A.A. *Lutter*, ZIP 1997, 613, 617.
3 *Banerjea*, ZIP 2003, 1730; *Fleischer*, ZIP 2002, 651, 652; *Hemeling*, ZHR 169 (2005), 274, 279.
4 Vgl. *Fleischer* in Spindler/Stilz, § 93 AktG Rz. 157.
5 *Hemeling*, ZHR 169 (2005), 274, 280; *Rittmeister*, NZG 2004, 1032, 1035 f.
6 *Fleischer*, ZIP 2002, 651; *Hemeling*, ZHR 169 (2005), 274, 282; a.A. *Krämer* in Marsch-Barner/Schäfer, Handbuch börsennotierte AG, § 10 Rz. 20. Differenzierend *Schiessl*, AG 2009, 385, 391 f.
7 *Fleischer*, ZIP 2002, 651, 652; *Linker/Zinger*, NZG 2002, 497, 500.
8 Vgl. insoweit auch *Munkert*, DStR 2008, 2501 ff.
9 Dazu im Überblick *Hirte/Bücker* (Hrsg.), Grenzüberschreitende Gesellschaften, 2. Aufl. 2006, S. 116 ff.

Im Vordergrund stehen hierbei vor allem Fragen der Transaktionssicherheit und -geschwin- 29.92
digkeit sowie der steuerlichen Effizienz. Zur Vermeidung von Haftungsrisiken wegen Verletzung der allgemeinen Sorgfaltspflicht sollten Vorstand bzw. Geschäftsführung u.a. folgende beispielhaft aufgeführte Gestaltungsfragen prüfen:

Gestaltungsfrage	Anmerkung
Möglichkeit eines Auktionsverfahrens	Erzeugt kompetitives Umfeld bei einer Veräußerung und führt in der Regel zur Ermittlung der bestmöglichen Konditionen.
Sicherstellung der Abzugsfähigkeit von Finanzierungsaufwendungen	Allokation der Fremdverbindlichkeiten des Targets bzw. des Erwerbsvehikels auf der „richtigen" Ebene und in der „richtigen" Rechtsordnung, insbesondere Berücksichtigung steuerlicher Rahmenbedingungen.
Schaffung von Step-up-Volumen	Ausgestaltung von Teilbereichen einer Transaktion als asset deal, um dem Erwerber einen step-up zu ermöglichen.
Erhalt und Nutzung von Verlustvorträgen	Übertragung von Zwischenholdings statt der eigentlichen Zielgesellschaft. Ggf. „loss-refreshing" Techniken (unter Beachtung der sog. Mindestbesteuerung), um Verlustvorträge in künftigen Aufwand umzuwandeln.
Grunderwerbsteuer-Optimierung	Ausgestaltung der Transaktionsstruktur z.B. mit mehreren Erwerbsvehikeln, ggf. auch Ausgliederung des Grundvermögens in separate Personengesellschaften.
Steuerliche Optimierung des Veräußerungsgewinns	Veräußerungsstruktur, die möglichst geringe Steuerlast bei dem Verkäufer auslöst.
Absicherung der Steuerfolgen einer Transaktion	Bei komplexeren Steuerstrukturen ist die Einholung einer verbindlichen Auskunft des zuständigen Finanzamts empfehlenswert.
Vermeidung von eintragungspflichtigen Hauptversammlungsbeschlüssen sowie Minimierung von Anfechtungsrisiken	Zur Vermeidung von Verzögerungsrisiken, also z.B. (i) Übernahmeangebot nach WpÜG statt Verschmelzung nach Umwandlungsgesetz, (ii) Ausgabe von Aktien aus genehmigtem Kapital/eigenen Aktien statt Direktbeschlusses der Hauptversammlung und (iii) Verschmelzung der beteiligten Rechtsträger auf eine NewCo zur Vermeidung von Anfechtungsklagen wegen Bewertungsfragen
Vermeidung von Wirksamkeitsrisiken	Vermeidung einer Vermögensübertragung nach § 179a AktG
Vermeidung eines Pflichtangebots nach § 35 WpÜG	Erwerb von Minderheitsbeteiligungen, ggf. auf mehreren Zwischenstufen
Reduzierung von finanziellen Risiken im Rahmen der Integration im Hinblick auf Abfindungspflicht nach IDW-S1 statt Angebotspreis	Festsetzung einer Mindestannahmeschwelle im Übernahmeangebot
Vermeidung von gesetzlichen Haftungssituationen, z.B. nach Umwandlungsgesetz	Vermeidung einer Ausgliederung nach Umwandlungsgesetz wegen 5-jähriger Nachhaftungsfrist durch Einzelübertragung

Gestaltungsfrage	Anmerkung
Vermeidung von Transaktionskosten	Beurkundungskosten, Hauptversammlungskosten
Planung des Exits	Struktur, die aus gesellschaftsrechtlicher und steuerlicher Sicht eine mögliche spätere Veräußerung des Unternehmens berücksichtigt

Strukturierungsfehler können zu einem Vermögensschaden der Gesellschaft (z.B. Steuerbelastung, Vernichtung von Verlustvorträgen) oder zu einem Schaden wegen Verzögerung oder gar Scheitern der angestrebten Transaktion führen (z.B. Verschmelzung wird nicht eingetragen, Synergien können nicht realisiert werden). Bei sorgfaltswidrigem Verhalten der Organe können Haftungsrisiken entstehen, die sich durch angemessene Planung und Organisation vermeiden lassen.

IV. Abbruch von Vertragsverhandlungen

29.93   Mit Aufnahme der Verhandlungen über eine M&A-Transaktion entsteht zwischen den Verhandlungspartnern ein besonderes **vorvertragliches Pflichtenverhältnis** (§ 311 Abs. 2 BGB). Dieses erstreckt sich insbesondere auf die Erfüllung bestimmter Aufklärungs-, Offenbarungs- und Informationspflichten (§ 241 Abs. 2 BGB). Haftungsrisiken für das Management können sich aber auch aus dem Scheitern von Vertragsverhandlungen ergeben. Durfte eine Verhandlungspartei darauf vertrauen, dass es letztlich zum Vertragsschluss kommt und bricht in diesem Fall der Verhandlungspartner die Verhandlungen ohne triftigen Grund ab, kann die die Verhandlungen abbrechende Partei dem Verhandlungspartner zum Ersatz des diesem entstandenen Schadens verpflichtet sein.[1] Regelmäßig ist es empfehlenswert, dass die Verhandlungspartner einen entsprechenden **Haftungsausschluss** (etwa als Teil eines Letter of Intent oder einer Vertraulichkeitsvereinbarung) vorab vereinbaren. Im Hinblick auf die mit einer Transaktionsvorbereitung verbundenen großen zeitlichen und finanziellen Aufwendungen sowie zur Sicherstellung der Ernsthaftigkeit der Verhandlungen werden in der Praxis bisweilen sog. *break-up fees* vereinbart.[2]

V. Vertragsgestaltung

29.94   Der Erwerb bzw. der Verkauf der Beteiligung an einem **börsennotierten Unternehmen** erfolgt regelmäßig auf der Grundlage eines eher kurz gehaltenen Vertrags. Der Verkäufer wird nur in seltenen Fällen bereit sein, Gewährleistungen abzugeben und transaktionsbegleitende Verpflichtungen einzugehen. Im Rahmen eines öffentlichen Übernahmeangebots verpflichtet sich der Verkäufer oftmals sogar lediglich dazu, das Angebot für die von ihm gehaltenen Aktien anzunehmen. Aus Sicht des Käufers hingegen ist der Abschluss eines Paketkaufvertrags vorzugswürdig. Durch einen detaillierten Vertrag können mittels Gewährleistungen und Haftungsfreistellungen bestimmte Risiken abgeschichtet werden. Ferner können Regelungen zu einem Wechsel in den Organen sowie ggf. ein Wettbewerbsverbot vereinbart

---

1 Vgl. allgemein BGH v. 7.2.1980 – III ZR 23/78, BGHZ 76, 343, 349; BGH v. 29.3.1996 – V ZR 332/94, DStR 1996, 931; sowie speziell zu den Haftungsrisiken beim Scheitern von Vertragsverhandlungen bei M&A-Transaktionen *Geyrhalter/Zirngibl/Strehle*, DStR 2006, 1559 ff.
2 Vgl. dazu etwa *Drygala*, WM 2004, 1457 ff.; *Hilgard*, BB 2008, 286 ff.; *Sieger/Hasselbach*, BB 2000, 625 ff.

werden. Die Praxis ist hier uneinheitlich. Besondere Kaufpreisgestaltungen führen bei anschließenden Übernahme- bzw. Pflichtangeboten zu Bewertungsschwierigkeiten.

Anders ist die Situation bei M&A-Transaktionen, die sich auf **nichtbörsennotierte Unternehmen** beziehen. Hier basiert der Kaufpreis auf einem bestimmten Bewertungsmodell. Welche Methode dabei zur Bestimmung des Unternehmenswerts gewählt wird, hängt maßgeblich von der Käuferperspektive ab. Regelmäßig wird die sog. „Discounted Cash Flow-Methode" aus Käufersicht der zutreffende Ansatz zur Bestimmung des Unternehmenswertes sein.[1] Die für die **Kaufpreisfindung** maßgebenden Faktoren und Annahmen sind in der Vertragsdokumentation abzusichern. Das maßgebliche Kaufpreisfindungsmodell muss sich an unterschiedlichen Stellen im Kaufvertrag widerspiegeln, etwa bei der Kaufpreisformel (einschließlich Kaufpreisanpassung) sowie bei sonstigen Risikoallokationen, wie etwa im Katalog der Verkäufergarantien und der Haftungsfreistellungsverpflichtungen. Die Kaufpreisklausel bildet eine wichtige Schnittstelle zwischen dem Finanzberater des Käufers bzw. Verkäufers sowie dessen Wirtschaftsprüfer und den beratenden Anwälten. Nicht nur die Auswahl der Berater, sondern auch deren **Koordination** birgt somit Haftungsrisiken für das Management.

29.95

Für Käufer und Verkäufer verdient das vertragliche **Haftungsregime** besonderes Augenmerk. Dieses wird in aller Regel an Stelle des gesetzlichen Gewährleistungsrechts der §§ 434 ff. BGB individuell verhandelt. Haftungsrisiken des Verkäufers sind dabei sowohl betragsmäßig wie auch zeitlich angemessen zu beschränken. Verkäuferseitig sollte zudem darauf hingewirkt werden, dass Garantie- bzw. Freistellungsansprüche erst geltend gemacht werden können, wenn und soweit diese einen bestimmten Mindestbetrag überschreiten (Freigrenze und Freibetrag). Ferner hat der Verkäufer darauf zu achten, dass seine **Gesamthaftung** nach dem Vertrag bzw. der von ihm abgegebenen Garantien einen bestimmten Höchstbetrag nicht überschreitet und dass jede weiter gehende Haftung vertraglich ausgeschlossen ist. **Haftungsausschlüsse** oder -begrenzungen gehen im Falle vorsätzlichen Verhaltens allerdings regelmäßig ins Leere. Auch schon bedingt vorsätzliches Verhalten kann daher schwerwiegende Folgen für einen Verkäufer haben. Insbesondere Gewährleistungen, die ohne hinreichende Überprüfung auf deren Richtigkeit „ins Blaue hinein" abgegeben werden, werden nach ständiger Rechtsprechung bedingt vorsätzlich falsch abgegeben.[2] Hier trifft das Management des Verkäufers besondere Sorgfaltspflichten. Die Organmitglieder haben deshalb für die zeitgerechte Beschaffung der erforderlichen Informationen und für die sorgfältige Überprüfung der Richtigkeit vertraglicher Garantien zu sorgen. Dabei ist zu berücksichtigen, dass es in diesem Zusammenhang nicht nur auf das aktuelle **Wissen** der gesetzlichen Vertreter des Verkäufers ankommt. Auch „typischerweise aktenmäßig festgehaltenes Wissen" wird dem Verkäufer zugerechnet.[3] Die Geschäftsführung des Verkäufers trifft daher die Pflicht zur (ggf. sogar konzernweiten) Organisation eines Kommunikationsflusses, damit alle relevanten Umstände bekannt sind. Zur effektiven Haftungsbegrenzung können insbesondere bei Konzernsachverhalten auch **Freistellungsverpflichtungen** erforderlich sein. Aus Verkäufersicht ist ferner darauf zu achten, dass angemessene Regelungen für die Verjährung von Gewährleistungsansprüchen vereinbart werden.

29.96

---

1 Dazu etwa *von Braunschweig*, DB 2002, 1815 ff.; *Bruski*, Special zu BB 2005 Heft 30, 21 ff.
2 BGH v. 8.5.1980 – IV ZR 1/80, NJW 1980, 2460; BGH v. 18.3.1981 – VII ZR 44/80, NJW 1981, 1441; BGH v. 26.9.1997 – V ZR 29/96, NJW 1998, 302.
3 BGH v. 2.2.1996 – V ZR 239/94, NJW 1996, 1339. Vgl. dazu auch *Rasner*, WM 2006, 1425, 1428 f.

29.97 Eine auch in Deutschland zunehmend an Bedeutung gewinnende Methode zur Abschichtung von Risiken aus Gewährleistungs- und Haftungsfreistellungskatalogen bei M&A-Transaktionen ist der Abschluss einer **Gewährleistungsversicherung** (sog. „Warranty and Indemnity Insurance").[1] Sie bietet sich vor allem dann an, wenn der Verkäufer aus strukturellen oder finanziellen Gründen nicht, oder nicht für einen längeren Zeitraum, „im Risiko stehen" will oder wenn aus Sicht des Käufers die Bonität des Verkäufers vor dem Hintergrund des Zeithorizonts möglicher Gewährleistungs- oder Haftungsfreistellungsansprüche nicht ausreicht.

VI. Haftungsrisiken und Pflichten nach Vertragsvollzug

1. Integrationsmaßnahmen

29.98 Der Erwerb eines Unternehmens zielt in aller Regel auf dessen Integration in den Konzernverbund des Erwerbers.[2] Der Erwerber ist insbesondere an der Realisierung von Synergien (z.B. Zusammenlegung von Vertrieb und Stabsabteilungen, Schließung oder Verlagerung von Produktionsstätten, Zentralisierung von Forschung und Entwicklung) und an einer **finanziellen Eingliederung** (Zugriff auf Liquidität, Cash-Pooling, Organschaft) interessiert. Unproblematisch möglich sind derlei Maßnahmen nach einer Verschmelzung oder dem Abschluss eines Beherrschungs- und Gewinnabführungsvertrags.[3] Erheblich schwieriger gestaltet sich der Zugriff im sog. **faktischen Konzern**, d.h. in einer Situation, in der der Erwerber einen herrschenden Einfluss auf die Zielgesellschaft ausschließlich über seine gesellschaftsrechtliche Beteiligung – letztlich also über das Stimmrecht aus den Gesellschaftsanteilen – ausübt.[4] Insbesondere im Aktienrecht unterliegt der Erwerber dem in der Praxis oft mit Zweifelsfragen einhergehenden Haftungssystem der §§ 311 ff. AktG, das u.a. folgende Schutzvorkehrungen zu Gunsten der abhängigen Gesellschaft und ihrer außenstehenden Aktionäre vorsieht:

– Ausgleichspflicht des herrschenden Unternehmens für veranlasste nachteilige Maßnahmen gem. § 311 AktG,

– Erstellung eines Abhängigkeitsberichts durch den Vorstand der abhängigen Gesellschaft gem. § 312 AktG, Prüfung des Berichts durch den Abschlussprüfer (§ 313 AktG) und den Aufsichtsrat (§ 314 AktG).

29.99 Abgesehen von diesen Primärpflichten im faktischen Konzern ist der Vorstand eines herrschenden Unternehmens nach § 317 Abs. 1 AktG auch persönlich sowohl der Gesellschaft, als auch unter besonderen Umständen den Aktionären zum Schadensersatz verpflichtet, wenn das herrschende Unternehmen seiner Verpflichtung nach § 311 AktG nicht nachkommt. Nach § 318 AktG haften die Mitglieder des Vorstands der abhängigen Gesellschaft auf Schadensersatz, wenn sie es pflichtwidrig versäumt haben, ein nachteiliges Rechtsgeschäft oder ei-

---

1 Vgl. den Überblick bei *Hasselbach/Reichel*, ZIP 2005, 377 ff.
2 Ausführlich zu Integrationsmaßnahmen nach erfolgter Übernahme der Zielgesellschaft *Austmann*, ZGR 2009, 277 ff.
3 Hierzu: *Kropff* in Semler/Volhard, Arbeitshandbuch für Unternehmensübernahmen, 2001, (Bd. 1) § 28 Rz. 37.
4 *Kropff* in Semler/Volhard, Arbeitshandbuch für Unternehmensübernahmen, 2001, (Bd. 1) § 28 Rz. 43 ff.

ne nachteilige Maßnahme in den **Abhängigkeitsbericht** nach § 312 AktG aufzunehmen (§ 318 Abs. 1 AktG).[1]

Handelt es sich bei der erworbenen Gesellschaft um eine GmbH, so lassen die konzernrechtlichen Regelungen mehr Spielraum für Einflussnahme. Haftungsrelevante Grenzen, die es zu beachten gilt, sind hier vor allem die Verletzung der **Kapitalerhaltungsregeln** nach §§ 30, 31 GmbHG und die Grundsätze des **existenzgefährdenden/existenzvernichtenden Eingriffs**.[2]

29.100

2. Vertragsmonitoring

Auf Seiten des erwerbenden Unternehmens ist nach Vollzug der M&A-Transaktion für ein angemessenes Vertragsmonitoring zu sorgen. Die bei der Zielgesellschaft vorgefundenen Verhältnisse sind unverzüglich mit dem Gewährleistungs- und Haftungsfreistellungskatalog abzugleichen. Nur so wird sichergestellt, dass ggf. Ansprüche gegen den Verkäufer aus dem Kaufvertrag innerhalb der vertraglichen **Fristen** und im Einklang mit den ggf. vereinbarten **Verfahrensregeln** geltend gemacht werden können. Aus Verkäufersicht ist die (oftmals konzernweit erforderliche) Einhaltung **nachvertraglicher Verpflichtungen**, wie etwa eines Wettbewerbs- oder Abwerbungsverbots, sicherzustellen.

29.101

---

[1] Ausführlich zu den Haftungsrisiken für den Vorstand bei Fehlschlag der Integration der Zielgesellschaft *Seibt/Wollenschläger*, DB 2009, 1579 ff.
[2] Zu den §§ 30, 31 GmbHG s. zuletzt BGH v. 1.12.2008 – II ZR 102/07, NZG 2009, 107 ff. = GmbHR 2009, 199 ff. – MPS; zum existenzgefährdenden/existenzvernichtenden Eingriff s. nur BGH v. 16.7.2007 – II ZR 3/04, BGHZ 173, 246 ff. = NJW 2007, 2689 ff. – Trihotel.

§ 30
Risikobereich und Haftung:
Zuwendungen an Dritte: „Nützliche Aufwendungen", sozialnützige Zuwendungen, Zahlungen an opponierende Aktionäre

Dr. Cornelius Götze, LL.M. (Cornell) und Dr. Eike Bicker, LL.M. (Cambridge)

A. Einleitung 30.1
B. „Nützliche Aufwendungen" (einschließlich fragwürdiger Beraterzahlungen) 30.6
  I. Begriff und Erscheinungsformen 30.6
  II. Haftungsrisiken bei „nützlichen Aufwendungen" und fragwürdigen Beraterzahlungen 30.9
    1. Strafrechtliche Risiken 30.9
      a) Bestechungsdelikte in Deutschland 30.10
      b) Vorteilsgewährung in Deutschland 30.16
      c) Risiken bei grenzüberschreitender Tätigkeit 30.17
        aa) Ausweitung strafrechtlicher Risiken im internationalen Geschäftsverkehr durch § 335a i.V.m. § 334 StGB 30.17
          (1) Neuerungen 2015 .... 30.17
          (2) Vorteilsgewährung an ausländische und internationale Bedienstete 30.18
        bb) FCPA und UK Bribery Act ... 30.21
      d) Untreue und Betrug 30.24
    2. Ordnungswidrigkeitenrechtliche Risiken 30.26
    3. Steuerstrafrechtliche Risiken 30.30
    4. Kapitalmarktrechtliche Risiken 30.32
  III. Zivilrechtliche Haftungsrisiken 30.34
    1. Haftung des Vorstands 30.34
      a) Innenhaftung, § 93 Abs. 2 Satz 1 AktG 30.34
        aa) Legalitätspflicht und Legalitätskontrollpflicht des Vorstands 30.35
        bb) Umfang und Grenzen der Legalitätspflicht 30.40
        cc) Umfang der Haftung: Ersatzfähigkeit von Bußgeldern? ... 30.45
        dd) Durchsetzung, Geltendmachung und Haftungsausschluss 30.48
          (1) D&O-Versicherung 30.48
          (2) Eingeschränkte Vergleichs- und Verzichtsmöglichkeiten in der AG 30.51
      b) Außenhaftung 30.54
      c) Weitere Konsequenzen 30.55
    2. Haftung des Aufsichtsrats 30.57
    3. Besonderheiten in der GmbH 30.62
  IV. Empfehlungen zur Haftungsvermeidung bei „nützlichen Aufwendungen" oder fragwürdigen Beraterzahlungen („Best Practice") 30.65
    1. „Business Partner Due Diligence" .. 30.66
    2. Umgang mit Compliance Red Flags. 30.70
C. Sozialnützige Zuwendungen (Spenden, Sponsoring und weitere CSR-Aktivitäten) 30.75
  I. Begriff, Erscheinungsform und Abgrenzung 30.75
  II. Gesellschaftsrechtliche Zulässigkeit – oder gar Gebotenheit? 30.83
    1. Entscheidungszuständigkeit 30.84
    2. Zulässigkeitsvoraussetzungen 30.87
      a) Unternehmensinteresse als Orientierungspunkt 30.87
      b) Beachtung sozialer Erwägungen . 30.92
        aa) Pflicht zur Beachtung sozialer Erwägungen („Müssen")? ... 30.93
        bb) Recht zur Beachtung sozialer Erwägungen („Dürfen")? ... 30.101
    3. Sonderkonstellation Parteispenden . 30.106
  III. Haftungsrisiken 30.108
    1. Vorstand 30.108
    2. Aufsichtsrat 30.116
  IV. Besonderheiten bei der GmbH 30.119
  V. Handlungsempfehlungen für sozialnützige Zuwendungen („Best Practice") 30.122
D. Zahlungen an opponierende Aktionäre 30.125

I. Begriff, Erscheinungsformen und
   Abgrenzung.................... 30.125
II. Gesellschaftsrechtliche Zulässigkeit.. 30.130
   1. Verstoß gegen § 57 AktG.......... 30.130
   2. Rückforderungsrecht nach § 62
      Abs. 1 AktG und Rückforderungs-
      pflicht nach § 93 Abs. 3 Nr. 1 AktG.. 30.132
III. Haftungsrisiken................. 30.136

1. Vorstand 30.136
   a) Eignung der Zahlung zur
      Schadensabwehr............. 30.138
   b) Erforderlichkeit der Zahlung
      zur Schadensabwehr 30.140
   c) Kausaler Schaden............ 30.148
   d) Zustimmung des Aufsichtsrats.. 30.149
2. Aufsichtsrat 30.150

A. Einleitung

Unternehmen verfolgen in der Regel erwerbswirtschaftliche Zwecke. Mit dieser Zielsetzung lassen sich unentgeltliche oder ohne Rechtspflicht erbrachte Zuwendungen an Dritte nicht ohne weiteres vereinbaren: **wer Profite erwirtschaften soll, hat nichts zu verschenken**. Ein Management, das diesen Grundsatz nicht beherzigt, läuft Gefahr, sich dem Vorwurf pflichtwidrigen oder sogar strafbaren Handelns auszusetzen. 30.1

Der damit angesprochene Problemkreis betrifft freilich **recht unterschiedliche Fallgruppen**: Zunächst lassen sich hierunter beschönigend als „**nützliche Aufwendungen**" bezeichnete Zuwendungen an Entscheidungsträger fassen, mittels derer sich Unternehmen Vorteile im Wettbewerb zu verschaffen versuchen. Das weniger euphemistische und medial hochpräsente Schlagwort lautet „**Schmiergeldzahlungen**". Die Fälle in der Praxis zeigen, dass solche Schmiergeldzahlungen oder „nützlichen Aufwendungen" sehr häufig über Dritte oder Vertriebsintermediäre, wie z.B. Vertriebsagenten, Handelsvertreter, Berater oder auch Distributoren, geleistet werden. Unternehmensverantwortliche werden in diesem Zusammenhang vor allem vor die Frage gestellt, wie sie – gerade auch um eine eigene Haftung zu vermeiden – den Gefahren solcher Zahlungen im Unternehmen Herr werden, mit entsprechenden Verdachtsmomenten (sog. „*Compliance Red Flags*") umgehen und korruptive Zahlungen (über Dritte) im Rahmen ihrer Compliance-Verantwortung effektiv unterbinden können. In **Abschnitt B.** (Rz. 30.6 ff.) werden deshalb neben den Erscheinungsformen „nützlicher Aufwendungen" die korrespondierenden Haftungsrisiken insbesondere bei Beraterzahlungen beleuchtet und aufgezeigt, wie Unternehmensverantwortliche mit Unsicherheiten und *Compliance Red Flags* umgehen sollten. 30.2

Daneben stellt sich die Frage, ob und falls ja, in welchem Umfang ein Unternehmen – sei es aus eigennützigen Motiven, sei es als „*Good Corporate Citizen*" – berechtigt ist, Geld für mildtätige, kulturelle, wissenschaftliche, sportliche oder sonstige **gesellschaftliche Anliegen** einzusetzen. Können Vorstand oder Geschäftsführung diese Entscheidung allein treffen? Soweit ja: dürfen sie nur Projekte fördern, die sich profitmaximierend auswirken? Was ist mit Zuwendungen an Parteien? Das Spannungsfeld, in dem sich die Beurteilung von sozialnützigen Aktivitäten bewegt, wird in **Abschnitt C.** (Rz. 30.75 ff.) näher untersucht. 30.3

Eine rechtsformspezifische Besonderheit sind die in **Abschnitt D.** (Rz. 30.125 ff.) angesprochenen **Zahlungen an opponierende Aktionäre**, die sich auf diese Weise den Lästigkeitswert einer gegen die Aktiengesellschaft erhobenen Klage abkaufen lassen. Das Phänomen hat allerdings in jüngerer Zeit ein wenig an praktischer Bedeutung und damit Brisanz verloren. 30.4

Die einzelnen Fragestellungen werden im Folgenden jeweils zunächst anhand der Maßstäbe des Aktienrechts untersucht. Soweit sich für die GmbH – vor allem infolge des unterschied- 30.5

lichen Kompetenzgefüges – Abweichungen ergeben, werden diese jeweils im Anschluss daran behandelt.

B. „Nützliche Aufwendungen" (einschließlich fragwürdiger Beraterzahlungen)

Schrifttum: *Bayer/Scholz*, Zulässigkeit und Grenzen des Kartellbußgeldregresses, GmbHR 2015, 449; *Berg*, Korruption in Unternehmen und Risikomanagement nach § 91 Abs. 2 AktG, AG 2007, 271; *Bicker*, Legalitätspflicht des Vorstands – ohne Wenn und Aber?, AG 2014, 8; *Bicker*, Compliance – organisatorische Umsetzung im Konzern, AG 2012, 542; *Bunz*, Ad-hoc-Pflichten im Rahmen von Compliance Audits, NZG 2016, 1249; *v. Busekist/Keuten*, Zur Einrichtung eines Compliance-Ausschusses im Aufsichtsrat, CCZ 2016, 119; *Cahn*, Aufsichtsrat und Business Judgment Rule, WM 2013, 1293; *Dann*, Und immer ein Stück weiter – Die Reform des deutschen Korruptionsstrafrechts, NJW 2016, 203; *Deister/Geier*, Der UK Bribery Act 2010 und seine Auswirkungen auf deutsche Unternehmen, CCZ 2011, 12; *Dietz-Vellmer*, Organhaftungsansprüche in der Aktiengesellschaft: Anforderungen an Verzicht oder Vergleich durch die Gesellschaft, NZG 2011, 248; *Fietz/Weidlich*, Schwarze Schafe oder weiße Ritter?, RIW 2005, 423; *Fleischer*, Aktienrechtliche Compliance-Pflichten im Praxistest: Das Siemens/Neubürger-Urteil des LG München I, NZG 2014, 321; *Fleischer*, Regresshaftung von Geschäftsleitern wegen Verbandsgeldbußen, DB 2014, 345; *Fleischer*, Aktienrechtliche Legalitätspflicht und „nützliche" Pflichtverletzungen von Vorstandsmitgliedern, ZIP 2005, 141; *Geiger*, Das Gesetz zur Bekämpfung von Korruption im Gesundheitswesen und seine Auswirkungen auf Strafverfolgung und Healthcare-Compliance, CCZ 2016, 172; *Großkopf/Schanz*, Bestechung und Bestechlichkeit im Gesundheitswesen – im Spannungsverhältnis zwischen Korruption und Kooperation, RDG 2016, 220; *Grunewald*, Die Abwälzung von Bußgeldern, Verbands- und Vertragsstrafen im Wege des Regresses, NZG 2016, 1121; *Habersack*, 19 Jahre „ARAG/Garmenbeck" – und viele Fragen offen, NZG 2016, 321; *Habersack*, Grund und Grenzen der Compliance-Verantwortung des Aufsichtsrats der AG, AG 2014, 1; *Harbarth*, Anforderungen an die Compliance-Organisation in börsennotierten Unternehmen, ZHR 179 (2015), 136; *Harzenetter*, Abtretung des Freistellungsanspruchs aus einer D&O-Versicherung nach den BGH-Urteilen vom 13.4.2016, NZG 2016, 728; *Heil/Oeben*, §§ 299a, b auf der Zielgeraden – Auswirkungen auf die Zusammenarbeit im Gesundheitswesen, PharmR 2016, 217; *Hoven*, Untreue durch Bewirken überhöhter Rechnungen, NStZ 2014, 646; *Kuhlen*, Die Bestechungsdelikte der §§ 331–334 StGB, JuS 2011, 673; *Lutter*, Die Business Judgment Rule und ihre praktische Anwendung, ZIP 2007, 841; *Poelzig*, Die Neuregelung der Offenlegungsvorschriften durch die Marktmissbrauchsverordnung, NZG 2016, 761; *Rauer/Pfuhl*, Das Gesetz zur Bekämpfung der Korruption im Gesundheitswesen, PharmR 2016, 357; *Reichert/Ott*, Die Zuständigkeit von Vorstand und Aufsichtsrat zur Aufklärung von Non-Compliance in der AG, NZG 2014, 241; *Retsch*, Die Selbstbefreiung nach der Marktmissbrauchsverordnung, NZG 2016, 1201; *Rönnau*, Angestelltenbestechung in Fällen mit Auslandsbezug, JZ 2007, 1084; *Satzger*, „Schwarze Kassen" zwischen Untreue und Korruption, NStZ 2009, 297; *Schockenhoff*, Geheimhaltung von Compliance-Verstößen, NZG 2015, 409; *Schorn/Sprenger*, Deferred Prosecution Agreements im Anwendungsbereich des UK Bribery Act, CCZ 2013, 104; *Schünemann*, Der Gesetzentwurf zur Bekämpfung der Korruption – überflüssige Etappe auf dem Niedergang der Strafrechtskultur, ZRP 2015, 68; *Spehl/Grützner*, „Resource Guide to the U.S. Foreign Corrupt Practices Act" („FCPA-Guide") – Eine Hilfe für Unternehmen im Umgang mit dem FCPA, CCZ 2013, 198; *Thomas*, Bußgeldregress, Übelszufügung und D&O-Versicherung, NZG 2015, 1409; *Weidemann*, Zur Angestelltenbestechung: Die Bedeutung des § 299 III StGB für § 4 V S. 1 Nr. 10 S. 1 EStG, RIW 2006, 370; *Weidlich/Fietz*, Schmiergeldzahlungen in Asien – Rechtliche Risiken für deutsche Mitarbeiter in Singapur und Hongkong, RIW 2005, 362; vgl. auch die Nachweise zu Abschnitt C. (vor Rz. 30.75 ff.).

I. Begriff und Erscheinungsformen

„Nützliche Aufwendungen" bezeichnen im Folgenden **Zuwendungen materieller oder immaterieller Art**, auf die der (End-)Empfänger **keinen rechtlichen Anspruch** hat und die ihn dazu bewegen sollen, dem Leistenden seinerseits einen wirtschaftlichen Vorteil zu verschaffen. Eine der beiden zentralen Erscheinungsformen solcher Aufwendungen ist das – begrifflich oft zu Unrecht auf Geldzahlungen verengte – **Schmiergeld**, mit dem eine Entscheidung beeinflusst werden soll. Erfolgt eine solche Zahlung als Rückvergütung aus einer dem Leistenden zugeflossenen Vergütung, so wird sie als „*Kick-Back*" bezeichnet.

30.6

In der Praxis werden Schmiergeldzahlungen sehr häufig **über Dritte oder Vertriebsintermediäre**, wie z.B. Vertriebsagenten, Handelsvertreter, Berater oder auch Distributoren, geleistet. Teilweise werden Schmiergeldzahlungen auch über den **Abschluss von Beraterverträgen** mit Amtsträgern bedient, die diesen während der Amtszeit versprochen und dann nach dem Ausscheiden abgeschlossen werden.

30.7

Bereits 1997 haben sich die **OECD-Staaten** mit der **Konvention gegen die Bestechung ausländischer Amtsträger im internationalen Geschäftsverkehr** dazu verpflichtet, unter gegenseitiger Überwachung die Bestechung ausländischer Amtsträger unter Strafe zu stellen.[1] Nachdem zunächst eine Strafbarkeit im Rahmen des EUBestG und des IntBestG bestimmt wurde[2], hat der **deutsche Gesetzgeber** diese Regelungen im Zuge des **Gesetzes zur Bekämpfung der Korruption** vom 20.11.2015 durch den neuen Straftatbestand des § 335a StGB in das StGB überführt und zudem in weiten Teilen auf andere internationale Sachverhalte ausgedehnt.[3]

30.8

II. Haftungsrisiken bei „nützlichen Aufwendungen" und fragwürdigen Beraterzahlungen

1. Strafrechtliche Risiken

„Nützliche Aufwendungen" im o.g. Sinne sind **diversen strafrechtlichen Risiken** ausgesetzt. Soweit der Vorstand bei der Zahlung „nützlicher Aufwendungen" – wie regelmäßig der Fall – nicht selbst tätig wird, sondern Mitarbeiter handeln, kommt seitens des Vorstands eine Strafbarkeit wegen **Anstiftung** (§ 26 StGB) oder **Beihilfe** (§ 27 StGB) zu den einschlägigen Delikten in Betracht.[4] Besteht für den Vorstand die Pflicht zur Verhinderung entsprechender Aufwendungen, ist mit Blick auf die Garantenstellung des Vorstands eine Tatbegehung durch **Unterlassen** (§ 13 StGB) denkbar.

30.9

a) Bestechungsdelikte in Deutschland

Strafbarkeitsrisiken ergeben sich zunächst in Form der **Bestechung im geschäftlichen Verkehr** gem. § 299 StGB („Angestelltenbestechung"). Voraussetzung ist gem. § 299 Abs. 2 Nr. 1

30.10

---

1 S. die Gesetzesbegründung des deutschen Umsetzungsgesetzes, BT-Drucks. 13/10428 v. 20.4.1998.
2 EU-Bestechungsgesetz vom 10.9.1998 (BGBl. II 1998, 2340) sowie Gesetz zur Bekämpfung internationaler Bestechung vom 10.9.1998 (BGBl. II 1998, 2327), jeweils zuletzt geändert durch Art. 2 bzw. Art. 5 des Gesetzes zur Bekämpfung der Korruption vom 20.11.2015 (BGBl. I 2015, 2025).
3 BGBl. I 2015, 2025. Im Einzelnen s. Rz. 30.17 ff.
4 Ausführlich zur strafrechtlichen Haftung von Geschäftsleitern in Korruptionsfällen *Krause*, Rz. 40.67 ff.

StGB eine – zumindest stillschweigend getroffene – sog. Unrechtsvereinbarung zwischen Aufwendendem und Aufwendungsempfänger mit dem Inhalt, dass die Aufwendungen mit dem Ziel geleistet werden, als Äquivalent eine Bevorzugung des Aufwendenden gegenüber anderen Wettbewerbern bei einem Empfang von Waren oder Dienstleistungen durch den Aufwendungsempfänger zu erreichen.[1] Gem. § 299 Abs. 2 Nr. 2 StGB muss es seit der durch das Gesetz zur Bekämpfung der Korruption vom 20.11.2015 erfolgten Novelle des § 299 StGB nur noch zu einer Verletzung gesetzlicher oder vertraglicher Pflichten des Angestellten gegenüber seinem Arbeitgeber, nicht aber mehr zu einer Wettbewerbsverzerrung kommen, womit sich der Gesetzgeber in Ergänzung des bisherigen sog. Wettbewerbsmodells für das sog. **Geschäftsherrenmodell** entschieden hat.[2] Damit wird der privatwirtschaftliche Bestechungstatbestand erheblich erweitert.[3]

30.11 Sofern sich Zahlungen an Amtsträger richten, kommt auch eine **Bestechung von Amtsträgern** (§ 334 StGB) in Betracht. Inhalt der Unrechtsvereinbarung zwischen dem Aufwendenden und dem Aufwendungsempfänger ist in diesem Fall die Vornahme einer rechtswidrigen Diensthandlung als Gegenleistung für die Aufwendung.[4]

30.12 Bestechungsdelikte **verjähren** gem. § 78 Abs. 3 Nr. 4 StGB nach fünf Jahren.[5] Die Verjährungsfrist beginnt gem. § 78a StGB grundsätzlich mit Beendigung der Tat. Abhängig von der jeweiligen Fallgestaltung ist bei der Bestechung abzugrenzen, ob als maßgeblicher Zeitpunkt für die Beendigung auf die **letzte** in Frage stehende **Geschäfts- bzw. Diensthandlung** oder stattdessen auf die **letzte** erfolgte **Zahlung** abzustellen ist: Nach Auffassung der Rechtsprechung ist zumindest bei sukzessiver Zahlung – und das ist jedenfalls im Projektgeschäft der Regelfall – erst auf die letzte Zahlung als letzte „Handlung zur Erfüllung der Unrechtsabrede" abzustellen. Damit erhöhen sich die Strafbarkeitsrisiken aufgrund der erst spät beginnenden Verjährungsfrist erheblich.[6] Vor diesem Hintergrund kommt eine Strafbarkeit auch dann noch in Betracht, wenn der jeweilige Angestellte bzw. Amtsträger längst pensioniert sein mag und aktiv keinerlei geschäftliche bzw. dienstliche Aufgaben mehr wahrnimmt, gleichwohl aber noch eine nach der früheren Abrede ausstehende Zahlung erfolgt.[7] Auch alte Vereinbarungen, etwa aus den 2000er-Jahren, können unter Umständen noch verfolgt werden, wenn in den letzten fünf Jahren Zahlungen an (ausgeschiedene) Unternehmensmitarbeiter bzw. Amtsträger geleistet wurden. Gerade bei langlaufenden Projekten, die nach sog. „Meilensteinen" vergütet werden, können daher nach wie vor erhebliche strafrechtliche Risiken aus Altfällen bestehen.

30.13 **Auslandsbestechungen** waren vor Inkrafttreten des IntBestG (15.2.1999) bzw. des EUBestG (22.9.1998) nicht tatbestandsmäßig. Es fragt sich deshalb, wie Situationen zu bewerten sind, in denen auf eine frühere (vor dem 22.9.1998 bzw. 15.2.1999 liegende) Abrede hin kontinuierlich weitere Zahlungen vorgenommen wurden bzw. werden, ohne dass eine gesonderte – neue – Unrechtsabrede zwischen dem Zahlenden und dem Zahlungsempfänger getroffen

---

1 BGH v. 29.4.2015 – 1 StR 235/14, NJW-RR 2015, 278, 279 = ZWH 2015, 269, 270; *Heine/Eisele* in Schönke/Schröder, § 299 StGB Rz. 16; *Krick* in MünchKomm. StGB, § 299 StGB Rz. 24.
2 *Dann*, NJW 2016, 203, 204 f.; *Junker/Knigge/Pischel/Reinhart* in Heussen/Hamm, Beck'sches Rechtsanwalts-Handbuch, § 49 Rz. 79.
3 Krit. hierzu *Schünemann*, ZRP 2015, 68.
4 *Greeve* in Hauschka/Moosmayer/Lösler, Corporate Compliance, § 25 Rz. 52 ff.
5 Vgl. *Korte* in MünchKomm. StGB, § 334 StGB Rz. 45.
6 BGH v. 6.9.2011 – 1 StR 633/10, NStZ 2012, 511; krit. *Korte* in MünchKomm. StGB, § 334 StGB Rz. 45.
7 BGH v. 6.9.2011 – 1 StR 633/10, NStZ 2012, 511.

wurde bzw. wird. Die Erfahrungen zeigen, dass selbst das schlichte Weiterzahlen von einigen Staatsanwaltschaften – wenn auch dogmatisch angreifbar – als *„Bekräftigung oder Bestätigung der Unrechtsabrede"* und damit als tauglicher neuer Anknüpfungspunkt für eine Strafbarkeit qualifiziert wird, womit die Gefahr von Ermittlungsmaßnahmen wegen Altfällen auch in dieser Situation besteht. Auch in dieser Konstellation ist aber zu beachten, dass sich die Unrechtsabrede gem. § 335a StGB n.F. bzw. IntBestG a.F. und EUBestG a.F. auf eine künftig vorzunehmende Diensthandlung beziehen muss.

Zur Bekämpfung der Korruption im **Gesundheitswesen** wurden 2016 zudem die §§ 299a und b StGB eingeführt.[1] Im Zuge dieser Gesetzesänderung ist mit einer verstärkten Verfolgung möglicherweise korruptiver Verhaltensweisen im Gesundheitswesen zu rechnen. Es sollen hierfür zukünftig vermehrt spezialisierte Schwerpunktstaatsanwaltschaften eingesetzt werden.[2] Das Anbieten, Versprechen oder Gewähren von Vorteilen ist nach den neuen Straftatbeständen allerdings nur dann strafbar, wenn es sich auf eine der drei in §§ 299a und b Nr. 1–3 StGB genannten Tatsituationen bezieht und zum Zweck einer unlauteren Bevorzugung des Gewährenden (oder eines anderen) durch den Heilberufsangehörigen vorgenommen wird. §§ 299a und b StGB erfassen neben der Verordnung von Arznei-, Heil- oder Hilfsmitteln oder von Medizinprodukten auch den Bezug von Arznei- oder Hilfsmitteln oder von Medizinprodukten, die jeweils zur unmittelbaren Anwendung durch den Heilberufsangehörigen oder einen seiner Berufshelfer bestimmt sind, sowie die Zuführung von Patienten oder Untersuchungsmaterial.[3]

30.14

Abhängig von dem Adressaten der Zahlung kommt schließlich auch eine **Abgeordnetenbestechung** gem. § 108e StGB in Betracht, sofern die Zahlung an einen Abgeordneten bzw. eine diesem gleichgestellte Person darauf gerichtet ist, dass der Zahlungsempfänger bei der Wahrnehmung seines Mandates eine Handlung im Auftrag oder auf Weisung – regelmäßig des Zahlenden – vornehme oder unterlasse. Dagegen bleiben Zuwendungen auch an Parteien möglich, sofern sie im Einklang mit den jeweils geltenden Vorschriften geleistet werden.[4]

30.15

b) Vorteilsgewährung in Deutschland

Weiterhin kann bei „nützlichen Aufwendungen" zugunsten von Amtsträgern eine strafbare **Vorteilsgewährung** gem. § 333 StGB vorliegen. Die Vorteilsgewährung setzt im Gegensatz zu typischen Schmiergeldzahlungen lediglich voraus, dass die Aufwendung bzw. Zahlung für eine (rechtmäßige) Dienstausübung des Empfängers erfolgt.[5] Damit verbieten sich zumindest auf nationaler Ebene bereits *„Facilitation Payments"* und Maßnahmen der sog. **„Klimapflege"**. *Facilitation Payments* sind Zahlungen, die darauf gerichtet sind, die Vornahme einer rechtmäßigen Diensthandlung, auf die seitens des Zahlenden ein Anspruch besteht, zu beschleunigen. Maßnahmen der „Klimapflege" zielen (noch) nicht auf eine konkrete Diensthandlung des Zahlungsempfängers ab, sondern bezwecken allgemein eine „gute Gesprächsatmosphäre" zwischen Zahlendem und Zahlungsempfänger (dazu s. noch Rz. 30.18 ff. und Rz. 30.22).

30.16

---

1 Dazu ausführlich *Geiger*, CCZ 2016, 172; *Rauer/Pfuhl*, PharmR 2016, 357; *Großkopf/Schanz*, RDG 2016, 220.
2 Vgl. *Heil/Oeben*, PharmR 2016, 217; Beck FD-StrafR 2016, 380066 (Editorial).
3 Näher *Momsen/Laudien* in BeckOK StGB, § 299a StGB Rz. 10 ff.
4 Vgl. insbesondere § 25 PartG.
5 BGH v. 21.6.2007 – 4 StR 99/07, NStZ 2008, 216; *Greeve* in Hauschka/Moosmayer/Lösler, Corporate Compliance, § 25 Rz. 55 ff.

c) Risiken bei grenzüberschreitender Tätigkeit

aa) Ausweitung strafrechtlicher Risiken im internationalen Geschäftsverkehr durch § 335a i.V.m. § 334 StGB

(1) Neuerungen 2015

30.17 Durch das Gesetz zur Bekämpfung von Korruption vom 20.11.2015 wurden die Korruptionstatbestände wesentlich reformiert, indem vormals im IntBestG und EUBestG geregelte internationale Konstellationen in das deutsche Strafrecht aufgenommen wurden.[1] Der neu eingeführte § 335a StGB erweitert die Strafbarkeit der §§ 332, 334 StGB, also der aktiven und passiven Bestechung, indem nunmehr auch **pflichtwidrige Diensthandlungen ausländischer bzw. internationaler Bediensteter** erfasst werden. Der angestrebte Vorteil muss – im Gegensatz zur früheren Fassung des IntBestG – nicht mehr mit dem internationalen geschäftlichen Verkehr zusammenhängen. Ein grenzüberschreitendes Geschäft ist damit nicht mehr notwendige Rahmenbedingung des Vorteils.[2] Die Neuerung erfasst insbesondere Richter ausländischer oder internationaler Gerichte, ausländische Amtsträger (z.B. Bedienstete oder Soldaten ausländischer Staaten oder Bedienstete internationaler Organisationen). Ferner erweitert der stark veränderte § 5 Nr. 15 StGB den Anwendungsbereich des deutschen Strafrechts – unabhängig vom Ort des Tatorts – für im Ausland begangene Taten nach den §§ 331 ff. StGB. Voraussetzung ist aber, dass der Täter (z.B. derjenige, der die fraglichen Zahlungen tätigt), zum Tatzeitpunkt die deutsche Staatsangehörigkeit innehat oder eine andere der in dem § 5 Nr. 15 b) bis c) StGB aufgezählten Varianten vorliegt.[3]

(2) Vorteilsgewährung an ausländische und internationale Bedienstete

30.18 Gem. § 335a StGB sind nach deutschem Strafrecht weiterhin solche Zahlungen **nicht tatbestandsmäßig**, die im Zusammenhang mit einer **rechtmäßigen Diensthandlung**, auf die ein Anspruch des Zuwendenden besteht, vorgenommen werden. Im Gegensatz zur nationalen Ausprägung des § 333 StGB – dazu s. Rz. 30.16 – erfasst das Verbot des § 335a StGB nur die Zuwendung von Vorteilen zur Vornahme einer rechtswidrigen Diensthandlung (§ 334 StGB). Etwas anderes gilt für Zuwendungen an Europäische Amtsträger (vgl. zum Begriff § 11 Abs. 1 Nr. 2a StGB), die in § 333 StGB ausdrücklich in Bezug genommen werden. Damit sind zumindest nach deutschem Strafrecht **nicht zwangsläufig** die gegenüber ausländischen und internationalen Bediensteten nach wie vor häufig anzutreffenden *Facilitation Payments* sowie **Maßnahmen bloßer Klimapflege** erfasst.[4] Diese Zahlungen können aber nach dem jeweils national anwendbaren Recht strafrechtlich relevant sein.

30.19 Darüber hinaus kann der **Übergang zum Bestechungstatbestand teilweise fließend** sein. So kann bereits die bloße beschleunigte Behandlung eines Antrags u.U. eine pflichtwidrige Diensthandlung bedeuten, wenn sie mit einer verzögerten Bearbeitung früher eingereichter Anträge Dritter einhergeht.[5] Im Bereich der Ermessensverwaltung kann die Beeinflussung der Entscheidung durch den in Aussicht gestellten bzw. gewährten Vorteil auch dann zur Begründung des Bestechungsvorwurfs genügen, wenn sich die resultierende Entscheidung noch im

---

1 BGBl. I 2015, 2025.
2 *Dann*, NJW 2016, 203, 206; *von Heintschel-Heinegg* in BeckOK StGB, § 335a StGB Rz. 3.2.
3 Ausführlich *von Heintschel-Heinegg* in BeckOK StGB, § 5 StGB Rz. 11 ff.
4 *Löw*, JA 2013, 88, 90.
5 Vgl. BGH v. 5.10.1960 – 2 StR 427/60, BGHSt 16, 37; OLG Naumburg v. 27.11.1996 – 2 Ss 130/96, NJW 1997, 1593; *Fischer*, § 332 StGB Rz. 8, § 334 StGB Rz. 4.

Rahmen des vorgegebenen Ermessensspielraums bewegt.[1] Entscheidend wird für die Abgrenzung sein, ob durch die Zahlung eine Ermessensentscheidung des Zahlungsempfängers beeinflusst wird. Da in dieser Frage die Ermittlungsbehörden erfahrungsgemäß eine weite Auslegung des Kriteriums der Beeinflussung vornehmen, sollten nützliche Aufwendungen aus der Compliance-Perspektive immer als **Red Flags** behandelt werden.

Im Übrigen erstreckt sich das vom Vorstand zu wahrende **Legalitätsprinzip** (dazu Rz. 30.35) grundsätzlich auch auf **ausländische Straf- und Ordnungsvorschriften**, die ebenso zu beachten sind und im Einzelfall eine Strafbarkeit von *Facilitation Payments* und Maßnahmen der Klimapflege nach örtlichem Recht statuieren können.[2] Hier ist bei beabsichtigten Zahlungen im internationalen Verkehr sorgfältig die Rechtslage im jeweiligen Land zu prüfen. Außerdem bleiben aus dem Inland heraus begangene Anstiftungs- und Beihilfehandlungen auch in diesem Fall nach deutschem Strafrecht strafbar.[3]

30.20

bb) *FCPA* und *UK Bribery Act*

Risiken können sich weiterhin aus dem US-amerikanischen *Foreign Corrupt Practices Act* (*FCPA*) von 1977 ergeben, der wegen verschiedener denkbarer US-Anknüpfungspunkte auch deutsche Unternehmen in seinen Geltungsbereich einbeziehen kann (sog. „*long arm legislation*").[4]

30.21

Der *UK Bribery Act* von 2010[5] umfasst ebenfalls Auslandstaten im Sinne der „*long arm legislation*" und ist von deutschen Unternehmen zu beachten, sofern sie oder ihre Konzernunternehmen in Großbritannien werbend tätig sind. Die Anwendbarkeit des *UK Bribery Act* ist dabei nicht auf Korruptionsfälle beschränkt, die im unmittelbaren Zusammenhang mit der Tätigkeit der Unternehmen in Großbritannien stehen.[6] Im Gegensatz zum *FCPA* enthält der *UK Bribery Act* ein grundsätzliches strafrechtliches Verbot von **Facilitation Payments** (dazu s. Rz. 30.16).[7]

30.22

Das *U.S. Department of Justice* hat einen unverbindlichen **Leitfaden** für Unternehmen erstellt, der wertvolle Hinweise zur Interpretation des *FCPA* und zur Vermeidung oder zumindest Reduzierung von Haftungsrisiken enthält.[8] Auch das britische *Ministry of Justice* hat einen unverbindlichen[9] Leitfaden zum *UK Bribery Act* herausgegeben.[10]

30.23

---

1 *Fischer*, § 332 StGB Rz. 9a.
2 Vgl. *Bicker*, AG 2012, 542, 543; *Bicker*, AG 2014, 8.
3 Das folgt aus § 9 Abs. 2 Satz 2 StGB; vgl. *Rönnau*, JZ 2007, 1084, 1085 f.; *Weidemann*, RIW 2006, 370, 371; *Fietz/Weidlich*, RIW 2005, 423, 427.
4 *Greeve* in Hauschka/Moosmayer/Lösler, Corporate Compliance, § 25 Rz. 60 m.w.N.
5 Zum *UK Bribery Act* s. *Schorn/Sprenger*, CCZ 2013, 104.
6 *Schorn/Sprenger*, CCZ 2013, 104, 107 f.
7 *Deister/Geier*, CCZ 2013, 12, 14; *Hauschka/Moosmayer/Lösler* in Hauschka/Moosmayer/Lösler, Corporate Compliance, § 1 Rz. 80.
8 Verfügbar unter https://www.justice.gov/sites/default/files/criminal-fraud/legacy/2015/01/16/guide.pdf (zuletzt abgerufen am 31.5.2017); dazu *Spehl/Grützner*, CCZ 2013, 198.
9 *v. Busekist/Uhlig* in Hauschka/Moosmayer/Lösler, Corporate Compliance, § 35 Rz. 44.
10 Verfügbar unter http://www.justice.gov.uk/downloads/legislation/bribery-act-2010-guidance.pdf (zuletzt abgerufen am 31.5.2017).

d) Untreue und Betrug

30.24 Bei Schmiergeldzahlungen kommt schließlich auch eine Strafbarkeit wegen **Untreue** zulasten des eigenen Unternehmens gem. § 266 StGB in Betracht. Bereits die **Einrichtung und Führung „schwarzer Kassen"** sowie die **Weiterführung** „schwarzer Kassen", die von Dritten angelegt wurden, kann nach Auffassung des BGH einen endgültigen Vermögensnachteil des Treugebers bewirken, sofern dem Treugeber auf diese Weise dauerhaft Vermögensteile entzogen werden.[1] In der Literatur ist diese weite Auslegung des Untreuetatbestands umstritten und wird dogmatisch angezweifelt.[2] Die Rechtsprechung hat sich in der Praxis allerdings verfestigt. Es ist daher nicht damit zu rechnen, dass der BGH von seiner Linie abkehren wird.

30.25 Neben der Untreue kann schließlich auch eine Strafbarkeit wegen **Betrugs** gem. § 263 StGB in Betracht kommen.[3]

2. Ordnungswidrigkeitenrechtliche Risiken

30.26 Neben strafrechtlichen Risiken für die handelnden Personen können sich bei „nützlichen Aufwendungen" auch ordnungswidrigkeitenrechtliche Risiken für die Unternehmensleitung und das Unternehmen selbst ergeben. Der Vorstand ist gem. § 130 Abs. 1 OWiG dafür verantwortlich, durch geeignete Aufsichtsmaßnahmen die Verletzung von Pflichten im Unternehmen zu unterbinden, die den Unternehmensinhaber treffen, im Falle der AG bzw. der GmbH als juristischen Personen also das Unternehmen selbst. Wird diese **Aufsichtspflicht verletzt**, drohen Vorteilsabschöpfung oder Verfall sowie Geldbuße.[4] Werden z.B. strafbare Bestechungshandlungen im Unternehmen festgestellt, die durch Aufsichtsmaßnahmen hätten unterbunden werden können, droht dem Vorstand persönlich gem. § 130 Abs. 3 OWiG ein **Bußgeld von bis zu einer Million Euro**. Dem **Unternehmen** droht gem. § 30 Abs. 2 Nr. 1 OWiG ein **Bußgeld von bis zu zehn Millionen Euro**.

30.27 Gem. § 30 Abs. 3 i.V.m. § 17 Abs. 4 OWiG kann das genannte gesetzliche Höchstmaß der Unternehmensgeldbuße **überschritten werden**, wenn es nicht ausreicht, um den **wirtschaftlichen Vorteil**, den der Täter aus der Tat gezogen hat, abzuschöpfen. Nach der herrschenden Auffassung in Rechtsprechung und Literatur sind die aus der konkreten Tat resultierenden wirtschaftlichen Zuwächse mit den insoweit vom Unternehmen getätigten Aufwendungen zu saldieren, um den wirtschaftlichen Vorteil zu bestimmen (sog. **Nettoprinzip**). Das bedeutet, dass von dem aufgrund der Tat zugeflossenen Vermögensplus die Kosten abgezogen werden, die dem Unternehmen im unmittelbaren Zusammenhang mit der Tat (bzw. dem Projekt) entstanden sind.

30.28 Alternativ zur Unternehmensgeldbuße nach § 30 OWiG kann auch der Verfall gem. § 29a OWiG angeordnet werden. Der Verfall wird hinsichtlich eines Geldbetrages angeordnet, der dem Wert dessen entspricht, was der Täter für oder aus der Begehung einer Ordnungswidrigkeit erlangt hat. Soweit der Täter für einen anderen gehandelt hat und dieser Dritte dadurch etwas erlangt hat, kann der Verfall in Höhe des Wertes des Erlangten auch gegen den Dritten,

---

1 Vgl. BGH v. 29.8.2008 – 2 StR 587/07, BGHSt 52, 323 = NJW 2009, 89 – Siemens; dazu *Satzger*, NStZ 2009, 297, 302; jüngst BGH v. 6.9.2016 – 1 StR 104/15, WM 2017, 32 – Siemens; ausführlich *Wittig* in BeckOK StGB, § 266 StGB Rz. 46 und Rz. 46.1.; s. auch *Krause*, Rz. 40.57 ff.
2 Vgl. etwa *Hoven*, NStZ 2014, 646: *„umstrittenste Konstellation der Untreue-Strafbarkeit"*.
3 Vgl. *Tiedemann* in LK-StGB, § 299 StGB Rz. 60 f.
4 Ausführlich etwa *Bohnert/Krenberger/Krumm* in Bohnert/Krenberger/Krumm, § 130 OWiG Rz. 4 ff.; *Rogall* in KK OWiG, § 130 OWiG Rz. 37 ff.

also das Unternehmen, angeordnet werden. Dem Verfall unterliegen Vermögenszuwächse, deren Berechnung – im Gegensatz zur Bußgeldbemessung gem. § 17 Abs. 4 OWiG – dem **Bruttoprinzip** folgt. Demgemäß können hier die wirtschaftlichen Werte in ihrer Gesamtheit einbezogen werden, ohne dass eigene Leistungen und Kosten des Unternehmens in Abzug gebracht werden.

Handelt es sich bei der zugrundeliegenden Tat nicht um eine Ordnungswidrigkeit, sondern um eine Straftat, kann auch der ähnlich zu behandelnde **Verfall** gem. §§ 73 ff. StGB angeordnet werden. 30.29

3. Steuerstrafrechtliche Risiken

Ferner können an die Zahlung von nützlichen Aufwendungen auch steuerstrafrechtliche Risiken gem. § 370 AO geknüpft sein: Für etwaige korruptive Zahlungen besteht ein Betriebsausgabenabzugsverbot nach § 4 Abs. 5 Nr. 10 EStG. Danach dürfen zugewandte Geld- und Sachvorteile sowie damit zusammenhängende Aufwendungen **nicht als Betriebsausgaben** geltend gemacht werden, wenn die Zuwendung der Vorteile eine rechtswidrige Handlung darstellt, die den Tatbestand eines deutschen Strafgesetzes oder einer deutschen Ordnungswidrigkeit verwirklicht. Geschieht das trotzdem, kann eine fehlerhaft zu niedrige Einkommens- bzw. Gewinnermittlung vorliegen, mit der das Risiko einer **Steuerhinterziehung** im Sinne des § 370 AO oder einer **Steuerverkürzung** im Sinne des § 378 AO einhergeht. 30.30

Gem. § 153 AO muss der Steuerpflichtige, der nachträglich erkennt, dass eine von ihm oder für ihn abgegebene Erklärung unrichtig oder unvollständig ist und dass es dadurch zu einer Verkürzung von Steuern kommen kann oder bereits gekommen ist, dies **unverzüglich anzeigen** und die erforderliche Richtigstellung vornehmen. Unterlässt der Steuerpflichtige dies, kommt wiederum eine Strafbarkeit gem. § 370 AO in Betracht. 30.31

4. Kapitalmarktrechtliche Risiken

Besteht der Verdacht auf Schmiergeldzahlungen im Unternehmen, hat der Vorstand grundsätzlich interne Untersuchungsmaßnahmen (*„Internal Investigations"* oder *„Compliance Audits"*) zu veranlassen. Ist das Unternehmen börsennotiert, kann kaptalmarktrechtlich – je nach Schwere und Umfang des Verdachts – die Frage aufkommen, ob und inwieweit die Durchführung solcher Untersuchungen eine wertpapierrechtliche **Insiderinformation** darstellt und damit eine Pflicht des Vorstands zur Information des Kapitalmarkts gem. Art. 17 MAR (bzw. § 15 WpHG a.F.) auslösen kann. Angesichts der Häufigkeit, mit der heute *Compliance Audits* durchgeführt werden, dürfte eine solche Einordnung jedoch oft bereits am Merkmal der Kursrelevanz scheitern.[1] Sofern der jeweilige Verdacht (ausnahmsweise) als Insiderinformation zu qualifizieren ist, kann u.U. bereits die Entscheidung zur Aufnahme von Untersuchungen eine Informationspflicht auslösen.[2] In der Praxis bedeutsamer ist die sich ggf. im weiteren zeitlichen Verlauf ergebende Frage, ob angesichts der jeweiligen **Untersuchungsergebnisse** und der drohenden **Sanktionen** eine Insiderinformation vorliegt.[3] Ob und wann die tatbestandlichen Voraussetzungen für eine Insiderinformation tatsächlich vorliegen, hat der Vorstand im Einzelfall sorgfältig zu prüfen. Zudem kann ein Selbstbefrei- 30.32

---

1 *Bunz*, NZG 2016, 1249, 1251.
2 *Schockenhoff*, NZG 2015, 409, 412; *Bunz*, NZG 2016, 1249, 1251.
3 *Bunz*, NZG 2016, 1249; *Schockenhoff*, NZG 2015, 409, 412 f.

ungsbeschluss, mit dem die Erfüllung der kapitalmarktrechtlichen Informationspflichten aufgeschoben werden kann, in Betracht kommen.[1]

30.33 Die Verletzung entsprechender Verpflichtungen kann insbesondere gem. Art. 17 MAR (bzw. § 15 WpHG a.F.) i.V.m. §§ 97, 98 WpHG[2], darüber hinaus aber auch wegen vorsätzlicher sittenwidriger Schädigung gem. § 826 BGB, **Schadensersatzansprüche** gegen das Unternehmen zur Konsequenz haben.[3]

III. Zivilrechtliche Haftungsrisiken

1. Haftung des Vorstands

a) Innenhaftung, § 93 Abs. 2 Satz 1 AktG

30.34 Dem Vorstand kann im Falle strafbarer bzw. ordnungswidriger „nützlicher Aufwendungen" im Unternehmen ein **Regressanspruch** aus § 93 Abs. 2 Satz 1 AktG drohen, wenn er gegen die Pflicht verstoßen hat, seine Leitungstätigkeit unter Beachtung der Anforderungen an einen sorgfältigen und gewissenhaften Geschäftsleiter gem. § 93 Abs. 1 Satz 1 AktG auszuüben.

aa) Legalitätspflicht und Legalitätskontrollpflicht des Vorstands

30.35 Aus der in § 93 Abs. 1 Satz 1 AktG gefassten Sorgfaltspflicht leitet sich nach h.M. die sog. **Legalitätspflicht** des Vorstands ab: Der Vorstand ist gegenüber seiner Gesellschaft grundsätzlich verpflichtet, sämtliche Rechtsvorschriften, die das Unternehmen als juristische Person im Außenverhältnis treffen, zu befolgen.[4] In diesem Sinne wird im Schrifttum teilweise bereits aus dem Vorliegen „schwarzer Kassen" eine Sorgfaltspflichtverletzung abgeleitet.[5]

30.36 Neben der Legalitätspflicht trifft den Vorstand auch eine Aufsichtspflicht, Straftaten und Gesetzesverstöße der Mitarbeiter „aus dem Unternehmen heraus" – im Rahmen des Möglichen und Zumutbaren – zu vermeiden. Diese sog. **Legalitätskontrollpflicht** hat vor allem das LG München I in seinem Urteil „Siemens/Neubürger" herausgearbeitet.[6] Danach muss der Vorstand bei entsprechender Gefährdungslage *„eine auf Schadensprävention und Risikokontrolle angelegte Compliance-Organisation einrichten".*[7] Das umfasst auch die Pflicht, Maßnahmen zu treffen, die auf die Verhinderung bzw. auf das Aufdecken korruptiver, strafrechtlich relevanter Geschäftspraktiken, wie der Zahlung von Schmiergeldern und deren Ahndung, gerichtet sind (dazu s. Rz. 30.65 ff.).

---

1 *Schockenhoff*, NZG 2015, 409, 413; *Bunz*, NZG 2016, 1249, 1255; zu den Neuerungen aufgrund der Marktmissbrauchsverordnung (MAR) s. etwa *Retsch*, NZG 2016, 1201.
2 I.d.F. des Zweiten Gesetzes zur Novellierung von Finanzmarktvorschriften auf Grund europäischer Rechtsakte (Zweites Finanzmarktnovellierungsgesetz – 2. FiMaNoG) v. 23.6.2017, BGBl. I 2017, 1693; s. auch *Poelzig*, NZG 2016, 771, 776.
3 Vgl. dazu etwa OLG Braunschweig v. 12.1.2016 – 7 U 59/14, NJW-RR 2016, 624 = AG 2016, 290 – Porsche.
4 LG München I v. 10.12.2013 – 5 HK O 1387/10, NZG 2014, 345, 346 = AG 2014, 332 – Siemens/Neubürger; *Bicker*, AG 2014, 8; *Fleischer* in Spindler/Stilz, § 93 AktG Rz. 14 ff.; *Hopt/Roth* in Großkomm. AktG, § 93 AktG Rz. 133; *Krieger/Sailer-Coceani* in K. Schmidt/Lutter, § 93 AktG Rz. 7.
5 *Spindler* in MünchKomm. AktG, § 93 AktG Rz. 93.
6 LG München I v. 10.12.2013 – 5 HK O 1387/10, NZG 2014, 345, 346 = AG 2014, 332, 333 ff. – Siemens/Neubürger.
7 LG München I v. 10.12.2013 – 5 HK O 1387/10, NZG 2014, 345, 346 = AG 2014, 332, 335– Siemens/Neubürger.

Für die Pflicht zur Einrichtung und Ausgestaltung einer Compliance-Organisation ist das individuelle **Risikoprofil** des Unternehmens, also dessen Anfälligkeit gegenüber Compliance-Verstößen, maßgeblich.[1] Dieses Risikoprofil wird – allgemein wie auch hinsichtlich der speziellen Gefahr von Schmiergeldzahlungen – vor allem anhand der Größe, Struktur und Geschäftsfelder des Unternehmens, der Märkte und des geografischen Aktionsradius des Unternehmens (insbesondere, ob Vertriebsaktivitäten in Ländern mit hohem Korruptionsindex nach *Transparency International* bestehen), der regulatorischen Vorgaben, wie sie sich z.B. bei einer Börsennotierung ergeben können, der Geschäftspartner des Unternehmens, seiner Konzernstruktur sowie anhand von Erfahrungen aufgrund möglicher Verstöße aus der Vergangenheit ermittelt.[2]

30.37

Die **Compliance-Organisation** und die eingerichteten Compliance-Prozesse sind im laufenden Unternehmensbetrieb **zu überwachen**, kritisch **zu hinterfragen**, je nach Bedarf **nachzujustieren** und anhand von Erkenntnissen und Erfahrungen weiterzuentwickeln (*continuous monitoring and improvement*).[3]

30.38

Bei einem Verdacht von Compliance-Verstößen hat der Vorstand **unverzüglich zu reagieren**.[4] Er muss erstens den Verdachtsfall aufklären und „den Dingen auf den Grund gehen". Bei einem tatsächlich festgestellten Verstoß muss der Vorstand zweitens den Verstoß unverzüglich abstellen und veranlassen, dass die Aufsichtssysteme nachgebessert werden. Drittens muss der Vorstand grundsätzlich Fehlverhalten angemessen sanktionieren, um Fehlverhalten in der Zukunft zu vermeiden.

30.39

bb) Umfang und Grenzen der Legalitätspflicht

Die Legalitätspflicht verlangt dem Vorstand nach ganz h.M. gesetzestreues Verhalten auch dann ab, wenn ein Gesetzesbruch angeblich dem **wirtschaftlichen Nutzen** der Gesellschaft dient und das Entdeckungsrisiko gering erscheint oder nur Verstöße gegen reine Ordnungsvorschriften in Rede stehen.[5] Für unternehmerische Ermessenserwägungen bleibt insoweit kein Raum. „**Nützliche Pflichtverletzungen**" kennt das Aktiengesetz **nicht**.

30.40

Die im Rahmen der Legalitätsbindung des Vorstands bestehende Pflicht zu gesetzestreuem Verhalten umfasst grundsätzlich auch **ausländische Gesetze**, sofern das Unternehmen in de-

30.41

---

1 LG München I v. 10.12.2013 – 5 HK O 1387/10, NZG 2014, 345, 346 f. = AG 2014, 332, 334 f. – Siemens/Neubürger; *Fleischer* in Spindler/Stilz, § 91 AktG Rz. 54 ff.
2 LG München I v. 10.12.2013 – 5 HK O 1387/10, NZG 2014, 345, 346 f. = AG 2014, 332 – Siemens/Neubürger; *Hopt/Roth* in Großkomm. AktG, § 93 AktG Rz. 133; *Bicker*, AG 2012, 542, 544; *Löw*, JA 2013, 88, 93; *Spindler* in MünchKomm. AktG, § 93 AktG Rz. 64 ff.; *Harbarth*, ZHR 179 (2015), 136; *Krieger/Sailer-Coceani* in K. Schmidt/Lutter, § 93 AktG Rz. 8 f.
3 LG München I v. 10.12.2013 – 5 HK O 1387/10, NZG 2014, 345, 348 – Siemens/Neubürger; *Fleischer* in Spindler/Stilz, § 91 AktG Rz. 60; *Fleischer*, NZG 2014, 321, 326; *Bicker*, AG 2012, 542, 547; *Harbarth*, ZHR 179 (2015), 136, 158 f.
4 LG München I v. 10.12.2013 – 5 HK O 1387/10, NZG 2014, 345, 347 – Siemens/Neubürger; *Hüffer/Koch*, § 76 AktG Rz. 16; *Fleischer* in Spindler/Stilz, § 91 AktG Rz. 57 ff.; *Seibt* in K. Schmidt/Lutter, § 76 AktG Rz. 15; *Fleischer*, NZG 2014, 321, 324 ff.; *Bicker*, AG 2012, 542, 547; *Reichert/Ott*, NZG 2014, 241, 242; *Seibt* in K. Schmidt/Lutter, § 76 AktG Rz. 10.
5 *Hopt/Roth* in Großkomm. AktG, § 93 AktG Rz. 134; *Bicker*, AG 2014, 8, 11; *Mertens/Cahn* in KölnKomm. AktG, § 93 AktG Rz. 71; *Lutter*, ZIP 2007, 841, 843 f.; *Krieger/Sailer-Coceani* in K. Schmidt/Lutter, § 93 AktG Rz. 7.

ren Geltungsbereich tätig wird.¹ Das hat zur Konsequenz, dass sich eine effektive Compliance-Organisation auch auf die Einhaltung der relevanten ausländischen Gesetzesvorgaben erstrecken muss.

30.42 Ausnahmen können sich in internationalen Zusammenhängen aber hinsichtlich der Reichweite der Legalitätspflicht ergeben. Ausländische Rechtsnormen können u.E. für die deutsche Gesellschaft jedenfalls dann keine Geltung beanspruchen, wenn diese in dem jeweiligen Land **tatsächlich gar nicht gelebt werden** und lediglich „totes Recht" sind bzw. nur „auf dem Papier" existieren.² Denn es erscheint überzogen zu fordern, dass sich eine deutsche Gesellschaft und ihre Organe gesetzestreuer verhalten müssen als die Rechtssubjekte des jeweiligen Staates selbst.³ Der Vorstand sollte sich aber gründlich über die rechtliche und tatsächliche Situation in dem jeweiligen Land informieren und die nachfolgend aufgeführten Grundsätze bei unklarer bzw. umstrittener Rechtslage beachten.⁴

30.43 In Betracht kommt auch eine Beschränkung der Legalitätsbindung im Falle einer **rechtfertigenden Pflichtenkollision**, wenn bei ihrer unbeschränkten Beachtung dem Unternehmen oder den Mitarbeitern schwere Schäden (z.B. für Leib oder Leben) drohen.⁵ Es ist u.E. sachgerecht, dem Vorstand für derartige Ausnahmesituationen einen Rechtfertigungsgrund zur Seite zu stellen.⁶ Um ihn nicht ausufern zu lassen, bedarf das Tatbestandsmerkmal der **Erforderlichkeit** jedoch in jedem Einzelfall einer genauen Prüfung.⁷ Ein Ermessen im Sinne der *„Business Judgement Rule"* des § 93 Abs. 1 Satz 2 AktG steht dem Vorstand dabei nicht zu.⁸ Es geht nicht um einen Freibrief, sich aufgrund von vom Vorstand selbst als Gefahren eingestufter Indizien über gesetzliche Pflichten hinwegzusetzen.⁹ Die Annahme einer rechtfertigenden Pflichtenkollision muss auf Extremfälle beschränkt bleiben, in denen der Vorstand tatsächlich keine anderen Möglichkeiten hat, der Gefahr zu begegnen.¹⁰

30.44 Bestehen **Unsicherheiten** bei der **Tatsachen- und Rechtslage** oder ist die maßgebliche **Rechtsfrage umstritten**, so kommt nach Rechtsprechung des BGH ein **schuldausschließender Rechtsirrtum** nach Maßgabe des „ISION"-Urteils in Betracht. Der unverschuldete Rechtsirrtum unterliegt allerdings **strengen Voraussetzungen**: Das Vorstandsmitglied darf auf eingeholten Rechtsrat nur dann vertrauen, wenn ein unabhängiger, zur Klärung der streitigen Frage fachlich qualifizierter Berater herangezogen wurde, eine umfassende Infor-

---

1 *Hopt/Roth* in Großkomm. AktG, § 93 AktG Rz. 141 ff.; *Krieger/Sailer-Coceani* in K. Schmidt/Lutter, § 93 AktG Rz. 7; *Bicker*, AG 2014, 8. Teilweise a.A. die Vorauflage.
2 *Bicker*, AG 2014, 8, 12; *Spindler* in MünchKomm. AktG, § 93 AktG Rz. 97; *Hopt/Roth* in Großkomm. AktG, § 93 AktG Rz. 142; *Mertens/Cahn* in KölnKomm. AktG, § 93 AktG Rz. 73; *Sethe*, WM 1998, 2306, 2323 ff.; a.A. *Hüffer/Koch*, § 93 AktG Rz. 6; *Cichy/Cziupka*, BB 2014, 1482, 1484 f.
3 *Bicker*, AG 2014, 8, 12; *Spindler* in MünchKomm. AktG, § 93 AktG Rz. 97.
4 *Bicker*, AG 2014, 8, 12.
5 *Bicker*, AG 2014, 8, 12; *Spindler* in MünchKomm. AktG, § 93 AktG Rz. 89 f.; *Hopt/Roth* in Großkomm. AktG, § 93 AktG Rz. 135; *Hölters* in Hölters, § 93 AktG Rz. 78; ausführlich zur Pflichtenkollision: *Poelzig/Thole*, ZGR 2010, 836.
6 *Bicker*, AG 2014, 8, 12; weitergehend *Habersack* in FS Uwe H. Schneider, S. 429, 439.
7 *Bicker*, AG 2014, 8, 12.
8 *Kort* in Großkomm. AktG, § 91 AktG Rz. 123; dies soll auch für die Vornahme von Verhinderungshandlungen im Rahmen von Übernahmeangeboten nach § 33 WpÜG gelten: *Hirte* in KölnKomm. WpÜG, § 33 WpÜG Rz. 69; a.A. *Brandi* in Angerer/Geibel/Süßmann, § 33 WpÜG Rz. 15 f.
9 *Bicker*, AG 2014, 8, 12; *Spindler* in MünchKomm. AktG, § 93 AktG Rz. 90.
10 *Spindler* in MünchKomm. AktG, § 93 AktG Rz. 90.

mation dieses Beraters durch das Organmitglied erfolgt ist und das Beratungsergebnis einer Plausibilitätsprüfung unterzogen wurde.[1] Die Erfüllung dieser Anforderungen setzt nicht notwendigerweise die Einschaltung einer externen Rechtsanwaltskanzlei voraus. Sofern die genannten Voraussetzungen – wie Unabhängigkeit und fachliche Qualifizierung – gegeben sind, kann der Rechtsrat nach zutreffender h.M. auch durch die interne Rechtsabteilung erteilt werden.[2] Man wird in der Regel aufgrund des anwaltlichen Berufsrechts (dem Syndikusanwälte unterliegen) und des Anstellungsvertrags bzw. des Mandatsverhältnisses von einer ausreichenden Unabhängigkeit interner Juristen ausgehen können. Für die notwendige Unabhängigkeit kann eine ergebnisoffene Beauftragung sprechen.[3] In Ausnahmefällen – z.B. bei Fragen von besonderer Bedeutung für die Gesellschaft – kann der Vorstand aber gehalten sein, neben der Stellungnahme der internen Rechtsexperten eine zweite, externe Rechtsauskunft einzuholen.[4]

cc) Umfang der Haftung: Ersatzfähigkeit von Bußgeldern?

Wenn dies auch rechtspolitisch umstritten ist, haftet ein Vorstandsmitglied der Gesellschaft nach geltender Rechtslage grundsätzlich unbegrenzt persönlich für **alle Schäden**, die auf seiner Pflichtverletzung beruhen.[5]

30.45

In diesem Zusammenhang wird allerdings kontrovers diskutiert, ob ein Vorstandsmitglied auch für **Bußgelder**, die wegen Compliance-Verstößen (z.B. Kartellabsprachen oder Korruptionsfälle) gegen das Unternehmen verhängt wurden, im Innenverhältnis unbegrenzt haftet.[6] Das LAG Düsseldorf hat in einem Urteil zum sog. „Schienenkartell" die Innenhaftung eines GmbH-Geschäftsführers für eine Unternehmensgeldbuße sowohl in Höhe des **„Ahndungsteils"** der Geldbuße als auch hinsichtlich einer möglichen **Vorteilsabschöpfung** abgelehnt.[7] Das Unternehmen könne sich andernfalls auf diese Weise schadlos halten, was nach Auffassung des LAG der intendierten Sanktionswirkung des Bußgelds – auch in seinen Differenzierungen gegenüber den (höheren) Geldbußen gegen das Unternehmen und den (niedrigeren) Geldbußen gegenüber Individuen – widersprechen würde.[8]

30.46

Eine solche teleologische Einschränkung der Innenhaftung verträgt sich u.E. allerdings nicht mit der geltenden Gesetzeslage. Richtigerweise ist die Lösung des Problems über das allgemeine Schadensersatzrecht und nicht über eine teleologische Reduktion der Haftungstatbestände

30.47

---

1 BGH v. 20.9.2011 – II ZR 234/09, AG 2011, 876; BGH v. 28.4.2015 – II ZR 63/14, AG 2015, 535; *Hopt/Roth* in Großkomm. AktG, § 93 AktG Rz. 139; *Bicker*, AG 2014, 8, 10.
2 *Bicker*, AG 2014, 8, 10 f.; *Hopt/Roth* in Großkomm. AktG, § 93 AktG Rz. 139 m.w.N.
3 *Bicker*, AG 2014, 8, 10; *Hopt/Roth* in Großkomm. AktG, § 93 AktG Rz. 139 m.w.N.
4 *Bicker*, AG 2014, 8, 11; *Spindler* in MünchKomm. AktG, § 93 AktG Rz. 78; *Hopt/Roth* in Großkomm. AktG, § 93 AktG Rz. 139 m.w.N.; *Fleischer* in Spindler/Stilz, § 93 AktG Rz. 29 bei Fragen von herausragender wirtschaftlicher Tragweite.
5 *Spindler* in MünchKomm. AktG, § 93 AktG Rz. 143 f.; *Habersack*, NZG 2015, 1297; *E. Vetter*, NZG 2014, 921; *Paefgen*, AG 2014, 554, 567; *Koch*, AG 2014, 513, 515; *Spindler*, AG 2013, 889; *Krieger/Sailer-Coceani* in K. Schmidt/Lutter, § 93 AktG Rz. 30.
6 Vgl. etwa *Bayer/Scholz*, GmbHR 2015, 449; *Fleischer*, DB 2014, 345; *Grunewald*, NZG 2016, 1121; *Thomas*, NZG 2015, 1409.
7 LAG Düsseldorf v. 20.1.2015 – 16 Sa 459/14, NJOZ 2015, 782 = CCZ 2015, 185 m. Anm. *Schwarz* = GmbHR 2015, 480. Das BAG hat das Urteil wegen Zuständigkeitsmängeln aufgehoben, ohne in der Sache zu entscheiden (BAG v. 29.6.2017 – 8 AZR 189/15).
8 LAG Düsseldorf v. 20.1.2015 – 16 Sa 459/14, NJOZ 2015, 782, 790 = GmbHR 2015, 480, 482.

zu suchen.[1] Gem. § 249 Abs. 1 BGB wird der Schaden durch einen Vergleich der tatsächlichen Vermögenslage mit der hypothetischen Vermögenslage ermittelt, die bestünde, wenn das schädigende Ereignis nicht eingetreten wäre (**Differenzhypothese**). Legt man die Differenzhypothese zugrunde, ist der Entscheidung des LAG Düsseldorf hinsichtlich des „Ahndungsteils" der Geldbuße zu widersprechen. Denn denkt man die Pflichtverletzung des Geschäftsleiters hinweg, wäre eine solche Sanktion gerade nicht verhängt worden. Die vom LAG Düsseldorf vorgebrachten teleologischen Erwägungen stehen einer Geltendmachung nicht entgegen.[2] Eine andere Bewertung ergibt sich allerdings hinsichtlich des „Abschöpfungsteils", also des rechtswidrig erwirtschafteten Vorteils oder Gewinns: Sofern ein Gewinn bei korrektem Verhalten gerade nicht erwirtschaftet worden wäre, wäre keine – den „Abschöpfungsteil" der Sanktion als Schaden begründende – Differenz i.S. von § 249 Abs. 1 BGB festzustellen. Dagegen ist wiederum ein **entgangener Gewinn** gem. § 252 BGB im Rahmen der Innenhaftung denkbar.[3]

dd) Durchsetzung, Geltendmachung und Haftungsausschluss

(1) D&O-Versicherung

30.48 Üblicherweise wird von Unternehmen eine D&O-Versicherung für **Haftungsfälle des Managements** abgeschlossen. Dabei handelt es sich um eine Versicherung für fremde Rechnung, da der Versicherungsnehmer (Unternehmen) und der Versicherte (Vorstandsmitglied) personenverschieden sind.[4] Dem Unternehmen steht zur Geltendmachung eines Innenhaftungsanspruchs zwar im Grundsatz kein eigener Anspruch gegen die D&O-Versicherung zu. Nach der neuesten BGH-Rechtsprechung ist es aber möglich, den Freistellungsanspruch des Vorstandsmitglieds im Fall einer Innenhaftung an das Unternehmen **abzutreten**:

30.49 Gem. § 108 Abs. 2 VVG ist es nicht zulässig, die Abtretung des Freistellungsanspruchs an **Dritte** durch Allgemeine Versicherungsbedingungen auszuschließen.[5] Fraglich war bislang, ob als Dritter i.S. von § 108 Abs. 2 VVG **auch das geschädigte, versicherungsnehmende Unternehmen** in Betracht kommt. Diese Frage hat der BGH in einem richtungsweisenden Urteil jüngst bejaht. Der Freistellungsanspruch des Versicherten wandelt sich mit der demnach zulässigen Abtretung an das schadensersatzberechtigte Unternehmen in einen Zahlungsanspruch um und kann vom Unternehmen unmittelbar gegen die Versicherung geltend gemacht werden.[6]

30.50 Im Zusammenhang mit „nützlichen Aufwendungen" und fragwürdigen Beraterzahlungen ist allerdings zu beachten, dass D&O-Versicherungsverträge einen Freistellungs- und Zah-

---

1 Vgl. *Hopt/Roth* in Großkomm. AktG, § 93 AktG Rz. 409; *Fleischer*, DB 2014, 345, 348; *Krieger/Sailer-Coceani* in K. Schmidt/Lutter, § 93 AktG Rz. 37.
2 *Bayer/Scholz*, GmbHR 2015, 449, 451 ff.; *Hüffer/Koch*, § 93 AktG Rz. 48; vgl. auch *Fleischer*, DB 2014, 345, 347 f.
3 *Fleischer*, DB 2014, 345, 348.
4 S. etwa *Muschner* in Rüffer/Halbach/Schimikowski, § 43 VVG Rz. 21; *Hopt/Roth* in Großkomm. AktG, § 93 AktG Rz. 451.
5 Für eine darüber hinausgehende Anwendung auf sämtliche AGB i.S. der §§ 305 ff. BGB etwa *Sieg* in Terbille/Höra, Münchener Anwaltshandbuch Versicherungsrecht, § 25 Rz. 182.
6 BGH v. 13.4.2016 – IV ZR 51/14, AG 2016, 395; dazu *Harzenetter*, NZG 2016, 728. Nach dem BGH soll eine den Versicherungsfall auslösende Inanspruchnahme einer versicherten Person im Übrigen auch dann vorliegen, wenn die geschädigte Gesellschaft nicht beabsichtigt, auf das Vermögen der versicherten Person zuzugreifen; anders etwa noch das OLG Düsseldorf, welches hierfür eine „ernsthafte" Inanspruchnahme der versicherten Person für erforderlich hält, OLG Düsseldorf v. 12.7.2013 – I-4 U 149/11, BB 2013, 2895; OLG Düsseldorf v. 31.1.2014 – I-4 U 176/11, juris.

lungsanspruch üblicherweise ausschließen, wenn dem versicherten Vorstandsmitglied **vorsätzliche** (vgl. § 103 VVG) **oder wissentliche Pflichtverletzungen** nachgewiesen werden.

(2) Eingeschränkte Vergleichs- und Verzichtsmöglichkeiten in der AG

Sofern ein Schadensersatzanspruch besteht, sind die **Vergleichs- und Verzichtsmöglichkeiten** der AG gegenüber dem Vorstandsmitglied gem. § 93 Abs. 4 Satz 3 AktG erheblich **eingeschränkt**. Die Gesellschaft kann erst drei Jahre nach der Entstehung des Anspruchs und nur dann auf Ersatzansprüche verzichten oder sich über sie vergleichen, wenn die Hauptversammlung zustimmt und nicht eine Minderheit, deren Anteile zusammen den zehnten Teil des Grundkapitals erreichen, zur Niederschrift Widerspruch erhebt.[1]

30.51

Was mögliche **Haftungsausschlussgründe** angeht, scheidet eine Berufung des betroffenen Vorstandsmitglieds auf den beabsichtigten Nutzen von „nützlichen Aufwendungen" für die Gesellschaft grundsätzlich aus (zur Sonderkonstellation einer rechtfertigenden Pflichtenkollision s. Rz. 30.43); dem steht der jede Nützlichkeitserwägung begrenzende Primat der Legalitätspflicht entgegen.[2]

30.52

Nichts anderes gilt gem. § 93 Abs. 4 Satz 2 AktG, wenn die „nützlichen Aufwendungen" vom **Aufsichtsrat** gebilligt wurden.

30.53

b) Außenhaftung

Dem betroffenen Vorstandsmitglied droht eine Schadensersatzhaftung aber nicht nur gegenüber der AG, sondern auch **gegenüber dem Geschäftsherrn des Korrumpierten**.[3] Dieser kann als Schaden nach h.M. wenigstens den als Schmiergeld geflossenen Betrag geltend machen.[4] Das ist umso misslicher, als eine Rückforderung dieses Betrags vom Schmiergeldempfänger durch den Zahlenden regelmäßig ausgeschlossen ist (§ 817 Satz 2 BGB).[5]

30.54

c) Weitere Konsequenzen

Bei groben Pflichtverletzungen seitens des Vorstands droht ihm gem. § 84 Abs. 3 AktG der **Widerruf seiner Bestellung** aus wichtigem Grund. Eine grobe Pflichtverletzung ist bei erheblichen Verfehlungen oder groben Nachlässigkeiten des Vorstandsmitglieds anzunehmen. Ein Widerruf kann daher in Betracht kommen, wenn schwerwiegende Ordnungswidrigkeiten oder strafbare Handlungen in Zusammenhang mit der Organstellung – oder auch im privaten

30.55

---

[1] Vgl. dazu *Hüffer/Koch*, § 93 AktG Rz. 76 ff.; *Dietz-Vellmer*, NZG 2011, 248; *Bayer/Scholz*, ZIP 2015, 149; *Krieger/Sailer-Coceani* in K. Schmidt/Lutter, § 93 AktG Rz. 46.
[2] *Fleischer*, ZIP 2005, 141, 148; *Berg*, AG 2007, 271, 273.
[3] Z.B. gem. § 823 Abs. 2 BGB i.V.m. §§ 263, 299, 333, 334 StGB, § 826 BGB, § 9 UWG. Näher, auch zu Unterlassungs- und Beseitigungsansprüchen, *Berg*, Wirtschaftskorruption, S. 198 ff.; *Sethe*, WM 1998, 2309, 2320 f.
[4] *Sethe*, WM 1998, 2309, 2321 m.w.N. Dieser Anspruch geht einem Verfall gem. § 73 Abs. 1, 3 StGB vor, vgl. § 73 Abs. 1 Satz 2 StGB und dazu *Joecks* in MünchKomm. StGB, § 73 StGB Rz. 49.
[5] Der Schmiergeldempfänger haftet aber ebenfalls seinem Geschäftsherrn, und zwar gesamtschuldnerisch mit dem Schmiergeldzahler; *Berg*, Wirtschaftskorruption, S. 207 f.; *Sethe*, WM 1998, 2309, 2321.

Bereich – verwirklicht wurden (z.B. Zahlung von Schmiergeldern, *Kick-Back*-Zahlungen).[1] Auch der schwerwiegende Verstoß gegen interne Compliance-Grundätze der AG kann – je nach den Umständen des Einzelfalls – eine grobe Pflichtverletzung darstellen. Zudem kann bereits der bloße Verdacht einer Straftat oder unerlaubten Handlung gegenüber der Gesellschaft als grobe Pflichtverletzung zu werten sein.[2]

30.56 Sofern der Vorstand selbst Schmiergeldzahlungen erhalten hat, ist er gem. § 667 BGB zur **Herausgabe** einschließlich Zinsen verpflichtet (§ 668 BGB).[3]

2. Haftung des Aufsichtsrats

30.57 Der Aufsichtsrat hat die Geschäftsführung des Vorstands zu überwachen (§ 111 Abs. 1 AktG). Der Aufsichtsrat hat insbesondere auch zu überwachen, ob der Vorstand seiner Legalitäts- und Legalitätskontrollpflicht nachkommt. Zu letzterer gehört, ob er eine wirksame Compliance-Organisation im Unternehmen eingerichtet hat, ihre Wirksamkeit regelmäßig kontrolliert und auf Verdachtsfälle und erkannte Compliance-Verstöße pflichtgemäß reagiert.[4] Hierbei hat der Aufsichtsrat die Pflicht, sich die zur Überwachung der Vorstandstätigkeit notwendigen **Informationen** über den Vorstand **zu beschaffen**.[5] Das schließt auch die Pflicht ein, für die Einrichtung notwendiger Informationsstrukturen und Berichtslinien zu sorgen.

30.58 Nach h.M. trifft den Aufsichtsrat hierbei eine sog. **gestufte Überwachungspflicht**, nach der er die Geschäftsführung des Vorstands **im Regelfall** lediglich zu begleiten und zu prüfen hat, während er **in Krisenzeiten** zu einer proaktiven „gestaltenden" Überwachung übergehen muss, bei der er sich insbesondere selbsttätig zu informieren hat.[6] Dasselbe ist bei außergewöhnlichen und für das Unternehmen **gravierenden** Compliance-Verstößen geboten.[7]

30.59 Überwacht der Aufsichtsrat den Vorstand nicht sorgfältig und entstehen dem Unternehmen daraus Schäden, macht er sich ggf. gegenüber dem Unternehmen **regresspflichtig**; über die Verweisung in § 116 Satz 1 AktG auf § 93 Abs. 2 Satz 1 AktG gelten für den Aufsichtsrat im Ergebnis dieselben haftungsrechtlichen Rahmenbedingungen wie für den Vorstand. Eine Schadensersatzpflicht kommt danach etwa in Betracht, wenn der Aufsichtsrat ihm bekannt werdende rechtswidrige Schmiergeldpraktiken nicht mit allen ihm zu Gebote stehenden Mitteln unterbindet. Hierzu können die **Abberufung** pflichtvergessener Vorstandsmitglieder (§ 84 Abs. 3 AktG)[8] und die Verfolgung entstandener **Schadensersatzansprüche** dienen.[9]

---

1 *Spindler* in MünchKomm. AktG, § 84 AktG Rz. 131; *Hüffer/Koch*, § 84 AktG Rz. 36; *Dauner-Lieb* in Henssler/Strohn, Gesellschaftsrecht, § 84 AktG Rz. 32; *Fleischer* in Spindler/Stilz, § 84 AktG Rz. 104; *Kort* in Großkomm. AktG, § 84 AktG Rz. 156, 157 m.w.N.
2 *Spindler* in MünchKomm. AktG, § 84 AktG Rz. 131; *Kort* in Großkomm. AktG, § 84 AktG Rz. 156, 157 m.w.N.
3 *Kort* in Großkomm. AktG, § 84 AktG Rz. 433.
4 S. etwa *v. Busekist/Keuten*, CCZ 2016, 119, 120; *Habersack* in MünchKomm. AktG, § 111 AktG Rz. 20.
5 *v. Busekist/Keuten*, CCZ 2016, 119, 120 f.; *Habersack* in MünchKomm. AktG, § 111 AktG Rz. 47.
6 S. etwa BGH v. 2.4.2007 – II ZR 325/05, NZG 2007, 516, 519; *Henssler* in Henssler/Strohn, Gesellschaftsrecht, § 111 AktG Rz. 8 m.w.N.; *Reichert/Ott*, NZG 2014, 241, 245 f.; *Habersack* in MünchKomm. AktG, § 111 AktG Rz. 44 f.; *Drygala* in K. Schmidt/Lutter, § 111 AktG Rz. 22.
7 *Reichert/Ott*, NZG 2014, 241, 245 f. m.w.N.; *Habersack*, AG 2014, 1, 4 f.
8 Zumindest erhebliche oder wiederholte Schmiergeldzahlungen dürften eine grobe Pflichtverletzung i.S. des § 84 Abs. 3 Satz 2 AktG bedeuten.
9 *v. Busekist/Keuten*, CCZ 2016, 119, 121; vgl. im Einzelnen *Krieger*, Rz. 3.46 f.

Nach Maßgabe des „ARAG/Garmenbeck"-Urteils ist der Aufsichtsrat grundsätzlich **verpflichtet, überwiegend erfolgversprechende Schadensersatzansprüche gegen den Vorstand** geltend zu machen.[1] Ob eine Verfolgungspflicht besteht, hat er nach h.M. im Wege einer zweistufigen Prüfung zu ermitteln. Auf der **ersten Stufe** hat der Aufsichtsrat die Tatsachengrundlage sorgfältig aufzuklären, rechtlich zu würdigen sowie eine Prognose über die prozessualen Erfolgsaussichten einer Geltendmachung zu treffen.[2] Gelangt der Aufsichtsrat auf dieser ersten Stufe zum Ergebnis, dass mit überwiegender Wahrscheinlichkeit Ansprüche erfolgreich geltend gemacht werden können, ist auf der **zweiten Stufe** zu prüfen, ob gewichtige Gründe des Unternehmenswohls im Einzelfall ausnahmsweise ein Absehen von der Geltendmachung des jeweiligen Schadensersatzanspruchs rechtfertigen. Nach h.M. steht dem Aufsichtsrat hierbei nur ein Beurteilungsspielraum, nicht aber ein Ermessensspielraum i.S. der *Business Judgement Rule* des § 93 Abs. 1 Satz 2 AktG, zu.[3] Die Einzelheiten sind umstritten. Unterlässt der Aufsichtsrat die Geltendmachung erfolgversprechender Schadensersatzansprüche, ohne dass die Voraussetzungen für ein ausnahmsweises Absehen von der Inanspruchnahme des Vorstands vorliegen, macht er sich **haftbar**.[4]

30.60

Duldet der Aufsichtsrat wissentlich korruptives Handeln durch den Vorstand oder andere Unternehmensangehörige, birgt dies für ihn außerdem das Risiko strafrechtlicher Verantwortlichkeit wegen **Beihilfe zur Untreue** (§ 266 StGB) zu Lasten der Gesellschaft.

30.61

3. Besonderheiten in der GmbH

Auch der GmbH-Geschäftsführer ist **zu rechtmäßigem Handeln verpflichtet**.[5] Straf- oder zivilrechtlich verbotene „nützliche Aufwendungen" oder Schmiergeldzahlungen begründen eine Pflichtverletzung im Innenverhältnis, die grundsätzlich zum Schadensersatz verpflichtet.[6] Das gilt auch für Fälle mit Auslandsbezug[7], wobei auch im GmbH-Recht die oben diskutierten (engen) Ausnahmen Anwendung finden (insgesamt dazu s. Rz. 30.42 ff.).

30.62

---

1 BGH v. 21.4.1997 – II ZR 175/95, NJW 1997, 1926 = AG 1997, 377 – ARAG/Garmenbeck; einschränkend *Goette* in Liber amicorum Martin Winter, S. 153; vgl. zur Diskussion jüngst auch *Habersack*, NZG 2016, 321; *Krieger/Sailer-Coceani* in K. Schmidt/Lutter, § 93 AktG Rz. 46.
2 BGH v. 21.4.1997 – II ZR 175/95, NJW 1997, 1926, 1927 f. = AG 1997, 377, 378 – ARAG/Garmenbeck; *Cahn*, WM 2013, 1293, 1296; *Spindler* in Spindler/Stilz, § 93 AktG Rz. 58; a.A. *Hüffer/Koch*, § 111 AktG Rz. 12.
3 BGH v. 21.4.1997 – II ZR 175/95, NJW 1997, 1926, 1928 = AG 1997, 377, 379 – ARAG/Garmenbeck; *Spindler* in Spindler/Stilz, § 93 AktG Rz. 59; *Cahn*, WM 2013, 1293, 1296; a.A. *Krieger/Sailer-Coceani* in K. Schmidt/Lutter, § 93 AktG Rz. 46.
4 *Spindler* in Spindler/Stilz, § 93 AktG Rz. 58; *Cahn*, WM 2013, 1293, 1296.
5 S. nur *Zöllner/Noack* in Baumbach/Hueck, § 43 GmbHG Rz. 17; *Fleischer* in MünchKomm. GmbHG, § 43 GmbHG Rz. 281 ff.; *Haas/Ziemons* in Michalski, § 43 GmbHG Rz. 21 ff.; *Altmeppen* in Roth/Altmeppen, § 43 GmbHG Rz. 6; *Kleindiek* in Lutter/Hommelhoff, § 43 GmbHG Rz. 12; *Uwe H. Schneider* in Scholz, § 43 GmbHG Rz. 46.
6 *Altmeppen* in Roth/Altmeppen, § 43 GmbHG Rz. 6; *Fleischer* in MünchKomm. GmbHG, § 43 GmbHG Rz. 43; *Kleindiek* in Lutter/Hommelhoff, § 43 GmbHG Rz. 15; *Uwe H. Schneider* in Scholz, § 43 GmbHG Rz. 98.
7 *Zöllner/Noack* in Baumbach/Hueck, § 43 GmbHG Rz. 23; *Fleischer* in MünchKomm. GmbHG, § 43 GmbHG Rz. 34; *Haas/Ziemons* in Michalski, § 43 GmbHG Rz. 48; *Kleindiek* in Lutter/Hommelhoff, § 43 GmbHG Rz. 15.

30.63   Da § 93 Abs. 4 Satz 3 AktG im GmbH-Recht nicht (auch nicht analog) gilt und eine vergleichbare Vorschrift fehlt, kann sich die **Gesellschafterversammlung** grundsätzlich unbeschränkt über etwaige Schadensersatzansprüche **vergleichen** oder auf Ansprüche **verzichten**.[1]

30.64   Eine **Weisung** oder „**Freigabe**" der Gesellschafterversammlung, Schmiergeld zu zahlen, **befreit** den Geschäftsführer von seiner Haftung allerdings **nicht** ex ante. Zwar hat der Geschäftsführer den Weisungen der Gesellschafterversammlung grundsätzlich Folge zu leisten.[2] Diese Pflicht besteht aber nach ganz h.M. nicht für die Umsetzung gesetzeswidriger Beschlüsse.[3] Wurde der entsprechende Gesellschafterbeschluss einstimmig gefasst, kann der Geltendmachung eines Ersatzanspruchs gegen den Geschäftsführer allerdings die Arglisteinrede bzw. die Einrede unzulässiger Rechtsausübung entgegenstehen.[4] Eine etwaige Strafbarkeit des angewiesenen Verhaltens bleibt hiervon unberührt.

IV. Empfehlungen zur Haftungsvermeidung bei „nützlichen Aufwendungen" oder fragwürdigen Beraterzahlungen („*Best Practice*")

30.65   In der Praxis haben sich verschiedene Maßnahmen zur Reduzierung von Haftungsrisiken wegen „nützlicher Aufwendungen" oder fragwürdiger Beraterzahlungen bewährt, aus denen sich ***Best Practice*-Empfehlungen** für die Tätigkeit des Vorstands ableiten lassen. Diese Maßnahmen lassen sich wie folgt zusammenfassen:

1. „Business Partner Due Diligence"

30.66   Wie oben (vgl. Rz. 30.7) dargelegt, werden in der Praxis Schmiergeldzahlungen häufig über Geschäftspartner (insbesondere Berater und Handelsvertreter) geleistet, die dem Unternehmen u.U. rechtlich zugerechnet werden können. Ein maßgebliches Verfahren zur Vermeidung von Schmiergeldzahlungen ist daher die Prüfung von Geschäftspartnern auf etwaige Compliance-Risiken (sog. ***Business Partner Due Diligence***).[5]

30.67   Wie die Prüfung von Geschäftspartnern durchgeführt wird, steht grundsätzlich im unternehmerischen Ermessen des Vorstands. Als **Mindestmaßnahme** ist jedoch sicherzustellen, dass (künftige) Geschäftspartner gegen einschlägige **Sanktions- und Embargolisten** geprüft werden. Dies ergibt sich unmittelbar aus der Legalitätspflicht. Ein möglicherweise darüber hinausgehendes **Prüfprogramm** sollte sinnvollerweise **risikobasiert** ausgerichtet sein.[6] Risikoerhöhende Faktoren, die eine tiefergehende Prüfung erforderlich machen, können z.B. sein: die Branche, das „Länderrisiko" nach dem *Corruption Perception Index* von *Transparency International*, die (variable) Vergütungsstruktur des Vertriebspartners, die absolute Höhe der

---

[1] Näher etwa *Fleischer* in MünchKomm. GmbHG, § 43 GmbHG Rz. 281 ff.; *Kleindiek* in Lutter/Hommelhoff, § 43 GmbHG Rz. 60 ff.; *Uwe H. Schneider* in Scholz, § 43 GmbHG Rz. 261.

[2] Vgl. nur *Zöllner/Noack* in Baumbach/Hueck, § 37 GmbHG Rz. 20 ff. m.w.N.

[3] *Kleindiek* in Lutter/Hommelhoff, § 43 GmbHG Rz. 42; *Uwe H. Schneider* in Scholz, § 43 GmbHG Rz. 122; *Zöllner/Noack* in Baumbach/Hueck, § 37 GmbHG Rz. 22, § 43 GmbHG Rz. 35 m.w.N.

[4] *Zöllner/Noack* in Baumbach/Hueck, § 43 GmbHG Rz. 35; *Uwe H. Schneider* in Scholz, § 43 GmbHG Rz. 134 ff.; *Haas/Ziemons* in Michalski, § 43 GmbHG Rz. 234 m.w.N.

[5] Im internationalen Geschäftsumfeld sind zudem der *US Foreign Corrupt Practices Act* (*FCPA*) und der *UK Bribery Act* rechtliche Grundlage für die Durchführung von Geschäftspartnerprüfungen.

[6] *Moosmayer*, Compliance, Rz. 243 ff.; *Bicker*, ZWH 2013, 473, 477.

Vergütung des Vertriebspartners insbesondere im Vergleich zu den geleisteten Tätigkeiten und die Intensität des Kontakts zu Amtsträgern oder Kunden.[1]

Die tiefergehende Prüfung eines risikobehafteten Geschäftspartners kann verschiedenartig ausgestaltet werden. Zentrale Instrumente sind die Prüfung des Geschäftspartners anhand eigens hierfür vorgesehener **Compliance-Datenbanken** und öffentlich zugänglicher Quellen (z.B. Internetrecherche). Regelmäßig werden dabei Informationen zur Qualifikation des Geschäftspartners in fachlicher und personeller Hinsicht, zu seinen Beziehungen zu potentiellen Kunden bzw. Auftraggebern (einschließlich deren Angehörigen) und besondere **Vorkommnisse in der Vergangenheit** (z.B. Korruption, Strafbarkeiten) oder auch die **transparente finanzielle Abwicklung seiner bisherigen Geschäfte** abgefragt.[2] Hierfür kann ggf. auch eine **Selbstauskunft** des Geschäftspartners oder eine Vor-Ort-Prüfung – ggf. durch Einschaltung eines externen Dienstleisters – erforderlich sein.[3]

30.68

Die Geschäftsbeziehung ist auf Basis der erhaltenen Informationen zu bewerten und im Rahmen eines standardisierten Genehmigungsprozesses zu prüfen. Um die aus der Zusammenarbeit mit Geschäftspartnern erwachsenden Risiken effektiv zu reduzieren, sollte eine Geschäftspartnerprüfung mit dem **Vertragsmanagement** und der **Zahlungsabwicklung** innerhalb des Unternehmens verknüpft werden. Art und Umfang der von dem Geschäftspartner zu erbringenden Leistungspflichten – insbesondere Angemessenheit von Leistung und Gegenleistung – müssen nachvollziehbar sein. Leistungen müssen stets überprüft und dokumentiert werden. Standardisierte und vom Risiko der Geschäftsbeziehung abhängige Compliance-Vertragsklauseln können das Risiko noch weiter reduzieren.

30.69

2. Umgang mit *Compliance Red Flags*

Wenn bei einer bevorstehenden Zahlung oder vor Abschluss eines Vertrags mit einem Geschäftspartner aufgrund **hinreichender Tatsachenbelege** (z.B. aufgrund einer *Business Partner Due Diligence*) mit **überwiegender Wahrscheinlichkeit** auf eine **drohende Strafbarkeit** geschlossen werden kann, darf die **Zahlung nicht geleistet** oder der **Vertrag nicht abgeschlossen** werden, mag die Zahlung oder der Vertragsabschluss auch wirtschaftlich für das Unternehmen nützlich erscheinen.[4] Die „rote Linie" wäre in diesem Fall überschritten. Dem Vorstand steht **kein Ermessensspielraum** zu.

30.70

Sofern keine hinreichenden Tatsachenbelege vorliegen, sondern **Verdachtsmomente** bestehen, die auf eine mögliche Straftat hindeuten, sind sie als *Compliance Red Flags* zu behandeln. Hinweise auf korruptive Geschäftspraktiken – und damit *Compliance Red Flags* – können etwa eine nicht ordnungsgemäße Buchhaltung beim Vertriebsintermediär, Barzahlungen, Zahlungen ohne vertragliche Grundlage, eine unsachgemäße Verwendung von Provisionen oder bereits ein abstrakt hohes Korruptionsrisiko in einem bestimmten Land sowie in einer bestimmten Branche sein.

30.71

Liegen *Compliance Red Flags* vor, muss der Vorstand im Einzelfall **entscheiden**, ob die jeweilige Maßnahme dennoch durchgeführt werden kann, angemessene risikomindernde Maßnahmen angezeigt sind oder ggf. die Maßnahme unterbleiben sollte. Diese unternehme-

30.72

---

1 *Bicker*, ZWH 2013, 473, 477.
2 Vgl. *Moosmayer*, Compliance, Rz. 251.
3 Vgl. auch *Hülsberg/Kuhn*, CB 2013, 353, 354.
4 Zu sog. „nützlichen Pflichtverletzungen" s. Rz. 30.40.

rische Entscheidung ist am Maßstab der **Business Judgement Rule** (§ 93 Abs. 1 Satz 2 AktG) zu messen. Eine Pflichtverletzung des Vorstands liegt demgemäß nicht vor, wenn er bei seiner Entscheidung vernünftigerweise annehmen durfte, auf der Grundlage angemessener Information zum Wohle der Gesellschaft zu handeln.[1]

30.73 Im ersten Schritt hat der Vorstand daher eine **gründliche Sachverhaltsermittlung** zu veranlassen. Das kann z.B. eine vertiefte Prüfung der jeweiligen Geschäftsbeziehung, ggf. auch vor Ort und unter Einsichtnahme der Finanzbuchhaltung des Beraters oder Handelsvertreters, sein (sog. *Compliance Audit*).

30.74 Basierend auf den gewonnenen Informationen muss der Vorstand sodann eine **Interessenabwägung** vornehmen, deren Maßstab das Unternehmenswohl ist. Hierbei hat er neben den Compliance-Risiken alle anderen wesentlichen wirtschaftlichen und finanziellen Chancen und Risiken der beabsichtigten Maßnahme zu bewerten und gegeneinander abzuwägen.

C. Sozialnützige Zuwendungen (Spenden, Sponsoring und weitere CSR-Aktivitäten)

Schrifttum: *Balthasar/Hamelmann*, Finanzkrise und Vorstandshaftung nach § 93 Abs. 2 AktG: Grenzen der Justiziabilität unternehmerischer Entscheidungen, WM 2010, 589; *Bicker*, Legalitätspflicht des Vorstands – ohne Wenn und Aber?, AG 2014, 8; *Brauneck*, Fairplay Sponsoring? Die selbstgenehmigte Minister-Einladung, CB 2016, 206; *Bruhn/Mehlinger*, Rechtliche Gestaltung des Sponsoring, Bd. 1, 2. Aufl. 1995; *Cahn*, Aufsichtsrat und Business Judgment Rule, WM 2013, 1293; *Fleischer*, Aktienrechtliche Compliance-Pflichten im Praxistest: Das Siemens/Neubürger-Urteil des LG München I, NZG 2014, 321; *Fleischer*, Unternehmensspenden und Leitungsermessen des Vorstands im Aktienrecht, AG 2001, 171; *Fleischer/Bauer*, Von Vorstandsbezügen, Flugreisen, Festschriften, Firmensponsoring und Festessen: Vorstandshaftung für übermäßige Vergütung und „fringe benefits", ZIP 2015, 1901; *Gehrlein*, Strafbarkeit von Vorständen wegen leichtfertiger Vergabe von Unternehmensspenden, NZG 2002, 463; *Goette*, Leitung, Aufsicht, Haftung – zur Rolle der Rechtsprechung bei der Sicherung einer modernen Unternehmensführung, in FS fünfzigjähriges Bestehen BGH („FS BGH"), 2000, S. 123; *Hennrichs*, Gesellschafterbeschlüsse über Geschäftsführungsmaßnahmen und Treupflicht, NZG 2015, 41; *Kind*, Darf der Vorstand einer AG Spenden an politische Parteien vergeben?, NZG 2000, 567; *Kort*, Gemeinwohlbelange beim Vorstandshandeln, NZG 2012, 926; *Kort*, Vorstandshandeln im Spannungsverhältnis zwischen Unternehmensinteresse und Aktionärsinteressen, AG 2012, 605; *Kulitz*, Unternehmerspenden an politische Parteien, 1983; *Laub*, Grenzen der Spendenkompetenz des Vorstands, AG 2002, 308; *Meilicke*, Zuwendungen an politische Parteien aus Mitteln wirtschaftlicher Unternehmen, NJW 1959, 409; *Mertens*, Der Vorstand darf zahlen, AG 2000, 157; *Moosmayer*, Compliance, 3. Aufl. 2015; *Mülbert*, Soziale Verantwortung von Unternehmen im Gesellschaftsrecht, AG 2009, 766; *Müller-Michaels/Ringel*, Muss sich Ethik lohnen? Wider die ökonomistische Rechtfertigung von Corporate Social Responsibility, AG 2011, 101; *Nietsch/Munerotto*, Der Referentenentwurf zur Umsetzung der CSR-Richtlinie, CB 2015, 177; *Paefgen*, Organhaftung: Bestandsaufnahme und Zukunftsperspektiven, AG 2014, 554; *Pelz*, Sponsoring – zwischen Marketing und Korruption, LMuR 2009, 50; *Philipp*, Darf der Vorstand zahlen?, AG 2000, 62; *Rittner*, Zur Verantwortung des Vorstands nach § 76 Abs. 1 AktG 1965, AG 1973, 113; *Roth-Mingram*, Corporate Social Responsibility (CSR) durch eine Ausweitung der nichtfinanziellen Informationspflichten von Unternehmen, NZG 2015, 1341; *Säcker*, Gesetzliche und satzungsmäßige Grenzen für Spenden und Sponsoringmaßnahmen in der Kapitalgesellschaft, BB 2009, 282; *Schenk*, Compliance und Sport – Lehren aus der Causa Hoeneß, CB Editorial 4/2013, 1; *Schreyögg*, Ökonomische Fragen der sozialen

---

[1] BGH v. 21.4.1997 – II ZR 175/95, NJW 1997, 1926, 1927 f. = AG 1997, 377, 379 – ARAG/Garmenbeck.

Verantwortung von Unternehmen, AG 2009, 758; *Spießhofer*, Wirtschaft und Menschenrechte – rechtliche Aspekte der Corporate Social Responsibility; *Spindler*, Corporate Social Responsibility in der AG – Mythos oder Realität?, in FS Hommelhoff, 2012, S. 1133; *Vorderwülbecke*, Die Spendenkompetenz der Geschäftsführung, BB 1989, 505; *Weiand*, Rechtliche Aspekte des Sponsoring, NJW 1994, 227; *Westermann*, Gesellschaftliche Verantwortung des Unternehmens als Gesellschaftsrechtsproblem, ZIP 1990, 771; *Wiedemann*, Verantwortung in der Gesellschaft – Gedanken zur Haftung der Geschäftsleiter und der Gesellschafter in der Kapitalgesellschaft, ZGR 2011, 183.

I. Begriff, Erscheinungsform und Abgrenzung

Unternehmen können in vielfältiger Form sozial aktiv werden. Unter einer sozialen Aktivität wird im Folgenden **jedes Tätigwerden** verstanden, das nicht unmittelbar auf die Förderung des eigenen Geschäftsbetriebs, sondern auf die **Unterstützung sozialnütziger Zwecke** abzielt.[1] Dazu zählen etwa ein Engagement im karitativen, kirchlichen, wissenschaftlichen, kulturellen, sportlichen, Bildungs- und Umweltbereich, aber auch sozial motivierte Leistungen an die eigenen Mitarbeiter.[2] Die folgenden Ausführungen beschränken sich auf sozialnützige Zuwendungen, bei denen der Zuwendungsempfänger außerhalb der Unternehmensstruktur steht.[3] Es handelt sich um einen Ausschnitt aus dem Themenspektrum der „*Corporate Social Responsibility*" (CSR)[4], welches ausführlich und insbesondere mit Blick auf den zentralen Aspekt „*Supply Chain Management*" an anderer Stelle behandelt wird.[5]

30.75

Die Erscheinungsformen von sozialnützigen Zuwendungen können in **drei Hauptgruppen** aufgeteilt werden; Spendenvergabe, Mäzenatentum und Sponsoring.[6]

30.76

Die wohl geläufigste Ausprägung ist die **Spende**. Der Begriff ist gesetzlich nicht definiert.[7] Üblicherweise versteht man darunter eine unentgeltliche Zuwendung zur Förderung eines der soeben genannten Zwecke, die freiwillig, d.h. ohne rechtliche Verpflichtung erbracht wird und für die keine (unmittelbare) Gegenleistung erwartet wird.[8] Neben Geldleistungen kommen auch Sachspenden, wie beispielsweise die Überlassung von Kleidung oder Ausrüstung in Betracht.[9] Die Ausführungen dieses Abschnitts gelten darüber hinaus für jede weitere Art der un-

30.77

---

1 Einen praktischen Anhaltspunkt bieten die in § 52 Abs. 2 AO genannten Zwecke.
2 Überblick bei *Mülbert*, AG 2009, 766; *Spindler* in FS Hommelhoff, S. 1133 ff.
3 Zur Differenzierung *Spindler* in MünchKomm. AktG, § 76 AktG Rz. 78; *Mülbert*, AG 2009, 766, 777 f.
4 Richtlinie 2014/95/EU des Europäischen Parlaments und des Rates vom 22.10.2014 zur Änderung der Richtlinie 2013/34/EU im Hinblick auf die Angabe nichtfinanzieller und die Diversität betreffender Informationen durch bestimmte große Unternehmen und Gruppen (CSR-Richtlinie), ABl. EU Nr. L 330 v. 15.11.2014, Erwägungsgrund Nr. 3; *Roth-Mingram*, NZG 2015, 1341, 1341.
5 S. unten *Spießhofer*, Rz. 39.24 ff.
6 Ausführlich: BGH v. 6.12.2001 – 1 StR 215/01, BGHSt 47, 187, 193 = AG 2002, 347, 349 – SSV Reutlingen.
7 Lediglich im Steuerrecht wird der Begriff in § 10b Abs. 1 EStG als Unterfall der Zuwendung und in Abgrenzung zu Mitgliedsbeiträgen benutzt. Vgl. auch die Definition der Parteispende in § 27 Abs. 1 Satz 3, 4 PartG.
8 Vgl. BGH v. 6.12.2001 – 1 StR 215/01, BGHSt 47, 187, 193 = AG 2002, 347, 349 – SSV Reutlingen. Die Spende kann von der Gesellschaft jedoch steuerlich abgesetzt werden (§ 10b EStG, § 9 KStG oder § 9 Nr. 5 GewStG).
9 Die steuerlichen Einschränkungen (vgl. § 10b Abs. 1 ff. EStG) sind im vorliegenden Kontext nicht maßgeblich.

entgeltlichen Zuwendung eines Vermögensvorteils, etwa freiwillige soziale Aktivitäten von Mitarbeitern während der Arbeitszeit (*„Corporate Volunteering"*).[1]

30.78 Eng mit der Spende verwandt ist das **Mäzenatentum**, das dadurch gekennzeichnet ist, dass es nicht auf eine einmalige Zuwendung, sondern auf eine dauerhafte Förderung ausgerichtet ist. Häufig verzichtet der Mäzen nicht nur auf eine Gegenleistung für seine Zuwendung, sondern auch darauf, öffentlich über seine Förderung zu sprechen.[2]

30.79 Die **gesellschaftsrechtliche Problematik** von Spende und Mäzenatentum folgt aus der **kompensationslosen** und damit gewinnschmälernden **Weggabe von Gesellschaftsvermögen**. Zu diesem Konflikt kommt es nicht, wenn der Leistung eine gleichwertige Gegenleistung des Leistungsempfängers gegenübersteht.

30.80 So liegt es beim **Sponsoring**. Bei dieser Form der Drittförderung, die im Bereich des Sports, aber auch im Bereich kultureller und sozialer Aktivitäten verbreitet ist, handelt es sich, in Abgrenzung zu Spende und Mäzenatentum, im Grundsatz um eine Austausch- und damit um eine **entgeltliche Beziehung**.[3]

30.81 Das deutsche Netzwerk von *UN Global Compact* definiert Sponsoring daher als „finanzielle Unterstützung oder Sachleistungen zur Förderung von Personen oder Organisationen, die mit einer Gegenleistung seitens des Geförderten verbunden sind, mit der der Sponsor wiederum Marketing- und Kommunikationsziele verfolgt".[4] Dementsprechend würde im hochkommerziellen Bereich des Profisports niemand annehmen, dass es sich bei der Zahlung des Sponsors um eine altruistische Geste und nicht um ein zur gezielten Förderung des eigenen Geschäftserfolgs eingesetztes **Marketinginstrument** handelt.[5] Die Entscheidung zum Sponsorenauftritt folgt in diesen Fällen einem wirtschaftlichen **Kosten-Nutzen-Kalkül** und unterscheidet sich damit nicht von anderen typischen unternehmerischen Entscheidungen[6] und den dafür geltenden Beurteilungsparametern.[7]

30.82 Die **Abgrenzung von Sponsoring und Spende** kann im Einzelfall allerdings schwierig sein. Das liegt nicht nur an einem unscharfen Sprachgebrauch, der den Begriff „Sponsoring" bisweilen über seinen Inhalt hinaus ausdehnt[8], sondern auch daran, dass sich der wirtschaftliche Nutzen eines bestimmten Sponsorenauftritts jenseits kommerzialisierter Sachverhalte nur selten verlässlich messen lässt. In solchen Situationen gerät das Sponsoring in die Nähe freigiebi-

---

1 *Wiesner* in MünchHdb. GesR, Bd. 4, § 19 Rz. 27; *Mülbert*, AG 2009, 766, 768; *Spindler* in FS Hommelhoff, S. 1133, 1142.
2 BGH v. 6.12.2001 – 1 StR 215/01, BGHSt 47, 187, 193 = AG 2002, 347, 349 – SSV Reutlingen.
3 *Bruhn/Mehlinger*, S. 4; *Weiand*, NJW 1994, 227, 229. Zur Rechtsnatur als Vertrag *sui generis Bruhn/Mehlinger*, S. 54; *Weiand*, NJW 1994, 227, 230.
4 Deutsches Global Compact Netzwerk, Sponsoring: Chancen nutzen, Risiken minimieren, S. 6.
5 Instruktiv insoweit BGH v. 15.5.2000 – II ZR 359/98, BGHZ 144, 290.
6 I.S. des § 93 Abs. 1 Satz 2 AktG, vgl. näher *Hüffer/Koch*, § 93 AktG Rz. 16; Begr. RegE UMAG, BT-Drucks. 15/5092 v. 14.3.2005, S. 11: „Unternehmerische Entscheidungen sind infolge ihrer Zukunftsbezogenheit durch Prognosen und nicht justiziable Einschätzungen geprägt."
7 Diese sind: Handeln zum Wohle der Gesellschaft auf Grundlage angemessener Informationen (aus *ex ante*-Sicht), vgl. § 93 Abs. 1 Satz 2 AktG; dazu näher *Hüffer/Koch*, § 93 AktG Rz. 20; *Spindler* in MünchKomm. AktG, § 93 AktG Rz. 46 ff.; *Paefgen*, AG 2014, 554, 560 ff.
8 So z.B. *Hopt/Roth* in Großkomm. AktG, § 93 AktG Rz. 210; zutreffend dagegen bereits *Weiand*, NJW 1994, 227, 229: „Eine Qualifikation des Sponsoring als einer Spende – einer unentgeltlichen Zuwendung des Sponsors – ist wegen der konkreten Gegenleistung des Gesponserten schon begrifflich ausgeschlossen."

ger Zuwendungen und unterliegt damit den im Folgenden erörterten Rechtmäßigkeitsvoraussetzungen.

II. Gesellschaftsrechtliche Zulässigkeit – oder gar Gebotenheit?

Nach einer repräsentativen Studie des Bundesfamilienministeriums aus dem Jahr 2012[1] investieren deutsche Unternehmen jährlich 11,2 Milliarden Euro für gesellschaftliches Engagement. Mit 8,5 Milliarden Euro entfällt der Großteil auf finanzielle Zuwendungen, gefolgt von Sachspenden im Wert von 1,5 Milliarden Euro, sonstigem Engagement, Investitionen in Infrastruktur und Mitarbeiterfreistellungen.[2] Beim sozialen Engagement kommt der **Unternehmensgröße** eine zentrale Rolle zu. So engagieren sich bei kleinen Unternehmen mit einer Betriebsgröße von bis zu 49 Mitarbeitern bereits etwa 63 Prozent der Unternehmen. Bei großen Unternehmen mit mehr als 500 Mitarbeitern engagieren sich mit 96 Prozent nahezu alle Unternehmen.[3] Spenden und soziale Aktivitäten gehören folglich zum festen Bestandteil der Unternehmenspraxis.

30.83

1. Entscheidungszuständigkeit

Gem. § 76 Abs. 1 AktG hat der **Vorstand** unter eigener Verantwortung die Gesellschaft zu leiten. Daher obliegt auch ihm die Entscheidung darüber, ob und in welchem Umfang Spenden getätigt, Sponsoringverträge abgeschlossen oder sonstige sozialnützige Zuwendungen gemacht werden sollen.[4] Im Rahmen seines unternehmerischen Ermessens[5] kann der Vorstand grundsätzlich auch über die Teilhabe der AG am gesellschaftlichen und sozialen Leben und damit auch über sozialnützige Zuwendungen aus dem Vermögen der Gesellschaft entscheiden.

30.84

Innerhalb des Vorstands obliegt die Entscheidung grundsätzlich dem nach der internen Geschäftsverteilung zuständigen Vorstandsmitglied. Fehlt eine einschlägige Kompetenzzuweisung oder handelt es sich etwa angesichts der Höhe der Zuwendung um eine besonders wichtige Entscheidung, greift ein Kollegialvorbehalt ein; dies folgt aus dem Prinzip der Gesamtleitung und -verantwortung des Vorstands.[6] Ferner muss der Gesamtvorstand auch dann entscheiden, wenn das an sich zuständige Vorstandsmitglied einem möglichen Interessenkonflikt unterliegt.[7]

30.85

---

1 Bundesministerium für Familie, Senioren, Frauen und Jugend, Erster Engagementbericht 2012, Kap. III Unternehmerische Mitverantwortung für die Gesellschaft, S. 19 ff. (die Unternehmensbefragung wurde durchgeführt von der Institut der deutschen Wirtschaft Köln Consult GmbH) (im Folgenden: „Engagementbericht 2012").
2 Engagementbericht 2012, S. 22.
3 Engagementbericht 2012, S. 23.
4 H.M.; vgl. bereits BGH v. 24.1.1957 – II ZR 208/55, NJW 1957, 588, 589; *Kort* in Großkomm. AktG, § 76 AktG Rz. 84; *Säcker*, BB 2009, 282, 283; *Laub*, AG 2002, 308, 309 f.; *Krieger/Sailer-Coceani* in K. Schmidt/Lutter, § 93 AktG Rz. 10; rechtsvergleichend *Fleischer*, AG 2001, 171, 175.
5 Vgl. § 93 Abs. 1 Satz 2 AktG.
6 *Spindler* in MünchKomm. AktG, § 77 AktG Rz. 60; *Kort* in Großkomm. AktG, § 77 AktG Rz. 42; *Mertens/Cahn* in KölnKomm. AktG, § 77 AktG Rz. 16; *Seibt* in K. Schmidt/Lutter, § 77 AktG Rz. 16 f.; BGH v. 6.12.2001 – 1 StR 215/01, BGHSt 47, 187, 196 = AG 2002, 347, 349 – SSV Reutlingen; LG Essen v. 9.9.2013 – 44 O 164/10, juris-Rz. 1032 – Arcandor/Middelhoff; dazu *Fleischer/Bauer*, ZIP 2015, 1901, 1909 f.
7 BGH v. 6.12.2001 – 1 StR 215/01, BGHSt 47, 187, 196 = AG 2002, 347, 349, 351 – SSV Reutlingen; beachte Ziff. 4.3.1 DCGK i.d.F. vom 5.5.2015, wonach Vorstandsmitglieder bei ihren Entscheidungen keine persönlichen Interessen verfolgen dürfen.

30.86 Der **Aufsichtsrat** kann sich einen entsprechenden Zustimmungsvorbehalt einräumen lassen[1], die **Hauptversammlung** ist dagegen grundsätzlich nicht zuständig.[2] Insbesondere handelt es sich bei der Entscheidung über sozialnützige Zuwendungen **nicht** um eine Maßnahme der **Gewinnverwendung**.[3] Soweit die Satzung dies ausdrücklich vorsieht, kann die Hauptversammlung allerdings beschließen, den Bilanzgewinn oder Teile davon zu spenden.[4] Ob eine solche – praktisch höchst seltene – Satzungsbestimmung zugleich die Entscheidungskompetenz des Vorstands beschneidet, ist jedoch zweifelhaft.

2. Zulässigkeitsvoraussetzungen

a) Unternehmensinteresse als Orientierungspunkt

30.87 Bei der Ausübung seines Leitungsermessens hat sich der Vorstand am **Unternehmensinteresse** zu orientieren.[5] Dieser ausfüllungsbedürftige Begriff ist Gegenstand einer breit gefächerten dogmatischen Debatte.[6] Hier stehen sich maßgeblich die Auffassung einer **interessenpluralen Zielkonzeption** und die Ansicht, dass der Vorstand gegenüber den Interessen weiterer Gruppen primär auf den „*Shareholder Value*" verpflichtet sei, gegenüber.[7]

30.88 Nach der **interessenpluralen Zielkonzeption** ist der Vorstand bei sachgerechter Ausübung seines Leitungsermessens gehalten, die Interessen der Aktionäre, der Arbeitnehmer, der Kunden und der Allgemeinheit zu berücksichtigen und im Konfliktfall zu einem **Ausgleich** zu führen, ohne dass eine der genannten Gruppen vorrangig zu behandeln wäre.[8] Für Anhänger dieser Auffassung versteht sich die Zulässigkeit sozialnütziger Zuwendungen von selbst, da diese zu den berücksichtigungspflichtigen Belangen der Allgemeinheit zu zählen sind.[9]

30.89 Auch die Vertreter des *Shareholder Value-Ansatzes* halten den Vorstand nicht – wie man zunächst denken könnte – für verpflichtet, für eine kurzfristige Ertragsmaximierung zu sorgen.[10] Vielmehr hat er sein Verhalten an dem Ziel der **dauerhaften Rentabilität der Gesell-**

---

1 Vgl. § 111 Abs. 4 Satz 2 AktG; hierzu *Kind*, NZG 2000, 567, 570; *Laub*, AG 2002, 308, 310 f. Zur Frage, ob der Aufsichtsrat zur Einführung eines solchen Vorbehalts verpflichtet ist, s. Rz. 30.116 ff.
2 Vorstellbar, aber praktisch nicht relevant ist eine Vorlage an die Hauptversammlung nach § 119 Abs. 2 AktG; vgl. *Mertens*, AG 2000, 157, 163; *Westermann*, ZIP 1990, 771, 776.
3 Dann wäre eine Zuständigkeit der Hauptversammlung begründet. Bilanziell betrachtet stellen soziale Aufwendungen jedoch dem Gewinn vorgeordnete, betriebliche Aufwendungen dar, vgl. *Müller-Michaels/Ringel*, AG 2011, 101, 112; *Fleischer*, AG 2001, 171, 177; a.A.: *Vorderwülbecke*, BB 1989, 505, 507; *Philipp*, AG 2000, 62, 65 f. Vgl. auch BGH v. 21.12.2005 – 3 StR 470/04, BGHSt 50, 331 = AG 2006, 110 – Mannesmann, wonach die Zahlung einer kompensationslosen Anerkennungsprämie an Vorstandsmitglieder einen entsprechenden Gewinnverwendungsbeschluss der Hauptversammlung voraussetzen soll.
4 Vgl. §§ 174 Abs. 1 Satz 1, 58 Abs. 3 Satz 2 AktG; hierzu *Hüffer/Koch*, § 58 AktG Rz. 25a m.w.N.; *Hennrichs/Pöschke* in MünchKomm. AktG, § 174 AktG Rz. 37, die von einem „eher theoretischen Beispiel" sprechen; *Kind*, NZG 2000, 567, 571.
5 So explizit Ziff. 4.1.1 DCGK i.d.F. vom 5.5.2015; *Kort*, AG 2012, 605; *Kort* in Großkomm. AktG, § 76 AktG Rz. 63; *Krieger/Sailer-Coceani* in K. Schmidt/Lutter, § 93 AktG Rz. 10.
6 Ausführlich: *Fleischer* in Spindler/Stilz, § 76 AktG Rz. 24 ff.
7 *Fleischer* in Spindler/Stilz, § 76 AktG Rz. 31 ff.; *Spindler* in MünchKomm. AktG, § 76 AktG Rz. 71 ff.; *Kort* in Großkomm. AktG, § 76 AktG Rz. 68 ff.; *Kort*, AG 2012, 605, 605 f.
8 *Hüffer/Koch*, § 76 AktG Rz. 28; *Spindler* in MünchKomm. AktG, § 76 AktG Rz. 63.
9 *Fleischer* in Spindler/Stilz, § 76 AktG Rz. 45.
10 H.M.: *Hüffer/Koch*, § 76 AktG Rz. 35; *Spindler* in MünchKomm. AktG, § 76 AktG Rz. 70; *Goette* in FS BGH, S. 123; *Laub*, AG 2002, 308, 309.

schaft auszurichten.[1] Daraus folgt, dass eine CSR-Aktivität auch nach dieser Ansicht jedenfalls nicht daran scheitert, dass sie zur Schmälerung eines bestimmten Periodenergebnisses beiträgt, wenn sie der dauerhaften Ertragssteigerung zuträglich ist.[2]

Auch darüber hinaus lässt eine am Gebot wirtschaftlicher Rentabilität orientierte Zuwendungspraxis dem Vorstand **erheblichen Spielraum**.[3] Zwar müssen Zuwendungen demnach stets darauf geprüft werden, ob sie wenigstens mittelbar und auf längere Sicht dem geschäftlichen Erfolg des Unternehmens dienen. Das führt aber nicht etwa dazu, dass ein Pharmaunternehmen nur noch einschlägige medizinische Aufklärungskampagnen oder ein Softwarehersteller nur noch die Ausstattung von Schulen mit Computern unterstützen darf. Ein dem wirtschaftlichen Fortkommen dienlicher Vorteil kann vielmehr auch in einem mittels der Zuwendung erzielbaren **Imagegewinn** liegen. So gaben im Jahr 2012 rund 68 Prozent der befragten Unternehmen an, dass die Verbesserung des Ansehens in der Öffentlichkeit einer der Beweggründe für ihr Engagement sei.[4] Diese Motivation erscheint umso verständlicher, je deutlicher die Tendenz zur Verrechtlichung von CSR-Aktivitäten[5] wird und je mehr deren Wahrnehmung dadurch in den Fokus der Öffentlichkeit rückt.

30.90

Vor diesem Hintergrund **relativiert** sich der **Gegensatz** von **Unternehmens- und Gemeinwohlinteresse**. Ein auf dauerhafte Rentabilität gerichtetes Unternehmensinteresse liegt naturgemäß nicht nur im Interesse der Aktionäre, sondern auch in dem der Arbeitnehmer (langfristige Sicherung von Arbeitsplätzen) und im Interesse der Allgemeinheit (Standortpflege, Infrastruktur etc.).[6] Es sollte jedoch nicht verschwiegen werden, dass sozialnützige Zuwendungen und sonstige CSR-Aktivitäten nach diesem Erklärungsmuster im Ergebnis nur dann zulässig sind, wenn sie sich betriebswirtschaftlich auszahlen. CSR-Aktivitäten liegen, überspitzt formuliert, dann im Unternehmensinteresse, wenn sie eine Investition mit „rentierlichen Rückflüssen" sind.[7] Das kann in der Praxis zu Schwierigkeiten führen. Man denke etwa an den Fall des stillen Mäzenatentums, der sich so kaum rechtfertigen ließe.[8] Das Erfordernis der Rentabilität birgt ferner das Problem, dass ein empirischer Nachweis für eine Steigerung der Rentabilität durch sozialnützige Zuwendungen oder sonstige CSR-Aktivitäten in

30.91

---

1 *Kind*, NZG 2000, 567, 568; *Hüffer/Koch*, § 76 AktG Rz. 34; *Kort* in Großkomm. AktG, § 76 AktG Rz. 53; *Spindler* in MünchKomm. AktG, § 76 AktG Rz. 68; *Fleischer* in Spindler/Stilz, § 76 AktG Rz. 27; *Seibt* in K. Schmidt/Lutter, § 76 AktG Rz. 23; *Goette* in FS BGH, S. 123, 127; OLG Frankfurt a.M. v. 17.8.2011 – 13 U 100/10, AG 2011, 918, 919; Begr. RegE UMAG, BT-Drucks. 15/5092 v. 14.3.2005, S. 11: „Ein Handeln zum Wohle der Gesellschaft liegt jedenfalls vor, wenn es der langfristigen Ertragsstärkung und Wettbewerbsfähigkeit des Unternehmens und seiner Produkte oder Dienstleistungen dient."
2 *Hüffer/Koch*, § 76 AktG Rz. 35; *Spindler* in MünchKomm. AktG, § 76 AktG Rz. 70; zur Zulässigkeit von Unternehmensspenden in Verlustjahren: *Fleischer*, AG 2001, 171, 178.
3 *Seibt* in K. Schmidt/Lutter, § 76 AktG Rz. 24.
4 Engagementbericht 2012, S. 27: 68,2 Prozent, davon 25,6 Prozent „Trifft zu", 42,6 Prozent „Trifft eher zu".
5 Zur zunehmenden Verrechtlichung etwa *Nietsch/Munerotto*, CB 2015, 177, 177; *Spießhofer*, NJW 2014, 2473, 2479; detailliert *Spießhofer* in Hauschka/Moosmayer/Lösler, Corporate Compliance, § 11 Rz. 10 ff., 43.
6 *Fleischer* in Spindler/Stilz, § 76 AktG Rz. 38; *Hüffer/Koch*, § 76 AktG Rz. 29; *Kort*, AG 2012, 605, 609.
7 *Schreyögg*, AG 2009, 758, 758 („*ethics pay*"); kritisch ggü. dem Erfordernis der Rentabilität: *Müller-Michaels/Ringel*, AG 2011, 101.
8 Aus dieser Erwägung heraus gegen die Zulässigkeit stillen Mäzenatentums: *Mülbert*, AG 2009, 766, 773.

der Praxis schwer fällt.[1] Zudem zielt die Idee der CSR gerade darauf ab, dass Unternehmen neben dem Ziel der Profitmaximierung auch gesellschaftliche Verantwortung wahrnehmen und damit altruistische Motive in ihre Entscheidungspraxis einfließen lassen.[2]

b) Beachtung sozialer Erwägungen

30.92 Es stellt sich daher die Frage, ob der Vorstand in seine Entscheidung über eine CSR-Aktivität **auch in uneigennütziger Weise** – d.h. ohne dabei gleichzeitig Rentabilitätsgesichtspunkte zu beachten – Gemeinwohlerwägungen einbeziehen **darf** oder dies sogar tun **muss**. Um das Ergebnis vorwegzunehmen: Es besteht ein weiter Ermessensspielraum des Vorstands, aber keine aktive CSR-Förderungspflicht, auch nicht auf der Basis des deutschen Umsetzungsgesetzes zur CSR-Richtlinie.

aa) Pflicht zur Beachtung sozialer Erwägungen („Müssen")?

30.93 Aus der Legalitätspflicht des Vorstands[3] folgt die Pflicht, Gemeinwohlbelange dann zu berücksichtigen, **wenn sie normativ konkretisiert sind** (z.B. Beachtung von Grund- und Menschenrechten, Verpflichtung zu umweltrechtlichen oder arbeitsrechtlichen Schutzmaßnahmen, etc.).[4]

30.94 Eine **darüber hinausgehende Rechtspflicht** zur aktiven Förderung sozialer Belange erscheint – jenseits einer entsprechenden Satzungsbestimmung[5] – hingegen **nicht vereinbar** mit den Grundsätzen einer **freiheitlichen Wirtschaftsordnung**[6], auch wenn es immer wieder Erklärungsversuche gibt, die in diese Richtung deuten.

30.95 Das gilt zunächst für den in diesem Zusammenhang immer wieder bemühten Hinweis auf die **Sozialbindungsklausel des Eigentums aus Art. 14 Abs. 2 GG**.[7] Ein solcher Rückgriff würde voraussetzen, dass die Sozialbindungsklausel den Vorstand unmittelbar verpflichtete. Eine Ausstrahlungswirkung der Eigentumsgarantie aus Art. 14 Abs. 1 GG auf die gesamte Rechtsordnung ist zwar anerkannt.[8] Ob gleiches auch für die „Grundpflicht" aus Art. 14 Abs. 2 GG gilt, ist aber nicht geklärt.[9] Selbst wenn man diese Ausstrahlungswirkung bejahte, wäre die Berechtigung einer Drittwirkung angesichts der die Sozialbindung bereits konkretisierenden gesetzlichen Pflicht der Unternehmen zur Versteuerung ihrer Erträge zweifelhaft.

---

1 So auch *Mülbert*, AG 2009, 766, 773, der gleichzeitig fordert, dass die mit der CSR-Aktivität verbundenen positiven finanziellen Effekte abschätzungsweise erfasst werden.
2 *Müller-Michaels/Ringel*, AG 2011, 101, 109; *Roth-Mingram*, NZG 2015, 1341, 1341; CSR-Richtlinie, Erwägungsgrund Nr. 3; Begr. RegE CSR-Richtlinie-Umsetzungsgesetz, BT-Drucks. 18/9982 v. 17.10.2016, S. 26 f.
3 *Kort* in Großkomm. AktG, § 76 AktG Rz. 47; § 91 AktG Rz. 121 ff.; LG München I v. 10.12.2013 – 5 HK O 1387/10, NZG 2014, 345 = AG 2014, 33 – Siemens/Neubürger, Leitsatz Nr. 2: „Die Einhaltung des Legalitätsprinzips und demgemäß die Einrichtung eines funktionierenden Compliance-Systems gehört zur Gesamtverantwortung des Vorstands." Dazu *Fleischer*, NZG 2014, 321, 322.
4 *Kort* in Großkomm. AktG, § 76 AktG Rz. 85 f.
5 *Fleischer*, AG 2001, 171, 173; *Mülbert*, AG 2009, 766, 772; *Müller-Michaels/Ringel*, AG 2011, 101, 111.
6 So auch *Spindler* in MünchKomm. AktG, § 76 AktG Rz. 77; *Kort* in Großkomm. AktG, § 76 AktG Rz. 87.
7 So *Rittner*, AG 1973, 113, 116; *Mertens/Cahn* in KölnKomm. AktG, § 76 AktG Rz. 33; *Spindler* in MünchKomm. AktG, § 76 AktG Rz. 62.
8 *Wieland* in Dreier, Art. 14 GG Rz. 199.
9 Zum Diskussionsstand: *Wieland* in Dreier, Art. 14 GG Rz. 103 ff.

Ferner ergeben sich aus der Sozialbindung des Eigentums keine konkreten Vorgaben für eine Gemeinwohlorientierung[1], und der Rückgriff ist ungeeignet, um die Unterstützung sozialer Anliegen zu rechtfertigen, die keinen oder lediglich einen indirekten Bezug zum deutschen Gemeinwesen aufweisen – etwa die Hilfe für Erdbebenopfer in Asien oder für Straßenkinder in Südamerika.

Gegen einen Rückgriff auf die bis zur Aktienrechtsreform 1965 im Aktiengesetz verankerte **Gemeinwohlklausel des § 70 Abs. 1 AktG aus dem Jahr 1937**[2] spricht bereits der Umstand, dass diese Klausel in historisch fragwürdiger Zeit eingeführt wurde und nach der Reform gerade keinen Einzug mehr in den geltenden Gesetzestext gefunden hat.[3] Teilweise wird dennoch unter Berufung auf die Gesetzesbegründung 1965 von einer Fortgeltung ausgegangen.[4] Bisweilen wird gleichzeitig auf § 396 AktG verwiesen. Diese Vorschrift bedroht jedoch lediglich eine *gesetzeswidrige* Gefährdung des Gemeinwohls mit der Auflösung der Gesellschaft und ist daher nicht zur Begründung einer umfassenden Gemeinwohlbindung geeignet.[5] Schließlich: Selbst wenn man von einer Fortgeltung der Gemeinwohlklausel von 1937 ausginge, wird man hieraus nicht schließen können, dass Gemeinwohlbelange gegenüber dem (sonstigen) Unternehmensinteresse – etwa dem der Aktionäre – überwiegen sollen.[6]

30.96

Der **Deutsche Corporate Governance Kodex (DCGK)** definiert in der Präambel und unter Ziff. 4.1.1 die Pflicht von Vorstand (und Aufsichtsrat)[7], das Handeln danach auszurichten, dass es auch der „**nachhaltigen Wertschöpfung**" des Unternehmens dient. Die Begrifflichkeit ist richtigerweise im Sinne nachhaltiger Gewinnmaximierung, also dauerhafter Rentabilität, in Abgrenzung zu kurzfristiger Profitsteigerung, zu verstehen.[8] Im Rahmen dieser Zielsetzung ist der Vorstand selbstverständlich an die Einhaltung der geltenden Gesetze gebunden. Eine darüber hinausgehende Verpflichtung, für Nachhaltigkeit in Bezug auf anderweitige – etwa sozialnützige – Belange zu sorgen, ist vom Kodex nicht erfasst.[9]

30.97

Schließlich folgt auch aus dem im Frühjahr 2017 vom Bundestag verabschiedeten **CSR-Richtlinie-Umsetzungsgesetz**[10] keine unmittelbare Verpflichtung der betroffenen Unternehmen zur aktiven Förderung sozialer Belange. Für Geschäftsjahre, die nach dem 31.12.2016 beginnen, müssen **bestimmte große Unternehmen**[11] ihren (Konzern-)Lagebericht um eine

30.98

---

1 So i.E. auch *Kort* in Großkomm. Akt, § 76 AktG Rz. 87; *Kort*, NZG 2012, 926, 927; *Mülbert*, AG 2009, 766, 769 f.
2 Die Vorschrift lautete: „*Der Vorstand hat unter eigener Verantwortung die Gesellschaft so zu leiten, wie das Wohl des Betriebs und seiner Gefolgschaft und der gemeine Nutzen von Volk und Reich es fordern.*"
3 Ablehnend daher *Rittner*, AG 1973, 113, 114; *Spindler* in MünchKomm. AktG, § 76 AktG Rz. 61 und 77; *Mertens/Cahn* in KölnKomm. AktG, § 76 AktG Rz. 33; a.A. *Hüffer/Koch*, § 76 AktG Rz. 30.
4 *Kort* in Großkomm. AktG, § 76 AktG Rz. 84.
5 Ausführlich *Spindler* in MünchKomm. AktG, § 76 AktG Rz. 60.
6 So auch *Kort* in Großkomm. AktG, § 76 AktG Rz. 84; *Fleischer*, AG 2001, 171, 175.
7 Die Präambel richtet sich an Vorstand *und* Aufsichtsrat; Ziff. 4.1.1 nur an den Vorstand.
8 So auch *Kort*, NZG 2012, 926, 929.
9 *Fuhrmann* in DCGK Komm., Ziff. 4 Rz. 32 f.
10 CSR-Richtlinie-Umsetzungsgesetz v. 18.4.2017, BGBl. I 2017, 802.
11 Adressaten sind Unternehmen, die kapitalmarktorientiert (i.S. des § 264d HGB), Kreditinstitut oder Versicherungsunternehmen sind und die außerdem kumulativ folgende Kriterien erfüllen: Sie sind „groß" i.S. des § 267 Abs. 3 Satz 1 HGB und beschäftigen im Jahresdurchschnitt mehr als 500 Mitarbeiter; vgl. §§ 289b Abs. 1, 315b Abs. 1 HGB, CSR-Richtlinie-Umsetzungsgesetz vom 18.4.2017, BGBl. I 2017, 802.

sogenannte **nichtfinanzielle Erklärung** erweitern.[1] Damit kommt die Bundesregierung ihrer Umsetzungspflicht aus der **europäischen CSR-Richtlinie**[2] nach. Inhaltlich fordert das künftige Gesetz, dass die von der Berichtspflicht betroffenen Unternehmen zumindest über im Geschäftsjahr durchgeführte Maßnahmen zum Schutz von Umwelt-, Arbeitnehmer-, und Sozialbelangen sowie über getroffene Vorkehrungen zur Achtung der Menschenrechte und zur Bekämpfung von Korruption und Bestechung berichten.[3]

30.99 Verstoßen Unternehmen gegen diese Berichtspflichten, kann das nach § 334 Abs. 3 HGB mit einer **Geldbuße** von bis zu fünfzigtausend Euro, bei kapitalmarktorientierten Kapitalgesellschaften von bis zu zwei Millionen Euro oder bis zum Zweifachen des aus der Ordnungswidrigkeit gezogenen wirtschaftlichen Vorteils, geahndet werden – abhängig davon, welcher Betrag der höhere ist.

30.100 Eine über die Berichtspflicht hinausgehende **Pflicht zur aktiven Förderung von CSR-Belangen** sieht der Gesetzentwurf allerdings **nicht** vor. Für den Fall, dass ein betroffenes Unternehmen in Bezug auf einen oder mehrere der genannten Aspekte kein Konzept verfolgt, gilt nach dem Prinzip *„comply or explain"* die Pflicht, diese Entscheidung klar und begründet zu erläutern. Daraus folgt, dass die Entscheidung gegen eine CSR-Aktivität dann nicht sanktioniert wird, wenn sie in der geforderten Weise plausibilisiert wird.

bb) Recht zur Beachtung sozialer Erwägungen („Dürfen")?

30.101 Wenn es auch keine Pflicht zur aktiven Förderung von CSR-Belangen gibt (jedenfalls soweit solche Pflichten nicht ihrerseits gesetzlich normiert sind), steht heute doch fest, dass der Vorstand einer Aktiengesellschaft grundsätzlich **berechtigt** ist, soziale Belange bei seinen unternehmerischen Entscheidungen zu berücksichtigen, und ihm hierbei ein **weiter Ermessensspielraum** zusteht.

30.102 Für Fälle, in denen die Beachtung sozialer Erwägungen gleichzeitig auch auf dauerhafte Rentabilität gerichtet ist, ist die Zulässigkeit unproblematisch zu bejahen (vgl. Rz. 30.87 ff.). Dafür ist nicht erforderlich, dass sich der positive Effekt auf die Rentabilität des Unternehmens in konkreten Zahlen bilanziell abbilden lässt. Ein häufig praktizierter Anwendungsfall ist das Sponsoring im Bereich des Profisports, mit dem Werbeeffekte verfolgt werden, deren umsatzsteigernder Effekt kaum quantifizierbar ist. Der BGH hat beispielsweise die Kompetenz des Vorstands eines Sportartikelherstellers für **Sportsponsoring** ausdrücklich anerkannt. Hier dürfen Sportvereine aufgrund unentgeltlicher Lizenzverträge mit dem Unternehmen Namen und Logo des Sportartikelherstellers verwenden, und der Sportartikelhersteller erzielt als Gegenleistung einen Werbeeffekt für seine Produkte.[4] Darüber hinaus werden auch nicht offen zu Werbezwecken eingesetzte, sogenannte **verdeckte Sponsoringmaßnahmen**, als gesell-

---

1 Vgl. § 289b und § 289c HGB des CSR-Richtlinie-Umsetzungsgesetzes vom 18.4.2017, BGBl. I 2017, 802.
2 Richtlinie 2014/95/EU des Europäischen Parlaments und des Rates vom 22.10.2014 zur Änderung der Richtlinie 2013/34/EU im Hinblick auf die Angabe nichtfinanzieller und die Diversität betreffender Informationen durch bestimmte große Unternehmen und Gruppen (CSR-Richtlinie), ABl. EU Nr. L 330 v. 15.11.2014.
3 Vgl. § 289c Abs. 2 HGB des CSR-Richtlinie-Umsetzungsgesetzes vom 18.4.2017, BGBl. I 2017, 802.
4 BGH v. 15.5.2000 – II ZR 359/98, BGHZ 144, 290 = GmbHR 2000, 870; darauf bezugnehmend: BGH v. 6.12.2001 – 1 StR 215/01, BGHSt 47, 187, 194 – SSV Reutlingen.

schaftsrechtlich zulässig erachtet, wenn sie der sozialen Akzeptanz des Unternehmens dienen.[1]

Heute ist zudem anerkannt, dass es dem Vorstand einer Aktiengesellschaft als Teil der ihm obliegenden Geschäftsführung[2] gestattet sein muss, unabhängig von Rentabilitätsgesichtspunkten die gesellschaftliche Akzeptanz des Unternehmens als *Good Corporate Citizen* durch soziale Aktivitäten zu erhöhen.[3] Dafür spricht allein der Umstand, dass ein Unternehmen auf den Rückhalt aller gesellschaftlich relevanten Bezugsgruppen angewiesen ist. Denn es bewegt sich in einem sozialen Kontext, der nicht allein durch rechtliche Anforderungen, sondern auch – und vor allem – durch **gesellschaftliche Erwartungen** geprägt ist.[4]

30.103

Vor diesem Hintergrund sind auch **Spenden** und andere unentgeltliche Leistungen als **zulässig** zu erachten, wenn die diesbezügliche Entscheidung des Vorstands für eine korporative Zuwendung im Verhältnis zu Größenordnung und finanzieller Situation des Unternehmens als **angemessen** angesehen werden kann.[5] Geeignete Abgrenzungskriterien für dieses Gebot der Angemessenheit sind dabei etwa die **Ertragslage** des Unternehmens, die **Verkehrsüblichkeit** der Spende und die Nähe des **unterstützen Zwecks** zum Unternehmensgegenstand.[6] Die Festlegung starrer, beispielsweise auf den Bilanzgewinn bezogener Grenzen für die Bestimmung der Angemessenheit erscheint hingegen als untaugliches Kriterium.[7]

30.104

Eine weitere **Grenze der Zulässigkeit** ist erreicht, wenn der Vorstand in sachwidriger Weise **persönliche Präferenzen** in seine Entscheidung einfließen lässt oder gar willkürlich mit Mitteln der Gesellschaft **eigennützige Ziele** umzusetzen sucht (sog. *„Pet Charities"*).[8] Zwar ist es dem Vorstand nicht grundsätzlich verboten, sich bei mehreren gleichgeeigneten Zuwendungsempfängern für denjenigen zu entscheiden, der ihm persönlich am meisten beliebt. Allerdings darf dies nicht unter Hintanstellung des Unternehmensinteresses erfolgen.[9] Besonders nahe liegt der Verdacht der Durchsetzung eigenmächtiger Ziele in Fällen, in denen die Zuwendung primär der Steigerung des persönlichen Ansehens des jeweiligen Vor-

30.105

---

1 BGH v. 6.12.2001 – 1 StR 215/01, BGHSt 47, 187, 194 – SSV Reutlingen.
2 *Mertens*, AG 2000, 157, 162 m.w.N.
3 *Westermann*, ZIP 1990, 771, 774; BGH v. 6.12.2001 – 1 StR 215/01, BGHSt 47, 187, 195 = AG 2002, 347, 348 – SSV Reutlingen; *Spindler* in MünchKomm. AktG, § 76 AktG Rz. 88. Dies dürfte sowohl von Vertretern eines (moderaten) *Shareholder Value*-Ansatzes als auch von Vertretern eines interessenpluralistischen Konzepts so gesehen werden.
4 So bereits *Rittner*, AG 1973, 113, 122: „[…] das Unternehmen – zumal das der Aktiengesellschaft – ist seit langem zu einer sozialen Veranstaltung ersten Ranges geworden".
5 *Fleischer*, AG 2001, 171, 177 f.; BGH v. 6.12.2001 – 1 StR 215/01, BGHSt 47, 187, 197 = AG 2002, 347, 348 – SSV Reutlingen; LG Essen v. 9.9.2013 – 44 O 164/10, juris-Rz. 1029 – Arcandor/Middelhoff; *Fleischer* in Spindler/Stilz, § 76 AktG Rz. 47; *Hüffer/Koch*, § 76 AktG Rz. 35; *Mertens/Cahn* in KölnKomm. AktG, § 76 AktG Rz. 35.
6 *Fleischer*, AG 2001, 171, 177 f.; *Fleischer* in Spindler/Stilz, § 76 AktG Rz. 47; *Thümmel*, Persönliche Haftung von Managern und Aufsichtsräten, Rz. 196.
7 *Kort*, NZG 2012, 926, 930; für eine starre Angemessenheitsgrenze von 5 % des Bilanzgewinns etwa *Säcker*, BB 2009, 282, 284; *Pelz*, LMuR 2009, 50; *Kind*, NZG 2000, 567, 569, die sich in Bezug auf Parteispenden für eine Grenze von 1 % des Bilanzgewinns ausspricht.
8 Richtungsweisend: BGH v. 6.12.2001 – 1 StR 215/01, BGHSt 47, 187 = AG 2002, 347 – SSV Reutlingen.
9 *Fleischer*, AG 2001, 171, 179; *Fleischer* in Spindler/Stilz, § 76 AktG Rz. 48; *Spindler* in MünchKomm. AktG, § 76 AktG Rz. 89; *Hüffer/Koch*, § 76 AktG Rz. 35; *Kort*, NZG 2012, 926, 930.

standsmitglieds dient.[1] Dasselbe gilt, wenn dem Begünstigten aus privaten Gründen eine Gefälligkeit erwiesen werden soll. Sofern der Vorstand dabei gravierende gesellschaftsrechtliche Pflichten verletzt, kommt auch eine Strafbarkeit wegen Untreue, § 266 StGB in Betracht. Dies ist jedenfalls dann der Fall, wenn aufgrund einer Gesamtschau das Sponsoring folgende Kriterien erfüllt: fehlende Nähe zum Unternehmensgegenstand, Unangemessenheit im Hinblick auf die Ertrags- und Vermögenslage, fehlende innerbetriebliche Transparenz sowie Vorliegen sachwidriger Motive, namentlich Verfolgung rein persönlicher Präferenzen[2] (vgl. zur gravierenden Pflichtverletzung Rz. 30.113).

3. Sonderkonstellation Parteispenden

30.106 Spenden an politische Parteien im Sinne des § 2 PartG oder ihnen nahestehende Organisationen sind als gängiges Instrument zu deren Finanzierung **verfassungsrechtlich unbedenklich**.[3] Entgegen einzelner Stimmen in der Vergangenheit[4] ist heute weitgehend anerkannt, dass der Vorstand einer Aktiengesellschaft nicht zu parteipolitischer Neutralität verpflichtet ist.[5] Allerdings wird hier das grundsätzliche Problem der Unentgeltlichkeit von Spenden um die **konflikträchtige Dimension politischer Auseinandersetzung** erweitert. Die gesellschaftsrechtliche Zulässigkeit von Parteispenden hängt mit anderen Worten nicht nur nach allgemeinen Grundsätzen davon ab, ob die Zuwendung in einem angemessenen Verhältnis zum Unternehmensinteresse, also maßgeblich zur dauerhaften Rentabilität der Aktiengesellschaft, steht.[6] Darüber hinaus bedarf es hier bei einer Spendenentscheidung für eine politische Partei einer **besonders sorgfältigen Abwägung** zwischen Für und Wider.

30.107 So kann beispielsweise der Umstand, dass eine Partei bestimmte Ziele propagiert, die sich auf den Geschäftsbereich der Aktiengesellschaft positiv auswirken würden, ein legitimer Grund für eine Zuwendung sein (z.B. eine Partei propagiert die Förderung erneuerbarer Energien – das Geschäftsfeld der Gesellschaft liegt in Herstellung und Vertrieb von Solarzellen). Dem erhofften Vorteil für die Gesellschaft sind jedoch etwaige negative Auswirkungen, wie der **Verdacht übermäßiger parteipolitischer Einflussnahme** oder der **Unmut politisch Andersdenkender**, die jeweils der sozialen Akzeptanz und damit dem Unternehmensimage schaden kön-

---

1 Fälle des sog. „*personal aggrandizement*"; s. *Fleischer* in Spindler/Stilz, § 76 AktG Rz. 89; *Spindler* in MünchKomm. AktG, § 76 AktG Rz. 90; *Fleischer*, AG 2001, 171, 178 mit dem anschaulichen Beispiel von Armand Hammer, der als Vorstandsvorsitzender der Occidental Petroleum aus Gesellschaftsmitteln 90 Mio. USD für die Gründung eines Kunstmuseums spendete, das seinen Namen trug (Kahn v. Sullivan, 594 A 2d 48, Supreme Court of Delaware, 9.6.1991); LG Essen v. 9.9.2013 – 44 O 164/10, juris-Rz. 1011 – Arcandor/Middelhoff.
2 BGH v. 6.12.2001 – 1 StR 215/01, BGHSt 47, 187 = AG 2002, 347, 350 – SSV Reutlingen.
3 St. Rspr. des BVerfG; z.B. BVerfG v. 19.7.1966 – 2 BvF 1/65, BVerfGE 20, 56, 105; BVerfG v. 14.7.1986 – 2 BvE 2/84, 2 BvR 442/84, BVerfGE 73, 40, 103, 105 ff.
4 *Meilicke*, NJW 1959, 409, 411; *Kulitz*, Unternehmensspenden, S. 165 ff., der nicht unternehmensbezogene Parteispenden nur bei Gewinnverwendungsbeschluss nach § 58 Abs. 3 Satz 2 AktG für zulässig hält; dazu *Spindler* in Münchkomm. AktG, § 93 AktG Rz. 72.
5 *Fleischer*, AG 2001, 171, 179; *Fleischer* in Spindler/Stilz, § 76 AktG Rz. 50; *Kort* in Großkomm. AktG, § 76 AktG Rz. 110; *Hopt/Roth* in Großkomm. AktG, § 93 AktG Rz. 211; *Mertens/Cahn* in KölnKomm. AktG, § 76 AktG Rz. 38 f.
6 *Mertens/Cahn* in KölnKomm. AktG, § 76 AktG Rz. 41.

nen[1], gegenüberzustellen. Auch aufgrund dieser Konfliktlage verzichten viele deutsche börsennotierte Unternehmen mittlerweile auf Parteispenden.[2]

III. Haftungsrisiken

1. Vorstand

Im Jahr 2013 wurde der ehemalige Vorstandsvorsitzende eines sich seinerzeit bereits in Liquidation befindlichen Handels- und Touristikkonzerns im Rahmen eines medienwirksamen **Schadensersatzprozesses** vor dem Landgericht Essen unter anderem dazu verurteilt, dem Unternehmen wegen sozialnütziger Zuwendungen fast eine Million Euro zu erstatten.[3] 30.108

Der Fall betraf die **Finanzierung einer Festschrift** in Höhe von ca. 150 000 Euro, die der Inanspruchgenommene für einen Geschäftspartner, mit dem er auch privat Kontakt pflegte, auf Kosten der Aktiengesellschaft veranlasst hatte. Das Gericht erkannte zwar an, dass dem Vorstand bei Unternehmensspenden und -sponsoring grundsätzlich ein weiter Ermessensspielraum zustehe, da es sich hierbei um unternehmerische Entscheidungen im Sinne des § 93 Abs. 1 Satz 2 AktG handele. Allerdings **fehlte** nach Überzeugung der Richter jeglicher **Bezug** der Festschrift zur Aktiengesellschaft, die – etwa um den Charakter der Gesellschaft als *Good Corporate Citizen* hervorzuheben – die Zuwendung gesellschaftsrechtlich hätte rechtfertigen können. Das Gericht sah daher die Ausgaben nicht als statthaftes Sponsoring, sondern als pflichtwidrige und nach § 93 Abs. 2 Satz 1 AktG zum Schadensersatz verpflichtende Verschwendung von Gesellschaftsvermögen an.[4] 30.109

Weitere rund 850 000 Euro musste derselbe Vorstandsvorsitzende erstatten, weil er in dieser Höhe eigenmächtig **Sponsorengelder zugunsten der Business School** einer renommierten britischen Universität genehmigt hatte, für die der Gesellschaft als Gegenleistung diverse Vergünstigungen zugesagt wurden. Hier entschied das Landgericht, dass der Betroffene – unabhängig von der internen Geschäftsverteilung – wegen der Höhe der Zuwendung im Verhältnis zur Leistungsfähigkeit der Gesellschaft (zum Zeitpunkt der Zuwendung befand sich das Unternehmen bereits in der Krise) einen **Beschluss des Gesamtvorstands** hätte herbeiführen müssen.[5] 30.110

In dem parallel laufenden **strafrechtlichen Verfahren** verurteilte das Landgericht Essen den ehemaligen Vorstandsvorsitzenden im Jahr 2014 aufgrund der Verschwendung von Gesellschaftsvermögen bei der Finanzierung der oben genannten Festschrift wegen **Untreue** gem. § 266 StGB.[6] 30.111

---

1 *Kind*, NZG 2000, 567, 570; *Fleischer* in Spindler/Stilz, § 76 AktG Rz. 51; *Kort* in Großkomm. AktG, § 76 AktG Rz. 111.
2 S. dazu ausführlich *Bayer/Hoffmann*, AG 2014, R371. Vgl. auch *Plickert*, Kaum noch Großspenden für die Parteien, faz.net vom 29.12.2015.
3 Vgl. LG Essen v. 9.9.2013 – 44 O 164/10, juris – Arcandor/Middelhoff.
4 Vgl. LG Essen v. 9.9.2013 – 44 O 164/10, juris-Rz. 987 ff. – Arcandor/Middelhoff; hierzu *Fleischer/Bauer*, ZIP 2015, 1901, 1908 f.
5 Vgl. LG Essen v. 9.9.2013 – 44 O 164/10, juris-Rz. 1012 ff. – Arcandor/Middelhoff; hierzu *Fleischer/Bauer*, ZIP 2015, 1901, 1909 f.
6 Sowie wegen Steuerhinterziehung aufgrund unberechtigten Vorsteuerabzugs. Insgesamt wurde der ehemalige Vorstandsvorsitzende wegen Untreue in 27 Fällen und Steuerhinterziehung in 3 Fällen zu einer Gesamtfreiheitsstrafe von drei Jahren verurteilt, vgl. LG Essen v. 14.11.2014 – 35 KLs

30.112 Dieser Fall veranschaulicht, dass Vorstandsmitglieder, die die dargestellten Grundsätze und Grenzen sozialnütziger Zuwendungen missachten, sich nicht nur dem Risiko **zivilrechtlicher Haftung** nach § 93 Abs. 2 Satz 1 AktG aussetzen, sondern darüber hinaus auch eine **Strafbarkeit** wegen Untreue gem. § 266 StGB droht.

30.113 Für eine Strafbarkeit wegen Untreue lässt die Rechtsprechung[1] allerdings nicht jede gesellschaftsrechtliche Pflichtverletzung genügen, sondern verlangt – entsprechend dem im Strafrecht geltenden *ultima ratio*-Prinzip – eine **gravierende Verletzung solcher Pflichten**. Nach dem jüngsten Urteil des BGH im Fall „HSH Nordbank" soll aber bei Überschreitung der in § 93 Abs. 1 AktG normierten äußersten Grenzen des unternehmerischen Ermessens stets eine solche gravierende Pflichtverletzung im Sinne von § 266 StGB begründet sein.[2] Das Landgericht Essen ging im zuvor geschilderten Fall ebenfalls von einer gravierenden Pflichtverletzung aus.[3]

30.114 **Strafrechtlich besonders heikel** kann der Umgang mit **Amtsträgern** sein, da hier die besonderen Vorschriften der §§ 333 ff. StGB zur Anwendung kommen. So kann etwa in der Parteispende an einen Minister u.U. sogar eine strafbare **Vorteilsgewährung im Sinne des § 333 StGB** liegen.[4] Der Umstand, dass Parteispenden grundsätzlich zulässig sind, steht einer Strafbarkeit wegen eines Korruptionsdelikts nicht entgegen.[5]

30.115 Überhaupt kann sich in der Praxis die Abgrenzung zwischen an sich zulässigen sozialnützigen Zuwendungen und Bestechungs- bzw. Schmiergeldzahlungen mitunter schwierig gestalten.[6] Solche korruptiven Zahlungen können allein aufgrund der nach deutschem Recht bestehenden Strafbarkeit und ferner wegen möglicher Reputationsschäden, zivilrechtlicher Haftungsrisiken und Geldbußen nicht im wohlverstandenen Unternehmensinteresse liegen.[7] In Bezug auf damit verbundene Haftungsrisiken gelten die Ausführungen in Abschnitt B., Rz. 30.9 ff.

2. Aufsichtsrat

30.116 Den Aufsichtsrat trifft im Grundsatz keine rechtliche Verpflichtung, sozialnützige Zuwendungen des Vorstands – gleich ob generell, oder in Bezug auf eine gewisse Zuwendungshöhe oder

---

14/13, juris; rechtskräftig seit 17.2.2016, Verwerfung der Revision durch BGH v. 17.2.2016 – 1 StR 209/15, vgl. ZIP 2016, 675.

1 BGH v. 12.10.2016 – 5 StR 134/15, NJW 2017, 578 = AG 2017, 72 – HSH-Nordbank; BGH v. 6.12.2001 – 1 StR 215/01, BGHSt 47, 187 = AG 2002, 347– SSV Reutlingen; LG Hamburg v. 9.7.2014 – 608 KLs 12/11, AG 2015, 368; LG Essen v. 14.11.2014 – 35 KLs 14/13, juris; OLG Hamm v. 21.8.2012 – III-4 RVs 42/12, NStZ-RR 2012, 374 = ZWH 2012, 457.
2 BGH v. 12.10.2016 – 5 StR 134/15, NJW 2017, 578 = AG 2017, 72 – HSH-Nordbank.
3 LG Essen v. 14.11.2014 – 35 KLs 14/13, juris-Rz. 1150.
4 Dies soll bei Wahlkampfspenden allerdings nur gelten, soweit mit der Zuwendung konkrete politische Entscheidungen zum individuellen Vorteil des Spenders beeinflusst werden sollen; näher BGH v. 28.10.2004 – 3 StR 301/03, BGHSt 49, 275, 294 f., 298 f.; *Heine/Eisele* in Schönke/Schröder, § 331 StGB Rz. 43 f.
5 *Pelz*, LMuR 2009, 50, 53; BGH v. 28.10.2004 – 3 StR 301/03, NJW 2004, 3569; differenzierend *Saliger/Sinner*, NJW 2005, 1073; s. hierzu auch *Bayer/Hoffmann*, AG 2014, R371, R374, die die Strafbarkeit einer Parteispende wegen Untreue jedenfalls dann für möglich halten, wenn sie situativ als gravierende gesellschaftsrechtliche Pflichtverletzung qualifiziert wird.
6 *Fleischer* in Spindler/Stilz, § 76 AktG Rz. 52 f.
7 *Kort* in Großkomm. AktG, § 76 AktG Rz. 118; *Spindler* in MünchKomm. AktG, § 76 AktG Rz. 90; *Fleischer* in Spindler/Stilz, § 76 AktG Rz. 52 f.

bestimmte Zwecke – unter **Zustimmungsvorbehalt gem. § 111 Abs. 4 Satz 2 AktG** zu stellen. Vom Gesetz wird nicht vorgegeben, welche Geschäfte einem solchen Vorbehalt unterworfen werden sollen.[1] Als Orientierungshilfe kann hier Ziff. 3.3 DCGK dienen, der § 111 Abs. 4 Satz 2 AktG in Einklang mit der ganz h.M.[2] dahingehend präzisiert, dass hiermit Geschäfte von in Bezug auf die Vermögens-, Finanz- oder Ertragslage grundlegender Bedeutung für das Unternehmen gemeint sind.[3] Eine Spendenentscheidung kann daher, wenn sie für das Unternehmen von grundlegender Bedeutung ist, potentiell von einem Zustimmungsvorbehalt betroffen sein.[4]

Im Übrigen hat der Aufsichtsrat Ermessen. Unter besonderen Umständen kann dieses Ermessen in eine **Pflicht zur Einführung eines Zustimmungsvorbehalts** umschlagen. Das wird insbesondere dann anzunehmen sein, wenn sich der Vorstand bei seinen Zuwendungsentscheidungen in der Vergangenheit wiederholt nicht an dafür geltende rechtliche Vorgaben gehalten hat, oder eine unmittelbar bevorstehende rechtswidrige Zuwendung nur noch durch einen Ad hoc-Beschluss verhindert werden kann.[5] Die Möglichkeit eines solchen *Ad hoc-Zustimmungsvorbehalts* erwähnt seit seiner Neufassung 2015 ausdrücklich auch Ziff. 3.3 DCGK.[6]

30.117

Besteht ein Zustimmungsvorbehalt des Aufsichtsrats, hat sich die **Entscheidung des Aufsichtsrats** an den zuvor erörterten Grundsätzen zu orientieren. Andernfalls trifft auch die Aufsichtsratsmitglieder das Risiko zivil-[7] und strafrechtlicher[8] Haftung.

30.118

IV. Besonderheiten bei der GmbH

Soweit es sich um die **materiellen Rechtmäßigkeitsmaßstäbe** einer sozialnützigen Zuwendung handelt, ergeben sich für die GmbH **keine Abweichungen** von der für die Aktiengesellschaft beschriebenen Rechtslage.[9]

30.119

Anders als das Aktiengesetz sieht das GmbH-Gesetz jedoch keine Leitungsautonomie der Geschäftsführung vor, so dass sich die Frage stellt, ob die **Entscheidungszuständigkeit** bei der GmbH abweichend zu beurteilen ist.

30.120

---

1 *Spindler* in Spindler/Stilz, § 111 AktG Rz. 64.
2 Vgl. nur *Hüffer/Koch*, § 111 AktG Rz. 36; *Habersack* in MünchKomm. AktG, § 111 AktG Rz. 106 m.w.N.
3 *Barst/Halmer* in DCGK Komm., Ziff. 3 Rz. 24 ff.
4 *Spindler* in MünchKomm. AktG, § 93 AktG Rz. 71, der einen Zustimmungsvorbehalt für möglich hält.
5 BGH v. 15.11.1993 – II ZR 235/92, BGHZ 124, 111, 127; BGH v. 21.4.1997 – II ZR 175/95, BGHZ 135, 244 – ARAG/Garmenbeck; *Habersack* in MünchKomm. AktG, § 111 AktG Rz. 115.
6 Dazu *Barst/Halmer* in DCGK Komm., Ziff. 3 Rz. 47.
7 Gem. § 116 i.V.m. § 93 Abs. 2 AktG.
8 Gem. § 266 StGB, ggf. i.V.m. § 27 StGB. Der Fall BGH v. 6.12.2001 – 1 StR 215/01, BGHSt 47, 187 = AG 2002, 347 – SSV Reutlingen, ist insofern ein Sonderfall, als der Aufsichtsrat dort selbst Spenden forderte.
9 *Zöllner/Noack* in Baumbach/Hueck, § 43 GmbHG Rz. 22d; *Altmeppen* in Roth/Altmeppen, § 43 GmbHG Rz. 6 f.; *Uwe H. Schneider* in Scholz, § 43 GmbHG Rz. 71 ff.; zur Verallgemeinerungsfähigkeit der *Business Judgement Rule* gem. § 93 Abs. 1 Satz 2 AktG über die AG hinaus vgl. Begr. RegE UMAG, BT-Drucks. 15/5092 v. 14.3.2005, S. 12.

30.121 Zunächst ist die Entscheidung über sozialnützige Zuwendungen auch im GmbH-Recht eine Geschäftsführungsmaßnahme. Anders als in der AG kann allerdings die Gesellschafterversammlung über Maßnahmen der Geschäftsführung entscheiden und dem Geschäftsführer auch **Weisungen** erteilen (§ 37 Abs. 1 GmbHG).[1] Der Geschäftsführer kann daher nach herrschender Meinung verpflichtet sein, der Gesellschafterversammlung bestimmte Maßnahmen zur Zustimmung vorzulegen. Diese **Vorlagepflicht** gilt insbesondere für besonders bedeutsame oder ungewöhnliche Maßnahmen und für solche, deren Billigung durch die Gesellschafter für den Geschäftsführer erkennbar mit erheblichen Zweifeln verbunden sind.[2] Wann diese Voraussetzungen bei sozialnützigen Zuwendungen erfüllt sind, hängt von der Größe, dem Gegenstand und der Ertragslage der Gesellschaft, von der Höhe und dem Adressaten der Zuwendung, von den persönlichen Verhältnissen der Gesellschafter und weiteren Faktoren ab.[3]

V. Handlungsempfehlungen für sozialnützige Zuwendungen („*Best Practice*")

30.122 Da es sich bei Entscheidungen über sozialnützige Zuwendungen regelmäßig um unternehmerische Ermessensentscheidungen handelt, empfiehlt es sich, die hierfür geltenden Kriterien zu berücksichtigen.[4] Danach ist erforderlich, dass die Entscheidung auf einer **angemessenen Informationsgrundlage** über Art, Umfang, Hintergrund, Zielrichtung und Seriosität der zu fördernden Aktivität und ihres Trägers getroffen wird. Der erforderliche Grad an Information lässt sich nicht pauschal festlegen[5], sondern richtet sich maßgeblich nach der Höhe der beabsichtigten Zuwendung sowie dem Bekanntheitsgrad und der Reputation des Empfängers. Entsprechend der obigen Ausführungen versteht sich, dass die Entscheidung **keinen persönlichen Interessen** oder **sonstigen sachfremden Erwägungen** entspringen darf.[6] Schließlich muss sich die Entscheidung am **Unternehmenswohl** orientieren und darf damit insbesondere nicht die dauerhafte Rentabilität des Unternehmens beeinträchtigen (vgl. Rz. 30.87 ff.).

30.123 Bei bedeutsameren Zuwendungen ist im Interesse **erhöhter Entscheidungskontrolle und -transparenz** eine **Befassung des Gesamtvorstands** anzuraten. Für GmbH-Geschäftsführer empfiehlt es sich, außerhalb offensichtlicher Bagatellfälle stets vorsorglich die Zustimmung der Gesellschafterversammlung einzuholen.

30.124 Die Diskussion, ob eine unentgeltliche Zuwendung mit dem Unternehmensinteresse vereinbar ist, erübrigt sich, wenn in die Satzung der Gesellschaft eine **Gemeinwohlklausel** aufgenommen wird, die die Befugnis von Vorstand oder Geschäftsführung zur Wahrnehmung sozialer Belange unmissverständlich klarstellt.

---

1 *Altmeppen* in Roth/Altmeppen, § 43 GmbHG Rz. 6 f.; *Kleindiek* in Lutter/Hommelhoff, § 43 GmbHG Rz. 40; *Hennrichs*, NZG 2015, 41.
2 *Kind*, NZG 2000, 567, 572 f.; *Kulitz*, Unternehmensspenden, S. 156 (beide zu Parteispenden); *U. H. Schneider*, AG 1983, 205, 212; *Zöllner/Noack* in Baumbach/Hueck, § 43 GmbHG Rz. 7 f.; *Altmeppen* in Roth/Altmeppen, § 37 GmbHG Rz. 8; *Kleindiek* in Lutter/Hommelhoff, § 37 GmbHG Rz. 10; *Uwe H. Schneider* in Scholz, § 43 GmbHG Rz. 73.
3 *U. H. Schneider*, AG 1983, 205, 212.
4 Die Empfehlung gilt auch, wenn das für eine unternehmerische Entscheidung charakteristische Prognoseelement im Einzelfall wegfällt, weil sich das Motiv der Zuwendung zulässigerweise in der Sozialadäquanz erschöpft, da die Grenzen hier fließend sind.
5 Vgl. Begr. RegE UMAG, BT-Drucks. 15/5092 v. 14.3.2005, S. 12.
6 Vgl. Begr. RegE UMAG, BT-Drucks. 15/5092 v. 14.3.2005, S. 11.

D. Zahlungen an opponierende Aktionäre

Schrifttum: *Baums*, Empfiehlt sich eine Neuregelung des aktienrechtlichen Anfechtungs- und Organhaftungsrechts, insbesondere der Klagemöglichkeiten von Aktionären? – Gutachten F für den 63. Deutschen Juristentag, 2000; *Baums/Keinath/Gajek*, Fortschritte bei Klagen gegen Hauptversammlungsbeschlüsse? Eine empirische Studie, ZIP 2007, 1629; *Bayer/Fiebelkorn*, Vorschläge für eine Reform des Beschlussmängelrechts der Aktiengesellschaft, ZIP 2012, 2181; *Bison*, Missbrauch der Anfechtungsklage durch den Aktionär – Eine rechtsvergleichende Analyse des US-amerikanischen und des deutschen Rechts, 1997; *Diekgräf*, Sonderzahlungen an opponierende Kleinaktionäre im Rahmen von Anfechtungs- und Spruchstellenverfahren, 1990; *Ehmann*, Sanktion gegen missbräuchliche Anfechtungsklagen „räuberischer Aktionäre": Rückforderung der Rechtsanwaltsgebühren, ZIP 2008, 584; *Ehmann/Walden*, Rückforderung von zum Abkauf von Anfechtungsklagen geleisteten Zahlungen, NZG 2013, 806; *Feltkamp*, Anfechtungsklage und Vergleich im Aktienrecht, 1991; *Fleischer*, Aktienrechtliche Legalitätspflicht und „nützliche" Pflichtverletzungen von Vorstandsmitgliedern, ZIP 2005, 141; *Götz*, Zum Missbrauch aktienrechtlicher Anfechtungsklagen, DB 1989, 261; *Hirte*, Missbrauch aktienrechtlicher Anfechtungsklagen, BB 1988, 1469; *Hommelhoff/Timm*, Aufwandspauschalen für Anfechtungskläger?, AG 1989, 168; *Kessler*, Die Leitungsmacht des Vorstands einer Aktiengesellschaft, AG 1995, 61 und 120; *Kiethe*, Abkauf von Anfechtungsrechten der Aktionäre – neuere Tendenzen rechtsmissbräuchlichen Verhaltens räuberischer Aktionäre, NZG 2004, 489; *Kort*, Abkauf von Anfechtungsrechten und Anwaltshaftung, DB 1992, 1765; *Korte*, Zur missbräuchlichen Wahrnehmung der aktienrechtlichen Anfechtungsbefugnis, 2003; *Lutter*, Die entgeltliche Ablösung von Anfechtungsrechten – Gedanken zur aktiven Gleichbehandlung im Aktienrecht, ZGR 1978, 347; *Lutter*, Zur Abwehr räuberischer Aktionäre, in FS 40 Jahre Der Betrieb, 1988, S. 193; *Martens*, Die Vergleichs- und Abfindungsbefugnis des Vorstands gegenüber opponierenden Aktionären, AG 1988, 118; *Poelzig*, Die Verantwortlichkeit des Vorstands für den Abkauf missbräuchlicher Anfechtungsklagen, WM 2008, 1009; *Schlaus*, Auskauf opponierender Aktionäre, AG 1988, 113; *Schwintowski*, Räuberische Aktionäre: Konsequenzen der empirischen Forschung, DB 2007, 2695; *Slabschi*, Die so genannte missbräuchliche Anfechtungsklage, 1997; *Timm* (Hrsg.), Missbräuchliches Aktionärsverhalten, 1990.

I. Begriff, Erscheinungsformen und Abgrenzung

Nach wie vor klagen „**Berufskläger**" oder „**räuberische Aktionäre**", die nur wenige Aktien besitzen, mit Anfechtungsgründen, die im Wesentlichen formaler Natur sind, gegen Hauptversammlungsbeschlüsse, die besondere wirtschaftliche Bedeutung für die Gesellschaft haben. Insbesondere **Strukturmaßnahmen** waren in der Vergangenheit immer wieder Gegenstand von solchen Anfechtungsklagen. Das Klagerecht jedes Aktionärs schafft ein **erhebliches Druckpotential** gegen die Gesellschaft.

30.125

Das gilt jedenfalls dann, wenn die Gesellschaft – wie häufig – auf eine zügige Umsetzung der Maßnahme angewiesen ist, um die damit verfolgten Ziele (vollständig) zu erreichen. In der Praxis war es lange Zeit verbreitet, dass sich der anfechtende Aktionär den **Lästigkeitswert seiner Klage** von der Gesellschaft „abkaufen" lässt. Die mit der Klage gerügten Beschlussmängel betreffen i.d.R. Verfahrensfehler, insbesondere angebliche Verletzungen des Auskunftsrechts, die der opponierende Aktionär nicht selten selbst provoziert hat.[1]

30.126

Nur mit dieser Konstellation, in der der Aktionär seine Klagebefugnis rechtsmissbräuchlich instrumentalisiert, um von der Gesellschaft eine Leistung zu erlangen, „auf die er keinen An-

30.127

---

[1] Sehr plastisch wird das typische Vorgehen („*Kochrezept*") der Berufsopponenten von *Diekgräf*, Sonderzahlungen, S. 14 ff. geschildert.

spruch hat und billigerweise nicht erheben kann"[1], befassen sich die folgenden Ausführungen. Dagegen geht es nicht um die Fälle, in denen eine „seriöse" Anfechtungsklage zulässigerweise durch Vergleich beendet wird, in dessen Rahmen sich die Gesellschaft zum Ausgleich bestimmter dem Kläger entstandener Kosten verpflichtet.[2] Die Übergänge sind gleichwohl fließend.[3]

30.128 Nach Inkrafttreten des **UMAG**[4] und **ARUG**[5] hat sich das Problem der missbräuchlichen Anfechtungsklagen zwar **entschärft**.[6] Denn nach Einführung des **Freigabeverfahrens** gem. § 246a AktG durch das UMAG darf das Gericht den Vollzug des angefochtenen Beschlusses auch bei einer möglicherweise begründeten Anfechtungsklage freigeben, falls das Interesse der Gesellschaft an der Eintragung der in § 246a Abs. 1 AktG aufgeführten Beschlüsse das Anfechtungsinteresse des klagenden Aktionärs überwiegt. Gänzlich erledigt hat sich die Problematik aber nicht. Insbesondere die Verfahrensdauer des Freigabeverfahrens kann vom Anfechtungskläger als Druckpotential genutzt werden, um den Vorstand der AG zum Abkauf des Lästigkeitswerts ihrer Klage zu veranlassen.

30.129 Die der Aktiengesellschaft abgenötigte[7] Leistung kann **unterschiedliche Erscheinungsformen** annehmen. Nachdem in früheren Zeiten bisweilen ganz offen ein „Entgelt" für die Kla-

---

1 So die Formulierung des BGH in der Leitentscheidung v. 22.5.1989 – II ZR 206/88, BGHZ 107, 296, 311 = NJW 1989, 2689, 2692 = AG 1989, 399 – Kochs Adler; vgl. auch BGH v. 25.9.1989 – II ZR 254/88, NJW 1990, 322, 323; BGH v. 29.10.1990 – II ZR 146/89, AG 1991, 102, 104 – SEN; BGH v. 14.10.1991 – II ZR 249/90, AG 1992, 86 – Deutsche Bank; BGH v. 21.5.2007 – II ZR 266/04, AG 2007, 625, 627 f. – Vattenfall. Die Beweislast für den Rechtsmissbrauch liegt bei der Gesellschaft; krit. zur Beweiswürdigung durch die Gerichte *Kiethe*, NZG 2004, 489, 493 f.
2 Hierzu *Martens*, AG 1988, 118, 122 ff.; *Hommelhoff/Timm*, AG 1989, 168; ausführlich *Diekgräf*, Sonderzahlungen, S. 242 ff. – Zu den prinzipiell ausgleichsfähigen Kosten gehören nach h.M. auch die Gebühren und Auslagen des vom Kläger eingeschalteten Anwalts, vgl. nur *Diekgräf*, Sonderzahlungen, S. 260 f.; *K. Schmidt* in Großkomm. AktG, § 246 AktG Rz. 69; weitgehend auch *Martens*, AG 1988, 118, 124; abweichende Konzeption bei *Hommelhoff/Timm*, AG 1989, 168. Dabei kann u.E. die Vergütung, die sich aus den gesetzlichen Gebührensätzen ergibt, angesichts der Spezialität und Komplexität der Materie keine starre Grenze nach oben bilden. Übersteigt die geltend gemachte Vergütung allerdings den bei Zugrundelegung üblicher Honorarstundensätze plausiblen Aufwand oder wird der gesetzlichen Vergütung ein offensichtlich überhöher „Vergleichsmehrwert" zugrunde gelegt, ist die Grenze zur „Leistung, auf die der Aktionär keinen Anspruch hat", also zur Rechtsmissbräuchlichkeit, überschritten. Vgl. LG Frankfurt a.M. v. 6.6.2008 – 3-5 O 11/08, ZIP 2008, 1591; *Schwintowski*, DB 2007, 2695, 2698 ff.; *Ehmann*, ZIP 2008, 584, 585 ff.; sowie aus empirischer Sicht *Baums/Keinath/Gajek*, ZIP 2007, 1629, 1645 ff. Die Auffassung von *Hüffer/Schäfer* in MünchKomm. AktG, § 245 AktG Rz. 59, wonach bereits eine beabsichtigte Gebührenteilung zwischen dem Kläger und seinem Anwalt zur Bejahung des Rechtsmissbrauchs führen soll, halten wir dagegen – abgesehen von Nachweisproblemen – für zu eng.
3 Vgl. die vorige Fn. sowie *Diekgräf*, Sonderzahlungen, S. 243; *K. Schmidt* in Großkomm. AktG, § 245 AktG Rz. 57, § 246 AktG Rz. 69 f.; *Kiethe*, NZG 2004, 489, 490 f.
4 Gesetz zur Unternehmensintegrität und Modernisierung des Anfechtungsrecht vom 22.9.2005, BGBl. I 2005, 2802.
5 Gesetz zur Umsetzung der Aktionärsrechterichtlinie vom 30.7.2009, BGBl. I 2009, 2479.
6 *Ehmann/Walden*, NZG 2013, 806, 807; *Cahn/v. Spannenberg* in Spindler/Stilz, § 57 AktG Rz. 46; *Bayer* in MünchKomm. AktG, § 57 AktG Rz. 78; *Bayer/Fiebelkorn*, ZIP 2012, 2181.
7 Das Vorgehen der (insofern nicht ganz glücklich titulierten) räuberischen Aktionäre dürfte häufig den Straftatbestand des § 240 StGB (Nötigung) oder des § 253 StGB (Erpressung) erfüllen; vgl. *K. Schmidt* in Großkomm. AktG, § 245 AktG Rz. 92; *Korte*, Missbräuchliche Wahrnehmung, S. 108 ff.; *Kiethe*, NZG 2004, 489, 492. Für den vorliegenden Zusammenhang ist die Frage bedeutungslos.

gerücknahme[1] gefordert wurde, werden Zahlungen inzwischen seit langem i.d.R. als **Vergleich, Beratungs- oder Gutachtenhonorar**[2], **Übernahme (überhöhter) Verfahrenskosten** oder (überhöhter) **Kaufpreis** für den Erwerb der Aktien des Anfechtungsklägers getarnt.[3]

II. Gesellschaftsrechtliche Zulässigkeit

1. Verstoß gegen § 57 AktG

§ 57 Abs. 1 Satz 1 AktG **untersagt** der Gesellschaft die **Rückgewähr von Einlagen** an die Aktionäre. Entgegen dem zu eng gefassten Wortlaut erfasst dieses Verbot vorbehaltlich Dividendenzahlungen[4] und weiterer gesetzlicher Ausnahmen **jegliche Leistung an einen Aktionär**, der **kein vollwertiger Gegenleistungsanspruch** gegenübersteht, was regelmäßig der Fall ist, wenn ihr kein einem Drittvergleich standhaltendes Umsatzgeschäft zugrunde liegt. Demgemäß besteht weithin Einigkeit darüber, dass offen oder verdeckt auf einen **Anfechtungsabkauf** abzielende Zahlungen an Aktionäre[5], unabhängig von der formalen Einkleidung der Zahlung (z.B. als Vergleich, Beraterhonorar, Erstattung von (überhöhten) Verfahrenskosten, überhöhter Kaufpreis für den Erwerb der Aktien) den Verbotstatbestand erfüllen.[6]

30.130

Verbreitet wird in solchen Zahlungen außerdem ein Verstoß gegen das aktienrechtliche **Gleichbehandlungsgebot** des § 53a AktG erblickt[7]; praktische Bedeutung hat die Frage nicht.[8]

30.131

2. Rückforderungsrecht nach § 62 Abs. 1 AktG und Rückforderungspflicht nach § 93 Abs. 3 Nr. 1 AktG

Wegen Verstoßes gegen § 57 AktG hat die Gesellschaft gem. § 62 Abs. 1 AktG ein **Rückforderungsrecht** gegen den opponierenden Aktionär. § 62 Abs. 1 AktG ist dabei ein „scharfes

30.132

---

1 Oder für die Nichterhebung der Klage, vgl. den Sachverhalt der Entscheidung des BGH v. 14.5.1992 – II ZR 299/90, AG 1992, 317.
2 Vgl. den Sachverhalt BGH v. 14.10.1991 – II ZR 249/90, AG 1992, 86 – Deutsche Bank: Forderung von 10 Mio. DM als „Honorar für Rechtsberatung".
3 Vgl. *Baums*, Gutachten Juristentag, S. F-153; *Kiethe*, NZG 2004, 489, 490 f.
4 Vgl. § 57 Abs. 3 AktG, der nach heute h.M. eine anders gefasste Wiederholung des § 57 Abs. 1 Satz 1 AktG ist; *Hüffer/Koch*, § 57 AktG Rz. 31.
5 Dem stehen Zahlungen an dem betreffenden Aktionär nahe stehende Personen gleich; vgl. *Diekgräf*, Sonderzahlungen, S. 105 ff. m.w.N.
6 Vgl. *Cahn/v. Spannenberg* in Spindler/Stilz, § 57 AktG Rz. 46; *Bayer* in MünchKomm. AktG, § 57 AktG Rz. 78; *Ehmann/Walden*, NZG 2013, 806, 807; *Henze* in Großkomm. AktG, § 57 AktG Rz. 71; *Hüffer/Koch*, § 57 AktG Rz. 7, 13; grundlegend *Lutter* in FS 40 Jahre Der Betrieb, S. 193, 197 ff.; eingehend *Diekgräf*, Sonderzahlungen, S. 91 ff. Zu Zahlungen durch einen Großaktionär anstelle der Gesellschaft s. *Windbichler* in Timm, Missbräuchliches Aktionärsverhalten, S. 39, 43 f.; *Hirte*, BB 1988, 1469, 1474. – Angesichts des gesetzlichen Verbots u.E. nicht überzeugend der Versuch von *Poelzig*, WM 2008, 1009, 1013 ff., das Vorstandshandeln anhand des Maßstabs der Business Judgement Rule zu beurteilen.
7 So z.B. *Bungeroth* in MünchKomm. AktG, § 53a AktG Rz. 10; *Lutter* in FS 40 Jahre Der Betrieb, S. 193, 199; *Hirte*, BB 1988, 1469, 1473; a.A. *Martens*, AG 1988, 118, 122; *Feltkamp*, Anfechtungsklage, S. 145, 181 (keine Gleichbehandlung im Unrecht).
8 Ebenso *Slabschi*, Anfechtungsklage, S. 154; i.E. auch *Bison*, Missbrauch, S. 215. Soweit ein Verstoß gegen § 57 Abs. 1 AktG gerechtfertigt ist, ergibt sich daraus zugleich die Rechtfertigung einer Ungleichbehandlung.

Schwert": Die Verjährungsfrist beträgt 10 Jahre seit Empfang der Leistung (§ 62 Abs. 3 Satz 1 AktG) und auf den Wegfall der Bereicherung kann sich der opponierende Aktionär nicht berufen. Der Rückforderungsanspruch besteht auch gegenüber einem Dritten, an den die Zahlung tatsächlich geleistet wird (z.B. Rechtsanwalt des opponierenden Aktionärs), wenn er als Vertreter des Aktionärs auftritt und die Zahlung empfängt.[1]

30.133 Der **Vorstand** ist **verpflichtet**, gegen § 57 AktG verstoßende Zahlungen unverzüglich zurückzufordern.[2] Das ergibt sich aus der Wertung des § 93 Abs. 1 Nr. 1 AktG: Wird der Rückforderungsanspruch aus § 62 Abs. 1 AktG nicht geltend gemacht, kann das einen **Schadensersatzanspruch** gegen den Vorstand begründen. Denn der Vorstand hat allgemein die Pflicht, Ansprüche der Gesellschaft zu betreiben, soweit nicht überwiegende Interessen der Gesellschaft entgegenstehen.[3]

30.134 Eine Rückforderungsklage hat im Übrigen **keine Auswirkungen** auf die Wirksamkeit des zur Beendigung der Anfechtungsklage abgeschlossenen **Vergleichs**. Nach der überzeugenden h.M. führen Verstöße gegen das Verbot der Einlagenrückgewähr (§ 57 AktG) zur Nichtigkeit weder des Verpflichtungs- noch des Verfügungsgeschäfts. Damit hat der Vergleich Bestand, auch wenn die Rückforderungsklage erfolgreich ist. Bei der Verteidigung der Rückforderungsklage wird der opponierende Aktionär sich auch nicht auf den *dolo agit*-Einwand berufen können. Denn derjenige, der selbst rechtsmissbräuchlich eine Zahlung entgegen § 57 AktG veranlasst, kann sich nach allgemeinen Grundsätzen nicht seinerseits auf Rechtsmissbrauch berufen. Das würde im Übrigen auch den Wertungen des § 62 AktG widersprechen.

30.135 Neben dem Rückforderungsanspruch aus § 62 AktG kann der Gesellschaft auch ein Schadensersatzanspruch aus **§ 826 BGB** zustehen. Nach der Rechtsprechung handelt ein Aktionär **sittenwidrig**, wenn er eine Anfechtungsklage mit dem Ziel erhebt, die verklagte Gesellschaft in grob eigennütziger Weise zu einer Leistung zu veranlassen, auf die er keinen Anspruch hat.[4]

III. Haftungsrisiken

1. Vorstand

30.136 Gegen das Verbot der Einlagenrückgewähr verstoßende Leistungen sind pflichtwidrig und führen grundsätzlich zur Schadensersatzhaftung des Vorstands nach § 93 Abs. 2 AktG.[5] Dabei **indiziert** ein **Verstoß gegen die Legalitätspflicht** grundsätzlich die **Rechtswidrigkeit des Vorstandshandelns**. In der Konstellation der Sonderzahlung an opponierende Aktionäre kommt in engen Grenzen eine **Rechtfertigung** entsprechend § 904 BGB, § 34 StGB in Be-

---

1 *Hüffer/Koch*, § 57 AktG Rz. 18; § 62 AktG Rz. 5 m.w.N.; a.A. und insoweit zu eng BGH v. 14.5.1992 – II ZR 299/90, NJW 1992, 2821.
2 Ebenso *Ehmann/Walden*, NZG 2013, 806, 808; *Krieger/Sailer-Coceani* in K. Schmidt/Lutter, § 93 AktG Rz. 57 f.
3 *Krieger/Sailer-Coceani* in K. Schmidt/Lutter, § 93 AktG Rz. 8; *Hopt/Roth* in Großkomm. AktG, § 93 AktG Rz. 178; *Mertens/Cahn* in KölnKomm. AktG, § 93 AktG Rz. 68.
4 BGH v. 22.5.1989 – II ZR 206/88, BGHZ 107, 296; BGH v. 14.5.1992 – II ZR 299/90, NJW 1992, 2821; OLG Frankfurt a.M. v. 13.1.2009 – 5 U 183/07, NZG 2009, 222 = AG 2009, 200, 202; zu den einzelnen Voraussetzungen *Ehmann/Walden*, NZG 2013, 806, 809.
5 Dies hebt der Spezialtatbestand des § 93 Abs. 3 Nr. 1 AktG ausdrücklich hervor. Bei einem gegen § 57 Abs. 1 AktG verstoßenden Rückerwerb eigener Aktien ergibt sich die Haftung auch aus § 93 Abs. 3 Nr. 3 AktG. Der Vorstand kann nicht einwenden, dass der Gesellschaft ohne die Zahlung ein höherer Schaden entstanden wäre, vgl. *Feltkamp*, Anfechtungsklage, S. 145, 178 m.w.N.

tracht, wobei nach Einführung des **Freigabeverfahrens in § 246a AktG** zutreffend darauf hingewiesen wird, dass es für einen solchen Rechtfertigungsgrund **kaum noch Raum** gibt; der Vorstand ist in erster Linie auf dieses Verfahren verwiesen.[1]

Mit Blick auf einen etwaigen Rechtfertigungsgrund und dessen Voraussetzungen ist im Einzelnen wie folgt **zu differenzieren**: 30.137

a) Eignung der Zahlung zur Schadensabwehr

Die Eignung einer Zahlung zur Schadensabwehr ist zu **verneinen**, wenn sich die betroffene Maßnahme auch unabhängig von der missbräuchlichen Anfechtung erheblich zu verzögern droht. Denn in diesem Fall wäre mit der Niederschlagung der rechtsmissbräuchlichen Klage **nichts gewonnen**. Das gilt namentlich dann, wenn der Vorstand selbst zur Anfechtung des Beschlusses verpflichtet ist[2] oder war.[3] Eine Anfechtungspflicht besteht jedoch nicht bereits, wenn der Beschluss nach Ansicht des Vorstands rechtswidrig ist; zur Anfechtung verpflichtet ist er nach h.M. vielmehr nur dann, wenn ein Untätigbleiben der Gesellschaft zum Schaden gereichen würde.[4] Das ist aber in den hier interessierenden Fällen, die im Gegenteil gerade durch die Gefahr eines Verzögerungsschadens gekennzeichnet sind, kaum vorstellbar. Ist der Beschluss nach Auffassung des Vorstands mit Nichtigkeitsmängeln behaftet, darf er ihn allerdings frühestens nach Heilung gem. § 242 AktG ausführen.[5] 30.138

Aus dem Vorstehenden ergibt sich im Umkehrschluss, dass ein **Auskauf** des Anfechtungsklägers **nicht von vornherein unzulässig** ist, wenn die Klage, von ihrer Missbräuchlichkeit abgesehen[6], nach Meinung des Vorstands **begründet** wäre.[7] Allerdings ist (auch jenseits von Nichtigkeitsfällen) bei schweren Mängeln konstitutiv in das Handelsregister einzutragender Beschlüsse zu bedenken, dass das Registergericht nach h.M. in gewissem Umfang nicht nur 30.139

---

1 *Wiesner* in MünchHdb. GesR, Bd. 4, § 25 Rz. 33; *Cahn/v. Spannenberg* in Spindler/Stilz, § 57 AktG Rz. 46; *Fleischer* in K. Schmidt/Lutter, § 57 AktG Rz. 23; strenger: *Bayer* in MünchKomm. AktG, § 57 AktG Rz. 78, der den Vorstand ausschließlich auf die gesetzlichen Verfahren und den Rechtsweg verweist.
2 Ebenso *Diekgräf*, Sonderzahlungen, S. 165 f.
3 Hat der Vorstand die Anfechtung pflichtwidrig versäumt, darf er den Beschluss nicht ausführen; vgl. *Spindler* in MünchKomm. AktG, § 83 AktG Rz. 24; *Habersack/Foerster* in Großkomm. AktG, § 83 AktG Rz. 13.
4 Vgl. *Spindler* in MünchKomm. AktG, § 83 AktG Rz. 24, § 93 AktG Rz. 237; *Hüffer/Koch*, § 245 AktG Rz. 36; *Pentz* in Fleischer, Handbuch des Vorstandsrechts, § 17 Rz. 133; anders *Diekgräf*, Sonderzahlungen, S. 169 f., der eine Pflicht zur Anfechtung annimmt, wenn „institutionelle Interessen der Gesellschaft" berührt sind.
5 Vgl. *Hüffer/Koch*, § 93 AktG Rz. 73; *Hopt/Roth* in Großkomm. AktG, § 93 AktG Rz. 481 f.
6 Die rechtsmissbräuchlich erhobene Klage ist nach h.M. nicht als unzulässig, sondern als unbegründet abzuweisen; vgl. nur BGH v. 15.6.1992 – II ZR 173/91, AG 1992, 448; *Hüffer/Koch*, § 245 AktG Rz. 30 m.w.N., auch zur Gegenmeinung.
7 Ebenso *Diekgräf*, Sonderzahlungen, S. 165, 170; *Mertens/Cahn* in KölnKomm. AktG, § 93 AktG Rz. 76; *Oechsler* in MünchKomm. AktG, § 71 AktG Rz. 132 (insbesondere bei „ganz unbedeutenden Fehlern"); *Schlaus*, AG 1988, 113, 116 (bei „geringfügigen Mängeln"); *Bison*, Missbrauch, S. 239; a.A. *Bayer* in MünchKomm. AktG, § 57 AktG Rz. 78; *Lutter/Drygala* in KölnKomm. AktG, § 71 AktG Rz. 59; *Schlaus*, AG 1988, 113, 117. – Anderes dürfte insoweit bei Feststellungs- oder Unterlassungsklagen wegen Übergehung der Hauptversammlung auf Basis der „Holzmüller/Gelatine"-Rechtsprechung des BGH gelten; denn wenn der Vorstand in diesen Fällen die Klage für begründet hält, darf er die betroffene Maßnahme von sich aus nicht weiter umsetzen.

ein materielles Prüfungsrecht, sondern eine materielle Prüfungspflicht hat[1], so dass sich bei absehbarer Zurückweisung der Eintragung ein Klageabkauf auch aus diesem Grunde als zur Schadensverhinderung ungeeignet erweisen kann.[2]

b) Erforderlichkeit der Zahlung zur Schadensabwehr

30.140 Zu klären ist außerdem, unter welchen Umständen die Zahlung an den Anfechtungskläger erforderlich, also das **mildeste geeignete Mittel** zur Schadensabwehr ist.

30.141 Diese Frage stellt sich zunächst hinsichtlich der Anfechtung solcher Beschlüsse, die zu ihrem Wirksamwerden **keiner Handelsregistereintragung** bedürfen.[3] Hierzu zählen z.B. Beschlüsse über die Zustimmung zur Übertragung des Gesellschaftsvermögens gem. § 179a AktG und – wichtiger – über die Zustimmung zu strukturändernden Maßnahmen im Sinne der „Holzmüller/Gelatine"-Rechtsprechung des BGH.[4] In diesen Fällen könnte man der Ansicht sein, dass ein Auskauf des Anfechtungsklägers nicht erforderlich sei, weil der Vorstand nicht gehindert sei, die betreffende Maßnahme trotz der Klage umzusetzen, diese also kein Verzögerungspotential habe. Richtig an dieser Auffassung erscheint, dass das Haftungsrisiko, dem sich der Vorstand aussetzt, wenn er die Anfechtung irrtümlich für rechtsmissbräuchlich oder sonst unzulässig oder unbegründet hält, keine Zahlung rechtfertigt; denn insoweit geht es nicht um einen der Gesellschaft drohenden Schaden, und das Risiko der Pflichtwidrigkeit seines Handelns hat der Vorstand stets selbst zu tragen.[5]

30.142 Eine Verzögerungsgefahr kann sich aber **auch in derartigen Fällen** ergeben.[6] Diese besteht zum einen, wenn der anfechtende Aktionär gleichzeitig mit einstweiliger Verfügung und Unterlassungsklage gegen die Umsetzung des angefochtenen Beschlusses vorgeht.[7] Darüber hinaus kann sich auch eine Verzögerungsgefahr ergeben, wenn Dritte, deren Mitwirkung es zur Umsetzung bedarf (z.B. der Vertragspartner bei einem Vertrag nach § 179a AktG), nicht bereit sind, die betreffende Maßnahme zu vollziehen, solange der notwendige Beschluss nicht unanfechtbar geworden ist.[8] In derartigen Konstellationen müssen u.E. dieselben Grundsätze wie für konstitutiv eintragungsbedürftige Beschlüsse gelten.

30.143 Eine Leistung an den klagenden Aktionär könnte auch dann nicht erforderlich sein, wenn es **gleichermaßen geeignete Alternativen** zur Schadensabwehr gäbe.

---

1 Einschränkungen ergeben sich, wenn mit Erfolg ein einschlägiges Freigabeverfahren durchgeführt wurde, vgl. etwa § 246a Abs. 3 Satz 5 AktG und dazu Begr. RegE UMAG, BT-Drucks. 15/5092 v. 14.3.2005, S. 27 f.
2 Die Einzelheiten sind umstritten, vgl. *Hüffer/Koch*, § 243 AktG Rz. 51 ff. m.w.N.
3 Im Schrifttum wird die Frage wenig erörtert. *Diekgräf*, Sonderzahlungen, S. 176 f. verneint eine Freikaufsbefugnis bei nicht konstitutiv einzutragenden Beschlüssen, verengt die Diskussion dabei aber auf Entlastungsbeschlüsse. Gegen eine Beschränkung auf eintragungsbedürftige Beschlüsse *Bison*, Missbrauch, S. 240.
4 Vgl. BGH v. 25.2.1982 – II ZR 174/80, BGHZ 83, 122 = AG 1982, 158 – Holzmüller und BGH v. 26.4.2004 – II ZR 155/02, BGHZ 159, 30 = AG 2004, 384 – Gelatine.
5 Arg. § 93 Abs. 4 Satz 1 AktG.
6 *Baums*, Gutachten Juristentag, S. F-161.
7 Die von *Diekgräf*, Sonderzahlungen, S. 178 in diesem Zusammenhang erwähnte Schadensersatzpflicht des Aktionärs gem. § 945 ZPO läuft wegen des üblichen Einsatzes vermögensarmer Klagevehikel weitgehend ins Leere.
8 Vertraglich drückt sich solch ein Vorbehalt typischerweise durch entsprechende Vollzugsbedingungen und Rücktrittsrechte aus.

Die Möglichkeit der Herbeiführung eines **Bestätigungsbeschlusses** bedeutet i.d.R. **keine** solche Alternative.[1] Denn dieses Vorgehen ist nicht nur mit erheblichem Kosten- und (was schwerer wiegt) Zeitaufwand verbunden; sein Erfolg ist auch ungewiss, denn eine (kurzfristige) Bestätigung scheitert, wenn der Bestätigungsbeschluss seinerseits angefochten wird.

30.144

Anderes gilt im Regelfall für ein der Gesellschaft eröffnetes **Freigabeverfahren**. Ein solches Verfahren, mit dessen Hilfe die Gesellschaft die (konstitutive) Handelsregistereintragung bestimmter Arten von Beschlüssen trotz schwebender Anfechtungsklage erreichen kann, sieht das Gesetz u.a. bei Umwandlungsmaßnahmen (§§ 16 Abs. 3, 125 UmwG), beim sog. Squeeze-Out (§ 327e Abs. 2 i.V.m. § 319 Abs. 6 AktG) und seit Einführung des § 246a AktG[2] auch bei Kapitalmaßnahmen und Unternehmensverträgen vor.

30.145

Voraussetzung einer Freigabe ist, dass die Klage unzulässig oder offensichtlich unbegründet ist oder dass der Gesellschaft durch die Verzögerung der Eintragung wesentliche, unter Abwägung mit den gerügten Rechtsverstößen überwiegende Nachteile drohen.[3] Lässt sich die Missbrauchsabsicht des opponierenden Aktionärs durch Schriftverkehr oder andere Dokumente belegen, steht einer Freigabe wegen offensichtlicher Unbegründetheit der Klage nichts entgegen; angesichts der oft fragwürdigen Qualität der geltend gemachten Beschlussmängel dürfte häufig aber auch eine Freigabe wegen drohender schwerer Nachteile für die Gesellschaft nahe liegen.

30.146

Um **Haftungsrisiken zu vermeiden**, ist daher dem Vorstand regelmäßig zu raten, in erster Linie eine „Lösung" des Konflikts über das Freigabeverfahren gem. § 246a AktG zu erreichen. Allerdings kann das Freigabeverfahren mehrere Monate dauern[4], so dass in Ausnahmefällen trotz § 246a AktG eine Rechtfertigung des Verstoßes gegen § 57 AktG in Betracht kommt.[5] Es müsste in diesem Fall dargelegt werden, dass die mit dem Verfahren nach § 246a AktG verbundene Eintragungsverzögerung der Gesellschaft einen derart schweren Schaden zufügen würde, dass sofort gehandelt werden muss.[6]

30.147

c) Kausaler Schaden

Wenn die (engen) Voraussetzungen einer Notstandslage i.S. von § 906 BGB, § 34 StGB objektiv – z.B. mangels Erforderlichkeit – nicht vorlagen, bleibt gleichwohl häufig die Schwierigkeit, einen durch den Vergleich ausgelösten Schaden im Sinne der **Differenzhypothese**

30.148

---

1 Ebenso *Diekgräf*, Sonderzahlungen, S. 181 f.; *Feltkamp*, Anfechtungsklage, S. 172 Fn. 352; *Poelzig*, WM 2008, 1009, 1012.
2 Durch das UMAG im Jahr 2005.
3 Seit der Neufassung des § 246a AktG und seiner Parallelnormen durch das ARUG im Jahr 2009 erfolgt eine Freigabe außerdem dann, wenn der Kläger nicht binnen einer Woche nach Zustellung des Freigabeantrags nachgewiesen hat, dass er seit Bekanntmachung der Einberufung der betreffenden Hauptversammlung einen anteiligen Betrag des Grundkapitals von mindestens 1000 Euro hält.
4 Vgl. § 246a Abs. 3 Satz 6 AktG, wonach der Beschluss innerhalb von drei Monaten nach Antragstellung ergehen „soll".
5 *Wiesner* in MünchHdb. GesR, Bd. 4, § 25 Rz. 33; *Cahn/v. Spannenberg* in Spindler/Stilz, § 57 AktG Rz. 46; *Fleischer* in K. Schmidt/Lutter, § 57 AktG Rz. 23; *Ehrmann/Walden*, NZG 2013, 806, 808; strenger: *Bayer* in MünchKomm. AktG, § 57 AktG Rz. 78, der den Vorstand ausschließlich auf die gesetzlichen Verfahren und den Rechtsweg verweist.
6 Vgl. auch *Cahn/v. Spannenberg* in Spindler/Stilz, § 57 AktG Rz. 46; *Fleischer*, ZIP 2005, 141, 150; *Poelzig*, WM 2008, 1009, 1015 f. (beide noch zu § 246a AktG a.F.).

festzustellen. Zumindest wäre der durch den Vergleich entstandene Vermögensvorteil im Wege der **Vorteilsanrechnung** zu berücksichtigen.

d) Zustimmung des Aufsichtsrats

30.149 U.E. ist der Vorstand nur dann verpflichtet, die Zustimmung des Aufsichtsrats zum Abschluss des Vergleichs einzuholen, wenn in der Gesellschaft ein entsprechender **Zustimmungsvorbehalt** gem. § 111 Abs. 4 Satz 2 AktG existiert.[1] Unabhängig davon sind beabsichtigte Zahlungen an räuberische Aktionäre i.d.R. als „wichtige Anlässe" berichtspflichtig gem. § 90 Abs. 1 Satz 3 AktG.

2. Aufsichtsrat

30.150 Der Aufsichtsrat ist über anhängige Anfechtungsklagen von Aktionären bereits deshalb **informiert**, weil solche Klagen auch ihm **zuzustellen** sind.[2] Auch über die Absicht des Vorstands, die Klage durch Zahlung eines Geldbetrags niederzuschlagen, wird der Aufsichtsrat i.d.R. gem. § 90 Abs. 1 Satz 3 AktG zu unterrichten sein.

30.151 Eine **Verpflichtung** des Aufsichtsrats zur **Einführung eines Zustimmungsvorbehalts** ergibt sich aus alledem grundsätzlich **nicht**.[3] Entsprechende Zahlungen erreichen regelmäßig nicht die Größenordnung, von der an der Deutsche Corporate Governance Kodex die Festlegung eines solchen Vorbehalts empfiehlt.[4] **Im Einzelfall** mag sich das demnach bestehende Ermessen des Aufsichtsrats allerdings auf null reduzieren, was auch *ad hoc* möglich ist, wenn die von ihm auf der Grundlage der vorliegenden Informationen angestellte Prüfung ergibt, dass die geplante Zahlung unzulässig wäre.[5] Versäumt der Aufsichtsrat in einem solchen Fall die Einführung eines Zustimmungsvorbehalts, oder erteilt er sorgfaltswidrig die Zustimmung, macht er sich gem. §§ 116 Satz 1, 93 Abs. 2 AktG **schadensersatzpflichtig**. Entsprechendes gilt, wenn er den Vorstand nicht nachdrücklich zur Geltendmachung des Rückgewähranspruchs nach § 62 Abs. 1 AktG anhält.

---

1 A.A. *Diekgräf*, Sonderzahlungen, S. 187 ff.
2 Vgl. § 246 Abs. 2 Satz 2 AktG; näher *Hüffer/Koch*, § 246 AktG Rz. 32.
3 Zur Frage, wann der Aufsichtsrat zur Einführung eines Zustimmungsvorbehalts verpflichtet ist, s. Rz. 30.116 ff. Wird die Klage durch übereinstimmende Erledigungserklärung gem. § 91a ZPO beendet (was wegen der damit verbundenen Prüfung der Klageaussichten durch das Gericht regelmäßig nicht im Interesse des Klägers liegt), ergibt sich ein „Zustimmungsvorbehalt" zu Gunsten des Aufsichtsrats bereits aus der dafür wegen § 246 Abs. 2 Satz 2 AktG erforderlichen Mitwirkung des Aufsichtsrats.
4 Vgl. Nr. 3.3 des Deutschen Corporate Governance Kodex: „Geschäfte von grundlegender Bedeutung", insbesondere „Maßnahmen, die die Vermögens-, Finanz- oder Ertragslage des Unternehmens grundlegend verändern".
5 S. bereits Rz. 30.117.

§ 31
Risikobereich und Haftung: Geldbußen gegen das Unternehmen

Professor Dr. Hans-Ulrich Wilsing

A. Einleitung	31.1
B. Die Unternehmensgeldbuße	31.4
I. Geldbußen gegen Vorstandsmitglieder	31.4
II. Geldbußen gegen Unternehmen	31.6
III. Die Voraussetzungen der Verbandssanktion	31.7
IV. Verhängung der Unternehmensgeldbuße	31.14
1. Verfahren	31.14
2. Höhe und Bemessung der Unternehmensgeldbuße	31.15
C. Der Regress	31.18
I. Schadensersatzanspruch gegen Vorstandsmitglieder infolge einer Unternehmensgeldbuße	31.18
1. Pflichtverletzung durch Begehung von Ordnungswidrigkeiten oder Straftaten	31.19
2. Tatbestandliche Beschränkung des Rückgriffs	31.22
a) Kein unternehmerisches Ermessen bei Gesetzesverstößen	31.23
b) Einschränkung der Legalitätspflicht	31.25
3. Verschulden	31.28
4. Ersatzfähiger und zurechenbarer Schaden	31.29
a) Anrechnung erzielter Vorteile	31.32
b) Schaden durch Ahndungsteil der Geldbuße	31.36
5. Art und Umfang des Schadensersatzanspruchs	31.38
II. Durchsetzung des Ersatzanspruchs	31.39
1. Verfolgung durch den Aufsichtsrat	31.39
2. Verfolgungsrecht einer Aktionärsminderheit	31.41
III. Beweisrechtliche Wirkung des Bußgeldbescheids im Regressprozess	31.43
D. Versicherbarkeit des Regressrisikos	31.47
I. Ausschluss bei vorsätzlicher oder wissentlicher Pflichtverletzung	31.48
II. Ausschluss von Bußgeldern und Geldstrafen	31.49
E. Ausblick	31.51

Schrifttum: *Abeltshauser*, Leitungshaftung im Kapitalgesellschaftsrecht, 1998; *Bach*, Kartellbußgelder und Schadensersatz: Ansätze zur Konfliktlösung, in FS Canenbley, 2012, S. 15; *Bachmann*, Haftung des AG-Vorstands wegen Einrichtung eines mangelhaften Compliance-Systems zur Verhinderung von Schmiergeldzahlungen – Anmerkung zum „Siemens"-Urteil des LG München I, ZIP 2014, 570; *Bayreuther*, Haftung von Organen und Arbeitnehmern für Unternehmensgeldbußen, NZA 2015, 1239; *Binder/Kraayvanger*, Regress der Kapitalgesellschaft bei der Geschäftsleitung für gegen das Unternehmen verhängte Geldbußen, BB 2015, 1219; *Buchta*, Haftung und Verantwortlichkeit des Vorstands einer Aktiengesellschaft – Eine Bestandsaufnahme, DB 2006, 1939; *Casper*, Hat die grundsätzliche Verfolgungspflicht des Aufsichtsrats im Sinne des ARAG/Garmenbeck-Urteils ausgedient?, ZHR 176 (2012), 617; *Dreher*, Die kartellrechtliche Bußgeldverantwortlichkeit von Vorstandsmitgliedern, in FS Konzen, 2006, S. 85; *Fabisch*, Managerhaftung für Kartellrechtsverstöße, ZWeR 2013, 91; *Fleischer*, Vorstandsverantwortlichkeit und Fehlverhalten von Unternehmensangehörigen – Von der Einzelüberwachung zur Errichtung einer Compliance-Organisation, AG 2003, 291; *Fleischer*, Aktienrechtliche Legalitätspflicht und „nützliche" Pflichtverletzungen von Vorstandsmitgliedern, ZIP 2005, 141; *Fleischer*, Haftungsfreistellung, Prozesskostenersatz und Versicherung für Vorstandsmitglieder, WM 2005, 909; *Fleischer*, Kartellrechtsverstöße und Vorstandsrecht, BB 2008, 1070; *Fleischer*, Regresshaftung von Geschäftsleitern wegen Verbandsgeldbußen, DB 2014, 345; *Gaul*, Regressansprüche bei Kartellbußen im Lichte der Rechtsprechung und der aktuellen Debatte über die Reform der Organhaftung, AG 2015, 109; *Glöckner/Müller-Tautphaeus*, Rückgriffshaftung von Organmitgliedern bei

Kartellrechtsverstößen, AG 2001, 344; *Goette*, Grundsätzliche Verfolgungspflicht des Aufsichtsrats?, ZHR 176 (2012), 588; *Grunewald*, Die Abwälzung von Bußgeldern, Verbands- und Vertragsstrafen im Wege des Regresses, NZG 2016, 1121; *Gürtler*, Kommentierung zu §§ 9, 30, 130 OWiG, in Göhler, Gesetz über Ordnungswidrigkeiten, 16. Aufl. 2012; *Habersack*, Perspektiven der aktienrechtlichen Organhaftung, ZHR 177 (2013), 783; *Hellgardt*, Die deliktische Außenhaftung von Gesellschaftsorganen für unternehmensbezogene Pflichtverletzungen – Überlegungen vor dem Hintergrund des Kirch/Breuer-Urteils des BGH, WM 2006, 1514; *Horn*, Die Haftung des Vorstands der AG nach § 93 AktG und die Pflichten des Aufsichtsrats, ZIP 1997, 1129; *Kersting*, Organhaftung für Kartellbußgelder, ZIP 2016, 1266; *Koch*, Beschränkung der gesellschaftsrechtlichen Innenregresses im Falle von Bußgeldzahlungen, in Liber amicorum Martin Winter, 2011, S. 327; *Koch*, Beschränkung der Regressfolgen im Kapitalgesellschaftsrecht, AG 2012, 429; *Koch*, Regressreduzierung im Kapitalgesellschaftsrecht – eine Sammelreplik, AG 2014, 513; *Lotze*, Haftung von Vorständen und Geschäftsführern für gegen Unternehmen verhängte Bußgelder, NZKart 2015, 162; *Paefgen*, Unternehmerische Entscheidungen und Rechtsbindung der Organe in der AG, 2002; *Paefgen*, Ein kritischer Werkstattbericht vor dem Hintergrund der Beratungen des 70. Deutschen Juristentages 2014, AG 2014, 554; *Rogall*, Kommentierung zu §§ 9, 30, 130 OWiG, in Karlsruher Kommentar zum Gesetz über Ordnungswidrigkeiten, 4. Aufl. 2014; *Markus Roth*, Unternehmerisches Ermessen und Haftung des Vorstands, 2001; *Schmitz/Taschke*, Haftungsrisiken von Unternehmen bei der Begehung von Straftaten oder Ordnungswidrigkeiten durch Mitarbeiter, WiB 1997, 1169; *Schlechtriem*, Schadensersatzhaftung der Leitungsorgane von Kapitalgesellschaften, in Kreutzer, Die Haftung der Leitungsorgane von Kapitalgesellschaften, 1991, S. 9; *Uwe H. Schneider*, Die Wahrnehmung öffentlich-rechtlicher Pflichten durch den Geschäftsführer, in FS 100 Jahre GmbH-Gesetz, 1992, S. 473; *Thole*, Managerhaftung für Gesetzesverstöße, ZHR 173 (2009), 504; *Zimmermann*, Kartellrechtliche Bußgelder gegen Aktiengesellschaften und Vorstand: Rückgriffsmöglichkeiten, Schadensumfang und Verjährung, WM 2008, 433; *Zimmermann*, Aktienrechtliche Grenzen der Freistellung des Vorstands von kartellrechtlichen Bußgeldern, DB 2008, 687.

A. Einleitung

31.1 Vorstände von Unternehmen trifft bei der Begehung von Ordnungswidrigkeiten, die im Zusammenhang mit ihrer Tätigkeit stehen, ein **doppeltes Haftungsrisiko**. Zum einen kann nach §§ 9, 130 OWiG gegen das Vorstandsmitglied selbst ein Bußgeld verhängt werden. Zum anderen kommt eine Schadensersatzhaftung des Vorstandsmitglieds gegenüber der Gesellschaft für gegen das Unternehmen verhängte Geldbußen in Betracht.

31.2 In der Unternehmenspraxis gewinnt die Frage, ob und unter welchen Voraussetzungen die mit einem Bußgeld belegte Gesellschaft wegen des daraus entstehenden Schadens **Rückgriff** bei ihren verantwortlichen Organmitgliedern nehmen kann, zunehmend an Bedeutung. Dies ist zunächst darauf zurück zu führen, dass der Gesetzgeber in den vergangenen Jahren die von Unternehmen und ihren Organmitgliedern zu beachtenden Verhaltensanforderungen durch eine Reihe von Gesetzesänderungen verschärft hat. Die Nichtbeachtung dieser Verhaltenspflichten ist immer häufiger mit einem Bußgeld bewehrt.[1] Zugleich ist das Verfolgungsrisiko für Unternehmen angesichts verbesserter Organisation der zuständigen Behörden gestiegen.[2]

---

1 Z.B.: Verringerung der Anforderungen an die Kausalität und Verschärfung des Bußgeldrahmens in § 130 OWiG, dazu *Dannecker* in Wabnitz/Janovsky, Handbuch des Wirtschafts- und Steuerstrafrechts, 4. Aufl. 2014, Kap. 1 Rz. 71 ff. und *Rogall* in KK OWiG, § 130 OWiG Rz. 10; bußgeldbewehrte Pflicht zur Offenlegung der Bezüge der einzelnen Vorstandsmitglieder der börsennotierten AG, § 285 Satz 1 Nr. 9 lit. a, § 334 Abs. 1 Nr. 1 lit. d HGB, dazu und mit weiteren Beispielen *Buchta*, DB 2006, 1939, 1940 ff. Kritisch zur Ausweitung öffentlicher Pflichten *Dreher*, AG 2006, 213, 220 ff.
2 Vgl. *Dreher*, ZWeR 2004, 75, 76 f.

Vor allem Beispiele aus dem Bereich des Kartellrechts zeigen, dass die zuständigen Behörden Rechtsverstöße nicht nur konsequenter verfolgen, sondern diese auch mit immer höheren Geldbußen sanktionieren.[1] Für die betroffenen Unternehmen können diese Bußgelder wirtschaftlich bedrohlich werden, so dass die Frage nach einem Rückgriff naheliegt.[2] Im Zuge der 8. GWB-Novelle wurde der Höchstbetrag der Geldbuße, die gegen ein Unternehmen verhängt werden kann, verzehnfacht.[3] Erklärtes Ziel dieser Erhöhung ist die empfindlichere Ahndung der betroffenen Unternehmen.[4]

Bereits 2005 sind mit dem UMAG zudem die Möglichkeiten verbessert worden, Ersatzansprüche einer Aktiengesellschaft gegen ihre Organmitglieder durchzusetzen. Seither ist neben dem zuständigen Organ auch eine qualifizierte Aktionärsminderheit berechtigt, Ersatzansprüche der Aktiengesellschaft gegen ihre Organmitglieder im eigenen Namen gerichtlich geltend zu machen (**Verfolgungsrecht der Aktionärsminderheit**, § 148 AktG, näher Rz. 31.41 f.).[5] Bislang stellt die Verfolgung derartiger Ansprüche im Wege der Aktionärsklage den Ausnahmefall dar. Es ist jedoch nicht auszuschließen, dass von dieser Möglichkeit in Zukunft vermehrt Gebrauch gemacht wird.

31.3

B. Die Unternehmensgeldbuße

I. Geldbußen gegen Vorstandsmitglieder

Bei der Geldbuße handelt es sich um eine Unrechtsfolge, die keine Kriminalstrafe darstellt, aber ebenfalls repressiven Charakter hat.[6] Typischerweise sanktioniert die Geldbuße eine Ordnungswidrigkeit.

31.4

Der Kreis der Personen, die Ordnungswidrigkeiten begehen können, entspricht grundsätzlich dem des Strafrechts. Danach kommen – anders als im europäischen Kartellrecht[7] – nur natürliche Personen als Täter in Betracht.[8] Soweit bußgeldbewehrte Normen besondere Pflichten begründen, die im Zusammenhang mit dem Wirkungskreis von Unternehmen stehen und

31.5

---

1 Als Beispiel genannt seien hier nur das Anfang 2007 wegen der Beteiligung an einem Aufzugs- und Rolltreppenkartell gegen den ThyssenKrupp-Konzern verhängte Bußgeld in Höhe von 479,6 Mio. Euro sowie das im November 2008 gegen den französischen Industriekonzern Saint-Gobain verhängte Rekordbußgeld in Höhe von 896 Mio. Euro. Allein das Bundeskartellamt verhängte im Jahr 2014 Bußgelder in Höhe von insgesamt über 1 Mrd. Euro, vgl. Pressemitteilung des Bundeskartellamts vom 23.12.2014.
2 So auch *Dreher*, ZWeR 2004, 75, 76; *Hauschka*, AG 2004, 461, 465.
3 Achtes Gesetz zur Änderung des Gesetzes gegen Wettbewerbsbeschränkungen vom 26.6.2013, in Kraft getreten am 30.6.2013.
4 Vgl. BT-Drucks. 17/11053, S. 21.
5 § 148 AktG i.d.F. des UMAG v. 22.9.2005 (in Kraft getreten am 1.11.2005), vgl. Begr. RegE, BT-Drucks. 15/5092, S. 11, 19 ff.
6 *Gürtler* in Göhler, vor § 1 OWiG Rz. 9.
7 *Dreher*, ZWeR 2004, 75, 83 m.w.N.; Beispiel für Bußgeldtatbestände im Gemeinschaftsrecht: Art. 23 VO (EG) Nr. 1/2003, dazu *Klees*, Europäisches Kartellverfahrensrecht, 2005, § 10 Rz. 123 ff. und *Dreher* in FS Konzen, 2006, S. 87; Art. 14 VO (EG) Nr. 139/2004, dazu *Zeise* in Schulte, Handbuch Fusionskontrolle, 2. Aufl. 2010, Rz. 2091 ff.
8 BGH v. 27.10.1953 – 5 StR 723/52, BGHSt 5, 28, 32; *Gürtler* in Göhler, vor § 1 OWiG Rz. 31; *Rogall* in KK OWiG, vor § 1 OWiG Rz. 19; s. auch *Tiedemann*, NJW 1986, 1842.

diese als Adressaten treffen (sog. betriebsbezogene Pflichten), **erweitert § 9 Abs. 1 OWiG** den Kreis der **Normadressaten** auch auf die **gesetzlichen Vertreter einer juristischen Person**. Bei einem Verstoß gegen betriebsbezogene Pflichten kommt daher zunächst die Verhängung einer Geldbuße gegen die für das Unternehmen handelnden natürlichen Personen in Betracht.[1]

II. Geldbußen gegen Unternehmen

31.6 Anders als das Strafrecht erlaubt es das Ordnungswidrigkeitenrecht über § 30 OWiG, Sanktionen direkt gegen Unternehmen zu verhängen und diese mit einer Geldbuße zu belegen.[2] **§ 30 OWiG knüpft dabei an das Fehlverhalten einer natürlichen Person an, die für das Unternehmen gehandelt hat.** Mit den durch die 9. GWB-Novelle[3] eingeführten § 81 Abs. 3a bis 3e GWB wurde diese Unternehmensverantwortlichkeit dahingehend verschärft, dass vor dem Hintergrund des unionsrechtlichen Unternehmensbegriffes nicht nur die juristische Person, deren Leitungsperson die Ordnungswidrigkeit begangen hat, sondern auch kontrollierende Muttergesellschaften, Gesamtrechts- und wirtschaftliche Nachfolger als Adressat einer Geldbuße erfasst werden können.[4] Die Gesetzesänderung zielt im Wesentlichen darauf ab, die bislang bestehende Sanktionslücke, ein bereits festgesetztes Bußgeld durch Unternehmensumstrukturierung gegenstandslos werden zu lassen, zu schließen. Diese Lücke wurde bereits durch die 8. GWB-Novelle mittels § 30 Abs. 2a OWiG eingeschränkt, aber nicht vollständig geschlossen. Mit der Festsetzung der Verbandsgeldbuße sollen vor allem Vorteile abgeschöpft werden, die dem Unternehmen durch eine in seinem Interesse begangene Straftat oder Ordnungswidrigkeit zugeflossen sind. Darüber hinaus sollen die für das Unternehmen handelnden Organe dazu angehalten werden, dafür zu sorgen, dass die Pflichten des Unternehmens erfüllt werden und Rechtsverstöße unterbleiben.[5]

III. Die Voraussetzungen der Verbandssanktion

31.7 Eine Unternehmensgeldbuße nach § 30 OWiG kann verhängt werden, wenn ein vertretungsberechtigtes Organ, ein Mitglied eines solchen Organs oder eine sonstige Person mit Leitungs- und Kontrollbefugnissen in Ausübung ihrer Leitungsfunktion eine rechtswidrige und schuldhafte Straftat oder Ordnungswidrigkeit (**Anknüpfungstat**) begangen und durch die Tat eine unternehmensbezogene Pflicht verletzt bzw. den Verband bereichert hat. Somit sind auch die Vorstandsmitglieder einer Aktiengesellschaft von § 30 Abs. 1 Nr. 1 OWiG erfasst.[6]

31.8 Als Anknüpfungstaten kommen zunächst alle Straftaten und Ordnungswidrigkeiten in Betracht, die eine **Verletzung betriebsbezogener Pflichten (§ 30 Abs. 1 Alt. 1 OWiG)** sanktionieren. Betriebsbezogen sind solche Pflichten, die im Zusammenhang mit dem Wirkungskreis der juristischen Person stehen und diese als Normadressaten treffen, ihr also Ge- oder

---

1 Zu den Voraussetzungen einer kartellrechtlichen Bußgeldverfügung gegen Vorstandsmitglieder persönlich vgl. ausführlich *Dreher* in FS Konzen, 2006, S. 88 ff.
2 Hierzu ausführlich *Rogall* in KK OWiG, § 30 OWiG Rz. 1 ff.
3 Neuntes Gesetz zur Änderung des Gesetzes gegen Wettbewerbsbeschränkungen vom 1.6.2017, BGBl. I 2017, 1416.
4 Begr. RegE 9. GWB-Novelle, BT-Drucks. 18/10207, S. 86.
5 *Rogall* in KK OWiG, § 30 OWiG Rz. 16 ff. m.w.N.; *Schmitz/Taschke*, WiB 1997, 1169.
6 *Rogall* in KK OWiG, § 30 OWiG Rz. 63; *Gürtler* in Göhler, § 30 OWiG Rz. 10.

Verbote auferlegen.[1] Als Anknüpfungstat im Sinne des § 30 OWiG kommen Allgemein- und Sonderdelikte in Betracht, ebenso wie Aufsichtspflichtverletzungen.[2]

Sonderdelikte sanktionieren Verstöße gegen spezielle Verhaltensanforderungen, die sich gerade an das Unternehmen oder den Unternehmensträger richten. Hierzu gehören z.B. die Straf- und Ordnungswidrigkeitstatbestände im **Aktienrecht** (§§ 405, 408 AktG[3]), im **Kapitalmarktrecht** (u.a. §§ 56, 59 KWG, § 120 WpHG[4] (§ 39 WpHG a.F.), § 35 WpPG, § 60 WpÜG[5]), im **Rechnungslegungsrecht** (§ 334 HGB[6]) und im **Kartellrecht** (etwa § 81 GWB[7]). Auch **arbeitsrechtliche Vorschriften** (§ 16 AÜG, § 8 SchwarzArbG) und Normen, die **Schutzrechtsverletzungen** (§ 43 BDSG[8], § 145 MarkenG, § 111a UrhG) sowie **Umweltrechtsverletzungen**[9] (§ 46 AtG, § 62 BImSchG, § 38 GenTG, § 103 WHG) sanktionieren, zählen dazu.

31.9

Eine in der Praxis besonders wichtige Anknüpfungstat ist die **Aufsichtspflichtverletzung gem. § 130 OWiG** (dazu näher Rz. 31.21 und ausführlich unten *Schücking*, § 41).[10] § 130 OWiG begründet die Verantwortlichkeit des Inhabers eines Betriebs oder Unternehmens für Zuwiderhandlungen gegen betriebsbezogene Pflichten, die in dem Betrieb oder Unternehmen begangen worden sind, wenn die Zuwiderhandlung durch gehörige Aufsicht verhindert oder erschwert worden wäre. Ist der Inhaber eine juristische Person, trifft die Aufsichtspflicht über § 9 Abs. 1 OWiG in erster Linie die gesetzlichen Vertreter, in der Aktiengesellschaft also die Mitglieder des Vorstands. Diese haben geeignete Maßnahmen zu ergreifen, um die Beachtung bestehender Ge- und Verbote in dem Unternehmen zu gewährleisten.[11] Hierzu gehört insbesondere die Organisation der Personalstruktur und der Betriebsabläufe, die fortlaufende Unterrichtung der Mitarbeiter über die einschlägigen gesetzlichen Vorschriften sowie die Kontrolle des Betriebsablaufs vor allem durch stichprobenartige Überprüfung.

31.10

---

1 Begr. RegE OWiG, BT-Drucks. V/1269, S. 60 f.; *Gürtler* in Göhler, § 30 OWiG Rz. 19; *Rogall* in KK OWiG, § 30 OWiG Rz. 89 f.; *Schmitz/Taschke*, WiB 1997, 1169, 1170.
2 *Rogall* in KK OWiG, § 30 OWiG Rz. 91 ff.
3 Hierzu ausführlich *Otto* in Großkomm. AktG zu §§ 405, 406 und 408 AktG.
4 Neuzählung des WpHG durch das Zweite Gesetz zur Novellierung von Finanzmarktvorschriften auf Grund europäischer Rechtsakte (Zweites Finanzmarktnovellierungsgesetz – 2. FiMaNoG) v. 23.6.2017 (BGBl. I 2017, 1693).
5 Zu §§ 56, 59 KWG *Lindemann* in Boos/Fischer/Schulte-Mattler, Kreditwesengesetz, Kommentar, 5. Aufl. 2016, § 56 KWG Rz. 23, § 59 KWG Rz. 1 ff.; zu § 39 WpHG a.F. *Vogel* in Assmann/Uwe H. Schneider, § 39 WpHG Rz. 76; zu § 60 WpÜG *Assmann* in Assmann/Pötzsch/Uwe H. Schneider, § 60 WpÜG Rz. 22.
6 *Dannecker* in Staub, Handelsgesetzbuch, Großkommentar, 5. Aufl. 2012, § 334 HGB Rz. 105; *Kozikowski/H.P. Huber* in Beck'scher Bilanz-Kommentar, 10. Aufl. 2016, § 334 HGB Rz. 41.
7 § 81 GWB erfasst dabei die Verhängung von Bußgeldern wegen Verletzung des europäischen und des deutschen Kartellrechts; vgl. *A. Johanns* in Mäger, Europäisches Kartellrecht, 2. Aufl. 2011, S. 552 ff.; *Meyer/Lindemann* in Loewenheim/Meessen/Riesenkampff/Kersting/Meyer-Lindemann, Kartellrecht, Kommentar, 3. Aufl. 2016, § 81 GWB Rz. 32 ff.
8 Zu § 43 BDSG *Ehmann* in Simitis, Bundesdatenschutzgesetz, 8. Aufl. 2014, § 43 BDSG Rz. 1 ff.; zu § 111a UrhG *Hildebrandt/Reinbacher* in Wandtke/Bullinger, Praxiskommentar zum Urheberrecht, 4. Aufl. 2014, § 111a UrhG Rz. 1 ff.
9 S. die Übersicht bei *Kloepfer*, Umweltrecht, 4. Aufl. 2016, § 7 Rz. 171 ff.
10 So auch *Schmitz/Taschke*, WiB 1997, 1169; kritisch im Hinblick auf Korruptionsdelikte *Nell*, ZRP 2008, 149.
11 Näher etwa *Rogall* in KK OWiG, § 130 OWiG Rz. 33 ff.; *Spindler* in Fleischer, Handbuch des Vorstandsrechts, § 15 Rz. 105 ff.; *Fleischer*, AG 2003, 291, 292 ff.; zur Kartellrechtscompliance *Dreher* in FS Konzen, 2006, S. 97; allgemein zur Corporate Compliance etwa *Spindler*, Unternehmensorganisationspflichten, 2001; *Hauschka*, AG 2004, 461; *Rodewald/Unger*, BB 2006, 113.

31.11 Zweck des § 130 OWiG ist es, Sanktionslücken zu vermeiden. Solche würden sich ergeben, wenn der Betriebsinhaber bzw. die gem. § 9 OWiG verpflichteten Personen als Täter einer Straftat oder Ordnungswidrigkeit ausscheiden, weil sie betriebsbezogene Pflichten nicht selbst wahrgenommen, sondern Aufgaben an nachgeordnete Mitarbeiter delegiert haben.[1] Besondere Bedeutung kommt § 130 OWiG insoweit zu, als die Verletzung der Aufsichtspflicht eine betriebsbezogene Ordnungswidrigkeit im Sinne des § 30 OWiG darstellt und damit den **Durchgriff auf das Unternehmen ermöglicht.** Hat z.B. der Vorstand einer börsennotierten Aktiengesellschaft die Einhaltung der Bestimmungen des WpHG an einen nachgeordneten Mitarbeiter delegiert, der es versäumt, eine Ad-hoc-Mitteilung zu veröffentlichen, kommt nicht nur die Verhängung eines Bußgeldes gegen den Vorstand gem. § 130 OWiG in Betracht, sondern auch eine Unternehmensgeldbuße gem. § 30 OWiG. Darüber hinaus dient § 130 OWiG als Auffangtatbestand für solche Fälle, in denen die Verantwortlichen innerhalb des Unternehmens nicht ermittelt werden können.[2]

31.12 Schließlich können **Allgemeindelikte** im konkreten Fall Anknüpfungstaten im Sinne des § 30 OWiG sein. Es ist also möglich, dass durch die Verwirklichung von Tatbeständen des StGB betriebsbezogene Pflichten verletzt werden. Dies ist z.B. der Fall, wenn eine Leitungsperson eine fahrlässige Körperverletzung oder Untreue unter Verletzung der Pflichten der juristischen Person begeht.[3] Eine Zuwiderhandlung gegen Pflichten, die jedermann treffen – wie z.B. Verkehrssicherungspflichten –, stellt dann eine betriebsbezogene Pflichtverletzung dar, wenn die allgemeine Pflicht in einem sachlichen, räumlichen oder personalbezogenen Zusammenhang mit der Unternehmensführung steht und die Zuwiderhandlung im Geschäfts- und Wirkungsbereich des Unternehmens begangen wird.

31.13 Wird durch die Anknüpfungstat keine betriebsbezogene Pflicht verletzt, ist § 30 OWiG gleichwohl anwendbar, wenn das Unternehmen durch die Anknüpfungstat bereichert worden ist oder werden sollte. Anknüpfungstat in **Bereicherungsfällen** (§ 30 Abs. 1 Alt. 2 OWiG) kann jeder Verstoß gegen Straf- und Ordnungswidrigkeitatbestände sein, der zu einer günstigeren Gestaltung der Vermögenslage geführt hat oder führen sollte, sofern zwischen der Tat des Organmitglieds und dem Wirkungskreis der juristischen Person ein innerer Zusammenhang besteht.[4] In Betracht kommt hier vor allem die Verwirklichung von Tatbeständen des StGB, etwa wenn ein Vorstandsmitglied einen Betrug oder eine Bestechung zum Vorteil des Unternehmens begangen hat.

IV. Verhängung der Unternehmensgeldbuße

1. Verfahren

31.14 Die Unternehmensgeldbuße und die Geldbuße gegen die natürliche Person werden im Regelfall in einem einheitlichen Verfahren verhängt (**Klammerwirkung**).[5] In Ausnahmefällen kann die Unternehmensgeldbuße jedoch auch in einem selbständigen Verfahren festgesetzt werden, etwa wenn gegen das Organmitglied schon gar kein Verfahren eröffnet oder ein er-

---

1 *Rogall* in KK OWiG, § 130 OWiG Rz. 4; *Spindler* in Fleischer, Handbuch des Vorstandsrechts, § 15 Rz. 95; *Nell*, ZRP 2008, 149.
2 *Bottmann* in Park, Kapitalmarktstrafrecht, 3. Aufl. 2013, Teil 2 Kap. 2 Rz. 18.
3 Begr. RegE OWiG, BT-Drucks. V/1269, S. 60 li. Sp.; *Gürtler* in Göhler, § 30 OWiG Rz. 20; *Rogall* in KK OWiG, § 30 OWiG Rz. 93.
4 *Gürtler* in Göhler, § 30 OWiG Rz. 24 f.; *Rogall* in KK OWiG, § 30 OWiG Rz. 96.
5 *Gürtler* in Göhler, § 30 OWiG Rz. 28; *Rogall* in KK OWiG, § 30 OWiG Rz. 162.

öffnetes Verfahren eingestellt worden ist. Da die Verfolgung der Anknüpfungstat häufig im Ermessen der zuständigen Behörde liegt (§ 46 Abs. 1 OWiG i.V.m. §§ 153 ff. StPO), entscheidet sie in Ausübung dieses Ermessens auch über die **kumulative** oder **isolierte** Verhängung einer **Unternehmensgeldbuße**.[1] Ein selbständiges Verfahren zur Verhängung der Geldbuße gegen das Unternehmen ist darüber hinaus zulässig, wenn dies gesetzlich vorgesehen ist (§ 30 Abs. 4 Satz 2 OWiG). Eine solche Anordnung trifft § 82 Satz 1 GWB bezüglich Straftaten oder Aufsichtspflichtverletzungen, die zugleich den Tatbestand des § 81 Abs. 1, Abs. 2 Nr. 1 und Abs. 3 GWB verwirklichen. Hier besteht eine ausschließliche Zuständigkeit der Kartellbehörden für die Festsetzung der Unternehmensgeldbuße, so dass es zu einer Verfahrensspaltung kommt, wenn das Individualverfahren von der Staatsanwaltschaft geführt wird.[2] Nach § 82 Satz 3 GWB sollen sich Kartellbehörde und Staatsanwaltschaft frühzeitig über geplante Ermittlungsmaßnahmen mit Außenwirkung verständigen. Eine Geldbuße kann auch dann in einem selbständigen Verfahren gegen das Unternehmen verhängt werden, wenn der Täter des Anlassdelikts unbekannt ist (sog. **anonyme Verbandsgeldbuße**).[3] Nur wenn rechtliche Gründe – etwa der Eintritt der Verjährung – der Verfolgung der Anknüpfungstat entgegenstehen, entfällt auch die Möglichkeit, eine Verbandsgeldbuße in einem selbständigen Verfahren festzusetzen (§ 30 Abs. 4 Satz 3 Halbsatz 1 OWiG).

2. Höhe und Bemessung der Unternehmensgeldbuße

Seit Inkrafttreten der 8. GWB-Novelle kann die Geldbuße gegen das Unternehmen bei vorsätzlich begangenen Straftaten nach § 30 Abs. 2 Satz 1 OWiG bis zu 10 Mio. Euro betragen, bei fahrlässig begangenen Straftaten bis zu 5 Mio. Euro. Im Falle einer Ordnungswidrigkeit bestimmt sich das **Höchstmaß der Unternehmensgeldbuße** nach dem für die Ordnungswidrigkeit angedrohten Höchstmaß der Geldbuße (§ 30 Abs. 2 Satz 2 OWiG). Allerdings sieht § 30 Abs. 2 Satz 3 OWiG eine Verzehnfachung des Bußgeldrahmens vor, sofern im Gesetz auf diese Vorschrift verwiesen wird. Ist die Anknüpfungstat gleichzeitig Straftat und Ordnungswidrigkeit, ist das für die Ordnungswidrigkeit angedrohte Höchstmaß der Geldbuße maßgeblich, wenn dieses das Höchstmaß nach Satz 1 übersteigt (§ 30 Abs. 2 Satz 4 OWiG).

31.15

Die konkrete Höhe der Unternehmensgeldbuße ist zunächst nach dem **Unrechtsgehalt der Anknüpfungstat** zu bemessen. So können etwa der den Täter treffende Schuldvorwurf, Gewicht und Ausmaß der Pflichtverletzung, deren Häufigkeit sowie die Auswirkungen der Tat auf den geschützten Ordnungsbereich berücksichtigt werden.[4] Darüber hinaus sind unabhängig von der Schuld des Organmitglieds **unternehmensbezogene Faktoren** in die Zumessungsentscheidung einzubeziehen. Unter anderen können Vorsorge- und Kontrollmaßnahmen, um Zuwiderhandlungen zu verhindern, aber auch vorherige Zuwiderhandlungen bei der Zumessung berücksichtigt werden.[5] Auch die **wirtschaftlichen Verhältnisse des Unternehmens** können zu berücksichtigen sein, sofern es sich nicht um ganz geringfügige Ord-

31.16

---

1 Näher *Gürtler* in Göhler, § 30 OWiG Rz. 28 ff., 35, 39; *Rogall* in KK OWiG, § 30 OWiG Rz. 117 f., 162 ff.
2 *Gürtler* in Göhler, § 30 OWiG Rz. 34; *Rogall* in KK OWiG, § 30 OWiG Rz. 175.
3 Näher *Rogall* in KK OWiG, § 30 OWiG Rz. 119 ff.
4 BGH v. 24.4.1991 – KRB 5/90, wistra 1991, 268; *Gürtler* in Göhler, § 30 OWiG Rz. 36a; *Rogall* in KK OWiG, § 30 OWiG Rz. 136; *Schmitz/Taschke*, WiB 1997, 1169, 1171.
5 *Gürtler* in Göhler, § 30 OWiG Rz. 36a; für die Berücksichtigung von Maßnahmen der Kartellrechtscompliance *Wegener*, wistra 2000, 361, 363; *Dreher*, ZWeR 2004, 75, 86 ff., insbes. 93; diff. *Rogall* in KK OWiG, § 30 OWiG Rz. 134, 137.

nungswidrigkeiten handelt.¹ Entscheidende Bedeutung für die Bemessung der Unternehmensgeldbuße kommt schließlich den §§ 17 Abs. 4, 30 Abs. 3 OWiG zu. Danach soll die Geldbuße den wirtschaftlichen Vorteil überschreiten, den das Unternehmen aus der Tat gezogen hat. Die Unternehmensgeldbuße dient vor allem dazu, unrechtmäßige Gewinne abzuschöpfen und unlauterem Gewinnstreben vorzubeugen (**Abschöpfungsteil** der Geldbuße). Darüber hinaus soll der konkrete Rechtsverstoß geahndet und das Unternehmen durch seine Organe dazu angehalten werden, sich rechtstreu zu verhalten (**Ahndungsteil**).² Zu diesem Zweck darf auch das gesetzliche Höchstmaß der Geldbuße überschritten werden. Der **wirtschaftliche Vorteil**, der dem Unternehmen zugeflossen ist, bildet daher die untere Grenze der zu verhängenden Unternehmensgeldbuße.

31.17 **Besonderheiten** in Bezug auf die Bemessung der Unternehmensgeldbuße gelten im **Kartellrecht**. Dort ist seit der 7. GWB-Novelle³ die umsatzbezogene Geldbuße vorgesehen. Danach kann bei bestimmten Kartellordnungswidrigkeiten das Höchstmaß der Geldbuße die Summe von 1 Mio. Euro übersteigen und bis zu zehn Prozent des im vorausgegangenen Geschäftsjahr erzielten Gesamtumsatzes des Kartellanten erreichen (§ 81 Abs. 4 Satz 2 GWB). In § 81 Abs. 7 GWB findet sich außerdem die ausdrückliche Ermächtigung für eine Bonusregelung (Kronzeugenregelung). Danach kann das Bundeskartellamt eine Offenbarungsprivilegierung schaffen und die Geldbuße verringern oder auf eine Festsetzung verzichten, wenn ein Kartellant mit ihm zusammenarbeitet.⁴

C. Der Regress

I. Schadensersatzanspruch gegen Vorstandsmitglieder infolge einer Unternehmensgeldbuße

31.18 Wurde eine Geldbuße nach § 30 OWiG gegen ein Unternehmen verhängt, können den Vorstandsmitgliedern Ersatzansprüche der bußgeldbelasteten Gesellschaft drohen. Vorstandsmitglieder, die ihre Pflichten schuldhaft verletzen, sind der Gesellschaft zum Ersatz des daraus entstehenden Schadens verpflichtet, § 93 Abs. 2 AktG.

1. Pflichtverletzung durch Begehung von Ordnungswidrigkeiten oder Straftaten

31.19 Nach § 93 Abs. 1 Satz 1 AktG haben Vorstandsmitglieder einer Aktiengesellschaft bei der Geschäftsführung die Sorgfalt eines ordentlichen und gewissenhaften Geschäftsleiters anzuwenden. § 93 Abs. 1 Satz 1 AktG kommt insoweit eine Doppelfunktion zu, als einerseits der relevante Verschuldensmaßstab umschrieben wird und andererseits objektive Verhaltenspflichten in Form einer Generalklausel bezeichnet werden.⁵ Rechtsprechung und Schrifttum leiten aus der generellen Umschreibung der Verhaltenspflichten in § 93 Abs. 1 Satz 1 AktG auch die Ver-

---

1 *Gürtler* in Göhler, § 30 OWiG Rz. 36a; *Rogall* in KK OWiG, § 30 OWiG Rz. 138.
2 Grundlegend Begr. RegE OWiG, BT-Drucks. V/1269, S. 59 li. Sp.; vgl. *Rogall* in KK OWiG, § 30 OWiG Rz. 136 ff.
3 GWB i.d.F. vom 13.7.2005 (BGBl. I 2005, 2114).
4 Näheres zur Bemessung der Unternehmensgeldbuße im Kartellrecht bei *Meyer-Lindemann* in Loewenheim/Meessen/Riesenkampff/Kersting/Meyer-Lindemann, Kartellrecht, Kommentar, 3. Aufl. 2016, § 81 GWB Rz. 63 ff.; zur Bonusregelung vgl. *Engelsing*, ZWeR 2006, 179; *Ohle/Albrecht*, WRP 2006, 866.
5 *Hüffer/Koch*, § 93 AktG Rz. 5; *Fleischer* in Spindler/Stilz, § 93 AktG Rz. 10.

pflichtung der Vorstandsmitglieder ab, sich bei ihrer gesamten Amtsführung rechtmäßig zu verhalten.[1] Diese sog. **Legalitätspflicht** bezieht sich zum einen auf die durch Aktiengesetz, Satzung und Geschäftsordnung konkretisierten Ge- und Verbote und verpflichtet die Vorstandsmitglieder zum anderen, sämtliche Rechtsvorschriften zu beachten, die das Unternehmen als Rechtssubjekt im Außenverhältnis treffen. Hierzu gehören neben den Vorschriften des Zivil- und Wirtschaftsrechts, des Arbeits-, Sozial-, Steuer- und Verwaltungsrechts auch die Vorschriften des Straf- und Ordnungswidrigkeitenrechts.[2]

Die gesetzlichen Pflichten gelten dabei nicht nur im Außenverhältnis. Vielmehr schulden die Vorstandsmitglieder die Einhaltung dieser Pflichten auch der Gesellschaft. Rechtswidriges Verhalten eines Vorstandsmitglieds im Außenverhältnis stellt damit in der Regel zugleich eine **Pflichtverletzung des Vorstandsmitglieds im Innenverhältnis** dar.[3] Begeht ein Vorstandsmitglied selbst eine Ordnungswidrigkeit oder eine Straftat, die zur Verhängung einer Geldbuße gegen die Gesellschaft führt, ist grundsätzlich zugleich eine Pflichtverletzung gegeben, die das Organmitglied bei Vorliegen der übrigen Voraussetzungen des § 93 Abs. 2 AktG gegenüber der Gesellschaft zum Schadensersatz verpflichtet.[4]

31.20

Bei **Ordnungswidrigkeiten oder Straftaten nachgeordneter Mitarbeiter** kommt eine Haftung der Vorstandsmitglieder nur dann in Betracht, wenn diesen zugleich eine eigene Pflichtverletzung, insbesondere ein Verstoß gegen § 130 OWiG, vorzuwerfen ist. Grundsätzlich besteht **Gesamtverantwortung** der Vorstandsmitglieder, für die erforderlichen Aufsichts- und Organisationsmaßnahmen zu sorgen. Im Rahmen einer ordnungsgemäßen Geschäftsverteilung ist es jedoch auch zulässig, die Überwachung der Einhaltung gesetzlicher Bestimmungen auf die jeweils für ein Ressort zuständigen Vorstandsmitglieder zu delegieren. Die Aufsichtspflichten der übrigen Vorstandsmitglieder reduzieren sich dann auf eine Überwachung der **Ressortleitung**.[5] Die ordentliche Erfüllung der ihnen nach § 130 OWiG obliegenden Aufsichtspflichten schulden die Vorstandsmitglieder auch der Gesellschaft.[6] Wegen des weitgehenden Gleichlaufs der Verhaltenspflichten im Innen- und Außenverhältnis stellt daher

31.21

---

1 BGH v. 13.4.1994 – II ZR 16/93, BGHZ 125, 366, 372; BGH v. 15.10.1996 – VI ZR 319/95, BGHZ 133, 370, 377 (für den GmbH-Geschäftsführer); *Arnold* in Marsch-Barner/Schäfer, Handbuch börsennotierte AG, § 22 Rz. 12; *Fleischer* in Fleischer, Handbuch des Vorstandsrechts, § 7 Rz. 13; *Raiser/Veil*, Recht der Kapitalgesellschaften, § 14 Rz. 78 ff.; *Wiesner* in MünchHdb. AG, § 25 Rz. 23.
2 *Fleischer* in Fleischer, Handbuch des Vorstandsrechts, § 7 Rz. 13 am Ende; *Abeltshauser*, Leitungshaftung, S. 213; zur GmbH vgl. etwa *Zöllner/Noack* in Baumbach/Hueck, § 43 GmbHG Rz. 17.
3 *Hopt/Roth* in Großkomm. AktG, § 93 AktG Rz. 132 f.; *Mertens/Cahn* in KölnKomm. AktG, § 84 AktG Rz. 90 und § 93 AktG Rz. 71, 77; *Fleischer*, ZIP 2005, 141, 144; *Fleischer*, BB 2008, 1070; *Thole*, ZHR 173 (2009), 504, 509.
4 Ebenso *Hopt/Roth* in Großkomm. AktG, § 93 AktG Rz. 132 f.; *Mertens/Cahn* in KölnKomm. AktG, § 93 AktG Rz. 77; *Schlechtriem* in Kreuzer, Die Haftung der Leitungsorgane von Kapitalgesellschaften, 1991, S. 9, 20 f.; *Fleischer* in Fleischer, Handbuch des Vorstandsrechts, § 7 Rz. 14; *Raiser/Veil*, Recht der Kapitalgesellschaften, § 14 Rz. 81; *Abeltshauser*, Leitungshaftung, S. 213; *Paefgen*, Unternehmerische Entscheidungen, S. 24 f.; *Rehbinder*, ZHR 148 (1984), 555, 569 f.; *Fleischer*, WM 2005, 909, 916; *Buchta*, DB 2006, 1939, 1940 f.; zweifelnd *Horn*, ZIP 1997, 1129, 1136; a.A. etwa *Hellgardt*, WM 2006, 1514, 1519 li. Sp.
5 *Spindler* in Fleischer, Handbuch des Vorstandsrechts, § 15 Rz. 123; *Rodewald/Unger*, BB 2006, 113, 115; *Krause*, BB 2009, 1370, 1372; zur GmbH *Uwe H. Schneider* in FS 100 Jahre GmbH-Gesetz, 1992, S. 473, 481 ff.; allgemein *Fleischer*, NZG 2003, 449, 453 ff.
6 Ebenso *Hopt/Roth* in Großkomm. AktG, § 93 AktG Rz. 147; *Mertens/Cahn* in KölnKomm. AktG, § 93 AktG Rz. 77; *Fleischer* in Fleischer, Handbuch des Vorstandsrechts, § 8 Rz. 34; *Fleischer*, AG 2003, 291, 294.

auch ein **Verstoß gegen § 130 OWiG grundsätzlich** zugleich eine **Pflichtverletzung gegenüber der Gesellschaft** dar.[1]

2. Tatbestandliche Beschränkung des Rückgriffs

31.22 Streitig ist allerdings, ob jeglicher Rechtsverstoß im Außenverhältnis als relevante Pflichtverletzung im Sinne des § 93 Abs. 2 AktG anzusehen ist und damit zu einem Ersatzanspruch gegen das verantwortliche Organmitglied führen kann oder ob der Rückgriff auf Fälle besonders qualifizierter Verstöße zu beschränken ist. Eine **Beschränkung der Innenhaftung** wird dabei insbesondere unter dem Gesichtspunkt des unternehmerischen Ermessens erwogen (im Folgenden Rz. 31.23 f.). Allerdings dürfte ein Entscheidungsspielraum im Hinblick auf die Einhaltung gesetzlicher Vorschriften nur in Ausnahmefällen anzuerkennen sein (im Folgenden Rz. 31.25 ff.).

a) Kein unternehmerisches Ermessen bei Gesetzesverstößen

31.23 Seit der ARAG/Garmenbeck-Entscheidung des BGH[2] ist anerkannt, dass Vorstandsmitglieder einer Gesellschaft nicht für jede Fehlentwicklung des Unternehmens haften. Ihnen steht – in Anlehnung an die aus dem angloamerikanischen Recht bekannte **Business Judgment Rule** – bei ihrer Tätigkeit ein Ermessensspielraum zu, der nur eingeschränkter gerichtlicher Kontrolle unterliegt. Zum Teil wird angenommen, unternehmerisches Ermessen bestehe grundsätzlich auch im Hinblick auf die Einhaltung gesetzlicher Pflichten. Eine Einschränkung sei insoweit nur anzuerkennen, als vorsätzlich gegen gesetzliche Vorschriften, insbesondere gegen Strafrechtsnormen und ähnlich bedeutsame Normen, verstoßen werde.[3] Andere Erwägungen, die Rechtsbindung im Innenverhältnis zu beschränken, gehen dahin, mit Blick auf die von § 93 AktG geschützten wirtschaftlichen Interessen der Gesellschaft nach dem Zweck der verletzten Norm zu unterscheiden.[4] Grundsätzlich sollen danach nur Verstöße gegen solche Normen die Haftung im Rahmen des § 93 AktG begründen, die dem Schutz der Gesellschaft dienen. Unter dem Aspekt der Einheit der Rechtsordnung soll ein Rückgriff darüber hinaus bei sonstigen Normverstößen zulässig sein, wenn die verletzte Norm Allgemeininteressen von erheblicher Bedeutung schützt.[5]

31.24 In der Tat erscheint eine unbeschränkte Haftung des Vorstands für jeglichen schuldhaften Normverstoß überzogen. Eine Beschränkung der Innenhaftung auf besonders qualifizierte Normverstöße oder vorsätzliche Gesetzesverletzungen ist indes im geltenden Aktienrecht nicht angelegt. Der **Haftungsfreiraum** des § 93 Abs. 1 Satz 2 AktG bezieht sich nicht auf Verstöße gegen sonstige Pflichtenbindungen, insbesondere **Gesetzes- und Satzungsverstöße**. Bei

---

1 Ebenso *Mertens/Cahn* in KölnKomm. AktG, § 93 AktG Rz. 77; *Fleischer* in Fleischer, Handbuch des Vorstandsrechts, § 8 Rz. 34; einschränkend *Hopt/Roth* in Großkomm. AktG, § 93 AktG Rz. 147; *Bachmann*, ZIP 2014, 570, 581.
2 BGH v. 21.4.1997 – II ZR 175/95, BGHZ 135, 244 = NJW 1997, 1926 = AG 1997, 377 – ARAG/Garmenbeck.
3 *Paefgen*, Unternehmerische Entscheidungen, S. 24; *Markus Roth*, Unternehmerisches Ermessen, S. 131 f.; *Hellgardt*, WM 2006, 1514, 1519.
4 *Spindler* in MünchKomm. AktG, § 93 AktG Rz. 147; *Sieg/Zeidler* in Hauschka/Moosmayer/Lösler, Corporate Compliance, 3. Aufl. 2016, § 3 Rz. 33 ff.; *Glöckner/Müller-Tautphaeus*, AG 2001, 344, 345.
5 *Spindler* in MünchKomm. AktG, § 93 AktG Rz. 147; *Glöckner/Müller-Tautphaeus*, AG 2001, 344, 345.

solchen darf nicht nach verschiedenen Normgruppen oder dem Grad des Verschuldens differenziert werden; es gibt **keinen „sicheren Hafen" für illegales Verhalten**.[1] Ordnungswidrigkeiten können deshalb nicht weitgehend oder gar komplett von der Legalitätspflicht ausgenommen werden.[2] Denn diese Normen sind im öffentlichen Interesse erlassen und müssen zum Schutz der von ihnen Begünstigten und der Einheit der Rechtsordnung eingehalten werden. Eine Auflockerung der Gesetzesbindung dürfte bei Verstößen gegen bußgeldbewehrte Normen nur in besonderen Ausnahmefällen – etwa bei gänzlich unbedeutenden Formalverstößen – in Betracht kommen.[3]

b) Einschränkung der Legalitätspflicht

Grundsätzlich verletzt ein Vorstandsmitglied, das eine im Rahmen des § 30 OWiG relevante Straftat oder Ordnungswidrigkeit begeht, zugleich seine organschaftliche Sorgfaltspflicht gegenüber der Gesellschaft. Es sind jedoch **Sonderfälle** anzuerkennen, in denen dem Vorstand bei der **Befolgung gesetzlicher Pflichten ein Entscheidungsspielraum zusteht** und sein Handeln nur eingeschränkt überprüft werden kann.

31.25

Entgegen verbreiteter Auffassung[4] ist ein solcher Entscheidungsspielraum nicht anzuerkennen bei **unklarer oder umstrittener Rechtslage**. Insbesondere eine sog. Legal Judgment Rule[5] findet im geltenden Recht keine Grundlage. Deshalb können Leitungspersonen sich nicht schlicht auf die Unkenntnis unternehmensbezogener Normen berufen. Pflichtwidrig handelt auch, wer sich mit einer ungeklärten Rechtslage konfrontiert sieht und im Ergebnis einen objektiv rechtswidrigen Standpunkt einnimmt. Dies gilt selbst dann, wenn das Vorstandsmitglied sich „unter umfassender Darstellung der Verhältnisse der Gesellschaft und Offenlegung der erforderlichen Unterlagen von einem unabhängigen, für die zu klärende Frage fachlich qualifizierten Berufsträger beraten lässt und die erteilte Rechtsauskunft einer sorgfältigen Plausibilitätskontrolle unterzieht". Mit der Rechtsprechung des BGH entfällt in einem solchen Fall allenfalls das Verschulden, nicht aber die objektive Pflichtwidrigkeit.[6]

31.26

Ermessen besteht jedoch, wenn eine Norm selbst einen **tatbestandlichen Beurteilungsspielraum** enthält und damit die Anstellung von Prognosen und Wertentscheidungen voraussetzt.[7] Schließlich erscheint es auch möglich, dass die Beurteilung des Vorstandshandelns im Innen- und Außenverhältnis auseinander fällt, wenn die **ordnungsgemäße Erfüllung der Aufsichtspflicht** gem. § 130 OWiG in Frage steht.[8] Die Aufsichtspflicht umfasst die sorgfältige Auswahl der Mitarbeiter, die sachgerechte Aufgaben- und Kompetenzverteilung, die In-

31.27

---

1 Begr. RegE UMAG, BT-Drucks. 15/5092, S. 11 li. Sp.; ebenso *Hüffer/Koch*, § 93 AktG Rz. 6, 16 f.; *Ihrig*, WM 2004, 2098, 2103; *Paefgen*, AG 2004, 245, 251; *Thümmel*, DB 2004, 471; *Dreher* in FS Konzen, 2006, S. 96; *Fleischer*, BB 2008, 1070, 1071.
2 Ebenso *Fleischer*, ZIP 2005, 141, 149; *Krause*, BB-Special 8/2007, 2, 6.
3 Ähnlich *Fleischer*, ZIP 2005, 141, 149.
4 *Hopt/Roth* in Großkomm. AktG, § 93 AktG Rz. 140 und § 116 AktG Rz. 98 (Aufsichtsrat); *Horn*, ZIP 1997, 1129, 1136; *Fleischer*, ZIP 2005, 141, 149; *Fleischer*, BB 2008, 1070, 1071; *Zimmermann*, WM 2008, 433, 435; für eine analoge Anwendung von § 93 Abs. 1 Satz 2 AktG eintretend *Spindler* in FS Canaris, Bd. 2, 2007, S. 403, 413 ff.; ähnlich *Thole*, ZHR 173 (2009), 504, 521 ff.
5 *Paefgen*, AG 2014, 554, 560; *Binder/Kraayvanger*, BB 2015, 1219, 1221.
6 BGH v. 14.5.2007 – II ZR 48/06, NZG 2007, 545 = AG 2007, 548; BGH v. 20.9.2011 – II ZR 234/09, NZG 2011, 1271 = AG 2011, 876 – Ision; *Hüffer/Koch*, § 93 AktG Rz. 19, 44.
7 Allgemein *Hopt/Roth* in Großkomm. AktG, § 116 AktG Rz. 98; *Markus Roth*, Unternehmerisches Ermessen, S. 103 ff.
8 *Hopt/Roth* in Großkomm. AktG, § 93 AktG Rz. 147; *Bachmann*, ZIP 2014, 570, 581.

struktion sowie die Überwachung der Mitarbeiter und berührt damit den **Bereich der internen Unternehmensorganisation**. Es wäre insoweit bedenklich, wenn die für die Verhängung eines Bußgelds zuständigen staatlichen Stellen über die Anknüpfung des § 130 OWiG an die Aufsichtspflicht Gelegenheit erhielten, mit detaillierten rechtlichen Vorgaben in interne Organisationsfragen einzugreifen und Vorstandsmitgliedern aus ex-post-Sicht vorzuschreiben, wie sie das Unternehmen zu organisieren gehabt hätten.[1] In der Regel dürfte dieser Gesichtspunkt bereits im Außenverhältnis bei der Auslegung des § 130 OWiG Berücksichtigung finden. Sollte dies einmal nicht der Fall sein, wird man dem organisatorischen Ermessen zumindest **im Innenverhältnis** zwischen Vorstandsmitglied und Gesellschaft Rechnung zu tragen haben und die **Anforderungen** an die Aufsichts- und Überwachungspflichten im Rahmen des Regresses **nicht überspannen** dürfen.[2]

3. Verschulden

31.28 Eine Verpflichtung zum Schadensersatz wegen einer gegen das Unternehmen verhängten Geldbuße besteht nur, wenn das Vorstandsmitglied seine Verpflichtung zu einem gesetzmäßigen Verhalten schuldhaft verletzt hat. Insoweit genügt jede (leichte) Fahrlässigkeit.[3] Allerdings kommt dem Verschulden **kaum eigene Bedeutung** zu, wenn eine Pflichtverletzung vorliegt. Es ist ein objektiver Maßstab anzulegen und das Vorstandsmitglied hat für die Fähigkeiten und Kenntnisse einzustehen, welche die ihm anvertraute Tätigkeit objektiv erfordert (**typisierter Schuldmaßstab**).[4] Vorstandsmitglieder haften nur für eigenes Verschulden. Ein Verschulden nachgeordneter Mitarbeiter kann ihnen nicht zugerechnet werden.[5] Begehen nachgeordnete Mitarbeiter Ordnungswidrigkeiten durch Zuwiderhandlung gegen betriebsbezogene Pflichten, kommt eine Haftung der Vorstandsmitglieder allerdings dann in Betracht, wenn diese ihre Aufsichtspflicht im Sinne des § 130 OWiG verletzt haben und ihnen ein eigenes **Auswahl-, Einweisungs- oder Überwachungsverschulden** zur Last fällt.[6]

4. Ersatzfähiger und zurechenbarer Schaden

31.29 Voraussetzung der Ersatzpflicht ist ferner, dass der Gesellschaft durch die Verhängung der Geldbuße ein **Schaden** entstanden ist. Maßgebend ist der bürgerlich-rechtliche Schadensbegriff der §§ 249 ff. BGB, der auf der sog. **Differenzhypothese** beruht. Vorstandsmitglieder haben danach im Rahmen der Haftung gem. § 93 Abs. 2 AktG jede nicht kompensierte Minderung des Gesellschaftsvermögens zu ersetzen.[7] Da die gegen das Unternehmen verhängte

---

1 *Fleischer* in Fleischer, Handbuch des Vorstandsrechts, § 8 Rz. 45 m.w.N.; *Spindler* in MünchKomm. AktG, § 76 AktG Rz. 16; *Gürtler* in Göhler, § 130 OWiG Rz. 10; *Spindler* in Fleischer, Handbuch des Vorstandsrechts, § 15 Rz. 96; kritisch gegenüber einer fremdbestimmten Unternehmensorganisation auch *Dreher*, AG 2006, 213, 214 f., 220 ff.
2 Vgl. *Spindler* in Fleischer, Handbuch des Vorstandsrechts, § 15 Rz. 97.
3 *Fleischer* in Fleischer, Handbuch des Vorstandsrechts, § 11 Rz. 56; *Hopt/Roth* in Großkomm. AktG, § 93 AktG Rz. 392.
4 *Fleischer* in Fleischer, Handbuch des Vorstandsrechts, § 11 Rz. 55; *Hopt/Roth* in Großkomm. AktG, § 93 AktG Rz. 392; *Spindler* in MünchKomm. AktG, § 93 AktG Rz. 176.
5 *Hopt/Roth* in Großkomm. AktG, § 93 AktG Rz. 391; *Fleischer* in Fleischer, Handbuch des Vorstandsrechts, § 11 Rz. 57; *Glöckner/Müller-Tautphaeus*, AG 2001, 344, 345 re. Sp.; *Fleischer*, AG 2003, 291, 292 ff.; *Zimmermann*, WM 2008, 433, 436.
6 *Hopt/Roth* in Großkomm. AktG, § 93 AktG Rz. 160, 162 ff.; *Fleischer* in Fleischer, Handbuch des Vorstandsrechts, § 11 Rz. 57; *Fleischer*, AG 2003, 291, 292.
7 *Fleischer* in Fleischer, Handbuch des Vorstandsrechts, § 11 Rz. 60; *Hopt/Roth* in Großkomm. AktG, § 93 AktG Rz. 406.

Geldbuße das Vermögen der Gesellschaft mindert, scheint ein Schaden zunächst ohne weiteres vorzuliegen.

Es ist jedoch streitig und bisher nicht höchstrichterlich geklärt, ob im Falle der Verhängung einer Unternehmensgeldbuße eine **Korrektur** der schadensrechtlichen Differenzhypothese durch **wertende Gesichtspunkte** vorzunehmen ist, insbesondere unter Berücksichtigung des Schutzzwecks des § 93 Abs. 2 AktG und der Grundsätze der Vorteilsausgleichung.[1] Die Bedenken, die Unternehmensgeldbuße nachträglich im Wege der Innenhaftung auf das verantwortliche Vorstandsmitglied abzuwälzen, resultieren aus zweierlei: Bei der Bemessung der Höhe der Unternehmensgeldbuße ist zum einen neben anderen unternehmensbezogenen Umständen auf die wirtschaftlichen Verhältnisse der Gesellschaft abzustellen, so dass die Unternehmensgeldbuße regelmäßig einen vielfach höheren Betrag ausmacht als die gegen das Vorstandsmitglied selbst verhängte Buße. Zum anderen kann die Unternehmensgeldbuße gerade auch Vorteile abschöpfen, die das Unternehmen aufgrund des Gesetzesverstoßes erzielt hat.[2] Ein Rückgriff bei dem verantwortlichen Vorstandsmitglied wird vor diesem Hintergrund zum Teil als unverhältnismäßig erachtet.[3]

31.30

Bei der Beurteilung, ob ein ersatzfähiger Schaden vorliegt, dürfte danach zu unterscheiden sein, inwieweit die verhängte Geldbuße der Abschöpfung unrechtmäßig erlangter Vorteile und der Ahndung der Anknüpfungstat des Vorstandsmitglieds dient. Einen ersatzfähigen Schaden wird man nur annehmen können, sofern der Betrag der Unternehmensgeldbuße die durch den Gesetzesverstoß erzielten wirtschaftlichen Vorteile übersteigt.

31.31

a) Anrechnung erzielter Vorteile

Verstöße von Vorstandsmitgliedern gegen bußgeld- oder strafbewehrte Normen erweisen sich häufig für die Gesellschaft als profitabel. Als Beispiel seien hier nur Kartellrechtsverletzungen genannt. Sie ermöglichen u.U. dem Unternehmen, unrechtmäßige Gewinne zu erzielen und seine Marktposition durch das Ausschalten und Zurückdrängen von Wettbewerbern zu verbessern.[4] Die **Gesetzesverletzung** durch das Vorstandsmitglied hat in diesen Fällen für die Gesellschaft **zunächst positive Auswirkungen**.

31.32

Im allgemeinen Zivilrecht sind zur rechtlichen Bewältigung von schädigenden Ereignissen, die für den Geschädigten positive wirtschaftliche Auswirkungen haben, die Grundsätze der **Vorteilsausgleichung** entwickelt worden. Vor allem im Zusammenhang mit sog. „nützlichen" Pflichtverletzungen ist bisher erwogen worden, diese auch im Rahmen der gesellschaftsrechtlichen Organinnenhaftung zur Anwendung zu bringen, wenn ein Organmitglied seine gesell-

31.33

---

1 Für eine Beschränkung aufgrund des Schutzzwecks des § 93 Abs. 2 AktG *Horn*, ZIP 1997, 1129, 1136; ebenso *Dreher* in FS Konzen, 2006, S. 104 ff.; vgl. zur Vorteilsausgleichung *Glöckner/Müller-Tautphaeus*, AG 2001, 344, 346.
2 *Horn*, ZIP 1997, 1129, 1136; *Dreher* in FS Konzen, 2006, S. 104 ff.; *Zimmermann*, WM 2008, 433, 437.
3 *Horn*, ZIP 1997, 1129, 1136; *Goette*, ZHR 176 (2012), 588, 603 f.; a.A. *Glöckner/Müller-Tautphaeus*, AG 2001, 344, 346, die allerdings eine Beschränkung der Rückgriffsmöglichkeit bereits auf der Ebene der Pflichtverletzung vornehmen wollen.
4 *Schmitz/Taschke*, WiB 1997, 1169, 1171 f.; § 81 Abs. 5 GWB sieht insoweit auch vor, dass der wirtschaftliche Vorteil, der aus einer Kartellordnungswidrigkeit gezogen wurde, durch die Geldbuße abgeschöpft werden kann.

schaftsinternen Kompetenzen punktuell überschreitet.[1] Nach der Rechtsprechung des BGH sind Vorteile, die dem Geschädigten aufgrund des schädigenden Ereignisses zufließen, anzurechnen, wenn (1) zwischen dem Vorteil und dem Schadensereignis ein adäquat-kausaler Zusammenhang besteht, (2) die Anrechnung mit dem Zweck des jeweiligen Ersatzanspruchs übereinstimmt, (3) sie dem Geschädigten zumutbar ist und (4) sie den Schädiger nicht unangemessen entlastet.[2] Sind diese Kriterien erfüllt, bilden nach der Rechtsprechung des BGH Vor- und Nachteile aufgrund einer wertenden Betrachtung eine Rechnungseinheit. Es ist dabei grundsätzlich unerheblich, ob der Vorteil darin besteht, dass von vornherein kein Schaden entstanden ist oder dass ein zunächst eingetretener Schaden später wieder ausgeglichen wird.[3]

31.34 Bei Verhängung einer Unternehmensgeldbuße wird der von der Rechtsprechung geforderte adäquate Kausalzusammenhang in der Regel gegeben sein, da Geldbuße und wirtschaftliche Vorteile gleichermaßen vorhersehbar aus der Pflichtverletzung des Vorstandsmitglieds herrühren.[4] Mit Blick auf die externe Pflichtenbindung der Vorstandsmitglieder stellt sich allerdings die Frage, ob eine Vorteilsausgleichung bei Gesetzesverstößen mit dem Zweck der Ersatzpflicht des § 93 Abs. 2 AktG zu vereinbaren ist oder ob die Anrechnung in diesem Fall aus Gründen des **öffentlichen Interesses** versagt werden muss.[5] Zweifellos würde es die Abschreckungswirkung des § 93 Abs. 2 AktG erhöhen, wenn bei Gesetzesverstößen von Organmitgliedern eine Vorteilsanrechnung ausgeschlossen wäre. Dabei würde jedoch vernachlässigt, dass § 93 Abs. 2 AktG in erster Linie der Schadenskompensation dient.[6] Darüber hinaus dürften bei Verhängung einer Unternehmensgeldbuße Gründe des öffentlichen Interesses gerade dafür sprechen, wirtschaftliche Vorteile der Gesellschaft auf ihren Ersatzanspruch gegen das Organmitglied anzurechnen. Die Unternehmensgeldbuße dient nicht nur der Ahndung von Ordnungswidrigkeiten, sondern auch der Abschöpfung unrechtmäßig erlangter Vorteile.[7] Könnte die Gesellschaft den Betrag des Bußgelds in voller Höhe als Schaden von ihrem Organmitglied ersetzt verlangen, verblieben die unrechtmäßigen Gewinne letztlich doch bei ihr. Es liefe daher dem Zweck der Unternehmensgeldbuße zuwider, wenn wirtschaftliche **Vorteile, die eine Gesellschaft** im Vorfeld der Verhängung der Geldbuße aufgrund des Gesetzesverstoßes erlangt hat, nicht **auf ihren Ersatzanspruch gegen das Organmitglied angerechnet** würden.[8] Vor diesem Hintergrund dürfte eine Vorteilsanrechnung auch **für die Gesellschaft zumutbar** sein und das Organmitglied nicht in unangemessener Weise entlasten.[9]

---

1 So *Fleischer*, ZIP 2005, 141, 151 zur Vornahme von Spekulationsgeschäften durch Vorstandsmitglieder; *Fleischer* in Fleischer, Handbuch des Vorstandsrechts, § 7 Rz. 25 f.
2 S. nur BGH v. 17.5.1984 – VII ZR 169/82, BGHZ 91, 206, 209 f.; *Oetker* in MünchKomm. BGB, § 249 BGB Rz. 235; *Grüneberg* in Palandt, Vorb. v. § 249 BGB Rz. 68; mit Stellungnahme zum Meinungsstand für GmbH-Geschäftsführer *Haas/Ziemons* in Michalski, § 43 GmbHG Rz. 210 ff.
3 *Oetker* in MünchKomm. BGB, § 249 BGB Rz. 229.
4 So zur Anrechnung wirtschaftlicher Vorteile, die durch einen Kartellverstoß erlangt wurden, *Zimmermann*, WM 2008, 433, 438; *Glöckner/Müller-Tautphaeus*, AG 2001, 344, 346.
5 *Fleischer*, ZIP 2005, 141, 148, 151 f.; allgemein *Oetker* in MünchKomm. BGB, § 249 BGB Rz. 236.
6 *Fleischer*, ZIP 2005, 141, 151 f.
7 Vgl. *Rogall* in KK OWiG, § 30 OWiG Rz. 18.
8 Ähnlich *Glöckner/Müller-Tautphaeus*, AG 2001, 344, 346; *Horn*, ZIP 1997, 1129, 1136.
9 Gleichsinnig *Zimmermann*, WM 2008, 433, 439.

Ein Schaden der bußgeldbeschwerten Gesellschaft liegt daher regelmäßig nur vor, soweit die 31.35
Geldbuße die aufgrund des Gesetzesverstoßes erlangten Vorteile übersteigt.[1] Praktisch ist es
häufig schwierig festzustellen, ob und in welchem Umfang die Gesellschaft durch den Normverstoß Vorteile erzielen konnte. Denn anders als im Rahmen einer Vorteilsabschöpfung nach
§ 34 GWB, deren Höhe die Kartellbehörde in der Regel schätzen wird,[2] kann es für die Vorteilsanrechnung allein auf den tatsächlich erlangten wirtschaftlichen Vorteil ankommen. Dieser kann im Einzelfall höher, aber auch niedriger als der Abschöpfungsbetrag ausfallen.[3] Das
Bundeskartellamt verhängt üblicherweise ein reines Ahndungsbußgeld und weist keinen Abschöpfungsbetrag aus.[4] In diesem Fall fehlt dem Schädiger, der den Vorteil darzulegen und zu
beweisen hat, ein wichtiger Anhaltspunkt zur Darlegung der Höhe des wirtschaftlichen Vorteils.

b) Schaden durch Ahndungsteil der Geldbuße

Es ist umstritten, **ob der Ahndungsteil der Unternehmensgeldbuße** auf das verantwort- 31.36
liche Vorstandsmitglied **abgewälzt werden darf**.[5] Das LAG Düsseldorf lehnt in seiner vieldiskutierten Schienenkartell-Entscheidung[6] die Haftung des Organmitglieds für Geldbußen
mit der Begründung ab, dass eine Regressmöglichkeit beim Organ den Sanktionszweck vereiteln würde. Das bebußte Unternehmen könne sonst stets die Sanktion an das für ihn handelnde Organ weiterreichen, so dass die vom Gesetzgeber bezweckte Ahndung des Unternehmens ins Leere liefe. Dagegen ist eingewandt worden, dass es dem Unternehmen wegen der
regelmäßig begrenzten wirtschaftlichen Leistungsfähigkeit des Organmitglieds selten gelingen
dürfte, vollumfänglich bei ihm Regress zu nehmen.[7] Dieses Argument verkennt jedoch, dass
die Debatte vor allem geführt wird, weil Vorstandsmitglieder sich mit nicht zu bewältigenden
Haftungsrisiken konfrontiert sehen. Es dürfte auch nicht zutreffen, dass ein Rückgriff auf die
Organmitglieder mangels Vorliegens der rechtlichen Voraussetzungen nur im Einzelfall möglich ist.[8] Teilweise wird der Vorwurf erhoben, die Entscheidung des LAG Düsseldorf stehe im
Widerspruch zur Rechtsprechung des BGH.[9] Die in Bezug genommene Entscheidung zu einem von seinem Mandanten in Regress genommenen Steuerberater dürfte allerdings nicht die
besondere Interessenlage im Bereich der Unternehmensbußgelder im Blick gehabt haben.
Auch der Einwand, die Präventions- und Steuerungswirkung müsse ultimativ das Organ als

---

1 Ebenso *Glöckner/Müller-Tautphaeus*, AG 2001, 344, 346; wohl auch *Horn*, ZIP 1997, 1129, 1136 re. Sp.; *Fleischer*, ZIP 2005, 141, 152 mit Fn. 178; *Zimmermann*, WM 2008, 433, 438; differenzierend *Thole*, ZHR 173 (2009), 504, 528 f.
2 Zur Zulässigkeit s. § 34 Abs. 4 Satz 1 GWB; im Rahmen der Bußgeldbemessung nach § 81 Abs. 5 GWB s. *Raum* in Langen/Bunte, Kartellrecht, Bd. 1, 12. Aufl. 2014, § 81 GWB Rz. 185 f. m.w.N.
3 Zutreffend *Zimmermann*, WM 2008, 433, 438.
4 *Bach* in FS Canenbley, 2012, S. 15, 22.
5 Dafür *Zimmermann*, WM 2008, 433, 437 f.; wohl auch *Fleischer* in Fleischer, Handbuch des Vorstandsrechts, § 8 Rz. 34; ablehnend *Horn*, ZIP 1997, 1129, 1136; gegen die Möglichkeit des Regresses bei kartellrechtlichen Unternehmensgeldbußen generell *Dreher* in FS Konzen, 2006, S. 104 ff.
6 LAG Düsseldorf v. 20.1.2015 – 16 Sa 459/14, ZIP 2015, 829 – Schienenkartell, aufgrund von Zuständigkeitsmängeln vom BAG aufgehoben in BAG v. 29.6.2017 – 8 AZR 189/15, Pressemitteilung 30/17; zustimmend *Lotze*, NZKart 2014, 162, 167.
7 *Bayreuther*, NZA 2015, 1239, 1242; *Kersting*, ZIP 2016, 1266, 1267.
8 So aber *Binder/Kraayvanger*, BB 2015, 1219, 1225.
9 *Bayreuther*, NZA 2015, 1239, 1240 f. unter Berufung auf BGH v. 14.11.1996 – IX ZR 215/95, NJW 1997, 518; s. auch *Grunewald*, NZG 2016, 1121, 1123, die allerdings schon die Abwälzung von Geldbußen im vom BGH entschiedenen Fall für falsch hält.

Entscheidungsträger treffen, überzeugt nicht.[1] Es besteht die Möglichkeit, das Organ unmittelbar mit einem Bußgeld zu belegen.[2] Der Gesetzgeber hat hier jedoch keinen Anpassungsbedarf gesehen und die Bußgeldandrohung nur gegenüber Unternehmen verschärft. Es ist zweifelhaft, dass er damit letztlich das einzelne Organmitglied erreichen wollte.[3]

31.37 Aus praktischer Sicht lässt sich gegen die Entscheidung des LAG Düsseldorf am ehesten einwenden, dass ein vollständiger Regressausschluss keine Möglichkeit zur Differenzierung bietet. Alternativ ist in der Literatur eine Lösung entwickelt worden, die eine am Verschuldensgrad gemessene Abstufung der Haftung des Vorstandsmitglieds befürwortet – ähnlich den Grundsätzen über die betrieblich veranlasste Tätigkeit.[4] Dieser Ansatz steht aber im Widerspruch zur gefestigten Rechtsprechung, die Leitungsorganen einer Gesellschaft die Anwendung des Arbeitnehmerhaftungsprivilegs versagt.[5] Ein anderer Ansatz zur Beschränkung des Regresses sieht eine Deckelung der ersatzfähigen Summe in Höhe des Bußgeldrahmens gegenüber natürlichen Personen vor.[6] Diese Ansicht muss sich jedoch fehlende Konsequenz vorwerfen lassen: Wenn im ersten Schritt die allgemeine Zulässigkeit des Bußgeldregresses bejaht wird, weil das Ordnungswidrigkeitenrecht den zivilrechtlichen Schadensersatz nicht berührt, kann im zweiten Schritt keine ordnungswidrigkeitsrechtliche Wertung zur Haftungsbegrenzung herangezogen werden.[7] In der Revisionsinstanz hob das BAG die Entscheidung zwar auf und verwies zum LAG Düsseldorf zurück; das BAG begründete dies jedoch mit Mängeln im Rahmen der Zuständigkeit ohne zur angesprochenen Problematik Stellung zu nehmen.[8] Es bleibt somit der weitere Verfahrensgang abzuwarten.

5. Art und Umfang des Schadensersatzanspruchs

31.38 Art und Umfang des Schadensersatzes sind nach den bürgerlich-rechtlichen Regeln der §§ 249 ff. BGB zu bestimmen.[9] Danach sind auch die Kosten der erfolglosen Rechtsverteidigung gegen den Bußgeldbescheid sowie die Kosten der Rechtsverfolgung gegen das Organmitglied als adäquat-kausale Folgeschäden ersatzfähig. Etwaige **Mängel in der Rechtsverteidigung gegen die Unternehmensgeldbuße** berühren den Schadensersatzanspruch nicht, soweit kein ungewöhnlich grobes Fehlverhalten gegeben ist.[10]

---

1 So hingegen *Bayreuther*, NZA 2015, 1239, 1241; *Binder/Kraayvanger*, BB 2015, 1219, 1225; *Kersting*, ZIP 2016, 1266, 1268.

2 Dies gilt allerdings nicht, soweit europäisches Kartellrecht Anwendung findet, da dort die Verhängung eines Bußgeldes gegenüber Organmitgliedern nicht vorgesehen ist.

3 So auch *Grunewald*, NZG 2016, 1121, 1122, die allgemein auf die Höhe der Bußgeldrahmen verweist.

4 *Koch* in Liber amicorum Martin Winter, S. 327 ff.; *Koch*, AG 2012, 429. 435 ff.; *Koch*, AG 2014, 513 ff.; *Casper*, ZHR 176 (2012), 617, 638 f.; *Lotze*, NZKart 2014, 162, 167 f.; ablehnend *Habersack*, ZHR 177 (2013), 783, 802 f.; *Fabisch*, ZWeR 2013, 91, 110.

5 BGH v. 27.2.1975 – II ZR 112/72, WM 1975, 467; BGH v. 25.6.2001 – II ZR 38/99, NJW 2001, 3123 = GmbHR 2001, 771; *Spindler* in MünchKomm. AktG, § 93 AktG Rz. 177; *Fleischer* in Spindler/Stilz, § 93 AktG Rz. 206; *Fleischer*, DB 2014, 345, 349, mit Blick auf den Bußgeldregress.

6 *Dreher* in FS Konzen, 2006, S. 104 ff.; *Thole*, ZHR 173 (2009), 504, 533 ff.; *Fabisch*, ZWeR 2013, 91, 109 f.; *Gaul*, AG 2015, 109, 116 f.

7 *Fleischer*, DB 2014, 345, 349.

8 BAG v. 29.6.2017 – 8 AZR 189/15, Pressemitteilung 30/17.

9 Vgl. *Fleischer* in Fleischer, Handbuch des Vorstandsrechts, § 11 Rz. 62.

10 Zu dieser Beschränkung vgl. etwa *Grüneberg* in Palandt, Vorb. v. § 249 BGB Rz. 47.

II. Durchsetzung des Ersatzanspruchs

1. Verfolgung durch den Aufsichtsrat

Die Verfolgung möglicher Ersatzansprüche gegen Vorstandsmitglieder, die der Gesellschaft wegen der verhängten Unternehmensgeldbuße zustehen, ist grundsätzlich **Aufgabe des Aufsichtsrats**, der die Gesellschaft auch in einem Prozess gegen das verantwortliche Vorstandsmitglied vertritt, § 112 AktG.

31.39

Liegen entsprechende Anhaltspunkte für eine Ersatzpflicht des Vorstandsmitglieds vor, hat der Aufsichtsrat zunächst den Sachverhalt festzustellen und die Erfolgsaussichten der Anspruchsverfolgung in tatsächlicher und rechtlicher Hinsicht, insbesondere auch das Prozessrisiko und die Beitreibbarkeit der Forderung, zu prüfen.[1] Gelangt er dabei zu dem Ergebnis, dass voraussichtlich ein durchsetzbarer Ersatzanspruch der Gesellschaft wegen der Unternehmensgeldbuße besteht, ist er **grundsätzlich verpflichtet, den Anspruch (gerichtlich) geltend zu machen**.[2] Von einer Klageerhebung darf er nach den vom BGH in der ARAG/Garmenbeck-Entscheidung entwickelten Grundsätzen nur absehen, wenn hierfür gewichtige Gründe des Unternehmenswohls streiten. Dies wäre z.B. anzunehmen, wenn negative Auswirkungen auf das Ansehen der Gesellschaft,[3] eine Behinderung der Vorstandsarbeit oder eine Beeinträchtigung des Betriebsklimas drohen, und diese Gründe dem Interesse an der Anspruchsverfolgung zumindest gleichwertig sind.[4] Gesichtspunkte, die nicht das Unternehmensinteresse betreffen, wie die mit der Anspruchsverfolgung verbundenen Konsequenzen für das Organmitglied oder seine früheren Verdienste, dürfen grundsätzlich nicht berücksichtigt werden. Daher dürfte auch bei besonders hohen Geldbußen in aller Regel dem Interesse des Vorstandsmitglieds an seiner Verschonung kein Vorrang gegenüber dem Interesse der Gesellschaft an einer Durchsetzung des Ersatzanspruchs einzuräumen sein. Anderes kann in seltenen Ausnahmefällen dann gelten, wenn die Pflichtwidrigkeit nicht allzu schwerwiegend und der Schaden gering ist, für das betroffene Organmitglied aber einschneidende Folgen drohen.[5]

31.40

---

1 BGH v. 21.4.1997 – II ZR 175/95, BGHZ 135, 244, 253 = NJW 1997, 1926 = AG 1997, 377 – ARAG/Garmenbeck; s. hierzu auch *Fleischer* in Fleischer, Handbuch des Vorstandsrechts, § 11 Rz. 110; *Hasselbach/Seidel*, AG 2008, 770, 773; *Paefgen*, AG 2008, 761 f.
2 BGH v. 21.4.1997 – II ZR 175/95, BGHZ 135, 244, 254 ff. = NJW 1997, 1926 = AG 1997, 377 – ARAG/Garmenbeck; *Hasselbach/Seidel*, AG 2008, 770, 773; *Paefgen*, AG 2008, 761 f.
3 *Redeke*, ZIP 2008, 1549, 1550; gegen die Öffentlichkeitswirkung als Kriterium für Klageverzicht aber *Götz*, NJW 1997, 3275, 3277 m.w.N.
4 BGH v. 21.4.1997 – II ZR 175/95, BGHZ 135, 244, 254 ff. = NJW 1997, 1926 = AG 1997, 377 – ARAG/Garmenbeck; daraus einen beschränkt justiziablen Entscheidungsspielraum folgernd *Boujong*, DZWir 1997, 326, 329; *Götz*, NJW 1997, 3275, 3277 m.w.N.; *Hopt/Roth* in Großkomm. AktG, § 111 AktG Rz. 361 f.; *Hüffer/Koch*, § 111 AktG Rz. 9 f.; *Jaeger/Trölitzsch*, WIB 1997, 684, 686 f.; *Ulmer*, ZHR 163 (1999), 290, 296 f.; *E. Vetter* in Marsch-Barner/Schäfer, Handbuch börsennotierte AG, § 26 Rz. 42; noch weitergehend *Paefgen*, AG 2008, 761, 764, der von der unternehmerischen Ermessensentscheidung als Regelfall ausgeht; deutlich enger und den Regelfall der Klageerhebung betonend *Henze*, NJW 1998, 3309, 3311; *Hirte*, Kapitalgesellschaftsrecht, 8. Aufl. 2016, Rz. 3.90; *Kindler*, ZHR 162 (1998), 101, 113 f.; *Pentz* in Fleischer, Handbuch des Vorstandsrechts, § 16 Rz. 127.
5 BGH v. 21.4.1997 – II ZR 175/95, BGHZ 135, 244, 255 f. = NJW 1997, 1926 = AG 1997, 377 – ARAG/Garmenbeck.

2. Verfolgungsrecht einer Aktionärsminderheit

31.41 Bleibt der Aufsichtsrat untätig, kann unter den Voraussetzungen des § 148 AktG auch eine Aktionärsminderheit Ersatzansprüche der Gesellschaft gegen ihre verantwortlichen Vorstandsmitglieder einklagen.[1] Voraussetzung der Klagezulassung ist allerdings, dass Tatsachen den Verdacht rechtfertigen, dass der Gesellschaft durch **Unredlichkeiten** oder **grobe Gesetzesverletzungen** von Vorstandsmitgliedern ein Schaden entstanden ist, § 148 Abs. 1 Satz 2 Nr. 3 AktG. Zum Begriff der Unredlichkeiten hat der Gesetzgeber klargestellt, dass es sich dabei um ins Kriminelle reichende Treuepflichtverstöße handeln soll.[2] Sofern Gesetzesverstöße dahinter zurückbleiben, ist auf den Grad des Verschuldens abzustellen. Leichte und leichteste Gesetzesverstöße genügen insoweit nicht.[3] Die Verfolgung von Ersatzansprüchen wegen einer gegen das Unternehmen verhängten Geldbuße im Wege der Aktionärsklage dürfte danach auf solche Fälle zu beschränken sein, in denen die Unternehmensgeldbuße an eine Straftat des Vorstandsmitglieds oder an einen **besonders schweren, für einen verantwortlich handelnden Unternehmensleiter nicht hinnehmbaren Gesetzesverstoß** – wie einen vorsätzlichen Verstoß gegen das Kartellrecht – anknüpft.

31.42 Der Klagezulassung kann unter Umständen ein überwiegendes Interesse der Gesellschaft entgegenstehen. Dies wird vor allem bei Klagen der Fall sein, die auf eine sehr geringe Schadenssumme gerichtet sind, so dass eine Verfolgung von Ersatzansprüchen wegen einer Unternehmensgeldbuße in Bagatellfällen stets scheitern dürfte.[4] Darüber hinaus soll ein überwiegendes Interesse der Gesellschaft in Betracht kommen, wenn die Beitreibung des geltend gemachten Anspruchs – etwa angesichts der **Vermögensverhältnisse des Schuldners** – nahezu ausgeschlossen erscheint.[5] Bei der Geltendmachung eines Ersatzanspruchs wegen einer besonders hohen Geldbuße könnte dieser Gesichtspunkt Bedeutung gewinnen.

III. Beweisrechtliche Wirkung des Bußgeldbescheids im Regressprozess

31.43 Eintritt und Höhe des Schadens, die Handlung des beklagten Vorstandsmitglieds, die ihm als möglicherweise pflichtwidrig vorzuwerfen ist, sowie die adäquate Kausalität zwischen Handlung und Schaden sind in einem Schadensersatzprozess grundsätzlich von der klagenden Gesellschaft zu beweisen. Die Beweislast für fehlende Pflichtwidrigkeit und fehlendes Verschulden trifft dagegen das beklagte Vorstandsmitglied.[6]

31.44 Nimmt die Gesellschaft ein Vorstandsmitglied wegen einer Unternehmensgeldbuße auf Schadensersatz in Anspruch, besteht die Besonderheit, dass in der Regel bereits ein Strafurteil oder ein Bußgeldbescheid vorliegt, der die Gesetzeswidrigkeit des Verhaltens des Vorstandsmitglieds feststellt (anders bei der anonymen Verbandsgeldbuße, dazu Rz. 31.14). Vor diesem Hintergrund gewinnt die Frage Bedeutung, **inwieweit** ein solches **Strafurteil** oder

---

1 Vgl. hierzu *Paschos/Neumann*, DB 2005, 1779.
2 Begr. RegE UMAG, BT-Drucks. 15/5092, S. 22 li. Sp.; vgl. *Paschos/Neumann*, DB 2005, 1779, 1780; wohl umfassenderes Verständnis bei LG München I v. 29.3.2007 – 5 HK O 12931/06, AG 2007, 458, 459 re. Sp.
3 Begr. RegE UMAG, BT-Drucks. 15/5092, S. 22 li. Sp.
4 So auch Begr. RegE UMAG, BT-Drucks. 15/5092, S. 22 re. Sp.; *Paschos/Neumann*, DB 2005, 1779, 1781; *Mock* in Spindler/Stilz, § 148 AktG Rz. 84.
5 Begr. RegE UMAG, BT-Drucks. 15/5092, S. 22 re. Sp.; *Mock* in Spindler/Stilz, § 148 AktG Rz. 85.
6 Vgl. nur *Spindler* in MünchKomm. AktG, § 93 AktG Rz. 181 f.; *Hopt/Roth* in Großkomm. AktG, § 93 AktG Rz. 426 ff., insbes. 435; *Hüffer/Koch*, § 93 AktG Rz. 53.

ein solcher **Bußgeldbescheid** auch im Rahmen des Regressprozesses zwischen Gesellschaft und Vorstandsmitglied **zu berücksichtigen ist** und ob das beklagte Vorstandsmitglied mit dem Vorbringen gehört werden kann, ein gesetzes- und damit pflichtwidriges Verhalten sei nicht gegeben.

Strafurteile und Bußgeldbescheide sind öffentliche Urkunden im Sinne des Zivilprozessrechts, für die grundsätzlich spezielle Beweisregeln gelten. Diese Beweisregeln betreffen jedoch nicht die inhaltliche, d.h. materielle Richtigkeit des Urteils oder des Bußgeldbescheids.[1] Der Entwurf von § 415a ZPO[2], der eine gesetzliche Bindung an rechtskräftige Urteile über Strafsachen und Ordnungswidrigkeiten auch für einen späteren Zivilprozess einführen sollte, ist nicht Gesetz geworden.[3] Hinsichtlich der tatsächlichen Feststellungen und der Entscheidungsgründe eines rechtskräftigen Urteils besteht daher **keine gesetzliche Bindungswirkung**.[4] Gleiches gilt für den rechtskräftigen Bußgeldbescheid.

31.45

Das Gericht hat sich vielmehr nach allgemeinen zivilprozessualen Grundsätzen im Wege der **freien Beweiswürdigung** (§ 286 Abs. 1 Satz 1 ZPO) davon zu überzeugen, dass Tatsachen vorliegen, die eine Pflichtverletzung des beklagten Vorstandsmitglieds und damit einen Ersatzanspruch der Gesellschaft zu begründen vermögen. Die Verwertung von Urkunden aus einem anderen Verfahren ist allerdings grundsätzlich zulässig, soweit dies ausreicht, um die von einer Partei angesprochenen, aufklärungsbedürftigen Fragen zu beantworten.[5] Somit kann einem vorausgegangenen Strafurteil oder Bußgeldbescheid im Rahmen des Schadensersatzprozesses zwar keine rechtliche Bindungswirkung, unter Umständen aber eine erhebliche **faktische Wirkung** zukommen.

31.46

D. Versicherbarkeit des Regressrisikos

Angesichts immer höherer Unternehmensgeldbußen dürfte für die Praxis von besonderem Interesse sein, dass sich Vorstandsmitglieder durch eine **D&O-Versicherung** (Directors' and Officers' Liability Insurance) gegen das Risiko eines Rückgriffs der bußgeldbelasteten Gesellschaft absichern können. Nach den üblicherweise verwendeten Versicherungsbedingungen (AVB-AVG)[6] gewähren D&O-Versicherungen Versicherungsschutz für den Fall, dass ein Mitglied des Vorstands wegen einer bei Ausführung seiner Tätigkeit begangenen Pflichtverletzung aufgrund gesetzlicher Haftpflichtbestimmungen privatrechtlichen oder öffentlichrechtlichen

31.47

---

[1] Die formelle Beweiskraft, die öffentlichen Urkunden und somit auch Bußgeldbescheiden zukommt (§§ 415, 417 ZPO), bezieht sich nur auf die dort bekundeten äußeren Tatsachen, also etwa darauf, dass ein Bescheid ergangen ist, vgl. *Berger* in Stein/Jonas, Kommentar zur ZPO, 23. Aufl. 2015, § 417 ZPO Rz. 1 f.

[2] I.d.F. des RegE eines Gesetzes zur Modernisierung der Justiz – JuMoG, BT-Drucks. 15/1508, S. 6.

[3] *Huber* in Musielak, Kommentar zur ZPO, 14. Aufl. 2017, § 415 ZPO Rz. 3; *Vollkommer* in Zöller, 31. Aufl. 2016, vor § 322 ZPO Rz. 12.

[4] *Leipold* in Stein/Jonas, Kommentar zur ZPO, 22. Aufl. 2008, § 322 ZPO Rz. 302 f. mit Hinweis auf § 14 Abs. 2 Nr. 1 EGZPO; *Meyer-Goßner/Schmitt*, StPO, Einl. Rz. 170; *Vollkommer* in Zöller, 31. Aufl. 2016, vor § 322 ZPO Rz. 12.

[5] Vgl. BGH v. 22.4.1997 – VI ZR 198/96, NJW 1997, 3381, 3382; BGH v. 23.4.2002 – VI ZR 180/01, NJW 2002, 2324, 2325; *Hartmann* in Baumbach/Lauterbach/Albers/Hartmann, Zivilprozessordnung, 75. Aufl. 2017, § 286 ZPO Rz. 63 f.

[6] Allgemeine Versicherungsbedingungen des GDV für die Vermögensschaden-Haftpflichtversicherung von Aufsichtsräten, Vorständen und Geschäftsführern, Stand: Mai 2013.

Inhalts für einen Vermögensschaden auf Schadensersatz in Anspruch genommen wird.[1] Die gängigen D&O-Versicherungen erfassen dabei nicht nur Außenhaftungsansprüche von gesellschaftsfremden Dritten, sondern auch Innenhaftungsansprüche der Gesellschaft als Versicherungsnehmerin gegen ihr versichertes Vorstandsmitglied.[2]

I. Ausschluss bei vorsätzlicher oder wissentlicher Pflichtverletzung

31.48 Alle gängigen D&O-Versicherungen schließen Haftpflichtansprüche wegen **vorsätzlicher Schadensverursachung** aus (Ziff. 5.1 AVB-AVG). Zahlreiche Versicherungsbedingungen erstrecken den Ausschluss daneben auch auf wissentliche Pflichtverletzungen (Ziff. 5.1 AVB-AVG)[3], wobei Pflichtbewusstsein und Pflichtverletzungsbewusstsein erforderlich sein sollen.[4] Bereits diese Ausschlussregelungen dürften die Versicherbarkeit von Regressansprüchen der Gesellschaft wegen einer Unternehmensgeldbuße stark einschränken.[5]

II. Ausschluss von Bußgeldern und Geldstrafen

31.49 Standardmäßig besteht darüber hinaus in D&O-Versicherungen ein **Ausschluss des Versicherungsschutzes** wegen Vertragsstrafen, **Bußgeldern**, Geldstrafen sowie Entschädigungen mit Strafcharakter (punitive und exemplary damages) (Ziff. 5.11 AVB-AVG).[6] Geldbußen und -strafen schädigen zwar das Vermögen, zählen aber nicht zu den Vermögensschäden im versicherungsrechtlichen Sinne.[7] Vor allem wird der Ausschluss des Versicherungsschutzes damit begründet, dass eine Versicherung von Geldbußen einer vorherigen Erstattungszusage gleichkäme und daher gegen § 134 bzw. § 138 BGB verstoße.[8] Ganz überwiegend wird argumentiert, der Sanktionszweck der Geldbuße und ihre **Abschreckungswirkung** dürften nicht durch den Abschluss einer Versicherung unterlaufen werden.[9] Außerdem würde die **Allgemeinheit**, die durch das Straf- und Ordnungswidrigkeitenrecht gerade geschützt werden soll, im Falle der Versicherbarkeit von Geldbußen **mit Prämien belastet** und der Täter in unzulässiger Weise entlastet.[10]

---

1 Dazu ausführlich oben *Sieg*, § 18.
2 *Hüffer/Koch*, § 93 AktG Rz. 58; *Olbrich*, Die D&O-Versicherung, 2. Aufl. 2007, S. 140 ff. Die in Ziff. 1.3 AVB-AVG vorgesehene Einschränkung, dass Versicherungsschutz für Innenhaftungsansprüche nur bei einer durch die Hauptversammlung initiierten Anspruchsverfolgung bestehen soll, hat sich in der Praxis nicht durchgesetzt.
3 Zur Differenzierung zwischen Vorsatz und Wissentlichkeit in D&O-Versicherungsverträgen ausführlich *Seitz*, VersR 2007, 1476, 1477 f.
4 Eingehend *Möhrle*, Gesellschaftsrechtliche Probleme der D&O-Versicherung, 2007, S. 37 f.; s. auch *Lange*, DStR 2002, 1674, 1676; *Kiethe*, BB 2003, 537, 541.
5 Zu den Ausschlüssen ausführlich auch oben *Ihlas*, § 19.
6 *Olbrich*, Die D&O-Versicherung, 2. Aufl. 2007, S. 187 f.; *Ehlers*, VersR 2008, 1173, 1178.
7 *Ihlas*, Organhaftung und Haftpflichtversicherung, 1997, S. 73; *Olbrich*, Die D&O-Versicherung, 2. Aufl. 2007, S. 134, 188.
8 *Präve* in Prölss, Versicherungsaufsichtsgesetz, 12. Aufl. 2005, § 8 VAG Rz. 21 „Verstoß gegen den ordre public"; *Ihlas*, Organhaftung und Haftpflichtversicherung, 1997, S. 73 und 290; *Lattwein/ Krüger*, VW 1997, 1366, 1368; *Dreher*, ZWeR 2004, 75, 76; *Fleischer*, WM 2005, 909, 916; *Olbrich*, Die D&O-Versicherung, 2. Aufl. 2007, S. 134; mit abw. Argumentation (Verstoß gegen § 93 AktG) auch *Krieger* in FS Bezzenberger, 2000, S. 211, 220.
9 *Olbrich*, Die D&O-Versicherung, 2. Aufl. 2007, S. 134.
10 S. oben *Ihlas*, Rz. 19.83 ff.

Soweit die gängigen D&O-Versicherungen Geldbußen vom Versicherungsschutz ausnehmen, bezieht sich dieser Ausschluss eindeutig jedenfalls auf Geldbußen, die wegen einer Ordnungswidrigkeit im Zusammenhang mit seiner geschäftlichen Tätigkeit gegen das Vorstandsmitglied selbst verhängt worden sind.[1] Ob darüber hinaus auch Schadensersatzansprüche, die eine bußgeldbelastete Gesellschaft im Innenverhältnis gegen ihr verantwortliches Vorstandsmitglied geltend macht, einer solchen Ausschlussklausel unterfallen, ist abhängig von der Gestaltung der Klausel im Einzelfall.[2] Vorstandsmitglieder dürften vor diesem Hintergrund gut daran tun, diese Frage mit dem jeweiligen Versicherer zu klären.

31.50

E. Ausblick

In den vergangenen Jahren ist die Anzahl der bußgeldbewehrten Ge- und Verbote, die Aktiengesellschaften und ihre Vorstände treffen, beständig erweitert worden. Damit hat sich zugleich das Haftungsrisiko der Vorstandsmitglieder erhöht, da diesen im Fall der Verhängung einer Unternehmensgeldbuße auch ein Regress durch die Gesellschaft wegen einer Pflichtverletzung im Innenverhältnis droht. Angesichts immer höherer Geldbußen, die gegen Unternehmen verhängt werden, steigt auch das Risiko für Vorstandsmitglieder, wegen einer solchen Geldbuße in Regress genommen zu werden. Vorstandsmitglieder werden auch in Zukunft verstärkt durch vorbeugende Maßnahmen wie etwa die Einrichtung einer effektiven Compliance-Organisation dem Haftungsrisiko entgegenwirken müssen.[3]

31.51

---

[1] Einschränkend bei fahrlässigen Verstößen gegen § 130 OWiG wohl *Thümmel/Sparberg*, DB 1995, 1013, 1019.
[2] *Koch* in Liber amicorum Martin Winter, 2011, S. 327, 331; *Binder/Kraayvanger*, BB 2015, 1219, 1229.
[3] S. dazu oben *Kremer/Klahold*, § 25.

§ 32
Risikobereich und Haftung: Kapitalmarktinformationen

Dr. Lutz Robert Krämer und Dr. Benedikt Gillessen

A. Grundlagen 32.1
B. Informationspflichten im Überblick   32.5
  I. Primärmarktinformation 32.6
  II. Sekundärmarktinformation 32.8
    1. Kapitalmarktrechtliche Informationspflichten nach dem WpHG und der MAR 32.9
    2. Börsenrechtliche Informationspflichten....................... 32.18
    3. Kapitalmarktrechtliche Informationspflichten nach dem WpÜG 32.19
    4. Informationspflichten nach dem AktG und dem HGB.............. 32.20
C. Schadensersatzhaftung 32.21
  I. Überblick...................... 32.21
  II. Haftung für fehlerhafte Information des Primärmarktes 32.22
    1. Wertpapierprospektgesetzliche Prospekthaftung 32.22
    2. Bürgerlich-rechtliche Prospekthaftung 32.35
      a) Typisiertes Vertrauen........... 32.35
      b) Haftung aus Verschulden bei Vertragsschluss bei Inanspruchnahme persönlichen Vertrauens .. 32.36
    3. Deliktsrechtliche Informationshaftung........................... 32.38
      a) Haftung aus § 823 Abs. 2 BGB i.V.m. einem Schutzgesetz....... 32.39
      b) Haftung aus § 826 BGB bei Primärmarktplatzierungen 32.45
  III. Haftung für fehlerhafte Information des Sekundärmarktes 32.53
    1. Haftung für unterlassene oder fehlerhafte Ad hoc-Mitteilungen 32.53
      a) Spezialgesetzliche Haftung 32.54
      b) Prospekthaftung für fehlerhafte Ad hoc-Mitteilungen.......... 32.59
      c) Deliktshaftung aus § 823 Abs. 2 BGB i.V.m. einem Schutzgesetz.. 32.60
      d) Deliktshaftung aus § 826 BGB .. 32.63
        aa) Sittenwidrigkeit und Vorsatz   32.64
        bb) Schaden und Kausalität 32.68
    2. Haftung für fehlerhafte Regelpublizität....................... 32.74
      a) Prospekthaftung für fehlerhafte Regelpublizität............... 32.75
      b) Deliktshaftung aus § 823 Abs. 2 BGB i.V.m. einem Schutzgesetz.. 32.76
      c) Deliktshaftung aus § 826 BGB .. 32.79
    3. Haftung für fehlerhafte Stimmrechtsmitteilungen 32.81
    4. Haftung für fehlerhaften Bilanzeid.. 32.85
    5. Haftung für fehlerhafte Entsprechenserklärung nach § 161 AktG........ 32.86
      a) Deliktshaftung aus § 823 Abs. 2 BGB i.V.m. einem Schutzgesetz.. 32.88
      b) Deliktshaftung aus § 826 BGB .. 32.89
    6. Kapitalmarktrechtliche Informationshaftung im Sekundärmarkt aus sonstigen Gründen 32.90
  IV. Haftungsverteilung 32.93
D. Organisatorische Vorkehrungen/ Corporate Compliance 32.95
  I. Rechtliche Grundlagen 32.98
  II. Compliance-Maßnahmen......... 32.102
    1. Information.................... 32.104
    2. Organisation und Delegation...... 32.109
    3. Kontrolle 32.116
    4. Dokumentation................. 32.118

Schrifttum: *Akerlof*, The Market for „Lemons": Quality Uncertainty and the Market Mechanism, 84 Quarterly Journal of Economics (1970) 488; *Assmann/Uwe H. Schneider* (Hrsg.), WpHG, 6. Aufl. 2012; *Buck-Heeb*, Neuere Rechtsprechung zur Haftung wegen fehlerhafter oder fehlender Kapitalmarktinformation, NZG 2016, 1125; *Fuchs* (Hrsg.), WpHG, 2. Aufl. 2016; *Groß*, Kapitalmarktrecht, 6. Aufl. 2016; *Habersack/Mülbert/Schlitt* (Hrsg.), Unternehmensfinanzierung am Kapitalmarkt, 3. Aufl. 2013; *Habersack/Mülbert/Schlitt* (Hrsg.), Handbuch der Kapitalmarktinformation, 2. Aufl.

2013; *Hauschka/Moosmayer/Lösler* (Hrsg.), Corporate Compliance, 3. Aufl. 2016; *Hellgardt*, Kapitalmarktdeliktsrecht, 2008; *Hirte/Möllers* (Hrsg.), Kölner Kommentar WpHG, 2. Aufl. 2014; *Hopt*, Die Haftung für Kapitalmarktinformationen – Rechtsvergleichende, rechtsdogmatische und rechtspolitische Überlegungen, WM 2013, 101; *Hopt/Voigt* (Hrsg.), Prospekt- und Kapitalmarktinformationshaftung, 2005; *Klöckner*, Informationspflichten und Haftung der Organmitglieder börsennotierter Aktiengesellschaften, 2009; *Kümpel/Hammen/Ekkenga* (Hrsg.), Kapitalmarktrecht, Loseblatt Stand 2017; *Kuthe/Rückert/Sickinger* (Hrsg.), Compliance-Handbuch Kapitalmarktrecht, 2. Aufl. 2008; *Marsch-Barner/Schäfer* (Hrsg.), Handbuch börsennotierte AG, 3. Aufl. 2014; *Sester*, Zur Interpretation der Kapitalmarkteffizienz in Kapitalmarktgesetzen, Finanzmarktrichtlinien und -standards, ZGR 2009, 310; *Teigelack*, Finanzanalysen und Behavioral Finance, 2009.

A. Grundlagen

Die Haftung von Vorstands- und Aufsichtsratsmitgliedern für fehlerhafte Kapitalmarktinformation droht bei der Verletzung von Pflichten zur Information des Primär- oder Sekundärmarktes, also der erstmaligen Platzierung oder dem nachfolgenden laufenden Handel bereits emittierter Wertpapiere. An beiden Märkten besteht ein ausgeprägtes **Informationsgefälle** zu Lasten der Anleger im Verhältnis zu Emittenten bzw. Finanzintermediären. Die Anleger sind deshalb auf zeitnahe und vollständige Information über die wesentlichen, den Geschäftsgang der Emittenten betreffenden Umstände angewiesen, um zu einer informierten und autonomen Transaktionsentscheidung zu gelangen.[1] Letztlich kann nur die Pflicht zur **Transparenz** das Recht des Anlegers, informiert über die Verwendung seines Vermögens zu entscheiden, sicherstellen. Der europäische Gesetzgeber hat diesen Ansatz in einigen Richtlinien ausdrücklich aufgegriffen.[2] Neben den Anlegern profitieren Emittenten und die Kapitalmärkte in ihrer Gesamtheit vom **Abbau der Informationsasymmetrien**. Je besser Anleger informiert sind, desto geringer wird die von ihnen verlangte Risikoprämie beim Kauf der Papiere ausfallen. So können Transaktionskosten gesenkt und einem möglichen Marktversagen vorgebeugt werden.[3]

32.1

Flankiert werden diese Informationspflichten durch eine Schadensersatzhaftung für fehlerhafte, unvollständige oder pflichtwidrig unterbliebene Informationserteilung. Einigen Informationspflichten ist ein gesonderter Haftungstatbestand zugeordnet. **Spezialgesetzliche Anspruchsgrundlagen** existieren bislang für die Fälle der Prospekthaftung nach §§ 21 ff. Wertpapierprospektgesetz (WpPG) bzw. §§ 20, 21 Vermögensanlagengesetz (VermAnlG) und der Haftung für fehlerhafte Ad hoc-Mitteilungen nach §§ 97, 98 Wertpapierhandelsgesetz (WpHG) (§§ 37b, 37c WpHG a.F.)[4]. Diese betreffen allerdings zunächst nur die sog. **Außenhaftung des Emittenten**, nicht jedoch die persönliche Haftung der Vorstands- oder Aufsichtsratsmitglieder. Allerdings können diese nach den Regelungen der §§ 93, 116 Aktiengesetz (AktG) bei Verletzung ihrer Organpflichten von der Gesellschaft in Regress genommen werden. Die Haftung für Falschinformationen richtet sich im Übrigen nach allgemeinen Grundsätzen.[5] Als generalklauselförmiger Haftungstatbestand fungiert insoweit ergänzend die kapitalmarktbezogene Informations*delikts*haftung nach § 826 des Bürgerlichen Gesetzbuchs (BGB).

---

1 *Hopt/Voigt*, Prospekt- und Kapitalmarktinformationshaftung, S. 12.
2 Z.B. Erwägungsgründe 1, 2 der Transparenzrichtlinie, Richtlinie 2004/109 EG, ABl. EU Nr. L 390 v. 31.12.2004, S. 38; s. auch *Teigelack*, S. 81 f.
3 Grundlegend *Akerlof*, 84 Quarterly Journal of Economics (1970), 488 ff.; auch *Sester*, ZGR 2009, 310, 332 und 336 f.; *Teigelack*, S. 22 ff.
4 Neuzählung des WpHG durch Art. 3 des Zweiten Finanzmarktnovellierungsgesetzes (2. FiMaNoG) vom 23.6.2017 (BGBl. I 2017, 1693).
5 S. *Buck-Heeb*, NZG 2016, 1125.

Sowohl die Emittenten- als auch die Organaußenhaftung knüpfen entweder an die **Verletzung von Informationspflichten** gegenüber dem **Primärmarkt** oder gegenüber dem **Sekundärmarkt** an. Ist die Sanktion einer solchen Pflichtverletzung als **Schutzgesetz** i.S. des § 823 Abs. 2 BGB zu qualifizieren, können Organmitglieder unter Umständen auch aus dieser Vorschrift in Anspruch genommen werden. Das setzt jedoch voraus, dass die Organmitglieder selbst, und nicht der Emittent, Adressaten der betreffenden Pflicht sind und eigenes Verhaltensunrecht gegenüber den Anlegern verwirklicht haben.[1] Die Erstreckungsnormen der § 9 Ordnungswidrigkeitengesetz (OWiG) und § 14 des Strafgesetzbuches (StGB) vermögen dieses Verhaltensunrecht nicht zu begründen. Denn wenn sich bei jeder Informationspflichtverletzung eine gesamtschuldnerische Haftung von Emittent und Organmitglied ergäbe, wäre die Entscheidung des Gesetzgebers zu Gunsten einer Innenhaftung der Organmitglieder überflüssig.[2] Darüber hinaus wird die **Schutzgesetzeigenschaft der einzelnen Vorschriften** wegen der **doppelten Schutzrichtung des Kapitalmarktrechts**[3] teilweise kontrovers diskutiert. Bei jeder Informationspflichtverletzung ist daher zu erörtern, ob – auch – ein Schutzgesetz i.S. des § 823 Abs. 2 BGB verletzt wurde und wer im konkreten Fall zur Pflichterfüllung berufen war.

32.2 Die Haftung für Falschinformationen wird in der kapitalmarktrechtlichen Literatur überwiegend als kraft Gesetzes eintretende **Vertrauenshaftung** interpretiert.[4] Der Informationsgeber haftet für den Schaden aus dem enttäuschten Vertrauen des Informationsempfängers auf die Richtigkeit der gemachten Angaben. Im allgemeinen Haftungsrecht gilt allerdings grundsätzlich § 675 Abs. 2 BGB, demgemäß eine Wissensmitteilung oder Meinungsäußerung (z.B. Auskunft, Rat, Empfehlung) für sich genommen keine Haftung begründet. Deshalb muss für eine persönliche Haftung der Vorstands- und Aufsichtsratsmitglieder eine **spezialgesetzliche Informationsverpflichtung** hinzutreten. Diese kann sich aus dem Gesellschaftsrecht (aus dem Verhältnis Aktionär-Vorstand/Aufsichtsrat, dort in Form der Innenhaftung gegenüber der Gesellschaft gem. §§ 93, 116 AktG), aus dem Kapitalmarktrecht (aus dem Verhältnis Anleger-Vorstand/Aufsichtsrat) oder aus einer zivilrechtlichen Sonderbeziehung (z.B. (vor)vertraglich) ergeben. Entscheidender Anknüpfungspunkt ist daher das Bestehen einer **spezialgesetzlichen Informationspflicht** als **haftungsbegründender Umstand**. Sie führt dazu, dass eine fehlerhafte, unvollständige, verspätete oder pflichtwidrig unterbliebene Informationserteilung die verpflichteten Organe für enttäuschtes Vertrauen der Informationsempfänger am Kapitalmarkt haftbar macht. Andere ordnen zumindest einige Haftungstatbestände dem **Deliktsrecht** zu und gehen insoweit von **kapitalmarktbezogenen Verkehrspflichten** aus.[5]

---

1 *Fuchs* in Fuchs, Vor §§ 37b, 37c WpHG Rz. 58 ff.; *Hellgardt*, S. 414 f., 420; für die Haftung für fehlerhafte Ad hoc-Mitteilungen i.E. auch *Sethe* in Assmann/Uwe H. Schneider, §§ 37b, 37c WpHG Rz. 162.
2 *Fuchs* in Fuchs, Vor §§ 37b, 37c WpHG Rz. 60; ähnlich *Hellgardt*, S. 416 ff.; a.A. *Maier-Reimer*, NJW 2007, 3157 ff.
3 Schutz der Funktionsfähigkeit des Kapitalmarkts allgemein gegenüber dem Schutz der einzelnen Anleger, s. dazu *Fuchs* in Fuchs, WpHG, Einleitung Rz. 13 ff.
4 Für die Prospekthaftung: *Groß*, Kapitalmarktrecht, § 21 WpPG Rz. 9; *Schwark* in Schwark/Zimmer, Kapitalmarktrechts-Kommentar, 4. Aufl. 2010, §§ 44, 45 BörsG Rz. 7; für die Haftung für fehlerhafte Ad hoc-Mitteilungen nach §§ 37b, 37c WpHG *Veil*, ZHR 167 (2003), 365, 391 f.; *Zimmer* in Schwark/Zimmer, Kapitalmarktrechts-Kommentar, 4. Aufl. 2010, §§ 37b, 37c WpHG Rz. 6 ff.
5 Für die Prospekthaftung *Assmann* in Assmann/Schütze, Handbuch des Kapitalanlagerechts, 4. Aufl. 2015, § 5 Rz. 5 ff.; *Habersack* in Habersack/Mülbert/Schlitt, Handbuch Kapitalmarktinformation, § 29 Rz. 3; *Sethe* in Assmann/Uwe H. Schneider, §§ 37b, 37c WpHG Rz. 22 a.E., 23; für die Haftung für fehlerhafte Ad hoc-Mitteilungen nach §§ 37b, 37c WpHG *Möllers/Leisch* in Köln-

Die Frage gewinnt nur dann an Bedeutung, wenn Rechtsfolgen vom Bestehen eines Sonderrechtsverhältnisses zwischen Kapitalmarktteilnehmern abhängig sind, beispielsweise bei der Zurechnung des Verhaltens von Erfüllungsgehilfen nach § 278 BGB. Eine solche Zurechnung kann nur bejahen, wer die Informationshaftung als Vertrauenshaftung begreift[1], § 830 BGB greift dagegen nur bei deliktsrechtlicher Begründung[2], stand bislang jedoch nicht im Fokus der Rechtsprechung.[3] Ansonsten hat die Unterscheidung nur geringe praktische Relevanz.

Fahrlässiges Verhalten (und damit Beratungsfehler) des eingeschalteten Anwalts ist jedoch nicht nach § 278 BGB zuzurechnen, hier muss vielmehr der Rechtsgedanke des § 831 Abs. 1 Satz 2 BGB herangezogen werden und ist der Rechtsanwalt als Verrichtungsgehilfe des Meldepflichtigen anzusehen.[4] Maßgeblich ist dabei die sorgfältige Auswahl und Überwachung des eingeschalteten Dritten.

Mit dem **Gesetz zur Angemessenheit der Vorstandsvergütung**[5] hat der Gesetzgeber die Versicherbarkeit der Schäden durch „Managementfehler" beschränkt. Nach § 93 Abs. 2 AktG können nur solche Schäden von einer durch die Gesellschaft kontrahierten D&O-Versicherung reguliert werden, die das Eineinhalbfache der festen jährlichen Vergütung des Vorstandsmitglieds übersteigen (Selbstbehalt).[6]

Mit Umsetzung der überarbeiteten **EU-Transparenzrichtlinie** zum 26.11.2015 wurden in Erweiterung der sich aus dem WpHG ergebenden Sanktionsmöglichkeiten zudem ein „**elektronischer Pranger**" für Verstöße gegen das Stimmrechtsmelderegime (§§ 33 ff. WpHG [§§ 21 ff. WpHG a.F.]), die Vorschriften über die Veröffentlichung notwendiger Informationen für die Wahrnehmung von Rechten aus Wertpapieren (§§ 48 ff. WpHG [§§ 30a ff. WpHG a.F.]), die Vorschriften über die Veröffentlichung und Übermittlung von Finanzberichten an das Unternehmensregister (§§ 114 ff. WpHG [§§ 37v ff. WpHG a.F.]) sowie die nunmehr in der EU-Marktmissbrauchsverordnung (*Market Abuse Regulation*, MAR[7]) geregelten Verhaltensnormen eingeführt. Nach §§ 124, 125 WpHG (§§ 40c, 40d WpHG a.F.) hat die Bundesanstalt für Finanzdienstleistungsaufsicht (BaFin) Entscheidungen und Sanktionen, die sie in Bezug auf Verstöße gegen Verbote oder Gebote der vorstehend genannten Vorschriften erlassen hat oder die ihr nach § 335 Abs. 1d HGB mitgeteilt wurden, grundsätzlich auf ihrer Internetseite unverzüglich zu veröffentlichen (sog. *"naming and shaming"*).

32.3

Komm. WpHG, §§ 37b, 37c WpHG Rz. 14; für die Einordnung als Spezialdeliktsrecht *Hellgardt*, S. 35 f.

1 *Möllers/Leisch* in KölnKomm. WpHG, §§ 37b, 37c WpHG Rz. 167 ff.; zum Konzept eines kapitalmarktrechtlichen Sonderrechtsverhältnisses allgemein *Hellgardt*, S. 213 ff.
2 *Sethe* in Assmann/Uwe H. Schneider, §§ 37b, 37c WpHG Rz. 17 ff., 23.
3 Offen ist insbesondere die Frage, ob §§ 37b, 37c WpHG als deliktische Normen zu beurteilen sind, über die dann eine Haftung nach § 830 BGB bejaht werden könnte; dazu näher (und im Ergebnis eine solche Haftung ablehnend) *Zimmer/Grotheer* in Schwark/Zimmer, Kapitalmarktrechts-Kommentar, 4. Aufl. 2010, §§ 37b, 37c WpHG Rz. 130, 133; *Maier-Reimer/Webering*, WM 2002, 1857, 1864; *Fuchs* in Fuchs, §§ 37b, 37c WpHG Rz. 3, 5 f.; a.A. zumindest seinerzeit *Siebel/Gebauer*, WM 2001, 173, 189.
4 So auch *Heinrich/Kiesewetter*, Der Konzern 2008, 137, 140; a.A. *Mülbert* in FS K. Schmidt, 2009, S. 1219, 1237; s. auch BGH v. 3.12.2007 – II ZR 21/06, AG 2008, 260 = WuB I G 8. – 1.09 m. Anm. *Burianski/Hauptmann*.
5 BGBl. I 2009, 2509.
6 S. dazu auch oben *Sieg*, Rz. 18.67 ff.
7 Deutsche Sprachfassung: ABl. EU Nr. L 173 v. 12.6.2014, S. 1; korrigiert durch Berichtigung ABl. EU Nr. L 287 v. 21.10.2016 sowie durch Berichtigung ABl. EU Nr. L 338 v. 21.12.2016; englische Sprachfassung: ABl. EU Nr. L 173 v. 12.6.2014, S. 1; korrigiert durch Berichtigung ABl. EU Nr. L 287 v. 21.10.2016.

Lediglich in gesetzlich näher bestimmten Einzelfällen kann hiervon abgesehen werden. Dabei gilt insgesamt die – über das generalpräventiv erforderliche Maß hinausschießende[1] – Besonderheit, dass die Veröffentlichungspflicht auch für noch nicht rechtskräftige Entscheidungen gilt, also auch solche Fälle erfasst, in denen keineswegs erwiesen ist, ob ein Verstoß überhaupt vorliegt.[2]

32.4 Nicht endgültig entschieden ist die im Nachgang zum Ersten Finanzmarktnovellierungsgesetz (1. FiMaNoG[3]), durch das die MAR zusammen mit der Zweiten Marktmissbrauchsrichtlinie (*Market Abuse Directive*, MAD II[4]) in deutsches Recht umgesetzt wurde, aufgekommene Frage, welche Folgen die Aufhebung der noch an Verstöße gegen das bisherige nationale Recht anknüpfenden §§ 119, 120 WpHG (§§ 38, 39 WpHG a.F.) bereits zum 2.7.2016 hat: Da §§ 119, 120 WpHG (§§ 38, 39 WpHG a.F.), die nunmehr auf die Vorschriften der MAR verweisen, erst seit dem 3.7.2016 anwendbar sind, geht eine starke Literaturmeinung von einer **Ahndungslücke** von einem Tag aus, an dem die maßgeblichen Tatbestände sanktionslos waren, was im Straf- und Ordnungswidrigkeitenrecht dazu führt, dass nach dem Prinzip des mildesten Gesetzes (§ 2 Abs. 3 StGB bzw. § 4 Abs. 3 OWiG) auch frühere, noch nicht rechtskräftig sanktionierte Verstöße zumindest straf- und bußgeldrechtlich nicht mehr geahndet werden könnten.[5] Der BGH hat diese Frage in einer ersten Entscheidung zu einem „Altfall" verneint.[6] Die Entscheidung hat jedoch deutliche Kritik auf sich gezogen.[7] Der Gesetzgeber hat in dem vom Bundestag am 30.3.2017 verabschiedeten Zweiten Finanzmarktnovellierungsgesetz (2. FiMaNoG) zur vorsorglichen Beseitigung ihrer Folgen für die betroffenen Fälle rückwirkend eine Anwendung des Grundsatzes des mildesten Gesetzes ausgeschlossen.[8]

B. Informationspflichten im Überblick

32.5 Die nachfolgende Tabelle zeigt die wesentlichen Anspruchsgrundlagen für eine Primärmarkt- bzw. Sekundärmarkthaftung von Vorstandsmitgliedern und den Verschuldensmaß-

---

1 Für eine besonders sorgfältige Prüfung der Möglichkeit eines Aufschubs der Veröffentlichung in diesen Fällen *Szesny*, DB 2016, 1420, 1424; *Poelzig*, NZG 2016, 492, 500.
2 In diesem Fall wird lediglich ein Hinweis darauf eingefügt, dass die Entscheidung noch nicht bestandskräftig ist. Die Bekanntmachung wird ggf. unverzüglich ergänzt um einen Hinweis auf die Einlegung eines Rechtsbehelfes gegen die Maßnahme oder Sanktion sowie auf das Ergebnis des Rechtsbehelfsverfahrens.
3 BGBl. I 2016, 1514.
4 Deutsche Sprachfassung: ABl. EU Nr. L 173 v. 12.6.2014, S. 1.
5 *Rothenfußer/Jäger*, NJW 2016, 2689; *Rossi*, ZIP 2016, 2437; *Bergmann/Vogt*, wistra 2016, 347; *Bülte/Müller*, NZG 2017, 205; a.A. BaFin, Pressemitteilung v. 8.7.2016; *Klöhn/Büttner*, ZIP 2016, 1801 sowie im Grundsatz auch *Kudlich*, ZBB 2017, 72, der aber zugesteht, dass man „mit Anstand" auch die Gegenmeinung vertreten könne.
6 BGH v. 10.1.2017 – 5 StR 532/16, AG 2017, 153 – Q-Cells.
7 *Bülte/Müller*, NZG 2017, 205, 207 ff.; *Rothenfußer*, AG 2017, 149; *Szesny*, BB 2017, 515; *Möllers/Herz*, JZ 2017, 445.
8 S. dazu Beschlussempfehlung und Bericht des Finanzausschusses u.a. zum RegE eines Zweiten Gesetzes zur Novellierung von Finanzmarktvorschriften auf Grund europäischer Rechtsakte (Zweites Finanzmarktnovellierungsgesetz – 2. FiMaNoG), BT-Drucks. 18/11775. Zur Zulässigkeit dieser Vorgehensweise *Bülte/Müller*, NZG 2017, 205, 211 ff.; *Möllers/Herz*, JZ 2017, 445, 449 ff.; a.A. *Rothenfußer/Jäger*, NJW 2016, 2689, 2693 ff.; *Gaede*, wistra 2017, 41, 46 ff. und *Szesny*, BB 2017, 515, 518.

stab im Überblick, wobei – aus Sicht der Verfasser – die jeweils überwiegende Auffassung aufgeführt ist:

Anknüpfungspunkt etwaiger Haftung	Außenhaftung nach h.M. möglich?	Anspruchsgrundlagen	Verschuldensgrad/ Sonstiges
Wertpapierprospekt/- Primärmarktinformation	Ja	1) §§ 21 ff. WpPG 2) §§ 20, 21 VermAnlG 3) Bürgerlich-rechtliche Prospekthaftung 4) § 826 BGB	1) Vorsatz, grobe Fahrlässigkeit 2) Vorsatz, grobe Fahrlässigkeit 3) Einfache Fahrlässigkeit 4) Mindestens bedingter Vorsatz
Ad hoc-Mitteilungen	Ja	§ 826 BGB	Mindestens bedingter Vorsatz
Regelpublizität (Jahres-, Halbjahresberichte, Zwischenmitteilungen)	Ja	1) § 823 Abs. 2 BGB; § 331 HGB 2) § 823 Abs. 2 BGB; § 400 AktG 3) § 826 BGB	1) Mindestens bedingter Vorsatz; nur Jahresberichte 2) Mindestens bedingter Vorsatz; subsidiär zu 1) 3) Mindestens bedingter Vorsatz
Stimmrechtsmitteilungen	Selten	§ 826 BGB	Mindestens bedingter Vorsatz
Eigengeschäfte von Führungskräften	Kaum denkbar	§ 826 BGB	Mindestens bedingter Vorsatz
Bilanzeid	Selten	§ 823 Abs. 2 BGB; § 331 Nr. 3a HGB	Mindestens bedingter Vorsatz
Entsprechenserklärung zum DCGK nach § 161 AktG	Kaum denkbar	§ 826 BGB (selten)	Mindestens bedingter Vorsatz
Informationen nach §§ 49, 50 WpHG (§§ 30b, 30e WpHG a.F.)	Selten	§ 826 BGB	Mindestens bedingter Vorsatz
Pressemitteilungen	Selten	§ 826 BGB	Mindestens bedingter Vorsatz
Freiwillige Äußerungen (Roadshows, Analystenkonferenzen)	1) Im Primärmarkt möglich (str.) 2) Für den Sekundärmarkt ungeklärt	1) §§ 311 Abs. 3; 241 Abs. 2 BGB (culpa in contrahendo im Falle der Inanspruchnahme persönlichen Vertrauens)	1) Einfache Fahrlässigkeit 2) Bisher nur über § 826 BGB
Information nach § 10 Abs. 1 WpÜG	Nein	./.	./.
Angebotsunterlage	Ja	§ 12 WpÜG	Vorsatz, grobe Fahrlässigkeit

Anknüpfungspunkt etwaiger Haftung	Außenhaftung nach h.M. möglich?	Anspruchsgrundlagen	Verschuldensgrad/ Sonstiges
Stellungnahme zur Angebotsunterlage nach § 27 WpÜG	Ja	§ 826 BGB	Mindestens bedingter Vorsatz
Wasserstandsmeldungen (WpÜG)	Ja (während Angebotsfrist)	§ 12 WpÜG	Vorsatz, grobe Fahrlässigkeit
Kontrollerwerb (WpÜG)	Ja (str.)	§ 823 Abs. 2 BGB i.V.m. § 35 WpÜG	Mindestens bedingter Vorsatz

Die Informationspflichten sind funktional in solche zur Information des Primärmarktes und des Sekundärmarktes zu unterteilen.

I. Primärmarktinformation

32.6 Die Primärmarktinformation erfolgt über den **Wertpapierprospekt**. Sollen Wertpapiere öffentlich angeboten oder zum Handel an einem organisierten Markt zugelassen werden, so führt dies gem. § 1 Abs. 1 WpPG zur Anwendbarkeit des Wertpapierprospektgesetzes. Gem. § 3 Abs. 1 WpPG besteht regelmäßig die Pflicht, einen Wertpapierprospekt zu erstellen.[1] Nach § 5 Abs. 1 WpPG muss der Prospekt in leicht analysierbarer und verständlicher Form sämtliche Angaben enthalten, die im Hinblick auf den Emittenten und die öffentlich angebotenen bzw. zum Handel an einem organisierten Markt zugelassenen Wertpapiere notwendig sind, um dem Publikum ein zutreffendes Urteil über die Vermögenswerte und Verbindlichkeiten, die Finanzlage, die Gewinne und Verluste, die Zukunftsaussichten des Emittenten und jedes Garantiegebers sowie über die mit diesen Aktien verbundenen Rechte zu ermöglichen.

32.7 Die Gliederung des Emissionsprospekts und die inhaltlichen Mindestanforderungen sind im **Wertpapierprospektgesetz** und in der **EU-Prospektverordnung**[2] gesetzlich geregelt. Der Aufbau der Prospektgliederung ist in Bezug auf ein detailliertes Inhaltsverzeichnis, eine Zusammenfassung und die sog. Risikofaktoren auch in der Reihenfolge zwingend. Im Übrigen kann der Emittent selbst über Aufbau und Gliederung des Prospekts entscheiden. Es müssen jedoch sämtliche detaillierten inhaltlichen Anforderungen erfüllt werden, die von der EU-Prospektverordnung vorgegeben sind. Zu den Pflichtangaben gehören insbesondere Informationen zum Angebot (z.B. Grundkapital nach Durchführung der Kapitalerhöhung, Prozentsatz des angebotenen Grundkapitals, Preisspanne, Angebotspreis), eine Beschreibung der Geschäftstätigkeit (z.B. Markt- und Wettbewerbssituation, Produkte, Strategie, Betriebsstätten, Mitarbeiter) sowie die Darstellung und Analyse der Vermögens-, Finanz- und Ertragslage (z.B. Angaben zu Bilanz sowie GuV, Liquidität, Kapitalausstattung und Finanzierungsquellen sowie Kapitalflussrechnung). Dabei ist auf die Grundsätze der **Prospektwahrheit, Prospektklarheit** und der **Prospektaktualität** zu achten.[3] Nach diesen Grundsätzen beurteilen sich die Richtig-

---

[1] Zu den Ausnahmen s. § 4 WpPG; dazu *Apfelbacher/Metzner*, BKR 2006, 81 ff.
[2] VO EG 809/2004, ABl. EU Nr. L 149 v. 30.4.2004, S. 1, zuletzt geändert durch die Delegierte Verordnung (EU) Nr. 862/2012 der Kommission v. 4.6.2012.
[3] *Groß*, Kapitalmarktrecht, § 5 WpPG Rz. 3 ff.

keit und die Vollständigkeit der Primärmarktinformationen, die durch das Prospekthaftungsregime der §§ 21 ff. WpPG sanktioniert werden.[1]

II. Sekundärmarktinformation

Die Sekundärmarktinformation betrifft sog. **Zulassungsfolgepflichten** für börsennotierte Gesellschaften. Die Zulassung von Aktien zum Handel an einer Börse bringt für den Emittenten eine Reihe **zusätzlicher Publizitätspflichten** mit sich. Diese folgen seit Geltung der MAR primär aus dem Wertpapierhandelsgesetz (WpHG), der MAR, aber auch aus dem Wertpapiererwerbs- und Übernahmegesetz (WpÜG) und der Entsprechungserklärung zum Deutschen Corporate Governance Kodex gem. § 161 AktG sowie den spezifischen Regelungen der Börsenordnungen.

32.8

1. Kapitalmarktrechtliche Informationspflichten nach dem WpHG und der MAR

Die kapitalmarktrechtlichen Informationspflichten knüpfen an das Herkunftsstaatsprinzip an. Hiernach bestehen die einzelnen Veröffentlichungs- und Informationspflichten des WpHG für Emittenten, deren **Herkunftsstaat** Deutschland i.S. von § 2 Abs. 13 WpHG (§ 2 Abs. 6 WpHG a.F.) (Pflichten nach §§ 48, 49 WpHG [§§ 30a, 30b WpHG a.F.]) ist, oder die als **Inlandsemittent** i.S. von § 2 Abs. 14 WpHG (§ 2 Abs. 7 WpHG a.F.) (Pflichten nach §§ 40, 41, 50 und 114-117 WpHG [§§ 26, 26a, 30e und 37v– y WpHG a.F.]) gelten.[2] Gem. § 2 Abs. 1 WpHG gelten die kapitalmarktrechtlichen Informationspflichten für Emittenten folgender Wertpapiere: Aktien, mit Aktien vergleichbare Wertpapiere, Hinterlegungsscheine, sofern sie Aktien vertreten, sowie Schuldverschreibungen (einschließlich Genussscheinen und Optionsscheinen).

32.9

Eine der wichtigsten kapitalmarktrechtlichen Informationspflichten ist die Verpflichtung zur Veröffentlichung und Mitteilung von Insiderinformationen i.S. des Art. 7 MAR gem. Art. 17 MAR, die sog. **Ad hoc-Publizität**. Die Regelungen in der MAR ersetzen seit dem 3.7.2016 die entsprechenden Vorschriften im WpHG. Die in Deutschland bis dahin geltende Rechtslage war bereits durch verschiedene EuGH-Urteile maßgeblich geprägt und bleibt materiell durch die MAR weitgehend unverändert, so dass die von Literatur und Rechtsprechung entwickelten Auslegungs- und Anwendungsgrundsätze im Kern weiterhin zu beachten sind.

32.10

Nach Art. 17 Abs. 1 MAR muss ein Emittent **Insiderinformationen**, die ihn unmittelbar betreffen, **unverzüglich bekannt geben**[3], und damit ohne schuldhaftes Zögern. Wie schon nach altem Recht erfordert dies auch, dass eine etwa noch erforderliche Befassung des Aufsichtsrats

---

1 In Bezug auf die Prospekthaftung als wesentliche Konsequenz eines mangelhaften Prospekts nach einheitlichen Vorgaben besteht – paradoxerweise – noch kein sog. *„level playing field"* in Europa. Vgl. dazu *Krämer*, Going Public, Heft 2/2004, S. 8.
2 Ausführlich zu den Begriffen Herkunftsstaat und Inlandsemittent *Fuchs* in Fuchs, § 2 WpHG Rz. 166 ff., 175 f.
3 Die ursprünglich in Art. 17 Abs. 1 MAR enthaltene Formulierung „so bald wie möglich" wurde durch Veröffentlichung einer Berichtigung v. 21.12.2016 in der deutschen Sprachfassung in „unverzüglich" geändert, ABl. EU Nr. L 338 v. 21.12.2016. Allerdings wurde eine solche Berichtigung nicht in der englischen Sprachfassung vorgenommen, in der es weiterhin heißt *„as soon as possible"*. Es war aber schon in Bezug auf die deutsche Sprachfassung anzunehmen, dass ungeachtet des von § 15 Abs. 1 WpHG a.F. abweichenden Wortlauts eine unverzügliche Veröffentlichungspflicht gilt; im Ergebnis ähnlich *Buck-Heeb*, NZG 2016, 1125, 1132.

so rasch wie möglich herbeigeführt werden muss[1]; seit Geltung der MAR und deren Auslegung durch die European Securities and Markets Authority (ESMA) ist dieses Erfordernis noch strikter zu beachten[2].

Der Begriff der **Insiderinformation** ist seinerseits in Art. 7 MAR legaldefiniert. Es handelt sich dabei um eine präzise Information, die direkt oder indirekt einen oder mehrere Emittenten oder ein oder mehrere Finanzinstrumente betreffen und die, die nicht öffentlich bekannt sind. Maßgeblich ist dabei die Eignung zur erheblichen Kursbeeinflussung. Diese ist gem. Art. 7 Abs. 4 MAR gegeben, wenn ein **verständiger Anleger** die Information bei seiner Anlageentscheidung berücksichtigen würde.

Ob im konkreten Fall die Eignung zur erheblichen Beeinflussung des Börsenkurses besteht, bedarf jeweils einer vorherigen Einzelfallbetrachtung.[3] Es kommt mithin nicht darauf an, ob sich der Börsenkurs nach der Veröffentlichung tatsächlich erheblich verändert. Die weite Definition der Insiderinformation wird im Hinblick auf die Ad hoc-Publizität dahingehend konkretisiert, dass nur solche Informationen zu veröffentlichen und mitzuteilen sind, die den Emittenten unmittelbar betreffen (Art. 7 Abs. 1 lit. a MAR). Diese Voraussetzung ist stets dann erfüllt, wenn der fragliche Umstand **im Tätigkeitsbereich des Emittenten eingetreten** ist. Hierzu können unter Umständen auch Informationen über Mängel der Unternehmensführung (*Corporate Governance*) gehören.[4] In Betracht kommen darüber hinaus Umstände, die von dritter Seite veranlasst werden, aber unmittelbar den Tätigkeitsbereich des Emittenten betreffen wie z.B. die Übermittlung eines Übernahmegebots oder die Herabstufung durch eine externe Ratingagentur.[5] Der **Emittentenleitfaden** der BaFin[6] führt in Erweiterung eines Katalogs des früheren Ausschusses der Europäischen Aufsichtsbehörden für das Wertpapierwesen (*Committee of European Securities Regulators, CESR*), dessen Aufgaben und Befugnisse – neben anderen – nunmehr von der Europäischen Wertpapier- und Marktaufsichtsbehörde (*European Securities and Markets Authority, ESMA*) wahrgenommen werden, Umstände auf, die zwar Insiderinformationen darstellen, nicht aber zu einer Ad hoc-Verpflichtung führen sollen.[7]

---

[1] OLG München v. 15.12.2014 – Kap 3/10 – HRE, NZG 2015, 399.
[2] Zu Situationen, in denen ein Aufschub der Offenlegung von Insiderinformationen möglich ist, s. die MAR-Leitlinien der ESMA v. 20.10.2016, die auch von der BaFin in ihrer Verwaltungspraxis zur Konkretisierung der Voraussetzungen des Art. 17 Abs. 4 MAR herangezogen werden, sowie die Veröffentlichung der BaFin zu „Frequently Asked Questions (FAQs) zu Art. 17 MAR – Veröffentlichung von Insiderinformationen".
[3] S. nur *Assmann* in Assmann/Uwe H. Schneider, zur deutschen Vorgängerregelung § 13 WpHG Rz. 67; *Mennicke/Jakovou* in Fuchs, § 13 WpHG Rz. 132.
[4] Ausführlich dazu *Klöhn*, ZIP 2015, 1145 ff.
[5] BT-Drucks. 15/3174, S. 35 li. Sp.
[6] Der auf der Website der BaFin (www.bafin.de) weiterhin erhältliche Emittentenleitfaden (4. Aufl. 2013) ist zwar seit dem 3.7.2016 aufgrund der nunmehr erfolgten Regelung einzelner wesentlicher kapitalmarktrechtlicher Sachverhalte in der MAR in erheblichen Teilen zumindest insoweit unzutreffend, als er sich noch auf die inzwischen gestrichenen, korrespondierenden Normen des WpHG a.F. bezieht. Da die Wertungen der MAR in vielen Aspekten denen der früheren Regelungen des WpHG jedenfalls im Grundsatz entsprechen, sollte der Emittentenleitfaden von Emittenten auch weiterhin zu Rate gezogen werden, sofern nicht die von der BaFin zu einzelnen Teilbereichen der MAR (insbesondere den Art. 17, 18 und 19 MAR) veröffentlichten FAQs dezidiertere Auskünfte geben. Mit der Veröffentlichung einer Neuauflage des Emittentenleitfadens ist erst zu rechnen, wenn sich zu den neuen Vorschriften eine (ggf. angepasste) Verwaltungspraxis gebildet hat; ob dies noch im Verlauf des Jahres 2017 erfolgen wird, ist daher zumindest ungewiss.
[7] BaFin, Emittentenleitfaden, S. 50 ff.; externe Ratings werden dort im Gegensatz zur Regierungsbegründung zum Anlegerschutzverbesserungsgesetz in Bezug auf § 15 Abs. 1 WpHG a.F. als

Im Falle einer **vorübergehenden Selbstbefreiung** von der Pflicht zur Offenlegung von Insiderinformationen legt Art. 17 Abs. 7 MAR hinsichtlich der dafür erforderlichen Sicherstellung der Geheimhaltung nunmehr strengere Anforderungen an als der bisherige § 15 Abs. 3 WpHG a.F.: Während ein Emittent in der Vergangenheit auch im Falle des Auftauchens eines **präzisen Gerüchts** die Selbstbefreiung aufrechterhalten und zumindest für eine gewisse Zeit eine „No Comment"-Strategie verfolgen konnte, wenn er ausschließen konnte, dass das Gerücht aus seinem Einflussbereich stammte (etwa weil starke Anhaltspunkte dafür sprechen, dass bei einer kontroversen M&A-Transaktion die Information über die Gegenseite in den Markt durchgesickert war), hat der Gesetzgeber dieser **„Sphärentheorie"** nunmehr eine Absage erteilt. In der Praxis ist nun allein die inhaltliche Qualität des Gerüchts, nicht aber dessen mögliche Herkunft, zu beurteilen. Sollte das Gerücht entsprechend präzis sein, kann dies einen weiteren Aufschub der Veröffentlichung hindern und damit eine Veröffentlichung zur Unzeit erforderlich machen.[1] In der Praxis empfiehlt sich daher eine **Leakage-Strategie** vorzuhalten und diese regelmäßig zu aktualisieren, um im Falle des Aufkommens präziser Gerüchte oder konkreter Investorenanfragen auf der Grundlage (vor-)abgestimmter Texte schnell handeln zu können.

Als weitere wichtige Publizitätspflicht hat ein Inlandsemittent Informationen über **Eigengeschäfte von Führungskräften** (sog. **Managers' Transactions**, entsprechend den bis zum Inkrafttreten der MAR in § 15a WpHG geregelten **Directors' Dealings**) nach Art. 19 MAR unverzüglich zu veröffentlichen. Gem. Art. 19 Abs. 1 MAR haben Personen, die bei einem Inlandsemittenten eine Führungsaufgabe für das gesamte Unternehmen bzw. die Unternehmensgruppe wahrnehmen, sowie in enger Beziehung zu ihnen stehende Personen eigene Geschäfte mit Aktien oder Schuldtiteln des Emittenten oder damit verbundenen Derivaten oder anderen damit verbundenen Finanzinstrumenten diesem und der BaFin innerhalb von drei Geschäftstagen mitzuteilen. Zu den eigenen Geschäften zählt neben dem Erwerb und der Veräußerung von Aktien z.B. auch die Ausübung von Optionsrechten aus Aktienoptionsprogrammen aber auch schon die Gewährung von Bezugsrechten, die im Rahmen einer Kapitalerhöhung an die Aktionäre ausgegeben werden.[2] Vorstands- und Aufsichtsratsmitglieder zählen *ex officio* zu den mitteilungspflichtigen Personen. Hinzu kommen höhere Führungskräfte, die zwar keinem der genannten Organe angehören, aber regelmäßig Zugang zu Insiderinformationen mit direktem oder indirektem Bezug zu diesem Unternehmen haben und befugt sind, unternehmerische Entscheidungen über zukünftige Entwicklungen und Geschäftsperspektiven dieses Unternehmens zu treffen. Entscheidend ist, dass Wertpapiergeschäften dieser Personen aus Sicht der Marktteilnehmer eine **Signalwirkung** beigemessen wird. In der Praxis wird dies bei Managern der zweiten Führungsebene und auch infolge der oft nicht gegebenen Tatbestandsvoraussetzung einer Führungsaufgabe in Bezug auf das „gesamte Unternehmen" nur sehr selten der Fall sein.

32.11

---

grundsätzlich nicht ad hoc-pflichtig eingestuft. Ebenso *CESR's Advice on Level 2 Implementing Measures for the proposed Market Abuse Directive CESR/02--089d*, Rz. 36. Die Praxis verfährt jedoch jedenfalls bei beauftragten Ratings im Zusammenhang mit Kapitalmarkttransaktionen in der Regel gem. Regierungsbegründung (vgl. BT-Drucks. 15/3174, S. 35 li. Sp.).

1 Dazu insgesamt von der ESMA der „Final Report – Guidelines on the Market Abuse Regulation – market soundings and delay of disclosure of inside information" v. 13.7.2016 und die „MAR-Leitlinien Aufschub der Offenlegung von Insiderinformationen" sowie von der der BaFin die „*Frequently Asked Questions* (FAQs) zu Art. 17 MAR – Veröffentlichung von Insiderinformationen".
2 FAQ der BaFin zu Art. 19 MAR, 7. Version (Stand: 11.1.2017), Frage 14.

32.12 Ein Emittent, dessen Herkunftsstaat Deutschland ist, muss Mitteilungen über Ausschüttungen und Auszahlungen von Dividenden, die Ankündigung der Ausgabe neuer Aktien und die Vereinbarung oder Ausübung von Umtausch-, Bezugs-, Einziehungs- und Zeichnungsrechten sowie die Beschlussfassung über diese Rechte unverzüglich veröffentlichen (§ 49 Abs. 1 Nr. 2 WpHG [§ 30b Abs. 1 Nr. 2 WpHG a.F.]). Für Inlandsemittenten gilt darüber hinaus die Pflicht, jede Änderung der mit den Aktien verbundenen Rechte sowie im Falle zugelassener Aktien, die mit derivativen vom Emittenten selbst begebenen Wertpapieren verbunden sind, sofern sie ein Umtausch- oder Erwerbsrecht auf die zugelassenen Aktien des Emittenten verschaffen, unverzüglich zu veröffentlichen (§ 50 Abs. 1 Nr. 1 lit. a WpHG [§ 30e Abs. 1 Nr. 1 lit. a WpHG a.F.]).[1]

32.13 Gem. § 114 WpHG (§ 37v WpHG a.F.) haben Inlandsemittenten, die nicht bereits nach § 325 Handelsgesetzbuch (HGB) zur Offenlegung von Abschlüssen verpflichtet sind, einen **Jahresfinanzbericht** zu erstellen und zu veröffentlichen. Dieser muss mindestens einen geprüften Jahresabschluss, einen Lagebericht und den „**Bilanzeid**" i.S. von §§ 264 Abs. 2 Satz 3, 289 Abs. 1 Satz 5 HGB enthalten.[2] Diese Vorschriften des Handelsgesetzbuches verpflichten die gesetzlichen Vertreter einer Kapitalgesellschaft, die Inlandsemittent ist, zum einen dazu, bei der Unterzeichnung des Jahresabschlusses schriftlich zu versichern, dass dieser nach ihrem besten Wissen den Anforderungen des § 264 Abs. 2 Satz 1, 2 HGB entspricht. Zum anderen wird ihnen aufgegeben, schriftlich zu versichern, dass der Lagebericht den Anforderungen des § 289 Abs. 1 Satz 1, 4 HGB entspricht.

32.14 Gem. § 115 WpHG (§ 37w WpHG a.F.) sind Inlandsemittenten darüber hinaus nunmehr auch unabhängig von einer Notierung im Prime Standard-Segment mindestens zur Erstellung und Veröffentlichung von **Halbjahresfinanzberichten** verpflichtet. Der Halbjahresfinanzbericht hat mindestens eine verkürzte Bilanz, eine verkürzte GuV, einen Anhang, einen Zwischenlagebericht und den bereits genannten „Bilanzeid" i.S. von §§ 264 Abs. 2 Satz 3, 289 Abs. 1 Satz 5 HGB zu enthalten. Er ist entgegen der ursprünglichen Gesetzentwurfsfassung **nicht zwingend** einer **prüferischen Durchsicht** zu unterziehen.[3]

Mit Umsetzung der überarbeiteten **EU-Transparenzrichtlinie** zum 26.11.2015 wurden die quartalsweisen Zwischenmitteilungen (§ 37x WpHG a.F.) abgeschafft. Zu den börsenrechtlichen Anforderungen der **Frankfurter Wertpapierbörse** an Emittenten mit Notierung im **Prime Standard Segment** s. jedoch Rz. 32.18.

32.15 Von erheblicher Bedeutung in der Praxis sind ferner die Mitteilungen über gehaltene **Stimmrechtsanteile** nach §§ 33 ff. WpHG (§§ 21 ff. WpHG a.F.). Wer durch Erwerb, Veräußerung oder auf sonstige Weise einen Stimmrechtsanteil von 3 %, 5 %, 10 %, 15 %, 20 %, 25 %, 30 %, 50 % oder 75 % an einem Emittenten, für den die Bundesrepublik Deutschland der Herkunftsstaat ist, erreicht, überschreitet oder unterschreitet, hat dies nach § 33 Abs. 1 Satz 1 WpHG (§ 21 Abs. 1 Satz 1 WpHG a.F.) dem Emittenten und der BaFin mitzuteilen. Bei den wenigen deutschen Immobilien-Aktiengesellschaften (REIT-Aktiengesellschaften)

---

1 Dazu näher BaFin, Emittentenleitfaden, S. 161 ff.
2 Zur Finanzberichterstattung allgemein *Nonnenmacher* in Marsch-Barner/Schäfer, Handbuch börsennotierte AG, § 57; zum Bilanzeid und seinen zivil- und strafrechtlichen Folgen *Fleischer*, ZIP 2007, 97 ff. m.w.N.
3 Letzteres empfiehlt sich in der Regel jedenfalls nicht mit Außenwirkung. Zu der gleichwohl freiwillig gewählten Zwischenberichtsprüfung „mit Außenwirkung" und ihren Rechtsfolgen (u.a. Wahl des Abschlussprüfers in der Hauptversammlung auch für diese Zwischenprüfungen) s. *Wagner*, BB 2007, 454 ff.

gelten nach § 11 Abs. 5 REITG zusätzlich auch noch die Schwellenwerte von 80 % und 85 %. Dabei sind dem Meldepflichtigen unter bestimmten Umständen nach § 34 Abs. 1, 2 WpHG (§ 22 Abs. 1, 2 WpHG a.F.) solche Stimmrechte zuzurechnen, die er zwar nicht selbst hält, auf deren Ausübung er jedoch Einfluss nehmen kann.[1] Eine Meldepflicht gem. § 33 WpHG (§ 21 WpHG a.F.) – mit Ausnahme der Schwelle von 3 % – besteht nach § 38 WpHG Abs. 1 Satz 1 WpHG (§ 25 Abs. 1 Satz 1 WpHG a.F.) auch dann, wenn **Finanzinstrumente** gehalten werden, die den Anteilserwerb einseitig ermöglichen[2] oder eine vergleichbare wirtschaftliche Wirkung haben. Nach § 39 Abs. 1 WpHG (§ 25a Abs. 1 WpHG a.F.) wiederum sind Aktien und die von § 38 WpHG (§ 25 WpHG a.F.) erfassten Instrumente **zusammenzurechnen** und ebenfalls gem. § 33 WpHG (§ 21 WpHG a.F.) – mit Ausnahme der Schwelle von 3 % – zu melden.

Weitere wesentliche Pflichten zur Information des Kapitalmarkts treffen den Inlandsemittenten selbst gem. § 40 Abs. 1 Satz 1 WpHG (§ 26 Abs. 1 Satz 1 WpHG a.F.). Geht dem Emittenten eine Mitteilung nach den vorstehend genannten Vorschriften oder vergleichbaren Bestimmungen anderer europäischer Staaten der EU/des EWR zu, hat er diese unverzüglich zu veröffentlichen und an das Unternehmensregister zu übermitteln sowie der BaFin Mitteilung über die erfolgte Veröffentlichung zu machen. Nach § 40 Abs. 1 Satz 2 WpHG (§ 26 Abs. 1 Satz 2 WpHG a.F.) hat ein Inlandsemittent darüber hinaus in Bezug auf **eigene Aktien** das Erreichen, Über- oder Unterschreiten der Schwellen von 5 % und 10 % – wenn Deutschland sein Herkunftsstaat ist, auch von 3 % – zu veröffentlichen. 32.16

Durch das Risikobegrenzungsgesetz wurde mit Wirkung vom 31.5.2009 mit dem damaligen § 27a WpHG außerdem die **Pflicht für Inhaber von wesentlichen Beteiligungen in Höhe von 10 %** oder mehr eingeführt, innerhalb von zwanzig Handelstagen eine Mitteilung zu den mit der Beteiligung verfolgten Absichten und zur Herkunft der Mittel zum Erwerb der Beteiligung zu machen. Die Mitteilung ist an den betroffenen Emittenten und an die BaFin zu richten.[3] Ein Emittent, den eine solche – bewusst vom Gesetzgeber (noch) nicht sanktionierte – Mitteilung erreicht, muss diese oder die Tatsache, dass keine Mitteilung erfolgt ist, nach § 43 Abs. 2 WpHG (§ 27a Abs. 2 WpHG a.F.) veröffentlichen und an das Unternehmensregister übermitteln. 32.17

2. Börsenrechtliche Informationspflichten

Für an der Frankfurter Wertpapierbörse gelistete Gesellschaften folgen zusätzliche Publizitätspflichten aus der BörsO FWB. In § 42 BörsG werden die Börsen ermächtigt, zum Schutz des Publikums und zur Sicherstellung eines ordnungsgemäßen Börsenhandels für Teilbereiche des regulierten Marktes weitere Unterrichtungspflichten des Emittenten vorzusehen. Von dieser Ermächtigung hat namentlich die Frankfurter Wertpapierbörse mit Blick auf den Prime Standard des regulierten Marktes in §§ 48-55 BörsO FWB Gebrauch gemacht. Nach diesen Vorschriften sind die im **Prime Standard** gelisteten Emittenten zur Marktinformation von Quartalsmitteilungen verpflichtet. Gem. § 50 Abs. 1 BörsO FWB muss der Emittent einen Jahresfinanzbericht nach den Vorgaben des § 114 Abs. 2, 3 WpHG (§ 37v Abs. 2, 3 32.18

---

1 Zu den einzelnen Zurechnungstatbeständen allgemein *Schäfer* in Marsch-Barner/Schäfer, Handbuch börsennotierte AG, § 18 Rz. 16 ff.
2 Hauptanwendungsfall sind schuldrechtliche Kaufoptionen, weil sie von § 34 WpHG (§ 22 WpHG a.F.) nicht erfasst werden.
3 S. dazu *Fleischer*, AG 2008, 873; *Pluskat*, NZG 2009, 206 ff.; *Schäfer* in Marsch-Barner/Schäfer, Handbuch börsennotierte AG, § 18 Rz. 60 ff.

WpHG a.F.) oder § 117 Nr. 1 WpHG (§ 37y Nr. 1 WpHG a.F.) (Konzernabschluss und -lagebericht) erstellen und veröffentlichen. Gem. § 51 Abs. 1 BörsO FWB besteht eine Pflicht zur Veröffentlichung von Halbjahresfinanzberichten, die nach den Vorgaben der § 115 WpHG (§ 37w Abs. 2 bis 4 WpHG a.F.) zu erstellen sind. Ist der Emittent verpflichtet, einen Konzernabschluss und -lagebericht zu erstellen, hat er die Vorgaben des § 117 Nr. 2 WpHG (§ 37y Nr. 2 WpHG a.F.) in direkter (Halbjahresberichte) Anwendung einzuhalten.

Mit Umsetzung der überarbeiteten **EU-Transparenzrichtlinie** zum 26.11.2015 wurden die quartalsweisen Zwischenmitteilungen (§ 37x WpHG a.F.) abgeschafft. Die **Frankfurter Wertpapierbörse** hat hierauf erwartungsgemäß mit einer Änderung der Börsenordnung reagiert und die von internationalen Börsen in ihren Qualitätssegmenten typischerweise geforderte quartalsweise Berichterstattung für Emittenten mit Notierung im **Prime Standard Segment** im Grundsatz weiterhin vorgesehen. Dem ist zuzustimmen, weil insbesondere internationale Investoren überwiegend noch immer eine quartalsweise Berichterstattung erwarten.[1] Allerdings erfasst diese Pflicht anstelle der bislang geforderten „Quartalsfinanzberichte" nunmehr nur noch „**Quartalsmitteilungen**", die sich auf eine Erläuterung der wesentlichen Ereignisse und Geschäfte sowie eine Beschreibung der Finanzlage und des Geschäftsergebnisses innerhalb des Mitteilungszeitraums beschränken können und darüber hinaus lediglich eine Aktualisierung der Prognose fordern, wenn sich die voraussichtliche Entwicklung wesentlich verändert hat (sog. Prognoseveränderungsbericht[2]). Erste Erfahrungen[3] mit den liberalisierten Vorschriften im Jahr 2016 zeigen, dass sich der Umfang der Quartalsmitteilungen um etwa ein Drittel gegenüber dem bislang erforderlichen Zwischenabschluss reduziert hat, wobei Emittenten vor allem im Textteil Einsparungen vornehmen und in erheblichem Umfang Tabellen (insbesondere zu wesentlichen Kennzahlen, Bilanz und Gewinn- und Verlustrechnung) sowie Grafiken als effizientes Mittel zur Information nutzen.

3. Kapitalmarktrechtliche Informationspflichten nach dem WpÜG

32.19 Das WpÜG sieht besondere, angebotsbezogene Informationspflichten vor.[4] Der Bieter muss gem. § 10 Abs. 1 Satz 1 WpÜG seine **Entscheidung zur Abgabe eines Angebotes** unverzüglich veröffentlichen. Hiervon zu trennen ist die schlichte Vorabmitteilung der möglichen Übernahmeabsicht an die Zielgesellschaft, um eine einvernehmliche Übernahme zu verhandeln. Ob dieser Umstand als Insiderinformation veröffentlichungspflichtig ist, hängt von den Umständen des Einzelfalles ab; bei vertraulicher Ansprache wird zumindest teilweise die erforderliche überwiegende Wahrscheinlichkeit nicht gegeben sein, weil zu diesem Zeitpunkt noch fraglich sein dürfte, ob der Bieter eine Übernahme gegebenenfalls auch gegen den Willen des Managements durchführen würde; hingegen wird bei einem „Bear Hug", dessen Umklammerung sich die Zielgesellschaft nur schwer entziehen kann, im Zweifel von einer Übernahmeabsicht auszugehen sein, so dass allenfalls noch einzelne Details in einer Investorenvereinbarung (*Investor Agreement*) oder einer Zusammenschlussvereinbarung (*Business Combination Agreeement*) verhandelt werden können.

Nach § 11 Abs. 1 Satz 1 WpÜG muss der Bieter zudem eine **Angebotsunterlage** erstellen und gem. § 14 WpÜG nach Gestattung durch die BaFin veröffentlichen. Weitere Publizitätspflichten treffen den Bieter nach § 21 Abs. 3 WpÜG bei Abänderung des Angebots, gem. § 23

---

1 S. hierzu auch Handelsrechtsausschuss des Deutschen Anwaltvereins, NZG 2012, 770 f.
2 Eine etwaige ad hoc-Mitteilungspflicht gem. Art. 17 MAR bleibt hiervon unberührt; s. – noch zur Rechtslage nach § 15 WpHG a.F. – auch BaFin, Emittentenleitfaden, S. 55 f.
3 Böckem/Rabenhorst, BB 2016, 1578.
4 S. dazu auch oben *Bücker/Kulenkamp*, Rz. 29.46 bzw. Rz. 29.52.

WpÜG hinsichtlich seiner Beteiligung an der Zielgesellschaft sowie der während der Angebotsfrist zur Annahme eingereichten Aktien (sog. „Wasserstandsmeldungen") und nach § 35 Abs. 1 WpÜG bei Kontrollerlangung über die Zielgesellschaft. Die Leitungsorgane der Zielgesellschaft müssen ihrerseits nach § 27 WpÜG eine **begründete Stellungnahme zum Angebot der Bietergesellschaft** abgeben. Diese muss richtig und vollständig sein. Bei der Darstellung von Werturteilen ist darauf zu achten, dass diese auf einer zutreffenden oder ausreichenden Tatsachengrundlage beruhen und kaufmännisch vertretbar sind.[1] Für die Zielgesellschaft können sich zudem im Zusammenhang mit dem Übernahmeangebot Ad hoc-Mitteilungspflichten nach Art. 17 Abs. 1 MAR ergeben, etwa mit der Kontaktaufnahme durch den Bieter zwecks Verhandlungen über ein freundliches Übernahmeangebot (wobei im Regelfall Gründe für einen vorübergehenden Aufschub der Veröffentlichung nach Art. 17 Abs. 4 MAR bestehen werden), jedenfalls aber mit der Veröffentlichung des Bieters nach § 10 Abs. 1 Satz 1 WpÜG.

4. Informationspflichten nach dem AktG und dem HGB

Eine weitere Pflicht zur Information des Sekundärmarktes statuiert die Entsprechenserklärung zum **Deutschen Corporate Governance Kodex** gem. § 161 AktG. Diese Verpflichtung obliegt dem Vorstand und dem Aufsichtsrat einer börsennotierten Gesellschaft. Vorstand und Aufsichtsrat des Emittenten müssen einmal jährlich erklären, dass dem Deutschen Corporate Governance Kodex entsprochen wird bzw. inwieweit von seinen verbindlichen Bestimmungen abgewichen wird. Darüber hinaus ist durch das Bilanzrechtsmodernisierungsgesetz (BilMoG) die Verpflichtung zur Abgabe einer Erklärung zur Unternehmensführung (§ 289a HGB) hinzugetreten.[2] Strafrechtlich bewehrt sind schließlich gem. § 399 AktG (mindestens bedingt vorsätzlich) falsche Angaben in (Nach-)Gründungs- oder Prüfungsberichten sowie die (ebenfalls mindestens bedingt vorsätzlich) falsche Darstellung über die Verhältnisse der Gesellschaft in der Hauptversammlung gem. § 400 AktG.

32.20

C. Schadensersatzhaftung

I. Überblick

Hinsichtlich des Schadensersatzverpflichteten ist zwischen der Gesellschaft und den Organmitgliedern zu differenzieren. Von Ausnahmen – bedingt – vorsätzlichen Verhaltens abgesehen, folgt das Gesellschafts- und Kapitalmarktrecht dem Konzept der **Organbinnenhaftung**, d.h. die im Außenverhältnis zum Schadensersatz verpflichtete Aktiengesellschaft nimmt im Innenverhältnis gem. §§ 93, 116 AktG ggf. ihre Organmitglieder in Anspruch.[3] Das im Entwurf eines Kapitalmarktinformationshaftungsgesetzes (KapInhG) erstmals enthaltene Konzept der direkten Organaußenhaftung bereits bei grober Fahrlässigkeit wurde im Jahre 2004 nach heftigen Protesten aus Wirtschaft und Wissenschaft zurückgezogen. Die genaue Haf-

32.21

---

[1] Gegen die Annahme einer Haftung des Vorstands bei zustimmender Stellungnahme gem. § 27 WpÜG und späterer höherer Barabfindung auf Grund Beherrschungs- und Gewinnabführungsvertrages LG Frankfurt v. 23.6.2005 – 3-6 O 181/04 – Celanese.
[2] BilMoG (BGBl. I 2009, 1102).
[3] Wie hier im Ergebnis *Spindler* in Fleischer, Handbuch des Vorstandsrechts, § 13 Rz. 33.

tungsverteilung zwischen Organmitgliedern auf Grund bestehender/fehlender Ressortverantwortlichkeit ist vielfach ungeklärt.[1]

Wesentliche Haftungsgrundlage für fehlerhafte Primärmarktinformationen ist die Prospekthaftung nach dem WpPG, die im Regelfall zu einer Haftung nur der Gesellschaft und lediglich in bestimmten Ausnahmekonstellationen auch zu einer direkten Außenhaftung von Organmitgliedern führt. Bei vielen weiteren Publizitätsvorschriften ist deren etwaige Schutzgesetzqualität, die bei Verletzung der entsprechenden Vorschrift in Verbindung mit § 823 Abs. 2 BGB zu einer Haftung der Gesellschaft führen würde, streitig, im Ergebnis aber bei vielen Tatbeständen abzulehnen. Organmitglieder sind im Regelfall nicht unmittelbar verpflichteter Adressat der jeweiligen Vorschriften – dies ist nur die Gesellschaft (der allerdings ein fehlerhaftes Verhalten der Organe in Analogie zu § 31 BGB grundsätzlich zuzurechnen ist[2]). Wesentliche Haftungsgrundlage für fehlerhafte Sekundärmarktinformationen ist – neben den ausdrücklichen Regelungen in §§ 37b, 37c WpHG in Bezug auf eine Haftung der Gesellschaft – bei unterlassener oder unwahrer Ad hoc-Publizität auf Grund mehrerer höchstrichterlicher Entscheidungen nunmehr § 826 BGB. Diese Anspruchsgrundlage kann zusätzlich zu einer Haftung der Gesellschaft auch zu einer direkten Haftung der Organe führen. Die **Rechtsfolgen** der jeweiligen Ansprüche sind jedoch **unterschiedlich**. Während für § 826 BGB höchstrichterlich anerkannt ist, dass der Anleger seine Transaktion „rückabwickeln" kann, fehlt eine entsprechende Aussage des BGH zu §§ 97, 98 WpHG (§§ 37b, 37c WpHG a.F.) noch. Die Literatur beschränkt den Anspruch des Anlegers bei §§ 97, 98 WpHG (§§ 37b, 37c WpHG a.F.) überwiegend auf den Ersatz der Kursdifferenz.

II. Haftung für fehlerhafte Information des Primärmarktes

1. Wertpapierprospektgesetzliche Prospekthaftung

32.22 Die Pflicht zur Information des Primärmarktes mittels Wertpapierprospekten wird flankiert von der Prospekthaftung nach §§ 21 ff. WpPG, die die bis zum 1.6.2012 noch im BörsG enthaltenen Vorschriften materiell weitgehend unverändert ersetzt haben.[3] Sie spiegelt den Schutzzweck der Verpflichtung des Prospektverantwortlichen zur möglichst vollständigen Aufklärung über sämtliche für die Anlageentscheidung maßgeblichen Umstände wieder. Durch umfassende Aufklärung gegenüber den mit dem Prospekt geworbenen Interessenten soll deren **Recht zur selbstbestimmten Verwendung ihres Vermögens** sichergestellt werden.[4] Dementsprechend wird dem geschädigten Anleger im Falle eines in wesentlichen Punkten fehlerhaften oder unvollständigen Prospekts die Möglichkeit eingeräumt, seinen Erwerbspreis bzw., falls niedriger, den Ausgabepreis gegen Rückgabe der Wertpapiere zurückzuerhalten.

32.23 Die **Prospekthaftung** knüpft an ein sog. **typisiertes Vertrauen** des Anlegers auf die Richtigkeit und Vollständigkeit der von den Prospektverantwortlichen gemachten Angaben an. Gem. §§ 21 Abs. 1, 22 Abs. 1 WpPG sind objektive Tatbestandsvoraussetzungen für die Prospekthaf-

---

1 Eingehend zu Überwachungspflichten des Leiters eines „sachnahen" Vorstandsressorts *Habersack*, Urteilsanmerkung zu VG Frankfurt a.M. v. 8.7.2004, WM 2005, 2360 ff. sowie *Fleischer* in Fleischer, Handbuch des Vorstandsrechts, § 8 Rz. 8 ff.
2 *Arnold* in MünchKomm. BGB, 7. Aufl. 2015, § 31 BGB Rz. 30 ff.
3 In diesem Zusammenhang wurde jedoch die Verjährung der allgemeinen Verjährungsregelung des § 195 BGB unterworfen und damit die bis dahin insoweit – und zusätzlich zum Haftungsmaßstab – gegenüber der bürgerlich-rechtlichen Prospekthaftung bestehende Privilegierung nicht weiter aufrechterhalten.
4 BGH v. 5.7.1993 – II ZR 194/92, BGHZ 123, 106, 112 f. = AG 1994, 32.

tung das Vorliegen unrichtiger oder unvollständiger und für die Beurteilung der Wertpapiere wesentlicher Angaben in einem Wertpapierprospekt. Der Anspruchsgegner muss ein **Prospektverantwortlicher** oder **Prospekterlasser** sein. Darüber hinaus muss der Anspruchsteller die Wertpapiere nach der Veröffentlichung des Prospekts und innerhalb von sechs Monaten nach ihrer erstmaligen Einführung bzw. dem ersten öffentlichen Angebot erworben haben. Der Anleger als Anspruchsteller muss das Vorliegen dieser objektiven Tatbestandsvoraussetzungen beweisen. Die Prospekthaftung scheidet nach § 23 Abs. 1 WpPG aus, wenn der Anspruchsgegner nachweisen kann, dass er die Unrichtigkeit oder die Unvollständigkeit der Prospektangaben nicht gekannt hat und seine Unkenntnis nicht auf grober Fahrlässigkeit beruhte.

Anknüpfungspunkt der Haftung sind die **Richtigkeit** und die **Vollständigkeit** der in dem Prospekt zu machenden **Angaben**. Dies können Tatsachen, Werturteile oder Prognosen sein, soweit sich letztere auf eine hinreichende Tatsachenbasis stützen.[1] Die im Prospekt enthaltenen Angaben sind unrichtig, wenn sie nicht der Wahrheit entsprechen. Maßgeblich ist der Kenntnisstand im Zeitpunkt der Prospektveröffentlichung.[2] Derselbe Zeitpunkt ist für die Unrichtigkeit von im Prospekt enthaltenen Prognosen und Werturteilen relevant. Prognosen und Werturteile sind unrichtig, wenn sie nicht auf Tatsachen gestützt bzw. kaufmännisch nicht vertretbar sind. Angaben sind unvollständig, wenn sie nicht alle für die Anlageentscheidung erheblichen Faktoren enthalten. Im Regelfall ist ein Prospekt, der die von § 7 WpPG i.V.m. den Bestimmungen und Anhängen der Prospektverordnung geforderten Angaben enthält, vollständig.[3] **Maßstab für die Beurteilung** einer Unrichtigkeit oder Unvollständigkeit ist nach höchstrichterlicher Rechtsprechung der aufmerksame Leser und durchschnittliche Anleger, der zwar eine Bilanz zu lesen versteht, aber über kein überdurchschnittliches Fachwissen verfügt.[4] In der Literatur ist dieser Befund dahin weiterentwickelt worden, dass fast im gesamten Kapitalmarktinformationsrecht der **verständige Anleger** als Beurteilungsmaßstab herangezogen wird[5], auch wenn eine genaue Abgrenzung mitunter schwierig ist und auch die jüngere Rechtsprechung des BGH[6] (etwa im Zusammenhang mit der Umplatzierung von Aktien an der Deutsche Telekom durch die Kreditanstalt für Wiederaufbau im Jahr 2000) die bestehenden Unsicherheiten eher vergrößert als verkleinert hat.[7] Die Unrichtigkeit eines Prospekts kann sich bei zutreffenden Einzelangaben auch daraus ergeben, dass der Prospekt einen unrichtigen oder unvollständigen Gesamteindruck hinsichtlich der Vermögens-, Ertrags- und Liquiditätslage des Emittenten vermittelt.[8] Umgekehrt fallen bei einem richtigen und vollständigen **Gesamteindruck** marginale Fehler nicht ins Gewicht. Durch etwaige Tipp- oder Schreibfehler oder stilistische Gestaltungsmängel wird ein Prospekt nicht unrichtig, sofern er in der Gesamtschau verständlich bleibt.

32.24

---

1 BGH v. 12.7.1982 – II ZR 175/81, WM 1982, 862, 865 = AG 1982, 278 – BuM; *Krämer/Gillessen* in Marsch-Barner/Schäfer, Handbuch börsennotierte AG, 4. Aufl., § 10 Rz. 321 f.
2 OLG Frankfurt v. 1.2.1994 – 5 U 213/92, WM 1994, 291, 295 = AG 1994, 184.
3 Ausführlich dazu *Groß*, Kapitalmarktrecht, § 21 WpPG Rz. 45 ff.
4 BGH v. 12.7.1982 – II ZR 175/81, AG 1982, 278.
5 *Fleischer*, Gutachten F zum 64. DJT, S. F 44 f.; *Groß*, Kapitalmarktrecht, § 21 WpPG Rz. 41; *Habersack* in Habersack/Mülbert/Schlitt, Handbuch Kapitalmarktinformation, § 29 Rz. 15; *Veil*, ZBB 2006, 162, 164 f. m.w.N.
6 BGH v. 21.10.2014 – X I ZB 12/12, NZG 2015, 20 = AG 2015, 351.
7 Vgl. *Krämer/Gillessen* in Marsch-Barner/Schäfer, Handbuch börsennotierte AG, 4. Aufl., § 10 Rz. 319; ähnlich auch *Möllers/Steinberger*, NZG 2015, 329, 331 ff.
8 BGH v. 12.7.1982 – II ZR 175/81, WM 1982, 862, 863 = AG 1982, 278.

32.25 Die Billigung des Prospektes durch die BaFin nach § 13 WpPG bedeutet nicht, dass der Prospekt i.S. von § 21 Abs. 1 Satz 1 WpPG richtig und vollständig ist. Diese Frage ist unabhängig von § 5 Abs. 1 WpPG zu beurteilen.[1] Denn die BaFin nimmt keine umfassende inhaltliche Prüfung vor, sondern prüft nur auf formale Vollständigkeit und Kohärenz der enthaltenen Angaben.[2] Trotz Beachtung der §§ 5–7 WpPG kann ein Prospekt also unrichtig sein. **Maßgeblicher Zeitpunkt** für die Richtigkeit und Vollständigkeit ist die **Veröffentlichung des Prospektes**. Wenn der Prospekt auf Grund nachfolgender Ereignisse unrichtig wird, ist dies grundsätzlich nicht prospekthaftungsrelevant.[3] Allerdings werden solche Ereignisse regelmäßig eine Ad hoc-Publizitätspflicht oder – je nach Fallgestaltung – eine **Prospektnachtragspflicht** nach § 16 WpPG auslösen.[4]

32.26 Eine Unrichtigkeit oder Unvollständigkeit von Prospektangaben führt nur dann zu einer Haftung, wenn diese für die Beurteilung der Wertpapiere durch einen aufmerksamen Leser und durchschnittlichen Anleger von wesentlicher Bedeutung sind.[5] Die Wesentlichkeit der Angaben ist dann zu bejahen, wenn sie **wertbildende Faktoren** für die Anlageentscheidung betreffen. Weicht zum Beispiel die Darstellung der Geschäftsaussichten nicht nur unwesentlich von der tatsächlichen Lage im Zeitpunkt der Prospektveröffentlichung ab, handelt es sich regelmäßig um eine Angabe von wesentlicher Bedeutung. Dagegen ist einer fehlerhaften Angabe zu Zahlstellen oder zu unwesentlichen Tochtergesellschaften im Prospekt keine wesentliche Bedeutung beizumessen.[6] Des Weiteren ist nicht jede der Pflichtangaben nach § 7 WpPG i.V.m. der Prospektverordnung als wesentlich anzusehen.[7] Gem. § 23 Abs. 2 Nr. 2 WpPG ist darüber hinaus eine Haftung ausgeschlossen, wenn die Unrichtigkeit oder Unvollständigkeit der Angaben nicht zu einer Minderung des Börsenpreises der Wertpapiere beigetragen hat. Für diesen Haftungsausschluss ist jedoch die Gesellschaft als Anspruchsgegner beweispflichtig.

32.27 **Anspruchsverpflichtete** nach der Prospekthaftung sind die Prospektverantwortlichen nach § 21 Abs. 1 Satz 1 Nr. 1 WpPG und die Prospekterlasser nach § 21 Abs. 1 Satz 1 Nr. 2 WpPG. Prospektverantwortliche sind die Unterzeichner des Prospekts sowie diejenigen Personen, die i.S. von § 5 Abs. 4 WpPG im Prospekt als Prospektverantwortliche aufgeführt werden.[8] Prospekterlasser sind Personen, die nicht nach außen erkennbar für den Prospekt einstehen, sondern als dessen tatsächliche Urheber in der Sache hinter dem Prospekt stehen.[9] Typischerweise sind dies Personen mit einem eigenen wirtschaftlichen Interesse, oder solche, die auf die Erstellung des Prospekts maßgeblichen Einfluss genommen haben,[10] etwa Großaktionäre, die im Rahmen von Sekundärplatzierungen eine Beteiligung veräußern wollen, oder eine Kon-

---

1 Vgl. *Hopt* in Baumbach/Hopt, HGB, 37. Aufl. 2016, BörsG 44 (14) Rz. 7; hinsichtlich der Vollständigkeit hat die Billigung jedoch eine starke Indizwirkung; näher *Krämer/Gillessen* in Marsch-Barner/Schäfer, Handbuch börsennotierte AG, 4. Aufl., § 10 Rz. 326 ff. und hier insb. Rz. 331.
2 *Krämer/Gillessen* in Marsch-Barner/Schäfer, Handbuch börsennotierte AG, 4. Aufl., § 10 Rz. 331; *Mülbert/Steup*, WM 2005, 1633, 1640; *Barta*, NZG 2005, 305, 307.
3 OLG Frankfurt v. 10.5.2005 – 5 U 133/03, AG 2006, 162, 165.
4 Dazu *Groß*, Kapitalmarktrecht, § 21 WpPG Rz. 55 ff.
5 *Mülbert/Steup* in Habersack/Mülbert/Schlitt, Unternehmensfinanzierung am Kapitalmarkt, § 41 Rz. 48.
6 BT-Drucks. 13/8933, S. 76, re. Sp. für das wenig ergiebige Beispiel der Zahlstellenangabe.
7 *Groß*, Kapitalmarktrecht, § 21 WpPG Rz. 68; *Krämer/Gillessen* in Marsch-Barner/Schäfer, Handbuch börsennotierte AG, 4. Aufl., § 10 Rz. 326.
8 *Groß*, Kapitalmarktrecht, § 21 WpPG Rz. 30.
9 BT-Drucks. 13/8933, S. 78, li. Sp.
10 BT-Drucks. 13/8933, S. 78, li. Sp.

zernmuttergesellschaft bei der Emission ihrer Finanzierungstochtergesellschaft. Aber auch die Mitglieder des Vorstands und des Aufsichtsrats eines Emittenten kommen als **Prospektverantwortliche** und **Prospekterlasser** in Betracht, wenn sie entsprechend den genannten Grundsätzen die Prospektherstellung wesentlich steuern und ein über ihre Organstellung hinausgehendes **erhebliches geschäftliches Eigeninteresse an der Emission** haben.[1] Unter welchen Voraussetzungen ein solches haftungsbegründendes Eigeninteresse von Organmitgliedern vorliegt, ist im Einzelnen noch ungeklärt.[2]

Es reicht zur Haftungsbegründung jedoch nicht aus, lediglich zum Zeitpunkt der Prospekterstellung Mitglied des Vorstands des Emittenten gewesen zu sein[3] und in dieser Eigenschaft den Prospekt unterzeichnet zu haben. Es ist hervorzuheben, dass die Kombination von Organstellung und substantiellem wirtschaftlichem Eigeninteresse am Gelingen der Transaktion die einzige Fallkonstellation ist, in der Organmitglieder bei Prospektmängeln wegen Informationspflichtverletzung des Primärmarktes bereits bei grob fahrlässigem Verhalten schadensersatzpflichtig werden können.[4] Hierbei kann nur im konkreten Einzelfall entschieden werden, ab welcher prozentualen Schwelle oder ab welchem absoluten Betrag ein solches eigenständiges Interesse anzunehmen ist; eine Minderheitsbeteiligung wird hierfür nicht ausreichen, wenn aufgrund der größeren Beteiligung eines anderen Aktionärs (bzw. einer Aktionärsgruppe) oder bestehender Satzungsregelungen oder Gesellschaftervereinbarungen die Geschicke der Gesellschaft maßgeblich durch einen oder mehrere andere Aktionäre bestimmt werden.

Gem. § 21 Abs. 1 Satz 1 WpPG ist weiterhin erforderlich, dass die Wertpapiere nach der Prospektveröffentlichung und innerhalb einer **Frist** von **sechs Monaten** nach ihrer erstmaligen Börseneinführung erworben wurden. Eine darüber hinausgehende haftungsbegründende Kausalität muss vom Anleger nicht nachgewiesen werden. Allerdings kann die Haftung dadurch ausgeschlossen sein, dass im Gegenzug der Anspruchsverpflichtete gem. § 23 Abs. 2 Nr. 1 WpPG beweist, dass die Wertpapiere nicht auf Grund eines Prospektes erworben wurden. Diesen Beweis könnte der Anspruchsverpflichtete möglicherweise gestützt auf die Rechtsprechung zu § 45 BörsG in der Fassung vor dem am 1.4.1998 in Kraft getretenen Dritten Finanzmarktförderungsgesetz[5] antreten.[6] Danach bestand eine Vermutung für die Kausalität zwischen Prospektveröffentlichung und Wertpapiererwerb bei Vorliegen einer positiven **Anlagestimmung**. Bei Aufhebung der Anlagestimmung galt diese Kausalitätsvermutung als widerlegt. Bei dramatischen Kurseinbrüchen kann eine positive Anlagestimmung aufgehoben sein.[7] Ähnliches dürfte u.a. für schlechte Quartalsergebnisse, Ad hoc-Meldungen negativen Inhalts,

32.28

---

1 *Groß*, Kapitalmarktrecht, § 21 WpPG Rz. 35.
2 BGH v. 5.7.1993 – II ZR 194/92, BGHZ 123, 106, 110 = AG 1994, 32 bejaht – zu weitgehend – ohne nähere Begründung die Prospektverantwortlichkeit des Vorstandsvorsitzenden einer Aktiengesellschaft.
3 *Fleischer* in Fleischer, Handbuch des Vorstandsrechts, § 14 Rz. 15; *Krämer/Gillessen* in Marsch-Barner/Schäfer, Handbuch börsennotierte AG, 4. Aufl., § 10 Rz. 354.
4 Zur etwaigen Haftung bei nur leichter Fahrlässigkeit – Inanspruchnahme persönlichen Vertrauens im Rahmen einer Investorenveranstaltung – s. Rz. 32 f.
5 BGBl. I 1998, 529.
6 S. auch *Groß*, Kapitalmarktrecht, § 21 WpPG Rz. 70; u.U. kann das Papier jedoch auch dann „auf Grund" des Prospekts erworben sein, wenn der Anleger den Prospekt überhaupt nicht erhalten hat, BGH v. 3.12.2007 – II ZR 21/06, AG 2008, 260 = WuB I G 8. – 1.09 m. Anm. *Hauptmann/Burianski*.
7 OLG Frankfurt v. 27.3.1996 – 21 U 92/95, WM 1996, 1216, 1219.

negative Konjunkturprognosen sowie nachhaltig negative Presseberichte gelten.[1] In einem solchen Fall könnte entsprechend § 23 Abs. 2 Nr. 1 WpPG ausnahmsweise der Beweis gelingen, dass der Wertpapiererwerb nicht „auf Grund" der Prospektveröffentlichung erfolgt ist.

32.29 Liegen diese objektiven Tatbestandsvoraussetzungen vor, darf der Anspruch nicht gem. § 23 Abs. 1 WpPG ausgeschlossen sein. Danach ist eine **Exkulpation** des Anspruchsgegners bei unverschuldeter Unkenntnis der Prospektfehlerhaftigkeit möglich. Ein Anspruch scheidet aus, wenn der Anspruchsverpflichtete nachweisen kann, dass er die Unrichtigkeit oder Unvollständigkeit der Prospektangaben **nicht gekannt hat und die Unkenntnis nicht auf grober Fahrlässigkeit beruht**. Grob fahrlässig handelt, wer die im Verkehr übliche Sorgfalt in besonders hohem Masse außer Acht lässt. Dabei ist anhand der Umstände, welche in der handelnden Person und in dem konkreten Sachverhalt begründet sind, zu ermitteln, welche Sorgfalt im Einzelfall erforderlich war.[2] Für die Prospekterstellung und -veröffentlichung gilt als **Maßstab für die Bestimmung der Sorgfaltspflichten** die Nähe zur Information und die Einbindung in die Prospekterstellung.[3] Je nach Unternehmensgröße werden jedenfalls der Finanzvorstand oder ein anderes Vorstandsmitglied des Emittenten die Prospekterstellung und die **Organisation der hierfür erforderlichen Unternehmensinformation** steuern und für eine Delegation des Projektmanagements an die zweite Führungsebene (Leiter Recht, Leiter Finanzen, Vorstandsstab) mit entsprechenden Berichtspflichten Sorge tragen. Insoweit müssen sie hohen Anforderungen an die von ihnen zu beachtende Sorgfalt genügen. Die Verkehrsüblichkeit dieser Sorgfaltspflichten ist danach zu bestimmen, wie die verantwortlichen Vorstände vergleichbarer Gesellschaften bei der Prospekterstellung für dessen Richtigkeit und Vollständigkeit sorgen.

Bei großen Unternehmen wird sich die Involvierung eines Vorstands bei der Prospekterstellung in der Auswahl und punktuellen Überwachung der Arbeit seiner Mitarbeiter und der Emissionsbegleiter sowie der Resultatskontrolle erschöpfen (Mitgliedschaft im sog. „**Steering Committee**"). Ähnliches gilt für ein Aufsichtsratsmitglied des Emittenten, wenn es in den Prozess der Prospekterstellung z.B. wegen einer Umplatzierungskomponente des Mehrheitsgesellschafters eingebunden ist. Gem. § 23 Abs. 1 WpPG **trifft den Anspruchsverpflichteten die Beweislast** für das Vorliegen seiner nicht auf grober Fahrlässigkeit beruhenden Unkenntnis der Prospektfehlerhaftigkeit. In der Gerichtspraxis wird dieser Beweis jedenfalls für den Emittenten in der Regel schwer zu erbringen sein. Einem Vorstandsmitglied dürfte regelmäßig der Beweis der (nicht grobfahrlässigen) Unkenntnis schwer fallen, wenn er nicht seine Überwachungs- und Ergebniskontrolle während der Prospekterstellung hinlänglich dokumentiert hat. Für „einfache" Aufsichtsratsmitglieder sollten dagegen die Anforderungen nicht überspannt werden, zumal bei größeren börsennotierten Gesellschaften eine Prüfung des Prospekts durch das Aufsichtsratsplenum von vornherein nicht opportun erscheint.

32.30 Liegen die Anspruchsvoraussetzungen vor und bestehen keine Ausschlussgründe, kann ein Anleger Schadensersatz verlangen. Der **Umfang des Schadensersatzanspruches** ergibt sich aus § 21 Abs. 1 Satz 1, 2 und Abs. 2 WpPG. Der Anleger wird so gestellt, als ob er die Wert-

---

[1] S. auch *Groß*, Kapitalmarktrecht, § 21 WpPG Rz. 70; *Habersack* in Habersack/Mülbert/Schlitt, Handbuch Kapitalmarktinformation, § 29 Rz. 37; *Krämer/Gillessen* in Marsch-Barner/Schäfer, Handbuch börsennotierte AG, 4. Aufl., § 10 Rz. 346 f.

[2] Zur Fahrlässigkeit im Allgemeinen s. *Grüneberg* in Palandt, 76. Aufl. 2017, § 276 BGB Rz. 12 ff. und zur groben Fahrlässigkeit im Einzelnen *Grüneberg* in Palandt, 76. Aufl. 2017, § 277 BGB Rz. 4 ff.

[3] *Groß*, Kapitalmarktrecht, § 21 WpPG Rz. 76; *Habersack* in Habersack/Mülbert/Schlitt, Handbuch Kapitalmarktinformation, § 29 Rz. 38 ff.

papiere nie erworben hätte. Der Schadensersatz umfasst danach grundsätzlich den Erwerbspreis zuzüglich Erwerbsnebenkosten. Bei einem zwischenzeitlichen Kursgewinn kann jedoch nur der Erwerbspreis in Höhe des Ausgabepreises verlangt werden. Diese vom WpPG angeordneten Rechtsfolgen gehen als lex specialis den §§ 57, 71 AktG vor.[1] Ebenso geht die Haftung für fehlerhafte Ad hoc-Mitteilungen nach zutreffender Ansicht des BGH den §§ 57, 71 AktG vor.[2] Dieses Ergebnis ist auf die Prospekthaftung zu übertragen.[3]

Bei zwischenzeitlicher Weiterveräußerung hat der Anleger einen Anspruch auf Zahlung des Betrages, der sich nach Abzug des Veräußerungspreises vom Erwerbspreis ergibt, zuzüglich der Erwerbs- und Veräußerungsnebenkosten. Der Erwerbspreis ist in diesem Fall nur bis zur Höhe des Ausgabepreises als Rechengröße anzurechnen. Eine **Kürzung des Anspruchs wegen etwaigen Mitverschuldens des Anlegers** (z.B. Nichtveräußerung trotz fallender Kurse) nach den allgemeinen Grundsätzen des § 254 BGB kommt bei der Prospekthaftung nach herrschender Meinung **grundsätzlich nicht in Betracht**.[4] Vielmehr ist der Fall des relevanten Mitverschuldens des Anlegers (positive Kenntnis der Unrichtigkeit) abschließend spezialgesetzlich als Haftungsausschlussgrund gem. § 21 Abs. 2 Nr. 3 WpPG geregelt.

32.31

Bis zum 31.5.2012 bestand (zusätzlich zu der auch weiterhin gem. § 23 Abs. 1 WpPG geltenden Beschränkung des Haftungsmaßstabs auf Vorsatz und grobe Fahrlässigkeit) eine haftungsrechtliche Privilegierung der bis zu diesem Datum noch in §§ 44–47 BörsG a.F. geregelten Prospekthaftung dergestalt, dass Prospekthaftungsansprüche innerhalb von einem Jahr ab Kenntnis des Erwerbers von der Unrichtigkeit oder Unvollständigkeit der Angaben des Prospekts, spätestens jedoch in drei Jahren seit der Veröffentlichung des Prospekts, verjährten (§ 46 BörsG a.F.). Mit der Verlagerung der entsprechenden Vorschriften in das WpPG zum 1.6.2012 wurde die Verjährung jedoch zeitlich deutlich ausgeweitet und der allgemeinen Verjährungsregelung des § 195 BGB unterworfen: Ansprüche verjähren nunmehr erst mit Ablauf von drei Jahren ab dem Schluss des Jahres, in dem der Anleger Kenntnis von den den Anspruch begründenden Umständen und der Person des Schuldners erlangt, spätestens jedoch in zehn Jahren (§§ 195, 199 BGB). Infolge der Bezugnahme auf die Kenntnis des Anlegers können für unterschiedliche Anleger unterschiedliche Verjährungszeiträume gelten.

32.32

Die Vorschrift des § 21 WpPG ist mit Modifikationen gem. § 22 WpPG entsprechend anzuwenden bei unrichtigen oder unvollständigen Prospekten für Wertpapiere, die nicht zum Handel an einer inländischen Börse zugelassen sind; diese entsprechen materiell den bis zum 1.6.2012 geltenden Vorschriften der §§ 13, 13a VerkProspG, die ihrerseits wiederum auf die bis dahin geltenden Vorschriften der §§ 44–47 BörsG verwiesen. Besonderheiten bestehen insbesondere insoweit, als gem. § 22 Nr. 1 WpPG die Frist des § 21 Abs. 1 Satz 1 WpPG nicht ab der erstmaligen Börseneinführung zu laufen beginnt, sondern ab dem erstmaligen öffent-

32.33

---

1 Übersicht über den Meinungsstand bei *Groß*, Kapitalmarktrecht, § 21 WpPG Rz. 10 ff.; bejahend auch *Krämer/Gillessen* in Marsch-Barner/Schäfer, Handbuch börsennotierte AG, 4. Aufl., § 10 Rz. 362 und 365.
2 BGH v. 9.5.2005 – II ZR 287/02, AG 2005, 609, 610 f. – EM.TV; BGH v. 26.6.2006 – II ZR 153/05, AG 2007, 169 – ComRoad III.
3 Für den Vorrang der Prospekthaftung auch *Groß*, Kapitalmarktrecht, § 21 WpPG Rz. 14 ff.; *Habersack* in Habersack/Mülbert/Schlitt, Handbuch Kapitalmarktinformation, § 29 Rz. 8.
4 *Ehricke* in Hopt/Voigt, Prospekt- und Kapitalmarktinformationshaftung, S. 242 f.; *Mülbert/Steup* in Habersack/Mülbert/Schlitt, Unternehmensfinanzierung am Kapitalmarkt, § 41 Rz. 134 m.w.N. auch zur entgegengesetzten Ansicht.

lichen Angebot im Inland. Im Falle fehlenden Prospekts trotz bestehender gesetzlicher Prospektpflicht bestimmt sich die Haftung nach § 24 WpPG.[1]

32.34 Für das Angebot von nicht in Wertpapieren i.S. des WpPG verbriefte und nicht als Anteile an Investmentvermögen i.S. des § 1 Abs. 1 des Kapitalanlagegesetzbuch (KAGB) ausgestaltete Vermögensanlagen gilt das VermAnlG, das in seinen §§ 20–22 Prospekthaftungsregelungen enthält, die denen des WpPG konzeptionell entsprechen. Eine weitere spezialgesetzliche Prospekthaftungsnorm stellt § 127 Investmentgesetz (InvG) dar; sie gilt jedoch lediglich für inländische Investmentvermögen, soweit diese in Form von Investmentfonds oder Investmentaktiengesellschaften gebildet werden.

2. Bürgerlich-rechtliche Prospekthaftung

a) Typisiertes Vertrauen

32.35 Neben der spezialgesetzlichen Prospekthaftung für Börsenzulassungsprospekte und sonstige Verkaufsprospekte hat die Rechtsprechung auf Basis der in § 311 Abs. 2 BGB normierten *culpa in contrahendo* die bürgerlich-rechtliche Prospekthaftung **im engeren Sinne** zur Schließung von Haftungslücken entwickelt. Sie knüpft ebenso wie die spezialgesetzliche Prospekthaftung an das **typisierte Vertrauen** des Anlegers auf die Richtigkeit und die Vollständigkeit der von den Prospektverantwortlichen gemachten Angaben an. Ihr Anwendungsbereich wurde jedoch durch eine jüngere Entscheidung des BGH überraschend ausgeweitet (s. dazu sogleich Rz. 32.36). Daneben wurde die bürgerlich-rechtliche Prospekthaftung **im weiteren Sinne** entwickelt. Diese beruht jedoch auf der Inanspruchnahme **persönlichen Vertrauens**. Sie betrifft zum Beispiel Finanzvertriebe, die Anlageobjekte anhand von Prospekten vertreiben. Auch der Anwendungsbereich der bürgerlich-rechtlichen Prospekthaftung im engeren Sinne ist jedoch eingeschränkt. Sie greift nur bei Haftungslücken.[2] Diejenigen Pflichten zur Information des Primärmarktes, welche eine Prospektpflicht nach sich ziehen, sind für Aktien abschließend im WpPG geregelt. Daher kommt der Anwendung der bürgerlich-rechtlichen Prospekthaftung im engeren Sinne bei prospektunterlegten Emissionen von Wertpapieren, die dem WpPG unterfallen, in der Kapitalmarktpraxis kaum Bedeutung zu.[3] Die Verjährung unterliegt – wie nunmehr ebenso die Prospekthaftung nach dem WpPG – allgemeinen Vorschriften (§§ 195, 199 BGB)[4].

b) Haftung aus Verschulden bei Vertragsschluss bei Inanspruchnahme persönlichen Vertrauens

32.36 Für Falschinformationen im Bereich des Primärmarktes hat der BGH in einer neueren viel beachteten Entscheidung darüber hinaus eine **Organaußenhaftung** nach den Grundsätzen der *culpa in contrahendo* bejaht.[5] Zwei Vorstände hatten auf einer Investorenveranstaltung zum Verkauf von Aktien falsche Angaben zu einem angeblichen „Finanzpolster" der Gesellschaft in Höhe von 20 Mio. Euro gemacht. Der BGH rechtfertigt die Haftung aus § 311 Abs. 2 Nr. 2,

---

1 Näher dazu *Groß*, Kapitalmarktrecht, § 24 WpPG; *Habersack* in Habersack/Mülbert/Schlitt, Handbuch Kapitalmarktinformation, § 29 Rz. 59 ff.
2 *Grüneberg* in Palandt, 76. Aufl. 2017, § 311 BGB Rz. 67 ff. (Bauträgermodelle und Altfälle).
3 OLG Frankfurt v. 6.7.2004 – 5 U 122/03, ZIP 2004, 1411, 1415; *Habersack* in Habersack/Mülbert/Schlitt, Handbuch Kapitalmarktinformation, § 29 Rz. 73; zur möglichen Bedeutung bei sog. Informationsmemoranden ausführlich *Groß*, Kapitalmarktrecht, § 21 WpPG Rz. 26 ff.
4 S. dazu bereits vorstehend unter Rz. 32.32.
5 BGH v. 2.6.2008 – II ZR 210/06, AG 2008, 662, 663.

Abs. 3 BGB mit einem Erst-Recht-Schluss zu den Grundsätzen der bürgerlich-rechtlichen Prospekthaftung, obwohl im konkreten Fall kein Prospekt in deren Sinne vorlag. Wenn schon ein typisiertes Vertrauen der Anleger (Prospekt) eine persönliche Haftung der Organmitglieder auslösen könne, müsse dies erst Recht für in Anspruch genommenes **besonderes persönliches Vertrauen** gelten. Die beiden Vorstände waren danach persönlich verpflichtet, den Anlegern über alle für die Anlageentscheidung wesentlichen Umstände richtige und vollständige Auskunft zu geben. Die **Kausalität** der Falschangabe für die Entscheidung wird genau wie bei Fehlern in einem schriftlichen Prospekt **vermutet**. Inhalt des Anspruches ist Zahlung des Erwerbspreises Zug-um-Zug gegen Rückübertragung der Aktien auf die Organmitglieder.[1]

Die Entscheidung soll zwar nur für „Risikokapital" gelten, weil solches Kapital typischerweise ohne Sicherheiten gegeben werde.[2] Welche Anlageklassen konkret erfasst werden, macht der BGH jedoch nicht deutlich.

Die **Sprengkraft dieser Entscheidung** liegt in zwei Umständen begründet. Erstens haften die Organmitglieder schon für Falschinformationen aufgrund **leichter Fahrlässigkeit**. Eine Haftungsbeschränkung auf grobe Fahrlässigkeit, wie sie im Gebiet der bürgerlich-rechtlichen Prospekthaftung zu finden ist, hat der BGH nicht vorgenommen. Es fehlt des Weiteren eine ausdrückliche Begrenzung dieser neuen Haftungsgrundsätze auf Äußerungen auf dem Primärmarkt oder auf solche Äußerungen, die in unmittelbarer physischer Gegenwart der betroffenen Investoren getätigt werden. Damit rücken **alle freiwilligen Elemente der Kapitalmarktkommunikation** (z.B. Interviews oder Bilanzpressekonferenzen im TV oder auf der Homepage des Unternehmens, Analystenkonferenzen) in den Fokus, die sich zu einem oder mehreren Organmitgliedern zurückverfolgen lassen.[3] Die Entscheidung sieht sich deshalb berechtigter Kritik aus der Literatur ausgesetzt. Die Haftung für leichte Fahrlässigkeit werde zu einem Rückgang der freiwilligen Kapitalmarktkommunikation führen, der die Informationseffizienz zu beeinträchtigen geeignet sei. Eine **Beschränkung auf grobe Fahrlässigkeit** sei daher **zwingend geboten**.[4] Die Entscheidung ist im Übrigen inkonsistent zu den hohen Anforderungen an eine Außenhaftung bei fehlerhaften Ad hoc-Mitteilungen, ohne insoweit eine Änderung der Rechtsprechung anzudeuten.[5] Grundsätzlich ist eine Beschränkung des Anspruchs nach § 254 BGB denkbar. Im konkreten Falle hat der BGH sich nicht zum Mitverschulden geäußert.

32.37

---

[1] BGH v. 2.6.2008 – II ZR 210/06, AG 2008, 662, 664, 666.
[2] BGH v. 2.6.2008 – II ZR 210/06, AG 2008, 662, 664.
[3] *Mülbert/Leuschner*, JZ 2009, 158, 159; s. auch Rz. 32.91 zur freiwilligen Kommunikation; i.E. schon vor diesem Urteil befürwortend *Hellgardt*, S. 221 f., allerdings nicht ausdrücklich zur Außenhaftung.
[4] *Mülbert/Leuschner*, JZ 2009, 158, 161; *Klöhn*, LMK 2008, 267718. Die in diesem Zusammenhang gleichfalls erhobene Forderung, die Verjährung des Anspruchs an der kurzen Verjährung der Prospekthaftung nach § 46 BörsG a.F. zu orientieren, dürfte sich mit Unterwerfung auch der börsenrechtlichen Prospekthaftung unter die allgemeinen Verjährungsregelung des § 195 BGB und Aufgabe der bis dahin insoweit bestehenden Privilegierung nicht weiter aufrechterhalten lassen.
[5] Es ist deshalb davon auszugehen, dass der BGH die Verschärfung nur bei persönlichem Kontakt mit Investoren für bereits börsenzugelassene Aktien und nicht bei der Kommunikation mit einem potentiell unbegrenzten Personenkreis angewandt wissen will. Im Übrigen handelte es sich um einen extremen Sachverhalt, der weit von den Usancen einer professionell vorbereiteten Roadshow entfernt war. Grobe Fahrlässigkeit oder bedingter Vorsatz waren wohl ebenfalls leicht zu bejahen gewesen.

3. Deliktsrechtliche Informationshaftung

32.38 Neben der spezialgesetzlichen Prospekthaftung ist auch eine deliktsrechtliche Informationshaftung sowohl der Gesellschaft als auch der Organmitglieder denkbar. Gem. § 25 Abs. 2 WpPG bleiben weitergehende Ansprüche wegen – auch bedingt – vorsätzlicher und grob fahrlässiger unerlaubter Handlungen neben prospektrechtlichen Ansprüchen unberührt. Eine Haftung gegenüber den Anlegern nach § 823 Abs. 1 BGB kommt jedoch nicht in Betracht, da es an einer Verletzung der von § 823 Abs. 1 BGB geschützten absoluten Rechtsgüter der Anleger (wie z.B. Eigentum, Gesundheit etc.) durch die fehlerhafte Primärmarktinformation fehlt. Ein etwaiger Schaden aus Prospekthaftung stellt demgegenüber einen nicht über § 823 Abs. 1 BGB ersatzfähigen Vermögensschaden dar.

a) Haftung aus § 823 Abs. 2 BGB i.V.m. einem Schutzgesetz

32.39 Im Falle **fehlerhafter Information des Primärmarktes** kommt **in Ausnahmefällen** auch eine Haftung aus § 823 Abs. 2 BGB in Betracht. Zusätzliche Voraussetzung sind indes die Verletzung eines Schutzgesetzes, ein dadurch entstandener zurechenbarer Schaden, die Rechtswidrigkeit des Handelns sowie ein Verschulden des Handelnden. Darüber hinaus muss für eine Außenhaftung von Organmitgliedern das Schutzgesetz Pflichten gerade für die Organmitglieder und nicht nur für den Emittenten begründen.

32.40 **Schutzgesetz** ist jedes Gesetz i.S. des Art. 2 EGBGB, welches neben dem Schutz der Allgemeinheit gerade auch den Schutz des Einzelnen, hier des Anlegers als Anspruchsteller bezweckt und aufgrund seines Sachbereichs dessen Schaden erfassen soll. Nach bisheriger Rechtsprechung des Bundesgerichtshofes sind die meisten Bestimmungen des Aktien- und Kapitalmarktrechts keine Schutzgesetze.[1] Sie sollen die Funktionsfähigkeit des Kapitalmarktes im Allgemeinen sicherstellen. Der einzelne Kapitalanleger wird dagegen in der Regel nur in Form eines Reflexes mitgeschützt. In Bezug auf die in § 5 WpPG geregelten Prospektanforderungen lässt sich vertreten, dass diese sowohl dem Interesse der Allgemeinheit an einem funktionierenden Kapitalmarkt als auch dem Schutz des einzelnen Anlegers dienen. Durch die umfassende Transparenz zu Gunsten des mit dem Prospekt geworbenen Interessenten soll – auch – dessen Recht zur selbstbestimmten Verwendung seines Vermögens sichergestellt werden.[2]

32.41 Die Anwendbarkeit des § 823 Abs. 2 BGB bei Verletzungen zentraler Bestimmungen des WpPG ist daher streitig.[3] Die Schutzgesetzeigenschaft der §§ 44, 45 BörsG a.F. wurde im Ergebnis zutreffend überwiegend verneint[4], so dass entsprechendes auch für §§ 21 ff. WpPG gelten muss. Die Pflichten aus § 3 Abs. 1, 3 WpPG treffen darüber hinaus allein den Emittenten und nicht die Verwaltungsmitglieder. Daher scheidet eine Außenhaftung nach § 823 Abs. 2

---

1 Näher *Fleischer* in Fleischer, Handbuch des Vorstandsrechts, § 14 Rz. 21 m.w.N.
2 BGH v. 5.7.1993 – II ZR 194/92, BGHZ 123, 106, 112 f. = AG 1994, 32; im Sinne einer doppelten Schutzrichtung auch *Habersack* in Habersack/Mülbert/Schlitt, Handbuch Kapitalmarktinformation, § 29 Rz. 1.
3 Den Schutzcharakter der §§ 1, 9 VerkProspG a.F. bejahend: *Hüffer*, Das Wertpapier-Verkaufsprospektgesetz, S. 159; gegen eine Einordnung der OWi-Tatbestände in § 30 Nr. 6, 8, 9 WpPG als Schutzgesetze *Mülbert/Steup* in Habersack/Mülbert/Schlitt, Unternehmensfinanzierung am Kapitalmarkt, § 41 Rz. 152, 175.
4 *Habersack* in Habersack/Mülbert/Schlitt, Handbuch Kapitalmarktinformation, § 29 Rz. 58; *Kort*, AG 1999, 9, 18.

BGB i.V.m. diesen Vorschriften aus.[1] Andernfalls würde die Wertung der §§ 21 ff. WpPG zu den Prospektveranlassern unterlaufen.

Auch **aktienrechtliche (Straf-)Normen** kommen als Schutzgesetz in Betracht. Insbesondere der Strafnorm des § 400 AktG kommt für eine Haftung nach § 823 Abs. 2 BGB in jüngerer Zeit steigende Bedeutung zu. Durch diese Vorschrift wird unmittelbar eine Strafbarkeit von Vorstand und Aufsichtsrat – allerdings nur bei mindestens bedingt vorsätzlichem Verhalten – begründet. Der **Schutzgesetzcharakter** der Norm wird heute einhellig in Rechtsprechung und Schrifttum **bejaht**. Er wurde im Hinblick auf die kapitalmarktrechtliche Informationshaftung u.a. in den Entscheidungen des BGH zu „Infomatec" und „EM.TV" bestätigt.[2] § 400 Abs. 1 Nr. 1 AktG soll auch das Vertrauen potentieller Anleger in die Richtigkeit und Vollständigkeit der Angaben über die Geschäftsverhältnisse schützen. Ein Verstoß gegen § 400 Abs. 1 Nr. 1 AktG liegt u.a. vor, wenn die Jahresabschlüsse vorsätzlich falsch aufgestellt worden sind. Da der Prospekt sog. historische Finanzinformationen enthalten muss, zu denen auch die Jahresabschlüsse der letzten drei Jahre gehören, wird deren erhebliche Fehlerhaftigkeit in der Regel jedoch auch zur Prospekthaftung führen.[3]

32.42

Die Verletzung eines Schutzgesetzes muss ursächlich für die den Schaden hervorrufende Anlageentscheidung gewesen sein.[4] Dies ist anhand der Umstände des Einzelfalles zu entscheiden. Die Rechtswidrigkeit der Handlung wird durch die Schutzgesetzverletzung indiziert.[5] Weiterhin muss das Organmitglied schuldhaft gehandelt haben. Das betroffene Vorstands- oder Aufsichtsratsmitglied muss also das Schutzgesetz vorsätzlich oder fahrlässig verletzt haben. Gem. § 823 Abs. 2 Satz 2 BGB gilt dies auch für solche Schutzgesetze ohne subjektiven Tatbestand. Als Rechtsfolge hat der Geschädigte grundsätzlich Anspruch auf Naturalrestitution i.S. von § 249 BGB in Form der Erstattung des gezahlten Kaufpreises gegen Übertragung der erworbenen Aktien. Dabei ist zu bedenken, dass der Schaden gerade durch die Anlageentscheidung verursacht worden sein muss. Im Gegensatz zur spezialgesetzlichen Prospekthaftung ist hier eine Kürzung des Anspruchs wegen **Mitverschuldens** über § 254 BGB **grundsätzlich denkbar**.

32.43

Ansprüche verjähren mit Ablauf von drei Jahren ab dem Schluss des Jahres, in dem der Anleger Kenntnis von den den Anspruch begründenden Umständen und der Person des Schuldners erlangt, spätestens jedoch in zehn Jahren (§§ 195, 199 BGB).

32.44

b) Haftung aus § 826 BGB bei Primärmarktplatzierungen

Bei **fehlerhafter Information des Primärmarktes** kommt eine Haftung von Gesellschaft (gem. § 31 BGB analog) und der jeweils handelnden Organe aus § 826 BGB nur im Falle eines

32.45

---

1 Ebenso *Mülbert/Steup* in Habersack/Mülbert/Schlitt, Unternehmensfinanzierung am Kapitalmarkt, § 41 Rz. 176.
2 BGH v. 19.7.2004 – II ZR 218/03, BGHZ 160, 134, 140 = AG 2004, 543 – Infomatec I; BGH v. 17.9.2001 – II ZR 178/99, AG 2002, 43; OLG Frankfurt v. 10.5.2005 – 5 U 133/03, AG 2006, 162, 166.
3 Wobei dem letzten Jahresabschluss und einem etwaigen aktuellen Quartalsabschluss auch für Fragen einer Prospekthaftung weit größere Bedeutung als den beiden älteren, „historischen" Abschlüssen, zukommen wird.
4 Die Rechtsprechung hat zu den Kausalitätserfordernissen ausführlich im Zusammenhang mit § 826 BGB Stellung bezogen. Insoweit wird zu den Ausführungen nachfolgend unter Rz. 32.49 verwiesen.
5 *Sprau* in Palandt, 76. Aufl. 2017, § 823 BGB Rz. 60.

besonders verwerflichen Verhaltens der Vorstands- oder Aufsichtsratsmitglieder in Betracht. Im Gegensatz zur nunmehr unter erleichterten Bedingungen anzunehmenden Haftung aus *culpa in contrahendo*[1] ist eine Haftung gem. § 826 BGB aber grundsätzlich auch gegenüber einem unbestimmten Personenkreis möglich. Der Tatbestand des § 826 BGB setzt eine sittenwidrige Handlung, einen dadurch entstandenen Schaden des Anspruchstellers und mindestens (bedingten) Vorsatz des Handelnden voraus. Diese Anspruchsvoraussetzungen sind grundsätzlich schwer nachzuweisen. Insbesondere bereitet die Feststellung der Sittenwidrigkeit in der Praxis Schwierigkeiten. **Sittenwidrigkeit** i.S. von § 826 BGB wird in objektiver Hinsicht definiert als „gegen das Anstandsgefühl aller billig und gerecht Denkenden" verstoßend.[2] Dabei reichen der Verstoß gegen eine gesetzliche Vorschrift und der daraus resultierende Vermögensschaden für die Begründung der Sittenwidrigkeit nicht aus.[3] Die besondere Verwerflichkeit des Verhaltens muss sich darüber hinaus aus dem verfolgten Ziel, den eingesetzten Mitteln, der zutage getretenen Gesinnung oder den eingetretenen Folgen ergeben. Insoweit ist eine **Gesamtbewertung** vorzunehmen. Durch die Bildung von **Fallgruppen** hat die Rechtsprechung als sittenwidrig anzusehende Umstände und Verhaltensweisen konkretisiert. In der Literatur sind Falschinformationen am Kapitalmarkt teilweise in diese Fallgruppen eingeordnet worden.[4] Andererseits wird ein **eigenständiges kapitalmarktrechtliches Konzept** der Sittenwidrigkeit befürwortet.[5] Erhebliche Bedeutung in der Praxis kommt dieser Unterscheidung noch nicht zu. Der BGH hat die Fallgruppen in den Infomatec- und ComRoad-Entscheidungen[6] zu Recht nicht bemüht.

32.46 Im Falle fehlerhafter Information des Primärmarktes ist nach der ersten Ansicht die Fallgruppe der **„bewusst unrichtigen Auskunft"** maßgeblich. Bei dieser Fallgruppe wird eine sittenwidrige Handlungsweise angenommen, wenn dem Auskunftsempfänger wissentlich eine Falschinformation mitgeteilt wird, und dieser dadurch bewusst zur Übernahme eines bei Kenntnis der wahren Sachlage nicht vertretbaren Risikos im Rahmen seiner Vermögensdisposition ermutigt wird; ob eine Falschauskunft auch dadurch erfolgen kann, dass im Rahmen der Mitteilung wesentliche Informationen absichtlich verschwiegen werden oder die Mitteilung ganz unterbleibt, ist streitig.[7] Es ist daher im Einzelfall zu prüfen, ob der unrichtige Prospekt im vollen Bewusstsein seiner Fehlerhaftigkeit im Primärmarkt veröffentlicht wurde, für die Anleger bei deren Vermögensdispositionen von besonderer Bedeutung war und zu einem entsprechenden Risiko bzw. Schaden geführt hat.

32.47 Das anspruchsverpflichtete Vorstands- bzw. Aufsichtsratsmitglied muss bewusst auf die Veröffentlichung des unrichtigen oder unvollständigen Prospekts hingewirkt haben. In diesem Fall ist die Haftung aus § 826 BGB für fehlerhafte Primärmarktinformation nach den gleichen Grundsätzen zu beurteilen wie die Haftung für fehlerhafte Ad hoc-Meldungen. Eine vorsätzliche Beeinflussung des Sekundärmarktpublikums durch eine grob unrichtige Ad hoc-Mittei-

---

1 S. dazu Rz. 32.36 f.
2 Ständige Rechtsprechung seit RGZ 48, 114, 124.
3 BGH v. 4.6.2013 – VI ZR 288/12, NZG 2013, 992, 993 f. zu in Deutschland vertriebenen Anteilen an einer türkischen Aktiengesellschaft.
4 *Möllers/Leisch* in KölnKomm. WpHG, §§ 37b, 37c WpHG Rz. 437 ff.
5 *Fuchs* in Fuchs, Vor §§ 37b, 37c WpHG Rz. 32 ff.; vgl. auch *Hellgardt*, S. 221; de lege ferenda auch *Fleischer* in Assmann/Schütze, Handbuch des Kapitalanlagerechts, 4. Aufl. 2015, § 6 Rz. 10.
6 BGH v. 7.1.2008 – II ZR 229/05, AG 2008, 252 – ComRoad VI; BGH v. 19.7.2004 – II ZR 402/02, BGHZ 160, 149, 157 = AG 2004, 546 – Infomatec II; s. auch Rz. 32.64.
7 S. nur *Möllers/Leisch*, WM 2001, 1648, 1652 f.; jedenfalls reicht es nicht aus, dass vorhandene Risiken lediglich schwer erkennbar waren, vgl. BGH v. 28.2.2005 – II ZR 13/03, WM 2005, 736; zur Frage der Sittenwidrigkeit bei unterlassener Ad hoc-Mitteilung s. auch Rz. 32.65.

lung ist danach als besonders verwerflich einzustufen. Ein solches Handeln verstößt nach der Rechtsprechung gegen die Mindestanforderungen am Kapitalmarkt, so dass grundsätzlich ein Ausgleich der dadurch entstandenen Vermögensschäden der Anleger über § 826 BGB geboten ist.[1] Diese **Rechtsprechung hat der BGH auf die Haftung für fehlerhafte Primärmarktinformationen ausgedehnt**.[2] Beide Bestimmungsarten der Sittenwidrigkeit kommen in diesen Fällen zum selben Ergebnis.

Darüber hinaus kommt bei fehlerhafter Information des Primärmarktes die Fallgruppe der **„leichtfertigen Irreleitung Dritter durch Fehlinformationen"** in Betracht.[3] Statt der bewusst unrichtigen Auskunft ist hier die (nur) leichtfertige Fehlinformation ausreichend. Dabei muss erkennbar sein, dass der Inhalt für den Informationsempfänger von besonderer Bedeutung ist. Leichtfertigkeit liegt vor, wenn der Handelnde sich über bestehende Bedenken hinwegsetzt, einen eigenen Vorteil ohne Rücksicht auf die Belange Dritter sucht oder es ihm aus sonstigen Gründen gleichgültig ist, ob und gegebenenfalls welche Folgen sein Verhalten hat.[4] Dafür genügen etwa nachlässige Angaben „ins Blaue hinein". Die Leichtfertigkeit begründet in diesem Zusammenhang jedoch nur die objektive Sittenwidrigkeit. Der Schädigungsvorsatz ist jedenfalls gesondert festzustellen.[5]

32.48

Die sittenwidrige Handlung muss kausal für Schäden bei dem Anspruchsberechtigten gewesen sein. Der Schaden des Anlegers ist regelmäßig darin zu sehen, dass er, infolge falscher und irreführender Informationen über den realen Wert des prospektierten Papiers, dieses entweder zu teuer kauft oder nicht rechtzeitig verkauft.[6] Letztlich ist somit eine hypothetische Bewertung der Wertpapiere bei richtigem bzw. vollständigem Prospekt vorzunehmen. Die **haftungsbegründende Kausalität** stellt darauf ab, ob die Falschinformation ursächlich für die Anlageentscheidung war.[7] Die Falschinformation muss den Anleger daher zum Kauf oder Verkauf von Wertpapieren veranlasst haben.[8] Die diesbezügliche Beweisführung stellt sich im Rahmen des Schadensersatzprozesses für den betroffenen Anleger regelmäßig als problematisch dar.[9] Die Rechtsprechung lässt es zwar grundsätzlich ausreichen, wenn durch die Verletzung der Informationspflicht ein Einfluss auf die Anlageentscheidung des Investors ausgeübt worden ist. Der Anleger trägt jedoch die volle Darlegungs- und Beweislast für diese Kausalbeziehung. **Beweiserleichterungen** in Form des Nachweises einer nur generellen Kausalität des Prospektmangels hat der Bundesgerichtshof ebenso wie bei fehlerhaften Ad hoc-Mittei-

32.49

---

1 BGH v. 19.7.2004 – II ZR 402/02, BGHZ 160, 149, 157 = AG 2004, 546 – Infomatec II, wobei der BGH allerdings auch bei extrem unseriösen Kapitalmarktinformationen eine konkrete Kausalität für den Willensentschluss des Anlegers verlangt (BGH v. 26.6.2006 – II ZR 153/05, AG 2007, 169 – ComRoad III). Die dort angestellten Erwägungen zur Ablehnung des Anscheinbeweises auf Grund individueller Willens-/Kaufentscheidungen müssten dann allerdings auch für Zeichnungen auf Grund grob (und wissentlich) fehlerhafter Prospekte gelten.
2 BGH v. 7.1.2008 – II ZR 229/05, AG 2008, 252 – ComRoad VI.
3 Vgl. *Möllers/Leisch*, WM 2001, 1648, 1653 ff.
4 BGH v. 24.9.1991 – VI ZR 293/90, WM 1991, 2034; im Zusammenhang mit fehlerhaften Ad hoc-Mitteilungen *Möllers/Leisch* in KölnKomm. WpHG, §§ 37b, 37c WpHG Rz. 443.
5 S. nur *Möllers/Leisch* in KölnKomm. WpHG, §§ 37b, 37c WpHG Rz. 450.
6 *Veil*, ZHR 167 (2003), 365, 386.
7 BGH v. 5.7.1993 – II ZR 194/92, BGHZ 123, 106, 111 = AG 1994, 32.
8 BGH v. 19.7.2004 – II ZR 218/03, BGHZ 160, 134, 147 = AG 2004, 543 – Infomatec I.
9 Näheres zu den Beweisschwierigkeiten der Anleger bei Schadensersatzansprüchen wegen Falschinformationen und möglichen Lösungsalternativen, *Veil*, BKR 2005, 91, 95 m.w.N.; *Veil*, ZHR 167 (2003), 365, 375 f.; s. auch *Baums*, ZHR 167 (2003), 139, 141, 151.

lungen auch im Falle einer etwaigen Haftung nach § 826 BGB für fehlerhafte Information des Primärmarktes **abgelehnt**.[1]

32.50 Der Anspruchsverpflichtete muss zumindest bedingt **vorsätzlich** gehandelt haben. Ein Bewusstsein des Vorstands- oder Aufsichtsratsmitglieds hinsichtlich der Sittenwidrigkeit seines deliktischen Handelns ist hingegen nicht erforderlich.[2] Allerdings bedarf es eines Schädigungsvorsatzes im Sinne eines Wissens und Wollens der Schädigung des Anspruchstellers durch die sittenwidrige Handlung, wobei Eventualvorsatz genügt. Der Handelnde braucht nicht im Einzelnen zu wissen, welche Anleger konkret durch sein Verhalten geschädigt werden. Es reicht aus, dass er die Umstände und die Möglichkeit eines Schadenseintritts vorausgesehen und billigend in Kauf genommen hat. Bei Primärmarktinformationen im Wege der Prospektveröffentlichung wissen die beteiligten Vorstände und Aufsichtsräte, dass die Anlageentscheidungen im Markt auf der Grundlage des Prospekts getroffen werden. Es wird daher regelmäßig davon auszugehen sein, dass Eventualvorsatz im Hinblick auf daraus resultierende Schäden der Anleger vorliegt.[3]

32.51 Bestehen diese Anspruchsvoraussetzungen, hat der Anleger Anspruch auf Ersatz seines Schadens, soweit dieser kausal durch die vom Prospekt beeinflusste Anlageentscheidung entstanden ist. Als **ersatzfähiger Schaden** im Rahmen des § 826 BGB kommt jede Beeinträchtigung eines anerkannten Interesses und jede Belastung mit einer ungewollten Verpflichtung in Betracht[4], einschließlich reiner Vermögensschäden. Der Anleger hat grundsätzlich Anspruch auf **Naturalrestitution** gem. § 249 BGB in Form der Erstattung des gezahlten Kaufpreises gegen Übertragung der erworbenen Aktien.[5] Er bleibt jedoch verpflichtet, substantiiert vorzutragen, dass die vom Prospekt beeinflusste Anlageentscheidung genau diesen Schaden hervorgerufen hat.[6]

32.52 Ansprüche verjähren mit Ablauf von drei Jahren ab dem Schluss des Jahres, in dem der Anleger Kenntnis von den den Anspruch begründenden Umständen und der Person des Schuldners erlangt, spätestens jedoch in zehn Jahren (§§ 195, 199 BGB).

III. Haftung für fehlerhafte Information des Sekundärmarktes

1. Haftung für unterlassene oder fehlerhafte Ad hoc-Mitteilungen

32.53 Eine traurige Prominenz haben fehlerhafte Ad hoc-Mitteilungen erhalten, da insbesondere zu Zeiten des Neuen Marktes dieses Instrument vergleichsweise häufig gebraucht wurde, um die Anlegerschaft zu täuschen.

---

1 BGH v. 4.6.2007 – II ZR 147/05, AG 2007, 620, 622 f. – ComRoad IV; BGH v. 7.1.2008 – II ZR 229/05, AG 2008, 252, 253 – ComRoad VI; BGH v. 3.3.2008 – II ZR 310/06, AG 2008, 377, 379 – ComRoad VII.
2 *Kiethe*, NZG 2005, 333, 334 m.w.N.
3 Vgl. zum subjektiven Tatbestand des § 826 BGB bei einer Haftung für fehlerhafte Ad hoc-Meldungen BGH v. 19.7.2004 – II ZR 402/02, BGHZ 160, 149, 155 ff. = AG 2004, 546 – Infomatec II und Rz. 32.66 f.
4 Vgl. *Wagner* in MünchKomm. BGB, 6. Aufl. 2015, § 826 BGB Rz. 37 m.w.N.; *Leisch*, ZIP 2004, 1573, 1575; BGH v. 9.5.2005 – II ZR 287/02, AG 2005, 609 – EM.TV.
5 BGH v. 7.1.2008 – II ZR 229/05, AG 2008, 252 – ComRoad VI; BGH v. 3.3.2008 – II ZR 310/06, AG 2008, 377 – ComRoad VIII.
6 Mitverschulden des Geschädigten nach § 254 BGB dürfte sich bei der sittenwidrigen Schädigung nur in den seltensten Fällen schadensmindernd auswirken; s. dazu *Wagner* in MünchKomm. BGB, 6. Aufl. 2015, § 826 BGB Rz. 45 f.

a) Spezialgesetzliche Haftung

Gem. Art. 17 MAR ist der Emittent von Finanzinstrumenten zur unverzüglichen Veröffentlichung von Ad hoc-Mitteilungen verpflichtet. Dies bedeutet, dass für die Kursentwicklung aus ex ante-Sicht wesentliche Informationen weder unvollständig noch verspätet veröffentlicht werden dürfen. Auch wenn gem. §§ 97, 98 WpHG (§§ 37b, 37c WpHG a.F.), die in ihrer Grundstruktur den Haftungsnormen der wertpapierprospektgesetzlichen Prospekthaftung der heutigen §§ 21 ff. WpPG nachgebildet sind, nur der Emittent verpflichtet ist, kommt dem Vorstand bei der Vorbereitung und der inhaltlichen Gestaltung der Ad hoc-Mitteilung eine originäre Verantwortung zu. Danach ist der Vorstand sowohl für die Vorbereitung und rechtzeitige Erstellung der Ad hoc-Mitteilung als auch für die Wahrung der Vertraulichkeit im Vorfeld der Veröffentlichung und die Beurteilung des Vorliegens etwaiger berechtigter Interessen für eine zeitweilige Befreiung gem. Art. 17 Abs. 4 MAR verantwortlich. Der Vorstand hat gem. § 7 Nr. 2 WpAIV darüber hinaus sicherzustellen, dass er eine Ad hoc-Mitteilung unverzüglich bekannt geben kann, wenn er nicht länger in der Lage ist, ihre Vertraulichkeit zu gewährleisten.[1] Haftung droht demnach immer dann, wenn der Schädiger die objektiven Voraussetzungen des § 97 WpHG (§ 37b WpHG a.F.) und damit des Vorliegens einer Ad hoc-Mitteilungspflicht kannte oder grob fahrlässig nicht kannte, wobei zu Gunsten des Geschädigten wegen der Beweislastumkehr in § 97 Abs. 2WpHG (§ 37b Abs. 2 WpHG a.F.) eine gesetzliche Vermutung spricht.[2] Zwar erging die bisherige Rechtsprechung zu §§ 37b, 37c WpHG a.F. nur zu § 15 WpHG a.F., der im Zuge der Einführung der MAR aufgehoben wurde; da Art. 17 MAR aber im Kern der schon bislang geltenden Rechtslage entspricht, sind die dazu entwickelten Grundsätze auf die neue Rechtslage direkt übertragbar.[3]

32.54

Eine fehlerhafte Pressemitteilung stellt keine unwahre Ad hoc-Mitteilung dar, wenn die Korrektur der fehlerhaften Pressemitteilung jedoch ihrerseits einen Ad hoc-pflichtigen Umstand darstellt, soll deren Unterlassung von § 97 WpHG (§ 37b WpHG a.F.) erfasst sein[4]. Im Übrigen finden §§ 97, 98 WpHG (§§ 37b und 37c WpHG a.F.) auf einfache Pressemitteilungen jedoch keine Anwendung[5].

§§ 97, 98 WpHG (§§ 37b, 37c WpHG a.F.) sollen nur für einen Erwerb durch Kauf der Anteile über den Markt gelten, nicht aber für einen Erwerb durch Aktientausch infolge einer Unternehmensübernahme.[6]

Obgleich die Verpflichtungen der §§ 97, 98 WpHG (§§ 37b, 37c WpHG a.F.) nach wohl herrschender Meinung[7] unmittelbar nur den Emittenten treffen (und mangels Regelunglü-

32.55

---

1 Deutlich jetzt auch zur Einbindung eines Vorstandsmitglieds in die Vorbereitung von Ad hoc-Mitteilungen sowie insbesondere an einer etwaigen Befreiungsentscheidung BaFin, Emittentenleitfaden, S. 59.
2 BGH v. 13.12.2011 – XI ZR 51/10, BGHZ 192, 90 – IKB.
3 Ähnlich *Buck-Heeb*, NZG 2016, 1125, 1132.
4 BGH v. 13.12.2011 – XI ZR 51/10, BGHZ 192, 90 = AG 2012, 209 – IKB; diese Ausweitung des Unterlassungstatbestands wird in der Literatur tlw. heftig kritisiert, s. dazu *Stübinger*, Teilnehmerhaftung bei fehlerhafter Kapitalmarktinformation in Deutschland und den USA, 2015, S. 77 f.; *Schmolke*, ZBB 2012, 165, 168; *Bachmann*, JZ 2012, 578, 580; *Hellgardt*, DB 2012, 673, 678; *Hellgardt*, AG 2012, 154, 161 ff. In gleicher Weise wie der BGH aber auch OLG München v. 15.12.2014 – Kap 3/10 – HRE, NZG 2015, 399 = ZIP 2015, 689.
5 OLG Braunschweig v. 12.1.2016 – 7 U 59/14 – Porsche/VW; BGH v. 13.12.2011 – XI ZR 51/10, BGHZ 192, 90 = AG 2012, 209 – IKB; *Spindler*, NZG 2012, 575.
6 OLG München v. 15.12.2014 – Kap 3/10 – HRE, NZG 2015, 399 = ZIP 2015, 689.
7 *Stübinger*, Teilnehmerhaftung bei fehlerhafter Kapitalmarktinformation in Deutschland und den USA, 2015, S. 84; *Möllers/Leisch* in KölnKomm. WpHG, §§ 37b, 37c WpHG Rz. 89; *Zimmer/*

cke auch nicht analog anzuwenden sind[1]) und daher keine Außenhaftung begründen, ist die Wahrscheinlichkeit einer Inanspruchnahme der Vorstandsmitglieder gem. § 93 AktG im Rahmen der **Organinnenhaftung** gegenüber anderen Vorstandsentscheidungen erhöht. Zum einen kommt den Vorstandsmitgliedern bei der inhaltlichen Gestaltung und dem Zeitpunkt der Veröffentlichung nicht die Vergünstigung der **Business Judgement Rule** nach § 93 Abs. 1 Satz 2 AktG zugute, da es sich insoweit in aller Regel nicht um eine unternehmerische Entscheidung handelt.[2] Unwägbarkeiten bei vielschichtigen und sich ggf. überlagernden vertraulichen Sachverhalten wie Kapitalmarktplatzierungen und M&A-Transaktionen mögen im Einzelfall zwar ein erhöhtes Maß an sachlicher und rechtlicher Aufklärung bedingen; insoweit dürfte es jedoch im Regelfall bei der Privilegierung des Haftungsmaßstabs der groben Fahrlässigkeit auf der Ebene der Emittentenhaftung verbleiben.

32.56 Liegt im Einzelfall eine verspätete, in wesentlichen Punkten unvollständige oder aber unterlassene Ad hoc-Mitteilung vor, so sind die Fragen der haftungsbegründenden und haftungsausfüllenden Kausalität im Wesentlichen parallel zur Prospekthaftung zu lösen[3], der Kausalitätsnachweis obliegt dem Anleger[4]. Das Konzept der Anlagestimmung ist jedoch nach der Rspr. des Bundesgerichtshofes allenfalls in Einzelfällen auf Ad hoc-Mitteilungen zu übertragen. Auch für eine etwaige Anlagestimmung trägt der Anleger die Beweislast.[5] Die herrschende Meinung im Schrifttum billigt dem Anleger nur einen Anspruch auf Ersatz des Kursdifferenzschadens zu und erlaubt keine Rückabwicklung der Transaktion.[6], wohingegen die Rechtsprechung im Rahmen der §§ 97, 98 WpHG (§§ 37b, 37c WpHG. a.F.) keinen Anlass für eine Begrenzung auf den Differenzschaden sieht und grundsätzlich auch die Rückabwicklung zulässt.[7]

32.57 Rechtstatsächlich maßgeblich und praktisch bedeutsam ist für die Beurteilung der groben Fahrlässigkeit im Falle fehlerhafter oder verspäteter Ad hoc-Mitteilungen insbesondere die Berücksichtigung der zur Verfügung stehenden Zeit bei der jeweiligen Vorstandsentscheidung. Die Anforderungen dürfen hier insbesondere dann nicht überspannt werden, wenn das ad hoc-pflichtige Ereignis für den Vorstand bzw. das ressortverantwortliche Vorstandsmitglied

---

Grotheer in Schwark/Zimmer, Kapitalmarktrechts-Kommentar, 4. Aufl. 2010, §§ 37b, 37c WpHG Rz. 21; *Sethe* in Assmann/Uwe H. Schneider, §§ 37b, 37c WpHG Rz. 160; *Buck-Heeb/Dieckmann*, AG 2008, 681, 690.

1 *Buck-Heeb*, NZG 2016, 1125, 1132 weist zu Recht darauf hin, dass der Gesetzgeber von einem Kapitalmarktinformationshaftungsgesetz, das eine solche Haftung vorgesehen hätte, abgesehen hat. S. dazu den Diskussionsentwurf eines Gesetzes zur Verbesserung der Haftung für falsche Kapitalmarktinformationen (Kapitalmarktinformationshaftungsgesetz – KapInHaG) v. 7.10.2004, NZG 2004, 1042.
2 S. Rz. 32.101.
3 S. dazu *Findeisen/Backhaus*, WM 2007, 100 ff. sowie *Sethe* in Assmann/Uwe H. Schneider, §§ 37b, 37c WpHG Rz. 67 ff.
4 BGH v. 26.6.2006 – II ZR 153/05, AG 2007, 169 – Comroad III; BGH v. 13.12.2011 – XI ZR 51/10, BGHZ 192, 90 – IKB; OLG München v. 15.12.2014 – Kap 3/10 – HRE, NZG 2015, 399 = ZIP 2015, 689; für Beweiserleichterungen plädieren *Habbe/Gieseler*, NZG 2016, 454.
5 BGH v. 19.7.2004 – II ZR 218/03, BGHZ 160, 134, 144 f. = AG 2004, 543; s. auch Rz. 32.68.
6 *Fleischer* in Assmann/Schütze, Handbuch des Kapitalanlagerechts, 4. Aufl. 2015, § 6 Rz. 52; *Sethe* in Assmann/Uwe H. Schneider, §§ 37b, 37c WpHG Rz. 83 ff., 90. jeweils m.w.N.
7 BGH v. 13.12.2011 – XI ZR 51/10, BGHZ 192, 90 = AG 2012, 209 – IKB; OLG München v. 15.12.2014 – Kap 3/10 – HRE, NZG 2015, 399 = ZIP 2015, 689. Zur Frage der Haftung für den „überschießenden" Kollateralschaden, der auf der Verletzung der Vorschriften zur Ad hoc-Publizität beruht, nicht aber auf der ad hoc-pflichtigen Maßnahme selbst *Klöhn*, ZIP 2015, 53 ff.; *Klöhn*, ZIP 2015, 1154 f.

selbst überraschend eintritt und die erforderliche Koordination der Prozessbeteiligten wegen Krankheit, Urlaubs, verschiedenen Zeitzonen etc. objektiv erschwert ist.[1]

Mit der Abschaffung der Sonderverjährungsvorschriften von §§ 37b Abs. 4, 37c Abs. 4 WpHG a.F. durch das Kleinanlegerschutzgesetz[2] gelten nunmehr ebenso wie bei der wertpapierprospektgesetzlichen Prospekthaftung die allgemeinen Verjährungsvorschriften der §§ 195, 199 BGB. Inwieweit auf „Altfälle" vor dem 10.7.2015 noch die kürzeren Fristen anwendbar sind, ist unklar.[3]

32.58

b) Prospekthaftung für fehlerhafte Ad hoc-Mitteilungen

Schadensersatz für eine fehlerhafte Information des Sekundärmarktes aufgrund bürgerlich-rechtlicher Prospekthaftung im engeren Sinne kommt nur in Betracht bei Publikationen, die nicht als Prospekte i.S. der spezialgesetzlichen Prospekthaftung (z.B. §§ 21 ff. WpPG) gelten. Nur dann besteht die für eine Anwendbarkeit erforderliche Haftungslücke. Der Prospektbegriff i.S. der bürgerlich-rechtlichen Prospekthaftung ist umstritten.[4] Einigkeit besteht wohl dahingehend, dass die Veröffentlichungen in Schriftform abgefasst und ihrer Funktion nach darauf ausgerichtet sein müssen, einem unbestimmten Personenkreis eine umfassende Beschreibung der anlageerheblichen Umstände der angebotenen Kapitalbeteiligung zu liefern.[5] Von den im Rahmen der Zulassungsfolgepflichten zu veröffentlichenden Dokumenten fallen Ad hoc-Mitteilungen nach (nunmehr) Art. 17 Abs. 1 MAR im Regelfall nicht unter diese Definition.[6] Mit ihnen werden lediglich Einzelinformationen bekannt gegeben. Gleiches gilt für die Meldung über Eigengeschäfte von Führungskräften (Managers' Transactions) nach Art. 19 Abs. 3 MAR.

32.59

c) Deliktshaftung aus § 823 Abs. 2 BGB i.V.m. einem Schutzgesetz

Verstöße gegen sekundärmarktbezogene Informationspflichten des WpHG oder der MAR durch Organmitglieder werden weder von spezialgesetzlichen Haftungstatbeständen flankiert noch unterfallen sie der bürgerlich-rechtlichen Prospekthaftung im engeren Sinne. Daher kommt zusätzlich zu einer Haftung der Gesellschaft (gem. § 31 BGB analog) auch eine Haftung der Organmitglieder im Wesentlichen im Rahmen der deliktsrechtlichen Informationshaftung nach §§ 823 Abs. 2 und 826 BGB in Betracht. § 823 Abs. 1 BGB als Haftungsnorm scheidet in aller Regel mangels Verletzung eines von der Norm geschützten Rechtsguts aus. Der Schaden des Anlegers stellt einen Vermögensschaden dar, der nicht über § 823 Abs. 1

32.60

---

1 Z.B. Eintritt während der Urlaubszeit einer Vielzahl von Vorstandsmitgliedern oder am Wochenende bei erschwerter Erreichung der Rechtsabteilung oder der externen Anwälte; zum Verschulden vgl. auch *Fuchs* in Fuchs, §§ 37b, 37c WpHG Rz. 15; *Sethe* in Assmann/Uwe H. Schneider, §§ 37b, 37c WpHG Rz. 101 ff.
2 BGBl. I 2015, 1114 ff.
3 *Tilp/Weiss*, WM 2016, 914 ff.; *Katte/Berisha*, BKR 2016, 409 ff.
4 Vgl. *Ehricke* in Hopt/Voigt, Prospekt- und Kapitalmarktinformationshaftung, S. 194 ff.
5 BGH v. 19.7.2004 – II ZR 218/03, BGHZ 160, 134, 139 = AG 2004, 543 – Infomatec I; vgl. auch *Möllers/Leisch* in KölnKomm. WpHG, §§ 37b, 37c WpHG Rz. 417.
6 BGH v. 19.7.2004 – II ZR 218/03, BGHZ 160, 134, 137 f. = AG 2004, 543 – Infomatec I; *Fuchs* in Fuchs, Vor §§ 37b, 37c WpHG Rz. 27; *Möllers/Leisch* in KölnKomm. WpHG, §§ 37b, 37c WpHG Rz. 417; *Mülbert/Steup* in Habersack/Mülbert/Schlitt, Unternehmensfinanzierung am Kapitalmarkt, § 41 Rz. 161 m.w.N.; zur a.A. vgl. *Braun/Rotter*, BKR 2003, 918, 924 f.

BGB ersatzfähig ist, und eine fehlerhafte Sekundärmarktinformation greift regelmäßig nicht in die Mitgliedschaftsrechte der Anleger selbst ein.[1]

32.61 Im Rahmen der einzelnen kapitalmarktrechtlichen Informationspflichten nach dem WpHG bzw. der MAR ist sorgfältig abzuwägen, ob sie lediglich die Funktionsfähigkeit des Kapitalmarkts im Allgemeinen oder auch den Schutz des Einzelanlegers bezwecken. Hinsichtlich einer Haftung nach § 823 Abs. 2 BGB i.V.m. § 15 WpHG a.F. wird der **Schutzgesetzcharakter von § 15 WpHG** a.F. von Rechtsprechung und überwiegender Auffassung in der Literatur zu Recht **abgelehnt**. Denn § 15 WpHG a.F. schützte in erster Linie die Marktfunktionsfähigkeit und kam dem individuellen Anleger nur reflexhaft zugute.[2] Gleiches gilt für die Mitteilungen über Directors' Dealings nach § 15a Abs. 4 Satz 1 WpHG a.F., der Markttransparenz und nicht Individualschutz bezweckte.[3] Des Weiteren richtete sich die Veröffentlichungspflicht aus § 15 WpHG a.F. **ausschließlich an den Emittenten**, so dass Verwaltungsmitglieder nicht über § 823 Abs. 2 BGB haftbar gemacht werden können.[4] Diese Beurteilung gilt auch für die entsprechenden, seit dem 3.7.2016 in der MAR enthaltenen Regelungen, namentlich Art. 17 MAR (Veröffentlichung von Insiderinformationen) und Art. 19 MAR (Eigengeschäfte von Führungskräften): Wie sich aus der Präambel eindeutig ergibt, dient die MAR dazu, die Integrität der Finanzmärkte sicherzustellen und zu verhindern, dass durch Marktmissbrauch das Vertrauen der Öffentlichkeit in Wertpapiere und Derivate untergraben wird.[5]

Sollte eine Mitteilung im Einzelfall die Anforderungen des **§ 400 Abs. 1 Nr. 1 AktG** erfüllen, also als Darstellung oder Übersicht über den Vermögensstand der Gesellschaft zu qualifizieren sein, ist eine direkte Haftung von Organmitgliedern nicht unwahrscheinlich. Denn der Schutzgesetzcharakter des § 400 AktG ist in Rechtsprechung und Literatur anerkannt.[6] Fehlerhafte Ad hoc-Mitteilung können gleichzeitig eine Marktmanipulation i.S. des **Art. 12 MAR** darstellen. Mangels Individualschutzes zu Gunsten der Anleger ist allerdings nach überwiegender Auffassung zu der bislang in Deutschland geltenden Vorschrift des § 15a WpHG a.F. in der Literatur keine Außenhaftung gegeben[7], wobei die dazu geäußerten Ansichten auf Art. 12

---

1 Vgl. *Ehricke* in Hopt/Voigt, Prospekt- und Kapitalmarktinformationshaftung, S. 272.
2 BGH v. 19.7.2004 – II ZR 402/02, BGHZ 160, 149 = AG 2004, 546 – Infomatec II; OLG Frankfurt v. 10.5.2005 – 5 U 133/03, AG 2006, 162, 165; *Fuchs* in Fuchs, Vor §§ 37b, 37c WpHG Rz. 28 f., 63; *Möllers/Leisch* in KölnKomm. WpHG, §§ 37b, 37c WpHG Rz. 493 ff.; *Mülbert/Steup* in Habersack/Mülbert/Schlitt, Unternehmensfinanzierung am Kapitalmarkt, § 41 Rz. 244; *Sethe* in Assmann/Uwe H. Schneider, §§ 37b, 37c WpHG Rz. 129.
3 *Holzborn/Foelsch*, NJW 2003, 932, 937 f.; *Heinrich* in KölnKomm. WpHG, § 15a WpHG Rz. 84 m.w.N.; *Pfüller* in Fuchs, § 15a WpHG Rz. 200 f.; *Mülbert/Steup* in Habersack/Mülbert/Schlitt, Unternehmensfinanzierung am Kapitalmarkt, § 41 Rz. 288.
4 *Mülbert/Steup* in Habersack/Mülbert/Schlitt, Unternehmensfinanzierung am Kapitalmarkt, § 41 Rz. 252.
5 S. insbesondere Präambel (2) und (7) der Verordnung (EU) NR. 596/2014 des Europäischen Parlaments und des Rates v. 16.4.2014 über Marktmissbrauch (Marktmissbrauchsverordnung – MAR), wohingegen individuelle Interessen wie etwa die in Präambel (18) angesprochene Rechtssicherheit für Marktteilnehmer auch hier nur als logisch daraus folgender Schutzzweck angesehen werden müssen.
6 BGH v. 19.7.2004 – II ZR 218/03, BGHZ 160, 134, 140 f. = AG 2004, 543 – Infomatec I; BGH v. 9.5.2005 – II ZR 287/02, NZG 2005, 672, 673 = AG 2005, 609; *Fleischer* in Assmann/Schütze, Handbuch des Kapitalanlagerechts, 4. Aufl. 2015, § 6 Rz. 16 m.w.N.; *Sethe* in Assmann/Uwe H. Schneider, §§ 37b, 37c WpHG Rz. 138.
7 Vgl. statt vieler Nachweise die Übersicht zum Streitstand zur Rechtslage vor Geltung der MAR bei *Möllers/Leisch* in KölnKomm. WpHG, §§ 37b, 37c WpHG Rz. 496 ff.; BGH v. 13.12.2011 – XI ZR 51/10, BGHZ 192, 90 – IKB.

MAR übertragbar sind.[1] Der BGH hatte noch keine Gelegenheit, sich mit § 20a WpHG a.F. zu befassen, den Schutzgesetzcharakter der Vorgängervorschrift § 88 BörsG a.F. jedoch verneint.[2] Es ist zu erwarten, dass die gescheiterte Übernahme der Volkswagen AG durch die Porsche SE zu Klagen – auch – in Deutschland und damit zu einer Klärung zumindest der bisherigen Rechtslage führen wird.

Zu den weiteren Anspruchsvoraussetzungen von § 823 Abs. 2 BGB i.V.m. einem Schutzgesetz und zur Verjährung s. bereits vorstehend unter Rz. 32.39 f. 32.62

d) Deliktshaftung aus § 826 BGB

Die Rechtsprechung des BGH[3] zu Ad hoc-Mitteilungen von Unternehmen des „Neuen Marktes" hat § 826 BGB mangels spezialgesetzlicher Grundlage zur **zentralen Haftungsnorm** für Schadensersatzansprüche von Anlegern gegen Vorstandsmitglieder im Rahmen der Organaußenhaftung wegen fehlerhafter Sekundärmarktinformation entwickelt. Auch hier ist der Gesellschaft das Handeln der Organmitglieder nach § 31 BGB analog zuzurechnen, so dass sich Haftungsansprüche ggf. zusätzlich auch gegen die Gesellschaft richten können. Der Tatbestand des § 826 BGB setzt eine sittenwidrige Handlung, einen dadurch entstandenen Schaden des Anspruchstellers und Vorsatz des Handelnden voraus. 32.63

aa) Sittenwidrigkeit und Vorsatz

Sittenwidrigkeit i.S. von § 826 BGB wird definiert als „gegen das Anstandsgefühl aller billig und gerecht Denkenden" verstoßend.[4] Die besondere Verwerflichkeit des Verhaltens muss sich aus dem verfolgten Ziel, den eingesetzten Mitteln und der zutage tretenden Gesinnung oder den eingetretenen Folgen ergeben. Insoweit ist eine **Gesamtabwägung** vorzunehmen[5], wobei teilweise auf von der Rechtsprechung gebildete Fallgruppen zurückgegriffen wird. Bei der fehlerhaften Information des Sekundärmarktes sollen danach die Fallgruppen der „be- 32.64

---

1 A.A. *Hellgardt*, AG 2012, 154, 163 f., der einen drittschützenden Charakter der Vorschrift und damit eine Haftung nach § 823 Abs. 2 BGB für denkbar hält.
2 BGH v. 19.7.2004 – II ZR 218/03, BGHZ 160, 134, 139 = AG 2004, 543 – Infomatec I.
3 BGH v. 26.6.2006 – II ZR 153/05, AG 2007, 169 – ComRoad III; BGH v. 19.7.2004 – II ZR 402/02, BGHZ 160, 149 = AG 2004, 546 – Infomatec II; s. auch OLG München v. 1.10.2002 – 30 U 855/01, WM 2003, 70; LG Augsburg v. 24.9.2001 – 3 O 4995/00, WM 2001, 1944; BGH v. 9.5.2005 – II ZR 287/02, ZIP 2005, 1270 ff. = AG 2005, 609; OLG München v. 18.7.2002 – 19 U 5630/01, AG 2003, 105.
4 Ständige Rechtsprechung seit RGZ 48, 114, 124.
5 Ständige Rechtsprechung, s. z.B. OLG Stuttgart v. 26.3.2015 – 2 U 102/14, NZG 2015, 1437 = AG 2015, 404 – Porsche/VW – inzwischen anhängig beim BGH unter Az. VI ZR 260/15. Aufgrund eines Redaktionsversehens formuliert der Leitsatz der Entscheidung jedoch fehlerhaft, dass in Fällen falscher formloser Mitteilungen an den Kapitalmarkt an eine Haftung aus § 826 BGB „strengere" Anforderungen zu stellen seien als im Falle falscher Ad hoc-Mitteilungen; im Urteil selbst (Rz. 182) heißt es jedoch ausdrücklich, dass gerade keine strengere Anforderungen zu stellen sind. Dies entspricht auch der Wahrnehmung am Kapitalmarkt, die formlosen Mitteilungen wie Pressemitteilungen grundsätzlich geringere Bedeutung als formalen Mitteilungen wie Ad hoc-Mitteilungen beimisst, was insbesondere auch die vorstehend genannte Entscheidung als auch eine parallele – jedoch bereits rechtskräftige – Entscheidung des OLG Braunschweig v. 12.1.2016 – 7 U 59/14, NZG 2016, 465 = AG 2016, 290 – Porsche/VW, ausdrücklich anerkennen. Das OLG Braunschweig sieht in seiner Entscheidung allerdings die Schwelle zur Sittenwidrigkeit höher, wenn es um das Verhältnis zweier „sonstiger" Marktteilnehmer geht und nicht um das Verhältnis zwischen Emittentin und ihren Aktionären.

wusst unrichtigen Auskunft" und der „leichtfertigen Irreleitung Dritter durch Fehlinformationen" einschlägig sein.[1] Ein bloßer Rechtsverstoß oder die Tatsache des Eintritts eines Vermögensschadens reichen zur Annahme einer Sittenwidrigkeit noch nicht aus.[2]

Nach dem spezifisch kapitalmarktrechtlichen Ansatz ist Sittenwidrigkeit jedenfalls anzunehmen, wenn wissentlich falsche Ad hoc-Mitteilungen veröffentlicht werden[3] und ein Wissensvorsprung zu Lasten des Anlegers ausgenutzt wird. Sittenwidrig handelt demnach, wer die Anleger nicht über von ihm selbst erkannte Anlagerisiken aufklärt.[4] Der Bundesgerichtshof sieht die Sittenwidrigkeit des Organverhaltens auch in einer vorsätzlichen unlauteren Beeinflussung des Sekundärmarktpublikums durch eine grob unrichtige Ad hoc-Meldung aus eigennützigen Motiven.[5] Allerdings soll auch im Falle altruistischer Motive für Falschinformationen (z.B. Vermeidung von Arbeitsplatzverlusten) nach zutreffender Auffassung in der Literatur Sittenwidrigkeit vorliegen und auch der BGH scheint eigennützige Motivation eher als Verstärkung denn als Voraussetzung der Sittenwidrigkeit zu begreifen.[6]

Vorbehaltlich der endgültigen Klärung des Falls Porsche/VW durch den BGH, in dem Hedgefonds der Porsche Automobil Holding vorwerfen, sich in einer Pressemitteilung irreführend zu etwaigen Absichten in Bezug auf eine Übernahme von VW geäußert zu haben, um eine Übernahmeprämie zu vermeiden, reicht auch die Verwendung mehrdeutiger Formulierungen, die zumindest ein Analyst durchschauen könne, ohne das Hinzutreten weiterer schwerwiegender Begleitumstände nicht aus, um eine Sittenwidrigkeit zu begründen.[7] Der Grad zwischen einer falschen und einer sittenwidrigen Aussage bleibt damit schmal, und der Fall zeigt einmal mehr, mit welcher Sorgfalt Formulierungen insbesondere in Ad hoc-Mitteilungen zu wählen sind.[8]

32.65 Eine **unterlassene Mitteilung** kann nach überwiegender Auffassung ebenfalls das Verdikt der Sittenwidrigkeit begründen. Es müssen allerdings weitere Umstände hinzutreten, denn ein Unterlassen ist nach der Rechtsprechung des BGH nur sittenwidrig, wenn das Tun nicht nur einer Rechts- oder Vertragspflicht, sondern einem sittlichen Gebot entspricht.[9] Jedenfalls bei

---

1 Vgl. Rz. 32.46 und Rz. 32.48.
2 Ständige Rechtsprechung seit BGH v. 19.7.2004 – II ZR 402/02, BGHZ 160, 149, 157 f. – Infomatec; BGH v. 13.12.2011 – XI ZR 51/10, BGHZ 192, 90 – IKB; BGH v. 19.7.2004 – II ZR 217/03, NZG 2004, 811 – Infomatec (im Zusammenhang mit einer potentiellen persönlichen Haftung der Vorstandsmitglieder); OLG Stuttgart v. 26.3.2015 – 2 U 102/14, NZG 2015, 1437 = AG 2015, 404 – Porsche/VW.
3 *Fuchs* in Fuchs, Vor §§ 37b, 37c WpHG Rz. 34.
4 *Staudinger/Oechsler* in Staudinger, § 826 BGB Rz. 382 i.
5 BGH v. 19.7.2004 – II ZR 402/02, BGHZ 160, 149, 158 = AG 2004, 546 – Infomatec II; BGH v. 26.6.2006 – II ZR 153/05, AG 2007, 169 – ComRoad III.
6 Zutreffend *Krause*, ZGR 2002, 799, 823; so auch *Fleischer*, DB 2004, 2031, 2033, der deutlich macht, dass es sich bei der Eigennützigkeit nicht um ein konstitutives Element handelt; s. auch *Möllers*, JZ 2005, 75 f.; *Fuchs* in Fuchs, Vor §§ 37b, 37c WpHG Rz. 34; *Sethe* in Assmann/Uwe H. Schneider, §§ 37b, 37c WpHG Rz. 143; ablehnend beispielsweise *Spindler*, WM 2004, 2089, 2092.
7 OLG Stuttgart v. 26.3.2015 – 2 U 102/14, NZG 2015, 1437 = AG 2015, 404 – Porsche/VW.
8 Ebenso *Buck-Heeb*, NZG 2016, 1125, 1126 f.
9 BGH v. 10.7.2001 – VI ZR 160/00, NJW 2001, 3702 f.; BGH v. 4.6.2013 – VI ZR 288/12, NZG 2013, 992, 993 f. = AG 2013, 637; nach OLG Düsseldorf v. 7.4.2011 – 6 U 7/10, AG 2011, 706, soll allerdings noch nicht ausreichen, wenn durch Herausgabe einer irreführenden Pressemitteilung gleichzeitig ein Verstoß gegen das Verbot der Marktmanipulation (§ 20a Abs. 1 Satz 1 WpHG a.F. – nunmehr Art. 12 MAR – erfüllt wird.

eigennütziger Motivation dürften diese Voraussetzungen erfüllt sein.¹ Darüber hinaus wird man auch bei direktem Vorsatz und einem evidenten Veröffentlichungsbedürfnis von Sittenwidrigkeit ausgehen können.²

Auch für den erforderlichen Vorsatz hat der Bundesgerichtshof verallgemeinerungsfähige und auch auf Art. 17 MAR übertragbare Grundsätze aufgestellt.³ Danach genügt ein **Eventualvorsatz** der Organe. Der BGH **vermutet** diese Haltung bei der wissentlichen Veröffentlichung falscher Ad hoc-Mitteilungen. Kennen die Organe die Fehlerhaftigkeit ihrer Veröffentlichung, so wissen sie, dass Wertpapierkäufe auf einer fehlerhaften Tatsachengrundlage getätigt werden. Denn die Relevanz der Ad hoc-Mitteilung für die Entscheidungen der Anleger wird von § 15 Abs. 1 WpHG a.F. vermutet (Kursbeeinflussungspotential). Nach allgemeiner Lebenserfahrung ist davon auszugehen, dass die unrichtige Kapitalmarktinformation keinen anderen Zweck hat als einen falschen Unternehmenswert vorzuspiegeln und dadurch den Börsenpreis zu beeinflussen. Für das Vorliegen eines Eventualvorsatzes müssen die Organe nicht wissen, welcher Personenkreis im Einzelnen geschädigt wird. Es reicht aus, wenn das Organ die Möglichkeit und die Umstände eines Schadenseintritts voraussieht und billigend in Kauf nimmt.⁴

32.66

Einschränkungsversuche im Bereich des Vorsatzes haben sich bisher nicht durchsetzen können. Das OLG München hatte als Berufungsinstanz im Fall Infomatec eine Überlegung aus der *behavioral finance* bemüht und den Vorsatz verneint, da die betreffenden Organmitglieder sich in einer „euphorischen Stimmung" befunden hätten. Der BGH ist dieser Entschuldigung wegen Überoptimismus jedoch nicht gefolgt.⁵ Andererseits ist die Tendenz zu beobachten, den Vorsatzbegriff des § 826 BGB der Leichtfertigkeit und damit der Kategorie der groben Fahrlässigkeit anzunähern.⁶

32.67

bb) Schaden und Kausalität

Dreh- und Angelpunkt der Entscheidungen des BGH im Rahmen der Haftung für fehlerhafte Ad hoc-Mitteilungen nach § 826 BGB sind Kausalitätserwägungen. Die sittenwidrige Handlung muss den Schaden bei dem Anspruchsberechtigten verursacht haben. Der Schaden des Anlegers ist regelmäßig darin zu sehen, dass er infolge falscher und irreführender Informationen über den realen Wert des betreffenden Papiers dieses entweder zu teuer kauft oder nicht rechtzeitig verkauft.⁷ Die haftungsbegründende Kausalität stellt darauf ab, ob die Falschinformation ursächlich für die Anlageentscheidung war.⁸

32.68

---

1 *Fleischer* in Assmann/Schütze, Handbuch des Kapitalanlagerechts, 4. Aufl. 2015, § 6 Rz. 22; *Fuchs* in Fuchs, Vor §§ 37b, 37c WpHG Rz. 37; *Mülbert/Steup* in Habersack/Mülbert/Schlitt, Unternehmensfinanzierung am Kapitalmarkt, § 41 Rz. 239.
2 *Fuchs* in Fuchs, Vor §§ 37b, 37c WpHG Rz. 37; *Möllers/Leisch* in KölnKomm. WpHG, §§ 37b, 37c WpHG Rz. 452.
3 BGH v. 19.7.2004 – II ZR 402/02, BGHZ 160, 149, 154 f. = AG 2004, 546 – Infomatec II.
4 BGH v. 19.7.2004 – II ZR 402/02, BGHZ 160, 149, 155 f. = AG 2004, 546 – Infomatec II.
5 BGH v. 19.7.2004 – II ZR 402/02, BGHZ 160, 149, 154 = AG 2004, 546 – Infomatec II.
6 *Wagner* in MünchKomm. BGB, 6. Aufl. 2015, § 826 BGB Rz. 29 f.; kritisch *Hellgardt*, S. 62 f., 66.
7 *Veil*, ZHR 167 (2003), 365, 386.
8 BGH v. 19.7.2004 – II ZR 218/03, BGHZ 160, 134, 144 = AG 2004, 543 – Infomatec I; OLG Stuttgart v. 26.3.2015 – 2 U 102/14, NZG 2015, 1437 = AG 2015, 404 – Porsche/VW; OLG Braunschweig v. 12.1.2016 – 7 U 59/14, NZG 2016, 465 = AG 2016, 290 – Porsche/VW; ausführlich zur haftungsbegründenden Kausalität bei § 826 BGB und fehlerhaften Ad hoc-Mitteilungen *Findeisen/Backhaus*, WM 2007, 100 ff.

Der Anleger trägt hierfür die volle Darlegungs- und Beweislast. Der Bundesgerichtshof billigt dem Anleger im Regelfall keinerlei Beweiserleichterungen zu. So hat er die Zulässigkeit eines Anscheinsbeweises bei einer Haftung nach § 826 BGB abgelehnt.[1] Ein solcher **Anscheinsbeweis** in Bezug auf den Zusammenhang zwischen fehlerhafter Ad hoc-Mitteilung und Kaufentschluss infolge entsprechender Anlagestimmung komme dem Anleger ebenso wenig zugute wie eine Anwendung der US-Amerikanischen *fraud on the market theory*, nach der das abstrakte Vertrauen auf integre Preisbildung geschützt ist.[2] Der Anscheinsbeweis gelte nur für typische Geschehensabläufe, bei denen nach der allgemeinen Lebenserfahrung ein bestimmter Sachverhalt eine bestimmte Folge hervorrufe. Die Anlageentscheidung eines potentiellen Aktienkäufers dagegen werde von vielen rationalen und irrationalen Faktoren beeinflusst. Darüber hinaus seien die Beurteilung einer Anlagestimmung und deren Dauer gerade keiner schematischen Betrachtungsweise zugänglich.[3] Allenfalls im **konkreten Einzelfall** sei eine **Anlagestimmung** denkbar. Sie wird in der Regel fehlen, wenn zwischen der Ad hoc-Mitteilung und dem Wertpapiererwerb eine erhebliche Zeit verstrichen ist.[4] Diese Beschränkungen seien zwingend, da ansonsten eine uferlose Ausweitung der Haftung drohe.[5] Diese Ausführungen des BGH dürften im Hinblick auf eine Haftung für fehlerhafte Sekundärmarktinformationen verallgemeinerungsfähig sein, zumal der VI. Zivilsenat diese Linie des II. Zivilsenats in jüngerer Zeit grundsätzlich bestätigt und insbesondere nun auch für andere Veröffentlichungen als Ad hoc-Mitteilungen festgestellt hat, dass die Feststellung eines enttäuschten „allgemeinen Anlegervertrauens" auf bestimmte in die Anlage gesetzte Erwartungen als Kausalitätsnachweis nicht genügt.[6]

32.69 Kritik erfahren diese Erwägungen in der Literatur unter mehreren Gesichtspunkten. So wird gefordert, die Kausalität differenziert danach zu betrachten, ob der Anleger Rückabwicklung seiner Transaktion (voller Kausalitätsnachweis erforderlich) oder lediglich den Ersatz des Kursdifferenzschadens (konkreter Nachweis entbehrlich) begehre.[7] Angesichts der wiederholten Ablehnung von Beweiserleichterungen ist jedoch unwahrscheinlich, dass der BGH seine Linie in absehbarer Zeit ändern wird.

32.70 Der durch eine fehlerhafte Ad hoc-Mitteilung getäuschte Anleger hat grundsätzlich Anspruch auf **Naturalrestitution** i.S. von § 249 BGB und nicht nur Anspruch auf Ersatz des **Differenzschadens** in Höhe des Unterschiedsbetrages zwischen dem tatsächlichen Transaktionspreis und dem Preis, der sich bei pflichtgemäßem Publizitätsverhalten gebildet hätte.[8] Im Ergebnis soll der getäuschte Anleger so gestellt werden, wie er stehen würde, wenn die für die Veröffentlichung der Falschinformation Verantwortlichen ihrer Pflicht zur wahrheitsgemäßen Mitteilung nachgekommen wären. Da der Anleger in diesem Fall keine Wertpapiere erworben hätte – anderenfalls würde es bereits an der haftungsbegründenden Kausalität fehlen –, soll er Geldersatz in Höhe des für den Erwerb aufgebrachten Kaufpreises Zug

---

1 BGH v. 19.7.2004 – II ZR 218/03, BGHZ 160, 134, 144 ff. = AG 2004, 543 – Infomatec I und BGH v. 26.6.2006 – II ZR 153/05, AG 2007, 169 – ComRoad III.
2 S. nur BGH v. 4.6.2007 – II ZR 147/05, AG 2007, 620, 622 f.; Überblick zur *fraud on the market theory* bei *Findeisen/Backhaus*, WM 2007, 100, 106 f.
3 BGH v. 19.7.2004 – II ZR 402/02, BGHZ 160, 134, 144 ff. = AG 2004, 543 – Infomatec I.
4 BGH v. 19.7.2004 – II ZR 218/03, BGHZ 160, 134, 146 = AG 2004, 543 – Infomatec I.
5 BGH v. 26.6.2006 – II ZR 153/05, AG 2007, 169 – ComRoad III.
6 BGH v. 4.6.2013 – VI ZR 288/12, NZG 2013, 992 = AG 2013, 637.
7 *Casper*, Der Konzern 2006, 32, 34; *Fuchs* in Fuchs, Vor §§ 37b, 37c WpHG Rz. 46 f.; *Möllers*, NZG 2008, 413, 414 f.
8 BGH v. 9.5.2005 – II ZR 287/02, AG 2005, 609; kritisch *Fuchs* in Fuchs, Vor §§ 37b, 37c WpHG Rz. 50; *Hellgardt*, S. 67 ff.

um Zug gegen Übertragung der erworbenen Aktien verlangen können, auch wenn diese an dem Erwerbsgeschäft selbst nicht beteiligt waren.[1] Das Verbot der Einlagenrückgewähr nach § 57 AktG und das Verbot des Erwerbs eigener Aktien nach § 71 AktG stehen dem nicht entgegen, weil die Forderungen des Anlegers nicht auf seiner Aktionärsstellung, sondern auf einer Stellung als regulärer Drittgläubiger beruhen.[2]

Bei **zwischenzeitlicher Veräußerung** muss der Anleger sich den Veräußerungserlös anrechnen lassen. Zu den ersatzfähigen Schäden gehört auch ein Vermögensschaden durch Kursverfall.[3] Investoren, die wegen einer Fehlinformation nachweisbar von dem zu einem bestimmten Zeitpunkt fest beabsichtigten Verkauf der Aktien Abstand genommen haben, können den **hypothetischen Verkaufspreis an der Börse** an dem ursprünglich geplanten Verkaufstermin beanspruchen.[4] Dabei müssen auch sie sich zwischenzeitlich erzielte Verkaufserlöse anrechnen lassen. Die Literatur ist diesem Ansatz weitgehend gefolgt. Jedoch wird kritisiert, es stehe nicht fest, wie der Anleger bei ordnungsgemäßem Informationsverhalten reagiert hätte. Schließlich hätte er auch an der prinzipiellen Anlageentscheidung zu anderen Bedingungen festhalten können. In diesem Falle werde mit der vollständigen Rückabwicklung gerade nicht der Zustand wiederhergestellt, der vor dem schädigenden Ereignis bestanden habe.[5]

32.71

Die Frage, ob und inwieweit ein **Mitverschulden des Anlegers** den Schadensersatzanspruch nach § 254 Abs. 1, 2 BGB zu mindern geeignet ist, ob also der Anleger den Kurs des Papiers beobachten und ggf. die Aktie verkaufen muss, hat der BGH offen gelassen[6]; in der Literatur wird eine solche Obliegenheit ganz überwiegend abgelehnt.[7]

32.72

In seiner Entscheidung zum Fall Porsche/VW ließ es das OLG Stuttgart offen, ob Verluste aus Rechtsgeschäften, die – wie die gegenständlichen Leerverkäufe eines Hedgefonds – Spiel und Wette ähneln, überhaupt in den Schutzbereich der Haftung aus § 826 BGB fallen und ob die Vorschrift ggf. auch vor Verlusten aus Leerverkäufen von Aktien schützt, die in einer Aktie erfolgen, deren Wertschätzung durch eine Falschauskunft nur mittelbar berührt wird.[8]

Ansprüche nach § 826 BGB verjähren mit Ablauf von drei Jahren ab dem Schluss des Jahres, in dem der Anleger Kenntnis von den den Anspruch begründenden Umständen und der Person des Schuldners erlangt, spätestens jedoch in zehn Jahren (§§ 195, 199 BGB).

32.73

2. Haftung für fehlerhafte Regelpublizität

Die sog. Regelpublizität, bestehend gewöhnlich aus dem Jahresfinanzbericht (im Wesentlichen bestehend aus Jahresabschluss mit Lagebericht und dem „Bilanzeid" gem. § 264 Abs. 2 Satz 3, § 289 Abs. 1 Satz 5 HGB) und einem demgegenüber verkürzten Halbjahresfinanz-

32.74

---

1 BGH v. 19.7.2004 – II ZR 402/02, BGHZ 160, 149, 153 f. = AG 2004, 546 – Infomatec II.
2 BGH v. 9.5.2005 – II ZR 287/02, AG 2005, 609 – EM.TV; a.A. zu § 71 AktG *Fuchs* in Fuchs, Vor §§ 37b, 37c WpHG Rz. 17, 53.
3 *Arnold* in Marsch-Barner/Schäfer, Handbuch börsennotierte AG, § 22 Rz. 92.
4 BGH v. 9.5.2005 – II ZR 287/02, ZIP 2005, 1270, 1273 f. = AG 2005, 609.
5 *Fuchs* in Fuchs, Vor §§ 37b, 37c WpHG Rz. 51.
6 BGH v. 19.7.2004 – II ZR 402/02, BGHZ 160, 149, 159 = AG 2004, 546 – Infomatec II.
7 *Fleischer* in Fleischer, Handbuch des Vorstandsrechts, § 14 Rz. 47; *Fuchs* in Fuchs, Vor §§ 37b, 37c WpHG Rz. 56; *Möllers/Leisch* in KölnKomm. WpHG, §§ 37b, 37c WpHG Rz. 391 ff., 482; *Mülbert/Steup* in Habersack/Mülbert/Schlitt, Unternehmensfinanzierung am Kapitalmarkt, § 41 Rz. 235, 241; *Sethe* in Assmann/Uwe H. Schneider, §§ 37b, 37c WpHG Rz. 152, 156.
8 OLG Stuttgart v. 26.3.2015 – 2 U 102/14, NZG 2015, 1437 = AG 2015, 404 – Porsche/VW.

bericht[1], war seit dem Transparenzrichtlinie Umsetzungsgesetz (TUG) in den §§ 37v–z WpHG a.F. und ist nunmehr seit dem 2. FiMaNoG in den §§ 114–118 WpHG zusammengefasst. Spezialgesetzliche Haftungsnormen existieren jedoch nicht. Auch eine Analogie zu den §§ 97, 98 WpHG (§§ 37b, 37c WpHG a.F.) wird von der überwiegenden Ansicht zu Recht abgelehnt. Diskutiert werden eine etwaige Prospekthaftung und die deliktische Verantwortlichkeit der Organmitglieder.[2]

a) Prospekthaftung für fehlerhafte Regelpublizität

32.75 Für die Prospekteigenschaft einzelner Formen der Regelpublizität spricht, dass sie schriftlich ein unbestimmtes Anlegerpublikum umfassend über die wichtigsten anlageerheblichen Kennzahlen und die Geschäftstätigkeit des Emittenten unterrichten.[3] Zu Recht wird gleichwohl die Qualifikation dieser Sekundärmarktinformationen als Prospekt i.S. der bürgerlich-rechtlichen Prospekthaftung trotz ihres z.T. detaillierten Informationsgehalts überwiegend mit Hinweis auf den **fehlenden Vertriebsbezug** abgelehnt, da es sich nur um die Erfüllung gesetzlicher Verpflichtungen ohne umfassenden Informationsanspruch im Sinne eines Prospekts handele.[4]

b) Deliktshaftung aus § 823 Abs. 2 BGB i.V.m. einem Schutzgesetz

32.76 Weniger klar ist das Bild in Bezug auf die Deliktshaftung. Zu den **Rechnungslegungsvorschriften** des HGB vertrat die herrschende Meinung die Ansicht, sie seien nicht als Schutzgesetze i.S. des § 823 Abs. 2 BGB einzuordnen.[5] Nach dem TUG wird diese Frage für die §§ 37v–37x WpHG a.F. (nunmehr §§ 114–118 WpHG) zwar teilweise anders beurteilt.[6] Vor allem im Hinblick auf die durch das TUG eingeführten Vorschriften ist eine baldige höchstrichterliche Klärung wünschenswert. **Adressat** der Verpflichtungen aus diesen Vorschriften ist jedoch allein der **Emittent**, so dass sich auch in Verbindung mit § 823 Abs. 2 BGB keine Organaußenhaftung begründen lässt.[7] Auch aus § 325 HGB, gemäß dem die gesetzlichen Vertreter den Abschluss offen zu legen haben, folgt nichts anderes. Adressat ist auch hier der Emittent, so dass eine Organhaftung ausscheidet. Da der Emittent durch seine Organe handelt,

---

1 Mit Umsetzung der überarbeiteten EU-Transparenzrichtlinie zum 26.11.2015 wurden die quartalsweisen Zwischenmitteilungen (§ 37x WpHG a.F.) abgeschafft.
2 *Maier-Reimer/Seulen* in Habersack/Mülbert/Schlitt, Handbuch Kapitalmarktinformation, § 30 Rz. 200 ff.
3 Vgl. *Mülbert/Steup* in Habersack/Mülbert/Schlitt, Unternehmensfinanzierung am Kapitalmarkt, § 41 Rz. 157.
4 BGH v. 19.7.2004 – II ZR 402/02, BGHZ 160, 149, 157 = AG 2004, 546 – Infomatec II; *Zimmermann* in Fuchs, Vor §§ 37v bis 37z WpHG Rz. 24; *Fleischer* in Assmann/Schütze, Handbuch des Kapitalanlagerechts, 4. Aufl. 2015, § 6 Rz. 60; *Groß*, Kapitalmarktrecht, § 25 WpPG Rz. 6; *Maier-Reimer/Seulen* in Habersack/Mülbert/Schlitt, Handbuch Kapitalmarktinformation, § 30 Rz. 202 f.; *Mülbert/Steup* in Habersack/Mülbert/Schlitt, Unternehmensfinanzierung am Kapitalmarkt, § 41 Rz. 157, 276.
5 Vgl. *Mülbert/Steup* in Habersack/Mülbert/Schlitt, Unternehmensfinanzierung am Kapitalmarkt, § 41 Rz. 270 ff.
6 *Maier-Reimer/Seulen* in Habersack/Mülbert/Schlitt, Handbuch Kapitalmarktinformation, § 30 Rz. 206 ff.; *Zimmermann* in Fuchs, Vor §§ 37v bis 37z WpHG Rz. 32; verneinend *Heidelbach* in Schwark/Zimmer, Kapitalmarktrechts-Kommentar, 4. Aufl. 2010, § 37v WpHG Rz. 43; a.A. *Meschede*, ZIP 2017, 215, 219.
7 *Zimmermann* in Fuchs, Vor §§ 37v bis 37z WpHG Rz. 33; *Maier-Reimer/Seulen* in Habersack/Mülbert/Schlitt, Handbuch Kapitalmarktinformation, § 30 Rz. 219; *Mülbert/Steup* in Habersack/Mülbert/Schlitt, Unternehmensfinanzierung am Kapitalmarkt, § 41 Rz. 282.

können diese auch **nicht als Gehilfen** für die Erfüllung der Haftungstatbestände verantwortlich gemacht werden.[1]

In Betracht kommt lediglich eine Haftung von Gesellschaft und Organmitgliedern aus § 823 Abs. 2 BGB i.V.m. § 331 HGB, dessen **Schutzgesetzeigenschaft allgemein bejaht** wird und der sich gerade an die einzelnen Organmitglieder richtet.[2] Nach § 331 Nr. 1, 2 HGB ist dazu die unrichtige Wiedergabe oder Verschleierung der Verhältnisse der Gesellschaft im Jahresabschluss, Lagebericht oder im Zwischenabschluss nach § 340a Abs. 3 HGB (Kreditinstitute und Finanzdienstleistungsinstitute) erforderlich. Bedingter Vorsatz ist ausreichend. Nach § 823 Abs. 2 BGB i.V.m. § 331 Nr. 1a HGB gilt dies auch für die Offenlegung eines nach internationalem Rechnungslegungsstandards aufgestellten Einzelabschlusses. Hier genügt auf der subjektiven Seite bereits Leichtfertigkeit. Insbesondere ist zu beachten, dass § 331 HGB bei anderen Unternehmen als Kreditinstituten und Finanzdienstleistungsinstituten nur auf Jahresberichte anwendbar ist. Halbjahresberichte und Zwischenmitteilungen können allerdings ebenso wie Jahresabschlüsse von § 400 AktG erfasst sein.[3] Sind beide Tatbestände verwirklicht, tritt § 400 AktG zurück (ausdrückliche Subsidiarität).

32.77

Zu den weiteren Anspruchsvoraussetzungen von § 823 Abs. 2 BGB i.V.m. einem Schutzgesetz und zur Verjährung s. bereits vorstehend unter Rz. 32.43 f.

32.78

c) Deliktshaftung aus § 826 BGB

Auch eine Haftung von Gesellschaft und Organmitgliedern aus § 826 BGB ist theoretisch denkbar. Erfasst werden insoweit alle Rechnungslegungsunterlagen, nicht nur der Jahresbericht.[4] Die vom BGH zur Haftung aus § 826 BGB für fehlerhafte Ad hoc-Mitteilungen entwickelte Systematik dürfte auf die Haftung für fehlerhafte Regelpublizität übertragbar sein, so dass der Kausalitätsnachweis typischerweise schwer zu erbringen sein dürfte.

32.79

Zu den weiteren Anspruchsvoraussetzungen von § 826 BGB und zur Verjährung s. bereits vorstehend unter Rz. 32.45 ff.

32.80

3. Haftung für fehlerhafte Stimmrechtsmitteilungen

Kontrovers diskutiert wird die Frage nach der Haftung für fehlerhafte Stimmrechtsmitteilungen nach §§ 33 ff. WpHG (§§ 21 ff. WpHG a.F.). In diesem Zusammenhang ist zwischen der Mitteilung durch die betroffene Gesellschaft selbst nach § 40 WpHG (§ 26 WpHG a.F.) und der Mitteilung eines Anteilsinhabers nach den §§ 33 ff. WpHG (§§ 21 ff. WpHG a.F.) oder § 43 WpHG (§ 27a WpHG a.F.) zu unterscheiden.

32.81

---

1 *Maier-Reimer/Seulen* in Habersack/Mülbert/Schlitt, Handbuch Kapitalmarktinformation, § 30 Rz. 248 f.; *Maier-Reimer*, NJW 2007, 3157, 3162; i.E. auch *Hellgardt*, S. 415 ff.
2 *Fleischer* in Assmann/Schütze, Handbuch des Kapitalanlagerechts, 4. Aufl. 2015, § 6 Rz. 60; *Fuchs* in Fuchs, Vor §§ 37b, 37c WpHG Rz. 58; *Maier-Reimer/Seulen* in Habersack/Mülbert/Schlitt, Handbuch Kapitalmarktinformation, § 30 Rz. 250; *Mülbert/Steup* in Habersack/Mülbert/Schlitt, Unternehmensfinanzierung am Kapitalmarkt, § 41 Rz. 266.
3 *Fleischer* in Assmann/Schütze, Handbuch des Kapitalanlagerechts, 4. Aufl. 2015, § 6 Rz. 61; *Groß*, Kapitalmarktrecht, § 47 BörsG Rz. 9; *Zimmermann* in Fuchs, Vor §§ 37v bis 37z WpHG Rz. 23.
4 *Fleischer* in Assmann/Schütze, Handbuch des Kapitalanlagerechts, 4. Aufl. 2015, § 6 Rz. 60 ff.; *Mülbert/Steup* in Habersack/Mülbert/Schlitt, Unternehmensfinanzierung am Kapitalmarkt, § 41 Rz. 275, 283.

32.82 Die zivilrechtliche Sanktionierung von Meldeverstößen kann nur über das Deliktsrecht erreicht werden. Es besteht kein spezialgesetzlicher Haftungstatbestand und Stimmrechtsmitteilungen sind mangels ausreichenden Informationsgehalts nicht als Prospekte einzuordnen. Neben der generell möglichen Haftung von Gesellschaft und Organen nach § 826 BGB kommt es für eine Haftung nach § 823 Abs. 2 BGB entscheidend darauf an, ob §§ 21 ff. WpHG die Anforderungen an eine Schutzgesetzeigenschaft erfüllen.

32.83 Die Literatur hat noch keine abschließende Antwort auf diese Frage gefunden; der Meinungsstand ist als ausgewogen zu bezeichnen. Teilweise wird vertreten, die §§ 33 ff. WpHG (§§ 21 ff. WpHG a.F.) seien als Schutzgesetze i.S. des § 823 Abs. 2 BGB zu qualifizieren.[1] Die §§ 33 ff. WpHG (§§ 21 ff. WpHG a.F.) dienen jedoch nach richtiger Auffassung nur dem Funktionsschutz des Marktes.[2] Ein gesteigertes Präventionsbedürfnis, dem allein durch zivilrechtliche Haftung Rechnung getragen werden könnte, ist darüber hinaus angesichts der scharfen Sanktion aus § 44 WpHG (§ 28 WpHG a.F.) und der Bußgeldbewehrung der Meldeverstöße nach § 120 Abs. 2 Nr. 2 lit. d und e WpHG (§ 39 Abs. 2 Nr. 2 lit. f. und g WpHG a.F.) nicht zu erkennen.[3] Die spiegelbildliche Informationspflicht des Emittenten nach § 40 WpHG (§ 26 WpHG a.F.) ist daher ebenfalls nicht als Schutzgesetz anzusehen.[4]

32.84 Auch § 43 WpHG (§ 27a WpHG a.F.) ist aufgrund seiner Funktion nicht als Schutzgesetz zu Gunsten einzelner Anleger anzusehen.[5] Selbst wenn die falsche Mitteilung mit einer teilweise vertretenen Ansicht als Marktmanipulation i.S. des § 20a Abs. 1 Satz 1 Nr. 1 WpHG a.F. (inzwischen ersetzt durch Art. 12 MAR) einzustufen wäre, ließe sich keine Haftung begründen. Eine theoretisch denkbare Haftung von Gesellschaft und Organen aus § 826 BGB dürfte an den erheblichen Beweisschwierigkeiten scheitern. Denn der Tatbestand des § 43 WpHG (§ 27a WpHG a.F.) wird von subjektiven Merkmalen („verfolgte Ziele") dominiert, und die Rechtsprechung dürfte Beweiserleichterungen ebenso skeptisch gegenüberstehen wie im Rahmen der Haftung für fehlerhafte Ad hoc-Publizität.

4. Haftung für fehlerhaften Bilanzeid

32.85 Der Bilanzeid begründet keine garantieähnliche Einstandspflicht der Vorstandsmitglieder für den Jahresabschluss. Die Vorschrift des § 264 Abs. 2 Satz 3 HGB ist nach herrschender Meinung wie alle anderen Buchführungsvorschriften nicht als Schutzgesetz einzuordnen. Ansprüche der Anleger gegen die Gesellschaft und ihre Organe können sich demnach nur aus § 823 Abs. 2 BGB i.V.m. § 331 Nr. 3a HGB ergeben.[6] Das Vorliegen der Tatbestandsvoraussetzungen und das Gelingen der Beweisführung durch den Anleger vorausgesetzt, ist daneben eine Delikthaftung unter den einschränkenden Voraussetzungen des § 826 BGB für einen falschen Bilanzeid möglich.

---

1 *Bayer* in MünchKomm. AktG, 4. Aufl. 2016, § 22 AktG Anh. § 21 WpHG Rz. 2; *Kremer/Oesterhaus* in KölnKomm. WpHG, § 28 WpHG Rz. 102; *Uwe H. Schneider* in Assmann/Uwe H. Schneider, § 28 WpHG Rz. 79.
2 *Zimmermann* in Fuchs, § 28 WpHG Rz. 54; *Kümpel/Veil* in Kümpel/Hammen/Ekkenga, Kapitalmarktrecht, Kz. 065, Rz. 297; *Schwark* in Schwark/Zimmer, Kapitalmarktrecht-Kommentar, 4. Aufl. 2010, Vor §§ 21 bis 30 WpHG Rz. 4; *Sudmeyer*, BB 2002, 685, 686.
3 *Zimmermann* in Fuchs, Vor §§ 21 bis 30 WpHG Rz. 22.
4 A.A. *Uwe H. Schneider* in Assmann/Uwe H. Schneider, § 26 WpHG Rz. 70; *Zimmermann* in Fuchs, § 26 WpHG Rz. 2.
5 *Fleischer*, AG 2008, 873, 882; *Pluskat*, NZG 2009, 206, 210.
6 *Fleischer*, ZIP 2007, 97, 103; *Fleischer* in Assmann/Schütze, Handbuch des Kapitalanlagerechts, 4. Aufl. 2015, § 6 Rz. 60.

5. Haftung für fehlerhafte Entsprechenserklärung nach § 161 AktG

In jüngerer Zeit sind Verstöße gegen Empfehlungen und Anregungen des Deutschen Corporate Governance Kodex vermehrt ins Blickfeld der Rechtsprechung gerückt.[1] Zwar wurden die geltend gemachten Verstöße bisher primär unter dem Aspekt der Anfechtung von Entlastungsbeschlüssen erörtert, allerdings kommen auch Anfechtungen von Wahlbeschlüssen als Anfechtungsziel in Betracht[2]; gleichwohl sind grundsätzlich auch Haftungsrisiken aus der Verletzung der Kodexvorschriften möglich.

32.86

Der Gesetzgeber hat jedoch bewusst keine spezialgesetzliche Haftungsnorm für den Fall eines Verstoßes gegen § 161 AktG geschaffen. Da die Entsprechenserklärung die Anforderungen an einen Prospekt i.S. der spezialgesetzlichen oder bürgerlich-rechtlichen Prospekthaftung jedenfalls nach zutreffender Auffassung nicht erfüllt, bleibt allein das Deliktsrecht als Quelle einer möglichen Organaußenhaftung.[3]

32.87

a) Deliktshaftung aus § 823 Abs. 2 BGB i.V.m. einem Schutzgesetz

Die Kodexvorschriften selbst haben keine Schutzgesetzqualität, da sie keine Rechtsnormen i.S. des Art. 2 EGBGB sind. Auch § 161 AktG wird zu Recht nicht als Schutzgesetz qualifiziert.[4] Anknüpfungspunkt könnte je nach den Umständen des Einzelfalls allenfalls eine – zumindest bedingt vorsätzliche – Verletzung von § 400 AktG sein. Fehler im Zusammenhang mit der Entsprechenserklärung werden im Regelfall keine solche Haftung begründen, da die Entsprechenserklärung selbst keine Darstellung oder Übersicht über den Vermögensstand der Gesellschaft nach § 400 AktG darstellt. Sollte im Einzelfall eine fehlerhafte Entsprechenserklärung in einem solchen Dokument enthalten sein, ist in Ausnahmefällen eine Haftung der Gesellschaft und ihrer Organmitglieder denkbar.[5]

32.88

b) Deliktshaftung aus § 826 BGB

Ob Organmitglieder nach § 826 BGB für fehlerhafte oder unterlassene Entsprechenserklärungen haften, ist weder in Rechtsprechung noch in der Literatur abschließend geklärt. Teilweise wird eine Parallele zur Haftung für fehlerhafte Ad hoc-Mitteilungen gezogen.[6] Diese Ansicht ist abzulehnen; denn im Falle von Ad hoc-Mitteilungen ist die Relevanz für die Entscheidung des Anlegers gesetzlich vorgegeben (Eignung zur Kursbeeinflussung).[7] Für Ent-

32.89

---

1 BGH v. 16.2.2009 – II ZR 185/07, ZIP 2009, 460; OLG München v. 23.1.2008 – 7 U 3668/07, AG 2008, 286; OLG München v. 6.8.2008 – 7 U 5628/07, ZIP 2009, 133.
2 *Mülbert/Wilhelm*, ZHR 176 (2012), 286, 298 f.; *Waclawik*, ZIP 2011, 885, 886 ff.
3 *Paschos* in Habersack/Mülbert/Schlitt, Handbuch Kapitalmarktinformation, § 30 Rz. 283 ff.; *Goette* in MünchKomm. AktG, 3. Aufl. 2013, § 161 AktG Rz. 102; *Bayer/Scholz* in Spindler/Stilz, § 161 AktG Rz. 102.
4 *Fleischer* in Assmann/Schütze, Handbuch des Kapitalanlagerechts, 4. Aufl. 2015, § 6 Rz. 62; *Paschos* in Habersack/Mülbert/Schlitt, Handbuch Kapitalmarktinformation, § 30 Rz. 292 f.; *Marsch-Barner* in Marsch-Barner/Schäfer, Handbuch börsennotierte AG, § 2 Rz. 92; *Goette* in MünchKomm. AktG, 3. Aufl. 2013, § 161 AktG Rz. 102; *Bayer/Scholz* in Spindler/Stilz, § 161 AktG Rz. 102.
5 *Paschos* in Habersack/Mülbert/Schlitt, Handbuch Kapitalmarktinformation, § 30 Rz. 293; s. auch *Marsch-Barner* in Marsch-Barner/Schäfer, Handbuch börsennotierte AG, § 2 Rz. 93 f.
6 *Paschos* in Habersack/Mülbert/Schlitt, Handbuch Kapitalmarktinformation, § 30 Rz. 303 ff.
7 BGH v. 19.7.2004 – II ZR 402/02, BGHZ 160, 149, 155 = AG 2004, 546 – Infomatec II.

sprechenserklärungen fehlt jedoch eine solche Vorgabe und ist auch empirisch kaum begründbar.[1]

6. Kapitalmarktrechtliche Informationshaftung im Sekundärmarkt aus sonstigen Gründen

32.90 Bei Verletzung der **wertpapierinhaberorientierten Informationspflichten** aus §§ 30b und 30e WpHG scheidet die bürgerlich-rechtliche Prospekthaftung mangels Prospektcharakters dieser Veröffentlichungen (kein Vertriebsbezug) entgegen einer teilweise vertretenen Auffassung aus.[2] §§ 49 f. WpHG (§§ 30b und 30e WpHG a.F.) sind nach herrschender Meinung keine Schutzgesetze, da auf die nach diesen Vorschriften bereitzustellenden Informationen keine Anlageentscheidung gestützt werden kann.[3] Zudem ist **Adressat** der sich aus diesen Normen ergebenden Pflichten allein der **Emittent**. Im Ergebnis ist eine Außenhaftung sowohl der Gesellschaft als auch von Organmitgliedern gem. § 823 Abs. 2 BGB daher abzulehnen.[4]

32.91 **Freiwillige Äußerungen** von Organmitgliedern, beispielsweise in Interviews oder Vorträgen, werden bisher nur wenig erörtert. De lege lata wird auch für solche Äußerungen die Außenhaftung von Gesellschaft und Organmitgliedern nach § 826 BGB für möglich gehalten.[5] Gerade in diesen Fällen ist eine einzelfallorientierte Betrachtungsweise geboten. Insbesondere bei der Feststellung des bedingten Schädigungsvorsatzes im Rahmen des § 826 BGB wird jede Äußerung genau auf ihre Relevanz für Anlageentscheidungen zu untersuchen sein. Nur wenn diese Relevanz feststeht, lässt sich ein bewusstes Inkaufnehmen „falscher" Anlageentscheidungen begründen. Ob der Bundesgerichtshof seine zum Primärmarkt ergangene – umstrittene – Entscheidung zur Haftung der Organmitglieder nach den Grundsätzen der *culpa in contrahendo* bei persönlichem Kontakt auf Äußerungen im Sekundärmarkt ausdehnen wird, ist unklar. In diesem Fall müssten die Betroffenen auch für einfache Fahrlässigkeit einstehen.[6] Die BGH-Entscheidung ist jedoch systemwidrig und würde im Falle einer Übertragung auf freiwillige Äußerungen im Sekundärmarkt im diametralen Gegensatz zur restriktiven Rechtsprechung zu fehlerhaften Ad hoc-Mitteilungen stehen.

---

1 S. auch *Fuchs* in Fuchs, Vor §§ 37b, 37c WpHG Rz. 35 Fn. 94; a.A. für Ausnahmefälle *Marsch-Barner* in Marsch-Barner/Schäfer, Handbuch börsennotierte AG, § 2 Rz. 94.

2 *Groß*, Kapitalmarktrecht, § 25 WpPG Rz. 6; *Paschos* in Habersack/Mülbert/Schlitt, Handbuch Kapitalmarktinformation, § 30 Rz. 333; a.A. *Hamann* in Schäfer/Hamann, Kapitalmarktgesetze, 2. Aufl. (7. Lieferung, 2013), §§ 44, 45 BörsG Rz. 52 in Bezug auf schriftliche Unterrichtungen nach § 39 Abs. 1 Nr. 3 BörsG a.F. als Vorgängervorschrift zu den §§ 30b und 30e WpHG a.F. und nunmehr §§ 49 f. WpHG; unentschieden *Schwark* in Schwark, BörsG, 2. Aufl. 1994, § 44 BörsG Rz. 13.

3 *Paschos* in Habersack/Mülbert/Schlitt, Handbuch Kapitalmarktinformation, § 30 Rz. 333; *Mülbert* in Assmann/Uwe H. Schneider, § 30e WpHG Rz. 21; *Heidelbach* in Schwark/Zimmer, Kapitalmarktrechts-Kommentar, 4. Aufl. 2010, § 30e WpHG Rz. 33; a.A. *Zimmermann* in Fuchs, § 30b WpHG Rz. 25 und offenbar auch *Hellgardt*, AG 2012, 154, 159, der für eine EU-Richtlinien-konforme Auslegung von §§ 30e, 37v–37x WpHG a.F. (§§ 50, 114–116 WpHG) plädiert.

4 Ebenso *Zimmermann* in Fuchs, § 30a WpHG Rz. 30; a.A. *Paschos* in Habersack/Mülbert/Schlitt, Handbuch Kapitalmarktinformation, § 30 Rz. 336, der § 30e WpHG a.F. (§ 50 WpHG) Schutzgesetzqualität zumisst.

5 *Fleischer* in Assmann/Schütze, Handbuch des Kapitalanlagerechts, 4. Aufl. 2015, § 6 Rz. 64; *Fuchs* in Fuchs, Vor §§ 37b, 37c WpHG Rz. 35; *Paschos* in Habersack/Mülbert/Schlitt, Handbuch Kapitalmarktinformation, § 30 Rz. 349; *Mülbert/Steup* in Habersack/Mülbert/Schlitt, Unternehmensfinanzierung am Kapitalmarkt, § 41 Rz. 290.

6 S. Rz. 32.37.

Ob die Verletzung von **Informationspflichten nach dem WpÜG** Schadensersatzansprüche 32.92
der Anleger begründet, ist bezüglich einzelner Regelungen umstritten. § 10 Abs. 1 Satz 1
WpÜG vermag nach allgemeiner Auffassung keine Haftung von Gesellschaft und Organmitgliedern nach § 823 Abs. 2 BGB zu begründen, da diese Norm lediglich der Funktionsfähigkeit des Kapitalmarkts durch eine frühzeitige Information über die Absicht zur **Angebotsabgabe** dient.[1] Die Rechtsprechung hat sich mit der Frage nach einer Haftung für die **Stellungnahme nach § 27 WpÜG** – soweit ersichtlich – erst einmal befasst, in der Literatur überwiegt die Ablehnung.[2] Auch die Einordnung als Prospekt i.S. der bürgerlich-rechtlichen Prospekthaftung[3] hat sich nicht durchsetzen können.[4] § 826 BGB kann dagegen eine Haftung von Gesellschaft und Organmitgliedern begründen[5], dürfte aber wegen der hohen tatbestandlichen Hürden kaum relevant werden.

Für die Angebotsunterlage i.S. des § 11 WpÜG und für Änderungen des Angebots nach § 21 Abs. 1, 3 WpÜG haften die für die Unterlage Verantwortlichen und die Erlasser der Angebotsunterlage nach § 12 WpÜG, der im Wesentlichen der Prospekthaftung nachempfunden ist.[6] Ob auch Organmitglieder Erlasser i.S. der Vorschrift sein können, ist ähnlich wie bei der Haftung von Prospekterlassern nach §§ 21 ff. WpPG zu beurteilen.[7]

Unrichtige Informationen im Rahmen der **„Wasserstandsmeldungen"** nach § 23 WpÜG sind nach § 61 Abs. 1 Nr. 1b WpÜG bußgeldbewehrt. Aus § 23 WpÜG wird lediglich der Bieter verpflichtet, so dass seine Organe keiner Außenhaftung ausgesetzt sind; eine Haftung des Bieters wird von Teilen der Literatur generell abgelehnt[8], wohingegen ein anderer Teil zumindest während der Dauer der Annahmefrist aufgrund der sich aus § 12 Abs. 1 WpÜG ergebenden Pflicht zur Aktualisierung der Angebotsunterlage eine Haftung nach § 12 WpÜG und zusätzlich auch wegen Schutzgesetzeigenschaft i.S. des § 823 Abs. 2 BGB bejaht.[9]

Aus dem gleichen Grunde zu verneinen ist die Haftung der Organe des Bieters bei fehlerhaften Mitteilungen über den **Kontrollerwerb nach § 35 Abs. 1 Satz 1 WpÜG**[10], wobei auch

---

1 S. nur *Walz* in FrankfurtKomm. WpÜG, § 10 WpÜG Rz. 68; *Thoma* in Baums/Thoma, § 10 WpÜG Rz. 120.
2 LG Frankfurt v. 23.6.2005 – 3 6 O 181/04 – Celanese (vgl. Rz. 32.19) und *Friedl*, NZG 2004, 448, 450; *Hirte* in KölnKomm. WpÜG, § 27 WpÜG Rz. 27; *Louven* in Angerer/Geibel/Süßmann, § 27 WpÜG Rz. 51; a.A. *Röh* in FrankfurtKomm. WpÜG, § 27 WpÜG Rz. 92 m.w.N.
3 *Röh* in FrankfurtKomm. WpÜG, § 27 WpÜG Rz. 85 ff. m.w.N.
4 Dagegen u.a. *Friedl*, NZG 2004, 448, 453; *Louven* in Angerer/Geibel/Süßmann, § 27 WpÜG Rz. 55 m.w.N.
5 Zur Möglichkeit der Haftung nach § 826 BGB *Assmann* in Assmann/Pötzsch/Uwe H. Schneider, § 10 WpÜG Rz. 87; *Walz* in FrankfurtKomm. WpÜG, § 10 WpÜG Rz. 69; *Röh* in FrankfurtKomm. WpÜG, § 27 WpÜG Rz. 93.
6 S. nur *Möllers* in KölnKomm. WpÜG, § 12 WpÜG Rz. 18.
7 Zum eigenen wirtschaftlichen Interesse Begr. RegE WpÜG, BT-Drucks. 14/7034, S. 42 und statt vieler *Möllers* in KölnKomm. WpÜG, § 12 WpÜG Rz. 92; gänzlich gegen Organaußenhaftung in diesem Kontext *Hellgardt*, S. 431.
8 Eine Haftung verneinen ebenfalls *Schröder* in FrankfurtKomm. WpÜG, § 23 WpÜG Rz. 43; *Thun* in Angerer/Geibel/Süßmann, § 23 WpÜG Rz. 52; a.A. *Möllers* in KölnKomm. WpÜG, § 12 WpÜG Rz. 99 ff., 104.
9 *Möllers* in KölnKomm. WpÜG, § 12 WpÜG Rz. 99 ff., 104; *Diekmann* in Baums/Thoma, § 23 WpÜG Rz. 75 ff.
10 Ebenso *Schüppen* in FrankfurtKomm. WpÜG, vor § 59 WpÜG Rz. 8; *Tschauner* in Angerer/Geibel/Süßmann, § 59 WpÜG Rz. 83 ff.; a.A. *Hommelhoff/Witt* in FrankfurtKomm. WpÜG, § 35 WpÜG Rz. 61 anders aber in Rz. 118 m.w.N.; *Kremer/Oesterhaus* in KölnKomm. WpÜG, § 59 WpÜG Rz. 85.

hier die Einordnung als Schutzgesetz i.S. des § 823 Abs. 2 BGB streitig ist[1] und dementsprechend zumindest zu einer Haftung der Gesellschaft führen kann.

IV. Haftungsverteilung

32.93 Vorstände und Aufsichtsräte sind mehrköpfige Verwaltungsorgane. Grundsätzlich trifft nicht jedes Organmitglied die gleiche Verantwortlichkeit für fehlerhafte Kapitalmarktinformationen. Nach dem Wortlaut des § 76 Abs. 1 AktG leitet der Vorstand als Organ die Gesellschaft in eigener Verantwortung. Das Gesetz geht dabei von einer Gesamtverantwortung des Vorstands aus. Dieser Annahme steht die Ressortverteilung und -verantwortung zumindest für das operative Geschäft bei größeren Aktiengesellschaften entgegen.[2] Jedem Vorstandsmitglied sind bestimmte Aufgabenbereiche zugewiesen, die es eigenverantwortlich zu leiten hat. Die Ressortverantwortung führt jedoch nicht zu einer Haftungsbeschränkung auf den eigenen Verantwortungsbereich. Aus der organschaftlichen Sorgfaltspflicht der Vorstandsmitglieder ergibt sich eine Pflicht, z.B. die Kapitalmarktkommunikation der Gesellschaft über die Ressortgrenzen hinweg zu beobachten und bei Verdachtsmomenten einzuschreiten.[3] Dabei besteht die Pflicht, Falschinformationen von Vorstandskollegen in ihrer Gegenwart nicht unwidersprochen hinzunehmen.[4]

32.94 Zudem ist hinsichtlich der Haftung für Falschinformation nach Art und Umfang der Information zu differenzieren. Für die Richtigkeit des Jahresabschlusses und Lageberichts hat grundsätzlich jedes Vorstandsmitglied einzustehen, weil es sich hierbei um eine Gesamtleitungsaufgabe des Vorstands handelt, was durch § 264 Abs. 2 HGB zum Bilanzeid nochmals unterstrichen wird. Dafür spricht des Weiteren die Buchführungsverantwortung nach § 91 Abs. 1 AktG und die handelsrechtliche Gesamtverantwortung gem. § 264 Abs. 1 HGB. Sofern die Ad hoc-Berichterstattung einem bestimmten Vorstandsressort zugeordnet ist, besteht eine primäre **Ressortverantwortung** für deren Richtigkeit und Rechtzeitigkeit. Für die übrigen Vorstandsmitglieder gelten dann lediglich Überwachungs- und Kontrollpflichten.[5] Hinsichtlich der Richtigkeit einer Ad hoc-Mitteilung zum Jahresabschluss dürfte dagegen wiederum eine **Gesamtverantwortung** aller Vorstandsmitglieder bestehen. Bislang nicht richterlich entschieden ist die Frage, ob den Vorstandsvorsitzenden auch haftungsrechtlich relevante besondere Koordinierungs- und Kontrollpflichten treffen; die hervorgehobene Stellung – auch – gegenüber einem Vorstandssprecher spricht für eine solche besondere Organisations- und

---

1 Schutzgesetzeigenschaft bejahend *Baums/Hecker* in Baums/Thoma, § 35 WpÜG Rz. 305; *Bayer* in MünchKomm. AktG, 4. Aufl. 2016, § 22 AktG Anh. § 21 WpHG Rz. 2; *Ekkenga/Schulz* in Ehricke/Ekkenga/Oechsler, § 35 WpÜG Rz. 75; *Hasselbach* in KölnKomm, WpÜG, § 35 WpÜG Rz. 278; a.A. *Krause/Pötzsch* in Assmann/Pötzsch/Uwe H. Schneider, § 35 WpÜG Rz. 253; *Steinmeyer* in Steinmeyer, § 35 WpÜG Rz. 112; *Hommelhoff/Witt* in FrankfurtKomm. WpÜG, § 35 WpÜG Rz. 118.
2 *Fleischer*, BKR 2003, 608, 614 f.
3 *Fleischer* in Fleischer, Handbuch des Vorstandsrechts, § 14 Rz. 49.
4 BGH v. 17.9.2001 – II ZR 178/99, BGHZ 149, 10, 21 = AG 2002, 43; *Fleischer* in Assmann/Schütze, Handbuch des Kapitalanlagerechts, 4. Aufl. 2015, § 6 Rz. 39.
5 Allgemein zu aktienrechtlichen Begrenzungen der gegenseitigen Vorstandskontrolle durch die Ressortverantwortung von Vorstandsmitgliedern *Habersack*, WM 2005, 2360 ff.; s. auch *Fleischer*, BKR 2003, 608, 613 ff.

Überwachungspflicht.¹ Im Rahmen der deliktischen Informationshaftung haften mehrere Vorstandsmitglieder in Abhängigkeit von ihrem Tatbeitrag entweder als Mittäter nach § 830 Abs. 1 Satz 1 BGB oder als Anstifter bzw. Gehilfen nach § 830 Abs. 2 BGB.²

D. Organisatorische Vorkehrungen/Corporate Compliance

Die persönliche Inanspruchnahme der Organmitglieder insbesondere auf Grund der Organinnenhaftung gem. § 93 Abs. 2 Satz 1 AktG (i.V.m. § 116 AktG) ist inzwischen keineswegs mehr eine *lex imperfecta*.³ Organmitglieder müssen die rasant gestiegenen Haftungsrisiken kontrollierbar machen. Dies betrifft maßgeblich die Einhaltung von Rechtsvorschriften und gesellschaftsinternen Vorgaben.⁴ Im Rahmen seiner **Legalitätspflicht** hat sich der Vorstand einer AG bei der Ausübung seines Amtes zunächst selbst an rechtliche Vorschriften und unternehmensinterne Vorgaben zu halten.⁵ Daneben obliegt dem Vorstand nach heute wohl ganz herrschender Ansicht im Rahmen seiner Organisations- und Aufsichtspflichten eine sog. **Legalitätskontrollpflicht**: Er hat für regelkonformes Verhalten bei den nachgeordneten Unternehmensebenen zu sorgen und dafür insbesondere geeignete organisatorische Vorkehrungen zu treffen, um die rechtmäßige Aufgabenerfüllung nachgeordneter Mitarbeiter laufend zu überwachen.⁶ Die Compliance-Verantwortung des Vorstands lässt sich in drei Bestandteile unterteilen: Einrichtungs- und Ausgestaltungspflichten (Vermeidung von Fehlverhalten), Verhaltenspflichten bei Verdachtsmomenten (Aufdecken von Fehlverhalten und Sanktionierung) und Systemprüfungs- und Optimierungs- oder Nachführungspflichten.⁷

32.95

„Corporate Compliance", die sowohl die Legalitäts- als auch die Legalitätskontrollpflicht umfasst, ist nicht nur unverzichtbarer Bestandteil guter Corporate Governance, sondern in-

32.96

---

1 Dies kam plastisch auch bei den Vergleichen der Siemens AG mit ihren früheren Vorstandsmitgliedern zum Ausdruck. Sowohl der ursprünglich geforderte als auch der letztlich vereinbarte Betrag war für den ehemaligen Vorstandsvorsitzenden von Pierer am höchsten.
2 Zur strafrechtlichen Verantwortlichkeit (einschließlich OWiG) eingehend *Spindler* in Handbuch des Vorstandsrechts, § 15.
3 Ausführlich zu den in den letzten Jahren bekannt gewordenen Rechtsverstößen durch Unternehmen – bis hin zum „Volkswagen-Dieselgate" – und den sich aus solchen Verstößen ergebenden Haftungsrisiken für Geschäftsleiter *Schockenhoff*, ZHR 190 (2016), 197, 204 ff. Zur Rechtsprechung vgl. LG Düsseldorf v. 22.7.2004 – XIV 5/03, NJW 2004, 3275 ff. = AG 2004, 680; OLG Düsseldorf v. 19.11.1999 – 17 U 46/99, NZG 2000, 314 ff. = AG 2000, 365; BGH v. 19.4.1982 – II ZR 55/81, BGHZ 83, 319 ff. = AG 1982, 252, OLG Jena v. 12.8.2007 – 7 U 244/07, NZG 2010, 226 = AG 2010, 376; und – prominent zur Schadensersatzhaftung bei Compliance-Verstößen des Vorstands – LG München I v. 10.12.2013 – 5 HK O 1387/10, ZIP 2014, 570 = AG 2014, 332 – Siemens/Neubürger.
4 Umfassend zu Corporate Compliance *Hauschka/Moosmayer/Lösler*, Corporate Compliance, 3. Aufl. 2016; *Moosmayer*, Compliance, 3. Aufl. 2015; *Moosmayer*, Compliance-Risikoanalyse, 2015; *Umnuß*, Corporate Compliance Checklisten, 3. Aufl. 2017.
5 *Fleischer* in Spindler/Stilz, § 93 AktG Rz. 26 f.; *Fleischer*, ZIP 2016, 141; *Hölters* in Hölters, § 93 AktG Rz. 72 ff.
6 *Arnold*, ZGR 2014, 76, 79; *Bachmann*, ZIP 2014, 579, 582; *Balke* in MünchHdb. Bd. 7, Gesellschaftsrechtliche Streitigkeiten, 5. Aufl. 2016, § 111 Rz. 3; *Bicker*, AG 2012, 542, 543; *Bürgers*, ZHR 179 (2015), 173, 176; *Fleischer* in Spindler/Stilz, § 91 AktG Rz. 47; *Haag/Acikgöz*, CB 2016, 265, 267; *Harbarth*, ZHR 179 (2015), 136, 145.
7 *Bürgers*, ZHR 179 (2015), 173, 176 m.w.N.

tegraler Bestandteil der Unternehmensleitung.[1] Diese Compliance-Pflicht gilt nach überwiegender Ansicht konzernweit und damit auch gegenüber in- und ausländischen Tochter- und Enkelgesellschaften einer Konzernobergesellschaft.[2] Für die Außenhaftung der Organmitglieder führt die Einrichtung eines Compliance-Systems in der Regel dazu, dass organisatorische Vorkehrungen zur Vermeidung von Verstößen gegen kapitalmarktrechtliche Informationspflichten den Raum für einen Verschuldensvorwurf externer Dritter wesentlich begrenzen.[3]

32.97 Eindrücklich die Bedeutung von Corporate Compliance für die Organbinnenhaftung aufgezeigt hat das Urteil des LG München I v. 10.12.2013[4] („Siemens/Neubürger"), welches das System der „Schwarzen Kassen" bei der Siemens AG zum Gegenstand hatte. Das Gericht hielt dem damaligen Siemens-Finanzvorstand Joachim *Neubürger* vor, zusammen mit seinen Mit-Vorständen seiner Pflicht zur Einrichtung eines konzernweit funktionierenden Compliance-Systems und dessen Überwachung nicht nachgekommen zu sein. Das Gericht rügte insbesondere das Fehlen einer organisatorischen Zuordnung der Compliance-Verantwortung im Vorstand, den laxen Umgang mit Beraterverträgen und ein nur mangelhaftes Nachgehen von Anhaltspunkten für korruptive Zahlungen. *Neubürger*, der selbst das System der „Schwarzen Kassen" nicht gekannt hatte, wurde auf Schadensersatz in Höhe von insgesamt 15 Mio. Euro verurteilt, wobei sich der Schaden zusammensetzte aus einer auf der Grundlage eines mutmaßlich korruptiven Zwecken dienenden Beratervertrages vorgenommenen Zahlung nach Nigeria in Höhe von 2,15 Mio. Euro sowie den Honoraren einer US-amerikanischen Anwaltskanzlei in Höhe von 12,85 Mio. Euro, die mit der Untersuchung des Systems „Schwarzer Kassen" beauftragt worden war.[5]

I. Rechtliche Grundlagen

32.98 Fraglich ist zunächst, ob über bereichsspezifische Regelungen im Bank- und Kapitalmarktrecht (z.B. § 80 Abs. 1 WpHG (§ 33 Abs. 1 WpHG a.F.) sowie die MAR und ihre detaillierten Durchführungsvorschriften) und Kartellrecht hinaus eine **allgemeine Vorstandspflicht**

---

1 So schon 2003 *Uwe H. Schneider*, ZIP 2003, 645, 646; *Fleischer* in Fleischer, Handbuch des Vorstandsrechts, § 8 Rz. 40.
2 *Balke* in MünchHdb. Bd. 7, Gesellschaftsrechtliche Streitigkeiten, 5. Aufl. 2016, § 114 Rz. 1 ff.; *Bicker*, AG 2012, 542, 548; *Fett*, CCZ 2014, 142, 144; *Fleischer* in Spindler/Stilz, § 91 AktG Rz. 70; s. oben *Kremer/Klahold*, Rz. 25.12 f.; spezifisch zu im Kredit- und Finanzwesen tätigen Unternehmen auch oben *Gebauer/Fett*, Rz. 24.58.
3 S. allgemein dazu oben *Kremer/Klahold*, Rz. 25.11; vgl. auch *Bachmann* in Kremer/Bachmann/Lutter/v. Werder, DCGK, Rz. 826.
4 LG München I v. 10.12.2013 – 5 HK O 1387/10, ZIP 2014, 570 m. Anm. *Bachmann* = AG 2014, 332 – Siemens/Neubürger; ähnlich schon OLG Jena v. 12.8.2007 – 7 U 244/07, NZG 2010, 226 = AG 2010, 376, zur Pflicht eines GmbH-Geschäftsführers, ein auch die Tochtergesellschaften der GmbH erfassendes Kontrollsystem zur Unterbindung von Scheinrechnungen einzurichten. Zu Siemens/Neubürger vgl. *Fleischer*, NZG 2014, 321; *Meyer*, DB 2014, 1063; *Oppenheim*, DStR 2014, 1063; *Seibt/Cziupka*, DB 2014, 1598.
5 Das Urteil, gegen das Neubürger ursprünglich Berufung eingelegt hatte, wurde nie Gegenstand einer obergerichtlichen Entscheidung, da die Siemens AG und Neubürger im Sommer 2014 einen Vergleich schlossen, nach dem Neubürger sich u.a. verpflichtete, 2,5 Mio. Euro an die Siemens AG zu zahlen. Wenige Tage, nachdem in der Hauptversammlung v. 27.1.2015 die Siemens-Aktionäre diesem Vergleich zugestimmt hatten, nahm sich Joachim Neubürger das Leben.

besteht, bei entsprechendem Gefahrenpotential eine Compliance-Organisation einzurichten.[1] Diese Frage ist umstritten.

Für eine solche Pflicht spricht zunächst § 91 Abs. 2 AktG, der den Vorstand zur Einführung eines Überwachungssystems verpflichtet, damit sämtliche den Fortbestand der Gesellschaft gefährdende Entwicklungen frühzeitig erkannt werden.[2] Daneben wird eine Pflicht zur Einrichtung einer Compliance-Organisation als eine Leitungsaufgabe des Vorstands, basierend auf den §§ 76 Abs. 1, 93 Abs. 1 AktG, abgeleitet.[3] Schließlich deutet Ziffer 4.1.3 des DCGK, gemäß der „der Vorstand [...] für die Einhaltung der gesetzlichen Bestimmungen und der unternehmensinternen Richtlinien zu sorgen [hat] und [...] auf deren Beachtung durch die Konzernunternehmen [hinwirkt] (Compliance)" darauf hin, dass zumindest börsennotierte Unternehmen verpflichtet sein sollen, ein Compliance-System einzurichten.[4] Demgegenüber soll nach a.A. keine generelle Rechtspflicht zur Einführung und Vorhaltung organisatorischer Corporate Compliance Strukturen bestehen.[5] Die Errichtung von Compliance-Strukturen, also auch die Entscheidung über das „Ob" einer Compliance-Organisation, unterliege als Leitungsaufgabe dem Geschäftsleiterermessen. Dem Vorstand bleibt es nach dieser Ansicht überlassen, wie er die Rechtstreue im Unternehmen sicherstellt.[6] Auch nach dieser restriktiveren und inzwischen angesichts der alle börsennotierten Gesellschaften treffenden Anforderungen insbesondere des WpHG, WpPG, WpÜG sowie der MAR als zu riskant anzusehenden Auffassung dürfte sich das Ermessen des Vorstands **bei besonderen Gefahrenlagen**, bei zurückliegenden Verstößen oder auf Grund der Größe und/oder dezentraler Führung des Unternehmens jedoch auf null reduzieren.[7]

32.99

Während somit – jedenfalls ab einer gewissen Größe des Unternehmens oder der Risikogeneigtheit seiner Tätigkeit und sicherlich bei Börsennotierung – an der Errichtung von Compliance-Strukturen (dem „Ob" von Compliance) wohl kein Weg vorbeiführt, wird dem Vorstand bei der Art und Weise der Einrichtung einer Compliance-Organisation ein nur eingeschränkt kontrollierbarer Ermessensspielraum oder sogar – als **„safe-harbour"** – die Inanspruchnahme der in § 93 Abs. 1 Satz 2 AktG kodifizierten **Business Judgement Rule (BJR)** eingeräumt.[8] Danach liegt eine Pflichtverletzung nicht vor, „wenn das Vorstandsmitglied bei

32.100

---

1 Zum Streit- und Meinungsstand vgl. *Koch* in Hüffer/Koch, § 76 AktG Rz. 13 ff.; zu den für das Bestehen einer „Compliance-Pflicht" sprechenden Rechtsnormen umfassend *Harbarth*, ZHR 179 (2015), 136, 139 ff.
2 *Fleischer* in Fleischer, Handbuch des Vorstandsrechts, § 8 Rz. 43.
3 *Bürgers*, ZHR 179 (2015), 173, 175; *Klahold/Lochen* in Hauschka/Moosmayer/Lösler, Corporate Compliance, 3. Aufl. 2016, § 27 Rz. 4. Das LG München I hat in seiner Siemens/Neubürger – Entscheidung v. 10.12.2013 ausdrücklich offen gelassen, ob sich die von ihm angenommene Compliance-Pflicht aus § 91 Abs. 2 AktG oder den §§ 76 Abs. 1, 93 Abs. 1 AktG ableitet (5 HK O 1387/10, ZIP 2014, 570, 573 = AG 2014, 332).
4 *Bürkle*, BB 2007, 1797; *Hellgardt*, S. 478.
5 *Hauschka/Moosmayer/Lösler* in Hauschka/Moosmayer/Lösler, Corporate Compliance, 3. Aufl. 2016, § 1 Rz. 31; *Bachmann/Prüfer*, ZRP 2005, 109, 111; *Bürkle*, BB 2005, 565, 567 ff.; *Hauschka*, ZIP 2004, 877, 880, 882; *Spindler* in MünchKomm. AktG, 4. Aufl. 2014, § 91 AktG Rz. 66; *Koch* in Hüffer/Koch, § 76 AktG Rz. 14.
6 *Harbarth*, ZHR 179 (2015), 136, 153; *Hauschka*, ZIP 2004, 877, 878.
7 S. auch *Hauschka*, ZIP 2004, 877, 882. Besondere Gefahrenlagen können sich hierbei insbesondere aus dem Produktportfolio, der Korruptionsgeneigtheit der Absatzländer sowie den Kunden, insbesondere bei staatlichen oder halbstaatlichen Abnehmern, ergeben.
8 *Bachmann*, BB 2015, 771, 773. Ausführlich zur Business Judgement Rule im Bereich der Unternehmensorganisation und Compliance *Nietsch*, ZGR 2015, 631 ff. Ein Überblick über die zur Anwend-

einer unternehmerischen Entscheidung vernünftigerweise annehmen durfte, auf der Grundlage angemessener Information zum Wohle der Gesellschaft zu handeln." Der Gesetzgeber erkennt damit an, dass der Vorstand im Rahmen der Leitung der Gesellschaft unternehmerische Risiken in einem bestimmten Umfang eingehen muss und kann. Es wird also ein unternehmerischer Entscheidungsspielraum geschaffen[1], von dem maßgeblich prognostische wirtschaftliche bzw. rechtlich nicht gebundene[2] Entscheidungen erfasst werden.[3] Bei der Frage, mit welchen Mitteln (mit welchem **Compliance Programm**) Rechtsrisiken im betreffenden Unternehmen am besten begegnet werden kann, handelt es sich angesichts der einzusetzenden finanziellen Mittel und vorzuhaltenden Ressourcen um eine solche Entscheidung. Die Entscheidung über die Ausgestaltung einer Compliance-Organisation fällt mithin unter § 93 Abs. 1 Satz 2 AktG.[4]

32.101 In Bezug auf **Organpflichten bei der Kapitalmarktinformation** ist jedoch auf Folgendes hinzuweisen: Die Vorstandsmitglieder kommen zwar hinsichtlich der Entscheidung über die Ausgestaltung der Compliance-Organisation in den Genuss der Business Judgement Rule. In Bezug auf die Erfüllung der der Gesellschaft obliegenden und in ihrer Verantwortung stehenden Publizitätspflichten gilt dies aber gerade nicht. Die Business Judgement Rule erfasst nur prognostische wirtschaftliche Entscheidungen, nicht aber rechtlich gebundene Entscheidungen, weil insoweit **kein Ermessensspielraum** existiert.[5] Bei der Verletzung der Informationspflichten, also einer Legalitätskontrollpflichtverletzung, können sich die Mitglieder der Leitungsorgane daher in der Regel nicht auf diesen „safe harbour" berufen.

II. Compliance-Maßnahmen

32.102 Allgemein verbindliche Leitlinien zur Ausgestaltung der Compliance-Organisation lassen sich angesichts des bestehenden Ermessensspielraums nicht aufstellen. Vielmehr kommt es im jeweiligen Einzelfall auf die Größe des Unternehmens, die Vielfalt und die Bedeutung der einzuhaltenden Vorschriften sowie darauf an, ob bereits Missstände oder Unregelmäßigkeiten aufgetreten sind.

---

barkeit der BJR auf Compliance-Organisationspflichten vertretenen Ansichten findet sich bei *Altmeppen*, ZIP 2016, 97, 98. Das LG München I hat in seiner Siemens/Neubürger-Entscheidung die Anwendbarkeit der BJR nicht diskutiert. Allerdings räumte es dem Vorstand bei den von ihm als relevant erachteten Organisationspflichten ein Handlungsermessen ein, für dessen Umfang „Art, Größe und Organisation des Unternehmens, die zu beachtenden Vorschriften, die geographische Präsenz sowie die Verdachtsfälle aus der Vergangenheit maßgeblich sein sollen. Dessen ungeachtet hielt es die vom Vorstand getroffenen Organisationsmaßnahmen hinsichtlich ihrer Tauglichkeit zur Erfüllung der Compliance-Pflicht in vollem Umfang für nachprüfbar (*Nietsch*, ZGR 2015, 631, 640).

1 Übersicht bei *Spindler* in MünchKomm. AktG, 4. Aufl. 2014, § 93 AktG Rz. 41 ff.
2 *Lutter*, ZIP 2007, 841, 843.
3 Vgl. *Spindler* in MünchKomm. AktG, 4. Aufl. 2014, § 93 AktG Rz. 41.
4 Die BJR wird dem Vorstand jedoch nur für seine aus der Legalitätskontrollpflicht resultierenden Pflichten zugestanden, nicht jedoch für die Einhaltung der Legalitätspflicht: Gesetzeswidriges Handeln ist nicht von der BJR gedeckt (allg. Ansicht, vgl. hierzu *Arnold*, ZGR 2014, 76, 79 m.w.N.).
5 *Fleischer* in Assmann/Schütze, Handbuch des Kapitalanlagerechts, 4. Aufl. 2015, § 6 Rz. 10; *Lutter*, ZIP 2007, 841, 843; *Spindler* in MünchKomm. AktG, 4. Aufl. 2014, § 93 AktG Rz. 42.

Die Formulierung des § 93 Abs. 1 AktG hebt diejenigen Bereiche hervor, denen im Rahmen der Unternehmensorganisation die größte Bedeutung zukommt. Dies sind die Informationsbeschaffung sowie Systeme, die die Sachverhaltsaufklärung und Informationsverwertung sowie Strukturen zur Herbeiführung unternehmerischer Entscheidungen und Maßnahmen erleichtern. Danach stehen Risiko, Information, Organisation und Dokumentation im Fokus.[1]

32.103

1. Information

Nach § 93 Abs. 1 Satz 2 AktG müssen unternehmerische Entscheidungen zur Vermeidung einer Haftung auf Grundlage angemessener Information getroffen werden. Basis der Errichtung einer jeden Compliance-Organisation ist eine Analyse der für das jeweilige Unternehmen relevanten spezifischen Risikofelder (**Compliance-Risikoanalyse**), also die Ermittlung des unternehmerischen Risikoportfolios.[2] Daneben ist die Organisation des Informationsflusses eine zentrale Compliance-Maßnahme. Ein Bestandteil hiervon ist die Beschaffung benötigter Informationen, insbesondere auch in schwierigen öffentlichkeitswirksamen Prozessen, wie z.B. Kartellverfahren, Korruptionsaffären oder strafrechtlichen Ermittlungsverfahren.[3] Dafür muss das Unternehmen zunächst wissen, welche Informationen mittels eigener Ressourcen bereitgestellt und welche nur über Dritte erlangt werden können. Hinsichtlich der Frage, ob ein bestimmter Umstand nach § 16 Abs. 1 Satz 1 WpPG zu einem Nachtrag verpflichtet oder nach Art. 17 Abs. 1 MAR im Wege der Ad hoc-Mitteilung veröffentlicht werden muss, wird Rechtsberatung durch qualifizierte Rechtsberater regelmäßig hilfreich und ggf. erforderlich sein.[4] In dieser Hinsicht müssen die notwendigen Strukturen geschaffen werden, um das im Unternehmen vorhandene Know-how und die Informationen transparent zu machen.

32.104

Nach Art. 17 Abs. 1 MAR müssen Insiderinformationen bspw. „unverzüglich"[5] veröffentlicht werden. Die Strukturen müssen daher so ausgestaltet sein, dass das Unternehmen die Veröffentlichungspflichten erkennen, prüfen und wahrnehmen kann.[6] Dazu ist im Grundsatz dreistufig vorzugehen: Festlegung der Unternehmensbereiche, in denen mit Insiderinformationen zu rechnen ist, Vorkehrungen zur Aufdeckung und sofortigen Weitermeldung an die Geschäftsleitung (Compliance-Handbuch, Meldeweg, Schulungen), Sicherstellung der sofortigen Entscheidung der Geschäftsleitung über Veröffentlichungspflicht (oder ggf. Selbstbefreiung). Welche Geschäftsbereiche besonders insiderrelevant sind, ist nicht pauschal festzustellen. Die BaFin nennt Vorstand, Aufsichtsrat, Rechtsabteilung, Controlling und Finanzen,

32.105

---

1 So plastisch *Rodewald/Unger*, BB 2006, 113.
2 *Klahold/Lochen* in Hauschka/Moosmayer/Lösler, Corporate Compliance, 3. Aufl. 2016, § 37 Rz. 5; *Lauel/von Busekist*, CB 2013, 63 („Das absolute Herzstück des gesamten Compliance Management Systems"); *Moosmayer*, Compliance, 3. Aufl. 2015, S. 1 f. Rz. 3 („Kardinalpflicht"); *Moosmayer*, Compliance-Risikoanalyse, 2015.
3 *Rodewald/Unger*, BB 2006, 113.
4 Sofern das betreffende Unternehmen nicht eine eigene, in diesen Fragen erfahrene Rechtsabteilung unterhält. Dazu und zur Mitwirkung mindestens eines Vorstandsmitglieds bei Ad hoc-Mitteilungen und insbesondere Selbstbefreiungen BaFin, Emittentenleitfaden, S. 59, sowie deren Bestätigung durch die BaFin Q&A nach Inkrafttreten der MAR am 3.7.2016.
5 Zur vorübergehend abweichenden Formulierung in der deutschen Sprachfassung („so bald wie möglich") sowie zur weiterhin abweichenden englischen Sprachfassung s. auch bereits vorstehend unter Rz. 32.10.
6 *Assmann* in Assmann/Uwe H. Schneider, § 15 WpHG Rz. 252.

Public- oder Investor Relations und die Compliance-Stelle selbst.[1] Diese Aufzählung hat jedoch nur Beispielcharakter, es können je nach Betätigungsfeld des Emittenten auch andere Geschäftsbereiche betroffen sein.

32.106 Auch im Rahmen einer Aufschiebung der Offenlegung nach Art. 17 Abs. 4 MAR hat das Unternehmen sicherzustellen, dass bestimmte Informationen wahrgenommen werden. Tauchen nach einer solchen Selbstbefreiung konkrete Gerüchte im Markt auf, ist das Unternehmen unter Geltung des Art. 17 MAR nunmehr nicht mehr in der Lage die Vertraulichkeit der Information zu gewährleisten und muss die Information veröffentlichen. Da dies unabhängig von der Kenntnis des Unternehmens vom Gerücht gilt, ist nach einer Selbstbefreiung intensive Marktbeobachtung im Hinblick auf solche Gerüchte erforderlich, um dem Vorwurf der unterlassenen Veröffentlichung zu entgehen.[2] Nach einer Entscheidung des OLG Stuttgart soll entgegen der bisher herrschenden Literaturansicht eine bewusste Entscheidung des Emittenten über das Vorliegen der Voraussetzungen des § 15 Abs. 3 WpHG a.F. nicht erforderlich sein, vielmehr trete die Befreiungswirkung automatisch ein.[3] Angesichts der klaren Haltung der BaFin zu § 15 Abs. 3 WpHG a.F. und ihrer in den letzten Jahren deutlich strenger gewordenen Aufsichtspraxis, mit der mögliche Verstöße zeitnah aufgegriffen und ggf. mit deutlich höheren Bußgeldern als früher belegt werden, kann nur dringend davon abgeraten werden, die Gründe für eine Aufschiebung der Offenlegung nicht unmittelbar als Entscheidung der Gesellschaft zu dokumentieren. Dies gilt insbesondere auch mit Blick auf mögliche zivilrechtliche Schadensersatzklagen, bei denen – anders als bei aufsichtsrechtlichen Sanktionen durch die BaFin – zumindest nach teilweise vertretener Ansicht zu § 15 Abs. 3 WpHG a.F. den Emittenten die Beweislast trifft.[4]

32.107 Zusätzlich ist für eingehende Informationen sicherzustellen, dass diese unverzüglich die relevanten Personen erreichen, d.h. diejenigen, die im Einzelfall entscheiden.[5] Neben den Verantwortlichkeiten und Zuständigkeiten für die Beschaffung müssen diese daher auch für die Weiterleitung und schließlich die Verwertung der Informationen definiert werden. Im Hinblick auf die Ad hoc-Mitteilungspflicht des § 15 WpHG a.F. verlangt die BaFin[6], dass der Emittent organisatorische Vorkehrungen trifft, „um eine notwendige Veröffentlichung unverzüglich durchzuführen. Hierzu gehört u.a., dass bei vorhersehbaren Insiderinformationen entsprechende Vorarbeiten geleistet werden, die eine zeitliche Verzögerung weitestgehend vermeiden. Wenn die Insiderinformation an einer Stelle des Unternehmens entsteht, die nicht berechtigt ist, über die Veröffentlichung zu entscheiden, muss sichergestellt sein, dass die Information unverzüglich der entscheidungsberechtigten Person oder dem Gremium weitergeleitet

---

1 BaFin, Emittentenleitfaden, S. 99.
2 *Rückert/Kuthe* in Kuthe/Rückert/Sickinger, S. 152.
3 OLG Stuttgart v. 22.4.2009 – 20 Kap 1/08, NZG 2009, 624; so auch *Versteegen* in KölnKomm. WpHG, § 15 WpHG Rz. 168; zur – zutreffenden – Gegenauffassung statt vieler BaFin, Emittentenleitfaden, S. 59; *Pfüller* in Fuchs, § 15 WpHG Rz. 416 ff.; so auch OLG Frankfurt a.M. v. 20.8.2014 – 23 Kap. 1/08, AG 2015, 37 – Coreal Credit (inzwischen anhängig beim BGH unter Az. II ZB 24/14); BGH v. 23.4.2013 – II ZB 7/09, NZG 2013, 708 = AG 2013, 518 – Daimler/Geltl, wobei hiernach ausreichen soll, wenn die Emittentin den weiteren Gang der Information im Unternehmen und dem Markt beobachtet und insoweit fortlaufend die Voraussetzungen einer Selbstbefreiung überprüft, s. dazu *Buck-Heeb*, NZG 2016, 1125, 1130.
4 *Möllers/Leisch* in KölnerKomm WpHG, §§ 37b, 37c WpHG Rz. 153; OLG Frankfurt a.M. v. 20.8.2014 – 23 Kap 1/08, AG 2015, 37.
5 OLG München v. 15.12.2014 – Kap 3/10 – HRE, NZG 2015, 399 = ZIP 2015, 689; *Pfüller* in Fuchs, § 15 WpHG Rz. 330; *Rodewald/Unger*, BB 2006, 113, 114.
6 So auch OLG München v. 15.12.2014 – Kap 3/10 – HRE, NZG 2015, 399 = ZIP 2015, 689.

wird."¹ Für Art. 17 MAR wird in der Sache nichts anderes gelten. Nach einer Entscheidung des OLG München soll sogar gelten, dass bei offenkundig publizitätspflichtigen Informationen die grundsätzlich zuzugestehende Frist zur Prüfung der Ad hoc-Publizitätspflicht ganz entfallen könne.²

Schließlich muss die Unternehmensorganisation sicherstellen, dass sensible Informationen nicht allgemein verfügbar sind. So müssen Unternehmen nach Art. 18 MAR i.V.m. der entsprechenden Durchführungsverordnung³ **Insiderverzeichnisse** führen, in denen die Personen aufzuführen sind, die bestimmungsgemäß Zugang zu Insiderinformationen haben. Die Organisation muss daher sicherstellen, dass auch nur diese Zugang zu den Informationen haben und dass die Liste in Bezug auf Zeitpunkt der Informationserlangung und Inhalt zutreffend und aktuell ist. Zudem müssen insiderrelevante Informationen vor einem unkontrollierten „Export" in die insiderrechtliche Außenwelt geschützt werden.⁴ So sind während einer Selbstbefreiung nach Art. 17 Abs. 4 MAR nach § 7 Nr. 1 WpAIV Vorkehrungen dafür zu treffen, „dass andere Personen als solche, deren Zugang zu Insiderinformationen für die Wahrnehmung ihrer Aufgaben beim Emittenten unerlässlich ist, keinen Zugang zu dieser Information erlangen." Wie dies bewerkstelligt wird, hängt vom Einzelfall ab. Denkbar ist, zumindest in größeren Unternehmen, die Errichtung von „Chinese Walls", die beispielsweise die Regelung des Datenzugriffs oder die Schaffung getrennter Vertraulichkeitsbereiche zum Gegenstand haben können.⁵

32.108

2. Organisation und Delegation

Im Rahmen der Organisation von Compliance hat, wie ausgeführt, der Vorstand in Abhängigkeit der Risikoexposition des Unternehmens ein weites Ermessen. Organisatorisch etwa kann er sich für ein zentrales oder dezentrales System entscheiden,⁶ die Compliance-Organisation der Rechtsabteilung oder einer eigenen Compliance-Abteilung zuzuordnen etc. Als unabdingbare Bestandteile der Compliance-Organisation werden jedoch das ausdrückliche Bekenntnis des Vorstands zu einer rechtstreuen Unternehmenskultur, das tatsächliche Vorleben dieser Rechtstreue durch den Vorstand (sog. *tone from the top*), klare Zuständigkeiten, eine angemessene Ressourcenausstattung und eine regelmäßige Compliance-Berichterstattung genannt.⁷

32.109

Pauschale Vorgaben, etwa die vom IDW aufgestellten „Grundsätze ordnungsgemäßer Prüfung von Compliance Management Systemen" (IDW PS 980 v. 11.3.2011), entfalten nach

32.110

---

1 BaFin Q&A zu Art. 17 III Frage 3.
2 OLG München v. 15.12.2014 – Kap 3/10 – HRE, NZG 2015, 399 = ZIP 2015, 689. Dazu nunmehr auch die BaFin Q&A zu Art. 17 IV Frage 6 („Strukturen zu schaffen, die eine sofortige Veröffentlichung ermöglichen.")
3 Durchführungsverordnung (EU) 2016/437 der Kommission v. 10.3.2016 zur Festlegung technischer Durchführungsstandards im Hinblick auf das genaue Format der Insiderlisten und für die Aktualisierung von Insiderlisten gemäß der Verordnung (EU) Nr. 596/2014 des Europäischen Parlaments und des Rates.
4 *Rodewald/Unger*, BB 2006, 113, 114.
5 *Assmann* in Assmann/Uwe H. Schneider, § 15 WpHG Rz. 165; *Rückert/Kuthe* in Kuthe/Rückert/Sickinger, S. 155.
6 Zu den Modellen einer Compliance-Organisation s. *Moosmayer*, Compliance, 3. Aufl. 2015, S. 31 ff.
7 *Bürgers*, ZHR 179 (2015), 173, 177 m.w.N. Einen zehn Punkte umfassenden Katalog von Compliance-Vorkehrungen findet sich bei *Harbarth*, ZHR 179 (2015), 136, 154 f.

überwiegender Ansicht keine Bindungswirkung der an eine Compliance-Organisation zu stellenden organisatorischen Anforderungen. Deren Einhaltung kann allenfalls eine Indizwirkung dafür entfalten, dass der Vorstand bei der Ausgestaltung einer Compliance-Organisation den Diligenzanforderungen der BJR genügt hat. Die Einhaltung solcher Standards hat jedenfalls keine generelle Enthaftung der Mitglieder von Geschäftsleitungen zur Folge.[1]

32.111 Die Compliance-Organisation muss die Gesetzeskonformität des Unternehmens auch dann sicherstellen, wenn Aufgaben delegiert werden.[2] Dabei ist zu beachten, dass der Vorstand Leitungsaufgaben nach § 76 AktG nicht delegieren darf.[3] Compliance gehört nach überwiegender Auffassung zur Leitungsverantwortung des Vorstands, liegt in dessen Gesamtverantwortung[4] und ist als solche delegationsfest.[5]

32.112 Bei größeren Unternehmen ist es sinnvoll, ausgestaltende und weniger grundlegende Aspekte der Compliance-Verantwortung für Compliance zunächst im Rahmen einer **horizontalen Delegation** einem Vorstandsmitglied zuzuweisen.[6] Eine vollständige Haftungsfreistellung der übrigen Vorstandmitglieder von der Pflicht des Vorstands zur Legalitätskontrolle lässt sich zwar auch dadurch nicht erreichen; es geht aber zumindest eine Haftungserleichterung für diese damit einher. Bei den übrigen Vorstandsmitgliedern verbleibt allerdings die Pflicht, die compliance-bezogene Aufgabenwahrnehmung durch ihren Vorstandskollegen über die Ressortgrenzen hinaus laufend zu beobachten.[7] Bei krisenhafter Zuspitzung oder konkreten Verdachtsmomenten verdichten sich die Überwachungspflichten, bei Hinweisen auf Defizite der Compliance-Organisation kann sich die regelmäßige Überwachungspflicht zu einer Interventionspflicht wandeln.[8]

32.113 Im Rahmen einer **vertikalen Delegation** kann der Vorstand dann operative und vorbereitende Maßnahmen auf Mitarbeiter, insbesondere auf einen **Compliance Beauftragten**, übertragen. In großen börsennotierten Unternehmen kann sich das grundsätzlich weite Vorstandsermessen in Bezug auf die Möglichkeit einer Aufgabenübertragung im Bereich der Compliance zu einer haftungsrelevanten Delegationspflicht verdichten.[9] Nicht delegieren darf der Vorstand allerdings Maßnahmen, die er aufgrund seiner Leitungskompetenz selbst vornehmen muss, wie etwa die Entscheidung über das „Ob" der Einrichtung einer Compliance-Organi-

---

1 Zum Ganzen *Paefgen*, WM 2016, 433, 438 m.w.N.
2 *Fleischer*, AG 2003, 291, 292; *Rodewald/Unger*, BB 2006, 113, 114; umfassend zur Delegation im Bereich Compliance *Schmidt-Husson* in Hauschka/Moosmayer/Lösler, Corporate Compliance, 3. Aufl. 2016, § 6.
3 Auf Leitungsaufgabe bezogene Vorbereitungshandlungen darf er hingegen delegieren, sofern er schließlich auf Grund eigener Erwägungen und in eigener Verantwortung entscheidet; vgl. *Fleischer*, AG 2003, 291, 292; *Froesch*, DB 2009, 722, 724; *Koch* in Hüffer/Koch, § 76 AktG Rz. 8. Zu eng zieht die Grenzen der Delegation das LG München I in der Siemens/Neubürger-Entscheidung v. 10.12.2013, das der Ansicht war, eine Delegation auf unterhalb des Vorstands angesiedelte Mitarbeiter sei pflichtwidrig (5 HK O 1387/10, ZIP 2014, 570, 575 = AG 2014, 332).
4 *Freund*, NZG 2015, 1419, 1422; *Harbarth*, ZHR 179 (2015), 136, 162.
5 *Bürgers*, ZHR 179 (2015), 173, 179 m.w.N.
6 Nach Ansicht des LG München I (v. 10.12.2013 – 5 HK O 1387/10, ZIP 2014, 571, 574 = AG 2014, 332 – Siemens/Neubürger) ist die Zuweisung von Compliance zu einem Vorstandsressort sogar Pflicht. Vgl. im Übrigen *Bürkle*, BB 2007, 1797, 1799; *Harbarth*, ZHR 179 (2015), 136, 158; *Hauschka*, NJW 2004, 257, 259; *Siepelt*, comply 2015, S. 26, 27; dazu auch *Kiethe*, GmbHR 2007, 393, 397 f.
7 *Fleischer*, NZG 2014, 321, 313.
8 *Bürgers*, ZHR 179 (215), 173, 180 f.; *Fleischer*, NZG 2014, 321, 323.
9 *Harbarth*, ZHR 179 (2015), 136, 163.

sation und deren grundsätzliche Struktur.¹ Bei einer zulässigen vertikalen Delegation wandelt sich die Handlungspflicht des Vorstands in eine Organisations- und Kontrollpflicht. Eine Verantwortlichkeit der Leitungsorgane besteht deshalb für die Auswahl, die Einweisung und die Überwachung der Mitarbeiter. Zur Auswahlverantwortlichkeit gehört, dass die betreffenden Mitarbeiter die persönlichen und fachlichen Qualifikationen besitzen, die erforderlich sind, um die ihnen übertragenen Aufgaben zu erfüllen.² Die Einweisungs- oder Instruktionsverantwortlichkeit verpflichtet den Geschäftsleiter, die jeweiligen Mitarbeiter in ihren Verantwortungsbereich einzuweisen und ihnen die übertragenen Aufgaben zu erläutern. Diese müssen zudem wissen, an wen sie berichten sollen; ihnen ist daher die Aufbau- und Ablauforganisation zu erläutern. Schließlich sind den jeweiligen Aufgaben angemessene Schulungen durchzuführen und ist jedenfalls stichprobenartig zu kontrollieren.³

Im Bereich der kapitalmarktrechtlichen Informationspflichten sind Mitarbeiter entsprechend über die Voraussetzungen, die eine Pflicht zur Veröffentlichung auslösen sowie über die Anforderungen an die Veröffentlichungen zu schulen. Schließlich ist für eine laufende Überwachung zu sorgen.⁴ Die Ausgestaltung und Intensität der Überwachung richtet sich nach der Art, Größe und Organisation des Unternehmens, der Komplexität und Bedeutung der Aufgabe sowie nach der ausführenden Person und in jüngster Zeit auch nach der Höhe der im Verletzungsfall drohenden Geldbußen.⁵ Je länger und je qualifizierter diese ist bzw. sind, desto weniger bedürfen sie der Überwachung.⁶ Die Handlungsverantwortung kommt bei delegierten Aufgaben den ausführenden Mitarbeitern zu.⁷

32.114

In der Praxis ist immer noch zu beobachten, dass Compliance-Aufgaben an die Rechtsabteilung, zum Teil auch – wenig zweckmäßig – an die Revision delegiert werden.⁸ Frühere empirische Erhebungen zur Bereitschaft, die Compliance auf Vorstandsebene anzusiedeln, dürften überholt sein.⁹ Jedenfalls größere börsennotierte Unternehmen sehen heute ganz überwiegend für Compliance eine Ressortzuständigkeit vor, und vertikal delegiert wird Compliance regelmäßig an besondere Compliance Beauftragte (**Compliance Officer**).

32.115

3. Kontrolle

Zur Compliance-Verantwortung des Vorstands gehört nicht nur die Pflicht, auf der Grundlage einer Risikoanalyse eine geeignete Organisationsstruktur mit klaren Leitungs- und Verantwortungsbereichen aufzubauen, sondern auch, die Organisationsstrukturen anlassbezo-

32.116

---

1 *Bürgers*, ZHR 179 (2015), 173, 181.
2 Vgl. BGH v. 7.11.1994 – II ZR 270/93, BGHZ 127, 336, 347 = GmbHR 1995, 38; *Froesch*, DB 2009, 722, 725; *Hopt/Roth* in Großkomm. AktG, § 93 AktG Rz. 162.
3 Überblick bei *Schmidt-Husson* in Hauschka/Moosmayer/Lösler, Corporate Compliance, 3. Aufl. 2016, § 6 Rz. 26 ff.; s. auch *Fleischer*, AG 2003, 291, 293; *Froesch*, DB 2009, 722, 725.
4 BGH v. 7.11.1994 – II ZR 270/93, BGHZ 127, 336, 347 = GmbHR 1995, 38; *Hopt/Roth* in Großkomm. AktG, § 93 AktG Rz. 162.
5 Zu den drastisch erhöhten Bußgeldern im BaFin-Bußgeldkatalog II jüngstens *Krämer*, Börsen-Zeitung, 4.3.2017 „BaFin verschärft Bußgeldleitlinien bei Kapitalmarktverstößen".
6 *Fleischer*, AG 2003, 291, 293.
7 *Rodewald/Unger*, BB 2006, 113, 115.
8 Im Kapitalmarktrecht ist die zusätzliche Einbindung der Investor Relations in Bezug auf Art. 7 und 17 MAR sinnvoll.
9 Anders noch *Kort*, NZG 2008, 81, 85; zum Empirie AG-Report, AG 2007, R 326; wonach damals lediglich 10 % der befragten Unternehmen Compliance als Vorstandsressort eingerichtet hatten.

gen oder in regelmäßigen Abständen zu prüfen, ggf. nachzubessern und Compliance-Verdachtsfällen nachzugehen.

Die Kontrolle der Angemessenheit von Compliance-Maßnahmen und sich daran anschließende Nachjustierungen dürfen nicht erst dann einsetzen, wenn sich bereits Schwachstellen oder Missstände gezeigt haben.[1] Die Intensität einer solchen Kontrolle richtet sich auch hier nach der Komplexität und der Bedeutung der jeweiligen Aufgabe. Die Überwachungsorganisation muss so beschaffen sein, dass Unregelmäßigkeiten auch ohne ständige unmittelbare Überwachung weitestgehend ausgeschlossen sind. Den Mitarbeitern muss auf Grund der Organisation klar sein, dass Verstöße entdeckt und geahndet werden können. Dies kann bspw. durch stichprobenartige, überraschende Prüfungen sichergestellt werden, was grundsätzlich als ausreichend anzusehen ist.[2] Je nach Unternehmenssituation können sich jedoch intensivere Kontroll- und Aufsichtsmaßnahmen als notwendig erweisen. Hierzu zählen bspw. finanzielle Krisensituationen[3], aktuelle Kartell- oder Korruptionsvorwürfe oder gewichtigere Unregelmäßigkeiten in der Vergangenheit (**Compliance-Historie**).[4]

32.117 Bestehen Anhaltspunkte für mögliche Compliance-Verstöße, sind diese aufzuklären und ggf. zu sanktionieren.[5] Im Hinblick auf das „Ob" einer Aufklärung konkreter Verdachtsfälle steht dem Vorstand kein Ermessen zu. Im Hinblick auf das „Wie", also die Art und den Umfang der Ermittlungen, besteht jedoch ein weiter Ermessensspielraum.[6]

4. Dokumentation

32.118 Angesichts der Fülle der einzuhaltenden Vorschriften, der drohenden Haftungsrisiken sowie der gebotenen Compliance-Maßnahmen ist die gewissenhafte Dokumentation der unternehmensinternen Entscheidungsgrundlagen unausweichlich. Hierzu gehört zum einen, die Compliance-Organisation einschließlich ihrer Verantwortlichkeiten und Abläufe in einem Handbuch (**Compliance-Beschreibung**) festzulegen.[7] Daneben sollte jeweils zeitnah eine Dokumentation der Art und Weise der Erfüllung konkreter Verantwortlichkeiten (z.B. Vermerke, Gesprächsprotokolle und -berichte, z.B. zur Entscheidung der Anlage einer Insiderliste, einer erstmaligen Selbstbefreiung gem. Art. 18 MAR, der Aufrechterhaltung einer Entscheidung über die Aufschiebung der Offenlegung von Insiderinformationen oder der Subsumtion von Sachverhalten unter Art. 19 MAR (Managers' Transactions) erfolgen. Um eine Haftung mit möglichst großer Sicherheit auszuschließen, sind publizitätsrelevante Vorgänge so zu dokumentieren, dass die Entscheidungen nachvollziehbar und die Einhaltung der Sorgfaltspflichten belegbar sind.

---

1 Vgl. OLG Stuttgart v. 7.9.1976 – 3 Ss 576/76, NJW 1977, 1410; *Fleischer*, AG 2003, 291, 294; *Rodewald/Unger*, BB 2006, 113, 115.
2 *Arnold*, ZGR 2014, 76, 81; *Bürgers*, ZHR 179 (2015), 173, 178.
3 *Hopt/Roth* in Großkomm. AktG, § 93 AktG Rz. 164.
4 *Hauschka*, ZIP 2004, 877, 882; *Fleischer*, AG 2003, 291, 295.
5 Instruktiv hierzu, auch zu dem Zusammenwirken von Aufsichtsrat und Vorstand bei internen Untersuchungen sowie zu den Mitteln und den Grenzen der Aufklärungspflicht *Arnold*, ZGR 2014, 76, 83 ff.; *Bachmann*, ZHR 108 (2016), 563; *Fuhrmann*, NZG 2016, 881 ff.; *Gündel*, CB 2014, 397 ff. und *Hugger*, ZHR 179 (2015), 214 ff.
6 *Bürgers*, ZHR 179 (2015), 173, 178 m.w.N.
7 Nach *Eisolt* (BB 2010, 1843, 1845) ist allein schon eine fehlende oder unvollständige Dokumentation eines Compliance Management Systems grundsätzlich geeignet, Zweifel an der dauerhaften Funktionsfähigkeit der eingerichteten Grundsätze und Maßnahmen im Bereich Compliance zu begründen.

§ 33
Risikobereich und Haftung: Krise und Insolvenz des Unternehmens

Dr. Helmut Balthasar

A. Einleitung	33.1
B. Insolvenzgründe	33.6
I. Zahlungsunfähigkeit	33.7
1. Objektive Zeitpunktilliquidität	33.8
2. Fälligkeit der Verbindlichkeiten	33.12
3. Vorübergehende Zahlungsstockung	33.15
4. Wesentlichkeit	33.17
5. Zahlungseinstellung (§ 17 Abs. 2 Satz 2 InsO)	33.19
II. Überschuldung	33.20
1. Grundstruktur	33.24
2. Fortführungsprognose	33.25
a) Prognoseinhalt	33.29
b) Prognosegrundlage	33.31
c) Planungshorizont	33.33
d) Prognosesicherheit	33.35
e) Prognosemaßstab	33.37
f) Prognoseobjekt	33.38
3. Liquidationsstatus	33.39
a) Grundlagen	33.40
b) Einzelpositionen	33.42
III. Drohende Zahlungsunfähigkeit	33.45
C. Haftung wegen Insolvenzverschleppung § 823 Abs. 2 BGB i.V.m. § 15a InsO	33.48
I. Grundlagen	33.48
II. Insolvenzantragspflicht	33.49
1. Adressat der Antragspflicht	33.49
a) Organschaftliche Vertreter	33.49
b) Gesellschafter und Aufsichtsräte	33.54
c) Erstreckung auf Auslandsgesellschaften	33.60
2. Antragsfrist	33.62
III. Rechtsfolgen	33.64
D. Verstoß gegen das Zahlungsverbot	33.68
I. Die Haftung auf Schadensersatz nach § 43 Abs. 2 GmbHG	33.69
II. Die Haftung nach § 43 Abs. 3 GmbHG	33.70
III. Die Masseschmälerung gem. § 64 Satz 1 GmbHG	33.72
IV. Die Insolvenzverursachungshaftung gem. § 64 Satz 3 GmbHG	33.77
V. Die Verjährung der Innenhaftung	33.85
E. Weitere Haftungstatbestände	33.87
I. Haftung wegen vorenthaltener Sozialabgaben gem. § 823 Abs. 2 BGB i.V.m. § 266a StGB	33.88
II. Haftung gem. § 823 Abs. 2 BGB i.v.m. § 263 StGB	33.104
III. Haftung gem. § 823 Abs. 2 BGB i.V.m. § 266 StGB	33.105
IV. Haftung für vorenthaltene Steuern	33.110

Schrifttum: *Altmeppen*, Insolvenzverschleppungshaftung, ZIP 2001, 2201; *Altmeppen*, Zur Disponibilität der Geschäftsführerhaftung in der GmbH, DB 2000, 261; *Altmeppen/Wilhelm*, Quotenschaden, Individualschaden und Klagebefugnis bei der Verschleppung des Insolvenzverfahrens über das Vermögen der GmbH, NJW 1999, 673; *Bäcker/Prühs*, GmbH-Geschäftsführer-Haftung, 1996; *Bauer*, Die Passivierung eigenkapitalersetzender Gesellschafterforderungen im Überschuldungsstatus, ZInsO 2001, 486; *Bayer/Lieder*, Ersatz des Vertrauensschadens wegen Insolvenzverschleppung und Haftung des Teilnehmers, WM 2006, 1; *Becker*, Die Überschuldung im Recht der Gesellschaft mit beschränkter Haftung, 2001; *Berthold*, Unternehmensverträge in der Insolvenz, 2004; *Bitter/Kresser*, Positive Fortführungsprognose trotz fehlender Ertragsfähigkeit, ZIP 2012, 1733; *Bork*, Haftung des GmbH-Geschäftsführers wegen verspätetem Konkursantrags, ZGR 1995, 505; *Bork*, Grundfragen der Zahlungsunfähigkeit, KTS 2005, 1; *Bork*, Zahlungsunfähigkeit, Zahlungsstockung und Passiva III, ZIP 2008, 1749; *Brückl/Kersten*, Zur Unmöglichkeit beim Vorenthalten von Sozialversicherungsbeiträgen, NZI 2001, 288; *Burger/Schellberg*, Zur Vorverlagerung der Insolvenzauslösung durch das neue Insolvenzrecht, KTS 1995, 563; *Dahl/Schmitz,* Probleme von Überschuldung und Zahlungsunfähigkeit nach FMStG und MoMiG, NZG 2009, 567; *Diekmann,* Reichweite der über den Ersatz des Quotenschadens hinausgehenden Insolvenzverschleppungshaftung, NZG 2006, 255; *Dittmer,* Die Feststellung der Zahlungsunfähigkeit von Gesellschaften mit beschränkter Haftung, 2013; *Drescher,* Die Haftung des GmbH-Geschäftsführers, 7. Aufl. 2013; *Drukarzcyk/Schüler,* Die Eröffnungsgründe der InsO, Zahlungsunfähigkeit, drohende Zahlungsunfähigkeit und Überschuldung, in Kölner Schrift zur InsO, 3. Aufl. 2009, S. 28; *Ebert,* Folgepflicht und Haftung des GmbH-Geschäftsführers bei Weisungen, GmbHR 2003, 448; *Eckert/Happe,* Totgesagte leben länger, ZInsO 2008, 1098; *Fischer,* Zur Feststellung der Zahlungsunfähigkeit – Folgerungen aus der Rechtsprechung des IX. Zivilsenats, in: FS Ganter, 2010, S. 154; *Früh/Wagner,* Die Überschuldungsprüfung bei Unternehmen, WPg 1998, 907; *Frystatzki,* Die insolvenzrechtliche Fortführungsprognose – Zahlungsfähigkeits- oder Ertragsfähigkeitsprognose?, NZI 2011, 173; *Frystatzki,* Der Tatbestand der Überschuldung, NZI 2011, 521; *Ganter,* Die Anforderungen der höchstrichterlichen Rechtsprechung an eine zuverlässige Fortführungsprognose bei der Sanierungsprüfung, NZI 2014, 673; *Göcke/Rittscher,* Cash-Pooling in Krise und Insolvenz, DZWIR 2012, 355; *Goette,* Leitung, Aufsicht, Haftung – zur Rolle der Rechtsprechung bei der Sicherung einer modernen Unternehmensführung, in FS 50 Jahre BGH, 2000, S. 123; *Goette,* Gesellschaftsrecht und Insolvenzrecht – Aktuelle Rechtsprechung des II. Zivilsenats, KTS 2006, 217; *Götz,* Überschuldung und Handelsbilanz, 2004; *Götz,* Entwicklungslinien insolvenzrechtlicher Überschuldungsmessung, KTS 2003, 1; *Groß,* Die Rechtsprechung des Bundesgerichtshofs zur Haftung des GmbH-Geschäftsführers wegen Nichtabführung von Arbeitnehmerbeiträgen zur Sozialversicherung, ZIP 2001, 945; *Gundlach/Frenzel/Schmidt,* Die Anfechtbarkeit von Lohnsteuerabführungen durch den später insolventen Arbeitgeber, DStR 2002, 861; *Haarmann/Vorwerk,* Rechtliche Anforderungen an die Feststellung der positiven Fortführungsprognose, BB 2015, 1603; *Haas,* Geschäftsführerhaftung und Gläubigerschutz, 1997; *Haas,* Aktuelle Rechtsprechung zur Insolvenzantragspflicht des GmbH-Geschäftsführers nach § 64 Abs. 1 GmbHG, DStR 2003, 423; *Haas,* Fragen zur Insolvenzverschleppungshaftung des GmbH-Geschäftsführers, NZG 1999, 373; *Haas,* Bilanzierungsprobleme bei der Erstellung eines Überschuldungsstatus, in Kölner Schrift zur InsO, 3. Aufl. 2009, S. 1293; *Haas,* Der Ersatzanspruch nach § 64 II GmbHG, NZG 2004, 737; *Haas,* Die Haftung des GmbH-Geschäftsführers in der Krise der Gesellschaft, in Heintzen/Kruschwitz (Hrsg.), Unternehmen in der Krise, 2004, S. 73; *Harz,* Kriterien der Zahlungsunfähigkeit und der Überschuldung unter Berücksichtigung der Änderungen nach dem neuen Insolvenzrecht, ZInsO 2001, 193; *Hüffer,* Bewertungsprobleme in der Überschuldungsbilanz, in FS Wiedemann, 2002, S. 1047; *IDW,* Stellungnahme des Fachausschuss Recht FAR 1/1996, Empfehlungen zur Überschuldungsprüfung bei Unternehmen, WPg 1995, 596; *Kahlert,* Vertreterhaftung für Steuerschulden, insbesondere in der Unternehmenskrise, ZIP 2009, 2368; *Karollus/Huemer,* Die Fortbestehensprognose im Rahmen der Überschuldungsprüfung, 2. Aufl. 2006; *Knof,* Die neue Insolvenzverursachungshaftung nach § 64 Satz 3 RegE-GmbHG (Teil I), DStR 2007, 1536; *Martens,* Die Anzeigepflicht des Verlustes des Garantiekapitals nach dem AktG und dem GmbHG, ZGR 1972, 243; *Meyke,* Die Haftung des GmbH-Geschäftsführers, 5. Aufl. 2007; *Müller,* Der Verlust der Hälfte des Grund- oder Stammkapitals, ZGR 1985, 191; *Müller/Haas,* Bilanzierungsprobleme bei der Erstellung eines Überschuldungsstatus, in Kölner Schrift zur InsO, 2. Aufl. 2000, S. 1799; *Neuhof,* Sanierungsrisiken der Banken – Die Vor-Sanierungsphase, NJW 1998, 3225; *Nowotny,* Verlust des halben Stammkapitals, in FS Semler, 1993, S. 231; *Priester,* Verlustanzeige und Eigenkapitalersatz, ZGR 1999, 533; *Reck,* Neue Rechtsprechung zur Nichtabführung der Sozialversicherungsbeiträge für Arbeitnehmer, ZInsO 2002, 16; *Rittscher,* Cash-Management-Systeme in der Insolvenz, 2006; *Schmahl,* Subsidiäres Insolvenzantragsrecht bei führungslosen juristischen Personen nach dem Regierungsentwurf des MoMiG – Versuch einer rechtzeitigen begrifflichen und sachlichen Klärung, NZI 2008, 6; *K. Schmidt,* Konkursgründe und präventiver Gläubigerschutz, AG 1978, 334; *K. Schmidt,* Sinneswandel und Funktion des Überschuldungstatbestandes, JZ 1982, 165; *K. Schmidt,* Verbotene Zahlungen in der Krise von Handelsgesellschaften und die daraus resultierenden Ersatzpflichten, ZHR 168 (2004), 637; *K. Schmidt,* GmbH-Reform auf Kosten der Geschäftsführer?, GmbHR 2008, 449; *K. Schmidt,* Rangrücktritt bei Gesellschafterdarlehen: Problem gebannt?, DB 2006, 2503; *K. Schmidt/Uhlenbruck* (Hrsg.), Die GmbH in Krise, Sanierung und Insolvenz, 5. Aufl. 2016; *Schröder,* Die Fortführungsprognose im Rahmen der Überschuldungsprüfung, in Meilensteine der InsO, FS Wehr, 2013, S. 27; *Schulze-Osterloh,* Grenzen des Gläubigerschutzes bei fahrlässiger Insolvenzverschleppung, AG 1984,

141; *Schulze-Osterloh*, Zahlungen nach Eintritt der Insolvenzantragsreife (§ 64 Abs. 2 GmbHG; §§ 92 Abs. 3, 93 Abs. 3 Nr. 6 AktG), in FS Bezzenberger, 2000, S. 415; *Sikora*, Die Fortbestehensprognose im Rahmen der Überschuldungsprüfung, ZInsO 2010, 1761; *Thonfeld*, Der instabile Überschuldungsbegriff des Finanzmarktstabilisierungsgesetzes, NZI 2009, 15; *Ulmer*, Konkursantragspflicht bei Überschuldung der GmbH und Haftungsrisiken bei Konkursverschleppung, KTS 1981, 469; *Wittig*, Beseitigung der Insolvenzgründe mit Bankenbeiträgen als Voraussetzung der freien Unternehmenssanierung, NZI 1998, 49; *Wolf*, Mythos Fortführungsprognose, DStR 2009, 2682.

A. Einleitung

Die Gestalt der Haftungsrisiken für Geschäftsleitungsorgane in der Krise und Insolvenz des Unternehmens sind mannigfaltig, wie die Ursachen der Krise und Insolvenz. Eine Darstellung möglicher Haftungsrisiken kann daher notwendigerweise nicht vollständig sein, sondern nur eine Typisierung liefern. Der nachfolgende Überblick versucht, den Versuch einer **Typisierung praktische besonders relevanter Risiken** zu erstellen.

33.1

Dabei liegt der Schwerpunkt der Darstellung auf **insolvenzrechtlichen Haftungsrisiken**. Dies deshalb, weil die Komplexität der Haftungsnormen hier besonders groß ist und die Gefahr einer späteren Inanspruchnahme aufgrund der Einsetzung eines Insolvenzverwalters erheblich ist. Letzteres vor allem dann, wenn für die Geschäftsleitungsorgane, wie heute in größeren Unternehmen zumeist üblich, eine sogen. D&O-Versicherung besteht. Hierdurch wird der Anreiz für Insolvenzverwalter, Haftungsansprüche geltend zu machen, erheblich erhöht. D&O-Versicherungen sind insoweit Schutz und Bedrohung zugleich[1].

33.2

Zunächst werden die relevanten Insolvenzgründe dargestellt (Kap. B, Rz. 33.6 ff.). Sodann befasst sich die Darstellung ausführlich mit den insolvenzrechtlich zentralen Haftungsnormen der Insolvenzverschleppung und des Verbots von Zahlungen in der Insolvenz (Kap. C, Rz. 33.48, und D, Rz. 33.68). Schließlich werden eine Reihe weiterer Normen aufgezeigt, aus denen typischerweise Haftungsrisiken entstehen (Kap. E, Rz. 33.87). Letztere zeichnen sich oft dadurch aus, dass sie mangels Bekanntheit in der kaufmännischen (und manchmal auch rechtlichen) Praxis zu unangenehmen Überraschungen führen können. Diesbezüglich geht es hier weniger um eine vertiefte rechtliche Darstellung, als darum, Aufmerksamkeit zu wecken.

33.3

Während die Insolvenzgründe in §§ 17–19 InsO und die daraus folgende Insolvenzantragspflicht in § 15a InsO seit dem MoMiG 2008[2] nunmehr für alle Gesellschaftsformen Teil der InsO sind, sind die jeweiligen Haftungsnormen unverändert Teil des jeweiligen Gesellschaftsrechts. Von praktischer Relevanz sind dabei vor allem die Haftungsnormen des Kapitalgesellschaftsrechts (§ 64 GmbHG, §§ 92, 93 AktG) sowie deren „Schwesternormen"[3] im Handelsgesellschaftsrecht (§§ 130a, 177a HGB) für Personenhandelsgesellschaften ohne natürliche Person als Vollhafter und im Genossenschaftsrecht (§§ 99, 34 GenG). Für all diese Gesellschaftsformen weist die Rechtslage eine vergleichbare **zweispurige Struktur** auf:

33.4

Bei Eintritt der materiellen Insolvenzreife wegen Überschuldung oder Zahlungsunfähigkeit entsteht zum einen die Verpflichtung der Geschäftsleitungsorgane, binnen einer Frist von drei Wochen Insolvenzantrag zu stellen (§ 15a InsO). Weiterhin in den jeweiligen Gesell-

---

1 Zu den D&O-Versicherungen s. auch oben die Beiträge von *Sieg*, § 18 und *Ihlas*, § 19.
2 Gesetz zur Modernisierung des GmbH-Rechts und zur Bekämpfung von Missbräuchen vom 23.10.2008, BGBl. I 2008, 2026 ff.
3 So *K. Schmidt*, ZHR 168 (2004), 637, 638.

schaftsrechten geregelt ist das Verbot, ab diesem Zeitpunkt Zahlungen zu leisten, die nicht mit der Sorgfalt eines ordentlichen Geschäftsleiters vereinbar sind (§ 64 Satz 1 GmbHG, § 92 Abs. 2 AktG, § 130a Abs. 1 Satz 1 HGB, § 99 Satz 1 GenG). Dieses **Nebeneinander von Insolvenzantragspflicht und Zahlungsverbot** in der materiellen Insolvenzreife ist zum Gegenstand einer rechtsdogmatischen Diskussion geworden, die auch erhebliche rechtspraktische Bedeutung für den Haftungsumfang hat.[1] Dies führt dazu, dass die auf den ersten Blick klar erscheinenden rechtlichen Regelungen nicht nur in Detailfragen, sondern auch schon hinsichtlich ihrer grundsätzlichen Reichweite in der praktischen Anwendung erhebliche Schwierigkeiten bereiten. Hinzu kommt, dass auch die Insolvenzgründe Überschuldung und Zahlungsunfähigkeit in vielerlei Hinsicht noch nicht als geklärt angesehen werden können.

33.5 Die hieraus resultierende Rechtsunsicherheit, gepaart mit dem Zeitdruck und der Komplexität einer Sanierung, führt dazu, dass in einer existenzbedrohenden Krise Haftungsrisiken für die um Rettung des Unternehmens bemühte Geschäftsleitung selten gänzlich ausschließbar sind. Dieser misslichen Lage können sich die Geschäftsleitungsorgane auch nicht dadurch entziehen, dass sie bereits bei Erkennen einer möglichen Insolvenzgefahr einen Insolvenzantrag stellen, denn auch ein verfrühter Insolvenzantrag, der realistische Möglichkeiten zur Sanierung auslässt, führt zur Haftung.[2] In der Krise bewegen sich die Geschäftsführungsorgane daher in einem **haftungsträchtigen Spannungsfeld zwischen Sanierungspflicht und Insolvenzantragspflicht**.[3] Dieses Spannungsfeld lässt sich in der Praxis nur dann beherrschen, wenn so frühzeitig Sanierungsbemühungen eingeleitet werden, dass über eine Sanierung vor Eintritt der Insolvenzantragsgründe entschieden werden kann. Diese frühzeitige Einleitung von Sanierungsbemühungen und Taktung in Einklang mit den gesellschafts- und insolvenzrechtlichen Pflichten erfolgt allzu oft jedoch nicht. Die Haftung der Geschäftsleitungsorgane resultiert in der Sanierungs- und Insolvenzpraxis daher in aller Regel nicht aus rechtsblindem oder rechtsfeindlichem Verhalten, sondern daraus, dass der Eintritt von Insolvenzgründen die Erstellung eines Sanierungskonzeptes und die Vorlage entscheidungsreifer Vorschläge „überholt".

B. Insolvenzgründe

33.6 Die Insolvenzgründe des Gesellschaftsrechts sind rechtformunabhängig und seit der Insolvenzrechtsreform explizit in §§ 17–19 InsO geregelt. Da Zahlungsunfähigkeit (§ 17 InsO) und Überschuldung (§ 19 InsO) als **obligatorische Insolvenzantragsgründe** eine Pflicht zur Insolvenzantragstellung begründen, stehen sie im Mittelpunkt der Betrachtung. Auf den nur fakultativen Insolvenzgrund der drohenden Zahlungsunfähigkeit wird dagegen nur im Rahmen eines kurzen Exkurses eingegangen.

I. Zahlungsunfähigkeit

33.7 Nach der **Legaldefinition** des § 17 Abs. 2 Satz 1 InsO liegt Zahlungsunfähigkeit eines Unternehmens vor, wenn es nicht mehr in der Lage ist, seine fälligen Verbindlichkeiten zu erfül-

---

1 Grundlegend *Altmeppen/Wilhelm*, NJW 1999, 673 ff.; *K. Schmidt*, ZHR 168 (2004), 637 ff.; *Schulze-Osterloh* in FS Bezzenberger, 2000, S. 419 ff.
2 Vgl. nur *Haas* in Baumbach/Hueck, GmbHG, 21. Aufl. 2017, § 64 GmbHG Rz. 220; *Goette* in FS 50 Jahre BGH, 2000, S. 123, 137.
3 *Böcker*, Die Überschuldung im Recht der GmbH, 2002, S. 143; *Lutter*, DB 1994, 129, 134.

len. Die Definition scheint auf den ersten Blick klar zu sein. Bei genauerer Betrachtung beinhaltet sie jedoch eine erhebliche Reihe von Problemen. Diese erklären sich zu einem großen Teil daraus, dass im Zuge der Insolvenzrechtsreform starke Veränderungen an dem bis dahin geltenden konkursrechtlichen Begriff der Zahlungsunfähigkeit vorgenommen wurden.[1] Zum Verständnis dieser Probleme ist es daher erforderlich, teilweise auf die vorherige Konzeption der Konkursordnung einzugehen.

1. Objektive Zeitpunktilliquidität

Der gesetzliche Begriff der Zahlungsunfähigkeit stellt zunächst darauf ab, ob dem Schuldner zum Betrachtungszeitpunkt genügend Geldmittel zur Begleichung seiner fälligen Verbindlichkeiten zur Verfügung stehen. Im Ausgangspunkt handelt es sich also um eine Zeitpunktilliquidität[2] auf objektiver Basis.

33.8

Nicht unter den Begriff der insolvenzrechtlichen Zahlungsunfähigkeit fällt die bloße Weigerung des Schuldners, die vorhandenen Zahlungsmittel zur Begleichung der fälligen Verbindlichkeiten einzusetzen. Diese **subjektive Zahlungsunwilligkeit** ist insolvenzrechtlich irrelevant.[3] Andernfalls müsste im Rahmen der Zahlungsunfähigkeitsprüfung geklärt werden, ob eine Zahlungsverweigerung zu Recht erfolgt. Dies aber ist Aufgabe der ordentlichen Zivilgerichtsbarkeit, nicht aber des Insolvenzrechts.

33.9

Die Zeitpunktorientierung des Zahlungsunfähigkeitsbegriffs impliziert weiter eine Reduzierung auf Geldilliquidität. Rechtlich relevant ist für die Zeitpunktbetrachtung allein sofort als Zahlungsmittel einsetzbares Vermögen, nicht jedoch Vermögen, das durch weitere Transaktionen erst in Zahlungsmittel umgewandelt werden muss.[4] Als Zahlungsmittel anerkannt sind daher Bargeld, Guthaben bei Kreditinstituten und auch jederzeit frei verfügbare Kreditlinien. Hierzu sollen nach verbreiteter Auffassung auch Schecks, Wechsel und andere Wertpapiere gehören, da schnell eingezogen werden müssen.[5] Keine Zahlungsmittel sind dagegen Forderungen gegen Dritte, selbst wenn diese fällig sind, da diese für Zahlungen nicht zur Verfügung stehen und ihr Eingang mit Unsicherheit behaftet ist.[6]

33.10

Der auf Zahlungsmittel begrenzte Liquiditätsbegriff des § 17 Abs. 2 Satz 1 InsO stößt bei konzernzugehörigen Unternehmen auf praktische Probleme. Denn in vielen Konzernen verfügen die Tochtergesellschaften nicht mehr selbst über Kreditlinien und Bankguthaben, sondern partizipieren über ein konzernweites **Cash Pooling** an den Guthaben und Kreditlinien der Obergesellschaft. Aus dem Cash Pooling haben die Gruppengesellschaften dann zwar in aller Regel einen Anspruch gegen die Cash Pool Führerin auf Bereitstellung der benötigten Liquidität durch Rückgewähr der überlassenen Mittel oder Gewährung kurzfristiger Darle-

33.11

---

1 Ebenso *Bork*, KTS 2005, 1 f.
2 *Dittmer*, Die Feststellung der Zahlungsunfähigkeit, 2013, S. 96 f.; *Mönning* in Nerlich/Römermann, § 17 InsO Rz. 14; wohl auch *Eilenberger* in MünchKomm. InsO, 3. Aufl. 2013, § 17 InsO Rz. 5, 10 ff.; a.A. *Pape* in Kübler/Prütting/Bork, § 17 InsO Rz. 9.
3 *Rüntz* in Heidelberger Komm. InsO, 8. Aufl. 2016, § 17 InsO Rz. 14 f.; *Pape* in Kübler/Prütting/Bork, § 17 InsO Rz. 15; *Mönning* in Nerlich/Römermann, § 17 InsO Rz. 13, 21.
4 *Pape* in Kübler/Prütting/Bork, § 17 InsO Rz. 11; *Gundlach* in Gottwald Insolvenzrechts-Handbuch, 5. Aufl. 2015, § 6 Rz. 7 ff.
5 *Dittmer*, Die Feststellung der Zahlungsunfähigkeit, 2013, S. 122 f.; *Mock* in Uhlenbruck, 14. Aufl. 2015, § 17 InsO Rz. 40; *Gundlach* in Gottwald, Insolvenzrechts-Handbuch, 5. Aufl. 2015, § 6 Rz. 4 ff.
6 *Bork*, ZIP 2008, 1749, 1750; *Dittmer*, Die Feststellung der Zahlungsunfähigkeit, 2013, S. 122 f.

hen. Dieser, einem Zahlungsanspruch gegen eine Bank auf Auszahlung eines Guthabens oder Inanspruchnahme eines Kontokorrentrahmens vergleichbare Anspruch, ist indes nicht als Zahlungsmittel i.S. von § 17 Abs. 2 InsO zu qualifizieren.[1] Diese unterschiedliche Behandlung gleichartiger schuldrechtlicher Ansprüche lässt sich nur damit erklären, dass schuldrechtliche Ansprüche gegen Banken aufgrund deren staatlicher Aufsicht besondere Qualität zukommt und Bankguthaben in einer auf Giralgeld basierenden Wirtschaftsordnung zwangsläufig als Zahlungsmittel anerkannt werden müssen. Allerdings sind die rechtlichen Konsequenzen dieser Ungleichbehandlung in der Praxis recht gering, denn so lange davon ausgegangen werden kann, dass die Cash Pool Führerin kurzfristig die zur Zahlung fälliger Verbindlichkeiten notwendige Liquidität über den Cash Pool bereit stellt, liegt nur eine rechtlich unerhebliche Zahlungsstockung vor (dazu sogleich unter Rz. 33.15).

2. Fälligkeit der Verbindlichkeiten

33.12 Dem Bestand an Zahlungsmitteln gegenüberzustellen sind die fälligen Verbindlichkeiten. Hierbei kommt es nach heute ganz h.M. allein darauf an, ob rechtlich Fälligkeit eingetreten ist. Dies stellt eine von der kaufmännischen Praxis zunächst kaum bemerkte Verschärfung des Insolvenztatbestandes der Zahlungsunfähigkeit gegenüber der früheren Konkursordnung dar. Denn dort wurde neben der rechtlichen Fälligkeit noch die ernsthafte Einforderung durch die Gläubiger verlangt. Hierauf soll es nicht mehr ankommen.[2]

33.13 Angesichts der Tatsache, dass es sich in einer ganzen Reihe von Branchen eingebürgert hat, Verbindlichkeiten erst geraume Zeit nach Ablauf des eingeräumten Zahlungsziels zu bezahlen, bereitet die Verschärfung erhebliche praktische Probleme. Es kann dazu kommen, dass ein in der Branche als guter Zahler angesehenes Unternehmen gleichwohl zahlungsunfähig im Rechtssinne ist. Dem lässt sich nur dadurch begegnen, dass die Anforderungen für eine stillschweigende Stundung weit zurückgenommen werden.[3] Die ganz h.M. lehnt eine solche verdeckte Wiedereinführung des Merkmals des „ernsthaften Einforderns" ab.[4]

33.14 Diese strenge Auffassung führt in der Sanierungspraxis weiterhin dann zu Problemen, wenn Kreditinstitute ihre Kredite wegen Verschlechterung der wirtschaftlichen Verhältnisse zwar fällig gestellt haben, zugleich aber erklären, für die Dauer von Sanierungsverhandlungen diese nicht beizutreiben und Sicherheiten nicht zu verwerten. Ob solche Erklärungen den Eintritt der Zahlungsunfähigkeit verhindern, hängt maßgeblich davon ab, ob sie als konkludente Stundung zu verstehen sind. Dies lässt sich abschließend nur anhand der Umstände des Einzelfalls beurteilen. Im Grundsatz ist aber davon auszugehen, dass ein bloßer Verzicht auf Vollstreckungshandlungen keine materielle Auswirkung auf die Fälligkeit hat und daher zunächst unbeachtlich ist.[5] Kommt eine Sanierung nicht binnen 21 Tagen zustande, sind derartige Erklärungen höchst haftungsträchtig.

---

1 *Erne*, GWR 2009, 387, 388; *Göcke/Rittscher*, DZWIR 2012, 355, 358; *Rittscher*, Cash-Management-Systeme in der Insolvenz, 2006, S. 63.
2 *Rüntz* in Heidelberger Komm. InsO, 8. Aufl. 2016, § 17 InsO Rz. 12; *Pape* in Kübler/Prütting/Bork, § 17 InsO Rz. 5.
3 *Rüntz* in Heidelberger Komm. InsO, 8. Aufl. 2016, § 17 InsO Rz. 10; *Bork*, KTS 2005, 4.
4 *Harz*, ZInsO 2001, 193 f.; *Rüntz* in Heidelberger Komm. InsO, § 8. Aufl. 2016, 17 InsO Rz. 12; *Pape* in Kübler/Prütting/Bork, § 17 InsO Rz. 5; *Mock* in Uhlenbruck, 14. Aufl. 2015, § 17 InsO Rz. 8.
5 *Pape* in Kübler/Prütting/Bork, § 17 InsO Rz. 6; *Mock* in Uhlenbruck, 14. Aufl. 2015, § 17 InsO Rz. 8; *Grüneberg* in Palandt, 76. Aufl. 2017, § 271 BGB Rz. 13; *Krüger* in MünchKomm. BGB, § 271 BGB Rz. 22; allgemein BGH v. 11.12.1967 – III ZR 115/67, NJW 1968, 700.

3. Vorübergehende Zahlungsstockung

Wie schon unter der KO soll ein nur kurzfristiger Mangel an Zahlungsmitteln nicht dazu führen, dass Insolvenz angemeldet werden muss. Unter dem Geltungsbereich der KO wurde daher die rechtlich irrelevante Zahlungsstockung von der Zahlungsunfähigkeit durch das Merkmal der Dauerhaftigkeit abgegrenzt.[1] Durch die Aufgabe dieses Elementes sollte klargestellt werden, dass über Wochen und Monate andauernde Illiquidität keine bloße **Zahlungsstockung** mehr ist.[2] Wie diese von der Zahlungsunfähigkeit abzugrenzen ist, blieb dabei zunächst offen.

33.15

Diese Lücke hat der BGH durch eine Leitentscheidung[3] aus dem Jahre 2005 ausgefüllt. Nach dieser Entscheidung liegt eine Zahlungsstockung nur dann vor, wenn binnen eines Zeitraums von 3 Wochen damit zu rechnen ist, dass wieder sämtliche oder nahezu sämtliche Verpflichtungen erfüllt werden können.[4] Damit setzt der BGH extrem enge zeitliche Grenzen, die gerade bei größeren Kreditvolumina mit mehreren beteiligten Banken in der Praxis nur selten eingehalten werden können. Allerdings lässt der BGH auch Ausnahmefälle zu. Eine Überschreitung der 3-Wochenfrist soll dann zulässig sein, wenn mit großer Sicherheit von einem späteren Zahlungseingang ausgegangen werden kann.[5] Ob diese Öffnung praktische Bedeutung erlangen wird, ist angesichts der hohen Anforderungen eher unwahrscheinlich.

33.16

4. Wesentlichkeit

In derselben Leitentscheidung hat der BGH auch einen weiteren, aus der KO überkommenen Meinungsstreit vorläufig beendet. Während unter der KO[6] **Liquiditätslücken** nur dann zur Zahlungsunfähigkeit führten, wenn diese wesentlich waren, wurde in der InsO auf dieses Merkmal vom Gesetzgeber bewusst verzichtet.[7] Dies führte zu einer umfangreichen Diskussion, ob nunmehr jedwede Liquiditätslücke zur Insolvenz führt oder aber zumindest kleinere Unterdeckungen zulässig sind.[8] Nach der Leitentscheidung des BGH gilt nunmehr eine Unterdeckung in Höhe von weniger als 10 % der fälligen Verbindlichkeiten als unerheblich.[9]

33.17

Diese Regelung wird allerdings noch keine endgültige Klärung darstellen können, denn sie ist durch Wahl einer vom Schuldner gestaltbaren Basis anfällig für Manipulationen. Verzichtet der Schuldner nämlich darauf, eingehende Gelder für die Bezahlung fällig werdender Verbindlichkeiten zu verwenden, erhöht er die Bemessungsbasis für die Berechnung der Lücke. Durch geschicktes Verhalten kann es gelingen, allein durch eine solche Zurückbehaltung eingehender Gelder einen Schuldner zumindest rechnerisch aus der Zahlungsunfähig-

33.18

---

1 *Gummert* in Gummert, Münchener Anwaltshandbuch zum Personengesellschaftsrecht, 2. Aufl. 2015, § 11 Rz. 184 ff.; *Gundlach* in Gottwald, Insolvenzrechts-Handbuch, 5. Aufl. 2015, § 6 Rz. 4 ff.
2 Begr. §§ 3, 20, 21 RegE InsO, BT-Drucks. 12/2443, S. 114.
3 BGH v. 24.5.2005 – IX ZR 123/04, NZI 2005, 547 ff.
4 BGH v. 24.5.2005 – IX ZR 123/04, NZI 2005, 547 ff.
5 BGH v. 24.5.2005 – IX ZR 123/04, NZI 2005, 547 ff.
6 *Jaeger/Henckel*, KO, 9. Aufl. 1997, § 30 KO Rz. 20; *Kilger/K. Schmidt*, Insolvenzgesetze, 17. Aufl. 1997, § 102 KO Anm. 2a; *Kuhn/Uhlenbruck*, KO, 11. Aufl. 1994, § 102 KO Rz. 3.
7 Begr. §§ 20, 21 RegE InsO, BT-Drucks. 12/2443, S. 114.
8 Zum Meinungsstand bis zur Entscheidung des BGH etwa *Bork*, KTS 2005, 1, 8 f.; *Eilenberger* in MünchKomm. InsO, 3. Aufl. 2013, § 17 InsO Rz. 15 f.
9 BGH v. 24.5.2005 – IX ZR 123/04, NZI 2005, 547 ff.

keit zu führen. Umgekehrt schadet sich ein Schuldner selbst, wenn er sämtliche eingehenden Gelder dazu verwendet, möglichst viele fällige Verbindlichkeiten zu tilgen, denn er vergrößert seine prozentuale Deckungslücke. Die vom BGH gewählte Basis läuft also Gefahr, den unredlichen Schuldner zu prämieren und dem redlichen zu schaden. Dies lässt sich nur durch Wahl einer weniger manipulationsanfälligen Basis vermeiden. Konsistent wäre es etwa, auf die Summe der in der 21-Tagefrist fälligen und fällig werdenden Verbindlichkeiten abzustellen.[1]

5. Zahlungseinstellung (§ 17 Abs. 2 Satz 2 InsO)

33.19   Die oben dargelegte Feststellung der Zahlungsunfähigkeit ist einem Außenstehenden in aller Regel unmöglich. Die InsO eröffnet in § 17 Abs. 2 Satz 2 InsO daher auch den Nachweis der Zahlungsunfähigkeit anhand der Zahlungseinstellung als nach außen erkennbarem Indiz.[2] Sie liegt vor, wenn der Schuldner fällige Verbindlichkeiten von nicht unwesentlicher Höhe über einen erheblichen Zeitraum nicht mehr erfüllt.[3] Für die Geschäftsleitungsorgane selbst wird diese Möglichkeit zur indiziellen Herleitung der Zahlungsunfähigkeit im Regelfall keine Bedeutung haben, da sie über die notwendigen Informationen für eine unmittelbare Ermittlung verfügen sollten.

II. Überschuldung

33.20   Bei juristischen Personen ist gem. § 19 Abs. 1 InsO neben der Zahlungsunfähigkeit auch die Überschuldung ein obligatorischer Insolvenzeröffnungsgrund, der eine sanktionsbewährte Insolvenzantragspflicht auslöst. Konzeption und Ausgestaltung der Überschuldung haben in der neueren Vergangenheit mehrfach grundlegende Veränderungen erfahren.

33.21   Im Ausgangspunkt liegt dem Insolvenzgrund der Überschuldung die Annahme zugrunde, dass mit der Teilnahme haftungsbeschränkter Rechtsträger am Geschäfts- und Rechtsverkehr eine Gefahr für den Rechtsverkehr im allgemeinen und die Gläubiger des Rechtsträgers verbunden ist, wenn das Eigenkapital des Rechtsträgers aufgezehrt ist. Durch Aufzehrung des als Risikopuffer dienenden Eigenkapitals sind sämtliche Risiken nunmehr von den Gläubigern zu tragen, wohingegen die Eigentümer des Rechtsträgers nichts mehr zu verlieren, sondern nur noch zu gewinnen haben. Es wird für sie rational, Geschäfte mit großen Chancen aber auch hohen Risiken einzugehen, denn wenn sich die Chancen realisieren, wird ihr Gesellschaftsanteil wieder wertvoll, Verluste schlagen dagegen allein auf die Gläubiger durch. Der Insolvenzgrund der Überschuldung in § 19 InsO ist im Ansatz also eine **Korrelat des Privilegs der Haftungsbeschränkung.** Sie beschränkt die in der Betriebswirtschaftslehre als moral hazard bezeichneten Fehlanreizfunktionen, die aufgrund der Haftungsbeschränkung zu riskanten Entscheidungen mit einer Verlagerung von Risiken auf die Gläubiger führen können.[4]

---

1 Ähnlich *Eilenberger* in MünchKomm. InsO, 3. Aufl. 2013, § 17 InsO Rz. 20 ff.
2 *Bork*, KTS 2005, 1, 2; *Eilenberger* in MünchKomm. InsO, 3. Aufl. 2013, § 17 InsO Rz. 27 f.; *Mock* in Uhlenbruck, 14. Aufl. 2015, § 17 InsO Rz. 8 ff.
3 *Kirchhof*, ZInsO 2003, 149, 150; *Eilenberger* in MünchKomm. InsO, 3. Aufl. 2013, § 17 InsO Rz. 27 f.
4 *Drukarczyk/Schüler* in MünchKomm. InsO, 3. Aufl. 2013, § 19 InsO Rz. 1 f.; zur ökonomischen Analyse der Insolvenzantragsgründe ausführlich *Bitz/Hemmerde/Rausch*, Gesetzliche Regelungen und Reformvorschläge zum Gläubigerschutz, 1986, S. 275 ff. m.w.N.

Im Ansatz weist diese Konzeption große Ähnlichkeit mit der bilanziellen Schuldendeckungskontrolle in der Handelsbilanz auf. Dies ist nicht zufällig, denn rechtshistorisch diente die Handelsbilanz tatsächlich dazu, eine Überschuldung festzustellen.[1] Mit Vordringen der handelsbilanziellen Funktion der periodengerechten Gewinnermittlung und Begrenzung des ausschüttbaren Gewinns hat sich die Handelsbilanz zunehmend von der Überschuldungsermittlung entfernt. Dies führt dazu, dass nach heute ganz herrschender Auffassung die Handelsbilanz für die Ermittlung einer Überschuldung untauglich ist (näher Rz. 33.39 ff.). Zugleich war aber lange streitig, welche Ausgestaltung für einen funktionsgerechten rechtlichen Überschuldungsbegriff notwendig ist. Hier ging es im Kern darum, ob der Fortführungsprognose im Rahmen der Ermittlung einer Überschuldung eine selbständige Bedeutung zukommt: Während die Vertreter einer älteren, so genannten zweistufigen Überschuldungsrechnung, davon ausgehen, dass die Fortführungsprognose ähnlich der handelsbilanziellen Regelung in § 252 Abs. 1 Nr. 2 HGB nur dazu dient, den Bewertungsmaßstab – Fortführungswerte oder Liquidationswerte – für einen Vermögensvergleich festzulegen, gingen die Vertreter der sog. modifizierten zweistufigen Methode davon aus, dass einer Fortführungsprognose selbständige Bedeutung zukommt. Besteht eine positive Fortführungsprognose, so schließt bereits diese eine Überschuldung aus, ohne dass es einer weitergehenden Ermittlung der Schuldendeckungsfähigkeit durch einen Überschuldungsstatus bedarf.[2]

33.22

Der Gesetzgeber der 1999 in Kraft getretenen InsO hatte zunächst ausdrücklich die modifizierte zweistufige Überschuldungstheorie verworfen. Damit schien eine stabile Rechtslage erreicht. Im Zuge der Finanzmarktkrise vollzog der Gesetzgeber dann aber eine „Volte rückwärts". Um zu verhindern, dass der Wertverlust von Aktiva im Gefolge der Finanzmarktkrise zu einer Insolvenzwelle von Kreditinstituten und anderen Unternehmen auslöst, führte der Gesetzgeber mit dem Finanzmarktstabilisierungsgesetz als Übergangslösung den modifiziert zweistufigen Überschuldungsbegriff wieder ein.[3] Dieser zunächst nur als befristete Lösung bis Ende 2013 gedachte Methodenwechsel wurde dann Ende 2012[4] entfristet, so dass der Theorienstreit heute zugunsten des „modifiziert zweistufigen Überschuldungsbegriffs" entschieden ist.

33.23

1. Grundstruktur

Gem. der Legaldefinition in § 19 Abs. 2 InsO liegt eine insolvenzrechtliche Überschuldung dann nicht vor, wenn das Unternehmen eine positive Fortführungsprognose hat. Auf einen Vermögensvergleich in Form eines Überschuldungsstatus kommt es dann nicht an. Ein solcher ist vielmehr nur erforderlich, wenn die Fortführungsprognose negativ ausfällt. Die Fortführungsprognose hat rechtsdogmatisch damit eine eigenständige Bedeutung, rechtspraktisch ist sie das zentrale Element der Überschuldungsprüfung. Denn bei Zugrundelegung von Liquidationswerten führt der Überschuldungsstatus in der Praxis im Regelfall zu einer Unterdeckung der anzusetzenden Passiva durch die Aktiva. Der Überschuldungsbegriff ist damit im Kern in der Rechtspraxis kein Vermögensvergleich mehr, sondern ein Prognosebegriff.

33.24

---

1 Ausführlich *Götz*, Überschuldung und Handelsbilanz, 2004, S. 35 ff.
2 Ausführlich zur Entwicklung der Meinungen *Drukarczyk/Schüler* in MünchKomm. InsO, 3. Aufl. 2013, § 19 InsO Rz. 21 ff.
3 Gesetz zur Umsetzung eines Maßnahmepakets zur Stabilisierung des Finanzmarktes (Finanzmarktstabilisierungsgesetz – FMStG) vom 17.10.2008 (BGBl. I 2008, 1982).
4 Gesetz zur Erleichterung der Sanierung von Unternehmen vom 11.12.2012 (BGBl. I 2012, 2418).

2. Fortführungsprognose

33.25 Die Fortführungsprognose ist eine wertende Aussage über die mittelfristige Überlebensfähigkeit des Unternehmens.[1] Sie erfordert subjektiv den Fortführungswillen und objektiv die Überlebensfähigkeit des Unternehmens.[2]

33.26 Der subjektive Fortführungswillen bereitet in aller Regel so wenig Probleme, dass er in der Praxis schlicht unterstellt wird. Gleichwohl sind Situationen denkbar, in denen er einer besonderen Feststellung bedarf. Dies vor allem dann, wenn aufgrund der Unternehmenssituation die Realisierung des im Unternehmen gebundenen Vermögens durch eine außergerichtliche Liquidation als sinnvolle Alternative zur Fortführung erscheint.[3]

33.27 Schwerpunkt der Prüfung der Fortführungsprognose ist dagegen die objektive Überlebensfähigkeit. In ihr soll aufgrund einer expliziten Prognoserechnung festgestellt werden, ob der Fortbestand des Unternehmens mit überwiegender Wahrscheinlichkeit festgestellt wurde.[4] Grundlage der Insolvenzantragspflicht wegen Überschuldung – und damit die Frage der zivilrechtlichen Haftbarkeit und Strafbarkeit – ist mithin in erster Linie eine betriebswirtschaftliche Planungsrechnung. Diese ist naturgemäß mit erheblichen Unwägbarkeiten behaftet. Hinzu kommt, dass unter dem alten zweistufigen Überschuldungsbegriff die Anforderungen an die Planungsrechnung nicht unumstritten waren und durch die selbständige Funktion im nunmehr geltenden modifiziert zweistufigen Überschuldungsbegriff in Bewegung geraten sind. Hieraus resultieren eine Reihe von Unsicherheiten. Dies betrifft im Wesentlichen folgende Aspekte der Prognose:

33.28
- Inhalt: reine Liquiditätprognose vs. Liquiditäts- und Ertragsprognose
- Grundlage: fertige Planungsrechnung vs. angemessener Planungsprozess
- Horizont: Beschränkung auf 12–24 Monate oder Verlängerung
- Sicherheit: überwiegende Wahrscheinlichkeit der Beiträge Dritter vs. rechtlich bindende Zusage
- Maßstab: subjektive Einschätzung vs. objektiver Maßstab
- Objekt: Einzelunternehmen vs. Unternehmensgruppe

a) Prognoseinhalt

33.29 Für die Fortführungsprognose ist nach überwiegender Auffassung allein maßgeblich, ob das Unternehmen innerhalb des Prognosezeitraums voraussichtlich durchfinanziert ist, also in der Lage sein wird, seine fälligen Verbindlichkeiten zu begleichen.[5] Eine so verstandene Fortführungsprognose ist letztlich nichts anderes, als die eine Aussage über die künftige Zahlungs-

---

1 Ständige Rechtsprechung, vgl. nur BGH v. 13.7.1992 – II ZR 269/91, ZIP 1992, 1382; BGH v. 20.3.1995 – II ZR 205/94, ZIP 1995, 819.
2 BGH v. 9.10.2006 – II ZR 303/05, ZIP 2006, 2171; *Rüntz* in Heidelberger Komm. InsO, 8. Aufl. 2016, § 19 InsO Rz. 8 m.w.N.
3 *Haarmann/Vorwerk*, BB 2015, 1603, 1605 f.
4 *Mock* in Uhlenbruck, 14. Aufl. 2015, § 19 InsO Rz. 29; *Drukarczyk/Schüler* in MünchKomm. InsO, 3. Aufl. 2013, § 19 InsO Rz. 52 ff.; *Gundlach* in Gottwald, Insolvenzrechts-Handbuch, 5. Aufl. 2015, § 6 Rz. 41 ff.
5 Ganz h.M. *Ampferl/Kilper* in Beck/Depré, Praxis der Insolvenz, 3. Aufl. 2017, S. 145 ff.; *Drukarczyk/Schüler* in MünchKomm. InsO, 3. Aufl. 2013, § 19 InsO Rz. 53; *Rüntz* in Heidelberger Komm. InsO, 8. Aufl. 2016, § 19 InsO Rz. 7; *Mock* in Uhlenbruck, 14. Aufl. 2015, § 19 InsO Rz. 29; jeweils m.w.N.

fähigkeit. Dies führt notwendigerweise dazu, dass der Liquiditäts- wie auch der Fälligkeitsbegriff der Fortführungsprognose und Zahlungsunfähigkeit identisch zu verstehen sind. Und Gleiches muss dann auch für die Frage der Wesentlichkeit einer Unterdeckung gelten. Künftige Unterdeckungen von bis zu 10 % der fälligen Verbindlichkeiten oder Liquiditätslücken, die nicht länger als 21 Tage andauern, sind folglich auch im Rahmen der Fortführungsprognose rechtlich unerheblich. Denn andernfalls würden im Rahmen der Fortführungsprognose geringe oder kurzfristige künftige Liquiditätslücken anders bewertet als aktuelle Liquiditätslücken. Dies wäre nicht nur inkonsequent, sondern würde für ein Unternehmen, das innerhalb der Planungsperiode immer zahlungsfähig i.S. von § 17 InsO ist, gleichwohl die Überlebensfähigkeit verneinen.

Diese Reduktion der Fortführungsprognose auf eine reine Liquiditätsprognose ist in jüngerer Zeit allerdings nicht unumstritten. In der Rechtsprechung und Literatur zeigen sich zunehmend Tendenzen, sie um eine Ertragskomponente zu ergänzen.[1] Ursache dieser Entwicklung ist die Tatsache, dass die Fortführungsprognose durch den Wegfall des Überschuldungsstatus zu Fortbestehenswerten im modifizierten zweistufigen Überschuldungsbegriff eine deutlich größere Funktion in der Überschuldungsprüfung erlangt hat: sie determiniert nicht mehr nur den Bewertungsmaßstab für den eigentlich ausschlaggebenden Vermögensvergleich, sondern hat eine eigenständige und die Überschuldungsprüfung abschließende Bedeutung. Hieraus können sich erhebliche Schutzlücken ergeben: durch die Reduktion der Fortführungsprognose auf eine Liquiditätsprognose kann es dazu kommen, dass auch Unternehmen im Rechtsverkehr belassen werden, deren Vermögen bereits geringer ist als die Verbindlichkeiten und durch laufende Verluste weiter aufgezehrt wird. So lange dies infolge der Fälligkeitenstruktur der Verbindlichkeiten innerhalb des Prognosezeitraums nicht zu einer Zahlungsunfähigkeit führt, wie dies etwa für Unternehmen mit hohen Pensionslasten typisch ist, wird eine weitere Auszehrung des der Gläubigerbefriedigung dienenden Vermögens in Kauf genommen. Dies ist vor allem dann problematisch, wenn das Eigenkapital bereits aufgezehrt ist und innerhalb des Prognosezeitraums kein Ende der Verluste absehbar ist. Eine solch schleichende Auszehrung der Vermögenssubstanz kann durch die Ergänzung der Fortführungsprognose um eine Ertragskomponente wirksam verhindert werden. Angesichts der offensichtlichen Gläubigergefährdung spricht einiges dafür, dass sich der Begriff der Fortführungsprognose aufgrund des rechtlichen Funktionswandels inhaltlich zu einer Liquiditäts- und Ertragsprognose wandeln wird. Gerade in Fällen, in denen das Eigenkapital zu Fortbestehenswerten bereits aufgezehrt ist, erscheint es für die Praxis daher höchst riskant, die Fortführungsprognose allein auf eine Liquiditätsprognose zu stützen. So lange noch nicht klar ist, welche Entwicklung die Rechtsprechung des BGH nehmen wird, kann als Orientierung hier die Entwicklung im österreichischen Recht dienen. Dort hat sich nach Übernahme des modifiziert zweistufigen Überschuldungsbegriffs in einer Leitentscheidung des OGH aus dem Jahr 1986[2] eine zweistufige Fortführungsprognose herausgebildet, die als Primärprognose liquiditätsorientiert ist und als sogen. Sekundärprognose um eine Ertragskomponente ergänzt wird.[3]

33.30

---

1 *Bitter/Kresser*, ZIP 2012, 1733; *Möhlmann*, DStR 1998, 1843; *Penzlin*, NZG 2000, 464; *Schröder* in FS Wehr, S. 27, 35 f.; *Wolf*, DStR 2009, 2682; aus der Rechtsprechung insbes. AG Hamburg v. 2.12.2011 – 67c IN 421/11, NZI 2012, 85. Unklar dagegen der BGH in einem Beschluss v. 9.10.2006 – II ZR 303/05, ZIP 2006, 2171, der für die Fortführungsprognose einen Finanz- und Ertragsplan fordert.
2 OGH v. 3.12.1986 – 1 Ob 655/86, 1101, ÖJZ 1987/104, 368.
3 Ausführlich zur Entwicklung des Überschuldungsbegriffs im österreichische Recht *Karollus/Huemer*, Die Fortbestehensprognose im Rahmen der Überschuldungsprüfung, 2. Aufl. 2006, S. 44 f.

b) Prognosegrundlage

33.31 Als Grundlage der Fortführungsprognose ist eine aussagefähige Unternehmensplanung zu erstellen. Aus dieser ist ein Finanzplan als Gegenüberstellung der erwarteten Ein- und Auszahlungen abzuleiten.[1] Detaillierungsgrad und Methodik dieser Planung richten sich nach betriebswirtschaftlichen Erfordernissen. Jedenfalls bei größeren Unternehmen sind dies integrierte Planungsmodelle. Nicht zwingend erforderlich, aber jedenfalls ausreichend ist eine nach den Grundsätzen des IDW Standard S6 erstellte Planung.

33.32 Ein erhebliches Problem stellt in der Praxis der zeitliche Ablauf des Planungsprozesses dar, wenn sich das Unternehmen im Zeitpunkt der Planung bereits in einer Krise befindet. Wesensmerkmal unternehmerischer Krisen ist es, dass ohne das Ergreifen von Gegenmaßnahmen der Fortbestand des Unternehmens gefährdet ist, das Unternehmen also einer Sanierung bedarf. Nach einer Reihe – allerdings zum Anfechtungsrecht ergangenen – Entscheidungen soll im Falle eines solch sanierungsbedürftigen Unternehmens zum Schutze der Gläubiger eine Fortführung außerhalb eines Insolvenzverfahrens nur unter engen Voraussetzungen möglich sein, denn eine Fortführungsprognose sei nur dann anzunehmen, wenn ein taugliches Sanierungskonzept vorliegt und dieses bereits in den Anfängen umgesetzt ist.[2] Diese strengen Anforderungen gehen über den notwendigen Schutz der Gläubiger vor untauglichen oder gar nur vorgeschobenen Sanierungsbemühungen deutlich hinaus. Sie ist dazu angetan, notwendige Sanierungen bereits im Ansatz zu verhindern. Denn wenn eine Insolvenzantragsreife sanierungsbedürftiger Unternehmen nur vermieden werden kann, wenn im Zeitpunkt des Erkennens der Sanierungsbedürftigkeit das Sanierungskonzept auch schon vorliegt und mit der Umsetzung begonnen wurde, verbleibt keine Zeit, ein solches Konzept zu entwickeln. Sanierungen fänden nur noch innerhalb eines Insolvenzverfahrens statt. Dies ist weder sinnvoll noch liegt es im Interesse der Gläubiger. Zudem lässt sich diese Auffassung auch nicht mit der Rechtsprechung zum so genannten **Überbrückungskredit** vereinbaren. Dieser dient typischerweise dazu, die Zeit zu überbrücken, um ein Sanierungsgutachten zu erstellen. Solche Kredite sind nach allgemeiner Auffassung[3] selbst dann keine sittenwidrige Schädigung übriger Gläubiger nach § 826 BGB, wenn sich hinterher die Insolvenz doch nicht vermeiden lässt. Denn die Prüfung der Sanierungswürdigkeit liege im Interesse aller Gläubiger und ist daher legitim. Diese Privilegierung des Überbrückungskredites zur Prüfung einer Sanierungsfähigkeit wäre unsinnig, wenn das Unternehmen infolge erkannter Sanierungsbedürftigkeit sofort die Fortführungsprognose verlöre. Eine Prüfung der Sanierungsfähigkeit wäre im Regelfall ohne Insolvenzverschleppung nicht mehr möglich. Den Unternehmen muss ab pflichtgemäßem Erkennen der Sanierungsbedürftigkeit die Möglichkeit eingeräumt werden, die Sanierungsfähigkeit zu prüfen und ein Sanierungskonzept zu erstellen.[4] Allerdings gilt es, die aus einer solchen Entwicklungsphase resultierende Verzögerungsgefahr möglichst gering zu hal-

---

[1] Zu den betriebswirtschaftlichen Grundlagen vor allem *Drukarczyk/Schüler* in MünchKomm. InsO, 3. Aufl. 2013, § 19 InsO Rz. 52 ff. und *Drukarczyk/Schüler* in Kölner Schrift zur InsO, 3. Aufl. 2009, S. 28, 49; sowie *IDW*, Stellungnahme des Fachausschuss Recht FAR 1/1996, WPg 1995, 596 ff.

[2] Vgl. etwa BGH v. 12.5.2016 – IX ZR 65/14, NZI 2016, 636; BGH v. 21.2.2013 – IX ZR 52/10, NZI 2013, 500 m.w.N.

[3] BGH v. 4.12.1997 – IX ZR 47/97, WM 1998, 248; BGH v. 9.7.1979 – II ZR 118/77, WM 1979, 878; ähnlich OLG Schleswig v. 2.10.1981 – 11 U 160/80, WM 1982, 25, 27; ausführlich insb. *Obermüller*, Insolvenzrecht in der Bankpraxis, 9. Aufl. 2016, Rz. 5.140 ff.; *Bachmann/Veit* in Finanz Colloquium Heidelberg, Problematisch Firmenkundenkredite, 2. Aufl. 2006, S. 121 ff.; *Wittig*, NZI 1998, 49 ff.

[4] So im Ergebnis wohl auch *Ganter*, NZI 2014, 673, 679; *Wittig*, NZI 1998, 49, 52.

ten. Sie darf daher nur den Zeitraum umfassen, der zur Erstellung eines Sanierungsgutachtens unabdingbar ist, bestenfalls also 6 bis 8 Wochen, und auch nur so lange aufrecht erhalten werden, wie sich nicht bereits vor Ablauf dieser Periode eine Sanierung als nicht realistisch erweist.

c) Planungshorizont

33.33 Die Fortführungsprognose muss einen mittelfristigen Planungszeitraum umfassen.[1] Hierfür hat sich eine Art „Generalkonsens"[2] herausgebildet, wonach der Prognosehorizont grundsätzlich das laufende und das nächste Geschäftsjahr, also eine Periode von 12–24 Monaten umfassen soll.[3] Dieser pragmatische Konsens hat den Vorteil, dass die für die Entwicklung des Finanzplans auf der in vielen Unternehmen ohnehin vorhandenen Hochrechnung der Ertrags- und Finanzlage für das laufende Geschäftsjahr und die Bilanz- und GuV-Planung für das nächste Geschäftsjahr aufgesetzt werden kann. Zudem trägt er der Tatsache Rechnung, dass mit jeder Verlängerung des Planungshorizontes im Regelfall schnell stark größer werdende Planungsunsicherheiten verbunden sind, die eine Justiziabilität der Fortführungsprognose in Frage stellen.

33.34 Hieraus eine strikte Beschränkung des Planungshorizonts auf das Ende des nächsten Geschäftsjahres zu entnehmen, wäre indes zu restriktiv und haftungsträchtig. Denn die Zunahme der Prognoseunsicherheit bei längeren Planungszeiträumen ist durchaus nicht zwingend.[4] Dies etwa dann, wenn es sich um Branchen mit langen Produktionsdauern, wie etwa im Großanlagenbau, handelt. In solchen Fällen erscheint es sinnvoll, den Planungszeitraum so zu verlängern, dass jedenfalls ein Produktionszyklus vollständig abgebildet ist. Bei Entwicklungsprojekten verlangt der BGH sogar, dass die Finanzierung bis zur Serienreife gesichert sein muss.[5]

Ein ähnliches Problem stellt sich, wenn wenige Wochen oder Monate nach dem Ende des Planungszeitraums ein singuläres Ereignis oder Entscheidung ansteht, die – wie etwa die Prolongation fällig werdender Finanzierungslinien – die Existenz des Unternehmens in Frage stellen kann. Derartigen Fallgestaltungen kann Rechnung getragen werden, indem für diese kritischen Ereignisse außerhalb des Planungshorizontes eine dezidierte Einschätzung der Wahrscheinlichkeit abgegeben wird.

d) Prognosesicherheit

33.35 Aufgrund des Zukunftsbezuges ist jede Planung notwendigerweise mit einer Unsicherheit verbunden. Die fordert daher keine Gewissheit bezüglich der in die Planung eingehenden Ereignisse und der daraus resultierenden Liquiditätsprognose, sondern eine überwiegende Wahrscheinlichkeit. Dieser Maßstab der überwiegenden Wahrscheinlichkeit soll nach verbreiteter Ansicht aber dann nicht gelten, wenn es sich um einen Sanierungsfall handelt: Bedarf es für die Sanierung der Beiträge Dritter – etwa einer Eigenkapitalerhöhung, der Zufüh-

---

1 BGH v. 13.7.1992 – II ZR 269/91, ZIP 1992, 1382; BGH v. 20.3.1995 – II ZR 205/94, ZIP 1995, 819; BGH v. 23.2.2004 – II ZR 207/01, ZIP 2004, 1049.
2 So *Gundlach* in Gottwald, Insolvenzrechts-Handbuch, 5. Aufl. 2015, § 6 Rz. 41.
3 *Bork*, ZIP 2000, 1709, 1710; *Groß/Amen*, Die Fortführungsprognose, in FS Greiner, 2005, S. 83, 95; *IDW*, Stellungnahme des Fachausschuss Recht FAR 1/1996, WPg 1995, 596, 598; *Pape* in Kübler/Prütting/Bork, § 19 InsO Rz. 16; *Mock* in Uhlenbruck, 14. Aufl. 2015, § 19 InsO Rz. 30; *Gundlach* in Gottwald, Insolvenzrechts-Handbuch, 5. Aufl. 2015, § 6 Rz. 41.
4 *Gundlach* in Gottwald, Insolvenzrechts-Handbuch, 5. Aufl. 2015, § 6 Rz. 41 m.w.N.
5 BGH v. 13.7.1992 – II ZR 269/91, ZIP 1992, 1382.

rung zusätzlicher Liquidität durch zusätzliche Kredite oder des Verzichts auf bestehende Kredite –, so dürfen diese erst dann in der Planung berücksichtigt werden, wenn sie rechtsverbindlich zugesagt wurden.[1] Dies macht die Annahme einer Fortführungsprognose während einer laufenden Sanierungsverhandlung meist schwierig bis unmöglich. Weshalb für solche Beiträge Dritter ein anderer Maßstab als für die sonstigen Annahmen der Planung gelten soll, ist indes nicht erkennbar. Denn es macht weder rechtlich noch betriebswirtschaftlich einen Unterschied, ob die künftig benötigten Mittel durch ein noch nicht kontrahiertes Umsatzgeschäft oder eine zusätzliche Kreditlinie beschafft werden. Beides hängt noch von der Entscheidung eines Dritten ab. Zudem ist dieser Maßstab vor dem Hintergrund der oben dargelegten Rechtsprechung zum Überbrückungskredit inkonsequent: die Bank soll durch einen Überbrückungskredit die Erstellung eines Sanierungskonzepts ermöglichen, um sich dann zu entscheiden, ob sie an dieser Sanierung durch Gewährung zusätzlicher Mittel oder durch Stundungen und Verzichte mitwirkt. Wären die rechtsverbindliche Zusage dieser Beiträge der Banken Voraussetzungen, um eine positive Fortführungsprognose sanierungsbedürftiger Unternehmen annehmen zu können, so wird der Überbrückungskredit funktionslos. Und ein ähnlicher Widerspruch ergibt sich zu der dem Schuldverschreibungsgesetz immanenten Wertung. Dieses soll es ermöglichen, durch Mehrheitsbeschluss Beiträge der Schuldverschreibungsgläubiger zu einer Sanierung zu erhalten. Wenn denn aber die Fortführungsprognose eine rechtsverbindliche Zusage solcher Beiträge voraussetzt, dann werden die im Schuldverschreibungsgesetz für eine bindende Regelung einzuhaltenden genannten Ladungs- und Klagefristen regelmäßig durch die Insolvenzreife überholt.

33.36 Die Sanierungspraxis wendet auf Beiträge Dritter daher regelmäßig auch das Kriterium der überwiegenden Wahrscheinlichkeit an, um Sanierungskonzepte erstellen und Verhandlungen mit den Beteiligten führen zu können. Dies ist angesichts der dargestellten herrschenden Auffassung aber nicht ohne Risiko.

e) Prognosemaßstab

33.37 Ein ähnliches Problem stellt sich bei Sanierungen hinsichtlich des Prognosemaßstabes. Die herrschende Meinung geht davon aus, dass der Prognose die Einschätzung eines objektiven sachkundigen Dritten zugrunde zu legen ist.[2] Dabei kommt es nach einhelliger Einschätzung auf eine ex ante Sicht an. Gleichwohl besteht hier die erhebliche Gefahr, dass bei gescheiterten Sanierungen die im Zeitpunkt der Prognose erkennbaren Tatsachen dann im Zeitpunkt der gerichtlichen Überprüfung der Prognose bei Kenntnis der tatsächlichen Entwicklung anders bewertet werden.[3] Die Straf- und Haftbarkeit der Organe hängt dann davon ab, ob der zum Scheitern der Sanierung führende Prognosefehler vom Gericht als objektiv unvermeidbar bewertet wird. Die Organe laufen Gefahr, das jedem Sanierungsversuch immanente Risiko des Scheiterns persönlich zu tragen. Dieses Ergebnis lässt sich nur vermeiden, wenn den Organen mit einer neueren Meinung – ähnlich der sogen. Business judgement rule bei anderen unternehmerischen Entscheidungen auch – für die Frage der Fortführungsprognose ein Ermessensspielraum eingeräumt wird.[4]

---

1 *Schröder* in FS Wehr, S. 27, 35 f.; *Sikora*, ZInsO 2010, 1770; *Rüntz* in Heidelberger Komm. InsO, 8. Aufl. 2016, § 19 InsO Rz. 10 m.w.N.
2 *Mock* in Uhlenbruck, 14. Aufl. 2015, § 19 InsO Rz. 211; *Rüntz* in Heidelberger Komm. InsO, 8. Aufl. 2016, § 19 InsO Rz. 9.
3 Zu diesem sogen. Rückschaufehler oder hinde side error ausführlich etwa *Roberto/Grechenig*, Rückschaufehler („Hindsight Bias") bei Sorgfaltspflichtverletzungen, ZSR 2011, 5 ff.
4 Ausführlich *Fischer*, NZI 2016, 665 ff.; *Goette*, DStR 2016, 1684 ff. und 2016, 1752 ff.

f) Prognoseobjekt

Objekt der Fortführungsprognose ist aus rechtlicher Sicht notwendigerweise die Einzelgesellschaft, denn nur diese ist insolvenzfähig.[1] Nur die Organe der Einzelgesellschaft können Adressat von Insolvenzantragspflichten sein. Diese rechtliche Fokussierung auf die Einzelgesellschaft bereitet aber dann Probleme, wenn die Gesellschaft integraler Bestandteil einer Unternehmensgruppe ist. Bestehen zwischen den Unternehmen der Gruppe leistungs- und finanzwirtschaftliche Verflechtungen und Querverhaftungen, so lässt sich betriebswirtschaftlich oft keine sinnvolle Aussage auf der Basis der Einzelgesellschaft machen.[2] Welche autonome Fortführungsprognose hat beispielsweise eine Vertriebsgesellschaft, die ihre Produkte ausschließlich von gruppeninternen Produktionsgesellschaften bezieht und für die Verbindlichkeiten der Gruppe mithaftet? Selbst wenn man eine in solchen Fällen auf Gruppenbasis erstellte Planung formal auf die einzelnen Rechtsträger mathematisch herunterbrechen kann, sie sind ohne Berücksichtigung der Gesamtplanung der Gruppe inhaltsleer. Diesem Problem lässt sich nur durch einen Rückschluss von der Gesamtgruppe auf das die darin enthaltenen Einzelunternehmen begegnen: wenn (1) die Gruppe insgesamt ein schlüssiges Unternehmenskonzept hat, (2) die Gruppe insgesamt jederzeit in der Lage ist, fällige Verbindlichkeiten gegenüber Dritten zu erfüllen, und (3) die Liquidität in der Gruppe jederzeit dorthin transferiert werden kann und soll, wo gerade fällige Verbindlichkeiten bestehen, dann ist die Fortführungsprognose jedes Einzelunternehmens der Gruppe ein notwendiges Minus der Prognose der Gesamtgruppe.

33.38

3. Liquidationsstatus

Besteht keine positive Fortführungsprognose, so ist auch nach der heute geltenden modifizierten zweistufigen Überschuldungsprüfung zu prüfen, ob die Vermögenswerte zu Liquidationswerten die Verbindlichkeiten decken.

33.39

a) Grundlagen

Für diese Vermögensrechnung wird ein so genannter Liquidationsstatus erstellt, der in der äußeren Form einer Handelsbilanz gleicht, sich inhaltlich aber von dieser erheblich unterscheidet. So finden die grundlegenden Bewertungsprinzipien der Handelsbilanz – Anschaffungswertprinzip, Imparitäts- und Realisationsprinzip – keine Anwendung.[3] Vielmehr sollen die Zeitwerte der Vermögensgegenstände auf Grundlage einer Einzelbewertung angesetzt werden. Dies bedeutet für eine Bewertung zu Liquidationswerten, dass unter Zugrundelegung eines realistischen Liquidationsszenarios die Veräußerungswerte der Aktiva zu ermitteln und anzusetzen sind.[4] Mangels Geltung des Anschaffungswerts- und Realisationsprinzips des Handelsbilanzrechts sind stille Reserven aufzudecken.[5] Abwicklungs- und Verwertungskosten sind

33.40

---

1 Vgl. nur *Mock* in Uhlenbruck, 14. Aufl. 2015, § 19 InsO Rz. 210; *K. Schmidt*, 19. Aufl. 2016, § 19 InsO Rz. 18, 46.
2 Ausführlich *Balthasar* in Flöther, Handbuch zum Konzerninsolvenzrecht, 2015, S. 51 f.
3 *Drukarczyk/Schüler* in MünchKomm. InsO, 3. Aufl. 2013, § 19 InsO Rz. 87 f.; *Früh/Wagner*, WPg 1998, 911; *Klebba*, BFuP 1953, 691, 696; *Müller/Haas* in Kölner Schrift zur InsO, 2. Aufl. 2000, S. 1799, 1802, 1806 f.
4 BGH v. 13.7.1992 – II ZR 269/91, ZIP 1992, 1382; BGH v. 6.12.1993 – II ZR 102/93, ZIP 1994, 295; *Burger/Schellberg*, KTS 1995, 571.
5 BGH v. 8.1.2001 – II ZR 88/99, ZIP 2001, 235; *Müller/Haas* in Kölner Schrift zur InsO, 2. Aufl. 2000, S. 1799, 1802, 1807; *Hüffer* in FS Wiedemann, 2002, S. 1056 f.; *Mock* in Uhlenbruck, 14. Aufl. 2015, § 19 InsO Rz. 24 f.

von den Aktiva in Abzug zu bringen oder, sofern sie keinem spezifischen Aktivum zuzurechnen sind, durch Rückstellungen abzubilden.[1] Dies gilt indes nicht für insolvenzbedingte Verfahrenskosten, denn ob es zu einer solchen kommt, soll durch den Status ja erst ermittelt werden.[2]

33.41 Bei der Bewertung zu Fortführungswerten sind statt Verwertungserlösen die gedachten **Wiederbeschaffungskosten** anzusetzen.[3] Dabei nimmt die ganz herrschende Meinung in Kauf, dass diese auf einer Einzelbewertung basierende Schuldendeckungskontrolle den tatsächlichen Verhältnissen nicht entspricht. Die Tilgung der Schulden erfolgt im Fortführungsfalle ja nicht aus dem Erlös einzelner Aktiva, sondern dem unternehmerischen Ertrag. Es ist auch insolvenzrechtlich unstreitig, dass die theoretisch richtige Bewertung der Aktiva zu einer Gesamtbewertung des Unternehmens zwingen würde. Dies wird gleichwohl wegen der Unsicherheiten und damit Manipulationsanfälligkeit einer solchen Gesamtbewertung verworfen.[4]

b) Einzelpositionen

33.42 Die Aufgabe der handelsbilanziellen Ansatz- und Bewertungsmaßstäbe führt bei der Überleitung der Handelsbilanz in einen Überschuldungsstatus zu einer Vielzahl von Veränderungen.

Gravierende Veränderungen auf der **Aktivseite** resultieren dabei vor allem aus nachfolgenden Positionen: Sämtliche **Bilanzierungshilfen** sind im Überschuldungsstatus zu eliminieren, denn es handelt sich nicht um Vermögen, aus denen ein Erlös erzielt werden kann. Gleiches gilt für **Firmenwerte**, soweit diese nicht konkreten einzelnen Vermögensgegenständen – etwa einem übernommenen und separat veräußerbaren Kundenstamm – zugewiesen werden können. Selbst geschaffene **immaterielle Vermögenswerte** wie Software, Lizenzen und Markenrechte sind dagegen anzusetzen, soweit sie separat verwertbar sind.[5] Ebenfalls anzusetzen sind Ansprüche aus Unternehmensverträgen. Dies gilt insbesondere für Ansprüche auf Verlustausgleich aus einem **Ergebnisabführungsvertrag**. Dabei kommt es nach überwiegender Auffassung nicht auf die durchaus streitige Frage an, ob die Ansprüche aus einem Ergebnisabführungsvertrag erst mit der Feststellung des Jahresabschlusses entstehen. Für die Zwecke des Überschuldungsstatus sind sie auch unterjährig anzusetzen, so dass bei Vollwertigkeit des Anspruchs gegen die Obergesellschaft eine Gesellschaft mit Ergebnisabführungsvertrag nie überschuldet sein kann.[6]

33.43 Auf der **Passivseite** sind alle Positionen aufzunehmen, die im Rahmen einer Liquidation zu Verbindlichkeiten führen können.[7] Dies umfasst auch Verbindlichkeiten, die erst aufgrund der Liquidation entstehen, wie Schadensersatzansprüche aus der Nichterfüllung bestehender

---

1 *Müller/Haas* in Kölner Schrift zur InsO, 2. Aufl. 2000, S. 1799, 1804.
2 *Gundlach* in Gottwald, Insolvenzrechts-Handbuch, 5. Aufl. 2015, § 6 Rz. 59, 64.
3 *Drukarczyk/Schüler* in Kölner Schrift zur InsO, 3. Aufl. 2009, S. 28, 82 ff.; *Mock* in Uhlenbruck, 14. Aufl. 2015, § 19 InsO Rz. 34 f.
4 *Drukarczyk/Schüler* in Kölner Schrift zur InsO, 3. Aufl. 2009, S. 28, 82 ff.; *Hüffer* in FS Wiedemann, 2002, S. 1060; *Müller/Haas* in Kölner Schrift zur InsO, 2. Aufl. 2000, S. 1799, 1807; *Mock* in Uhlenbruck, 14. Aufl. 2015, § 19 InsO Rz. 34 f.
5 *Mock* in Uhlenbruck, 14. Aufl. 2015, § 19 InsO Rz. 39; *Uhlenbruck* in K. Schmidt/Uhlenbruck, Die GmbH in Krise, Sanierung und Insolvenz, 5. Aufl. 2016, S. 431 ff.; *Wolf*, Überschuldung, 1998, S. 71 f.
6 *Müller/Haas* in Kölner Schrift zur InsO, 2. Aufl. 2000, S. 1799, 1810; ausführlich *Berthold*, Unternehmensverträge in der Insolvenz, 2004, S. 59 ff.
7 BGH v. 6.12.1993 – II ZR 102/93, ZIP 1994, 295; BGH v. 18.10.2010 – II ZR 151/09, ZIP 2010, 2400.

Schuldverhältnisse. Auch der Liquidationsstatus enthält also typischerweise Drohverlustrückstellungen für Dauerschuldverhältnisse. Zu Problemen können vor allem Pensionsverpflichtungen und Gesellschafterdarlehen führen. **Pensionsverpflichtungen** werden in der Handelsbilanz gem. § 253 Abs. 2 HGB mit dem Barwert passiviert, der sich bei Abzinsung mit einem 10- oder 15-jährigen Durchschnittszins ergibt. Der durch die Intervention der EZB gesunkene Marktzins führt zur Zeit dazu, dass infolge niedriger Durchschnittszinsen die Barwerte der Pensionsverpflichtungen erheblich ansteigen. Diese hohen Werte sind indes nicht zwingend auch für den Liquidationsstatus anzusetzen. Denn der Pensionssicherungsverein, auf den die Pensionsverpflichtungen im Falle der Insolvenz übergehen, hat noch im Geltungsbereich des alten Bilanzrechts, bei dem handelsbilanziell auf den steuerlichen Teilwert (§ 6a Abs. 3 EStG) der Pensionsverpflichtungen rekurriert wurde, eine von der steuerlichen und handelsbilanziellen Bewertung abweichende Bewertung der Pensionsforderungen mit 5,5 % statt 6 % in der Insolvenz erzwungen[1]. Dies spricht dafür, auch im Liquidationsstatus von der handelsbilanziellen Bewertung abzuweichen und nur den Wert anzusetzen, mit dem der Pensionssicherungsverein in einer Insolvenz am Verfahren teilnimmt. Andernfalls kann bei hinreichend großen Pensionszusagen allein die Zinssatzveränderung bei der barwertigen Bewertung von Pensionsrückstellungen eine Vielzahl von Unternehmen in die Überschuldung treiben.[2]

Gesellschafterdarlehen sind in der Insolvenz gem. § 39 Abs. 1 Nr. 5 InsO nachrangig zu bedienen. Nach einer noch zum alten Eigenkapitalersatzrecht ergangenen Leitentscheidung des BGH aus dem Jahre 2001[3] sind Gesellschafterdarlehen auch dann in einem Überschuldungsstatus als Verbindlichkeiten zu passivieren, wenn sie rechtlich als nachrangig zu qualifizieren sind. Anders ist dies nur dann, wenn für das Darlehen eine qualifizierte Nachrangerklärung abgegeben wurde, in der auf die Rückzahlung des Darlehens während der Krise verzichtet wird, und im Falle einer Insolvenz eine Begleichung nicht vor dem Einlagenrückgewähranspruch erfolgt. Diese Notwendigkeit eines qualifizierten Nachranges ist trotz Erweiterung des Katalogs nachrangiger Verbindlichkeiten in § 39 InsO durch das MoMiG nicht entfallen. Im Interesse der Rechtsklarheit sind Forderungen der Gesellschafter ohne Rangrücktrittserklärung im Liquidationsstatus zu passivieren.

33.44

III. Drohende Zahlungsunfähigkeit

Mit der Insolvenzrechtsreform 1999 wurde in § 18 InsO der im deutschen Recht bis dahin unbekannte, nur fakultative Insolvenzgrund der drohenden Zahlungsunfähigkeit eingeführt. Vorbild dieser Neuregelung war vor allem das US-amerikanische Chapter-11-Verfahren. Ähnlich wie dort soll es Unternehmen in der Krise ermöglicht werden, sich frühzeitig unter den Vollstreckungsschutz der InsO zu stellen um aus der Insolvenz heraus eine geordnete Sanierung mit Insolvenzplan zu betreiben.[4] Diese Vorstellung des Gesetzgebers ist bisher nicht Realität geworden. Grund dafür ist zunächst, dass die Schuldner den mit einem Insolvenzantrag versehenen Reputations- und Kontrollverlust sowie das Risiko der Bestellung eines nicht ko-

33.45

---

1 BAG v. 11.10.1988 – 3 AZR 295/87 (AP Nr. 2 zu § 69 KO m. Anm. *Ahrend/Matthießen*), ZIP 1989, 319.
2 So auch *Drukarczyk/Schüler* in MünchKomm. InsO, 3. Aufl. 2013, § 19 InsO Rz. 118.
3 BGH v. 8.1.2001 – II ZR 88/99, ZIP 2001, 235; dazu u.a. *Altmeppen*, ZIP 2001, 240; *Bauer*, ZInsO 2001, 486; *Goette*, DStR 2001, 179; *Wittig*, NZI 2001, 169.
4 *Gundlach* in Gottwald, Insolvenzrechts-Handbuch, 5. Aufl. 2015, § 6 Rz. 17 f.; *Mönning* in Nerlich/Römermann, § 18 InsO Rz. 16 f.

operationsbereiten Insolvenzverwalters durch das Gericht scheuen. Darüber hinaus ist dieser neue Tatbestand auch mit einer Reihe konstruktiver Mängel behaftet:

33.46 Die drohende Zahlungsunfähigkeit liegt nach der Legaldefinition des § 18 Abs. 2 InsO vor, wenn der Schuldner voraussichtlich nicht in der Lage sein wird, sämtliche bestehenden Verpflichtungen bei Fälligkeit zu erfüllen. Bereits diese Definition hat große Ähnlichkeit mit der Fortführungsprognose, die im Rahmen der Erstellung eines Überschuldungsstatus notwendig ist. Auch technisch stehen sich beide sehr nahe. Im einen wie im anderen Fall ist es erforderlich, einen Finanzplan zu erstellen, der sämtliche Ein- und Auszahlungen abbildet.[1] Diese Nähe führt aber zugleich dazu, dass für eine drohende Zahlungsunfähigkeit rechtstatsächlich nur ein sehr enger Anwendungsbereich besteht. Droht die Zahlungsunfähigkeit, weil die Illiquidität mangels hinreichender Zahlungsmittel wahrscheinlicher ist als die Aufrechthaltung der Liquidität,[2] so entfällt notwendigerweise auch die Fortführungsprognose. Das Unternehmen ist dann in aller Regel auch überschuldet, weil zu Liquidationswerten zu bilanzieren ist.[3] Die Erstellung eines Finanzplanes zur Vorbereitung eines Eigenantrages und Insolvenzplanverfahrens als Alternative zu einer außergerichtlichen Sanierung kann daher unversehens und unbemerkt die Insolvenzantragspflicht auslösen.

33.47 Zudem ist zu beachten, dass die Geschäftsleitung gegenüber der Gesellschaft verpflichtet ist, sämtliche Möglichkeiten zur Sanierung auszunutzen. Ein Insolvenzantrag wegen drohender Zahlungsunfähigkeit kann daher eine Haftung nach § 43 Abs. 2 GmbHG, § 93 Abs. 2 AktG auslösen, wenn nicht alle Möglichkeiten zur Sanierung ausgenutzt wurden.[4] Dies lässt sich bei der GmbH nur vermeiden, wenn die Geschäftsführung vor Insolvenzantrag wegen drohender Zahlungsunfähigkeit die Zustimmung der Gesellschafterversammlung einholt.[5]

Der Eigenantrag wegen drohender Zahlungsunfähigkeit ist daher wenig praxistauglich. Soweit gleichwohl eine Vielzahl solcher Anträge gestellt wird, dienen sie eher dazu, die bereits eingetretene Überschuldung oder Zahlungsunfähigkeit zu kaschieren.[6]

C. Haftung wegen Insolvenzverschleppung § 823 Abs. 2 BGB i.V.m. § 15a InsO

I. Grundlagen

33.48 Die Insolvenzantragspflicht ist rechtsformübergreifend für juristische Personen und beschränkt haftende Gesellschaften ohne Rechtspersönlichkeit in § 15a InsO geregelt. Diese

---

1 *Drukarczyk/Schüler* in Kölner Schrift zur InsO, 3. Aufl. 2009, S. 28, 45 ff.; *Mönning* in Nerlich/Römermann, § 18 InsO Rz. 28; *Drukarczyk* in MünchKomm. InsO, 3. Aufl 2013, § 18 InsO Rz. 13 ff.
2 *Gundlach* in Gottwald, Insolvenzrechts-Handbuch, 5. Aufl. 2015, § 6 Rz. 17 f.; *Mock* in Uhlenbruck, 14. Aufl. 2015, § 18 InsO Rz. 3.
3 Ähnlich *Drukarczyk* in MünchKomm. InsO, 3. Aufl. 2013, § 18 InsO Rz. 51 ff.; *Drukarczyk/Schüler* in Kölner Schrift zur InsO, 3. Aufl. 2009, S. 28, 82 ff.
4 *Haas* in Baumbach/Hueck, GmbHG, 21. Aufl. 2017, § 64 GmbHG Rz. 220; *Haas* in Heintzen/Kruschwitz, Unternehmen in der Krise, 2004, S. 73, 87; *Haas* in Gottwald, Insolvenzrechts-Handbuch, 5. Aufl. 2015, § 91 Rz. 16 f., 19 ff.; *Meyke*, Die Haftung des GmbH-Geschäftsführers, 5. Aufl. 2007, S. 126.
5 *Goetker*, Der Geschäftsführer in der Insolvenz, 1999, Rz. 500 f.; *Haas* in Gottwald, Insolvenzrechts-Handbuch, 5. Aufl. 2015, § 91 Rz. 16 f., 19 ff.; *Meyke*, Die Haftung des GmbH-Geschäftsführers, 5. Aufl. 2007, S. 126.
6 Ähnlich *Beck* in Beck/Depré, Praxis der Insolvenz, 2003, S. 225 Rz. 88.

durch das MoMiG eingefügte Norm ersetzt die bis dahin rechtsformspezifischen Insolvenzantragspflichten des Gesellschaftsrechts.[1] Materiell ändert diese **Verlagerung der Insolvenzantragspflicht in das Insolvenzrecht** nichts daran, dass die schuldhafte Verletzung der Antragspflicht weiterhin in Übereinstimmung mit der ständigen Rechtsprechung Schadensersatzansprüche der Gläubiger aus § 823 Abs. 2 BGB, nunmehr i.V.m. § 15a Abs. 1 InsO als Schutzgesetz, begründen kann. Das zum Insolvenzantrag verpflichtete Gesellschaftsorgan haftet demnach den Gesellschaftsgläubigern auf Schadensersatz, wenn es schuldhaft die Pflicht zur Insolvenzantragsstellung verletzt.[2] Rechtsprechung und Literatur[3] setzen sich mit dieser Schadensersatzpflicht wegen der großen Anzahl praktischer Fälle vor allem im Zusammenhang mit der GmbH auseinander, die einheitliche Regelung der Antragspflicht in § 15a InsO und identische Sanktionierung in den Spezialgesetzen führt gleichwohl zu einer weitgehenden Vergleichbarkeit der Rechtslage, so dass für die übrigen Rechtsformen hierauf zurückgegriffen werden kann.

II. Insolvenzantragspflicht

1. Adressat der Antragspflicht

a) Organschaftliche Vertreter

Der Inhalt der Insolvenzantragspflicht der Organe hat durch die Überführung aus den jeweiligen Gesellschaftsrechten in § 15a InsO keine Änderung erfahren. Antragspflichtig sind bei allen Gesellschaftsformen jeweils die zur Geschäftsführung und Vertretung berufenen Geschäftsführungsorgane, also bei der GmbH die Geschäftsführer, bei Genossenschaft und AG der Vorstand, bei der GmbH & Co. KG der Geschäftsführer der Komplementär-GmbH.[4]

33.49

Nicht zur Stellung eines Insolvenzantrages als Eigenantrag berechtigt und damit auch nicht verpflichtet sind außer in Fällen der Führungslosigkeit (vgl. dazu Rz. 33.55) Aufsichtsräte, Beiräte und Gesellschafter.[5] Problematisch ist es allerdings, wenn sich diese im Zuge einer Sanierung stark in die Geschäftsführung mit einbringen, denn antragspflichtig sind nach überwiegender Auffassung auch faktische Geschäftsführer.[6] Das gleiche Risiko kann im Übrigen auch Berater treffen. Eine Haftung kommt darüber hinaus in Betracht, wenn sie zu ei-

---

1 § 64 Abs. 1 GmbHG a.F., § 92 Abs. 2 AktG a.F., § 99 Abs. 1 GenG a.F., § 130a HGB a.F.
2 Seit BGHZ 29, 100, 102 ff. ständige Rechtsprechung (vgl. BGH v. 3.2.1987 – VI ZR 268/85, BGHZ 100, 19, 21; BGH v. 19.2.1990 – II ZR 268/88, BGHZ 110, 342, 360; BGH v. 6.6.1994 – II ZR 292/91, BGHZ 126, 181; dies gilt für alle haftungsbeschränkten Gesellschaftsformen; vgl. für die GmbH *Kleindiek* in Lutter/Hommelhoff, GmbHG, 19. Aufl. 2016, Anh. zu § 64 GmbHG Rz. 76 ff.; *K. Schmidt* in Scholz, GmbHG, 11. Aufl. 2015, § 64 GmbHG Rz. 115 ff.; für die AG *Hüffer/Koch*, AktG, 12. Aufl. 2016, § 92 AktG Rz. 22, § 116 AktG Rz. 15 ff.; für die Genossenschaft *Beuthien*, GenG, 14. Aufl. 2004, § 99 GenG Rz. 5.
3 Vgl. etwa die Überblicke bei *Haas*, DStR 2003, 423 ff.; *Haas*, NZG 1999, 373; *Meyke*, Die Haftung des GmbH-Geschäftsführers, 5. Aufl. 2007, S. 268 ff.
4 *Goetsch* in Breutigam/Blersch/Goetsch, InsO-Kommentar, § 15 InsO Rz. 4.
5 *Haas/Kolmann/Pauw* in Gottwald, Insolvenzrechts-Handbuch, 5. Aufl. 2015, § 92 Rz. 59; *Haas* in Baumbach/Hueck, GmbHG, 21. Aufl. 2017, § 64 GmbHG Rz. 153.
6 Vgl. BGH v. 10.5.2000 – 3 StR 101/00, NJW 2000, 2285 f.; BGH v. 11.7.2005 – II ZR 235/03, ZIP 2005, 1550; *Geißler*, GmbHR 2003, 1106, 1113; *Haas/Kolmann/Pauw* in Gottwald, Insolvenzrechts-Handbuch, 5. Aufl. 2015, § 92; *K. Schmidt* in Scholz, GmbHG, 11. Aufl. 2015, § 64 GmbHG Rz. 115 ff.; jeweils m.w.N.

ner Insolvenzverschleppung in strafbarer Weise anstiften oder Beihilfe dazu leisten.[1] Insoweit ist hier für Nichtgeschäftsführungsorgane durchaus Zurückhaltung geboten.

33.50 Unerheblich ist, welches Ressort das **Organmitglied** hat und ob es alleinvertretungsberechtigt ist oder nur gemeinschaftlich, die Pflicht trifft **jedes einzelne**.[2] Allerdings wirkt der Antrag eines Mitgliedes auch für die anderen, auch sie werden dadurch von ihrer Pflicht frei.[3]

33.51 Dies kann man sich in der Praxis zunutze machen, um **Zeit** zu **gewinnen**, wenn eine Antragsrücknahme wegen Erfolg versprechender Sanierungsverhandlungen möglich scheint. Gem. § 15 Abs. 2 Satz 2 InsO hat das Insolvenzgericht die übrigen Organmitglieder anzuhören, wenn nur ein Organmitglied den Antrag stellt. Ein Antrag nur eines Organmitgliedes kann also eine sofortige Bestellung eines vorläufigen Verwalters verzögern und zugleich der Antragspflicht aller genügen. Der Grad zwischen legitimer Gestaltung und Rechtsmissbrauch ist bei einem solchen Vorgehen allerdings sehr schmal, ohne vorherige Information des Gerichts über den Stand der Sanierungsverhandlungen und die Chancen einer späteren Antragsrücknahme sollte dieses Instrument nicht gewählt werden.

33.52 Keine befreiende Wirkung hat dagegen nach allgemeiner Auffassung der Antrag eines Gläubigers, denn dieser kann jederzeit zurückgenommen werden.[4] Außerdem wird das Gericht bei einem **Drittantrag** vor Anhörung des Schuldners von der Anordnung von Sicherungsmaßnahmen absehen, der Drittantrag hat in der Praxis also wesentlich geringere Folgen.

33.53 Das Geschäftsführungsorgan kann von der Insolvenzantragspflicht nicht durch eine **Weisung** der Gesellschafter oder eines Aufsichtsorgans befreit werden. Derartige Weisungen sind unbeachtlich[5], ebenso wie die Einwilligung von Gesellschaftsgläubigern in die Fortführung der Gesellschaft.[6] Allerdings können die Gesellschafter das Organ abberufen, wodurch dieses dann mangels Vertretungsbefugnis von der Antragspflicht frei wird.[7]

b) Gesellschafter und Aufsichtsräte

33.54 Eine wesentliche Neuerung durch das MoMiG stellt die **Erweiterung des Personenkreises**, der der Insolvenzantragspflicht unterliegt, dar. Durch § 15a Abs. 3 InsO werden Gesellschafter einer GmbH bei Führungslosigkeit der Gesellschaft sowie die Mitglieder des Aufsichtsrats bei Führungslosigkeit einer AG oder einer Genossenschaft im Wege einer Ersatzzuständigkeit verpflichtet, im Fall der Zahlungsunfähigkeit oder Überschuldung einen Insolvenzantrag zu stellen. Hierdurch sollen so genannte „**Firmenbestattungen**" unterbunden werden. Kennzeichnend für Firmenbestattungen ist, dass versucht wird, ein ordnungsgemäßes Abwick-

---

1 Vgl. BGH v. 9.7.1979 – II ZR 118/77, BGHZ 75, 96, 107; *Ulmer* in Hachenburg, GmbHG, 8. Aufl. 1997, § 64 GmbHG Rz. 75; *Mertens/Cahn* in KölnKomm. AktG, 3. Aufl. 2010, Anh. § 92 AktG Rz. 35.
2 *Haas/Kolmann/Pauw* in Gottwald, Insolvenzrechts-Handbuch, 5. Aufl. 2015, § 86 Rz. 54; *Ulmer* in Hachenburg, GmbHG, 8. Aufl. 1997, § 64 GmbHG Rz. 7
3 *Ulmer* in Hachenburg, GmbHG, 8. Aufl. 1997, § 64 GmbHG Rz. 7; *K. Schmidt* in Scholz, GmbHG, 11. Aufl. 2015, § 64 GmbHG Rz. 115 ff.
4 *Goette* in FS Kreft, 2004, S. 53, 56; *Meyke*, Die Haftung des GmbH-Geschäftsführers, 5. Aufl. 2007, S. 114; *Ulmer* in Hachenburg, GmbHG, 8. Aufl. 1997, § 64 GmbHG Rz. 30.
5 *Ulmer* in Hachenburg, GmbHG, 8. Aufl. 1997, § 64 GmbHG Rz. 7, 32.
6 *Ulmer* in Hachenburg, GmbHG, 8. Aufl. 1997, § 64 GmbHG Rz. 32.
7 Vgl. *Haas/Kolmann/Pauw* in Gottwald, Insolvenzrechts-Handbuch, 5. Aufl. 2015, § 86 Rz. 59 m.w.N.

lungsverfahren namentlich durch Abberufung der Leitungsorgane und Aufgabe des Geschäftslokals zu vermeiden. Die Neuregelung soll eine Umgehung der Insolvenzantragspflicht verhindern und den Anreiz schaffen, wieder handlungsfähige Vertreter der Gesellschaft zu bestellen, da die Verpflichtung der Antragstellung gem. § 15a Abs. 3 InsO lediglich subsidiärer Natur ist. Denn sobald für die Gesellschaft wieder ein ordnungsgemäß aktionsfähiger Vertreter wirksam bestellt ist, geht die Antragspflicht auf diesen über.[1]

Der Begriff der **Führungslosigkeit** wird in § 35 Abs. 1 Satz 2 GmbHG definiert. Diese liegt vor, sofern die Gesellschaft nicht über einen Geschäftsführer bzw. nach § 10 Abs. 2 Satz 2 InsO nicht über einen organschaftlichen Vertreter verfügt. Es sind die allgemeinen Regeln über die Beendigung der Organstellung maßgebend, also etwa Abberufung, Amtsniederlegung und Tod.[2] Die Führungslosigkeit ist zu verneinen, wenn die Gesellschafter einen organschaftlichen Vertreter durch anfechtbaren Beschluss bestellt haben und der Beschluss noch nicht rechtskräftig für nichtig erklärt worden ist; Gleiches gilt, wenn die Bestellung auf einen nichtigen Beschluss zurückzuführen ist, der Bestellte allerdings mit Duldung der Gesellschafter an der Geschäftsführung tatsächlich beteiligt ist.[3] Ein Fall der Führungslosigkeit liegt zudem nicht vor, sofern der noch bestellte Geschäftsführer lediglich nicht mehr handlungswillig oder unerreichbar ist. Freilich kann in diesem Fall unter gewissen Umständen von einer konkludenten Amtsniederlegung ausgegangen werden, die dann doch eine Führungslosigkeit bewirkt.

33.55

Die Antragspflicht der Gesellschafter setzt gem. § 15a Abs. 3 a.E. InsO zusätzlich voraus, dass die Gesellschafter bzw. Aufsichtsratsmitglieder von dem Insolvenzgrund (Zahlungsunfähigkeit oder Überschuldung) und der Führungslosigkeit **Kenntnis haben**. Die Antragspflicht entfällt, wenn der Gesellschafter nur eines der beiden Elemente nicht kennt. Die Darlegungs- und Beweislast für die fehlende Kenntnis trifft nach dem Wortlaut des § 15a Abs. 3 a.E. InsO – „es sei denn" – den Gesellschafter.[4]

33.56

Mit Kenntnis i.S. des § 15a Abs. 3 InsO ist die **positive Kenntnis** gemeint. Grobfahrlässige Unkenntnis von Insolvenzgrund und Führungslosigkeit reicht nicht aus. Eine ausufernde Nachforschungspflicht wird hiermit grundsätzlich nicht auferlegt. Indessen sind der positiven Kenntnis die Fälle gleichgestellt, in denen sich die Person, auf deren Kenntnis es ankommt, bewusst der Kenntnisnahme verschlossen hat.[5] Sofern der Gesellschafter den Insolvenzgrund kennt, besteht für ihn Anlass, sich darüber zu vergewissern, warum der Geschäftsführer keinen Insolvenzantrag stellt. Umgekehrt hat ein Gesellschafter, dem die Führungslosigkeit bekannt ist, sich über die Vermögensverhältnisse der Gesellschaft zu informieren. Nach Auffassung des Gesetzgebers hat lediglich der kleinbeteiligte Gesellschafter geringeren Anlass, in derartige Überlegungen einzutreten.[6]

33.57

Korrespondierend mit der Erweiterung des antragspflichtigen Personenkreises gem. § 15a Abs. 3 InsO ist § 15 Abs. 1 InsO um ein Insolvenzantragsrecht des betroffenen Personenkreises ergänzt worden. Um unbegründete Insolvenzanträge zu vermeiden, ist neben dem Eröffnungsgrund auch die Führungslosigkeit nach § 15 Abs. 2 Satz 2 InsO glaubhaft zu machen.[7]

33.58

---

1 BR-Drucks. 354/07, S. 127.
2 *Schmahl*, NZI 2008, 6, 7.
3 *Schmahl*, NZI 2008, 6, 7.
4 BT-Drucks. 16/6140, S. 135.
5 BT-Drucks. 16/6140, S. 135.
6 BR-Drucks. 354/07, S. 128.
7 BT-Drucks. 16/9737, S. 104.

33.59 Unabhängig von der die Aufsichtsratsmitglieder nunmehr bei Führungslosigkeit selbst treffenden Antragspflicht besteht eine **Pflicht des Aufsichtsrats**, wenn er die Insolvenzreife der Gesellschaft feststellt, auf die Stellung eines Insolvenzantrags durch die Vertretungsorgane der Gesellschaft hinzuwirken. Verstößt der Aufsichtsrat schuldhaft gegen diese Pflicht, kann er der Gesellschaft zum Schadensersatz verpflichtet sein.[1] Das Zahlungsverbot des § 92 Abs. 2 Satz 1 AktG richtet sich zwar nur an den Vorstand als das geschäftsleitende Organ der AG. Den Aufsichtsrat treffen aber Informations-, Beratungs- und Überwachungspflichten. Er muss sich ein genaues Bild von der wirtschaftlichen Situation der Gesellschaft verschaffen und insbesondere in einer Krisensituation alle ihm nach §§ 90 Abs. 3, 111 Abs. 2 AktG zur Verfügung stehenden Erkenntnisquellen ausschöpfen. Stellt er dabei fest, dass die Gesellschaft insolvenzreif ist, hat er darauf hinzuwirken, dass der Vorstand rechtzeitig einen Insolvenzantrag stellt und keine Zahlungen leistet, die mit der Sorgfalt eines ordentlichen und gewissenhaften Geschäftsleiters nicht vereinbar sind. Erforderlichenfalls muss er ein ihm unzuverlässig erscheinendes Vorstandsmitglied abberufen. In einem etwaigen Haftungsrechtsstreit trifft das Aufsichtsratsmitglied die Darlegungs- und Beweislast dafür, dass er die ihn treffenden Pflichten erfüllt hat oder dass ihn jedenfalls an der Nichterfüllung kein Verschulden trifft.[2] Dies gilt auch für den nur fakultativen Aufsichtsrat einer GmbH.[3]

c) Erstreckung auf Auslandsgesellschaften

33.60 Die Neuregelung der Insolvenzantragspflicht in der Insolvenzordnung hat die früher aufgeworfene Frage geklärt, ob die Insolvenzantragspflicht gesellschaftsrechtlicher oder insolvenzrechtlicher Natur ist. Die rechtliche Zuordnung bestimmt maßgeblich, ob die Insolvenzantragspflicht auch für Auslandsgesellschaften, also Gesellschaften mit statutarischem Sitz im Ausland, aber tatsächlicher Geschäftstätigkeit in Deutschland, gilt. Indem die GmbH-Novelle die Antragspflicht aus dem Gesellschaftsrecht in das Insolvenzrecht verlagert hat, ist eine eindeutige Rechtslage geschaffen worden. Hintergrund ist, dass das Insolvenzstatut nach Art. 4 Abs. 1 Satz 1 i.V.m. Art. 3 Abs. 1 EuInsVO an den Mittelpunkt der hauptsächlichen Interessen (center of main interests – „COMI") und nicht an die Rechtsform des schuldnerischen Unternehmens anknüpft. Auslandsgesellschaften, die ihren Verwaltungssitz und Betrieb im Inland haben, werden folglich in den Anwendungsbereich des deutschen Insolvenzrechts einbezogen.[4] Demzufolge trifft u.a. den Director einer englischen Limited mit Verwaltungssitz in Deutschland die Antragspflicht nach § 15a InsO.

33.61 Wegen der insolvenzrechtlichen Anknüpfung der Insolvenzantragspflicht an das COMI gilt diese Pflicht für die im Ausland ansässigen Gesellschaften deutscher Rechtsform nicht. Es besteht daher die Möglichkeit, dass eine im Inland gegründete Gesellschaft – vereinfacht durch § 4a GmbHG – ihren Sitz und zusätzlich den Schwerpunkt ihrer Tätigkeit ins Ausland verlegt, um sich durch eine „Flucht ins Ausland" der Antragspflicht gem. § 15a InsO mit eventuellen unliebsamen Folgen zu entziehen.[5] Es wächst daher die Gefahr des **„Insolvenztourismus"**.[6]

---

1 BGH v. 16.3.2009 – II ZR 280/07, ZIP 2009, 860 = AG 2009, 404.
2 BGH v. 16.3.2009 – II ZR 280/07, ZIP 2009, 860 = AG 2009, 404.
3 OLG Brandenburg v. 17.2.2009 – 6 U 102/07, ZIP 2009, 866 = AG 2009, 662.
4 BR-Drucks. 354/07, S. 127.
5 BT-Drucks. 16/6140, S. 171 f.
6 BGH v. 16.3.2009 – II ZR 280/07, ZIP 2009, 860 = AG 2009, 404.

2. Antragsfrist

Gem. § 15a InsO ist der Insolvenzantrag ohne schuldhaftes Zögern, spätestens aber nach drei Wochen zu stellen. Hierbei handelt es sich um eine **Höchstfrist**.[1] Sie wird eingeräumt, um dem Unternehmen eine außergerichtliche Sanierung zu ermöglichen.[2] Dies wird in der Praxis gerne übersehen. Die Frist darf daher nur dann ausgenutzt werden, wenn sich das Unternehmen um eine Sanierung bemüht und solche Aussichten überhaupt bestehen. Ist dies nicht der Fall, ist schon vorher Insolvenzantrag zu stellen.[3] Keinesfalls darf die Frist aber überschritten werden.[4]

33.62

Äußerst umstritten ist, wann der Lauf der Dreiwochenfrist beginnt. Nach dem Wortlaut der Norm („Eintritt der Zahlungsunfähigkeit") käme ein **Fristbeginn** schon bei objektivem Vorliegen der Insolvenzantragsgründe in Betracht. Dies wird allgemein als zu eng abgelehnt, denn dadurch würden Sanierungsbemühungen letztlich fast immer vereitelt.[5] Maßgeblich ist vielmehr die subjektive Erkennbarkeit. Dabei ist indes höchst streitig, welches Maß an Erkennbarkeit erforderlich ist. Ein Teil der Literatur will im Interesse von Sanierungsbemühungen auf positive Kenntnis oder böswillige Erkenntnisverweigerung abstellen.[6] Die Rechtsprechung des BGH[7] und mit ihr Teile der Literatur[8] stellen dagegen mit unterschiedlichen Formulierungen auf Erkennbarkeit oder fahrlässiges Nichterkennen ab. Dies hat für die Praxis erhebliche Auswirkungen, denn oft ist es ex post ein leichtes darzulegen, dass der Eintritt des Insolvenzgrundes durchaus früher erkennbar gewesen wäre. Die Wahl des richtigen Zeitpunktes für den Beginn der Dreiwochenfrist ist für die Geschäftsleitungsorgane damit mit erheblicher haftungsträchtiger Unsicherheit verbunden. Dem lässt sich in der Praxis durch rechtzeitige Beauftragung eines sachverständigen Beraters mit der Prüfung der Überschuldung oder Zahlungsunfähigkeit begegnen. Soweit es keine anderen markanten externen Ereignisse gibt, an denen sich der Fristlauf festmachen lässt (etwa die Kündigung einer Kreditlinie für die Zahlungsunfähigkeit oder der Ausfall von Forderungen für die Überschuldung), markiert dann die Vorlage des Gutachtens den Beginn der Dreiwochenfrist. Solange sich die Erstellung des Gutachtens innerhalb einer angemessenen, sich an der Komplexität des Falles orientierenden Zeitspanne hält, und die Gutachtenerstellung rechtzeitig beauftragt wurde, beginnt die Dreiwochenfrist selbst dann noch nicht zu laufen, wenn das Gutachten zum Ergebnis kommt, dass

33.63

---

1 *Drescher*, Die Haftung des GmbH-Geschäftsführers, 7. Aufl. 2013, Rz. 647; *Ulmer* in Hachenburg, GmbHG, 8. Aufl. 1997, § 64 GmbHG Rz. 26; *Mertens/Cahn* in KölnKomm. AktG, 3. Aufl. 2010, Anh. § 92 AktG Rz. 23.
2 *Drescher*, Die Haftung des GmbH-Geschäftsführers, 7. Aufl. 2013, Rz. 647; *K. Schmidt* in Scholz, GmbHG, 11. Aufl. 2015, § 64 GmbHG Rz. 115 ff.; *Ulmer* in Hachenburg, GmbHG, 8. Aufl. 1997, § 64 GmbHG Rz. 24; *Mertens/Cahn* in KölnKomm. AktG, 3. Aufl. 2010, Anh. § 92 AktG Rz. 23.
3 *Drescher*, Die Haftung des GmbH-Geschäftsführers, 7. Aufl. 2013, Rz. 647;*Ulmer* in Hachenburg, GmbHG, 8. Aufl. 1997, § 64 GmbHG Rz. 26; *Mertens/Cahn* in KölnKomm. AktG, 3. Aufl. 2010, Anh. § 92 AktG Rz. 24.
4 *K. Schmidt* in Scholz, GmbHG, 11. Aufl. 2015, § 64 GmbHG Rz. 115 ff.; *Ulmer* in Hachenburg, GmbHG, 8. Aufl. 1997, § 64 GmbHG Rz. 26.
5 *K. Schmidt* in Scholz, GmbHG, 11. Aufl. 2015, § 64 GmbHG Rz. 115 ff.; *Ulmer* in Hachenburg, GmbHG, 8. Aufl. 1997, § 64 GmbHG Rz. 25.
6 Vgl. *Haas* in Baumbach/Hueck, GmbHG, 21. Aufl. 2017, § 64 GmbHG Rz. 164; *Ulmer* in Hachenburg, GmbHG, 8. Aufl. 1997, § 64 GmbHG Rz. 25; jeweils m.w.N.
7 BGH v. 29.11.1999 – II ZR 273/98, BGHZ 143, 184, 185; allerdings trägt der Geschäftsführer die Beweislast für die Nicht-Erkennbarkeit.
8 *Kleindiek* in Lutter/Hommelhoff, GmbHG, 19. Aufl. 2016, Anh. zu § 64 GmbHG Rz. 61 f.; *Habersack* in Großkomm. AktG, 4. Aufl. 1999, § 92 AktG Rz. 62; *Hüffer/Koch*, AktG, 12. Aufl. 2016, § 92 AktG Rz. 15 f.

ein Insolvenzantragsgrund schon bei Beauftragung vorlag. Wegen der Bedeutung eines Insolvenzantrages sind die Geschäftsleitungsorgane nicht verpflichtet, aufgrund bloßer Mutmaßungen und Indizien Insolvenzantrag zu stellen, sondern sind zu einer sorgfältigen Prüfung berechtigt und verpflichtet.[1] Sie kann die Zeit der Gutachtenerstellung also für zusätzliche Sanierungsbemühungen nutzen. Anders ist dies nur dann, wenn das Ergebnis bei Gutachtenbeauftragung oder im Zeitraum der Erstellung klar zutage tritt.

III. Rechtsfolgen

33.64 Die aus einem Verstoß gegen die Insolvenzantragspflicht gem. § 823 Abs. 2 BGB folgende Schadensersatzpflicht war lange Zeit heftig umstritten.[2] Diese Diskussion ist mit einer Leitentscheidung des BGH aus 1994[3] dann weitestgehend zum Erliegen gekommen. Mit wenigen Ausnahmen[4] stellt sich die Rechtslage nach ganz herrschender Meinung heute wie folgt dar[5]:

Da sämtliche Gläubiger so zu stellen sind, als ob eine rechtzeitige Stellung des Insolvenzantrags erfolgt wäre, ist zwischen so genannten Altgläubigern und Neugläubigern zu unterscheiden. Bei ersteren handelt es sich um die Gläubiger, die bei Eintritt der Insolvenzantragsreife bereits Gläubiger waren. Da sie auch bei rechtzeitigem Insolvenzantrag nur eine Insolvenzquote erhalten hätten, ist ihr Schadensersatzanspruch auf den Betrag begrenzt, um den sich die Quote durch verspätete Insolvenzantragstellung verschlechtert hat. Diesen so genannten Quotenschaden macht gem. § 92 InsO der Insolvenzverwalter geltend, nur bei Ablehnung der Eröffnung mangels Masse ist der Gläubiger selbst zur Geltendmachung berechtigt. Der Anspruch der Neugläubiger ist dagegen nicht auf die Verschlechterung der Quote beschränkt, denn bei Insolvenzreife waren sie noch nicht Gläubiger, hätten also keinen Verlust durch das Insolvenzverfahren erlitten. Ihnen ist der (vollständige) Verlust als Vertrauensschaden zu ersetzen. Dabei bleiben sie ungeachtet, ob es zur Verfahrenseröffnung kommt oder nicht, selbst zur Geltendmachung berechtigt.

33.65 Für die Prozesspraxis ist die Entscheidung des BGH vom 5.2.2007[6] von besonderer Bedeutung. Der Gläubiger muss sich danach von seinem Schadensersatzanspruch nicht mehr die auf ihn entfallende und erst nach Abschluss des Insolvenzverfahrens entfallende Insolvenzquote abziehen lassen. Der Gläubiger kann somit, ohne zuvor den Abschluss des Insolvenzverfahrens abwarten zu müssen, vollen Schadensersatz verlangen, wobei er freilich dem Geschäftsführer entsprechend § 255 BGB Zug um Zug gegen Zahlung der Ersatzleistung seine Insolvenzforderung abzutreten hat.

---

1 Dies gilt insbesondere für den Insolvenzgrund der Überschuldung, dessen Vorliegen häufig nicht ohne Weiteres erkennbar und von der Geschäftsleitung erst bei Anzeichen einer Krise anhand eines Vermögensstatus zu prüfen ist, vgl. BGH v. 6.6.1994 – II ZR 292/91, BGHZ 126, 181, 199; OLG Düsseldorf v. 20.11.1998 – 22 U 25/98, NZG 1999, 349; *Ulmer* in Hachenburg, GmbHG, 8. Aufl. 1997, § 64 GmbHG Rz. 52.
2 Einen Überblick zur Entwicklung des Meinungsstands gibt u.a. *Schulze-Osterloh* in FS Lutter, 2000, S. 707 ff.
3 BGH v. 6.6.1994 – II ZR 292/91, BGHZ 126, 181.
4 Insbes. *Altmeppen/Wilhelm*, NJW 1999, 673, 679 f.; *Altmeppen*, ZIP 2001, 2201, 2205 f.
5 Vgl. etwa die Darstellungen bei *K. Schmidt*, ZHR 168 (2004), 638, 640 ff.; *K. Schmidt* in Scholz, GmbHG, 11. Aufl. 2015, § 64 GmbHG Rz. 115 ff.; *Haas*, DStR 2003, 423, 427 ff.; *Haas*, NZG 1999, 373, 376 ff.; *Diekmann*, NZG 2006, 255; *Bayer/Lieder*, WM 2006, 1.
6 BGH v. 5.2.2007 – II ZR 234/05, GmbHR 2007, 482, 485.

Die Geschäftsleitungsorgane sehen sich bei einer Verletzung der Insolvenzantragspflicht theoretisch also einer Vielzahl von potentiellen Ansprüchen von Alt- und Neugläubigern ausgesetzt. Dies ist in der Praxis gleichwohl selten der Fall. Im eröffneten Verfahren ist es den Verwaltern praktisch oft kaum möglich, jedenfalls aber zu mühsam, den Quotenschaden der Altgläubiger zu berechnen. Sie weichen lieber auf eine Inanspruchnahme der Geschäftsleitung nach § 64 GmbHG, § 92 Abs. 2 AktG aus, die die Leistungsfähigkeit der Geschäftsleitungsorgane in aller Regel ausschöpfen.[1] Und ohne Verfahrenseröffnung ist dies den Altgläubigern mangels der notwendigen Kenntnis ohnehin unmöglich. Und auch die Neugläubiger stoßen zumeist auf erhebliche Beweisschwierigkeiten. Zwar haben sie kein Problem mit der Quotenberechnung, doch ist es ihnen oft unmöglich, ohne Unterstützung des Verwalters den Zeitpunkt der Insolvenzantragsreife darzulegen. An einer solchen Unterstützung haben die Verwalter aber in aller Regel kein eigenes Interesse, denn ihnen muss daran gelegen sein, die Leistungsfähigkeit der Geschäftsführungsorgane im Interesse der Masse auszuschöpfen und sich nicht auf einen Wettlauf mit den Neugläubigern einzulassen.

33.66

Auf die gem. § 823 Abs. 2 BGB schadensersatzbewehrte Verletzung der Insolvenzantragspflicht gestützte Klagen sind in der Praxis daher eher selten und – jedenfalls für Neugläubiger – mühsam und kostenträchtig.

33.67

D. Verstoß gegen das Zahlungsverbot

Gänzlich anders verhält sich dies mit dem Verbot von Zahlungen in der Insolvenzreife gem. § 64 GmbHG, § 43 Abs. 2 und 3 GmbHG und § 92 Abs. 2 AktG. Die aus diesem Verbot von Zahlungen resultierenden Ansprüche sind von großer insolvenzpraktischer Bedeutung.

33.68

I. Die Haftung auf Schadensersatz nach § 43 Abs. 2 GmbHG

Der Geschäftsführer haftet der Gesellschaft gegenüber nach § 43 Abs. 2 GmbHG auf Schadensersatz, sofern er die Sorgfaltspflichten eines ordentlichen Geschäftsmannes verletzt. In Zusammenhang mit der Krise der Gesellschaft liegt ein Fall des § 43 Abs. 2 GmbHG vor, sofern der Geschäftsführer es unterlässt, einen Sanierungsbedarf zu erkennen, die Gesellschaft hiervon rechtzeitig zu unterrichten, nach den Ursachen der Krise im leistungs- und/oder finanzwirtschaftlichen Bereich zu forschen und Vorschläge zur Beseitigung der Krise zu erarbeiten.[2] Ferner kann der Geschäftsführer gem. § 43 Abs. 2 GmbHG für Schäden, die der Gesellschaft durch die verspätete oder unterlassene Antragstellung auf Insolvenzeröffnung entstanden sind, haften. Entsprechende Ansprüche konkurrieren mit Ersatzansprüchen aus § 64 Satz 1 GmbHG.[3] Trifft der Geschäftsführer eigenmächtig mit einem Gesellschafter eine Abrede über eine verdeckte Sacheinlage, unterliegt er gem. § 43 Abs. 2 GmbHG gleichfalls der Schadensersatzhaftung, soweit die Sacheinlage nicht dem Wert der Bareinlage entspricht.[4]

33.69

---

1 Ähnlich K. Schmidt, ZHR 1968 (2004), 637, 642 ff.
2 Haas/Kolmann/Pauw in Gottwald, Insolvenzrechts-Handbuch, 5. Aufl. 2015, § 92 Rz. 26 f.
3 Ulmer in Hachenburg, GmbHG, 8. Aufl. 1997, § 64 GmbHG Rz. 46.
4 K. Schmidt, GmbHR 2008, 449, 452.

II. Die Haftung nach § 43 Abs. 3 GmbHG

33.70   Eine Haftung kommt weiter nach § 43 Abs. 3 Satz 1 GmbHG in Betracht. Diese ist zu bejahen, wenn der Geschäftsführer entgegen § 30 Abs. 1 GmbHG, also unter Verletzung des Grundsatzes der Erhaltung des Stammkapitals, eine nicht durch einen vollwertigen Gegenleistungsanspruch gedeckte Zahlung aus dem Stammkapital an den Gesellschafter zulässt oder trotz der ihn bei Dauerschuldverhältnissen treffenden Beobachtungspflicht die Leistung wegen verschlechterter Vermögensverhältnisse des Gesellschafters nicht zurückfordert.

33.71   Durch das MoMiG gilt das Zahlungsverbot gem. § 30 Abs. 1 Satz 3 GmbHG nicht mehr für die Rückgewähr eines Gesellschafterdarlehens und Leistungen auf Forderungen aus Rechtshandlungen, die einem Gesellschafterdarlehen wirtschaftlich entsprechen. In Betracht kommt in diesen Fällen aber eine Haftung gem. § 64 Satz 3 GmbHG (dazu Rz. 33.77).

III. Die Masseschmälerung gem. § 64 Satz 1 GmbHG

33.72   Bereits die **rechtsdogmatische Einordnung** des Anspruchs auf Rückgewähr verbotener Zahlungen gem. § 64 Satz 1 GmbHG bereitet erhebliche Probleme:

Die wohl herrschende Meinung sieht den Zweck des Verbots der Zahlungen nach Eintritt der Zahlungsunfähigkeit oder Feststellung der Überschuldung darin, die der Gläubigerbefriedigung dienende Masse im Vorfeld der Insolvenz zu erhalten. Der Rückgewähranspruch diene dazu, eingetretene Masseschmälerungen zu ersetzen.[1] Demgegenüber qualifiziert eine wohl im Vordringen befindliche Meinung im Schrifttum den Anspruch als Schadensersatzanspruch.[2] Diese zunächst nur begrifflich anmutende Differenzierung hat erhebliche Auswirkungen für Umfang und Höhe des Anspruchs. Während ein Schadensersatzanspruch von vornherein nur darauf gerichtet ist, eine per Saldo eingetretene Vermögensminderung auszugleichen, ist der Ersatzanspruch im ersten Schritt auf volle Rückgewähr der Zahlung ausgerichtet. Erst in einem zweiten Schritt ist sodann zu prüfen, ob es dem Schuldner zur Vermeidung einer Bereicherung der Masse gestattet sein soll, Gegenleistungen gegenzurechnen. Auch wenn dies in vielen Fällen objektiv zu ähnlichen Ergebnissen führt wie ein Schadensersatzanspruch[3], ist die herrschende Meinung für Geschäftsleitungsorgane erheblich gefährlicher, da ihnen der Nachweis gegenrechenbarer Massezuflüsse obliegt. Dies lässt den Anspruch in der Hand des Insolvenzverwalters zur wahren „Haftungskeule"[4] werden.

33.73   Die aus der dogmatischen Einordnung des Anspruchs resultierende **Haftungsweite** wird zudem dadurch verschärft, dass die h.M. den Begriff der Zahlung weit auslegt.[5] Hierunter fallen letztlich alle geldwerten Leistungen an Dritte. Sie umfasst die Zahlung von Steuern aus Mitteln, die von einer Tochtergesellschaft eben zu diesem Zweck zuvor zur Verfügung ge-

---

1   RGZ 159, 211, 228; BGH v. 18.3.1974 – II ZR 2/72, NJW 1974, 1088 f.; BGH v. 31.3.2003 – II ZR 150/02, NJW 2003, 2316; *Goette* in FS Kreft, 2004, S. 53, 58 f.; *Habersack*, ZHR 168 (2004), 174, 211; *Hüffer/Koch*, AktG, 12. Aufl. 2016, § 92 AktG Rz. 26; *Kleindiek* in Lutter/Hommelhoff, GmbHG, 19. Aufl. 2016, § 64 GmbHG Rz. 2 ff.; *Schulze-Osterloh* in FS Bezzenberger, 2000, S. 415, 419 f.
2   So mit unterschiedlichen Begründungen *Altmeppen*, ZIP 2001, 2201, 2204 f.; *Altmeppen/Wilhelm*, NJW 1999, 673 f.; *Bitter*, WM 2001, 666, 668 f.; *K. Schmidt*, ZHR 168 (2004), 637, 655; *K. Schmidt*, KTS 2001, 373, 388 f.; *K. Schmidt* in Scholz, GmbHG, 11. Aufl. 2015, § 64 GmbHG Rz. 115.
3   Insbes. *Haas*, NZG 2004, 737, 742 f. m.w.N.
4   So ausdrücklich *K. Schmidt*, ZHR 168 (2004), 637, 644.
5   Vgl. insbes. *Bitter*, WM 2001, 666 ff.; *Goette* in FS Kreft, 2004, S. 53, 61.

stellt worden sind[1], den Einzug von Schecks auf ein debitorisches Konto[2], die Duldung des Lastschrifteinzuges durch Gläubiger[3] und sogar die Erbringung geldwerter Leistungen an Dritte.[4]

33.74 Eine Ersatzpflicht für solche Zahlungen ist zwar gem. § 64 Satz 2 GmbHG[5] ausgeschlossen, wenn die Zahlung mit der Sorgfalt eines ordentlichen Geschäftsleiters vereinbar ist, doch ist dies mit erheblichen Unsicherheiten befasst. Ob die Leistung im Streitfalle unter eine der üblicherweise genannten Fallgruppen[6] (Herausgabe von Gegenständen, die einer Aussonderung unterliegen, Zahlung auf Absonderungsrechte bis zu deren Höhe, Erhalt einer vollwertigen Gegenleistung, Zahlungen zur Vermeidung des Zusammenbruchs des Unternehmens) fällt, ist letztlich nicht sicher und zudem von dem Geschäftsführungsorgan darzulegen und zu beweisen.[7]

33.75 Infolge dieser Rechtslage rät die insolvenzrechtliche Beratungspraxis ab dem Eintritt der Insolvenzantragsreife häufig dazu, die Geschäftstätigkeit innerhalb der Dreiwochenfrist auf ein notwendiges Minimum herunterzufahren. Dass hiermit notwendigerweise erhebliche Beeinträchtigungen des Geschäftsbetriebes verbunden sind, die den gleichzeitig laufenden Sanierungsbemühungen zuwider laufen, ist offensichtlich. Sollen die Sanierungschancen erhalten bleiben, ist es für die Geschäftsleitung daher oft nicht zu vermeiden, im Falle des Scheiterns Haftungsrisiken aus § 64 Satz 2 GmbHG in Kauf zu nehmen und auf die Chance einer gütlichen Einigung mit einem späteren Insolvenzverwalter zu bauen.

33.76 Daran ändert auch die neuere Rechtsprechung des BGH aus den Jahren 2014 und 2015 nichts Grundlegendes.[8] Dort wird die Haftung der Organe im Fälle, bei denen die Masseschmälerung durch eine in unmittelbaren Zusammenhang damit stehende Leistung wieder ausgeglichen wurde und im Falle von Zahlungen auf debitorische Konten, die zu einem Freiwerden von Sicherheiten geführt haben, abgelehnt. Eine dem Erhalt des Unternehmens dienende normale Fortführung der Geschäfte innerhalb der 21 Tagesfrist ermöglichen auch diese Urteile nicht. So lange sich die Haftung des Geschäftsführers nicht am Gesamtvermögen der Gesellschaft, sondern dem Schutz des par conditio creditorums orientiert, führt § 64 InsO selbst dann zu Haftungen, wenn durch die Unternehmensfortführung die Gesamthaftungsmasse gemehrt wurde. Dies ist für die betroffenen Organe ebenso überraschend wie existenzgefährdend.

---

1 BGH v. 31.3.2003 – II ZR 150/02, NJW 2003, 2316.
2 BGH v. 29.11.1999 – II ZR 273/98, NJW 2000, 668 und BGH v. 11.9.2000 – II ZR 370/99, NJW 2001, 304; ebenso OLG Hamburg v. 21.4.1995 – 11 U 195/93, ZIP 1995, 913.
3 LG Köln v. 12.7.1989 – 9 S 43/89, WM 1990, 411.
4 OLG Düsseldorf v. 19.1.1995 – 6 U 272/93, GmbHR 1996, 616, 619.
5 Ebenso bei den „Schwesternormen" (s. oben).
6 Vgl. etwa *Haas* in Baumbach/Hueck, GmbHG, 21. Aufl. 2017, § 64 GmbHG Rz. 88 ff.; *K. Schmidt* in Scholz, GmbHG, 11. Aufl. 2015, § 64 GmbHG Rz. 115 ff.; *Kleindiek* in Lutter/Hommelhoff, GmbHG, 19. Aufl. 2016, § 64 GmbHG Rz. 31 ff.
7 BGH v. 18.3.1974 – II ZR 2/72, NJW 1974, 1088, 1089; *Kleindiek* in Lutter/Hommelhoff, GmbHG, 19. Aufl. 2016, § 64 GmbHG Rz. 31; *Haas* in Baumbach/Hueck, GmbHG, 21. Aufl. 2017, § 64 GmbHG Rz. 119.
8 BGH v. 18.11.2014 – II ZR 231/13, NZI 2015, 133; BGH v. 23.6.2015 – II ZR 366/13, BGHZ 206, 52.

IV. Die Insolvenzverursachungshaftung gem. § 64 Satz 3 GmbHG

33.77 Das MoMiG hat durch § 64 Satz 3 GmbHG die Erstattungspflicht des § 64 Satz 1 GmbHG im Vergleich zu § 64 Abs. 2 GmbHG a.F. erweitert. Sie besteht danach auch in Fällen von Zahlungen an Gesellschafter, soweit diese zur Zahlungsunfähigkeit der Gesellschaft führen mussten, es sei denn, dies war bei Beachtung der Sorgfaltspflicht eines ordentlichen Geschäftsmannes nicht erkennbar.

33.78 Die Neuregelung erfasst einen Teilbereich der so genannten **„Haftung wegen existenzvernichtender Eingriffe"**, die allerdings nicht beim Gesellschafter als Empfänger der existenzbedrohenden Vermögensverschiebung ansetzt, sondern den Geschäftsführer als deren Auslöser und Gehilfen betrifft. § 64 Satz 3 GmbHG ergänzt zudem den **Kapitalerhaltungsgrundsatz** des § 30 Abs. 1 GmbHG, indem er auch solche Zahlungen erfasst, die zwar das zur Erhaltung des Stammkapitals erforderliche Gesellschaftsvermögen nicht antasten, faktisch aber die Zahlungsunfähigkeit herbeiführen. Anders als § 30 Abs. 1 GmbHG orientiert sich damit § 64 Satz 3 GmbHG nicht an der Bilanz, sondern an der Liquidität der Gesellschaft.

33.79 Der Begriff der „Zahlung" entspricht dem in § 64 Satz 1 GmbHG, so dass auf das vorher Gesagte zurückgegriffen werden kann. Der Empfänger der Zahlung muss ein Gesellschafter sein. Unter Berücksichtigung der Rechtsprechung zu § 30 GmbHG und der Haftung wegen existenzvernichtender Eingriffe ist § 64 Satz 3 GmbHG auch bei Zahlungen an Dritte, die mit dem Gesellschafter wirtschaftlich oder rechtlich eng verbunden sind, einschlägig.[1]

33.80 Nach dem Wortlaut muss die relevante Zahlung zur **Zahlungsunfähigkeit** der Gesellschaft i.S. des § 17 InsO führen. Anders als bei § 64 Satz 1 GmbHG darf die Zahlungsunfähigkeit nicht bereits vor der Zahlung eingetreten sein. Damit verlagert die Vorschrift gegenüber § 64 Satz 1 GmbHG die Haftung wesentlich vor. Eine Ersatzpflicht des Geschäftsführers setzt dabei einen Ursachenzusammenhang zwischen der Zahlung an den Gesellschafter und dem Eintritt der Zahlungsunfähigkeit voraus. Der Geschäftsführer soll nicht für alle Zahlungen haften, die an die Gesellschafter geleistet wurden und in irgendeiner Weise kausal für eine – möglicherweise erst wesentlich später eintretende – Zahlungsunfähigkeit geworden sind. Stattdessen hat die Zahlung ohne Hinzutreten weiterer Kausalbeiträge zur Zahlungsunfähigkeit der Gesellschaft zu führen. Dies bedeutet freilich nicht, dass bereits im Moment der Leistung die Zahlungsunfähigkeit eintreten muss. Ausreichend ist, dass sich in diesem Moment – mit einer überwiegenden Wahrscheinlichkeit von mehr als 50 %[2] – abzeichnet, dass die Gesellschaft unter normalem Verlauf der Dinge nicht mehr in der Lage sein wird, ihre Verbindlichkeiten zu erfüllen. Außergewöhnliche Ereignisse, die die Zahlungsfähigkeit hätten retten können, mit denen man aber im Moment der Auszahlung nicht rechnen konnte, bleiben außer Betracht.[3] Die Ursächlichkeit ist letztendlich eine Wertungsfrage, wonach bei mehreren Kausalbeiträgen derjenige zu identifizieren ist, infolge dessen wertungsmäßig die Grenze zur Illiquidität überschritten wurde.

33.81 Im Ergebnis wird dem Geschäftsführer vor Ausführung einer Auszahlung an einen Gesellschafter ein Test der Liquidität der GmbH (**„Solvency Test"**) abverlangt. Hierfür ist eine Prognose über die Fähigkeit bzw. Unfähigkeit der Gesellschaft, ihre Verbindlichkeiten bei

---

1 *Knof*, DStR 2007, 1536, 1538.
2 *Knof*, DStR 2007, 1536, 1540.
3 BT-Drucks. 16/6140, S. 112.

Fälligkeit erfüllen zu können, erforderlich. Dies bedingt, dass er sich ein aktuelles Bild über die bestehende und künftige Liquidität sowie die fälligen Verbindlichkeiten macht.

Versäumt der Geschäftsführer diese Vorkehrung, kann der ihm obliegende **Entlastungsbeweis** kaum gelingen. Zudem ist zu bedenken, dass bereits Beweiserleichterungen das Wort geredet wird, wonach es nach den Grundsätzen der sekundären Darlegungslast Sache des beklagten Geschäftsführers sei darzulegen, dass die Zahlungsunfähigkeit der Gesellschaft nicht durch die Zahlung an die Gesellschafter verursacht worden ist.[1] Auch ist denkbar, dass in Übereinstimmung mit der Rechtsprechung des BGH zur Überschuldung bei vollständigem Fehlen einer Dokumentation der dem Insolvenzverwalter obliegende Nachweis der Voraussetzung des § 64 Satz 3 GmbHG als geführt gilt.[2]

33.82

Weisungen der Gesellschafter entlasten den Geschäftsführer gem. § 64 Satz 4 GmbHG i.V.m. § 43 Abs. 3 Satz 3 GmbHG nicht. Es ist indessen nicht notwendig, wie in der Gesetzesbegründung vorgeschlagen[3], dass der Geschäftsführer sein Amt niederlegt, statt die von den Gesellschaftern gewünschte Zahlung vorzunehmen. Denn er kann sich in diesem Zusammenhang auf ein Leistungsverweigerungsrecht berufen.[4]

33.83

Auch bei § 64 Satz 3 GmbHG handelt es sich um einen **Erstattungsanspruch eigener Art**, nicht um einen Schadensersatzanspruch. Liegen seine Voraussetzungen vor, hat daher der Geschäftsführer die Zahlungen ungekürzt, Zug um Zug gegen Abtretung etwaiger Erstattungsansprüche (§ 255 BGB analog) der Insolvenzmasse zu erstatten. Ob auch bei pflichtgemäßem Verhalten derselbe oder ein geringerer Schaden entstanden wäre, ist insofern unerheblich (vgl. Rz. 33.72 zu § 64 Satz 1 GmbHG).

33.84

V. Die Verjährung der Innenhaftung

Die Ansprüche gem. §§ 43 und 64 GmbHG verjähren gem. §§ 43 Abs. 4, 64 Satz 4 GmbHG nach **fünf Jahren**. Die Verjährungsfrist gilt für jede einzelne Masseschmälerung und beginnt jeweils mit ihrer Verwirklichung. Die fünfjährige Verjährungsfrist gilt auch für Ansprüche aus § 43 Abs. 3 GmbHG. Sie beginnt mit der jeweiligen Zahlung.

33.85

Auch Schadensersatzansprüche gegen einen GmbH-Geschäftsführer wegen gem. § 30 Abs. 1 GmbHG verbotener Auszahlungen (§ 43 Abs. 3 GmbHG) verjähren gem. § 43 Abs. 4 GmbHG in fünf Jahren ab der jeweiligen Zahlung. Unterlässt der Geschäftsführer die Geltendmachung von Rückforderungsansprüchen der Gesellschaft gegen den Zahlungsempfänger (§ 31 Abs. 1 GmbHG) bis zum Eintritt der Verjährung dieser Ansprüche (hier § 31 Abs. 5 Satz 1 GmbHG a.F.), wird dadurch nicht eine weitere Schadensersatzverpflichtung gem. § 43 Abs. 2 GmbHG mit einer erst von da an laufenden Verjährungsfrist gem. § 43 Abs. 4 GmbHG ausgelöst.[5]

33.86

---

1 *Knof*, DStR 2007, 1580, 1585.
2 BGH v. 12.3.2007 – II ZR 315/05, DStR 2007, 961, 962.
3 BT-Drucks. 16/6140, S. 112.
4 Vgl. *Haas* in Baumbach/Hueck, GmbHG, 21. Aufl. 2017, § 64 GmbHG Rz. 40.
5 BGH v. 29.9.2008 – II ZR 234/07, NZG 2008, 908.

E. Weitere Haftungstatbestände

33.87 Nachfolgend werden neben den bereits genannten weitere Tatbestände aufgeführt, die eine Haftung des Geschäftsführers begründen können. Die folgenden Ausführungen sind nicht abschließend, sondern beschränken sich auf die in der Praxis vorwiegend auftretenden Konstellationen und erheben keinen Anspruch auf Vollzähligkeit.[1]

I. Haftung wegen vorenthaltener Sozialabgaben gem. § 823 Abs. 2 BGB i.V.m. § 266a StGB

33.88 Einen weiteren Tatbestand, nach dem ein Geschäftsführer haften kann, stellt § 823 Abs. 2 BGB i.V.m. § 266a StGB dar. Zur Verwirklichung des objektiven Tatbestandes des § 266a Abs. 1 StGB gehört, dass der Einzugsstelle Beiträge des Arbeitnehmers zur Sozialversicherung oder zur Bundesagentur für Arbeit vorenthalten werden. Das ist nach ständiger Rechtsprechung der Fall, wenn die Arbeitnehmerbeiträge bei Fälligkeit nicht an die zuständige Einzugsstelle abgeführt werden.[2]

33.89 Mit Urteil vom 16.5.2000 entschied der BGH[3] darüber hinaus, dass Arbeitnehmerbeiträge zur Sozialversicherung auch dann i.S. des § 266a Abs. 1 StGB vorenthalten sein können, wenn für den betreffenden Zeitraum kein Lohn an die Arbeitnehmer ausgezahlt worden ist, und beendete damit einen in der Literatur seit Langem bestehenden Disput.[4] Die sozialversicherungsrechtliche Beitragspflicht entsteht nunmehr allein durch die sozialversicherungspflichtige Beschäftigung eines Arbeitnehmers gegen Entgelt – unabhängig von einer Zahlung des Arbeitsentgeltes, was in der Neufassung des § 266a StGB – „unabhängig, ob Arbeitsentgelt gezahlt wird" zum Ausdruck kommt.

33.90 Ein nach § 266a Abs. 1 StGB strafbares und damit über § 823 Abs. 2 BGB auch haftungsrechtlich relevantes Verhalten fällt dem Arbeitgeber/Geschäftsführer nur dann zur Last, wenn er die Abführung der Arbeitnehmerbeiträge zur Sozialversicherung unterlassen hat, obwohl sie ihm möglich gewesen wäre. Da es sich bei § 266a StGB um ein Unterlassungsdelikt handelt, lässt die Unmöglichkeit normgemäßen Verhaltens zugleich auch die Tatbestandsmäßigkeit entfallen.[5] An einer Tatbestandsverwirklichung fehlt es deshalb, wenn der Arbeitgeber zur Erfüllung der konkret von ihm in § 266a Abs. 1 StGB hinsichtlich der Arbeitnehmerbeiträge geforderten Handlungspflicht im Zeitpunkt der Fälligkeit aus tatsächlichen oder rechtlichen Gründen außer Stande war.

---

1 Ausführlich zu den einzelnen Haftungstatbeständen: unten *Brand/Bentlage*, § 37; *Krause*, § 40; *Hick*, § 36 sowie *Meyke*, Die Haftung des GmbH-Geschäftsführers, 5. Aufl. 2007, S. 187 ff. Rz. 346 ff.
2 BGH v. 21.1.1997 – VI ZR 338/95, ZIP 1997, 412.
3 BGH v. 16.5.2000 – VI ZR 90/99, NZI 2001, 301 = ZInsO 2001, 124 = ZIP 2000, 1339; bestätigt von BGH v. 14.11.2000 – VI ZR 149/99, NZI 2001, 138 = ZInsO 2001, 225 = ZIP 2001, 80; BGH v. 9.1.2001 – VI ZR 407/99, NZI 2001, 194 = ZInsO 2001, 367 = ZIP 2001, 422; BGH v. 8.5.2002 – 5 StR 16/02, NZI 2002, 454.
4 Vgl. dazu *Reck*, ZInsO 2002, 16; *Groß*, ZIP 2001, 945, 947.
5 BGH v. 15.10.1996 – VI ZR 319/95, ZIP 1996, 2017 = AG 1997, 37; BGH v. 21.1.1997 – VI ZR 338/95, BGHZ 134, 304.

Eine Unmöglichkeit aus tatsächlichen Gründen liegt vor, wenn die Abführung unterblieben ist, weil der Arbeitgeber vor dem Fälligkeitszeitpunkt zahlungsunfähig geworden ist.[1] Zahlungsunfähigkeit ist nach der Rechtsprechung des BGH[2] in diesem Zusammenhang erst dann gegeben, wenn dem Arbeitgeber/Geschäftsführer die Mittel nicht mehr zur Verfügung stehen, um ganz konkret die fälligen Arbeitnehmeranteile zur Sozialversicherung – und nur diese – abzuführen; auf die Fähigkeit zur Erfüllung weiterer Verbindlichkeiten kommt es nicht an.

33.91

Darüber hinaus kommt eine Strafbarkeit auch bei in diesem Sinne gegebener Zahlungsunfähigkeit in Betracht, soweit dem Arbeitgeber/Geschäftsführer die Herbeiführung der Zahlungsunfähigkeit hinsichtlich der Arbeitnehmerbeiträge als pflichtwidriges Verhalten zur Last zu legen ist.[3] Nach § 266a StGB macht sich daher nach der Rechtsprechung des BGH auch strafbar, wer zwar zum Fälligkeitszeitpunkt nicht leistungsfähig war, es aber bei Anzeichen von Liquiditätsproblemen unterlassen hat, Sicherungsvorkehrungen für die Zahlung der Arbeitnehmerbeiträge zu treffen, und dabei billigend in Kauf genommen hat, dass diese später nicht mehr erbracht werden können.[4]

33.92

Dem Geschäftsführer obliegt demnach die Pflicht zur vorausschauenden Gewährleistung der Zahlungsfähigkeit des Arbeitgebers. Zahlungskrisen oder Liquiditätsengpässe werden (bei vorhandener Liquiditätsplanung) nicht überraschend kommen. Erkennt der Geschäftsführer, dass die vorhandenen finanziellen Mittel nicht zur Begleichung der Arbeitnehmeranteile ausreichen könnten, muss er besondere Maßnahmen ergreifen, um die Abführung soweit wie möglich sicherzustellen. Das heißt, er hat einen Zahlungsplan aufzustellen und notfalls Rückstellungen zu bilden. Vertreten wird, dass insbesondere auch die rechtzeitige Beantragung der Eröffnung des Insolvenzverfahrens eine solche besondere Maßnahme darstellt.[5]

33.93

Mit der Frage der vorverlagerten Schuld hängt zugleich die Frage zusammen, wie die Zahlungen der Sozialversicherungsbeiträge bei knappen Mitteln zu gestalten ist. Der 5. Strafsenat hat diese Frage dahingehend beantwortet, dass der Geschäftsführer verpflichtet ist, die begrenzten Mittel für die Begleichung der Verbindlichkeiten gegenüber den Sozialkassen einzusetzen.[6] Dies wird durch die Rechtsprechung des VI. Zivilsenates bestätigt, wonach die Pflicht zur Abführung von Sozialversicherungsbeiträgen im Sinne des § 266a StGB anderen Verbindlichkeiten vorgeht.[7]

33.94

In diesem Zusammenhang ist zu beachten, dass er in Bezug auf Teilzahlungen auf die Sozialversicherungsbeiträge eine genaue Tilgungsbestimmung trifft, weil er sonst Gefahr läuft, gem. § 2 der Beitragszahlungsverordnung in der Fassung vom 20.5.1997 (BGBl. I 1997, 1137) den Zahlungsbetrag je zur Hälfte auf die Arbeitgeber- und Arbeitnehmeranteile zur Sozialversicherung angerechnet zu bekommen.

33.95

---

1 BGH v. 18.1.2007 – IX ZR 176/05, ZIP 2007, 542.
2 BGH v. 15.10.1996 – VI ZR 327/95, ZIP 1996, 1989, 1990.
3 Vgl. dazu *Groß*, ZIP 2001, 945, 949; *Brückl/Kersten*, Zur Unmöglichkeit beim Vorenthalten von Sozialversicherungsbeiträgen, NZI 2001, 288.
4 BGH v. 28.5.2002 – 5 StR 16/02, NZI 2002, 454; BGH v. 18.1.2007 – IX ZR 176/05, ZIP 2007, 542, 543.
5 *Brückl/Kersten*, Zur Unmöglichkeit beim Vorenthalten von Sozialversicherungsbeiträgen, NZI 2001, 288, 291.
6 BGH v. 28.5.2002 – 5 StR 16/02, BGHSt 47, 318; BGH v. 30.7.2003 – 5 StR 221/03, BGHSt 48, 307; BGH v. 9.8.2005 – 5 StR 67/05, NJW 2005, 3650.
7 BGH v. 21.1.1997 – VI ZR 338/95, BGHZ 134, 304, 307 ff.; BGH v. 16.5.2000 – VI ZR 90/99, BGHZ 144, 311, 321.

33.96 Reichen die Mittel „unvorhersehbar" doch nicht zur Begleichung der Sozialversicherungsbeiträge aus, kann das Gericht gem. § 266a Abs. 6 StGB von einer Bestrafung des prinzipiell leistungspflichtigen Arbeitgebers – hier sei noch einmal daran erinnert, dass diese Pflicht unabhängig von der Lohnzahlung entsteht – absehen, wenn dieser der Einzugsstelle die Höhe der vorenthaltenen Beiträge mitteilt und darlegt, warum ihm die fristgerechte Zahlung nicht möglich ist, obschon er sich ernsthaft darum bemüht hat. Werden die Beiträge dann nachträglich innerhalb einer von der Einzugsstelle vorgegebenen Frist gezahlt, wird der Täter insoweit nicht bestraft (§ 266a Abs. 6 Satz 2 StGB).

33.97 Ist es dem Arbeitgeber/Geschäftsführer verboten, Zahlungen an die Einzugsstelle zu leisten, spricht man von der rechtlichen Unmöglichkeit der Beitragszahlung. Häufigster Fall ist die Anordnung eines Verfügungsverbots im Rahmen eines Insolvenzverfahrens. So ist in der Rechtsprechung des BGH aus rechtlichen Gründen die Unmöglichkeit, sich der Norm des § 266a Abs. 1 StGB gemäß zu verhalten, bisher bejaht worden, wenn die Abführung der Arbeitnehmerbeiträge bei Fälligkeit unterblieben ist, weil der Arbeitgeber zum maßgeblichen Zeitpunkt infolge der Eröffnung des Insolvenzverfahrens die Verfügungsbefugnis verloren hatte oder zur Sicherung des Schuldnervermögens die Sequestration angeordnet und dem Schuldner ein allgemeines Verfügungs- und Veräußerungsverbot gem. § 106 Abs. 1 Satz 3 KO auferlegt worden war.[1] Eine in eine andere Richtung weisende Rechtsprechung ist nicht ersichtlich.

33.98 Aber auch schon in der Krise kann es dem Geschäftsführer „verboten" sein, die Ansprüche der Sozialversicherungsträger vorrangig zu befriedigen. Während vor Eintritt der Insolvenzreife der soeben beschriebene Vorrang der Sozialversicherungsbeitragspflichten besteht, endet die Pflicht zur bevorzugten Abführung der Sozialversicherungsbeiträge mit Eintritt der Insolvenzreife. Dieses Ergebnis hat der 5. Strafsenat aus dem Wertungswiderspruch zwischen § 266a StGB und § 64 GmbHG, welcher den Organen der Gesellschaft Sanierungsversuche ermöglichen soll, entnommen. Der Senat hat aus der Regelung des § 64 GmbHG daher einen Rechtfertigungsgrund entwickelt, der es dem Geschäftsführer ermöglicht, während der laufenden Sanierungsversuche – bis höchstens drei Wochen (Frist des § 64 Satz 1 GmbHG) – von einer Zahlung der Arbeitnehmerbeiträge abzusehen. Dadurch soll zudem dem Geschäftsführer die Konfliktsituation erspart bleiben, sich entweder nach § 64 Satz 1 GmbHG schadensersatzpflichtig zu machen, falls er die Sozialversicherungsbeiträge abführt, oder sich nach § 266a StGB strafbar zu machen, falls er dies unterlässt.[2]

33.99 Eine solche Konfliktsituation besteht mit Blick auf die Arbeitnehmerbeiträge nach einer nunmehr ergangenen Entscheidung des 2. Zivilsenats indes nicht mehr. Der 2. Zivilsenat hat darin anerkannt, dass es mit den Pflichten eines ordentlichen und gewissenhaften Kaufmanns vereinbar sein müsse, dem strafrechtlichen Normbefehl zu folgen und die Massesicherungspflicht des § 92 Abs. 2 AktG, § 64 Satz 1 GmbHG zu missachten.[3] Mit Blick auf die Arbeitnehmerbeiträge besteht mithin eine strafbewehrte Abführungspflicht, während es hinsichtlich der Arbeitgeberbeiträge bei der insolvenzrechtlichen Pflicht zur Masseerhaltung bleibt.[4]

---

1 BGH v. 18.11.1997 – VI ZR 11/97, NJW 1998, 1306 = ZIP 1998, 31, 32.
2 BGH v. 30.7.2003 – 5 StR 221/03, BGHSt 48, 307; BGH v. 9.8.2005 – 5 StR 67/05, NJW 2005, 3650.
3 BGH v. 14.5.2007 – II ZR 48/06, NJW 2007, 2118 = ZIP 2007, 1265 = AG 2007, 548.
4 BGH v. 8.6.2009 – II ZR 147/08, NZI 2009, 568 mit Anm. *Gundlach/Frenzel*.

Mithin sind, soweit Mittel noch vorhanden sind, diese vorrangig zur Begleichung der Sozialversicherungsbeiträge zu verwenden. Beschäftigt die Gesellschaft trotz Insolvenzreife weiterhin Arbeitnehmer, haftet der Geschäftsführer für die Sozialversicherungsbeiträge. Aus dieser Lage kann er sich auch nicht durch die Stellung eines Insolvenzantrages befreien.[1] Befreiend wirkt erst der Verlust der Verfügungsbefugnis durch Insolvenzeröffnung oder der Erlass eines Zahlungsverbots nach § 21 Abs. 2 Nr. 2 InsO.[2]

33.100

Zahlt er die Beiträge, obschon dem grundsätzlich immer noch § 64 Satz 1 GmbHG entgegensteht, kann er sich hinsichtlich der möglichen Schadensersatzpflicht des § 64 Satz 1 GmbHG damit verteidigen, dass er lediglich ein strafrechtliches Gebot befolgt habe, was ein zivilrechtliches Verschulden ausschließe. Zudem kann der Geschäftsführer bei der Zahlung der Beiträge den Sozialversicherungsträger auf die Zahlungsunfähigkeit hinweisen, um diesen insoweit bösgläubig zu machen und um eine spätere Anfechtung durch den Insolvenzverwalter nach den §§ 143, 130, 129 InsO zu ermöglichen. Soweit durch die Anfechtung die Zahlungen zurückgewährt werden, entfällt dann die Schadensersatzpflicht des Geschäftsführers nach § 64 Satz 1 GmbHG.

33.101

Zwar unterschied der BGH in der Vergangenheit bislang zwischen der insolvenzrechtlichen Behandlung der Sozialversicherungsbeiträge und der Frage, ob ein Geschäftsführer für vor Anordnung eines Verfügungsverbots fällig gewordene, aber nicht abgeführte Arbeitnehmeranteile ersatzpflichtig ist.[3]

33.102

Nach einer neueren Entscheidung des BGH ist aber bei einer Nichtabführung von Arbeitnehmerbeiträgen ein Schaden der Kasse zu verneinen, wenn die Beitragszahlungen im Insolvenzverfahren erfolgreich angefochten werden können.[4] Es fehlt danach an der Kausalität des Vorenthaltens für einen Schaden.[5] Trotz der daraufhin in der Literatur[6] erfolgten Kritik, dass im Hinblick auf den Normzweck des § 266a StGB die Insolvenzanfechtung von Arbeitnehmeranteilen von jeglicher Anfechtung ausgenommen werden müsse, hat der BGH in einer weiteren Entscheidung die Anfechtbarkeit grundsätzlich anerkannt und ausgeführt, dass Beitragszahlungen des späteren Insolvenzschuldners an einen Sozialversicherungsträger die anderen Insolvenzgläubiger regelmäßig auch insoweit benachteiligen, als sie auf Arbeitnehmeranteile zu verrechnen sind.[7] Einer Anfechtung der Zahlung der Arbeitnehmerbeiträge steht auch die Änderung von § 28e Abs. 1 Satz 2 SGB IV nicht entgegen.[8] Der Geschäftsführer hat die Möglichkeit, den Sozialversicherungsträger vor Zahlung bösgläubig zu machen, um dem späteren Insolvenzverwalter eine Anfechtung zu erleichtern.

33.103

---

1 BFH v. 23.9.2008 – VII R 27/07, ZIP 2009, 122.
2 BFH v. 23.9.2008 – VII R 27/07, ZIP 2009, 122; *Drescher*, Die Haftung des GmbH-Geschäftsführers, 7. Aufl. 2013, Rz. 614.
3 BGH v. 21.1.1997 – VI ZR 338/95, NJW 1997, 1237, 1238; BGH v. 8.5.2002 – 5 StR 16/02, BGHSt 47, 318.
4 BGH v. 14.11.2000 – VI ZR 149/99, NZI 2001, 138 = ZInsO 2001, 225 = ZIP 2001, 80.
5 BGH v. 14.11.2000 – VI ZR 149/99, ZIP 2001, 80; BGH v. 25.10.2001 – IX ZR 17/01, ZIP 2001, 2235.
6 *Brückl/Kersten*, NZI 2001, 288, 291.
7 BGH v. 25.10.2001 – IX ZR 17/01, NZI 2002, 88 = ZInsO 2001, 1150 = ZIP 2001, 2235.
8 BGH v. 5.11.2009 – IX ZR 233/08, NZI 2009, 886.

II. Haftung gem. § 823 Abs. 2 BGB i.V.m. § 263 StGB

33.104　In Betracht kommt ferner eine Haftungsverpflichtung des Geschäftsführers gem. § 823 Abs. 2 BGB i.V.m. § 263 StGB. Ein Betrug nach § 263 StGB ist insbesondere dann anzunehmen, wenn sich bereits bei Vertragsverhandlungen abzeichnet, dass gerade die Forderung des einzelnen Gläubigers etwa wegen anderweitiger Kontenpfändung nicht erfüllt werden kann, der Geschäftsführer es jedoch unterlässt, seinen Vertragspartner hierüber zu informieren. § 263 StGB kommt deshalb in Betracht, da der Umstand, die Forderung nicht erfüllen zu können, nach gefestigter Rechtsprechung gegenüber dem Vertragspartner zu offenbaren ist.[1] Wer also als Geschäftsführer Verträge eingeht und dabei in Kauf nimmt („bedingter Vorsatz"), dass die Gegenleistung nicht erbracht werden kann, befindet sich im strafrechtlich relevanten Bereich des Eingehungsbetruges.

III. Haftung gem. § 823 Abs. 2 BGB i.V.m. § 266 StGB

33.105　Des Weiteren ist eine Haftung des Geschäftsführers sowohl wegen Untreue zum Nachteil der Gesellschaft, als auch wegen Untreue zu Lasten eines Dritten denkbar.[2]

33.106　Im Rahmen der Geschäftsführerhaftung hat spätestens seit dem Urteil des BGH vom 13.5.2004 die Möglichkeit der strafrechtlichen Verantwortung in Gestalt einer Strafbarkeit der Organe einer am so genannten Cash-Pooling-Verfahren beteiligten Muttergesellschaft wegen Untreue gem. § 266 StGB praktische Relevanz erlangt. Nach diesem als Grundsatzentscheidung zu bewertenden Urteil droht den Organen des beherrschenden Unternehmens eine Strafbarkeit nach § 266 StGB, da diese jedenfalls dann ihre Vermögensbetreuungspflicht gegenüber einer abhängigen Gesellschaft verletzen, wenn deren Vermögenswerte in einem solchen Umfang ungesichert im Konzern angelegt werden, dass im Falle ihres Verlustes die Erfüllung von Verbindlichkeiten der Tochtergesellschaft oder deren Existenz gefährdet wäre.[3] Schon der II. Zivilsenat des BGH hatte in seinem „Bremer Vulkan-Urteil" den objektiven Treuebruchstatbestand des § 266 Abs. 1 StGB bejaht.[4]

33.107　Die Zustimmung aller Gesellschafter ändert nichts an der Treuwidrigkeit einer Vermögensverfügung. So ist den Gesellschaftern die Dispositionsmöglichkeit entzogen, wenn der Gesellschaft durch die Verfügung ihre Produktionsgrundlagen entzogen werden oder wenn ihre Liquidität gefährdet wird, indem ihr das zur Erfüllung ihrer Verbindlichkeiten benötigte Vermögen entzogen wird.[5]

33.108　Diese Haftung der Gesellschafter ist auch nicht durch die Einführung von § 64 Satz 3 GmbHG ausgeschlossen. Zwar haftet nach dieser Vorschrift der Geschäftsführer einer GmbH für Zahlungen, die zur Zahlungsunfähigkeit der Gesellschaft führen mussten, dies schließt aber eine Haftung der Gesellschafter nicht aus. Bei § 64 Satz 3 GmbHG handelt es sich nicht um eine abschließende Vorschrift. Sie berührt die Haftung des Gesellschafters für existenzgefährdende bzw. -vernichtende Eingriffe nicht.[6]

1　BGH v. 25.1.1984 – VIII ZR 227/82, NJW 1984, 2284; BGH v. 1.7.1991 – II ZR 180/90, NJW-RR 1991, 1312.
2　LG München I v. 21.9.1990 – 3 Qs 8/90, NStZ 1991, 134. Ausführlich dazu unten *Krause*, § 40.
3　BGH v. 13.5.2004 – 5 StR 73/03, NJW 2004, 2248 = AG 2004, 450.
4　BGH v. 17.9.2001 – II ZR 178/99, DStR 2001, 1853 = AG 2002, 43.
5　BGH v. 31.7.2009 – 2 StR 95/09, NZI 2009, 736 = AG 2009, 787.
6　BGH v. 31.7.2009 – 2 StR 95/09, NZI 2009, 736 = AG 2009, 787.

Für den Fall einer Kollision zwischen der durch § 266 StGB strafbewehrten Pflicht zur weisungsgemäßen Verwendung fremder Gelder und dem Zahlungsverbot aus § 64 Satz 1 GmbHG besteht nach einer Entscheidung des BGH ein Vorrang des strafrechtlichen Handlungsgebots[1]: Die Zahlung ist in einem solchen Fall mit den Sorgfaltspflichten eines ordentlichen Geschäftsleiters vereinbar, so dass die Haftung aus § 64 Satz 1 GmbHG gem. § 64 Satz 2 GmbHG ausgeschlossen ist.

33.109

IV. Haftung für vorenthaltene Steuern

Anders als dies bezüglich zu entrichtender Sozialversicherungsbeiträge der Fall ist, besteht hinsichtlich der Steuerschulden einer Gesellschaft[2] grundsätzlich keine Verpflichtung, diese vorrangig zu begleichen. Eine Ausnahme bildet lediglich die Lohnsteuer.

33.110

Bezüglich rückständiger Umsatzsteuerverpflichtungen und Körperschaftsteuer gilt nach gefestigter Rechtsprechung des Bundesfinanzhofs der Grundsatz der anteiligen Tilgung.[3] Soweit der Geschäftsführer das Finanzamt immerhin quotal befriedigt hat, indem das Finanzamt gemessen an der Summe der Kreditorenforderungen und in Ansehung der verbliebenen Liquidität des Vermögens nicht schlechter gestellt wird als die übrigen Gläubiger, entfällt die persönliche Haftung des Geschäftsführers in Bezug auf die Gesamtsumme der ausstehenden (Umsatz-)Steuerforderungen.[4] Sofern also der Geschäftsführer auf die Steuerschulden jenen Anteil der freien Mittel verwendet, die dem Anteil der Steuerschulden an der Gesamtverschuldung der Gesellschaft entspricht, hat er also seinen Pflichten entsprochen.

33.111

Für die persönliche Haftung des Geschäftsführers für rückständige Lohnsteuerbeträge gilt dies jedoch nicht.[5] Gem. § 41a Abs. 1 EStG ist der Arbeitgeber verpflichtet, spätestens am zehnten Tage nach Ablauf eines jeden Lohnsteuer-Anmeldezeitraumes dem Finanzamt die Summe der in diesem Zeitraum einzubehaltenden Lohnsteuer anzugeben und die einbehaltene Lohnsteuer an das Finanzamt abzuführen. Die nicht rechtzeitige Abgabe der Lohnsteueranmeldung beziehungsweise Abführung der einbehaltenen Lohnsteuer ist eine Steuerhinterziehung, für welche der Geschäftsführer gem. §§ 34, 69 AO haftet, soweit infolge vorsätzlicher oder grob fahrlässiger Verletzung der ihm auferlegten Pflichten Steuerschulden der Gesellschaft nicht beglichen werden. Die Verpflichtung zur Vollabführung der Lohnsteuer kann nach Ansicht des BFH durch die gesellschaftsrechtliche Pflicht zur Sicherung der Masse gem. § 64 Satz 1 GmbHG auch nicht in den drei Wochen suspendiert werden, die dem Geschäftsführer ab Kenntnis des Insolvenzgrundes gem. § 15a InsO eingeräumt sind, um die Sanierungsfähigkeit der GmbH zu prüfen und Sanierungsversuche durchzuführen.[6] Voraussetzung für die Haftung für vorenthaltene Lohnsteuer ist die tatsächliche Lohnzahlung. Im Gegensatz zur Haftung wegen der Vorenthaltung von Sozialversicherungsbeiträgen entfällt die Haftung des Geschäftsführers wegen der Vorenthaltung von Lohnsteuern nicht durch eine mögliche Anfechtung des Insolvenzverwalters nach § 129 InsO.[7]

33.112

---

1 BGH v. 5.5.2008 – II ZR 38/07, NZG 2008, 508.
2 Dazu ausführlich unten *Hick*, § 36.
3 BFH v. 31.3.2000 – VII B 187/99, GmbHR 2000, 1211, 1213.
4 BFH v. 16.9.1987 – X R 3/81, GmbHR 1988, 278.
5 Vgl. ausführlich zu dieser Thematik *Kahlert*, ZIP 2009, 2368.
6 BFH v. 23.9.2008 – VII R 27/07, ZIP 2009, 122.
7 BFH v. 23.9.2008 – VII R 27/07, ZIP 2009, 122.

§ 34
Risikobereich und Haftung: Bilanzierung

Dr. Christian Feldmüller[1]

A. Aktiengesellschaft	34.2
I. Bilanzierungspflicht (externe Rechnungslegung)	34.2
1. Handelsrechtliche Rechnungslegungspflicht	34.3
a) Jahresabschluss und Lagebericht	34.3
b) Konzernabschluss und Konzernlagebericht	34.5
c) IFRS-Einzelabschluss	34.9
d) Bilanzeid	34.10
e) Abschlussprüfung	34.11
f) Feststellung und Billigung	34.12
g) Offenlegung	34.13
2. Sonstige Rechnungslegungspflichten	34.14
3. Enforcement	34.16
4. Folgen fehlerhafter Bilanzierung	34.20
a) Nichtigkeit von Abschlüssen	34.21
b) Schadensersatzpflicht	34.24
II. Verantwortlichkeit des Vorstands	34.28
1. Buchführung	34.29
2. Aufstellung von Jahres- und Konzernabschlüssen	34.34
a) Verantwortlichkeit für die Aufstellung	34.34
b) Aufstellung von Jahres- und Konzernabschluss	34.38
c) Aufstellung des (Konzern-)Lageberichts	34.39
d) Unterzeichnung des Jahres- und Konzernabschlusses	34.40
e) Abgabe des Bilanzeids	34.43
f) Abschlussprüfung	34.46
3. Sorgfaltspflichten einzelner Mitglieder (Ressortzuständigkeit)	34.48
4. Verantwortung im Konzern	34.51
a) Vorstand der Obergesellschaft	34.52
b) Vorstand des Tochterunternehmens	34.54
5. Strafrechtliche Verantwortung	34.56
6. Haftungsrechtliche Verantwortung	34.59
a) Innenhaftung	34.60
b) Außenhaftung	34.65
III. Verantwortlichkeit des Aufsichtsrats	34.73
1. Überwachungspflicht aus § 107 AktG und Pflichten nach der EU-Abschlussprüfungsverordnung	34.75
2. Prüfung nach § 171 AktG	34.76
a) Prüfungskompetenz	34.77
b) Prüfungsgegenstand und -maßstab	34.78
c) Sorgfaltspflichten einzelner Mitglieder	34.83
d) Unterstützung durch den Abschlussprüfer	34.88
e) Beschlussfassung und Berichterstattung	34.91
3. Billigung und Feststellung	34.94
4. Prüfungsausschuss	34.97
5. Verantwortung im Konzern	34.99
a) Aufsichtsrat der Obergesellschaft	34.100
b) Aufsichtsrat des Tochterunternehmens	34.101
6. Strafrechtliche Verantwortung	34.103
7. Haftungsrechtliche Verantwortung	34.104
a) Innenhaftung	34.105
b) Außenhaftung	34.106
B. Sonstige Gesellschaften	34.107
I. KGaA und GmbH	34.107
1. KGaA	34.108
2. GmbH	34.110
II. Kapitalgesellschaft & Co. KG	34.113

Schrifttum: *Adler/Düring/Schmaltz*, Rechnungslegung und Prüfung der Unternehmen, 6. Aufl. 1995 ff.; *Baumbach/Hopt*, Handelsgesetzbuch, 37. Aufl. 2016; Beck'scher Bilanz-Kommentar, 10. Aufl. 2016; *Buhleier/Niehues/Splinter*, Praktische Herausforderungen bei der Umsetzung der neuen Anforderungen an den Prüfungsausschuss des Aufsichtsrats, DB 2016, 1885; *Groß*, Haftung für fehlerhafte oder fehlende Regel- oder ad-hoc-Publizität, WM 2002, 477; *Habersack/Mülbert/Schlitt*, Unternehmens-

---

[1] Unter Mitarbeit von RA StB *Karsten Grenzing*.

finanzierung am Kapitalmarkt, 3. Aufl. 2013; *Kelm/Naumann*, Neue (?) Anforderungen an den Prüfungsausschuss nach der EU-Abschlussprüfungsreform, WPg 2016, 653; *Meyer/Mattheus*, Das Abschlussprüfungsreformgesetz (AReG) – Neuerungen für Prüfungsausschüsse, DB 2016, 695; *Mülbert/ Steup*, Emittentenhaftung für fehlerhafte Kapitalmarktinformation am Beispiel der fehlerhaften Regelpublizität, WM 2005, 1633; *Nonnenmacher/Wemmer/v. Werder*, Anforderungen an Prüfungsausschüsse – Leitfaden für Prüfungsausschüsse nach der Abschlussprüfungsreform, DB 2016, 2826; *Schilha*, Neues Anforderungsprofil, mehr Aufgaben und erweiterte Haftung für den Aufsichtsrat nach Inkrafttreten der Abschlussprüfungsreform, ZIP 2016, 1316; *K. Schmidt*, Zur Durchgriffsfestigkeit der GmbH, ZIP 1994, 837; *Schönke/Schröder*, Strafgesetzbuch, 29. Aufl. 2014; *Schorr*, Geschäftsleiterhaftung für fehlerhafte Buchführung, ZHR 169 (2006), 9; *Stapelfeld*, Außenhaftung des Geschäftsführers bei Verletzung der Buchführungspflicht, GmbHR 1991, 94; *Staub*, Handelsgesetzbuch Großkommentar, 5. Aufl. 2008 ff.; WP Handbuch, 15. Aufl. 2017, hrsg. vom Institut der Wirtschaftsprüfer in Deutschland e.V.

Mit der EU-Abschlussprüfungsverordnung[1] und der EU-Richtlinie 2014/56//EU[2], beide vom 16.4.2014, und den entsprechenden nationalen Umsetzungs- und Ausführungsgesetzen, insbesondere dem Abschlussprüfungsreformgesetz (AReG)[3] vom 10.5.2016, ist die Reform der europäischen Regulierung der Abschlussprüfung abgeschlossen worden. In diesem Rahmen sind auch die Anforderungen an den Aufsichtsrat bzw. Prüfungsausschuss bei Unternehmen von öffentlichem Interesse für die Auswahl und Überwachung des Abschlussprüfers verschärft worden, wodurch mittelbar auch die Verantwortung für die vom Abschlussprüfer zu prüfende Bilanzierung des jeweiligen Geschäftsführungsorgans erhöht worden ist. Unternehmen von öffentlichem Interesse (sog. Public Interest Entities oder „PIE") sind kapitalmarktorientierte Unternehmen i.S. des § 264d HGB, Kreditinstitute und Versicherungsunternehmen.[4]

34.1

Nachfolgend soll anhand der Vorschriften über die Bilanzierung bei Aktiengesellschaften ein Überblick über die wesentlichen Verantwortlichkeiten der Geschäftsführungs- und Aufsichtsorgane für eine ordnungsgemäße Bilanzierung gegeben werden. Auf die Besonderheiten bei sonstigen Rechtsformen wird ergänzend einzugehen sein.

---

1 Verordnung (EU) Nr. 537/2014 des Europäischen Parlaments und des Rates v. 16.4.2014 über spezifische Anforderungen an die Abschlussprüfung bei Unternehmen von öffentlichem Interesse und zur Aufhebung des Beschlusses 2005/909/EG der Kommission (ABl. EU Nr. L 158 v. 27.5.2014, S. 77, ber. Nr. L 170 v. 11.6.2014, S. 66).
2 Richtlinie 2014/56 des Europäischen Parlaments und des Rates vom 16.4.2014 zur Änderung der Richtlinie 2006/43/EG über Abschlussprüfungen von Jahresabschlüssen und konsolidierten Abschlüssen (ABl. EU Nr. L 158 v. 27.5.2014, S. 196)); letztgenannte Richtlinie 2006/43/EG ist die sog. Abschlussprüferrichtlinie.
3 Gesetz zur Umsetzung der prüfungsbezogenen Regelungen der Richtlinie 2014/56/EU sowie zur Ausführung der entsprechenden Vorgaben der Verordnung (EU) Nr. 537/2014 im Hinblick auf die Abschlussprüfung bei Unternehmen von öffentlichem Interesse (BGBl. I 2016, 1142). – Die Umsetzung der aufsichts- und berufsrechtlichen Vorschriften der EU-Richtlinie 2014/56/EU und die diesbezügliche Ausführung der EU-Abschlussprüfungsverordnung erfolgte durch das APAReG vom 31.3.2016 (BGBl. I 2016, 518).
4 Art. 2 Abs. 1 i.V.m. Art. 3 EU-Abschlussprüfungsverordnung unter Verweis auf Art. 2 Nr. 13 der sog. Abschlussprüferrichtlinie 2006/43/EG; vgl. §§ 100 Abs. 5, 107 Abs. 4, 124 Abs. 3 Satz 2 AktG, §§ 319a Abs. 1, 324 Abs. 3 HGB.

A. Aktiengesellschaft

I. Bilanzierungspflicht (externe Rechnungslegung)

34.2 Abhängig von ihrer Größe und der Inanspruchnahme von Kapitalmärkten unterliegt die Aktiengesellschaft unterschiedlichen externen Rechnungslegungspflichten.

1. Handelsrechtliche Rechnungslegungspflicht

a) Jahresabschluss und Lagebericht

34.3 Gem. § 264 Abs. 1 HGB hat die Aktiengesellschaft einen Jahresabschluss und einen Lagebericht aufzustellen. Für kleine Aktiengesellschaften (§ 267 Abs. 1 HGB) entfällt die Pflicht zur Aufstellung des Lageberichts.[1] Darüber hinaus können kleine und mittelgroße Gesellschaften bestimmte Erleichterungen bei der Aufstellung des Jahresabschlusses in Anspruch nehmen (§§ 274a, 276, 288 HGB).

Der **Jahresabschluss** hat gem. § 264 Abs. 2 HGB unter Beachtung der Grundsätze ordnungsmäßiger Buchführung ein den tatsächlichen Verhältnissen entsprechendes Bild der Vermögens-, Finanz- und Ertragslage der Kapitalgesellschaft zu vermitteln. Pflichtbestandteile eines solchen Jahresabschlusses sind Bilanz, Gewinn- und Verlustrechnung und Anhang. Hierzu sind für Aktiengesellschaften die rechtsformspezifischen Sondervorschriften des AktG (§§ 150, 152, 158, 160) zu beachten. Ist die Aktiengesellschaft kapitalmarktorientiert gem. § 264d HGB, muss der Jahresabschluss nach § 264 Abs. 1 Satz 2 HGB um eine Kapitalflussrechnung und einen Eigenkapitalspiegel erweitert werden, wenn die Gesellschaft nicht zur Aufstellung eines Konzernabschlusses verpflichtet ist.

Im **Lagebericht** sind gem. § 289 HGB der Geschäftsverlauf einschließlich des Geschäftsergebnisses und die Lage der Gesellschaft so darzustellen, dass ein den tatsächlichen Verhältnissen entsprechendes Bild vermittelt wird. Ferner ist im Lagebericht die voraussichtliche Entwicklung mit ihren wesentlichen Chancen und Risiken zu beurteilen und erläutern. Aktiengesellschaften, die einen organisierten Markt i.S. des § 2 Abs. 7 WpÜG durch von ihnen ausgegebene stimmberechtigte Aktien in Anspruch nehmen, haben gem. § 298a HGB im Lagebericht außerdem besondere Angaben zu Gesellschaftskapital, Stimmrechten und Vorstandsangelegenheiten zu machen. Handelt es sich bei der Aktiengesellschaft um eine große Kapitalgesellschaft nach § 267 Abs. 3 Satz 1 HGB, die kapitalmarktorientiert i.S. des § 264d HGB ist und im Jahresdurchschnitt mehr als 500 Arbeitnehmer beschäftigt, ist der Lagebericht um eine nichtfinanzielle Erklärung nach §§ 289b ff. HGB zu erweitern.[2] Ist die Aktiengesellschaft börsennotiert oder hat sie ausschließlich andere Wertpapiere als Aktien zum Handel an einem organisierten Markt i.S. des § 2 Abs. 11 WpHG[3] (§ 2 Abs. 5 WpHG a.F.) ausgegeben und werden zugleich ihre Aktien auf eigene Veranlassung über ein multilaterales

---

1 Für Kleinstkapitalgesellschaften (§ 267a Abs. 1 HGB) bestehen weitere Erleichterungen, nach § 267a Abs. 2 HGB gelten aber im Übrigen die für kleine Kapitalgesellschaften (§ 267 Abs. 1 HGB) vorgesehenen Regelungen entsprechend, daher erfolgt keine gesonderte Kommentierung zu den Kleinstkapitalgesellschaften.
2 Die Pflicht zur Erweiterung des Lageberichts um eine nichtfinanzielle Erklärung wurde durch das Gesetz zur Stärkung der nichtfinanziellen Berichterstattung der Unternehmen in ihren Lage- und Konzernlageberichten – CSR-Richtline-Umsetzungsgesetz (BGBl. I 2017, 802) eingeführt.
3 Neuzählung des WpHG durch das Zweite Gesetz zur Novellierung von Finanzmarktvorschriften auf Grund europäischer Rechtsakte (Zweites Finanzmarktnovellierungsgesetz – 2. FiMaNoG) vom 23.6.2017 (BGBl. I 2017, 1693).

Handelssystem i.S. des § 2 Abs. 8 Satz 1 Nr. 8 WpHG (§ 2 Abs. 3 Satz 1 Nr. 8 WpHG a.F.) gehandelt, muss die Gesellschaft gem. § 289f HGB eine **Erklärung zur Unternehmensführung** in ihren Lagebericht aufzunehmen, die dort einen gesonderten Abschnitt bildet. Alternativ kann sie diese Erklärung aber auch auf ihrer Internetseite öffentlich zugänglich machen, wobei in diesem Fall eine Bezugnahme in den Lagebericht aufzunehmen ist, welche die Angabe der Internetseite enthält.

Jahresabschluss und Lagebericht sind gem. § 264 Abs. 1 HGB in den ersten drei Monaten des Geschäftsjahrs für das vergangene Geschäftsjahr aufzustellen. Kleine Kapitalgesellschaften dürfen den Jahresabschluss auch später aufstellen, wenn dies einem ordnungsgemäßen Geschäftsgang entspricht, die Frist beträgt aber höchstens sechs Monate.   34.4

b) Konzernabschluss und Konzernlagebericht

Kann eine Kapitalgesellschaft (Mutterunternehmen) mit Sitz im Inland unmittelbar oder mittelbar einen beherrschenden Einfluss gem. § 290 Abs. 1, 2 HGB auf ein anderes Unternehmen (Tochterunternehmen) ausüben, haben die **gesetzlichen Vertreter des Mutterunternehmens** gem. § 290 HGB in den ersten fünf Monaten des Konzerngeschäftsjahrs für das vergangene Konzerngeschäftsjahr einen Konzernabschluss und einen Konzernlagebericht aufzustellen. Ist das Mutterunternehmen eine Kapitalgesellschaft i.S. des § 325 Abs. 4 Satz 1 HGB, beträgt die Aufstellungsfrist **vier Monate**, zur Offenlegungspflicht s. Rz. 34.13. Die Pflicht, einen Konzernabschluss und einen Konzernlagebericht aufzustellen, besteht nicht, wenn das Unternehmen von einer der Befreiungsvorschriften nach §§ 291 ff. HGB Gebrauch machen kann.   34.5

Der Konzernabschluss besteht gem. § 297 Abs. 1 HGB aus der **Konzernbilanz**, der **Konzern-Gewinn- und Verlustrechnung**, dem **Konzernanhang**, der **Kapitalflussrechnung** und dem **Eigenkapitalspiegel**. Er kann um eine **Segmentberichterstattung** erweitert werden. Sofern nicht abweichend bestimmt oder zulässig (vgl. § 315e HGB), ist der Konzernabschluss nach den Regelungen der §§ 298 ff. HGB (**deutsche Rechnungslegungsstandards**) aufzustellen. Unabhängig von dem auf den Konzernabschluss anzuwendenden Rechnungslegungsstandard ist der Konzernlagebericht stets nach den in §§ 315 ff. HGB genannten Grundsätzen aufzustellen.   34.6

Mutterunternehmen i.S. des Art. 4 der 7. Richtlinie 83/349/EWG[1], deren Wertpapiere zum Bilanzstichtag an einem geregelten Markt in der EU zugelassen sind, haben ihren Konzernabschluss gem. Art. 4 der sog. IAS-Verordnung[2] nach den von der EU übernommenen **internationalen Rechnungslegungsstandards** (IFRS) aufzustellen. Ergänzend haben sie dabei die in § 315e Abs. 1 HGB genannten handelsrechtlichen Vorschriften anzuwenden.   34.7

Gleiches gilt gem. § 315e Abs. 2 HGB für Mutterunternehmen, wenn für sie bis zum jeweiligen Bilanzstichtag die Zulassung eines Wertpapiers i.S. des § 2 Abs. 1 WpHG zum Handel an einem organisierten Markt i.S. des § 2 Abs. 11 WpHG (§ 2 Abs. 5 WpHG a.F.) im Inland   34.8

---

1 Nach Art. 4 der Siebenten Richtlinie 83/349/EWG des Rates vom 13.6.1983 auf Grund von Art. 54 Absatz 3 Buchstabe g des Vertrages über den konsolidierten Abschluss (ABl. EG Nr. L 193 v. 18.7.1983, S. 1) sind dies in Deutschland Kapitalgesellschaften in Rechtsform der AG, KGaA und GmbH.

2 Verordnung (EG) Nr. 1606/2002 des Europäischen Parlaments und des Rates vom 19.7.2002 betreffend die Anwendung internationaler Rechnungslegungsstandards (ABl. EG Nr. L 243 v. 11.9.2002, S. 1).

beantragt worden ist. Sonstige Mutterunternehmen dürfen gem. § 315e Abs. 3 HGB ihren Konzernabschluss nach den in § 315e Abs. 1 HGB genannten internationalen Rechnungslegungsstandards und handelsrechtlichen Vorschriften aufstellen.

c) IFRS-Einzelabschluss

34.9 Nach § 325 Abs. 2a HGB kann eine Kapitalgesellschaft im Rahmen der handelsrechtlichen Offenlegung unter bestimmten Voraussetzungen an Stelle des Jahresabschlusses einen IFRS-Einzelabschluss bekannt machen.[1] Die Pflicht zur Aufstellung und Einreichung (Offenlegung ohne Bekanntmachung) des handelsrechtlichen Jahresabschlusses entfällt dadurch allerdings nicht.[2]

d) **Bilanzeid**

34.10 Nach §§ 264 Abs. 2 Satz 3, 289 Abs. 1 Satz 5 HGB sind die Mitglieder des vertretungsberechtigten Organs von **Inlandsemittenten** i.S. des § 2 Abs. 14 WpHG (§ 2 Abs. 7 WpHG a.F.) verpflichtet, zum Jahresabschluss und zum Lagebericht Versicherungen (sog. Bilanzeid) darüber abzugeben, dass nach bestem Wissen der Abschluss ein den tatsächlichen Verhältnissen entsprechendes Bild der Vermögens-, Finanz- und Ertragslage der Gesellschaft vermittelt und im Lagebericht der Geschäftsverlauf einschließlich des Geschäftsergebnisses und die Lage der Gesellschaft so dargestellt sind, dass ein den tatsächlichen Verhältnissen entsprechendes Bild vermittelt wird und die wesentlichen Chancen und Risiken der voraussichtlichen Entwicklung hinreichend beschrieben sind. Entsprechende Erklärungen sind für den Konzernabschluss und Konzernlagebericht (§§ 297 Abs. 2 Satz 4, 315 Abs. 1 Satz 6, 315e Abs. 1 HGB) sowie ggf. den Einzelabschluss i.S. des § 325 Abs. 2a HGB (§ 325 Abs. 2a Satz 3 HGB) erforderlich.

Ausgenommen von der Pflicht zur Abgabe der handelsrechtlichen Erklärungen sind gesetzliche Vertreter von Kapitalgesellschaften i.S. des § 327a HGB.

e) **Abschlussprüfung**

34.11 Gem. § 316 Abs. 1 HGB sind der Jahresabschluss und der Lagebericht von Kapitalgesellschaften, die nicht kleine i.S. des § 267 Abs. 1 HGB sind, durch einen Abschlussprüfer zu prüfen. Gleiches gilt für pflichtig aufzustellende Konzernabschlüsse und Konzernlageberichte (§ 316 Abs. 2 HGB). Hat die erforderliche Prüfung nicht stattgefunden, kann der Jahresabschluss nicht festgestellt und der Konzernabschluss nicht gebilligt werden.

Der Abschlussprüfer hat über das Ergebnis seiner Prüfung in Form eines **Prüfungsberichts** nach § 321 HGB zu berichten und das Ergebnis seiner Prüfung in einem **Bestätigungsvermerk** (§ 322 HGB) zusammenzufassen.

f) **Feststellung und Billigung**

34.12 Jahresabschluss, Konzernabschluss sowie Lagebericht und Konzernlagebericht sind vom Vorstand der Aktiengesellschaft aufzustellen (§ 264 Abs. 1 Satz 1 HGB i.V.m. § 78 AktG) und im Anschluss zusammen mit dem Entwurf des Gewinnverwendungsvorschlags dem Aufsichtsrat vorzulegen. Dieser hat die vorgelegten Unterlagen zu prüfen und nach Abschluss der Prüfung zu erklären, ob er den Jahres- und Konzernabschluss billigt (§ 171 AktG). Billigt er den Jahres-

---

[1] Vgl. zum IFRS-Einzelabschluss nach § 325 Abs. 2a HGB *Fey/Deubert*, KoR 2006, 92 ff.
[2] *Grottel* in Beck'scher Bilanz-Kommentar, § 325 HGB Rz. 70 f.

abschluss, so ist dieser festgestellt (§ 172 Abs. 1 AktG), wenn Vorstand und Aufsichtsrat nicht ausnahmsweise beschließen, die Feststellung der Hauptversammlung zu überlassen. Eine Feststellung des Konzernabschlusses ist im Gesetz nicht vorgesehen. Billigt der Aufsichtsrat Jahres- und Konzernabschluss nicht, ist die Hauptversammlung hierfür zuständig (§ 173 AktG).

g) Offenlegung

Jahresabschluss, Konzernabschluss sowie Lagebericht und Konzernlagebericht sind von den gesetzlichen Vertretern der Kapitalgesellschaft nach der in § 325 HGB bestimmten Form und Frist offen zu legen. Die allgemeine Offenlegungsfrist beträgt längstens zwölf Monate. Sie ist für kapitalmarktorientierte Kapitalgesellschaften, mit Ausnahme solcher nach § 327a HGB, auf vier Monate verkürzt, wobei der Konzernabschluss und der Konzernlagebericht gem. Ziff. 7.1.2 DCGK[1] bereits binnen neunzig Tagen nach Geschäftsjahresende öffentlich zugänglich sein sollen. Verstöße gegen die gesetzliche Offenlegungspflicht sind sanktionsbewehrt (vgl. dazu § 334 HGB).

34.13

2. Sonstige Rechnungslegungspflichten

Neben den handelsrechtlichen Rechnungslegungspflichten sind Unternehmen, die als Inlandsemittenten i.S. des § 2 Abs. 14 WpHG (§ 2 Abs. 7 WpHG a.F.) Aktien oder bestimmte Schuldtitel begeben haben, nach § 115 Abs. 1 Satz 1 WpHG (§ 37w Abs. 1 Satz 1 WpHG a.F.) verpflichtet, einen **Halbjahresfinanzbericht** zu veröffentlichen. Dieser Bericht besteht aus einem Zwischenabschluss, einem Zwischenlagebericht und einer Versicherung der gesetzlichen Vertreter zum Abschluss und Lagebericht (sog. Bilanzeid). Der Zwischenabschluss und der Zwischenlagebericht können freiwillig einer prüferischen Durchsicht durch einen Abschlussprüfer unterzogen werden, wobei dann gem. § 115 Abs. 5 Satz 2 WpHG (§ 37w Abs. 5 Satz 2 WpHG a.F.) die Vorschriften über die Bestellung des Abschlussprüfers entsprechend anzuwenden sind.

34.14

Die Verpflichtung zur quartalsweisen Finanzberichterstattung ist mit dem Gesetz zur Umsetzung der Transparenzrichtlinie-Änderungsrichtlinie[2] aufgehoben worden. Allerdings enthält jetzt § 115 Abs. 7 WpHG (37w Abs. 7 WpHG a.F.) konkretisierende Regelungen für freiwillige, zusätzliche unterjährige Finanzinformationen.

Unabhängig von den gesetzlichen Rechnungslegungspflichten haben Gesellschaften, deren Aktien an der Frankfurter Wertpapierbörse zum Handel im Prime Standard zugelassen sind, die Pflicht, die für dieses Segment geltenden erweiterten **Zulassungsfolgepflichten** zu erfüllen und Halbjahresfinanzberichte und Quartalsmitteilungen in deutscher und englischer Sprache zu veröffentlichen.

34.15

3. Enforcement

Mit dem Bilanzkontrollgesetz 2004[3] wurde in Deutschland das sog. **Enforcement-Verfahren** für Jahres- und Konzernabschlüsse eingeführt, vgl. §§ 342b ff. HGB, §§ 106 ff. WpHG (§§ 37n ff. WpHG a.F.). Gegenstand dieses Verfahrens ist die anlassbezogene oder turnusgemäße Prüfung von Jahres- und Konzernabschlüssen sowie der zugehörigen Lageberichte

34.16

---

1 Deutscher Corporate Governance Kodex, Fassung vom 7.2.2017.
2 TÄndRLUG vom 20.11.2015 (BGBl. I 2015, 2019).
3 BilKoG, BGBl. I 2004, 3408 ff.

durch die Deutsche Prüfstelle für Rechnungslegung (DPR) bzw. die Bundesanstalt für Finanzdienstleistungsaufsicht (BaFin).

34.17 Geprüft werden die Abschlüsse und Lageberichte von Unternehmen, die als Emittenten von zugelassenen Wertpapieren i.S. des § 2 Abs. 1 WpHG die Bundesrepublik Deutschland als Herkunftsstaat haben; dabei bleiben Anteile und Aktien an offenen Investmentvermögen i.S. des § 1 Abs. 4 KAGB unberücksichtigt (§ 342b Abs. 2 Satz 2 HGB). Die Prüfung bezieht sich darauf, ob die Abschlüsse und Lageberichte den gesetzlichen Vorschriften einschließlich der Grundsätze ordnungsmäßiger Buchführung oder den sonstigen durch Gesetz zugelassenen Rechnungslegungsstandards entsprechen.[1]

34.18 Endet das Verfahren mit der Feststellung, dass die Rechnungslegung **fehlerhaft** ist, hat das Unternehmen auf Anordnung der BaFin den von der BaFin oder von der DPR festgestellten Fehler samt der wesentlichen Teile der Begründung bekannt zu machen § 109 Abs. 2 Satz 1 WpHG (§ 37q Abs. 2 Satz 1 WpHG a.F.). Eine unmittelbare materielle Wirkung für die Gesellschaft oder deren Organe ergibt sich aus der Fehlerfeststellung durch die DPR bzw. die BaFin nicht. In der Folge hat das Unternehmen allerdings zu entscheiden, wie es mit dem Fehler umzugehen hat. Insbesondere hat es zu entscheiden, ob eine Rückwärtsänderung des beanstandeten Abschlusses oder Lageberichts erforderlich ist oder eine Korrektur in laufender Rechnung ausreicht.[2]

34.19 Neben Jahres- und Konzernabschlüssen sowie Lageberichten und Konzernlageberichten unterliegen auch veröffentlichte Zwischenabschlüsse und Zwischenlageberichte einer allerdings nur anlassbezogenen Prüfung durch die DPR bzw. BaFin.

4. Folgen fehlerhafter Bilanzierung

34.20 Auf Grund fehlerhafter Abschlüsse können sich für die Aktiengesellschaft zwei wesentliche Folgen ergeben. Zum einen kann der Jahresabschluss nichtig sein, zum anderen kann die Veröffentlichung bzw. Verwendung fehlerhafter Abschlüsse zu Schadensersatzansprüchen führen.

a) Nichtigkeit von Abschlüssen

34.21 In Abhängigkeit von der Art des Fehlers kann der Jahresabschluss der Aktiengesellschaft nach § 256 AktG nichtig sein.[3]

Die **wesentlichen Gründe** fehlerhafter Bilanzierung, die zur Nichtigkeit des Abschlusses führen können, sind Überbewertung von Abschlussposten (§ 256 Abs. 5 Satz 1 Nr. 1 AktG), die Unterbewertung von Abschlussposten, wenn dadurch die Vermögens- und Ertragslage der Gesellschaft vorsätzlich unrichtig wiedergegeben oder verschleiert wird (§ 256 Abs. 5 Satz 1 Nr. 2 AktG), sowie gravierende Verstöße gegen Gliederungsvorschriften (§ 256 Abs. 4 AktG). Über diese speziellen Regelungen (*leges speciales*) hinaus kommt eine Nichtigkeit nach § 256 Abs. 1 Nr. 1 AktG nur in Betracht, wenn ein wesentlicher und schwerwiegender Verstoß gegen die allgemeinen Buchführungs- und Bilanzierungsgrundsätze vorliegt, was aber nur in engen Ausnahmefällen anzunehmen sein dürfte.[4]

---

1 Zum Enforcement-Verfahren vgl. *Gelhausen/Hönsch*, AG 2005, 511 ff.
2 Vgl. IDW RS HFA 6, WPg Supplement 2/2007, 77 ff.
3 Vgl. zur Nichtigkeit festgestellter Jahresabschlüsse *Hüffer/Koch*, § 256 AktG Rz. 1 ff.; WP-HdB 2017, Kap. B Tz. 270 ff.
4 Vgl. WP-HdB 2017, Kap. B Tz. 285 f.

Ist der **Jahresabschluss** nichtig, kann er nicht Grundlage einer Gewinnverwendung sein. Wurde ein **Gewinnverwendungsbeschluss** bereits gefasst, ist dieser nichtig (§ 253 Abs. 1 AktG). Wurden auf Grundlage eines solchen nichtigen Beschlusses Dividenden gezahlt, sind diese nach § 62 Abs. 1 AktG zurückzugewähren, sofern die Empfänger nicht gutgläubig waren.[1]

34.22

Für den **Konzernabschluss** bzw. **Einzelabschluss** nach § 325 Abs. 2a HGB bestehen keine dem Jahresabschluss vergleichbaren Regelungen über die Nichtigkeit, insbesondere werden diese Abschlüsse vom Wortlaut des § 256 AktG nicht umfasst. Dies sowie der Umstand, dass Konzern- und Einzelabschluss anders als der Jahresabschluss keine unmittelbaren rechtlichen Folgewirkungen entfalten, sprechen dafür, die Vorschriften des § 256 AktG weder unmittelbar noch analog auf Konzern- und Einzelabschluss anzuwenden.[2]

34.23

b) Schadensersatzpflicht

Eine Generalnorm, nach der die Aktiengesellschaft verpflichtet wäre, Personen, die sich auf den Inhalt fehlerhafter Abschlüsse verlassen und dadurch einen Vermögensschaden erleiden, Ersatz des entstandenen Schadens zu leisten, kennt das deutsche Recht nicht. Vielmehr kommt eine solche Schadensersatzpflicht nur beim **Hinzutreten von Sonderumständen** in Betracht. Da die möglichen Fallgruppen höchst heterogen sind, sollen nachfolgend allein die wesentlichen Umstände, die zu Schadensersatzansprüchen in Folge fehlerhafter Bilanzierung führen können, kurz genannt werden.

34.24

An erster Stelle stehen Schadensersatzansprüche aus der **Verletzung vertraglicher oder vorvertraglicher Pflichten** der Gesellschaft. Solche können entstehen, wenn die Gesellschaft unter Verwendung fehlerhafter Abschlüsse in vertragliche Beziehungen zu Dritten tritt und die Abschlüsse eine besondere Grundlage für diese Vertragsbeziehungen bilden (bspw. Darlehensverträge, Unternehmenskaufverträge). Erforderlich dürfte allerdings sein, dass die Abschlüsse ausdrücklich oder zumindest erkennbar gewollt den vertraglichen Beziehungen zugrunde gelegt werden. Eine rein informatorische Mitteilung oder ein Hinweis auf die Offenlegung dürfte nicht ausreichen, einen Schadensersatzanspruch Dritter zu begründen.

34.25

Im Fall kapitalmarktorientierter Unternehmen kann neben eine vertragliche Haftung eine Haftung wegen fehlerhafter Bilanzierung nach den Grundsätzen der gesetzlichen **Prospekthaftung** (vgl. insbesondere §§ 21 ff. WpPG) sowie den Grundsätzen der allgemeinen bürgerlich-rechtlichen Prospekthaftung treten. Solche Ansprüche können insbesondere entstehen, wenn fehlerhafte Abschlüsse oder Informationen aus fehlerhaften Abschlüssen in einen Prospekt aufgenommen werden. Zu weit geht allerdings die Auffassung, Jahres- und Zwischenabschlüsse selbst als Prospekte zu qualifizieren und diese der allgemeinen bürgerlich-rechtlichen Prospekthaftung zu unterwerfen.[3] Eine solche Auffassung verkennt, dass beide Arten von Abschlüssen allein der **Regelpublizität** dienen. Sie sind daher weder dazu bestimmt, bei Anlegern eine Kauf- oder Verkaufsentscheidung herbeizuführen, noch dienen sie dazu, Anlegern alle Umstände offen zu legen, die erforderlich sind, um eine Anlageentscheidung zu treffen. Da dies aber die Anforderung ist, die der BGH an einen ordnungsgemäßen Prospekt

34.26

---

1 Vgl. zu den Folgen nichtiger Abschlüsse *Adler/Düring/Schmaltz*, Rechnungslegung und Prüfung der Unternehmen, § 256 AktG Rz. 74 ff.; *Hüffer/Koch*, § 256 AktG Rz. 32 ff.
2 Vgl. WP-HdB 2017, Kap. B Tz. 276, 279.
3 Vgl. *Groß*, WM 2002, 477, 480; *Mülbert/Steup*, WM 2005, 1633, 1648; *Mülbert/Steup* in Habersack/Mülbert/Schlitt, Unternehmensfinanzierung am Kapitalmarkt, § 41 Rz. 162.

stellt[1], kann ein Abschluss, der mit seinem gesetzlich vorgegebenen Inhalt diese Anforderung nicht erfüllen kann, nicht als Prospekt qualifiziert werden (vgl. zu den Anforderungen an einen Wertpapierprospekt bei einem öffentlichen Angebot von Aktien die Regelungen des Wertpapierprospektgesetzes (WpPG) i.V.m. der sog. EU-Prospektverordnung[2]).

34.27 Letztlich in Betracht kommt eine Haftung der Gesellschaft für **gesetzwidriges Handeln ihrer Vertreter** (§ 31 BGB). Dies kann insbesondere der Fall sein, wenn der Vorstand einer Gesellschaft vorsätzlich fehlerhafte Abschlüsse verwendet und hierdurch einen Schadensersatzanspruch Dritter nach § 826 BGB oder § 823 Abs. 2 BGB auslöst.[3]

II. Verantwortlichkeit des Vorstands

34.28 Die Erfüllung der zuvor dargestellten Rechnungslegungspflichten ist eine der wesentlichen Geschäftsführungsaufgaben des Vorstands. Im Hinblick auf die ordnungsgemäße Bilanzierung umfasst die Pflicht des Vorstands allerdings nicht nur die ordnungsgemäße Aufstellung von Abschlüssen und Lageberichten, sondern vorgelagert auch die Pflicht der ordnungsmäßigen Buchführung, wobei beide Bereiche zusammen als Rechnungslegung bezeichnet werden können.[4]

1. Buchführung

34.29 Gem. § 91 AktG hat der Vorstand dafür zu sorgen, dass die **erforderlichen Handelsbücher** geführt werden. § 91 AktG konkretisiert damit die Leitungsverantwortung des Vorstands in Bezug auf die Erfüllung der gesetzlichen Pflichten aus § 238 Abs. 1 HGB i.V.m. § 3 Abs. 1 AktG, § 6 HGB.[5]

Nach § 238 HGB ist mit Ausnahme von Einzelkaufleuten i.S. des § 241a HGB jeder Kaufmann verpflichtet, Bücher zu führen und in diesen seine Handelsgeschäfte und die Lage seines Vermögens nach den Grundsätzen ordnungsmäßiger Buchführung ersichtlich zu machen. In den zu führenden Handelsbüchern sind alle Geschäftsvorfälle zu erfassen (§ 238 Abs. 1 Satz 2 HGB). Da die Buchführung Grundlage der periodischen Bilanzierung ist, gehören zur Buchführung alle Aufzeichnungen, die für die Aufstellung des Jahresabschlusses Bedeutung haben. Die inhaltlichen Anforderungen an das System der Buchführung sind in §§ 238, 239 HGB geregelt, die ergänzend auf die Grundsätze ordnungsmäßiger Buchführung verweisen.

34.30 Als zuständiges Organ hat der Vorstand durch **geeignete organisatorische und personelle Maßnahmen** dafür zu sorgen, dass die Einrichtung der Buchführung den Grundsätzen ordnungsmäßiger Buchführung entspricht. In **organisatorischer Hinsicht** ist es erforderlich, dass

---

1 Vgl. BGH v. 19.7.2004 – II ZR 402/02, WM 2004, 1721 = AG 2004, 546; BGH v. 29.5.2000 – II ZR 280/98, WM 2000, 1503.
2 Verordnung (EG) Nr. 809/2004 der Kommission vom 29.4.2004 zur Umsetzung der Richtlinie 2003/71/EG des Europäischen Parlaments und des Rates betreffend die in Prospekten enthaltenen Angaben sowie die Aufmachung, die Aufnahme von Angaben in Form eines Verweises und die Veröffentlichung solcher Prospekte sowie die Verbreitung von Werbung (ABl. EG Nr. L 186 v. 18.7.2003, S. 3).
3 Vgl. BGH v. 9.5.2005 – II ZR 287/02, BB 2005, 1644 = AG 2005, 609 – EM.TV; dazu *Fleischer*, ZIP 2005, 1805 ff.; zum Verhältnis von Haftung der Gesellschaft und Kapitalerhaltung s. *Möllers*, BB 2005, 1637.
4 Vgl. *Adler/Düring/Schmaltz*, Rechnungslegung und Prüfung der Unternehmen, § 91 AktG Rz. 1.
5 *Hüffer/Koch*, § 91 AktG Rz. 2.

das Unternehmen über ein angemessenes Buchführungssystem verfügt. Einrichtung und Funktionsfähigkeit dieses Systems hat der Vorstand sicherzustellen. Dabei hat der Vorstand in regelmäßigen Abständen zu überprüfen, ob das bestehende Buchführungssystem für das Unternehmen in seiner aktuellen Struktur weiterhin angemessen ist.[1]

In **personeller Hinsicht** hat der Vorstand dafür Sorge zu tragen, dass die Buchführungsaufgaben durch hinreichend qualifizierte Mitarbeiter ordnungsgemäß wahrgenommen werden. Im Hinblick auf die eingesetzten Mitarbeiter konkretisiert sich die Sorgepflicht des Vorstands somit in einer **Auswahl- und Überwachungspflicht**. Wie diese Überwachung zu erfolgen hat, muss in Abhängigkeit von der Größe und Struktur der Gesellschaft entschieden werden. Dabei kann es geboten sein, eine interne Revisionsabteilung als Teil eines internen Kontrollsystems einzurichten.

34.31

Zur Absicherung einer ordnungsmäßigen Buchführung unabdingbar ist ein funktionierendes **internes Kontrollsystem** (IKS). Unter einem solchen versteht man die vom Vorstand festgelegten Grundsätze, Verfahren und Maßnahmen (Regelungen), die auf die organisatorische Umsetzung von Geschäftsführungsmaßnahmen im Unternehmen gerichtet sind. Ziel eines solchen Systems ist die Sicherung der Wirksamkeit und Wirtschaftlichkeit der Geschäftstätigkeit, die Sicherung der Ordnungsmäßigkeit und Verlässlichkeit der internen und externen Rechnungslegung sowie die Sicherung der Einhaltung der für das Unternehmen maßgeblichen rechtlichen Vorschriften.

34.32

Über die interne Kontrolle hinaus und für die Lageberichterstattung von Bedeutung hat der Vorstand nach § 91 Abs. 2 AktG ein **Risikofrüherkennungssystem** einzurichten. Aufgabe eines solchen Systems ist das Erkennen, die Analyse und die gesellschaftsinterne Kommunikation von Risiken mit dem Ziel, diese angemessen zu beurteilen und zu behandeln.

34.33

Die Einrichtung und Funktion beider Systeme ist durch den Vorstand zu überwachen.[2]

2. Aufstellung von Jahres- und Konzernabschlüssen
a) Verantwortlichkeit für die Aufstellung

Verantwortlich für die Aufstellung des Jahresabschlusses und des Lageberichts sind gem. § 264 Abs. 1 HGB die gesetzlichen Vertreter einer Kapitalgesellschaft. Gleiches gilt gem. § 290 HGB für den Konzernabschluss sowie den Konzernlagebericht. Wie die Buchführungspflicht ist auch die Pflicht zur Aufstellung von Jahresabschluss und Lagebericht eine zwingende Verpflichtung öffentlich-rechtlicher Art, so dass auf die Aufstellung nicht verzichtet werden kann.

34.34

Gesetzlicher Vertreter einer Aktiengesellschaft ist der **Vorstand in seiner Gesamtheit** (§ 77 Abs. 1 AktG). Die Aufstellung obliegt damit dem Vorstand als Kollektivgremium. Eine abweichende Regelung in der Satzung ist nicht zulässig.[3] Allerdings kann die Ausführung einem ressortzuständigen Vorstandsmitglied übertragen werden (vgl. Rz. 34.48 f.).

Wie auch die Buchführung braucht der Vorstand die Erstellung von Abschluss und Lagebericht nicht selbst vorzunehmen, sondern kann dies durch **sachkundige Mitarbeiter** erledi-

34.35

---

1 *Adler/Düring/Schmaltz*, Rechnungslegung und Prüfung der Unternehmen, § 91 AktG Rz. 10.
2 Zum Risikomanagement und Controlling vgl. *Müller* in Semler/Peltzer/Kubis, Arbeitshandbuch für Vorstandsmitglieder, 2. Aufl. 2015, § 10 Rz. 104 ff.
3 Vgl. *Adler/Düring/Schmaltz*, Rechnungslegung und Prüfung der Unternehmen, § 264 HGB Rz. 20; *Winkeljohann/Schellhorn* in Beck'scher Bilanz-Kommentar, § 264 HGB Rz. 12.

gen lassen.[1] Allerdings verbleibt beim Vorstand (dem ressortzuständigen Mitglied) die Pflicht, die Erstellung zu überwachen und sich von der Sachkunde der beauftragten Personen zu überzeugen.

34.36 Die Verantwortung für die inhaltliche Richtigkeit konzentriert sich auf das **ressortzuständige Vorstandsmitglied** (zur allgemeinen Überwachungspflicht der übrigen Vorstandsmitglieder s. Rz. 34.50). **Aufgabe des Gesamtvorstandes** bleibt dagegen die Entscheidung über die Bilanzpolitik, d.h. die Ausübung von Wahlrechten oder die Ausfüllung von Ermessensentscheidungen, da es sich hierbei um eine dem Vorstand zugewiesene Leitungsaufgabe handelt, die zur Geschäftsführung der Gesellschaft gehört.[2] Zu diesem Zweck müssen die Mitglieder des Vorstands über die erforderliche Sachkunde verfügen, um die wesentlichen Problemstellungen erkennen und würdigen zu können. Zur praktischen Umsetzung wird der Vorstand größerer Gesellschaften und Konzerne regelmäßig Bilanzierungs- und Konsolidierungsrichtlinien aufstellen, die es den Mitarbeitern ermöglichen, eine Vielzahl an Geschäftsvorfällen sachgerecht zu behandeln, ohne den Vorstand mit Einzelfragen zu befassen.

34.37 Bestehen im mehrteiligen Vorstand **Meinungsverschiedenheiten** über den Inhalt der aufzustellenden Abschlüsse und Lageberichte, hängt es von den Regelungen in der Satzung oder Geschäftsordnung für den Vorstand ab, wie zu verfahren ist, insbesondere ob abweichend von der Gesetzeskonzeption, die für Geschäftsführungsmaßnahmen Einstimmigkeit fordert (§ 77 Abs. 1 Satz 1 AktG), ein Mehrheitsbeschluss zulässig ist.

b) Aufstellung von Jahres- und Konzernabschluss

34.38 Bei der Aufstellung von Jahres- und Konzernabschluss hat der Vorstand die jeweils anzuwendenden Rechnungslegungsgrundsätze und Vorschriften sowie die satzungsrechtlichen Bestimmungen zu beachten (zu den anzuwendenden Rechnungslegungsgrundsätzen vgl. Rz. 34.3 bis 34.9).

Bei Aufstellung hat der Vorstand über die Ausübung von Ermessensspielräumen und Wahlrechten zu entscheiden. Bei der Entscheidung über die Ausübung von Wahlrechten ist der Vorstand im Rahmen der anzuwendenden Rechnungslegungsgrundsätze und unter Beachtung der gebotenen Stetigkeit dem Grunde nach frei.

c) Aufstellung des (Konzern-)Lageberichts

34.39 Die Lageberichte sind vom Vorstand nach Maßgabe der handelsrechtlichen Vorschriften (§ 289 HGB, § 315 HGB) aufzustellen. Zur Lageberichterstattung im Einzelnen vgl. Deutscher Rechnungslegungs Standard Nr. 20 (DRS 20), Konzernlagebericht.

Zur ordnungsgemäßen Erfüllung dieser Berichtspflichten, die sich nicht allein auf Finanzangaben beziehen, sondern die **Lage der Gesellschaft bzw. des Konzerns** insgesamt umfassen, wird es bei einem mehrgliedrigen Vorstand erforderlich sein, dass die Vorstände sämtlicher Ressorts mit der Berichterstattung intensiv befasst werden, da jeder Geschäftsbereich Einfluss auf die Berichterstattung im Lagebericht haben kann.[3] Entsprechendes gilt für die nichtfinanzielle Erklärung nach §§ 289b ff. HGB sowie die Erklärung zur Unternehmensführung nach § 289f HGB.

---

1 Vgl. *Spindler* in MünchKomm. AktG, § 91 AktG Rz. 8.
2 Vgl. *Müller* in Semler/Peltzer/Kubis, Arbeitshandbuch für Vorstandsmitglieder, § 10 Rz. 45.
3 Vgl. *Müller* in Semler/Peltzer/Kubis, Arbeitshandbuch für Vorstandsmitglieder, § 10 Rz. 79.

d) Unterzeichnung des Jahres- und Konzernabschlusses

Jahres- und Konzernabschluss sind von **allen Mitgliedern des Vorstands** unter Angabe des Datums zu unterzeichnen. Dies gilt auch für solche Mitglieder, die mit dem Inhalt des Abschlusses nicht einverstanden sind.[1] Auch stellvertretende Vorstandsmitglieder (§ 94 AktG) haben den Abschluss mit zu unterzeichnen.[2] Zur Unterzeichnung verpflichtet sind alle Personen, die zum Zeitpunkt der Unterzeichnung Mitglieder des Vorstands sind. Dies gilt auch für solche Mitglieder, die erst nach Ablauf des Geschäftsjahres, für das der Abschluss aufgestellt wird, bestellt worden sind.[3]

34.40

Zu unterzeichnen sind allein der Jahres- und der Konzernabschluss. Im Hinblick auf Lageberichte bzw. Konzernlageberichte besteht keine Verpflichtung zur Unterzeichnung.

Als **Zweck der Unterzeichnung** wird allgemein anerkannt, dass hierdurch das Ende der Aufstellung des Abschlusses dokumentiert wird und der Unterzeichnende die Verantwortung für die Richtigkeit und Vollständigkeit des unterschriebenen Abschlusses übernimmt.[4] Eine haftungsrechtlich relevante Gewährleistung der Richtigkeit und Vollständigkeit des Abschlusses gegenüber der Öffentlichkeit liegt hierin allerdings nicht.[5]

34.41

Im Gesetz nicht zweifelsfrei geregelt ist der **Zeitpunkt** zu dem der Abschluss zu unterzeichnen ist. Die Auffassungen hierzu sind unterschiedlich. Obwohl der Abschluss rechtlich wohl erst nach seiner Feststellung bzw. Billigung unterzeichnet werden muss[6], wird in der Praxis, insbesondere zur Dokumentation des Endes des Wertaufhellungszeitraums, so verfahren, dass der Abschluss mit einem Aufstellungsdatum unterzeichnet wird, das unmittelbar vor Erteilung des Bestätigungsvermerks durch den Abschlussprüfer liegt. Wird der Abschluss allerdings nach Aufstellung geändert, ist eine erneute Unterzeichnung unter Angabe eines späteren Datums notwendig.[7]

34.42

e) Abgabe des Bilanzeids

Wie oben bereits dargestellt (Rz. 34.10), sind die **gesetzlichen Vertreter von Inlandsemittenten** i.S. des § 2 Abs. 14 WpHG (§ 2 Abs. 7 WpHG a.F.; mit Ausnahme solcher von Kapitalgesellschaften i.S. des § 327a HGB) verpflichtet, zum Jahres- und Konzernabschluss sowie zum Lagebericht und Konzernlagebericht und ggf. Einzelabschluss einen sog. Bilanzeid abzugeben. Ziel der Regelung ist es, die für die Aufstellung der Abschlüsse und Lageberichte verantwortlichen Personen dazu anzuhalten, die Verhältnisse des Unternehmens in den Finanzberichten richtig darzustellen.[8] Daher unterliegen der Pflicht zur Erklärung des Bilanzeids dieselben Personen, die für die Aufstellung der Abschlüsse und Lageberichte verantwortlich sind. Dies bedeutet, dass auch wenn die Aufstellung von Abschlüssen und Lageberichten im Innenverhält-

34.43

---

1 Streitig; wie hier *Adler/Düring/Schmaltz*, Rechnungslegung und Prüfung der Unternehmen, § 245 HGB Rz. 12; vgl. auch *Winkeljohann/Schellhorn* in Beck'scher Bilanz-Kommentar, § 245 HGB Rz. 2.
2 Vgl. *Hüffer/Koch*, § 91 AktG Rz. 3.
3 *Müller* in Semler/Peltzer/Kubis, Arbeitshandbuch für Vorstandsmitglieder, § 10 Rz. 51.
4 *Adler/Düring/Schmaltz*, Rechnungslegung und Prüfung der Unternehmen, § 245 HGB Rz. 1.
5 Vgl. *Winkeljohann/Schellhorn* in Beck'scher Bilanz-Kommentar, § 245 HGB Rz. 6; zur Bedeutung der Unterzeichnung von Abschlüssen nach den Regeln des US-Rechts s. *Müller* in Semler/Peltzer/Kubis, Arbeitshandbuch für Vorstandsmitglieder, § 10 Rz. 55.
6 Vgl. BGH v. 28.1.1985 – II ZR 79/84, WM 1985, 567, 569 = AG 1985, 188.
7 Vgl. *Winkeljohann/Schellhorn* in Beck'scher Bilanz-Kommentar, § 245 HGB Rz. 3.
8 Begr. RegE, BT-Drucks. 16/2498, S. 28 unter e, S. 29 unter 4.

nis einem oder mehreren Mitgliedern des Vorstands übertragen worden sind, **alle Mitglieder des Vorstands** zur Abgabe des Bilanzeids verpflichtet sind.

34.44 Die Versicherung ist „**nach bestem Wissen**" abzugeben, wodurch zum Ausdruck gebracht werden soll, dass Maßstab für die Erklärung nicht zwangsläufig die objektive Wirklichkeit, sondern die Kenntnis von der Wirklichkeit ist, die der Einzelne tatsächlich hat oder die er bei Anwendung der erforderlichen Sorgfalt hätte haben müssen. Da diese Erklärung nur jeder Verpflichtete für sich selbst abgeben kann, ist eine Vertretung bei Abgabe der Versicherung ausgeschlossen.

34.45 Zur **rechtlichen Bedeutung der Versicherung** ist wie schon zur Unterzeichnung des Jahres- und Konzernabschlusses festzustellen, dass hierin keine persönliche Garantie des Erklärenden gegenüber Dritten für die Richtigkeit des jeweiligen Abschlusses oder Lageberichts liegt, sondern mit der Erklärung lediglich die Verantwortung dokumentiert werden soll, zu der jedes Vorstandsmitglied gesellschaftsrechtlich ohnehin verpflichtet ist (zur Haftung wegen fehlerhafter Versicherung s. Rz. 34.70).

f) Abschlussprüfung

34.46 Sofern es sich bei der Aktiengesellschaft nicht um eine kleine i.S. des § 267 HGB handelt, sind die Jahres- und Konzernabschlüsse sowie die jeweiligen Lageberichte einer Abschlussprüfung durch den Abschlussprüfer zu unterziehen. **Gegenstand der Abschlussprüfung** sind gem. § 317 HGB der Jahres- und Konzernabschluss jeweils unter Einbeziehung der Buchführung, der Lagebericht und der Konzernlagebericht sowie bei börsennotierten Aktiengesellschaften das Risikofrüherkennungssystem nach § 91 Abs. 2 AktG. Bei den nichtfinanziellen Erklärungen bzw. Berichten nach §§ 289b bis 289e sowie §§ 315b und 315c HGB ist nur zu prüfen, ob die Erklärung bzw. der Bericht vorgelegt wurde (§ 317 Abs. 2 Satz 4 HGB). Auch die Angaben in den Erklärungen zur Unternehmensführung nach § 289f und § 315d HGB sind gem. § 317 Abs. 2 Satz 6 HGB nicht inhaltlich, sondern nur auf ihr Vorhandensein zu prüfen.

Mit Inkrafttreten der in den Mitgliedstaaten unmittelbar geltenden EU-Abschlussprüfungsverordnung gelten für die Abschlussprüfung bei Unternehmen von öffentlichem Interesse[1] besondere Anforderungen, die neben die des HGB treten. Im Hinblick auf Unregelmäßigkeiten im Zusammenhang mit dem Abschluss werden dem Abschlussprüfer durch Art. 7 der Verordnung besondere Pflichten auferlegt, seine Berichterstattungspflichten in Bestätigungsvermerk (§ 322 HGB) und Prüfungsbericht (§ 321 HGB) werden durch Art. 10 und Art. 11 der Verordnung erweitert. Dementsprechend bestimmt § 317 Abs. 3a HGB, dass die handelsrechtlichen Prüfungsvorschriften der §§ 316 ff. HGB auf die Abschlussprüfung bei kapitalmarktorientierten Unternehmen i.S. des § 264d HGB nur insoweit anzuwenden sind, als nicht die Abschlussprüfungsverordnung gilt.

34.47 Auch wenn der Bericht über die Abschlussprüfung (§ 321 HGB) an den Aufsichtsrat gerichtet ist, ergeben sich aus der Abschlussprüfung zahlreiche Erkenntnisse, die für den Vorstand von Bedeutung sind. Insbesondere sind etwaige Beanstandungen noch während des Aufstellungs- und Prüfungsprozesses zu beseitigen. Gem. § 321 Abs. 5 Satz 2 HGB in der Neufassung durch das AReG ist dem Vorstand nach Vorlage des Prüfungsberichts an den Aufsichtsrat Gelegenheit zur Stellungnahme zu geben. Dies hindert den Abschlussprüfer allerdings nicht daran,

---

[1] Das sind kapitalmarktorientierte Unternehmen i.S. des § 264d HGB, Kreditinstitute und Versicherungsunternehmen.

den gesetzlichen Vertretern vorab einen vollständigen Entwurf des Prüfungsberichts zuzuleiten.[1]

Zur Frage, ob die Prüfung von Abschluss und Lagebericht durch den Abschlussprüfer für den Vorstand exkulpierend wirkt, wenn die Prüfung zu keinen Einwendungen geführt hat, s. Rz. 34.63.

3. Sorgfaltspflichten einzelner Mitglieder (Ressortzuständigkeit)

Die Pflicht zur ordnungsgemäßen Rechnungslegung obliegt dem **Vorstand als Organ**. Dies bedeutet, dass grundsätzlich jedes Vorstandsmitglied verpflichtet ist, für eine ordnungsmäßige Buchführung und Aufstellung von Abschlüssen und Lageberichten Sorge zu tragen. Dies gilt sowohl für ordentliche wie für stellvertretende Vorstandsmitglieder.[2] Verpflichtet sind auch sog. faktische Vorstandsmitglieder, d.h. solche, deren Bestellung fehlerhaft ist, die aber gleichwohl mit Billigung des für die Bestellung zuständigen Organs faktisch als Vorstand tätig werden.[3]

34.48

Aus der Gesamtverantwortung des Vorstands für die Rechnungslegung folgt allerdings kein Verbot, die Zuständigkeit zur Durchführung dieses Teils der Geschäftsführung einem Vorstandsmitglied als dessen **Ressortzuständigkeit** zu übertragen. Vielmehr dürfte es im Regelfall sogar sinnvoll sein, einem besonders sachkundigen Vorstandsmitglied das Ressort Rechnungswesen (i.d.R. im Rahmen einer Geschäftsordnung nach § 77 AktG) zu übertragen.

34.49

Erfolgt eine solche Delegation, führt diese nicht dazu, dass die übrigen Vorstandsmitglieder von ihrer Sorgepflicht vollständig freigestellt würden.[4] Allerdings verlagert sich ihre Verantwortung in der Weise, dass bei ressortmäßiger Aufteilung eine Überwachungsverantwortung der übrigen Vorstandsmitglieder entsteht.[5] Zur **Überwachungspflicht** der nicht selbst zuständigen Vorstandsmitglieder gehört es, sich ein eigenes Urteil über die Buchführung zu bilden. Dies dürfte in vielen Fällen durch Kenntnisnahme des Prüfungsberichts des Abschlussprüfers erfolgen können. Enthält der Prüfungsbericht Beanstandungen oder gelangen dem Vorstand auf andere Weise Mängel der Buchführung zur Kenntnis (z.B. auf Grund interner Prüfungs- und Kontrollberichte), so haben auch die nicht unmittelbar für das Rechnungswesen zuständigen Vorstandsmitglieder darauf hinzuwirken, dass die erkannten Mängel beseitigt werden.[6] Wird die Gesellschaft nicht geprüft, müssen sich die nicht selbst für die Buchführung zuständigen Vorstandsmitglieder auf andere Weise von der Ordnungsmäßigkeit der Buchführung überzeugen.

34.50

---

1 Begr. RegE, BR-Drucks 635/15, S. 48; *Schmidt/Poullie* in Beck'scher Bilanz-Kommentar, § 321 HGB Rz. 149.
2 Zur Buchführungspflicht vgl. *Spindler* in MünchKomm. AktG, § 91 AktG Rz. 6 ff.; allgemein zu stellvertretenden Vorstandsmitgliedern vgl. *Hüffer/Koch*, § 94 AktG Rz. 2.
3 *Adler/Düring/Schmaltz*, Rechnungslegung und Prüfung der Unternehmen, § 91 AktG Rz. 7; *Mertens/Cahn* in KölnKomm. AktG, § 84 AktG Rz. 30.
4 Vgl. *Pöschke* in Großkomm. HGB, § 238 HGB Rz. 24.
5 *Hüffer/Koch*, § 91 AktG Rz. 3; vgl. auch *Spindler* in MünchKomm. AktG, § 91 AktG Rz. 2; *Adler/Düring/Schmaltz*, Rechnungslegung und Prüfung der Unternehmen, § 91 AktG Rz. 12.
6 *Adler/Düring/Schmaltz*, Rechnungslegung und Prüfung der Unternehmen, § 91 AktG Rz. 12; vgl. auch *Kort* in Großkomm. AktG, § 91 AktG Rz. 12.

4. Verantwortung im Konzern

34.51 Besondere Fragen können bei der Verantwortung für die Bilanzierung im Konzern auftreten.

a) Vorstand der Obergesellschaft

34.52 Der Vorstand der Konzernobergesellschaft ist für die ordnungsgemäße Aufstellung des Konzernabschlusses verantwortlich. Dies umfasst alle Unterlagen, die erforderlich sind, um die dem Konzernabschluss zugrunde liegenden Finanzinformationen der Tochterunternehmen und erforderlichen Konsolidierungsmaßnahmen beurteilen zu können (Konzernbuchführung[1]).

34.53 Zur Erfüllung seiner Pflichten hat der Vorstand der Konzernobergesellschaft nicht nur durch organisatorische Maßnahmen sicherzustellen, dass die Konzernvorgaben zur Rechnungslegung eingehalten werden, sondern auch auf eine ordnungsmäßige Buchführung bei den Tochterunternehmen hinzuwirken.[2] Eine originäre Verantwortung für die Führung der Handelsbücher oder die Aufstellung von Abschlüssen bei den Tochterunternehmen kommt ihm dabei allerdings nicht zu.

b) Vorstand des Tochterunternehmens

34.54 Der Vorstand eines Tochterunternehmens ist für die ordnungsgemäße Bilanzierung bei dem Tochterunternehmen verantwortlich. Handelt es sich bei dem Tochterunternehmen um eine Aktiengesellschaft, gilt für die Verantwortung des Vorstands der allgemeine Grundsatz, wonach die gesetzlichen Vertreter bei der Aufstellung in eigener Verantwortung handeln und Weisungen nicht zu befolgen brauchen.

34.55 Dies gilt nicht, sofern die Gesellschaft mittels eines Beherrschungsvertrages (§ 308 AktG) beherrscht wird oder eingegliedert ist (§ 323 Abs. 1 i.V.m. § 308 Abs. 2 AktG), da auch die Aufstellung des Jahresabschlusses kein Bereich ist, der von vornherein weisungsimmun wäre.[3] Vielmehr kann das herrschende Unternehmen den Vorstand der beherrschten oder eingegliederten Gesellschaft in den Grenzen der Gesetze und der Grundsätze ordnungsmäßiger Buchführung anweisen.[4] Dieses Weisungsrecht kann insbesondere die Ausübung von Ansatz- und Bewertungswahlrechten sowie die Nutzung zulässiger Beurteilungs- oder Ermessensspielräume umfassen. Zwingende Pflichtenstellungen des Vorstands können durch Weisungen allerdings nicht beeinträchtigt werden.[5]

5. Strafrechtliche Verantwortung

34.56 Bestimmte Verstöße gegen die Pflicht zur ordnungsgemäßen Aufstellung von Abschlüssen und Lageberichten sind durch Straf- und Bußgeldvorschriften sowie Vorschriften über die Verhängung von Zwangsgeldern sanktionsbewehrt.

---

1 Vgl. *Adler/Düring/Schmaltz*, Rechnungslegung und Prüfung der Unternehmen, § 238 HGB Rz. 54 ff.
2 *Müller* in Semler/Peltzer/Kubis, Arbeitshandbuch für Vorstandsmitglieder, § 10 Rz. 19.
3 *Adler/Düring/Schmaltz*, Rechnungslegung und Prüfung der Unternehmen, § 264 HGB Rz. 25.
4 *Müller* in Semler/Peltzer/Kubis, Arbeitshandbuch für Vorstandsmitglieder, § 10 Rz. 88 f.
5 *Adler/Düring/Schmaltz*, Rechnungslegung und Prüfung der Unternehmen, § 264 HGB Rz. 25.

§ 331 HGB, § 400 AktG. Die zentrale Vorschrift des Bilanzstrafrechts ist § 331 HGB. Danach wird mit Freiheitsstrafe bis zu drei Jahren oder Geldstrafe bestraft, wer als Mitglied des vertretungsberechtigten Organs einer Kapitalgesellschaft in der Eröffnungsbilanz, im Jahres- oder Konzernabschluss, Lagebericht oder Konzernlagebericht sowie in Zwischenabschlüssen nach § 340a Abs. 3 HGB, § 340i Abs. 4 HGB die Verhältnisse der Gesellschaft oder des Konzerns vorsätzlich unrichtig wiedergibt oder verschleiert (**§ 331 Nr. 1, 2 HGB**). Ausreichend für die Verwirklichung des Straftatbestands ist bereits **bedingter Vorsatz**. Dieser liegt vor, wenn der Vorstand ernsthaft damit rechnet, dass in dem jeweiligen Abschluss die Verhältnisse unrichtig wiedergegeben oder verschleiert sind, und diese Möglichkeit bewusst und billigend in Kauf nimmt.[1]

34.57

Darüber hinaus wird nach **§ 331 Nr. 1a, 3 HGB** ebenso bestraft, wer einen Einzelabschluss nach § 325 Abs. 2a HGB sowie einen befreienden Konzernabschluss nach §§ 291, 292 HGB, in dem die entsprechenden Verhältnisse unrichtig wiedergegeben oder verschleiert sind, vorsätzlich oder leichtfertig offenlegt.

Weiter ist nach **§ 331 Nr. 3a HGB** strafbar, wer entgegen § 264 Abs. 2 Satz 3, § 289 Abs. 1 Satz 5, § 297 Abs. 2 Satz 4 oder § 315 Abs. 1 Satz 6 HGB wider besseren Wissens und damit vorsätzlich eine Versicherung (sog. **Bilanzeid**) nicht richtig abgibt, wobei sich die Unrichtigkeit allein auf den materiellen Erklärungsinhalt, nicht aber auf die Form der Erklärung beziehen dürfte. Eine Strafverschärfung dürfte sich durch die Neuregelungen nicht ergeben, da sich die neuen Tatbestände materiell mit den vorgenannten Straftatbeständen in § 331 HGB decken und somit in gleichartiger Idealkonkurrenz zueinander stehen.[2]

Strafbar ist schließlich auch, wer als Mitglied des vertretungsberechtigten Organs entgegen § 320 HGB dem Abschlussprüfer der Gesellschaft oder eines verbundenen Unternehmens falsche Auskünfte erteilt (**§ 331 Nr. 4 HGB**).

Sofern die Tat nicht bereits nach § 331 Nr. 1 oder 1a HGB mit Strafe bedroht ist, wird nach **§ 400 Abs. 1 Nr. 1 AktG** mit Freiheitsstrafe oder Geldstrafe bestraft, wer als Mitglied des Vorstands die Verhältnisse der Gesellschaft in sonstigen Darstellungen oder Übersichten über den Vermögensstand oder in Vorträgen oder Auskünften in der Hauptversammlung unrichtig wiedergibt oder verschleiert.

In den Anwendungsbereich des § 400 AktG fallen nach neuerer Rechtsprechung[3] und Literatur[4] auch börsenrechtliche Zwischenabschlüsse, so dass § 400 AktG neben der Strafvorschrift des § 331 HGB insbesondere für Vorstandsmitglieder kapitalmarktorientierter Gesellschaften eine erhebliche Bedeutung haben kann.

§ 334 HGB. Unterhalb der Schwelle der Strafbarkeit normiert § 334 HGB einen eigenständigen Katalog von Ordnungswidrigkeitstatbeständen. Ein vorsätzlicher Verstoß gegen die in diesem Katalog aufgeführten formellen und materiellen Regelungen des Bilanzrechts kann mit einer Geldbuße von bis zu fünfzigtausend Euro, bei kapitalmarktorientierten Gesellschaften i.S. des § 264 HGB bis zu zehn Mio. Euro, geahndet werden.

34.58

---

1 Vgl. *Dannecker* in Großkomm. HGB, §§ 331 ff. HGB Rz. 166; *Grottel/Hoffmann* in Beck'scher Bilanz-Kommentar, § 331 HGB Rz. 23.
2 Vgl. *Sternberg-Lieben/Bosch* in Schönke/Schröder, Vorbem. §§ 52 ff. StGB Rz. 12 zur sog. rechtlichen Handlungseinheit, Rz. 89 ff. zur Idealkonkurrenz, § 52 StGB Rz. 22 ff.; a.A. wohl *Rodewald/Unger*, BB 2006, 1917, 1919.
3 BGH v. 9.5.2005 – II ZR 287/02, DB 2005, 274 = AG 2005, 609 – EM.TV; BVerfG v. 27.4.2006 – 2 BvR 131/05, AG 2006, 539 f.
4 Vgl. *Fleischer* in Fleischer, Handbuch des Vorstandsrechts, § 14 Rz. 52; *Mülbert/Steup* in Habersack/Mülbert/Schlitt, Unternehmensfinanzierung am Kapitalmarkt, § 41 Rz. 268.

6. Haftungsrechtliche Verantwortung

34.59 Wird ein Verstoß gegen die Buchführungspflichten oder die Pflicht zur ordnungsgemäßen Aufstellung von Abschlüssen behauptet, stellt sich im Regelfall zugleich die Frage, ob der Vorstand hierfür von der Gesellschaft (Innenhaftung) oder Dritten (Außenhaftung) haftungsrechtlich zur Verantwortung gezogen werden kann.

a) Innenhaftung

34.60 Verletzen die Mitglieder des Vorstands ihre Pflichten aus § 91 AktG oder §§ 264 ff. HGB, sind sie der Gesellschaft nach § 93 Abs. 2 AktG zum Schadensersatz verpflichtet. Eine solche Ersatzpflicht kann jedoch nur in Betracht kommen, wenn das Vorstandsmitglied **schuldhaft** gegen die ihm obliegenden Pflichten verstoßen hat und der Gesellschaft hierdurch ein **Schaden** entstanden ist.

34.61 Für die Beurteilung, ob ein Pflichtenverstoß vorliegt, gilt der **allgemeine Maßstab des § 93 Abs. 1 AktG**. Danach kommt eine Haftung wegen Mängeln in der Buchführung oder Bilanzierung nur dann in Betracht, wenn das einzelne Vorstandsmitglied die ihm obliegenden Pflichten nicht mit der Sorgfalt eines ordentlichen und gewissenhaften Geschäftsleiters wahrgenommen hat. Jedes Mitglied des Vorstands haftet somit allein für sein eigenes Verschulden. Weder wird einem Vorstandsmitglied das Verschulden eines Kollegen zugerechnet, noch haftet ein Vorstandsmitglied für Fehler von Mitarbeitern der Gesellschaft.[1] Dies bedeutet, dass insbesondere bei **Aufgabendelegation** nur eine Verletzung der eigenen Sorgfaltspflichten des jeweiligen Vorstandsmitglieds einen Schadensersatzanspruch auslösen kann (vgl. zu den Sorgfaltspflichten bei ressortmäßiger Aufteilung Rz. 34.48 ff.).

34.62 Anders als für sonstige Geschäftsführungsmaßnahmen dürfte dem Vorstand in Fragen der Buchführung und Bilanzierung **kein unternehmerisches Ermessen** i.S. des § 93 Abs. 1 Satz 2 AktG (sog. Business Judgement Rule) einzuräumen sein[2], da in diesem Bereich die gesetzlichen Grundlagen bzw. die anzuwendenden Rechnungslegungsgrundsätze die zulässigen Handlungsspielräume abschließend festlegen. Einen darüber hinausgehenden Ermessensspielraum im Sinne einer unternehmerischen Entscheidung gibt es nicht.[3] Dies bedeutet allerdings nicht, dass es dem Vorstand verwehrt wäre, zulässige Bilanzierungswahlrechte und Beurteilungsspielräume zu nutzen. Die Beurteilung der Zulässigkeit solcher Entscheidungen hat allein anhand der anzuwendenden Rechnungslegungsgrundsätze zu erfolgen.

34.63 In der Praxis wird gelegentlich die Frage diskutiert, ob die Prüfung von Abschluss und Lagebericht durch den **Abschlussprüfer** für den Vorstand **exkulpierend** wirkt, wenn die Prüfung zu keinen Einwendungen geführt hat, sich Abschluss oder Lagebericht im Nachhinein aber dennoch als fehlerhaft erweisen. Bei der Beantwortung dieser Frage wird man zunächst zu berücksichtigen haben, dass der Vorstand für die ordnungsgemäße Aufstellung von Abschluss und Lagebericht verantwortlich ist und er hierbei die ihm obliegenden Sorgfaltspflichten zu beachten hat. Da der Abschlussprüfer an der Aufstellung des Abschlusses nicht beteiligt ist, kann seine Tätigkeit keinen unmittelbaren Einfluss auf die Frage der Sorgfaltspflichtverletzung durch den Vorstand haben. Bei der Beurteilung, ob eine Sorgfaltspflichtverletzung vorliegt, wird man allerdings zu berücksichtigen haben, ob der Vorstand den

---

1 Vgl. *Hüffer/Koch*, § 93 AktG Rz. 46.
2 Vgl. *Müller* in Semler/Peltzer/Kubis, Arbeitshandbuch für Vorstandsmitglieder, § 10 Rz. 6.
3 Vgl. dazu *Hüffer/Koch*, § 93 AktG Rz. 16.

Fehler bei der Aufstellung hätte feststellen müssen. Dies dürfte insbesondere zu verneinen sein, wenn beispielsweise eine allgemein noch nicht abschließend entschiedene Bilanzierungsfrage vom Vorstand selbst hinreichend geprüft wurde und auch der Abschlussprüfer gegen die vom Vorstand getroffene Bilanzierungsentscheidung im Abschluss keine Einwendungen erhoben hat.

Steht eine Pflichtverletzung fest, ist das jeweilige Vorstandsmitglied zum Ersatz desjenigen Schadens verpflichtet, den die Gesellschaft durch die Pflichtverletzung erlitten hat. Erforderlich ist also eine Kausalität zwischen Pflichtverletzung und Schaden. Als **ersatzfähiger Schaden** der Gesellschaft kommen dem Grunde nach zwei Arten von Vermögenseinbußen in Betracht. Denkbar sind zum einen unmittelbar eigene Schäden der Gesellschaft sowie zum anderen Schäden, die dadurch entstehen, dass die Gesellschaft von Dritten auf Schadensersatz in Anspruch genommen wird. 34.64

Unmittelbar eigene Schäden der Gesellschaft dürften im Zusammenhang mit Buchführungs- und Bilanzierungspflichten nur in wenigen Ausnahmefällen gegeben sein, da Buchführung und Bilanzierung allein Geschäftsvorfälle nachvollziehen. Das schadenstiftende Ereignis dürfte daher in der Regel nicht in einem Buchführungs- oder Bilanzierungsverstoß selbst, sondern in einem vorgelagerten pflichtwidrigen oder deliktischen Handeln Dritter liegen, so dass es an einer haftungsbegründenden Kausalität fehlt.

Sofern der Gesellschaft allerdings Schäden aus einer gerechtfertigten Inanspruchnahme durch Dritte infolge einer fehlerhaften Bilanzierung erwachsen, erscheint ein Rückgriff auf den Vorstand der Gesellschaft regelmäßig möglich, wobei aber auch in diesen Fällen ein eigener Pflichtenverstoß des jeweiligen Vorstandsmitglieds gegeben sein muss.

b) Außenhaftung

Die Außenhaftung von Vorstandsmitgliedern ist nach wie vor Gegenstand kontroverser Diskussionen. Im Mittelpunkt der Diskussion steht dabei stets die Haftung einzelner Vorstandsmitglieder für fehlerhafte Kapitalmarktinformationen, insbesondere fehlerhafte Ad-hoc-Mitteilungen, und dadurch verursachte Schäden bei Anlegern. Über diese Fallgruppen hinaus dürfte das Thema der Außenhaftung aber auch für nicht kapitalmarktorientierte Gesellschaften Bedeutung haben, so beispielsweise in Fällen, in denen die Abschlüsse einer Gesellschaft Grundlage für Kreditentscheidungen finanzierender Banken sind oder in denen Geschäftspartner eines Unternehmens die Informationen in offen gelegten Abschlüssen als Basis für die Entscheidung über die weitere Zusammenarbeit nehmen. 34.65

Bereits die beiden vorgenannten Fallgruppen zeigen, dass die Gruppen derer, die ein berechtigtes Interesse an einer verlässlichen externen Finanzberichterstattung einer Gesellschaft haben, ebenso vielschichtig sind wie die möglichen Anspruchsgrundlagen für Schadensersatzforderungen.

Haftung aus §§ 280, 311 Abs. 3 BGB. Nach §§ 280, 311 Abs. 3 BGB kann die Haftung eines Vorstandsmitglieds gegeben sein, wenn das Mitglied des Vorstands bei einem Vertragspartner ein besonderes persönliches Vertrauen in Anspruch nimmt, um einen Vertragsschluss zu Gunsten der Aktiengesellschaft zu erreichen.[1] Die reine Verwendung eines fehlerhaften Abschlusses oder sonstiger fehlerhafte Finanzinformationen der Gesellschaft im Rahmen einer konkreten Vertragsverhandlung reicht für die Begründung eines Schadensersatzanspruch nach §§ 280, 311 Abs. 3 BGB somit nicht aus. Hinzutreten muss vielmehr die Inanspruch- 34.66

---

1 *Hüffer/Koch*, § 93 AktG Rz. 67.

nahme eines besonderen Vertrauens in die eigene Person, was letztlich nur in seltenen Ausnahmefällen anzunehmen sein dürfte.[1]

Mangels unmittelbarer Vertragsverhandlungen ausgeschlossen ist eine Haftung nach §§ 280, 311 Abs. 3 BGB, wenn ein Vertragspartner allein auf publizierte Finanzinformationen vertraut und darauf basierend eine Vermögensdisposition trifft.

34.67 **§ 823 Abs. 2 BGB i.V.m. Schutzgesetz.** Eine deliktische Haftung der Mitglieder des Vorstands kommt nach § 823 Abs. 2 BGB in den Fällen in Betracht, in denen das Vorstandsmitglied schuldhaft gegen ein Gesetz verstößt, das den Schutz einer anderen Person bezweckt (Schutzgesetz). Die Diskussion, welchen gesetzlichen Regeln im Zusammenhang mit der Buchführungs- und Bilanzierungspflicht Schutzgesetzcharakter zukommt, wird seit langer Zeit immer wieder geführt. Die Ansichten hierzu sind sehr differenziert, so dass im Folgenden allein auf die wesentlichen Regelungen und Ansichten eingegangen werden soll.

34.68 **Buchführungspflicht (§ 91 AktG).** Streitig ist, ob die Buchführungspflicht nach § 91 Abs. 1 AktG ein Schutzgesetz ist. Dies wird teilweise mit der Begründung bejaht, dass die ordnungsgemäße Erfassung und Dokumentation aller Geschäftsvorfälle den mittelbaren Schutz des Kapitals der Gesellschaft und damit den Gläubigerschutz bezweckt.[2] Richtig hieran ist, dass die ordnungsmäßige Buchführung als ein Teil der ordnungsgemäßen Geschäftsführung insgesamt dem Schutz der Gesellschaft und damit den Interessen ihrer Stakeholder dient. Dennoch wird § 91 AktG von der herrschenden Ansicht zu Recht nicht als Schutzgesetz qualifiziert.[3] Dies gilt nicht nur, weil sich § 91 AktG nicht entnehmen lässt, dass durch diese Norm bestimmte Dritte geschützt werden und ihnen im Verletzungsfall unmittelbare Ersatzansprüche gegen den Verantwortlichen zustehen sollen, sondern auch, weil die Zuweisung der Buchführungspflicht an den Vorstand der internen Unternehmensordnung dient, die Buchführungspflicht als solche aber nach § 238 HGB der Aktiengesellschaft obliegt.[4]

34.69 **Bilanzierungsvorschriften (§§ 242 ff. HGB, § 264 HGB).** Ebenso wie bei § 91 AktG wird von der überwiegenden Ansicht auch den Regelungen über die Bilanzierung, insbesondere §§ 242 ff. HGB und § 264 Abs. 2 HGB, ein drittschützender Charakter abgesprochen.[5]

Wie schon im Hinblick auf den Schutzcharakter von § 91 AktG ist auch hier zu berücksichtigen, dass die Pflicht zur ordnungsgemäßen Bilanzierung im Außenverhältnis der Gesellschaft als Kaufmann und nicht deren Organen obliegt. Auch der Verweis auf die dem deutschen Bilanzrecht zugrunde liegenden europäischen Richtlinien und Verordnungen vermag hier kein anderes Ergebnis zu rechtfertigen.[6] Richtig ist zwar, dass diese als Adressaten der Rechnungslegung alle Aktionäre und sonstigen Stakeholder der Gesellschaft sehen[7], verfehlt wäre es aber wohl aus dieser Zielsetzung einen unmittelbaren deliktischen Drittschutz i.S. des § 823 Abs. 2 BGB abzuleiten. Dies gilt insbesondere deshalb, weil es das Europäische Recht im Hinblick auf Haftungsregime den Mitgliedstaaten selbst überlässt, ob oder zumin-

---

1 Vgl. *Spindler* in MünchKomm. AktG, § 93 AktG Rz. 321.
2 Vgl. *Schnorr*, ZHR 169 (2006), 9 ff., sowie zur vergleichbaren Regelung in § 41 GmbHG *K. Schmidt*, ZIP 1994, 837 ff.; *Stapelfeld*, GmbHR 1991, 94 ff.
3 Vgl. m.w.N. *Spindler* in MünchKomm. AktG, § 91 AktG Rz. 12; *Hüffer/Koch*, § 91 AktG Rz. 3.
4 Vgl. *Hüffer/Koch*, § 91 AktG Rz. 2.
5 Vgl. m.w.N. *Fleischer* in Fleischer, Handbuch des Vorstandrechts, § 14 Rz. 51; *Mülbert/Steup* in Habersack/Mülbert/Schlitt, Unternehmensfinanzierung am Kapitalmarkt, § 41 Rz. 270; *Adler/Düring/Schmaltz*, Rechnungslegung und Prüfung der Unternehmen, § 264 HGB Rz. 141.
6 A.A. *Schnorr*, ZHR 169 (2006), 9 ff.
7 Vgl. *Schnorr*, ZHR 169 (2006), 9, 27 f.

dest wie ein solches System eingerichtet wird. Schutzadressaten des Europäischen Rechts und Anspruchsberechtigte nach nationalem Haftungsregime sind demnach strikt zu trennen.

Vor diesem Hintergrund ist nicht erkennbar, dass der deutsche Gesetzgeber einen Paradigmenwechsel vollzogen hätte, der es rechtfertigen würde, sämtliche Normen des Bilanzrechts zum Schutz aller Stakeholder und zum Ausgleich für eine beschränkte Haftung von Kapitalgesellschaften einen drittschützenden Charakter i.S. des § 823 Abs. 2 BGB zuzusprechen. Dies gilt umso mehr, als nicht zu erkennen ist, dass das deutsche System der Innenhaftung von Organmitgliedern zu Europäischem Recht im Widerspruch stünde. Wollte der Gesetzgeber eine Abkehr von diesem System, wäre hierfür angesichts der belastenden Wirkung für die Mitglieder des Vorstands eine ausdrückliche gesetzliche Regelung wohl zwingend geboten.

Versicherung nach § 264 Abs. 2 Satz 3, § 289 Abs. 1 Satz 5, § 297 Abs. 2 Satz 4 oder § 315 Abs. 1 Satz 6 HGB, § 115 Abs. 2 Nr. 3 WpHG (§ 37w Abs. 2 Nr. 3 WpHG a.F. [**Bilanzeid**]). Ebenfalls nicht als Schutzgesetz i.S. des § 823 Abs. 2 HGB zu qualifizieren sind die Regelungen des HGB und WpHG zum sog. Bilanzeid. Dies liegt im Wesentlichen darin begründet, dass nicht erkennbar ist, dass der Gesetzgeber mit der Einführung der Pflicht zur Abgabe der Versicherung die haftungsrechtliche Verantwortung des Vorstands für eine ordnungsgemäße Bilanzierung erweitern und für Dritte insoweit einen selbständigen Schadensersatzanspruch begründen wollte. Lehnt man somit mit der herrschenden Ansicht den Schutzcharakter von § 245 HGB sowie der Bilanzierungsvorschriften (§§ 242 ff. HGB, § 264 HGB) ab, muss man dies folgerichtig auch für die Regelungen zu den Versicherungen nach HGB und WpHG tun.

34.70

Vorschriften des Straf- und Ordnungswidrigkeitenrechts (§ 331 HGB, § 400 AktG, § 334 HGB). Als Schutzgesetze allgemein anerkannt sind die Regelungen in § 331 HGB sowie § 400 AktG (vgl. dazu Rz. 34.57), wonach strafbar ist, wer als Mitglied des Vorstands in Abschlüssen, Lageberichten oder sonstigen in § 400 AktG aufgeführten Darstellungen die Verhältnisse der Gesellschaft oder des Konzerns vorsätzlich (oder in besonderen Fällen leichtfertig) unrichtig wiedergibt oder verschleiert.[1] Dies gilt auch für die Regelungen in § 331 Nr. 3a HGB zur Strafbarkeit bei unrichtiger Abgabe des sog. Bilanzeids. Allerdings ist insoweit zu bedenken, dass sich diese Tatbestände materiell mit denen in § 331 Nr. 1 bis 2 HGB decken, so dass es insoweit zu keiner Verschärfung der Haftung kommt.

34.71

Ebenfalls als Schutznorm anerkannt ist § 334 HGB, der bestimmte vorsätzliche Verstöße gegen das formelle und materielle Bilanzrecht als Ordnungswidrigkeit qualifiziert.[2]

Liegt ein Verstoß gegen die vorgenannten Regelungen vor, ist das jeweilige Vorstandsmitglied Dritten, die auf Grund des fehlerhaften Abschlusses einen Schaden erleiden, zum Ersatz dieses Schadens nach § 823 Abs. 2 BGB verpflichtet. Zu beachten ist allerdings, dass eine solche Haftung nur dann in Betracht kommt, wenn das jeweilige Vorstandsmitglied vorsätzlich (in Ausnahmefällen leichtfertig) gehandelt hat.

---

1 Vgl. zum Schutzgesetzcharakter von § 331 HGB *Grottel/Hoffmann* in Beck'scher Bilanz-Kommentar, § 331 HGB Rz. 40; zum Schutzgesetzcharakter von § 400 AktG BGH v. 19.7.2004 – II ZR 402/02, WM 2004, 1721 = AG 2004, 546; BGH v. 17.9.2001 – II ZR 178/99, WM 2001, 2062 = AG 2002, 43; *Fleischer* in Fleischer, Handbuch des Vorstandsrechts, § 14 Rz. 51.
2 Vgl. *Fleischer* in Fleischer, Handbuch des Vorstandsrechts, § 14 Rz. 51; *Quedenfeld* in MünchKomm. HGB, 3. Aufl., § 334 HGB Rz. 11.

34.72 **§ 826 BGB.** Eine in neuerer Zeit zunehmend an Bedeutung gewinnende Norm des Deliktsrechts ist § 826 BGB. Danach haftet einem Dritten, wer diesen vorsätzlich sittenwidrig schädigt. Eine solche vorsätzlich sittenwidrige Schädigung hat der BGH angenommen, wenn ein Vorstand vorsätzlich fehlerhafte Ad-hoc-Mitteilungen veröffentlicht und hierbei eine Schädigung der Anleger zumindest billigend in Kauf nimmt.[1] Dieser Rechtsprechung folgend dürfte eine Haftung nach § 826 BGB auch in den Fällen in Betracht kommen, in denen ein Vorstand vorsätzlich fehlerhafte Abschlüsse veröffentlicht oder verwendet und dabei eine Schädigung Dritter zumindest billigend in Kauf nimmt.

III. Verantwortlichkeit des Aufsichtsrats

34.73 Dem Aufsichtsrat obliegt nach § 111 Abs. 1 AktG die **Überwachung der Geschäftsführung**. Dieser allgemeine Grundsatz des Aktienrechts findet eine besondere Ausprägung in der Pflicht des Aufsichtsrats zur Überwachung des Rechnungslegungsprozesses, der Wirksamkeit des internen Kontrollsystems, des Risikomanagementsystems, des internen Revisionssystems und der Abschlussprüfung (**§ 107 Abs. 3 Satz 2 AktG**). Nach dem durch das AReG eingefügten § 107 Abs. 3 Satz 3 AktG können zudem Empfehlungen oder Vorschläge zur Gewährleistung der Integrität des Rechnungslegungsprozesses unterbreitet werden. Schließlich schlägt sich der Überwachungsgrundsatz in der Pflicht zur Prüfung und Billigung der Jahres- und Konzernabschlüsse der Aktiengesellschaft (**§ 171 AktG**) nieder.

Bei Aktiengesellschaften von öffentlichem Interesse[2] gilt darüber hinaus die **EU-Abschlussprüfungsverordnung**. Sie verpflichtet den Aufsichtsrat bzw. Prüfungsausschuss, einen umfangreichen Prozess zur Auswahl des Abschlussprüfers einzurichten (Art. 16) und dessen Unabhängigkeit durch vorherige Zustimmungen (Art. 5) und Honorargrenzen (Art. 4) besonders zu überwachen. Für Verstöße gegen diese Pflichten ist durch das AReG ein gesonderter Straftatbestand (§ 404a AktG) eingeführt worden.

34.74 Der besonderen Bedeutung des Aufsichtsrats für die Kontrolle einer ordnungsmäßigen Rechnungslegung Rechnung tragend, bestehen nach § 100 Abs. 5 AktG bei den dort aufgezählten, sog. Aktiengesellschaften von öffentlichem Interesse (kapitalmarktorientierten oder sonstigen Aktiengesellschaften von öffentlichem Interesse) **besondere Anforderungen** an die Mitglieder des Aufsichtsrats.[3] Mindestens ein Mitglied des Aufsichtsrats muss über Sachverstand auf den Gebieten Rechnungslegung oder Abschlussprüfung verfügen. Die Mitglieder müssen in ihrer Gesamtheit mit dem Sektor, in dem die Gesellschaft tätig ist, vertraut sein.

Gesetzlich ist nicht definiert, unter welchen Voraussetzungen **Sachverstand** auf dem Gebiet der Rechnungslegung oder Abschlussprüfung angenommen werden kann. Nach dem Regierungsentwurf zum BilMoG 2009[4] kann ein solcher Sachverstand bei demjenigen angenommen werden, der beruflich mit Rechnungslegung und/oder Abschlussprüfung befasst ist oder war. Dies dürfte insbesondere für erfahrene Finanzvorstände oder erfahrene Praktiker aus anderen Gesellschaften sowie auch für Wissenschaftler und Personen mit einer einschlägigen Berufsqualifikation, wie beispielsweise Wirtschaftsprüfer, gelten. Unabhängig von den Anforderungen an das Mitglied nach § 100 Abs. 5 AktG dürfte aber auch für die übrigen Mitglieder

---

1 Vgl. BGH v. 19.7.2004 – II ZR 402/02, WM 2004, 1721 = AG 2004, 546 – Infomatec.
2 Kapitalmarktorientierte Gesellschaften i.S. des § 264d HGB, Kreditinstitute und Versicherungsunternehmen.
3 Anforderungen an die Unabhängigkeit stellt die Vorschrift nach der Neufassung durch das AReG nicht mehr; ablehnend dazu *Nodoushani*, AG 2016, 381, 383.
4 Vgl. Begr. RegE, BT-Drucks. 16/10067, S. 103.

eines Aufsichtsrats weiterhin gelten, dass sie über hinreichenden Sachverstand verfügen müssen, um ihre Aufsichtstätigkeit wahrnehmen zu können.

Die durch das AReG neu in den Gesetzeswortlaut eingefügte Anforderung[1] der **Sektorvertrautheit** ist gesetzlich ebenfalls nicht definiert und wird auch durch die Gesetzesbegründung nicht präzisiert. Den Begriff „Sektor" wollen erste Literaturstimmen im Wesentlichen mit der Branche, in der die Gesellschaft tätig ist (z.B. Automobilbranche, Baubranche, Einzelhandel), gleichsetzen.[2] Dem ist dem Grunde nach zuzustimmen, wobei der Begriff weit auszulegen ist, um das gesetzgeberische Ziel einer fachkompetenten Aufsicht zu erreichen. Hinsichtlich des erforderlichen Grades an Vertrautheit wird es darauf ankommen, ob gerade auch bei diesen Unternehmen den Aufsichtsratsmitgliedern in ihrer Gesamtheit eine effektive Überwachung möglich ist.[3] Die nötige Vertrautheit kann durch theoretische *oder* praktische Sektorkompetenz und insbesondere auch durch einschlägige Weiterbildungsmaßnahmen erlangt werden.[4]

Die Beurteilung des besonderen Sachverstands des Mitglieds nach § 100 Abs. 5 AktG und der Sektorvertrautheit der Mitglieder in ihrer Gesamtheit[5] obliegt dem Aufsichtsrat, der der Hauptversammlung neue Mitglieder zur Wahl vorschlägt. Welches Mitglied des Aufsichtsrats die Anforderung des besonderen Sachverstands erfüllt, muss nach außen nicht offen gelegt werden.

Zu den durch das AReG neu geregelten Vorschriften zum Prüfungsausschuss vgl. Rz. 34.97 ff.

1. Überwachungspflicht aus § 107 AktG und Pflichten nach der EU-Abschlussprüfungsverordnung

Gem. **§ 107 Abs. 3 Satz 2 AktG** umfassen die Aufgaben des Aufsichtsrats (bzw. des Prüfungsausschusses) nach nationalem Recht: Die Überwachung des Rechnungslegungsprozesses, die Wirksamkeit des internen Kontrollsystems, des Risikomanagementsystems und des internen Revisionssystems sowie die Abschlussprüfung, hier insbesondere Auswahl und Unabhängigkeit des Abschlussprüfers und der von ihm zusätzlich erbrachten Leistungen. Die Aufgaben beinhalten nach dem durch das AReG neu in den § 107 Abs. 3 AktG eingefügten Satz 3 zudem die Möglichkeit, Empfehlungen oder Vorschläge zur Gewährleistung der Integrität des Rechnungslegungsprozesses zu unterbreiten. Im Hinblick auf das interne Kontroll- und Revisionssystem hat der Aufsichtsrat dessen Wirksamkeit zu überwachen und ggf. auch zu überprüfen, ob Ergänzungen oder Verbesserungen erforderlich sind. Mit der Überwachung der vorgenannten Systeme geht die Überwachung des Rechnungslegungsprozesses einher. Der Aufsichtsrat muss sich von der Angemessenheit der Systeme überzeugen, wozu er ggf. auch sachverständige Dritte hinzuziehen kann. Detaillierte Überprüfungen dürften allerdings nur dann notwendig sein, wenn sich Anhaltspunkte für Systemschwächen ergeben. Hinsichtlich der Abschlussprüfung stellt der Gesetzgeber klar, dass sich der Aufsichtsrat insbesondere mit der Frage der Unabhängigkeit des Prüfers zu befassen hat (vgl. § 321 Abs. 4a HGB und Ziff. 7.2.1 DCGK). Hierzu gehört es, dass er sich über alle relevanten Ausschluss- und Befangenheitsgründe sowie Leistungen des Abschlussprüfers für die Gesellschaft auch außerhalb der Abschlussprüfung unterrichten lässt (vgl. § 171 Abs. 1 Satz 3 AktG). Ein vorheriges

34.75

---

1 Kritisch zum Nutzen der neuen Anforderung *Schüppen*, NZG 2016, 245, 254.
2 *Nodoushani*, AG 2016, 381, 386; kritisch dazu *Schilha*, ZIP 2016, 1316, 1320 m.w.N. in Fn. 50.
3 Vgl. WP-HdB 2017, Kap. B Tz. 87; *Schilha*, ZIP 2016, 1316, 1321 f.
4 BT-Drucks. 18/7219, S. 59; *Blöink/Woodtli*, Der Konzern 2016, 75, 83 f.; *Schilha*, ZIP 2016, 1316, 1321.
5 Zu den Folgen fehlender Sektorkompetenz *Schilha*, ZIP 2016, 1316, 1323.

Genehmigungserfordernis für Leistungen, die der Abschlussprüfer für die Gesellschaft zusätzlich zur Abschlussprüfung erbringt (sog. Preapproval), besteht allerdings nur bei Aktiengesellschaften von öffentlichem Interesse[1] (Art. 5 EU-Abschlussprüfungsverordnung, § 319a Abs. 3 HGB).

Im Übrigen verbleibt es auch nach der Neuregelung durch das AReG bei den anerkannten Grundsätzen, wonach sich der Aufsichtsrat mit dem Abschlussprüfer über das Prüfungsvorgehen einschließlich etwaiger Prüfungsschwerpunkte abstimmt und sich über das Prüfungsergebnis unterrichten lässt.

34.75a Bei Aktiengesellschaften von öffentlichem Interesse treffen den Aufsichtsrat bzw. einen etwaig eingerichteten Prüfungsausschuss (vgl. Rz. 34.97 f.) zudem besondere abschlussprüfungsbezogene Pflichten aus der unmittelbar geltenden **EU-Abschlussprüfungsverordnung.** Sie betreffen die Auswahl und die Überwachung der Unabhängigkeit des Abschlussprüfers. Einen Schwerpunkt bildet Art. 16 der Verordnung, der detailliert einen mehrstufigen Prozess beschreibt, um eine sachgerechte, transparente und diskriminierungsfreie Auswahl des Abschlussprüfers zu erreichen.[2] Im besonderen Fokus stehen zudem die Regelungen zur Unabhängigkeit des Abschlussprüfers, durch die insbesondere das Erfordernis einer vorherigen Zustimmung (Pre-Approval) des Aufsichtsrats bzw. Prüfungsausschusses zur Vergabe von Nichtprüfungsleistungen durch den Vorstand (Art. 5) und quantitative Honorargrenzen (Fee-Caps) für Nichtprüfungsleistungen (Art. 4) eingeführt worden sind. Für Verstöße gegen diese Pflichten hat das AReG erstmals eine spezifische Straf- und Ordnungswidrigkeitsbewehrung für Mitglieder des Aufsichtsrats bzw. Prüfungsausschusses mit gesonderten Melde- und Veröffentlichungsregelungen eingeführt (Rz. 34.103).

2. Prüfung nach § 171 AktG

34.76 Nach § 171 Abs. 1 AktG hat der Aufsichtsrat den Jahresabschluss, den Lagebericht und den Gewinnverwendungsvorschlag zu prüfen. Stellt die Gesellschaft einen Konzernabschluss und einen Konzernlagebericht auf, sind auch diese von der Prüfungspflicht umfasst. Gleiches gilt für einen Einzelabschluss nach § 325 Abs. 2a HGB.

a) Prüfungskompetenz

34.77 Die Kompetenzzuweisung an den Aufsichtsrat nach § 171 AktG ist zwingend.[3] Ebenso wie die allgemeine Überwachungspflicht in § 111 AktG kann die Satzung die Prüfung nicht abweichend regeln oder gar einem anderen Organ übertragen. Auch kann der Aufsichtsrat selbst weder auf die eigene Prüfung der Abschlüsse und Lageberichte verzichten, noch kann er sie einem anderen Organ überlassen oder einem seiner Ausschüsse zur alleinigen Beschlussfassung (vgl. § 107 Abs. 3 AktG) übertragen.

---

1 Kapitalmarktorientierte Gesellschaften i.S. des § 264d HGB, Kreditinstitute und Versicherungsunternehmen.
2 Dazu IDW Positionspapier zur Ausschreibung der Abschlussprüfung für Unternehmen von öffentlichem Interesse (www.idw.de).
3 *Adler/Düring/Schmaltz*, Rechnungslegung und Prüfung der Unternehmen, § 171 AktG Rz. 4.

b) Prüfungsgegenstand und -maßstab

Die Prüfungspflicht des Aufsichtsrats beinhaltet die Rechtmäßigkeit sowie die Zweckmäßigkeit der ihm vorgelegten Unterlagen.[1] 34.78

Die Prüfung der **Rechtmäßigkeit** des Jahres- und Konzernabschlusses umfasst die Beurteilung deren ordnungsgemäßer Aufstellung auf Grundlage der anzuwendenden Rechnungslegungsgrundsätze. Insbesondere hat der Aufsichtsrat zu prüfen, ob die Abschlüsse Gesetz und Satzung entsprechen.[2] Bei dieser Prüfung handelt es sich allerdings nicht um eine Prüfung in der Art, wie sie der Abschlussprüfer vornimmt, weshalb vom Aufsichtsrat grundsätzlich auch keine Prüfung der Bücher und Bestandsverzeichnisse in Stichproben zu verlangen ist.[3] Ergeben sich allerdings anlässlich der Prüfung oder auf Grund anderer Umstände Feststellungen, wonach das Rechnungswesen der Gesellschaft nicht intakt ist, so wird der Aufsichtsrat selbst oder durch beauftragte Sachverständige eine eingehende Nachprüfung vornehmen müssen. Zur Durchführung seiner Überwachungsbefugnis kann der Aufsichtsrat Bücher und Schriften der Gesellschaft einsehen und die Vermögensgegenstände untersuchen (§ 111 Abs. 2 AktG).

Die Prüfung der **Zweckmäßigkeit** dürfte im Wesentlichen darauf gerichtet sein, die Bilanzpolitik des Vorstands zu beurteilen. Dabei hat der Aufsichtsrat insbesondere darauf zu achten, ob die vom Vorstand vorgeschlagene Bilanzpolitik auch in seinen Augen den Interessen der Gesellschaft und ihrer Aktionäre entspricht.[4] Hierzu muss der Aufsichtsrat die Bilanzierungs- und Bewertungsmethoden, die der Vorstand bei Aufstellung des Abschluss angewandt hat, verstehen und im Hinblick auf ihre Auswirkungen im Abschluss beurteilen können.[5] Hierbei wird er durch die Feststellungen des Abschlussprüfers im Prüfungsbericht (§ 321 Abs. 2 Satz 3 bis 5 HGB) und dessen mündlichen Erläuterungen (§ 171 Abs. 1 Satz 2 AktG) unterstützt (vgl. auch Rz. 34.88). 34.79

Im Hinblick auf den **Konzernabschluss** und den **Konzernlagebericht** umfasst die Prüfungspflicht nach § 171 AktG deren Rechtmäßigkeit sowie die Zweckmäßigkeit unter Einbeziehung der Konzernbilanzpolitik des Vorstands.[6] 34.80

Die Prüfung der **Lageberichte** umfasst im Wesentlichen die Beurteilung, ob diese in Übereinstimmung mit den gesetzlichen Regelungen (§§ 289, 315 HGB) aufgestellt worden sind. Dabei ist insbesondere zu beurteilen, ob der jeweilige Lagebericht den Geschäftsverlauf einschließlich des Geschäftsergebnisses und die Lage der Gesellschaft bzw. des Konzerns so darstellt, dass ein den tatsächlichen Verhältnissen entsprechendes Bild vermittelt wird. Zu beur- 34.81

---

1 Vgl. dazu *Adler/Düring/Schmaltz*, Rechnungslegung und Prüfung der Unternehmen, § 171 AktG Rz. 17 sowie zur Prüfung von Konzernabschluss und Konzernlagebericht *Adler/Düring/Schmaltz*, Rechnungslegung und Prüfung der Unternehmen, § 171 AktG n.F. Rz. 3.
2 *Adler/Düring/Schmaltz*, Rechnungslegung und Prüfung der Unternehmen, § 171 AktG Rz. 19; *Hüffer/Koch*, § 171 AktG Rz. 4.
3 Vgl. *Adler/Düring/Schmaltz*, Rechnungslegung und Prüfung der Unternehmen, § 171 AktG Rz. 19.
4 *Richardt* in Semler/v. Schenck, Handbuch Aufsichtsratsmitglieder, § 9 Rz. 92 ff.
5 Vgl. dazu im Detail *Richardt* in Semler/v. Schenck, Handbuch Aufsichtsratsmitglieder, § 9 Rz. 51 ff.
6 Vgl. *Adler/Düring/Schmaltz*, Rechnungslegung und Prüfung der Unternehmen, § 171 AktG n.F. Rz. 3.

teilen ist zudem, ob die voraussichtliche Entwicklung mit ihren wesentlichen Chancen und Risiken zutreffend beurteilt und erläutert ist.

34.82 Weiterer Prüfungsgegenstand ist der Vorschlag über die **Verwendung des Bilanzgewinns**.[1]

c) Sorgfaltspflichten einzelner Mitglieder

34.83 Wie bereits soeben dargestellt, obliegt die Prüfungspflicht nach § 171 Abs. 1 AktG dem gesamten Aufsichtsrat und kann weder durch einzelne (sachverständige) Mitglieder des Aufsichtsrats noch durch einen Ausschuss mit befreiender Wirkung für den Gesamtaufsichtsrat durchgeführt werden. Aus diesem Grund muss jedes einzelne Mitglied des Aufsichtsrats auf der Grundlage der ihm nach § 170 Abs. 3 AktG gewährten Rechte persönlich die Unterlagen einer eigenen Prüfung unterziehen.[2] Hierzu ist es erforderlich, dass **jedes Mitglied des Aufsichtsrats** die vorgelegten Unterlagen sorgfältig durcharbeitet und gegebenenfalls auftretende Fragen oder Unstimmigkeiten im Aufsichtsrat zur Sprache bringt.

34.84 Nach § 170 Abs. 3 Satz 1 AktG hat jedes Aufsichtsratsmitglied das Recht, von allen Vorlagen nach § 170 AktG sowie Prüfungsberichten Kenntnis zu nehmen. Das **Recht der Kenntnisnahme** umfasst regelmäßig nicht nur die Möglichkeit der Einsichtnahme in die entsprechenden Unterlagen, sondern auch deren Übermittlung zur Prüfung. Das Recht auf Übermittlung kann nach § 170 Abs. 3 Satz 2 AktG durch einen entsprechenden Beschluss des Aufsichtsrats allerdings auf die Mitglieder eines Ausschusses beschränkt werden, um die besondere Vertraulichkeit der Unterlagen zu gewährleisten. Auch in diesem Fall ist allerdings sicherzustellen, dass alle Aufsichtsratsmitglieder ausreichend Zeit und Gelegenheit haben, alle Unterlagen einzusehen und diese selbst zu prüfen.[3]

34.85 Die Ergebnisse der Prüfung durch jedes einzelne Aufsichtsratsmitglied müssen zu einer **Meinungsbildung des gesamten Aufsichtsrats** zusammengeführt werden.[4] Das schließt nicht aus, dass der Aufsichtsrat zur Vorbereitung der eigenen Prüfung einen besonderen Ausschuss (zum Prüfungsausschuss vgl. Rz. 34.97) einrichtet oder auch sachverständige Dritte (im Rahmen des § 109 Abs. 1 Satz 2 AktG) hinzuzieht.

34.86 Hat die Gesellschaft einen **Prüfungsausschuss** eingerichtet, entbindet dies die übrigen Mitglieder des Aufsichtsrats nicht von ihrer eigenen Prüfungspflicht. Diese Prüfungspflicht dürfte inhaltlich allerdings dadurch modifiziert sein, dass die Aufsichtsratsmitglieder, die dem Prüfungsausschuss nicht angehören, den Entwurf des Berichts, den der Ausschuss vorlegt, kritisch durchzusehen und zu würdigen haben. Des Weiteren obliegt es allen Mitgliedern des Aufsichtsrats dafür Sorge zu tragen, dass der Prüfungsausschuss sachverständig besetzt ist[5], und dass keine Gesichtspunkte vorliegen, die gegen eine ordnungsgemäße Prüfung durch den Ausschuss sprechen.

---

1 Da der Gewinnverwendungsvorschlag nicht die Bilanzierung als solche betrifft, wird an dieser Stelle auf die einschlägige Kommentierung hierzu verwiesen; vgl. *Hüffer/Koch*, § 171 AktG Rz. 2, § 170 AktG Rz. 5 ff.
2 *Adler/Düring/Schmaltz*, Rechnungslegung und Prüfung der Unternehmen, § 171 AktG Rz. 7.
3 Vgl. *Richardt* in Semler/v. Schenck, Handbuch Aufsichtsratsmitglieder, § 9 Rz. 37.
4 *Adler/Düring/Schmaltz*, Rechnungslegung und Prüfung der Unternehmen, § 171 AktG Rz. 8.
5 Vgl. dazu *Richardt* in Semler/v. Schenck, Handbuch Aufsichtsratsmitglieder, § 9 Rz. 42.

Allgemein gilt, dass alle Aufsichtsratsmitglieder hinreichende Kenntnisse haben müssen, um den ihnen obliegenden Prüfungsauftrag zu erfüllen.[1] Dies dürfte bedeuten, dass jedes Mitglied die **Mindestkenntnisse** besitzen oder sich aneignen muss, die erforderlich sind, um die üblicherweise anfallenden Geschäftsvorfälle verstehen und beurteilen zu können. Detaillierte Kenntnisse des Bilanzrechts dürften allerdings nicht zu erwarten sein. Zur Frage, inwieweit sich die Mitglieder des Aufsichtsrats auf die Berichterstattung des Abschlussprüfers der Gesellschaft stützen dürfen, vgl. Rz. 34.88 ff.

34.87

d) Unterstützung durch den Abschlussprüfer

Eine wesentliche Unterstützung bei seiner Überwachungstätigkeit erhält der Aufsichtsrat durch die Prüfung der Abschlüsse und Lageberichte durch den Abschlussprüfer. Dieser hat gem. § 321 HGB über Art, Umfang und Ergebnis seiner Prüfung in Form eines schriftlichen Prüfungsberichts zu berichten. Zweck des Prüfungsberichts ist in erster Linie die von der Geschäftsführung unabhängige und sachverständige Unterrichtung des Aufsichtsrats.[2]

34.88

Nach Beendigung der Prüfung hat der Abschlussprüfer daher seinen **Prüfungsbericht** dem Aufsichtsrat (§ 321 Abs. 5 Satz 2 HGB i.V.m. § 111 Abs. 2 Satz 3 AktG) vorzulegen. Zudem hat er gem. § 171 Abs. 1 Satz 2 AktG an den Verhandlungen des Aufsichtsrats oder eines Ausschusses des Aufsichtsrats, in denen über die Prüfung des Jahresabschlusses verhandelt wird (sog. **Bilanzsitzung**), teilzunehmen und dem Aufsichtsrat über das Ergebnis seiner Prüfung, insbesondere wesentliche Schwächen des internen Kontroll- und Risikomanagementsystems bezogen auf den Rechnungslegungsprozess, zu berichten. Darüber hinaus hat der Abschlussprüfer den Aufsichtsrat über Umstände, die seine Befangenheit besorgen lassen, und über Leistungen, die er zusätzlich zu den Abschlussprüfungsleistungen erbracht hat, zu informieren (§ 171 Abs. 1 Satz 3 AktG). In der Bilanzsitzung sollte der Aufsichtsrat von seinem Fragerecht an den Abschlussprüfer aktiv Gebrauch machen, um den von ihm zu beurteilenden Abschluss und Lagebericht vollumfänglich zu verstehen und gegebenenfalls erforderliche Erläuterungen und Erklärungen vom Abschlussprüfer als sachkundigem Dritten zu erhalten.

Aus dieser gesetzlich angelegten Unterstützungsfunktion des Abschlussprüfers darf allerdings nicht gefolgert werden, dass der Abschlussprüfer dem Aufsichtsrat und seinen Mitgliedern deren selbständige Aufgabe zur Prüfung des Jahresabschlusses abnimmt.[3]

Fraglich ist allerdings, inwieweit sich der Aufsichtsrat **auf die durchgeführte Abschlussprüfung stützen** darf. Dies dürfte in Abhängigkeit von dem jeweiligen Prüfungsergebnis des Abschlussprüfers unterschiedlich zu beantworten sein.[4] Hat der Abschlussprüfer einen uneingeschränkten Bestätigungsvermerk erteilt und in seinem Prüfungsbericht (§ 321 HGB) insoweit **keine Beanstandungen** erhoben, darf der Aufsichtsrat, sofern ihm keine besseren Erkenntnisse vorliegen, davon ausgehen, dass die Bücher der Gesellschaft ordnungsgemäß geführt sind und der Jahresabschluss den Vorschriften des Gesetzes und der Satzung entspricht.[5] Seine Aufgabe beschränkt sich in einem solchen Fall mithin darauf, die Vorlagen

34.89

---

1 Vgl. *v. Schenck* in Semler/v. Schenck, Handbuch Aufsichtsratsmitglieder, § 1 Rz. 31.
2 Vgl. *Adler/Düring/Schmaltz*, Rechnungslegung und Prüfung der Unternehmen, § 321 HGB Rz. 32.
3 Vgl. *Adler/Düring/Schmaltz*, Rechnungslegung und Prüfung der Unternehmen, § 171 AktG Rz. 20.
4 Vgl. dazu *Adler/Düring/Schmaltz*, Rechnungslegung und Prüfung der Unternehmen, § 171 AktG Rz. 24.
5 Vgl. *Brönner* in Großkomm. AktG, § 171 AktG Rz. 6; *Ekkenga* in KölnKomm. AktG, § 171 AktG Rz. 25.

des Vorstands sowie den Prüfungsbericht des Abschlussprüfers kritisch zu lesen und die Unterlagen auf Plausibilität und innere Widerspruchsfreiheit zu überprüfen.[1] Eine über die Abschlussprüfung hinausgehende eigene Untersuchung dürfte in diesem Fall nicht mehr zu verlangen sein.

34.90 Hat der Abschlussprüfer im Prüfungsbericht allerdings **Beanstandungen** erhoben oder gar den Bestätigungsvermerk eingeschränkt oder versagt (§ 322 Abs. 4 HGB), so wird eine eingehende Erörterung mit dem Vorstand und dem Abschlussprüfer stattzufinden haben.[2] Im Rahmen dieser Erörterung wird sich der Aufsichtsrat Inhalt und Tragweite der Beanstandungen des Abschlussprüfers erläutern lassen. Auch wenn dem Aufsichtsrat keine unmittelbare Änderungskompetenz des Abschlusses oder Lageberichts zukommt,[3] wird er darauf dringen müssen, dass die Beanstandungen beseitigt werden. Werden die Beanstandungen nicht beseitigt, wird er in seinem Bericht an die Hauptversammlung hierzu Stellung zu nehmen haben und gegebenenfalls die Billigung verweigern.

e) Beschlussfassung und Berichterstattung

34.91 Über das Ergebnis seiner Prüfung hat der Aufsichtsrat zu beschließen und gem. § 171 Abs. 2 Satz 1 AktG schriftlich an die Hauptversammlung zu berichten. In diesem Bericht hat der Aufsichtsrat auch mitzuteilen, in welcher Art und in welchem Umfang er die Geschäftsführung der Gesellschaft während des Geschäftsjahrs geprüft hat. Bei börsennotierten Gesellschaften hat er insoweit insbesondere anzugeben, welche Ausschüsse gebildet worden sind, sowie die Zahl der Aufsichtsrats- und Ausschusssitzungen mitzuteilen. Ist die Gesellschaft prüfungspflichtig, so hat der Aufsichtsrat ferner zu dem Ergebnis der Prüfung des Jahresabschlusses durch den Abschlussprüfer Stellung zu nehmen. Am Schluss des Berichts hat der Aufsichtsrat zu erklären, ob nach dem abschließenden Ergebnis seiner Prüfung Einwendungen zu erheben sind und ob er den vom Vorstand aufgestellten Jahresabschluss billigt. Für Konzernabschlüsse sowie Einzelabschlüsse nach § 325 Abs. 2a HGB gelten die vorgenannten Pflichten entsprechend (§ 171 Abs. 2 Satz 5, Abs. 4 AktG).

34.92 Der Bericht ist dem Vorstand **binnen eines Monats** nach Vorlage der zu prüfenden Unterlagen zuzuleiten. Erfolgt dies nicht, hat der Vorstand dem Aufsichtsrat eine weitere Frist von bis zu einem Monat zu setzen. Lässt der Aufsichtsrat auch diese Frist verstreichen, gelten die von ihm zu prüfenden Abschlüsse als nicht gebilligt (§ 171 Abs. 3 AktG).

34.93 Führt die Prüfung des Aufsichtsrats zu **Beanstandungen**, die der Vorstand nicht beseitigt, muss der Aufsichtsrat seine Einwendungen nach § 171 Abs. 2 Satz 1 AktG der Hauptversammlung zur Kenntnis bringen und gegebenenfalls die Billigung verweigern (zur Billigung trotz Mangels vgl. Rz. 34.94 ff.). Dies dürfte sämtliche Arten von Einwendungen betreffen, d.h. nicht nur solche, die die Rechtmäßigkeit, sondern auch solche, die die Zweckmäßigkeit (wie bspw. die Bilanzpolitik) betreffen. Zwar hat in letzterem Fall auch die Hauptversammlung keine Handlungsalternative, die Information der Anteilsinhaber scheint aber dennoch geboten.

---

1 Vgl. *Richardt* in Semler/v. Schenck, Handbuch Aufsichtsratsmitglieder, § 9 Rz. 155 ff.
2 Vgl. *Adler/Düring/Schmaltz*, Rechnungslegung und Prüfung der Unternehmen, § 171 AktG Rz. 27.
3 Vgl. dazu *Adler/Düring/Schmaltz*, Rechnungslegung und Prüfung der Unternehmen, § 171 AktG Rz. 5, § 264 HGB Rz. 26.

3. Billigung und Feststellung

Billigt der Aufsichtsrat den Jahresabschluss, tritt nach § 172 AktG dessen Feststellung ein, sofern Vorstand und Aufsichtsrat nicht beschließen, die Feststellung des Jahresabschlusses der Hauptversammlung zu überlassen. Die Beschlüsse des Vorstands und Aufsichtsrats sind in den Bericht des Aufsichtsrats an die Hauptversammlung aufzunehmen.

34.94

Stellt der Aufsichtsrat bei seiner Prüfung fest, dass der vom Vorstand vorgelegte Abschluss **fehlerhaft** ist, wird er im Regelfall die Billigung des Abschlusses ablehnen und den Vorstand auffordern, einen den Vorschriften entsprechenden Abschluss aufzustellen.[1] Die Billigung eines Abschlusses trotz nicht ausgeräumter inhaltlicher Bedenken ist ausnahmsweise möglich. Im Schrifttum[2] werden als Beispielsfälle die Unwesentlichkeit des beanstandeten Ansatzes oder die Vertretbarkeit der Bilanzierung trotz verbleibender Bedenken genannt. Kommt der Aufsichtsrat zu der Überzeugung, dass der Abschluss trotz Mangels gebilligt werden kann, wird er die Gründe hierfür allerdings in seinem Bericht an die Hauptversammlung eingehend darlegen müssen, so dass sich die Hauptversammlung ein eigenes Urteil bilden kann.[3]

34.95

Billigt der Aufsichtsrat den Jahres- oder Konzernabschluss nicht, obliegt die Feststellung des Jahresabschlusses bzw. die Billigung des Konzernabschlusses der **Hauptversammlung** (§ 173 Abs. 1 AktG).

34.96

4. Prüfungsausschuss

Gem. § 107 Abs. 3 Satz 2 AktG **kann** der Aufsichtsrat einer Aktiengesellschaft einen Prüfungsausschuss bestellen, der sich mit der Überwachung des Rechnungslegungsprozesses, der Wirksamkeit des internen Kontrollsystems, des Risikomanagementsystems und des internen Revisionssystems sowie der Abschlussprüfung, hier insbesondere der Auswahl und der Unabhängigkeit des Abschlussprüfers und der vom Abschlussprüfer zusätzlich erbrachten Leistungen, befasst. In diesem Fall hat der Aufsichtsrat gem. § 124 Abs. 3 AktG bei den in dieser Vorschrift aufgezählten, sog. Aktiengesellschaften von öffentlichem Interesse (kapitalmarktorientierte Gesellschaften i.S. des § 264d HGB, Kreditinstitute und Versicherungsunternehmen) den Vorschlag zur Wahl des Abschlussprüfers auf die Empfehlung des Prüfungsausschusses zu stützen. Diese Gesellschaften unterfallen hinsichtlich Ergebnis und Tätigkeit eines etwaig eingerichteten Prüfungsausschusses zudem der mit dem AReG durch § 324 Abs. 3 HGB neu eingeführten Informationspflicht gegenüber der neu geschaffenen Abschlussprüferaufsichtsstelle. Bei diesen Gesellschaften besteht für die Prüfungsausschussmitglieder außerdem eine besondere strafrechtliche Verantwortung, s. dazu Rz. 34.103.

34.97

Gem. § 107 Abs. 3 Satz 2, Abs. 4 AktG besteht auch bei Aktiengesellschaften von öffentlichem Interesse (kapitalmarktorientierte Gesellschaften i.S. des § 264d HGB, Kreditinstitute und Versicherungsunternehmen) unverändert **keine Pflicht** zur Bildung eines Prüfungsausschusses. Dennoch ist bei größeren Gesellschaften die Einrichtung eines Prüfungsausschusses seit Jahren gute Übung und wird auch in Ziff. 5.3.2 DCGK empfohlen. Weichen die Unternehmen von dieser Empfehlung des Kodex ab, sind sie verpflichtet, dies in der jährlichen Erklärung nach § 161 AktG offen zu legen und zu begründen. Aufgaben des Prüfungsaus-

34.98

---

1 Vgl. *Adler/Düring/Schmaltz*, Rechnungslegung und Prüfung der Unternehmen, § 171 AktG Rz. 27; *Hennrichs/Pöschke* in MünchKomm. AktG, § 171 AktG Rz. 48, 78.
2 *Hennrichs/Pöschke* in MünchKomm. AktG, § 171 AktG Rz. 50.
3 Vgl. *Adler/Düring/Schmaltz*, Rechnungslegung und Prüfung der Unternehmen, § 171 AktG Rz. 72.

schusses sollen insbesondere die in § 107 Abs. 3 Satz 2 AktG genannten sein. Anders als die Pflicht zur Prüfung und Billigung des Jahres- und Konzernabschlusses (s. dazu Rz. 34.76 ff.) können diese Aufgaben dem Prüfungsausschuss zur Erledigung übertragen werden. Allerdings verbleiben dem Gesamtaufsichtsrat insoweit eine Überwachungspflicht und ein Informationsrecht. Richtet der Aufsichtsrat keinen Prüfungsausschuss ein oder hat der Gesamtaufsichtsrat dem Prüfungsausschuss die Aufgaben nur zur Vorbereitung, nicht aber zur Erledigung übertragen, hat er die in § 107 Abs. 3 Satz 2 AktG genannten Aufgaben selbst, d.h. im Plenum, wahrzunehmen.[1] Entsprechendes gilt für die Aufgabe des Prüfungsausschusses einer Aktiengesellschaft von öffentlichem Interesse gem. § 124 Abs. 3 Satz 2 AktG, eine Empfehlung zur Wahl des Abschlussprüfers zu geben. Hat der Gesamtaufsichtsrat diese Aufgabe nur zur Vorbereitung an den Prüfungsausschuss delegiert, so ist er an dessen Empfehlung nicht gebunden und kann von ihr abweichen, was er der Hauptversammlung gegenüber allerdings darlegen und begründen muss.[2]

In der **Zusammensetzung** des Prüfungsausschusses ist der Aufsichtsrat frei. Handelt es sich bei der Aktiengesellschaft jedoch um ein Unternehmen von öffentlichem Interesse (§ 107 Abs. 4 AktG), so müssen allerdings die Voraussetzungen des § 100 Abs. 5 AktG erfüllt sein (s. dazu Rz. 34.74).

5. Verantwortung im Konzern

34.99   Besondere Fragen können bei der Verantwortung für die Bilanzierung im Konzern auftreten.

a) Aufsichtsrat der Obergesellschaft

34.100 Wie oben bereits dargestellt, ist der Aufsichtsrat der Konzernobergesellschaft nach § 171 AktG auch für die Prüfung des Konzernabschlusses und Konzernlageberichts verantwortlich (s. dazu Rz. 34.80). Darüber hinausgehende Pflichten im Hinblick auf die ordnungsgemäße Bilanzierung bei den Tochterunternehmen ergeben sich nicht. Insbesondere obliegt dem Aufsichtsrat der Obergesellschaft nicht die originäre Überwachung der ordnungsmäßigen Buchführung und Aufstellung von Abschlüssen bei den Tochterunternehmen.

b) Aufsichtsrat des Tochterunternehmens

34.101 Für die Tätigkeit des Aufsichtsrats eines Tochterunternehmens ergeben sich im Hinblick auf die Überwachung der Rechnungslegung im Regelfall keine Besonderheiten. Dies gilt selbst dann, wenn die Gesellschaft mittels eines Beherrschungsvertrages (§ 308 AktG) beherrscht wird oder in eine andere Aktiengesellschaft eingegliedert ist (§§ 319 ff. AktG).

34.102 Besonderheiten bestehen allerdings, wenn das Tochterunternehmen eine abhängige Gesellschaft ist, ohne dass einer der vorgenannten Unternehmensverträge besteht oder eine Eingliederung vorliegt. In diesem Fall hat nämlich der Vorstand des Tochterunternehmens nach § 312 AktG in den ersten drei Monaten eines Geschäftsjahrs einen Bericht über die Beziehungen zu verbundenen Unternehmen aufzustellen (sog. **Abhängigkeitsbericht**), der nach § 314 AktG vom Aufsichtsrat zu prüfen ist. Über das Ergebnis der Prüfung hat der Aufsichtsrat in seinem Bericht an die Hauptversammlung nach § 171 AktG zu berichten.

---

1 *Schilha*, ZIP 2016, 1316, 1329.
2 Vgl. Begr. RegE BT-Drucks. 10/10067, S. 103.

6. Strafrechtliche Verantwortung

Für die strafrechtliche Verantwortung bei **Buchführungs- und Bilanzierungsverstößen** gelten die Ausführungen zur Strafbarkeit des Vorstands nach § 331 HGB sowie § 400 AktG mit der Ausnahme entsprechend, dass die Strafbarkeit wegen fehlerhafter Abgabe des sog. Bilanzeids allein die Mitglieder des Vorstands betrifft und bestimmte Tatbestände im Übrigen nicht nach § 331 HGB, sondern nach § 400 AktG strafbewehrt sind (vgl. zu § 331 HGB, § 400 AktG Rz. 34.56 ff.).

34.103

Darüber hinaus normiert § 404a AktG einen Straftatbestand für Aufsichtsrats- bzw. Prüfungsausschussmitglieder bei Aktiengesellschaften von öffentlichem Interesse (kapitalmarktorientierte und sonstige Gesellschaften von öffentlichem Interesse) für **abschlussprüfungsbezogene** Pflichtverstöße. Strafbar ist danach, wer gegen Pflichten aus der EU-Abschlussprüfungsverordnung zur Unabhängigkeitsüberwachung von Abschlussprüfer oder Prüfungsgesellschaft und zu den Empfehlungen für ihre Bestellung sowie zu den Vorschlägen hierzu an die Hauptversammlung verstößt und dafür einen Vermögensvorteil erhält oder sich versprechen lässt (§ 404a Nr. 1 AktG) oder die Pflichtverstöße beharrlich wiederholt (§ 404a Nr. 2 AktG). Die isolierte Verletzung der Pflichten stellt gem. § 405 Abs. 3b und 3c AktG eine Ordnungswidrigkeit dar. Zu den abschlussprüfungsbezogenen Pflichtverstößen bestehen besondere Mitteilungsregelungen (§ 407a AktG), nach denen der neuen Abschlussprüferaufsichtsstelle Straf- und Bußgeldentscheidungen von der jeweiligen Verfolgungsbehörde zu übermitteln sind. Die verhängten Sanktionen werden nach dem neuen § 69 Abs. 1a WPO von der Abschlussprüferaufsichtsstelle im Internet öffentlich bekannt gemacht.

7. Haftungsrechtliche Verantwortung

Wie auch beim Vorstand stellt sich beim Aufsichtsrat in Fällen behaupteter Buchführungs- und Bilanzierungsverstöße die Frage nach der haftungsrechtlichen Verantwortung.

34.104

a) Innenhaftung

Verletzen die Mitglieder des Aufsichtsrats die ihnen obliegenden Sorgfaltspflichten, sind sie der Gesellschaft nach **§ 116 i.V.m. § 93 AktG** zum Schadensersatz verpflichtet. Wie beim Vorstand kommt eine solche Ersatzpflicht nur in Betracht, wenn das einzelne Aufsichtsratsmitglied schuldhaft gegen seine Pflichten verstößt und der Gesellschaft daraus ein Schaden entsteht. Jedes Mitglied des Aufsichtsrats haftet dabei allein für sein eigenes Verschulden, eine Zurechnung des Verschuldens eines anderen Kollegen erfolgt nicht.

34.105

Der **Sorgfaltsmaßstab**, den das einzelne Aufsichtsratsmitglied zu beachten hat, ist in sinngemäßer Anwendung des § 93 AktG der eines ordentlichen Aufsichtsratsmitglieds, d.h. eines Mitglieds, das die Mindestfähigkeiten und -kenntnisse besitzt, die erforderlich sind, um die geforderte Überwachungsfunktion wahrnehmen zu können (zu den einzelnen Anforderungen vgl. Rz. 34.75 ff.).

b) Außenhaftung

Die Außenhaftung von Aufsichtsratsmitgliedern ist Gegenstand einer ähnlichen Diskussion, wie die der Haftung von Vorstandsmitgliedern.

34.106

Da die Ausnahmetatbestände, die bei Vorstandsmitgliedern in seltenen Fällen zu einer unmittelbaren Außenhaftung nach §§ 280, 311 Abs. 3 BGB (s. Rz. 34.66) führen können, für Aufsichtsratsmitglieder regelmäßig nicht zutreffen, kommt eine Außenhaftung wegen fehlerhafter Bilanzierung allein auf Grund der Regelungen in § 823 Abs. 2 BGB sowie § 826 BGB in Betracht. Die Ausführungen unter Rz. 34.65 ff. gelten hierfür entsprechend.

B. Sonstige Gesellschaften
I. KGaA und GmbH

34.107 Für die Pflichten der Geschäftsführungs- und Überwachungsorgane bei der KGaA sowie der GmbH gelten die zur Aktiengesellschaft dargestellten Grundsätze, ohne dass sich im Hinblick auf die Verantwortlichkeiten wesentliche Unterschiede ergeben.

1. KGaA

34.108 Bei der KGaA obliegt die Geschäftsführung den **persönlich haftenden Gesellschaftern** (§ 278 Abs. 2 AktG). Auf diese finden nach § 283 AktG die für den Vorstand einer Aktiengesellschaft geltenden Vorschriften über die Sorgfaltspflicht und Verantwortlichkeit (Nr. 3), die Pflichten gegenüber dem Aufsichtsrat (Nr. 4), die Aufstellung, Vorlegung und Prüfung des Jahresabschlusses und des Vorschlags für die Verwendung des Bilanzgewinns (Nr. 9), die Vorlegung und Prüfung des Lageberichts sowie des Konzernabschlusses und Konzernlageberichts (Nr. 10) sowie die Vorlegung, Prüfung und Offenlegung eines Einzelabschlusses nach § 325 Abs. 2a HGB (Nr. 11) sinngemäße Anwendung.

34.109 Auch für den **Aufsichtsrat** und den Prüfungsausschuss der KGaA gelten im Wesentlichen die Vorschriften für den Aufsichtsrat der Aktiengesellschaft (§ 278 Abs. 3 AktG). Anders als dem Aufsichtsrat der Aktiengesellschaft obliegt dem Aufsichtsrat der KGaA allerdings nicht die Feststellung des Jahresabschlusses. Diese hat bei der KGaA nach § 286 Abs. 1 AktG zwingend durch die Hauptversammlung zu erfolgen, wobei der Feststellungsbeschluss allerdings der Zustimmung durch die persönlich haftenden Gesellschafter bedarf.

Zu den Besonderheiten bei den Angabepflichten im Jahresabschluss der KGaA vgl. § 286 AktG.

2. GmbH

34.110 Die Verantwortung des **Geschäftsführers** der GmbH für eine ordnungsgemäße Bilanzierung entspricht weitgehend der des Vorstands der Aktiengesellschaft. Wie der Vorstand hat auch der Geschäftsführer für eine ordnungsmäßige Buchführung zu sorgen (§ 41 GmbHG) und ist als gesetzlicher Vertreter (§ 35 Abs. 1 GmbHG) verpflichtet, den Jahresabschluss und soweit gesetzlich oder kraft Satzung erforderlich den Lagebericht, den Konzernabschluss und den Konzernlagebericht aufzustellen (§§ 264, 290 HGB).

Bei der Buchführung und Bilanzierung hat der Geschäftsführer nach § 43 GmbHG die Sorgfalt eines ordentlichen Geschäftsmannes anzuwenden und ist bei Verstoß der Gesellschaft zum Schadensersatz verpflichtet.

34.111 Hat die Gesellschaft einen **Aufsichtsrat**, hängt die Pflichtenstellung seiner Mitglieder wesentlich davon ab, ob und gegebenenfalls wie weit auf diesen die aktienrechtlichen Regelungen Anwendung finden. Ist bei der Gesellschaft nach dem Gesellschaftsvertrag ein Aufsichtsrat zu bilden und enthält der Gesellschaftsvertrag hierzu keine weiteren Regelungen, sind die Vorschriften über die Prüfung des Jahresabschlusses und Lageberichts (§ 171 AktG), die allgemeinen Überwachungspflichten (§ 111 AktG) sowie die Haftung gegenüber der Gesellschaft (116 AktG) für den Aufsichtsrat der GmbH gem. § 52 GmbHG entsprechend anwendbar. Ergeben sich aus dem Gesellschaftsvertrag abweichende Regelungen, wird jeweils anhand der Umstände des Einzelfalls zu entscheiden sein, welche Pflichten den Mitgliedern des Aufsichtsrats zukommen.

Ist die Gesellschaft kapitalmarktorientiert i.S. des § 264d HGB, hat sie gem. § 324 Abs. 1 Satz 1 HGB einen **Prüfungsausschuss** einzurichten, sofern sie keinen Aufsichtsrat hat, der die Voraussetzungen von § 100 Abs. 5 AktG erfüllen muss. Hauptanwendungsfall sind mitbestimmungsfreie kapitalmarktorientierte Gesellschaften.[1] Von dieser Pflicht befreit sind die in § 324 Abs. 1 Satz 2 HGB genannten Gesellschaften. Der Prüfungsausschuss hat sich mit den in § 107 Abs. 3 Satz 2 und 3 AktG beschriebenen Aufgaben zu befassen und die gleichen sich aus der EU-Abschlussprüfungsverordnung ergebenden abschlussprüfungsbezogenen Pflichten zu beachten, wie sie bei der Aktiengesellschaft von öffentlichem Interesse bestehen (vgl. dazu Rz. 34.75). Die Mitglieder des Prüfungsausschusses sind von den Gesellschaftern zu wählen, wobei der Vorsitzende des Prüfungsausschusses nicht zugleich Mitglied der Geschäftsführung sein darf. Als zusätzliche Anforderung gegenüber dem Aufsichtsrat bzw. Prüfungsausschuss bei der Aktiengesellschaft von öffentlichem Interesse (dazu Rz. 34.74 und 34.97 f.) muss bei der GmbH gem. § 324 Abs. 2 HGB die Mehrheit der Mitglieder des Prüfungsausschusses, darunter der Vorsitzende, unabhängig sein. Der Begriff der „**Unabhängigkeit**" ist im Gesetz nicht definiert. In der Gesetzesbegründung[2] wird dazu auf Ziff. 5.4.2 Satz 2 DCGK verwiesen. Danach[3] ist ein Aufsichtsratsmitglied als unabhängig anzusehen, wenn es in keiner geschäftlichen oder persönlichen Beziehung zur Gesellschaft, deren Organen, einem kontrollierenden Gesellschafter oder einem mit diesem verbundenen Unternehmen steht, die einen wesentlichen und nicht nur vorübergehenden Interessenkonflikt begründen kann. Ob ein solcher Interessenkonflikt besteht, kann nur anhand des jeweiligen Einzelfalls unter Berücksichtigung der besonderen Aufgabenstellung eines Aufsichtsratsmitglieds hinsichtlich der Prüfung der Rechnungslegung und des internen Kontrollsystems beurteilt werden.[4]

Für den Prüfungsausschuss gelten nach § 324 Abs. 2 HGB die Regelungen der §§ 107 Abs. 3 Satz 5 (Berichtspflicht des Prüfungsausschusses an einen Aufsichtsrat[5]), 124 Abs. 3 Satz 2 (Vorschlag zur Abschlussprüferwahl) und 171 Abs. 1 Satz 2 und 3 (Teilnahme und Informationen des Abschlussprüfers) des AktG entsprechend. Im Hinblick auf Informationspflichten (§ 324 Abs. 3 HGB) und Strafbarkeit (§§ 86 ff. GmbHG) bestehen für den Prüfungsausschuss bei der GmbH keine Besonderheiten gegenüber den oben (Rz. 34.97 und Rz. 34.103) bei der Aktiengesellschaft dargestellten Erläuterungen.

Anders als bei der Aktiengesellschaft liegt bei der GmbH die Kompetenz zur Feststellung des Jahresabschlusses bei der **Gesellschafterversammlung** (§§ 42a, 46 Nr. 1 GmbHG). Im Gesellschaftsvertrag kann allerdings hiervon abweichend die Kompetenz auch dem Aufsichtsrat zugewiesen werden.

34.112

---

1 *Grottel/Röhm-Kottmann* in Beck'scher Bilanz-Kommentar, § 324 HGB Rz. 7.
2 Begr. RegE BT-Drucks. 10/10067, S. 102.
3 DCGK i.d.F v. 5.5.2015.
4 Vgl. dazu auch Empfehlung der EU Kommission vom 15.2.2005 zu den Aufgaben von Aufsichtsratsmitgliedern nicht börsennotierter Gesellschaften (ABl. EU Nr. L 52 v. 25.2.2005, S. 51 ff.).
5 Sofern kein Aufsichts- oder Verwaltungsrat eingerichtet ist, läuft die Verweisung nach der Gesetzesbegründung (Begr. RegE, BR-Drucks. 635/15, S. 53) ins Leere.

II. Kapitalgesellschaft & Co. KG

34.113 Für die in der Praxis häufig vorkommende GmbH & Co. KG gelten nach § 264a HGB dieselben Rechnungslegungsvorschriften wie für Kapitalgesellschaften.[1] Dies betrifft die Anwendung der besonderen Aufstellungsvorschriften für den Jahres- und Konzernabschluss, den Lagebericht und den Konzernlagebericht sowie die Vorschriften über die gesetzliche Abschlussprüfung und die Offenlegung nach § 325 HGB.

Verantwortlich für die Aufstellung der Abschlüsse und Lageberichte sowie die Offenlegung nach § 325 HGB sind nach § 264a HGB die gesetzlichen Vertreter, d.h. nach Absatz 2 dieser Vorschrift die **Geschäftsführer** der als Komplementär fungierenden GmbH. Für sie gelten im Verhältnis zur Kommanditgesellschaft dieselben Sorgfaltspflichten wie im Verhältnis zur GmbH. Besonderheiten bestehen insoweit nicht.

Letztlich gelten über § 335b HGB auch die strafrechtlichen Regelungen in § 331 bis § 333a HGB sowie die Bußgeldvorschriften des § 334 HGB für die GmbH & Co. KG entsprechend.

Hat die Gesellschaft einen **Aufsichtsrat**, hängt dessen Pflichtenstellung davon ab, ob auf diesen Aufsichtsrat die Regelungen des Aktiengesetzes entsprechend anzuwenden sind oder ob der Gesellschaftsvertrag hiervon abweichende Regelungen enthält.

---

1 Vgl. dazu im Einzelnen *Adler/Düring/Schmaltz*, Rechnungslegung und Prüfung der Unternehmen, § 264a HGB; *Schmidt/Usinger* in Beck'scher Bilanz-Kommentar, § 264a HGB Rz. 45.

§ 35
Risikobereich und Haftung: Kartellrecht

Professor Dr. Meinrad Dreher, LL.M. (U. of Penn.)

A. Einführung	35.1
B. Das Kartellrecht und die sich daraus ergebenden Rechtspflichten	35.7
I. Einführung	35.7
1. Kartellrecht als Magna Charta der unternehmerischen Tätigkeit	35.7
2. Die nationale, europäische und internationale Dimension des Kartellrechts	35.10
II. Das materielle Kartellrecht	35.15
1. Das Kartellverbot	35.15
2. Das Verbot des Missbrauchs einer marktbeherrschenden Stellung	35.22
3. Die Kontrolle wettbewerbsbeschränkender Zusammenschlüsse	35.25
C. Besondere kartellrechtliche Risiken bei der Managertätigkeit	35.29
I. Die Existenz kartellrechtlich besonders gefahrgeneigter Bereiche	35.29
II. Die zwei kategorischen Imperative der wettbewerbsbezogenen Managertätigkeit	35.30
III. Einzelne Problemfelder	35.34
1. Der Informationsaustausch	35.34
2. Die Vertrags- und insbesondere die Vertriebsgestaltung	35.37
3. Die Managertätigkeit bei Unternehmen mit marktbeherrschenden Stellungen	35.39
4. Die Tätigkeit in Unternehmensverbänden	35.45
5. Die Anforderungen der Kartellrechtscompliance	35.52
6. Die kartellrechtliche Bedeutung üblicher unternehmerischer Selbstrechtfertigungen	35.53
D. Kartellrechtscompliance als Prävention kartellrechtswidrigen Handelns	35.59
I. Grundlagen	35.59
II. Die drei Bereiche der Kartellrechtscompliance	35.62
1. Die Instruktion	35.62
2. Die präventive Kontrolle	35.66
3. Die repressive Sanktionierung	35.73
E. Die Sanktionierung kartellrechtswidrigen Handelns	35.75
I. Grundlagen	35.75
II. Verwaltungsrecht	35.76
III. Zivilrecht	35.80
IV. Ordnungswidrigkeitenrecht	35.87
V. Strafrecht	35.92
F. Schluss	35.93

Schrifttum: *Dreher*, Die persönliche Außenhaftung von Geschäftsleitern auf Schadenersatz bei Kartellrechtsverstößen, WuW 2009, 133; *Dreher*, Kartellrechtscompliance, ZWeR 2004, 75; *Dreher*, Die kartellrechtliche Bußgeldverantwortlichkeit von Vorstandsmitgliedern – Vorstandshandeln zwischen aktienrechtlichem Legalitätsprinzip und kartellrechtlicher Unsicherheit, in FS Konzen, 2006, S. 85; *Dreher/Kulka*, Wettbewerbs- und Kartellrecht, 9. Aufl. 2016; *Kapp*, Kartellrecht in der Unternehmenspraxis, 2. Aufl. 2014; *Karbaum*, Kartellrechtliche Compliance, 2010; *Karsten/Traugott*, Das ICC Toolkit zur kartellrechtlichen Compliance und das ICC KMU-Toolkit, CCZ 2015, 157; *Kling/Thomas*, Kartellrecht, 2. Aufl. 2016; *Meßmer/Bernhard* (Hrsg.), Praxishandbuch Kartellrecht im Unternehmen, 2015; *Schultze* (Hrsg.), Compliance-Handbuch Kartellrecht, 2014; *Wiedemann* (Hrsg.), Handbuch des Kartellrechts, 3. Aufl. 2016; *Wissmann/Dreyer/Witting*, Kartell- und regulierungsbehördliche Ermittlungen im Unternehmen und Risikomanagement, 2008.

A. Einführung

35.1 Zu den Themenbereichen, die im Rahmen der Managerhaftung seit längerem große Aufmerksamkeit finden, gehört das Kartellrecht. Dies folgt schon aus dem einschneidenden **behördlichen** und **privatrechtlichen Sanktionspotential**, das das Kartellrecht kennt. Von praktischer Bedeutung ist auch die **erhebliche Rechtsunsicherheit**, die auf Grund der notwendigen kartellrechtlichen Selbsteinschätzung im europäischen und deutschen Kartellrecht besteht. Dazu kommt die **hohe Aufmerksamkeit**, die kartellrechtliche Verfahren gegen Unternehmen oder Unternehmensangehörige **in der Öffentlichkeit** bei einem – zu Recht – grundsätzlich wettbewerbsfreundlichen Umfeld finden.

35.2 **Europäische und deutsche Kartellbehörden** verhängen in einer Vielzahl von Verfahren sehr **hohe Bußgelder** gegen Unternehmen, aber auch gegen darin tätige Manager. Die Gesamtsumme aller gegen Unternehmen verhängten Bußgelder belief sich zum Beispiel in den Jahren 2013, 2014 sowie 2015 auf 1,7 Milliarden Euro, 1,7 Milliarden Euro sowie 365 Millionen Euro von Seiten der EU-Kommission und auf 244,4 Millionen Euro, 1,2 Milliarden Euro sowie 208 Millionen Euro von Seiten des Bundeskartellamts (BKartA). Bereits bis Mitte des Jahres 2016 verhängte die EU-Kommission Bußgelder i.H. von 3,1 Milliarden Euro. Hauptsächlich hierfür waren Rekordbußgelder gegen Mitglieder des so genannten LKW-Kartells, die mit insgesamt 2,9 Milliarden Euro für jahrelange Preisabsprachen sanktioniert wurden.[1] Gegen persönlich Betroffene, gegen die allein das BKartA,[2] nicht aber die EU-Kommission als europäische Kartellbehörde Bußgelder festsetzen kann, belief sich der Gesamtbetrag verhängter Bußgelder in den Jahren 2013 und 2014 auf 20 Millionen Euro.[3] Zu den als solchen schon empfindlichen Geldbeträgen kommt hinzu, dass diese bei den Unternehmen – bzw. bei den persönlich Betroffenen – steuerlich nicht als Betriebsausgaben absetzbar sind.[4]

35.3 Außer den deutschen und europäischen Kartellbehörden können auch die **Kartellbehörden der Staaten außerhalb der EU** entsprechende Sanktionen (mitunter auch, wie in den USA, Haftstrafen gegen persönlich Verantwortliche) verhängen. Als Beispiel dient eine im Jahre 2004 vergleichsweise übernommene Strafzahlung von 160 Millionen US-$ durch einen großen deutschen Chip-Hersteller wegen eingeräumter Preisabsprachen in den USA. Hinzu kommt, dass ein und derselbe Verstoß sowohl von Drittländern (z.B. in den USA) als auch von der EU-Kommission sanktioniert werden kann, weil insoweit das Verbot der Doppelbestrafung nach der europäischen Rechtsprechung nicht greift.[5]

35.4 Die kartellrechtlichen Sanktionsmöglichkeiten erschöpfen sich jedoch nicht in der Verhängung von Bußgeldern.[6] Vielmehr tritt neben das „public enforcement" auch das **„private enforcement"**, das – zumindest in Fällen, in denen Art. 101 und 102 AEUV Anwendung finden – durch die Kartellschadenersatzrichtlinie 2014/104/EU innereuropäisch weitgehend harmo-

---

1 Vgl. EU-Kommission v. 19.7.2016, AT.39824 – LKW.
2 Und theoretisch auch die Landeskartellbehörden.
3 S. den alle zwei Jahre zu veröffentlichenden Tätigkeitsbericht des BKartA (§ 53 Abs. 1 GWB) für die Jahre 2013 und 2014, BT-Drucks. 18/5210, S. 23.
4 Vgl. §§ 4 Abs. 4, Abs. 5 Satz 1 Nr. 8 Satz 1, 12 Satz 1 Nr. 4 EStG und §§ 8 Abs. 1 Satz 1, 10 Nr. 3 KStG sowie zu Geldbußen des BKartA BFH v. 24.7.1990 – VIII R 194/84, NJW 1991, 192 = FR 1990, 642 und zu Geldbußen der EU-Kommission FG Rheinland-Pfalz v. 15.7.2003 – 2 K 2377/01, FR 2004, 216; *Krüger*, DStR 2016, 895.
5 So EuGH v. 29.6.2006 – Rs. C-308/04 P, Rz. 26 ff. – SGL Carbon und dazu *F. Immenga/Jüttner*, ZWeR 2006, 400 ff.
6 In einigen EU-Staaten sind sogar Haftstrafen vorgesehen, z.B. im UK.

nisiert ist.¹ Die Richtlinie musste bis zum Ende des Jahres 2016 in die mitgliedstaatlichen Rechtsordnungen umgesetzt werden und führte zu erheblichen, überwiegend klägerfreundlichen Änderungen. Hierzu zählen die gesetzliche Normierung der Konzernhaftung, Vermutungen hinsichtlich eines Kartellschadens und der Schadenabwälzung auf indirekte Abnehmer und letztlich eine verlängerte Verjährungsfrist für Schadenersatzansprüche. Ferner kommt es zu Privilegierungen für Kronzeugen und Teilnehmer eines Vergleichsverfahrens (s. Rz. 35.82, 35.90).² Somit ist ein stetig zunehmendes **Risiko der Geltendmachung zivilrechtlicher Schadenersatzansprüche** für Kartellverstöße festzustellen.³ Nachdem dieses Risiko früher als gering zu veranschlagen war, gilt heute das Gegenteil. So werden den verhängten Bußgeldern im bereits erwähnten LKW-Kartell in Deutschland vermutlich in Höhe und Umfang bisher unbekannte Schadenersatzforderungen folgen. Das Abwarten einer behördlichen Entscheidung erweist sich für Kläger als sinnvoll, da ihr eine Feststellungswirkung für anschließende „Follow-on-Klagen" zukommt.⁴

Zwar sind bestimmte Branchen – insbesondere solche im Bereich homogener Massengüter wie Zement⁵, in denen Kartellierungen angeblich besonders „erfolgreich" umzusetzen sind – in den letzten Jahren häufig im Zusammenhang mit kartellrechtswidrigem Handeln aufgefallen. Jedoch zeigt ein Blick auf die Verfahren der letzten Jahre, dass **Verstöße gegen Kartellrecht in jeder Branche** und – wegen der Gebundenheit an das Handeln einzelner Unternehmensmitarbeiter – **grundsätzlich auch in jedem Unternehmen und in jeder Unternehmensvereinigung** drohen können. Dies gilt unabhängig von dem privatrechtlichen oder öffentlich-rechtlichen Charakter eines Unternehmens, unabhängig von seiner gesellschaftsrechtlichen Rechtsform und unabhängig von einer lediglich nationalen oder weitergehend europäischen oder sogar weltweiten Tätigkeit. So waren in den letzten Jahren unter anderem Unternehmen aus den Bereichen Chemie, Kreditwirtschaft, Versicherungswirtschaft, Reinigungsmittel, Brauerei, Luftfahrt, Automobil, Aufzüge, Rolltreppen, Graphit, Phosphat, Papier, Gips, Lebensmittel, Stahl, Möbel, Pappe, Kabel, Entsorgung, Kunstauktion und Post von Kartellverfahren betroffen.⁶ 35.5

Vor diesem Hintergrund ergibt sich das **folgende Programm**: Zunächst ist das System des Kartellrechts mit den sich daraus ergebenden Rechtspflichten darzustellen (unten B., Rz. 35.7 ff.). Sodann sind besondere kartellrechtliche Risikobereiche bei der unternehmerischen Tätigkeit zu identifizieren (unten C., Rz. 35.29 ff.). Auf dieser Grundlage ist weiter nach den Möglichkeiten und Pflichten zu einer Vermeidung von Kartellrechtsverstößen, d.h. der präventiven Kartellrechtscompliance, zu fragen (unten D., Rz. 35.59 ff.). Schließlich sind 35.6

---

1 Vgl. Erwägungsgrund 6 der Richtlinie 2014/104/EU; ferner *Kersting*, WuW 2014, 564; *Stauber/Schaper*, NZKart 2014, 346.
2 Vgl. Richtlinie 2014/104/EU und den deutschen Regierungsentwurf zum 9. GWB-ÄndG, BT-Drucks. 18/10207 v. 7.11.2016; das 9. GWB-ÄndG wurde am 8.6.2017 verkündet, BGBl. I 2017, 1416.
3 Vgl. Rz. 35.82 und Rz. 35.86. Hinzu kommen weitere mögliche zivilrechtliche Ansprüche, die auf Beseitigung und Unterlassung gerichtet sind. Diese haben auch bisher schon eine große Rolle im deutschen Kartellrecht gespielt. Sie sind in ihren Konsequenzen aber besser überschaubar als die teilweise exorbitanten Schadenersatzforderungen.
4 S. § 33 Abs. 4 GWB und Art. 16 Abs. 1 Verordnung (EU) Nr. 1/2003 (Kartellverordnung).
5 Wegen Kartellen in der Zementindustrie hat das Bundeskartellamt im Jahre 1989 umgerechnet 120 Millionen Euro, im Jahre 1993 umgerechnet 190 Millionen Euro und im Jahre 2003 661 Millionen Euro an Bußgeldern verhängt; zur Kartellstabilität am Beispiel des Zementmarkts vgl. *Harrington Jr./Hüschelrath/Laitenberger/Smuda*, WuW 2016, 346.
6 Vgl. zu den einzelnen Verfahren die Tätigkeitsberichte (TB) des BKartA.

noch die kartellrechtlichen Sanktionen, d.h. die gesetzlichen Reaktionen im Falle, dass es gleichwohl zu einem Kartellrechtsverstoß kommt, zu erörtern (unten E., Rz. 35.75 ff.).

B. Das Kartellrecht und die sich daraus ergebenden Rechtspflichten

I. Einführung

1. Kartellrecht als Magna Charta der unternehmerischen Tätigkeit

35.7 Der **Wettbewerb** ist in der Begriffsbildung durch *von Hayek* ein **Entdeckungsverfahren**. Seine Dynamik und Offenheit verhindern es also, dass er sich positiv definieren lässt. Wohin sich der Wettbewerb morgen entwickelt, ist heute noch unbekannt. Dies zeigen beispielhaft das Internet und die damit aufgeworfenen Wettbewerbsfragen – zum Beispiel in Form von Fragen nach dem Einfluss auf die herkömmliche Marktabgrenzung, nach der Kartellbildung bei der Etablierung von gemeinsamen Einkaufsplattformen durch mehrere Unternehmen und nach der Bewertung des potentiell missbräuchlichen Verhaltens von marktmächtigen Akteuren.[1]

35.8 Zwar **gelten mit dem Kartellrecht** auch für das „Entdeckungsverfahren Wettbewerb" **Regeln**. Sie unterscheiden sich jedoch – was selbst in wettbewerbsfreundlichen Bekenntnissen zu der Marktwirtschaft als Wirtschaftsverfassung[2] zumeist verkannt wird – zum Beispiel von den Regeln des sportlichen Wettbewerbs fundamental. Denn anders als diese haben jene kein vorgegebenes Ziel und keine vorgegebenen Maßstäbe. Vielmehr entdeckt jeder Marktteilnehmer im Wettbewerb für sich Ziele und Maßstäbe. Diese verfolgt er in Ausübung der den Einzelnen gegebenen und auch rechtlich gewährleisteten Freiheit in bestmöglicher Weise. Dadurch verwirklicht er einerseits seine individuelle wirtschaftliche Handlungsfreiheit und trägt andererseits zu der bestmöglichen Allokation von (stets knappen) Gütern und Leistungen in einem gesamtwirtschaftlichen Sinne bei. Anliegen des Kartellrechts ist es, diesen Raum individueller Freiheit und damit auch die mit dem Freiheitsgebrauch sich einstellenden gesamtwirtschaftlichen Ergebnisse zu schützen und zu gewährleisten. **Denn die Freiheit kann auch dazu gebraucht werden, sich selbst aufzuheben.** Dies belegt nichts besser als die Geschichte der Kartellbildung im ausgehenden 19. und beginnenden 20. Jahrhundert, als es auf Grund einer vollständigen Wettbewerbsfreiheit zu der Bildung unkündbarer Preis- und Quotenkartelle kam.

35.9 Indem das Kartellrecht die Wettbewerbsfreiheit schützt, ist es die **Magna Charta des Wettbewerbs**.[3] Sie gewährleistet die wirtschaftliche Tätigkeit der Unternehmen, Unternehmensvereinigungen und ihrer Mitarbeiter auf der Grundlage von Freiheit und Gleichheit. Unternehmerisches Handeln und Wettbewerb bedingen sich mithin gegenseitig. Dabei bezieht sich das Kartellrecht seinem **Regelungsanspruch** nach schon immer auf weit mehr als die bloße Verhinderung von Kartellbildung. Davon umfasst sind regelmäßig nämlich auch eine Kontrolle des einseitigen Missbrauchs einer marktbeherrschenden Stellung und eine Kon-

---

1 Ausf. zur Erfassung dynamischer Marktentwicklungen *Dreher*, Die Kontrolle des Wettbewerbs in Innovationsmärkten, ZWeR 2009, 149 ff.
2 Vgl. zu der Frage der Wirtschaftsverfassung näher *Rittner/Dreher*, Europäisches und deutsches Wirtschaftsrecht, 3. Aufl. 2008, § 2; *Dreher/Lange* in FS 50 Jahre FIW, 2010, S. 161 ff.; *Dreher*, JZ 2014, 185 ff.
3 Vgl. ausführlich zum Rang des Wettbewerbs *Dreher/Kulka*, Wettbewerbs- und Kartellrecht, 9. Aufl. 2016, Rz. 6 ff. und 614 ff.; *Dreher*, WuW 1997, 949 ff.; *Dreher*, WuW 1998, 656 ff.

trolle des externen Wachstums von Unternehmen durch Zusammenschlüsse. In diesem Sinne steht der Ausdruck **Kartellrecht als Abbreviatur für das gesamte Recht gegen Wettbewerbsbeschränkungen**. Dem entspricht die Bezeichnung des deutschen Kartellgesetzes, die bereits der Gesetzgeber des Jahres 1957 als „Gesetz gegen Wettbewerbsbeschränkung" (GWB) festgelegt hatte.

2. Die nationale, europäische und internationale Dimension des Kartellrechts

Die kartellrechtlichen Pflichtenstandards sind insoweit mehrdimensional, als unternehmerisches Handeln auf nationaler, europäischer und internationaler Ebene jeweils auf Kartellrecht stößt. Im **internationalen Bereich** sind die Kartellrechte der mittlerweile mehr als 100 Staaten mit eigenem Kartellrecht in Inhalt und Geltungsanspruch durchaus unterschiedlich ausgestaltet. Die bereits angeführten und nachfolgend kurz darzustellenden grundlegenden Prinzipien des Kartellrechts mit dem grundsätzlichen Verbot der Bildung von Kartellen und des Missbrauchs marktbeherrschender Stellungen sowie von Zusammenschlüssen mit wettbewerbsbeschränkenden Wirkungen finden sich jedoch in den meisten Kartellrechten.

35.10

Regelmäßig folgen die Kartellrechte dabei dem so genannten **Auswirkungsprinzip**. Nach der – oft auch dem angelsächsischen Sprachgebrauch folgend als effects-doctrine bezeichneten – Regel findet das jeweilige Kartellrecht auf alle Verhaltensweisen Anwendung, die sich im Geltungsbereich des jeweiligen Gesetzes auswirken. Dies gilt auch dann, wenn sie außerhalb dessen veranlasst worden sind. Für das deutsche Kartellrecht enthält § 185 Abs. 2 GWB die Regel. Im europäischen Kartellrecht ist sie auf Grund der Rechtsprechung des europäischen Gerichtshofs (EuGH) ebenso anwendbar.[1] Gleiches gilt zum Beispiel für das US-amerikanische Kartellrecht.[2]

35.11

Soweit das Kartellrecht das unternehmerische Verhalten mit einzelnen Regelungen zu unzulässigem oder zulässigem Verhalten betrifft, spricht man von **materiellem Kartellrecht**. So gilt zum Beispiel ein Verbot der „Preisbindung der zweiten Hand". Diese Regel bedeutet, dass beim eigenen Waren- oder Dienstleistungsabsatz in den Verträgen mit dem Abnehmer grundsätzlich nicht festgelegt werden darf, welche Preise dieser im Wettbewerb auf der nachfolgenden Marktstufe zu verlangen hat. Diese wie auch alle anderen Regeln des materiellen Kartellrechts bedürfen, wenn sie nicht von selbst beachtet werden, der Durchsetzung in bestimmten Verfahren. Derartige **Durchsetzungsregeln** gehören zu einem anderen Teil des Kartellrechts, demjenigen des **Kartellverfahrensrechts**. Es betrifft unter anderem die behördlichen und gerichtlichen Zuständigkeiten, die Verfahren und die dafür geltenden Grundsätze, die Rechtsbehelfe sowie die Beteiligung Dritter am Verfahren.[3] Das Kartellverfahrensrecht ist eine Materie, die erst zur Anwendung kommt, wenn sich eine kartellrechtliche Managerhaftung möglicherweise bereits verwirklicht hat. Es ist daher im vorliegenden Zusammenhang nicht weiter zu berücksichtigen. Allerdings zeigt sich, dass die Kartellrechtscompliance[4] z.B. mit den rechtlichen Anforderungen an das Verhalten bei Durchsuchungen

35.12

---

[1] Vgl. EuGH v. 14.7.1972 – Rs. C-48/69, Slg. 1972, 619 Rz. 125 ff. – ICI; EuGH v. 27.9.1988 – Rs. 89/85, Slg. 1993, I-1302 Rz. 16 ff. – Zellstoffhersteller.
[2] Vgl. *United States v. Aluminium Co. of America (Alcoa)*, 148 F.2d 416, 443 ff. (2d Cir. 1945).
[3] Vgl. vor allem für Deutschland §§ 54 ff. GWB und für Europa die Kartellverordnung sowie die Verordnung (EU) Nr. 139/2004 (Fusionskontrollverordnung).
[4] Vgl. dazu grundlegend *Dreher*, ZWeR 2004, 75 ff.

und Beschlagnahmen sowie den – erheblichen – Rechtsfolgen bei Versuchen, Unterlagen zu unterdrücken oder zu vernichten,[1] auch eine verfahrensrechtliche Dimension hat.

35.13 Das **deutsche und** das **europäische Kartellrecht**, auf die sich die nachfolgende kurze Darstellung beschränken muss,[2] sind insbesondere seit der Kartellrechtsnovelle in Deutschland im Jahre 2005 in ihren materiellrechtlichen Teilen **weitgehend deckungsgleich**.[3] Abweichungen ergeben sich noch durch einige Sonderregelungen des deutschen Rechts z.B. für sog. Mittelstandskartelle, für einseitige Verhaltensweisen relativ marktmächtiger Unternehmen und teilweise für die Zusammenschlusskontrolle.

35.14 Im **Verhältnis von deutschem und europäischem Kartellrecht** findet letzteres parallel Anwendung und hat den Vorrang, wenn ein Sachverhalt, der sich im Inland abspielt oder auswirkt, den zwischenstaatlichen Handel in der Europäischen Union zu beeinträchtigen geeignet ist.[4] Dies ist auf Grund einer sehr großzügigen Auslegung der Zwischenstaatlichkeitsklausel durch den EuGH (vgl. Rz. 35.21) und der zunehmenden Verflechtung der europäischen Wirtschaft heute fast immer der Fall. So genügt es in der Regel für die Anwendbarkeit des europäischen Kartellrechts, dass das Gebiet eines gesamten Mitgliedstaats oder – bei großen Mitgliedstaaten – ein wesentlicher Teil davon, zum Beispiel ein deutsches Bundesland, von einer Wettbewerbsbeschränkung betroffen ist. Nur in dem Bereich der Zusammenschlusskontrolle findet sich eine davon abweichende Regelung. Hier gilt abhängig von Größenkriterien (Umsatzschwellenwerte) entweder das deutsche oder das europäische Kartellrecht (vgl. Rz. 35.25 ff.).

II. Das materielle Kartellrecht

1. Das Kartellverbot

35.15 Das Kartellverbot in Art. 101 Abs. 1 AEUV bzw. § 1 GWB bildet den zentralen Regelungskomplex sowohl des europäischen als auch des deutschen Kartellrechts. Nach ihm sind wettbewerblich spürbare wettbewerbsbeschränkende **Vereinbarungen, Beschlüsse und abgestimmte Verhaltensweisen von Unternehmen auf horizontaler und vertikaler Ebene grundsätzlich untersagt**, sofern nicht die wettbewerbsfördernden Auswirkungen überwiegen und deshalb eine Freistellung nach Art. 101 Abs. 3 AEUV bzw. §§ 2, 3 GWB erfolgen kann. Liegen die tatbestandlichen Voraussetzungen des Kartellverbots vor, ohne dass eine Freistellung möglich ist, drohen den beteiligten Unternehmen – sowie zum Teil auch den persönlich Verantwortlichen – neben der rechtlichen Unwirksamkeit von Absprachen vor allem Bußgelder und zivilrechtliche Klagen. Horizontale Wettbewerbsbeschränkungen sind dabei solche, die zwischen Wettbewerbern, also Unternehmen auf der gleichen Marktstufe erfolgen (interbrand). Vertikale Wettbewerbsbeschränkungen beziehen sich dagegen auf das Verhältnis von Unternehmen auf unterschiedlichen Marktstufen (intrabrand).

---

1 Vgl. dazu *Kapp/Schlump*, BB 2008, 2478.
2 Vgl. als ausführliche allgemein verständliche Darstellungen *Kapp*, Kartellrecht in der Unternehmenspraxis, 2. Aufl. 2014, und *Meßmer/Bernhard* (Hrsg.), Praxishandbuch Kartellrecht im Unternehmen, 2015.
3 Zur Deckungsgleichheit mit den Kartellrechten der anderen Mitgliedstaaten der EU vgl. näher *Dreher*, Gemeineuropäisches Kartellrecht, in FS Söllner, 2000, S. 217 ff.
4 Vgl. Art. 101, 102 AEUV, Art. 3 Kartellverordnung und § 22 GWB.

Nach Art. 101 Abs. 1 AEUV und § 1 GWB erfasst das Kartellverbot Verstöße in drei Begehungsformen, nämlich als **„Vereinbarungen** zwischen Unternehmen, **Beschlüsse** von Unternehmensvereinigungen und **aufeinander abgestimmte Verhaltensweisen".**[1] Letztere bilden eine Art Auffangtatbestand für alle Wettbewerbsbeschränkungen, die nicht in Form fester Vereinbarungen oder Beschlüsse erfolgen.[2]

35.16

Alle diese Verhaltensweisen müssen nach Art. 101 Abs. 1 AEUV bzw. § 1 GWB „eine **Verhinderung, Einschränkung oder Verfälschung des Wettbewerbs bezwecken oder bewirken"**, um dem Kartellverbot zu unterfallen. Diese mehreren Möglichkeiten, das Wettbewerbsgeschehen zu beeinträchtigen, werden unter dem Oberbegriff der Wettbewerbsbeschränkung zusammengefasst.

35.17

Bevor das Verbot greift, muss aber noch eine weitere, von der Rechtsprechung entwickelte Voraussetzung erfüllt sein: EuGH und BGH gehen nämlich übereinstimmend davon aus, dass das Verhalten der Beteiligten **wettbewerblich spürbar** sein muss.[3] Eine nur „gedanklich vorstellbare"[4] oder nur unerhebliche Beeinflussung der Marktverhältnisse genügt für die Anwendung des Kartellverbots also nicht. Erforderlich ist vielmehr eine „nach allgemeiner wirtschaftlicher Erfahrung"[5] vorstellbare Wirkung.

35.18

Für das Europäische Kartellrecht hat die **EU-Kommission** eine **Bagatellbekanntmachung** zur Konkretisierung des Spürbarkeitskriteriums erlassen.[6] Darin hat sie sich selbst dahingehend gebunden, dass es bei horizontalen Wettbewerbsbeschränkungen an der Spürbarkeit fehlt, wenn die beteiligten Unternehmen insgesamt auf keinem der betroffenen Märkte einen Marktanteil von 10 % überschreiten. Für vertikale Wettbewerbsbeschränkungen liegt die Schwelle der Marktanteile auf Grund der geringeren wettbewerblichen Gefährdung höher. Hier fehlt die Spürbarkeit daher erst, „wenn der von jedem der beteiligten Unternehmen gehaltene Marktanteil auf keinem der von der Vereinbarung betroffenen relevanten Märkte 15 % überschreitet." Sofern der Wettbewerb auf einem Markt allerdings durch zahlreiche gleichartige Vereinbarungen beschränkt wird, sind die kumulativen Wirkungen maßgebend. Im Falle eines solchen Bündeleffekts gelten für horizontale und vertikale Wettbewerbsbeschränkungen einheitlich Marktanteilsschwellen von 5 %, sofern nicht weniger als 30 % des relevanten Marktes von gleichartigen Vereinbarungen erfasst werden. Die Regelungen der Bagatellbekanntmachung gelten jedoch nicht, wenn eine Vereinbarung eine **Kernbeschränkung** ent-

35.19

---

1 Nach der Rechtsprechung kann eine „Willensübereinstimmung bereits dann angenommen werden, wenn die Beteiligten von einer auf außerrechtlichen Faktoren wie kaufmännischer Anständigkeit, wirtschaftlicher Rücksichtnahme, Solidaritätsbewusstsein oder moralischem Druck beruhenden Bindungswirkung ausgehen", so OLG Düsseldorf v. 6.5.2004 – Kart 41–43 und 45–47/01 Rz. 198 m.w.N., WuW/E DE-R 1315, 1318 – Berliner Transportbeton I.
2 Der Auffangtatbestand erfordert die mitunter schwierige Abgrenzung einer Koordinierung von einem bloßen Parallelverhalten, vgl. für Art. 101 Abs. 1 AEUV EuGH v. 4.6.2009 – Rs. C-8/08, Slg. 2009, I-4529 = WuW/E EU-R 1589 – T-Mobile Netherlands; für § 1 GWB OLG Düsseldorf v. 29.10.2012 – V-1 Kart 1 – 6/12 (OWi), WuW/E DE-R 3889 – Silostellgebühren I.
3 So schon EuGH v. 9.7.1969 – Rs. 5/69, Slg. 1969, 295 = WuW/E EWG/MUV 219, 222 – Völk und nachfolgend z.B. EuGH v. 7.12.2000 – Rs. C-214/99, Slg. 2000 I, 11121 Rz. 25 ff. = WuW/E EU-R 381 – Nestlé/Yötuuli Ky; aus der Rechtsprechung des BGH vgl. z.B. BGH v. 12.3.1991 – KVR 1/90, BGHZ 114, 40, 52 = WuW/E BGH 2697 – Golden Toast; aus der Literatur z.B. *Kling/Thomas*, Kartellrecht, 2. Aufl. 2016, S. 131 ff. und 580 ff.
4 So BGH v. 14.10.1976 – KZR 36/75, BGHZ 68, 6, 11 = WuW/E BGH 1458, 1462 – Fertigbeton.
5 So BGH v. 12.3.1991 – KVR 1/90, BGHZ 114, 40, 52 = WuW/E BGH 2697 – Golden Toast.
6 EU-Kommission, De-Minimis-Bekanntmachung, ABl. EU Nr. C 291 v. 30.8.2014, S. 1.

hält. Der EuGH hat hierzu ausgeführt, dass „eine Vereinbarung, die geeignet ist, den Handel zwischen den Mitgliedstaaten zu beeinträchtigen, und die Verhinderung, Einschränkung oder Verfälschung des Wettbewerbs im Binnenmarkt bezweckt, ihrer Natur nach und unabhängig von konkreten Auswirkungen eine spürbare Beschränkung des Wettbewerbs darstellt"[1]. Damit sind vor allem so genannte hardcore-Kartelle gemeint, also Preis-, Quoten-, Gebiets- oder Kundenkartelle oder im Vertikalbereich die Beschränkung des Abnehmers beim Weiterverkauf in der eigenen Preisbildung.[2]

35.20 Ob der **EuGH**, der bisher keinen abschließenden Katalog solcher quantitativen Spürbarkeitsschwellen entwickelt hat, den Festlegungen der Kommission in der Bagatellbekanntmachung in einem konkreten Fall folgen würde, ist offen. Er erkennt jedoch die selbstbindende Wirkung, die derartige Bekanntmachungen für die EU-Kommission entfalten, an.[3] Ein hiervon abweichendes Verhalten der Verwaltungsbehörde ist somit als rechtswidrig einzustufen, sofern kein sachlicher Grund ein gleichheitswidriges Vorgehen rechtfertigt. Aus der Rechtsprechung des EuGH lässt sich aber ableiten, dass die Spürbarkeit jedenfalls bei vertikalen Kernbeschränkungen zu prüfen ist, so dass insoweit wohl ein großzügigerer Maßstab als in der Bagatellbekanntmachung der Kommission gilt.[4] Gleichermaßen verfahren die deutschen Gerichte.[5] Sofern ein Sachverhalt keine grenzüberschreitenden Wirkungen hat, sind **nationale Kartellbehörden und Gerichte** von der Bagatellbekanntmachung der EU-Kommission ohnehin nicht betroffen.[6]

35.21 Mit der **Zwischenstaatlichkeit** ist zugleich eine letzte Voraussetzung angesprochen, die ein Sachverhalt erfüllen muss, damit das Europäische Kartellrecht eingreift. Denn die Verbote in Art. 101 und 102 AEUV beziehen sich nur auf Wettbewerbsbeschränkungen, „welche den Handel zwischen Mitgliedstaaten zu beeinträchtigen geeignet sind". Diese Voraussetzung ist allerdings im Hinblick auf eine sehr großzügige Rechtsprechung des EuGH schnell erfüllt. Danach genügt es, dass eine Maßnahme auf Grund einer Gesamtbetrachtung den Wirtschaftsverkehr zwischen den Mitgliedstaaten unmittelbar oder mittelbar, tatsächlich oder möglicherweise nachteilig beeinflusst.[7]

2. Das Verbot des Missbrauchs einer marktbeherrschenden Stellung

35.22 Das Kartellverbot wendet sich gegen die Koordinierung des Verhaltens solcher Unternehmen im Wettbewerb, die auf gleichen oder auf unterschiedlichen Märkten tätig sind. Es setzt also die Beteiligung von mindestens zwei Unternehmen voraus. Ein **einzelnes Unternehmen** kann dagegen sein Wettbewerbsverhalten grundsätzlich ohne Einschränkungen selbst bestimmen, sofern es sich – von den besonderen kartellrechtlichen Anforderungen abgesehen – im Rahmen der allgemeinen Gesetze hält. Eine ganz wesentliche Ausnahme von diesem Grundsatz enthält das Kartellrecht allerdings für Unternehmen, die eine marktbeherrschende Stellung in-

---

1 EuGH v. 13.12.2012 – Rs. C-226/11, Rz. 35 ff., ECLI:EU:C:2012:795 – Expedia.
2 Vgl. Nr. 13 Bagatellbekanntmachung.
3 EuGH v. 11.7.2013 – Rs. C-439/11 P, Rz. 60 f., ECLI:EU:C:2013:513 = WuW/E EU-R 2811, 2813 – Ziegler/Kommission.
4 EuGH v. 9.7.1969 – Rs. 5/69, Slg. 1969, 295 = WuW/E EWG/MUV 219, 222 – Völk.
5 Vgl. OLG Düsseldorf v. 23.6.2004 – VI-U (Kart) 29/04, WuW/E DE-R 1410 – Tschechisches Bier.
6 Vgl. auch die nationale Bagatellbekanntmachung des BKartA v. 13.3.2007 – Bekanntmachung Nr. 18/2007.
7 Vgl. EU-Kommission, Leitlinien zur Zwischenstaatlichkeit, ABl. EU Nr. C 101 v. 27.4.2004, S. 81, sowie *Bechtold/Bosch/Brinker*, EU-Kartellrecht, 3. Aufl. 2014, Art. 101 AEUV Rz. 110 ff. m.w.N.

nehaben. Für diese Unternehmen gilt nach Art. 102 AEUV bzw. §§ 18 ff. GWB das **Verbot des Missbrauchs der marktbeherrschenden Stellung**. Kartellrechtliche Vorgaben bestehen insoweit also auch für einseitiges Handeln (vgl. näher Rz. 35.39 ff.).

Eine **marktbeherrschende Stellung** hat der EuGH wie folgt **definiert**: „(…) die wirtschaftliche Machtstellung eines Unternehmens (…), die dieses in die Lage versetzt, die Aufrechterhaltung eines wirksamen Wettbewerbs auf dem relevanten Markt zu verhindern, indem sie ihm die Möglichkeit verschafft, sich seinen Wettbewerbern, seinen Abnehmern und letztlich den Verbrauchern gegenüber in einem nennenswerten Umfang unabhängig zu verhalten. Eine solche Stellung schließt (…) einen gewissen Wettbewerb nicht aus, versetzt aber die begünstigte Firma in die Lage, die Bedingungen, unter denen sich dieser Wettbewerb entwickeln kann, zu bestimmen oder wenigstens merklich zu beeinflussen, jedenfalls aber weitgehend in ihrem Verhalten hierauf keine Rücksicht nehmen zu müssen, ohne dass ihr dies zum Schaden gereichte."[1] Maßgebend für die Annahme einer marktbeherrschenden Stellung ist also die **weitgehend unabhängige Stellung** eines Unternehmens auf dem jeweiligen Markt.

35.23

Nach deutschem Kartellrecht unterliegt einseitiges Handeln von Unternehmen einer kartellrechtlichen Kontrolle auch **unterhalb der Schwelle der Marktbeherrschung**. Voraussetzung hierfür ist nach § 20 Abs. 1, 2 und 3 GWB das Vorhandensein von Marktmacht. Davon ist gem. § 20 Abs. 1 GWB auszugehen, wenn von einem Unternehmen „kleine oder mittlere Unternehmen als Anbieter oder Nachfrager einer bestimmten Art von Waren oder gewerblichen Leistungen in der Weise abhängig sind, dass ausreichende und zumutbare Möglichkeiten, auf andere Unternehmen auszuweichen, nicht bestehen (relative Marktmacht)", bzw. bei § 20 Abs. 3 GWB, dass das Unternehmen gegenüber kleinen und mittleren Unternehmen eine „überlegene Marktmacht" besitzt.[2]

35.24

3. Die Kontrolle wettbewerbsbeschränkender Zusammenschlüsse

Sofern Unternehmen **intern wachsen**, stoßen sie an die Grenzen des Kartellrechts erst dann, wenn sie auf einem Markt eine absolut beherrschende Stellung erlangen oder – nach deutschem Kartellrecht – eine relative Marktmacht besitzen und diese Stellung missbrauchen (s. Rz. 35.22 ff.). Anders stellt sich das Kartellrecht hingegen zu **externem Wachstum durch Zusammenschlüsse**. Dabei sind Zusammenschlüsse im Sinne des Kartellrechts nicht nur Fusionen, d.h. Verschmelzungen im gesellschaftsrechtlichen Sinne. Vielmehr kann auch der Erwerb von Unternehmenskontrolle, Unternehmensanteilen, Unternehmensvermögen oder jede sonstige Verbindung von Unternehmen, auf Grund deren ein oder mehrere Unternehmen unmittelbar einen wettbewerblich erheblichen Einfluss auf ein anderes Unternehmen ausüben können (auch Minderheitsbeteiligungen), den Zusammenschlussbegriff erfüllen. Derartige Zusammenschlüsse **unterliegen**, sofern sie bestimmte Größenkriterien erfüllen, einer **Zulässigkeitskontrolle** beim BKartA oder der EU-Kommission vor ihrer Invollzugsetzung.[3]

35.25

Zusammenschlüsse unterfallen – abhängig von Größenkriterien – entweder der europäischen Zusammenschlusskontrolle nach der Fusionskontrollverordnung (FKVO)[4], der deut-

35.26

---

1 EuGH v. 15.2.1979 – Rs. 85/76, Slg. 1979, 461 Rz. 38 f. = WuW/E EWG/MUV 447 – Hoffmann-La Roche = Vitamine; vgl. dazu *Dreher/Kulka*, Wettbewerbs- und Kartellrecht, 9. Aufl. 2016, Rz. 1139 ff.
2 Ausf. zum Ganzen *Dreher/Kulka*, Wettbewerbs- und Kartellrecht, 9. Aufl. 2016, Rz. 1179 ff.
3 Vgl. ausf. z.B. *Schulte* (Hrsg.), Handbuch Fusionskontrolle, 2. Aufl. 2010.
4 FKVO Nr. 139/2004, ABl. EU Nr. L 24 v. 29.1.2004, S. 1 m. spät. Änd.

schen Zusammenschlusskontrolle nach §§ 35 ff. GWB oder sind – wenn die Größenkriterien beider Zusammenschlussregime nicht erfüllt sind – im Hinblick auf FKVO und GWB kontrollfrei. Dieses **one stop shop-Prinzip**[1] stellt für die Unternehmen im Verhältnis zu den anderen Bereichen des Kartellrechts, wo europäisches und deutsches Kartellrecht parallel angewendet werden kann, eine Erleichterung dar. Auf große Zusammenschlüsse, die zudem mehrere Mitgliedstaaten betreffen, findet grundsätzlich nur die FKVO Anwendung. Die Aufgreifschwelle für die Zusammenschlusskontrolle nach deutschem Recht liegt nach § 35 Abs. 1 GWB grundsätzlich bei weltweiten Umsatzerlösen der beteiligten Unternehmen im letzten Geschäftsjahr vor dem Zusammenschluss von insgesamt mehr als 500 Millionen Euro und einem Mindestumsatz von mehr als 25 Millionen Euro eines beteiligten Unternehmens sowie von mehr als 5 Millionen Euro eines anderen beteiligten Unternehmens im Inland.[2] Das EU-Zusammenschlusskontrollverfahren findet Anwendung wenn ein solcher Zusammenschluss von „gemeinschaftsweiter Bedeutung" ist. Dies muss angenommen werden, wenn die Aufgreifschwellen nach Art. 1 Abs. 2 oder Abs. 3 FKVO überschritten wurden. Gem. Art. 1 Abs. 2 FKVO bedarf es grundsätzlich eines Mindestumsatzes aller beteiligten Unternehmen weltweit von 5 Milliarden Euro und unionsweit von mindestens zwei beteiligten Unternehmen von jeweils mehr als 250 Millionen Euro, sofern diese weniger als zwei Drittel hiervon in einem und demselben Mitgliedstaat erzielen.[3] Die umsatzbezogenen Größenkriterien grenzen somit sowohl die (ausschließliche) Zuständigkeit als auch das anzuwendende Recht voneinander ab. Stets ist für die Unternehmenspraxis zu beachten, dass Zusammenschlüsse auch außerhalb der EU (z.B. in den USA nach dem Hart-Scott-Rodino Antitrust Improvements Act[4]) zusammenschlusskontrollpflichtig sein können.

35.27 Die **materiellen Beurteilungsmaßstäbe** der europäischen und der deutschen Zusammenschlusskontrolle sind seit der 8. GWB-Novelle aus dem Jahre 2013 weitestgehend harmonisiert.[5] Die Angleichung der deutschen an die europäischen Prüfkriterien hat der Gesetzgeber explizit angestrebt und insbesondere durch die Integration des seit dem Jahre 2004 bereits in der FKVO vorzufindenden Significant Impediment to Effective Competition (kurz: SIEC)-Tests vollzogen.[6] Nach europäischem[7] und deutschem[8] Kartellrecht kommt es somit darauf an, ob der beabsichtigte Zusammenschluss zu einer erheblichen Behinderung wirksamen Wettbewerbs führt. Die Begründung oder Verstärkung einer marktbeherrschenden Stellung fungiert hierbei lediglich noch als – wenn auch sehr wichtiges – Regelbeispiel, so dass wettbewerbswidrige Folgen unterhalb dieser Schwelle ebenfalls berücksichtigt werden können (z.B. eine kollektive Marktbeherrschung).

35.28 In der Praxis werden Zusammenschlüsse nicht geplant oder durchgeführt, ohne dass die Rechtsabteilung des beteiligten Unternehmens oder externe kartellrechtliche Berater eingeschaltet sind. **Für Manager** ergeben sich daher aus der Geltung der Zusammenschlusskon-

---

1 Vgl. Art. 21 Abs. 2 FKVO bzw. § 35 Abs. 3 GWB; Art. 3 Abs. 3 Kartellverordnung.
2 Für Verlagsunternehmen können niedrigere Schwellenwerte gelten, vgl. § 38 Abs. 3 GWB, bei Handelsunternehmen höhere, vgl. § 38 Abs. 2 GWB.
3 Zu beachten sind jedoch auch die ausdifferenzierteren Aufgreifschwellen des Art. 1 Abs. 3 FKVO, sofern diese des Absatzes 2 unterschritten wurden.
4 Vgl. 15 U.S.C. § 18a; zu beachten ist die zweigeteilte Zuständigkeit der Federal Trade Commission (FTC) und des Department of Justice (DoJ).
5 Vgl. GWB i.d.F. v. 30.6.2013, BGBl. I 2013, 1750.
6 Vgl. BT-Drucks. 17/9852 v. 31.5.2012, S. 19 f.; *Körber*, WuW 2014, 250 ff.
7 Vgl. Art. 2 Abs. 3 und 3 FKVO, vgl. näher *Dreher/Kulka*, Wettbewerbs- und Kartellrecht, 9. Aufl. 2016, Rz. 1408, 1450 ff.
8 Vgl. § 36 Abs. 1 GWB.

trolle **in der Regel keine besonderen Risiken**. Erforderlich ist es **jedoch**, zu **wissen**, dass Zusammenschlusskontroll-Regelungen gelten und zu beachten sind sowie – vor allem – dass Zusammenschlüsse erst verwirklicht, d.h. in kartellrechtlicher Terminologie vollzogen werden dürfen, wenn ihre kartellrechtliche Zulässigkeit geklärt ist. Alle Abreden bis zu diesem Zeitpunkt müssen aufschiebend bedingt getroffen werden. Auch ein Austausch wettbewerbserheblicher Informationen darf erst danach erfolgen. Die Kartellbehörden verhängen in ständiger Rechtspraxis gegen Unternehmen oder – nach deutschem Recht – auch Manager empfindliche Bußgelder, wenn diese – sei es absichtlich oder auch nur aus Nachlässigkeit – nicht sicherstellen, dass das Vollzugsverbot beachtet wird.

C. Besondere kartellrechtliche Risiken bei der Managertätigkeit

I. Die Existenz kartellrechtlich besonders gefahrgeneigter Bereiche

Das **Kartellrecht betrifft grundsätzlich das gesamte unternehmerische Handeln** und damit auch das Unterlassen von entsprechenden Handlungspflichten. **Gleichwohl** lassen sich einzelne Tätigkeitsfelder, Handlungsstrategien und Denkmuster identifizieren, die typischerweise in gesteigertem Maße kartellrechtliche Risiken für Manager mit sich bringen. Diese von vornherein **gefahrgeneigten Bereiche** bedürfen einerseits der besonderen Hervorhebung. Ansonsten drohen sie im Bewusstsein der unternehmerisch Tätigen, in deren Denken das Kartellrecht nur einen von zahlreichen Parametern darstellt, angesichts des Umfangs und der Komplexität der Materie leicht unterzugehen. Andererseits darf eine solche Hervorhebung besonders gefahrgeneigter Bereiche aber nicht dazu führen, dass der zuvor genannte Ausgangspunkt, dass das Kartellrecht das gesamte Wirtschaftsleben betrifft, in Vergessenheit gerät.

35.29

II. Die zwei kategorischen Imperative der wettbewerbsbezogenen Managertätigkeit

Im Wettbewerb gelten aus kartellrechtlicher Sicht **zwei zentrale Grundsätze, deren Bedeutung nicht zu überschätzen ist**. Ihre Beachtung kann gleichzeitig dazu führen, kartellrechtliche Risiken in sehr vielen Bereichen zu minimieren, in denen Manager wettbewerbsbezogen handeln. Sie stellen daher die beiden kategorischen Imperative der wettbewerbsbezogenen Managertätigkeit dar. Ihre Kenntnis und ihre Beachtung sind dementsprechend unabdingbar.

35.30

Der **erste Grundsatz** ist derjenige des **Selbständigkeitspostulats**. Der EuGH[1] geht in ständiger Rechtsprechung von folgendem aus: „Jeder unmittelbaren oder mittelbaren Fühlungnahme zwischen Unternehmen, die bezweckt oder bewirkt, ... Mitbewerber über das Marktverhalten ins Bild zu setzen, das man selbst an den Tag zu legen entschlossen ist oder in Erwägung zieht", steht der „Grundgedanke der Wettbewerbsvorschriften des Vertrags (entgegen), wonach jeder Unternehmer selbständig zu bestimmen hat, welche Politik er auf dem Gemeinsamen Markt zu betreiben gedenkt".

35.31

Das Selbständigkeitspostulat **verbietet** also im Sinne eines kategorischen Imperativs jede **Koordinierung des eigenen Wettbewerbsverhaltens mit dem Verhalten anderer**. Denn Ziel einer solchen Verhaltenskoordinierung ist immer, Unsicherheiten zu beseitigen, die

35.32

---

[1] Vgl. EuGH v. 16.12.1975 – Rs. 40 et al., Slg. 1975, 1663 Rz. 173 f. = WuW/E EWG/MUV 347 – Zucker und ebenso die nachfolgende Rechtsprechung.

dem Wettbewerb immanent sind. Erfolge und Misserfolge unternehmerischer Tätigkeit sind bei einem funktionierenden Wettbewerb zwingend auf eigenes Tun oder Unterlassen zurückzuführen. Wer sich mit anderen über das Wettbewerbsgeschehen abspricht, abstimmt oder über Dritte – zum Beispiel einen Unternehmensverband – koordiniert, beschränkt den Wettbewerb zu Lasten derjenigen Wettbewerbsteilnehmer, die allein auf ihre eigenen Kräfte vertrauen, und zu Lasten der vor- oder nachgelagerten Marktstufe, d.h. der Lieferanten oder der Abnehmer, sowie aller weiter Betroffenen.

35.33 Eng verwandt mit dem Selbständigkeitspostulat ist ein **zweiter Grundsatz**, der des **Geheimwettbewerbs**. Er ist zwar ansatzweise bereits im Selbständigkeitspostulat enthalten, wurde jedoch – vor allem in der deutschen Rechtsprechung – entwickelt[1], um einen für das Wettbewerbsgeschehen und damit auch das Verhalten der unternehmerisch Tätigen besonders bedeutsamen Umstand hervorzuheben und zugleich ein Kriterium zu haben, nach dem sich der Wettbewerbscharakter eines Verhaltens beurteilen lässt. Ein Unternehmen, das sich im Wettbewerb grundsätzlich selbständig verhält, berücksichtigt dabei eine Vielzahl von Wettbewerbsparametern. Diese Umstände, die das eigene Wettbewerbsverhalten beeinflussen, bilden die Basis der unternehmerischen Tätigkeit. Welche Folgerungen ein Unternehmen daraus zieht, ob es zum Beispiel ein neues Produkt plant, einführt oder Preise sowie Konditionen verändert, ist allein Gegenstand eigener Entscheidungen. Mit anderen Worten beruht der Wettbewerb darauf, dass **jedes Unternehmen seine wettbewerbsbezogenen Absichten und sein entsprechendes Wissen** für sich alleine bildet und gewinnt sowie – jenseits notwendiger Bekanntgabe zum Beispiel mit der Einführung eines Produkts am Markt – **für sich behält**. Dementsprechend sind z.B. die Bereiche von F&E, know how, Patentvorbereitung etc. in besonderem Maße sensible und vertrauliche Bereiche. Aber auch jenseits dessen sind alle Daten, die Unsicherheiten im Wettbewerb beseitigen, grundsätzlich geheimhaltungsbedürftig. Der Wettbewerb ist mit anderen Worten ein Geheimwettbewerb.

III. Einzelne Problemfelder

1. Der Informationsaustausch

35.34 Information ist alles – im Wettbewerb und damit auch bei der unternehmerischen Tätigkeit. Manager erzeugen und empfangen täglich eine Vielzahl wettbewerbsrelevanter Informationen und geben solche Informationen auch an andere Personen weiter. Gleichzeitig gelten für den Wettbewerb jedoch das Selbständigkeitspostulat und der Grundsatz des Geheimwettbewerbs (vgl. Rz. 35.30 ff.). Daher kann bereits jede **Abweichung vom Geheimwettbewerb** einen Verstoß gegen das Kartellrecht bedeuten, auch wenn damit keine zusätzliche konkrete Abrede über ein bestimmtes Verhalten verbunden ist oder ihm keine solche Abrede folgt. Eine solche Abweichung stellt insbesondere der **Austausch wettbewerbserheblicher Informationen zwischen Wettbewerbern** dar.[2]

35.34a Der **Austausch** muss dabei nicht direkt zwischen den Wettbewerbern, sondern kann **auch über Dritte** erfolgen. Unter bestimmten Voraussetzungen wie der Vorhersehbarkeit und Inkaufnahme kartellrechtswidrigen **Handelns eines Dienstleisters** ordnet der EuGH dessen

---

[1] BGH v. 29.1.1975 – KRB 4/74, WuW/E BGH 1337, 1342 – Aluminium-Halbzeug; und ausführlich *Dreher*, Die wettbewerbsrechtliche Zulässigkeit der Information über Marktdaten, in FIW (Hrsg.), Bewertung und Zulässigkeit von Marktinformationsverfahren, 1992, S. 15 ff.
[2] Vgl. dazu *Dreher/Hoffmann*, WuW 2011, 1181 ff.

Fehlverhalten anderen Unternehmen als Auftraggebern zu.[1] Vor dem Hintergrund, d.h. auch außerhalb von Dienstleistungen informationeller Natur, stellt die **Beauftragung von Dienstleistern** ganz generell ein (neues) **Kartellrechtsrisiko** dar. Ihm muss daher auch im Rahmen der Kartellrechtscompliance Rechnung getragen werden.

Selbst gegen den Dienstleister als sog. **Kartellgehilfen** kann die Kartellbehörde im Übrigen ein Bußgeld verhängen, obwohl dieser auf dem kartellbefangenen Markt nicht tätig ist.[2] Dieses meist unerwartete Risiko müssen **Manager von Dienstleistern** sorgfältig beachten. 35.34b

Eine neue Dimension hat der Informationsaustausch dadurch erhalten, dass er auch das sog. **Signalling** erfasst. Die Kartellbehörden gehen nämlich davon aus, dass die regelmäßige öffentliche Bekanntgabe von geplantem Marktverhalten durch Wettbewerber eine kartellrechtlich verbotene Verhaltensabstimmung sein kann. Dies gilt etwa für die regelmäßige Ankündigung von geplanten Preiserhöhungen über eine **Internetseite, Presseerklärungen oder sonstige Medien**.[3] 35.34c

Die kartellrechtliche Sensibilität der Frage, welche Informationen mit Wettbewerbern direkt oder über Dritte, z.B. Verbände oder Dienstleister, oder öffentlich ausgetauscht werden dürfen, muss daher **jedem Manager**, aber darüber hinaus auch jedem wettbewerbserheblich tätigen Unternehmensmitarbeiter vertraut sein. Unternehmensindividuelle Kartellrechtscompliance-Richtlinien müssen hierzu einen Abschnitt enthalten. 35.35

Im Kern lässt sich die kartellrechtliche **Lage dahingehend zusammenfassen**, dass **unproblematisch** nur der Austausch statistischer Angaben ohne Individualisierungsmöglichkeit ist. Jeder Austausch von zukunftsbezogenen, d.h. potentiell verhaltensbeeinflussenden Informationen ist ebenso **verboten** wie der Austausch solcher Informationen, die auf gegenwärtiges oder künftiges Wettbewerbshandeln einzelner Unternehmen schließen lassen. **Maßgebend** ist daher die mögliche Identifizierbarkeit des unternehmerischen Verhaltens bestimmter Marktteilnehmer oder der möglicherweise verhaltenslenkende Charakter von Informationen. Diese Kriterien sind umso eher erfüllt, je weniger Unternehmen von der Statistik betroffen sind, je aktueller die Informationen sind, je kurzfristiger die Bezugszeiträume sind – zum Beispiel je nach Marktgegebenheiten Jahres-, Quartals- oder auch Monatsangaben – und je marktnäher sie sind, wie zum Beispiel Preise und Absatzzahlen. Der EuGH hat schon ein **einmaliges Treffen von Wettbewerbern**, bei dem vertrauliche Informationen zur Sprache kamen, als Verstoß gegen das Kartellverbot angesehen. Zugleich gelte bei jedem Austausch wettbewerbsrelevanter vertraulicher Informationen die Vermutung, dass der Informationsaustausch zu einem wettbewerbswidrigen Marktverhalten geführt habe.[4] 35.36

2. Die Vertrags- und insbesondere die Vertriebsgestaltung

Unternehmerisches Verhalten führt zu einer Vielzahl von Verträgen. Ihre Vorbereitung, ihr Abschluss und ihre Durchführung sind jeweils **mit kartellrechtlichen Risiken behaftet**. 35.37

---

1 EuGH v. 21.7.2016 – Rs. C-542/14, NZKart 2016, 428 – VM Remonts.
2 EuG v. 6.2.2014 – Rs. T-27/10 – AC Treuhand II; *Schwartz*, Kartellgehilfen im europäischen Kartellrecht, 2015.
3 EU-Kommission v. 7.7.2016 – AT.39850, WuW 2016, 487; *Camesasca/Grelier*, JECLAP 2016, 599 ff.; *Pahlen/Vahrenholt*, ZWeR 2014, 442 ff.; *Lorenz*, WM 2012, 1113 ff.
4 EuGH v. 4.6.2009 – Rs. C-8/08 – T-Mobile Netherlands/NMa, WuW/E EU-R 1589; vgl. auch die Leitlinien der EU-Kommission zur Anwendbarkeit von Art. 101 AEUV auf Vereinbarungen über horizontale Zusammenarbeit, ABl. EU Nr. C 11 v. 14.1.2011, S. 13 ff.

Zwar ist zunächst jedem Vertragsverhältnis eine gewisse Wettbewerbsbeschränkung immanent (z.B. die Pflicht, eine bestimmte Kaufsache nur einem bestimmten Vertragspartner zu einem festgelegten Preis zu übergeben und zu übereignen). Darüber hinaus sind Gegenstand von Verträgen jedoch regelmäßig auch Klauseln, die die wirtschaftliche Handlungsfreiheit von Vertragspartnern betreffen. **Beispiele** sind Spezialisierungen, Vergemeinschaftungen bestimmter unternehmerischer Tätigkeiten, Wettbewerbsverbote, Kundenschutz und Technologietransfer. Ganz besonders „kartellrechtsanfällig" sind dabei Vertriebsverträge.

35.38 In der Regel werden Verträge von der Rechtsabteilung eines Unternehmens (mit-)vorbereitet. Die mit dem Abschluss von Verträgen verbundenen kartellrechtlichen Risiken werden sich daher auf Grund einer umfassenden Rechtsprüfung meist nicht verwirklichen. Gleichwohl können **Kartellrechtsfragen schon weit im Vorfeld** einer solchen Vertragskonkretisierung auftreten – zum Beispiel in Form von Abreden bei Absichtserklärungen durch Manager, die bereits im Vorfeld eines endgültigen Vertrags praktiziert werden.

3. Die Managertätigkeit bei Unternehmen mit marktbeherrschenden Stellungen

35.39 Adressaten des Kartellrechts, die **besonderen Anforderungen** unterliegen, sind marktbeherrschende Unternehmen und deren Manager (s. Rz. 35.22 ff.). Zwar sind marktbeherrschende Stellungen in vielen Märkten eher ein fernliegendes Ziel als Realität. Gegen das Erreichen und Behalten einer solchen Stellung ist kartellrechtlich, bereits aus verfassungsrechtlichen Erwägungen der Unternehmerfreiheit, nichts einzuwenden. Im Ergebnis finden sich in der Praxis aus kartellrechtlicher Sicht mehr Unternehmen mit marktbeherrschenden Stellungen, als auf Anhieb zu vermuten ist.

35.40 Kartellrechtliches **Kriterium** für eine marktbeherrschende Stellung ist nämlich der jeweils **relevante Markt**. Dieser ist in sachlicher, in räumlicher und – selten – in zeitlicher Hinsicht zu bestimmen. Seine Grenze hat er dort, wo aus der Sicht der Marktgegenseite, d.h. grundsätzlich der Nachfrager, ein Ausweichen auf andere Produkte oder Leistungen in gegenständlicher oder geographischer Sicht nicht ohne weiteres in Betracht kommt.

35.41 **Alle Unternehmen** sind daher **auf einer Vielzahl kartellrechtlich relevanter Märkte tätig**. Und wenn zum Beispiel Straßenverkaufszeitungen und Abonnementzeitungen ebenso jeweils einen getrennten Markt bilden wie Neureifen und runderneuerte Reifen oder wie Haftpflichtversicherungen und Lebensversicherungen[1], dann ist leicht vorstellbar, dass dies auch für Unternehmen, deren Tätigkeit sich auf eine Wirtschaftsbranche beschränkt, gilt. Infolgedessen kommt es bei kartellrechtlich grundsätzlich eher eng abgegrenzten Märkten auch leichter zu marktbeherrschenden Stellungen für einzelne Waren oder Dienstleistungen.

35.42 Hinzu kommt, dass die **Schwelle der Marktbeherrschung** ebenfalls schnell erreicht ist. Denn Gradmesser für die Marktbeherrschung ist grundsätzlich der Marktanteil auf dem relevanten Markt. Ein hoher Marktanteil signalisiert nämlich, dass sich ein Unternehmen weitgehend unabhängig von seinen Wettbewerben im Markt verhalten kann (vgl. auch Rz. 35.23). Auf europäischer Ebene hat die Verwaltungs- und Rechtsprechungspraxis eine (widerlegbare) Markt-

---

[1] Vgl. dazu *Dreher/Hoffmann/Kling*, Kartell- und Wettbewerbsrecht der Versicherungsunternehmen, 2. Aufl. 2015, 1. Teil § 5.

beherrschungsvermutung ab einem Marktanteil von 40 % angenommen.[1] Der deutsche Gesetzgeber hat eine entsprechende Vermutung mit § 18 Abs. 4 GWB im Rahmen der 8. GWB-Novelle sogar gesetzlich normiert. Diese materielle Beweislastregel entfaltet jedoch nur im Falle eines non liquet, d.h. im Fall der Unaufklärbarkeit der Sachlage, ihre Wirkung.[2]

Anders als für sonstige Unternehmen gilt für Unternehmen mit einer marktbeherrschenden Stellung auf dem relevanten Markt ein **Missbrauchsverbot**. Das Unternehmen darf seine marktbeherrschende Stellung also nicht ausnutzen, um andere Unternehmen ohne sachlich gerechtfertigten Grund im Wettbewerb zu beeinträchtigen. Dabei kann ein Missbrauch zum Beispiel in der Forderung wettbewerbsfremder Preise – das sind auch zu niedrige, d.h. so genannte Kampfpreise –, in Kopplungsgeschäften oder – wegen ihrer Sogwirkung – in der Gewährung von Treuerabatten liegen. 35.43

Wie die Beispiele zeigen, sollten sich **Manager also bewusst sein**, ob und in welchen Märkten ihr Unternehmen eine **marktbeherrschende Stellung** im kartellrechtlichen Sinne besitzt. Darüber hinaus empfiehlt es sich – entgegen üblichen Gewohnheiten bei Pressekonferenzen und Interviews – **nicht, die** – bei diesen Gelegenheiten meist überbetonte – **eigene Marktstellung** konkret **zu bezeichnen und entsprechende Wertungen**, die als Selbsteinschätzung von Marktbeherrschung (miss)verstanden werden könnten, **vorzunehmen**. Dies gilt insbesondere im Vorfeld von Zusammenschlusskontrollverfahren. Es sollten trotz erheblicher Anreize, Zusammenschlussvorhaben gut zu „verkaufen", auch keine Gremienvorlagen etc. angefertigt werden, in denen trotz bestehender Ungewissheiten über die Marktstellung auf das Vorliegen einer marktbeherrschenden Stellung Bezug genommen wird, weil derartige Dokumente in kartellbehördlichen Verfahren ggf. vorgelegt werden müssen und dann gegen das Unternehmen verwandt werden können. 35.44

4. Die Tätigkeit in Unternehmensverbänden

Managertätigkeit ist unweigerlich mit **Verbandstätigkeit** verknüpft. Dabei kann es immer wieder zu **kartellrechtlich erheblichen Risiken** kommen.[3] So war das gesamte, bis zur Erledigung durch Zahlung der letzten Bußgelder im Jahr 2009 die Kartellbehörden und die Gerichte sowie zahlreiche deutsche private sowie öffentlich-rechtliche Versicherungsunternehmen und ihre Manager beschäftigende Kartellverfahren in Sachen Industrieversicherung auf von den Kartellbehörden angenommenes kartellrechtswidriges Verhalten bei Sitzungen von Verbänden zurückzuführen.[4] 35.45

Im Ausgangspunkt gilt, dass es kartellrechtlich unerheblich ist, ob Kartellrechtsverstöße zwischen Unternehmen direkt oder über Dritte koordiniert werden. Das Kartellrecht stellt sogar 35.46

---

[1] Vgl. die Mitteilung der EU-Kommission zur Anwendung von Art. 102 AEUV auf Fälle des Behinderungsmissbrauchs durch marktbeherrschende Unternehmen, ABl. EU Nr. C 45 v. 24.2.2009, S. 8 f. m.w.N.
[2] Zur Rechtsnatur dieser Vermutung *Bechtold/Bosch*, GWB (Kartellgesetz), 8. Aufl. 2015, § 18 Rz. 68 ff.
[3] Vgl. dazu näher z.B. *Möhlenkamp*, WuW 2008, 428, 431 ff.; *Köhler*, WuW 2009, 258.
[4] Das BKartA hat diesbezüglich 13 Versicherungsunternehmen durchsucht und hohe Geldbußen verhängt, vgl. dazu z.B. TB BKartA 2001/2002, BT-Drucks. 15/1226, S. 213; TB 2003/2004, BT-Drucks. 15/5790, S. 172.

ausdrücklich auf **Unternehmensvereinigungen als Normadressaten** ab.[1] Dabei ist ohne Bedeutung, ob sich Verbandsorgane in den Grenzen ihrer Befugnisse (im Innenverhältnis) bewegen oder die üblichen Entscheidungsprozesse einhalten.[2]

35.47 Bei Verbandssitzungen kommt es notwendig zu **markt- und wettbewerbsbezogenen Themen**. Dies ist in dem Rahmen, der vor allem durch das Selbständigkeitspostulat und den Grundsatz des Geheimwettbewerbs (vgl. Rz. 35.30 ff.) gezogen wird, durchaus erlaubt. Beispiele dafür bilden die allgemeine Befassung mit Markttrends oder mit der Rechtslage nach einem neuen Grundsatzurteil. Das Gegenteil gilt dann allerdings für alle Fälle, in denen konkretes wettbewerbliches Unternehmensverhalten angesprochen wird – zum Beispiel welche Folgerungen ein Unternehmen aus den allgemeinen Markttrends oder aus dem neuen Grundsatzurteil für seine Geschäftspolitik ziehen wird.

35.48 Aus der Entscheidungspraxis der Kartellbehörden und der Gerichte ergeben sich für die Tätigkeit in Unternehmensverbänden **strenge Anforderungen**, falls wettbewerbssensible Themen aufkommen. So genügt es zum Beispiel nicht,

- wenn sich ein Teilnehmer innerlich von Aussagen anderer Beteiligter bei Gremiensitzungen distanziert, bei der Sitzung selbst jedoch schweigt,

- wenn das Unternehmen eines Beteiligten später ein Marktverhalten zeigt, das einer früheren kartellrechtlichen Verhaltensabstimmung widerspricht.

35.49 **Gefordert ist** vielmehr, dass der jeweilige Unternehmensmitarbeiter, dessen Verhalten bei „Sitzungen mit offensichtlich wettbewerbswidrigen Zwecken" dem Unternehmen zugerechnet wird, sich „offen von dem Inhalt der Sitzungen distanziert hat"[3] oder Nachweise vorgelegt werden für „Umstände, aus denen sich eindeutig eine fehlende wettbewerbswidrige Einstellung bei der Teilnahme an den Sitzungen ergibt"[4]. Dies **gilt** im Übrigen **auch außerhalb von** Aktivitäten in **Unternehmensverbänden**. So fordert die Rechtsprechung selbst solche offenen Distanzierungen in Fällen, in denen ein **Systemadministrator** eines Unternehmens **Mitteilungen versendet**, die auf eine abgestimmte Verhaltensweise schließen lassen.[5]

35.50 Unabhängig von solchen Entscheidungen **empfiehlt sich für problematische Gremiensitzungen Folgendes:** Bei Sitzungen, in denen wettbewerbssensible Themen behandelt werden, sollte schon im Vorfeld ein Antrag auf Absetzung von der Tagesordnung gestellt bzw. beim Fehlen eines eigenen TOP sollte sofort ein Ende der spontanen Debatte gefordert und protokolliert werden. Weiter sollte jeder solche Vorgang, um spätere Schwierigkeiten zu vermeiden, kurz dokumentiert werden. Und schließlich darf auch das Bewusstsein dafür nicht fehlen, dass sämtliche Anforderungen für Gespräche am Rande von Gremiensitzungen, in den

---

1 Vgl. z.B. die Geldbußenentscheidungen EuGH v. 18.12.2008 – Rs. C-101/07 P und 110/07 P, WuW/E EU-R 1517 – Coop de France/Kommission und BKartA v. 21.12.2007 – B 3–6/05, WuW/E DE-V 1539 – Arzneimittelhersteller.
2 BKartA v. 21.12.2007 – B 3–6/05, WuW/E DE-V 1539 – Arzneimittelhersteller.
3 Vgl. EuG v. 14.5.1998 – Rs. T-333/94, Slg. 1998 II, 1439 Rz. 118 – Sarrió = WuW/E EU-R 87, 89 – Karton; EuG v. 28.4.2010 – Rs. T-452/05, Slg. 2010 II, 1373 Rz. 37 = WuW/E EU-R 1677, 1680 – BST/Kommission; *Kapp/Hummel*, CCZ 2013, 240, 242.
4 So z.B. EuGH v. 8.7.1999 – Rs. C-199/92 P, Slg. 1999 I, 4287 Rz. 115 = WuW/E EU-R 226 – Hüls/Kommission.
5 EuGH v. 21.1.2016 – Rs. C-74/14, WuW 2016, 126 ff. – Eturas.

Pausen oder außerhalb von Verbandstreffen selbstverständlich auch für Treffen im privaten Rahmen gelten.[1]

Das Verhalten von Managern innerhalb von Verbandsgremien sollte daher unbedingt durch **Richtlinien der Kartellrechtscompliance** geregelt sein.[2] Dabei helfen nur konkrete Hinweise auf die Anforderungen der Kartellbehörden und Gerichte, nicht aber – wie zum Teil noch heute in Unternehmen üblich – lediglich allgemeine Warnungen vor kartellrechtswidrigem Verhalten.

35.51

5. Die Anforderungen der Kartellrechtscompliance

Jedem Manager muss zudem bewusst sein, dass die **Rechtsprechung** von Unternehmen und den darin Verantwortlichen **vorbeugende und repressive Maßnahmen** gegen Kartellrechtsverstöße, für die sich im Wettbewerb der Begriff der **Kartellrechtscompliance** eingebürgert hat, **fordert**. Denn das (deutsche) Kartellrecht kennt eine persönliche Verantwortlichkeit der Aufsichtspflichtigen in Unternehmen. Welche Maßnahmen konkret erforderlich sind, wird wegen der rechtlichen und praktischen Bedeutung der Kartellrechtscompliance in einem eigenen Abschnitt an späterer Stelle dargestellt (s. unten Rz. 35.59 ff.). Im Hinblick auf besonders gefahrgeneigte Bereiche muss der Hinweis darauf genügen, dass präventive Maßnahmen erforderlich sind und auch die jeweiligen **Aufsichtspflichtigen** für die Erfüllung der zum Teil strengen Anforderungen die **Verantwortung** tragen. Genügen sie den Anforderungen des Kartellrechts durch entsprechende Kartellrechtscompliance-Maßnahmen, die regelmäßig im Zusammenwirken mit der Rechtsabteilung des Unternehmens und externen Beratern erfolgen werden, genießen sie auch die Entlastung von potentiellen kartellrechtlichen Sanktionen wegen Aufsichtspflichtverletzungen.[3]

35.52

Compliance-Maßnahmen können den „Inhaber" eines Betriebes oder Unternehmens jedoch lediglich von einer Aufsichtspflichtverletzung exkulpieren (§ 130 OWiG) und entfalten keine Exkulpationswirkung im Falle einer unmittelbaren Kartellrechtsverantwortlichkeit eines Leitungsorgans (§ 30 OWiG). Nach Auffassung des BKartA bestünde andernfalls das Risiko, durch die Berücksichtigung von Compliance-Maßnahmen ein ineffektives System zu belohnen.[4] Es ist jedoch zu Recht in der Diskussion, im Übrigen gesetzgeberische **Anreize für Compliance-Maßnahmen** – z.B. im Rahmen der Bußgeldbemessung – zu schaffen.[5]

35.52a

Diesem Ergebnis entspricht auch die Rechtsprechung des **EuGH**. In der Rechtssache „Schindler" befand er, hier jedoch im Rahmen eines gegen ein Unternehmen verhängten Bußgelds, dass die EU-Kommission keiner Rechtspflicht unterläge, ein entsprechendes Compliance-Programm bußgeldreduzierend zu berücksichtigen.[6] Vielmehr beweise der Kartellrechtsverstoß

35.52b

---

1 Vgl. *Dreher/Hoffmann*, WuW 2011, 1181, 1185 ff. und zur einseitigen Offenlegung von Informationen *Dreher/Körner*, WuW 2013, 104 ff.
2 Vgl. dazu z.B. *Brouwer*, CCZ 2009, 161, 162 f.; *Kapp/Hummel*, CCZ 2013, 240 ff.
3 Teilweise wird hierzu das Begriffspaar der „Compliance-Defence" verwendet, vgl. *Dittrich/Linsmeier*, NZKart 2014, 485.
4 Vgl. TB 2011/2012 des BKartA, BT-Drucks. 17/13675, S. 31 f.
5 Vgl. Stellungnahme der BReg zu dem TB 2013/2014 des BKartA, BT-Drucks. 18/5210, S. VIII f.; Entwurf des Deutschen Instituts für Compliance e.V. (DICO) zu § 30 Abs. 2 Satz 4 OWiG-E; Entwurf des Bundesverbands der Unternehmensjuristen (BuJ) zu § 30 Abs. 7 Satz 1, 2, 4 OWiG-E.
6 EuGH v. 18.7.2013 – Rs. C-501/11 P, ECLI:EU:C:2013:522 Rz. 113 f. = WuW/E EU-R 2793 (Rz. nicht abgedruckt) – Schindler Holding u.a./Kommission.

trotz der Compliance-Maßnahmen gerade deren Ineffektivität.[1] Hieraus kann im Umkehrschluss jedoch nicht gefolgert werden, dass die EU-Kommission diesen Umstand als strafschärfend bewertet. Vielmehr „begrüßt" die EU-Kommission entsprechende Maßnahmen, auch wenn sie wiederholend klarstellt, dass sie nicht zu einer Bußgeldreduktion führen.[2]

6. Die kartellrechtliche Bedeutung üblicher unternehmerischer Selbstrechtfertigungen

35.53 Kommt es zu **Kartellverfahren**, werden von Seiten der Betroffenen regelmäßig **Einwände** erhoben. Danach soll ein Handeln oder Unterlassen, das wettbewerblich bedenklich sein könnte oder auch tatsächlich ist, aus bestimmten Gründen gleichwohl geboten oder doch zumindest zu rechtfertigen sein. Diese Einwände lassen sich auf bestimmte Grundtypen reduzieren. Angesichts der praktischen Bedeutung sind sie im Folgenden auf ihre Erheblichkeit aus kartellrechtlicher Sicht zu untersuchen.

35.54 Viele Unternehmen sind konzerngebunden. Wettbewerbsfeindliches Managerhandeln gegenüber Konzernunternehmen wird deshalb oft auf entsprechende Anweisungen oder Gepflogenheiten im Konzern zurückgeführt. Kartellrechtlich stellt sich damit die Frage **konzerninterner Wettbewerbsbeschränkungen**. Aus kartellrechtlicher Sicht bilden einheitlich geleitete Konzerne grundsätzlich eine wirtschaftliche Einheit. Innerhalb dieser Einheit kann es nicht zu Wettbewerbsbeschränkungen kommen,[3] da auf Grund der einheitlichen Leitung keine unternehmerischen Handlungsspielräume bei den einzelnen Konzernunternehmen bestehen (sog. Konzernprivileg).[4] Das Gegenteil davon kann allerdings dann gelten, wenn Konzernunternehmen – zum Beispiel wegen Fehlens eines Beherrschungsvertrags – keinen Weisungen der Obergesellschaft im Hinblick auf das Ob und Wie ihres Wettbewerbsverhaltens unterliegen oder nicht in eine auch nur tatsächliche, zentralisierte Konzerntätigkeit – z.B. in Form einer gemeinsamen Einkaufsgesellschaft – eingebunden sind. Im Ergebnis kommt es dabei auf die Ausübung von Einflussmöglichkeiten in den einzelnen Gesellschaften auf Grund zahlreicher Umstände des Einzelfalls an.[5] Denn der EuGH hat in einer Leitentscheidung zu den konzerninternen Wettbewerbsbeschränkungen für die Begründung einer wirtschaftlichen Einheit nicht nur darauf abgestellt, dass die Muttergesellschaft 100 % des Kapitals der Tochtergesellschaft hielt. Vielmehr hat er zugleich darauf verwiesen, dass die Mutter „die Verkaufs- und Marketingaktivitäten der Tochtergesellschaften gesteuert" habe.[6] Erst auf der Grundlage dieser und weiterer Feststellungen kam der Gerichtshof schließlich zu der Bejahung des zentralen Kriteriums, dass die Tochtergesellschaften im konkreten Fall „ihr Vorgehen auf dem Markt nicht wirklich autonom bestimmen" konnten.[7] Nach der Rechtspre-

---

1 EuGH v. 18.7.2013 – Rs. C-501/11 P, ECLI:EU:C:2013:522 Rz. 144 f. = WuW/E EU-R 2793 (Rz. nicht abgedruckt) – Schindler Holding u.a./Kommission.
2 Vgl. Generaldirektion Wettbewerb, „Wettbewerbsrechtliche Compliance", 2011, S. 18 ff.
3 Umgekehrt kann es aber auf Grund der wirtschaftlichen Einheit von Konzernunternehmen auch zu Belastungen von Unternehmen dadurch kommen, dass diese für Kartellrechtsverstöße anderer Konzernunternehmen mit sanktioniert werden, vgl. EuGH v. 10.9.2009 – Rs. C-97/08 P, WuW/E EU-R 1639, Rz. 58, 72 ff. – Akzo; zum deutschen Recht vgl. *Koch*, AG 2009, 564 ff.
4 Vgl. nur EuGH v. 24.10.1996 – Rs. C-73/95 P, Slg. 1996 I, 5457 – Viho/Kommission (Parker) = EuZW 1997, 84; *Thomas*, ZWeR 2005, 236 ff.
5 *Dreher/Kulka*, Wettbewerbs- und Kartellrecht, 9. Aufl. 2016, Rz. 726 ff. m.z.N.
6 EuGH v. 24.10.1996 – Rs. C-73/95 P, Slg. 1996 I, 5457 Rz. 15 – Viho/Kommission (Parker) = EuZW 1997, 84.
7 EuGH v. 24.10.1996 – Rs. C-73/95 P, Slg. 1996 I, 5457 Rz. 16 – Viho/Kommission (Parker) = EuZW 1997, 84.

chung begründet aber bereits das Vorliegen einer 100 %-Beteiligung eine – in der Praxis allerdings kaum – widerlegliche Vermutung für das Bestehen einer wirtschaftlichen Einheit.[1]

Häufig wird nach Aufdeckung kartellrechtswidrigen Verhaltens geltend gemacht, dieses sei nur eine **Reaktion auf Kundenwünsche oder auf Marktzwänge** gewesen. Beide Rechtfertigungen tragen jedoch nicht.[2] Wettbewerbsprägende Umstände mögen zwar subjektiv von Unternehmen als Marktzwänge empfunden werden. Kartellrechtlich ist ein solcher Einwand – in Parallele zu der verbotenen Leistung von Bestechungsgeldern, ohne die ein Auftrag nicht zu erhalten gewesen wäre – ohne weiteres zurückzuweisen. Lässt sich unternehmerischer Erfolg nicht mehr mit rechtmäßigem Verhalten im Wettbewerb, sondern nur noch durch Abweichung vom Wettbewerbsgrundsatz erzielen, gibt es mit anderen Worten ausschließlich einen einzigen Marktzwang: den zu einer künftig besseren Leistung. Soweit es um den Einwand des Kundenwunsches geht, ist die Lage nicht anders: das Kartellrecht gilt absolut, steht also nicht zur Disposition der Beteiligten.[3]

35.55

Weiter wird nach aufgedeckten Kartellrechtsverstößen immer wieder darauf verwiesen, das **Verhalten** sei **tatsächlich nicht praktiziert,**[4] **wirtschaftlich nicht vorteilhaft,**[5] **nur zur Täuschung von Wettbewerbern an den Tag gelegt oder seit langem aufgegeben**[6] worden. Alle diese Einwände verfangen nicht. Das Kartellrecht erfasst ausdrücklich auch lediglich „bezweckte" Wettbewerbsbeschränkungen.[7] In der Praxis dürfte es wettbewerbsbeschränkende Abreden oder Verhaltensabstimmungen, die nicht in irgendeiner Weise Marktwirkungen haben, ohnehin kaum geben.

35.56

Sodann wird bei Kartellverfahren gegen Unternehmen und deren Manager oft darauf verwiesen, es liege **nur ein kartellrechtswidriges Verhalten von Untergebenen oder von untergeordneten Unternehmensmitarbeitern** vor. Dieser Einwand ist ebenfalls unbeachtlich, wenn es um die persönliche Inanspruchnahme von Managern für Aufsichtspflichtverletzungen – z.B. für unterlassene Maßnahmen der Kartellrechtscompliance – geht. Denjenigen, der in seinem Verantwortungsbereich schuldhaft nicht präventiv gegen Verletzungen des Kartellrechts vorgeht, kann im deutschen Kartellrecht also ein persönliches Bußgeld auch dann treffen, wenn der Kartellrechtsverstoß durch Untergebene begangen wurde.

35.57

Schließlich stellt sich in Kartellverfahren immer wieder die Frage nach einem **Irrtum** hinsichtlich der tatsächlichen oder rechtlichen Umstände und der rechtlichen Bedeutung eines solchen Irrtums. Sie kann vor allem darin liegen, ein für Bußgeldverfügungen mangels persönlicher Vorwerfbarkeit notwendiges Verschulden auszuschließen. Insgesamt stehen die

35.58

---

1 EuGH v. 16.11.2000 – Rs. C-286/98 P, Slg. 2000, I-9925, Rz. 27–29 – Stora Kopparbergs; EuGH v. 10.9.2009 – Rs. C-97/08 P Rz. 63, WuW/E EU-R 1639 – Akzo; zur konzerninternen Wissenszurechnung nach dem GWB vgl. BGH v. 23.6.2009 – KZR 21/08, WuW/E DE-R 2739 – Entega.
2 Vgl. näher *Dreher*, Kartellrechtscompliance in der Versicherungswirtschaft, VersR 2004, 1, 7.
3 So schon EuGH v. 13.2.1979 – Rs. 85/76, Slg. 1979, 461 Rz. 89 – Hoffmann-La Roche.
4 Vgl. dazu z.B. EuGH v. 28.6.2005 – verb. Rs. C-189/02 P et al., WuW/E EU-R 913, 918 Rz. 145 – HFB/Isoplus/Kommission.
5 Vgl. EuG v. 15.3.2000 – Rs. T-25-26/95 et al. Rz. 29, WuW/E EU-R 293 – Cimenteries.
6 Vgl. als Beispiel Kommission v. 3.12.2003 – COMP/E-2/38 359 Rz. 226, 310, (2005) 5 CML Reports 20 (S. 1062 ff.).
7 Ob dies auch für bloße „Versuche" kartellrechtswidrigen Verhaltens gilt, die keinerlei Marktwirkungen haben, ist – als bisher wohl nur theoretische Frage – umstritten.

Kartellbehörden und Gerichte dem Irrtumseinwand sehr kritisch gegenüber.[1] Infolge eines grundlegenden Wandels im Kartellrecht zu Beginn des Jahrtausends von einem System des Verbots mit Erlaubnisvorbehalt zu einem System der Legalausnahmen besteht eine Pflicht zur Selbsteinschätzung insbesondere im Hinblick auf die sehr unbestimmten Tatbestände der Art. 101 Abs. 3 AEUV bzw. §§ 2, 3 GWB. Daher ist die Rechtsunsicherheit erheblich gestiegen. Dies sollte eigentlich dazu führen, dass Unternehmen und persönlich Betroffene, die ihre Erkenntnisquellen – gegebenenfalls einschließlich externer Berater – umfassend ausgeschöpft haben, nicht mehr fahrlässig handeln, wenn eine Kartellbehörde das Verhalten später dennoch als kartellrechtswidrig einstuft.[2] Der EuGH entschied im Jahre 2013 in Sachen „Schenker" jedoch anders.[3] Das Gericht erkannte einen schuldausschließenden (unvermeidbaren) Rechts-/Verbotsirrtum – trotz Einholung externer Rechtsberatung – nicht an, so dass der Rechtsgrundsatz „ignorantia legis non excusat" bei Anwendung des EU-Kartellrechts uneingeschränkt Anwendung findet.[4] Ein derartiger Wertungsirrtum schließt ein Bußgeld somit zwar nicht aus, kann jedoch zu einer Bußgeldreduktion führen.[5] Auf rein nationaler Ebene findet die Rechtsfigur des unvermeidbaren Verbotsirrtums nach wie vor Berücksichtigung und kann bei hinreichender Substantiierung die Befreiung von potentiellen kartellrechtlichen Sanktionen zur Folge haben.[6] Vor dem Hintergrund der hohen Irrtumsrisiken im europäischen Kartellrecht empfiehlt es sich, bei kartellrechtlich sensiblen Fragen neben der Rechtsabteilung einen externen Kartelljuristen (i.d.R. Rechtsanwalt) einzuschalten und dessen Prüfungsauftrag und das Prüfungsergebnis sorgfältig zu dokumentieren, um dies gegebenenfalls später als Entlastung gegenüber Kartellbehörden geltend machen zu können.[7]

D. Kartellrechtscompliance als Prävention kartellrechtswidrigen Handelns

I. Grundlagen

35.59 Für Unternehmen und Unternehmensvereinigungen gelten aus kartellrechtlicher Sicht bestimmte **Wissens- und Verhaltensanforderungen**. Einerseits muss das Führungspersonal selbst das jeweils einschlägige Kartellrecht in seinen Grundzügen kennen und befolgen. Andererseits müssen die Unternehmen auch die marktbezogen handelnden Mitarbeiter im Hinblick auf entsprechende Regelungen instruieren, deren Beachtung präventiv kontrollieren und gegebenenfalls auftretende Verstöße repressiv sanktionieren.

35.60 Alle Maßnahmen in Unternehmen, die die Einhaltung des materiellen Kartellrechts selbst sowie die Einhaltung der darauf bezogenen, ihm vor- und nachgelagerten Verhaltensanforderungen betreffen, lassen sich unter dem **Begriff der Kartellrechtscompliance** zusam-

---

1 Vgl. als Ausnahmebeispiel OLG Düsseldorf v. 16.11.2004 – VI-Kart 24–27/03 OWi, WuW/E DE-R 1381, 1387 – DSD.
2 Ausf. *Dreher/Thomas*, Rechts- und Tatsachenirrtümer unter der neuen VO 1/2003, WuW 2004, 8 ff.
3 EuGH v. 18.6.2013 – Rs. C-681/11, ECLI:EU:C:2013:404, WuW/E EU-R 2754 – Schenker.
4 Vgl. kritisch dazu z.B. *Dreher*, EWiR 2013, 469 f.; *Brettel/Thomas*, ZWeR 2013, 272 ff.
5 Vgl. EuG v. 28.2.2002 – Rs. T-86/95, Slg. 2002, II-1011 – Compagnie générale maritime u.a./Kommission.
6 Vgl. nur BGH v. 27.1.1966 – KRB 2/65, BGHSt 21, 18, Rz. 44 ff. = WuW/E BGH 726, 734 – Klinker.
7 Vgl. dazu z.B. BGH v. 11.11.2008 – KRB 47/08, WuW/E DE-R 2579 Rz. 13 – G+J/RBA und zum Vertrauen auf externe Stellungnahmen z.B. *Fleischer*, ZIP 2009, 1397 ff.

menfassen.[1] Erfolgt keine Kartellrechtscompliance, geht dies zunächst zu Lasten der Unternehmen, denen Kartellrechtsverstöße der handelnden Personen zugerechnet werden. Da die Geschäftsleitungsmitglieder und sonstigen Manager für die Einhaltung des Kartellrechts durch Unternehmensmitarbeiter insofern auch persönlich verantwortlich sind, als eine Aufsichtspflicht besteht, sind von einer fehlenden Kartellrechtscompliance aber auch die Unternehmensmanager persönlich betroffen.

Die Kartellrechtscompliance lässt sich in **drei große Bereiche** aufteilen[2]: Instruktion, präventive Kontrolle und repressive Sanktionierung.

35.61

II. Die drei Bereiche der Kartellrechtscompliance

1. Die Instruktion

Eine effektive Kartellrechtscompliance beginnt mit der Instruktion der Unternehmensmitarbeiter. Ihr **Ziel** ist es, den Mitarbeitern die Hintergründe des Kartellrechts, seine Vorteile sowie – vor allem – seine praktische Bedeutung aufzuzeigen.

35.62

Jede solche Instruktion muss **gegenstands- und tätigkeitsbezogen** sein.[3] Dies bedeutet, dass über allgemeine Ausführungen hinaus die besonderen Fragen, die sich in einer Wirtschaftsbranche oder im Hinblick auf eine bestimmte Unternehmenstätigkeit – zum Beispiel den Vertrieb – stellen, einbezogen sein müssen. Noch immer werden jedoch in zahlreichen Unternehmen – in Form von Kartellrechtscompliance-Richtlinien oder bei Schulungen – lediglich allgemeine Hinweise auf das Kartellrecht im Sinne von Berater-„Blaupausen" verbreitet, die keine solcher Bezüge aufweisen. Die Rechtsprechung hat demgegenüber zu Recht betont, es reiche „nicht aus, wenn Mitarbeiter gehalten werden, die gesetzlichen Vorschriften zu beachten oder wenn sie darauf hingewiesen werden, gegen kartellrechtliche Bestimmungen dürfe nicht verstoßen werden; denn in dieser Allgemeinheit besagen derartige Hinweise nichts oder geben nur Selbstverständliches wider".[4]

35.63

Allein die Vermittlung allgemeiner sowie gegenstands- und tätigkeitsbezogener kartellrechtlicher Kenntnisse erschöpft die Anforderungen einer kartellrechtlichen Instruktion jedoch noch nicht. Erforderlich ist es vielmehr, den Mitarbeitern konkrete – möglichst aus der Entscheidungspraxis der Kartellbehörden und der Gerichte abgeleitete – Kenntnisse über das **kartellrechtlich richtige Verhalten** zu geben (vgl. dazu am Beispiel der Verbandstätigkeit Rz. 35.49 f.).

35.64

---

1 Vgl. ausf. *Dreher*, Kartellrechtscompliance, ZWeR 2004, 75, 78 f.; *Karbaum*, Kartellrechtliche Compliance, 2010; *Schultze* (Hrsg.), Compliance-Handbuch Kartellrecht, 2014 und allg. zu der Compliance oben *Kremer/Klahold*, § 25.
2 Ausf. *Dreher*, Kartellrechtscompliance, ZWeR 2004, 75, 93 ff.; *Bürkle* (Hrsg.), Compliance in Versicherungsunternehmen, 2. Aufl. 2015; *Hauschka/Moosmayer/Lösler* (Hrsg.), Corporate Compliance, 3. Aufl. 2016.
3 Vgl. z.B. *Dreher*, Kartellrechtscompliance in der Versicherungswirtschaft, VersR 2004, 1 ff.
4 KG v. 25.7.1980 – Kart 26/79, WuW/E OLG 2330, 2332 – Revisionsabteilung, insoweit durch BGH v. 24.3.1981 – KRB 4/80, WuW/E BGH 1799 unberührt; OLG Düsseldorf v. 27.3.2006 – VI – Kart 3/05, WuW 2006, 787, 799 = WuW/E DE-R 1733, 1745 – Papiergroßhandel: „Hat der Betroffene mit der bloßen Verteilung des Merkblatts ‚Richtlinien für kartellrechtlich korrektes Verhalten' seinen Aufsichtspflichten nicht genügt."

35.65 Die **Organisation** der ordnungsgemäßen Instruktion ist abhängig von den Umständen des Einzelfalls. In Betracht kommen jedoch vor allem – unter Umständen inhaltlich auf einzelne Tätigkeitsgruppen fokussierte – Schulungen der Unternehmensmitarbeiter sowie die Herausgabe unternehmensindividueller schriftlicher Kartellrechtscompliance-Richtlinien an die Mitarbeiter.[1] Die jeweiligen Maßnahmen müssen im Hinblick auf die Bedeutung des tone at the top deutlich die Unterstützung der Geschäftsleitung zeigen. Eine regelmäßige Wiederholung ist ebenfalls erforderlich.[2] Dabei sollte das Programm möglichst variiert werden, zum Beispiel mittels einer Durchsprache konkreter im Unternehmen oder in der Branche aufgetretener Fälle in vereinfachter und anonymisierter Fassung. Schließlich sind die Maßnahmen – bis hin zum Empfang der Kartellrechtscompliance-Richtlinien durch die Mitarbeiter – entsprechend zu dokumentieren.

2. Die präventive Kontrolle

35.66 Nachdem die Mitarbeiter im Unternehmen kartellrechtliche Kenntnisse im Wege der Instruktion erhalten haben, bedarf es zusätzlicher **effektiver Überwachungsmaßnahmen**, um die Einhaltung des Kartellrechts auch tatsächlich sicherzustellen. Damit bildet die präventive Kontrolle einen zweiten Bereich der Kartellrechtscompliance.

35.67 Als **Einzelmaßnahmen** kommen dabei insbesondere folgende in Betracht: Die Gewährleistung sachkundiger interner, am besten in der Rechtsabteilung angesiedelter[3] oder notfalls externer Ansprechpartner für Zweifelsfälle, unter Umständen sogar die Schaffung eines eigenen Kartellrechtscompliance-Beauftragten; die Vornahme von Stichproben bei bestimmten, besonders wettbewerbserheblichen Vorgängen; die Beschränkung der Entscheidungsautonomie von Unternehmensmitarbeitern, falls eine entsprechende Aufsicht nicht möglich ist;[4] die Marktbeobachtung, um im Hinblick auf kartellrechtliche Schwellenwerte[5] rechtzeitig Vertragsanpassungen vornehmen zu können; die Organisation einer Berichterstattung, die sich auf kartellrechtliche Risiken bezieht; die Dokumentation der ergriffenen Maßnahmen und – so die Rechtsprechung –[6] abhängig von den Umständen des Einzelfalls, insbesondere der kartellrechtlichen Gefahrgeneigtheit einer Tätigkeit, alle „anderen geeigneten Aufsichtsmaßnahmen".

35.68 Was dies konkret bedeuten kann, zeigt ein **Fall**, in dem bei einem Unternehmen mit 5000 Mitarbeitern eine Revisionsabteilung mit vier Mitarbeitern eingerichtet war, die unter anderem auch die Einhaltung des Kartellrechts überwachen sollte. Diese Abteilung wurde von der Rechtsprechung als „zu klein" angesehen, um „den großen Kontrollbereich wirksam über-

---

1 Vgl. KG v. 25.7.1980 – Kart 26/79, WuW/E OLG 2330, 2332 – Revisionsabteilung: „Gegebenenfalls auch schriftlicher Belehrungen"; zu praktischen Grundlagen vgl. z.B. *Kasten/Traugott*, CCZ 2015, 157 ff.
2 Vgl. KG v. 8.2.1974 – Kart 15/73, WuW/E OLG 1449, 1457 – Bitumenhaltige Bautenschutzmittel II: „Dafür Sorge zu tragen, dass das Personal fortlaufend (…) unterrichtet wird."
3 Zum teilweisen Aufgabenwandel der Unternehmensrechtsabteilungen vgl. *Kohler*, Von der Rechtsberatung zum Rechtsrisikomanagement, in FS Kümpel, 2003, S. 301, 303 ff.
4 Vgl. zur Verletzung der Aufsichtspflicht bei Verkäufen unter Einstandspreis BKartA v. 17.12.2003 – B 9–9/03, WuW/E DE-V 911, 912 f. – Fotoarbeitstasche.
5 Insbesondere die 30 %-Marktanteilsschwelle nach Art. 3 Verordnung (EU) Nr. 330/2010 (Vertikal-GVO).
6 BGH v. 9.11.1984 – Kart. a 6 und 32/84, WuW/E BGH 2202, 2203 – Brückenbau Hopener Mühlenbach.

wachen zu können".[1] Umgekehrt hat es die obergerichtliche Rechtsprechung aber zu Recht abgelehnt, die Grenze des „realistischerweise Zumutbaren" bei Kontrollmaßnahmen zu überschreiten. Denn „von zu starkem Misstrauen geprägte Aufsichtsmaßnahmen" könnten eine Gefahr für den Betriebsfrieden bedeuten.[2]

Ansatzpunkt aller Überwachungsmaßnahmen ist zunächst die eigene **Aufsichtspflicht** der Geschäftsleiter oder sonst Verantwortlichen. Nach ihr sind alle objektiv geeigneten, erforderlichen und zumutbaren Maßnahmen zu ergreifen. Sind in der Vergangenheit bereits – unter Umständen sogar mehrfach – Kartellrechtsverstöße aufgetreten oder handelt es sich um einen besonders gefahrträchtigen Bereich wie bei Tätigkeiten auf Ausschreibungsmärkten, stellt die Rechtsprechung deutlich erhöhte Anforderungen bis hin zu überraschenden Stichproben bei Mitarbeitern vor Ort.[3]

35.69

Vielfach werden diejenigen, die Aufsichtspflichten haben, insbesondere Geschäftsführer und Vorstandsmitglieder, versuchen, sich durch eine **Delegation der Überwachungspflichten** an bestimmte Personen zu entlasten. Aber auch in einem solchen Fall bleibt den Geschäftsleitern eine eigene „Oberaufsicht" über die Beauftragten. Unabhängig davon verlangt eine glaubwürdige Kartellrechtscompliance in jedem Fall die persönliche Unterstützung durch die Geschäftsleitung im Sinne eines entsprechenden tone at the top.

35.70

Soweit es um die **Überwachung im Konzern** geht[4], werden in der ordnungswidrigkeitenrechtlichen Literatur sehr weit gehende Auffassungen vertreten. Die Entscheidungspraxis dazu ist noch nicht gefestigt. Im Ergebnis muss es allerdings auch hier zu einem Gleichlauf von Einfluss und Verantwortung kommen. Entsprechende Maßnahmen drängen sich insbesondere auf, da der deutsche Gesetzgeber im Rahmen der 9. GWB-Novelle die Übernahme des europäischen Unternehmensbegriffs in § 81 Abs. 3a GWB explizit regelt.[5] Ungeachtet der höchst umstrittenen Fragen ob dies erforderlich, geboten[6] oder sogar verfassungswidrig[7] ist, ist eine auf das gesellschaftsrechtliche Trennungsprinzip basierende Verteidigung gegen kartellrechtliche Vorwürfe in Zukunft mit erheblichen rechtlichen Unsicherheiten verbunden. Unabdingbar ist somit, dass im Falle einer konzernweiten Kartellrechtsverantwortung diese im Rahmen der Kartellrechtscompliance nicht nur die Kontrolle, sondern auch die Bereiche der Instruktion und der Sanktionierung erfasst.

35.71

---

1 KG v. 25.7.1980 – Kart 26/79, WuW/E OLG 2330, 2332 – Revisionsabteilung; bestätigt durch BGH v. 24.3.1981 – KRB 4/80, WuW/E 1799 sowie zu weiteren Nachweisen aus der Rechtsprechung *Dreher*, Kartellrechtscompliance, ZWeR 2004, 75, 99.
2 BGH v. 11.3.1986 – KRB 7/85, WuW/E 2262, 2264 – Aktenvermerke; ähnliche Tendenzen in BGH v. 23.4.1985 – KRB 7/84, WuW/E BGH 2148, 2149 – Sportartikel-Handel.
3 Vgl. nur BGH v. 11.3.1986 – KRB 7/85, WuW/E BGH 2262, 2265 – Aktenvermerke und BGH v. 21.10.1986 – KRB 7/86, WuW/E BGH 2236 – U-Bahn-Bau Frankfurt/M.
4 Dazu näher *Dreher*, Kartellrechtscompliance, ZWeR 2004, 75, 101 ff.; *Karst*, Kartellrechtscompliance im Konzern, WuW 2012, 150 ff.
5 Vgl. zur bewussten Angleichung des nationalen Rechts mit dem europäischen Unternehmensbegriff die Begründung der Bundesregierung zum 9. GWB-ÄndG, BT-Drucks. 18/10207 v. 7.11.2016, S. 86 ff.
6 Vgl. dazu z.B. *Suchsland/Rossmann*, WuW 2015, 973 ff.
7 Vgl. dazu z.B. *Brettel/Thomas*, WuW 2016, 336 ff.; *Mäger/von Schreitter*, BB 2016, 2159 ff.

35.72 Der **Aufsichtspflicht** vorgelagert ist eine Auswahlentscheidung, welche Mitarbeiter mit Aufgaben betreut werden, die zu kartellrechtlich relevantem Handeln führen können. Auch hier verlangt die Rechtsprechung eine sorgfältige Auswahlentscheidung.[1]

3. Die repressive Sanktionierung

35.73 Eine effektive Kartellrechtscompliance setzt außer Instruktion und Kontrolle auch eine repressive Sanktionierung kartellrechtswidrigen Verhaltens voraus. Die Ernsthaftigkeit und Glaubwürdigkeit aller Bemühungen um Kartellrechtscompliance hängt nämlich ebenfalls davon ab, ob tatsächlich erfolgte Kartellrechtsverstöße **angemessene Folgen** innerhalb des Unternehmens haben.

35.74 Sofern trotz aller vorbeugenden Maßnahmen Kartellrechtsverstöße auftreten, sind bestehende Verhaltensanforderungen für die Zukunft nur glaubwürdig und abschreckend, wenn **Verstöße** auch **unternehmensintern nicht folgenlos** bleiben. Daher stellt sich in diesem Zusammenhang die Frage arbeitsrechtlicher Maßnahmen gegenüber Mitarbeitern[2] ebenso wie diejenige nach der Geltendmachung von Schadenersatzansprüchen gegen Geschäftsleiter und Mitarbeiter im Falle der Sanktionierung des Unternehmens.[3]

E. Die Sanktionierung kartellrechtswidrigen Handelns

I. Grundlagen

35.75 Das deutsche und das europäische Kartellrecht kennen eine **Vielzahl von Rechtsfolgen**. Sie haben in ihrer Eingriffsintensität unterschiedliches Gewicht und in der Praxis auch durchaus unterschiedliche Bedeutung. Für die Unternehmensmanager stehen die finanziellen Folgen eines kartellrechtswidrigen Handelns im Vordergrund, die sich für das Unternehmen und sie selbst persönlich ergeben. Die Rechtsfolgen für kartellrechtswidriges Handeln im Bereich der Zusammenschlusskontrolle können daher im vorliegenden Zusammenhang außer Betracht bleiben. Das Verbot derartiger Zusammenschlüsse und aller Vollzugshandlungen – sowie die erheblichen, auch gegen Manager persönlich gerichteten Sanktionen bei einem Verstoß gegen das Verbot – wurden bereits zuvor angeführt (s. Rz. 35.28).

II. Verwaltungsrecht

35.76 Das deutsche und das europäische Kartellrecht sehen einheitlich vor, dass die Kartellbehörden die **Abstellung** eines kartellrechtswidrigen Handelns **anordnen** können. Für derartige Verfügungen genügt ein objektiver Verstoß gegen das Kartellrecht. Ein Verschulden ist also nicht

---

1 Vgl. z.B. KG v. 8.2.1974 – Kart 15/73, WuW/E OLG 1449, 1457 – bitumenhaltige Bautenschutzmittel II; KG v. 25.7.1980 – Kart 26/79, WuW/E OLG 2330, 2332 – Revisionsabteilung; KG v. 21.1.1981 – Kart 12/80, WuW/E OLG 2476, 2478 – Japanische Hifi-Geräte; KG v. 21.9.1984 – Kart a 29/84, WuW/E OLG 3399, 3403 – Bauvorhaben U-Bahn-Linie 6-West.
2 Vgl. dazu *Dreher*, Kartellrechtscompliance, ZWeR 2004, 75, 101 m.w.N. aus der Rechtsprechung.
3 Vgl. LAG Düsseldorf v. 20.1.2015 – 16 Sa 459/14. Das BAG hat das Urteil wegen Zuständigkeitsmängeln aufgehoben, ohne in der Sache zu entscheiden (BAG v. 29.6.2017 – 8 AZR 189/15); LAG Düsseldorf v. 27.11.2015 – 14 Sa 800/15; *Dreher*, Die kartellrechtliche Bußgeldverantwortlichkeit von Vorstandsmitgliedern, in FS Konzen, 2006, S. 85, 103 ff.; oben *Wilsing*, § 31.

erforderlich. Rechtsgrundlagen für Verfügungen deutscher Behörden sind § 32 GWB bzw. Art. 5 Kartellverordnung in Verbindung mit § 32 GWB und für Verfügungen der EU-Kommission als europäischer Kartellbehörde Art. 7 Kartellverordnung. Liegt ein dringender Fall vor, können die Kartellbehörden auch einstweilige Maßnahmen ergreifen (§ 32a GWB bzw. Art. 8 Kartellverordnung).

Einer drohenden Abstellungsverfügung können die Unternehmen unter Umständen entgehen, wenn sie sich durch **Zusagen** verpflichten, die Untersagungsgründe und damit den Anlass für ein behördliches Einschreiten auszuräumen. Derartige Verpflichtungszusagen finden ihre Rechtsgrundlage in § 32b GWB bzw. Art. 9 Kartellverordnung. 35.77

Außer einer Abstellungsanordnung kennt das deutsche Kartellrecht als verwaltungsrechtliche Rechtsfolge in § 34 GWB noch die **Vorteilsabschöpfung** durch die Kartellbehörde.[1] Sie greift auch bei einem Verstoß gegen europäisches Kartellrecht und bezieht sich mit dem Begriff des Vorteils nicht auf den zusätzlichen Gewinn, sondern auf den zusätzlichen Umsatz. 35.78

Noch nicht vom Gesetzgeber umgesetzt ist bisher die teilweise erhobene Forderung,[2] dass **Vorstandsmitglieder und Geschäftsführer**, die kartellrechtswidrig gehandelt haben, **abzuberufen** sind. Im englischen Recht ist diese Sanktion bereits eingeführt. Und auch im Hinblick auf die verbreitete Forderung, bei erheblichem gesellschaftsrechtlichen Fehlverhalten zu einer so genannten director's disqualification zu kommen, ist die weitere Entwicklung in diesem Bereich derzeit offen.[3] 35.79

III. Zivilrecht

Bis auf die kraft Gesetzes eintretenden Nichtigkeitsfolgen ergeben sich die zivilrechtlichen Rechtsfolgen kartellrechtswidrigen Handelns auch bei Verstößen gegen das europäische Kartellrecht immer aus dem nationalen Recht, in Deutschland also aus dem GWB in Verbindung mit dem BGB. Das **zivilrechtliche Sanktionspotential** ist im deutschen Kartellrecht bereits durch die Gesetzesnovelle des Jahres 2005 **erheblich vergrößert** worden. Ferner hat die Umsetzung der Kartellschadenersatzrichtlinie 2014/104/EU im Rahmen der 9. GWB-Novelle des Jahres 2017, insbesondere aufgrund von diversen Erleichterungen des Klägers bei der Erfüllung der ihm obliegenden Beweis- und Darlegungslast (Auskunftsansprüche, Vermutungen) und einer Verjährungsfristverlängerung, erhebliche Anreize zur privaten Rechtsdurchsetzung zur Folge.[4] 35.80

---

1 Zur Vorteilsabschöpfung durch Verbände s. Rz. 35.85.
2 Vgl. den damaligen Präsidenten des BKartA *Böge*, FAZ v. 24.7.2003, Nr. 169, S. 12: „Sollte eine Klausel in die Anstellungsverträge der Führungskräfte aufnehmen, die eine fristlose Kündigung ermöglicht".
3 Vgl. dazu näher *J. Schmidt*, ZWeR 2010, 378 ff.; *Dreher*, Überformung des Aktienrechts durch die Rechtsprechung von Straf- und Verwaltungsgerichten, AG 2006, 213, 221 f.; die Täterschaft oder Teilnahme eines Arbeitnehmers an einem Kartellverstoß ist hingegen grundsätzlich dazu geeignet, eine außerordentliche Kündigung zu rechtfertigen, s. BAG v. 18.6.2015 – 2 AZR 256/14, Rz. 54, NZA 2016, 287, 289.
4 Vgl. hierzu den Gesetzentwurf der Bundesregierung zum 9. GWB-ÄndG, BT-Drucks. 18/10207 v. 7.11.2016 und dazu z.B. *Petrasincu*, WuW 2016, 330 ff.; *Beninca*, WuW 2016, 521 ff.; *Kersting/Preuß*, WuW 2016, 394 ff.

35.81 An erster Stelle steht die im Kartellrecht selbst vorgesehene **Nichtigkeit von kartellrechtswidrigen Vereinbarungen und Beschlüssen**. Sie folgt aus § 1 GWB in Verbindung mit § 134 BGB und aus Art. 101 Abs. 2 bzw. 102 AEUV i.V.m. § 134 BGB. Immer häufiger berufen sich Vertragspartner auf diese Regelungen, um nicht an zuvor geschlossene Vereinbarungen gebunden zu sein.

35.82 Eine ebenfalls immer größere Bedeutung haben kartellzivilrechtliche **Schadenersatzpflichten**.[1] Sie setzen nach § 33 Abs. 3 GWB vorsätzliches oder fahrlässiges Handeln voraus. Ob das schadenersatzpflichtige **Unternehmen** sich darauf berufen kann, dass ein Abnehmer kartellrechtswidrig überhöhte Preise seinerseits an Dritte weitergegeben hat – so genannte passing on-defence –, ist eine Frage der Vorteilsausgleichung. Sie war früher in den meisten Fällen im Hinblick auf eine effektive Durchsetzung des Kartellrechts zu verneinen. Im Wege der Umsetzung der Kartellschadensersatzrichtlinie 2014/104/EU wurde dem Beklagten zur Substantiierung des Einwands jedoch ein Auskunftsanspruch gegen den Kläger oder einen Dritten zur Seite gestellt (§ 33g Abs. 2 GWB). Die widerlegliche Vermutung des ebenfalls neuen § 33c Abs. 2 GWB, dass der Schaden unter bestimmten Voraussetzungen auf den indirekten Abnehmer abgewälzt wurde, wirkt jedoch nur zugunsten des indirekten Abnehmers bei seiner Klagesubstantiierung und somit lediglich bei einer „passing on-offence". Ferner unterliegen jegliche Schadenersatzansprüche nach § 33h GWB einer kenntnisabhängigen Verjährung von fünf Jahren und einer kenntnisunabhängigen Verjährung von 10 Jahren. Schulden mehrere Unternehmen Kartellschadensersatz, haften sie grundsätzlich gem. § 840 Abs. 1 BGB gesamtschuldnerisch, wobei § 33e und § 33f GWB Privilegierungen für Kronzeugen und Teilnehmer eines Vergleichsverfahrens vorsehen.

Die Debatte darüber, ob sich Schadenersatzansprüche Dritter auch gegen **Geschäftsleiter persönlich** richten können, ist seitens der Gerichte und Kartellbehörden noch nicht abschließend erörtert.[2]

35.83 Sofern Dritte befürchten, ein Unternehmen könnte Verstöße gegen das Kartellrecht in Zukunft noch einmal begehen, kann nach § 33 Abs. 2 GWB ein vorbeugender **Unterlassungsanspruch** bestehen. Er setzt lediglich voraus, dass eine Zuwiderhandlung droht.

35.84 Weiter besteht auch ein zivilrechtlicher **Beseitigungsanspruch** auf der Grundlage von § 33 Abs. 1 GWB. Er richtet sich gegen die fortbestehenden Folgen bereits verwirklichter Verstöße (Wiederherstellung des status quo ante).

35.85 Schließlich kennt das Kartellrecht in § 34a GWB noch eine **Vorteilsabschöpfung** durch **Verbände** zur Förderung gewerblicher oder selbständiger beruflicher Interessen. Sie richtet sich auf eine Abführung des wirtschaftlichen Vorteils kartellrechtswidrigen Handelns an den Bundeshaushalt und hat daher keine praktische Bedeutung. Die Verbände können aber auch die wichtigeren Ansprüche auf Unterlassung und Beseitigung geltend machen.

35.86 In geeigneten Fällen kann es auch zu zivilrechtlichen **Schadenersatzansprüchen von Unternehmen gegen ihre Manager** im Innenverhältnis kommen, wenn deren kartellrechtswidriges Handeln zu einem Schaden bei dem eigenen Unternehmen geführt hat. Soweit es jedoch um Regress nicht für zivilrechtliche Schadenersatzansprüche Dritter gegen das Unternehmen,

---

[1] Vgl. ausf. z.B. *Dreher/Kulka*, Wettbewerbs- und Kartellrecht, 9. Aufl. 2016, Rz. 1771 ff.
[2] Bejahend *Dreher*, Die persönliche Außenhaftung von Geschäftsleitern auf Schadenersatz bei Kartellrechtsverstößen, WuW 2009, 133 ff.; zustimmend *Kapp/Gärtner*, CCZ 2009, 168, 170; a.A. *Hack*, Vorstandsverantwortlichkeit bei Kartellrechtsverstößen, 2012, S. 86 ff.

sondern für Unternehmensgeldbußen geht, würde darin – nach allerdings bestrittener Ansicht – eine rechtlich nicht akzeptable Entlastung des Unternehmens liegen.[1]

IV. Ordnungswidrigkeitenrecht

Bei vorsätzlichem oder fahrlässigem Handeln drohen Unternehmen, Unternehmensvereinigungen oder persönlich Verantwortlichen **Bußgelder**. 35.87

Adressaten einer Bußgeldverfügung können nach § 81 GWB in Verbindung mit §§ 9, 14, 30, 130 OWiG und Art. 23 Kartellverordnung grundsätzlich sein:[2] 35.88

– **Vorstandsmitglieder**[3], **Geschäftsführer und leitende oder in Teilbereichen eigenverantwortlich tätige Mitarbeiter** bei eigenen Verstößen gegen das Kartellrecht oder bei der Verletzung von Aufsichtspflichten im Falle eines Kartellrechtsverstoßes durch andere Mitarbeiter des Unternehmens.[4]

– **Alle sonstigen Mitarbeiter des Unternehmens** bei Beteiligung an Verstößen gegen das Kartellrecht durch die zuvor genannten Adressaten.

– **Unternehmen** auf Grund einer Zurechnung von Kartellrechtsverstößen oder Aufsichtspflichtverletzungen von Unternehmensmitarbeitern.[5]

– **Unternehmensvereinigungen**.

Nach deutschem Kartellrecht kann ein Bußgeld gegen alle zuvor genannten Adressaten verhängt werden. Das europäische Kartellrecht kennt dagegen keine Bußgeldverfügungen gegen natürliche Personen. Es wendet sich nur gegen Unternehmen und Unternehmensvereinigungen, denen das Handeln der Mitarbeiter zugerechnet wird.

Die **Höhe des Bußgelds** für Verstöße gegen das materielle Kartellrecht beträgt nach deutschem Recht maximal 1 Million Euro bzw. darüber hinaus maximal 10 % des im vorangegangenen Geschäftsjahr erzielten Gesamtumsatzes des betroffenen Unternehmens. Der letztere Maßstab ist hierbei als Obergrenze eines Bußgeldrahmens und nicht als bloße Kappungsgrenze eines eigentlich noch höher ausfallenden Bußgelds zu verstehen.[6] Seit dem Jahr 2007 ist allerdings nach § 81 Abs. 4 Satz 3 GWB bei der Ermittlung des Gesamtumsatzes „der weltweite Umsatz aller natürlichen und juristischen Personen zugrunde zu legen, die als wirtschaftliche 35.89

---

1 Vgl. LAG Düsseldorf v. 20.1.2015 – 16 Sa 459/14. Das BAG hat das Urteil wegen Zuständigkeitsmängeln aufgehoben, ohne in der Sache zu entscheiden (BAG v. 29.6.2017 – 8 AZR 189/15); LAG Düsseldorf v. 27.11.2015 – 14 Sa 800/15; *Dreher*, Die kartellrechtliche Bußgeldverantwortlichkeit von Vorstandsmitgliedern, in FS Konzen, 2006, S. 85, 103 ff.; *Dreher*, Die persönliche Außenhaftung von Geschäftsleitern auf Schadenersatz bei Kartellrechtsverstößen, WuW 2009, 133 ff.; *Kapp/Gärtner*, CCZ 2009, 168, 170; *Hack*, Vorstandsverantwortlichkeit bei Kartellrechtsverstößen, 2012, S. 86 ff.; s. oben *Wilsing*, § 31.
2 Ausf. dazu z.B. *Dreher*, Kartellrechtscompliance, ZWeR 2004, 75, 89 ff.
3 Vgl. dazu ausf. *Dreher*, Die kartellrechtliche Bußgeldverantwortlichkeit von Vorstandsmitgliedern, in FS Konzen, 2006, S. 85 ff.
4 Falls es bereits früher zu Unregelmäßigkeiten gekommen ist, fordert die Rechtsprechung „gesteigerte Aufsichtsmaßnahmen", vgl. OLG Düsseldorf v. 5.4.2006 – VI-2 Kart 5 + 6/05 OWi, WuW/E DE-R 1893 – Transportbeton.
5 Natürliche Personen können im kartellrechtlichen Sinne Unternehmenseigenschaft haben, wenn sie selbständig am Markt tätig sind wie z.B. Handelsvertreter im Verhältnis zu Dritten.
6 Vgl. BGH v. 26.2.2013 – KRB 20/12, WuW/E DE-R 3861 – Grauzementkartell.

Einheit operieren." Das europäische Kartellrecht richtet sich ausschließlich an Unternehmen oder Unternehmensvereinigungen, wobei die Entscheidungspraxis darunter auch wirtschaftliche Einheiten fasst. Es kennt nur das 10 %-Kriterium. Die konkrete Höhe eines Bußgelds ist von der Dauer und der Schwere des Verstoßes abhängig. Die Kartellbehörden haben hierzu Bußgeldleitlinien veröffentlicht, um die Entscheidungsfindung transparenter werden zu lassen.[1] Die Einführung von Compliance-Programmen bildet nach Ansicht der Kartellbehörden (s. Rz. 35.52 ff.), wenn auch zu Unrecht, keinen mildernden Umstand bei der Bußgeldbemessung. Ob die Bußgelder angesichts der inzwischen erzielten Höhe (s. Rz. 35.2) und des für sie nach der Rechtsprechung des EuGH nur geringen Begründungsaufwands noch rechtsstaatlichen Anforderungen genügen und nicht schon, entgegen dem expliziten Hinweis auf das Gegenteil in Art. 23 Abs. 5 Kartellverordnung, strafrechtlichen Charakter haben, ist inzwischen eine häufig erörterte Frage.[2]

35.90 Durchaus erfolgreich sind die vor einigen Jahren eingeführten **Bonus- oder Leniency-Programme** der Kartellbehörden. Sie gewähren nach vorab publizierten Kriterien[3] einen vollständigen oder teilweisen Bußgelderlass, wenn sich Unternehmen oder persönlich Betroffene den Kartellbehörden im Hinblick auf Kartellrechtsverstöße offenbaren. Je früher die Offenbarung im Verhältnis zu anderen Beteiligten erfolgt, desto höher ist der Bußgeldnachlass, der bis zu einem Bußgelderlass gehen kann. Manager sollten bzw. müssen im gegebenen Fall die Inanspruchnahme der Regelung deshalb in Erwägung ziehen. Dies setzt jedoch wegen der zahlreichen damit verbundenen Rechtsfragen – zum Beispiel Wahrung der Erlasschancen auch in anderen gegebenenfalls betroffenen Kartellrechtsordnungen von Mitgliedstaaten der EU –[4] eine vorherige kartellrechtliche Beratung und sodann Begleitung voraus. Ähnliches gilt für Vergleichs- oder Settlement-Verfahren, die bei umfangreicher Kooperation mit der Kartellbehörde zu einer Bußgeldreduktion führen.[5] Teilnehmern beider Verfahren kommt seit der 9. GWB-Novelle ein umfangreicher Schutz mit Blick auf nachfolgende Schadenersatzverfahren zu.[6] In diesem Zusammenhang stellen sich, wie erst neuerdings erörtert

---

1 Vgl. Leitlinien der Kommission für das Verfahren zur Festlegung von Geldbußen vom 28.6.2006, ABl. EU Nr. C 210 v. 1.9.2006, S. 2. Auch das Bundeskartellamt hat entsprechende, nun in zweiter Auflage verfügbare, Leitlinien durch Bekanntmachung am 25.6.2013 erlassen.
2 Vgl. dazu z.B. *Brettel/Thomas*, ZWeR 2009, 25 ff.; apologetisch dagegen EuGH v. 22.5.2008 – Rs. C-266/06 P, WuW/E EU-R 1451, Rz. 32 ff. – Evonik Degussa/Kommission; zur Abgrenzung zum „harten Kern des Strafrechts" vgl. Generalanwältin Kokott v. 18.4.2013 – C-501/11P, NZKart 2013, 206 – Schindler sowie zum Ganzen auch *Dreher/Kulka*, Wettbewerbs- und Kartellrecht, 9. Aufl. 2016, Rz. 1734 m.N.
3 Vgl. Bekanntmachung der Kommission, ABl. EU Nr. C 298 v. 8.12.2006, S. 17 und die auch im Internet auf der BKartA-Homepage veröffentlichte Bonusregelung des BKartA in Form der Bekanntmachung Nr. 9/2006.
4 Derzeit verfügen 23 Mitgliedstaaten über ein leniency-Programm. Eine aktuelle Liste der betreffenden Staaten ist auf der homepage der Kommission unter http://ec.europa.eu/comm/competition/antitrust/legislation/network.html einsehbar. Wenige Staaten haben zwar noch kein leniency-Programm implementiert, wenden aber in der Praxis im Rahmen ihres Sanktionsermessens der Sache nach ähnliche Grundsätze an, wie sie in förmlichen leniency-Programmen geregelt sind.
5 Vgl. VO (EG) Nr. 773/2004, ABl. EU Nr. L 123 v. 27.4.2004, S. 18 (in der durch VO (EG) Nr. 622/2008, ABl. EU Nr. L 171 v. 1.7.2008, S. 3 geänderten Fassung) und die auch im Internet auf der BKartA-Homepage veröffentlichte Merkblatt über eine einvernehmliche Verfahrensbeilegung (Settlement-Verfahren) v. 2.2.2016.
6 So steht dem Kläger ein nur eingeschränktes Auskunftsrecht zu (s. § 33g Abs. 4 GWB) und die gesamtschuldnerische Haftung ist begrenzt (s. § 33e Abs. 3 und § 33f Abs. 2 GWB).

wird, auch zahlreiche Fragen im Verhältnis von Kartellrecht zu Gesellschafts-[1] und Kapitalmarktrecht.[2]

Nach Art. 25 Kartellverordnung **verjähren** Verstöße gegen materielles europäisches Kartellrecht innerhalb von 5 Jahren nach Begehung bzw. – bei fortgesetztem Handeln – Beendigung des Verstoßes. Diese Frist wird allerdings gegenüber allen Beteiligten unterbrochen, wenn einem am Verstoß beteiligten Unternehmen eine Ermittlungshandlung der Kommission oder einer nationalen Kartellbehörde bekannt wird. In jedem Fall muss eine Geldbuße spätestens vor Ablauf der doppelten Verjährungsdauer, also nach 10 Jahren, festgesetzt worden sein. Sofern gegen Auskunftspflichten verstoßen wurde, beträgt die Verjährungsfrist lediglich 3 Jahre. Nach deutschem Kartellrecht gilt über § 81 Abs. 8 Satz 2 GWB für materielle Kartellrechtsverstöße ebenfalls eine Verjährungsfrist von 5 Jahren mit einer Unterbrechung bei Ermittlungsmaßnahmen.

35.91

V. Strafrecht

Während das europäische Kartellrecht keine Straftatbestände kennt, wird in Deutschland eine Kriminalisierung des Kartellrechts immer wieder erwogen. Bisher wird sie jedoch zu Recht überwiegend abgelehnt.[3] Gegenwärtig kennt das deutsche Recht im Zusammenhang mit kartellrechtswidrigem Handeln daher nur einen einzigen Straftatbestand. Er bezieht sich auf den **Ausschreibungsbetrug**. Nach § 298 StGB führen derartige Betrugshandlungen zu Geld- oder Freiheitsstrafen. Der Tatbestand bezieht sich nicht nur auf öffentliche Ausschreibungen, sondern erfasst auch Ausschreibungen durch Private. Kartellverstöße können aber auch den allgemeinen Betrugtatbestand des § 263 StGB erfüllen.[4]

35.92

F. Schluss

Pflichten, Risiken und Haftung im Kartellrecht sind wichtige Themen für Manager. Die in Unternehmen verantwortlich Tätigen sollten dem Kartellrecht die notwendige Aufmerksamkeit jedoch nicht nur wegen dessen Sanktionspotential widmen. Im Vordergrund muss vielmehr die Erkenntnis stehen, dass allein das **Kartellrecht als Magna Charta des Wettbewerbs** die wirtschaftliche Tätigkeit der Unternehmen und ihrer Mitarbeiter auf Dauer in einem System offener Märkte auf der Basis von Freiheit und Gleichheit aller Wirtschaftsteilnehmer gewährleistet.

35.93

---

1 Vgl. *Dreher*, ZWeR 2009, 397 ff.; *Koch* in FS W.H. Roth, 2015, S. 279 ff.
2 Vgl. *Dreher*, WuW 2010, 731; *Wilken/Hagemann*, BB 2016, 67 ff.
3 Vgl. nur *Dreher/Kulka*, Wettbewerbs- und Kartellrecht, 9. Aufl. 2016, Rz. 1756 f. m.z.N.
4 BGH v. 8.1.1992 – 2 StR 102/91, WuW/E BGH 2849 – Arbeitsgemeinschaft Rheinausbau.

§ 36
Risikobereich und Haftung: Steuerrecht

Dr. Christian Hick

A. Einleitung: Zunehmend brisante Managerhaftung für Steuerrisiken . . 36.1
B. Das steuerliche Haftungsregime der Abgabenordnung für Manager (Geschäftsführung, Vorstand, Aufsichtsrat) 36.4
  I. Einordnung des Haftungstatbestandes im Steuersystem 36.4
  II. Haftung des Geschäftsführers und Vorstands gem. § 69 AO 36.7
    1. Grundsätze der Haftung der gesetzlichen Vertreter 36.7
    2. Tatbestandsvoraussetzungen der steuerlichen Haftung der gesetzlichen Vertreter im Einzelnen 36.10
  III. Formelles Haftungsrecht 36.19
    1. Inanspruchnahme durch Erlass eines Haftungsbescheides 36.19
    2. Ausübung der Ermessensentscheidung 36.24
  IV. Parallele einzelsteuergesetzliche Haftungstatbestände 36.27
C. Besondere steuerliche Haftungsbereiche für Manager in Unternehmen 36.29
  I. Haftung für Steuererklärungspflichten und steuerrelevante Bescheinigungen 36.29
  II. Haftung für Abzugssteuern 36.32
  III. Erfüllung gesetzlicher Aufzeichnungspflichten bei Auslandssachverhalten . 36.35
D. Sonderfragen der Haftung im Zusammenhang mit Abzugssteuern . . . 36.39
  I. Haftung für abzuführende Lohnsteuer 36.39
  II. Haftung des Umsatzsteuerschuldners 36.44
E. Steuerliches Risikomanagement zur Haftungsvermeidung und Haftungsbegrenzung 36.49
  I. Präventive Haftungsvermeidung durch ein System zur Überwachung der Erfüllung der steuerlichen Pflichten 36.49
    1. Innerbetriebliches Kontrollsystem für steuerliche Zwecke 36.49
    2. Innerbetriebliches Kontrollsystem für steuerliche Zwecke als Bestandteil eines „Tax-Compliance-Management-Systems" 36.50
  II. Einzelmaßnahmen zur vorsorgenden Haftungsvermeidung und Haftungsbegrenzung 36.53
  III. Maßnahmen zur Abwehr oder Abmilderung von Haftungsinanspruchnahmen 36.61
F. Zusammenfassung 36.66

Schrifttum: *Aichberger/Schwartz*, Tax-Compliance – Der Vorstand im Focus? (Teil II), DStR 2015, 1758; *Binnewies*, Haftungsfalle „Einlagekonto nach § 27 KStG" – Stolpersteine in der Praxis erkennen und vermeiden, GmbH-StB 2013, 22; *Bleckmann*, Tax Compliance Management System und die Umsatzsteuer – Herausforderung und Chance für die Unternehmen, BB 2017, 352; *Boeker* in Hübschmann/Hepp/Spitaler (HHSp), vor §§ 69–77 AO und § 69 AO; *Creed/Link*, Tax Compliance Management – nur wichtig für kapitalmarktorientierte Unternehmen oder auch für den Mittelstand?, BB 2016, 983; *Dannecker/Werder*, Entwicklungen bei der verbindlichen Auskunft, BB 2017, 284; *Erdbrügger/Jehke*, Das BMF-Schreiben vom 23.5.2016 zu § 153 AO – strafrechtliche Haftungsentlastung bei Einrichtung eines Tax-Compliance-Management-Systems, BB 2016, 2455; *Froesch*, Managerhaftung – Risikominderung durch Delegation?, DB 2009, 723; *Jatzke* in Beermann/Gosch, § 69 AO; *König/Teichert*, AEAO zu § 153 AO: Unternehmen schützen mit Tax Compliance, DB 2017, 146; *Krause*, Managerhaftung und Strategien zur Haftungsvermeidung, BB 2009, 1374; *Loose* in Tipke/Kruse, vor

§ 69 AO; *Meyer*, Die Geschäftsleiterhaftung für nicht entrichtete Steuern (§§ 69, 34 Abs. 1 AO) in Krise und Insolvenz der Kapitalgesellschaft, DStZ 2014, 228; *Misbauer*, Die Bedeutung der schuldhaften Pflichtverletzung für die Haftung nach § 69 AO, DStR 2006, 148; *H.-F. Müller*, Die steuerrechtliche Haftung des GmbH-Geschäftsführers in der Krise, GmbHR 2003, 389; *Nacke*, Haftung des Betriebsunternehmens nach § 75 AO, NWB 2/2007 S. 89 (v. 8.1.2007); *Neuling*, Tax Compliance im Unternehmen: Schlichte Anzeige (§ 153 AO) vs. Selbstanzeige, DStR 2015, 558; *Neusel*, Die persönliche Haftung des Geschäftsführers für Steuern der GmbH, GmbHR 1997, 1129; *Ott*, Steuerliche Haftungsgefahren bei Kapitalherabsetzung und Rückzahlung der Kapitalrücklage, GmbHR 2014, 971; *Prinz*, Gedanken zur „Arbeitnehmerbesteuerung, FR 2015, 785; *Remmert/Horn*, Die Haftung des GmbH-Geschäftsführers für im Vorfeld einer Insolvenz nicht abgeführte Lohn- und Umsatzsteuer, NZG 2006, 881; *Rüsken* in Klein, § 69 AO; *Schwedhelm*, Tax Compliance Management System, GmbH-StB 2017, 83; *Schwedhelm/Talaska*, Was kann ein Tax Compliance Management System leisten?, ifst-Schrift 513 (2016); *Stahlschmidt*, Haftung des Geschäftsführers für Steuerschulden der GmbH, GmbHR 2005, 677; *Tiedtke*, Haftungsbescheid gegen einen Geschäftsführer, der die von der GmbH geschuldeten Löhne aus seinem Privatvermögen gezahlt hat, GmbHR 2007, 21; *Watermeyer*, Steuerhaftung bei Betriebsübergang, GmbH-StB 2006, 259; *Weigell/Görlich*, Der Anwendungserlass zu § 153 AO – eine praxistaugliche Abgrenzungshilfe?, FR 2016, 989; *v. Wolfersdorff/Hey*, Was kann ein Tax-Compliance-Management-System leisten, WPg 2016, 934.

A. Einleitung: Zunehmend brisante Managerhaftung für Steuerrisiken

Die Komplexität des deutschen Steuerrechts hat in den letzten Jahren deutlich zugenommen. Hierfür sind die zahlreichen steuerlichen Rechtsnormen, die seit geraumer Zeit in immer kürzeren Zeitabständen aufeinander folgenden Rechtsänderungen (mit sog. Rechtssprüngen), aber auch die bei der konkreten Rechtsanwendung auftretenden zahlreichen Auslegungsfragen und systematischen Verwerfungen ursächlich. Hinzukommen die besonderen Rechtsprobleme, die in der Praxis bei der zutreffenden Behandlung grenzüberschreitender Besteuerungssachverhalte anzutreffen sind. Managern obliegt die Verantwortung (= Haftung) für die Erfüllung der steuerlichen Pflichten des von ihnen vertretenen Unternehmens. Aus den genannten Gründen hat sich in den letzten Jahren auch das Risiko einer Inanspruchnahme für Steuerschulden durch Haftungsbescheid für Manager erheblich verschärft, wobei sich in der Praxis vor allem die Frage einer persönlichen Haftungsinanspruchnahme der Vorstandsmitglieder einer Aktiengesellschaft bzw. der Geschäftsführer einer Gesellschaft mit beschränkter Haftung stellt. Mitunter sind aber auch die Mitglieder von Aufsichtsgremien haftungsmäßig betroffen. Hinzukommt, dass in der Praxis zu beobachten ist, dass sowohl durch die Veranlagungsstellen als auch durch die Betriebsprüfung „Haftungstatbestände" tendenziell früher an die Straf- und Bußgeldsachenstellen abgegeben werden. Auch unter diesem Aspekt haben sich die Risiken des Managements im Fall einer Haftungsinanspruchnahme für Steuerschulden deutlich verschärft.

36.1

Neben den gesellschaftsrechtlichen und insolvenzrechtlichen Haftungsnormen sind für Manager auch die in der Abgabenordnung begründeten Haftungstatbestände von besonderem Gewicht. Dies ergibt sich schon daraus, dass die nach den Steuergesetzen zu erfüllenden Verpflichtungen laufend im Rahmen der Geschäftstätigkeit zu beachten sind. Die §§ 69–76 AO enthalten die wichtigsten allgemeinen steuerlichen Haftungstatbestände. Für die Praxis kommt der in § 69 AO geregelten Haftung der gesetzlichen Vertreter Grundlagencharakter zu. Aus der Vorschrift ergeben sich die allgemeinen Grundsätze einer Haftungsinanspruchnahme gesetzlicher Vertreter. Die Anspruchsgrundlagen einer Steuerhaftung für Manager wurden in den letzten Jahren erheblich ausgeweitet und ziehen sich mittlerweile durch nahezu sämtliche Einzelsteuergesetze (beispielhaft ist auf § 10b Abs. 4 Satz 2 EStG, § 42d EStG,

36.2

§§ 44 Abs. 5, 45a Abs. 7 EStG, §§ 13c, 25d UStG zu verweisen).[1] Durch die Vielfalt der in der Praxis anzutreffenden Haftungstatbestände hat sich das Risiko einer Haftungsinanspruchnahme deutlich verschärft.[2] Praktisch besonders bedeutsam sind vor allem Haftungsinanspruchnahmen für Lohn- und Umsatzsteuer; dies wird auch anhand der hierzu ergangenen vielfältigen Rechtsprechung (auch im Zusammenhang mit insolvenzrechtlichen Anfechtungsmöglichkeiten) deutlich. Hierbei ist auch zu beachten, dass im Zusammenhang mit der Aufdeckung von Haftungstatbeständen durch die Finanzverwaltung der zunehmenden Digitalisierung betrieblicher Funktionen und damit auch der sog. „Steuerfunktion" eine gewichtige Bedeutung zukommt. Durch den Einsatz von Prüfprogrammen und Prüfroutinen wird die Finanzverwaltung zunehmend in die Lage versetzt, einen Abgleich von Daten vorzunehmen, die bislang, wenn überhaupt, nur mit einem erheblichen Zeit- und Personaleinsatz zu bewältigen waren.

36.3 Der vorliegende Beitrag vermittelt aufbauend auf den allgemeinen Grundsätzen der Haftung gesetzlicher Vertreter i.S. des § 69 AO und ausgewählter steuerlicher Haftungstatbestände der Einzelsteuergesetze, einen Überblick über die für Manager bestehenden steuerlichen Haftungsnormen. Um eine Haftungsinanspruchnahme zu vermeiden, sollten Gegenstand des Risikomanagements eines Unternehmens auch Strategien zur Vermeidung haftungsbegründender Tatbestände bilden. Hierzu bieten sich unterschiedliche Maßnahmen an, deren Umsetzung durch die Geschäftsleitung sicherzustellen ist. Besonderes Gewicht kommt hierbei in jüngerer Zeit den Maßnahmen zur Implementierung eines „Tax-Compliance-Management-Systems" für steuerliche Zwecke zu.

B. Das steuerliche Haftungsregime der Abgabenordnung für Manager (Geschäftsführung, Vorstand, Aufsichtsrat)

I. Einordnung des Haftungstatbestandes im Steuersystem

36.4 **Steuerhaftung und Steuerschuld.** Ansprüche aus dem Steuerschuldverhältnis entstehen allein durch Tatbestandsverwirklichung und damit ohne Rücksicht darauf, ob der Schuldner fähig oder willens ist, den Anspruch zu erfüllen. Den hieraus in der Praxis resultierenden Problemen versucht das Steuerrecht durch Einbeziehung möglichst vieler Personen in das Steuerschuldverhältnis – damit dessen Aufteilung auf Schuldner, Haftender und deren Rechtsnachfolger – zu begegnen. Haften bedeutet im steuerlichen Sinne das Einstehen für eine fremde Schuld.[3] Nach der AO sind Schuldner und Haftender einander gleichgestellt. Daraus folgt, dass Schuldner und Haftender Gesamtschuldner i.S. des § 44 Abs. 1 AO sind und nebeneinander für dieselbe steuerliche Leistung haften. Die Abgabenordnung nimmt eine systematische Trennung zwischen Steuerschuldrecht, Festsetzungs- und Feststellungsverfahren sowie dem Erhebungsverfahren vor. Zu den materiellen Haftungsvorschriften zählen die §§ 69–77 AO.[4] Sind die Tatbestandsvoraussetzungen einer haftungsbegründenden Norm erfüllt, sieht die Abgabenordnung eine Inanspruchnahme des Haftenden durch den Erlass eines Haftungs-

---

[1] Vgl. *Boeker* in HHSp, vor §§ 69–77 AO Rz. 10.
[2] Für eine Übersicht s. auch *Rüsken* in Klein, § 69 AO Rz. 140 ff.
[3] Vgl. *Boeker* in HHSp, § 69 AO Rz. 5; BFH v. 2.5.1984 – VIII R 239/82, BStBl. II 1984, 695.
[4] Dem Grunde nach unterscheidet die AO zwischen der Haftung kraft Gesetzes und kraft Vertrages. Im Fall der Haftung kraft Gesetzes beruht die Haftung auf Steuertatbeständen, die in der AO geregelt sind. Die Haftung kraft Vertrages ist zivilrechtlicher Natur und begründet keine öffentlich rechtliche Verpflichtung. Vgl. *Loose* in Tipke/Kruse, vor § 69 AO Rz. 13.

bescheides (formelles Haftungsrecht) vor, wobei sich der Haftungsanspruch aus einem Gesetz (Steuergesetz oder außersteuerliches Gesetz, § 191 Abs. 1 Satz 1 AO) oder aus einem Vertrag ergeben kann (§ 192 AO).[1]

Beispiel: Geschäftsführer A unterschreibt in einer Krisensituation der Gesellschaft verspätet die Lohnsteueranmeldungen.

Der Geschäftsführer muss sich eine Verletzung der ihm obliegenden Verpflichtung zur rechtzeitigen Anmeldung und Abführung einbehaltener Lohnsteuerbeträge vorhalten lassen. Soweit die Gesellschaft auf Grund der Krisensituation ihrer Verpflichtung zur Abführung der Lohnsteuer nicht mehr nachkommt, kann das Finanzamt den Geschäftsführer für den hieraus entstehenden Steuerausfall mit seinem persönlichen Vermögen in Anspruch nehmen.

Akzessorietät des Haftungsanspruchs. Die Haftung ist sowohl dem Grunde als auch der Höhe nach von der Steuerschuld des betroffenen Unternehmens abhängig (Grundsatz der Akzessorietät). Mit anderen Worten, die Haftungsschuld tritt neben die Steuerschuld der Gesellschaft. Folge ist, dass ein Haftungsanspruch nur dann entstehen kann, wenn zumindest gleichzeitig eine Schuld (materiell rechtlich) entstanden ist und bei Geltendmachung des Haftungsanspruchs noch besteht.[2] Die Festsetzung eines Steueranspruchs ist jedoch nicht erforderlich. Erlischt der Steueranspruch, erlischt grundsätzlich auch der Haftungsanspruch, da die Haftung nur Schadensersatzcharakter hat und helfen soll, Steuerausfälle zu verhindern.[3] Daher ist bspw. der Erlass eines Lohnsteuerhaftungsbescheides unzulässig, falls die Steuerschuld gegenüber dem Arbeitnehmer wegen des Ablaufs der steuerlichen Festsetzungsfrist nicht mehr festgesetzt werden kann.[4] Durch den Grundsatz der Akzessorietät ist es dem Finanzamt verwehrt, eine höhere Haftungsschuld zu realisieren, als die geschuldete Steuerschuld (Übermaßverbot).[5]

36.5

Haftungskonkurrenz. Die in der Abgabenordnung geregelten Haftungstatbestände schließen eine Haftung nach zivilrechtlichen Vorschriften nicht aus.[6] Zwischen den Haftungstatbeständen der AO und den zivilrechtlichen Haftungstatbeständen besteht einfache Gesetzeskonkurrenz.[7] Dies hat zur Folge, dass Haftungsvorschriften nebeneinander anwendbar bleiben, was das Risiko des Managers im Ergebnis erhöht.[8]

36.6

---

1 Eine Haftung kraft Vertrages wird begründet durch Schuldbeitritt (§§ 305, 328 BGB), Bürgschaft (§ 765 BGB), Schuldversprechen (§ 780 BGB), Schuldübernahme (§§ 414, 415 BGB), Garantievertrag (§ 305 BGB). In dem Vertrag verpflichtet sich der Dritte gegenüber dem Finanzamt für die Steuerschuld eines anderen einzustehen. In der Praxis ist eine Haftung kraft Vertrages eher selten anzutreffen.
2 Vgl. BFH v. 24.6.1986 – VII R 193/82, BStBl. II 1986, 872.
3 Nach § 47 AO erlöschen Ansprüche aus dem Steuerschuldverhältnis durch Zahlung (§§ 224, 224a, 225 AO), Aufrechnung (§ 226 AO), Erlass (§§ 163, 227 AO), Festsetzungsverjährung (§§ 169 bis 171 AO) oder durch Zahlungsverjährung (§§ 228 bis 232 AO).
4 Vgl. BFH v. 17.3.2016 – VI R 3/15, BFH/NV 2016, 994.
5 Vgl. *Rüsken* in Klein, § 69 AO Rz. 1.
6 Vor allem nach §§ 25–28, 128, 171–176 HGB; §§ 421, 427 BGB; hierzu auch BFH v. 23.10.1985 – VII R 187/82, BStBl. II 1986, 156.
7 Vgl. *Loose* in Tipke/Kruse, vor § 69 AO Rz. 22.
8 Vgl. FG Hessen v. 24.10.1995 – 6 K 5103/89, EFG 1996, 162, rkr.

II. Haftung des Geschäftsführers und Vorstands gem. § 69 AO

1. Grundsätze der Haftung der gesetzlichen Vertreter

36.7 Den in der Praxis bedeutsamsten allgemeinen Haftungstatbestand regelt § 69 AO (Haftung der Vertreter).[1] Die Vorschrift begründet eine persönliche Haftung für Personen, die die steuerlichen Pflichten von Steuersubjekten zu erfüllen haben, die selbst nicht wirksam handeln können; der Steuerschuldner selbst kann nicht als haftender in Anspruch genommen werden. Als juristische Personen sind Aktiengesellschaften (§ 1 Abs. 1 AktG) und Gesellschaften mit beschränkter Haftung (§ 1 GmbHG) nicht selbst handlungsfähig, sondern bedürfen vom jeweiligen Gesellschafterbestand losgelöster selbständiger Leitungsorgane. Diese Funktion nimmt bei Aktiengesellschaften der Vorstand und bei Gesellschaften mit beschränkter Haftung der Geschäftsführer wahr. Aber auch nichtrechtsfähige Personenvereinigungen wie die offene Handelsgesellschaft (OHG) und die Kommanditgesellschaft (KG), können sich zur Erfüllung ihrer steuerlichen Pflichten eines zur Vertretung befugten Geschäftsführers bedienen. Geschäftsführer nichtrechtsfähiger Personenvereinigungen (§ 34 Abs. 1 Alt. 2 AO) sind wie die gesetzlichen Vertreter juristischer Personen Organe der Gesellschaft.

36.8 Nach § 69 AO haften die in §§ 34 und 35 AO genannten Personen, soweit Ansprüche aus dem Steuerschuldverhältnis (§ 37 AO) in Folge vorsätzlicher oder grob fahrlässiger Verletzung der ihnen auferlegten Pflichten nicht oder nicht rechtzeitig festgesetzt oder erfüllt werden oder soweit in Folge dessen Steuervergütungen oder Steuererstattungen ohne rechtlichen Grund gezahlt werden. Der Haftungsanspruch entsteht, sobald der Tatbestand verwirklicht ist, an den das Gesetz die Haftung knüpft.[2]

36.9 Eine Haftung nach § 69 AO hat bei wirtschaftlicher Betrachtung Schadensersatzcharakter.[3] Die Zielsetzung des Haftungstatbestandes besteht nicht in der Erfüllung der von dem Vertretenen geschuldeten Steuer. Vielmehr sollen durch die Haftung Steuerausfälle ausgeglichen werden, die die gesetzlichen Vertreter in Folge der Nichterfüllung ihrer gesetzlichen Pflichten zu vertreten haben. Vor diesem Hintergrund muss zwischen der Pflichtverletzung und den steuerlichen Wirkungen ein kausaler Zusammenhang bestehen. Der Höhe nach ist daher die Haftung auf den Betrag beschränkt, die der Vertretene auf Grund der schuldhaften Pflichtverletzung der Vertreter nicht gezahlt hat.

2. Tatbestandsvoraussetzungen der steuerlichen Haftung der gesetzlichen Vertreter im Einzelnen

36.10 Eine Haftung gem. § 69 AO erfordert kumulativ fünf Tatbestandsvoraussetzungen:

- der Haftende muss dem Personenkreis der §§ 34, 35 AO angehören,
- er muss eine Pflichtverletzung (vorsätzlich oder grob fahrlässig) begangen haben,
- die Pflichtverletzung muss zu einem Haftungsschaden geführt haben
- und für den Schadenseintritt ursächlich sein,
- der Haftende muss schuldhaft gehandelt haben.

---

[1] S. hierzu auch *Fleischer* in MünchKomm. GmbHG, § 43 GmbHG Rz. 363 ff.
[2] Vgl. BFH v. 15.10.1996 – VIII R 46/96, BStBl. II 1997, 171.
[3] Vgl. *Rüsken* in Klein, § 69 AO Rz. 1; *Jatzke* in Beermann/Gosch, § 69 AO Rz. 3; *Boeker* in HHSp, § 69 AO Rz. 7.

Nachfolgend sind die Voraussetzungen einer Inanspruchnahme als Haftungsschuldner näher zu konkretisieren:

Steuerrelevante Pflichtverletzung des Managers. Vorliegen muss zunächst eine vorsätzliche oder grob fahrlässige Pflichtverletzung durch den in §§ 34 und 35 AO abgegrenzten Personenkreis, aus der ein Steuerausfall resultiert.[1] Zu dem von § 34 Abs. 1 AO erfassten Personenkreis zählen die gesetzlichen Vertreter natürlicher sowie juristischer Personen aber auch die Geschäftsführer nichtrechtsfähiger Personenvereinigungen.[2] In der Praxis stehen vor allem die gesetzlichen Vertreter juristischer Personen im Vordergrund, die Leitungsfunktionen wahrnehmen und auch die Leitungsverantwortung tragen. Bei den gesetzlichen Vertretern juristischer Personen handelt es sich um GmbH-Geschäftsführer (§ 35 GmbHG) sowie Vorstände von Aktiengesellschaften (§ 78 AktG). Auch Prokuristen sind von einer möglichen Steuerhaftung nicht generell ausgenommen. So kann sich die Steuerhaftung eines Prokuristen aus der Stellung als gesetzlicher Vertreter (§ 34 AO) sowie als Verfügungsberechtigter (§ 35 AO) ergeben. Dabei zählen zu den Verfügungsberechtigten Personen, die im Außenverhältnis rechtlich und tatsächlich wirksam über fremde Wirtschaftsgüter verfügen können (wirksames Handeln im Außenverhältnis).[3] Dies gilt v.a. dann, wenn dem Prokuristen die fristgerechte Abgabe der Steuererklärungen/-anmeldungen übertragen worden ist. Aber auch dem zur Vertretung befugten Geschäftsführer einer nichtrechtsfähigen Personenvereinigung i.S. des § 34 Abs. 1 Alt. 2 AO (vor allem von OHG und KG) kommt eine Vertretungsfunktion zu. Der steuerliche Berater zählt hingegen nicht zu den gesetzlichen Vertretern im Sinne der genannten Vorschriften, sondern ist lediglich Bevollmächtigter.[4]

Fraglich ist die Einstufung der Mitglieder des Aufsichtsrats einer AG in den von § 34 AO erfassten Personenkreis.[5] Nach § 111 Abs. 1 AktG obliegt dem Aufsichtsrat die Aufgabe, die Geschäftsführung zu überwachen. Erfasst wird von der Überwachungsfunktion auch die Erfüllung der steuerlichen Pflichten durch die gesetzlichen Vertreter.[6] Der Aufsichtsrat bzw. dessen Mitglieder zählen allerdings nicht zu den von § 34 Abs. 1 AO erfassten gesetzlichen Vertretern juristischer Personen, so dass eine auf § 69 AO begründete Haftungsinanspruchnahme selbst bei einer Verletzung der Aufsichtspflicht der Aufsichtsratsmitglieder nicht in Frage kommt. Entsprechendes dürfte auch für andere Überwachungsgremien (bspw. Beiräte in einer GmbH) gelten.

Wird eine Kapitalgesellschaft von mehreren gesetzlichen Vertretern vertreten, ist nach der BFH-Rechtsprechung grundsätzlich jeder von ihnen zur Erfüllung der steuerlichen Obliegenheiten verpflichtet (Grundsatz der Gesamtverantwortung).[7] Allerdings bleibt zu beachten, dass eine Begrenzung der Gesamtverantwortung (kein Haftungsausschluss) für den Fall in Frage kommt, dass nach der internen Geschäftsverteilung ein Mitglied der Geschäftsführung für die Erfüllung der steuerlichen Pflichten verantwortlich ist.[8] Die Rechtsprechung verlangt für eine Haftungsbegrenzung zumindest eine vorherige, eindeutige und schriftliche Verein-

36.11

36.12

36.13

---

1 Vgl. *Boeker* in HHSp, § 69 AO Rz. 13.
2 Weitergehend *Boeker* in HHSp, § 60 AO Rz. 12.
3 Im Einzelnen *Jatzke* in Beermann/Gosch, § 69 AO Rz. 14; *Loose* in Tipke/Kruse, § 69 AO Rz. 6.
4 Vgl. *Rüsken* in Klein, § 35 AO Rz. 15.
5 Das GmbHG sieht die Einrichtung eines Aufsichtsrats nicht vor. Allerdings bleibt zu beachten, dass sich die Einrichtung aus den Mitbestimmungsgesetzen ergeben kann.
6 Hierzu im Einzelnen *Loose* in Tipke/Kruse, § 69 AO Rz. 7; *Jatzke* in Beermann/Gosch, § 69 AO Rz. 11.
7 Vgl. BFH v. 21.10.2003 – VII B 353/02, BFH/NV 2004, 157.
8 Vgl. *Loose* in Tipke/Kruse, § 69 AO Rz. 7.

barung über die interne Geschäftsverteilung.[1] Die Darlegungs- und Feststellungslast für das Vorliegen einer schriftlichen Vereinbarung über die Geschäftsverteilung liegt dabei grundsätzlich beim Haftungsschuldner.[2]

Beispiel: Prokurist oder stellvertretender Geschäftsführer unterschreiben eine falsche Steueranmeldung. Fraglich ist, ob hieraus eine mögliche Haftungsinanspruchnahme des Geschäftsführers resultiert.

Als gesetzlichem Vertreter i.S. des § 34 AO obliegt dem Geschäftsführer die Verpflichtung, die steuerlichen Pflichten der Kapitalgesellschaft zu erfüllen. Die Frage einer Haftungsinanspruchnahme des Geschäftsführers könnte sich nach dem Grundsatz der Gesamtverantwortung stellen. Allerdings wäre zu prüfen, ob sich eine Begrenzung der Gesamtverantwortung des Geschäftsführers aus einer im Voraus abgeschlossenen schriftlichen Vereinbarung ergibt.

36.14 Den gesetzlichen Vertretern obliegende Pflichten haben öffentlich rechtlichen Charakter und können daher vertraglich nicht abbedungen werden.[3] Zu beachten ist, dass für eine mögliche Inanspruchnahme der gesetzlichen Vertreter einer Kapitalgesellschaft ohne Bedeutung ist, ob die Geschäftsführung von dem betreffenden gesetzlichen Vertreter auch tatsächlich ausgeübt werden konnte oder sollte.[4] In Frage kommt neben der Haftung der faktischen Geschäftsführer auch eine Inanspruchnahme der nominell bestellten Geschäftsführer.[5] Lediglich nominell zu gesetzlichen Vertretern bestellte Personen können zu ihrer Entlastung nicht vorbringen, dass sie keine Möglichkeit gehabt hätten, ihre rechtliche Stellung als gesetzliche Vertreter innerhalb der Gesellschaft zu verwirklichen und die steuerlichen Pflichten zu erfüllen.[6] Um eine drohende Haftungsinanspruchnahme zu vermeiden, kann sich daher der Rücktritt von dem Amt empfehlen, falls ein gesetzlicher Vertreter bzw. Geschäftsführer tatsächlich nicht in der Lage ist, entsprechend seiner Rechtsstellung zu handeln. Der gesetzliche Vertreter darf nicht im Rechtsverkehr den Eindruck erwecken, als sorge er für die ordnungsgemäße Abwicklung der Geschäfte.[7]

36.15 Die Haftung eines gesetzlichen Vertreters ist an eine Verletzung der ihm persönlich obliegenden Pflichten geknüpft. Durch diese schuldhafte oder grob fahrlässige Pflichtverletzung muss ein Steuerausfall entstanden sein.[8] Gem. § 93 Abs. 1 Satz 1 AktG und § 43 Abs. 1 GmbHG müssen Vorstände und Geschäftsführer bei ihrer Geschäftsführung die Sorgfalt eines ordentlichen und gewissenhaften Geschäftsleiters beachten. Dieser normative Maßstab kann für die Beurteilung der Sorgfaltspflicht herangezogen werden.[9] Folge ist, dass die Anforderungen an die Einhaltung der Sorgfaltspflicht damit weder von den individuellen Fähigkeiten des betroffenen gesetzlichen Vertreters noch von den Usancen in dem betroffenen

---

1 Vgl. BFH v. 21.10.2003 – VII B 353/02, BFH/NV 2004, 157; FG Hamburg v. 17.8.2006 – II 406/03, DStRE 2006, 502, rkr.
2 Vgl. *Loose* in Tipke/Kruse, § 69 AO Rz. 33.
3 Vgl. BFH v. 12.7.1983 – VII B 19/83, BStBl. II 1983, 655.
4 Vgl. BFH v. 13.3.2004 – VIII R 52/02, BStBl. II 2004, 579; BFH v. 13.2.1996 – VII B 245/95, BFH/NV 1996, 657.
5 Vgl. BFH v. 13.3.2004 – VII R 52/02, BStBl. II 2004, 579.
6 Vgl. *Mösbauer*, StBP 2006, 291.
7 Vgl. BFH v. 16.7.1985 – VII R 185/82, BFH/NV 1987, 210; BFH v. 23.3.1993 – VII R 38/92, BStBl. II 1993, 581.
8 Zur Auslegung der beiden Tatbestandsmerkmale vgl. *Mösbauer*, StBP 2006, 292.
9 Der BFH hat diesen Maßstab erstmals in seiner Rechtsprechung vom 16.3.1967 verwendet. Vgl. BFH v. 16.3.1967 – I 261/63, BStBl. III 1967, 626 – Voraussetzungen für die Annahme einer verdeckten Gewinnausschüttung.

Unternehmen abhängen.[1] Auch wird eine Haftung nicht durch Unerfahrenheit bzw. Unwissenheit des gesetzlichen Vertreters in steuerlichen Angelegenheiten ausgeschlossen.[2] Bedient sich der Vertreter zur Erfüllung der steuerlichen Pflichten Hilfspersonen[3], so obliegt dem Vertreter eine Überwachungspflicht. Nach der BFH-Rechtsprechung stellt ein mangelhaftes Erfüllen der Überwachungspflicht regelmäßig eine grob schuldhafte Pflichtverletzung dar.[4] So muss der Geschäftsführer bspw. für Umsatzsteuerzwecke die Richtigkeit der buch- und belegmäßigen Erfassung bei herausgehobenen Geschäftsvorfällen selbst überprüfen.[5] Kommt der Vertreter seiner Überwachungspflicht nach, kann dem Vertreter ein Verschulden des steuerlichen Beraters nicht als eigenes Verschulden zugerechnet werden.[6]

Durch §§ 34 und 35 AO erfolgt eine Abgrenzung, welche Pflichten die Vertreter im Einzelnen treffen. Im Grundsatz haben die Vertreter die steuerlichen Pflichten zu erfüllen, die den Vertretern durch die Abgabenordnung und die jeweiligen Einzelsteuergesetze auferlegt werden.[7] Nicht zu den steuerlichen Pflichten i.S. des § 34 AO zählen andere gesetzliche Pflichten, auch solche des Handelsrechts. Dabei erstreckt sich die Pflicht zu Steuerentrichtung nur auf die verwalteten Mittel.[8] Die Verfügbarkeit der Mittel ist dabei im Zeitpunkt der Fälligkeit zu beurteilen. Die gesetzlichen Vertreter sind nicht verpflichtet, zur Begleichung der Steuerschulden Kredite aufzunehmen oder eigene Vermögenswerte einzusetzen. Reichen die vorhandenen Mittel nicht aus, um sämtliche Schulden zu begleichen, so ist der Vertreter nicht verpflichtet, die Steuerschulden vorrangig zu tilgen. Erforderlich ist allerdings nach der ständigen BFH-Rechtsprechung eine anteilige Verteilung der vorhandenen Mittel zwischen den Steuergläubigern und den übrigen Gläubigern (ausgenommen von dem Grundsatz der anteiligen Tilgung sind im Abzugsverfahren erhobene Steuern).[9]

36.16

Umfang der Haftung. Die Haftung des Vertreters erstreckt sich auf den Betrag der Steuerschulden, der von dem Vertretenen nicht entrichtet worden ist.[10] Ein Haftungsschaden ist demnach ausgeschlossen, wenn ein Anspruch aus dem Steuerschuldverhältnis nicht festgesetzt wird. Ein durch die Pflichtverletzung des Vertreters verursachter Schaden kann darauf beruhen, dass Ansprüche aus dem Steuerschuldverhältnis nicht oder nicht rechtzeitig festgesetzt oder erfüllt oder Steuervergütungen oder Steuererstattungen ohne rechtlichen Grund gezahlt werden.[11] Im Einzelnen kann es sich um folgende Ansprüche aus dem Steuerschuldverhältnis handeln, für die der Vertretene als Haftungsschuldner in Anspruch genommen werden kann: Steueransprüche, Haftungsansprüche, Ansprüche auf steuerliche Nebenleistungen

36.17

---

1 Vgl. *Loose* in Tipke/Kruse, § 69 AO Rz. 7.
2 Vgl. BFH v. 11.6.1996 – I B 60/95, BFH/NV 1997, 7.
3 In dem hier behandelten Zusammenhang zählen zu den „Hilfspersonen" die zur geschäftsmäßigen Hilfe in Steuersachen befugten Personen i.S. des § 2 StBerG.
4 Vgl. BFH v. 27.11.1990 – VII R 20/89, BStBl. II 1991, 286.
5 Vgl. BFH v. 26.11.2008 – V B 210/07, BFH/NV 2009, 362.
6 Vgl. BFH v. 30.8.1994 – VII R 101/92, BStBl. II 1995, 278; BFH v. 20.4.2006 – VII B 163/05, BFH/NV 2006, 1439.
7 Dabei beginnt die Vertretungsmacht mit der Bestellung als Organ der Gesellschaft und nicht erst mit der Eintragung in das Handelsregister. Vgl. BFH v. 26.2.1985 – VII R 110/79, BFH/NV 1985, 20.
8 Vgl. BFH v. 5.3.1991 – VII R 93/88, BStBl. II 1991, 678.
9 Vgl. BFH v. 21.6.1994 – VII R 34/92, BStBl. II 1995, 230; BFH v. 14.7.1987 – VII R 188/82, BStBl. II 1988, 172.
10 Vgl. *Rüsken* in Klein, § 69 AO Rz. 14.
11 Wobei die Tatbestandsvoraussetzungen einer Steuerhinterziehung (§ 370 AO) bzw. leichtfertigen Steuerverkürzung (§ 378 AO) nicht vorliegen müssen.

gegen den Vertretenen.[1] Zudem kann ein Schaden auch daraus resultieren, dass Steuervergütungs- und Steuererstattungsansprüche ohne rechtlichen Grund gezahlt worden sind.

36.18 **Kausalität der Pflichtverletzung.** Für den Eintritt des Schadens muss zudem die vorsätzliche oder grob fahrlässige Pflichtverletzung des Vertreters ursächlich sein (kausaler Zusammenhang).[2] Dies ist der Fall, wenn der Haftungsschaden ohne die Pflichtverletzung nicht eingetreten wäre. Durch eine leichte Fahrlässigkeit werden die Voraussetzungen einer Haftung nach § 69 AO nicht erfüllt. Somit liegen die Voraussetzungen einer Inanspruchnahme des Vertreters dann nicht vor, wenn der Schaden auch bei pflichtgemäßem Verhalten des Vertreters eingetreten wäre.[3] Besteht die Pflichtverletzung in dem „Unterlassen einer Handlung" so wird man darauf abstellen müssen, ob auch bei Vornahme der unterlassenen Handlung der Schaden eingetreten wäre. Die Ursächlichkeit zwischen dem Schadenseintritt und dem Verhalten des Vertreters ist dann nicht gegeben, wenn nur eine gewisse Wahrscheinlichkeit oder die bloße Möglichkeit besteht, dass der Schaden bei einem pflichtgemäßen Verhalten nicht eingetreten wäre.[4] Tritt bspw. ein Steuerausfall mangels ausreichender Zahlungsmittel unabhängig davon ein, ob die Steueranmeldung fristgerecht eingereicht wurde, so ist die Verletzung der Steuererklärungspflichten für den Schadenseintritt nicht ursächlich.[5]

Beweislast. Der Finanzverwaltung obliegt im Rahmen des § 69 AO für den Umfang der Pflichtverletzung, deren Ursächlichkeit und für das Verschulden des in Anspruch genommenen Haftenden die Beweislast.[6] Den Haftungsschuldner trifft allerdings eine Mitwirkungs- und Auskunftspflicht. Dies ist dadurch begründet, dass die Finanzverwaltung für die Ermittlung der Haftungssummen auf die Angaben des Haftungsschuldners angewiesen ist.[7] Kommt der Haftungsschuldner seiner Mitwirkungs- und Auskunftspflicht nicht nach, kann sich dies im Wege der Schätzung der Haftungssummen zu Lasten des Haftungsschuldners auswirken.[8]

III. Formelles Haftungsrecht

1. Inanspruchnahme durch Erlass eines Haftungsbescheides

36.19 Der Haftungsbescheid konkretisiert einen bereits entstandenen Haftungsanspruch und bildet die Grundlage für die Verwirklichung des Anspruchs.[9] Der Haftungsbescheid ist allerdings kein Steuerbescheid und diesem auch nicht gleichgestellt; es handelt sich vielmehr um einen Verwaltungsakt i.S. des § 118 AO. Hinsichtlich der Korrektur eines Haftungsbeschei-

---

1 Zu den steuerlichen Nebenleistungen zählen Verspätungszuschläge (§ 152 AO), Zinsen (§§ 233–237 AO), Säumniszuschläge (§ 240 AO), Zwangsgelder (§ 239 AO). Vgl. *Boeker* in HHSp, § 69 AO Rz. 24.
2 Vgl. *Rüsken* in Klein, § 69 AO Rz. 130; BFH v. 17.11.1992 – VII R 13/92, BStBl. II 1993, 471.
3 Vgl. BFH v. 5.3.1991 – VII R 93/88, BStBl. II 1991, 678.
4 Vorsätzlich handelt, wer die Pflichten kennt und bewusst missachtet. Grob fahrlässig handelt, wer die Sorgfalt, zu der er nach den Umständen und seinen persönlichen Kenntnissen und Fähigkeiten verpflichtet und im Stande ist, in ungewöhnlich hohem Maße außer Acht lässt. Vgl. BFH v. 12.5.1992 – VII R 52/91, BFH/NV 1992, 785.
5 Vgl. BFH v. 16.3.1988 – I R 129/83, BFH/NV 1989, 409.
6 Vgl. *Jatzke* in Beermann/Gosch, § 69 AO Rz. 48; *Rüsken* in Klein, § 69 AO Rz. 135.
7 S. hierzu auch BFH v. 13.8.2002 – VII B 267/01, BFH/NV 2003, 64.
8 Vgl. BFH v. 31.3.2000 – VII B 187/99, BFH/NV 2000, 1322.
9 Vgl. BFH v. 15.10.1996 – VIII R 46/96, BStBl. II 1997, 172.

des sind daher die §§ 129–131 AO einschlägig.[1] Vor Erlass eines Haftungsbescheides hat die Finanzverwaltung zunächst zu prüfen, ob in der Person oder den Personen, die sie heranziehen will, die tatbestandlichen Voraussetzungen der Haftungsvorschrift erfüllt sind.[2] Liegen die Tatbestandsvoraussetzungen einer haftungsbegründenden Norm vor, steht die Inanspruchnahme des Haftenden nach § 191 Abs. 1 Satz 1 AO im pflichtgemäßen Auswahl- und Erschließungsermessen der Finanzverwaltung.[3]

36.20 Der Grundsatz der Akzessorietät der Haftungsschuld kommt auch in § 191 Abs. 5 Satz 1 AO zum Ausdruck. So darf ein Haftungsbescheid nicht mehr ergehen, soweit die Steuer gegen den Steuerschuldner nicht festgesetzt worden ist und wegen des Ablaufs der Festsetzungsfrist gegen den Schuldner auch nicht mehr festgesetzt werden kann und soweit die gegen den Steuerschuldner festgesetzte Steuer verjährt oder erlassen worden ist.[4] Allerdings erfolgt durch die Festsetzung eine Verselbständigung der Haftungsschuld der Höhe nach. Daraus folgt, dass sich Korrekturen des zugrundeliegenden Steuerbescheides (bspw. durch Zahlungen des Steuerschuldners) nicht automatisch auf die Höhe der Haftungsschuld auswirken. Der Steuerbescheid ist kein Grundlagenbescheid für den Haftungsbescheid. Der Haftungsbescheid ist vielmehr selbständig daraufhin zu prüfen, ob die Voraussetzungen einer Korrektur nach §§ 130, 131 AO vorliegen. Hinsichtlich der Einwendungen, die gegen den Haftungsbescheid vorgebracht werden können, ist allerdings die Drittwirkung der Steuerfestsetzung (§ 166 AO) zu beachten. Hiernach muss bspw. ein GmbH-Geschäftsführer, der als gesetzlicher Vertreter uneingeschränkt in der Lage war, gegen die dem Haftungsbescheid zugrundeliegende Steuerfestsetzung vorzugehen, den gegen die Gesellschaft ergangenen Steuerbescheid gegen sich gelten lassen, wenn dieser unanfechtbar geworden ist.[5] Etwaige Einwendungen gegen die Richtigkeit der Steuerfestsetzung hätte der GmbH-Geschäftsführer im Rahmen des Einspruchsverfahrens gegen die Steuerfestsetzung vorbringen müssen.

36.21 Im Erhebungsverfahren erfolgt die Geltendmachung des Haftungsanspruchs durch den Erlass einer Zahlungsaufforderung i.S. des § 219 Satz 1 AO. Gegen einen Haftungsbescheid und auch gegen Zahlungsaufforderungen ist nach § 347 Abs. 1 Nr. 1 AO der Rechtsbehelf des Einspruchs gegeben. Nach einem erfolglosen Einspruchsverfahren ist der Finanzrechtsweg eröffnet.

36.22 Da Haftungsbescheide keine Steuerbescheide sind, können die Vorschriften über die Festsetzungsverjährung (§§ 169 bis 171 AO) auf Haftungsbescheide nicht entsprechend zur Anwendung gelangen. Durch § 191 Abs. 3 und 4 AO werden die zeitlichen Grenzen einer Inanspruchnahme durch Haftungsbescheid bestimmt, wobei das Gesetz zwischen der Festsetzungsverjährung bei steuerlichen Haftungstatbeständen (§ 193 Abs. 3 AO) und der Festsetzungsverjährung bei privatrechtlichen Haftungstatbeständen (§ 193 Abs. 4 AO) unterscheidet.

---

1 Aus § 119 AO folgt zunächst, dass der Haftungsbescheid inhaltlich hinreichend bestimmt sein muss (zu weiteren Einzelheiten BFH v. 27.8.2009 – V B 75/08, BFH/NV 2009, 1964). So muss der Haftungsbescheid den Haftungsschuldner, den Haftungsbetrag und die Steuer bezeichnen, für die der Haftende in Anspruch genommen wird. Vgl. BFH v. 3.12.1996 – I B 44/96, BStBl. II 1997, 306. Mangelnde Bestimmtheit des Haftungsbescheides hat die Nichtigkeit zur Folge (§ 125 AO).
2 Gerichtlich in vollem Umfang überprüfbare Rechtsentscheidung vgl. BFH v. 11.3.2004 – VII R 52/02, BStBl. II 2004, 579.
3 Vgl. *Loose* in Tipke/Kruse, § 69 AO Rz. 46.
4 Dies gilt nicht, wenn die Haftung auf einer vom Haftungsschuldner begangenen Steuerhinterziehung oder Steuerhehlerei beruht (§ 191 Abs. 5 Satz 2 AO).
5 S. hierzu auch BFH v. 22.4.2015 – XI R 43/11, BStBl. II 2015, 755.

36.23 Nach § 193 Abs. 3 AO sind die Vorschriften über die Festsetzungsfrist auf den Erlass eines Haftungsbescheides entsprechend anzuwenden. Die Festsetzungsfrist beträgt nach § 193 Abs. 3 Satz 2 AO grundsätzlich vier Jahre; dabei beginnt die Festsetzungsfrist mit Ablauf des Kalenderjahres, an den das Gesetz die Leistungspflicht knüpft.[1] Ausschlaggebend ist damit der Zeitpunkt der tatbestandlichen Pflichtverletzung, auf die Fälligkeit oder den Zeitpunkt des Eintritts eines fiskalischen Schadens kommt es nicht an.[2] Bei auf privatrechtlicher Grundlage beruhenden Haftungstatbeständen kann ein Haftungsbescheid nach § 193 Abs. 4 AO solange ergehen, bis der Haftungsanspruch nach dem für ihn maßgeblichen Recht noch nicht verjährt ist.

2. Ausübung der Ermessensentscheidung

36.24 Bei Erfüllung der Tatbestandsvoraussetzungen einer Haftungsnorm obliegt die Inanspruchnahme des Haftungsschuldners durch Erlass eines Haftungsbescheides dem pflichtgemäßen Entschließungs- und Auswahlermessen (§ 5 AO) der Finanzverwaltung.

36.25 **Sachgerechte Ermessensausübung erforderlich.** Im Rahmen des Entschließungsermessens obliegt der Finanzverwaltung die Entscheidung, ob sie einen Haftenden durch den Erlass eines Haftungsbescheides überhaupt in Anspruch nehmen will.[3] Erfolgen muss durch die Finanzverwaltung eine nachvollziehbare Ermessensentscheidung.[4] Denkbar ist daher auch, dass die Finanzverwaltung in besonderen Ausnahmefällen auf eine Inanspruchnahme des haftenden gesetzlichen Vertreters ganz verzichtet bzw. den Haftungsschuldner nur auf einen Teilbetrag in Anspruch nimmt.[5] Der Umfang des Haftungsanspruchs und damit die Höhe des Haftungsbetrages werden beeinflusst, wenn hinreichende Mittel zur Tilgung der Steuern fehlen und der gesetzliche Vertreter bislang die verfügbaren Mittel zur gleichmäßigen Tilgung aller Zahlungsverpflichtungen einschließlich der Steuerschulden verwendet hat.

36.26 **Inanspruchnahme bei Gesamtschuldnern.** Ein Auswahlermessen hat die Finanzverwaltung, soweit ein Haftungsanspruch gegenüber mehreren Personen besteht.[6] Hier stellt sich die Frage nach einer sachgerechten Ermessensausübung gegenüber mehreren gesamtschuldnerisch (§ 44 Abs. 1 AO) Haftenden.[7] Fehlerhaft ist die Ausübung des Ermessens durch die Finanzverwaltung dann, wenn ein möglicher Haftungsschuldner übersehen wird. Die Ermessensentscheidung ist gerichtlich nur im Rahmen des § 102 Satz 1 FGO auf Ermessensfehler (Ermessensüberschreitung, Ermessensfehlgebrauch) überprüfbar. Sind mehrere gesetzliche Vertreter einer Kapitalgesellschaft vorhanden, so wird man dann von einer fehlerhaften Er-

---

1 § 193 Abs. 3 Satz 1 AO ordnet eine entsprechende Anwendung der Vorschriften der AO über die Ablaufhemmung (§ 171 AO) an, so dass im Einzelfall zu prüfen ist, ob eine Hemmung des Ablaufs der Festsetzungsfrist vorliegt.
2 Vgl. BFH v. 4.9.2002 – I B 145/01, BStBl. II 2003, 223.
3 Vgl. BFH v. 8.11.1988 – VII R 78/85, BStBl. II 1989, 118.
4 Zu den Anforderungen an die Begründung der Ermessensentscheidung vgl. BFH v. 18.7.2008 – VII B 184/07, BFH/NV 2008, 1805.
5 Denkbar wäre eine fehlerhafte Ermessensausübung für den Fall eines Mitverschuldens der Finanzverwaltung. Vgl. *Eich*, KÖSDI 2006, 15064.
6 Zur Vorprägung des Auswahlermessens für den Fall, dass sich mehrere Gesamtschuldner einer vorsätzlichen Steuerstraftat schuldig gemacht haben, vgl. BFH v. 12.2.2009 – VI R 40/07, BStBl. II 2009, 478.
7 Vgl. BFH v. 29.5.1990 – VII R 85/89, BStBl. II 1990, 1008.

messensausübung ausgehen müssen, wenn die Finanzverwaltung die interne Aufgabenverteilung zwischen den gesetzlichen Vertretern unberücksichtigt lässt.[1]

Beispiel: Eine GmbH verfügt über zwei Geschäftsführer. Das Finanzamt nimmt nur den A durch Haftungsbescheid für nicht abgeführte Steuern in Anspruch.

Im Grundsatz haften beide Geschäftsführer als gesetzliche Vertreter für die Erfüllung der steuerlichen Pflichten der vertretenen Gesellschaft. Eine ausschließliche Inanspruchnahme des A und damit eine Durchbrechung des Grundsatzes der Gesamtverantwortung erscheint nur dann gerechtfertigt, wenn dem A nach einer im Innenverhältnis zwischen den beiden Geschäftsführern im Voraus getroffenen schriftlichen Vereinbarung, ausschließlich die Verantwortung für die Erfüllung der steuerlichen Pflichten oblag.

IV. Parallele einzelsteuergesetzliche Haftungstatbestände

Die aus §§ 69 ff. AO resultierenden Grundsätze einer Haftung der gesetzlichen Vertreter werden durch zahlreiche Haftungstatbestände der Einzelsteuergesetze ergänzt. Für die praktische Rechtsanwendung sind die aus den Einzelsteuergesetzen resultierenden Haftungstatbestände von großer Bedeutung.[2] Im Einzelnen sind folgende Haftungstatbestände hervorzuheben: Lohnsteuerhaftung nach § 42d EStG, Haftung für Kapitalertragsteuer (§ 44 Abs. 5 EStG), Haftung bei Bauleistungen (§ 48a Abs. 3 EStG), Steuerabzug bei beschränkter Steuerpflicht (§ 50a EStG), Haftung bei Abtretung und Verpfändung gem. § 13c UStG, Haftung für schuldhaft nicht abgeführte Umsatzsteuer nach § 25d UStG. Hinzu kommen besondere Haftungstatbestände bei Unternehmenstransaktionen (etwa einem share deal oder einem asset deal[3]), die schnell besondere Größenordnungen für eine Managerhaftung erreichen können. Dies gilt beispielsweise für die Haftung des Betriebsübernehmers gem. § 75 AO oder eine Haftung anlässlich einer Geschäftsveräußerung im Ganzen gem. § 1 Abs. 1a UStG. Denkbar sind schließlich auch Haftungstatbestände aus vertraglichen oder faktischen Konzernierungen (etwa § 73 AO mit der Haftung der Organgesellschaft für bestimmte Steuern des Organträgers), die auf das Management „durchschlagen" können.

36.27

Durch die zahlreichen Haftungstatbestände der Einzelsteuergesetze erhöht sich die potenzielle Gefahr einer Inanspruchnahme als Haftungsschuldner. In systematischer Hinsicht stellt sich die Frage des Verhältnisses der Haftungstatbestände der Einzelsteuergesetze zu der Haftung der gesetzlichen Vertreter i.S. des § 69 AO. Den Haftungstatbeständen der Einzelsteuergesetze kommt die Funktion zu, für einen speziellen steuerlichen Sachverhalt die Voraussetzungen einer Haftungsinanspruchnahme zu konkretisieren, ohne die Voraussetzungen einer Inanspruchnahme als Haftungsschuldner nach § 69 AO zu begrenzen. Bei der konkreten Rechtsanwendung haftungsbegründender Vorschriften der Einzelsteuergesetze erfolgt regelmäßig ein Rückgriff auf die Grundsätze des § 69 AO.

36.28

---

1 Vgl. BFH v. 11.3.2004 – VII R 52/02, BStBl. II 2004, 579.
2 Für eine Übersicht vgl. *Boeker* in HHSp, vor §§ 69–77 AO Rz. 10.
3 Vgl. zu Details *Watermeyer*, GmbH-StB 2006, 259; ergänzend auch *Nacke*, NWB 2/2007 S. 89 (v. 8.1.2007).

C. Besondere steuerliche Haftungsbereiche für Manager in Unternehmen

I. Haftung für Steuererklärungspflichten und steuerrelevante Bescheinigungen

36.29 **Verletzung von Steuererklärungspflichten.** Kommen die gesetzlichen Vertreter den Steuererklärungspflichten der von ihnen vertretenen Gesellschaft nicht nach, so hat dies zur Folge, dass ein Anspruch aus dem Steuerschuldverhältnis überhaupt nicht festgesetzt wird (Nichterteilung eines Steuerbescheides nach § 155 Abs. 1 AO). In diesem Fall liegt eine von § 69 AO erfasste Pflichtverletzung (§ 34 AO) der gesetzlichen Vertreter vor, die eine Haftungsinanspruchnahme begründen kann.[1]

36.30 Ein Haftungstatbestand kann auch daraus resultieren, dass ein Anspruch aus dem Steuerschuldverhältnis nicht rechtzeitig festgesetzt wird. Dies ist der Fall, wenn die gesetzlichen Vertreter nicht die rechtzeitige Erklärungsabgabe sicherstellen. Wird in den Einzelsteuergesetzen die Abgabe von Steuererklärungen bzw. Steueranmeldungen vorgeschrieben, liegt eine verspätete Abgabe bei Überschreitung der jeweiligen gesetzlichen Frist vor.[2] So besteht bei der Umsatzsteuer die Verpflichtung zur Abgabe von Umsatzsteuer-Voranmeldungen für die Festsetzung von (üblicherweise monatlichen) Vorauszahlungen. Werden die Vorauszahlungen nicht rechtzeitig angemeldet und abgeführt, liegt eine grob fahrlässige Pflichtverletzung der gesetzlichen Vertreter vor.[3] Nach § 13 Abs. 1 i.V.m. § 18 Abs. 2 Satz 1 UStG entsteht der Anspruch auf Umsatzsteuervorauszahlungen mit dem Ablauf des letzten Tages des Voranmeldungszeitraumes, wobei die Vorauszahlung bis zum 10. des Monats, der auf den abgelaufenen Voranmeldungszeitraum folgt, anzumelden und abzuführen ist.[4] Maßgeblicher Zeitpunkt für das Vorliegen der Voraussetzungen einer Haftungsinanspruchnahme ist der Entstehungszeitpunkt des Steueranspruchs, so dass mit Ablauf des letzten Tags des Voranmeldungszeitraums die Voraussetzungen einer Haftungsinanspruchnahme vorliegen.[5]

36.31 **Erstellung fehlerhafter Steuerbescheinigungen.** Werden steuerrelevante Bescheinigungen von den Organen einer Kapitalgesellschaft „in Verkehr gebracht", so können auf Vorsatz oder grober Fahrlässigkeit beruhende Fehler besondere spezialgesetzlich geregelte Haftungstatbestände auslösen. Dies gilt etwa für fehlerhafte Kapitalertragsteuerbescheinigungen anlässlich einer Gewinnausschüttung (§ 44 Abs. 5 EStG), sowie Bescheinigungen im Zusammenhang mit der Verwendung des steuerlichen Einlagekontos gem. § 27 Abs. 5 KStG.[6] Bei derartigen Vorgängen sollten sich die Verantwortungsträger (vor allem bei Großunternehmen) stets und möglichst in dokumentierter Form die Richtigkeit von Bescheinigungen von den organisatorisch zuständigen Fachabteilungen bestätigen lassen. Dies dient der Haftungsvorsorge.

---

1 Vgl. BFH v. 5.3.1991 – VII R 93/88, BStBl. II 1991, 678.
2 Steuererklärungen sind nach § 149 Abs. 2 AO, soweit die Steuergesetze nichts anderes bestimmen, spätestens fünf Monate nach Ablauf des Kalenderjahres (z.B. für die ESt, KSt und USt) abzugeben.
3 Vgl. BFH v. 30.12.2004 – VII B 145/04, BFH/NV 2005, 655.
4 Vgl. BFH v. 25.5.2004 – VII R 29/02, BStBl. II 2005, 3.
5 Vgl. FG Hamburg v. 17.8.2005 – III 406/03, DStRE 2006, 502, rkr.
6 S. hierzu *Ott*, GmbHR 2014, 971, 973; *Binnewies*, GmbH-StB 2013, 22, 23.

II. Haftung für Abzugssteuern

36.32 Das Einkommensteuergesetz sieht bei bestimmten Vergütungen eine Besteuerung im Abzugsverfahren vor. Dies trifft auf die bei Einkünften aus nichtselbständiger Arbeit durch den Arbeitgeber einzubehaltende Lohnsteuer, die auf Kapitalerträge entfallende Kapitalertragsteuer sowie bei bestimmten an beschränkt Steuerpflichtige gezahlten Vergütungen zu. Für Einkünfte aus Kapitalvermögen i.S. des § 20 EStG entfaltet die durch den Vergütungsschuldner einzubehaltende Kapitalertragsteuer i.H. von 25 % der Bemessungsgrundlage nach dem System der Abgeltungsteuer abgeltende Wirkung (§ 32d EStG). Um eine tatsächliche Entrichtung der zu Lasten des Vergütungsgläubigers durch den Vergütungsschuldner einbehaltenen Steuerbeträge sicherzustellen, haftet der Vergütungsschuldner für die fristgerechte Abführung einbehaltener Steuerbeträge.

36.33 **Haftung für abzuführende Lohnsteuer.** Die Haftung des Arbeitgebers für Lohnsteuer gem. § 42d EStG stellt einen der wichtigsten steuerlichen Haftungstatbestände dar und soll das Aufkommen der Lohnsteuer als Quellensteuer sichern. Schuldner der Lohnsteuer ist dagegen der Arbeitnehmer (§ 38 Abs. 2 Satz 1 EStG). Die Zielsetzung des Haftungstatbestandes besteht zum einen darin, die Steuerforderung gegenüber dem Arbeitnehmer abzusichern und dadurch Steuerausfälle zu verhindern. Zum anderen soll die Haftung präventiv wirken und den Arbeitgeber zu einer sachgerechten Durchführung des Lohnsteuerabzugs veranlassen. Im Rahmen des Lohnsteuerabzugsverfahrens haftet der Arbeitgeber nach § 42d Abs. 1 Nr. 1 EStG dafür, dass die Lohnsteuer einbehalten und termingerecht an das Finanzamt abgeführt wird (§ 38 Abs. 3 EStG, § 41a Abs. 1 EStG).[1]

Nach dem Wortlaut des § 42d EStG ist die Haftung des Arbeitgebers verschuldensunabhängig.[2] Eine Haftung des Arbeitgebers setzt damit nicht voraus, dass ein vorsätzlicher bzw. grob fahrlässiger Verstoß gegen die Einbehaltungsverpflichtung vorliegt. Die Haftung des Arbeitgebers ist nur im Fall der in § 42d Abs. 2 EStG genannten sog. „Haftungsausschlussgründe" ausgeschlossen.[3] Eine vom „Verschulden" des Arbeitgebers losgelöste Haftung des Arbeitgebers für Lohnsteuer hat im Hinblick auf die zunehmende Komplexität des Lohnsteuerrechts in der Praxis eine nahezu „uferlose" Ausweitung der Haftungstatbestände zur Folge.[4] Allerdings ist im Rahmen des Erlasses eines Haftungsbescheids gem. § 191 AO zu berücksichtigen, dass eine Inanspruchnahme des Arbeitgebers unbillig ist, wenn der Arbeitgeber die Lohnsteuer aus unverschuldeter Rechtsunkenntnis nicht einbehalten hat.[5]

Auch im Rahmen der Lohnsteuerhaftung gilt, dass Haftungs- und Steuerschuld akzessorisch sind. Dies bedeutet, dass die Haftungsschuld des Arbeitgebers nur so lange und in dem Umfang besteht, in dem auch die Erstschuld materiell-rechtlich begründet ist und eine Pflicht zum Lohnsteuerabzug besteht.[6] Pflichtwidrig handelt ein gesetzlicher Vertreter, falls er der Verpflichtung zum Einbehalt und zur Abführung der Lohnsteuer nicht nachkommt.[7] Hierbei ist zu beachten, dass die Rechtsprechung hohe Anforderungen an die dem gesetzlichen

---

[1] In der Praxis geht eine Lohnsteuerhaftung regelmäßig mit einer Haftung für nicht abgeführte Sozialversicherungsbeiträge einher. S. hierzu unten *Brand/Bentlage*, Rz. 37.30 ff.
[2] So auch *Gersch* in H/H/R, § 42d EStG Anm. 23; *Wagner* in Blümich, § 42d EStG Rz. 58.
[3] Für eine Übersicht s. *Gersch* in H/H/R, § 42d EStG Anm. 51 ff.
[4] S. hierzu auch *Prinz*, FR 2015, 785, 787.
[5] So im Ergebnis auch *Loose* in Tipke/Kruse, § 191 AO Rz. 58; *Seifert* in Korn, § 42d EStG Rz. 11.
[6] Vgl. *Wagner* in Blümich, § 42d EStG Rz. 35; *Karbe-Geßler* in Kanzler/Kraft/Bäuml, § 42d EStG Rz. 12.
[7] Vgl. BFH v. 4.4.2006 – VI R 11/03, BStBl. II 2006, 668; BFH v. 9.12.2005 – VII B 124–125/05, BFH/NV 2012, 1458; BFH v. 22.11.2005 – VII R 21/05, BStBl. II 2006, 397.

Vertreter obliegenden Pflichten begründet. Üblicherweise werden bei einem fehlerhaften Lohnsteuereinbehalt die Voraussetzungen einer grob fahrlässigen Pflichtverletzung vorliegen.[1] Auch wenn die Verpflichtung zur Abführung der einbehaltenen Steuerbeträge erst im Zeitpunkt der Fälligkeit besteht, darf eine Verwendung der einbehaltenen Beträge nur zur Abführung an das Finanzamt erfolgen. Nichtabführung einbehaltener Steuerabzugsbeträge führt stets zur Haftung.

36.34 **Haftung für Kapitalertragsteuer.** Von wesentlicher Bedeutung ist in der Praxis auch die Haftung des Schuldners von Kapitalerträgen für einzubehaltende Kapitalertragsteuer. Nach § 44 Abs. 5 EStG haftet der Schuldner der Kapitalerträge i.S. von § 43 Abs. 1 Nr. 1–5 EStG für die Kapitalertragsteuer, die er einzubehalten und abzuführen hat. Eine Inanspruchnahme des Gläubigers kann nur unter den Voraussetzungen des § 44 Abs. 5 Satz 2 EStG erfolgen. Eine Haftungsinanspruchnahme entfällt nicht allein dadurch, dass sich der Schuldner der Kapitalerträge auf die ungeklärten Rechtswirkungen einer steuerlichen Vorschrift beruft.[2] Schließlich unterliegen beschränkt Steuerpflichtige mit den in § 50a Abs. 1 EStG abgegrenzten Vergütungen der Besteuerung im Wege des Steuerabzugs (Anwendung eines Mindeststeuersatzes auf den Bruttobetrag der Einnahmen). Die Einkommensteuer wird dabei auf den Bruttobetrag der Einnahmen erhoben (§ 50a Abs. 4 Satz 1 Nr. 1 EStG). Zugleich wird in § 50 Abs. 5 EStG die Haftung des Vergütungsgläubigers für die einzubehaltenden Steuerbeträge begründet.

III. Erfüllung gesetzlicher Aufzeichnungspflichten bei Auslandssachverhalten

36.35 Nach § 90 Abs. 3 AO bestehen für grenzüberschreitend tätige Unternehmen weit reichende Mitwirkungs- und Dokumentationsverpflichtungen.[3]

36.36 Flankiert wird die Dokumentationsverpflichtung bei Auslandssachverhalten durch § 162 Abs. 3 und Abs. 4 AO. Danach sind bei einer Verletzung der Aufzeichnungsverpflichtung Sanktionsmaßnahmen möglich (Umkehr der Beweislast, Festsetzung von Strafzuschlägen). Fraglich erscheint das Verhältnis des aus § 90 Abs. 3 AO resultierenden Pflichtumfangs zu den von den gesetzlichen Vertretern i.S. des § 69 AO i.V.m. § 34 AO zu erfüllenden Aufgaben. Die Frage einer Haftung des Geschäftsleiters i.S. des § 69 AO könnte sich für den Fall stellen, dass durch die gesetzlichen Vertreter eine angemessene Erfüllung der Aufzeichnungsverpflichtungen nicht sicherstellt wird.

36.37 Durch § 90 Abs. 3 AO sind die bei Auslandssachverhalten nach § 90 Abs. 2 AO bestehenden (erweiterten) Mitwirkungspflichten (Aufklärungs- und Beweismittelbeschaffungs- und Beweisvorsorgeverpflichtung) in wesentlichem Umfang erweitert worden. So muss nach § 90 Abs. 3 Satz 1 AO aus den Aufzeichnungen hervorgehen, welchen Sachverhalt der Steuerpflichtige im Rahmen seiner Geschäftsbeziehungen i.S. des § 1 Abs. 4 AStG mit nahe stehenden Personen verwirklicht hat (Sachverhaltsdokumentation) und ob dabei der Grundsatz des Fremdvergleichs beachtet wurde (Angemessenheitsdokumentation). Neben der Dokumentationspflicht für laufende Geschäftsvorfälle besteht nach § 90 Abs. 3 Satz 3 AO eine be-

---

[1] Vgl. BFH v. 9.12.2005 – VII B 124–125/05, BFH/NV 2006, 897; BFH v. 21.12.1998 – VII B 175/98, BFH/NV 1999, 745.
[2] Vgl. BFH v. 20.8.2008 – I R 29/07, BFH/NV 2008, 2133 sowie auch BFH v. 18.3.2009 – I R 13/08, BFH/NV 2009, 1613.
[3] Eine Konkretisierung der Aufzeichnungsverpflichtungen ist durch die GAufzV (BGBl. I 2003, 2296) und die Verwaltungsgrundsätze Verfahren v. 12.4.2005 (IV B 4 - S 1341 - 1/05, BStBl. I 2005, 570) erfolgt.

sondere Aufzeichnungspflicht für außergewöhnliche Geschäftsvorfälle. Grenzüberschreitende Funktionsverlagerungen i.S. des § 1 Abs. 3 Satz 9–12 AStG gehen regelmäßig über das gewöhnliche Tagesgeschäft hinaus und stellen daher außergewöhnliche Geschäftsvorfälle i.S. von § 5 GAufzV dar, für die der Steuerpflichtige nach § 90 Abs. 3 Satz 3 AO i.V.m. § 3 Abs. 2 GAufzV zeitnah Aufzeichnungen zu erstellen hat.[1]

Fragen nach einer Haftung des Geschäftsleiters stellen sich bspw. dann, wenn im Fall späterer Verrechnungspreiskorrekturen und den daraus ggf. resultierenden Steuermehrbelastungen bzw. bei der Festsetzung von Strafzuschlägen nach § 162 Abs. 4 AO, das vertretene Unternehmen als Zahlungspflichtiger ausfällt. Festzuhalten ist, dass die aus § 90 Abs. 3 AO resultierenden Aufzeichnungsverpflichtungen zu den von dem Geschäftsleiter nach § 34 AO zu erfüllenden steuerlichen Mitwirkungs- und Erklärungspflichten zählen. Daraus folgt, dass der Geschäftsleiter dafür Sorge zu tragen hat, dass im Zusammenhang mit grenzüberschreitenden Geschäftsbeziehungen die Anforderungen des § 90 Abs. 3 AO erfüllt werden. Von einer die Anwendung des § 69 AO begründenden Pflichtverletzung wird man dann ausgehen können, wenn trotz Geschäftsbeziehungen zu ausländischen nahe stehenden Personen, Aufzeichnungen vollständig unterbleiben. Die Finanzverwaltung hat den Umfang der aus § 90 Abs. 3 AO resultierenden Aufzeichnungspflichten zwar im Rahmen der GAufzV und den Verwaltungsgrundsätze Verfahren konkretisiert, Zweifelsfragen bestehen allerdings auch weiterhin. Eine Pflichtverletzung des Geschäftsleiters wird daher dann nicht vorliegen, wenn zwischen dem Steuerpflichtigen und der Finanzverwaltung lediglich Meinungsverschiedenheiten über den Umfang der zu erfüllenden Aufzeichnungspflichten bestehen. 36.38

D. Sonderfragen der Haftung im Zusammenhang mit Abzugssteuern

I. Haftung für abzuführende Lohnsteuer

Die im Zusammenhang mit der Lohnsteuer zu beachtenden Einbehaltungs- und Abführungsverpflichtungen (§ 38 Abs. 1 und § 41a EStG) der gesetzlichen Vertreter haben zu einer umfangreichen Rechtsprechung geführt, die insgesamt als recht streng eingestuft werden muss. Es sollen nachfolgende Sachverhalte besonders hervorgehoben werden: 36.39

Verpflichtung zur Kürzung fälliger Lohnzahlungen. Als streitbehaftet stellen sich häufig Fälle dar, in denen die vorhandenen finanziellen Mittel zum relevanten Zeitpunkt zur Begleichung der Lohnsteuer und ggf. weiterer Abzugssteuern nicht ausreichen. Der Grundsatz der anteiligen Tilgung der Steuerschulden findet hinsichtlich der Lohnsteuer (und weiterer der Besteuerung im Abzugsverfahren unterliegender Vergütungen) nach ständiger Rechtsprechung des BFH[2] keine Anwendung.[3] Lohnsteuerverbindlichkeiten sind damit in voller Höhe zu tilgen mit der Folge, dass die Haftung für Lohnsteuer damit deutlich umfassender ausfällt.[4] Dies begründet der BFH damit, dass es sich bei der einzubehaltenden Lohnsteuer um treuhänderisch verwaltete Fremdgelder handele. Die Einstufung der von dem Arbeitgeber einzubehaltenden und abzuführenden Lohnsteuer als Teil des Arbeitslohns habe zur Folge, dass bei nicht ausreichenden finanziellen Mitteln zur Begleichung der Lohnsteuer, Kirchensteuer und des 36.40

---

1 Vgl. BMF-Schreiben v. 13.10.2010 – IV B 5 - S 1341/08/10003, BStBl. I 2010, 774, Tz. 3.3.1.2.
2 Vgl. nur BFH v. 21.12.1998 – VII B 175/98, BFH/NV 1999, 745, m.w.N.; BFH v. 5.6.2007 – VII R 30/06, BFH/NV 2008, 1.
3 S. hierzu auch *Meyer*, DStZ 2014, 228, 242.
4 Zu Einzelfällen s. auch *Jatzke* in Beermann/Gosch, § 69 AO Rz. 42 ff.

Solidaritätszuschlages, die Löhne in einem Umfang zu kürzen seien, der eine gleichmäßige Befriedigung der Arbeitnehmer und des Finanzamtes hinsichtlich der auf die gekürzten Löhne entfallenden Lohnsteuer sicherstellt. Aus den verbleibenden Mitteln seien die auf die Lohnzahlungen entfallenden Steuern zu entrichten.[1] Die Finanzverwaltung hat sich dieser Wertung angeschlossen.[2] Der Grundsatz einer anteiligen Tilgung gilt damit nur für Verspätungs- und Säumniszuschläge, da es sich bei diesen Zahlungen nicht um Bestandteile des Lohns handelt.[3] Ausgenommen von der verschärften Haftung für Lohnsteuer ist zudem die pauschale Lohnsteuer gem. § 40 EStG. Dies ist dadurch begründet, dass es sich hierbei um eine Unternehmenssteuer handelt.[4]

Tritt nach der Auszahlung der Löhne aber vor Abführung der einbehaltenen Lohnsteuer eine unvorhersehbare Verschlechterung der Liquidität ein, liegen in diesem Fall die Voraussetzungen einer Haftungsinanspruchnahme nicht vor.[5] In der Praxis ist dann häufig streitbehaftet, ob der Geschäftsführer nicht doch Anzeichen der bevorstehenden Zahlungsunfähigkeit hätte erkennen können. Für die Praxis empfiehlt sich eine entsprechende Nachweisvorsorge. Im Übrigen vermag die bloße Erwartung, Steuerrückstände durch Kredite, Realisierung von Außenständen oder öffentliche Fördermittel ausgleichen zu können, die Nichtabführung von Lohnsteuer nicht zu rechtfertigen.[6]

36.40a Besondere Fragestellungen ergeben sich im Zusammenhang mit der Abführung der Lohnsteuer in drohenden oder bereits vorliegenden **Insolvenzsituationen**. Betroffene Manager sollten ihr Bemühen um sachgerechtes Handeln stets zeitnah dokumentieren. Die Rechtsprechung des BFH hat sich mit den folgenden Sachverhalten befasst, die für die Praxis von erheblicher Bedeutung sind:

– Der Geschäftsführer einer GmbH haftet nach der BFH-Rechtsprechung auch dann für Lohnsteuerzahlungen, wenn der Insolvenzverwalter eine Steuerzahlung nach der Insolvenzordnung anfechten kann. Hintergrund ist, dass der Insolvenzverwalter nach § 129 Abs. 1 und § 130 Abs. 1 Nr. 1 InsO von seinem Rückforderungsrecht für Lohnsteuerschulden der letzten drei Monate vor Stellung des Antrags auf Eröffnung des Insolvenzverfahrens bei Zahlungsunfähigkeit des Insolvenzschuldners und wenn der Gläubiger zu dieser Zeit die Zahlungsunfähigkeit oder Umstände kannte, die auf eine solche hätten zwingend schließen lassen, Gebrauch machen kann. Betroffen ist insoweit der Fall, dass durch die nicht fristgerechte Begleichung der Lohnsteuer die Zahlung in den Dreimonatszeitraum vor dem Antrag auf Insolvenzeröffnung fällt, in dem nach § 130 Abs. 1 InsO Zahlungen des Schuldners anfechtbar sind.[7] Im Rahmen der Prüfung, ob die Pflichtverletzung des Geschäftsführers kausal für den eingetretenen Schaden ist, wendet der BFH im Rahmen der steuerlichen Haftungsprüfung die sog. Adäquanztheorie an.[8] Danach wird durch die pflichtwidrige Nichtabführung fällig gewordener Steuerbeträge die reale Ursache für den Eintritt eines Vermögensschadens des Fiskus in Form eines Steuerausfalls gesetzt, so dass

---

1 Vgl. BFH v. 26.7.1988 – VII R 83/87, BStBl. II 1988, 859; BFH v. 20.4.1993 – VII R 67/92, BFH/NV 1994, 142.
2 Vgl. FinMin NRW v. 7.12.2010 – S 0190, FMNR6e8400010, zitiert nach juris.
3 Vgl. BFH v. 1.8.2000 – VII R 110/99, BStBl. II 2001, 271.
4 Vgl. BFH v. 3.5.1990 – VII R 108/88, BStBl. II 1990, 767.
5 Vgl. BFH v. 20.1.1998 – VII R 80/97, BFH/NV 1998, 814.
6 Vgl. BFH v. 9.12.2005 – VII B 124–125/05, BFH/NV 2006, 897.
7 Vgl. BFH v. 11.11.2008 – VII R 19/08, BStBl. II 2009, 342; BFH v. 5.6.2007 – VII R 65/05, BStBl. II 2008, 273.
8 Vgl. z.B. BFH v. 6.3.2001 – VII R 17/00, BFH/NV 2001, 1100.

die Kausalität dieser Ursache für den Schadenseintritt durch eine gedachte Anfechtung des Insolvenzverwalters nicht rückwirkend beseitigt werden kann. Die Haftung nach § 69 AO schließt die Berücksichtigung hypothetischer Kausalverläufe aus. Im Ergebnis ist die nicht fristgerechte Abführung der Lohnsteuer kausal für den Steuerausfall.

– Allein der Antrag auf Eröffnung des Insolvenzverfahrens befreit den GmbH-Geschäftsführer nicht von seiner Haftung wegen der Nichtabführung fälliger Lohnsteuerzahlungen.[1] Dies gilt zumindest dann, wenn im Zeitpunkt der Insolvenzeröffnung noch liquide Mittel zur Zahlung der Lohnsteuer vorhanden sind. Die Haftung des Geschäftsführers entfällt auch nicht infolge einer im Falle der Entrichtung der Lohnsteuer zum Fälligkeitstermin möglichen Anfechtung der Zahlung durch den Insolvenzverwalter nach §§ 129 ff. InsO. Zudem wird die Haftung des Geschäftsführers auch nicht durch die Verpflichtung des Geschäftsführers zur Massesicherung innerhalb der dreiwöchigen Schonfrist ab Feststellung der Zahlungsunfähigkeit ausgeschlossen (§ 15a InsO i.V.m. § 64 Satz 1 GmbHG). Nach § 64 Satz 1 GmbHG darf der Geschäftsführer keine Zahlungen mehr vornehmen, wenn die Zahlungsunfähigkeit eingetreten ist oder die Überschuldung des Unternehmens festgestellt wird.

– Keine schuldhafte Pflichtverletzung liegt dagegen vor, wenn der Geschäftsführer die fristgerechte Abführung der Lohnsteuer sicherstellt, der Insolvenzverwalter die dem Finanzamt erteilte Einzugsermächtigung jedoch widerruft.[2] Zwar bleibt der Geschäftsführer verpflichtet darauf hinzuwirken, dass der Insolvenzverwalter seine Zustimmung zur Zahlung der Steuern erteilt. Eine Haftung des Geschäftsführers für ein Unterlassen dieser Einwirkung kommt aber regelmäßig nicht in Betracht, da der Insolvenzverwalter dazu verpflichtet ist, von dem Widerrufsrecht bei im Lastschriftverfahren erfolgten Belastungsbuchungen Gebrauch zu machen.[3] Nach der Rechtsprechung des BFH fehlt es für eine Haftung sowohl an einem durch eine Pflichtverletzung kausal verursachten Haftungsschaden als auch an einem grob fahrlässigen Verhalten des Geschäftsführers.

Lohnsteuerhaftung im Zusammenhang mit grenzüberschreitend tätigen Arbeitnehmern. 36.41
Als streitbehaftet stellt sich im Zusammenhang mit grenzüberschreitend tätigen Arbeitnehmern häufig die Frage nach den Lohnsteuereinbehaltungspflichten dar, falls aus dem Ausland entsandte Arbeitnehmer bei einem inländischen Unternehmen tätig werden. Häufig resultieren die Schwierigkeiten im Zusammenhang mit einer ordnungsgemäßen Durchführung des Lohnsteuerabzugs bei entsandten Arbeitnehmern aus den Abgrenzungsschwierigkeiten zwischen dem lohnsteuerlichen und dem abkommensrechtlichen Arbeitgeberbegriff.[4] Als Arbeitgeber im Sinne des Abkommensrechts gilt nach der ständigen BFH-Rechtsprechung[5] derjenige Unternehmer, der die Vergütung für die ihm geleistete unselbständige Tätigkeit

---

[1] Vgl. BFH v. 23.9.2008 – VII R 27/07, BStBl. II 2009, 127. Zur eingeschränkten Haftungsinanspruchnahme des Insolvenzverwalters über das Vermögen des Geschäftsführers einer GmbH, der nach Eröffnung des Insolvenzverfahrens die von der GmbH geschuldete Lohnsteuer nicht abgeführt hat, vgl. BFH v. 21.7.2009 – VII R 49/08, BStBl. II 2010, 13.
[2] Vgl. BFH v. 6.6.2007 – VII R 19/06, BFH/NV 2007, 2225.
[3] Vgl. FG Münster v. 3.3.2016 – 1 K 2243/12 L, rkr. zitiert nach juris.
[4] Vgl. hierzu im Einzelnen *Hick*, Die steuerliche Behandlung von Arbeitnehmerentsendungen ins Ausland, Köln 2004, S. 43 f.
[5] Vgl. nur BFH v. 21.8.2015 – I R 63/13, BFH/NV 2016, 36; BFH v. 23.2.2005 – I R 43/03, BStBl. II 2005, 547; BFH v. 21.8.1985 – I R 63/80, BStBl. II 1986, 5.

wirtschaftlich trägt. Die Finanzverwaltung hat sich der Auslegung des Begriffs des abkommensrechtlichen Arbeitgebers durch den BFH im Grundsatz angeschlossen.[1]

36.42 In der Praxis stellt sich zudem häufig das Problem einer Auslegung des Begriffsmerkmals „wirtschaftliches Tragen der Vergütung". Das Merkmal ist bspw. auch dann erfüllt, wenn innerhalb eines Konzerns das aufnehmende Unternehmen mit den Aufwendungen des Arbeitnehmers belastet wird.[2] Von dem Arbeitgeberbegriff i.S. des Abkommensrechts ist der lohnsteuerrechtliche Arbeitgeberbegriff (§ 1 Abs. 2 LStDV) zu unterscheiden. Als lohnsteuerlicher Arbeitgeber gilt derjenige, der dem Arbeitnehmer den Lohn im eigenen Namen und für eigene Rechnung (unmittelbar) auszahlt.[3] Zwangsläufig wird daher der für die Zuteilung des Besteuerungsrechts maßgebende Arbeitgeberbegriff von dem lohnsteuerrechtlichen abweichen. Fragen einer Lohnsteuerhaftung des inländischen Unternehmens i.S. des § 42d EStG stellen sich bspw. dann, wenn die Gehaltszahlungen des im Inland tätigen Arbeitnehmers ausschließlich durch das ausländische Unternehmen erfolgen und an das inländische Unternehmen weiterbelastet werden. Die BFH-Rechtsprechung hat in diesen Fällen bislang eine Lohnsteuereinbehaltungsverpflichtung des inländischen Unternehmens mangels Arbeitgebereigenschaft i.S. des § 38 Abs. 1 Satz 1 EStG verneint.[4] Nach § 38 Abs. 1 Satz 2 EStG besteht eine Lohnsteuereinbehaltungsverpflichtung auch für inländische Arbeitgeber, die lediglich die Voraussetzungen eines wirtschaftlichen Arbeitgebers erfüllen. Eine eindeutige Konkretisierung der Lohnsteuereinbehaltungsverpflichtungen bei Arbeitnehmerentsendungen kann die Neuregelung allerdings nicht bewirken. So bleibt zu beachten, dass der Begriff des wirtschaftlichen Arbeitgebers aus dem Abkommensrecht stammt und dort die Zuordnung des Besteuerungsrechts regelt. Abgesehen von der zu der Begrifflichkeit ergangenen BFH-Rechtsprechung, liegt auf Ebene des nationalen Rechts bislang keine eindeutige Begriffsabgrenzung vor. Die Vermeidung eines Lohnsteuerhaftungstatbestandes setzt aber voraus, dass eindeutig bestimmbar ist, unter welchen Voraussetzungen die Kriterien eines wirtschaftlichen Arbeitgebers und damit eines zum Einbehalt der Lohnsteuer verpflichteten inländischen Unternehmens gegeben sind.

36.43 **Lohnsteuerhaftung des Gesellschafter-Geschäftsführers bei Lohnzahlungen aus dem eigenen Vermögen.** Nach der Rechtsprechung des BFH besteht eine Verpflichtung des Geschäftsführers einer GmbH zu Einbehalt und Abführung der Lohnsteuer auch dann, wenn Zahlungen auf die von der GmbH geschuldeten Löhne von dem Gesellschafter-Geschäftsführer aus seinem eigenen Vermögen geleistet werden. Einer Haftungsinanspruchnahme steht nicht entgegen, dass es in Folge der Lohnzahlungen vordergründig nicht zu einer Berührung der Vermögenssphäre der GmbH kommt und dass der Geschäftsführer gegenüber der GmbH zu den Zahlungen nicht verpflichtet ist.[5] Nach Auffassung des BFH ist zu beachten, dass die rechtliche Beurteilung von Lohnzahlungen nicht davon abhängt, ob die dafür verwendeten Mittel der GmbH zur Verfügung gestanden haben oder aus dem Vermögen der Gesellschafter erfolgen.[6] Ausschlaggebend ist vielmehr, dass den Zahlungen des Geschäftsführers keine privaten Motive zugrunde lagen, sondern letztlich durch das Gesellschaftsverhältnis veranlasst waren. Für den BFH folgt daraus, dass in einem solchen Fall die gleichen steuerlichen Folgen zu ziehen sind, als hätte die GmbH die Zahlungen aus dem eigenen Ver-

---

1 Vgl. BMF-Schreiben v. 12.11.2014 – IV B 2 - S 1300/08/10027, BStBl. I 2014, 1469 Tz. 98.
2 Vgl. BMF-Schreiben v. 12.11.2014 – IV B 2 - S 1300/08/10027, BStBl. I 2014, 1467 Tz. 98 ff.
3 Vgl. BFH v. 24.3.1999 – I R 64/98, BStBl. II 2000, 41.
4 Vgl. BFH v. 19.2.2004 – VI R 122/00, BStBl. II 2004, 620.
5 Vgl. BFH v. 22.11.2005 – VII R 21/05, BStBl. II 2006, 397.
6 So bereits schon BFH v. 21.10.1986 – VII R 144/83, BFH/NV 1987, 286.

mögen geleistet. Der BFH folgt hier dem Gedanken einer wirtschaftlichen Betrachtungsweise, nach der es sich bei den Lohnzahlungen durch den Geschäftsführer um eine für die steuerlichen Rechtsfolgen unbeachtliche Abkürzung des Zahlungsweges handelt.

II. Haftung des Umsatzsteuerschuldners

Auch im Bereich der Haftung für Umsatzsteuer sind einige für die praktische Rechtsanwendung bedeutsame Sachverhalte besonders hervorzuheben: 36.44

Grundsatz einer anteiligen Tilgung. Zu einem für die Umsatzsteuer spezifischen Ergebnis ist der BFH bei der Beurteilung der Frage einer Pflichtverletzung in den Fällen gelangt, in denen die verfügbaren Mittel im Zeitpunkt der Fälligkeit einer Steuerschuld nicht ausreichen, diese vollständig zu tilgen. Nach der BFH-Rechtsprechung[1] gilt in diesen Fällen der Grundsatz einer „anteiligen" Befriedigung aller Gläubiger, d.h. die Umsatzsteuerschulden sind in etwa dem gleichen Verhältnis zu tilgen, wie die Verbindlichkeiten anderer Gläubiger.[2] In Insolvenzsituationen entfällt eine Haftung nicht schon deshalb, weil unter der Annahme einer Eröffnung des Insolvenzverfahrens die Zahlungen durch den Insolvenzverwalter gem. §§ 130 ff. InsO anfechtbar sind.[3] Der Pflichtenkreis der gesetzlichen Vertreter erstreckt sich auf die Aufgabe, die Steuerschulden entsprechend dem Maß der Befriedigung der anderen Schulden anteilig zu tilgen. Soweit gesetzliche Vertreter die gesetzlichen Erklärungspflichten erfüllen und den Grundsatz einer anteiligen Tilgung beachten, ist hinsichtlich der Umsatzsteuer ein die Haftung begründendes Verschulden nicht gegeben.[4] Eine aus dem Grundsatz einer „anteiligen" Berücksichtigung der Steuerschulden resultierende Haftungsbegrenzung setzt allerdings voraus, dass der Haftende zur Ermittlung des maßgeblichen Sachverhalts beiträgt, d.h. Angaben macht sowie Aufzeichnungen und Belege vorlegt, aus denen sich ergibt, in welchem Umfang die Gesellschaft im Haftungszeitraum Zahlungen an andere Gläubiger geleistet hat.[5] Die Nachweis- und Mitwirkungspflicht des Geschäftsführers bei der Ermittlung der Haftungsquote folgt dabei aus § 93 AO. Dabei sind grundsätzlich alle Verbindlichkeiten in die Berechnung der anteiligen Tilgungsquote einzubeziehen. Gezahlte Lohnsteuern sind weder bei den Verbindlichkeiten noch bei den im Haftungszeitraum geleisteten Zahlungen zu berücksichtigen.[6] 36.45

Spezielle umsatzsteuerrechtliche Haftungstatbestände. Um Steuerausfälle im Bereich der Umsatzsteuer zu vermeiden, sieht das UStG mehrere Normen vor, die eine Haftungsinanspruchnahme begründen können. Tendenziell lassen die in den letzten Jahren erfolgten Rechtsänderungen die Zielsetzung des Gesetzgebers erkennen, den Kreis der Steuer- bzw. Haftungsschuldner auszudehnen. Der Vermeidung von Steuerausfällen im Zusammenhang mit Insolvenzen dient § 13c UStG (Haftung bei Abtretung, Verpfändung oder Pfändung von 36.46

---

1 Ständige Rechtsprechung s. BFH v. 11.11.2015 – VII B 57/15, BFH/NV 2016, 372; BFH v. 31.3.2000 – VII B 187/99, BFH/NV 2000, 1322; BFH v. 26.4.1984 – V R 128/79, BStBl. II 1984, 776; BFH v. 12.6.1986 – VII R 192/83, BStBl. II 1986, 657.
2 Vgl. *Loose* in Tipke/Kruse, § 69 AO Rz. 34.
3 Vgl. BFH v. 26.1.2016 – VII R 3/15, BFH/NV 2016, 893; BFH v. 23.4.2007 – VII B 92/06, BStBl. II 2009, 622.
4 Vgl. BFH v. 5.3.1991 – VII R 93/88, BStBl. II 1991, 678; BFH v. 27.2.2007 – VII R 60/05, BStBl. II 2008, 508.
5 Vgl. BFH v. 18.8.1999 – VII B 106/99, BFH/NV 2000, 543.
6 Vgl. BFH v. 14.6.2016 – VII R 20/14, BFH/NV 2016, 1672; BFH v. 27.2.2007 – VII R 60/05, BStBl. II 2008, 508.

Forderungen).¹ Aus § 25d UStG resultiert ein besonderer Haftungstatbestand für schuldhaft nicht abgeführte Umsatzsteuer (sog. Karussellgeschäfte).² Die Vorschrift dient der Bekämpfung des Umsatzsteuerbetruges im Zusammenhang mit sog. Karussellgeschäften. Bei Karussellgeschäften werden Rechnungen mit Umsatzsteuer ausgestellt, um dem Rechnungsempfänger den Vorsteuerabzug zu ermöglichen, ohne dass der Unternehmer tatsächliche Leistungen erbringt bzw. die ausgewiesene und geschuldete Steuer entrichtet. Hat der Leistungsempfänger im Zeitpunkt des Abschlusses des Vertrages über die bezogene Leistung von dem vorsätzlichen Handeln des Leistungserbringers Kenntnis, so kann gegen den Leistungsempfänger ein Haftungsbescheid über die auf den Eingangsumsatz geschuldete Steuer erlassen werden.³ In ihren Tatbestandsvoraussetzungen ist die Vorschrift recht unbestimmt. So stellt sich die Frage, unter welchen Voraussetzungen der Leistungsempfänger Kenntnis von dem vorsätzlichen Handeln des Leistungserbringers hat. In Insolvenzfällen kann nicht grundsätzlich davon ausgegangen werden, dass der Insolvenzschuldner die Absicht hatte, die von ihm in einer Rechnung ausgewiesene Umsatzsteuer nicht zu entrichten.⁴ § 25d Abs. 2 UStG begründet die Vermutung, dass dies bei Unterpreislieferungen der Fall ist. Im Fall von Unterpreislieferungen begründet § 25d UStG insoweit die Verpflichtung, die betriebswirtschaftlichen Ursachen zu dokumentieren.

36.47 **Umsatzsteuerhaftung im Zusammenhang mit innergemeinschaftlichen steuerfreien Lieferungen.** Die Steuerfreistellung innergemeinschaftlicher Lieferungen i.S. des § 6a UStG wird nur unter bestimmten Voraussetzungen gewährt und ist nach § 6a Abs. 3 Satz 2 UStG von dem Unternehmer beleg- und buchmäßig nachzuweisen.

Der Nachweis war früher unverzichtbare materiell-rechtliche Voraussetzung für die Steuerbefreiung nach § 6a UStG.⁵ Der BFH vertritt allerdings nunmehr die Auffassung, dass ein buch- und belegmäßiger Nachweis keine materiell-rechtliche Voraussetzung für die Erlangung der Steuerbefreiung für innergemeinschaftliche Lieferungen sei.⁶ Der BFH hat allerdings zuletzt wieder einen gewissen materiell-rechtlichen Charakter des Nachweises betont.⁷ Der Unternehmer muss jedenfalls sicherstellen, dass ein Nachweis entsprechend der vom Gesetzgeber verbindlich festgelegten Regelungen für die Inanspruchnahme der Steuerbefreiung im UStG (§ 6a Abs. 3 UStG) und der UStDV (§§ 17a bis 17c UStDV) geführt werden kann.⁸ Wird eine Lieferung als steuerfrei behandelt, obwohl die Voraussetzungen des § 6a Abs. 1 UStG nicht vorlagen, stellt sich die Frage einer Haftungsinanspruchnahme der gesetzlichen Vertreter.

36.48 Allerdings sieht § 6a Abs. 4 UStG vor, dass die Lieferung weiterhin als steuerfrei zu behandeln ist, wenn die Inanspruchnahme der Steuerbefreiung auf unrichtigen Angaben beruht und der Unternehmer die Unrichtigkeit der Angaben auch bei Beachtung der Sorgfalt eines ordentlichen Kaufmanns nicht erkennen konnte (sog. Gutglaubensschutz).⁹ Dabei umfasst der gute Glaube insbesondere unrichtige Angaben über die in § 6a Abs. 1 UStG bezeichneten Voraussetzungen. Nach der Rechtsprechung des BFH setzt Vertrauensschutz voraus, dass der Unternehmer seinen in § 17c UStDV geforderten Nachweispflichten in vollem Umfang

---

1 S. hierzu *Leonard* in Bunjes, § 13c UStG Rz. 16.
2 Zu Einzelheiten s. *Jatzke* in Sölch/Ringleb, § 25d UStG Rz. 13 ff.
3 Zu Einzelheiten vgl. BMF-Schreiben v. 29.3.2004 – IV B 2 - S - 7429 - 1/04, BStBl. I 2004, 450.
4 Vgl. BFH v. 28.2.2008 – V R 44/06, BStBl. II 2008, 586.
5 Vgl. BFH v. 28.2.1980 – V R 118/76, BStBl. II 1980, 415.
6 Vgl. BFH v. 6.12.2007 – V R 59/03, BStBl. II 2009, 57.
7 Vgl. BFH v. 24.7.2014 – V R 44/13, BStBl. II 2014, 955.
8 Zu Einzelheiten s. *Langer* in Reiß/Kraeusel/Langer/Wäger, § 6a UStG Rz. 68 ff.
9 S. auch *Stadie* in Stadie, § 6a UStG Rz. 87.

nachgekommen ist.[1] In der Praxis stellt sich häufig die Frage, ob eine Verletzung der Sorgfaltspflichten eines Arbeitnehmers dem gesetzlichen Vertreter in Bezug auf den Gutglaubensschutz zuzurechnen ist. § 6a UStG lässt sich eine Lösung dieser Fragestellung nicht direkt entnehmen. Verwendung findet der Begriff des Gutglaubensschutzes im Zivilrecht (§ 166 Abs. 1 BGB – rechtsgeschäftliches Handeln durch einen Stellvertreter), wobei die Rechtsprechung eine Zurechnung des Wissens von Hilfspersonen auch außerhalb der rechtsgeschäftlichen Stellvertretung als zulässig erachtet. Fraglich wäre, inwieweit die zivilrechtliche Begriffsabgrenzung auch bei der Wissenszurechnung im Zusammenhang mit § 6a Abs. 4 UStG zur Anwendung gelangen kann. Einer analogen Anwendung des § 166 Abs. 1 BGB dürfte die insbesondere bei Großunternehmen gegebene Arbeitsteilung entgegen stehen. Im Ergebnis kann für den Gutglaubensschutz nur das Wissen des Mitarbeiters maßgeblich sein, der konkret mit der Bearbeitung des Sachverhalts befasst war. Der Gutglaubensschutz für den gesetzlichen Vertreter wird dadurch nicht ausgeschlossen, soweit das Unternehmen über ein funktionsfähiges Kontroll- und Informationssystem verfügt.

E. Steuerliches Risikomanagement zur Haftungsvermeidung und Haftungsbegrenzung

I. Präventive Haftungsvermeidung durch ein System zur Überwachung der Erfüllung der steuerlichen Pflichten

1. Innerbetriebliches Kontrollsystem für steuerliche Zwecke

Eine Verpflichtung der gesetzlichen Vertreter zur Implementierung und Pflege eines innerbetrieblichen Kontrollsystems, durch das die Erfüllung steuerlicher Pflichten überwacht wird, besteht nicht. Für die AG wird eine Verpflichtung zur Einführung einer Compliance-Organisation teilweise aus § 91 Abs. 2 AktG abgeleitet.[2] Der Anwendungserlass[3] (AEAO) zu § 153 AO verdeutlicht allerdings, dass ein durchdachtes und eingeführtes Kontrollsystem im strafrechtlichen Kontext präventiv wirkt, in dem es die Verwirklichung des objektiven Tatbestands der Steuerhinterziehung verhindert.[4] Dies folgt daraus, dass die Finanzverwaltung in dem AEAO zu § 153 AO eine Art Vermutung postuliert, dass bei Bestehen eines innerbetrieblichen Kontrollsystems für steuerliche Zwecke Unrichtigkeiten in den Steuererklärungen nicht auf vorsätzlichem Handeln oder Unterlassen beruhen.[5] Damit hat die Finanzverwaltung einen wesentlichen Anreiz zur Einführung eines innerbetrieblichen Kontrollsystems für steuerliche Zwecke gesetzt. Im Hinblick auf die dargestellten Rechtsgrundlagen für eine mögliche Haftungsinanspruchnahme werden die gesetzlichen Vertreter eines Unternehmens in der Praxis nicht umhinkommen, zumindest ein rudimentär ausgestaltetes System zu implementieren (zur Ausgestaltung s. nachfolgend unter 2., Rz. 36.50) und zu unterhalten, das Steuerrisiken evaluieren, aufdecken und verhindern soll.[6] Die Funktion eines so ausgestalteten Kontrollsystems besteht dann in einer präventiven Haftungsvermeidung.

36.49

---

[1] Vgl. BFH v. 15.7.2004 – V R 1/04, BFH/NV 2005, 81.
[2] S. hierzu auch *Aichberger/Schwartz*, DStR 2015, 1758, 1761.
[3] Vgl. BMF-Schreiben v. 23.5.2016 – IV A 3 - S 0324/15/10001, BStBl. I 2016, 490.
[4] S. hierzu nur *Schwedhelm/Talaska*, ifst-Schrift 513 (2016), 7; *Erdbrügger/Jehke*, BB 2016, 2455, 2457; *v. Wolfersdorff/Hey*, WPg 2016, 934, 938.
[5] Vgl. *Schwedhelm*, GmbH-StB 2017, 83, 84.
[6] Vgl. *Aichberger/Schwartz*, DStR 2015, 1758, 1763.

2. Innerbetriebliches Kontrollsystem für steuerliche Zwecke als Bestandteil eines „Tax-Compliance-Management-Systems"

36.50 Unter dem zuletzt vielfach verwendeten „schillernden" Begriff „Tax-Compliance-Management-System" werden verschiedene Maßnahmen diskutiert, die zur Erfüllung der steuerlichen Verpflichtungen der Unternehmen beitragen sollen. Dabei ist zu beachten, dass ein „Tax-Compliance-Management-System" in seinen Funktionen über das von der Finanzverwaltung in dem AEAO zu § 153 AO angesprochene innerbetriebliche Kontrollsystem für steuerliche Zwecke hinausgeht. Insoweit stellt ein innerbetriebliches Kontrollsystem für steuerliche Zwecke einen Teilbereich eines „Tax-Compliance-Management-Systems" dar. Dies folgt daraus, dass ein „Tax-Compliance-Management-System" – neben der Überwachung der Erfüllung steuerlicher Pflichten – weitere Funktionen erfüllen soll.[1] Hierzu zählen:

– Abwehrfunktion (Vermeidung von steuer- und strafrechtlichen Risiken);

– Gestaltungsfunktion (Rechtskonforme Steueroptimierung und -vermeidung);

– Organisationsfunktion (Einführung von organisatorischen Maßnahmen zur rechtskonformen Erfüllung steuerlicher Pflichten).

36.51 Die Funktionen eines innerbetrieblichen Kontrollsystems für steuerliche Zwecke sind damit den abwehrenden und organisatorischen Funktionen eines „Tax-Compliance-Management-Systems" zuzuordnen.[2] Gesetzliche Vorgaben zur Ausgestaltung eines innerbetrieblichen Kontrollsystems für steuerliche Zwecke im Rahmen eines „Tax-Compliance-Management-Systems" nennt die Finanzverwaltung nicht. Dem AEAO zu § 153 AO lässt sich nur die Vorgabe entnehmen, dass das System so ausgestaltet sein muss, dass die Erfüllung der steuerlichen Pflichten sichergestellt ist. Die konkrete Ausgestaltung liegt damit im Ermessen der gesetzlichen Vertreter (Geschäftsführer, Vorstand). Damit ein „Tax-Compliance-Management-System" seine Funktion erfüllen kann, sind bei der Ausgestaltung des Systems folgende Aspekte zu beachten:

– Erstellung eines auf der Analyse des unternehmensspezifischen Risikos basierenden Risikoprofils;

– Zuordnung von Zuständigkeiten und Verantwortungsbereichen und deren organisatorische Absicherung;

– Information der verantwortlichen Mitarbeiter über die zu erfüllenden Aufgaben und die Funktion innerhalb des „Tax-Compliance-Management-Systems";

– Dokumentation der Funktionsweise des „Tax-Compliance-Management-Systems".

36.52 Die inhaltliche Ausgestaltung eines „Tax-Compliance-Management-Systems" hat dann unter Berücksichtigung des unternehmensspezifischen Risikos sowie besonderer Steuerarten und Steuerthemen zu erfolgen.[3] So ist bspw. in Bezug auf die Umsatzsteuer zu berücksichtigen, dass es sich hierbei um eine durch Einzeltransaktionen ausgelöste Steuer handelt, die sich dezentral nur schwer strukturieren lässt.[4] Pauschale Aussagen zu den (Mindest-)Anforderungen an die Ausgestaltung eines „Tax-Compliance-Management-Systems" lassen sich daher kaum

---

1 S. hierzu *König/Teichert*, DB 2017, 146, 147.
2 Vgl. IDW-Praxishinweis 1/2016 zur „Ausgestaltung und Prüfung eines Tax-Compliance-Management-Systems gem. IDW PS 980".
3 S. hierzu auch *Creed/Link*, BB 2016, 983 ff.
4 Vgl. *Bleckmann*, BB 2017, 352, 353.

treffen. Um gewisse Mindestanforderungen an die Ausgestaltung des Systems zu erfüllen, erscheint in der Praxis eine Orientierung an dem vom IDW erarbeiteten IDW-Praxishinweis 1/2016 zur „Ausgestaltung und Prüfung eines Tax-Compliance-Management-Systems gem. IDW PS 980" zweckmäßig.

II. Einzelmaßnahmen zur vorsorgenden Haftungsvermeidung und Haftungsbegrenzung

Zur vorsorgenden Haftungsvermeidung und Haftungsbegrenzung kommen in der Praxis im Rahmen eines „Tax-Compliance-Management-Systems" eine Reihe von Maßnahmen in Betracht, die auf eine Haftungsvermeidung, zumindest Haftungsreduktion des Managements im Zusammenhang mit steuerrelevanten Vorgängen zielen. Die konkrete Auswahl der Maßnahmen sowie die Geeignetheit zur Verminderung steuerlicher Risiken muss im Rahmen des Systems zum Management von Steuerrisiken jeweils einzelfallbezogen geprüft werden. 36.53

Schaffung von Verantwortungsbereichen durch dokumentierte Geschäftsverteilungspläne. Im Grundsatz besteht für die Erfüllung der steuerrechtlichen Pflichten eines Unternehmens eine solidarische Verantwortlichkeit von Vorstand bzw. Geschäftsführung. Dies gilt vor allem auch für Unternehmen in Krisensituationen, etwa bei sich abzeichnender Liquiditätsgefährdung oder drohender Überschuldung. Vom Grundsatz der Gesamtverantwortlichkeit bestehen allerdings verschiedene einzelfallbezogene Exkulpationsmöglichkeiten[1]: Existieren eindeutige und schriftlich festgelegte Geschäftsverteilungspläne mit klarer Ressortbildung, so kann sich der für steuerliche Belange unzuständige Manager dann von einer etwaigen Haftung befreien, wenn die zuständigen Mitgeschäftsführer vertrauenswürdig sind, die Erfüllung der laufenden steuerrechtlichen Pflichten dem Grunde nach sichergestellt ist und keine Krisenanzeichen erkennbar sind.[2] Eine gesamtschuldnerische Haftung der Geschäftsführer kann auf diese Weise vermieden werden.[3] Hat der eigentlich unzuständige Manager allerdings Kenntnis von der speziellen steuerrechtlichen Problematik, so kann auch er in Haftung genommen werden. Dies gilt selbst dann, wenn ein Gesellschafter-Geschäftsführer Löhne einer GmbH aus seinem eigenen Vermögen bestreitet; auch insoweit besteht eine Lohnsteuereinbehaltungspflicht, die bei Nichtbeachtung zur Haftung führt.[4] Des Weiteren kann auch ein vom Management sorgsam ausgewählter und überwachter Steuerberater zur Haftungseinschränkung beitragen; Entsprechendes dürfte für anderweitige Steuerfachabteilungen im Unternehmen gelten. Allerdings wird eine derartige Exkulpationsmöglichkeit dann an ihre Grenzen stoßen, wenn das Fehlverhalten für einen ordentlichen und gewissenhaften Geschäftsleiter erkennbar ist. Nicht ausreichende Kenntnisse und Fähigkeiten eines Geschäftsführers zur Überwachung des mit der Erledigung der steuerlichen Angelegenheiten beauftragten Mitgeschäftsführers schützen nicht vor einer Haftungsinanspruchnahme.[5] Insgesamt sollte das Management eines Unternehmens für derartige Verantwortungsverlagerungen geeignete Beweisvorsorge treffen. 36.54

Strukturierte Sorgfaltskontrolle „top down" bei Großunternehmen. Vor allem bei dezentral organisierten „Steuerkompetenzen" in einem Konzern muss das Management der Holding oder eines anderweitigen Mutterunternehmens durch organisatorische Maßnahmen si- 36.55

---

1 Zur den Möglichkeiten einer Delegation von Organpflichten vgl. *Froesch*, DB 2009, 723.
2 Zu einem solchen Fall vgl. BFH v. 7.7.2009 – VII B 248/08, BFH/NV 2009, 1968.
3 Vgl. *Krause*, BB 2009, 1374.
4 Vgl. BFH v. 22.11.2005 – VII R 21/05, BStBl. II 2006, 397.
5 Vgl. BFH v. 21.10.2003 – VII B 353/02, BFH/NV 2004, 157.

cherstellen, dass in allen Bereichen der Unternehmensgruppe die teils sehr landesspezifisch ausgestalteten Steuererklärungs- und Steuerzahlungspflichten sorgsam eingehalten werden. Der den Steuerbereich verantwortende Vorstand oder Geschäftsführer wird sich dann jeweils von den nachgeordneten Abteilungen bestätigen lassen müssen, dass sämtliche steuerlichen Pflichten vollumfänglich und zeitkritisch erfüllt werden. Kann er dies nachweisen, so dürfte eine Haftungsinanspruchnahme in aller Regel nicht in Betracht kommen. Exkulpierend im Hinblick auf eine etwaige Managerhaftung dürften Rechtsgutachten bei komplexen streitigen Einzelfragen wirken.

36.56 **Mitteilung von Fehlerkorrekturen beim Finanzamt.** Das Management eines Unternehmens oder einer Unternehmensgruppe sollte zur Haftungsreduzierung und als Präventivmaßnahme im Hinblick auf Steuerhinterziehungsrisiken unvollständige oder unrichtige Angaben gegenüber dem Finanzamt anzeigen, sobald sie diese erkennt und der Fehler nicht unwesentlich ist (etwa gestützt auf § 153 AO); regelmäßig wird dabei angestrebt, dass die Anzeige gem. § 153 AO zugleich auch die Voraussetzungen einer bußgeldbefreienden Selbstanzeige gem. § 378 Abs. 3 AO erfüllt. Dabei kommt dem zu § 153 AO ergangenen Anwendungserlass[1] wesentliche Bedeutung für die Abgrenzung der steuerlichen Anzeige- und Berichtspflichten zu. Der Mitteilung der Fehlerkorrektur sollte eine detaillierte und vollständige Sachverhaltsaufklärung vorangehen. Auch sollte (bei vorsätzlicher Steuerhinterziehung i.S. des § 370 AO = Straftat) die Möglichkeit zu einer strafbefreienden Selbstanzeige stets bei Vorbereitung einer Betriebsprüfung diskutiert und erwogen werden (§ 371 AO). Die Abgrenzung zwischen strafbefreiender Selbstanzeige (§ 371 AO) und schlichten Korrekturen von Steuererklärungen (§ 153 AO) ist dabei vor dem Hintergrund der jüngsten Verschärfung der strafbefreienden Selbstanzeige von besonderer Relevanz.[2]

36.57 **Einsatz der Instrumente der verbindlichen Auskunft oder tatsächlichen Verständigung als haftungsbegrenzende Vorsorgemaßnahme.** Drohen einem Unternehmen aus anstehenden Maßnahmen (etwa geplanten Umstrukturierungen, Arbeitnehmerentsendungen usw.) größere Steuerrisiken, so wird das Management zur Abwendung von etwaigen Steuerzahlungen und Haftungsrisiken die Einholung einer verbindlichen Auskunft (vor Realisation) prüfen müssen.[3] Grundfall dafür ist die sog. Lohnsteueranrufungsauskunft gem. § 42e EStG, wonach dem Arbeitgeber auf Anfrage verbindliche Auskunft über alle lohnsteuerrelevanten Vorgänge zu erteilen ist.[4] § 42e EStG schränkt das Haftungsrisiko sowohl beim Arbeitgeber als auch bei dessen Management entscheidend ein. Die Auskunft entfaltet im Lohnsteuerabzugsverfahren als feststellender Verwaltungsakt nach § 118 Satz 1 AO bei auskunftskonformer Durchführung eine Bindungswirkung gegenüber dem Arbeitgeber, eine Bindungswirkung bei der Veranlagung des Arbeitnehmers besteht nicht.[5] Entsprechendes gilt auch für verbindliche Zusagen auf Grund einer Außenprüfung (§§ 204–207 AO) sowie für verbindliche Auskünfte i.S. des § 89 AO generell, wobei § 89 Abs. 3–5 AO die Gebührenpflicht von Anträgen auf verbindliche Auskunft regeln. Mit der Entscheidung vom 30.3.2011 hat

---

1 Vgl. BMF-Schreiben v. 23.5.2016 – IV A 3 - S 0324/15/10001, BStBl. I 2016, 490.
2 Zu der Abgrenzungsfrage s. *Neuling*, DStR 2015, 558; *Weigell/Görlich*, FR 2016, 989.
3 Zu der Auslegung eines finanzamtlichen Schreibens als verbindliche Auskunft s. BFH v. 12.8.2015 – I R 45/14, BFH/NV 2016, 261.
4 Zur Rechtsnatur der Anrufungsauskunft als feststellender Verwaltungsakt s. BFH v. 30.4.2009 – VI R 54/07, BStBl. II 2010, 996 s. hierzu auch BMF-Schreiben v. 18.2.2011 – IV C 5-S 2388/0 - 01, BStBl. I 2011, 213.
5 Vgl. BFH v. 22.5.2007 – VI B 143/06, BFH/NV 2007, 1658; BFH v. 16.11.2005 – VI R 23/02, BStBl. II 2006, 210.

der I. Senat des BFH die Verfassungsmäßigkeit der Gebührenpflicht dem Grunde nach bestätigt.[1] Der Antragsteller begründet den Gegenstandswert; die Finanzverwaltung folgt dem, soweit kein offensichtlich unzutreffendes Ergebnis vorliegt. Gem. § 89 Abs. 3 Satz 2 AO ist bei einheitlich erteilten verbindlichen Auskünften gegenüber mehreren Beteiligten nur eine Gebühr zu erheben (s. auch Tz. 4.1.3 des AEAO zu § 89 AO). Angesprochen ist der Fall, dass z.B. bei Auskünften zu Organschaftsfragen, Umwandlungen und Schenkungen die verbindliche Auskunft zu den gestellten Fragen nur einheitlich beantwortet werden kann.[2]

Für die Ermittlung des Gegenstandswerts ist zu beachten, dass gem. § 89 Abs. 4 Satz 1 AO die Gebühr für die Bearbeitung eines Antrags auf verbindliche Auskunft nach dem Wert berechnet wird, den die verbindliche Auskunft für den Antragsteller hat (Gegenstandswert). Hierbei hat nach der BFH-Rechtsprechung eine streng veranlagungszeitraumbezogene Ermittlung zu erfolgen.[3] Dies bedeutet, dass der BFH einer wirtschaftlichen Betrachtungsweise bei der Ermittlung des Gegenstandswerts eine klare Absage erteilt hat. Aus dem Verweis des § 89 Abs. 5 AO auf die entsprechende Anwendung der Regelungen über die Wertgebühren in § 34 GKG schließt der BFH, dass die Gebühr nach den Grundsätzen der gerichtlichen Streitwertermittlung zu bestimmen ist. Eine Gegenrechnung zukünftiger Steuerentlastungen (etwa aus der Abschreibung aufgedeckter stiller Reserven in zukünftigen Veranlagungszeiträumen) bei der Ermittlung des Gegenstandswerts ist damit ausgeschlossen. 36.58

Die Gebührenpflicht erstreckt sich dabei nur auf solche Auskünfte, deren Erteilung auf § 89 Abs. 2 AO basiert. Dies kommt auch durch den in § 89 Abs. 3 AO enthaltenen Verweis auf den Abs. 2 der Vorschrift zum Ausdruck. Ausgenommen von der Gebührenpflicht sind damit die sog. Lohnsteueranrufungsauskunft gem. § 42e EStG sowie die verbindliche Zusage im Anschluss an eine Außenprüfung i.S. des § 204 AO. Im Ergebnis müssen Steuerrisiko, Haftungsgefahr und Kostenpflicht gegeneinander abgewogen werden. 36.59

Schließlich kommt zur Haftungsvorsorge bei bereits durchgeführten Maßnahmen eine tatsächliche Verständigung mit der Finanzverwaltung (beispielsweise zur Beendigung von Rechtsbehelfsverfahren, Betriebsprüfungen usw.) in Betracht. Voraussetzung dafür ist ein schwierig zu ermittelnder Sachverhalt, Rechtsfragen dagegen sind einer tatsächlichen Verständigung nicht zugänglich. Für tatsächliche Verständigungen sieht die Abgabenordnung derzeit keine Gebührenpflicht vor. Bei möglicher transaktionsbegründeter Haftung ist auch an die Einholung einer Unbedenklichkeitsbescheinigung des Finanzamts zu denken. 36.60

III. Maßnahmen zur Abwehr oder Abmilderung von Haftungsinanspruchnahmen

Zur Abwehr von steuerlichen Haftungsansprüchen wird sich der Vorstand, Geschäftsführer oder das Aufsichtsratsmitglied auf das Instrumentarium der außergerichtlichen und gerichtlichen Rechtsbehelfsverfahren stützen müssen. Vorsorgende Abwehrberatung wird dabei möglichst schon vor einem etwaigen Haftungsbescheid einsetzen. Da es um für den Manager häufig existenzbedrohende Beträge geht, wird eine begleitende Beratung sehr behutsam vorgehen, ggf. auch deeskalierend auf die Beteiligten einwirken müssen. 36.61

---

1 Vgl. BFH v. 30.3.2011 – I R 61/10, BStBl. II 2011, 536.
2 Vgl. *Dannecker/Werder*, BB 2017, 284, 287.
3 S. hierzu BFH v. 22.4.2015 – IV R 13/12, BStBl. II 2015, 989.

36.62 **Wichtige steuerliche Einzelaspekte dabei sind:**

- eingehende formelle Prüfungen der Anforderungen an einen Haftungsbescheid als Verwaltungsakt;

- Prüfung von Ermessensfehlgebrauch auf sämtlichen Ebenen der Ermessensentscheidung[1];

- Prüfung eines etwaigen Mitverschuldens der Finanzverwaltung bei der Geschäftsführerhaftung[2]; eigene Unerfahrenheit des Managements entlastet allerdings nicht;

- Verjährung von Haftungsinanspruchnahmen und Beachtung des Grundsatzes der Akzessorietät;

- Inanspruchnahme von vorläufigem Rechtsschutz (AdV, Aussetzung der Vollziehung)?

36.63 **Versicherungsschutz gegen managerbezogene Haftungstatbestände.** Zur Begrenzung der Managerhaftung aus etwaigen Schadensersatzforderungen wegen pflichtwidrigen Fehlverhaltens kommt der Abschluss einer Direktors & Officers (D&O)-Versicherung in Betracht.[3] Üblicherweise schließt dabei die Gesellschaft als Versicherungsnehmerin für das Management als versicherte Person (üblicherweise den Vorstand einer AG) einen Versicherungsvertrag ab, um eine Haftungsmasse für Regressansprüche der Gesellschaft, der Anteilseigner oder Dritter gegen das Management zu gewährleisten.[4] Nach § 93 Abs. 2 AktG ist für die Vorstände von Aktiengesellschaften ein Selbstbehalt von mindestens 10 % des Schadens bis mindestens zur Höhe des Eineinhalbfachen der festen jährlichen Vergütung vorzusehen. Aufsichtsräte, leitende Angestellte und Geschäftsführer von GmbHs sind von dem Gesetz allerdings nicht betroffen. Nach dem Versicherungsvertrag bestehende Leistungseinschränkungen und Haftungsausschlüsse bedürfen einer sorgsamen Einzelfallprüfung. Eine D&O-Versicherung kommt auch für steuerliche Vermögensschäden des Unternehmens aus managerbezogenem Fehlverhalten (mit entsprechender Haftungsrelevanz für den Manager) in Betracht.

36.64 Die Zahlung der Versicherungsprämie durch den Arbeitgeber erfolgt dann in überwiegend eigenbetrieblichem Interesse (also keine steuerpflichtige Lohnzuwendung), wenn das Management als Ganzes versichert ist, die Versicherungsschäden des Unternehmens abdeckt, der Versicherungsanspruch dem Unternehmen zusteht sowie der Prämienkalkulation Betriebsdaten des Unternehmens zugrunde liegen. Ansonsten stellt die Prämienzahlung steuerpflichtigen Arbeitslohn dar, der beim angestellten Manager zu einem Werbungskostenabzug aus § 19 EStG führen dürfte. Entsprechendes gilt für D&O-Versicherungen von Aufsichts- und Beiräten, wobei ergänzend ggf. § 10 Nr. 4 KStG zu beachten ist.

36.65 Lässt sich eine Haftungsinanspruchnahme des Managements im Ergebnis nicht erfolgreich abwehren, so stellt sich ergänzend die Frage der steuerwirksamen Behandlung des Haftungsbetrages als Schadensersatz. Insoweit wird man stark einzelfallabhängig differenzieren müssen. Handelt es sich um einen angestellten Manager ohne Beteiligung an dem Unternehmen, so ist der Werbungskostenabzug nach § 19 EStG zu prüfen.[5] Im Ergebnis dürfte eine er-

---

1 Vgl. *Nacke*, GmbHR 2006, 846.
2 Vgl. BFH v. 30.8.2005 – VII R 61/04, BFH/NV 2006, 232.
3 S. hierzu oben *Sieg*, Rz. 18.2 ff.; sowie *Binz/Sorg* in Binz/Sorg, Die GmbH & Co. KG, § 9 Rz. 30; *Krause*, BB 2009, 1374.
4 Zur Ausgestaltung der Versicherungsbedingungen s. oben *Ihlas*, Rz. 19.25 ff.
5 Vgl. OFD Düsseldorf v. 29.10.1992 – S 2350/S 2244 A - St 114, DStR 1992, 1725.

werbsbezogene Veranlassung allerdings nur bei fehlendem Vorsatz anzunehmen sein.[1] Bei einer Haftung für die „eigene" Lohnsteuer des Managers erscheint u.U. allerdings ein Werbungskostenabzug zweifelhaft. Besonderheiten bestehen vor allem bei Gesellschafter-Geschäftsführern einer GmbH; insoweit kommt unter Umständen eine Einlage auf die Beteiligung in Betracht.

F. Zusammenfassung

Die Verantwortung des Managers im Steuerrecht dokumentiert sich vor allem in den diversen steuerlichen Haftungstatbeständen. Werden Ansprüche aus dem Steuerschuldverhältnis infolge vorsätzlicher oder grob fahrlässiger Pflichtverletzung nicht oder nicht rechtzeitig erfüllt, so haftet das Management (ggf. einschließlich des Aufsichtsrats) für Steuerschulden der Gesellschaft. Grundlage der Haftung ist § 69 AO i.V.m. § 34 AO; es bestehen daneben zahlreiche Einzeltatbestände. In der Praxis sind besonders die Lohnsteuer und die Umsatzsteuer betroffen; das Haftungsregime ist insoweit sehr streng. Haftungsbescheid und Zahlungsgebot konkretisieren die Steueransprüche gegen den Manager. Vor allem in Zeiten hochgradiger Unsicherheit im Steuerrecht und der auf Grund der fortschreitenden Digitalisierung zunehmenden Aufgriffswahrscheinlichkeit muss das Management auf die Einhaltung strenger Sorgfaltskriterien achten, um einer ungerechtfertigten Haftungsinanspruchnahme vorzubeugen. Hierzu bietet sich auch die zuletzt vielfach diskutierte Einführung eines innerbetrieblichen Kontrollsystems für steuerliche Zwecke als Teilbereich eines „Tax-Compliance-Management-Systems" zur vorsorgenden Haftungsvermeidung und Haftungsbegrenzung an.

36.66

---

1 Vgl. OFD Düsseldorf v. 29.10.1992 – S 2350/S 2244 A - St 114, DStR 1992, 1725.

§ 37
Risikobereich und Haftung: Sozialversicherungsrecht

Dr. Jürgen Brand und Matthias Bentlage

A. Allgemeines	37.1
B. Die einzelnen Fallgruppen	37.3
I. Die Nichtabführung von Sozialversicherungsbeiträgen	37.3
1. Die Strafbarkeit des Managers wegen Nichtabführung von Sozialversicherungsbeiträgen	37.3
a) Die Voraussetzungen der Strafbarkeit nach §§ 266a, 14 StGB	37.3
aa) Sozialversicherungsbeiträge	37.7
bb) Fälligkeit der Beiträge	37.12
cc) Das Vorenthalten der Beiträge	37.14
dd) Die tatsächliche Möglichkeit und Zumutbarkeit, Beiträge zu entrichten	37.17
ee) Der Rechtfertigungsgrund der Pflichtenkollision	37.23
ff) Vorsatz	37.26
gg) Verjährung	37.27
b) Mehrere Geschäftsführer oder Vorstände	37.28
2. Die zivilrechtliche Haftung des Vorstandes bzw. Geschäftsführers	37.30
a) Die Zurechnungsnorm des § 823 Abs. 2 BGB	37.30
aa) Wegfall der Zahlungsverpflichtung im Insolvenzantragszeitraum	37.31
bb) Keine Haftung bei Anfechtbarkeit der Zahlungen	37.36
cc) Die Darlegungs- und Nachweispflicht	37.39
b) Sittenwidrige Schädigung nach § 826 BGB	37.45
c) Erstattung von Aufwendungen für Arbeitsunfälle	37.46
3. Haftung des Gesellschafters	37.47
II. Die fehlende Sicherung von Wertguthaben nach § 7e SGB IV und § 8a Altersteilzeitgesetz	37.52
1. Problemlage und Haftung des Geschäftsführers/Vorstands nach § 7e SGB IV und § 8a Altersteilzeitgesetz	37.52
a) Sicherung bei Altersteilzeit	37.53
b) Sicherung bei Freistellungen nach § 7b SGB IV	37.56
2. Strafrechtliche Haftung des Geschäftsführers/Vorstands	37.57
a) Strafbarkeit nach § 266a StGB (Nichtabführung von Sozialversicherungsbeiträgen)	37.58
b) Strafbarkeit nach § 266 StGB (Untreue)	37.59
c) Strafbarkeit nach § 263 StGB (Betrug)	37.60
3. Zivilrechtliche Haftung des Geschäftsführers/Vorstands	37.62
a) ... aus § 823 Abs. 2 BGB i.V.m. § 263 StGB	37.62
b) ... aus § 823 Abs. 2 BGB i.V.m. § 8a Abs. 1 Altersteilzeitgesetz	37.63
c) ... aus § 7e Abs. 7 SGB IV	37.65
d) ... aus dem Haftungstatbestand der Existenzvernichtungshaftung	37.66
III. Das Erschleichen von Sozialleistungen	37.67
1. Problemlage	37.67
2. Strafrechtliche Verantwortlichkeit des Managers	37.70
a) Betrug, § 263 StGB	37.70
aa) Die Handlung	37.71
bb) Vorsatz	37.75
b) Subventionsbetrug, § 264 StGB	37.76
c) Verstoß gegen § 9 SchwarzArbG	37.78
d) Fälschung von Urkunden, § 267 StGB	37.81
e) Unterdrückung von Urkunden, § 274 StGB	37.83
3. Zivilrechtliche Haftung des Managers	37.85
a) ... aus § 823 Abs. 2 BGB i.V.m. § 263 StGB	37.85
b) ... aus § 823 Abs. 2 BGB i.V.m. § 9 SchwarzArbG	37.86
4. Haftung der Gesellschafter	37.87
IV. Beschäftigung von Ausländern ohne Genehmigung oder ohne Aufenthaltstitel	37.89
1. ... zu ungünstigeren Arbeitsbedingungen, § 10 SchwarzArbG	37.89

a) Deutsche Staatsangehörige und EU-Staatsangehörige 37.90	1. Verleih ausländischer Leiharbeitnehmer ohne Genehmigung, § 15 AÜG . 37.96
b) Übrige Staatsangehörige 37.91	2. Entleih von Ausländern ohne Genehmigung, § 15a AÜG 37.97
2. ... in größerem Umfang, § 11 SchwarzArbG 37.93	VI. Bußgeldbewehrte Verhaltensweisen . . 37.99
V. Illegale Arbeitnehmerüberlassung . . . 37.96	

Schrifttum: *Andres/Leithaus,* Kommentar zur Insolvenzordnung, 3. Aufl. 2014; *Centrale für GmbH* (Hrsg.), GmbH-Handbuch, Loseblatt; *Fischer,* Strafgesetzbuch, 64. Aufl. 2017; *Brand,* „Weißt du wie das wird?" – Zum Verhältnis von § 266a StGB und § 64 S. 1 GmbHG, GmbHR 2010, 237; *Floeth,* Strafbarkeit wegen Vorenthaltens und Veruntreuens von Arbeitsentgelt in Fällen sog. Scheinselbstständigkeit – Arbeitgeberstellung des „Auftraggebers" und die insoweit im Rahmen des subjektiven Tatbestandes zu stellenden Anforderungen, NZS 2016, 771; *Goette,* Haftung des GmbH-Geschäftsführers bei Nichtabführung von Sozialversicherungsbeiträgen, DStR 2005, 1869; *Hesselmann/Tillmann/Mueller-Thuns,* Handbuch GmbH & Co. KG, 21. Aufl. 2016; *Karsten,* Der GmbH-Geschäftsführer in Not, NJ 2005, 538; *Kiethe,* Die Haftung von Geschäftsleitern für Arbeitnehmerbeiträge zur Sozialversicherung in der Krise des Unternehmens, ZIP 2003, 1957; *Metz,* Aktuelle Rechtsprechung zum Vorenthalten und Veruntreuen von Arbeitsentgelt, NStZ-RR 2013, 297 (Teil 1), NStZ-RR 2013, 333 (Teil 2); *Plagemann* in Münchener AnwaltsHandbuch Sozialrecht, 4. Aufl. 2013; *Schmidt,* Zur Nichtabführung von Sozialversicherungsbeiträgen, EWiR 2001, 185; *Schulz,* Die Strafbarkeit des Arbeitgebers nach § 266a StGB bei der Beschäftigung von Scheinselbständigen, NJW 2006, 186; *Schönke/Schröder,* Kommentar zum Strafgesetzbuch, 29. Aufl. 2014; *Stapper/Jacobi,* Die Haftung des Geschäftsführers in Krise und Insolvenz, NJ 2010, 309 ff.

A. Allgemeines

Die Verantwortung bzw. Haftung des Managers im Sozialversicherungsrecht zeigt sich – wie das Sozialversicherungsrecht selbst – nicht als einheitlich zu behandelndes Thema, sondern setzt sich aus verschiedenen Einzelaspekten zusammen.

Es reicht von der strafrechtlichen Haftung für die Nichtabführung von Sozialversicherungsbeiträgen über die zivilrechtliche Haftung des Geschäftsführers oder Vorstands für eben dieses Unterlassen oder für Schulden der Gesellschaft z.B. wegen Rückforderung von Sozialsubventionen bis zu den in Einzelgesetzen zu findenden Verhaltensvorschriften, die bußgeld- oder strafbewehrt sind.

Der **Begriff des Managers** ist dem deutschen Sozialversicherungsrecht fremd. Dieses Recht kennt lediglich Arbeitgeber und im Bereich der gesetzlichen Unfallversicherung Unternehmer sowie Arbeitnehmer und selbständig Tätige.

Manager in Kapitalgesellschaften sind vor allem – weil die Gesellschaft selbst Arbeitgeberin bzw. Unternehmerin ist – die Geschäftsführer der GmbH, die sowohl Arbeitnehmer als auch selbständig Tätige sein können, die Vorstände von AG usw. Reine Kapitalnutzer sind sozialversicherungsrechtlich nicht von Bedeutung, können aber unter bestimmten Voraussetzungen für Schulden der Gesellschaft haftbar gemacht werden.

Die folgende Darstellung soll sich an den in der Praxis vorkommenden Fallgruppen orientieren.

B. Die einzelnen Fallgruppen

I. Die Nichtabführung von Sozialversicherungsbeiträgen

1. Die Strafbarkeit des Managers wegen Nichtabführung von Sozialversicherungsbeiträgen

a) Die Voraussetzungen der Strafbarkeit nach §§ 266a, 14 StGB

37.3 Nach § 266a Abs. 1 StGB wird mit Freiheitsstrafe bis zu fünf Jahren oder mit Geldstrafe bestraft, wer als Arbeitgeber der Einzugsstelle **Beiträge des Arbeitnehmers** zur Sozialversicherung einschließlich der Arbeitsförderung, unabhängig davon, ob Arbeitsentgelt gezahlt wurde, vorenthält.[1]

Nach dem mit Wirkung vom 1.8.2004 in Kraft getretenen Abs. 2 des § 266a StGB wird ebenso bestraft, wer als Arbeitgeber

– der für den Einzug der Beiträge zuständigen Stelle über sozialversicherungsrechtlich erhebliche Tatsachen unrichtige oder unvollständige Angaben macht oder

– die für den Einzug der Beiträge zuständige Stelle pflichtwidrig über sozialversicherungsrechtlich erhebliche Tatsachen in Unkenntnis lässt und dadurch dieser Stelle **vom Arbeitgeber zu tragende Beiträge** zur Sozialversicherung einschließlich der Arbeitsförderung, unabhängig ob Arbeitsentgelt gezahlt wird, vorenthält.

37.4 In **besonders schweren Fällen** kann eine Strafe von bis zu 10 Jahren verhängt werden. Ein besonders schwerer Fall liegt nach § 266a Abs. 4 StGB vor, wenn der Täter aus grobem Eigennutz in großem Ausmaß Beiträge vorenthält, Belege nachmacht oder verfälscht und fortgesetzt Beiträge vorenthält oder die Mithilfe eines Amtsträgers ausnutzt, der seine Befugnisse oder seine Stellung missbraucht.

Nach der Entscheidung des BGH[2], in der der Schwellenwert für das große Ausmaß der Steuerhinterziehung i.S. des § 370 Abs. 3 Satz 2 Nr. 1 AO auf 50000,00 Euro bestimmt wurde, dürfte vieles dafür sprechen, dass der BGH im Tatbestand des § 266a StGB, der das Beitragsrecht des SGB flankiert, den Regelwert für Beitragshinterziehungen ebenfalls auf 50 000,00 Euro festsetzen wird, ab dem ein besonders schwerer Fall anzunehmen ist.[3]

37.5 Allerdings kann das Gericht nach § 266a Abs. 6 StGB **von einer Bestrafung absehen**, wenn der Arbeitgeber spätestens im Zeitpunkt der Fälligkeit der Beiträge[4] oder unverzüglich danach der Einzugsstelle schriftlich die Höhe der vorenthaltenen Beiträge mitteilt und darlegt, warum die fristgemäße Zahlung nicht möglich ist, obwohl er sich darum ernsthaft bemüht hat. Entrichtet der Arbeitgeber dann die Beiträge tatsächlich nachträglich innerhalb einer von der Einzugsstelle (Krankenkasse) bestimmten angemessen Frist, wird er nicht bestraft.

37.6 Grundsätzlich wird der Arbeitgeber für die Nichtentrichtung der Beiträge verantwortlich gemacht. Da aber eine **Kapitalgesellschaft** durch ihre Organe handelt, wird durch § 14 StGB die **Strafandrohung** einer Vorschrift auf den Vertreter (vertretungsberechtigtes Organ) **ausgedehnt**, wenn bestimmte Merkmale, die die Strafbarkeit begründen, zwar nicht bei ihm, wohl aber bei der von ihm vertretenen Gesellschaft vorliegen. Das bedeutet, dass der Ge-

---

1 S. dazu auch *Uwe H. Schneider/Brouwer*, ZIP 2007, 1033.
2 BGH v. 27.10.2015 – 1 StR 373/15, NJW 2016, 965.
3 Hierzu *Rittweger*, DStR 2016, 2595.
4 BGH v. 11.12.2001 – VI ZR 123/00, NJW 2002, 1123 = GmbHR 2002, 208.

schäftsführer einer GmbH oder der Vorstand einer AG strafrechtlich wegen eines Arbeitgeber-Fehlverhaltens verurteilt werden kann, wenn bestimmte Voraussetzungen gegeben sind.

aa) Sozialversicherungsbeiträge

§ 266a StGB unterscheidet zwischen der Nichtabführung der Beiträge, die der **Arbeitnehmer** zur Sozialversicherung zu tragen hat, und der Beiträge, die der **Arbeitgeber** zur Sozialversicherung zu tragen hat. Nur bei letzteren muss eine aktive Handlung bzw. ein qualifiziertes Unterlassen zu der Nichtabführung der Beiträge hinzutreten. 37.7

Die Vorschrift setzt in beiden Fällen die **sozialversicherungsrechtliche** Beitragspflicht für ein abhängiges Arbeits- bzw. Beschäftigungsverhältnis voraus. Keine Anwendung findet die Norm, wenn an Stelle einer abhängigen Beschäftigung eine selbständige Tätigkeit anzunehmen ist. 37.8

Die **Unterscheidung**, ob es sich um eine abhängige Beschäftigung zwischen der Gesellschaft als Arbeitgeberin und einem Arbeitnehmer handelt, die vor allem durch das Direktionsrecht des Arbeitgebers sowie die Eingliederung des Arbeitnehmers in die Organisation charakterisiert ist, und der selbständigen Tätigkeit zwischen einem Auftraggeber und einem Auftragnehmer, ist in manchen Fällen äußerst schwierig.[1] Maßgebend ist stets das Gesamtbild der Arbeitsleistung, wobei es nicht auf ein abstraktes Tätigkeitsbild, sondern vielmehr auf die konkrete Gestaltung der jeweils in Rede stehenden Tätigkeit ankommt.[2] 37.9

Die Beantwortung der Frage, ob es sich in einem bestimmten Fall um einen abhängig beschäftigten Arbeitnehmer oder einen selbständig Tätigen handelt, ist aber entscheidend dafür, ob **Sozialversicherungsbeiträge geschuldet** werden, da nur geschuldete Beiträge auch vorenthalten werden können. So sind beispielsweise für Scheinselbständige, die ja keine Selbständige, sondern Arbeitnehmer sind, Beiträge zu entrichten. 37.10

Die Klärung der Frage, ob es sich um einen abhängigen Arbeitnehmer oder selbstständig Tätigen handelt, ist oftmals schwierig[3], zumal einige Indizien sowohl für eine abhängige Beschäftigung als auch gleichsam für eine Selbstständigkeit herangezogen werden können. Zudem fehlt es an einer eindeutigen Gewichtung der einzelnen Merkmale untereinander, so dass die vorzunehmende Abwägung mit einer gewissen Unsicherheit verbunden ist.[4] Dies verdeutlichen auch zwei Entscheidungen des BGH (v. 5.8.2015 – 2 StR 172/15 und 24.6.2015 – 1 StR 76/15), die keine eindeutige Linie erkennen lassen. 37.11

Besonderes Augenmerk ist stets auf die Vorwerfbarkeit bzw. **Schuld des Geschäftsführers oder Vorstands** zu richten. Die Schuld ist jedenfalls nicht ausgeschlossen, wenn sich der Geschäftsführer lediglich darauf beruft, von einem selbständigen Auftragsverhältnis ausgegangen zu sein, und hierfür wesentliche Anhaltspunkte nicht vorhanden sind. Der **Vorsatz bei § 266a StGB** bezieht sich darauf, dass der Arbeitgeber bzw. sein Vertreter i.S. des § 14 Abs. 1, Abs. 2 StGB sämtliche Umstände kennt, die die Stellung als Arbeitgeber – und damit zugleich die daraus resultierende Pflicht zur Abführung der Gesamtsozialversicherungsbeiträge – begründen. Darauf, dass der Arbeitgeber bzw. sein Vertreter darüber hinaus auch den aus diesen Umständen zu ziehenden Schluss, dass er bzw. die von ihm vertretene natürliche Person oder Gesell-

---

1 S. hierzu *Brand* in GmbH-Handbuch, Rz. IV 1288 bis 1308.
2 BSG v. 24.1.2007 – B 12 KR 31/06 R, NZS 2007, 648; BSG v. 29.8.2012 – B 12 KR 25/10 R, NZS 2013, 181.
3 Vgl. *Metz*, NStZ-RR 2013, 333 f.
4 *Floeth*, NZS 2016, 771 f.

schaft als Arbeitgeber einzuordnen ist, nachvollzogen hat bzw. eine solche Einordnung zumindest billigend in Kauf genommen hat, kommt es nicht an. Ein **Irrtum** über die Pflicht zur Beitragsabführung ist der rechtlichen Sphäre zuzuordnen und nach den Regeln des Verbotsirrtums zu beurteilen, der aber in aller Regel vermeidbar ist.[1] Dies gilt nicht zuletzt auch deswegen, weil die Möglichkeit, in schwierigeren Fragen ein Anfrage- oder Statusverfahren bei der „Rentenversicherung Bund" über das Vorliegen eines abhängigen Beschäftigungsverhältnisses nach § 7a SGB IV durchzuführen, allgemein bekannt sein dürfte.

Eine Pflicht zur Einholung einer Auskunft eines Rechtsanwalts bzw. Einleitung des Statusfeststellungsverfahrens besteht selbstverständlich nicht. Alleine aus dem Umstand, dass sich der Geschäftsführer bzw. Vorstand ausschließlich auf seine eigene – gegebenenfalls auch aus Sicht eines „Fachmanns" vertretbare Einschätzung verlässt, kann regelmäßig noch nicht geschlossen werden, dass er damit zugleich auch eine seiner Einschätzung widersprechende Einordnung als abhängige Beschäftigung billigend in Kauf genommen hat. Anders ist dies indes dann zu beurteilen, wenn sich konkrete Anhaltspunkte dafür ergeben, dass die vorgenommene Einordnung unzutreffend sein könnte. Unterlässt er nämlich trotz Zweifeln dann weiterhin, eine fachmännische Klärung herbeizuführen, spricht dies durchaus dafür, dass bedingter Vorsatz hinsichtlich seiner Einordnung als Arbeitgeber besteht. Anhaltspunkte für das Vorliegen bedingten Vorsatzes können sich zudem etwa auch daraus ergeben, dass gegenüber Prüfern des zuständigen Rentenversicherungsträgers falsche Angaben gemacht werden. Dies lässt in der Regel nämlich erkennen, dass zumindest für möglich gehalten wurde, als Arbeitgeber eingestuft zu werden.[2]

Vorstehendes gilt begrenzt für die Versicherungspflicht von **Arbeitsverhältnissen mit Auslandsberührung**. Sind Arbeitnehmer, die aus dem Ausland nach Deutschland entsandt worden sind, im Allgemeinen beitragsfrei, können sie sich nicht ohne Weiteres für ihre Versicherungsfreiheit auf Vorläufer der europarechtlichen E-101 Bescheinigung berufen. Die E-101 Bescheinigung (jetzt A1 Bescheinigung) eines ausländischen Versicherungsträgers bindet allerdings die deutschen Behörden und Gerichte, die Vorläuferbescheinigungen (wie die D/H-101 Bescheinigung) nicht.[3]

bb) Fälligkeit der Beiträge

37.12 Die voraussichtliche Höhe der Beitragsschuld setzt auf Seiten des Arbeitgebers Ermittlungen über das Beitragssoll des letzten Abrechnungszeitraums unter Berücksichtigung der seitdem eingetretenen Änderungen der Beschäftigtenzahl, der Arbeitstage sowie Arbeitsstunden usw. voraus.

37.13 Nach § 23 Abs. 1 Satz 3 SGB IV können Arbeitgeber **Beiträge in Höhe des Vormonats** zahlen, wenn Änderungen der Beitragabrechnung regelmäßige Mitarbeiterwechsel oder variable Entgeltbestandteile dies erfordern. Für einen verbleibenden Restbetrag bleibt es wie bisher bei der Fälligkeit zum drittletzten Bankarbeitstag des Folgemonats. Grundsätzlich errechnen sich die Beiträge bei illegalen Beschäftigungsverhältnissen nach dem Nettoarbeitsentgelt. Bei der Feststellung der monatlichen Beiträge sind für jeden Fälligkeitszeitpunkt gesondert die genaue Anzahl der Arbeitnehmer, ihre Beschäftigungszeiten und Löhne sowie die Höhe des Beitragssatzes der örtlich zuständigen Sozialversicherungsträger festzustellen, weil sich die Höhe der geschuldeten Beiträge auf der Grundlage des Arbeitsentgelts nach den Beitragssät-

---

1 *Schulz*, NJW 2006, 186; kritisch hierzu *Floeth*, NZS 2016, 771 f.
2 *Floeth*, NZS 2016, 771 f.
3 BGH v. 24.10.2007 – 1 StR 189/07, EzAÜG Sozialversicherungsrecht Nr. 48 (zur E-101); BGH v. 24.10.2006 – 1 StR 44/06, NJW 2007, 233 (zu den Vorgängerbescheinigungen).

zen der jeweiligen Krankenkasse bestimmt. Wird allerdings eine entsprechende Buchführung nicht vorgefunden, ist es zulässig, dass das Gericht auf der Grundlage der ihm zur Verfügung stehenden Erkenntnisse die Höhe der Löhne schätzt und daraus die Höhe der jeweils vorenthaltenen Sozialversicherungsbeiträge berechnet.[1]

cc) Das Vorenthalten der Beiträge

Die Handlung, die unter Strafe steht, wenn es um die **Beiträge** geht, **die für den Arbeitnehmer zu entrichten sind**, aber vom Arbeitgeber getragen werden, ist das Vorenthalten dieser Beiträge. Dabei ist dies schon anzunehmen, wenn der Arbeitgeber weniger als die geschuldeten Beiträge leistet oder die Zahlung verspätet erfolgt. 37.14

Soweit es sich um die **Arbeitgeberbeiträge** handelt, deren Vorenthalten erst seit dem 1.8.2004 strafbar ist, muss zu dem Vorenthalten eine **weitere Handlung oder ein Unterlassen** hinzutreten: Entweder muss der Arbeitgeber der Einzugsstelle unrichtige oder unvollständige Angaben über sozialversicherungsrechtlich erhebliche Tatsachen machen oder er muss die Einzugsstelle pflichtwidrig über sozialversicherungsrechtlich erhebliche Tatsachen in Unkenntnis lassen. Durch letzteren Tatbestand wird die Nichtabführung von Beiträgen des Arbeitgebers für geringfügige Beschäftigungen nach § 8 Abs. 1 Nr. 1 SGB IV, die bisher straflos war, weil sie ausschließlich – ebenso wie die Umlagen zur Unfallversicherung – allein vom Arbeitgeber zu zahlen sind, unter die Strafe nach § 266a StGB gestellt. Allein die Nichtzahlung des **Arbeitgeberbeitrags** – nicht des Arbeitnehmerbeitrags! – ohne eine der genannten zusätzlichen Handlungen bzw. Unterlassungen zieht eine Strafe nicht nach sich. 37.15

In beiden Fallvarianten spielt es schon nach dem Wortlaut des § 266a Abs. 1 und 2 StGB keine Rolle, **ob Arbeitsentgelt gezahlt** wird. Das steht in Übereinstimmung mit dem im Sozialversicherungsrecht geltenden **Entstehungsprinzip**, nach dem die Entstehung von Beitragsansprüchen nicht davon abhängt, dass der Arbeitgeber das Entgelt tatsächlich gezahlt hat. Vielmehr ist ausreichend, dass zum Fälligkeitszeitpunkt der Beiträge ein Entgeltanspruch bestand.[2] Das Zuflussprinzip gilt gem. § 22 SGB IV seit 2003 nur für einmalig gezahltes Arbeitsentgelt. 37.16

Zahlt der Arbeitgeber den Arbeitnehmern weniger als den tarifvertraglich geschuldeten Lohn, meldet er infolgedessen entsprechend zu geringe Lohnzahlungen an die Krankenkassen und führt daher zu geringe Sozialversicherungsbeiträge an diese ab, so macht er sich wegen Vorenthaltens und Veruntreuens von Arbeitsentgelt strafbar.[3]

dd) Die tatsächliche Möglichkeit und Zumutbarkeit, Beiträge zu entrichten

Da es sich bei § 266a StGB um ein **echtes Unterlassungsdelikt** handelt, kann eine Strafbarkeit des Geschäftsführers bzw. Vorstands nur gegeben sein, wenn ihnen die geschuldete **Beitragsleistung möglich** und zumutbar war.[4] Niemand kann verpflichtet werden, Unmögliches zu leisten. Dementsprechend findet § 266a StGB keine Anwendung, wenn der Geschäftsführer 37.17

---

1 BGH v. 28.2.2007 – 5 StR 544/06, wistra 2007, 220; BGH v. 2.12.2008 – 1 StR 416/08, NJW 2009, 312.
2 BSG v. 26.1.2005 – B 12 KR 3/04 R, NZS 2005, 654.
3 BGH v. 12.9.2012 – 5 StR 363/12, NJW 2012, 3385; LG Magdeburg v. 29.6.2010 – 21 Ns 17/09, juris = BeckRS 2011, 00689; OLG Naumburg v. 8.7.2009 – 2 Ss 90/09, BeckRS 2011, 14021.
4 BGH v. 15.10.1996 – VI ZR 327/95, ZIP 1996, 1989 = GmbHR 1997, 29.

bzw. Vorstand die Beiträge überhaupt nicht entrichten kann, weil die Gesellschaft z.B. zahlungsunfähig ist.[1]

37.18 Allerdings führt die Zahlungsunfähigkeit nicht zu einer Straflosigkeit des Geschäftsführers bzw. Vorstands, wenn er in einer Zeit, in der es ihm tatsächlich möglich gewesen wäre, **keine Vorkehrungen getroffen** hat, die eine spätere Entrichtung der Beiträge an die Einzugsstelle (Krankenkasse) ermöglicht hätte.[2] Die Rechtsprechung verlangt von dem Geschäftsführer bzw. Vorstand, dass er in Zeiten der heraufziehenden, aber noch nicht eingetretenen Krise Vorkehrungen trifft, die eine spätere zeitgerechte Beitragsentrichtung erwarten lassen.[3]

37.19 Das setzt allerdings voraus, dass die Zahlungsschwierigkeiten **objektiv voraussehbar** waren und der Geschäftsführer sie **erkannt hat** oder sie mindestens billigend in Kauf genommen hat.[4]

Nur in diesem Fall ist er verpflichtet, Vorkehrungen zu treffen, um die zukünftige Beitragszahlung abzusichern. Ausdrücklich hervorzuheben ist, dass eine **fahrlässige Fehleinschätzung** der wirtschaftlichen Situation nicht zu einer Bestrafung nach § 266a StGB (Vorsatztat!) führen kann.

37.20 Ist dem Geschäftsführer bzw. Vorstand die Entrichtung der Beiträge nur deswegen unmöglich, weil er in der heraufziehenden Krise **Zahlungen an andere Gläubiger** erbracht hat und dies im Sinne einer kongruenten Deckung gem. § 130 InsO geschah, scheidet Strafbarkeit nach § 266a StGB aus. Dies gilt nicht bei einer inkongruenten Befriedigung (§ 131 InsO) anderer Gläubiger, d.h. wenn die Zahlung durch einen Dritten erfolgt oder nicht in der Art bzw. zu der Zeit, wie sie hätte beansprucht werden können, erbracht wurde. Die Anforderungen an den Geschäftsführer oder Vorstand dürfen allerdings auch nicht überspannt werden. Er ist nicht verpflichtet, ohne konkrete Anhaltspunkte von einer nachhaltigen Liquiditätskrise Maßnahmen zu Gunsten der Sozialversicherung zu ergreifen.

37.21 Geht man von der **Gleichrangigkeit aller Forderungen** gegen die Gesellschaft aus und nicht etwa von einer seit Jahren abgeschafften Privilegierung der Sozialversicherungsbeiträge, kann ein anderes Ergebnis nicht Platz greifen. Ein entsprechender gesetzgeberischer Versuch, die Versicherungsträger als Gläubiger der Sozialversicherungsbeiträge hervorzuheben, scheiterte 2005[5].

37.22 Gleichwohl finden sich in der **strafgerichtlichen Rechtsprechung** starke Tendenzen, die auf eine **Privilegierung der Sozialleistungsträger** bezüglich der Sozialbeiträge hinauslaufen. Der BGH nimmt in ständiger Rechtsprechung wegen der Existenz des § 266a StGB einen Vorrang der Sozialversicherungsbeiträge an.[6] Hiergegen wird (zu Recht) eingewandt, dass die Tatsache der Strafbewehrung des Vorenthaltens von Beiträgen in § 266a StGB nicht zu einem **Vorrang** der Sozialbeiträge führen könne.[7] Die strafrechtliche Rechtsprechung hat sich hiervon unbeeindruckt gezeigt und geht weiter vom Vorrang der Beiträge aus, so dass der Geschäftsführer oder Vorstand in einer heraufziehenden und von ihm als solche bemerkten Krisensituation be-

---

1 BGH v. 11.12.2001 – VI ZR 350/00, NJW 2002, 1123 = GmbHR 2002, 213.
2 BGH v. 21.1.1997 – VI ZR 338/95, BGHZ 134, 304 = GmbHR 1997, 305.
3 BGH v. 28.5.2002 – 5 StR 16/02, BGHSt 47, 318 = ZIP 2002, 2143.
4 *Fischer*, § 266a StGB Rz. 15.
5 BR-Drucks. 618/05.
6 BGH v. 28.5.2002 – 5 StR 16/02, ZIP 2002, 2143; *Floeth*, NZS 2015, 855 ff.
7 *Fischer*, § 266a StGB Rz. 17a m.w.N.

züglich der zukünftigen Beitragsabführung **besondere Anstrengungen** unternehmen muss. Allerdings kann nicht erwartet werden, dass ein Unternehmen seine Lohnzahlungen einstellt, um Rücklagen für zukünftige Beitragszahlungen zu bilden. Der BGH erwartet jedoch, dass gegebenenfalls ein Jahr vorher andere Zahlungspflichten zurückgestellt und sogar Löhne gekürzt werden, wenn sich zu diesem Zeitpunkt die zukünftigen Zahlungsschwierigkeiten aufdrängen.[1] Dem hat sich nunmehr die zivilgerichtliche Rechtsprechung angeschlossen.[2]

Konsequenz dieser Sichtweise ist, dass der Arbeitgeber zum Fälligkeitszeitpunkt noch verfügbare Mittel daher losgelöst von der Frage, welche sonstigen Verbindlichkeiten bestehen, für die Begleichung der Arbeitnehmerbeiträge heranzuziehen hat. Von einer die Möglichkeit der Beitragsabführung ausschließenden „Zahlungsunfähigkeit" kann daher nicht schon dann ausgegangen werden, wenn nicht mehr alle Verbindlichkeiten erfüllt werden können, sondern vielmehr erst dann, wenn zum Fälligkeitszeitpunkt konkret die Mittel für die Entrichtung der fälligen Arbeitnehmerbeiträge fehlen.[3] Sind zum Fälligkeitszeitpunkt daher noch ausreichende Mittel vorhanden, um zumindest die Arbeitnehmeranteile abführen zu können, so ist der Arbeitgeber mithin als leistungsfähig anzusehen, es sei denn, die Verwendung der Mittel zur Beitragszahlung ist ausnahmsweise unzumutbar.[4]

ee) Der Rechtfertigungsgrund der Pflichtenkollision

Muss der Geschäftsführer oder Vorstand Sozialversicherungsbeiträge an die Einzugsstelle zahlen, um einer Bestrafung nach § 266a StGB zu entgehen oder nicht zivilrechtlich nach § 823 Abs. 2 BGB i.V.m. § 266a StGB von der Einzugsstelle in Anspruch genommen zu werden (dazu Rz. 37.28 ff.)[5], ist es ihm auf der anderen Seite **nach § 64 GmbHG bzw. § 92 Abs. 2 AktG verboten, nach Eintritt der Zahlungsunfähigkeit der Gesellschaft** oder nach Feststellung oder Überschuldung **Zahlungen zu leisten**. Das gilt auch für die Entrichtung von Sozialversicherungsbeiträgen. 37.23

Diesen Widerspruch zwischen der Verpflichtung, Beiträge zu zahlen, um nicht bestraft zu werden, und dem Verbot, Zahlungen zu leisten, und bei Zuwiderhandlung – jedenfalls bei der GmbH – einer Erstattungspflicht durch die Gesellschaft ausgesetzt zu sein, hat der BGH in seinem Beschluss vom 30.7.2003[6] jedenfalls für den Lauf der Drei-Wochen-Frist des § 64 Abs. 1 GmbHG a.F. (jetzt § 15a InsO) aufgehoben und entschieden, dass die Nichtabführung von Sozialversicherungsbeiträgen während der Drei-Wochen-Frist – aber auch nur in dieser Frist – straflos bleibt.

Eine **eventuelle Zahlung** der Beiträge trotz der Suspendierung der Strafbarkeit nach § 266a StGB wurde bis 2007 nicht ohne Weiteres mit der Sorgfalt eines ordentlichen Kaufmanns nach § 14 Abs. 2 Satz 2 StGB vereinbar angesehen.[7] 37.24

Allerdings hat der BGH seine Rechtsprechung am 14.5.2007 aufgehoben und entschieden, dass ein organschaftlicher Vertreter, der bei Insolvenzreife der Gesellschaft den sozial- oder steuerrechtlichen Normbefehlen folgend, Arbeitnehmeranteile der Sozialversicherung oder Lohnsteuer abführt, mit der Sorgfalt eines ordentlichen und gewissenhaften Geschäftsfüh- 37.25

---

1 BGH v. 14.11.2000 – VI ZR 149/99, VersR 2001, 343 = GmbHR 2001, 147.
2 BGH v. 14.5.2007 – II ZR 48/06, NJW 2007, 2118 = GmbHR 2007, 757; s. im Einzelnen Rz. 32.
3 *Perron* in Schönke/Schröder, § 266a StGB Rz. 10.
4 *Floeth*, NZS 2016, 771 f.
5 BGH v. 18.1.2010 – II ZA 4/09, ZIP 2010, 368.
6 BGH v. 30.7.2003 – 5 StR 221/03, GmbHR 2004, 122 = NJW 2003, 3787.
7 BGH v. 8.1.2001 – II ZR 88/99, BGHZ 146, 264 = GmbHR 2001, 190.

rers handelt und nicht nach § 92 Abs. 2 AktG oder § 64 GmbHG der Gesellschaft gegenüber erstattungspflichtig ist. Damit ist der Wertungswiderspruch aufgehoben. Widersprechende Überlegungen[1] dürften nicht praxistauglich sein.

ff) Vorsatz

37.26 Eine Bestrafung nach § 266a StGB setzt ferner voraus, dass der Geschäftsführer bzw. Vorstand die Nichtentrichtung der Beiträge vorsätzlich unterlassen hat. Er muss dementsprechend wissen oder zumindest (dolus eventualis) billigend in Kauf nehmen, dass die Beiträge nicht rechtzeitig erbracht werden können, wenn bestimmte Sicherungen nicht vorgenommen werden. Grundsätzlich ist bei der Einschätzung von Maßnahmen, die infolge der heraufziehenden Krise ergriffen werden und wodurch die späteren Schwierigkeiten, die Beiträge zu entrichten, behoben werden sollen, eine objektive Prognose aus damaliger Sicht anzustellen und zu fragen, ob der Geschäftsführer bzw. Vorstand seinerzeit die Maßnahmen für ausreichend halten durfte. Hier ist eine sehr genaue Prüfung des Schuldvorwurfs in jedem Einzelfall vorzunehmen.

gg) Verjährung

37.27 Die Verjährung beginnt mit Beendigung der Tat, d.h. sobald die Pflicht zum Handeln entfällt. Dies ist der Fall mit der späteren Entrichtung der Beiträge, dem Wegfall des Beitragsschuldners (z.B. Auflösung einer GmbH), der Niederschlagung gem. § 76 Abs. 2 Nr. 2 SGB IV, dem Ausscheiden aus der Vertreterstellung gem. § 14 StGB, dem Eintritt der endgültigen Handlungsunmöglichkeit oder Unzumutbarkeit (z.B. Eröffnung des Insolvenzverfahrens), spätestens jedoch mit Verjährung der Beitragsschuld, die nach § 25 Abs. 1 Satz 2 SGB IV bei vorsätzlich vorenthaltenen Beiträgen allerdings erst 30 Jahre nach Ablauf des Kalenderjahres eintritt, in dem sie fällig geworden sind.[2]

b) Mehrere Geschäftsführer oder Vorstände

37.28 Bei mehreren Geschäftsführern einer GmbH bzw. mehreren Mitgliedern eines Vorstands führt eine interne Zuständigkeitsregelung nicht zu einer völligen Aufhebung ihrer **Verantwortlichkeit für den Gesamtbereich**, sondern lediglich zu einer Beschränkung. Denn grundsätzlich ist jeder Geschäftsführer und jedes Vorstandsmitglied für alle Angelegenheiten der Gesellschaft – mithin auch für die ordnungsgemäße Abführung der Sozialversicherungsbeiträge – verantwortlich.[3] Ist ein Geschäftsführer primär nicht für die Lohnbuchhaltung zuständig, haftet er doch für gewisse Überwachungspflichten, die ihn zum Eingreifen veranlassen müssten. Eine solche Überwachungspflicht kommt vor allem in finanziellen Krisensituationen verstärkt zum Tragen, wenn ein verständiger Kaufmann davon ausgehen muss, dass die laufende Erfüllung der Verbindlichkeiten nicht mehr gewährleistet erscheint.[4]

37.29 Entscheidend für die Frage der (mindestens bedingt vorsätzlichen) Verletzung dieser Überwachungspflicht ist, ob der intern unzuständige Geschäftsführer oder Vorstand **Kenntnis von der Finanzkrise der Gesellschaft** hatte und ob es für ihn Anhaltspunkte dafür gab, dass

---

1 *Brand*, GmbHR 2010, 237 ff.
2 *Perron* in Schönke/Schröder, § 266a StGB Rz. 31.
3 BGH v. 15.10.1996 – VI ZR 319/95, NJW 1997, 130; LG Bonn v. 13.2.2013 – 2 O 159/12, NZS 2013, 704.
4 BGH v. 18.12.2012 – II ZR 220/10, NJW 2013, 1304.

die pünktliche und vollständige Abführung der Sozialversicherungsbeiträge durch den intern dafür zuständigen Mitgeschäftsführer oder Vorstand nicht mehr gewährleistet war.[1]

2. Die zivilrechtliche Haftung des Vorstandes bzw. Geschäftsführers

a) Die Zurechnungsnorm des § 823 Abs. 2 BGB

Zur Abführung der Sozialversicherungsbeiträge ist der **Arbeitgeber bzw. Unternehmer verpflichtet**.[2] Die Verpflichtung trifft zwar grundsätzlich die Gesellschaft. Da diese aber nicht zahlt und der Vorstand bzw. Geschäftsführer über §§ 266a, 14 StGB strafrechtlich für die Nichtabführung der Beiträge einzustehen hat, § 266a StGB Schutznorm im Sinne des § 823 Abs. 2 BGB ist[3], trifft den Vorstand bzw. Geschäftsführer möglicherweise auch **zivilrechtlich die persönliche Haftung** nach § 823 Abs. 2 BGB i.V.m. §§ 266a, 14 StGB. Das setzt zunächst die vollständige Erfüllung aller Voraussetzungen des § 266a StGB voraus (s. dazu Rz. 37.3 ff.).

37.30

aa) Wegfall der Zahlungsverpflichtung im Insolvenzantragszeitraum

Die Zahlungsverpflichtung des Arbeitgebers bzw. seiner Organe gilt – s. Rz. 37.23 – allerdings nicht ausnahmslos. Die strafrechtlich bewehrte Pflicht nach § 266a StGB, Sozialversicherungsbeiträge zu entrichten, kann zu bestimmten Zeiten in einem **Wertungswiderspruch** zu anderen Vorschriften, s. z.B. **§ 64 GmbHG, § 92 Abs. 2 AktG**, stehen, nach der der Geschäftsführer der Gesellschaft zum Ersatz von Zahlungen verpflichtet ist, die nach Eintritt der Zahlungsunfähigkeit der Gesellschaft oder nach Feststellung der Überschuldung geleistet werden, es sei denn, es handelt sich um Zahlungen, die auch in diesem Zeitpunkt noch mit der Sorgfalt eines ordentlichen Geschäftsleiters vereinbar sind. Dies nimmt der BGH aber nach seiner neuen Rechtsprechung im Normalfall an.

37.31

Nachdem der 5. Strafsenat des BGH die Strafbarkeit der handelnden Organe innerhalb der dreiwöchigen Frist nach § 15a InsO, innerhalb deren der Geschäftsführer den Antrag auf Insolvenzeröffnung stellen sollte, verneint hat[4], gibt es **insoweit keinen Wertungswiderspruch** zwischen § 266a StGB und § 64 GmbHG bzw. § 92 Abs. 2 AktG.

37.32

Dies gilt nach Aufgabe der früheren Rechtsprechung durch Urteil des BGH vom 14.5.2007[5] nunmehr auch für die übrigen Zeiten der Insolvenzreife der Gesellschaft. Danach handelt ein organschaftlicher Vertreter, der bei Insolvenzreife der Gesellschaft den sozial- oder steuerrechtlichen Normbefehlen folgend Arbeitnehmeranteile der Sozialversicherung oder Lohnsteuer abführt, mit der Sorgfalt eines ordentlichen und gewissenhaften Geschäftsleiters und ist nicht der Gesellschaft gegenüber erstattungspflichtig. Nach Auffassung des BGH kann mit Rücksicht auf die Einheit der Rechtsordnung es dem organschaftlichen Vertreter nicht zugemutet werden, die Massesicherungspflichten zu erfüllen und fällige Leistungen an die Sozialkassen oder Steuerbehörden nicht zu erbringen, wenn er sich dadurch strafrechtlicher Verfolgung aussetzt.

37.33

---

1 Schleswig-Holsteinisches OLG v. 7.12.2001 – 14 U 122/01, GmbHR 2002, 216.
2 S. dazu auch *Uwe H. Schneider/Brouwer*, ZIP 2007, 1033.
3 BGH v. 18.4.2004 – II ZR 61/03, GmbHR 2005, 874 = NJW 2005, 2546; a.A. *Kiethe*, ZIP 2003, 1957.
4 BGH v. 30.7.2003 – 5 StR 221/03, NJW 2003, 3787 = GmbHR 2004, 122.
5 BGH v. 14.5.2007 – II ZR 48/06, NJW 2007, 2118 = GmbHR 2007, 757.

37.34 Die zur GmbH und AG gemachten Ausführungen des BGH gelten entsprechend auch für die **KG**, wenn keine natürliche Person persönlich haftender Gesellschafter nach §§ 177a, 130 Abs. 2, 3 HGB ist.

37.35 Damit kann der organschaftliche Vertreter nunmehr seiner Pflicht, Beiträge abzuführen, nachkommen, ohne zivilrechtlich von der Gesellschaft haftbar gemacht zu werden. Ob nach dem Urteil des BGH vom 14.5.2007 dies auch für Zahlungen innerhalb der Dreiwochenfrist gilt, innerhalb derer der Strafsenat eine Strafbarkeit verneint, ist streitig.[1] Die Zulässigkeit von Zahlungen dürfte allerdings zu bejahen sein. Wenn der organschaftliche Vertreter allerdings innerhalb dieser Frist (z.B. wegen erfolgversprechender Sanierungsbemühungen) keine Beiträge abführt, hat dies für ihn aus den in Rz. 37.31 dargestellten Überlegungen ebenfalls keine negativen Folgen.

bb) Keine Haftung bei Anfechtbarkeit der Zahlungen

37.36 Vorrangig ist für die vorgenannten Zeiträume, d.h., alle Zeiträume mit Ausnahme der Drei-Wochen-Frist, stets zu fragen, ob der Einzugsstelle (Krankenkasse) durch die Nichtzahlung der Sozialversicherungsbeiträge überhaupt ein **Schaden** entstanden ist, wenn die Beiträge bei tatsächlicher Zahlung der **Anfechtung nach §§ 129 bis 146 InsO** unterlägen und daher zurückgezahlt werden müssten.

37.37 In den §§ 130, 131 Abs. 1 Nr. 3, 132, 133 InsO, die bei der vorliegenden Untersuchung vor allem von Bedeutung sind, ist eine der Anfechtbarkeitsvoraussetzungen die **Kenntnis der Einzugsstelle** von den Zahlungsschwierigkeiten der Gesellschaft. Dabei ist z.B. zu prüfen, ob in Verhandlungen der Gesellschaft mit der Einzugsstelle u.a. über eine Stundung der Zahlung der Beiträge gesprochen worden ist und dadurch die Zahlungsschwierigkeiten in vollem Umfang offen gelegt worden sind oder die Situation nur als vorübergehende Zahlungsstockung bezeichnet wurde; ferner, in welchem Umfang Sozialversicherungsbeiträge in welchen Zeiträumen gezahlt wurden und ob, ggfls. wie, die Nichtzahlung begründet wurde. Es ist nach Anhaltspunkten zu suchen, ob die Einzugsstelle die berechtigte Erwartung haben konnte, die Gesellschaft werde die Krise alsbald überwinden und sowohl die laufenden als auch die rückständigen Beiträge begleichen. Dabei ist es nicht relevant, dass die Gesellschaft irgendwelche anderen Forderungen hätte begleichen können bzw. beglichen hat (§ 17 Abs. 2 InsO).

37.38 Da nach einhelliger zivilrechtlicher Rechtsprechung die Sozialversicherungsträger anfechtungsrechtlich nicht privilegiert sind, sondern den übrigen Gläubigern gleichstehen – ungeachtet der Regelung des § 266a StGB – kann sich der Geschäftsführer oder Vorstand mit dem **Hinweis auf die Anfechtbarkeit** gegen die Pflicht, Sozialbeiträge zu zahlen, verteidigen, und auch eine zivilrechtliche Haftung für die nicht gezahlten Beiträge abwenden.[2] Auch durch die Neufassung des § 28e Abs. 1 Satz 2 SGB IV ergibt sich nichts anderes. Nach dem Urteil des BGH vom 5.11.2009 begründet diese Norm nicht den Ausschluss der Anfechtbarkeit der Abführung von Arbeitnehmeranteilen zur Sozialversicherung in der Insolvenz des Arbeitgebers.[3]

---

1 Vgl. *Stapper/Jacobi*, NJ 2010, 353 m.w.N.
2 *Schmidt*, EWiR 2001, 185; *Goette*, DStR 2005, 1869.
3 BGH v. 5.11.2009 – IX ZR 233/08, DB 2009, 2703 = NZI 2009, 886.

cc) Die Darlegungs- und Nachweispflicht

Die Einzugsstelle hat bei einem Streit über den Ersatz eines Schadens, wenn sie sich auf § 823 Abs. 2 BGB in Verbindung mit einem Schutzgesetz, stützt, den Verstoß gegen das Schutzgesetz, den Eintritt eines Schadens und die Kausalität zwischen dem Verstoß und dem Schaden sowie das Verschulden des beklagten Geschäftsführers bzw. Vorstands **darzulegen und zu beweisen**.[1] Gleiches gilt für den erhobenen Einwand der Zahlungsunfähigkeit. Hier muss der Sozialversicherungsträger die Zahlungsfähigkeit darlegen und beweisen.[2]

37.39

In zwei jüngeren Entscheidungen vom 18.12.2012 und 3.5.2016 hat der BGH entschieden, dass der Sozialversicherungsträger, der den Geschäftsführer einer GmbH auf Schadensersatz in Anspruch nimmt, grundsätzlich alle Umstände darzulegen und zu beweisen hat, aus denen sich die Verwirklichung der einzelnen Tatbestandsmerkmale des Schutzgesetzes ergibt. Dies gelte auch für den Vorsatz. Den Geschäftsführer treffe hingegen lediglich eine sekundäre Darlegungslast.[3] Der Geschäftsführer ist daher verpflichtet, den Vortrag der klagenden Einzugsstelle substantiiert zu bestreiten. Aufgrund seiner Sachnähe zu den finanziellen Verhältnissen der Gesellschaft muss er sich daher zu den Behauptungen der klagenden Partei konkret äußern.

Eine Umkehr der Beweislast findet also ausdrücklich nicht (mehr) statt.

Hier ergibt sich für die Einzugsstelle eine erhebliche Schwierigkeit: In vielen Fällen wird sie das zumindest billigend in Kauf genommene Vorenthalten von Sozialbeiträgen nicht beweisen können.

Dies gilt insbesondere für den **Benachteiligungsvorsatz**, wenngleich die Rechtsprechung hier bei bestimmten Fallgruppen mit (widerlegbaren) Vermutungen arbeitet.

37.40

Sowohl bei **inkongruenten als auch bei kongruenten Deckungsgeschäften** reicht es für die Annahme des **Benachteiligungsvorsatzes** aus, dass der Geschäftsführer bzw. Vorstand sich die Benachteiligung nur als möglich vorgestellt, sie aber in Kauf genommen hat, ohne sich durch die Vorstellung dieser Möglichkeit von seinem Handeln abhalten zu lassen.[4]

37.41

Ein Benachteiligungsvorsatz ist (widerleglich) zu vermuten, wenn der Geschäftsführer der Einzugsstelle eine **inkongruente Deckung** gewährt, auf die die Einzugsstelle keinen Anspruch hat. Inkongruent ist stets die auf Grund eines Insolvenzantrags von dem Gläubiger erzielte Deckung. Denn der Insolvenzantrag dient nicht dazu, dem einzelnen Gläubiger zur vollen Durchsetzung seiner Ansprüche zu verhelfen. Damit besteht für die antragstellende Einzugsstelle kein rechtlich geschütztes Interesse daran, erbrachte Zahlungen des Geschäftsführers/Vorstands als Erfüllung anzunehmen, wenn sie davon die Rücknahme des Antrags abhängig macht.[5] Das gilt nur dann nicht, wenn die Gesellschaft bzw. der Geschäftsführer oder Vorstand mit an Sicherheit grenzender Wahrscheinlichkeit davon ausgehen konnte, über Teilzahlungen an einzelne Gläubiger hinaus in absehbarer Zeit alle Gläubiger befriedigen zu können. In diesem Fall ist ein Gläubigerbenachteiligungsvorsatz nicht anzunehmen.[6]

37.42

---

1 BGH v. 4.11.2002 – II ZR 224/00, ZIP 2002, 2314 = GmbHR 2003, 113.
2 BGH v. 18.12.2012 – II ZR 220/10, NJW 2013, 1304; BGH v. 11.12.2001 – VI ZR 350/00, NJW 2002, 1123.
3 BGH v. 3.5.2016 – II ZR 311/14, NZG 2016, 783; BGH v. 18.12.2012 – II ZR 220/10, NJW 2013, 1304.
4 BGH v. 27.5.2003 – IX ZR 169/01, BGHZ 155, 75, 84.
5 BGH v. 18.12.2003 – IX ZR 199/02, BGHZ 157, 242, 246 = ZIP 2004, 319.
6 BGH v. 22.4.2004 – IX ZR 370/00, ZIP 2004, 1160.

37.43 Hat die Einzugsstelle **Kenntnis von der Inkongruenz** einer Leistung, ist dies ein wesentliches Beweisanzeichen dafür, dass die Einzugsstelle die Gläubigerbenachteiligungsabsicht der Gesellschaft bzw. des Geschäftsführers/Vorstands gekannt hat.[1]

37.44 Die Rechtsprechung geht in aller Regel davon aus, dass der Schuldner die angefochtenen Rechtshandlungen mit **Benachteiligungsvorsatz** vorgenommen hat, wenn er zurzeit ihrer Wirksamkeit (§ 140 InsO) zahlungsunfähig war.[2] Dabei ist von einer Zahlungsunfähigkeit nach § 17 Abs. 2 Satz 1 InsO auszugehen, wenn die Liquiditätslücke des Schuldners 10 % oder mehr beträgt, soweit nicht ausnahmsweise mit an Sicherheit grenzender Wahrscheinlichkeit zu erwarten ist, dass die Lücke innerhalb von drei Wochen (fast) vollständig beseitigt werden wird und den Gläubigern ein solches Zuwarten zuzumuten ist.[3]

b) Sittenwidrige Schädigung nach § 826 BGB

37.45 Natürlich kommt (theoretisch) ein Anspruch der Einzugsstelle nach § 826 BGB in Betracht. Dies setzt aber zum einen ein **gegen die guten Sitten verstoßendes Verhalten** des Geschäftsführers/Vorstands[4] **neben einem vorsätzlichen Handeln** voraus, nach dem der Geschäftsführer/Vorstand die Art und Richtung der Schadensfolgen vorausgesehen und gewollt oder jedenfalls billigend in Kauf genommen hat.[5]

Bei dieser Sachlage ist der Anspruch über § 823 Abs. 2 BGB i.V.m. § 266a StGB leichter durchzusetzen, selbst ein Anspruch aus der so genannten Existenzvernichtungshaftung in den Bereich des Möglichen gerückt.[6] Deshalb kommt einer Anspruchsverfolgung nach § 826 BGB in der Praxis **nur eine sehr eingeschränkte Bedeutung** zu.

c) Erstattung von Aufwendungen für Arbeitsunfälle

37.46 Nach § 110 Abs. 1a SGB VII haben Unternehmer, die **Schwarzarbeit** nach § 1 Schwarzarbeitsbekämpfungsgesetz leisten und dadurch bewirken, dass **Beiträge nicht, nicht vollständig oder nicht rechtzeitig entrichtet werden**, dem Unfallversicherungsträger die Aufwendungen zu erstatten, die infolge von Versicherungsfällen im Zusammenhang mit der Ausführung der Schwarzarbeit entstanden sind. Die Erstattungspflicht besteht unabhängig davon, ob der Unternehmer vorsätzlich oder fahrlässig gehandelt hat. Auf ein Verschulden bei der nicht ordnungsgemäßen Anmeldung kommt es nicht an.[7]

Da die Nichtabführung des Arbeitgeberanteils nunmehr nach § 266a Abs. 2 StGB auch strafbar ist, die Vorschrift wohl auch als Schutzgesetz nach § 823 Abs. 2 BGB anzusehen ist, kann der Unfallversicherungsträger den Geschäftsführer/Vorstand insofern nach § 823 Abs. 2 BGB i.V.m. § 266a Abs. 2 StGB zivilrechtlich haftbar machen.

---

1 BGH v. 17.7.2003 – IX ZR 272/02, ZIP 2003, 1799.
2 BGH v. 18.12.2005 – IX ZR 182/01, NZS 2006, 417 m.w.N.
3 BGH v. 24.5.2005 – IX ZR 123/04, WM 2005, 1468 = GmbHR 2005, 1117.
4 BGH v. 9.12.1969 – VI ZR 50/68, NJW 1970, 657.
5 BGH v. 9.12.1969 – VI ZR 50/68, NJW 1970, 657.
6 S. hierzu BGH v. 9.2.2009 – II ZR 292/07, NJW 2009, 2127 = GmbHR 2009, 601 – Sanitary.
7 BT-Drucks. 15/2573, S. 32 zu Art. 7 lit. a.

3. Haftung des Gesellschafters

Die **Haftung des Gesellschafters** einer GmbH oder einer GmbH & Co. KG wird nicht durch § 823 Abs. 2 BGB i.V.m. § 266a StGB begründet, weil § 266a StGB nur über § 14 StGB Anwendung finden kann und durch § 14 StGB die Strafbarkeit nach § 266a StGB nur auf den Vertretungsberechtigten ausgedehnt wird. Hierzu gehört der Gesellschafter nicht, es sei denn, er ist als Geschäftsführer oder in einer ähnlichen Position in der Gesellschaft tätig.

37.47

Um gleichwohl in entsprechenden Fällen eine Haftung des hinter einer juristischen Person Stehenden stattfinden, d.h., ihn für Verbindlichkeiten der Gesellschaft persönlich haften zu lassen, hat die Rechtsprechung den Haftungstatbestand der sog. **Existenzvernichtungshaftung**[1] entwickelt. Danach muss der Gesellschafter in besonderen Ausnahmefällen für Verbindlichkeiten der Gesellschaft persönlich haften. In diesen Fällen ist ihm ein Hinweis auf das Haftungsprivileg des § 13 Abs. 2 GmbHG versagt, wonach eine persönliche Haftung der Gesellschafter für Verbindlichkeiten der Gesellschaft grundsätzlich ausgeschlossen ist. Entscheidender Maßstab für die Existenzvernichtungshaftung ist die Beurteilung, ob der Gesellschafter auf die Zweckbindung des Gesellschaftsvermögens keine Rücksicht nimmt und der Gesellschaft ohne angemessenen Ausgleich – offen oder verdeckt – Vermögenswerte entzieht, die die Gesellschaft zur Erfüllung ihrer Verbindlichkeiten benötigt.[2]

37.48

Die sozialgerichtliche Rechtsprechung hat in mehreren Fällen die frühere Rechtsprechung, nach der ein Gesellschafter im Rahmen der sog. Durchgriffshaftung haftete, auch für die **Haftung von Gesellschaftern einer GmbH** sowie KG im Sozialversicherungsrecht – insbesondere bei der Haftung für Beiträge zur Unfallversicherung sowie Sozialversicherungsbeiträge, aber auch bei der Rückforderung von Eingliederungszuschüssen – für anwendbar gehalten, von ihm aber nur in sehr restriktiver Weise Gebrauch gemacht.[3] In der sozialgerichtlichen Rechtsprechung sind dabei durchaus Bedenken geäußert worden, an dieser Rechtsprechung fest zu halten.[4] Eine Aufgabe der Rechtsprechung ist allerdings bisher nicht erfolgt. Die Anwendung der öffentlich-rechtlichen Durchgriffshaftung ist in der Praxis aber nur in sehr wenigen Fällen praktisch geworden. Dabei haben die Gerichte der Sozialgerichtsbarkeit vermehrt auf die „neuere zivilgerichtliche Rechtsprechung" hingewiesen, die Fälle der vorliegenden Art eher aus der aus konzernrechtlichen Grundsätzen hergeleiteten Erstattungspflicht in entsprechender Anwendung der §§ 302 f. AktG zu lösen versuchen.[5]

37.49

Diese Haftung, die vom BGH als überholt bezeichnet wird[6], was allerdings in der sozialgerichtlichen Rechtsprechung bislang noch nicht Eingang gefunden hat, wird nunmehr dann auf den Gesellschafter erstreckt, wenn er auf die Zweckbindung des Gesellschaftsvermögens keine Rücksicht nimmt und der Gesellschaft ohne angemessenen Ausgleich Vermögenswerte

37.50

---

1 BGH v. 9.2.2009 – II ZR 292/07, NJW 2009, 2127 = GmbHR 2009, 601; zur früher geltenden Durchgriffshaftung s. BGH v. 12.1.1956 – III ZR 3/55, BGHZ 20, 4; BSG v. 27.9.1994 – 10 RAr 1/92, BSGE 75, 82.
2 BGH v. 16.7.2007 – II ZR 3/04, NJW 2007, 2689 = GmbHR 2007, 927 – Trihotel.
3 BSG v. 7.12.1983 – 7 RAr 20/82, NJW 1984, 2117; BSG v. 27.9.1994 – 10 RAr 1/92, GmbHR 1995, 46; BSG v. 26.1.1978 – 2 RU 90/77, NJW 1978, 2527 = BB 1978, 662; BSG v. 1.2.1996 – 2 RU 7/95, GmbHR 1996, 604; LSG Niedersachsen v. 29.4.1987 – L 4 KR 89/86, SozVers 1988, 196.
4 BSG v. 7.12.1983 – 7 RAr 20/82, BSGE 56, 76.
5 BGH v. 27.3.1995 – II ZR 136/94, NJW 1995, 1544 = GmbHR 1995, 446; BSG v. 27.9.1984 – 10 Rar 1/92, BSGE 75, 82.
6 BGH v. 13.12.2004 – II ZR 256/02, GmbHR 2005, 299 = BB 2005, 286.

entzieht, die diese zur Erfüllung der Verbindlichkeiten benötigt (**existenzvernichtender Eingriff**).[1]

37.51 Grundsätzlich können Gesellschafter nach den v. g. Instituten für Verbindlichkeiten der Gesellschaft persönlich haftbar gemacht werden. Dies hat die Rechtsprechung aber – wie oben dargestellt – **auf Ausnahmefälle beschränkt**, so dass die Bedeutung der Institute in der gerichtlichen Praxis außerordentlich gering ist.

II. Die fehlende Sicherung von Wertguthaben nach § 7e SGB IV und § 8a Altersteilzeitgesetz

1. Problemlage und Haftung des Geschäftsführers/Vorstands nach § 7e SGB IV und § 8a Altersteilzeitgesetz

37.52 Insbesondere beim Vollzug von Altersteilzeit, aber auch beim Aufbau von Wertguthaben für Freistellungen nach § 7b SGB IV (d.h. nicht mit dem Ziel der flexiblen Gestaltung der werktäglichen oder wöchentlichen Arbeitszeit oder dem Ausgleich betrieblicher Produktions- und Arbeitszeitzyklen), tritt das Problem auf, dass **Wertguthaben** an Arbeitnehmer nicht ausgezahlt werden können, weil der **Arbeitgeber zahlungsunfähig** ist. Dabei ist unter Wertguthaben das Arbeitsentgelt zu verstehen, das mit einer im Allgemeinen vor der Freistellung erbrachten Arbeitsleistung erzielt wurde. Der Arbeitnehmer erbringt also seine Arbeitsleistung in einer bestimmten Zeit für weniger Arbeitsentgelt als ihm an und für sich zustünde, dieser Unterschiedsbetrag ist aber für die sich anschließende Zeit der Freistellung vorgesehen.

a) Sicherung bei Altersteilzeit

37.53 Unter bestimmten Voraussetzungen ist der Arbeitgeber verpflichtet, das Wertguthaben mit der ersten Gutschrift in geeigneter Weise gegen das **Risiko seiner Zahlungsunfähigkeit abzusichern**, § 8a Abs. 1 Altersteilzeitgesetz.

37.54 Nach § 8a Abs. 3 Altersteilzeitgesetz hat der Arbeitgeber dem Arbeitnehmer die zur Sicherung des Wertguthabens ergriffenen **Maßnahmen** mit der ersten Gutschrift und danach alle sechs Monate in Textform **nachzuweisen**. Allerdings können die Betriebsparteien eine andere gleichwertige Art und Form des Nachweises vereinbaren.

37.55 Verstößt der Arbeitgeber gegen diese Verpflichtung, kann der Arbeitnehmer verlangen, dass **Sicherheit** in Höhe des bestehenden Wertguthabens **geleistet wird**.

b) Sicherung bei Freistellungen nach § 7b SGB IV

37.56 Nach § 7e SGB IV vereinbaren Arbeitgeber und Arbeitnehmer, dass der Arbeitgeber bestimmte Pflichten erfüllen muss, um das Wertguthaben einschließlich des darin enthaltenen Gesamtsozialversicherungsbeitrages **gegen das Risiko der Insolvenz des Arbeitgebers** völlig abzusichern. Diese Verpflichtung des Arbeitgebers besteht aber nur, soweit ein Anspruch auf Insolvenzgeld nicht besteht und das Wertguthaben des Beschäftigten einschließlich des darin enthaltenen Gesamtsozialversicherungsbeitrags einen Betrag in Höhe der monatlichen Bezugsgröße (2017: 2975 Euro in West- und 2660 Euro in Ostdeutschland) übersteigt. In einem Tarifvertrag oder einer Betriebsvereinbarung, die aufgrund eines Tarifvertrages geschlossen

---

[1] BGH v. 17.9.2001 – II ZR 178/99, BGHZ 149, 10 = GmbHR 2001, 1036 m.w.N.

worden ist, kann ein abweichender Betrag vereinbart werden. Der Arbeitgeber hat den Beschäftigten unverzüglich über seine Maßnahmen zum Insolvenzschutz in geeigneter Weise schriftlich zu unterrichten. Nach Abs. 5 dieser Vorschrift kann der Beschäftigte den Arbeitgeber schriftlich auffordern, seinen Verpflichtungen zum Insolvenzschutz nachzukommen. Wenn der Arbeitgeber den Beschäftigten nicht innerhalb von zwei Monaten nach der Aufforderung die Erfüllung seiner Verpflichtung zu Insolvenzsicherung des Wertguthabens nachweist, kann der Beschäftigte die Wertguthabenvereinbarung mit sofortiger Wirkung kündigen. Das Wertguthaben ist dann aufzulösen. Das Gleiche gilt, wenn während einer Betriebsprüfung der Träger der Rentenversicherung ein solches Fehlverhalten des Arbeitgebers feststellt.

Die Vorschrift regelt in ihrem Abs. 7 die Folgen eines durch das Fehlverhalten des Arbeitgebers entstandenen Schadens beim Arbeitnehmer.

Die lange Zeit ungeklärte Frage, inwieweit den organschaftlichen Vertreter für Altersteilzeit-Wertguthaben eine Durchgriffshaftung trifft, ist nunmehr durch Urteil des Bundesarbeitsgerichts vom 7.10.2015 entschieden worden.[1] Das Bundesarbeitsgericht verneint insgesamt eine Haftung des Geschäftsführers nach § 7e Abs. 7 SGB IV. Es stellt klar, dass § 8a Abs. 1 Satz 1 Halbs. 2 Altersteilzeitgesetz sämtliche Regelungen des § 7e SGB IV, einschließlich Abs. 7 ausschließt, so dass eine persönliche Haftung organschaftlicher Vertreter im Rahmen der Insolvenzsicherung von Wertguthaben aus Altersteilzeit im Blockmodell nicht besteht. Es fehlt auch an einer Schutzbedürftigkeit der Altersteilzeitarbeitnehmer, denn ihnen steht mit § 8a Abs. 4 Altersteilzeitgesetz ein Verfahren zur Durchsetzung ihrer legitimen Sicherungsinteressen zur Verfügung.

2. Strafrechtliche Haftung des Geschäftsführers/Vorstands

Die strafrechtliche Haftung des Geschäftsführers/Vorstands nach § 14 StGB setzt voraus, dass eine **Strafnorm erfüllt** ist.

37.57

a) Strafbarkeit nach § 266a StGB (Nichtabführung von Sozialversicherungsbeiträgen)

§ 266a StGB (s. Rz. 37.3 ff.) scheidet aus, weil es sich bei den Wertguthaben **nicht um „Beiträge zur Sozialversicherung"** handelt, die nach der Norm aber vorausgesetzt werden.

37.58

b) Strafbarkeit nach § 266 StGB (Untreue)

§ 266 StGB setzt ein **Vermögensbetreuungsverhältnis** zwischen Arbeitgeber und Arbeitnehmer voraus. Dabei ist anerkannt, dass sich eine darauf aufbauende Treuepflicht in der Regel nur aus einem fremdnützigen typisierten Schuldverhältnis ergeben kann, in welchem der Verpflichtung des Täters Geschäftsbesorgungscharakter zukommt.[2] Dem Arbeitgeber kommen normalerweise keine Vermögensbetreuungspflichten hinsichtlich der Lohnzahlung usw. zu. Aus diesem Grund hat der Gesetzgeber zusätzlich § 266a StGB geschaffen, der dem Schutzinteresse des Arbeitnehmers an der treuhänderischen Verwaltung von Teilen seines Arbeitseinkommens dient, dessen Voraussetzungen im vorliegenden Fall aber nicht erfüllt sind.

37.59

In diesem Zusammenhang darf auch nicht vergessen werden, dass der Arbeitnehmer das Recht, aber auch die **Pflicht** hat, die Absicherung seines Wertguthabens durch den Arbeitgeber **zu überwachen**.

---

[1] BAG v. 7.10.2015 – 9 AZR 293/1, NZA 2016, 703.
[2] *Lenckner* in Schönke/Schröder, § 266 StGB Rz. 24.

c) Strafbarkeit nach § 263 StGB (Betrug)

37.60 § 263 StGB (s. Rz. 37.70) setzt u.a. voraus, dass der Arbeitnehmer vom Arbeitgeber getäuscht worden ist. Wenn der Arbeitgeber dem Arbeitnehmer die nach § 8a Abs. 3 Altersteilzeitgesetz bzw. § 7e Abs. 5 SGB IV erforderlichen Unterlagen nicht vorlegt, kann eine **Täuschungshandlung** allenfalls dadurch begangen sein, dass der Arbeitgeber gegenüber dem Arbeitnehmer mündlich oder konkludent die Absicherung des Wertguthabens behauptet. Um solche Fälle auszuschließen, schreibt das Gesetz aber gerade die tatsächliche Vorlage der Nachweise über die Absicherung des Wertguthabens vor. Die Nichtvorlage der Nachweisungen kann dann auch nicht als Täuschungshandlung angesehen werden, selbst nicht, wenn der Arbeitgeber ihre Existenz behauptet.

37.61 Legt der Arbeitgeber hingegen **gefälschte Nachweisungen** vor und erkennt der Arbeitnehmer die Nachweisungen nicht als Fälschung, wird der Tatbestand des § 263 StGB erfüllt sein, wenn der Arbeitgeber in **Bereicherungsabsicht** handelt. Der Vermögensschaden des Arbeitnehmers tritt ein, wenn er es wegen der Täuschungshandlung unterlässt, sein Recht aus § 8a Abs. 4 Altersteilzeitgesetz (Leistung einer Sicherheit in Höhe des Wertguthabens durch den Arbeitgeber) bzw. § 7e Abs. 5 SGB IV (Kündigung des Wertguthabens) geltend zu machen.

3. Zivilrechtliche Haftung des Geschäftsführers/Vorstands

a) ... aus § 823 Abs. 2 BGB i.V.m. § 263 StGB

37.62 Eine zivilrechtliche Haftung des Geschäftsführers kann sich aus § 823 Abs. 2 BGB i.V.m. § 263 StGB ergeben, wenn der Arbeitgeber dem Arbeitnehmer **unrichtige Nachweise** über die Sicherung der Wertguthaben vorlegt. Die Durchsetzung dieses Anspruchs – auch der Nachweis der Bereicherungsabsicht – dürften in der Praxis nicht auf große Schwierigkeiten stoßen.

b) ... aus § 823 Abs. 2 BGB i.V.m. § 8a Abs. 1 Altersteilzeitgesetz

37.63 Das Bundesarbeitsgericht[1] hat nunmehr klargestellt, dass eine Haftung aus § 823 Abs. 2 BGB i.V.m. § 8a Abs. 1 Altersteilzeitgesetz ausscheidet. Zwar handelt es sich um ein Schutzgesetz i.S. des § 823 Abs. 2 BGB, jedoch ausschließlich im Verhältnis zum Arbeitgeber. Die Vorschrift begründet gerade keine Durchgriffshaftung von gesetzlichen Vertretern juristischer Personen.

c) ... aus § 7e Abs. 7 SGB IV

37.65 Ein Schadensersatzanspruch aus § 7e Abs. 7 SGB IV scheidet ebenfalls aus.[2] Insofern wird auf die Ausführungen unter Rz. 37.56 verwiesen.

d) ... aus dem Haftungstatbestand der Existenzvernichtungshaftung

37.66 Ein Anspruch im Wege der Existenzvernichtungshaftung (s. Rz. 37.48 ff.) – auch gegen Gesellschafter – ist **nur für extreme Ausnahmefälle** anzunehmen, wenn das Ergebnis im Einzelfall mit dem Grundsatz von Treu und Glauben nicht in Einklang stünde, also ein Rechtsmissbrauch vorläge. Dies wird für die Mehrzahl der Fälle nicht anzunehmen sein.

---

1 BAG v. 7.10.2015 – 9 AZR 293/1, NZA 2016, 703.
2 BAG v. 7.10.2015 – 9 AZR 293/1, NZA 2016, 703.

III. Das Erschleichen von Sozialleistungen

1. Problemlage

Das Sozialversicherungsrecht gewährt nicht nur den Versicherten **Leistungen**, sondern im großen Umfang **auch Arbeitgebern**. Hierzu gehören u.a. Eingliederungszuschüsse (§§ 217 ff. SGB III), Zuschüsse zur Ausbildungsvergütung (§ 235a SGB III), Zuschüsse zur Einstiegsqualifizierung (§ 235b SGB III), Förderung der beruflichen Weiterbildung (§ 235c SGB III), aber auch Leistungen, auf die Arbeitnehmer Anspruch haben, die jedoch vom Arbeitgeber zu beantragen und an ihn auszuzahlen sind, wie z.B. Kurzarbeitergeld, Wintergeld, Winterausfallgeld. Nicht aufgezählt werden sollen Leistungen aus anderen Rechtsgebieten, z.B. aus dem Europäischen Sozialfond (ESF).

37.67

In der Praxis werden in nicht seltenen Fällen im Antragsverfahren – aber auch während des Leistungsbezuges – mündlich oder schriftlich fahrlässig oder vorsätzlich **Angaben gemacht, die nicht der Wahrheit entsprechen**, oder Angaben nicht gemacht, die zu machen der Antragsteller verpflichtet ist.

37.68

Sozialversicherungsrechtlich müssen die empfangenen Leistungen, wenn der Versicherungsträger den Pflichtverstoß erkennt, **nach §§ 45 oder 48, 50 SGB X erstattet werden.**

37.69

Daneben können aber auch weitere Folgen eintreten:

2. Strafrechtliche Verantwortlichkeit des Managers

a) Betrug, § 263 StGB

Hat der Geschäftsführer/Vorstand oder eine ähnlich eingestufte Person die Absicht, sich, dem Unternehmen oder einem anderen Dritten einen **Vermögensvorteil** zu verschaffen, und beschädigt er das Vermögen eines anderen (hier: des Sozialleistungsträgers bzw. der Solidargemeinschaft der Beitragszahler) dadurch, dass er einen Irrtum erregt, indem er falsche Tatsachen vorspiegelt oder wahre Tatsachen entstellt oder unterdrückt, so kann er – wenn weitere Voraussetzungen vorliegen (kein Rechtfertigungsgrund, aber Vorsatz) – wegen Betruges mit einer Freiheitsstrafe bis zu fünf Jahren oder einer Geldstrafe nach § 263 StGB bestraft werden. Schon der Versuch ist strafbar.

37.70

aa) Die Handlung

Der Geschäftsführer/Vorstand muss nach § 263 StGB die Sozialbehörde über bestimmte Tatsachen **täuschen**, z.B. im Zusammenhang mit dem Saison-Kurzarbeitergeld über die Nichtarbeit seiner Arbeitnehmer während einer Schlechtwetterzeit oder bei der Abfindungsanrechnung nach § 143a SGB III über das Datum der Kündigung bzw. des Aufhebungsvertrages. Diese Angaben muss die Behörde hinnehmen und sich dadurch „irren", so dass sie die beantragten oder begehrten Mittel freigibt.

37.71

Das gilt auch, wenn der Geschäftsführer/Vorstand z.B. **Einstellungs- oder Eingliederungszuschüsse** bei der Arbeitsagentur beantragt, die im Allgemeinen nur für einen Teil des Arbeitnehmerentgelts gezahlt werden, das Unternehmen aus finanziellen Gründen aber gar nicht in der Lage ist, die auf das Unternehmen entfallende Eigenquote zu tragen, und dem Arbeitneh-

37.72

mer dementsprechend weniger Entgelt ausgezahlt wird als vom Arbeitgeber der Arbeitsagentur gegenüber behauptet.[1]

Ähnliches gilt auch für die Zahlung von Mietzuschüssen bei vorhandenem Willen, diese Mittel nicht an den Vermieter weiter zu geben.[2]

37.73 Wird ein **Irrtum** im Allgemeinen durch ausdrückliche Erklärungen hervorgerufen, kann dies auch durch **Unterlassung** geschehen, wenn eine Pflicht zur Aufklärung besteht. Dies kann beim **Unterlassen der notwendigen Meldung von Arbeitnehmern nach § 28a SGB IV** gegenüber der Krankenkasse vorliegen.[3] Hat das Unternehmen allerdings keine konkreten Beziehungen zur Einzugsstelle, liegt eine Täuschungshandlung nicht vor.[4] Vertragsärzte haben der Krankenkasse anzuzeigen, wenn sie vom Hersteller umsatzabhängige Rückvergütungen (sog. Kickback-Zahlungen) erhalten.

37.74 Gegen einen Unternehmer, der einen Arbeitnehmer „schwarz" beschäftigt hat, während dieser Arbeitslosengeld bezog und damit einen Betrug im Sinne des § 263 StGB beging, kann der **Verfall nach § 73 Abs. 3 StGB** angeordnet werden.[5] Dabei ist die Höhe des Verfalls im Wege der Schätzung zu ermitteln (§ 73b StGB). Das Gericht wird als Tatvorteil, den das Unternehmen erlangt hat, die Arbeitsleistung des „Schwarzarbeiters" ansehen, weil die Aufwendungen für einen regulär beschäftigten Arbeitnehmer eingespart worden sind. Der vom Arbeitgeber zu leistende Wertersatz bemisst sich nach dem Wert der Arbeitskraft des „Schwarzarbeiters", wobei Lohnsteuer und die Arbeitnehmeranteile zur Sozialversicherung abzuziehen sind.

bb) Vorsatz

37.75 Wegen Betruges kann nur bestraft werden, wer die Tathandlung **vorsätzlich** begeht. Dabei reicht es aus, wenn der Täter es **billigend in Kauf nimmt**, dass durch seine Erklärung bei der Behörde ein Irrtum erregt wird.

Er muss das nicht unbedingt wollen; wenn er aber glaubt, dass seine Erklärungen eigentlich richtig verstanden werden, es aber durchaus möglich sei, dass die Behörde sie auch „falsch" verstehen könne und er denkt „Na gut, dann ist das eben so", handelt er mit (bedingtem) Vorsatz. Hinsichtlich der Bereicherung durch die Sozialleistung muss er „absichtlich" handeln, d.h. es muss ihm darauf ankommen, den Vermögensvorteil zu erhalten. Fahrlässigkeit reicht für eine Bestrafung nicht aus. Aus diesem Grund wird häufig eine Bestrafung ausscheiden!

b) Subventionsbetrug, § 264 StGB

37.76 Eine Bestrafung des Geschäftsführers/Vorstands nach §§ 264, 14 StGB wird nur in seltenen Fällen eintreten. Zwar tritt § 263 StGB hinter § 264 StGB zurück, sofern beide Normen erfüllt sind.[6] Der soziale Sektor wird aber von den Subventionen, wie sie in § 264 Abs. 7 StGB definiert werden, lediglich von Nr. 2 und nicht von Nr. 1 erfasst[7], so dass vor allem die **Subventionen aus dem Europäischen Sozialfond (ESF)** bleiben. Bei diesen Leistungen handelt es

---

1 BSG v. 29.10.1997 – 7 RAr 80/96, NZS 1998, 346.
2 OLG Zweibrücken v. 11.2.2003 – 1 Ss 3/03, ZAP EN-Nr. 338/2003.
3 Beitragsbetrug – KG Berlin v. 24.4.1986 – 1 Ss 328/86, JR 1986, 469.
4 *Fischer*, § 266a StGB Rz. 11.
5 AG Kleve v. 25.10.2004 – 37 Ds 400 Js 267/04, wistra 2005, 272.
6 *Fischer*, § 264 StGB Rz. 54a.
7 *Fischer*, § 264 StGB Rz. 10.

sich aber immer nur um „mitfinanzierte" zusätzliche arbeitsmarktpolitische Maßnahmen. Nach § 2 der Richtlinien des Bundesprogramms für aus Mitteln des Europäischen Sozialfonds mitfinanzierte zusätzliche arbeitsmarktpolitische Maßnahmen im Bereich des Bundes gehören zum förderungsfähigen Personenkreis Langzeitarbeitslose, Jugendliche bis zur Vollendung des 25. Lebensjahres und Arbeitnehmer, die nicht über eine ausreichende Qualifikation verfügen und somit nicht der hier interessierende Personenkreis.

In der Praxis kommen **Rückabwicklungen von erbrachten Leistungen** im Zusammenhang mit vorbereitenden Bildungsmaßnahmen zur Existenzgründung für Teilnehmer, die während der ersten Zeit der Selbständigkeit einen Gründungszuschuss nach § 57 SGB III erhalten können sowie existenzgründungsbegleitende Maßnahmen (coaching) in Betracht, wenn der Teilnehmer einen Gründungszuschuss bereits erhält. Im Vordergrund der strafrechtlichen Untersuchungen steht aber stets die „Hauptleistung", deren Erschleichen nach § 263 StGB geahndet werden kann. 37.77

c) Verstoß gegen § 9 SchwarzArbG

Verletzt ein Arbeitgeber eine **Mitwirkungspflicht aus § 60 SGB I**, wonach er alle Tatsachen anzugeben hat, die für die Leistung erheblich sind, bzw. Änderungen in den Verhältnissen, die für die Leistung erheblich sind oder über die im Zusammenhang mit der Leistung Erklärungen abgegeben worden sind, unverzüglich mitzuteilen sowie Beweismittel zu bezeichnen und auf Verlangen des zuständigen Leistungsträgers Beweisurkunden vorzulegen oder ihrer Vorlage zuzustimmen, und wird ihm deswegen eine **Leistung zu Unrecht** gewährt, wird er mit Freiheitsstrafe bis zu drei Jahren oder mit Geldstrafe bestraft, wenn die Tat nicht als Betrug nach § 263 StGB bestraft wird, § 9 SchwarzArbG. 37.78

Eine Bestrafung nach **§ 9 SchwarzArbG** kann nur stattfinden, wenn eine Bestrafung wegen Betruges ausscheidet. In der Praxis hat sich gezeigt, dass vor allem der Nachweis der Bereicherungsabsicht nach § 263 StGB schwierig zu führen ist. § 9 SchwarzArbG verlangt daher lediglich, dass im Zusammenhang mit der Erbringung von Dienst- oder Werkleistungen vorsätzlich Leistungen nach dem Sozialgesetzbuch rechtswidrig bezogen werden,[1] wobei auch hier bedingter Vorsatz (s. Rz. 37.26) ausreicht. 37.79

Neben der Bestrafung kann ein bis zu dreijähriger **Ausschluss von der Teilnahme an einer Ausschreibung** an Bauaufträgen verhängt werden, § 21 SchwarzArbG. Die Vertretungsberechtigten können zu einer Freiheitsstrafe von mehr als drei Monaten oder einer Geldstrafe von mehr als 90 Tagessätzen verurteilt werden. 37.80

d) Fälschung von Urkunden, § 267 StGB

Im Zusammenhang mit der Erschleichung von Sozialleistungen, aber auch z.B. bei der Überlassung von Arbeitnehmern (s. § 1 AÜG und Rz. 37.96 f.), kommt es häufiger vor, dass der Antragsteller oder Verleiher **Bescheinigungen vorlegt**, durch die z.B. seine von der Bundesagentur für Arbeit ausgesprochene Genehmigung für Arbeitnehmerüberlassung dargelegt wird oder die in seinem Betrieb vorhandenen Arbeitnehmer aufgeführt sind. Ob dies eine strafbare Urkundenfälschung darstellt, muss genau überprüft werden. 37.81

---

1 BT-Drucks. 15/2573, S. 25 zu § 9.

Eine Urkundenfälschung nach § 267 StGB liegt aber nur vor, wenn jemand zur Täuschung im Rechtsverkehr eine unechte Urkunde herstellt, eine echte Urkunde verfälscht oder eine unechte oder verfälschte Urkunde gebraucht.

37.82 Dabei stellt jemand eine **unechte Urkunde** her, wenn er die Urkunde mit dem Ansehen herstellt, sie sei von einer anderen Person ausgestellt, also echt.[1] Eine **echte Urkunde** wird verfälscht, wenn die ursprüngliche gedankliche Erklärung in eine andere verändert wird.[2] Eine solche **Urkunde gebraucht** jemand, wenn er sie der sinnlichen Wahrnehmung zugänglich macht.[3] Der Arbeitnehmer-Verleiher, der dem Entleiher eine abgelaufene Genehmigung der Bundesagentur für Arbeit vorlegt und das Gültigkeitsdatum manipuliert hat, hat eine echte Urkunde verfälscht. Bei der unrichtigen Erklärung eines Arbeitgebers über den Zustand seines Betriebes handelt es sich um eine schriftliche Lüge, die nicht eine Bestrafung wegen Urkundenfälschung nach sich ziehen kann. Stets muss es sich um eine „fremde" Urkunde handeln, wenn der Tatbestand der Vorschrift als erfüllt angesehen werden soll.

e) Unterdrückung von Urkunden, § 274 StGB

37.83 In manchen Bereichen – insbesondere im Arbeitsförderungsrecht – müssen Arbeitgeber dem Leistungsträger **Unterlagen einreichen**, um Leistungen zu beziehen, **und Aufzeichnungen über bestimmte Verhältnisse führen**, um die Rechtmäßigkeit des Leistungsbezuges nachweisen zu können. Hat der Leistungsträger den dringenden Verdacht, dass der Leistungsbezieher unrichtige Angaben gemacht hat, kann es zu einer Durchsuchung kommen. In nicht seltenen Fällen wird hierbei bzw. zeitlich vorgelagert der Arbeitgeber versuchen, die vom Leistungsträger gesuchten Unterlagen verschwinden zu lassen.

37.84 Die Strafgerichte haben dies als **Urkundenunterdrückung nach § 274 StGB** (Freiheitsstrafe bis zu fünf Jahren oder Geldstrafe) angesehen, auch wenn der **Arbeitgeber der Eigentümer der Urkunde** war. Denn der Arbeitgeber verzichtet mit der Inanspruchnahme von Sozialleistungen auf seine alleinige Verfügungsbefugnis und verleiht den zum Nachweis der Anspruchsberechtigung dienenden Unterlagen den Charakter einer dem Eigentümer nicht mehr ausschließlich gehörenden Urkunde (z.B. hinsichtlich der Aufzeichnungen über die während einer Schlechtwetterzeit geleisteten Arbeitsstunden) mindestens über einen Zeitraum von zwei Jahren.[4] Die Gerichte haben ausgeführt, es liege im öffentlichen Interesse, dem Missbrauch von Sozialleistungen zu begegnen und die Ansprüche der öffentlichen Hand auf Rückzahlung erschlichener Sozialleistungen zu sichern.

3. Zivilrechtliche Haftung des Managers

a) ... aus § 823 Abs. 2 BGB i.V.m. § 263 StGB

37.85 Ebenso wie die zivilrechtliche **Haftung des Managers** bei einer Beitragshinterziehung nach § 823 Abs. 2 BGB i.V.m. §§ 266a, 14 StGB stattfinden kann, erfolgt seine persönliche Haftung beim Betrug über § 823 Abs. 2 BGB i.V.m. §§ 263, 14 StGB. § 263 StGB ist ein Schutzgesetz i.S. des § 823 Abs. 2 BGB.[5] § 263 StGB bezweckt den Schutz eines Anderen, weil die

---

1 *Fischer*, § 267 StGB Rz. 20.
2 *Fischer*, § 267 StGB Rz. 33.
3 *Fischer*, § 267 StGB Rz. 36.
4 BGH v. 29.1.1980 – 1 StR 683/79, NJW 1980, 1174 = BGHSt 29, 192.
5 BGH v. 5.3.2002 – VI ZR 398/00, NJW 2002, 1643.

Norm dazu dienen soll, den Einzelnen gegen die Verletzung eines seiner Rechtsgüter zu schützen. Dies gilt auch, wenn es sich bei dem Verletzten um eine juristische Person des öffentlichen Rechts handelt. Die Verletzung der Schutznorm muss rechtswidrig und mit Absicht erfolgen, um Strafbarkeit auszulösen.

Dass die Einzugsstelle (Krankenkasse) Schwierigkeiten haben wird, die Bereicherungsabsicht in jedem Fall nachzuweisen – auf die Darlegungen zur Nachweispflicht in Rz. 37.39 ff. und 37.79 wird verwiesen –, sei deutlich angemerkt. Dies schwächt ihre Position auch im Zivilprozess.

Die Verjährungsnormen der §§ 195, 199 BGB sind zu beachten!

b) ... aus § 823 Abs. 2 BGB i.V.m. § 9 SchwarzArbG

In vielen Fällen hat das Unternehmen aus einem Spezialgesetz die **öffentlich-rechtliche Verpflichtung**, den Arbeitsbehörden Einsicht in die Geschäftsbücher und Geschäftsunterlagen zur Nachprüfung der Voraussetzungen von beantragten oder empfangenen Sozialleistungen zu gewähren, soweit dies zur Durchführung des Spezialgesetzes (z.B. nach dem SGB III) erforderlich ist. Gem. **§ 60 Abs. 1 Nr. 3 SGB I** sind auf Verlangen auch Beweisurkunden vorzulegen.[1] Auch Kurzarbeitergeld und ähnliche Leistungen sind nach §§ 11, 19 Abs. 1 Nr. 5 und 6 SGB I Sozialleistungen, die der Erhaltung der Arbeitsplätze dienen sollen. Insoweit führt die Nichtmeldung bzw. das Unterlassen, Urkunden usw. vorzulegen, zu einer Verletzung des § 60 Abs. 1 SGB I. Da hierdurch auch § 9 SchwarzArbG verletzt ist, diese Norm als Schutzgesetz i.S. des § 823 Abs. 2 BGB anzusehen ist, kann die Einzugsstelle bzw. Versicherungsbehörde eine Klage wegen persönlicher Haftung des Managers für die geleisteten Zahlungen mit durchaus guten Erfolgsaussichten anhängig machen.

37.86

4. Haftung der Gesellschafter

Ein **Gesellschafter**, der die Handlungen nach § 263 StGB nicht selbst vorgenommen hat, haftet weder straf- noch zivilrechtlich nach § 823 Abs. 2 BGB i.V.m. § 263 StGB oder § 9 SchwarzArbG. **§ 14 StGB dehnt die Strafbarkeit nicht auf den „Nur-Gesellschafter" aus.**

37.87

Da die sozialgerichtliche Rechtsprechung – wie oben dargelegt – von den Instituten der Existenzvernichtungshaftung usw. (s. Rz. 37.48) nur äußerst restriktiv Gebrauch macht, wird eine zivilrechtliche **Haftung der Gesellschafter** in der Praxis weder aus § 823 Abs. 2 BGB i.V.m. einem Schutzgesetz, hier: § 263 StGB oder § 9 SchwarzArbG, noch eine Anwendung einer öffentlich-rechtlichen Existenzvernichtungshaftung bzw. ein Erstattungsanspruch aus konzernrechtlichen Grundsätzen stattfinden.[2]

37.88

IV. Beschäftigung von Ausländern ohne Genehmigung oder ohne Aufenthaltstitel

1. ... zu ungünstigeren Arbeitsbedingungen, § 10 SchwarzArbG

Nach § 10 SchwarzArbG ist die Beschäftigung von Ausländern ohne Genehmigung oder ohne Aufenthaltstitel strafbar (Freiheitsstrafe bis zu 3 Jahren oder Geldstrafe, in besonders schweren Fällen Freiheitsstrafe bis zu 5 Jahren).

37.89

---

1 BGH v. 29.1.1980 – 1 StR 683/79, NJW 1980, 1174.
2 BSG v. 7.12.1983 – 7 RAr 20/82, BSGE 56, 76 = NJW 1984, 1103.

Voraussetzung für die Bestrafung nach § 10 SchwarzArbG, die über § 14 StGB auch den Geschäftsführer bzw. Vorstand treffen kann, ist, dass

– ein Ausländer beschäftigt wird,

– ohne dass er eine Arbeitsgenehmigung oder einen Aufenthaltstitel besitzt

– und seine Arbeitsbedingungen in einem auffälligen Missverhältnis zu den Arbeitsbedingungen vergleichbarer deutscher Arbeitnehmer stehen und

– dies mit Vorsatz geschieht.

a) Deutsche Staatsangehörige und EU-Staatsangehörige

37.90 Ausländer sind alle Personen, die nicht die deutsche Staatsangehörigkeit besitzen. Deutschen gleichgestellt sind alle Personen, die die Staatsangehörigkeit eines Staates der Europäischen Union sowie des Europäischen Wirtschaftsraumes besitzen. Diese Personen werden wie Inländer behandelt.

Die früher umfassendere Genehmigungspflicht des § 284 SGB III ist weggefallen.

b) Übrige Staatsangehörige

37.91 Besitzt eine Person weder die deutsche Staatsangehörigkeit noch die Staatsangehörigkeit eines Landes der Europäischen Union oder des Europäischen Wirtschaftsraums, bedarf sie zur Aufnahme einer Beschäftigung eines Aufenthaltstitels (§ 4 AufenthG, der bezüglich der Arbeitsaufnahme nur erteilt werden darf, wenn sich durch die Beschäftigung von Ausländern **nachteilige Auswirkungen auf den Arbeitsmarkt**, insbesondere hinsichtlich der Beschäftigungsstruktur, der Regionen und der Wirtschaftszweige nicht ergeben und für die Beschäftigung deutsche Arbeitnehmer sowie Ausländer, die diesen hinsichtlich der Arbeitsaufnahme rechtlich gleichgestellt sind oder andere Ausländer, die nach dem Recht der EU einen Anspruch auf vorrangigen Zugang zum Arbeitsmarkt haben, nicht zur Verfügung stehen (§ 39 Abs. 2 AufenthG).

37.92 Die Arbeitsbedingungen der ausländischen Arbeitnehmer dürfen von denen deutscher Arbeitnehmer durchaus abweichen. In diesem Zusammenhang sind aber die Vorschriften des Arbeitnehmerentsendegesetzes vom 20.4.2009 zu beachten.[1] Steht die Abweichung aber in einem **auffälligen Missverhältnis** – und das wird nur nach Einzelfallprüfung zu entscheiden sein; z.B. wenn Lohnzahlungen mehr als 30 % unter dem Vergleichslohn liegen – kann eine Bestrafung drohen.

2. ... in größerem Umfang, § 11 SchwarzArbG

37.93 Beschäftigt der Arbeitgeber Ausländer mit dem unter Rz. 37.90 aufgezeigten Status – allerdings nicht mit einem auffälligen Missverhältnis in den Arbeitsbedingungen – in größerem Umfang („gleichzeitig **mehr als 5 ausländische Arbeitnehmer**"), wird er mit Freiheitsstrafe bis zu einem Jahr oder mit Geldstrafe bestraft.

---

[1] BGBl. I 2009, 799.

Die gleiche Strafe trifft den Arbeitgeber, der eine in § 404 Abs. 2 Nr. 3 und Nr. 4 SGB III oder § 98 Abs. 2a, Abs. 3 Nr. 1 AufenthG bezeichnete vorsätzliche Handlung beharrlich wiederholt oder entgegen § 4 Abs. 3 Satz 2 AufenthG eine Person unter 18 Jahren beschäftigt.

Handelt der Täter aus **grobem Eigennutz**, kann er mit einer Freiheitsstrafe bis zu 3 Jahren oder Geldstrafe belegt werden, § 11 SchwarzArbG.

V. Illegale Arbeitnehmerüberlassung

1. Verleih ausländischer Leiharbeitnehmer ohne Genehmigung, § 15 AÜG

Wer als Verleiher einen Ausländer, der einen erforderlichen Aufenthaltstitel, eine Aufenthaltsgestattung oder eine Duldung, die zur Ausübung der Beschäftigung berechtigt, oder eine Genehmigung nach § 284 Abs. 1 SGB III nicht besitzt, an einen anderen „verleiht", wird mit Freiheitsstrafe bis zu 3 Jahren oder mit Geldstrafe bestraft, wenn er eine **Erlaubnis** nach § 1 AÜG, Arbeitnehmer gewerbsmäßig zur Arbeitsleistung an Dritte zu überlassen, **nicht besitzt**. In besonders schweren Fällen kann eine Strafe bis zu 5 Jahren verhängt werden.

2. Entleih von Ausländern ohne Genehmigung, § 15a AÜG

Wer als Entleiher einen ihm überlassenen Ausländer, der einen erforderlichen Aufenthaltstitel, eine Aufenthaltsgestattung oder eine Duldung, die zur Ausübung der Beschäftigung berechtigt, oder eine Genehmigung nach § 284 Abs. 1 SGB III nicht besitzt, zu Arbeitsbedingungen des Leiharbeitsverhältnisses tätig werden lässt, die in einem **auffälligen Missverhältnis** zu den Arbeitsbedingungen vergleichbarer deutscher Leiharbeitnehmer stehen, wird mit Freiheitsstrafe bis zu 3 Jahren oder mit Geldstrafe, in besonders schweren Fällen mit Freiheitsstrafe bis zu 5 Jahren bestraft.

Freiheitsstrafen bis zu einem Jahr oder Geldstrafen, bei grobem Eigennutz Freiheitsstrafen bis zu 3 Jahren oder Geldstrafen, werden verhängt, wenn der Entleiher gleichzeitig **mehr als 5 Ausländer** ohne eine entsprechende Genehmigung tätig werden lässt oder einen ihm überlassenen ausländischen Verleiharbeitnehmer beharrlich wiederholt vorsätzlich einsetzt.

VI. Bußgeldbewehrte Verhaltensweisen

Sozialrechtliche Verhaltensvorschriften für Arbeitgeber, die als Ordnungswidrigkeiten und nicht als Straftaten sanktioniert sind, finden sich zahlreich im SGB IV, aber auch in Einzelgesetzen, wie dem AÜG, dem Arbeitnehmerentsendegesetz, dem SGB IX usw. Durch **§ 9 OWiG** kann das Bußgeld – ebenso wie § 14 StGB für das Strafrecht – gegen das Organ einer Gesellschaft, d.h. die **Geschäftsführer und Vorstände**, verhängt werden.

Zu den **wichtigsten Ordnungswidrigkeiten**, für die Geschäftsführer und Vorstände haftbar gemacht werden können, zählen:

- das **Unterlassen einer Meldung**, die nicht richtig, nicht vollständig oder nicht rechtzeitig erstattete Meldung gem. § 111 Abs. 1 Nr. 2, 2a, 2b, 2c, 2d SGB IV)

- das Unterlassen der Führung, Gestaltung oder **Aufbewahrung von Lohnunterlagen** (§ 111 Abs. 1 Nr. 3, 3a, 3b SGB IV)

- das Unterlassen, eine **Auskunft** richtig, vollständig oder rechtzeitig zu erteilen oder die **erforderlichen Unterlagen** vollständig oder rechtzeitig vorzulegen (§ 111 Abs. 1 Nr. 4 SGB IV)
- die Nichtduldung einer Prüfung oder des Betretens eines Grundstücks oder eines Geschäftsraumes im Rahmen des SchwarzArbG (§§ 3, 8 SchwarzArbG)
- der **Abzug in einem höheren Maße vom Arbeitsentgelt** als der Beschäftigte vom Gesamtsozialversicherungsbeitrag zu tragen hat (§ 111 Abs. 2 SGB IV)
- die Nichtzahlung des vorgeschriebenen **Mindestlohnes** nach dem Arbeitnehmerentsendegesetz (§ 10 SchwarzArbG), die Nichtübermittlung von Daten, die nach dem SchwarzArbG übermittelt werden müssen (§§ 5, 8 SchwarzArbG)
- die fehlerhafte oder **fehlende Unterrichtung der Schwerbehindertenvertretung** eines Betriebes bei der Bewerbung eines Schwerbehinderten (§ 156 Abs. 1 Nr. 9 SGB IX)
- die **Nichterörterung einer Ablehnung eines schwerbehinderten Bewerbers** mit diesem (§ 156 Abs. 1 Nr. 8 SGB IX)
- das **Unterlassen von Meldungen** bzw. Auskünften oder Vorlage von Urkunden im Bereich der Rentenversicherung (§ 320 SGB VI)
- das **Zuwiderhandeln einer Unfallverhütungsvorschrift** (§ 209 Abs. 1 Nr. 1 SGB VII)
- das **Nichtführen von Aufzeichnungen** bzw. die Nichtaufbewahrung solcher Aufzeichnungen usw. (§ 209 Abs. 1 Nr. 7 SGB VII)
- usw.

§ 38
Risikobereich und Haftung: Umweltrecht

Professor Dr. Dirk Uwer, LL.M., Mag.rer.publ.

A. Begriff, Bedeutung und Adressaten umweltrechtlicher Verantwortlichkeit	38.1
B. Zivilrechtliche Umwelthaftung von Vorstandsmitgliedern und Geschäftsführern	38.4
I. Unmittelbare Umwelthaftung (Außenhaftung)	38.5
1. Haftung nach § 823 Abs. 1 BGB	38.6
a) Positives Tun und Unterlassen als Anknüpfungspunkt	38.7
b) Grundsatz der Gesamtverantwortung, Ressortaufteilung und Delegation	38.8
2. Haftung nach § 823 Abs. 2 BGB i.V.m. einem Schutzgesetz	38.11
3. Sonderfall: Verschuldensunabhängige Haftung nach § 89 Abs. 1 WHG	38.12
4. Gefährdungshaftung nach dem Umwelthaftungsgesetz	38.13
5. Haftung aus sonstigen spezialgesetzlichen Umweltvorschriften	38.15
6. Erweiterung der Außenhaftung durch das Umweltschadensgesetz	38.16
II. Mittelbare Umwelthaftung (Innenhaftung)	38.22
C. Umweltrechtliche Compliance: Umweltbezogene Unternehmenspflichten als Managementverantwortung	38.23
I. Unternehmen, Betrieb und Betreiber als Primäradressaten des Umweltverwaltungsrechts	38.23
II. Umweltrechtliche Unternehmenspflichten im Überblick	38.25
1. Immissionsschutzrecht	38.26
a) Betreiberpflichten	38.28
b) Produktbezogener Immissionsschutz	38.35
c) Treibhausgas-Emissionszertifikatehandel	38.36
2. Bodenschutz- und Altlastenrecht	38.39
3. Kreislaufwirtschafts- und Abfallrecht	38.45
a) Anlagenbezogenes Kreislaufwirtschafts- und Abfallrecht	38.46
b) Produktbezogenes Kreislaufwirtschafts- und Abfallrecht	38.47
4. Gewässerschutzrecht	38.48
5. Gefahrstoffrecht	38.51
6. Umweltenergierecht	38.54
7. Atom- und Strahlenschutzrecht	38.55
8. Bezüge zum Betriebssicherheits- und Arbeitsschutzrecht	38.57
III. Umweltbetriebsorganisation	38.60
1. Umweltschutzsichernde Unternehmens- und Betriebsorganisation	38.60
a) Grundfragen	38.60
b) Einführung von Überwachungssystemen	38.61
2. Unternehmensverantwortliche und Mitteilungspflichten zur Betriebsorganisation	38.63
a) Benennung einer verantwortlichen Person (§ 52b Abs. 1 BImSchG)	38.65
b) Offenlegung der Organisation (§ 52b Abs. 2 BImSchG)	38.66
c) Organisatorische Umsetzung	38.67
3. Umweltschutzbeauftragte	38.68
a) Erscheinungsformen	38.68
b) Mehrfacher und gemeinsamer, externer und interner Beauftragter	38.71
c) Aufgaben und Kompetenzen, Benachteiligungsverbot	38.73
d) Außenhaftung des Umweltschutzbeauftragten?	38.76
4. Betrieblicher Umweltschutz und Betriebsratsbeteiligung nach § 89 BetrVG	38.77
D. Umweltverantwortlichkeit bei Unternehmenstransaktionen und Umstrukturierungen: Rechtsnachfolge in umweltrechtliche Rechts- und Pflichtenstellungen	38.79
I. Grundfragen der Verantwortungszuweisung	38.79

II. Grundsatz der privatrechtlichen Indisponibilität öffentlich-rechtlicher Haftung 38.84
III. Einzel- und Gesamtrechtsnachfolge in die konkretisierte Zustandsverantwortlichkeit................... 38.86
IV. Rechtsnachfolge in die konkrete Verhaltensverantwortlichkeit 38.88
V. Einzel- und Gesamtrechtsnachfolge in die abstrakte Zustandsverantwortlichkeit 38.89
VI. Rechtsnachfolge in die abstrakte Verhaltensverantwortlichkeit 38.91
VII. Gewillkürte Rechtsnachfolge bei begünstigenden Verwaltungsakten im Umweltrecht................. 38.94

E. **Strafrechtliche Umwelthaftung des Managers** 38.96
I. Straftaten gegen die Umwelt........ 38.96
II. Verwaltungsakzessorietät 38.97
III. Umweltstrafrechtlich Verantwortliche 38.102
IV. Nebenfolgen der Umweltstraftat 38.105

1. Verfall und Einziehung 38.105
2. Außerstrafrechtliche Nebenfolgen: Betriebsuntersagung wegen Unzuverlässigkeit 38.107

F. **Umweltrechtliche Risikominimierung** 38.109
I. Auf Unternehmensebene: Umweltmanagement, Umweltaudit und Umwelthaftpflichtversicherung 38.109
1. Umweltmanagementsysteme und Umweltaudit 38.109
2. EMAS („Öko-Audit") 38.110
   a) Grundlagen 38.110
   b) Registrierung 38.112
   c) Wiederkehrende Überprüfung .. 38.116
3. DIN EN ISO 14 001 .... 38.118
4. Verhältnis EMAS – DIN EN ISO 14 001 .... 38.119
5. Umwelthaftpflichtversicherung und Umweltschadensversicherung 38.120
II. Auf Managementebene? 38.123
1. D&O-Versicherung 38.123
2. Freistellungsvereinbarung und Verzicht 38.124

Schrifttum: *Arndt/Fischer*, Umweltrecht, in Steiner (Hrsg.), Besonderes Verwaltungsrecht, 8. Aufl. 2006, S. 813; *Beckmann/Wittmann*, Rechtsschutz für Verantwortliche bei Umweltschäden im Sinne des Umweltschadensgesetzes, NVwZ 2008, 1287; *Bickel*, Bundes-Bodenschutzgesetz, Kommentar, 4. Aufl. 2004; *Breuer*, Öffentliches und Privates Wasserrecht, 3. Aufl. 2004; *Bullinger/Fehling* (Hrsg.), Elektrogesetz, Handkommentar, 2005; *Czychowski/Reinhardt*, Wasserhaushaltsgesetz, Kommentar, 11. Aufl. 2014; *Diederichsen*, Grundfragen zum neuen Umweltschadensgesetz, NJW 2007, 3377; *Diederichsen*, Haftungsrisiken für Unternehmen durch verzögerte Umsetzung der Umwelthaftungsrichtlinie, UPR 2007, 17; *Dietlein*, Nachfolge im Öffentlichen Recht, 1999; *Dietz*, Technische Risiken und Gefährdungshaftung, 2006; *Drews/Wacke/Vogel/Martens*, Gefahrenabwehr, 9. Aufl. 1986; *Düwell* (Hrsg.), Betriebsverfassungsgesetz, Handkommentar, 4. Aufl. 2014; *Ehrich*, Die gesetzliche Neuregelung des Betriebsbeauftragten für Abfall, DB 1996, 1468; *Eifert*, Umweltschutzrecht, in Schoch (Hrsg.), Besonderes Verwaltungsrecht, 15. Aufl. 2013, S. 547–660; *Elspas/Salje/Stewing* (Hrsg.), Emissionshandel, 2006; *Enders*, Die zivilrechtliche Verantwortlichkeit für Altlasten und Abfälle, 1999; *Endres/Marburger* (Hrsg.), Umweltschutz durch gesellschaftliche Selbststeuerung, 1993; *Enzensperger*, Der zweite Atomausstieg im Lichte des Verfassungsrechts, DÖV 2016, 939; *Erbguth/Schlacke*, Umweltrecht, 6. Aufl. 2016; *Ewer/Lechelt/Theuer*, Handbuch Umweltaudit, 1998; *Falk*, Die EG-Umwelt-Audit-Verordnung und das deutsche Umwelthaftungsrecht, 1998; *Fischer*, Strafgesetzbuch, Kommentar, 64. Aufl. 2017; *Fischer*, Der Betriebsbeauftragte im Umweltschutzrecht: Stellung eines Funktionsträgers aus arbeitsrechtlicher Sicht, 1996; *Fitting*, Betriebsverfassungsgesetz, Handkommentar, 28. Aufl. 2016; *Franzheim/Pfohl*, Umweltstrafrecht, 2. Aufl. 2001; *Frenz/Theuer*, Emissionshandelsrecht, 3. Aufl. 2012; *Führ*, Boxenstopp für die REACH-Verordnung, ZUR 2014, 270; *Führ* (Hrsg.), GK-BImSchG, 2016; *Giesberts/Hilf*, ElektroG, Kommentar, 2. Aufl. 2009; *Große-Vorholt*, Wirtschaftsstrafrecht, 2. Aufl. 2007; *Hartmann*, Emissionshandel in der vierten Zuteilungsperiode (2021–2030), NVwZ 2016, 189; *Hoffmann*, Umweltmanagementsysteme waren gestern? – Zur Verbreitung von EMAS und der ISO-Norm 14001 in Deutschland, ZUR 2014, 81; *Hoppe/Beckmann/Kauch*, Umweltrecht, 2. Aufl.

2000; *Huffmann*, Der Einfluss des § 52a BImSchG auf die Verantwortlichkeit im Unternehmen, 1999; *Jahn/Pietsch*, Der NRW-Entwurf für ein Verbandsstrafgesetzbuch, ZIS 2015, 1; *Jarass*, BImSchG, Kommentar, 11. Aufl. 2015; *Kallmeyer*, Umwandlungsgesetz, 6. Aufl. 2017; *Kallmeyer*, Umwandlung nach UmwG und Unternehmensakquisition, DB 2002, 568; *Kapoor/Klindt*, Das neue deutsche Produktsicherheitsgesetz (ProdSG), NVwZ 2012, 719; *Kaster*, Die Rechtsstellung des Betriebsbeauftragten für Umweltschutz, GewArch 1998, 129; *Kempf/Lüderssen/Volk* (Hrsg.), Die Handlungsfreiheit des Unternehmers – wirtschaftliche Perspektive, strafrechtliche und ethische Schranken, 2009; *Kiethe*, Persönliche Haftung von Organen von Kapitalgesellschaften im Umweltrecht – Außenhaftung durch öffentliches Recht, DVBl. 2004, 1516; *Kloepfer*, Betrieblicher Umweltschutz als Rechtsproblem, DB 1993, 1125; *Kloepfer*, Umweltrecht, 4. Aufl. 2016; *Kloepfer/Heger*, Umweltstrafrecht, 3. Aufl. 2014; *Knack/Henneke* (Hrsg.), VwVfG, 10. Aufl. 2014; *Knemeyer*, Polizei- und Ordnungsrecht, 11. Aufl. 2007; *Koch* (Hrsg.), Umweltrecht, 4. Aufl. 2014; *Koch/Welss*, Aktuelle Entwicklungen des Immissionsschutzrechts, NVwZ 2015, 633; *Köhler/Meyer*, Abwasserabgabengesetz, 2. Aufl. 2006; *Kollmer/Klindt/Schucht* (Hrsg.), ArbSchG, Kommentar, 3. Aufl. 2016; *Körner/Vierhaus*, TEHG, Kommentar, 2005; *Kothe*, Das neue Umweltauditrecht, 1997; *Kotulla*, Abwasserabgabengesetz, 2005; *Kotulla*, Wasserhaushaltsgesetz, Kommentar, 2. Aufl. 2011; *Krekeler/Werner*, Unternehmer und Strafrecht, 2006; *Lackner/Kühl*, StGB, Kommentar, 28. Aufl. 2014; *Landsberg/Lülling*, Umwelthaftungsrecht, 1991; *Lisken/Denninger*, Handbuch des Polizeirechts, 5. Aufl. 2012; *Lutter*, UmwG, 5. Aufl. 2014; *Mehle/Neumann*, Die Bestellung von Betriebsbeauftragten, NJW 2011, 360; *Menzer*, Umweltrisiken und Managementhaftung in der GmbH – beispielhafte Betrachtung nach dem BImSchG, GmbHR 2001, 506; *Müller-Gugenberger* (Hrsg.), Wirtschaftsstrafrecht, 6. Aufl. 2015; *Ossenbühl*, Umweltgefährdungshaftung im Konzern, 1999; *Nagel*, Zur Begrenzung der Haftung nach § 22 WHG, UPR 2009, 378; *Papier*, Die Verantwortlichkeit für Altlasten im Öffentlichen Recht, NVwZ 1986, 256; *Peus*, Haftungsgefahren für GmbH-Geschäftsführer im laufenden Geschäftsbetrieb, besonders aufgrund öffentlich-rechtlicher Pflichtenstellung, DStR 1998, 684; *Prelle/Thärichen/Versteyl*, ElektroG, Kommentar, 2008; *Rehbinder*, Umweltsichernde Unternehmensorganisation, ZHR 161 (2001), 1; *Richardi*, Betriebsverfassungsgesetz, Kommentar, 15. Aufl. 2016; *Richardi*, Die neue Betriebsverfassung, 2. Aufl. 2002; *Salje/Peter*, Umwelthaftungsgesetz, 2. Aufl. 2005; *Scheidler*, Umweltrechtliche Verantwortung im Betrieb, GewArch 2008, 195; *Schiffer/Rödl/Rott* (Hrsg.), Haftungsgefahren im Unternehmen, 2004; *Schink*, Vier Jahrzehnte Immissionsschutzrecht, NVwZ 2017, 337; *Schmidt*, Die Umwelthaftung der Organmitglieder von Kapitalgesellschaften, 1996; *Schmidt-Kötters*, Nachfolge in öffentlich-rechtliche Rechte und Pflichten, in Meyer-Sparenberg/Jäckle (Hrsg.), Beck'sches M&A-Handbuch, 2017, § 76, S. 1761–1787; *Schmidt-Kötters*, Umweltrecht, in Meyer-Sparenberg/Jäckle (Hrsg.), Beck'sches M&A-Handbuch, 2017, § 82, S. 1887–1946; *Schmidt-Kötters* in Giesberts/Reinhardt (Hrsg.), BeckOK Umweltrecht, BImSchG, 42. Ed. 2016; *Schmidt-Salzer*, Umwelthaftungsrecht, Kommentar, 1992; *Schmitt/Hörtnagl/Stratz*, UmwG/UmwStG, 7. Aufl. 2016; *Schönke/Schröder*, StGB, 29. Aufl. 2014; *Sellner/Reidt/Ohms*, Immissionsschutzrecht und Industrieanlagen, 3. Aufl. 2006; *Semler/Stengel* (Hrsg.), UmwG, 3. Aufl. 2012; *Sparwasser/Engel/Voßkuhle*, Umweltrecht – Grundzüge des öffentlichen Umweltschutzrechts, 5. Aufl. 2003; *Spindler*, Gesellschaftsrechtliche Verantwortlichkeit und Bundesbodenschutzgesetz: Grundlagen und Grenzen, ZGR 2001, 385; *Spindler*, Unternehmensorganisationspflichten: Zivilrechtliche und öffentlich-rechtliche Organisationskonzepte, 2002; *Steindorf*, Umwelt-Strafrecht, 2. Aufl. 1997; *Steiner* (Hrsg.), Besonderes Verwaltungsrecht, 8. Aufl. 2006; *Stückemann*, Die Rechtsnachfolge in die gefahrenabwehrrechtliche Verhaltens- und Zustandsverantwortlichkeit, JA 2015, 569; *Terbille* (Hrsg.), Münchener Anwaltshandbuch zum Versicherungsrecht, 3. Aufl. 2013; *Tettinger/Wank*, Gewerbeordnung, Kommentar, 8. Aufl. 2011; *Theobald/Theobald*, Grundzüge des Energiewirtschaftsrechts, 3. Aufl. 2013; *Versteyl/Sondermann*, BBodSchG, Kommentar, 2. Aufl. 2005; *Vogel/Stockmeier*, Umwelthaftpflichtversicherung – Umweltschadensversicherung, Kommentar, 2. Aufl. 2009; *Wagner*, Das neue Umweltschadensgesetz, VersR 2008, 565; *Wegen/Asbrand*, Zivil- und strafrechtliche Haftung des Organs bei Geschäftstätigkeit mit Auslandsbezug, IWRZ 2017, 10; *Weimar*, Umweltrechtliche Verantwortlichkeit des GmbH-Geschäftsführers, GmbHR 1994, 82; *Westermann*, Umwelthaftung im Konzern, ZHR 155 (1991), 223; *Wlotzke/Preis*, BetrVG, Kommentar, 4. Aufl. 2009; *Zeppezauer*, Genehmigungen in Verschmelzung und Spaltung, DVBl. 2007, 599.

A. Begriff, Bedeutung und Adressaten umweltrechtlicher Verantwortlichkeit

38.1 Verantwortung im Umweltrecht ist Verantwortung im **Umweltstaat**.[1] Wo die Verfassung alle Staatsgewalt auf das Staatsziel Umweltschutz verpflichtet (Art. 20a GG)[2], ist der Begriff der umweltrechtlichen Verantwortlichkeit im einfachen Recht erwartungsgemäß vielschichtig. Er umfasst zum einen die zivilrechtliche Umwelthaftung und damit die sich aus zivilrechtlichen Normen ergebende Pflicht zum Ersatz von durch Umweltbelastungen entstandenen Schäden. Zum anderen umfasst der Begriff auch die umweltbezogene öffentlich-rechtliche und strafrechtliche Verantwortlichkeit.[3] Während den umweltrechtlichen Normen primär die **staatliche Aufgabe präventiver Steuerung umweltrelevanter Betätigung** zukommt, gesteht das zivilrechtliche Haftungsregime vorrangig reaktiv Ersatzansprüche zu. Das moderne Umweltrecht, dessen objektive Bedeutung und subjektives Verständnis seit mehr als drei Jahrzehnten geprägt sind von der Qualifizierung des Umweltschutzes als „Schicksalsaufgabe des modernen Staates"[4], lässt die Bereiche dabei nicht isoliert nebeneinander stehen, sondern verschränkt sie vielfältig miteinander. Ohnehin sind das klassische ordnungsrechtliche Instrumentarium der direkten Verhaltenssteuerung durch öffentlich-rechtliche Ge- und Verbote und ihre Kontrolle einerseits und die Instrumente indirekter Verhaltenssteuerung, zu denen auch das Umweltprivatrecht zählt, andererseits nurmehr Teile eines sich stetig ausdifferenzierenden **Instrumentenmixes**[5], zu dem im Umweltbereich seit langem auch planerische, ökonomische, informationelle, betriebsorganisatorische und kooperative Formen staatlicher Steuerung gehören. Unternehmen als umweltrechtlich Primärverpflichtete sehen sich damit einem haftungsträchtigen Regelungsgeflecht ausgesetzt, das sich in der Unternehmensleitungspflicht zur Überwachung der **umweltrechtlichen Compliance** auswirkt, aber auch unmittelbare Relevanz für Umstrukturierungsmaßnahmen und Unternehmenstransaktionen[6] entfalten kann.

38.2 Nachdem die Bemühungen um ein Umweltgesetzbuch (UGB) mehrfach, zuletzt Anfang 2009, gescheitert waren[7], stand dessen Erarbeitung in der 17. und 18. Legislaturperiode nicht mehr auf der politischen Agenda. Schon aufgrund des somit weiterhin nicht übergreifend kodifizierten, historisch und verbandskompetenziell bedingt (divergierende Gesetzgebungszuständigkeiten für die Querschnittsmaterie Umweltrecht) **sektoral zersplitterten** und daher un-

---

1 *Hofmann*, „Umweltstaat": Bewahrung der natürlichen Lebensgrundlagen und Schutz vor den Gefahren und Risiken von Wissenschaft und Technik in staatlicher Verantwortung, in Badura/Dreier, FS 50 Jahre BVerfG, Bd. 2, 2001, S. 873.
2 *Kloepfer*, Umweltschutz als Verfassungsrecht: Zum neuen Artikel 20a GG, DVBl. 1996, 73. Zum Umweltstaats- und zum Tierschutzprinzip vgl. nur *Schulze-Fielitz* in Dreier, Bd. 2, 3. Aufl. 2015, Art. 20a GG Rz. 23 ff.; zum Grundsatz des Umweltschutzes im primären EU-Recht *Jarass*, ZUR 2011, 563 ff.
3 Vgl. zu diesem Begriff *Huffmann*, Der Einfluß des § 52a BImSchG auf die Verantwortlichkeit im Unternehmen, S. 135 ff.
4 Begriffsprägend *Breuer*, Der Staat 20 (1981), 393; vgl. *Eifert*, Umweltschutzrecht, in Schoch, Besonderes Verwaltungsrecht, S. 551 Rz. 1.
5 Zur Steuerungswirkung moderner wirtschaftsverwaltungs- und regulierungsrechtlicher Instrumente *Uwer*, Verwaltungsrechtliche Alternativen zum Wirtschaftsstrafrecht, in Kempf/Lüderssen/Volk, Die Handlungsfreiheit des Unternehmers – wirtschaftliche Perspektive, strafrechtliche und ethische Schranken, 2009, S. 127.
6 Vgl. exemplarisch *Uwer/Sellmann*, Unternehmenstransaktionen und Abwasserabgaben, JbUTR 2004, 155. Näher dazu Rz. 38.79 ff.
7 S. die damalige Pressemitteilung des BMU v. 1.2.2009, abrufbar unter: http://www.bmu.de/pressearchiv/16_legislaturperiode/pm/43013.php.

übersichtlichen Regelungssystems des Umweltrechts wird die umweltrechtliche Verantwortlichkeit in ihren unterschiedlichen Facetten als besonderes Risiko im Zusammenhang mit der Führung und Leitung von Unternehmen angesehen.[1] Hinzu kommt, dass die Verschärfung öffentlich-rechtlicher Regelungen im Umweltbereich – nicht zuletzt aufgrund unionsrechtlicher Vorgaben[2] – das Risiko einer umweltrechtlichen Verantwortlichkeit erheblich gesteigert hat.[3]

Adressaten umweltbezogener Pflichten im Zusammenhang mit der Ausübung unternehmerischer Tätigkeiten sind in der Regel die Unternehmen selbst, nicht ihre geschäftsführenden Organe oder Mitarbeiter.[4] So schreibt etwa die zentrale immissionsschutzrechtliche Regelung des § 5 BImSchG vor, dass Anlagen so errichtet und betrieben werden müssen, dass schädliche Umwelteinwirkungen und sonstige Gefahren, erhebliche Nachteile und erhebliche Belästigungen für die Allgemeinheit oder die Nachbarschaft nicht hervorgerufen werden können; **Normadressaten** sind folglich die Anlagenbetreiber, und diese sind regelmäßig **Unternehmen**, nur selten natürliche Personen. Da die Gesellschaft aber allein durch ihre Organe handelt, obliegt es diesen sicherzustellen, dass sich die Gesellschaft in dem rechtlich vorgegebenen Rahmen bewegt. Damit stellen die an die Gesellschaft adressierten umweltbezogenen Pflichten zugleich Pflichten der handelnden Organe dar, deren Missachtung zu einer umweltrechtlichen Verantwortlichkeit der Organe selbst führen kann.[5] Vereinzelt gibt es auch öffentlich-rechtliche Vorgaben, die unmittelbar an die geschäftsführenden Organe der Gesellschaft adressiert sind.[6]

38.3

B. Zivilrechtliche Umwelthaftung von Vorstandsmitgliedern und Geschäftsführern

Aus dem Blickwinkel des geschäftsführenden Organs lässt sich die Umwelthaftung in die Außenhaftung, also die Haftung gegenüber Dritten, und in die Innenhaftung, mithin die Haftung gegenüber dem Unternehmen, unterteilen.

38.4

I. Unmittelbare Umwelthaftung (Außenhaftung)

Von zentraler Bedeutung für eine umweltrechtliche Außenhaftung des handelnden Organs sind die allgemeinen deliktsrechtlichen Vorschriften der §§ 823 ff. BGB. Daneben gibt es vereinzelt spezialgesetzliche Regelungen wie § 89 Abs. 1 WHG, die zu einer Außenhaftung des geschäftsführenden Organs führen können.

38.5

1. Haftung nach § 823 Abs. 1 BGB

Das geschäftsführende Organ eines potentiell umweltgefährdenden Betriebes haftet persönlich über § 823 Abs. 1 BGB für Rechtsgutsverletzungen, die es Dritten im Rahmen seiner Tä-

38.6

---

1 So *Hauschka*, NJW 2004, 257, 258; zum „Querschnittscharakter" des Umweltrechts *Schmidt-Kötters* in Beck'sches M&A-Handbuch, § 82 Rz. 18.
2 Grundlegend *Faßbender*, Die Umsetzung von Umweltstandards der Europäischen Gemeinschaft, 2001.
3 *Menzer*, GmbHR 2001, 506.
4 *Kiethe*, DVBl. 2004, 1516, 1522.
5 Vgl. *H. Schmidt*, Die Umwelthaftung der Organmitglieder von Kapitalgesellschaften, S. 85 f.
6 Wie etwa § 58 Abs. 1 Nr. 1 BBergG, demzufolge die geschäftsführenden Organe einer Gesellschaft für die Einhaltung der sich für die Gesellschaft aus dem BBergG ergebenden öffentlich-rechtlichen Pflichten verantwortlich sind.

tigkeit rechtswidrig und schuldhaft zugefügt hat.[1] Eine solche Haftung setzt voraus, dass eine individuelle Rechtsposition eines Dritten verletzt wird, wie etwa Körper, Gesundheit oder Eigentum. Eine Umweltbeeinträchtigung ohne eine entsprechende Rechtsgutsverletzung kann eine deliktische Haftung nach § 823 Abs. 1 BGB nicht begründen.

a) Positives Tun und Unterlassen als Anknüpfungspunkt

38.7 Anknüpfungspunkt für die persönliche Haftung des geschäftsführenden Organs kann sowohl ein positives Tun als auch ein Unterlassen sein. Ausgelöst werden kann eine solche Haftung damit zum einen dadurch, dass ein Organ die haftungsbegründende, schädigende Handlung des Unternehmens veranlasst. Erheblich praxisrelevanter ist allerdings die sich aus einem Unterlassen ergebende umweltrechtliche Haftung. In Betracht kommt hier insbesondere die Haftung aufgrund vernachlässigter Überwachungs-, Auswahl-, Anweisungs-, und Informationspflichten.[2] Die für eine Haftung aufgrund eines Unterlassens erforderliche Rechtspflicht zum Handeln gegenüber dem Geschädigten ergibt sich dabei regelmäßig aus **umweltspezifisch-organisatorischen Verkehrssicherungspflichten**: Die geschäftsführenden Organe eines potentiell umweltgefährdenden Unternehmens trifft die Pflicht, alle möglichen und zumutbaren Vorkehrungen zu treffen, um Sach- oder Personenschäden Dritter durch Umwelteinwirkungen zu vermeiden[3]; die sog. **Kupolofen-Entscheidung** des BGH[4] hat insoweit grundlegende Bedeutung für das Umweltprivatrecht erlangt. Eine Rechtspflicht kann sich zudem konkret aus umweltrechtlichen Vorschriften ergeben.

b) Grundsatz der Gesamtverantwortung, Ressortaufteilung und Delegation

38.8 Die Übertragung der Verantwortlichkeit für Umweltbelange auf ein bestimmtes geschäftsführendes Organ oder die **Delegation** einer solchen Verantwortlichkeit auf nachgeordnete Mitarbeiter führt nicht zu einer Befreiung geschäftsführender Organe von umweltbezogenen Haftungsrisiken. Dies ergibt sich für elementare Unternehmensfragen bereits aus dem **Grundsatz der Gesamtverantwortung**, nach dem alle geschäftsführenden Organe kraft ihres Amtes grundsätzlich für alle Angelegenheiten der Gesellschaft verantwortlich sind.[5] Dieser Grundsatz verpflichtet die Organe, das Unternehmen dahingehend zu organisieren, dass die Einhaltung aller gesetzlichen und betrieblichen Anforderungen – einschließlich der aus dem Umweltbereich – in allen Betriebsphasen sichergestellt ist.[6] Dabei ist jedes geschäftsführende Organ unabhängig von seiner konkreten **Ressortzuständigkeit** oder einer Delegation für die Erfüllung der öffentlich-rechtlichen Pflichten verantwortlich.

38.9 Ist einem geschäftsführenden Organ der Umweltbereich zugewiesen worden, obliegt den anderen geschäftsführenden Organen neben den sich aus dem Grundsatz der Gesamtverantwortung ergebenden Pflichten zudem, das zuständige Organ angemessen zu überwachen

---

1 Hierzu *H. Schmidt*, Die Umwelthaftung der Organmitglieder von Kapitalgesellschaften, S. 82 ff.; *Kiethe*, DVBl. 2004, 1516, 1519 f.
2 *Kiethe*, DVBl. 2004, 1516, 1518; *H. Schmidt*, Die Umwelthaftung der Organmitglieder von Kapitalgesellschaften, S. 84.
3 Ausführlich hierzu *H. Schmidt*, Die Umwelthaftung der Organmitglieder von Kapitalgesellschaften, S. 84 ff.
4 BGH v. 18.9.1984 – VI ZR 223/82, BGHZ 92, 143 = JZ 1984, 1106 m. Anm. *Baumgärtel*.
5 *Kiethe*, DVBl. 2004, 1516, 1521; oben *E. Vetter*, Rz. 22.4 ff.; zur Gesamtverantwortung im Kontext des Umweltstrafrechts s. Rz. 38.103.
6 *Menzer*, GmbHR 2001, 506, 508; *Kiethe*, DVBl. 2004, 1516, 1521.

und zur Erfüllung der Pflichten anzuhalten.[1] Eine Umwelthaftung kommt für die anderen Organe insbesondere dann in Betracht, wenn diese ihrer **Überwachungspflicht** (die eine Pflicht zur Beschaffung der dafür erforderlichen Informationen mit umfasst) nicht nachkommen oder trotz Anhaltspunkten für Verletzungen umweltrechtlicher Pflichten untätig bleiben.

Der Umweltschutz, der als grundlegender Aspekt betrieblicher Organisation vorrangig den geschäftsführenden Organen obliegt, wird aufgrund seiner Komplexität hinsichtlich bestimmter Bereiche und Abläufe in der Praxis regelmäßig **delegiert**.[2] Dem delegierenden Organ obliegt dann die **Pflicht zur sorgfältigen Auswahl, Anleitung und Überwachung der nachgeordneten Mitarbeiter**. Verletzt das Organ eine dieser Pflichten, kann nach der Rechtsprechung des BGH[3] hierdurch die persönliche Außenhaftung der Geschäftsleitung ausgelöst werden (**Organisationsverschulden**).[4] Demgegenüber kommt eine Zurechnung des Fehlverhaltens eines Mitarbeiters an das delegierende Organ über § 278 BGB nicht in Betracht. Eine Außenhaftung des Organs setzt vielmehr eine eigene Pflichtverletzung des Organs voraus. Auch eine Außenhaftung des Organs gem. § 831 Abs. 1 oder 2 BGB scheidet aus.[5]

38.10

2. Haftung nach § 823 Abs. 2 BGB i.V.m. einem Schutzgesetz

Eine persönliche umweltbezogene Außenhaftung droht geschäftsführenden Organen zudem über § 823 Abs. 2 BGB[6] in Verbindung mit einem umweltrechtlichen Schutzgesetz.[7] Diese Haftung, auf die die zu § 823 Abs. 1 BGB dargestellten Grundsätze Anwendung finden, kommt zum Zuge, wenn ein Organ rechtswidrig und schuldhaft eine Norm verletzt, die gerade dazu bestimmt ist, den Einzelnen vor einer Verletzung seines Rechtsgutes zu schützen. Im Zusammenhang mit einer Umwelthaftung kommen dabei neben den strafrechtlichen Vorschriften der §§ 223 ff. StGB und § 303 StGB insbesondere umweltrechtliche Normen wie § 5 Abs. 1 Nr. 1 und Nr. 2 BImSchG[8], § 22 Abs. 1 Nr. 1 und Nr. 2 BImSchG in Betracht. Keine Schutzgesetze sind hingegen die Umweltstraftatbestände der §§ 324 ff. StGB (dazu Rz. 38.96 ff.).

38.11

3. Sonderfall: Verschuldensunabhängige Haftung nach § 89 Abs. 1 WHG

§ 89 Abs. 1 WHG[9] verpflichtet denjenigen, der in Gewässer Stoffe einleitet oder in einer anderen Art und Weise die Beschaffenheit des Wassers nachteilig verändert, zum Ersatz des daraus einem anderen entstehenden Schadens.[10] Haftungsvoraussetzung ist das Vorliegen einer zweckgerichteten Handlung, die als Einbringen, Einleiten oder Einwirken zu charakterisieren ist und nach ihrer objektiven Eignung auf das Hineingelangen gerichtet ist, ohne dass

38.12

---

1 *Menzer*, GmbHR 2001, 506, 511; oben *E. Vetter*, Rz. 22.22.
2 *Menzer*, GmbHR 2001, 506, 511.
3 Grundlegend: BGH v. 5.12.1989 – VI ZR 335/88, BGHZ 109, 297 (303) – Baustoff II.
4 Zum Streitstand in der Literatur: *Wagner* in MünchKomm. BGB, § 823 BGB Rz. 78.
5 Vgl. *Wagner* in MünchKomm. BGB, § 831 BGB Rz. 18.
6 Grundlegend zur Außenhaftung der Organwalter bei Verletzung von Schutzgesetzen (§ 823 Abs. 2 BGB) *Verse*, ZHR 170 (2006), 398.
7 Vgl. *H. Schmidt*, Die Umwelthaftung der Organmitglieder von Kapitalgesellschaften, S. 137 ff.
8 Vgl. *Spindler*, Unternehmensorganisationspflichten, S. 824 f.
9 Die Vorschrift ist mit dem Gesetz zur Neuregelung des Wasserrechts i.d.F. vom 31.7.2009, BGBl. I 2009, 2585, zum 1.3.2010 in Kraft getreten.
10 Zu § 22 Abs. 1 WHG a.F. noch *H. Schmidt*, Die Umwelthaftung der Organmitglieder von Kapitalgesellschaften, S. 55 ff.

diese Folge oder gar die Schädigung intendiert sein muss.[1] Die Höhe der Haftung ist unbegrenzt.[2] Damit stellt diese Norm einen verhaltensbezogenen, verschuldensunabhängigen Haftungstatbestand für rechtswidrige Gewässerbenutzungen[3] dar, der – neben der Haftung der juristischen Person über §§ 31, 89 BGB – eine persönliche, ggf. gesamtschuldnerische (§ 89 Abs. 1 Satz 2 WHG) Schadensersatzpflicht des geschäftsführenden Organs auslösen kann.[4] Der weit gefasste Wortlaut des Haftungstatbestandes wurde bereits von der Rechtsprechung zu § 22 Abs. 1 WHG a.F. einschränkend dahingehend ausgelegt, dass atypische Geschehensabläufe oder Störfälle vom Tatbestand nicht umfasst sein sollen und das Verhalten zweckgerichtet auf das Gewässer ausgerichtet sein muss (Typizität des mit der Einwirkung realisierten Schadensrisikos).[5] Ausreichend für eine solche Haftung ist dann, dass das jeweilige Organ die Herrschaft über den Vorgang hatte.[6] Eine Haftung aus § 89 Abs. 1 WHG kann sich auch aus einem Unterlassen ergeben[7] – insofern gelten die allgemeinen Grundsätze.[8]

4. Gefährdungshaftung nach dem Umwelthaftungsgesetz

38.13 § 1 UmweltHG begründet – unbeschadet weitergehender Ansprüche nach anderen Vorschriften[9] – eine **verschuldensunabhängige Verursachungshaftung** für den **Inhaber** einer der im Anhang 1 zu § 1 UmweltHG genannten **Anlage**. Dieser ist unabhängig von einem etwaigen Verschulden zum Ersatz des Schadens verpflichtet, der durch eine Umwelteinwirkung der Anlage entstanden ist. Ersatzfähig sind sowohl Personen- als auch Sachschäden. Voraussetzung ist jeweils, dass sich die besondere Gefährlichkeit der Anlage in einer negativen Umwelteinwirkung oder -veränderung realisiert hat und dadurch ein Schaden an den genannten Schutzgütern entstanden ist.[10] Dass der Schaden durch diese Anlage verursacht ist, wird nach § 6 Abs. 1 UmweltHG vermutet, wenn sie nach den Gegebenheiten des Einzelfalles geeignet ist, den entstandenen Schaden zu verursachen. Dies gilt nicht, wenn die Anlage bestimmungsgemäß betrieben wurde, § 6 Abs. 2 bis 4 UmweltHG. Die Haftung ist lediglich bei Vorliegen

---

1 BGH v. 22.1.1994 – III ZR 166/92, NJW 1994, 1006 = MDR 1994, 353; BGH v. 31.5.2007 – III ZR 3/06, NuR 2007, 499, 500; ebenso LG Düsseldorf v. 2.8.2016 – 7 O 242/15, juris = BeckRS 2016, 14633.
2 *Kloepfer*, Umweltrecht, § 14 Rz. 402; *Kotulla*, § 89 WHG Rz. 25; *Nagel*, UPR 2009, 378, 379; *Schmidt-Kötters* in Beck'sches M&A-Handbuch, § 82 Rz. 107.
3 Zum Verhältnis der wasserrechtlichen Gefährdungshaftung zum öffentlichen Wasserrecht *Breuer*, Öffentliches und Privates Wasserrecht, Rz. 1099 ff.; zur rechtsdogmatischen Einordnung der Vorschrift *Dietz*, Technische Risiken und Gefährdungshaftung, S. 73 ff.
4 Grundlegend BGH v. 27.4.1970 – III ZR 31/69, VersR 1970, 625, 626; vgl. *Czychowski/Reinhardt*, § 89 WHG Rz. 64 ff.; zur gesamtschuldnerischen Haftung OLG Düsseldorf v. 11.12.2013 – I-18 U 95/11, 18 U 95/11, Rz. 212 – juris.
5 BGH v. 21.1.1988 – III ZR 180/86, ZfW 1988, 416, 419 ff.; sowie BGH v. 20.1.1997 – III ZR 166/92, BGHZ 124, 394, 396 ff.; kritisch *Kotulla*, § 89 WHG Rz. 16; vgl. auch *Menzer*, GmbHR 2001, 506, 507; klarstellend, dass auch der bestimmungsgemäße Gebrauch einer Anlage haftungsauslösend sein kann, BGH v. 31.5.2007 – III ZR 3/06, NuR 2007, 499 ff.
6 Vgl. *H. Schmidt*, Die Umwelthaftung der Organmitglieder von Kapitalgesellschaften, S. 36 ff., 75 ff.
7 *Czychowski/Reinhardt*, § 89 WHG Rz. 18; *Schwendner* in Sieder/Zeitler/Dahme, Wasserhaushaltsgesetz, Abwasserabgabengesetz, Kommentar, Losebl. (Stand: 5/2015), § 89 WHG Rz. 39, § 9 WHG Rz. 20.
8 *Kiethe*, DVBl. 2004, 1516, 1518 f.
9 § 18 Abs. 1 UmweltHG. Zu Problemen dieser Anspruchskonkurrenz *Hohloch*, JbUTR 1994, 117.
10 Zum Streitstand *Dietz*, Technische Risiken und Gefährdungshaftung, S. 138 f.

höherer Gewalt ausgeschlossen, ein Mitverschulden des Geschädigten kann nach dem Rechtsgedanken des § 254 BGB anspruchsmindernd berücksichtigt werden. Sie erstreckt sich auch auf noch nicht oder nicht mehr betriebene Anlagen, soweit sich in dem entstandenen Schaden deren besondere Gefährlichkeit realisiert hat. § 15 UmweltHG begrenzt die Haftungssumme auf 85 Mio. Euro.

Wer Inhaber einer Anlage und damit Anspruchsgegner ist, ist bislang durch die Rechtsprechung nicht hinreichend geklärt. In der Literatur werden daher die entsprechenden Definitionen für den **Inhaberbegriff** in § 25 AtG und § 2 Abs. 1 HaftPflG bzw. für den Betreiber in § 89 Abs. 2 WHG (vormals „Inhaber" nach § 22 Abs. 2 WHG a.F.) herangezogen. Danach ist Inhaber, wer die Anlage auf eigene Rechnung betreibt und unterhält und die Verfügungsgewalt besitzt, also in eigener Verantwortung die tatsächliche und wirtschaftliche Kontrolle darüber ausübt.[1] Ein Indiz für die erforderliche Verfügungsgewalt ist das Eigentum an der Anlage, so dass im Regelfall das Unternehmen selbst schadensersatzpflichtig wird. Demgegenüber kann mangels eigenverantwortlicher Verfügungsgewalt keine Verursachungshaftung aus § 1 UmweltHG für die Geschäftsführung oder die Mitarbeiter eines Unternehmens begründet werden, da diese lediglich als Organ bzw. weisungsgebunden für das Unternehmen handeln und nicht in eigener Verantwortung tätig werden.[2]

38.14

5. Haftung aus sonstigen spezialgesetzlichen Umweltvorschriften

Die spezialgesetzlichen Umwelthaftungstatbestände nach § 1 Abs. 1 ProdHG, § 89 Abs. 2 WHG, §§ 25–26 AtG, § 32 Abs. 1 GenTG und § 14 Satz 2 BImSchG helfen einem Dritten nicht bei der Begründung eines Schadensersatzanspruchs gegenüber einem geschäftsführenden Organ. Denn Haftungsadressat dieser Normen ist der Betreiber bzw. Inhaber und damit allein das Unternehmen selbst, nicht aber das handelnde Organ.[3] Bei einer Haftung des Unternehmens über diese Haftungsvorschriften trägt das geschäftsführende Organ allerdings das Risiko des Innenregresses – vorausgesetzt, der Haftung liegt eine Pflichtverletzung des Organs zugrunde. Zudem kann sich das geschäftsführende Organ über die parallel anwendbaren allgemeinen deliktischen Anspruchsgrundlagen haftbar machen.

38.15

6. Erweiterung der Außenhaftung durch das Umweltschadensgesetz

Im Gegensatz zum Umwelthaftungsgesetz regelt das Umweltschadensgesetz[4] keine privatrechtliche Haftung für von Privatpersonen erlittene Schäden an Individualrechtsgütern, sondern die Voraussetzungen und den Umfang der öffentlich-rechtlichen Verantwortlichkeit für

38.16

---

1 *Ossenbühl*, Umweltgefährdungshaftung im Konzern, 1999, S. 36; *Salje/Peter*, Umwelthaftungsgesetz, Kommentar, § 2 UmweltHG Rz. 16 ff.; *Landsberg/Lülling*, Umwelthaftungsrecht, Kommentar, § 1 UmweltHG Rz. 58 ff.
2 *Schmidt-Salzer*, Umwelthaftungsrecht, Kommentar, § 1 UmweltHG Rz. 309 ff., 317.
3 Vgl. *Kiethe*, DVBl. 2004, 1516, 1520; *H. Schmidt*, Die Umwelthaftung der Organmitglieder von Kapitalgesellschaften, S. 9 ff.; a.A. hingegen unter entsprechender Anwendung des § 9 Abs. 2 Nr. 1 OWiG *Menzer*, GmbHR 2001, 506, 507.
4 Gesetz über die Vermeidung und Sanierung von Umweltschäden i.d.F. v. 10.5.2007, BGBl. I 2007, 666, zuletzt geändert durch Art. 14 des Gesetzes zur Neuregelung des Wasserrechts vom 31.7.2009, BGBl. I 2009, 2585 (in Kraft getreten zum 1.3.2010); das Gesetz dient der Umsetzung der Richtlinie 2004/35/EG des Europäischen Parlaments und des Rates vom 21.4.2004 über Umwelthaftung zur Vermeidung und Sanierung von Umweltschäden (ABl. EU Nr. L 143 v. 30.4.2004, S. 56). Überblick zur Richtlinie bei *B. Becker*, NVwZ 2005, 371, und zur Umsetzung *B. Becker*, NVwZ 2007, 1105; ausführlich *B. Becker*, Das neue Umweltschadensgesetz, 2007.

Schäden an Umweltschutzgütern (ökologischer Schaden).[1] Das Gesetz soll eine lückenlose Pflicht zur Prävention sowie zur Sanierung bereits eingetretener Umweltschäden verwirklichen.[2]

38.17 Den Kern des USchadG bildet eine **Gefährdungshaftung**, deren Voraussetzungen § 3 Abs. 1 Nr. 1 umreißt. Es müssen demnach kumulativ vorliegen: (1) eine der als **potentiell gefährlich eingestuften beruflichen Tätigkeiten**, die in Anlage 1 zu § 3 Abs. 1 USchadG aufgezählt sind, sowie (2) eine dadurch unmittelbar hervorgerufene Gefahr für ein Umweltschutzgut oder ein dadurch kausal (3) unmittelbar verursachter bereits eingetretener Schaden. Eine Tätigkeit i.S. der Anlage 1 zu § 3 Abs. 1 USchadG setzt eine willentliche Handlung des für den Umweltschaden Verantwortlichen voraus.[3] Verschulden ist nicht erforderlich.[4] Das Unmittelbarkeitskriterium geht, soweit es die bloße Gefahr eines Umweltschadens betrifft, auf Art. 3 Abs. 1 lit. a) der Richtlinie 2004/35/EG zurück[5]. Die Unmittelbarkeit der Verursachung eines Schadens wurde hingegen durch den deutschen Gesetzgeber eingefügt.[6] Ausweislich der Gesetzesbegründung sei damit keine Abweichung von der Richtlinie, sondern lediglich eine Klarstellung bezweckt. Allerdings setzt die Richtlinie in Art. 9 voraus[7], dass neben dem Nutzer eines Produktes auch der Hersteller haften kann.[8] Damit bezieht die Richtlinie im Hinblick auf eingetretene Umweltschäden auch mittelbare Verursachungsbeiträge in ihren Anwendungen mit ein. § 3 Abs. 1 USchadG ist insoweit europarechtskonform auszulegen.[9]

38.18 Ist der Schaden eingetreten, so sind nach § 6 USchadG die erforderlichen Schadensbegrenzungs- und Sanierungsmaßnahmen kraft Gesetzes zu ergreifen.[10] Eine behördliche Verfügung ist nicht erforderlich[11], sie kann aber zur Durchsetzung der Pflichten des Verantwortlichen auf Grundlage des § 7 Abs. 2 USchadG ergehen.[12]

38.19 Im Unterschied zu § 3 Abs. 1 Nr. 1 USchadG formuliert § 3 Abs. 1 Nr. 2 USchadG eine dem Ordnungsrecht an sich fremde und daher systemwidrige **Verschuldenshaftung**, die ausschließlich für **Biodiversitätsgüter**[13] gilt: Hinsichtlich geschützter Arten und natürlicher Le-

---

1 *Wagner*, VersR 2008, 565 f.; *Schmidt-Kötters* in Beck'sches M&A-Handbuch, § 82 Rz. 88.
2 Zur systematischen Einordnung des Gesetzes *Cosack/Enders*, DVBl. 2008, 405; zum Verhältnis zum Boden- und Gewässerschutzrecht *Müggenborg*, NVwZ 2009, 12.
3 Bayerischer VGH v. 17.4.2015 – 8 CE 15/398, NVwZ-RR 2015, 530, 531; zur Unanwendbarkeit des § 3 USchadG auf den Betrieb eines Offshore-Windparks VG Köln v. 29.11.2016 – 2 K 6873/15, juris.
4 *Louis*, NuR 2009, 2.
5 Art. 3 Abs. 1 lit. a) der Richtlinie 2004/35/EG lautet: „Diese Richtlinie gilt für Umweltschäden, die durch die Ausübung einer der in Anhang III aufgeführten beruflichen Tätigkeiten verursacht werden, und jede unmittelbare Gefahr solcher Schäden, die aufgrund dieser Tätigkeiten eintritt."
6 *Diederichsen*, NJW 2007, 3377, 3380; *Schmidt-Kötters* in Beck'sches M&A-Handbuch, § 82 Rz. 89.
7 Art. 9 der Richtlinie 2004/35/EG lautet: „Diese Richtlinie lässt die nationalen Regelungen für die Kostenverteilung im Falle mehrerer Verursacher, insbesondere bezüglich der Haftungsverteilung zwischen dem Hersteller und dem Nutzer eines Produkts, unberührt."
8 *Diederichsen*, NJW 2007, 3377, 3380.
9 *Diederichsen*, NJW 2007, 3377, 3380.
10 *Wagner*, VersR 2008, 565, 571.
11 *Beste*, Technik & Management 2007, 58, 59; *Wagner*, VersR 2008, 565, 571.
12 *Beckmann/Wittmann*, DVBl. 2008, 1287, 1288.
13 Näher dazu *Führ/Lewin/Roller*, NuR 2006, 67; *Gellermann*, NVwZ 2008, 828, zur Verknüpfung mit dem Naturschutzrecht *Knopp/Wiegleb/Piroch*, NuR 2008, 745.

bensräume wird für Schäden und unmittelbare Gefahren gehaftet, sofern die Ursache eine andere als die in Anlage 1 zu § 3 Abs. 1 USchadG aufgeführten beruflichen Tätigkeiten ist und dem Betreiber ein Verschulden (d.h. Vorsatz oder jegliche Form der Fahrlässigkeit) zur Last fällt. Die Verschuldenshaftung betrifft also gerade nicht die als typischerweise gefährlich bewerteten Verhaltensweisen, sondern alle **sonstigen zum beruflichen Zusammenhang gehörenden Handlungen**.

Bezüglich der Schutzgüter listet § 2 Nr. 1 USchadG auf, welche Arten und Lebensräume im Einzelnen geschützt werden. § 2 Nr. 3 USchadG definiert den Begriff des Verantwortlichen. Dies ist „jede natürliche oder juristische Person, die eine berufliche Tätigkeit ausübt oder bestimmt, ... und dadurch unmittelbar einen Umweltschaden oder die unmittelbare Gefahr eines solchen Schadens verursacht." Eine Definition der „beruflichen Tätigkeiten" findet sich in § 2 Nr. 4 des USchadG. Berufliche Tätigkeit ist danach „jede Tätigkeit, die im Rahmen einer wirtschaftlichen Tätigkeit, einer Geschäftstätigkeit oder eines Unternehmens ausgeübt wird, unabhängig davon, ob sie privat oder öffentlich und mit oder ohne Erwerbscharakter ausgeübt wird." Damit sind gerade auch Organe und Mitarbeiter juristischer Personen erfasst.[1] Die auf der Richtlinie basierende Formulierung des UmweltHG scheint damit eine **vollumfängliche Verhaltensverantwortlichkeit** zu bezwecken. Eine Zustandsverantwortlichkeit ist im USchadG hingegen nicht geregelt.[2] Nach dem insoweit eindeutigen Wortlaut kommt es nicht darauf an, dass die verantwortliche Person eine herausgehobene Stellung im Unternehmen ausfüllt[3], „jede Tätigkeit" soll erfasst sein. Zwar verwendet die Richtlinie den Betreiberbegriff anstelle des Begriffs des Verantwortlichen, doch werden als Betreiber auch solche Personen angesehen, die – unabhängig von der Verfügungsmacht – die berufliche Tätigkeit ausüben oder bestimmen (Art. 2 Nr. 6 Richtlinie 2004/35/EG). Der Betreiberbegriff der Richtlinie geht demnach über das herkömmliche Rechtsverständnis des deutschen Betreiberbegriffs hinaus. Die Verwendung des Begriffs des Verantwortlichen im USchadG stellt insofern keine Erweiterung gegenüber dem Inhalt der Richtlinie dar.[4] Allerdings ist dies im Ergebnis angesichts der betragsmäßig nicht begrenzten Haftung – § 9 USchadG begründet eine gesetzlich nicht begrenzte Kostentragungspflicht des Verantwortlichen[5] – sowohl für **Organmitglieder** als auch allgemein für **Arbeitnehmer** in der Tat schwer zu rechtfertigen.[6] Dies gilt umso mehr, als die Verantwortlichkeit nicht mit dem Ausscheiden aus dem Unternehmen endet.[7] Letztlich könnte jeder Mitarbeiter, dessen Tätigkeit einen Umweltbezug aufweist, zeitlich unbegrenzt behördlich in Anspruch genommen werden[8], was im Einzelfall existenzvernichtende Auswirkungen haben kann.[9] Eine Einschränkung auf Tatbestandsebene kommt dennoch aufgrund der eindeutigen Vorgaben der Richtlinie nicht in Betracht[10] und ist im USchadG auch nicht vorgesehen. Allerdings kann ein Mitglied des Vorstandes oder der Geschäftsführung nicht aus seiner Gesamtverantwortung heraus für Umweltschäden

38.20

---

1 BT-Drucks. 16/3806, S. 21; *H. Schmidt*, NVwZ 2006, 635, 639 f.; kritisch: *Müggenborg*, NVwZ 2009, 12, 15.
2 *Wagner*, VersR 2008, 565, 568.
3 Vgl. auch *Louis*, NuR 2009, 2.
4 Anders: *Louis*, NuR 2009, 2.
5 Ausführlich dazu *Duikers*, UPR 2008, 427.
6 *H. Schmidt*, NVwZ 2006, 635, 639.
7 *Beste*, Technik & Management 2007, 58, 59; *Diederichsen*, UPR 2007, 17, 18.
8 *Diederichsen*, NJW 2007, 3377, 3379.
9 Überblick zu Rechtsschutzmöglichkeiten Betroffener bei *Beckmann/Wittmann*, DVBl. 2008, 1287 und UPR 2008, 421.
10 A.A. *Louis*, NuR 2009, 2 f.

verantwortlich gemacht werden. Das Gesamtverantwortungsprinzip genügt weder den Anforderungen, die an ein „Bestimmen" i.S. des § 2 Nr. 3 USchadG[1], noch an eine „Verursachung" i.S. des § 3 Abs. 1 Nr. 1 USchadG zu stellen sind. Im Übrigen sind unbillige Ergebnisse auf der Ermessensseite zu korrigieren; das Auswahlermessen (dazu Rz. 38.24) wird auch hier regelmäßig in Richtung der schadensnäheren und leistungsfähigeren Kapitalgesellschaft ausgeübt werden müssen.[2] Für diese werden inzwischen auch standardisierte Umweltschadensversicherungen angeboten, die die öffentlich-rechtliche Pflicht zur Sanierung von Umweltschäden abdecken.[3] Die Versicherung kann durch Vereinbarung von Zusatzbausteinen auf Grundstücke und Gewässer im eigenen Herrschaftsbereich erweitert werden.[4]

38.21 Eine umweltrechtliche Besonderheit stellt die sehr weit gefasste Informationspflicht nach § 4 USchadG dar.[5] Danach hat der Verantwortliche die zuständige Behörde unverzüglich über alle bedeutsamen Aspekte des Sachverhalts zu unterrichten, wenn ein Umweltschaden eingetreten ist oder die unmittelbare Gefahr eines Umweltschadens besteht. Davon bleibt der *nemo tenetur* Grundsatz gleichwohl unberührt.[6] Die Informationspflicht ist darüber hinaus auch mit dem Schutz von Betriebs- und Geschäftsgeheimnissen nach Art. 12 und 14 GG abzuwägen.[7] Insgesamt zwingt das USchadG zu einer deutlichen Intensivierung präventiver umweltschutzsichernder Betriebsorganisation hinsichtlich der Vermeidung und Minimierung von Gefahren für die Umwelt unter Einschluss von Arten und natürlichen Lebensräumen, die aus beruflicher Tätigkeit herrühren können.[8]

II. Mittelbare Umwelthaftung (Innenhaftung)

38.22 Zu Lasten eines geschäftsführenden Organs kann eine persönliche Umwelthaftung nicht nur im Außenverhältnis, sondern auch im Innenverhältnis und damit mittelbar eingreifen: Eine solche Innenhaftung ist in den § 43 Abs. 2 GmbHG und § 93 Abs. 2 Satz 1 AktG[9] für die Fälle vorgesehen, in denen der Gesellschaft ein Schaden durch eine Pflichtverletzung des handelnden Organs entsteht.[10] Zwar ist den geschäftsführenden Organen bei unternehmerischen Entscheidungen grundsätzlich ein weiter Ermessensspielraum zuzubilligen. Umweltrechtliche Vorgabe sind jedoch zwingend (**Legalitätspflicht**) und daher nicht Gegenstand unternehmerischen Ermessens. Mit einer Verletzung der Legalitätspflicht ist zugleich eine potentiell haf-

---

1 *Wagner*, VersR 2008, 565, 571.
2 Zutreffend *H. Schmidt*, NVwZ 2006, 635, 638.
3 Vgl. *Fränzer* in Terbille, Münchener Anwaltshandbuch zum Versicherungsrecht, § 16 Rz. 191 ff.; *Wagner*, VersR 2008, 565, 578 f.; *Diederichsen*, NJW 2007, 3377, 3381.
4 *Fränzer* in Terbille, Münchener Anwaltshandbuch zum Versicherungsrecht, § 16 Rz. 246 ff.
5 Sie geht über die landesbodenschutzrechtlichen Mitteilungspflichten (etwa nach § 2 Abs. 1 LBodSchG NRW) hinaus.
6 *Beste*, Technik & Management 2007, 58, 59.
7 *Beste*, Technik & Management 2007, 58, 59.
8 S. auch *Muth/Heinze*, NuR 2005, 367.
9 Zur Vorstandshaftung und Prozessfinanzierung *Rahlmeyer/Fassbach*, GWR 2015, 331 ff.; Bestandsaufnahme zu Rechtsprechungstendenzen zu § 93 Abs. 2 Satz 1 AktG bei *Buchta*, DB 2006, 1939, 1940 ff.
10 Hierzu *Menzel*, GmbHR 2001, 506, 509; *Kiethe*, DVBl. 2004, 1516, 1521; *H. Schmidt*, Die Umwelthaftung der Organmitglieder von Kapitalgesellschaften, S. 259 ff.

tungsbegründende Pflichtverletzung gegeben.[1] Eine umweltbezogene Innenhaftung kommt insbesondere in Betracht, wenn die Gesellschaft aufgrund einer organschaftlichen Umweltpflichtverletzung einem Dritten gegenüber haftet. Diese Haftung der Gesellschaft besteht häufig neben der Außenhaftung des Organs und ergibt sich aus § 31 BGB in Verbindung mit der Haftungsnorm. Darüber hinaus besteht für die geschäftsführenden Organe das Risiko des Innenregresses auch bei unternehmerischen Schadensersatzpflichten aufgrund von nur an das Unternehmen adressierten Haftungsnormen, wie etwa § 1 UmweltHG. Zugunsten geschäftsführender Organe finden die Grundsätze der Arbeitnehmerhaftung, nach der eine Haftung der Arbeitnehmer nur für grobe Fahrlässigkeit und Vorsatz besteht[2], keine Anwendung.

C. Umweltrechtliche Compliance: Umweltbezogene Unternehmenspflichten als Managementverantwortung

I. Unternehmen, Betrieb und Betreiber als Primäradressaten des Umweltverwaltungsrechts

Unternehmen sind primäre Normadressaten umweltrechtlicher Vorgaben, behördliche Anordnungen zur Durchsetzung dieser Vorgaben werden ihnen gegenüber erlassen. Umweltrechtliche Pflichten sind regelmäßig Betreiber- oder Inhaber-Pflichten, so dass in der Praxis der Bestimmung des richtigen Adressaten große Bedeutung zukommt. Sie kann bei komplexen Unternehmensstrukturen und Industrieparks mit gemeinsamen Betriebsbereichen („shared facilities")[3] für die Umweltbehörden schwierig sein[4], und stellt umgekehrt besondere Herausforderungen an die vertragliche Verantwortungsabgrenzung der Standortunternehmen. Vereinzelt finden sich aber spezialgesetzliche Vorgaben wie § 20 Abs. 3 Satz 1 BImSchG, nach denen die Behörde den Betrieb einer Anlage durch eine bestimmte Person untersagen kann, wenn dieser unter Umweltschutzgesichtspunkten die erforderliche **Zuverlässigkeit** fehlt und eine solche Maßnahme geboten ist.[5] Daneben steht die allgemeine gewerberechtliche Regelung des § 35 GewO, nach der die Behörde unter bestimmten Voraussetzungen ebenfalls der mit der Leitung eines Gewerbes beauftragten Person die Ausübung des Gewerbes untersagen kann.[6]

38.23

Werden im Zusammenhang mit einer unternehmerischen Betätigung Schutzgüter der öffentlichen Sicherheit und Ordnung gefährdet oder beeinträchtigt, besteht das Risiko der behördlichen Inanspruchnahme als Störer, die mit der Pflicht zur Beseitigung der Gefahr oder Beeinträchtigung einschließlich der Kostentragungspflicht einhergeht. Den Behörden steht bei der **Störerauswahl** ein **Ermessensspielraum** zu, der in der Praxis zumeist zur Inanspruchnahme des Unternehmens selbst führt, denn dieses gewährleistet regelmäßig eine effizientere Besei-

38.24

---

1 *Menzel*, GmbHR 2001, 506, 509; zum Ganzen *Meier-Greve*, Vorstandshaftung wegen mangelhafter Corporate Compliance, BB 2009, 2555; zu den Strafbarkeitsrisiken für Compliance-Verantwortliche *Wybitul*, BB 2009, 2590.
2 Zusammenfassend dazu *Spindler*, Unternehmensorganisationspflichten, S. 920 ff.
3 Dazu *Müggenborg*, Umweltrechtliche Anforderungen an Chemie- und Industrieparks, 2008.
4 Näher dazu *Jochum/Friedenstab/Spindler/Peter*, Industriepark und Störfallrecht, Forschungsbericht im Auftrag des Umweltbundesamtes, 2002, Rz. 232 ff.
5 Hierzu *Weimar*, GmbHR 1994, 82 ff.
6 Ausführlich dazu *Lang*, Die Zuverlässigkeit von Personen- und Kapitalgesellschaften im Umweltrecht: dargestellt unter besonderer Berücksichtigung der Entstehungsgeschichte und des Regelungsgehalts von § 35 der Gewerbeordnung, 1997.

tigung der Störung. In Betracht kommt grundsätzlich aber auch die Inanspruchnahme des Organs, auf dessen Verhalten die Störung zurückzuführen ist. Dieses Risiko besteht insbesondere im Fall der Insolvenz eines Unternehmens.[1]

II. Umweltrechtliche Unternehmenspflichten im Überblick

38.25 Im Folgenden werden exemplarisch und kursorisch umweltrechtliche Unternehmenspflichten skizziert, aus deren Nicht- oder Schlechterfüllung Haftungsrisiken für das Unternehmen und damit, nach den dargestellten Grundsätzen, auch für das Management folgen können. Der Überblick ist notwendig fragmentarisch und muss andere, für die betriebliche Praxis wichtige Sektoren des Umweltrechts, wie etwa das Naturschutzrecht, das Energiesteuerrecht, das Recht der Umweltverträglichkeitsprüfung oder das Gentechnikrecht ausklammern.[2]

1. Immissionsschutzrecht

38.26 Im Mittelpunkt des deutschen Immissionsschutz- und Industrieanlagenrechts[3] steht seit 1974 das „Gesetz zum Schutz vor schädlichen Umwelteinwirkungen durch Luftverunreinigungen, Geräusche, Erschütterungen und ähnliche Vorgänge (**Bundes-Immissionsschutzgesetz – BImSchG**)".[4] Es wird durch derzeit 30 Durchführungsverordnungen sowie durch zahlreiche Verwaltungsvorschriften, darunter mit erheblicher praktischer und rechtlicher Bedeutung die sog. Technische Anleitung (TA) Lärm und die TA Luft, ergänzt. Dem Immissionsschutz dienen zudem Spezialgesetze, etwa das Gesetz über den Handel mit Berechtigungen zur Emission von Treibhausgasen (TEHG, dazu Rz. 38.36 ff.). Dieses nationale Immissionsschutzrecht beruht zu einem erheblichen Teil auf völkerrechtlichen Verträgen und europarechtlichen Vorgaben, etwa der EU-Luftqualitätsrichtlinie (2008/50/EG) und der Industrieemissionsrichtlinie (2010/75/EU)[5].

38.27 Der Zweck des BImSchG besteht darin, Mensch und Umwelt vor schädlichen Umwelteinwirkungen, insbesondere vor Luftverunreinigungen und Lärm, zu schützen und dem Entstehen schädlicher Umwelteinwirkungen vorzubeugen. Dazu formuliert es insbesondere Anforderungen an gewerbliche und industrielle Anlagen.

---

1 Vgl. *Peus*, DStR 1998, 684, 688.
2 Verwiesen sei stattdessen auf die Gesamtdarstellungen bei *Kloepfer*, Umweltrecht, 4. Aufl. 2016; *Arndt/Fischer*, Umweltrecht, in Steiner, Besonderes Verwaltungsrecht, S. 813–923; *Eifert*, Umweltschutzrecht, in Schoch, Besonderes Verwaltungsrecht, S. 547–661; *Hoppe/Beckmann/Kauch*, Umweltrecht; *Koch*, Umweltrecht; *Sparwasser/Engel/Voßkuhle*, Umweltrecht – Grundzüge des öffentlichen Umweltschutzrechts.
3 Wegen der abschließenden Regelung des anlagenbezogenen Immissionsschutzes im Bundes-Immissionsschutzrecht dienen die Immissionsschutzgesetze der Länder im Wesentlichen dem Schutz vor anthropogenen, verhaltensbedingten Immissionen.
4 Instruktiver Überblick über die Entstehung, Entwicklung und wesentlichen Strukturelemente des BImSchG bei *Schink*, NVwZ 2017, 337 ff.
5 Die Richtlinie 2010/75/EU vom 24.11.2010 über Industrieemissionen (integrierte Vermeidung und Verminderung der Umweltverschmutzung) (Neufassung) (Industrieemissionsrichtlinie, *Industrial Emissions Directive* – IED) ersetzt seit 2010 u.a. die Richtlinie 2008/1/EG (IVU-Richtlinie) als bisherige Genehmigungsgrundlage für Industrieanlagen in den Mitgliedstaaten der EU. Zur Umsetzung der Richtlinie im Immissionsschutzrecht *Betenstedt/Grandjot/Waskow*, ZUR 2013, 395 ff.; *Scheidler*, WiVerw 2013, 167 ff. sowie *Vollmer*, EnWZ 2013, 169 ff.

a) Betreiberpflichten

38.28 Um das Schutzziel zu erreichen, normiert das BImSchG Pflichten der Betreiber für die Errichtung und den Betrieb von Anlagen. Für diese Pflichten gilt der Grundsatz der **Betreiberidentität**, eine Zusammenrechnung von Anlagen findet nicht statt.[1] Dabei wird zwischen genehmigungsbedürftigen und nicht genehmigungsbedürftigen Anlagen unterschieden. Nach § 4 Abs. 1 Satz 1 BImSchG bedürfen solche Anlagen einer Genehmigung, die aufgrund ihrer Beschaffenheit oder ihres Betriebs in besonderem Maße geeignet sind, schädliche Umwelteinwirkungen hervorzurufen oder die Allgemeinheit oder Nachbarschaft in anderer Weise zu gefährden, erheblich zu benachteiligen oder erheblich zu belästigen.[2] Die 4. BImSchV enthält einen abschließenden Katalog genehmigungsbedürftiger Anlagen. Ob eine Anlage ihrer Art nach von diesem Katalog erfasst wird, hängt allein von bestimmten Indikatoren für die Größe und damit für das Risikopotential der Anlage ab.[3]

38.29 Nach § 5 BImSchG bestehen **Grundpflichten** der Betreiber genehmigungsbedürftiger Anlagen[4]: Die **Schutz- und die Vorsorgepflicht** verlangen Maßnahmen gegen schädliche Umwelteinwirkungen und sonstige Beeinträchtigungen der Schutzgüter. Die fünfstufige **Pflicht zur Vermeidung, Vorbereitung zur Wiederverwendung, Recycling, sonstiger Verwertung und Beseitigung von Abfällen** entspricht den europarechtlichen Vorgaben und der Regelung des KrWG. Das **Gebot der Energieeffizienz** verlangt entsprechende Maßnahmen auch dann, wenn diese keine Auswirkungen auf Immissionen der Anlage haben, weil die Energie nicht selbst erzeugt, sondern von Dritten bezogen wird. Die **Nachsorge- und die Rückführungspflicht** erlegen schließlich dem ehemaligen Betreiber die nötigen Sicherheitsmaßnahmen auch nach einer Stilllegung auf. Diese Dauerpflichten des Betreibers aktualisieren sich ständig, man spricht deshalb von **dynamischen Betreiberpflichten**.[5] Sie gelten nicht nur für die Errichtungsphase, sondern auch für den gesamten Betriebszeitraum sowie – soweit die Nachsorge- und die Rückführungspflicht der § 5 Abs. 3 und 4 BImSchG betroffen sind – sogar nach Stilllegung der Anlage.[6] Ihre einzige Begrenzung ist der Verhältnismäßigkeitsgrundsatz.[7]

38.30 Die Sicherstellung der Einhaltung dieser Grundpflichten ist nach § 6 Abs. 1 Nr. 1 BImSchG Voraussetzung für die Erteilung der immissionsschutzrechtlichen Genehmigung. Weiter müssen die in den Durchführungsverordnungen zum BImSchG, darunter mit besonderer prakti-

---

[1] *Schmidt-Kötters* in Giesberts/Reinhardt, BeckOK Umweltrecht, § 4 BImSchG Rz. 122 m.w.N.
[2] Zum (besonderen) Beeinträchtigungspotential als Voraussetzung der Genehmigungsbedürftigkeit *Schmidt-Kötters* in Beck'sches M&A-Handbuch, § 82 Rz. 19; zur mitunter praktisch schwierigen Abgrenzung von genehmigungsbedürftiger Neuerrichtung (§ 4 BImSchG) und ebenfalls genehmigungsbedürftiger wesentlicher Änderung (§ 16 BImSchG) sowie genehmigungsfreiem Ersatz der Anlage oder von Anlagenteilen (§ 16 Abs. 5 BImSchG) *Jarass*, UPR 2006, 45.
[3] Vgl. *Jarass*, § 4 BImSchG Rz. 15 ff.
[4] Zu den einzelnen Pflichten ausführlich *Roßnagel/Hentschel* in Führ, GK-BImSchG, § 5 BImSchG Rz. 105 ff.; instruktiv zu den Grundpflichten *Sellner/Reidt/Ohms*, Immissionsschutzrecht und Industrieanlagen, S. 23 ff. Rz. 61 ff. sowie jüngst *Schmidt-Kötters* in Beck'sches M&A-Handbuch, § 82 Rz. 29 ff.
[5] *Jarass*, § 5 BImSchG Rz. 2; *Schmidt-Kötters* in Giesberts/Reinhardt, BeckOK Umweltrecht, § 5 BImSchG Rz. 3.
[6] Zur jetzt gem. § 5 Abs. 4 BImSchG für Anlagenbetreiber zusätzlich bestehenden Rückführungspflicht in den Ausgangszustand bei endgültiger Betriebseinstellung *Krappel*, ZUR 2014, 202 ff.; *Scheidler*, VR 2015, 7 ff. sowie ZUR 2013, 264 ff.; *Schmidt-Kötters* in Giesberts/Reinhardt, BeckOK Umweltrecht, § 5 BImSchG Rz. 181 f.; zum Ausgangszustandsbericht als Maßstab der Rückführungspflicht *Müggenborg*, NVwZ 2014, 326, 330 f.
[7] *Jarass*, § 5 BImSchG Rz. 1.

scher Bedeutung die 12. BImSchV (Störfall-Verordnung)[1], 13. BImSchV (Verordnung über Großfeuerungs- und Gasturbinenanlagen) und 17. BImSchV (Verordnung über die Verbrennung und Mitverbrennung von Abfällen), konkretisierten Pflichten erfüllt werden, und es dürfen andere öffentlich-rechtliche Vorschriften und Belange des Arbeitsschutzes der Errichtung und dem Betrieb der Anlage nicht entgegenstehen. In der 13. und der 17. BImSchV werden detaillierte Grenzwerte festgelegt. Die Störfall-Verordnung zielt auf die Verhinderung von Störfällen und die Begrenzung der Außenwirkungen möglicher Störfälle. Ab welcher Schwelle eine Luftverunreinigung schädlich ist, ergibt sich aus der TA Luft, Schwellenwerte für Lärm sind in der TA Lärm festgelegt.

38.31 Das **förmliche Genehmigungsverfahren** nach § 10 BImSchG i.V.m. der 9. BImSchV gliedert sich in eine Vorberatung, die Antragstellung mit Antragsunterlagen und die Antragsprüfung mit Behördenbeteiligung, Öffentlichkeitsbeteiligung und Umweltverträglichkeitsprüfung.[2] Im **vereinfachten Genehmigungsverfahren** nach § 19 BImSchG entfallen die Vorberatung, die Öffentlichkeitsbeteiligung und die Umweltverträglichkeitsprüfung für Anlagen, die in der 4. BImSchV wegen ihres mittleren Risikopotentials als zwar genehmigungsbedürftig, dies aber im vereinfachten Verfahren gekennzeichnet sind.

38.32 Auch die Betreiber **nicht genehmigungsbedürftiger Anlagen** treffen nach § 22 BImSchG unmittelbar geltende immissionsschutzrechtliche Pflichten, die jedoch wegen des anderen Maßstabs für die Erforderlichkeit von Maßnahmen (Vermeidbarkeit von schädlichen Umwelteinwirkungen nach dem Stand der Technik) weniger streng als diejenigen für genehmigungsbedürftige Anlagen sind.[3]

38.33 Sowohl für genehmigungsbedürftige als auch für nicht genehmigungsbedürftige Anlagen sind nach §§ 17, 24 BImSchG jederzeit **(nachträgliche) Anordnungen** zur Durchsetzung der Betreiberpflichten und der Pflichten aus den konkretisierenden Rechtsverordnungen und Verwaltungsvorschriften zulässig.

38.34 Kommt der Betreiber einer genehmigungsbedürftigen Anlage einer Auflage, einer vollziehbaren nachträglichen Anordnung oder einer abschließend bestimmten Pflicht aus einer Rechtsverordnung nicht nach, so kann die zuständige Behörde den Betrieb ganz oder teilweise bis zur Erfüllung **untersagen**, § 20 Abs. 1 BImSchG. Die zuständige Behörde soll anordnen, dass eine Anlage, die ohne die erforderliche Genehmigung errichtet, betrieben oder wesentlich geändert wird, **stillzulegen** oder zu **beseitigen** ist, § 20 Abs. 2 BImSchG. Entsprechend kann nach § 25 BImSchG der Betrieb einer nicht genehmigungsbedürftigen Anlage untersagt werden, wenn der Betreiber einer behördlichen Anordnung im Einzelfall nicht nachkommt.

b) **Produktbezogener Immissionsschutz**

38.35 Um Umweltbelastungen, die von der späteren Verwendung von Anlagen, Stoffen, Erzeugnissen, Brennstoffen, Treibstoffen und Schmierstoffen drohen, von vornherein zu vermeiden oder zu begrenzen, ermächtigen die §§ 32 ff. BImSchG zum Erlass von Rechtsverordnungen,

---

1 Überblick bei *Sellner/Reidt/Ohms*, Immissionsschutzrecht und Industrieanlagen, S. 51 ff. Rz. 146–155.
2 Zur 2001 eingeführten allgemeinen Vorprüfung zur Feststellung der UVP-Pflichtigkeit immissionsschutzrechtlich genehmigungsbedürftiger Anlagen *Beckmann*, DVBl. 2004, 791; insoweit für Fälle der Änderungsgenehmigung *Dippel/Deifuß*, NVwZ 2004, 1177.
3 Vgl. *Enders* in Giesberts/Reinhardt, BeckOK Umweltrecht, § 22 Rz. 13 ff.

die geeignete Beschaffenheitsanforderungen an diese Produkte stellen.[1] Auf dieser Grundlage sind die 3. BImSchV über den Schwefelgehalt bestimmter flüssiger Kraft- oder Brennstoffe, die 10. BImSchV über die Beschaffenheit und die Auszeichnung der Qualitäten von Kraftstoffen, die 19. BImSchV über Chlor- und Bromverbindungen als Kraftstoffzusatz, die – branchenübergreifend relevante – 32. BImSchV über Geräte- und Maschinenlärm sowie die 36. BImSchV zur Durchführung der Regelung zur Biokraftstoffquote erlassen worden.

c) Treibhausgas-Emissionszertifikatehandel

Zur gemeinsamen Erfüllung ihrer völkerrechtlichen Verpflichtungen zum Klimaschutz aus der Klimarahmenkonvention von Rio von 1992 und dem Kyoto-Protokoll von 1997 hat die EG die Emissionshandelsrichtlinie 2003/87/EG erlassen[2], die zwischenzeitlich mehrfach geändert wurde.[3] Ebenso hat der Handel mit Treibhausgas-Emissionszertifikaten mit dem Eintritt in die dritte Handelsperiode 2013 weitgehende Änderungen erfahren. Als Reaktion auf die Überallokation in den ersten beiden Handelsperioden und den daraus resultierenden Preisverfall wurden dem Handel im Rahmen des *Backloading*-Beschlusses im Zeitraum von 2014–2016 insgesamt 900 Mio. Zertifikate entzogen.[4] Ab dem 1.1.2019 werden sie in die zwischenzeitlich eingerichtete Marktstabilitätsreserve überführt.[5]

38.36

Den deutschen Rechtsrahmen zur Umsetzung der europäischen Vorgaben bilden das Treibhausgas-Emissionshandelsgesetz (TEHG)[6], die Zuteilungsverordnung (ZuV 2020[7]), das Projekt-Mechanismen-Gesetz sowie die Datenerhebungsverordnung 2020.[8] Die Verordnung zur Durchführung des TEHG in der Handelsperiode 2013–2020 (EHV 2020[9]) regelt zudem den

38.36a

---

1 *Scheuing/Ingerowski* in Führ, GK-BImSchG, Vor §§ 32–37 BImSchG Rz. 1.
2 *Körner* in Körner/Vierhaus, TEHG, Kommentar, Einl. Rz. 3 ff. – Aus der reichhaltigen Literatur zum gemeinschaftsweiten Emissionszertifikatehandel s. nur *Zimmer*, CO2-Emissionshandel in der EU: Ökonomische Grundlagen und EG-rechtliche Probleme, 2004; *Stewing*, Emissionshandel in der Europäischen Gemeinschaft, 2004.
3 Geändert durch Richtlinie 2004/101/EG des Europäischen Parlaments und des Rates vom 27.10.2004 (ABl. Nr. L 338 v. 13.11.2004, S. 18); Richtlinie 2008/101/EG des Europäischen Parlaments und des Rates vom 19.11.2008 (ABl. Nr. L 8 v. 13.1.2009, S. 3); Verordnung (EG) Nr. 219/2009 EG des Europäischen Parlaments und des Rates vom 11.3.2009 (ABl. Nr. L 87 v. 31.3.2009, S. 109); Richtlinie 2009/29/EG des Europäischen Parlaments und des Rates vom 23.4.2009 (ABl. Nr. L 140 v. 5.6.2009, S. 63); Beschluss Nr. 1359/2013/EU des Europäischen Parlaments und des Rates vom 17.12.2013 (ABl. Nr. L 343 v. 19.12.2013, S. 1); Verordnung (EU) Nr. 421/204 des Europäischen Parlaments und des Rates vom 16.4.2014 (ABl. Nr. L 129 v. 30.4.2014, S. 1); Beschluss (EU) Nr. 2015/1814 des Europäischen Parlaments und des Rates vom 6.10.2015 (ABl. Nr. L 264 v. 9.10.2015, S. 1).
4 Verordnung (EU) Nr. 176/2014 der Kommission v. 25.2.2014 zur Festlegung der im Zeitraum 2013–2020 zu versteigernden Mengen Treibhausgasemissionszertifikate.
5 Beschluss (EU) 2015/1814 des Europäischen Parlaments und des Rates v. 6.10.2015.
6 Das BVerwG hat die Verfassungs- und Unionsrechtskonformität mit Urt. v. 30.6.2005 – 7 V 26.04, BVerwGE 124, 47 = NVwZ 2006, 1006 bestätigt; dazu im Überblick *Koch/Kahle*, NVwZ 2006, 1124, 1126 f.
7 Verordnung über die Zuteilung von Treibhausgas-Emissionsberechtigungen in der Handelsperiode 2013 bis 2020 v. 26.9.2011 (BGBl. I 2011, 1921).
8 Datenerhebungsverordnung 2020 v. 22.7.2009 (BGBl. I 2009, 2118) zur Einbeziehung des Luftverkehrs und anderer Tätigkeiten in den Emissionshandel.
9 Emissionshandelsverordnung 2020 v. 20.8.2013 (BGBl. I 2013, 3295), die zuletzt durch Art. 5 Abs. 2 des Gesetzes zur Aktualisierung der Strukturreform des Gebührenrechts des Bundes v. 18.7.2016 (BGBl. I 2016, 1666) geändert worden ist.

Umgang mit nicht nachhaltigen flüssigen Biobrenn- und Biokraftstoffen, die Umtauschbarkeit von zertifizierten Emissionsreduktionen, die erst nach dem 31.12.2012 registriert wurden, das Verfahren für den Umtausch von Emissionsgutschriften und die Zertifizierung von Prüfstellen.[1] Teilnehmer am europäischen Emissionshandelssystem sind Betreiber von im Anhang 1 zum TEHG näher bestimmten stationären Industrieanlagen.[2] Anders als in der ersten und zweiten Handelsperiode gibt es für die dritte Handelsperiode kein nationales Allokationsgesetz, da die Europäische Kommission den Mitgliedstaaten nunmehr einheitliche Zuteilungsregeln für Gratiszertifikate verbunden mit einer (jährlich sinkende) europäische Obergrenze (Cap) vorgibt.[3] Kostenlos zugeteilt werden Emissionsberechtigungen jetzt nur noch an energieintensive Unternehmen; seit 2013 wird die kostenlose Zuteilung schrittweise durch Versteigerung abgelöst.[4] Stromerzeuger müssen die Berechtigungen bereits jetzt vollständig ersteigern.[5] Das TEHG enthält Regelungen zur Genehmigung und Überwachung von Emissionen, über Berechtigungen und Zuteilung, über den Handel und Sanktionen. Seit 1.1.2010 werden diese Berechtigungen nach Maßgabe der Emissionshandels-Versteigerungsverordnung vom 17.7.2009 an der Strombörse EEX Leipzig im Spot- und Terminhandel versteigert. Im Jahr 2016 wurden in Deutschland bereits mehr als 40 % der Gesamtmenge, das sind knapp 140 Mio. Berechtigungen, versteigert. Dieser Anteil wird sich schrittweise auf 70 % im Jahr 2020 und 100 % im Jahr 2027 erhöhen. In der dritten Zuteilungsperiode (2013–2020) werden damit insgesamt 57 % aller Emissionsberechtigungen im Wege der Versteigerung allokiert.[6]

38.37 Nach § 4 Abs. 1 TEHG bedarf die Freisetzung von Treibhausgasen durch Anlagen, die in Anhang 1 Teil 2 Nr. 1–32 zum TEHG bestimmt sind, der Genehmigung (**Emissionsgenehmigung**).[7] Bei Anlagen, die vor dem 1.1.2013 nach den Vorschriften des BImSchG genehmigt worden sind, ist gem. § 4 Abs. 4 Satz 1 TEHG die immissionsschutzrechtliche Genehmigung zugleich die Emissionsgenehmigung i.S. des § 4 Abs. 1 TEHG.[8] Es besteht jedoch nach § 4 Abs. 4 Satz 2 TEHG für Betreiber solcher Altanlagen die Option, eine gesonderte Emissionsgenehmigung zu beantragen. In diesem Fall ist die Fiktion der emissionsrechtlichen Genehmigung nur bis zur Erteilung der gesonderten Genehmigung anwendbar, § 4 Abs. 4 Satz 3 TEHG. Die Erlangung einer gesonderten Genehmigung nach § 4 Abs. 1 TEHG kann z.B. dazu dienen, den Umfang der tatsächlichen TEHG-Tätigkeit festzustellen, wenn diese nicht mit der

---

1 S. DEHSt-Informationen v. 17.12.2013, abrufbar unter: https://www.dehst.de/DE/Emissionshandel/Gesetze-Verordnungen/Deutschland/Deutschland_node.html.
2 Die Liste der DEHSt, auf der die in Deutschland vom Handel erfassten Anlagen aufgeführt sind, ist im Internet abrufbar unter: https://www.dehst.de/DE/Teilnehmer/Anlagenbetreiber/Anlagenlisten/anlagenlisten_node.html.
3 *Hartmann*, NVwZ 2016, 189, 190; *Theobald/Theobald*, Grundzüge des Energiewirtschaftsrechts, S. 613.
4 *Hartmann*, NVwZ 2016, 189, 190.
5 S. das DEHST-Factsheet vom Mai 2016, abrufbar unter: https://www.dehst.de/SharedDocs/Downloads/DE/Publikationen/Factsheet_EH_2013-2020.pdf?__blob=publicationFile
6 Dazu sowie zum avisierten Vorgehen in der 4. Handelsperiode *Hartmann*, NVwZ 2016, 189, 191.
7 Dazu im Überblick *Sellner/Reidt/Ohms*, Immissionsschutzrecht und Industrieanlagen, S. 283 f. Rz. 25–28; *Schmidt-Kötters* in Giesberts/Reinhardt, BeckOK Umweltrecht, § 4 BImSchG Rz. 112 f.
8 Kritisch zuvor *Weidemann*, DVBl. 2004, 727, 732 ff., der dem Gesetzentwurf des TEHG in Bezug auf bereits nach dem BImSchG genehmigte Altanlagen noch „überleitungsrechtliche Kollisionsprobleme" bescheinigte.

immissionsschutzrechtlich genehmigten Anlage übereinstimmt.[1] Neuanlagen, die nach dem 1.1.2013 immissionsschutzrechtlich genehmigt wurden und somit nicht unter die Fiktion des § 4 Abs. 4 TEHG fallen, bedürfen hingegen einer gesonderten Emissionsgenehmigung. Da für deren Erteilung jedoch die Konzentrationswirkung des § 13 BImSchG gilt und damit die erforderlichen Angaben auch im Rahmen des immissionsschutzrechtlichen Genehmigungsverfahrens mitgeteilt werden müssen, ist dies eine bloß formale Zusatzanforderung.[2]

Die „Kardinalpflicht" des TEHG verlangt vom Verantwortlichen, insbesondere vom Betreiber einer genehmigungsbedürftigen Anlage, bis zum 30. April eines Jahres eine Anzahl von Berechtigungen an die zuständige Behörde abzugeben, die den durch seine Tätigkeit im vorangegangenen Kalenderjahr verursachten Emissionen entspricht, § 7 Abs. 1 Satz 1 TEHG.[3] Dazu werden den Verantwortlichen nach § 9 Abs. 1 TEHG i.V.m. der ZuV 2020 auf Antrag für jede Zuteilungsperiode im Voraus Emissionszertifikate zugeteilt. Anschließend können die Emissionshandelszertifikate zwischen den Verantwortlichen, die mehr Zertifikate abgeben müssen als ihnen zugeteilt wurden, und denjenigen, die weniger Zertifikate abgeben müssen als ihnen zugeteilt wurden, zum sich dabei ergebenden Marktpreis gehandelt werden.[4] Nach § 30 Abs. 1 und 4 TEHG wird ein Verstoß gegen die Abgabepflicht nach § 7 Abs. 1 Satz 1 TEHG durch eine Zahlungspflicht von 100 Euro für jede emittierte Tonne Kohlendioxidäquivalent, für die der Verantwortliche keine Berechtigung abgegeben hat, sowie durch die Veröffentlichung der Namen der Verantwortlichen, die gegen die Abgabepflicht verstoßen haben, sanktioniert.[5]

38.38

2. Bodenschutz- und Altlastenrecht

In Deutschland waren 2016 mehr als 260 000 Flächen als altlastverdächtig erfasst.[6] Unternehmen, deren gegenwärtige oder frühere Betriebsgrundstücke kontaminiert sind, haben mitunter erhebliche finanzielle Risiken im Zusammenhang mit Untersuchungs- und Sanierungspflichten zu tragen. Dem Bodenschutzrecht gebührt deshalb besondere Aufmerksamkeit des Managements. Der bislang von sektorspezifischen unionsrechtlichen Vorgaben[7]

38.39

---

1 *Frenz/Theuer* in Frenz, Emissionshandelsrecht, § 4 TEHG Rz. 21, mit dem Hinweis, dass die in der Emissionsgenehmigung festgestellte Anlagenabgrenzung die Grundlage des Überwachungsplans darstellt (vgl. auch die Begründung des Gesetzentwurfs der Bundesregierung zur Anpassung der Rechtsgrundlagen für die Fortentwicklung des Emissionshandels v. 29.3.2011, BT-Drucks. 17/5296, S. 46).
2 *Frenz/Theuer* in Frenz, Emissionshandelsrecht, § 4 TEHG Rz. 21; *Koch/Welss*, NVwZ 2015, 633, 634.
3 BT-Drucks. 15/2540, S. 17, Anlage 3; *Frenz/Theuer* in Frenz, Emissionshandelsrecht, § 7 TEHG Rz. 10; *Schmidt-Kötters* in Beck'sches M&A-Handbuch, § 82 Rz. 40.
4 Zum System des Emissionshandels vgl. *Elspas/Stewing* in Elspas/Salje/Stewing, Emissionshandel, Teil 1 Rz. 5.
5 S. dazu im Einzelnen *Frenz/Theuer* in Frenz, Emissionshandelsrecht, § 30 TEHG Rz. 1 ff.
6 Bundesweite Übersicht zur Altlastenstatistik des Umweltbundesamtes vom 8.8.2016, abrufbar unter: http://www.umweltbundesamt.de/daten/bodenbelastung-land-oekosysteme/altlasten-ihre-sanierung.
7 Den von der Europäischen Kommission 2006 vorgeschlagenen gemeinschaftsrechtlichen Ordnungsrahmen für den Bodenschutz, der auf eine spezifische und kohärente Bodenschutzpolitik der Gemeinschaft abzielte (KOM (2006) 231 und Richtlinienvorschlag KOM (2006) 232, Überblick bei *Wägenbaur*, EuZW 2007, 2), hat die Kommission nach langen ergebnislosen Diskussionen zwischen den Mitgliedstaaten und dem Europäischen Parlament am 21.5.2014 endgültig zurückgezo-

kaum beeinflusste Schutz vor schädlichen Bodenveränderungen und die Sanierung von Altlasten sind im **Bundes-Bodenschutzgesetz (BBodSchG)** sowie in Landesgesetzen geregelt, soweit das BBodSchG keine Regelung trifft.[1] Zweck des BBodSchG ist nach seinem § 1, nachhaltig die Funktion des Bodens zu sichern oder wiederherzustellen. Hierzu sind schädliche Bodenveränderungen abzuwehren, der Boden und Altlasten sowie hierdurch verursachte Gewässerverunreinigungen zu sanieren und Vorsorge gegen nachteilige Einwirkungen auf den Boden zu treffen.

38.40   Nach § 4 Abs. 1 BBodSchG hat jeder, der auf den Boden einwirkt, sich so zu verhalten, dass schädliche Bodenveränderungen nicht hervorgerufen werden (**Vermeidungspflicht**). Nach Abs. 2 sind der Grundstückseigentümer und der Inhaber der tatsächlichen Gewalt über ein Grundstück verpflichtet, Maßnahmen zur Abwehr der von ihrem Grundstück drohenden schädlichen Bodenveränderungen zu ergreifen (**Abwehrpflicht**). Zur Untersuchung potentieller Altlasten und zur Sanierung festgestellter Altlasten können nach § 4 Abs. 3, 5 und 6, § 13 Abs. 1 BBodSchG nicht nur der **Verursacher** und **sein Gesamtrechtsnachfolger**[2] herangezogen werden. In Betracht kommen vielmehr ebenso: der **Grundstückseigentümer**; der **Inhaber der tatsächlichen Gewalt** über ein Grundstück[3]; **derjenige, der aus handelsrechtlichem oder gesellschaftsrechtlichem Rechtsgrund für eine juristische Person einzustehen hat**, der ein Grundstück, das mit einer schädlichen Bodenveränderung oder einer Altlast belastet ist, gehört (nicht: gehörte!); wer das Eigentum an einem solchen Grundstück aufgibt (**Derelinquent**) sowie der **frühere Eigentümer** eines Grundstücks, der sein Eigentum nach dem 1.3.1999 übertragen hat und die schädliche Bodenveränderung oder Altlast hierbei kannte oder kennen musste.

38.41   Gibt es danach mehrere Verantwortliche, kann die zuständige Behörde nach pflichtgemäßem Ermessen auswählen, wen sie in Anspruch nimmt (**Auswahlermessen**). Vorrangiges Auswahlkriterium ist dabei die **Effektivität der Gefahrenabwehr**.[4] Daneben sind das Verursacherprinzip, die Grundsätze der Verhältnismäßigkeit sowie die wirtschaftliche Leistungsfähigkeit zu berücksichtigen.[5] Insbesondere im Falle der Insolvenz eines Unternehmens kann die Behörde

---

gen (ABl. EU Nr. C 153 v. 21.5.2014, S. 3, dazu *Ludwig* in Landmann/Rohmer [Hrsg.], UmweltR, § 22 BBodSchG [8. EL, Mai 2016] Rz. 15 f.). Um den Prozess für eine Regelung des Bodenschutzrechts auf Unionsebene erneut aufzugreifen und damit eines der Ziele des 7. Umweltaktionsprogramms der Europäischen Union weiter zu verfolgen, hat die Europäische Kommission im Juni 2015 eine Expertengruppe aus Repräsentanten der Mitgliedstaaten einberufen. Diese soll neue Ideen für einen Rechtsrahmen für Bodenschutz entwickeln und dabei einen möglichst zielgerichteten, risikobasierten und verhältnismäßigen Ansatz verfolgen.

1 Das behördliche Handlungsinstrumentarium gegenüber den Verantwortlichen für schädliche Bodenveränderungen oder Altlasten ist im BBodSchG abschließend geregelt, landesgesetzliche Regelungen etwa über eine konstitutive Altlastenfeststellung werden bundesrechtlich verdrängt, BVerwG v. 26.4.2006 – 7 C 15.05, DVBl. 2006, 926 ff.
2 Zu Fragen der (partiellen) Rechtsnachfolge s. Abschnitt D III, Rz. 38.79 ff. Nach Auffassung des BGH ist mit der Sanierungsverpflichtung des Gesamtrechtsnachfolgers des Verursachers zumindest dann keine unzulässige Rückwirkung des BBodSchG verbunden, wenn die Gesamtrechtsnachfolge nach Mitte der 1980er Jahre eingetreten ist, BGH v. 2.4.2004 – V ZR 267/03, NVwZ 2004, 1267 ff.
3 Zu den Grenzen der Haftung des Inhabers der tatsächlichen Gewalt *Schäling*, WuR 2009, 693.
4 BVerwG v. 7.8.2013 – 7 B 9/13, W+B 2013, 230; *Giesberts/Hilfs* in Giesberts/Reinhardt, BeckOK Umweltrecht, § 4 BBodSchG Rz. 13; *Schmidt-Kötters* in Beck'sches M&A-Handbuch, § 82 Rz. 49.
5 *Versteyl* in Versteyl/Sondermann, § 4 BBodSchG Rz. 87 ff.; vgl. auch *Spindler/Härtel*, UPR 2002, 241, 243.

auch das Leitungsorgan eines Unternehmens persönlich als Verursacher in Anspruch nehmen.[1] Mehrere Verpflichtete haben unabhängig von ihrer Heranziehung nach **§ 24 Abs. 2 Satz 1 BBodSchG** untereinander einen **Ausgleichsanspruch**. Soweit nichts anderes vereinbart wird, hängen nach § 24 Abs. 2 Satz 2 BBodSchG die Verpflichtung zum Ausgleich sowie dessen Umfang davon ab, inwieweit die Gefahr oder der Schaden vorwiegend von dem einen oder dem anderen Teil verursacht worden ist. Ist also im Falle einer monokausalen Kontamination der Verursacher ermittelbar, aber nicht er, sondern ein Zustandsstörer zur Sanierung herangezogen worden, geht der Ausgleichsanspruch des Zustandsstörers auf 100 % der Aufwendungen. Mitunter ist dieser Anspruch aber bloß theoretisch, weil der Verursacher nicht ermittelbar oder nicht mehr vorhanden ist und auch keine anderen solventen Mitverpflichteten bereitstehen. In diesen Fällen bleibt es trotz § 24 Abs. 2 BBodSchG bei der schon vor Inkrafttreten des BBodSchG vielfach als ungerecht empfundenen Haftung des Zustandsstörers für von ihm nicht verursachte Altlasten. Diese Haftung ist im Gesetz nicht begrenzt.[2] Solche Grenzen hat erst das Bundesverfassungsgericht mit Beschluss vom 16.2.2000[3] aus der **Eigentumsgarantie** des Art. 14 Abs. 1 und 2 GG abgeleitet: Die grundsätzlich verfassungskonforme Haftung des Zustandsverantwortlichen findet ihre Grenze dort, wo das **Interesse an einem künftigen privatnützigen Gebrauch** des Grundstücks endet, was – im Sinne eines Anhaltspunktes – dann der Fall ist, wenn die Sanierungskosten den Verkehrswert des Grundstücks übersteigen. Eine den Verkehrswert übersteigende Kostenbelastung könne hingegen zumutbar sein, wenn der Eigentümer das Grundstück in Kenntnis oder fahrlässiger Unkenntnis der Altlast erworben habe. Bei der im Einzelfall zu bestimmenden Zumutbarkeit sei bei Überschreitung des Verkehrswertes nur solches Vermögen zu betrachten, das in einem rechtlichen oder wirtschaftlichen Zusammenhang mit dem sanierungsbedürftigen Grundstück steht, die Fortführung eines Unternehmens oder Betriebs dürfe durch die Sanierungskosten nicht gefährdet werden.

Der (potentiell) Sanierungspflichtige hat die Möglichkeit, nach § 13 Abs. 4 BBodSchG mit der zuständigen Behörde einen **Sanierungsvertrag** zu schließen. Danach kann der Sanierungspflichtige mit dem **Sanierungsplan** den Entwurf eines Sanierungsvertrags über die Ausführung des Plans vorlegen, was es ihm ermöglicht, die Sanierung entsprechend seiner individuellen Leistungsfähigkeit zu konzipieren. Dadurch sollen einvernehmliche Regelungen bei gegenseitigem Nachgeben von Behörde und Sanierungsverpflichteten erreicht und Rechtsstreitigkeiten vermieden werden.[4] Alternativ kann die Behörde neben der Durchführung von Sanierungsuntersuchungen bei Altlasten[5] die Vorlage eines Sanierungsplans anordnen und diesen, auch unter Abänderungen und mit Nebenbestimmungen, durch Verwaltungsakt für verbindlich erklären, § 13 Abs. 6 BBodSchG.

38.42

Eine vertragliche Risikoverteilung oder sogar **Freistellung** zwischen mehreren potentiell Verpflichteten, etwa in einem Grundstücks- oder Unternehmenskaufvertrag, gilt **nur im Innenverhältnis** und bindet die Behörden nicht. Soweit die anderen Ermessenskriterien aber nicht zu einem Vorrang des einen oder anderen Verantwortlichen führen und die Vereinbarung der zuständigen Behörde bekannt ist, hat sie diese ermessensleitend zu berücksichti-

38.43

---

1 OVG NRW v. 26.3.2007 – 20 B 61/07, UPR 2007, 315, 316.
2 Anders noch der Gesetzentwurf der Bundesregierung in § 25 Abs. 2 BBodSchG, der jedoch in den weiteren Beratungen keine Mehrheit fand, vgl. BT-Drucks. 13/6701, S. 14.
3 BVerfG v. 16.2.2000 – 1 BvR 242/91 und 1 BvR 315/99, BVerfGE 102, 1 = NJW 2000, 2573 ff.
4 BT-Drucks. 13/6701, S. 25, 42; *Sondermann/Terfehr* in Versteyl/Sondermann, § 13 BBodSchG Rz. 35.
5 Nicht hingegen bei schädlichen Bodenveränderungen, Hessischer VGH v. 23.8.2004 – 6 TG 111/03, NuR 2005, 653 f. = UPR 2005, 392 f.

gen. Im Übrigen kann der Ausgleichsanspruch nach § 24 Abs. 2 BBodSchG vertraglich abbedungen und kann eine andere Lastenverteilung vereinbart werden. Dies entspricht bei Unternehmenskaufverträgen mittlerweile dem Marktstandard, wenn und soweit der gesetzliche Ausgleichsanspruch dem vertraglich vereinbarten Haftungsregime zuwiderläuft.[1] Vertragliche Regelungen über Altlasten sind häufig schon deshalb unentbehrlich, weil den Grundstücksverkäufer eine **Offenbarungspflicht** jedenfalls bei positiver Kenntnis von Altlasten trifft.[2]

38.44 Das ausdifferenzierte öffentlich-rechtliche Haftungsregime wird ergänzt durch zivilrechtliche Beseitigungs- bzw. Entschädigungsansprüche des Eigentümers gegen den Verursacher nach § 1004 Abs. 1 BGB[3] und § 906 Abs. 2 Satz 2 BGB.[4] Die Maßgeblichkeit umweltverwaltungsrechtlicher Vorschriften für zivilrechtliche Ansprüche wird dabei – neben § 14 BImSchG – durch die „Harmonisierungsvorschrift" des § 906 Abs. 1 Satz 2 BGB deutlich[5]: Abwehransprüche des Eigentümers bestehen wegen Unerheblichkeit nicht, wenn die in Gesetzen oder Rechtsverordnungen festgelegten Grenz- oder Richtwerte von den nach diesen Vorschriften ermittelten und bewerteten Einwirkungen nicht überschritten werden.[6]

3. Kreislaufwirtschafts- und Abfallrecht

38.45 Das KrWG (bis 1.6.2012 KrW-/AbfG) hat nach seinem § 1 den Zweck, die Kreislaufwirtschaft zur Schonung der natürlichen Ressourcen zu fördern und den Schutz von Mensch und Umwelt bei der Erzeugung und Bewirtschaftung von Abfällen sicherzustellen.

a) Anlagenbezogenes Kreislaufwirtschafts- und Abfallrecht

38.46 Nach der in § 6 Abs. 1 KrWG benannten, nunmehr fünfstufigen Abfallhierarchie stehen die vorgesehenen Maßnahmen zur Vermeidung und der Abfallbewirtschaftung in folgender Rangfolge: Vermeidung; Vorbereitung zur Wiederverwendung; Recycling; sonstige Verwertung, insbesondere energetische Verwertung und Verfüllung; Beseitigung.[7] Die Erzeuger oder Besitzer von Abfällen[8] sind nach § 7 Abs. 2 KrWG verpflichtet, diese zu verwerten. Dabei hat die Verwertung von Abfällen grundsätzlichen Vorrang vor deren Beseitigung.[9] Bei der Verwer-

---

1 Dies hat spezifisch zu erfolgen, da der BGH in der (allgemeinen) Vereinbarung eines Gewährleistungsausschlusses nicht zwingend eine Vereinbarung über den Ausschluss des bodenschutzrechtlichen Ausgleichsanspruchs sieht – BGH v. 2.4.2004 – V ZR 267/03, NVwZ 2004, 1267 ff.
2 BGH v. 20.10.2000 – V ZR 285/99, ZIP 2000, 2257 ff.; st.Rspr.; *Schmidt-Kötters* in Beck'sches M&A-Handbuch, § 82 Rz. 52.
3 BGH v. 4.2.2005 – V ZR 142/04, UPR 2005, 227 ff.
4 Dazu *R. Enders*, Die zivilrechtliche Verantwortlichkeit für Altlasten und Abfälle, S. 242 ff.
5 Zur Vorgeschichte *Uwer*, JbUTR 1997, 303.
6 Vgl. dazu aus der Rspr. exemplarisch BGH v. 13.2.2004 – V ZR 217/03, JZ 2004, 1080 ff.; BGH v. 8.10.2004 – V ZR 85/04, NuR 2005, 350 f.
7 Mit der Umsetzung der Abfallrahmenrichtlinie 2008/98/EG (ABl. EU Nr. L 312 v. 22.11.2008, S. 3) durch das Kreislaufwirtschaftsgesetz vom 24.2.2012 (BGBl. I 2012, 212) wurde die zuvor dreistufige Abfallhierarchie mit Wirkung zum 1.6.2012 um zwei Stufen ergänzt; s. zu den Neuerungen des KrWG *Bruch*, DÖV 2012, 807 ff.
8 Zur praktisch wichtigen Abgrenzung von Abfällen und Nebenerzeugnissen *Uwer/Held*, EuZW 2010, 127.
9 S. zu den damit verbundenen Optionsspielräumen Privater im Kreislaufwirtschafts- und Abfallrecht die gleichnamige Dissertation von *M. Hurst*, 2005; zur Abgrenzung zwischen Beseitigung und Verwertung von Abfall BGH v. 23.10.2013 – 5 StR 505/12, BGHSt 59, 45, Rz. 30 ff.

tung wiederum hat nach § 8 Abs. 1 Satz 1 KrWG die besser mensch- und umweltverträgliche Verwendungsart Vorrang. Mit der in § 15 KrWG normierten **Grundpflicht der Erzeuger und Besitzer von Abfällen** zur gemeinwohlverträglichen Beseitigung von nicht verwertbaren Abfällen sind umfangreiche **Nachweispflichten** über die Entsorgung gefährlicher Abfälle verbunden.[1] Früher bestehende, überbordende verfahrensmäßige Vorgaben sind jedoch bereits 2007 durch die wesentlichen Erleichterungen des Gesetzes zur Vereinfachung der abfallrechtlichen Überwachung und die gleichnamige Verordnung reduziert worden. Im Zuge der Neufassung des KrWG wurden zudem in Anpassung an die Abfallrahmenrichtlinie 2008/98/EG erweiterte Nachweis- und Registerpflichten eingeführt, die nunmehr auch Händler und Makler von Abfällen treffen[2] und auch im Rahmen der Rücknahme von Erzeugnissen gelten.[3] So regelt § 52 KrWG neben der zentralen Verordnungsermächtigung zur Konkretisierung der gesetzlichen Anforderungen an Nachweise und Register nunmehr auch die Pflicht, auf Anfrage der zuständigen Behörde oder eines früheren Besitzers Belege über die Durchführung der Entsorgung vorzulegen (§ 52 Abs. 1 Satz 2 Nr. 2 KrWG).[4] Zudem sind auch bei der Beförderung von Abfällen geeignete Begleitpapiere zum Zweck der Überwachung mitzuführen (§ 52 Abs. 1 Satz 2 Nr. 7 KrWG).

b) Produktbezogenes Kreislaufwirtschafts- und Abfallrecht

Nach § 23 Abs. 1 KrWG trägt, wer Erzeugnisse entwickelt, herstellt, be- oder verarbeitet oder vertreibt, die Produktverantwortung zur Erfüllung der Ziele der Kreislaufwirtschaft. Die Erzeugnisse sind von den Produktverantwortlichen möglichst so zu gestalten, dass bei ihrer Herstellung und ihrem Gebrauch das Entstehen von Abfällen vermindert wird und die umweltverträgliche Verwertung und Beseitigung der nach deren Gebrauch entstandenen Abfälle sichergestellt ist. Die **Produktverantwortung** umfasst nach § 23 Abs. 2 KrWG die Entwicklung, Herstellung und das Inverkehrbringen von Erzeugnissen, die mehrfach verwendbar, technisch langlebig und nach Gebrauch zur ordnungsgemäßen, schadlosen und hochwertigen Verwertung und umweltverträglichen Beseitigung geeignet sind; den vorrangigen Einsatz von verwertbaren Abfällen oder sekundären Rohstoffen bei der Herstellung von Erzeugnissen; die Kennzeichnung von schadstoffhaltigen Erzeugnissen, um die umweltverträgliche Verwertung oder Beseitigung der nach Verbrauch verbleibenden Abfälle sicherzustellen; den Hinweis auf Rückgabe-, Wiederverwendungs- und Verwertungsmöglichkeiten oder -pflichten und Pfandregelungen durch Kennzeichnung der Erzeugnisse und die Rücknahme der Erzeugnisse und der nach Gebrauch der Erzeugnisse verbleibenden Abfälle sowie deren nachfolgende umweltverträgliche Verwertung oder Beseitigung. Zur Festlegung der Anforderungen im Einzelnen kann die Bundesregierung Rechtsverordnungen erlassen. Sie hat von dieser Ermächtigung durch die Altfahrzeugverordnung, die Altölverordnung und die Verpackungsverordnung Gebrauch gemacht. Hinzugekommen sind das 2005 erlassene und

---

1 S. dazu die auf der Rechtsgrundlage von § 16 KrWG erlassene Nachweisverordnung (NachwV) vom 20.10.2006 (BGBl. I 2006, 2298).
2 Neben Anzeige- und Erlaubnispflichten (§§ 53 und 54 KrWG) trifft Händler und Makler gefährlicher Abfälle gem. § 49 Abs. 3 KrWG nun auch die Pflicht, abfallrechtliche Register gem. den Vorgaben der NachwV führen.
3 Vgl. die Gesetzesbegründung, BT-Drucks. 17/6052, S. 97.
4 Über diese Anforderung geht die Regelung in § 10 Abs. 3 NachweisV sogar hinaus, da die Behörde und ein Teil der früheren Besitzer nicht nur den Beleg vorgelegt bekommen, sondern selbst Ausfertigungen desselben für ihre Register erhalten (dazu *Beckmann* in Landmann/Rohmer, Umweltrecht, 81. EL (9/2016), § 52 KrWG Rz. 6).

2015 neugefasste[1] **Elektro- und Elektronikgerätegesetz**, das den Herstellern entsprechender Produkte eine umfassende Verantwortung für deren Herstellung, Vertrieb und Entsorgung auferlegt[2], und das am 1.12.2009 in Kraft getretene Gesetz über das Inverkehrbringen, die Rücknahme und die umweltverträgliche Entsorgung von Batterien und Akkumulatoren (**Batteriegesetz**) vom 25.6.2009 nebst Durchführungsverordnung (BattGDV) vom 12.11.2009.

4. Gewässerschutzrecht

38.48 Das Gewässerschutzrecht ist im Wasserhaushaltsgesetz des Bundes (WHG) und – ergänzend – in den Wassergesetzen der Länder geregelt. § 5 WHG statuiert eine allgemeine Sorgfaltspflicht, nach der jede Person verpflichtet ist, eine nachteilige Veränderung der Gewässereigenschaften zu vermeiden und Wasser sparsam zu verwenden.[3] Zu demselben Zweck bestehen zahlreiche konkretisierende gewässerschutzrechtliche Pflichten, Verbote und Gestattungsvorbehalte. Für gewerbliche und industrielle Unternehmen besonders relevant sind die Regelungen über das **Einleiten von Abwasser**.

38.49 Für die – nach Maßgabe des Abwasserabgabengesetzes[4] abgabepflichtige – **Direkteinleitung** von Abwasser ist eine *Erlaubnis* nach §§ 8 ff. i.V.m. § 57 Abs. 1 WHG erforderlich.[5] Eine Erlaubnis darf nach § 57 Abs. 1 Nr. 1 WHG nur erteilt werden, wenn die Schadstofffracht des Abwassers so gering gehalten wird, wie dies bei Einhaltung der jeweils in Betracht kommenden Verfahren nach dem Stand der Technik möglich ist.[6] Bei der Bewertung sind sowohl der Grundsatz der Verhältnismäßigkeit zwischen Aufwand und Nutzen als auch das Vorsorgeprinzip zu berücksichtigen.[7] Die Erlaubnis ist nach § 18 Abs. 1 WHG widerruflich und kann befristet werden. Die schadstoffbezogenen Anforderungen an das behandelte Abwasser ergeben sich aus der Abwasserverordnung.

38.50 Für das Einleiten von Abwasser in öffentliche Abwasseranlagen legt § 58 WHG explizit fest, dass die Indirekteinleitung der Genehmigung durch die zuständige Behörde bedarf, soweit an das Abwasser in der Abwasserverordnung in ihrer jeweils geltenden Fassung Anforderungen für den Ort des Anfalls des Abwassers oder vor seiner Vermischung festgelegt sind. Durch Rechtsverordnung nach § 23 Abs. 1 Nr. 5, 8 und 10 WHG kann bestimmt werden, unter welchen Voraussetzungen die Indirekteinleitung anstelle einer Genehmigung nur einer Anzeige

---

1 Mit dem Gesetz zur Neuordnung des Rechts über das Inverkehrbringen, die Rücknahme und die umweltverträgliche Entsorgung von Elektro- und Elektronikgeräten vom 20.10.2015 (BGBl. I 2015, 1739) wurde u.a. die WEEE-RL 2012/19/EU umgesetzt, welche die Rahmenbedingungen für das Inverkehrbringen, die Rücknahme und die umweltverträgliche Entsorgung von Elektro- und Elektronikgeräten einschließlich der Registrierungs- und Rücknahmepflicht des Herstellers regelt. Zur Novellierung *Schütte/Winkler*, ZUR 2014, 303, 306 f.; aus Sicht der privaten Entsorgungswirtschaft *Pauly/Peine/Janke*, ZUR 2016, 67 ff.
2 Zum Ganzen *Bullinger/Fehling* (Hrsg.), Elektrogesetz, Handkommentar; *Prelle/Thärichen/Versteyl*, ElektroG, Kommentar; *Giesberts/Hilf*, ElektroG, Kommentar; Rechtsprechungsübersicht bei *Großkopf*, NuR 2009, 764 f.
3 Überblick zum zuletzt 2009 novellierten WHG bei *Kotulla*, NVwZ 2010, 79; *Müggenborg/Hentschel*, NJW 2010, 961 und *Caßor-Pfeiffer*, ZfW 2010, 1.
4 Dazu *Köhler/Meyer*, Abwasserabgabengesetz; *Kotulla*, Abwasserabgabengesetz.
5 Zur Unterscheidung von einfacher Erlaubnis, gehobener Erlaubnis und Bewilligung als Unterfälle der wasserrechtl.Gestattung s. *Schmidt-Kötters* in Beck'sches M&A-Handbuch, § 82 Rz. 66.
6 Zum Begriff „Stand der Technik" vgl. *Czychowski/Reinhardt*, § 3 WHG Rz. 70–78.
7 *Czychowski/Reinhardt*, § 3 WHG Rz. 78.

bedarf. Weitergehende Rechtsvorschriften der Länder bleiben nach § 58 Abs. 1 Satz 3 WHG unberührt.

5. Gefahrstoffrecht

Das Gefahrstoffrecht bezweckt den Schutz des Menschen und der Umwelt vor gefährlichen Stoffen. Zum Gefahrstoffrecht im weiteren Sinne gehören daher auch die bereits dargestellten medienbezogenen Umweltgesetze wie das BImSchG und das WHG. Das Gefahrstoffrecht im engeren Sinne ist hingegen auf die präventive Gefahrstoffkontrolle gerichtet und soll die Umwelt durch spezifische Regelungen über das Inverkehrbringen von und den Umgang mit gefährlichen Stoffen schützen.[1] Es umfasst das **Gesetz zum Schutz vor gefährlichen Stoffen (Chemikaliengesetz)** als allgemeines Gefahrstoffrecht sowie zahlreiche Spezialgesetze, etwa das Pflanzenschutzgesetz, das Düngegesetz, das Arzneimittelgesetz oder das Benzinbleigesetz. Das Chemikaliengesetz wird durch eine Vielzahl nationaler Rechtsverordnungen ergänzt. Dazu gehören u.a. die **Chemikalien-Verbotsverordnung**, die **Gefahrstoffverordnung** und die Chemikalien-Klimaschutzverordnung.

38.51

Für diejenigen, die Stoffe herstellen, importieren oder sonst in den Verkehr bringen oder mit ihnen umgehen, ergeben sich aus diesen Regelungen zahlreiche Beschränkungen durch Verbote, Mitteilungspflichten, Prüf-, Anmelde- und Zulassungserfordernisse sowie Anforderungen an Vorsichtsmaßnahmen beim Umgang und Transport bestimmter Stoffe sowie an ihre Verpackung und Kennzeichnung. Zur Durchsetzung enthalten das Chemikaliengesetz und viele der Spezialgesetze Straf- und Bußgeldvorschriften.

38.52

Wie auch das übrige Umweltrecht wird das Gefahrstoffrecht, insbesondere durch unionsrechtliche Vorgaben, immer anspruchsvoller.[2] Zentrale praktische Bedeutung kommt der Verordnung (EG) Nr. 1907/2006 zur Registrierung, Bewertung, Zulassung und Beschränkung chemischer Stoffe (**REACH**)[3] zu.[4] REACH sieht – gemäß dem in Art. 5 niedergelegten Grundsatz „Ohne Daten kein Markt" – eine allgemeine Registrierungspflicht für Stoffe vor, die in Mengen ab einer Tonne pro Jahr hergestellt oder importiert werden. In Abhängigkeit von der Stoffmenge sind an die Registrierungspflichten[5] unterschiedliche Datenanforderungen geknüpft, die Aussagen über die physikalisch-chemischen, toxikologischen und ökotoxikologischen Eigenschaften der Stoffe ermöglichen. In der EU fallen etwa 30 000 Stoffe, die in Mengen ab 1 Jahrestonne hergestellt und eingeführt werden, unter die Registrierungspflicht. Ist ein Stoff nicht registriert, darf er nach der Regelung weder hergestellt noch in die EU eingeführt werden. In Bezug auf die besonders besorgniserregenden Stoffe muss ein Zulassungsverfahren für die Verwendung und das Inverkehrbringen solcher Stoffe durchgeführt werden. Die Anforderungen im Rahmen des Zulassungsverfahrens sind risikobasiert: Es obliegt den Antragstellern nachzuweisen, dass die Risiken im Zusammenhang mit der Verwen-

38.53

---

1 *Pache* in Koch, Umweltrecht, § 12 Rz. 1.
2 Näher dazu *Rengeling*, Europäisches Chemikalien- und Stoffrecht – Entwicklungen zur Umgestaltung des deutschen Rechts –, DVBl. 2005, 393; *Rengeling*, Harmonisierung und Systematisierung im Europäischen Stoffrecht, DVBl. 2009, 605.
3 ABl. EU Nr. L 396 v. 30.12.2006, S. 1, mit mittlerweile zahlreichen Änderungen, zuletzt durch die Verordnung (EU) 2016/1688 (ABl. EU Nr. L 255 v. 21.9.2016, S. 14).
4 Einführend dazu *Callies/Lais*, NuR 2005, 290; *Knopp*, UPR 2005, 415; *K. Fischer*, DVBl. 2007, 853; ausführlicher Überblick jetzt bei *Martel*, ZEuS 2008, 601.
5 Für die Registrierungskosten, die während der Registrierungsphase anfallen, können Rückstellungen in der Handels- und Steuerbilanz nicht gebildet werden, so schon *Roß/Drögemüller*, BB 2006, 1044.

dung des betreffenden Stoffes angemessen beherrscht sind oder dass die sozio-ökonomischen Vorteile der Verwendung des Stoffes überwiegen.[1] Sind angemessene Alternativen verfügbar, muss ein Substitutionsplan einschließlich eines Zeitplans für die vorgeschlagenen Maßnahmen vorgelegt und die gefährliche Chemikalie durch die sichere Alternative ersetzt werden. Existieren keine Alternativen, muss ein Forschungs- und Entwicklungsplan vorgelegt werden, in dem die Maßnahmen aufgeführt werden, die unternommen werden, um einen Alternativstoff zu finden. In engem Zusammenhang mit der REACH-Verordnung stehen die Vorgaben der **CLP-Verordnung** 1272/2008[2] zur Einstufung, Kennzeichnung und Verpackung von chemischen Stoffen und Gemischen im Binnenmarkt (*Classification*, *Labeling and Packaging*).[3] Im Rahmen der „Einstufung" werden den Stoffen – unabhängig davon, ob sie die für die Registrierungspflicht maßgebliche Vermarktungsschwelle von einer Tonne pro Jahr erreichen – nach normierten Kriterien einzelne Gefährlichkeitsmerkmale zugeordnet (z.B. giftig, krebserzeugend, explosions- oder umweltgefährlich).[4] Die Einstufung von gefährlichen Stoffen und die entsprechenden Daten sind an die Europäische Chemikalienagentur (ECHA) zu übermitteln.

6. Umweltenergierecht

38.54 Im Mittelpunkt des Umweltenergierechts stehen in Deutschland einige Vorschriften des Energiewirtschaftsgesetzes (EnWG), das Energieeinsparungsgesetz (EnEG) mit der praktisch wichtigen Energieeinsparverordnung[5], das Energieverbrauchskennzeichnungsgesetz (EnVKG), das 2012, 2014 und zum 1.1.2017 erneut novellierte Erneuerbare-Energien-Gesetz (EEG) und das Kraft-Wärme-Kopplungsgesetz (KWKG), jeweils nebst zugehörigen Rechtsverordnungen. Durch diese Regelungen werden diejenigen, die Gebäude und Anlagen erbauen oder betreiben, verpflichtet, energiesparende Wärmeschutz- und Anlagentechnik zu verwenden und Anlagen energiesparend zu betreiben. Darüber hinaus privilegieren sie die als besonders umweltverträglich geltenden Energieerzeugungsformen.

7. Atom- und Strahlenschutzrecht

38.55 Das Atom- und Strahlenschutzrecht stellt sowohl spezielles Immissionsschutz- und Anlagenzulassungsrecht als auch spezielles (Kern)Energierecht dar.[6] Rechtsgrundlagen sind primär das Atomgesetz (AtG) sowie eine Reihe von anlagenbezogener Rechtsverordnungen, die Strahlenschutzverordnung (StrlSchV), die Röntgenverordnung (RöV) und das Strahlenschutzvorsorgegesetz (StrVG). Zwecke des AtG in seiner nach dem „zweiten Atomausstieg"

---

1 Zu REACH-bezogenen Compliance-Anforderungen an Unternehmen *Drohmann*, CCZ 2008, 60; *L. Krause*, ZRFG 2008, 18.
2 Verordnung (EG) Nr. 1272/2008 vom 16.12.2008 über die Einstufung, Kennzeichnung und Verpackung von Stoffen und Gemischen, zur Änderung und Aufhebung der Richtlinien 67/548/EWG und 1999/45/EG und zur Änderung der Verordnung (EG) Nr. 1907/2006 (ABl. EU Nr. L 353 v. 31.12.2008, S. 1).
3 *Führ*, ZUR 2014, 270, 275; zur Einführung der CLP-Verordnung s. *Purnhagen*, EuZW 2009, 523 ff.
4 *Führ*, ZUR 2014, 270, 275.
5 Verordnung über energiesparenden Wärmeschutz und energiesparende Anlagentechnik bei Gebäuden vom 24.7.2007 (BGBl. I 2007, 1519, geänd. durch Verordnung vom 29.4.2009, BGBl. I 2009, 954).
6 *Kloepfer*, Umweltschutzrecht, § 9 Rz. 2; *Schmidt-Kötters* in Beck'sches M&A-Handbuch, § 82 Rz. 77.

im Jahr 2011 erneut novellierten Fassung[1] sind nach seinem § 1 Nr. 1 und 2 u.a., die Nutzung der Kernenergie zur gewerblichen Erzeugung von Elektrizität geordnet zu beenden und bis zum Zeitpunkt der Beendigung den geordneten Betrieb sicherzustellen sowie Leben, Gesundheit und Sachgüter vor den Gefahren der Kernenergie und der schädlichen ionisierenden Strahlen zu schützen und durch Kernenergie oder ionisierende Strahlen verursachte Schäden auszugleichen. Dazu sind die in diesem Bereich tätigen Unternehmen besonders strengen Regulierungen unterworfen.

Nach § 7 Abs. 1 Satz 1 und Abs. 3 AtG bedürfen die Errichtung, der Betrieb, die wesentliche Veränderung und die Stilllegung von Kernkraftwerken der vorherigen behördlichen Genehmigung. Ebenso sind Lagerung und Transport sowie sonstige Verwendungen von Kernbrennstoffen genehmigungspflichtig, §§ 4, 6, 9 AtG. Die Neuerrichtung von Kernkraftwerken ist nach § 7 Abs. 1 Satz 2 AtG verboten. Die Überwachung atomarer Anlagen erfolgt sowohl durch die staatlichen Aufsichtsbehörden als auch durch die Betreiber selbst. Bei Verstößen gegen atomrechtliche Vorschriften können die Aufsichtsbehörden nach § 19 AtG Anordnungen erlassen und, falls dies zur Einhaltung des Schutzzwecks erforderlich ist, selbst bei genehmigungskonformem Betrieb in die bestehende Anlagengenehmigung durch nachträgliche Auflagen nach § 17 AtG eingreifen. 38.56

Weitere im Atomrecht bestehende Genehmigungspflichten betreffen die Ein- und Ausfuhr von Kernbrennstoffen (§ 3 AtG) sowie deren Beförderung (§ 4 AtG), Aufbewahrung (§ 6 AtG) und Verwendung (§ 9 AtG). Darüber hinaus enthält die StrlSchV Genehmigungspflichten für den Umgang mit sonstigen radioaktiven Stoffen oder Kernbrennstoffen (§ 7 StrlSchV), die Errichtung und den Betrieb bestimmter Anlagen zur Erzeugung ionisierender Strahlen (§ 11 StrlSchV), die grenzüberschreitende Verbringung bestimmter radioaktiver Stoffe (§ 19 StrlSchV) und die Anwendung radioaktiver Stoffe oder ionisierender Strahlung am Menschen zu Zwecken medizinischer Forschung (§ 23 StrlSchV). 38.56a

8. Bezüge zum Betriebssicherheits- und Arbeitsschutzrecht

Mit dem Umweltrecht ist das Betriebssicherheits- und Arbeitsschutzrecht eng verflochten. Zahlreiche Vorschriften, etwa aus dem Gefahrstoffrecht, dienen zugleich dem Schutz der Umwelt und dem Arbeitsschutz. Ausdrücklich bestimmt § 6 Abs. 1 Nr. 2 BImSchG, dass der Errichtung und dem Betrieb einer genehmigungsbedürftigen Anlage Belange des Arbeitsschutzes nicht entgegenstehen dürfen. Die Verflechtung von Umwelt- und Arbeitsschutz hat sich auch in § 10 Satz 3 des **Gesetzes über Betriebsärzte, Sicherheitsingenieure und andere Fachkräfte für Arbeitssicherheit** (ASiG) niedergeschlagen. Danach sind Betriebsärzte und die Fachkräfte für Arbeitssicherheit verpflichtet, bei der Erfüllung ihrer Aufgaben mit den im Betrieb für Angelegenheiten des Umweltschutzes beauftragten Personen zusammenzuarbeiten.[2] 38.57

---

[1] Das Dreizehnte Gesetz zur Änderung des Atomgesetzes vom 31.7.2011 (BGBl. I 2011, 1704) ist Ausdruck der geänderten deutschen Atom- bzw. Energiepolitik als Reaktion auf die Nuklearkatastrophe von Fukushima. Mit Inkrafttreten des Gesetzes am 6.8.2011 erlosch für die sieben ältesten deutschen Kernkraftwerke und das Kernkraftwerk Krümmel die Berechtigung zum Leistungsbetrieb. Die Genehmigungen der drei jüngsten Anlagen zum Leistungsbetrieb erlöschen spätestens im Jahr 2022; für die übrigen Anlagen erloschen bzw. erlöschen sie gestaffelt bis spätestens 2015, 2017, 2019 bzw. 2021. Zur Novelle *Ewer*, NVwZ 2011, 1035 ff.; zur Verfassungsmäßigkeit jüngst *Enzensperger*, DÖV 2016, 939 ff.; s. nunmehr BVerfG v. 6.12.2016 – 1 BvR 2821/11 v.a., NVwZ Beil. 1/2017, 9 ff.

[2] *Pieper*, ArbSchR, Kommentar, 6. Aufl. 2017, Einleitung Rz. 7 m.w.N.

38.58 Speziell den Schutz der Arbeitnehmer regeln das **Arbeitsschutzgesetz (ArbSchG)** und das ASiG. Für die Bereitstellung und Benutzung von Arbeitsmitteln gilt seit dem 1.12.2011 das **Produktsicherheitsgesetz (ProdSG)**[1], welches das bis dahin geltende Geräte- und Produktsicherheitsgesetz (GPSG) abgelöst und die nationalen Vorschriften an die technischen Vorgaben für Produkte aus dem „New Legislative Framework" der EU angepasst hat.[2] In der **Betriebssicherheitsverordnung (BetrSichV)** werden zahlreiche Regelungen über Beschaffenheitsanforderungen an Arbeitsmittel und Betriebsvorschriften für überwachungsbedürftige Anlagen zusammengeführt.[3] Die 2015 novellierte Fassung formuliert die Beschaffenheitsanforderungen an Arbeitsmittel und Betriebsvorschriften nunmehr als genuine Schutzziele und betont besondere Unfallschwerpunkte. Im Rahmen des Explosionsschutzes sind die Gefährdungsbeurteilung und die Festlegung von Schutzmaßnahmen seit der Novelle allein auf der Grundlage der Gefahrstoffverordnung vorzunehmen.[4] Weitere bedeutende Arbeitsschutzverordnungen sind die Baustellenverordnung, die Lastenhandhabungsverordnung, die PSA-Benutzungsverordnung, die Biostoffverordnung, die Verordnung zum Schutze der Mütter am Arbeitsplatz, die Arbeitsstättenverordnung und die Lärm- und Vibrations-Arbeitsschutzverordnung.

38.59 Die Einhaltung der Betriebssicherheits- und Arbeitsschutzbestimmungen wird nach § 21 Abs. 1 ArbSchG und §§ 34 ff. ProdSG staatlich überwacht. Die zuständigen Behörden können die zum Betriebssicherheits- und Arbeitsschutz erforderlichen Maßnahmen nach § 22 ArbSchG und § 35 ProdSG erlassen und, wenn diese nicht eingehalten werden, bestimmte Arbeiten oder den Betrieb einer Anlage untersagen. Verstöße gegen Betriebssicherheits- und Arbeitsschutzrecht stellen unter bestimmten Voraussetzungen Ordnungswidrigkeiten oder sogar Straftaten nach §§ 25, 26 ArbSchG und §§ 39, 40 ProdSG dar.

III. Umweltbetriebsorganisation

1. Umweltschutzsichernde Unternehmens- und Betriebsorganisation

a) Grundfragen

38.60 Neben umweltbezogenen Verhaltenspflichten sind die an eine **umweltrechtsadäquate Unternehmensorganisation** gestellten Anforderungen für die Frage umweltrechtlicher Verantwortlichkeit von zentraler Bedeutung. Grundsätzliche Anforderungen an die Unternehmensorganisation ergeben sich aus dem Gesellschaftsrecht. Umweltrechtliche Anforderungen an die Unternehmensorganisation ergeben sich gerade aus öffentlich-rechtlichen Vorgaben. Vorstand und Geschäftsführung trifft die Pflicht, für eine klare umweltbezogene Unternehmens- und Betriebsorganisation zu sorgen, Aufgaben eindeutig an entsprechend qualifizierte, sorgfältig ausgewählte und regelmäßig dahingehend geschulte und überwachte Personen zu de-

---

1 Produktsicherheitsgesetz v. 8.11.2011 (BGBl. I 2011, 2178, 2179; BGBl. I 2012, 131); Überblick zur Neuregelung bei *Kapoor/Klindt*, NVwZ 2012, 719 ff.; *Polly/Lach*, BB 2012, 71 ff.; zu aktuellen Fragen des Produktsicherheitsrechts *Schucht*, DVBl. 2016, 351 ff. sowie *Schucht*, BB 2016, 456 ff.
2 *Kapoor/Klindt*, NVwZ 2012, 719, 720; Rechtsprechungsüberblick zu ProdSG bei *Molitoris/Klindt*, NJW 2016, 2464 ff.; speziell aus Transaktionsperspektive *Klindt/Swoboda*, Unternehmenskauf: Produktsicherheit als Teil der juristischen Due Diligence, DB 2005, 1203 ff.; s. auch *Palmigiano/Bongiorno*, Overview of EU Legislation on Product Liability and Consumer Safety, Business Law International 6 (2005), 396 ff.
3 *Wink* in Kollmer/Klindt/Schucht, ArbSchG, BetrSichV Einf Rz. 1.
4 Überblick über die Neuerungen bei *Schucht*, NZA 2015, 333 ff. sowie *Wilrich*, DB 2015, 981 ff.

legieren und diese Organisation periodisch zu überprüfen.[1] Für Produktionsunternehmen verdichten sich diese Anforderungen aus Gesichtspunkten der Beweislasterleichterung für den Geschädigten: Nach der „Kupolofen"-Rechtsprechung des BGH[2] und § 6 UmweltHG obliegt dem Betreiber der Nachweis des bestimmungsgemäßen Betriebs der Anlage. Entsprechend den allgemeinen zivilrechtlichen Maßstäben zum Organisationsverschulden und zu den Verkehrssicherungspflichten kehrt sich danach bei Feststehen einer objektiven Pflichtverletzung die Beweislast hinsichtlich der subjektiven Sorgfaltsverletzung um, d.h. der Betreiber muss sich vom Vorwurf einer Fahrlässigkeitsschuld exkulpieren[3] – dies kann er nur durch eine umweltschutzsichernde Unternehmens- und Betriebsorganisation.[4]

b) Einführung von Überwachungssystemen

Pflichten zur umweltschutzsichernden Organisation eines Unternehmens lassen sich zum einen bereichsspezifisch dem Umweltrecht entnehmen. Anerkannt ist dies etwa für §§ 5, 6 BImSchG und § 23 KrWG.[5] Hieraus ergibt sich die Pflicht, durch organisatorische Maßnahmen im Unternehmen sicherzustellen, dass Betriebsstörungen unverzüglich gemeldet und Sofortmaßnahmen zum Schutz vor schädlichen Umwelteinwirkungen und Gefahren ergriffen werden.[6] Werden entsprechende betriebsorganisatorische Maßnahmen nicht vorgenommen, kommen neben öffentlich-rechtlichen Folgen auch straf- und haftungsrechtliche Konsequenzen in Betracht. § 52b Abs. 2 BImSchG bzw. § 58 Abs. 1 KrWG setzen eine solche **Organisationspflicht** voraus und statuieren eine Mitteilungspflicht hinsichtlich dieser Organisation. Für die der Störfall-Verordnung (12. BImSchV) unterliegenden Betriebsbereiche ist die Einrichtung eines **Sicherheitsmanagementsystems** als Grundlage des Störfall-Verhinderungskonzepts (§§ 3, 8 Störfall-VO) unabdingbar.[7] § 16 Störfall-VO sieht zudem die Einrichtung eines dem betroffenen Betriebsbereich angemessenen Überwachungssystems durch die Behörde vor, das eine planmäßige und systematische Prüfung der technischen, organisatorischen und managementspezifischen Systeme des Betriebsbereichs ermöglicht und so die Kontrolle der den Betreiber treffenden Pflichten zum Nachweis störfallspezifischer Vorsorge erlaubt; die entsprechenden Voraussetzungen für dieses Überwachungssystem hat der Betreiber zu schaffen.

38.61

Daneben fordert das Gesellschaftsrecht ein Mindestmaß umweltschutzsichernder Unternehmensorganisation: § 91 Abs. 2 AktG sieht vor, dass der Vorstand einer Aktiengesellschaft

38.62

---

1 Vgl. *Arnold/Rothenburg* in Semler/Peltzer/Kubis, Arbeitshandbuch für Vorstandsmitglieder, § 7 Rz. 35 ff.
2 BGH v. 18.9.1984 – VI ZR 223/82, BGHZ 92, 143; s. auch BGH v. 17.6.1997 – VI ZR 372/95, NJW 1997, 2748 – Lackierkabinen. Dazu *R. Enders*, Die zivilrechtliche Verantwortlichkeit für Altlasten und Abfälle, S. 141 f., 320 ff.
3 Vgl. statt vieler *R. Enders*, Die zivilrechtliche Verantwortlichkeit für Altlasten und Abfälle, S. 322.
4 Allg. zu Organisationsanforderungen an das „gerichtsfeste" Produktionsunternehmen *Adams/Johannsen*, BB 1996, 1017.
5 Vgl. *Huffmann*, Der Einfluß des § 52a BImSchG auf die Verantwortlichkeit im Unternehmen, S. 35 ff.; *Rehbinder*, ZHR 165 (2001), 1, 19 ff.; *Kiehte*, DVBl. 2004, 1516, 1523.
6 Überblick bei *Knebusch*, Die umweltschutzsichernde Betriebs- und Unternehmensorganisation: Versuch einer Konkretisierung umweltgerechter Organisationsstrukturen im Umweltrecht, Diss. iur. Mainz 2003, S. 49 ff.
7 Dazu *Heinze*, Sicherheitskonzept und Sicherheitsmanagementsystem nach der neuen Störfall-Verordnung, UPR 2002, 53; *Brüge*, Die neue Störfallverordnung und ihre Bedeutung für die Praxis, DB 2000, 1501.

Maßnahmen zur Erkennung von den Fortbestand der Gesellschaft gefährdenden Entwicklungen ergreift und ein entsprechendes **Überwachungssystem** einrichtet.[1] Dieses Überwachungssystem muss auch den Umweltbereich abdecken, wenn und soweit sich daraus bestandsgefährdende Entwicklungen für die Gesellschaft ergeben können. Überwiegend wird aus dem Gedanken des § 91 Abs. 2 AktG, aus § 130 OWiG sowie aus dem Prinzip der Gesamtverantwortung der geschäftsführenden Organe und den Verkehrssicherungspflichten abgeleitet, dass nicht nur in Aktiengesellschaften, sondern in allen Unternehmen unabhängig von der Gesellschaftsform ein Überwachungssystem zu errichten[2] und zu dokumentieren ist.[3]

2. Unternehmensverantwortliche und Mitteilungspflichten zur Betriebsorganisation

38.63 Verschiedene öffentlich-rechtliche Normen verpflichten dazu, den zuständigen Behörden anzuzeigen, wer für die Gesellschaft die Pflichten des Anlagenbetreibers wahrnimmt. Eine Bestellung solcher **Unternehmensverantwortlicher** sehen etwa § 52b BImSchG, § 58 KrWG und § 31 Abs. 1 StrlSchV vor.[4] Diese Normen stellen aber in § 52b Abs. 1 Satz 2 BImSchG, § 58 Abs. 1 Satz 2 KrWG und § 31 Abs. 1 Satz 4 StrlSchV zugleich klar, dass die **Gesamtverantwortung** aller Organmitglieder von der Bestellung des Unternehmensverantwortlichen unberührt bleibt.[5]

38.64 § 52b BImSchG findet nur Anwendung, wenn die Kapital- oder Personengesellschaft mehr als einen vertretungsberechtigten Gesellschafter oder nur ein vertretungsberechtigtes Organmitglied hat.[6] Ist bei einer Kommanditgesellschaft Komplementär eine juristische Person (wie bei der GmbH & Co. KG), ist nach dem Sinn der Vorschrift auf die Geschäftsführungsverhältnisse der Komplementärin abzustellen.[7] § 52b BImSchG enthält zwei Pflichten für die Betreiber genehmigungsbedürftiger Anlagen: (i) die Benennung verantwortlicher (Leitungs-)Personen (Abs. 1) und (ii) die Offenlegung der Betriebsorganisation (Abs. 2).

a) Benennung einer verantwortlichen Person (§ 52b Abs. 1 BImSchG)

38.65 Handelt es sich bei dem Anlagenbetreiber um eine Kapitalgesellschaft oder eine Personengesellschaft mit mehreren vertretungsberechtigten Organmitgliedern bzw. Gesellschaftern, ist der nach Landesrecht zuständigen Behörde der Name derjenigen Person mitzuteilen, welche nach den internen Geschäftsführungsbestimmungen für die Erfüllung der Betreiberpflichten unter dem BImSchG sowie der darauf basierenden Verordnungen zuständig ist. Diese benannte Person fungiert dann als Hauptansprechpartner der jeweiligen Behörde. Die Benen-

---

1 Vgl. in diesem Zusammenhang auch § 317 Abs. 4 HGB für börsennotierte Aktiengesellschaften; dazu *Spindler* in Fleischer, Handbuch des Vorstandsrechts, § 19 Rz. 59; jüngst *Reichert/Ott*, ZIP 2009, 2173 ff.

2 *Menzer*, GmbHR 2001, 506, 512; *Hauschka*, DB 2006, 1143, Fn. 1; *Uwe H. Schneider*, ZIP 2003, 645, 648 f.

3 LG München I v. 5.4.2007 – 5 HK O 15964/06, NZG 2008, 319, 320; *Schmidt-Kötters* in Beck'sches M&A-Handbuch, § 82 Rz. 96.

4 Hierzu *Rehbinder*, ZHR 165 (2001), 1, 8; zu vorsorgenden Organisationsstrukturen und dem unternehmerischen Sanktionsrisiko mit Blick auf § 130 OWiG *Wegner*, ZRFC 2010, 18.

5 Allg. A., vgl. nur *Uwe H. Schneider*, DB 1993, 1909, 1912; *Spindler* in Fleischer, Handbuch des Vorstandsrechts, § 15 Rz. 83.

6 Vgl. nur *Manssen*, GewArch 1993, 280, 281.

7 Ebenso *Jarass*, § 52b BImSchG Rz. 3 m.w.N. zum Streitstand.

nung als verantwortliche Person setzt jedoch voraus, dass es sich um ein **vertretungsberechtigtes Organmitglied** bzw. einen **Gesellschafter** handelt. Besondere immissionsschutzfachliche oder -rechtliche Qualifikationen sind bei dieser Person nicht erforderlich. Auch begründet oder erweitert allein die Benennung keine privatrechtlichen oder öffentlich-rechtlichen Verpflichtungen oder Haftungen; diese ergeben sich vielmehr aus der Geschäftsführungsbefugnis. Wie oben erwähnt, bleibt nach § 52b Abs. 1 Satz 2 BImSchG die Gesamtverantwortung der Organmitglieder oder der Gesellschaft von der Mitteilung unberührt.

b) Offenlegung der Organisation (§ 52b Abs. 2 BImSchG)

§ 52b Abs. 2 BImSchG erfordert die Offenlegung der Aufbau- und Ablauforganisation, durch die sichergestellt werden soll, dass die zum Schutz vor schädlichen Umwelteinwirkungen und vor sonstigen Gefahren, erheblichen Nachteilen und erheblichen Belästigungen dienenden Vorschriften und Anordnungen beachtet werden. Dabei begründet § 52b Abs. 2 BImSchG keine eigenständige Organisationspflicht, sondern setzt eine entsprechende Organisation als bestehend voraus. Die Organisationspflicht ergibt sich vielmehr aus den materiellen Schutzpflichten, insbesondere § 5 BImSchG. Insofern ist die **Pflicht zur umweltschutzsichernden Betriebsorganisation** eine **Betreiberpflicht**.[1] Besondere organisatorische Anforderungen können sich darüber hinaus aus der Störfall-Verordnung (12. BImSchV) ergeben, soweit die jeweilige Anlage vom Anwendungsbereich der Störfallverordnung erfasst wird.

38.66

c) Organisatorische Umsetzung

Der genaue Inhalt und Umfang der Organisations- und der Mitteilungspflicht ergibt sich grundsätzlich nicht aus dem Gesetz, sondern richtet sich nach der Art der genehmigungsbedürftigen Anlage im Einzelfall. Allgemein wird jedoch die Vorlage eines **Organisationsplans** bzgl. des Betriebs der jeweiligen Anlage erforderlich sein. Ein solcher Organisationsplan sollte unter anderem die bestehenden Weisungsbefugnisse, das festgelegte Meldewesen (**Reporting**), die Überwachungs- und Wartungskonzepte, die Planungen für eventuelle Betriebsstörungen, die personelle Besetzung, die Schulung der Betriebsangehörigen sowie die Verknüpfung der **Linienverantwortung** mit dem Umweltschutz kenntlich machen. Darüber hinaus ist, soweit einschlägig, die Einbindung von Immissionsschutzbeauftragten und Störfallbeauftragten aufzuzeigen. Teilweise wird vertreten, dass eine namentliche Nennung aller Funktionsträger erforderlich sei, was jedoch aufgrund des enormen organisatorischen Aufwandes (Wechsel von Personen) nicht praktikabel und – jedenfalls für alle Organisationsebenen unterhalb des Betriebsleiters – rechtlich auch nicht begründbar ist.[2] Generelle Vorgaben an die Qualifizierung einzelner Personen innerhalb des Organisationsplans (abgesehen von den Immissionsschutz- und Störfallbeauftragten) sieht das Gesetz nicht vor. Ebenso wenig gibt es gesetzlich verpflichtende Vorgaben für den Aufbau der Organisationsstruktur. Die Organisationsfreiheit des Unternehmers ist vielmehr zu respektieren, soweit eine Beachtung der immissionsschutzrechtlichen Pflichten gewährleistet wird. Anhaltspunkte für geeignete Organisationsformen lassen sich der europäischen EMAS-Verordnung (EG) Nr. 1121/2009 sowie der ISO-Norm 14 001 (Umweltmanagementsysteme) entnehmen (dazu Rz. 38.109 ff.). Die Teilnahme am freiwilligen EMAS-System führt grundsätzlich auch zur Erfüllung der Mitteilungspflichten nach § 52b Abs. 2 BImSchG. Besondere organisatorische Anforderungen

38.67

---

1 *Feldhaus*, Umweltschutzsichernde Betriebsorganisation, NVwZ 1991, 927, 928 f.; *Spindler*, Unternehmensorganisationspflichten, S. 55 ff.
2 Überblick bei *Jarass*, § 52b BImSchG Rz. 11.

können sich aus der Störfall-Verordnung (12. BImSchV) ergeben. Bei unzureichenden organisatorischen Maßnahmen kann die zuständige Behörde im Wege nachträglicher Anordnungen nach § 17 BImSchG eingreifen.

3. Umweltschutzbeauftragte

a) Erscheinungsformen

38.68 Neben spezialgesetzlich konkretisierten Eigenüberwachungspflichten, etwa nach § 7 Abs. 1 BImSchG und § 61 Abs. 1 WHG, kennt das Umweltrecht als besonderes **Instrument qualifizierter Eigenüberwachungspflichten** die Betreiberpflicht zur Bestellung von Umweltschutzbeauftragten.[1] Der praktisch verbreitete Sammelbegriff des Umweltschutzbeauftragten ist Ausdruck des übergreifenden gesetzgeberischen Ziels der Schaffung von Umwelteffizienz durch Betriebsorganisation, darf aber nicht darüber hinwegtäuschen, dass das Umweltrecht **keinen einheitlichen Umweltschutzbeauftragten** institutionell verankert hat, sondern spezielle Bestellungsvorschriften vorsieht, die indes grundsätzlich in der Person ein und desselben Beauftragten erfüllt werden können (sog. Mehrfachbeauftragter, s. unten)[2]. Spezialgesetzlich normiert sind der **Betriebsbeauftragte für Immissionsschutz** (Immissionsschutzbeauftragter, §§ 53–58 BImSchG) und, hinsichtlich der Betriebe und Betriebsbereiche, die der Störfall-Verordnung (12. BImSchV) unterliegen, der **Störfallbeauftragte** (§§ 58a–58d BImSchG), der **Betriebsbeauftragte für Abfall** (§§ 59 f. KrWG) und der **Gewässerschutzbeauftragte** (§§ 64–66 WHG). Das Atom- und Strahlenschutzrecht verpflichtet den Strahlenschutzverantwortlichen zur Bestellung eines **Strahlenschutzbeauftragten** nach Maßgabe der Strahlenschutzverordnung (§§ 31 ff. StrlSchV) und der Röntgenverordnung (§§ 13 ff. RöV). Zudem hat der Betreiber einer kerntechnischen Anlage i.S. des § 7 Abs. 1 AtG einen **kerntechnischen Sicherheitsbeauftragten** nach §§ 2 ff. der Atomrechtlichen Sicherheitsbeauftragten- und Meldeverordnung (AtSMV) zu bestellen. Im Gefahrgutbeförderungsrecht verpflichtet § 3 Abs. 1 Nr. 14 GGBefG i.V.m. der Gefahrgutbeauftragtenverordnung (GbV) Unternehmer und Inhaber von Betrieben, die an der Beförderung gefährlicher Güter mit Eisenbahn-, Straßen-, Wasser- und Luftfahrzeugen beteiligt sind, zur Bestellung eines **Gefahrgutbeauftragten**. Im Anwendungsbereich der Gentechnik-Sicherheitsverordnung hat der Betreiber bei gentechnischen Arbeiten in gentechnischen Anlagen und bei Freisetzungen gentechnisch veränderter Organismen einen **Beauftragten für die Biologische Sicherheit** zu bestellen, §§ 16 ff. GenTSV.

38.69 Mit Ausnahme des Gefahrgutbeauftragten, dessen Aufgaben nach § 3 Abs. 1 Satz 3 GbV auch durch den Unternehmer selbst wahrgenommen werden dürfen, gilt hinsichtlich aller Umweltschutzbeauftragten ein **Verbot der Selbstbestellung** des Betreibers.[3]

38.70 Eine gesetzliche **Pflicht zur Bestellung** trifft die Betreiber bestimmter, untergesetzlich normierter Anlagentypen[4] bzw. beruht auf dem Umfang von Abwassereinleitungsrechten des Benutzers.[5] Sofern eine Bestellung gesetzlich nicht vorgeschrieben ist, kann die zuständige

---

1 Vgl. *Kloepfer*, Umweltrecht, § 5 Rz. 450, 1444 ff.
2 Übersicht über die Erscheinungsformen der Betriebsbeauftragten bei *Mehle/Neumann*, Die Bestellung von Betriebsbeauftragten, NJW 2011, 360, 360 f.
3 Vgl. *Fischer*, Der Betriebsbeauftragte im Umweltschutzrecht, 1996, S. 20, 45 ff.
4 S. § 1 i.V.m. Anhang I der Verordnung über Immissionsschutz.- und Störfallbeauftragte – 5. BImSchV, § 1 der Verordnung über Betriebsbeauftragte für Abfall (AbfBeauftrV).
5 § 64 Abs. 1 WHG: Recht (i.d.R. Erlaubnis oder Bewilligung) zur Einleitung von mehr als 750 m³ Abwasser pro Tag.

Behörde im Einzelfall dem Betreiber bzw. Einleiter die Bestellung aufgeben, wenn sie dies aufgrund der sich aus dem Betrieb der Anlage ergebenden Gefahren für angezeigt hält.[1]

b) Mehrfacher und gemeinsamer, externer und interner Beauftragter

Zulässig ist die Bestellung eines **Mehrfachbeauftragten** wie die eines **gemeinsamen Betriebsbeauftragten** für mehrere Anlagen eines die Bestellungspflicht auslösenden Anlagentyps dann, wenn hierdurch eine sachgemäße Erfüllung der gesetzlichen Aufgaben des Beauftragten nicht gefährdet wird. Unter der gleichen Voraussetzung soll die zuständige Behörde auf Antrag des Betreibers auch die Bestellung eines nicht betriebsangehörigen Beauftragten (**externer Umweltschutzbeauftragter**) genehmigen (§ 5 der 5. BImSchV, § 4 AbfBeauftrV); eine Ausgliederung der Beauftragtenfunktion auf eine andere juristische Person ist nach herrschender Auffassung nicht möglich.[2] Die zuständige Behörde kann den Betreiber auch verpflichten, **mehrere Betriebsbeauftragte für eine Anlage** zu bestellen, wenn aufgrund der Anlagengröße nur so eine sachgerechte Aufgabenerfüllung gewährleistet ist. Auf Antrag eines oder mehrerer Betreiber von Anlagen, die unter der einheitlichen Leitung eines herrschenden Unternehmens zusammengefasst sind, kann die Bestellung eines **Betriebsbeauftragten für den Konzernbereich** gestattet werden, wenn das herrschende Unternehmen den Betreibern gegenüber zu Weisungen hinsichtlich der gesetzlichen Aufgaben des Betriebsbeauftragten berechtigt ist (§ 4 der 5. BImSchV, § 4 AbfBeauftrV). Zusätzlich zum Konzernbeauftragten muss dann aber für jede Anlage bzw. jeden Betriebsbereich eine fachkundige und zuverlässige Person zur Gewährleistung der sachgemäßen Erfüllung der Aufgaben des Betriebsbeauftragten bestellt werden.

38.71

Die Bestellung der Umweltschutzbeauftragten hat schriftlich unter genauer Bezeichnung der dem Beauftragten obliegenden Aufgaben zu erfolgen.[3] Der Umweltschutzbeauftragte ist regelmäßig **kein leitender Angestellter** im arbeitsrechtlichen Sinne.[4]

38.72

c) Aufgaben und Kompetenzen, Benachteiligungsverbot

Zum Umweltschutzbeauftragten darf nur bestellt werden, wer die zur Erfüllung der Aufgabe erforderliche **Fachkunde** und **Zuverlässigkeit** besitzt.[5] Für den Immissionsschutz- und den Störfallbeauftragten konkretisieren §§ 7 bis 10a der 5. BImSchV diese Anforderungen, für die anderen Umweltschutzbeauftragten fehlen entsprechende untergesetzliche Konkretisierungen. Die Anforderungen nach der 5. BImSchV – einschlägiges Hochschulstudium oder gleichwertige fachliche Ausbildung, Besuch von behördlich anerkannten Lehrgängen und regelmäßige Fortbildungen, mindestens zweijährige praktische Tätigkeit in der Anlage, für die der Beauftragte bestellt werden soll – dienen aber als Anhaltspunkte für die an andere Umweltschutzbeauftragte zu stellenden Anforderungen.[6]

38.73

---

1 § 53 Abs. 2 und § 58a Abs. 2 BImSchG, § 59 Abs. 2 KrWG, § 64 Abs. 2 WHG.
2 Nachweise bei *Spindler*, Unternehmensorganisationspflichten, S. 119 m. Fn. 493.
3 § 55 Abs. 1 BImSchG, § 66 WHG i.V.m. § 55 BImSchG, § 31 Abs. 2 StrlSchV.
4 *Bährle*, UPR 1995, 93, 94.
5 § 55 Abs. 2 Satz 1 und § 58c Abs. 1 BImSchG, § 60 Abs. 3 KrWG i.V.m. § 55 Abs. 2 BImSchG, § 66 WHG i.V.m. § 55 Abs. 2 BImSchG, § 31 Abs. 3 StrlSchV. Überblick bei *Kaster*, GewArch 1998, 129, 133 f.
6 *Kaster*, GewArch 1998, 129, 133; ebenso für den Gewässerschutzbeauftragten *Czychowski/Reinhardt*, § 66 WHG Rz. 14.

38.74 Das gesetzlich nur abstrakt beschriebene und durch die individuelle Beauftragung zu konkretisierende **Aufgabenspektrum** der Umweltschutzbeauftragten ist ausgeprägt **initiativer, kontrollierender** und **konsiliarischer Natur**; echte Leitungs-, Weisungs- und Beaufsichtigungsrechte sind nur für den Strahlenschutzbeauftragten vorgesehen (§ 32 Abs. 2 Satz 2 StrlSchV).[1] Im Allgemeinen geht es um die Kontrolle von Anlagen und Betriebsstätten, Unterrichtung über und Vorschläge zur Beseitigung von Mängeln, Information und Aufklärung sowie die Entwicklung und Einführung umweltfreundlicher Verfahren und Produkte. Der Betreiber hat durch innerbetriebliche Organisationsmaßnahmen sicherzustellen, dass der Umweltschutzbeauftragte entsprechend seinem gesetzlichen Auftrag ungehindert prüfen, kontrollieren und beraten sowie „unmittelbar bei der Geschäftsleitung vortragen" kann, wenn er sich mit dem zuständigen Betriebsleiter nicht einigen konnte und er wegen der besonderen Bedeutung der Sache eine Entscheidung der Geschäftsleitung für erforderlich hält (sog. **Vortragsrecht**, § 57 BImSchG, § 60 Abs. 3 Satz 1 KrWG i.V.m. § 57 BImSchG, § 66 WHG i.V.m. § 57 BImSchG). Das Vortragsrecht kann wie alle gesetzlichen Pflichten der Umweltschutzbeauftragten als öffentlich-rechtliche Pflicht durch die zuständige Behörde – notfalls im Wege des Verwaltungszwangs – gegenüber dem Betreiber durchgesetzt werden, nicht aber durch den Umweltschutzbeauftragten selbst.[2]

38.75 Gemeinsames und wesentliches Merkmal der gesetzlichen Ausgestaltung aller Umweltschutzbeauftragten ist das **Benachteiligungsverbot**:[3] Wegen der Erfüllung der ihnen übertragenen Aufgaben dürfen sie nicht benachteiligt werden; dieses öffentlich-rechtliche Verbot richtet sich nicht nur an den Arbeitgeber, sondern auch an jeden Dritten, mithin auch den Betriebsrat.[4] **Interne**, also beim Betreiber angestellte **Umweltschutzbeauftragte** genießen **besonderen Kündigungsschutz**[5], der nur durch das Vorliegen besonderer, zur außerordentlichen und fristlosen Kündigung berechtigender Tatsachen durchbrochen werden darf und zudem für ein Jahr nach Abberufung als Beauftragter fortwirkt.[6]

d) Außenhaftung des Umweltschutzbeauftragten?

38.76 Nach weiterhin überwiegender Auffassung trifft die Umweltschutzbeauftragten keine eigene strafrechtliche Verantwortlichkeit und eine zivilrechtliche Verantwortlichkeit allenfalls gegenüber dem Anlagenbetreiber;[7] insbesondere begründen die Vorschriften über die gesetzlichen Aufgaben keine Schutzgesetze i.S. des § 823 Abs. 2 BGB.[8] Die zivilrechtliche Haftung ist zudem bei internen Beauftragten nach den Grundsätzen betrieblich veranlasster Tätigkeit begrenzt.[9] Zur ordnungsgemäßen Aufgabenerfüllung kann den Umweltschutzbeauftragten regelmäßig nur der Betreiber, gestützt auf das Bestellungs- und das Arbeitsverhältnis, anhal-

---

1 Kritisch schon *Feldhaus*, NVwZ 1991, 927, 930: „betriebsorganisatorische Schwäche in der Stellung des Betriebsbeauftragten".
2 *Jarass*, § 55 BImSchG Rz. 23, § 58 BImSchG Rz. 9.
3 § 58 BImSchG, § 60 Abs. 3 KrWG i.V.m. § 58 BImSchG, § 66 WHG i.V.m. § 58 BImSchG, § 32 Abs. 5 StrlSchV.
4 *Bährle*, UPR 1995, 93, 95.
5 Vgl. dazu statt vieler *Ehrich*, DB 1996, 1468, 1473 ff.
6 § 58 Abs. 2 BImSchG, § 60 Abs. 3 KrWG i.V.m. § 58 Abs. 2 BImSchG, § 66 WHG i.V.m. § 58 Abs. 2 BImSchG.
7 *Jarass*, § 54 BImSchG Rz. 15, 16; differenzierend nunmehr *Kloepfer*, Umweltrecht, § 5 Rz. 1454 f., der eine umweltstrafrechtl. Verantwortlichkeit für möglich hält.
8 *Jarass*, § 54 BImSchG Rz. 15 m.w.N.; *Sander*, NuR 1985, 47, 48.
9 *Kaster*, GewArch 1998, 129, 139.

ten. Erst wenn Pflichtverstöße des Beauftragten Zweifel an seiner Fachkunde und Zuverlässigkeit begründen, kann die zuständige Behörde seine Abberufung verlangen.[1] Im Einzelfall kann der Betriebsbeauftragte strafrechtlich verantwortlich sein, wenn ihm über seine Beauftragtenbefugnisse hinaus Entscheidungsbefugnisse i.S. des § 14 Abs. 2 Satz 1 Nr. 2 StGB und § 9 Abs. 2 Satz 1 Nr. 2 OWiG übertragen worden sind.[2]

4. Betrieblicher Umweltschutz und Betriebsratsbeteiligung nach § 89 BetrVG

Seit 2001[3] sind die Aufgaben des Betriebsrats beim betrieblichen Umweltschutz erheblich erweitert. Die Förderung des betrieblichen Umweltschutzes gehört seitdem zu den allgemeinen Aufgaben des Betriebsrats, § 80 Abs. 1 Nr. 9 BetrVG[4], woraus allerdings kein Mitbestimmungsrecht für umweltwirksame Investitionen folgt.[5] § 88 Nr. 1a BetrVG sieht die schon zuvor in der Praxis verbreiteten **freiwillige Betriebsvereinbarungen zu Maßnahmen des betrieblichen Umweltschutzes** nunmehr ausdrücklich vor.[6] Zwar ist die – „unbeholfene"[7] – Legaldefinition des betrieblichen Umweltschutzes in § 89 Abs. 3 BetrVG sehr weit, mit der Beschränkung auf den „betrieblichen" Umweltschutz ist jedoch hinreichend klargestellt, dass dem Betriebsrat **kein allgemeines umweltpolitisches Mandat** zukommt[8], noch er die Funktion eines Hilfsorgans staatlicher Umweltschutzbehörden hat.[9] Das **Kooperationsgebot** des § 89 BetrVG verpflichtet in Abs. 1 Satz 1 den Betriebsrat, sich dafür einzusetzen, dass Umweltschutzvorschriften „durchgeführt" werden, nach Abs. 2 Satz 2 der Vorschrift hat der Arbeitgeber den Betriebsrat „bei allen im Zusammenhang mit dem betrieblichen Umweltschutz stehenden Besichtigungen und Fragen hinzuzuziehen"[10] und ihm unverzüglich die „den betrieblichen Umweltschutz betreffenden Auflagen und Anordnungen der zuständigen Stellen mitzuteilen"; ein darüber hinausgehendes Mandat zur unabhängigen Zusammenarbeit mit Umweltschutzbehörden hat der Betriebsrat nicht.[11] Auch im Übrigen sind die gesetzlichen Grenzen umweltschutzbezogener Mitbestimmung zu beachten. So ist die Entscheidung über die Teilnahme an freiwilligen Umweltmanagementsystemen wie namentlich EMAS als unternehmerische Entscheidung mitbestimmungsfrei.[12] Das Kooperationsgebot erstreckt sich auch auf die Umweltschutzbeauftragten[13], sofern nicht ein Betriebsratsmitglied – bei Erfüllung der fachlichen Voraussetzungen – zum Umweltschutzbeauftragten bestellt wird.[14] Dem arbeitsrechtlichen Kooperationsgebot entspricht die umweltverwaltungsrechtliche Verpflich-

38.77

---

1 S. § 55 Abs. 2 Satz 2 BImSchG.
2 *Kaster*, GewArch 1998, 129, 138 m.w.N.
3 Durch das Gesetz zur Reform des Betriebsverfassungsgesetzes vom 23.7.2001 (BGBl. I 2001, 1852). Zusammenfassend *Wiese*, BB 2002, 674; kritisch zum Regierungsentwurf *Konzen*, RdA 2001, 76.
4 S. entsprechend für Unternehmen mit Wirtschaftsausschuss § 106 Abs. 3 Nr. 5a BetrVG.
5 *Preis* in Wlotzke/Preis, § 80 BetrVG Rz. 23.
6 Zum möglichen Inhalt *Fitting*, § 88 BetrVG Rz. 18.
7 Zutreffend *Konzen*, RdA 2001, 76, 89. – Nach Maßgabe des § 45 Satz 1 BetrVG können allerdings „Angelegenheiten umweltpolitischer Art", die einen unmittelbaren Bezug zu den Arbeitnehmern und dem Betrieb haben, Gegenstand von Betriebs- und Abteilungsversammlungen sein.
8 *Bender* in Wlotzke/Preis, § 88 BetrVG Rz. 9 m.w.N.; *Wiese*, BB 2002, 674, 675.
9 So schon präzisierend die Gesetzesbegründung BT-Drucks. 14/5741, S. 31; s. auch *Richardi*, Betriebsverfassungsgesetz, Kommentar, § 89 BetrVG Rz. 31.
10 Zur korrespondierenden Verpflichtung des Arbeitgebers zur Aushändigung entsprechender Niederschriften (§ 89 Abs. 5 BetrVG) s. *Wiese*, BB 2002, 674, 679.
11 *Wiese*, BB 2002, 674, 679.
12 *Wiese*, BB 2002, 674, 680.
13 *Kohte* in Düwell, § 89 BetrVG Rz. 29, 34.
14 Dazu schon *Kloepfer*, DB 1993, 1125, 1126.

tung zur Unterrichtung des Betriebsrats vor Bestellung, Abberufung und Änderung der Aufgaben eines Umweltschutzbeauftragten.[1]

38.78 Wird der Betriebsrat in der Wahrnehmung seiner durch § 89 BetrVG übertragenen Aufgaben behindert oder gestört, ist dies bei Vorsatz nach § 119 Abs. 1 Nr. 2 BetrVG strafbar.[2] Für Streitigkeiten zwischen Arbeitgeber und Betriebsrat über Betriebsvereinbarungen zum betrieblichen Umweltschutz und über die Beteiligungsrechte aus § 89 BetrVG sind die Arbeitsgerichte zuständig, die im Beschlussverfahren entscheiden.[3]

D. Umweltverantwortlichkeit bei Unternehmenstransaktionen und Umstrukturierungen: Rechtsnachfolge in umweltrechtliche Rechts- und Pflichtenstellungen

I. Grundfragen der Verantwortungszuweisung

38.79 Die Umweltverantwortlichkeit eines Managers endet selten an den Grenzen des Unternehmens, dem er angehört. Unternehmenstransaktionen – Unternehmens- und Vermögenskauf (*„Asset deals"*) und Beteiligungs-/Anteilskauf (*„Share deals"*) sowie Umstrukturierungen[4] – prägen die Unternehmenswirklichkeit in einem Ausmaß, wie es dem eindeutige Pflichtenadressaten und Rechtsinhaber voraussetzenden Umweltverwaltungsrecht fremd ist. Die Praxis ordnet umweltrechtliche Verantwortung autonom zu und bestimmt selbst, ob und inwieweit es die Disposition darüber zulässt. Bei Unternehmenstransaktionen, bei denen umweltrechtlich verpflichtete Unternehmen involviert sind, ist deshalb stets allgemein zu fragen, ob und inwieweit der Erwerber oder Übernehmer Risiken aus der Pflichtstellung des Rechtsvorgängers zu gewärtigen hat.[5] Für geschäftsführende Organe ergeben sich mit Blick auf § 43 Abs. 2 GmbHG und § 93 Abs. 2 Satz 1 AktG insoweit besondere Sorgfaltspflichten, auf die im Gesellschaftsinteresse liegende Zuordnung umweltrechtlicher Risiken zu achten.

38.80 Die mit der Allokation von Umweltrisiken verbundenen Fragen zeigen sich exemplarisch und in großer Deutlichkeit bei der **Spaltung nach §§ 123 ff. UmwG**. Dabei unterliegt die Vermögensverteilung der privatautonomen Spaltungsfreiheit der beteiligten Rechtsträger,[6] sie erstreckt sich auch auf die Verbindlichkeiten des übertragenden Rechtsträgers. Zu diesen Verbindlichkeiten können grundsätzlich auch solche umweltrechtlicher Natur zählen. Die umweltrechtliche Brisanz der Spaltungsfreiheit ist allgemein bekannt. Ihr tatsächlich verbreiteter Missbrauch in Form der **Übertragung altlastenbehafteter Grundstücke** auf eine konzernangehörige, im Hinblick auf die Sanierungskosten unterkapitalisierte Tochtergesellschaft[7]

---

1 § 55 Abs. 1a BImSchG, § 60 Abs. 3 KrWG i.V.m. § 55 Abs. 1a BImSchG, § 58c Abs. 1 BImSchG, § 66 WHG i.V.m. § 55 Abs. 1a BImSchG.
2 *Bender* in Wlotzke/Preis, § 89 BetrVG Rz. 24; *Kohte* in Düwell, § 89 BetrVG Rz. 55.
3 § 2a Abs. 1 Nr. 1, Abs. 2, §§ 80 ff. ArbGG.
4 Zur Bedeutung von Umwandlungen im Zusammenhang mit Unternehmensakquisitionen vgl. allg. *Kallmeyer*, DB 2002, 568 ff.
5 Neben Risiken aufgrund der Transaktion selbst, wie sie sich aus umweltrechtlichen Informationspflichten (etwa nach § 2 Abs. 1 LBodSchG NRW und entsprechenden Vorschriften) ergeben; dazu im Überblick *Hilf/Roth*, DB 2005, 1951.
6 § 126 Abs. 1 Nr. 9, § 131 Abs. 1 Nr. 1 Satz 1 UmwG.
7 Zum Problem aus konzernrechtlicher Perspektive *Westermann*, ZHR 155 (1991), 223, 225.

hat den Gesetzgeber im Rahmen der Beratungen zu § 4 Abs. 3 BBodSchG dazu veranlasst, insoweit eine **Durchgriffshaftung** auf den Gesellschafter einzuführen.[1]

Nach der ersatzlosen Streichung der sog. „Spaltungsbremse" der §§ 132, 131 Abs. 1 Nr. 1 Satz 2 UmwG a.F., wonach allgemeine Vorschriften, welche die Übertragung eines Gegenstandes ausschlossen, an bestimmte Voraussetzungen knüpften oder einer Genehmigungspflicht unterwarfen, von den Wirkungen der Eintragung nach § 131 UmwG unberührt blieben, sind heute – grundsätzlich wie bei der Verschmelzung – nur noch höchstpersönliche Rechte und Pflichten von der Rechtsnachfolge ausgeschlossen.[2] Es bedarf daher keiner staatlichen Genehmigung bzw. rechtsgeschäftlichen Zustimmung mehr, um einen Gegenstand oder ein Recht bei einer Übertragung im Wege der Spaltung aufrechtzuerhalten.[3]

38.81

Sind mit einem Vermögensgegenstand Risiken verbunden, so werden die beteiligten Rechtsträger diese Risiken regelmäßig im Rahmen des Spaltungs- und Übernahmevertrages möglichst eindeutig zuzuweisen versuchen. Dabei gelten für Risiken, die sich aus umweltrechtlichen Rechten und Pflichten ergeben können, zunächst keine Besonderheiten. Wird etwa ein Grundstück auf einen anderen Rechtsträger ausgegliedert, ist der übertragende Rechtsträger grundsätzlich bemüht, mit dem Grundstück auch seine damit verbundene Verantwortlichkeit für Altlasten oder sonstige Umweltbelastungen, die auf dem Grundstück vorhanden sein könnten, auf den übernehmenden Rechtsträger mit zu übertragen, um dann nach Ablauf der Fünfjahresfrist des § 133 Abs. 3 Satz 1 UmwG insoweit von seiner Haftung frei zu werden.

38.82

Soweit von der umwandlungsrechtlichen Literatur überhaupt thematisiert, werden öffentlich-rechtliche **Rechtspositionen** – also auch solche des **Umweltverwaltungsrechts** – **grundsätzlich** als **übertragungsfähig** im Sinne des § 131 Abs. 1 Nr. 1 UmwG angesehen.[4] Davon ausgenommen werden, mit terminologischen Nuancierungen, Rechtspositionen, die „höchstpersönlicher Art"[5] bzw. nicht „sachlich gebunden", sondern „personenbezogen"[6] sind. Daran hat sich durch Streichung der §§ 132, 131 Abs. 1 Nr. 1 Satz 2 UmwG nichts geändert.[7] Auch der Gesetzgeber betont, dass höchstpersönliche Rechte und Pflichten weiterhin von der Nachfolge ausgeschlossen bleiben.[8] Sie sollen bei Abspaltung und Ausgliederung unabhängig von den Festlegungen im Spaltungs- und Übernahmevertrag beim übertragenden Rechtsträger verbleiben, bei einer Aufspaltung und der Verschmelzung sollen sie erlöschen.[9] Als Ab-

38.83

---

1 S. BT-Drucks. 13/6701, S. 51 Nr. 21; *Bickel*, § 4 BBodSchG Rz. 54 f.; kritisch *Spindler*, ZGR 2001, 385.
2 *Hörtnagl* in Schmitt/Hörtnagl/Stratz, UmwG/UmwStG, § 131 UmwG Rz. 76.
3 *Mayer*, MittBayNot 2007, 368, 373.
4 Überblick zum Meinungsstand bei *Zeppezauer*, Genehmigungen in der Unternehmensumwandlung: Einfluss von Formwechsel, Verschmelzung und Spaltung auf Genehmigungen des Wirtschaftsverwaltungsrechts, 2005, S. 235 ff.
5 *Hörtnagl* in Schmitt/Hörtnagl/Stratz, UmwG/UmwStG, § 131 UmwG Rz. 69; *Sickinger* in Kallmeyer, § 131 UmwG Rz. 2.
6 *Teichmann* in Lutter, § 131 UmwG Rz. 4.
7 A.A. *Zeppezauer*, DVBl. 2007, 599 (609).
8 BT-Drucks. 16/2919, S. 19.
9 *Hörtnagl* in Schmitt/Hörtnagl/Stratz, UmwG/UmwStG, § 131 UmwG Rz. 76; *Teichmann* in Lutter, § 131 UmwG Rz. 4 f.; *Sickinger* in Kallmeyer, § 131 UmwG Rz. 3; *Gaiser*, DB 2000, 361, 364; für die Verschmelzung *Vossius* in Widmann/Mayer, Umwandlungsrecht, Losebl., 159. Lfg. 10/2016, § 20 UmwG Rz. 250 f.; *Gaiser*, DB 2000, 361, 364; gegen die ganz herrschende Meinung: *Zeppezauer*, DVBl. 2007, 599, 601 ff., 609.

grenzungskriterium zeichnet sich danach ab, dass höchstpersönliche öffentlich-rechtliche Rechte der partiellen Gesamtrechtsnachfolge nicht zugänglich sind, sachbezogene Rechte hingegen der Dispositionsfreiheit der beteiligten Rechtsträger unterliegen und im Spaltungs- und Übernahmevertrag zugewiesen werden können. Für öffentlich-rechtliche Verpflichtungen, die in Geld zu erfüllen sind, nimmt die umwandlungsrechtliche Literatur an, dass diese übertragen werden können. Hingegen seien nicht auf Geld gerichtete öffentlich-rechtliche Verpflichtungen, etwa Handlungs- und Unterlassungsverpflichtungen, nach Durchführung der Spaltung für alle beteiligten Rechtsträger bindend.[1] Davon wiederum ausgenommen sei die Sanierungsverantwortlichkeit des Gesamtrechtsnachfolgers nach § 4 Abs. 3 Satz 1 BBodSchG[2] – sie soll vertraglich zugewiesen werden können.[3] Dabei handelt es sich aber nicht um einen Fall der gesetzlich geregelten Rechtsnachfolge, sondern um die Schaffung einer selbständigen Haftung des Gesamtrechtsnachfolgers. Der Gesamtrechtsnachfolger des Verursachers haftet hier nicht aus einem Rechtsnachfolgetatbestand, er tritt nicht „in" eine umweltrechtliche Pflichtenstellung ein, sondern er haftet aufgrund der gesetzlichen Inpflichtnahme.[4] Soweit keine gesetzliche Regelung besteht, ist die Übertragungsfähigkeit und das Schicksal von Verhaltensverantwortlichkeit – jedenfalls vor Konkretisierung durch Verwaltungsakt – umstritten.[5]

II. Grundsatz der privatrechtlichen Indisponibilität öffentlich-rechtlicher Haftung

38.84 Bei der Frage der Nachfolgefähigkeit und damit der Übertragbarkeit umweltrechtlicher Verpflichtungen geraten zunächst **umweltordnungsrechtliche Pflichten** in den Fokus. In diesen Fällen geht es um die Abwehr oder Beseitigung von Gefahren für die öffentliche Sicherheit, die ihre Ursache im Verhalten von Personen haben („Verhaltensstörer") oder im Zustand einer Sache, für die eine Person verantwortlich ist („Zustandsstörer"). Die Verantwortlichkeit einer Person für die Gefahrenabwehr oder -beseitigung wird traditionell als „Polizeipflicht" bezeichnet. Dabei ist zu differenzieren zwischen der Übernahme einer „abstrakten" Polizeipflicht und einer durch behördliche Anordnung „konkretisierten" Verantwortlichkeit („konkrete Polizeipflicht").[6]

38.85 Die Polizeipflicht ist eine öffentlich-rechtliche Pflicht. Sie kann nach klassischer[7] Lehre mangels Dispositionsbefugnis der Adressaten dieser Pflicht nicht zum Gegenstand privatrechtlicher Vereinbarungen gemacht werden.[8] Zwar kann der Polizeipflichtige in einem privatrechtlichen Vertrag einen anderen verpflichten, an seiner Statt die Polizeipflicht zu erfüllen. Wer also etwa zur Sanierung einer Altlast oder zur Beseitigung von Bergschäden verpflichtet ist, kann natürlich einen Werkvertrag mit einem Unternehmer schließen, nach dem der Unternehmer alles zur Erfüllung der Sanierungs- bzw. Beseitigungspflicht Erforderliche zu leis-

---

1 *Hörtnagl* in Schmitt/Hörtnagl/Stratz, UmwG/UmwStG, § 131 UmwG Rz. 70.
2 Näher dazu *Versteyl* in Vesteyl/Sondermann, § 4 BBodSchG Rz. 46 ff.
3 *Hörtnagl* in Schmitt/Hörtnagl/Stratz, UmwG/UmwStG, § 131 UmwG Rz. 71 sowie *Teichmann* in Lutter, § 131 UmwG Rz. 79.
4 Kritisch: *Bickel*, § 4 BBodSchG Rz. 26.
5 Vgl. *Gaiser*, DB 2000, 361, 364; *Stadie*, DVBl. 1990, 501, 503 ff. m.w.N.
6 Ausf. *Schmidt-Kötters* in Beck'sches M&A-Handbuch, § 76 Rz. 73 f.
7 Das ist wörtlich zu nehmen: *Ius publicum privatorum pactis mutari non potest.* Dig. 2, 14, 38 (*Papinian*).
8 *Drews/Wacke/Vogel/Martens*, Gefahrenabwehr, § 19, S. 298; *Schmidt-Kötters* in Beck'sches M&A-Handbuch, § 76 Rz. 75.

ten hat. Im Verhältnis zur Behörde hat ein solcher Vertrag aber nicht die Wirkung einer unter Privaten möglichen privativen Schuldübernahme (§§ 414 f. BGB); der Polizeipflichtige haftet weiter. Hierin liegt der Grund für die Schaffung des in § 24 Abs. 2 BBodSchG geregelten Ausgleichsanspruchs zwischen mehreren bodenschutzrechtlich Verantwortlichen. Denn bei einer Mehrheit von Verantwortlichen kann die Behörde im Rahmen des ihr zustehenden Auswahlermessens entscheiden, wen sie in Anspruch nimmt. Als Maßstab für die Störerauswahl dient der Grundsatz der schnellen und effektiven Gefahrenabwehr, nicht jedoch der Grad der privatrechtlichen Haftungsverteilung im der Störer untereinander.[1] Von dem Grundsatz der **Indisponibilität der Polizeipflicht** sind jedoch zum einen Ausnahmen entwickelt worden. Zum anderen muss von der Disposition über die öffentlich-rechtliche Pflichtenstellung (oder die Rechtsposition) unterschieden werden die Disposition über den Rechts- bzw. Pflichtenträger. Im Ergebnis werden dadurch der Anwendungsbereich und damit die praktische Bedeutung des Grundsatzes – insbesondere im Zusammenhang mit Spaltungsvorgängen – erheblich eingeschränkt. Er gilt in dieser Form im Wesentlichen nur für die eigentliche Verfügung über öffentlich-rechtliche Rechte und Pflichten.

III. Einzel- und Gesamtrechtsnachfolge in die konkretisierte Zustandsverantwortlichkeit

Ist die **Zustandsverantwortlichkeit** des Rechtsvorgängers im Zeitpunkt des Eigentumsübergangs schon durch eine behördliche Anordnung **konkretisiert**, tritt der Rechtsnachfolger in diese Pflichtenstellung ein, soweit die behördliche Verfügung nicht auf eine unvertretbare Handlung gerichtet ist. Dies ist heute, wenn auch in unterschiedlichem Umfang, für Einzel- und Gesamtrechtsnachfolge überwiegend[2] anerkannt,[3] entgegen der früher ganz herrschenden Auffassung, nach der öffentlich-rechtliche Verpflichtungen des Einzelnen generell höchstpersönlich und folglich nachfolgeunfähig seien.[4] Die Zuweisung der konkretisierten Zustandsverantwortlichkeit im Rahmen der Spaltung weist zunächst keine Besonderheiten auf. Ist etwa bei einer vorhandenen (weder vom übertragenden noch vom übernehmenden Rechtsträger verursachten) Altlast die Sanierung noch nicht durchgeführt, muss der Sanierungsverpflichtete eine Rückstellung für ungewisse Verbindlichkeiten bilden (§ 249 Abs. 1 Satz 1 HGB), die nach ständiger Rechtsprechung des BFH körperschaft- und einkommensteuerlich (§ 8 Abs. 1 KStG, § 5 Abs. 1 Satz 1 EStG) nur dann anzuerkennen ist, wenn sie hinreichend konkret ist.[5] Dies ist nach Erlass eines Sanierungsbescheides der Fall und vorher

38.86

---

1 Vgl. *Schmidt-Kötters* in Beck'sches M&A-Handbuch, § 76 Rz. 75.
2 Anders noch Drews/Wacke/*Vogel*/*Martens*, Gefahrenabwehr, § 19, S. 300 für die Einzelrechtsnachfolge; *Knemeyer*, Polizei- und Ordnungsrecht, Rz. 335.
3 Vgl. Hessischer VGH v. 1.12.2014 – 3 B 1633/14, NVwZ-RR 2015, 270; Niedersächsisches OVG v. 25.3.2013 – 11 ME 34/13, NdsVBl 2013, 351; *Schmidt-Kötters* in Beck'sches M&A-Handbuch, § 76 Rz. 76; *Stückemann*, JA 2015, 569, 573; *Denninger* in Lisken/Denninger, Handbuch des Polizeirechts, Rz. D 121 ff.; *Papier*, NVwZ 1986, 256, 262; allerdings weiterhin nicht unumstritten.
4 BVerwG v. 9.5.1960 – I C 55.59, BVerwGE 10, 282, 285; BVerwG v. 29.6.1960 – V C 447.58, BVerwGE 11, 43, 46; *Jellinek*, System der subjektiven öffentlichen Rechte, 1919, S. 343; *Meyer*, Deutsches Verwaltungsrecht, Bd. 1, 3. Aufl. 1924, S. 238; *Forsthoff*, Lehrbuch des Verwaltungsrechts, 10. Aufl. 1974, S. 192.
5 St.Rspr. des BFH, s. z.B. BFH v. 25.8.1989 – III R 95/87, BStBl. II 1989, 893 = DB 1989, 2252; für die öffentlich-rechtliche Pflicht zur Abfallbeseitigung BFH v. 8.11.2000 – I R 6/96, BStBl. II 2001, 570 = DB 2001, 410; dazu *Mayr*, DB 2003, 740; s. auch *App*, GewArch 2003, 417; *Schmidt/Roth*, DB 2004, 553; BFH v. 25.3.2004 – IV R 35/02, BB 2004, 1620 ff.; BFH v. 21.9.2005 – X R 29/03, DB 2006, 1466 ff. und dazu *Hoffmann*, DB 2006, 1522 f.; *Hoffmann/Siegel*, BB 2007, 121.

nur, wenn sich ein solcher gleichsam abzeichnet.[1] Im Spaltungs- und Übernahmevertrag ist dann neben der Zuweisung der Haftung das Schicksal der vom übertragenden Rechtsträger gebildeten Rückstellung zu behandeln (§ 126 Abs. 1 Nr. 9 UmwG).

38.87 Dabei kann es allerdings nicht bewenden. Nach § 4 Abs. 6 BBodSchG haftet der frühere Eigentümer, also der übertragende Rechtsträger, originär für eine Altlast, wenn er diese zum Zeitpunkt der Übertragung kannte oder kennen musste. Ob „Übertragung" im Sinne der Vorschrift eine Einzelrechtsnachfolge voraussetzt[2] oder auch den Fall der partiellen Gesamtrechtsnachfolge erfasst, ist nicht abschließend geklärt. Da die „Übertragung" eines Rechts im Allgemeinen aber als eine Art der Verfügung über ein Recht angesehen wird und jede Verfügung eine unmittelbare Einwirkung des Rechtsinhabers auf sein Recht voraussetzt[3], spricht die Verwendung des allgemeinen Begriffs der Übertragung gegen die Einbeziehung der Gesamtrechtsnachfolge in den Tatbestand des § 4 Abs. 6 BBodSchG.[4] Die nachwirkende Zustandshaftung ist grundsätzlich zeitlich unbegrenzt[5] und reicht insbesondere über den Fünfjahreszeitraum des § 133 Abs. 3 UmwG hinaus. Jedenfalls besteht ein Risiko, dass der übertragende Rechtsträger als früherer Eigentümer trotz der gleichzeitigen Begründung der Haftung des übernehmenden Rechtsträgers (als neuem Zustandsstörer) nach § 4 Abs. 3 Satz 1 BBodSchG weiter haftet. Der Haftungstatbestand des § 4 Abs. 6 BBodSchG ist nicht disponibel[6] und begründet eine **„ewige Zustandsverantwortlichkeit".**[7] Unternehmen, die einmal die Voraussetzungen des § 4 Abs. 6 BBodSchG erfüllt haben, haften demnach unbeschränkt nach dieser Vorschrift.[8] Die gegenteilige, vereinzelt gebliebene Auffassung von *Maier-Reimer/Seulen*[9], wonach § 4 Abs. 6 BBodSchG zur Folge hat, „dass die Zustandshaftung als Altschuld anzusehen ist und sich die Enthaftung nach den für Altschulden geltenden Regeln richtet", die Ewigkeitshaftung also nur den übernehmenden Rechtsträger treffe, ist mit der Rechtsnatur dieser selbständigen, an die Rechtsstellung als früherer Eigentümer anknüpfenden, gesetzlichen Haftungszuweisung nicht vereinbar. Sie findet im Übrigen auch in den Gesetzesmaterialien keine hinreichende Stütze.

IV. Rechtsnachfolge in die konkrete Verhaltensverantwortlichkeit

38.88 Ähnlich wie bei der konkretisierten Zustandsverantwortlichkeit hat das Ordnungsrecht auch bei der Frage der Nachfolgefähigkeit der durch eine behördliche Verfügung **konkretisierten Verhaltensverantwortlichkeit** einen Wandel vollzogen. Deren Nachfolgefähigkeit wird heute vielfach bejaht.[10] Praktisch wird es sich häufig um die Kosten einer Ersatzvornahme oder unmittelbaren Ausführung handeln, die gegen den Rechtsnachfolger des Verursachers gel-

---

1 Alternativ bei Abschluss einer öffentlich-rechtlichen Sanierungsvereinbarung (§§ 54 ff. VwVfG, § 13 Abs. 4 BBodSchG).
2 So *Spindler*, ZGR 2001, 385, 400.
3 Vgl. BGH v. 15.3.1951 – IV ZR 9/50, BGHZ 1, 294, 304; BGH v. 24.10.1979 – VII ZR 289/78, BGHZ 75, 221, 226 f.
4 So auch *Schmidt-Kötters* in Beck'sches M&A-Handbuch, § 76 Rz. 75; *Spindler*, ZGR 2001, 385, 400.
5 Allg. Ansicht, vgl. nur *Giesberts/Frank*, DB 2000, 505, 510.
6 *Schall/Horn*, ZIP 2003, 327, 334 und 336.
7 *Giesberts* in Fluck, KrW-/Abf-/BodSchR, Losebl. (Stand: 2/2016), Bd. 6, § 4 BBodSchG Rz. 367.
8 *Giesberts/Frank*, DB 2000, 505, 510 f.
9 *Maier-Reimer/Seulen* in Semler/Stengel, § 133 UmwG Rz. 110 mit Fn. 314.
10 Instruktiv dazu Niedersächsisches OVG v. 7.3.1997 – 7 M 3628/96, NJW 1998, 97, 98; *Denninger* in Lisken/Denninger, Handbuch des Polizeirechts, Rz. D 121 ff.

tend gemacht werden.[1] Im Immissionsschutzrecht sind auch andere Fallgestaltungen praktisch relevant. Wenn beispielsweise von einer Anlage schädliche Umwelteinwirkungen ausgegangen sind, die vom Betreiber verursacht wurden (Verhaltensverantwortlichkeit), dann wirkt eine behördliche Verfügung, mit der dem Betreiber die Beseitigung der Störung aufgegeben wird, auch gegen dessen Rechtsnachfolger, vorausgesetzt dieser ist auch Rechtsnachfolger in der Betreiberstellung. Es handelt sich insoweit um anlagenbezogene Verhaltenspflichten, die nicht auf individuelle, unvertretbare Merkmale abstellen, sondern aus der Betreiberstellung erwachsen.[2] Auch eine *Einzel*rechtsnachfolge in die Verhaltensverantwortlichkeit kann dann eintreten, wenn die Verhaltensverantwortlichkeit sachbezogen war und die Anordnung an diesen Sachbezug anknüpft. Ein Beispiel bilden Untersagungsverfügungen, die an ein bestimmtes unzulässiges Verhalten anknüpfen, aber ausdrücklichen Bezug auf die mit dem Verhalten verbundene Anlage nehmen.[3] Bei höchstpersönlichen Rechten oder Verpflichtungen, also solchen, die sich nicht von der Person des Trägers lösen lassen und sich in diesem persönlichen Bezug erschöpfen[4], scheidet hingegen auch eine Einzelrechtsnachfolge aus.

V. Einzel- und Gesamtrechtsnachfolge in die abstrakte Zustandsverantwortlichkeit

Mit dem Erwerb einer Sache trifft den neuen Eigentümer die kraft Gesetzes bestehende „abstrakte" Zustandsverantwortlichkeit. Der Erwerber wird sofort und unmittelbar dafür verantwortlich, dass von seinem Eigentum keine Gefahren ausgehen.[5] Ob der Eigentumserwerb im Wege der Einzelrechtsnachfolge (Kauf und Übereignung eines Grundstücks) oder durch Gesamtrechtsnachfolge (vor allem durch Umwandlung) geschieht, ist unerheblich. Es handelt sich dabei *nicht* um einen Fall der Rechtsnachfolge in die Zustandsverantwortlichkeit des früheren Eigentümers. Die Zustandshaftung entsteht jeweils neu, unabhängig davon, ob die von der Sache ausgehende Gefahr schon vor Erwerb der Sache bestand oder erst später eingetreten ist. Die **Rechtsnachfolgefrage** stellt sich **nur** bei einer durch behördliche Anordnung **konkretisierten Zustandsverantwortlichkeit**. Dass sich die Frage einer Nachfolge in die abstrakte Zustandshaftung weder theoretisch noch praktisch stellt, zeigt für den Fall der Altlastenhaftung § 4 Abs. 3 Satz 1 BBodSchG. Während das Gesetz neben der Haftung des Verursachers auch die seines Gesamtrechtsnachfolgers ausdrücklich anordnet, nennt es als Zustandsstörer nur den Grundstückseigentümer und den Inhaber der tatsächlichen Gewalt.[6]

38.89

---

1 *Denninger* in Lisken/Denninger, Handbuch des Polizeirechts, Rz. D 126.
2 Ausgenommen von der Nachfolgefähigkeit sind höchstpersönliche Verpflichtungen (ebenso wie höchstpersönliche Rechte); aufgrund der typischerweise sachbezogenen Verhaltenspflichten spielen sie jedoch im Umweltrecht eine ganz untergeordnete Rolle, vgl. *Schmidt-Kötters* in Beck'sches M&A-Handbuch, § 76 Rz. 82.
3 Vgl. den Fall Hessischer VGH v. 17.6.1997 – 14 TG 2673/95, NVwZ 1998, 1315, 1316.
4 BVerwG v. 18.9.1981 – 7 N 1/79, BVerwGE 64, 105, 110; BVerwG v. 16.3.2006 – 4 A 1075/04, BVerwGE 125, 325 = NVwZ 2006, 928, 931 – *Kalibergwerk Buggingen*. Derartige, auf eine Person fixierte Rechtsverhältnisse kommen im Regelfall nur bei natürlichen Personen in Betracht; bei einer juristischen Person fehlt der Natur der Sache nach diese Personenbezogenheit.
5 Allg. Auffassung, vgl. nur *Schoch*, Polizei- und Ordnungsrecht, in Schoch (Hrsg.), Besonderes Verwaltungsrecht, S. 223 Rz. 217; *Knemeyer*, Polizei- und Ordnungsrecht, Rz. 335; *Schmidt-Kötters* in Beck'sches M&A-Handbuch, § 76 Rz. 76.
6 Hinzukommt die – im klassischen Polizeirecht unbekannte – nachwirkende Zustandshaftung des früheren Eigentümers nach Maßgabe des § 4 Abs. 6 BBodSchG.

Eine Haftungslücke besteht insoweit[1] nicht: Der Gesamtrechtsnachfolger eines Grundstückseigentümers ist selbst originärer Zustandsstörer und damit sanierungsverantwortlich.

38.90 Fehlt es an einer behördlichen Konkretisierung, ist die Zustandsverantwortlichkeit also tatsächlich „abstrakt", stellt sich bei Unternehmenstransaktionen und -neuordnungen die Frage einer „Übernahme" der abstrakten Zustandsverantwortlichkeit gleichwohl. Zwar kann und darf hier keine Rückstellung gebildet werden, die im Spaltungs- und Übernahmevertrag zu behandeln wäre. Aber auch hier ist bei Altlastenfällen aus den für die konkretisierte Zustandsverantwortlichkeit genannten Gründen eine **Abschirmung des früheren Eigentümers** durch eine **Freistellung** ratsam, weil die Haftung aus § 4 Abs. 6 BBodSchG nicht disponibel ist und die Gefahr besteht, dass sie beim übertragenden Rechtsträger verbleibt. Zusätzlich ist unabhängig vom Erlass einer Sanierungsverfügung hier besonders darauf zu achten, den gesetzlichen Gesamtschuldnerausgleichsanspruch mehrerer Sanierungsverpflichteter aus § 24 Abs. 2 BBodSchG auszuschließen. Dieser Anspruch verjährt zwar in drei Jahren[2], die Verjährung beginnt aber im Falle der Eigenvornahme der Sanierung durch den Anspruchsteller (hier der übernehmende Rechtsträger) erst mit Abschluss der Sanierungsmaßnahme. Dies wird, da die Heranziehung zur Sanierung im Übertragungszeitpunkt eben noch nicht konkret feststeht, hier häufig erst nach Ablauf des Fünfjahreszeitraums des § 133 Abs. 3 UmwG sein.

VI. Rechtsnachfolge in die abstrakte Verhaltensverantwortlichkeit

38.91 Ein besonders schwieriges umweltrechtliches Problem in Transaktions- und Umstrukturierungszusammenhängen stellt die **Rechtsnachfolge in die abstrakte Verhaltensverantwortlichkeit** dar. Ob die noch nicht durch einen Verwaltungsakt (etwa eine Altlasten-Sanierungsanordnung) konkretisierte, also abstrakte Verhaltensverantwortlichkeit im Rahmen des Spaltungs- und Übernahmevertrags einem der beteiligten Rechtsträger zugewiesen werden kann, ist umstritten. Sie setzt voraus, dass die abstrakte Verhaltensverantwortlichkeit eine abspaltungsfähige Verbindlichkeit, also überhaupt einer partiellen Gesamtrechtsnachfolge zugänglich ist. Das wird mehrheitlich bestritten.[3] Die abstrakte Verhaltensverantwortlichkeit sei lediglich eine Voraussetzung für den Erlass einer konkretisierenden und im Ermessen der Behörde stehenden Polizeiverfügung.[4] Sie sei damit lediglich als „Verpflichtbarkeit", nicht schon als Verpflichtung selbst zu verstehen.[5]

38.92 In seinem Urteil zur rückwirkenden Zielrichtung der in § 4 Abs. 3 BBodSchG ausdrücklich normierten Haftung des Gesamtrechtsnachfolgers des Verursachers schädlicher Bodenverunreinigungen hat das BVerwG im Hinblick auf das allgemeine Verwaltungsrecht allerdings ausgeführt, dass „die Gesamtrechtsnachfolge in öffentlich-rechtliche Pflichten, deren Konkretisierung durch einen Verwaltungsakt noch aussteht", auch „der bisherigen Rechtsordnung

---

1 Diskutiert wird allein eine Haftungslücke für den Fall der *Einzel*rechtsnachfolge in die Verursacherverantwortlichkeit; sie ist von § 4 Abs. 3 Satz 1 BBodSchG nicht erfasst. Praktisch besteht eine solche Lücke aber nur, wenn der Einzelrechtsnachfolger des Verursachers nicht zugleich (neuer) Zustandsstörer ist. Näher dazu *Versteyl* in Versteyl/Sondermann, § 4 BBodSchG Rz. 52.
2 § 24 Abs. 2 Satz 3 BBodSchG.
3 Vgl. nur VGH Baden-Württemberg v. 17.3.1998 – 10 S 177/97, NVwZ-RR 1999, 167, 168; VGH Baden-Württemberg v. 11.12.2000 – 10 S 1188/00, NVwZ-RR 2002, 16; *Schoch*, Polizei- und Ordnungsrecht, in Schoch (Hrsg.), Besonderes Verwaltungsrecht, S. 223 Rz. 218 m.w.N.; *Dietlein*, Nachfolge im Öffentlichen Recht, S. 88 ff., 95.
4 *Papier*, NVwZ 1986, 256, 262.
5 *Dietlein*, Nachfolge im Öffentlichen Recht, S. 88 f.

keineswegs fremd" war. Die Nachfolgefähigkeit auch von abstrakt angelegten Verhaltenspflichten beruhe vielmehr auf einem „allgemeinen Grundsatz des Verwaltungsrechts"[1]. Das Urteil ist mit Recht kritisiert worden, denn es geht über die fehlende Rechtspflicht mit einem rechtlichen Kunstgriff, der „unfertigen Verpflichtung" schlicht hinweg.[2]

Das Schleswig-Holsteinische OVG hat in einer Entscheidung vom 23.8.2000[3] in einem Fall wasserrechtlicher Gefahrerforschungsmaßnahmen ebenfalls verdeutlicht, dass die abstrakte Verhaltensverantwortlichkeit im Wege der Gesamtrechtsnachfolge übergehen kann. Das gelte jedoch nicht für Abspaltung und Ausgliederung als besondere Formen der partiellen Gesamtrechtsnachfolge. Insoweit sei gesetzlich geregelt, dass der Übergang des Vermögens einschließlich der Verbindlichkeiten solche Gegenstände nicht erfasst, die nicht durch Rechtsgeschäft übertragen werden können. Dem ist zwar nach Streichung des § 131 Abs. 1 Nr. 1 Satz 2 UmwG grundsätzlich die Stütze entzogen. Dennoch bleibt bei der Spaltung und Ausgliederung zu beachten, dass die am Rechtsgeschäft Beteiligten entscheiden, welche Rechte von der Universalsukzession erfasst werden sollen. Damit gehe nicht ein Gesamtvermögen, sondern ein „rechtsgeschäftlich zu definierender Vermögensbestand" über. Sofern sich der Parteiwille auch auf die abstrakte Verhaltensverantwortlichkeit erstrecken könnte, würden dadurch öffentlich-rechtliche Pflichten der Dispositionsbefugnis des Adressaten unterstellt. Das sei nach Ansicht des OVG unzulässig.[4] In der Literatur wird mit dieser Argumentation die Einzelrechtsnachfolge in die abstrakte Verhaltensverantwortlichkeit abgelehnt.[5] Lehnt man – dem Schleswig-Holsteinischen OVG folgend – die Übergangsfähigkeit der abstrakten Verhaltensverantwortlichkeit im Wege der partiellen Gesamtrechtsnachfolge ab, muss dies erst recht für die Einzelrechtsnachfolge in die abstrakte Verhaltensverantwortlichkeit gelten, denn hier ist die Rechtswirkung des Nachfolgetatbestandes noch geringer.

38.93

VII. Gewillkürte Rechtsnachfolge bei begünstigenden Verwaltungsakten im Umweltrecht

Realkonzessionen wie etwa die immissionsschutzrechtliche Genehmigung oder die wasserrechtliche Einleitungserlaubnis sind auf Anlagen und deren Betrieb bezogen und damit der gewillkürten Rechtsnachfolge zugänglich. So stellt § 7 Abs. 2 WHG klar, dass die Erlaubnis mit der Wasserbenutzungsanlage oder, wenn sie für ein Grundstück erteilt ist, mit diesem auf den Rechtsnachfolger übergeht, soweit bei der Erteilung nichts anderes bestimmt ist. Einer Mitwirkung oder Zustimmung der Erlaubnisbehörde bedarf es von Gesetzes wegen nicht, jedoch kann im Erlaubnisbescheid eine **Anzeigepflicht** oder ein **Zustimmungsvorbehalt** begründet werden. Als anlagen- und betriebsbezogener Verwaltungsakt wirkt die Erlaubnis für und gegen den Einzel- wie den Gesamtrechtsnachfolger und den Nachfolger im Betrieb des bisherigen Erlaubnisinhabers. Bei *Share deals* wird regelmäßig weder die Anlage noch das betroffene Grundstück übertragen, die anlagen- und betriebsbezogene Gestattung bleibt unverändert.

38.94

---

1 BVerwG v. 16.3.2006 – 7 C 3/05, NVwZ 2006, 928, 930.
2 Vgl. *Schoch*, Polizei- und Ordnungsrecht, in Schoch (Hrsg.), Besonderes Verwaltungsrecht, S. 224 Rz. 219.
3 Schleswig-Holsteinisches OVG v. 23.8.2000 – 2 L 29/99, DVBl. 2000, 1877. – Die Revision gegen das Urteil blieb erfolglos, BVerwG v. 15.3.2001 – 11 C 11/00, NVwZ 2001, 807. S. auch Bayerischer VGH v. 6.2.2004 – 22 CS 98.2925, NVwZ-RR 2004, 648.
4 Schleswig-Holsteinisches OVG v. 23.8.2000 – 2 L 29/99, DVBl. 2000, 1877, 1878.
5 Vgl. *Schoch*, Polizei- und Ordnungsrecht, in Schoch (Hrsg.), Besonderes Verwaltungsrecht, S. 224 Rz. 219; a.A. *Schmidt-Kötters* in Beck'sches M&A-Handbuch, § 76 Rz. 89.

Bei *Asset deals* geht die Erlaubnis mit über, wenn Anlage bzw. Grundstück in hinreichend konkretisierter Form und unter Beachtung etwaiger Formerfordernisse übertragen werden.[1] Bei *Verschmelzungen* nach §§ 2 ff. UmwG[2] – entweder im Wege der Aufnahme durch Übertragung des Vermögens vom übertragenden auf den übernehmenden Rechtsträger oder im Wege der Neugründung durch Übertragung der Vermögen zweier oder mehrerer Rechtsträger auf einen neuen, von ihnen dadurch gegründeten Rechtsträger – geht das gesamte Vermögen nach § 20 Abs. 1 Nr. 1 UmwG im Wege der Gesamtrechtsnachfolge über. Insoweit umfasst sind auch die anlagen- und betriebsbezogenen Erlaubnisse.[3] Bei Spaltung oder Ausgliederung ist darauf zu achten, dass der eine genehmigungsbedürftige Anlage übernehmende Rechtsträger zur Übernahme der Betreiberverantwortlichkeit in der Lage und ausgestattet ist.[4]

38.95 **Spaltungsvorgänge** nach §§ 123 ff. UmwG[5] (Aufspaltung, Abspaltung und Ausgliederung) sind hingegen wie dargelegt durch partielle (beschränkte) Gesamtrechtsnachfolge gekennzeichnet. Umweltrechtliche Gestattungen des Rechtsvorgängers bedürfen bei allen diesen Vorgängen einer Zuordnung. Entscheidende Bedeutung kommt also – wie allgemein bei öffentlich-rechtlichen Pflichten und Verbindlichkeiten[6] – dem Spaltungs- und Übernahmevertrag zu, da nur bei einer klaren vertraglichen Regelung der primäre Zuweisungsadressat erkennbar wird. Bei **formwechselnden Umwandlungen** i.S. des § 190 Abs. 1 UmwG bleiben angesichts der unveränderten Identität des Rechtsträgers (§ 202 Abs. 1 Nr. 1 UmwG) öffentlich-rechtliche Erlaubnisse grundsätzlich erhalten.[7]

E. Strafrechtliche Umwelthaftung des Managers

I. Straftaten gegen die Umwelt

38.96 Die Durchsetzung öffentlich-rechtlicher Umweltvorschriften wird in zentralen Bereichen durch Ordnungswidrigkeits- und Straftatbestände unterstützt. Neben den allgemeinen strafrechtlichen Vorschriften, von denen die Regelungen der §§ 223 ff. StGB (Körperverletzungsdelikte), § 303 StGB (Sachbeschädigung) und § 314 StGB (Gemeingefährliche Vergiftung) im Zusammenhang mit der Führung eines potentiell umweltgefährdenden Unternehmens relevant sind, kommt den Umweltstraftaten nach § 311 StGB (Freisetzen ionisierender Strahlen), § 312 StGB (fehlerhafte Herstellung einer kerntechnischen Anlage) sowie den besonderen „Straftaten gegen die Umwelt" des 29. Abschnitts des Strafgesetzbuchs, §§ 324–330d StGB[8],

---

1 Vgl. dazu nur *Stiller*, Unternehmenskauf im Wege des Asset Deal, BB 2002, 2619, 2622 ff.
2 Entsprechendes gilt für die weiterhin (bei Rechtsträgern i.S. des § 175 UmwG) mögliche Vollübertragung des Vermögens nach § 174 Abs. 1 UmwG nach Maßgabe des § 176 UmwG.
3 Einer Übertragungsgenehmigung bedarf es nicht, vgl. *Schmidt-Kötters* in Giesberts/Reinhardt, BeckOK Umweltrecht, § 4 BImSchG Rz. 123.
4 Vgl. *K. Schmidt*, Umweltschutz und technische Sicherheit im Unternehmen, 1994 (UTR Bd. 26), S. 69, 85 f.
5 Entsprechendes gilt für die weiterhin (bei Rechtsträgern i.S. des § 175 UmwG) mögliche *Teil*übertragung des Vermögens nach § 174 Abs. 2 UmwG nach Maßgabe des § 177 UmwG.
6 Instruktiv zu den erheblich transaktionsrelevanten bodenschutzrechtlichen Pflichten *Giesberts/Frank*, DB 2000, 505.
7 Vgl. *Decher/Hoger* in Lutter, § 202 UmwG Rz. 38; *Vossius* in Widmann/Mayer, § 202 UmwG Rz. 105.
8 Nach § 5 Nr. 11 und 11a StGB zählen die §§ 324, 326, 330, 330a sowie § 328 Abs. 2 Nr. 3 und 4, Abs. 4 und 5, auch i.V.m. § 330 StGB zu den nach deutschem Strafrecht unabhängig vom Recht

die in weiten Teilen auf zentrale umweltrechtliche Verwaltungsvorschriften zurückgreifen, eine besondere Bedeutung zu. Strafbar sind danach die **Gewässer-, Boden- und Luftverunreinigung (§§ 324, 324a, 325 StGB)**, das Verursachen von Lärm, Erschütterungen und nichtionisierenden Strahlen (§ 325a StGB), der unerlaubte Umgang mit Abfällen und das **unerlaubte Betreiben von atom- oder immissionsschutzrechtlich genehmigungsbedürftigen Anlagen sowie von Abfallentsorgungsanlagen (§§ 326, 327 StGB)**.[1] Strafbar sind des weiteren der unerlaubte Umgang mit radioaktiven Stoffen und anderen gefährlichen Stoffen und Gütern (§ 328 StGB) sowie nach § 329 StGB die Gefährdung schutzwürdiger Gebiete (z.B. Wasserschutzgebiete, Naturschutzgebiete), schließlich die nicht an bestimmte Handlungsformen geknüpfte „Schwere Gefährdung durch Freisetzen von Giften" nach § 330a StGB.[2] In besonders schweren Fällen einer vorsätzlichen Umweltstraftat nach den §§ 324–329 StGB, wozu neben schweren Schädigungen der geschützten Umweltmedien etwa auch das „Handeln aus Gewinnsucht" zählt, erhöht § 330 StGB den Strafrahmen auf Freiheitsstrafe von sechs Monaten bis zu zehn Jahren. Die umweltrechtlichen Spezialgesetze enthalten eine Reihe von Straftatbeständen, so etwa §§ 27 ff. ChemG, § 71 BNatSchG, § 39 GenTG, § 21 UmweltHG, § 17 TierSchG. Daneben finden sich weniger bedeutsame Umweltstraftatbestände in Nebengesetzen.[3]

II. Verwaltungsakzessorietät

Das Umweltstrafrecht ist geprägt vom Prinzip der Verwaltungsakzessorietät, d.h. der **Abhängigkeit des Strafrechts vom Umweltverwaltungsrecht**, wie sie in den Tatbestandsmerkmalen „unbefugt", „unter Verletzung verwaltungsrechtlicher Pflichten", „ohne die erforderliche Genehmigung oder entgegen einer vollziehbaren Untersagung" zum Ausdruck kommt. Danach bestimmt sich die Strafbarkeit eines Verhaltens aus rechtsstaatlichen Gründen der Einheit der Rechtsordnung und der Rechtssicherheit[4] nach dem zur Tatzeit geltenden Umweltverwaltungsrecht, das gegenüber dem Strafrecht prinzipiell vorrangig ist[5] und die Strafandrohung konkretisiert. Die bereits im Umweltverwaltungsrecht erfolgte Abwägungsentscheidung zwischen den Interessen an der Nutzung von Umweltgütern und deren Schutz soll nicht durch eine abweichende Bewertung im Strafrecht unterlaufen werden. Daneben soll der Strafrichter auch aus Gründen der Praktikabilität auf die inhaltliche Überprüfung eines Verhaltens durch die zuständige Verwaltungsbehörde zurückgreifen können.[6]

38.97

Verstößt ein Verhalten nach verwaltungsrechtlichen Maßstäben gegen verwaltungsrechtliche Pflichten, ist der Strafrichter an diese öffentlich-rechtliche Vorprüfung gebunden. Solche

38.98

---

des Tatorts strafbaren Auslandstaten; Überblick zu § 324 StGB bei *Große-Vorholt*, Wirtschaftsstrafrecht, Rz. 1460; zu umweltstrafrechtlichen Haftungsrisiken für Gesellschaftsorgane bei Sachverhalten mit Auslandsbezug jüngst *Wegen/Asbrand*, IWRZ 2017, 10, 13 ff.

1 Zur Systematik des Abfallstrafrechts *Krell*, NZWiSt 2014, 14 ff.
2 Zur Schließung einer Strafbarkeitslücke durch Einführung dieses konkreten Gefährdungsdelikts *Steindorf*, Umwelt-Strafrecht, § 330a StGB Rz. 1.
3 Vgl. etwa §§ 40, 42 SprengstoffG, §§ 74 f. InfektionsschutzG.
4 *Breuer*, JZ 1994, 1077, 1084; grundlegend *Breuer*, AöR 115 (1990), 448, 454 ff.; zu den Grenzen des Strafrechts vor dem Hintergrund unbestimmter Rechtsbegriffe jüngst *Frenz*, NWwZ 2016, 1510, 1511.
5 Dazu grundsätzlich *Lüderssen*, Primäre oder sekundäre Zuständigkeit des Strafrechts, in FS Albin Eser, 2005, S. 163 ff.
6 An dieser gesetzgeberischen Entscheidung wurde bei der umfassenden Reform des Umweltstrafrechts durch das 31. StRÄndG (2. UKG) vom 27.6.1994 (BGBl. I 1994, 1440) ausdrücklich festgehalten, s. BT-Drucks. 11/6453, S. 10 f.

Pflichten können sich nach der Rahmenregelung[1] in § 330d Abs. 1 Nr. 4 StGB aus (Verwaltungs-)Rechtsvorschriften (**Verwaltungsrechtsakzessorietät**), vollziehbaren Verwaltungsakten oder Auflagen (**Verwaltungsaktsakzessorietät**), gerichtlichen Entscheidungen oder öffentlich-rechtlichen Verträgen ergeben, soweit diese Pflichten begründen, die auch Gegenstand eines Verwaltungsakts sein könnten (Verwaltungsvertragsakzessorietät[2]). Bei Verwaltungsakten ist dabei nach herrschender Meinung allein die verwaltungsrechtliche formelle Wirksamkeit unabhängig von der materiellen Richtigkeit der Entscheidung maßgeblich.[3] Bei rechtswidrigen, aber wirksamen belastenden Verwaltungsakten wird allerdings zum Teil vertreten, dass eine Nichtbefolgung keine Strafbarkeit begründen könne, da keine Verletzung materieller Umweltinteressen gegeben sei.[4] Die Rechtsprechung nimmt demgegenüber eine Strafbarkeit auch in solchen Fällen unabhängig von der materiellen Rechtmäßigkeit an und unterstreicht damit den prinzipiellen Vorrang des Verwaltungsrechts gegenüber dem Strafrecht. Lediglich der Verstoß gegen einen nichtigen Verwaltungsakt begründet keine strafrechtliche Verantwortlichkeit. Umgekehrt ist das Strafrecht von verwaltungsrechtlichen Vorgaben insoweit emanzipiert,[5] als § 330d Abs. 1 Nr. 5 StGB Verwaltungsakte, die durch Drohung, Bestechung oder Kollusion oder durch unrichtige oder unvollständige Angaben erwirkt wurden, dem Handeln ohne Genehmigung gleichstellt.[6]

38.99 Umgekehrt ist ein Verhalten nicht strafbar, wenn es sich im Rahmen einer wirksamen behördlichen Erlaubnis oder einer nicht für nichtig erklärten verwaltungsrechtlichen Norm hält. Bei rechtswidrigen *begünstigenden* Verwaltungsakten ist hierfür allein die formelle Bestandskraft maßgeblich, so dass sich der Adressat aus Gründen des Vertrauensschutzes auch auf die Tatbestandswirkung eines rechtswidrigen, aber bestandskräftigen Verwaltungsaktes berufen kann.[7] Eine etwaige Kenntnis von der Rechtswidrigkeit ist unschädlich, solange der Verwaltungsakt nicht rechtsmissbräuchlich erwirkt wurde (Wertung des § 330d Abs. 1 Nr. 5 StGB). Die Prüfung, ob sich ein Verhalten im Rahmen einer behördlichen oder gesetzlichen Erlaubnis hält, ist wiederum vom Strafrichter in eigener Verantwortung vorzunehmen. Auch bei rechtswidrigen, aber bestandskräftigen *belastenden* Verwaltungsakten (Untersagung, Anordnung, Auflage) macht sich der Adressat bei Zuwiderhandlung (bis zur Aufhebung oder Rücknahme dieses Verwaltungsakts) nach ganz herrschender Auffassung strafbar.[8]

38.100 Gegenstand intensiver Diskussionen ist die Frage, inwieweit die **behördliche Duldung** eines an sich tatbestandsmäßigen Umweltverstoßes tatbestandsausschließende oder rechtfertigen-

---

1 BR-Drucks. 126/90, S. 89.
2 *Kloepfer/Heger*, Umweltstrafrecht, Rz. 84.
3 *Fischer*, Vor § 324 StGB Rz. 7 m.w.N.; ebenso jüngst *Frenz*, NWwZ 2016, 1510, 1514.
4 *Bloy*, JuS 1997, 577, 586.
5 Vgl. *Jaeschke*, Informale Gestattungen und §§ 327, 325 StGB, NuR 2006, 480, 482.
6 Fälle also, in denen das Verwaltungsverfahrensgesetz nicht von der Nichtigkeit (§ 44 VwVfG), sondern nur der Rücknehmbarkeit des Verwaltungsakts ausgeht (§ 48 Abs. 2 Satz 3 Nr. 1–3 VwVfG) (vgl. *Peuker* in Knack/Henneke, § 44 VwVfG Rz. 19; *Paetzold*, NStZ 1996, 170, 172), die aber außer in Fällen der arglistigen Täuschung, Drohung oder Bestechung fristgebunden ist. – Kritisch zu § 330d Abs. 1 Nr. 5 StGB *R. Breuer*, JZ 1994, 1077, 1083; ausführlich dazu *Jünemann*, Rechtsmißbrauch im Umweltstrafrecht: Zugleich ein Beitrag zur befugnisverleihenden Wirkung behördlicher Genehmigungen, 1998, S. 79 ff.
7 *Kloepfer/Heger*, Umweltstrafrecht, Rz. 101.
8 *Witteck* in Heintschel-Heinegg (Hrsg.), BeckOK StGB, Lexikon des Strafrechts, Verwaltungsakzessorietät, Rz. 8; vgl. auch *Krekeler/Werner*, Unternehmer und Strafrecht, Rz. 950 f.

de Wirkung haben kann.[1] Duldungen lassen sich als Instrument *informellen Verwaltungshandelns* naturgemäß nur schwer in das verwaltungsakzessorische Umweltstrafrecht einordnen. Während Einvernehmen darüber besteht, dass der *passiven* Duldung, also das Nichteinschreiten der Behörde in Unkenntnis des Sachverhalts oder aus Opportunitätserwägungen, keinerlei legalisierende Wirkung zukommt[2], ist das Meinungsbild jenseits dessen uneinheitlich.[3] Richtigerweise wird man auch der **aktiven**, im Außenverhältnis erkennbar gewollten Duldung keine Bedeutung für die Fälle zumessen können, in denen der Straftatbestand an das Fehlen einer behördlichen Genehmigung anknüpft (Verwaltungs*akts*akzessorietät), weil der **Duldung keine genehmigungsgleiche Wirkung** zukommt.[4] Das Umweltverwaltungsrecht stellt an Form und Verfahren der Genehmigungserteilung Anforderungen[5], von denen abzuweichen die Behörde nicht ermächtigt ist; insoweit kann auch das akzessorische Umweltstrafrecht nicht zur behördlichen Disposition stehen.[6] Dementsprechend vermag eine Duldung weder die in § 326 Abs. 2 StGB vorausgesetzte Abfallverbringungsgenehmigung noch die in §§ 327, 328 Abs. 1 StGB vorausgesetzte immissionsschutz- oder atomrechtliche Genehmigung zu ersetzen.[7] Soweit in der Literatur der aktiven behördlichen Duldung der Einwilligung vergleichbare, rechtfertigende Wirkung zugemessen wird[8], muss sich die Unternehmensleitung der Relativität und geringen Belastbarkeit dieser Annahme bewusst sein. Jede rechtfertigende Einwilligung setzt die alleinige Dispositionsbefugnis des Einwilligenden über das Rechtsgut voraus. Die durch das Umweltstrafrecht geschützten überindividuellen Rechtsgüter unterliegen gerade nicht allgemein der Disposition der Umweltbehörden.[9] Wo allerdings das Umweltverwaltungsrecht kein förmliches Verfahren der Entscheidungsfindung vorschreibt und die Behörde materiell-rechtlich, etwa auf der Grundlage des umweltordnungswidrigkeitenrechtlichen Opportunitätsprinzips, zur aktiven Duldung berechtigt ist, ist das Umweltstrafrecht unter Akzessorietätsgesichtspunkten daran gebunden. Duldet die Behörde bis zur Erteilung einer wasserrechtlichen Erlaubnis für die Dauer des Erlaubnisverfahrens eine Abwassereinleitung, so fehlt es an der Rechtswidrigkeit einer daraus folgenden Gewässerverunreinigung, weil die Einleitung dann nicht „unbefugt" i.S. des § 324 Abs. 1 StGB ist.[10]

Ob auf einer – der umstrittenen Frage der Rechtfertigung nachgelagerten – Stufe ein **Strafausschließungsgrund** aufgrund aktiv duldenden Behördenverhaltens anzunehmen ist, der bei Rechtswidrigkeit dieser Duldung in einen schuldausschließenden **Verbotsirrtum** (§ 17 StGB) umschlägt[11], oder die Duldung nur im Rahmen der Strafzumessung nach § 46 StGB

38.101

---

1 Umfangreiche Nachweise zum Schrifttum bei *Steindorf*, Umwelt-Strafrecht, Vor § 324 StGB Rz. 44 mit Fn. 344; *Heine/Hecker* in Schönke/Schröder, Vorbem. §§ 324 ff. StGB Rz. 20.
2 *Steindorf*, Umwelt-Strafrecht, Vor § 324 StGB Rz. 44.
3 Ebenso *Krekeler/Werner*, Unternehmer und Strafrecht, Rz. 954.
4 Vgl. nur *Jaeschke*, NuR 2006, 480 m.w.N.
5 S. z.B. § 10 BImSchG i.V.m. der Verordnung über das Genehmigungsverfahren (9. BImSchV).
6 Exemplarisch dafür waren die atomrechtlich nicht vorgesehenen „Vorabzustimmungen" der Behörden im sog. Alkem-Fall, LG Hanau v. 12.11.1987 – 6 Js 13470/84 KLs, NJW 1988, 571 ff.; kritisch dazu *Breuer*, JZ 1994, 1077, 1084 („rechtsstaatliche Konfusion").
7 *Kloepfer*, Umweltrecht, § 7 Rz. 30; *Steindorf*, Umwelt-Strafrecht, Vor § 324 StGB Rz. 48; *Heine/Hecker* in Schönke/Schröder, Vorbem. §§ 324 ff. StGB Rz. 20.
8 Vgl. exemplarisch *Pfohl* in Müller-Gugenberger, Wirtschaftsstrafrecht, § 54 Rz. 142 ff.
9 Ablehnend deshalb *Kloepfer*, Umweltrecht, § 7 Rz. 30.
10 Im Ergebnis ebenso *Heine/Hecker* in Schönke/Schröder, Vorbem. §§ 324 ff. StGB Rz. 20 m.w.N.; a.A. *Kloepfer*, Umweltrecht, § 7 Rz. 31.
11 So *Schall* in Systematischer Kommentar zum StGB, 148. Lfg. (Dezember 2014), Vor § 324 StGB Rz. 83 ff. Zum Ganzen auch *Jaeschke*, NuR 2006, 480, 484.

bzw. prozessual durch Anwendung der §§ 153 ff. StPO[1] Berücksichtigung finden darf[2], harrt noch der höchstrichterlichen Klärung.

III. Umweltstrafrechtlich Verantwortliche

38.102 Umweltkriminalität ist in der Regel Unternehmenskriminalität. Umweltstraftaten sind teils als Allgemeindelikte (wie etwa die umweltgefährdende Abfallbeseitigung nach § 326 StGB), häufig aber in konzeptioneller Entsprechung zum Umweltverwaltungsrecht als **Sonderdelikte** ausgestaltet, d.h. sie erfordern neben der tatbestandsmäßigen Handlung eine besondere Täterqualifikation.[3] So setzt der Straftatbestand der Luftverunreinigung (§ 325 StGB) die Verletzung verwaltungsrechtlicher Pflichten eines *Anlagenbetreibers* voraus. Anlagenbetreiber ist regelmäßig, wie gesehen, eine juristische Person. Eine Strafbarkeit juristischer Personen ist dem deutschen Strafrecht indes auch nach Umsetzung der Richtlinie 2008/99/EG[4] durch das 45. StrRÄndG[5] am 6.12.2011 fremd.[6] Ob die anhaltende Diskussion um die Einführung eines Unternehmensstrafrechts in Deutschland nach dem Vorbild anderer (auch europäischer) Staaten in absehbarer Zeit in einen konkreten Gesetzentwurf des Bundes münden werden,[7] ist zweifelhaft.[8] Nach geltendem Recht kommt daher weiterhin über § 14 Abs. 1 StGB die Strafbarkeit der Organe und Vertreter in Betracht. Strafbegründende besondere persönliche Merkmale wie etwa das des Anlagenbetreibers werden hiernach auf die Organe und Vertreter angewandt. Dem Organ bzw. Vertreter werden damit die unmittelbar an das Unterneh-

---

1 So *Steindorf*, Umwelt-Strafrecht, Vor § 324 StGB Rz. 48 a.E.
2 So *Hermes/Wieland*, Die staatliche Duldung rechtswidrigen Verhaltens, 1988, S. 112; *Kloepfer*, Umweltrecht, § 7 Rz. 30.
3 Eingehend und kritisch dazu *Gebhard*, Unternehmensangehörige und Straftaten gegen die Umwelt: Eine Untersuchung zum Vorliegen von den Täterkreis beschränkenden besonderen persönlichen Merkmalen im Umweltstrafrecht, 2001, S. 32 ff.
4 Richtlinie 2008/99/EG des Europäischen Parlaments und des Rates vom 19.11.2008 über den strafrechtlichen Schutz der Umwelt (ABl. EU Nr. L 328 v. 6.12.2008, S. 28). Die Richtlinie verpflichtet in ihrem Art. 6 die Mitgliedstaaten sicherzustellen, dass juristische Personen u.a. bei Einleitung, Abgabe oder Einbringung schädlicher Stoffe in Boden oder Wasser verantwortlich gemacht werden können, spezifiziert aber keine Sanktionen gegen juristische Personen im Falle der Verantwortlichkeit, sondern bestimmt lediglich, dass Sanktionen wirksam, angemessen und abschreckend sein müssen.
5 Fünfundvierzigstes Strafrechtsänderungsgesetz zur Umsetzung der Richtlinie des Europäischen Parlaments und des Rates über den strafrechtlichen Schutz der Umwelt vom 6.12.2011 (BGBl. I 2011, 2557); Überblick über die Änderungen bei *Kloepfer/Heger*, Umweltstrafrecht, Rz. 25 ff.
6 *Kloepfer/Heger*, Umweltstrafrecht, Rz. 134; zum Ganzen *Athanassiou*, Die Strafbarkeit der juristischen Personen am Beispiel des Umweltstrafrechts, 2002.
7 Vgl. den im November 2013 vom nordrhein-westfälischen Justizministerium vorgelegten Entwurf eines Gesetzes zur Einführung der strafrechtlichen Verantwortung von Unternehmen und sonstigen Verbänden des Landes Nordrhein-Westfalen (VerbStrG-E), der in Anlehnung an § 30 Abs. 1 OWiG eine Verbandsstrafbarkeit vorsieht; abrufbar unter:
https://www.justiz.nrw/JM/leitung/jumiko/beschluesse/2013/herbstkonferenz13/TOP_II_5_Gesetzentwurf.pdf.
8 So konstatierend *Jahn/Pietsch*, ZIS 2015, 1, 1; krit. zum nordrheinwestfälischen Entwurf u.a. *Steinberger*, BB 2014, 1; *Haubner*, DB 2014, 1358 sowie *Hein*, CCZ 2014, 75,80 f.; aus Sicht der Wirtschaft *Willems*, WiVerw 2015, 135 ff.; allg. zur Frage der Notwendigkeit eines Unternehmensstrafrechts in Deutschland *Leipold*, ZRP 2013, 34 ff. sowie *Kutschaty*, ZRP 2013, 74 ff.; zum 2014 unterbreiteten Reformvorschlag des Bundesverbands der Unternehmensjuristen *Beulke/Moosmayer*, CCZ 2014, 146 ff.

men adressierten Pflichten zugerechnet[1], es haftet der im Unternehmen für das geschützte Rechtsgut „letztlich Verantwortliche".[2] Dieser Grundsatz ist seit der sog. Lederspray-Entscheidung des BGH vom 6.7.1990[3] zur Produktverantwortlichkeit der Unternehmensleitung[4] und dem sog. Holzschutzmittel-Urteil des BGH vom 2.8.1995[5] auch im Umweltbereich verankert und ausdifferenziert worden.[6]

Für die umweltstrafrechtliche Verantwortlichkeit des Managements werden danach – wie für andere Verantwortlichkeitsbereiche – unterschiedliche Verantwortlichkeitsstränge unterschieden.[7] Nach dem **Grundsatz der vertikalen Linienverantwortung** ist der Auftraggeber für das Fehlverhalten des Beauftragten strafrechtlich als Garant i.S. von § 13 StGB verantwortlich, sofern ihn ein Aufsichts-, Organisations-, Kontroll- oder Auswahlverschulden trifft. Entgegen vordergründigen Annahmen führt eine Aufgabendelegation im Unternehmen nicht zur Verantwortungsentlastung, sondern **Verantwortungsvervielfachung**.[8] Zu beachten ist in diesem Zusammenhang insbesondere, dass allen geschäftsführenden Organen unabhängig von einer Delegation oder Ressortverteilung – auch nach § 52b BImSchG, § 58 KrWG[9] – (**Grundsatz der Ressortverantwortung**) die Organisations- und Kontrollpflichten gerade auch im Umweltbereich obliegen (**Grundsatz der General- bzw. Gesamtverantwortung der Unternehmensleitung**).[10] Verletzen die geschäftsführenden Organe diese Pflichten, kommt eine Strafbarkeit über ihre Garantenstellung in Betracht, die sich aus ihrer Verantwortung für mögliche vom Unternehmen als Gefahrenquelle ausgehende Umweltbeeinträchtigungen ergibt.[11] Eine sorgfältig dokumentierte, „straffe und in der Praxis auch darstellbare Organisationsstruktur"[12] liegen daher zur strafrechtlichen Haftungsbegrenzung im vitalen Interesse des Unternehmens und seines Managements.[13] Hier leisten vor allem Systeme von Umweltmanage-

38.103

---

1 Hierzu *Menzer*, GmbHR 2001, 506, 508 f. und *Fromm*, Bekämpfung schwerer Umweltkriminalität in der EG durch einheitliche strafrechtliche Sanktionen?, ZfW 2009, 157.
2 So prägnant LG Kreuznach v. 22.6.1992 – 7 Js 8677/87 KLs, NVwZ-RR 1993, 403, Leitsatz 2; *Kloepfer/Heger*, Umweltstrafrecht, Rz. 142; *Scheidler*, GewArch 2008, 195, 198.
3 BGH v. 6.7.1990 – 2 StR 549/89, BGHSt 37, 106 = NJW 1990, 2560; kritisch dazu *Spindler* in Fleischer, Handbuch des Vorstandsrechts, § 15 Rz. 68 ff., 124 ff.
4 Dazu oben *Harbarth*, Rz. 28.75 ff.
5 BGH v. 2.8.1995 – 2 StR 221/94, BGHSt 41, 206 = NJW 1995, 2930.
6 Dazu (aus staatsanwaltlicher Sicht) *Franzheim/Pfohl*, Umweltstrafrecht, Rz. 500 ff.; ebenso, aber mit deutlicher Kritik *Spindler* in Fleischer, Handbuch des Vorstandsrechts, § 15 Rz. 70.
7 Instruktiver Überblick bei *Kloepfer/Heger*, Umweltstrafrecht, Rz. 143 ff.; ausführlich *Huffmann*, Der Einfluß des § 52a BImSchG auf die Verantwortlichkeit im Unternehmen, S. 217 ff.
8 *Scheidler*, GewArch 2008, 195, 197; *Vierhaus*, NStZ 1991, 466, 468; *Kloepfer/Heger*, Umweltstrafrecht, Rz. 146; *Schmidt-Salzer*, Konkretisierungen der strafrechtlichen Produkt- und Umweltverantwortung, NJW 1996, 1, 3 f.
9 Zur Verantwortungszuweisung nach diesen Vorschriften als gewichtiges, aber widerlegbares Indiz für die umweltstrafrechtliche Verantwortlichkeit *Franzheim/Pfohl*, Umweltstrafrecht, Rz. 505; *Huffmann*, Der Einfluss des § 52a BImSchG auf die Verantwortlichkeit im Unternehmen, S. 210 ff.; *Spindler*, Unternehmensorganisationspflichten, S. 93.
10 Näher dazu *Schmidt-Salzer*, NJW 1996, 1, 4 f.; vgl. *Spindler* in Fleischer, Handbuch des Vorstandsrechts, § 15 Rz. 83. S. bereits Rz. 38.8 ff.
11 Vgl. auch *Weimar*, GmbHR 1994, 81, 87.
12 *Knopp*, Neues Umweltstrafrecht und betriebliche Praxis, BB 1994, 2219, 2220; zu den möglichen Friktionen mit „informalen" Organisationsanforderungen der betriebswirtschaftlichen Organisationsformenlehre *Reuter*, Umwelthaftung, strikte Organisation und kreative Unordnung, DB 1993, 1605.
13 Zu den Besonderheiten im Konzern *Uwe H. Schneider*, NZG 2009, 1321.

ment und Umweltbetriebsprüfung (EMAS, ISO 14 001) wertvolle Hilfe[1], weil sie die Festlegung, Dokumentation und Kommunikation umweltbezogener Aufgaben, Verantwortlichkeiten und Befugnisse voraussetzen.[2]

38.104 Eine § 14 StGB entsprechende Regelung findet sich für den Bereich der Ordnungswidrigkeitentatbestände in § 9 OWiG. Die **Verletzung umweltrechtlicher Aufsichtspflichten** kann als **Ordnungswidrigkeit nach § 130 OWiG**[3] mit einer Geldbuße bis zu einer Million Euro gegen den aufsichtspflichtigen Organwalter selbst[4] und zudem über die **Verbandsgeldbuße-Bestimmung des § 30 OWiG**[5], weil die Aufsichtspflichtverletzung eine betriebsbezogene Ordnungswidrigkeit darstellt[6], mit Geldbuße in entsprechender Höhe gegen das Unternehmen geahndet werden.[7]

IV. Nebenfolgen der Umweltstraftat

1. Verfall und Einziehung

38.105 Über die strafrechtliche Haftung der für den Umweltrechtsverstoß nach den genannten Grundsätzen verantwortlichen natürlichen Personen ist aus der Perspektive der betroffenen Unternehmen zu beachten, dass das Umweltstrafrecht generell auf der Maxime basiert, dass sich Umweltdelikte „nicht lohnen dürfen".[8] Damit rückt die **Gewinnabschöpfung** beim Unternehmen in den Blick. Das materielle Strafrecht hält hier mit der Anordnung des **Verfalls** nach § 73 Abs. 1 StGB, mit dem das aus der Umweltstraftat unmittelbar Erlangte in seiner Gesamtheit sowie die Nutzungen und Surrogate (§ 73 Abs. 2 StGB)[9], erforderlichenfalls im Wege des Wertersatzverfalls nach § 73a StGB, unter der Wahrung der Rechte Dritter in das Eigentum des Staates übergeht (§ 73e Abs. 1 StGB).[10] Die Organ- und Vertreterklausel des § 73 Abs. 3 StGB sieht ausdrücklich die Möglichkeit der Verfallsanordnung gegen Dritte vor, für die der Täter gehandelt hat, also im Umweltstrafrecht typischerweise gegen die juristische Person, für die der Täter handelte. Trotzdem sind Anordnungen des Gewinnverfalls in der Strafrechtspraxis eher selten.

38.106 Im Unterschied zum Verfall bezieht sich die weitere Eigentumssanktion der **Einziehung** nach §§ 74, 75 StGB auf die zur Begehung oder Vorbereitung der Tat gebrauchten oder bestimmten oder durch die Tat hervorgebrachten Gegenstände.[11] Für die Abgrenzung ist damit entschei-

---

1 Ebenso schon *Kothe*, Das neue Umweltauditrecht, Rz. 558 f.; vgl. auch *Franzheim/Pfohl*, Umweltstrafrecht, Rz. 508; skeptischer *Spindler*, Unternehmensorganisationspflichten, S. 328 ff., 584.
2 Abschn. 4 I-A. 4.1 DIN EN ISO 14 001 wurde in den Anhang I der EMAS-VO aufgenommen, näher dazu unter Rz. 38.110 ff.
3 Ausführlich dazu *Spindler* in Fleischer, Handbuch des Vorstandsrechts, § 15 Rz. 94 ff.; zur umweltrechtlichen Anwendung *Sander*, NuR 1985, 47, 49; *Nisipeanu*, NuR 1990, 439, 455; unten *Schücking*, Rz. 41.9 ff.
4 Sofern dieser nicht täter- oder teilnehmerschaftlich selbst strafrechtlich belangt werden kann, s. BayObLG v. 17.8.1998 – 3 Ob OWi 83/98, wistra 1999, 71, 73.
5 Dazu oben *Wilsing*, Rz. 31.6 ff.
6 Ebenso oben *Wilsing*, Rz. 31.8.
7 Vgl. *Gebhard*, Unternehmensangehörige und Straftaten gegen die Umwelt, S. 237.
8 *Steindorf*, Umwelt-Strafrecht, Vor § 324 StGB Rz. 64 m.w.N.
9 Es gilt das Bruttoprinzip, der Verfall bezieht sich auf alle zugeflossenen Vermögenswerte ohne Abzug eigener Aufwendungen, vgl. *Eser* in Schönke/Schröder, § 73 StGB Rz. 5.
10 Einzelheiten bei *Franzheim/Pfohl*, Umweltstrafrecht, Rz. 633 ff.
11 Sog. *producta et instrumenta sceleris*, vgl. *Eser* in Schönke/Schröder, § 74 StGB Rz. 8 f.

dend, ob es sich um „Tatwerkzeuge" oder „Tatprodukte" handelt, für die die Einziehung gilt, oder um Tatvorteile wie Gewinne, Entgelte usw., die dem Verfall unterliegen können.[1] § 330c StGB lässt u.a. bei den Straftaten des unerlaubten Anlagenbetriebs (§ 327 Abs. 1 und 2 StGB) und des unerlaubten Umgangs mit radioaktiven Stoffen und anderen gefährlichen Stoffen und Gütern (§ 328 StGB) die Einziehung – über die Verweisung auf § 74a StGB – auch täterfremder Beziehungsgegenstände zu, damit also von Kernbrennstoffen, aber auch ganzer – dem Unternehmen gehörender Anlagen, wenn dessen Organen zumindest Leichtfertigkeit vorgeworfen werden kann –.[2]

2. Außerstrafrechtliche Nebenfolgen: Betriebsuntersagung wegen Unzuverlässigkeit

Umweltstraftaten können gravierende außerstrafrechtliche Nebenfolgen haben. Das zeigt sich vor allem im Industrieanlagenzulassungsrecht: § 20 Abs. 3 BImSchG ermächtigt die Behörde, unter bestimmten Voraussetzungen den weiteren Betrieb einer genehmigungsbedürftigen Anlage durch einen Betreiber oder einen mit der Leitung des Betriebs Beauftragten zu untersagen. Während sich der Betreiberbegriff auf die natürliche oder juristische Person bezieht, die den bestimmenden Einfluss auf den Anlagenbetrieb ausübt, also anlagenbezogen zu verstehen ist, geht es hier um eine personenbezogene Regelung. Bei Kapitalgesellschaften als Betreiber kann die Behörde also dem vertretungsberechtigten Organ den weiteren Anlagenbetrieb untersagen. Dafür verlangt § 20 Abs. 3 Satz 1 BImSchG die Erfüllung zweier Voraussetzungen: Erstens müssen Tatsachen vorliegen, welche die Unzuverlässigkeit in Bezug auf die Einhaltung von umweltbezogenen Rechtsvorschriften dartun, und zweitens muss die Untersagung zum Wohl der Allgemeinheit geboten sein. In diesem Sinne unzuverlässig ist, wer keine Gewähr dafür bietet, dass die Anlage ordnungsgemäß, insbesondere im Einklang mit den umweltschützenden Vorschriften, betrieben wird.[3] Kommt ein Anlagenbetreiber etwa einer vollziehbaren immissionsschutzrechtlichen Auflage trotz mehrmaliger Zwangsgeldfestsetzung nicht nach,[4] besteht eine die Unzuverlässigkeit des Betreibers begründende Wiederholungswahrscheinlichkeit.[5] Ist die verantwortliche Person einschlägig strafrechtlich vorbelastet (§ 327 StGB), wird der Behörde die Prognose[6] der Unzuverlässigkeit erheblich erleichtert.[7] Der Weiterbetrieb der Anlage nach § 20 Abs. 3 Satz 2 und 3 BImSchG setzt voraus, dass der Genehmigungsbehörde eine andere zuverlässige Person als Betriebsleiter präsentiert wird.[8]

38.107

Soweit für einzelne Gewerbe keine besonderen Untersagungsvorschriften bestehen, ist auf die dem § 20 Abs. 3 GewO vergleichbare Regelung in § 35 Abs. 1 - 7a GewO zurückzugreifen (vgl. § 35 Abs. 8 GewO). § 35 Abs. 3 GewO stellt klar, dass die Behörde von einem vorausgegangenen Strafurteil hinsichtlich des von ihr zu beurteilenden Sachverhalts zwar zum

38.108

---

1 Vgl. hierzu etwa *Eser* in Schönke/Schröder, § 73 StGB Rz. 3, 10; § 74 StGB Rz. 12a; *Joecks* in MünchKomm. StGB, § 74 StGB Rz. 9 ff.
2 *Lackner/Kühl*, § 330c StGB Rz. 1; *Steindorf*, Umwelt-Strafrecht, § 330c StGB Rz. 2; *Horn* in Systematischer Kommentar zum StGB, § 330c StGB Rz. 2; *Michalke* in Schiffer/Rödl/Rott, Haftungsgefahren im Unternehmen, Rz. 1961; a.A. offenbar *Franzheim/Pfohl*, Umweltstrafrecht, Rz. 651.
3 OVG des Saarlandes v. 21.12.1984 – 1 W 1309/84, UPR 1985, 248, 249; *Kühling/Dornbach* in Kotulla, Bundes-Immissionsschutzgesetz, Losebl. (Stand: 8/2014), Abschn. 100.20 Rz. 60; h.M.
4 *Prall* in Führ (Hrsg.), GK-BImSchG, § 20 BImSchG Rz. 58.
5 Vgl. *Eifert*, JuS 2004, 565, 568.
6 Zur Prognoseproblematik *Prall* in Führ (Hrsg.), GK-BImSchG, § 20 BImSchG Rz. 59 ff.
7 Zur Berücksichtigungsfähigkeit nicht einschlägiger Straftaten *Eifert*, JuS 2004, 565, 568.
8 Vgl. statt vieler *Sellner/Reidt/Ohms*, Immissionsschutzrecht und Industrieanlagen, S. 267 Rz. 14.

Vorteil des Betroffenen, zu seinem Nachteil aber nicht hinsichtlich der Sachverhaltsfeststellungen, der Beurteilung der Schuldfrage und der Erforderlichkeit einer Gewerbeuntersagung (Berufsverbot nach § 70 StGB) abweichen darf.[1]

F. Umweltrechtliche Risikominimierung

I. Auf Unternehmensebene: Umweltmanagement, Umweltaudit und Umwelthaftpflichtversicherung

1. Umweltmanagementsysteme und Umweltaudit

38.109 Unternehmen haben, soweit ihre Geschäftstätigkeit umweltrechtlichen Anforderungen unterliegt, zumindest rudimentäre umweltbezogene Überwachungssysteme einzuführen. Zur Verminderung von Haftungsrisiken sowohl für das Unternehmen als auch für geschäftsführende Organe ist es sinnvoll, über diese grundsätzlichen Anforderungen hinaus möglichst effiziente umweltbezogene Überwachungssysteme zu implementieren.[2] Mit der Aufnahme des Umweltschutzes in ein Managementsystem wird der Umweltschutz zu einem über die Beachtung umweltrechtlicher Mindeststandards hinausgehenden Unternehmensziel. Die Umweltmanagementsysteme haben dabei verschiedene strategische Vorteile: So können Zertifizierung und Validierung einen Marktvorteil gegenüber Wettbewerbern begründen, zu einer **Beschleunigung** der Genehmigungsverfahren und der **Vermeidung von Organisationsverschulden** führen. Zudem kann ein Umweltmanagementsystem zu einer effizienteren Betriebsführung anhalten, die Risikokommunikation durch Information der Öffentlichkeit verbessern[3] und die **Beweislastrisiken** nach § 6 Abs. 1 UmweltHG **reduzieren**, weil sie den Nachweis eines bestimmungsgemäßen Anlagenbetriebs (§ 6 Abs. 2 UmweltHG) erleichtern.[4] Die Integration eines solchen Systems in das unternehmensinterne Risikomanagement-System kann etwa über die Errichtung eines Umweltmanagement-Systems nach den Regeln der EU-Öko-Audit-Verordnung (Eco-Management and Audit Scheme, „EMAS")[5] oder nach den DIN/ISO 14 000 ff.-Normen[6] erfolgen.[7] Ist in einem Unternehmen ein solches Umweltmanagementsystem ein-

---

[1] Vgl. zu § 35 Abs. 3 GewO nur *Tettinger/Wank*, § 35 GewO Rz. 185–198.
[2] Vgl. zu entsprechenden Tendenzen in der Praxis *Hauschka*, DB 2006, 1143.
[3] *Roos*, Umweltmanagement, EG-Öko-Audit und Sicherheitsaudit, VW 1996, 1488.
[4] Zutreffend *Falk*, Die EG-Umwelt-Audit-Verordnung und das deutsche Umwelthaftungsrecht, 1998, S. 108 ff.; ähnlich *Dombert* in Ewer/Lechelt/Theuer, Handbuch Umweltaudit, S. 264 Rz. 56; *Krings* in Schiffer/Rödl/Rott, Haftungsgefahren im Unternehmen, Rz. 1923.
[5] Den Kern des EMAS-Regelwerks bildet die Verordnung (EG) Nr. 1221/2009 des Europäischen Parlaments und des Rates vom 22.12.2009 über die freiwillige Teilnahme von Organisationen an einem Gemeinschaftssystem für das Umweltmanagement und Umweltbetriebsprüfung (EMAS) (ABl. EG Nr. L 342 v. 22.12.2009, S. 1) (auch: „EMAS III"), mit der die Verordnung (EG) Nr. 761/2001 vom 19.3.2001 (EMAS II") ersetzt wurde, die wiederum die Ursprungs-Verordnung (EG) Nr. 1836/93 vom 29.6.1993 („EMAS I") (dazu *A. Pohl*, BB 1998, 381-386) ersetzt hatte. Dazu im Überblick *Langerfeldt*, NVwZ 2001, 538 -540; *Horneffer*, ZUR 2001, 361-368 sowie *Hoffmann*, ZUR 2014, 81. Änderungsschwerpunkte liegen in den Bereichen Berichterstattung (Einführung von Kernindikatoren) und in der Förderung der Teilnahme von kleinen und mittleren Organisationen (KMU).
[6] Allg. zu den DIN-Normen als Teil gesellschaftlicher Umweltnormierungen *Marburger/Gebhard* in Endres/Marburger, Umweltschutz durch gesellschaftliche Selbststeuerung, S. 4 ff.; grundlegend *Marburger*, Die Regeln der Technik im Recht, 1979.
[7] Hierzu *Hoffmann*, ZUR 2014, 81, 83; *Huffmann*, Der Einfluß des § 52a BImSchG auf die Verantwortlichkeit im Unternehmen, S. 97 ff.; *Rehbinder*, ZHR 161 (2001), 1, 21.

geführt worden, sind zudem etwa in den Bereichen Immissionsschutzrecht, Wasserrecht und Abfallrecht einzelne Erleichterungen im Verwaltungsvollzug vorgesehen.[1] Schließlich erzeugen die genannten Umweltmanagementsysteme ein hohes Maß an Transparenz, da sie zertifiziert (ISO 14 001) bzw. registriert (EMAS) werden und daher in jeder Phase auch für Außenstehende prüfbar sind.[2]

2. EMAS („Öko-Audit")

a) Grundlagen

EMAS ist ein von den EU-Mitgliedstaaten getragenes öffentlich-rechtliches Regelwerk, das im Kern Vorgaben für den innerbetrieblichen Umweltschutz und das Umweltmanagement von Unternehmen und anderen Organisationen enthält.[3] Obwohl der Verordnung in den Mitgliedstaaten unmittelbare Wirkung zukommt, verlangt EMAS eine mitgliedstaatliche Umsetzung der Anforderungen hinsichtlich der Zulassung und Aufsicht über die Umweltgutachter sowie der Benennung der für die Standortregistrierung zuständigen Stellen.[4] Dies ist in Deutschland durch das **Umweltauditgesetz** (UAG)[5] geschehen. Zudem sind auf nationaler Ebene Rechtsverordnungen und zahlreiche Richtlinien des Umweltgutachterausschusses (§§ 21 ff. UAG) zu berücksichtigen.[6]

38.110

Nach Art. 1 Abs. 1 der Verordnung (EG) Nr. 1221/2009 (EMAS-VO) ist die **Anwendung** von EMAS **freiwillig**. Teilnahmeberechtigt sind nach Art. 3 Abs. 1 i.V.m. Art. 2 Nr. 21 der Verordnung sowohl private als auch öffentliche Organisationen, also etwa Unternehmen, Behörden, Verbände und Kirchen. Im Rahmen der Teilnahme an EMAS sind die Organisationen verpflichtet, ein rechtlich vorgegebenes Umweltmanagementinstrumentarium anzuwenden, das im Wesentlichen aus sechs Elementen besteht, nämlich der Umweltprüfung, der Schaffung eines Umweltmanagementsystems, der internen Umweltbetriebsprüfung, der Umwelterklä-

38.111

---

1 Vgl. die Verordnung über immissionsschutz- und abfallrechtliche Überwachungserleichterungen für nach der Verordnung (EG) Nr. 761/2001 registrierte Standorte und Organisationen (EMAS-Privilegierungs-Verordnung) vom 24.6.2002; *Umweltallianz Hessen*, Katalog verwaltungsrechtlicher Erleichterungen zugunsten EMAS-auditierter oder nach ISO 14001 zertifizierter Organisationen; *Schneider*, Öko-Audit und Deregulierung im Immissionsschutzrecht, 1999, S. 129 ff.; zu den verfassungsrechtlichen Grenzen des damit verbundenen partiellen Rückzugs des Staates aus der umweltrechtlichen Vollzugsverantwortung im Sinne einer „Privatisierung der Rechtsverwirklichung im Umweltrecht" *Scherzberg*, NVwZ 2006, 377.
2 *Roos*, VW 1996, 1488.
3 Ausführlicher Überblick bei *Langerfeldt*, Die Berufsausübungs- und -zulassungsregelungen für Betriebsprüfer und Umweltgutachter, 2001, S. 65 ff.
4 *Kloepfer*, Umweltrecht, § 5 Rz. 1512.
5 Gesetz zur Ausführung der Verordnung (EG) Nr. 1221/2009 des Europäischen Parlaments und des Rates vom 25.11.2009 über die freiwillige an einem Gemeinschaftssystem für Umweltmanagement und Umweltbetriebsprüfung (Umweltauditgesetz – UAG) Beteiligung von Organisationen an einem Gemeinschaftssystem für das Umweltmanagement und Umweltbetriebsprüfung und zur Aufhebung der Verordnung (EG) Nr. 761/2001, sowie der Beschlüsse der Kommission 2001/681/EG und 2006/193/EG (EMAS) (Umweltauditgesetz – UAG) vom 4.9.2002. Zur Novellierung des UAG aufgrund von EMAS *Langerfeldt*, NVwZ 2002, 1156–1164.
6 UAG-Beleihungsverordnung vom 18.12.1995 (UAGBV), UAG-Zulassungsverfahrensverordnung vom 12.9.2002 (UAGZVV), UAG-Gebührenverordnung vom 4.9.2002 (UAGGebV), sowie die UAG-Fachkunderichtlinie, UAG-Prüferrichtlinie, UAG-Aufsichtsrichtlinie und UAG-Zertifizierungsverfahrensrichtlinie, allesamt abrufbar auf der Internetseite des Umweltgutachterausschusses (www.uga.de).

rung, der Begutachtung der vier vorhergehenden Elemente durch einen Umweltprüfer sowie der Registrierung eines Standorts. Für das Audit-Verfahren ist zwischen dem Verfahren im ersten Durchlauf, also bei erstmaliger EMAS-Registrierung, und dem hierauf aufbauenden Verfahren zur Aufrechterhaltung der EMAS-Registrierung zu differenzieren.

b) Registrierung

38.112 Zunächst ist durch die Organisation selbst eine Umweltprüfung durchzuführen, auf deren Grundlage das Umweltmanagementsystem errichtet wird. Die Organisation muss dabei fünf zentrale Bereiche berücksichtigen, nämlich (1) die Rechts- und Verwaltungsvorschriften, zu deren Einhaltung die Organisation verpflichtet ist („Legal Compliance"), (2) die Erfassung aller Umweltaspekte, die wesentliche Umweltauswirkungen haben, (3) eine Beschreibung der Kriterien zur Bewertung der wesentlichen Umweltauswirkungen, (4) eine Untersuchung der angewandten Techniken und Verfahren des Umweltmanagements und (5) die Bewertung der Reaktionen auf frühere Vorfälle.

38.113 Die Anforderungen an das Umweltmanagementsystem sind im Einzelnen in Anhang II zur EMAS-VO geregelt. Die Verordnung enthält jedoch keine eigenen Vorschriften zur Regelung von Aufbau und Ablauf des Umweltmanagements. Stattdessen wird durch Anhang II EMAS-VO auf Abschnitt 4 der DIN EN ISO 14 001 und die darin dokumentierten Anforderungen an die Implementierung eines Umweltmanagementsystems verwiesen. Dadurch wird eine direkte Verknüpfung der EMAS-VO mit dem ehemals konkurrierenden System DIN EN ISO 14 001 erreicht.[1] Nach Abschnitt I-4.5.2.1 ISO 14 001 „muss die Organisation ein Verfahren zur regelmäßigen Bewertung der Einhaltung der einschlägigen rechtlichen Verpflichtungen einführen, verwirklichen und aufrechterhalten" (**Compliance Audit**).[2]

38.114 Im Anschluss ist dann eine interne Umweltbetriebsprüfung nach den Vorschriften des Anhangs III durchzuführen, bei der zu untersuchen ist, ob die Organisation die von ihr festgelegten Verfahren einhält und an welchen Stellen sich Verbesserungsmöglichkeiten ergeben.[3] Sodann muss das Unternehmen eine **Umwelterklärung** entsprechend dem Anhang IV der EMAS-VO abgeben, welche die Öffentlichkeit und die interessierten Kreise darüber informieren muss, welche Ergebnisse das Unternehmen im Hinblick auf ihre Umweltbeziehungen erreicht.

38.115 Die Umwelterklärung besteht aus einer Darstellung der umweltschutzbezogenen Leistung der **Organisation**. Sie ist für die Öffentlichkeit bestimmt und soll Zahlenmaterial zu besonders umweltrelevanten Sachverhalten, wie etwa Emissionen und Verbrauchsmengen, enthalten. Die Einhaltung der rechtlichen Vorgaben wird nach Art. 4 Abs. 5 der EMAS-VO zusätzlich durch einen akkreditierten oder zugelassenen **Umweltgutachter** geprüft. Stellt der Umweltgutachter keine gravierenden Verstöße gegen die EMAS-Vorgaben fest und werden auch die umweltrechtlichen Vorschriften eingehalten, erklärt er die Umwelterklärung für gültig (Validierung). Die validierte Umwelterklärung ist schließlich Grundlage für die Aufnahme der Organisation in das offizielle **EMAS-Register**.

---

1 *Pape*, Die Revision der EG-Umwelt-Audit-Verordnung (EMAS), BuW 2003, 353, 354.
2 Zu den Anforderungen im Überblick *Mantz*, UmweltMagazin 9/2006, 52.
3 *Kloepfer*, Umweltrecht, § 5 Rz. 1530.

c) Wiederkehrende Überprüfung

Das einmal validierte Unternehmen unterliegt weiteren Überprüfungen zur Aufrechterhaltung der EMAS-Eintragung. Nach Art. 6 Abs. 1 der EMAS-VO müssen das Umweltmanagementsystem und das Programm für die Betriebsprüfung mindestens alle drei Jahre durch einen Umweltgutachter überprüft werden. Zudem ist die Betriebsprüfung einmal jährlich vorzunehmen. Die Umwelterklärungen sind kontinuierlich zu aktualisieren und müssen zumindest einmal jährlich durch den Umweltgutachter für gültig erklärt und der Öffentlichkeit bekannt gemacht werden.

38.116

Sofern das Unternehmen trotz entsprechender Aufforderung keine validierte Umwelterklärung vorlegt, wird die Eintragung, je nach Art und Umfang des Versäumnisses, ausgesetzt oder gestrichen. Gleiches gilt, wenn das Unternehmen die Anforderungen von EMAS nicht mehr erfüllt, vgl. Art. 15 Abs. 1 und 3 EMAS-VO.

38.117

3. DIN EN ISO 14 001

Wie EMAS will auch DIN EN ISO 14 001 den Organisationen die Möglichkeit geben, den betrieblichen Umweltschutz in eigener Verantwortung und Kontrolle wahrzunehmen und kontinuierlich zu verbessern. Dabei stimmen die wesentlichen Instrumente, das Umweltmanagement- und Umweltbetriebsprüfungssystem, mit dem EMAS weitgehend überein. Ursächlich dafür ist, dass beide Systeme auf dieselben Quellen zurückgehen, nämlich auf BS 7750[1] und letztlich ISO 9004[2]. Die Struktur von ISO 14 001 ist dabei durch die Stichworte „plan – do – check – act" gekennzeichnet.[3] Das Verfahren von ISO 14 001 beginnt, auch wenn es einen Vorschlag zur Durchführung einer ersten Umweltprüfung vorsieht, mit der Schaffung eines Umweltmanagementsystems. Für die Folgezeit schreibt ISO 14 001 regelmäßige interne Umweltmanagement-Systemaudits zur Bewertung des Umweltmanagements nach DIN ISO 14010, 14011 und 14012 vor. Im Anschluss daran wird das Umweltmanagementsystem durch einen externen Auditor geprüft. Das Verfahren endet mit der Ausstellung eines Zertifikats.

38.118

4. Verhältnis EMAS – DIN EN ISO 14 001

Durch die Verknüpfung von EMAS und ISO 14 001 hat sich das Konkurrenzverhältnis der beiden Systeme in ein eher komplementäres Verhältnis gewandelt, da ISO 14 001 nunmehr auch als Grundmodul von EMAS fungiert.[4] ISO 14 001 unterstützt durch die Anwender- und Umgangsfreundlichkeit die Implementierung eines Umweltmanagementsystems und damit die Verbreitung betrieblicher Umweltmanagementsysteme.[5] Demgegenüber wird EMAS, insbesondere durch die Pflicht zur Erstellung einer Umwelterklärung, die Standortregistrierung und die Überprüfung durch einen akkreditierten Umweltgutachter, von einem stärker umweltpolitischen Gedanken getragen. Die Forderung nach Legal Compliance, einer quantifizierbaren und messbaren Verbesserung der Umweltleistung in stofflicher und energetischer Hinsicht, die aktive Einbeziehung der Arbeitnehmer, die externe Begutachtung so-

38.119

---

1 British Standards Institution BS 7750 „Specification for Environmental management systems" (1992), rev. 1994. Näher zur Entstehungsgeschichte *Kothe*, Das neue Umweltauditrecht, S. 4 ff.
2 Ursprüngliche Fassung vom Mai 1987 „Qualitätsmanagement und Elemente eines Qualitätsmanagementsystems".
3 *Feldhaus*, Wettbewerb zwischen EMAS und ISO 14001, UPR 1998, 41–44.
4 *Hoffmann*, ZUR 2014, 81, 83; *Pape*, BuW 2003, 353, 354; zur früheren Lage *Schottelius*, NVwZ 1998, 805 ff.
5 *Pape*, BuW 2003, 353, 354.

wie das Bekenntnis zu einer aktiven externen Kommunikation etwa durch die Umwelterklärung stellen gegenüber DIN EN ISO 14 001 Zusatzanforderungen dar, die dafür sorgen, dass EMAS – trotz geringerer Zertifizierungszahlen in Deutschland[1] – häufig als höherwertiges System betrachtet wird.[2] Allerdings ist auch zu berücksichtigen, dass durch den von EMAS vorausgesetzten Umweltbericht höhere Kosten anfallen.[3] Unbegründet sind hingegen Bedenken, dass durch den Umweltbericht sensible Geschäftsdaten bekannt werden können, denn es besteht die Möglichkeit, in Abstimmung mit dem Umweltgutachter solche Daten nicht in die Umwelterklärung aufzunehmen.[4] Anhand der dargestellten Charakteristika ist vielmehr im Einzelfall zu untersuchen, welches der beiden Systeme zu bevorzugen ist. Aufgrund der Integrativlösung sind Unternehmen nicht gezwungen, sich bereits in einem frühen Verfahrensstadium für eines der beiden Systeme endgültig zu entscheiden. Es ist vielmehr möglich, zunächst die Umweltmanagementnorm DIN EN ISO 14 001 umzusetzen und gegebenenfalls später das System auszubauen.

5. Umwelthaftpflichtversicherung und Umweltschadensversicherung

38.120 Die Umwelthaftpflichtversicherung deckt Schäden, die außerhalb des Grundstücks des Versicherungsnehmers bei einem Dritten entstehen (Drittschaden) und die sich über einen sog. Umweltpfad (Boden, Wasser, Luft) realisiert haben; diese Umwelthaftpflichtschäden sind nach § 4 Abs. 1 Nr. 8 AHB von der Betriebshaftpflichtversicherung ausgeschlossen. Eigenschäden, also Schäden auf eigenen Grundstücken und bei Unternehmensangehörigen des Versicherungsnehmers, sind nicht versichert.[5] Der Umfang der Versicherung richtet sich nach anlagenspezifisch zu vereinbarenden Risikobausteinen. Zu verweisen ist insoweit auf die „besonderen Bedingungen und Risikobeschreibungen für die Versicherung der Haftpflicht wegen Schäden durch Umwelteinwirkung (Umwelthaftpflicht-Modell)" – Musterbedingungen des Gesamtverbandes der Deutschen Versicherungswirtschaft (GDV) vom September 2009.[6] Bodenspezifische Haftungsrisiken einschließlich Eigenschäden können durch eine **Bodenkaskoversicherung** (einschließlich einer „Clean-up-Policy", die Versicherungs- und Finanzierungsleistungen umfasst) abgedeckt werden.[7]

38.121 Mit den Allgemeinen Versicherungsbedingungen für die Umweltschadensversicherung (Musterbedingungen des GDV vom Februar 2016) wird zusätzlich Versicherungsschutz für

---

[1] *Hoffmann*, ZUR 2014, 81, 83.
[2] *Pape*, BuW 2003, 353, 354; *Wruk/Ellringmann*, Praxishandbuch Umweltschutz Management, Losebl. Stand 8/2003, Anm. 3.1.2.3.
[3] *Wruk/Ellringmann*, Praxishandbuch Umweltschutz Management, Losebl. Stand 8/2003, Anm. 3.1.2.3.
[4] *Wruk/Ellringmann*, Praxishandbuch Umweltschutz Management, Losebl. Stand 8/2003, Anm. 3.1.2.3.
[5] Ziffer 5.6 der Besonderen Bedingungen und Risikobeschreibungen für die Versicherung der Haftpflicht wegen Schäden durch Umwelteinwirkungen (Umwelthaftpflicht-Modell), abgedruckt bei *Fränzer* in Terbille, Münchener Anwaltshandbuch zum Versicherungsrecht, § 16 Rz. 87. – Vgl. auch *Eipper* in Schiffer/Rödl/Rott, Haftungsgefahren im Unternehmen, Rz. 1930; zum Ganzen *Schimikowski*, Umwelthaftungsrecht und Umwelthaftpflichtversicherung, 6. Aufl. 2002.
[6] Musterbedingungen abrufbar unter: http://www.gdv.de/wp-content/uploads/2014/07/22_Umwelt haftpflicht-Modell_0909.pdf. Abgedruckt und ausführlich kommentiert bei *Vogel/Stockmeier*, Umwelthaftpflichtversicherung – Umweltschadensversicherung, Kommentar, S. 106 ff.
[7] Näher zum Ganzen *Rütz*, Versicherungsprodukte und Umwelthaftungsrecht unter besonderer Berücksichtigung von Öko-Audit und ISO 14001, BTUC-AR 4/2001, S. 65 ff.

die öffentlich-rechtliche Haftung nach dem Umweltschadensgesetz[1] (Rz. 38.16 ff.) bereitgestellt.[2]

Die detaillierte Risikoerfassung und Risikoanalyse, die einheitliche Voraussetzung aller am Markt angebotenen Umwelthaftpflichtversicherungen (Deklarations- und Enumerationsprinzip) sind, werden jedenfalls partiell durch eine Umweltauditierung faktisch erleichtert[3] und von den Versicherern als Teil der Schadensprophylaxe begrüßt.[4]

38.122

II. Auf Managementebene?

1. D&O-Versicherung

Die seit rund 25 Jahren auch in Deutschland verbreiteten D&O-Versicherungen[5] können dem Manager in der Regel nicht bei einer Minimierung seines Umwelthaftungsrisikos helfen. Denn nach Ziffer 5.4 der Allgemeinen Versicherungsbedingungen für Vermögensschaden-Haftpflichtversicherungen von Aufsichtsräten, Vorständen und Geschäftsführern (AVB-AVG) sind Haftpflichtansprüche für durch Umwelteinwirkungen entstandene Schäden und alle sich daraus ergebenden weiteren Schäden ausgeschlossen.[6] In Betracht kommt damit eine Versicherung der sich aus einer Umwelthaftung ergebenden Risiken nur bei einer dahingehenden Individualvereinbarung.[7]

38.123

2. Freistellungsvereinbarung und Verzicht

Das Risiko einer Umwelthaftung für geschäftsführende Organe kann durch Freistellungsvereinbarung oder Verzicht mit dem von ihnen geleiteten Unternehmen aufgrund gesellschaftsrechtlicher Beschränkungen – namentlich § 93 Abs. 4 AktG und § 43 Abs. 3 GmbHG – nur sehr eingeschränkt reduziert werden.[8] Eine Freistellungsvereinbarung zwischen der Gesellschaft und ihren geschäftsführenden Organen zur Abfederung des Risikos einer Umwelthaftung des Organs gegenüber Dritten ist denselben Beschränkungen unterworfen.[9]

38.124

---

1 Dazu *Münter*, Die Vermeidung und Sanierung von Umweltschäden – Der Beitrag der Umwelthaftungsrichtlinie 2004/35/EG unter dem Aspekt der Versicherbarkeit, 2009.
2 Musterbedingungen abrufbar unter http://www.gdv.de/wp-content/uploads/2016/02/AVB-fuer-die-Umweltschadensversicherung-USV_Feb2016.pdf.
   Abgedruckt und ausführlich kommentiert bei *Vogel/Stockmeier*, Umwelthaftpflichtversicherung – Umweltschadensversicherung, Kommentar, S. 621 ff.
3 Vgl. *Schilling/Henneböhl* in Ewer/Lechelt/Theuer, Handbuch Umweltaudit, S. 306 f. Rz. 32.
4 *Schilling/Henneböhl* in Ewer/Lechelt/Theuer, Handbuch Umweltaudit, S. 308 Rz. 39.
5 Überblick bei *Paefgen* in Ulmer/Habersack/Löbbe, 2. Aufl. 2014, § 43 GmbHG Rz. 421 ff.; oben *Sieg*, § 18 und oben *Ihlas*, § 19; s. auch *Schmitt*, Organhaftung und D&O Versicherung, 2007, S. 97 ff.
6 Vgl. auch *Küpper-Dirks*, Managerhaftung und D&O-Versicherung: Haftungssituation und Deckungskonzepte, 2002, S. 66 f.
7 Vgl. hierzu *Kiethe*, DVBl. 2004, 1516, 1521.
8 Vgl. hierzu *H. Schmidt*, Die Umwelthaftung der Organmitglieder von Kapitalgesellschaften, S. 283 ff. – Für die GmbH ist der Umfang der zulässigen Haftungsbeschränkungen im Einzelnen sehr umstritten, vgl. hierzu: *Kleindiek* in Lutter/Hommelhoff, 19. Aufl. 2016, § 43 GmbHG Rz. 60, 61. Es spricht viel dafür, bei der GmbH eine Haftungsbeschränkung für Verstöße geschäftsführender Organe gegen umweltrechtliche Normen als unzulässig anzusehen.
9 Vgl. etwa zur GmbH *Tillmann/Mohr*, GmbH-Geschäftsführer, 10. Aufl. 2013, Rz. 634.

§ 39
Risikobereich und Haftung: Corporate Social Responsibility (CSR) und Menschenrechtsverletzungen

Dr. Birgit Spießhofer, M.C.J. (NYU)

A. Einführung	39.1
B. Corporate Social Responsibility (CSR)	39.3
I. CSR-Definitionen	39.3
II. Verhältnis von CSR, Compliance, Corporate Governance, Corporate Citizenship	39.5
III. Verantwortungskonzeptionen (Überblick)	39.9
1. Wirtschaft und Menschenrechte	39.10
a) UN-Leitprinzipien für Wirtschaft und Menschenrechte	39.10
b) UN Working Group und National Action Plans	39.19
c) Initiative für einen völkerrechtlichen Vertrag	39.20
2. Integrierte Konzeptionen („People Planet Profit")	39.21
a) UN Global Compact	39.21
b) OECD-Leitsätze für Multinationale Unternehmen	39.23
c) ISO 26000:2010 Leitfaden zur gesellschaftlichen Verantwortung	39.25
d) Europäische CSR-Strategie	39.29
e) Nationale CSR-Ansätze	39.35
C. Haftung	39.36
I. Haftung für „Menschenrechtsverletzungen" im Ausland	39.37
1. Internationale Zuständigkeit inländischer Gerichte	39.38
2. Anwendbares Recht	39.42
3. Mögliche Anspruchsgrundlagen	39.44
4. Erweiterung des Haftungsdurchgriffs	39.49
II. Soft Law with Hard Sanctions	39.51
III. Soft Law with Soft Sanctions	39.52
1. OECD-Verfahren vor den Nationalen Kontaktstellen	39.53
2. „Courts of public opinion"	39.57
D. Ausblick	39.58

Schrifttum: *Arnauld*, Völkerrecht, 2. Aufl. 2014; *Backer*, Rights and Accountability in Development („Raid") v DAS AIR and Global Witness v Afrimex, Melbourne Journal of International Law, Vol. 10, 2009, http://ssrn.com/abstract=1427883; *Backer*, Are Supply Chains Transnational Legal Orders? http://ssrn.com/abstract=2685961, aufgerufen 15.5.2017; *Enneking*, Foreign Direct Liability and Beyond. Exploring the role of tort law in promoting international corporate social responsibility and accountability, 2012; *Fischer/Diab*, Islam und Menschenrechte, NJW 2007, 2972; *Friedman*, Kapitalismus und Freiheit, 7. Aufl. 2010; *Habisch/Wildner/Wenzel*, Corporate Citizenship (CC) als Bestandteil der Unternehmensstrategie, in Habisch/Schmidpeter/Neureiter (Hrsg.), Handbuch Corporate Citizenship, 2008, S. 3; *Hahn*, Zur Normierung gesellschaftlicher Verantwortung. ISO 26000 im analytischen Vergleich mit ISO 14000 und SA 8000, Zeitschrift für Wirtschafts- und Unternehmensethik 14 (3), 2013, 378; *Hommelhoff*, Aktuelle Impulse aus dem europäischen Unternehmensrecht: Eine Herausforderung für Deutschland, NZG 2015, 1329; *Jarass*, Charta der Grundrechte der Europäischen Union, 3. Aufl. 2016; *Johnston*, Promoting Corporate Responsibility: The OECD Guidelines for Multinational Enterprises, in: Mullerat, Corporate Social Responsibility. The Corporate Governance of the 21st Century, 2nd ed, 2011, S. 275; *Kaleck/Saage-Maaß*, Unternehmen vor Gericht. Globale Kämpfe für Menschenrechte, 2016; *Kasolowsky/Voland*, Die OECD-Leitsätze für multinationale Unternehmen und ihre Durchsetzung im Wege von Beschwerdeverfahren vor der Nationalen Kontaktstelle, NZG 2014, 1288; *Klinger/Krajewski/Krebs/Hartmann*, Verankerung menschenrechtlicher Sorgfaltspflichten von Unternehmen im deutschen Recht, März 2016; *Makowicz/Wüstemann*, Betriebswirtschaftlicher und juristischer Nutzen der Ausgestaltung von Compliance-Management-Systemen nach dem globalen Leitfaden ISO 19600, BB 2015, 1195; *Osieka*, Zivilrechtliche Haftung deutscher Unternehmen für menschenrechtsbeeinträchtigende Handlungen ihrer Zulieferer, 2014; *Saage-Maaß/Leifker*, Haftungsrisiken deutscher Unternehmen und ihres Managements für Menschenrechtsverletzungen im Ausland, BB 2015, 2499; *Schmalenbach*, Multinationale Unternehmen und Menschenrechte, AVR 39/2001, 57; *Schutter*, The Accountability of Multinationals for Human Rights Violations in European Law, in Alston (Hrsg.), Non-State Actors and Human Rights. 2005, S. 227; *Schwalbach/Klink*, Der Ehrbare Kaufmann als individuelle Verantwortungskategorie der CSR-Forschung, in *Schneider/Schmidpeter* (Hrsg.), Corporate Social Responsibility, 2. Aufl. 2015, S. 177; *Spießhofer*, Unternehmerische Verantwortung, in FS Paul Kirchhof, 2014, § 113, S. 1235; *Spießhofer*, Wirtschaft und Menschenrechte – rechtliche Aspekte der Corporate Social Responsibility, NJW 2014, 2473; *Spießhofer*, Die neue europäische Richtlinie über die Offenlegung nichtfinanzieller Informationen – Paradigmenwechsel oder Papiertiger? NZG 2014, 1281; *Spießhofer*, Compliance und Corporate Social Responsibility, in Hauschka/Moosmayer/Lösler (Hrsg.), Corporate Compliance. Handbuch der Haftungsvermeidung im Unternehmen, 3. Aufl. 2016, S. 315; *Spießhofer*, Unternehmerische Verantwortung. Zur Entstehung einer globalen Wirtschaftsordnung, 2017 (engl. Version: Responsible Enterprise, 2017); *Spießhofer/Eccles*, Information und Transformation. CSR-Berichterstattung in Europa und den USA. Forum Wirtschaftsethik 2014, S. 27; *Spießhofer/Graf von Westphalen*, Corporate Social Responsibility und AGB-Recht, BB 2015, 75; *Stürner*, Die Rolle des Kollisionsrechts bei der Durchsetzung von Menschenrechten, in Festschrift Dagmar Coester-Waltjen, 2015, S. 843; *Voland*, Unternehmen und Menschenrechte – vom Soft Law zur Rechtspflicht, BB 2015, 67; *Webb*, ISO 26000: Bridging the Public/Private Divide in Transnational Business Governance Interactions, Comparative Research in Law & Political Economy. Research Paper No. 21/2012; *Weller/Kaller/Schulz*, Haftung deutscher Unternehmen für Menschenrechtsverletzungen im Ausland, AcP 216 (2016), 387; *Weidmann*, Der Beitrag der OECD-Leitsätze für multinationale Unternehmen zum Schutz der Menschenrechte, 2014; *Wesche/Ebert*, Die UN-Leitprinzipien für Wirtschaft und Menschenrechte und Zugang zu Abhilfe. März 2016, http://business-humanrights.org/sites/default/files/documents/Policy%20Paper%20BHRRC%20UNGPs%20und%20Zugang%20zu%20Abhilfe%20.pdf, aufgerufen 15.5.2017; *Withus/Kunz*, Auswirkungen des neuen ISO 19600:2014 zu Compliance-Management-Systemen auf die Prüfung nach IDW PS 980, BB 2015, 685.

A. Einführung

Corporate Social Responsibility (CSR) ist ein altes Thema mit neuen Dimensionen. Das aus dem Mittelalter stammende Leitbild des **Ehrbaren Kaufmanns**, dessen Tugenden Voraussetzung für die Teilnahme am Geschäftsverkehr waren[1], erfährt eine Renaissance, nicht zuletzt im Deutschen Corporate Governance Kodex 2017.[2] So unterstreicht die Kodexkommission in der Präambel, dass gute Unternehmensführung nicht nur „Legalität, sondern auch ethisch fundiertes, eigenverantwortliches Verhalten" erfordere. Dies ist nichts prinzipiell Neues. Bereits Milton Friedman stellte 1962 in *Kapitalismus und Freiheit* fest, dass unternehmerisches Handeln sich im „allgemein üblichen und legalen Rahmen" zu halten habe.[3] Die entscheidende Frage ist jedoch, was in einer globalen Wirtschaft „allgemein üblich" und „ethisch fundiert" ist. Diese Begriffe setzen einen allgemein akzeptierten Sozialkodex voraus, der bereits auf nationaler und europäischer Ebene brüchig ist, im internationalen Bereich jedoch aufgrund der unterschiedlichen kulturellen Prägungen erst gefunden werden muss.[4]

39.1

---

1 Vgl. *Schwalbach/Klink*, S. 177 ff., zu den (einer modernen Unternehmerpersönlichkeit nur begrenzt entsprechenden) Vorstellungen von „Ehrbarkeit"; vgl. auch Versammlung eines Ehrbaren Kaufmanns zu Hamburg, https://veek-hamburg.de, aufgerufen 15.5.2017.
2 Vgl. Präambel des Corporate Governance Kodex 2017.
3 *Friedman*, S. 49.
4 Vgl. *Spießhofer* in FS Paul Kirchhof, S. 1235.

39.2 Das nationale und europäische Recht formuliert Standards verantwortungsbewussten Wirtschaftens, kann jedoch aufgrund seiner territorialen Begrenzung globale Wirtschaftsprozesse nicht angemessen steuern. Diese **Governance Gaps**, die u.a. durch die globale Finanzkrise und durch sozial und ökologisch untragbare Zustände im Global South aufgedeckt wurden, sind maßgeblicher Grund und Treiber der CSR-Diskussion, die sich jedoch nicht auf sie beschränkt. Unter der Überschrift CSR findet eine **schleichende Revolution** mit weitreichenden Folgen statt. Die CSR-Reporting-Richtlinie ist nur ein Teil eines sehr viel breiteren und sich seit über vier Dekaden vor allem im internationalen und angelsächsischen Bereich und außerhalb der Rechtswissenschaft aufbauenden Diskurses, der die Grenzen unternehmerischen Wirtschaftens zunehmend von **Legalität zu Legitimität**, von einer „legal license to operate" zu einer „social license to operate" verschiebt (wie immer und durch wen immer sie definiert wird). CSR ist Teil dieses Global Governance-Diskurses, dessen rechtliche Kernfrage ist, wie ein **globaler Ordnungsrahmen für globales Wirtschaften** geschaffen werden kann und welchen positiven („doing good") und negativen („doing no harm") Beitrag Unternehmen hierzu leisten sollen. Diese Neubestimmung unternehmerischer Verantwortung wirft eine Fülle von Fragen auf, die an dieser Stelle nicht umfassend behandelt werden können.[1] Der folgende Beitrag konzentriert sich auf die mit CSR verbundenen Risiken und Haftungsfragen, die **ambivalent** sind: einerseits soll CSR-„Compliance" der Risiko- und Haftungsvermeidung dienen, andererseits wird durch die mit CSR verbundene materielle und personelle Ausdehnung des Verantwortungsbereichs und durch die Verpflichtung zu Due Diligence der Bereich möglicher unternehmerischer Haftung (in soft und hard Version) erweitert.

B. Corporate Social Responsibility (CSR)

I. CSR-Definitionen

39.3 CSR hat viele „Definitionen" erfahren.[2] Die Europäische Kommission verkündete 2001: CSR ist ein „Konzept, das den Unternehmen als Grundlage dient, auf freiwilliger Basis soziale Belange und Umweltbelange in ihre Unternehmenstätigkeit und in die Wechselbeziehungen mit den Stakeholdern zu integrieren."[3]

39.4 In ihrer Mitteilung *Eine neue EU-Strategie (2011–2014) für die soziale Verantwortung der Unternehmen* vom 25.11.2011 legte die EU-Kommission eine **neue Definition** vor, die die Freiwilligkeitskonzeption verlässt. Danach ist CSR „die Verantwortung von Unternehmen für ihre Auswirkungen auf die Gesellschaft". Die Einhaltung geltenden Rechts (**Compliance**) ist das **Minimum** unternehmerischer Verantwortung. Um ihrer Verantwortung vollumfänglich gerecht zu werden, sollen Unternehmen darüber hinaus Prozesse einführen, die soziale, ökologische, wirtschaftsethische, menschenrechtliche und Verbraucherbelange in enger Zusammenarbeit mit ihren Stakeholdern in ihre Strategie und ihre Aktivitäten integrieren.[4] Die EU-Kommission will unternehmerische Verantwortung durch einen „**Smart Mix**" von edu-

---

1 Eingehend *Spießhofer*, Unternehmerische Verantwortung. Zur Entstehung einer globalen Wirtschaftsordnung, 2017; (engl. Version: Responsible Enterprise, 2017). Die folgenden Ausführungen beruhen auf den dortigen Erkenntnissen.
2 Vgl. dazu *Spießhofer*, Unternehmerische Verantwortung, Einführung, 1.
3 KOM(2001) 366, 8.
4 Mitteilung der Kommission an das Europäische Parlament, den Rat, den Europäischen Wirtschafts- und Sozialausschuss und den Ausschuss der Regionen, Eine neue EU-Strategie (2011–2014) für die soziale Verantwortung der Unternehmen (CSR), KOM(2011) 681, 7.

katorischen, ökonomisch-incentivierenden sowie Soft und Hard Law-Instrumenten steuern, die die positive und negative Unternehmensverantwortung ausformen.

II. Verhältnis von CSR, Compliance, Corporate Governance, Corporate Citizenship

Die neue EU-CSR-Definition sieht **CSR** als **Oberbegriff**. Er umfasst **Compliance** mit geltendem Recht, geht jedoch hinsichtlich der Berücksichtigung sozialer, ökologischer und ethischer Belange noch darüber hinaus. Dies wirft zum einen die Frage auf, ob unternehmerische Verantwortung zwingend immer über Compliance hinaus gehen muss, oder, ob nicht in hoch regulierten Gesellschaften wie in Europa oder den USA mit detaillierter Arbeits- und Umweltschutzgesetzgebung Compliance mit geltendem Recht als ausreichend erachtet werden kann. Dies wird nicht einheitlich beantwortet. Viele internationale CSR-Instrumente äußern sich hierzu nicht; ihre Anwender gehen meist unreflektiert von einer über Compliance grundsätzlich hinausweisenden Verantwortung aus. Demgegenüber sehen bspw. die *Equator Principles* für den Bereich der Projektfinanzierung ausdrücklich vor, dass in sog. „Designated Countries", die europäische Staaten und andere Staaten mit differenzierten Rechtssystemen umfassen, Compliance mit nationalem Recht als ausreichend anzusehen ist und die Projektfinanzierungsinstitutionen insoweit keine eigenen Standards entwickeln und anlegen sollen.[1]

39.5

Diese Frage wäre dann von begrenzter Bedeutung, wenn es eine einfache kategorielle Zuordnung gäbe in dem Sinne: Compliance/„rechtsverbindlich" und CSR/„freiwillig" (im Sinne von wirksam und bindend nur bei ausdrücklicher Akzeptanz).[2] Dem ist jedoch nicht so. Vielmehr zeigt eine im folgenden kurz zu skizzierende Analyse internationaler CSR-Instrumente, dass zwischen diesen beiden Polen **rechtsverbindlich/freiwillig** sich eine **gleitende Skala von Verbindlichkeit**, von normativem Geltungsanspruch ohne Unterwerfungsakt manifestiert, der mit rechtlichen, hybriden und „weichen" Instrumentarien und nicht zwingend von staatlichen Instanzen, sondern auch von zivilgesellschaftlichen Organisationen durchgesetzt wird. Dies wirft (hier nicht zu vertiefende) Fragen der Konkurrenz zwischen Hard Law (im Sinne rechtsverbindlicher Normen) und Soft Law (im Sinne weicher Normen) und deren Konsequenzen für Rechtssicherheit, (demokratische) Legitimation und grundrechtlich verbürgte unternehmerische Freiheit auf.[3] Während bspw. das Umweltrecht die Grenzen zulässiger unternehmerischer Betätigung bestimmt und rechtssicher markiert, verlangen CSR-Instrumente entsprechend der oben referierten Definition eine darüber hinausgehende Minimierung negativer Auswirkungen, die vom Ansatz her kein „genug" kennt. Dadurch werden die von dem demokratischen Gesetzgeber definierten Grenzen des einerseits unternehmerisch Zulässigen, andererseits der Umwelt Zumutbaren überschrieben, aufgeweicht und neu gezogen. Auf diesen Zwischenbereich, der häufig mit dem Begriff „**Soft Law**" bezeichnet wird,[4] und seine Haftungsimplikationen konzentrieren sich die weiteren Ausführungen.

39.6

Das Verhältnis von CSR und **Corporate Governance** ist nicht eindeutig geklärt. Während bspw. der Niederländische Corporate Governance Code CSR-Anforderungen als Bestandteil einer umfassend verstandenen „long-term value creation strategy" und entsprechenden

39.7

---

1 http://www.equator-principles.com/resources/equator_principles_III.pdf, aufgerufen 15.5.2017.
2 Vgl. *Voland*, BB 2015, 67.
3 Vgl. *Spießhofer*, NJW 2014, 2473, 2476; eingehend *Spießhofer*, Unternehmerische Verantwortung, 11. Kapitel.
4 Eingehend hierzu *Spießhofer*, Unternehmerische Verantwortung, 11. Kapitel, I. 1.

„culture" in Corporate Governance internalisiert,[1] ist der Deutsche Corporate Governance Kodex (DCGK) auf gesellschaftsrechtlich basierte wirtschaftliche Integrität fokussiert, allerdings mit inhaltlichen Überlappungen zum gesellschaftspolitischen Bereich hinsichtlich Frauenförderung und Diversität und einer Bezugnahme auf das (inhaltlich nicht ausdifferenzierte) Leitbild des Ehrbaren Kaufmanns in der Präambel.[2] Insofern behandelt der DCGK Teilaspekte unternehmerischer Verantwortung, ist, auch hinsichtlich seines weichen Steuerungsinstrumentariums (Empfehlungen/„comply or explain"), Teil einer, entsprechend oben genannter Definition weit verstandenen CSR.

39.8 **Corporate Citizenship** wird als Teilaspekt von CSR, insbesondere als das bürgerschaftliche und philanthropische Engagement von Unternehmen im sozialen und kulturellen Bereich verstanden, teilweise auch noch weiter ausdifferenziert in Mäzenatentum und Corporate Volunteering im Sinne freiwilliger Sozialarbeit.[3] Corporate Citizenship ist Teil der positiven Unternehmensverantwortung, des „doing good". Sie gewinnt besondere Bedeutung bei unternehmerischer Tätigkeit im Global South, bei der Unternehmen im Rahmen von Community Investment häufig Kooperationen mit staatlichen und Entwicklungshilfeorganisationen in Gestalt von Public Private Partnerships eingehen.

III. Verantwortungskonzeptionen (Überblick)

39.9 Die unter der Überschrift „CSR" verhandelten Verantwortungskonzeptionen sind vielgestaltig und nur begrenzt kohärent. Sie lassen sich grob einteilen in **sektorübergreifende** Konzeptionen, die entweder ein Thema (bspw. die Menschenrechte) oder alle CSR-Themen, charakterisiert durch die Schlagworte „People, Planet, Profit", integrierend umfassen sowie **branchen-, themen- und instrumentenspezifische** Ansätze.[4] Im Folgenden können nur die wesentlichen sektorübergreifenden CSR-Instrumente in Grundzügen skizziert werden.[5] Die Diskussion um Wirtschaft und Menschenrechte prägte die CSR-Diskussion maßgeblich und strahlte in die anderen Konzeptionen aus. Sie soll daher zunächst dargestellt werden.

1. Wirtschaft und Menschenrechte

a) UN-Leitprinzipien für Wirtschaft und Menschenrechte

39.10 Die in einer Resolution vom 16.6.2011 vom UN-Menschenrechtsrat unterstützten UN-Leitprinzipien für Wirtschaft und Menschenrechte (UN-Leitprinzipien)[6] befassen sich nur mit dem Thema Menschenrechte. Sie haben jedoch andere CSR-Leitlinien über den Menschenrechtsbereich hinaus beeinflusst. Sie implementieren die drei Säulen des „**Protect, Respect, and Remedy Framework**"[7]:

---

1 S. 1.1.1 vi und 2.5 Dutch Corporate Governance Code December 2016.
2 Vgl. Deutscher Corporate Governance Kodex 2017.
3 Vgl. *Habisch/Wildner/Wenzel*, S. 3 ff.; eingehend zu Corporate Citizenship der Beitrag von *Götze/Bicker*, oben Rz. 30.75 ff.
4 Zu branchen-, themen- und instrumentenspezifischen Ansätzen eingehend *Spießhofer*, Unternehmerische Verantwortung, 7. Kapitel; *Spießhofer*, Compliance und CSR, S. 315, 326 ff.
5 Eingehend *Spießhofer*, Unternehmerische Verantwortung, 2. bis 6. Kapitel.
6 Resolution v. 16.6.2011, A/HRC/RES/17/4.
7 v. 7.4.2008, A/HRC/815.

- die **staatliche** Verpflichtung („duty") zum Schutz der Menschenrechte, auch gegen Beeinträchtigungen durch Unternehmen („**Protect**"),

- die **unternehmerische** Verantwortung („responsibility"), die Menschenrechte zu respektieren („**Respect**"), und

- die Verpflichtung, effektiven Rechtsschutz zu gewähren („**Remedy**").

Diese drei Säulen sollen in einem „Smart Mix" verbunden werden. Die folgenden Ausführungen konzentrieren sich auf die zweite Säule, die unternehmerische Verantwortung zur Respektierung der Menschenrechte.

Die UN-Leitprinzipien sehen vor, dass erstens Unternehmen grundsätzlich **alle Menschenrechte respektieren** und zweitens dies mit Hilfe von **Due Diligence** gewährleisten sollen. Die Due Diligence soll Unternehmen Aufschluss geben über die „negativen Auswirkungen" für die Menschenrechte, die sie selbst verursachen („cause"), zu denen sie beitragen („contribute") sowie mit denen sie direkt verbunden sind („directly linked") über Geschäftspartner, Aktivitäten und Produkte. Diese Verantwortung soll die gesamte Wertschöpfungskette umfassen, unabhängig davon, welchen Einfluss das Unternehmen auf die Dritten hat und haben kann. Dies impliziert einerseits einen **sehr weiten Verantwortungsbereich**, andererseits erfasst dies nur die negativen Auswirkungen unternehmerischen Handelns, nicht jedoch die möglichen positiven. Es geht zunächst um Risk Assessment, und zwar nicht nur, wie dies bei M&A Transaktionen der Fall ist, hinsichtlich möglicher negativer Folgen für das Unternehmen und seine Reputation, sondern vor allem um die Risiken für die Menschenrechte tatsächlich oder potentiell Betroffener.

39.11

Die Verantwortung („responsibility") zur **Respektierung aller Menschenrechte** umfasst die in den UN-Menschenrechtskonventionen, in regionalen Menschenrechtsinstrumenten wie der Europäischen Menschenrechtskonvention sowie die in nationalen Verfassungen enthaltenen Grundrechtskataloge. Die Grund- und Menschenrechte verpflichten grundsätzlich nur **Staaten**, da sie meist programmatisch weit gefasst sind und daher politischer Konkretisierung bedürfen. Den Staaten wird ein Umsetzungsspielraum („margin of appreciation") zugestanden. „Die Menschenrechte" sind mithin **kein zeit- und raum-unabhängiger** eherner und universell einheitlich zu verstehender **Kodex**.[1] Die unterschiedlichen Menschenrechtsinstrumente sind nicht kohärent. Dies gilt insbesondere für Tätigkeiten in anderen Kulturkreisen wie bspw. im Islam, wo Menschenrechtserklärungen und -kataloge unter weitgehende Schariavorbehalte gestellt sind.[2] Aber auch das Spannungsverhältnis zwischen Bundesverfassungsgericht, EuGH und EGMR, die die menschenrechtlichen Instrumente des Grundgesetzes, der EU-Grundrechtecharta und der Europäischen Menschenrechtskonvention autoritativ auslegen, zeigt, wie schwierig die Feststellung einer Menschenrechtsverletzung allein in Europa sein kann (und dass die Gerichte nicht immer zu gleichen Ergebnissen kommen).

39.12

Unternehmen sind als Private grundsätzlich Träger von Grundrechten. Eine unmittelbare Verpflichtung von Unternehmen durch die Menschenrechte scheitert daran, dass Unternehmen nach h.M. grundsätzlich keine Völkerrechtssubjekte sind.[3] Unternehmen können nur dann direkt rechtlich gebunden werden, wenn die Voraussetzungen für eine sog. **unmittelbare**

39.13

---

1 Vgl. S.A.S. v. France, EGMR v. 1.7.2014 – 43835/11, zum Burkaverbot in Frankreich.
2 Vgl. die *Kairoer Erklärung der Menschenrechte im Islam* der Organisation der Islamischen Konferenz vom 5.8.1990 sowie die *Arabische Charta der Menschenrechte*, die 2008 rechtswirksam wurde; vgl. auch *Fischer/Diab*, NJW 2007, 2972.
3 *Arnauld*, Völkerrecht, S. 260 ff. m.w.N.; vgl. auch *Schmalenbach*, AVR 39/2001, 57, 64 f.

Drittwirkung vorliegen. Dies soll dann der Fall sein, wenn das Menschenrecht „self-executing" (für Private) ist, d.h. so konkret ist, dass es keiner weiteren Umsetzung bedarf.[1] Nach deutschem Verfassungsrecht ist dies nur für Art. 9 Abs. 3 Satz 2 GG anerkannt, der Abreden, die gegen die Koalitionsfreiheit verstoßen, für nichtig erklärt.[2] Im Übrigen ist es Aufgabe des Gesetzgebers (und der Gerichte), die grund- und menschenrechtlichen Vorgaben in konkrete Handlungsrichtlinien und Haftungstatbestände für Unternehmen umzusetzen.

39.14 Die Verantwortung zur „Respektierung" der Menschenrechte macht letztlich Unternehmen zu **Völkerrechtssubjekten in Soft Version**. Zudem kreiert sie eine unmittelbare Drittwirkung auch der konkretisierungsbedürftigen Menschenrechte, zwar nicht im Sinne einer rechtlichen Verpflichtung, wohl aber in Gestalt einer gesellschaftlichen „Erwartung", die durch die förmliche „Unterstützung" des UN-Menschenrechtsrats zu normativem **Soft Law** aufgewertet sein soll. Sie soll verbindlich, wenngleich nicht rechtsverbindlich sein, und zwar ohne einen wie auch immer gearteten Unterwerfungsakt.[3] Damit sollen für Unternehmen insofern umfangreichere menschenrechtliche Verpflichtungen gelten als für Staaten, als Staaten nur insoweit verpflichtet sind, als sie die entsprechenden Konventionen unterzeichnet und ratifiziert haben. Unternehmen müssen die notwendige Konkretisierung der Menschenrechte selbst vornehmen (ohne die dem Staat eigene Autorität zu haben), die möglicherweise von zivilgesellschaftlichen Organisationen ganz anders beurteilt wird.

39.15 Die **Praxis** behilft sich damit, dass aus verschiedenen Menschenrechtskonventionen, meist der UN-Menschenrechtscharta und der Erklärung der Internationalen Arbeitsorganisation über Grundlegende Prinzipien und Rechte bei der Arbeit und ihre Folgemaßnahmen[4] die für die Branche oder das Unternehmen relevant scheinenden Menschenrechte herausgesucht und in Handlungsmaximen übersetzt werden, das Unternehmen mithin funktional an die Stelle des Gesetzgebers tritt. **Rechtssicherheit** ist damit jedoch **nicht** zu erreichen, zumal es an einer Instanz mit Konkretisierungs- und Deutungshoheit fehlt.[5]

39.16 **Due Diligence** verlangt zum einen, dass Unternehmen ihre Verpflichtung, die Menschenrechte zu respektieren, in einer Grundsatzerklärung[6] zum Ausdruck bringen, die u.a. ihre menschenrechtlichen Erwartungen an Personal[7] und Geschäftspartner festlegt und veröffentlicht werden soll. Darüber hinaus sollen Unternehmen Human Rights Impact Assessments durch-

---

1 Dies setzt voraus, dass es selbst klare Vorgaben macht, auf die Beziehungen zwischen Privaten maßgeblich bezogen ist und keinen Einschränkungsmöglichkeiten unterliegt; vgl. *Jarass*, Art. 51 Rz. 24 ff. m.w.N.
2 „Das Recht, zur Wahrung und Förderung der Arbeits- und Wirtschaftsbedingungen Vereinigungen zu bilden, ist für jedermann und für alle Berufe gewährleistet. Abreden, die dieses Recht einschränken oder zu behindern suchen, sind nichtig, hierauf gerichtete Maßnahmen sind rechtswidrig."
3 *The Corporate Responsibility to Respect Human Rights. An Interpretive Guide* S. 13 f.: „The responsibility to respect human rights…exists over and above legal compliance, constituting a global standard of expected conduct applicable to all businesses in all situations." http://www.ohchr.org/Documents/Publications/HR.PUB.12.2_En.pdf, aufgerufen 15.5.2017.
4 v. 18.6.1998, http://www.ilo.org/wcmsp5/groups/public/—europe/—ro-geneva/—ilo-berlin/documents/normativeinstrument/wcms_193727.pdf, aufgerufen 15.5.2017.
5 Die OECD-Leitsätze für Multinationale Unternehmen haben zwar die UN-Leitprinzipien rezipiert und verfügen über ein gerichtsähnlich ausgestaltetes Durchsetzungsverfahren, allerdings sind Unternehmen nicht antragsbefugt; dazu unten C. III. 1.
6 UN-Leitprinzipien Ziff. 16.
7 Vgl. für den Bereich der Korruption die „Business Conduct Guidelines" im Fall Siemens, dazu LG München I v. 10.12.2013 – 5 HK O 1387/10, NZG 2014, 345 = AG 2014, 332.

führen, die Menschenrechte in alle Geschäftsbereiche integrieren und in regelmäßigen Audits ihre menschenrechtliche Performance überprüfen.[1] Die Ergebnisse dieser Audits und die Maßnahmen, die das Unternehmen ergreift, um festgestellte „negative Auswirkungen" abzustellen oder zu mildern, sollen publiziert werden.[2] Der Anreiz Audits durchzuführen wird allerdings gemindert, wenn dies mit der Verpflichtung zur öffentlichen Selbstinkriminierung verknüpft wird, insbesondere wenn dadurch Dossiers gefertigt werden, die in pre-trial discoveries oder sonstigen Verfahren gegen das Unternehmen verwendet werden können. Viele Unternehmen beschränken sich daher auf die Beschreibung von Prozessen zur Feststellung und Remedur negativer menschenrechtlicher Auswirkungen.

Negative menschenrechtliche Auswirkungen sollen **vermieden, gemindert** oder **wieder gut gemacht** werden.[3] Dies beinhaltet eine differenzierte, das staatliche Haftungs- und Verantwortungsregime des privaten und des öffentlichen Rechts überspielende, **umfassende Einstandspflicht** (in Soft Version). Sie wird nur insofern von Verhältnismäßigkeitsüberlegungen eingeschränkt, als Umfang und Reichweite der Due Diligence von der Risikostruktur des Unternehmens und des jeweiligen Landes, der Größe des Unternehmens und der Art und des Kontexts seiner Geschäftstätigkeit abhängig sein sollen.[4]

39.17

Die Menschenrechtskonventionen verbieten **Menschenrechtsverletzungen**. Dies setzt erstens eine „negative Auswirkung" auf den Schutzbereich eines Menschenrechts und zweitens keine Rechtfertigung durch Belange der Allgemeinheit und Dritter voraus. Mit der Due Diligence-Verpflichtung, gerichtet auf die Vermeidung „negativer Auswirkungen", wird ein unterhalb der Menschenrechts„verletzung" greifender (drittschützender) Sorgfaltsmaßstab etabliert, der keine (legitimen) Schranken kennt – und so von den Menschenrechtskonventionen nicht gefordert wird. Nicht mehr die „Verletzung" des Menschenrechts Dritter soll die Grenze unternehmerischer Tätigkeit sein, sondern das **Risiko einer negativen Auswirkung**. Damit wird der Verantwortungsrahmen erheblich erweitert. Die „Erwartung" von Due Diligence kann i.Ü. zu der „im Verkehr üblichen Sorgfalt" werden und damit Eingang finden in die Fahrlässigkeitstatbestände des Straf- und Schadenersatzrechts („soft law with hard sanctions").[5]

39.18

b) UN Working Group und National Action Plans

Nach Verabschiedung der UN-Leitprinzipien wurde eine UN-Arbeitsgruppe eingesetzt, die sich mit deren Implementation befasst.[6] Maßgebliches Umsetzungsinstrument sollen **Nationale Aktionspläne für Wirtschaft und Menschenrechte (NAP)** sein, für die die UN Working Group Vorgaben erstellt hat.[7] Die Nationalen Aktionspläne sollen das Programm der UN-Leitprinzipien nationenspezifisch konkretisieren und fallen dementsprechend unterschiedlich aus. Die Unternehmen sollen jedoch unabhängig von NAPs die Menschenrechte

39.19

---

1 UN-Leitprinzipien Ziff. 17–20.
2 UN-Leitprinzipien Ziff. 21.
3 UN-Leitprinzipien 15, 22.
4 UN-Leitprinzipien Nr. 14, 17. Ähnlich LG München I hinsichtlich der Anforderungen an eine angemessene Complianceorganisation (LG München v. 10.12.2013 – 5 HK O 1387/10, NZG 2014, 345 = AG 2014, 332).
5 Vgl. *Osieka*, S. 61 ff.
6 http://www.ohchr.org/EN/Issues/Business/Pages/WGHRandtransnationalcorporationsandother business.aspx, aufgerufen 15.5.2017.
7 http://www.ohchr.org/EN/Issues/Business/Pages/NationalActionPlans.aspx, aufgerufen 15.5.2017.

respektieren. Der deutsche NAP wurde Ende 2016 verabschiedet.[1] Gegenstand der diesbezüglichen Diskussionen war u.a. eine Erweiterung der Haftung von Unternehmen, insbesondere für Menschenrechtsverstöße in der Supply Chain, und eine Ausdehnung der Zuständigkeit nationaler Gerichte für Menschenrechtsverstöße im Ausland.

c) Initiative für einen völkerrechtlichen Vertrag

39.20 Sowohl Staaten als auch eine erhebliche Anzahl zivilgesellschaftlicher Organisationen sahen die UN-Leitprinzipien aus unterschiedlichen Gründen als insuffizient an.[2] Gerügt wurde insbesondere, dass keine konkreten Vorgaben entwickelt wurden. Es wurden zwei Initiativen für einen völkerrechtlichen Vertrag eingebracht, die beide vom UN-Menschenrechtsrat angenommen wurden. Die eine Initiative gründet sich auf die UN-Leitprinzipien.[3] Die andere installiert eine intergouvernementale Arbeitsgruppe, die einen eigenständigen völkerrechtlichen Vertrag zu Wirtschaft und Menschenrechten ausarbeiten soll.[4]

2. Integrierte Konzeptionen („People Planet Profit")

a) UN Global Compact

39.21 Der im Juli 2000 verabschiedete UN Global Compact (UNGC) umfasst **zehn** programmatisch gehaltene **Grundprinzipien**, die die Bereiche **Menschenrechte, Arbeitsschutz, Umwelt** und **Anti-Korruption** betreffen und damit die drei Grundthemen („People, Planet, Profit") aufgreifen, die die Leitaspekte der CSR-Diskussion darstellen. Der UNGC fordert Unternehmen auf, sich zu diesem Katalog von Grundwerten zu bekennen, sie zu unterstützen und **innerhalb ihres Einflussbereichs** („sphere of influence") in die Praxis umzusetzen.[5]

39.22 Der UNGC ist mittlerweile von tausenden von Unternehmen und Organisationen unterzeichnet worden.[6] Mit der Unterzeichnung verpflichten sich die Organisationen zur Befolgung dieser Grundprinzipien, sowie dazu, einen umsatzabhängigen finanziellen Beitrag zu leisten und einen jährlichen Bericht über ihre Fortschritte bei der Implementierung der zehn Prinzipien einzureichen (Communication on Progress – COP). Die einzige Sanktion ist der Ausschluss aus dem UNGC und dessen Veröffentlichung („name and shame"), wenn ein Unternehmen diesen Verpflichtungen nicht nachkommt.[7] Die nationalen Regierungen haben Netzwerke geschaffen, die der Weiterentwicklung, Konkretisierung und Operationalisierung der Grundprinzipien des UNGC dienen.[8] Der UNGC ist eine **freiwillige** Initiative, die wesentliche, in UN-Deklarationen und UN-Konventionen enthaltene, primär an Staaten gerichtete Verpflichtungen auf die unternehmerische Ebene als Leitprinzipien übersetzt, in einen organisa-

---

1 Vgl. dazu *Spießhofer*, Unternehmerische Verantwortung, 6. Kapitel, I. 4.
2 Unter den ca. 600 NGOs sind sehr einflussreiche wie Amnesty International, Human Rights Watch, International Commission of Jurists, vgl. http://www.treatymovement.com, aufgerufen 15.5.2017.
3 Die von Norwegen geführte Initiative auf der Basis der UN-Leitprinzipien, A/HRC/26/L.1 Nr. 8, angenommen im Konsensverfahren.
4 Diese Gruppe wird von Ecuador angeführt, A/HRC/Res/26/9 v. 14.7.2014.
5 http://www.unglobalcompact.org/languages/german/die_zehn_prinzipien.html, aufgerufen 15.5.2017.
6 Vgl. http://www.globalcompact.org.
7 Die COP haben Minimumanforderungen zu erfüllen, darüber hinaus wird weiter in Kategorien differenziert: Advanced/Active/Learner, mit unterschiedlichen Anforderungsprofilen, vgl. https://www.unglobalcompact.org/participation/report/cop, aufgerufen 15.5.2017.
8 https://www.unglobalcompact.org, aufgerufen 15.5.2017.

torischen Rahmen einbettet und durch eine Reihe „weicher" Instrumente befördert. Auch wenn der UNGC für Unternehmen nur im Falle der Unterzeichnung unmittelbare Wirkung entfaltet, hat er gleichwohl darüber hinaus **systembildende** Bedeutung. Er kann, im Verein mit zahlreichen anderen Instrumenten, zur Ausbildung des „allgemein Üblichen" sowie der straf- und deliktsrechtlich relevanten „im Verkehr üblichen Sorgfalt" beitragen. Die UN-Leitprinzipien werden als Konkretisierung des menschenrechtlichen Bereichs des UNGC angesehen.

b) OECD-Leitsätze für Multinationale Unternehmen

Die OECD hat bereits 1976 Leitsätze für multinationale Unternehmen erstellt. Es handelt sich dabei um **Empfehlungen** der Regierungen an die multinationalen Unternehmen, die in den Teilnehmerstaaten ihren Sitz haben. Die Empfehlungen sollen für das gesamte weltweite Wirtschaften dieser Unternehmen gelten. Diese Empfehlungen gelten (ohne einen weiteren Adoptionsakt seitens der Unternehmen) als **unmittelbar verbindlich**, wenngleich nicht rechtsverbindlich.[1] Die OECD-Leitsätze sind der einzige multilateral vereinbarte und alle wesentlichen CSR-Aspekte umfassende Kodex, zu dessen Förderung sich die Regierungen verpflichtet haben. Sie sind **Soft Law**.

39.23

Die OECD-Leitsätze wurden nach einem internationalen Konsultationsprozess zuletzt am 25.5.2011 aktualisiert[2]. Sie decken **alle CSR-Aspekte** ab. Zu den Neuerungen gehört insbesondere ein neues Kapitel IV über Menschenrechte, das die UN-Leitprinzipien für Wirtschaft und Menschenrechte rezipiert, eine umfassende Verpflichtung zu Due Diligence auch in anderen Bereichen sowie Empfehlungen zu einer verantwortungsvollen Steuerung der Wertschöpfungskette („supply chain management"). Die OECD-Leitsätze gehen teilweise über die UN-Initiativen hinaus, da sie nicht nur spezifizierter sind, sondern auch weitere Themen wie Transparenz, Wissenschaft, Wettbewerb und Besteuerung sowie **negative und positive** Verantwortung umfassen. Sie verpflichten die Teilnehmerstaaten zur Einrichtung **Nationaler Kontaktstellen (NKS)**, deren Aufgabe die Förderung sowie Um- und Durchsetzung der OECD-Leitsätze ist. Die NKS können zur Streitschlichtung tätig werden. Je nach Ausgestaltung der NKS kann sie gerichtsähnlich auch einen Verstoß gegen die OECD-Leitsätze feststellen und weiche Vollstreckungsmaßnahmen anordnen.[3] Die OECD-Leitsätze werden durch eine Reihe weiterer OECD-Instrumente flankiert, die einzelne Aspekte unternehmerischer Verantwortung und Corporate Governance, teilweise in völkervertraglicher Form, weiter ausdifferenzieren.[4]

39.24

---

1 Vgl. *Spießhofer* in FS Kirchhof, S. 1235, 1239.
2 OECD-Leitsätze für multinationale Unternehmen, Ausgabe 2011.
3 Der Einsatz der NKS differiert bislang erheblich; vgl. *Backer*, Raid v DAS Air, zu den Entscheidungen „DAS Air" und „Afrimex" des UK National Contact Point, 1 ff.; vgl. auch *Johnston*, S. 275, 281 f. Antragsbefugt sind nur die Betroffenen und zivilgesellschaftliche Organisationen, nicht jedoch Unternehmen. Sie können nicht in Gestalt einer „Feststellung" klären lassen, ob sie gegen die OECD-Leitsätze verstoßen; vgl. auch *Kasolowsky/Voland*, NZG 2014, 1288 ff.
4 Vgl. zum Thema Korruption http://www.oecd.org/daf/anti-bribery/oecdantibriberyconvention.htm, aufgerufen 15.5.2017; *Spießhofer*, Unternehmerische Verantwortung, 3. Kapitel, II.

c) ISO 26000:2010 Leitfaden zur gesellschaftlichen Verantwortung

39.25 Ziff. 2.18 ISO 26000:2010 definiert **gesellschaftliche Verantwortung** als

- „Verantwortung einer Organisation (2.12)[1] für die Auswirkungen (2.9)[2] ihrer Entscheidungen und Aktivitäten auf die Gesellschaft und die Umwelt (2.6)[3] durch transparentes und ethisches Verhalten (2.7)[4], das

- zur nachhaltigen Entwicklung (2.23)[5], Gesundheit und Gemeinwohl eingeschlossen, beiträgt;

- die Erwartungen der Anspruchsgruppen (2.20)[6] berücksichtigt;

- anwendbares Recht einhält und im Einklang mit internationalen Verhaltensstandards (2.11)[7] steht; und

- in der gesamten Organisation (2.12) integriert ist und in ihren Beziehungen gelebt wird.

---

[1] *Organisation* wird in Ziff. 2.12 definiert als „rechtlich verfasste Gruppierung oder Gruppe von Menschen sowie Anlagen und Einrichtungen mit festgelegten Verantwortlichkeiten, Befugnissen und Beziehungen sowie erkennbaren Zielen.
Anmerkung 1: Für den Zweck dieser internationalen Norm bezieht sich der Begriff Organisation nicht auf die Regierung, die in ihrer hoheitlichen Rolle Gesetze erlässt und vollstreckt, als Justizbehörde agiert, ihren Pflichten zur Festlegung von Politik im öffentlichen Interesse nachkommt, oder den internationalen Verpflichtungen des Staates nachkommt."

[2] *Auswirkung* wird in Ziff. 2.9 definiert als „positive oder negative Veränderung der Gesellschaft, Wirtschaft oder der *Umwelt* (2.6), die ganz oder teilweise die Folge früherer oder aktueller Entscheidungen und Aktivitäten der Organisation ist."

[3] *Umwelt* wird in Ziff. 2.6 beschrieben als „natürliche Umgebung, in der eine Organisation tätig ist; dazu gehören Luft, Wasser, Boden, natürliche Ressourcen, Flora, Fauna, Menschen sowie Weltraum und deren wechselseitige Beziehungen."

[4] *Ethisches Verhalten* ist nach Ziff. 2.7 „nach anerkannten Grundsätzen richtiges oder gutes Verhalten im Kontext einer bestimmten Situation, das mit *internationalen Verhaltensstandards* (2.11) in Einklang steht."

[5] *Nachhaltige Entwicklung* wird in Ziff. 2.23 umschrieben als „Entwicklung, die die Bedürfnisse der Gegenwart befriedigt, ohne zu riskieren, dass künftige Generationen ihre eigenen Bedürfnisse nicht befriedigen können.
Anmerkung: Nachhaltige Entwicklung verbindet die Ziele hoher Lebensqualität, Gesundheit und Wohlstand mit sozialer Gerechtigkeit und hält die Fähigkeit der Erde, Leben in all seiner Vielfalt zu unterstützen, aufrecht. Diese sozialen, wirtschaftlichen und umweltbezogenen Ziele sind voneinander abhängig und verstärken sich gegenseitig. Nachhaltige Entwicklung kann als ein Weg angesehen werden, um die übergeordneten Erwartungen der gesamten Gesellschaft auszudrücken."

[6] *Anspruchsgruppen (Stakeholder)* werden in Ziff. 2.20 definiert als „Einzelperson oder Gruppe, die Interessen an einer Entscheidung oder Aktivität einer *Organisation* (2.12) hat."

[7] *Internationale Verhaltensstandards* werden in 2.11 definiert als
„Erwartungen bezüglich des gesellschaftlich verantwortlichen Verhaltens einer Organisation, die sich aus Völkergewohnheitsrecht, allgemein anerkannten internationalen Rechtsgrundsätzen oder aus zwischenstaatlichen Abkommen ableiten, die allgemein oder größtenteils anerkannt sind.
Anmerkung 1: Zwischenstaatliche Abkommen beinhalten Verträge und Konventionen.
Anmerkung 2: Auch wenn Völkergewohnheitsrecht, allgemein anerkannte internationale Rechtsgrundsätze und zwischenstaatliche Abkommen sich primär an Staaten richten, stellen sie übergeordnete Ziele und Grundsätze dar, an denen sich alle Organisationen orientieren können.
Anmerkung 3: Internationale Verhaltensstandards entwickeln sich im zeitlichen Verlauf weiter."

Anmerkung 1: Aktivitäten umfassen Produkte, Dienstleistungen und Prozesse.

Anmerkung 2: Mit Beziehungen sind solche gemeint, die im Zusammenhang mit den Aktivitäten der Organisation innerhalb ihres Einflussbereichs (2.19)[1] entstehen."

Entsprechend den OECD-Leitsätzen und im Gegensatz zu den UN-Leitprinzipien umfasst die ISO-Verantwortungskonzeption positive und negative Auswirkungen einer Organisation, verfolgt eine **umfassende Nachhaltigkeitsagenda**.[2] Das Thema gesellschaftliche Verantwortung soll zwar nicht abschließend[3], aber vollumfänglich erfasst werden. Die Norm gliedert sich inhaltlich in **drei Teile**: einen allgemeinen **grundsätzlichen** Teil[4], einen besonderen, der **Handlungsempfehlungen** zu Kernthemen enthält[5], und einen dritten, der die **Umsetzung** in Gestalt von Handlungsempfehlungen zur organisationsweiten Integration gesellschaftlicher Verantwortung zum Gegenstand hat.[6] Die Verantwortungskonzeption rezipiert zwar den Ansatz der UN-Leitprinzipien, modifiziert ihn jedoch in verschiedener Hinsicht, insbesondere behält sie, ähnlich dem UNGC, die Konzeption des Einflussbereichs („sphere of influence") bei.

39.26

ISO 26000 beansprucht im Gegensatz zu UN-Leitprinzipien und OECD-Leitsätzen explizit **keine Verbindlichkeit**, verfolgt (jedenfalls vordergründig) das Konzept der Freiwilligkeit. Die Norm weist ausdrücklich darauf hin, dass sie weder ein Instrument i.S. des WTO Nomenklatur sein will, noch will sie als Ausdruck von Völkergewohnheitsrecht gewertet werden oder als Grundlage für „legal actions" dienen.[7] Allerdings hat dies keinen Dritte bindenden Effekt, insbesondere schließt es nicht aus, dass die Norm als (weitere) Begründung für die „im Verkehr übliche Sorgfalt" herangezogen wird.[8] ISO 26000 soll auch **keine zertifizierbare Managementsystem-Norm** wie ISO 9001 oder ISO 14001 sein.[9] Unabhängig davon sind die nationalen Normungsorganisationen an das ISO-Votum für Nicht-Zertifizierbarkeit nicht gebunden. Die internationale ISO-Norm wurde unverändert in die deutsche DIN ISO 26000:2011-01

39.27

---

[1] *Einflussbereich (sphere of influence)* wird in Ziff. 2.19 beschrieben als „Bereich bzw. Ausmaß politischer, vertraglicher, wirtschaftlicher oder anderer Beziehungen, innerhalb dessen eine *Organisation* (2.12) Entscheidungen oder Aktivitäten von Einzelpersonen oder Organisationen beeinflussen kann.
Anmerkung 1: Die Fähigkeit zur Einflussnahme ist nicht automatisch mit der Verantwortung verbunden, diesen Einfluss auch auszuüben.
Anmerkung 2: Wann immer dieser Begriff in dieser Internationalen Norm verwendet wird, sollte er stets im Kontext der Hinweise in 5.2.3 und 7.3.3 verstanden werden."

[2] Vgl. ISO 26000, Ziff. 3.3.5. zur Beziehung zwischen nachhaltiger Entwicklung und gesellschaftlicher Verantwortung. Letztere stellt die Organisation in den Mittelpunkt. Zur nachhaltigen Entwicklung beizutragen sollte ein übergeordnetes Ziel der Organisation bei der Wahrnehmung ihrer gesellschaftlichen Verantwortung sein.

[3] ISO 26000 Ziff. 3.1: Die Aspekte gesellschaftlicher Verantwortung spiegeln die Erwartungen der Gesellschaft zu einem bestimmten Zeitpunkt wider und unterliegen daher Veränderungen. In dem Maße, in dem sich die Interessen der Gesellschaft verändern, ändern sich auch die Erwartungen an Organisationen hinsichtlich der Berücksichtigung dieser Interessen.

[4] Ziff. 2 bis 5 ISO 26000:2010.

[5] Ziff. 6.

[6] Ziff. 7.

[7] Vgl. ISO 26000 Kap. 1 Anwendungsbereich.

[8] Vgl. *Webb*, Research Paper No. 21/2012.

[9] Vgl. DIN ISO 26000:2011-01, Einleitung. Dies sieht *Hahn*, Zeitschrift für Wirtschafts- und Unternehmensethik 14 (3) 2013, 378, 387 ff., der ISO 26000 einem analytischen Vergleich mit ISO 14000 und SA 8000 unterzieht, allerdings differenzierter.

übernommen.[1] In anderen Ländern wurde jedoch im Rahmen der nationalen Umsetzung, teilweise auch schon zuvor, ein zertifizierbarer Standard entwickelt.[2]

39.28 Im CSR-relevanten Bereich hat ISO eine Fülle von detaillierten **technischen Normen** zu Arbeitsschutz- und Arbeitssicherheit, zu Prozessen und Produktanforderungen in spezifischen Industriezweigen, zu Umweltthemen wie Wasser und Klimaschutz und zur Methodologie der Standardentwicklung veröffentlicht.[3] Hinzu kommen die ISO **Management System Standards**, insbesondere ISO 9000 ff. zu Quality Management Systems, ISO 14000 ff. zu Environmental Management Systems, ISO 50001 ff. zu Energy Management Systems, ISO/CD 37001 zu Anti-bribery Management Systems sowie ISO/CD 37101 zu Sustainable Development and Resilience of Communities.[4] ISO 19600:2014 zu **Compliance-Management-Systemen** legt einen weiten Compliance-Begriff zugrunde, der nicht nur die Einhaltung rechtlicher Rahmenbedingungen („compliance requirements"), sondern auch die Konformität mit unternehmensintern (freiwillig) auferlegten Regeln („compliance commitments") erfasst. Zu letzteren gehören Standards guter Unternehmensführung, Best Practices, sowie ethische und gesellschaftliche Erwartungen.[5] Ungelöst ist bislang die Frage, ob dazu auch die UN-Leitprinzipien und die OECD-Leitsätze gehören, die Verbindlichkeit auch ohne explizites „commitment" beanspruchen, allerdings aufgrund des Prinzipiencharakters ihrer Vorgaben einer Konkretisierung bedürfen, damit es einen Maßstab gibt, dessen „Einhaltung" überprüfbar ist.

d) Europäische CSR-Strategie

39.29 Die Europäische Union hat eine Vielzahl von Rechtsakten erlassen, die sich inhaltlich mit sozialen, ökologischen und Governanceaspekten befassen. Mitte der 1990er Jahre griff sie die CSR-Diskussion auf. Die Europäische Kommission hat in ihrer Mitteilung *Eine neue EU-Strategie (2011–2014) für die soziale Verantwortung der Unternehmen* vom 25.10.2011[6] nicht nur eine neue weite CSR-Definition eingeführt. Sie hat auch die über Compliance hinausgehenden „Erwartungen" in ihrem **Aktionsplan 2011–2014** konkretisiert. Dazu gehört die „Erwartung", dass alle großen europäischen Unternehmen sich verpflichten, mindestens den UN Global Compact, die OECD-Leitsätze oder ISO 26000 bei der Entwicklung ihrer CSR-Strategie zu berücksichtigen. Alle europäischen Unternehmen sollen die *Dreigliedrige Grundsatzerklärung über multinationale Unternehmen und Sozialpolitik der ILO*[7] sowie die Menschenrechte entsprechend der UN-Leitprinzipien respektieren. Die Mitgliedstaaten sollen nationale Aktionspläne zur Umsetzung der UN-Leitprinzipien entwickeln.[8] Neben einer Viel-

---

1 Nationales Vorwort DIN ISO 26000:2011-01.
2 Vgl. *Hahn*, Zeitschrift für Wirtschafts- und Unternehmensethik 14 (3) 2013, 378, 396: brasilianische Norm NBR 16001, spanische Norm RS 10, australische Norm AS 8003, österreichische Norm ONR 192500, dänische Norm DS 49001.
3 Vgl. http://www.iso.org/iso/home/store/standards_development_publications.htm, aufgerufen 15.5.2017.
4 http://www.iso.org/iso/home/standards/management-standards.htm, aufgerufen 15.5.2017.
5 Vgl. *Withus/Kunz*, BB 2015, 685 ff.; *Makowicz/Wüstemann*, BB 2015, 1195 ff.
6 Mitteilung der Kommission an das Europäische Parlament, den Rat, den Europäischen Wirtschafts- und Sozialausschuss und den Ausschuss der Regionen, Eine neue EU-Strategie (2011–2014) für die soziale Verantwortung der Unternehmen (CSR), KOM(2011) 681, S. 7.
7 5th edition, 3/2017, http://www.ilo.org/empent/Publications/WCMS_094386/lang–en/index.htm, aufgerufen 15.5.2017.
8 Vgl. zum ganzen Aktionsplan B, C, D, E.

zahl politischer Initiativen werden einige CSR-Aspekte durch EU-Sekundärrecht implementiert.[1]

Die Berücksichtigung von CSR-Aspekten im öffentlichen Beschaffungswesen wurde durch entsprechende Ergänzung der **Vergaberichtlinien**[2] eingeführt. Sie umfassen eine horizontale Klausel zu Umweltanforderungen, Bestimmungen zur Nutzung von Öko-Labels sowie die Möglichkeit, den Lebenszykluskosten und den Umweltauswirkungen über den gesamten Produktionsprozess Rechnung zu tragen. Soziale Aspekte wie die Inklusion Behinderter oder benachteiligter Gruppen sollen berücksichtigt werden. CSR-Aspekte können **Zuschlagskriterien** sein. Die Garantien für „saubere" Verfahren werden verstärkt, d.h. für ordnungsgemäße, transparente, faire und nicht-diskriminierende Verfahren, die frei von Interessenkonflikten, unlauteren Praktiken und Korruption sind. 39.30

Darüber hinaus finden die OECD-Leitlinien des Übereinkommens über öffentlich unterstützte **Exportkredite**[3] nach Art. 1 der Verordnung (EU) Nr. 1233/2011[4] in der EU Anwendung. Die Mitgliedstaaten sollen bei ihren Exportkreditsystemen und -aktivitäten u.a. die Achtung der Menschenrechte und die Bekämpfung des Klimawandels berücksichtigen.[5] Sie sollen Kriterien für die Gewährung einer Exportbürgschaft sein und in den Bürgschaftsverträgen verankert werden. Die Teilnehmer an dem Übereinkommen sind in einen kontinuierlichen Prozess eingebunden, durch den Marktverzerrungen auf ein Mindestmaß beschränkt und gleiche Voraussetzungen geschaffen werden sollen.[6] Dazu tragen bspw. die *Common Approaches for Officially Supported Export Credits and Environmental and Social Due Diligence*[7] bei. 39.31

Die Offenlegung sozialer, ökologischer und die Diversität betreffender Informationen wird in der **CSR-Reporting-Richtlinie**[8] gefordert. Die Berichterstattung über nichtfinanzielle und die Diversität betreffende Faktoren ist nichts gänzlich Neues. Bereits vorher sah nationales Recht vor, dass in den Lagebericht nichtfinanzielle Leistungsindikatoren, wie Informationen über Umwelt- und Arbeitnehmerbelange, einzubeziehen sind, allerdings im Regelfall nur, soweit sie für das Verständnis des Geschäftsverlaufs oder der Lage des Unternehmens von Be- 39.32

---

1 Maßnahmen gegen irreführendes Marketing („greenwashing") sollen im Rahmen einer Novellierung der Richtlinie über unlautere Geschäftspraktiken (2005/29/EG) umgesetzt werden, vgl. Strategiepapier Ziff. 3.
2 Richtlinien 2014/23/EU, 2014/24/EU, 2014/25/EU.
3 Arrangement on Guidelines for Officially Supported Export Credits, 15.1.2015, http://www.oecd.org/officialdocuments/publicdisplaydocumentpdf/?doclanguage=en&cote=tad/pg(2015)1, aufgerufen 15.5.2017.
4 Verordnung (EU) Nr. 1233/2011 des Europäischen Parlaments und des Rates vom 16.11.2011 über die Anwendung bestimmter Leitlinien auf dem Gebiet der öffentlich unterstützten Exportkredite sowie zur Aufhebung der Beschlüsse 2001/76/EG und 2001/77/EG des Rates, ABl. EU Nr. L 326 vom 8.12.2011, S. 45.
5 Erwägungsgrund 4 VO (EU) Nr. 1233/2011.
6 Erwägungsgrund 5 VO (EU) Nr. 1233/2011.
7 Recommendation of the Council on Common Approaches for Officially Supported Export Credits and Environmental and Social Due Diligence (The „Common Apporaches"), http://www.oecd.org/officialdocuments/publicdisplaydocumentpdf/?cote=TAD/ECG%282012%295&doclanguage=en, aufgerufen 15.5.2017.
8 EU-Richtlinie zur Offenlegung nichtfinanzieller und die Diversität betreffender Informationen durch bestimmte große Gesellschaften und Konzerne, RL 2014/95/EU, ABl. EU Nr. L 330/1 vom 15.11.2014.

deutung sind.¹ Die CSR-Reporting-Richtlinie beinhaltet einen **Paradigmenwechsel** insofern, als es funktional nicht mehr nur um die Darstellung der Werthaltigkeit des Unternehmens und der sie beeinflussenden nichtfinanziellen Faktoren geht (Information), sondern auch um eine indirekte, „weiche" Verhaltenssteuerung der Unternehmen jenseits der Rechtsverletzung, um Due Diligence und „know and show", nicht nur gegenüber ökonomischen Stakeholdern wie Aktionären, Investoren und Gläubigern, sondern auch gegenüber der Zivilgesellschaft und der Öffentlichkeit (**Transformation**). Zudem wurden über den gesellschaftsrechtlichen Unternehmensverbund hinaus im Rahmen der Due Diligence die Liefer- und Dienstleistungskette und deren negative CSR-Auswirkungen in die Berichterstattung einbezogen.[2] Unternehmen sollen auch solche, mit ihnen lediglich kausal verbundene „Auswirkungen" stetig optimieren bzw. ganz vermeiden, die nach den nationalen Rechtsordnungen zulässig wären oder nicht dem rechtlichen Verantwortungsbereich des Unternehmens zugeordnet werden.[3]

39.33 Die CSR-Reporting-Richtlinie (und, ihr im wesentlichen 1:1 folgend, das deutsche Umsetzungsgesetz)[4] ist ein **hybrides Instrument** insofern, als die Verpflichtung zum Reporting und die daran anknüpfenden Sanktionen durch Hard Law eingeführt werden, die Maßstäbe, an denen sich das Reporting orientieren soll (bspw. UNGC, UN-Leitprinzipien, OECD-Leitsätze, ISO 26000), jedoch „soft" sind und von internationalen und privaten Organisationen entwickelt wurden. Mit der dynamischen Verweisung auf private und internationale Standards wird ein wesentlicher Teil der **Definition unternehmerischer Verantwortung**, die ansonsten dem Gesetzgeber obliegt, diesen Organisationen überlassen, denen, jedenfalls soweit sie privatrechtlich organisiert sind, jede demokratische Legitimation fehlt.

39.34 Die Richtlinie will einerseits die Vielfalt der CSR-Ansätze von Unternehmen respektieren, andererseits aber soll sie auch europaweite Konsistenz und **Vergleichbarkeit** der Berichte gewährleisten[5], ein bei diesem Ansatz, ohne einheitliche inhaltliche und methodische Vorgaben, kaum erreichbares Ziel. Die Guidelines der EU-Kommission sollen zu einer Vereinheitlichung der **Standards** beitragen, allerdings werden sie nicht-bindend sein. Der Deutsche Nachhaltigkeitskodex (DNK) bietet einen Rahmen für die Berichterstattung zu nichtfinanziellen Themen, der die Anforderungen der EU-CSR-Reporting-Richtlinie erfüllt.[6] Gebräuchlich sind auch die Standards der Global Reporting Initiative (GRI), des International Integrated Reporting Council (IIRC), der International Standard on Assurance Engagements (ISAE3000) und das Regelwerk der Sustainability Accounting Standards Board (SASB), das auch US-Anforderungen erfüllen kann.[7]

---

1 Vgl. zu den weitreichenden Änderungen aufgrund europäischer Vorgaben *Hommelhoff*, NZG 2015, 1329, 1330 ff.
2 Eingehend zur CSR-Reporting-Richtlinie *Spießhofer*, NZG 2014, 1281 ff.; *Spießhofer/Eccles*, S. 27, 29 ff.; *Voland*, BB 2015, 67, 73 f.
3 Vgl. *Spießhofer*, NJW 2014, 2473, 2475.
4 Gesetz zur Stärkung der nichtfinanziellen Berichterstattung der Unternehmen in ihren Lage- und Konzernlageberichten (CSR-Richtlinie-Umsetzungsgesetz) vom 11.4.2017, BGBl. I 2017, 802 ff.
5 Erwägungsgründe 3, 6 und 21.
6 http://www.deutscher-nachhaltigkeitskodex.de/de/dnk/der-nachhaltigkeitskodex.html, aufgerufen 15.5.2017.
7 Eingehend zu non-financial Reporting *Spießhofer*, Unternehmerische Verantwortung, 7. Kapitel, II. 5.

e) Nationale CSR-Ansätze

Auf nationaler Ebene findet sich neben Gesetzgebung, die EU-CSR-Vorgaben umsetzt, insbesondere Bundes- und Landesvergaberecht und das CSR-Richtlinie-Umsetzungsgesetz[1], eine Fülle von Arbeits-, Sozial- und Umweltgesetzgebung, die die menschenrechtlichen Vorgaben für Unternehmen konkretisiert. Diese Gesetze gelten jedoch im Regelfall nur für unternehmerische Betätigung in Deutschland. Das (sanktionsbewehrte) CSR-Reporting erfasst jedoch auch **extraterritoriale** Aktivitäten der berichtspflichtigen Unternehmen, ihrer Beteiligungsunternehmen sowie ihrer Supply Chain und steuert sie, wenngleich in weicher Form. Darüber hinaus hat **Frankreich** die menschenrechtliche Verantwortung, auch für die transnationale Supply Chain, gesetzlich verankert.[2] In Deutschland und der Schweiz wird dies ebenfalls gefordert. In **Großbritannien** wurden spezielle menschenrechtliche Aspekte, Sklaverei und Menschenhandel, im UK Modern Slavery Act 2015 inkriminiert. Unternehmen müssen eine Erklärung abgeben, ob sie zur Vermeidung von Sklaverei und Menschenhandel in ihrer Supply Chain Aktivitäten entfaltet haben.[3] Dies wird staatlich durchgesetzt. Sie können ein „no-steps-Statement" abgeben, müssen jedoch dann damit rechnen, von NGOs an den Pranger gestellt zu werden. Diese Kombination zeigt ein in der CSR-Regulierung zunehmend gebräuchliches **kooperatives** und **hard law/soft law** Vorgehen: Der Staat regelt und sanktioniert nur noch partiell und überlässt die normative Ausformung des „Standard of expected behaviour" und/oder die Sanktionierung zivilgesellschaftlichen Akteuren wie **NGOs**.

39.35

C. Haftung

CSR-Soft Law ist weder freiwillig noch sanktionslos. Analog zu der Erweiterung der Verantwortungskonzeptionen über Compliance mit nationalem Recht hinaus ist auch das **Spektrum der Sanktionen und Sanktionierer vielschichtiger** geworden. Aus Sicht der Unternehmen kann ein Boykott, eine Vergabesperre oder eine Reputationsschädigung durch „name and shame" belastender sein als eine Schadenersatzklage. „Haftung" ist daher im CSR-Bereich weiter zu verstehen im Sinne von **alle unternehmensschädlichen Sanktionen** umfassend. Es ist vieles in Entwicklung und nur begrenzt vorhersehbar, zumal rechtssichere Maßstäbe und ein Schiedsrichter im Soft Law-Bereich weitgehend fehlen. Eine praktische Frage in diesem Zusammenhang ist, ob die herkömmlichen **Anwaltshaftpflichtpolicen** die Beratung im internationalen Soft Law abdecken. Im Folgenden können nicht alle mit CSR-Verstößen (potentiell) verbundenen Sanktionen erörtert werden. Vielmehr werden nur die „hot spots" der gegenwärtigen CSR-Diskussion kurz beleuchtet, i.e. die Haftung für „Menschenrechtsverletzungen", die hybride Verbindung von „Soft Law with Hard Sanctions" und Soft/Soft-Mechanismen.

39.36

I. Haftung für „Menschenrechtsverletzungen" im Ausland

In der CSR-Diskussion spielt die Forderung, Unternehmen wegen Menschenrechtsverletzungen und Umweltschäden im Global South vor den Gerichten des Global North verklagen zu

39.37

---

[1] Gesetz zur Stärkung der nichtfinanziellen Berichterstattung der Unternehmen in ihren Lage- und Konzernlageberichten (CSR-Richtlinie-Umsetzungsgesetz) vom 11.4.2017, BGBl. I 2017, 802 ff.
[2] Vgl. Proposition de loi au devoir de vigilance des sociétés mères et des entreprises donneuse d'ordre, http://www.assemblee-nationale.fr/14/ta/ta0708.asp, aufgerufen 15.5.2017.
[3] Sec. 54 UK Modern Slavery Act 2015.

können, eine zentrale Rolle.¹ Diese Forderung gründet auf verschiedenen Überlegungen: Zum einen wird der lokale Rechtsschutz im Global South als insuffizient und unzuverlässig angesehen[2]; zum anderen zielen Klagen vor Gerichten des Global North auf die **deep pockets** der Muttergesellschaften oder Auftraggeber. Sie versprechen mehr Publicity und damit den Aufbau öffentlichen Drucks, um gute Vergleiche zu erzielen, aber auch, um durch **strategic litigation** Bewusstsein zu schaffen.[3] Klagen vor US-amerikanischen Gerichten erfreuen sich besonderer Beliebtheit wegen der Möglichkeit anwaltlicher Erfolgshonorare, die die Prozessfinanzierung für die Kläger vereinfachen, „pre-trial discovery", die die Beschaffung der klagebegründenden Informationen erleichtert, und wegen der Hoffnung auf hohe Schadenersatzsummen mit Straf- und Abschreckungscharakter.[4] Es geht in diesem Zusammenhang im Wesentlichen um **vier Themenbereiche**: 1) die Zuständigkeit nationaler Gerichte für extraterritoriale Sachverhalte, 2) das anwendbare Recht, 3) die möglichen Anspruchsgrundlagen und 4) die Ausdehnung des Haftungsdurchgriffs. De lege ferenda wird die Effektuierung der Rechtsverfolgung gefordert, insbesondere durch Verbands- und Sammelklagen, Beweiserleichterungen, Ausdehnung der Prozesskostenhilfe und an die US-amerikanische „pre-trial discovery" angelehnte Offenlegungspflichten.[5]

1. Internationale Zuständigkeit inländischer Gerichte

39.38 Den vorstehend skizzierten Grundüberlegungen entsprechend versuchen Betroffene, im Regelfall vertreten oder unterstützt durch advokatorische NGOs, vor allem vor europäischen[6] und US-amerikanischen[7] sowie kanadischen[8] Gerichten Rechtsschutz zu erlangen. Bei CSR-bezogenen Klagen gibt es in der Regel **drei typische Konstellationen**: Zum einen werden die Unternehmen wegen Menschenrechtsverstößen ihrer Niederlassungen, Tochtergesellschaften oder Geschäftspartner unmittelbar an ihrem **Sitz** verklagt. Damit wird im Regelfall die internationale Zuständigkeit des betreffenden Gerichts begründet.[9] Nach Art. 5 Nr. 3 EuGVVO

---

1 Vgl. *Kaleck/Saage-Maaß*, S. 57 ff.; vgl. auch die Diskussion im Rahmen des deutschen NAP-Prozesses, Anhörung 5: Zugang zu Recht und Gerichten in Deutschland, http://www.auswaertiges-amt.de/cae/servlet/contentblob/719702/publicationFile/211550/Expertenanhoerung5.pdf, aufgerufen 15.5.2017.
2 Vgl. *Osieka*, S. 106 ff.
3 Vgl. *Kaleck/Saage-Maaß*, S. 89 ff.; *Enneking*, S. 102 ff. zum Fall Trafigura.
4 Vgl. *Kaleck/Saage-Maaß*, S. 71.
5 *Wesche/Ebert*, S. 7 ff., zum Streitstand zwischen NGOs und Industrieverbänden; s. auch *Spießhofer*, Unternehmerische Verantwortung, 6. Kapitel, III. 3.
6 Vgl. bspw. die Verfahren gegen Cape Plc und Royal Dutch Shell sowie die Klage von Opfern des Brandes bei Ali Enterprises, Pakistan, gegen den Textildiscounter KiK vor dem Landgericht Dortmund, http://www.lg-dortmund.nrw.de/behoerde/presse/Pressemitteilungen/PM-KiK_docx.pdf, aufgerufen 15.5.2017. Zu Menschenrechtsklagen in Deutschland *Stürner*, S. 843, 844 ff.; *Weller/Kaller/Schulz*, AcP 216 (2016), 387, 391 f.
7 Vgl. bspw. die Verfahren Bhopal, Unocal, und die auf Alien Tort Statute gestützten Verfahren, dazu *Enneking*, S. 92 ff., 121 ff., sowie Texaco/Chevron wegen Ecuador u.a.
8 Vgl. Choc v. Hudbay Minerals Inc., 2013 ONSC 1414.
9 Vgl. Art. 2 ff. VO (EG) 44/2001 vom 22.12.2000 über die gerichtliche Zuständigkeit und die Anerkennung und Vollstreckung von Entscheidungen in Zivil- und Handelssachen (EuGVVO oder Brüssel-I-VO), reformiert durch VO (EU) 1215/2012 vom 12.12.2012, ABl. EU Nr. L 351/1 vom 20.12.2012, Inkrafttreten 10.1.2015 („Brüssel-Ia-VO"). Der persönliche Anwendungsbereich ist eröffnet, sofern der Beklagte seinen Wohnsitz im Mitgliedstaat hat. Nach Art. 60 EuGVVO haben Gesellschaften und juristische Personen ihren Wohnsitz an dem Ort, an dem sich a) ihr satzungsmäßiger Sitz, b) ihre Hauptverwaltung oder c) ihre Hauptniederlassung befindet. Es muss sich

kann im Falle einer unerlaubten Handlung der Beklagte auch vor dem Gericht des Ortes in Anspruch genommen werden, an dem das schädigende Ereignis eingetreten ist. Der EuGH legt dies weit aus dergestalt, dass dies sowohl den Ort erfasst, an dem der Schaden selbst eingetreten ist, als auch „den Ort des ursächlichen Geschehens".[1] Hieraus wird teilweise abgeleitet, dass Ansprüche wegen Menschenrechtsbeeinträchtigungen, die in **Geschäftsleitungsentscheidungen** westlicher Unternehmen wurzeln, auch am Ort der Entscheidung selbst geltend gemacht werden können.[2]

Eine zweite Strategie ist die der **kumulativen Klage** gegen Mutter- und Tochtergesellschaft und die Begründung der Zuständigkeit gegen die ausländische Tochtergesellschaft kraft **Sachzusammenhangs**. Diese Strategie wurde bei den verschiedenen Klagen nigerianischer Staatsangehöriger gegen den Ölkonzern Shell verfolgt. Nigerianische Staatsangehörige verklagten *Royal Dutch Shell PLC* und ihre nigerianische Tochtergesellschaft *Shell Petroleum Development Company of Nigeria Ltd.* in den **Niederlanden** auf Schadenersatz wegen Ölschäden in Nigeria. Das niederländische Gericht erklärte sich für zuständig für die Klage gegen Mutter- und Tochtergesellschaft und gab den Klagen gegen die nigerianische Tochtergesellschaft teilweise statt.[3] Die Zuständigkeit begründete es damit, dass Royal Dutch Shell PLC zwar in Großbritannien seinen registrierten Sitz habe, jedoch in Den Haag seine Hauptniederlassung, und die Klagen gegen Mutter- und Tochtergesellschaft so eng zusammenhingen, dass eine gemeinsame Behandlung aus Gründen der Effizienz gerechtfertigt sei. Die Klagen gegen die Tochtergesellschaft waren auf fahrlässige Verursachung der Umweltschäden gestützt, die Klagen gegen die Muttergesellschaft darauf, dass sie nicht hinreichend auf die Tochtergesellschaft eingewirkt habe, um deren Schadensverursachung abzuwenden. Die Zuständigkeit erhielt das Gericht auch aufrecht, nachdem es feststellte, dass die Klagen gegen die Muttergesellschaft nach **nigerianischem common law** nicht begründet waren. Eine extraterritoriale Anwendung niederländischen Rechts wurde abgelehnt. Der Klage gegen die nigerianische Shell-Tochter wurde (nach nigerianischem Recht) jedoch teilweise stattgegeben, da sie eine Sorgfaltspflicht verletzt habe und daher wegen fahrlässiger Schadenszufügung haftbar sei.

39.39

Der **britische High Court** erklärte sich in einem parallelen Verfahren ebenfalls für zuständig, wobei auch hier nigerianisches Recht zur Anwendung kam. Der Fall wurde letztlich durch Vergleich erledigt.[4] Im *Ken Saro Wiwa*-Fall wurde Royal Dutch Shell vor **US-amerikanischen Gerichten** nach Alien Tort Statute (ATS) von nigerianischen Angehörigen auf Schadenersatz verklagt für die behauptete Mitverantwortung am Tod von Bürgerrechtlern. Dieses Verfahren wurde (ohne Anerkennung einer Rechtspflicht seitens Shell) ebenfalls durch Vergleich erledigt.[5] Im gegen Shell gerichteten *Kiobel*verfahren wurde weder die Zuständigkeits- noch die Haftungsfrage abschließend geklärt, da der US Supreme Court die extraterritoriale

39.40

---

nur um einen grenzüberschreitenden Sachverhalt handeln, der Kläger muss keinen Sitz in einem EU-Staat haben.

1 EuGH v. 27.10.1998 – C-51/97, ECLI:EU:C:1998:509, Réunion européenne SA u.a./Spliethoff's Bevrachtingskantoor BV, EuZW 1999, 59.
2 De Schutter, S. 227, 264.
3 V. 30.1.2013, http://www.asser.nl/eel/case-law/national/netherlands/dutch-judgements-on-shell-s-liability/, aufgerufen 15.5.2017.
4 Es wurde eine Entschädigungszahlung von 55 Mio. englischer Pfund vereinbart, http://business-humanrights.org/en/shell-lawsuit-re-oil-spills-bodo-community-in-nigeria, aufgerufen 15.5.2017.
5 http://business-humanrights.org/en/human-rights-impacts-of-oil-pollution-nigeria-32, aufgerufen 15.5.2017.

Reichweite des ATS verneinte.¹ Auch **Auftraggeber und Auftragnehmer** könnten gemeinsam verklagt werden. Insofern istentscheidend, ob das angerufene Gericht hinsichtlich des ausländischen (vertraglich) verbundenen Unternehmens einen **Gerichtsstand des Sachzusammenhangs** kennt und annimmt.²

39.41 Sofern Schadenersatzklagen von Opfern nur gegen die **ausländischen Tochter- und Zulieferunternehmen** gerichtet sind, sind nach Art. 2 i.V.m. Art. 60 EuGVVO die Gerichte von deren **Sitzstaat** zuständig. Insoweit wird gefordert, die EuGVVO dahingehend zu ändern, dass zusätzlich der Gerichtsstand des Mutter- oder Auftraggeberunternehmens eröffnet und für Kläger wählbar sein sollte.³ Gefordert wird auch eine **Notzuständigkeit** europäischer Gerichte, wenn die Anrufung des nach internationalem Zivilprozessrecht zuständigen ausländischen Gerichts faktisch nicht möglich oder nicht zumutbar ist.⁴

2. Anwendbares Recht

39.42 Die Frage des anwendbaren Rechts richtet sich nach Internationalem Privatrecht.⁵ In der Europäischen Union trifft die *Rom-I-VO*⁶ Regelungen zu dem auf **Verträge** anwendbaren Recht. Dies kann für Supply Chain-Verträge bedeutsam sein, insbesondere wenn sie als Verträge zugunsten Dritter oder mit Schutzwirkung zugunsten Dritter ausgestaltet sind.

39.43 Nach Art. 4 Abs. 1 *Rom-II-VO*⁷ ist auf Schadenersatzansprüche aus im Ausland begangenen **deliktischen** Handlungen das Recht des Staates anzuwenden, in dem der Schaden eintritt (Erfolgsort), nicht das Recht des Staates, in dem er verursacht wurde (Handlungsort). In dem vor dem *Landgericht Dortmund* verhandelten Verfahren gegen *KiK* wegen eines Brandes bei dem Lieferant Ali Enterprises in Pakistan wurden die Schadenersatzforderungen pakistanischer Opfer auf pakistanisches Recht gestützt.⁸ Ausländisches Recht ist jedoch nicht anzuwenden, wenn nach Art. 16 Rom-II-VO zwingende Regeln des Forumstaats (sog. Eingriffsnormen) entgegenstehen⁹ oder wenn nach Art. 26 Rom-II-VO die Anwendung mit der öffentlichen Ordnung (Ordre Public) des Staates des angerufenen Gerichts offensichtlich

---

1 Kiobel v. Royal Dutch Petroleum Co., 133 S. St. 1659 (2013).
2 Vgl. Art. 6 Nr. 1 EuGVVO: Werden mehrere Personen zusammen verklagt und ist zwischen den Beklagten eine so enge Beziehung gegeben, dass eine gemeinsame Verhandlung und Entscheidung geboten erscheint, kann jede dieser Personen am Sitz eines der Beklagten verklagt werden.
3 Vgl. Antrag der Fraktion Bündnis 90/Die Grünen v. 12.6.2013, BT-Drucks. 17/13916, der zwar abgelehnt wurde, jedoch in ähnlicher Form von NGOs weiter verfolgt wird.
4 Zu den entsprechenden Forderungen von NGO-Seite vgl. *Wesche/Ebert*, S. 5.
5 Vgl. *Osieka* für menschenrechtsbezogene Klagen in Europa S. 233 ff.; *Stürner*, S. 843, 848 ff.; *Weller/Kaller/Schulz*, AcP 216 (2016), 387, 392 ff.
6 Verordnung (EG) Nr. 593/2008 vom 17.6.2008 über das auf vertragliche Schuldverhältnisse anzuwendende Recht (Rom I), ABl. EU Nr. L 177 vom 4.7.2008, S. 6; ABl. EU Nr. L 309 vom 24.11.2009, S. 87.
7 Verordnung (EG) Nr. 864/2007 vom 11. Juli 2007 über das auf außervertragliche Schuldverhältnisse anzuwendende Recht (Rom II), ABl. EU Nr. L 199 vom 31.7.2007, S. 40.
8 Vgl. dazu *Saage-Maaß/Leifker*, BB 2015, 2499, 2500.
9 Dazu gehören nationale Vorschriften, deren Einhaltung als so entscheidend für die Wahrung der politischen, sozialen oder wirtschaftlichen Organisation eines Staates angesehen wird, dass ihre Beachtung für alle Personen, die sich in seinem Hoheitsgebiet aufhalten, und für jedes dort lokalisierte Rechtsverhältnis vorgeschrieben ist; vgl. *Thorn* in Palandt, Rom II, § 16, Rz. 1 ff.

unvereinbar wäre.[1] Ausnahmsweise ist nach Art. 7 Rom-II-VO für Umweltschädigungen ein **Wahlrecht** des Geschädigten zwischen dem Recht des Erfolgsorts und dem des Handlungsorts vorgesehen. Es wird gefordert, die Rom-II-VO zu ändern und dieses Wahlrecht auf Fälle zu erweitern, in denen Schadenersatz wegen der Verletzung menschenrechtlicher und sozialer Standards geltend gemacht wird.[2] In eine ähnliche Richtung geht die geforderte Normierung von **Sorgfaltspflichten**. Sie könnte die Möglichkeit eröffnen, dass nach Art. 17 Rom-II-VO (auch) das Recht des **Handlungsorts**, d.h. der Sorgfaltspflichtverletzung des Beklagten, Anwendung finden könnte.[3]

3. Mögliche Anspruchsgrundlagen

Da bei Menschenrechtsverstößen im Ausland häufig ausländisches Recht Anwendung finden wird, soll der folgende kursorische Überblick mögliche **Haftungskonstellationen** aufzeigen, ohne Anspruch auf Vollständigkeit und ohne Darstellung im Detail.[4] Wie oben ausgeführt, gibt es **keinen allgemein gültigen Tatbestand der „Menschenrechtsverletzung"**, vielmehr markiert grundsätzlich das staatliche öffentliche, Zivil- und Strafrecht die Grenzen zulässiger unternehmerischer Grundrechtsausübung und zumutbarer menschenrechtlicher Belastungen für Dritte. Soweit die Verantwortung und Haftung von Unternehmen für Menschenrechtsbeeinträchtigungen Dritter nicht wie bspw. in Frankreich und Großbritannien spezialgesetzlich ausgeformt sind, gelten die **allgemeinen Gesetze**, deren Anwendung jedoch von CSR-Vorgaben **überformt** werden kann.

39.44

Sofern ein von den UN-Leitsätzen gefordertes „Policy Statement" unzutreffend ist, kann es **Klagen wegen unlauteren Wettbewerbs** auslösen[5] oder auch unmittelbar als Haftungsgrundlage herangezogen werden.[6] Werden unzutreffende Angaben über die im Rahmen der Due Diligence vorgesehenen Audits und ihre Ergebnisse gemacht, und dies kann sowohl durch positive Erklärungen als auch durch Unterlassen wesentlicher Angaben geschehen, so kann dies ebenfalls zu Klagen wegen unlauteren Wettbewerbs führen.[7]

39.45

---

1 Vgl. *Stürner*, S. 843, 851 ff.; zu nennen sind hier EMRK und Grundrechte-Charta und die „universell akzeptierten Menschenrechte".
2 *Wesche/Ebert*, S. 7 m.w.N.
3 Vgl. *Saage-Maaß/Leifker*, BB 2015, 2499, 2502.
4 Zur Haftung nach deutschem Recht eingehend *Weller/Kaller/Schulz*, AcP 216 (2016), 387 ff.
5 Ein Beispiel ist der Fall Nike v. Kasky, in dem der Sportartikelhersteller Nike vor US-Gerichten verklagt wurde, weil er in Pressemitteilungen und anderen öffentlichen Stellungnahmen falsche Angaben zu den Arbeitsbedingungen bei seinen ausländischen Produzenten gemacht hatte; Zusammenfassung des Falls, der schließlich in einem Vergleich für 1,5 Mio. US$ und der Zusage der Verbesserung der Arbeitsbedingungen endete, http://business-humanrights.org/en/nike-lawsuit-kasky-v-nike-re-denial-of-labour-abuses-0#c9325, aufgerufen 15.5.2017.
6 Vgl. den Fall Choc v. Hudbay Minerals Inc., 2013 ONSC 1414, in denen die Muttergesellschaft auf der Grundlage von Sorgfaltspflichtverletzungen verklagt wurde wegen Menschenrechtsverletzungen im Ausland, gestützt auf ihre (vorgeblich nicht eingehaltenen) Websiteversprechen. „Hudbay is dedicated to promoting and respecting human rights, and implemented the (…) Voluntary Principles on Security and Human Rights for our personnel and contractors in Guatemala. This included extensive training of security personnel."
7 Vgl. bspw. § 5 Abs. 1 Nr. 6 UWG: Unlauter handelt, wer eine irreführende geschäftliche Handlung vornimmt. Eine geschäftliche Handlung ist irreführend, wenn sie unwahre Angaben enthält oder sonstige zur Täuschung geeignete Angaben über folgende Umstände enthält: die Einhaltung eines Verhaltenskodexes, auf den sich der Unternehmer verbindlich verpflichtet hat, wenn er auf diese Bindung hinweist.

§ 39 | CSR und Menschenrechtsverletzungen

39.46 CSR-Vorgaben werden häufig in Liefer- und Finanzierungsverträge aufgenommen, sei es ausgehandelt oder als Allgemeine Geschäftsbedingungen. Auch in B2B-Geschäften findet AGB-Recht (in eingeschränktem Umfang) Anwendung. Dies kann dazu führen, dass bspw. eine Klausel, die die verschuldensunabhängige Einstandspflicht für Dritte, wie sie die UN-Leitsätze vorsehen, übernimmt, wegen **Verstoßes gegen das AGB-Gesetz** nichtig sein kann.[1] Die Nichteinhaltung vertraglicher CSR-Vorgaben seitens des Vertragspartners kann **vertragsrechtliche Sanktionen**, insbesondere Kündigung, Vertragsstrafen, Abhilfeverlangen oder Schadenersatz nach sich ziehen. Sofern ein Verkäufer gegenüber seinen Endabnehmern öffentlich mit der Einhaltung von menschenrechtlichen oder Umweltstandards geworben hat, kommen **Mängelgewährleistungsansprüche** des Käufers in Betracht.[2] Von zunehmender Bedeutung wird die Frage sein, ob ein z.B. Arbeitsschutzvorgaben umfassender Liefer- oder Finanzierungsvertrag als **Vertrag zugunsten Dritter oder mit Schutzwirkung für Dritte** ausgelegt werden kann, was direkte Ansprüche Geschädigter begründen könnte.[3]

39.47 Nach deutschem Recht kommt eine **deliktische Haftung** nach §§ 823, 826, 831 BGB in Betracht.[4] „Die Menschenrechte" können jedoch mangels Konkretheit weder ein „sonstiges Recht" i.S. des § 823 Abs. 1 BGB, noch ein Schutzgesetz i.S. des § 823 Abs. 2 BGB sein. § 826 BGB setzt eine vorsätzliche sittenwidrige Schädigung voraus, an die hohe Anforderungen gestellt werden. Allerdings ist eine mittelbare Drittwirkung der Grundrechte im Privatrecht, vermittelt über unbestimmte Rechtsbegriffe wie „Sittenwidrigkeit", anerkannt, so dass menschenrechtliche Aspekte zum Tragen kommen können. § 831 BGB wird (jedenfalls bislang) nicht als Anspruchsgrundlage gesehen, da weder Tochtergesellschaften noch Zulieferunternehmen „Verrichtungsgehilfen" seien, da sie weder weisungsabhängig in fremdem Verantwortungsbereich tätig noch in den Organisationskreis der Muttergesellschaft eingegliedert seien.[5]

39.48 Bei den Unglücksfällen in Bangladesch und Pakistan, die zu Klagen Geschädigter gegen US-amerikanische[6] und deutsche[7] auftraggebende Unternehmen geführt haben, werden die Haftungsansprüche u.a. auf die Haftung für das Verschulden Dritter (**vicarious liability**), auf **deliktische Fahrlässigkeitshaftung** (tort of negligence) und auf eine Haftung aus **Vertrag mit Schutzwirkung für Dritte** gestützt. Die Unternehmen befinden sich in einer **double-bind-Situation**: Einerseits leiten die Kläger aus den UN-Leitprinzipien eine **Sorgfaltspflicht** (Due Diligence) des auftraggebenden Unternehmens hinsichtlich der Verhältnisse beim Lieferanten ab, d.h. eine Verpflichtung zur Einflussnahme auf den Lieferanten und seinen Geschäftsbetrieb, um Arbeitsschutz und -sicherheit zu gewährleisten. Kommt der Auftraggeber dieser Sorgfaltspflicht nicht nach, soll dies seine **deliktische Fahrlässigkeitshaftung** gegenüber den Arbeitnehmern des Lieferanten begründen. Andererseits leiten Kläger jedoch daraus, dass der Auftraggeber den Lieferanten intensiv steuerte, insbesondere ihn seinen Code of Conduct unterschreiben und Audits bei ihm durchführen ließ sowie zahlreiche Nachbesserungen der Sicherheitsbestimmungen forderte, und der Lieferant zu einem Großteil für den Auftrag-

---

1 Vgl. *Spießhofer/Graf von Westphalen*, BB 2015, 75 ff.
2 Vgl. *Weller/Kaller/Schulz*, AcP 216 (2016), 387, 398 f.
3 Eingehend *Spießhofer*, Unternehmerische Verantwortung, 7. Kapitel, III. 1. und 9. Kapitel, II. 6.
4 Zur deliktischen Haftung eingehend *Weller/Kaller/Schulz*, AcP 216 (2016), 387, 399 ff. m.w.N.
5 Zur deliktischen Haftung eingehend *Weller/Kaller/Schulz*, AcP 216 (2016), 387, 407 m.w.N.
6 Vgl. zu den Klagen gegen Wal-Mart, JC Penny Corporation, The Children's Place u.a. *Backer*, Are Supply Chains Transnational Legal Orders?, S. 17 m.w.N.
7 Klage gegen KiK vor dem Landgericht Dortmund wegen des Brandes bei Ali Enterprises, Kik sieht sich nach Fabrikbrand nicht in der Haftung, F.A.Z. v. 2.9.2015; vgl. auch CCC & SOMO, Fatal Fashion, 3/2013, S. 17 ff., zu Ali Enterprises und Kik's Involvierung.

geber fertigte, eine so maßgebliche **Steuerung**, Kontrolle und wirtschaftliche Dominanz der Geschäftstätigkeit des Lieferanten ab, dass der Lieferant faktisch wie eine Abteilung des Auftraggebers anzusehen sei. Darin wird eine einem unmittelbaren Arbeitsverhältnis zwischen Auftraggeber und geschädigten Lieferanten-Arbeitnehmern vergleichbare Konstellation gesehen mit entsprechenden Haftungsfolgen (**vicarious liability**). Der Code of Conduct des Auftraggebers, den der Lieferant unterzeichnet, wird als **Vertrag mit Schutzwirkung** zugunsten der Arbeitnehmer des Lieferanten gesehen, aus dem sich unmittelbar Ansprüche gegen den Auftraggeber ergeben sollen.[1] Wie diese Situation aufzulösen ist, werden Gerichte entscheiden müssen.

4. Erweiterung des Haftungsdurchgriffs

Eine wesentliche Forderung der CSR-Diskussion ist die Ausdehnung des Verantwortungsbereichs auf den Unternehmensverbund, insbesondere auf Beteiligungsunternehmen und Unternehmen in der Wertschöpfungskette.[2] Aufgrund der engen Voraussetzungen der **Durchgriffshaftung** werden Klagen zunehmend darauf gestützt, dass einer Muttergesellschaft oder einem Auftraggeber eine aus den UN-Leitprinzipien und anderen CSR-Instrumenten abgeleitete („im Verkehr übliche") **Sorgfaltspflicht** obliege, nicht nur im eigenen Binnenbereich, sondern auch bei Tochtergesellschaften und Vertragspartnern die Einhaltung von CSR-Vorgaben sicherzustellen. Denkbar ist auch, dass bei einer maßgeblichen faktischen Kontrolle eines Unternehmens die aus dem US-amerikanischen Umweltrecht bekannte **Operator Liability** angewandt wird[3] oder, ähnlich wie im Kartellrecht, eine Konzernhaftung aufgrund **wirtschaftlicher Einheit** angenommen wird, die durch die geforderte CSR-Steuerung möglicherweise erst mit begründet wird.[4]

39.49

Ziel entsprechender Klagen und Forderungen von Betroffenen und NGOs ist eine (weitere) **Erosion des gesellschaftsrechtlichen Trennungsgrundsatzes** durch Ausdehnung der Parent Liability (bspw. *Chandler v. Cape PLC*) und der Supply Chain-Verantwortung (bspw. Kik-Fall). In *Chandler v. Cape PLC*[5] entschieden englische Gerichte, dass ein südafrikanischer Arbeiter, der an Asbestose erkrankte, weil die südafrikanische Tochtergesellschaft keine zureichenden Arbeitsschutzmaßnahmen ergriffen hatte, einen **direkten** Schadenersatzanspruch gegen die englische Muttergesellschaft hatte, und zwar nicht aus Durchgriffs- oder Konzernhaftung, sondern weil der Muttergesellschaft aufgrund besonderer Umstände eigene Verpflichtungen zum Schutz der Mitarbeiter der Tochtergesellschaft zugeschrieben wurden, die

39.50

---

1 Bei der Klage gegen KiK geht die pakistanische Regierung davon aus, dass der Brand in der Fabrik von Ali Enterprises durch Brandstiftung entstand, die eine Reaktion darauf war, dass der Inhaber sich weigerte, Schutzgeld zu bezahlen; The News v. 22.2.2016, http://www.thenews.com.pk/latest/100139-Baldia-factory-fire-was-pre-planned-act-of-terror-JIT-Report, aufgerufen 15.5.2017.
2 Vgl. die Forderung der UNWG in ihrer Guidance, Annex III, eine Parent Liability einzuführen für „other members of the enterprise they control". Nicht erläutert wird, was unter „enterprise they control" zu verstehen sein soll, insbesondere was für ein Begriff von „enterprise" (Gesamtkonzern?) zugrunde gelegt wird. Vgl. *Klinger/Krajewski/Krebs/Hartmann*, S. 37 ff., mit einem Gesetzentwurf zur Einführung einer Haftung von Muttergesellschaften und Auftraggebern für negative menschenrechtliche Auswirkungen ihrer Tochtergesellschaften und Auftragnehmer; vgl. auch das französische Gesetz Proposition de loi relative au devoir de vigilance des sociétés mères et des entreprises donneuses d'ordre, http://www.assemblee-nationale.fr/14/dossiers/devoir_vigilance_entreprises_donneuses_ordre.asp, aufgerufen 15.5.2017.
3 Vgl. *Spießhofer*, NJW 2014, 2473, 2478 f. m.w.N.
4 Zum ganzen eingehend *Spießhofer*, Unternehmerische Verantwortung, 9. Kapitel, II.
5 v. 25.4.2012, (2012) EWCA Civ 525.

sie verletzt hatte. Die Argumentation im Kik-Fall versucht den Trennungsgrundsatz zu überspielen, indem sie neben der Verletzung einer Sorgfaltspflicht (tort) auf vicarious liability und einen Vertrag mit Schutzwirkung für Dritte abstellt.

II. Soft Law with Hard Sanctions

39.51 Soft Law kann nicht nur zu Hard Law durch entsprechende gesetzgeberische Maßnahmen werden, wie dies bspw. beim UK Modern Slavery Act erfolgt ist. Soft Law kann sich auch mit Hard Law zu einem **hybriden Regime** verbinden. Ein Anwendungsfall ist die oben dargestellte **CSR-Reporting-Richtlinie** und das nationale Umsetzungsrecht. Menschenrechte und Umweltschutz werden zudem „privatisiert" und von Soft zu Hard Law befördert, indem **Codes of Conduct** zum Vertragsbestandteil werden und damit vor staatlichen oder Schiedsgerichten durchgesetzt werden können.[1] Zudem soll die für die Fahrlässigkeitstatbestände des Haftungs- und Strafrechts erforderliche Verletzung der im **Verkehr üblichen Sorgfalt** durch den Sorgfaltsmaßstab der UN-Leitprinzipien und anderer CSR-Normen ausgefüllt werden.

III. Soft Law with Soft Sanctions

39.52 CSR-Normen haben teilweise **eigene** Sanktionen (z.B. Ausschluss aus dem UNGC), teilweise **verbinden** sie sich mit den Durchsetzungssystemen anderer Instrumente wie bspw. die Rezeption der UN-Leitprinzipien durch die OECD-Leitsätze, die deren Durchsetzungsmechanismus eröffnet. Zudem erweisen sich die „**Courts of public opinion**", der moderne Pranger, in Zeiten des Internets und einer zunehmenden Bedeutung der Reputation als Faktor, der bei Geschäftsentscheidungen zu berücksichtigen sein kann.

1. OECD-Verfahren vor den Nationalen Kontaktstellen

39.53 Die OECD-Leitsätze haben ein eigenes Umsetzungsverfahren.[2] Der Aufbau der Umsetzungsstruktur ist zweigliedrig und besteht aus den **Nationalen Kontaktstellen** (NKS) und dem **OECD-Investitionsausschuss**. Einrichtung, Kompetenzen und Verfahrensvorgaben sind in den Grundsätzen und der Verfahrenstechnischen Anleitung der OECD-Leitsätze niedergelegt. Die NKS werden von den nationalen Regierungen eingerichtet, denen erheblicher Gestaltungsspielraum bei Einrichtung und Verfahren bleibt.[3] In Deutschland ist die NKS beim **Bundeswirtschaftsministerium** angesiedelt.

39.54 Die NKS haben u.a. die „Specific Instances Procedure", das **Beschwerde- und Schlichtungsverfahren**[4], durchzuführen. Das Beschwerdeverfahren ist in Deutschland in allen wesentlichen

---

[1] Zu den mit dieser „Privatisierung" verbundenen Fragen eingehend *Spießhofer*, Unternehmerische Verantwortung, 11. Kapitel, II. 2. c).
[2] Dazu eingehend *Spießhofer*, Unternehmerische Verantwortung, 3. Kapitel, I. 4.
[3] Vgl. Verfahrenstechnische Anleitung I. A. 2.; Kommentar 10–12.; vgl. *Weidmann*, S. 249 ff., zu den verschiedenen Ausgestaltungen der NKS.
[4] Vgl. *Weidmann*, S. 236 ff. Die folgenden Ausführungen legen die deutsche Verfahrensregelung zugrunde, Leitfaden zum Verfahren in besonderen Fällen („Beschwerde") bei der deutschen Nationalen Kontaktstelle für die OECD-Leitsätze für multinationale Unternehmen, S. 2, https://www.bmwi.de/Redaktion/DE/Downloads/J-L/leitlfaden-zum-beschwerdemanagement.pdf?__blob=publicationFile&v=1, aufgerufen 15.5.2017.

Etappen einem Gerichtsverfahren nachgebildet.[1] Es gliedert sich in Zulässigkeit (örtliche, sachliche Zuständigkeit, Beschwer), Verfahrensvorschriften (Vertraulichkeit, Anhörungen, Bekanntgabe, Veröffentlichung) und Begründetheit (Vergleich, Empfehlung, „Versäumnisentscheidung" bei Nichtbeteiligung, Feststellung der Verletzung der OECD-Leitsätze[2]), weiche Vollstreckung (Monitoring) und Sanktionierung („name and shame").[3] Der Investitionsausschuss fungiert als vereinheitlichende Instanz für grundlegende materielle und Verfahrensfragen. Ein Unternehmen kann zwar die Teilnahme an einem Verfahren verweigern, dies macht das Verfahren jedoch nicht unzulässig. Vielmehr ergeht in jedem Fall eine abschließende Erklärung der NKS.[4] Die abschließenden Entscheidungen der NKS werden den Parteien bekanntgegeben und auf der NKS-Internetseite veröffentlicht sowie an die staatlichen Export- und Investitionsgarantiefinanzierer weitergeleitet.[5] Dieses öffentlichkeitswirksame **naming and shaming** kann die Reputation des Unternehmens beschädigen, möglicherweise sogar mit der Konsequenz materieller Einbußen.[6] Die Teilnahme am NKS-Verfahren ist mithin nur in einem rechtlich-formalen Sinne „freiwillig". Dieses Verfahren hat aus Klägersicht den **Vorteil**, dass es nicht an die strengen Vorgaben der internationalen Zuständigkeit, des anwendbaren Rechts, des gesellschaftsrechtlichen Trennungsprinzips und genau definierter Tatbestände gebunden ist.

Wesentliche Aspekte sind: Der Kreis der möglichen **Beteiligten** und Beschwerdeführer ist weit und umfasst Unternehmen, Gewerkschaften, NGOs und andere beteiligte Parteien.[7] Beschwerdegegner ist immer ein multinationales Unternehmen.[8] Es besteht nicht die Möglichkeit, dass ein Unternehmen seinerseits die Berechtigung einer (medienwirksamen) Anklage seitens NGOs oder Dritter prüfen lässt. Hinsichtlich der **örtlichen Zuständigkeit** ist vorgesehen, dass grundsätzlich diejenige NKS zuständig ist, in deren Land sich das vorgeworfene Verhalten ereignet hat.[9] Allerdings werden auch Verfahren im Sitzland der Muttergesellschaft oder des Unternehmens eingeleitet, wenn es sich um Vorgänge in einem Nicht-Teilnehmerstaat handelt. Insofern gibt es eine **extraterritoriale** Zuständigkeit für OECD-ansässige Unternehmen über den OECD-Bereich hinaus. Die deutsche NKS soll bspw. (mit) zuständig sein, wenn eine für den Konflikt relevante Entscheidung oder Weisung von der deutschen Konzernzentrale ausging.[10] Der **Unternehmensbegriff** der OECD-Leitsätze ist **unscharf** und umfasst die Unternehmensgruppe. Daher soll bspw. die Muttergesellschaft für die Sozialplanzahlungen einer insolventen Tochtergesellschaft herangezogen werden.[11] Ähnlich infor-

39.54a

---

1 Vgl. Leitfaden zum Verfahren in besonderen Fällen („Beschwerde") bei der deutschen Nationalen Kontaktstelle für die OECD-Leitsätze für multinationale Unternehmen, https://www.bmwi.de/Redaktion/DE/Downloads/J-L/leitfaden-zum-beschwerdemanagement.pdf?__blob=publicationFile &v=1, aufgerufen 15.5.2017.
2 Vgl. *Weidmann*, S. 256 f.
3 Vgl. *Weidmann*, S. 256 f.
4 Leitfaden zum Verfahren in besonderen Fällen („Beschwerde") bei der deutschen Nationalen Kontaktstelle für die OECD-Leitsätze für multinationale Unternehmen, S. 6.
5 Leitfaden zum Verfahren in besonderen Fällen („Beschwerde") bei der deutschen Nationalen Kontaktstelle für die OECD-Leitsätze für multinationale Unternehmen, S. 4 f.; *Weidmann*, S. 254.
6 Vgl. *Weidmann*, S. 254.
7 Verfahrenstechnische Anleitungen I.C.S. 2; eingehend *Weidmann*, S. 238 f.
8 Vgl. Leitfaden zum Verfahren in besonderen Fällen („Beschwerde") bei der deutschen Nationalen Kontaktstelle für die OECD-Leitsätze für multinationale Unternehmen, S. 2.
9 Verfahrenstechnische Anleitungen, Kommentar I. 23.
10 Vgl. Leitfaden zum Verfahren in besonderen Fällen („Beschwerde") bei der deutschen Nationalen Kontaktstelle für die OECD-Leitsätze für multinationale Unternehmen, S. 2 f.
11 Vgl. *Weidmann*, S. 266 m.w.N.

mell wird die Due Diligence-Verantwortung eines Unternehmens für andere Einheiten in seiner Wertschöpfungskette verhandelt.[1] Das NKS-Verfahren setzt mithin die **umfassende Verantwortungskonzeption** der OECD-Leitsätze (und UN-Leitprinzipien) um und eröffnet einen **Verantwortungsdurchgriff** (in Soft Version), den das nationale Recht so nicht vorsieht.

39.55 Zum gleichen Sachverhalt können **parallel** NKS- und Verwaltungs- oder Gerichtsverfahren durchgeführt werden; der **Einwand anderweitiger Rechtshängigkeit** oder **rechtskräftiger Entscheidung** gilt nicht. Vielmehr soll die NKS eine eigene Zweckmäßigkeitsentscheidung treffen.[2] **Maßstab** der Beurteilung sind im NKS-Verfahren (nur) die OECD-Leitsätze, die die UN-Leitprinzipien inkorporiert haben, die nur auf „negative impact" ausgerichtet sind und, anders als das nationale Recht, legitime Grundrechtsschranken nicht berücksichtigen. Die OECD-Leitsätze sollen den Unternehmen aber nichts abverlangen, was dem nationalen Recht **widersprechen** würde.[3] Die Frage ist jedoch, was dies bedeuten soll, insbesondere in Anbetracht der Tatsache, dass ein Großteil der NKS-Verfahren Auslandssachverhalte betrifft.[4]

39.56 Die Zahl der NKS-Verfahren ist seit 2011 sprunghaft angestiegen ist.[5] Sie werden zunehmend als effizientes Instrument angesehen, um das Verhalten von Unternehmen einer Überprüfung nach Maßgabe der OECD-Leitsätze zu unterziehen. Die Unbestimmtheit vieler Vorgaben der OECD-Leitsätze, insbesondere im Bereich der „Respektierung der Menschenrechte", wird durch „NKS-Richterrecht" fallspezifisch näher ausgeformt und zu Handlungsgeboten und -verboten, zu Schadensbeseitigung und -ersatz konkretisiert. Über die Veröffentlichung der Entscheidungen, die Abstimmung mit anderen NKS und die vereinheitlichende Funktion des Investitionsausschusses bildet sich so über Zeit, der Rechtsbildung im common law entsprechend, ein sich **verdichtender und erhärtender Bestand an konkretem transnationalem „Recht"**, der institutionell, prozedural und materiell weitgehend **autonom** gegenüber nationalem Recht und nationaler Legislative und Judikative ist.

2. „Courts of public opinion"

39.57 Die CSR-Verantwortungskonzeptionen sollen, auch wenn sie konkretisierungsbedürftig sind, als **„Benchmark"** erwarteten Verhaltens dienen, an der Unternehmen von jedem, insbesondere von NGOs, gemessen werden können. Dies bedeutet, dass dem Anwendenden Konkretisierungsmacht zukommt, die umso schwerer wiegt, als es für das Unternehmen, jedenfalls bislang, **keinen Schiedsrichter** gibt. Die „Courts of public opinion" sind in Zeiten des Internets und der zunehmenden Bedeutung von Reputation ein (aus NGO-Sicht) effizienter, im wesentlichen nur durch die Beleidigungstatbestände begrenzter **Pranger**, teilweise noch unterstützt durch Transparenz- und Reportinganforderungen. Neben ad-hoc Anklagen gibt es **institutionalisierte** „Courts" wie die Website des Business & Human Rights Resource Center, auf der menschenrechtliche Vorwürfe gegen Unternehmen und deren Antwort oder Nicht-

---

1 Vgl. *Backer*, Raid v Das Air, 1, 38 ff.
2 Vgl. Verfahrenstechnische Anleitungen, Kommentar I. 26.
3 Vgl. Leitfaden zum Verfahren in besonderen Fällen („Beschwerde") bei der deutschen Nationalen Kontaktstelle für die OECD-Leitsätze für multinationale Unternehmen, S. 6.
4 Vgl. die von der deutschen NKS entschiedenen Fälle, http://www.bmwi.de/Redaktion/DE/Text sammlungen/Aussenwirtschaft/oecd.html?cms_artId=231284, aufgerufen 15.5.2017.
5 Vgl. *Weidmann*, S. 270 ff.; vgl. auch die Database of specific instances, http://mneguidelines.oecd. org/database/, aufgerufen 15.5.2017.

Antwort veröffentlicht werden.[1] Zudem gibt es **unternehmensspezifische** „Courts" wie das International Monsanto Tribunal.[2]

D. Ausblick

Der vorstehende Überblick zeigt, dass auf breiter Front eine Überlagerung von Legalität durch Legitimität, eine Verschiebung der Grenze zulässiger unternehmerischer Tätigkeit von Rechtsverletzung zu Risikomanagement stattfindet. Der „social license to operate" fehlen weitgehend klare Konturen, Legitimation und Autorisierung. Der unternehmerische Verantwortungsbereich wird in Gestalt eines „creeping law", eines sich schleichend entwickelnden und erhärtenden oder hybridisierenden Rechts, nicht nur durch Staaten, sondern auch durch Internationale Organisationen und zivilgesellschaftliche Akteure weiter ausgedehnt. Dies geschieht durch eine Vielzahl von Prozessen, in denen sich Vorgaben und Best Practices über Zeit herausbilden. Das nationale Haftungsrecht ist nur noch ein, nicht jedoch das einzige Instrument, mit dem Unternehmen und ihr Management zur Verantwortung gezogen werden können. Vielmehr werden durch Internationalisierung und Privatisierung die Grenzen unternehmerischer Verantwortung aufgeweicht, neu verhandelt und durchgesetzt. Dies wird auf absehbare Zeit mit erheblicher Rechtsunsicherheit einhergehen.

39.58

---

[1] https://business-humanrights.org.
[2] http://de.monsantotribunal.org.

_# 4. Teil
Straf- und Ordnungswidrigkeitenrecht

§ 40
Strafrechtliche Haftung von Geschäftsleitern
Dr. Daniel M. Krause, LL.M. (Columbia New York)

A. Einleitung 40.1
B. Erscheinungsformen der strafrechtlichen Verantwortlichkeit von Geschäftsleitern 40.3
  I. Strafrechtliche Haftung für eigenhändiges Verhalten 40.3
  II. Geschäftsherrenhaftung 40.6
    1. Strafrechtliche Haftung als Leiter einer Organisationsstruktur 40.6
    2. Geschäftsleiter als Garanten für Rechtsgüter Dritter 40.10
    3. Verletzung von Aufsichtspflichten i.S. des § 130 OWiG 40.13
    4. Strafrechtliche Haftung faktischer Organe 40.14
    5. Gesamtzuständigkeit, Ressortverantwortlichkeit und Gremienentscheidungen 40.17
      a) Pflichtenmaßstab bei arbeitsteiliger Ressortaufteilung 40.18
      b) Haftung der einzelnen Geschäftsleiter bei Kollegialentscheidungen 40.21
C. Untreue (§ 266 StGB) 40.25
  I. Voraussetzungen der strafrechtlichen Haftung 40.26
    1. Vermögensbetreuungspflicht der Geschäftsleiter 40.26
    2. Pflichtwidriges Verhalten/Maßgeblicher Sorgfaltsmaßstab 40.28
    3. Eintritt eines Vermögensnachteils auf Seiten der Gesellschaft 40.36
    4. Untreuevorsatz 40.39
  II. Einzelfragen 40.40
    1. Einschränkungen der Strafbarkeit bei Zustimmung der Gesellschafter . 40.40
    2. Konzernsachverhalte (Konzernuntreue) und Cash-Pooling 40.45
    3. Risikogeschäfte 40.50
    4. Sponsoring 40.56
    5. „Schwarze Kassen" 40.57
    6. Auslösung von Schadensersatzansprüchen und Sanktionsrisiken 40.59
D. Vorenthalten und Veruntreuen von Arbeitsentgelt (§ 266a StGB) . 40.60
E. Korruption 40.67
  I. Vorteilsgewährung und Bestechung . 40.71
    1. Gewähren von Vorteilen für die Dienstausübung 40.72
    2. Amtsträger-Begriff/Verletzung einer Dienstpflicht (§§ 332, 334 StGB) ... 40.76
    3. Genehmigung durch „zuständige Behörde" 40.80
  II. § 299 StGB (Bestechlichkeit und Bestechung im geschäftlichen Verkehr)/§§ 299a, 299b StGB (Bestechlichkeit und Bestechung im Gesundheitswesen) 40.81
  III. Kick-Back-Konstellationen (Bestechung/Untreue) 40.86
  IV. Auslandssachverhalte (Agenten/„Provisionszahlungen"), Interne Untersuchungen, Verbot der Doppelbestrafung 40.87
F. Bilanzdelikte/Unrichtige Unternehmensabschlüsse und unrichtige Berichte 40.90
  I. Unrichtige Darstellung (§ 331 HGB) 40.91
  II. Strafbarer Bilanzeid (§ 331 Nr. 3a HGB) 40.100
  III. Unrichtige oder verschleiernde Wiedergabe der Verhältnisse einer AG (§ 400 Abs. 1 Nr. 1 AktG) 40.101
  IV. Straftaten bei Verwendung unrichtiger Abschlüsse, Darstellungen oder Übersichten (Betrug, Subventions- und Kreditbetrug) 40.102

G. Strafrechtliche Risiken am organisierten Kapitalmarkt 40.104

I. Verbotenes Tätigen von Insidergeschäften (§ 38 Abs. 3 Nr. 1 WpHG, Art. 14 lit. a Marktmissbrauchs-VO) 40.106
1. Insiderinformationen 40.107
2. Tätigen eines Insidergeschäfts 40.111

II. Strafbarer Verstoß gegen Offenlegungs- und Anstiftungsverbot 40.116

III. Verhinderung von Insiderverstößen im Unternehmen. 40.118

IV. Strafbare Marktmanipulation (§ 38 Abs. 1 Nr. 1, 2, § 39 Abs. 3d Nr. 2 WpHG, Art. 12 Abs. 1 lit. a bis d Marktmissbrauchs-VO) 40.119
1. Informationsgestützte Manipulationen (§ 38 Abs. 1 Nr. 2, § 39 Abs. 3d Nr. 2 WpHG, Art. 15, 12 Marktmissbrauchs-VO) 40.120
2. Handelsgestützte Marktmanipulation (§ 38 Abs. 1 Nr. 2, § 39 Abs. 3d Nr. 2 WpHG, Art. 15, 12 Abs. 1 lit. a und b Marktmissbrauchs-VO) 40.124

V. Ordnungswidrigkeiten 40.128

H. Strafrechtliche Risiken bei eingetretener und drohender Insolvenz 40.129

I. Insolvenzverschleppung 40.131
1. Insolvenzreife/Insolvenzgründe 40.134
2. Unterlassene Antragstellung....... 40.140
3. Vorsatz/Fahrlässigkeit 40.141

II. Bankrottdelikte (§§ 283 ff. StGB)... 40.142
1. Bankrott (§ 283 StGB) 40.143
   a) Strafbare Einwirkungen auf den Vermögensbestand........... 40.145
   b) Strafbare Mängel bei Buchführung und Bilanzen........... 40.149
      aa) Unterlassene und mangelhafte Buchführung (§ 283 Abs. 1 Nr. 5 StGB), Verletzung der Buchführungspflicht (§ 283b StGB) 40.151
      bb) Unterdrücken von Handelsbüchern (§ 283 Abs. 1 Nr. 6 StGB)................. 40.155
      cc) Mangelhafte und nicht rechtzeitige Bilanzaufstellung (§ 283 Abs. 1 Nr. 7 StGB)... 40.156
2. Gläubigerbegünstigung (§ 283c StGB)...................... 40.157

J. Folgen von Strafverfahren und Verurteilung.................. 40.159

I. Verfall gem. §§ 73 ff. StGB 40.160

II. Inhabilität als Geschäftsführer bzw. Vorstand bei Verurteilungen wegen Wirtschaftsstraftaten............ 40.165

III. Unternehmensgeldbuße (§ 30 OWiG)................. 40.166

IV. Ausschluss von der Vergabe und Registereintragung 40.168

Schrifttum: *Abendroth*, Der Bilanzeid – sinnvolle Neuerung oder systematischer Fremdkörper?, WM 2008, 1147; *Achenbach*, Zur aktuellen Lage des Wirtschaftsstrafrechts in Deutschland, GA 2004, 559; *Achenbach*, Zivilrechtsakzessorietät der insolvenzstrafrechtlichen Krisenmerkmale?, in Gedächtnisschrift Schlüchter, 2002, S. 269; *Achenbach*, Aus der 1996/97 veröffentlichten Rechtsprechung zum Wirtschaftsstrafrecht, NStZ 1997, 536; Achenbach, Verbandsgeldbuße und Aufsichtspflichtverletzung (§§ 30 und 130 OWiG) – Grundlagen und aktuelle Probleme, NZWiSt 2012, 321; *Achenbach/Ransiek*, Handbuch Wirtschaftsstrafrecht, 4. Aufl. 2015; *Adick*, Zum Gefährdungsschaden und zum Eventualvorsatz bei der Untreue, HRRS 2008, 460; *Altenhain*, Der strafbare falsche Bilanzeid, WM 2008, 1141; *Altmeppen*, Cash Pooling und Kapitalaufbringung, NZG 2010, 441; *Bachmann*, Kapitalmarktrechtliche Probleme bei der Zusammenführung von Unternehmen, ZHR 172 (2008), 598; *Bauer*, Untreue durch Cash-Pooling im Konzern, 2008; *Beckemper*, Untreuestrafbarkeit des GmbH-Geschäftsführers bei einverständlicher Vermögensverschiebung, GmbHR 2005, 592; *Beukelmann*, Anforderungen an den Untreuevorsatz bei Gefährdungsschaden, NJW-Spezial 2013, 440; *Beutin*, Die Rationalität der Risikoentscheidung, 2007; *Bieneck*, Strafrechtliche Relevanz der Insolvenzordnung und aktueller Änderungen des Eigenkapitalersatzrechts, StV 1999, 43; Bittmann, Praxishandbuch Insolvenzstrafrecht, 2. Aufl. 2017; *Bittmann*, Strafrecht und Gesellschaftsrecht, ZGR 2009, 931; *Bittmann*, Beitragsvorenthaltung bei Insolvenzreife der GmbH, wistra 2004, 327; *Bittmann*, BilMoG: Bilanzrechtsmodernisierung oder Gesetz zur Erleichterung von Bilanzmanipulationen, wistra 2008, 441; *Bittmann*, Risikogeschäft – Untreue – Bankenkrise, NStZ 2011, 361; *Bittmann*, Strafrechtliche Folgen des MoMiG, NStZ 2009, 117; *Bittmann/Richter*, Zum Geschädigten bei der GmbH- und der KG-Untreue, wistra

2005, 51; *Bömer*, Anti-Korruptions-Compliance – Einladungen, Geschenke oder „kulante" Zugeständnisse an öffentliche Amtsträger als Problem, GWR 2011, 28; *Brammsen*, Vorstandsuntreue, wistra 2009, 85; *Brand*, Die Strafbarkeit des Vorstandes gem. § 266 StGB trotz Zustimmung aller Aktionäre, AG 2007, 682; *Brodowski*, Bestechung und Bestechlichkeit ausländischer Amtsträger de lege praevia und de lege nova, HRRS 2016, 14; *Brünig/Samson*, Bankenkrise und strafrechtliche Haftung wegen Untreue gem. § 266 StGB, ZIP 2009, 1089; *Bülte*, Die Beschränkung der strafrechtlichen Geschäftsherrenhaftung auf die Verhinderung betriebsbezogener Straftaten, NZWiSt 2012, 176; *Cordes/Sartorius*, Finanzierung von Nachteilsausgleichsmaßnahmen durch Unternehmen – deliktisches Handeln oder zulässiges Sponsoring, NZWiSt 2013, 401; *Dann*, Erleichterungs- und Beschleunigungszahlungen im Ausland – kein Fall des IntBestG, wistra 2008, 48; *Dann*, Und immer ein Stück weiter – Die Reform des deutschen Korruptionsstrafrechts, NJW 2016, 203; *Dannecker/Knierim/Hagemeier*, Insolvenzstrafrecht, 2009; *Dibbert*, Ermittlungen in Großunternehmen, 1999; *Dierlamm*, Der faktische Geschäftsführer im Strafrecht – ein Phantom?, NStZ 1996, 153; *Dierlamm*, Neue Entwicklungen bei der Untreue – Loslösung des Tatbestandes von zivilrechtlichen Kategorien, StraFo 2005, 397; *Dölling*, Handbuch Korruptionsprävention, 2007; *Esser/Rübenstahl/Saliger/Tsambikakis* (Hrsg.), Wirtschaftsstrafrecht, 1. Aufl. 2017; *Fehn*, Schwarzarbeitsbekämpfungsgesetz, 2006; *Feigen*, Strafjustiz durch die BaFin?, in Arbeitsgemeinschaft Strafrecht des Deutschen Anwaltvereins, Strafverteidigung im Rechtsstaat, 2009, S. 466; *Fischer*, Strafbarer Gefährdungsschaden oder strafloser Untreueversuch, StV 2010, 95; *Fischer*, Strafgesetzbuch, 64. Aufl. 2017; *Fleischer*, Konzernuntreue zwischen Straf- und Gesellschaftsrecht, NJW 2004, 2867; *Fleischer*, Zur Verantwortlichkeit einzelner Vorstandsmitglieder bei Kollegialentscheidungen im Aktienrecht, BB 2004, 2645; *Fleischer*, Der deutsche „Bilanzeid" nach § 264 Abs. 2 S. 3 HGB, ZIP 2007, 97; *Floeth*, Strafbarkeit wegen Vorenthaltens und Veruntreuens von Arbeitsentgelt (§ 266a StGB) in Fällen sog. Scheinselbständigkeit – Feststellung des Beschäftigungsverhältnisses, Abgrenzung zur Arbeitnehmerüberlassung sowie Ermittlung der vorenthaltenen Beträge, NZS 2015, 60; *Gaede*, Gebotene Sorgfalt bei der europäisierten Strafgesetzgebung – unvermeidliche Ahndungslücke im WpHG?, wistra 2017, 41; *Gallandi*, Strafrechtliche Aspekte der Asset Backed Securities, wistra 2009, 41; *Gehrmann*, Das versuchte Insiderdelikt, 2009; *Gehrmann*, Das Spector-Urteil des EuGH, ZBB 2010, 48; *Geiger*, Das Gesetz zur Bekämpfung von Korruption im Gesundheitswesen und seine Auswirkungen auf Strafverfolgung und Healthcare-Compliance, CCZ 2016, 172; *Geneuss*, Unternehmensbezogene Vorgesetztenverantwortlichkeit, betriebsbezogene Straftaten und „Firmenpolitik", ZIS 2016, 259; *Göpfert/Landauer*, „Arbeitsstrafrecht" und die Bedeutung von Compliance-Systemen: Straftaten „für" das Unternehmen, NZA-Beil. 2011, 16; *Grau/Blechschmidt*, Strafbarkeit wegen Beihilfe zum Betrug durch Unterlassen – Begründung einer Garantenstellung durch Übernahme von Pflichten als Leiter der Rechtsabteilung und der Innenrevision – Strafrechtliche Garantenpflicht von sog. „Compliance Officers", DB 2009, 2143; *Greeve/Leipold*, Baustrafrecht, 2004; *Grube/Röhm*, Überschuldung nach dem Finanzmarktstabilisierungsgesetz, wistra 2009, 84; *Hahn*, Der Bilanzeid, Neue Rechtsfigur im deutschen Kapitalmarktrecht, IRZ 2007, 375; *Hart-Hönig*, Verteidigung von Unternehmen und Compliance, in Arbeitsgemeinschaft Strafrecht des Deutschen Anwaltvereins, Strafverteidigung im Rechtsstaat, 2009, S. 530; *Hartung*, Probleme bei der Feststellung der Zahlungsunfähigkeit, wistra 1997, 1; *Hasselbach*, Die Weitergabe von Insiderinformationen bei M&A-Transaktionen mit börsennotierten Aktiengesellschaften, NZG 2004, 1087; *Hassemer*, Die Basis des Wirtschaftsstrafrechts, wistra 2009, 169; *Hefendehl*, Tatherrschaft in Unternehmen vor kriminologischer Perspektive, GA 2004, 575; *Hefendehl*, Vermögensgefährdung, 1994; *Hellgardt*, Fehlerhafte Ad-hoc-Publizität als strafbare Marktmanipulation, ZIP 2005, 2000; *Hohn*, Die „äußersten" Grenzen des erlaubten Risikos bei Entscheidungen über die Verwendung von Gesellschaftsvermögen, wistra 2006, 161; *Hugger*, S20-Leitfaden „Hospitality und Strafrecht", CCZ 2012, 65; *Ignor/Rixen*, Arbeitsstrafrecht, 2008; *Ignor/Rixen*, Untreue durch Zahlung von Geldauflagen, wistra 2000, 448; *Joecks*, Bekämpfung der Schwarzarbeit und damit zusammenhängender Steuerhinterziehung, wistra 2004, 441; *Kappel/Junkers*, Die Strafbarkeit der „Auslandsbestechung" nach der Einführung des Gesetzes zur Bekämpfung der Korruption vom 26.11.2015 – ein Überblick, NZWiSt 2016, 382; *Kargl*, Über die Bekämpfung des Anscheins der Kriminalität bei der Vorteilsannahme (§ 331 StGB), ZStW 2002, 763; *Kasiske*, Der Vermögensschaden bei Risikogeschäften, NZWiSt 2016, 302; *Kempf/Lüderssen/Volk*, Die Handlungsfreiheit des Unternehmers – Wirtschaftliche Perspektiven, strafrechtliche und ethische Schranken, 2009; *Kiethe*, Zivil- und strafrechtliche

Haftung von Aufsichtsräten für Geschäftsrisiken, WM 2005, 2122; *Kirch-Heim/Samson*, Vermeidung der Strafbarkeit durch Einholung juristischer Gutachten, wistra 2008, 81; *Knauer*, Strafbarkeit der Bankvorstände für missbräuchliche Kreditgewährung, NStZ 2002, 399; *Knauer*, Die Kollegialentscheidung im Strafrecht, 2001; *Knauth/Käsler*, § 20a WpHG und die Verordnung zur Konkretisierung des Marktmanipulationsverbotes (MaKonV), WM 2006, 1041; Krause, Ist der Aufsichtsrat Garant (§ 13 StGB) für die Verhinderung von Straftaten des Vorstandes? Zur Reichweite der strafrechtlichen Organhaftung, in FS Wessing, 2016, S. 241; *Krause*, Ordnungsgemäßes Wirtschaften und erlaubtes Risiko, 1995; *Krause*, Zur Vermögensbetreuungspflicht entsandter Aufsichtsratsmitglieder (§ 101 Abs. 2 AktG) gegenüber dem Entsendenden, in FS Hamm, 2008, S. 341; *Krause*, Konzerninternes Cash Management – der Fall Bremer Vulkan: Neue Ansätze bei der Untreue (§ 266 StGB) und ihre Konsequenzen für die Praxis, JR 2006, 51; *Krause*, Strafrechtliche Haftung des Aufsichtsrats, NStZ 2011, 57; *Krause*, Unternehmen und Organmitglieder im Strafverfahren, ZGR 2016, 335; *Krause*, Was bewirkt Compliance?, StraFo 2011, 437; *Krause/Vogel*, Bestechungsbekämpfung im internationalen Geschäftsverkehr, RIW 1999, 488; *Krekeler/Werner*, Unternehmer und Strafrecht, 2006; *Krüger*, Neues aus Karlsruhe zu Art. 103 II GG und § 266 StGB, NStZ 2011, 369; *Kretschmer*, Anmerkungen zur strafrechtlichen Verantwortlichkeit der Unternehmensleitung für das Verhalten von Mitarbeitern – Begründung und deren Vermeidung unter Berücksichtigung von Compliance, StraFo 2012, 259; *Krumm*, Gewinnabschöpfung durch Geldbuße, NJW 2011, 196; *Kubiciel*, Gesellschaftsrechtliche Pflichtwidrigkeit und Untreue, NStZ 2005, 353; *Kudlich*, Mobbing als Betriebsaufgabe? – Zur Geschäftsherrenhaftung eines „Vorarbeiters" bei innerbetrieblichen Körperverletzungen, HRRS 2012, 177; *Kudlich/Noltensmeier*, Die Anordnung des Verfalls (§§ 73 ff. StGB) bei verbotenem Insiderhandel nach § 38 i.V.m. § 14 WpHG, wistra 2007, 121; *Kuhlen*, Strafhaftung bei unterlassenem Rückruf gesundheitsgefährdender Produkte, NStZ 1990, 566; *Kutzner*, Einfache gesellschaftsrechtliche Pflichtverletzung als Untreue, NJW 2006, 3541; *Laskos*, Strafbarkeit wegen Untreue bei der Kreditvergabe, 2001; *Laub*, Grenzen der Spendenkompetenz des Vorstands, AG 2002, 308; *Livonius*, Untreue wegen existenzgefährdenden Eingriffs – Rechtsgeschichte?, wistra 2009, 92; *Loeck*, Strafbarkeit des Vorstandes der Aktiengesellschaft wegen Untreue, 2006; *Lüderssen*, Entkriminalisierung des Wirtschaftsrechts, 1998; *Lüderssen*, Gesellschaftsrechtliche Grenzen der strafrechtlichen Haftung des Aufsichtsrates, in FS Lampe, 2003, S. 727; *Lüderssen*, Finanzmarktkrise, Risikomanagement und Strafrecht, StV 2009, 486; *Lüke*, Ist die Liquidität 2. Grades ein geeignetes Kriterium zur Feststellung der Zahlungsunfähigkeit?, wistra 2003, 52; *Lütke*, Die strafrechtliche Bedeutung der Aufgabenverteilung unter GmbH-Geschäftsführern am Beispiel der Insolvenzantragspflicht, wistra 2008, 409; *Lutter*, Zivilrechtlich korrekt und doch strafbar? Das kann nicht sein, NZG 2010, 601; *Martin*, Bankenuntreue, 2000; *Maschke*, Aufsichtspflichtverletzungen in Betrieben und Unternehmen, 1997; *Matt*, Missverständnisse zur Untreue – Eine Betrachtung auch zum Verhältnis von (Straf-)Recht und Moral, NJW 2005, 389; *Mayer*, Zur inneren Tatseite bei § 266a StGB, NZWiSt 2015, 169; *Metz*, Strafbarkeit bei untertariflicher Bezahlung, NZA 2011, 782; *Michalke*, Neue Garantenpflichten? – oder: Haftung des Compliance-Officers, AnwBl. 2010, 666; *Mosiek*, Risikosteuerung im Unternehmen und Untreue, wistra 2003, 370; *Mülbert/Steup*, Emittentenhaftung für fehlerhafte Kapitalmarktinformation am Beispiel der fehlerhaften Regelpublizität, WM 2005, 1633; *Müller-Gugenberger*, GmbH-Strafrecht nach der Reform, GmbHR 2009, 578; *Müller-Gugenberger*, Wirtschaftsstrafrecht, 6. Aufl. 2015; *Nack*, Mittelbare Täterschaft durch Ausnutzung regelhafter Abläufe, GA 2006, 343; *Otto*, Untreue der Vertretungsorgane von Kapitalgesellschaften durch Vergabe von Spenden, in FS Kohlmann, 2003, S. 187; *Park*, Kapitalmarktstrafrecht, 4. Aufl. 2017; *Park*, Kapitalmarktstrafrecht und Anlegerschutz, NStZ 2007, 369; *Pelz*, Sponsoring zwischen Marketing und Korruption, LMuR 2009, 50; *Posseck*, Strafrechtliche Haftung der Mitglieder des Aufsichtsrates einer Aktiengesellschaft, 1998; *Preussner/Pananis*, Risikomanagement und strafrechtliche Verantwortung, BKR 2004, 347; *Radtke*, Untreue zu Lasten von ausländischen Gesellschaften mit faktischem Sitz in Deutschland, GmbHR 2008, 729; *Ransiek*, Anerkennungsprämien und Untreue, NJW 2006, 814; *Ransiek*, Untreue zum Nachteil einer abhängigen GmbH – „Bremer Vulkan", wistra 2005, 121; *Raum*, Strafrechtliche Pflichten von Compliance-Beauftragten – Zum Urteil des Bundesgerichtshofs vom 17.7.2009 (5 StR 394/08) –, CCZ 2012, 197; *Röckrath*, Kollegialentscheidung und Kausalitätsdogmatik, NStZ 2003, 641; *Rönnau*, Vermögensabschöpfung in der Praxis, 2003; *Rönnau*, Die Strafbarkeit des Vorenthaltens von Arbeitnehmersozialbeiträgen in der Krise des Unternehmens, NJW 2004, 976; *Rönnau*, Untreue zu Lasten juristischer Personen und Einwilligungskompetenz der Gesellschafter, in FS Amelung, 2009, S. 247; *Rönnau*, Rechtsprechungsüberblick zum Insolvenzstrafrecht, NStZ 2003, 525; Rönnau/*Becker*, Vorsatzvermeidung durch Unternehmensleiter bei betriebsbezogenen Straftaten, NStZ 2016, 569; *Rönnau*/*Hohn*, Festsetzung (zu) hoher Vorstandsvergütungen durch den Aufsichtsrat – ein Fall für den Staatsanwalt?, NStZ 2004, 113; *Rose*, Strafrechtliche Relevanz von Risikogeschäften, wistra 2005, 281; *Rotsch*, Neues zur Organisationsherrschaft, NStZ 2005, 13; *Rotsch*, Der ökonomische Täterbegriff, ZIS 2007, 261; *Roxin*, Organisationsherrschaft als eigenständige Form mittelbarer Täterschaft, ZStrR 2007, 1; *Säcker*, Gesetzliche und satzungsmäßige Grenzen für Spenden und Sponsoringmaßnahmen in der Kapitalgesellschaft, BB 2009, 282; *Saliger*, Parteienuntreue durch schwarze Kassen und unrichtige Rechenschaftsberichte, NStZ 2007, 545; *Saliger*, Wider die Ausweitung des Untreuetatbestandes, ZStW 2000, 563; *Satzger/Schluckebier/Widmaier*, Strafgesetzbuch, 3. Aufl. 2016; *Satzger*, Schwarze Kassen zwischen Untreue und Korruption, NStZ 2009, 297; *Schaal*, Strafrechtliche Verantwortlichkeit bei Gremienentscheidungen im Unternehmen, 2001; *Schemmel/Ruhmannseder*, Straftaten und Haftung vermeiden mit Compliance-Management, AnwBl. 2010, 647; *Schilha*, Die Aufsichtsratstätigkeit in der Aktiengesellschaft im Spiegel strafrechtlicher Verantwortlichkeit, 2008; Schlösser, Die Anerkennung der Geschäftsherrenhaftung durch den BGH, NZWiSt 2012, 281; *Schlösser/Dörfler*, Strafrechtliche Folgen eines Verstoßes gegen den Deutschen Corporate Governance Kodex, wistra 2007, 326; *Schmid/Winter*, Vermögensabschöpfung im Wirtschaftsstrafverfahren, NStZ 2002, 8; *Schmidt-Dohling*, Betrug durch Kreditvergabe, 2008; *Schmitz*, Die Neufassung des § 19 Abs. 2 InsO durch das FMStG und seine Bedeutung für strafrechtliche „Altfälle", wistra 2009, 369; *Sven H. Schneider*, Die Weitergabe von Insiderinformationen, NZG 2005, 702; *Uwe H. Schneider*, Die Pflichten des Geschäftsführers in der Krise der GmbH, GmbHR 2010, 57; *Schneider/Gottschaldt*, Offene Grundsatzfragen der strafrechtlichen Verantwortlichkeit von Compliance-Beauftragten in Unternehmen, ZIS 2011, 573; *Schramm/Hinderer*, Die Untreue-Strafbarkeit eines Limited-Directors, § 266 StGB, insbesondere im Lichte des Europäischen Strafrechts, ZIS 2010, 494; *Schröder*, Handbuch Kapitalmarktstrafrecht, 3. Aufl. 2015; *Schröder*, Geschäftsführer, Gesellschafter und Mitarbeiter der GmbH als Insider, GmbHR 2007, 907; *Schröder*, Untreue durch Investitionen in ABS-Anleihen, NJW 2010, 1169; *Schünemann*, Der Bundesgerichtshof im Gestrüpp des Untreuetatbestandes, NStZ 2006, 196; *Schünemann*, Der Gesetzentwurf zur Bekämpfung der Korruption – überflüssige Etappe auf dem Niedergang der Strafrechtskultur, ZRP 20165, 68; *Schünemann*, „Gravierende Pflichtverletzung" bei der Untreue: dogmatischer Zauberhut oder taube Nuss?, NStZ 2005, 473; *Schünemann*, Zur Quadratur des Kreises in der Dogmatik des Gefährdungsschadens, NStZ 2008, 430; *Schuster/Rübenstahl*, Praxisrelevante Probleme des internationalen Korruptionsstrafrechts, wistra 2008, 221; *Seibt*, 20 Thesen zur Binnenverantwortung im Unternehmen im Lichte des reformierten Kapitalmarktsanktionsrechts, NZG 2015, 1097; *Seiler*, Die Untreuestrafbarkeit des Wirtschaftsprüfers, 2007; *Sethe*, Die Verschärfung des insiderrechtlichen Weitergabeverbots, ZBB 2006, 243; *Sina*, Voraussetzungen und Wirkungen der Delegation von Geschäftsführer-Verantwortung in der GmbH, GmbHR 1990, 65; *Szesny*, Finanzmarktaufsicht und Strafprozess, 2008; *Tag*, Drittmitteleinwerbung – strafbare Dienstpflicht? – Überlegungen zur Novellierung des Straftatbestandes der Vorteilsannahme, JR 2004, 50; *Thum/Selzer*, Die Strafbarkeit des Arbeitgebers bei illegaler Beschäftigung im Lichte der neuen Rechtsprechung des BGH, wistra 2011, 290; *Tiedemann*, Wirtschaftsstrafrecht – AT und BT, 2008; *Tiedemann*, Zur Untreue durch Gewährung so genannter Anerkennungsprämien, ZIP 2004, 2056; *Tiedemann*, Vermögensbetreuungspflicht des beherrschenden Alleingesellschafters bei der Konzernuntreue, JZ 2005, 47; *Timpe*, Die strafrechtliche Geschäftsherrenhaftung, StraFo 2016, 237; *Trescher*, Strafrechtliche Aspekte der Berichterstattung des Aufsichtsrates, DB 1998, 1016; *Trüg*, Umfang und Grenzen der strafrechtlichen Geschäftsherrenhaftung, StV 2012, 432; *Tsambikakis*, Aktuelles zum Strafrecht bei GmbH und GmbH & Co., GmbHR 2005, 331; *Vogel*, Scalping als Kurs- und Marktpreismanipulation, NStZ 2004, 252; *Volk* (Hrsg.), Münchener Anwaltshandbuch Verteidigung in Wirtschafts- und Steuerstrafsachen, 2. Aufl. 2014; *Wabnitz/Janovsky*, Handbuch des Wirtschafts- und Steuerstrafrechts, 4. Aufl. 2014; *Waßmer*, Untreue bei Risikogeschäften, 1997; *Wattenberg*, Zentrales Cash-Management als Untreuetatbestand im Konzernverbund, StV 2005, 523; *Weber*, Die Entwicklung des Kapitalmarktrechts im Jahre 2004, NJW 2004, 3674; *Wegner*, Aktuelle Entwicklungen im Insolvenzstrafrecht, HRRS 2009, 32; *Weiß*, Ausschluss vom Geschäftsführeramt bei strafgerichtlichen Verurteilungen nach § 6 Abs. 2 GmbHG n.F., wistra 2009, 209; *Weller*, Die Neuausrichtung der Existenzvernichtungshaftung durch den BGH und ihre Implikationen durch die Praxis, ZIP 2007, 1681; Wessing/Krawczyk, Der Untreueparagraf auf dem verfassungsrechtlichen Prüfstand, NZG 2010, 1121; *Wessing/Krawczyk*, Untreue zum Nachteil einer konzernunabhängigen GmbH, NZG 2009, 1176; *Weyand*, Strafbarkeit wegen „nicht richtiger" Insolvenzantragsstellung – strafrechtlicher Flankenschutz für Insolvenzgerichte und Verwalter?, ZInsO 2010, 359; *Weyand/Diversy*, Insolvenzdelikte, 10. Aufl. 2016; *Ziemann*, Strafbarer „Bilanzeid" nach § 331 Nr. 3a HGB, wistra 2007, 292; *Zieschang*, Gibt es den Täter hinter dem Täter?, in FS Otto, 2007, S. 509.

A. Einleitung

40.1 Geschäftsleiter sind bei ihrer Tätigkeit vielfältigen strafrechtlichen Risiken ausgesetzt. Ihr unternehmerisches Handeln als solches unterliegt strafrechtlichen Grenzen. Sie sind darüber hinaus Adressaten einer Fülle besonderer Pflichten, deren Verletzung als Ordnungswidrigkeit oder Straftat geahndet werden kann. Schon die Einleitung von Ermittlungsverfahren wegen des Verdachts von strafrechtlich relevanten Pflichtverletzungen kann für sie wegen der unternehmensinternen und -externen Auswirkungen zu gravierenden Konsequenzen bis hin zum Verlust der Leitungsfunktion führen.[1] Strafrechtlich relevante Pflichtverletzungen führen regelmäßig zu erheblichen persönlichen Schadensersatzrisiken gegenüber der Gesellschaft und Dritten. Die Auswirkungen von Ermittlungsverfahren gegen Geschäftsleiter auf die öffentliche Reputation des Unternehmens, auf Aktienkurse sowie Beziehungen zu Geschäftspartnern und Finanzierungsinstituten sind vielfach immens. Diese Risikolage und ihre Implikationen sind in der jüngeren Vergangenheit durch zahlreiche Strafverfahren und Unternehmensskandale verstärkt ins Blickfeld getreten und haben dazu geführt, dass die Sensibilität für strafrechtliche Risiken bei Geschäftsleitern erheblich gestiegen ist. Dies hat sich in einer intensiven Diskussion um die Festlegung von Regeln zur ordnungsgemäßen Unternehmensführung (Corporate Governance Kodex) und Compliance-Regelungen niedergeschlagen, ferner darin, dass eine präventive Beratung zur Vermeidung strafrechtlicher Risiken von Geschäftsleitern verstärkt in Anspruch genommen wird.

40.2 Die nachfolgenden Ausführungen geben einen Überblick über die Erscheinungsformen strafrechtlicher Verantwortlichkeit von Geschäftsleitern. Ferner werden anhand einzelner, für Geschäftsleiter aufgrund ihrer Leitungsfunktion besonders relevanter Themenkomplexe (Untreue, Vorenthalten von Arbeitsentgelt, Korruptionsdelikte, Bilanzdelikte, Kapitalmarktdelikte und Insolvenzdelikte) bestehende strafrechtliche Risiken im Einzelnen erläutert. Eine knappe Übersicht über die Folgen von Straftaten für Geschäftsleiter und Unternehmen bildet den Abschluss. Diversen im Unternehmensalltag bedeutsamen Gebieten ist wegen des beschränkten zur Verfügung stehenden Umfangs kein eigener Abschnitt gewidmet (Subventions- und Submissionsbetrug, Kreditbetrug, Arbeitsstrafrecht, Umweltstrafrecht, Kartellordnungswidrigkeitenrecht). Strafrechtliche Hinweise zu diesen finden sich (teilweise) in den jeweiligen zivilrechtlichen Kapiteln dieses Buches.

---

1 Näher zu Unternehmen und Organmitgliedern im Strafverfahren *Krause*, ZGR 2016, 335.

B. Erscheinungsformen der strafrechtlichen Verantwortlichkeit von Geschäftsleitern

I. Strafrechtliche Haftung für eigenhändiges Verhalten

Strafrechtliche Haftung knüpft nach deutschem Recht an **persönliche Schuld**. Eine Sanktion gegen juristische Personen kann nur in den Grenzen des § 30 OWiG verhängt werden. Die Vielgestaltigkeit der Lebenssachverhalte auch und gerade in komplexeren Organisationsstrukturen wie Wirtschaftsunternehmen hat die Rechtsprechung veranlasst, **strafrechtliche Zurechnungsprinzipien** zu entwickeln, deren Anwendung der sachgerechten Erfassung der Verantwortlichkeiten in derartigen Strukturen dienen soll. Die verbreitete Wahrnehmung, nach der in Unternehmen oftmals nur die am Ende einer Kette von Entscheidungsprozessen, zumeist auf unteren Hierarchie-Ebenen stehenden Personen strafrechtlich verantwortlich sind (oder zur Verantwortung gezogen werden)[1], ist im Hinblick auf die geltenden strafrechtlichen Haftungsprinzipien unzutreffend. Die von der Rechtsprechung entwickelten Zurechnungsstrukturen führen dazu, dass eine strafrechtliche Haftung von Geschäftsleitern über das eigene unmittelbare Handeln hinaus kraft ihrer Leitungsverantwortung im Wege der Zurechnung eintritt, sofern sie schuldhaft ihre Leitungsverantwortung verletzt haben oder gegen (ihnen) erkennbare Rechtsverstöße von Mitarbeitern der Gesellschaft nicht eingeschritten sind.

40.3

Für von ihnen **selbst vorgenommene Handlungen**, durch die ein Strafgesetz verletzt wird, haften Geschäftsleiter als Täter. Dies gilt auch in Ansehung solcher Pflichten (z.B. Insolvenzantragspflichten), die die juristische Person treffen. Denn deren Pflichten werden gem. **§ 14 Abs. 1 Ziff. 1 bzw. 2 StGB** auf sie als **gesetzliche Vertreter** überwälzt. Weisen sie Mitarbeiter unmittelbar an, strafbare Handlungen vorzunehmen, sind sie als Mittäter (§ 25 Abs. 2 StGB), Gehilfen (§ 27 StGB) oder als Anstifter (§ 26 StGB) strafrechtlich verantwortlich.

40.4

Darüber hinaus haften Organe in unterschiedlichen Erscheinungsformen für Straftaten und Rechtsverletzungen, die aus dem Unternehmen heraus begangen werden. Zu unterscheiden sind die Haftung für eigene Pflichtverletzungen des Organs (**Geschäftsherrenhaftung**) und die **Verletzung von Aufsichtspflichten** (§ 130 OWiG, vgl. hierzu unten *Schücking*, Rz. 41.22 ff.). Auch **Nicht-Organe** können strafrechtlich wie Organe haften, sofern sie faktisch einen bestimmenden Einfluss auf die Geschicke des Unternehmens nehmen (**Haftung des faktischen Organs**). Praxisrelevant ist zudem die Frage der strafrechtlichen Haftung bei **arbeitsteiliger Organisation** bzw. bei **Kollegialentscheidungen**.

40.5

II. Geschäftsherrenhaftung

1. Strafrechtliche Haftung als Leiter einer Organisationsstruktur

Charakteristisch für Wirtschaftsunternehmen ist deren **arbeitsteilige und hierarchische Organisation**. Dies hat zur Folge, dass Entscheidungen und Beschlüsse der Geschäftsleiter nicht von diesen selbst, sondern von anderen Personen auf anderen Hierarchie-Ebenen ausgeführt werden. Vielfach sind die Strukturen dadurch gekennzeichnet, dass ein erheblicher räumlicher, zeitlicher und hierarchischer Abstand zwischen dem Geschäftsleiter als Spitze der Organisation und demjenigen besteht, der die Straftat unmittelbar begeht.[2] Für derartige Konstellationen hat der Bundesgerichtshof für die Geschäftsleiter eine Verantwortlichkeit

40.6

---

1 *Raum* in Wabnitz/Janowsky, Handbuch des Wirtschafts- und Steuerstrafrechts, Kap. 4 Rz. 59.
2 BGH v. 2.11.2007 – 2 StR 384/07, NStZ 2008, 89.

des **„Täters hinter dem Täter"** entwickelt. Diese baut auf dem Gedanken der **Organisationsherrschaft** auf.

40.7 Die strafrechtliche Haftung der Geschäftsleiter kraft Organisationsherrschaft tritt ins Blickfeld, wenn Straftaten durch Mitarbeiter aus dem Unternehmen heraus begehen. Für diese Straftaten haften deren Geschäftsleiter selbst als (mittelbare) Täter strafrechtlich, wenn sie hinsichtlich dieser Straftaten die Organisationsherrschaft innehaben. Eine solche Organisationsherrschaft ist dann gegeben, wenn der **Beitrag der Geschäftsführung** nahezu **automatisch** zu einer von dieser **erstrebten Tatbestandsverwirklichung führt**. Von der Geschäftsleitung angewiesene oder auch nur durch deren rechtswidriges Verhalten nahegelegte deliktische Verhaltensweisen von Mitarbeitern können danach eine Täterschaft der Geschäftsführung begründen.[1] Das ist namentlich dann der Fall, wenn die Leitungsperson von ihr geschaffene oder vorhandene **Organisationsstrukturen ausnutzt**, innerhalb derer sein Tatbeitrag einen regelhaften Ablauf auslöst. Handelt der Geschäftsleiter in solchen Fällen in Kenntnis dieser Umstände und nutzt die Tatbereitschaft des unmittelbar Handelnden aus, so ist er Täter (in Form der mittelbaren Täterschaft, § 25 Abs. 1 Alt. 2 StGB).[2] Ob der unmittelbar Handelnde in der Struktur ersetzbar ist („Rädchen im Getriebe"), ist unerheblich.[3] So löst die Fortführung der Geschäfte trotz endgültiger Zahlungsunfähigkeit eine eigene strafrechtliche Haftung der Geschäftsführung für den durch Mitarbeiter begangenen Lieferantenbetrug aus, wenn die betrügerischen Bestellungen in Zusammenhang mit der Betriebsfortführung vorausgesehene und gewollte Alltagsgeschäfte darstellen.[4] Eine konkrete Anweisung zur Vornahme solcher Bestellungen durch den Geschäftsleiter bedarf es nicht, um die strafrechtliche Haftung auszulösen. Entsprechendes kommt in Betracht bei durch Mitarbeiter begangenen Umweltstraftaten, bei Betrugs- und Kapitalanlagebetrugstaten durch Mitarbeiter aufgrund von durch die Geschäftsführung erkannt unrichtigen Prospektangaben, bei von Mitarbeitern systematisch begangenen Korruptionsdelikten u.a.m. Erforderlich ist allerdings stets, dass der Geschäftsleiter seinerseits die subjektiven Voraussetzungen der Straftat erfüllt, also regelmäßig vorsätzlich handelt (anderenfalls kommt eine fahrlässige Begehung oder eine Aufsichtspflichtverletzung, § 130 OWiG, in Betracht), wobei an den Vorsatz insoweit keine überspannten Anforderungen gestellt werden.[5]

40.8 Diese Haftung tritt auch dann ein, wenn der unmittelbar Handelnde der Gesellschaft gar nicht angehört, also **kein Weisungsverhältnis** vorliegt. Strafrechtlich haftbar ist danach die Geschäftsführung, wenn sie einen selbständigen Unternehmer mit der Abfallentsorgung beauftragt und damit den Weg zur illegalen Abfallentsorgung „eröffnet und vorgezeichnet" hat.[6]

---

1 BGH v. 26.8.2003 – 5 StR 145/03, BGHSt 48, 331, 342; BGH v. 13.5.2004 – 5 StR 73/03, BGHSt 49, 147, 163; BGH v. 3.7.2003 – 1 StR 453/02, JR 2004, 245, 246; *Eidam* in Esser/Rübenstahl/Saliger/Tsambikakis, Wirtschaftsstrafrecht, 1. Aufl. 2017, § 25 StGB Rz. 4 ff.; eingehend *Timpe*, StraFo 2016, 237.
2 BGH v. 26.7.1994 – 5 StR 98/94, BGHSt 40, 218, 236 f.; BGH v. 8.11.1999 – 5 StR 632/98, BGHSt 45, 270, 296 ff.; BGH v. 26.8.2003 – 5 StR 145/03, NJW 2004, 375; hierzu allgemein *Hefendehl*, GA 2004, 575; *Kretschmer*, StraFo 2012, 259; *Nack*, GA 2006, 343; *Roxin*, ZStrR 2007, 17; *Zieschang* in FS Otto, S. 509.
3 *Nack*, GA 2006, 343; *Rotsch*, ZIS 2007, 261 ff.
4 BGH v. 11.12.1997 – 4 StR 323/97, NStZ 1998, 568 m. Anm. *Dierlamm*.
5 *Rönnau/Becker*, NStZ 2016, 569.
6 BGH v. 6.6.1997 – 2 StR 339/96, BGHSt 43, 219, 231.

Entsprechende Grundsätze gelten für das **faktische Organ**[1] sowie bei der strafrechtlichen **Konzernhaftung**, wenn die Geschäftsleiter der Muttergesellschaft eine entsprechende Leitungsmacht in den Tochtergesellschaften besitzen.[2] Dementsprechend kann die Ausnutzung regelhafter Abläufe, die über die Grenzen der einzelnen Konzern-Gesellschaften hinaus bestehen und praktiziert werden, eine strafrechtliche Haftung der Konzernleiter für in den Konzerngesellschaften begangene Straftaten begründen. Einzelheiten hierzu sind in der Rechtsprechung indes im Fluss. Das OLG München hat die betriebsbezogenen Grundsätze der sanktionsrechtlichen Haftung auf Konzernsachverhalte übertragen. Es hat grundsätzlich anerkannt, dass die Aufsichtspflicht der Geschäftsleiter einer Konzernmuttergesellschaft nicht auf deren Sphäre beschränkt ist, sondern unter bestimmten Umständen – namentlich bei Bestehen eines Beherrschungsvertrages oder bei Weisungen – auch auf Konzerngesellschaften ausgreift, weshalb die Geschäftsleiter im Umfang der konkreten Einflussnahme für strafbare Handlungen in Tochtergesellschaften wegen unterlassener Aufsichtsmaßnahmen nach § 130 OWiG haftbar gemacht werden können.[3]

40.9

2. Geschäftsleiter als Garanten für Rechtsgüter Dritter

Auch das **Unterlassen geeigneter Maßnahmen zur Verhinderung von Rechtsverletzungen aus dem Unternehmen heraus** kann eine strafrechtliche Haftung der Geschäftsleiter begründen.[4] Geschäftsleiter sind in vielfältiger Weise verpflichtet, Gefahren abzuwehren, die aus dem Geschäftsbetrieb für Rechtsgüter Dritter entstehen. Insbesondere entbindet die Delegation von Aufgaben nicht von strafrechtlicher Haftung, da umfangreiche Überwachungspflichten bestehen, die mit steigender Schadensanfälligkeit der delegierten Aufgabe intensiver werden.

40.10

Geschäftsleiter treffen **Garantenpflichten**, die eine Unterlassensstrafbarkeit begründen (§ 13 Abs. 1 StGB)[5], wenn die Geschäftsleiter es unterlassen, gegen aus dem Unternehmen heraus begangene Straftaten einzuschreiten und diese zu verhindern. Als sog. **Überwachergaranten** sind sie verpflichtet, **Gefahrenquellen zu überwachen**, die aus ihrem Herrschaftsbereich stammen.[6] Zur Überwachung dieser Gefahrenquelle ist die Unternehmensführung „auf Posten gestellt". Dies gilt beispielsweise für den **Betreiber gefährlicher Anlagen**[7], ferner für die **Hersteller von Produkten**, die dafür zu sorgen haben, dass von den Produkten keine Gefahren für Rechtsgüter Dritter ausgehen.[8] Erkennen sie solche Gefahren, sind sie zum **Rückruf** oder zur öffentlichen Warnung verpflichtet; eine Verletzung dieser Pflichten begründet eine Unterlassensstrafbarkeit im Fall von Rechtsgutsverletzungen bei Dritten. In ähnlicher Weise sind die Geschäftsleiter verpflichtet, Schädigungen überindividueller Rechtsgüter zu vermei-

40.11

---

1 BGH v. 11.12.1997 – 4 StR 323/97, NStZ 1998, 568.
2 BGH v. 13.5.2004 – 5 StR 73/03, NStZ 2004, 559.
3 OLG München v. 23.9.2014 – 3 Ws 599/14, 600/14, StV 2016, 35 m. Anm. *Caracas*, CCZ 2016, 44 sowie *Behr*, BB 2015, 2004 und *Pelz*, DB 2015, 2739; näher *Saliger* in Esser/Rübenstahl/Saliger/Tsambikakis, Wirtschaftsstrafrecht, 1. Aufl. 2017, § 266 StGB Rz. 109 f.
4 Allgemein *Geneuss*, ZIS 2016, 259.
5 BGH v. 20.10.2011 – 4 StR 71/11, BGHSt 57, 42; näher hierzu *Bülte*, ZWiSt 2012, 176; *Kudlich*, HRRS 2012, 177; *Kretschmer*, StraFo 2012, 259; *Schlösser*, NZWiSt 2012, 281; *Selbmann*, HRRS 2014, 235; *Trüg*, StV 2012, 432.
6 *Fischer*, § 13 StGB Rz. 38; *Timpe*, StraFo 2016, 237, 239.
7 BGH v. 21.4.1964 – 1 StR 72/64, BGHSt 19, 286, 288; BGH v. 13.11.2008 – 4 StR 252/08, BGHSt 53, 38.
8 BGH v. 6.7.1990 – 2 StR 549/89, BGHSt 37, 106, 114 – Lederspray.

den. Sie haben beispielsweise dafür zu sorgen, dass Abfälle ordnungsgemäß entsorgt werden.[1] Garantenpflichten treffen die Geschäftsleiter auch dafür, dass nachgeordnete Mitarbeiter bei ihnen übertragenen Aufgaben keine Straftaten begehen. Denn der Geschäftsleiter befindet sich gegenüber diesen Mitarbeitern in einem Weisungsverhältnis, das ihm die Herrschaft über die Auftragsausführung eröffnet. Aufsichtsräte besitzen eine Garantenpflicht zur Verhinderung von pflichtwidrigen Beeinträchtigungen der Rechtsgüter der Gesellschaft durch den Vorstand bzw. einzelne seiner Mitglieder; im Übrigen besitzen Aufsichtsräte keine strafbewehrte Pflicht zum Einschreiten gegen pflichtwidriges bzw. strafbares Verhalten der Vorstände.[2] Für einen bestellten **Compliance-Officers** hat der Bundesgerichtshof eine entsprechende Garantenstellung anerkannt.[3] Als sog. **Beschützergaranten** sind Geschäftsleiter verpflichtet, Schäden von Rechtsgütern zu vermeiden, deren Schutz sie übernommen haben. Solche können insbesondere den **Mitarbeitern** des Unternehmens gegenüber bestehen (Fürsorgepflichten gegenüber Arbeitnehmern), beispielsweise bezüglich eines ausreichenden Arbeitsschutzes.[4] Schutzpflichten bestehen auch der **Gesellschaft selbst gegenüber**. Die Geschäftsleiter sind verpflichtet, Schäden von ihr abzuwenden.

40.12 Das **konkrete Pflichtenprogramm** im Rahmen der Beschützer- und Überwacher-Garantenpflicht **variiert** nach den Umständen des Einzelfalles. Im Grundsatz gilt: Je gefahrträchtiger der Sachverhalt für die Rechtsgüter Dritter oder der Gesellschaft, desto intensiver die von den Geschäftsleitern zu beachtenden (Überwachungs- bzw. Beschützer)Pflichten. Im Hinblick auf Mitarbeiter und deren Überwachung nimmt die Überwachungspflicht zu, je weniger verlässlich oder unerfahren der Mitarbeiter ist.[5]

3. Verletzung von Aufsichtspflichten i.S. des § 130 OWiG

40.13 Unabhängig vom Bestehen einer Überwachungsgarantenpflicht ist die Geschäftsführung dazu verpflichtet, **Aufsichtsmaßnahmen** zu ergreifen, die geeignet sind, Zuwiderhandlungen gegen Pflichten der Gesellschaft aus dieser heraus zu unterbinden.[6] Hierzu gehört insbesondere die Bestellung, sorgfältige Auswahl und Überwachung von geeigneten Aufsichtspersonen. In diesem Zusammenhang kann ein angemessenes und effektives Compliance-System zur Vermeidung von Pflichtverletzungen bzw. Straftaten aus dem Unternehmen heraus Bedeutung gewinnen, weshalb sein Fehlen bzw. seine Lückenhaftigkeit bzw. Defizite eine Aufsichtspflichtverletzung bzw. ein Organisationsverschulden vielfach nahe legen.[7] Ein Verstoß gegen diese Aufsichtspflichten wird eigenständig als Ordnungswidrigkeit gem. § 130 OWiG mit einer Geldbuße bis zu 1 000 000 Euro geahndet (vgl. hierzu im Einzelnen unten *Schücking*, Rz. 41.66 ff.); darüber hinaus kann bei einem Verstoß gegen Aufsichtspflichten durch

---

1 BGH v. 6.6.1997 – 2 StR 339/96, BGHSt 43, 219; BGH v. 4.7.1991 – 4 StR 179/91, NJW 1992, 122.
2 Im Einzelnen *Krause* in FS Wessing, S. 241 ff.
3 BGH v. 17.7.2009 – 5 StR 394/08, NStZ 2009, 686; hierzu *Michalke*, AnwBl. 2010, 666; *Raum*, CCZ 2012, 197; ferner *Grau/Blechschmidt*, DB 2009, 2143.
4 BGH v. 21.4.1964 – 1 StR 72/64, BGHSt 19, 286, 288; OLG Stuttgart v. 11.9.1984 – 3 Ss (12) 344/84, NJW 1984, 2897; OLG Naumburg v. 25.3.1996 – 2 Ss 27/96, NStZ-RR 1996, 229.
5 BGH v. 31.1.2002 – 4 StR 289/01, BGHSt 47, 224, 231.
6 Ausführlich *Achenbach* in Achenbach/Ransiek, Handbuch Wirtschaftsstrafrecht, I 3 Rz. 43 ff.; *Kretschmer*, StraFo 2012, 259 („Auffangtatbestand"); *Achenbach*, NZWiSt 2012, 321; *Schneider/Gottschaldt*, ZIS 2011, 573.
7 Vgl. näher *Schemmel/Ruhmannseder*, AnwBl. 2010, 647.

eine Leitungsperson im Unternehmen auch ein Bußgeld gegen die juristische Person nach § 30 OWiG verhängt werden.[1]

4. Strafrechtliche Haftung faktischer Organe

Die strafrechtliche Haftung des „**faktischen Organs**" ist heute allgemein anerkannt. In der Praxis betrifft diese Rechtsfigur überwiegend den Bereich der GmbH, d.h. den faktischen Geschäftsführer. Die faktische Organhaftung gilt jedoch auch für jede andere Gesellschaftsform.[2] Fundament der strafrechtlichen Haftung des faktischen Organs ist das Prinzip, dass jeder für strafrechtlich relevante Verstöße gegen die Organe treffende Pflichten haftet, der die Geschicke der **Gesellschaft durch eigenes Handeln im Außenverhältnis** maßgeblich – d.h. einem bestellten Organ gleich – **steuert**.[3] Für die strafrechtliche Haftung soll es gerade nicht darauf ankommen, ob der Betreffende als Organ bestellt ist.[4] Andererseits darf die starke Stellung des faktischen Organs im Unternehmen nicht einseitig angemaßt sein, sondern muss mit **Zustimmung oder zumindest Duldung der Gesellschafter** bestehen („konkludente Bestellung").[5] Welche Anforderungen an das Gewicht der Tätigkeit des faktischen Organs im Verhältnis zu der Tätigkeit der bestellten Organe zu stellen sind, ist nicht abschließend geklärt. Die Rechtsprechung tendiert dahin, dass das faktische Organ eine **überragende Stellung** innehaben muss oder zumindest ein deutliches Übergewicht im Vergleich zur Tätigkeit anderer, bestellter Organe.[6] Nicht erforderlich ist, dass das faktische Organ die bestellte Geschäftsführung vollends verdrängt.[7]

40.14

Anwendungsfälle der faktischen Organhaftung sind neben unwirksam bestellten Organen (§ 14 Abs. 3 StGB) vielfach „Strohmann"-Konstellationen, in denen der bestellte Geschäftsführer lediglich vorgeschoben ist. Doch auch jenseits dieser „Scheinsachverhalte" tritt die Haftung in solchen Fällen ein, in denen beispielsweise ein Gesellschafter, Angestellter oder Beauftragter in der Gesellschaft herrschenden Einfluss ausübt. Maßgeblich ist das Erscheinungsbild in seiner Gesamtheit. Anhaltspunkte für das Vorliegen einer faktischen Organschaft bietet die sog. „**6 aus 8**"-**Formel**.[8] Faktisches Organ soll danach sein, wer zumindest sechs der acht folgenden Merkmale verwirklicht:

40.15

– Bestimmung der Unternehmenspolitik,

– Gestaltung der Unternehmensorganisation,

– Einstellung von Mitarbeitern,

---

1 Beispielhaft OLG Celle v. 29.3.2012 – 2 Ws 81/12, NZWiSt 2013, 68.
2 BGH v. 28.6.1966 – 1 StR 414/65, BGHSt 21, 101 ff. zum faktischen Vorstand.
3 BGH v. 24.6.1952 – 1 StR 153/52, BGHSt 3, 32, 33; BGH v. 22.9.1982 – 3 StR 187/82, BGHSt 31, 118; BGH v. 20.9.1999 – 5 StR 729/98, NStZ 2000, 34, 35; näher *Dierlamm*, NStZ 1996, 153 ff.
4 BGH v. 25.2.2002 – II ZR 196/00, BGHZ 150, 61, 69 f.; BGH v. 11.7.2005 – II ZR 235/03, ZIP 2005, 1550; BGH v. 11.2.2008 – II ZR 291/06, GmbHR 2008, 702.
5 BGH v. 10.5.2000 – 3 StR 101/00, NJW 2000, 2285.
6 BGH v. 15.11.2012 – 3 StR 199/12, NJW 2013, 1894; BGH v. 10.5.2000 – 3 StR 101/00, NJW 2000, 2285; BGH v. 20.9.1999 – 5 StR 729/98, NStZ 2000, 34, 35.
7 BGH v. 23.1.2013 – 1 StR 459/12, wistra 2013, 273; BGH v. 10.7.1996 – 3 StR 50/96, NJW 1997, 66; BGH v. 11.7.2005 – II ZR 235/03, ZIP 2005, 1550; OLG Düsseldorf v. 16.7.1987 – 5 Ss 193/87 - 200/87 I, wistra 1989, 152, 153.
8 BayObLG v. 20.2.1997 – 5 St RR 159/96, NJW 1997, 1936; der BGH hat offen gelassen, ob er einer erforderlichen Mindestzahl übernommener Aufgabenbereiche zustimmen würde, BGH v. 23.1.2013 – 1 StR 459/12, wistra 2013, 273.

- Gestaltung der Geschäftsbeziehungen zu Vertragspartnern,
- Verhandlung mit Kreditgebern,
- Festlegung der Gehaltshöhe von Mitarbeitern,
- Entscheidungsbefugnis in Steuerangelegenheiten,
- Steuerung der Buchhaltung.

40.16 Das faktische Organ treffen die gleichen Pflichten wie ein ordnungsgemäß bestelltes Organ und dieselbe strafrechtliche Verantwortlichkeit.[1]

5. Gesamtzuständigkeit, Ressortverantwortlichkeit und Gremienentscheidungen

40.17 Die grundlegenden Unternehmensentscheidungen werden von den verantwortlichen Organen regelmäßig als Gremium gemeinsam beschlossen. Andere Entscheidungen werden üblicherweise im Rahmen zuvor festgelegter Ressorts getroffen bzw. vorbereitet, die der Verantwortung einzelner Geschäftsleiter zugewiesen sind. Damit tritt in den Blick, wie die Geschäftsleiter in Fällen anderweitiger Ressortzuständigkeit und für Kollegialentscheidungen strafrechtlich haften. Hierfür hat die Rechtsprechung im Detail noch keine abschließenden Grundsätze entwickelt.

a) Pflichtenmaßstab bei arbeitsteiliger Ressortaufteilung

40.18 Für die strafrechtlich zu beachtenden Pflichten ist im Grundsatz auf die gesellschaftsrechtlich angelegte **Gesamtverantwortung und Allzuständigkeit** der vertretungsbefugten Personen (vgl. nur § 35 Abs. 2 Satz 2 GmbHG, § 77 Abs. 1 Satz 1 AktG, im Einzelnen oben *E. Vetter*, § 22) abzustellen. Jedoch ist eine bestehende und praktizierte **Ressortverteilung** für den anzuwendenden Pflichtenmaßstab bei den einzelnen Geschäftsleitern **nicht ohne Bedeutung**. Dies gilt aber nicht für alle Entscheidungen. Vielmehr ist zu unterscheiden zwischen solchen im normalen Gang der Geschäfte und besonderen, d.h. grundlegenden Entscheidungen, die für die Gesellschaft und ihren Bestand von weit überdurchschnittlicher Bedeutung sind. Zu letzteren gehören beispielsweise Entscheidungen in der Krise der Gesellschaft.

40.19 Bei den **Entscheidungen im normalen Geschäftsgang** dürfen sich die Geschäftsleiter auf die Informationen des ressortverantwortlichen Geschäftsleiters verlassen und auf seine **ordnungsgemäße Amtsführung vertrauen**.[2] Anderes gilt jedoch dann, wenn sie von der Unrichtigkeit ihnen übermittelter Informationen oder von einer nicht ordnungsgemäßen Amtsführung Kenntnis erlangen oder sich insoweit Zweifel oder Unstimmigkeiten ergeben.[3] Fehlen solche Anhaltspunkte, verbleiben bei den nicht-ressortverantwortlichen Geschäftsleitern lediglich Informations- und **Überwachungspflichten**. An diese dürfen **keine überspannten Anforderungen** gestellt werden.[4]

---

1 Die in der Literatur diskutierte Frage, ob einzelne Tatbestände des Unternehmensstrafrechts von der Anwendbarkeit auf faktische Organe auszunehmen sind (vgl. *Krekeler/Werner*, Unternehmer und Strafrecht, 2006, Rz. 41 ff.), hat bislang in der Rechtsprechung keinen Widerhall gefunden.
2 *Kiethe*, WM 2005, 2122, 2130 (zu Aufsichtsräten).
3 BGH v. 6.4.2000 – 1 StR 280/99, BGHSt 46, 30, 35, angedeutet bereits in BGH v. 6.7.1990 – 2 StR 549/89, BGHSt 37, 106, 123; *Uwe H. Schneider* in Scholz, § 43 GmbHG Rz. 35 ff.; *Timpe*, StraFo 2016, 237, 240.
4 Vgl. BFH v. 7.7.2009 – VII B 248/08, BFH/NV 2009, 1968.

Anderes gilt bei **grundlegenden Entscheidungen** oder **Entscheidungen in Ausnahmesituationen**. Gehen beispielsweise von durch das Unternehmen hergestellten Produkten Gefahren aus, liegt eine Ausnahmesituation vor, in der die Geschäftsleitung insgesamt zum Handeln berufen ist.[1] Entsprechend ist die Geschäftsleitung in der Krise als Ganze verpflichtet, fortlaufend eine Prüfung der wirtschaftlichen Lage und einer ggf. bestehenden Insolvenzantragspflicht vorzunehmen.[2] In solchen Fällen verbleibt es auch strafrechtlich bei der **Allzuständigkeit** jedes einzelnen Mitglieds der Geschäftsleitung.[3]

40.20

b) Haftung der einzelnen Geschäftsleiter bei Kollegialentscheidungen

Bei Kollegialentscheidungen, die in die Verletzung von Straftatbeständen münden, hängt die strafrechtliche Haftung von dem **Abstimmungsverhalten des Einzelnen** ab. Strafrechtlich haften zunächst diejenigen, die die Entscheidung durch ihre **Zustimmung** mitgetragen haben, unabhängig davon, ob es sich um eine einstimmige oder eine Mehrheitsentscheidung handelt. Die zustimmende Kenntnisnahme reicht aus.[4] Der **Einwand**, die konkrete Entscheidung wäre aufgrund des Abstimmungsverhaltens der jeweils anderen Gremienmitglieder auch bei einem anderen Stimmverhalten des Betreffenden getroffen worden, weil dieser **überstimmt worden wäre**, entlastet den Zustimmenden **nicht**.[5] Denn diesem wird das Verhalten der anderen Zustimmenden zugerechnet (§ 25 Abs. 2 StGB).[6] Entsprechendes gilt, wenn ein (z.B. zunächst abwesendes) Gremiumsmitglied oder der Geschäftsleiter einer Tochtergesellschaft erst im Nachhinein von dem Beschluss Kenntnis erlangt und diesem im Nachhinein zustimmt.[7]

40.21

Differenzierter ist die Rechtslage hinsichtlich des überstimmten Kollegialmitgliedes. Hier soll im Grundsatz gelten, dass die **Gegenvotierung von der strafrechtlichen Haftung befreit**.[8] Allerdings haben Gerichte auch aus der bloßen Teilnahme an einer Kollektiventscheidung eine Mitverantwortung für die Entscheidung unabhängig vom jeweiligen Abstimmungsverhalten hergeleitet.[9] Die Rechtslage hat insoweit noch keine gefestigten Grundsätze entwickelt. Die Beurteilung hängt von den Umständen des Einzelfalls ab.[10] Regelmäßig scheidet eine Strafbarkeit aus, wenn das Gremiumsmitglied alles ihm **Mögliche und Zumutbare** getan hat, um die Entscheidung bzw. die Rechtsverletzung zu vermeiden. Was das Mögliche und Zumutbare ist, hängt vom **Einzelfall** ab. So kann eine strafrechtliche Verantwortlichkeit (auch) des gegenvotierenden Mitgliedes nahe liegen, wenn durch seine Teilnahme an der Entscheidung erst das für die Entscheidung erforderliche Quorum hergestellt wird. Im Übrigen dürfte sie fern liegen, da eine Zurechnung des Verhaltens der anderen Gremienmitglieder gegen den Willen des Gegenvotierenden nach den Grundsätzen der Mittäterschaft (gemeinsamer Tat-

40.22

---

1 BGH v. 6.7.1990 – 2 StR 549/89, BGHSt 37, 106, 123 f.
2 BGH v. 1.3.1993 – II ZR 81/94, II ZR 61/92, GmbHR 1994, 460, 461; *Tiedemann/Rönnau* in Scholz, Vor §§ 82 ff. GmbHG Rz. 32 ff.
3 BGH v. 6.7.1990 – 2 StR 549/89, BGHSt 37, 106, 123; BGH v. 15.10.1996 – VI ZR 319/95, BGHZ 133, 370, 381.
4 BGB v. 13.5.2004 – 5 StR 73/03, BGHSt 49, 147.
5 BGH v. 6.7.1990 – 2 StR 549/89, BGHSt 37, 106, 132; *Tiedemann*, ZIP 2004, 2056, 2058; *Röckrath*, NStZ 2003, 641, 644; *Kiethe*, WM 2005, 2122, 2130.
6 BGH v. 6.7.1990 – 2 StR 549/89, BGHSt 37, 106, 129 f.
7 BGH v. 6.7.1990 – 2 StR 549/89, BGHSt 37, 106, 130 (sog. sukzessive Mittäterschaft).
8 *Kuhlen*, NStZ 1990, 566, 570 f.; *Krekeler/Werner*, Unternehmer und Strafrecht, 2006, S. 31 f.; *Eidam* in Esser/Rübenstahl/Saliger/Tsambikakis, Wirtschaftsstrafrecht, 1. Aufl. 2017, § 25 StGB Rz. 11.
9 OLG Stuttgart v. 1.9.1980 – 3 Ss 440/80, JZ 1980, 774; OLG Düsseldorf v. 13.9.1979 – 5 Ss 420/79-411/79 I, NJW 1980, 71.
10 Grundlegend *Knauer*, Die Kollegialentscheidung im Strafrecht, S. 205 f.

entschluss) regelmäßig ausscheidet. Das setzt allerdings voraus, dass der Betreffende mit den ihm zu Gebote stehenden Mitteln seinerseits alles ihm Mögliche getan hat, um durch seine Einwirkung auf das Gremium eine andere Entscheidung herbeizuführen. Der Gegenvotierende hat zur eigenen Entlastung darauf zu achten, dass seine Gegenstimme und seine Einwirkung mit dem Ziel einer abweichenden Entscheidung hinreichend **dokumentiert** werden.

40.23 Jenseits des Ausgeführten sind Fallkonstellationen denkbar, in denen sich die **Rechtswidrigkeit** des von der Mehrheit getragenen Beschlusses bzw. seiner Folgen aufdrängt und die **konkrete Gefahr der Verletzung hochwertiger Rechtsgüter** besteht. In derartigen Fällen kommen für das Organmitglied **weitergehende Handlungspflichten** zum Tragen, als nur gegen die Entscheidung zu stimmen. In Betracht kommt etwa ein **Hinweis an die Gesellschafter** oder den **Aufsichtsrat**. Eine Information der Öffentlichkeit kann dagegen – auch mit Blick auf arbeitsrechtliche Treuepflichten – stets nur ultima ratio sein.[1]

40.24 Ob und wie ggf. bestehende **Nachweisprobleme bezüglich des Stimmverhaltens** für den Verdacht Bedeutung gewinnen können, ist **ungeklärt**. Die in der Literatur vertretene Auffassung, nach der bei einer nicht zweifelsfreien Zuordnung von Gegenstimmen in Anwendung des Grundsatzes in dubio pro reo davon auszugehen sei, dass alle Mitglieder ihrer Pflicht zur Gegenstimme nachgekommen sind (und deshalb strafrechtlich nicht haften)[2], ist von der Rechtsprechung bislang nicht aufgegriffen worden.

C. Untreue (§ 266 StGB)

40.25 Der Untreue-Tatbestand (§ 266 StGB) ist die strafrechtliche Zentralnorm des Wirtschaftslebens. Der Tatbestand inkriminiert Schädigungen, die einem Unternehmen „von innen heraus" zugefügt werden. Er erfasst grundsätzlich auch unternehmerische Entscheidungen, mögen bei diesen auch für die Geschäftsleiter und Entscheidungsträger weite Ermessensspielräume bestehen, die der strafrechtlichen Haftung entzogen sind (näher Rz. 40.33 ff.). § 266 StGB pönalisiert Verstöße gegen die Pflicht der Geschäftsleiter, das Vermögen des Unternehmens zu wahren und Schädigungen zu unterlassen. Der vielfach wegen seiner Unbestimmtheit kritisierte Tatbestand[3] erfasst eine Vielzahl unterschiedlicher Verhaltensweisen, durch die auf das Vermögen einer Gesellschaft eingewirkt und dieses vermindert oder pflichtwidrig nicht vermehrt wird. Verletzt der zur Vermögensbetreuung Verpflichtete diese Pflicht und verursacht hierdurch einen Schaden, so macht er sich einer Untreue gem. § 266 StGB strafbar, wenn er vorsätzlich gehandelt, d.h. die Verletzung der Treuepflicht und den Vermögensnachteil zumindest billigend in Kauf genommen hat. Der Versuch der Untreue ist nicht strafbar. Durch die Einbeziehung von Vermögensgefährdungen in das Merkmal „Nachteil" werden indes zahlreiche Dispositionen von § 266 StGB erfasst, die (noch) nicht zu einem (endgültigen) Vermögensverlust geführt haben. Hierdurch kommt es zu einer Vorverlagerung der Strafbarkeit.

---

1 Vgl. *Fleischer*, BB 2004, 2645, 2648 ff.; zum Ganzen *Knauer/Kämpfer* in Volk, Münchener Anwaltshandbuch Verteidigung in Wirtschafts- und Steuerstrafsachen, 2. Aufl. 2014, § 3 Rz. 48 ff.
2 *Krekeler/Werner*, Unternehmer und Strafrecht, 2006, Rz. 71.
3 Grundlegend BVerfG v. 10.3.2009 – 2 BvR 1980/07, StV 2010, 70 ff.

I. Voraussetzungen der strafrechtlichen Haftung

1. Vermögensbetreuungspflicht der Geschäftsleiter

§ 266 StGB setzt beim Täter das Bestehen einer Vermögensbetreuungspflicht voraus. Eine solche Pflicht besitzt, wem die Betreuung fremder Vermögensinteressen als Hauptpflicht obliegt, sofern ihm bei dieser Betreuung eine gewisse Selbstständigkeit und Bewegungsfreiheit zukommt.[1] Mitglieder in Leitungsorganen einer juristischen Person sind vermögensbetreuungspflichtig. Dies folgt entweder direkt aus dem Gesetz oder aus dem Gesellschafts- oder Anstellungsvertrag. Eine Vermögensbetreuungspflicht besitzen beispielsweise Geschäftsführer einer GmbH[2] (§ 35 GmbHG), sämtliche Vorstandsmitglieder einer AG[3] (§ 78 AktG) bzw. einer Genossenschaft (§ 24 GenG) sowie auch sämtliche Mitglieder des Aufsichtsrats[4] (§§ 111 f. AktG), je nach Ausgestaltung des Verhältnisses auch die Mitglieder eines Beirates. Die Vermögensbetreuungspflicht dieser Personen besteht gegenüber der betreffenden Gesellschaft, nicht gegenüber den Gesellschaftern[5] oder Aktionären. Vermögensbetreuungspflichtig sind auch geschäftsführende Gesellschafter von BGB-Gesellschaft (§ 714 BGB), OHG (§§ 125, 126 HGB), KG (§§ 161 Abs. 2, 170 HGB) und GmbH & Co. KG (§§ 161 Abs. 2, 125 HGB, § 35 GmbHG)[6], ebenso der faktische Geschäftsführer bzw. das faktische Organ.[7] Auch unterhalb der Schwelle der faktischen Organstellung kann eine Vermögensbetreuungspflicht im Wege des sog. „tatsächlichen Treueverhältnisses" dadurch begründet sein, dass der Betreffende die Vermögensinteressen wahrnimmt und der Vermögensinhaber auf die pflichtgemäße Wahrnehmung vertrauen darf.[8] Unter bestimmten Voraussetzungen kann auch der Director einer EU-Auslandsgesellschaft, z.B. einer Private Limited Company, eine Vermögensbetreuungspflicht innehaben.[9] Die Vermögensbetreuungspflicht **endet** mit dem Ende der Bestellung bzw. des Beschäftigungsverhältnisses[10] oder mit der Sequestration[11] bzw. der Eröffnung des Insolvenzverfahrens betreffend die Gesellschaft.[12]

40.26

---

1 BGH v. 29.10.1991 – 1 StR 513/91, wistra 1992, 66.
2 BGH v. 21.1.1993 – 4 StR 638/92, wistra 1993, 143; BGH v. 6.5.2008 – 5 StR 34/08, wistra 2008, 379; BGH v. 25.4.2006 – 1 StR 519/05, NJW 2006, 1984, 1985; *Saliger* in Esser/Rübenstahl/Saliger/Tsambikakis, Wirtschaftsstrafrecht, 1. Aufl. 2017, § 266 StGB Rz. 15.
3 BGH v. 27.2.1975 – 4 StR 571/74, NJW 1975, 1234; BGH v. 7.11.1990 – 2 StR 439/90, NJW 1991, 990.
4 BGH v. 21.12.2005 – 3 StR 470/04, NJW 2006, 522; BGH v. 26.11.2015 – 3 StR 17/15, NJW 2016, 2585 m. Anm. *Saliger/Schweiger*; zu Grund und Umfang der Vermögensbetreuungspflicht von Aufsichtsratsmitgliedern im Einzelnen *Krause*, NStZ 2011, 57; dies gilt indes nicht, soweit es um deren eigene Rechtsverhältnisse zur Gesellschaft geht, vgl. LG Braunschweig v. 28.12.2011 – 6 KLs 54/11, Der Konzern 2012, 146.
5 BGH v. 25.4.2006 – 1 StR 519/05, NJW 2006, 1984, 1985.
6 BGH v. 17.3.1987 – 5 StR 272/86, NStZ 1987, 279; BGH v. 8.5.1991 – 5 AR Vollz 39/90, NStZ 1991, 452; BGH v. 3.5.1991 – 2 StR 613/90, NJW 1992, 250.
7 BGH v. 13.12.2012 – 5 StR 407/12, NStZ 2013, 529.
8 BGH v. 14.7.1999 – 3 StR 188/99, NStZ 1999, 558; BGH v. 13.12.2012 – 5 StR 407/12, NStZ 2013, 529.
9 BGH v. 13.4.2010 – 5 StR 428/09, NStZ 2010, 632 m. Anm. *Radtke*, NStZ 2011, 556 sowie *Rönnau*, NStZ 2011, 558 und *Bittmann*, wistra 2010, 303; ferner *Schramm/Hinderer*, ZIS 2010, 494.
10 OLG Stuttgart v. 14.3.1985 – 3 Ss (14) 823/84, NStZ 1985, 365.
11 BGH v. 3.2.1993 – 3 StR 606/92, NJW 1993, 1278.
12 BGH v. 3.5.1991 – 2 StR 613/90, wistra 1991, 305; BGH v. 12.12.1996 – 4 StR 489/96, wistra 1997, 146.

40.27 Aus einem schlichten Arbeitsverhältnis ist regelmäßig keine Vermögensbetreuungspflicht des Arbeitnehmers gegenüber dem Vermögen des Arbeitgebers abzuleiten, sofern sich aus der konkreten Tätigkeit nicht im Einzelfall etwas anderes ergibt.[1] Gesellschafter besitzen gegenüber der Gesellschaft keine Vermögensbetreuungspflicht[2]; dies gilt grundsätzlich auch im Konzern für die gesetzlichen Vertreter eines beherrschenden Gesellschafters gegenüber Tochtergesellschaften[3] (vgl. aber noch Rz. 40.45 ff.). Ob und inwieweit ein Beherrschungs- und Gewinnabführungsvertrag für die Verantwortlichen der herrschenden Gesellschaft eine Vermögensbetreuungspflicht gegenüber dem beherrschten Unternehmen begründet, ist bislang nicht entschieden.[4] Gegenüber unternehmensexternen Dritten, seien es private oder juristische Personen, bestehen Vermögensbetreuungspflichten regelmäßig nicht. Insbesondere reichen allgemeine schuldrechtliche Austauschverhältnisse für die Begründung einer Vermögensbetreuungspflicht nicht aus, auch wenn – etwa bei Kaufverträgen – sekundäre Schutz- und Sorgfaltspflichten bestehen.[5] Der Darlehensnehmer besitzt gegenüber dem Darlehensgeber keine Vermögensbetreuungspflicht; Entsprechendes gilt für den Sicherungsgeber und den Vorbehaltsverkäufer gegenüber ihrem Vertragspartner[6] sowie für den Subventionsempfänger gegenüber dem Subventionsgeber.[7]

2. Pflichtwidriges Verhalten/Maßgeblicher Sorgfaltsmaßstab

40.28 Die Strafbarkeit wegen Untreue setzt eine Verletzung der Pflichten durch den Treupflichtigen voraus. Das Gesetz unterscheidet zwischen Missbrauchs- und Treubruchsalternative. Die Unterscheidung spielt in der Praxis jedoch keine Rolle.[8]

40.29 Der für die Pflichtverletzung **relevante Sorgfaltsmaßstab** richtet sich nach dem gesetzlichen Pflichtenmaßstab. **Vertragliche Sonderregelungen, Richtlinien und Weisungen** können Abweichungen begründen und Konkretisierungen dafür enthalten, was für den Verpflichteten im Innenverhältnis gegenüber dem Geschäftsherrn hinsichtlich der Vermögensbetreuung gelten

---

1 BGH v. 3.3.1953 – 1 StR 5/53, BGHSt 4, 170, 171; *Saliger* in Esser/Rübenstahl/Saliger/Tsambikakis, Wirtschaftsstrafrecht, 1. Aufl. 2017, § 266 StGB Rz. 1517.
2 LG Berlin, NStE § 266 Nr. 39; *Lenckner/Perron* in Schönke/Schröder, § 266 StGB Rz. 26 m.N.; *Seier* in Achenbach/Ransiek, Handbuch Wirtschaftsstrafrecht, V 2 Rz. 249 ff. und 338 ff.; vgl. auch BGH v. 20.3.1995 – II ZR 205/94, BGHZ 129, 131, 151.
3 BGH v. 13.5.2004 – 5 StR 73/03, BGHSt 49, 147 – Bremer Vulkan; dazu *Krause*, JR 2006, 51; *Kutzner*, NStZ 2005, 271; *Ransiek*, wistra 2005, 121; *Wattenberg*, StV 2005, 523.
4 Näher *Saliger* in Satzger/Schluckebier/Widmaier, § 266 StGB Rz. 114.
5 BGH v. 22.1.1988 – 2 StR 133/87, NJW 1988, 2483; BGH v. 30.10.1990 – 1 StR 544/90, NJW 1991, 1069; BGH v. 3.8.2005 – 2 StR 202/05, NStZ 2006, 38, 39; BGH v. 2.4.2008 – 5 StR 354/07, JR 2008, 344, 346.
6 BGH v. 17.10.1961 – 1 StR 382/61, BGHSt 16, 280, 282; BGH v. 5.7.1968 – 5 StR 262/68, BGHSt 22, 190; zur fehlenden Vermögensbetreuungspflicht des Sicherungsnehmers gegenüber dem Sicherungsgeber bezüglich der (teilweisen) Freigabe der Sicherheit bei Übersicherung OLG Celle v. 18.7.2013 – 1 Ws 238/13, jurisPR-HaGesR 3/2014 Anm. 3.
7 BGH v. 13.5.2004 – 5 StR 73/03, BGHSt 49, 147, 156. Anderes kann aber gelten, wenn der Subventionsgeber ausnahmsweise eigene wirtschaftliche Interessen an dem subventionierten Projekt verfolgt (BGH v. 13.5.2004 – 5 StR 73/03, BGHSt 49, 147, 156 m. Anm. *Tiedemann*, JZ 2005, 45).
8 Vgl. näher *Dierlamm* in MünchKomm. StGB, § 266 StGB Rz. 23 ff.; *Schünemann* in Leipziger Kommentar, § 266 StGB Rz. 56 f. Der Bundesgerichtshof tendiert mittlerweile dazu, die Frage, ob ein Missbrauch der Befugnisse oder ein Treubruch vorliegt, offenzulassen und allein nach einer Verletzung der Vermögensbetreuungspflicht zu fragen (BGH v. 21.12.2005 – 3 StR 470/04, NJW 2006, 522).

soll. Diese wirken pflichtenbestimmend. Auch Pflichten nach dem **Deutschen Corporate Governance Kodex**[1] sollen für die Bestimmung der Vermögensbetreuungspflicht maßgeblich sein, ferner **interne Compliance-Regelungen**[2], so dass bei Verstößen gegen diese eine Verletzung der Vermögensbetreuungspflicht in Betracht kommt.

Für den **Vorstand einer AG** sind die **gesellschaftsrechtlichen Innenpflichten** gem. §§ 76, 93 AktG maßgeblich, für den **Geschäftsführer einer GmbH** die der §§ 1, 35 GmbHG.[3] Beide haben die Sorgfalt eines ordentlichen und gewissenhaften Geschäftsleiters bzw. Geschäftsmanns anzuwenden (§ 93 Abs. 1 AktG, § 43 Abs. 1 GmbHG).[4] 40.30

Für die **Aufsichtsratsmitglieder** einer AG ergeben sich die Sorgfaltspflichten aus § 116 AktG.[5] Obgleich dieser auf § 93 AktG verweist, ist allgemein anerkannt, dass für Aufsichtsratsmitglieder kraft ihrer primär überwachenden Aufgabe ein anderer Verhaltensmaßstab gilt.[6] Sie trifft indes eine **Handlungspflicht zur Verhinderung gravierender vermögensschädigender Pflichtverletzungen** durch den Vorstand. Bei nachträglichem Bekanntwerden solcher Pflichtverletzungen sind sie verpflichtet, Maßnahmen zur Geltendmachung von Schadensersatzansprüchen zu veranlassen.[7] Ungeklärt ist, ob dies auch die Verpflichtung umfassen soll, Strafanzeige zu erstatten. Die den Vorstandspflichten entsprechende Pflichten treffen die Aufsichtsratsmitglieder indes in solchen Fällen, in denen sie nicht überwachend, sondern kraft **eigener Befugnisse gestaltend** tätig werden (z.B. als Vertreter der Gesellschaft gegenüber dem Vorstand, § 112 AktG, bzw. bei der Bestimmung der Vorstandsvergütungen).[8] 40.31

Für die Konkretisierung des Sorgfaltsmaßstabs eines ordentlichen Geschäftsleiters kann zur Vermeidung von Wiederholungen auf die oben in §§ 1, 2 und 3 dargestellten **zivilrechtlichen Grundsätze** verwiesen werden. Was danach zivilrechtlich keine Pflichtverletzung darstellt, kann auch keinen Pflichtverstoß i.S. des § 266 StGB begründen. Denn strafrechtlich bestehen keine weitergehenden Pflichten, als nach dem vorgelagerten zivilrechtlichen Pflichtenprogramm.[9] Nicht abschließend geklärt ist derzeit, ob jede Verletzung zivilrechtlicher Pflichten zugleich eine strafrechtlich relevante Verletzung der Vermögensbetreuungspflicht begründet.[10] Zweifel könnten sich daran im Hinblick auf das für das Strafrecht maßgebliche ultima ratio-Prinzip ergeben. Danach soll das Strafrecht als Reaktion solchen Verhaltenswei- 40.32

---

1 *Schlösser/Dörfler*, wistra 2007, 326; *Schünemann*, NStZ 2008, 433.
2 BGH v. 29.8.2008 – 2 StR 587/07, NJW 2009, 89, 91 – Siemens – bezüglich des durch Compliance-Regeln bestimmten Verbotes, Schmiergeldzahlungen vorzunehmen; zur Konkretisierung der Vermögensbetreuungspflichten durch Compliance-Regelungen *Krause*, StraFo 2011, 437.
3 Vgl. *Saliger* in Satzger/Schluckebier/Widmaier, § 266 StGB Rz. 15.
4 BGH v. 17.6.1952 – 1 StR 668/51, BGHSt 3, 24, 25; BGH v. 6.12.2001 – 1 StR 215/01, BGHSt 47, 187, 192 ff.; BGH v. 21.12.2005 – 3 StR 470/04, BGHSt 50, 331, 336; *Schünemann* in Leipziger Kommentar, § 266 StGB Rz. 97; *Dierlamm* in MünchKomm. StGB, § 266 StGB Rz. 170.
5 Näher *Rönnau/Hohn*, NStZ 2004, 113; *Lüderssen* in FS Lampe, S. 727 ff.; zu entsandten Aufsichtsratsmitgliedern *Krause* in FS Hamm, S. 341 ff. m.N.; eingehend *Posseck*, Die strafrechtliche Verantwortlichkeit der Mitglieder des Aufsichtsrats einer Aktiengesellschaft, 1997, S. 25 ff.
6 Vgl. nur *Habersack* in MünchKomm. AktG, § 116 AktG Rz. 2.
7 BGH v. 6.12.2001 – 1 StR 215/01, BGHSt 47, 187, 200.
8 BGH v. 21.12.2005 – 3 StR 470/05, BGHSt 50, 331 – Mannesmann.
9 *Lutter*, NZG 2010, 601; *Dierlamm* in MünchKomm. StGB, § 266 StGB Rz. 173; *Schünemann* in Leipziger Kommentar, § 266 StGB Rz. 93 ff.
10 Eingehend zum Streitstand *Saliger* in Satzger/Schluckebier/Widmaier, § 266 StGB Rz. 42 ff.

sen vorbehalten sein, deren Sozialschädlichkeit außer Frage steht.[1] Das kann nicht für jede zivilrechtliche Pflichtverletzung angenommen werden, die zu einem Vermögensnachteil führt. Entsprechend hat der Bundesgerichtshof in diversen Entscheidungen insbesondere zur sog. Kredituntreue verlangt, dass es sich um eine (außerstrafrechtliche) **gravierende Pflichtverletzung** handeln muss.[2] Dem ist der 3. Strafsenat des Bundesgerichtshofes entgegen getreten und hat herausgestellt, dass es seiner Ansicht nach – abgesehen von Sonderfällen wie Kredituntreue und Sponsoring – einer gravierenden Pflichtverletzung nicht bedürfe.[3] Das Bundesverfassungsgericht hat dem Merkmal gravierende Pflichtverletzung demgegenüber grundsätzlich eine tatbestandsbegrenzende Funktion beigemessen[4], woran diverse Strafsenate des Bundesgerichtshofes seither wiederholt angeknüpft haben.[5] Prognosen zur weiteren Entwicklung der Rechtsprechung fallen insoweit schwer, zumal die Rechtsprechung insoweit weiterhin uneinheitlich ist und teilweise auch das schlichte Überschreiten des unternehmerischen Entscheidungsspielraums für die Pflichtwidrigkeit i.S. des § 266 StGB für ausreichend erachtet wird.[6] Für den Bereich der **präventiven Beratung** sollte davon ausgegangen werden, dass **jede Verletzung einer zivilrechtlichen Pflicht mit unmittelbarem Vermögensbezug potenziell untreuerelevant** ist.

40.33 Die Geschäftsleiter und andere Entscheidungsträger besitzen bei **unternehmerischen Entscheidungen** einen **breiten Ermessensspielraum**.[7] Nur wenn dieser **zweifelsfrei überschritten** ist, kommt eine strafrechtlich relevante Pflichtverletzung in Betracht. § 266 StGB ist keine strafrechtliche Misserfolgs-Haftung. Maßgeblich ist, ob sich eine getroffene Entscheidung aus der **Perspektive ex ante als unvertretbar** darstellt, nicht aber deren Erfolg oder Misserfolg. Erhebliche Bedeutung besitzt für die Konkretisierung der Verhaltenspflichten die in § 93 Abs. 2 AktG verankerte sog. **Business-Judgement-Rule**. Danach scheidet eine Pflichtverletzung aus, wenn das Vorstandsmitglied bei einer unternehmerischen Entscheidung vernünftigerweise annehmen durfte, auf der Grundlage angemessener Information zum Wohl der Gesellschaft zu handeln (vgl. im Einzelnen oben *Uwe H. Schneider*, Rz. 2.14 ff.). Dieser Maßstab ist auch auf die strafrechtliche Würdigung unternehmerischer Entscheidungen zu übertragen mit der Folge, dass bei Einhaltung der Business-Judgement-Rule eine Verletzung der Vermögensbetreuungspflicht i.S. des § 266 StGB ausscheidet.[8] Zu beachten ist jedoch, dass die Rechtspre-

---

1 Sog. strafrechtsautonome Auslegung, vgl. dazu *Saliger* in Satzger/Schluckebier/Widmaier, § 266 StGB Rz. 32 ff.
2 BGH v. 6.4.2000 – 1 StR 280/99, BGHSt 46, 30, 32; BGH v. 15.11.2001 – 1 StR 185/01, BGHSt 47, 148, 150; BGH v. 12.12.2005 – 3 StR 470/04, BGHSt 50, 331, 344; näher *Saliger* in Satzger/Schluckebier/Widmaier, § 266 StGB Rz. 47 ff. m.N.; *Saliger* in Esser/Rübenstahl/Saliger/Tsambikakis, Wirtschaftsstrafrecht, 1. Aufl. 2017, § 266 StGB Rz. 46 ff.
3 BGH v. 21.12.2005 – 3 StR 470/05, BGHSt 50, 331, 343 ff.; näher hierzu *Saliger* in Satzger/Schluckebier/Widmaier, § 266 StGB Rz. 48 ff. m.N.
4 BVerfG v. 23.6.2010 – 2 BvR 2559/08, 2 BvR 105/09, 2 BvR 491/09, NJW 2010, 3209.
5 BGH v. 27.8.2010 – 2 StR 111/09, BGHSt 55, 266, 276; BGH v. 13.4.2011 – 1 StR 94/10, BGHSt 56, 203, 213; OLG Hamm v. 21.8.2012 – III-4 RVs 42/12, 4 RVs 42/12, wistra 2012, 447.
6 BGH v. 26.11.2015 – 3 StR 17/15, BGHSt 61, 48, ohne klare Positionierung zum Erfordernis der gravierenden Pflichtverletzung BGH v. 11.12.2014 – 3 StR 265/14, NJW 2015, 1618, 1620; ferner LG Hamburg v. 9.7.2014 – 608 KLs 12/11, BeckRS 2015, 09104, VI, 2. b) und c) (HSH Nordbank, schwere Pflichtverletzung verneinend).
7 BGH v. 6.12.2001 – 1 StR 215/01, BGHSt 47, 187, 192 ff.; hierzu *Beckemper*, NStZ 2002, 324; *Laub*, AG 2002, 308; *Otto* in FS Kohlmann, S. 187; *Saliger* in Esser/Rübenstahl/Saliger/Tsambikakis, Wirtschaftsstrafrecht, 1. Aufl. 2017, § 266 StGB Rz. 15.
8 Näher *Saliger* in Satzger/Schluckebier/Widmaier, § 266 StGB Rz. 112 m.N.; *Lutter*, NZG 2010, 601.

chung für bestimmte Arten unternehmerischer Entscheidungen weitere Konkretisierungen des strafrechtlich maßgeblichen Pflichtenprogramms vorgenommen hat (vgl. unten).

Diese Grundsätze gelten auch für Entscheidungen zur Erschließung neuer Geschäftsfelder, beispielsweise im Wege von **Unternehmensübernahmen oder Investitionen**. Der weite und gerichtlich nur begrenzt überprüfbare Handlungsspielraum steht den entscheidungstragenden Organen der Gesellschaft nach der Rechtsprechung des Bundesgerichtshofes gerade dann zu, wenn ein über die bisherige Unternehmenstätigkeit hinausreichendes Geschäftsfeld erschlossen, eine am Markt bislang nicht vorhandene Geschäftsidee verwirklicht oder in eine neue Technologie investiert werden soll. Der Prognosecharakter der unternehmerischen Entscheidung tritt hier besonders deutlich zutage. Dem Entscheidungsträger obliegt es in diesen Fällen allerdings, sich in angemessener Weise, ggf. auch unter Beiziehung sachverständiger Hilfe, durch Analyse der Chancen und Risiken eine möglichst breite Entscheidungsgrundlage zu verschaffen.[1]

40.34

Pflichtwidrig ist beispielsweise die Veräußerung von Vermögensgegenständen, Unternehmensteilen und Beteiligungen unter deren objektivem Wert, sofern hierfür keine wirtschaftlich vernünftigen Gründe vorliegen; der Abschluss unausgewogener Verträge[2]; das Tätigen von nutzlosen oder unangemessenen Aufwendungen[3], wozu auch unangemessene Entwicklungskosten in angespannter wirtschaftlicher Lage gehören können; die Bezahlung von unvertretbar hohen Gehältern, Prämien[4], Sonderboni[5] oder Honoraren; die (vertraglich nicht gedeckte) Nutzung betrieblicher Gegenstände zu privaten Zwecken; das Vereiteln oder Umleiten eines sicher bevorstehenden Geschäftsabschlusses[6]; die Bekanntgabe des Budgets und der Bieterlisten im Rahmen eines Ausschreibungsverfahrens an einen Mitbieter[7]; eine unordentliche Buchführung, durch die das Bestehen von Ansprüchen verschleiert und deren Durchsetzung dadurch erschwert wird. Der schlichte Abschluss verbotener Geschäfte ist kein Treubruch, wohl aber kann das Unterlassen der Abführung des Erlöses aus solchen Geschäften einen Treubruch begründen.[8]

40.35

3. Eintritt eines Vermögensnachteils auf Seiten der Gesellschaft

Die Pflichtverletzung muss zu einem **Nachteil im Vermögen** des Vermögensinhabers geführt haben. Dies ist im Wege einer Gesamtsaldierung des Vermögenswertes vor (Ex-ante-Betrachtung) und nach der treuwidrigen Handlung festzustellen.[9] Ein Nachteil liegt vor, wenn sich hierbei zu Lasten des betreuten Vermögens ein Negativsaldo ergibt. **Kein Nachteil** tritt ein, wenn durch die Handlung ein Vermögensabfluss eintritt, der durch einen Vermögenszufluss in wertmäßig entsprechender Höhe voll kompensiert wird. Diese **Kompensation** muss un-

40.36

---

1 BGH v. 22.11.2005 – 1 StR 571/04, NStZ 2006, 221.
2 BGH v. 17.2.1999 – 5 StR 494/98, BGHSt 44, 376, 384.
3 OLG Hamm v. 21.6.1985 – 4 Ws 163/85, NStZ 1986, 119.
4 BGH v. 12.12.2005 – 3 StR 470/04, BGHSt 50, 331 – Mannesmann.
5 BGH v. 17.9.2009 – 5 StR 521/08, StV 2010, 77 (Leitsatz) – Betriebsräte Volkswagen, AG.
6 BGH v. 19.1.1965 – 1 StR 497/64, BGHSt 20, 143, 145.
7 BayObLG v. 20.7.1995 – 4 StR RR 4/95, NJW 1996, 268.
8 BGH v. 20.7.1995 – 4 StR RR 4/95, BGHSt 20, 143; BGH v. 21.10.1997 – 1 StR 605/97, NStZ-RR 1998, 69.
9 BVerfG v. 23.6.2010 – 2 BvR 2559/08, 2 BvR 105/09, 2 BvR 491/09, NJW 2010, 3209, 3216; BGH v. 23.5.2002 – 1 StR 372/02, BGHSt 47, 295, 301 f.; BGH v. 11.7.2000 – 1 StR 93/00, wistra 2000, 384; BGH v. 31.7.2007 – 5 StR 347/06, NStZ 2008, 398; *Saliger* in Esser/Rübenstahl/Saliger/Tsambikakis, Wirtschaftsstrafrecht, 1. Aufl. 2017, § 266 StGB Rz. 70 ff.

mittelbar, d.h. gleichzeitig eintreten[1]; die nachträgliche Schadenswiedergutmachung lässt den Nachteil nicht entfallen.[2] Ein Nachteil kann in Verminderung des Aktivvermögens liegen, aber auch in der Begründung einer Verbindlichkeit. Ein **Ersatzanspruch gegen den Treupflichtigen**, sei er auch werthaltig, bleibt für die Gesamtsaldierung **unbeachtlich**.[3]

40.37 Eine Ausnahme von der vorzunehmenden Einzelbetrachtung bei der Saldierung gilt allerdings bei solchen Dispositionen über das Vermögen, die sich als Teil eines **wirtschaftlich vernünftigen Gesamtplanes** darstellen, in dessen Rahmen die Kompensation von einzelnen Vermögensabflüssen erst im Rahmen weiterer Vermögensdispositionen eintritt bzw. eintreten soll.[4] Dann soll eine **Gesamtbetrachtung**[5] vorzunehmen sein, die die Pflichtwidrigkeit bzw. den Nachteil entfallen lässt. Dies hat praktische Bedeutung beispielsweise für komplexe und auf einen längeren Zeitraum angelegte Investitionsentscheidungen, bei denen durch erheblichen Aufwand zu Beginn des Investitionszeitraumes (nicht kompensierte) Vermögensabflüsse eintreten, die erst im Rahmen der Gesamtinvestition und ihres erfolgreichen Verlaufs einen wirtschaftlichen Vorteil erbringen.

40.38 Ausreichend für einen Schaden ist der Eintritt einer sog. **schadensgleichen Vermögensgefährdung**.[6] Eine solche liegt nach ständiger Rechtsprechung vor, wenn bei wirtschaftlicher Betrachtung bereits durch die Gefährdung des Vermögens eine **gegenwärtige Minderung des Vermögenswertes** eingetreten ist, selbst wenn es letztlich nicht zu einem endgültigen Schadenseintritt kommt.[7] Die Gefährdung muss konkret sein. Dies ist dann gegeben, wenn der Vermögensverlust nahe liegt bzw. mit wirtschaftlichen Nachteilen ernstlich zu rechnen ist.[8] Das Bundesverfassungsgericht hat die Bedeutung der Bewertungsvorschriften des Bilanzrechts in diesem Zusammenhang hervorgehoben[9], so dass eine schadensgleiche Vermögensgefährdung dann nahe liegt, wenn die Gefährdung des Vermögens so konkret ist, dass die betreffende Vermögensposition nach bilanzrechtlichen Maßstäben mit einem geringeren Wert anzusetzen wäre.[10] Dementsprechend setzt die Feststellung eines Nachteils in derartigen Fällen üblicherweise die Hinzuziehung eines Sachverständigen voraus. Typische Fallgruppen von

---

1 BGH v. 11.12.2014 – 265/14, NJW 2015, 1618, 1621.
2 BGH v. 7.9.2011 – 2 StR 600/10, NJW 2011, 3528, 3529.
3 BVerfG v. 23.6.2010 – 2 BvR 2559/08, 2 BvR 105/09, 2 BvR 491/09, NJW 2010, 3209, 3217; BGH v. 11.12.2014 – 3 StR 265/14, NJW 2015, 1618, 1621; bereits BGH bei *Dallinger* MDR 1970, 13; BGH v. 30.1.2001 – 1 StR 512/00, NJW 2001, 1508; KG v. 12.10.1964 – 1 Ws 138/64, NJW 1965, 703, 705.
4 BGH v. 23.5.2002 – 1 StR 372/01, BGHSt 47, 295, 302.
5 *Saliger* in Esser/Rübenstahl/Saliger/Tsambikakis, Wirtschaftsstrafrecht, 1. Aufl. 2017, § 266 StGB Rz. 75.
6 BGH v. 17.2.1999 – 5 StR 494/98, BGHSt 44, 376, 384; BGH v. 7.10.2003 – 1 StR 212/03, BGHSt 48, 354; BGH v. 18.10.2006 – 2 StR 499/05, BGHSt 51, 100, 113; BGH v. 2.4.2008 – 5 StR 354/07, BGHSt 52, 182.
7 BGH v. 2.4.2008 – 5 StR 354/07, NJW 2008, 1827, 1829; BGH v. 3.2.2005 – 5 StR 84/04, NStZ-RR 2005, 343.
8 BGH v. 9.7.1987 – 4 StR 216/87, BGHSt 34, 394, 395; BGH v. 7.10.2003 – 1 StR 212/03, BGHSt 48, 354, 356.
9 BVerfG v. 23.6.2010 – 2 BvR 2559/08, 2 BvR 105/09, 2 BvR 491/09, NJW 2010, 3209, 3219; im Einzelnen *Saliger* in Satzger/Schluckebier/Widmaier, § 266 StGB Rz. 86 m.N., ferner *Krüger*, NStZ 2012, 369; *Wessing/Krawczyk*, NZG 2010, 1121.
10 Vgl. auch BGH v. 18.2.2009 – 1 StR 731/08, NStZ 2009, 330, 331; BGH v. 17.9.2009 – 5 StR 521/08, StV 2010, 77, 78; *Hefendehl*, Vermögensgefährdung, S. 272 ff.; *Hefendehl* in MünchKomm. StGB, § 263 StGB Rz. 588 ff.; *Saliger* in Esser/Rübenstahl/Saliger/Tsambikakis, Wirtschaftsstrafrecht, 1. Aufl. 2017, § 266 StGB Rz. 88 ff.

Gefährdungsschäden sind etwa **Kreditgewährungen** (minderwertiger Rückzahlungsanspruch bei schlechter Bonität des Kreditnehmers), **Risikogeschäfte**[1] (wozu u.a. die Akzeptanz eines Wechsels[2] wie auch die Hingabe einer Bürgschaft gehört[3]), aber auch eine **unordentliche Buchführung**, soweit sie die Durchsetzung berechtigter Ansprüche verhindert oder wesentlich erschwert.[4]

4. Untreuevorsatz

Strafbare Untreue erfordert Vorsatz. Dieser liegt vor, wenn die Treuwidrigkeit des Verhaltens und der Eintritt eines Vermögensnachteils für möglich gehalten und billigend in Kauf genommen werden.[5] Die Rechtsprechung stellt strenge Anforderungen an den Nachweis des bedingten Vorsatzes, wenn der Treupflichtige nicht aus eigensüchtigen Motiven handelt.[6] Ungeklärt und zwischen den Senaten des Bundesgerichtshofes umstritten sind die an den Gefährdungsvorsatz zu stellenden Anforderungen, namentlich ob es für den Vorsatz ausreicht, dass der Handelnde die Möglichkeit des Schadenseintritts erkennt, oder ob hinzutreten muss, dass er auch die Realisierung dieser Gefahr billigt.[7] Jedenfalls schließt die feste Überzeugung des Täters, zum Vorteil des Vermögensinhabers zu handeln, den bedingten Vorsatz nicht aus, wenn er sich der Pflichtwidrigkeit seines Handelns bewusst ist[8]; anderes gilt hingegen, wenn der Handelnde irrig annimmt, mit dem Einverständnis des Geschäftsherrn zu handeln.[9]

40.39

II. Einzelfragen

1. Einschränkungen der Strafbarkeit bei Zustimmung der Gesellschafter

Die juristische Person ist eigenständiger Träger ihres Vermögens und dieses ist daher den Gesellschaftern grundsätzlich fremd. Gleichwohl sind die Gesellschafter die wirtschaftlichen Eigentümer der Gesellschaft, weshalb ihre Zustimmung zu Vermögensabflüssen nach Maßgabe folgender Grundsätze bedeutsam ist:

40.40

---

1 Zum Schaden beim Risikogeschäft allgemein *Kasiske*, NZWiSt 2016, 302.
2 BGH v. 30.8.1990 – 3 StR 459/87, wistra 1991, 68, 72.
3 BGH v. 17.8.2006 – 4 StR 117/06, NStZ-RR 2006, 378; BGH v. 26.11.2015 – 3 StR 17/15, BGHSt 61, 48 = NJW 2016, 2585.
4 BGH v. 7.12.1965 – 4 StR 312/65, BGHSt 20, 304, 305; BGH v. 26.4.2001 – 5 StR 587/00, BGHSt 47, 8, 11; das gilt auch für einzelne Nicht- oder Falschbuchungen: BGH v. 21.10.1994 – 2 StR 328/94, BGHSt 40, 287, 295 für eine Gutschrift.
5 BGH v. 27.2.1975 – 4 StR 571/74, NJW 1975, 1234, 1236.
6 BGH v. 3.11.1982 – 2 StR 159/82, NJW 1983, 461; BGH v. 8.6.1988 – 3 StR 94/88, wistra 1988, 352; *Fischer*, StraFo 2008, 269, 272 f.; *Saliger* in Esser/Rübenstahl/Saliger/Tsambikakis, Wirtschaftsstrafrecht, 1. Aufl. 2017, § 266 StGB Rz. 128 ff.
7 Vgl. BGH v. 28.5.2013 – 5 StR 551/11, NStZ 2013, 1302; BGH v. 18.10.2006 – 2 StR 499/05, BGHSt 51, 100, 121; BGH v. 25.5.2007 – 2 StR 469/06, NStZ 2007, 704; BGH v. 20.3.2008 – 1 StR 488/07, NStZ 2008, 457; vgl. näher *Saliger* in Satzger/Schluckebier/Widmaier, § 266 StGB Rz. 126 f.; *Beukelmann*, NJW-Spezial 2013, 440; *Wegner*, wistra 2008, 347.
8 BGH v. 6.5.1986 – 4 StR 124/86, NStZ 1986, 455, 456.
9 BGH v. 17.6.1952 – 1 StR 688/51, BGHSt 3, 23, 25.

40.41 Verletzt der **GmbH**-Geschäftsführer mit **Zustimmung aller Gesellschafter** seine Vermögensbetreuungspflichten, so kommt im Grundsatz eine Untreuestrafbarkeit nicht in Betracht[1]; ein die Pflichtwidrigkeit ausschließendes Einverständnis kann auch durch die Mehrheit der Gesellschafter erklärt werden, sofern die Minderheit mit der Frage der Billigung befasst gewesen ist.[2] Dies findet seine Grenze allerdings in den Grundsätzen der Kapitalerhaltung.[3] Die Zustimmung der Gesellschafter ist unbeachtlich, wenn durch die Handlung in das **Stammkapital wertmindernd eingegriffen** oder durch sie der **Bestand der Gesellschaft konkret gefährdet** wird, etwa weil ihr die Produktionsgrundlagen entzogen werden oder ihre Liquidität entzogen wird.[4] Gleiches soll auch bei eingetretener Überschuldung und bei aufgezehrtem Stammkapital gelten.[5]

40.42 Die frühere Rechtsprechung, wonach die Rückzahlung eines **eigenkapitalersetzenden Darlehens** in der Situation der §§ 32a, b GmbHG a.F. eine Untreue begründen kann[6], ist mit dem **MoMiG** gegenstandslos geworden. Maßgebliche Grenze ist nunmehr die Existenzgefährdung. Stellt die Vermögensdisposition einen existenzgefährdenden Eingriff in das Vermögen der Gesellschaft dar, ist die Zustimmung der Gesellschafter unbeachtlich.[7] Liegt also in der Rückzahlung eines (vormals eigenkapitalersetzenden) Darlehens zugleich ein existenzgefährdender Eingriff, so ist die Rückzahlung weiterhin gem. § 266 StGB strafbar.

40.43 Für die **Aktiengesellschaft** gelten die ausgeführten Grundsätze nach überwiegender Ansicht entsprechend. Ein strafrechtlich bedeutsames Einverständnis setzt voraus, dass es entweder durch den Alleinaktionär oder von der Gesamtheit der Aktionäre durch einen Beschluss der Hauptversammlung über die Verwendung des Bilanzgewinns (§§ 58 Abs. 3 Satz 1, 174 Abs. 1 Satz 1 AktG) erteilt worden ist, nicht gegen Rechtsvorschriften verstößt oder aus sonstigen Gründen ausnahmsweise als unwirksam anzusehen ist.[8] Damit gelten auch bei der AG begrenzend die Vorschriften zur **Erhaltung des Grundkapitals (§ 57 AktG)** und die Grundsätze zur Unbeachtlichkeit der Zustimmung bei existenzgefährdenden Eingriffen. Eine Vermögensdisposition, die gegen das Verbot der Einlagenrückgewähr (§ 57 AktG) verstößt, kann hiernach eine Untreue darstellen.

---

1 BGH v. 29.5.1987 – 3 StR 242/86, BGHSt 34, 379, 384; BGH v. 13.5.2004 – 5 StR 73/03, BGHSt 49, 147, 157; BGH v. 20.7.1999 – 1 StR 668/98, NJW 2000, 154, 155; BGH v. 29.8.2008 – 2 StR 587/07, NJW 2009, 89, 91; BGH v. 31.7.2009 – 2 StR 95/09, NStZ 2010, 89, 90.
2 BGH v. 27.8.2010 – 2 StR 111/09, BGHSt 55, 266 m. Anm. *Mühlenfeld*, jurisPR-StrafR 19/2010 Anm. 2.
3 BGH v. 20.7.1999 – 1 StR 668/98, NJW 2000. 154, 155; *Fischer*, § 266 StGB Rz. 96 ff.; *Dierlamm* in MünchKomm. StGB, § 266 StGB Rz. 147 f.; *Tiedemann*, JZ 2005, 47; *Saliger*, ZStW 2000, 570; *Krause*, JR 2006, 51, 54.
4 BGH v. 24.8.1988 – 3 StR 322/88, BGHSt 35, 333, 337; BGH v. 13.5.2004 – 5 StR 73/03, BGHSt 49, 147, 158; BGH v. 20.7.1999 – 1 StR 668/98, NJW 2000, 154, 155; BGH v. 10.1.2006 – 4 StR 561/05, wistra 2006, 229, 230.
5 BGH v. 11.8.1989 – 3 StR 75/89, wistra 1990, 99; BGH v. 11.5.1999 – 4 StR 110/99, wistra 1999, 381.
6 BGH v. 12.1.1956 – 3 StR 626/54, BGHSt 9, 203, 208.
7 OLG Stuttgart v. 14.4.2009 – 1 Ws 32/09, StV 2010, 80.
8 BGH v. 21.12.2005 – 3 StR 470/04, BGHSt 50, 331, 342 – Mannesmann; BGH v. 27.8.2010 – 2 StR 111/09, BGHSt 55, 266; BGH v. 24.8.1988 – 3 StR 232/88, BGHSt 35, 333, 335; die Möglichkeit eines tatbestandsausschließenden Einverständnisses bei der AG wird indes zunehmend in Frage gestellt, vgl. nur *Rönnau* in FS Amelung, S. 247, 253 ff.

Abweichende Grundsätze gelten für die Untreue zum Nachteil einer **Personengesellschaft** (KG, OHG oder BGB-Gesellschaft). Infolge ihrer Teilrechtsfähigkeit kann sie nicht selbständiger Träger von Vermögen sein. Deshalb kann auch eine Untreue zu ihrem Nachteil nicht begangen werden. Sie kommt indes als **Schädigung des Gesamthandvermögens** in Betracht, soweit sie gleichzeitig das **Vermögen der Gesellschafter** betrifft.[1] Daraus folgt auch, dass vermögensmindernde Verfügungen durch einen Gesellschafter-Geschäftsführer keine Untreue darstellen, wenn sie mit Zustimmung aller Gesellschafter erfolgt.[2] Haben einige Gesellschafter zugestimmt, nicht aber alle, so lassen die erteilten Zustimmungen die Untreue insoweit entfallen, als das Vermögen der Zustimmenden betroffen ist.[3] Für die Komplementär-GmbH gelten die oben skizzierten Grundsätze.

40.44

2. Konzernsachverhalte (Konzernuntreue) und Cash-Pooling

Zuwendungen unter in einem **Konzern** verbundenen Unternehmen (§ 15 AktG), d.h. insbesondere Zahlungen von einer Konzerngesellschaft an eine andere, sind wegen deren wirtschaftlicher Verflechtung regelmäßig nicht zu beanstanden.[4] Dies soll auch für schon im Vorgriff auf eine beabsichtigte Unternehmensübernahme getätigte Zuwendungen (z.B. Darlehen) an die Zielgesellschaft gelten, wenn der Wille der maßgeblichen Organe ernstlich auf die Verbindung gerichtet ist und das zuwendende Unternehmen bereits eine Rechtsposition erlangt hat, die den Erwerb sicherstellt. Denn in einem solchen Fall hat es das zuwendende Unternehmen in der Hand, die ausgereichten Zahlungen wieder für sich nutzbar zu machen.[5]

40.45

Davon zu trennen ist die Frage, ob und unter welchen Voraussetzungen **gesellschaftsübergreifende Vermögensbetreuungspflichten im Konzern** bestehen und wie die sich hieraus ergebenden strafrechtlichen **Verhaltenspflichten im Konzern** zu konkretisieren sind. Dies ist nicht abschließend geklärt. Im Grundsatz gilt, dass den Gesellschafter gegenüber der Gesellschaft keine Vermögensbetreuungspflicht trifft. Anderes soll hingegen im faktischen GmbH-Konzern in Fällen sog. **faktischer Dominanz** gelten, die durch eine extreme Ausübung des Weisungsrechtes gekennzeichnet sind. In derartigen Fällen nimmt die Rechtsprechung eine Vermögensbetreuungspflicht der Geschäftsleiter der herrschenden Gesellschaft gegenüber der Tochtergesellschaft an.[6] Sinngemäß gelten für die Konkretisierung der Verhaltenspflichten die oben ausgeführten Grundsätze zur Unwirksamkeit des Einverständnisses bei Angriffen auf das Stammkapital, wobei für das Vorliegen einer Pflichtverletzung zusätzlich von wesentlicher Bedeutung ist, ob das Gesamtverhalten von einer Aushöhlungsabsicht getragen war.[7]

40.46

Von erheblicher praktischer Bedeutung sind diese Grundsätze bei der Einrichtung von **Cash-Pools**.[8] Bei diesen werden innerhalb eines Konzerns bei den Konzerngesellschaften bestehende Liquiditätsüberschüsse – üblicherweise unterlegt von Darlehensvereinbarungen – an eine Gesellschaft, regelmäßig die Konzernmutter-Gesellschaft, abgeführt und dort ver-

40.47

---

1 BGH v. 6.11.1986 – 1 StR 327/86, BGHSt 34, 221, 222; *Bittmann/Richter*, wistra 2005, 51.
2 BGH v. 6.6.1952 – 1 StR 113/52, BGHSt 3, 23, 25.
3 BGH v. 6.11.1986 – 1 StR 327/86, BGHSt 34, 221, 222; stets ist in derartigen Fällen deshalb genau zu ermitteln, wer im Einzelnen benachteiligt ist, BGH v. 3.2.1987 – 5 StR 603/85, wistra 1987, 216 (auch zu Alleingesellschafter-Geschäftsführer einer GmbH & Co. KG).
4 BGH v. 22.11.2005 – 1 StR 571/04, NStZ 2006, 221.
5 BGH v. 22.11.2005 – 1 StR 571/04, NStZ 2006, 221.
6 BGH v. 10.7.1996 – 3 StR 50/96, NJW 1997, 66, 67; *Achenbach*, NStZ 1997, 537; *Saliger* in Esser/Rübenstahl/Saliger/Tsambikakis, Wirtschaftsstrafrecht, 1. Aufl. 2017, § 266 StGB Rz. 115 ff.
7 BGH v. 10.7.1996 – 3 StR 50/96, NJW 1997, 66, 68; kritisch *Saliger*, ZStW 2000, 566.
8 Eingehend *Altmeppen*, NZG 2010, 441.

waltet. Ein solches konzernweites Cash-Pooling bietet die Möglichkeit zur Optimierung von Zinserträgen und zur Schonung eingeräumter Kreditlinien bei Banken und der damit verbundenen Verminderung der Fremdkapitalkosten. Strafrechtlich ist gegen das Cash-Pooling im Grundsatz nichts zu erinnern.[1] Nach Ansicht des Bundesgerichtshofes gilt indes für Liquiditätseinlagen in den Cash-Pool die **Grenze der Gefährdung der eigenen Erfüllungsfähigkeit**. Erreicht der Liquiditätstransfer ein solches Ausmaß, dass die Erfüllung der eigenen Verbindlichkeiten des einlegenden Konzernmitgliedes im Falle eines Verlustes des Geldes gefährdet wäre, sind weitere Einlagen in den Pool durch diese Gesellschaft unzulässig.[2] Die Verantwortlichen der Muttergesellschaft trifft in diesem Fall eine Vermögensbetreuungspflicht gegenüber der einlegenden Tochtergesellschaft, die Rückzahlung der Gelder zu gewährleisten.[3] Im mehrstufigen Beherrschungsverhältnis trifft diese Verpflichtung nicht nur die Alleingesellschafterin der geschädigten Gesellschaft, sondern sämtliche die Untergesellschaft beherrschenden Konzernebenen bzw. die dortigen Verantwortlichen (Zurechnung über § 14 Abs. 1 Nr. 1 StGB).[4]

40.48 Der Bundesgerichtshof in Strafsachen hält ungeachtet der Rechtsprechung des Bundesgerichtshofs für Zivilsachen, durch die die Rechtsprechung zum existenzgefährdenden Eingriff auf neue Grundlagen gestellt worden ist, an seinen oben skizzierten Grundsätzen zu den Voraussetzungen der Vermögensbetreuungspflicht fest, da die vom Bundesgerichtshof für Zivilsachen entwickelte Innenhaftung in derartigen Fällen nicht die Frage betreffe, welche Anforderungen an die für § 266 StGB erforderliche Vermögensbetreuungspflicht zu stellen seien.[5] Auch die durch das MoMiG eingeführte Spezialregelung für die Geschäftsführerhaftung (§ 64 Satz 3 GmbHG) habe auf die strafrechtliche Lage keinen Einfluss.[6] Bei der Konkretisierung der Verhaltenspflichten ist indes zu beachten, dass mit **§ 30 Abs. 1 Satz 2 GmbHG** eine Vorschrift eingeführt worden ist, die das Cash-Pooling erleichtern soll, indem eine Besicherung des Rückzahlungsanspruchs jedenfalls dann nicht notwendig ist, wenn ein werthaltiger Rückzahlungsanspruch gegeben ist. Diese gesellschaftsrechtliche Lage ist – wie bereits zum eigenkapitalersetzenden Darlehen ausgeführt – auf das Strafrecht zu übertragen und führt dazu, dass die Vermögensbetreuungspflicht sich auf die Erhaltung eines vollwertigen Rückzahlungsanspruchs beschränkt.[7]

40.49 Ob und welche Konsequenzen sich aus diesen Grundsätzen betreffend die Konzerninnenfinanzierung für die Konzernaußenfinanzierung ergeben können, ist gänzlich ungeklärt und hat die Gerichte bislang nicht beschäftigt. Dies betrifft insbesondere eine mögliche Untreuestrafbarkeit im Zusammenhang mit sog. **Leveraged Buyouts**, die durch einen hohen Fremdkapitalanteil sowie dadurch charakterisiert sind, dass zur Besicherung der zur Übernahme aufgenommenen Kredite auf das Vermögen des Zielunternehmens zurückgegriffen wird. Für die Beratungspraxis erscheint es jedenfalls naheliegend und ratsam, die Grundsätze zum Verbot der Existenzgefährdung hinsichtlich der übernommenen Gesellschaft zu beachten.[8]

---

1 *Krause*, JR 2006, 51, 55.
2 BGH v. 13.5.2004 – 5 StR 73/03, BGHSt 49, 147, 157 ff.
3 BGH v. 13.5.2004 – 5 StR 73/03, BGHSt 49, 147, 161; näher *Krause*, JR 2006, 51; *Wattenberg*, StV 2005, 523; *Ransiek*, wistra 2005, 121.
4 BGH v. 31.7.2009 – 2 StR 95/09, NStZ 2010, 89, 91.
5 BGH v. 31.7.2009 – 2 StR 95/09, NStZ 2010, 89, 91; zum Ganzen näher *Livonius*, wistra 2009, 91, 93; *Weller*, ZIP 2007, 1681, 1688; *Bittmann*, NStZ 2009, 113, 118.
6 BGH v. 31.7.2009 – 2 StR 95/09, NStZ 2010, 89, 91.
7 Vgl. *Bittmann*, NStZ 2009, 110, 118.
8 Näher *Schriever*, wistra 2006, 404 ff.

3. Risikogeschäfte

Das Eingehen von Risiken als solches ist strafrechtlich nicht relevant. Denn Risiken einzugehen, ist im Wirtschaftsleben notwendig und erwünscht. Klassische Beispiele risikobehafteter Geschäfte sind die Kreditvergabe oder die Investitionen in Forschung und Entwicklung, aber auch Investitionen in politisch instabile Staaten und Börsengeschäfte wie etwa die Investition in strukturierte Finanzprodukte (z.B. Asset Backed Securities) können ein Wagnis darstellen.[1] **Risikogeschäfte** stehen in einem Spannungsverhältnis. Jedem unternehmerischen Handeln ist das Wagnis immanent, dass sich eine Entscheidung im Nachhinein als falsch herausstellt und das Unternehmen durch sie einen Schaden erleidet. Zu Recht werden deshalb die Grenzen des unternehmerischen Entscheidungsspielraums weit gezogen.[2] Andererseits ist **nicht jedes eingegangene Risiko** als **Ausdruck des freien Unternehmertums** zu akzeptieren, wenn der Entscheidungsträger nicht zugleich Inhaber des Vermögens ist. Die notwendige Abgrenzung von erlaubten und unerlaubten Risiken bei der Bestimmung der Pflichtwidrigkeit im Rahmen von § 266 StGB ist einzelfallabhängig, komplex und schwierig.

40.50

Insoweit ist zunächst hervorzuheben, dass die strafrechtliche Würdigung vielfach faktisch davon überlagert wird, dass das Fehlschlagen der Geschäfte aus der Perspektive ex-post deren ursprüngliche Pflichtwidrigkeit nahe zu legen scheint. Aus diesem Grund gewinnt die **strikte Beachtung der ex-ante-Perspektive**, d.h. die Würdigung der Entscheidung auf der Grundlage der zu ihrem Zeitpunkt vorliegenden Umstände, bei Risikogeschäften herausragende Bedeutung. Der Eintritt eines Vermögensnachteils ist kein Kriterium für die Pflichtwidrigkeit einer Entscheidung.[3] Im Übrigen gelten folgende Grundsätze:

40.51

Der Entscheidungsträger darf sich **nicht wie ein „Spieler"** verhalten, indem er den Vermögensinhaber bewusst und entgegen der Regeln kaufmännischer Sorgfalt einer aufs äußerste gesteigerten Verlustgefahr zugunsten einer wagen Gewinnaussicht aussetzt.[4] Das Eingehen eines Risikos ist immer dann pflichtwidrig, wenn der Treugeber dem Entscheidungsträger die Eingehung eines solchen Risikos untersagt hat bzw. das Geschäft dem mutmaßlichen Willen des Geschäftsherrn nicht entspricht, wofür auch die Branchenüblichkeit heranzuziehen ist (**Verstoß gegen den vorgegebenen „Risikokorridor"**).[5] Konkretisierungen können sich hierfür auch aus der Satzung oder aus Anstellungsverträgen ergeben.

40.52

Liegt ein derartiger Sonderfall nicht vor, so gelten **prozedurale Kriterien** für die Pflichtwidrigkeit. Der Entscheidungsträger ist vor der Entscheidung zur Schaffung einer **zureichenden Informationsgrundlage** für die Entscheidung und zu einer **sorgfältigen Risikoanalyse** ver-

40.53

---

1 Vgl. etwa *Dierlamm* in MünchKomm. StGB, § 266 StGB Rz. 215 ff.; *Seier* in Achenbach/Ransiek, Handbuch Wirtschaftsstrafrecht, V 2 Rz. 278 ff.
2 BGH v. 31.7.2009 – 2 StR 95/09, WM 2009, 1930 mit Anm. *Strate*, HRRS 2009, 441; vgl. auch OLG Düsseldorf v. 9.12.2009 – I-6 W 45/09, AG 2010, 126; *Saliger* in Esser/Rübenstahl/Saliger/Tsambikakis, Wirtschaftsstrafrecht, 1. Aufl. 2017, § 266 StGB Rz. 60 ff.
3 BGH v. 21.3.1985 – 1 StR 417/84, wistra 1985, 190 f.; BGH v. 24.8.1999 – 1 StR 232/99, wistra 2000, 60.
4 BGH v. 27.2.1975 – 4 StR 571/74, NJW 1975, 1235, 1236; BGH v. 4.2.2004 – 2 StR 355/03, StV 2004, 424, 425; BGH v. 30.9.2010 – 5 StR 259/10, wistra 2011, 22 (zu Investitionen in Millionenhöhe in Finanztrading-Geschäfte ohne jede Absicherung); LG Augsburg v. 14.5.2012 – 10 KLs 504 Js 107196/09, DVP 2013, 177 (zu Zins-Swap-Geschäften durch einen Kommunalbeamten); FG München v. 17.12.2013 – 6 K 1949/10, GmbHR 2014, 434 (zu Währungsspekulation).
5 BGH v. 27.2.1975 – 4 StR 571/74, NJW 1975, 1235, 1236; BGH v. 4.2.2004 – 2 StR 355/03, StV 2004, 424, 425; *Saliger* in Esser/Rübenstahl/Saliger/Tsambikakis, Wirtschaftsstrafrecht, 1. Aufl. 2017, § 266 StGB Rz. 61.

pflichtet.[1] Ob und inwieweit er hierbei Risikoanalysen Dritter, beispielsweise von sog. **Rating-Agenturen**, heranziehen und sich auf diese verlassen darf, ist durch die Strafgerichte bislang nicht geklärt. Zu weit ginge es hingegen anzunehmen, dass die Hinzuziehung von Risikoanalysen Dritter von der Pflicht zur eigenen eingehenden Risikoprüfung vollständig entbindet. Sofern der Entscheidungsträger das Risiko zuverlässig ermittelt und gegen die Chancen des Geschäfts abgewogen hat, stellt sich dessen Eingehen nicht als unvertretbar und damit als pflichtwidrig dar, mag es auch zu einem Vermögensverlust führen. Für bestimmte Branchen lässt sich das Pflichtenprogramm für den Entscheidungsträger gesetzlichen Spezialregelungen entnehmen, beispielsweise § 18 KWG für Kreditinstitute.[2]

40.54 Bemerkenswert ist, dass die Finanzkrise[3] in Bezug auf die Konkretisierung des Pflichtenmaßstabs bei der Untreue kaum Spuren hinterlassen hat. Soweit es zu Verurteilungen im Kontext der Finanzkrise gekommen ist, betreffen die Verurteilungen im Wesentlichen Delikte des Nebenstrafrechts (z.B. die strafbare Verletzung von Publizitätspflichten, § 20a Abs. 1 WpHG a.F.), nicht aber § 266 StGB wegen der Vornahme der Geschäfte als solcher (z.B. der Investition in strukturierte Finanzprodukte). Letzteres dürfte seine Ursache zunächst in der erheblichen Komplexität der Sachverhalte und den damit verbundenen Schwierigkeiten einer tragfähigen Sachverhaltsaufklärung – u.a. im Hinblick auf den Nachteilseintritt – haben. Hinzu tritt, dass eine zweifelsfreie Einordnung der Geschäfte als unvertretbar bzw. als gravierende Pflichtverletzung bei konsequenter Betrachtung aus der ex-ante-Perspektive vielfach nicht in Betracht kam.[4]

40.55 Hat der Entscheidungsträger die beschriebenen Vorgaben nicht eingehalten, so kann er sich nicht darauf berufen, er habe nur im Wohle des Unternehmens handeln wollen und habe deshalb keine Schädigungsabsicht gehabt. Die Gerichte bejahen den erforderlichen Untreuevorsatz schon dann, wenn der Entscheidungsträger das Risiko als unvertretbar erkannt oder bewusst das Risikomanagement nicht eingehalten hat.[5]

4. Sponsoring

40.56 Zuwendungen zur **Förderung** von **Kunst, Wissenschaft, Gemeinwesen und Sport** sind als Ausdruck eines verantwortungsvollen Unternehmertums grundsätzlich zulässig[6] und gesellschaftlich erwünscht. Auf die Art und Weise der Zuwendung kommt es dabei nicht an. Er-

---

1 BGH v. 6.4.2000 – 1 StR 280/99, BGHSt 46, 30, 31 f.; BGH v. 15.11.2001 – 1 StR 185/01, BGHSt 47, 148, 151; BGH v. 13.8.2009 – 3 StR 576/08, StV 2010, 78, 79 (jeweils zur Kreditvergabe); *Seier* in Achenbach/Ransiek, Handbuch Wirtschaftsstrafrecht, V 2 Rz. 284 ff.
2 BGH v. 13.8.2009 – 3 StR 576/08, WM 2009, 1930; näher zur Kredituntreue *Saliger* in Satzger/Schluckebier/Widmaier, § 266 StGB Rz. 119.
3 Zu in Betracht kommenden strafrechtlichen Anknüpfungspunkten in Bezug auf die Finanz- und Bankenkrise näher *Bittmann*, NStZ 2011, 361; *Schröder*, NJW 2010, 1169; *Gallandi*, wistra 2009, 41; *Saliger* in Esser/Rübenstahl/Saliger/Tsambikakis, Wirtschaftsstrafrecht, 1. Aufl. 2017, § 266 StGB Rz. 63.
4 LG Hamburg v. 9.7.2014 – 608 KLs 12/11, 5550 Js 4/09, BeckRS 2015, 09104, VI; zutr. *Saliger* in Satzger/Schluckebier/Widmaier, § 266 StGB Rz. 62; *Lüderssen*, StV 2009, 486; *Bittmann*, NStZ 2011, 361; *Schröder*, NJW 2010, 1169.
5 Vgl. BGH v. 18.10.2006 – 2 StR 499/05, BGHSt 51, 100, 121; BGH v. 25.5.2007 – 2 StR 469/06, NStZ 2007, 704; BGH v. 20.3.2008 – 1 StR 488/07, wistra 2008, 457; BGH v. 17.9.2009 – 5 StR 521/08, NJW 2010, 92.
6 Vgl. oben *Götze/Bicker*, Rz. 30.75 ff.

laubt sind sowohl das klassische Sponsoring, bei der das Unternehmen einen Gegenwert in Form von Werbung erhält, die Spendenvergabe wie auch das altruistische Mäzenatentum. Dem Sponsoring wird es auch zugeordnet, wenn Unternehmen bei großen Infrastrukturprojekten zur Förderung lokaler Bedingungen bzw. zur Einigung mit Bürgerinitiativen Nachteilsausgleichsmaßnahmen finanzieren, z.B. Anlage von Grünanlagen u.a.m.).[1] Die Rechtsprechung setzt dem auch insoweit anerkannten **weiten unternehmerischen Ermessensspielraum** jedoch im Rahmen einer Gesamtschau Grenzen, wenn dem Sponsoring eine **Nähe zum Unternehmensgegenstand gänzlich fehlt**, Beschlüsse über die Vergabe von Zuwendungen **innerbetrieblich nicht transparent** getroffen werden, die Zuwendungshöhe **nicht im Verhältnis zu der Ertragslage des Unternehmens** steht und **allein persönliche Präferenzen** verfolgt werden.[2] Um das strafrechtliche (Rest-)Risiko zu minimieren, empfiehlt es sich, Richtlinien zur Vergabe von Zuwendungen schriftlich niederzulegen.[3]

5. „Schwarze Kassen"

Erhebliche Aufmerksamkeit haben in der Rechtsprechung der Strafgerichte sog. **schwarze Kassen** und deren Unterhaltung erfahren. Als schwarze Kassen werden Gelder bezeichnet, die – regelmäßig unter Verstoß gegen Pflichten gebildet – zwar in der Sphäre des Vermögensinhabers verbleiben, vor dem Vermögensinhaber jedoch verborgen werden und die der beruflichen oder sonst aufgabenbezogenen Tätigkeit des Verbergenden zu dienen bestimmt sind.[4] Solche Kassen traten zunächst in Zusammenhang mit der öffentlichen Verwaltung und insbesondere bei Parteien auf. Seit der sog. „Siemens-Affäre" sind sie Gegenstand der Aufmerksamkeit auch in der privaten Wirtschaft. Derartige Kassen dienen regelmäßig nicht dem persönlichen Nutzen des Verbergenden; vielmehr beabsichtigt dieser zumeist, die Mittel im Sinne des von ihm angenommenen Willens des Unternehmens und in dessen Interesse einzusetzen. Vielfach werden aus solchen Kassen sog. „**nützliche Aufwendungen**" – etwa in Form von **Bestechungsgeldern** – bestritten, die der Erlangung neuer Aufträge dienen sollen. Die Bildung und Unterhaltung derartiger „schwarzer Kassen" ist in verschiedener Hinsicht potenziell eine strafbare Untreue:

40.57

Nach § 266 StGB ist es zunächst **strafbar, eine schwarze Kasse zu bilden**. Denn dem Vermögensinhaber wird der Zugriff auf seine Vermögenswerte auf Dauer entzogen.[5] Auf die Absichten des „Kassenführers", das Vermögen im mutmaßlichen Interesse des Geschäftsherrn einzusetzen, kommt es dabei ebenso wenig an[6] wie auf den Umstand, dass die verborgenen Mittel formal noch zu dem Vermögen des Geschäftsherrn gehören. Wer selbst die schwarze Kasse nicht eingerichtet hat, diese jedoch **übernimmt und fortführt**, macht sich ebenfalls wegen Untreue strafbar. Denn ihn trifft die Pflicht, den Vermögensinhaber über die verborgene Kasse aufzuklären, bzw. die Gelder wieder in seinen Einflussbereich zurückzuschaffen. Unterlässt er dies, begründet das eine eigene Pflichtverletzung, die die Strafbar-

40.58

---

1 Näher *Cordes/Sartorius*, NZWiSt 2013, 401.
2 BGH v. 6.12.2001 – 1 StR 215/01, NJW 2002, 1585.
3 Vorschlag etwa bei *Säcker*, BB 2009, 282, 286.
4 *Satzger*, NStZ 2009, 298.
5 BGH v. 29.8.2008 – 2 StR 587/07, NJW 2009, 89, 92; BGH v. 27.8.2014 – 5 StR 181/14, NStZ 2014, 646; LG Köln v. 23.3.2010 – 109-11/05.
6 BGH v. 29.8.2008 – 2 StR 587/07, NJW 2009, 89, 92.

keit auslöst.[1] Demgegenüber soll die Verwendung der Gelder aus der Kasse keine neue eigenständige Untreuehandlung darstellen.[2]

6. Auslösung von Schadensersatzansprüchen und Sanktionsrisiken

40.59 Auch das **Auslösen von Schadensersatzansprüchen und Sanktionsrisiken** kann eine Untreue begründen. Die Einzelheiten sind insoweit indes noch **weitgehend ungeklärt**. Es hat sich eine reichhaltige Kasuistik herausgebildet.[3] Strafbare Untreue kann es beispielsweise sein, wenn durch ein Verhalten die **Gefahr verwaltungsrechtlicher Ordnungsgelder gegen die Gesellschaft** begründet[4] oder wenn die konkrete Gefahr geschaffen wird, dass der Geschäftsherr erfolgreich **auf Schadensersatz in Anspruch** genommen wird.[5] Anderes kann jedoch gelten, wenn es zur Verwirklichung des Inanspruchnahmerisikos diverser Zwischenschritte bedarf, da es hierdurch an der Unmittelbarkeit der Nachteilsherbeiführung fehlen kann.[6]

D. Vorenthalten und Veruntreuen von Arbeitsentgelt (§ 266a StGB)

40.60 § 266a StGB sanktioniert das Vorenthalten und Veruntreuen von Arbeitsentgelt durch den Arbeitgeber. Der Straftatbestand spielt in der Praxis jenseits von Schattenwirtschaft und Schwarzarbeit im Zusammenhang mit Insolvenzen eine erhebliche Rolle. Vielfach werden in der Krise andere Verbindlichkeiten (Banken, Lieferanten, sonstige Gläubiger) unter Verletzung der sozialversicherungsrechtlichen Pflichten und § 266a StGB vorrangig befriedigt.[7] § 266a StGB ist Schutzgesetz i.S. des § 823 Abs. 2 BGB, weshalb der Geschäftsleiter für nicht abgeführte Beiträge persönlich haftet.[8] Erfasst werden sowohl die Beiträge des Arbeitnehmers als auch die Anteile des Arbeitgebers zur Sozialversicherung. Grund für die Strafbewehrung ist der Schutz der Sozialversicherungssysteme, insbesondere vor dem Hintergrund der verfahrensmäßigen Ausgestaltung der Abführung von Sozialversicherungsbeiträgen als Selbsterklärungssystem, welches in besonderem Maße von der Ehrlichkeit und Mitwirkung des Arbeitgebers abhängig ist.[9]

40.61 **Arbeitgeber** ist, wem der Arbeitnehmer nach §§ 611 ff. BGB Dienste leistet und wem der Arbeitgeber zur Lohnzahlung verpflichtet ist.[10] Als Täter kommen auch die **gesetzlichen**

---

1 BGH v. 29.8.2008 – 2 StR 587/07, NJW 2009, 89, 91; BGH v. 27.8.2014 – 5 StR 181/14, NStZ 2014, 646 m. Anm. *Hoven* und *Becker*, NZWiSt 2015, 38; *Saliger*, NStZ 2007, 547; *Ransiek*, NJW 2009, 95, 96.
2 BGH v. 29.8.2008 – 2 StR 587/07, NJW 2009, 89, 92.
3 Eingehend *Saliger* in Satzger/Schluckebier/Widmaier, § 266 StGB Rz. 93.
4 BGH v. 18.10.2006 – 2 StR 499/05, BGHSt 51, 100, 117 – Kanther – zu Sanktionen nach dem Parteiengesetz; OLG Hamm v. 15.7.1981 – 5 Ws 29/81, NJW 1982, 190, 192.
5 BGH v. 18.6.2006 – 2 StR 499/05, BGHSt 51, 100, 117; BGH v. 23.3.2000 – 4 StR 19/00, NStZ 2000, 375, 376; anders aber BGH v. 29.8.2008 – 2 StR 587/07, NJW 2009, 89, 91 f. – Siemens.
6 BGH v. 17.7.2009 – 5 StR 394/08, BGHSt 54, 44; OLG Celle v. 23.8.2012 – 1 Ws 248/12, ZWH 2013, 21, 23 zur fehlenden Unmittelbarkeit bei Handlungen, die die Gefahr der Aberkennung der Gemeinnützigkeit begründen.
7 *Wegner* in Achenbach/Ransiek, Handbuch Wirtschaftsstrafrecht, VII 2 Rz. 2; *Dannecker/Knierim/Hagemeier*, Insolvenzstrafrecht, 2. Aufl. 2012, Rz. 892 ff.
8 BGH v. 20.3.2003 – III ZR 305/01, WM 2003, 1876.
9 Eingehend zum Folgenden *Pananis* in Ignor/Rixen, Handbuch Arbeitsstrafrecht, § 6 Rz. 6.
10 BGH v. 16.4.2014 – 1 StR 516/13, NJW 2014, 1975; näher *Saliger* in Satzger/Schluckebier/Widmaier, § 266a StGB Rz. 8.

Vertreter einer Kapitalgesellschaft in Betracht, auch ein faktischer Geschäftsführer.[1] Auf die Anmeldung des Arbeitnehmers zur Sozialversicherung kommt es ebenso wenig an wie auf die Wirksamkeit des Dienstverhältnisses. Maßgeblich sind vielmehr die **tatsächlichen Verhältnisse** (vgl. auch § 22 Abs. 1 SGB IV), so dass Scheinselbstständigkeiten[2] und unerlaubte Arbeitnehmerüberlassungen den Arbeitgeber nicht von der strafrechtlich sanktionierten Pflicht zur Abführung der Sozialversicherungsbeiträge entbinden.[3] **Delegiert** der Geschäftsleiter die Erfüllung der Abführungspflichten an andere Personen, so entlastet ihn dies, sofern er die Erfüllung durch geeignete Maßnahmen sicherstellt und eine beanstandungsfreie Einarbeitungszeit verstrichen ist. Ihn treffen dann lediglich noch **Überwachungspflichten**.[4]

Voraussetzung der Strafbarkeit ist stets eine **inländische Sozialversicherungspflicht**. Ob ein sozialversicherungspflichtiges Beschäftigungsverhältnis vorliegt, richtet sich nach dem Sozialrecht, das wiederum das Arbeitsrecht in Bezug nimmt.[5] Entscheidend sind die tatsächlichen Gegebenheiten, die einer wertenden Betrachtung etwa im Hinblick auf Weisungsunterworfenheit des Beschäftigten, organisatorische Vorgaben für die Tätigkeit und Entgeltgestaltung zur würdigen sind.[6] Der Status als abhängig Beschäftigter bereitet in der Praxis bei der Einordnung immer wieder Schwierigkeiten, insbesondere wenn eine Scheinselbständigkeit[7] in Betracht kommt. Es kann sich zur Vermeidung von strafrechtlichen Risiken eine Rückfrage bei Clearingstelle der Deutschen Rentenversicherung bzw. die Hinzuziehung externer sozialrechtlicher Expertise empfehlen.[8] Für das Bestehen der inländischen Sozialversicherungspflicht kommt es entscheidend auf den Ort der tatsächlichen Ausübung der Tätigkeit ankommt (vgl. § 3 Abs. 1 Nr. 1, § 9 Abs. 1 SGB IV). Ausnahmen bestehen, sofern eine inländische Sozialversicherungspflicht **Ausstrahlungswirkung** (§ 4 SGB IV) bzw. eine ausländische **Einstrahlungswirkung** (§ 5 SGB IV) entfaltet. Unberührt bleiben ferner über- bzw. zwischenstaatliche Regelungen mit der Folge **europarechtlicher Besonderheiten**. Beispielsweise kommt der von einem EU-Mitgliedstaat ausgestellten **Entsendebescheinigung (E-101)** eine Sperrwirkung gegenüber § 266a StGB zu[9], während die meisten bilateralen Sozialversicherungsabkommen (**D/H-101-Bescheinigung**) keine so weitreichende Wirkung haben mit der Folge, dass § 266a StGB Anwendung findet.[10] Diente die Entsendung der Umgehung der deutschen Sozialver-

40.62

---

1 BGH v. 28.5.2002 – 5 StR 16/02, NStZ 2002, 547, 549; BGH v. 28.5.2002 – 5 StR 16/02, NJW 2002, 2480, 2482; *Saliger* in Esser/Rübenstahl/Saliger/Tsambikakis, Wirtschaftsstrafrecht, 1. Aufl. 2017, § 266a StGB Rz. 14.
2 *Saliger* in Esser/Rübenstahl/Saliger/Tsambikakis, Wirtschaftsstrafrecht, 1. Aufl. 2017, § 266a StGB Rz. 9 f.
3 BGH v. 13.6.2001 – 3 StR 126/01, NStZ 2001, 599, 600; BGH v. 2.12.2008 – 1 StR 416/08, StV 2009, 188, 189.
4 BGH v. 28.5.2002 – 5 StR 16/02, BGHSt 47, 318, 325.
5 BGH v. 24.6.2015 – 1 StR 76/15, NStZ 2015, 393; *Saliger* in Esser/Rübenstahl/Saliger/Tsambikakis, Wirtschaftsstrafrecht, 1. Aufl. 2017, § 266a StGB Rz. 19 f.
6 BGH v. 5.8.2015 – 2 StR 172/15, NStZ 2016, 348; BGH v. 5.6.2013 – 1 StR 626/12, NStZ-RR 2013, 278; BGH v. 4.9.2013 – 1 StR 94/13, NStZ 2014, 321; OLG Frankfurt v. 7.3.2014 – 1 Ws 179/13, OLGSt StGB § 266a Nr. 4 (abhängige Beschäftigung verneinend bei Pflegekräften in einer Franchise-Konstellation).
7 BGH v. 16.4.2014 – 1 StR 516/13, NJW 2014, 1975; eingehend dazu *Floeth*, NZS 2015, 60.
8 BGH v. 7.4.2016 – 5 StR 332/15, wistra 2016, 306 m. Anm. *Reichling*; zu den subjektiven Anforderungen an ein strafbares Verhalten eingehend *Mayer*, NZWiSt 2015, 169 mit Hinweis auf die teilweise schwierigen Abgrenzungsfragen und die hierdurch entstehenden Irrtumsthemen.
9 BGH v. 24.10.2006 – 1 StR 44/06, BGHSt 51, 124, 130.
10 BGH v. 24.10.2007 – 1 StR 160/07, BGHSt 52, 67, 71.

sicherungspflicht oder handelt es sich bei dem Entsendenden um eine Scheinfirma, ist die Annahme einer nur beschränkten Bindungswirkung ausgeschlossen.[1]

40.63 Strafbar ist hinsichtlich der Arbeitnehmerbeiträge deren schlichtes **Vorenthalten**. Dies liegt dann vor, wenn die Beiträge **bei Fälligkeit nicht abgeführt** sind, weshalb auch eine (nur) verspätete Zahlung die Strafbarkeit auslöst. Vorenthalten sind die Beiträge i.S. des § 266a StGB auch dann, wenn für den betreffenden Zeitraum **kein Lohn an die Arbeitnehmer gezahlt** worden ist (vgl. den Wortlaut von § 266a Abs. 1 StGB)[2]; bei einer untertariflichen oder unter einem gesetzlichen Mindestlohn liegenden Bezahlung richtet sich die Berechnung nach dem maßgeblichen Tarif- oder Mindestlohn, da es auf den Anspruch des Arbeitnehmers ankommt, nicht auf das ihm tatsächlich Gezahlte.[3] Erfasst wird auch die Nettolohn- bzw. die Schwarzlohnabrede.[4] Werden auf die Beiträge **Teilzahlungen** vorgenommen, empfiehlt sich dringend die Vornahme einer **ausdrücklichen Tilgungsbestimmung** dahingehend, dass die Zahlung zunächst auf die Arbeitnehmeranteile verrechnet werden soll.[5] Denn die unterlassene Abführung von Arbeitgeberanteilen ist nur beim Hinzutreten von Täuschungssachverhalten strafbar (§ 266a Abs. 2 StGB). Durch eine ausdrückliche Tilgungsbestimmung können – auch bei Teilzahlungen nach Fälligkeit – die strafrechtlichen Risiken reduziert und möglicherweise sogar eliminiert werden.

40.64 Die **Nichtabführung der Arbeitgeberanteile** ist nur dann strafbar, wenn das Vorenthalten durch **betrügerische Verhaltensweisen** bewirkt wird (§ 266a Abs. 2 StGB), im Wesentlichen in Fällen der Verletzung von Mitteilungspflichten (z.B. Meldepflicht § 28a SGB V).

40.65 Die Strafbarkeit setzt voraus, dass dem Arbeitgeber die Erfüllung der sozialversicherungsrechtlichen Abführungspflicht **möglich und zumutbar** ist.[6] Daran kann es bei **Zahlungsunfähigkeit**[7], **Überschuldung**[8] bzw. bei fehlender Verfügungsbefugnis über das Vermögen fehlen. Zu beachten ist aber, dass die Rechtsprechung die Zahlungsunfähigkeit als Grenze der Pflichterfüllung stark eingeschränkt hat. Die Strafbarkeit tritt auch dann ein, wenn der Arbeitgeber aufgrund der Vornahme anderweitiger Zahlungen seine **Unfähigkeit zur Abführung der Beiträge selbst pflichtwidrig herbeigeführt** hat, was insbesondere bei Vornahme anderweitiger Zahlungen in einer sich abzeichnenden Liquiditätskrise in Betracht kommt.[9] Denn die Erfüllung der Abführungspflicht besitzt gegenüber der Bedienung anderer Verbindlichkeiten aufgrund ihrer Strafbewehrung Vorrang. Besonderheiten gelten während der **3-Wochen-Frist des § 15a Abs. 1 Satz 1 InsO**. Während dieser Frist ist das Unterlassen der Abführung

---

1 BGH v. 24.10.2007 – 1 StR 160/07, BGHSt 52, 67, 68 ff.
2 BGH v. 28.5.2002 – 5 StR 16/02, BGHSt 47, 318.
3 *Metz*, NZA 2011, 782.
4 Näher *Thum/Selzer*, wistra 2011, 290; zur Teilschwarzlohnabrede LG Freiburg v. 14.3.2014 – 10 Ns 410 Js 4578/11 – AK 10/13 m. Anm. *Ambrosy*, jurisPR-StrafR 1/2015, Anm. 3.
5 Zum Erfordernis einer ausdrücklichen Bestimmung BGH v. 9.1.2001 – VI ZR 119/00, GmbHR 2001, 238, 239; näher auch *Saliger* in Satzger/Schluckebier/Widmaier, § 266a StGB Rz. 20.
6 BGH v. 28.5.2002 – 5 StR 16/02, BGHSt 47, 318, 320; BGH v. 2.12.2008 – 1 StR 416/08, StV 2009, 188, 190; OLG Düsseldorf v. 21.12.2007 – 5 Ss 288, 166/07, StV 2009, 193, 194; *Saliger* in Esser/Rübenstahl/Saliger/Tsambikakis, Wirtschaftsstrafrecht, 1. Aufl. 2017, § 266a StGB Rz. 27 ff.
7 BGH v. 28.5.2002 – 5 StR 16/02, BGHSt 47, 318, 320.
8 BGH v. 11.2.2001 – VI ZR 350/00, NJW 2002, 1123, 1125 (Unmöglichkeit liegt bei einer Überschuldung aber dann nicht vor, wenn die vorhandenen Mittel noch zur Zahlung der Beiträge ausreichen).
9 BGH v. 28.5.2002 – 5 StR 16/02, BGHSt 47, 318, 320; BGH v. 21.1.2007 – VI ZR 338/95, BGHZ 134, 304 ff.; KG v. 4.12.2009 – (1) 1 Ss 427/09 (22/09), wistra 2010, 158.

der Anteile aus Gründen der Massesicherung zur Ermöglichung aussichtsreicher Sanierungsbemühungen ausnahmsweise zulässig; nach Ablauf der Frist lebt die Abführungspflicht indes wieder auf, bis der Arbeitgeber Insolvenzantrag stellt.[1] Mit der Eröffnung des Insolvenzverfahrens über das Vermögen der Gesellschaft ist die Tat beendet.[2]

Eine Reduzierung strafrechtlicher Risiken kann in der Praxis gelegentlich durch die in **§ 266a Abs. 6 StGB** geregelte **Anzeige an die Einzugsstelle** erfolgen, die einen persönlichen Strafaufhebungsgrund darstellt. Danach macht sich der Arbeitgeber nicht strafbar, wenn er der Einzugsstelle zum Fälligkeitszeitpunkt oder unverzüglich danach schriftlich die Höhe der vorenthaltenen Beiträge mitteilt und darlegt, warum die fristgemäße Zahlung nicht möglich ist, obwohl er sich darum ernsthaft bemüht hat. Die Straflosigkeit hängt davon ab, dass die Beträge nachträglich innerhalb einer von der Einzugsstelle zu setzenden Frist gezahlt werden.

40.66

E. Korruption

In den letzten zwei Jahrzehnten hat die Sensibilisierung für korruptive Sachverhalte und unlautere Wettbewerbsbeeinflussungen durch die Gewährung von Vorteilen immer weiter zugenommen.[3] Dies zeigt sich beispielsweise in der beabsichtigten eines Korruptionsregisters auf Bundesebene sowie der vorgenommenen Einführung von Korruptionsregistern in verschiedenen Bundesländern (näher Rz. 40.171), in die wegen Korruptionsdelikten geführte Verfahren eingetragen werden: dies spiegelt sich ferner in den von verschiedenen Ländern und Kommunen erlassenen Verwaltungsvorschriften, die für die Behandlung von Vorteilen und deren Annahme strenge interne Regelungen enthalten. Für Unternehmen können sich aus Strafverfahren wegen Korruptionsdelikten gravierende Konsequenzen ergeben (Verfall, Vergabesperren, Betriebsausgabenabzug, Registereintragungen u.a., näher Rz. 40.160 ff.).

40.67

Durch verschiedene gesetzliche Neuregelungen (i.e. das EU-Bestechungsgesetz (EU-BestG) vom 10.9.1998, BGBl. II 1998, 2340, das Gesetz zur Bekämpfung internationaler Bestechung (IntBestG) vom 10.9.1998, BGBl. II 1998, 2327, und das 48. Strafrechtsänderungsgesetz vom 29.4.2014, BGBl. I 2014, 410) ist die Anwendbarkeit der Korruptionsdelikte auf Auslandssachverhalte erstreckt worden. Mit dem Gesetz zur Bekämpfung der Korruption vom 20.11.2015 (BGBl. I 2015, 2025) hat der Gesetzgeber wesentliche Teile dieser Gesetze ersetzt und ausländische und internationale Bedienstete in § 335a StGB den Amtsträgern (§§ 332, 334 StGB) gleichgestellt.[4] Hiernach gilt das deutsche Korruptionsstrafrecht weltweit für die Bestechung von Amtsträgern auch im Ausland. § 299 StGB stellt auch die Bestechlichkeit und Bestechung im geschäftlichen Verkehr im Ausland unter Strafe. Darüber hinaus ist in dem neuen § 11 Abs. 1 Nr. 2 a) eine eigene Definition für EU-Amtsträger eingefügt worden.[5] Zum 4.6.2016 ist das Gesetz zur Bekämpfung der Korruption im Gesundheitswesen[6] in

40.68

---

[1] BGH v. 30.7.2003 – 5 StR 221/03, BGHSt 48, 307, 309; BGH v. 9.8.2005 – 5 StR 67/05, NStZ 2006, 223, 225; *Rönnau*, NJW 2004, 976; vgl. zur sog. Vorrang-Rechtsprechung und zur (früheren) Divergenz zwischen den Senaten des Bundesgerichtshofes in Straf- und in Zivilsachen näher *Saliger* in Satzger/Schluckebier/Widmaier, § 266a StGB Rz. 22 m.N.
[2] OLG Dresden v. 18.1.2010 – 3 Ss 603/09, NStZ 2011, 163.
[3] S. zu den einschlägigen Straftatbeständen im Zusammenhang mit „nützlichen Aufwendungen" auch oben *Götze/Bicker*, Rz. 30.9 ff.
[4] *Fischer*, § 335a StGB Rz. 2.
[5] *Piel/Rübenstahl* in Esser/Rübenstahl/Saliger/Tsambikakis, Wirtschaftsstrafrecht, 1. Aufl. 2017, § 331 StGB Rz. 19.
[6] BGBl. I 2016, 1254.

Kraft getreten, mit dem §§ 299a und 299b StGB neu ins Gesetz aufgenommen worden sind, die die Bestechung und Bestechlichkeit im Gesundheitswesen unter Strafe stellen.[1]

40.69 Hervorzuheben sind darüber hinaus **steuerliche Besonderheiten**. Gem. **§ 4 Abs. 5 EStG** (**Abzugsverbot**) dürfen bestimmte Betriebsausgaben den Gewinn nicht mindern. Hierzu gehört gem. § 4 Abs. 5 Nr. 10 EStG die **Zuwendung von Vorteilen** sowie damit zusammenhängende Aufwendungen, wenn die Zuwendung der Vorteile eine rechtswidrige Handlung darstellt, die den Tatbestand eines Strafgesetzes erfüllt. Gelangen einem Gericht oder einer Behörde Tatsachen zur Kenntnis, die auf die Erfüllung solcher Tatbestände hindeuten, bestehen **umfassende Mitteilungspflichten** gegenüber den Finanzbehörden. Die Finanzbehörden sind ihrerseits verpflichtet, von ihnen erlangte Erkenntnisse, die den Verdacht einer Straftat begründen, an die Staatsanwaltschaft zur weiteren Ermittlung mitzuteilen. Solche verdachtsbegründenden Erkenntnisse werden oftmals im Rahmen von Betriebsprüfungen gewonnen und unverzüglich an die Ermittlungsbehörden weitergeleitet. Durch die umfassenden Mitteilungspflichten besteht eine erheblich gesteigerte Aufdeckungswahrscheinlichkeit bei unlauter gewährten Vorteilen.

40.70 Gravierende wirtschaftliche Konsequenzen können sich bei der Gewährung unlauterer Vorteile in strafrechtlich relevanter Weise auch aus den Vorschriften über den Verfall (§§ 73 ff. StGB) ergeben (näher Rz. 40.160 ff.). Deren Anwendung kann zu erheblichen wirtschaftlichen Nachteilen führen. Nach Auffassung des 5. Strafsenats des Bundesgerichtshofes unterliegt der wirtschaftliche Wert des Auftrags im Zeitpunkt des Vertragsschlusses dem Verfall, der in dem kalkulierten Gewinn und etwaigen weiteren wirtschaftlichen Vorteilen bestehen soll.[2] Weiter geht der 1. Strafsenat, nach dessen Ansicht der gesamte Umsatz aus dem bemakelten Geschäft abgeschöpft werden kann.[3] Der eigene Aufwand bleibt dabei stets unberücksichtigt und darf nicht gegengerechnet werden (sog. Bruttoprinzip).[4] Durch die gesetzliche Neuregelung der strafrechtlichen Vermögensabschöpfung hat der Gesetzgeber zum 1.7.2017 die gesetzliche Ausgestaltung auf der Grundlage des Bruttoprinzips festgeschrieben, wobei allerdings bei der Bestimmung des Erlangten für sich genommen nicht zu beanstandende Aufwendungen gegenzurechnen sind (näher noch Rz. 40.164).[5]

I. Vorteilsgewährung und Bestechung

40.71 Die §§ 331 ff. StGB stellen die Gewährung von Vorteilen an einen Amtsträger unter Strafe sowie spiegelbildlich deren Annahme durch diesen. Vorteilsgewährung bzw. Vorteilsannahme einerseits und Bestechung bzw. Bestechlichkeit andererseits unterscheiden sich dadurch, dass bei letzteren der Vorteil für eine bestimmte Diensthandlung des Amtsträgers gewährt wird und dieser durch die Vornahme der konkreten Diensthandlung seine Pflichten verletzt. Bei ersteren wird der Vorteil lediglich allgemein für die Dienstausübung gewährt. Strafverfahren wegen Vorteilsgewährung spielen in der Praxis u.a. im Zusammenhang mit der Durchführung von Kunden- und Seminarveranstaltungen sowie Einladungen zu Sport-, Kultur und ande-

---

1 Eingehend *Geiger*, CCZ 2016, 172; *Dann*, NJW 2016, 203.
2 BGH v. 2.12.2005 – 5 StR 119/05, BGHSt 50, 299; *Sedemund*, DB 2003, 323, 325 ff.; a.A. OLG Köln v. 8.8.2003 – 2 Ws 433/03, ZIP 2004, 2013; OLG Thüringen v. 27.7.2004 – 1 Ws 234/04, wistra 2005, 1, 14.
3 BGH v. 30.5.2008 – 1 StR 166/07, BGHSt 52, 227, 247 ff.; *Hohn*, wistra 2003, 322, 323; *Hohn*, wistra 2006, 321, 326.
4 BGH v. 27.7.1999 – 5 StR 331/99, NStZ-RR 2000, 57.
5 BGBl. I 2017, 872.

ren Veranstaltungen durch Unternehmen eine erhebliche Rolle. Angesichts der Exportorientierung der deutschen Wirtschaft und der Verschärfung der gesetzlichen Vorschriften zur sog. Auslandsbestechung haben auch Ermittlungsverfahren wegen der Gewährung von Vorteilen an ausländische Amtsträger und ausländische Beauftragte oder Bedienstete (§ 299 StGB) zunehmend Bedeutung gewonnen.

1. Gewähren von Vorteilen für die Dienstausübung

Die gesetzlichen Umschreibungen der Tathandlungen bei den §§ 331 ff. StGB sind bei Vorteilsgewährung und Bestechung bzw. Vorteilsannahme und Bestechlichkeit identisch ausgestaltet. Das **Anbieten** eines Vorteils ist die auf Abschluss einer Unrechtsvereinbarung gerichtete ausdrückliche oder stillschweigende Erklärung[1], die auch in vorsichtig formulierten Fragen und Sondierungen bestehen kann; sie muss zur Kenntnis der Amtsperson gelangen.[2] **Versprechen** entspricht dem Versprechenlassen und liegt in dem Abgeben eines auch nur bedingten Angebots der späteren Zuwendung. Angebot und Annahme können stillschweigend erklärt werden.[3] **Gewähren** entspricht dem Annehmen, d.h. dem tatsächlichen Empfangen des angebotenen Vorteils.

40.72

Ein „**Vorteil**" ist eine Zuwendung, auf die die Amtsperson oder der begünstigte Dritte[4] keinen Rechtsanspruch hat und die ihre wirtschaftliche, rechtliche oder auch nur persönliche Lage objektiv messbar verbessert.[5] Ein solcher Vorteil kann auch schon in dem Abschluss eines **Beratervertrages**[6] liegen, der Zuwendungen an die Amtsperson zur Folge hat.[7] Das Vorliegen einer allgemeinen Nebentätigkeitserlaubnis auf Seiten der Amtsperson genügt regelmäßig nicht, um solche Verträge im Hinblick auf § 331 Abs. 3 StGB (näher noch unten) von der Strafbarkeit auszunehmen. Denn für § 331 Abs. 3 StGB kommt es auf die Genehmigung des konkreten Vorteils an.[8] Ein Beratervertrag kann auch dann den Tatbestand erfüllen, wenn er erst nach Ausscheiden des Amtsträgers aus seiner dienstlichen Tätigkeit abgeschlossen wird, vorausgesetzt er geht auf eine noch während der dienstlichen Tätigkeit getroffene Übereinkunft zurück. Bei den Vorteilen handelt es sich in der Praxis regelmäßig um **materielle Zuwendungen** (Geld, Honorarzahlung für wertlose „Gutachten", Sachwerte, Rabatte, **Einladungen zu Veranstaltungen**, Urlaubsreisen, Kongresse etc.).[9] Vorteile sind aber auch die Erweiterung der persönlichen Liquidität (z.B. durch ein Darlehen), die Stundung einer Schuld, die Ver-

40.73

---

1 BGH v. 8.2.1961 – 2 StR 566/60, BGHSt 16, 40, 46.
2 BGH v. 11.5.2001 – 3 StR 549/00, BGHSt 47, 22, 29; a.A. OLG Düsseldorf v. 21.2.2003 – 4 Ausl(A) 335/02-50/03, 51/03 III, NStZ 2003, 684 m. Anm. *Böse*, JR 2003, 521, nach dem das Angebot in die Sphäre der Amtsperson gelangt und mit dessen Kenntnisnahme zu rechnen ist.
3 *Lackner/Kühl*, § 331 StGB Rz. 7.
4 Vgl. *Kuhlen* in NOMOS Kommentar zum StGB, § 331 StGB Rz. 40.
5 BGH v. 23.10.2002 – 1 StR 541/01, BGHSt 48, 44, 49; *Krause/Vogel*, RIW 1999, 488, 490; *Kargl*, ZStW 114 (2002), 763, 768 m.w.N.; *Piel/Rübenstahl* in Esser/Rübenstahl/Saliger/Tsambikakis, Wirtschaftsstrafrecht, 1. Aufl. 2017, § 331 StGB Rz. 23 ff.
6 BGH v. 21.6.2007 – 4 StR 99/07, NStZ 2008, 216.
7 BGH v. 10.3.1983 – 4 StR 3745/82, BGHSt 31, 264, 279; *Rudolphi/Stein* in Systematischer Kommentar zum StGB, § 331 StGB Rz. 22a; *Fischer*, § 331 StGB Rz. 12 jeweils m.w.N.
8 Vgl. ferner OLG Hamburg v. 14.1.2000 – 2 Ws 243/99, StV 2001, 277, 283.
9 Auch immaterielle Vorteile kommen in Betracht, z.B. Ehrungen oder Erwerbsaussichten (vgl. *Kargl*, ZStW 114 [2002], 763, 770 f.). Dies jedenfalls dann, wenn sie einen objektiv messbaren Inhalt haben und den Amtsträger in irgendeiner Weise tatsächlich besser stellen, vgl. BGH v. 23.5.2002 – 1 StR 372/01, BGHSt 47, 295, 304; ähnlich auch BGH v. 23.10.2002 – 1 StR 541/01, BGHSt 48, 44 ff.

mittlung einer Nebentätigkeit oder das Zur-Verfügung-Stellen technischer Geräte für eine von dem Amtsträger geleitete Forschungseinrichtung. Die §§ 331 ff. StGB erfassen auch Vorteile, die einem Dritten gewährt werden. Erfasst werden danach auch etwa **Spenden an eine Partei**.[1]

40.74 Die verbreitete und von Ermittlungsbehörden verstärkt untersuchte Praxis von Unternehmen und Verbänden, Einladungen zu vielfältigen Veranstaltungen und Kongressen gegenüber Amtsträgern und Geschäftspartnern auszusprechen, hat die Frage ins Blickfeld treten lassen, ob und ggf. in welchem Umfang unter dem Aspekt der **Sozialadäquanz** der Zuwendung eine Strafbarkeit ausscheidet. Im Grundsatz gilt, dass es an dem erforderlichen Zusammenhang zwischen Vorteil und Dienstausübung fehlt, wenn die Annahme der Zuwendung der Höflichkeit oder Gefälligkeit entspricht und als gewohnheitsrechtlich anerkannt gilt.[2] **Betragsmäßige Wertgrenzen**, bis zu deren Höhe eine Zuwendung als sozialadäquat und damit strafrechtlich irrelevant angesehen werden könnte, existieren nicht.[3] Solche finden sich auch nicht in den zahlreichen hierzu von Bund, Ländern und Gemeinden erlassenen Vorschriften.[4] Stets bedarf es einer **wertenden Abgrenzung**, die insbesondere die Stellung und den Inhalt der Dienstaufgaben des Amtsträgers, die Nähe zwischen den dienstlichen Aufgaben und dem Anlass der Zuwendung, die Art des Vorgehens sowie die (abstrakte) Möglichkeit der unlauteren Beeinflussung der Amtsführung zu berücksichtigen hat.[5] Zur **kostenlosen Vergabe von Eintrittskarten zu Sport- oder Kulturveranstaltungen** hat der Bundesgerichtshof festgestellt, dass bei solchen Zuwendungen Amtsdelikte in Betracht kommen.[6] Entscheidend dafür ist, ob der Vorteilsgeber mit dem Ziel handelt, auf die künftige Diensthandlung des Amtsträgers Einfluss zu nehmen oder seine vergangene Dienstausübung zu honorieren, wobei eine solche dienstliche Tätigkeit nach seiner Vorstellung noch nicht einmal in groben Umrissen konkretisiert sein muss. Indizien einer Unrechtsvereinbarung sind dienstliche Berührungspunkte zwischen Amtsträger und Vorteilsgeber, eine heimliche Vorgehensweise und Art, Wert und Zahl der gewährten Vorteile.[7] Die aus dieser Rechtslage resultierenden **strafrechtlichen Risiken** dürfen nicht unterschätzt werden.

40.75 Der Vorteil muss „**für die Dienstausübung**" gewährt werden. Dies verlangt, dass der Vorteil dem Empfänger im Hinblick auf die Dienstausübung des Amtsträgers zu Gute kommen soll. Erfasst werden daher auch solche Fälle, bei denen nicht nachzuweisen ist, dass der Vorteil als Gegenleistung für eine hinreichend bestimmte Diensthandlung angeboten (etc.) worden

---

1 LG Wuppertal v. 19.12.2002 – 26 Kls 835 Ja 153/02–17/02 IV, NJW 2003, 1405, 1406.
2 BGH v. 10.3.1983 – 4 StR 375/82, BGHSt 31, 264, 279; *Heine/Eisele* in Schönke/Schröder, § 331 StGB Rz. 40.
3 *Tag*, JR 2004, 50, 56; *Tiedemann* in Leipziger Kommentar, § 299 StGB Rz. 28; a.A. *Schmidt*, NJW 1981, 321, der Geschenke bis zu 50 DM bereits nicht als „Vorteil" ansehen will.
4 Soweit diesen beispielhaft Zahlen zu entnehmen sind, liegen diese zwischen 10 Euro (z.B. Stadt Göttingen) und 25 Euro (z.B. Bundesministerium des Innern).
5 Vgl. etwa BGH v. 10.3.1983 – 4 StR 375/82, BGHSt 31, 264, 279, zur Bewirtung eines Vorstandsmitglieds einer öffentlichen Landesbank durch einen kreditsuchenden Kunden (sozialadäquat); ferner OLG Düsseldorf v. 29.4.2015 – III-1 Ws 429/14, jurisPR-StrafR 16/2015 Anm. 2 (erforderlich sei stets eine „Gesamtbetrachtung, die den Gesamtzusammenhang, in dem die Zuwendung erfolgt ist, sowie die gesamte Interessenlage der Beteiligten zu erfassen hat").
6 BGH v. 14.10.2008 – 1 StR 260/08, NJW 2008, 3580; vgl. hierzu *Bömer*, GWR 2011, 28; *Hugger*, CCZ 2012, 65.
7 BGH v. 14.10.2008 – 1 StR 260/08, NJW 2008, 3580.

ist.¹ Dienstausübung meint die dienstliche Tätigkeit im Allgemeinen einschließlich der Vornahme von Diensthandlungen. Unerheblich, ob es tatsächlich zu der Dienstausübung (oder Diensthandlung) gekommen ist. Es reicht aus, wenn durch die Gewährung des Vorteils das allgemeine Wohlwollen und die Geneigtheit des Amtsträgers bei seiner Dienstausübung erkauft werden soll („Klimapflege" oder sog. „Anfüttern").²

2. Amtsträger-Begriff/Verletzung einer Dienstpflicht (§§ 332, 334 StGB)

Die Vorteilsgewährung bzw. -annahme ist bei Vorliegen der beschriebenen Voraussetzungen erfüllt. **Bestechung** und **Bestechlichkeit** verlangen darüber hinaus das Hinzutreten der Verletzung einer Dienstpflicht auf Seiten des Amtsträgers (s. oben). Die Zuwendung muss hierbei auf die **Vornahme einer Diensthandlung** gerichtet sein. Diensthandlung ist jede Handlung, die in den Kreis der Obliegenheiten gehört, die dem Amtsträger übertragen sind, und die von ihm in dienstlicher Eigenschaft vorgenommen werden.³ Auch eine vorbereitende, unterstützende oder beratende Tätigkeit des Amtsträgers kann infolgedessen genügen. Eine Diensthandlung liegt auch dann vor, wenn ein Amtsträger ein Gremium o.Ä. bei der Frage berät, ob durch das Gremium bestimmte Verträge abgeschlossen, Aufträge erteilt oder Ankäufe getätigt werden sollen.⁴ Die Diensthandlung selbst – nicht lediglich die Vorteilsannahme – muss gegen ein auf Gesetz, Dienstvorschrift oder Einzelanordnung beruhendes Gebot oder Verbot verstoßen.⁵ Eine **Pflichtwidrigkeit** kommt auch dann in Betracht, wenn es um eine Diensthandlung geht, die im Ermessen des Amtsträgers steht. Es reicht aus, dass die Entscheidung in der Art ihres Zustandekommens zu beanstanden ist, weil der Amtsträger neben sachlichen auch sachfremde Erwägungen bei seiner Entscheidung berücksichtigt.

40.76

Die Straftatbestände der §§ 331–334 StGB setzen die Gewährung eines Vorteils an einen „Amtsträger" voraus. Wer Amtsträger ist, wird durch das Gesetz in § 11 Abs. 1 Nr. 2 StGB definiert. Bei **Mitarbeitern einer Behörde** ist regelmäßig davon auszugehen, dass es sich um Amtsträger i.S. des § 11 StGB handelt. „**Sonstige Stellen**" sind Institutionen, die keine Behörden, rechtlich aber befugt sind, bei der Ausführung von Gesetzen und Erfüllung öffentlicher Aufgaben mitzuwirken, namentlich **Körperschaften und Anstalten des öffentlichen Rechts**, organisatorisch ausgrenzbare **Teile von Behörden** und zur Erfüllung öffentlicher Aufgaben berufene Vereinigungen, Ausschüsse oder Beiräte.⁶

40.77

Gem. § 335a Abs. 1 Nr. 2 lit. a StGB stehen Bedienstete und Beauftragte eines ausländischen Staates (z.B. eines EU-Staates) den Amtsträgern gleich, soweit es um Bestechungshandlungen nach §§ 332, 334 StGB geht.⁷ Welche Personen im Einzelnen der Gleichstellungsregelung des § 335a Abs. 1 Nr. 2 lit. a StGB unterliegen, richtet sich nach Art. 1 Abs. 4 des **OECD-Über-**

40.78

---

1 BT-Drucks. 13/8079, S. 15; OLG Düsseldorf v. 29.4.2014 – III-1 Ws 429/14, JurisPR-Compl 2/2016 Anm. 4; OLG Stuttgart v. 28.10.2002 – 1 Ss 304/02, NJW 2003, 228.
2 BT-Drucks. 13/8079, S. 15; *Kuhlen* in NOMOS Kommentar zum StGB, § 331 StGB Rz. 81 ff.; *Piel/Rübenstahl* in Esser/Rübenstahl/Saliger/Tsambikakis, Wirtschaftsstrafrecht, 1. Aufl. 2017, § 331 StGB Rz. 54.
3 BGH v. 10.3.1985 – 4 StR 375/82, BGHSt 31, 264, 280.
4 *Krause/Vogel*, RIW 1999, 488, 490.
5 BGH v. 25.7.1960 – 2 StR 91/60, BGHSt 15, 88, 92.
6 BT-Drucks. 7/550, S. 209.
7 Vgl. zur Rechtslage (sog. „zweistufiges Prüfungsverfahren") bezüglich Amtsträgern aus EU-Staaten nach dem EU-BestG näher BGH v. 10.6.2015 – 1 StR 399/14, BGHSt 60, 266; ferner – auch zur neuen Rechtslage – *Brodowski*, HRRS 2016, 14; *Schünemann*, ZRP 2016, 68; *Kappel/Junkers*, NZWiSt 2016, 382.

einkommens. Danach ist der Begriff des Amtsträgers zu definieren als „eine Person, die in einem anderen Staat durch Ernennung oder Wahl ein Amt im Bereich der ... Verwaltung ... innehat".[1] Ferner richtet sich der maßgebliche Personenkreis nach Art. 1 Buchst. a des Europarats-Übereinkommens und Art. 2 Buchst. b des VN-Übereinkommens.[2]

40.79 Auch Angehörige **privat-rechtlich organisierter, aber staatlich gesteuerter Unternehmen** kommen in Frage.[3] Eine Aufgabe verliert durch die Wahl einer privat-rechtlichen Organisationsform nicht ihren Charakter als Verwaltungsaufgabe. Organisiert sich die Verwaltung selbst privat-rechtlich, indem sie Verwaltungsaufgaben mittels einer hierzu geschaffenen Organisation des Privatrechts bewältigt, privatisiert sie nicht die Aufgabe selbst, sondern deren Bewältigung.[4] Als juristische Personen des Privatrechts organisierte Einrichtungen und Unternehmen der öffentlichen Hand sind als „sonstige Stellen" den Behörden gleichzustellen, wenn bei ihnen Merkmale vorliegen, „die eine **Gleichstellung rechtfertigen**". Dies ist insbesondere dann der Fall, wenn sie bei ihrer Tätigkeit öffentliche Aufgaben wahrnehmen und dabei derart staatlicher bzw. hier kommunaler Steuerung unterliegen, dass sie bei einer Gesamtbewertung der sie kennzeichnenden Merkmale als **„verlängerter Arm"** des Staates erscheinen.[5] Die Deutsche Bahn AG ist keine „sonstige Stelle", da eine Gesamtbewertung dieser öffentlich-rechtlichen und gesellschaftsrechtlichen Einflussmöglichkeiten nicht zu dem Ergebnis führt, dass die Deutsche Bahn AG derartig staatlicher Steuerung unterliegt.[6] Ist an der Gesellschaft ein Privater beteiligt, liegt eine staatliche Steuerung nicht vor, wenn der Gesellschaftsvertrag dem Privaten aufgrund der Höhe seiner Beteiligung eine Sperrminorität bei wesentlichen unternehmerischen Entscheidungen einräumt.[7] Im Übrigen hat sich eine reichhaltige Kasuistik entwickelt[8]: Amtsträger kann der freiberufliche Bauingenieur sein, wenn er aufgrund eines Rahmenvertrages sämtliche Bauangelegenheiten eines städtischen Krankenhauses zu betreuen hat[9]; keine Amtsträger sind demgegenüber die Bediensteten der Flughafengesellschaft Frankfurt/Main – FAG.[10] Nicht erfasst sind auch Angehörige von Handwerksbetrieben, die für eine Behörde arbeiten[11], ebenso wenig niedergelassene Vertragsärzte.[12]

---

1 BGH v. 29.8.2008 – 2 StR 587/07, NJW 2009, 95, 99; *Schuster/Rübenstahl*, wistra 2008, 201, 203.
2 BT-Drucks. 18/4350, S. 25.
3 BGH v. 19.12.1997 – 2 StR 521/97, BGHSt 43, 370: Deutsche Gesellschaft für Technische Zusammenarbeit – GTZ; BGH v. 12.7.2001 – 4 StR 550/00, NJW 2001, 3062: Treuhand Liegenschaftsgesellschaft mbH – TLG; BGH v. 14.11.2003 – 2 StR 164/03, NJW 2004, 693: Fernwärmeversorgung; OLG Karlsruhe v. 26.10.1982 – 3 Ws 149/82, NJW 1983, 352: Kreiskrankenhaus; KG v. 30.4.2008 – 1 Ss 223, 73/05, NJW 2008, 2132: öffentliche Verkehrsbetriebe.
4 BGH v. 19.12.1997 – 2 StR 521/97, BGHSt 43, 370.
5 BGH v. 19.12.1997 – 2 StR 521/97, BGHSt 43, 370, 377; BGH v. 3.3.1999 – 2 StR 437/98, BGHSt 45, 16, 19; BGH v. 15.3.2001 – 5 StR 454/00, BGHSt 46, 310, 312 f.; BGH v. 16.7.2004 – 2 StR 486/03, NJW 2004, 3129; BGH v. 11.5.2006 – 3 StR 389/05, NStZ 2006, 628.
6 BGH v. 16.7.2004 – 2 StR 486/03, NJW 2004, 3129.
7 BGH v. 2.12.2005 – 5 StR 119/05, BGHSt 50, 299, 306.
8 Vgl. *Satzger* in Satzger/Schluckebier/Widmaier, § 11 StGB Rz. 23 ff. m.N.
9 BGH v. 29.1.1998 – 1 StR 64/97, StV 1998, 368 f.; BGH v. 14.11.2003 – 2 StR 164/03, NJW 2004, 693: öffentlich beherrschte Versorgungsgesellschaft.
10 BGH v. 3.3.1999 – 2 StR 437/98, BGHSt 45, 16, 19 f.
11 *Leipold* in Greeve/Leipold, Baustrafrecht, § 18 Rz. 21.
12 BGH (GS) v. 29.3.2012 – GSSt 2/11, BGHSt 57, 202; *Neupert*, NJW 2006, 2811; *Klötzer*, NStZ 2008, 12.

3. Genehmigung durch „zuständige Behörde"

Für die **Vermeidung strafrechtlicher Risiken** ist von erheblicher praktischer Bedeutung, dass eine Strafbarkeit bei Vorteilsgewährung bzw. -annahme (nicht aber bei Bestechung und Bestechlichkeit) dann nicht eintritt, wenn die zuständige Behörde im Rahmen ihrer Befugnisse entweder der Annahme des Vorteils durch den Empfänger **vorher zugestimmt** hat oder sie auf unverzügliche Anzeige des Empfängers **nachträglich genehmigt**.[1] Viele Unternehmen sind daher zwischenzeitlich dazu übergegangen, beispielsweise bei der Einladung von Amtsträgern zu Veranstaltungen von diesen eine Vorlage der Genehmigung bei der Veranstaltung zu verlangen. Die **Zuständigkeit** für die Erteilung der Genehmigung richtet sich im Einzelfall nach den jeweiligen Vorgaben innerhalb der Behördenorganisation. Wer vorgesetzte Dienstbehörde i.S. der §§ 331 Abs. 3, 333 Abs. 3 StGB ist, lässt sich nicht verallgemeinernd bestimmen. Je größer eine Behörde ist, umso weiter kann die Zuständigkeit von der Verwaltungsspitze des Hauses entfernt sein, ggf. existiert ein gesondert Beauftragter.[2]

40.80

II. § 299 StGB (Bestechlichkeit und Bestechung im geschäftlichen Verkehr)/ §§ 299a, 299b StGB (Bestechlichkeit und Bestechung im Gesundheitswesen)

Gem. § 299 StGB ist auch die Vorteilsgewährung an Angestellte oder Beauftragte privatwirtschaftlicher Betriebe und Unternehmen in bestimmten Fällen strafbar. § 299 StGB schützt einerseits das Allgemeininteresse an einem freien, lauteren Wettbewerb; durch die Aufnahme des sog. **„Geschäftsherrenmodells"** in der seit 2015 geltenden Neufassung dient § 299 StGB nunmehr andererseits auch dem Schutz des Vermögens des Geschäftsherrn.[3] Die 2016 neu in das StGB aufgenommenen §§ 299a, 299b StGB stellen die Bestechlichkeit und Bestechung im Gesundheitswesen unter Strafe; die Vorschriften besitzen einen doppelten Rechtsgüterschutz und sollen sowohl den fairen Wettbewerb im Gesundheitswesen wie auch das Vertrauen des Bürgers in die Lauterkeit heilberuflicher Entscheidungen schützen.[4]

40.81

Die o.a. Darstellung zum Vorteils-Begriff §§ 331 ff. StGB gilt sinngemäß für § 299 StGB.[5] Täter der Bestechlichkeit nach § 299 Abs. 1 StGB können nur **Angestellte** oder **Beauftragte** eines geschäftlichen Betriebes sein.[6] Dazu zählen z.B. auch am Wirtschaftsleben teilnehmende öffentliche Unternehmen oder staatliche Beschaffungsstellen. Eine Gewinnerzielungsabsicht ist nicht erforderlich, so dass auch gemeinnützige, kulturelle oder soziale Einrichtungen sowie öffentliche Unternehmungen in Betracht kommen. Täter der Bestechlichkeit im Gesundheitswesen können neben den Angehörigen der akademischen Heilberufe (Ärzte, Tierärzte, Zahnärzte, Apotheker) auch die Angehörigen der sog. Gesundheitsfachberufe (Gesundheits- und Krankenpfleger, Logopäden, Physiotherapeuten u.a.m.) sein.

40.82

---

1 *Piel/Rübenstahl* in Esser/Rübenstahl/Saliger/Tsambikakis, Wirtschaftsstrafrecht, 1. Aufl. 2017, § 331 StGB Rz. 79 ff.
2 Regelungen in verschiedenen Kommunen zeigen, dass sich ein höchst unterschiedliches Bild bietet. Während in Köln die Zuständigkeit relativ hoch angesiedelt wird (Dienststellenleiter), liegt sie beispielsweise in Göttingen bei den Dezernatsleitern.
3 Näher *Dann*, NJW 2016, 203; kritisch *Schünemann*, ZRP 2015, 68; *Kappel/Junkers*, NZWiSt 2016, 382; *Rübenstahl/Teubner* in Esser/Rübenstahl/Saliger/Tsambikakis, Wirtschaftsstrafrecht, 1. Aufl. 2017, § 299 StGB Rz. 2.
4 *Dann*, NJW 2016, 203.
5 Vgl. auch BGH v. 29.4.2015 – 1 StR 235/14, NZWiSt 2016, 64 m. Anm. *Bürger*.
6 Vgl. *Lackner/Kühl*, § 299 StGB Rz. 2; *Wessels/Hillenkamp*, Strafrecht BT 2, Rz. 702.

40.83 §§ 299 Abs. 1 Nr. 1, 299a, 299b StGB erfordert, dass der Vorteil entweder zum **Zweck der unlauteren Bevorzugung bei der Entscheidung über den Bezug von Waren oder gewerblichen Leistungen (§ 299 Abs. 1 Nr. 1 StGB)** bzw. **im Wettbewerb (§§ 299a, 299b StGB)** versprochen oder angenommen wird. Bei **§ 299a und § 299b StGB ist eine Bevorzugung in Bezug auf Verordnungs-, Bezugs- oder Zuführungsentscheidungen (Nr. 1–3)** erforderlich. Der Vorteil muss für eine (noch vorzunehmende) Bevorzugung gegenüber mindestens einem Mitbewerber gewährt werden[1], wobei das Merkmal der Bevorzugung im Wettbewerb subjektiviert ist. Entscheidend ist, dass die Handlung nach der Überzeugung des Täters geeignet ist, eine Bevorzugung im Wettbewerb herbeizuführen.[2] Ob es tatsächlich zu einer Bevorzugung kommt, ist nicht von Bedeutung. Nicht von dem Tatbestand erfasst ist die Gewährung eines Vorteils, nachdem der Vorteilsgeber bereits gegenüber seinen Mitbewerbern bevorzugt wurde. Ferner unterfällt die Vorteilsgewährung zur allgemeinen „Klimapflege" nicht dem §§ 299 Abs. 1 Nr. 1, 299a, 299b StGB. Die das Geschäftsherrenmodell betreffende Neuregelung des **§ 299 Abs. 1 Nr. 2 StGB** verlangt, dass der Vorteil Gegenleistung für eine Handlung ist, durch die der Täter seine Pflichten gegenüber dem Geschäftsherrn verletzt. Damit unterfällt nach neuem Recht beispielsweise die Bestechung eines Bankmitarbeiters – entgegen dem früheren Recht – dem Tatbestand, wenn damit eine Kreditgewährung ohne Bonitätsprüfung erkauft werden soll.[3] Denn hierin liegt eine Pflichtverletzung gegenüber der Bank als Geschäftsherrin. Die geschilderten Anforderungen an die Bevorzugung im Wettbewerb bzw. die angesprochenen Einschränkungen gelten sinngemäß auch für die §§ 299a und 299b StGB.

40.84 § 299 StGB besitzt keinen die Strafbarkeit beseitigenden Genehmigungstatbestand wie § 331 Abs. 3 bzw. § 333 Abs. 3 StGB. Nach vorherrschender Ansicht ist der **Betriebsinhaber** selbst **kein tauglicher Zuwendungsadressat** i.S. des § 299 StGB; Gleiches gilt für einem Betriebsinhaber gleichstehende Personen (z.B. der GmbH-Alleingesellschafter).[4] Daher scheidet eine Strafbarkeit nach § 299 StGB auch aus, wenn der Geschäftsherr der Annahme des Vorteils zustimmt. Denn es begründet keinen Unterschied, ob der Geschäftsherr den Vorteil selbst oder ob ein Angestellter diesen mit seiner Zustimmung annimmt.[5] Geschäftsführer einer GmbH („Angestellter") und Vorstände einer Aktiengesellschaft („Beauftragte") sind taugliche Zuwendungsadressaten im Sinn des § 299 StGB.[6]

40.85 Eine weitere Beschränkung enthält § 299 StGB über das Merkmal der Bevorzugung „in unlauterer Weise". Unlauter ist die Bevorzugung, wenn sie geeignet ist, Mitbewerber durch Umgehung der offengelegten Regeln des Wettbewerbs und der Konkurrenz zu schädigen. Über dieses Merkmal werden insbesondere anerkannte wirtschaftliche Entscheidungskriterien wie Nachlässe und Rabatte aus dem Tatbestand ausgeschieden. Rabattzuwendungen bei Abnahme einer bestimmten Produktmenge oder dergleichen, die dem Unternehmen selbst zufließen, sind hiernach zulässig.

---

1 BGH v. 9.10.1990 – 1 StR 538/89, NJW 1991, 367, 370; BGH v. 18.6.2003 – 5 StR 489/02, wistra 2003, 385, 386 (zu § 299 Abs. 1 StGB a.F.); *Fischer*, § 299 StGB Rz. 24; *Rübenstahl/Teubner* in Esser/Rübenstahl/Saliger/Tsambikakis, Wirtschaftsstrafrecht, 1. Aufl. 2017, § 299 StGB Rz. 47.
2 BGH v. 29.4.2015 – 1 StR 235/14, NZWiSt 2016, 64 m. Anm. *Bürger*.
3 *Tiedemann* in Leipziger Kommentar, § 299 StGB Rz. 34 f.
4 *Rosenau* in Satzger/Schluckebier/Widmaier, § 299 StGB Rz. 10; *Rönnau*, StV 2009, 304.
5 *Rönnau* in Achenbach/Ransiek, Handbuch Wirtschaftsstrafrecht, III 2 Rz. 24 ff.
6 *Fischer*, § 299 StGB Rz. 14, 15 (streitig).

III. Kick-Back-Konstellationen (Bestechung/Untreue)

Bestechungszahlungen im öffentlichen und privaten Bereich werden vielfach durch „Preiserhöhungen" zum Nachteil der öffentlichen Hand bzw. des Geschäftsherrn „refinanziert". Dies geschieht, in dem der Vertrags- oder Zuschlagspreis von den Beteiligten manipulativ erhöht wird mit der Folge, dass der Geschäftsherr die Vorteilsgewährung über seine Vertragsleistung finanziert. In solchen Fällen liegt neben den Bestechungsdelikten regelmäßig auch eine Untreue (§ 266 StGB) vor, selbst wenn das die Refinanzierung des Vorteils über eine manipulative Erhöhung des Vertragspreises im Detail nicht beweisbar ist.[1] Die Rechtsprechung geht in derartigen Konstellationen von der Vermutung eines Nachteilseintritts beim Geschäftsherrn aus. Kommt es durch Schmiergeldzahlungen an den Treupflichtigen zur Ausschaltung des Wettbewerbs, liegt es nahe, dass Preise vereinbart werden, die unter Wettbewerbsbedingungen nicht erzielbar wären. In diesem Fall ist die Vermutung eines Vermögensnachteils in Höhe sachfremder oder unter Wettbewerbsbedingungen nicht ohne weiteres durchsetzbarer Rechnungsposten gerechtfertigt.[2]

40.86

IV. Auslandssachverhalte (Agenten/„Provisionszahlungen"), Interne Untersuchungen, Verbot der Doppelbestrafung

Wie dargelegt, stellt das geltende deutsche Korruptionsstrafrecht auch die Bestechung im Ausland und die Beteiligung hieran umfassend unter Strafe. In der Praxis bedeutsam sind insoweit insbesondere von Unternehmen mit **ausländischen Beratern** getroffene Verträge geworden. Fehlt es bei solchen Verträgen an einer eingehenden Leistungsdokumentation, gehen die Ermittlungsbehörden vielfach davon aus, dass das Beratungsverhältnis der Zahlung bzw. Weiterleitung von Schmiergeldern diente.[3]

40.87

Die umfänglichen Ermittlungsverfahren der vergangenen Jahre betreffend korruptives Verhalten im Ausland haben die betroffenen Unternehmen in Abstimmung mit den jeweils zuständigen Staatsanwaltschaften zu umfänglichen **unternehmens-internen Sachverhaltsaufklärungen** veranlasst. Diese sind in der Vergangenheit im Zusammenhang mit systematischen Korruptionsfällen erstmals durchgeführt worden, haben indes zwischenzeitlich auch andere mögliche Pflichtverletzungen zum Gegenstand, z.B. den Verdacht wiederholter bzw. systematischer Verstöße gegen regulatorische Pflichten (sog. „Diesel"-Thematik). Solche Untersuchungen werden regelmäßig in Erfüllung der Geschäftsleiterpflicht durchgeführt, Anhaltspunkten für – zumal systematischen – Norm- bzw. Pflichtverletzungen nachzugehen, die innerhalb der Unternehmensorganisation begangen werden. Ferner besitzen die Geschäftsleiter die Pflicht, erkannten Missständen durch Anpassung der bestehenden Organisations- und Compliance-Strukturen zu begegnen; auch den Ausgangspunkt derartiger Anpassungen wie auch ggf. notwendiger arbeitsrechtlicher Schritte gegen die betreffenden Mitarbeiter[4] bilden Untersuchungen zur Klärung auffälliger Sachverhalte und ggf. bestehender Systemmängel. Schließlich bestehen für an ausländischen Börsen notierte Unternehmen in den jeweiligen Staaten gesetzliche Vorgaben, die sie zur Durchführung solcher Untersuchungen

40.88

---

1 *Saliger* in Esser/Rübenstahl/Saliger/Tsambikakis, Wirtschaftsstrafrecht, 1. Aufl. 2017, § 266 StGB Rz. 80.
2 BGH v. 11.11.2004 – 5 StR 299/03, BGHSt 49, 317, 333; BGH v. 2.12.2005 – 5 StR 119/05, NJW 2006, 926, 931; BGH v. 29.6.2006 – 5 StR 485/05, NJW 2006, 2864.
3 Vgl. auch BGH v. 29.8.2008 – 2 StR 587/07, NStZ 2009, 95 – Siemens.
4 Näher *Göpfert/Landauer*, NZA-Beil. 2011, 16 ff.

verpflichten, insbesondere nach dem US-amerikanischen Börsenaufsichtsrecht. Die Bemühungen eines Unternehmens zur Sachverhaltsaufklärung und hierauf gestützte Anpassungen der Unternehmens- und Compliance-Organisation besitzen indes auch im Sanktionsrecht Bedeutung, namentlich im Zusammenhang mit der **Bemessung** einer **Unternehmensgeldbuße** (§ 30 OWiG).[1] Denn der Zweck der Geldbuße, die juristische Person durch ihre Verhängung effektiv und nachdrücklich dazu anzuhalten, künftig Normverstöße zu vermeiden, kann in wesentlichen Teilbereichen als bereits erreicht angesehen werden, wenn das Unternehmen auf der Grundlage einer eigenen Sachverhaltsaufklärung organisatorische Anpassungen vorgenommen hat, die der Sicherstellung normgemäßen Verhaltens in der Zukunft dienen und hierfür auch geeignet sind.[2]

40.89 In Fällen mit Auslandsbezug, bei denen neben einer Sanktionierung in Deutschland auch eine solche in einem anderen Land in Betracht kommt, ist darauf zu achten, dass zwar innerhalb nationaler Rechtsräume und innerhalb der Europäischen Union das Doppelbestrafungsverbot gilt (§ 54 des Schengener Durchführungsübereinkommens), nicht aber im Verhältnis zu vielen anderen Staaten. So existiert beispielsweise ein solches Abkommen mit den USA nicht, weshalb entsprechende **doppelte Bestrafungen** in Betracht kommen, mögen auch verhängte Sanktionen gegenseitig auf eine weitere Sanktion in derselben Sache angerechnet werden (§ 51 Abs. 3 StGB).[3]

F. Bilanzdelikte/Unrichtige Unternehmensabschlüsse und unrichtige Berichte

40.90 Zwar mag die kriminalpolitische Bedeutung der Bilanzdelikte insgesamt gering sein.[4] Angesichts diverser großer Unternehmensinsolvenzen und der Entwicklungen im Zusammenhang mit der Finanzkrise sind die Straftatbestände des Bilanz- und Aktienrechts verstärkt ins Blickfeld getreten; Ermittlungsverfahren wegen unrichtiger Unternehmensabschlüsse haben zugenommen.[5] Die Strafnormen dienen dem Schutz der Zuverlässigkeit und Richtigkeit der publizierten Informationen primär im Hinblick auf das Informationsinteresse des Gesellschafters, darüber hinaus aber auch im Interesse der Kontrollorgane der Gesellschaft, der Arbeitnehmer und der Gläubiger der Gesellschaft.

I. Unrichtige Darstellung (§ 331 HGB)

40.91 Die **Zentralnorm des Bilanzstrafrechts** ist **§ 331 Nr. 1–3 HGB**. Sie gilt auch für OHG und KG, wenn keine natürliche Person als persönlich haftender Gesellschafter vorhanden ist. Von Bedeutung sind darüber hinaus die Spezialnormen der § 400 AktG (näher noch unten), der allerdings neben § 331 HGB nicht zur Anwendung gelangt, **§ 82 GmbHG** sowie **§ 147**

---

1 Vgl. auch *Krause*, StraFo 2011, 437.
2 *Wessing* in FS Arbeitsgemeinschaft Strafrecht des Deutschen Anwaltvereins, S. 907.
3 Zum Ganzen ausführlich: *Hart-Hönig* in FS Arbeitsgemeinschaft Strafrecht des deutschen Anwaltvereins, S. 530.
4 *Ransiek* in Achenbach/Ransiek, Handbuch Wirtschaftsstrafrecht, VIII 1 Rz. 27.
5 Eingehend *Knierim* in Volk, Münchener Anwaltshandbuch Verteidigung in Wirtschafts- und Steuerstrafsachen, 2. Aufl. 2014, S. 1529.

Abs. 2 GenG für die Genossenschaft.[1] Für publizitätspflichtige Unternehmen gilt überdies § 17 Nr. 1–3 PublizitätsG. Falsche Angaben gegenüber Prüfern stellt § 331 Nr. 4 HGB unter Strafe. Das **Unterlassen der Bilanzierung** ist nur unter den Voraussetzungen des §§ 283 Abs. 1 Nr. 7 lit. b, 283b Abs. 1 Nr. 3 lit. b StGB in Krise und Insolvenz strafbar (näher unten Rz. 40.149 ff.). § 331 Nr. 1 HGB ist **Schutzgesetz** i.S. des § 823 Abs. 2 StGB.[2]

Die Bilanzdelikte gelten ausschließlich für **gesetzliche Pflichtaufgaben**, nicht für freiwillige oder nicht periodengerechte Abschlüsse. Bei letzteren kann indes die Verwendung unrichtiger Abschlüsse bzw. deren Vorlage bei Banken, Subventionsgebern oder Gläubigern strafrechtlich relevant sein (z.B. **Kreditbetrug, Subventionsbetrug, Betrug** u.a.m.). 40.92

Täter des § 331 HGB können nur **Vorstandsmitglieder, Geschäftsführer** oder **Aufsichtsräte** sein, ferner auch **faktische Organe** (vgl. Rz. 40.14 ff.). Ob freiwillig bestellte Aufsichtsorgane (z.B. Beiräte) Täter sein können, richtet sich danach, ob es zu ihren satzungsmäßigen Aufgaben gehört, an der Abschlussfeststellung mitzuwirken.[3] § 331 HGB verlangt ein **vorsätzliches Verhalten**. Dies setzt die Kenntnis der Unrichtigkeit des bilanzierungspflichtigen Sachverhaltes voraus, wozu bedingter Vorsatz ausreicht, also das **Erkennen der unrichtigen oder verschleiernden Darstellung** der wirtschaftlichen Verhältnisse der Gesellschaft. 40.93

Bei der Feststellung des Vorsatzes kann die – vielfach praktizierte – Arbeitsteilung bei mehrköpfigen Geschäftsleitungen erhebliche Bedeutung gewinnen. Geschäftsleitungsmitglieder dürfen sich grundsätzlich auf den zuständigen **Ressortleiter**, dieser sich auf sorgfältig ausgewählte und regelmäßig kontrollierte Abteilungsmitarbeiter verlassen (vgl. Rz. 40.13). Entsprechendes gilt bei der Beauftragung externer Spezialisten.[4] Die Strafbarkeit beginnt erst mit der **Aufstellung des Abschlusses**. Vollendet ist die Tat mit Zugang des Abschlusses bei einem der handelsrechtlich vorgesehenen Adressaten. Erfolgt vor diesem Zeitpunkt eine **Berichtigung**, so entfällt die Strafbarkeit. Vorläufige Abschlüsse begründen eine Strafbarkeit nicht, es sei denn, sie haben willentlich den Kreis des Vorstandes bzw. der Geschäftsführung verlassen.[5] 40.94

Strafbar ist die unrichtige oder verschleiernde Darstellung in **Eröffnungsbilanz, Jahresabschluss** oder **Lagebericht** (§ 331 Nr. 1 HGB), **Konzernabschluss, Konzernlagebericht** und **Konzernzwischenabschluss** (§ 331 Nr. 2 HGB) sowie die Offenlegung eines unrichtigen oder verschleiernden Konzernabschlusses des Mutterunternehmens (§ 331 Nr. 3 HGB). Auch unrichtige **Angaben im Anhang** (§§ 264, 284 ff. HGB) sind erfasst. Unrichtig sind die Verhältnisse dargestellt, wenn der Abschluss Erklärungen enthält, die **mit der wirklichen Sachlage nicht übereinstimmen**, wozu es auch gehört, wenn durch Verschweigen bestimmter Umstän- 40.95

---

1 Für die tatbestandlichen Voraussetzungen dieser Vorschriften gelten die nachfolgenden Ausführungen entsprechend.
2 *Mülbert/Steup*, WM 2005, 1633, 1645; *Quedenfeld* in MünchKomm. HGB, § 331 HGB Rz. 2. Zu beachten ist, dass die Unrichtigkeit der Darstellung zur Begründung des Schadensersatzanspruches nicht ausreicht. Hinzutreten muss der Nachweis eines Schadens und einer kausalen Verknüpfung zwischen der Unrichtigkeit und dem Schadenseintritt, der den Nachweis erfordert, dass der Anleger seine Anlageentscheidung im Vertrauen auf die Richtigkeit gerade der betreffenden Angaben gestützt hat. Das ist in der Praxis vielfach schwer zu belegen.
3 *Knierim* in Volk, Münchener Anwaltshandbuch Verteidigung in Wirtschafts- und Steuerstrafsachen, 2. Aufl. 2014, S. 1540; *Lauterwein/Xylander* in Esser/Rübenstahl/Saliger/Tsambikakis, Wirtschaftsstrafrecht, 1. Aufl. 2017, § 331 HGB Rz. 29.
4 BGH v. 22.11.2005 – 1 StR 571/04, NStZ 2006, 221.
5 RGSt 5, 146; RGSt 21, 172; RGSt 49, 319.

de ein falsches Bild entsteht[1], oder wenn ein Verstoß gegen den Grundsatz der Bilanzwahrheit und -vollständigkeit vorliegt (§§ 243 Abs. 2, 246 Abs. 1 HGB).

40.96 Das ist insbesondere dann der Fall, wenn die Bilanzierungsvorschriften der §§ 252 ff. HGB, insbesondere die Grundsätze ordnungsgemäßer Buchführung (§ 264 Abs. 1 HGB) nicht eingehalten worden sind. Insoweit besteht eine **Akzessorietät zum zivilrechtlichen Bilanzrecht**. Ein objektiv unrichtiger Jahresabschluss liegt **nicht** vor, wenn die **Bilanzierungs-, Bewertungs-** und **Berichtsvorschriften eingehalten** wurden, d.h. auch die Ausnutzung zahlreicher oder aller Ermessensspielräume des Bilanzrechts führt nicht zur Strafbarkeit.[2] Daraus folgt insbesondere, dass zulässige Maßnahmen der sog. Bilanzkosmetik nicht strafbar sind. Bewertungsfehler müssen eindeutig und unzweifelhaft sein.[3] Strafbar ist auch die zu **ungünstige Darstellung** der Verhältnisse. Ergebnisneutrale Falschdarstellungen können straflos sein, ebenso die verschleiernde Darstellung einer von allen Gesellschaftern mitgetragenen verdeckten Gewinnausschüttung.[4]

40.97 Beispiele für strafbare Falschdarstellungen sind etwa die **unterlassene Angabe von Schadensersatzansprüchen gegen Vorstandsmitglieder**, die **überhöhte Angabe von Außenständen**, die unrichtige Schätzung von Außenständen, die **falsche Bewertung** von Vermögensgegenständen, die Darstellung von der Gesellschaft nicht gehörenden Vermögensgegenständen als solche der Gesellschaft, die **Darstellung aufgelöster stiller Reserven als laufende Einnahmen**, das **Verschweigen von Passiva** in der Bilanz bzw. das **Unterlassen der Bildung gebotener Rückstellungen**.

40.98 Neben der unrichtigen Darstellung ist auch die **verschleiernde Darstellung** verboten. Erfasst sind hier nicht die Verstöße gegen die inhaltliche Richtigkeit, sondern gegen die formale Richtigkeit im Sinne der **Übersichtlichkeit** (vgl. § 243 Abs. 2 HGB).[5] Diese Unklarheit ist am Maßstab des bilanzkundigen Lesers zu messen (vgl. § 238 Abs. 1 Satz 2 HGB).[6] In der Praxis wird sich eine trennscharfe Abgrenzung kaum bewerkstelligen lassen, die aber auch nicht notwendig ist, da das Gesetz beide Alternativen unter Strafe stellt.

40.99 Im Hinblick auf die Weite des Begriffs „Verhältnisse" wird in § 331 HGB als strafbarkeitsbeschränkendes Korrektiv hineingelesen, dass die **Abweichung** der Darstellung von den tatsächlichen Verhältnissen „**wesentlich**" sein muss, um den Straftatbestand zu erfüllen. Denn Sinn und Zweck der Bilanzdelikte ist nicht, jedwede Unrichtigkeit der Bilanz zu unterbinden. Wie indes das Kriterium der Wesentlichkeit im Einzelnen zu bestimmen ist, ist bislang nicht abschließend geklärt. Maßstab soll der Bilanzposten sein, der unrichtig ist, und sein

---

1 *Ransiek* in Achenbach/Ransiek, Handbuch Wirtschaftsstrafrecht, VIII 1 Rz. 50, S. 1131.
2 *Knierim* in Volk, Münchener Anwaltshandbuch Verteidigung in Wirtschafts- und Steuerstrafsachen, 2. Aufl. 2014, S. 1545.
3 *Ransiek* in Achenbach/Ransiek, Handbuch Wirtschaftsstrafrecht, VIII 1 Rz. 50, S. 1131.
4 *Ransiek* in Achenbach/Ransiek, Handbuch Wirtschaftsstrafrecht, VIII 1 Rz. 50, S. 1131.
5 *Quedenfeld* in MünchKomm. HGB, § 331 HGB Rz. 46; *Ransiek* in Achenbach/Ransiek, Handbuch Wirtschaftsstrafrecht, VIII 1 Rz. 54, S. 1132; *Lauterwein/Xylander* in Esser/Rübenstahl/Saliger/Tsambikakis, Wirtschaftsstrafrecht, 1. Aufl. 2017, § 331 HGB Rz. 79 f.
6 BGH v. 16.12.2004 – 1 StR 420/03, BGHSt 49, 381, 391; *Tiedemann/Rönnau* in Scholz, § 82 GmbHG Rz. 179 ff.

Verhältnis zu dem gesamten Bilanzposten. Bei Bewertungsfragen soll eine **Abweichung von 10 %** für die Wesentlichkeit ausreichen.[1]

II. Strafbarer Bilanzeid (§ 331 Nr. 3a HGB)

Trotz der geringen kriminalpolitischen Bedeutung hat sich der Gesetzgeber nach diversen Bilanzskandalen und aufgrund europäischer Vorgaben gezwungen gesehen, das Vertrauen der Anleger in die Glaubwürdigkeit der Kapitalmarktinformationen durch einen neuen Straftatbestand, namentlich den nach amerikanischem Vorbild konzipierten Tatbestand des **Bilanzeides (§ 331 Nr. 3a HGB)**[2], zu stärken.[3] Nunmehr sind alle Mitglieder des Vorstandes eines Inlandsemittenten i.S. des § 2 Abs. 7 WpHG[4] verpflichtet, die **inhaltliche Richtigkeit der Angaben im Jahresabschluss** gem. § 264 Abs. 2 Satz 3 HGB i.V.m. § 37v Abs. 2 Nr. 3 WpHG[5], des Lageberichts i.S. des § 289 Abs. 1 Satz 5 HGB i.V.m. § 37v Abs. 2 Nr. 3 WpHG[6] **nach bestem Wissen zu bestätigen**. Gleiches gilt für Konzernabschlüsse bzw. Konzernlageberichte. Strafbar ist allerdings nur die falsche Angabe, die Nichtabgabe stellt lediglich eine Ordnungswidrigkeit nach § 39 Abs. 2 Nr. 24 WpHG[7] dar. Ob es für den Bilanzeid einen konkreten Anwendungsbereich neben den Vorschriften des § 331 Nr. 1 und 2 HGB gibt, wird angezweifelt.[8] In der Literatur wird die Einführung des strafbaren Bilanzeides als Akt der symbolischen Gesetzgebung gewertet.[9]

40.100

III. Unrichtige oder verschleiernde Wiedergabe der Verhältnisse einer AG (§ 400 Abs. 1 Nr. 1 AktG)

§ 400 Abs. 1 Nr. 1 AktG stellt die unrichtige Wiedergabe oder verschleiernde Darstellung der Verhältnisse der AG (bzw. der KGaA, § 408 AktG) einschließlich der Beziehungen zu verbundenen Unternehmen in **Darstellungen** oder **Übersichten** über den Vermögensstand bzw. in **Vorträgen** oder **Auskünften in der Hauptversammlung** durch Vorstände, Aufsichtsräte oder Abwickler unter Strafe. § 400 Abs. 1 Nr. 1 AktG ist **Schutzgesetz i.S. des § 823 Abs. 2 BGB**.[10] Unter § 400 Abs. 1 Nr. 1 AktG fallen nicht sämtliche politischen oder sozialen **Verhältnisse der Gesellschaft**, sondern nur solche, die **für die Geschäftslage der Gesellschaft von Bedeutung** sind. Tatbestandsmäßig sind mündliche oder schriftliche Berichte jeder Art, die einen

40.101

---

1 *Knierim* in Volk, Münchener Anwaltshandbuch Verteidigung in Wirtschafts- und Steuerstrafsachen, 2. Aufl. 2014, S. 1549 m.N.; eingehend *Lauterwein/Xylander* in Esser/Rübenstahl/Saliger/Tsambikakis, Wirtschaftsstrafrecht, 1. Aufl. 2017, § 331 HGB Rz. 92 ff.
2 Eine beispielshafte Formulierung findet sich in Deutscher Rechnungslegungs-Standard Nr. 16.
3 Vgl. ausführlich *Altenhain*, WM 2008, 1141; *Hahn*, IRZ 2007, 375.
4 § 2 Abs. 7 WpHG i.d.F. des 2. FiMaNoG, BGBl. I 2017, 1693.
5 § 114 Abs. 2 Nr. 3 WpHG i.d.F. des 2. FiMaNoG, BGBl. I 2017, 1693.
6 § 114 Abs. 2 Nr. 3 WpHG i.d.F. des 2. FiMaNoG, BGBl. I 2017, 1693.
7 § 120 Abs. 1 Nr. 15 WpHG i.d.F. des 2. FiMaNoG, BGBl. I 2017, 1693.
8 *Fleischer*, ZIP 2007, 97, 105.
9 *Abendroth*, WM 2008, 1147, 1151; vgl. aber auch *Ziemann*, wistra 2007, 292, 294.
10 Vgl. die Entscheidungen zu Infomatec und EM. TV BGH v. 19.7.2004 – II ZR 402/02, WM 2004, 1721; BGH v. 19.7.2004 – II ZR 217/03, WM 2004, 1726; BGH v. 19.7.2004 – II ZR 218/03, WM 2004, 1731; BGH v. 17.9.2001 – II ZR 178/99, AG 2002, 43; OLG Frankfurt v. 11.10.2005 – 20 W 149/04, AG 2006, 162, 166.

Überblick über die Verhältnisse der Gesellschaft insgesamt geben sollen.[1] Hierzu gehören auch Quartalsberichte über Umsätze und Erträge, wenn sie ein Gesamtbild über die wirtschaftliche Lage der Gesellschaft ermöglichen und den Eindruck der Vollständigkeit erwecken.[2] Ein **Vortrag in der Hauptversammlung** ist jede als ernsthafte Stellungnahme zu verstehende Äußerung in der Hauptversammlung. Auch **börsenrechtliche Zwischenabschlüsse** fallen unter § 400 AktG.[3]

IV. Straftaten bei Verwendung unrichtiger Abschlüsse, Darstellungen oder Übersichten (Betrug, Subventions- und Kreditbetrug)

40.102 Werden unrichtige Abschlüsse, Darstellungen oder Übersichten im Geschäftsverkehr verwendet, beispielsweise durch Vorlage bei Finanzinstituten oder staatlichen Stellen zum Nachweis der wirtschaftlichen Lage der Gesellschaft, so sind regelmäßig weitere Straftatbestände verwirklicht.

40.103 Ein **Betrug** (§ 263 StGB) liegt bei einer solchen Verwendung vor, wenn ein Vertragspartner (z.B. ein Finanzinstitut) durch die unrichtige Bilanz über die wirtschaftliche Lage getäuscht wird und auf der Grundlage seines Irrtums eine Vermögensdisposition vornimmt (z.B. einen Kredit gewährt oder prolongiert), die bei ihm einen wirtschaftlichen Schaden auslöst. Indes bestehen in der Praxis vielfach Schwierigkeiten, die Ursächlichkeit der betreffenden Darstellung für die Entscheidung des Getäuschten bzw. den Eintritt eines Schadens im Einzelnen nachzuweisen. Derartige Nachweisschwierigkeiten bestehen nicht beim **Subventionsbetrug (§ 264 StGB)** und beim **Kreditbetrug (§ 265b StGB)**. Denn bei diesen führt bereits die **Vorlage unrichtiger Unterlagen** beim Subventionsgeber bzw. Finanzinstitut zur **Strafbarkeit**. Auf einen Täuschungserfolg oder den Eintritt eines Schadens kommt es nicht an. Aus diesem Grund werden die genannten Tatbestände gelegentlich im Fall von Nachweisschwierigkeiten auch als Auffangtatbestände behandelt. Beim Subventionsbetrug besteht eine Strafbarkeit selbst dann, wenn die Unrichtigkeit der Unterlage zunächst von deren Verwender unerkannt geblieben ist, er die Unrichtigkeit jedoch später erkennt und die gebotene Korrektur gegenüber dem Subventionsgeber unterlässt.[4] Diese ihrerseits strafbewehrte Korrekturpflicht wird in der Praxis vielfach übersehen.

---

1 BVerfG v. 27.4.2006 – 2 BvR 131/05, BKR 2007, 38; BGH v. 29.9.1981 – 1 StR 112/81, wistra 1982, 33; OLG München v. 1.10.2002 – 30 U 855/01, ZIP 2002, 1989, 1994; *Lauterwein/Xylander* in Esser/Rübenstahl/Saliger/Tsambikakis, Wirtschaftsstrafrecht, 1. Aufl. 2017, § 400 AktG Rz. 26 ff.
2 BGH v. 16.12.2004 – 1 StR 420/03, BGHSt 49, 381 – EM-TV.
3 BVerfG v. 27.4.2006 – 2 BvR 131/05, AG 2006, 539 f.; BGH v. 9.5.2005 – II ZR 287/02, AG 2005, 609.
4 *Hellmann* in NOMOS-Kommentar zum StGB, § 264 StGB Rz. 103. Beim Kreditbetrug besteht eine derartige Korrekturpflicht nicht in demselben Umfang, weil der Wortlaut des § 265b Abs. 1 Nr. 2 StGB nicht einschlägig ist und im Rahmen des Betruges (§ 263 StGB) eine Garantenstellung des Kreditnehmers gegenüber dem Kreditgeber regelmäßig nicht bestehen soll (*Hellmann* in NOMOS Kommentar zum StGB, § 265b StGB Rz. 53). Etwas anderes kann indes bei langjährigen Geschäftsbeziehungen oder eindeutigen vertraglichen Regelungen gelten (OLG Stuttgart v. 21.11.1977 – 3 Ss 624/77, JR 1978, 388, 389).

G. Strafrechtliche Risiken am organisierten Kapitalmarkt

Die strafrechtlichen Risiken am **organisierten Kapitalmarkt** (§ 2 Abs. 5 WpHG[1]) waren lange Zeit überschaubar, was nicht zuletzt auf ein in der Bevölkerung verbreitetes Desinteresse an den Abläufen auf dem Kapitalmarkt zurückzuführen war. Dies hat sich grundlegend geändert.[2] Der europäische und der nationale Gesetzgeber haben mit diversen Gesetzen den Kapitalmarkt einer **schärferen Regulierung** unterworfen und so der gestiegenen Bedeutung des Kapitalmarktes – auch für breite Bevölkerungsschichten etwa im Bereich der privaten Altersvorsorge – Rechnung getragen. Die sanktionsrechtlichen Regelungen des WpHG hat der Gesetzgeber durch das 1. FiMaNOG[3] mit Wirkung zum 2.7.2016 neu gefasst und umfassend umgestaltet. Die Novelle setzt die Richtlinie des EU-Parlamentes und des Europäischen Rates vom 16.4.2014 zur strafrechtlichen Sanktionierung bei Marktmanipulation um und passt die Sanktionsvorschriften des WpHG der Marktmissbrauchsverordnung (Marktmissbrauchs-VO) an.

40.104

Im Vordergrund der sanktionsrechtlichen Risiken für Geschäftsleiter stehen die Straf- und Bußgeldvorschriften der §§ 38 und 39 WpHG[4]. Dagegen treten der Kapitalanlagebetrug gem. § 264a StGB, das Verleiten zu Börsenspekulationsgeschäften gem. § 23 BörsG und die Sanktionsvorschriften des KWG in den Hintergrund. Die Strafvorschriften des WpHG sind wegen der zahlreichen Blankettvorschriften und wegen ihrer europarechtlichen Bezüge eine komplexe Spezialmaterie. Der eigentliche Normgehalt der Sanktionsvorschriften ergibt sich erst aus einer Zusammenschau dieser mit den jeweiligen – teilweise komplexen – Verbotsnormen, namentlich der Marktmissbrauchs-VO. Gegenüber der vor dem 2.7.2016 geltenden Rechtslage haben sich durch die Umsetzungsgesetzgebung des 1. FiMaNoG in den Randbereichen Änderungen im Hinblick auf das sanktionsbewehrte Verhalten ergeben. Insbesondere sind die Verbote des Insiderstrafrechts nun ausnahmslos auch für sog. Sekundärinsider strafbar; die Strafbarkeit des leichtfertigen Insiderhandels wurde aufgehoben (§ 38 Abs. 6 WpHG n.F.).[5] Im Bereich der Marktmanipulation hat der Gesetzgeber eine Versuchsstrafbarkeit eingeführt (§ 38 Abs. 4 WpHG n.F.[6]), darüber hinaus bestimmte Begehungsformen zu Verbrechen qualifiziert (§ 38 Abs. 5 WpHG n.F.[7]).[8] In der Strafverfolgungspraxis lässt sich schon seit Beginn der 2000er Jahre feststellen, dass die **BaFin** nicht nur ihre **Aufsichtspflichten intensiv** wahrnimmt, sondern sich intensiv – und in teilweise rechtsstaatlich bedenklicher Weise[9] – in die von den Staatsanwaltschaften geführten Ermittlungsverfahren einbringt. Es bestehen umfängliche Melde- (§ 9 WpHG[10]) sowie Verdachtsanzeigepflichten,

40.105

---

1 § 2 Abs. 11 WpHG i.d.F. des 2. FiMaNoG, BGBl. I 2017, 1693.
2 Eingehend *Park*, NStZ 2007, 369 ff.; *Weber*, NJW 2004, 3674.
3 Erstes Gesetz zur Novellierung von Finanzmarktvorschriften auf Grund europäischer Rechtsakte (Erstes Finanzmarktnovellierungsgesetz – 1. FiMaNoG), BGBl. I 2016, 1514.
4 §§ 119, 120 WpHG i.d.F. des 2. FiMaNoG, BGBl. I 2017, 1693.
5 Näher *Hilgendorf/Kusche* in Park, Kapitalmarktstrafrecht, S. 338 ff.
6 § 119 Abs. 4 WpHG i.d.F. des 2. FiMaNoG, BGBl. I 2017, 1693.
7 § 119 Abs. 5 WpHG i.d.F. des 2. FiMaNoG, BGBl. I 2017, 1693.
8 Näher *Sorgenfrei/Saliger* in Park, Kapitalmarktstrafrecht, S. 471 ff.
9 Ausführlich *Feigen* in FS Arbeitsgemeinschaft Strafrecht des Deutschen Anwaltvereins, S. 466.
10 § 22 WpHG i.d.F. des 2. FiMaNoG, BGBl. I 2017, 1693.

u.a. für Kreditinstitute (§ 10 WpHG[1]). Ferner besitzt die BaFin gegenüber jedermann weitreichende Auskunftsrechte (§ 4 Abs. 3 WpHG[2]).[3]

I. Verbotenes Tätigen von Insidergeschäften (§ 38 Abs. 3 Nr. 1 WpHG, Art. 14 lit. a Marktmissbrauchs-VO)

40.106 **Art. 14 lit. a (Alt. 1) Marktmissbrauchs-VO** verbietet jedem das Tätigen eines Insidergeschäfts. Nach der Legaldefinition in Art. 8 Abs. 1 Marktmissbrauchs-VO liegt ein Insidergeschäft vor, wenn eine Person über Insiderinformationen verfügt und unter Nutzung derselben für eigene oder fremde Rechnung direkt oder indirekt Finanzinstrumente, auf die sich die Informationen beziehen, erwirbt oder veräußert. Die Nutzung der Insiderinformation im Wege der Stornierung oder Änderung eines Auftrages in Bezug auf ein Finanzinstrument, auf das sich die Information bezieht, gilt ebenfalls als Insidergeschäft (Art. 8 Abs. 1 Satz 2 Marktmissbrauchs-VO). Die Strafvorschrift des § 38 Abs. 1 WpHG[4] nimmt auf Art. 14 lit. a (Alt. 1) Marktmissbrauchs-VO Bezug. Strafbar macht sich gem. **§ 38 Abs. 3 Nr. 1 WpHG**, wer unter Verstoß gegen Art. 14 lit. a (Alt. 1) Marktmissbrauchs-VO ein **Insidergeschäft tätigt**. § 38 Abs. 3 Nr. 2 WpHG[5] enthält darüber hinaus die strafrechtliche Sanktionierung von Verstößen gegen das Offenlegungs- und Anstiftungsverbot (Art. 14 lit. b und c Marktmissbrauchs-VO). Die nach der bis 2.7.2016 geltenden Bezugsnorm (§ 14 Abs. 1 WpHG) bestehenden Beschränkung dieser flankierenden Verbote auf den Täterkreis der sog. **Primärinsider** hat durch die Novelle an Bedeutung verloren, da sich nunmehr jedermann nach diesen Straftatbeständen strafbar machen kann. Die Unterscheidung hat nunmehr nur noch im Rahmen der Strafzumessung Bedeutung. Bei Primärinsidern handelt es sich insbesondere um die **Mitglieder des Geschäftsführungs- oder Aufsichtsorgans** und den **persönlich haftenden Gesellschafter** des Emittenten oder eines mit dem Emittenten verbundenen Unternehmens.

1. Insiderinformationen

40.107 Der Begriff **Insiderinformation** wurde bislang in § 13 WpHG a.F. definiert als eine konkrete Information über nicht öffentlich bekannte Umstände, die sich auf einen oder mehrere Emittenten von Insiderpapieren oder auf die Insiderpapiere selbst beziehen und die geeignet sind, im Falle ihres öffentlichen Bekanntwerdens den Börsen- oder Marktpreis erheblich zu beeinflussen. Das Beeinflussungspotential der Insiderinformation ist erheblich, wenn ein verständiger Anleger die Information bei seiner Anlageentscheidung berücksichtigen würde (vgl. § 13 Abs. 1 Satz 2 WpHG a.F.). An die Stelle dieser Legaldefinition ist nach neuem Recht eine umfängliche gesetzliche Begriffsbestimmung in Art. 7 Abs. 1 lit. a Marktmissbrauchs-VO getreten, die neben der Definition der *„nicht öffentlich bekannten präzisen Informationen"* (im Wesentlichen der Definition in § 13 WpHG a.F. entsprechend) für bestimmte Geschäftsbereiche noch gesonderte Definitionen beinhaltet. Konkrete Schwellenwerte lehnt die Rechtsprechung für die Bestimmung der Erheblichkeit ab, entscheidend soll allein der Einzelfall sein.[6]

---

1 § 23 WpHG i.d.F. des 2. FiMaNoG, BGBl. I 2017, 1693.
2 § 6 Abs. 3 und 4 WpHG i.d.F. des 2. FiMaNoG, BGBl. I 2017, 1693.
3 Vgl. hierzu VGH Kassel v. 19.5.2009 – 6 A 2672/08, WM 2009, 2004 m. Anm. *Schantz*, WM 2009, 2112; *Szesny*, Finanzmarktaufsicht und Strafprozess, S. 45 ff.
4 § 119 Abs. 3 Nr. 1 WpHG i.d.F. des 2. FiMaNoG, BGBl. I 2017, 1693.
5 § 119 Abs. 3 Nr. 2 WpHG i.d.F. des 2. FiMaNoG, BGBl. I 2017, 1693.
6 BGH v. 27.1.2010 – 5 StR 224/09, ZIP 2010, 426 – Freenet.

Maßstab ist ein börsenkundiger und mit den Marktverhältnissen vertrauter Anleger.[1] Auf eine spätere tatsächliche Beeinflussung des Marktpreises durch Bekanntwerden der Information kommt es dagegen nicht an.[2] Hierin kann jedoch ein gewichtiges Beweisanzeichen liegen.[3]

40.108
Der Begriff der Information ist weit gefasst.[4] Darunter fallen alle **inneren und äußeren Tatsachen** sowie überprüfbaren[5] **Werturteile, Einschätzungen, Absichten**[6]**, Prognosen** und **Gerüchte**.[7] Auch **eigene Absichten** sollen erfasst sein.[8] Gleichwohl ist beispielsweise ein Investor durch das Insiderrecht nicht an seinem Plan gehindert, die Aktien einer Zielgesellschaft nach und nach aufzukaufen. Zwar stellt seine Übernahmeentscheidung auch für ihn eine Insiderinformation dar, jedoch fehlt es an der Ursächlichkeit der Insiderinformation für den späteren Anteilserwerb. Ungeachtet dessen kommt der Investor durch die Ausführung seines eigenen Entschlusses ohnehin nicht in den Genuss eines unlauteren Sondervorteils.

40.109
Bei **mehrstufigen Entscheidungsprozessen** kann in der Phase der Anbahnung der Entscheidung bereits eine Insiderinformation in einem Stadium vorliegen, in der die **Entscheidung noch unsicher** ist. So stellt beispielsweise der Beschluss des Vorstandes, die Dividende zu verdoppeln oder von einer solchen abzusehen, bereits eine Insiderinformation dar, obgleich hierzu noch die Zustimmung des Aufsichtsrats und der Hauptversammlung einzuholen ist.[9] In seiner *Geltl*-Entscheidung[10] hat der EuGH klargestellt, dass bei einem zeitlich gestreckten (mehraktigen) Vorgang nicht nur das zu erreichende Ergebnis, sondern auch bereits die damit verknüpften Zwischenschritte Insiderinformationen darstellen können. Dies hat der BGH im Anschluss übernommen.[11] Auch das Wissen um einen mit hinreichender Wahrscheinlichkeit **in der Zukunft eintretenden Umstand** kann eine Insiderinformation darstellen. Eine hinreichende Wahrscheinlichkeit soll bei einer mehr als 50 %igen Eintrittswahrscheinlichkeit vorliegen.[12] Maßgeblich sind stets die besonderen Umstände des Einzelfalls. So soll es bei einer beabsichtigten Unternehmensübernahme darauf ankommen, ab

---

1 OLG Düsseldorf v. 6.7.2004 – 5 Ss 2/04, 13/04, wistra 2004, 436; *Assmann* in Assmann/Uwe H. Schneider, § 13 WpHG Rz. 58 ff.; *Schröder*, Handbuch Kapitalmarktstrafrecht, 3. Aufl. 2015, Rz. 182 f.
2 EuGH v. 23.12.2009 – C 45/08 – Spector Photo Group NV, Chris Van Raemdonck gegen Commissie voor het Bank-, Financie- en Assurantiewezen (CBFA), ZBB 2010, 35 m. Anm. *Gehrmann*, ZBB 2010, 48.
3 BGH v. 27.1.2010 – 5 StR 224/09, ZIP 2010, 426 – Freenet.
4 *BaFin*, Emittentenleitfaden 2013, S. 32 ff.
5 *Assmann* in Assmann/Uwe H. Schneider, § 13 WpHG Rz. 13; *Mennicke* in Fuchs, § 13 WpHG Rz. 39 ff.
6 BGH v. 6.11.2003 – 1 StR 24/03, NZG 2004, 91; OLG Frankfurt v. 12.12.2009 – 2 Ss-Owi 514/08, NJW 2009, 1520.
7 HessVGH v. 16.3.1998 – 8 TZ 98/98, AG 1998, 436 ff.
8 EuGH v. 10.5.2007 – C-391/04 – Georgakis, NZG 2007, 749; zustimmend *Assmann* in Assmann/Uwe H. Schneider, § 13 WpHG Rz. 10.
9 Beispiel nach *Schröder*, Handbuch Kapitalmarktstrafrecht, 3. Aufl. 2015, Rz. 134; ebenso: EuGH v. 10.5.2007 – C-391/04, Tz. 33 f., NZG 2007, 749; *Bachmann*, ZHR 172 (2008), 598, 605; vgl. aber BGH v. 25.2.2008 – II ZB 9/07, ZIP 2008, 639; ferner OLG Frankfurt v. 12.2.2009 – 2 Ss-OWi 514/08, wistra 2009, 414 (maßgeblich sei, ob die interne Willensbildung sich zu einer konkreten Tatsache verdichtet hat und das Ergebnis dieses Willensbildungsprozesses gegenüber einem Entscheidungsträger des Unternehmens als konkrete Tatsache objektiv nach außen zu Tage tritt – zur Publizitätspflicht).
10 EuGH v. 28.6.2012 – C-19/11, NJW 2012, 2787.
11 BGH v. 23.4.2013 – II ZB 7/09, NJW 2013, 2114.
12 BGH v. 25.2.2008 – II ZB 9/07, ZIP 2008, 639.

wann deren Zustandekommen wahrscheinlicher ist als ihr Scheitern.[1] Wer als Geschäftsleiter Aktien verkauft, obwohl er weiß, dass eine Gewinnwarnung bevorsteht, verstößt gegen das Handelsverbot[2] ebenso wie derjenige, der Aktien erwirbt, obgleich er weiß, dass die Veröffentlichung unerwartet positiver Unternehmenszahlen alsbald erfolgen wird.

40.110 Eine Insiderinformation ist dann **nicht** mehr gegeben, wenn die Information der **Öffentlichkeit bekannt** ist. Die Öffentlichkeit ist als sog. Bereichsöffentlichkeit zu verstehen, weshalb ausreichend ist, wenn die regelmäßigen Marktteilnehmer die Möglichkeit haben, von der Information Kenntnis zu nehmen.[3] Auf tatsächliche Kenntnis kommt es nicht an. Eine Mitteilung an die Medien soll eine Bereichsöffentlichkeit noch nicht unmittelbar herstellen.[4]

2. Tätigen eines Insidergeschäfts

40.111 Nach dem Wortlaut des Art. 8 Abs. 1 Marktmissbrauchs-VO liegt ein Insidergeschäft vor, wenn eine Person über Insiderinformationen verfügt und unter Nutzung derselben für eigene oder fremde Rechnung direkt oder indirekt Finanzinstrumente, auf die sich die Informationen beziehen, erwirbt oder veräußert. Ein **Erwerb** oder eine **Veräußerung** liegt nach richtlinienkonformer Auslegung bereits im Zeitpunkt des **(bindenden) schuldrechtlichen Verpflichtungsgeschäfts** vor.[5] Entscheidend ist somit der Zeitpunkt der Orderausführung.[6] Ob der Insider zu irgendeinem Zeitpunkt tatsächlich Eigentümer der Wertpapiere wird, ist unerheblich.

40.112 Der Handelnde muss das Geschäft „unter Verwendung" der Insiderinformation tätigen. Der Begriff „unter Verwendung" ersetzt das Merkmal des „Ausnutzens" einer Insidertatsache nach altem Recht. Das Merkmal **„verwenden"** ersetzt seit dem Anlegerschutzverbesserungsgesetz das nach früherer Rechtslage notwendige „ausnutzen"[7], welches zu erheblichen Schwierigkeiten in der Gesetzesanwendung geführt hatte.[8] Nach früherer Rechtslage war nicht lediglich eine Beziehung zwischen der Kenntnis von einer Insiderinformation und dem Handel mit einem Insiderpapier erforderlich, sondern darüber hinaus die Absicht des Täters, einen Sondervorteil zu erzielen. Den Strafverfolgungsbehörden ist dieser Nachweis in der Praxis nur selten gelungen, weshalb die Aufnahme der Motivation des Insiders in den Tatbestand als hinderlich angesehen wurde und durch das die Marktmissbrauchsrichtlinie umsetzende Anlegerschutzverbesserungsgesetz entfallen ist.[9] Es reicht seither aus, dass der Insider die **Infor-**

---

1 OLG Düsseldorf v. 6.7.2004 – III 5 Ss 2/04 – 13/04 I, 5 Ss 2/04 – 13/04 I, wistra 2004, 436.
2 LG Augsburg v. 27.11.2003 – 3 Kls 502 Js 12736/99, NStZ 2005, 110.
3 *Assmann* in Assmann/Uwe H. Schneider, § 13 WpHG Rz. 34 ff.; *Schröder*, Kapitalmarktstrafrecht, 3. Aufl. 2015, Rz. 173 ff.
4 *Sethe*, ZBB 2006, 243, 252 f.; wohl anders: *Sven H. Schneider*, NZG 2005, 702.
5 OLG Karlsruhe v. 4.2.2004 – 3 Ws 195/03, NJW-RR 2004, 984, 986; *Assmann* in Assmann/Uwe H. Schneider, § 14 WpHG Rz. 12. Auch die Einführung der Versuchsstrafbarkeit ändert hieran nichts, vgl. *Gehrmann*, Das versuchte Insiderdelikt, S. 114; a.A. *Schäfer* in Schäfer/Hamann, Kapitalmarktgesetze, § 14 WpHG Rz. 12.
6 *BaFin*, Emittentenleitfaden 2013, S. 37.
7 So noch die sog. Insiderrichtlinie 89/592/EWG.
8 *Sethe* in Assmann/Schütze, Handbuch des Kapitalanlagerechts, 4. Aufl. 2015, § 8 Rz. 94 m.w.N.; vgl. aber BGH v. 27.1.2010 – 5 StR 224/09, ZIP 2010, 426.
9 Begr. RegE AnSVG, BT-Drucks. 15/3174, S. 34; vgl. aber auch BGH v. 27.1.2010 – 5 StR 224/09, ZIP 2010, 426 – Freenet.

mation genutzt hat, diese also **mitursächlich** für die Kaufentscheidung geworden ist.[1] Die Durchführung des Geschäfts muss sich auf die betreffende Insiderinformation zurückführen lassen.

In seiner viel beachteten sog. *Spector*-Entscheidung hat der **EuGH** die Auslegung des in der Marktmissbrauchsrichtlinie normierten Insiderhandelsverbots von dem Wortlaut gelöst und eine **Beweisvermutung** verankert, nach der die Kenntnis von einer Insiderinformation und der Erwerb oder Verkauf von Insiderpapieren eine Nutzung der Insiderinformation „impliziere".[2] Der Betroffene könne sich aber gegen diese Vermutung verteidigen. Diese Beweisvermutung ist nicht mit dem mit dem Schuldprinzip in Einklang zu bringen.[3] Daher ist sub specie Strafrecht die Kausalität bzw. Mitursächlichkeit der Insiderinformation für das Tätigen des Geschäfts zweifelsfrei festzustellen.

40.113

Nach ganz überwiegender Auffassung findet das **Insiderhandelsverbot** dort **keine Anwendung**, wo alle beteiligten Parteien über den gleichen Wissensstand verfügen – also etwa beim **Paketerwerb** in sog. **Face-to-Face-Geschäften**.[4] Die Möglichkeit der Erzielung eines Sondervorteils aufgrund eines Wissensvorsprungs ist hier nicht eröffnet, die Chancengleichheit der Anleger bleibt gewahrt. Der potenzielle Erwerber erhält durch eine ggf. durchgeführte due-diligence-Prüfung erst die Sonderkenntnisse des Verkäufers. Ein Insiderhandel kommt aber dann in Betracht, wenn der Investor den Anteilserwerb börslich oder außerbörslich erhöht (sog. **alongside purchases**).[5] Ebenfalls findet das Insiderhandelsverbot **keine Anwendung**, wenn das **Geschäft bereits vor Kenntnis der Insiderinformation bindend geschlossen** wurde und die Ausführung des Geschäfts zeitlich nachgelagert ist. So liegt kein Insiderhandel vor, wenn der Insider seine **Bezugsrechte aus einer Kapitalerhöhung** in Kenntnis der Insiderinformation ausübt und junge Aktien bezieht. Der Insider darf also bereits begründete Ansprüche ausschöpfen.[6] **Rückkaufprogramme** und **Kursstabilisierungsmaßnahmen** sind an dem insiderrechtlichen Maßstab zu messen, sofern sie nicht der Ausnahmevorschrift des § 14 Abs. 2 WpHG a.F. bzw. des Art. 5 Marktmissbrauchs-VO genügen.[7] Für **Aktienoptionsprogramme** gilt jedenfalls im Grundsatz, dass diese insiderrechtlich unbedenklich sind, wenn der Mitarbeiter bei seiner Entscheidung zur Teilnahme über keine Informationen verfügte und die Aktien oder Optionen später automatisch in sein Depot eingebucht werden.[8]

40.114

Die Möglichkeiten der **BaFin** zur **Überwachung** und **Feststellung auffälligen Handelsverhaltens** sind **erheblich**. Besonders intensiv werden die Handelsaktivitäten des Marktes geprüft und analysiert, die zeitlich kurz vor der Veröffentlichung von Unternehmenskennzahlen und Ad-hoc-Mitteilungen stattgefunden haben. Hierbei festgestellte Auffälligkeiten können durch die BaFin bis zum einzelnen Anleger zurückgeführt werden und bilden vielfach den Ausgangspunkt von Ermittlungsverfahren wegen Insiderhandels.

40.115

---

1 *Schröder*, Handbuch Kapitalmarktstrafrecht, 3. Aufl. 2015, Rz. 198; *Assmann* in Assmann/Uwe H. Schneider, § 14 WpHG Rz. 25 f.
2 EuGH v. 23.12.2009 – C 45/08 – Spector Photo Group NV, Chris Van Raemdonck gegen Commissie voor het Bank-, Financieen Assurantiewezen (CBFA), ZBB 2010, 35.
3 Vgl. *Gehrmann*, ZBB 2010, 48 ff.; *Opitz*, BKR 2010, 71 ff.
4 *Assmann* in Assmann/Uwe H. Schneider, § 14 WpHG Rz. 42.
5 *Mennicke* in Fuchs, § 14 WpHG Rz. 78.
6 Art. 9 Abs. 3 Marktmissbrauchs-VO; *BaFin*, Emittentenleitfaden 2013, S. 37; *Schröder*, Handbuch Kapitalmarktstrafrecht, 3. Aufl. 2015, Rz. 200 f.
7 *Mennicke* in Fuchs, § 14 WpHG Rz. 115 ff.
8 *BaFin*, Emittentenleitfaden 2013, S. 37; *Schröder*, Handbuch Kapitalmarktstrafrecht, 3. Aufl. 2015, Rz. 202; ausführlich: *Assmann* in Assmann/Uwe H. Schneider, § 14 WpHG Rz. 29 ff.

II. Strafbarer Verstoß gegen Offenlegungs- und Anstiftungsverbot

40.116 § 38 Abs. 1 Nr. 2 WpHG a.F. stellte für Primärinsider, zu denen die Geschäftsleiter eines Emittenten gehören (s. oben), auch die unbefugte Weitergabe einer Insiderinformation und die Empfehlung eines Insiderpapiers unter Strafe. Praktische Relevanz hatte vor dem Hintergrund der allfälligen innerbetrieblichen Kommunikation in börsennotierten Unternehmen insbesondere das **Weitergabeverbot**.[1] Nach § 14 Abs. 1 Nr. 2 WpHG a.F. war es dem Insider verboten, eine Insiderinformation einem Dritten mitzuteilen oder zugänglich zu machen, sofern keine **Befugnis zur Weitergabe** besteht. Nach § 38 Abs. 3 Nr. 3 WpHG[2] i.V.m. Art. 14 lit. c Marktmissbrauchs-VO ist nunmehr die „unrechtmäßige Offenlegung von Insiderinformationen" für jedermann strafbar.

40.117 Eine unrechtmäßige Offenlegung ist nach Art. 10 Abs. 1 Marktmissbrauchs-VO gegeben, wenn eine Person, die über Insiderinformationen verfügt, diese gegenüber einer anderen Person offenlegt, es sei denn, die Offenlegung geschieht im Zuge der normalen Ausübung einer Beschäftigung oder eines Berufes oder der normalen Erfüllung von Aufgaben. Der EuGH hat in seiner *Grøngaard und Bang*-Entscheidung zum früheren Recht eine **restriktive Auslegung** der Befugnis vorgenommen.[3] Eine befugte Weitergabe bzw. Offenlegung liegt nicht schon dann vor, wenn die Information im Wege der normalen Arbeitsabläufe weitergegeben wird, die Weitergabe muss nach Ansicht des EuGH vielmehr **unerlässlich** sein. Diese Entscheidung hat zu starker Verunsicherung und zu erheblichen Reorganisationen der Betriebsstrukturen geführt.[4] Eine Weitergabe ist jedenfalls dann **befugt**, wenn sie aufgrund **gesetzlicher Mitteilungs- und Informationspflichten** geschieht.[5] Bestehen solche Pflichten nicht, so ist im Einzelfall zwischen den Zielen des Insiderrechts und den Interessen des Weitergebenden/Offenlegenden abzuwägen, ob eine Weitergabe/Offenlegung tatsächlich notwendig ist.[6] Je größer die potenzielle Kursrelevanz der Information ist, umso strenger sind die an die Zulässigkeit der Weitergabe/Offenlegung zu stellenden Anforderungen.[7] Besonders strenge Maßstäbe gelten etwa dann, wenn sich die Insiderinformation auf die **Fusion zweier börsennotierter Gesellschaften** bezieht.[8] Ob die Weitergabe/Offenlegung innerhalb des Unternehmens oder an einen unternehmensexternen Dritten in Rede steht, soll demgegenüber von untergeordneter Bedeutung sein.[9] Ebenfalls nicht entscheidend ist, ob der Empfänger seinerseits zur Geheimhaltung verpflichtet ist.[10] Zur Vermeidung einer Ad-hoc-Publizitätspflicht empfiehlt es sich gleichwohl, die Weitergabe/Offenlegung durch den Abschluss eines *confidentiality agreements* abzusichern.[11] Eine Weitergabe/Offenlegung im privaten Umfeld ist ebenso unzulässig wie im Umgang mit Medien. Unter Strafe gestellt ist als eigene Tatalternative ferner das

---

1 Näher *Schröder*, GmbHR 2007, 907, 908 ff.; *Sven H. Schneider*, NZG 2005, 702; *Hasselbach*, NZG 2004, 1087.
2 § 119 Abs. 3 Nr. 3 WpHG i.d.F. des 2. FiMaNoG, BGBl. I 2017, 1693.
3 EuGH v. 22.11.2005 – C-384/02 – Grøngaard und Bang, Slg. 2005, I-9939; hierzu ausführlich: *Sethe*, ZBB 2006, 243.
4 *Assmann* in Assmann/Uwe H. Schneider, § 14 WpHG Rz. 74 f.
5 *Schröder*, Handbuch Kapitalmarktstrafrecht, 3. Aufl. 2015, Rz. 290 ff.
6 *Assmann* in Assmann/Uwe H. Schneider, § 14 WpHG Rz. 73 f.; *Schröder*, Handbuch Kapitalmarktstrafrecht, 3. Aufl. 2015, Rz. 292 ff.
7 EuGH v. 22.11.2005 – C-384/02 – Grøngaard und Bang, Slg. 2005, I-9939.
8 EuGH v. 22.11.2005 – C-384/02 – Grøngaard und Bang, Slg. 2005, I-9939.
9 *Mennicke* in Fuchs, § 14 WpHG Rz. 210.
10 *BaFin*, Emittentenleitfaden 2013, S. 41; *Assmann* in Assmann/Uwe H. Schneider, § 14 WpHG Rz. 75; *Sethe*, ZBB 2006, 243, 250.
11 *Mennicke* in Fuchs, § 14 WpHG Rz. 214.

Empfehlen oder Anstiften zur Vornahme eines Insidergeschäfts (§ 38 Abs. 3 Nr. 2 WpHG n.F.[1] i.V.m. Art. 14 lit. b Marktmissbrauchs-VO), namentlich das Geben eines sog. „Tipps". Die Mitteilung von Insiderinformationen an Dritte verstößt nicht gegen das Offenlegungsverbot des Art. 14 lit. c Marktmissbrauchs-VO, solange diese nach den Vorgaben des Art. 11 Marktmissbrauchs-VO (sog. „Marktsondierungen") vorgenommen wird.

III. Verhinderung von Insiderverstößen im Unternehmen

Gesetzliche Regelungen zur **Verhinderung von Insiderverstößen** im Unternehmen enthalten neben den skizzierten Strafvorschriften die §§ 15 und § 33 WpHG.[2] Nach Art. 17 Marktmissbrauchs-VO sind Emittenten verpflichtet, Insiderinformationen zu veröffentlichen. Gem. § 15 WpHG n.F.[3] besteht für Emittenten überdies die Pflicht, Informationen zu Eigengeschäften von Führungskräften zu veröffentlichen. Nach Art. 18 Marktmissbrauchs-VO müssen **Insiderlisten** aktuell geführt und die dort verzeichneten Personen über die Insiderverbote aufgeklärt werden.[4] Wertpapierdienstleistungsunternehmen sind den strengen gesetzlichen Pflichten des § 33 WpHG[5] unterworfen. Dort werden die Unternehmen allgemein zu der **Einrichtung einer Compliance-Struktur** verpflichtet (§ 33 Abs. 1 Satz 2 Nr. 1[6]) und haben konkret in Bezug auf die Insiderverbote die Betriebsorganisation so einzurichten, dass Interessenskonflikte nicht auftreten (§ 33 Abs. 1 Satz 2 Nr. 3[7]). Nicht geklärt ist bislang, ob und in welchem Maß Unternehmen darüber hinaus Organisationspflichten zur Verhinderung von Insiderverstößen treffen, die über § 130 OWiG bußgeldrechtlich durchgesetzt werden können.[8]

40.118

IV. Strafbare Marktmanipulation (§ 38 Abs. 1 Nr. 1, 2, § 39 Abs. 3d Nr. 2 WpHG, Art. 12 Abs. 1 lit. a bis d Marktmissbrauchs-VO)

Anders als bei den verbotenen Insidergeschäften kann jedermann sich einer Marktmanipulation gem. § 38 Abs. 1 Nr. 1, 2, § 39 Abs. 3d Nr. 2 WpHG[9] i.V.m. Art. 15, 12 Abs. 1 lit. a und b bzw. lit. c und d Marktmissbrauchs-VO (handels- bzw. informationsgestützte Marktmanipulation) strafbar machen. Schutzzweck des Verbotes ist die **Zuverlässigkeit und Wahrheit der Preisbildung an Börsen und Märkten**.[10] Der Mechanismus der Preisbildung kann auf verschiedenen Wegen angegriffen werden: nach dem bis zum 2.7.2016 geltenden Recht standen das Verbreiten falscher Informationen, das irreführende Handelsverhalten und eine Manipulation auf „sonstigem" Wege unter Strafe (§ 20a Abs. 1 WpHG). Demgegenüber hat der Verordnungsgeber in der Marktmissbrauchs-VO von einer eigenständigen Regelung der Manipulation „in sonstiger Weise" abgesehen; die Tatbestände der handelsgestützten Markt-

40.119

---

1 § 119 Abs. 3 Nr. 2 WpHG i.d.F. des 2. FiMaNoG, BGBl. I 2017, 1693.
2 Zur Binnenverantwortung im Unternehmen in kapitalmarktstrafrechtlicher Hinsicht vgl. *Seibt*, NZG 2015, 1097.
3 § 26 WpHG i.d.F. des 2. FiMaNoG, BGBl. I 2017, 1693.
4 Vgl. hierzu auch *BaFin*, Emittentenleitfaden 2013, S. 95 ff.
5 § 80 WpHG i.d.F. des 2. FiMaNoG, BGBl. I 2017, 1693.
6 § 80 Abs. 1 Nr. 1 WpHG i.d.F. des 2. FiMaNoG, BGBl. I 2017, 1693.
7 § 80 Abs. 1 Satz 2 Nr. 2 WpHG i.d.F. des 2. FiMaNoG, BGBl. I 2017, 1693.
8 *Assmann* in Assmann/Uwe H. Schneider, § 14 WpHG Rz. 90; *Mennicke* in Fuchs, § 14 WpHG Rz. 248 ff.
9 § 119 Abs. 1 i.V.m. § 120 Abs. 2 Nr. 3 WpHG i.d.F. des 2. FiMaNoG, BGBl. I 2017, 1693.
10 *Vogel* in Assmann/Uwe H. Schneider, § 20a WpHG Rz. 26 ff. m.w.N.

manipulation (Art. 12 Abs. 1 lit. a und b) erfassen jedoch weitgehend die nach altem Recht den sonstigen Täuschungshandlungen zugeordneten Manipulationshandlungen. Strafbar sind (und waren[1]) Verstöße gegen diese Verbotstatbestände gem. § 38 Abs. 1 WpHG[2] dann, wenn es dadurch zu einer **Einwirkung auf den Marktpreis** des Finanzinstruments als Manipulationserfolg gekommen ist. Der BGH hat bereits entschieden, dass an den **Nachweis** der Beeinflussung **keine übermäßigen Anforderungen** zu stellen sind.[3] Kommt es nicht zu einer Einwirkung auf den Marktpreis, war aber das Verhalten gleichwohl geeignet eine solche herbeizuführen, so liegt eine Ordnungswidrigkeit gem. § 39 Abs. 3d Nr. 2 WpHG[4] oder sogar ein Versuch nach § 38 Abs. 4 WpHG[5] vor. Strafbar ist nur **vorsätzliches Verhalten**, welches sich auch auf die Einwirkung auf den Marktpreis beziehen muss. Ausreichend ist das billigende Inkaufnehmen einer Marktmanipulation, einer Schädigungs- oder Bereicherungsabsicht bedarf es nicht.[6]

1. Informationsgestützte Manipulationen (§ 38 Abs. 1 Nr. 2, § 39 Abs. 3d Nr. 2 WpHG, Art. 15, 12 Marktmissbrauchs-VO)

40.120   Der klassische Fall der Marktmanipulation ist die sog. **informationsgestützte Manipulation**.[7] Durch die **Verbreitung von Informationen, die falsche oder irreführende Signale in Bezug auf bewertungserhebliche Umstände bezüglich eines Finanzinstrumentes** auf den Markt eingewirkt. Verboten sind falsche oder irreführende Angaben über bewertungserhebliche Umstände über einen Emittenten (vgl. Art. 12 Abs. 1 lit. c und d Markmissbrauchs-VO). Nach früherem Recht war auch das Verschweigen von Umständen verboten, hinsichtlich derer Offenbarungspflichten gegenüber dem Kapitalmarkt bestehen (§ 20a Abs. 1 Satz 1 Nr. 1 2. Alt. WpHG); nach dem seit 3.7.2016 geltenden Recht fehlt es an einer eigenständigen Regelung für die Manipulation durch Unterlassen.[8] Ob dies zu einem Fortfall der **strafrechtlichen Absicherung der Ad-hoc-Publizitätspflicht**[9] geführt hat, ist noch nicht gerichtlich entschieden.[10]

40.121   Unrichtige Angaben stimmen nicht mit den objektiven Gegebenheiten überein, während irreführende Angaben zwar inhaltlich richtig sind, jedoch aufgrund ihrer Darstellung bei dem Empfänger einen unrichtigen Eindruck hinterlassen. Die Unwahrheit muss aber nach der Verkehrsanschauung durch schlüssiges Verhalten „miterklärt" werden.[11] Regelmäßig wird dies dadurch geschehen, dass nur richtige Teilangaben gemacht werden, die durch das Weglassen weiterer Angaben einen falschen Eindruck erwecken.[12] Auch das **Unterlassen einer Berichtigung** von zuvor veröffentlichten, sachlich unzutreffenden Informationen soll tatbestandsmäßig sein.[13]

---

1 Vgl. zur Thematik des Bestehens einer Strafbarkeitslücke im Zusammenhang mit dem 1. FiMaNoG; die Strafbarkeitslücke verneinend BGH v. 10.1.2017 – 5 StR 532/16, NJW 2017, 966 m. Anm. *Rossi* sowie *Gaede*, wistra 2017, 163 (abl.); ferner *Gaede*, wistra 2017, 41.
2 § 119 Abs. 1 WpHG i.d.F. des 2. FiMaNoG, BGBl. I 2017, 1693.
3 BGH v. 6.11.2003 – 1 StR 24/03, BGHSt 48, 374, 384.
4 § 120 Abs. 2 Nr. 3 WpHG i.d.F. des 2. FiMaNoG, BGBl. I 2017, 1693.
5 § 119 Abs. 4 WpHG i.d.F. des 2. FiMaNoG, BGBl. I 2017, 1693.
6 *Vogel* in Assmann/Uwe H. Schneider, § 20a WpHG Rz. 214 ff.
7 *Vogel* in Assmann/Uwe H. Schneider, Vor § 20a WpHG Rz. 33 f.
8 *Trüg* in Leitner/Rosenau, Wirtschafts- und Steuerstrafrecht, § 38 WpHG Rz. 53.
9 Hierzu *Hellgardt*, ZIP 2001, 2000 ff.
10 *Sorgenfrei/Saliger* in Park, Kapitalmarktstrafrecht, S. 657 f.
11 *BaFin*, Emittentenleitfaden 2013, S. 91.
12 *Vogel* in Assmann/Uwe H. Schneider, § 20a WpHG Rz. 61 f.
13 *Trüg* in Leitner/Rosenau, Wirtschafts- und Steuerstrafrecht, § 38 WpHG Rz. 52.

Bewertungserhebliche Umstände sind insbesondere **Insiderinformationen** und **ad-hoc-** 40.122
pflichtige Umstände. Erfasst sind, wie bei der Insiderinformation, auch **zukünftige Umstände**. Bewertungserhebliche Umstände sind des Weiteren bedeutende **Kooperationen**, der Erwerb oder die Veräußerung von **wesentlichen Beteiligungen** sowie der Abschluss, die Änderung oder die Kündigung von **Beherrschungs- und Gewinnabführungsverträgen** und sonstigen **bedeutenden Vertragsverhältnissen, Liquiditätsprobleme, Überschuldung** oder **Verlustanzeige nach § 92 AktG**, bedeutende **Erfindungen**, die Erteilung oder der Verlust bedeutender **Patente** und Gewährung wichtiger **Lizenzen, Rechtsstreitigkeiten** und **Kartellverfahren** von besonderer Bedeutung, Veränderungen in **personellen Schlüsselpositionen** des Unternehmens, strategische Unternehmensentscheidungen, insbesondere der Rückzug aus oder die Aufnahme von neuen **Kerngeschäftsfeldern** oder die **Neuausrichtung** des Geschäfts.

Erscheinungsformen der informationsgestützten Marktmanipulation können unrichtige 40.123
oder irreführende Bilanzen, Geschäftsberichte, Ad-hoc-Mitteilungen oder Prospekte sein, die über Medien (Presse, Rundfunk, Fernsehen oder Internet) verbreitet werden.

2. Handelsgestützte Marktmanipulation (§ 38 Abs. 1 Nr. 2, § 39 Abs. 3d Nr. 2 WpHG, Art. 15, 12 Abs. 1 lit. a und b Marktmissbrauchs-VO)

Strafbar ist auch die sog. **handelsgestützte Manipulation**. Verboten ist die aktive Teilnahme 40.124
am Handelsgeschehen auf dem Kapitalmarkt, wenn hierdurch falsche oder irreführende Signale an die übrigen Marktteilnehmer gesendet werden. Ein **irreführendes Marktverhalten** liegt vor beim Abschluss eines Geschäfts, der Erteilung eines Handelsauftrages sowie jeder anderen Handlung, die falsche oder irreführende Signale hinsichtlich des Angebots, der Nachfrage oder des Preises eines Finanzinstrumentes gibt oder bei der dies wahrscheinlich ist (Art. 12 Abs. 1 lit. a Marktmissbrauchs-VO). Tatbestandsmäßig ist auch ein entsprechendes Handelsverhalten, das unter Vorspiegelung falscher Tatsachen oder sonstiger Formen der Täuschung den Kurs eines Finanzinstrumentes beeinflusst oder hierzu geeignet ist (Art. 12 Abs. 1 lit. b Marktmissbrauchs-VO).

Im Anhang I Teil A der Marktmissbrauchs-VO sind für die jeweiligen Tatalternativen lit. a 40.125
und b Anzeichen aufgeführt, die eine Indizwirkung in Bezug auf eine Marktmanipulation besitzen, beispielsweise Geschäfte, die einen **bedeutenden Teil des Tagesvolumens** des Finanzinstruments ausmachen oder durch Personen herbeigeführte Preisänderungen eines Finanzinstruments, in das diese Personen selbst erheblich investiert sind sowie solche Geschäfte, bei denen es zu **keinem Wechsel des wirtschaftlichen Eigentümers** des Finanzinstrumentes kommt. Solche Geschäfte können dann vorliegen, wenn es zu **Umschichtungen von Beteiligungen innerhalb eines Konzerns über die Börse** kommt.

Für die Kurseinwirkung gilt das oben (Rz. 40.119) bereits Ausgeführte. Die Eignung zur Ir- 40.126
reführung oder Preismanipulation unterliegt keiner besonderen Erheblichkeitsschwelle. Ob ein Verhalten zur Einwirkung auf den Börsenpreis geeignet ist, richtet sich nach einer Würdigung aller Umstände des Einzelfalles, insbesondere der konkreten Angaben und der konkreten Marktverhältnisse, generell tauglich ist, den Preis zu beeinflussen.

Erscheinungsformen der handelsgestützten Marktmanipulation sind insbesondere **fiktive** 40.127
Geschäfte, d.h. solche, die von den Beteiligten nicht wirtschaftlich gewollt sind, sondern dazu dienen, eine erhöhte Handelsaktivität, einen erhöhten Umsatz oder eine erhöhte Liquidität vorzutäuschen, um andere Marktteilnehmer zu Geschäften zu animieren. Hierzu gehören Geschäfte, bei denen die Geschäftsbeteiligten wirtschaftlich identisch sind, sog. **wash**

sales, cross trades oder crossings. Ferner gehören hierzu im Vorhinein abgestimmte Geschäfte unter mehreren Beteiligten zu im Wesentlichen gleichen Stückzahlen, sog. **pre-arranged trades** oder **improper matches sales trades** bzw. **circular tradings**. Aber auch wirtschaftlich **gewollte (effektive) Geschäfte** können irreführender Natur sein. Dies gilt namentlich dann, wenn sie einen wesentlichen Anteil am Tagesgeschäftsvolumen besitzen und das Volumen keine wirtschaftlichen Gründe hat, sondern im Wesentlichen der Preisbeeinflussung dient. Hierbei wird der beeinflusste Preis in der Folge durch gegenläufige Geschäfte ausgenutzt. Ob und inwieweit **Leerverkäufe** Täuschungspotential haben, ist nicht abschließend geklärt; strafrechtliches Potential besitzen sie jedenfalls dann, wenn der Handelnde schon bei Vornahme des Leerverkaufs beabsichtigt, den ihm obliegenden Deckungskauf nicht vorzunehmen.[1] Strafbar ist schließlich auch eine manipulative Verknappung des Angebots.

V. Ordnungswidrigkeiten

40.128 Das WpHG enthält in § 39[2] eine nahezu unüberschaubare Anzahl von Bußgeldtatbeständen, die Verstöße gegen die Ordnungspflichten der Emittenten, Wertpapierdienstleistungsunternehmen und sonstigen Akteure am Kapitalmarkt sanktionieren. Strafrechtliches Unrecht liegt hier nicht vor, obgleich die Höhe der Sanktionen faktisch der Geldstrafe entspricht.[3] Dies gilt insbesondere für die neuen Bußgeldrahmen in § 39 Abs. 4a Satz 2 und § 39 Abs. 4b Satz 2 WpHG[4], die die Höhe des Bußgeldes gegen juristische Personen in Relation zu dem Konzernumsatz setzen. Erfasst werden neben Insiderverstößen von Sekundärinsidern und erfolglosen Marktmanipulationen insbesondere Verstöße gegen Pflichten bei der Analyse von Finanzinstrumenten, gegen Verschwiegenheitspflichten, gegen Mitteilungspflichten, gegen Veröffentlichungspflichten, gegen die Pflicht zur Führung von Insiderverzeichnissen, gegen Aufzeichnungs- und Aufbewahrungspflichten etc. Einzelheiten zu der Bußgeldpraxis der BaFin können den „Leitlinien zur Festsetzung von Geldbußen im Bereich des Wertpapierhandelsgesetzes (Stand Februar 2017)" entnommen werden, mit denen die BaFin die für die Bußgeldzumessung maßgebliche Vorschrift des § 17 OWiG für das Kapitalmarktordnungswidrigkeitenrecht konkretisiert.

H. Strafrechtliche Risiken bei eingetretener und drohender Insolvenz

40.129 Die **erhebliche praktische Bedeutung der Insolvenzdelikte** und die **hohe Anzahl** auf sie bezogener **Strafverfahren** erklären sich einerseits aus der hohen Zahl von **Strafanzeigen** geschädigter Gläubiger, die über ihr Recht auf Akteneinsicht im Strafverfahren (§ 406e StPO) vielfach versuchen, aus den Ermittlungsakten tatsächliche Anhaltspunkte zur Begründung von Schadensersatzklagen (**§ 823 Abs. 2 BGB; § 64 GmbHG**) zu gewinnen. Andererseits folgt die große Zahl von Strafverfahren aus den **Mitteilungspflichten in Zivilsachen**, die die Insolvenzgerichte verpflichten, die Staatsanwaltschaften von eingeleiteten Insolvenzverfahren zu unterrichten.[5] Typischerweise gehen mit einer Insolvenzverschleppung weitere

---

1 *Trüg* in Leitner/Rosenau, Wirtschafts- und Steuerstrafrecht, § 38 WpHG Rz. 75.
2 § 120 WpHG i.d.F. des 2. FiMaNoG, BGBl. I 2017, 1693.
3 *Vogel* in Assmann/Uwe H. Schneider, § 39 WpHG Rz. 2.
4 § 120 Abs. 17–23 WpHG i.d.F. des 2. FiMaNoG, BGBl. I 2017, 1693.
5 Vgl. die Anordnung über Mitteilungen in Zivilsachen (MiZi) vom 20.4.1998, BAnZ Nr. 138a v. 29.7.1998, dort 3. Abschnitt XIIa: „Mitteilungen in Insolvenzverfahren".

Straftaten einher, namentlich Bankrottdelikte, Lieferantenbetrugstaten, die Nichtabführung von Arbeitsentgelt u.a.m.

Neben den strafrechtlichen Konsequenzen sind Verurteilungen wegen Insolvenzdelikten deshalb für Geschäftsleiter von gravierender Konsequenz, weil jede Verurteilung wegen Insolvenzverschleppung oder Bankrottdelikten für die Dauer von fünf Jahren die Unfähigkeit begründet, Geschäftsführer oder Vorstand einer juristischen Person zu sein (**Inhabilität**, näher Rz. 40.165). Dies gilt für zahlreiche Verurteilung unabhängig von deren Gewicht, so dass beispielsweise schon eine Verurteilung zu einer geringen Geldstrafe wegen einer (lediglich) verspäteten Bilanzerstellung in der Krise diese weitreichenden Konsequenzen auslöst.

40.130

I. Insolvenzverschleppung

Gem. **§ 15a Abs. 1 InsO** sind die Organmitglieder einer juristischen Person mit dem Eintritt von Zahlungsunfähigkeit oder Überschuldung verpflichtet, ohne schuldhaftes Zögern, spätestens aber nach drei Wochen einen Insolvenzantrag zu stellen. § 15a InsO gilt seiner Intention nach auch für Inlandsgesellschaft ausländischer Rechtsform.[1] Die Organmitglieder machen sich strafbar, wenn sie einen gebotenen **Insolvenzantrag nicht, nicht richtig**[2]**oder nicht rechtzeitig** stellen (**§ 15a Abs. 4 InsO**). Der Straftatbestand soll die ordnungsgemäße Abwicklung in der Insolvenz sichern und dient dem Schutz der Gläubiger, aber auch der Arbeitnehmer.

40.131

Sind **mehrere Organmitglieder** bestellt, so ist **jedes von ihnen** unabhängig von seiner Ressortverantwortung zur Antragstellung berechtigt (§ 15 Abs. 1 InsO), aber auch verpflichtet (§ 15a Abs. 1 InsO) und infolgedessen dem Risiko einer strafrechtlichen Haftung ausgesetzt.[3] Entsprechendes gilt für faktische Organmitglieder.[4] Ist eine GmbH führungslos, so trifft die Antragspflicht die Gesellschafter, bei der führungslosen Aktiengesellschaft die Aufsichtsratsmitglieder (§ 15a Abs. 3 InsO). Das Organmitglied kann sich der Pflicht zur Antragstellung nicht dadurch entziehen, dass es nach Eintritt der Insolvenzreife, aber vor Ablauf der Antragsfrist sein Amt niederlegt[5] oder die Gesellschaft (als Gesellschafter-Geschäftsführer) bzw. die Geschäftsführung auf einen anderen überträgt. Die in der Praxis von vielen sog. „**Firmenbestattern**" angebotenen „Abwicklungsleistungen" schützen vor der bereits eingetretenen strafrechtlichen Verantwortlichkeit nicht.

40.132

Die rechtzeitige Antragstellung durch ein Organmitglied wirkt auch für die anderen Organmitglieder und lässt deren **Antragspflicht entfallen**. Die Antragsfrist entfällt auch dann, wenn die **Insolvenzgründe beseitigt** werden konnten. Der Insolvenzantrag eines Gläubigers soll die Antragspflicht für das Organmitglied entfallen lassen, da die Anträge gleich zu behandeln sind (§ 13 Abs. 1 InsO).[6]

40.133

---

1 Näher *Bittmann* in Bittmann (Praxishandbuch), S. 511 m.N. zur EU-rechtlichen Kompetenzthematik.
2 Näher *Weyand*, ZInsO 2010, 359.
3 BGH v. 1.3.1993 – II ZR 81/94, II ZR 61/92, GmbHR 1994, 460, 461.
4 BGH v 19.4.1984 – 1 StR 736/83, wistra 1984, 178; BayObLG v. 20.2.1997 – 5 StR 159/96, NJW 1997, 1936; näher zum faktischen Organ Rz. 40.14 ff.
5 BGH v. 21.12.1951 – 2 StR 333/51, BGHSt 2, 54; BGH v. 3.10.1979 – 3 StR 264/79 (S), BGHSt 29, 100, 103.
6 Anders aber die Rechtsprechung zur Konkursordnung BGH, GmbHR 1957, 131; OLG Dresden v. 16.4.1998 – 1 Ws 100/97, NStZ-RR 1999, 27.

1. Insolvenzreife/Insolvenzgründe

40.134 Für die Voraussetzungen der **Insolvenzgründe** gelten auch im Rahmen der strafbaren Insolvenzverschleppung (§ 15a Abs. 4, 5 InsO) die **Legaldefinitionen** von **Zahlungsunfähigkeit (§ 17 InsO)** und **Überschuldung (§ 19 InsO)**[1] des Insolvenzrechts.[2] Zur Vermeidung von Wiederholungen ist auf die Ausführungen von *Balthasar* oben in § 33 zu verweisen. Die dort ausgeführten Grundsätze gelten im Strafrecht entsprechend.

40.135 Überschuldung liegt nach § 19 Abs. 2 InsO vor, wenn das Vermögen des Schuldners die bestehenden Verbindlichkeiten nicht mehr deckt, es sei denn, die Fortführung des Unternehmens ist nach den Umständen überwiegend wahrscheinlich.[3] Dieser sog. zweistufige Überschuldungsbegriff bewirkt eine **Beschränkung der strafrechtlichen Haftung**. Denn durch sie wird der Beginn der Strafbewehrung in der zeitlichen Entwicklung einer Insolvenz in vielen Fällen nicht unerheblich nach hinten verschoben. Denn eine Insolvenzantragspflicht besteht während der Dauer einer positiven Fortführungsprognose nicht. Auch insoweit gelten die zivilrechtlichen Grundsätze im Strafrecht entsprechend.

40.136 Die Fortführungsprognose, bei der es sich um eine Zahlungsfähigkeitsprognose[4] handelt, muss positiv ausfallen, d.h. die Fortführung überwiegend wahrscheinlich sein. Ist dies unklar oder liegt eine geringere Wahrscheinlichkeit vor, besteht die Antragspflicht. Ob eine rechnerische Überschuldung besteht, ergibt sich aus dem Überschuldungsstatus, d.h. einer Vermögensbilanz, die über das Schuldendeckungspotenzial des Vermögens Auskunft gibt. Für den Überschuldungsstatus kann von der Handelsbilanz ausgegangen werden, an der bestimmte Korrekturen vorzunehmen sind. Namentlich sind beispielsweise auf der Aktivseite stille Reserven zu zeigen, auf der Passivseite sind Verbindlichkeiten nicht aufzunehmen, für die ein Rangrücktritt hinter Verbindlichkeiten im Rang nach § 39 Abs. 1 InsO erklärt ist. Liegt eine gleichwertige und werthaltige Patronatserklärung[5] vor, sind die hiervon erfassten Verbindlichkeiten durch Aktivierung der Forderung aus der Patronatserklärung auszugleichen.

40.137 Für die Prüfung der Zahlungsunfähigkeit ist im Ausgangspunkt davon auszugehen, dass diese gegeben ist, wenn fällige und ernsthaft eingeforderte Verbindlichkeiten in einer Quote von mindestens 10 % aller fälligen Verbindlichkeiten über einen Zeitraum von drei Wochen unbeglichen bleiben. Weiteres ist eine Frage des Einzelfalles. So kann eine Überschreitung der 10 %-Quote hinzunehmen sein, wenn eine große Wahrscheinlichkeit besteht, dass der Schuldner wieder erfüllungsfähig wird. Eine bloße Zahlungsstockung kann vorliegen, wenn über einen längeren Zeitraum von bis zu drei Monaten immer wieder lediglich Deckungslücken eintreten.[6] Im Hinblick auf die Zahlungsunfähigkeit ist darauf hinzuweisen, dass im Strafverfahren die **Feststellung der Zahlungsunfähigkeit** im Rahmen einer **wirtschaftskriminalistischen Betrachtungsweise** vorgenommen wird, d.h. von bestimmten **Beweisanzeichen** wird auf das Vorliegen der Zahlungsunfähigkeit geschlossen.[7] Solche Beweisanzeichen, deren gehäuftes Vorliegen auf eine Zahlungsunfähigkeit hindeuten soll, können Mahn- und

---

1 Eingehend oben *Balthasar*, Rz. 33.20 ff.
2 BGH v. 28.10.2008 – 5 StR 166/08, NJW 2009, 187 m. Anm. *Wegner*, HRRS 2009, 32.
3 Zu den Anforderungen an die Fortführungsprognose im Einzelnen oben *Balthasar*, Rz. 33.25 ff.
4 Vgl. nur LG Stuttgart v. 26.1.2015 – 6 KLs 34 Js 2588/10, wistra 2015, 485 m.N.
5 BGH (Zivilsachen) v. 20.9.2010 – II ZR 296/08, BGHZ 187, 69; *Bittmann* in Bittmann (Praxishandbuch), S. 570 f.
6 BGH (Zivilsachen) v. 26.1.2016 – IX ZR 394/13, ZInsO 2016, 1118.
7 BGH v. 26.2.1987 – 1 StR 5/87, StV 1987, 343; BGH v. 20.7.1999 – 1 StR 668/98, NJW 2000, 154, 156, kritisch *Lüke*, wistra 2003, 52, 54 f.

Vollstreckungsbescheide, fruchtlose Pfändungen, Insolvenzanträge von Gläubigern, Steuerrückstände, Lohn- und Gehaltsrückstände, Nichtzahlen laufender Mietverpflichtungen u.a.m. sein.[1] Angesichts der prognostischen Elemente des Begriffs der Zahlungsunfähigkeit sind an die Feststellung des Vorsatzes hohe Anforderungen zu stellen.

Der **Beginn der Antragsfrist** spielt in der strafgerichtlichen Praxis keine bedeutsame Rolle, weil vielfach überhaupt kein oder lediglich ein erheblich verspäteter Antrag vorliegt. Anderes gilt für die **Beratungs- und Entscheidungspraxis**. Es stellt sich nach Kenntniserlangung vom Vorliegen eines Insolvenzgrundes regelmäßig die Frage, ob zeitlich noch Raum für Sanierungsbemühungen ist oder ob sofort Insolvenzantrag gestellt werden muss. Die zivilgerichtliche Rechtsprechung geht davon aus, dass der Zeitpunkt der objektiven Erkennbarkeit bzw. des fahrlässigen Nichterkennens des Insolvenzgrundes für den Beginn der Drei-Wochen-Frist maßgeblich ist.[2] Diese Bestimmung des Fristbeginns führt dazu, dass mit der Kenntniserlangung vom Vorliegen des Insolvenzgrundes unmittelbar der Insolvenzantrag zu stellen ist, da die objektive Erkennbarkeit der tatsächlichen Kenntniserlangung regelmäßig zeitlich vorausgeht. Gegen diese Bestimmung des Fristbeginns ist Kritik geäußert worden, da sie der Absicht des Gesetzgebers zuwiderläuft, durch Einräumung einer Drei-Wochen-Frist Raum für Sanierungsbemühungen zu geben. Den sich hieraus ergebenden Risiken lässt sich durch die rechtzeitige Beauftragung eines Gutachters zur Prüfung von Überschuldung bzw. Zahlungsunfähigkeit begegnen.[3] Nach allgemeinen strafrechtlichen Grundsätzen muss der Zeitpunkt des Eintritts des Insolvenzgrundes zweifelsfrei feststehen.

40.138

Die Drei-Wochen-Frist ist eine **Maximalfrist**, die nicht verlängert werden kann. Sie darf auch nur ausgeschöpft werden, solange Sanierungsversuche erfolgversprechend unternommen werden. Sind solche gescheitert, ist unverzüglich der Insolvenzantrag zu stellen.[4]

40.139

2. Unterlassene Antragstellung

Das strafbare Verhalten besteht in der **unterlassenen Antragstellung**. Für den Antrag ist keine bestimmte Form erforderlich, es reicht ein schriftlicher oder mündlicher Antrag zu Protokoll der Geschäftsstelle. Er darf nicht bedingt oder befristet sein. Unterlässt es der Antragsteller, mit dem Antrag die erforderlichen weiteren Unterlagen einzureichen, ist dies ohne Bedeutung, da es sich hierbei um eine nicht strafbewehrte,[5] insolvenzrechtliche Verpflichtung handelt.[6]

40.140

3. Vorsatz/Fahrlässigkeit

Strafbar ist sowohl die **vorsätzliche** wie auch die **fahrlässige Insolvenzverschleppung** (§ 15a Abs. 3, 4 InsO). Die Fahrlässigkeit kann sich sowohl auf die Verkennung des Vorliegens eines Insolvenzgrundes beziehen wie auch darauf, dass das Fortdauern des Insolvenzgrundes fahrlässig verkannt wird, etwa weil das Organ irrig meint, der Insolvenzgrund sei beseitigt. Irr-

40.141

---

1 *Hartung*, wistra 1997, 1, 11 ff. m.N.
2 BGH v. 29.11.1999 – II ZR 273/98, GmbHR 2000, 182; BGH v. 29.11.1999 – II ZR 273/98, BGHZ 143, 184, 185; so bereits BGH (Strafsachen) bei *Herlan* GA 1958, 46.
3 Vgl. näher oben *Balthasar*, Rz. 33.48 ff.
4 BGH v. 9.7.1979 – II ZR 118/77, BGHZ 75, 96, 111; BGH v. 30.7.2003 – 5 StR 221/03, GmbHR 2004, 122.
5 BayObLG v. 23.3.2000 – 5 StR 36/00, wistra 2000, 315, 316.
6 OLG Frankfurt v. 17.5.1977 – 1 Ss 189/77, GmbHR 1977, 279.

tümer bei der Bewertung von Vermögensgegenständen im Zusammenhang mit der Überschuldungsbilanz können den Vorsatz entfallen lassen.[1]

II. Bankrottdelikte (§§ 283 ff. StGB)

40.142 In Insolvenznähe werden üblicherweise vielfältige Bemühungen unternommen, um die sich abzeichnende Insolvenz zu vermeiden. Die geschäftlichen Aktivitäten werden fortgesetzt in der oftmals ungewissen Hoffnung, bestehende Verpflichtungen noch erfüllen zu können. Geschäfte werden in dieser Phase auf Kosten von Gläubigern gemacht, ausgewählte Gläubiger werden andererseits bevorzugt, Vermögensgegenstände „in Sicherheit gebracht". Die in dieser Phase bestehenden strafrechtlichen Risiken werden vielfach übersehen. Sie ergeben sich in erster Linie aus den Bankrottdelikten der §§ 283 ff. StGB, die dem Schuldner im Umgang mit seinem Vermögen im Interesse der Erhaltung der Masse Grenzen ziehen.

1. Bankrott (§ 283 StGB)

40.143 Gem. **§ 283 Abs. 1 Ziff. 1–4 und 8** StGB macht sich strafbar, wer **über sein Vermögen** nach eingetretener Krise bestimmte **Dispositionen** unter Verstoß gegen die Anforderungen ordnungsgemäßer Wirtschaft vornimmt.[2] Hierbei handelt es sich der Sache nach um eine strafrechtliche Parallelregelung zu den für bestimmte Gesellschaftsformen gesetzlich geregelten Zahlungsverboten in der Krise, durch denen Geschäftsleitern untersagt ist, nach Eintritt von Zahlungsunfähigkeit oder Überschuldung Zahlungen vorzunehmen, die mit der Sorgfalt eines ordentlichen Kaufmannes nicht vereinbar sind (vgl. § 64 Satz 1 und 2 GmbHG, § 92 Abs. 2 AktG, §§ 130a, 177a HGB, § 99 GenG, näher dazu oben *Balthasar*, Rz. 33.68 ff.). Gem. **§ 283 Abs. 1 Nr. 5–7 StGB** macht sich strafbar, wer nach eingetretener Krise **Handelsbücher**, die zu führen er verpflichtet ist nicht oder nicht richtig führt oder entgegen dem Handelsrecht **Bilanzen** nicht oder nicht ordnungsgemäß aufstellt. Ein tatbestandsmäßiges Verhalten ist jedoch nur dann strafbar, wenn später eine Zahlungseinstellung oder die Eröffnung des Insolvenzverfahrens bzw. dessen Nichteröffnung mangels Masse hinzutritt (**§ 283 Abs. 6 StGB, sog. objektive Bedingung der Strafbarkeit**). Gem. **§ 283 Abs. 2 StGB** macht sich strafbar, wer die Krise durch die genannten Handlungen **verursacht**. Die Strafbarkeit erfordert ein vorsätzliches Verhalten, unter bestimmten Voraussetzungen reicht ein fahrlässiges Handeln aus (§ 283 Abs. 5 StGB).

40.144 Die genannten Handlungen sind nur **in der Krise** strafbar. Eine solche liegt bei Überschuldung bzw. bei drohender oder eingetretener Zahlungsunfähigkeit vor. Für diese gelten auch im Strafrecht die **Legaldefinitionen** der **§§ 17–19 InsO**. Die **Krisenmerkmale** sind **zivilrechtsakzessorisch** auszulegen.[3] Zur Vermeidung von Wiederholungen ist auf die Ausführungen von *Balthasar* oben in Rz. 33.6 ff., zu verweisen. Die dort ausgeführten Grundsätze gelten im Strafrecht entsprechend; sie sind allerdings im Licht der strafrechtlichen Besonderheiten – insbes. Bestimmtheitsgrundsatz und in dubio-Grundsatz – zu konkretisieren, weshalb beispielsweise Vermutungstatbestände zu eliminieren sind.[4]

---

1 Vgl. auch OLG Düsseldorf v. 18.4.1997 – 22 U 226/96, NJW-RR 1998, 1256, 1258.
2 Praktische Bedeutung haben insoweit lediglich die Nrn. 1 und 2.
3 So auch i.E. BGH v. 22.2.2001 – 4 StR 421/00, NJW 2001, 1874, 1875.
4 Näher *Bittmann* in Bittmann (Praxishandbuch), S. 618 f.

a) Strafbare Einwirkungen auf den Vermögensbestand

Tatobjekte der Tatbestandsalternativen, die Vermögenseinwirkungen unter Strafe stellen, können nur solche **Vermögensgegenstände** sein, die im Fall der Insolvenzeröffnung zur **Insolvenzmasse** gehören. Umfasst sind alle beweglichen und unbeweglichen Sachen, Forderungen und Rechte, sofern sie der Zwangsvollstreckung unterliegen. Hierzu gehören auch Anwartschaften, z.B. beim Eigentumsvorbehalt, wie auch das Sicherungseigentum, nicht aber solche Gegenstände, an denen einem Dritten ein Aussonderungsrecht zusteht. 40.145

Tathandlung ist bei **§ 283 Abs. 1 Nr. 1 StGB** das **Beiseiteschaffen von Vermögenswerten**. Hierunter ist jede räumliche oder rechtliche Veränderung zu verstehen, durch die der Vermögenswert dem Zugriff der Gläubiger entzogen wird.[1] In Betracht kommt eine Vielzahl von Verhaltensweisen, z.B. das Übertragen von Guthaben auf Privatkonten oder auf Konten selbständiger Gesellschaften[2], die Belastung von Grundstücken oder die Einräumung von Pfandrechten an Sachen oder Forderungen. Jedoch sind solche Vermögensabflüsse nur dann strafbar, wenn sie **gegen die Anforderungen ordnungsgemäßer Wirtschaft verstoßen. Nicht verboten** sind Handlungen, die aus der **Perspektive ex ante wirtschaftlich sinnvoll** sind oder zu denen der Schuldner rechtlich gehalten ist. Nicht strafbar sind daher insbesondere **Austauschgeschäfte**, bei denen sich Leistung und Gegenleistung gleichwertig gegenüberstehen und infolge dessen eine **vollständige Kompensation** des Vermögensabflusses eintritt.[3] In derartigen Fällen liegt nur ein die (spätere) Masse nicht schmälernder **Aktiv-Tausch** vor. Anderes gilt bei Unter-Wert-Verkäufen von Vermögensgegenständen, sofern diese sich nicht – ausnahmsweise – als wirtschaftlich sinnvoll darstellen. Die **Begleichung fälliger Verbindlichkeiten** ist nicht strafbar, da der Schuldner hierzu rechtlich gehalten ist.[4] Als **problematisch** erweist sich hingegen die **Veräußerung von Vermögenswerten gegen die Übernahme von Verbindlichkeiten**. Denn hierbei tritt infolge der fehlenden vollständigen Kompensation im Aktivvermögen des Schuldners im Ergebnis eine Quotenschmälerung für die Gläubiger ein. 40.146

§ 283 Abs. 1 Nr. 2 StGB stellt **unwirtschaftliche Ausgaben** unter Strafe, wenn durch sie übermäßige Beträge verbraucht werden. Die ebenfalls pönalisierten Verlust-, Spekulations- und Differenzgeschäfte besitzen kaum praktische Bedeutung. Unwirtschaftliche Ausgaben sind Vermögensdispositionen, die unter Berücksichtigung der **krisenbedingten Vermögenssituation und Leistungsfähigkeit** das Maß des Notwendigen und Üblichen **unangemessen** überschreiten und den Regeln ordnungsgemäßer Wirtschaft widersprechen.[5] Die Ausgaben können sowohl betrieblich wie auch privat veranlasst sein. Unwirtschaftlich sind beispielsweise **sinnlose Aufwendungen**, z.B. für **absehbar erfolglose Sanierungsversuche**[6], überhöhter **Spesenaufwand** wie auch Luxusaufwendungen. Hierzu gehören ferner unvertretbare **Aufwendungen für Berater** und unangemessene **Kosten für Forschung und Entwicklung**, wenn absehbar keine Möglichkeit besteht, diese noch in nutzbringender Weise verwerten zu 40.147

---

1 OLG Frankfurt v. 18.6.1977 – 1 Ws 56/97, NStZ 1997, 551.
2 OLG Frankfurt v. 18.6.1977 – 1 Ws 56/97, NStZ 1997, 551.
3 RGSt 66, 132; BGH v. 10.2.1953 – 1 StR 638/52, NJW 1953, 1153; BGH v. 14.12.1999 – 5 StR 520/99, NStZ 2000, 206, 207.
4 BGH v. 17.3.1987 – 1 StR 693/86, BGHSt 34, 310; BGH v. 3.2.1987 – 5 StR 603/86, wistra 1987, 216 zur Bezahlung von Prozesskosten, die für eine vom Gesellschafter für die Gesellschaft vorgenommene Tätigkeit angefallen sind.
5 BGH v. 17.6.1952 – 1 StR 668/51, BGHSt 3, 26; BGH v. 9.6.1953 – 1 StR 206/53, NJW 1953, 1480.
6 *Kindhäuser* in NOMOS Kommentar zum StGB, § 283 StGB Rz. 36.

können. Der laufende Verbrauch von Geldern für einen angemessenen **Lebensunterhalt** ist nicht strafbar, ebenso wenig die Zahlung üblicher Gehälter oder Betriebskosten.[1]

40.148 Werden in der Krise bei einer juristischen Person oder bei einer Personenhandelsgesellschaft wirtschaftswidrige Vermögensdispositionen vorgenommen, kommt **§ 283 Abs. 1 StGB** nur dann zur Anwendung, wenn der Handelnde „als" Organ (§ 14 Abs. 1 StGB) der Gesellschaft gehandelt hat. Seine für diese Abgrenzung maßgebliche Rechtsprechung zur sog. „Interessenformel", die regelmäßig zur Unanwendbarkeit von § 283 StGB führte, hat der Bundesgerichtshof mittlerweile aufgegeben. Maßgeblich dafür, ob ein Verstoß gegen § 283 StGB und die dort geltenden, über **§ 14 Abs. 1 StGB** auf die Organe überwälzten Pflichten vorliegen kann, soll nach der jüngeren Rechtsprechung sein, ob ein **Handeln im Geschäftskreis des Vertretenen** gegeben ist.[2] Ein solches liegt dann vor, wenn der Handelnde im Namen des Geschäftsherrn handelt oder wenn den Geschäftsherrn die rechtsgeschäftlichen Folgen des Handelns treffen. Demzufolge greift die Strafbarkeit nach wegen Bankrotts (§ 283 StGB) in derartigen Konstellationen – in Abweichung zur früheren Rechtsprechung – auch bei einem Handeln **ausschließlich im eigenen Interesse** des Handelnden ein. Da ein Handeln im Geschäftskreis des Geschäftsherrn zumeist gegeben sein wird, kommt in solchen Fällen eine Strafbarkeit sowohl nach § 266 StGB wie auch nach § 283 StGB (in Tateinheit, § 52 StGB) in Betracht.

b) Strafbare Mängel bei Buchführung und Bilanzen

40.149 Das allgemeine Bilanzstrafrecht (Rz. 40.90 ff.) stellt Verstöße gegen Bilanzierungsvorschriften unter Strafe, sofern Bilanzen unrichtig erstellt werden. Demgegenüber trifft den **Buchführungs- bzw. Bilanzierungspflichtigen in der Krise eine verschärfte strafrechtliche Haftung.** Gem. § 283 Abs. 1 Nr. 5 StGB macht sich, wer handelsrechtlich zum Führen von Handelsbüchern verpflichtet ist, strafbar, wenn er die Bücher zu führen unterlässt oder die Bücher so führt oder verändert, dass die Übersicht über den Vermögensstand erschwert wird. Gem. § 283 Abs. 1 Nr. 7 StGB macht sich strafbar, wer es entgegen dem Handelsrecht unterlässt, eine Bilanz in der vorgeschriebenen Zeit aufzustellen, oder die Bilanz so aufstellt, dass die Übersicht über seinen Vermögensstand erschwert wird. Gem. § 283 Abs. 1 Nr. 6 StGB macht sich strafbar, wer Handelsbücher oder sonstige Unterlagen, zu deren Aufbewahrung ein Kaufmann nach dem Handelsrecht verpflichtet ist, vor Ablauf der Aufbewahrungsfristen beiseiteschafft, verheimlicht oder vernichtet und dadurch die Übersicht über seinen Vermögensstand erschwert. Die Strafbarkeit nach § 283 Abs. 1 Nr. 6 StGB setzt nicht voraus, dass der Buchführende handelsrechtlich buchführungspflichtig ist; auch wenn er ohne rechtliche Verpflichtung Bücher führt, sind die beschriebenen Verhaltensweisen strafbar.

40.150 Die praktische Bedeutung dieser Strafvorschriften ist erheblich. Denn in vielen in einer Krise befindlichen Unternehmen sind Verstöße gegen Buchführungspflichten bzw. eine zumindest verzögerte Bilanzerstellung zu verzeichnen.

aa) Unterlassene und mangelhafte Buchführung (§ 283 Abs. 1 Nr. 5 StGB), Verletzung der Buchführungspflicht (§ 283b StGB)

40.151 Die Strafbarkeit bezieht sich auf das **unterlassene oder unübersichtliche Führen oder Herstellen von unrichtigen Handelsbüchern.** Für die Buchführungspflicht gelten die im HGB

---

1 BGH, GA 1958, 47.
2 BGH v. 10.2.2009 – 3 StR 372/08, NZG 2009, 675; BGH v. 30.8.2011 – 3 StR 228/11, NStZ-RR 2012, 80; BGH v. 15.5.2012 – 3 StR 118/11, BGHSt 57, 229.

geregelten Pflichten, insbesondere die Grundsätze ordnungsgemäßer Buchführung. Die Pflicht zur Führung der Handelsbücher trifft die Geschäftsleiter im Rahmen ihrer Allzuständigkeit und Gesamtverantwortung, weshalb sie auch für Mängel der Buchführung jeweils strafrechtlich verantwortlich sind (zur Delegationsmöglichkeit Rz. 40.17 ff.[1]).

Strafbar ist das **Unterlassen der Buchführung,** was vorliegt, wenn überhaupt keine Bücher angelegt oder über einen längeren Zeitraum hinweg keine Aufzeichnungen vorgenommen wurden. Die **Buchführung** ist **mangelhaft**, wenn Bücher zwar angelegt, diese aber unvollständig geführt worden sind und deshalb keine ordnungsgemäße Aufzeichnung der abgewickelten Geschäfte ermöglichen. Maßstab ist § 239 Abs. 2 HGB. Eine strafbare mangelhafte Buchführung liegt etwa vor, wenn Eintragungen fehlen, Gliederungen unübersichtlich sind, Belege fehlen oder ungeordnet sind, Abschreibungen oder Wertberichtigungen unterlassen worden sind. Die Mängel müssen so gravierend sein, dass die Übersicht über den tatsächlichen Vermögensstand erschwert wird. Dies ist bei der fehlenden oder unvollständigen Buchführung regelmäßig unproblematisch. Bei der mangelhaften Buchführung ist die Übersicht erschwert, wenn das dargestellte Bild nicht der tatsächlichen Lage entspricht. Maßstab ist ein sachverständiger Dritter. Ist dieser nicht in der Lage, sich anhand der vorhandenen Buchführung innerhalb angemessener Frist einen Überblick über den Vermögens- und Schuldenstand zu verschaffen, so ist die Übersicht i.S. des § 283 Abs. 1 Nr. 5 StGB erschwert.[2]

40.152

Ob und inwieweit die tatsächliche und rechtliche **Unmöglichkeit der Führung der Bücher** strafrechtlich **entlastend** wirken kann, ist im Einzelnen noch nicht geklärt. Der Bundesgerichtshof hat es indes anerkannt, dass eine strafrechtliche Verantwortlichkeit entfallen kann, wenn der Verantwortliche seiner Pflicht deshalb nicht nachkommen kann, weil die hierzu erforderlichen finanziellen Mittel nicht vorhanden sind.[3]

40.153

Hervorzuheben ist, dass eine **Verletzung der Buchführungspflicht** auch **außerhalb der Krise** gem. **§ 283b StGB** strafbar ist, was jedoch voraussetzt, dass die objektive Bedingung der Strafbarkeit eintritt (§ 283 Abs. 6 StGB). D.h. im Falle der Zahlungseinstellung, der Eröffnung eines Insolvenzverfahrens bzw. ihrer Ablehnung mangels Masse tritt eine strafrechtliche Haftung für Buchführungsmängel unabhängig davon ein, wann diese begangen worden sind.

40.154

bb) Unterdrücken von Handelsbüchern (§ 283 Abs. 1 Nr. 6 StGB)

Adressat der Vorschrift sind alle Personen, die im Betrieb Geschäftsbücher führen. Sie ist für Geschäftsleiter von geringer Bedeutung, da bei diesen das Unterdrücken der Bücher regelmäßig bereits nach § 283 Abs. 1 Nr. 5 StGB strafbar ist. Für die Aufbewahrungspflichten gilt § 257 HGB.

40.155

---

1 BGH v. 22.11.2005 – 1 StR 571/04, NStZ 2006, 221 (Beschränkung auf Auswahl- und Überwachungsverschulden); näher auch *Sina*, GmbHR 1990, 65 ff.
2 BGH v. 19.12.1997 – 2 StR 420/97, NStZ 1998, 247; BGH v. 7.2.2002 – 1 StR 412/01, NStZ 2002, 327.
3 BGH v. 20.12.1978 – 3 StR 408/78, BGHSt 28, 231, 232; BGH v. 30.1.2003 – 3 StR 437/02, wistra 2003, 232, 233; OLG Düsseldorf v. 23.7.1998 – 5 Ss 101/98-37/98 I, wistra 1998, 360, 361; krit. *Rönnau*, NStZ 2003, 525, 530; näher *Krekeler/Werner*, Unternehmer und Strafrecht, 2006, S. 441 f.

cc) Mangelhafte und nicht rechtzeitige Bilanzaufstellung (§ 283 Abs. 1 Nr. 7 StGB)

40.156 Strafbar ist die **mangelhafte oder nicht rechtzeitige Bilanzaufstellung** durch den Bilanzierungspflichtigen in der Krise, d.h. die Krise muss sich vor Ablauf der Bilanzaufstellungsfrist manifestiert haben.[1] Für die Bilanzierungspflicht sind die Grundsätze des HGB maßgeblich. Die Bilanz muss den Grundsätzen ordnungsgemäßer Buchführung entsprechen, d.h. maßgeblich sind die Grundsätze der Bilanzwahrheit, Bilanzklarheit und Bilanzvollständigkeit. Verstöße gegen diese Grundsätze sind strafbar, wenn sie die Übersicht über die tatsächliche Lage erschweren (s. Rz. 40.91 ff.). Dies kann gegeben sein beim Einsetzen fiktiver Beträge, Weglassen von Posten, bei falschen Wertansätzen, beim Bilanzieren erfolgswirksamer Umgehungshandlungen wie Verschiebungen im Konzern, bei ungenauen Bezeichnungen wie auch bei der Vermischung von Posten. Gem. § 283 Abs. 1 Nr. 7 lit. b StGB stellt das völlige Unterlassen der rechtzeitigen Bilanzerstellung unter Strafe.

2. Gläubigerbegünstigung (§ 283c StGB)

40.157 Die **Begünstigung eines Gläubigers** nach eingetretener Zahlungsunfähigkeit stellt § 283c StGB unter Strafe. Eine solche Begünstigung liegt vor, wenn einem Gläubiger eine Befriedigung oder eine Sicherheit gewährt wird, die dieser nicht, nicht in dieser Art oder nicht zu dieser Zeit beanspruchen kann. Es geht hiernach um Fälle einer sog. **inkongruenten Deckung**.

40.158 Die von § 283c StGB erfassten Sachverhalte sind **in Krisensituationen häufig** anzutreffen. Sie betreffen Fälle der **Nachbesicherung**, auf die kein vertraglicher Anspruch besteht[2], ebenso wie Fälle, in denen eine **Geldschuld durch Warenlieferung** oder Hingabe eines Kundenschecks beglichen[3] oder sonst zur Befriedigung einer Forderung gegen einen Kunden abgetreten wird.[4] Entsprechendes gilt bei einer Verzögerung des Insolvenzantrages mit dem Ziel, einem Gläubiger die Pfändung zu ermöglichen.

J. Folgen von Strafverfahren und Verurteilung

40.159 Die Verhängung einer Strafe ist für den Betroffenen die gravierendste Folge einer Straftat. Jenseits der Strafe treten aber vielfach noch weitere Folgen ein, die für die Geschäftsleiter und das Unternehmen von erheblichem Gewicht sein können. So wird vielfach mit einer Verfallsanordnung gem. § 73 StGB auf die Vermögensgegenstände zugegriffen, die durch eine rechtswidrige Tat auf Seiten des Täters oder eines Dritten erlangt wurden, was gravierende wirtschaftliche Konsequenzen für den Betroffenen bzw. eine Gesellschaft mit sich bringen kann. Bei zahlreichen Tatbeständen tritt infolge einer rechtskräftigen Verurteilung eine Inhabilität als Geschäftsführer (§ 6 Abs. 2 GmbHG) oder Vorstand (§ 73 Abs. 3 AktG) ein. Ferner kann die Führung von Strafverfahren wegen bestimmter Delikte (Korruptionsdelikte u.a. m.) zu Eintragungen in Registern führen, die bei der Vergabe von Aufträgen durch öffentliche Auftraggeber einzusehen und deren Einträge bei einer Vergabe – ggf. sperrend – zu berücksichtigen sind.

---

1 KG v. 13.3.2002 – (5) 1Ss 243/01 (6/02), wistra 2002, 313 m. Anm. *Maurer*, wistra 2003, 174; vgl. aber auch BGH v. 5.11.1997 – 2 StR 462/97, wistra 1998, 105 (Eintritt der Krise nach Ablauf der Bilanzerstellungsfrist reicht aus).
2 BGH v. 15.1.1979 – 5StR 467/78, bei *Herlan* MDR 1979, 457. Das Innehaben einer Forderung begründet noch keinen Anspruch auf ihre Sicherung.
3 BGH v. 10.10.1961 – 1 StR 163/61, BGHSt 16, 279 f.
4 BGH v. 2.11.1995 – 1 StR 449/95, StV 1996, 315.

I. Verfall gem. §§ 73 ff. StGB

Die Anordnung des Verfalls gem. §§ 73 ff. StGB bewirkt, dass bei dem Täter oder einem Dritten die erlangten **Vorteile** aus der Tat **abgeschöpft** werden. Die Vorteile der Tat sollen dem Täter nicht verbleiben, Straftaten sollen sich nicht „lohnen".[1] Der Verfall ist keine Strafe, sondern eine Rechtsfolge eigener Art, vergleichbar einer kondiktionsähnlichen Abschöpfung von deliktisch erlangtem Vermögen.[2] Gegenstand der Abschöpfung ist alles, was für die oder **aus der Tat erlangt** worden ist. Aufwendungen, die der Täter für die Tat gemacht hat, bleiben unberücksichtigt (sog. **Bruttoprinzip**).[3] Eine Korrektur ggf. unzumutbarer Folgen kann im Falle einer unbilligen Härte oder bei Entreicherung über § 73c StGB erfolgen. Hat der Täter als **Organ** oder **Vertreter** für eine Gesellschaft gehandelt, richtet sich die Verfallsanordnung gegen diese (§ 73 Abs. 3 StGB)[4], die am Verfahren sodann als Nebenbeteiligte zu beteiligen ist. Eine gesonderte Anordnung des Verfalls gegen das Organ bzw. den Vertreter kann in solchen Fällen nur erfolgen, wenn nachweisbar auch dort durch die Tat ein Vermögenszufluss erfolgt ist.[5]

40.160

Erlangt sind alle **Vermögenswerte**, die dem Täter oder einem Dritten unmittelbar aus der Verwirklichung des Tatbestandes in irgendeiner Phase des Tatablaufs zugeflossen sind.[6] Der Begriff des Vermögenswertes ist **weit zu verstehen** und umfasst neben körperlichen Gegenständen und Rechten[7] auch Nutzungen oder ersparte Aufwendungen[8] sowie einen wirtschaftlich werthaltigen Goodwill.[9] Einzelheiten sind nicht abschließend geklärt. Unklar ist etwa, ob die gesamte erhaltene Vergütung bei einem durch Korruption erschlossenen Vertrag abgeschöpft werden kann[10] oder vielmehr nur der Wert der Auftragserteilung[11], der oftmals dem aus dem Vertrag erzielten Ertrag entsprechen dürfte. Für die Tat sind Vorteile erlangt, wenn sie als Gegenleistung für das rechtswidrige Tun gewährt werden[12], beispielsweise Provisionen.[13] Eine Verfallsanordnung ist gem. § 73 Abs. 1 Satz 2 StGB **ausgeschlossen**, sofern dem Verletzten aus der Tat ein **Anspruch gegen den Täter** entstanden ist. Durch diese gesetzliche Einschränkung scheidet die Anordnung eines Verfalls bei Taten, die sich gegen eine Gesellschaft oder ein Unternehmen richten (z.B. Untreue) vielfach aus, da insoweit Schadensersatzansprüche gegen den Verantwortlichen bestehen. Bei Taten, die sich gegen überindividuelle Rechtsgüter (Korruptionsdelikte, Umweltdelikte, Delikte nach dem WpHG) richten, kommt der Verfall regelmäßig in Betracht und wird angeordnet.

40.161

---

1 BGH v. 30.5.2008 – 1 StR 166/07, BGHSt 52, 227.
2 BVerfG v. 14.1.2004 – 2 BvR 564/95, NJW 2004, 2073, 2074; BGH v. 30.5.2008 – 1 StR 166/07, CR 2008, 809, Rz. 101; vgl. aber: EGMR v. 17.12.2009 – 19359/04, DÖV 2010, 276.
3 BVerfG v. 14.1.2004 – 2 BvR 564/95, NJW 2004, 2073, 2074.
4 BVerfG v. 3.5.2005 – 2 BvR 1378/04, K 5, BVerfGE 217, 222 = NJW 2005, 3630; BVerfG v. 29.5.2006 – 2 BvR 820/06, K 8, BVerfGE 143, 148.
5 *Burghart* in Satzger/Schluckebier/Widmaier, § 73 StGB Rz. 52.
6 BGH v. 21.8.2002 – 1 StR 115/02, BGHSt 47, 369, 372; BGH v. 16.5.2006 – 1 StR 46/06, BGHSt 51, 65; *Fischer*, § 73 StGB Rz. 7 m.w.N.
7 *Fischer*, § 73 StGB Rz. 8 ff.
8 OLG Düsseldorf v. 20.6.1999 – 5 Ss 52/99 – 36/99, wistra 1999, 477.
9 BGH v. 2.12.2005 – 5 StR 119/05, BGHSt 50, 299, 310 f.
10 BGH v. 30.5.2008 – 1 StR 166/07, BGHSt 52, 227.
11 BGH v. 2.12.2005 – 5 StR 119/05, BGHSt 50, 299, 310; so auch zum verbotenen Insiderhandel BGH v. 27.1.2010 – 5 StR 224/09, ZIP 2010, 426 – Freenet; vgl. ferner *Kudlich/Noltensmeier*, wistra 2007, 121.
12 BGH v. 2.12.2005 – 5 StR 119/05, BGHSt 50, 299, 310.
13 BGH v. 6.7.2004 – 1 StR 129/04, wistra 2004, 463.

40.162 Von erheblicher praktischer Relevanz und wegen ihrer gravierenden akuten wirtschaftlichen Konsequenzen überaus belastend sind die den Ermittlungsbehörden bereits im **Ermittlungsverfahren** zustehenden **Sicherungsbefugnisse** nach §§ 111b ff. StPO. Mittels dieser kann die **vorläufige Arrestierung** der durch die vermeintliche Straftat erlangten Vermögenswerte erfolgen.[1] Dabei werden ggf. vorhandene Vermögenswerte durch separat durchgeführte sog. **Finanzermittlungen** von den Ermittlungsbehörden aufgespürt. Die hierzu von den Ländern erlassenen Richtlinien lassen es zu, in deren Rahmen auf **Steuerakten**, Grundbücher und andere Registerakten zuzugreifen.[2] In Verfahren, in denen höhere Beträge oder umfangreichere Aufträge durch die vermeintliche Tat erlangt worden sein sollen, kann die Arrestierung solcher Vermögenswerte schnell in eine existenzbedrohende Gefahr für den Betroffenen oder die Gesellschaft als Drittbetroffene münden. Eine Abwendung der Arrestierung bzw. deren Aufhebung kann gelegentlich mit den Ermittlungsbehörden gegen die **Gewährung von Sicherheiten** verhandelt werden.

40.163 Eine Verfallsanordnung kommt auch bei einer Ordnungswidrigkeit gem. § 29a OWiG in Betracht. Allerdings ist diese – anders als in Fällen des § 73 StGB – nicht obligatorisch, sondern in das Ermessen des Gerichts gestellt und kann nur angeordnet werden, wenn gegen die juristische Person keine Verbandsgeldbuße festgesetzt worden ist (vgl. § 29 Abs. 1 und § 30 Abs. 5 OWiG). Die Verhängung einer Geldbuße gegen die verantwortliche natürliche Person und die Anordnung des Verfalls (§ 29a OWiG) gegen die juristische Person sind nebeneinander hingegen möglich.[3] Bei § 29a OWiG richtet sich die Anordnung stets auf den Wertersatz.

40.164 Durch **Gesetz zur Reform der strafrechtlichen Vermögensabschöpfung vom 13.4.2017**[4], welches am 1.7.2017 in Kraft getreten ist, hat der Gesetzgeber das Recht der strafrechtlichen Vermögensabschöpfung grundlegend geändert und reformiert. Die künftig als „Einziehung" bezeichnete Abschöpfung des aus einer Tat Erlangten wird durch die Neuregelung ausgeweitet (§ 73 Abs. 1 StGB n.F.), die vorläufige Sicherstellung von Vermögenswerten (§§ 111b, 111e StPO n.F.) wird zum gesetzlichen Regelfall. Die gesetzliche Regelung geht von dem sog. Bruttoprinzip aus, wobei sowohl unmittelbare wie auch mittelbare Vorteile aus der Tat erfasst werden. Einschränkungen des Bruttoprinzips ergeben sich daraus, dass bei der Bestimmung des Erlangten bestimmte Aufwendungen des Täters in Abzug gebracht werden dürfen, wenn diese Leistungen betreffen, die nicht als solche zu beanstanden sind, mögen sie auch in demselben rechtlichen Verhältnis entstanden sein, in dem die Tat begangen wurde (§ 73d Abs. 1 StGB n.F.). Die Neuregelung beinhaltet eine eigene gesetzliche Vorschrift für die sog. „Verschiebungsfälle", in denen ein Dritter das aus der Tat Erlangte zugewendet oder weitergeleitet bekommt; hierdurch wird die diesbezügliche Rechtsprechung des Bundesgerichtshofes ins Gesetz übernommen. Darüber hinaus ist eine gesetzliche Regelung eingefügt worden, die es gestattet, auch Vermögenswerte unklarer Herkunft unter bestimmten Voraussetzungen einzuziehen. Die gesetzliche Neuregelung gilt für alle Verfahren, in denen bis zum 1.7.2017 noch nicht durch erstinstanzliches Urteil oder Strafbefehl festgestellt war, dass ein Verfall wegen entgegenstehender Ansprüche (§ 73 Abs. 1 Satz 2 StGB) nicht angeordnet wird. Dementsprechend gilt das neue Recht für die meisten Altsachverhalte.

---

1 Vgl. *Schmid/Winter*, NStZ 2002, 8, 14.
2 Vgl. die Richtlinien für Nordrhein-Westfalen JMBl. NW 2000, 209; ferner *Schmid/Winter*, NStZ 2002, 8, 11.
3 *Göhler*, § 29a OWiG Rz. 12.
4 BGBl. I 2017, 872.

II. Inhabilität als Geschäftsführer bzw. Vorstand bei Verurteilungen wegen Wirtschaftsstraftaten

Die strafrechtliche Verurteilung kann eine **Inhabilität** als **Geschäftsführer** bzw. **Vorstand** nach sich ziehen (**§ 6 Abs. 2 GmbHG, § 76 Abs. 3 AktG**). Die Regelungen zur Inhabilität sind durch das **MoMiG** wesentlich ausgeweitet worden.[1] Erfasst sind alle Kerntatbestände des Wirtschaftsstrafrechts (Insolvenz-, Betrugs-, Untreue-, Bilanzstraftaten u.a.m.), auch bei ausländischen Verurteilungen. Der Ausschluss gilt für einen Zeitraum von fünf Jahren nach Rechtskraft des Urteils, sofern die Person nicht auf behördliche Anordnung in einer Anstalt verwahrt wurde. Wird ein Geschäftsführer oder Vorstand nach seiner Bestellung wegen eines der genannten Delikte rechtskräftig verurteilt, so soll die Bestellung mit der Rechtskraft des Urteils wirkungslos werden.[2]

40.165

III. Unternehmensgeldbuße (§ 30 OWiG)

§ 30 OWiG ermöglicht die Verhängung einer Geldbuße gegen eine juristische Person, wenn eine der in Abs. 1 genannten Personen eine Pflicht des Verbandes verletzt oder in der Absicht gehandelt hat, den Verband zu bereichern. Bei § 30 OWiG handelt es sich um eine Zurechnungsnorm, deren Anwendung voraussetzt, dass eine Pflichtverletzung durch eine Leitungsperson begangen worden ist. Leitungspersonen im Sinn des § 30 Abs. 1 OWiG sind Organmitglieder, Vorstände, Geschäftsführer (Ziff. 1), Generalbevollmächtigte (Ziff. 4), und sonstige Leitungspersonen (Ziff. 5); Geschäftsleiter gehören in aller Regel zu diesem Personenkreis. Dementsprechend bergen nahezu sämtliche in diesem Abschnitt erörterten – von Geschäftsleitern begangenen – Straftaten zugleich das Risiko, dass an diese Pflichtverletzungen anknüpfend ein Bußgeld gegen die juristische Person verhängt wird, für die der Geschäftsleiter tätig ist. Entsprechendes gilt bei einer Aufsichtspflichtverletzung (§ 130 OWiG); diese stellt einen häufigen Anwendungsfall des § 30 OWiG dar. In Betracht kommt die Verhängung einer Geldbuße auch dann, wenn lediglich das Vorliegen einer Pflichtverletzung (Straftat oder Aufsichtspflichtverletzung) festgestellt, diese jedoch nicht individualisiert zugeordnet werden kann (sog. **anonymisierte Verbandsgeldbuße**). Die Verhängung des Bußgeldes liegt im pflichtgemäßen Ermessen der Behörde.

40.166

Die Geldbuße setzt sich aus einem Ahndungs- und einem Abschöpfungsteil zusammen.[3] Wird für das Bußgeld an einer vorsätzlichen Straftat angeknüpft, beträgt der Ahndungsteil (§ 30 Abs. 2 OWiG) bis zu 10 Mio. Euro, bei einer fahrlässigen Straftat bis zu 5 Mio. Euro. Bei einer Ordnungswidrigkeit – z.B. § 130 OWiG – richtet sich die Ahndung nach dem für die Ordnungswidrigkeit angedrohten Bußgeldrahmen. Bei bestimmten Ordnungswidrigkeiten kann das Bußgeld bis zum Zehnfachen des Höchstmaßes erhöht werden § 30 Abs. 2 Satz 3 OWiG. Gem. § 30 Abs. 3 i.V.m. § 17 Abs. 4 OWiG können die Höchstgrenzen des Bußgeldes (§ 30 Abs. 2 OWiG) überschritten werden, wenn dies zur Abschöpfung eines Vorteils erforderlich ist, der aus der Tat gezogen wurde. Bei der Bemessung des Vorteils ist nach herrschender Ansicht vom sog. „**Nettoprinzip**" auszugehen, weshalb eine Saldierung vorzuneh-

40.167

---

1 *Müller-Gugenberger*, GmbHR 2009, 578, 582.
2 BGH v. 1.7.1991 – II ZR 292/90, GmbHR 1991, 358; BayObLG v. 30.8.1983 – Breg 3 Z 116/83, WM 1983, 1170; BayObLG v. 30.6.1987 – Breg 3 Z 75/87, DB 1987, 1882.
3 Näher zu alldem *von Galen/Maass* in Leitner/Rosenau, Wirtschafts- und Steuerstrafrecht, § 30 OWiG Rz. 41 ff.

men ist.[1] Aufwendungen sind bei der Ermittlung des Vorteils abzusetzen[2], u.a. auch „Schmiergelder". Nicht abzugsfähig sind demgegenüber nach Ansicht des Bundesgerichtshofes sog. Deckungs- (d.h. Fix-)Kosten, die ohnehin entstehen und aus dem Erlangten beglichen werden können.[3] Abzugsfähig sind indes Steuern, die auf den erlangten Vorteil entfallen, sofern das Besteuerungsverfahren bereits durch bestandskräftigen Steuerbescheid abgeschlossen ist. Ist letzteres nicht der Fall, bleiben die Steuern ohne Ansatz, da dann der Abschöpfungsteil der Geldbuße gewinnmindernd im Besteuerungsverfahren zu berücksichtigen ist.[4]

IV. Ausschluss von der Vergabe und Registereintragung

40.168   § 21 SchwarzArbG erlaubt, ein Unternehmen von der Teilnahme an einem von einem Auftraggeber i.S. des § 99 GWB ausgeschriebenen Wettbewerb bis zu einer Dauer von **drei Jahren auszuschließen**, der wegen Straftaten oder Ordnungswidrigkeiten gem. §§ 8 Abs. 1 Nr. 2, 9–11 SchwarzArbG, § 404 Abs. 1, 2 Nr. 3 SGB III, §§ 15, 15a, 16 Abs. 1 Nr. 1, 1b, 2 AÜG und nach § 266a Abs. 1–4 StGB zu einer **Freiheitsstrafe** von mehr als drei Monaten oder einer **Geldstrafe** von mehr als 90 Tagessätzen rechtskräftig verurteilt oder einer **Geldbuße von mindestens 2500 Euro** belegt wurde.[5] Bei besonders schweren Verfehlungen kann die Sanktion schon während des Ermittlungsverfahrens ausgesprochen werden, sofern angesichts der Beweislage kein vernünftiger Zweifel an der Begehung besteht.

40.169   Die **Vergabestellen** und **öffentlichen Auftraggeber** sind zur Abklärung der Voraussetzungen des Ausschlusses befugt, **Auskunft aus dem Gewerbezentralregister** gem. § 150a GewO zu verlangen. Dort erfolgt eine Eintragung gem. § 149 Abs. 2 Satz 1 Nr. 3, 4 GewO automatisch, sofern eine **rechtskräftige Verurteilung** wegen einer **Straftat** nach §§ 10, 11 SchwarzArbG, §§ 15, 15a AÜG, § 266 Abs. 1, 2, 4 StGB zu mehr als drei Monaten Freiheitsstrafe oder 90 Tagessätze Geldstrafe oder zu einem **Bußgeld in Höhe von mindestens 200 Euro** wegen einer Ordnungswidrigkeit führt, die bei oder im Zusammenhang mit der Ausübung eines Gewerbes oder mit dem Betrieb einer sonstigen wirtschaftlichen Unternehmung begangen worden ist.

40.170   Für den Bereich des Baugewerbes liegt es im Ermessen der Vergabestellen, einen Bewerber bei „**schweren Verfehlungen**" gem. § 8 Nr. 5 Satz 1c VOB/A vom **Vergabewettbewerb auszuschließen**. Eine schwere Verfehlung dürfte bei auf den Geschäftsverkehr bezogenen Verstößen gegen strafrechtliche Bestimmungen regelmäßig vorliegen.[6] Eine schwere Verfehlung kann in der Folge nicht nur den Ausschluss von dem konkreten Wettbewerb, sondern auch eine koordinierte bzw. verfahrensübergreifende Auftragssperre („Schwarze Liste") zur Folge haben.[7]

---

[1] *Krumm*, NJW 2011, 196.
[2] BGH v. 17.10.2013 – 3 StR 167/13, BGHSt 59, 34; OLG Hamburg v. 3.3.1971 – 2 Ss 90/70 OWi, NJW 1971, 1000.
[3] BGH v. 17.10.2013 – 3 StR 167/13, BGHSt 59, 34.
[4] BGH v. 25.4.2005 – KRB 22/04, NStZ 2006, 231; BGH v. 17.10.2013 – 3 StR 167/13, BGHSt 59, 34.
[5] Ausführlich *Berwanger* in Fehn, Schwarzarbeitsbekämpfungsgesetz, § 21 Rz. 3 ff.
[6] *Prieß* in Motzke/Pietzcker/Prieß, VOB/A, § 8 Rz. 101, 108.
[7] *Prieß* in Motzke/Pietzcker/Prieß, VOB/A, § 8 Rz. 123 ff.

40.171 Daneben führen diverse Länder (z.B. Berlin[1], Bremen[2], Nordrhein-Westfalen[3])[4] ein eigenständiges **Korruptionsregister** auf Landesebene. Zur Einführung eines Korruptionsregisters auf Bundesebene ist jüngst ein Gesetzentwurf verabschiedet worden. Den Korruptionsregistern gegenüber sind Ermittlungsbehörden und Gerichte mitteilungspflichtig. Eingetragen werden dort nicht lediglich Korruptionsdelikte, sondern auch zahlreiche andere Tatbestände. Bemerkenswert ist, dass in diese Register nicht lediglich rechtskräftige Verurteilungen eingetragen werden, sondern auch nach § 153a StPO eingestellte Strafverfahren. Öffentliche Auftraggeber sind bei der Vergabe von Aufträgen verpflichtet, die Bewerber bei einem Volumen von mehr als 15 000 Euro bzw. mehr als 25 000 Euro auf Eintragungen zu prüfen. In der Praxis werden diese Register stark nachgefragt. So kommt es in Berlin zu ca. 2500 Abfragen des Korruptionsregisters pro Monat mit steigender Tendenz.[5] Vielfach werden die betroffenen Unternehmen bei Vorliegen einer Vereinbarung von der Vergabe ausgeschlossen.

---

1 Korruptionsregistergesetz vom 19.4.2006, GVBl. Bln 2006, 358.
2 Bremisches Gesetz zur Errichtung und Führung eines Korruptionsregisters vom 17.5.2011, Brem GBl. 2011, 365.
3 Korruptionsbekämpfungsgesetz vom 16.12.2004, GVBl. NRW 2005, 8.
4 Vgl. auch die Übersicht auf der Homepage des Bundesverbandes der Compliance Manager, https://www.bvdcm.de/news/aktuelle-korruptionsregister-deutschland.
5 Abgeordnetenhaus zu Berlin, Drucks. 16/12103.

§ 41
Haftung für unterlassene Aufsichtsmaßnahmen nach § 130 OWiG

Dr. Christoph Schücking

A. Einleitung	41.1
B. Wirtschaftsstrafrecht kein Unternehmensstrafrecht	41.3
I. § 14 StGB	41.5
II. § 9 OWiG	41.7
III. § 130 OWiG	41.9
IV. § 30 OWiG	41.14
V. Funktion der §§ 9, 30, 130 OWiG	41.16
C. Einzelheiten zu § 130 OWiG	41.22
I. Rechtsnatur und Rechtsgut	41.23
II. Mögliche Betroffene	41.24
1. Inhaber von Betrieben und Unternehmen	41.25
2. Öffentliche Unternehmen	41.28
3. Inhabern gleichgestellte Personen	41.33
III. Tatbestand	41.34
1. Unterlassung erforderlicher Aufsichtsmaßnahmen	41.35
2. Zumutbarkeit von Aufsichtsmaßnahmen	41.42
3. Mehrstufige Aufsicht	41.43
4. Zuwiderhandlung	41.47
5. Subjektiver Tatbestand	41.54
6. Konzernsachverhalte	41.56
IV. Rechtsfolgen	41.66
1. Doppelter Vorsatz	41.67
2. Doppelte Fahrlässigkeit	41.68
3. Vorsatz/Fahrlässigkeitskombination	41.69
4. Konkrete Bemessung der Geldbuße	41.70
5. Unternehmensgeldbuße nach § 30 OWiG	41.71
V. Verfahren und Verjährung	41.72
1. Verfahren	41.73
2. Verjährung	41.75
D. Zivilrechtliche Folgen unterlassener Aufsichtsmaßnahmen	41.77
I. Ansprüche des betroffenen Unternehmens	41.78
II. Ansprüche Dritter	41.81
1. Drittansprüche gegen das Unternehmen	41.82
2. Persönliche Drittansprüche	41.87
E. Grundnorm für Compliance?	41.89

Schrifttum: *Achenbach*, Die Sanktionen gegen die Unternehmensdelinquenz im Umbruch, JuS 1990, 601; *Achenbach*, Diskrepanzen im Recht der ahndenden Sanktionen gegen Unternehmen, in FS Stree/Wessels, 1993, S. 545; *Achenbach*, Ausweitung des Zugriffs bei den ahndenden Sanktionen gegen die Unternehmensdelinquenz, wistra 2002, 441; *Achenbach*, Zurechnung unternehmensbezogenen Handelns, in Achenbach/Ransiek (Hrsg.), Handbuch Wirtschaftsstrafrecht, 3. Aufl. 2012, S. 18 ff.; *D. Bock*, Strafrechtliche Aspekte der Compliance-Diskussion – § 130 OWiG als zentrale Norm der Criminal Compliance, ZIS 2009, 68; *Bohnert/Krenberger/Krumm*, Ordnungswidrigkeitengesetz, 4. Aufl. 2016; *Dannecker*, Die Verfolgungsverjährung bei Submissionsabsprachen und Aufsichtspflichtverletzungen in Betrieben und Unternehmen, NStZ 1985, 49; *Eidam*, Unternehmen und Strafe, 4. Aufl. 2014, Rz. 727 ff.; *Eisele/Koch/Theile* (Hrsg.), Der Sanktionsdurchgriff im Unternehmensverbund, 2014; *Göhler*, Ordnungswidrigkeitengesetz, 16. Aufl. 2012; *Große Vorholt*, Wirtschaftsstrafrecht, 2. Aufl. 2007, Rz. 202 ff.; *Hermanns/Kleier*, Grenzen der Aufsichtspflicht in Betrieben und Unternehmen, 1987; *Holle*, Legalitätskontrolle im Kapitalgesellschafts- und Konzernrecht, 2014; *Huber*, Die Reichweite konzernbezogener Compliance-Pflichten des Mutter-Vorstands des AG-Konzerns, 2013; *J. Koch*, Der kartellrechtliche Sanktionsdurchgriff im Unternehmensverbund, ZHR 171 (2007), 554; *J. Koch*, Compliance-Pflichten im Unternehmensverbund, WM 2009, 1013; *Lang*, Die Sanktionierung von Aufsichtspflichtsverletzungen in der öffentlichen Verwaltung, 2016; *Lemke/Mosbacher*, Ordnungswidrigkeitengesetz, 2. Aufl. 2005; *Mansdörfer/Timmerbeil*, Zurechnung und Haftungsdurchgriff im Konzern. Eine rechtsübergreifende Betrachtung, WM 2004, 362; *Niesler* in Graf/Jäger/Wittig, Wirtschafts- und Steuerstrafrecht, 2. Aufl. 2017, Kommentar zu § 130 OWiG; *Rebmann/Roth/Hermann*, Ordnungswidrigkeitengesetz, Loseblatt, Stand: September 2016; *Rogall*, Dogmatische und kriminalpolitische Probleme der Aufsichtspflichtverletzung in Betrieben und Unternehmen (§ 130 OWiG), ZStW 98 (1986), 573; *Rogall*, Karlsruher Kommentar zum Gesetz über Ordnungswidrigkeiten, 4. Aufl. 2014, § 130 OWiG Rz. 1 ff.; *Rönnau*, Haftung für unterlassene Aufsicht nach § 130 OWiG ..., ZGR 2016, 277; *W. Schmid/D. Fridrich* in Müller-Gugenberger (Hrsg.), Wirtschaftsstrafrecht,6. Aufl. 2015, § 30 Rz. 125 ff.; *Uwe H. Schneider*, Compliance als Aufgabe der Unternehmensleitung, ZIP 2003, 645; *Uwe H. Schneider*, Compliance im Konzern, NZG 2009, 1321; *Uwe H. Schneider*, Corporate Manslaughter und Corporate Compliance, EuZW 2007, 553; *Többens*, Die Bekämpfung der Wirtschaftskriminalität durch die Troika der §§ 9, 130 und 30 OWiG, NStZ 1999, 1; *Wagner*, Sinn und Unsinn der Unternehmensstrafe, ZGR 2016, 112; *Wohlers*, Der Gesetzentwurf zur strafrechtlichen Verantwortlichkeit von Unternehmen und sonstigen Verbänden, ZGR 2016, 364.

A. Einleitung

Das in den letzten Jahren erheblich geschärfte Bewusstsein der Öffentlichkeit für die **Compliance** von Unternehmen (vgl. oben *Gebauer/Fett*, § 24, und *Kremer/Klahold*, § 25 Rz. 25.1 ff.) hat auch dazu beigetragen, die Vorschrift des § 130 OWiG ins juristische Rampenlicht zu holen, das ihr und ihrer Vorgängerin § 33 OWiG 1968 lang verwehrt geblieben ist. War etwa 1973 die Feststellung *Göhlers* noch allzu gerechtfertigt, das Zusammenspiel der (heutigen) §§ 9, 30 und 130 OWiG sei der Praxis wohl nicht hinreichend klar[1], so zeigen jüngste **spektakuläre Anwendungsfälle** von § 130 OWiG gegen ehemalige Vorstände namhafter Großunternehmen, dass die Aufarbeitung und Durchdringung des Ordnungswidrigkeitenrechts durch die Rechtsprechung und die Rechtswissenschaft inzwischen weit gediehen sind. Die Anwendung der „Troika der §§ 9, 130 und 30 OWiG"[2] ist heute zur Routine von Ordnungswidrigkeitenbehörden und Staatsanwaltschaften geworden. 41.1

Aus der Anwendung von § 130 OWiG ergeben sich **zivilrechtliche Folgefragen**, die die Praxis künftig umso stärker beschäftigen werden, als die Behörden gestützt auf § 130 OWiG gegen Vorstände und Geschäftsführer und dann auch zusätzlich nach § 30 OWiG gegen die Unternehmen selbst vorgehen. 41.2

B. Wirtschaftsstrafrecht kein Unternehmensstrafrecht

Ausgangspunkt für das Verständnis von § 130 OWiG ist die Feststellung, dass das deutsche Straf- und Ordnungswidrigkeitenrecht grundsätzlich nur das Handeln oder Unterlassen **natürlicher Personen** im Blick hat und dort, wo es durch Sanktionen verhindert werden soll, mit Strafen oder Geldbußen bedroht. Während manche fremden Rechtsordnungen eine strafrechtliche Verantwortung juristischer Personen kennen[3], setzen strafrechtliche Sanktionen in Deutschland eine eigene persönliche Schuld des Täters voraus, wie sie nur natürliche, nicht aber juristische Personen auf sich laden können. 41.3

Dies führt im Wirtschaftsstrafrecht zunächst dazu, dass auch in diesem Teilbereich des Strafrechts nur natürliche Personen, nicht aber Handelsgesellschaften oder juristische Personen bestraft oder mit Geldbußen belegt werden können. Dabei treten Unzulänglichkeiten auf, die zu kriminalpolitisch unerwünschten Ergebnissen führen würden. Deshalb hat der Ge- 41.4

---

1 *Göhler*, JR 1973, 29.
2 *Többens*, NStZ 1999, 1 ff.
3 *Radtke* in MünchKomm. StGB, 3. Aufl. 2017, § 14 StGB Rz. 129; *Uwe H. Schneider*, EuZW 2007, 553.

setzgeber Vorschriften erlassen, die einerseits darauf abzielen, den Kreis möglicher Täter gerade in wirtschaftsstrafrechtlichen Fällen unter Beachtung rechtsstaatlicher Maßstäbe zu erweitern (§ 14 StGB, §§ 9, 130 OWiG), und andererseits (mit § 30 OWiG) auf der Ebene des Ordnungswidrigkeitenrechts abweichend von der Grundregel der Beschränkung strafrechtlicher Sanktionen doch ein **„kleines Unternehmensstrafrecht"** einführen.

I. § 14 StGB

41.5 § 14 StGB **erweitert** die **Strafbarkeit** bestimmter natürlicher Personen dadurch, dass sie so behandelt werden, als ob bestimmte für die Strafbarkeit eines Verhaltens maßgebliche Merkmale bei ihnen selbst vorlägen, obwohl dies tatsächlich gerade nicht der Fall ist. Wenn also § 266a StGB „Arbeitgeber" für den Fall mit Strafe bedroht, dass sie Sozialversicherungsbeiträge den Sozialversicherungsträgern vorenthalten, so erstreckt § 14 StGB das strafbegründende Merkmal der Arbeitgebereigenschaft von einer Mitarbeiter beschäftigenden juristischen Person oder Personengesellschaft unter bestimmten Voraussetzungen auf natürliche Personen, die für den eigentlichen Arbeitgeber handeln. Diese Voraussetzungen sind gem. § 14 Abs. 1 Nr. 1 und 2 StGB, dass die natürliche Person, um deren Strafbarkeit es geht, entweder

– als Organ oder Organmitglied der juristischen Person oder

– als vertretungsberechtigter Gesellschafter der rechtsfähigen Personengesellschaft gehandelt hat.

In gleicher Weise erstreckt § 14 Abs. 2 StGB besondere strafbegründende Merkmale, die bei einem Betrieb oder Unternehmen vorliegen, auf bestimmte gewillkürte Vertreter solcher Betriebe und Unternehmen, nämlich solche natürliche Personen, die vom Inhaber beauftragt sind, den Betrieb oder das Unternehmen ganz oder teilweise zu leiten oder in eigener Verantwortung Aufgaben des Betriebs oder Unternehmens auszuführen, die eigentlich dessen Inhaber obliegen.

41.6 § 14 StGB kann deshalb ganz einfach als die **angemessene Reaktion** des Strafrechts darauf verstanden werden, dass das Wirtschaftsleben längst über vom Inhaber geführte einzelkaufmännische und Handwerksbetriebe hinausgewachsen ist und sich heute überwiegend Kapitalgesellschaften, Personenhandelsgesellschaften und Niederlassungen ausländischer Unternehmen jeglicher Rechtsform, aber auch solcher Unternehmen bedient, die als öffentlich-rechtliche Anstalten geführt werden.

II. § 9 OWiG

41.7 § 9 OWiG ist eine bewusst völlig **parallel zu § 14 StGB** ausgestaltete Vorschrift des Ordnungswidrigkeitenrechts. Sie erstreckt für dieses Rechtsgebiet persönliche Merkmale unter denselben Voraussetzungen, wie dies § 14 StGB für das Strafrecht tut, auf Organpersonen und -mitglieder juristischer Personen, vertretungsberechtigte Gesellschafter rechtsfähiger Personengesellschaften sowie die Leiter von Betrieben und Unternehmen und deren eigenverantwortlich handelnde Bevollmächtigte. Auf diese Weise wird z.B. erreicht, dass die Eigenschaft als „am Zusammenschluss beteiligtes Unternehmen", die gem. § 39 Abs. 2 Nr. 1 GWB die Verpflichtung zur Anmeldung bestimmter Fusionsvorhaben begründet, im Falle einer nach § 81 Abs. 2 Nr. 3 GWB unrichtigen oder unvollständigen Anmeldung des Vorgangs beim Bundeskartellamt auf die in § 9 OWiG bezeichneten Personen erstreckt wird, so dass sich der Fokus der Ermittlungen zumindest zunächst, nämlich bis zur Anwendung von

§ 30 OWiG (vgl. Rz. 41.14 ff.) vom Unternehmen weg und hin zu den für die Ordnungswidrigkeit verantwortlichen natürlichen Personen verschiebt.

Wird schon die praktische Bedeutung von § 14 StGB schwerpunktmäßig im **Wirtschaftsstrafrecht** gesehen, so gilt dies angesichts der schier unübersichtlichen Zahl wirtschaftsrechtlicher Ordnungswidrigkeitentatbestände, wie sie fast jedes wirtschaftslenkende Gesetz und nahezu jede auf solchen Gesetzen beruhende Verordnung routinemäßig in ihren Schlussteilen enthalten, erst recht für die gar nicht hoch genug zu veranschlagende Bedeutung von § 9 OWiG im Wirtschaftsordnungswidrigkeitenrecht. 41.8

III. § 130 OWiG

Einen von den soeben skizzierten Vorschriften deutlich zu trennenden Ansatz zur **Ausdehnung der Verantwortung** für unternehmensbezogene Straftaten oder Ordnungswidrigkeiten auf bestimmte natürliche Personen verfolgt demgegenüber die im Mittelpunkt dieses Kapitels stehende Vorschrift des § 130 OWiG. Denn diese Vorschrift versucht nicht, die Funktionstrennung in arbeitsteilig organisierten Unternehmen durch die Erstreckung von Tatbestandsmerkmalen auf natürliche Personen wieder einzufangen. 41.9

Sie statuiert vielmehr eine aus der arbeitsteiligen Organisation größerer Unternehmen folgende **Pflicht zu bestimmten Aufsichtsmaßnahmen** und sanktioniert deren Unterlassung für den Inhaber des Unternehmens unter der Voraussetzung als Ordnungswidrigkeiten mit Geldbußen, dass es aus dem Unternehmen heraus zu einer Verletzung betriebsbezogener Pflichten gekommen ist. Die Unterlassung von Aufsichtsmaßnahmen ist also der innere Grund für die Zurechnung von Pflichtverstößen nachgeordneter Mitarbeiter zum Inhaber des Betriebs oder Unternehmens. 41.10

Dabei unterscheidet sich § 130 OWiG vom kriminalpolitischen Ansatz des § 14 StGB und des § 9 OWiG auch dadurch, dass die Sekundärordnungswidrigkeit des § 130 OWiG **subsidiär** gegenüber allen täterschaftlich begangenen Primärstraftaten und -ordnungswidrigkeiten ist. Wer also über § 14 StGB selbst für eine Straftat einzustehen oder sich wegen § 9 OWiG selbst wegen einer Ordnungswidrigkeit zu verantworten hat, kann keinesfalls wegen desselben Tatvorwurfs auch noch nach § 130 OWiG ordnungswidrigkeitenrechtlich herangezogen werden. 41.11

Ist also § 130 OWiG einerseits streng von § 9 OWiG zu unterscheiden, so besteht zwischen beiden Normen doch zugleich auch ein enger **Zusammenhang**: Die den Tatbestand von § 130 OWiG auslösende Eigenschaft als „Inhaber eines Betriebs oder eines Unternehmens" ist nämlich eine persönliche Eigenschaft, die den für eine juristische Person handelnden Organpersonen, den gesetzlichen Vertretern rechtsfähiger Personengesellschaften sowie Betriebs- und Unternehmensleitern über § 9 OWiG zugerechnet werden kann und regelmäßig zugerechnet wird, wenn in einem Unternehmen entgegen § 130 OWiG Aufsichtspflichten und unternehmensbezogene Verhaltenspflichten verletzt wurden. 41.12

Damit wird deutlich, wie die als Teil einer **„Troika"**[1] bezeichneten Vorschriften der §§ 9 und 130 OWiG ineinandergreifen, um es den Ordnungswidrigkeitenbehörden zu ermöglichen, aus kriminalpolitischer Sicht sanktionswürdiges Verhalten der Führungskräfte von Unternehmen trotz deren arbeitsteiliger Organisation in ihren Griff zu bekommen. 41.13

---

1 *Többens*, NStZ 1999, 1 ff.; *Krause*, ZGR 2016, 335, 341 f.

IV. § 30 OWiG

41.14 Als drittes Element komplettiert § 30 OWiG die angesprochene Troika. Dies geschieht dadurch, dass mit § 30 OWiG die Möglichkeit geschaffen wird, die **Unternehmen** selbst zu Geldbußen von bis zu 1 Mio. Euro heranzuziehen, wenn für sie verantwortlich handelnde Personen Straftaten oder Ordnungswidrigkeiten begangen haben, mit denen entweder das Unternehmen betreffende Pflichten verletzt wurden oder eine Bereicherung des Unternehmens erzielt wurde oder werden sollte.

41.15 Dieser eigene **Bußgeldtatbestand für Unternehmen** rechtfertigt es, § 30 OWiG als ein „kleines Unternehmensstrafrecht" anzusehen, das die Grundregel durchbricht, dass strafrechtliche Sanktionen in Deutschland grundsätzlich nur für natürliche Personen vorgesehen sind, die mit individueller Schuld gehandelt haben. Dabei ist der Vollständigkeit halber darauf hinzuweisen, dass die Vorschriften der §§ 22 ff. OWiG über die Einziehung gem. § 29 OWiG bei Ordnungswidrigkeiten von Führungskräften die Einziehung von Gegenständen auch zu Lasten der Unternehmen ermöglichen, für die sie gehandelt haben. Zudem gestattet § 29a Abs. 2 OWiG die Anordnung des Verfalls bestimmter Geldbeträge auch gegen ein Unternehmen, für das der Täter einer Ordnungswidrigkeit gehandelt hat. Das angesprochene „kleine Unternehmensstrafrecht" des § 30 OWiG wird deshalb durch §§ 29, 29a Abs. 2 OWiG ebenso wie durch deren strafrechtliche Parallelvorschriften (§§ 75, 73 Abs. 2 StGB) ergänzt.

V. Funktion der §§ 9, 30, 130 OWiG

41.16 Die Staatsanwaltschaften und Verwaltungsbehörden können bei der Verfolgung unternehmensbezogener Straftaten und Ordnungswidrigkeiten die vorstehend skizzierten Erweiterungen der ordnungswidrigkeitenrechtlichen Verantwortung, wie sie die §§ 9, 30, 130 OWiG ermöglichen, wie folgt miteinander **kombinieren**:

41.17 Haben **Organmitglieder**, vertretungsberechtigte Personengesellschafter, Unternehmens- oder Betriebsleiter oder eigenverantwortlich handelnde Vertreter von Betrieben oder Unternehmen vorsätzlich oder fahrlässig den Tatbestand einer Ordnungswidrigkeitsvorschrift verletzt, so können sie selbst über § 9 OWiG und zusätzlich das Unternehmen, für das sie gehandelt haben, gem. § 30 OWiG mit Bußgeldern belegt werden.

41.18 Hat der **Inhaber eines Unternehmens** Aufsichtspflichten verletzt und dadurch die Begehung unternehmensbezogener Straftaten oder Ordnungswidrigkeiten ermöglicht, so führt die kombinierte Anwendung der §§ 30 und 130 OWiG dazu, dass ein Bußgeld nicht nur gegen den Inhaber des Unternehmens nach § 130 OWiG, sondern auch gegen das Unternehmen selbst nach § 30 OWiG festgesetzt werden kann.

41.19 Wie bereits in Rz. 41.13 erwähnt, führt die **kombinierte Anwendung** der **§§ 9 und 130 OWiG** dazu, dass die Verletzung von Aufsichtspflichten bei unternehmensbezogenen Verstößen gegen das Straf- oder Ordnungswidrigkeitenrecht durch nachgeordnete Mitarbeiter nicht nur für die Inhaber von Einzelunternehmen eine Ordnungswidrigkeit darstellt, sondern auch für die Organpersonen unternehmenstragender juristischer Personen, für vertretungsberechtigte Gesellschafter rechtsfähiger Personengesellschaften, für Unternehmens- und Betriebsleiter sowie für eigenverantwortlich handelnde Vertreter von Unternehmen und Betrieben. Damit wird eine Gleichbehandlung zwischen den Leitern inhabergeführter Unternehmen einerseits und solcher Unternehmen andererseits herbeigeführt, die von juristischen Personen, Personengesellschaften oder Rechtsträgern ausländischer Rechtsform geführt werden.

Schließlich führt die **kombinierte Anwendung** der §§ **9, 30 und 130 OWiG** dazu, dass bei den soeben genannten Unternehmen, die als juristische Personen, rechtsfähige Personengesellschaften oder ausländische juristische Personen organisiert sind, die Begehung betriebsbezogener Straftaten oder Ordnungswidrigkeiten nicht nur zu einer persönlichen ordnungswidrigkeitenrechtlichen Verantwortung der Betriebsleiter, sondern daneben auch zur Möglichkeit führt, die Unternehmen selbst mit Geldbußen zu belegen. Damit reagiert das Gesetz auf die Möglichkeit, dass ein Unternehmen durch das gesetzwidrige Verhalten seiner Mitarbeiter und die Aufsichtspflichtverletzung der Führungskräfte, die dieses Verhalten nicht verhindert haben, eigene Vorteile davonträgt, die ihm ohne die genannten Vorschriften nicht durch Geldbußen wieder entzogen werden könnten.[1]

41.20

Vor allem in Fällen minderschwerer Ordnungswidrigkeiten bietet § 30 Abs. 4 Satz 1 OWiG in der Praxis darüber hinaus auch noch einen Ansatzpunkt für die **einvernehmliche Beilegung** von Ordnungswidrigkeitenverfahren. Denn es ist zulässig und möglich, dass die Ordnungswidrigkeitenbehörden mit den Betroffenen vereinbaren, das Bußgeldverfahren gegen die betroffenen natürlichen Personen einzustellen[2] und eine Geldbuße in einer zwischen dem betroffenen Unternehmen und der Ordnungswidrigkeitenbehörde einvernehmlich festgelegten Höhe lediglich gegen das betroffene Unternehmen festzusetzen, gegen die das Unternehmen dann vereinbarungsgemäß keinen Einspruch einlegt. Auf diese Weise lassen sich bisweilen komplizierte Bußgeldverfahren mit für beide Seiten unsicherem Ausgang vermeiden, zumal sich viele Ordnungswidrigkeitentatbestände in rechtlich komplizierten Spezialgesetzen befinden, von denen nicht ohne Weiteres erwartet werden kann, dass die im Bußgeldverfahren anzurufenden Gerichte über besondere Erfahrungen und Spezialkenntnisse in den zugrundeliegenden Rechtsgebieten verfügen.

41.21

C. Einzelheiten zu § 130 OWiG

Als reiner Bußgeldtatbestand bedroht § 130 OWiG Inhaber von Unternehmen mit Geldbußen, wenn sie vorsätzlich oder fahrlässig die Aufsichtsmaßnahmen unterlassen, die erforderlich sind, um zu verhindern, dass Mitarbeiter des Unternehmens Zuwiderhandlungen gegen Pflichten begehen, die für den Inhaber des Unternehmens bestehen und deren Verletzung mit Strafen oder Bußgeldern bedroht wird.

41.22

I. Rechtsnatur und Rechtsgut

Die Rechtsprechung[3] und das Schrifttum[4] stimmen darin überein, dass § 130 OWiG ein **echtes Unterlassungsdelikt** ist, dessen Tathandlung im Unterlassen erforderlicher Aufsichtsmaßnahmen besteht. Während früher die Ansicht vorherrschte, § 130 OWiG sei wegen sei-

41.23

---

1 *Többens*, NStZ 1999, 1 ff., 8.
2 Hierzu näher mit Differenzierung nach Einstellungsgründen *Cordes/Reichling*, NJW 2016, 3209.
3 BGH v. 9.7.1984 – KRB 1/84, NStZ 1985, 77; OLG Düsseldorf v. 10.8.1984 – 5 Ss OWi 250/84–199/84 I, MDR 1985, 78; OLG München v. 24.3.1983 – 6 U 2101/82, DB 1984, 498 f., 499 (l.Sp.).
4 *Gürtler* in Göhler, § 130 OWiG Rz. 9; *Rogall* in KK OWiG, § 130 OWiG Rz. 17; *Achenbach* in Achenbach/Ransiek, Hdb. Wirtschaftsstrafrecht, 3. Aufl. 2012, I 3 Rz. 48.

ner Rechtsnatur als echtes Unterlassungsdelikt zugleich ein abstraktes Gefährdungsdelikt[1], setzt sich neuerdings immer stärker die Auffassung durch, dass die Vorschrift ein konkretes Gefährdungsdelikt ist, dessen Zweck in der Abwehr konkreter Zuwiderhandlungsgefahren seitens der nachgeordneten Mitarbeiter besteht und dessen Tatererfolg im Einzelfall darin liege, dass eine Zuwiderhandlungsgefahr im Einzelfall nicht abgewendet werden konnte.[2] Nach dieser neueren Ansicht ist also die konkrete Zuwiderhandlungsgefahr – nicht jedoch die konkrete Zuwiderhandlung im Einzelfall – ein Element des Tatbestandes von § 130 OWiG. Die Zuwiderhandlung selbst erweist sich dagegen nach Ansicht aller als eine objektive Bedingung für die Ahndung der Unterlassung gebotener Aufsichtsmaßnahmen[3], die nicht zum Tatbestand gehört und auf die sich das Verschulden des Betroffenen nicht beziehen muss.

II. Mögliche Betroffene

41.24 Als mögliche Betroffene von Ordnungswidrigkeiten nach § 130 OWiG kommen die Inhaber von Betrieben und Unternehmen, die Inhaber öffentlicher Unternehmen oder den genannten Inhabern für die Bereiche des Ordnungswidrigkeitenrechts gleichgestellte Personen in Betracht.

1. Inhaber von Betrieben und Unternehmen

41.25 **Normadressaten** von § 130 OWiG sind in erster Linie die Inhaber von Betrieben und Unternehmen. Damit knüpft das Gesetz entweder scheinbar an vorindustrielle Wirtschaftsstrukturen an, oder es stellt die Kleingewerbetreibenden in den Vordergrund. Das Erstere kann schon deshalb nicht angenommen werden, weil das Ordnungswidrigkeitengesetz ein modernes, immer wieder aktualisiertes Gesetz ist und auch die erst 1968 geschaffene Vorschrift des § 130 OWiG mehrfach angepasst wurde. Nach der Normstruktur richtet sich § 130 OWiG deshalb tatsächlich zunächst an die Inhaber von ihnen selbst geführter Betriebe und Unternehmen.

41.26 Dabei herrscht im Ordnungswidrigkeitenrecht eine erstaunliche Unordnung der Vorstellungen davon, was unter den von § 130 OWiG vorausgesetzten und gesetzlich nicht näher definierten Begriffen des Betriebs, des Unternehmens und des Inhabers eines solchen zu verstehen ist. Teilweise lösen sich die Autoren von den im Arbeitsrecht, Gewerberecht und Handelsrecht anerkannten Bedeutungen dieser Begriffe. Dabei werden auch Auffassungen vertreten, die sich stark am Zweck des Ordnungswidrigkeitenrechts orientieren, wenn z.B. ausgeführt wird, „Inhaber" sei nicht der „wirtschaftliche Eigentümer", sondern derjenige, dem die Erfüllung der den Betrieb oder das Unternehmen treffenden Pflichten obliegt.[4]

41.27 Eine solch starke Ausrichtung der **Interpretation des Inhaberbegriffs** am Zweck des Gesetzes, die sich weit vom Wortsinn der Allgemeinsprache entfernt, erscheint als verfassungsrechtlich nicht unbedenklich. Sie ist zudem überflüssig, weil ihr Ziel bereits anderweitig, nämlich durch § 9 OWiG erreicht wird, und sie arbeitet mit einem falschen Argument, wenn sie als Alternative den „wirtschaftlichen Eigentümer" bezeichnet. In der Allgemein-

---

1 *Adam*, wistra 2003, 285, 289.
2 *Rogall* in KK OWiG, § 130 OWiG Rz. 17; *Gürtler* in Göhler, § 130 OWiG Rz. 9; *Achenbach* in Achenbach/Ransiek, Hdb. Wirtschaftsstrafrecht, 3. Aufl. 2012, I 3 Rz. 54.
3 *Rogall* in KK OWiG, § 130 OWiG Rz. 20.
4 *Lemke/Mosbacher*, § 130 OWiG Rz. 5.

sprache ist „Inhaber" nämlich nicht der wirtschaftliche Eigentümer, eine eher fiktive Figur aus der Sprache der Juristen, sondern der rechtliche Eigentümer. Wer letzteren im Rahmen des § 130 OWiG als „Inhaber" versteht und dabei auch noch den Pächter eines Betriebs oder Unternehmens einbezieht, kommt ohne Weiteres zu angemessenen Ergebnissen. Da auf die weiteren Missverständnisse des Schrifttums zu den Begriffen „Betrieb" und „Unternehmen" hier nicht weiter eingegangen werden kann, sei insoweit auf die Erläuterung dieser Begriffe durch *Rogall*[1] verwiesen. Sie erklärt beide Begriffe gut und führt zu sinnvollen Ergebnissen bei der Rechtsanwendung.

2. Öffentliche Unternehmen

Die begrifflichen Unsicherheiten bei der Anwendung von § 130 OWiG setzen sich fort, wenn es um die öffentlichen Unternehmen geht, die § 130 Abs. 2 OWiG den im ersten Absatz der Vorschrift bezeichneten Unternehmen gleichstellt. *Rogall*[2] verdient Zustimmung, wenn er diese **Gleichstellung** als **überflüssig** bezeichnet, weil die öffentlichen Unternehmen natürlich zu den Unternehmen gehören, an deren Inhaber sich bereits § 130 Abs. 1 OWiG richtet.

41.28

Wenn die öffentlichen Unternehmen schon angesprochen werden, macht es allerdings Sinn, der im Schrifttum übergangenen Frage nachzugehen, wer bei ihnen eigentlich der **Inhaber** ist, auf den es für § 130 OWiG ankommt. Dies ist der Träger des jeweiligen öffentlichen Unternehmens. Ihm gehören die Betriebsmittel des öffentlichen Unternehmens, und ihn treffen auch die aus der Inhaberschaft an Betriebsmitteln und Unternehmen folgenden Aufsichtspflichten. Träger eines öffentlichen Unternehmens sind öffentlich-rechtliche Körperschaften und Anstalten.

41.29

Bei den unternehmenstragenden **öffentlich-rechtlichen Anstalten** führt die Anwendung von § 9 OWiG in aller Regel zu sachgerechten Ergebnissen. Werden etwa von Mitarbeitern einer Landesbank aufsichtsrechtliche Vorschriften in ordnungswidriger Weise verletzt, so ist grundsätzlich deren Vorstand als gesetzliches Vertretungsorgan für die Aufsicht über diese Mitarbeiter nach § 130 OWiG verantwortlich.

41.30

Bei einer **öffentlich-rechtlichen Körperschaft** ist es schwieriger, die für die Erfüllung der aus § 130 OWiG abgeleiteten Aufsichtspflicht verantwortlichen Personen zu identifizieren, wenn es in einem Eigen- oder Regiebetrieb der Körperschaft zu Zuwiderhandlungen gegen das Straf- oder Ordnungswidrigkeitenrecht kommt. Gleich alle Organe der unternehmenstragenden Körperschaft und sämtliche Mitglieder dieser Organe nach § 9 Abs. 1 OWiG in die Aufsichtspflicht des § 130 OWiG einzubeziehen, dürfte entschieden zu weit führen. Es liegt deshalb nahe, § 9 Abs. 1 Nr. 1 OWiG für die Organe unternehmenstragender öffentlich-rechtlicher Körperschaften dahin teleologisch einzuschränken, dass die durch diese Vorschrift angeordnete Pflichtenerstreckung nur für die nach dem internen Recht der betreffenden Körperschaft für die Aufsicht über den betreffenden Eigen- oder Regiebetrieb zuständigen Organmitglieder gilt.

41.31

Zur Vermeidung von Missverständnissen sei hinzugefügt, dass der vorstehende Absatz nur für **Eigen- und Regiebetriebe** öffentlich-rechtlicher Körperschaften, nicht aber für deren Tochtergesellschaften gilt, die als Handelsgesellschaften des Privatrechts errichtet wurden.

41.32

---

1 *Rogall* in KK OWiG, § 9 OWiG Rz. 75, 76.
2 *Rogall* in KK OWiG, § 130 OWiG Rz. 31.

3. Inhabern gleichgestellte Personen

41.33 Welch große Bedeutung bei allen wirtschaftsrechtlichen Ordnungswidrigkeiten und insbesondere bei § 130 OWiG die Erweiterung des Täterkreises durch § 9 Abs. 1 und 2 OWiG auf Organpersonen und -mitglieder, vertretungsberechtigte Gesellschafter rechtsfähiger Personengesellschaften, Betriebs- und Unternehmensleiter sowie eigenverantwortlich handelnde Beauftragte hat, wurde nicht nur im vorangehenden Abschnitt über die öffentlichen Unternehmen, sondern auch schon in Rz. 41.7 f. und Rz. 41.16 ff. erwähnt. An diese Bedeutung und die **Funktion des § 9 OWiG** ist deshalb hier nur noch einmal zu erinnern.

III. Tatbestand

41.34 Der Tatbestand des § 130 Abs. 1 OWiG besteht aus der **Unterlassung von Aufsichtsmaßnahmen**, die zur Verhinderung betriebsbezogener **Zuwiderhandlungen** gegen Pflichten erforderlich sind, die den Inhaber des Betriebs in dieser Eigenschaft treffen. Nach § 130 Abs. 1 Satz 3 OWiG gehören zu solchen Aufsichtsmaßnahmen „auch" (d.h. also nicht nur) die Bestellung, sorgfältige Auswahl und Überwachung von Aufsichtspersonen. Im Tatbestand des § 130 Abs. 1 OWiG spielen die Unterlassung von Aufsichtsmaßnahmen und die Gefahr betriebsbezogener Zuwiderhandlungen gegen bestimmte Pflichten eine zentrale Rolle.

1. Unterlassung erforderlicher Aufsichtsmaßnahmen

41.35 Bei der Befassung mit Rechtsprechung und Schrifttum zu § 130 OWiG fällt auf, wie häufig statt von der „Unterlassung von Aufsichtsmaßnahmen", wie sie der Tatbestand voraussetzt, in Anlehnung an die Überschrift des vierten Abschnitts des OWiG von einer **Verletzung von Aufsichtspflichten** gesprochen wird. Das erscheint als problematisch, ist doch die Unterlassung einer erforderlichen Maßnahme etwas anderes als die Verletzung einer Pflicht. Mag die Pflichtverletzung auch wie das Spiegelbild der Unterlassung der gebotenen Maßnahme erscheinen, so entsteht die Aufsichtspflicht doch überhaupt erst dadurch, dass gebotene Aufsichtsmaßnahmen festgestellt werden können. Der Charakter des § 130 Abs. 1 OWiG als echtes Unterlassungsdelikt legt es jedenfalls nahe, den Tatbestand stärker aus dem Blickwinkel des Unterlassens erforderlicher Maßnahmen zu begreifen, als dies bisher geschieht.

41.36 Welche Aufsichtsmaßnahmen im Einzelfall erforderlich sind, um der Gefahr betriebsbezogener Zuwiderhandlungen zu begegnen, ist für Verwaltungsbehörden und Gerichte, die im Bußgeldverfahren mit einem konkreten Sachverhalt befasst werden, in dem es zu einer Zuwiderhandlung kam, scheinbar leichter zu entscheiden als für die nach §§ 130 Abs. 1, 9 OWiG handlungspflichtigen Personen. Tatsächlich besteht indes kein Unterschied, weil nämlich das *„benefit of hindsight"* bei der Feststellung, ob Aufsichtsmaßnahmen geboten waren, **außer Betracht** zu bleiben hat.

41.37 Aus der zweifachen Verwendung des Wortes „erforderlich" in § 130 Abs. 1 OWiG ergibt sich zunächst, dass nur „erforderliche" Aufsichtsmaßnahmen geschuldet werden. Dies schließt ein, dass sie zur Erreichung ihres Ziels „geeignet" sein müssen, denn eine ungeeignete Aufsichtsmaßnahme wäre nicht erforderlich. Aus dem Begriff der „gehörigen" Aufsicht am Ende von § 130 Abs. 1 Satz 1 OWiG lässt sich schließen, dass die unterlassene Aufsichtsmaßnahme auch zumutbar sein muss.[1] Die Anwendung dieser Kriterien der Geeignetheit, Erforderlich-

---

[1] *Rogall* in KK OWiG, § 130 OWiG Rz. 40, 51 f.; OLG Düsseldorf v. 12.11.1998 – 2 Ss (OWi) 385/98, wistra 1999, 116.

keit und Zumutbarkeit stellt auch sicher, dass der mit Verfassungsrang ausgestattete **Grundsatz der Verhältnismäßigkeit** bei der Anwendung von § 130 OWiG eingehalten wird.

Die weiteren Überlegungen dazu, welche **Aufsichtsmaßnahmen im Einzelfall** geboten sein können, gehen im Schrifttum und der Rechtsprechung sichtlich auseinander. Während die Wissenschaft versucht, die zu treffenden Maßnahmen systematisch zu ordnen, und dabei Leitungs-, Koordinations-, Organisations- und Kontrollpflichten unterscheidet, die wiederum systematisch in verschiedenen Stufen von der Auswahl der Mitarbeiter und Aufsichtspersonen über den Aufbau einer sachgerechten Organisation, die Aufklärung der Mitarbeiter über ihre Pflichten und die Kontrolle ihrer Pflichterfüllung bis zur innerbetrieblichen Sanktionierung von Pflichtverstößen reichen[1], geht die Rechtsprechung eher pragmatisch vor.

41.38

Sie orientiert sich eher am Einzelfall und läuft damit Gefahr, sich mit der unzureichenden (vgl. Rz. 41.36) Feststellung zu begnügen, der konkrete Fall habe ja gezeigt, dass die getroffenen Maßnahmen nicht ausreichend gewesen seien.

41.39

Die Gerichte verlangen generell, dass Aufsichtsmaßnahmen getroffen werden, die **erforderlich** sind, um Verstöße gegen betriebsbezogene Pflichten zu verhindern.[2] Sie betonen besonders die aus § 130 Abs. 1 Satz 2 OWiG folgende Pflicht zum Einsatz von Aufsichtspersonen und auch zu deren Überwachung[3] und haben eine Verpflichtung zu gesteigerten Aufsichtsmaßnahmen für die Fälle entwickelt, in denen es im Betrieb bereits zu Pflichtverstößen durch Mitarbeiter gekommen ist[4] oder wenn es um die Einhaltung von Pflichten aus besonders komplexen Rechtsmaterien geht.[5] Insgesamt sind die von der Wissenschaft in einen systematischen Zusammenhang gestellten Rechtspflichten sämtlich in der einen oder anderen Weise entweder aus der Rechtsprechung entnommen oder von ihr bestätigt worden.[6]

41.40

Spezialgesetzliche Aufsichtspflichten, wie sie sich z.B. für die Kredit- und Finanzdienstleistungsinstitute aus §§ 25a–25c und §§ 25e–25n KWG, für Kapitalverwaltungsgesellschaften aus §§ 28 f. KAGB, für Versicherungsunternehmen aus § 23 VAG und für Wertpapierdienstleistungsunternehmen aus § 33 WpHG ergeben, ergänzen den Tatbestand des § 130 OWiG. Die Verletzung solcher spezialgesetzlich angeordneten Aufsichtspflichten indiziert zugleich den tatbestandsmäßigen Verstoß gegen § 130 OWiG durch den Inhaber des betreffenden Unternehmens oder ihm nach § 9 OWiG gleichgestellte Personen.

41.41

2. Zumutbarkeit von Aufsichtsmaßnahmen

Während gesetzlich vorgeschriebene Aufsichtsmaßnahmen solange als zumutbar anzusehen sind, wie nicht ihre Verfassungswidrigkeit wegen des Fehlens ihrer Verhältnismäßigkeit im engeren Sinn festgestellt wird, wird die **Zumutbarkeit** allgemein aus § 130 Abs. 1 OWiG abgeleiteter Aufsichtsmaßnahmen von der Rechtsprechung[7] und dem Schrifttum[8] als **besonde-**

41.42

---

1 *Rogall* in KK OWiG, § 130 OWiG Rz. 42.
2 BayObLG v. 10.8.2001 – 3 ObOWi 51/01, NJW 2002, 766.
3 BGH v. 25.6.1985 – KRB 2/85, NStZ 1986, 34.
4 OLG Düsseldorf v. 27.3.2006 – VI-Kart 3/05 (OWi), WuW/E DE-R 1733, 1745 f.
5 OLG Düsseldorf v. 5.4.2006 – VI-2 Kart 5 u. 6/05 OWi, WuW/E DE-R 1893, 1897.
6 Z.B. für Kontrollpflichten: BGH v. 23.3.1973 – 2 StR 390/72, BGHSt 25, 158, 163; OLG Köln v. 20.5.1994 – Ss 193/94 (B), wistra 1994, 315 und für Organisationspflichten: OLG Düsseldorf v. 12.11.1998 – 2 Ss (OWi) 385/98, wistra 1999, 115, 116 (r. Sp.).
7 BGH v. 11.3.1986 – KRB 8/85, wistra 1986, 222, 223 f.
8 *Rogall* in KK OWiG, § 130 OWiG Rz. 51 f.

res Kriterium des Tatbestands** erörtert und aus der „gehörigen Aufsicht" hergeleitet, die § 130 Abs. 1 Satz 1 OWiG verlangt. Wie in Rz. 41.37 erwähnt, handelt es sich bei der Prüfung der Zumutbarkeit von Aufsichtsmaßnahmen im Rahmen von § 130 Abs. 1 OWiG um einen Teil der konkreten Ausprägung, die das mit Verfassungsrang ausgestattete Verhältnismäßigkeitsprinzip im Tatbestand dieser Norm erfahren hat.

3. Mehrstufige Aufsicht

41.43 In großen Organisationen tauchen zwei faktische Probleme auf, die der Tatbestand der § 130 Abs. 1 OWiG aufwirft. Beide befassen sich mit der Frage nach der Person, die als Betroffener für ein Bußgeldverfahren in Betracht kommt, und beide Probleme können auch parallel auftreten.

41.44 Die erste Frage stellt sich bei einer **vertikalen Mehrstufigkeit** der Aufsicht in Unternehmen, die den Anforderungen des § 130 OWiG entsprechende Aufsichtsmaßnahmen eingeführt haben. Wenn in einer solchen Organisation auf unterer Ebene eine Aufsichtspflichtverletzung und eine betriebsbezogene Zuwiderhandlung vorkommen, ist es möglich, dass die bußgeldrechtliche Verantwortung nach §§ 9 Abs. 2 Nr. 2, 130 Abs. 1 OWiG die auf nachgeordneter Ebene aufsichtspflichtige Person (und unter Umständen nach § 30 Abs. 1 Nr. 5 OWiG das Unternehmen), aber nicht den oder die Inhaber oder die ihnen nach § 9 OWiG gleichgestellten Vorstände oder Geschäftsführer trifft.

41.45 Voraussetzung dafür ist allerdings, dass die Inhaber oder die ihnen gleichgestellten Personen nicht ihrerseits Pflichten bei der Auswahl, Instruktion und Kontrolle der zwischengeschalteten Aufsichtspersonen verletzt haben.

41.46 Bei der horizontalen Verteilung der Unternehmensleitung auf **mehrere Personen eines Führungsgremiums** ist jede dieser Personen primär im jeweils eigenen Zuständigkeitsbereich, wie er sich aus der internen **Geschäftsverteilung** ergibt, dafür verantwortlich, dass die erforderlichen Aufsichtsmaßnahmen getroffen werden. Daneben verbleibt allerdings eine Sekundärverpflichtung, darauf zu achten, ob die Kollegen des Leitungsgremiums in ihren Zuständigkeitsbereichen die gehörigen Aufsichtsmaßnahmen treffen. Wer Kenntnis davon erhält, dass es hieran mangelt, ist wieder selbst verpflichtet, für die erforderlichen Aufsichtsmaßnahmen zu sorgen.[1]

4. Zuwiderhandlung

41.47 Das Unterlassen gebotener Aufsichtsmaßnahmen erfüllt den Tatbestand des § 130 Abs. 1 OWiG nur, wenn es zu einer Zuwiderhandlung gegen Pflichten kommt, die den Betriebsinhaber treffen. Während in der Praxis diese Zuwiderhandlung regelmäßig das Ereignis ist, das ein Verfahren wegen § 130 OWiG überhaupt erst ins Rollen bringt, ist die Zuwiderhandlung rechtlich nicht der Auslöser einer Bußgeldfestsetzung (das ist das Unterlassen gebotener Aufsichtsmaßnahmen), sondern eine **objektive Bedingung** dafür, dass eine Geldbuße verhängt werden kann. Diese Bedingung ist nur erfüllt, wenn die Zuwiderhandlung im Inland begangen wird.[2]

---

[1] *Rogall* in KK OWiG, § 130 OWiG Rz. 70, 72.
[2] *Gürtler* in Göhler, § 130 OWiG Rz. 17; § 7 OWiG Rz. 6.

Die **Zuwiderhandlung** muss nur **als solche** feststehen, und zwar hinsichtlich ihres objektiven Tatbestandes und ihrer Begehung mit zumindest natürlichem Vorsatz.[1] Ein konkreter Täter der Zuwiderhandlung muss dagegen nicht feststehen.[2] Genauso wenig ist es erforderlich, dass in der Person des Zuwiderhandelnden bestimmte die Strafbarkeit oder Ahndungsfähigkeit der Zuwiderhandlung begründende persönliche Merkmale vorliegen[3], und der Zuwiderhandelnde braucht sich auch nicht selbst strafbar oder bußgeldpflichtig gemacht zu haben.[4]

41.48

Die Zuwiderhandlung muss sich gegen **betriebsbezogene Pflichten** richten. Dies sind in erster Linie, aber nicht nur, die Pflichten, die einen Betriebsinhaber gerade in dieser Eigenschaft treffen. Eine Änderung von § 130 Abs. 1 OWiG durch das 41. Strafrechtsänderungsgesetz hat im Jahr 2007 klargestellt, dass auch Allgemeindelikte als Zuwiderhandlungen zu berücksichtigen sind. Bei allen Zuwiderhandlungen, auch den Allgemeindelikten, muss jedoch eine Betriebsbezogenheit vorliegen.

41.49

Betriebsbezogen sind Zuwiderhandlungen vor allem dann, wenn sie von Mitarbeitern des Betriebs bei der Ausführung ihrer beruflichen Aufgaben begangen werden. Die Rechtsprechung lässt allerdings genügen, dass die Zuwiderhandlung durch Dritte erfolgt, die keine Mitarbeiter des Betriebs sind, z.B. durch den mit der Grenzabfertigung von Zollgut beauftragten Fahrer eines Frachtführers, den ein Grenzspediteur beauftragt hatte.[5]

41.50

Im Schrifttum ist diese Rechtsprechung sowohl auf Zustimmung[6] als auch auf berechtigten Widerspruch[7] gestoßen. Denn der Tatbestand des § 130 Abs. 1 OWiG setzt voraus, dass wenn schon kein Anstellungsverhältnis, dann doch mindestens eine Unterordnung des betriebsfremden Dritten unter die **Direktionsbefugnis** des Inhabers oder der ihm nach § 9 OWiG gleichgestellten Personen besteht. Deshalb reicht es für § 130 OWiG aus, wenn ein Leiharbeitnehmer die Zuwiderhandlung begeht, nicht aber, wenn dies der Mitarbeiter eines Drittunternehmens tut.

41.51

Zwischen der Unterlassung von Aufsichtsmaßnahmen und der Zuwiderhandlung muss ein **Kausalzusammenhang** bestehen. Und zwar ist erforderlich, dass die Verhinderung der Zuwiderhandlung in den Schutzzweck der unterlassenen Aufsichtsmaßnahme fällt.[8]

41.52

Nach dem Wortlaut von § 130 Abs. 1 Satz 1 OWiG genügt seit 1994 für den Tatbestand der Vorschrift, dass bei Durchführung der unterlassenen Aufsichtsmaßnahmen die Zuwiderhandlung wesentlich erschwert worden wäre. Die mit dieser Auflockerung der Anforderungen an die Kausalität verbundenen Fragen beschäftigen das Schrifttum[9] ersichtlich stärker als die Rechtsprechung, so dass sich die Frage stellen lässt, welche praktische Bedeutung sie eigentlich haben.

41.53

---

1 *Rogall* in KK OWiG, § 130 OWiG Rz. 79; BayObLG v. 3.9.1998 – 3 ObOWi 97/98, wistra 1999, 71, 73.
2 *Gürtler* in Göhler, § 130 OWiG Rz. 20.
3 *Többens*, NStZ 1999, 1, 5 (l. Sp.).
4 *Gürtler* in Göhler, § 130 OWiG Rz. 21.
5 OLG Düsseldorf v. 24.4.1991 – 5 Ss (OWi) 322/90 – (OWi) 79/90 III, wistra 1991, 275, 277.
6 *Lemke/Mosbacher*, § 130 OWiG Rz. 17; *Gürtler* in Göhler, § 130 OWiG Rz. 19.
7 *Rogall* in KK OWiG, § 130 OWiG Rz. 108.
8 *Gürtler* in Göhler, § 130 OWiG Rz. 22b; *Rogall* in KK OWiG, § 130 OWiG Rz. 118.
9 *Achenbach*, wistra 1998, 296, 300r. Sp.; *Gürtler* in Göhler, § 130 OWiG Rz. 22a; *Rogall* in KK OWiG, § 130 OWiG Rz. 113 ff.

5. Subjektiver Tatbestand

41.54 § 130 OWiG kann sowohl bei **vorsätzlicher** wie bei **fahrlässiger Verwirklichung des Tatbestands** geahndet werden. Der Vorsatz oder die Fahrlässigkeit müssen sich auf die Unterlassung der erforderlichen Aufsichtsmaßnahmen beziehen und auch die Gefahr einbeziehen, dass es zu betriebsbezogenen Zuwiderhandlungen kommen könnte.[1] Auf die konkrete Zuwiderhandlung, die nur eine objektive Voraussetzung für die Ahndung eines Verstoßes gegen § 130 OWiG ist, braucht sich das Verschulden dagegen nicht zu beziehen.

41.55 Angesichts mancher unbestimmter Rechtsbegriffe in § 130 Abs. 1 OWiG, liegt der Hinweis nahe, dass ein nach § 11 Abs. 2 OWiG beachtlicher **Verbotsirrtum** das Verschulden des Betroffenen ausschließen kann.[2]

6. Konzernsachverhalte

41.56 Ein Sonderproblem des Tatbestands von § 130 Abs. 1 OWiG ist die Frage, ob „Betrieb" oder „**Unternehmen**" im Sinne dieser Vorschrift auch ein Konzern sein kann. Diese Frage, die von einer Klärung weit entfernt zu sein scheint[3], ist in den letzten Jahren im Zuge der immer intensiver geführten Compliance-Diskussion verstärkt ins Blickfeld geraten. Dabei hat das Kartellrecht eine Pilotfunktion übernommen, die ihren Ursprung im EU-Kartellrecht hat, die aber auch längst im nationalen Kartellrecht weiter wirkt. Diese kartellrechtliche Sonderentwicklung ist so stark, dass daraus nur geschlossen werden kann, dass offenbar im Bereich der kartellrechtlichen Compliance ein wesentlich höheres rechtspolitisches Bedürfnis besteht, Konzernmütter in eine ordnungswidrigkeitenrechtliche Verantwortung miteinzubeziehen als in allen anderen Zweigen des Wirtschaftsverwaltungsrechts. Dieser Befund legt es nahe, die Frage, ob eine Muttergesellschaft und ihre Organpersonen eine Aufsichtspflicht zur Vermeidung von Rechtsverstößen bei ihren Konzerngesellschaften haben, im nationalen Kartellrecht strenger zu beantworten als im übrigen Wirtschaftsrecht. Wer die Trennungslinie nicht an dieser Stelle ziehen will, muss sie zwischen dem europäischen und dem nationalen Kartellrecht ansiedeln. Denn es erschiene als verfrüht, eine aus dem europäischen Kartellrecht stammende Entwicklung kurzerhand dem ganzen wirtschaftsbezogenen Ordnungswidrigkeitenrecht überstülpen zu wollen, obwohl das deutsche Recht keine generelle bußgeldrechtliche Haftung der Konzernmütter (und ihrer Organpersonen) für die Konzerntöchter kennt.

41.57 Der **Bundesgerichtshof** hat die Frage einer konzernweiten Verpflichtung zu Aufsichtsmaßnahmen 1981 einmal gestreift und in einem *obiter dictum*[4] Zweifel angedeutet, ob die nach § 9 OWiG verantwortlichen Organpersonen einer Mutter-AG überhaupt Täter einer nach § 130 Abs. 1 OWiG zu sanktionierenden Unterlassung von Aufsichtsmaßnahmen sein können, wenn sich die Zuwiderhandlung nicht bei der AG selbst sondern in deren Tochter-GmbH ereignet hat. Das Oberlandesgericht München[5] entschied 2014, die Anwendbarkeit von § 130 OWiG auf Konzernsachverhalte lasse sich nicht pauschal bejahen oder verneinen, sondern hänge von den konkreten Umständen des Einzelfalls ab. Nur soweit eine Konzernmutter konkret Einfluss auf ihre Konzerntochter nehme und dadurch die Gefahr der Verletzung be-

---

1 *Gürtler* in Göhler, § 130 OWiG Rz. 16a; *Rogall* in KK OWiG, § 130 OWiG Rz. 119.
2 *Rogall* in KK OWiG, § 130 OWiG Rz. 120.
3 *Gürtler* in Göhler, § 130 OWiG Rz. 5a; *Achenbach* in Achenbach/Ransiek, Hdb. Wirtschaftsstrafrecht, 3. Aufl. 2012, I 3 Rz. 42.
4 BGH v. 1.12.1981 – KRB 3/79, WuW/E, BGH 1871, 1876 – Transportbeton.
5 OLG München v. 23.9.2014 – 3 Ws 599, 600/14, BeckRS 2015, 14184 = BB 2015, 2004.

triebsbezogener Pflichten begründe, bestehe im Umfang der konkreten Einflussnahme eine gesellschaftsrechtliche Aufsichtspflicht der Konzernmutter.

Während Verwaltungsbehörden immer wieder und auch immer häufiger dazu neigen, einen faktischen oder vertraglich gebildeten Konzern mit dem in § 130 Abs. 1 OWiG genannten Unternehmen gleichzusetzen, findet sich im Schrifttum ein breites Spektrum verschiedener Ansichten. Sie lassen sich in folgende Gruppen gliedern: 41.58

Eine Gruppe von Autoren betont die **rechtliche Selbstständigkeit** konzernabhängiger Unternehmen und schließt unter Hinweis darauf ordnungswidrigkeitenrechtliche Aufsichtspflichten über die Tochtergesellschaften aus[1] oder kommt mit einer aus dem in § 130 OWiG verwendeten Begriff des **Inhabers** und dem **Normzweck** des § 130 OWiG abgeleiteten Begründung zum selben Ergebnis.[2] 41.59

Eine zweite Gruppe differenziert danach, welche **Aufsichtspflichten** in einem Konzern von der Obergesellschaft tatsächlich **wahrgenommen** werden oder aufgrund der gesellschaftsrechtlichen Situation (z.B. eines Beherrschungsvertrags oder des Weisungsrechts der Gesellschafter gegenüber GmbH-Geschäftsführern) wahrgenommen werden können.[3] Die Auffassung, § 130 Abs. 1 OWiG erstrecke sich nur bei 100 %-Beteiligungen auf in den Tochtergesellschaften begangene Zuwiderhandlungen[4], ist demgegenüber eher vereinzelt geblieben. 41.60

Eine dritte Meinung spricht sich dafür aus, sowohl Vertragskonzerne als auch faktische Konzerne als „Unternehmen" i.S. des § 130 OWiG anzusehen[5] und begründet dies mit einer funktionalen Auslegung des Begriffs „Unternehmen" in § 130 OWiG, die es mit Rücksicht auf die für einen Konzern wesenstypische einheitliche Leitung gestattete, ihn im Rahmen des § 130 OWiG als Unternehmen anzusehen.[6] 41.61

Andere haben zu Recht darauf hingewiesen, dass das Wirtschaftsverwaltungsrecht (z.B. in § 25c Abs. 4b KWG) **öffentlich-rechtliche Aufsichtspflichten** kennt, die nicht nur für Einzelunternehmen, sondern auch **für Unternehmensgruppen** gelten.[7] Dies begründe nicht nur eine verwaltungsrechtliche Pflicht zur Beaufsichtigung der Tochtergesellschaften, sondern auch eine Pflicht aus § 130 Abs. 1 OWiG zur Durchführung von Aufsichtsmaßnahmen bei Tochterinstituten des übergeordneten Unternehmens einer Institutsgruppe. Dabei sind allerdings auch gegenläufige Tendenzen zu berücksichtigen, die gerade im Bankaufsichtsrecht die Weisungsunabhängigkeit der Geschäftsleiter von Tochterinstituten gegenüber einem Durchgriff 41.62

---

1 *Gürtler* in Göhler, § 130 OWiG Rz. 5a; *Rebmann/Roth/Hermann*, § 130 OWiG Rz. 5; *Petermann* in Eisele/Koch/Theile, Der Sanktionsdurchgriff im Unternehmensverbund, 2014, S. 99 ff., 105; *Tschierschke* in Eisele/Koch/Theile, Der Sanktionsdurchgriff im Unternehmensverbund, 2014, S. 137 ff., 141 ff.; *Rönnau*, ZGR 2016, 277, 289 ff., 304; *Spindler*, Unternehmensorganisationspflichten, 2001, 962, *Weitbrecht*, NJW 2017, 1574, 1578.
2 *J. Koch*, WM 2009, 1013, 1018 (l. Sp.); *Theile* in Eisele/Koch/Theile, Der Sanktionsdurchgriff im Unternehmensverbund, 2014, S. 93 ff., 96 f. aufgrund empirischer Befunde; *Aberle/Holle* in Eisele/Koch/Theile, Der Sanktionsdurchgriff im Unternehmensverbund, 2014, S. 125.
3 *Dreher*, ZWeR 2004, 75, 101 ff.; *Bohnert*, § 130 OWiG Rz. 7; *Achenbach* in Frankfurter Komm. Kartellrecht, Vorbem. § 81 GWB 2005 Rz. 69; *Mansdörfer/Timmerbeil*, WM 2004, 362, 368 (l. Sp.).
4 *Tiedemann*, NJW 1979, 1849, 1852.
5 *Lemke/Mosbacher*, § 130 OWiG Rz. 7; *Rogall* in KK OWiG, § 130 OWiG Rz. 27 sowie jeweils passim *Pampel*, BB 2007, 1636, 1637 und *Leipold*, ZRP 2013, 34, 35.
6 *Rogall* in KK OWiG, § 130 OWiG Rz. 27.
7 *Uwe H. Schneider*, NZG 2009, 1321, 1324.

der Muttergesellschaft auf ihre Geschäftsführungsmaßnahmen schützen. Ferner wird aus der Verletzung der konzernrechtlichen Verpflichtung der Konzernspitze, den Konzern nach Recht und Gesetz zu leiten[1], über deren gesellschafts- und konzernrechtliche Folgen hinaus die Verpflichtung aus § 130 Abs. 1 OWiG hergeleitet, entsprechende Aufsichtsmaßnahmen zu ergreifen. Welche Maßnahmen dies im Einzelnen sein können, hängt davon ab, ob der Konzern zentral oder dezentral organisiert ist.[2]

41.63 Die mit der 9. GWB-Novelle[3] in das GWB eingefügten Vorschriften des § 81 Abs. 3a bis 3e und des § 81a GWB lassen insbesondere im Licht der ausführlichen Regierungsbegründung zu ihrer Einführung[4] den Rückschluss zu, dass auch nach Ansicht des Gesetzgebers im nationalen deutschen Kartellrecht keine generelle ordnungswidrigkeitenrechtliche Haftung von Organpersonen der Obergesellschaft für Ordnungswidrigkeiten besteht, die bei einer Tochtergesellschaft begangen werden. Denn sonst hätte es dieser neuen Vorschriften, vor allem des neuen § 81a GWB nicht bedurft, um eine Angleichung des deutschen Kartellordnungswidrigkeitenrechts an das europäische Recht der Kartellordnungswidrigkeiten zu erreichen. Der jetzt sicher bestehende Ausschluss einer konzernweiten ordnungswidrigkeitenrechtlichen Haftung hat indes keine Befreiung der Geschäftsleiter der Holdinggesellschaft von möglichen zivilrechtlichen Haftungsrisiken für eine unzureichende Compliance im Konzern zur Folge.[5]

41.64 Ungelöst ist in diesem Zusammenhang die Frage, wie weit die nach §§ 9, 130 OWiG an sich bei der Tochtergesellschaft **handlungspflichtigen Personen** dadurch von ihrer eigenen Verpflichtung aus § 130 OWiG **entlastet** werden, die zur Vermeidung von Zuwiderhandlungen gebotenen Aufsichtsmaßnahmen zu ergreifen, dass diese Pflicht auf die Muttergesellschaft und deren Organe erstreckt wird.[6]

41.65 Mehr offene als bereits erörterte oder gar gelöste Fragen wirft schließlich der Tatbestand des **internationalen Konzerns** auf. Gegenüber ausländischen Muttergesellschaften inländischer Tochterunternehmen werden hier schnell die geografischen Grenzen des § 5 OWiG erreicht, die auch für die Anwendbarkeit des § 130 OWiG gelten, und es stellt sich allenfalls die Frage der Verantwortlichkeit von Organpersonen an der Spitze eines inländischen Teilkonzerns. Bei ausländischen Töchtern inländischer Muttergesellschaften ist wegen der objektiven Bedingung für die Ahndung als Ordnungswidrigkeit, dass die Zuwiderhandlung mit „Strafe oder mit Geldbuße bedroht" sein muss, für eine Anwendung von § 130 Abs. 1 OWiG zu verlangen, dass die Zuwiderhandlung in Deutschland gem. §§ 3 ff. StGB als Straftat oder nach § 5 OWiG als Ordnungswidrigkeit verfolgt werden kann.

IV. Rechtsfolgen

41.66 Die Rechtsfolgen der Unterlassung nach § 130 Abs. 1 OWiG gebotener Aufsichtsmaßnahmen ergeben sich aus § 130 Abs. 3 OWiG und aus § 17 Abs. 2 OWiG. Bei der Anwendung dieser Vorschriften sind für die Ermittlung des anwendbaren Bußgeldrahmens folgende Fälle zu unterscheiden, die sich aus der bei der Unterlassung der Aufsichtsmaßnahmen und bei der Zuwiderhandlung vorliegenden Form der Schuld ergeben:

---

1 *Uwe H. Schneider/Sven H. Schneider*, ZIP 2004, 2061 (r. Sp.).
2 Dazu näher *Uwe H. Schneider*, NZG 2009, 1321, 1326.
3 BGBl. I 2017, 1416.
4 BT-Drucks. 18/10207, S. 88 ff.
5 Oben *Uwe. H. Schneider*, Rz. 10.16 ff.
6 *Dreher*, ZWeR 2004, 75, 104.

1. Doppelter Vorsatz

Werden sowohl die Unterlassung der Aufsichtsmaßnahmen als auch die Zuwiderhandlung vorsätzlich begangen, so reicht der Rahmen für das festzusetzende Bußgeld von 5 Euro (§ 17 Abs. 1 OWiG) bis zu 1 Mio. Euro, wenn die Zuwiderhandlung eine Straftat ist, und wenn es sich bei der Zuwiderhandlung um eine Ordnungswidrigkeit handelt, bis zum Höchstbetrag der für die Zuwiderhandlung angedrohten Geldbuße (§ 130 Abs. 3 Satz 2 OWiG). Ist die Zuwiderhandlung sowohl mit Strafe als auch mit Geldbuße bedroht, wie dies etwa für § 298 StGB gilt, so ist die Obergrenze der möglichen Geldbuße auch dann maßgeblich, wenn sie die Grenze von 1 Mio. Euro übersteigt (§ 130 Abs. 3 Satz 3 OWiG).

41.67

2. Doppelte Fahrlässigkeit

Wurden sowohl die Aufsichtsmaßnahmen fahrlässig unterlassen als auch eine mit Geldbuße bedrohte Zuwiderhandlung fahrlässig begangen und unterscheidet die für die Zuwiderhandlung maßgebliche Bußgeldbestimmung hinsichtlich der Obergrenze des Bußgelds nicht zwischen Vorsatz und Fahrlässigkeit, so wird die vorstehend beschriebene Höchstgrenze des Bußgelds **zwei Mal** nach § 17 Abs. 2 OWiG **halbiert**, einmal für die Fahrlässigkeit bei der Zuwiderhandlung und einmal für die Fahrlässigkeit bei der Unterlassung von Aufsichtsmaßnahmen.[1] Ist die Zuwiderhandlung dagegen eine Straftat und mag sie auch nur fahrlässig begangen sein, so bewendet es bei der einmaligen Anwendung von § 17 Abs. 2 OWiG.

41.68

3. Vorsatz/Fahrlässigkeitskombination

Liegt dagegen Fahrlässigkeit nur bei entweder der Unterlassung der Aufsichtsmaßnahmen oder bei der mit Geldbuße bedrohten Zuwiderhandlung vor, während der jeweils andere Rechtsverstoß vorsätzlich begangen wurde, so ist die **Halbierung** der Obergrenze für die Geldbuße nach § 17 Abs. 2 OWiG **nur einmal** durchzuführen. Geschieht die Unterlassung der Aufsichtsmaßnahmen vorsätzlich und ist die Zuwiderhandlung eine fahrlässig begangene Straftat, so bleibt es bei der Obergrenze von 1 Mio. Euro aus § 130 Abs. 3 Satz 1 OWiG.

41.69

4. Konkrete Bemessung der Geldbuße

Die Bemessung der Geldbuße im **Einzelfall** erfolgt nach den durch § 17 OWiG vorgegebenen Regeln. Dabei stehen nach § 17 Abs. 3 OWiG die Schwere der Unterlassung von Aufsichtsmaßnahmen und der Vorwurf im Vordergrund, der den Täter im konkreten Fall trifft. Wenn gem. § 17 Abs. 3 Satz 2 OWiG auf wirtschaftliche Verhältnisse abzustellen ist, geht es um diejenigen des aufsichtspflichtigen Betroffenen, nicht aber um diejenigen des Täters der Zuwiderhandlung. Die Zuwiderhandlung kann aber durchaus bei der Festsetzung der Geldbuße eine Rolle spielen. Denn die Schwere der Unterlassung von Aufsichtsmaßnahmen beurteilt sich auch danach, zu welcher Art von Zuwiderhandlungen sie geführt hat.[2]

41.70

5. Unternehmensgeldbuße nach § 30 OWiG

Zu den Rechtsfolgen unterlassener Aufsichtsmaßnahmen, die zur Vermeidung von Zuwiderhandlung geboten waren, gehört schließlich auch die für die Bußgeldbehörde bestehende

41.71

---

[1] *Gürtler* in Göhler, § 130 OWiG Rz. 28.
[2] OLG Celle v. 28.2.2007 – 322 Ss 39/07, NStZ-RR 2007, 215; *Rogall* in KK OWiG, § 130 OWiG Rz. 122.

Möglichkeit, zusätzlich zu oder anstelle der Individualgeldbuße gem. § 30 OWiG eine **Verbandsgeldbuße** gegen den Rechtsträger des Unternehmens festzusetzen, bei dem die Aufsichtsmaßnahmen unterlassen wurden. Hierzu wird im Einzelnen auf *Wilsing*, Rz. 31.7 ff. und auf die vorstehenden Rz. 41.14 bis 41.21 verwiesen.

V. Verfahren und Verjährung

41.72 Das Verfahren zur Verfolgung der Unterlassung gebotener Aufsichtsmaßnahmen wird ebenso wie die Verjährung solcher Unterlassungen ganz maßgeblich von der **Zuwiderhandlung** bestimmt.

1. Verfahren

41.73 Dies gilt zunächst für die Bestimmung der für das Bußgeldverfahren **zuständigen Behörde**. Nach § 131 Abs. 3 OWiG ist dies die für die Verfolgung der Zuwiderhandlung zuständige Verwaltungsbehörde. Stellt die Zuwiderhandlung selbst eine Ordnungswidrigkeit dar, ist dies die nach § 36 OWiG zu ermittelnde Verwaltungsbehörde. Ist die Zuwiderhandlung eine Straftat, so ordnet § 131 Abs. 3 (letzter Satzteil) OWiG an, dass diejenige Verwaltungsbehörde für die Verfolgung der Unterlassung von Aufsichtsmaßnahmen zuständig ist, die hypothetisch für die Verfolgung der Zuwiderhandlung zuständig wäre, wäre diese statt einer Straftat eine Ordnungswidrigkeit. Diese Regelung wird in vielen Fällen des Nebenstrafrechts und bei allen staatlich beaufsichtigten Unternehmen rasch zur Ermittlung der zuständigen Behörde führen. Bei Zuwiderhandlungen aus dem allgemeinen Strafrecht ist subsidiär die Staatsanwaltschaft zuständig[1], die nach §§ 53 Abs. 1 Satz 3, 42 OWiG ohnehin einzuschalten ist, wenn sich ein Zusammenhang zwischen einer Ordnungswidrigkeit und einer Straftat ergibt.

41.74 Kann die Zuwiderhandlung nur auf **Antrag** verfolgt werden, so gilt nach § 131 Abs. 2 OWiG dasselbe für die Verfolgung der Unterlassung von Aufsichtsmaßnahmen, die diese Zuwiderhandlung überhaupt erst ermöglicht hat. Antragsberechtigt ist derjenige, der auch bezüglich der Zuwiderhandlung antragsberechtigt ist.

2. Verjährung

41.75 Die Verjährungsfrist für die Unterlassung gebotener Aufsichtsmaßnahmen ist diejenige Frist, in der auch die **Zuwiderhandlung** verjährt. Über dieses Ergebnis sind sich Rechtsprechung und Schrifttum einig, über seine Begründung dagegen nicht. Während die herrschende Meinung auch insoweit auf § 131 Abs. 3 OWiG zurückgreift[2], argumentiert die Gegenseite überzeugender mit dem Charakter von § 130 OWiG als Auffangdelikt[3], das über § 130 Abs. 3 OWiG hinsichtlich seiner Rechtsfolgen an die Zuwiderhandlung gekoppelt ist.[4] Die für die Zuwiderhandlung maßgebliche Verjährungsfrist gilt auch dann, wenn die Zuwiderhandlung eine Straftat ist. Dies kann zu für das Ordnungswidrigkeitenrecht ungewöhnlich langen Verjährungsfristen führen.

---

1 *Gürtler* in Göhler, § 131 OWiG Rz. 9.
2 OLG Frankfurt a.M. v. 18.11.1991 – 1 Ws 95/91, NStZ 1992, 193 (l. Sp.); OLG Köln v. 12.1.1990 – Ss 666/89, NStZ 1990, 192 (l. Sp.); *Rebmann/Roth/Herrmann*, § 130 OWiG Rz. 35; *Gürtler* in Göhler, § 130 OWiG Rz. 30; *Bohnert* in KK OWiG, § 131 OWiG Rz. 28.
3 OLG Düsseldorf v. 10.8.1984 – 5 Ss (OWi) 250/84 – 199/84 I, MDR 1985, 78 (r. Sp.).
4 *Rogall* in KK OWiG, § 130 OWiG Rz. 128.

Die Verjährungsfrist beginnt mit der **Beendigung der Zuwiderhandlung**, die die unterlassenen Aufsichtsmaßnahmen möglich gemacht haben. Diesen Beginn hat der Bundesgerichtshof in einem *obiter dictum* für solange als noch nicht eingetreten angesehen als „in nächster Zeit weitere Verstöße derselben Art zu befürchten sind"[1] und ist damit auf berechtigte Kritik im Schrifttum gestoßen.[2]

41.76

D. Zivilrechtliche Folgen unterlassener Aufsichtsmaßnahmen

Kommt es in einem Unternehmen infolge unterlassener Aufsichtsmaßnahmen zu Zuwiderhandlungen, so liegt es nahe, dass diese Zuwiderhandlungen **Schäden** verursachen, sei es im Unternehmen selbst oder bei dessen Kunden oder anderen Dritten. Deshalb ranken sich die zivilrechtlichen Folgefragen im Bußgeldverfahren nachgewiesener Unterlassungen von Aufsichtsmaßnahmen vor allem um Schadenersatzansprüche, sei es des betroffenen Unternehmens selbst oder Dritter, die mit ihm in geschäftlichem oder sozialem Kontakt stehen.

41.77

I. Ansprüche des betroffenen Unternehmens

Ansprüche des betroffenen Unternehmens, dessen Inhaber nach § 130 OWiG wegen unterlassener Aufsichtsmaßnahmen bußgeldpflichtig ist, spielen bei Einzelunternehmen, wie sie § 130 Abs. 1 OWiG im Blick hat, wegen der Identität zwischen Unternehmer und Unternehmen keine Rolle. Anders sieht es jedoch aus, wenn die gebotenen Aufsichtsmaßnahmen von einer nach § 9 OWiG bußgeldrechtlich verantwortlichen Organ- oder Leitungsperson des Unternehmens (vgl. Rz. 41.7 f.) unterlassen wurden.

41.78

Die sich in solchen Fällen für eine **Aktiengesellschaft** gegenüber ihrem **Vorstand** stellenden Fragen werden oben von *Wilsing*, Rz. 31.20 ff., behandelt. Die Ausführungen dort lassen sich in weitem Umfang auf die Haftung von **GmbH-Geschäftsführern** übertragen, die bei der Führung ihrer Geschäfte gebotene Aufsichtsmaßnahmen gegenüber den Mitarbeitern ihrer GmbH unterlassen haben. Denn der Sorgfaltsmaßstab des § 43 GmbHG entspricht demjenigen des § 93 AktG (vgl. oben *Uwe H. Schneider*, Rz. 2.6 ff.). Ein Haftungsprivileg für die Ausführung von Gesellschafterbeschlüssen (oben *Uwe H. Schneider*, Rz. 2.24 ff.) entlastet den Geschäftsführer, der unter Verstoß gegen §§ 9, 130 Abs. 1 OWiG erforderliche Aufsichtsmaßnahmen unterlassen hat, nicht von seiner Haftung gegenüber der Gesellschaft. Denn Gesellschafterbeschlüsse, deren Ausführung Vorschriften verletzt, die wie § 130 OWiG im öffentlichen Interesse stehen, sind nichtig (vgl. oben *Uwe H. Schneider*, Rz. 2.28).

41.79

Hat dagegen ein **vertretungsberechtigter Gesellschafter** einer **Personengesellschaft** erforderliche Aufsichtsmaßnahmen mit der Folge unterlassen, dass es in der Personengesellschaft zu Zuwiderhandlungen gekommen ist, kommt ihm u.U. die Haftungsmilderung aus § 105 Abs. 3 HGB, §§ 708, 277 BGB zugute, nämlich dann, wenn weder der Gesellschaftsvertrag einen strengeren Haftungsmaßstab vorsieht noch eine teleologische Reduktion des § 708 BGB Platz greift, wie dies etwa für Publikumspersonengesellschaften geschieht[3].

41.80

---

[1] BGH v. 9.7.1984 – KRB 1/84, BGHSt 32, 389, 392.
[2] *Dannecker*, NStZ 1985, 49, 56; *Rogall* in KK OWiG, § 130 OWiG Rz. 128.
[3] BGH v. 4.7.1977 – II ZR 150/75, BGHZ 69, 207, 209; BGH v. 12.11.1979 – II ZR 174/77, BGHZ 75, 321, 327 f. = AG 1980, 306; BGH v. 11.2.1980 – II ZR 41/79, BGHZ 76, 160, 166.

II. Ansprüche Dritter

41.81 Dritte, die wegen unterlassener Aufsichtsmaßnahmen, die zu Zuwiderhandlungen geführt haben, Schadenersatz verlangen wollen, können sich mit ihren Ansprüchen sowohl gegen das Unternehmen als auch gegen denjenigen persönlich wenden, dem die Unterlassung der gebotenen Aufsichtsmaßnahmen zur Last fällt.

1. Drittansprüche gegen das Unternehmen

41.82 Gegen das Unternehmen gerichtete Schadenersatzansprüche können bei Bestehen einer **vertraglichen Sonderverbindung** zwischen dem Unternehmen und dem Dritten mit einer Verletzung vertraglicher (Neben-)Pflichten begründet werden (§§ 311, 280 BGB). In solchen Fällen stellt sich vor allem die Frage, ob das Unternehmen sich die Unterlassung der Aufsichtsmaßnahmen zurechnen lassen muss. Diese Frage beantworten § 31 BGB für die Mitglieder der Organe juristischer Personen und die vertretungsberechtigten Gesellschafter von Personenhandelsgesellschaften sowie § 278 BGB für die vertretungsberechtigten Gesellschafter von BGB-Gesellschaften.[1] Für Betriebsleiter und andere nach § 9 Abs. 2 OWiG möglicherweise für unterlassene Aufsichtsmaßnahmen verantwortliche Personen hat das Unternehmen vertragsrechtlich nach § 278 BGB einzustehen.

41.83 Außerhalb vertraglicher Sonderbeziehungen kommen Ansprüche Dritter gegen das Unternehmen vor allem aus unerlaubter Handlung in Betracht. Dabei ist die Anspruchsgrundlage die höhere Hürde für einen Schadenersatzanspruch als die Zurechnungsnorm. Denn eine unbestrittene Anspruchsgrundlage besteht nur im Fall der Verletzung eines der in § 823 Abs. 1 BGB aufgeführten absoluten Rechtsgüter. Liegt dagegen nur ein Vermögensschaden vor, so kommt als Anspruchsgrundlage allenfalls § 823 Abs. 2 BGB in Betracht, wenn § 130 OWiG als ein Schutzgesetz anzusehen ist. Dies wird von der Rechtsprechung verneint[2] und im Schrifttum unterschiedlich gesehen. Während die meisten der Rechtsprechung folgen und den **Schutzgesetzcharakter von § 130 OWiG** verneinen[3], befürworten ihn andere jedenfalls dann, wenn die konkret eingetretene Zuwiderhandlung ihrerseits gegen ein Schutzgesetz verstieß.[4] Das ist indessen im Hinblick auf § 823 Abs. 2 Satz 2 BGB nicht unproblematisch. Denn diese Norm setzt für die Schadenersatzhaftung einen schuldhaften Verstoß gegen ein Schutzgesetz voraus. Wurde nun die Zuwiderhandlung nur objektiv tatbestandsmäßig und mit natürlichem Vorsatz verwirklicht, so würde unter Umständen für die Schadenersatzhaftung an eine Zuwiderhandlung angeknüpft, die der Anspruchsgegner nicht selbst begangen, sondern allenfalls ermöglicht hat und für die es dem Täter der Zuwiderhandlung an einem Verschulden fehlt, während der Anspruchsgegner die Aufsichtsmaßnahmen zwar schuldhaft unterlassen hat, sich sein Verschulden aber nicht auf die Zuwiderhandlung erstreckt. Dies könnte

---

1 *Schäfer* in MünchKomm. BGB, 7. Aufl. 2017, § 705 BGB Rz. 260; *Schücking* in MünchHdb. GesR, Bd. I, § 3 Rz. 25; a.A. (§ 31 BGB): *Beuthien*, DB 1975, 725, 730; *Hadding* in Soergel, § 718 BGB Rz. 22.
2 BGH v. 13.4.1994 – II ZR 16/93, BGHZ 125, 366, 375; mit krit. Bespr. *K. Schmidt*, ZIP 1994, 837, 840 ff.; KG Berlin v. 20.7.2001 – 9 U 1912/00, NZG 2002, 383, 385 = AG 2003, 324; OLG Koblenz v. 5.11.2004 – 5 U 875/04, ZIP 2005, 211, 213 r. Sp. = AG 2005, 446.
3 Oben *Altmeppen*, § 7 Rz. 7.57; *Spindler*, Unternehmensorganisationspflichten, 2001, S. 895; *Hager* in Staudinger, § 823 BGB Rz. G 52; *Sprau* in Palandt, § 823 BGB Rz. 68; *Katzenmeier* in Dauner-Lieb/Langen, 3. Aufl. 2016, § 823 BGB Rz. 549; *Schaub* in Prütting/Wegen/Weinreich, 12. Aufl. 2017, § 823 BGB Rz. 237; *Wagner* in MünchKomm. BGB, 7. Aufl. 2017, § 823 BGB Rz. 532.
4 *Uwe H. Schneider* in Scholz, § 43 GmbHG Rz. 330; *Lutter*, ZHR 157 (1993), 464, 478.

dafür sprechen, eine Verletzung von § 130 OWiG allenfalls dann als Verstoß gegen ein Schutzgesetz zu behandeln, wenn sie **vorsätzlich** begangen wurde, denn in diesen Fällen hat der Anspruchsgegner wenigstens die Gefahr einer konkreten Zuwiderhandlung gekannt.

Insgesamt erscheint der Versuch, § 130 OWiG zur Begründung einer vermögensrechtlichen Delikthaftung für nicht verhinderte Zuwiderhandlungen zu instrumentalisieren, als ein problematischer Ansatz, der seinen Charakter als „juristischer Umweg" zum angestrebten Ziel auf der Stirn trägt. Dieser Befund hat seine Ursache auch darin, dass es dem deutschen Privatrecht bisher nicht gelungen ist, im Bereich der gesetzlichen Schadenersatzhaftung ein überzeugendes System anerkannter Verkehrspflichten zum Schutz fremden Vermögens[1] zu entwickeln, in das am Ende auch die Anerkennung von § 130 OWiG als Schutzgesetz i.S. von § 823 Abs. 2 BGB passen könnte. Bis zur Erreichung eines solchen Systems sollten die Befürworter einer (teilweisen) Anerkennung des Schutzgesetzcharakters von § 130 OWiG sich fragen, ob es nicht im Rahmen des deliktischen Vermögensschutzes durch § 826 BGB möglich ist, zumindest grobe Verstöße gegen § 130 OWiG zugleich als grobe Fahrlässigkeit (Gewissenlosigkeit) und damit als Sittenverstoß[2] anzusehen.[3] Zudem hat der Bundesgerichtshof es für i.S. von § 826 BGB sittenwidrig gehalten, sich der positiven Kenntnis haftungsbegründender Umstände bewusst zu verschließen.[4] Unter Anwendung dieser Rechtsgrundsätze sollten sich in vielen Fällen unterlassener Kontrolle über Tochterunternehmen angemessenere Lösungen den Ersatz bei Dritten entstandener Vermögensschäden finden lassen, als dies über die Anerkennung von § 130 OWiG als Schutzgesetz möglich wäre.

41.84

Soweit eine Haftung überhaupt in Betracht kommt, kann die **Zurechnung** des Handelns desjenigen, der die gebotenen Aufsichtsmaßnahmen unterlassen hat, zum Unternehmen, dessen Inhaber, Organ, vertretungsberechtigter Gesellschafter oder Betriebsleiter er ist, nach folgenden Vorschriften vorgenommen werden:

41.85

– Inhaber eines Einzelunternehmens: wegen rechtlicher Identität von Unternehmen und Unternehmer bedarf es keiner besonderen Zurechnungsnorm.

– Organmitglieder juristischer Personen und vertretungsberechtigte Gesellschafter von Personengesellschaften: § 31 BGB.

– Betriebsleiter und eigenverantwortlich tätige Beauftragte: § 831 BGB.

Die Unterlassung nach § 130 OWiG gebotener Aufsichtsmaßnahmen dem betreffenden Unternehmen gem. § 823 Abs. 2 BGB, § 30 OWiG zuzurechnen, kommt schon vom rechtlichen Ausgangspunkt her nicht in Betracht. § 30 OWiG dient allein dem öffentlichen Interesse an einer Sanktion gegen das Unternehmen, bei dem Aufsichtspflichten verletzt wurden. Die Interessen der durch eine Zuwiderhandlung Geschädigten werden durch § 30 OWiG nicht geschützt.

41.86

2. Persönliche Drittansprüche

Gegen jemanden, der die gebotenen Aufsichtsmaßnahmen unterlassen hat, können auch persönliche Schadenersatzansprüche von denjenigen geltend gemacht werden, die durch die Zuwiderhandlung verletzt wurden. Da solche Schadenersatzansprüche in aller Regel auf ei-

41.87

---

1 *Mertens*, AcP 178 (1978), 227, 241; *Wiedemann*, ZGR 2011, 183, 203.
2 BGH v. 18.6.1962 – VII ZR 237/60, WM 1962, 933, 935 l. Sp.
3 In diese Richtung zielt bereits *Mertens*, AcP 178 (1978), 227, 241.
4 BGH v. 27.1.1994 – I ZR 326/91, NJW 1994, 2289, 2291 l. Sp.

ner deliktischen Grundlage erhoben werden dürften, stehen die in Rz. 41.81 f. erörterten Gründe auch der persönlichen Inanspruchnahme des für die Aufsichtsmaßnahmen Verantwortlichen im Wege, wenn nicht ausnahmsweise ein Fall des § 823 Abs. 1 BGB oder einer vorsätzlichen Unterlassung gebotener Aufsichtsmaßnahmen vorliegt, die eine vorsätzliche Zuwiderhandlung ermöglicht hat.

41.88 Anders sieht es indessen für **vertretungsberechtigte Gesellschafter von Personengesellschaften** aus. Sie **haften akzessorisch** zur von ihnen vertretenen Personengesellschaft auch persönlich, wenn ihre Gesellschaft im Rahmen vertraglicher Beziehungen für die Unterlassung von Aufsichtsmaßnahmen einzustehen hat. Das folgt aus der entweder direkt oder über § 161 Abs. 2 HGB oder (für BGB-Gesellschaften) im Wege der Gesetzesanalogie entsprechend anwendbaren Vorschrift des § 128 HGB oder aus § 8 Abs. 1 PartGG. Für ihre Eigenhaftung im Falle einer deliktischen Haftung der von ihnen vertretenen Gesellschaften gilt dasselbe, allerdings nur soweit nach Rz. 41.82 eine Haftung dieser Gesellschaften selbst in Betracht kommt.

E. Grundnorm für Compliance?

41.89 Schon bald nach dem „Import" des Rechtsgedankens der Compliance aus dem angloamerikanischen Rechtskreis wurde in Deutschland die Frage aufgeworfen, ob mit dem Stichwort Compliance nicht ein Verhalten rechtlich eingefordert werde, das hierzulande schon lange von § 130 OWiG vorausgesetzt wurde, ob also § 130 OWiG nicht eigentlich eine deutsche Grundnorm der Compliance sei. Von angesehenen Autoren verschiedener rechtlicher Spezialgebiete wurde diese Frage, teilweise sogar lebhaft, bejaht.[1] Gleichwohl ist sie bislang keineswegs geklärt, sondern weiterhin offen. Deshalb soll ihr an dieser Stelle nachgegangen werden.

41.90 Zunächst fällt auf, dass in Deutschland „Compliance" als Rechtsbegriff erst in den 90er Jahren des 20. Jahrhunderts aufgetaucht ist.[2] § 130 OWiG besteht indes bereits seit Anfang 1975, also seit einer Zeit, als **„Compliance"** im deutschen Rechtsleben **noch nicht diskutiert** wurde. Dem Straf- und Ordnungswidrigkeitsgesetzgeber des Jahres 1975 kann kaum unterstellt werden, er habe schon damals eine Compliance-Grundnorm einführen wollen.

41.91 Ein **systematischer Grund** gegen die Annahme, § 130 OWiG sei eine Grundnorm zur Herbeiführung der Compliance, liegt **in der Struktur** dieser Norm begründet. Denn § 130 OWiG ist ein **echtes Unterlassensdelikt**, sanktioniert also Untätigkeit, und das auch nur, wenn es dadurch zu Zuwiderhandlungen kommt, die andernfalls hätten vermieden werden können. **Compliance** im heute gängig gewordenen Rechtssinn **verlangt** demgegenüber eine innere **Bereitschaft zur Vorbeugung** gegen Rechtsverstöße aller Art (und nicht nur gegen Zuwiderhandlungen) und aus dieser Haltung motiviertes Handeln zur organisatorischen Ausgestaltung von Unternehmensstrukturen in der Art, dass solche Rechtsverstöße gar nicht erst vorkommen. Dies gilt unabhängig davon, ob und wie konkret Rechtsverstöße überhaupt drohen. Gesetzliche Beispiele für diesen von der Gefahr konkreter Zuwiderhandlungen völlig unabhängigen Ansatz von Compliance finden sich insbesondere in den finanzdienstleistungsbezogenen Normen der §§ 25a Abs. 1 und 4 und 25e KWG, § 33 WpHG (§ 80 und auch § 81

---

[1] *Eidam*, Unternehmen und Strafe, 4. Aufl. 2014, Kap. 14 Rz. 40; unter Hinweis auf § 91 Abs. 2 AktG und andere spezialgesetzliche Normen auch *Uwe H. Schneider*, ZIP 2003, 645, 649 l. Sp.
[2] *Rotsch*, Criminal Compliance, 2014, § 1 Rz. 19.

WpHG n.F.[1]) und §§ 28 bis 30 KAGB. Die Existenz solcher inzwischen auch in anderen Rechtsgebieten des Wirtschaftsverwaltungsrechts, vom Arzneimittelrecht bis zu den Rechtsvorschriften über den Handel mit Kriegswaffen zu findenden Normen[2], welche Compliance einfordern, ist zugleich ein weiteres Argument gegen die Annahme, § 130 OWiG sei eine deutsche Grundnorm der Compliance.

Eine Differenz zwischen dem Rechtsprinzip der Compliance und § 130 OWiG wird auch daraus abgeleitet, dass die Einrichtung eines Compliance-Systems zwar geeignet sein kann, eine Bußgeldpflicht nach § 130 OWiG auszuschließen, wobei jedoch eine allgemeine Rechtspflicht zur Errichtung eines Compliance-Systems nicht bestehe und auch aus § 130 OWiG nicht hergeleitet werden könne[3]. Der Hinweis, dass es eine allgemeine Rechtspflicht zur Compliance nicht gebe, findet sich übrigens gerade auch in der Spezialliteratur zur Compliance.[4] Die **Pflicht zur Compliance** besteht vielmehr **nur dort, wo** entsprechende **Rechtsnormen sie anordnen**, sei es im Aktienrecht oder in einzelnen Gebieten des Wirtschaftsverwaltungsrechts.[5] Schließlich ist auch nicht jede unter dem Aspekt der Compliance entwickelte Handlungspflicht zugleich eine Aufsichtspflicht i.S. von § 130 OWiG.[6]

41.92

Dieser Befund führt insgesamt zu dem Schluss, dass zwischen § 130 OWiG und spezialgesetzlichen Regeln, die bestimmte Wirtschaftszweige zur Compliance verpflichten, ein **abgestuftes Verhältnis** besteht. Spezialnormen, welche eine Verpflichtung zur Compliance enthalten, vermögen dem Rechtsanwender im Einzelfall aufzeigen, welche spezifischen Aufsichtspflichten in den betreffenden Wirtschaftszweigen gelten. Sie füllen damit den normativen Rechtsbegriff „Aufsichtspflicht" aus § 130 OWiG inhaltlich aus und konkretisieren ihn. **Verstöße gegen** solche für einzelne Wirtschaftszweige bestehenden **Compliance-Regeln fallen** somit **in den Normbereich des § 130 OWiG** und indizieren, wenn es zu einer Zuwiderhandlung gekommen sein sollte, eine Aufsichtspflichtverletzung. Der Normbereich des § 130 OWiG ist aber ungleich größer und weiter als es die Tätigkeitsfelder derjenigen Unternehmen sind, für die Spezialgesetze eine Rechtspflicht zur Compliance bestimmen.

41.93

Insgesamt erweist sich damit, dass zwar zwischen § 130 OWiG und dem Rechtsbegriff der Compliance erhebliche **Schnittmengen** bestehen, dass aber vor allem § 130 OWiG nicht zuletzt dadurch, dass er Aufsichtspflichten auch für Betriebe vorsieht, die keinen speziellen Rechtsnormen unterliegen, welche Compliance von ihnen einfordern, einen deutlich über die Rechtspflicht zur Compliance hinausgehenden Normbereich hat.

41.94

---

1 Neuzählung des WpHG durch das Zweite Gesetz zur Novellierung von Finanzmarktvorschriften auf Grund europäischer Rechtsakte (Zweites Finanzmarktnovellierungsgesetz – 2. FiMaNoG) vom 23.6.2017, BGBl. I 2017, 1693.
2 *Bock* in Rotsch, Criminal Compliance, 2014, § 8 Rz. 20.
3 *Alexander/Winkelbauer* in Müller-Gugenberger, Wirtschaftsstrafrecht, 6. Aufl. 2015, § 31 Rz. 16.
4 *Alexander/Winkelbauer* in Müller-Gugenberger, Wirtschaftsstrafrecht, 6. Aufl. 2015, § 31 Rz. 17.
5 *Rotsch* in Achenbach/Ransiek, Hdb. Wirtschaftsstrafrecht, 3. Aufl. 2012, 1. Teil Kap. 4 Rz. 18; *Niesler* in Graf/Jäger/Wittig, Wirtschafts- und Steuerstrafrecht, 2. Aufl. 2017, § 130 OWiG Rz. 10.
6 *Niesler* in Graf/Jäger/Wittig, Wirtschafts- und Steuerstrafrecht, 2. Aufl. 2017, § 130 OWiG Rz. 11.

5. Teil
Pflichtverletzungen und öffentliche Meinung

§ 42
Die Managerhaftung und die öffentliche Meinung
Professor Dr. Joachim Jahn

A. Einleitung 42.1	1. Medien...................... 42.18
B. Bedeutung der Medien für Beruf und Privatleben 42.7	a) Zivilrecht 42.18
	aa) Gegendarstellung......... 42.18
	bb) Unterlassung 42.20
C. Einfluss von Presse, Funk und Fernsehen auf die Justiz 42.9	cc) Berichtigung 42.24
	dd) Schadensersatz/Geldent-
D. Instrumentalisierung durch Ankla- ge, Verteidigung oder Gegenpartei . 42.12	schädigung............... 42.27
	b) Strafrecht 42.29
E. Krisenmanagement 42.14	2. Strafverfolgungsbehörden......... 42.33
	3. Verteidigung 42.38
F. Grenzen der Berichterstattung..... 42.17	4. Dritte 42.44
I. Rechtliche Schranken und taktische Erwägungen.................... 42.17	II. Ethisch-moralische Schranken sowie Pressekodex................ 42.45

Schrifttum: *Arenhövel/Gerhard*, Unsachliche, herabsetzende Kritik an Urteilen, Richtern und Staatsanwälten nimmt zu, ZRP 2004, 61; *Bachl*, Wie unabhängig von den Medien kann, darf, muss die Justiz sein?, StV 2005, 174; *Becker-Toussaint*, Schmerzensgeldansprüche bei Medieninformationen der Staatsanwaltschaft, NJW 2004, 414; *Berger*, Fordert prozessbegleitende Krisen-PR die Strafjustiz neu heraus?, DRiZ 2012, 70; *Bernsmann/Gatzweiler*, Verteidigung bei Korruptionsfällen, 2. Aufl. 2014; *Boehme-Neßler*, Die Öffentlichkeit als Richter?, ZRP 2009, 228; *Boehme-Neßler*, Litigation-PR als Revisionsgrund, StraFo 2010, 456; *Cappel*, Grenzen auf dem Weg zu einem europäischen Untreuestrafrecht, Diss. 2009; *von Coelln*, Zur Medienöffentlichkeit der Dritten Gewalt, Habil. 2005; *Dahs*, Handbuch des Strafverteidigers, 8. Aufl. 2015; *Dunsch*, Familienunternehmen und die Medien ..., in FS Hennerkes, 2009, S. 515; *Dölling*, Der fliegende Gerichtsstand im Presserecht ..., NJW 2015, 124; *Findig* (volles Pseudonym: Spitz Findig), Strippenzieher ohne Wirkung, Wirtschaftsjournalist 6/2010, S. 36 f.; *Fischer*, StGB und Nebengesetze, 64. Aufl. 2017; *N. S. Fischer*, Die Medienöffentlichkeit im strafrechtlichen Ermittlungsverfahren, 2014; *Friedrichsen*, Das Interesse der Öffentlichkeit an einer Justizberichterstattung durch die Medien, StV 2005, 169; *Geerds*, Berichterstattung über Strafsachen, in FS Oehler, 1985, S. 423; *Gerhardt*, Die Richter und das Medienklima, ZRP 2009, 247; *Gerhardt/Pfeifer* (Hrsg.), Wer die Medien bewacht, 2000; *Gerhardt/Kepplinger/Zerback*, Wir Richter sind auch nur Menschen, F.A.Z. vom 11.1.2008, S. 38; *Gounalakis*, Verdachtsberichterstattung durch den Staatsanwalt, NJW 2012, 1473; *Groß*, Medien und Verteidigung im Ermittlungsverfahren, in FS Hanack, 1999, S. 39; *Hamm*, Große Strafprozesse und die Macht der Medien, 1997; *Hamm*, Vom Umgang der Strafverteidiger mit Journalisten, in Arbeitsgemeinschaft Strafrecht des DAV (Hrsg.), Strafverteidigung im Rechtsstaat, 2009; *Hamm/Leipold* (Hrsg.), Beck'sches Formularbuch für den Strafverteidiger, 5. Aufl. 2010; *Hassemer*, Grundsätzliche Aspekte des Verhältnisses von Medien und Strafjustiz, StV 2005, 167; *Hedtstück*, Kursturbulenzen ..., www.finance-magazine.de, 14.12.2015; *Heine*, Litigation-PR, 2010; *Holzinger/Wolff*, Im Namen der Öffentlichkeit, 2009; *Hörisch*, (Wie) Passen Justiz und Massenmedien zusammen?, StV 2005, 151; *Immenga/Schwintowski/Kollmorgen* (Hrsg.), Wirtschaftliches Risiko und persönliche Verantwortung der Manager, 2006; *Jahn*, Auch Topmanager genießen keine Immunität, DRiZ 2003, 191; *Jahn*, Lehren aus dem „Fall Mannesmann", ZRP 2004, 179; *Jahn*, Nach dem Mannesmann-Urteil des BGH: Konsequenzen für Wirtschaft, Justiz und Gesetzgeber, ZIP 2006, 738; *Jahn*, Anspruch der Presse auf Auskünfte ..., EWiR 2005, 485; *Jahn*, Rechtmäßige Drohung mit Einschaltung der Presse ..., EWiR 2005, 623; *Jahn*, Kein Unterlassungsanspruch gegen unwahre Wortberichterstattung ..., EWiR 2006, 167; *Jahn*, Die Justiz bremst die Medien aus, Anwaltsblatt 2005, 385; *Jahn*, Die Macht der Öffentlichkeit, Message 2/2004, S. 34; *Jahn*, Unbefriedigend, aber unumgänglich – Die Einstellung des Mannesmann-Prozesses, BB 1/2007, S. I; *Jahn*, Hartz-Prozess: Justiz vertagt Aufklärung, NJW 8/2007, S. III; *Jahn*, Wieder eine Bewährungsstrafe für einen Top-Manager, NJW 7/2009, S. XII; *Jahn*, Zur Meinungsfreiheit bei kritischen Äußerungen über ein Unternehmen, EWiR 2009, 413; *Jahn*, Unangenehme Wahrheiten für Prominente, NJW 2009, 3344; *Jahn*, Zwischen Erpressung und Dienst an der Gerechtigkeit, in Boehme-Neßler (Hrsg.), Die Öffentlichkeit als Richter?, 2010; *Jahn*, Die mediale Sicht der Dinge – Von Nebelwerfern und Ignoranten, in Möhrle/Schulte (Hrsg.), Zwei für alle Fälle, 2011; *Jahn*, Litigation-PR als Provokation, in Rademacher/Schmitt-Geiger (Hrsg.), Litigation-PR: Alles, was Recht ist, 2012; *Jahn*, Presse- und Öffentlichkeitsarbeit, in Hauschka (Hrsg.), Corporate Compliance, 3. Aufl. 2016; *Jahn*, Keine Veröffentlichung der Anklageschrift vor der Verhandlung, GRUR-Prax 2014, 357; *Jory/Ngo/Wang/Saha*, The market response to corporate scandals involving CEOs, Applied Economics, 2015, 47 [17], 1723; *Jürgens*, „Abgestürzte Gerichtsstände ...", NJW 2014, 3061; *Kempf*, Strafjustiz und Medien – Skandaljournalismus oder Aufklärungsinteresse? (unveröff. Referat auf dem 57. Deutschen Anwaltstag); *Kepplinger*, Die Mechanismen der Skandalisierung, 2012 [quasi die 3. Aufl., aber unter leicht verändertem Titel]; *Kepplinger/Zerback*, Der Einfluss der Medien auf Richter und Staatsanwälte, Publizistik 2009, 216; *Koppenhöfer*, Wie unabhängig von den Medien kann, darf, muss die Justiz sein?, StV 2005, 172; *Koreng*, Recht ist das eine, Taktik das andere, www.lto.de, 23.11.2016; *H. Krieger*, Die Haftung des Staates nach § 839 BGB, Art. 34 GG für Fehlverhalten der Staatsanwaltschaft im Ermittlungsverfahren, Diss. 2000; *Ladeur*, Mediengerechte Spezifizierung ..., AfP 2009, 446; *Lamprecht*, Vom Mythos der Unabhängigkeit, 2. Aufl. 1996; *La Roche*, Bloomberg News Pays Reporters More ..., www.businessinsider.com, 11.12.2013; *Lehr*, Grenzen für die Öffentlichkeitsarbeit der Ermittlungsbehörden, NStZ 2009, 409, *Lehr*, Der Verdacht ..., AfP 2013, 7; *Leyendecker*, Wirtschaftsstrafrecht in den Medien, wistra 2011, 176; *Leyendecker*, Die Verfahrensbeteiligten aus der Perspektive der Medien, StV 2005, 179; *Lindner*, Der Schutz des Persönlichkeitsrechts des Beschuldigten im Ermittlungsverfahren, StV 2008, 210; *Marxen*, Strafrecht im Medienzeitalter, JZ 2000, 294; *Mauz*, Die Justiz vor Gericht, 2. Aufl. 1991; *B.-D. Meier*, Zulässigkeit und Grenzen der Auskunftserteilung gegenüber den Medien, in FS H.-L. Schreiber, 2003, S. 331; *Möhrle* (Hrsg.), Krisen-PR, 3. Aufl. 2016; *M. Meyer*, Der Gerichtsprozess in der medialen Berichterstattung, 2014; *G. Müller*, Persönlichkeitsrecht als Schutz vor unerwünschter Berichterstattung?, ZRP 2009, 189; *Müller-Gugenberger*, Wirtschaftsstrafrecht, 6. Aufl. 2015; *Müller-Horn*, Umgang mit öffentlichkeitswirksamen Verfahren, DRiZ 2012, 81; *Neuling*, Inquisition durch Information, Diss. 2005; *Neuling*, Rechtsschutz des Beschuldigten bei amtspflichtwidrigen Medienauskünften von Justizbediensteten – die „Affäre Mannesmann", StV 2006, 332; *Neumann*, Editorial, DRiZ 2012, 69; *Noelle-Neumann/Schulz/Wilke* (Hrsg.), Fischer Lexikon Publizistik/Massenkommunikation, 5. Aufl. 2009; *Oehler u.a.*, Der Einfluss der Medien auf das Strafverfahren, 1990; *Oltmanns/Brunowsky*, Manager in der Medienfalle, 2009; *Petersen*, Medienrecht, 5. Aufl. 2010; *Prinz*, Justiz und Medienöffentlichkeit, in FS Engschall, 1996, S. 243; *Prinz/Peters* (Hrsg.), Medienrecht im Wandel, 1996; *Prinz/Peters*, Medienrecht, 1999; *Rademacher*, Litigation-PR von Staatsanwaltschaft und Polizei aus kommunikationswissenschaftlicher Sicht, in Barton/Kölbel/Lindemann (Hrsg.), Wider die wildwüchsige Entwicklung des Ermittlungsverfahrens, 2015; *Rehbock*, Medien- und Presserecht, 2005; *Ricker/Weberling*, Handbuch des Presserechts, 6. Aufl. 2012; *Roxin*, Strafrechtliche und strafprozessuale Probleme der Vorverurteilung, NStZ 1991, 153; *Rühl*, Heiße Luft, prmagazin 5/2008, 6; *Rüthers*, Die Wende-Experten, 2. Aufl. 1995; *Schaefer*, Staatsanwaltliches Ermittlungsverfahren und Vorverurteilungen – eine zwingende Folge?, in FS E. Müller, 2008, S. 623; *Sandherr*, Revision beim Oberverwaltungsgericht, www.lto.de, 16.5.2016; *Schiller*, Prozessführung der Staatsanwaltschaft und Medien, StV 2005, 176; *von Schirach*, Die Würde ist antastbar, 2014; *Schmitt/Gerhardt*, Der mediale Druck auf die Rechtsprechung hat zugenommen, ZRP 2011, 220; *U.F. Schneider*, Der Januskopf der Prominenz, Diss. 2004; *Schulz-Bruhdoel/Fürstenau*, Die PR- und Pressefibel, 6. Aufl. 2013; *Schuster/Kluczniok*, „Wir hatten Deals mit fast allen großen Blättern", Wirtschaftsjournalist 1/2009, 34; *Selbach*, Scharfe Hunde, dicke Fische, prmagazin 6/2008, 44; *Semler/Peltzer/Kubis* (Hrsg.), Arbeitshandbuch für Vorstandsmitglieder, 2. Aufl. 2015; *Sieber/Konrad*,

Litigation-PR im internationalen Kontext, Deutscher Anwaltspiegel, 26.6.2013, S. 15 ff.; *Soehring/ Hoene*, Presserecht, 5. Aufl. 2013; *C.-H. Soehring*, Vorverurteilung durch die Presse, Diss. 1999; *Strafverteidigervereinigungen* (Hrsg.), Erosion der Rechtsstaatlichkeit, 2002; *Taschke*, Verteidigung von Unternehmen, StV 2007, 495; *Trüg*, Medienarbeit der Justiz – Möglichkeiten und Grenzen, NJW 2011, 1040; *Tilmann*, Prozessführung der Staatsanwaltschaft und Medien, StV 2005, 175; *Ulsamer*, Einige Bemerkungen über Medien und Strafprozess, in FS Jauch, 1990, S. 221; *Unverzagt/Gips*, Handbuch PR-Recht, 2010; *Volk* (Hrsg.), Verteidigung in Wirtschafts- und Steuerstrafsachen, 2. Aufl. 2014; *Überall*, Am Medienpranger, journalist 5/2008, 48; *Ürük*, Einstweilige Verfügung …, www.meedia.de, 7.5.2015; *Wabnitz/Janovsky*, Handbuch des Wirtschafts- und Steuerstrafrechts, 4. Aufl. 2014; *Wagner*, Strafprozessführung über Medien, 1987; *Wagner*, Vorsicht Rechtsanwalt; *Wagner*, Ende der Wahrheitssuche, 2017; *Wassermann*, Justiz und Medien, 1980; *Wegner*, Sanktionsrechtliche Krisen-PR – Gedanken eines Strafverteidigers, in FS Achenbach, 2011, S. 579; *Wehnert*, Prozessführung der Verteidigung und Medien, StV 2005, 178; *Wenzel*, Das Recht der Wort- und Bildberichterstattung, 5. Aufl. 2003; *Widmaier/ Müller/Schlothauer* (Hrsg.), Strafverteidigung, 2. Aufl. 2014; *Wiedemeier*, Als Frau schlechter bezahlt?, www.uebermedien.de, 1.2.2017; *Wieduwilt*, Angriff der Medienversteher, Unternehmensjurist 1/2011, 38; *Wiegand*, Die große Betroffenheit, Wirtschaftsjournalist 4/2014, 31; *Wiegand*, „Recht eindrucksvoll", Wirtschaftsjournalist 2/2012, 11; *Wilke*, Juve Rechtsmarkt 8/2013, 62; *Winterbauer*, Falschmeldungen in Serie …, www.meedia.de, 17.1.2017; *Wohlers*, Prozessuale Konsequenzen präjudizierender Medienberichterstattung, StV 2005, 186; *Zabel*, „Öffentliche Pranger" und reformierter Strafprozess, GA 2011, 347; *Zenthöfer*, Wenn Medien beim Strafmaß scheitern …, www.kress.de, 7.10.2016.

A. Einleitung

Nicht selten kommt das Unheil zuerst von der Seite der Medien[1]: Noch bevor beispielsweise Klein- oder Großaktionäre vor Gericht ziehen, um eine **Schadensersatzklage** gegen ihr Unternehmen oder einzelne seiner Organmitglieder zu erheben, haben Zeitungen, Funk und Fernsehen oft schon von dem Streit Wind bekommen – meist gezielt aufgescheucht durch Anlegeranwälte und ihre ständigen Presseerklärungen.[2] Diese spezialisierten Advokaten wollen auf diese Weise nicht ganz ungeschickt eine Drohkulisse aufbauen, indem sie den Druck auf ihren Gegner verstärken und eine Stimmung der Empörung und Entrüstung gegen ihn schüren (sowie – nicht zuletzt – um weitere Mandanten werben). Für die Ablieferung der Klageschriften wird später beispielsweise ein Lastwagen gemietet, um aufmerksamkeitsheischende Fotos schießen lassen zu können.[3]

42.1

Doch auch ein Zugriff von Polizei und Staatsanwaltschaft kommt nicht immer aus heiterem Himmel, hat doch häufig vorher jemand (und sei es nur als „interessierter Bürger") öffent-

42.2

---

1 Literarisch formulierter hat es der Schriftsteller und Justiz(!)kritiker *Kurt Tucholsky*, der 1914 zum Thema Erpressungen schrieb: „Wenn der Angeklagte in einem deutschen Gerichtssaal vorgeführt wird, dann mag er sich sagen, dass eine Hauptgefahr nicht der gefürchtete Staatsanwalt ist, nicht der Vorsitzende, nicht die Richter. Die Meute lauert anderswo. (…) Korrupt ist die Presse, die den niedrigsten und schmierigsten Instinkten ihrer Leser so weit entgegenkommt, dass sie ihre Hunde auf die Jagd schickt."
2 Zu einem besonders dreisten Fall von werbenden Verlautbarungen einer Kanzlei zur Mandantengewinnung mit sogar strafrechtlichen Vorwürfen gegen einen Emittenten, welche hinterher vom OLG Karlsruhe verworfen wurden, *Jahn*, F.A.Z. vom 20.11.2012, S. 14.
3 So im schier unendlichen „Telekom-Prozess", in dem rund 16 000 vor allem private Anleger Schadensersatz wegen angeblicher Fehler in Börsenprospekten seit etwa 2001 verlangten und weitere 17 000 Ansprüche zur preisgünstigen Verjährungsverlängerung vor einer Schlichtungsstelle geltend gemacht wurden (kritisch zum „sehr showträchtigen" Vorgehen der Anwälte „Welt am Sonntag" vom 30.10.2005); *Rühl*, prmagazin 5/2008, 6.

lichkeitswirksam eine Strafanzeige angekündigt.[1] Nicht ganz ungewöhnlich ist es überdies, dass **Ermittlungsbehörden** bei einer Razzia[2] selbst für die gewünschte Begleitung durch Journalisten vor Ort sorgen.[3] So lässt sich schließlich demonstrieren, dass die Staatsgewalt nicht untätig bleibt (was mitunter durchaus friedenstiftende Wirkung[4] haben kann). Unterstrichen wird damit zudem die Bedeutung der eigenen Behörde, was beim Verteilungskampf um Haushaltsmittel und Personalstellen bei der nächsten Sparrunde im Innen- oder Justizetat hilfreich sein mag (und auch der eigenen Beförderung nicht abträglich sein muss).[5]

42.3 „Die wahre Hinrichtung findet in den Medien statt", heißt es deshalb mitunter zynisch über die „Journaille". Denn die gelegentlich vorverurteilende Berichterstattung[6] in Wort, Bild und Ton schafft eine zweite Ebene der Sanktion, die manchen Betroffenen und auch viele Beobachter an die Inquisition und den **Pranger** des Mittelalters erinnert.[7] Jenseits der schützenden Formen von Strafverfahren oder Ziviljustiz wird in Gazetten oder auf dem Bildschirm quälend an Ruf, Reputation und Renommee von Managern gekratzt. Die Karriere eines solchermaßen „Vorgeführten" ist möglicherweise auf Eis gelegt; eine persönliche Haftung[8] droht ihm ebenso – wenngleich das einst geplante Kapitalinformations-Haftungsgesetz (KapInHaG) vorerst

---

1 Vgl. *Wolff/Holzinger*, S. 158. Auch sonst können Medienberichte ein Strafverfahren überhaupt erst anstoßen (*Wessing II* in Volk, § 12 Rz. 75, der sich verblüfft zeigt, wie genau investigative Journalisten mitunter auch an internen Quellen eines Unternehmens recherchieren; *Lehr* in Widmaier/Müller/Schlothauer, § 21 Rz. 9). Zum Umgang mit Medien bei internen Untersuchungen *Kempf/Schilling* in Volk, § 10 Rz. 88 und 211 f.
2 Zur Imageschädigung durch Berichte über Ermittlungsverfahren *Taschke/Zapf* in Semler/Peltzer/Kubis, Arbeitshandbuch Vorstandsmitglieder, § 10 Rz. 278, speziell zu Durchsuchungen Rz. 292 ff. Zur Tendenz, Manager stärker auch strafrechtlich zur Verantwortung zu ziehen, statt aller *Spindler* in Fleischer, Handbuch des Vorstandsrechts, § 15 Rz. 1, 13. Wegen vermeintlicher Willkür von Staatsanwälten gründete der Unternehmer Dietmar Hopp eine Stiftung (www.stiftung-projustitia.de).
3 Vgl. *Schaefer*, S. 634 ff. Bei der spektakulären „Steuerrazzia" in der Privatvilla des einstigen Deutsche-Post-Chefs Zumwinkel könnte dagegen der entscheidende Hinweis an das live übertragende ZDF-Morgenmagazin nicht – wie gemeinhin vermutet – von der Staatsanwaltschaft (oder der häufig „durchlässigeren" Kriminalpolizei) und auch nicht aus der Finanzverwaltung (die entsprechenden Spekulationen reichten von der Steuerfahndung bis hin zum Bundesfinanzministerium), sondern aus den Reihen des ebenfalls beteiligten Bundesnachrichtendienstes gekommen sein, der den Ankauf der Steuer-CD vorfinanziert hatte (zu jenem Verfahren *Jahn*, NJW 7/2009, S. XII). Bemerkenswert die zutreffende Aussage des renommierten Reporters *Leyendecker*, für die Berichterstattung seien häufig Anwälte die besten Quellen, nicht hingegen „angebliche Kungeleien zwischen Medien und Staatsanwaltschaften" (wistra 2011, 176, 178).
4 *Wagner*, Strafprozessführung ..., spricht von „Generalprävention" und „Normstabilisierung" (S. 63 f.); vgl. *Hassemer*, StV 2005, 167; *Geerds* in FS Oehler, S. 425 f.
5 Sehr dezidiert die entsprechende Einschätzung eines Vorstandsmitglieds bei *Immenga/Schwintowski/Kollmorgen*, S. 92; zur staatsanwaltlichen „Flucht nach vorn" und eine dadurch erlangte personelle Verstärkung aus Behördensicht *Becker-Toussaint* in Strafverteidigervereinigungen, S. 243, ferner zu weiteren Motiven zur Informationsweitergabe S. 245; aus Anwaltsperspektive *Hamm*, Große Strafprozesse ..., S. 35 ff., zu den „Berichtssachen" an die Landesjustizminister S. 86 ff.
6 Zu etwaigen prozessualen Konsequenzen statt aller *Wohlers*, StV 2005, 186, 188 ff.
7 Vgl. *Hamm*, Große Strafprozesse ..., S. 12; nachdrücklich auch *Dierlamm* in Wabnitz/Janovsky, 29. Kap. Rz. 8; *Überall*, journalist 5/2008, 48 ff.
8 Besonders drastisch das erstinstanzliche Urteil des LG München I gegen einen später durch Freitod aus dem Leben geschiedenen Ex-Finanzvorstand der Siemens AG (LG München I v. 10.12.2013 – 5 HKO 1387/10, ZIP 2014, 570 = AG 2014, 332).

wieder in der Schublade verschwunden ist[1] – wie eine Kündigung seines Dienstvertrags und die Abberufung aus der Organstellung. Von strafrechtlichen Risiken, die angesichts des (notgedrungen) unscharf formulierten Straftatbestands der Untreue (§ 266 StGB) ohnehin wie ein Damoklesschwert ständig über Geschäftsführern und Vorständen schweben, ganz zu schweigen. Zusätzlich drohen Reputationsschäden, Umsatzeinbrüche und Kursverluste[2] für das Unternehmen.

Auswüchse der Berichterstattung[3] haben auf Grund gewachsener Konkurrenz zwischen den Medien seit der Zulassung von Privatfunk und -fernsehen sicherlich zugenommen[4]; zumal in konjunkturell klammen Zeiten und angesichts des Problems weltweit sinkender Printauflagen, ohne dass Tageszeitungsverlage bislang stattdessen ein verlässliches Geschäftsmodell im Internet gefunden hätten.[5] Seit Twitterer, Blogger und Newsletter im Web die Arbeit von Medien zunehmend kritisch beäugen, werden diese Defizite verstärkt offenkundig.[6] Zuspitzung, Dramatisierung und Übertreibung, Versimpelung, Personalisierung sowie Skandalisierung bis hin zur Schürung von Hysterie bezüglich Risiken, deren realistische Einschätzung ein Mindestmaß an Kenntnissen von Statistik und Naturwissenschaften voraussetzt, sind leider gang

42.4

---

1 Es sollte die persönliche Haftung von Organmitgliedern bei falscher Information des Kapitalmarkts ausweiten (zur Kritik des DAV-Handelsrechtsausschusses daran F.A.Z. vom 8.11.2004, S. 13).
2 So offenbar bei einer Anleihe der Reederei Rickmers durch einen Bericht im Handelsblatt über angebliche bedrohlich hohe Geldentnahmen durch den Eigentümer (*Hedtstück*, www.finance-magazine.de, 14.12.2015). Reporter der Finanznachrichtenagentur Bloomberg erhalten anscheinend Prämien für „market-moving stories" (*La Roche*, www.businessinsider.com, 11.12.2013). Angeblich erholen sich freilich Aktienkurse nach Skandalen alsbald wieder (*Jory/Ngo/Wang/Saha*, Applied Economics, 2015, 47 [17], 1723 ff.).
3 Nicht zuletzt wegen mangelnder Rechtskenntnisse von Gerichtsberichterstattern der Lokalmedien, wo Verleger und Chefredakteure diese Themen primär als Unterhaltungsstoff ansehen; dazu aus Sicht der Journalismusforschung *Höbermann* in Strafverteidigervereinigungen, S. 227 ff. Vgl. *Leyendecker*, StV 2005, 179; *Geerds* in FS Oehler, S. 438 ff. insbesondere zur „Boulevard- und Regenbogenpresse". Staatsanwaltliche Pressesprecher müssen Journalisten, die mitunter nicht einmal Zeitung lesen, bei Anfragen häufig „Rechtskundeunterricht" erteilen (*Becker-Toussaint* in Strafverteidigervereinigungen, S. 240).
4 Zu modernen „Empörungswellen" der frühere Chefredakteur *Kaden* bei Immenga/Schwintowski/Kollmorgen, S. 108. Auch öffentlich-rechtliche Rundfunkanstalten sind auf Grund einer gern gepflegten Enthüllungspose regelmäßig Gegenstand presserechtlicher Auseinandersetzungen, etwa mit einem Versandhändler (Focus-Online, 11.4.2013), einem Kommunikationsanbieter („Der Spiegel" 12/2011, S. 159) und einem (freilich vor Gericht unterlegenen) Autohersteller (www.faz.net, 8.7.2015). Verstärkt wird die Schlagkraft solcher „Enthüllungen" durch rechtlich fragwürdige (so *Hoeren* im Interview mit www.focus.de, 30.6.2014) „Rechercheverbünde" mit einzelnen privaten Printmedien, was den so generierten Schlagzeilen ein Vorlesen im Halbstunden-Rhythmus in den öffentlich-rechtlichen Nachrichtensendungen von Funk und Fernsehen garantiert.
5 Darauf verweist die langjährige „Spiegel"- und nunmehrige „Welt"-Reporterin *Friedrichsen*, StV 2005, 169. Die mancherorts ausgedünnten Redaktionen erlauben PR-Agenturen (FTD v. 22.11.2012, S. 13) und Unternehmens-Pressestellen (www.prreport.de, 31.1.2017: bis hin zu deren Ausbau zu einem eigenen „Medienhaus" mit Newsroom und Social-Media-Aktivitäten) einen gewachsenen Einfluss – teils subtil, intransparent und damit fragwürdig; teils offen dargelegt und damit als begrüßenswertes eigenes Sprachrohr zur fairen Erzeugung von Gegenöffentlichkeit. Zu unsauberen bis illegalen Methoden von Unternehmen und einschlägigen Dienstleistern („Intrigen, Fallen, Lauschangriff") *Brambusch*, FTD 16.9.2010, S. 25.
6 S. etwa *Zenthöfer*, www.kress.de, 7.10.2016; *Sandherr*, www.lto.de, 16.5.2016.

und gäbe.[1] Angeheizt wird diese Tendenz durch eine politische Grundhaltung der Journalisten, die durchschnittlich „rot-grüner" ist als jene der Gesamtbevölkerung.[2] Das gilt für „Redaktionsbeamte" zwangsgebührenfinanzierter Sender vermutlich noch stärker als für „Skribenten" in Schreibstuben, die von Verlagen im freien Wettbewerb am Markt finanziert werden müssen. Verhängnisvoll ist überdies, dass sich die Medienlandschaft insofern strukturell gleich ausrichtet und „Nonkonformisten" in die „Schweigespirale" gedrängt werden.[3]

Nicht selten wird als exklusive „Enthüllung" verkauft, was längst bekannt ist.[4] Die Etablierung von Gratis-Nachrichtenportalen im weltweiten Netz hat Oberflächlichkeit, Flüchtigkeitsfehler und mangelnde (Gegen-)Recherche wachsen lassen.[5] Nochmals verstärkt wird die Hektik der Berichterstattung sogar direkt aus dem Gerichtssaal durch den Kurznachrichtendienst Twitter.[6] Die Nutzung wird zwar von manchen Vorsitzenden untersagt, was dieser aber etwa im Hoeneß-Strafprozess erklärtermaßen nicht durchsetzte.

---

[1] *Kepplinger*, S. 20, 76 und passim. Zu fachlichen Defiziten im Wirtschaftsjournalismus *Brunowsky/Oltmanns*, S. 39 ff., 45 ff., wenngleich das kenntnisreiche Buch nicht zuletzt als Akquise-Broschüre eines Seitenwechslers für die Beraterzunft gedeutet werden kann; zur Strukturkrise in der Zeitungswirtschaft S. 104 ff. Bedenklich ist etwa, wenn ein Bericht zum Aufmacher auf einer Titelseite erhoben wird, obwohl es zu diesem Zeitpunkt keine nennenswerten neuen Erkenntnisse gegenüber früheren Artikeln gab (Handelsblatt vom 14.9.2009, S. 1), später hingegen die Nichteinleitung eines Strafverfahrens gegen Vorstände und Aufsichtsräte auf einer der hintersten Seiten versteckt wird – mit dem trotzig und zugleich sich selbst rechtfertigend anmutenden Einleitungssatz: „In der Datenschutzaffäre der Deutschen Bank will die Staatsanwaltschaft Frankfurt nicht gegen den Aufsichtsratsvorsitzenden Clemens Börsig ermitteln, allerdings sehr wohl gegen andere Beteiligte." (Handelsblatt vom 9.10.2009, S. 24). Ähnlich die häppchenweisen, mitunter gezielt selektiven Berichte der SZ zu Beginn der „Cum/Ex-Affäre" um mehrfache „Erstattungen" von nur einmal gezahlter Kapitalertragsteuer bei Aktiendeals rund um den Dividendenstichtag.

[2] So der Kommunikationswissenschaftler *Schweiger*, SZ vom 21./22.1.2017, S. 42. Ein Beispiel für eine ideologisch verzerrte Berichterstattung ist jene u.a. der Berliner Zeitung zu einer Diskriminierungsklage gegen das ZDF, kritisch beleuchtet von einem Medienblog (*Wiedemeier*, Als Frau schlechter bezahlt?, www.uebermedien.de, 1.2.2017).

[3] *Kepplinger*, S. 106, spricht von „totalitären Zügen" und „Gleichschaltung", ferner zur begrenzten Ausnahme und Wirkung von Qualitätszeitungen S. 191; *Noelle-Neumann* in Noelle-Neumann/Schulz/Wilke, die dennoch gegenläufige Einwirkungsmöglichkeiten auf die öffentliche Meinung sieht, S. 439 ff., 440.

[4] So stellte das Handelsblatt als Eigenrecherche heraus („Wie das Handelsblatt erfuhr …"), was sogar bereits im Gesetz stand, nämlich die bevorstehende Arbeitsaufnahme von Verbraucherschlichtungsstellen (15.3.2016, S. 11). Die „Wirtschaftswoche" pries auf Twitter als „exklusive" Meldung an, was BFH-Präsident Mellinghoff auf einem Kongress vor rund 1400 Steuerberatern vorgetragen hatte (8.10.2015). Mitunter machen sich Medien dann gegenseitig das „Urheberrecht" auf einen Scoop streitig; so twitterte ein Handelsblatt-Redakteur am 17.3.2017: „Die heutige ‚exklusiv' von @manager-magazin (online) zu #Achleitner stand Anfang Februar @handelsblatt".

[5] Besonders blamabel die Fehlinformation, das BVerfG habe die NPD verboten, auf die kurzfristig u.a. „Spiegel Online" und „stern.de" ebenso hereinfielen wie „Zeit Online" und die öffentlich-rechtlichen Fernsehsender ARD und Phoenix (*Winterbauer*, www.meedia.de 17.1.2017).

[6] So ein (damaliger) „Juve"-Redakteur anlässlich des Strafverfahrens gegen den einstigen Manager Middelhoff (dessen vielfältige Rechtshändel bis hin zu einer Taschenpfändung durch eine Gerichtsvollzieherin in einer gerichtlichen Verhandlungspause von etlichen Medien gnadenlos ausgewalzt wurden), sowie des arbeitsrechtlichen Vorgehens der Deutschen Bahn AG gegen die Lokführergewerkschaft GDL (*Jung*, Twitter, 14.11.2014).

42.5 Freilich darf der Überbringer der schlechten Botschaft nicht mit der Nachricht selbst **verwechselt** werden[1]: Falls etwa eine Massenklage in Deutschland nach dem noch vergleichsweise jungen Kapitalanleger-Musterverfahrensgesetz (KapMuG)[2] tatsächlich den Aktienkurs einer börsennotierten Gesellschaft beeinflussen sollte (was bei rational handelnden Investoren nicht der Fall sein sollte), sind schließlich nicht die Medien selbst die eigentliche Ursache dafür. Zumal es mittlerweile seit dem Gesetz zur Unternehmensintegrität und Modernisierung des Anfechtungsrechts (UMAG)[3] im elektronischen Bundesanzeiger ein spezielles Aktionärsforum gibt, mit dessen Hilfe nach dem Willen des – insofern parteiübergreifend handelnden – Gesetzgebers ja gerade Mitstreiter noch leichter als bisher mobilisiert und gefunden werden sollen. Die (in Deutschland zwar nur durchschnittlich, in vielen Straf- wie Zivilverfahren in Wirtschaftssachen aber unerträglich) langsame Arbeitsweise der Justiz trägt ihr Übriges dazu bei, auch unausgegorene Vorwürfe über einen langen Zeitraum in den Schlagzeilen zu halten, so dass Anschuldigungen immer wieder aufs Neue breitgetreten werden können. Und wenn bestimmte Unternehmen nahezu dauerhaft etwa wegen diverser Korruptionsvorwürfe in den Meldungsspalten auftauchen[4], hat dies zwar zugegebenermaßen damit zu tun, dass es in Institutionen von einer bestimmten Größe an wohl immer „schwarze Schafe" geben wird – doch können diese Aktiengesellschaften insbesondere dann, wenn sie an der Börse notiert sind, ein berechtigtes Interesse der Öffentlichkeit an einer Berichterstattung über mutmaßliche wettbewerbsverzerrende Straftaten nicht bestreiten.

42.6 Doch sollte zur Allgemeinbildung eines Lesers, Hörers oder Zuschauers ebenso die triviale Tatsache gehören, dass die Einleitung eines Ermittlungsverfahrens nur einen Verdacht bedeutet, dessen Berechtigung eben gerade auf diese Weise erst geklärt werden muss.[5] Wo Print- oder elektronische Medien anderes insinuieren, steht Betroffenen ein zunehmend strenger gewordenes **Presserecht** zur Gegenwehr zur Seite, das längst ein (mitunter aus Sicht der Pressefreiheit und des berechtigten Informationsinteresses von Öffentlichkeit und Wirtschaftsteil-

---

1 Zu Vorurteilen gegenüber Medien und den „Does and Don'ts" im Umgang mit Journalisten erhellend *Schulz-Bruhdoel/Fürstenau*, S. 179 ff.
2 BGBl. I 2005, 2437; *Jahn*, ZIP 2008, 1314; reformiert im Jahr 2012 (BGBl. I 2012, 2182) mit klaren Verbesserungen, wohingegen auch im Frühjahr 2017 noch immer kein Ende des kurz nach 2000 begonnenen (nach alter Rechtslage fortzuführenden) Prozessmarathons gegen die Deutsche Telekom AG absehbar ist. Ähnlich langwierig mittlerweile die Milliardenklagen gegen VW AG und Porsche SE wegen angeblich falscher Informationen des Kapitalmarkts im Zuge des Übernahmekampfs; ebenso bereits solche im Kontext des Abgasskandals.
3 BGBl. I 2005, 2802.
4 Man denke nur an die systematische Bestechung ausländischer Geschäftspartner bei der Siemens AG, die eine transatlantische Kooperation privater wie staatlicher Ermittler mit Milliardenkosten für das Unternehmen zur Folge hatte; ebenso an das beharrliche Schmieren von Arbeitnehmervertretern bei der Volkswagen AG in Millionenhöhe, was durch die Verstrickung von Parlamentsabgeordneten auf Bundes- und Landesebene sowie durch Dienstleistungen im Rotlichtmilieu nahezu aller Kontinente besonders pikante Züge erlangte (dazu *Jahn*, NJW 8/2007, S. III). Mittlerweile hat VW mit „Dieselgate" (wieder durch eigenes Verschulden) einen neuen „Dauerbrenner" in der Skandalberichterstattung gelandet. Eine weitere Affäre, die überdimensioniert und hämisch-lüstern ausgebreitet wurde, waren Incentive-Reisen für Versicherungsvertreter einer großen Assekuranz u.a. in ein Bordell in Budapest (www.Handelsblatt.com, 19.5.2011).
5 So auch *Schaefer*, S. 632. Skeptischer *F.-A. Jahn* in Oehler, S. 16. Der Germanist *Hörisch* plädiert für eine „Medien-Alphabetisierung" bereits im Schulunterricht (StV 2005, 151, 155). Gezielt (sogar durch Bots) verbreitete „Fake-News" haben diese Diskussion mittlerweile wiederbelebt.

nehmern: übermäßig) scharfes Schwert geworden ist.[1] Wehrlose Opfer einer vermeintlich auf Schmähung und Diffamierung geeichten Medienmeute („Lügenpresse") sind sie keineswegs: Mittlerweile kommt es durchaus vor, dass die größte Boulevardzeitung des Landes die obere Hälfte ihrer Titelseite – mit den üblichen roten Balken unterlegt – für den Originalton einer Gegendarstellung freiräumen muss. Und Fotos erscheinen zunehmend häufiger nur mit Rastern verfremdet („verpixelt"), so dass Gesichter nicht mehr erkennbar sind.

B. Bedeutung der Medien für Beruf und Privatleben

42.7 Gesellschaftliche Anerkennung und soziales **Ansehen** sind verknüpft mit beruflichem Erfolg. Sie verstärken sich gegenseitig; das eine ist ohne das andere nicht leicht vorstellbar. In beiden Rollen ist bedroht, wer zum Objekt negativer Publikationen in den Medien wird.[2] Für Unternehmen gilt dies ebenso wie für selbstständige oder angestellte Unternehmer – zumal wenn es sich um eine börsennotierte Aktiengesellschaft handelt.

42.8 Kommunikationswissenschaftler haben Fallstudien über Konsequenzen und **Opfer** von Falschberichterstattung erstellt.[3] Auch Juristen wissen von Bloßstellung und irreparabler Beschädigung auf Grund von Zeitungsartikeln über ein zu Unrecht eingeleitetes Ermittlungsverfahren zu berichten[4], die bis zur Vernichtung der geschäftlichen Existenz reichen kann. Mancher versteht Presse, Funk und Fernsehen mittlerweile als eine einzige „Industrie (...), die Nachrichten und Schlagzeilen produziert und Informationen nach ihren eigenen Gesetzen aufbereitet und verbreitet".[5] Sorgen von Unternehmensjustiziaren um Gefahren für die Reputation durch verkürzte und vordergründige Darstellung sowie durch mangelhafte Recherche[6] unterstreichen, dass ein falsch verstandenes „Wächteramt" der Presse nicht der Generalprävention dient, sondern wirtschaftliche Tätigkeit und private Lebensführung beeinträchtigen kann.

C. Einfluss von Presse, Funk und Fernsehen auf die Justiz

42.9 Die sachliche und persönliche Unabhängigkeit der **Richter** wird von der deutschen Verfassung in einem Höchstmaß garantiert.[7] Dennoch hat bereits der Rechtstheoretiker *Rüthers* den einschlägigen Art. 97 Abs. 1 GG folgendermaßen erweitert: „Die Richter sind unabhängig, nur dem Gesetz und dem Zeitgeist unterworfen."[8] Urteilsfinder sind offenbar gegen Einflüsterungen ihres Umfeldes, wie sie heutzutage nicht zuletzt von den Medien transportiert werden,

---

1 *Jahn*, NJW 2009, 3344; *Jahn*, EWiR 2009, 413 (zu „Fraport/Manila", BGH v. 3.2.2009 – VI ZR 36/07, ZIP 2009, 765); so auch im Fall „Grässlin/Schrempp", BGH v. 22.9.2009 – VI ZR 19/08, ZIP 2009, 2152. Vgl. *G. Müller*, ZRP 2009, 189 f.; *Ladeur*, AfP 2009, 446, 447.
2 *K.-H. Groß* in FS Hanack, S. 51.
3 *Kepplinger*, S. 107 ff., 127 ff. m.w.N.
4 So *Ulsamer* in FS Jauch, S. 221, 224 ff. eindringlich aus Sicht eines Bundesrichters angesichts eines freilich vielschichtigen Falls.
5 *Wohlers*, StV 2005, 186, 187 f. unter ausdrücklicher Einbeziehung der „seriösen" Medien.
6 Tagungsbericht bei *Immenga/Schwintowski/Kollmorgen*, S. 69.
7 Im Vergleich zu früher (dazu *Lamprecht*, S. 47) reicht sie heute bis zur „Mimosenhaftigkeit" (S. 162); *Wagner*, Ende ..., S. 47 ff. und 64 ff.
8 *Rüthers*, S. 188; vgl. S. 34 ff.

nicht gänzlich immun.¹ Durch „Neue Medien" und Multimediadienste hat die Zahl der Kanäle, auf denen Informationen und Wertungen an die Justizjuristen herandringen können, noch einmal deutlich zugenommen.²

Abstrakte Überlegungen postulieren deshalb einen „verheerenden" Einfluss der Medien auf das Strafverfahren.³ Systematische empirische Untersuchungen sind demgegenüber spärlich.⁴ In der Wirtschaft scheint unter Justiziaren dennoch die feste Überzeugung zu bestehen, dass die Beeinflussbarkeit der Richterschaft ein Faktum sei⁵; ebenso in der Anwaltschaft.⁶ Einige wenige **Befragungen** von Einzelpersonen insbesondere aus der Strafjustiz gelangen zu der differenzierten Schlussfolgerung, dass Berufsrichter (womöglich anders als Schöffen⁷, die deshalb im angelsächsischen Rechtskreis systematisch abgeschottet werden⁸) zwar in ihrem Verhandlungs- (und Kleidungs-)stil und wohl auch bei der Verhängung des Strafmaßes, nicht jedoch hinsichtlich des Schuldspruchs beeinflussbar sind.⁹

42.10

---

1 Und sollten dies in einer Demokratie vielleicht auch gar nicht sein. Vgl. *Gerhardt/Kepplinger/Zerback*. Deutlich skeptischer hingegen *Holzinger/Wolff*, S. 80 ff., 82; *Bernsmann/Gatzweiler*, Rz. 1114. Zu weitgehend *Cappel*, S. 100 („auffällig, dass bereits im Vorfeld der Urteile […] über die Medien die Richtung des Verfahrens bestimmt wurde"). Vgl. *Boehme-Neßler*, ZRP 2009, 228. Zu einer einstweiligen Verfügung gegen eine Berichterstattung von Spiegel Online über den Gesundheitszustands eines mittlerweile verstorbenen Unternehmers *Ürük*, www.meedia.de, 7.5.2015.
2 So hat die Illustrierte Manager-Magazin die Hauptverhandlung im „Mannesmann-Prozess" mit Wortberichten im Internet durch eigene Redakteure begleitet. Ebenso gab es dazu ein aktuelles Webforum u.a. von Jurastudenten. Zur Unberechenbarkeit dieser in „Echtzeit" verlaufenden Kommunikation in einer Grenzzone zwischen Bürger- und Profijournalismus *Brunowsky/Oltmanns*, S. 101 ff.
3 *Hassemer* in Oehler, S. 62; vgl. S. 68 ff. Das vielfach verbreitete Sündenregister über die Presse, das dieser sich jedoch nicht zu Eigen macht, lautet: Ignoranz, Sensationslust, Vorverurteilung, Übergriffe in Persönlichkeitsrechte durch identifizierende Berichterstattung (S. 67 f.). Vgl. *Geerds* in FS Oehler, S. 432; *Roxin*, NStZ 1991, 153, 153 und 158 f.
4 Kritisch *Roxin*, NStZ 1991, 153; jedoch *Gerhardt*, ZRP 2009, 247; *Kepplinger/Zerback*, Publizistik 2009, 216. Sehr umfassend *M. Meyer*, S. 75 ff., 164 ff.
5 Tagungsbericht bei *Immenga/Schwintowski/Kollmorgen*, S. 67.
6 *Dahs*, Rz. 100, warnt – auch angesichts des Einflusses auf Zeugen und weitere Prozessbeteiligte – vor „Rufmord"; ebenso aus kriminologischer Sicht *Geerds* in FS Oehler, S. 429 f.; *Hamm*, Große Strafprozesse …, S. 24 ff., 64 ff. Ohne Wertung *Prinz* in Prinz/Peters, Medienrecht im Wandel, S. 245.
7 So auch der Verdacht eines staatsanwaltschaftlichen Pressesprechers, ebenso mit Blick auf Zeugen (*Ziehe*, dpa 17.8.2010).
8 Statt aller *Huber*, StV 2005, 181; hinzu kommt das Verbot des „contempt of court". Dennoch warnt vor dortiger Medienmacht *Mauz*, S. 227 ff., 237 ff. Mit Blick auf die Berufsrichter verneint *F.-A. Jahn* in Oehler, S. 13 ff. einen Reformbedarf in Deutschland. Zur Beziehung zwischen Justiz und Öffentlichkeit in der „Medien- und Meinungsdemokratie" *Lamprecht*, S. 53 f.
9 *Gerhardt* in Oehler, S. 19 ff. mit einer Fülle von Beispielen (S. 32 ff.), S. 42 ff.; *Wagner*, Strafprozessführung …, S. 87 ff., 94 ff. Vgl. *Koppenhöfer*, StV 2005, 172, 173 f.; *Bachl*, StV 2005, 174; *Ulsamer* in FS Jauch, S. 227 f.; aus Sicht des Deutschen Richterbundes *Arenhövel*, ZRP 2004, 61 f.; aus staatsanwaltlicher Perspektive *Becker-Toussaint* in Strafverteidigervereinigungen, S. 248. Zum „Notbehelf" einer Umfrage bei Verbänden von Medien- und Justizberufen griff 1984 das Bundesjustizministerium (*F.-A. Jahn* in Oehler, S. 6). Zur Psychologie von Unbefangenheit, Vorverständnis und Voreingenommenheit bei Urteilsfindern *Lamprecht*, S. 172 ff., 245 sowie *Roxin*, NStZ 1991, 153, 157 f., der für die Hauptverhandlung sowie gegenüber Staatsanwälten auf die Befangenheitsregelungen hinweist (S. 158 f.). Vgl. *Schmitt/Gerhardt*, ZRP 2011, 220 ff.; *Neumann*, DRiZ 2012, 69; aus nachhaltiger eigener Erfahrung als früherer Tatrichter im „Falk-Prozess" *Berger*, DRiZ 2012, 70 ff. und „Der Spiegel" 21/2008, S. 98 ff.; *Müller-Horn*, DRiZ 2012, 81 f.

42.11 Eher als Rechtsprecher stellen **Strafverfolger**, die zudem einer behördeninternen Hierarchie bis hin zum jeweiligen Landesjustizminister unterworfen sind, Opportunitätserwägungen mit Blick auf die veröffentlichte Meinung an. Wer eine Strafanzeige erstattet, wird deshalb mit umso größerer Wahrscheinlichkeit die Staatsanwaltschaft zum Einschreiten bewegen (auch wenn es sich dabei womöglich nur um ein Lippenbekenntnis zur Aufnahme von Ermittlungen handelt oder gar nur zu so genannten Vorermittlungen, also der Prüfung, ob überhaupt ein Anfangsverdacht steht), wenn er die Medien zu einem Bericht über seinen Vorstoß bewegen kann. Strafverfolgern wird dadurch überdies eine – jedenfalls schnelle – Einstellung des Verfahrens insbesondere wegen geringer Bedeutung (§§ 153, 153a StPO)[1] erschwert. Dies gilt generell für die Zustimmung zu diskreten Beendigungsformen wie einer Einstellung gegen Geldauflage oder der Verhängung eines Strafbefehls. Bekenntnissen von Behördeninsidern zufolge verüben manche Polizeibeamte oder Ankläger sogar gezielte Indiskretionen gegenüber der Presse, um gegenüber ihren Vorgesetzten oder der aus der Politik stammenden Ministerialführung Argumente gegen ein „Niederschlagen" von Ermittlungen (oder für ein Vorgehen gegenüber prominenten Verdächtigen mit hoher Beschwerdemacht) zu schaffen.[2]

D. Instrumentalisierung durch Anklage, Verteidigung oder Gegenpartei

42.12 Journalisten ist es freilich nicht unvertraut, dass Informanten sie für eigene Zwecke einspannen wollen.[3] Denn oft ist es nicht bloße Eitelkeit oder Geltungssucht, wenn jemand in die Zeitungen, den Hörfunk oder das Fernsehen drängt[4], sondern stecken handfeste **Interessen** dahinter. Wenn Medien sich wissentlich (oder unwissentlich) darauf einlassen, ist dies nicht per se verwerflich – sind sie doch Mittler in der öffentlichen Debatte und beim gesellschaftlichen Nachrichtenaustausch. Insofern sind sie auch in Aufsehen erregenden Strafprozessen Verbindungsglied zwischen den Bürgern einerseits und Gerichten, Anklägern sowie Verteidigern und Angeklagten andererseits. Redakteure und Reporter dürfen dabei durchaus die Identität eines Hinweisgebers für sich behalten.[5] Sie müssen jedoch darauf achten, dass sie sich nicht in eine einseitige Berichterstattung hineindrängen oder sich selbst manipulieren lassen, sondern den Mediennutzern stets auch die Kehrseite der Medaille präsentieren. Dieses Prinzip des „audiatur et altera pars" verbindet gewissenhafte Juristen und verantwortungsbewusste Journalisten.

42.13 Als Transmissionsriemen zur Bevölkerung verstehen Rechtsanwälte heutzutage die Presse genauso, wie Staatsanwälte und Richter dies tun. Verteidiger und Ankläger schielen dabei stets

---

1 Selbst eine Einstellung wegen mangelnden Tatverdachts (§ 170 Abs. 2 StPO) erschwert sieht *K.-H. Groß* in FS Hanack, S. 41.
2 *Tilmann*, StV 2005, 175 f.; *Becker-Toussaint* in Strafverteidigervereinigungen, S. 245 f., vgl. S. 242 f.; *Wagner*, Strafprozessführung ..., S. 62 f. Zur möglichen Manipulation von Zuständigkeiten und dem Vorermittlungsverfahren *Marxen*, JZ 2000, 294, 295; zum offenbar positiven Einfluss in der Parteispendenaffäre *Lamprecht*, S. 124 f.
3 Das umgekehrte Phänomen findet sich allerdings gleichfalls. So berichtete u.a. die Frankfurter Rundschau (online, 28.7.2010) über das womöglich übergriffige Verhalten einer Redakteurin der „Zeit", die dem Strafverteidiger eines prominenten Angeklagten nahegelegt haben soll, einen bestimmten (ihr publizistisch eng verbundenen) Anwalt in die Verteidigung einzubinden, damit sie in deren Sinne berichte.
4 Zum „Narzissmus" insbesondere vor der Kamera *Hamm*, Vom Umgang ..., S. 144 f.
5 Anders als Anwälte oder Ärzte sind sie dazu zwar nicht unter Strafandrohung verpflichtet (wiewohl durch den Pressekodex Nr. 5 dazu angehalten), besitzen jedoch u.a. in Strafverfahren ein Zeugnisverweigerungsrecht (§ 53 Abs. 1 Nr. 5 StPO).

auch auf die richterlichen Entscheidungsfinder. Der Versuch, die journalistischen Berichterstatter für eigene Zwecke einzuspannen – und sei es nur zur Förderung der persönlichen Karriere –, findet sich auf **beiden** Seiten. Die Anklagebehörden haben dabei in den vergangenen Jahren an Professionalität aufgeholt[1], jedoch nicht mit der Anwaltschaft[2] gleich gezogen.[3] Anlegeranwälte nutzen mitunter Staatsanwaltschaften und Medien, um über diese beiden Hebel zivilrechtliche Forderungen besser durchsetzen zu können.[4] Auch das Institut der Nebenintervention im Zivil- oder Arbeitsrechtsprozess wird von Beteiligten genutzt, um Kenntnisse oder Dokumente zu erlangen und diese dann gezielt an Medien zu streuen.

Bemerkenswert war überdies die Schlachtordnung in der Siemens-Korruptionsaffäre, in der ehemalige Vorstände die Quelle andauernder Indiskretionen in Zeitungen über die gegen sie laufenden Untersuchungen im (neuen) Aufsichtsrat vermuteten – und dies keineswegs nur auf der sonst (zu Recht) als „übliche Verdächtige" geltenden Arbeitnehmerbank. Ähnlich wurde gemutmaßt, dass der „Daten- und Spitzelskandal" der Deutschen Bank AG nur wegen des Machtkampfs zwischen Vorstand und Aufsichtsrat publik gemacht wurde. Auch durfte man als Berichterstatter in der Dauerfehde zwischen dem zwischenzeitlich verstorbenen Medienunternehmer *Kirch* und der Deutschen Bank[5] erleben, dass ein namhafter Anwalt triumphierend persönlich die Vergabe eines Js-Aktenzeichens durch die Staatsanwaltschaft mitteilt; ein in Wirklichkeit nichtssagendes Detail, da die Schwelle eines Anfangsverdachts außerordentlich niedrig liegt.[6] Auf einzelne Hintergedanken, Motive und Mechanismen der unterschiedlichen Beteiligten wird im Folgenden im Zusammenhang mit der Nutzung der jeweils möglichen rechtlichen Strategien weiter eingegangen (s. Rz. 42.18 ff.).

E. Krisenmanagement

Das Bild eines Managers oder seines Unternehmens droht durch jede Klage und durch jedes Strafverfahren angeknackst zu werden. Umso wichtiger ist es, den etwaigen Schaden durch eine angemessene **Presse-/Medienarbeit** zu begrenzen. Dazu gehört, aktiv, unermüdlich und gleichsam mit Engelsgeduld, aber auch wohldosiert den zeitgestressten und häufig we-

42.14

---

1 Und haben nach eigenem Bekunden gelernt, dass sie mitunter mit personeller Verstärkung belohnt werden, nachdem sie sich von den Medien „zum Jagen tragen" ließen (*Becker-Touissant* in Strafverteidigervereinigungen, S. 242 f.); *Selbach*, prmagazin 6/2008, 44 ff.; *Trüg*, NJW 2011, 1040 ff.; *Gounalakis*, NJW 2012, 1473 ff.; *Wegner* in FS Achenbach, S. 579 ff.
2 Zur gezielten Instrumentalisierung der Medien durch die Verteidigung in der „VW-Rotlichtaffäre" umfassend *Schuster/Kluczniok*, S. 34 ff.
3 Ähnlich *Schaefer*, S. 635 f.
4 *Holzinger/Wolff*, S. 198 ff., lassen geradezu Nötigungstendenzen der neuen Branche der „Litigation PR" insbesondere bei Schadensersatzklagen von astronomischer Dimension erkennen, bieten aber auch (erstmalig im deutschsprachigen Raum) erhellende Einblicke. Zu deren Methoden u.a. bei Schadensersatzklagen wegen verloren gegangener Zinswetten von Mittelständlern und Kommunen („Spread Ladder Swaps") vor allem der Deutschen Bank *Wieduwilt*, Unternehmensjurist 1/2011, 38 ff. Werblich die PR-Branche überhöhend ferner *Sieber/Konrad*, Deutscher AnwaltSpiegel, 26.6.2013, S. 15 ff.; vgl. *Wagner*, Vorsicht ..., S. 149 ff. Zu „Strohmann-Konstellationen" bei der Einsicht in Ermittlungsakten durch Pressevertreter, wie sie bei investigativen Recherchen tatsächlich vorkommen, *Lindner*, S. 216.
5 Die bezeichnenderweise durch ein Fernsehinterview eines führenden Bankmanagers ausgelöst wurde.
6 *Schaefer*, S. 630 ff.; daher auch die gut gemeinte, mitunter freilich überstrapazierte Differenzierung zwischen „Vorermittlungen" und (echten) „Ermittlungen". Zur schonenderen Eintragung als „AR-" statt „Js"-Sache S. 633.

nig sachkundigen Medienvertretern aus der eigenen Perspektive den wirklichen Sachverhalt und die Rechtslage zu erklären.[1] Notfalls kann sich die Einschaltung einer PR-Agentur oder eines „Spin-Doktors"[2] empfehlen; hauseigenen Kräfte dürften mit echten Krisensituationen nicht hinreichend vertraut und zudem etwas „betriebsblind" sein.[3] Wichtig ist dabei, nicht durch eine zugeknöpfte oder gar aggressiv-abwehrende Informationspolitik Misstrauen oder womöglich sogar Trotz zu schüren. Organisatorisch sollten Unternehmen für ein etwa notwendig werdendes Krisenmanagement präpariert sein, etwa durch Erarbeitung eines Notfallhandbuchs und regelmäßige Auffrischungsübungen unter Einbeziehung sogar beispielsweise der Pförtner. Im Ernstfall sollte eine „Task Force" in Aktion treten und u.a. frühzeitig Entlastungsmaterial sichern.[4]

42.15 Inhaltlich lassen sich drei unterschiedliche **Verteidigungsstrategien** umschreiben: Schuldbekenntnisse, Selbstrechtfertigungen und Dementis.[5] Aus deren empirischer Untersuchung ergeben sich freilich keine klaren Handlungsempfehlungen. So haben den geringsten Erfolg auf ein „Überleben" jene Politiker, die sich in einer „Affäre" (sofort oder später) zu den gegen sie erhobenen Vorwürfen bekennen; dies mag aber auch an der dementsprechenden Eindeutigkeit des zugrunde liegenden Sachverhalts liegen. Wer sich hingegen glaubhaft rechtfertigen kann, besitzt eine realistische Chance zum Durchstehen des „Skandals"! Unternehmen scheint es aus Sicht von Kommunikationswissenschaftlern allerdings in einer solchen Lage meist an der notwendigen Gelassenheit zu fehlen.[6] Führungskräfte aus Wirtschaft und Verwaltung neigen wiederum mehrheitlich (und noch stärker als Politiker) dazu, bei der Verletzung ihrer Persönlichkeitsrechte die Sache auf sich beruhen zu lassen. Denn ein intensives Ohnmachtsgefühl gegenüber den Medien lässt die meisten Betroffenen darauf verzichten, diesen gegenüber ihre Rechte wahrzunehmen.

---

1 Ausführlich *Schulz-Bruhdoel/Fürstenau*, S. 359 ff. und *Möhrle*, S. 11 ff. (insbesondere zu Compliance-Fällen und mit kurzem Blick auf „Diesel-Gate"); *Unverzagt/Gips*, S. 319 ff.
2 Ggf. sogar durch einen Rechtsanwalt (*Ottenstahl* in Möhrle, S. 61, nur in der Erstaufl.). Zur Rolle des Verteidigers *Taschke*, StV 2007, 495, 497 f. Kritisch zu „Edel-Beratern" mit Tagessätzen von bis zu 5000 Euro *Findig* (volles Pseudonym: Spitz Findig), Wirtschaftsjournalist 6/2010, 36 f. Mit der Einschätzung als „Scharlatanerie" lässt sich ein namhafter Strafverteidiger zitieren (*Wilke*, Juve Rechtsmarkt 8/2013, 62 ff., 66). Differenziert *Heine*, S. 202 ff., 261 ff. Zu Litigation-PR als möglichem Revisionsgrund *Boehme-Neßler*, StraFo 2010, 456 ff.
3 Die „proaktiven" Kontakte der Pressestelle des Unternehmens eines Hauptangeklagten und seiner Verteidiger zu den Medien stießen im „Mannesmann-Prozess" freilich mitunter auf skeptische Beachtung (Süddeutsche Zeitung vom 21.7.2004, S. 2, und 29.4.2004, S. 19); vgl. *Jahn*, ZRP 2004, 179, 180. Aus Verteidigersicht nennt *Schiller*, StV 2005, 176, 177 die „nachhaltig prägende Einflussnahme des betroffenen Unternehmens" auf die Medienarbeit der Verteidigung „eindrucksvoll". Deren Pressestellen legen *Alexander/Winkelbauer* generell die Devise „Weniger ist mehr" nahe, welche ihnen der Strafverteidiger in seiner Rolle als „Krisenmanager" empfehlen möge (in Müller-Gugenberger, § 16 Rz. 14). Skeptisch *Salditt* in Volk, § 8 Rz. 32 f. Zu Rechtsrisiken von Pressestellen *Jahn* in Hauschka, § 40 Rz. 3 ff., zur Krisenbewältigung Rz. 25 f. sowie *Brunowsky/Oltmanns*, S. 115 ff.
4 *Lehr* in Widmaier/Müller/Schlothauer, § 21 Rz. 95 ff.
5 *Kepplinger*, S. 139 ff. m.w.N.
6 Vorbildlich insofern der führende Bankenverband, der einen neuen – und am Ende freigesprochenen – Hauptgeschäftsführer trotz voller Kenntnis des damals gegen ihn laufenden öffentlichkeitswirksamen Strafverfahrens einstellte.

Tatsächlich dürften aus taktischen Gründen nur im Extremfall rechtliche **Maßnahmen** gegen 42.16
einzelne Presseorgane[1] (s. Rz. 42.18 ff.) oder – in Strafverfahren – gegen Behörden angebracht
sein (s. Rz. 42.34 ff., 42.41). Unter besonderen Umständen haben Vorstände und Aufsichtsräte
auch gut daran getan, „ohne Anerkenntnis einer Rechtspflicht" ihr Amt niederzulegen, um ihr
Unternehmen und sich selbst aus den Schlagzeilen zu bringen.[2] Ethisch fragwürdig und in seiner Wirkung gänzlich unkalkulierbar ist ein nicht ganz selten anzutreffender Anzeigenboykott
durch von unerwünschter Berichterstattung betroffene Unternehmen.[3]

F. Grenzen der Berichterstattung

I. Rechtliche Schranken und taktische Erwägungen

Die Medien stehen, wenngleich mitunter als „Vierte Gewalt" apostrophiert,[4] selbstverständ- 42.17
lich nicht außerhalb der Rechtsordnung.[5] Im Gegenteil: Betroffenen von Falsch- oder krasser Tendenzberichterstattung steht ein ganzes Register an **Abwehrmöglichkeiten** zur Verfügung.[6] So kann das jeweilige Presseunternehmen auf Gegendarstellung, Unterlassung und
Berichtigung[7] in Anspruch genommen werden; hinzu tritt die Möglichkeit von Forderungen
auf Schadensersatz und Geldentschädigung (entspricht dem sonstigen Schmerzensgeld).[8]
Dem zuständigen Redakteur oder Reporter droht des Weiteren eine strafrechtliche Verfolgung wegen Beleidigung, übler Nachrede oder Verleumdung. Schließlich könnte der Verfasser eines inkriminierten Artikels (womöglich gleichfalls sein Ressortleiter oder der Impressumsverantwortliche sowie der gegenlesende Redakteur, den es bei Qualitätszeitungen im
Sinne des Vier-Augen-Prinzips auch in der tagesaktuellen Produktion stets gibt) mit arbeits-

---

1 Vgl. *Schulz-Bruhdoel/Fürstenau*, S. 365 f. zu einigen weniger empfehlenswerten Kommunikationsstrategien.
2 Was allerdings bei ungekürzt fortlaufenden Bezügen und Unschuldsbeteuerungen, die durch belastende Indizien konterkariert werden, als halbherzig oder gar verlogen erscheinen kann.
3 Dazu *Wiegand*, Wirtschaftsjournalist 4/2014, 31 ff.
4 Dazu *Ulsamer* in FS Jauch, S. 223.
5 Gute Zusammenfassung zum Spannungsverhältnis von Justiz und Medien bei *B.-D. Meier* in FS Schreiber, S. 331 ff.; auch *Hassemer* in Oehler, S. 71; *Hörisch*, StV 2005, 151 ff.; *Prinz* in Prinz/Peters, Medienrecht im Wandel, S. 251; *Wessing II* in Volk, § 11 Rz. 75; *Lehr* in Widmaier/Müller/Schlothauer, § 21 Rz. 1 ff.
6 So auch *Lehr* in Widmaier/Müller/Schlothauer, § 21 Rz. 6 ff., insbesondere bei „vorverurteilenden Äußerungsexzessen" der Ermittler (Rz. 25), und 76 ff. Skeptischer zu den Rechtsschutzmöglichkeiten Präjudizierungsbetroffener, nicht zuletzt wegen der Kostenrisiken, *C.-H. Soehring*, S. 117 f., 238 f. und passim. I.d.R. gegen Strafantrag, Widerrufs- und Schadensersatzklagen, statt dessen eher für Gegendarstellungs- und Unterlassungsbegehren einschließlich einer flankierenden „presserechtlichen Krisenbewältigung" sowie ein „medienrechtliches Krisenmanagement" plädiert *Dahs*, Rz. 105 ff. Eine „Unterrepräsentation" des Ehrschutzes beklagt insofern auch *Dierlamm* in Wabnitz/Janovsky, 29. Kap. Rz. 16 f. Für ausreichend hält die normativen Instrumentarien *Hassemer* in Oehler, S. 68; ähnlich *Roxin*, NStZ 1991, 153, 157. Gegen presse- wie strafrechtliches Vorgehen jedenfalls im Zwischenverfahren *Wehnert* in Widmaier/Müller/Schlothauer, § 5 Rz. 32. Einschüchterungsversuche durch Medienanwälte beklagen Interviewpartner etwa von SZ und „Der Spiegel" in *Wiegand*, Wirtschaftsjournalist 2/2012, 11 ff.
7 Durch Widerruf oder Richtigstellung; die Terminologie ist uneinheitlich (*Prinz/Peters*, MedienR, Rz. 673; *Rehbock*, Rz. 257).
8 Dies kann für ein Medienunternehmen bei einer Anknüpfungsmöglichkeit an einen angelsächsischen Gerichtsstand besonders heikel sein. – Im Folgenden werden nur die Rechtsfolgen unzulässiger Wort-, nicht Bildberichterstattung behandelt.

rechtlichen Konsequenzen zu rechnen haben (wiewohl dies nicht von Außenstehenden durchgesetzt werden kann). Rechtliche Grenzen haben bei ihrer Öffentlichkeitsarbeit schließlich auch die Strafverfolgungsbehörden, die Verteidiger sowie – in Zivilstreitigkeiten – die Gegenseite zu beachten.

1. Medien
a) Zivilrecht
aa) Gegendarstellung

42.18 Der Gegendarstellung[1] haftet gelegentlich der Ruf an, ein eher kraftloses Mittel der Gegenwehr zu sein. Verkannt wird dabei, dass der Gesetzgeber sie in den Landespressegesetzen einheitlich schlagkräftig ausgestattet hat, weil er durch sie Waffengleichheit[2] schaffen wollte. Wer sich in Medien unzutreffenden **Tatsachenbehauptungen** ausgesetzt sieht, soll dadurch nämlich die Möglichkeit erhalten, schnell und ohne nennenswerte Hürden seine eigene Sichtweise dagegen zu setzen. Die Wahrheit seiner eigenen Äußerung ist deshalb ausdrücklich keine Anspruchsvoraussetzung. Ausgenommen sind nur Gegendarstellungen, die offensichtlich unwahr sind[3], Marginalien betreffen[4], „geschwätzig" sein[5] oder ihrerseits rechtswidrigen Charakter haben.[6] Die Veröffentlichung muss in gleichwertiger Größe und Platzierung erscheinen[7], und zwar schnell.[8] Sie darf nicht durch Glossierungen in einem an sich zulässigen „Redaktionsschwanz", in welchem die Zeitung ihre Leser insbesondere auf die weit gehende Rechtspflicht zum Abdruck und ihr Festhalten an ihrer eigenen Darstellung hinweisen kann, entwertet werden.[9] Zur gerichtlichen Durchsetzung dient nahezu ausschließlich, obwohl selbige angesichts der relativ eindeutigen Rechtslage theoretisch nur selten notwendig sein sollte, das zivilprozessuale Eilverfahren, also der Weg der einstweiligen Verfügung.[10] In der Regel findet deshalb also nicht einmal eine mündliche Verhandlung statt; Medien können sich allenfalls mit einer vorsorglich bei Gericht hinterlegten Schutzschrift verteidigen.[11]

42.19 Gegendarstellungen gegen **Meinungsäußerungen** einer Redaktion sind freilich nicht zulässig. Deren Rechtsvertreter werden daher im Streitfall zumeist versuchen, angegriffene Formulierungen jedenfalls insgesamt als Wertungen einzustufen. Die formalen bzw. prozeduralen Voraussetzungen an die Geltendmachung eines Gegendarstellungsbegehrens sind auf

---

1 Ausführlich *Soehring/Hoene*, § 29 Rz. 1 ff.; *Lehr* in Widmaier/Müller/Schlothauer, § 21 Rz. 104 ff.
2 Kritisch zu dieser „martialischen" Herleitung *Petersen*, § 7 Rz. 1; vgl. *Prinz/Peters*, MedienR, Rz. 442; zur verfassungsrechtlichen Anknüpfung *Rehbock*, Rz. 149.
3 *Prinz/Peters*, MedienR, Rz. 554 ff.
4 Vgl. statt aller: § 11 Abs. 2 lit. a Landespressegesetz von Nordrhein-Westfalen; dem BGH zufolge ähnlich beim Unterlassungsanspruch (*Jahn*, EWiR 2006, 167). Die Pressegesetze der Länder sind auf Grund eines Modellentwurfs weitgehend einheitlich.
5 *Soehring/Hoene*, § 29 Rz. 25 f.
6 *Prinz/Peters*, MedienR, Rz. 551 f.
7 *Prinz/Peters*, MedienR, Rz. 649 ff. Wie fragwürdig dieser Anspruch gelegentlich „erfüllt" wird, lässt sich an einer in Mikroschrift an versteckter Stelle abgedruckten Gegendarstellung im Handelsblatt vom 24.3.2016, S. 5 im Fall einer US-Bank besichtigen. Ganz ähnlich Handelsblatt, 24.7.2014, S. 5, was der betroffene Versicherungs- und Bausparkonzern mit einer eigenen Pressemitteilung begleitete, die er über die für Versender kostenpflichtige dpa-Tochterfirma „ots" verbreiten ließ.
8 *Rehbock*, Rz. 150.
9 *Rehbock*, Rz. 191 ff.; vgl. *Ricker/Weberling*, 27. Kap. Rz. 8; *Prinz/Peters*, MedienR, Rz. 657 f.
10 *Rehbock*, Rz. 196.
11 *Rehbock*, Rz. 179; *Lehr* in Widmaier/Müller/Schlothauer, § 21 Rz. 90 ff.

Grund regional unterschiedlicher Rechtsprechung zu den Landespressegesetzen[1] indes ein wenig zu fehlerträchtig und sollten daher vom Gesetzgeber vereinfacht werden.[2] In Grenzfällen wird in der Praxis mitunter auf dem Kompromisswege ein Leserbrief veröffentlicht, der dann naturgemäß auch eigene Wertungen des Einsenders enthalten kann. Nicht ungewöhnlich ist auch eine verkappte Korrektur in einem alsbald erscheinenden, positiv gefärbten und journalistisch gar nicht veranlassten Bericht. Wer einen Anspruch auf eine Gegendarstellung hat, braucht sich jedoch nicht auf diese doch recht versteckt gelegenen „Hintertüren" verweisen zu lassen.[3]

bb) Unterlassung

Unter taktischen Aspekten ist freilich stets abzuwägen, ob es in Einzelfällen sinnvoller sein mag, auf eine Gegendarstellung zu verzichten, damit nicht auf diese Weise abermals die unerwünschten Äußerungen – wenngleich nun ex negativo formuliert – verbreitet werden. Zudem gibt es voreingenommene Leserkreise, die das Erscheinen einer Gegendarstellung automatisch und unhinterfragt als Bestätigung eines vermeintlich investigativen Journalismus[4] und damit des angegriffenen Zeitungsartikels sehen. Stattdessen kann sich daher als **„milderes Mittel"**, das in der Tat sehr häufig angewandt wird, die Geltendmachung eines Unterlassungsanspruchs[5] anbieten.[6]

42.20

Der Betroffene verlangt dann von dem fraglichen Medium, dass es sich unter Strafbewehrung dazu verpflichtet, bestimmte Aussagen nicht zu **wiederholen**.[7] Dies baut zugleich dem Presseorgan eine „goldene Brücke", weil es damit ggf. nicht in den Ruf gerät, einen Fehler begangen zu haben. Umgekehrt kann der Verletzte die Unterlassungsverpflichtungserklärung aber auch selbst öffentlich machen oder im beruflichen oder privaten Umfeld zur eigenen „Rehabilitierung" nutzen. Auf „Nebenkriegsschauplätzen" verbaut sich eine Redaktion zudem durch Abgabe einer derartigen Erklärung keine nennenswerten Möglichkeiten der Berichterstattung (zumal sie mit dem Vorbehalt kombiniert werden kann, bei maßgeblicher Änderung der Nachrichtenlage erneut in die Berichterstattung einzusteigen).

42.21

Und schließlich wird das durchaus symbiotische Verhältnis eines Unternehmens oder eines Managers, die nun einmal normalerweise ebenso von regelmäßigen Pressekontakten profitieren wie die Medien, zu dem betreffenden Blatt oder Sender dadurch weniger belastet. Im hauseigenen Archiv wird dann, sofern es fachgerecht organisiert ist, ein entsprechender Hinweis gespeichert, damit sich die falsche Angabe später nicht erneut in die Berichterstattung einschleicht.

42.22

---

1 *Rehbock*, Rz. 152; *Prinz/Peters*, MedienR, Rz. 454.
2 Kritisch zu dem in der Praxis freilich abgemilderten „Alles-oder-nichts-Prinzip" *Prinz/Peters*, MedienR, Rz. 447, 450.
3 Zumal stets eine Gefahr der Bemakelung und Stigmatisierung nach der Volksweisheit „semper aliquid haeret" besteht.
4 Wofür in etlichen Zeitungsredaktionen mittlerweile spezielle Ressorts geschaffen wurden.
5 Ausführlich *Soehring/Hoene*, § 30 Rz. 1 ff.
6 Für höherwertig hält diesen auch – insbesondere bei „Kampagnen" im „Enthüllungsjournalismus" – *Lehr* in Widmaier/Müller/Schlothauer, § 21 Rz. 81 ff.
7 Zur analogen Herleitung dieses quasi-negatorischen Anspruchs aus §§ 12, 823 ff., 862, 1004 BGB sowie zu den Einzelheiten von Umfang und Durchsetzung *Ricker/Weberling*, 44. Kap. Rz. 1a ff.; *Rehbock*, Rz. 211 ff.; *Prinz/Peters*, MedienR, Rz. 303 ff.

42.23 Ein Unterlassungsanspruch gegen Verlage oder Rundfunkveranstalter kann isoliert oder kumulativ geltend gemacht werden. Prozesstaktisch günstig für Antragsteller und Kläger ist hierbei der „fliegende Gerichtsstand" (§ 32 ZPO), der diesen die nahezu beliebige Wahl eines als besonders pressekritisch bzw. „persönlichkeitsrechtsgeneigt" geltenden Gerichts ermöglicht.[1] Freilich will gründlich überlegt sein, ob man wirklich auf ein zusätzliches Begehren von Gegendarstellung oder Berichtigung verzichten will. Denn es besteht die Gefahr, dass sich falsche Angaben wie bei einem „weiterfressenden Schaden" in Berichten anderer Medien **fortpflanzen**. Ein Verzicht auf ein nach außen hin sichtbares Vorgehen kann darüber hinaus das betreffende Presseorgan ebenso wie die gesamte Branche dazu verleiten, weiterhin über den Betreffenden allzu leichtfertig Behauptungen zu verbreiten, weil es diesem an Wehrhaftigkeit oder am Willen zur juristischen Verteidigung zu fehlen scheint. Überdies bleibt die Fehlinformation dann mit größerer Wahrscheinlichkeit im Gedächtnis von Mediennutzern hängen.

cc) Berichtigung

42.24 Gegeben ist ein Anspruch auf Berichtigung, Widerruf bzw. Richtigstellung[2] nur gegen unwahre **Tatsachenbehauptungen**. Anders als bei der Gegendarstellung muss deren Unwahrheit feststehen.[3] Dem Schutz der Ehre des Verletzten dient hier das erzwungene öffentliche Bekenntnis eines Mediums, dass seine zuvor aufgestellte Behauptung unwahr ist und nicht mehr aufrechterhalten wird. Ein Verschulden des Behauptenden ist nicht erforderlich, eine Rechtswidrigkeit der ursprünglichen Mitteilung ebenso wenig.[4]

42.25 Qualitätszeitungen sind allerdings ohnehin bereit, auf entsprechenden Hinweis hin eigene Fehler durch eine ausdrückliche **Korrektur** in der nächst folgenden Ausgabe zu bereinigen. Und selbst das größte Boulevardblatt des Landes hat zwischenzeitlich eine regelmäßige Rubrik für Berichtigungen eingerichtet. Dafür mag dessen regelmäßige Beobachtung durch ein Weblog im Internet[5] ein Anlass gewesen sein.

42.26 Insbesondere bei kleineren Fehlern besteht indessen leider bei den meisten deutschen – anders als bei angelsächsischen – Medien eine Neigung, sich nicht offen zu diesen zu bekennen, sondern sie möglichst unter den Teppich zu kehren oder sie in Abstimmung mit dem Objekt der Berichterstattung stillschweigend zu bereinigen. Diese **„Deals"** reichen von einer obiter-dictum-mäßigen Erwähnung des richtigen Sachverhalts in einem Folgeartikel über eine lobende Erwähnung des Betroffenen in einem späteren Bericht bis zum Führen eines ausführlichen Interviews mit der jeweiligen Person (im Sinne der Wiedergutmachung ähnlich dem strafrechtlichen „Täter-Opfer-Ausgleich"), das es sonst nie gegeben hätte (und über dessen Sinn sich manch aufmerksamer Leser wundern mag) – eine obskure Art, den bestehenden Folgenbeseitigungsanspruch zu erfüllen. Doch bereitet das öffentliche „Abschwören" von der eigenen früheren Berichterstattung den Verantwortlichen nun einmal Schmerzen.

---

1 Ablehnend *Jürgens*, NJW 2014, 3061; *Jahn*, EWiR 2009, 413, 414; unentschieden *Dölling*, NJW 2015, 124; vgl. „Köln nimmt alles", „Der Spiegel" 42/2014, 150 ff.
2 Ausführlich *Soehring/Hoene*, § 31 Rz. 1 ff.
3 *Rehbock*, Rz. 258.
4 *Prinz/Peters*, MedienR, Rz. 681 f. Weitere Details zu Umfang und Durchsetzung des Anspruchs bei *Rehbock*, Rz. 257 ff.; *Prinz/Peters*, MedienR, Rz. 673 ff.; *Ricker/Weberling*, 44. Kap. Rz. 16 ff.
5 www.bildblog.de. Ein ähnliches Forum (www.fairpress.biz) wurde sogar vorübergehend von einem früheren Chefredakteur dieses Blattes betrieben.

dd) Schadensersatz/Geldentschädigung

Wer durch eine nicht lege artis betriebene Berichterstattung einen materiellen **Schaden** erleidet, kann Ersatz[1] verlangen. Als Anspruchsgrundlagen kommen dafür in Betracht § 823 Abs. 1 BGB (für Unternehmen das „sonstige Recht" am „eingerichteten und ausgeübten Gewerbebetrieb"), § 823 Abs. 2 BGB i.V.m. der Verletzung eines Schutzgesetzes (z.B. § 185 StGB – in diesen Fällen sind auch Vermögensschäden zu erstatten), § 824 BGB (Kreditgefährdung) sowie § 826 BGB (vorsätzliche sittenwidrige Schädigung). Ein immaterieller Schaden[2] ist gem. § 823 Abs. 1 BGB i.V.m. Art. 2 Abs. 1 GG und Art. 1 Abs. 1 GG durch eine Geldentschädigung – im Presserecht nicht als Schmerzensgeld bezeichnet[3] – zu kompensieren.[4]

42.27

Diese Ansprüche kommen nicht nur in Betracht bei unwahren Tatsachenbehauptungen, sondern auch bei anderen unzulässigen Äußerungen. Dass gerade in der Wirtschaftsberichterstattung – neben Umsatz und Börsenkurs oder Kreditwürdigkeit – sowohl die **Existenz** eines Unternehmens, über das berichtet wird, wie auch die des fraglichen Mediums auf dem Spiel stehen kann, zeigt ein Fall, bei dem nicht einmal der maßgebliche Artikel selbst, sondern die Werbung für die betreffende Ausgabe des ihn publizierenden Magazins für den Zusammenbruch einer Privatbank verantwortlich gemacht wurde.[5]

42.28

b) Strafrecht

Gegen die Urheber negativer Berichterstattung kann unter Umständen mit **strafrechtlichen** Mitteln vorgegangen werden.[6] Die einschlägigen Straftatbestände lauten Beleidigung (§ 185 StGB), üble Nachrede (§ 186 StGB) und Verleumdung (§ 187 StGB). Der Grundtatbestand der Beleidigung erfasst den „Ehrangriff" durch Kundgabe abfälliger Werturteile sowie die Behauptung ehrenrühriger Tatsachen, wenn letztere lediglich gegenüber dem Verletzten erfolgt. Die üble Nachrede und die Verleumdung pönalisieren die rechtswidrige Behauptung und Verbreitung von Tatsachen gegenüber dritten Personen. Dabei stellt die Verleumdung gegenüber der üblen Nachrede die strengere Bestimmung dar: Während der Täter bei § 186 StGB die Wahrheit seiner verächtlichen oder herabwürdigenden Äußerung nur nicht beweisen kann, handelt er bei § 187 StGB sogar wider besseres Wissen.

42.29

Als Qualifizierung zum Schutz vor einer „Vergiftung des politischen Lebens"[7] findet sich eine Bestimmung gegen „Üble Nachrede und Verleumdung gegen Personen des öffentlichen Lebens" (§ 188 StGB). Einen besonderen **Rechtfertigungsgrund** stellt demgegenüber die „Wahrnehmung berechtigter Interessen" (§ 193 StGB) dar. Er verschafft Presse, Rundfunk und Film jedoch keine Sonderstellung, sondern bildet einen speziellen Rechtfertigungsgrund

42.30

---

1 Ausführlich *Soehring/Hoene*, § 32 Rz. 1 ff.
2 Näheres *Petersen*, § 4 Rz. 7 ff.; *Prinz/Peters*, MedienR, Rz. 738 ff.
3 *Ricker/Weberling*, 44. Kap. Rz. 43a; *Soehring/Hoene*, § 32 Rz. 15 ff.
4 Details bei *Rehbock*, Rz. 282 ff.; *Prinz/Peters*, MedienR, Rz. 713 ff. Skeptisch *Geerds* in FS Oehler, S. 442.
5 Die Pressekammer des LG Hamburg sprach in einem später aufgehobenen Urteil gegen die Illustrierte „Focus" dem Geldinstitut Mody-Bank dem Grunde nach Schadensersatz in zweistelliger Millionenhöhe zu (F.A.Z. vom 14.7.1997, S. 26). Zur Einführungswerbung der F.A.S. mit einem Foto des Tennisspielers Boris Becker in einer Nullnummer und einer dafür zu entrichtenden fiktiven Lizenzgebühr BGH v. 29.10.2009 – I ZR 65/07, NJW-RR 2010, 855.
6 Für den Regelfall abratend *Dahs*, Rz. 108; ebenso *Wehnert* in Widmaier/Müller/Schlothauer, § 5 Rz. 32.
7 *Fischer*, § 188 StGB Rz. 1 m.w.N.

für die Beleidigungstatbestände.[1] Demnach ist unter strengen Voraussetzungen – insbesondere nur bei Einhaltung einer erhöhten Sorgfaltspflicht bei der Recherche – eine so genannte Verdachtsberichterstattung unter Namensnennung erlaubt.[2] Nicht angreifbar sind obendrein wahrheitsgetreue Berichte aus Parlamentssitzungen (§ 37 StGB) und Gerichtsverhandlungen (so die Landespressegesetze, z.B. § 11 Abs. 5 Pressegesetz für das Land Nordrhein-Westfalen und § 44 Abs. 6, § 18 Abs. 7 Landesmediengesetz Nordrhein-Westfalen).

42.31 Nur wenigen Journalisten und auch Juristen bekannt ist die – freilich einigermaßen leicht umgehbare[3] – Vorschrift gegen „Verbotene Mitteilungen über **Gerichtsverhandlungen**" (§ 353d StGB). Diese sanktioniert in ihrer Nr. 4 das wörtliche (!) Zitieren wesentlicher[4] Teile einer Anklageschrift (oder vergleichbarer Schriftstücke), solange selbige nicht in öffentlicher Verhandlung erörtert worden sind oder das Verfahren abgeschlossen ist. Eher fern liegen dürften in der Wirtschaftsberichterstattung die Strafnormen gegen „Verunglimpfung des Andenkens Verstorbener" (§ 189 StGB) und der Volksverhetzung (§ 130 StGB), welch letztere „Teile der Bevölkerung" schützt.[5]

42.32 Erforderlich ist bei den Beleidigungsdelikten zumeist ein **Strafantrag** (§ 194 StGB). Betroffene nutzen durch das Einschalten der Strafjustiz nicht nur eine relativ scharfe Waffe, sondern schaffen sich auch eine zusätzliche Gelegenheit, zumindest in den Konkurrenzmedien des Erstmitteilers gebührend zu Wort zu kommen.[6]

2. Strafverfolgungsbehörden

42.33 Strafverfolgungsbehörden – also die Staatsanwaltschaft als „Herrin des Verfahrens" und die von ihr (zumindest nach der Vorstellung des Gesetzgebers) angeleitete Polizei – stehen in einem grundsätzlichen Zwiespalt. Einerseits haben sie den **Auskunftsanspruch** (auch Informationsanspruch genannt) der Medien gegenüber Behörden zu beachten.[7] Dieser erstreckt sich sogar auf von der öffentlichen Hand beherrschte Betriebe in privater Rechtsform.[8] Verfassungsrechtlich fundiert ist er durch die subjektiven Grundrechte der Presse- und Infor-

---

1 *Fischer*, § 193 StGB Rz. 33. Offenbar anders *Ricker/Weberling*, 48. Kap. Rz. 6: „privilegierende Norm" wegen des Grundrechts der Pressefreiheit (Art. 5 Abs. 1 Satz 2 GG), 53. Kap. Rz. 29 ff. Vgl. *Burkhardt* in Wenzel, § 6 Rz. 27 ff. Zur Begehung im Internet („Online-Delikte") *Petersen*, § 17 Rz. 7 ff.
2 Näher *Ricker/Weberling*, 53. Kap. Rz. 39; *Prinz/Peters*, MedienR, Rz. 265 ff.; *Soehring/Hoene*, § 16 Rz. 23 ff., § 17 Rz. 1 ff.; *Fischer*, § 193 StGB Rz. 33 f.; *Burkhardt* in Wenzel, § 6 Rz. 51 ff.; *Lehr* in Widmaier/Müller/Schlothauer, § 21 Rz. 15 ff., 37 ff. und 41 ff.
3 Vgl. *Wagner*, Strafprozessführung ..., S. 97 („heute fast wirkungslos", u.a. wegen des Informantenschutzes bei Verletzungen); *F.-A. Jahn* in Oehler, S. 9; nach *Dahs*, Rz. 99, eine „merkwürdigerweise recht unbekannte" Bestimmung; *Marxen*, JZ 2000, 294, 296; *Geerds* in FS Oehler, S. 440 f.; *Roxin*, NStZ 1991, 153, 155 f., aber 159; *Jahn*, GRUR-Prax 2014, 357.
4 Von der Rechtsprechung wird dieser Einschränkung allerdings wenig Gewicht beigemessen.
5 Allerdings im Zuge der zunehmend thematisierten „Hate-Speech" virulent werden könnte. – Zu den zahlreichen weiteren Normen des Pressestraf- und -ordnungswidrigkeitenrechts *Ricker/Weberling*, 48. Kap. Rz. 8 ff. sowie 49. bis 58. Kap.
6 So der Finanzunternehmer Maschmeyer bereits durch vorbereitende Schritte gegen den NDR (www.faz.net, 22.1.2011).
7 § 4 Abs. 1 in der Nummerierung der meisten Landespressegesetze; *Ricker/Weberling*, 18. Kap. Rz. 1 ff. und 19. Kap. Rz. 1 ff., zur Durchsetzung 22. Kap. Rz. 1 ff.; zur Auswirkung der Informationsfreiheitsgesetze *N. S. Fischer*, S. 237 ff.
8 *Jahn*, EWiR 2005, 485; zuletzt vom BGH bestätigt im „Fall Gelsenwasser" (I ZR 13/16 – noch unveröffentlicht).

mationsfreiheit (Art. 5 Abs. 1 GG), die die Medien wegen ihrer Berichterstattungsaufgabe ebenso schützen wie deren Nutzer und Kunden, die Staatsbürger. Verstärkt wird der Anspruch objektiv durch das Demokratieprinzip (Art. 20 GG) sowie die „Watchdog"-Rechtsprechung des EGMR zu Art. 10 EMRK.[1]

Andererseits haben die staatlichen Behörden „schutzwürdige Interessen" betroffener Privater, insbesondere deren allgemeines **Persönlichkeitsrecht** (Art. 2 Abs. 1 i.V.m. Art. 1 Abs. 1 GG; Art. 8 EMRK; Art. 7 GRCh), ebenso zu wahren wie überwiegende öffentliche Interessen, etwa an der sachgemäßen Durchführung eines laufenden Verfahrens oder bestehende Geheimhaltungsvorschriften.[2] Dazu, inwieweit Staatsanwaltschaften demnach zu Auskünften – womöglich gar unter Nennung des Namens eines Beschuldigten oder zumindest seiner sonstigen Identifizierbarmachung – verpflichtet bzw. berechtigt sind, besteht naturgemäß ein immer währender Streit.[3] 42.34

Eine Extremposition der Anwaltschaft postuliert ein Verbot der Strafverfolger, die Presse zu informieren, bevor der Verteidiger des Beschuldigten Akteneinsicht hatte. Denn aus Gründen der Unschuldsvermutung und des Persönlichkeitsschutzes müsse die Staatsanwaltschaft dem Beschuldigten einen Informationsvorsprung geben.[4] Normativ explizit festgelegt ist der Grundsatz der Nichtnennung des **Namens** in § 23 Abs. 1 Satz 5 der Richtlinien für das Strafverfahren und das Bußgeldverfahren (RiStBV), welche als bundeseinheitlich geltende Verwaltungsvorschriften von den Justizministern von Bund und Ländern erlassen wurden.[5] Freilich 42.35

---

1 Nach std. Rspr. des BVerfG ist eine freie Presse „für die moderne Demokratie unentbehrlich" bzw. „schlechthin konstitutiv" (so etwa im „Spiegel"-Urteil BVerfG v. 5.8.1966 – 1 BvR 568/62 u.a., BVerfGE 20, 162, 174 = NJW 1966, 1603). Dennoch lässt sich der Auskunftsanspruch nicht unmittelbar auf die Medienfreiheiten des GG stützen (*von Coelln*, S. 501 f.). Auch auf das Rechtsstaatsgebot verweist *Prinz* in Prinz/Peters, Medienrecht im Wandel, S. 246 ff. Dazu und zu Art. 10 EMRK *Burkhardt* in Wenzel, § 6 Rz. 1 ff. Exemplarisch zur EMRK: EGMR v. 7.2.2012 – 40660/08, 60641/08, NJW 2012, 1053 (*von Hannover* vs. *Germany* [No. 2]). Zu beachten ist nunmehr überdies Art. 11 GRCh. Zur Kontroverse, ob Medien Auskunftsansprüche zudem auf § 475 Abs. 4 StPO stützen können, ablehnend *Neuling*, StV 2006, 332, 334; befürwortend bereits de lege lata *B.-D. Meier* in FS Schreiber, S. 335.
2 § 4 Abs. 2 der meisten Landespressegesetze; vgl. *Ricker/Weberling*, 20. Kap. Rz. 1 ff.; *von Coelln*, S. 502 f., zu weiteren Schranken wie dem Datenschutz insb. für Staatsanwaltschaften S. 518 f. m.w.N.
3 Dazu, dass die Justiz – jedenfalls die Gerichte – als Konsequenz des Rechtsstaats und der Demokratie sogar eine „Bringschuld gegenüber den Medien" habe, *von Coelln*, S. 512 ff.: „Öffentlichkeitsarbeit ist Verfassungsgebot." (S. 516 f.). Ähnlich *Prinz* in Prinz/Peters, Medienrecht im Wandel, S. 251 ff. für eine umfassende „Justiz-PR" zwecks unverfälschten Informationsflusses. Zur Zunahme ministerialer Presserichtlinien der einzelnen Länder *von Coelln*, S. 515 f.; vgl. *B.-D. Meier* in FS Schreiber, S. 336 ff., 342 und *Schroers*, NJW 1996, 969. Eine „Rechtspflicht" sieht *Wassermann*, S. 153. Dass die rechtlichen Grenzen der Auskunftsrechte von Strafverfolgungsorganen nicht identisch sind mit jenen der Berichterstattungsmöglichkeiten durch die Medien, unterstreicht *B.-D. Meier* in FS Schreiber, S. 333. Aus Richtersicht *Edinger*, DRiZ 2003, A 37.
4 *Kempf*, Nr. 8. Verstärkt wird der Persönlichkeitsschutz durch die rechtsstaatliche Unschuldsvermutung (Art. 20 Abs. 3 GG, Art. 6 Abs. 2 EMRK) und den Grundsatz des „fair trial" (Art. 20 Abs. 3 GG, Art. 6 Abs. 1 Satz 1 EMRK) (*Neuling*, StV 2006, 332, 334 m.w.N.). Hinzu tritt Art. 8 EMRK. Auch zu IPBR und AllgErklMR *C.-H. Soehring*, S. 31 ff.
5 *B.-D. Meier* in FS Schreiber, S. 336 ff.; *F.-A. Jahn* in Oehler, S. 10; auf Nr. 129 Abs. 1 RiStBV weist hin *Roxin*, NStZ 1991, 156. Eine „justizielle Schweigepflicht" leitet *Lindner* für den Regelfall aus der Verfassung ab (S. 210, 215 f.). An das Verantwortungsbewusstsein der Staatsanwälte appelliert *Schaefer*, S. 628. Restriktiv *Lehr*, NStZ 2009, 409.

wird er von den Justiz- und Aufsichtsbehörden zum Verbraucherschutz mit Recht immer wieder durchbrochen, etwa wenn (gar erst: potenzielle) Kapitalanleger nach einem Einschreiten der BaFin gegen Verantwortliche eines Finanzdienstleisters und nach der Einschaltung der Strafverfolger ein berechtigtes Interesse an Aufklärung über etwaige strafrechtliche Hintergründe haben, noch bevor die langwierigen Ermittlungen abgeschlossen sind.[1]

42.36 Bekräftigt wird der grundsätzliche Anspruch Beschuldigter auf **Anonymität** durch die Rechtsprechung. So entschied der BGH anlässlich eines Ermittlungsverfahrens gegen einen Rechtsanwalt und Notar, dass in der Mitteilung oder auch nur Bestätigung der Einleitung eines solchen Verfahrens eine Amtspflichtverletzung liegen könne, auf Grund derer ein Anspruch auf Schmerzensgeld in Betracht komme.[2] Auch das BVerfG hat in diesem Zusammenhang bereits früh – neben der ohnehin verlangten „Rücksicht auf den unantastbaren innersten Lebensbereich" – auf die bis zur rechtskräftigen Verurteilung geltende Unschuldsvermutung hingewiesen. Es hat ein Zurücktreten des Persönlichkeitsrechts „nur für eine sachbezogene Berichterstattung und seriöse Tatinterpretation" gelten lassen, unter Hinweis auf die „strikte Beachtung des Grundsatzes der Verhältnismäßigkeit" allerdings eher zurückhaltend judiziert: „Danach ist eine Namensnennung, Abbildung oder sonstige Identifikation des Täters keineswegs immer zulässig."[3] Aus Gründen der Fairness sollte jedenfalls die Anklagebehörde mit Pressemitteilungen nicht nur warten, bis die Anklageschrift zugestellt ist, sondern auch die Verteidigung zu einer etwaigen Pressekonferenz mit einladen.[4]

42.37 Das **Eigeninteresse** von Strafverfolgungsorganen an einer Kooperation mit den Medien oder an deren Einschaltung kann vielfältig sein. Zumeist wird es sich dabei um den Wunsch handeln, die Tätigkeit der eigenen Behörde oder Person in der Öffentlichkeit positiv darzustellen[5] – und sei es durch frühzeitige Hinzuziehung von Pressefotografen und Fernsehteams bei einer

---

1 So trotz Gegenwehr des Hauptbetroffenen im Fall einer kleinen Privatbank (F.A.Z. vom 15.8.2006, S. 12). Auch *Neuling* schränkt das von ihm postulierte „Konzept" eines nicht-öffentlichen Ermittlungsverfahrens selbst wieder ein (Inquisition …, S. 109 ff., 113 ff.); vgl. *Kempf*, Nr. 5 f., aber auch *Ulsamer* in FS Jauch, S. 223; *Hamm*, Große Strafprozesse …, S. 31 ff.
2 Freilich mit einem Katalog möglicher Ausnahmekriterien; BGH v. 17.3.1994 – III ZR 15/93, NJW 1994, 1950, 1952. Ähnlich BGH v. 16.1.1986 – III ZR 77/84, NStZ 1986, 562. *Dahs* prognostizierte einen Wechsel der „Medienpolitik" von Ermittlungsbehörden vom vermeintlichen Grundsatz „in dubio pro Presse" zu einem anonymisierenden Prinzip des „in dubio contra publicationem" (NStZ 1986, 563 f.).
3 BVerfG v. 5.6.1973 – 1 BvR 536/72, BVerfGE 35, 202, 231 f. – Lebach; für einen Vorrang des Informationsinteresses hingegen BVerfG v. 10.6.2009 – 1 BvR 1107/09, NJW 2009, 3357 – Fußballspieler-Fall, dazu *Jahn*, NJW 2009, 3344.
4 *Wagner*, Strafprozessführung …, S. 66 und 103. Nach *K.-H. Groß* in FS Hanack, S. 49 f., sollte die Verteidigung daran teilnehmen – freilich nur „informandi causa" und ohne gleichzeitige Darstellung des eigenen Standpunkts; vgl. *Wehnert* unter Berufung auf den Strafrechtsausschuss der Bundesrechtsanwaltskammer (StV 2005, 178), und *Wehnert* in Widmaier/Müller/Schlothauer, § 5 Rz. 31. Zum Versuch einer gemeinsamen Presseerklärung rät *Dierlamm* in Wabnitz/Janovsky, 29. Kap. Rz. 14 f. Zu ergänzenden Schritten im Saarland neben *Groß* auch *F.-A. Jahn* in Oehler, S. 10 f. Aus staatsanwaltschaftlicher Sicht *Becker-Toussaint* in Strafverteidigervereinigungen, S. 241, und *Tilmann*, StV 2005, 175 f.
5 Umgekehrt wird – wie im Fall der Bremer Vulkan-Werft AG – eine problematische Verfahrenseinstellung schon einmal an einem Freitagnachmittag mitgeteilt, wenn es angesichts des Redaktionsschlusses faktisch zu spät für eine angemessene Berichterstattung ist (zumal einige Wirtschaftszeitungen wie das Handelsblatt und die frühere FTD keine Samstagsausgabe herausbringen).

Razzia. Von einem Unternehmenssprecher war zu hören, dass die Androhung dieses Schritts sogar als Druckmittel zur Erhöhung der Aussagebereitschaft mit Blick auf eine weitere Vergabe von Aufträgen der öffentlichen Hand eingesetzt wurde. Die Feststellung eines älteren Standardwerks zu diesem Themenkomplex, Staatsanwälte hätten ein „geringes Mitteilungsbedürfnis"[1], wird im Zuge der publizistischen Modernisierung der Justiz heute nicht mehr in vollem Umfang aufrecht zu erhalten sein.[2] Dennoch macht schon jeder Lokaljournalist weiterhin die Erfahrung, dass er (unter der Hand) sehr viel häufiger Informationen und sogar Aktenauszüge von Verteidigern (oder von Mitverteidigern oder von Zivilanwälten aus parallelen Schadensersatzverfahren) als von Strafverfolgern erhält.[3] Im Extremfall mag die Kooperation mit der Presse, wie insbesondere von Strafverteidigern gern beklagt wird, auch einmal bis zur Nutzung von deren Recherchemöglichkeiten ohne die „lästigen" Fesseln der StPO reichen.[4]

3. Verteidigung

Die Verteidigung unterliegt in ihrer Öffentlichkeitsarbeit deutlich geringeren Einschränkungen als die Strafverfolgungsbehörden. Sie ist nicht wie die Staatsanwaltschaft auf Objektivität verpflichtet[5], sondern sogar im Gegensatz dazu – trotz (schrumpfender) berufsrechtlicher

42.38

---

1 *Wagner*, Strafprozessführung ..., S. 60 ff., ähnlich S. 34 f. (relativer „Hort der Verschwiegenheit"), 85 f., 101; aber auch „Durchstechereien" sind nicht unüblich, etwa um Druck auf eigene Vorgesetzte nach oben hin bis hin zum Landesjustizminister gegen eine etwaige Einstellung des Verfahrens auszuüben oder als Legitimation für die Aufnahme konfliktträchtiger Ermittlungen (S. 35 ff.). Noch stärker gilt dies für die Polizei (S. 42 ff.). Vgl. *Ulsamer* in FS Jauch, S. 226 f. Zu Rezensionen der *Wagner*schen Untersuchung *Ulsamer* in FS Jauch, S. 222. Wohl obsolet *Geerds* in FS Oehler, S. 431, 439 und 445.
2 Eine „mentale Änderung" konstatiert auch *K.-H. Groß* in FS Hanack, S. 39, der den Staatsanwälten dementsprechend eine wesentlich größere Zurückhaltung bei ihrer Öffentlichkeitsarbeit empfiehlt, S. 46. Aus Anwaltsperspektive *Lehr* in Widmaier/Müller/Schlothauer, § 21 Rz. 5, und aus Sicht der Strafverfolger *Becker-Toussaint* in Strafverteidigervereinigungen, S. 238 ff. („heute im Allgemeinen zu einer eher aktiven und offensiven Pressearbeit angehalten") sowie *Schroers*, NJW 1996, 969 f. In der Verteidigersicht bedingt dies eine „unheilige Allianz gegen den Beschuldigten" (*Wehnert*, StV 2005, 178). Vgl. *Zabel*, GA 2011, 354 ff. Über eine Tagung und Schulung in Pressearbeit an der Richterakademie *Schnorr*, NJW 2004, Heft 5, XVI; vgl. *Huff*, NJW 2004, 403 mit Ratschlägen für justizielle Mediensprecher; ausführliche Handreichungen bereits von *Wassermann*, S. 145 ff. Streitbar-essayistisch *von Schirach*, Kapitel: Verfahren als Strafe [E-Book ohne Seitenangaben oder Gliederung]. Für *mehr* Litigation-PR von Polizei und Staatsanwaltschaften hingegen *Rademacher*, S. 277 ff.
3 Ähnlich *Wagner*, Strafprozessführung ..., S. 14, der aber konzediert, dass Eitelkeit oder das Verlangen nach Honoraren von Medien seltener das Motiv sind als das Bestreben, das konkrete Verfahren zu beeinflussen (S. 54 f., vgl. freilich S. 20) – bis hin zur Ergänzung der Beweisaufnahme durch eigene Recherchen (S. 55 f. – hierzu auch *Hamm*, Große Strafprozesse ..., S. 75 ff.) sowie zur Imagepflege für den Mandanten (S. 56 ff.). Zum „Schwarzmarkt" für Akten aus staatsanwaltlicher Sicht *Becker-Toussaint* in Strafverteidigervereinigungen, S. 246; *Wagner*, Strafprozessführung., S. 17 ff. Überzogene Vorstellungen hoher Honorare für Exklusivvereinbarungen im „Scheckbuchjournalismus" rückt zurecht *Lehr* in Widmaier/Müller/Schlothauer, § 21 Rz. 69 ff.
4 *Hamm*, Große Strafprozesse ..., S. 9; aber gleichfalls seitens der Verteidigung, S. 75 ff. (dazu auch *Neuhaus* in Widmaier/Müller/Schlothauer, § 15 Rz. 108 f.); *Neuling*, Inquisition ..., S. 169 ff. Einen Extremfall eines gegenseitigen Austauschs von Informationen schildert *Wagner*, Strafprozessführung ..., S. 65.
5 Nach ihrem normativen Auftrag hat sie bekanntlich sowohl be- wie entlastende Umstände zu ermitteln (§ 160 Abs. 2 StPO).

Vorgaben hinsichtlich der Unabhängigkeit und der Sachlichkeit insbesondere in der Eigenwerbung[1] – auf **einseitige** anwaltliche Interessenvertretung ihres Mandanten eingeschworen (§§ 1, 3 Abs. 1, 43a Abs. 4 BRAO; §§ 1, 3 BORA). Strafverteidiger (und ihre Mandanten!) dürfen sich vor jede Kamera stellen[2] und – zusammen mit dem Unternehmen des angeklagten Managers, dessen Öffentlichkeitsarbeiter dabei auf die klassischen Schienen und ihre eingeübte Infrastruktur von PR und Marketing nebst ggf. externen PR-Beratern zurück greifen können – die Medien ganz offiziell mit parteiischen oder gar polemischen Stellungnahmen versorgen. Zudem können sie deren Vertreter mit Hintergrundgesprächen in ihre Strategie einzubinden suchen, und zwar auf allen Hierarchieebenen der jeweiligen Presseorgane.[3] Nach fast einhelliger Auffassung des Berufsstands gehört es sogar zu den Pflichten eines Strafverteidigers, insbesondere der Pressepolitik der Polizei entgegenzutreten.[4] Zu häufig führt der Zielkonflikt zwischen Strafverteidigung und presserechtlicher Verteidigung freilich dazu, dass einem Beschuldigten – zumal wenn dieser keine presserechtliche Expertise nutzt – eine passive Rolle des Schweigens angesonnen wird.[5]

42.39 Bei jedem Gespräch mit Journalisten ist allerdings aus mehreren Gründen **Vorsicht** geboten.[6] So könnten weniger fachkundige Reporter manche Äußerungen (mitunter sogar absichtlich) falsch verstehen oder diese hinterher verzerrt und entstellt wiedergeben. Aus unerfahrenen Gesprächspartnern könnten sie mehr Informationen herauslocken, als diese eigentlich preis-

---

1 *Dahs*, Rz. 92 ff.; *Wagner*, Vorsicht ..., S. 32 ff.; zu Dienstaufsichtsbeschwerden gegen Pressemitteilungen der Justiz sowie zu presserechtlichen Verteidigungsbemühungen *Ignor/Peters* in Hamm/Leipold, III. 25 und 26.
2 Genauso bereits *Wagner*, Strafprozessführung ..., S. 81; zu deren Eigeninteressen *Geerds* in FS Oehler, S. 430.
3 *Wagner* wirft den Advokaten daher in der Diskussion um „Vorverurteilungen" und „Vorfreisprüche" eine „besondere Scheinheiligkeit" und „Doppelzüngigkeit" vor (Strafprozessführung ..., S. 12 ff.). *Hassemer* rügt Strafverteidiger für eine perspektivlose Haltung des „Gott-sei-bei-uns" gegenüber den Medien (StV 2005, 167, 168). Vgl. *Lehr* in Widmaier/Müller/Schlothauer, § 21 Rz. 76 und 102 f.
4 *Wagner*, S. 50 ff., Strafprozessführung ..., auch zu den letztlich unterschiedlichen Grundhaltungen dazu in der Anwaltschaft. Zu den Aufgaben einer „aufgeklärten" Verteidigung gegenüber den Medien *K.-H. Groß* in FS Hanack, S. 43 f., 51 f., 54; abgewogen *Dierlamm* in Wabnitz/Janovsky, 29. Kap. Rz. 9 ff. Vgl. *Knierim* in Volk, § 7 Rz. 293 ff. („heißes Eisen"), und *Wehnert* in Widmaier/Müller/Schlothauer, § 5 Rz. 31. Aus staatsanwaltlicher Sicht *Becker-Toussaint* in Strafverteidigervereinigungen, S. 237 f. und 244, die sogar eine begrenzte Zusammenarbeit mit den Pressedezernenten der Anklagebehörden anrät (nicht zuletzt bei für die Medien weniger attraktiven Einstellungen von Verfahren); s. auch *Prinz* in Prinz/Peters, Medienrecht im Wandel, S. 245. Fallbeispiel bei *Hamm*, Große Strafprozesse ..., S. 30.
5 So zu Recht beklagt auch von *Lehr* in Widmaier/Müller/Schlothauer, § 21 Rz. 10 ff., 31 ff. und 73 ff., in seinen besonders praxisgerechten Empfehlungen. Nachdrücklich *Hunger*, Medium Magazin 6/2010, 76: PR-Manager müssten „sich auf die Hinterbeine stellen und den Anwälten die Stirn bieten" (welcher allerdings selbst vorübergehend unter Anklage stand, weil er als Unternehmenssprecher Beihilfe zu einer Marktmanipulation begangen haben sollte; Wirtschaftsjournalist 1/2013, 22 f.). Anders *Taschke*, StV 2007, 495, 497 f. Vermittelnd zwischen Zurückhaltung, Kommunikationsfreudigkeit, Umgarnung, Kämpfen oder Aussitzen *Koreng*, www.lto.de, 23.11.2016.
6 Eine Fundamentalposition formuliert *Schiller*, der Medien aus Mandantensicht nur als „notwendiges Übel" akzeptiert und eine beschränkte Zusammenarbeit bloß wegen ihres „Notwehrcharakters" befürwortet (StV 2005, 176 ff.). Ähnlich sieht *Wehnert* verschleierte „verteidigungsfeindliche Tendenzen" bei der neueren Entwicklung des Verhältnisses von Medien und Justiz (StV 2005, 178).

geben wollten. Auf den späteren Artikel oder den Radio- bzw. Fernsehbeitrag in seiner Gänze hat der Interviewte keinen Einfluss (allenfalls mit Printmedien kann vorab der Vorbehalt einer Autorisierung von Zitaten vereinbart werden[1]). Und jede noch so kleine Aussage bereitet späteren Erörterungen in der Öffentlichkeit, die dann kaum noch steuerbar sind, zusätzlichen Boden.[2]

Im Vorfeld einer Hauptverhandlung kann sogar die **„Ausschaltung"** der Medien zu einem vorrangigen Ziel werden. Denn diese können einen öffentlichen Druck gegen eine Einstellung des Verfahrens oder für ein höheres Strafmaß an dessen Ende erzeugen. Auch können Zeitungsberichte – die sich bei einer Einstellung gegen Auflagen (§ 153a StPO) oder Verhängung eines Strafbefehls (§§ 407 ff. StPO) eher umgehen lassen als bei Verkündung eines Urteils – faktisch eine schärfere Sanktionswirkung haben als die förmliche Kriminalstrafe.[3] Präventiv in Mode gekommen sind daher schrotflintenartig gestreute „Brandbriefe" an Redaktionen mit der Warnung vor einer etwaigen Berichterstattung, insbesondere einer solchen unter Nennung von Namen. Dies reicht bis hin zu im Gerichtssaal verteilten „presserechtlichen Informationsschreiben", etwa am LG Berlin im Strafverfahren um die Bankgesellschaft Berlin („Herr X wird auf jede Zuwiderhandlung mit rechtlichen Schritten reagieren"). Besonders intensiv ins Vorfeld verlagert wurde die Pressearbeit des Angeklagten etwa im „Claassen"-Prozess, wo ein ehemaliger Chefredakteur die Kontakte zu den Reportern hielt, Stellungnahmen der Verteidiger vermittelte und zugleich ein namhafter Presseanwalt im Gerichtsgebäude in Verhandlungspausen „Wachhund" spielte, indem er sich demonstrativ mit gespitzten Ohren zu kleinen Gesprächsrunden aus den Sitzungsvertretern der Staatsanwaltschaft und Journalisten stellte. Falls all dies misslingt, kann die Verteidigung – sofern der Beschuldigte, Angeschuldigte (§ 157 StPO) oder Angeklagte hierfür nicht einen Spezialisten für Presserecht einschaltet – mit den soeben ausgeführten Mitteln gegen Presseorgane vorgehen, deren Berichterstattung die Reputation des Mandanten und sein Obsiegen im Strafverfahren ungünstig beeinflussen könnten.

42.40

Ferner bestehen einige Möglichkeiten, die Strafverfolger selbst aufs Korn zu nehmen. Neben den im „Mannesmann-Prozess"[4] durch einen der Angeklagten genutzten Mechanismen wie Dienstaufsichtsbeschwerde[5] und Strafanzeige[6] kommt dafür eine **Amtshaftungsklage** in Betracht.[7]

42.41

---

1 *Soehring/Hoene*, § 7 Rz. 71 ff.
2 *K.-H. Groß* in FS Hanack, S. 50 f.; vgl. *Wehnert*, StV 2005, 178, 179.
3 *Wagner*, Strafprozessführung ..., S. 51 ff.; ähnlich *Dahs*, Rz. 105.
4 Zu dem in den Medien abgelaufenen „Parallelprozess" die damalige Vorsitzende Richterin am Landgericht, *Koppenhöfer* (StV 2005, 172 f.); vgl. *Jahn*, BB 1/2007, S. I.
5 Zu deren partieller Voraussetzung für einen etwaigen Schadensersatzanspruch *Dahs*, NStZ 1986 563 f.
6 F.A.Z. vom 9.8.2002, S. 15. Zur Strafanzeige gem. § 203 Abs. 2 Satz 1 Nr. 1 StGB (Verletzung von Privatgeheimnissen), nicht jedoch wegen § 353b Abs. 1 Satz 1 Nr. 1 StGB (Verletzung des Dienstgeheimnisses) *Neuling*, Inquisition ..., S. 222 ff., 224 ff.; *Roxin*, NStZ 1991, 153, 159; zum Verdacht der Vorteilsgewährung und Bestechlichkeit (§§ 332 ff. StGB) *Hamm*, Große Strafprozesse ..., S. 33.
7 Verfochten von *Neuling*, StV 2006, 332, 333; *Wehnert*, StV 2005, 178, 179 („wohl wirkungsvoller" als das „presserechtliche Instrumentarium"); *Roxin*, NStZ 1991, 153, 157; ausführlich *H. Krieger*, S. 72 ff.; skeptisch *Cappel*, S. 103 f. Das Landgericht Wiesbaden sprach dem ehemaligen Präsidenten einer privaten Hochschule Schmerzensgeld wegen vorverurteilender Äußerungen der Staatsanwaltschaft zu (Spiegel Online, 3.6.2015).

Denkbar sind überdies Gegenvorstellungen[1] sowie Klagen auf Widerruf und Unterlassung[2], ferner Ablösungsgesuche gegenüber einem voreingenommenen Staatsanwalt.[3]

42.42 Das Ergebnis eines solchen „Rundumschlags" dürfte ambivalent sein. Ein **Erfolg** wird sicherlich zu konzedieren sein in Form deutlich eingeschränkter Kommunikationsmöglichkeiten der Ankläger, die allenfalls auf (dementsprechend weniger wirksame) klandestine Verlautbarungswege zurück greifen können.[4] Immerhin sind die Medien – und damit die Öffentlichkeit – mitunter auf deren Auskünfte angewiesen, von denen sie dadurch abgeschnitten werden. Dies kann für den Angeklagten umso nützlicher sein, als entsprechende Angaben einen amtlichen Anstrich besitzen, der bei weniger differenziert formulierenden Medien eine Vorverurteilung insinuieren bzw. befeuern kann. Auch dürfte sich das eine oder andere Presseorgan bzw. dessen zuständiger Redakteur zugleich eingeschüchtert oder jedenfalls zu größerer Sorgfalt angespornt sehen, wenn der Betroffene seine Bereitschaft zu juristischer Gegenwehr demonstriert.

42.43 Andererseits schaffen Angriffe auf Strafverfolger **Solidarisierungseffekte** mit den Anklägern unter Presseleuten und Medienrezipienten gerade in Fällen vermeintlicher oder tatsächlicher Wirtschaftskriminalität. Die Ermittler konnten sich beispielsweise im „Fall Mannesmann" darauf berufen, das Gemeinwohl bzw. das Interesse von Aktionären und sonstigen „Stakeholdern" gegenüber einem möglicherweise strafbaren Griff in die Unternehmenskasse durch Manager und Aufsichtsräte zu vertreten.[5] In diesem Strafprozess versuchte einer der Angeklagten, eine Vielzahl von Einzelakten u.a. verschiedener Pressestellen der nordrhein-westfälischen Justiz zur Grundlage eines Amtshaftungsanspruchs gem. § 839 BGB i.V.m. Art. 34 GG zu machen. Mit einem kleinen Teil seiner Vorwürfe drang er damit durch;[6] die anderen Vorstöße blieben erfolglos.[7]

---

1 *Neuling*, StV 2006, 332, 337.
2 *Neuling*, StV 2006, 332, 333.
3 *K.-H. Groß* in FS Hanack, S. 53. Auf das Beamtenrecht und mögliche Disziplinarmaßnahmen weisen hin *Ulsamer* in FS Jauch, S. 228 f. und *Roxin*, NStZ 1991, 153, 159, auf den Verwaltungsgerichtsweg *Lehr* in Widmaier/Müller/Schlothauer, § 21 Rz. 24 ff.
4 Und dies nach der Erfahrung des *Verf.* dann ggf. auch tatsächlich tun.
5 Als publizistischer „Super-GAU" dürfte aus Verteidigersicht das sogar zum Titelbild einer Illustrierten avancierte Foto eines Hauptangeklagten und Top-Managers mit von ihm dargebotenen „Victory-Zeichen" im Gerichtsgebäude gelten, auch wenn diese Geste vermutlich schlicht unbedarft und situationsbedingt war.
6 Zur abschließenden Entscheidung des OLG Düsseldorf (v. 27.4.2005 – I-15 U 98/03, NJW 2005, 1791) bzw. zur Vorinstanz (LG Düsseldorf v. 30.4.2003 – 2b O 182/02, NJW 2003, 2536) kritisch wegen jener Erwägungen, die die justizielle Pressearbeit beschränken und damit – angesichts uneingeschränkter publizistischer Möglichkeiten der Verteidigung – zu einseitiger Verzerrung der Berichterstattung führen, *Lorz*, NJW 2005, 2567; *Jahn*, ZIP 2006, 738, 739 f.; *Jahn*, AnwBl 2005, 385; *Jahn*, Message 2/2004, 34; *Lorz/Bosch*, AfP 2005, 95; *Becker-Toussaint*, NJW 2004, 414; *Jahn*, DRiZ 2003, 191. Dagegen bedauert das „äußerst zurückhaltende" Urteil angesichts der „nahezu beispiellose(n) Medienkampagne", welche die Justiz durch „vorverurteilende Öffentlichkeitsarbeit" zumindest „heraufbeschworen" habe, *Neuling*, StV 2006, 332, 338.
7 Generell skeptisch zu den Erfolgsaussichten solcher Instrumente *K.-H. Groß* in FS Hanack, S. 53. Nach *Geerds* in FS Oehler, S. 440, Fn. 84, sollten „harte Reporter (…) so oder so zur Räson gebracht werden".

4. Dritte

In die vielfältigen **Streitigkeiten** zwischen Groß- und Kleinaktionären (unter Letzteren etwa aggressiv auftretende Hedge-Fonds oder frühere Unternehmenseigner) oder zwischen ehemaligen Großinvestoren und dem Unternehmen (oder einer Bank, die dem Großaktionär zuvor das Aktienpaket angedient hatte) werden Justiz und damit auch Medien stärker als früher hineingezogen; ebenso bei Konflikten zwischen einem zunehmend organisierten „Streubesitz" und den Aktiengesellschaften. Presseorgane lassen sich dabei mitunter (selbst wenn ihnen das vielleicht gar nicht bewusst ist) für einzelne Interessen einspannen.[1] Der hierzulande noch relativ neue Typus von „shareholder activists" nutzt dafür auch hoch bezahlte PR-Agenturen und „Spin-Doktoren" – Mechanismen, die ebenso in Übernahmekämpfen zu beobachten sind (selbst wenn Familienunternehmen involviert sind, die nicht an der Börse notiert sind).[2]

42.44

Zweischneidig ist es freilich, dass dabei immer wieder ehemalige Redakteure oder Ressortleiter auf ihre eigene frühere Redaktion angesetzt werden. Als interne Berater ihrer neuen Auftraggeber mag sie dies umso tauglicher machen, als „Botschafter" ihrer Mission hingegen um so weniger.[3] Fragwürdig ist überdies, wenn juristische Ordinarien sich dabei als Gutachter allzu offensichtlich vereinnahmen, mit einer nicht als Mindermeinung kenntlich gemachten Einschätzung instrumentalisieren und in eilig einberufenen Pressekonferenzen präsentieren lassen.[4] Für den rechtlichen Rahmen, den solche Marktteilnehmer bei ihrer Öffentlichkeitsarbeit zu beachten haben, sowie für das Abwehrinstrumentarium, das angegriffenen Managern zur Verfügung steht, gilt dabei entsprechend das bereits (Rz. 42.18 ff.) für das Verhältnis von Betroffenen zu Medien und Strafverfolgern sowie für den Spielraum von Strafverteidigern Gesagte. Sogar eine explizite Drohung mit Einschaltung der Presse kann in geschäftlichen Auseinandersetzungen rechtmäßig sein.[5]

---

[1] Vgl. *Wagner*, Strafprozessführung ..., S. 16 und 99. Freilich geht es ihnen neben „Neuigkeits- und Sensationslust" um „Aufklärung und Kontrolle" (S. 33).

[2] Vgl. *Wagner*, Strafprozessführung ..., S. 82. Wenig hilfreich ist es im Übrigen, wenn Wirtschaftsanwälte zwar beharrlich Kontakte zu Wirtschaftsjournalisten pflegen, im „Ernstfall" aber etwa eine an sie gerichtete Mailanfrage schlicht eigenmächtig an die PR-Agentur ihres aktuellen Mandanten weiter reichen, statt wenigstens mit einem freundlich-verbindlich-persönlichen „no comment" zu antworten.

[3] Als besonders misslungen darf das Einschalten eines früheren Boulevard-Chefredakteurs im „Falk-Prozess" betrachtet werden („Der Spiegel" 21/2008, S. 98 ff.). – Auch einen zuvor nur in Branchenkreisen gerüchteweise bekannten Grenzfall hat „Der Spiegel" öffentlich gemacht (5/2010, S. 78 ff.); das Ermittlungsverfahren wurde freilich eingestellt. Zu der zwiespältigen Spezies der Medienberater insbesondere bei Familienunternehmen ferner der leidgeprüfte Ex-Ressortleiter *Dunsch*, S. 515, 524.

[4] So wie es im Übrigen auch auffällt, dass sich sogar ganz vereinzelt Hochschullehrer in eigener Person durch PR-Büros vermarkten lassen. Umgekehrt war auch schon zu erleben, dass im Machtkampf um eine Aufsichtsratskandidatur eine PR-Agentur einen Hochschullehrer gegen seinen Willen mit einer Stellungnahme in die Medien lancieren wollte.

[5] *Jahn*, EWiR 2005, 623.

II. Ethisch-moralische Schranken sowie Pressekodex

42.45 Die „Publizistischen Grundsätze" – kurz Pressekodex genannt[1] – des Deutschen Presserats stellen quasi das **Standesrecht** der Journalisten dar.[2] Anders als bei verkammerten Berufen fehlt es jedoch an dessen rechtlicher Verbindlichkeit; nur Zeitungshäuser mit Seriositätsanspruch halten sich (freiwillig) daran – und dürften Verstöße gegenüber ihren Lesern auch kaum rechtfertigen können, wenn sie sie nicht als Abonnenten oder als Käufer am Kiosk verlieren wollen. Dies verweist allerdings auf ein umso größeres Manko, das selten thematisiert wird: Der Rundfunk – sei er öffentlich-rechtlich oder privat organisiert – fällt von vornherein nicht in den Anwendungsbereich dieses Regelwerks. Da bei Übertretungen ohnehin keine echten Sanktionen durchgesetzt werden können (lediglich sollen i.d.R. etwaige Rügen des Selbstkontrollgremiums abgedruckt werden, die überdies bereits die „schärfste" mögliche Sanktion darstellen), wird die Effizienz dieser Selbstregulierung des Berufsstandes im Printbereich meist zu Recht zurückhaltend eingeschätzt.[3]

42.46 Immerhin listet der Kodex die handwerklichen und ethischen **Grundregeln** der Berichterstattung und Kommentierung in gedruckten Medien auf. Journalisten haben damit im Alltag – und dies in einem Beruf, der im Normalfall keine Abschlussprüfung nach dem Ende der (ohnehin fakultativen) Ausbildung kennt – eine einigermaßen praktikable „Fibel" als Grundlage ihrer professionellen Arbeit an der Hand.[4]

42.47 Maßgeblich sind im vorliegenden Zusammenhang die Vorgaben, dass die Berichterstattung über Strafverfahren frei von „Vorurteilen" zu erfolgen und die Unschuldsvermutung zu wahren hat (Ziffer 13). Vertieft wird das unter 13.1 durch die ausdrückliche Warnung vor einem „Medien-Pranger" als „soziale(r) Zusatzbestrafung". Über Freisprüche und Einstellungen soll ebenfalls berichtet werden, wenn dies zuvor auch hinsichtlich der Vorwürfe geschehen ist (13.2).

42.48 Zu berücksichtigen ist in diesem Kontext das Gebot, das **Privatleben** und das Recht auf informationelle Selbstbestimmung zu achten (Ziffer 8). In der Regel dürfen die Namen von Tätern und Opfern nicht genannt werden (8.1 Abs. 2). Ausnahmen gelten etwa bei außergewöhnlichen Straftaten, ferner bei Amts- und Mandatsträgern sowie Prominenten, wenn ein Zusammenhang zu ihrer Position besteht oder ein Widerspruch zu dieser oder dem öffentlichen Bild der Person (8.1 Abs. 2).[5]

---

1 Nachzulesen im Internet unter http://www.presserat.de/pressekodex/pressekodex/.
2 Zu dessen Anrufung *Soehring/Hoene*, § 33 Rz. 1 ff. In ein breiteres Bewusstsein rückte die Institution durch eine (halbherzige) Lockerung im März 2017 hinsichtlich des prinzipiellen Verbots, die ethnische Zugehörigkeit mutmaßlicher Täter zu nennen.
3 Zur begrenzten Wirksamkeit des Presserats aus sozialwissenschaftlicher Sicht *U.F. Schneider*, S. 349 ff., der ethischen wie rechtlichen Grenzen des Journalismus nur begrenzte Wirkung zuspricht („zahnlose Tiger im Medienkapitalismus?", S. 333 ff.). Aus juristischer Sicht und mit ausführlicher Empirie *C.-H. Soehring*, S. 235 ff., 239 und passim; ferner *F.-A. Jahn* in Oehler, S. 11 f.; *Geerds* in FS Oehler, S. 444; *Roxin*, NStZ 1991, 153, 156.
4 *Bölke* in Gerhardt/Pfeifer, S. 44 f., zu Friktionen dieses „soft law" gegenüber der (verbindlichen) Rechtslage S. 46 ff. Zu Ethikverstößen auch *F.-A. Jahn* in Oehler, S. 12.
5 Die Befürchtung aus Mediensicht, gerade diese Abwägung könnte seit dem umstrittenen „Caroline"-Urteil des Europäischen Gerichtshofs für Menschenrechte (EGMR v. 24.6.2004 – 59320/00, NJW 2004, 2647) strenger zu Lasten der Berichterstattung ausfallen, hat sich durch die seitherige Rechtsprechung in Straßburg und Karlsruhe nicht bestätigt.

Stichwortverzeichnis

Bearbeiterin: Verena Reithmann

Abschlussprüfer 12.1 ff.
– Abschlussprüferaufsichtskommission 12.5
– Allgemeine Auftragsbedingungen 12.50
– Anspruchsberechtigte 12.51
– Ausbildung 12.16
– Auskunftsvertrag 12.22 ff.
– Bedeutung 12.10 ff.
– Bestätigungsvermerk 12.11, 12.16, 12.18
– Disclaimer 12.11
– Dritte 12.7, 12.12, 12.21 ff., 12.40, 12.44 ff., 12.51
– Einsichtsrecht 12.15
– EU-Recht 12.54
– Expertenhaftung 12.39
– Funktionen 12.14 ff., 12.20
– Gehilfen 12.15
– gesetzlicher Auftrag 12.11
– Gutachterhaftung 12.39
– Haftung 12.6, 12.21 ff.
– Haftungsbeschränkung 12.49 f.
– Massenschaden 12.50
– Mitverschulden 12.13, 12.52
– Nichterteilungsvermerk 12.11
– Prospekthaftung 12.8
– Prüfungsteam 12.15
– Prüfungsurteil 12.16
– Prüfungsvertrag 12.28
– Rechtsfortbildung 12.33 ff., 12.43 ff., 12.53
– Sachwalterhaftung 12.22, 12.39
– Unabhängigkeit 12.17
– Versicherung 12.48, 12.53
– Vertrag mit Schutzwirkung für Dritte 12.29 ff., 12.53
– Vertrauenshaftung 12.7, 12.39
– Wahrheitsgrundsatz 12.16

Abschlussprüfung 12.1 ff., 34.11, 34.46 f., 34.88 ff.
– Bedeutung 12.14 ff.
– Bestätigungsvermerk 12.11, 12.16, 12.18
– Bilanzrechtsreformgesetz 12.13, 12.17
– Corporate Governance 12.18, 12.42
– Gewinnverwendungsbeschluss 12.18
– Jahresabschlussfeststellung 12.18
– Lagebericht 12.13
– Umfang 12.12 f.
– verbundene Unternehmen 12.15

Aktiengesellschaft, Sonderprüfung 16.1 ff.; s.a. Sonderprüfung

Aktionäre, Zahlungen an opponierende 30.125 ff.
– Abgrenzung 30.125 ff.
– Begriff 30.125 ff.
– Erscheinungsformen 30.125 ff.
– gesellschaftsrechtliche Zulässigkeit 30.130 ff.
– Haftungsrisiken, Aufsichtsrat 30.150 ff.
– Haftungsrisiken, Vorstand 30.136 ff.
– Rechtfertigung 30.136
– Schadensabwehr, Eignung zur 30.138 f.
– Schadensabwehr, Erforderlichkeit zur 30.140 ff.
– Verstoß gegen § 57 AktG 30.130
– Zustimmung Aufsichtsrat 30.149

Anstellungsverhältnis s. Vorstand, Dienstvertrag
– Geschäftsführer s. Geschäftsführer, Dienstvertrag

Arbeitnehmerüberlassung, illegale 37.96 ff.

Arbeitsdirektor 22.65

Atom- und Strahlenschutzrecht 38.55 f.

Aufsichtspflichtverletzung 41.1 ff., 41.9 ff.
– Ansprüche Dritter 41.80 ff.
– Ansprüche Unternehmen 41.77 ff.
– doppelte Fahrlässigkeit 41.67
– doppelter Vorsatz 41.66
– Geldbuße, Bemessung 41.69
– Konzernsachverhalte 41.56 ff.
– mehrstufige Aufsicht 41.43 ff.
– Normadressaten 41.24 ff.
– Rechtsfolgen 41.65 ff.
– Rechtsgut 41.23
– Rechtsnatur 41.23
– subjektiver Tatbestand 41.54 f.
– Unterlassung erforderlicher Aufsichtsmaßnahmen 41.34, 41.35 ff.
– Unternehmensgeldbuße 41.70
– Verfahren 41.71 ff.
– Verjährung 41.74 f.
– Vorsatz/Fahrlässigkeitskombination 41.68
– zivilrechtliche Folgen 41.76 ff.
– Zumutbarkeit von Aufsichtsmaßnahmen 41.42
– Zuwiderhandlung 41.47 ff.

Aufsichtsrat
– Ausschusstätigkeit, Sorgfaltspflicht 3.27
– Außenhaftung, Konzern 10.50 ff.
– Bestellung/Anstellung Organmitglieder Töchter 10.35 f.

- Bilanzierung 10.27 ff., 34.73 ff.; s.a. Bilanzierung, Aktiengesellschaft
- Geschäftschancenbindung 26.66 ff.
- Haftung ggü. Dritten 7.80 ff.
- Haftung in der GmbH 2.72 ff.
- Innenhaftung herrschendes Unternehmen 10.7 ff.
- Innenhaftung im Konzern 10.48
- Innenhaftung Tochtergesellschaften 10.54 ff.
- Interessenkollision 3.30
- Internal Investigations 15.18 ff.
- Konzern, Haftung im s. dort
- Kreditinstitute 23.1 ff., 23.93 ff.; s.a. Kreditinstitute, Aufsichtsrat
- Mitwirkungspflichten einzelner Aufsichtsratsmitglieder 3.26 ff.
- nützliche Aufwendungen 30.57 ff.
- Sorgfaltsverpflichtung 3.20 ff.
- sozialnützige Zuwendungen 30.116 ff.
- Treuepflicht 3.29 f., 26.66 ff.
- Überwachungspflicht 3.20 ff.
- Überwachungspflichten, konzernweite 10.12 ff.; s.a. Überwachungspflichten, Konzern
- Verein 6.96 ff.
- Verschwiegenheitspflicht 1.5, 3.31 ff.
- Wettbewerbsverbot 26.21 f., 26.63 ff.
- Zahlungen an opponierende Aktionäre 30.150 ff.
- Zustimmungsvorbehalt, konzernweiter 10.22 ff.

Aufwendungen, nützliche s. Nützliche Aufwendungen

Banken, Organhaftung 23.1 ff.; s.a. Kreditinstitute, Geschäftsleiterhaftung; Kreditinstitute, Aufsichtsrat; Kreditinstitute, bankaufsichtliche Maßnahmen

Bankrott 40.143 ff.

Bereichsvorstand 22.69

Beschlagnahme 15.80 ff.

Besonderer Vertreter 6.87 ff., 16.72 ff.
- Beendigung der Amtsstellung 16.122 ff.
- Bestellung durch Gericht 16.91 ff.
- Bestellung durch Hauptversammlung 16.78 ff.
- Durchsetzung der Rechte 16.120 f.
- erfasste Ersatzansprüche 16.76 ff.
- Funktion 16.72
- Pflichten 16.115 ff.
- Rechte 16.102 ff.
- Rechtsverhältnis zur Gesellschaft 16.98 f.

Bestechung s. Korruption

Beweislast s. Darlegungs- und Beweislast

Bilanzdelikte 34.56 ff., 34.103, 40.90 ff.; s.a. Bilanzdelikte
- Bilanzeid, strafbarer 40.100
- Buchführung/Bilanzen, strafbare Mängel 40.149 ff.
- Subventions-/Kreditbetrug 40.102 f.
- unrichtige Darstellung 40.91 ff.
- unrichtige/verschleiernde Wiedergabe der Verhältnisse, AG 40.101
- Verwendung unrichtiger Abschlüsse/Darstellungen 40.102 f.

Bilanzeid 32.13, 32.85, 34.10, 34.43 ff., 34.70, 40.100

Bilanzierung
- Aktiengesellschaft s. Bilanzierung, Aktiengesellschaft
- GmbH 34.107, 34.110 ff.
- Kapitalgesellschaft & Co. KG 34.113
- KGaA 34.107 ff.

Bilanzierung, Aktiengesellschaft 34.1 ff.
- Abschlussprüfung 34.11, 34.46 f., 34.88 ff.
- Aufsichtsrat, Beschlussfassung/Berichterstattung 34.91 ff.
- Aufsichtsrat, Feststellung/Billigung 34.12, 34.94 ff.
- Aufsichtsrat, Prüfung Rechnungslegung 34.74 ff.
- Aufsichtsrat, Sektorkompetenz 34.74 f.
- Aufsichtsrat, Sorgfaltspflichten einzelner Mitglieder 34.83 ff.
- Aufsichtsrat, Überwachungspflicht 34.75 ff.
- Aufsichtsrat, Verantwortlichkeit 10.27 ff., 34.73 ff.
- Aufstellung Jahres- und Konzernabschluss 34.38 ff.
- Außenhaftung 34.65 ff., 34.106
- Bilanzeid 32.13, 32.85, 34.10, 34.43 ff., 34.70, 40.100
- Bilanzierungspflicht/externe Rechnungslegung 34.2 ff.
- Buchführung 34.29 ff.
- Business Judgement Rule 34.62
- Enforcement-Verfahren 34.16 ff.
- fehlerhafte Bilanzierung, Folgen 34.20 ff.
- handelsrechtliche Rechnungslegungspflicht 34.3 ff.
- IFRS-Einzelabschluss 34.9
- Innenhaftung 34.60 ff., 34.105
- Jahresabschluss 34.3 f., 34.34 ff.
- Konzern 34.5 ff., 34.51 ff., 34.99
- Lagebericht 34.39
- Nichtigkeit von Abschlüssen 34.21 ff.
- Offenlegung 34.13
- Prüfungsausschuss 34.97 f.

- Ressortzuständigkeit 34.48 ff.
- Schadensersatz, fehlerhafte Abschlüsse 34.24 ff.
- strafrechtliche Verantwortung 34.56 ff., 34.103, 40.90 ff.; s.a. Bilanzdelikte
- Unterzeichnung Jahres- und Konzernabschluss 34.40 ff.
- Vorstand, Verantwortlichkeit 22.30 f., 34.28 ff.

Bodenschutz- und Altlastenrecht 38.39 ff.
Börse s. Kapitalmarktrechtliche Informationspflichten
Buchführungspflicht 7.51
Bürgschaft 7.6
Business Judgement Rule 1.6, 1.15 ff., 3.10 ff.
- Ad hoc-Publizität 32.55, 32.100 f.
- Banken 23.57
- Bilanzierung 34.62
- Darlegungs- und Beweislast 14.12 ff., 14.29
- gebundene Entscheidungen 2.15
- Geldbußen 31.23 f.
- Genossenschaft 4.17
- GmbH-Geschäftsführer 2.14 ff.
- Grenzen 2.20
- Kapitalmarktinformationen, Compliance 32.100 f.
- Konzern 8.18, 8.21
- M&A-Transaktionen 29.2, 29.56, 29.75, 29.91
- Organisation 22.75
- unternehmerische Entscheidungen 2.15 ff., 2.19 f.
- Verein 6.28 ff.

Bußgelder, Erstattung s. Geldstrafen, Erstattung

Class action 17.35 ff.
Compliance 24.1 ff.
- Aufsichtsrat Überwachungspflichten, konzernweite 10.17
- Begriff 24.1 ff.
- und Corporate Social Responsibility 39.5
- und Geldbuße Aufsichtspflichtverletzung 41.1 ff., 41.88 ff.
- kapitalmarktrechtliche Informationspflichten 32.95 ff.
- Kartellrecht 25.1 ff., 25.5 ff., 35.52 ff., 35.59 ff., 35.66 ff., 35.73 ff.
- SE, Organhaftung 5.20a, 5.46a
- Steuerrecht 36.50 ff.
- Umweltrecht 38.23 ff., 38.109 ff.
- unternehmensinterne Ermittlungen 15.4; s.a. Internal Investigations
- Vorstand 3.6

Compliance, Finanzdienstleistungsunternehmen
- Abberufung Geschäftsleiter 24.73 ff.
- Abhilfeverfügung 24.65 ff.
- Abberufung Aufsichtsorgan 24.79 ff.
- Aufsichtsorgan 24.53 ff., 24.78
- Compliance-Beauftragter 24.31, 24.38, 24.50 ff., 24.84 ff.
- Compliance-Funktion, Aufgaben 24.15 ff.
- Compliance-Funktion, Einrichtung 24.8 ff.
- Compliance-Funktion, Organisation 24.31 ff.
- Entzug Betriebserlaubnis 24.83
- Konzern 24.58 ff.
- Ordnungswidrigkeit 24.89 ff.
- Outsourcing 24.35, 24.42
- Proportionalitätsgrundsatz 24.19, 24.24, 24.29
- Strafrecht 24.97 ff.
- Verstoßfolgen 24.65 ff.
- Verwarnung Geschäftsleiter 24.72
- weitere Maßnahmen 24.46 ff.
- Wertpapierdienstleistungsunternehmen 24.11
- Zahlungsinstitute 24.7
- zivilrechtliche Haftung 24.102 ff.

Compliance, Industrieunternehmen 25.1 ff.
- Aufsichtsrat/Prüfungsausschuss 25.18
- Beratungshotline 25.39
- Compliance Commitment 25.25 f.
- Compliance Committee/Compliance Officer 25.20 ff.
- Compliance Organisation und Aufgabenverteilung 25.15 ff.
- Compliance Programme 25.14 ff., 25.25 ff.
- Compliance-Audits 25.40 ff.
- Compliance-Reporting 25.48 ff.
- E-Learning 25.37
- Facilitation Payments 25.29
- und Haftung 25.5 ff.
- Haftungsreduzierung 25.11 ff.
- Hinweisgebersystem 25.45 ff.
- Integration in Geschäftsprozesse 25.51 ff.
- Konzern 25.12 ff.
- Konzernrichtlinien 25.28 ff.
- Merk- und Informationsblätter 25.31 ff.
- Mitbestimmung Betriebsrat 25.23 f.
- operative Einheiten, Segment-Spartenführungsgesellschaften 25.19
- Präsenzschulungen 25.38
- Risikoanalyse 25.27 ff.
- Sanktionen 25.50 ff.
- Schulungsmaßnahmen 25.34 ff.
- Strafrecht 25.9 f.

Stichwortverzeichnis

- Verhalten im Ermittlungsverfahren 25.33, 25.57 ff.
- Vertriebsberatern/-agenten, Umgang mit 25.30 ff.
- Vorstand 25.15 ff.
- Whistleblower Hotline/Ombudsmann 25.39, 25.45 ff.

Corporate Citizenship 39.8

Corporate Governance 22.1 ff.; s.a. Organisation der Unternehmensleitung
- und Corporate Social Responsibility 39.7

Corporate Internal Investigations s. Internal Investigations

Corporate opportunities 26.1 ff., 26.24 ff.; s.a. Geschäftschancenbindung

Corporate Social Responsibility 39.1 ff.
- und Compliance 39.5
- Corporate Citizenship 39.8
- und Corporate Governance 39.7
- Courts of public opinion 39.57
- Definition 39.3 ff.
- Europäische CSR-Strategie 39.29 ff.
- Haftung 39.36 ff.
- ISO 26000 39.25 ff.
- Menschenrechtsverletzungen im Ausland 39.37 ff.
- National Action Plans 39.19 ff.
- Nationale Ansätze 39.35
- OECD-Leitsätze 39.23 f.
- OECD-Verfahren 39.43 ff.
- Soft Law with Hard Sanctions 39.51
- Soft Law with Soft Sanctions 39.52 ff.
- UN Global Compact 39.21 f.
- UN Working Group 39.19 ff.
- UN-Leitprinzipien Wirtschaft und Menschenrechte 39.10 ff.
- völkerrechtlicher Vertrag, Initiative 39.20

Culpa in contrahendo 7.19 ff.
- besonderes wirtschaftliches Eigeninteresse 7.25 f.
- Darlegungs- und Beweislast, Außenhaftungsprozess 14.75 ff.
- Gesamtschuld 7.27 f.
- Inanspruchnahme besonderen persönlichen Vertrauens 7.19 ff.
- Insolvenzverschleppung 7.22 ff.

Darlegungs- und Beweislast 3.39 f., 14.1 ff.
- im AG-Konzern 14.55 ff.
- Alternativverhalten, pflichtgemäßes 14.17, 14.29
- ausgeschiedenes Organmitglied 14.20
- Ausnahmen 14.19
- Außenhaftungsprozess 14.74 ff.
- besonders schwere Pflichtverletzungen 14.29 ff.
- Buchführung, nicht ordnungsgemäße 14.23
- Business Judgement Rule 14.12 ff., 14.29
- deliktische Haftung 14.78 ff.
- D&O-Versicherung, Klage gegen 14.25
- Fehlbestandsfälle 14.22
- fehlendes Verschulden 14.15
- bei Gesamtrechtsnachfolge 14.21
- Innenhaftungsprozess 14.3 ff.
- Insolvenz 14.79 ff.
- Insolvenz Zahlungsverbot 14.32 ff.
- kapitalmarktrechtliche Informationshaftung 14.89 ff.
- Kausalität 14.16 ff.
- Nichtabführung Arbeitnehmerbeiträge zur Sozialversicherung 14.85 ff., 37.39 ff.
- Organhaftung aus culpa in contrahendo 14.75 ff.
- Schadensvermutung bei Katalogverstößen 14.19
- Schutzgesetzverletzung 14.79 ff.
- sekundäre Darlegungslast 14.19
- soziale Aufwendungen 14.24
- Verein 14.70 ff.
- Verfolgungsrecht außenstehender Gläubiger 14.50 ff., 14.66 ff.

Delegation 22.71 ff.
- Grenzen 22.76 ff.
- Haftung 22.100 ff.
- Kontrollverantwortung 22.79 ff.
- Unternehmensbeauftragte 22.81 f.
- unternehmensexterne 22.83 ff.
- unternehmensinterne 22.72 ff.
- Voraussetzungen 22.74 ff.

Deliktische Haftung 7.29 ff.; s.a. Vertragliche/vertragsähnliche Haftung
- Aufsichtsräte 7.82 ff.
- Beschlussausführung, Verhinderungspflicht 7.71 ff.
- Darlegungs- und Beweislast 14.78 ff.
- Eingriffe in die Mitgliedschaft 7.30 ff.
- Einzeltäter 7.29 ff.
- Gesamtschuld/Gesamtschuldnerausgleich 7.76 ff.
- Geschäftsherrenhaftung 7.58 ff.
- Haftung Gesellschaft und Eigenhaftung Manager 11.23 ff.
- juristische Personen 11.17 ff.
- Kreditinstitute, Geschäftsleiter 23.15 ff.
- Mitglied Kollegialorgan 7.68 ff.
- mittelbare Schädigung 7.38 ff.
- Reflexschaden 7.34 ff.
- Schadenskongruenz 7.34 ff.

1392

- Schutzgesetzverletzung 7.47 ff.
- Stimmverhalten bei Beschlussfassung 7.68 ff.
- unerlaubte Handlung 7.29 ff.
- Verkehrspflichtverletzung 7.38 ff., 11.12 ff.
- vorsätzliche sittenwidrige Schädigung 7.60 ff.
- Weisung, Handeln auf 7.75

Dienstvertrag s. Vorstand, Dienstvertrag
- Geschäftsführer s. Geschäftsführer, Dienstvertrag

Director and Officer-Versicherung s. D&O-Versicherung

D&O-Versicherung 1.18, 3.58 ff., 18.1 ff.
- Abgrenzung 18.14 ff.
- Abwehrdeckung 18.45 ff.
- Aktienrecht 18.7
- Anspruchserhebung 18.36 ff.
- Befriedigung berechtigter Ansprüche 18.48 f.
- Begriff 18.2
- Beweislast bei Klage gegen 14.25
- Claims Made-Prinzip 18.35 ff.
- Deckungsablehnung 18.43
- Deckungsgewährung 18.44 ff.
- Deckungsprüfung 18.32 ff.
- Deckungsverhältnis 18.21 ff.
- einvernehmliche Beendigung von Schadensfällen 18.54 ff.
- Fallgruppen, bedeutsame 18.63 f.
- Gegenstand 18.13
- Geldbußen 31.47 ff.
- Genossenschaft, Organhaftung 4.49
- Haftungsverhältnis 18.20
- Missbrauch der Geltendmachung 18.59 ff.
- Mitwirkungsobliegenheit des Versicherten 18.51 ff.
- Rechtsbeziehungen 18.19 ff.
- Rechtsgrundlagen 18.3 ff.
- Regulierung im Schadensfall 18.26 ff.
- Selbstbehalt 1.18, 18.7, 18.67 ff.
- Sinn 18.60 ff.
- Steuerhaftung 36.63 ff.
- Steuerrecht 18.8
- Umwelthaftung 38.123
- Verein 6.68 f.
- Verschaffungsklausel Dienstvertrag 9.20 ff.
- Versicherung für fremde Rechnung 18.24 f.
- Versicherungsbedingungen s. D&O-Versicherung, Versicherungsbedingungen
- Versicherungsvertrag 18.9 ff.
- Wahlrecht Versicherer 18.50

D&O-Versicherung, Ausschluss 19.5, 19.74 ff.
- Geldbußenregress 19.80 ff.
- Insolvenz 19.86
- Pensionssondervermögen 19.87 f.
- Vertrauensschadensversicherung 19.79
- wissentliche Pflichtverletzung 19.77 ff.

D&O-Versicherung, Versicherungsbedingungen 19.1 ff.
- Anspruchserhebungsprinzip 19.1, 19.35 ff.
- Anzeigepflichten 19.89 ff.
- Ausschlüsse 19.5, 19.74 ff.; s.a. D&O-Versicherung, Ausschlüsse
- Company Reimbursement Deckung 19.1, 19.20
- Definitionen 19.25
- Fremdmandate 19.32
- Kostenanrechnung 19.71 f.
- Kostenübernahme vor Versicherungsfall 19.43 ff.
- Mischfallregelungen 19.68 ff.
- Prospekthaftpflichtversicherung 19.22
- Qualitätsstandard 19.4
- Risikoerfassung, statistische 19.17 ff.
- Tochterunternehmen, Einschluss 19.26 f.
- Umstandsmeldungen 19.44
- Unternehmensdeckung 19.21
- Vermögensschäden, erweiterte 19.33 f.
- Versicherer, Wechsel 19.38 ff.
- versicherte Personen 19.28 ff.
- Versicherungsschutz, Erweiterung 19.51 ff.
- Versicherungssumme 19.63 ff.
- Wanderpolice, persönliche 19.73

Due Diligence 29.86 ff., 39.16
Durchsuchung 15.80 ff.

Emissionszertifikatehandel 38.36 ff.
Enforcement-Verfahren 34.16 ff.
Entlastung
- öffentliche Unternehmen 13.46 ff.

Entlastung des Vorstands
- Stiftung 6.176 f.
- Verein 6.48 ff.

E&O-Versicherung 18.15
Ermittlungen, unternehmensinterne s. Internal Investigations
Europäische Gesellschaft s. SE
Existenzvernichtender Eingriff 20.8 ff.

Facilitation Payments 25.29
Freistellung, Vorstandsmitglied 20.83 ff.
Fürsorgepflicht
- Regressreduzierung 9.17

Fusionskontrolle 29.22

Garantieversprechen 7.6
Gefährdungshaftung s. Umweltrechtliche Verantwortlichkeit
Gefahrgeneigte Arbeit 9.16

Stichwortverzeichnis

Gefahrstoffrecht 38.51 ff.
Geldauflagen, Erstattung s. Geldstrafen, Erstattung
Geldbußen
- Anknüpfungstat 31.7
- Anrechnung erzielter Vorteile 31.32 ff.
- Bußgeldbescheid, beweisrechtliche Wirkung 31.43 ff.
- ersatzfähiger Schaden 31.29 ff.
- Erstattung s. Geldstrafen, Erstattung
- Höhe und Bemessung 31.15 ff.
- kein unternehmerisches Ermessen bei Gesetzesverstößen 31.23 f.
- Legalitätspflicht, Einschränkung 31.25 ff.
- nach § 130 OWiG 41.1 ff.
- Regress 21.32 ff., 31.18 ff., 31.22 ff.
- Schaden durch Ahndungsteil 31.36 ff.
- Schadensersatzanspruch gegen Vorstandsmitglied 31.18 ff.
- Schadensersatzanspruch, Durchsetzung 31.39 ff.
- gegen Unternehmen 31.1 ff.
- Verbandssanktion, Voraussetzungen 31.7 ff.
- Verfolgungsrecht durch Aufsichtsrat 31.39 f.
- Verfolgungsrecht einer Aktionärsminderheit 31.41 f.
- Verhängung Unternehmensgeldbuße 31.14 ff.
- Verschulden 31.28
- Versicherbarkeit Regressrisiko 31.47 ff.
- gegen Vorstandsmitglieder 31.4 f.

Geldstrafen, Erstattung 21.1 ff., 21.32 ff.
- angemessene Entschädigung 21.44 ff.
- Anspruch auf Erstattung 21.33 ff.
- Auftragsrecht, Grundsätze 21.32
- durch Dritte 21.47
- freiwillige Erstattung 21.39 ff.
- Offenlegung 21.53 ff.
- Pflichtverletzung ggü. Gesellschaft 21.33
- Verfahrensfragen 21.48 ff.

Geldwäsche 23.21 ff., 24.4 ff.
- Geldwäsche- und Terrorismusbekämpfung 24.4, 24.20
- Geldwäschebeauftragte/r 24.4, 24.20, 24.33, 24.44, 24.58
- Geldwäscheprävention 23.21 f., 23.40
- Geldwäscherichtlinie 23.39 f.

Genossenschaft, Organhaftung 4.1 ff.
- abgestufte Haftung 4.8, 4.16, 4.28 ff., 4.31 ff.
- allgemeiner Pflichtinhalt 4.19 ff.
- allgemeiner Sorgfaltsmaßstab 4.26 ff.
- und Anstellungsverhältnis 9.51 f.
- Außenhaftung 7.1 ff.; s.a. Deliktische Haftung; Vertragliche/vertragsähnliche Haftung
- Business Judgement Rule 4.17
- D&O-Versicherung 4.49
- doppelte Erfolgsbindung 4.21 f.
- ehrenamtliches Nebenamt 4.31 ff.
- Einzel-/Gesamtverantwortung 4.38 ff.
- Einzelpflichten, gesetzliche 4.12 ff., 4.41 ff.
- Fehlverhalten von Vorstandskollegen, Haftung bei 4.39
- Förderzweckverstöße 4.22 ff.
- Geschäftsführungspflicht, allgemeine 4.9 ff.
- Haftungsprivileg, Arbeitnehmer 4.34
- Haftungsvereinbarungen, Generalversammlung 4.35 ff.
- Hauptamt 4.31 ff.
- individuelle Vorstandspflichten 4.15 ff.
- Kausalität 4.46 f.
- Pflichtverletzung 4.7 ff.
- Schaden, Schadensvermutung 4.46 f.
- Sorgfaltspflicht 4.18 ff.
- Verschulden 4.43 f.
- Verschwiegenheitpflicht 4.12
- Verzichtsbeschlüsse, Generalversammlung 4.35 ff.

Gesamtgeschäftsführung 22.7 f., 22.95
- Gesamtschuld 22.103 ff.

Geschäftschancenbindung 26.1 ff., 26.24 ff.
- Ansichziehen 26.33
- Aufsichtsrat 26.66 ff.
- Befreiung 26.34 ff.
- Eintrittsrecht 26.42 ff.
- Rechtfertigungsgründe 26.32
- Rechtsfolgen von Verstößen 26.39 ff.
- Verhältnis zum Wettbewerbsverbot 26.24 ff.
- Verjährung 26.48 ff.
- Zuordnung der Chancen 26.29 ff.

Geschäftsführer 2.6 ff.
- Außenhaftung 2.65 ff., 7.1 ff.; s.a. Deliktische Haftung; Vertragliche/vertragsähnliche Haftung
- Business Judgement Rule 2.14 ff.
- Compliance-Organisation 2.41
- Darlegungs- und Beweislast 2.45 ff.
- Delegation 2.41
- Dienstvertrag s. Geschäftsführer, Dienstvertrag
- Geltendmachung 2.48 f.
- Gesamtverantwortung, Grundsatz der 2.35 ff.
- Geschäftsverteilung 2.38 ff.
- GmbH & Co. KG 2.59 ff.
- Gründung 2.68 ff.
- Haftung ggü. Dritten 7.1 ff.
- Haftung ggü. Gesellschaftern 2.63 f.

- Haftungsbeschränkung 2.50 ff., 20.1 ff.; s.a. Haftungsbeschränkung, Geschäftsführer
- Haftungsprivileg, Arbeitnehmer 2.10
- Innenhaftung 2.6 ff.
- Kapitalschutz, Verstöße gegen 2.21 ff.
- Konzern, Haftung im 8.1 ff.; s.a. dort
- Krise 2.71; s.a. Insolvenz
- Loyalitätspflichten, Verletzung 2.32 ff.
- Pflichtverletzung 2.11 f.
- Schaden 2.42 ff.
- strafrechtliche Verantwortung s. Geschäftsleiter, strafrechtliche Verantwortung
- Umwelthaftung 38.4 ff.
- Ursächlichkeit 2.42 ff.
- Verein 6.115 ff.
- Verjährung Ersatzansprüche 2.54 ff.
- Weisungen der Gesellschafterversammlung 2.24 ff.
- Wettbewerbsverbot 26.1 ff., 26.7

Geschäftsführer, Dienstvertrag 9.31 ff.
- Darlegungs- und Beweislast 9.43
- Dispositionsrecht Gesellschafter 9.31 ff.
- Freistellungsklausel 9.46
- Haftungsbeschränkung 9.34 ff.
- Haftungsmaßstab, Reduzierung 9.41 f.
- Haftungsobergrenze 9.45
- Haftungsverschärfung 9.47
- Verjährungsfristen, Verkürzung 9.44

Geschäftsleiter, strafrechtliche Verantwortung 40.1 ff.
- Aufsichtspflichtverletzung 40.13; s.a. dort
- Auslösung von Schadensersatzansprüchen/Sanktionsrisiken 40.59
- Ausschluss von Vergabe 40.168 ff.
- Bilanzdelikte 34.56 ff., 34.103, 40.90 ff.; s.a. Bilanzdelikte
- Cash-Pooling 40.47 f.
- eigenhändiges Verhalten, Haftung für 40.3 ff.
- faktische Organe 40.14 ff.
- Folgen Strafverfahren/Verurteilung 40.159 ff.
- Garant für Rechtsgüter Dritter 40.10 ff.
- Gesamtzuständigkeit 40.17 ff.
- Geschäftsherrenhaftung 40.6 ff.
- Inhabilität als Geschäftsführer/Vorstand 40.165
- Insolvenz 40.129 ff.; s.a. Insolvenz, Strafrecht
- Kapitalmarkt, strafrechtliche Risiken 40.104 ff.; s.a. dort
- Kollegialentscheidungen 40.21 ff.
- Konzernsachverhalte 40.45 ff.
- Korruption 40.67 f.; s.a. dort
- Leiter von Organisationsstrukturen 40.6 ff.
- Leveraged Buyouts 40.49
- Ressortaufteilung, Pflichtenmaßstab bei 40.18 ff.
- Risikogeschäfte 40.50 ff.
- schwarze Kassen 40.57 f.
- Sponsoring 40.56
- Unternehmensgeldbuße 40.166 f.
- Untreue 40.25 ff.; s.a. dort
- Verfall 40.160 ff.
- Vorenthaltung/Veruntreuung Arbeitsentgelt 40.60 ff.

Geschäftsordnung, Vorstand 22.37
Geschäftsverteilung 2.38 ff., 22.15 ff.
- in der AG 22.36 ff.
- divisionale Organisation 22.17
- Erlasskompetenz 22.38 ff.
- formelle Anforderungen 22.36 ff., 22.46 ff.
- Formen in der Unternehmenspraxis 22.15 ff.
- funktionale Organisation 22.16
- Geltungsdauer 22.43
- Geschäftsordnung Vorstand 22.37
- in der GmbH 22.46 ff.
- Haftung 22.96 ff.
- Informationspflichten ggü. Gesamtvorstand 22.22
- Interventionspflicht 22.24, 22.27
- Jahresabschluss 22.30 f.
- materielle Auswirkungen 22.19 ff.
- materielle Schranken 22.29 ff.
- rechtliche Bedeutung 22.19 ff.
- Schriftlichkeit 22.36
- Überwachungspflichten fremde Ressorts 22.22 ff.
- Verein 6.20
- Verhältnis zum Anstellungsvertrag 22.44 f.

Gewässerschutzrecht 38.12, 38.48 ff.
GmbH & Co. KG
- Geschäftsführer, Innenhaftung 2.59 ff.

GmbH, Sonderprüfung 16.3; s.a. Sonderprüfung
Gründung, Geschäftsführerhaftung 2.68 ff.
GWB-Novelle, 9. 8.1, 25.8, 25.11
- Kartellschadensersatzrichtline 35.80
- Konzernhaftung 8.22a, 15.9, 25.13, 31.6, 35.71, 41.63
- Schadensersatzverfahren 35.90

Haftung s. Organhaftung
Haftung aus unerlaubter Handlung s. Deliktische Haftung
Haftung der Gesellschaft 11.1 ff.
- deliktische Haftung 11.17 ff.

Stichwortverzeichnis

- Fallgruppen 11.4 ff.
- Gesellschaft als alleiniger Pflichtenträger 11.4 ff.
- Haftungsausdehnung auf Gesellschaft 11.9 ff.
- körperschaftlicher Organisationsmangel 11.33 ff.
- Reichweite Zurechnungsnorm 11.27 ff.
- Verkehrspflichtverletzung 11.12 ff.
- Verrichtungsgehilfen, Haftung für 11.36

Haftung gegenüber Dritten s. Deliktische Haftung

Haftungsbeschränkung
- Abschlussprüfer 12.49 f.
- Dienstvertrag Vorstand 9.4 ff., 9.11 ff.
- Drittanstellungsvertrag 9.18 f.
- Fürsorge-/Treuepflicht 9.17
- gefahrgeneigte Arbeit 9.16
- Genossenschaft 4.35 ff.
- Geschäftsführer 2.50 ff., 20.1 ff.; s.a. Haftungsbeschränkung, Geschäftsführer
- Geschäftsführer, Dienstvertrag 9.34 ff.
- Halbvermögensverschonung 9.14 f.
- Stiftung 6.172
- Verein 6.45 ff.
- Vorstand 20.62 ff.; s.a. Haftungsbeschränkung, Vorstand

Haftungsbeschränkung, Geschäftsführer 20.1 ff.
- existenzvernichtender Eingriff 20.8 ff.
- Gesellschafterbeschluss 20.20 ff.
- Gesellschafterbeschluss, fehlender 20.25
- Gläubigerbefriedigung 20.12 ff.
- gröbliche Pflichtverletzung 20.33 ff., 20.55
- Insolvenz-/Krisenpflichten 20.11
- Insolvenzanfechtung 20.39 ff.
- Insolvenzeröffnung 20.34
- Insolvenzverwalter 20.19
- Kapitalerhaltung 20.26 f., 20.50, 20.52
- Rechtsfolgen 20.37 ff.
- Reduzierung Pflichten-/Sorgfaltsmaßstab 20.56 ff.
- Regelung im Insolvenzplan 20.18
- Schutz von Gläubigerinteressen 20.28 ff., 20.53
- sittenwidrige Gläubigergefährdung/-benachteiligung 20.35
- über Kapitalerhaltung hinausgehender Schaden 20.7
- Verbot 20.3 ff.
- Verbot, Ausnahmen vom 20.16 ff.
- Verzicht und Vergleich 20.2 ff.
- Weisung und Billigung Gesellschafterversammlung 20.45 ff.

Haftungsbeschränkung, Vorstand 3.41 ff., 20.62 ff.
- Beschluss der Hauptversammlung 3.41, 20.77 ff.
- Rechtsfolgen 20.74 ff.
- Sperrfrist 20.65 ff.
- Übernahme/Freistellung 20.83 ff.
- Verjährung 3.43
- Verzicht und Vergleich 3.42 f., 20.63 ff.
- Zustimmung der Hauptversammlung 20.70 ff.

Halbvermögensverschonung 9.14 f.

Immissionsschutzrecht 38.26 ff.
- Betreiberpflichten 38.28 ff.
- produktbezogener Immissionsschutz 38.35
- Treibhausgas-Emissionszertifikatehandel 38.36 ff.

Informationspflichten, kapitalmarktrechtliche s. Kapitalmarktrechtliche Informationspflichten

Insiderrecht 29.3 ff.
- Strafrecht 40.106 ff.; s.a. Kapitalmarkt, strafrechtliche Risiken

Insolvenz 20.34, 33.1 ff.
- Antragsfrist 33.62 ff.
- Ausnahme Verzicht-/Vergleichsverbot 20.17 ff.
- Culpa in contrahendo 7.22 ff.
- Darlegungs- und Beweislast 14.79 ff.
- Deliktshaftung 33.88 ff.
- drohende Zahlungsunfähigkeit 33.45 ff.
- Eingehungsbetrug 33.104
- Fortführungsprognose 33.25 ff.
- Insolvenzantragspflicht 33.49 ff.
- Insolvenzgründe 33.6 ff.
- Insolvenzverschleppung 20.11, 33.48 ff., 40.131 ff.
- Insolvenzverursachungshaftung 33.77 f.
- Kapitalerhaltungsgrundsatz, Verstoß 33.70 f.
- Liquidationsstatus 33.39 ff.
- Masseschmälerung 33.72 ff.
- SE 5.39
- strafrechtliche Risiken 40.129 ff.; s.a. Insolvenz, Strafrecht
- Überschuldung 33.20 ff.
- Untreue 33.105 ff.
- Verein 6.76 ff.
- Verjährung Innenhaftung 33.85 f.
- vorenthaltene Sozialabgaben 33.88 ff.
- vorenthaltene Steuern 33.110 ff.
- Zahlungsunfähigkeit 33.7 ff.
- Zahlungsverbot, Darlegungs- und Beweislast 14.32 ff.

- Zahlungsverbot, Verstoß gegen 33.68 ff.
Insolvenz, Strafrecht 40.129 ff.
- Bankrott 40.143 ff.
- Buchführung/Bilanzen, strafbare Mängel 40.149 ff.
- Einwirkung auf Vermögensbestand, strafbare 40.145 ff.
- Gläubigerbegünstigung 40.157 f.
- Insolvenzreife/Insolvenzgründe 40.134 ff.
- Insolvenzverschleppung 40.131 ff.
- unterlassene Antragstellung 40.140

Insolvenzantragspflicht 7.49, 40.140
Internal Investigations 15.1 ff.
- Abschlussbericht 15.64 f.
- Amnestieprogramme 15.54 ff.
- Amtsanmaßung 15.66
- Aufklärungspflicht 15.7 ff.
- Aufsichtsrat, Kompetenzverteilung 15.24
- Aufsichtsrat, Rechtsstellung 15.18 ff.
- Ausgestaltung 15.15 ff.
- Ausspähen von Daten 15.70
- und behördliche Ermittlung 15.73 ff.
- Beteiligte 15.30 ff.
- Durchführung, praktische 15.30 ff.
- Durchsuchung / Beschlagnahme 15.80 ff.
- e-Mails, Auswertung 15.38 ff.
- Ermittlungsmethoden 15.34 ff.
- Geschäftsunterlagen, Auswertung 15.35 ff.
- GmbH 15.27 ff.
- Konzern, Aufklärungspflicht 15.9
- Mitarbeiterbefragung 15.50 ff.
- Nötigung 15.67
- Parteiverrat 15.68
- Post- und Fernmeldegeheimnis, Verletzung 15.71 f.
- Privatgeheimnisse, Verletzung 15.69
- Strafbarkeitsrisiken 15.66 ff.
- Verdachtsschwelle 15.13
- Vorstand, Kompetenzverteilung 15.10 f.
- Vorstand, Rechtsstellung 15.7 ff.
- Vorstand, Zuständigkeit 15.12
- Zusammenarbeit Vorstand/Aufsichtsrat 15.22 f.
- Zwischenbericht 15.64 f.

Jahresabschluss 34.3 ff.; s.a. Bilanzierung, Aktiengesellschaft
Jahresabschlussprüfer s. Abschlussprüfer
Jahresabschlussprüfung s. Abschlussprüfung

Kapitalanleger-Musterverfahrensgesetz 17.7 ff.
- Erfahrungen 17.13 ff.
- Konzeption Gesetzgeber 17.7 ff.

Kapitalmarkt, strafrechtliche Risiken 40.104 ff.
- Insidergeschäfte, verbotene 40.106 ff.
- Insiderinformationen, unbefugte Weitergabe 40.116 f.
- Insiderpapiere, Empfehlung 40.116 f.
- irreführendes Marktverhalten 40.124 ff.
- Marktmanipulation, strafbare 40.119 ff.
- Ordnungswidrigkeiten 40.128
- Verhinderung von Insiderverstößen 40.118

Kapitalmarktrechtliche Informationspflichten 32.1 ff.
- Ad hoc-Publizität 14.93 ff., 32.10 ff., 32.59 ff.
- AktG 32.20
- börsengesetzliche Prospekthaftung 32.22 ff.
- börsenrechtliche Pflichten 32.18 f.
- bürgerlich-rechtliche Prospekthaftung 32.35 ff., 32.59 f.
- Business Judgement Rule 32.100 f.
- Compliance Organisation 32.95 ff., 32.109 ff.
- Compliance-Maßnahmen 32.102 ff.
- deliktsrechtliche Informationshaftung 32.38 ff., 32.60 ff.
- Entsprechenserklärung, fehlerhafte 32.86 ff.
- Haftungsverteilung 32.93 ff.
- HGB 32.20
- Insiderverzeichnis 32.118
- Primärmarktinformationen 14.89 f., 32.6 f., 32.22 ff.
- Prospektnachtragspflicht 32.25
- Regelpublizität, fehlerhafte 32.75
- Schadensersatzhaftung 32.21 ff.
- Sekundärmarktinformationen 14.93 ff., 32.8 ff., 32.53 ff.
- spezialgesetzliche Haftung 32.54 ff.
- Stimmrechtsmitteilungen, fehlerhafte 32.81 ff.
- Überblick 32.5
- Verschulden bei Vertragsschluss 32.36 f.
- Wertpapierprospekt 32.6
- WpHG 32.9 ff., 32.54 ff.
- WpÜG 32.19, 32.92
- Zulassungsfolgepflichten 32.8 ff.

Kapitalschutz, Verstöße 2.21 ff., 7.50
Kartellrecht 35.1 ff.
- Compliance 25.1 ff., 25.5 ff., 35.52 ff., 35.59 ff., 35.66 ff., 35.73 f.
- Geheimwettbewerb, Grundsatz 35.33
- und Informationsaustausch 35.34 ff.
- Instruktion der Mitarbeiter 35.62 ff.
- Irrtum 35.58
- Kartellverbot 35.15 ff.

- konzerninterne Wettbewerbsbeschränkungen 35.54
- marktbeherrschende Stellung, Verbot des Missbrauchs 35.22 ff., 35.39 ff.
- Marktzwänge 35.55
- materielles 35.15 ff.
- nationale, europäische, internationale Dimension 35.10 ff.
- Ordnungswidrigkeitenrecht 35.87 ff.
- präventive Kontrolle 35.66 ff.
- Reaktion auf Kundenwünsche/Marktzwänge 35.55
- Risiken für Managertätigkeit 35.29 ff.
- Sanktionierung, Verstöße 35.73 f., 35.75 ff.
- Schutz der Wettbewerbsfreiheit 35.7 ff.
- Selbständigkeitspostulat, Grundsatz 35.31 f.
- Selbstrechtfertigungen, unternehmerische 35.53 ff.
- Strafrecht 35.92
- Verbandstätigkeit 35.45 ff.
- Verstoßfolgen 35.75 ff.
- Vertrags-/Vertriebsgestaltung 35.37 f.
- Verwaltungsrecht 35.76 ff.
- wettbewerbsbeschränkende Zusammenschlüsse, Kontrolle 35.25 ff.
- Zivilrecht Sanktionen 35.80 ff.

Kartellverstöße 25.5 ff.
- Produkthaftung 28.65

KGaA
- Bilanzierung 34.107 ff.

Konzern, Haftung im 8.1 ff., 10.1 ff.
- Aufsichtspflichtverletzung 41.56 ff.
- Aufsichtsratshaftung 10.1 ff., 10.48 f.
- Außenhaftung 8.72 ff., 8.110
- Bestellung/Anstellung Organmitglieder Töchter 10.35 f.
- Darlegungs- und Beweislast 14.55 ff.
- Doppelmandate 8.22b, 8.49a
- Durchsetzungsmöglichkeiten/-pflichten 8.32 ff., 8.60 ff., 8.95 ff.
- faktischer Konzern 8.46, 10.56 ff., 14.61 ff., 14.66
- Geltendmachung von Schadensersatzansprüchen 10.43 ff.
- GmbH-Geschäftsführer ggü. der »eigenen« beherrschten Gesellschaft 8.101 ff.
- GmbH-Geschäftsführer ggü. der »eigenen« herrschenden GmbH 8.12 ff.
- Innenhaftung ggü. beherrschten AG 8.44 ff.
- Innenhaftung ggü. beherrschten Gesellschaft 8.41 ff.
- Innenhaftung ggü. »eigener« beherrschter Gesellschaft 8.81 ff.
- Innenhaftung ggü. eigener« herrschenden GmbH 8.36 ff.
- Kartellrecht 8.22a
- Konzernleitungspflicht 8.15 ff., 8.51 f.
- Loyalitätspflichten, konzernweite 8.23 ff., 8.53 ff., 8.90 ff., 10.37 ff.
- Organ-Innenhaftung ggü. der »eigenen« herrschenden Gesellschaft 8.12 ff.
- Organe des beherrschten Unternehmens 8.80 ff., 8.110, 14.59 f.
- Organe des herrschenden Unternehmens 8.72 ff., 10.5 ff., 10.12 ff., 10.48, 10.50 ff., 14.56 ff.
- Regress Muttergesellschaft 8.22c
- Sorgfaltspflichten ggü. beherrschten AG 8.44 ff.
- Sorgfaltspflichten, konzernweite 3.22, 3.30, 8.15 ff., 8.44 ff., 8.81 ff.
- Überwachungspflichten, konzernweite 10.12 ff.
- Verschwiegenheitpflicht, konzernweite 8.13, 8.28 ff., 8.58 f., 8.93
- Vertragskonzern 8.44 f., 10.54 f.
- vorsätzliche Schädigung durch faktischen Einfluss 8.50
- Vorstand/Geschäftsführer ggü. der beherrschten GmbH 8.41 ff., 8.64 f., 14.56 ff.
- Vorstand/Geschäftsführer ggü. der beherrschten AG 8.41 ff.
- Vorstand/Geschäftsführer ggü. der herrschenden AG/GmbH 8.105 ff.
- Vorstandshaftung 8.1 ff.
- Weisungen Vertragskonzern 8.45
- Zustimmungsvorbehalt, konzernweiter 10.22 ff.

Korruption 40.67 ff.
- Amtsträger, Begriff 40.76 ff.
- Auslandssachverhalte bei Einschaltung von Agenten 40.87 ff.
- Bestechlichkeit/Bestechung im geschäftlichen Verkehr 40.81 ff.
- Bestechung 40.71 ff.
- Compliance 25.1 ff., 25.8
- Genehmigung durch »zuständige Behörde« 40.80
- Gewährung von Vorteilen für Dienstausübung 40.72 ff.
- Haftungsrisiken 30.9 ff.
- Kick-Back-Konstellationen 40.86
- Verletzung einer Dienstpflicht 40.76
- Vorteilsgewährung 40.71 ff.

Kostenerstattung Rechtsschutz 21.1 ff.; s.a. Rechtsschutz, Kostenerstattung

Kreditgeschäft, Haftungsrisiken 23.33 ff., 23.56 ff.
- Bonitätsprüfung Kreditnehmer 23.63 ff.
- organisatorische Anforderungen 23.28, 23.37 f., 23.61 ff.
- Organkredite 23.77 f.
- Risikoermittlung/-bewertung 23.66 ff.
- Sanierungskredite, Gewährung 23.69 ff.

Kreditinstitute, Aufsichtsrat 23.1 ff., 23.93 ff.
- bankaufsichtliche Maßnahmen 23.107 ff., 23.115 ff., 23.135 ff., 23.154 ff.; s.a. Kreditinstitute, bankaufsichtliche Maßnahmen
- Informationsrechte/-pflichten 23.119 ff.
- öffentlich-rechtliche Institute 23.97 ff.
- Sachkundeerfordernis, bankaufsichtliches 23.103 ff., 23.155
- Sorgfaltsanforderungen 23.95, 23.103 ff.
- Sparkassen 23.105 f.
- Verjährung 23.131 ff.
- Verschwiegenheitspflicht 23.124 ff.
- Vertraulichkeit, Vorkehrungen zur Wahrung 23.128 ff.
- zeitlicher Einsatz 23.155

Kreditinstitute, bankaufsichtliche Maßnahmen 23.107 ff., 23.115 ff.
- Abberufung nach Verwarnung 23.146 ff.
- Missbilligung 23.150
- Nachweis durch BaFin 23.143 ff.
- Qualifikationsmängel, Abberufung 23.138, 23.151
- Tätigkeitsverbot/Abberufung Aufsichtsrat 23.154 ff.
- Tätigkeitsverbot/Abberufung Geschäftsleiter 23.107 ff., 23.115 ff., 23.135 ff.
- Verantwortlichkeit Geschäftsleiter, persönliche 23.139 ff.

Kreditinstitute, Geschäftsleiterhaftung 23.1 ff., 23.9 ff.
- bankaufsichtliche Maßnahmen 23.107 ff., 23.115 ff., 23.135 ff.; s.a. Kreditinstitute, bankaufsichtliche Maßnahmen
- Bankgeheimnis, Verletzung 23.18 f.
- Business Judgement Rule 23.57
- Darlegungs- und Beweislast 23.79 ff.
- deliktische Haftung 23.15 ff.
- Entlastung, Wirkung 23.82 f.
- Geschäftsorganisation, Anforderungen 23.21 ff.
- Kreditgeschäft, Haftungsrisiken 23.33 ff.; s.a. dort
- Landesbanken 23.10 ff.
- privatrechtlich organisierte Institute 23.9
- Privilegierung öffentlicher Sektor 23.13 f.
- Qualifikationsanforderung, bankaufsichtliche 23.42 ff., 23.138, 23.151
- Risikomanagement, Anforderungen 23.23 ff.; s.a. Risikomanagement, Banken
- Sorgfaltspflichten, bankspezifische 23.27
- Sparkassen 23.10 ff.
- Verjährung 23.84 ff.
- Wertpapiergeschäft 23.73 ff.

Kreislaufwirtschafts- und Abfallrecht 38.45 ff.

Krise s. Insolvenz

Lagebericht 34.3 ff., 34.39; s.a. Bilanzierung, Aktiengesellschaft

Landesbank
- Organhaftung 13.69

Lästige Aktionäre s. Aktionäre, Zahlungen an opponierende

Legalitätspflicht 28.43, 31.19 ff., 31.25 ff.

Lohnsteuer
- Haftung für abzuführende 36.39 ff.

Loyalitätspflichten, Verletzung 2.32 ff.

M&A-Transaktionen 29.1 ff.
- Abbruch von Vertragsverhandlungen 29.93
- Ad hoc-Publizität 29.15 ff.
- aktienrechtliche Kompetenzordnung 29.55 ff.
- allgemeine Managerpflichten 29.74 ff.
- Angebotsunterlagen 29.47 f.
- Anzeige- und Genehmigungspflichten 29.21 ff.
- ausländische Anzeige- und Genehmigungserfordernisse 29.24
- Außenwirtschaftsrecht 29.25 ff.
- Bank- und Versicherungsaufsichtsrecht 29.23
- Berater 29.45
- Beteiligungsaufbau 29.10, 29.42 ff.
- CFIUS 29.33 ff.
- Dokumentation 29.2
- Due Diligence 29.86 ff.
- Erwerb eigener Aktien 29.13
- Fusionskontrolle 29.22
- Haftungsrisiken/Pflichten nach Vertragsvollzug 29.98 ff.
- Handeln zum Wohl der Gesellschaft 29.75 ff.
- Informationspflichten 29.46, 29.52 f.
- Insiderrecht 29.3 ff.
- Integrationsmaßnahmen 29.98 ff.
- Interessenskonflikte Zielgesellschaft 29.54
- Kompetenzüberschreitung, Folgen 29.59 ff.
- Mitteilungspflichten 29.62 ff.

Stichwortverzeichnis

- Mitwirkungsrechte der Hauptversammlung 29.58
- öffentliche Übernahmen, Managerpflichten 29.36 ff.
- Transaktionsstrukturierung 29.91 ff.
- Umweltverantwortlichkeit 38.79 ff.
- Verhinderungsverbot 29.50 f.
- Vertragsgestaltung 29.94 ff.
- Vertragsmonitoring 29.101
- Vertraulichkeit 29.38
- Vorbereitungsmaßnahmen 29.39 ff.
- Zielgesellschaft, Managerpflichten 29.49 ff.
- Zustimmungsvorbehalte Aufsichtsrat 29.56 f.

MaRisk 23.24 ff.
- Compliance 24.15 ff., 24.31 ff.
- gruppenweites Risikomanagement 24.60
- MaRisk-Novelle 24.46 ff.
- Verwaltungsvorschriften 24.5 ff.

Marktmanipulation 40.119 ff.

Massenklagen 17.1 ff.
- Anspruchsbündelung 17.25 ff.
- Anspruchsgrundlagen, materiellrechtliche 17.4 ff.
- Kapitalanleger-Musterverfahrensgesetz 17.7 ff.
- nach §§ 147 f. AktG 17.16 ff.
- Niederlande 17.38
- Pooling von Ansprüchen 17.25 ff.
- Prozessfinanzierung 17.28 f.
- Rechtsmissbrauch, Abwehr 17.30 ff.
- rechtspolitischer Ausblick 17.39
- Streitgenossenschaft 17.21
- treuhänderische Durchsetzung von Haftungsansprüchen 17.22 ff.
- US-amerikanische Klage 17.35 ff.

Medienöffentlichkeit 42.1 ff.
- Berichtigung 42.24 ff.
- Einfluss auf Justiz 42.9 ff.
- ethisch-moralische Schranken/Pressekodex 42.45 ff.
- Gegendarstellung 42.18 f.
- Grenzen der Berichterstattung 42.17 ff.
- Instrumentalisierung der Medien durch Prozessbeteiligte 42.12 f.
- Krisenmanagement 42.14 ff.
- Schadensersatz/Geldentschädigung 42.27 f.
- Strafrecht 42.29 ff.
- Strafverfolgungsbehörden 42.33 ff.
- Unterlassung 42.20 ff.
- Verteidigung 42.38 ff.

Menschenrechte s. Corporate Social Responsibility

Merger & Acquisition s. M&A-Transaktionen

Mittelbare Schädigung 7.38 ff.

Nützliche Aufwendungen 30.6 ff.
- Aktiengesellschaft, Vergleich/Verzicht 30.51 ff.
- Begriff 30.6 ff.
- Best Practice-Empfehlungen 30.65 ff.
- Bestechungsdelikte 30.10 ff.
- Betrug 30.25
- Bußgelder, Ersatzfähigkeit 30.45 ff.
- D&O-Versicherung 30.48 ff.
- Erscheinungsformen 30.6 ff.
- GmbH, Besonderheiten 30.62 ff.
- bei grenzüberschreitenden Tätigkeiten 30.17 ff.
- Haftungsrisiken Aufsichtsrat 30.57 ff.
- Haftungsrisiken Vorstand 30.34 ff.
- Kapitalmarktrecht 30.32 f.
- Ordnungswidrigkeitenrecht 30.26 ff.
- Straftatbestände, einschlägige 30.9 ff.
- Streuerstrafrecht 30.30 f.
- Untreue 30.24
- Vorteilsgewährung 30.16 ff.

Offenkundigkeitsprinzip, Missachtung 7.8

Öffentliche Übernahmen s. M&A-Transaktionen

Öffentliche Unternehmen 13.1 ff.
- Außenhaftung 13.23 f.
- betroffene Rechtsverhältnisse 13.6 ff.
- Entlastung AG 13.59 ff.
- Entlastung GmbH 13.46 ff.
- Haftungserleichterungen 13.60 ff.
- Innenhaftung 13.18 ff.
- öffenliche Hand, Verhältnis 13.7 ff.
- Organ - öffentliche Hand, Verhältnis 13.25 ff.
- Organhaftung Besonderheiten 13.36 ff.
- Unternehmensbegriff 13.4 f.

Ordnungswidrigkeit
- Aufsichtspflichtverletzung 40.13, 41.1 ff., 41.9 ff.
- Bilanzierung 34.58, 34.71
- Erstattung von Kosten 21.6, 21.13, 21.21, 21.32 ff., 21.39
- Geldbußen gegen Unternehmen 31.6, 31.19 ff.
- Haftung nach § 130 OWiG 41.1 ff., 41.22 ff.
- Kapitalmarkt, Risiken am organisierten 40.128
- Kartellrecht 35.87 ff.
- M&A-Transaktionen 29.4, 29.10, 29.50, 29.68

- Organhaftung ggü. Dritten 7.57
- Produktverantwortung 28.78
- Umwelthaftung 38.96, 38.104
- Unternehmensgeldbuße 40.166 f.
- Wirtschaftsordnungswidrigkeitenrecht 41.1 ff.

Organhaftung 1.1 ff.
- in der AG 3.1 ff.; s.a. Vorstand; Aufsichtsrat
- Anspruchsverfolgung, Aktionärsminderheit 3.53
- Anspruchsverfolgung, Aufsichtsrat/Vorstand 3.46 ff.
- Anspruchsverfolgung, einzelne Aktionäre 3.54
- Anspruchsverfolgung, Gläubiger 3.55
- Anspruchsverfolgung, Hauptversammlung 3.51 ff.
- Aufsichtsratsmitglieder 10.1 ff.
- Aufsichtsratsmitglieder GmbH 2.72 ff.
- Außenhaftung 1.12, 1.29, 3.56, 7.1 ff.; s.a. Deliktische Haftung; Vertragliche/vertragsähnliche Haftung
- Beweislastumkehr 3.39 f.
- Business Judgement Rule 1.6, 1.15 ff., 3.10 ff.; s.a. dort
- Compliance-Systeme 3.6
- Corporate Social Responsibility 39.1 ff.; s.auch dort
- Darlegungs- und Beweislast 14.1 ff.; s.a. Darlegungs- und Beweislast
- bei Delegation 22.100 ff.
- und Dienstvertrag Geschäftsführer s. Geschäftsführer, Dienstvertrag
- und Dienstvertrag Vorstand s. Vorstand, Dienstvertrag
- D&O-Versicherung s. dort
- Durchsetzung 1.22 ff., 3.46 ff.
- Einschränkung 1.14 ff.
- in der Europäischen Gesellschaft 5.17 ff.; s.a. SE, Organhaftung
- Geldstrafen, Geldauflagen, Geldbußen 21.1 ff., 21.32 ff., 31.1 ff.; s.a. Geldbußen; Geldstrafen, Erstattung
- in der Genossenschaft 4.1 ff.; s.a. Genossenschaft, Organhaftung
- bei Gesamtgeschäftsführung 22.95
- Gesamtschuldner 3.2
- Geschäftschancenbindung 26.1 ff., 26.24 ff., 26.34 ff.; s.a. dort
- bei Geschäftsverteilung 22.96 ff.
- in der GmbH 2.1 ff.
- Haftung der Gesellschaft 11.1 ff.; s.a. dort
- Haftung ggü. Dritten 7.1 ff.
- Haftungsbeschränkung s. Haftungsbeschränkung, Geschäftsführer; Haftungsbeschränkung, Vorstand
- kapitalmarktrechtliche Informationspflichten 32.1 ff.; s.a. dort
- Kartellrechtsverstöße 35.1 ff.; s.a. Kartellrecht
- Kausalität 3.38
- Konzern 8.1 ff., 10.1 ff.; s.a. Konzern, Haftung im
- Kreditinstitute 23.1 ff.; s.a. Kreditinstitute, Geschäftsleiterhaftung; Kreditinstitute, Aufsichtsrat; Kreditinstitute, bankaufsichtliche Maßnahmen
- Krise und Insolvenz s. Insolvenz
- Legalitätspflicht 3.5
- M&A-Transaktionen 29.1 ff.; s.a. dort
- Massenklagen s. dort
- Medienöffentlichkeit 42.1 ff.; s.a. dort
- öffentliche Unternehmen 13.1 ff.; s.a. Öffentliche Unternehmen
- ordnungsgemäße Bilanzierung 34.1 ff.; s.a. Bilanzierung; Bilanzierung, Aktiengesellschaft
- Organisation der Unternehmensleitung 22.1 ff.; s.a. dort
- Organpflichten, Ausweitung 1.10 ff.
- Produkthaftung 28.1 ff.; s.a. dort
- Rechtsformen des öffentlichen Rechts 13.67 ff.
- Schaden 3.39
- Schutzrechtsverletzungen 27.1 ff.; s.a. dort
- Sorgfaltsverpflichtungen 3.4 ff.
- Sozialversicherungsrecht, Verstöße im 37.1 ff.; s.a. Sozialversicherungsrecht
- in der Stiftung 6.150 ff.; s.a. Stiftung, Organhaftung
- Steuerrecht 36.1 ff.; s.a. dort
- Tatbestand, gesetzlicher 1.2 ff.
- Umwelthaftung 38.1 ff.; s.a. Umweltrechtliche Verantwortlichkeit
- unternehmensinterne Ermittlungen s. Internal Investigations
- im Verein 6.1 ff.; s.a. Verein, Organhaftung
- Verschulden 3.37 f.
- vertragliche Haftungsreduzierung 1.19 ff.
- Vorstand 3.4 ff.; s.a. Vorstand
- Wettbewerbsverbote 26.1 ff.; s.a. dort
- Wettbewerbsverstöße, Außenhaftung 27.1 ff.; s.a. Wettbewerbsverstöße
- Zuwendungen an Dritte, rechtlich nicht veranlasste 30.1 ff.; s.a. Aktionäre, Zahlungen an opponierende; Nützliche Aufwendungen; Sozialnützige Zuwendungen

Organisation der Unternehmensleitung 22.1 ff.
- Arbeitsdirektor 22.65
- Bereichsvorstand 22.69
- Delegation 22.71 ff.; s.a. dort
- Gesamtgeschäftsführung 22.7 f., 22.95
- Gesamtverantwortung 22.2 ff.
- Gesamtvertretung 22.9 f.
- Geschäftsleitungsmitglieder/Geschäftsleitungsgremien 22.57 ff.
- Geschäftsverteilung 22.15 ff.; s.a. dort
- Haftung 22.87 ff.
- Kreditinstitute, Anforderungen 23.21 ff.
- mehrgliedriges Geschäftsführungsorgan 22.2 f.
- Ressortverantwortung 22.17
- Sprecher des Vorstands 22.64
- stellvertretende Geschäftsleitungsmitglieder 22.66 f.
- Unterbesetzung, vorschriftswidrige 22.11 ff.
- Vertreter eines Vorstandsmitglieds 22.68
- Vertretung 22.56
- Vorsitzender 22.57 ff.
- Vorstandsausschuss 22.70
- Willensbildung 22.50 ff.

Organisationsverschulden 11.33 ff.
Organpflichten, Überblick 1.10 ff.
Outsourcing 22.83 ff.
- Banken 23.36 ff.

Parteispenden 30.106 f., 30.114
Patente s. Schutzrechtsverletzungen
Presse s. Medienöffentlichkeit
Produkthaftung 28.1 ff.
- Außenhaftung Vorstand/Geschäftsführer 28.33 ff.
- Auswahl Mitarbeiter 28.61
- Befundsicherungspflicht 28.25
- Beweislast 28.22 ff., 28.46, 28.67
- Compliance 28.65
- Delegation 28.59 ff.
- Digitalisierung 28.19a
- deliktische Produkthaftung 28.12 ff.
- Dokumentation 28.70
- eigene schuldhafte Pflichtverletzung Vorstand/Geschäftsführer 28.66 ff.
- Einweisung 28.62
- Entwicklungsfehler 28.17
- Expertengremium 28.64
- Fabrikationsfehler 28.16
- Frühwarnsystem 28.49
- Gesamtzuständigkeit 28.47 ff.
- Haftungsgrundlage 28.4 ff.
- Innenhaftung Vorstand/Geschäftsführer 28.42 ff.
- Instruktionsfehler 28.18
- Konstruktionsfehler 28.15
- Konzern 28.71
- Lederspray-Entscheidung 28.51 ff., 28.75
- nützliche Pflichtverletzung 28.69 f.
- Produktbegriff 28.8 f.
- Produktbeobachtungspflicht 28.19 f.
- Produkthaftungsgesetz 28.5, 28.27 ff.
- Schadensersatzansprüche gegen Gesellschaft 28.11 ff.
- Schadensersatzansprüche gegen Vorstandsmitglieder und Geschäftsführer 28.33 ff.
- Strafrecht 28.75 ff.
- Überwachung 28.63
- Verjährung, unterschiedliche bei Gesamtschuld 28.41
- Verkehrspflichten 28.34, 28.44
- vertragliche Produkthaftung 28.31
- Widerruf Bestellung/Abberufung Vorstand/Geschäftsführer 28.72 ff.

Prospekthaftung s.a. Kapitalmarktrechtliche Informationspflichten
- Abschlussprüfung 12.8
- Bilanzierung 34.26
- Informationen des Primärmarktes 14.90 f., 32.22 ff.
- Informationen des Sekundärmarktes 32.54 ff., 32.90 ff.
- M&A-Transaktionen 29.53

Prozesse s. Darlegungs- und Beweislast; Massenklagen

Rechnungslegung 34.1 ff.; s.a. Bilanzierung; Bilanzierung, Aktiengesellschaft
Rechtsformzusatz, fehlender 7.12 ff., 7.54a
Rechtsscheinhaftung
- fehlender Rechtsformzusatz 7.12 ff.

Rechtsschutz, Kostenerstattung 21.1 ff.
- Art und Umfang 21.4 f.
- Auftragsrecht 21.6 ff.
- endgültige Kostentragung 21.21 ff.
- Freistellungszusage Anstellungsvertrag 21.28 f.
- keine Pflichtverletzung ggü. der Gesellschaft 21.13 ff.
- Offenlegung 21.53 ff.
- Umfang Kostenübernahme 21.30 f.
- Verfahrensfragen 21.48 ff.
- Vorschussleistungen 21.14 ff.
- Zusammenhang mit dienstlichen Aufgaben 21.10 ff.

Rechtsverfolgung, kollektive s. Massenklagen
Reflexschaden 7.34 ff.
Repräsentantenhaftung s. Haftung der Gesellschaft
Ressortprinzip 3.16 ff.
– Dienstvertrag 9.7
– Vorstand 3.16 ff.
Risikomanagement
– Vorstand, Sorgfaltsverpflichtung 3.7 ff.
Risikomanagement, Banken 23.23 ff.
– Funktionstrennung, Markt-/Marktfolgebearbeitung 23.30
– Gesamtrisikoprofil 23.28
– Handelsgeschäft 23.34
– Kontrollsysteme 23.35
– Kreditgeschäft 23.33
– kriminelle Handlungen, Verhinderung 23.39 ff.
– MaRisk 23.24 ff.
– operationelle Risiken 23.32
– Outsourcing 23.36 ff.
– Personalausstattung 23.31
– Qualifikationsanforderung Geschäftsleiter 23.42 ff.
– Sorgfaltsmaßstab 23.27

Schmiergeldzahlungen 30.6 ff.; s.a. Korruption; Nützliche Aufwendungen
Schuldbeitritt 7.6
Schutzgesetzverletzung 7.47 ff.
Schutzrechtsverletzungen 27.1 ff.
– Ansprüche 27.3 ff.
– Außenhaftung Manager 27.14 ff.
– deliktsrechtliche Haftung 27.38 ff.
– Haftende 27.8 ff.
– Organisationshaftung 27.20 ff.
– Störerhaftung 27.43
Schwarzarbeit, Bekämpfung
– Ausschluss von Vergabe 40.168 ff.
SE, Organhaftung 5.1 ff.
– Auffangregelung 5.41 f.
– Ausführungsgesetz, nationales 5.16, 5.32 ff.
– Außenhaftung 7.1 ff.; s.a. Deliktische Haftung; Vertragliche/vertragsähnliche Haftung
– Compliance-Organisation 5.20a, 5.46a
– dualistisches SE-Modell 5.3 f., 5.17 ff.
– Geltendmachung durch Gläubiger/Aktionäre 5.52
– geschäftsführende Direktoren 5.27, 5.43 ff.
– Insolvenzantragspflicht 5.39
– Konzern 5.40
– monistisches SE-Modell 5.5 ff., 5.21 ff.
– Oberleitung 5.33
– Rechnungslegung 5.36 f.
– Rechtsverfolgung 5.47 ff.
– SE-Verordnung 5.9 ff., 5.29 ff.
– Vertretung im Prozess 5.48 ff.
– Verwaltungsrat 5.26, 5.28 ff.
Societas Europaea s. SE
Sonderprüfer
– Auswahl 16.23
– Bestellung durch Hauptversammlung 16.14 ff., 16.66 ff.
– Durchsetzung der Rechte 16.57
– gerichtliche Bestellung 16.25 ff.
– Pflichten 16.55 f.
– Rechte 16.42 ff., 16.57
– Rechtsverhältnis zur Gesellschaft 16.39 ff.
Sonderprüfung 16.1 ff.
– Anordnung durch Gericht 16.25 ff.
– Anordnung durch Hauptversammlung 16.14 ff.
– Antrag auf 16.14 ff., 16.66
– Auskunftsverweigerungsrecht Organmitglieder 16.50 ff.
– Beendigung 16.58 ff.
– Gegenstand 16.8 ff., 16.65
– GmbH 16.3
– informelle 16.4
– konzernrechtliche 16.64 ff.
– Prüfungsbericht 16.58
– Rechtsmissbrauch 16.24, 16.35, 16.49, 16.70, 16.86
– Sonderprüfer 16.14 ff.; s.a. dort
– Veranlassung Aufsichtsrat/Vorstand 16.4
Sozialnützige Zuwendungen 30.75 ff.
– Begriff 30.75
– Best Practice-Empfehlungen 30.122 ff.
– Entscheidungszuständigkeit 30.84 ff.
– gesellschaftsrechtliche Zulässigkeit 30.83 ff.
– GmbH, Besonderheiten 30.119 ff.
– Haftungsrisiken Aufsichtsrat 30.116 ff.
– Haftungsrisiken Vorstand 30.108 ff.
– Parteispenden 30.106 f., 30.114
– Schranken 30.101 ff.
– soziale Erwägungen, Beachtlichkeit 30.92 ff.
– Spenden 30.77
– Sponsoring 30.80 f., 40.56
– Unternehmensinteresse 30.87 ff.
– Zulässigkeit 30.87 ff.
Sozialversicherungsbeiträge 7.56
Sozialversicherungsrecht 37.1 ff.
– Anfechtbarkeit Zahlungen 37.36 ff.
– Arbeitnehmer/Selbständiger, Abgrenzung 37.9 ff.
– Arbeitnehmerüberlassung, illegale 37.96 ff.
– Arbeitsunfälle, Erstattung für Aufwendungen 37.46

Stichwortverzeichnis

- Beschäftigung von Ausländern ohne Genehmigung/Aufenthaltstitel 37.89 ff.
- Betrug 37.70 ff.
- bußgeldbewährte Verhaltensweisen 37.99 f.
- Darlegungs-/ Nachweispflicht 37.39 ff.
- Erschleichen von Sozialeistungen 37.67 ff.
- Existenzvernichtungshaftung 37.48 ff., 37.66
- Fälligkeit Beiträge 37.12 f.
- fehlende Sicherung von Wertguthaben 37.52 ff.
- Gesellschafter, Haftung 37.47 ff., 37.66, 37.87 f.
- Insolvenzantragszeitraum 37.31 ff.
- Irrtum 37.11
- mehrere Geschäftsführer/Vorstände 37.28
- Möglichkeit/Zumutbarkeit der Entrichtung 37.17 ff.
- Nichtabführung Sozialversicherungsbeiträge 33.88 ff., 37.3 ff., 40.60 ff.
- Pflichtenkollision 37.23 f.
- Schwarzarbeitsbekämpfung 37.46, 37.78 ff., 37.86 ff., 37.95 ff.
- sittenwidrige Schädigung 37.45
- Strafbarkeit 37.3 ff., 37.57 ff., 37.70 ff.
- Subventionsbetrug 37.76 f.
- Urkundenfälschung 37.81 f.
- Urkundenunterdrückung 37.83 f.
- Verein 6.84
- Verjährung 37.27
- Vorenthalten Beiträge 37.14 f., 40.63
- Vorsatz 37.26
- zivilrechtliche Haftung 37.30 ff., 37.62 ff., 37.85 f.

Sozialversicherungsträger
- Organhaftung 13.71

Sparkasse
- Organhaftung 13.68

Spenden 30.77; s.a. Sozialnützige Zuwendungen

Sponsoring 30.80 f.; s.a. Sozialnützige Zuwendungen
- Untreue 40.56

Sprecher des Vorstands 22.64

Steuerrecht 36.1 ff.
- § 69 AO, Haftung der Vertreter nach 36.7 ff.
- Abzugssteuern, Haftung für 36.32 ff., 36.39 ff.
- Auslandssachverhalte 36.35 ff.
- Bescheinigungen, Haftung für fehlerhafte 36.31
- Beweislast 36.18
- Compliance 36.50 ff.
- D&O-Versicherung 36.63 ff.
- Ermessensentscheidung, pflichtgemäße 36.24 ff.
- Fehlerkorrekturen beim Finanzamt 36.56
- formelles Haftungsrecht 36.19 ff.
- Gesamtschuldner, Inanspruchnahme 36.26
- Haftungsbescheid 36.19
- Haftungstatbestände 36.4 ff., 36.27 ff.
- Haftungsvermeidung/Haftungsbegrenzung 36.49 ff., 36.61 ff.
- Kausalität der Pflichtverletzung 36.18
- Lohnsteuer, Haftung für 36.39 ff.
- Risikomanagement 36.49 ff.
- Steuererklärungspflichten, Verletzung 36.29 f.
- Steuerhaftung und Steuerschuld 36.4 ff.
- Umfang der Haftung 36.17
- Umsatzsteuer, Haftung für 36.44 ff.
- verbindliche Auskunft/tatsächliche Verständigung 36.57 ff.
- Verein 6.80 ff.
- vorenthaltene Steuern 33.110 ff.
- Werbungskosten Haftungsbetrag 36.65

Stiftung, Organhaftung 6.150 ff.
- und Anstellungsverhältnis 9.55
- Ausschüttungsverbot 6.163 ff.
- Außenhaftung 7.1 ff.; s.a. Deliktische Haftung; Vertragliche/vertragsähnliche Haftung
- Durchsetzung 6.180 f.
- Entlastung Vorstand 6.176 f.
- Erträgnisverwendung 6.169
- Exculpation durch Stiftungsaufsicht 6.178 f.
- Kapitalerhaltung 6.168
- leitende Mitarbeiter 6.182
- Organisationsverfassung 6.153 ff.
- Unterbilanzverbot 6.159
- Veräußerungsgebot 6.166
- Vermögenserhaltung 6.158 ff.
- Vermögensverwaltung 6.168
- Verzicht 6.173 ff.
- Vorstand 6.156 ff.
- Werterhaltungsgebot 6.160 f.

Strafrechtliche Verantwortung
- Erschleichen von Sozialleistungen 37.67 ff.
- Erstattung von Geldstrafen 21.1 ff., 21.32 ff.; s.a. Geldstrafen, Erstattung
- Geldbußen gegen Unternehmen 31.19 ff.
- Geschäftsleiter 40.1 ff.; s.a. Geschäftsleiter, strafrechtliche Verantwortung
- Kartellrecht 35.92
- Nichtabführung von Sozialversicherungsbeiträgen 37.3 ff., 40.60 ff.
- nützliche Aufwendungen s. Korruption
- ordnungsgemäße Bilanzierung 34.56 ff., 34.103

- Produkthaftung 28.75 ff.
- Umwelthaftung 38.96 ff.
- Wertguthaben, fehlende Sicherung 37.52 ff.

Streitgenossenschaft 17.21

Treuepflicht
- Aufsichtsrat 3.29 f., 26.66 ff.
- Aufsichtsrat Verein 6.110 ff.
- Geschäftsführer 26.1, 26.7, 26.24
- Regressreduzierung 9.17
- Vorstand 3.29 f., 26.1, 26.7, 26.24
- Vorstand Verein 6.22 ff.

Übernahme s. M&A-Transaktionen
Übernahme, Verbindlichkeiten 20.83 ff.
Überschuldung 33.20 ff.
- Fortführungsprognose 33.25 ff.
- Liquidationsstatus 33.39 ff.

Überwachungspflichten 10.13 ff.
Überwachungspflichten, Konzern 10.7 ff., 10.16 ff.
- Anforderungen 10.19
- Aufbau und Organisation 10.17
- Berichtswesen 10.20
- Einzelgeschäfte 10.17
- Konzernstrategie 10.17
- nachträgliche Überwachung, konzernweite 10.17

Umsatzsteuer, Haftung 36.44 ff.
Umweltrechtliche Verantwortlichkeit 38.1 ff.
- Atom- und Strahlenschutzrecht 38.55 f.
- Außenhaftung 38.5 ff.
- Begriff, Bedeutung und Adressat umweltrechtlicher Verantwortlichkeit 38.1 ff.
- behördliche Duldung 38.100 f.
- Betriebsratsbeteiligung 38.77 f.
- Betriebssicherheits-/Arbeitsschutzrecht, Bezüge zum 38.57 ff.
- Betriebsuntersagung wg. Unzuverlässigkeit 38.107 f.
- Bodenschutz- und Altlastenrecht 38.39 ff.
- Compliance 38.23 ff., 38.109 ff.
- Deliktshaftung 38.11
- DIN EN ISO 14001 38.118 ff.
- D&O-Versicherung 38.123
- EMAS/»Öko-Audit« 38.110 ff., 38.119
- Freistellungsvereinbarung/Verzicht 38.124
- Gefahrstoffrecht 38.51 ff.
- Gesamtverantwortung, Grundsatz 38.8 ff.
- Gewässerschutzrecht 38.12, 38.48 ff.
- Immissionsschutzrecht 38.26 ff.
- Indisponibilität, privatrechtliche 38.84 f.
- Innenhaftung 38.22

- Kreislaufwirtschafts- und Abfallrecht 38.45 ff.
- Nebenfolgen der Umweltstraftaten 38.105 ff.
- Rechtsnachfolge bei begünstigenden Verwaltungsakten 38.94 f.
- Rechtsnachfolge in Verhaltensverantwortlichkeit 38.88, 38.91 ff.
- Rechtsnachfolge in Zustandsverantwortlichkeit 38.86 ff., 38.89 f.
- Risikominimierung 38.109 ff., 38.120 ff.
- strafrechtliche Haftung 38.96 ff.
- Treibhausgas-Emissionszertifikatehandel 38.36 ff.
- Überwachungssysteme 38.61 f.
- Umweltaudit 38.109 ff.
- Umweltbetriebsorganisation 38.60 ff.
- Umweltenergierecht 38.54
- Umwelthaftpflichtversicherung 38.120 f.
- UmweltHG, Gefährdungshaftung 38.13 ff.
- Umweltmanagementsysteme 38.109
- UmweltschadensG, Gefährdungshaftung 38.16 ff.
- Umweltschutzbeauftragter 38.68 ff.; s.a. dort
- Unternehmenspflichten 38.25 ff.
- Unternehmenstransaktionen/Umstrukturierungen 38.79 ff.
- Unternehmensverantwortliche 38.63 f., 38.65, 38.67
- Verantwortliche, umweltstrafrechtlich 38.102 ff.
- Verfall/Einziehung 38.105 ff.
- Verwaltungsakzessorietät des Umweltstrafrechts 38.97 ff.
- Wasserrecht, verschuldensunabhängige Haftung 38.12
- zivilrechtliche Umwelthaftung 38.4 ff.

Umweltschutzbeauftragter 38.68 ff.
- Aufgaben/Kompetenzen 38.74
- Außenhaftung 38.76
- Benachteiligungsverbot 38.75
- Erscheinungsformen 38.68 f.
- externer/interner 38.71
- Mehrfachbeauftragter 38.71
- Pflicht zur Bestellung 38.70
- Qualifikation, fachliche 38.73
- Verbot der Selbstbestellung 38.69

Unerlaubte Handlung 7.29 ff.; s.a. Deliktische Haftung

Unterbilanz 2.21 ff.
Unternehmensführung s. Organisation Unternehmensleitung
Unternehmensgeldbußen s. Geldbußen
Unternehmenstransaktionen s. M&A-Transaktionen

1405

Stichwortverzeichnis

Untreue 40.25 ff.
- Cash-Pooling 40.47 f.
- Konzernsachverhalte 40.45 ff.
- Korruption, Kick-Back-Konstellation 40.86
- Leveraged Buyouts 40.49
- pflichtwidriges Verhalten 40.28 ff.
- Risikogeschäfte 40.50 ff.
- schwarze Kassen 40.57 f.
- Sponsoring 40.56
- Vermögensbetreuungspflicht 40.26 f.
- Vermögensnachteil auf Seiten der Gesellschaft 40.36 ff.
- Vorsatz 40.39
- Zustimmung Gesellschafter 40.40 ff.

Urheberrecht s. Schutzrechtsverletzungen

Verein, Organhaftung 6.1 ff.
- und Anstellungsverhältnis 9.53 f.
- Aufsichtsrat 6.96 ff.
- Außenhaftung 7.1 ff.; s.a. Deliktische Haftung; Vertragliche/vertragsähnliche Haftung
- besondere Vertreter 6.87 ff.
- Beweislast 6.42 f.
- Business Judgement Rule 6.28 ff.
- Darlegungs- und Beweislast 14.70 ff.
- Delegation 6.20
- deliktische Haftung 6.73 ff.
- D&O-Versicherung 6.68 f.
- Durchsetzung 6.36 ff.
- Ehrenamt, Freistellungsanspruch 6.85
- Ehrenamt, Haftungsmilderung 6.62 ff.
- Entlastung des Vorstands 6.48 ff.
- Geschäftsführungspflicht 6.10 f.
- Geschäftsverteilung 6.20
- Haftungsausschluss/-beschränkung/-milderung 6.45 ff.
- Haftungsprivileg Arbeitnehmer, Anwendbarkeit 6.54 ff.
- Informationspflicht 6.21
- Innenorgane 6.96 ff.
- Insolvenzrecht 6.76 ff.
- leitende Mitarbeiter 6.115 ff.
- Mitgliederversammlung Haftungsmilderung 6.59
- Organisationsverfassung 6.3 ff.
- Pflichtverletzung 6.9 ff.
- Rechtsfolgen 6.34 f.
- rechtsgeschäftliche Haftung 6.71 f.
- Satzungsbestimmungen 6.58 ff.
- Sorgfaltsmaßstab 6.32 ff.
- Sozialversicherungsrecht 6.84
- Steuerrecht 6.80 ff.
- Treupflicht 6.22 ff.
- Vereinsverfassung, Einhaltung 6.19 ff.
- Verjährung 6.44
- Vermögensverwaltung 6.12 ff.
- Verschulden 6.30 ff.
- Verzicht/Vergleich 6.53
- Vorstand, Außenhaftung 6.70 ff.
- Vorstand, Innenhaftung 6.6 ff.
- Weisungsbeschlüsse 6.19 ff., 6.46 f.

Verfall 40.160 ff.

Vergabe, Ausschluss von 40.168 ff.

Vergleich
- Öffentliche Unternehmen 13.46 ff.

Verkehrspflichtverletzung, Haftung aus 7.38 ff., 11.12 ff.

Verrichtungsgehilfen, Haftung für 11.36

Versicherung
- Director and Officer s. D&O-Versicherung
- Regressrisiko bei Geldbußen 31.47 ff.

Vertragliche/vertragsähnliche Haftung 7.1 ff.; s.a. Deliktische Haftung
- Aufsichtsräte 7.81
- Bürgschaft 7.6
- Culpa in contrahendo 7.19 ff.; s.a. dort
- Darlegungs- und Beweislast 14.75 ff.
- Garantieversprechen 7.6
- Gesamtschuld 7.27 f.
- Geschäftsleiter 7.1 ff.
- Offenkundigkeitsprinzip, Missachtung 7.8
- Rechtsscheinhaftung bei fehlendem Rechtsformzusatz 7.12 ff.
- Schuldbeitritt 7.6
- selbständiges Vertragsverhältnis 7.5 ff.
- vollmachtlose Vertretung 7.9 ff.

Vertretungsmacht, fehlende 7.9 ff.

Verzicht
- Öffentliche Unternehmen 13.46 ff.

Vollmachtlose Vertretung 7.9 ff.

Vorgesellschaft, Haftung 2.68 ff.

Vorsätzliche sittenwidrige Schädigung 7.60 ff.

Vorstand
- Aufgabendelegation 3.18
- Business Judgement Rule 3.10 ff.; s.a. dort
- Dienstvertrag s. Vorstand, Dienstvertrag
- Haftungsentlastung 3.9
- Konzern, Sorgfaltspflichten 3.19
- ordentliche und gewissenhafte Geschäftsführung 3.4 ff.
- Ressortprinzip 3.19 ff., 9.7
- Risikomanagement 3.16 f.
- Sorgfaltsverpflichtungen 3.4 ff.
- Treupflicht 3.29 f.
- Unterbesetzung, vorschriftswidrige 22.11 ff.
- Verschwiegenheitspflicht 1.5, 3.31 ff.
- Wettbewerbsverbot 26.1 ff., 26.5 f.

Vorstand, Dienstvertrag 9.4 ff.

- Aufrechnungsverbot Bezüge 9.8
- Beendigung und Haftungsfall 9.28 ff.
- D&O-Verschaffungsklausel 9.20 ff.
- Drittanstellungsvertrag 9.18 f.
- Genossenschaft 9.51 f.
- Gerichtsstandsklauseln 9.25
- Haftung wg Verletzung 9.9 f.
- Haftungsentlastung im 3.44, 9.11 ff.
- Haftungsobergrenze 9.13
- Halbvermögensverschonung 9.14 f.
- Rechtswahlklauseln 9.23 f.
- Ressortverantwortung 9.7
- Schiedsvereinbarungen 9.26 f.
- Verfolgungspflicht, Einschränkung 9.14 f.
- Vergütungsregelung 9.8
- zwingendes Aktienrecht 9.4 f., 9.11 ff.

Vorstandsausschuss 22.70
Vorstandssprecher 22.64
Vorstandsvergütung 1.5
Vorteilsgewährung s. Korruption

Weisungen
- Gesellschafterversammlung 2.24 ff.

Wertpapiergeschäft, Haftungsrisiken 23.73 ff.
Wertpapierhandelsrecht s. Kapitalmarktrechtliche Informationspflichten
Wettbewerbsbeschränkungen s. Kartellrecht
Wettbewerbsverbote 26.1 ff.
- Alleingesellschafter 26.9
- Aufsichtsrat 26.21 f., 26.63 ff.
- Befreiung 26.34 ff.
- Eintrittsrecht 26.42 ff., 26.62
- gegenständlicher Geltungsbereich 26.14 ff.
- Geschäftemachen 26.17 f.
- Geschäftsführer 26.1 ff., 26.7
- Geschäftszweig der Gesellschaft 26.19 f.
- Karenzentschädigung 26.55, 26.59
- nachvertragliche Wettbewerbsverbote 26.54 ff.

- persönlicher Geltungsbereich 26.8 f.
- Rechtsfolgen von Verstößen 26.39 ff., 26.62
- Verjährung 26.48 ff.
- vertragliche Regelungen 26.51 ff.
- Verzicht 26.61
- Vorbereitungsmaßnahmen 26.23
- Vorstand 26.1 ff., 26.5 f.
- Vorstand, Geschäftsführer, Aufsichtsrat, Komplementär in anderer Handelsgesellschaft 26.21 f.
- zeitlicher Geltungsbereich 26.10 ff.

Wettbewerbsverstöße
- Ansprüche 27.3 ff.
- Außenhaftung Manager 27.14 ff.
- deliktsrechtliche Haftung 27.38 ff.
- Haftende 27.8 ff.
- Organisationshaftung 27.20 ff.
- Störerhaftung 27.43

Whistleblower Hotline 25.39, 25.45 ff.; s.a. Compliance

Zahlungsunfähigkeit 33.7 ff.
- drohende 33.45 ff.
- Fälligkeit Verbindlichkeiten 33.12 ff.
- Wesentlichkeit 33.17 f.
- Zahlungseinstellung 33.19
- Zahlungsstockung, vorübergehende 33.15 ff.
- Zeitpuntilliquidität, objektive 33.8 ff.

Zahlungsverbot, Verstoß gegen 33.68 ff.
- Insolvenzverursachungshaftung 33.77 f.
- Kapitalerhaltungsgrundsatz, Verstoß 33.70 f.
- Masseschmälerung 33.72 ff.
- Verjährung Innenhaftung 33.85 f.

Zölibatsklausel 22.28
Zuwendungen an Dritte 30.1 ff.; s.a. Aktionäre, Zahlungen an opponierende; Nützliche Aufwendungen; Sozialnützige Zuwendungen